U0717311

〔清〕阮元 校刻

十三經注疏

（清嘉慶刊本）

五

公羊傳 穀梁傳 論語
孝經 爾雅 孟子

中華書局

目録

八 春秋公羊傳注疏

卷第十四

卷第十五

卷第十六

卷第十七

卷第十八

卷第十九

九　春秋穀梁傳注疏

卷第十

卷第十一

卷第十二

卷第十三

卷第十四

十　論語注疏

十一 孝經注疏

十二　爾雅注疏

十三　孟子注疏

重栞宋本公羊注疏附校勘記

嘉慶二十年江西南昌府學開雕

太子少保江西巡撫兼提督揚州阮元審定　武寧縣貢生盧宣旬校

欽定四庫全書總目春秋公羊傳注疏二十八卷

漢公羊壽傳何休解詁唐徐彥疏案漢書藝文志公羊傳十一卷班固自注曰公羊子齊人（案漢藝文志不題顔師古名者皆因之自注）顔師古注曰名高（案此據春秋說題詞之文見徐彥疏所引）徐彥疏引戴宏序曰子夏傳與公羊高高傳與其子平平傳與其子地地傳與其子敢敢傳與其子壽至漢景帝時壽乃與齊人胡母子都著於竹帛何休之注亦同（休說見隱公二年紀子伯莒子盟於密條下）今觀傳中有子沈子曰子司馬子曰子女子曰子北宮子

曰又有高子曰魯子曰蓋皆傳授之經師不盡出於公羊子定公元年傳正棺於兩楹之閒二句穀梁傳引之直稱沈子不稱公羊是併其不著姓氏者亦不盡出公羊子且併有子公羊子曰尤不出於高之明證知傳確爲壽撰而胡母子都助成之舊本首署高名蓋未審也又羅璧識遺稱公羊穀梁自高赤作傳外更不見有此姓萬見春謂皆姜字切韻脚疑爲姜姓假託案鄒爲邾婁披爲勃鞮木爲彌牟殖爲舌職記載音譌經典原有是事至弟子記其先師子孫述其祖父必不至竟迷本字别用合聲璧之所言殊爲好異至程端學春秋本義竟指高爲漢初人則講學家臆斷之詞更不足與辨矣三傳與經文漢志皆各爲卷帙以左傳附經始於杜預公羊傳附經則不知始自何人觀何休解詁但釋傳而不釋經與杜異例知漢末猶自別行今所傳蔡邕石經殘字公羊傳亦無經文足以互證今本以傳附經或徐彥作疏之時所合併歟彥疏文獻通考作三十卷今本乃止二十

八卷或彥本以經文併爲二卷別冠於前後人又散入傳中故少此二卷亦未可知也彥疏唐志不載崇文總目始著錄稱不著撰人名氏或云徐彥董逌廣川藏書志亦稱世傳徐彥不知時代意其在貞元長慶之後考疏中邲之戰一條猶及見孫炎爾雅注完本知在宋以前又葬桓王一條全襲用楊士勛穀梁傳疏知在貞觀以後中多自設問答文繁語複與邱光庭兼明書相近亦唐末之文體董逌所云不爲無理故今從逌之說定爲唐

入焉

監本附音春秋公羊。注疏序

漢司空掾任城樊何休序。陸氏音義曰掾弋絹反〔疏〕漢司空掾解云漢者巴漢之間地名也於秦二世元年諸侯叛秦沛人共立劉季以爲沛公二年八月沛公入秦秦相趙高殺二世立二世兄子子嬰冬十月爲漢元年子嬰降○年春正月項羽尊楚懷王以爲義帝其年二月項羽自立爲西楚霸王分天下爲十八國更立沛公爲漢王王巴漢之間四十一縣都於南鄭至漢王五年冬十二月乃破項羽軍斬之六年正月乃稱皇帝遂取漢爲天下號若夏殷周既克天下乃取本受命之地爲天下號云司空者漢三公官名也掾者即其下屬官也若今之三府掾是也○任城樊何休序○解云任城者郡名樊者縣名姓何名休字邵公其本傳云休爲人質朴訥口而雅有心思精研六經世儒無及者大傅陳蕃辟之與參政事蕃敗休坐廢錮乃作春秋公羊解詁覃思不闚門十有七年是也序者舒也敘也舒展已意以次敘經傳之義述已作注之意故謂之序也

昔者孔子有云〔疏〕昔者孔子有云○解云昔者古也前也故孝經云昔者明王鄭注云

昔古也檀弓上篇云予疇昔夜夢注云昔猶前也然則若對後言之即言前若對今言之即言古何氏言前古孔子有云云言也

吾志在春秋行在孝經〔疏〕吾志在至孝經○解云案孝經鉤命決云孔子在庶德無所施功無所就志在春秋行在孝經是也所以春秋言志在孝經言行在春秋者賞善罰惡之書見善能賞見惡能罰乃是王侯之事非孔子所能行故但言志在而已孝經者尊祖愛親勸子事父勸臣事君理關貴賤臣子所宜行故曰行在孝經也

此二學者聖人之極致〔疏〕此二至極致○解云二學者春秋孝經也極者盡也致之言至也言聖人作此二經之時盡已至誠而作之故曰聖人之極致也○

治世之要務也。○治直吏反〔疏〕治世至務也○解云凡諸經藝等皆治世所須但此經或是懲惡勸善或是尊祖愛親有國家者最所急行故云治世之要務也言治世之精要急務矣祭統云凡治人之道莫急於禮禮者謂三王以來也若大道之時禮於忠信爲薄正以孔子脩春秋祖述堯舜故言此考諸舊本皆作世字又且於理亦宜然若作世字者俗誤已行

傳春秋者非一〔疏〕傳春秋者非一○解云孔子至聖卻觀無窮知秦無道將必燔書故春秋之說口授子夏度秦至漢乃著竹帛故說題辭云傳我書者公羊高也戴宏序云子夏傳與公羊高高傳與其子平平傳與其子地地傳與其子敢敢傳與其子壽至漢景帝時壽乃共弟子齊人胡毋子都著於竹帛與董仲舒皆見於圖讖是也故大史公云董仲舒廣川人也以治春秋孝景時爲博士下帷講誦弟子傳以久次相受業或莫見其面董生相膠西王疾免歸家以脩學著書爲事終不治産業是也又六藝論云治公羊者胡毋生董仲舒董仲舒弟子嬴公嬴公弟子眭孟眭孟弟子莊彭祖及顔安樂安樂弟子陰豐劉向王彦故曰傳春秋者非一舊云傳春秋者非一者謂本出孔子而傳五家故曰非一

本據亂而作〔疏〕本據亂而作○解云孔子本獲麟之後得端門之命乃作春秋公取十二則天之數是以不得取周公成王之史而取隱公以下故曰據亂而作謂據亂世之史而爲春秋也

其中多非常異義可怪之論○論盧困反下持論同〔疏〕其中至之論○解云由亂世之史故有非常異義可怪之事也非常異義者即莊四年齊襄復九世之讎而滅紀僖元年實與齊桓專封是也此即是非常之異義言異於文武時何者若其常義則諸侯不

得擅滅諸侯不得專封故曰非常異義也其可怪之論者即昭三十一年邾婁叔術妻嫂而春秋善之是也

說者疑惑〔疏〕說者疑惑○解云此說者謂胡毋子都董仲舒之後莊彭祖顏安樂之徒見經傳與奪異於常理故致疑惑

至有倍經任意反傳違戾者〔疏〕至有至戾者○解云此倍讀如反背之背非倍半之倍也言由疑惑之故雖解經之理而反背於經即成二年逢丑父代齊侯當左以免其主春秋不非而說者非之是背經也任意者春秋有三世異辭之言顏安樂以爲從襄二十一年之後孔子生訖即爲所見之世是任意任意者凡言見者目覩其事心識其理乃可爲見故演孔圖云文宣成襄所聞之世也而顏氏分張一公而使兩屬是其任意也反傳違戾者宣十七年六月癸卯日有食之案隱三年傳云某月某日朔日有食之者食正朔也其或日或不日者或失之前或失之後失之前者朔在前也謂二日乃食失正朔於前是以但書其日而已失之後者朔在後也謂晦日食失正朔於後是以又不書日但書其月而已即莊十八年三月日有食之是也以此言之則日食之道不過晦朔與二日即宣十七年言日不言朔者是二日明矣而顏氏以爲十四日日食是反傳違戾也

其

勢雖問不得不廣【疏】其勢至不廣○解云言說者疑惑義雖不是但其形勢已然故曰其勢雖復致問不得不廣引外文望成其說故曰不得不廣也一說謂顏莊之徒以說義疑惑未能定其是非致使倍經任意反傳違戾是以何氏觀其形勢故曰其勢維適畏人問難故曰維問遂恐已說窮短不得不廣引外文望成已說故曰不得不廣也維誤爲雖耳是以講誦師言至於百萬猶有不解【疏】是以至不解○解云此師謂胡董之前公羊氏之屬也言由莊顏之徒解義不是致地問難遂爾謬說至於百萬言其言雖多猶有合解而不解者故曰猶有不解矣時加醸嘲辭○醸嘲陟交反【疏】時加醸嘲辭○解云顏安樂等解此公羊苟取頑曹之語不顧理之是非若世人云雨雪其雱臣助君虐之類是也援引他經失其句讀【疏】援引至句讀○解云三傳之理不同多矣羣經之義隨經自合而顏氏之徒既解公羊乃取他經爲義猶賊黨入門主人錯亂故曰失其句讀以無爲有【疏】以無爲有○解云公羊經傳本無以周王爲天囚之義而公羊說及莊顏之徒以周王爲天囚故曰以無爲有也

甚可閔笑者【疏】甚可閔笑者○解云欲存公羊者閔其愚闇欲毀公羊者笑其謬通也不可勝記也【疏】不可勝記也○解云言其可閔可笑處多不可勝負不可具記也是以治古學貴文章者謂之俗儒【疏】是以至俗儒○解云左氏先著竹帛故漢時謂之古學公羊漢世乃興故謂之今學是以許慎作五經異義云古者春秋左氏說今者春秋公羊說是也治古學者即鄭衆賈逵之徒貴文章矣謂之俗儒者即繁露云能通一經曰儒生博覽羣書號曰洪儒則言乖典籍辭理失所名之爲俗教授於世謂之儒鄭賈之徒謂公羊雖可教授於世而辭理失所矣至使賈逵緣隙奮筆以爲公羊可奪左氏可興【疏】至使至可興○解云賈逵者即漢章帝時衛士令也言緣隙奮筆者莊顏之徒說義不足故使賈逵得緣其隙漏奮筆而奪之遂作長義四十一條云公羊理短左氏理長意望奪去公羊而興左氏矣鄭衆亦作長義十九條十七事專論公羊之短左氏之長在賈逵之前何氏所以不言之者正以鄭衆雖扶左氏而毀公羊但不與讖合帝王不信毀公羊處少與左氏不強故不言之豈如賈逵作長義四十一條奏御于帝帝用嘉之乃知古之爲真也賜布及衣將欲存立但未及而崩耳然則賈逵幾廢公羊故特言之恨先師觀聽不決多隨二創【疏】恨先至二創○解云此先師戴宏等也凡論義之法先觀前人之理聽其辭之曲直然以義正決之今戴宏作解疑論而難左氏不得左氏之理不能以正義決之故云觀聽不決多隨二創者上文云至有背經任意反傳違戾者與公羊爲一創又云援引他經失其句讀者又與公羊爲一創今戴宏作解疑論多隨此二事故曰多隨二創也而舊云公羊先師說公羊義不著反與公羊爲一創賈逵緣隙奮筆奪之與公羊爲二創非也此世之餘事【疏】此世之餘事○解云何氏言先師解義雖曰不是但有已在公羊必存故曰此世之餘事餘末也吉戴氏專愚公羊未申此正是世之末事猶天下閑事也舊云何氏云前世之師說此公羊不得聖人之本旨而猶在世之末說故曰世之餘事也斯豈非守文持論敗績失據之過哉【疏】斯豈至過哉○解云守文者守公羊之文持論者執持公羊之文以論左氏即戴宏解疑論之流矣

敗績者爭義似戰陳故以敗績言之失據者凡戰陳之法必須據其險勢以自固若失所據即不免敗績若似公羊先師欲持公羊以論左氏不閑公羊左氏之義反爲所窮已業破散是失所依據故以喻焉余竊悲之久矣【疏】余竊悲之久矣○解云何邵公精學十五年專以公羊爲已業見公羊先師失據敗績爲他左氏先師所窮但在室悲之而已故謂之竊悲非一朝一夕故謂之久後拜爲議郎一舉而起陵羣儒之上已業得申乃得公然歎息往者略依胡毋生條例○毋音無多得其正【疏】往者至其正○解云胡毋生本雖以公羊經傳傳授董氏猶自別作條例故何氏取之以通公羊也雖取以通傳意猶謙未敢言已盡得胡毋之旨故言略依而已何氏本者作墨守以距敵長義以強義爲廢疾以難穀梁造膏肓以短左氏蓋在注傳之前猶鄭君先作六藝論訖然後注書故云往者也何氏謙不言盡得其正故言多爾故遂隱括使就繩墨焉○隱括古奪反結也【疏】故遂至墨焉○解云隱謂隱審括謂檢括繩墨猶規矩也何氏言已隱審檢括公羊使就規矩也然則何氏最存公羊也而讖記不見者書不盡言故也而舊云善射者

隱括令審射必能中何氏自言已隱括公羊能中其義也凡木受繩墨其直必矣何氏自言規矩公羊令歸正路矣

監本附音春秋公羊注疏序終

江南蘓松督糧道方體栞

中書門下

牒奉

勑國家欽崇儒術啓迪化源眷六籍之垂文實百王之取法著於緗素皎若丹青乃有前脩詮其奧義爲之疏釋播厥方來頗索隱於微言用擊蒙於後學流傳既久譌舛遂多爰命校讎俾從刊正歷歲時而盡瘁探簡策以惟精載嘉稽古之功允助好文之理宜從雕印以廣頒行牒至准

勑故牒

景德二年六月　日牒

工部侍郎叅知政事馮

兵部侍郎叅知政事王

兵部侍郎平章事寇

吏部侍郎平章事畢

監本附音春秋公羊注疏隱公卷第一 起元年盡元年

春秋公羊經傳解詁隱公第一 ○陸曰解詁佳買反下音古訓也○

疏　春秋至第一○解云案舊題云春秋隱公經傳解詁第一公羊何氏則云春秋者一部之揔名隱公者魯侯之諡號經傳者雜縛之稱解詁者何所自目第一者無先之辭公羊者傳之別名何氏者邵公之姓也今定本則升公羊字在經傳上退隱公字在解詁之下未知自誰始也又云何休學今案博物志曰何休注公羊云何休學有不解者或荅曰休謙辭受學於師乃宣此義不出於已此言爲允是其義也○問曰左氏以爲魯哀十一年夫子自衛反魯十二年告老遂作春秋至十四年經成不審公羊之義孔子早晚作春秋乎○荅曰公羊以爲哀公十四年獲麟之後得端門之命乃作春秋至九月而止筆春秋說具有其文○問曰若公羊之義以獲麟之後乃作春秋何故大史公遭李陵之禍幽于縲紲乃喟然而嘆曰是余罪也夫昔西伯拘羑里演易孔子厄陳蔡作春秋屈原放逐著離騷左丘明失明厥有國語孫子臏脚而論兵法此人皆意有所鬱結不得通其道也故自黃帝始作其文也案家語孔子厄於陳蔡之時當哀公六年何言十四年乃作乎○荅曰孔子厄陳蔡之時始有作春秋之意未正作其正作猶在獲麟之後也故家語云晉文之有霸心起于曹衛越王句踐之有霸心起于會稽夫陳蔡之間丘之幸也庸知非激憤厲志始於是乎者是其有意矣○問曰若左氏以爲夫子魯哀公十一年自衛反魯至十二年告老見周禮盡在魯魯史法最備故依魯史記脩之以爲春秋公羊之意據何文作春秋乎○荅曰案閔因敘云昔孔子受端門之命制春秋之義使子夏等十四人求周史記得百二十國寶書九月經立感精符考異郵說題辭具有其文以此言之夫子脩春秋祖述堯舜下包文武又爲大漢用之訓世不應專據魯史堪爲王者之法也故言據百二十國寶書也周史而言寶書者寶者保也以其可世世傳保以爲戒故云寶書也○問曰若然公羊之義據百二十國寶書以作春秋今經止有五十餘國通戎夷宿潞之屬僅有六十何言百二十國乎○荅曰其初求也實得百二十國史但有極美可以訓世有極惡可以戒俗者取之若不可爲法者皆棄而不録是故止得六十國也○問曰若言據百二十國寶書以爲春秋何故春秋說云據周史立新經乎○荅曰閔因敘云使子夏等十四人求周史記得百二十國寶書以此言之周爲天子雖諸侯史記亦得名爲周史矣○問曰六藝論云六藝者圖所生也然則春秋者即是六藝也而言依百二十國史以爲春秋何○荅曰元本河出圖洛出書者正欲垂範於世也王者遂依圖書以行其事史官録其行事以爲春秋夫子就史所録刊而脩之云出圖書豈相妨奪也○問曰案三統歷云春爲陽中萬物以生秋爲陰中萬物以成故名春秋賈服依此以解春秋之義不審何氏何名春秋乎○荅曰公羊何氏與賈服不異亦以爲欲使人君動作不失中也而春秋說云始於春終於秋故曰春秋者道春爲生物之始而秋爲成物之終故云始於春終於秋故曰春秋也而舊云春秋說云哀十四年春西狩獲麟作春秋九月書成以其書作秋成故云春秋也者非也何者案莊七年經云星實如雨傳云不脩春秋曰雨星不及地尺而復君子脩之曰星實如雨何氏云不脩春秋謂史記也古者謂史記爲春秋以此言之則孔子未脩之時已名春秋何言孔子脩之春作秋成乃名春秋乎○問曰春秋據史書而爲之史有左右據何史乎○荅曰六藝論云春秋者國史所記人君動作之事左史所記爲春秋右史所記爲尚書是以玉藻云動則左史書之言則右史書之鄭注云其書春秋尚書其存者記文先言左史鄭注先言春秋明以左史爲春秋矣云云之說左氏首已成解不能○重載夫子所以作春秋者解疑論云聖人不空生受命而制作所以生斯民覺後生也西狩獲麟知天命去周赤帝方起麟爲周亡之異漢興之瑞故孔子曰我欲託諸空言不如載諸行事又聞端門之命有制作之狀乃遣子夏等求周史記得百二十國寶書脩爲春秋故孟子云世衰道微邪說暴行有作臣弒其君者有之子弒其父者有之孔子懼作春秋故史記云春秋之中弒君三十六亡國五十二諸侯奔走不得保其社稷者不可勝數故有國者不可以不知春秋爲人臣者不可以不知春秋爲人君父而不通於春秋之義者必蒙首惡之名爲人臣子而不通於春秋之義者必陷篡弒之誅以此言之則孔子見時衰政失恐文武道絕又見麟獲劉氏方興故順天命以制春秋以授之必知孔子制春秋以授漢者案春秋說云伏羲作八卦丘合而演其文瀆而出其神作春秋以改亂制又云丘攬史記援引古圖推集天變爲漢帝制法陳敘圖録又云丘水精治法爲赤制功又云黑龍生爲赤必告云象使知命又云經十有四年春西狩獲麟赤受命倉失權周滅火起薪采得麟以此數文言之春秋爲漢制明矣○問案莊七年星實如雨傳云不脩春秋曰雨星不及地尺而復君子脩之曰星實如雨又昭十二年齊高偃帥師納北燕伯于陽傳云伯于陽者何公子陽生也子曰我乃知之矣在側者曰子苟知之何以不革曰如爾所不知何春秋之信史

也其序則齊桓晉文其會則主會者爲之其詞則丘有罪焉爾何故孔子脩春秋有改之者何可改而不改者何○荅曰其不改者勿欲令人妄億措其改者所以爲後法故或改或不改示此二義○問曰公羊以魯隱公爲受命王黜周爲二王後案長義云名不正則言不順言不順則事不成今隱公人臣而虛稱以王周天子見在上而黜公侯是非正名而言順也如此何以笑子路率爾何以爲忠信何以爲事上何以誨人何以爲法何以全身如此若爲通乎○荅曰孝經說云孔子曰春秋屬商孝經屬參然則其微似之語獨傳子夏子夏傳與公羊氏五世乃至漢胡母生董仲舒推演其文然後世人乃聞此言矣孔子卒後三百歲何不全身之有又春秋藉位於魯以託王義隱公之爵不進稱王周王之號不退爲公何以爲不正名何以爲不順言乎又奉天命而制作何不謙讓之有○問曰春秋說云孔子欲作春秋卜得陽豫之卦宋氏云夏殷之卦名也孔子何故不用周易占之乎○荅曰蓋孔子見西狩獲麟知周將亡又見天命有改制作之意故用夏殷之易矣或言卜則是龜之辭也不從宋氏之說若然應言陽豫之兆何言卦乎蓋龜著通名故言卜矣○問曰何氏注春秋始乎隱公則天之數不審孔子何以正于獲麟止筆乎○荅曰案哀十四年傳云春秋何以始乎隱注云据得

麟乃作祖之所逮聞也注云託記高祖以來事可及問聞知者猶曰我但記先人所聞辟制作之害所見異辭所聞異辭所傳聞異辭何以終乎哀十四年彼注云据哀公未終也曰備矣彼注云人道浹王道備必止於麟者欲見撥亂功成於麟猶堯舜之隆鳳皇來儀故麟於周爲異春秋記以爲瑞明大平以瑞應爲効也絕筆於春不書下三時者起木絕火王制作道備當授漢也是也○問曰既言始於隱公則天之數復言三世故發隱公何○荅曰若論象天數則取十二緣情制服宜爲三世故禮爲父三年爲祖期爲高祖曾祖齊衰三月据哀錄隱兼及昭定已與父時事爲所見之世文宣成襄王父時事謂之所聞之世也隱桓莊閔僖曾祖高祖時事謂之所傳聞之世也制治亂之法書大夫之卒文有詳略故日月備于隱如是有罪之見錄不日卒于得臣明有過以見罪益師不日著恩遠之辭○問曰鄭氏云九者陽數之極九九八十一是人命終矣故孝經援神契云春秋三世以九九八十一爲限然則隱元年盡僖十八年爲一世自僖十九年盡襄十二年又爲一世自襄十三年盡哀十四年又爲一世所以不悉八十一年者見人命參差不可一齊之義又顏安樂以襄二十一年孔子生後即爲所見之世顏鄭之說實亦有途而何氏見何文句要以昭定哀爲所見之世宜文成襄爲

所聞之世隱桓莊閔僖爲所傳聞之世乎○荅曰顏氏以爲襄公二十三年邾婁鼻我來奔傳云邾婁無大夫此何以書以近書也又昭公二十七年邾婁快來奔傳云邾婁無大夫此何以書以近書也二文不異同宜一世若分兩屬理似不便又孔子在襄二十一年生從生以後理不得謂之所聞也顏氏之意盡於此矣何氏所以不從之者以爲凡言見者目覩其事心識其理乃可以爲見孔子始生未能識別寧得謂之所見乎故春秋說云文宣成襄所聞之世不分疏二十一年已後明爲一世矣邾婁快邾婁鼻我雖同有以近書之傳一自是治近升平書一自是治近大平書雖不相干涉而漫指此文乎鄭氏雖依孝經說文取襄十二年之後爲所見之世爾時孔子未生焉得謂之所見乎故不從之○問曰孝經說文實有九九八十一爲限之言公羊信緯可得不從乎○荅曰援神契者自是孝經緯橫說義之言更作一理非是正解春秋之物故何氏自依春秋說爲正解明矣○問曰左氏出自丘明便題云左氏公羊穀梁出自卜商何故不題曰卜氏傳乎○荅曰左氏傳者丘明親自執筆爲之以說經意其後學者題曰左氏矣且公羊者子夏口授公羊高高五世相授至漢景帝時公羊壽共弟子胡母生乃著竹帛胡母生題親師故曰公羊不說卜氏矣穀梁者亦是著竹帛者題其親

師故曰穀梁也○問曰春秋說云春秋設三科九旨其義如何○荅曰何氏之意以爲三科九旨正是一物若揔言之謂之三科科者段也若析而言之謂之九旨旨者意也言三个科段之內有此九種之意故何氏作文謚例云三科九旨者新周故宋以春秋當新王此一科三旨也又云所見異辭所聞異辭所傳聞異辭二科六旨也又內其國而外諸夏內諸夏而外夷狄是三科九旨也○問曰案宋氏之注春秋說三科者一曰張三世二曰存三統三曰異外內是三科也九旨者一曰時二曰月三曰日四曰王五曰天王六曰天子七曰譏八曰貶九曰絕時與日月詳略之旨也王與天王天子是錄遠近親疏之旨也譏與貶絕則輕重之旨也如是三科九旨聊不相干何故然乎○荅曰春秋之內具斯二種理故宋氏又有此說賢者擇之○問曰文謚例云此春秋五始三科九旨七等六輔二類之義以矯枉撥亂爲受命品道之端正德之紀也然則三科九旨之義已蒙前說未審五始六輔二類七等之義如何○荅曰案文謚例下文云五始者元年春王正月公即位是也七等者州國氏人名字子是也六輔者公輔天子卿輔公大夫輔卿士輔大夫京師輔君諸夏輔京師是也二類者人事與災異是也○問曰春秋說云春秋書有七缺七缺之義如何荅曰七缺者惠公妃匹不正隱桓之

禍生是爲夫之道缺也文姜淫而害夫爲婦之道缺也大夫無罪而致戮爲君之道缺也臣而害上爲臣之道缺也僖五年晉侯殺其世子申生襄二十六年宋公殺其世子痤殘虐枉殺其子是爲父之道缺也文元年楚世子商臣弑其君髠襄三十年蔡世子般弑其君固是爲子之道缺也桓八年正月己卯烝桓十四年八月乙亥嘗僖三十一年夏四月四卜郊不從乃免牲猶三望六祀不脩周公之禮缺是爲七缺也矣

何休學○學者言爲此經之學即注述之意

元年春王正月○正月音征又音政後放此〔疏〕元年春王正月○解云若左氏之義不問天子諸侯皆得稱元年若公羊之義唯天子乃得稱元年諸侯不得稱元年此魯隱公諸侯也而得稱元年者春秋託王於魯以隱公爲受命之王故得稱元年矣

元年者何諸据疑問所不知故曰者何〔疏〕元年者何○解云凡諸侯不得稱元年今隱公爵猶自稱侯而反稱元年故執不知問○注諸据至者何○解云謂諸据有疑理而問所不知者曰者何即僖五年秋鄭伯逃歸不盟之下傳云不盟者何注云据上言諸侯鄭伯在其中弟子疑故執不知問成十五年仲嬰齊卒之下傳云仲嬰齊者何注云疑仲遂後故問之是也若据彼難此即或言曷爲或言何以或單言何即下傳云曷爲先言王而後言正月注云据下秋七月天王先言月而後言王公何以不言即位注云据文公言即位也何成乎公之意注云据剌欲救紀而後不能是也而舊解云案春秋上下但言曷爲與何皆有所据故何氏云諸据疑者皆無所据故云問所不知故曰者何也者非

君之始年也以常錄即位知君之始年君魯侯隱公也年者十二月之總號春秋書十二月稱年是也變一爲元元者氣也無形以起有形以分造起天地天地之始也故上無所繫而使春繫之也不言公言君之始年者王者諸侯皆稱君所以通其義於王者惟王者然後改元立號春秋託新王受命於魯故因以錄即位明王者當繼天奉元養成萬物〔疏〕注以常至始年○解云正以桓文宜成襄昭及哀皆云元年春王正月公即位故曰以常錄即位知君之始年○注君魯侯隱公也○解云案春秋說云周五等爵法五精公之言公公正無私侯之言候候逆順兼伺候王命矣伯之言白明白于德子者孳恩宜德男者任功立業皆上奉王者之政教禮法統理一國脩身絜行矣今此侯爲魯之正爵公者臣子之私稱故言君魯侯隱公也○問曰五等之爵既如前釋何名附庸乎○荅曰春秋說下文云庸者通也官小德微附於大國以名通若畢星之有附耳然故謂之附庸矣○注變一爲元○解云以下有二年三年知上宜云一年而不言一年變言元年故決之○注元者至始也○解云春秋說云元者端也氣泉注云元爲氣之始如水之有泉泉流之原無形以起有形以分窺之不見聽之不聞宋氏云無形以起在天成象有形以分在地成形也然則有形與無形皆生乎元氣而來故言造起天地天地之始也○注故上至繫之○解云春秋說云王不上奉天文以立號則道術無原故先陳春後言王天不深正其元則不能成其化故先起元然後陳春矣是以推元在春上春在王上矣○注不言至王者○解云凡天子諸侯同得稱君但天子不得稱公故喪服云君鄭云天子諸侯及卿大夫有地者皆曰君是也今据魯而言不言公之始年而言君之始年者見諸侯不得稱元會假魯爲王乃得稱元故傳言君之始年微欲通魯于王故也

春者何獨在王上故執不知問〔疏〕注獨在至知問○解云春夏秋冬皆是四時之名而夏秋冬三時常不得配王言之唯有春字常在王上故怪而問之

歲之始也以上繫元年在王正月之上知歲之始也春者天地開辟之端養生之首法象所出四時本名也昏斗指東方曰春指南方曰夏指西方曰秋指北方曰冬歲者總號其成功之稱尚書以閏月定四時成歲是也○辟婢亦反本亦作闢稱尺證反下之稱畢稱同〔疏〕歲之始也○問曰元年春王正月公即位實是春秋之五始而傳直於元年春之下發言始而王正月下不言始何○荅曰元是天地之始春是四時之始王正月公即位者人事之始欲見尊重天道略於人事故也○注春者至之端○解云易說云孔子曰易始於大極大極分而爲二故生天地天地有春夏秋冬之節故生四時也言天地開辟分爲四時春先爲端始也○注養生之首○解云乾鑿度云震生萬物於東方夫萬物始生於震震東方之卦也陽氣施生愛利之道故東方爲仁矣故言養生之首言是養生萬物之初首○注法象所出○解云周禮大宰云正月之吉始和布政于邦國都鄙縣治象之法于象魏挾日而斂之是象魏之法于時出之故曰法象所出矣○注四時本名也○解云凡四時先春次夏次秋次冬百代所不變故言春者四時本名矣○注昏斗至冬也○解云皆春秋說文也○注歲者至之稱○解云四時皆於萬物有功歲者是兼總其成功之稱也若以當代相對言之即唐虞曰載夏曰歲殷曰祀周曰年若散文言之不問何代皆得謂之歲矣等取一名而必取歲者蓋以夏數

爲得天正故也亦有一本云歲者摠號成功之稱也○注尚書至是也○解云此堯典文彼鄭注云以閏月推四時使啓閉分至不失其常著之用成歲歷將以授民時且記時事是也王者孰謂孰誰也欲言時王則無事欲言先王又無諡故問誰謂〔疏〕注欲言至無事○解云時王即當時平王也若是當時平王應如下文秋七月天王使宰咺來歸惠公仲子之賵是其事也今無此事直言王故疑非謂當時之王矣○注欲言至無諡○解云正以死諡周道故也謂文王也以上繫王於春知謂文王也文王周始受命之王天之所命故上繫天端方陳受命制正月故假以爲王法不言諡者法其生不法其死與後王共之人道之始也〔疏〕注以上至王也○解云春者端始文王者周之始受命制法之王理宜相繫故見其繫春知是文王非周之餘王也○問曰春秋之道今有三王之法所以通天三統是以春秋說云王者孰謂謂文王也疑三代謂疑文王而傳專云文王不取三代何○荅曰大勢春秋之道實兼三王是以元命包上文摠而疑之而此傳專云謂文王者以見孔子作新王之法當周之世理應權假文王之法故徧道之矣故彼宋氏注云雖大略据三代其要主於文王者是也○注文王至之王○解云即我應瑞云季秋

之月甲子赤雀銜丹書入豐止于昌戶昌再拜稽首受之又禮說云文王得白馬朱鬣大貝玄龜是也○注天之至天端解云天端即春也故春秋說云以元之深正天之端以天之端正王者之政是也○注方陳至王法○解云孔子方陳新王受命制正月之事故假取文王創始受命制正朔者將來以爲法其實爲漢矣○注不言至共之○解云死諡周道文王死來已久而不言諡者正言法其生時政教正朔故曰法其生不法其死也言與後王共之者不言諡可以通之於後王後王謂漢帝也○注人道之始也○解云何氏以見上文亦始尊重天道皆傳自有始文故不須注云天道之始今此實天下之始但略於人事無始文故須注云人道之始也曷爲先言王而後言正月据下秋七月天王先言月而後言王王正月也以上繫於王知王者受命布政施教所制月也王者受命必徙居處改正朔易服色殊徽號變犧牲異器械明受之於天不受之於人夏以斗建寅之月爲正平旦爲朔法物見色尚黑殷以斗建丑之月爲正雞鳴爲朔法物牙色尚白周以斗建子之月爲正夜半爲朔法物萌色尚赤○徽許韋反械戶戒反夏以戶雅反後放此以意求之見賢遍反下並見同〔疏〕注王者至於人解云王者受命

必徙居處者則堯居平陽舜居蒲坂文王受命作邑於豐之屬是也其改正朔易服色殊徽號異器械者禮記大傳文鄭注云服色車馬也徽號旌旗之名也器械禮樂之器及兵甲也然則改正朔者即正朔三而改下注云是也易服色者即明堂位云鸞車有虞氏之路也鉤車夏后氏之路也大路殷路也乘路周路也夏后氏駱馬黑鬣殷人白馬黑首周人黃馬蕃鬣之屬是也其殊徽號者即明堂位云有虞氏之旂夏后氏之綏殷之大白周之大赤之屬是也其變犧牲者即明堂位云夏后氏牲尚黑殷白牡周騂剛之屬是也其異器械者器即明堂位云泰有虞氏之尊也山罍夏后氏之尊也著殷尊也犧象周尊也注云泰用瓦著著地無足夏后氏之鼓足彼注云足謂四足也殷楹鼓彼注云楹謂之柱貫中上出也周縣鼓注云縣縣之簨虡也其械者即兵甲也何氏莊三十二年注云有攻守之器曰械是而言異者即釋器云弓有緣者謂之弓無緣者謂之弭蓋以爲異代相變故云異也所以止變此等者其親親尊尊之屬不可改即大傳云其不可得變革者則有矣親親也尊尊也長長也男女有別此其不可得與民變革者也是也○注夏以至尚赤○解云凡草物皆十一月動萌而赤十二月萌牙始白十三月萌牙始出而首黑故各法之故書傳略說云周以至動殷以萌夏以牙注

云謂三王之正也至動冬日至物始動也物有三變故正色有三天有三生三死故士有三王生特一生死是故周人以日至爲正殷人以日至三十日爲正夏以日至六十日爲正是故三統三王若循連環周則又始窮則反本是也○問曰若如此說則三王所尚各自依其時物之色何故禮說云君尚色天命以赤尚赤以白尚白以黑尚黑宋氏云赤者命以赤烏故周尚赤湯以白狼故尚白禹以玄珪故尚黑也以此言之三代所尚者自是依天命之色何言法時物之牙色乎○荅曰凡正朔之法不得相因滿三反本禮則然矣但見其受命將王者應以十一月爲正則命之以赤瑞應以十二月爲正則命以白瑞應以十三月爲正即命之以黑瑞是以禮說有此言豈道不復法其牙色乎何言乎王正月据定公有王無正月〔疏〕注据定至正月○解云定公元年春王三月晉人執宋仲幾于京師是有王無正月凡十二公即位皆在正月是以不問有事無事皆書王正月所以重人君即位之年矣若非即位之年正月無事之時或有二月王或有三月王矣但定公即位在六月正月復無事故書三月王也其正月時不得書王矣大一統也統者始也摠繫之辭夫王者始受命改制布政施教於天下自公侯至於庶人自山川至於草木昆

蟲莫不一一繫於正月故云政教之始【疏】大一統也。解云所以書正月者王者受命制正月以統天下令萬物無不一一皆奉之以爲始故言大一統也。注揔繫之辭解云凡前代既終後主更起立其正朔之初布象魏於天下自公侯至於庶人自山川至於草木昆蟲莫不繫於正月而得其所故曰揔繫之辭。注故云政教之始。解云亦以傳不言始故足之

公何以不言即位　据文公言即位也即位者一國之始政莫大於正始故春秋以元之氣正天之端以天之端正王之政以王之政正諸侯之即位以諸侯之即位正竟内之治諸侯不上奉王之政則不得即位故先言正月而後言即位政不由王出則不得爲政故先言王而後言正月也王者不承天以制號令則無法故先言春而後言王天不深正其元則不能成其化故先言元而後言春五者同日並見相須成體乃天人之大本萬物之所繫不可不察也。治直吏反夫音扶【疏】注据文公言即位也。解云文元年春王正月公即位是也。問曰桓公元年春亦書即位傳所以不從始而遠据文公何。荅曰正以文公正即位之始故也桓公篡而即位非其正故雖即位在文公前猶不据之。注即位者一國之始解云亦以傳無始文故言此也。注政莫大於正始。解云爲下作文勢也言凡欲正物之法莫大於正其始時是以春秋作五始令之相正也。注乃天至不察也。解云元年春者天之本王正月公即位者人之本故曰天人之大本也言萬物之所繫者春秋以之爲始令萬物繫之故不可不察其義

成公意也　以不有正月而去即位知其成公意。而去起呂反下去同【疏】注以不至公意。解云下十一年傳云隱何以無正月隱將讓乎桓故不有其正月也然則正月者是公縣象魏出教令之月今公既有讓意故從二年已後終隱之篇常去正月以見之故曰不有正月也然則今此注云不有正月者謂從二年恒去正月也今元年去即位故知成公意矣今元年言正月者公時實行即位之禮故見之然則公意讓而行即位者厭民臣之心故也舊云以有正月而去即位云無不字言凡書正月爲公即位出也以元年有正月即公實行即位禮而孔子去即位知其成公讓意者非

何成乎公之意　据刺欲救紀而後不能。刺欲七賜反後皆同更不音【疏】注据刺至不能。解云莊三年冬公次于郎傳曰其言次于郎何刺欲救紀而後不能也然則欲救紀是其不善事公不能救紀是不終善事而春秋書次于郎以刺之今隱公有讓心實是善事但終讓不成爲他所殺亦是善心不遂而春秋善之故以爲難也

公將平國而反之桓　平治也時廢桓立隱不平故曰平反還之

曷爲反之桓　据已立也

桓幼而貴隱長而卑　長者已冠也禮年二十見正而冠士冠禮曰嫡子冠於阼以著代也醮於客位加有成也三加彌尊諭其志也冠而字之敬其名也公侯之有冠禮夏之末造也天子之元子猶士也天下無生而貴者。隱長丁丈反注及下皆同已冠工亂反下同適子丁歷反下同醮子笑反【疏】注禮年至而冠。解云若以襄九年左傳言魯襄公年十二而冠也依八代記即少昊亦十二而冠則知天子諸侯幼即位者皆十二而冠矣是以異義古尚書說云武王崩時成王年十三後一年管蔡作亂周公東辟之王與大夫盡弁以開金縢之書時成王年十四言弁明知已冠矣是其證也但隱公冠當惠公之世從士禮故二十成人乃冠是以何氏即引士冠禮以解之所以必二十冠者異義今禮戴說云男子陽也成於陰故二十而冠是矣而言見正者欲道庶子不冠於阼階故也。注士冠至成也。解云鄭彼注云每加於阼則醮之於客位所以尊敬之成其爲人也是矣凡此士冠禮及禮記冠義郊特牲亦有此文鄭注冠義云阼謂主人之北也適子冠於阼若不醴則醮用酒於客位敬而成之也戶西爲客位庶子冠於房戶外又因醮焉不代父也鄭注昏義云酌而無酬酢曰醮醮之禮如冠醮與。注三加至志也。解云此士冠記文三加者先加緇布冠次加皮弁次加爵弁也彼記云始冠緇布之冠也大古冠布齊則緇之鄭注云大古唐虞以上垂古始冠冠其齊冠也諭其志者彼鄭注云彌猶益也冠服後加益尊諭其志者欲其德之進也是矣注郊特牲云冠益尊則志益大也。注冠而字之敬其名也。解云亦彼記之文鄭注云名者質所受於父母冠成人益文故敬之是也。注公侯至造也。解云此亦士冠禮記文彼鄭注云造作也自夏初以上諸侯雖父死子繼年未滿五十者亦服士服行士禮五十乃命也至其衰末上下相亂篡弒所由生故作公侯冠禮以正君臣也引之者見當時公侯有冠之言。注天子至貴者解云此亦記文鄭注郊特牲云儲君副主猶云士也明人有賢行著德乃得貴也引之者見隱公冠時年已二十宜從士禮明矣

其爲尊卑也微　母俱媵也。媵以證反又繩證反

國人莫知　國人謂國中凡人莫知者言惠公不早分別也。男子年六十閑房無世子則命貴公子將薨亦如之【疏】注國人至別也。解云古者一娶九女一嫡二媵分爲左右尊卑權

寵灼然則朝廷之上理應悉知今此傳云國人不知明是國内凡人也雖然事大非小若早分別亦應知悉故注言惠公不早分別是其義也○注男子至如之○解云男子六十陽道閉藏若仍無世子其正夫人必無有生世子之理故命貴公子以爲世子也若未滿六十則無立庶子爲世子之法何者立而復黜是乃亂道故也然則言閉房者行房之事閉也知男子六十陽道閉藏者家語云男女不六十者不閒居閒居不禁閉房明矣言將薨亦如之者謂未滿六十者將薨之時亦命貴公子矣

隱長又賢此以上皆道立隱所緣○以上時掌反他皆放此諸大夫扳隱而立之扳引也諸大夫立隱不起者在春秋前明王者受命不追治前事孔子曰不教而殺謂之虐不戒視成謂之暴○扳普顏反又必顏反引也舊敷間反【疏】注諸大至秋前○解云公子翬弒隱立桓公仲遂弒赤立宣公皆貶去公子以起見之今此諸大夫廢桓立隱亦是不正何故不作文貶之以見罪正以在春秋前欲明王者受命不追治前事故也○注不戒至之暴○解云此堯曰文何氏以不先告戒比視之而責其成功爲暴矣

隱於是焉而辭立辭讓也言隱欲讓則未知桓之將必得立也是時公子非一【疏】注是時公子非一○解云隱公疑桓不知得立以否故知公子非一且如桓立且如假設之辭則恐諸大夫之不能相幼君也隱見諸大夫背正而立已不正恐其不能相之○相息亮反背正步内反下同故凡隱之立爲桓立也凡者凡上所慮二事皆不可故於是已立欲須桓長大而歸之故曰爲桓立明其本無受國之心故不書即位所以起其讓也○爲于僞反注同【疏】注凡者至二事○解云已若辭立則未知桓之將得立以否是其一慮也假令使桓得立又恐諸大夫不能相幼君是其二慮也

隱長又賢何以不宜立據賢繆公與大夫獲且長以得立○繆音穆獲且俱縛反下子餘反【疏】注據賢至大夫○解云文十二年經書秦伯使遂來聘傳云秦無大夫此何以書賢繆公也何賢乎繆公以爲能變也注云感而自變悔遂霸西戎故因其能聘中國善而與之使有大夫也今此亦善隱能讓何故不與使得立乎故難之○注獲且長以得立○解云文十四年晉人納捷菑于邾婁傳曰貴則皆貴矣雖然獲且也長彼以獲且長故傳與邾婁人立之今此隱亦長何故不宜立乎故難之然則傳言長據獲且傳言賢據繆公而何氏先解繆公者以其事在前故

立適以長不以賢立子以貴不以長適謂適夫人之子尊無與敵故以齒子謂左右媵及姪娣之子位有貴賤又防其同時而生故以貴也禮適夫人無子立右媵右媵無子立左媵左媵無子立嫡姪娣嫡姪娣無子立右媵姪娣右媵姪娣無子立左媵姪娣質家親親先立娣文家尊尊先立姪嫡子有孫而死質家親親先立弟文家尊尊先立孫其雙生也質家據見立先生文家據本意立後生皆所以防愛爭○姪娣夫結反下大計反爭爭鬭之爭下同

桓何以貴據俱公子也母貴也據桓母右媵母貴則子何以貴據俱言公子子以母貴以母秩次立也母以子貴禮妾子立則母得爲夫人夫人成風是也【疏】注夫人成風○解云即文四年冬十有一月壬寅夫人風氏薨五年三月辛亥葬我小君成風是也

○三月公及邾婁儀父盟于眛及者何與也若曰公與邾婁盟也○邾音朱婁力俱反邾人語聲後曰婁故曰邾婁禮記同左氏穀梁無婁字儀父音甫本亦作甫人名字放此眛亡結反穀梁同左氏作蔑

會及暨皆與也都解經上會及暨也○暨其器反下皆同曷爲或言會或言及或言暨會猶最也最聚也直自若平時聚會無他深淺意也最之爲言聚若今聚民爲投最○曷爲如字或于僞反後皆同此【疏】及者何○解云欲言汲汲公仍在喪欲言非汲汲及是欲文故執不知問云曷爲或言會者即下六年公會齊侯盟于艾之徒是也云或言暨者昭七年春暨齊平定十年宋公之弟辰暨仲佗石彄出奔陳是也

及猶汲汲也暨猶暨暨也及我欲之暨不得已也我者謂魯也内魯故言我舉及暨者明當隨意善惡而原之欲之者善重惡深不得已者善輕惡淺所以原心定罪【疏】注我者謂魯也○解云此通内外皆然但傳據内言之故言我謂魯也○注欲之至惡深○解云善重者即此文公及邾婁儀父盟于眛是也以其汲汲於善事故曰善重也惡深者即哀十三年公會晉侯及吳子于黃池是也以其汲汲于惡事故曰惡深也○注不得至惡淺○解云善輕則暨齊平是也惡淺者宋公之弟辰

暨仲佗石彄是也**儀父者何邾婁之君也**以言公及不諱知爲君也〔疏〕儀父者何○解云欲言其君經不書爵欲言其臣而不沒公故執不知問○注以言公及不至君也○解云凡春秋上下公與外大夫盟皆諱不言公故莊二十二年秋七月丙申及齊高傒盟于防傳云公則曷爲不言公諱與大夫盟也之屬也今此不沒公故知是君矣其莊九年公及齊大夫盟于暨之屬不沒公者皆傳注分明不煩逆說**何以名**據齊侯以祿父爲名〔疏〕注據齊至爲名○解云即桓十四年冬齊侯祿父卒是言齊侯以祿父爲名故疑邾婁君亦以儀父爲名是以難也**字也**以當褒知爲字〔疏〕注以當褒知爲字○解云春秋以隱新受命而王儀父慕之故知當褒是以春秋說云褒儀父善趣聖者是也**曷爲稱字**據諸侯當稱爵〔疏〕注據諸侯當稱爵○解云六年夏公會齊侯盟于艾之屬是也**褒之也**以宿與微者盟書卒知與公盟當褒之有土嘉之曰褒無土建國曰封稱字所以爲褒之者儀父本在春秋前失爵在名例爾○褒之保刀反〔疏〕注以宿至書卒○解云所傳聞之世微國之卒本不合書而此年九月及宋人盟于宿宿爲地主與在可知以其與內微者盟故至八年得變例書卒見恩矣云有土嘉之曰褒者謂加爵與字即儀父滕侯之屬是也云無土建國曰封者即封邢衛之屬是也**曷爲褒之**據功不見○不見賢偏反下皆同**爲其與公盟也**爲其始與公盟盟者殺生歃血詛命相誓以盟約束也○傳不足言託始者儀父比宿滕薛最在前嫌獨爲儀父發始下三國意不見故顧之○爲其于僞反注爲其獨爲皆同歃所洽反又音所甲反詛莊慮反約束並如字一音上於妙反下音戍〔疏〕注傳不至顧之○解云此傳應言爲其始與公盟今不具其文句言始者若言始與公盟即恐下二國不具始是以顧之不得具其文**與公盟者衆矣曷爲獨褒乎此**據戎齊侯莒人皆與公盟傳不足託始故復據衆也○復扶又反下復爲同〔疏〕注據戎至公盟○解云二年秋八月公及戎盟于唐六年夏公會齊侯盟于艾八年秋公及莒人盟于包來是也○注傳不足至衆也○解云傳若鄉者足其文句云道爲其始與公盟之時義勢即盡矣道理不得復言與公盟者衆矣曷爲獨褒乎此但上傳既無始與之文而得褒賞猶自可怪故更據衆難之云託始者言隱公實非受命之王但欲託之以爲始也**因其可褒而**

褒之春秋王魯託隱公以爲始受命王因儀父先與隱公盟可假以見褒賞之法故云爾○王魯于況反下而王同一音如字後王魯皆放此**此其爲可褒奈何漸進也**漸者物事之端先見之辭去惡就善曰進譬若隱公受命而王諸侯有倡始先歸之者當進而封之以率其後不言先者亦爲所褒者法明當積漸深知聖德灼然之後乃往不可造次陷於不義○倡尺亮反造七報反〔疏〕注漸者至之辭○解云言物事之端者猶言物事之首也言先見之辭者見讀如見其二子焉之見也若公子陽生闖然之類也云去惡就善曰進者言能去惡就善即是行之進也○注不可至不義○解云桓十五年夏邾婁人牟人葛人來朝朝桓惡人而貶稱人夷狄之也者是其造次陷於不義矣**眛者何地期也**會盟戰皆錄地其所期處重期也凡書盟者惡之也爲其約誓大甚朋黨深背之生患禍重胥命於蒲善近正是也君大夫盟例日惡不信也此月者隱推讓以立邾婁慕義而來相親信故爲小信辭也大信者時柯之盟是也魯稱公者臣子心所欲尊號其君父公者五等之爵最尊王者探臣子心欲尊其君父使得稱公故春秋以臣子書葬者皆稱公于者於也凡以事定地者加于例以地定事者不加于例○處昌慮反惡之烏路反下惡不惡其皆同大甚音泰或勑賀反近正附近之近柯音歌〔疏〕眛者何○解云春秋之始弟子未解地期之義故執不知問○注凡書盟者惡之○解云此言與公盟而得褒何言惡者直善其慕新王之義而得褒豈善其盟乎○注胥命至是也○解云即桓三年夏齊侯衛侯胥命于蒲傳云胥命者何相命也何言乎相命近正也此其爲近正奈何古者不盟結言而退是也○注君大至信也○解云言內君與大夫共他外盟之時其書日皆是惡其不信也即下二年秋八月庚辰公及戎盟于唐文八年冬十月壬午公子遂會晉趙盾盟于衡雍之屬是也○注故爲小信辭也○解云邾婁儀父歸于新王而見褒賞不爲大信者以下七年秋公伐邾婁是其背信也功不足錄但假託以爲善故爲小信辭也○注大信至是也○解云即莊十三年冬公會齊侯盟于柯傳曰桓公之信著乎天下自柯之盟始焉是也○注故春至稱公○解云謂以其臣子之辭書其葬者悉皆稱公即桓十年夏五月葬曹桓公僖四年秋葬許繆公之屬是也若然桓十七年秋八月癸巳葬蔡桓侯不稱公者彼注云稱侯者亦奪臣子辭也有賢弟而不能任用反疾害之而立獻舞國幾并於蠻荆故賢季抑桓稱侯所以起其事是也○注凡以至于例○解云謂先約其事

乃期于某處作盟會者加于即僖二十八年夏五月盟于踐土之屬是也。注以地至于例。解云言先在其地乃定盟會之事者不加于即莊十九年公子結媵陳人之婦于鄄遂及齊侯宋公盟襄三年夏六月公會單子晉侯以下同盟于雞澤陳侯使袁僑如會叔孫豹及諸侯之大夫及陳袁僑盟之屬是也○夏五月鄭伯克段于鄢克之者何加之者問訓詁并問施于之爲○段徒亂反鄢音偃疏克之者何。解云欲言其殺而經書克欲言非殺克者大惡之文故執不知問。注加之至之爲。解云訓詁者即不言殺而言克是也所以不直言克者何而并言之者非直問其變殺爲克并欲問其施于鄭之所爲矣而不荅于鄢之意者欲下乃解爲當國故此處未勞解之弟子以其不荅于鄢之意是以下文復云其地何以難之殺之也殺之則曷爲謂之克大鄭伯之惡也以弗克納大郤缺之善知加克大鄭伯之惡也○郤缺去逆反下起悦同疏注以弗至之善○解云文十四年秋晉人納接菑于邾婁弗克納傳云其言弗克納何大其弗克納也是也曷爲大鄭伯之惡據晉侯殺其世子申生不

加克以大之疏注据晉至大之。解云在僖五年春母欲立之已殺之如勿與而已矣如即不如齊人語也加克者有嫌也段無弟文稱君甚之不明又段當國嫌鄭伯殺之無惡故變殺言克明鄭伯爲人君當如傳辭不當自已行誅殺使執政大夫當誅之克者詁爲殺亦爲能惡其能忍戾母而親殺之禮公族有罪有司讞于公公曰宥之及三宥不對走出公又使人赦之以不及反命公素服不舉而爲之變如其倫之喪無服親哭之。戾力計反讞魚列反宥之音又赦也疏注明鄭至誅之。解云鄭伯爲人君之法當如傳辭不與其國而已不宜忍戾其母而親殺之其誅之者自是執政大夫之事。注禮公至哭之。解云皆出文王世子也其文云公族有罪獄成有司讞于公其死罪則曰某之罪在大辟其刑罪則曰某之罪在小辟彼注云讞之言白也公曰宥之有司又曰在辟公又曰宥之有司又曰在辟及三宥不對走出致刑于甸人注云對荅也先者君每言宥則荅之以將更宥之至于三罪定不復荅走往刑之爲君之恩無已公又使人追之曰雖然必赦之有司對曰無及也注云罪既正不可宥乃欲赦之重刑殺其類也反命于公注云白已刑殺公素服不舉爲之變如其倫之喪無服注云素服於

凶事爲吉於吉事爲凶非喪服也君雖不服臣卿大夫死則皮弁錫衰以居往弔當事則弁経於士蓋疑衰同姓則緦衰以弔之今無服者不往弔也倫謂親疏之比也素服亦皮弁矣親哭之注云不往弔爲位哭之而已君於臣使有司哭之是也段者何鄭伯之弟也殺母弟故直稱君疏段者何。解云欲言世子母弟無世子母弟之文欲言大夫復目鄭伯以殺故執不知問何以不稱弟據天王殺其弟年夫稱弟疏注据天至稱弟。解云在襄三十年夏當國也欲當國爲之君故如其意使如國君氏上鄭所以見段之逆其地何據齊人殺無知不地疏注据齊至不地。解云即莊九年春齊人殺無知是也當國也齊人殺無知何以不地據俱欲當國也在內也在內雖當國不地也其不當國而見殺者當以殺大夫書無取於地也其當國者殺於國內禍已絕故亦不地不當國雖在外亦不地也明當國者在外乃地爾爲其將交連鄰國復爲內難故錄其地明當急誅之不當國雖在外禍輕故不地也月者責臣子不以

時討與殺州吁同例不從討賊辭者主惡以失親親故書之○難乃旦反下此難同吁況于反疏注明當至地爾。解云下四年九月衛人殺州吁于濮及此皆是也○注不當至地也○解云昭四年秋七月楚子云云伐吳執齊慶封殺之昭八年夏楚人執陳行人于徵師殺之皆是也○注月者至同例○解云下四年九月衛人殺州吁之下注云討賊例時此月者久之也○注不從至書之○解云若作討賊辭當稱人以討如齊人殺無知然今不如此者經本主爲惡鄭伯失親親而書故目鄭伯而不稱人也○秋七月天王使宰咺來歸惠公仲子之賵宰者何官也○以周公加宰知爲官也咺況阮反一音況元反賵芳仲反疏宰者何○解云以其言宰與周公同疑宰爲官以其言名又與宰周公異復疑非官故執不知問○注以周至官也○解云僖九年夏公會宰周公已下于葵丘是也咺者何名也別何之者以有宰周公本嫌宰爲官疏咺者何○解云繫宰是官言名又卑稱故執不知問○注別何至爲官○解云所以不言宰咺者何而別何之者正以周公加宰爲周公身上官故別何之令相遠若然上注云以周公加宰知爲官而此注

又云本嫌宰爲官者言宰周公宰爲周公身上官今此言宰咺亦嫌宰爲咺之身上官也不謂二注異宰即非咺之身上官而繫宰言之者矣士以官録言其是宰下之士故也○

曷爲以官氏 據石尚 疏 注據石尚○解云定十四年秋天王使石尚來歸脤石尚亦是士而不以官録之故以爲難也

宰士也 天子上士以名氏通中士以官録下士畧稱人 疏 注天子至稱人○解云天子上士以名氏通者即石尚來歸脤是也云中士以官録者言以所繫之官録之即此是也云下言畧稱人者即僖八年春公會王人以下盟于洮是也

惠公者何隱之考也 生稱父死稱考入廟稱禰○禰乃禮反 疏 惠公者何○解云春秋從隱至哀魯無惠公歸賵言來故執不知問○注生稱父○解云即下曲禮云生曰父是也廣雅云父者矩也以法度威嚴於子言能與子作規矩故謂之父○注死稱考○解云即下曲禮曰死曰考是也周書謚法大慮行節曰考爾雅云考成也言有大慮行節之度量堪成以下之法故謂之考鄭注曲禮云考成也言其德之成也義亦通於此○注入廟稱禰○解云即襄十二年左傳曰同族於禰廟是也舊説云禰字示傍爾言雖可入廟是神示猶自最近于已故曰禰

仲子者何桓之母也 以無謚也仲字子姓婦人以姓配字不忘本也因示不適同姓生稱母死稱妣○妣必履反 疏 仲子者何○解云正以上不見仲子卒文而得歸賵故執不知問○注以無謚也○解云凡春秋之義妾子爲君者其母得稱謚即文公九年冬秦人來歸僖公成風之禭是也今桓未爲君故其母不得稱謚也是以見其不稱謚即知桓之母也○注仲字至同姓○解云字者本國所加故稱字見其不忘本國也所以稱姓者示不適同姓矣○注生稱至稱妣○解云即下曲禮云生曰父曰母死曰考曰妣是也○問曰考與妣是死稱父與母是生稱惠公仲子之卒俱在春秋前何故此傳惠公言隱之考舉死名仲子言桓之母舉生名乎○荅曰仲子已葬訖之後實合舉死稱但禮家本意母死曰妣者比於父之義也故鄭彼云妣之言媲媲于考也但仲子是妾桓未爲君其母不得爲夫人卑不得比于父故還以母言之

何以不稱夫人 此難生時之稱也據秦人來歸僖公成風之禭成風稱謚今仲子無謚知生時不稱夫人 疏 注此難至稱也○解云文九年冬秦人來歸僖公成風之禭舉風之謚案經成風生時傳稱夫人何者禮妾賤不得有謚故也今仲子不舉謚不與成風同明生時不得稱夫人可知故傳家逆難之

桓未君也賵者何喪事有賵賵者蓋以馬以乘馬束帛 此道周制也以馬者謂士不備四也禮既夕曰公賵玄纁束帛兩馬是也乘馬者謂大夫以上備四也禮大夫以上至天子皆乘四馬所以通四方也天子馬曰龍高七尺以上諸侯曰馬高六尺以上卿大夫士曰駒高五尺以上束帛謂玄三纁二玄三法天纁二法地因取足以共事○乘馬繩證反注乘馬同纁許云反共音恭 疏 賵者何○解云初入春秋弟子未曉賵義故執不知問○注此道周制也○解云知者正以上云以馬與士既夕禮同下言乘馬與士異明知周之禮大夫以上皆有四馬矣○注以馬至四也○解云以下言乘馬明上文直言以馬者士禮兩馬可知故即引禮爲證矣○注禮大夫至方也○解云案異義古毛詩説云天子至大夫同駕四皆有四方之事士駕二也詩云四騵彭彭武王所乘龍旂承祀六轡耳耳魯僖所乘四牡騑騑周道倭遲大夫所乘書傳云士乘飾車兩馬庶人單馬木車是也○問曰若然異義公羊説引易經云時乘六龍以馭天下也知天子駕六與此異何○荅曰彼謹案亦從公羊説即引王度記云天子駕六龍諸侯與卿駕四大夫駕三以合之鄭駮云易經時乘

六龍者謂陰陽六爻上下耳豈故爲禮制王度記云今天子駕六者自是漢法與古異大夫駕三者於經無以言之者是也然則彼公羊説者自是章句家意不與何氏合何氏此處不依漢禮者蓋時有損益也○注天子至以上○解云月令天子駕蒼龍是其高七尺者漢制也其六尺五尺亦然○注諸侯曰至以上○解云魯頌曰魯侯戾止其馬蹻蹻是也○注卿大夫至以上○解云詩云皎皎白駒食我場苗是也○○注束帛至纁二○解云雜記上云魯人之贈三玄二纁是也○注玄三至共事○解云天數不但三地數不但二而取三二者因取足以共事故也

車馬曰賵貨財曰賻衣被曰禭 此者春秋制也賵猶覆也賻猶助也皆助生送死之禮禭猶遺也遺是助死之禮知生者賵賻知死者贈禭○賻音附禭音遂猶遺唯季反 疏 注此者春秋制也○解云上陳周制訖下乃言賵賻禭此三者是春秋之內事故云此者春秋制也○注知生至贈禭○問曰案既夕禮云知死者贈知生者賻鄭注云各主於所知以此言之賻專施于生者何○荅曰賻專施于生禭專施于死賵實生死兩施故何氏注知生知死皆言賵矣而既夕禮專言知生者對贈言之故也○問曰何知賵生死兩施乎○荅曰案既夕禮云兄弟賵奠可

也注云兄弟有服親者可且賵且奠許其厚也賵奠於死生兩施又云所知則賵而不奠鄭注云所知通問相知也降於兄弟奠施於死者爲多故不奠以此言之明賵與奠皆生死兩施也言奠於死者爲多故知賵生死等矣

桓未君則諸侯曷爲來賵之 據非禮 【疏】注據非禮○解云桓公未爲君則其母猶妾故諸侯賵之爲非禮

隱爲桓立故以桓母之喪告于諸侯 經言王者賵赴告王者可知故傳但言諸侯○隱爲于僞反下注爲并年末注同告古毒反一音古報反 【疏】注故傳但言諸侯○解云諸侯之賵及事則在春秋之前故不書矣然則諸侯有相賵之道隱以桓母成爲夫人告天子諸侯天子猶來何況諸侯乎故傳舉以言焉

然則何言爾成公意也 尊貴桓母以赴告天子諸侯彰桓當立得事之宜故善而書仲子所以起其意成其賢

其言來何 據歸含且賵不言來○歸唅本又作含戶暗反下同 【疏】注據歸至言來○解云文五年春王使榮叔歸含且賵是

不及事也 比於去來爲不及事時以葬事畢無所復施故云爾去來所以爲及事者若已在於內者 【疏】注比於至云爾○解云公羊之例若其奔喪會葬不問來之早晚及事不及事皆言來矣故文元年春天王使叔服來會葬夏四月葬我君僖公者是其及事言來也文五年三月葬我小君成風下乃言王使召伯來會葬注云去天者不及事是不及事亦言來矣故元年傳云其言來會葬何會葬禮也注云但解會葬者明言來者常文不爲早晚施也定十五年夏邾婁子來奔喪傳云其言來奔喪何奔喪非禮也彼注云但解奔喪者明言來者常文不爲早晚施也以此言之則知奔喪會葬之例不問早晚悉言來矣若其含賵襚及事則不言來不及事則言來是以惠公仲子之葬悉在春秋前至此乃來歸賵傳曰其言來何不及事也又注云比於去來爲不及事時以葬事畢無所復施故云爾去來所以爲及事者若已在於內者是也若含不及事亦須言來也故文四年冬十有一月壬寅夫人風氏薨五年春王使榮叔歸含且賵彼注云不從含晚言來者本不當含也以此言之明諸侯含晚須言來矣何者諸侯鄰國禮容有含故也若其襚也文九年秦人來歸僖公成風之襚亦是不及事言來也何氏不注者以其可知省文故也所以如此作例者以奔喪會葬所以逞哀序志必有所費容其事故稽留不必苛責其及時也其含賵襚之等皆是死者所須若其來晚則無及於事故須作文見

其早晚矣

其言惠公仲子何 據歸含且賵不言主名

兼之兼之非禮也 禮不賵妾既善而賵之當各使一使所以異尊卑也言之賵者起兩賵也○一使所吏反 【疏】注言之至賵也○解云以此言之則文九年秦人來歸僖公成風之襚言之襚者亦起兩襚矣

何以不言及仲子 據及者別公夫人尊卑文也仲子即卑稱也○別彼列反 【疏】注據及至文也○解云即僖十一年夏公及夫人姜氏會齊侯于陽穀是也

仲子微也 比夫人微故不得並及公也月者爲內恩錄之也諸侯不月比於王者輕會葬皆同例言天王者時吳楚上僭稱王王者不能正而上自繫於天也春秋不正者因以廣是非稱使者王尊敬諸侯之意也王者據土與諸侯分職俱南面而治有不純臣之義故異姓謂之伯舅叔舅同姓謂之伯父叔父言歸者與使有之辭也天地所生非一家之有有無當相通所傳聞之世外小惡不書書者來接內也春秋王魯以魯爲天下化首明親來被王化漸漬禮義者在可備責之域故從內小惡舉也主書者從不及事也○僭子念反而治直吏反下皆同所傳直專反下文所傳并注同被皮寄反 【疏】注月者爲內恩錄○解云此文及文五年春王正月王使榮叔歸含且賵皆是內恩錄之也○注諸侯至者輕○解云即文九年冬秦人來歸僖公成風之襚是也○注會葬皆同例○解云若王使人來則書月爲內恩錄之若諸侯使人來即不月以爲比王者爲輕故文五年春三月王使召伯來會葬文元年二月天王使叔服來會葬皆是也其諸侯使人來會葬不月者春秋之內偶爾無之其襄三十一年冬十月滕子來會葬定十五年九月滕子來會葬皆書月者彼是諸侯身來會葬非使人仍自非妨也以此義勢言之則鄉解王與諸侯者皆是使人非身自來也而舊云襄三十一年月者爲下癸酉葬襄公出之會葬不蒙月定十五年月者爲下葬定公出之會葬亦不蒙上月者非也○注春秋至是非○解云若正之當直言王今不正之而亦言天者所以廣見是非故也何者若單言王是其正稱今兼亦言天見其非正矣○注稱使王意也○解云成二年傳云君不行使乎大夫由尊卑不敵故也今天子與諸侯亦尊卑不敵所以言使者天子見諸侯與已分職俱南面而治有不純臣之義故尊敬之而使歸賵故曰尊敬諸侯之意也○注有不至之義○解云喪服斬衰章云臣爲君諸侯爲天子既言臣爲君而別言諸侯爲天子明其與純臣者異其異者即不居殯官是○注故異至叔父○解云下曲禮及覲禮記文○注言歸者至

之辭也○解云春秋大例先是已物乃言歸即歸讙及闡之屬是也今此賵之車馬先非魯物而言歸者與魯有之辭○注所傳至內也○解云春秋之義所傳聞之世外小惡皆不書今此緩賵是外之小惡當所傳聞之世未合書見而書之者由接內故也

○九月及宋人盟于宿孰及之內之微者也內者謂魯也微者謂士也不名者略微也大者正小者治近者說遠者來是以春秋上刺王公下譏卿大夫而逮士庶人宋稱人者亦微者也魯不稱人者自內之辭也宿不出主名者主國主名與可知故省文明宿當自首其榮辱也微者盟例時不能專正故責略之此月者隱公賢君雖使微者有可采取故錄也○于宿音夙國名說音悅逮音代又大計反故省所景反後省文皆同〔疏〕注微者謂士也○解云正以公羊之例大夫悉見名氏與卿同今此不見名氏故知士也○注明宿至辱也○解云理是則主人先榮理非則主人先辱故曰首其榮辱也○注微者至故錄也○解云春秋之例若尊者之盟則大信時小信月不信日見其責也若其微者不問信與不信皆書時悉作信文以略之即傳十九年冬會陳人蔡人楚人鄭人盟于齊之屬是今此書月者義如注釋

○冬十有二月祭伯來祭伯者何天子之大夫也以無所繫言來也○祭伯側界反五年注放此〔疏〕祭伯者何○解云欲言王臣不言王使欲言諸侯復不言朝欲言失地之君復不言奔故執不知問○注以無至來也○解云外諸侯臣來聘宜繫國稱使即文四年秋衛侯使甯俞來聘之屬是也若直來亦有所繫如閔元年冬齊仲孫來之屬是若外諸侯之臣來奔當繫國言來奔即文十四年秋宋子哀來奔襄二十八年冬齊慶封來奔之屬是也今無所繫直言來故知宜是天子之大夫也

何以不稱使據凡伯稱使〔疏〕注據凡伯稱使○解云即下七年天王使凡伯來聘是也奔也奔者走也以不稱使而無事知其奔〔疏〕注以不至其奔○解云下三年武氏子來求賻文九年毛伯來求金是無使文而有事也上文秋七月天王使宰咺文元年天王使叔服之徒皆是有使有事也今此無使復無事故知其正是奔也奔則曷為不言奔據齊慶封來言奔〔疏〕注據齊至言奔○解云在襄二十八年冬王者無外言奔則有外之辭也言奔則與外大夫來奔同文故去奔明王者以天下為家無絕義主書者以罪舉內外皆書者重乖離之禍也當春秋時廢選舉之務置不肖於位輒退絕之以生過失至於君臣忿爭出奔國家之所以昏亂社稷之所以危亡故皆錄之錄所奔者為受義者明當受賢者不當受惡人也祭者采邑也伯者字也天子上大夫字尊尊之義也月者為下卒也當案下例當蒙上月日不也奔例時一月二事月當在上十言有二者起下復有二非十中之二○選息變反肖音笑采七代反〔疏〕注故去至絕義○問曰若王者以天下為家無絕義故不言奔何故襄三十年夏王子瑕奔晉昭二十六年冬尹氏召伯毛伯以王子朝奔楚成十二年春周公出奔晉皆言奔乎○荅曰春秋進退無義若來奔魯者見王者以天下為家無絕義故不言奔矣若奔別國即見春秋黜周與外諸侯同例故言奔矣○既以魯為王而不專黜周者若專黜周則非遜順之義故也○注主書者以罪舉○解云一則罪祭伯之去主一則罪魯受叛人故曰以罪舉○注內外皆書者重乖離之禍也○解云內書者閔二年秋公子慶父出奔莒是也又在外奔書者昭二十年冬十月宋華亥向甯華定出奔陳之屬是也○注當春至於位○解云王制云凡官民材必先論之論辨然後使之任事然後爵之位定然後祿之爵人於朝與士共之是擇人之法也當春秋之時不問賢與不肖悉皆世位故言此○注輒退至過失○解云君若退絕其臣不聽世祿以生過失矣○注至於至出奔○解云由不肖者在位故有忿爭出奔之事矣○注伯者字也○解云知伯非爵者正見桓八年經云冬祭公來遂逆王后于紀公是其爵明伯是其字矣○注當案至不也○解云一月有數事重者皆蒙月也若上事輕下事重輕者不蒙月重者自蒙月若上事重下事輕則亦重者蒙月輕者不蒙月故言當案下例當蒙上月矣日不者謂一日有數事即不得上下相蒙故桓十二年冬十一月丙戌公會鄭伯盟于武父丙戌衛侯晉卒彼下注云不蒙上日者春秋獨晉書立記卒耳當蒙上日與不嫌異於篡例故復出日明同是也○注奔例時○問曰襄二十年夏五月王子瑕奔晉昭二十六年冬十月尹氏召伯毛伯以王子朝奔楚悉書月何言例時乎○荅曰案襄公十年五月甲午宋災伯姬卒天王殺其弟年夫王子瑕奔晉昭二十六年冬十月天王入于成周尹氏召伯毛伯以王子朝奔楚以此言之則似月為上事其二處出奔仍不蒙月是以襄三十年五月甲午之下注云外災例時此日者為伯姬卒日昭二十六年冬十月之下注云月者為天下喜錄王者反正位是其月為上事之明文不妨出奔仍自時也故此乃注云月者為下卒奔例時也舊云春秋王魯是以王臣來奔魯者悉

與外諸侯之臣來奔同書時故與襄二十八年冬齊慶封來奔同書時矣若王臣奔佗國者悉皆書月見別于諸侯之臣矣是以王子瑕毛召之徒悉皆書月○問曰若然成十二年春周公出奔晉亦是出奔何故不月○荅曰王臣之例實不言出亦不書時但周公自其私出奔故自從小國例言出書時矣凡諸侯出奔大國例月小國時

○公子益師卒。何以不日？據臧孫辰書日○不日人實反此傳皆以日月爲例後放此

〔疏〕注據臧孫辰書日○解云即文十年春王三月辛卯臧孫辰卒者也○問曰下五年冬十二月辛巳公子彄卒亦書日所以不據之而遠據文十年之篇何○荅曰下五年何氏云日者隱公賢君宜有恩禮於大夫益師始見法無駭有罪俠又未命也故獨得於此日以義言之正由同在所傳聞之世非常書日之限故不據之所聞之世大夫日卒者非一正據辰者以其是所聞之始故也

遠也。孔子所不見

所見異辭，所聞異辭，所傳聞異辭。所見者謂昭定哀已與父時事也所聞者謂文宣成襄王父時事也所傳聞者謂隱桓莊閔僖高祖曾祖時事也異辭者見恩有厚薄義有深淺時恩衰義缺將將以理人倫序人類因制治亂之法故於所見之世恩已與父之臣尤深大夫卒有罪無罪皆日錄之丙申季孫隱如卒是也於所聞之世王父之臣恩少殺大夫卒無罪者日錄有罪者不日略之叔孫得臣卒是也於所傳聞之世高祖曾祖之臣恩淺大夫卒有罪無罪皆不日略之也公子益師無駭卒是也於所傳聞之世見治起於衰亂之中用心尚麤觕故內其國而外諸夏先詳內而後治外錄大略小內小惡書外小惡不書大國有大夫小國略稱人內離會書外離會不書是也於所聞之世見治升平內諸夏而外夷狄書外離會小國有大夫宣十一年秋晉侯會狄於欑函襄二十三年邾婁劓我來奔是也至所見之世著治大平夷狄進至於爵天下遠近小大若一用心尤深而詳故崇仁義譏二名晉魏曼多仲孫何忌是也所以三世者禮爲父母三年爲祖父母期爲曾祖父母齊衰三月立愛自親始故春秋據哀錄隱上治祖禰所以二百四十二年者取法十二公天數備足著治法式又因周道始壞絕於惠隱之際主所以卒大夫者明君當隱痛之也君敬臣則臣自重君愛臣則臣自盡公子者氏也益師者名也諸侯之子稱公子公子之子稱公孫○見恩賢遍反下見治皆同殺所介反麤觕才古反又七奴反說文大也諸夏戶雅反凡諸夏皆放此欑函才官反下音咸大平音泰期音基齊衰音咨本亦作齋下七雷反盡津忍反

〔疏〕注所見至事也○解云孔子親仕之定哀故以定哀爲已時定哀既當於已明知昭公爲父時事知昭定哀爲所見文宣成襄爲所聞隱桓莊閔僖爲所傳聞者春秋緯文也○注時恩衰義缺○解云當時子弒父父殺子爲恩衰也臣弒君君殺臣爲義缺故喪服四制云爲父斬衰三年以恩制爲君斬衰三年以義制是也○注將以至之法○解云孔子見時如此遂制春秋理人倫者斷理君臣之倫次令得所也序人類者類謂父子序父子之恩使之厚也因以制治亂之軌式矣○注故於至卒是也○解云隱如逐君而書日即定五年丙申季孫隱如卒是也若非罪書日即昭二十五年冬十月戊辰仲孫舍卒二十九年四月庚子叔倪卒是也而此注不言之者從省文也○注於所至日錄○解云無罪書日者即襄五年冬十有二月辛未季孫行父卒襄十九年八月丙辰仲孫蔑卒是無罪而書日者錄之故也若然文十四年九月甲申公孫敖卒于齊敖實有罪而書日者彼注云已絕卒之者爲後齊脅魯歸其喪有恥故爲內諱使若尚爲大夫是也○注有罪至是也○解云宣五年九月叔孫得臣卒何氏云不日者知公子遂欲弒君爲人臣知賊而不言明當誅是有罪而不日者略之故也○注於所見至卒是也○解云公子益師無罪而不日即此是也無駭有罪而不日即下八年冬十有二月無駭卒是也若然莊三十二年秋七月癸巳公子牙卒僖十六年三月壬申公子季友卒秋七月甲子公孫慈卒並是所傳聞之世而得書日牙卒之下何氏云莊不卒大夫而卒牙者本以當國將弒君書日者錄季子之惡也其季友之下何氏云日者僖公賢君宜有恩禮於大夫故皆日也其公孫慈之下何氏云一年喪骨肉三人故日痛之是也○注錄大略小○解云謂錄大國卒葬小國卒葬不錄是也○注內離至是也○解云內離會者即下二年春公會戎于潛桓元年春公會鄭伯于垂是也外離會不書者桓五年齊侯鄭伯如紀傳云外相如不書此何以書離不言會也何氏云時紀不與會故略言如也○注於所至升平○解云升進也稍稍上進而至於大平矣○注宜十至欑函○解云即此一經而當是二義也○注襄二至是也○解云若然莊二十四年冬曹羈出奔陳莊二十七年冬莒慶來逆叔姬皆非所聞之世而小國得有大夫書名者曹羈之下傳云曹無大夫此何以書賢也莒慶之下傳云莒無大夫此何以書譏爾大夫越境逆女非禮也然則一譏一賢故變例書之爾○注至所至大平○解云當爾之時實非大平但春秋之義若治之大平於昭定哀也猶如文宣成襄之世實非升平但春秋之義而見治之升平然○注夷狄至於爵○解云即哀

四年夏晉人執戎曼子赤歸于楚十三年夏公會齊侯及吳子于黃池是也○注晉魏萬多仲孫何忌是也○解云哀十三年晉魏多帥師侵衞傳云此晉魏曼多也曷爲謂之晉魏多譏二名二名非禮也定二年仲孫忌圍運傳云此仲孫何忌也曷爲謂之仲孫忌譏二名二名非禮也何氏云春秋定哀之間又致大平欲見王者治定無所復爲譏唯有。名故譏之此春秋之制也○注所以至三年○解云母雖不斬哀痛與斬同故連言之○注爲曾至三月○解云不言高祖父母者文不備○注立愛自親始○解云即祭義云子曰立愛自親始教人睦也立敬自長始教人順也鄭注云親長父兄也睦厚也是○注故春至祖禰○解云即大傳云上治祖禰尊尊也下治子孫親親也旁治昆弟合族以食序之昭穆別之以仁義人道竭矣鄭注云治猶正也竭盡也○注取法至法式○解云考諸舊本皆作式字言取十二公者法象天數欲著治民之法式也若作戒字言著治亂之法著治國之戒矣○注諸侯至公孫○解云出喪服傳也

監本春秋公羊注疏隱公卷第一

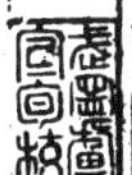

[illegible]盧氏宣旬校定

大清嘉慶二十年重栞宋本十三經[illegible]藏本校

江南蘇松督糧道方體栞

春秋公羊傳注疏挍勘記序

阮元撰　盧宣旬敬錄

漢武帝好公羊治其學者胡毋子都董膠西爲最著膠西下帷講誦著書十餘萬言皆明經術之意至於今傳焉子都爲景帝時博士後年老歸教於齊齊之言春秋者莫不宗事之公羊之著竹帛自子都始戴宏序偁子夏傳與公羊高高傳其子平平傳其子地地傳其子敢敢傳其子壽壽與弟子胡毋子都著於竹帛是也何休爲膠西四傳弟子本子都條例以作注著公羊墨守公羊文謚例公羊傳條例尤邃於陰陽五行之學間以緯說釋傳疏不詳其所據漢志有公羊外傳五十篇徵引或出此也公羊傳文初不與經相連綴漢志各自爲卷孔穎達詩正義云漢世爲傳訓者皆與經別行故蔡邕石經公羊殘碑無經解詁亦但釋傳也分經附傳大氐漢後人爲之而唐開成始取而刻石徐彥疏唐志不載崇文揔目始著錄亦無撰人名氏宋董逌云世傳徐彥所作其時代里居不可得而詳矣光祿寺卿王鳴盛云即北史之徐遵明不爲無見也葢其文章似六朝人不似唐人所爲者郡齋讀書志書錄解題竝作三十卷世所傳本乃止二十八卷其參差之由亦無可考也元舊有校本今更以何煌所校蜀大字本宋鄂州官本及唐石經本宋元以來各注疏本屬武進監生臧庸臚其同異之字元爲訂其是非成公羊注疏挍勘記

十一卷釋文校勘記一卷後之爲是學者俾得有所考焉阮元記

引據各本目錄

單經本

唐石經春秋公羊十二卷（原刻如此後改爲十一卷閔公第四下添注云附莊公卷故僖公第五改卷四文公第六改卷五宣公第七改卷六成公第八改卷七襄公第九改卷八昭公第十改卷九定公第十一改卷十哀公第十二改卷十一）

經注本

經典釋文公羊音義一卷

注疏本

惠棟校本春秋公羊傳注疏二十八卷（何煌字仲友云康熙丁酉假同門李廣文秉成所買宋槧官本手校再令張翼庭倪穎仲各校一過惠棟云有曹通政寅所藏宋本公羊合何氏所校宋槧官本蜀大字本及元版注疏并參以石經用朱墨別異癸酉冬月識按惠云朱墨別異者今不能詳大約鄂州官書經注本最爲精美）

監本附音春秋公羊注疏二十八卷（款式同周禮注疏補刊修版至明正德止首載景德二年中書門下牒一首蓋此牒出北宋經注本也閩本注疏亦首載此牒）

閩本春秋公羊傳注疏二十八卷

監本春秋公羊傳注疏二十八卷

毛本春秋公羊傳注疏二十八卷

浦鏜春秋公羊傳注疏正誤四卷

春秋公羊傳注疏序校勘記　阮元撰盧宣旬摘錄

中書門下牒（此本及閩本監本卷首皆載此牒文係景德二年也毛本始刪去此牒文下兩勑字中書字俱跳行頂格閩監本改牒文皆低一格牒字跳行亦低一格兩勑字始頂格）

監本附音春秋公羊注疏序（何煌按宋監本公羊下有傳字是也此脫閩監毛本改此爲春秋公羊傳注疏七字閩本於此行下署漢何休學口口口疏另行署明御史李元陽提學僉事江以達校刊監本改署皇明朝列大夫國子監祭酒曾朝節等奉勑重校刊毛本但存漢何休學四字其實亦不當有也）

漢司空掾任城樊何休序（唐石經同釋文祇作春秋公羊序五字何校本閩本監本毛本此題及下序并傳皆低一格惟春秋經文始頂格通書並然蓋後人以意爲之非也此本從唐石經題序經傳皆頂格掾字從手釋文唐石經何校本並同閩監毛本改從木旁非疏中同）

巴漢之間地名也（補刊本地字誤作也原刻及閩本監本毛本不誤此類皆不具著有當著者始出之）

二年八月（諸本同誤也二當作三）

子嬰降○年春正月（補毛本○作其）

六年正月乃稱皇帝（漢書高皇紀五年十二月斬羽二月即皇帝位此六年正月當本作其年二月淺人未考秦以十月爲歲首故蒙上五年十二月之文改此爲六年正月也據上文云冬十月爲漢元年其年春正月項羽尊楚懷王以爲義帝知疏文於此亦本作其年）

名休字邵公（閩監毛本同補刊本邵作卲○按此字當作卲从卩高也表德之字無取於地名）

述已作注之意（閩本同監毛本注作註非下並同）

予疇昔夜夢（補刊本予誤子閩監毛本承之）

案孝經鉤命決云（閩監毛本央改決是也）

所以春秋言志在孝經言行在 下當脫者字

治世之要務也 唐石經諸本同疏云考諸舊本皆作也若作世字俗誤已行按也作世則屬下讀曰世傳春秋者非一俗本是

凡諸經藝 閩本同監本毛本藝改義非

謂三王以來也 何按本同閩監毛本脫也

正以孔子脩春秋 毛本脩改修下並同

俗誤已行 何按本同此本行字模餬闕監毛本遂脫

口授子夏 閩本同監本夏誤頁

治公羊者胡毋生 閩本同監毛本毋誤母

安樂弟子陰豐劉向王彥 漢書儒林傳云安樂授淮陽泠豐次君淄川任公公爲少府豐淄川太守六藝論之陰豐疑即漢書泠豐之譌六藝論言劉向王彥漢書但言任公葢鄭君所聞不必與班氏合也

得瑞門之命 閩監毛本作端是也此誤

僖口言實與齊桓專封是也 補僖下空闕一字

邾婁叔術妻嫂 閩監毛本嫂作嫂嫂者南朝俗字

非倍半之倍也 舊鈔本同閩監毛本半改畔非

其勢雖問不得不廣 唐石經諸本同疏云一說其勢維適足人問難故曰維問維誤爲雖耳按維當作惟言其形勢惟問難者多是以不得不廣爲之說也故下云是以講誦師言至於百萬云云

致地問難 鈔本同誤也閩監毛本地作他爲是

時加釀嘲辭 諸本同唐石經缺按釋文作讓嘲讓相責讓也嘲嘲笑也言時加詭讓嘲笑之辭作釀誤當據正

甚可閔笑者 唐石經同閩監毛本笑改笑非

笑其謬通也 何按本同葢誤閩監毛本作謬妄

貴文章矣謂之俗儒者 浦鏜云矣爲者之誤

至使賈逵緣隙奮筆 唐石經閩本隙作隟

作長義四十二條 閩本同監毛本二誤一○案春秋序正義云賈逵上春秋大義四十以抵公羊後漢書本傳則云出左氏傳大義長者摘三十餘事以上玉海引疏亦作四十一條是宋世本作一不作二也○補此本此疏上文遂作長義四十一條是作一不作二

將欲有立 閩監毛本欲作欲此當是慾之訛

專愚公羊未申 補毛本愚作慮

何氏本者作墨守以距敵 浦鏜云者疑著之誤當在敵字下龔麗正云何氏不聞著長義此言距敵長義言與賈逵長義相距敵也按如龔說則當讀著作墨守以距敵長義爲句下以强敵三字似衍

爲癈疾以難穀梁 閩監毛本癈誤廢

監本附音春秋公羊注疏序終 閩本作春秋公羊經傳解詁序終監毛本無此

春秋公羊注疏序校勘記終　工部屯田司員外郎胡祖謙按

公羊注疏卷一挍勘記

阮元撰　盧宣旬摘錄

監本附音春秋公羊注疏隱公卷第一　閩監毛本刪監本附音四字下增漢何休學四字與後複非也

春秋公羊經傳解詁隱公第一　釋文唐石經同閩監毛本改此題低一格非解云舊題春秋隱公經傳解詁第一公羊何氏今定本升公羊字在經傳上退隱公字在解詁之下又云何休學臧琳經義雜記曰詩正義云鄭注三禮周易中候尚書皆大名在下孔安國馬季長盧植王肅之徒其所注者莫不盡然則公羊傳亦本隱公小題在上公羊大題在下定本誤改故唐人多從之臧禮堂曰何氏題何休學非也杜預解左傳止題杜氏趙岐孟子章句但題趙氏鄭注孝經但題鄭氏古人遜謙不欲自表其名但著氏族俾可識別耳按唐石經桓公第二何休學原刻作何氏後磨改作何休據疏引博物志則晉時本已稱何休學矣閩監毛本何休學三字在此題下此本移於疏後非也元板同

春秋者一部之揔名隱公者魯侯之謚號　閩監本揔作摠毛本揔改總謚改謚非

或荅曰　閩本同監毛本荅改答非下並同

乃喟然而嘆曰　閩監本同毛本嘆作歎

以其書作秋成　何按宋監本作以書春作秋成此脫春字閩監毛本書作春○按當作以其書春作秋成

春秋尚書其存者　何按本同閩監毛本其誤具盧文弨曰宋本禮記注作其與此合毛本亦訛具

不能○重載　何按本作不能重載無○是也閩監毛本不能復重載非

丘攬史記　閩監毛本攬作覽非也○按說文攬撮持也

黑龍生爲赤必告云象使知命　監毛本云作示

春秋之信忠也　閩監毛本作信史○按昭十二年傳作信史

何不謙讓之有　閩本同誤也監毛本不作以

託記高祖以來　毛本記作寄誤

鳳皇來儀　閩本同監毛本皇作凰俗字

丘明親自執筆爲之　毛本自作事

言三个科段之內　何按本同閩監本个改箇

文元年　此本元作示訛今訂正補刻本及閩監毛本作二年誤

已卯蒸　閩監毛本蒸作烝

元年

元年者何　宋余仁仲本同閩本監本毛本上增傳字非通書並同

注諸据至者何　閩本同監毛本注改註非下並同○按何煌全書內用据代據漢人之假借也

十二月之揔號　余本同閩監本揔作摠毛本改總非下並同

脩身絜行矣　閩監本同毛本作修身潔行非○按古書潔多作絜

天地開辟之端　宋本閩本同監毛本辟改闢非按疏中仍作開辟釋文辟本亦作闢

揔號其成功之稱　宋本閩本同監毛本功誤名

注昏斗至冬也　按今本注中無也字冬上當有曰字

是以春秋說云　此下文當有脫誤下疑三代謂疑文王同○按當云疑三代不專謂文王則可讀

故徧道之矣　閩監毛本徧作偏此誤

以元之深　浦鏜云深當作氣

十二月萌牙始白　閩監本同毛本牙改芽非注作牙○按牙者古書叚借字

命以赤烏　案烏字是也閩監毛本誤作鳥

則命以白瑞　按命下當脫之

天王者始受命改制　監毛本同誤也宋鄂州官本元本閩本天作夫成十五年疏定元年疏引此注同當據以訂正

後主更起　盧文弨曰主疑當作王

即位者　盧文弨曰春秋左氏正義引此注作公即位者多公字

天不深正其元　鄂本元本閩本天作夫誤也監毛本夫作天是也釋文作夫不音扶○按此陸德明一時誤會未審其文理也

嫡子冠於阼　鄂本同閩監毛本嫡作適下同按釋文亦作適子

男子年六十閉房　鄂本男子上有禮字此挩

不戒視成謂之暴　毛本暴作暴疏同

公及邾婁儀父盟于眛　唐石經監毛本同閩本眛作昧釋文邾婁邾人語聲後曰婁故曰邾婁禮記同左氏穀梁無婁字儀父本亦作甫于眛穀梁同左氏作蔑石經考文提要云宋景德本宋鄂州官書本皆作眛○按說文眛从目末聲與从昧未聲之字別眛與蔑古音同

會猶最也　唐石經最作冣

公會齊侯盟于艾之徒是也　閩本同監毛本徒作役

何以名　鄂本以下同唐石經作何以不名按此設爲問荅之辭此問何以名故下荅之曰非名也字也若作何以不名則與下曷爲稱字意複此下字也一句爲贅矣注云據齊侯以祿父爲名故疑儀父亦名則何注本無不字唐石經當衍

傳不足言託始者　按言字當誤衍下注云傳不足託始可證

下三國意不見　毛本下作于

即恐下二國不是始　浦鏜云三誤二○按惠棟按本不誤

記隱公以爲始受命王　閩監毛本同誤也鄂本記作託當據正

凡以事定地者加于例以地定事者不加于例　按解云謂先約其事乃期于某處作盟會者加于先在其地乃定盟會之事者不加于此注亦當作加于不加于二例當爲衍文

解云謂先約其事乃期于某處作盟會者加于先在其地乃定盟會之事者不加于　案此本及閩本二于字下無例字監本毛本有例字非古也

段無弟又　閩監毛本誤也鄂本又作文當據正

以將更宥之　浦鏜云寬誤宥按文王世子注作寬

欲當國爲之君　毛本欲作弟○按下注云俱欲當國四年疏文十四年疏引此注亦作欲當國然則作欲是也

所以見段之逆　鄂本以下同四年疏引作所以見段之凶逆

宰即非咺之身上官　浦鏜云即當既字誤

禮既夕曰公賵元纁束帛　浦鏜云按經無帛字

時乘六龍以馭天下也　浦鏜云馭經作御下衍字

此者春秋制也　盧文弨曰荀子大略篇注引作此皆春秋之制也按疏本作此者

知死者贈襚　諸本同誤也穀梁疏引此作知死者賵襚當據以訂正疏云何氏注知生知死皆言賵矣

可證

知生者賻 今儀禮同據此疏下文似禮經本作知生者賻賵未詳

告于諸侯 唐石經亦作于

据歸含且賵不言來 釋文作歸哈云本又作含下同○按哈非也依說文應作琀

主書者從不及事也 宋監本同閩監毛本脫從字

若外諸侯之臣來奔 閩監同監毛本若作也按也若當並有

當案下例 閩監毛本同鄂本當作堂誤○按二年注作常案下例當蒙上月解云祭伯來之下已有此注然則此亦應作常

起下復有二 閩監毛本同誤也鄂本下作十當據正

若專黜周則非遜順之義故也 毛本若誤欲

論辨然後使之 閩監毛本辨改辯

義有深淺 鄂本作淺深當乙正諸本皆誤倒

不日畧之旁 鄂本畧作略是也段玉裁曰古人多作略田在旁

用心尚麁觕 釋文作麤觕閩監毛本同段玉裁曰觕說文無此字葢㸤字轉寫之譌本義角長皃叚借爲粗糙字

邾婁劓我來奔是也 鄂本劓作鄓後仍作鼻此從刀訛閩監毛本作鼻○按鼻是也劓鄓皆非襄二十三年可證

晉魏曼多仲孫何忌是也 鄂本曼作萬此本疏中標注亦作萬○按作曼是也萬者聲之誤

著治法式 解云舊本皆作式一作戒

父殺子爲恩衰也 閩監毛本無也此衍否則爲義缺下亦當有也

於所見至卒是也 何按本見作傳是也

録季子之過惡也 閩監毛本過作遏與襄三十二年注合此本過字係改刻

注宣十至攢函 閩本同監毛本十改七

此何以書譏爾 何按本譏下有何譏二字與莊廿七年傳合

晉人執戎曼子赤歸于楚 閩本同監毛本曼作蠻○按哀四年疏云左氏作戎蠻子可證徐氏所據公羊經作曼不作蠻

唯有名故譏之 浦鏜云名上脫二按浦云是也定六年注有二字

序之昭穆 大傳云序以昭穆

出喪服傳也 閩監毛本出誤世

監本春秋公羊注疏隱公卷第一 下卷末準此

公羊注疏卷一校勘記終　工部屯田司員外郎胡祖謙校

監本春秋公羊注疏隱公卷第二 起二年盡四年

何休學

二年春公會戎于潛凡書會者惡其虚内務恃外好也古者諸侯非朝時不得踰竟所傳聞之世外離會不書書內離會者春秋王魯明當先自詳正躬自厚而薄責於人故略外也王者不治夷狄錄戎者來者勿拒去者勿追東方曰夷南方曰蠻西方曰戎北方曰狄朝聘會盟例皆時○惡烏路反好呼報反非朝直遥反凡此字不音者皆同踰竟音境今本多即作境字更不音所傳直專反年末相傳同

[疏]注凡書會者至外好也○解云以其非自求多福之義故也○注古者諸侯至踰竟○解云案曲禮下云諸侯相見於隙地曰會故定十四年注云古者諸侯將朝天子必先會閑隙之地以此言之則會合於禮言會爲惡之非朝時不得踰竟者正以春秋之會非爲天子而作之故得然解○注古者不治至勿追○解云言當所傳聞之世王者草創夷狄有罪不暇治之即先書晉滅下陽末書楚滅穀鄧是也而此經錄戎者來者勿拒故也○注東方曰夷至曰狄○解云下曲禮及王制皆有此文○注朝聘至皆時○解云朝書時者即文十五年夏曹伯來朝昭十七年春小邾子來朝之類是也其聘書時者即文四年秋衛侯使甯俞來聘文六年夏季孫行父如陳之屬是也其會書時者即莊十三年春齊侯宋人以下會于北杏十四年冬單伯會齊侯宋公以下于鄄之屬是也盟書時者即莊十三年冬公會齊侯盟于柯之屬是也其有書日月者皆別著義即不信者日小信者月之屬是也

○夏五月莒人入向入者何得而不居也入者以兵入也已得其國而不居故云爾凡書兵者正不得也外內深淺皆舉之者因重兵害衆兵動則怨結禍更相報償伏尸流血無已時諸侯擅興兵不爲之惡者保伍連帥本有用兵征伐之道魯入杞不諱是也入例時傷害多則月○莒音舉向舒亮反國名更音庚償時亮反擅市戰反

[疏]入者何○解云侵伐戰圍入皆是用兵之文而不言帥帥故執不知問○注凡書兵至得也○解云言春秋之內凡書兵事者皆欲言正之道其理不合然○注諸侯至是也○解云保伍連帥者即禮記王制云五國爲屬屬有長二屬爲連連有帥是也言本有用兵征伐之道者謂禮五國爲屬屬有長二屬爲連連有帥三連爲卒卒有正七卒爲州州有伯若州內有無道者則長帥正伯當征之若其不征則與同惡故曰有征伐之道知非大惡者正以春秋之義內大惡皆諱不書而魯入杞者即傳二十七年秋公子遂帥師入杞者是也若然禮法諸侯賜弓矢然後專征伐而保伍連帥得有征伐之道謂隨州伯故也○注入例至則月○解云入例時者即成七年秋吳入州來定五年夏於越入吳之屬是也傷害多則月者此文及僖三十三年春王二月秦人入滑是也若然僖二十七年秋八月乙巳公子遂帥師入杞而書日者彼注云日者杞屬脩禮朝魯雖無禮君子躬自厚而薄責於人不當乃入之故錄責之者是其不引者以此求之

○無駭帥師入極無駭者何展無駭也何以不氏據公子遂帥師入杞氏公子也○駭戶楷反

[疏]無駭者何○解云欲言其君經不書爵欲言大夫又復無氏故執不知問○注據公子遂帥師至子也○解云在僖二十七年秋

貶貶猶損也○貶彼檢反損也曷爲貶據公子遂俱用兵入杞不貶也疾始滅也以下終其身不氏知貶疾始滅非但起入爲滅

[疏]注據公子遂俱用至貶也○解云欲決隱八年庚寅我入邴非用兵故也○注以下終至爲滅○解云即下八年無駭卒傳曰何以不氏疾始滅也故終其身不氏然則若直欲起此入爲滅止應此經貶之而已不應終身貶之故知并欲起其疾始滅也

始滅昉於此乎昉適也齊人語據傳言撥亂世○昉甫往反適也

[疏]注昉適也齊人語○解云胡毋生齊人故知之若鄭譜云然則詩之道放于此乎之類○注據傳言撥亂世○解云哀十四年傳云君子曷爲爲春秋撥亂世反諸正莫近諸春秋是也既言作春秋治亂世明知往前相滅非一矣而此經爲始疾滅是以據而難之

前此矣前此者在春秋前謂宋滅郜是也○郜古報反前此則曷爲始乎此託始焉爾焉爾猶於是也

[疏]注謂宋滅郜是也○解云桓二年夏四月取郜大鼎于宋傳云此取之宋其謂之郜鼎何器從名彼注云從本主名名之宋始以不義取之故謂之郜鼎是也然則宋滅郜在春秋前故如此解○

曷爲託始焉爾據戰伐不言託始

[疏]注據戰至託始○解云隱二年鄭人伐衛桓十年齊侯衛侯鄭伯來戰于郎傳皆不言託始焉爾故難之而注先言戰者直漫據春秋上下戰伐之事而已故意及則言不爲次第矣

春秋之始也春秋託王者始起所當誅也言疾始滅者諸滅復見不復

貶皆從此取法所以省文也○復見扶又反下不復同見音賢徧反【疏】注言疾滅至省文也○解云諸滅復見不復貶即定四年蔡公孫歸姓帥師滅沈定六年鄭游遬帥師滅許之屬是也此滅也其言入何據齊師滅譚不言入內大惡諱也明魯臣子當爲君父諱滅例月不復出月者與上同月常案下例當蒙上月日不○當爲于僞反下爲後背隱同【疏】注據齊師滅譚不言入○解云在莊十年○注滅例月至同月○解云莊十年冬十月齊師滅譚莊十三年夏六月齊人滅遂之屬是也○注常案下至日不○解云元年祭伯來之下已有此注而復言之者正以彼月爲下公子益師卒其祭伯來奔不蒙月今此下五月二事皆蒙之嫌其異故重發之○秋八月庚辰公及戎盟于唐後不相犯日者爲後背隱而善桓能自復爲唐之盟○背音佩【疏】注後不相至之盟○解云春秋之例不信者日故後不相犯日者言爲後背隱而善桓能自復爲唐之盟者即桓二年秋九月公及戎盟于唐是也言背隱者桓是弑君之賊而與桓盟是背隱之義矣言善桓能自復者戎與桓同好相隨繼其所能故善其得國矣若左氏之義以極是戎國都案此經傳及注似非一物而舊解曰以爲戎能自復者非也○九月紀履緰來逆女紀履緰者何紀大夫也以逆女不稱使知爲大夫○履緰音須左氏爲裂繻【疏】紀履緰者何○解云不書爵又不言使君臣不明故執不知問○注以逆至大夫○解云正以桓三年秋公子翬如齊逆女之屬皆是大夫爲君逆女而文皆不言使今此履緰逆女不言使故知是大夫也或者使爲爵字誤也何以不稱使據宋公使公孫壽來納幣稱使婚禮不稱主人爲養廉遠恥也【疏】注據宋公至稱使○解云在成八年夏○注爲養廉遠恥也者謂養成其廉遠其慙恥也然則曷稱稱諸父兄師友宋公使公孫壽來納幣則其稱主人何辭窮也辭窮者何無母也禮有母母當命諸父兄師友稱諸父兄師友以行宋公無母莫使命之辭窮故自命之自命之則不得不稱使【疏】辭窮者何○解云弟子未解辭窮之義故執不知問○注禮有母至師友○解云即昏禮記云言子無父母命之是也○注稱諸父至以行○解云謂使者稱

之而文不言使者以其非君故也○注宋公至稱使○解云即昏禮記云親皆沒已躬命之是也○然則紀有母乎曰有以不稱使知有母有則何以不稱母據非主人何不稱母通使文○母不通也禮婦人無外事但得命諸父兄師友稱諸父兄師友以行耳母命不得達故不得稱母通使文所以遠別也○別彼列反外逆女不書此何以書據伯姬歸于宋不書逆人【疏】注據伯至逆人○解云在成九年春譏譏猶譴也○譴遣戰反何譏爾譏始不親迎也禮所以必親迎者所以示男先女也於廟者告本也夏后氏逆於庭殷人逆於堂周人逆於戶○親迎魚敬反注及下同先悉薦反【疏】注禮所至先女也○解云出昏義文○注於廟者至於戶○解云即書傳云夏后氏逆於廟庭殷人逆於堂周人逆於戶者是也○始不親迎昉於此乎前此矣以惠公妃匹不正不嫌無前也○妃音配又芳非反【疏】注以惠至前也○解云不以正妃匹者是不重昏姻之禮故知往前宜有不親迎之事矣前此則曷爲始乎此託始焉爾焉爾猶於是也曷爲託始焉爾據納幣不託始春秋之始也春秋正夫婦之始也夫婦正則父子親父子親則君臣和君臣和則天下治故夫婦者人道之始王教之端內逆女常書外逆女但疾始不常書者明當先自正躬自厚而薄責於人故略外也○治直吏反【疏】注夫婦正至之端○解云昏義鄭注云言子受氣性純則孝孝則忠是也○注內逆女常書者即桓三年公子翬宣元年公子遂成十四年叔孫僑如之屬是也女曷爲或稱女或稱婦或稱夫人女在其國稱女未離父母之辭紀履緰來逆女是也○未離力智反下同在塗稱婦在塗見夫服從之辭公子結媵陳人之婦是也【疏】女曷爲或稱女者即此經是也或稱婦者即莊十九年陳人之婦是也○注在塗見至之辭○解云案僖二十五年宣元年傳皆云其稱婦者何有姑之辭也者兼二義故也何者在塗稱婦者服從夫辭其至國猶稱婦者對姑生稱也入國稱夫人入國則尊尊有臣子之辭夫人姜氏入是也紀無大夫書紀履緰者重婚禮也月者不親迎例月重錄之親迎例時【疏】注入國至

入是也。解云在莊二十四年秋是也。注月者至例時。解云不親迎例月者即此文及桓三年秋七月公子翬宣元年正月公子遂之屬是也其親迎時者即莊二十四年夏公如齊逆女莊二十七年冬莒慶來逆叔姬之屬是也有不如此者别見義即文四年夏逆婦姜成十四年秋叔孫僑如之屬是也當文自有解不能逆說也

○冬十月伯姬歸于紀伯姬者何內女也以無所繫也不稱公子者婦人外成不得獨繫父母【疏】伯姬者何。解云欲言內女於紀言歸欲言外女文無所繫故執不知問。注不稱公至父母。解云正以莊元年傳云翬公子之舍則已卑矣明有得稱公子之道故注者決之。其言歸何据去父母國也婦人謂嫁曰歸婦人生以父母爲家嫁以夫爲家故謂嫁曰歸明有二歸之道書者父母恩録之也禮男之將取三日不舉樂思嗣親也女之將嫁三夜不息燭思相離也內女歸例月恩録之。取七住反。【疏】注婦人生至爲家。解云謂始生時。注明有二歸之道也。解云即此伯姬歸于紀宣十六年秋郯伯姬來歸之屬是也。注禮男之至女將嫁。解云皆出禮記曾子問。注內女歸至録之。解云即此文冬十月隱七年三月叔姬歸于紀成九年二月伯姬歸于宋之屬是也。

○紀子伯莒子盟于密紀子伯者何無聞焉爾言無聞者春秋有改周受命之制孔子畏時遠害又知秦將燔詩書其說口授相傳至漢公羊氏及弟子胡母生等乃始記於竹帛故有所失也。紀子伯左氏作子帛遠于萬反燔扶元反母音無。【疏】紀子伯者何。解云欲言紀君經不稱侯欲言大夫復敘人君之上故執不知問。

○十有二月乙卯夫人子氏薨夫人子氏者何隱公之母也以不書葬【疏】夫人子氏者何。解云欲言魯之夫人終無葬處弟子未識故執不知問。注以不書葬。解云今隱公欲表已讓故宜屈卑其母不成夫人之禮是以見其不書葬知其是隱公母也何以不書葬。据姒氏書葬。姒音似。【疏】注据姒氏書葬。解云即定十五年九月辛巳葬定姒是也彼定姒之子哀公者未踰年之君也其母亦得書葬今隱公雖欲讓桓不作成君應比未踰年之君今其母不書葬故據而難之成公意也何成乎公之意。据已去即位。去起呂反子將不終爲君故母亦不終爲夫人也時隱公卑屈其母不以夫人禮葬之以妾禮葬之以卑下桓母無終爲君之心得事之宜故善而不書葬所以起其意而成其賢子者姓也夫人以姓配號義與仲子同書薨者爲隱公恩録痛之也日者恩録之公夫人皆同例也。下遐嫁反【疏】注子者至子同。解云上文仲子之下而注云仲字子姓婦人以姓配字不忘本國示不適同姓今此稱姓者亦是示不適同姓之義故云義與仲子同其不稱字之義乃自異故注云以姓配號號即夫人是也。

○鄭人伐衛書者與入向同侵伐圍入例皆時。【疏】注書者與入向同。解云即上注云凡書兵者正不得也外內深淺皆舉之者因重兵害衆是也。注侵伐圍入例皆書時。解云其侵伐書時者即僖二十八年春晉侯侵曹晉侯伐衛之屬是也入例時者已說於上而注言此者正以文承日月之下故須解之

三年春王二月二月三月皆有王者二月殷之正月也三月夏之正月也王者存二王之後使統其正朔服其服色行其禮樂所以尊先聖通三統師法之義恭讓之禮於是可得而觀之。【疏】注二月至王者。

解云二月有王即此是三月有王者即定元年王三月之屬是也。注使統其正朔。解云統者始也謂各使以其當代之正朔爲始也。注所以尊至觀之。解云春秋黜杞而言通三統者黜杞爲魯也通三王之正者爲師法之義己巳日有食之何以書諸言何以書者問主書。【疏】注諸言至主書。解云至此乃解之者正以有所据下言何以書者還言据彼難此之例故不得然解也即上二年傳云外逆女不書此何以書是也今此直言何以書上無所据則是問主書故如此解。記異也異者非常可怪先事而至者是後衛州吁弒其君完諸侯初僭魯隱係獲公子翬進諂謀。殺其申志反下殺其君同翬許韋反諂勅檢反【疏】注是後衛至完。解云在四年春。注諸侯初僭。解云下五年秋初獻六羽傳云何以書譏何譏爾譏始僭諸公也始僭諸公昉於此乎前此矣前此則曷爲始乎此僭諸公猶可言也僭天子不可言也是也。注魯隱係獲者。解云即下六年春鄭人來輸平傳云狐壤之戰隱公獲焉是也。注公子至諂謀。解云下四年秋翬帥師及宋公以下伐鄭傳云公子翬諂乎隱公謂隱公曰百姓安子諸侯說子盍終爲君矣是也此等諸事皆是陰陽之象故取之日食日食則曷

爲或日或不日或言朔或不言朔曰某月某日朔日有食之者食正朔也 桓三年秋十月壬辰朔日有食之是也此象君行外彊內虛是故日月之行無遲疾食不失正朔也 〔疏〕日食則曷爲或日者○解云即此是也或不日者莊十八年三月日有食之是也或言朔者桓三年秋七月壬辰朔日有食之是也○注此象君至朔也○解云外彊者謂外有威嚴其民臣望而畏之內虛者虛心以受物正得爲君之道故食不失正朔也祭義云虛中以治之鄭注云虛中言不兼念餘事是也 其或日或不日或失之前或失之後失之前者朔在前也 謂二日食己巳日有食之是也此象君行暴急外見畏故日行疾月行遲過朔乃食失正朔於前也 失之後者朔在後也 謂晦日食莊公十八年三月日有食之是也此象君行懦弱見陵故日行遲月行疾未至朔而食失正朔於後也不言月食者其形不可得而覩也故疑言日有食之孔子曰多聞闕疑慎言其餘則寡尤不傳天下異者從王錄內可知也○懦乃亂反又乃卧反○〔疏〕注不傳至可知也○解云正以僖十四年沙鹿崩成五年梁山崩傳皆云何以書記異也外異不書此何以書爲天下記異也今無此傳故須解之也彼不從王內錄者以其皆在晉竟內故也

○三月庚戌天王崩 平王也 何以不書葬 據書葬桓王 〔疏〕注平王也○解云知者以本紀當之故也○注據書葬桓王○解云即莊三年五月葬桓王是也○ 天子記崩不記葬必其時也 至尊無所屈也 諸侯記卒記葬有天子存 存在 不得必其時也 設有王后崩當越紼而奔喪不得必其時故恩錄之○紼音弗 〔疏〕注設有至奔喪○解云何氏以意言之不言天子崩者舉輕以明重故也 曷爲或言崩或言薨 天子曰崩 大毀壞之辭○ 諸侯曰薨 小毀壞之辭 大夫曰卒 卒猶終也 士曰不祿 不祿無祿也皆所以別尊卑也葬不別者從恩殺略也書崩者爲天下恩痛王者也記諸侯卒葬者王者亦當加之以恩禮故爲恩錄○以別彼列反下同恩殺所界反爲天于僞反下故爲主爲傳所爲同

○夏四月辛卯尹氏卒尹氏者何天子之大夫也 以尹氏立王子朝也○尹氏左氏作君氏朝如字 〔疏〕尹氏者何○解云欲言諸侯不言國爵欲言外臣而書其卒欲言內臣內無尹氏故執不知問○注以尹氏立王子朝也者○解云在昭二十三年 其稱尹氏何 據宰渠氏官劉卷卒名○卷音權○ 〔疏〕注據宰渠氏官者○解云即桓四年夏天王使宰渠伯糾來聘是注劉卷卒名者○解云在定四年秋 貶曷爲貶 據俱卒也 〔疏〕注據俱卒也○解云據劉卷言之○ 譏世卿 世卿者父死子繼也貶去名者氏者起其世也君曰世世尹氏也○去起呂反 世卿非禮也 禮公卿大夫士皆選賢而用之卿大夫任重職大不當世爲其秉政久恩德廣大小人居之必奪君之威權故尹氏世立王子朝齊崔氏世弒其君光君子疾其末則正其本見譏於卒者亦不可造次無故驅逐必因其遇卒絕之明君案見勞授賞則衆譽不能進無功案見惡行誅則衆讒不能退無罪○見譏賢徧反下同造七報反 〔疏〕世卿非禮也○解云詩序云古之仕者世祿也於賢者言之也○注齊崔至君光○解云崔氏世者

即宣十年齊崔氏出奔衛傳云崔氏者何齊大夫也其稱崔氏何貶曷爲貶譏世卿世卿非禮也者是也言弒其君光者在襄二十五年夏○注君子疾其末○解云即襄二十五年與昭二十三年是也○注則正其本者○解云即此及宣十年是也○注見譏至絕之○解云必因過卒絕之者過即崔氏出奔衛尹氏立王子朝是也卒即此文是也若然尹氏立王子朝還言尹氏而崔杼弒其君光不復言崔氏者正以大夫弒君例稱其名故也○注明君至無功○解云衆譽者若共工鯀等迭相爲譽之類是也○注案見惡至無罪○解云謂君有明德案見惡行誅則刑不濫也故雖衆讒亦不能退黜無罪之善人也舊云言不能退無罪者謂不能退使無罪非也○ 外大夫不卒此何以卒 據原仲不卒○ 〔疏〕注據原仲不卒○解云即莊二十七年秋公子友如陳葬原仲而經不書原仲之卒是也 天王崩諸侯之主也 時天王崩魯隱往奔喪尹氏主儐贊諸侯與隱交接而卒恩隆於王者則加禮錄之故爲隱恩錄痛之日者恩錄之明當有恩禮○ 〔疏〕注時天至恩禮○解云魯隱奔喪而不書者蓋以得其常故也若遣大夫往則書之即文九年二月叔孫得臣如京師辛丑葬襄王是也彼傳云王者不書

葬此何以書不及時書過時書彼注云重録失時我有往者則書彼注云謂使大夫往也惡文公不自往故書葬以起大夫之會是也〇注恩隆至録之〇解云言隱公恩隆於王者則加禮録其償賵之人也〇秋武氏子來求賻武氏子者何天子之大夫也其稱武氏子何據宰渠氏官仍叔不稱氏尹氏不稱子疏武氏子者何〇解云欲言王臣不言王使欲言諸侯之臣文無繫屬故執不知問〇注據宰渠氏官者〇解云即桓四年夏天王使宰渠伯糾來聘是也〇注仍叔不稱氏〇解云即桓五年天王使仍叔之子來聘是也譏何譏爾父卒子未命也時雖世大夫緣孝子之心不忍便當父位故順古先試一年乃命於宗廟武氏子父新死未命而便爲大夫薄父子之恩故稱氏言子見未命以譏之〇疏注時雖世大夫〇解云知者正見尹氏之屬故也〇注緣孝至宗廟解云知如此者正以此經譏父卒子未命而便爲大夫故也何以不稱使據南季稱使疏注據南季稱使〇解云即下九年春天王使南季來聘是也當喪未君也當喪謂天子也未君

者未三年也未可居君位稱使也故絕正其義與毛伯同疏注未君至伯同〇解云即文九年春毛伯來求金傳云何以不稱使當喪未君也踰年矣何以謂之未君以天子三年然後稱王緣民臣之心不可一日無君故踰年即位緣孝子之心即三年不忍當是故三年乃稱王命使大夫矣武氏子來求賻何以書不但言何以書者嫌以主覆問上所以〇說二事不問求賻〇覆芳服反〇疏注不但至求賻〇解云上二事者即父卒子未命當喪未君是也嫌言父卒子未命何以書當喪未君何以書故須連言之注主爲求賻書也者嫌爲上二事書故也〇譏何譏爾喪事無求求賻非禮也主爲求賻書也禮本爲有財者制有則送之無則致哀而已不當求求則皇皇傷孝子之心〇疏注求則皇至子之心解云言制禮本意所以喪事無求者恐傷孝子之心故也何者正以孝子本意無心求矣蓋通于下云爾者嫌天子財多不當求下財少〇可求故明皆不當求之〇疏蓋通于下〇解云蓋詁爲皆若似蓋云歸哉之類或者不受於師故疑之〇八月庚辰宋公和卒不言薨者春秋王魯死當有王

文聖人之爲文辭孫順不可言崩故貶外言卒所以褒內也宋稱公者殷後也王者封二王後地方百里爵稱公客待之而不臣也詩云有客宿宿有客信信是也〇孫音遜疏注故貶至內也〇解云魯得尊名不與外諸侯同文即是尊魯爲王之義〇冬十有二月齊侯鄭伯盟于石門〇癸未葬宋繆公葬者曷爲或日或不日不及時而日渴葬也不及時不及五月也禮天子七月而葬同軌畢至諸侯五月而葬同盟至大夫三月而葬同位至士踰月外姻至孔子曰葬於北方北首三代之達禮也之幽之故也渴喻急也乙未葬齊孝公是也〇宋繆公音穆左氏作穆凡此後倣此首手又反疏注禮天子至姻至〇解云皆隱元年左傳文〇注孔子至故也解云檀弓下篇文云孔子曰之下無禮字〇注渴喻至是也解云即僖二十七年六月庚寅齊侯昭卒八月乙未葬齊孝公是也而言渴葬者謂更無他事但孜孜於葬故不待五月矣不及時而不日慢葬也慢葬不能以禮葬也入月葬蔡宣公是也疏注慢薄至葬也〇解云即下八年夏六月己亥蔡侯考父

卒〇注八月至是也〇解云言但自慢薄不依禮故不待五月也〇過時而日隱之也隱痛也痛賢君不得以時葬丁亥葬齊桓公是也〇疏注隱痛至是也〇解云即僖十七年冬十二月乙亥齊侯小白卒十八年秋八月丁亥葬齊桓公是也過時而不日謂之不能葬也解緩不能以時葬夏四月葬衞桓公是也〇解古邂反又古賣反〇疏注解緩至是也解云即下四年二月戊申衞州吁弒其君完至五年夏四月葬衞桓公是也當時而不日正也六月葬陳惠公是也〇當時丁浪反又如字下同疏注六月至是也〇解云即定四年二月癸巳陳侯吳卒六月葬陳惠公是也當時而日危不得葬也此當時何危爾宣公謂繆公曰以吾愛與夷則不若愛女以爲社稷宗廟主則與夷不若女盍終爲君矣與夷者宣公之子繆公者宣公之弟〇與夷如字又音餘凡人名字及地名之類皆放首音借假字則時復重出愛女音

汝下及注同盡終戶臘反四年傳同〔疏〕當時至葬也○解云即此年八月宋公和卒十二月癸未葬宋繆公是也而注不言之者以下有問不注可知也○以吾至愛女○解云若如也言吾愛於與夷則不止如女而已言其甚也云以爲社稷宗廟主則與夷不若女者言不如女道其不賢云盡終爲君矣者何不遂爲君不聽其反讓

宣公死繆公立繆公逐其二子莊公馮與左師勃左師官勃名也○馮皮冰反曰爾爲吾子生毋相見死毋相哭所以遠絕之○生毋音無下同與夷復曰復報先君之所爲不與臣國而納國乎君者以君可以爲社稷宗廟主也今君逐君之二子而將致國乎與夷此非先君之意也且使子而可逐則先君其逐臣矣繆公曰先君之不爾逐可知矣爾女也可知者欲使我反國○吾立乎此攝也暫攝行君事不得傳與子也謙辭○傳與直專反下音與終致國乎與夷莊公馮弒與夷馮與督共弒殤公在桓二年危之於此者死乃反國非至賢之君不能不爭也○馮殺音試注同爭爭鬭之爭〔疏〕注馮與至二年○解云即桓二年春王正月戊申宋督弒其君與夷及其大夫孔父是也○注死乃至爭也○解云至賢之君謂受國者正以與夷不賢故終見篡矣

故君子大居正明脩法守正最計之要者〔疏〕故君子大居正○解云言由是之故君子之人大其適子居正不勞違禮而讓庶也

宋之禍宣公爲之也言死而讓開爭原也繆公亦死而讓得爲功者反正也外小惡不書錄渴隱者明諸侯卒王者當加恩意憂勞其國所以哀死閔患也〔疏〕注言死而至原也○解云言後人見其死乃讓已疑非誠心至意是以還讓其子終致後禍故曰開爭原也○注繆公至反正也○解云其繆公之功即桓二年馮弒君是也○注所以哀死閔患也○解云哀死者即慢之屬是也閔患者隱之是也

四年春王二月莒人伐杞取牟婁牟婁者何杞之邑也以上有伐杞○牟武侯反〔疏〕牟婁者何○解云外相取邑例所不書疑非凡取故執不知問外取邑不書此何以書據楚子伐宋取彭城不書〔疏〕注據楚至不書○解云即襄元年傳曰魚石走之楚楚爲之伐宋取彭城以封魚石者是也

疾始取邑也外小惡不書以外見疾始著取邑以自廣大比於貪利差爲重故先治之也內取邑常書外但疾始不常書者義與上逆女同不傳託始者前此有滅不嫌無取邑當託始明故省文也取邑例時○見疾賢偏反年未見衆同差初賣反〔疏〕注內取邑常書者○解云即下十年取郜防昭三十二年取闞之屬是也○注義與上逆女同○解云即上注云內逆女常書外逆女但疾始不常書者明當先自正躬自厚而薄責於人故略外是也○注傳不託始者○解云何故不發傳云取邑昉於此乎前此矣前此則曷爲始於此託始焉爾曷爲託始焉爾春秋之始也凡不託始之義有四一則見其經而不託始即上二年彼注云據戰伐不言託始納幣不託始之類是也二則其大惡不可託始即五年初獻六羽之下傳云始僭諸公昉於此乎前此矣前此則曷爲始於此僭諸公猶可言僭天子不可言彼注云傳云爾者解不託始也三則省文不假託始即此是也四則無可託始即桓七年焚咸丘之下注云傳不託始者前此未有無所託也是也○注取邑例時○解云即下六年冬宋人取長葛之屬是然則取牟婁雖在月下不蒙上月也○

戊申衞州吁弒其君完曷爲以國氏據齊公子商人弒其君舍氏公子○弒其申志反弒字從式殺字從殳不同也君父言弒積漸之名也臣子云殺卑賤之意也字多亂故時復音之可知則不重出也完音丸〔疏〕注據齊至公子○解云在文十四年秋也商人所以得稱公子者正以商人次正當立其罪差輕故也○

當國也與段同義日者從外赴辭以賊聞例〔疏〕注與段同義者○解云即上元年注云欲當國爲君故如其意使如國君氏上鄭所以見段之凶逆是也○注日者至聞例○解云公羊之例合書則書不待赴告而言從外赴辭者謂其君被弒此君之臣即以其日赴於天子諸侯望天子諸侯早來救已是以春秋悉皆書日故云日者從外赴辭也言以賊聞例者言以賊弒君聞於天子諸侯例日如此故下八年傳云卒何以日而葬不日卒赴何氏云赴天子也

緣天子閔傷欲其知之義亦通乎此〇夏公及宋公遇于清遇者何不期也一君出一君要之也古者有遇禮爲朝天子若朝罷朝卒相遇于塗近者爲主遠者爲賓稱先君以相接所以崇禮讓絕慢易也當春秋時出入無度禍亂姦宄多在不虞無故卒然相要小人將以生心故重而書之所以防禍原也言及者起公要之明非常遇也地者重錄之遇例時。要之一遙反注同易以豉反〔疏〕遇者何。解云欲言冬見其文曰夏欲言會聚又不言會故執不知問。注言及者至遇也。解云正以及者汲汲之文故也其常遇者即朝天子罷朝之時相遇于塗是也。注遇例時者。解云即隱八年春宋公衛侯遇于垂莊三十年冬公及齊侯遇于魯濟及此之屬皆是而僖十四年夏六月季姬及鄫子遇于防書月者彼注云甚惡內是也〇宋公陳侯蔡人衛人伐鄭〇秋翬帥師會宋公陳侯蔡人衛人伐鄭翬者何公子翬也以入桓稱公子〔疏〕翬者何。解云無公子故執不知問。注以入桓稱公子。解云即桓三年秋公子

公羊注疏卷二　十三

翬如齊逆女是也何以不稱公子貶曷爲貶據叔老會鄭伯伐許不貶〔疏〕注據叔至不貶。解云在襄十六年夏。與弒公也弒者殺也臣弒君之辭以終隱之篇貶知與弒公也。與弒音預下及注同。〔疏〕注以終隱至弒公。解云即此及十年夏翬帥師會齊人鄭人伐宋傳云此公子翬也何以不稱公子貶曷爲貶隱之罪人也故終隱之篇貶也是也其與弒公奈何公子翬諂乎隱公諂猶佞也謂隱公曰百姓安子諸侯說子盍終爲君矣隱曰吾否否不也。說音悅吾使脩塗裘吾將老焉塗裘者邑名也將老焉者將辟桓居之以自終也故南面之君勢不可復爲臣故云爾不以成公意者隱本爲桓守國國邑皆桓之有不當取以自爲也。將辟音避今本多即作辟字後不更音復扶又反本爲于僞反下自爲傳吾爲皆同。〔疏〕注不以成至爲也。解云上元年傳云公何以不言即位成公意也此傳何以不言營塗裘何以不書成公意也言隱非正君直爲他守國而已邑非已有不當擅取之

取之非是以不得作成公意解也公子翬恐若其言聞乎桓於是謂桓曰吾爲子口隱矣口猶口語相發動也〔疏〕注口猶至動也。解云語讀如子語魯大師之語。隱曰吾不反也桓曰然則奈何曰請作難難兵難也。難乃旦反注同弒隱公諡者傳家所加〔疏〕注諡者至所加。解云死諡周道也今始請弒已言隱公者公羊子從後加之所以至此乃注者嫌是傳語故明之於鍾巫之祭焉弒隱公也鍾者地名也巫者事鬼神禱解以治病請福者也男曰覡女曰巫傳道此者以起淫祀之無福。禱解丁老反或丁報反下古賣反又古買反覡戶狄反〔疏〕注男曰覡女曰巫者。解云楚語文也。注傳道至無福。解云直言弒隱公義勢已盡而必言於鍾巫之祭焉者以起淫祀之無福故也〇九月衛人殺州吁于濮其稱人何據晉殺大夫里克俱弒君賊不稱人。濮音卜一音剝〔疏〕注據晉殺大夫里克解云在僖十五年夏討賊之辭也

公羊注疏卷二　十四

討者除也明國中人人得討之所以廣忠孝之路書者善之也討賊例時此月者久之也〔疏〕注討賊例至久之也解云討賊例時者莊九年春齊人殺無知是也桓六年秋八月蔡人殺陳佗亦書月者與此同也〇冬十有二月衛人立晉晉者何公子晉也以下有衛侯晉卒又言立〔疏〕晉者何。解云欲言次正而文言立欲言非正而舉眾立之故執不知問。注以下至言立。解云以有衛侯晉卒則知此文衛人立晉者是先君之子今始立爲之君矣又言立者篡文知非正大子故知公子矣其衛晉侯卒在桓十二年冬立者何立者不宜立也諸侯立不言立此獨言立明不宜立之辭〔疏〕立者何。解云諸侯之立例所不書今特言立故執不知問其稱人何據尹氏立王子朝也〔疏〕注據尹至朝也。解云在昭二十三年秋眾立之之辭也晉得眾國中人人欲立之然則孰立之石碏立之石碏立之則其稱人何據尹氏立王子朝不稱人〇碏七略反一音十洛反眾之所欲立也眾

雖欲立之其立之非也　凡立君爲衆，衆皆欲立之，嫌得立無惡，故使稱人，見衆言立也。明下無廢上之義，聽衆立之，篡也。不剌嗣子失位者，時未嘗喪，典主得權重也。月者，大國篡例月，小國時，立、納、入皆爲篡，卒日葬月，達於春秋，爲大國例，主書從受位也。○篡，初患反。

〔疏〕注不剌至權重也○解云：刺桓公嗣子失位者，即不書晉之立矣，故襄十四年衛侯衎出奔齊，襄二十六年傳云曷爲不言剽之立？不言剽之立者，以惡衛侯也。彼注云欲起衛侯失衆出奔，故不書剽立，剽立無惡，則衛侯惡明矣。今書晉立，則不剌嗣子可知。○注月者至國時○解云：大國篡例月者，即此文冬十二月衛人立晉，莊六年夏六月衛侯朔入于衛，哀六年秋七月齊陽生入于齊之屬是也。而莊九年夏齊小白入于齊不月者，彼注云不月者，移惡于魯也。其小國時者，即僖二十五年秋楚人圍陳納頓子于頓，昭元年秋莒去疾自齊入于莒之屬是也。○注立納入皆爲篡○解云：立爲篡者，此文衛人立晉，昭二十三年尹氏立王子朝之屬是也。其納爲篡者，納頓子于頓，及文十四年晉人納捷菑之屬是也。其入爲篡者，小白、陽生之屬是也。○注卒日至大國例○解云：隱八年夏六月己亥蔡侯考父卒，秋八月葬宣公之屬是也。○注主書從受位也○解云：謂主惡晉之從立矣。

監本附音春秋公羊注疏隱公卷第二　[illegible]盧氏宣旬校正

大清嘉慶二十年重栞宋本十三經注疏藏於南昌府學

江南蘇松督糧道方體栞

公羊注疏卷二挍勘記　阮元撰盧宣旬摘録

監本春秋公羊注疏隱公卷第二

二年

注古者諸侯至踰境　何校本境作竟，此加土旁，非。

必先會閑隙之地　閩監本同，毛本閑改閒。○按閒正字也，古書多用閑。

注古者不治至勿追　注作王者。按解云王者草創，夷狄有罪，不暇治之，不作古。

小邾子來朝之類是也　浦鏜云邾下公羊經有婁字，是也。

則怨結禍　宋本、閩監本同，鄂本禍上有構，此脱。

始滅昉於此乎　唐石經、諸本同。隸釋載漢熹平石經公羊殘碑昉作放，又鄭氏詩譜序、考工記注皆言放於此乎，本公羊傳文，是蔡、鄭所據本皆作放，當以放爲正，昉俗字，下同。○按古多作放，後人作倣、作仿、作昉，皆俗字也。公羊傳寫作昉，俗字耳。惠棟乃疑嚴氏春秋作放，顏氏春秋作昉，何用顏其説，誤也。

注言疾滅至省文也　按疾下脱始，否則滅字當衍。

日不　鄂本同，閩監毛本不誤下，疏中標起訖亦誤作日下。

故後不相犯日者　浦鏜故疑役字誤。

紀履緰來逆女　唐石經、諸本同。釋文履緰音須，左氏作裂繻。惠棟云緰讀爲投，説文緰貲布也，古緰與繻同音。

以逆女不稱使　解云或者使爲爵字誤也。

言子無父宗　浦鏜云宗誤言。按浦説是也，儀禮士昏禮作

明當先自正　諸本同。浦鏜云成十四年疏引此注作先自詳正，與上公會戎于潛注同，當據以補正。○按四年疏內引此亦無詳字。

昏義鄭注云　此本云字剜擠

羣公子之舍則已卑矣　今傳已作以

婦人謂嫁曰歸　毛本謂誤爲按毛詩傳本作婦人謂嫁歸無曰字陸德明本有曰字謂依公羊傳文唐石經公羊婦人以下損缺以每行十字計之不當有曰字若有曰字則此行十一字矣考何注云故謂嫁曰歸曰字恐因注衍也○按陸德明時已有有曰之本矣後人或依無曰者或依有曰者故不同耳

時隱公卑屈其母　鄂本作屈卑

國示不適同姓　浦鏜云因誤國○按與元年注合

侵伐圍入例皆書時　何按本無書字是也

三年

爲師法之義　毛本義誤意

衞州吁弑其君完　釋文作殺其云申志反下殺其君同此本完字剜擠

謂二日食　經義雜記曰五行志隱公三年二月己巳日有食之公羊傳曰食二日此西漢儒說公羊之言傳無此文何注謂二日食是也

此象君行儒弱　諸本儒作懦按儒當偄之譌此偄弱正字也說文人部曰偄弱也可證釋文懦弱乃亂反又乃臥反據音知本從耎今亦譌從需

不言月食者　鄂本食下有之是也之字謂日也無之字則疑誤春秋不記月食矣

故疑言日有食之　鄂本日作曰○按作曰是也不敢正言月食日故疑言之曰有食之者而已

從王錄內可知也　鄂本作內錄按疏亦云彼不從王內錄者當據以乙正

不錄無錄也　諸本錄皆作祿是也唐石經亡曰不祿缺

尹氏卒　釋文尹氏左氏作君氏

注以尹氏立王子朝也者　閩監毛本刪者下疏法據宰渠氏官者注劉卷卒名者同

氏者起其世也　宋本閩監毛本同誤也鄂本者作言當據正

必因其遇卒絕之　鄂本元本同監毛本遇作過閩本過字咼旁剜改蓋本作遇字○按依疏則作過是也

明君案見勞授賞　惠棟云荀子多用案字

故書葬以起大夫之會是也　浦鏜云會之字誤倒是也

秋武氏子來求賻　唐石經原刻脫子後剜磨改補故此行十一字

嫌以主覆問上所以說二事　浦鏜云定二年疏引此注無二以字哀三年疏引此注無上以字按二以皆衍文當據定二年疏刪正

注求則皇至子之心　閩監毛本此上有注主爲求賻書也○解云嫌爲上二事書故也○十七字二圈按義已具上疏於此不當複出蓋後人竄補

下財少可求　按可求上當脫不字

解云蓋詁爲皆若似蓋云歸哉之類　盧文弨曰若下疑脫襄五年傳云蓋舅出也九字彼疏亦引此文段玉裁曰蓋詁爲皆句絕若似蓋云歸哉之類者小雅蓋云歸哉鄭箋云蓋猶皆也此以雙聲爲訓詁也上下皆不當求故曰皆襄五年襄公與鄫世子巫皆是一舅姊妹之子故亦曰皆而同用蓋字盧文弨云此有脫非也

言卒所以褒內也　鄂本褒作襃

葬宋繆公　釋文宋繆公左氏作穆後放此

渴葬也　廣韻十四泰引公羊傳不及時而葬曰惕惕急也苦蓋切

孔子曰葬于北方北首　疏本孔子曰之下無禮字然則注文本有禮字也

慢葬不能以禮葬也鄂本閩監毛本皆作慢薄疏標起訖同按解云言但自慢薄不依禮恐因此疏語誤爲薄。按以薄釋慢猶以急釋渴

以君可以爲社稷宗廟主也唐石經鄂本宋本閩本同監毛本主誤王

莊公馮弒與夷諸本同唐石經缺釋文作馮殺音試今本亦改作弒

不能不爭也鄂本爭作事誤

四年

不傳託始者此本疏中標注作傳不託始者此誤倒當據以訂正閩監毛本疏中亦倒作不傳。按依疏云何故不發傳然則不傳者言不發傳也謂此應有託始之傳而竟不發此傳也十行本傳不非也

前此則曷爲始於此浦鏜云五年傳於作乎

衛州吁弒其君完唐石經諸本同釋文本作殺其音申志反今本亦改作弒。按傳文或言殺君經文無不言弒其君者段玉裁曰殺者書其事也弒者正其罪也

若朝罷朝卒相遇于塗解云即朝天子罷朝之時相遇于塗按于當作於卒當作猝惠棟云朝罷朝詳見周禮注疏七年注云古者諸侯朝罷朝聘

臣弒君之辭浦鏜云殺誤弒

隱曰吾否唐石經鄂本同閩監毛本改隱公曰否非

吾使脩塗裘唐石經諸本同毛本脩改修非

口猶口語相發動也。按下口字即說文叩字之省說文叩扣也如求婦先叩叕之

注男曰覡女曰巫者閩監毛本剩者

石碏立之唐石經諸本同隸釋載漢石經公羊殘碑碏作踖惠棟九經古義云說文無碏字當從漢石經作踖

聽衆立之篡也諸本同鄂本作聽衆立之爲立篡也當據以補正。按下文云立納入皆爲篡解云立篡此衛人立晉是

葬宣公之屬是也浦鏜云葬下脫蔡字

公羊注疏卷二挍勘記終　工部屯田司員外郎胡祖謙校

監本附音春秋公羊注疏隱公卷三 起五年盡十一年

武寧盧氏宣旬校刊

何休學

五年春公觀魚于棠何以書譏何譏爾遠也

公曷爲遠而觀魚據浚洙也○觀魚左氏作矢魚浚思俊反洙常朱反〔疏〕注據浚洙也○解云莊九年冬浚洙傳曰洙者何水也浚之者何深之也曷爲深之畏齊也注云洙在魯北齊所由來然則近國北自有洙水何故遠至棠地而觀魚乎故難之

登來之也登讀言得來得來之者齊人語也齊人名求得爲得來作登來者其言大而急由口授也○登來依注登音得〔疏〕注得來至語也○解云齊人名求得爲得來而云此者謂齊人急語之時得聲如登矣○注由口授也○解云謂高語之時猶言得來之至著竹帛時乃作登字故言由口授矣

百金之魚公張之解言登來之意也百金猶百萬也古者以金重一斤若今萬錢矣張謂張罔罟障谷之屬也○罟音古鄣之尚反又音章〔疏〕注解言至意也○解云正以價直百金故言得來之○注障谷之屬也○解云僖三年傳云桓公曰無障谷云是也

登來之者何弟子未解其言大小緩急故復問之○解戶買反或佳買反故復扶又反不得復同

美大之之辭也其言大而急者美大多得利之辭也實譏張魚而言觀譏遠者恥公去南面之位下與百姓爭利匹夫無異故諱使若以遠觀爲譏也諸諱主書者從實也觀例時從行賤略之〔疏〕注觀例時○解云莊二十三年夏公如齊觀社及此是也彼此非禮故言從行賤略之

棠者何濟上之邑也濟者四瀆之別名江河淮濟爲四瀆○濟上子禮反注同濟水之上〔疏〕棠者何○解云正以棠非水名而於之觀魚故執不知問○注江河至四瀆○解云即釋水云江河淮濟爲四瀆四瀆者發源注海者也

○夏四月葬衛桓公〔疏〕夏四至桓公○解云即上三年傳云過時而不日謂之不能葬也何氏云解緩不能以時葬夏四月葬衛桓公是也然則桓公見弒在去年之春過期乃葬故以解緩言之

○秋衛師入盛

曷爲或言率師或不言率師將尊師衆稱某率師將尊者謂大夫也師衆者滿二千五百人以上也二千五百人稱師無駭率師入極是也禮天子六師方伯二師諸侯一師○入盛音成左氏作郕〔疏〕注將尊至夫也○解云公羊之例大夫見名氏故云此○注二千至稱師○解云大司馬序官文○注無駭至是也○解云在上二年夏○注天子至六師○解云天子六師者即周王于邁六師及之是也方伯者九州牧也即王制云千里之外設方伯是也二師者即昭五年春王正月舍中軍舍中軍者何復古也是矣然則魯之初封地方七百里至於僖公復伯禽之宇更爲州牧而以二軍爲復古是爲方伯二師方伯之屬而以二師爲正則知凡平諸侯一師明矣然則論語云子曰三軍可奪帥之屬其指王官之伯乎

將尊師少稱將師少者不滿二千五百人也衛孫良夫伐廧咎如是也○咎音羔〔疏〕注衛孫至是也○解云成三年晉郤克衛孫良夫伐將咎如是也不言郤克者科舉以言之

將卑師衆稱師將卑者謂士也衛師入盛是也

將卑師少稱人鄭人伐衛是也〔疏〕注鄭人伐衛是也○解云在上二年冬也

○君將不言率師書其重者也分別之者責元帥因錄功惡有小大救徐從王伐鄭是也○分別彼列反元率所類反本又作帥〔疏〕注分別至小大○解云責元帥者凡書兵者是正不得故責之也因錄功惡有小大者即將尊師衆而有功小將卑師少而有功大將卑師少而無功爲惡小將尊師衆而無功爲惡大是也○注救徐至是也○解云僖十五年春公孫敖率師及諸侯之大夫救徐桓五年秋蔡人衛人陳人從王伐鄭是也公孫敖救徐者將尊師衆無功是其惡大也蔡人等從王伐鄭稱人而行義是其功大也

○九月考仲子之宮考宮者何考猶入室也始祭仲子也考成也成仲子之宮廟而祭之所以居其鬼神猶生人入宮室必有飲食之事不就惠公廟者妾母卑故雖爲夫人猶特廟而祭之禮妾廟子死則廢矣不言立者得變禮也加之者宮廟尊卑共名非配號稱之辭故加之以絕也〔疏〕注考宮者何○解云上無立文而經言考春秋之內更無考禮故執不知問○注猶生至之事○解云即下雜記云路寢成則考之而不釁鄭注云言路寢者生人所居不釁者不神之也考之者設盛食以落之檀弓曰晉獻文子成室諸大夫發焉張老曰美哉輪焉美哉煥焉歌於斯哭於斯聚國族於斯文子曰武也得歌於斯哭於斯聚國族於斯是

全要領以從先大夫於九原北面再拜稽首者是也。注禮妾至廢矣。解云即喪服小記云慈母與妾母不世祭。鄭注云以其非正即引穀梁傳云於子祭于孫止是也。注不言至禮也。解云欲決成六年立武宮定元年立煬宮皆言立者以其非禮故也。注加之至絕也。解云言宮廟尊卑共名者尊亦言宮故武煬是君仲子是妾是尊卑共名號稱者即仲子是也武煬是君配宮言之正是其宜仲子是妾不宜與宮廟連文故加之以絕之矣

桓未君則曷爲祭仲子據無子不廟也【疏】注據無子不廟也。解云即上解於孫止是也其子死訖猶尚不祭其子未君之時不祭明矣故難之然則妾母之貴正由其子爲君即元年傳云母以子貴是也若子未爲君之時義與未踰年之君相似莊三十二年傳云未踰年之君也有子則廟無子不廟義亦通於此

隱爲桓立故爲桓祭其母也然則何言爾成公意也尊桓之母爲立廟所以彰桓當立得事之宜故善而書之所以起其意成其賢也。隱爲于僞反

初獻六羽初者何始也六羽者何舞也持羽而舞【疏】初者何。解云獻羽是常而反言初故執不知問。六羽者何。解云諸侯仍用四此反言六羽故執不知問

初獻六羽何以書譏何譏爾譏始僭諸公也僭齊也下倣上之辭【疏】初獻至以書。解云不但言何以書嫌覆問上文始與舞故復舉何而問之不注之者與三年求賻同故省文

六羽之爲僭奈何天子八佾佾者列也八人爲列八八六十四人法八風。佾音逸列也諸公六六人爲列六六三十六人法六律諸侯四四八爲列四四十六人法四時

諸公者何諸侯者何天子三公稱公王者之後稱公其餘大國稱侯大國謂百里也【疏】諸公者何解云正以諸公有二等故執不知問。諸侯者何。解云漫言諸侯明是五等揔名文次公下復疑偏指七命故執不知問所以不待荅訖而連句問之者正以上文并解諸公六諸侯四故也。注大國謂百里也。解云公侯方百里王制文也侯與公等者據有功者言之矣。小國稱伯子男者正以上已有侯故不復言之其實凡平之侯正與伯同

小國稱伯子男小國謂伯七十里子男五十里【疏】注小國至五十里。解云王制文彼注云此地殷所因夏爵三等之制也春秋變周之文從殷之質合伯子男以爲一則殷爵三等者公侯伯也異畿內謂之子周武王初定天下更立五等之爵增以子男而猶因殷之地以九州之界尚狹也周公攝政致大平斥大九州之界制禮成武王之意公地方五百里侯四百里伯三百里子二百里男一百里諸侯亦以功黜陟之其不合者皆益之地爲百里焉是以周世有爵尊而國小爵卑而國大者唯天子畿內不增

天子三公者何天子之相也相助也。之相息亮反注及下同【疏】天子三公者何。解云正以春秋上下無三公之文故執不知問

天子之相則何以三據經但有祭公周公【疏】注據經至周公。解云即桓八年祭公來云云僖九年公會宰周公是也經但有二公而傳言三公故難之

自陝而東者周公主之自陝而西者召公主之一相處乎內陝者盖今弘農陝縣是也禮司馬主兵司徒主教司空主土春秋撥亂世以絀陟爲本故舉絀陟以所主者言之。陝失冉反何云弘農陝縣也一云當作郟古洽反王城郟鄏召公上照反又作邵音同絀勑律反、【疏】注司馬至言之。解云上傳云諸公者何天子之相天子之相則何以三云云不道二王之後者何二王之後何以二也者正以天子三公主絀陟故偏取言之是以注者解其意

始僭諸公昉於此乎前此矣前此則曷爲始乎此僭諸公猶可言也僭天子不可言也傳云爾者解不訖始也前僭八佾於惠公廟大惡不可言也還從僭六羽議本所當託者非但六也故不得復傳上也加初者以爲常也獻者下奉上之辭不言六佾者言佾則干舞在其中明婦人無武事獨奏文樂羽者鴻羽也所以象文德之風化疾也夫樂本起於和順和順積於中然後榮華發於外是故八音者德之華也歌者德之言也舞者德之容也故聽其音可以知其德察其詩可以達其意論其數可以正其容薦之宗廟足以享鬼神用之朝廷足以序羣臣立之學宮足以協萬民凡人之從上教也皆始於音音正則行正故聞宮聲則使人溫雅而廣大聞商聲則使人方正而好義聞角聲則使人惻隱而好仁聞徵聲則使人整齊而好禮聞羽聲則使人樂養而好施所以感蕩

血脈通流精神存寧正性故樂從中出禮從外作也禮樂接於身望其容而民不敢慢觀其色而民不敢爭故禮樂者君子之深教也不可須臾離也君子須臾離禮則暴慢襲之須臾離樂則姦邪入之是以古者天子諸侯雅樂鍾磬未曾離於庭卿大夫御琴瑟未曾離於前所以養仁義而除淫辟也魯詩傳曰天子食日舉樂諸侯不釋縣大夫士日琴瑟王者治定制禮功成作樂未制作之時取先王之禮樂宜於今者用之堯曰大章舜曰簫韶夏曰大夏殷曰大護周曰大武各取其時民所樂者名之堯時民樂其道章明也舜時民樂其脩紀堯道也夏時民樂大其三聖相承也殷時民樂大其護已也周時民樂其伐討也蓋異號而同意異歌而同歸失禮鬼神例日此不日者嫌獨考宮以并禮書故從末言初可知○夫樂音扶發句之端放此朝廷徙侯反好義呼報反下同徵張里反施式豉反爭爭鬭之爭離也力智反下同邪似嗟反未曾在能反下同淫辟匹亦反縣音玄治定直吏反韶常昭反夏日戶雅反下同護戶故反紂直久反

疏 注傳云至始也○解云其託始者即上二年傳云無駭者何展無駭也何以不氏貶曷爲貶疾始滅也始滅防於此乎前此矣前此貶曷爲始乎此託始焉爾曷爲託始焉爾春秋之始也今傳亦宜云前此則曷爲始乎此託始焉曷爲託始焉爾春秋之始也而云僭諸公猶可言僭天子不可言解不得託始意也○注前僭至公廟○解云謂自此以前不必要指春秋前也而言惠公廟者欲道於周公廟時不爲僭故也○注本所至傳上也○解云由非六之故是以不得復祭傳云上古已有六矣○注羽者至化疾○解云知鴻羽者時王之禮且以舉則冲天所以象文德之風化疾故也詩云右手秉翟者其兼用之乎○注夫樂本起於和順和順積於中然後榮華發於外者樂記文也○注故聞至性故○解云溫雅而廣大者土之性也方正而好義者金之性也惻隱而好仁者木之性也整齊而好禮者火之性也樂養而好施者水之性也○注樂從至作也○解云樂記文樂由中出和在心是也禮自外作敬在貌是也此注皆出樂記○注取先王至用之○解云謂同其文質也王者治定制禮功成作樂功成治定同時爾功主於王業治主於教民故明堂位曰周公治天下六年朝諸侯於明堂制禮作樂○注失禮至可知○解云失禮鬼神例日者成六年二月辛巳立武宮之屬是也言考宮與獻羽實同日若置日於考宮上則嫌獻羽不蒙之獨自考宮以非禮而已故從下事言初初是非禮辭則獻羽非禮亦可知然考宮得變禮而不置於獻羽上者嫌別曰故也知初是非禮者正以初稅畝則文矣

○**邾婁人鄭人伐宋**　邾婁小國序上者主會也

疏 注邾婁至會也○解云伐宋而言主會者謂相共伐宋時邾爲首故也

○**螟何以書記災也**　灾者有害於人物隨事而至者先是隱公張百金之魚設苛令急治以禁民之所致○螟亡丁反蟲食苗心苛音何

疏 注灾者有害於人物隨事而至者○解云欲對異爲先事而至故也○注先是至所致○解云苛令急法者即三年春王二月己巳日有食之注云此象君行暴急外見畏是也

○**冬十有二月辛巳公子彄卒**　日者隱公賢君宜有恩禮於大夫益師始見法無駭有罪据俠又未命也故獨得於此日○彄苦侯反見賢偏反

疏 注日者至大夫○解云正以所聞之世例不合日故也○注益師始見法○解云元年十二月公子益師卒是所傳聞之世初始欲見三世之法故不書日也○注無駭有罪○解云即八年冬十有二月無駭卒傳云何以不氏疾始滅也故終身不氏是也○注俠又未命也○解云即九年三月挾卒傳云俠者何吾大夫云未命者是也

○**宋人伐鄭圍長葛邑不言圍此其言圍何**　据伐於餘丘不言圍

疏 注据伐至言圍○解云即莊二年夏公子慶父帥師伐於餘丘是也

彊也　至邑雖圍當言伐惡其彊而無義也必欲爲得邑故如其意言圍也所以不知鄭彊者公以楚師伐宋圍緡不言彊也○彊渠羌反下同惡烏路反

六年春鄭人來輸平輸平者何輸平猶墮成也何言乎墮成　据翬會諸侯伐鄭後未道平也何道墮成○輸平式朱反墮也左氏作渝平墮許規反

疏 輸平者何○解云正以言異於常例故執不知問○注据翬至墮成○解云上四年秋翬帥師會宋公陳侯蔡人衞人伐鄭是也

敗其成也　翬伐鄭後已相與平但外平不書故云爾

疏 注翬伐至云爾○解云魯與鄭平而言外平者謂伐鄭之後時公子翬在外與鄭平不得公命是以不書故曰外平不書耳

曰吾成敗矣　吾魯也

疏 曰吾成敗矣○解云稱魯人之辭故加曰

吾與鄭人末有成也　末無也此傳發者解鄭稱人爲共國辭

疏 注此傳至國辭○解云傳發此吾與鄭人末有成一段事者非直解鄭擅獲諸侯爲有罪而魯侯不能死難亦當絕故令鄭稱人言輸平則魯侯亦合稱人矣

一箇人字兩國共有，故云稱人爲共國辭

吾與鄭人則曷爲末有成據無戰伐之文**狐壤之戰隱公獲焉**時與鄭人戰於狐壤爲鄭所獲。壤如丈反**然則何以不言戰**戰者內敗文也據鞌戰君獲言師敗績〔疏〕注戰者內敗文也。解云即桓十年齊侯衛侯鄭伯來戰于郎傳云何以不言師敗績內不言戰言戰乃敗矣彼注云春秋託王於魯戰者敵文也王者兵不與諸侯敵戰乃其已敗之文故不復言師敗績是也。注據鞌至敗績。解云成二年季孫行父以下帥師會晉郤克云云及齊侯戰于鞌齊師敗績秋七月齊侯使國佐如師云云傳云君不行使乎大夫此其行使乎大夫何佚獲也注云佚獲者已獲而逃亡也然則彼獲言敗績則知此時魯侯彼獲亦宜言戰故難之**諱獲也**君獲不言師敗績故以輸平諱也與鞌戰辟內敗文是戰例時偏戰日詐戰月不日者鄭詐之不月者正月也見隱終無奉正月之意不地者深諱也使若實輸平故不地也稱人共國辭者嫌來輸平獨惡鄭擅獲諸侯魯不能死難皆當絕之。難乃旦反〔疏〕注君獲至諱也。解云君獲不言師敗績即僖十五年晉侯及秦伯戰于韓獲晉侯傳云此偏戰也何以

不言師敗績注云舉君獲爲重也是也然則此由魯公見獲是以不得言戰故以輸平諱之。注與鞌至敗文。解云成二年傳云君不行使乎大夫此其行使乎大夫何佚獲也注去當絕賤使與大夫敵體以起之君獲不言師敗績等起不去師敗績者辟內敗文也然則鞌戰之時實齊侯被獲宜去敗績直言戰而已但時內大夫在焉辟內敗文故不得言戰矣今此輸平之經自由魯公見獲是以不得言戰故云與鞌戰辟內敗文異。注戰例時偏戰日。解云即桓十二年丁未戰于宋傳云此偏戰也何以不言師敗績云云是也。注詐戰月。解云即莊十年春王正月公敗齊師于長勺之屬是也。注不地者深諱也。解云若地宜言輸平于狐壤似若戰于之類

○夏五月辛酉公會齊侯盟于艾秋七月此無事何以書春秋雖無事首時過則書首始也時四時也過歷也春以正月爲始夏以四月爲始秋以七月爲始冬以十月爲始歷一時無事則書其始月也。艾五蓋反〔疏〕夏五月至則書。解云下無相犯之處而書日者以下八年三月庚寅我入邴傳云其言我何言我者非獨我也齊亦欲之然則雖不復侵伐亦有爭邑之隙故書日也**首時過則何以書**據無事也**春秋編年四時具然後爲年**明王者當奉順四時之正也尚書曰欽若昊天歷象日月星辰敬授民時是也有事不月者人道正則天道定矣。編必連反字林聲類皆布千反一音甫連反昊戶老反

○冬宋人取長葛外取邑不書此何以書久也古者師出不踰時今宋更年取邑久暴師苦衆居外故書以疾之不繫鄭舉伐者明因上伐圍取也。更音庚暴步卜反〔疏〕外取至以書。解云據與四年牟婁同

七年春王三月叔姬歸于紀叔姬者伯姬之媵也至是乃歸者待年父母國也婦人八歲備數十五從嫡二十承事君子媵賤書者後爲嫡終有賢行紀侯爲齊所滅紀季以酅入于齊叔姬歸之能處隱約全竟婦道故重錄之。從適丁歷反本亦作嫡下同賢行下孟反下異行同酅戶圭反〔疏〕注叔姬至國也。解云知如此注見上二年冬伯姬歸于紀自爾以來不見紀伯姬卒之文今叔姬又歸之明知是其媵矣。注婦人

至君子。解云書傳文。注媵賤至賢行。解云春秋之內例不書媵以其賤故今此書者以其後爲嫡終有賢行也知後爲嫡者正以莊二十九年冬十二月紀叔姬卒三十年八月癸亥葬紀叔姬卒葬皆書爲嫡明矣而成九年伯姬歸于宋書二國媵者彼傳云錄伯姬是也。注紀侯爲齊所滅。解云即莊四年夏紀侯大去其國是也。注紀季至于齊。解云在莊三年。注叔姬至錄之。解云莊十二年春王三月紀叔姬歸于酅傳云其言歸于酅何隱之也何隱爾其國亡矣徒歸于叔爾也是也**滕侯卒何以不名**據蔡侯考父卒名〔疏〕注據蔡至卒名。解云在下八年夏**微國也**小國故略不名**微國則其稱侯何**據大國稱侯小國稱伯子男〔疏〕注據大至子男。解云上五年傳文案彼大國非直侯而注特言大國稱侯者案彼傳之成文故也**不嫌也**滕侯卒不名下常稱子不嫌稱侯爲大國〔疏〕注下常稱子。解云桓二年滕子來朝因茲已下常稱子矣**春秋貴賤不嫌同號**貴賤不嫌者通同號稱也若齊亦稱侯滕亦稱侯微者亦稱人貶亦稱人皆有起文貴賤不嫌同號是也。號稱尺證反〔疏〕注齊亦稱侯。解云

不云晉者，晉爵未大故。○注微者亦稱人。○解云隱元年九月及宋人盟于宿之屬是也。○注皆有起文。○解云滕侯卒不名，下恒稱子，起其微也；齊侯恒在宋公之上，起其大也；宋人盟于宿不書日，亦起微也；鄭人來輸平稱人者，共國辭，起其貶之，故曰皆有起文也。○注貴賤至是也。○解云不論貴賤不嫌者，通其同號稱，由是之故，春秋同其號也。

美惡不嫌同辭　若繼體君亦稱即位，繼弒君亦稱即位，皆有起文，美惡不嫌同辭是也。滕微國，所傳聞之世未可卒，所以稱侯而卒者，春秋王魯，託隱公以爲始受命王，滕子先朝隱公，春秋襃之以禮，嗣子得以其禮祭，故稱侯見其義。○惡，烏路反，又如字，注同。傳，直專反。見，賢徧反。〔疏〕注若繼至即位。○解云文成之屬是也。○注繼弒即位。○解云桓宜是也。○注皆有起文。○解云前君之薨書地者，起其後即位者是繼體之君也；若前君薨不地者，起其後即位者非是繼體之君也。○注美惡至是也。○解云謂美惡不嫌者，通其同辭，由是之故，春秋同其辭矣。○注滕子至其義。○解云在十一年，即此君之子也。滕子、薛侯俱朝隱公，滕并襃其父而薛否者，薛侯父卒在春秋之前，故無襃之文。

○夏，城中丘。中丘者何？內之邑也。城中丘

何以書　上問中丘者何，指問邑也，故因言何以書，嫌但問書中丘，故復言城中丘何以書也。○復，扶又反。〔疏〕中丘者何。○解云楚丘同，皆直云城，文無別，故執不知問。**以重書也**　以功重，故書也。當稍稍補完之，至令大崩弛壞敗，然後發衆城之，猥苦百姓，空虛國家，故言城，明其功重與始作城無異。城邑例時。○令，力呈反。弛，戸爾反，又氏反。〔疏〕注城邑例時。○解云即下九年夏城郎，襄十三年冬城防之屬是也。

○齊侯使其弟年來聘。其稱弟何　据諸侯之子稱公子。**母弟稱弟，母兄稱兄**　母弟，同母弟；母兄，同母兄。不言同母言母弟者，若謂不如爲如矣，齊人語也。公別同母者，春秋變周之文，從殷之質，質家親親，明當親厚異於羣公子也。聘者，問也。來聘書者，皆喜內見聘事也。古者諸侯朝罷朝聘，爲慕賢孝禮，一法度，尊天子。不言聘公者，禮聘受之於大廟，孝子謙，不敢以已當之，歸美於先君，且重賓也。○別，彼列反。大廟，音泰，下同。〔疏〕母兄稱兄。○解云昭二十年秋，盜殺衛侯之兄輒是也。

○秋，公伐邾婁。○冬，天王使凡伯來聘　書者，喜之也。古者諸侯有較德殊風異行，天子聘問之，當北面稱臣受之於大廟，所以尊王命，歸美於先君，不敢以已當之。

戎伐凡伯于楚丘以歸。凡伯者何　上言聘，此言伐，嫌其異，故執不知問。〔疏〕注上言聘此言伐。○解云謂聘、伐辭異，嫌其非一人也。**天子之大夫也。此聘也，其言伐之何**　据出聘與郊柳異，不得言伐也。問伐加之者，辟問輕重兩舉之。〔疏〕注据出至伐也。○解云昭二十三年晉人圍郊，傳云：「郊者何？天子之邑也。曷爲不繫于周？不與伐天子也。」宣元年晉趙穿帥師侵柳，傳云：「柳者何？天子之邑也。曷爲不繫乎周？不與伐天子也。」然則郊柳皆是天子之邑，猶可言其侵圍，今此聘大夫，不應得言伐，故難之。先言郊者，文便言之，故不次也。○注問伐至舉之。○解云桓十二年及鄭師伐宋，丁未，戰于宋，傳云：「戰不言伐，此其言伐何？」彼問輕重兩舉不言之，故此言之者，辟問輕重兩舉之。**執之也。執之則其言伐之何**　据執季孫隱如不言伐。〔疏〕注据執至言伐。○解云昭十三年平丘之會，晉人執季孫隱如以歸是也。**大之也**　尊大王命，責當死位，故使與國同。**曷爲大之**　据王子突繫諸人。

〔疏〕注据王至諸人。○解云莊六年春王三月，王人子突救衛，傳云：「王人者何？微者也。子突者何？貴也。貴則其稱人何？繫諸人也。」是也。等是王臣，一伸一屈，故難之。**不與夷狄之執中國也**　因地不接京師，故以中國正之。中國者，禮義之國也。執者，治文也。君子不使無禮義制治有禮義，故絕不言執，正之言伐也。執天子大夫而以中國正之者，執中國尚不可，況執天子之大夫乎？所以降夷狄，尊天子，爲順辭。**其地何**　据執季孫隱如不地。**大之也**　順上伐文，使若楚丘爲國者，猶慶父伐於餘丘也。不地以衛者，天子大夫衛王命至尊，顧在所諸侯有出入所在赴其難，當與國君等也。錄以歸者，惡凡伯不死位，以辱王命也。○難，乃旦反。惡，烏路反。〔疏〕注順上至命也。○解云莊二年夏，公子慶父帥師伐於餘丘，傳云：「於餘丘者何？邾婁之邑也。曷爲不繫乎邾婁？國之也。」者是。

八年春，宋公、衛侯遇于垂　宋公序上者，時衛侯要宋公，使不虞者爲主，明當戒愼之。無王者，遇在其間，置上則嫌爲事出，置下則嫌無天法可以制，月文不可施也。○要，一遥反。爲事，于僞反，下「欲爲魯」「爲小國」「爲桓」并年末注皆同。〔疏〕注宋公至其間。○解云何氏以爲會盟則以大小爲序，遇則以不虞爲先故如此解是以莊三十二年經云夏宋公齊侯遇于梁丘齊在宋下是其一隅耳○注置上至事出○解云若言八年春王宋公衞侯遇于垂即嫌桓王亦與之遇故言則嫌爲事出事謂遇事也或者嫌爲遇事之故出此王故云則嫌爲遇事出也○注置下至施也解云天法即春是也

○三月鄭伯使宛來歸邴宛者何鄭之微者也邴者何鄭湯沐之邑也天子有事于泰山諸侯皆從泰山之下諸侯皆有湯沐之邑焉有事者巡守祭天告至之禮也當沐浴絜齊以致其敬故謂之湯沐邑也所以尊待諸侯而共其費也禮四井爲邑邑方二里東方二州四百二十國凡爲邑廣四十里袤四十二里取足舍止共稾穀而已歸邴書者甚惡鄭伯無尊事天子之心專以湯沐邑歸魯背叛當誅也録使者重尊湯沐邑也王者所以必巡守者天下雖平自不親見猶恐遠方獨有不得其所故三年一使三公絀陟五年親自巡守巡猶循也守猶守也循行守視之辭亦不可國至人見爲煩擾故至四嶽足以知四方之政而已尚書曰歲二月東巡守至于岱宗柴望秩于山川遂覲東后協時月正日同律度量衡脩五禮五玉三帛二生一死贄如五器卒乃復五月南巡守至于南嶽如岱禮八月西巡狩至于西嶽如初十有一月朔巡守至于北嶽如西禮還至嵩如初禮歸格于禰祖用特是也○宛於阮反人名也一音烏卯反又烏勉反邴彼命反又音丙鄭邑左氏作祊從才用反巡守手又反本又作狩下除猶守守視以外同絜齊側皆反本多即作齊字後放此更不音而共音恭下同費芳味反廣古壙反袤音茂稾古老反甚惡烏路反下同背步内反使所吏反行下孟反量音亮贄音至嵩凤忠反格本又作假同古百反禰乃禮反本又作藝○【疏】宛者何○解云欲言大夫經不言氏欲言微者書名見經故執不知問○邴者何解云欲言魯物先無取文欲言鄭邑於魯言歸故執不知問○注歸邴至誅也○解云正以將所傳聞之世外小惡不書故也○注録使至其所○解云正決哀八年齊人歸讙及僤之屬不録使故也○注故三至絀陟○解云書傳文○注五年至而已○解云堯典文○注尚書至是也○解云惟是一字注者言之以上皆堯典文也鄭注歲二月者正歲建卯之月也巡守者行視所守也岱宗者東嶽名也柴者考績燎也望秩于山川者遍以尊卑祭之五嶽視三公四瀆視諸侯其餘小者或視卿大夫或視伯子男矣秩次也東后東方之諸侯也協正四時之月數及日名備有失誤者度丈尺量斗斛衡斤兩五禮公侯伯子男朝聘之禮矣五玉瑞節執之曰瑞陳列曰玉也三帛所以薦玉也受瑞玉者以帛薦之帛必三者高陽之後用赤繒高辛氏之後用黑繒其餘諸侯皆用白繒周禮改之爲繅也二生一死贄者羔鴈生也卿大夫所執雉死士所執也如者以物相授與之言授贄之器有五卿大夫上士中士下士也器各異飾飾未聞所用也周禮改之飾羔鴈飾雉執之而已皆去器卒已也復歸也巡守禮畢乃反歸矣每歸用特牛告于文祖矣五月不言於者以其文相近八月十一月言初者文相遠故也

庚寅我入邴其言入何據上書歸取邑已明無事復書入也○復書扶又反下故復同難也入者非已至之文難辭也此魯受邴與鄭同罪當誅故書入欲爲魯見重難辭○難也乃旦反一音如字注及下同見重賢偏反下同○【疏】注入者至之文○解云直就而入之非是將歸之辭也其日何據取邑不日○【疏】注據取邑不日○解云即隱四年春王二月莒人伐杞取牟婁之屬也○難也以歸後乃日也言時重難不可即入至此日乃入○其言我何據吳伐我以日伐故言我【疏】注據吳至言我○解云在哀八年春言我者非獨我也自入邑不得言我有他人在其中乃得言我故能起其非獨我齊亦欲之時齊與鄭魯比聘會者亦欲得之故以非獨我起齊惡齊惡起則魯蒙欲邑見於惡愈矣【疏】注時齊至得之○解云即上三年冬齊侯鄭伯盟于石門六年夏公會齊侯盟于艾七年夏齊侯使其弟年來聘九年冬公會齊侯于邴十年春王二月公會齊侯鄭伯于中丘之屬是也○

○夏六月己亥蔡侯考父卒○辛亥宿男卒宿本小國不當卒所以卒而日之者春秋王魯以隱公爲始受命王宿男先與隱公交接故卒褒之也不名不書葬者與微者盟功薄當褒之爲小國故從小國例【疏】注宿男至交接○解云即上隱公元年秋九月及宋人盟于宿是也○注爲小至國例○解云即上七年春滕侯卒不書其葬傳云何以不名微國也者是○

○秋七月庚午宋公齊侯衞侯盟于瓦屋○八月葬蔡宣公卒何以名而葬不名卒從正卒當赴告天子君前臣名故從君臣之正義言也○而葬從主

人至葬者有常月可知不赴告天子故自從蔡臣子辭稱公卒何以日而葬不日卒赴赴天子也緣天子閔傷欲其知之又臣子疾痛不能不具以告而葬不告不告天子也發傳於葬者從正也【疏】注發傳至正也○解云言從正者謂卒日葬不日者是卒葬之正法三年經云癸未葬宋繆公而書日即失其正也其衛桓公葬不發傳者桓公者初則見弒于州吁終有簡慢之失侵小國之略故發傳於此○九月辛卯公及莒人盟于包來公曷爲與微者盟據與齊高傒盟諱之○包來左氏作浮來傒音兮【疏】注據與至諱之○解云莊二十二年秋及齊高傒盟于防傳云齊高傒者何貴大夫也曷爲就吾微者而盟公也公則曷爲不言公諱與大夫盟也是也稱人則從不疑也從者隨從也實莒子也言莒子則嫌公行微不肖諸侯不肯隨從公盟而公反隨從之故使稱人則隨從公不疑矣隱爲桓立狐壤之戰不能死難又受湯沐邑卒無廉恥令翬有緣諂爲桓所疑故著其不肖僅能使微者隨從之耳蓋痛録隱所以失之又見獲受邑皆諱不明因與上相起也○行户孟反難乃旦反令力呈反僅其靳反【疏】注言莒至桓立○解云行微者共行卑微不肖者鄭注昏禮記云不肖者不似是也○注狐壤至廉恥○解云在上六年春○注令翬至失之○解云皆以其行微不肖卒無廉恥故也○注又見至起也○解云見獲諱不明者即言輸平是也受邑諱不明者即庚寅我入邴是也何者書日入者見其重難言我者見其非獨我故也言因與上相起者此經著其不肖起其事實甚惡矣○螟先是有狐壤之戰中丘之役又受邴田煩擾之應○應應對之應【疏】注有狐壤之戰○解云在六年注中丘之役○解云在上七年○冬十有二月無駭卒此展無駭也何以不氏莊公子彄卒氏公子疾始滅也故終其身不氏嫌上貶主起入爲滅不爲疾始故復爲疾始滅終身貶之足見上貶爲疾始滅【疏】此展無駭也○解云正以上二年師展無駭故此弟子因難之○注据公子彄卒解云在五年

九年春天王使南季來聘○三月癸酉大雨震電何以書記異也何異爾不時也震雷電者陽氣也有聲名曰雷無聲名曰電周之三月夏之正月雨當水雪雜下雷當聞於地中其雉雊電未可見而大雨震電此陽氣大失其節猶隱公久居位不反於桓失其宜也日者一日之中也凡災異一日者日歷日者月歷月者時歷時者加自文爲異發於九年者陽數可以極而不還國於桓之所致○震電徒練反雊古豆反見賢徧反【疏】注雷當至中也○解云月令二月雷乃發聲故知正月之時聞於地中矣其雉雊雞乳雖起季冬之月此時猶然故得言此也亦有一本云雷當聞於雉雊雊誤也○注凡災至所致○解云一日者日即此文是歷日者月即桓八年冬十月雨雪之屬是也歷月者時即桓元年秋大水之屬是也歷時者加自文爲異者即文二年自十有二月不雨至于秋七月之屬是也○庚辰大雨雪何以書記異也何異爾俶甚也俶始怒也始怒甚猶大甚也蓋師說以爲平地七尺雪者盛陰之氣也八日之間先示隱公以不宜久居位而繼以盛陰之氣大怒此桓將怒而弒隱公之象○雨于付反俶甚尺叔反始也大甚音泰○俠卒俠者何吾大夫之未命者也以無氏而卒之也未命所以卒之者賞疑從重無氏者少略也○俠卒音協穀梁云所俠少詩照反【疏】俠者何○解云欲言大夫經不書氏欲言微者而記其卒故執不知問○注以無至略也○解云無氏降於大夫書卒隆於微者故知其未命耳○夏城郎○秋七月○冬公會齊侯于邴○于邴左氏作防

十年春王二月公會齊侯鄭伯于中丘月者隱前爲鄭所獲今始與相見故危録內明君子當犯而不校也【疏】注犯而不校○解云謂校接之交不謂爲報也○夏翬帥師會齊人鄭人伐宋此公子翬也何以不稱公子據楚公子嬰齊貶後復稱公子○復扶又反又音服【疏】此公子翬○解云正以上四年師解云言公子翬故此弟子因以難之○注据楚至公子○解云成二年公及楚人已下盟于蜀彼傳云此楚公子嬰齊也其稱人何得壹貶焉爾至成六年書楚公子嬰齊率師伐鄭是也貶曷爲貶隱之

罪人也故終隱之篇貶也嫌上一貶可移於他事者故終隱之篇貶之明爲隱貶所以起隱之罪人也○明爲于僞反下先爲同【疏】注嫌上至人也○解云上一貶謂四年時也。○六月壬戌公敗宋師于菅。○公敗必邁反凡臨佗曰敗皆同此音菅古顏反○辛未取郜。○郜古報反○辛巳取防。取邑不日此何以日据取闞不日也○闞苦暫反○【疏】注据取闞不日也○解云即昭三十二年春王正月取闞是也一月而再取也欲起一月而再取故日○何言乎一月而再取据取漷東田及沂西田亦一月再取兩邑不日○漷火虢反又音郭沂魚依反【疏】注据取至不日○解云哀二年春王二月季孫斯叔孫州仇仲孫何忌帥師伐邾婁取漷東田及沂西田是也甚之也甚魯因戰見移生事利心數動○數所角反内大惡諱此其言甚之何春秋録内而略外於外大惡書小惡不書於内大惡諱小惡書明取邑爲小惡一月再取小惡中甚者耳故書也於内大惡諱於外大惡書者明王者起當先自正内無大惡然後乃可治諸夏大惡因見臣子之義當先爲君父諱大惡也内小惡書外小惡不書者内有小惡適可治諸夏大惡未可治諸夏小惡明當先自正然後正人小惡不諱者罪薄恥輕敗宋師日者見結日偏戰也不言戰者託王於魯故不以敵辭言之所以彊王義也○見賢徧反下同○秋宋人衛人入鄭○宋人蔡人衛人伐載鄭伯伐取之其言伐取之何据國言滅邑言取又徐人取舒不言伐【疏】注据國言滅○解云僖五年滅弦之屬是也○注又徐至言伐○解云在僖三年夏易也其易奈何因其力也因誰之力因宋人蔡人衛人之力也載屬爲上三國所伐鄭伯無仁心因其困而滅之易若取邑故言取欲起其易因上伐力故同其文言伐就上載言取之也不月者移惡上三國○易以豉反下及注同屬音燭適也○【疏】注不月至三國○解云正以滅國例月故也○○冬十

月壬午齊人鄭人入盛日者盛魯同姓於隱篇再見入者明當憂録之○入盛左氏作郕後皆放此【疏】注日者至録之○解云正以入例時傷害多則月今此云日故解也云再見入者謂五年秋衛師入盛及此爲再入者也

十有一年春滕侯薛侯來朝其言朝何据内言如【疏】注据内言如○解云即成十三年春公如京師之屬是也諸侯來曰朝大夫來曰聘傳言來者解内外也春秋王魯王者無朝諸侯之義故内適外言如外適内言朝聘所以别外尊内也不言朝公者禮朝受之於大廟與聘同義○别彼列反【疏】注傳言來者解内外也春秋至外也○解云謂内鄉外不言來外鄉内乃言來今言諸侯來曰朝大夫來曰聘者据外鄉内言之故云解内外也○注與聘同義○解云即上七年夏齊侯使其弟年來聘注云不言聘公者禮聘受之於大廟孝子謙不敢以已當之歸美於先君是也其兼言之何据鄧穀來朝不兼言朝【疏】注据鄧至言朝○解云桓七年夏穀伯綏來朝鄧侯吾離來朝是也微國也略小國也稱侯者春秋託隱公以爲始受命王滕薛先朝隱公故褒之已於儀父見法復出滕薛者儀父盟功淺滕薛朝功大宿與微者盟功尤小起行之當各有差也滕序上者春秋變周之文從殷之質質家親親先封同姓○見法賢徧反年未注同復出扶又反下文不復注放復同○夏五月公會鄭伯于祁黎。○祁黎祁音巨之反又上之反黎音力弓反又力私反左氏作時來○秋七月壬午公及齊侯鄭伯入許日者危録隱公也爲弟守國不尚推讓數行不義皇天降災諂臣進謀終不覺悟又復構怨入許危亡之釁外内並生故危録之○爲弟于僞反年未注同數所角反釁許靳反【疏】注日者至降災○解云上二年夏五月莒人入向彼注云入例時傷害多則月此書日故決之○注諂臣進謀○解云上四年傳云百姓安子諸侯說于是也○冬十有一月壬辰公薨何以不書葬据莊公書葬【疏】注据莊公書葬解云即閔元年夏六月辛酉葬我君莊公是也隱之也何隱爾弑也爲桓公所弑○弑申志反注及

下並同**弒則何以不書葬**据桓公書葬【疏】注据桓公書葬○解云桓十八年冬十二月己丑葬我君桓公是也桓亦被弒而書葬故難之**春秋君弒賊不討不書葬以爲無臣子也**道春秋通例與文武異【疏】注道春秋至武異○解云言文武之時周之盛德既無諸侯相犯寧有臣子弒君父者是以古典無責臣子討賊之義春秋據亂而作時則有之因澂其法故言與文武異**子沈子曰君弒臣不討賊非臣也不復讎非子也葬生者之事也春秋君弒賊不討不書葬以爲不繫乎臣子也**子沈子後師明說此意者明臣子不討賊當絕君喪無所繫也沈子稱子冠氏上者著其爲師也不但言子曰者辟孔子也其不冠子者他師也○冠氏古亂反下同【疏】注沈子至師也○解云知子沈子爲已師者正以下文宣五年傳云子公羊子同故也○注不但至他師也○解云即昭十一年傳云子曰我乃知之矣之屬是也**公薨何以不地**据莊公薨于路寢**不忍言也**不忍言其僵尸之處○僵居良反處昌慮反【疏】注不忍至之處解云不終天年者非人所欲故謂被殺之處爲僵尸之處讀如齊人强之强非强弱之强**隱何以無正月**据六年輸平不易**隱將讓乎桓故不有其正月也**嫌上諸成公意適可見始讓不能見終故復爲終篇去正月明隱終無有國之心但桓疑而弒之公薨主書者爲臣子恩痛之他國自從王者恩例錄也○去起呂反【疏】注嫌上至錄也○解云即元年傳曰公何以不言即位成公意歸賵之下傳云然則何言爾成公意二年子氏薨之下傳云何以不書葬成公意五年考仲子之宮下傳云然則何言爾成公意非止一處故言諸也以

監本附音春秋公羊注疏隱公卷第三

江南蘇松督糧道方體栞

公羊注疏卷三挍勘記　阮元撰盧宣旬摘錄

監本附音春秋公羊注疏隱公卷第三　閩監毛本無監本附音四字下並準此

五年

春公觀魚于棠　釋文觀魚左氏作矢魚

登來之也　禮記大學一人貪戾注云戾之言利也春秋傳曰登戾之按古來讀若釐故以戾音相近

登讀言得來　按此當作登讀言得猶云登讀爲得也來當誤衍

張謂張罔罟障谷之屬也　閩監毛本同鄂本罔作網釋文障作鄣

棠者何濟上之邑也　隸釋載石經公羊殘碑此下直接下傳曷爲或言率師或不言率師無夏四月葬衛桓公秋衛師入盛十二字蓋古者經傳異本後儒省兩讀始合并之漢石經公羊有傳無經此漢以前舊式可考者

秋衛師入盛　唐石經諸本同釋文入盛左氏作郕

衛孫良夫伐廧咎如是也　鄂本以下同按成三年經作將咎如左氏作廧此誤

晉郤克衛孫良夫伐廧咎如是也　此本廧字剜改盖本作將

分別之者責元帥　宋本同閩監毛本帥作率按釋文作元率云本又作帥此本率誤師今訂正

始祭仲子也　唐石經諸本同隸釋載漢石經無也字

注考宮者何　閩監本同毛本脫注何按本作傳是也

美哉倫焉美哉煥焉　閩監毛本倫作輪煥作奐禮記同

自陝而東者　唐石經諸本同毛本陝作陜與說文篆體合釋文陝失冉反一云當作郟古洽反王城郟鄏按此非何義

召公主之　唐石經諸本同釋文作邵公云又作召○按作邵乃俗字也

昉於此乎　唐石經諸本同隸釋載漢石經昉作放

傳云爾者解不託始也　宋本監本毛本同鄂本云作言此本閩本託誤訖今訂正

還從僭六羽議　閩監毛本同誤也鄂本議作譏當據正浦鏜云儀禮經傳通解引作譏

通流精神　鄂本作流通

鍾磬未曾離於庭　毛本鍾改鐘監本誤錘

殷曰大護　宋本閩監本同釋文亦作大護毛本作濩非也

舜時民樂其脩紀堯道也　閩監毛本同誤也鄂本紀作紹當據正浦鏜云儀禮經傳通解作紹○按以紹作韶以同音爲訓詁也

周時民樂其伐討也　閩監毛本作伐紂

前此貶曷爲始乎此　浦鏜云則誤貶是也

今傳亦宜云前此則曷爲始乎此託始焉　閩監毛本焉下有爾字

而云僭諸公　閩本同監毛本改傳云非

是以不得復祭傳云　按祭當發之訛

其兼用之乎　浦鏜云下脫○

注故聞至性故　何校本作故聞至正性無故字是也

敬在貌是也　監本敬誤教

邾婁人鄭人伐宋　唐石經諸本同惠棟云邾婁人二傳作邾人

設苛令急治　疏及閩監毛本皆作急法此誤

据佽又未命也　鄂本無据疏中標注同此衍當删正浦鏜云元年益師卒疏引此注亦無据字

六年

春鄭人來輸平　唐石經諸本同釋文輸平左氏作渝平

吾與鄭人末有成也　宋本閩本監本毛本同隸釋載漢石經無也字唐石經末作未誤何訓爲無則當作末此本下句亦譌作未有成

爲共國辭　段玉裁云疏云一箇人字兩國共有當是國共非共國也下注稱人共國辭者同誤

君不行使乎大夫此其行使乎大夫何　盧文弨曰唐石經及各本皆無上行字嚴杰曰下節疏及閔二年疏引皆有上行字

與窜戰辟內敗文是　閩監毛本同誤也鄂本是作異疏中引注同當據正

戰例時偏戰日　此本補刊偏誤徧今據宋本閩監毛本訂正

擅獲諸侯　閩監毛本同誤也鄂本上有明鄭二字當補正

等起不去師敗績者　毛本去誤云○按作去與成二字注合

夏五至則書　此本與唐石經同不分經傳故此節疏在此無事何以書節注下閩監毛本強分經傳移此疏於公會齊侯盟于艾下改夏五月至則書爲至于艾

四時具然後爲年　隸釋載漢石經後爲年下直接傳文外取邑不書此何以書久也下闕

敬授民時是也　浦鏜云尚書民作人按作人者係唐人避諱所改經傳子史皆引作民

七年

解云知如此注　閩監毛本注誤正

徒歸于鄎爾也是也　閩監毛本鄎作叔與十二年合

恒稱子起其微也　閩監本同毛本恒誤桓下齊侯恒在宋公之上同

共國辭　當作國共辭說見前

嗣子得以其禮祭　宋本閩監毛本同鄂本禮作祿

上問中丘者何　諸本同定二年疏引此注問作言當據正下文云因言可證若作問則與指問邑也

問字複矣

故因言何以書　定二年疏引此注故作欲當據正

至令大崩弛壞敗○　諸本同鄂本弛作弛按釋文亦作崩弛按弛俗

母兄稱兄　隸釋載漢石經母兄稱兄下接下傳凡伯者何之凡字

公別同母者　閩監毛本同誤也宋本公作分釋文出分別二字當據以訂正

孝禮一法度　閩監毛本同誤也鄂本宋本孝作考當據正

古者諸侯有較德　惠棟云較讀爲覺詩曰有覺德行

尊大王命　宋本同閩監毛本大誤天

八年

無主者遇在其間　監毛本同誤也宋本閩本主作王當據正按解云若言八年春王宋公衛侯遇于垂即嫌桓王亦與之遇可證本作王也

鄭伯使宛來歸邴　唐石經諸本同釋文歸邴左氏作祊

當沐浴絜齊以致其敬　鄂本同閩監毛本絜改潔非釋文出絜齊二字

廣四十里袤四十二里　葉鈔釋文作廣卌袤卌○按漢石經論語有卌字說文無之惟林部霖下云卌數之積也

歸格于禰祖　釋文格本又作假同禰本又作藝段玉裁云按作藝乃淺人用古文尚書改之也何所據者今文尚書其說六宗用今說可證也

解云惟是一字○　按一字當作也謂注中是也二字乃何休語自歲二月至用特則尚書語矣

以上皆堯典文也　閩監本同毛本改舜典孫志祖云枚賾尚書舜典在堯典內此引鄭氏注自不當據枚賾本作舜典也孔氏詩禮正義皆如此毛本誤改

五月不言於者　浦鏜云初誤於

以日伐故言我　閩監毛本同誤也鄂本日作吳當據正

而葬不告　隸釋載漢石經此下即接公曷爲與微者

侵小國之略　浦鏜云略疑作咎

公及莒人盟于包來　釋文包來左氏作浮來丸經古義云古浮包字通漢書楚元王傳浮丘伯鹽鐵論作包丘按包聲浮聲古音同第三部

公曷爲與微者盟　唐石經諸本同漢石經微作徵此隸之變體

莊公子彄卒　閩監毛本同誤也鄂本宋本莊作据疏中標注亦作据公子彄卒當據正

正以上二年師展無駭　浦鏜云年下脫師閩本師下剜擠云字監毛本排入

九年

雨當水雪雜下　宋本同閩監毛本水作冰經義雜記曰冰雪雜下漢志云水雪雜雨雨下也冰字訛鄭康成注禮記李巡郭璞注爾雅俱言水雪雜下矣

雷當聞於地中其雉雊　按解云一本云雷當聞於雉雊誤也武億云夏小正雉震呴係正月必雷雷不必聞唯雉爲必聞之何以謂之雷則雉震呴相識以雷注文蓋本此疏既牽引非倫又云一本云雷當聞於雉呴誤皆謬言也

陽數可以極而不還國於桓之所致　按可字疑衍以已通補刊還作遷誤也今據閩監毛本訂正

俶始怒也始怒甚猶大甚也　按此當作俶始也始甚猶大甚也二怒字皆衍文釋文俶甚尺叔反始也不云始怒也可證下文盛陰之氣大怒桓將怒而弒隱之象此因始甚之文申說之辭淺人蓋據此加怒字於上矣○按前說不然始甚則不得云猶大甚

平地七尺雪者 浦鏜云一誤七從六經正誤按

十年

明君子當犯而不校也 毛本校作挍非疏何讀校爲交接之交言前爲鄭所獲於此不當交會也

謂校接之交不謂爲報也 按當作謂交接之交不爲報也

此公子翬也 隸釋載漢石經此上有十年二字蓋雖不載經猶紀某公年數以相識別考其殘碑可想見其全經體式也

甚魯因戰見移生事 閩監毛本同誤也鄂本移作利當據正

宋人蔡人衛人伐載 諸本同唐石經載字缺釋文無音按漢書五行志載作戴注引此經同師古曰戴國今外黃縣東南戴城是也讀者多誤爲載故隨室置載州焉顏氏此條較之義疏釋文爲勝○按段玉裁云說文𢦔字注云𢦔故國在陳留則𢦔爲本字載爲假借字亦或作戴

十有一年

解內外也春秋至外也 閩監毛本作至內也按下五字衍何挍本無

微國也 隸釋載漢石經殘碑國也下接何以不書葬

又復構怨入許 鄂本閩本同監毛本構作搆非

弒也弒則何以不書葬 唐石經諸本同漢石經弒皆作試釋文作殺也云申志反注及下並同九經古義云白虎通引春秋讖曰弒者試也欲言臣子殺其君父不敢卒候間司事可稍稍試之

不復讎 唐石經鄂本皆作子不復讎此脫子字毛本讎作讐非下並同○按左傳莊十二年正義困學紀聞七並有子字孫志祖說

以爲不繫乎臣子也 唐石經諸本同漢石經無以爲二字按無以爲二字詞意益堅決凡云以爲者皆隱曲申明之意

子沈子後師 宋本閩監毛本同誤也蜀大字本作已師解云知子沈子爲已師者亦作已字當據正

据六年輸平不易 閩監毛本同誤也宋本鄂本作不月當據正

非止一處故言諸也以 何挍本亦作一處此本一字損缺閩監毛本改作此非也下句當作故以言諸也閩監毛本删以字○按當作故以諸言也

監本附音春秋公羊注疏隱公卷第三終 蜀大字本春秋公羊傳第一鄂本同閩監毛本無之唐石經作春秋公羊卷第一卷首及餘卷準此

公羊注疏卷三挍勘記終　工部屯田司員外郎胡祖謙挍

監本附音春秋公羊注疏桓公卷第四 起元年盡六年

何休學

元年春王正月公即位繼弒君不言即位此其言即位何 據莊公不言即位○繼弒中志反注皆同二年放此 〔疏〕繼弒君不言即位○解云莊元年傳云繼弒君子不言即位而此不言子者欲見桓無臣子之道不念其君父故也寧知不由桓非惡子故不言子者正見僖元年傳云公何以不言即位繼弒君子不言即位此非子其稱子何臣子一例也正以僖是閔兄而言子故知桓公君有臣人之道言子矣○注據莊至即位○解云即莊元年經云元年春王正月不言公即位是也

如其意也 弒君欲即位故如其意以著其惡直而不顯諱而不盈桓本貴當立所以爲篡者隱權立桓北面君事隱也即者就也先謁宗廟明繼祖也還之朝正君臣之位也事畢而反凶服焉○ 〔疏〕注直而至不盈○解云繼弒君者無即位之文今此書其即位直是桓弒但不顯道其弒故曰直而不顯也言諱而不盈者桓之弒隱是爲內諱而書其即位以見其弒不盈滿其諱文故曰諱而不盈也○注先謁至服焉○解云皆時王之禮也○

三月公會鄭伯于垂 桓公會皆月者危之也桓弒賢君篡慈兄專易朝宿之邑無王而行無仁義之心與人交接則有危也故爲臣子憂之不致之者爲下去王適足以起無王未足以見無王罪之深淺故復奪臣子辭成誅文也○爲下于僞反下爲告同去起呂反見賢遍反故復扶又反下同 〔疏〕注桓公至危之也○解云即此文及下二年三月公會齊侯已下于稷三年春正月公會齊侯于嬴六年夏四月公會紀侯于成之屬是也而十年秋公會衛侯于桃丘弗過不書月者彼是公欲要衛侯衛侯不肯見公以非禮動見拒有恥是以不復見其危矣○注不致至文也○解云即下二年注云凡致者臣子喜其君父脫危而至今不致之若其受誅殺故曰奪臣子辭成誅文也○

鄭伯以璧假許田其言以璧假之何 據實假不當持璧也 易之也易之則其言假之何爲恭也 爲恭孫之辭使若暫假借之辭○孫音遜 易爲爲恭 據取邑不爲恭敬辭 〔疏〕注據取至敬辭○解云即哀八年齊人取讙及僤之屬是

有天子存則諸侯不得專地也許田者何 地皆不得專而此獨爲恭辭疑非凡邑故更問之 魯朝宿之邑也諸侯時朝乎天子天子之郊諸侯皆有朝宿之邑焉 時朝者順四時而朝也緣臣子之心莫不欲朝朝莫夕王者與諸侯別治勢不得自專朝故即位比年使大夫小聘三年使上卿大聘四年又使大夫小聘五年一朝王者亦貴得天下之歡心以事其先王因助祭以述其職故分四方諸侯爲五部部有四輩輩主一時孝經曰四海之內各以其職來助祭尚書曰羣后四朝敷奏以言明試以功車服以庸是也宿者先誡之辭古者天子邦畿千里遠郊五百里諸侯至遠郊不敢便入必先告至由如他國至竟而假塗也皆所以防未然謹事上之敬也王者以諸侯遠來朝亦加殷勤之禮以接之爲告至之須當有所往止故賜邑於遠郊其實天子地諸侯不得專也桓公無尊事天子之心專以朝宿之邑與鄭背叛當誅故深諱使若暫假借之者不舉假爲重復舉上會者方諱言許田不舉會無以起從魯假之也○朝朝上如字下直遙反莫音暮治直吏反背音佩凡背叛之類皆放此○ 〔疏〕注故即位至小聘○解云此孝經說文聘義亦云天子制諸侯比年小聘三年大聘相厲以禮也是與此合○注五年一朝○解云虞傳文○注尚書曰至庸是也○解云此逸書也言羣后四朝者謂諸侯順四時而朝也敷奏以言者謂諸侯來朝之時徧奏以言語也言明試以功者國功曰功謂明試以國事之功也言車服以庸者民功曰庸若欲賜車服之時以其治民之功高下矣○注宿者先誡之辭○解云宿可以轉訓爲肅也是以祭統云先期旬有一日宮宰宿夫人夫人亦散齊七日致齊三日鄭注云宮宰守宮官也宿讀爲肅肅猶戒也戒輕肅重是也

此魯朝宿之邑也則曷爲謂之許田諱取周田也諱取周田則曷爲謂之許田繫之許也曷爲繫之許近許也此邑也其稱田何田多邑少稱田邑多田少稱邑 分別之者古有分土無分民明當察民多少課功德○近附近之近別彼列反 〔疏〕諱取周田也○解云謂魯人諱取周田而專用之近許也○又云魯頌云居常與許復周公

之字以此言之似魯國界内舊自有許何言近許而繫之許也彼注云常許魯南鄙西鄙此在王圻之内則非此許也○許田多至稱邑○解云田多邑少稱田者謂邑外之田多邑内家數少如此之時則稱田即此是也言邑多田少稱邑者謂邑内家數多而邑外之田頃畝少如此之時則稱邑即哀八年齊人取讙及僤是也○注分別至功德○解云知古有分土無分民者正以詩云誓將去汝適彼樂土論語云四方之民襁負其子而至矣皆是樂就有德之義故也○夏

四月丁未公及鄭伯盟于越○越本亦作粤音同〔疏〕夏四月至于越○解云所以日者正以十年冬齊侯衛侯鄭伯來戰于郎相負故也○秋大水何以書

記災也災傷二穀以上書災也經曰秋大水無麥苗傳曰待無麥然後書無苗是也先是桓篡隱百姓痛傷悲哀之心既蓄積而復專易朝宿之邑陰逆而與怨氣并之所致○以上時掌反凡言以上皆放此蓄勑六反〔疏〕注災傷至之邑○解云自經曰以下皆是莊七年傳文也彼傳云曷爲先言無麥而後言無苗一災不書待無麥然後書無苗彼注明君子云云至麥苗獨書者民食最重是也以此言之則知此經災傷二穀以上故不書穀名直言大水而已而莊二十八年經云冬築微大無麥禾不兼言大水者傳云冬既見無麥禾矣曷爲先言築微而後言無麥禾諱以凶年造邑也彼注云諱使若造邑而後無麥禾者惡愈也此蓋秋大水所傷就築微下俱舉水則嫌冬水者是也○注陰逆至所致○解云陰逆者專易朝宿之邑是怨氣者百姓痛傷悲哀之心是也○冬十月

二年春王正月戊申宋督弒其君與夷及其

大夫孔父賢者不名故孔父稱字督未命之大夫故國氏之○〔疏〕及其大夫孔父○解云此經之下亦有注云賢者不名故孔父稱字督未命之大夫故國氏之者但考諸舊本悉無此注且與注違則知有者衍文也○及者何以公夫人言及仲子微不得及君上下大夫言及知君尊亦不得及臣故問之〔疏〕注以公夫人言及○○解云即僖十一年夏公及夫人姜氏會齊侯于陽穀是也○注仲子至及君○解云隱元年秋天王使宰咺來歸惠公仲子之賵傳云何以不言及仲子仲子微也彼注云比夫人微故不得並及公是也○注上下至問之○解云哀六年夏齊國夏及高張來奔是國夏上大夫高張下大夫累也累累從君而死齊人語也弒君

多矣舍此無累者乎曰有仇牧荀息皆累也

舍仇牧荀息無累者乎曰有叔仲惠伯是也○舍此音捨下同〔疏〕仇牧至曰有○解云仇牧之事在莊十二年秋荀息之事在僖十年春○注叔仲惠伯是也○解云應在文十八年但成十五年傳乃言之有則此何以書賢也何賢乎孔父據叔仲惠伯不賢○〔疏〕注據叔至不賢○解云成十五年傳云叔仲惠伯傳子赤者也文公死子幼公子遂謂叔仲惠伯曰君幼如之何願與子慮之叔仲惠伯曰吾子相之老夫抱之何幼君之有公子遂知其不可與謀退而殺叔仲惠伯弒子赤而立宣公彼注云殺叔仲惠伯不書者舉弒君爲重叔仲惠伯事與荀息相類下得爲累者有異也叔仲惠伯直先是殺爾不知荀息死之以此言之則叔仲惠伯不可與謀而見殺非衛君而死春秋不賢之是以不書故此注云叔仲惠伯不賢也○孔父可謂義形於色矣以稱字見先君死○見先賢遍反下形見目見斥見見恩並同下悉薦反〔疏〕孔父至色矣○解云孔父事君之正義形見於顏色矣○其義

形於色奈何督將弒殤公孔父生而存則殤

公不可得而弒也故於是先攻孔父之家大夫稱家父者字也禮臣死君字之以君得字之知先攻孔父之家○殤式羊反○〔疏〕注大夫稱家○解云即定十二年孔子行乎季孫三月不違曰家不藏甲邑無百雉之城是也○注父者字也○解云穀梁傳文○注禮臣至家○解云臣死君不名之稱謚若字也者出玉藻文殤公知孔父死已必死趨而救

之皆死焉趨走也傳道此者明殤公知孔父賢而不能用故致此禍設使殤公不知孔父賢焉知孔父死已必死設使魯莊公不知季子賢焉知以病召之皆患安存之時則緩之急然後思之故常用不免○死焉於虔反注同○〔疏〕注設使至思之○解云莊公三十二年傳云莊公病將死以病召季子季子至授之以國政曰寡人即不起此病吾將焉致乎魯國云云是也○注故常用不免○解云謂宋殤公不免死魯莊公不免亂○孔父

正色而立於朝則人莫敢過而致難於其君

者孔父可謂義形於色矣內有其義而外形見於顔色孔子曰君子正其衣冠尊其瞻視儼然人望而畏之是也重道義形於色者君子樂道人之善言及者使上及其君若附大國以名通明當封爲附庸不絶其祀所以重社稷之臣也督不氏者起馮當國不舉馮弒爲重者繆公廢子而反國得正故爲之諱也不得爲讓者死乃反之非所以全其讓意也○難乃旦反嚴魚檢反本又作儼重直用反故爲于僞反傳爲隱諱下注不爲諱爲後同疏注督不至諱也○解云春秋之内當國不氏者無知州吁之屬是也今宋督實戴公之孫而不言公孫者正欲起其取國與馮故也○注不得至意也○解云昭二十年傳云何賢乎公子喜時讓國也昭三十一年傳云何賢乎叔術讓國也繆公之傳不言讓國者死乃反之非所以全其讓意也○滕子來朝○三月公會齊侯陳侯鄭伯于稷以成宋亂内大惡諱此其目言之何目見也斥見其惡言成宋亂遠也所見異辭所聞異辭所傳聞異辭所以復發傳者益師以臣見恩此以君見恩嫌義異也所見之世臣子恩其君父尤厚故多微辭是也所聞之世恩王父少殺故立煬宫不日武宫日是也所傳聞之世恩高祖曾祖又少殺故子赤卒不日子般卒日是也○傳聞直專反注傳聞及下注傳之皆同以復扶又反下反復同少殺所介反下同煬餘亮反舊始彰反般音班疏注所以復發傳者○解云下隱元年公子益師卒之下已有傳故言復矣○注益師至尤厚○解云彼以臣之故欲見臣恩之薄厚故曰以臣見恩也此以君之故欲見君恩之厚薄故曰以見君恩也○注故多微辭○解云定元年傳云定哀多微辭彼注云定公有王無正月不務公室喪失國寶哀公有黄池之會獲麟故總言多是其定公有王無正月得爲微辭者即定公元年傳云定何以無正月正月者正即位也定無正月者即位後也彼注云雖書即位于六月實當如莊公有正月今無正月者昭公出奔國當絶定公不得繼體奉正故諱爲微辭使若即位在正月後故不書正月是也其不務公室者即定二年冬十月新作雉門及兩觀其言新作之何脩大也脩舊不書此何以書譏何譏爾不務乎公室也彼注云務勉也不務公室亦可施於久不脩亦可施於不務如公室之禮微辭也者是也其喪國寶得爲微辭者定公八年盜竊寶玉大弓傳云寶者何璋判白彼注云不言璋言

王者起圭璧琮璜璋五玉盡亡之也傳獨言璋者所以郊事天九重書大弓者使若都以國寶書微辭也謂之寶者世世保用之辭是也其黄池之會得爲微辭者哀十三年公會晉侯及吳子于黄池傳云其言及吳子何會兩伯之辭也不與夷狄之主中國則曷爲以會兩伯之辭言之重吳也曷爲重吳吳在是則天下諸侯莫敢不至也彼注云不書諸侯者爲微辭使若天下盡會之而魯侯蒙俗會之者惡愈是也其獲麟得爲微辭者哀十四年春西狩獲麟不言爲漢之將興不言爲周之將亡故得爲微辭也○注所聞至武宫日是也○解云立煬宫不日者即定元年九月立煬宫是也立武宫日者成十六年二月辛巳立武宫是也公羊之義失禮鬼神例日故言此○注所傳至卒日是也○解云子赤卒不日者文十八年冬十月子卒傳云何以不日隱之也何隱爾弒也弒則何以不日不忍言也注云所聞世臣子恩事王父深厚故不忍言其日與子般異是也其子般卒日者莊三十二年冬十月乙未子般卒彼注云日者爲臣子恩録之也殺不去日見隱者降子赤也者是隱亦遠矣曷爲爲隱諱據觀魚諱隱賢而桓賤也宋公馮與督共弒君而立諸侯會於稷欲共誅之受賂使還令宋亂遂成桓公本亦弒隱而立君子疾同類相養小人同惡相長故賤不爲諱也古者諸侯五國爲屬屬有長二屬爲連連有帥三連爲卒卒有正七卒爲州州有伯也州中有爲無道者則長帥卒正伯當征之不征則與同惡當春秋時天下散亂保伍壞敗雖不誅不爲成亂今責其成亂者疾其受賂也加以者辟直成亂也○令力呈反相長丁丈反下同帥所類反下同爲卒子忽反下皆同疏注據觀魚諱○解云隱五年春公觀魚于棠彼注云實譏張魚而言觀譏遠者恥公去南面之位下與百姓爭利匹夫無異故諱使若以遠觀爲譏者是也○注古者諸侯至有伯也○解云王制及春秋説文○注加以至亂也○解云下十四年傳云以者何行其意也彼注云以已從人曰行言四國行宋意也今此言以成宋亂者若言公爲三國所以遂行其意而成宋亂非公本意故云加以者辟直成亂也○夏四月取郜大鼎于宋此取之宋其謂之郜鼎何據莒人伐杞取牟婁後莒牟夷以牟婁來奔不繫杞也疏注據莒至杞也○解云隱四年莒人伐杞取牟婁昭五年莒牟夷以牟婁來奔是也器從名從本主名名之地從主人從後所屬主人器何以從名

地何以從主人據錯〔疏〕注據錯。解云二理相違故謂之錯器之與人
非有即爾即就也若曰取彼器與此人異國物凡人取異國物非就有取之者皆持以歸爲有爲後
不可分明故正其本名〔疏〕非有即爾。解云謂非有就而有之爾宋始以不義取
之故謂之郜鼎宋始以不義取之不應得故正之謂之郜鼎如以義應得當言取宋大鼎郜本
所以有大鼎者周家以世孝天瑞之鼎以助享祭諸侯有世孝者天子亦作鼎以賜之禮祭天子九鼎諸侯七卿大夫五
元士三也〔疏〕宋始至取之。解云謂滅郜取之也。注如以義應得者解云謂若天賜之也。注周家至享祭者
解云謂殷衰之時鼎沒于泗水及武王克殷之後鼎乃出見故漢書云鼎於周出是也。注禮祭至三也。解云春秋說
文而膳夫云王日一舉鼎十有二物何氏不取也而士冠禮士喪禮皆一鼎者士冠士喪略於正祭故也至乎
地之與人則不然凡取地皆就有之與器異也俄而可以爲其
有矣俄者謂須臾之間制得之頃也諸侯土地各有封疆里數今日取之然後王者起興滅國繼絕世反取邑
不嫌不明故卒可使以爲其有不復追錄繫本主。疆居良反然則爲取可以爲其有
乎爲取恣意辭也弟子未解故云爾。解音蟹曰否何者何者將設事類之辭若楚
王之妻媦無時焉可也媦妹也引此爲喻者明其終不可名有也經不正者從可
知省文也。〔疏〕若楚至可也。解云媦音于貴反以妹爲媦音胃妹也〔疏〕妻終無可時似若器從今主之名地取便
爲已有亦無可時故言此也本更散亡難可推據未知此君名號云何。注明其至有也。解云若作名字言器不可從
今主之名地不可作後主之有也考諸古本名作多字雖恣意取之亦不得多有也若如此解以覆上爲取之義矣。注
經不至文也。解云地不得爲今主之有而經不繫本國以正之者從可知省文戊申納于大
廟何以書譏何譏爾遂亂受賂納于大廟非
禮也納者入辭也周公稱太廟所以必有廟者緣生時有宮室也孝子三年喪畢思念其親故爲之立宗廟以
鬼享之廟之爲言貌也思想儀貌而事之故曰齊之日思其居處思其笑語思其志意思其所樂思其所嗜祭之日入室
僾然必有見乎其位周旋出入肅然必有聞乎其容聲出戶而聽愾然必有聞乎其嘆息之聲孝子之至也質家右宗廟
上親親文家右社稷尚尊尊。大廟音泰下及注同嗜市志反僾音愛又烏改反愾苦愛反〔疏〕注納者入辭也
。解云即莊九年傳云納者何入辭也是也。注故爲至享之。解云孝經文。注故曰至所嗜。解云皆祭義文也彼
注云所嗜素所欲飲食是也。注祭之至之聲。解云亦祭義文彼注云周還出戶謂薦設時也無尸者闔戶若食間則
有出戶而聽之是也。注質家至尊尊。解云春秋說文義篇末云建國之神位文家右社稷而左宗廟所謂一隅也
○秋七月紀侯來朝稱侯者天子將娶於紀與之奉宗廟傳之無窮重莫大焉故封之百
里月者明當尊而不臣所以廣孝敬蓋以爲天子得娶庶人女以其得專封也〔疏〕注稱侯至百里解云知天子將
娶於紀者正以下八年冬遂逆王后于紀九年春紀季姜歸于京師之文也知其元非大國者正以隱二年紀子伯莒子
盟于密伯子並稱之故知此侯非本爵也知非暫得褒賞而已而知封之百里者正以自今以後恒稱侯故也即下六年
夏公會紀侯于成十三年春公會紀侯鄭伯之屬是也。注月者至孝敬。解云凡朝例時以其尊而不臣故書月令與
朝異。注蓋以至封也。解云此欲道諸侯不得專封是以不取于大夫以下即文四年夏逆婦姜于齊略之也彼注云
賤非所以奉宗廟故略之是也○蔡侯鄭伯會于鄧離不言會此
其言會何據齊侯鄭伯如紀二國會曰離二人議各是其所是非其所非所道不同不能決事定是
非立善惡不足采取故謂之離會〔疏〕注據齊至離會。解云五年齊侯鄭伯如紀當時紀不與會是以齊侯鄭
伯爲離會也但離不言會故變言如矣蓋鄧與會爾時因鄧都得與鄧會自三國以上言會者
重其少從多也能決事定是非立善惡尚書曰三人議則從二人之言蓋取諸此。與會音預〔疏〕注尚書至之言
解云洪範文○九月入杞○公及戎盟于唐不日者戎怨隱不反國善
桓能自復翁然相親信○冬公至自唐致者君子疾賢者失其所不肖者反以相親榮故與
隱相違也明前隱與戎盟雖不信猶可安也今桓與戎盟雖信猶可危也所以深抑小人也凡致者臣子喜其君父脫危
而至〔疏〕注故與隱相違也。解云即隱二年秋八月公及戎盟于唐不書致故也。注明前至安也。解云隱公

之盟書日，故言不信也；不書致，故言猶可安。○注今桓至而至。○解云：不日，故爲信；書致，故言危也。

三年春正月，公會齊侯于嬴。無王者，以見桓公無王而行也。二年有王者，見始也。十年有王者，數之終也。十八年有王者，桓公之終也。明終始有王，桓公無之爾。不就元年見始者，未無王也。二月非周之正月，所以復去之者，明春秋之道亦通於三王，非主假周以爲漢制而已。○嬴音盈。以見，賢徧反，下并年末以見同。復，扶又反，下同。去，起呂反。〔疏〕注二年至始也。○解云：即二年春王正月戊申，宋督弒其君與夷是也。○注十年至終也。○解云：即十年春王正月庚申，曹伯終生卒是。○注十八年至終也。○解云：即十八年春王正月，公會齊侯于濼是也。○注不就至始者。○解云：元年春王正月即位之時，自知已篡，戰懼畏討，未敢無王，是以春秋於正月之際，不得見始，須臾之後，還復爲惡，擅易天子之田，儼然無憚，故至二年正月言王以見始。○注二月無王。○解云：即七年二月己亥焚咸丘，十有三年春二月公會紀侯鄭伯云云，十五年春二月天王使家父來求車之屬是也。○夏，齊侯、衛侯胥命于蒲。胥命者何？相命也。胥，相也。時盟不歃血，但以命相誓。○歃本又作歃，所洽反，又所甲反。〔疏〕胥命者何。○解云：春秋上下更無胥命之文，故執不知問。○注時盟至相誓。○解云：亦相誓勑，但不歃血而已，故謂之盟也。何言乎相命？據盟亦相命，不道也。近正也。以不言盟也。○近正，附近之近，下及注同。〔疏〕近正也。○解云：古者不盟而言近正，雖不歃血，口雖誓勑，不若古者結言而退，故言近正而已。此其爲近正奈何？古者不盟，結言而退。善其近正，似於古而不相背，故書以撥亂也。○背音佩。○六月，公會紀侯于盛。○盛音成。○秋七月壬辰朔，日有食之，既。光明滅盡也。是後楚滅鄧、穀，上僭稱王，故尤甚也。楚滅鄧、穀不書者，後治夷狄。既者何？盡也。〔疏〕既者何。○解云：與例不同，故執不知問。○注是後楚滅鄧穀。○解云：即下七年夏，穀伯綏來朝，鄧侯吾離來朝，傳云「皆何以名？失地之君也」是也。○注上僭稱王。○解云：春秋說云：桓三年秋七月壬辰朔，日有食之，既，其後楚僭號稱王，滅穀、鄧，政教陵遲是也。○公子翬如齊逆女。○九月，齊侯送姜氏于讙。何以書？譏。何譏爾？諸侯越竟送女，非禮也。以言姜氏也。禮，送女，父母不下堂，姑姊妹不出門。○讙，呼官反。〔疏〕注以言姜氏也。○解云：讙若齊地，宜言齊侯送孟姜于讙，今言姜氏，故知越竟也。○注禮送至出門。○解云：時王之禮。此入國矣，何以不稱夫人？據讙魯地。自我言齊，恕己以及人也。父母之於子，雖爲鄰國夫人，猶曰吾姜氏。所以崇父子之親，從父母辭。不言孟姜言姜氏者，從魯辭，起魯地。〔疏〕猶曰吾姜氏。○解云：若有言孟姜者，孟爲衍字也。○注從父至魯地。○解云：孟姜者，即詩云「彼美孟姜」，正謂此也。孟字亦有作季字者，誤也。○公會齊侯于讙。夫人姜氏至自齊。翬何以不致？據遂以夫人婦姜至自齊致。〔疏〕注據遂至齊致。○解云：在宣元年。得見乎公矣。本所以致夫人者，公不親迎，有危也。翬當并致者，翬親迎，重在翬也。上會讙時，夫人以得見公，得禮，失禮在公，不復在翬，故不復致。不就讙上致者，婦人危重，故據都城乃致也。月者，爲夫人至，例危重之。○迎迎，魚敬反，下同。爲夫，于僞反，下同。〔疏〕注不就至乃致。○解云：若就讙致，即鄉者至讙之時，書之宜在公會齊侯于讙上。○注月者至重之。○解云：即宣元年三月，遂以夫人婦姜至自齊；成十四年九月，僑如以夫人婦姜氏至自齊是也。○冬，齊侯使其弟年來聘。○有年。何以書？方分別明大有年，故不但言何以書。○別，彼列反。以喜書也。大有年何以書？亦以喜書也。此其曰有年何？僅有年也。僅猶劣也。謂五穀多少皆有，不能大成熟。○僅，其靳反，劣也。〔疏〕注謂五至成熟。○解云：舊本如是。其穀下云皆有不能大成熟，多少二字或衍文也。若必存字解之，多謂麥禾，少謂豆之屬，是事皆有，但不能大熟也。彼其曰大有年何？問宜十六年也。大豐年也。謂五穀皆大熟成。僅有年亦足以當喜乎？恃有年也。恃，賴也。若桓公之行，諸侯所當誅，百姓所當叛，而又元年大水，二年耗減，民人將去國，喪無日，賴得五穀皆有，使百姓安土樂業，故喜而

書之所以見不肖之君爲國九危又明爲國家者不可不有年。行下孟反耗減呼報反下隹斬反喪息浪反

四年春正月公狩于郎狩者何田狩也田者蒐狩之揔名也古者肉食衣皮服捕禽者故謂之田取獸于田故曰狩易曰結繩罔以田魚。狩手又反冬獵也

【疏】狩者何。解云正以春而言狩故執不知問。注田者蒐狩之揔名也。解云即尚書云文王不敢盤于遊田。注古者肉食衣皮服捕禽獸故謂之田取獸于田故曰狩易曰結繩罔以田魚。解云此古者謂三皇之時也故禮進退三皇時云昔者先王未有火化食草木之食鳥獸之肉飲其血茹其毛未有麻絲衣其羽皮後聖有作然後脩火之利治其麻絲以爲布帛以養生送死以事鬼神又下繫辭云黄帝堯舜垂衣裳而天下治彼注云始去羽毛故鄭注易說云古者田漁而食之因衣其皮先知蔽前後知蔽後後王易之以布帛而猶存其蔽前者重古道不忘本以此言之則黄帝以後始有火化而去毛羽則此古者三皇時可知

春曰苗苗毛也明當見物取未懷任者

【疏】春曰苗。解云周禮春田謂之蒐何氏所不取

秋曰蒐蒐簡擇也簡擇幼稚取其大者。曰廋本又作搜亦作蒐所求反簡擇也

冬曰狩狩猶獸也冬時禽獸長大遭獸可取不以夏田者春秋制也以爲飛鳥未去於巢走獸未離於穴恐傷害於幼稚故於苑囿中取之。長丁丈反年未同離力智反囿音又

【疏】注不以至制也。解云正以周禮四時皆田故也

常事不書此何以書譏何譏爾遠也以其地遠禮諸侯田狩不過郊

【疏】注以其至遠也。解云十年冬齊侯衛侯鄭伯來戰于郎傳云郎者何吾近邑莊三十一年春築臺于郎傳云何以書譏何譏爾臨民之漱浣也以此言之則郎爲近邑言遠也者葢以郎邑在郊內其屬地在郊外若據邑言之則爲近若據地言之則爲遠也故哀十一年左氏郊之戰檀弓謂之戰于郎也者是郎邑在郊內之證也則此言狩于郎者据郊外屬地言之故言遠是以此注云以其地遠禮諸侯田狩不過郊不五年大雩之下注云去國遠狩是也而舊云以其云大野遠故言遠者非

諸侯曷爲必田狩据有囿也

【疏】注据有囿也。解云即成十八年築鹿囿之屬是也

一曰乾豆一者第一之殺也自左膘射之達於右髃心中死疾鮮絜故乾而豆之中薦於宗廟豆祭器名狀如鐙天子二十有六諸公十有六諸侯十有二卿上大夫八下大夫六士二。左膘卑小反又扶了反上倉云小腹兩邊肉說文云脅後髀前肉射之食亦反下同右髃本又作髃魚俱反又五苟反說文云肩前也字林云肩前兩乳骨也五口反中心丁仲反下同鐙都鄧反又音登

【疏】注自左至如鐙。解云時王之禮古制無文。注天子至士二。解云自下大夫六以上禮器文也其士三者何氏左之案聘禮致饔餼于上大夫堂上八豆設于房西則知此者堂上豆數也公食大夫禮曰宰夫自東房薦豆六設于醬東則食下大夫之禮而豆六則知食卿上大夫亦八明矣周禮公之豆四十侯伯之豆三十有二子男之豆二十有四者葢普言之

二曰賓客二者第二之殺也自左膘射之達於右髀遠心死難故以爲賓客。遠于萬反

【疏】二曰賓客。解云言以爲賓俎實爲猶作也

三曰充君之庖三者第三之殺也自左膘射之充備也庖厨也達于右髃中腸胃汚泡死遲故以充君之庖厨已有三牲必田狩者孝子之意以爲己之所養不知天地自然之牲逸豫肥美禽獸多則傷五穀因習兵事又不空設故因以捕禽獸所以共承宗廟示不忘武備又因以爲田除害狩例時此月者譏不時也周之正月夏之十一月陽氣始施鳥獸懷任草木萌牙非所以養微。庖步苞反左髀方爾反又步啓反股外也本又作膘右髃羊紹反字林子小反一本作脺音賢泡普交反又百交反捕音步本又作搏音博又音付共音恭爲田于僞反下音同

【疏】注狩例時。解云即莊四年冬公及齊人狩于郜僖二十八年冬天王狩于河陽是也。注此月者至養微。解云在哀十四年孔子欲夏之孟冬以爲田狩之月

夏天王使宰渠伯糾來聘宰渠伯糾者何天子之大夫也其稱宰渠伯糾何据劉卷卒氏采不名且字。糾居黝反氏采七代反後放此

【疏】宰渠伯糾者何。解云欲言微者而經稱伯欲言尊卿連名言之故執不知問。注据劉至且字。解云在定四年也劉是其采卷是名也

下大夫也天子下大夫繫官氏名且字繫官者卑不得專官事也稱伯者上敬老也上敬老則民益孝上尊齒則民益弟是以王者以父事三老兄事五更食之於辟雝天子親袒而割牲執醬而饋執爵而酳冕而揔干率民之至也先王之所以治天下者有五貴有德爲其近於道也貴臣爲其近於君也貴老爲其近於父也敬長爲其近於兄也慈幼爲其近於子弟也禮君於臣而不名者有五諸父兄不名經曰王札子是也詩曰王謂叔

父是也上大夫不名祭伯是也盛德之士不名叔肸是也老臣不名宰渠伯糾是也下去二時者桓公無王而行天子不能誅反下聘之故爲貶見其罪明不宜○弟大計反更音庚食音嗣辟必亦反袒音但饋其愧反酳以刃反又士刃反其近附近之近下同札側八反肸許乙反去起呂反見賢遍反〔疏〕注天子至益弟○解云言繫官以爲氏渠是名糾是且字也○注是以至之至也○解云祭義云食三老五更於大學天子親袒而割牲執醬而饋執爵而酳冕而揔干所以教諸侯之弟也鄭注云割牲制俎實也冕而揔干親在舞位以樂侑食也教諸侯之弟次事親是也樂記亦有此文○注先王至弟也○解云皆祭義文也○注禮君至是也○解云皆何氏之意故皆取經以當之○注諸父至是也○解云宣十五年王札子殺召伯毛伯傳云王札子者何長庶之號也注云天子之庶兄札者冠且字也禮天子庶兄冠而不名所以尊之是也○注上大夫至是也○解云隱元年祭伯來傳云祭伯者何天子之大夫也是也○注盛德至是也○解云宣十七年公弟叔肸卒彼注云稱字者賢之宣公篡立叔肸不仕其朝不食其祿終身於貧賤故孔子曰篤信好學守死善道危邦不入亂邦不居天下有道則見無道則隱此之謂也是○注老臣至不宜○解云渠是其名而言不名者

謂計其官爵之時實合氏官名而且字但以其年老故兼稱伯示有不名之義也故知之矣

五年春正月甲戌己丑陳侯鮑卒曷爲以二日卒之悈也悈者狂也齊人語○悈呼述反狂也齊人語甲戌之日亡己丑之日死而得君子疑焉故以二日卒之也君子謂孔子也以二日卒之者闕疑〔疏〕注君子至闕疑○解云正以哀十四年傳云君子曷爲爲春秋故也

○夏齊侯鄭伯如紀外相如不書此何以書據蔡侯東國卒于楚不言如也〔疏〕注據蔡至如也○解云在昭二十三年夏也案襄二十六年許男甯卒于楚在蔡侯之前而不據之者科取一以當之不以後見義或者正以蔡是大國齊之類故取之離不言會〔疏〕時紀不與會故略言如也春秋始錄內小惡書內離會略外小惡不書外離會至所聞之世著治升平內諸夏而詳錄之乃書外離會嫌外離會常書故變文見意以別嫌明疑○與音預治直吏反見賢遍反下文注並同別彼列反〔疏〕注書內離會者○解云即隱二年公會戎于潛是也○注不書外離會者解云即此文變會言如是也○注乃書外離會○解云即宣十一年晉侯會狄于攢函是也○注嫌外至明疑○解云若不載此事以略言如則嫌所傳聞之世合書外離會但遇無之而已故曰嫌外離會常書也故書而變其文見所傳聞之世不書外離會之意故曰變文見意也所以別其嫌而明其疑故曰以別嫌明疑也

○天王使仍叔之子來聘仍叔之子者何天子之大夫也其稱仍叔之子何據宰渠氏官武氏子不稱字又不加之尹氏不稱子〔疏〕仍叔之子者何○解云欲言大夫而文言之子欲言未仕而天王使之故執不知問○注據宰渠氏官○解云即上四年夏天王使宰渠伯糾來聘是也○注武氏至加之○解云即隱三年秋武氏子來求賻是也○注尹氏不稱子○解云即隱三年夏四月辛卯尹氏卒是也譏何譏爾譏父老子代從政也禮七十縣車致仕不言氏者起父在也加之者起子辟一人○縣音玄〔疏〕注禮十縣輿致仕○解云案春秋說文謂之縣輿者淮南子曰日至於悲谷是

謂餔時至於淵隅是謂高春至於連石是謂下春至於悲泉爰止其女爰息其馬是謂縣輿舊說云日在縣輿一日之暮人年七十亦一世之暮而致其政事於君故曰縣輿致仕也亦有作車字者○注不言至在也○解云言仍氏子則與武氏子文同嫌亦無父故曰起父在○注加之至一人○解云若言仍叔子則與僖三十三年百里子與蹇叔子之類是一人故曰加之者起子辟一人

○葬陳桓公不月者責臣子也知君父有疾當營衛不謹而失之也傳曰葬生者之事〔疏〕注不月至之也○解云正以卒日葬月乃是大國之例今書時故決之○注傳曰至之事解云隱十一年傳文

○城祝丘○秋蔡人衛人陳人從王伐鄭其言從王伐鄭何據河陽舉王狩別出朝文文不連王王師不道所加○從王如字又才用反下及注同〔疏〕注據河至連王○解云僖二十八年冬公會晉侯以下于溫天王狩于河陽壬申公朝于王所彼舉王狩此不舉之彼別出公朝之文其文不連上王今言從王伐鄭經連王言之故難之或者上會于溫諸侯之文連王言之○注王師不道所加○解云成元年秋王師敗績于貿戎不道伐某今言伐鄭故難之從王

正也美其得正義也故以從王征伐録之葢起時天子微弱諸侯背叛莫肯從王者征伐以善三國之君獨能尊天子死節稱人者剌王者也天下之君海内之主當秉綱撮要而親自用兵故見其微弱僅能從微者不能從諸侯猶莒稱人則從不疑也不使王者首兵者本不爲王舉也知實諸侯者以美得正。撮七活反不爲于僞反下所爲與爲六年同〔疏〕注猶莒至疑也。解云即隱八年公及莒人盟于包來傳曰公曷爲與微者盟稱人則從不疑也注云從者隨從也實莒子也言莒子則嫌公行微不肖諸侯不肯隨從公盟而公反隨從之故稱人則隨從公不疑矣是也。注不使至得正。解云若使王者首兵宜言王以蔡人衛人陳人伐鄭似若僖二十六年公以楚師伐齊取穀然。大雩大雩者何旱祭也雩旱請雨祭名不解大者祭言人雩大旱可知也君親之南郊以六事謝過自責曰政不一與民失職與宮室榮與婦謁盛與苞苴行與讒夫倡與使童男女各八人舞而呼雩故謂之雩不地者常地也。一與音餘下同苴子餘反〔疏〕注君親至責曰。解云皆韓詩傳文。注政不一與。解云謂政不專一出自權臣之門。注民失職與。解云謂廢其農業。注宮室榮與。解云謂若丹楹刻桷之屬。注婦謁盛

與。解云謂阿請亂國。注苞苴行與。解云謂受人之貨政以賄成。注讒夫倡與。解云謂若魯任鄭瞻。注使童至之雩。解云論語云冠者五六人童子六七人與此異者彼言暮春者春服既成明魯人五雩故其數少復不言男女今此書見于經非正雩也凡脩雩者皆爲旱甚而作之故其數多又兼男女矣是以司巫職曰若國大旱則率巫而舞雩是也春秋説云冠者七八人童子八九人者葢是天子雩也。注不地者常地也。解云謂在魯城南沂水上然則何以不言旱據日食鼓用牲于社〔疏〕注據日至于社。解云莊二十五年經彼舉日食乃言鼓用牲于社此不言旱直言大雩故據難之言雩則旱見言旱則雩不見從可知故省文也日食獨不省文者與大水同禮君但言鼓用牲則不知其所爲必見雩者善其能戒懼天災應變求雨憂民之急也。應應對之應下同〔疏〕注與大至急也。解云諸言日食與大水皆鼓用牲也即莊二十五年秋大水鼓用牲于社是也何以書記災也旱者政教不施之應先是桓公無王行比爲天子所聘得志益驕去國遠狩大城祝丘故致此旱〔疏〕注比爲天子所聘。解云即注四年夏天王使

宰渠伯糾來聘是也。注去國遠狩。解云即四年春公狩于郎是也。注大城祝丘。解云在今年夏正以大崩壞敗然後發衆城之故曰大城。螽何以書記災也螽者煩擾之所生與上旱同説。螽音終本亦作螽説文螽或蠭字。冬州公如曹外相如不書此何以書過我也爲六年化我張本也傳不言化我者張本非再化也稱公者申其尊起其慢責無禮。過古禾反又古臥反〔疏〕注稱公至無禮。解云天子三公稱公王者之後稱公州國非此二者必非是公但今過魯自尊君公故如其意書之曰公以起其無禮也但諸文不知本爵是何諸家之意左氏已具也

六年春正月寔來寔來者何猶曰是人來也猶曰是人來不録何等人之辭。寔市力反〔疏〕寔來者何。解云不書其人而經言實來故執不知問孰謂謂州公也以上如曹書曷爲謂之寔來慢之也曷爲慢之據葵丘之盟日化我也行過無禮謂之化齊人語也諸侯相過至竟必假塗

入都必朝所以崇禮讓絶慢易戒不虞也今州公過魯都不朝魯是慢之爲惡故書寔來見其義也月者危録之無禮之人不可備責之。易以豉反見其賢徧反下見無正同〔疏〕注據葵至盟日。解云僖九年九月戊辰諸侯盟於葵丘傳云桓之盟不日此何以日危之也何危爾桓公震而矜之叛者九國震之者何猶曰振振然注云亢陽之貌矜之者何猶曰莫若我也注云色自美大之貌然則桓公振矜慢人而書日危之本魯慢州公非敬逆之道是以據而難之。注行過至義也。解云今州公過魯而慢之傳言化我故知化我是行過無禮之言是以哀六年傳云陳乞曰常之母有魚菽之祭願諸大夫之化我也諸大夫皆曰諾於是皆之陳乞之家亦是行過無禮之事。注月者至責之。解云凡朝例時此不朝故書月以見危不書日以見其危者無禮之人不可備責故也。夏四月公會紀侯于成。秋八月壬午大閱大閱者何簡車徒也大簡閱兵車使可任用而習之。閱音悅任音壬〔疏〕大閱者何。解云欲言習兵而不言狩欲言他事而經書大閱故執不知問何以書葢以罕書也罕希也孔子曰以不

教民戰是謂棄之故比年簡徒謂之蒐三年簡車謂之大閱五年大簡車徒謂之大蒐存不忘亡安不忘危不地者常地也蒐例時此日者桓既無文德又忽忘武備故尤危録〔疏〕何以至書也○解云大閱之禮三年一爲桓公忽忘武備過於三年是以書之○注孔子至弃之○解云何氏之意與鄭別○注故比至之蒐○解云即昭八年秋蒐于紅之屬是也○注三年至大閱○解云此文是也○注五年至大蒐○解云即定十四年大蒐于比蒲之屬是也○知其年數者漢禮猶然○注不地者常地也○解云蓋在郊內而賈注經云簡車馬于廟也者何氏不取○注蒐例時者昭八年秋蒐于紅定十四年夏大蒐于比蒲之屬是也○注此日至危録○解云例合書時而乃書日故以爲尤危録也

蔡人殺陳佗陳佗者何陳君也以躍卒不書葬也○佗大阿反〔疏〕陳佗者何○解云欲言陳君經不書爵欲言大夫又不言氏故執不知問○注以躍至葬也○解云十二年八月壬辰陳侯躍卒注云不書葬者佗子也佗不稱侯者嫌貶在名例不當絕故復云躍葬也是以昭十一年楚師滅蔡執世子有以歸用之傳云此未踰年之君也其稱世子何不君靈公不成其子也不君靈公則曷爲不成其子誅君之子不立以此言之正由陳佗不君而見絕故去其子葬是故以躍不書葬知佗是陳君若其不然不知陳侯躍何以不書葬矣

陳君則曷爲謂之陳佗據殺蔡侯般不言蔡般○侯般音班〔疏〕注據殺至蔡般○解云昭十一年楚子虔誘蔡侯般殺之於申是也絕也絕者國當絕曷爲絕之據戕鄫子不絕○戕在良反鄫才陵反〔疏〕注據戕至不絕○解云宣十八年邾婁人戕鄫子稱子而不名是也賤也其賤奈何外淫也惡乎淫惡乎猶於何也○惡音烏烏乎猶於何也注同淫于蔡蔡人殺之蔡稱人者與使得討之故從討賊辭也賤而去其爵者起其見卑賤猶律文立子姦母見乃得殺之也不月不書葬者從賤文○去起呂反〔疏〕注猶律至之也解云猶言對子姦母也○注不日至賤文○解云陳佗是君而見弒例合書日即隱四年戊申衛州吁弒其君完之屬是也君被外國殺者不責臣子不討賊例合書葬即桓十八年葬我君桓公是也今不書日不書葬者從賤文故也○九月丁卯子同生子同生者孰謂謂莊公也以夫人言同非吾子○嚴公音莊本亦作莊案後漢諱莊改爲嚴〔疏〕子同生者孰謂○解云春秋之內魯侯多矣皆不書生今特書故問爲誰○注以夫至吾子即莊元年傳云夫人譖公于齊侯公曰同非吾子齊侯之子也者是也正以道公疑非己子則是其長子同既繫體是常故知莊公也何言乎子同生據君存稱世子子般不言生〔疏〕注据君至言生○解云莊三十二年冬十月乙未子般卒傳云子卒云子卒此其稱子般卒何君存稱世子君薨稱子某既葬稱子踰年稱公是也喜有正也喜國有正嗣未有言喜有正者此其言喜有正何久無正也子公羊子曰其諸以病桓與其諸辭也本所以書莊公生者感隱桓之禍生於無正故喜有正而不以世子正稱書者明欲以正見無正疾惡桓公日者喜録之禮生與來日死與往日各取其所見日也禮世子生三日卜士負之寢門外以桑弧蓬矢射天地四方明當有天地四方之事三月君名之大夫負朝于廟以名徧告之○桓與音餘稱尺證反惡烏路反射食亦反徧音遍〔疏〕注而不至桓公○解云若以正稱書宜言世子同生也同實世子而不以正稱書之是其以正見無正之義桓由不正而篡弒故曰疾惡桓公也○注日者至日也○解云與由數也由生數來日故書丁卯而録之凡人謂方至爲來已過爲往故云生與來日死與往日也鄭注曲禮上篇云生數來日謂成服杖以死明日數也死數往日謂殯斂以死日數也者與何氏異○注禮世至告之○解云皆出內則文也○冬紀侯來朝朝聘例時

監本春秋公羊注疏桓公卷第四

江南蘇松督糧道方體栞

公羊注疏卷四校勘記　阮元撰盧宣旬摘錄

監本附音春秋公羊注疏桓公卷第四

春秋公羊經傳解詁桓公第二　釋文但題桓公第二四字

元年

繼弒君不言即位此此其言即位何　補案此字誤重

繼弒君子不言即位　何按本無繼字與莊元年傳合

不致之者　昭廿六年疏引此無之字非成十年疏引此有之

為下去王　宋本閩本同毛本去王誤于上監本王誤上去字不誤昭廿六年疏引此正作為下去王

由如他國至竟而假塗也　宋本同閩監毛本塗作途

為告至之須　閩監毛本同誤也宋本須作頃當據正按二年注云俄者謂須臾之間創得之頃也頃字正此意

此逸書也　段玉裁云按逸書二字當作堯典文三字

近許也又云　浦鏜云當作○近許也○解云

此蓋秋大水所傷　今注無大字

二年

賢者不名故孔父稱字督未命之大夫故國氏之　疏本無此注與何義不合當是別家注竄入者解云考諸舊本悉無此注且與注違則知有者衍文也按與注違者注云督不氏者起馮當國此云未命之大夫故國氏之是與注違也

宜先是毅爾　浦鏜云見誤是按浦說是也成十五年注作見

其義形於色奈何　唐石經諸本皆作奈非鄂本作柰三年同

督將弒殤公　唐石經督作督五經文字云說文從目隸省从日

故於是先攻孔父之家　唐石經於字磨改重刻

注禮臣至家　按當作至之家

言及者使上及其君　何煌云言及者以下九十九字當在經下僖十年疏可據宋鄂本亦誤蒲鏜云言及者三十三字當在經下從僖十年疏按此注舊本皆在傳末何氏終言之也此類注中甚多不得以僖十年疏引在經下便輕為移置○按何注本有傳無經何注傳而不注經故知何煌浦鏜皆誤會也

所見異辭所聞異辭所傳聞異辭　唐石經原刻無第三所字後磨改補入隸釋載石經殘碑曰桓公二年顏氏有所見異辭所聞異以下缺然則熹平立石者為嚴氏春秋於此無所見異辭三句何氏所注者為顏氏春秋於此有之漢石經於碑末列其同異按無此三句則遠也隱亦遠矣文相承有則與哀十四年傳複出矣

欲見君恩之厚薄　閩監毛本皆作薄厚此誤倒

其喪國寶得為微辭者　浦鏜云喪下脫失

成十六年二月　浦鏜云十衍文是也

隱賢而桓賤也　唐石經鄂本宋本閩本同監毛本賤改賊石經考文提要云宋景德本鄂泮官書本明閔齊伋本皆作桓賤○按漢書五行志曰庸隱而賤桓且注云賤不為諱則作賤可知

故王之謂之郜鼎　閩監毛本王作主皆誤也鄂本作正當據改

制德之頌也　閩監毛本同宋本制作創

明其終不可名有也　解云考諸古本名作多字○按作名是終不可名有猶云終不可為有此專以地言不如疏所說

難可推據　閩本同監毛本作指據非

周旋出入　鄂本以下同按禮記作出戶

慨然必有聞乎其嘆息之聲 毛本嘆改歎非○按依說文則嘆歎有別

上親親出 浦鏜云尚譌上按否則下尚尊尊當作上庶不岐

建國之神位 浦鏜云下文家二字當衍按浦說是也

紀侯來朝 孫志祖云左傳紀作杞下文九月入杞左氏以爲來朝不敬而討之則非紀矣

据齊侯鄭伯如紀 宋本同閩監毛本如誤于

解云五年齊侯 何校本年下有夏字與五年經合

三年

即七年二月己亥 浦鏜云年下脫春

胥命者何相命也 爾雅釋詁郭注引作胥盟者何相盟也○按監乃命字之誤

亦相誓勑 閩監本同毛本亦改□勑改敕下同

公會紀侯于盛 唐石經諸本同惠棟云二傳盛作郕

秋七月壬辰朔 唐石經諸本同毛本辰誤申

滅鄧穀 何校本作滅穀鄧

姑姊妹不出門 閩監毛本姊作姉○按當作姉唐碑宋刻皆作姉

不言孟姜 解云孟字有作季字者誤

謂五穀多少皆有 解云舊本如是多少二字或衍文○按解非也此不衍漢人語言如是

謂五穀皆大熟成 宋本作熟成按熟當作孰三禮注成熟字皆作孰加四點者俗作毛本大成熟

二年耗減 釋文作秏減此作耗俗字

四年

蒐狩之摠名也 鄂本宋本閩監本同毛本摠改總

結繩罔以田魚 鄂本宋本同閩監毛本罔作網按此本疏中亦作罔

古者肉食衣皮 毛本肉食倒

古者田漁而食之 毛本漁作魚

明當見物 閩監毛本同此淺人所改鄂本見作毛當據正毛猶現也詩左右毛之玉篇見部引作現

秋曰蒐 唐石經諸本同釋文作曰廋本又作搜亦作蒐

簡擇幼稚 宋本同閩監毛本稚改穉下同

走獸未離於宂 鄂本同閩監毛本宂作穴是也

吾近邑 何校本邑下有也字

莊三十一年春 閩本同監毛本三誤二

以其云大野遠 按疑當作以其去野太遠

遠於右䯞 閩監毛本作右髃按釋文作右髃云本又作腢○按依說文當作髃古書有作腢者从身作䯞誤

中心死疾鮮肩 鄂本作鮮絜閩監毛本絜作潔非按肩猶絜也故不絜謂之不肩

下大夫六士二 鄂本二作三穀梁疏引亦作三此誤疏標起訖同監毛本士誤十

其士三者何氏差之 閩本同監毛本三誤二之誤也此本差誤左據閩監毛本訂正

設於房西 浦鏜云戶誤房

二曰賔客 唐石經鄂本宋本監毛同閩毛本賔改賓

自左膘射之 釋文作左脾云方爾反又步啟反股外也本又作膘按左右脾皆髀股之髀非脾肺之脾

達於右脾 毛本於誤于○按何注脾字二見皆當依說文作髀

達於右䯚 宋本閩本同監毛本䯚誤腨釋文右䯚羊紹反字林子小反一本作胘音賢按五經文字卷下

⿰骨号羊紹反見春秋傳又作⿰骨肖見詩見春秋傳者即指公羊此注也見詩者指毛氏車攻傳也今詩傳作⿰骨肖此注作⿰骨肖皆⿰骨肖字形近之訛作⿰骨肖從肖故音羊紹反毛氏音義云字書無⿰骨肖字一本作⿰骨号與張參所據春秋傳正合然則毛詩傳公羊注皆當定作⿰骨号字矣廣韻三十小云⿰骨号堅骨○按⿰骨肖⿰骨号⿰骨肖字皆不見於說文而集韻⿰骨肖⿰骨号二同以紹切則丁度等所據作⿰骨肖矣集韻無⿰骨肖字五經文字注中⿰骨肖乃⿰骨肖之誤詩音義⿰骨肖字亦⿰骨肖之誤

中膓⿰月胃汚泡死遲 閩本同監毛本遟改遲按胃字下從肉此更加肉旁作⿰月胃俗字

故因以捕禽獸 釋文捕本又作搏音博按當作搏禽獸

草木萌牙 鄂本宋本閩監本同毛本牙作芽

卷是名也 段玉裁云定四年䟽卷是字此作卷是名誤也

繫官氏名且字 段玉裁云且字者謂經之糾也經稱且字注禮記注又見公羊宜十五年注定四年注䟽家多不解其義如言仲山甫則山甫爲且字合仲乃爲字周制如此故公羊糾枇卷不連伯仲皆且字也此雖言伯糾而注云且字則專釋糾也下方釋伯耳

執醬而餽 閩毛本同監本而誤洦宋本餽作饋按釋文作而饋

王謂叔父是也 宋本閩本同監毛本謂改曰非按禮記明堂位注亦作王謂叔父當據韓魯詩

叔肸是也 釋文作叔肹閩監毛本作肸非○按依說文此字正作肸从十从肸

糾是且字也 閩監毛本同此本字誤守今訂正

教諸侯之弟次事親是也 閩本同監毛本是誤起

五年

怴也 唐石經諸本同釋文作怴呼述反按怴當作怴字之訛也廣雅釋詁二怴怒也又釋訓怴怴亂也曹憲音呼述今亦誤作怴禮記禮運故鳥不獝注云獝狘飛走之貌也釋文狘況越反怴狘義同皆戌聲玉篇心部怴許律切怒也廣韻六術怴狂也皆從戌不誤

据宰渠氏官武氏子不稱字 宋本同毛本据改據閩本字字空缺監毛本作官非也此謂仍叔是字武氏子不稱字

禮七十縣車致仕 䟽本作縣輿解云亦有作車字者按釋文作縣車

是謂縣輿 盧文弨曰淮南作縣車初學記藝文類聚引同

至於淵隅 盧文弨曰今淮南作淵虞非初學記藝文類聚引淮南皆作經於泉隅與此合泉唐人避諱所改也

宮室榮與 宋本閩本同監毛本榮改崇非䟽同宋王應麟詩考韓詩引此作榮

則率巫以舞雩是也 浦鏜云經率以作帥而

即莊二十五年秋大水 監本水誤木

解云即注四年夏 毛本同閩監本注作莊浦鏜云皆上字之誤按浦說是也

螺 唐石經諸本同釋文螺本亦作𧒂說文𧒂或螽字

六年

傳言化我 閩本同監毛本言改云

是謂棄之 宋本棄作弃此本䟽中引注同

有以歸用之 閩本同監毛本歸誤即

淫于蔡 唐石經蜀大字本同鄂本閩監毛本于作乎誤

不月不書葬者 閩監毛本同誤也鄂本月作日當據正

謂莊公也 唐石經諸本同釋文作嚴公云音莊本亦作莊案後漢韓莊故爲嚴五行志莊公多作嚴公

注以夫至吾子 浦鏜云下當脫○及解云

同既繫體是常 浦鏜云疑當作繼體是長

而以不正爲書之　閩監毛本作而不以正是也

解云與由數也　浦鏜云猶誤肉按猶由通

公羊注疏卷四校勘記終

工部屯田司員外郎胡祖謙校

監本附音春秋公羊注疏桓公卷第五 起七年盡十八年

何休學

七年春二月己亥焚咸丘焚之者何樵之也樵薪也以樵燒之故因謂之樵之樵之齊人語○樵似遙反薪也 疏 焚之者何○解云咸丘是邑而反焚之故執不知問 樵之者何以火攻也何言乎以火攻據戰伐不道所用兵○攻音貢又如字下同 疏 樵之者何○解云雖言焚言樵仍非攻邑之義故執不知問 疾始以火攻也征伐之道不過用兵服則可以退不服則可以進火之盛炎水之盛衡雖欲服罪不可復禁故疾其暴而不仁也傳不託始者前此未有無所託也○復扶又反 咸丘者何邾婁之邑也曷爲不繫乎邾婁據邾鄑郚繫紀○邾步丁反鄑子斯反一音晉郚音吾 疏 咸丘者何○解云欲言是國經典未有欲言非國文無所繫故執不知問○注據邾鄑郚繫紀○解云莊元年冬齊師遷紀郱鄑郚是 國之也欲使如國故無所繫加之者辟逢國也 曷爲國之據邾鄑郚不國 君存焉爾所以起邾婁君在咸丘邑明臣子當赴其難與在國等也日者重錄以火攻也○難乃旦反 疏 注日者至攻也○解云正以侵伐例時即隱七年秋公伐邾婁之屬是也故決之○夏穀伯綏來朝鄧侯吾離來朝皆何以名據滕薛不名也 疏 注據滕薛不名也○解云即隱十一年春滕侯薛侯來朝是也 失地之君也其稱侯朝何據以賤也 疏 失地之君也○解云即曲禮下云諸侯失地名是 貴者無後待之以初也穀鄧本與魯同貴爲諸侯今失爵亡土來朝託寄也義不可卑故明當待之如初所謂故舊不遺則民不偷無後者施於所奔國也獨妻得配夫託衣食於公家子孫當受田而耕故云爾下去二時者桓公以火攻人君故貶明大惡不月者失地君朝惡人輕也名者見不世也○不偷他侯反本又作媮去起呂反見賢徧反 疏 注無後至大惡○解云知如此者正以郊特牲云諸侯不臣寓公故古者寓公不繼世彼注云寓寄也寄公之子非賢者世不足尊也是其義又云繼世以立諸侯象賢也注云賢者子孫恒能法其先父德行○注不月至輕也○解云朝例時春秋常典即文十五年夏曹伯來朝是也而此責其月者以文十二年春王正月盛伯來奔傳云盛伯者何失地之君彼書月見其奔重宜厚過之此不月者朝惡人輕故也僖二十年夏郜子來朝僖公非惡人而不月者正以朝輕于奔故也然則此注因桓惡人故言此若其不然正宜直云失地之君來朝輕矣○注名者見不世也○解云郜子盛伯皆不名者兄弟故也

八年春正月己卯烝烝者何冬祭也春曰祠薦尚韭卵祠猶食也猶繼嗣也春物始生孝子思親繼嗣而食之故曰祠因以別死生○烝之承反冬祭也祠嗣絲反卵力管反猶食音飼下同別彼列反 夏曰礿薦尚麥苗麥始熟可礿故曰礿○礿音弓若反本又作禴同 疏 烝者何○解云欲言宗廟之祭而文無所繫欲言祭天天無烝名故執不知問○注薦尚韭卵又注薦尚麥至曰礿○解云王制云春薦韭夏薦麥秋薦黍冬薦稻韭以卵麥以魚黍以豚稻以鴈 秋曰嘗薦尚黍肫嘗者先辭也秋穀成者非一黍先熟可得薦故曰嘗 冬曰烝薦尚稻鴈烝衆也氣盛貌冬萬物畢成所薦衆多芬芳備具故曰烝無牲而祭謂之薦天子四祭四薦諸侯三祭三薦大夫士再祭再薦祭於室求之於幽祭於堂求之於明祭於祊求之於遠皆孝子博求之意也大夫求諸明士求諸幽尊卑之差也殷人先求諸明周人先求諸幽質文之義也禮天子諸侯卿大夫牛羊豕凡三牲曰大牢天子元士諸侯之卿大夫羊豕凡二牲曰少牢諸侯之士特豕天子之牲角握諸侯角尺卿大夫索牛○祊必庚反少詩照反索所百反 疏 注無牲至之薦○解云謂無牛羊豕之牲也而中霤禮云祭五祀于廟用牲有尸皆薦于奧何以薦用牲彼謂正祭之時先薦于奧仍自無牲其正祭五祀乃用牲有尸耳○注天子至差也○解云皆時王之禮中霤禮亦然○注殷人至義也○解云即郊特牲云殷人先求諸陽周人先求諸陰是也○注禮天至大牢○解云皆時王之禮也○注天子至索牛○解云皆指祭宗廟之牲也仍不妨王制云祭天地之牛角繭栗賓客之牛角尺之文也 常事不書此何以書譏何譏爾譏亟也亟數也屬十二月已烝今復烝也不異烝祭名而言烝者取冬祭所薦衆多可以包四時

之物○亟去冀反數也注及下同數所角反屬十音濁下同今復扶又反下同（疏）注屬十至烝也○解云烝者冬祭之名明去年十二月已有烝但得常不書今正月復作烝故言亟○注不異至○解云烝者冬時祭名前已作訖今宜易名而猶言烝故說之也亟則黷黷則不敬黷渫黷也○黷徒木反渫息列反君子之祭也敬而不黷君子生則敬養死則敬享故將祭宮室既脩牆屋既繕百物既備序其禮樂具其百官散齊七日致齊三日夫婦齊戒沐浴盛服君牽牲夫人奠酒君親獻尸夫人薦豆卿大夫相君命婦相夫人洞洞乎屬屬乎如弗勝如將失之濟濟乎致其敬也愉愉乎盡其忠也勿勿乎其欲饗之也文王之祭事死如事生孝子之至也○養餘亮反散齊素旦反下側皆反相君息亮反下同洞洞大董反勝音升濟濟子禮反又似兮反愉愉羊朱反勿勿如字（疏）注君子至敬享○解云祭義文也彼鄭注云享猶祭也○注故將祭至百官○解云皆出祭義何氏差約言之也○注散齊七日○解云即祭統云故散齊七日以定之注云定者定其志意也定其志意者謂齊之日不御不樂不弔是也○注致齊三日○解云即祭統云致齊三日以齊之是致齊者即鄭氏云致之言至致謂深也

審也之屬是也○注夫婦至奠酒○解云案今祭義酒作盎字鄭注云奠盎設盎齊之罇蓋所見異或何休以義引之不取正文○注君親至如事生○解云皆出祭義唯孝子之至一句注者之言也注禮本下爲士制者即士喪禮士虞士相見之屬是也言此者欲道庶人無禮篇故傳家偏舉言之即曲禮上篇禮不下庶人鄭注云爲其遽於事且不能備物義亦通於此疏則怠怠則忘怠解○疏音疎下注同解古賣反士不及茲四者則冬不裘夏不葛禮本下爲士制茲此也四者四時祭也疏數之節靡所折中是故君子合諸天道感四時物而思親也祭必於夏之孟月者取其見新物之月也裘葛者禦寒暑之美服士有公事不得及此四時祭者則不敢美其衣服蓋思念親之至也故孔子曰吾不與祭如不祭○折中之設反下丁仲反御寒魚呂反又如字不與音預○天王使家父來聘家采地父字也天子中大夫氏采故稱字不稱伯仲也（疏）注天子至仲也○解云上大夫稱伯仲者即祭伯南季之屬是也次大夫不稱伯仲者即此是也下大夫稱官氏名且字者即宰渠伯糾是也○夏五月丁丑烝何以

書譏亟也與上祀同爲亟也（疏）注與上至亟也○解云周之三月乃是夏之孟月自有春祠之禮今周之五月乃夏之三月也猶與上祠同在一時而復爲烝故曰與上祀同爲亟也○秋伐邾婁○冬十月雨雪何以書記異也何異爾不時也周之十月夏之八月未當雨雪此陰氣大盛兵象也是後有郎師龍門之戰沠血尤深○雨雪于付反沠古流字（疏）注是後至尤深○解云郎師即下十年齊侯衛侯鄭伯來戰于郎是也其龍門之戰者即下十三年公會紀侯鄭伯己巳及齊侯宋公衛侯燕人戰云云是也春秋說云龍門之戰民死傷者滿溝故此注云沠血尤深也○祭公來遂逆王后于紀祭公者何天子之三公也天子置三公九卿二十七大夫八十一元士凡百二十官下應十二子祭者采也天子三公氏采稱爵○祭公側介反后祭仲祭叔放此應應對之應（疏）祭公者何○解云欲言諸侯而逆王后欲言大夫而經文言公故執不知問○注天子至采也○解云春秋說云立三台以爲三公北斗九星爲九卿二十七大夫內宿部衛之列八十一

紀以爲元士凡百二十官焉下應十二子宋氏云十二次上爲星下爲山川也此言天子立百二十官者非直上紀星數亦下應十二辰故曰下應十二子也○注三公氏采稱爵者解云即祭公周公是也上大夫即例稱五十字即祭伯南季榮叔之屬是也次大夫例稱二十字即家父之屬是也下大夫繫官氏名且字即宰渠伯糾是也上士名氏通石尚是也其次士以官錄即宰咺是下士略稱人公會王人于洮是也其劉子單子之屬不稱字而稱子者謂諸侯入爲天子大夫故設文非王臣之常稱若然祭公周公官爵適等而僖九年夏公會宰周公特加宰者彼傳云宰周公者何天子之爲政者也注云宰猶治也三公之職號尊名以加宰知其職大尊重當與天子參聽萬機而下爲諸侯所會惡不勝任故加宰仍非常稱也何以不稱使據宰周公稱使（疏）注據宰周公稱使者○解云即僖三十年天王使宰周公來聘是也而稱宰者義與九年同婚禮不稱主人時王者有母也遂者何生事也生猶造也專事之辭大夫無遂事此其言遂何據待君命然后卒大夫也（疏）注據待至夫也○解云成十七年十一月壬申公孫嬰齊卒于貍軫傳云

非此月日也曷爲以此月日卒之待君命然後卒大夫曷爲待君命然後卒大夫前此者嬰齊走之晉公會晉侯將執公嬰齊爲公請公許之反爲大夫歸至於貍軫而卒無君命不敢卒大夫公至曰吾固許之反爲大夫然後卒之者是也

成使乎我也 以上來無事知遂成使于我○成使所吏反注及下成使同

其成使乎我奈何使我爲媒可則因用是往逆矣 婚禮成於五先納采問名納吉納徵請期然後親迎時王者遣祭公來使魯爲媒可則因用魯往迎之不復成禮疾王者不重妃匹逆天下之母若逆婢妾將謂海內何哉故譏之不言如紀者辟有外文○媒亡盃反請期音情又七井反迎魚敬反妃匹音配絕句〔疏〕注不言至外文○解云外相如者例所不錄言如紀即外相如故曰辟有外文也

女在其國稱女此其稱王后何王者無外其辭成矣〔疏〕女在其國稱女者○解云即隱二年紀履緰來逆女上三年公子翬如齊逆女之屬是也

九年春紀季姜歸于京師其辭成矣則其稱紀季姜何自我言紀父母之於子雖爲天王后猶曰吾季姜 明子尊不加於父母

京師者何天子之居也 以季姜言歸〔疏〕京師者何○解云欲言天子之居而文不言王欲言凡國而爲王后所歸故執不知問

京者何大也師者何眾也天子之居必以眾大之辭言之 地方千里周城千雉宮室官府制度廣大四方各以其職來貢莫不備具所以必自有地者治自近始故據土與諸侯分職而聽其政焉即春秋所謂內治其國也書季姜歸者明魯爲媒當有送迎之禮○治自直吏反〔疏〕京者至言之○解云京師之名理須訓解故分而問之○注地方千里○解云即詩云邦圻千里是也○注周城千雉○解云在定十二年○注即春至之禮○解云春秋據魯爲王故內魯若周公制禮內京師然也

○夏四月○秋七月○冬曹伯使其世子射姑來朝諸侯來曰朝此世子也其言朝何 據臣子一例當言聘○射音亦〔疏〕諸侯來曰朝○解云隱十一年師解云爾故此弟子執而難之○注據臣至言聘○解云僖元年傳文

春秋有譏父老子代從政者則未知其在齊與曹與 在齊者世子光也時曹伯年老有疾使世子行聘禮恐卑故使自代朝雖非禮有尊厚魯之心傳見下卒葬詳錄故序經意依違之也小國無大夫所以書者重惡世子之不孝甚○齊與音餘絕句下同惡或烏路反〔疏〕注在齊至光也○解云即襄九年冬公會晉侯已下齊世子光滕子薛伯小邾婁子伐鄭十一年公會晉侯已下齊世子光莒子邾婁子云云伐鄭是也○注時曹至之心○解云正以十年春卒今又世子代其朝故知其疾也○注傳見至詳錄○解云即十年王正月庚申曹伯終生卒夏五月葬曹桓公是也○注故序至孝甚○解云世子代朝明亦合譏世子序諸侯之上明亦合譏而傳云未知在齊曹者正以其卒葬詳錄故依違之不信言耳

十年春王正月庚申曹伯終生卒○夏五月葬曹桓公 小國始卒當卒月葬時而卒日葬月者曹伯年老使世子來朝春秋敬老重恩故爲魯恩錄之尤深〔疏〕注小國至尤深○解云所傳聞之世未錄小國卒葬所聞之世乃始書之其書之也卒月葬時文九年秋八月曹伯襄卒冬葬曹共公者是也今卒日葬月者正以敬老重恩故也云云之說當文皆自有解

○秋公會衞侯于桃丘弗遇會者何期辭也其言弗遇何公不見要也 時實桓公欲要見衞侯衞侯不肯見公以非禮動見拒有恥故諱使若會而不相遇言弗遇者起公要之也弗者不之深也起公見拒深傳言公不要見者順經諱文○見要一遥反注同〔疏〕會者何○解云經既書會作聚集之名尋言弗遇是未見之稱故執不知問

○冬十有二月丙午齊侯衞侯鄭伯來戰于郎郎者何吾近邑也 以言來也〔疏〕郎者何○解云欲言是邑戰於其內欲言非邑經有城郎之文故執不知問○注以言來也○解云凡言來者鄉內之辭今經言來故知近邑也而僖四年楚屈完來盟于師是時在召陵而言來者據師道

楚故得言來 吾近邑則其言來戰于郎何 據齊師宋師次于郎不言來公敗宋師不言戰龍門之戰不舉地也 疏 注據齊師至不言來○解云在莊十年○注公敗至不言戰○解云隱十年公敗宋師于菅莊十年公敗宋師于乘丘莊十一年公敗宋師于鄑凡有三經皆隱十年以當之○注龍門至地也○解云即下十三年春公會紀侯鄭伯己巳及齊侯宋公衛侯燕人戰云云依春秋說云是龍門之戰而不言戰于龍門是也 近也惡乎近近乎圍○也 地而言來者明近都城幾與圍無異不解戰者從下說可知○惡音烏明近附之近幾音祈 疏 近也至圍也○解云近讀如附近之近國讀如圍言兵圍都城相似故言近乎圍也考諸古本圍皆作國字而舊解以國爲圍 此偏戰也何以不言師敗績 據十三年師敗績偏一面也結日定地各居一面鳴鼓而戰不相詐 疏 注據十至相詐○解云即龍門之戰齊師宋師衛師燕師敗績是也 內不言戰言戰乃敗矣 春秋託正於魯戰者敵文也王者兵不與諸侯敵戰乃其已敗之文故不復言師敗績魯不復出主名者兵近都城明舉國無大小當戮力拒之○不復扶又反下同戮音六又力彫反字亦作勠

十有一年春正月齊人衛人鄭人盟于惡曹 月者桓公行惡諸侯所當誅屬上三國來戰于郎今復使微者盟故爲魯懼危録之○行下孟反屬音燭今復扶又反下故復同爲于僞反 疏 注月者至録之○解云正以微者盟例合時今而書月故須解之 ○夏五月癸未鄭伯寤生卒 ○寤吾故反 ○秋七月葬鄭莊公 莊公殺段所以書葬者段當國本當從討賊辭不得與殺大夫同例 疏 注莊公至同例○解云春秋之例君殺無罪大夫皆去其葬即成十年晉侯獳卒注云不書葬者殺大夫趙同等是今段有罪故莊公書葬也然則此言不得與殺大夫同例者謂不得與殺無罪大夫同例耳 九月宋人執鄭祭仲祭仲者何鄭相也 不言大夫者欲見持國重○相息亮反見賢徧反下同 疏 祭仲者何○解云欲言無罪聽脅立纂欲言有罪褒而稱字故執不知問 何以不名賢也何賢乎祭仲 據身執君出不能防難○防難乃旦反下同 以爲知權也 權者稱也所以別輕重喻祭仲知國重君輕君子以存國除逐君之罪雖不能防其難罪不足而功有餘故得爲賢也不引度量者取其平實以無私○稱尺證反別彼列反 其爲知權奈何古者鄭國處于留先鄭伯有善于鄶公者通乎夫人以取其國而遷鄭焉 遷鄭都于鄶也○鄶古外反 而野留 野鄙也傳本上事者解宋所以得執祭仲因以爲戒 莊公死已葬祭仲將往省于留塗出于宋宋人執之 宋人宋莊公也 謂之曰爲我出忽而立突 突宋外甥○爲于僞反下注爲突非能爲突爲賂爲突歸爲求同 祭仲不從其言則君必死國必亡 祭仲死而忽旋爲突所驅逐而出奔經不書忽奔見微弱甚是時宋强而鄭弱祭仲探宋莊公本弑君而立非能爲突將以爲賂動守死不聽令自入見國無拒難者必乘便將滅鄭故深慮其大者也○令自力呈反下同便婢面反 疏 注祭仲死至者也○解云下十五年秋九月鄭伯突入于櫟傳云櫟者何鄭之邑曷爲不言入于鄭末言爾曷爲末言爾祭仲亡矣然則曷爲不言忽之出奔言忽爲君之微也祭仲存則存矣祭仲亡則亡矣者是注祭仲探宋莊公本弑君而立者在桓二年

從其言則君可以生易死國可以存易亡少遼緩之 宋當從突求賂鄭守正不與則突外乖於宋內不行於臣下遼假緩之 疏 君可以生易死○解云謂易去死也○國可以存易亡○解云易去亡也 則突可故出而忽可故反是不可得則病 使突有賢才是計不可得行則已病逐君之罪 疏 則突可故出○解云突可以此之故出之也○而忽可故反○解云言忽可以此之故而反之也○是不可得則病○解云言己終能出突而反忽則爲權之成若不能如是乃爲其病矣 然後有鄭國 己雖病逐君之罪討出突然後能保有鄭國稱愈於國之亡 疏 然後有鄭國○解云言突有賢才已計不行雖然仍須勉力討之令忽有國雖費功力猶愈於國之亡也 古人之有

權者祭仲之權是也古人謂伊尹也湯孫大甲驕蹇亂德諸侯有叛志伊尹放之桐宫令自思過三年而復成湯之道前雖有逐君之負后有安天下之功猶祭仲逐君存鄭之權是也○大音泰〔疏〕注古人至之道○解云出書序長義云若令臣子得行則閉君臣之道啓篡弑之路解云權之設所以扶危濟溺舍死亡無所設也若使君父臨溺河井寧不執其髮乎是其義也權者何權者反於經然後有善者也權之所設舍死亡無所設設施也舍置也如置死亡之事不得施〔疏〕權者何○解云欲言正逐君立庶欲言不正今又言權故執不知問行權有道自貶損以行權身蒙逐君之惡以存鄭是也不害人以行權已納突不害忽是也殺人以自生亡人以自存君子不爲也祭仲死則忽死忽死則鄭亡生者乃以生忽存鄭非苟殺忽以自生亡鄭以自存反覆道此者皆所以解上死亡不施於己宋不稱公者脅鄭之○篡首惡當誅非伯執也祭仲不稱行人者時不銜君命出使但往省留耳

執例時此月者爲突歸鄭奪正鄭伯出奔○覆芳服反使所吏反〔疏〕注皆所至於己○解云言上辟死辟亡皆爲忽故也○注宋不至執也○解云決成十五年晉侯執曹伯歸于京師稱爵也即僖四年傳云稱侯而執者伯討也稱人而執者非伯討是也○注祭仲至留耳○解云決定六年秋晉人執宋行人樂祁犂之屬稱行人也○注執例時者○解云即祁犂言秋是也而僖十九年六月己酉邾婁人執鄫子用之而書日者彼注云日者魯不能防正其女以至於此明當痛其女禍而自責之然則凡執例時而在日月下者皆當文有解○突歸于鄭突何以名據忽復歸于鄭俱祭仲所納繫國稱世子不但名也〔疏〕注據忽至名也○解云即十五年鄭世子忽復歸于鄭是挈乎祭仲也挈猶提挈也突當國本常言鄭突欲明祭仲從宋人命提挈而納之故上繫於祭仲不繫國者使與外納同也時祭仲勢可殺突以除忽害而立之者忽內未能懷保其民外未能結款諸侯如殺之則宋軍強乘其弱滅鄭不可救故少遷緩之○挈苦結反提挈也〔疏〕注欲明至同也○解云言與外納同者即繫祭仲言于鄭是也言似僖二十五年楚人圍陳納頓子于頓文十四年晉人納接菑于邾婁之屬是也其

言歸何據小白言入〔疏〕注據小白言入○解云即莊九年齊小白入于齊是也順祭仲也順其計策與使行權故使無惡〔疏〕注順其至無惡○解云下十五年傳例云歸者出入無惡故言此○鄭忽出奔衛忽何以名據宋子既葬稱子〔疏〕注據宋至稱子○解云僖九年三月宋公禦說卒夏公會宰周公齊侯宋子已下盟于葵丘是也若然案彼經文宋公禦說三月卒夏則公會宋子于葵丘計應未葬故注云宋未葬不稱子某者出會諸侯非居尸柩前故不名也此云宋子既葬稱子者謂以其非居尸柩之前故時已葬之稱而單言子況此鄭忽之父久已葬訖而反名故難之春秋伯子男一也辭無所貶春秋改周之文從殷之質合伯子男爲一一辭無所貶皆從子夷狄進爵稱子是也忽稱子則與諸侯改伯從子辭同於成君無所貶損故名也名者緣君薨有降既葬名義也此非罪貶也君子不奪人之親故使不離子行也王者起所以必改質文者爲承衰亂救人之失也天道本下親親而質省地道敬上尊尊而文煩故王者始起先本天道以治天下質而親親及其衰敝其失也親親而不尊故后王起法地道以治天下文而尊尊及

其衰敝其失也尊尊而不親故復反之於質也質家爵三等者法天之有三光也文家爵五等者法地之有五行也合三從子者制由中也○省所景反〔疏〕注夷狄至名也○解云襄二十九年吳子使札來聘哀十三年公會晉侯及吳子于黃池之屬是也○注名者至義也○解云言君薨稱子某既葬稱子者正以既葬稍殺故不得名也然則初薨所以名者降於既葬也今鄭忽書名者緣君薨而名之義也○注天道本下親親而質省者已下至反之於質皆出於樂說文○注質家爵三等法天之有三光也已下皆春秋說文也○柔會宋公陳侯蔡叔盟于折柔者何吾大夫之未命者也以俠卒也輒發傳者無氏嫌貶也所以不卒柔者深薄桓公不與有恩禮於大夫也盟不日者未命大夫盟會用兵上不及大夫下重於士罰疑從輕故責之略○蔡侯稱叔者不能防正其姑姉妹使淫於陳佗故貶在字例○折之設反又時設反一本作析思歷反〔疏〕柔者何○解云欲言大夫經不言氏欲言微者而書其名故執不知問○注以俠卒也○解云隱九年春俠卒傳云俠者何吾大夫之未命者也彼注云以無氏而卒之也然則此亦無氏而書見故知未命之大夫也○注輒發至貶

也○解云凡内大夫不書氏有二義若未命大夫亦無氏而此與俠是也貶者亦無氏即無駭與翬之屬是也故此注云無氏嫌貶也○注所以至夫也○解云欲道俠之卒當隱公之世故得書之○注盟不至之略○解云春秋之例不信者日下十二年及鄭師伐宋丁未戰于宋是其違信矣不日者正以未命大夫故責之略也○注蔡稱至字例○解云正以隱八年蔡侯考父卒故有其姑姊妹淫於陳侯佗之事在上六年〇公會宋公于夫童○夫童音扶下音鍾又如字左氏作夫鍾〇冬十有二月公會宋公于闞○闞口暫反

十有二年春正月〇夏六月壬寅公會紀侯莒子盟于毆蛇○毆蛇上于反又音曲侯反蛇音移又音池左氏作曲池〇秋七月丁亥公會宋公燕人盟于穀丘○燕音胭〇八月壬辰陳侯躍卒不書葬者佗子也佗不稱侯者嫌貶在名例不當絶故復去躍葬也○躍弋若反佗子大何反故復扶又反下同去起呂反〇公會宋公于郯○郯音談二傳作虛〇冬十有一月公會宋公于龜〇丙戌公會鄭伯盟于武父○父音甫〇丙戌衛侯晉卒不蒙上日者春秋獨晉書立記卒耳當蒙上日與不嫌異於篡例故復出日明同 疏 注不蒙至明同○解云春秋之例篡不明者至卒時合去日以略之即僖二十四年冬晉侯夷吾卒襄十八年冬十月曹伯負芻卒于師之屬是也若其篡明有立入之文者不嫌非篡故不勞去日即僖十七年冬十二月乙亥齊侯小白卒莊二十一年夏五月辛酉鄭伯突卒之屬是也今此衛侯晉亦隱四年有立文不嫌非篡當日若不重言丙戌則嫌不蒙上日以其篡故略之是以重言丙戌以明嫌也而言獨晉書立者鄭突齊小白皆上有人文不言立故言獨〇十有二月及鄭師伐宋丁未戰于宋戰不言伐此其言伐何辟嫌也惡乎嫌嫌與鄭人戰也時宋主名不出不言伐則嫌内微者與鄭人戰于宋地故

舉伐以明之宋不出主名者兵攻都城與郎同義○惡乎音烏十三年傳同 疏 注宋不至同義○解云上十年來戰于郎注云魯不復出主名者兵近都城明舉國無大小當勠力拒之是也此偏戰也何以不言師敗績内不言戰言戰乃敗矣 疏 此偏至敗矣○解云上十年郎戰之下已有此傳今復發之者上經來戰于魯此則往戰于宋嫌其異故明之

十有三年春二月公會紀侯鄭伯己巳及齊侯宋公衛侯燕人戰齊師宋師衛師燕師敗績曷爲後日据𡩖之戰先書日○𡩖音安 疏 注据𡩖至書日○解云成二年六月癸酉云云及齊侯戰于𡩖是也恃外也其恃外奈何得紀侯鄭伯然後能爲日也得紀侯鄭伯之助然後乃能結戰日以勝君子不掩人之功不蔽人之善故後日以明之○勝詩證反蔽必婢反内不言戰此其言戰何据公敗宋師于菅○菅古顏反 疏 注据公至于菅○解云在隱十年從外也從外諸侯相與戰例曷爲從外据戰于宋不從外言敗績 疏 注据戰至敗績○解云即上十二年也于時有鄭人不書敗績之文矣恃外故從外也明當歸功於紀鄭故從紀鄭言戰何以不地据在下句 疏 注据在下句○解云即下云郎亦近矣郎何以地近也惡乎近近乎圍郎亦近矣郎何以地郎猶可以地也郎雖近猶尚可言其處今親戰龍門兵攻城池尤危故恥之續功也非義不戰故以功言之不言功者取其積聚師衆有尊卑上下次第行伍必出萬死而不奔此故以自敗爲文明當坐也燕戰稱人敗績稱師者重敗也戰少而敗多言及者明見我者爲主故得汲汲敗勝之文○處昌慮反行戶郎反 疏 郎猶可以地也○解云即上十年齊侯衛侯鄭伯來戰于郎是也○注郎雖至其處○解云謂郎雖在郊内仍非攻城猶可以舉其地○注今親至恥之○解云春秋説云龍門之戰民死傷者滿溝也者主説此經故知之○注續功至不戰○解云凡書兵者正得奉王命伐無禮乃有戰事故言非義不戰○注

必出萬死。解云若武王萬民致死而定天下之類。注燕戰至敗也。解云盡師不盡戰故言戰少敗時悉走故言敗多而莊二十八年齊人伐衛衛人及齊人戰衛人敗績傳即据此經云敗者稱師衛何以不稱師未得乎師也彼注云未得成列爲師也詐戰不言戰言戰者衛未有罪方欲使衛主齊見直文也者是

○三月葬衛宣公背殯用兵而月不危之者衛弱於齊宋不從亦有危故量力不責也。背殯音佩后背殯皆放此

疏注背殯至責也。解云隱三年傳云當時而不日正也當時而日危不得葬也然則衛宣公去年十一月卒至今年三月正當五月之際而又背殯用兵宜書日以見危而不日者正以量力不責故也

○夏大水爲龍門之戰死傷者衆民悲哀之所致。爲于僞反

○秋七月○冬十月

十有四年春正月公會鄭伯于曹○無冰何以書記異也周之正月夏之十一月法當堅冰無冰者溫也此夫人淫泆陰而陽行之所致。泆音逸行下孟反

○夏五鄭伯使其弟語來盟夏五者何

無聞焉爾來盟者聘而盟也不言聘者舉重也內不出主名者主國也莅盟可知莅盟來盟例皆時時者從內爲王義明王者當以至信先天下。莅盟音利又音類下同

疏夏五者何。解云正以文異常例故執不知問。注莅盟至天下。解云其莅盟書時者僖三年冬公子友如齊莅盟定十一年冬叔還如鄭莅盟之屬是也其來盟書時者宣七年春衛侯使孫良夫來盟之屬是也而文十五年春三月宋司馬華孫來盟書月彼注云月者哭公微弱大夫秉政宋亦敝于三世之黨二亂結盟故不與信辭是也然則來盟之例例不言月而此言夏五師所不說何氏以五字或衍文故如此解

○秋八月壬申御廩災御廩者何粢盛委之所藏也黍稷曰粢在器曰盛委積也御者謂御用于宗廟廩者釋治穀名禮天子親耕東田千畝諸侯百畝后夫人親西郊采桑以共粢盛祭服躬行孝道以先天下。廩力甚反粢盛音咨下音成委于鬼反注同積子賜反共音恭

疏御廩者何。解云欲言宮室而文言御廩欲言倉庫今被災之於義不強故執不知問。注廩者釋治穀名。解云謂廩之言藏之義故也。注禮天至天下。解云皆出祭義之文御廩災何以書者嫌覆問上粢盛委之所藏故不但言何以書

御廩災何以書記災也火自出燒之曰災先是龍門之戰死傷者衆桓無惻痛於民之心不重宗廟之尊逆天危先祖鬼神不饗故天應以災御廩。應應對之應

疏注火自至曰災。解云公羊之例內悉言災而復言火自出燒之者入春秋始有此災欲通人火不書之義也

○乙亥嘗常事不書此何以書譏何譏爾譏嘗也譏新有御廩災而嘗之曰猶嘗乎難曰四時之祭不可廢則無猶嘗乎。難乃旦反御廩災不如勿嘗而已矣當廢一時祭自責以奉天災也知不以不時者書本不當嘗也

疏注知不至嘗也。解云周之八月非夏之孟秋而反爲嘗故以不時言之

○冬十有二月丁巳齊侯祿父卒○宋人以齊人衛人蔡人陳人伐鄭以者何行其意也以己從人曰行言四國行宋意也宋前納突求賂突背恩伐宋故宋結四國伐之四國本不起兵當分別之故加以也宋恃四國乃伐鄭四國當與宋同罪非偏四國見輕重。背音佩別彼列反見賢徧反

疏以者何。解云正以宋非強國而以齊衛故執不知問。注宋前納突求賂。解云上十一年宋人執鄭祭仲突歸于鄭是。注突背恩伐宋者。解云上十二年及鄭師伐宋丁未戰于宋是也

十有五年春二月天王使家父來求車何以書譏何譏爾王者無求求車非禮也王者千里畿內租稅足以共費四方各以其職來貢足以尊榮當以至廉無爲率先天下不當求求則諸侯貪大夫鄙士庶盜竊求例時此月者桓行惡不能誅反從求之故獨月。共費音恭下芳味反行下孟反下行惡同

疏何以書至禮也。解云隱三年武氏子來求賻之下傳云何以書譏何譏爾喪事無求求賻非禮也然則彼已有傳而重發之者正以彼云喪事無求恐此吉時得求故明之。注諸侯至盜竊。解云相對爲優劣之稱也。注求例時。解云隱三年秋武氏子求賻文九年春毛伯來求金之屬是也

○三月乙未天王崩桓王也

○夏四

月己巳葬齊僖公 當時而日者背殯伐鄭危之 【疏】注當時至危之○解云去年十二月齊侯卒至今年四月是爲當時隱三年傳云當時而不日正也當時而日危不得葬今此書日故曰危也其背殯伐鄭者即去年冬十二月宋人以齊人已下伐鄭是 ○五月鄭伯突出奔蔡 突何以名 據衛侯出奔楚不名不連爵問之者并問上已名今復名故使文相顧○復扶又反下注故復及傳文復入并注下不復皆同 【疏】注據衛至不名○解云在僖二十八年夏○注不連至并問○解云正以下十六年傳云衛侯朔何以名哀八年傳云曹伯陽何以名故決之○注上已至相顧○解云欲言十一年已書名故言復也 奪正也 明祭仲得出之故復於此名著其奪正不以失衆録也月者大國奔例月重乖離之禍小國例時也 【疏】注著其至録也○解云決襄十四年夏四月己未衛侯衎出奔齊之屬書其名者爲失衆録之故也○注月者至之禍○解云下十六年十一月衛侯朔出奔齊及此書五月之屬皆是○注小國至時也○解云昭三年冬北燕伯欵出奔齊之屬是也 ○鄭世子忽復歸于鄭其稱世子何 據上出奔不稱世子 【疏】注据上至世子○解云上十一年鄭忽出奔衛是也 復正也 欲言鄭忽則嫌其出奔還入與當國同文反更成上鄭忽爲當國故使稱世子明復正以效祭仲之權亦所以解上非當國也 【疏】注欲言至復正○解云莊九年夏齊小白入于齊傳云曷爲以國氏當國也者是也○注以效祭仲之權○解云即上十一年傳云而忽可故反是也 曷爲或言歸或言復歸復歸者出惡歸無惡復入者出無惡入有惡入者出入惡歸者出入無惡 皆於還入乃別之者入國犯命禍重也忽未成君出奔不應絕出惡者不如死之榮也入無惡者出不應絕則還入不應盜國○别彼列反 【疏】曷爲或言歸○解云僖三十年衛侯鄭歸于衛之屬是○或言復歸○解云此經是也○復入者至有惡○解云襄二十三年晉欒盈復入于晉之屬是也○入者出入惡○解云下文許叔入于許鄭伯突入于櫟之屬是也 ○許叔入于許 稱叔者春秋前失爵在字例也入者出入惡明當誅也不書出時者略小國 【疏】注稱叔至字例○解云正以莊十六

年同盟于幽經書許男故也○注不書至小國○解云正以上文忽與突出入並書故 ○公會齊侯于鄗 ○鄗戶老反又火各反左傳作艾穀梁作蒿 ○邾婁人牟人葛人來朝皆何以稱人 據言朝也 【疏】注據言朝也○解云正以隱十一年傳云諸侯來曰朝 夷狄之也 桓公行惡而三人俱朝事之三人爲衆衆足責故夷狄之 ○秋九月鄭伯突入于櫟櫟者何鄭之邑曷爲不言入于鄭 據齊陽生立陳乞家言入于齊○櫟力狄反一音匹沃反 【疏】櫟者何○解云欲言國都不言鄭欲言入于鄭復言櫟邑故執不知問○注據齊至于齊○解云在哀六年彼傳云景公死而舍立陳乞迎陽生于諸其家諸大夫不得已皆逡巡北面再拜稽首而君之爾然則陽生實入于陳乞家而言入于齊今突入于櫟而不言于鄭故難之 末言爾 末者淺也解不言入國意 曷爲末言爾 据俱篡也 祭仲亡矣 亡死亡也祭仲亡則鄭國易得故明入邑則忽危矣不須乃入國也所以效君必死國必亡矣○易以豉反 然則曷爲不言忽之出奔 据上言出奔也 言忽爲君之微也祭仲存則存矣祭仲亡則亡矣 言忽微弱甚於鴻毛僅若匹夫之出耳故不復録皆所以終祭仲之言解不虛設危險之嫌 【疏】注皆所至之言解云上云祭仲亡則亡矣者所以效十一年君必死國必亡之文今此傳云言忽爲君之微也已下者可以終十一年國可以存易亡之文故言皆所以終祭仲之言也十一年雖不出祭仲之口但傳家爲祭仲而爲此辭故得云祭仲之言也○注解不至之嫌○解云權者危險之事祭仲比來欲爲君存國非徒然也但國内凡人嫌其虛設故作經傳以解之故曰解不虛設危險之嫌 ○冬十有一月公會齊侯宋公衛侯陳侯于侈伐鄭 月者善諸侯征突善録義兵也不舉伐爲重者用兵重於會嫌月爲桓伐有危舉不爲義兵録故復録會○侈昌氏反二傳作袲爲桓于偽反下同 【疏】注月者至録會○解云正以隱七年秋公伐邾婁之屬則言征伐例時而此書月故決之

十有六年春正月公會宋公蔡侯衛侯于曹○夏四月公會宋公衛侯陳侯蔡侯伐鄭○秋七月公至自伐鄭致者善桓公能疾惡同類比與諸侯行義兵伐鄭致例時此月者善其比與善行義故以致復加月也○復扶又反疏注致者至伐鄭○解云桓是篡賊動作有危今能疾篡脫危而至故致之○注致例時○解云即上二年冬公至自唐之屬是○冬城向○向式亮反○

十有一月衛侯朔出奔齊衛侯朔何以名據衛侯出奔楚不名疏衛侯朔何以名○解云嫌問出奔之屬何以名故復連句問之○注據衛至不名○解云在僖二十八年絕曷爲絕之据俱奔也得罪于天子也其得罪于天子奈何見使守衛朔朔十二月朔政事也月所以朝廟告朔是也而不能使衛小衆時天子使發小衆不能使行越在岱陰齊越猶走也岱岱宗泰山也山北曰陰先言岱陰後言齊者明名山大澤不以封諸侯以爲天地自然之利非人力所能加故當與百姓共之傳著朔在岱陰者明天子當及是時未能交連五國之兵早誅之疏注明天子至誅之○解云其五國者莊五年冬公會齊人宋人陳人蔡人伐衛是屬負茲舍不即罪爾屬託也天子有疾稱不豫諸侯稱負茲大夫稱犬馬士稱負薪舍正也託疾止不就罪○屬負茲音燭注同屬託也諸侯有疾稱負茲言朔託有疾疏注天子至負薪者○解云皆漢禮之名豫詁爲樂諸侯言負茲者謂負事繁多故致疾大夫言犬馬者代人勞苦行役遠方故致疾士稱負薪者祿薄不足代耕故致疾

十有七年春正月丙辰公會齊侯紀侯盟于黃○二月丙午公及邾婁儀父盟于趡本失爵在名例中朝桓公稱人今此不名者蓋以爲儀父最先與隱公盟明元功之臣有誅而無絕○趡翠癸反疏注本失至在名例○解云正以隱元年得褒乃書字故也○注中朝至名者○解云即上十五年邾婁人牟人葛人來朝是○注蓋以至之臣○解云隱元年公及邾婁儀父盟于眛是也○注有誅而無絕○解云有誅者十五年稱人是責之無絕者今還其字無絕其功故也○五月丙午及齊師戰于奚夏者陽也月者陰也去夏者明夫人不繫於公也此戰蓋由桓公曰同非吾子云爾○去起呂反下同疏注此戰至云爾○解云莊元年傳云公曰同非吾子是然則夫人姜氏三年至魯六年九月莊公乃生桓公何云同非吾子蓋夫人譖之也或云蓋在齊之日已共私通魯侯知之悼恨之言耳○六月丁丑蔡侯封人卒○

秋八月蔡季自陳歸于蔡稱字者蔡侯封人無子季次當立封人欲立獻舞而疾害季季辟之陳封人死歸反奔喪思慕三年卒無怨心故賢而字之出奔不書者方以起季奔喪歸故使若非出奔歸不稱弟者見季不受父兄之尊起宜爲天子大夫天子大夫不得與諸侯親通故魯季子紀季皆去其氏唯卒以恩錄親季友叔肸卒是也疏注魯季至其氏○解云即閔元年季子來歸莊三年紀季以酅入于齊是也○唯卒至是也○解云即僖十六年公子季友卒宣十七年公弟叔肸卒是也○癸巳葬蔡桓侯稱侯者亦奪臣子辭也有賢弟而不能任用反疾害之而立獻舞國幾并於蠻荊故賢季抑桓稱侯所以起其事○幾音祈并必政反又如字疏注稱侯至其事○解云正以諸侯之葬皆稱公故決之○及宋人衞人伐邾婁○冬十月朔日有食之是後夫人譖公爲齊侯所誘殺去日者著桓行惡故深爲內懼其將見殺無日○行下孟反爲于僞反疏注去日至無日○解云若以隱三年傳言之即某月某日朔日有食之者食正朔若言某月某日日有食之者謂二日食也若言某月日有食之者謂食在晦也今此言朔而不書日故此解之

十有八年春王正月公會齊侯于濼○濼郎沃反又音洛說文云匹沃反○公夫人姜氏遂如齊公何以不言及夫人據公及夫人會齊侯于陽穀疏注據公至陽穀○解云在僖十一年夫人外也若言夫人已爲公所絕外也疏注若言至外也○解云欲言不假言及是外之意夫人外者

何內辭也。內爲公諱辭。○爲，于僞反。其實夫人外公也。時夫人淫於齊侯而譖公，故云爾。言遂者，起夫人本與公出會齊侯于濼，故得并言遂加齊。不書夫人會，書夫人遂者，明遂在夫人。齊侯誘公使遂如齊，以夫人譖公故。○譖，公側鴆反，下同。○夏四月丙子，公薨于齊。不書齊誘殺公者，深諱恥也。地者，在外爲大國所殺，於國此危，國重故不暇隱也。〔疏〕注不書至恥也。解云：如此注者，正決昭十一年楚子虔誘蔡侯般殺之于申之文也。○注地者至隱也。○解云：魯侯被殺，例不舉地，故隱公、閔公直言薨而已。今此言齊，故如此解。丁酉，公之喪至自齊。凡公薨外，致日者，危痛之。外多窮厄，伐喪；內多乘便而起，不可不戒慎。加之者，喪者死之通辭也，本以別生。○死不以明貴賤，非配公之稱，故加之以絕。○便，婢面反。別，彼列反。稱，尺證反。〔疏〕注凡公至痛之。○即此及定元年夏六月癸亥，公之喪至自乾侯之屬是也。○秋七月。○冬十有二月己丑，葬我君桓公。賊未討，何以書葬？据隱公也。讎在外也。讎在外，則何以書葬？据俱讎也。君子辭也。時齊強魯弱，不可立得報，故君子量力，且假使書葬，於可復讎而不復，乃責之，諱與齊狩是也。桓者，諡。禮，生有爵，死有諡，所以勸善懲惡也。禮，諸侯薨，天子諡之；卿大夫受諡於君。唯天子稱天以誄之。蓋以爲祖祭乃諡，可酉公之喪至自齊，丁巳葬我君定公，雨不克葬，戊午日下昃乃克葬是也。以公配諡者，終有臣子之辭。上葬日者，起生者之事也。且明王者當遣使者與諸侯共會之。加我君者，録內也，猶君薨地也。○懲，直升反。使，所吏反。〔疏〕注諱與齊狩是也。○解云：莊四年冬，公及齊人狩于郜，公曷爲與微者狩？齊侯也。齊侯則其稱人何？諱與讎狩是也。○注禮諸至誄之。解云：即曾子問曰「賤不誄貴，幼不誄長，禮也」，鄭注云「誄，累也，累列生時行迹，讀之以作諡，諡當由尊者成」。又云「唯天子稱天以誄之」，注云「以其无尊焉」。又云「諸侯相誄，非禮也」是也。○蓋以至是也。○解云：所以知祖祭乃諡者，正以公之喪至自齊，未有諡，丁巳葬我君定公，欲葬過雨不得葬，經書定公，故知宜是作祖祭時爲之也。禮記檀弓下篇云「公叔文子卒，其子戌請諡於君，云日月有時，葬矣，請所以易其名者」，義亦通於此。○注上葬至地也。○解云：考諸古本，皆无上字，衍文。隱三年傳「過時而日，隱之」，注云「隱痛賢君不得以時葬」，丁亥葬齊桓公是也。然則此君四月薨，至于今十二月，亦是過時而日者，亦是痛其賢君不得以時葬，非其辭矣。故曰起生者之事，言其非爲臣子矣。或者上葬爲此上文之葬，若昭三年葬滕成公之下，注云「月者，襄公上葬，諸侯莫肯加禮，獨滕子來會葬，故恩録之」之類也。

監本附音春秋公羊注疏莊公卷第五

江南蘇松督糧道方　體榮

公羊注疏卷五校勘記　阮元撰盧宣旬摘録

公羊注疏桓公卷第五

七年

辟寔國也　閩監毛本同誤也鄂本寔作實當據正

則民不偷　釋文作不愉云本又作偷按當依陸本作愉今本從人旁非周禮大司徒以俗教安則民不愉今本亦改偷○按愉偷古今字說文無偷鄭箋詩有之

八年

薦尚麥苗麥始熟可礿　閩監毛本苗作魚無下麥字按苗字誤當從魚宋本亦有下麥字穀梁疏引同與儀禮經傳通解合今本無者誤脱也段玉裁云此礿當作汋以汋釋礿同音詁訓法也汋亦作瀹

薦尚稻鴈　鄂本宋本閩監本同毛本鴈改雁非全書仿此

天子之牲角握　監毛本同誤也鄂本及儀禮經傳通解作角握穀梁疏引同當據正閩本握字剜改蓋本作握後反據誤本改

注不異至　閩監毛本下有之物二字

牆屋既繕　今祭義繕作設

勿勿乎其欲饗之也　依祭義當作其欲其饗之也

注禮本下爲士制者　按者當作○下脱解云二字自此以下皆屬下節士不及兹四者疏

怠解　鄂本作怠懈釋文作怠解

禦寒暑之美服　鄂本同閩監毛本禦作御按釋文作御

立三台以爲三公　浦鏜云立當法字誤

內宿部衞之列　浦鏜云內上疑脱爲

上大夫即例稱五十字　閩監毛本五十改伯仲非

次大夫例稱二十字　閩監毛本改不稱伯仲字誤甚

職號尊名　何校本此下有也字

當與天子參聽萬機　浦鏜云唐諱幾爲機非也尚書本作萬幾周禮疏亦作萬機

惡不勝任　何校本任上有其字

曷爲待君命然後卒大夫　此本複衍此十字閩監毛本删正是也

九年

則未知其在齊與曹與　唐石經鄂本宋本元本閩本同監毛本曹與上衍在字

即襄九年冬公會晉侯已下齊世子光滕子薛伯小邾婁子伐鄭　浦鏜云經齊世子光在小邾婁子下十一年伐鄭同此誤倒

十年

傳言公不要見者　閩監毛本作見要按上云時桓公欲要見諸侯與此合傳則云公不見要也

宜爲十年以當之　閩監毛本宜誤言

言兵圍都城相似　閩監毛本似改近非注云幾與圍無異相似猶無異也

十有一年

即成十年晉侯獳卒　閩監毛本獳作孺是也毛本年字實缺

鄭相也　鄂本以下同唐石經作鄭之相也嚴杰云周禮大司徒正義引亦無之字

鄭國處于留先鄭伯有善于鄶公者　唐石經宋本閩本同監毛本鄶誤鄫按釋文鄶古外反于並當作於下同

而野留　何注野鄙也按周禮大司徒職注引春秋傳曰遷鄭焉而鄙留野作鄙與注合遷鄭爲上無而字與何本

異

爲我出忽而立突　毛本突誤㚚注同

稱愈於國之亡　閩監毛本同誤也鄂本稱作猶疏亦云猶愈於國之亡也當據正

后有安天下之功　閩監毛本同鄂本后作後當據正

脅鄭之簒　鄂本作立簒此誤

晉侯執曹伯歸于京師　毛本于改於非

邾婁人執鄫子用之　毛本同閩監本鄫誤鄶

常言鄭突　諸本同誤也鄂本常作當宜據正

外未能結欵諸侯　鄂本欵作助

盟于葵丘是也　毛本于改於非○按此經無盟字

非居尸柩前　浦鏜云注作非尸柩之前

故時已葬之稱　浦鏜云作誤時

則與諸侯改伯從子辭同　諸本同誤也鄂本諸侯作春秋當據正

爲承衰亂　毛本承誤乘

故后王起　鄂本后作後此非

蔡侯稱叔者　鄂本無侯此衍疏標起訖亦作蔡稱

而此與俠是也　浦鏜云而疑則字誤

公會宋公于夫童　釋文夫童下音鍾左氏作夫鍾

十有二年

公會宋公于龜　毛本龜改龜非殴蛇左氏作曲池

解云上十年來戰于郎　毛本解誤經

十有三年

其恃外奈何　閩監毛本柰作奈非

必出萬死而不奔此　諸本同誤也鄂本此作北當據正

明見我者爲主　鄂本同宋本閩監毛本我作伐誤按者字當衍蓋我誤爲伐始衍者字矣

十有四年

無冰　鄂本冰誤水

從內爲王義　鄂本元本閩本同監毛本王誤主下云明王者當以至信先天下可證此本作王

東田千畝　閩監本畆作畞毛本改畝非下同

謂廩之言藻之義故也　藻疑澡

皆出祭義之文　孫志祖云禮記祭義無此文祭統云天子親耕於南郊王后蠶於北郊與此異白虎通耕桑篇云耕於東郊何東方少陽農事始起桑於西郊何西方少陰女功所成與此親耕東田親西郊采桑之語令疑出古逸禮也

御廩災何以書者　按此釋下傳當另節屬下

乙亥甞　唐石經宋本閩本同監毛本甞改嘗下同

正以宋非强國　毛本强誤其

十有五年

故復於此名　鄂本宋本閩監本同毛本名誤明

小國例時也　鄂本無也此衍疏標起訖同

公會齊侯于鄗　釋文鄗左氏作艾穀梁作蒿○按艾蒿同物也蒿鄗同音也

祭存則存矣　鄂本以下同唐石經無矣非十一年疏引此亦有矣字

故曰解不虛設危險之嫌　閩本同監毛本不誤云

公會齊侯宋公衛侯陳侯于侈伐鄭　唐石經諸本同釋文侈二傳作袲按二傳無齊侯侈袲皆多聲故文異○按說文衣部引春秋傳公會齊侯于袲說文所謂春秋傳皆左傳也而有齊侯字袲亦與今體不同

十有六年

善其比與善行義　毛本義字空缺

行役遠方　毛本行字空缺

十有七年

及齊師戰于奚　唐石經諸本同惠棟云左氏亦作奚穀梁作郎

起宜爲天子大夫天子大夫　鄂本無下天子大夫四字非也

十有八年

公夫人姜氏遂如齊　鄂本公下有與字是也左穀皆有與

於國此危　閩監毛本同誤也鄂本此作尤當訂正

本以别生死　宋本同盖誤倒鄂本閩監毛本皆作死生是也

讎在外也　鄂本宋本閩本同監毛本讎改讐

戊午日下昃　宋本同閩監毛本昃作昳

上葬日者　解云考諸古本皆無上字衍文

公叔文子卒　閩本同監毛本叔誤孫

非其辭貞　閩本同監毛本貞作眞

公羊注疏卷五校勘記終　工部屯田司員外郎胡祖謙挍

監本附音春秋公羊注疏莊公卷六 起元年盡七年

何休學

元年春王正月。公何以不言即位？春秋君弒子不言即位，君弒則子何以不言即位？據繼君不絕也。○君弒申志反，下皆同。疏公何以不言即位○解云：隱元年傳云「公何以不言即位」，注云「据文公言即位」，然則彼已注解，是以此處不復注之。○春秋至即位○解云：而言春秋者，欲道孔子意春秋之內皆爾，非止此處，故舉其大號言之。是以僖元年傳云「公何以不言即位？繼弒君子不言即位。此非子也，其稱子何？臣子一例也」。然則宜公之傳不言子，直以其無臣子之道，不念其君父，亦不由宣公非子赤之子，故不言子。隱之也。孰隱？隱子也。隱痛是子之禍，不忍言即位。疏孰隱至子也○解云：莊公既踰年即位之後，合稱成君，而言子者，凡諸侯於其封內三年稱子故也。若表臣子之心，不可曠年無君，乃稱公耳。

○三月，夫人孫于齊。孫者何？孫猶孫也。孫猶遁也。○孫音遜，下及注皆同。孫猶遁也，遁，徒日反。疏孫者何○解云：欲言初出，實先在齊；欲言非初出，而與公孫文同，故執不知問。○孫猶孫也○解云：凡言孫者，孫遁自去之辭。今此言孫與尚書序云「將孫於位，讓於虞舜」義同，故言孫猶孫也，猶彼文也。而注云孫猶遁也者，欲解彼此之孫皆為孫遁自去之義，故曰遁也。內諱奔謂之孫。言于齊者，盈諱文。疏內諱奔謂之孫○解云：據百二十國寶書以為春秋，非獨魯也，而言內者，託王於魯，故言內，猶言內其國外諸夏之義也。然則內魯為王，王者無出奔之義，故謂之孫矣。而僖二十四年冬「天王出居于鄭」，言出者，彼傳云「王者無外，此其言出何？不能於母也」，注云「不能事母，罪莫大於不孝，故絕之言出也」者是。○注言于至諱文○解云：凡言于某者，從此往彼之辭。今此夫人實非始往，而言于齊，與昭二十五年「公孫于齊」文同者，盈滿其諱文，若今始然，故云言于齊者盈諱文耳。夫人固在齊矣，其言孫于齊何？據公夫人遂如齊，未有來文。疏注據公至來文○解云：公夫人遂如齊，在桓十八年，言未有來文者，欲決文九年春「夫人姜氏如齊」、「夫人姜氏至自齊」之文耳。若然，案下二年注云「不致者，本無出道，有出道乃致，奔喪致是也」，若然，則何氏指文九年夫人姜氏如齊亦無出道，而責未有來文者，夫人如齊之時，得公之命，非無出道，故如此解。念母也。固在齊而書孫者，所以起念母也。正月以存君，念母以首事。禮，練祭取法存君，夫人當首祭事。時莊公練祭，念母而迎之，當書迎反，書孫者，明不宜也。疏注禮練至宜也○解云：存君者，即襄二十九年注云「正月歲終而復始，臣子喜其君父與歲終而復始，執贄存之」，然則今此練祭者，亦是臣子閔君父往年此日沒，今年復此日存，而禮祭之取法存君矣。言夫人當首祭事者，謂夫人當為首而營其祭事也。言時莊公練祭者，謂桓公去年四月薨，今年三月方為練祭，而欲迎母矣，非謂此時已為練矣。夫人何以不稱姜氏？據夫人姜氏孫于邾婁。疏注據夫至邾婁者○解云：閔二年經文。貶。曷為貶？據俱以孫為文。與弒公也。其與弒公奈何？夫人譖公於齊侯，如其事曰訴，加誣曰譖。○與殺音預，下同。譖，側鴆反，加誣曰譖。公曰：同非吾子，齊侯之子也。

以淫於齊侯所生。疏公曰至子也○解云：夫人加誣此言，非謂桓公實有此言。何者？正以夫人之至在桓三年秋，子同之生乃在六年九月故也。齊侯怒，與之飲酒。欲醉而殺之。禮，飲酒不過三爵。疏注禮飲不過三爵○解云：玉藻云「君子之飲酒也，受一爵而色灑如也」，注云「酒如，肅敬貌也」。「二爵而言言斯」，注云「言言，和敬貌」。「禮已三爵而油油」，注云「油油，悅敬貌」。「以退」，注云「禮，飲酒過三爵則敬殺，可以去矣」也者是也。於其出焉，使公子彭生送之。於其乘焉，於其將上車時。○將上，時掌反，下同。搚幹而殺之。搚，折聲也。扶上車，以手搚折其幹。○搚幹略合反，本又作拹，亦作拉，皆同。折聲也。幹，音古旦反，脇也。疏於其至送之○解云：與下句絕讀。○於其乘焉搚幹而殺之○解云：二句連讀之。○注扶上至幹○解云：折音如字。念母者，所善也。則曷為於其念母焉貶？據貶必於其重。疏念母者所善也○解云：謂念母者，宜春秋之所善也。○注據貶必於其重○解云：即僖元年傳云「夫人何以不稱姜氏？貶。曷為貶？與弒公也。然則曷為不於弒焉貶？貶必於其重者，莫重

乎其以喪至也注云刑人于市與衆棄之故必於其臣子集迎之時貶之所以明誅得其罪是也

不與念母也念母則忘父背本之道也故絶文姜不爲不孝距蒯贖不爲不順脅靈社不爲不敬蓋重本尊統使尊行於卑上行於下貶者見王法所當誅至此乃貶者并不與念母也又欲以孫爲内見義明但當推逐去之亦不可加誅誅不加上之義非實孫月者起練祭左右○背音佩蒯苦怪反下五怪反見王賢徧反下同爲内于僞反下爲卑爲營同去起呂反【疏】注故絶至不順○解云謂貶氏是也距蒯聵不爲不順者哀三年傳云曼姑受命乎靈公而立輒以曼姑之義爲固可以距之也注云曼姑無惡文者起曼姑得拒之曼姑臣也距之者上爲靈公命下爲輒故者是也○注脅靈至不敬○解云即莊二十五年傳云日食則曷爲鼓用牲于社求乎陰之道也注云求責求也以朱絲營社或曰脅之注云脅之與責求同義社者土地之主也月者土地之精也上繫于天而犯日故鳴鼓而攻之脅其本也朱絲營之助陽抑陰也是脅靈社不爲不敬之道也○注蓋重至當誅○解云此蓋詁爲皆也謂脅社以重陽距父以尊祖皆是尊行於卑上行於下之義○注至此至之義○解云注言此者欲道桓十八年公始如齊之時不貶意也言又欲以孫爲内見

義者正言道魯臣子不合誅夫人之意○注非實至左右○解云閔二年九月夫人姜氏孫于邾婁彼注云凡公夫人奔例日此月者有罪然則此書月者正是其例而言月者起練祭左右者謂此夫人非孫今乃書孫書三月起其練祭在左右故也若直言春無以起其練祭矣○

夏單伯逆王姬單伯者何吾大夫之命乎天子者也以稱字也禮諸侯三年一貢士於天子天子命與諸侯輔助爲政所以通賢共治示不獨專重民之至大國舉三人次國舉二人小國舉一人○單伯音善後放此逆王姬左氏作送王姬治直吏反【疏】單伯者何○解云若言内臣而逆王女若言王臣文無王使故執不知問○注以稱字也○解云諸侯之大夫例合稱名若貢于天子天子理宜尊異是以見其稱字知其貢于天子○注諸至一人○解云皆書傳文射義云古者天子之制諸侯歲獻貢士于天子天子試之於射宫鄭注云歲獻獻國事之書及計偕物也三歲而貢士舊説云大國三人次國二人小國一人者是與此同

何以不稱使據公子遂如京師言如者内稱使之文【疏】注據公子遂如京師言如者内稱使之文○解云公子遂如京師者僖三十年經文也言如者内稱使之文者欲道傳云何以不稱使者問經不道單伯如京師之意

天子召而使之也逆之者何使我主之也逆者魯自往之文方使魯爲父母主嫁之故與魯使自逆之不言于京師者使魯主之故使若自魯女無使受之【疏】逆之者何○解云天子之臣其數非一而魯大夫使逆其女故執不知問

曷爲使我主之據諸侯非之天子嫁女乎諸侯必使諸侯同姓者主之諸侯與天子同姓者諸侯嫁女于大夫必使大夫同姓者主之大夫與諸侯同姓者不自爲主者尊卑不敵其行婚姻之禮則傷君臣之義行君臣之禮則廢婚姻之好故必使同姓有血脉之屬宜爲父道與所適敵體者主之禮尊者嫁女于卑者必持風旨爲卑者不敢先求亦不可斥與之者申陽倡陰和之道天子嫁女於諸侯備姪娣如諸侯之禮義不可以天子之尊絶人繼嗣之路○主書者惡天子也禮齊衰不接弁冕仇讎不交婚姻○好呼報反風如字又方鳳反倡昌亮反和戶臥反惡烏路反齊衰音咨下七雷反【疏】注其行婚姻之禮○解云謂敵偶行事○注行

君臣之禮○解云謂君坐于上而臣立于下○注必使至主之○解云謂於女有血脉之親屬○注禮尊至之道○解云風猶放也言使卑者待己放其命云道有女可嫁然後卑者乃敢求婚也云亦不可斥與之者亦不可斥言嫁於某國所以然者正以申陽倡陰和之道故也○注天子至之禮○解云知者見十九年傳諸侯娶一國則二國往媵之以姪娣從若其禮異當有别文○注義不至之路○解云注知如此者正見十九年傳下文云諸侯壹聘九女諸侯不再娶然則既不得再娶適夫人没無姪娣即是絶嗣之義故云此○注禮齊至婚姻○解云義取穀梁之文仇讎之人非所以接婚姻衰麻非所以接弁冕之言也所以然者正由吉凶不相求矣今莊公主婚于齊相犯二事是以春秋主書惡天子耳○

秋築王姬之館于外何以書譏何譏爾築之禮也于外非禮也以言外知有築内之道也于外非禮也禮同姓本有主嫁女之道必闕地于夫人之下羣公子之上也時魯以將嫁女于讎國故築于外【疏】注以言至道也○解云正以經言于外以爲非禮則知于内是禮明矣○注必闕至上也○解云取下傳文爲義

于外何以非禮據非

內也築于外非禮也于遠辭也爲營衞不固不以將嫁于讎國除譏者魯本自得以讎爲解無爲受命而外之故曰非禮。解古賣反其築之何以禮据禮當豫設主王姬者必爲之改築主王姬者則曷爲必爲之改築据諸侯宫非一。必爲于僞反下必爲爲襄公并注同【疏】注据諸至非一。解云即下云路寢小寢之屬是也於路寢則不可者謂外內無別於路寢則不可小寢則嫌皆所以遠別也。別彼列反【疏】小寢則嫌。解云嫌褻瀆注築例時者即此年秋築王姬之館二十八年冬築微三十一年春築臺于郎秋築臺于秦之屬是也羣公子之舍謂女公子也則以卑矣以爲大卑。大音泰一音他賀反其道必爲之改築者也以上傳言爾知當築夫人之下羣公子之上築例時〇冬十月乙亥陳侯林卒〇王使榮叔來錫桓公命錫者何賜也上與下之辭。錫星歷反【疏】錫者何。解云正以變賜言錫與禮九賜之文異故執不知問命者何加我服也增加其衣服令有異於諸侯禮有九錫一曰車馬二曰衣服三曰樂則四曰朱戶五曰納陛六曰虎賁七曰弓矢八曰鈇鉞九曰秬鬯皆所以勸善扶不能言命不言服者重命不重其財物禮百里不過九命七十里不過七命五十里不過五命。令力呈反賁音奔鈇鉞音甫又方于反下音越秬音巨黑黍也鬯勑亮反香酒【疏】命者何。解云正以生時有功而受褒賜今死乃賜命故執不知問。注禮有至不能。解云此禮緯含文嘉文也彼注云諸侯有德當益其地不過百里後有功加以九賜進退有節行步有度賜以車馬以代其步其言成文章行成法則賜以衣服以表其德其長於教誨內懷至仁賜以樂則以化其民其居處脩理房內不泄賜以朱戶以明其別其動作有禮賜以納陛以安其體其勇猛勁疾執義堅強賜以虎賁以備非常其內懷至仁執義不傾賜以弓矢使得專征其亢陽威武志在宿衞賜以斧鉞使得專殺其孝慈父母賜以秬鬯使之祭祀皆如有德則陰陽和風雨時四方所瞻臣子所望則有秬鬯之草景星之應是也。注禮百里至五命。解云案周禮典命曰上公九命侯伯七命子男五命者是也其言

桓公何据錫文公命不言謚【疏】注据錫至言謚。解云即文元年夏四月天王使毛伯來錫公命不言謚是也追命也舉謚明知追命死者禮生有善行死當加善謚不當復加錫不言天王者桓行實惡而乃追錫之尤悖天道故云爾。善行下孟反下同復扶又反悖補內反【疏】注不言至云爾。解云如此注者欲決文元年稱天王也〇王姬歸于齊何以書我主之也魯主女爲父母道故恩錄而書之內女歸例月外女不月者聖人探人情以制恩實不如魯女【疏】注內女至之也。解云即隱三年冬十月伯姬歸于紀隱七年春王三月叔姬歸于紀成九年二月伯姬歸于宋之屬是也然則此事亦在月下而言不月者何氏以意斟酌故如此解而莊十一年冬王姬歸于齊而不書月者彼則魯不主婚自著天子有恩于王姬故也〇齊師遷紀郱鄑郚遷之者何取之也以稱師知取之。郱步丁反鄑子斯反又音晉郚音吾【疏】遷之者何。解云欲言實遷不言處所欲言取之而經書遷故執不知問取之則曷爲不言取之也据莒人伐杞取牟婁【疏】注据莒至牟婁。解云即隱四年經文爲襄公諱也襄公將復讎於紀故先孤弱取其邑本不爲利舉故爲諱不舉伐順諱文也外取邑不書此何以書大之也何大爾自是始滅也將大滅紀從此始故重而書之

二年春王二月葬陳莊公〇夏公子慶父帥師伐餘丘於餘丘者何邾婁之邑也曷爲不繫乎邾婁國之也曷爲國之君存焉爾慶父幼少將兵不譏者從不言弟意亦起之。少詩照反【疏】於餘丘者何。解云欲言是國天下未聞欲言是邑而不繫國故執不知問。曷爲至焉爾。解云桓七年傳云咸丘者何邾婁之邑也曷爲不繫乎邾婁國之也曷爲國之君存焉爾然則彼已有傳而復發之者正以邑不繫國凡有二種故須解之即昭三十二年取闞傳云闞者何邾婁之邑也曷爲不繫乎邾婁諱亟也注云與受濫爲亟是。注慶父至起之。解云正以桓六年九月丁卯子同生則莊公年十五矣慶父

之年宜十二三故云幼少將兵矣所以不書月以譏之者正以不言弟意亦起之何者文元年注云不稱王子者時天子諸侯不務求賢而專貴親親故尤其在位子弟刺其早任以權也魯得言公子者方録異辭故獨不言弟也諸侯得言子弟者一國失賢輕然則魯不言在位之弟者刺其專貴親親而早任以權今慶父實是公之母弟若於凡平諸侯之國則合言弟但是魯公之弟故于例不得言之既不言弟刺其專貴親親早任以權則於幼少將兵之義亦自見矣故云從不言弟意亦起之也杜氏云慶父者莊公異母兄何氏知其幼者正見稱仲非兄明矣○秋七月齊王姬卒外夫人不卒此何以卒録焉爾曷爲録焉爾據王后崩猶不録我主之也魯主女爲父母道故卒録之明當有恩禮内女卒例日外女卒不日者實不如魯女也

疏 注内至女也○解云即僖十六年四月丙申鄫季姬卒成八年冬十月癸卯杞叔姬卒襄三十年夏五月甲午宋災伯姬卒之屬是也而莊四年三月紀伯姬卒莊二十九年十二月紀叔姬卒之屬皆不日莊四年下文注云卒不日葬日者魯本宜葬之故移恩録文於葬是也

○冬十有二月夫人姜氏會齊侯于郜書者婦人無外事外則近淫不致者本無出道有出道乃致奔喪致是也○郜古報反二傳作禚四年亦爾近附近之近亦如字

疏 注不致至是也○解云即文九年春夫人姜氏如齊三月夫人姜氏至自齊注云奔父母之喪也不言奔喪者尊内也出獨致者得禮故與臣子辭是也

○乙酉宋公馮卒

三年春王正月溺會齊師伐衛溺者何吾大夫之未命者也所伐大夫不卒者莊公薄於臣子之恩故不卒大夫與桓同義月者衛朔背叛出奔天子新立衛公子留齊魯無憚天子之心而伐之故明惡重於伐故月也○溺乃歷反

疏 溺者何○解云欲言内臣經不書氏欲言外臣復不繫國故執不知問○吾大至者也○解云隱九年傳云俠者何吾大夫之未命者也桓十一年柔會宋公以下于折傳曰柔者何吾大夫之未命者注云輒發傳者無氏嫌貶也然則今復發傳者嫌會讎人而致貶故也○注所伐至大夫○解云稱名爲將大夫不書卒者正以莊公薄於臣子之恩故也知未命大夫得書卒者正見隱九年經書俠卒也彼注云未命所以卒之者賞宜從重無氏者少略也者即其義○注與桓同義○解云桓十一年柔會宋公已下于折傳曰柔者何吾大夫之未命者也彼注云所以不卒柔者深薄桓公不與有恩禮於大夫也今溺亦然故言與桓同義○注月者至出奔○解云正以侵伐例時即上二年夏公子慶父伐於餘丘之屬是也今此月者背叛出奔罪重故也其背叛出奔之事者即桓十六年衛侯朔出奔齊是也○注天子新立衛公子留○解云世本及史記並有其事

○夏四月葬宋莊公莊公馮篡不見書葬者篡以計除非以起他事不見也○不見賢偏反下皆同

疏 注莊公馮篡不見書葬者篡以計除非以起至見也○解云春秋之例篡不明者皆貶去其葬以見篡即僖二十四年晉侯夷吾卒注云篡故不書葬明當絶也又宣九年秋晉侯黒臀卒于扈彼注云不書葬者篡也之屬是也其篡明者不嫌非篡故不去葬以見篡即隱四年衛人立晉桓十二年冬衛侯晉卒十三年春葬衛宣公又莊九年齊小白入于齊至僖十七年冬齊侯小白卒十八年秋葬齊桓公又哀六年秋齊陽生入于齊至哀十年春齊侯陽生卒夏葬齊悼公此等皆由其初有立入之文不嫌非篡故書其葬今宋公馮初篡不明所以亦書其葬者正以其父繆公有讓國之善故計其父功而除其篡罪故云篡以計除也襄十四年夏衛侯衎出奔齊至二十六年春甯喜弑其君剽衛侯衎復歸于衛傳云然則曷爲不言剽之立不言剽之立者以惡衛侯也注云起衛侯失衆出奔故不書剽立剽立無惡則衛侯惡明矣又宣六年傳言而立成公黒臀彼注云不書者以惡夷獆也然則剽與成公之篡皆不惡者以惡衎與夷獆矣是爲以起他事不見今宋莊公之立不書惡之者自以計除之不見義故云非以起他事不見也既以計除則迫然無罪故得書葬何則晉侯重耳亦篡不明而僖公三十三年得書葬晉文公者春秋爲賢者諱也

○五月葬桓王此未有言崩者何以書葬蓋改葬也改更也改葬服輕不當月月者時無非常之變榮奢改葬爾故惡録之書者諸侯當有恩禮

疏 此未有言崩者○解云桓十五年經書三月乙未天王崩何言未有言崩者正以此年事不相接故也○蓋改葬也○解云宣三年郊牛之口傷改卜牛經即書其改卜此若改葬經宜書改而不書改者蓋以天王之崩去此七年是改可知何勞書改乎其改卜牛須書改者若直言卜牛嫌卜前口傷之牛故須言改以明之傳必知改葬者正見春秋說云恒星

不見周人榮奢改葬桓王冢死尸復擾終不覺之文故也○注改葬至錄之○解云言改葬服輕者即喪服云改葬緦是也言不當月月者欲決昭二十二年六月叔鞅如京師葬景王之文也言時無非常之變者即決禮有非常之變者將亡失尸柩之時改葬也言榮奢改葬者即春秋說云恒星不見夜明周人榮奢改葬桓王冢死尸復擾終不覺之文也若然宋春秋說改葬在恒星不見之後即宜在七年之末而在三年者宋氏云由三年改葬故七年恒星不見夜明者正由今日榮奢改葬故也云故惡錄之者謂由此之故惡而深錄之也○注書者至恩禮○解云文九年傳云王者不書葬此何以書不及時書過時書注云重錄失時我有往者則書注云謂使大夫往也惡文公不自往故書葬以起大夫會之然則此改葬桓王非彼之類而得書者欲見諸侯當有恩禮故也

〇秋紀季以酅入于齊紀季者何紀侯之弟也何以不名賢也何賢乎紀季据叛也○酅戶圭反疏紀季者何○解云欲言其君經不書爵欲言大夫又不言氏故執不知問服罪也其服罪奈何魯子曰請後五廟以存姑姊妹紀與齊爲讎不直齊大紀小季知必亡故以酅首服先祖有罪於齊請爲五廟後以酅共祭祀存姑姊妹稱字賢之者以存先祖之功則除出奔之罪明其知權言入者難辭賢季有難去兄入齊之心故見之男謂女先生爲姊後生爲妹父之姊妹爲姑○共音恭難辭乃旦反下皆同疏魯子曰至姊妹○解云傳所以記魯子者欲言孔氏之門徒受春秋非唯子夏故有他師矣其隱十一年傳記子沈子者欲明子夏所傳非獨公羊氏矣故輒記其人以廣義也季爲附庸而得有五廟者舊說云比諸侯之禮故也直言以存姑姊妹不言兄弟子姪者謙不敢言之欲言兄弟子姪亦隨國亡但外出之女有所歸趣而已○注故以至於齊○解云凡言首者先服之辭紀國未滅今以往服故謂之首服也先祖有罪於齊者即四年傳云哀公亨乎周紀侯譖之是也○注言入至見之○解云正以襄二十六年二月衛孫林父入于戚定十三年晉荀寅士吉射入于朝歌之屬皆是不獲已故以爲難辭也○注男謂至爲姑○解云皆釋親文〇冬公次于郎次者兵舍止之名疏注次者至之名○解云正以僖元年齊師宋師曹師次于聶北救邢之文故也其言次于郎何國內兵而當書公斂處父帥師而至雖有事而猶不書是也疏注國內至是也○解云公斂處父帥師而至者定八年傳文案昭十三年春叔弓帥師圍費定十二年冬公圍成之屬是也刺欲救紀而後不能也惡公既救人辟難道還故書其止次以起之諸侯本有相救之道所以抑強消亂也次例時○惡烏路反疏注諸侯至亂也○解云言此者欲道春秋善齊襄復讎不書其滅而刺魯侯不救紀者以諸侯本有相救之道所以抑強消亂是以刺不相救也而善齊襄復讎者所以申仁孝之恩各自爲義豈相妨奪乎○注次例時○解云即此及三十年夏師次于成之屬是也而八年春王正月師次于郎云云書月者自爲下文甲午祠兵出之次仍不蒙月也十年夏六月齊師宋師次于郎公敗宋師于乘丘書月者自爲下文敗宋師出之次仍不蒙月也

四年春王二月夫人姜氏饗齊侯于祝丘書者與會郜同義牛酒曰犒加飯羹曰饗月者再出重也三出不月者省文從可知例○犒苦報反勞也疏注書者至同義○解云即二年冬十有二月夫人姜氏會齊侯于郜彼注云書者婦人無外事外事則近淫今此亦然故云同義○注牛酒至曰饗○解云時王之禮也○注月者至知例○解云案上二年經云冬十有二月夫人姜氏會齊侯于郜一出亦書月而言再出重者正以下文三出四出皆無月故也而上二年月者自爲下經乙酉宋公馮卒其會仍自不蒙月矣言三出不月者即下五年夏夫人姜氏如齊師是也〇三月紀伯姬卒禮天子諸侯絕期大夫絕緦天子唯女之適二王後者諸侯唯女之爲諸侯夫人者恩得申故卒之○期音基緦音絲疏注禮天至絕期○解云正見不杖期章無天子諸侯服故也○注大夫絕緦○解云正見緦麻章無大夫服故也〇夏齊侯陳侯鄭伯遇于垂〇紀侯大去其國大去者何滅也孰滅之齊滅之曷爲不言齊滅之爲襄公諱也春秋爲賢者諱何賢乎襄公据楚莊王亦賢滅蕭不爲諱○爲襄于僞反下爲賢注爲諱及下注爲諱爲襄同疏大去者何○解云欲言其奔而經言大去欲言其滅又無滅文故執不知問○爲襄公至者諱○解云言所以爲襄公諱者正由春秋爲賢者諱故也○

注据楚莊王亦賢滅蕭不爲諱者即宣十二年冬十有二月戊寅楚子滅蕭彼注云日者屬上有王言今反滅人故深責之是也若然莊十年齊師滅譚莊十三年齊人滅遂之屬不爲賢者諱滅而不據之者滅遂之下注云不諱者桓公行霸不任文德而尚武力又功未足以除惡然則桓公是時賢德未著不爲諱適是其宜寧得据之乎楚莊是時已有王言賢德已著宜爲之諱而書其滅故据之也復讎也何讎爾遠祖也哀公亨乎周亨煑而殺之○亨普庚反注同煑殺也疏注公亨乎周○解云鄭氏云懿始受譖而亨齊哀公是也周語亦有其事紀侯譖之以襄公之爲於此焉者事祖禰之心盡矣盡者何襄公將復讎乎紀卜之曰師喪分焉龜曰卜蓍曰筮分半也師喪亡其半○禰乃禮反師喪息浪反注同蓍音尸筮市制反疏盡者何○解云以襄公淫泆行同鳥獸而言事祖禰之心盡故執不知問○卜之至分焉解云卜之者謂襄公之辭○注龜曰卜蓍曰筮○解云曲禮文寡人死之襄公苔卜者之辭不

爲不吉也遠祖者幾世乎九世矣九世猶可以復讎乎雖百世可也百世大言之爾猶詩云嵩高維嶽峻極于天君子萬年○幾居豈反嵩高息忠反本亦作崧疏寡人死之不爲不吉也○解云皆齊侯之語故注云荅卜者之辭所以謂死爲吉事者以復讎以死敗爲榮故也○注百世至萬年○解云蓋以百十者數之終施之於彼則無罪施之於已則無義故謂之大言耳家亦可乎家謂大夫家曰不可國何以可据家不可國君一體也先君之恥猶今君之恥也今君之恥猶先君之恥也先君謂哀公今君謂襄公言其恥同也國君何以爲一體据非一世國君以國爲體諸侯世故國君爲一體也雖百世號猶稱齊侯今紀無罪今紀侯也此非怒與怒遷怒齊人語也此非怒其先祖遷之于子孫與○怒與音餘曰非也古者

有明天子則紀侯必誅必無紀者紀侯之不誅至今有紀者猶無明天子也古者諸侯必有會聚之事相朝聘之道號辭必稱先君以相接然則齊紀無說焉不可以並立乎天下無說無說懌也○無說音悅注同懌音亦疏古者至天子也○解云從康王已下歷宣王之世而言無明天子者蓋以宣王之德駁而不純故也○號辭至相接○解云正以號辭必稱先君之故是以齊紀不得並立于天下古若有明天子則須去其不直是以上文云古者有明天子則紀侯必誅也故將去紀侯者不得不去紀也有明天子則襄公得爲若行乎若如也猶曰得爲如此行乎○將去起呂反下及注同若行下孟反注同疏故將至紀也○解云若不去紀則有紀侯故也○襄公至行乎○解云行讀如有子行之之行曰不得也不得則襄公

曷爲爲之上無天子下無方伯有而無益於治曰無猶易曰闃其無人○治直吏反闃苦鵙反疏注猶易至無人○解云豐卦上六爻辭也緣恩疾者可也疾痛也賢襄公爲諱者以復讎之義除滅人之惡言大去者爲襄公明義但當遷徙去之不當取有有明亂義也不爲文實者方諱不得貶疏緣恩疾者可也○解云時無明王賢伯以誅無道緣其有恩痛於先祖者可以許其復讎矣故曰緣恩疾者可也○注賢襄至之惡○解云擅滅同姓合書而絕之今不書者以復讎除罪故也○注不當至義也解云謂但當推逐而已不當取而有之明其亂正義矣然則襄公亂義而不惡者王已復讎除之○注不爲至得貶○解云凡爲文實者皆初以常事爲罪而貶之然後計功除過是以僖元年經云齊師宋師曹師次于聶北救邢傳云曷爲先言次後言救君也君則其稱師何不與諸侯專封也曷爲不與實與而文不與文曷爲不與諸侯之義不得專封也諸侯之義不得專封則其曰實與之何上無天子下無方伯天下諸侯有相滅亡者力能救之則救之可也者是文實之義耳今此若作文實經宜言齊師滅紀或言齊人滅紀傳曰孰滅之襄公滅之曷爲不言襄公滅之不與諸侯擅滅曷爲不與

實與而文不與文曷爲不與諸侯之義不得擅滅諸侯之義不得擅滅則其曰實與之何上無天子下無方伯緣恩疾者可若其如此即經不免貶惡襄公若貶惡襄公則不名爲之諱是以不得作文實之義矣而後桓公得作文實者桓公非滅人其罪惡輕也〇六月乙丑齊侯葬紀伯姬外夫人不書葬此何以書據鄫季姬也疏注據鄫季姬也〇解云即僖公十六年鄫季姬卒卒無葬文是隱之也何隱爾其國亡矣徒葬於齊爾徒者無臣子辭也國滅無臣子徒爲齊侯所殺故痛而書之明魯宜當閔傷臨之卒不日葬日者魯本宜葬之故移恩錄文於葬疏注徒者至臨之〇解云正以徒詁爲空〇注卒不至於葬〇解云卒不日者即上經書三月紀伯姬卒是也春秋之義內女卒例日而紀伯姬卒不日故如此解其隱三年傳云不及時而日者渴葬也不及時而不日慢葬也者自施於諸侯非夫人之例故此文雖不及五月不得以渴隱解之此復讎也曷爲葬之據恩怨不兩行滅其可滅葬其可葬此其爲可葬奈何復讎者非將殺之逐之也以爲雖遇紀侯之殯亦將葬之也以爲者設事辭而言之以大斂而從棺曰殯夏后氏殯於阼階之上若存殷人殯於兩楹之間賓主夾之周人殯於西階之上賓之也稱齊侯者善葬伯姬得其宜也〇斂力驗反夾古洽反疏注夏后至賓之也解云檀弓上篇文〇秋七月〇冬公及齊人狩于郜公曷爲與微者狩據與高侯盟諱此競逐恥同疏注據與高侯盟諱〇解云即莊二十二年秋及齊高傒盟于防〇傳云公則曷爲不言公諱與大夫盟也是也〇注此競逐恥同〇解云謂與微者競逐禽獸與大夫盟不異矣齊侯也以不沒公知爲齊侯也疏注以不至侯也〇解云正以大夫盟即沒公此不沒公者齊侯故也齊侯則其稱人何諱與讎狩也禮父母之讎不同戴天兄弟之讎不同國九族之讎不同鄉黨朋友之讎不同市朝稱人者使若微者不沒公言齊人者公可以見齊微者至於魯人皆當復讎義不可以見齊侯也〇以見賢徧反下同

疏注禮父至市朝〇解云皆出曲禮上篇與檀弓上篇何氏差約而爲此言也檀弓云從父昆弟之讎故此何氏以九族言之曲禮云交遊之讎故此鄭氏以朋友言之定四年傳云朋友相衛古之道也義亦通於此鄭氏云交遊或爲朋友是也前此者有事矣溺會齊師伐衛是也疏注溺會至是也〇解云在上三年春後此者有事矣師及齊師圍盛是也疏注師及至是也〇解云在莊八年夏則曷爲獨於此焉譏於讎者將壹譏而已故擇其重者而譏焉莫重乎其與讎狩也狩者上所以共承宗廟下所以教習兵行義〇共音恭於讎者則曷爲將壹譏而已讎者無時焉可與通通則爲大譏不可勝譏故將壹譏而已其餘從同同其餘輕者從義與重者同不復譏都與無讎同文論之所以省文達其異義矣凡二同故言同同〇勝音升復扶又反疏注其餘至者同〇解云謂皆是與讎交接矣〇注不復至論之〇解云謂更無貶文矣〇注所以至義矣〇解云一則省文二則達其異義矣其異義者圍盛不稱公者諱其滅同姓溺會齊師伐衛不稱氏者見未命大夫故也若不省文無以見此義故曰所以省文達其異義矣〇注凡二同故言同同〇解云輕者不譏見與重者同一同也都與無讎同文論之一同也故曰凡二同矣考諸古本傳及此注同字之下皆無重語有者衍文且理亦宜然

五年春王正月〇夏夫人姜氏如齊師〇秋倪黎來來朝倪者何小邾婁也小邾婁國〇倪五兮反二傳皆作郳黎來力兮反小邾婁力居反二傳亦無婁字疏郳者何〇解云欲言是國而言名欲言非國經言來朝故執不知問小邾婁則曷爲謂之倪未能以其名通也郳者小邾婁之都邑時未能爲附庸不足以小邾婁名通故略謂之倪黎來者何名也其名何據僖七年稱子疏注據七年稱子〇解云即僖七年夏小邾婁子來朝是也微國

也此最微得見者其後附從齊桓爲僖七年張本文○見賢徧反爲僖于僞反下文注同〔疏〕注此最至本文○解云時未能爲附庸故謂之最微矣言爲僖七年張本文者即彼注云至是所以稱爵者時附從霸者朝天子旁朝罷行進齊桓公白天子進之固因其得禮著其能以爵通是也

○冬公會齊人宋人陳人蔡人伐衛此伐衛何納朔也曷爲不言納衛侯朔据納頓子于頓言納下朔入公入致伐齊人來歸衛寶知爲納朔伐之〔疏〕注据納頓子于頓言納○解云即僖二十五年秋楚人圍陳納頓子于頓是也○注下朔入公入致伐○解云即下六年衛侯朔入于衛公至自伐衛是也然則衛侯朔入于衛之下即言公至自伐衛亦一隅也○注齊人來歸衛寶○解云即下六年冬齊人來歸衛寶是也辟王也辟王者兵也王人子突是也使若伐而去不留納朔者所以正其義因爲內諱

六年春王三月○王人子突救衛王人者何微者也子突者何别何之者稱人序上又僖八年王人不稱字嫌二人〔疏〕王人者何○解云欲言微者書其美字欲言其貴連人言之故執不知問子突者何○解云稱字尊卑未分故執不知問○注別何至二人○解云所以不言王人子突者何而別何之者正以稱人序在子突之上又僖八年公會王人以下于洮單稱王人不稱字問者之意嫌此王人與子突別人故別何之然則言嫌二人者猶言疑二人矣貴也貴子之稱○稱尺證反貴則其稱人何据王子瑕不稱人本當言王子突示諸侯親親以責之也〔疏〕注据王子瑕不稱人○解云即襄三十年夏王子瑕奔晉是也○注本當至之也○解云言王子則是王之親親所以責諸侯違王命之深繫諸人也曷爲繫諸人据不以微及大〔疏〕注据不以微及大○解云即定二年傳云然則曷爲不言雉門災及兩觀主災者兩觀也主災者兩觀則曷爲後言之不以微及大也是也然則彼不以微及大而此以子突繫諸人故難之王人耳刺王者朔在岱陰齊時一使可致一夫可誅而緩令交連五國之兵伐天子所立還以自納王遣貴子突卒不能救遂爲天下笑故爲王者諱使若遣微者弱愈因

爲內殺惡救例時此月者嫌實微者故加録之以起實貴子突○使所吏反令力陳反爲王于僞反下因爲不爲危録皆同〔疏〕王人耳○解云欲道子突但是微者矣○注刺王至可誅○解云即桓十六年冬衛侯朔出奔齊傳曰衛侯朔何以名絕曷爲絕之得罪于天子也其得罪于天子奈何見使守衛朔而不能使衛小衆越在岱陰齊屬負茲舍不即罪爾者是其朔在岱陰齊時之事也言當爾之時微弱至甚一使可攝取一夫可就誅故曰一使可致一夫可誅耳○注而緩至自納○解云即上五年冬公會齊人宋人陳人蔡人伐衛者是其交通五國之兵矣言伐天子所立者在上三年耳彼注云天子新立衛公子留是也○注王遣至能救○解云王遣貴子突者此文是也卒不能救者下文朔入衛是也○注因爲內殺惡○解云謂犯微人之命惡淺犯貴者之命惡深故也○注救例時○解云即僖六年秋諸侯遂救許僖十八年夏師救齊之屬是

○夏六月衛侯朔入于衛衛侯朔何以名据衛侯入于陳儀不名〔疏〕注据衛至不名○解云在襄二十五年秋絕曷爲絕之据俱入也犯命也犯天子命尤重其言入何据頓子不復書入○不復扶又反下皆同〔疏〕注据頓至書入○解云即僖二十五年秋楚人圍陳納頓子于頓是而言不復書入者謂彼經直連圍陳而言納不復別書入也今此衛朔之事去年已書伐衛訖今復別言入故如此注篡辭也上辟王不得言納故復從篡辭書入也不直言篡者事各有本也殺而立者不以當國之辭言之非殺而立者以當國之辭言之國人立之曰立他國立之曰納從外曰入諸侯有屬託力加自文也不書公子留出奔者天子本當絕衛不當復立公子留因爲天子諱微弱○殺而申志反下皆同屬音燭〔疏〕注上辟至言納○解云即上五年傳云此伐衛納朔也曷爲不言納衛侯朔辟王也者是○注故從至入也○解云正以公羊之例立納入皆爲篡辭故也○注不直至本也○解云欲道春秋上下所以不直言衛晉篡齊小白篡衛世子篡而書其立入納者事各有本故也○注殺而至言之○解云即文十四年秋齊公子商人弒其君舍不去公子是也所以然者正以其弒君取國不嫌非篡故也○注非殺至言之○解云衛晉言立蒯聵言納小白言入是也所以然者以其非殺而立恐不成篡故也○注國人立之曰立○解云隱四年衛人立晉是也○注他國立之曰納○解云即哀二年夏晉趙鞅納衛世子于戚是也○注從外曰入○解云即莊九年

夏齊小白入于齊是也○注諸侯至文也○解云即昭元年秋莒去疾自齊入于莒昭十三年夏楚公子比自晉歸于楚之屬是也○注因爲至微弱○解云公子留本天子所立故也其立公子留之事說在上三年也

○**秋公至自伐衛曷爲或言致會或言致伐得意致會**所伐國服兵解國安故不復錄兵所從來獨重其本會之時【疏】曷爲至致會○解云即襄十一年公至自會是也○注所伐至之時○解云即襄十一年秋公會晉侯宋公衛侯曹伯齊世子光以下伐鄭會于蕭魚公至自會是也

不得意致伐所伐國不服兵將復用國家有危故重錄所從來此謂公與二國以上也公與一國及獨出用兵得意不致不得意致伐公與二國以上出會盟得意致會不得意不致公與一國出會盟得意致地不得意不致皆例時【疏】注所伐至從來○解云即襄十一年夏公會晉侯宋公衛侯曹伯齊世子光已下伐鄭秋七月己未同盟于京城北公至自伐鄭是也又僖四年春公會齊侯宋公以下侵蔡蔡潰遂伐楚次于陘秋八月公至自伐楚傳云楚已服矣何以致伐楚叛盟之屬是也若然成十六年秋公會尹子晉侯齊國佐邾婁人伐鄭冬十二月公至自會又成十七年夏公會尹子單子晉侯齊侯宋公衛侯曹伯邾婁人伐鄭六月乙酉同盟于柯陵秋公至自會又成十七年冬公會單子晉侯宋公衛侯曹伯齊人邾婁人伐鄭十一月公至自伐鄭以此言之則十六年秋伐鄭十七年夏伐鄭皆是鄭人不服而致會者正以十六年時鄭人始叛晉帥諸侯伐而討之當是時寔服明年乃叛是以致會也其十七年夏公會單子已下伐鄭者正以比年用兵不能服故以得意爲文其十七年冬公會單子已下伐鄭以伐致者至於三伐事寔當見故言公至自伐鄭矣若然桓十六年夏四月公會宋公衛侯陳侯蔡侯伐鄭秋七月公至自伐鄭從此之後鄭不背叛何故不致而致伐者桓元年三月公會鄭伯于垂彼注云不致之者桓弒賢君簒慈兄與人交接則有危故奪臣子辭成誅文然則桓是惡人本不合致而桓十六年注云致者善桓公能疾惡同類比與諸侯行義兵伐鄭也者是其得致之由而致伐者諸侯本意正欲助忽以誅突突終得國忽死不還以其不得伐力故致伐○注公與至致伐○解云其獨出用兵得意不致者即隱七年秋公伐邾婁僖三十三年夏公伐邾婁哀七年秋公伐邾婁之屬皆不致是也其與一國用兵不得意致伐者即僖二十六年冬公以楚師伐齊取穀公至自伐齊傳云此已取穀矣何以致伐未得乎

取穀也曰患之起必自此始也是也其公獨出用兵不得意致伐者即下二十六年春公伐戎夏公至自伐戎是也其公與一國用兵得意不致春秋之内偶爾無之春秋既無而知然者正以用兵得意兵不復用何勞致伐乎不致會者離不成會故也其不得意所以致伐者兵將復用重錄兵所從來故也○注公與二國至不致○解云其二國以上出會盟得意致會者即哀十三年夏公會晉侯及吳子于黃池秋公至自會是也其不得意不致者即宣七年冬公會晉侯宋公衛侯鄭伯曹伯于黑壤之屬是也其得意致會者以其成會也其不得意不致者無功可言故也○注公與一國至不致○解云其得意致地者即桓二年秋公及戎盟于唐冬公至自唐之屬是也其不得意不致之者即隱二年秋八月庚辰公及戎盟于唐之屬是也其得意所以致地者離不成會故也其不得意所以不致者無功可致矣○注皆例時○解云謂鄉來諸例皆書時即桓二年冬公至自唐僖二十六年冬公至自伐齊哀十三年秋公至自會之屬是也其僖四年八月公至自伐楚彼注云月者凡公出滿二時月危公之久然則彼以公正月出會齊侯伐楚至八月乃反故云滿二時矣成六年春王正月公至自會何氏云月者前魯大夫獲齊侯今親相見故危之是也而襄十一年公至自伐鄭公至自會不滿二時而皆在日月下何氏不注蓋以爲不蒙月故也成十六年公至自會亦不滿二時而在日月下是不蒙月明矣成十七年十一月公至[illegible]伐鄭彼注云月者方正下壬申故月之然則公至亦不蒙月矣

衛侯朔入于衛何以致伐據得意**不敢勝天子也**與上辟王同義久不月者不與伐天子也故不爲危錄之【疏】注與上辟王同義○解云上五年五國伐衛之時寔納衛侯朔所以不言納衛侯朔者辟王者兵使若伐而去不留納朔者所以正其義因爲內諱也今此寔得意所以不致會而致伐者不敢勝天子使若更以他事伐衛不爲納朔然所以正其義因爲內諱故曰同義○注不月至錄之○解云僖四年八月公至自伐楚彼注云月者凡公出滿二時月危公之久然則今此兵歷四時而不月者不與伐天子故不爲危錄故也

○**螟**先是伐衛納朔兵歷四時及反民煩擾之所生○螟亡丁反【疏】注兵歷四時○解云謂從五年冬訖于此年之秋故也

○**冬齊人來歸衛寶此衛寶也則齊人曷爲來歸之衛人歸之也**以稱人共國辭○衛寶左氏經作衛俘【疏】

注以稱人共國辭○解云注言此者欲決三十一年齊侯來獻戎捷不言人也言以稱人共國辭者謂稱齊人可以兼得兩國人之辭也衛人歸之則其稱齊人何讓乎我也其讓乎我奈何齊侯曰此非寡人之力魯侯之力也時朔得國後遣人賂齊齊侯推功歸魯使衛人持寶來雖本非義賂齊當以讓除惡故善起其事主書者極惡魯犯命復貪利也不爲大惡者納朔本不以賂行事畢而見謝爾寶者玉物之凡名○惡烏路反疏注故善起其事○解云言春秋善齊侯之讓是以不言衛人而稱齊人所以起其讓事矣○注不爲至謝爾○解云所傳聞之世内大惡諱之今此書見故知不爲大惡矣○注寶者至凡名○解云猶言玉物之揔名耳定八年傳云寶者何璋判白弓繡質龜青純是也

七年春夫人姜氏會齊侯于防○夏四月辛卯夜恒星不見夜中星霣如雨恒星者何列

星也恒常也常以時列見○辛卯夜一本無夜字穀梁作昔不見賢偏反注及傳皆同疏恒者何○解云欲道星稱宿無恒星欲言非星而連星言之故執不知問○恒常也至列見○解云恒者常也天之常宿故經謂之恒星矣言以時列見于天故傳謂之列星矣列星不見何以知夜之中星反也反者星復其位疏列星至之中○解云謂無所准度故也○注反者星復其位○解云謂星反附在半夜之後則知鄉者不見之時是夜中矣如雨者何如雨者非雨也非雨則曷爲謂之如雨不脩春秋曰雨星不及地尺而復不脩春秋謂史記也古者謂史記爲春秋○雨星于付反一音如字下注雨星同疏如雨者何○解云欲言是雨不應言如其實非雨而文言雨故執不知問○注不脩春秋○解云据此傳及注言則孔子未脩之時已謂之春秋矣而舊解云孔子脩之春作秋成謂之春秋者失之遠矣云云之說在首卷君子脩之曰星霣如雨明其狀似雨爾不當言雨星不言尺者霣則爲異不以尺寸録之

何以書記異也列星者天之常宿分守度諸侯之象周之四月夏之二月昏參伐狼注之宿當見參伐主斬艾立義狼注主持衡平也皆滅者法度廢絶威信陵遲之象時天子微弱不能誅衛侯朔是後遂失其正諸侯背叛王室日卑星霣未墜而夜中星反者房心見其虛危斗房心天子明堂布政之宮也虛危齊分其後齊桓行霸陽穀之會有王事○常宿音秀下同參伐所林反下同狼注張又反與味同朱鳥口星也一音之住反艾魚廢反墜有類反分扶問反疏注分守至之象○解云言分者謂十二之分野矣言守度者守三十度爲一次矣言諸侯之象者謂星度有多少若諸侯之國有大小耳○注昏參至當見○解云正以參伐狼注爲西南之維候故也○注參伐至立義○解云正以其在西方金主斷割之義故也○注狼注至平也○解云正以其在南方南方主禮故也○注而夜至危斗○解云火見於周爲五月者謂昏時今在周之四月是以半夜之後乃房星見其虛危斗者謂在夜半時明矣○注房心至宮也○解云即上備云房爲天子明堂文耀鉤云房心爲中央火星天王位若相對言之則房爲明堂心爲天王矣既有天王復有明堂布政之象也○注其後至王事○解云齊桓行霸者虛危斗也有王事者房心見也○秋大

水○無麥苗無苗則曷爲先言無麥而後言無苗苗者禾也生曰苗秀曰禾据是時苗微麥彊俱遇水灾苗當先亡一災不書待無麥然後書無苗明君子不以一過責人水旱螟螽皆以傷二穀乃書然不書穀名至麥苗獨書者民食最重螟螽音終疏一灾不書○解云一穀之灾不書于經也○注明君至責人○解云謂灾傷五穀者皆人行致之故也○注水旱至穀名○解云大水傷二穀書於經者即桓元年秋大水傳云何以書記灾也彼注云灾傷二穀以上書灾也其旱傷二穀以上書者即僖二十一年夏大旱是也其螟螽書者即隱五年經書螟傳云何以書記灾也文入年經書螽之類是也○注至麥至最重○解云灾傷麥苗常書即此及莊二十八年大無麥禾之屬皆是也麥禾比於餘穀最重故言民食最重矣何以書記災也先是莊公伐衛納朔用兵踰年夫人數出淫泆民怨之所生○數數所角反泆音逸疏注先是至踰年○解云即五年冬公會齊人宋人陳人蔡人伐衛六年秋公至自伐衛是也○注夫人數出淫泆○解云即五年夏夫人姜氏如齊師七年春夫人姜氏會齊侯於

防冬夫人姜氏會齊侯于穀之懸故言數出耳○冬夫人姜氏會齊侯于穀

監本附音春秋公羊注疏莊公卷第六

南昌盧氏宣旬校定

大清嘉慶二十年重栞宋本十三經注疏附校勘記

江南蘇松督糧道方體栞

公羊注疏卷六校勘記　　阮元撰盧宣旬摘録

公羊注疏卷六

春秋公羊經傳解詁莊公第三釋文但題莊公第三四字餘卷準此

元年

春秋君弒子不言卽位唐石經諸本同釋文作君殺云申志反下皆同

解云而言春秋者而字疑衍

三年稱子故也閩本同監毛本三誤二

不能於母也案僖二十四年傳於作乎

案下二年注云毛本注誤傳

注據夫至邾婁者閩監毛本者作○注字閩本同監毛本脫

夫人譖公於齊侯唐石經諸本同毛本於改于

言言和敬兒何校本此下有斯猶耳也四字與玉藻注合

可以去矣也者是也按上也當衍

搚幹而殺之唐石經諸本同釋文作拹幹云本又作搚亦作拉皆同按詩南山正義引作拉幹而殺之玉篇引作拉公幹而殺之皆作拉字○段玉裁云依說文當作拹許云摺也从手劦聲作搚者或體也作拉者假借字也

搚折聲也詩正義引何休云幹脅拉折聲今本脫幹脅二字

扶上車宋本扶作抶誤

距蒯聵不爲不順宋本閩本同監毛本聵誤從目

又欲以孫爲內見義定四年疏引此下有言孫者三字

据諸侯非之閩監毛本同誤也鄂本宋本之作一當據正

天子嫁女乎諸侯諸本同唐石經缺下諸侯嫁女于大夫唐石經亦作于

有血脉之屬宋本脉作脈

禮尊者嫁女于卑者必持風旨宋本閩監毛本同誤也鄂本持作待當據正于當作於

主書者惡天子也鄂本宋本同監毛本上有我字當衍元本上空一字此本上有一○今删正閩本我字重刻蓋原本亦空缺一字也○按有我字是也我主書謂以我主之書法書之也我主見上文

据非内也鄂本宋本也作女當據正

注築例時者以下云云何煌云此當在注末築例時之下

與禮九賜之文異閩監本同毛本賜改錫曲禮上注引含文嘉作賜

其亢陽威武禮記曲禮正義作抗揚

皆如有德何校本如作加

九悖天道宋本悖誤存

注内女至之也閩監本同毛本之也改魯女按疏本如二年秋七月注蓋作實不如魯女也之也爲女也之誤

据莒八伐杞毛本杞誤郲

二年

夏公子慶父帥師伐餘丘唐石經及諸本伐下有於字此本誤脱

夫人姜氏會齊侯于郜釋文郜二傳作禚四年亦爾

三年

吾大夫之未命者按此下當有也字

書三月乙未浦鏜云乙誤巳按浦云是也作乙字與十五年經合

春秋説嚴杰云按穀梁疏此乃感精符文也故知解中不出書名耳凡言春秋説皆春秋緯書作解者用漢人之法

魯子曰請後五廟以存姑姊妹唐石經宋本閩本同監毛本姊作姉注同惠棟云董子以魯子曰爲紀侯謂其弟之語又云以酅入於齊者實紀侯爲之而春秋諱其辭以予紀季按春秋繁露玉林篇謂其弟曰請以立五廟使我先君歲時有所依歸

國内兵而當書鄂本而作不當據正此誤

四年

加飯羹曰饗鄂本飯作飰非

周語亦有其事按嚴杰云周語當作齊世家

嵩高維嶽釋文作崧高云本亦作嵩按維當作惟

遷之于子孫與按于當作於

猶無明天子也唐石經諸本同惠棟云猶由同

無説懌也宋本同閩監毛本改悦懌按釋文亦作説懌○按段玉裁云依説文注當作説釋説悦釋懌皆古今字

不當取而有鄂本宋本而作有疑誤按解云不當取而有之明其亂正義矣

徒爲齊侯所殺閩監毛本同誤也鄂本殺作葬當據正

不得以濶隱解之浦鏜云濶誤隱

師及齊師圍盛是也浦鏜云成誤盛非按八年傳云成者何盛也注據此

其餘從同同唐石經諸本同注凡二同故言同同解云考諸古本傳及此注同字之下皆無重語有者衍文

按疏中標注亦作凡二同故言同同衍一同字

六年

春王三月　孫志祖云左氏作正月穀梁作二月

使若遣微者弱愈　鄂本宋本同閩監毛本弱改爲非按弱愈愈猶少也

據頓子不復書入　監本入字空缺

公至自會是也　閩監毛本脫也字

公會晉侯宋公衛侯曹伯齊世子光　毛本誤齊伯曹世子光

又成十七年冬公會單子晉侯　浦鏜云尹誤單按浦誤

桓弒賢君　閩監毛本弒誤殺

公伐邾婁之屬　毛本伐誤以

何以致伐　唐石經諸本同毛本伐誤會

因爲內諱故曰同義　毛本因誤內

冬齊人來歸衛寶。　唐石經諸本同釋文衛寶左氏經作衛俘○按缶聲孚聲古音同第三部

故善起其事主書者　鄂本主誤王

璋判白弓繡質　閩監毛本判誤叛繡誤肅

七年

夏四月辛卯夜　唐石經諸本同釋文辛卯夜一本無夜字穀梁作昔○按段玉裁云古多假昔爲夕左傳爲一昔之期列子昔昔夢爲君皆是也

何以知夜之中星反也　諸本同唐石經鄂本何上有則字當據補

君子脩之曰星霣如雨　毛本星霣誤倒

威信陵遲之象　鄂本宋本閩監本同毛本信誤儀

是後遂失其正　閩監毛本同誤也鄂本宋本正作政當據以訂正

解云郎上備云　按上備爲星備之誤星備亦見周禮大宗伯疏

房心爲中央火星　盧文弨曰火乃大之誤○按開元占經六十云心爲明堂中大星各本火乃大之誤

生曰苗　左傳此經正義禾初生曰苗此孫字使人易了注本無闕字也

文八年經書夏螽之類是也　浦鏜云經螽作蝝按浦說是也

公羊注疏卷六校勘記終　工部屯田司員外郎胡祖謙挍

監本春秋公羊注疏莊公卷第七 起八年盡十七年

何休學

八年，春，王正月，師次于郎，以俟陳人、蔡人。次不言俟，此其言俟何？据次于陘俟屈完不書俟○屈居勿反 疏 注据次至書俟○解云即傳四年經云遂伐楚次于陘傳云其言次于陘何有俟也孰俟俟屈完也是也然則彼但録其次而不書俟與此異故據之 託不得已也。師出本爲下滅盛與陳蔡屬與魯伐衛同心人國遠故因假以諱滅同姓託待二國爲留辭主所以辟下言及也加以者辟實俟陳蔡稱人者略以外國辭稱人微之○本爲于僞反傳及注爲久皆同屬與音燭 疏 注陳蔡至伐衛○解云即其經云公會齊人宋人陳人蔡人伐衛是也○注同心人國遠○解云欲對齊宋雖亦同心而近魯是以不得託待齊宋○注所以辟下言及也○解云即經下云夏師及齊師圍成是也凡言及者汲汲之辭若此時已出師其間更無所待即下文言汲乃至汲汲之甚者便是魯人欲得滅同姓孜孜之深是以託待陳蔡以辟之○注加以者辟實俟○解云若其實俟宜但云師次于郎俟陳人蔡人而已何須言以乎今言以俟陳人蔡人明更有由以乃始俟之故言加以者辟實俟也

甲午，祠兵。祠兵者何？出曰祠兵，禮兵不徒使故將出兵必祠於近郊陳兵習戰殺牲饗士卒○祠兵音辭祭也左氏作治兵下文注同卒子忽反 疏 祠兵者何○解云凡出師之禮皆有祠兵之事而此特書故執不知問○出曰祠兵○解云何氏之意以爲祠兵有二義也一則祠其兵器二則殺牲享士卒故曰祠兵矣○注禮兵至近郊○解云時王之禮也 入曰振旅，五百人曰旅 疏 注五百人曰旅○解云大司馬敘官文 其禮一也，皆習戰也。言與祠兵禮如一將出不嫌不習故以祠兵言之將入嫌於廢之故以振訊士衆言之互相見也祠兵壯者在前難在前振旅壯者在後復長幼且衛後也○訊音信又音峻本亦作迅相見賢遍反下同難乃旦反長丁丈反 何言乎祠兵？据不書 疏 注据不書○解云今此書之而言据不書者正謂他處皆不書即例不書矣而此書之者是以致難 爲久也。爲久稽留之辭 疏 注爲久稽留之辭○解云爲猶作言作久稽留之辭矣 曷爲爲久？据取長葛久之 疏 注据取長葛久之○解云隱五年冬宋人伐鄭圍長葛六年冬宋人取長葛傳云外取邑不書此何以書久也是然則彼所以書者譏其久今以祠兵者爲久稽留之辭似於義反故難之 吾將以甲午之日，然後祠兵於是。諱爲久留辭使若無欲滅同姓之意因見出竟明盛非內邑也 疏 注因見至邑也○解云出曰祠兵即爾雅出曰治兵之文也今書祠兵即是出竟之義則知下言圍成者非內邑明矣

○夏，師及齊師圍成，成降于齊師。成者何？盛也。以上有祠兵下有盛伯來奔○成如字二傳作郕降于戶江反傳及下注皆同 疏 成者何○解云成爲內邑孟氏所有而與齊圍之故執不知問○注以上至來奔○解云文十二年春王正月盛伯來奔傳云盛伯者何失地之君也何以不名兄弟辭也是也 盛則曷爲謂之成？諱滅同姓也。因魯有成邑同聲相似故云爾 疏 注因魯至云爾○解云定十二年十有二月公圍成者是魯有成邑之文 曷爲不言降吾師？据戰於宋不言歸鄭 疏 注据戰至歸鄭○解云桓十二年十有二月及鄭師伐宋丁未戰于宋是也彼則不言宋歸于鄭此言成降于齊師故難之其歸字有作取字者誤也 辟之也。辟滅同姓言圍者使若魯圍之而去成自從後降於齊師也降者自伏之文所以醇歸於齊言及者起魯實欲滅之不月者順諱文不書盛伯出奔深諱之 疏 注言及者至滅之○解云以及者汲汲之文故也○注不月者順諱文○解云凡滅例月即莊十年冬十月齊師滅譚莊十三年夏六月齊人滅遂之屬是也今此亦滅而不書月者順諱文使若不滅矣○注不書至諱之○解云如此注者正欲決莊十年冬十月齊師滅譚譚子奔莒之屬書其出奔也今成被滅至文十二年春乃書盛伯來奔於所傳聞世不言所奔者深諱故也

○秋，師還。還者何？善辭也。此滅同姓，何善爾？病之也。慰勞其罷病○慰勞力報反下同其罷音皮下同 疏 還者何○解云欲言其惡還是善辭欲言其善實滅同姓故執不知問 曰：師病矣。曷爲病之？据師出皆罷病曷爲獨勞此病也 非師之罪

也明君之使重在君因解非師自汲汲疏注明君至在君○解云所以慰勞師之罷病者明君之滅同姓非師之罪其重在于君也○注因解非師自汲汲○解云正以及者汲汲之辭故也○冬十有一月癸未齊無知弒其君諸兒諸兒襄公也無知公子夷仲年之子襄公從弟○兒如字一音五兮反從才用反

九年春齊人殺無知○公及齊大夫盟于暨。

公曷爲與大夫盟據與高傒盟諱不言公○暨其器反左氏作蔇疏注據與至言公○解云莊二十二年秋七月丙申及齊高傒盟于防傳云齊高傒者何貴大夫也曷爲就吾微者而盟公也公則曷爲不言公諱與大夫盟也者是齊無君也然則何以不名據高傒名爲其諱與大夫盟也使若衆然鄰國之臣猶吾臣也君之於臣當告從命行而反歃血約誓故諱使若悉得齊諸大夫約束之者愈也不月者是時齊以無知之難小白奔莒子糾奔魯齊迎子糾

欲立之魯不與而與之盟齊爲是更迎小白然後乃伐齊欲納子糾不能納故深諱使若信者也不致者魯地也子糾出奔不書者本未命爲嗣賤故不錄之○爲其于僞反注爲是及下注寔爲魯爲同歃所洽反又所甲反難乃旦反疏注不月至信者也○解云公羊之例大信時小信月不信日經今不月使若信者謂若大信也不謂月非信辭也○注不致者魯地也○解云正決桓二年秋公及戎盟于唐冬公至自唐之文也若然定十二年十有二月公至自圍成然則成是內邑而書致者彼注云成仲孫氏邑圍成月又致者天子不親征下士諸侯不親征叛邑公親圍成不能服不能以一國爲家甚危若從他國來故危錄之是也○注子糾至錄之解云如此注者正決桓十一年鄭忽出奔衛書之故也子糾出奔魯宜言來奔而言出奔者據齊言之亦無傷矣○夏公伐齊納。糾納者何入辭也其言伐之何據晉人納捷菑于邾婁不言伐○納糾左氏經亦作納子糾疏夏公伐齊納糾○解云無子字者與左氏經異○納者何○解云欲言得國下有齊人取殺之文欲言不得國納者入辭故執不知問○其言伐之何○解云案隱七年冬戎伐凡伯于楚丘以歸傳云此聘也其言伐之何彼注云加

之者辟問輕重兩舉之然則此傳非問輕重兩舉而亦言之下十年傳云觕者曰侵精者曰伐戰不言伐圍不言戰入不言圍滅不言入書其重者也然則侵伐戰圍入滅數者相對是其輕重之名今以納問伐直據納接菑不言伐而已實非輕重兩舉故得言之矣○注據晉至言伐○解云即文十四年經云晉人納接菑于邾婁是也伐而言納者猶不能納也伐者非入國辭故云爾疏注伐者至云爾○解云下十年傳云觕者曰侵精者曰伐然則伐者雖重於侵仍非入國之義是以此經兼舉其伐見不能納矣糾者何公子糾也何以不稱公子據下言子糾知非當國本當去國見挈言公子糾○去國起呂反下故去同疏糾者何○解云欲言已臣納於他國欲言齊臣文不繼齊故執不知問○注據下至子糾解云下經云九月齊人取子糾殺之傳云其稱子糾何貴也其貴奈何宜爲君者也彼注云故以君薨稱子其言之者著其宜爲君則下經言子見其貴則知此經單言糾者非當國之辭既不作當國之辭故今宜但去國言公子糾見挈於魯侯而已是以問其名不稱公子君前臣名也春秋別嫌明疑嫌當爲齊君在魯君前不爲臣禮公

子無去國道臣異國義故去公子見臣於魯也納不致者言伐得意不得意可知猶遇弗遇例也不月者非納篡辭○別彼列反見賢徧反疏注禮公至國義○解云然則禮有三諫不從待放去者其異姓之臣乎公子者同姓之臣本無去國之義矣○注納不至可知○解云上六年注云公與一國及獨出用兵得意不致不得意致伐今此納糾而不入亦是不得意而不言公至自伐齊者謂此經既言公伐齊納糾言伐者不得意明矣何勞致伐見不得意乎故云納不致者言伐得意不得意可知矣○注猶遇弗遇例也○解云上六年注云公與一國出會盟得意致地不得意不致然則春秋之內亦有遇禮所以不致地以見得意者正以經書亦有遇弗遇之文則知書遇得意明矣何勞致地以見之乎則知隱四年夏公及宋公遇於清言遇得意可知桓十年秋公會衛侯于桃丘不遇不得意明矣故云猶遇弗遇例也○注不月至篡辭○解云隱四年冬十有二月衛人立晉注云月者大國篡例月小國時立納入皆爲篡然則莊六年夏六月衛侯朔入于衛哀六年秋七月齊陽生入于齊之屬皆是也今此亦書納而不月者子糾次正宜立非篡故也非篡而言納者納者入辭子糾不得國魯公之由是以書伐納見其伐而不能納以刺魯侯矣齊小白入于

齊曷爲以國氏據宋公子地自陳入于蕭氏公子也（疏）注據宋至子也○解云：即定十一年春宋公之弟辰及仲佗石彄公子地自陳入于蕭以叛是也。當國也當國故先氏國也。不月者，移惡于魯也。（疏）注不月至魯也○解云：正以大國篡例月，故言此矣。而言移惡于魯者，正以小白成篡實由魯人不早送子糾故也。其言入何篡辭也○秋七月丁酉葬齊襄公○八月庚申及齊師戰于乾時我師敗績內不言敗此其言敗何據郎之戰（疏）其言入何○解云：據桓十七年秋八月蔡季自陳歸于蔡不言入，今言入，故難之。不注言者，文不悉也。○秋七月至襄公○解云：隱三年傳曰過時而日，隱之也。彼注云：隱，痛也，痛賢君不得以時葬。則襄公去年十一月見殺，至今年秋七月，整九月也，而書日葬之，明是痛賢君不得以時葬故也。而注不言之者，從可知省文也。其襄公之賢見於上四年。○注據郎之戰○解云：桓十年冬十有二月丙午齊侯衛侯鄭伯來戰于郎，傳云此偏戰也，何以不言師敗績？內不言戰，言戰乃敗矣。然則彼文師有成解，故此弟子據而難之。伐敗也自誇大其伐而取貶○自誇，苦瓜反，本又作夸，下同。曷爲伐敗據內不言敗績，曷爲自誇大其伐而取敗。復讎也復讎以死敗爲榮，故錄之。高齊襄，賢仇牧是也。（疏）注高齊襄○解云：即上四年夏紀侯大去其國，傳云曷爲不言齊滅之？爲襄公諱也。春秋爲賢者諱，何賢乎襄公？復讎也。襄公將復讎乎紀，卜之曰：師喪分焉，寡人死之，不爲不吉也者，是高齊侯復讎以死敗爲榮之事矣。注賢仇牧是也者，即下十二年秋宋萬弑其君接及其大夫仇牧，傳云何以書？賢也。何賢乎仇牧？仇牧可謂不畏强禦矣。其不畏强禦奈何云云，萬怒，搏閔公，絶其脰。仇牧聞君弑，趨而至，遇之于門，手劒而叱之。萬臂摋仇牧，碎其首，齒著乎門闔。仇牧可謂不畏强禦矣。是賢仇牧復讎以死敗爲榮之義。此復讎乎大國曷爲使微者據納子糾公猶自行，即大夫當有名氏。（疏）注即大夫當有名氏○解云：公羊之義，以大夫得見名氏，謂士爲微，故言此。公也如上據，知爲公。公則曷爲不言公不與公復讎也曷爲不與公復讎據諱與讎狩（疏）注據諱與讎狩○解云：即上四年冬公及齊人狩于郜，傳云公曷爲與微者狩？齊侯也。齊侯則其稱人何？諱與讎狩也。然則公與讎人狩則以爲不書而諱之，今乃復讎于齊，宜以爲善而反不與，故難之。復讎者在下也時實爲不能納子糾伐齊，諸大夫以爲不如以復讎伐之，於是以復讎伐之，非誠心至意，故不與也。書敗者，起託義戰。不致者，有敗文，得意不得意可知例。（疏）注書敗者起託義○解云：春秋之例，內不言戰，言戰乃敗。今乃經上文云戰于乾時，即內敗明矣，而又言我師敗績者，起託以敗爲榮故也。○注戰不至知例○解云：六年不得意致伐之下，注云公與一國及獨出用兵，得意不致，不得意致伐。今此亦不得意，合致伐而不致伐者，既有我師敗績之文，不得意明矣，故言可知例。○九月齊人取子糾殺之其。取之何據楚人殺陳夏徵舒不言取，執齊慶封殺之言執也。○夏，戶雅反。（疏）注據楚至言取○解云：宣十一年冬十月楚人殺陳夏徵舒是也。○注執齊至執也○解云：即昭四年秋七月楚子蔡侯陳侯以下伐吳，執齊慶封殺之是也。內辭也脅我使我殺之也以下淩洙知其脅也。以稱人共國辭，知使魯殺之。時小白得國，與鮑叔牙圖國政，故鮑叔薦管仲召忽，曰：使彼國得賢，已國之患也。乃脅魯使殺子糾，求管仲召忽。魯惶恐，殺子糾，歸管仲，召忽死之。故深諱，使若齊自取殺之。○邵忽本文作召，上照反。恐，丘勇反。（疏）注以稱至殺之○解云：謂不言齊鮑叔取子糾殺之，而言齊人，則知一人之號。二國共有一人之號，既二國共有，則知齊魯皆有殺子糾之惡明矣。是以注者約之。○注時小白至取殺之○解云：皆世家及齊語之事。其稱子糾何據不立也。（疏）注據不立也○解云：正以下三十二年冬十月乙未子般卒，傳云君存稱世子，君薨稱子某。然則子糾者，嗣君之稱，今竟不立，得言子糾，故難之。貴也其貴奈何宜爲君者也故以君薨稱子某言之者，著其宜爲君，明魯爲齊殺之，皆當坐弑君。因解上納言糾，皆不爲篡，所以理嫌疑也。月者，從未踰年君例。主書者，從齊取也。○當坐，才臥反，後當坐之類皆放此。（疏）注故以君至言之○解云：取三十二年傳文。○注明魯至弑君○解云：魯所以當坐弑君，即穀梁傳云：十室之邑可以逃難，百室之邑可以隱死。以千乘之魯而不能存子糾，以。公病矣是。○注因解至嫌疑○解云：此經若不言子糾，上納言糾，有當國之嫌，後人疑其篡矣。今作嗣君之稱，則知上經單言糾，作君前臣名之故也。故言所以理嫌疑也。注月者從未踰年君例。解云隱公四年春王二月戊申衛州吁弒其君完注云日者從外赴辭以賊聞例然則弒成君者例皆書日即宣二年秋九月乙丑晉趙盾弒其君夷獆宣四年夏六月乙酉鄭公子歸生弒其君夷之屬是也今此子糾見弒而書月故知從未踰年君例若然僖九年冬晉里克弒其君之子奚齊傳云其言弒其君之子奚齊何弒未踰年君之號也所以不月者彼注云弒未踰年君例當月不月者不正遇禍終始惡明故略之是也若然僖十年春正月晉里克弒其君卓子及其大夫荀息其踰年而不日者彼注云不日者不正遇禍終始惡明故略之是也鄉來所述皆是外諸侯之例若其內例則異於此是以莊三十二年冬十月乙未子般卒文十八年十月子卒皆是未踰年之君而日或月者彼自作三世之義云云之說已寫于上。注主書者從齊取也。解云言主書此事者正欲從而罪齊但因見魯之惡耳

〇冬，浚洙。洙者何？水也。以言浚也。浚，思俊反，深也。洙音珠，水名。〔疏〕洙者何。解云欲言城邑而無營築之文欲言小水更無比例故執不知問。注以言浚也。解云正以與尚書浚畎澮之文同故知水名

浚之者何？深之也。曷爲深之？據本非人功所爲。

〔疏〕浚之者何。解云正以洙是舊水今始言浚故執不知問。注據本非人功所爲。解云正言畎澮之屬是人功爲之故也

畏齊也。洙在魯北，齊所由來。曷爲畏齊也？據伐敗也。〔疏〕注據伐敗也。解云即上傳云內不言敗此其言敗何伐敗也注云自誇大其伐而取敗是也

辭役子糾也。時魯新見脅畏齊浚之微弱恥甚故諱使若辭不肯殺子糾也齊自取殺之畏齊怒爲備亦所以起上脅也。〔疏〕注亦所以起上脅也。解云言今此畏齊者由前被脅而殺子糾因茲失操遂深洙水矣

十年，春，王正月，公敗齊師于長勺。〇勺，時灼反。

〇二月，公侵宋。曷爲或言侵，或言伐？觕者曰侵，觕麤也。將兵至竟，以過侵責之，服則引兵而去，用意尚麤。〇觕者，七奴反，又才古反。〔疏〕曷爲或言侵或言伐。解云即此文公侵宋及上九年夏公伐齊納糾之屬是。注以過侵責之。解云以其犯過而侵責之

精者曰伐。精猶精密也。侵責之不服，推兵入竟，伐擊之，益深，用意稍精密。〔疏〕注侵責至益深。解云推猶舉也言淺侵不服則更舉兵深入其竟而伐擊之益深於前

戰不言伐，舉戰爲重。黎戰是也。合兵血刃曰戰。圍不言戰，舉圍爲重。楚子圍鄭是也。以兵守城曰圍。入不言圍，舉入爲重。晉侯入曹執曹伯是也。得而不居曰入。滅不言入，舉滅爲重。齊滅萊是也。取其國曰滅。書其重者也。明當以重者罪之，猶律一人有數罪以重者論之。月者，屬北敗彊齊之兵，南侵彊宋，南北有難，復連禍於大國，故危之。〇數，所主反。屬音燭。〔疏〕注月者至危之。解云正以侵伐例時即上九年夏公伐齊之屬是也今書月故如此解是以穀梁傳曰侵例時此其月何也乃深其怨於齊又退侵宋以衆其敵惡之故謹而月之是也

〇三月，宋人遷宿。遷之者何？不通也。以其不道所遷之地。〔疏〕遷之者何。解云欲言其遷不言于某欲言不遷經書遷宿故執不知問。注以其不道所遷之地。解云正以不言于某知非實遷矣

以地還之也。還，繞也。解上不通也。不通反爲遷者，宋本欲遷宿君取其國，不知宿之不肯邪，宋逆詐邪，先繞取其地，使不得通四方，宿窮，從宋求遷，故得言遷。〔疏〕注宋逆詐邪。解云謂宋人逆慮其

不服預詐而還之。宿窮從宋求遷。解云謂宿君服去矣

子沈子曰：不通者，蓋因而臣之也。以宋稱人也。宿不得通四方，宿君遷宋，因臣有之，不復以兵攻取，故從國辭稱人也。月者，遷取王封，當與滅人同罪。書者，宋當坐滅人。宿不能死社稷，當絕也。主書者，從宋也。〇不復，扶又反。〔疏〕注故從國辭稱人也。解云端拱取宿不煩兵武人人皆欲故以國辭稱人矣。注月者至絕也。解云春秋之例大國之遷例月即僖三十一年十有二月衛遷于帝丘小國時者即昭九年春許遷于夷之屬是也今此宿是小國宋人遷之而反書月故云月者遷取王封當與滅人同罪也其滅國書月即下冬十月齊師滅譚十三年夏六月齊人滅遂之屬是也若然案僖元年夏六月邢遷于陳儀邢是小國而書月者彼注云遷例大國月重煩勞也小國時此小國月者霸者所助城故與大國同是也。注主書者從宋也。解云言主書此事者正欲從而罪宋遷取王封但因見宿君不死社稷之惡耳

〇夏，六月，齊師、宋師次于郎。公敗宋師于乘丘。其言次于郎何？據齊國書伐我不言次，敗不言乘丘。〇乘，繩證反。〔疏〕注據

齊至言次○解云：即哀十一年春齊國書帥師伐我是也。○注敗言乘丘○解云：正以敗言乘丘，反次在郎，於義似乖，故難之。伐也。時伐魯，故書次。郎，魯地。伐則其言次何？据齊國書伐我不言次。齊與伐而不與戰，故言伐也。此道本所以當言伐意也。齊與伐而不與戰，伐兵得成賂，當言伐也。○齊與音預，下及注同。【疏】齊與伐至言伐也○解云：若齊本與宋共伐，而但不與戰，故有書其伐耳。我能敗之，故言次也。此解本所以不言伐言次意也。二國纔止次，未成於伐，魯即能敗宋師，齊師罷去，故不言伐言次也。明國君當彊，折衝當遠。魯微弱，深見犯，至於近邑，賴能速勝之，故云爾。所以彊內，且明臣子當將順其美，匡救其惡。○折衝之設反，下昌容反。【疏】注折衝當遠○解云：謂折服衝禦之心當遠也。○注至於近邑○解云：即桓十年傳云「郎者何？吾近邑」是也。○注且明至其惡○孝經及襄十四年左氏傳文也。言爲臣子之法，宜行君父之義，順君父之美，即此上注云「賴能速勝之」是也；若見君父之惡，當正而救之，即上注云「魯微弱，深見犯，至於近邑」是也。○秋九月，荆敗蔡師于莘，以蔡侯獻

舞歸。荆者何？州名也。州謂九州，兾、兗、青、徐、楊、荆、豫、梁、雍。○莘，所巾反。雍，於用反。【疏】荆者何○解云：欲言是國，由來未有；欲言非國，而敗蔡師，故執不知問。○注州謂至梁雍○解云：案禹貢兾州既載，鄭注云：「載之言事，事謂作徒設也。兩河間曰兾州，不書其界者，時帝都之，使若廣大然。」「濟河惟兗州」，鄭注云：「兗州之界在此兩河間。」「海岱惟青州」，鄭注云：「今青州界自海至岱。東岳曰岱山。」「海岱及淮惟徐州」，鄭注云：「徐州界又南至淮水。」「淮海惟楊州」，鄭注云：「楊州界自淮而南至海以東也。」「荆及衡陽惟荆州」，鄭注云：「荆州界自荆山南至衡山之南。」「荆河惟豫州」，鄭注云：「豫州界自荆山而北至河。」「華陽黑水惟梁州」，鄭注云：「梁州界自華山之南至于黑水也。」「黑水西河惟雍州」，鄭注云：「雍州界至黑水而東至西河也。」然則何氏此注九州之名及次第皆依禹貢之州界，不敢依職方與爾雅，何者？正以禹貢爲正典故也。案爾雅釋地云：「兩河間曰兾州。」李巡云：「兩河間其氣性相近，故曰兾。兾，近也。」「河南曰豫州。」孫氏、郭氏皆云：「自東河至西河之南曰豫州。」李巡曰：「河南其氣著密，厥性安舒，故曰豫。豫，舒也。」「河西曰雝州。」李氏云：「其氣蔽壅，受性急凶，故曰雝。雝，壅塞也。」「漢南曰荆州。」「其氣慘剛，稟性強梁，故曰荆。荆，強也。」「江南曰楊州。」李氏云：「江南其氣慘勁，厥性輕楊，故曰楊州也。」孫

氏、郭氏曰：「自江至南海也。」「濟河間曰兗州。」李氏云：「濟河間其氣專質，厥性信謹，故曰兗。兗，信也。」「燕曰幽州。」李氏云：「燕其意氣惡，厥性僄疾，故曰幽。幽，惡也。」孫氏、郭氏曰：「自易水至北狄也。」「齊曰營州。」李氏曰：「齊其氣清舒，受性平均，故曰營。營，平也。今爲青州。」孫氏、郭氏曰：「自岱東至海。」「濟東曰徐州。」李氏曰：「濟東至海，其氣寬舒，稟性安徐。徐，舒也。」孫氏、郭氏曰：「濟東至海也。」然則爾雅九州有幽、營，無梁、青，蓋是殷制，故與禹貢不同。案今禹貢則有梁、青，無幽、營，蓋是夏之法矣。其舜改九州而置十二者，則幽、并及益是。案周禮職方氏云：「東南曰楊州，正南曰荆州，河南曰豫州，正東曰青州，河東曰兗州，正西曰雍州，東北曰幽州，河內曰兾州，正北曰并州。」然則周禮有青、幽、并也，若對爾雅，則長青、并，無徐、營；若對禹貢，則長幽、并，無徐、梁矣。但職方周法，何氏不取，故此注不依之耳。州不若國，國不若氏，氏不若人，人不若名，名不若字，皆取精詳錄也。【疏】州不若國○解云：言荆不如言楚。○國不若氏○解云：言楚不如言潞氏、甲氏。○氏不若人○解云：言潞氏不如言楚人。○人不若名○解云：言楚人不如言介葛盧。○名不若字○解云：言介葛盧不如言邾婁儀父。○注皆取精詳錄也○解云：正以貴重爲詳錄，輕賤爲略之

也。字不若子。爵最尊。春秋假行事以見王法，聖人爲文辭孫順，善善惡惡，不可正言其罪，因周本有奪爵稱國、氏、人、名、字之科，故加州文，備七等以進退之。若自記事者書人姓名，主人習其讀而問其傳，則未知己之有罪焉爾，猶此類也。○見，賢徧反。孫音遜。惡惡並如字，一讀上烏路反。傳，有專反。【疏】字不若子○解云：言邾婁儀父不如言楚子、吳子。○注春秋王法○解云：即孔子曰「我欲託諸空言，不如載諸行事」是也。○注善善至其罪○解云：若其善善，可正言其美；但以惡惡，不可正言其罪。若正言其罪，則非孫順之義，故此何氏偏以其罪言之。若其備文，宜云不可正言其善惡矣。○注因周至之科○解云：即隱元年注「邾婁儀父」云「稱字所以爲褒者，春秋前失爵在名例」之屬是也。○注故加州至姓名○解云：所以必備七等之法者，正以北斗七星主賞罰示法，春秋者賞罰之書，故則之。故說題辭曰：「北斗七星有政，春秋亦以七等。」宜化運斗樞曰：「春秋設七等之文，以貶絕錄行，應斗屈伸」是也。○注主人至焉爾○解云：定元年傳文。彼注云：「此假設而言之。主人謂定、哀也。」習其經而讀之，問其傳解詁，則未知已之有罪於是甚也。蔡侯獻舞何以名？据獲晉侯不名。【疏】注据獲晉侯不名○解云：僖十五年晉侯及秦

伯戰于韓獲晉侯是也 絕曷爲絕之 據晉侯不名絕 疏 絕。解云禮諸侯不生名則書名者絕之不以爲諸侯也 獲也 獲得也戰而爲敵所得獻舞不言獲故名以起之 曷爲不言其獲 據晉侯言獲也 不與夷狄之獲中國也 與凡伯同義夷狄謂楚不言楚言荊者楚彊而近中國卒暴責之則恐爲害深故進之以漸從此七等之極治也。近附近之近卒七忽反 疏 不與至中國也。解云秦亦夷狄而得獲晉侯者非眞故也是以爵得稱伯居晉土耳。注與凡伯同義。解云即隱七年注云中國者禮義之國也執者治文也君子不使無禮義制治有禮義故絕不言執正之言伐也所以降夷狄尊天子爲順辭然則此亦獲者治文君子不使無禮義制治有禮義故絕不言獲正之所以降夷狄尊中國爲順辭矣故云與凡伯同義然則彼已有傳此復發之者彼是天子大夫此則諸侯嫌其異故同之。注夷狄至極始也。解云注言此者欲道楚屬荊州吳屬揚州所以抑楚言荊不抑吳言揚者正以楚近中國恐爲中國之害故欲進之以漸先從卑稱進之若先得貴名而後退之則恐害於諸夏故也運斗樞曰抑楚言荊不使夷狄主中國者義亦通於此戴氏云荊楚一物義能

相發與楊異訓故不得州名也者與何氏異穀梁傳曰荊者楚也何爲謂之荊狄之也何爲狄之聖人立必後至天子弱必先叛故曰荊狄之也與此異不得合也 ○冬十月齊師滅譚譚子奔莒何以不言出 據衛侯出奔也○譚徒南反 疏 注據衛侯出奔也解云即僖二十八年衛侯出奔楚襄十四年衛侯衎出奔齊之屬是也注者欲據二人故不道所奔國也 國已滅矣無所出也 別於有國出奔者孔子曰君子於其言無所苟而已矣月者惡不死位也。別彼列反惡烏路反

十有一年春王正月○夏五月戊寅公敗宋師于鄑 ○鄑子斯反 ○秋宋大水何以書記災也外災不書此何以書 據漷移不書。漷火號反又音郭 疏 注據郭移不書。解云即襄十九年取邾婁田自漷水傳云其言自漷水何以漷爲竟也何言乎以漷爲竟漷移也注云魯本與邾婁以漷爲竟漷移入邾婁界魯隨而有之者是也 及我也 時魯亦有水災書魯則宋災不見兩舉則煩文不省故詭例書外以見內也先是二國比與兵相敗百姓同怨而俱災故明天人相與報應之際甚可畏之。不見賢徧反下同省所景反應應對之應 疏 注時魯至見內也。解云案襄九年春宋火傳云外災不書此何以書爲王者之後記災與此異者正以比年大水水者流通之道可以及兩國故得書外以明內矣彼是火災無及內之理而得書見明爲王者之後記災故也若然襄十九年傳云漷移也亦是水災何不書邾婁大水以見及內者彼直移入邾婁竟內故魯隨而侵之實不及魯寧得難此。注先是二國比與兵相敗。解云即上所云公敗宋師于鄑十年夏公敗宋師于乘丘之屬是也 ○冬王姬歸于齊何以書過我也 時王者嫁女於齊塗過魯明當有送迎之禮在塗不稱婦者王者無外故從在國辭。過古禾反 疏 注在塗不稱至在國辭。解云正以隱二年傳云女在其國稱女在塗稱婦入國稱夫人今此在塗而不稱婦故如此注也云王者無外者桓八年傳云女在其國稱女此其稱王后何王者無外其辭成矣是也

十有二年春王三月紀叔姬歸于酅其言歸于酅何 據國滅來歸不書酅非紀國而言歸 疏 注據國至不書。解云即上四年紀侯大去其國不書叔姬來歸是也叔姬來歸所以不書者江熙云叔姬來歸不書非歸寧且非大歸是也然則紀國之滅在莊四年至此乃歸酅者江熙云叔姬守節積有年矣季雖有酅入于齊不敢懷二然襄公豺狼未可闇信桓公既立德行方宜於天下是以叔姬歸于酅魯喜其女得申其志也。注酅非紀國而言歸。解云謂非國都今又屬齊如此注者意決隱七年叔姬歸于紀之經矣 隱之也何隱爾其國亡矣徒歸于叔爾也 叔者紀季也婦人謂夫之弟爲叔來歸不書書歸酅者痛其國滅無所歸也酅不繫齊者時齊聽後五廟故國之起有五廟存也月者恩録之 疏 注婦人至爲叔。解云爾雅文即曲禮上篇云嫂叔不通問是也。注酅不至廟存也。解云如此注者正欲決昭二十一年宋華亥等自陳入于宋南里以畔之文矣。注月者恩録之。解云即上元年注云內女歸例月外女不月者聖人探人情以制恩實不如魯女然則內女之歸皆書月者悉爲恩録故也是

以此注云月者恩録之〇夏四月〇秋八月甲午宋萬弑其君接及其大夫仇牧及者何累也弑君多矣舍此無累者乎孔父荀息皆累也舍孔父荀息無累者乎曰有復反覆發傳者樂道人之善也孔子曰益者三樂損者三樂樂節禮樂樂道人之善樂多賢友益矣樂驕樂樂佚遊樂宴樂損矣〇接左氏作捷仇牧音求下音木舍音捨下舍孔父同復扶又反年末同覆芳服反驕樂音洛下宴樂同【疏】宋萬弑其君接〇解云正本皆作接字故賈氏云公羊穀梁曰接是也〇及者何〇解云尊卑灼然而言及以殊之故執不知問〇孔父荀息皆累也〇解云孔父之累在桓二年荀息之累在僖十年〇曰有〇解云欲指文公十八年叔仲惠伯被殺之事〇注復反至之善也〇解云謂桓二年已有此傳矣〇注孔子曰至損矣〇解云樂皆是發心之樂唯有禮下一樂是禮樂之樂耳言樂節禮樂者言樂得禮樂之節言樂道人之善者謂口道之道言樂佚遊者樂欲遊從言樂宴樂者樂欲安樂而好內矣有則此何以書賢也何賢乎仇牧据與孔父同也【疏】注据與孔父同〇解云案桓二年傳云何賢乎孔父彼注云据叔仲惠伯不賢今此傳云何賢乎仇牧者亦與孔父同据故言据與孔父同仇牧可謂不畏彊禦矣以下録萬出奔月也禦禁也言力彊不可禁也〇禦魚呂反【疏】注以下至月也〇解云即下文冬十月宋萬出奔陳注云月者使與大國君奔同例明彊禦也是其不畏彊禦奈何萬嘗與莊公戰莊公即魯莊公戰者乘丘時【疏】注戰者乘丘時〇解云即上十年公敗宋師于乘丘是也獲乎莊公莊公歸散舍諸宮中散放也舍止也獲不書者士也【疏】注獲不書者士也者〇解云公羊之例大夫見經故也數月然後歸之歸反爲大夫於宋與閔公博傳本道此者極其禍生於博戲相慢易也〇數所主反公博如字戲名也字書作薄易以豉反【疏】歸反至於宋〇解云歸而反國乃爲大夫於宋矣婦人皆在側萬曰甚矣魯侯之淑淑善魯侯之美也美好天下諸侯宜爲君者唯魯侯爾萬見婦人皆在側故詐閔公以此言言閔公不如魯侯美好〇詐九列反九謁反一音九刈反又一本作揭其例去列二反閔公矜此婦人色自美大於此婦人妒其言顧曰此虜也顧謂側婦人曰此萬也虜執虜也〇妒丁故反爾虜焉故爾女也謂萬也更向萬曰女嘗執虜於魯侯故稱譽爾〇爾女音汝下同稱譽音餘又音預魯侯之美惡乎至惡乎至猶何所至〇惡音烏注同萬怒搏閔公絶其脰脰頸也齊人語〇搏音博脰音豆脛也仇牧聞君弑趨而至遇之于門手劒而叱之手劒持拔劒叱罵之〇叱昌實反萬臂摋仇牧碎其首側手曰摋首頭〇萬臂必賜反本又作辟婢亦反摋素葛反又素結反側手繫也齒著乎門闔闔扇〇著直略反門闔戶臘反門扇也仇牧可謂不畏彊禦矣猶乳犬攫虎伏雞搏貍精誠之至也爭搏弑君而以當國言之者重録彊禦之賊禍不可測明當防其重者急誅之〇乳如住反攫俱縛反又九碧反一本作搏又音付伏扶又反貍力之反【疏】注猶乳至之至也〇解云言仇牧知力不敵而有討心亦有精誠之至也似若産乳之犬不憚猛虎伏雞愛子投命敵貍之類故比之〇注爭搏弑至急誅之〇解云當國者即言宋萬是也故隱四年衛州吁弑其君完傳云曷爲以國氏當國也者是也〇冬十月宋萬出奔陳萬弑君所以復見者重録彊禦之賊明當急誅之也月者使與大國君奔同例明彊禦也〇見賢徧反【疏】注萬弑君至誅之也〇解云欲道春秋上下皆是弑君之賊皆不重見即宋督鄭歸生齊崔杼之屬是也而宋萬趙盾之屬復見者當文皆有注更不勞重說〇注月者至禦也〇解云春秋之例云大國君奔皆悉書月即桓十六年十一月衛侯朔出奔齊之屬是也今此大夫而書月者明彊禦之甚故也若然昭二十年冬十月宋華亥向甯華定出奔陳亦是大夫而書月彼注云月者危三大夫同時出奔將爲國家患明當防之是也而范氏此處注云宋久不討賊致令得奔故謹而月之也者與何氏别

十有三年，春，齊侯、宋人、陳人、蔡人、邾婁人會于北杏。齊桓行霸，約束諸侯，尊天子，故爲此會也。桓公時未爲諸侯所信鄉，故使微者會也。桓公不辭微者，欲以卑下諸侯，遂成霸功也。○鄉，許亮反。下，遐嫁反。疏注桓公時至會也。解云：言未爲諸侯所信任而歸鄉之，是以諸侯皆使微者會，即宋人、陳人之屬是也。○夏，六月，齊人滅遂。不會北杏故也。不諱者，桓公行霸，不任文德，而尚武力，又功未足以除惡。疏注不諱者至武力。解云：春秋爲賢者諱，而不諱者，正以不任文德而尚武力故也。其武力者，即此滅遂是也。繁露云：論功則桓兄文弟，論德則文兄桓弟，是也。而論語云齊桓公九合諸侯，不以兵車之力，謂自此以後。注又功未足以除惡。解云：春秋褒貶，皆以功過相除。計桓公之立，雖有北杏之會，前有篡逆滅譚之非，論其功不足而惡有餘，故不爲諱也。而言未者，欲道其九合之後，功足以除惡也。○秋，七月。○冬，公會齊侯盟于柯。何以不日？據唐之盟日。○柯，音歌。疏注據唐之盟日。解云：即隱二年秋八月庚辰，公及戎盟于唐是也。易也。易猶佼易也，相親信無後患之辭。○易也，以豉反，注及下同。佼，古卯反。其易奈何？桓之盟不日，其會不致，信之也。其不日何以始乎此？莊公將會乎桓，曹子進曰：君之意何如？進，前也。曹子見莊將會有慙色，故問之。疏桓之至信之也。解云：謂桓公諸會皆如是也。以不日爲信者，公羊之例，不信者日故也。以不致爲信者，凡致者，臣子喜其君父脫危而至，其會無危，故以不致爲信也。注曹子至慙色。解云：注者之意也。莊公曰：寡人之生則不若死矣。自傷與齊爲讎，不能復也。伐齊納糾，不能納，反復爲齊所脅而殺之。○能復，扶又反，下同。疏注自傷至復也。解云：桓十八年，公薨于齊；莊九年，及齊師戰于乾時，我師敗績，是也。注伐齊納糾不能納。解云：即上九年夏，公伐齊納糾，傳曰伐而言納者，猶不能納也，是也。注反復至殺之。解云：即上九年齊人取子糾殺之是也。曹子曰：然則君請當其君，臣請當其臣。當猶敵也，將劫之辭。莊公曰：諾。於是會

乎桓。莊公升壇，土基三尺，土堦三等，曰壇。會必有壇者，爲升降揖讓，稱先君以相接，所以長其敬。○壇，大丹反。以長，丁丈反。疏注土基至曰壇。解云：時王之禮也。必爲三等者，正以公爲上等，侯爲次等，伯子男爲下等故也。注稱先君以相接。解云：即四年傳云古者諸侯必有會聚之事，相朝聘之道，號辭必稱先君以相接是也。曹子手劍而從之。從，隨也。隨莊公上壇，造桓公前而脅之。曹子本謀當其臣，更當其君者，見莊有不能之色。○上，時掌反。造桓，七報反，下同。疏注曹子至見莊有不能之色。解云：亦注者之意也。管子進曰：君何求乎？管子，管仲也。君謂莊公也。桓公卒愕，不能應，故管子進，爲此言。○卒，七忽反。愕，五各反。應，應對之應。爲此言，于僞反，下爲殺同。疏注桓公至此言。解云：正以劫桓公而管子對故也。曹子曰：莊公亦造次不知所言，故任曹子。疏注莊公至曹子。解云：正以問莊公而曹子對，故言此。城壞壓竟，齊數侵魯取邑，以喻侵深也。○壓，於甲反，又於輒反。數，所角反。疏城壞壓竟。解云：謂齊比來攻魯城，令至壞敗，抑壓魯竟，以爲已物也。君不圖與？君謂齊桓公。圖，計也。猶曰君不當計侵魯太甚。○與，音餘。管子曰：然則君將何求？所侵邑非一，欲求何者。疏管子曰至何求。解云：意欲少還而已。曹子曰：願請汶陽之田。欲復魯竟。疏曹子曰至之田。解云：舉其大畔言之，欲盡取之，故注云欲復魯竟矣。管子顧曰：君許諾。諸侯死國，不死邑，故可許諾。疏注諸侯至許諾。解云：即曲禮下篇云國君去其國，止之曰若之何去社稷矣，是無去國之文，不言若之何去田邑，故知不死邑也。桓公曰：諾。曹子請盟，桓公下與之盟。下壇與曹子定約盟誓莊公也。必下壇者，爲殺牲不潔，又盟本非禮，故不于壇上也。疏注下壇至莊公也。解云：猶言定約束其盟誓莊公也。注必下至不潔。解云：不字亦作清字者。注又盟本非禮。解云：即桓三年傳云古者不盟，結言而退，是也。已盟，曹子摽劍而去之。摽，辟也。時曹子端劍守桓公，已盟，乃摽劍置地，與桓公相去離，故云爾。○摽劍，普交反。辟也，辟劍置地。劉兆云：辟，捎也。辟也，婢亦反，下同。去離，力智反。疏注時曹子端至故云爾。解云：端猶始也。

言曹子從始持劒而守桓公矣及其盟訖乃摽劒而置于地乃與桓公相去離者釋傳云而去之之文要盟可犯臣約其君曰要彊見要脅而盟爾故云可犯。要一遥反而桓公不欺曹子可讎以臣劫君罪可讎而桓公不怨桓公之信著乎天下自柯之盟始焉諸侯猶是翕然信鄉服從再會于鄄同盟于幽遂成霸功故云爾劫桓公取汶陽田不書者諱行詐劫人也〔疏〕注再會于鄄。解云即下十四年冬及十五年春比會于鄄是也。注同盟于幽。解云即下十六年冬同盟于幽是也。注劫桓至劫人也。解云正以成二年書取汶陽之田故也

十有四年春齊人陳人曹人伐宋○夏單伯會伐宋其言會伐宋何據伐國不殊會曹伯襄言會諸侯〔疏〕注據伐國不殊。解云與上諸侯俱是伐宋事不殊異何勞別生會文乎故難之。注曹伯至諸侯。解云即僖二十八年冬曹伯襄復歸于曹遂會諸侯圍許是也後會也本期而後故但舉會書者刺其不信因以分別功惡有深淺也

從義兵而後者功薄從不義兵而後者惡淺。別彼列反〔疏〕注本期至舉會。解云若其不後宜言單伯會齊人陳人曹人伐宋如下文單伯會齊侯宋公衛侯鄭伯于鄄之文。注從義兵至功薄。解云即此是。注從不義至惡淺解云無經可據但言理當然也○秋七月荆入蔡○冬單伯會齊侯宋公衛侯鄭伯于鄄。鄄本亦作甄規因反

十有五年春齊侯宋公陳侯衛侯鄭伯會于鄄○夏夫人姜氏如齊○秋宋人齊人邾婁人伐兒。兒音郳〔疏〕夫人姜氏如齊。解云復與桓通也。秋宋人至伐兒。解云范氏云宋主兵故序齊上也班序上下以國大小爲次征伐則以主兵爲先春秋之常也○鄭人侵宋○冬十月

十有六年春王正月○夏宋人齊人衛人伐鄭○秋荆伐鄭○冬十有二月公會齊侯宋公陳侯衛侯鄭伯許男曹伯滑伯滕子同盟于幽同盟者何同欲也同心欲盟也同心爲善善必成同心爲惡惡必成故重而言同心也。滑于八反〔疏〕同盟者何。解云欲言同善不見褒賞之文欲言同惡復無刺譏之處故執不知問○邾婁子克卒小國未嘗卒而卒者爲慕霸者有尊天子之心行進也不日始與霸者未如瑣瑣卒在二十八年。爲慕于僞反如瑣息果反〔疏〕注小國至進也。解云正以所傳聞之世未錄小國卒葬故也。注不日者至二十八年。解云即二十八年經云夏四月丁未邾婁子瑣卒注云日者附從霸者朝天子行進是也然則此亦行進而不日者但始與霸者有尊天子之心未朝天子故也其始與霸者之事即上十三年春齊侯宋人陳人邾婁人會于北杏是也

十有七年春齊人執鄭瞻。鄭瞻者何鄭之微

者也以無氏也〔疏〕鄭瞻者何。解云欲言尊卿名氏不具欲言微者書名見經故執不知問此鄭之微者何言乎齊人執之據獲宋萬不書者不坐獲微者今書齊稱人坐執文。鄭瞻二傳作詹〔疏〕注據獲至執文。解云上十二年傳云萬嘗與莊公戰獲乎莊公注云獲不書者士也然則以獲微者不罪坐故不書今書齊稱人作坐執之文故難之書甚佞也爲甚佞故書惡之所以輕坐執人也然不得爲伯討者事未得行罪未成也孔子曰放鄭聲遠佞人罪未成者伯當遠之而已。爲其于僞反惡之烏路反下惡之皆同遠佞于萬反下同〔疏〕注不得爲至未成也。解云僖四年傳云執者曷爲或稱侯或稱人稱侯而執者伯討也稱人而執者非伯討也今稱人而執故云不得爲伯討矣。注孔子曰至佞人。解云論語文案樂記魏文侯問子夏曰敢問溺音何從出也子夏對曰鄭音好濫淫志宋音燕女溺志衛音趨數煩志齊音敖辟喬志此四者皆淫於色而害於德是以祭祀弗用也然則四國皆有淫聲蓋逐甚者言之故許氏云鄭詩二十一篇說婦人者十九此之謂也或何氏云鄭聲淫與服君同皆謂鄭重其手而音淫過非鄭國之鄭也○夏齊人

殲于遂殲者何殲積也衆殺戍者也殲者死文殲之爲死積死非一之辭故曰殲積衆多也以兵守之曰戍齊人滅遂遂民不安欲去齊强戍之遂人共以藥投其所飲食水中多殺之古者有分土無分民齊戍之非也遂不當坐也故使齊爲自積死文也稱人者衆辭也不書戍將帥者封内之兵故不書○殲子廉反二傳作殲積本又作漬强其丈反將帥子匠反下所類反 疏 殲者何○解云正以異於常例故執不知問○注殲者至衆多也○解云即曲禮下篇云羽鳥曰降四足曰漬鄭注云異於人也降落也漬謂相殲汙而死是也○注齊人滅遂○解云在上十三年○注古者有分土無分民○解云說在桓元年注文也

○秋鄭瞻自齊逃來何以書甚佞也曰佞人來矣佞人來矣重言來者道經主書者若傳云爾蓋痛魯知而受之信其計策以取齊淫女丹楹刻桷卒爲後敗也加逃者抑之也所以抑之者上執稱人嫌惡未明繫鄭者明行當本於鄉里也子貢問曰鄉人皆好之何如子曰未可鄉人皆惡之何如子曰未可不若鄉人之善者善之鄉人之惡者惡之○重直用反明行下孟反 疏 注重言至云爾○解云經所以主書此事者正惡佞人之來恐其作禍矣○注蓋痛魯知而受之○解云春秋痛傷魯人知其佞人惡而受之○注信其計至淫女○解云即下二十四年夏公如齊逆女秋夫人姜氏入是也知取齊淫女是鄭瞻之計者春秋說文云○注丹楹刻桷○即下二十三年秋丹桓宫楹二十四年春刻桓宫桷是也○注卒爲後敗也解云即淫二叔殺二嗣子是也○注加逃者抑之也○解云謂逃是猝事不應見經而見逃于經者抑之故也或者子哀慶封之屬皆言奔今此加逃故決之○注上執至未明○解云謂稱人爲坐執文非伯討之義故也○注子貢至惡之○解云一鄉之人皆好此人此人何如子曰未可即以爲善何者此人或者行與衆同或朋黨矣子貢又曰若一鄉之人皆惡此人此人何如子曰未可即以爲惡也何者此人或者行與衆異或孤特矣不若鄉人之善行者善之惡行者惡之與善人同復與惡人異道理勝於前故知是實善云云之說備于鄭注

冬多麋何以書記異也麋之爲言猶迷也象魯爲鄭瞻所迷惑也言多者以多爲異也○麋亡悲反 疏 注象魯至惑也○解云感精符文○注言多至異也○解云魯舊有麋但今乃多耳

○春秋公羊注疏卷第七

公羊注疏卷七挍勘記

阮元撰盧宣旬摘錄

公羊注疏莊公卷第七

八年

師出本爲下滅盛與　鄂本以下同毛本與誤與

同心人國遠　鄂本同宋本閩監毛本人作又疏中諸本同

略以外國辭稱人微之　鄂本人作知此誤當讀知微之三字爲句

是以託待陳蔡以辟之　閩監毛本辟誤辭

甲午祠兵　唐石經諸本同經義雜記曰禮記曲禮注引春秋傳甲午祠兵正義引異義公羊說以爲甲午祠兵左氏說甲午治兵鄭駁之云公羊字誤也以治爲祠因爲作說祭周禮左傳穀梁爾雅皆爲治兵知公羊是聲近之誤故詩箋周禮注用公羊徑改作治詩正義所言是也

出曰祠兵入曰振旅　唐石經諸本同詩采芑箋云春秋傳曰出曰祠兵入曰振旅其禮一也正義曰公羊爲祠兵此言出曰治兵者諸文皆作治兵明彼爲誤故徑改其文而引之

成者何盛也　九經古義云成與盛通釋名成盛也僖廿四年左氏傳管蔡郕霍文之昭也郕後爲魯邑說文云郕魯孟氏邑是郕與成同

據戰于宋不言歸鄭　解云歸字有作敗字者誤也

九年

公及齊大夫盟于暨　唐石經諸本同釋文暨左氏作塈毛本公誤冬

夏公伐齊納糾　釋文納糾左氏經亦作納子糾解云無子字者與左氏經異按疏本所據左氏作納子糾釋文本所據左氏作納糾亦作納子糾

據宋公子地　鄂本以下同何煌云地當作池

其言入何。解云此本此二節疏在何注据郎之戰下閩監毛本移此節於傳文其言入何節下移秋七月至襄公節於經文秋七月丁酉葬齊襄公下

自誇大其伐而取敗釋文自誇本又作夸下同按夸大字作夸從言者詞之誇誕也見爾雅挍勘記郭景純注釋詁云陵犯夸奢

趦而至遇之於門閩監毛本趦作趨監本遇誤禦

萬臂摋仇牧毛本摋誤殺

時實爲不能納子糾伐齊鄂本宋本閩本同監毛本爲不能誤倒作不能爲

其取之何唐石經作其言取之何諸本誤脫言字

以公病矣是浦鏜云以下脫爲按浦說是也有爲字與穀梁傳合

辭役子糾也閩監毛本同誤也唐石經鄂本宋本役作殺當據正

十年

𤘽者曰侵精者曰伐唐石經諸本同周禮大司馬職賊賢害民則伐之注引春秋傳曰粗者曰侵精者曰伐按何注𤘽麤也周禮音義云粗音麤本亦作麤何訓𤘽爲麤而鄭引傳即作麤猶何訓野爲鄙而鄭引傳即作鄙留也

舉戰爲重黎戰是也毛本爲誤謂鄂本黎誤犂

以其不道所遷之地鄂本宋本同閩監毛本道誤通疏同蓋因與傳文不通相涉也

注敗不言乘丘閩監毛本脫注此本脫不今互訂

正以敗言乘丘反次在郎按反疑及之誤

於義似乖毛本似誤遂

敗當言伐也閩監毛本同誤也鄂本宋本敗作故當訂正

故有書其伐耳有當但之誤

二國纔止次宋本纔作讒鄂本止作上皆誤

兾兗青徐閩監毛本兾改冀非疏同

事謂作徒設也浦鏜云設當役字誤是也

在此兩河閒。按史記夏本紀集解引作在此兩水之閒謂在沛水河水之閒

至黑水而東至西河也按上至字當作自詩韓奕正義引作自

其氣性相近毛本氣性倒

江南曰楊州閩監毛本楊作揚下並同

燕其意氣惡爾雅釋地疏惡作要此誤

幽惡也何校本惡皆作要。按惡字是也爾雅疏所據非善本

則幽并及益是按益當作營

絶唐石經諸本同僖廿六年疏引此作絶之以意添之字也

解云秦亦夷狄毛本秦亦誤春秋

十有二年

然襄公猾狠閩監毛本猾作猾

自陳入于宋南里以畔之文矣閩監毛本畔作叛

宋萬弒其君接唐石經諸本同解云正本皆作接字釋文接左氏作捷。按妾聲捷聲古音同第八部

舍孔父荀息無累者乎鄂本無者唐石經有者此行十一字

公羊穀梁曰接。按今穀梁自唐石經以下本皆作捷與賈氏所據不同

歸反爲大夫於宋唐石經諸本同惠棟云漢書注反作又

爾虜焉故魯侯之美惡乎至萬怒 唐石經諸本同九經古義云春秋繁露曰此虜也爾虜焉知魯侯之美惡乎致萬怒搏閔公絕脰韓詩外傳云閔公矜此婦人妒其言顧曰爾虜焉知魯侯之美惡乎何本如作故以爾虜焉故句魯侯之美惡乎至句意反迂曲

脰頸也 蜀大字本及漢制考同宋本閩監毛本頸誤脛按釋文脰音豆頸也

手劒持拔劒 閩監毛本同鄂本宋本拔作拔

萬臂摋仇牧 唐石經臂作辟釋文臂必賜反本又作辟婢亦反按此當作辟音婢亦反是辟摋非臂摋也

齒著乎門闔 唐石經闔字磨改重刻按爾雅釋宮郭注引公羊傳曰齒著于門闔今本于作乎非

猶乳犬攫虎 鄂本同閩監毛本攫作擭是也釋文擭一本作搏

爭搏弑君 監毛本同誤也鄂本閩本搏作博當據正宋本作傳

投命敵狸之類 閩本同監毛本狸改貍○按依說文當作貍

十有三年

易猶佼易也 惠棟云安知非刺客睥人而簡易若是義與此同易之易簡鄭氏亦訓爲佼易按周易音義大壯喪羊于易鄭音亦謂佼易也繫辭易知以豉反鄭荀董並音亦詩天作岐有夷之行傳夷易也箋云以岐邦之君有佼易之道正義曰言乾以佼易故爲知坤以凝簡故爲能易詩義並與此同

將劫之辭 鄂本劫作刼誤

城壞壓竟 唐石經諸本同鄂本竟作境按釋文亦作壓境是俗竟字

爲殺牲不絜 宋本潔作絜閩監毛本作潔解云不字亦有作清字者

臣約其君曰要 閩監毛本同誤也鄂本宋本其作束當據正

十有四年

注据伐國不殊 按下脫會

十有六年

公會齊侯宋公陳侯衛侯鄭伯許男曹伯滑伯滕子同盟于幽 諸本同唐石經損缺以字數計之有公會二字惠棟云左氏穀梁無公字故穀梁傳云不言公按公會二字當爲衍文左氏穀梁無公字猶賸會字据十九年何注云先是鄄幽之會公比不至公子結出竟遭齊宋欲深謀伐魯故專矯君命而與之盟然則幽之盟非特魯君不至即士大夫亦未有來會者猶十五年齊侯宋公陳侯衛侯鄭伯會于鄄不曰公公會齊侯及會齊侯云云也春秋繁露滅國下篇云幽之會莊公不往

故重而言同心也 惠棟云心字衍

始與霸者未如瑣 閩監本同鄂本宋本瑣作璅釋文作瑣毛本改從之○按瑣正璅俗

十有七年

注不日者至二十八年 閩監毛本者作始今注無者字

事未得行 毛本未誤不

伯當遠之而已 閩監毛本同誤也鄂本宋本伯作但當據正

説婦人者十九 孫志祖云此許叔重五經異義語禮樂記正義云鄭詩說婦人者唯九經異義云十九誤也

皆謂鄭重其手而音淫過 惠棟云鄭重猶頻煩也左氏傳煩手淫聲是也

瀸者何瀸積也 諸本同釋文積本又作漬唐石經此字缺毛本依釋文改漬非

郎下二十三年秋丹桓宮楹 閩本同監毛本三誤二官誤公下同

公羊注疏卷七挍勘記終　工部屯田司員外郎胡祖謙挍

監本春秋公羊注疏莊公卷第八 起十八年盡二十七年

何休學

十有八年春王三月日有食之是後戎犯中國魯蔽鄭瞻夫人如莒淫泆不制所致疏注是後戎犯中國○解云即下文夏公追戎于濟西是也○注魯蔽鄭瞻○解云下文秋有蜮是○注夫人至所致○解云即下十九年秋夫人姜氏如莒之屬是也是陰勝陽之象是以日爲之食〇夏公追戎于濟西以兵逐之曰追○濟子禮反此未有言伐者其言追何据公追齊師至酅舉齊侵也疏注据公至侵也○解云即僖二十六年齊人侵我西鄙公追齊師至巂弗及是也大其爲中國追也以其不限所至知爲中國追也○爲中于僞反注及下皆同疏注以其至追也○解云公追齊師至巂限其所至乃是自爲己追故知如此此未有伐中國者則其言爲中國追何大其未

至而豫禦之也其言于濟西何据公追齊師至酅弗及不言于也大之也大公除害恩及濟西也言大者當有功賞也追例時疏注言大者至賞也○解云公追齊師至酅弗及不言于今言于者謂公有大功於王法當賞矣○注追例時○解云即此文是而僖二十六年公追齊師雖在正月己未下不蒙日月〇秋有蜮何以書記異也蜮之猶言蜮也其毒害傷人形體不可見象魯爲鄭瞻所蜮其毒害傷人將以大亂而不能見也言有者以有爲異也○蜮音或短狐也或謂之射工音食疏注蜮之猶言蜮也○解云即五行志云蜮猶惑也者是○注其毒害傷人○解云即五行志云能射人甚者至死是也○注形體不可見○解云即草木志云在水中射人影即死是也○注言有者以有爲異也○解云謂魯先無蜮今乃有之案昭二十五年經書有鸜鵒來巢今此不書來者亂氣所生不從外來故也〇冬十月

十有九年春王正月〇夏四月〇秋公子結媵陳人之婦于鄄遂及齊侯宋公盟媵者何

諸侯娶一國則二國往媵之以姪娣從言往媵之者禮君不求媵二國自往媵夫人所以一夫人之尊○媵陳以證反又繩證反娣從才用反下注同疏媵者何解云媵是碎事例不見經今而書之故執不知問姪者何兄之子也娣者何弟也諸侯壹聘九女諸侯不再娶必以姪娣從之者欲使一人有子二人喜也所以防嫉妒令重繼嗣也因以備尊尊親親也九者極陽數也不再娶者所以節人情開媵路○嫉音疾又音自疏姪者何○解云昭穆異等而與嫡俱行故執不知問○娣者何○解云與姪同倫而在姪下故執不知問○諸侯至再娶○解云傳言此者解所以有媵之意言諸侯娶女非一者正由不得再娶故也○注必以至人喜也○解云即穀梁傳云一人有子三人緩帶范氏云欲共享其祿是也○注所以防嫉妒○解云謂三人不相疾也○注令重繼嗣也解云謂三人不相疾共保其子○注因以備至親也○解云謂備姪所以尊尊備娣所以親親其上尊下親皆指嫡也○注九者極陽數也○解云謂對一三五七以爲極矣也○注開媵路○解云謂亦有爲嫡之望也媵不書

此何以書据伯姬歸于紀不書媵也疏注据伯姬歸于紀者解云在隱二年冬爲其有遂事書爲下有遂事善也故書所以不當書以起將有所詳録猶伯姬書媵也不媵則當取得書者張本文言公子結如陳遂及齊侯宋公盟于鄄○爲其于僞反注及下注同疏注爲下有遂事善也○解云即遂及齊侯宋公盟是也○注故書所至不當書○解云謂書媵是也○注以起將有所詳録○解云正欲見盟事之善合詳而録之○注猶伯姬書媵也○解云即成八年衛人來媵傳曰媵不書此何以書録伯姬也九年晉人來媵傳曰媵不書此何以書録伯姬也十年齊人來媵傳云媵不書此何以書録伯姬也三國來媵非禮也曷爲皆以録伯姬之辭言之婦人以衆多爲侈也者是也○注言公至盟于鄄○解云是其得書之文也大夫無遂事此其言遂何聘禮大夫受命不受辭以外事不素制不豫設故云爾出竟有可以安社稷利國家者則專之可也先是鄄幽之會公比不至公子結出竟遭齊宋欲深謀伐魯故專矯君命而與之盟除國家之難全百姓之命

故善而詳録之先書地後書盟者明出竟乃得專之也盟不地者方使上爲出竟地即更出地嫌上地自爲媵出地也陳稱人者爲内書故略以外國辭言之此陳侯夫人言婦者在塗也加之者禮未成也冬齊人宋人陳人伐我西鄙而盟不日者起國家後背結之約非結不信也○嬌居表反難乃旦反背音佩〔疏〕注先是至不至○解云即上十五年春齊侯宋公陳侯衛侯鄭伯會于鄄十六年冬會齊侯宋公以下同盟于幽是也正以彼二經皆不言公會故知魯侯不至矣○注欲深謀伐魯○解云正以善而詳録之故知欲伐矣○注先書地○解云謂書鄄是也○注明出竟乃得專之也○解云正以鄄爲衛地故也○注此陳至在塗也○解云即隱二年傳云在塗稱婦是○注加之者禮未成也○解云正以此婦未成爲夫人故加之絶之若其已配禮宜書媵陳夫人不假言之以絶也○注冬齊至西鄙○解云即下經也○注而盟不至不信也○解云以公羊之例不信者書日故如此解

○夫人姜氏如莒

○冬齊人宋人陳人伐我西鄙鄙者邊垂之辭榮見遠也

二十年春王二月夫人姜氏如莒月者再出也不從四年巳月者異國〔疏〕注月者再出也○解云欲對上十九年秋夫人姜氏如莒之文也○注不從至異國○解云即上四年經云春王二月夫人姜氏饗齊侯于祝丘彼注云月者再出重也三出不月者省文從可知例然則此經不從四年之例而復出月者正爲齊莒異國不得相因故也

○夏齊大災大災者何大瘠也瘠病也齊人語也以加大知非火災也○大瘠在亦反病也本或作癠才細反一本作漬才賜反鄭注曲禮引此同〔疏〕大災者何○解云欲言大疾疫而經書災故執不知問○注以加大知非火災也○解云正以襄三十年宋災昭九年陳火之屬皆不言大故也案襄九年傳云大者曰災小者曰火注云大者謂正寢社稷宗廟朝廷也下此則小矣然彼是雨火自對故以災火別之此則非火故更言大耳

大瘠者何痢也痢者民疾疫也○痢力二反疾疫也疫音役何以書記災也外災不書此何以書及我也與宋大水同義痢者邪亂之氣所生是時魯任鄭瞻夫人如莒淫泆齊侯亦淫諸姑姊妹不嫁者七人○邪似嗟反〔疏〕注與宋大水同義○解云即上十一年宋大水傳云何以書記災也外災不書此何以書及我也注云時魯亦有水災書魯則宋災不見兩舉則煩文不省故詭例書外以見内也是也○注齊侯至七人○解云晏子春秋文案彼齊景公問於晏子曰吾先君桓公淫女公子不嫁者九人而得爲賢君何又此解言七人者彼此其有誤矣然則襄公霸諸侯唯淫妹而已齊人猶作南山崔崔以刺之桓公小白相淫九人而齊人不刺之者蓋以功多足以除惡故也或者遇爾不作或采之不得寧可問乎

○秋七月○冬齊人伐戎

二十有一年春王正月○夏五月辛酉鄭伯突卒○鄭伯突徒沒反厲公也

○秋七月戊戌夫人姜氏薨

○冬十有二月葬鄭厲公春秋篡明者書葬〔疏〕注春秋至書葬○解云言春秋者欲見通例如此矣篡明者謂有立入之文即隱四年冬衛人立晉桓十三年春葬衛宣公上九年夏齊小白入于齊僖十八年秋葬齊桓公之屬是也今此鄭突入于鄭桓十五年秋亦有入櫟之文即是篡明書其葬耳若篡不明者則去其葬以見其篡不合爲諸侯是以僖十年里克弑卓子之時惠公無入文至僖二十四年晉侯夷吾卒下不書葬晉惠公矣若有立入之文者不嫌非篡何勞去葬以見篡若然案文公重耳亦無篡文而僖三十年經書葬晉文公者正以文公功蓋天下春秋爲賢者諱故書其葬若其不篡然也若然齊侯小白是賢者而書其入又録其葬見其篡明不爲之諱者僖十年傳云桓公之享國也長美見乎天下故不爲之諱本惡也文公之享國也短美未見乎天下故爲之諱本惡也是也

二十有二年春王正月肆大省肆者何跌也跌過度○肆音四本或作佚大省所景反除自省皆同二傳作眚跌大結反過度也〔疏〕肆大省○解云肆讀如字放肆也省讀如減省之省也○肆者何大省者何○解云皆以異於常例故執不知問

大省者何災省也謂子卯日也夏以卯日亡殷以子日亡先王常以此日省吉事不忍舉又大自省勅得無獨有此行乎常若聞災自省故曰災省也○行下孟反〔疏〕注先王至忍舉○解云此先王謂夏殷之後成禮者以是夏殷亡日故省吉事而已不忍舉而行之○注又大至此行乎○解云又若似見不賢而内自省之義矣○注常若至災省也

者釋傳云災省之文也言聞有災輒自省察若爲行而致之乎肆大省何以書譏何譏爾譏始忌省也時魯有夫人喪忌省日不哭省日本以忌吉事不以忌凶事故禮哭不辟子卯日所以專孝子之思也不與念母而譏忌省者本不事母則已不當忌省猶爲商人責不討賊○忌息嗣反爲于僞反〔疏〕肆大省何以書○解云不但言何以書者恐人以爲但問大省云大自省勑何以書故復舉句而問之○注故禮至卯日○解云案士喪禮既殯之後云朝夕哭不辟子卯是也引之者證不以忌凶事也○注不與至忌省解云不與念母者即上元年三月夫人孫于齊傳曰夫人固在齊矣其言孫于齊何念母也念母者所善也則曷爲於其念母焉貶不與念母也彼注云念母則忘父背本之道也是也○注猶爲至討賊○解云文十四年九月齊公子商人弒其君舍然則商人者是簒弒之賊也齊之臣子理宜討之而反臣事失其所也及文十八年夏齊人弒其君商人而不書其葬者以責臣子不討賊也似文姜罪實宜絕之公既不絕宜盡子道而反忌省故得責之○癸丑葬我小君文姜文姜者何莊公之母也輒發傳者起仇母錄

子恩凡母在子年無適庶皆繫子也不在子年適母繫夫庶母繫子言小君者比於君爲小俱臣子辭也文者謚也夫人以姓配謚欲使終不忘本也○無適丁歷反下同〔疏〕葬我小君文姜○解云穀梁傳曰小君非君也其曰君何也以其爲公配可以言小君也者是○文姜者何○解云欲言莊母謚異其父欲言非母備禮葬之故執不知問○注輒發至子恩○解云隱元年傳云仲子者何桓之母也今假令不發亦是桓之夫人莊公之母可知而云文姜者何莊公之母故言輒矣今此經云葬我小君文姜傳云文姜者何莊公之母也者正欲錄子之恩故備禮而葬之○注凡母至繫子也解云即此傳云文姜者何莊公之母是適母繫子也宜八年傳云頃熊者何宣公之母也襄四年傳云定弋者何襄公之母也皆是庶母繫子也而僖二年傳云哀姜者何莊公之夫人也在子年而繫夫者蓋以僖公非所生爲其非子故也○注不在至繫夫○解云即僖二年哀姜是也○注庶母繫子也○解云即文五年傳云成風者何僖公之母也是也定十五年秋姒氏卒傳曰姒氏者何哀公之母也者亦是庶母不在子年而繫于子然則鄉來所言傳皆葬上乃言某公之母而姒氏特于卒上發傳者正以姒氏之葬直云葬定姒不得稱小君是以傳家亦於葬略之矣定姒所以葬不得稱小君

公羊之義母以子貴哀公爾時未得爲君是以定姒未得全同夫人矣○注欲使終不忘本也○解云本即姓是也○陳人殺其公子禦寇書者殺君之子重也〔疏〕注書者殺君之子重也○解云正以不言大夫而得書殺則知由其是君之子故也○夏五月以五月首時者譏莊公取仇國女不可以事先祖奉四時祭祀猶五月不宜以首時○秋七月丙申及齊高傒盟于防防魯地○傒音兮齊高傒者何貴大夫也曷爲就吾微者而盟據暨與公盟也〔疏〕齊高傒者何○解云欲言其貴魯侯恥之欲言微者名氏見經故執不知問○注據暨與公盟也○解云即上九年春公及齊大夫盟于暨是也公也以其日微者不得日大夫盟當出名氏〔疏〕注以其日至得日○解云即隱元年九月及宋人盟于宿傳曰孰及之內之微者也彼注云宋稱人者亦微者也微者盟例時不能專正故責略之此月者隱公賢君雖使微者有可采取故錄也是其微者不得日矣其微者盟例時者即僖十九年冬會陳人蔡人楚人鄭人盟于齊之屬是也○注夫人至名氏○解云即成元

年臧孫許及晉侯盟于赤棘之屬是也公則曷爲不言公諱與大夫盟也○冬公如齊納幣納幣即納徵納徵禮曰主人受幣士受儷皮是也禮言納徵春秋言納幣者春秋質也凡婚禮皆用鴈取其知時候唯納徵用玄纁束帛儷皮玄纁取其順天地也儷皮者鹿皮所以重古也○纁許云反儷力計反本又作麗〔疏〕注納徵至天地也○解云即隱元年注云束帛謂玄三纁二玄三法天纁二法地是也何者玄纁者是天地之色故也○注儷皮者鹿皮所以重古也○解云正以古者食肉衣皮服捕禽獸故也儷者兩也兩皮者二儀之數納幣不書此何以書據桓三年公子翬如齊逆女不書納幣譏何譏爾親納幣非禮也時莊公實以淫泆大惡不可言故因其有事於納幣以無廉恥爲譏不譏喪娶者舉淫爲重也凡公之齊所以起淫者皆以危致也〔疏〕注凡公至致也○解云即下二十三年春公至自齊夏公如齊觀社公至自齊二十四年夏公如齊逆女秋公至自齊之屬是也凡書至者臣子喜其君父脫危而至故也

二十有三年春，公至自齊。桓之盟不日，其會不致，信之也。據柯之盟不日，柯之會不致。〔疏〕注據柯至不致。解云即上十三年冬公會齊侯于柯，不書日不致是也。此之桓國，何以致？危之也。何危爾？公一陳佗也。公如齊淫與陳佗相似如一也。佗大何反〔疏〕注公如至如一也。解云即桓六年蔡人殺陳佗傳云陳佗者何陳君也陳君則曷爲謂之陳佗絕也曷爲絕之賤也其賤奈何外淫也惡乎淫淫于蔡蔡人殺之是也　○祭叔來聘。不稱使者公一陳佗故絕使若我無君以起其當絕因不與天子下聘小人。祭側界反〔疏〕注不稱使至小人。解云如此注者正欲決隱七年天王使凡伯來聘九年天王使南季來聘等是王使而皆稱使今此獨不稱使故決之何氏知不稱使是我無君之文者正見閔二年高子來盟傳云何以不言使我無君是也若然案桓四年夏天王使宰渠伯糾來聘桓五年夏天王使仍叔之子來聘桓八年春天王使家父來聘然則桓公篡逆經猶稱使而不絕之莊公時淫絕之者桓四年伯糾之下何氏云下去二時者桓公無王而

行天子不能誅反下聘之故爲貶見其罪明不宜也然則桓公惡甚故去二時以明不宜莊公罪輕故不言使以見絕因不與天子下聘小人而已春秋見義非唯一種未可然惟也　○夏，公如齊觀社。何以書？譏。何譏爾？諸侯越竟觀社，非禮也。觀社者觀祭社諱淫言觀社者與親納幣同義社者土地之主祭者報德也生萬物居人民德至厚功至大故感春秋而祭之天子用三牲諸侯用羊豕〔疏〕注諱淫至同義。解云謂實以淫泆大惡不可言因其有事于觀社故以觀社譏耳。注天子至羊豕者解云時王之禮　公至自齊。○荊人來聘。荊何以稱人？據上稱州〔疏〕注據上稱州。解云即上十六年秋荊伐鄭之屬是也　始能聘也。春秋王魯因其始來聘明夷狄能慕王化脩聘禮受正朔者當進之故使稱人也稱人當繫國而繫荊者許夷狄者不一而足〔疏〕注稱人至而足。解云正以十年傳云州不若國知進稱人宜繫國矣文九年楚子使椒來聘傳云椒者何楚大夫也楚無大夫此何以書始有大夫也始有大夫則何以不氏許夷狄者不一而足也又襄二十九年傳云札者何賢季子之名春秋賢者不名此何以名許夷狄者不壹而足也是以此注引之耳　○公及齊侯遇于穀。○蕭叔朝公。其言朝公何？據公在內不言朝公在外言會〔疏〕注據公至朝公。解云即隱十一年春滕侯薛侯來朝之屬是也。注在外言會。解云定十四年邾婁子來會公及公會某侯之屬皆是也　公在外也。時公受朝於外故言朝公惡公不受於廟。惡公烏路反下同〔疏〕注時公至於廟。解云隱七年注云不言聘公者禮聘受之於大廟孝子謙不敢以已當之歸美於先君且重賓也隱十一年注云不言朝公者禮朝受之於大廟與聘同義今此言公故如此解　○秋，丹桓宮楹。何以書？譏。何譏爾？丹桓宮楹，非禮也。楹柱也丹之者爲將娶齊女欲以誇大示之傳言丹桓宮者欲道天子諸侯各有制也禮天子斲而礱之加密石焉諸侯斲而礱之不加密石大夫斲之士首本失禮宗廟例時。宮楹音盈柱也下傳及注同爲將子僞反斲丁角反下同礱力工反〔疏〕注禮天子至首本。解云皆外傳晉語張老謂趙文子椽之制穀梁傳曰天子之桷斲之礱之加密石焉諸侯之桷斲之

礱之大夫斲之士斲本今此何氏於丹楹之下揔言之矣斲本者正謂全以樹本而行斤斲之。注失禮宗廟例時。解云正謂此文是也下經二十四年三月刻桓宮桷而書月者以其功重故也此謂失禮脩營之例也若其祭祀失禮者則書日是以隱五年初獻六羽之下何氏云失禮鬼神例日是也若始造宗廟而失禮者亦書日即成六年春王二月辛巳立武宮是也而定元年九月立煬宮亦爲非禮而不書日者所見之世其恩尤厚故不爲書日使若得禮然　○冬，十有一月，曹伯射姑卒。曹達春秋常卒月葬時也始卒日葬月嫌與大國同後卒而不日入所聞出可日不復日。射姑音亦復扶又反〔疏〕注曹達至時也。解云即文九年秋八月曹伯襄卒冬葬曹共公昭十八年春王三月曹伯須卒秋葬曹平公之屬是也其有卒葬在日月下者不蒙日月矣其文各自有解。注始卒日葬月。解云即桓十年春王正月庚申曹伯終生卒夏五月葬曹桓公是也所以然者敬老重恩故也。注後卒而不日。解云正以對桓十年曹伯終生卒以爲後矣。注入所聞世可日不復日。解云即文九年秋八月曹伯襄卒是案曹爲小國入所聞之世正合卒月而言可日者正以傳聞之世已得録之故所聞之世可以書日但以嫌同大國

故不旨矣○十有二月甲寅公會齊侯盟于扈桓之盟不日此何以日危之也何危爾我貳也莊公有淫泆汙貳之行。扈音戶有汙汙辱之汙一音烏臥反後放此行下孟反疏注汙貳之行。解云謂莊公之行既不清潔又不專一故謂之汙矣魯子曰我貳者非彼然我然也嫌上說以齊惡我貳相疑而盟故日也解言非齊惡我也我行汙貳動作有危故日之也

二十有四年春王三月刻桓宮桷何以書譏何譏爾刻桓宮桷非禮也與丹楹同義月者功重於丹楹。桷音角椽也疏注與丹楹同義。解云即上注云丹之者爲將娶齊女欲以誇大示之是也。注月者功重於丹楹。解云正以失禮宗廟例時故如此注○葬曹莊公○夏公如齊逆女何以書親迎禮也譏淫故使若以得禮書也禮諸侯既娶三月然後夫人見宗廟見宗廟然後成婦禮。迎魚命反見宗賢徧反下傳文見也見用幣及注同疏葬曹莊公。解云雖在月下不蒙上月也。何以書親迎禮也。解云魯侯如齊本實淫通非爲親迎而往但春秋之意以其大惡不可言之要以言其逆女使若得禮善而書日矣是以注云譏淫故使若以得禮書也。注禮諸侯至婦禮。解云注言此者欲道莊公夫人未至于國而行婦事既非正禮明矣○秋公至自齊八月丁丑夫人姜氏入其言入何据夫人姜氏言至不言入疏注据夫人至言入。解云即桓三年九月夫人姜氏至自齊是難也其言日何据夫人姜氏至不日。難也乃旦反下及注同難也其難奈何夫人不僂不可使入與公有所約然後入僂疾也齊人語約約遠媵妾也夫人稽留不肯疾順公不可使即入公至後與公約定八月丁丑乃入故爲難辭也夫人要公不爲大惡者妻事夫有四義鷄鳴縰笄而朝君臣之禮也三年惻隱父子之恩也圖安危可否兄弟之義也樞機之內寢席之上朋友之道不可純以君臣之義責之。不僂力主反疾也注同遠于萬反要一遥反縰笄所買反又所綺反惻隱初力反疏注夫人要公至責之。解云正以所傳聞之世內之大惡皆諱不書今而書之故知然也戊寅大夫宗婦覿用幣宗婦者何大夫之妻也覿者何見也用者何用者不宜用也不宜用幣爲贄也。覿大歷反見也贄音至疏宗婦者何。解云欲言大夫之妻文不言及欲言非妻相與俱見故執不知問。覿者何。解云欲言是禮男女無別欲言非禮而在用上故執不知問。用者何。解云初至之覿禮則有之而經書用乃是不宜之稱故執不知問見用幣非禮也以文在覿下不使齋見知非禮也疏見用幣非禮也。解云言其見夫人之法卿大夫宜用羔鴈宗婦宜用棗栗腶脩而皆用幣是爲非禮也。注以至非禮也。解云若其是禮宜言大夫宗婦用幣覿也然則曷用棗栗云乎腶脩云乎腶脩者脯也禮婦人見舅姑以棗栗爲贄見女姑以腶脩爲贄見夫人至尊兼而用之云乎辭也棗栗取其早自謹敬腶脩取其斷斷自脩正執此者若其辭云爾所以敘情配志也凡贄天子用鬯諸侯用玉卿用羔大夫用鴈士用雉雉取其耿介鴈取其在人上有先後行列羔取其執之不鳴殺之不號乳必跪而受之類死義知禮者也玉取其至清而不自蔽其惡潔白而不受汙內堅剛而外溫潤有似乎備德之君子鬯取其芬芳在上臭達於天而醇粹無擇有似乎聖人故視其所執而知其所任矣日者禮夫人至大夫皆郊迎明日大夫宗婦皆見故著其明日也大夫妻言宗婦者大夫爲宗子者也族所以有宗者爲調族理親疏令昭穆親疏各得其序也故始統世世繼重者爲大宗旁統者爲小宗小宗無子則絕大宗無子則不絕重本也天子諸侯世以三牲養禮有代宗之義大夫不世不得專宗著言宗婦者重教化自本始也。斷脩丁亂反注同本又作腶音同鍛脯加薑桂曰脩耿介古幸反下音界行戶郎反號戶刀反跪其委反醇音純粹雖遂反爲調于僞反下仕爲同令力呈反昭穆上遥反凡昭穆之例皆同疏注腶脩者脯也。解云正以穀梁傳云東脩之肉不行竟內以肉言之故知脩爲脯矣又下曲禮婦人之贄脯脩棗栗謂之脯脩其義益顯。注禮婦人至志也。解云時王之禮且以其文先言棗栗故也。注凡贄至用雉。解云皆下曲禮文彼言諸侯用圭此言玉者蓋所見異也。注大夫不世不得專宗。解云欲道大夫之妻所以謂之婦人之義。注重

教化自本始也○解云正以宗子者宗族之本故也○大水夫人不制遂淫二叔陰氣盛故明年復水也○復扶又反【疏】注夫人至二叔○解云即下二十七年傳云公子慶父公子牙通乎夫人以脅公是也○注明年復水也○解云即二十五年秋大水云云是也○冬戎侵曹曹羈出奔陳曹羈者何曹大夫也以小國知無氏爲大夫○曹羈居宜反下同【疏】曹羈者何○解云欲言曹君經不稱伯欲言大夫單名無氏故執不知問○注以小至大夫○解云即襄二十三年邾婁鼻我來奔昭二十七年邾婁快來奔之屬是也若其大國大夫不書名氏者或有未命或有罪見貶矣曹無大夫此何以書据羈無氏【疏】注据羈無氏○解云曹無大夫之文也言問者見羈無氏知曹無大夫既無大夫何以特書曹羈故難之賢也何賢乎曹羈据國見侵出奔以辟難戎將侵曹曹羈諫曰戎衆以無義戎師多又常以無義爲事君請勿自敵也禮兵敵則戰不敵則守君師少不如守且使臣下往○則守手又反又如字下

同曹伯曰不可臣下不可獨往三諫不從遂去之故君子以爲得君臣之義也孔子曰所謂大臣者以道事君不可則止此之謂也諫必三者取月生三日而成魄臣道就也不從得去者仕爲行道道不行義不可以素餐所以申賢者之志孤惡君也諫有五一曰諷諫孔子曰家不藏甲邑無百雉之城季氏自墮之是也二曰順諫曹羈是也三曰直諫子家駒是也四曰爭諫子反請歸是也五曰贛諫百里子蹇叔子是也○魄普白反餐七千反諷方鳳反墮許規反爭爭鬭之爭贛諫陟降反又呼弄反又丑用反【疏】三諫不從至義也○解云然則下二十七年傳云君子辟内難而不辟外難者謂三諫不從之屬是也而曲禮下篇云三諫不聽則逃之蓋士不待放故言逃之○注諫必三者至君也○解云即此及鄉飲酒義云讓之三也象月之三日而成魄是也○注諫有五至墮之是也解云即定十二年傳云孔子行乎季孫三月不違日家不藏甲邑無百雉之城於是帥師墮費是也○注二曰順諫○解云即此文是也○注三曰至駒是也○解云昭二十五年傳云昭公將弒季氏告子家駒曰季氏爲無道僭於公室久矣吾欲弒之何如子家駒曰諸侯僭於天子大夫僭於諸侯久

矣昭公曰吾何僭矣哉子家駒曰設兩觀乘大路朱干玉戚以舞大夏八佾以舞大武皆天子之禮也是也○注四曰至歸是也○解云即宣十五年傳云外平不書此何以書大其平乎已也何大其平乎已莊王圍宋軍有七日之糧爾盡此不勝將去而歸爾於是使司馬子反乘堙而闚宋城宋華元亦乘堙而出見之子反曰子之國何如華元曰憊矣曰何如曰易子而食之析骸而炊之司馬子反曰嘻甚矣憊雖然吾聞之也圍者柑馬而秣之使肥者應客是何子之情也華元曰吾聞之君子見人之厄則矜之小人見人之厄則幸之吾見子之君子也是以告情於子也司馬子反曰諾勉之矣吾軍亦有七日之糧爾盡此不勝將去而歸爾揖而去之反于莊王莊王曰何如司馬子反曰憊矣曰何如曰易子而食之析骸而炊之莊王曰嘻甚矣憊雖然吾今取此然後而歸爾司馬子反曰不可臣已告之矣軍有七日之糧爾莊王怒曰吾使往視之子曷爲告之司馬子反曰以區區之宋猶有不欺人之臣可以楚而無乎是以告之也莊王曰諾舍而止雖然吾猶取此然後歸爾司馬子反曰然則君請處于此臣請歸爾莊王曰子去我而歸吾孰與處于此吾亦從子而歸爾引師而去之故君子大其平乎已也者是也○注五曰至子是也○解云僖三十三年傳云秦伯將襲鄭百里子與蹇叔

子諫曰千里而襲人未有不亡者也秦伯怒曰若爾之年者宰上之木拱矣爾曷知師出百里子與蹇叔子送其子而戒之曰爾即死必於殽之嶔巖是文王之所辟風雨者也吾將尸爾焉子揖師而行百里子與蹇叔子從其子而哭之秦伯怒曰爾曷爲哭吾師對曰臣非敢哭君師哭臣之子也者是也○赤歸于曹郭公赤者何曹無赤者蓋郭公也以郭公在赤下○赤歸于曹郭公此連爲句郭音虢亦如字連讀郭公爲一句【疏】赤者何○解云欲言曹伯經不書爵欲言微者復有郭公之號故執不知問○曹無至公也○解云謂此郭公實非曹人故也言蓋郭公者蓋郭之公矣郭公者何失地之君也失地者出奔也名言歸倒郭公置赤下者欲起曹伯爲戎所殺故使若曹伯死謚之爲郭公而赤微者自歸曹也不言赤奔者從微者例不得録出奔【疏】郭公者何○解云欲言郭君經無其事欲言曹伯而文言郭公故執不知問○注不言至出奔○解云謂不言郭公赤奔曹者假作微人之文即從微者例寧得録其奔正得言道赤歸于曹

二十有五年春陳侯使女叔來聘稱字者敬老也禮七十雖庶人主孝而禮之孝經曰昔者明王之以孝治天下也不敢遺小國之臣是也○女音汝疏注稱字敬老也○解云正以稱字異於諸侯大夫之例故知其老也○注孝經至是也○解云注言此者欲道春秋假魯以爲明王謂女叔爲小國之臣矣〇夏五月癸丑衛侯朔卒春秋篡明者當書葬朔不書葬嫌與篡同例身絶國不絶故去葬明犯天子命重不得書葬與盜國同○故去起呂反年末同疏注春秋至國同○解云篡明者謂經有立入之文也不嫌非篡則書其葬隱四年冬衛人立晉桓十三年春葬衛宣公莊九年夏齊小白入于齊僖十八年秋葬齊桓公之屬是也若篡不明者則去其葬以見其篡不合爲諸侯即晉惠公之屬是也今此衛朔於上六年經云夏六月衛侯朔入于衛既有入文即是篡明當合書葬而不書葬者若其書葬則嫌與篡明者同例但身合絶而已其國不合絶故亦去其葬明其犯天子之命罪重不〇得書葬與盜國同盜國即篡是也朔犯天子命在上六年

六月辛未朔日有食之鼓用牲于社日食則曷爲鼓用牲于社據日食在天疏注據日食在天○解云謂日食在天上何由于地而鼓用牲乎求乎陰之道也求責求也以朱絲營社或曰脅之或曰爲闇恐人犯之故營之或曰者或人辭其義各異也或曰脅之與責求同義社者土地之主也月者土地之精也上繫于天而犯日故鳴鼓而攻之脅其本也朱絲營之助陽抑陰也或曰爲闇者社者土地之主尊也爲日光盡天闇冥恐人犯歷之故營之然此說非也記或傳者示不欲絶異說爾先言鼓後言用牲者明先以尊命責之後以臣子禮接之所以爲順也不言鼓于社用牲者與禘于大廟用致夫人同嫌起用牲爲非禮書者善內感懼天災應變得禮也是後夫人遂不制通於二叔殺二嗣子也○營社一傾反又如字本亦作禜同爲闇于僞反注爲闇爲日光同大廟音泰應變應對之應疏注或曰至說非也○解云知其非者正以日食者陰氣侵陽社官五土之神理宜抑之而反營衛失抑陰之義故也○注不言至非禮○解云公羊之義救日食而有牲者以臣子之道接之故也與左氏天災有幣無牲異矣僖八年秋七月禘于大廟用致夫人彼注云以致文在廟下不使入廟知非禮也然則此經若鼓用牲之文在于社之下不使在社上則用牲爲非禮若然上二十四年傳云用者不宜用也而此注復以用牲爲得禮者公羊之義以用爲時事不必著不宜也○注書者至嗣子也○解云謂經書日食善內之得禮矣夫人遂不制以下是其日食之義言通於二叔者下二十七年傳云公子慶父公子牙通乎夫人以脅公是也言殺二嗣子者子般閔公是也〇伯姬歸于杞〇秋大水鼓用牲于社于門其言于社于門何據一鼓用牲耳于社禮也于門非禮也于門非禮故畧不復舉鼓用牲不舉非禮爲重者如去于社嫌于門禮也大水與日食同禮者水亦土地所爲雲實出于地而施于上乃雨歸功于天猶臣歸美于君○復扶又反疏注大水至于君○解云同禮謂同鼓用牲矣〇冬公子友如陳如陳者聘也內朝聘言如者尊內也書者録內所交接也朝京師大國善有加録文如楚有危文聘無月者此於朝輕也疏注朝京至録文○解云凡朝聘例時加録謂書月是也即成十三年三月公如京師彼注云月者善公尊天子者是其朝京師有加録之文矣襄二十一年春王正月公如晉彼注云月者溴梁之盟後中國方乖離善公獨能與大國者是朝大國有加録之文矣○注如楚有危文○解云即襄二十八年冬十有一月公如楚彼注云如楚皆月者危公朝夷狄也是也○注聘無月至輕也○解云即春秋上下內聘京師及大國悉書時是也而襄三十年春王正月楚子使薳頗來聘書月者彼注云月者公數如晉希見荅今見聘故喜録之是也然則此云聘無月者據內言之矣

二十有六年。公伐戎〇夏公至自伐戎〇曹殺其大夫何以不名據莒小於曹殺公子意恢名疏春公伐戎夏公至自伐戎○解云即上六年注云公獨出用兵不得意致伐者即此是也○注據莒至恢名○解云知莒小於曹者正以春秋上下曹伯恒敍於莒上故也其莒殺公子意恢名者即昭十四年冬莒殺其公子意恢是也衆也曷爲衆殺之據殺三郤名疏注據殺三郤名○解云即成十七年晉殺其大夫郤錡郤州郤至是也言晉殺三郤亦是衆殺之而皆書名此曷爲衆殺而復不稱其名乎不死于曹君者也曹諸大夫與君皆敵戎戰曹伯爲戎所殺諸大夫不伏節死義獨退求生後嗣子立而誅之春秋以爲得其罪故衆略之不名凡書君殺大夫大夫有非以專殺書他皆以罪舉〔疏〕注凡書至罪舉○解云春秋之義諸侯之君不得專殺大夫若殺有罪大夫春秋書之者責君專殺矣其他無罪君枉殺之而書之者欲以罪君之故而舉之其罪君者即去其君之葬是也君死乎位曰滅曷爲不言其滅據胡子髡滅○髡苦門反〔疏〕注據胡子髡滅○解云即昭二十三年云胡子髡沈子楹滅云云是也此注不言沈子楹者省文故也爲曹羈諱也此蓋戰也何以不言戰如上語知爲戰○爲曹于僞反下同〔疏〕注如上語知爲戰○解云即上謂不死于曹君是也爲曹羈諱也諱者上出奔嫌辟難欲起其賢又所諫者戰也故爲去戰滅之文所以致其意也曹無大夫書殺大夫者起當誅也○避難乃旦反爲去于僞反下起呂反〔疏〕注故爲至意也○解云謂曹羈之意唯恐其滅欲其不戰是故諱其戰滅之文所以使若諫得其君然也○注曹無大夫○解云上二十四年傳文○注起當誅也○解云言大夫之義理合死於君今

不死君當合誅討是以經書殺其大夫欲起其合誅矣○秋公會宋人齊人伐徐○冬十有二月癸亥朔日有食之異與上日食略同○〔疏〕注異與上日食略同○解云上二十五年日食之下注云是後夫人遂不制通于二叔殺二嗣子也今此日食之異亦爲此事故云異與上日食之說相似是以不復指解之

二十有七年春公會杞伯姬于洮書者惡公教內女以非禮也洮內也凡公出在外致在內不致其與婦人會不別得意雖在外猶不致伯姬不卒者蓋不與卒于無服女會來例皆時○洮他刀反惡烏路反下惡莊同別彼列反〔疏〕注凡公出在外致○解云即哀十三年夏公會晉侯及吳子于黃池秋公至自會是其公與二國以上得意致會也桓二年秋公及戎盟于唐冬公至自唐是其公與一國出會盟得意致地也其不得意皆不致矣○注在內不致○解云即隱五年公觀魚于棠不書公至自棠之屬是也○注其與至不致○解云春秋上下無公會婦人于外之經而注言雖在外猶有不致者但偶爾無之○注伯姬至無服○解云凡諸侯之女嫁於諸侯者爲之期若嫁於大夫者則不服矣其有服者春秋皆書其卒以錄恩則紀伯姬宋伯姬之屬是若無服者則略之今此伯姬春秋不記其卒者蓋以其嫁於大夫故云不與卒于無服矣○注女會來例皆時○解云即此經書春公會杞伯姬于洮下文云冬杞伯姬來之屬是也○夏六月公會齊侯宋公陳侯鄭伯同盟于幽○秋公子友如陳葬原仲原仲者何陳大夫也大夫不書葬此何以書據益師等皆不書葬稱字者葬從主人也〔疏〕原仲者何○解云欲言陳君其稱異常欲言大夫不合錄葬故執不知問○注據益至書葬○解云即隱元年冬十二月公子益師卒之屬皆無葬文是也○注稱字至人也○解云若五等諸侯之卒例書本爵及其葬時悉皆稱公亦是葬從主人之稱故取尊名矣通乎季子之私行也不以公事行曰私行私行不言葬原仲于陳若告糴者告糴上有無麥禾知以國事起此上下無起文而不言如陳嫌不辟國事實私行也不嫌使乎大夫者有國文也○告糴音狄下同使所吏反〔疏〕

注私行至告糴○解云即下二十八年經云冬築微大無麥禾臧孫辰告糴于齊傳云何以不稱使以爲臧孫辰之私行是也○注不嫌至國文也○解云成二年傳云君不使乎大夫此其行使乎大夫何者是其文也又閔二年傳云高子者何齊大夫也何以不稱使我無君也者亦是也今此葬原仲不嫌使乎大夫者正以上有如陳之文故也無國事言如陳者文九年注云大夫繫國是也何通乎季子之私行據大夫私行不書辟內難也欲起其辟內難○內難乃旦反注及與下同君子辟內難而不辟外難禮記曰門內之治恩揜義門外之治義揜恩○之治直吏反下之治同〔疏〕注禮記曰至揜恩○解云喪服四制文也案彼文事作治字下揜字作斷字蓋以所見異內難者何公子慶父公子牙公子友皆莊公之母弟也公子慶父公子牙通乎夫人通者淫通〔疏〕內難者何○解云正以弒君之事乃在莊三十二年冬今已辟之故執不知問以脅公語在三十二年〔疏〕注語在三十二年○解云即公

曰不謂我曰魯一生一及君已知之矣慶父也存是也季子起而治之則不得與于國政坐而視之則親親。親至親也。與音預因不忍見也。因緣己心不忍見親親之亂故於是復請至于陳而葬原仲也。書者惡莊公不能任用使辟難而出疏故於是復請至於陳。解云案上二十五年冬公子友如陳今又請往故言復也○冬杞伯姬來其言來何據有來歸疏冬杞伯姬來。解云即上二十五年夏伯姬歸于杞者是也非謂此年春公會杞伯姬于洮者杞伯姬自是大夫之妻然則此伯姬是其女洮之伯姬是其姊妹故今得並稱伯矣○注據有來歸。解云即宣十六年秋郯伯姬來歸是也直來曰來直來無事而來也諸侯夫人尊重既嫁非有大故不得反唯自大夫妻雖無事歲一歸宗疏注諸侯至得反。解云即此文直來曰來是也其大故者奔喪之謂文九年夫人姜氏如齊彼注云奔父母之喪也是也○注唯自大夫至一歸宗。解云自從也言從大夫妻以下即詩云歸寧父母是也案詩是后妃之事而云大夫妻者何

氏不信毛敘故也大歸曰來歸大歸者廢棄來歸也婦人有七棄五不娶三不去嘗更三年喪不去不忘恩也賤取貴不去不背德也有所受無所歸不去不窮窮也喪婦長女不娶無教戒也世有惡疾不娶棄於天也世有刑人不娶棄於人也亂家女不娶類不正也逆家女不娶廢人倫也無子棄絕世也淫泆棄亂類也不事舅姑棄悖德也口舌棄離親也盜竊棄反義也嫉妒棄亂家也惡疾棄不可奉宗廟也。更音庚背音佩喪婦息浪反長女丁丈反悖補內反疏注不背德也。解云言已賤時彼已事已是其恩德也若貴而棄之即是背德而不報非禮也○注之家至人倫也。解云謂仍見其家不行正直而行頑嚚廢其尊卑之倫次故不可娶○莒慶來逆叔姬莒慶者何莒大夫也莒無大夫此何以書譏何譏爾大夫越竟逆女非禮也禮大夫任重為越竟逆女於政事有所損曠故竟內乃得親迎所以屈私赴公也言叔姬者婦人以字通言叔姬賤故略與歸同文重乖離也疏莒慶者何。解云欲言莒君經不稱爵欲言大夫莒無大夫故執不知問。大夫至非禮也。解云大夫所以不得越竟逆女者正以大夫任重於政事有所損曠故也若士則得越竟娶妻正以其任輕故也是以士昏禮云若異邦則贈丈夫送者以束錦是也。注言叔至乖離也。解云若不與歸同文宜言莒慶來逆女叔姬歸于莒矣然則言叔姬者是其歸文也又云重乖離者謂書其逆女與歸文同也何者嫁于大夫賤不合錄而書其逆叔姬者重其乖離矣○杞伯來朝杞夏后不稱公者春秋黜杞新周而故宋以春秋當新王黜而不稱侯者方以子貶起伯為黜說在僖二十三年。夏戶雅反疏注杞夏后不稱公。解云隱五年傳云王者之後稱公今而稱伯故怪之。注黜而至三年。解云僖二十三年十有一月杞子卒注云始見稱伯卒獨稱子者微弱為徐莒所脅不能死位春秋伯子男一也辭無所貶貶稱子者春秋黜杞不明故以其一等貶之明本非伯乃公也又因以見聖人子孫有誅無絕故貶不失爵是也言方以子貶者方以僖二十三年貶之稱子令與伯共為一等故於此處不得稱侯耳○公會齊侯于城濮。濮音卜

監本附音春秋公羊注疏莊公卷八

江南蘇松督糧道方　體琛

公羊注疏卷八挍勘記　阮元撰盧宣旬摘錄

公羊注疏莊公卷八

十有八年

日有食之 經義雜記曰五行志嚴公十八年三月日有食之公羊傳曰日晦今公羊無傳何注無食晦之文蓋董仲舒等所見公羊有之或漢初公羊家說也劉歆說左氏亦以爲食晦

据公追齊師至鄬 閩監毛本同鄂本鄬作巂下同此本疏中凡鄬字皆作巂當據正

象魯爲鄭瞻所惑 鄂本瞻誤贍

十有九年

故書所以不當書 按以字衍當刪正

此其言遂何 唐石經此其損缺或言石經無其今以字數核之當本有

公比不至 鄂本宋本同十行本比誤此今訂正閩監毛本改皆非○按比猶頻也

榮見遠也 諸本同句當有誤

二十年

大災者何大瘠也 唐石經諸本同釋文大瘠在亦反本或作瘠才細反一本作漬才賜反鄭注曲禮引此同經義雜記曰禮記曲禮下四足死曰漬注漬謂相瀸汙而死也春秋傳曰大災者何大漬也呂氏春秋貴公篇仲父之疾病矣漬甚高誘注漬亦病也公羊傳曰大災者大漬也然則鄭高所據公羊皆作大漬按此當是嚴顏之異

痢者民疾疫也 惠棟云痢卽癘字古厲列通

二十有一年 唐石經作廿有一年下二十準此鄂本作二一年誤字也

見其篡明不爲之諱者 毛本見誤兒

二十有二年

肆大省 唐石經諸本同釋文肆本或作佚省二傳作眚

又大自省勑 宋本同閩監毛本勑作敕疏同

所以專孝子之思也 閩監毛本同鄂本宋本思作恩

證不以忌凶事也 閩監本同毛本證誤正

起仇毋錄子恩 鄂本仇作讎下同

以其爲君配 何挍本君作公與穀梁傳合

譏莊公取仇國女 鄂本取仇作娶讎穀梁疏引同

大夫盟當出名氏 閩監毛本同修改本出作書蓋非

納幣卽納徵納徵禮曰 鄂本納徵不重此衍毛本禮誤者

二十有三年

春公至自齊 毛本自誤日

莊公時淫絶之者 按時蓋特之誤

注天子至羊豕者 閩監毛本者改○

許夷狄者不一而足 六經正誤云一當作壹按此本疏引襄廿九年傳作不壹而足閩監毛本亦改爲一

傳言丹桓宮者 毛本宮誤公疏中刻桓宮楹同

莊公有淫泆汙貳之行 諸本同鄂本污作汙按淫泆二字當衍釋文出有汙二字疏標注汙貳之行四字解云莊公之行既不清絜又不專壹故謂之汙貳矣是本無淫泆可知

故謂之汙矣 按汙下當脫貳字

嫌上說以齊惡我貳 鄂本說作託此誤

二十有四年

既非正禮明矣　浦鏜云既疑即字誤

僂疾也　段玉裁云僂即婁婁即今屢字訓數亦訓疾

鷄鳴縱笄而朝　鄂本宋本閩監本同毛本鷄改雞縱笄誤縱笄

服脩云乎　唐石經諸本釋文文作斷脩云丁亂反注同本又作服音同此本服誤服今訂正

取其斷斷自脩正　鄂本正誤止

士用雉　此本雉誤雜今據諸本訂正

令昭穆親疏各得其序也　鄂本無疏此涉上理親疏誤衍

何以特書曹羈　閩監本同毛本特改獨非

戎師多　毛本戎誤我

君請勿自敵也　諸本同唐石經缺九經古義云春秋繁露曰曹羈曰戎衆以無義君無自適君不聽適讀爲敵禮記雜記注云適讀爲匹敵之敵荀子云天子四海之內無客禮告無適也注云適讀爲敵史記范雎傳攻適伐國田單傳適人開戶李斯傳羣臣百官皆畔不適徐廣皆音征敵

朱干玉戚以舞大武八佾以舞大夏　按武夏字互誤

相馬而秣之　按相爲柑之誤

正得言道赤歸于曹　閩監毛本正作止

二十有五年

主孝而禮之　閩監毛本同誤也鄂本宋本孝作字當據正

以朱絲營社　釋文營社本亦作縈同按續漢禮儀志注引作縈

明先以尊命責之　續漢志注引作尊者命此脫者

善公尊天子者者　閩監毛本者字不疊此誤衍

二十有六年

公伐戎　諸本同呂氏祖謙集解云公羊無春字按唐石經公伐戎之上損缺然以每行十字計之無春字盧文弨曰疏標經文云春公伐戎是疏本有春自石經始脫耳○按左傳經有公字

大夫有非　鄂本非作罪此誤

二十有七年

春秋皆書其卒　閩監本同毛本春秋誤誤諸侯

通乎季子之私行也　鄂本以下同唐石經無乎字

門內之治恩揜義門外之治義揜恩　解云喪服四制文彼文事作治下揜字作斷經義雜記曰釋文之治直吏反下之治同誤同禮記但不爲斷字作音知下句亦作揜若疏本則二治皆爲事古治事聲相近何據禮記不與鄭本同

賤取貴不去　按取當作娶上下皆作娶

於政事有所損曠故竟內乃得親迎　宋本同監毛本損誤捐迎誤逆閩本損字亦誤迎字不誤疏中損皆誤捐

則賵丈夫送者以束錦是也　毛本錦誤帛

杞夏后　鄂本后作後此誤疏同

方以子貶起伯爲黜　鄂本起作杞此誤

有誅無絕　毛本絕誤貶

公羊注疏卷八校勘記終

工部屯田司員外郎胡祖謙校

監本春秋公羊注疏莊公卷第九 起二十八年盡閔公二年

盧宣旬校

何休學

二十有八年春王三月甲寅齊人伐衛衛人及齊人戰衛人敗績伐不日此何以日據鄭人伐衛不日【疏】注據鄭人伐衛不日○解云在隱二年冬按彼文雖在十二月乙卯夫人子氏薨之下不蒙其日月故得據之至之日也用兵之道當先至竟侵責之不服乃伐之今日至便以今日伐之故日以起其暴也戰不言伐此其言伐何至之日也至日便伐明暴故舉伐【疏】戰不至伐何○解云正以上十年傳云戰不言伐云云書其重者故此弟子據而難之春秋伐者爲客伐人者爲客讀伐長言之齊人語也○伐者爲客何云讀伐長言之伐人者也【疏】春秋伐者爲客○解云謂伐人者必理直而兵強故引聲唱伐長言之喻其無畏矣伐者爲主見伐者爲主讀伐短言之齊人語也○伐者爲主何云讀伐短之見伐者也【疏】伐者爲主○解云謂被伐主必理曲而寡援恐得罪於鄰國故促聲短言之喻其恐懼也公羊子齊人因其俗可以見長短故言此故使衛主之也戰序上言及者爲主曷爲使衛主之據宋襄公伐齊宋主齊【疏】注據宋至主齊○解云即僖十八年春王正月宋公會曹伯衛人邾婁人伐齊夏五月戊寅宋師及齊師戰于甗齊師敗績傳云戰不言伐此其言伐何宋公與伐而不與戰故言伐春秋伐者爲客伐者爲主曷爲不使齊主之與襄公之征齊也曷爲與襄公之征齊桓公死豎刀易牙爭權不葬爲是故伐之也是也衛未有罪爾蓋爲幽之會服父喪未終而不至故○蓋爲于僞反【疏】注蓋爲至至故○解云上二十七年夏公會齊侯宋公陳侯鄭伯同盟于幽是也按上二十五年夏五月癸丑衛侯朔卒至二十七年六月幽之會時始二十六月未盡今傳復以爲無罪故知正爲父喪未終是以不至則幽之會至之衛侯惠公朔之子蓋懿公也不敗者稱師衛何以不稱師據桓十三年己巳燕人戰敗績稱師也【疏】注據桓至稱師也解云即彼經云十三年春二月公會紀侯鄭伯己巳及齊侯宋公衛侯燕人戰齊師宋師衛師燕師敗績是未得乎師也未得成列爲師也詐戰不言戰言戰者衛未有罪方欲使衛主齊見直文也不地者因都主國也○見直賢徧反【疏】注詐戰不言戰解云通例如此

夏四月丁未邾婁子瑣卒日者附從霸者朝天子行進○瑣素果反【疏】注日者至行進○解云欲決上十六年冬十二月邾婁子克卒不書日故也正以行進而書日故知附從霸者朝天子賢於會霸者於北杏而已但外相如例所不書故無其文何氏以理知之故如此解

○秋荆伐鄭公會齊人宋人邾婁人救鄭書者善中國能相救○冬築微○築微左氏作麋大無麥禾冬既見無麥禾矣曷爲先言築微而後言無麥禾諱以凶年造邑也諱使若造邑而後無麥禾者惡愈也此蓋秋水所傷就築微下俱舉水則嫌冬水推秋無麥禾使若冬水所傷者但言無麥禾則嫌秋自不成不能起秋水因疾莊公行類同故加大明有秋水也此夫人淫泆之所致【疏】注此蓋至秋水○解云既言無麥是建未之前事故知秋水所傷也若其經云冬築微大水無麥禾即大水在冬下嫌是冬水矣則嫌推尋此秋無麥禾之事若使冬水傷穀之者矣若不言大而但言無麥禾則嫌此秋但地氣不養而麥禾不成不能起見此秋實有水矣因欲疾莊公之行不制夫人令其陰盛類同於水故加大以見之

○臧孫辰告糴于齊告糴者何請糴也買穀曰糴【疏】告糴者何○解云欲言買穀不見將物之文欲言非買穀而經書糴者故執不知問何以不稱使據上大無麥禾知以國事行當言如也【疏】注當言如也○解云正以如者內稱使文故也以爲臧孫辰之私行也曷爲以臧孫辰之私行据國事也君子之爲國也必有三年之委一年不熟告糴譏也古者三年耕必餘一年之儲九年耕必有三年之積雖遇凶災民不饑乏莊公享國二十八年而無一年之畜危亡切近故諱使若國家不匱大夫自私行糴也○委於鬼反諸直魚反

言勑六反匱其位反〈疏〉注危亡切近故諱○解云謂危亡之事切於國家理應不遠矣

二十有九年春新延廄新延廄者何脩舊也舊故也繕故曰新有所增益曰作始造曰築○廄九又反〈疏〉新延廄者何○解云欲言新造不見作名欲言修舊修舊不書故執不知問○注繕故曰新○解云即此是也○注有所增益曰作○解云即僖二十年新作南門是也○注造曰築○解云即止築微傳云凶年不造邑也之屬是也

脩舊不書此何以書据新宮災後修不書〈疏〉注据新至不書○解云即成三年二月甲子新宮災三日哭於此以後不見修作之文是也

譏何譏爾凶年不脩不諱者繕故功費差輕於造邑延廄馬廄也○費芳味反差初賣反〈疏〉注不諱至造邑○解云上二十八年築微之事實在大無麥禾後而在前言之者諱以凶年造邑故也然則去年無麥禾今茲凶歲而修廄不諱者正以功費輕也○夏鄭人侵許○秋有

蜚何以書記異也蜚者臭惡之蟲也象夫人有臭惡之行言有者南越盛暑所生非中國之所有○蜚扶味反臭蟲也行下孟反○冬十有二月紀叔姬卒國滅卒者從夫人行待之以初也〈疏〉注國滅至以初也○解云桓七年夏穀伯綏來朝鄧侯吾離來朝傳云皆何以名失地之君也其稱侯朝何貴者無後待之以初也然則今此叔姬其國已滅而書卒正以本貴爲夫人今雖國滅猶以夫人之禮待之而書其卒故云待之以初也案隱七年則此叔姬乃是伯姬之媵而言從夫人行者正以十二年春叔姬歸于酅傳云其言歸于酅何隱之也何隱爾其國亡矣徒歸于叔爾也然則初去之時雖爲媵妾至莊四年三月伯姬卒之後紀國未滅之前紀侯立之爲夫人其言夏紀侯大去其國叔姬乃歸于魯至十二年春歸于酅之時爲夫人故曰從夫人行也○城諸及防諸君邑防臣邑言及別君臣之義君臣之義正則天下定矣○別彼列反〈疏〉注諸君至臣邑○解云知如此者正以昭五年夏莒牟夷以牟婁及防茲來奔傳云其言及防茲來奔傳云其言及防茲來奔何不以私邑累公邑也彼注云公邑君邑也私邑臣邑也累次也義不可使臣邑與君邑相次序故言及以絶之然則都邑言及別公私故知此言城諸及防者是君臣邑故也○注言及至定矣○解云所以君臣之義正則天下定可以爲王者之法矣

三十年春王正月○夏師次于成○秋七月

齊人降鄣鄣者何紀之遺邑也降之者何取之也取之則曷爲不言取之爲桓公諱也時霸功足以除惡故爲諱言降者能以德見歸自來服者可也○降戶江反下注同鄣音章爲桓于僞反注同〈疏〉鄣者何○解云欲言是國春秋未有欲言非國復無所繫故執不知問○降之者何○解云欲言自服文道齊人欲言兵加而文又言降故執不知問

外取邑不書此何以書盡也襄公服紀以過而復盡取其邑惡其不仁之甚也月者重於取邑○復扶又反惡其烏路反下同〈疏〉注月者重於取邑○解云以取邑例時即隱六年冬宋人取長葛之屬是○八月癸亥葬紀叔姬外

夫人不書葬此何以書隱之也何隱爾其國亡矣徒葬乎叔爾○九月庚午朔日有食之

鼓用牲于社是後魯比弑二君狄滅邢衛○比毗志反〈疏〉徒葬乎叔爾解云謂不得與夫合葬故言徒徒者空也案上四年齊侯葬紀伯姬傳云外夫人不書葬此何以書隱之也何隱爾徒葬于齊爾而此重發之者正以彼則于齊此則于叔故重言之○注是後魯比弑二君○解云謂下三十二年子般卒閔二年公薨是也○注狄滅邢衛○解云謂僖元年次聶北救邢僖二年春王正月城楚丘之屬是也○冬公及齊

侯遇于魯濟○濟子禮反○齊人伐山戎此齊侯也

其稱人何据下言齊侯來獻戎捷〈疏〉注据下至戎捷○解云即下三十一年夏六月齊侯來獻戎捷是也貶曷爲貶据齊侯伐北戎不貶〈疏〉注据齊至不貶○解云即僖十年夏齊侯許男伐北戎是也若然而此注不道許男者正以其解齊人伐山戎之故省文子司馬子曰蓋

以操之爲已蹙矣操迫也已甚也蹙痛也迫殺之甚痛○以操七刀反迫也注同蹙子

六反此蓋戰也何以不言戰據得捷也春秋敵者言戰桓公之與戎狄驅之爾時桓公力但可驅逐之而已戎亦天地之所生而乃迫殺之甚痛故去戰貶見其事惡不仁也山戎者戎中之別名行進故錄之○去起呂反見賢徧反

疏春秋敵者言戰○解云謂軍人衆寡相敵者不謂將之尊卑等是以僖二十八年晉侯已下及楚人戰于城濮宣十二年晉荀林父帥師及楚子戰于邲之屬雖君與大夫亦言戰矣○注故去至不仁也○解云謂貶去其戰以見力不得等惡齊侯之不仁也○注行進故錄之○解云謂言山詳錄之耳

三十有一年春築臺于郎何以書譏何譏爾臨民之所漱浣也無垢加功曰漱去垢曰浣齊人語也譏者爲瀆下也禮天子外屏諸侯內屏大夫帷士簾所以防泄慢之漸也禮天子有靈臺以候天地諸侯有時臺以候四時登高遠望人情所樂動而無益於民者雖樂不爲也四方而高曰臺○漱素口反浣戶管反垢古口反去起呂反爲瀆于僞反下爲威同

疏臨民之所漱浣也○解云謂郎臺近泉臺故知如此是以文十六年傳云泉臺者何郎臺也郎臺則曷爲謂之泉臺未成爲郎臺既成爲泉臺彼注云既成更以所置名之者即其近泉之證也○注無垢加功曰漱○解云謂但用手矣既無垢而加功者蓋亦少有但無多垢故謂之無非全無也又取其斗漱耳若以里語曰斗漱也注去垢曰浣者蓋用足物是以舊說云用足曰浣是也故內則云冠帶垢和灰請漱衣裳垢和灰請澣鄭注云手曰漱足曰澣和漬也是也○注禮天至士簾○解云禮說文也○注天子至四時○解云皆是禮說文也文王受命之後乃築靈臺亦是天子曰靈臺之義正以侯天地故以靈言之諸侯候四時故謂之時臺○注四方而高曰臺○解云爾雅釋宮文

○夏四月薛伯卒卒者薛與滕俱朝隱公桓弒隱而立滕朝桓公薛獨不朝知去就也○桓殺申志反

疏卒者至去就也○解云所傳聞之世小國卒例不合書而今書之故解之耳言薛與滕俱朝隱公者即隱十一年滕侯薛侯來朝是也言朝桓公者即桓二年滕子來朝是也言知去就者謂知去惡就善矣

○築臺于薛何以書譏何譏爾遠也禮諸侯之觀不過郊○觀工喚反

疏注禮諸至過郊○解云正以郎爲近邑而在郊內鄉者上傳不譏其遠今此云薛傳云遠也故知禮法不得過郊矣

○六月齊侯來獻戎捷戰所獲物曰捷齊大國也曷爲親來獻戎捷據齊未嘗朝魯威我也以威恐怖魯也如上難知爲威魯書之○恐怖上勇反下普故反其威我奈何旗獲而過我也旗䍐幟名各有色與金鼓俱舉使士卒望而爲陳者旗獲建旗縣所獲得以過魯也不書威魯者恥不能爲齊所忌難見輕侮也言獻捷繫戎者春秋王魯因見王義古者方伯征伐不道諸侯交格而戰者誅絕其國獻捷於王者楚獻捷時此月者刺齊桓憍慢恃盈非所以就霸功也○幟音志又申志反又尺志反本又作織同難乃旦反因見賢徧反

疏注旗䍐至有色○解云即禮大帛以即戎之屬是也○注與金鼓俱舉○解云謂以金錞和鼓金鐸通鼓之時而建之○注旗獲至過魯也○解云凡言過者謂道所經過之稱今齊侯伐山戎而得過魯則此山戎不在齊北可知蓋戎之別種居于諸夏之山故謂之山戎耳○注言獻捷繫戎至不道○解云正決僖二十一年冬楚人使宜申來獻捷無所繫矣○注諸侯交至於王者○解云格猶距也謂

與交戰而距王今人謂不順之處爲格化之類○注楚獻至此月○解云即僖二十一年冬楚人使宜申來獻捷是也而云持盈者謂自持盈滿之道而侮諸侯失謙虛之義故月之○秋築臺于秦何以書譏何譏爾臨國也言國者社稷宗廟朝廷皆爲國明皆不當臨也臨社稷宗廟則不敬臨朝廷則泄慢也○冬不雨何以書記異也京房易傳曰旱異者旱久而不害物也斯祿去公室福由下作故陽雖不施而陰道獨行以成萬物也先是比築三臺慶牙專政之應○施申豉反

疏注先是比築三臺○解云即上文于郎于薛于秦之屬是也○注慶牙專政○解云即上二十七年傳云公子慶父公子牙公子友皆莊公之母弟也公子慶父公子牙通乎夫人以脅公季子起而治之則不得與于國政坐而視之則親親因不忍見也故於是復請至于陳而葬原仲也下三十二年傳云季子至而授之以國政然則上既言二子脅公季友不得爲政下文始言授季子國政即於是時慶牙爲政明矣○

三十有二年春城小穀○夏宋公齊侯遇于

梁丘。秋七月癸巳，公子牙卒。何以不稱弟？据公弟叔肸卒。肸，許乙反。疏城小穀。解云：二傳作小字，與左氏異。公序上者，時衛侯要宋公，使不虞者爲主，明當戒慎之。然則今宋公序上，亦爲齊侯所要故也。注据公弟叔肸卒。解云：即宣十七年冬十有一月壬午，公弟叔肸是也。殺也。殺則曷爲不言刺？据公子買有罪，殺之言刺不言卒。疏注据公至言卒。解云：即僖二十八年公子買戍衛，不卒戍，刺之。傳云不卒戍者何？不卒戍者，内辭也，不可使往也。不可使往則其言戍衛何？遂公意也，是也。爲季子諱殺也。曷爲爲季子諱殺？据叔孫得臣卒不日者，惡不發揚公子遂弒也。爲季，于僞反，下爲季而爲注故爲同。疏注据叔至遂弒也。解云：即宣五年九月叔孫得臣卒，注云不日者，知公子遂欲弒君，爲人臣知賊而不言，明當誅是也。然則季子若其發揚牙之罪惡，誅之正是臣人之道，今而諱殺，故難之云。季子之遏惡也，遏，止。遏，於葛反，止也。不以爲國獄，不就致獄其刑，故言卒。緣季子之心而爲之諱。季子過在親親，疑於非正，故爲之諱，所以別嫌明疑。別，彼列反。疏注季子至明疑。解云：季子仁者，不忍用刑其兄，是失事君之道。然則季子之過在於親其親，故曰過在親親。春秋以掩過牙之惡，與周公行誅于兄異，是以疑其非正禮耳，故爲之諱。刺文所以別嫌者，謂諱刺別於親親失臣道之嫌。明疑者，明於掩惡非正禮之疑耳。季子之遏惡奈何？莊公病將死，以病召季子。召之於陳。疏注召之於陳。解云：正以上二十七年傳云因不忍見也，故於是復請至于陳而葬原仲也之文故也。季子至而授之以國政。至不書者，内大夫出與歸不兩書。疏注至不至兩書。解云：謂通例如此。宣八年夏，公子遂如齊，至黄乃復，書其乃復者，彼傳云何言乎有疾乃復？譏。何譏爾？大夫以君命出，聞喪徐行而不反，彼注云喪尚不當反，況於疾乎，是也。宣十八年秋，公孫歸父如晉，冬，歸父還自晉，至檉，遂奔齊，書其還者，彼傳云還者何？善辭也。何善爾？歸父使於晉，還自晉，至檉，聞君薨家遣，墠帷，反命乎介，自是走之齊。彼注云主書者，善其不以家見遂怨懟，成踊哭君，終臣子之道，起時莫能然也。言至檉者，善其得禮于檉是也。昭十四年春，隱如至自晉，又昭二十四年春，叔孫舍至自晉，皆書至者，正由被執而得歸，是以重而書至，猶非正歸當書之例也。閔二年秋，季子來歸，書者，初出亦不書，不得難此也。曰：寡人即不起此病，吾將焉致乎魯國？致，與也。焉，於虔反。季子曰：般也存，君何憂焉？公曰：庸得若是乎？庸，猶傭傭無節目之辭。般音班。牙謂我曰：魯一生一及，君已知之矣。父死子繼曰生，兄死弟繼曰及。言隱公生桓公，及今君生慶父，亦當及，是魯國之常也。時莊公以爲牙欲立慶父。疏慶父也存者。解云：莊公辭。慶父也存。季子曰：夫何敢？是將爲亂乎？夫何敢？再言夫何敢者，反覆思惟，且欲以安病人也。孔子曰：君子有九思，視思明，聽思聰，色思溫，貌思恭，言思忠，事思敬，疑思問，忿思難，見得思義。夫何，音扶，下及注同。覆，芳服反。思難，乃旦反也。疏注再言至病人也。解云：謂反覆思惟躊躇之間，故再告此言夫何敢，使病者意安耳。注孔子曰至思義。解云：引之者，欲言季子反覆思惟，合於君子之道。言見得思義者，得謂利祿也。俄而牙弒械成。是時牙實欲自弒君，兵械已成，但事未行爾。有攻守之器曰械。俄，五多反。牙殺，申志反，注及下親弒同。械，戶戒反。季子和藥而飲之，藥者，酖毒也。傳曰酖之是也。時季子亦有械，故能飲之，傳不道者，從可知。飲，於鴆反，注同。酖毒，本亦作鴆，直蔭反，下文同。疏注藥者至是也。解云：即下云然則曷爲不直誅而酖之云云者是。曰：公子從吾言而飲此，則必可以無爲天下戮笑，必有後乎魯國。時世大夫，誅不宜揚，子當繼體如故。疏則必可以無爲天下戮笑。解云：言不爲天下所共戮，不爲天下所共笑矣。注時世大夫。解云：欲道古禮大夫不世矣。不從吾言而不飲此，則必爲天下戮笑，必無後乎魯國。於是從其言而飲之，飲之無傫氏，至乎王堤而死。公子牙今將爾，今將欲殺。無傫，無本又作巫。傫音力委反又力追反堤丁兮反【疏】飲之無傫氏○解云或是大夫家或是地名言飲酖毒之藥于無傫氏矣舊云飲之無傫氏者言飲此毒不累其子孫謂當立其氏族也者非也○至乎王堤而死○解云王堤蓋地名**辭曷為與親弒者同**辭傳序經辭親躬親也【疏】注辭傳序經辭○解云知如此者正以經書公子牙卒無誅殺之文傳云曷為不言剌之云是將為亂乎故知此辭與親弒者同但是傳序經辭非為經也**君親無將將而誅焉**親謂父母○無將如字閔公本將不誅將而皆同或子匠反非也**然則善之與曰然殺世子母弟直稱君者甚之也季子殺母兄何善爾誅不得辟兄君臣之義也**以臣事君之義也唯人君然後得申親親之恩○與音餘【疏】殺世子母弟至之也○解云即僖五年春晉侯殺其世子申生襄二十六年秋宋公殺其世子痤之屬者是殺世子直稱君之經也隱元年夏五月鄭伯克段于鄢襄三十年夏天王殺其弟年夫之屬者是殺母弟直稱君之經也○注唯人至之恩○解云欲道殺世子母弟所以直稱君甚之之義言得申親親之恩而不申之故甚其惡耳**然則曷為不直誅而酖之行誅乎兄隱而逃之使託若以疾死然親親之道也**明當以親親原而與之於治亂當賞疑從重於平世當罰疑從輕莊不卒大夫而卒牙者本以書國將弒君書日者錄季子過惡也行誅親親雖酖之猶有恩也【疏】隱而逃之○解云言隱匿辟殺是以不直誅而酖之矣○注明當至與之○解云明春秋之道當親其親而原季子之心而與之故善之耳○注於治至從輕○解云注言此者欲道春秋者撥亂之書是以原其親親而賞季氏則賞疑從重也當所傳聞之世天下未平是以升平疑獄不得不誅故云於平世乃可罰疑從輕矣○注莊不至弒君○解云上三年春王正月溺會齊師伐衛傳云溺者何吾大夫之未命者也彼注云所伐大夫不卒者莊公薄於臣子之恩故不卒大夫與桓同義是也今牙書卒者本以當國將弒君故也○注書日至過惡也○解云正以春秋之義於所傳聞之世大夫之卒不問有罪無罪皆不書日以略之因示其恩淺即隱元年冬十二月公子益師卒隱八年冬十有二月無駭卒之屬是也今而書日故解之言錄季

子過惡也者正以為季子過其惡之故是以詳錄之耳**○八月癸亥公薨于路寢路寢者何正寢也**公之正居也天子諸侯皆有三寢一曰高寢二曰路寢三曰小寢父居高寢子居路寢孫從王父母妻從夫寢夫人居小寢在寢地加錄內也夫人不地者外夫人不卒內書薨已錄之矣故出乃地【疏】路寢者何○解云欲言正寢公存之時經文無路寢之名欲言非正寢而公薨於內故執不知問○注天子諸侯至人居小寢○解云皆時王之禮矣若春秋定十五年夏五月壬申公薨於高寢僖三十三年冬十二月乙巳公薨于小寢之屬是也然則諸侯有三寢而薨其內者是正矣而文十八年二月丁丑公薨于臺下襄三十一年夏六月辛巳公薨于楚宮之屬皆為失處而無譏文者蓋以不在三寢非禮自見故也而云父居高寢者蓋寢中最尊若父子並薨之時父殯于高寢矣其嗣君亦薨乃居於路寢若其孫又薨則從王父母小寢所以不再言母者妻從夫寢故也其夫人若存定居于寢內之三宮矣若非有並喪則從寢之中科薨其一而謂路寢為公之正居者以其始正之常處也○注在寢地加錄內也○解云正決外諸侯之卒不地故也○注故出乃地○解云即僖元年秋七月戊辰夫人姜氏薨于夷是也**○冬十月乙未子般卒子卒云子卒此其稱子般卒何**據子赤不言子赤卒【疏】據子赤不言子赤卒○解云文十八年冬十月子卒傳云子卒者孰謂謂子赤也是也**君存稱世子**明當世父位為君【疏】君存稱世子○解云內外同矣而桓六年九月丁卯子同生不言世子者彼注云而不以世子正稱書者明欲以正見無正疾惡桓公是也**君薨稱子某**緣民臣之心不可一日無君故稱子某明繼父也名者尸柩尚存猶以君前臣名也【疏】注緣民臣至名也○解云子者嗣君之稱是以稱子某明其嗣父也既不可無君令之繼父而書名者正以尸柩尚存猶君前臣名故也其緣民臣之心不可一日無君者文九年傳文**既葬稱子**不名者無所屈也緣終始之義一年不二君故稱子也【疏】注不名至子也○解云正以先君既葬更無所屈所以不稱爵而言子者一年不二君矣其緣終始之義一年不二君者文九年傳文**踰年稱年**不可曠年無君【疏】注不可曠年無君○解云文九年傳文**子般卒何以不書葬**據定姒俱

稱卒書葬。【疏】注據定至書葬○解云：即定十五年秋七月壬申姒氏卒，九月辛巳葬定姒，然則定姒稱卒而書葬，今子般稱卒不書葬，故難之。

未踰年之君也，有子則廟，則立廟也。廟則書葬，錄子恩也。無子不廟，不廟則不書葬。未踰年之君禮，臣下無服，故無子不廟，不廟則不書葬，示一年不二君也。稱卒不地者，降成君也。日者，爲臣子恩錄之也。殺不去日，見隱者，降子赤也。○去起呂反，見賢徧反。【疏】注未踰至二君也○解云：案喪服不杖期章之內有爲君之長子，臣下猶服之，況爲嗣君而言無服者，正以爲長子之時，其臣下從君而服之，若其爲嗣君，則無從服之義，是以知其無服矣。不但如此，作君長子之時，其臣皆吉，故得爲之服期；若作未踰年之君，臣下皆爲前君服斬，寧得更爲之服乎？若還服期，即是廢重服輕；若爲斬衰三年，即違一年不二君之義故也。○注稱卒不至之也○解云：案隱公、閔公皆是成君，而亦不地，故隱十一年傳云"公薨何以不地？不忍言也"，故彼注云"不忍言其僵尸之處"。今子般亦殺死，正合不書地，而言降成君者，欲道好死者亦不書地，所以降成君故也。其好死者，即襄三十一年秋九月癸巳子野卒是也。○注殺不至子赤也○解云：即文十八年冬十月子卒，傳云"子卒者孰謂？謂子赤也。何以不日？隱之也。何隱爾？弒也。弒則何以不日？不忍言也"，彼注云"所聞世，臣子恩痛王父深厚，故不忍言其日"，與子般異是也。然則子般猶是所傳聞之世，恩降于子赤，是以忍言日也。

○公子慶父如齊。如齊者，奔也。是時季子新酖牙，慶父雖歸獄鄧扈樂，猶不自信於季子，故出也。不言奔者，起季子不探其情，不暴其罪。○樂音洛，暴步卜反。【疏】注慶父至扈樂○解云：其歸獄鄧扈樂之事，在閔元年傳也。

○狄伐邢。

閔公 起元年，盡二年。

元年，春，王正月。公何以不言即位？繼弒君不言即位。復發傳者，嫌繼未踰年君義異，故也。明當隱之如一。○弒申志反。【疏】注復發至如一○解云：則莊元年傳云"公何以不言即位？春秋君弒子不言即位。君弒則子何以不言即位？隱之也。孰隱？隱子也"。然則莊元年已有此傳，今復發之者，正嫌此繼未踰年之君異于成君故也。其異一成一未而不異之者，明臣子隱痛之當如一矣。若然，案莊公繼弒，弒是齊侯；今閔公繼弒，弒是慶父。何氏寧知不嫌此異，而知爲所繼之君成與不成者，正以解即位之義，欲道后君痛其見弒，不忍即其位處，明恩之深淺，無弒者內外之義故也。

孰繼？据子般弒不見。○見賢徧反。繼子般也。孰弒子般？慶父也。殺公子牙，今將爾，季子不免。慶父弒君，何以不誅？將而不免，遏惡也；既而不可及，因獄有所歸，不探其情而誅焉，親親之道也。論季子當從議親之辟，猶律親親得相首匿，當與叔孫得臣有差。○探他南反，辟婢亦反，匿女亦反。【疏】注論季子至首匿○解云：謂季子緩縱慶父之事，當從周禮小司徒議親之法，非其罪也。○注當與至有差○解云：即宣五年叔孫得臣卒，注云"不日者，知公子遂欲弒君，爲人臣知賊而不言，明當誅"，則得臣與遂不宜相隱，是以罪之。今慶父、季友親則親矣，得相首匿，是以舍之，故言當與叔孫得臣有差矣。

惡乎歸獄？歸獄僕人鄧扈樂。曷爲歸獄僕人鄧扈樂？据師還也。○惡音烏，扈樂音洛，或如字。【疏】注据師還也○解云：即莊八年秋師還，傳云"還者何？善辭也。此滅同姓，何善爾？非師之罪也"，注云"明君之使，重在君"。然則莊八年尊者使師滅同姓，而歸善於師；今則尊者使樂殺子般，而反歸惡於樂，故難之。

莊公存之時，樂曾淫于宮中，子般執而鞭之。莊公死，慶父謂樂曰："般之辱爾，國人莫不知，盍弒之矣？"使弒子般，然後誅鄧扈樂而歸獄焉。殺鄧扈樂不書者，微也。○曾才能反，盍戶臘反。【疏】樂曾淫于宮中○解云：即左氏傳云"雩，講於梁氏，女公子觀之，圉人犖自牆外與之戲"也者，得與此合。

季子至而不變也。至者，閔君弒，從家至朝。季子知樂勢不能獨弒，而不變正其真僞。

○齊人救邢。

○夏，六月，辛酉，葬我君莊公。

○秋，八月，公及齊侯盟于洛姑。時慶父內則素得權重，外則出奔彊齊，恐爲國家禍亂，故季子如齊閟之，奉閔公託齊桓爲此盟下書歸者使（疏）注故季子如齊聞之。與君致同主書者起託君也 解云正以下經云季子來歸故知時如齊矣。注書君至致同。解云正以大夫歸例不書而下經書歸故如此解也。注主書者起託君也。解云謂主書此盟又下文即書季子來歸者欲起季子託君于齊侯矣所以不書公至自洛者桓之會不致故也 ○

季子來歸。其稱季子何據如陳名不稱季卒不稱子（疏）注據如陳名不稱季。解云即莊二十七年公子友如陳葬原仲是也。注卒不稱子。解云即僖十六年三月壬申公子季友卒是也。

賢也嫌季子不探誅慶父有甚惡故復於託君安國賢之所以輕歸獄顯所當任達其功不稱季友者明齊繼魯本感洛姑之託故令與高子俱稱子起其事。令力呈反（疏）注嫌季至賢之。解云嫌有趙盾不誅趙穿而獲弒君之惡故曰甚惡也。注所以至其功。解云所以輕歸獄者欲輕季子往前縱慶父歸獄之過矣言顯所當任者謂書曰季子來歸明託君而還欲顯當存國之任矣言達其功者欲達其存國之功矣。注不稱至其事。解云以僖十六年卒時稱季友故決之但當稱季足得起其賢而稱子者見義故也何者案下二年冬齊高子來盟傳云高子者何齊

大夫也何以不名喜之也何喜爾正我也其正我奈何莊公死子般弒閔公弒比三君死曠年無君設以齊取魯不興師徒以言而已矣桓公使高子將南陽之甲立僖公而城魯魯人至今以爲美談曰猶望高子也然則齊侯所以遣高子存魯而立君繼之者由此洛姑之託故令季子與高子同稱子起見其事矣 其言來歸何據召歸不書隱如言至（疏）注據召歸不書。解云即莊二十七年公子友如陳葬原仲莊三十二年傳云莊公召季子季子至而授之以國政彼注云至不書者內大夫出與歸不兩書是也。注隱如言至。解云即昭十四年隱如至自晉是也

喜之也季子來歸則國安故喜之而變至加録云爾蓋與賢相起言歸者主爲喜出言來者起從齊自外來盟不日公不致者桓之盟不日其會不致信之也。主爲于僞反下文注皆同（疏）注蓋與賢相起。解云謂稱字所以賢之亦見其喜矣變至言歸所以喜之亦起其賢故云與賢相起耳。注桓之盟不日至之也。解云莊十三年傳文

○冬，齊仲孫來。齊仲孫者何？公子慶父也。公子慶父則曷爲謂之齊仲孫？繫之齊也。曷爲繫之齊？據欒盈出奔楚還不繫楚（疏）齊仲孫者何。解云欲道齊人經不言使欲言己臣而繼于齊故執不知問。注據欒至不繫楚。解云即襄二十一年秋晉欒盈出奔楚至襄二十三年夏欒盈復入于晉夫于曲沃是也 外之也。曷爲外之？據俱出奔遠也 春秋爲尊者諱，爲閔公諱受賊人也 爲親者諱，爲季子親親而受之故諱也（疏）注爲季至諱也。解云謂季子是閔公之親親而反受其賊故爲諱耳 爲賢者諱。以季子有遏牙不殺慶父之賢故爲諱之 子女子曰：以春秋爲春秋。以史記氏族爲春秋言古謂史記爲春秋（疏）注以史記氏族爲春秋。解云謂以史記人之氏族而爲春秋。注言古至春秋。解云夫子脩史記爲春秋今言以春秋爲春秋則史記舊有春秋之名是言古者謂史記爲春秋矣 齊無仲孫，其諸吾仲孫與？齊有高國崔魯有仲孫氏亦足以知魯仲孫言仲孫者以后所氏起其事明主書者賊不宜來因以起上如齊實殺君出奔。子女子音汝（疏）注齊有高國崔。解云即國夏高固高張崔杼之屬是矣

○注魯有仲孫氏。解云即仲孫蔑仲孫羯之屬是也。注主書至出奔。解云正以經書其來見不宜來則知上如齊者是其犯罪而去矣莊三十二年冬公子慶父如齊者即上如齊之經矣

二年春王正月，齊人遷陽。不爲桓公諱者功未足以覆比滅人之惡也（疏）春王正月齊人遷陽。解云莊十年三月宋人遷宿彼注云月者遷取王封當與滅人同罪然則春秋之例大國之遷例月小國書時即僖三十一年十有二月衛遷于帝丘昭九年春許遷于夷之屬是也而今陽爲小國齊人遷之亦是遷取王封當與滅人同罪故云月矣云云之說在莊十年。注不爲至惡也。解云莊十年冬十月齊師滅譚莊十三年夏六月齊人滅遂今遷取王封因而臣之雖當時未滅終不得在故云比滅人之惡矣如此注者正決僖十七年夏滅項傳云孰滅之齊滅之曷爲不言齊滅之爲桓公諱也春秋爲賢者諱桓公嘗有繼絕存亡之功故君子爲之諱然則彼經不言齊而此言齊人故決之

夏五月乙酉，吉禘于莊公。其言吉何？據禘于大廟不言吉。吉禘大計反大廟音泰下同（疏）注據禘至言吉。解云即僖八年七

月禘于大廟用致夫人是也

言吉者，未可以吉也。都未可以吉祭。經舉重，不書禘于大廟，嫌獨莊公不當禘于大廟，可禘者，故加吉，明大廟皆不當。

（疏）注都未可以吉祭○解云：在三年之內，莊公及始祖之廟皆未可以吉祭，故言都爾。○注經舉重不書○解云：春秋之義，常事不書，有善惡者乃始錄而美刺之。今既已舉重特書于莊公，不書于大廟，則嫌莊公一廟獨不當禘，大廟便可禘矣。然莊公卑于始祖，而言舉重者，言三年之內作吉祭之時，莊公最不宜吉，故言舉重，不謂莊公尊于始祖也。

曷爲未可以吉？據三年也。

（疏）注據三年也○解云：莊三十二年八月公薨，至今年五月，已入三年之竟，故言據三年也。

未三年也。禮，禘祫從先君數，朝聘從今君數，三年喪畢，遭禘則禘，遭祫則祫。○君數，所主反，下同。祫音洽。

（疏）未三年也○解云：謂未滿二十五月也。○注禮禘祫從先君數○解云：謂爲禘祫之祭，合從先君死時日月而數之，若滿三年已后，遭禘則禘，遭祫即祫耳。○注朝聘從今君數○解云：謂從今君即位以后數其年歲，制爲朝聘之數。

三年矣，曷爲謂之未三年？三年之喪，實以二十五月。時莊公薨至是適二十二月。所以必二十五月者，取期再期，恩倍漸三年也。孔子曰：子生三年，然後免于父母之懷。夫三年之喪，天下之通喪。禮士虞記曰：期而小祥，曰薦此常事。又期而大祥，曰薦此常事。中月而禫，是月也，吉祭，九未配。是月者，二十七月也。傳言二十五月者，在二十五月外可不譏。○取期音基，下同。禫，大感反。

（疏）注所以至三年也○解云：二十五月是再期矣，故曰取期再期矣。父母之喪倍於期者之恩，正當其禮數，故曰其恩倍矣。言漸三年也者，謂二十五月漸得三年之竟，故云漸三年也。議如得漸二君之遺教。○注禮士至常事○解云：彼注云：小祥，祭名。祥，吉也。古文期皆作基。常者，期而祭禮，古文常爲祥。○注又期至祥事○解云：亦彼文。注中月而禫是月也吉祭九未配者，亦彼文。彼注云：中，九間也。禫，祭名也。與大祥間一月，自喪至此凡二十七月。禫之爲言澹澹然平安意也。是月，是禫月，當四時之祭月則祭，九未以某妃配某氏，哀未忘也。

其言于莊公何？據禘于大廟不言周公，祫僖公不言僖宮。

（疏）注據禘至周公○解云：即僖八年秋七月禘于大廟用致夫人是也。○注祫僖至僖宮○解云：祫僖公不言僖宮，定八年從祀先公，傳云：從祀者何？順祀也。文公逆祀，去者三人；定公順祀，叛者五人。彼注云：諫不以禮而去曰叛。云不書禘者，后祫亦順，非獨禘也。不言僖公者，閔公亦得其順。是其祫僖公不言僖公者，即文二年八月丁卯，大事于大廟，躋僖公，傳云：大事者何？大祫也者是也。

未可以稱宮廟也。時閔公以莊公在三年之中，未可入大廟，禘之于新宮，故不稱宮廟，明皆非也。

曷爲未可以稱宮廟？據言禘也。

（疏）注據言禘也○解云：正以禘是吉祭之稱，既得言禘，何故不得稱宮廟，故難之。

在三年之中矣。當思慕悲哀，未可以鬼神事之。

（疏）注未可以鬼神事之○解云：正言以宮廟者，鬼神居之之稱故也。

吉禘于莊公，何以書？譏。何譏爾？譏始不三年也。與託始同義。

（疏）注與託始同義○解云：案隱二年九月，紀履緰來逆女，不書。此何以書？譏。何譏爾？譏始不親迎也。始不親迎昉於此乎？前此矣。前此則曷爲始乎此？託始焉爾。曷爲託始焉爾？春秋之始也。然則此亦宜云始不三年昉於此乎？前此矣。前此則曷爲始乎此？託始焉爾。曷爲託始焉爾？春秋之始也。故云與託始同義矣。而傳不言託始，蓋省文，從可知也。

○秋八月辛丑，公薨。公薨何以不地？隱之也。何隱爾？弒也。孰弒之？慶父也。殺公子牙，今將爾，季子不免。慶父弒二君，何以不誅？將而不免，遏惡也；既而不可及，緩追逸賊，親親之道也。與不探其情同義。不書葬者，賊未討。○弒音試，下及注同。

（疏）公薨何以不地○解云：隱十一年傳云：公薨何以不地？注云：據莊公薨于路寢。然則此傳云公薨何以不地者，亦據莊公，但從彼注省文故也。○注與不至同義○解云：即上元年傳云：孰弒子般？慶父也。殺公子牙，今將爾，季子不免。慶父弒君，何以不誅？將而不免，遏惡也；既而不可及，因獄有所歸，不探其情而誅焉，親親之道也。○注不書葬賊未討○解云：即隱十一年冬十有一月壬辰，公薨，傳云：何以不書葬？隱之也。何隱爾？弒也。弒則何以不書葬？春秋君弒賊不討，不書葬，以爲无臣子也是也。而言未者，欲道於后討得之，即僖元年傳於是抗輈經而死者是也。

九月，夫人姜氏孫于邾婁。爲淫二叔，殺二嗣子出奔。不如文姜于出奔貶之者，爲內臣子明其義，不得以子絕母。凡公夫人奔例日，此月者，有罪。

疏注不如文姜至絶毋○解云莊元年三月夫人孫于齊傳云夫人何以不稱姜氏貶曷爲貶與弑公也是於出時貶之之文也爲内臣了明其義不得以子絶母者正謂此處見其義而已不謂此夫人卒竟不絶也故僖元年夫人氏之喪傳云夫人何以不稱姜氏貶曷爲貶與弑公也然則曷爲不於弑焉貶貶必以其重者莫重乎以其喪至也者是其亦貶之矣○注凡公至有罪○解云正以昭二十五年九月己亥公孫于齊而書日則知夫人之孫亦宜然而此及文姜之孫皆書月案此二人皆有罪故如此注之耳

公子慶父出奔莒慶父弑二君不當復見所以復見者起季子緩追逸賊也不日者内大夫奔例無罪者日有罪者月外大夫奔例皆時○當復扶又反下同見賢偏反下文後見同疏注慶父至逸賊也○解云知弑父之人不合復見者正見宣六年春晉趙盾衞孫免侵陳傳云趙盾弑君此其復見何復注云据宋督鄭歸生齊崔杼弑其君後不復見傳又曰親弑君者趙穿也彼注云復見趙盾者欲起親弑者趙穿非盾是○注不日者至皆時○解云襄二十三年冬十月乙亥臧孫紇出奔邾婁是無罪書日也其有罪書月者即昭十二年冬十月公子憖出奔齊之屬及此文皆是而文八年公孫敖如京師不至復丙戌奔莒案傳云不可使往也則是有罪而書丙戌者彼注云日者嫌敖罪明則起君弱故諱使若無罪者是也其外大夫奔例皆時者不問有罪與無罪即襄二十七年夏衞侯之弟鱄出奔晉二十八年夏衞石惡出奔晉冬齊慶封來奔之屬是也○

冬齊高子來盟高子者何齊大夫也以有高傒也疏高子者何○解云欲言齊侯而經稱子欲言大夫名不書見經故執不知問○注以有高傒也○解云即莊二十二年秋七月丙申及齊高傒盟于防是也

何以不稱使据鄭伯使其弟語來盟疏注据鄭至來盟○解云在桓十四年夏

我無君也時閔公弑僖公未立故正其義明君臣無相適之道也春秋謹於別尊卑理嫌疑故絶去使文以起事張例則所謂君不使乎大夫也○別彼列反故絶去起呂反下欲去同疏注所謂君不使乎大夫也○解云成二年齊侯使國佐如師之下傳云君不行使乎大夫此其行使乎大夫何佚獲是也

然則何以不名据國佐盟名疏注据國佐盟名○解云即成二年及國佐盟于袁婁者是也

喜之也何喜爾正我也其正我奈何莊公死子般弑閔公弑比三君死曠年無君與曠年無君無異疏注與曠年無君無異○解云正以莊公死時子般即位子般弑後閔公即位閔公弑後僖公即位君常不絶而傳言曠年無君者正以三年之内三君比死與曠年無君無異非實無君也

設以齊取魯曾不與師徒以言而已矣設時勢然

桓公使高子將南陽之甲南陽齊下邑甲革皆鎧冑也○革更百反鎧苦愛反冑直又反

立僖公而城魯或曰自鹿門至于爭門者是也或曰自爭門至于吏門者是也魯人至今以爲美談曰猶望高子也久闊思相見者引此爲喻美談至今不絶也立僖公城魯不書者諱微弱喜而加高子者美大齊桓繼絶于魯故尊其使起其功明得子續父之道○鹿門魯南城東門也○其使所吏反疏注明得子續父之道○解云凡人子之道宜繼祖禰之功不絶之今桓公繼于魯正得續父功德之義故尊其使而稱子耳言明其得人子續其人父功德之道也○

十有二月狄入衞○鄭棄其師鄭棄其師者何連國者并問稱國疏鄭棄其師者何○解云正以言異常例故執不知問

惡其將也以言棄師○惡其烏路反下及注同將也子匠反下同

鄭伯惡高克使之將逐而不納棄師之道也鄭伯素惡高克欲去之無由使將師救衞隨後逐之因將師而去其本雖逐高克實棄師之道故不書逐高克舉棄師爲重猶趙盾加殺也不解國者重衆從國體録可知繫閔公篇于莊公下者子未三年無改於父之道傳曰則曷爲於其封内三年稱子録孝子之心則三年不忍當也○盾徒本反疏注猶趙盾加弑○解云謂實逐克但舉棄師爲重實趙穿弑君但舉加弑爲重相似趙盾加弑在宣二年○注子未三年○解云謂莊三十二年八月薨至閔二年八月薨時始二十五月故曰未三年也○注傳曰至忍當也○解云文九年傳文也

監本附音春秋公羊注疏閔公卷第九

公羊注疏卷九挍勘記　阮元撰盧宣旬摘録

公羊注疏莊公卷九末附閔公

二十有八年

見伐者爲主　鄂本主誤也

短之見伐者也　補毛本作短言之與疏合

豎刀易牙爭權不葬　閩監毛本刀改刁非

公會齊人宋人邾婁人救鄭　唐石經諸本同按左氏穀梁無邾婁人

曷爲先言築微而後言無麥禾　唐石經鄂本宋本閩本同監毛本後言作後書誤○按桓二年正義引此傳正作言

推秋無麥禾　監毛本推誤惟

即大水在冬下　閩本水空缺

則嫌推尋此秋無麥禾之事　毛本之誤一

民不饑之　鄂本饑作飢

二十有九年

春新延廄　釋文唐石經廄作廏

新作南門是也　閩本同監毛本作誤造

注造曰築　補毛本造上有始字與注合

臭惡之蟲也　毛本蟲作虫非

注諸君至臣邑　閩監毛本改諸君邑防臣邑

注言及至定矣　閩監毛本及下衍別君臣三字

三十年

謂僖元年次聶北救邢　閩監毛本脫次字

冬公及齊侯遇于魯濟　毛本脫濟字

蓋以操之爲已蹙矣　唐石經諸本同武億云操古本作躁詩江漢正義引此躁迫也按蹙當本作戚何訓爲痛也是傷戚之意考工記不微至無以爲戚速也注引春秋傳曰蓋以操之爲已戚矣可證鄭本作戚○按說文有戚無蹙

三十有一年

臨民之所漱浣也　唐石經鄂本閩本漱作漱此誤釋文及注疏同

刺齊桓憍慢持盈　宋本同閩監毛本誤驕慢恃盈按解云持盈者謂自持盈滿之道閩監毛本疏亦誤恃矣此本修改者憍亦作驕

三十有二年

春城小穀　解云二傳作小字與左氏異按今左氏亦作小字據疏蓋二傳作城小穀左氏作城穀也

據公弟叔肹卒　閩監毛本肹作肸非釋文作肸

殺則曷爲不言刺　鄂本下有之此脫唐石經之字刓滅以字數計之本有下疏引傳云曷爲不言刺之

不就致獄其刑　鄂本作獄致此誤倒

魯一生一及　唐石經諸本同盧文弨曰史記魯世家作一繼一及裴解引何休云父死子繼兄死弟及疑此傳本作一世一及○按生謂己所生子也及謂兄弟相踵者也傳文不誤

慶父也存者　閩監毛本者作○

故再告此言　閩監毛本告作言

得謂利祿也　補刊本祿誤錄毛本誤樂

俄而牙弒械成　唐石經諸本同釋文弒作殺云申志反注及下親弒同按今本注作弒君下作親弒皆後人所改陸本則皆作殺也

則必可以無爲天下戮笑　唐石經鄂本同閩監毛本笑改笑疏及下同

宋公殺其世子痤之屬者是　閩監毛本痤誤座

在寢地　鄂本下有者此脫

令之繼父　閩監毛本令誤今

示一年不二君也　毛本示誤是

子卒者孰謂　按下脫一謂字

其歸獄鄧扈樂之事　閩本同監毛本脫之字

春秋公羊經傳解詁閔公第四　唐石經下有附莊公卷四小字今據以分卷

元年　此本閔公二大字下有起元年盡二年六小字閩監毛本脫

春秋君子不言卽位　按君下脫弒字

其異一成一未　按異當作義

孰弒子般　唐石經此弒字磨改當是本作殺按此作殺非也

樂會淫于宮中　唐石經亦作于按當作於疏中毛本改於

盍弒之矣　釋文作盍殺唐石經此弒字磨改亦本作殺按此作殺是也

季子至而不變也　唐石經諸本及諸挍本同惠士奇說易由辯之不早辯釋文載荀爽古文辯作變棟案變卽辯也猶言不探其情古變辯通

所以不書公至自洛者　補毛本洛下有姑字

設以齊取魯　傳下有曾字

而繼于齊　盧文弨曰繼卽繫後漢書多如此

据俱出奔遠也　鄂本遠作還諸本皆誤當訂正

二年

据禘于大廟不言吉　鄂本宋本閩本同監毛本大改太非疏及下同釋文大音泰

若滿三年已后遭禘則禘　閩監毛本則作卽與下句同按后當作後

又期而大祥曰薦此常事　鄂本同宋本閩監毛本常作祥按疏標起訖云注又期至祥事與今儀禮同此作常葢涉上文而誤

議如得漸二君之遺教　按議當作義

古文期皆作基　閩監毛本基改朞非也

解云亦彼文法　何挍本無注字是也

亦彼文彼注云　何挍本亦上有解云二字是也

禫之爲言　士虞禮記注無爲字

不言僖宮　段玉裁挍本宮乃公誤○按疏引定八年注作僖公彼疏云不言從祀禧公

后袷亦順　何挍本后作後與定八年注合

紀履緰來逆女不書　何挍本女下有外逆女三字是也與隱二年傳合

何隱爾弒也　唐石經諸本同釋文弒作殺云音試下及注同

貶必以其重者　何挍本以作於與僖元年傳合

莫重乎以其喪至也　傳以其作其以此處誤倒

傳云趙盾弒君　閩監毛本弒誤殺

欲起親弒者　閩本同監毛本起誤見

衛侯之弟鱄出奔晉此本鱄誤縛今據閩本訂正監毛本誤鱄

衛石惡出奔晉閩本同監毛本脫出字

君不行使乎大夫今本傳脫行疏引皆有

自鹿門至于爭門者是也唐石經諸本同說文淨魯北城門池也从水爭聲士耕切又才性切許據公羊當作淨門以水名其門也何注本省作爭自鹿門至于爭門者自南門至于北門也

以闇思相見者引此爲喻毛本闇作潤鄂本喻作諭

明得子續父之道閩監毛本此下有鹿門魯南城東門也八字係釋文竄入鄂本無之此本雖有此八字而加○以別之則不以爲注也

繫閔公篇于莊公下者子未三年無改於父之道按于當作於漢書藝文志公羊穀梁二家經及傳各十一卷者繫閔公篇於莊公下故也宋王儉七志梁阮孝緒七錄皆云何注十一卷皆以閔附莊也唐石經於閔公傳末題春秋公羊卷第三於僖公第五之下附注卷四蓋據晉宋古本皆十一卷

公羊注疏卷九校勘記終　工部屯田司員外郎胡祖謙校

監本附音春秋公羊注疏僖公卷第十 起元年盡七年

何休學

元年，春，王正月。公何以不言即位？据文公言即位。繼弑君，子不言即位。此非子也，其稱子何？僖公者，閔公庶兄。据閔公繼子般，傳不言子。○弑，申志反。臣子一例也。僖公繼成君，閔公繼未踰年君。禮，諸侯臣諸父兄弟，以臣之繼君，猶子之繼父也，其服皆斬衰，故傳稱臣子一例。○衰，七雷反。

〇齊師、宋師、曹師次于聶北，救邢。救邢，救不言次，此其言次何？据夏師救齊不言次。○聶，女涉反。

〔疏〕注据夏至言次。○解云：即下十八年夏，師救齊是也。

不及事也。不及事者何？邢已亡矣。刺其救急舒緩，使至於亡，故録之。止次以起之。孰亡之？蓋

〔疏〕不及事者何。○解云：正以次者閒暇之名，而言不及事，似於義違，故執不知問。

狄滅之。以上有狄伐邢。

〔疏〕注以上有狄伐邢者。○解云：即莊三十二年冬，狄伐邢者是。

曷爲不言狄滅之？据狄滅溫言滅。

〔疏〕注据狄滅溫言滅者。○解云：即下十年春，狄滅溫，溫子奔衛者是。

爲桓公諱也。曷爲爲桓公諱？据徐人取舒，晉滅夏陽，楚滅黃，皆不諱。○爲，于僞反。下爲桓、曷爲，并下注爲諱、爲桓、爲内、爲僖皆同。夏，戶雅反。

〔疏〕注据徐人取舒。○解云：即下三年夏，徐人取舒者是也。○注晉滅夏陽云解云：即下二年，虞師、晉師滅夏陽是也。○注楚滅黃。○解云：即下十二年夏，楚人滅黃是也。然即彼三事皆不爲桓公諱者，取舒之下，何氏云不爲桓諱者，刺其不救也是也。今此實救，故爲之諱耳。

上無天子，下無方伯，天下諸侯有相滅亡者，桓公不能救，則桓公恥之。故以爲諱。所以醇其能以治世自任，而厚責之。

〔疏〕上無至方伯。○解云：上無天子，下無方伯，莊四年何氏云有而無益于治曰無，猶易曰闃其無人者是也。○注以治出自任者，猶言以天子治世爲已任矣。

曷爲先言次而後言救？据叔孫豹先言救。

〔疏〕注据叔至言救。○解云：即襄二十三年秋，齊侯伐衛，遂伐晉。八月，叔孫豹帥師救晉，次于雍榆是也。

君也。叔孫豹，臣也，當先通君命，故先言救。今此先言次，知實諸侯。○君則其稱師何？不與諸侯專封也。故没君文，但舉師而已。○曷爲不與？据狄滅之，爲桓公諱。實與，不書所封歸是也。○

〔疏〕注不書至是也。○解云：昭十三年秋，蔡侯廬歸于蔡，陳侯吳歸于陳。傳云此皆滅國也，其言歸何？不與諸侯專封也。彼注云故使若有國自歸者也，名者專受其封，當誅。然則彼經書所封歸，是不與楚專封，則知此經不書所封歸者，與齊桓專封明矣。若書所封歸，宜言邢侯歸于邢矣。

而文不與。文曷爲不與？据實與也。

〔疏〕而文不與。○解云：連上句讀之。

諸侯之義不得專封也。此道大平制。○大音泰。

〔疏〕注此道大平制。○解云：正以春秋作義，實與齊桓專封，而言諸侯之義不得專封，故知是大平制也。

諸侯之義不得專封，則其曰實與之何？上無天子，下無方伯，天下諸

侯有相滅亡者，力能救之，則救之可也。主書者，起文從實也。

〔疏〕注主書至實也。○解云：謂雖文不與，其義實與，故言起文從實也。

〇夏，六月，邢遷于陳儀。遷者何？其意也。其意自欲遷，時邢創畏狄兵，更欲依險阻。○陳儀，左氏作夷儀。

〔疏〕遷者何。○解云：欲言自遷，實齊遷之；欲言齊遷，而作自遷之文，故執不知問。

遷之者何？非其意也。謂宋人遷宿也。書者，譏之也。王者封諸侯，必居土中，所以教化者平，貢賦者均，在德不在險。其後爲衞所滅是也。遷例，大國月，重煩勞也；小國時。此小國月者，霸者所助城，故與大國同。

〔疏〕注謂宋人遷宿也。○解云：即莊十年三月，宋人遷宿是也。宋彼傳云遷之者何？不通也，以地遷之也。今又發之者，正以此有自遷之文，故取此對之也。○注王者至土中。○解云：謂各處其土中，不謂据天下。○注其後至是也。○解云：即二十五年春，王正月丙年，衛侯燬滅邢是也。○注遷例大國月。○解云：即下三十一年十有二月，衛遷于帝丘之屬是也。○注小國時。○解云：即昭九年春，許遷于夷之屬是也。

〇齊師、宋師、曹師城邢。此一

事也曷爲復言齊師宋師曹師据首戴前目而後凡○復言扶又反、下同〔疏〕注据首至後凡○解云即下五年夏公及齊侯宋公陳侯衛侯鄭伯許男曹伯會王世子于首戴秋八月諸侯盟于首戴是也不復言師則無以知其爲一事也言諸師則嫌與首戴同嫌實師言諸侯則嫌與緣陵同嫌歸聞其遷更與諸侯來城之未必反故人也故順上文則知桓公宿留城之爲一事也○〔疏〕注言諸師至實師○解云首戴之會歷序齊師宋公之屬下文揔道諸侯更是實諸侯今此亦上歷序齊師之屬若下文直揔言諸師則與首戴同嫌是實師非必齊侯宋公等是以得序之以順上文也○注言諸侯至人也○解云即下十三年公會齊侯宋公陳侯衛侯鄭伯許男曹伯于鹹十四年春諸侯城緣陵是時會諸侯各自還國至十四年春更來城之故此復注云言諸侯則嫌與緣陵同嫌歸聞其遷更與諸侯來城之未必反故人也○注故順至事也○解云宿音須就反留音盧冑反案十四年穀梁傳曰其曰諸侯散辭也范氏云直曰諸侯無大小之序是各自欲城無揔一之者非伯者所制故曰散辭傳又曰聚而曰散何也范氏云据言諸侯城則是聚傳又云諸侯城有散

辭也桓德衰矣范氏云言諸侯城則非伯者之爲可知也齊桓德衰所以散也何休曰案先是盟亦言諸侯非散也又穀梁美九年諸侯盟于葵丘即散何以美之於義穀梁爲短然則何氏彼處廢穀梁不聽爲散辭而此所引似作散辭者何氏之意直以言諸侯者見桓德衰待諸侯然後能城之故嫌穀梁以爲散辭耳今此注正道緣陵之諸侯十三年鹹之會各自歸國十四年復來城之仍自不道十四年諸侯爲散辭矣○秋七月戊辰夫人姜氏薨于夷齊人以歸夷者何齊地也齊地則其言齊人以歸何据從國中歸不當書邾婁人執鄫子不書以歸是也○鄫似陵反〔疏〕夷者何解云夫人之薨例不言地今言于夷故執不知問○注邾婁至是也○解云即下十九年夏六月宋人曹人邾婁人盟于曹南鄫子會盟于邾婁己酉邾婁人執鄫子用之是夫人薨于夷則齊人以歸夫人所以薨于夷者齊人以歸至夷夫人薨于夷則齊人曷爲以歸据上說夫人薨于夷者齊人以歸至夷也齊人曷爲故以歸至于夷桓公

召而縊殺之先言薨後言以歸而不言喪者起桓公召夫人于邾婁歸殺之于夷因爲內諱恥使若夫人自薨于夷然後齊人以歸者也主書者從內不絕錄因見桓公行霸王誅不阿親親疾夫人淫泆二叔殺二嗣子而殺之○縊一賜反一本作搤於革反見賢遍反泆音逸〔疏〕注主書至殺之○解云即閔二年九月夫人姜氏孫于邾婁注云不如文姜于出奔貶之者爲內臣子明其義不得以子絕母者是○楚人伐鄭楚稱人者爲僖公諱與夷狄交婚故進使若中國又明嫁娶當慕賢者○〔疏〕注楚稱人者○解云欲對莊二十八年秋荊伐鄭之經也○注爲僖至交婚○解云即下八年秋七月禘于大廟用致夫人傳云夫人何以不稱姜氏譏以妾爲妻也其言以妾爲妻奈何蓋脅于齊媵女之先至者也彼注云僖公本聘楚女爲嫡齊女爲媵齊先致其女脅僖公使用爲嫡故從父母辭言致不書夫人及楚女至者起齊先致其女然後脅魯使立也楚女未至而豫廢故皆不得以夫人至書也者是其與夷狄交婚之事○注故進使若中國○解云正以稱人爲楚進稱故也○八月公會齊侯宋公鄭伯曹伯邾婁人于朾月者危公會霸者而與邾

婁有辨也不從有夫人喪出會惡之者不如危重也○朾勑貞反又他丁反左氏作檉惡之烏路反下同〔疏〕八月至于朾○解云朾字左氏作檉亦有作朾字○注月者至辨也○解云正以月非大信辭故也知與邾婁有辨者即下文公敗邾婁師于纓是也既出尊者之側而有私爭故危之○九月公敗邾婁師于纓有夫人喪不惡親用兵者時怨邾婁人以夫人與齊於喪事無薄故也○于纓左氏作偃〔疏〕九月公敗至于纓○解云左氏作偃字○注有夫至故也○解云正以僖三十三年晉人及姜戎敗秦于殽下傳云襄公親至則其稱人何貶曷爲貶君在乎殯而用師危不得葬也然則彼背殯用兵而危之今此經云九月公敗邾婁師于纓與莊十年春王正月公敗齊師于長勺夏六月公敗宋師于乘丘之屬無異者時於喪事無薄故也然則公敗邾婁者爲哀姜復讎也若然案莊九年及齊師戰于乾時亦是爲桓公復讎于齊經不言公此言公者彼傳云此復讎于大國曷爲使微者公也公則曷爲不言公不與公復讎也曷爲不與公復讎復讎者在下也注云時實爲不能納子糾伐齊諸大夫以爲不如以復讎伐之於是以復讎伐之非誠心至意故不與也然則此言公者本出公意故也冬十月壬

午公子友帥師敗莒師于犂獲莒挐莒挐者何莒大夫也莒無大夫此何以書大季子之獲也何大乎季子之獲据獲人當坐。于犂力知反又力兮反左氏作酈莒挐女居反一音女加反一本作茹音同〔疏〕莒挐者何。解云欲言莒君經不稱子欲言大夫莒無大夫故執不知問季子治內難以正謂拒慶父。內難乃旦反下同禦外難以正其禦外難以正奈何公子慶父弒閔公走而之莒莒人逐之將由乎齊齊人不納却反舍于汶水之上使公子奚斯入請季子曰公子不可以入入則殺矣義不可見賊而不殺〔疏〕將由乎齊。解云欲從齊而自安矣。舍于汶水之上。解云舊本皆作洛誤也何者今齊魯之間有汶無洛也。奚斯不忍反

命于慶父自南涘涘水涯涘音俟○北面而哭時慶父自汶水之北慶父聞之曰嘻嘻發痛語首之聲。嘻許其反〔疏〕注嘻發至之聲解云謂發心自痛傷而以嘻爲語之首也此奚斯之聲也諾已諾已皆自畢語〔疏〕注諾已皆自畢語。解云猶似今人云休一生罷去已自畢竟之辭故云自畢語矣畢作畢字誤耳曰吾不得入矣於是抗輈經而死輈小車轅奥州以北名之云爾。輈音竹由反車轅也。〔疏〕於是至而死。解云鄭氏云慶父輈死者正取此文莒人聞之曰吾已得子之賊矣以求賂乎魯魯時雖緩追猶外購求之。購古豆反魯人不與爲是興師而伐魯故與季子獲之季子待之以偏戰傳云爾者善季子忿不加暴得君子之道〔疏〕注傳云至之道。解云此待之以偏戰者即經書敗文是也敗者內戰文耳莒人可忿而能結日偏戰偏戰是其不加暴之義故得君子之道○十有二月

丁巳夫人氏之喪至自齊夫人何以不稱姜氏据薨于夷稱姜氏經有氏不但問不稱姜并言氏者嫌据夫人婦姜欲使去氏。去起呂反〔疏〕注經有至去氏。解云夫人婦姜之文即宣元年三月遂以夫人婦姜至自齊是也貶曷爲貶据薨于夷不貶與弒公也與慶父共弒閔公。與音預又如字下申志反〔疏〕注與慶至閔公。解云不言子般者据成君言之省文。然則曷爲不於弒焉貶据酖牙於卒時貶〔疏〕注据酖至時貶。解云即莊三十二年公子牙卒傳云何以不稱弟殺也是傳言殺者言由其見殺貶之矣貶必於重者莫重乎其以喪至也刑人于市與衆棄之故必於臣子集迎之時貶之所以明誅得其罪因正王法所加臣子不得以夫人禮治其喪也貶置氏者殺子差輕於殺夫別逆順也致者從書薨以常文錄之言自齊者順上以歸文。差初賣反又初隹反別彼列反。〔疏〕注刑人至棄之。解云禮記文。注所以至喪也。解云季子之遏慶父齊桓之討哀姜二義相違而皆善之者誅不辟親王者之道親親

相隱古今通式然則齊桓之討哀姜得伯者之義季子之縱慶父因獄有所歸遂申親親之恩義各有途不可爲難矣。注貶置氏者。解云謂貶而留置其氏矣。殺子至順也。解云言殺子差輕於殺夫者欲道莊元年夫人孫于齊姜氏並去者正猶殺夫罪重故也言別逆順者言殺夫之逆甚於殺子二事相對而言之不謂哀姜殺子得爲順是以晉侯宋公殺世子皆直稱君而甚之。注致者至錄之。解云謂不書殺而書薨作常文是以於歸亦作常文錄之若公之喪至自齊至自乾侯之屬。注言自至歸文。解云其實從夷來而言至自齊正以上文云薨於夷齊人以歸故言至自齊順之

二年春王正月城楚丘孰城据內城不月故問之〔疏〕注据內至問之。解云內城不月者即隱七年夏城中丘襄十九年冬城西郛之屬是也其內城有在日月下者皆不蒙日月城衛也曷爲不言城衛据無遷文以言城故當言城衛〔疏〕注据無至城衛。解云舊本曷爲之下有不言二字今無者脫也言以前之經未有遷衛于楚丘之文今此城之固當言城衛不應言城楚丘故難之固字亦有作故字者言由是之故當言城衛滅也孰滅之蓋狄滅之以上

有狄入衛〔疏〕滅也○解云言正由是時衛國已滅故不得言衛矣○注以上有狄入衛○解云即閔二年冬狄入衛是也曷爲不言狄滅之爲桓公諱也曷爲爲桓公諱上無天子下無方伯天下諸侯有相滅亡者桓公不能救則桓公恥之也然則孰城之據不出主名見桓公德優不待之又不獨書齊實諸侯也○爲桓于僞反下爲桓曷爲注深爲同見桓賢徧反下傳荀息見并注同桓公城之曷爲不言桓公城之不與諸侯專封也曷爲不與實與而文不與文曷爲不與諸侯之義不得專封諸侯之義不得專封則其曰實與之何上無天子下無方伯天下諸侯有相滅亡者力能救之則救之

可也復發傳者君子樂道人之善也不繫衛者明去衛而國楚丘起其遷也不書遷與救次者深爲桓公諱使若始時尚倉卒有所救其後晏然無干戈之患所以重其任而厚責之主書者起文從實也○復扶又反卒寸忽反〔疏〕注不繫至遷也○解云欲決襄十年冬戍鄭虎牢繫鄭矣○注不書至責之○解云正決元年經次于聶北救邢邢遷于陳儀之文○注主書至實也○解云謂經文雖不與當從其實理而與之○夏五月辛巳葬我小君哀姜哀姜者何莊公之夫人也誅當絕不當以夫人禮書葬書葬者正齊桓討賊俟責內讎齊〔疏〕哀姜者何○解云欲言其妾經書小君欲言適妻與夫別謚故執不知問○注誅當至讎齊○解云即元年夫人氏之喪不言姜者是其誅文也上既誅之即當合絕不以夫人之禮書葬而書葬者欲正齊桓討得其賊故也而言辟責內讎齊者公羊之例君弒賊不討不書其君葬責臣子不討賊令君喪無所繫矣今若不書葬即似責魯臣子不討齊桓故言正齊桓討賊辟責內讎齊耳○虞師晉師滅夏陽虞微國也曷爲序乎大國之上据稱師有加文

知不主會○夏陽左氏作下陽〔疏〕注據稱至主會○解云即隱五年秋邾婁人鄭人伐宋注云邾婁小國序上者主會也然則邾婁小國稱人無加文而得序于鄭上者正由主會故也今虞爲小國而得稱師是有加文則知序于晉上者不爲主會既不爲主會而在大國之上故難之知稱師爲加文者正以小國例不得稱師其稱師者乃是大國將卑師衆之稱故也○使虞首惡也曷爲使虞首惡据楚人巴人滅庸不使巴首惡〔疏〕注据楚人至首惡○解云即文十六年秋楚人秦人巴人滅庸是案彼經有秦人而不言之者直取巴爲小國不序在上之意故省文○虞受賂假滅國者道以取亡焉其受賂奈何獻公朝諸大夫而問焉曰寡人夜者寢而不寐其意也何諸大夫有進對者曰寢不安與其諸侍御有不在側者與獻公不應荀息進曰虞郭見與猶曰虞郭豈見於君之心乎荀息素知獻公欲伐此二國

故云爾○安與音餘下者與見與同應應對之應郭音虢又如字注及下同○〔疏〕寢不至者與○解云言直置寢自不安與爲侍御之人有不在側者與其諸蓋爲辭矣故桓六年傳云公羊子曰其諸以病桓與彼注云其諸辭也則知論語云其諸異乎人之求之歟者其諸亦爲辭矣獻公揖而進之以手通指曰揖〔疏〕注以手通指曰揖○解云蓋謂揖而招之言用拱揖并招引近已若文七年傳云眣晉大夫使與公盟彼注云以目通指曰眣眣大結反又丑乙反遂與之入而謀曰吾欲攻郭則虞救之攻虞則郭救之如之何願與子慮之荀息對曰君若用臣之謀則今日取郭而明日取虞爾君何憂焉獻公曰然則奈何荀息曰請以屈產之乘屈產出名馬之地乘備駟也○屈貝物反之乘繩證反注及下同〔疏〕注屈產至駟也○解云謂屈產爲地名不似服氏謂產爲產生也○與垂棘之白璧垂棘出美玉之

地玉以尚白爲美○棘一本作棘音同往必可得也則寶出之内藏藏之外府如虞可得猶外府藏也○内藏才浪反注同○疏注如虞至藏也○解云本藏下有之字馬出之内廄繫之外廄爾君何喪焉獻公曰諾雖然宮之奇存焉如之何荀息曰宮之奇知則知矣君欲言其知實知也○廄九又反喪息浪反知則音智下及注同○雖然虞公貪而好寶見寶必不從其言請終以往於是終以往虞公見寶許諾宮之奇果諫記曰脣亡則齒寒記史記也○好呼報反疏虞公貪而好寶○解云謂立性貪賄於寶甚也○請終以往○解云請君終竟賫寶馬以往不欲令其難之○虞郭之相救非相爲賜賜猶惠也則晉今日取郭而明日虞從而亡

爾君請勿許也虞公不從其言終假之道以取郭明郭非虞不滅虞當坐滅人○疏注明郭至滅人○解云欲道序虞于晉上令其首惡之義也○還四年反取虞還復往故言反疏注還四年反取虞○解云言晉人滅郭還歸其四年反往滅虞矣虞公抱寶牽馬而至荀息見曰臣之謀何如獻公曰子之謀則已行矣寶則吾寶也雖然吾馬之齒亦已長矣蓋戲之也以馬齒長戲之喻荀息之年老傳極道此者以終荀息宮之奇言且以爲戒又惡獻公不仁以滅人爲戲謔也晉至此乃見者著晉楚俱大國後治同姓也以滅人見義者比楚先治大惡親疏之別○牽馬本又作掔音同巳長丁丈反注同惡烏路反謔許略反別彼列反○疏注以馬至謔也○解云言雖有謀年老必昏耄不任使故言蓋戲之○注晉至至姓也○解云即莊十年秋九月荊敗蔡師于莘以蔡侯獻舞歸是先書楚小惡而治之也以前不見晉之小惡者後治同姓故也○注以滅至之別○解云以前楚滅穀鄧不書之而先書此晉滅夏陽者先治同姓之大惡欲見骨肉之親大則誅小則隱故言親疏之別耳夏陽者何郭之邑也曷爲不繫于郭國之也曷爲國之君存焉爾疏夏陽者○解云欲言是國天下未有欲言是邑而不繫國故執不知問○秋九月齊侯宋公江人黃人盟于貫澤江人黃人者何遠國之辭也桓公德盛不嫌使微者知以遠國辭稱人○貫澤古亂反二傳無澤字疏江人黃人者何○解云欲言是君經不稱子欲言微者得敵齊侯故執不知問遠國至矣則中國曷爲獨言齊宋至爾大國言齊宋遠國言江黃則以其餘爲莫敢不至也晉大于宋不序晉而序宋者時實晉楚之君不至君子成人之美故褒益以爲偏至之辭所以獎夫霸功而勉盛德也江黃附從霸者當進不進者方爲偏至之辭○偏至音遍下同疏注江黃至進者○解云惟

其不稱爵矣○注方爲偏至之辭○解云言方爲偏至之辭故直以遠國辭稱人若進而稱爵無以見偏至之義○冬十月不雨何以書記異也說與前同疏注說與前同○解云即莊三十一年冬不雨傳云何以書記異也彼注云京房易傳曰旱異者旱久而不害物也斯祿去公室福由下作故陽雖不施而陰道獨行以成萬物也先是比築三臺慶牙專政之應今此亦是僖公喜於得立委任陪臣不恤政事故有此罰耳故言說與前同○楚人侵鄭

三年春王正月不雨○夏四月不雨何以書記異也太平一月不雨即書春秋亂世一月不雨未害物未足爲異當滿一時乃書一月書者時僖公得立欣喜不恤庶衆比致三年即能退辟正殿飭過求已循省百官放佞臣郭都等理寃獄四百餘人精誠感天不雩而得澍雨故一月即書善其應變改政旱不從上發傳者著人事之備積於是○太平音泰飭音勑下同寃於元反澍之樹反其應應對之應後災祥之應皆放此疏注太平至即書○解云正以大平之時陰陽和調若一用不雨足以爲異

故知然也。注當滿至即書。解云即莊三十一年多不雨傳云何以書記異是也。注比致三年。解云即上二年冬十月不雨三年春王正月不雨夏四月不雨是也。注即能至澍雨。解云皆感精符文。注故一月即書。解云即去年十月不雨今年正月不雨夏四月不雨是也。注不從上發傳。解云即上二年十月不雨之下已發云何以書記異也今不從其例而又發之者欲著人事之備積于是故也○徐人取舒其言取之何据國言滅〔疏〕注据國言滅。解云即莊十年齊師滅譚十三年齊人滅遂之屬是也易也易者猶無守禦之備不爲桓諱者刺其不救也。易以豉反注同爲于僞反〔疏〕注不爲至救也。解云決上元年二年狄滅邢衞皆爲桓公諱下書其滅也○六月雨其言六月雨何据上得雨不書〔疏〕注据上得雨不書。解云即卜二年十一月十二月三年二月三月五月之屬皆不書不雨是其得雨故也上雨而不甚也所以詳錄賢君精誠之應也僖公飭過求已六月澍雨宣公復古行中其年穀大豐明天人相與報應之際不可不察其意〔疏〕注宣公至大豐。解云謂宣十五年初稅畝其冬蝝生宣

公受過變蘠明年復古行中十六年冬大有年是也。注明天至其意。解云謂人行德天報之福人行惡天報之禍兩令相及故言之際矣此大會也○秋齊侯宋公江人黃人會于陽穀此大會也曷爲末言爾末者淺耳但言會不言盟据貫澤言盟〔疏〕曷爲末言爾。解云上二年齊侯宋公江人黃人盟于貫澤傳云大國言齊宋遠國言江黃則以其餘爲莫敢不至也此經亦書齊侯宋公江人黃人故弟子言此大會也以難之。注据貫澤言盟者。解云謂貫澤亦大會言盟故据之桓公曰無障谷無障斷川谷專水利也水注川曰溪注溪曰谷。障之亮反一音章注同斷丁管反溪口兮反〔疏〕注水注至曰谷。解云釋水文李巡云水出于山入於川爲谿水相屬曰谷是無貯粟有無當相通。貯中呂反無易樹子樹立本正辭無易本正當立之子無以妾爲妻此四者皆時人所患時桓公功德隆盛諸侯咸曰無言不從曷爲用盟哉故告誓而已。○冬公子友如齊莅盟莅盟者何往盟乎彼也猶曰往盟於齊

莅臨也時國齊都盟主國主名不出者春秋王魯故言莅以見王義使若王者遣使臨諸侯盟飭以法度。莅音利又音類注同以見賢徧反下同遣使所吏反〔疏〕莅盟者何。解云欲言誓盟例不言莅欲言非盟而書盟見經故執不知問其言來盟者何來盟于我也此亦因魯都以見王義使若來之京師盟白事于王不加莅者來就魯魯已尊矣〔疏〕來盟者何。解云即文十五年春宋司馬華孫來盟宣七年春衞侯使孫良夫來盟之屬是也但此經既有莅盟之文故引來盟以對之。注不加至尊矣。解云正以上經言莅者見尊魯爲王之義今此來盟者已是就魯之文足見尊魯矣何勞言莅以見之乎若其加莅宜直云莅孫良夫盟也。

○楚人伐鄭

四年春王正月公會齊侯宋公陳侯衞侯鄭伯許男曹伯侵蔡蔡潰潰者何下叛上也國曰潰邑曰叛不與諸侯潰之爲文重出蔡者侵爲加蔡舉潰爲惡蔡錄義各異也月者善義兵也

潰例月叛例時。蔡潰戶內反下及注同重直用反惡蔡烏路反下惡其專并六年注同〔疏〕潰者何。解云侵若淺辭潰者深辭二者並書故執不知問。國曰潰。解云即此及文三年春正月沈潰之屬是也。邑曰叛。解云即襄二十六年衞孫林父入于戚以叛定十三年秋晉趙鞅入于晉陽以叛冬晉荀寅等入于朝歌以叛之屬是也。注月者善義兵。解云正以侵伐例時故也。注潰例月。解云即此經書正月文三年沈潰書正月是也成九年經云庚申莒潰彼注云日者錄責中國無信同盟不能相救至爲夷狄所潰是也。注叛例時。解云即晉趙鞅書秋荀寅書冬之屬是也遂伐楚次于陘其言次于陘何据召陵侵楚不言次來盟不言陘。陘音刑召陵上照反下文同〔疏〕注据召至言次。解云即定四年三月公會劉子晉侯已下于召陵侵楚是也。注來盟不言陘。解云即下文夏楚屈完來盟于召陵是也有俟也孰俟俟屈完也時楚強大卒暴征之則多傷士衆桓公先犯其與國臨蔡蔡潰兵精威行乃推以伐楚楚懼然後使屈完來受盟脩臣子之職不頓兵血刃以文德優柔服之故詳錄其止次待之善其重愛民命生事有漸故斂則有功。屈居

勿反卒寸忽反〔疏〕注善其至有功。解云言上事有漸者即先犯于蔡乃遂伐楚是也言敏則有功者敏審也言舉事敏審則有成功矣○夏許男新臣卒不言卒於師者桓公師無危不月者爲下盟去月方見大信。爲于僞反下爲桓公同去起呂反見賢徧反〔疏〕注不言至無危。解云夬成十三年曹伯盧卒于師之屬皆以其有危故言于師矣。注不月至大信解云正以莊二十三年冬十有一月曹伯射姑卒然則許與曹等而不月者若會盟之例大信者時若不去月恐其盟不爲大信故也○楚屈完來盟于師盟于召陵屈完者何楚大夫也何以不稱使据陳侯使袁僑如會。僑其驕反一本作驕音同〔疏〕屈完者何。解云欲言楚子經不書爵欲言大夫文不言使故執不知問。注据陳至如會。解云即襄三年六月公會單子晉侯已下同盟于雞澤陳侯使袁僑如會是也尊屈完也曷爲尊屈完据陳侯使袁僑如會不尊之以當桓公也增倍使若得其君以醇霸德成王事也〔疏〕注增倍至其君。解云倍讀如陪益之陪矣。

注以醇至事也。解云即下傳云桓公救中國而攘夷狄卒怗荆以此爲王者之事也其言盟于師盟于召陵何据戊寅叔孫豹及諸侯之大夫及陳袁僑盟不舉會與地〔疏〕注据戊寅至與地。解云在襄三年夏也彼經不言陳袁僑來盟于會盟于雞澤與此異故難之師在召陵也時喜得屈完來服於陘即退次召陵與之盟故言盟于師盟于召陵師在召陵則曷爲再言盟据齊侯使國佐如師已酉及國佐盟于袁婁俱從地不再言盟〔疏〕注据齊至言盟解云在成二年秋言俱從地者謂國佐從晉于袁婁也喜服楚也孔子曰書之重辭之復鳴呼不可不察其中必有美者焉。重直用反又直容反之復扶又反年末乃復同又音福〔疏〕注孔子曰至美者焉。解云春秋說文何言乎喜服楚据服蔡無喜文〔疏〕注据服蔡無喜文解云即上侵蔡蔡潰是也楚有王者則後服桓公行霸至是乃服楚無王者則先叛桓公不脩其師先叛盟是也〔疏〕注桓公至是也。解云即下經云八月公至自伐楚傳云楚已

服矣何以致伐楚叛盟也彼注云爲桓公不脩其師而執濤塗故也者是夷狄也而亟病中國數侵滅中國。亟去冀反數音朔〔疏〕注數侵滅中國。解云即莊二十八年秋荆伐鄭者是其數侵中國之文其數滅中國者即滅鄧穀之屬是也而經不書者後治夷狄故也南夷與北狄交南夷謂楚滅鄧穀伐蔡鄭北夷謂狄滅邢衛至于溫交亂中國〔疏〕注南夷至蔡鄭。解云楚滅鄧穀不書而此言者正以上桓七年夏穀伯綏來朝鄧侯吾離來朝傳云皆何以名失地之君也故知之伐蔡鄭者謂蔡鄭服從楚即上經齊侯侵蔡蔡潰遂伐楚者蓋是蔡爲楚之屬矣其鄭爲楚屬者蓋見莊十五年鄭人侵宋十六年夏宋人齊人衛人伐鄭之文也何者莊十五年時正是桓公爲霸宋爲齊屬而鄭侵之豈不從楚故也莊十六年齊人助宋伐之豈不怒乎其從楚而侵宋也蓋于時鄭人又服于齊是以十六年秋荆伐鄭故此作注云蔡鄭矣。注北夷至中國。解云狄滅邢衛在閔元年二年狄滅溫在僖十年溫言至于者以其在後故言至于僖十年亥滅溫也或者溫是圻內之國去京師近故言至于矣中國不絕若綫綫縫帛縷以喻微也。綫思賤反桓公救

中國存邢衛是也而攘夷狄攘却也北伐山戎是也。攘如羊反却也卒怗荆卒盡也怗服也荆楚也。怗他恊反一本作貼服也劉兆同廣雅云靜也玉篇又丁簟反一本作拈或音章貶反以此爲王者之事也言桓公先治其國以及諸夏治諸夏以及夷狄如王者爲之故云爾其言來何据陳袁僑如會不言來與桓爲王也以從內文知與桓公爲天下霸主前此者有事矣謂城邢衛是也〔疏〕注謂城邢衛是也。解云即上九年夏六月齊師宋師曹師城邢二年春王正月城楚丘孰城城衛也是後此者有事矣謂城緣陵是也〔疏〕注謂城緣陵是也。解云即下十四年春諸侯城緣陵是也則曷爲獨於此焉與桓公爲主序績也序次也績功也累次桓公之功德莫大於服楚明德及強夷最爲盛○齊人執陳袁濤塗濤塗之罪何辟軍之道也其辟軍之道奈何濤塗謂桓公曰

君既服南夷矣，何不還師濱海而東，服東夷且歸？濱涯也。順海涯而東也。東夷，吳也。從召陵東歸，不經陳，而趨近海道，多廣澤水草，軍所便也。○濤，徒刀反。辟，匹亦反，又音避，下同。濱，音賓。涯，五隹反。近，附近之近。便，婢面反。【疏】注而趨近海道○解云：趨，猶鄉也，謂鄉近海之道也。桓公曰：諾。於是還師濱海而東，大陷于沛澤之中。草棘曰沛，漸洳曰澤。○沛澤，音貝，又普貝反。草棘曰沛，漸洳曰澤。漸，子廉反。洳，人庶反。【疏】注草棘至曰澤者○解云：爾雅無文也。顧而執濤塗。時濤塗與桓公俱行。執者曷爲或稱侯，或稱人？稱侯而執者，伯討也。言有罪，方伯所宜討。【疏】執者曷爲或稱侯○解云：即下二十八年晉侯執曹伯畀宋人，成十五年晉侯執曹伯歸之于京師之屬是也。稱人而執者，非伯討也。此執有罪，何以不得爲伯討？古者周公東征則西國怨，西征則東國怨。此道黜陟之時也。詩云：周公東征，四國是皇。【疏】注此道至時也○解云：正以諸典不見周公西討之文故也。桓公假塗于陳而伐楚，則陳人不欲其反由己者，師不正故也。故令濤塗有此言。○令，力呈反。不脩其師而執濤塗，古人之討則不然也。以已所招而反執人，古人所不爲也。凡書執者，惡其專執。【疏】注凡書至專執○解云：言雖有罪，方伯所宜討，要須白天子乃可執之。○秋，及江人、黃人伐陳。○八月，公至自伐楚。楚已服矣，何以致伐楚？叛盟也。爲桓公不脩其師而執濤塗故也。月者，凡公出滿二時，月，危公之久。【疏】秋及至伐陳○解云：內之微者矣。○楚已至致伐○解云：莊六年傳云得意致會，不得意致伐。今此楚已服而致伐，故難之。○注凡公至之久○解云：即此僖公春去秋乃還，而云八月公至自伐楚，又襄二十八年冬公如楚，二十九年夏五月公至自楚之屬，皆是危而久之。久字亦有作之字者。案莊五年冬，公會齊人、宋人已下伐衛，至六年秋公至自伐衛，兵歷四時而不月者，彼注云久不月者，不與伐天子也，故不爲危錄之者是。○葬許繆公。得卒葬於所傳聞世者，許大小次曹，故卒少在曹後。○傳，丈專反。【疏】注得卒至曹後○解云：所傳聞之世，微國卒葬例不錄之，今許得書葬，故須注解也。何者？正以曹、許雖非大國，亦非微，故得錄見也。知許大小次曹後者，案僖五年夏，公及齊侯、宋公、陳侯、衛侯、鄭伯、許男、曹伯會王世子于首戴，許在曹上者，正是會盟之序，皆是主會次之，非孔子之意，本必得其正，故何氏不以爲妨矣。若然，案昭十二年傳云春秋之信史也，其序則齊桓、晉文，彼注云唯齊桓、晉文會能以德優劣國大小相次序，傳文云其會則主會者爲之也，彼注云非齊桓、晉文則如主會者爲之，雖優劣大小相越，不改更信史也。又云其詞則丘有罪焉爾，彼注云丘，孔子名，其貶絶譏刺之辭有所失者，是丘之罪。然則首戴之會正是齊桓爲伯之時，而云許在曹上，皆是主會者次之，未必得其正者，案下五年之會注云世子所以會者，時桓公德衰，諸侯背叛，故上假王世子示以公義。然則桓公德衰，故曹在許下，仍自不妨小于曹，則知昭十二年傳云其序則齊桓、晉文者，据其盛時大判言耳。○冬，十有二月，公孫慈帥師會齊人、宋人、衛人、鄭人、許人、曹人侵陳。月者，刺桓公不脩其師，因見患誑，不內自責，乃復加人以罪。○慈，左氏作茲。誑，九況反。【疏】注月者至以罪○稱云：正以侵伐例時，今此書月，故須注解也。言因見患誑者，言因是不脩其師之故，而爲陳之所苦患，遂爲所誑矣。

五年，春，晉侯殺其世子申生。曷爲直稱晉侯以殺？据鄭殺其大夫申侯稱國也。續問以殺者，問殺所稱例爾，非謂晉侯不當稱國爵也。【疏】注据鄭至例爾○解云：即下七年夏，鄭殺其大夫申侯是也。○注非謂至爵也○解云：若直問曷爲直稱晉侯，即嫌時不合稱晉侯，傳須云以殺，明其但怪何故稱晉侯以殺耳。殺世子、母弟，直稱君者，甚之也。甚之者，甚惡殺親親也。春秋公子貫於先君，唯世子與母弟以今君錄，親親也。今舍國體直稱君，知以親親責之。○舍，音捨。【疏】注今舍國體○解云：謂不直言晉殺申生也。○杞伯姬來朝其子。其言來朝其子何？据微者不當書朝，連來者，內辭也。與其子來者，問爲直來乎爲下朝出○爲下于僞反【疏】注據微至書朝○解云即隱十一年傳云諸侯來曰朝大夫來曰聘是也○注連來至朝出○解云直來者即莊二十七年冬杞伯姬來傳云其言來何直來曰來注云直來無事而來是也今此傳又何故不云其言朝其子何而連來問之者欲問伯姬來者爲是無事而來爲是有事言來者爲是朝其子而出之○

内辭也與其子俱來朝也因其與子俱來禮外孫初冠有朝外祖之道故使若來朝其子以殺直來之恥所以辟教戒之不明也微無君命言朝者服非賓○冠古亂反【疏】注禮外至之道解云正以士冠禮冠訖見于母見于兄弟入見于姑妹乃易服玄冠玄端爵韠奠摯見于君遂以摯見于鄉大夫鄉先生鄭氏云易服不朝服者非朝事也摯雉也鄉先生鄉中老人爲卿大夫致仕者然先生猶尚見之况其外祖乎故言外孫初冠有朝外祖之道○注微無至非賓○解云正見桓九年曹伯使其世子射姑來朝彼言使來朝則有君命今既是微人復不言使而經書來朝明其非賓也

○夏公孫慈如牟○牟莫侯反

○公及齊侯宋公陳侯衛侯鄭伯許男曹伯會王世子于首戴曷爲殊會王世子據宰周公不殊別也○首戴左氏作首止別彼列反【疏】注據宰至別也○解云即僖九年公會宰周公齊侯宋子已下于葵丘是也

世子貴也世子猶世世子也解貴意也言當世父位儲君副主不可以諸侯會之爲文故殊之使若諸侯爲世子所會也自王者言之以屈遠世子在三公下禮喪服斬衰曰公士大夫之衆臣是也自諸侯言之世子尊於三公此禮之威儀各有所施言及者因其文可得見汲汲也世子所以會者時桓公德衰諸侯背叛故上假王世子示以公義【疏】注使若諸至會也○解云使若世子爲會主致諸侯於此而會之故言使若諸侯爲世子所會也○注自王至是也○解云何氏引喪服者欲言三公臣有爲之斬衰世子則無是卑於三公之義○注自諸至所施○解云即殊與不殊是也何者世子於諸侯將有君臣之義故也○注言及至會者○解云及汲汲之文故隱元年傳云及猶汲汲及我欲之然則此言及者因會王世子之經得見魯侯汲汲于齊桓矣○注時桓至公義○解云即上四年傳文桓公不脩其師楚叛盟下文鄭伯逃歸不盟九年葵丘之盟書日以見危之屬皆是也

○秋八月諸侯盟于首戴諸侯何以不序據上會序**一事而再見者前目而後凡也**省文從可知間無事不省諸侯會盟一事不舉盟者時世子不與盟○見賢徧反省文所景反下同與音預【疏】注間無至諸侯○解云昭十三年秋公會劉子晉侯已下于平丘八月甲戌同盟于平丘然則彼經以其間無事不重言諸侯今重言諸侯盟于首戴故解之○注會盟至與盟○解云文十四年公會宋公陳侯衛侯已下同盟于新城然則彼是會盟一事舉盟以爲重不言會于某今此會盟並舉故須解之也言時世子不與盟者若不言諸侯則恐世子亦與之盟故須言諸侯盟于首戴則世子不與可知○

鄭伯逃歸不盟其言逃歸不盟者何據上言諸侯鄭伯在其中弟子疑故執不知問【疏】注据上至其中○解云亦有無据字者非正本

不可使盟也時鄭伯內欲與楚外依古不盟爲解安居會上不肯從桓公盟故後言不盟○解古賣反【疏】注時鄭伯至不盟○解云知古不盟者正見桓三年夏齊侯衛侯胥命于蒲傳云胥命者何相命也何言乎相命近正也此其爲近正奈何古者不盟結言而退是也

不可使盟則其言逃歸何據後言不盟居會上辭

魯子曰蓋不以寡犯衆也諸侯以義相約而鄭伯懷二心依古不肯盟故言逃歸所以抑一人之惡申衆人之善故云爾

○楚人滅弦弦子奔黃○

九月戊申朔日有食之此象齊桓德衰是後楚遂背叛狄伐晉滅溫晉里克比弑其二君○比弑申志反【疏】注楚遂背叛○解云即下六年秋楚人圍許之屬是也○注狄伐晉滅溫○解云即下八年夏狄伐晉十年春狄滅溫之屬是也○注晉里克比弑其二君○解云即下九年晉里克弑其君之子奚齊十年春晉里克弑其君卓子是也

○冬晉人執虞公虞已滅矣其言執之何據滅言以歸上傳云四年反取虞知去滅變以歸言執○去起呂反下同【疏】注據滅言以歸解云即定六年鄭游遫帥師滅許以許男斯歸之屬是也○上傳至取虞○解云在上二年○注知去至言執○解云注言此者欲解傳家得知虞已滅矣之義耳

不與滅也曷爲不與滅滅者

亡國之善辭也言滅者王者起當存之故爲善辭滅者上下之同力者也言滅者臣子與君戮力一心共死之辭也不但去滅復去以歸言執者明虞公滅人以自亡當絶不得責不死位也晉稱人者本滅而執之不以王法執治之故從執無罪辭也虞稱公者奪正爵起從滅也不從滅例月者略之○戮音六又作勠力彫反

六年春王正月○夏公會齊侯宋公陳侯衛侯曹伯伐鄭圍新城邑不言圍此其言圍何彊也惡桓公行霸彊而無義也鄭背叛本由桓公過陳不以道理當先脩文德以來之而便伐之彊非所以附疏○彊也其良反○秋楚人圍許諸侯遂救許○冬公至自伐鄭事遷於救許以伐鄭致者舉不得意〔疏〕注事遷至得意○解云莊六年傳云得意致會不得意致伐今此以伐致故云舉不得意然伐鄭救許皆不得意故以伐致或者但伐鄭不得意兵將復用於鄭故舉其不得意者言之助下七年春齊人伐鄭是也

七年春齊人伐鄭○夏小邾婁子來朝至是所以進稱爵者時附從霸者朝天子旁朝罷行進齊桓公白天子進之固因其得禮著其能以爵通〔疏〕注至是至爵者○解云如此注者欲決莊五年秋倪黎來來朝之文○注時附至爵通○解云正以得進而稱爵故如此解小邾婁子朝天子不書者例所不錄也今朝魯而謂之旁朝者正以諸侯之法五年一朝天子但是常事故不書之欲對朝王爲正朝故謂之旁朝案隱十一年滕侯薛侯來朝皆以其來朝新王故進稱侯今此知不由朝新王而得進者正以僖公非受命之王故也○鄭殺其大夫申侯其稱國以殺何据晉侯殺其世子申生稱侯〔疏〕注据晉至稱侯○解云在上五年春○稱國以殺者君殺大夫之辭也諸侯國體以大夫爲股肱士民爲肌膚故以國體錄○秋七月公會齊侯宋公陳世子款鄭世子華盟于甯毋○款苦管反毋音無或音某○曹伯般卒○公子友如齊○冬葬曹昭公

監本附音春秋公羊注疏僖公卷第十

江南蘇松督糧道方　體栞

公羊注疏卷十挍勘記　阮元撰盧宣旬摘錄

公羊注疏僖公卷十　唐石經僖公第五卷四

元年

齊師宋師曹師次于聶北救邢救邢　唐石經鄂本救邢字不疊此本誤衍閩監毛本同

然即彼三事　何挍本即作則

次于雍榆是也　浦鏜云榆左傳字此當作渝○按浦云是也襄廿三年釋文亦云渝左傳作榆

故入也　閩監毛本同誤也鄂本元年入作人此本疏中同當據正○按故人者仍是齊宋曹也反故人言仍是救邢之三國

便是實諸侯　閩監毛本便誤更

是以得序之　浦鏜云得當復字誤

未必反故人也　閩監毛本人作入誤

解云宿音須就反留音盧胄反　此本十字略旁注盧文弨曰史記武帝紀宿留海上索隱音秀溜漢書郊祀志同又五行志其宿留告曉人備具深切亦有讀本字者

王誅不阿親親　鄂本同閩監毛本王誤正

公會齊侯宋公鄭伯曹伯邾婁人于朾　釋文朾左氏作檉解云朾字左氏作檉亦有作朾字

下傳云襄公親至　浦鏜云之誤至按浦說是

此復讎于大國　傳于作乎

謂拒慶父　元本閩監本同鄂本拒作距毛本誤据

舍于汶水之上　唐石經諸本同解云舊本皆作洛者誤也今齊魯之間有汶無洛

時慶父自汶水之北　鄂本自作在此誤

諾已皆自畢語　解云畢作畢誤

冀州以此名之云爾　閩監毛本同誤也蜀大字本此作北當據正漢制考同

然則曷爲不於弒焉貶　毛本於誤與

貶必於重者　閩監毛本同唐石經鄂本於下有其字此脫按閔二年疏引此傳云貶必於其重者亦有其字

正猶殺夫罪重故也　浦鏜云猶疑由字誤

是以於歸亦作常文錄之若孫之喪至自齊　毛本於改于若誤諱下薨於夷於字同

二年

孰城　十四年傳曰孰城之疏引此傳亦有之字唐石經以下本皆脫

曷爲不言城衛　解云舊本曷爲之下有不言二字今無者脫也按唐石經曷爲下原刻作城後磨改爲不則本作曷爲城衛不言二字係磨改補入故此行及次行皆十一字其蹟可覆也疏本亦無不言二字十四年傳云曷爲城杞亦無不言

故當言城衛　疏本故作固解云固難之固亦有作故字者諸本作故難之固誤也按何氏當本用固字七年注云固因其得禮著其能以爵通此注今本作故非

令君喪無所繫矣　監毛本令誤今閩本令字剜改當本作令

假滅國者道以取亡焉　唐石經焉字磨改

寑而不寐　唐石經諸本寑作寢下同○按不當从穴

其諸異乎人之求之歟者　閩監毛本歟作與

眣晉大夫　○按眣當作眣从矢下同

荀息請曰以屈產之乘 唐石經諸本作荀息曰請以屈產之乘

與垂棘之白璧 唐石經璧作辟

猶外府藏也 解云本藏下有之字

馬出之內廄繫之外廄爾 唐石經廄作廏外字磨改

謂立性貪賄於寶甚也 閩監本同毛本賄誤賂

齊侯宋公江人黃人盟于貫澤 唐石經同釋文貫澤二傳無澤字按九年傳貫澤之會解云即上二年秋九月齊侯宋公江人黃人盟于貫是也而此言于貫澤者蓋地有二名然則公羊僖二年經本作盟于貫九年傳云貫澤陸氏猶未深考○按此九年疏奪澤字耳前說非也

晉大于宋不序晉而序宋者 孫志祖云穀梁疏引二晉字下皆有楚字乃與下文合各本脫也

所以奬夫霸功 鄂本夫作大此誤按穀梁疏正作大

三年

即十二年十一月十二月 浦鏜云上二年上字誤作十

故言之際矣此大會也 末四字當在下節疏曷為末言爾之上割裂疏文誤屬此

水出于山入於川為谿 閩監本同按于當作於毛本於改于誤甚

猶曰往盟於齊 毛本於改于

時國齊都盟 閩監毛本同誤也鄂本國作因當據正

但此經既有莅盟之文 閩監毛本既誤即

四年

卒怙荆 閩監毛本怙誤帖

時喜得屈完來服於陘 毛本於改于此本翻刻陘誤陛

辭之復 鄂本復作複釋文作復

何言乎喜服楚 唐石經何言乎喜四字磨改多增一字

至是乃服楚 鄂本乃服楚三字誤作傳文閩監毛本楚字猶誤作傳文屬下惟此本與唐石經合

南夷與北狄交 閩監毛本同誤也唐石經鄂本作北夷當據正注同此本疏標起訖云注北夷至中國閩監毛本亦改作北狄矣

皆何以名 閩本同監毛本名誤明

卒怙荆 唐石經鄂本同閩監毛本怙誤帖釋文怙他協反一本作貼服也劉兆同一本作怙或音章貶反石經考文提要云唐元度九經字樣宋景德本鄂泮官書本皆作怙

即上九年夏六月 浦鏜云无誤九按浦說是

序績也 唐石經諸本同何注序次也績功也按鹽鐵論執務篇引傳曰予積也下云故上積而成山阜水積而成江海行積而成君子與何本異蓋是嚴顏之別

君既服南夷矣 唐石經鄂本宋本閩監本同毛本既誤能

桓公假塗于陳而伐楚 唐石經鄂本宋本閩本同監毛本塗改途

凡公出滿三時 閩監毛本同誤也鄂本三作二當據正

月危公之久 解云危而久之久字亦有作之字者按久作之則不遍

其序則齊桓晉文 閩監毛本序改事○按作事則與昭十二年傳不合

其詞則丘有罪焉 閩監本同毛本詞改辭非

五年

紀伯姬來傳云 浦鏜云杞誤紀按浦說是也

言朝者服非實鄂本服作明此誤疏亦云經書來朝明其非實

鄉中老人爲卿大夫致仕者閩本同監毛本卿誤鄉

公上大夫之衆臣是也鄂本上作士此誤

据上言諸侯解云亦有無据字者非正本

戮力一心鄂本戮作勠此本文十三年疏所引同釋文戮又作勠

七年

夏小邾婁子來朝毛本邾誤邾

旁朝罷行進鄂本罷作能○按旁應讀去聲於朝天子罷而朝魯所謂朝罷朝也作能者應誤

盟于甯毋閩本毋作母釋文甯毋音無或音某葉鈔本及唐石經作甯母

公羊注疏卷十挍勘記終

工部虞衡司員外郎胡祖謙挍

監本春秋公羊注疏僖公卷第十一 起八年盡二十一年

何休學

八年春王正月公會王人齊侯宋公衛侯許男曹伯陳世子款鄭世子華盟于洮王人者何微者也曷爲序乎諸侯之上先王命也銜王命會諸侯諸侯當北面受之故尊序於上時桓公德衰寧毋之盟常會者不至而陳鄭又遣世子故上假王人之重以自助○洮他刀反【疏】注寧毋至不至○解云在上七年傳也其常會者不至正以衛侯許男已下不至也○注而陳至世子○解云即世子款世子華之屬是也鄭伯乞盟乞盟者何處其所而請與也以不序也【疏】乞盟者何○解云正以盟是常事自應得與今而言乞故執不知問其處其所而請與奈何蓋酌之也酌挹也時鄭伯欲與

楚不肯自來盟處其國遣使挹取其血而請與之約束無汲汲慕中國之心故抑之使若叩頭乞盟者也不錄使者方抑鄭伯使若自來也不盟不爲大惡者古者不盟也○遣使所吏反下錄使同【疏】注不盟不爲大惡○解云知非大惡者正以鄭伯不貶不絕故也若其是大惡宜如陳佗之貶爵而書名也知古者不盟者桓三年傳云古者不盟結言而退是也○夏狄伐晉○秋七月禘于太廟用致夫人用者何用者不宜用也致者何致者不宜致也禘用致夫人非禮也以致文在廟下不使入廟知非禮也禮夫人始見廟當特祭而因禘諸公廟見欲以省煩勞不謹敬故譏之不日者下用失禮明○大音泰始見賢徧反下同省所景反【疏】用者何○解云欲言失禮而經不明欲言得禮而文言用故執不知問○致者何○解云見夫見廟禮當特祭禘而言致故執不知問○注禮夫至特祭○解云正以三月見廟見廟期限明其不得因事爲之故知然也○注不日至禮明○解云正以隱五年考仲子之宮下注云失禮鬼神例日然則此亦失禮而不書日故知用在廟下失禮已明不勞舉日也○

夫人何以不稱姜氏貶曷爲貶據夫人姜氏入不貶【疏】注據夫至不貶○解云即莊二十四年八月丁丑夫人姜氏入是也譏以妾爲妻也以逆不書入廟當稱婦姜而稱夫人者夫人當坐篡嫡也妾之事嫡猶臣之事君同○篡嫡初患反下音的下同【疏】以逆至不書○解云欲道傳家知以妾爲妻者正以初逆不書與桓莊之屬夫人文異故也○入廟當至嫡也○解云言入廟當稱婦者正以婦者服也對舅姑服從之辭也今而稱夫人作不服之稱明其有篡嫡之心欲得爲夫人是以稱之曰夫人見其當有篡嫡之罪矣猶如桓宜篡弑得即位是以春秋亦如其意書其即位明其本意耳○注妾之事嫡猶臣之與君同○解云注言此者欲道妾之篡嫡欲得爲夫人而春秋書之曰夫人猶如臣子篡君欲得即位而春秋亦書其即位之義矣其言以妾爲妻奈何蓋脅于齊媵女之先至者也以不致楚女及夫人至皆不書也僖公本聘楚女爲嫡齊女爲媵齊先致其女脅僖公使用爲嫡故致父母辭言致不書夫人及楚女至者起齊先致其女然後脅魯立也楚女未至而豫廢故皆不得以夫人至書也【疏】

注僖公至爲媵○解云春秋說文○注故從至言致○解云即成九年夏季孫行父如宋致女是也○注起齊至書也○解云皆欲道若齊女未至而已脅魯之時可以書其至今先致其女乃後脅魯爲夫人其初至之時乃爲媵妾是以不得書其至矣○冬十有二月丁未天王崩惠王也

九年春王三月丁丑宋公禦說卒何以不書葬爲襄公諱也襄公背殯出會宰周公有不子之惡後有征齊憂中國尊周室之心功足以除惡故諱不書葬使若非背殯也○說音悅爲襄于僞反下注爲天爲桓皆同【疏】何以不書葬解云正以隱十一年公薨之下傳云何以不書葬彼注云據莊公書葬然則彼已有解故不重釋○注襄公至周公○解云在下經文○注後有至殯也○解云即下十八年傳云曷爲不使齊主之與襄公之征齊也桓公死豎刁易牙爭權不葬爲是故伐之也是爲齊之文也夏公會宰周公齊侯宋子衛侯鄭伯許男曹伯于葵丘宰周公者何天子之爲

政者也宰猶治也三公之職號尊名也以加宰知其職大尊重當與天子參聽萬機而下爲諸侯所會惡不
勝其任也宋未葬不稱子某者出會諸侯非尸柩之前故不名○惡不烏路反勝音升【疏】宰周公者何○解云
欲言三公而文加宰欲言卿士經書周公故執不知問○注
宰猶治也○解云正以宰者和治之名得爲治事之義○注
而下至其任也○解云如此注者欲決上五年首戴之會
序諸侯乃言會王世子若以世子爲會主致諸侯于此會而
會之然也今此宰周公文與彼異故知下爲諸侯所會○注
宋未葬至不名○解云莊三十二年傳云君存稱世子君薨
稱子某既葬稱子踰年稱公然則宋未葬宜稱子某而單稱
子者非尸柩之前無父前子名君前臣名之義知宋未葬者
正以宋公之卒在上三月下有七月之文當此之時未滿五
月是以知其未葬若然案桓公十一年鄭忽出奔傳云忽何
以名注云据宋子既葬稱子者正以其非居尸柩前故作既葬之稱非謂葬訖其謚在彼○秋七月乙
酉伯姬卒此未適人何以卒据杞叔姬不卒【疏】此未適人何以
卒○解云正以文無所繫知其未適人○注据杞叔姬不卒○
解云宜作伯姬字即莊二十七年春公會杞伯姬于洮注云

伯姬不卒者蓋不與卒于無服此未適人何以卒乎故難之
也案春秋之內唯有杞叔姬來歸成八年冬杞叔姬卒更無
叔姬不卒之事故如此解許嫁矣婦人許嫁字而笄之字者尊而不泄
所以遠別也笄者簪也所以繫持髮象男子飾也服此者明
繫屬於人所以養貞一也婚禮曰女子許嫁笄而醴之稱字
○笄古兮反泄息列反別彼列反簪莊林反【疏】注字者至遠別也○解云正以字尊於名故言尊而不泄所以
遠別者正以內之公子爲大夫者卒皆稱名而內女許嫁卒
而稱字者所以遠別之故也○注婚禮曰至稱字○解云士
婚禮記文彼注云許嫁已受納徵禮也笄女之禮猶冠男也使主婦女賓執其禮是也死則以成
人之喪治之不以殤禮降也許嫁卒者當爲諸侯夫人有即貴之漸猶俠卒也日者恩尤重於未
命大夫故從諸侯夫人例○俠音協【疏】注許嫁卒者至夫人○解云則知許嫁於大夫者不卒之何者爲大夫妻
者賤雖至其家卒猶不書况其許嫁乎○注猶俠卒也○解
云在隱九年春三月俠卒彼傳云俠者何吾大夫之未命者
也彼注云未命所以卒之者賞疑從重然則未命大夫所以
卒之以其將爲大夫有即貴之漸賞疑從重故録之今此許

嫁之女亦有將爲諸侯夫人之漸故得書之○注日者至夫
人例○解云以俠卒不日故言日者恩尤重於未命大夫故
從諸侯夫人之卒例皆書日成八年冬十月癸卯杞叔姬卒之屬是也故言從諸侯夫人例○九月戊
辰諸侯盟于葵丘桓之盟不日此何以日危
之也何危爾貫澤之會桓公有憂中國之心
不召而至者江人黄人也葵丘之會桓公震
而矜之叛者九國下伐厲善義兵是也會不書者叛也叛不書者爲天子親遣三公會
之而見叛故上爲天子下爲桓公諱也會盟一事不舉重者時宰周公不與盟○不預音豫【疏】貫澤之會○解
云即上二年秋九月齊侯宋公江人黄人盟于貫是也而此
言于貫澤者蓋地有二名然則案彼經盟此言會者舉其初
會而言也彼直書盟者舉重故也○注下伐至是也○解云
即下十五年秋七月齊師曹師伐厲注云月者善録義兵厲
葵丘之會叛天子之命也者是也○注會不至叛也○解云
言厲等九國亦在于會而葵丘之會不書之者以其叛天子

之命故不録之但書曹伯以上于會○注會盟至不與盟○
解云正以文十四年公會宋公已下同盟于新城然則彼是
會盟一事舉盟以爲重不言會于某今此會盟並舉故須兩
解之言解周公是時實不與盟若言公會宰周公齊侯已下
盟于葵上則是文害其義不舉盟直書上會會輕於盟失舉
重之例矣以此之故必須兩舉書云諸侯盟于葵丘則知周
公不與盟矣震之者何猶曰振振然亢陽之貌【疏】震之者何解云欲言
是善而盟書日欲言其惡賢伯所爲故執不知問○矜之者何猶曰莫若我
也色自美大之貌【疏】矜之者何○解云既名賢伯美見天下而取夸矜異于本行故執不知問○注色自
美大之貌○解云謂其顏色自有美大之勢○甲戌晉侯詭諸卒不書葬者殺世
子也○詭九委反【疏】注不書葬者殺世子也○解云在上五年春凡君殺無罪大夫例去其葬以絶之○
冬晉里克弑其君之子奚齊此未踰年之君
其言弑其君之子奚齊何据弑其君舍不連先君連名者上不書葬子某

弑君名未明也。殺其音弑下及注放此〔疏〕注據弑至先君。解云即文十四年齊公子商人弑其君舍是也。注連名至未明也。解云言名未明者弟子本意正欲問弑其君之子而連奚齊何之者恐人不知奚齊之名爲是先君未葬稱子某似若子般子野之屬是也爲是被弑之故稱名似若諸兒卓子之屬是也是以將名連弑問之欲使後人知其稱名之義

殺未踰年君之號也 欲言弑其子奚齊嫌無君文與殺大夫同欲言弑其君又嫌與弑成君同故引先君冠子之上則弑未踰年君之號定而坐之輕重見矣加之者起先君之子不解名者解言殺從弑名可知也弑未踰年君例當月不月者不正遇禍終始惡明故略之。冠古亂反見賢徧反〔疏〕注則弑至見矣。解云言罪差於成君與殺大夫異矣。注加之至之子。解云若不加之嫌是君子爲一人故。注不解名至知也。解云正以傳云弑未踰年君之號止荅上云其言弑其君之子何之文故云不解名矣既解言弑則書奚齊之名由弑之故明矣是以不復荅之。注弑未踰至略之。解云正以隱四年春戊申衛州吁弑其君完注云日者從外赴辭以賊聞例然則弑成君者例書日即莊八年冬十一月癸未齊無知弑其君諸兒之屬是弑成君者例既書日知弑未踰年君當月明矣今此不月故須解之

十年春王正月公如齊 書如者錄內所與外交接也故如京師善則月榮之如齊晉善則月安之如楚則月危之明當尊賢慕大無友不如已者月者僖公本齊所立桓公德衰見叛獨能念恩朝事之故善錄之。〔疏〕注故如京至榮之。解云即成十三年春三月公如京師彼注云月者善公尊天子是。注如齊至安之。解云即襄二十一年春王正月公如晉彼注云月者溴梁之盟後中國方乖離善公獨能與大國是也。注如楚則月危之。解云即襄二十八年十一月公如楚彼注云如楚皆月者危公朝夷狄也必如此注者正以朝聘例時而書月故須解矣。注明當尊賢慕大。解云正覆如齊晉則月安之。注無友不如已。解云覆如楚則月危之〇狄滅溫〇溫子奔衛〇晉里克弑其君卓子及其大夫荀息及者何累也弑君多矣舍此無累者乎曰有孔父仇牧皆累也舍孔父仇牧無累者乎曰有有則此何以書賢也何賢乎荀息 據與孔父同。君卓子勑角反又丁角反左氏經無子字舍音捨下同〔疏〕及者何。解云君之與臣尊卑異等今而言及故執不知問。累也。解云桓二年注云累累從君而死齊人語也則彼已有解故此處不復注之。曰有。解云桓二年注云叔仲惠伯是也。何賢乎注據與孔父同。解云桓二年傳云何賢乎孔父注云據叔仲惠伯不賢然則此言據與孔父同者謂與孔父同據叔仲惠伯矣

荀息可謂不食其言矣 不食言者不如食愛之而消亡之以奚齊卓子皆立〔疏〕注以奚至皆立。解云欲指不食其言之事狀矣。其不食其言奈何奚齊卓子者驪姬之子也荀息傅焉 禮諸侯之子八歲受之少傅教之以小學業小道焉履小節焉十五受大傅教之以大學業大道焉履大節焉。驪力知反少詩照反大傅音泰〔疏〕注禮諸侯至節焉。解云皆藝文志文也。注云小道小節正謂始甲典覓師受業大道大節謂博習盡誠也

驪姬者國色也 其顏色一國之選。選息戀反

獻公愛之甚欲立其子於是殺世子申生申生者里克傅之獻公病將死謂荀息曰士何如則可謂之信矣 獻公自知廢正當有後患欲託二子於荀息故動之云爾 荀息對曰使死者反生生者不愧乎其言則可謂信矣 荀息察言觀色知獻公欲爲奚齊卓子來動已故荅之云爾。欲爲于僞反下文爲文公不爲故爲皆同 獻公死奚齊立里克謂荀息曰君殺正而立不正廢長而立幼 長謂重耳。長丁丈反注同。 如之何願與子慮之荀息曰君嘗訊臣矣 上問下曰訊言臣者明君臣相與言不可負。訊音信上問曰下訊 臣對曰使死者反生生者不愧乎其言則可謂信矣里克知其不可

與謀退弑奚齊荀息立卓子里克弑卓子荀息死之荀息可謂不食其言矣起時莫不背死鄉生去敗與成荀息一受君命終身死之故言及與孔父同義不日者不正遇禍終始惡明故略之○背音佩鄉許亮反〔疏〕注故言至同義○解云桓二年宋督弑其君與夷及其大夫孔父彼注云言及者使上及其君若附大國以名通明當封爲附庸不絶其祀所以重社稷之臣也今荀息一受君命終身死之故言及亦使上及其君若附大國以名通明當封爲附庸不絶其祀所以重社稷之臣故云與孔父同義○注不日者至故略之○解云正以成君見弑者例書日今此不日故解之○

○夏齊侯許男伐北戎○晉殺其大夫里克

里克弑二君則曷爲不以討賊之辭言之據衛人殺州吁〔疏〕注據衛人殺州吁○解云即隱四年九月衛人殺州吁于濮是也惠公之大夫也惠公簒立已定晉國君臣合爲一體無所復責故曰此乃惠公之大夫安得以討賊之辭言之○所復扶

又反下同然則孰立惠公欲難殺之意○難乃旦反里克也里克弑奚齊卓子逆惠公而入里克立惠公則惠公曷爲殺之惠公曰爾既殺夫二孺子矣孺子小子也奚齊卓子時皆幼小○夫音扶孺如注反○又將圖寡人如我有不可將復圖我如二孺子○爲爾君者不亦病乎於是殺之然則曷爲不言惠公之入據齊小白入于齊晉之不言出入者踊爲文公諱也踊豫也齊人語若關西言渾矣獻公殺申生文公與惠公恐見及出奔不子當絶還入爲簒文公功足以并掩前人之惡故惠公入懷公出文公入渾皆不書悉爲文公諱故也爲文公諱者欲明文公之功大也語在下懷公者惠公子也惠公卒懷公立而秦納文公故出奔惠公文公出奔不書者非命嗣也○踊音勇豫也言渾戶昆反又戶本反下同〔疏〕注文公與惠公至嗣也○解云正以同姓之臣尚無去義況於兄子乎且惠公文公庶子

假令不去亦不殺之故知去父宜當絶矣齊小白入于齊則曷爲不爲桓公諱桓公之享國也長享食美見乎天下故不爲之諱本惡也文公之享國也短美未見乎天下故爲之諱本惡也桓公功大善惡相除足封有餘較然爲天下所知文公功少嫌未足除身簒而有封功故爲之諱并不言惠公懷公出入者明非徒足以除身簒而已有足封之明較也美不如桓公之功大○美見賢徧反下同較然音角下同

○秋七月○冬大雨雹

何以書記異也夫人專愛之所生也○雨于付反雹步角反〔疏〕冬大雨雹解云左氏作雹○注夫人專愛之所生也○解云蔽障楚女而專取君愛故生此雹災

十有一年春晉殺其大夫丕鄭父○丕普悲反〔疏〕丕鄭父○解云左氏經無父字○夏公及夫人姜氏會齊侯于陽

穀○秋八月大雩公與夫人出會不恤民之應○冬楚人伐黃

十有二年春王三月庚午日有食之是後楚滅黃狄侵衛〔疏〕注是後楚滅黃○解云在今年夏注狄侵衛○解云在十三年春○夏楚人滅黃○秋七月○冬十有二月丁丑陳侯處臼卒處臼左氏作杵臼〔疏〕夏楚人滅黃○解云莊十年冬十月齊師滅譚十三年夏六月齊人滅遂然則滅例月而此不月者所傳聞之世始錄夷狄滅小國也

十有三年春狄侵衛○夏四月葬陳宣公○公會齊侯宋公陳侯衛侯鄭伯許男曹伯于鹹桓公自貫澤陽穀之會後所以不復舉小國者從一法之後小國言從令行大國唯曹許以上乃會○鹹音咸不復扶又反下同○秋九月大雩由陽穀之會不恤民復會于鹹城緣陵煩擾之應〔疏〕

注由陽至之應○解云謂上十一年夏公及夫人姜氏會齊侯于陽穀是。○冬，公子友如齊。

十有四年，春，諸侯城緣陵。孰城之？諸侯不序，故問誰城。〔疏〕注諸侯至誰城○解云案上二年春王正月城楚丘傳云孰城之彼注云据内城不月故問之然彼經書月故得此解此經不月傳云孰城之漫道諸侯無所指据緣陵之號由來未有故怪而問之。城杞也。曷為城杞？滅也。孰滅之？蓋徐莒脅之。以下皆狄徐也言脅者杞王者之後尤微是見恐曷而亡○恐丘勇反曷火葛反〔疏〕注以下至曷而亡○解云即下十五年冬楚人敗徐于婁林注云謂之徐者為滅杞不知尊先聖法度惡重故狄之也文七年冬徐伐莒彼注云謂之徐者前共滅王者後不知尊先聖法度今自先犯文對事連可以起同惡莒在下不得狄故復狄徐也一罪再狄者明為莒狄之爾是也曷為不言徐莒脅之？為桓公諱也。曷為為桓公諱？上無天子，下無方伯，天下諸侯有相滅亡者，桓公不能救，則桓公恥之也。然則孰城之？桓公城之。曷為不言桓公城之？不與諸侯專封也。曷為不與？實與而文不與。文曷為不與？諸侯之義不得專封也。諸侯之義不得專封，則其曰實與之何？上無天子，下無方伯，天下諸侯有相滅亡者，力能救之，則救之可也。輒發傳者與城衞同義言諸侯者時桓公德衰待諸侯然後乃能存之外城不月者文言諸侯非内城明矣○為桓于偽反下為桓為天下并注臣為同〔疏〕注外城至明矣○解云正以隱七年夏城中丘襄十九年冬城西郛城武城之屬是内城不月外城月者即上元年夏六月城邢二年春王正月城楚丘之屬是也今外不月正以文言諸侯非内城可知故省文而昭三十二年冬城成周不月蓋以城天子與内同○夏，六月，季姬及鄫子遇于防，使鄫子來朝。鄫子曷為使乎季姬來朝？据使者臣為君銜命文也。内辭也，非使來朝，使來請己也。使來請娶己以為夫人下書歸是也禮男不親求女不親許魯不防正其女乃使要遮鄫子淫泆使來請己與禽獸無異故卑鄫子使乎季姬以絕賤之也月者甚惡内也○要一遥反遮諸奢反泆音逸惡烏路反〔疏〕注下書歸是也○解云即下十五年季姬歸于鄫是也○注禮男不親求○解云即昏禮不稱主人之屬是也○女不親許○解云即致女之禮是也○注以絕賤之也○解云謂絕而賤之不以為諸侯也○注月者甚惡也○解云正以遇例時即隱四年夏公及宋公遇于清八年春宋公衞侯遇于垂莊三十年冬公及齊侯遇于魯濟之屬是也今此月者甚惡内也范氏云魯女無故遠會諸侯遂得淫通此亦事之不然左傳曰鄫季姬來寧公怒之以鄫子不朝遇于防而使來朝此近合人情何氏以為鄫魯相近信使泆通男女之情風流應合未世無禮容或有之若姜氏如莒之流寧可然問也○秋，八月，辛卯，沙鹿崩。沙鹿者何？河上之邑也。此邑也，其言崩何？据梁山言崩〔疏〕沙鹿者何○解云欲言是邑邑無崩道欲言其山文無山稱故執不知問○注据梁山言崩○解云即成五年夏梁山崩是也襲邑也。襲者嘿陷入于地中言崩者以在河上也河崩有高下如山有地矣故得言崩也〔疏〕注襲者至地中○解云謂嘿然而陷矣沙鹿崩何以書？記異也。外異不書，此何以書？据長狄之齊晉不書〔疏〕注据長至不書○解云即文十一年傳云狄者何長狄也兄弟三人一者之齊一者之魯一者之晉其之齊者王子成父殺之其之魯者叔孫得臣殺之則未知其之晉者也何以書記異也然則長狄之齊晉皆不書之是外異不書也為天下記異也。土地者民之主霸者之象也河者陰之精為下所襲者此象天下異齊桓將卒霸道毀夷狄動宋襄承其業為楚所敗之應而不繫國者起天下異〔疏〕注宋襄至天下異○解云即下二十二年冬十一月己巳朔宋公及楚人戰于泓宋師敗績是也。○狄侵鄭。○冬，蔡侯肸卒。不書葬者潰當絕也不月者賤其背小國而附父讎故略之甚也肸立不書者父獻舞見獲留卒於楚肸以次立非篡也

○肹許乙反注同背音佩〔疏〕注不月至簒也○解云正以大國之卒例合書日即隱八年夏六月己亥蔡侯考父卒之屬是也今此反不月者故言略之甚也其父者即蔡侯獻舞莊公十年爲楚所獲而卒於楚故謂楚爲父讎上四年齊侯已下侵蔡蔡潰遂伐楚是其背中國附父讎之事

十有五年春王正月公如齊月者善公既能念恩尊事齊桓又合古五年一朝之義故録之〔疏〕注月者至齊桓○解云即上十年春王正月公如齊彼注云月者僖公本齊所立桓公德衰見叛獨能念恩朝事之故善録之故也○注又合至録之解云何氏以爲古者天子五年一巡守諸侯亦五年一朝天子分天子諸侯爲五部部朝一年五年而徧其小國事大國亦然故以十年朝齊今又往朝是爲合古桓元年傳云諸侯時朝乎天子天子之郊諸侯皆有朝宿之邑焉注云緣臣子之心莫不欲朝朝莫夕王者與諸侯別治勢不得自專朝故即位比年使大夫小聘三年使上卿大聘四年又使大夫小聘五年一朝王者亦貴得天下之歡心以事其先王因助祭以述其職故分四方諸侯爲五部部有四輩輩主一時孝經曰四海之内各以其職來助祭尚書云羣后四朝敷奏以言明試以功車服以庸是也

○楚人伐徐○三月公會齊侯宋公陳侯衛侯鄭伯許男曹伯盟于牡丘遂次于匡○公孫敖率師及諸侯之大夫救徐言次者刺諸侯緩於人恩既約救徐而生事止次不自往遣大夫往卒不能解也大夫不序者起會上大夫君已目故臣凡也内獨出名氏者臣不得因君殊尊省文别尊卑也○别彼列反〔疏〕注臣不至省文○解云正以上言公會齊侯以下是殊尊魯之文今若不舉内大夫名氏即因君卿者殊尊之經而省文

○夏五月日有食之是後秦獲晉侯齊桓公卒楚執宋公霸道衰中國微弱之應

○秋七月齊師曹師伐厲月者善録義兵厲葵丘之會叛天子之命也曹稱師者桓公霸道衰曹獨能從之征伐不義故褒之所以勸勉不能扶助霸功激揚解惰也○厲如字舊音賴激古歷反解古賣反惰徒卧反〔疏〕注月者善録義兵○解云正以侵伐例時故也其例時者即上十一年冬楚人伐黄之屬是也

○八月螽公久出煩擾之所生○螽之戎反

○九月公至自會桓公之會不致此何以致据柯之會不致久也久暴師衆過三時○暴步卜反○季姬歸于鄫○己卯晦震夷伯之廟晦者何冥也書日而冥○冥亡丁反又亡定反注同〔疏〕晦者何○解云欲言月晦例所不書欲言晝冥亦非常録故執不知問震之者何雷電擊夷伯之廟者也夷伯者曷爲者也季氏之孚也孚信也季氏所信任臣〔疏〕震之者何○解云欲言天震文不言天欲言地震又無地稱故執不知問加之者以震有二種故也且避問輕重兩舉云云之說在隱九年季氏之孚則微者其稱夷伯何大之也曷爲大之据陽虎稱盜〔疏〕注据陽虎稱盜○解云即是八年盜竊寶玉大弓是也天戒之故大之也明此非但爲微者異乃公家之至戒故尊大之使稱字過于大夫以起之所以畏天命孔子曰君子有三畏畏天命畏大人畏聖人之言

何以書記異也此象桓公德衰彊楚以邪勝正僖公蔽於季氏季氏蔽於陪臣陪臣見信得權僭立大夫廟天意若曰蔽公室者是人也當去之○去起呂反

○冬宋人伐曹○楚人敗徐于婁林謂之徐者爲滅杞不知尊先聖法度惡重故狄之也不月者略兩夷狄也○爲于僞反〔疏〕注不月至狄也○解云正以敗例書月即莊十年春王正月公敗齊師于長勺秋九月荆敗蔡師于莘是也以其非兩夷故書月

○十有一月壬戌晉侯及秦伯戰于韓獲晉侯此偏戰也何以不言師敗績据泓之戰言宋師敗績○泓烏宏反君獲不言師敗績也舉君獲爲重也釋不書者以獲君爲惡書者以惡見獲與獲人君者皆當絶也主書者從獲人例○惡烏路反〔疏〕注釋不書至人例○解云正決二十一年釋宋公之經矣然莊十年荆敗蔡師于莘以蔡侯獻舞歸傳云曷爲不言其獲不與夷狄之獲中國也然則秦楚同類得獲晉侯者正以爵稱伯非真夷狄故與楚異

十有六年春王正月戊申朔霣石于宋五是月六鷁退飛過宋都曷爲先言霣而後言石据星霣後言霣○十六年本或從此下别爲卷案七志七録何注此十一卷公羊以閔附莊故也後人以僖卷大輒分之爾霣于敏反是月如字或一音徒兮反六鶂五歷反水鳥〔疏〕注据星霣後言霣○解云即莊七年夜中星霣如雨是也

霣石記聞聞其磌然視之則石察之則五

是月者何僅逮是月也是月邊也魯人語也在正月之幾盡故曰劣及是月也磌然之人反又大年反聲響也一音芳君反本或作砰八耕反僅其靳反劣也逮音代又大計反及也幾音祈〔疏〕是月者何○解云正以言異常例故執不知問○注是月至語也○解云案上十年傳云踊爲文公諱何氏云踊豫也齊人語若關西言渾矣是以春秋之內於此乎悉解爲齊人語而此一文獨爲魯人語者以是經文孔子作之孔子魯人故知魯人語彼皆是諸傳文乃胡毋生公羊氏皆爲齊人故解爲齊人語注在正月之幾盡者謂晦日乃在正月之欲盡矣

何以不日据五石言日○〔疏〕注据五石言日○解云等是災異何故五石書言戊申朔而六鷁不書日乎故難之

晦日也凡災異晦日不日日食是也日食當於晦朔不日晦可知也六鷁無常故言是月以起晦也〔疏〕注凡災至不日○解云即莊十八年三月日有食之之屬是也今此亦晦故不書日○注日食至起晦也○解云案隱三年王二月己巳日有食之傳云日食則曷爲或日或不日或言朔或不言朔曰某月某日朔日有食之者食正朔也注云桓三年秋七月壬辰朔日有食之是也傳又云其或日或不日或失之前或失之後失之前者朔在前也注云謂二日食己巳有食之是也傳又云失之後者朔在後也注又云謂晦日食莊十八年三月日有食之是也然則日食亦有二日食此注何言日食常於晦朔乎二日食者雖非正朔若欲比晦言之亦得謂之朔矣言若正朔食朔日並言若二日食則言日則知日朔並不言是晦日明矣故云不日晦可知也

晦則何以不言晦据上言朔春秋不書晦也事當日者日平居無他卓佹無所求取言晦朔也趈盟奚戰是也○佹尤委反趈翠軌反〔疏〕注平居無他卓佹○解云謂無他卓異佹戾平常之事也○注無所至戰是也○解云即桓十七年二月丙午及邾婁儀父盟于趡春秋說以爲二月晦矣五月丙午及齊侯戰于奚春秋說以爲五月之晦也然則此傳云春秋不書晦謂平常之事下文朔有事則書晦雖有事不書者謂卓佹之事合書晦朔矣

朔有事則書重始故書以録事若泓之戰及此皆是也〔疏〕注若泓至是也○解云即下二十二年冬十有一月己巳朔宋公及楚人戰于泓及此經皆書朔是其卓佹之事書朔也

晦雖有事不書重始而終自正故不復書以録事○不復扶又反下同

曷爲先言六而後言鷁据霣石後言五六鷁退飛記見也視之則六察之則鷁徐而察之則退飛鷁小而飛高故視之如此事勢然也宋都者宋國所治也人所聚曰都言過宋都者時獨過宋都退飛○所治直吏反

五石六鷁何以書記異也外異不書此何以書爲王者之後記異也王者之後有亡徵非親王安存之象故重録爲戒記災異也石者陰德之專者也鷁者鳥中之耿介者皆有似宋襄公之行襄欲行霸事不納公子目夷之謀事事耿介自用卒以五年見執六年終敗如五石六鷁之數天之與人昭昭著明甚可畏也於晦朔者示其立功善甫始而敗將不克終故詳録天意也○爲王于僞反注同耿介音戒之行下孟反○〔疏〕注卒以五年見執○解云即下二十一年執宋公以伐宋是討有六年而言五年者据實日月言之以合五石之數故也又六年終敗者即下二十二年戰于泓宋師敗績是也討有七年而言六年者如上說○注天之與人至畏也者解云春秋說文也

○三月壬申公子季友卒其稱季友何据犂戰名不稱季來歸不稱友〔疏〕注据犂至稱季○解云即上元年冬十月壬午公子友帥師敗莒師于犂是也○注來歸不稱友○解云閔二年季子來歸是也

賢也閔公不書葬故復於卒賢之明季子當蒙討慶父之功遏牙存國終當録也不稱子者上歸本當稱字起事言子○〔疏〕注閔公至録也○解云正以君弒賊不討惡臣子不討賊君喪無所繫往前閔公不書葬恐季子有甚惡故書字見其賢○注不稱子至言子○解云即閔元年歸之下注云不稱季友者明齊繼魯本感落姑之託故令與高子俱稱子起其事是也

○夏四月丙

申鄫季姬卒○秋七月甲子公孫慈卒日者僖公賢君宜有恩禮於大夫故皆日也一年喪骨肉三人故日痛之〔疏〕注日者至皆日也○解云以所傳聞之世大夫之卒不問有罪以否例不日隱元年十二月公子益師卒是也今此季友公孫慈之卒皆書日者正以賢君宜有恩禮於大夫故也然則言皆者皆季友與公孫慈也其鄫季姬之卒例自合日即上九年秋七月乙酉伯姬卒之屬是也○注一年至痛之○解云言由其是賢君故宜痛骨肉之卒若直見是賢君宜有禮于大夫但當見季一人書日故知宜痛其頻死故也○冬十有二月公會齊侯宋公陳侯衛侯鄭伯許男邢侯曹伯于淮月者危桓公德衰任豎刀易牙墮功滅項自此始也○墮許規反〔疏〕注月者至此始也○解云正以盟會之例大信書時今而書月故如此解知任豎刀易牙者下十八年傳文言墮功滅項者謂墮毀霸功而滅項即下十七年夏滅項是也

十有七年春齊人徐人伐英氏稱氏者春秋前黜稱氏也伐國而舍氏言之者非主名故伐之得從國舉〔疏〕注伐國至主名○解云若其主名即爵等是也○夏滅項孰滅之齊滅之以言滅知非內也以不諱知齊滅○項戶講反國名〔疏〕注以言滅知非內也○解云案經直言滅不載主名何知非內滅之正以春秋之例內大惡諱今言滅知非內矣○以不諱知齊滅○解云春秋之例爲賢者諱故上十二年楚人滅黃不爲諱今諱不言齊人故知齊滅之曷爲不言齊滅之據齊師滅譚〔疏〕注據齊師滅譚○解云在莊十年冬也爲桓公諱也春秋爲賢者諱此滅人之國何賢爾君子之惡惡也疾始絕其始則不得終其惡○爲桓于僞反下及注同惡惡並如字一讀上烏路反善善也樂終樂賢者終其行○行下孟反桓公嘗有繼絕立僖公也〔疏〕注立僖公也○解云即元年是也存亡之功存邢衛杞〔疏〕注存邢衛杞○解云存邢上元年城邢是也存衛上二年城楚丘是也存杞上十四年城緣陵是也故君子爲之諱也言嘗者時桓公德衰功廢而滅人嫌當坐故上述所嘗盛美而爲之諱所以尊其德彰其功傳不言服楚獨舉繼絕存亡者明繼絕存亡足以除殺子糾滅譚遂項覆終身之惡服楚功在覆篡惡之表所以封桓公名當如其事也不月者桓公不坐滅略小國〔疏〕注傳不言服楚至亡者○解云其服楚在上四年傳云曷爲再言盟喜服楚也是也○注明繼至身之惡○解云殺子糾者即莊九年九月取子糾殺之是也滅譚即莊十年冬十月齊師滅譚是也其滅遂者即莊十三年夏六月齊人滅遂是也以繼絕除殺子糾以存三亡國除其三滅故云覆終身之惡○注服楚至事也○解云即莊九年齊小白入于齊是其篡文也而言之表者取以葢藏之○注不月至小國○解云言滅國例書月者惡其篡而罪之今桓公功足除其滅是以不月故云不坐滅也而滅譚滅遂皆月者是時未足以覆之也略小國者欲道既諱不言齊知是諱滅而不書月又以略小國故也○秋夫人姜氏會齊侯于卞○卞皮彥反○九月公至自會○十有二月乙亥齊侯小白卒

十有八年春王正月宋公會曹伯衛人邾婁人伐齊月者與襄公之征齊善錄義兵〔疏〕注月者至征齊○解云正以侵伐例時故也戰不言伐者莊十年師解故難之○夏師救齊○五月戊寅宋師及齊師戰于甗齊師敗績戰不言伐此其言伐何宋公與伐而不與戰故言伐春秋伐者爲客伐者爲主曷爲不使齊主之據甲寅衛人及齊人戰○甗魚輦反又音言與伐音預下不與同○〔疏〕宋公至故言伐○解云謂宋公但與伐而不與戰故不得舉重是以兩舉之○注據甲至人戰○解云即莊二十八年春王三月甲寅齊人伐衛衛人及齊人戰衛人敗績傳云春秋伐者爲客伐者爲主故使衛主之也彼注云戰序上言及者爲主是也與襄公之征齊也曷爲與襄公之征齊據齊桓公霸者猶不與征衛〔疏〕與襄公之征齊也○解云謂使

征而正之征是上討下之辭○注據齊至征衛○解云即莊二十八年春衛人及齊人戰是也

桓公死豎刀易牙爭權不葬爲是故伐之也不爲文實者保伍連率本有用兵征伐不義之道○刀音彫爲是于僞反注同〔疏〕注不爲文至之道○解云其爲文實者即上元年春齊師宋師曹師次于聶北救邢傳云曷爲先言次而後言救君也君則其稱師何不與諸侯專封也曷爲不與實與而文不與文曷爲不與諸侯之義不得專封也諸侯之義不得專封則其曰實與之何上無天子下無方伯天下諸侯有相滅亡者力能救之則救之可也其二年城楚丘之下亦復發文實之傳矣今此經何以不言宋師伐齊傳云此公也其稱師何不與諸侯專征曷爲不與實與而文不與文曷爲不與諸侯之義不得專征諸侯之義不得專征則其曰實與之何上無天子下無方伯天下諸侯有不道者力能征之則征之可也正以諸侯本無專封之道是以元年二年之經皆爲文實以保伍連率本有用兵征不義之道是以不貶宋公稱師矣

○狄救齊○秋八月丁亥葬齊桓公○冬邢人狄人伐衛狄稱人者善能救齊雖拒義兵猶有憂中國之心故進之不於救時進之者辟襄公不使義兵壅塞〔疏〕注狄稱人至兵壅塞○解云案穀梁傳狄救齊傳云善救齊也又云邢人狄人伐衛傳云其稱人何也善累而後進之伐衛所以救齊也何氏廢之曰即伐衛救齊當兩舉如伐楚救江矣又傳以爲江遠楚近故伐楚救江今狄亦近衛而遠齊其事一也於義穀梁爲短以此言之則何氏之意適自伐衛不爲救齊之故而此注又以狄稱人者善能救齊者謂以其上能救齊是以於此進之不謂此時伐衛爲救齊也所以不於救時進者不使義兵壅塞也

十有九年春王三月宋人執滕子嬰齊名者著葵丘之會叛天子命者也不得爲伯討者不以其罪執之妄執之所以著有罪者爲襄公殺恥也襄公有善志欲承齊桓之業執一惡人不能得其過故爲見其罪所以助賢者養善意也月者録責之○爲襄于僞反下故爲起爲爲襄公深爲若不爲皆同見賢徧反〔疏〕注名者至命者○解云即上九年夏公會宰周公齊侯宋子衛侯鄭伯許男曹伯于葵丘九月戊辰諸侯盟于葵丘傳云桓公震而矜之叛者九國是也○注不得爲伯討○解云上四年傳云稱侯而執者伯討也稱人而執者非伯討也今此不稱侯故解之○注月者録責之○解云正以執例書時即上四年夏齊人執陳袁濤塗五年冬晉人執虞公之類是也今此書月者録責之也

○夏六月宋人曹人邾婁人盟于曹南因本會于曹南盟故以地實邾婁說在下〔疏〕注因本至在下○解云言此盟之前相與于曹南矣其實此盟在邾婁故言實邾婁矣

鄫子會于邾婁其言會盟何據言諸侯會盟不録及曹伯襄言會諸侯〔疏〕注據外至會諸侯○解云舊本皆無及字言外諸侯會盟不録者正以竟春秋上下無外諸侯會盟之文若存及宜下句讀之

後會也說與會伐宋同義君不會大夫刺後會者起實君也地以邾婁者起爲邾婁事也不言君者爲襄公諱也鄫本許嫁季姬於邾婁季姬淫泆使鄫子請已而許之二國交忿襄公爲此盟欲和解之既在會間反爲邾婁所欺執用鄫子恥辱加於宋無異故没襄公使若微者也不於上地以邾婁者深爲襄公諱使若不爲邾婁事盟而鄫子自就邾婁爲所執者也上盟不日者深順諱文從微者例使若下執不以上盟爲辨也會盟不日者言會盟不信已明無取於日自其正文也〔疏〕注說與會伐宋同義○解云即莊十四年春齊人陳人曹人伐宋夏單伯會伐宋傳云其言會伐宋何後會也彼注云本期而後故但舉會書者刺其不信○注君不會大夫○解云案莊九年春公及齊大夫盟于暨傳云公曷爲與大夫盟齊無君也然則何以不名爲其諱與大夫盟也使若衆然又莊二十二年秋及齊高傒盟于防傳云曷爲不言公諱與大夫盟也皆是君不會大夫之辭○注起實君也○解云言起上宋人曹人之屬實是宋公曹伯耳○注地以邾婁○解云正以二十八年夏公會晉侯以下盟于踐土陳侯如會傳云其言如會何後會也然則彼言陳侯如會此亦宜言鄫子如會而言于邾婁起爲邾婁事也○注不言君者○解云上曹南之盟不言宋公等是也○注季姬淫泆至微者也○解云即上十四年夏六月季姬及鄫子遇于防使鄫子來朝傳云鄫子曷爲使乎季姬來朝内辭也非使外朝使來請已也○注不於上至執者也○解云上經云盟于曹南者實是盟于邾婁故以此解之所以不於上經地以邾婁者深爲襄公諱使若不爲邾婁事盟而鄫子自就邾婁所見執者也○注上盟不至日者○解云春秋上下微者之盟例皆書時而下文冬會陳人蔡人楚人鄭人盟于齊之屬是今此乃以不日爲微者例者正以宋襄賢君雖使微者有可采取故宜書月隱元年注云微者盟例時不

能專正故責略之此月者隱公賢君雖使微者有可采取故錄也是也○注會盟至正文也○解云正以春秋之例不信者日故也言自其正文也者謂既言會盟即是不信之正文不勞書日以見

己酉邾婁人執鄫子用之惡乎用之用之社也其用之社奈何蓋叩其鼻以血社也惡無道也不言社者本無用人之道言用之已重矣故絕其所用處也日者魯不能防正其女以至於此明當痛其女禍而自責之○惡乎音烏惡無烏路反用處昌慮反〔疏〕注日者魯至自責之○解云正以凡執例時即上四年夏齊人執陳袁濤塗之屬是也今日故解之

○秋宋人圍曹○衛人伐邢○冬公會陳人蔡人楚人鄭人盟于齊因宋征齊有隙爲此盟也是後楚遂得中國霍之會執宋公○〔疏〕注因宋征至執宋公○解云謂上十八年襄公征齊齊與宋有間隙齊遂構會諸侯之人而爲此盟以謀宋矣霍之會執宋公即下二十一年秋宋公楚子陳侯蔡侯鄭伯許男曹伯會于霍執宋公以伐宋是也

○梁亡此未有伐者其言梁亡何據蔡潰以自潰爲文舉侵也〔疏〕注據蔡至侵也○解云即上四年春公會齊侯云云侵蔡蔡潰是也自亡也其自亡奈何魚爛而亡也梁君隆刑峻法一家犯罪四家坐之一國之中無不被刑者百姓一旦相率俱去狀若魚爛魚爛從內發故云爾者其自亡者明百姓得去之君當絕者〔疏〕魚爛而亡也○注梁君至絕者○史記春秋說有此文也

二十年春新作南門何以書譏何譏爾門有古常也惡奢泰不奉古制常法○惡烏路反〔疏〕注惡奢至常法○解云言其直是奢泰不依古法非僭天子也隱五年傳云始僭諸侯昉於此乎前此則曷爲始於此僭諸公猶可言也僭天子不可言也定二年雉門及兩觀災之下何氏云立雉門兩觀不書者僭天子不可言雖在春秋中猶不書然則此新作南門書之知不僭天子也

○夏郜子來朝郜子者何未有存文嫌不名故執不知問○郜古報反姬姓之國下同○〔疏〕注未有存至知問○解云桓二年夏四月取郜大鼎于宋隱二年傳云始滅昉於此乎前此矣何氏云前此者在春秋前謂宋滅郜是也然則宋人滅郜在春秋之前是以桓二年取郜大鼎于宋自爾以來不見存在之文若然則是失地之君例合書名而來朝不名故執不知問失地之君也何以不名據鄧穀名〔疏〕注據鄧穀名○解云即桓七年夏穀伯綏來朝鄧侯吾離來朝傳云皆何以名失地之君是也兄弟辭也郜魯之同姓故不忍言其絕賤明當尊遐之異於鄧穀也書者著內見歸〔疏〕注不忍至絕賤○解云即不書其名是也何者若非兄弟宜書其名絕而賤之○注明當至見歸○解云正以穀鄧書名而此不名也

○五月乙巳西宮災西宮者何小寢也小寢則曷爲謂之西宮有西宮則有東宮矣魯子曰以有西宮亦知諸侯之有三宮也西宮者小寢內室楚女所居也禮諸侯娶三國女以楚女居西宮知二國女於小寢內各有一宮也故云爾禮夫人居中宮少在前右媵居西宮左媵居東宮少在後○〔疏〕西宮者何○解云欲言是廟不書其謚欲言居寢而書宮舉災故執

不知問○注西宮者至云爾○解云案襄九年春宋火傳云曷云或言災或言火大者曰災小者曰火何氏云大者謂正寢社稷宗廟朝廷也此西宮者小寢內室楚女所居也何故不言火而書災彼傳又云內何以不言火內不言火者甚之也彼注云春秋以內爲天下法動作當先自克責故小有火如大有災是以雖小言災耳○禮夫人居中宮○解云王者之制也

西宮災何以書記異也是時僖公爲齊所脅以齊媵爲嫡楚女廢在西宮而不見恤悲愁怨曠之所生也言西宮不繫小寢者小寢夫人所統妾之所繫也天意若曰楚女本當爲夫人不當繫於齊女故經亦云爾○爲適丁歷反又作嫡

○鄭人入滑○秋齊人狄人盟于邢狄稱人者能常與中國也○冬楚人伐隨隨叛楚故也

二十有一年春狄侵衛貶狄者爲犯中國諱○爲于僞反下不爲襄下文爲執皆同○宋人齊人楚人盟于鹿上○夏大旱何以書記災也新作南門之所生○秋宋公楚子陳侯蔡

侯鄭伯許男曹伯會于霍執宋公以伐宋執之楚子執之以下獻捷貶○霍左氏作盂〔疏〕會于霍○解云左氏作盂穀梁作雩盂誤或所見異○注以下獻捷貶○解云即下文冬楚人使宜申來獻捷傳云此楚子也其稱人何貶曷爲貶爲執宋公貶是也曷爲不言楚子執之據溴梁盟下執莒子邾婁子復出晉人也○溴古闃反〔疏〕注據溴梁盟○解云即襄十六年春公會晉侯宋公以下于溴梁晉人執莒子邾婁子以歸是也不與夷狄之執中國也不與執爲重復舉伐者刧質諸侯求其國事當起也不爲襄公諱者守信見執無恥諱在下也〔疏〕注刧質諸侯○解云言刧諸侯以爲質而求其國事當起也是以執伐兩舉見其外貪利也下云楚人謂宋人曰子不與我國吾將殺子君矣是也○冬公伐邾婁○楚人使宜申來獻捷此楚子也其稱人何據稱使知楚子貶曷爲貶據齊侯獻戎捷不貶爲執宋公貶曷爲爲執宋公貶

據上已沒不與執中國宋公與楚子期以乘車之會盂鹿上之盟〔疏〕注盂鹿上之盟○解云即上文春宋人齊人楚人盟于鹿上是也言鹿上盟爲此約公子目夷諫曰楚夷國也彊而無義請君以兵車之會往宋公曰不可吾與之約以乘車之會自我爲之自我墮之曰不可終以乘車之會往楚人果伏兵車執宋公以伐宋詐諼刧質諸侯求其國當絕故貶○墮許規反諼音許援反詐也又音援宋公謂公子目夷曰子歸守國矣國子之國也吾不從子之言以至乎此公子目夷復曰君雖不言國國固臣之國也所以堅宋公意絕彊楚之望〔疏〕君雖不言國○解云即言君假令不道是臣之國今國當是爲臣之國矣所以堅宋公意欲使宋公乃心在楚不急求還○注絕彊楚之望○解云欲絕楚人使知宋難取不復望之於是歸設守械而守國楚人謂宋人曰子不與我國吾將殺子君矣宋人應之曰吾賴社稷之神靈吾國已有君矣楚人知雖殺宋公猶不得宋國於是釋宋公宋公釋乎執走之衛襄公本諱公子目夷曰國子之國也宋公愧前語故慙不忍反走之衛不書者執解而往非出奔也○守手又反又如字應應對之應〔疏〕注走之衛至奔也○解云正決襄十四年夏衛侯衎出奔齊也公子目夷復曰國爲君守之君曷爲不入然後逆襄公歸凡出奔歸書執獲歸不書者出奔已失國故錄還應盜國與執獲者異臣下尚隨君事之未失國不應盜國無爲錄也○國爲于僞反下爲襄爲公子注爲沒故爲皆同〔疏〕注凡出奔至爲錄也○解云正以桓十五年夏鄭伯突云云彼傳云曷爲或言歸或言復

歸復歸者出惡歸無惡復入者出無惡入有惡入者出入惡歸者出入無惡不應盜國盜國即入與復入是也春秋皆錄其歸以別之其執獲而歸不書者本未失國無義可著何錄之有案下二十八年三月丙午晉侯入曹執曹伯畀宋人冬曹伯襄復歸于曹晉人執衛侯歸之于京師三十年衛侯鄭歸于衛哀七年秋公伐邾婁八月己酉入邾婁以邾婁子益來八年夏歸邾婁子益于邾婁然則三者皆執獲而歸所以書之者曹伯之下注云執歸不書書者名惡當見其曹伯名者刺天子歸有罪也衛侯歸下注爲殺叔武惡天子歸有罪也執歸不書主書者名惡當見也邾婁子益之下注云善魯能悔過歸之惡乎捷捷乎宋以上言伐宋○惡音烏曷爲不言捷乎宋據戎捷也爲襄公諱也襄公本會楚欲行霸憂中國也不用目夷之言而見詐執伐宋幾亡其國故諱爲沒國文所以申善志不月者因起其事○幾音祈〔疏〕注不月者因起其事○解云正以獻戎捷書六月也起事者正以春秋之義滅國例月莊十年冬十月齊師滅譚十三年夏六月齊人滅遂之類是也今此宋公幾亡國是以爲諱之去其月以起其賢曷爲不言其圍者案舊本傳注三者皆作圍字唯有守下知上一國字以其有

皆作圍字者誤○守國即上傳設守械而守是也○此圍辭也曷爲不言其圍据上言守國知圍也爲公子目夷諱也目夷遭難設權救君有解圍存國免主之功故爲諱圍起其事所以彰目夷之賢也歸捷〔疏〕注設權至人物也○解云書者刺魯受惡人物也○遭難乃旦反救君者即上傳宋公釋乎執走之衛是也解圍者楚人釋宋公去而不復圍也○十有二月癸丑公會諸侯盟于薄言諸侯者起霍之會諸侯也不序者起公從旁以議釋宋公會盟一事也言會者因以殊諸侯也〔疏〕注起霍之會諸侯也○解云即上文秋宋公楚子陳侯蔡侯鄭伯許男曹伯會于霍執宋公以伐宋是上文序之下文摠之故得起其上會諸侯也不序者若其序之云公會某侯某侯即無以見公從旁別來今諸侯不序并作一文別言公會則知魯公從旁而來是以不序諸侯以起其義○注會盟一事至侯也○解云上言會于霍下言盟於薄明其但是一出之行而更言公會諸侯者因以殊諸侯矣○釋宋公執未有言釋之者此其言釋之何据執滕子至言釋〔疏〕釋宋公○解云不言楚子釋宋公者何氏廢疾公羊以爲公會諸侯釋之故不復出楚耳○注据執至言釋○解云即上十九年春王二月宋人執滕子嬰齊是也公與爲爾也公與爲爾奈何公與議爾也善僖公能與楚議釋賢者之戹不言公釋之者諸侯亦有力也〔疏〕公與議爾○解云言魯公與爲釋宋公之事也

監本附音春秋公羊注疏卷第十一

皇清嘉慶二十年重栞宋本十三經注疏用文選樓藏本校定

江南蘇松督糧道方體栞

公羊注疏卷十一挍勘記　阮元撰盧宣旬摘錄

公羊注疏僖公卷十一

八年

公會王人齊侯宋公衞侯許男曹伯陳世子款鄭世子華盟于洮　唐石經諸本同按左氏穀梁無鄭世子華故下鄭伯乞盟此蓋因注言甯母之盟陳鄭遣世子而誤衍

解云見夫見廟禮　浦鏜云見夫當夫人之誤

而春秋亦書其卽位之義矣　此本其字剜擠閩監毛本遂拼入當衍

然後脅魯立也　元年疏引作脅魯使立也此脫使字

九年

使若非背殯也　監本也作者

据杞叔姬不卒　解云宜作伯姬字卽莊二十七年春公會杞伯姬于洮

笄而醴之　鄂本宋本閩監本同毛本醴誤禮

解云卽下十五年　毛本卽誤此

言解周公是時實不與盟　按解當作宰

謂其顏色自有美大之勢　何校本作有自此誤倒

甲戌　左氏穀梁戌作子

殺未踰年君之號也　閩監毛本同唐石經鄂本宋本殺作弑按釋文則此經弑多作殺或讀爲弑以意求之唐石經以下本皆作弑此作殺爲岐出然殺可讀弑弑不可讀殺也

欲言弑其子奚齊　段玉裁云弑當作殺

而坐之輕重見矣　鄂本宋本閩監毛本同或改坐爲罪非

從弒名可知也　此本知誤加今據諸本訂正

十年

正謂始甲典覔師受業　閩監本同毛本甲作申覔改覓○按說文作覛俗作覓又俗作覔

故荅之云爾　鄂本宋本同閩監毛本荅作答非

冬大雨雹　解云左氏作雪

十有一年

春晉殺其大夫丕鄭父　唐石經諸本同解云左氏經無父字按今左氏有父

十有二年

陳侯處臼卒　唐石經諸本同釋文處臼左氏作杵臼

十有四年

是見恐曷而亡　釋文曷火葛反九經古義云恐曷卽漢書王子侯表曰葛魁侯戚坐縛家吏恐猲受賕棄市平城侯禮坐恐猲取雞免承鄉侯德天坐恐猲國人受財臧五百以上免籍陽侯顯坐恐猲國民取財物免師古曰猲者謂以威力脅人也音呼葛反

公怒之　浦鏜云怒下脫止按左傳有止字

河崩有高下　閩監毛本同誤也鄂本宋本崩作岸當據正

冬蔡侯肹卒　釋文唐石經肹作肸閩監毛本作肹非注同

十有五年

故善錄之故也　浦鏜云下故當作是按浦說是也

盟于牡丘　監毛本丘誤兵

公孫敖率師　唐石經鄂本宋本同閩監毛本作帥師○按此依左穀作帥改也公羊多作率

激揚解隋也　隋也宋本閩本同監毛本解作懈非按釋文作解

久也　余本脫一頁此久也之也字起至曷爲先言六而後言鶂後字止

昔日而冥　鄂本書作晝諸本皆誤書字

季氏之孚則徵者　唐石經諸本同鄂本孚誤季

十有六年

是月　唐石經諸本同釋文是月如字或一音徒兮反盧文弨曰是月有作提月者故一音徒兮反初學記晦日條引此作提月又鶡冠子王鈇篇家里用提陸佃注云提零日也引公羊爲證○按是月與月令是月似異而實同改作提者俗人所爲也

六鷁退飛過宋都　諸本同唐石經六鷁字缺釋文作六鶂五歷反經義雜記曰說文鶂鳥也从鳥兒聲

春秋傳曰六鶂退飛不收从益字左氏正義曰鷁字或作鶂釋文六鷁本或作鶂公穀釋文皆云六鶂五歷反可證三傳本皆作鶂與說文同今公羊注疏皆作鷁穀梁注疏皆作鶂惟經文六鷁退飛此一字从益蓋因唐時左傳已有作鷁者故後人據以易二傳也穀梁疏引賈逵云鶂水鳥陽中之陰象君臣之訟鬩也以鬩解鶂取同聲爲詁可證左傳字本从兒

聞其磌然　唐石經諸本同釋文磌然之人反又大年反本或作砰八耕反經義雜記曰穀梁疏云說文玉篇字林等無磌字學士多讀爲砰公羊古本並爲磌張揖讀爲磌是石聲之類今玉篇有磌字云音響也蓋孫強等增加廣雅四釋詁砰普耕反聲也而無磌字楊云張揖讀爲磌是古本廣雅有磌矣五經文字磌之人反又大年反聲響也見春秋傳

而六鷁不書日乎　閩監毛本鷁作鶂非

六鷁無常　鄂本宋本同閩監毛本鷁作鶂爲錯見字今本公羊經注及疏皆作鷁也

平居無他卓佹　釋文卓佹九委反惠棟云卓佹亦見漢書蓋當時語

及齊侯戰于奚　浦鏜云師作侯按桓十七年經作師

非親王安存之象　閩監毛本同誤也鄂本親作新當據正

不納公子目夷之謀　毛本目誤自

閔二年季子來歸是也　浦鏜云元誤二是也

君喪無所繫往　閩監毛本往作住爲句

卽閔元年歸之下　浦鏜云下脫來是也

本感落姑之託　盧文弨曰當依公羊本字作洛姑

公孫茲卒　唐石經諸本作公孫慈此本疏中慈皆作茲

不問有罪以否　何按本同閩監毛本以作與

任豎刀易牙　閩監毛本刀改刁非此本豎誤豎今訂正疏同

十有七年

伐國而舍氏言之者　宋本同閩監毛本舍作含

名當如其事也　閩監毛本同鄂本名作各是也

欲道既諱不言齊　浦鏜云疑脫不字

十有二月乙亥　唐石經十上有冬字諸本誤脫

十有八年

戰不言伐者莊十年師解故難之　何按本云此十三字當在下疏宋公至故言伐之前

春秋伐者爲客伐者爲主　唐石經原刻作春秋伐者爲客而不伐者爲主後磨改同今本

豎刀易牙　釋文唐石經作豎刁閩監毛本同

實以保伍連率　監本伍誤五

何氏廢之曰　閩監毛本廢誤發○按之字乃疾字之誤

十有九年

宋人曹人邾婁人盟于曹南　唐石經諸本同左氏穀梁作宋公

鄫子會于邾婁　唐石經宋本會下有盟字此脫毛本子誤人

及曹伯襄言會諸侯　解云舊本皆無及字

既在會間　鄂本會誤人

言會盟不信已明　毛本明誤盟

而鄫子自就邾婁　齊召南云下疑脫一爲字

注上盟不至日者　閩監毛本作上盟不至者例是也

而下文冬會陳人蔡人楚人鄭人盟于齊之屬是　浦鏜云而當卽字誤

卽是不信之正文　閩監毛本卽誤既

蓋叩其鼻以血社也　唐石經諸本同周禮肆師注引春秋傳十九年夏邾人執鄫子用之傳曰用之者何蓋叩其鼻以衈社也惠士奇云山海經東山經祠毛用一犬祈䎶注云䎶音餌以血塗祭爲䎶也公羊傳蓋叩其鼻以䎶社今本公羊作血譌穀梁作衈社與鄭注合

齊人執陳袁濤塗之屬是也　毛本濤字實缺

者其自亡者　鄂本宋本作著其自亡者此本誤

二十年

不奉古制常法　鄂本常誤當

始僭諸公　毛本公作侯與隱五年傳不合

前此則曷爲始於此　案隱五年傳於作乎

取郜大鼎于宋　閩監毛本于作於非

動作當先自克責　閩本同監毛本克責誤内始則與襄九年注不合

西宮災何以書記異也　唐石經鄂本作記災也諸本作異誤

以齊勝爲嫡　宋本同鄂本閩監毛本嫡作適釋文適又作嫡

二十一年

秋宋公楚子陳侯蔡侯鄭伯許男曹伯會于霍　唐石經諸本同解云左氏作盂穀梁作雩蓋誤或所見異

以下獻捷貶　按此下毛本有霍左氏作盂五字乃釋文而誤入注中者

詐諼劫質諸侯　釋文作誰諼云誰本亦作詐

吾不從子之言以此乎此　唐石經鄂本同閩監毛本乎此誤倒

君雖不言國國固臣之國也　唐石經原刻言下不疊國字後磨改同今本此行及前一行皆本九字此行後磨改故亦十字讀君雖不言句國固臣之國也句

注絕强楚之望　閩監毛本强作彊與注合

衛侯歸下注　按下當脫云字

曷爲不言其圍者　此下疏文當屬下節者字今本多改作○此其改之未盡者

據上言守國　解云國字有作圍字者誤

即上十九年春王二月　浦鏜云三誤二按浦說是也

止

監本春秋公羊注疏僖公卷第十二 起二十二年盡三十三年

何休學

二十有二年春公伐邾婁取須朐○朐其俱反左氏作句○夏宋公衞侯許男滕子伐鄭○秋八月丁未及邾婁人戰于升陘陘音刑○冬十有一月己巳朔宋公及楚人戰于泓宋師敗績偏戰者日爾此其言朔何據奚之戰不言朔【疏】注據奚之戰不言朔○解云即桓十七年五月丙午及齊師戰于奚春秋說以爲五月朔日也春秋辭繁而不殺者正也繁多也殺省也正得正道尤美○不殺所戒反注同省所景反何正爾宋公與楚人期戰于泓之陽泓水名水北曰陽楚人濟泓而來濟渡有司復曰請迨其未畢濟而擊之迨及宋公曰不可吾聞之也君子不厄人吾雖喪國之餘我雖前幾爲楚所喪所以得其餘民以爲國喻褊弱○喪國息浪反注同幾音祁寡人不忍行也既濟未畢陳有司復曰請迨其未畢陳而擊之宋公曰不可吾聞之也君子不鼓不成列軍法以鼓戰以金止不鼓不戰不成列未成陳也君子不戰未成陳之師○畢陳直覲反下及注同已陳然後襄公鼓之宋師大敗故君子大其不鼓不成列臨大事而不忘大禮有君而無臣言朔亦所以起有君而無臣惜其有王德而無王佐也若襄公所行帝王之兵也有帝王之君宜有帝王之臣有帝王之臣宜有帝王之民未能醇粹而守其禮所以敗也○王德于況反又如字下王佐同醇粹音純下雖遂反以爲雖文王之戰亦不過此也有似文王伐崇陸戰當舉地舉水者大其不以水厄人也

二十有三年春齊侯伐宋圍緡邑不言圍此其言圍何疾重故也疾痛也重故喻若重故創矣襄公欲行霸守正履信屬爲楚所敗諸夏之君宜雜然助之反因其困而伐之痛與重故創無異故言圍以惡其不仁也○緡亡巾反重故直用反又直龍反注同故創初良反下同屬音燭雜七合反父如字惡烏路反○夏五月庚寅宋公慈父卒何以不書葬盈乎諱也盈滿也相接足之辭也襄公本以背殯不書其父葬至襄公身書葬則嫌霸業不成所覆者薄故復使身不書葬明當以前諱除背殯以後諱加微封內娶不去日略之者功覆之也○慈父左氏作茲父復扶又反去起呂反【疏】注襄公至背殯○解云即九年春王三月丁丑宋公禦說卒傳云何以不書葬爲襄公諱也彼注云襄公背殯出會宰周公有不子之惡後有征齊憂中國尊周室之心功足以除惡故諱不書葬是也○注以後諱加微封○解云謂以至功薄微故加而爲之諱而封之其封字亦有下句讀之非也○注內娶至覆之也○解云即下二十五年夏宋殺其大夫傳云何以不名宋三世無大夫三世內娶也彼注云三世謂慈父王臣處臼也內娶而責其去日者正以文七年夏四月宋公王臣卒注云不日者內娶略文十六年冬十一月宋人弒其君處臼彼注云不日者內娶略賤之然則三世內娶二人皆略此獨書日者明是覆之○秋楚人伐陳○冬十有一月杞子卒卒者桓公存王者後功尤美故爲表異卒錄之始見稱伯卒獨稱子者微弱爲徐莒所脅不能死位春秋伯子男一也辭無所貶貶稱子者春秋黜杞不明故以其一等貶之明本非伯乃公也又因以見聖人子孫有誅無絕故貶不失爵也不名不日不書葬者從小國例也○始見賢遍反【疏】注桓公存至錄之○解云正所以傳聞之世小國之卒未合書見故解之○注始見稱伯○解云即莊二十七年冬杞伯來朝是也○注爲徐莒所脅○解云即十四年傳云曷爲城杞滅也孰滅之蓋徐莒脅之是也○注貶稱至不明○解云正以春秋之前周王嘗有黜陟之法隱元年儀父稱字上十七年春英氏稱氏之類今杞公

之爵雖爲伯仍恐春秋之前周王黜之非爲新周故曰不明○注故以其一等貶之○解云謂伯之與子春秋合以爲一而已杞君從伯至子乃是同事之灼故云一等○注明本非伯乃公也○解云正以一等貶之明是王者之後本非伯爾莊二十七年杞伯來朝之時所以不稱侯正欲此處以一等貶之故彼不稱侯也聖人子孫有誅無絶者若其有過但當誅責不合絶去其爵是以雖微弱見貶仍但從伯至子不失其爵矣○注不名不日至例也○解云謂所傳聞之世尤小國如此若其曹許之屬仍自書名書葬即上四年許男新臣卒秋葬許繆公彼注云得卒葬於所傳聞世者許大小次曹故卒少在曹後也

二十有四年春王正月○夏狄伐鄭○秋七月○冬天王出居于鄭王者無外此其言出何据王子瑕奔晉不言出（疏）王者無外○解云桓八年傳云女在其國稱女此其稱王后何王者無外其辭成矣是也○注据王至言出者○解云即襄三十年王子瑕奔晉是也不能乎母也不能事母罪莫大於不孝故絶之言出也下無廢上之義得絶之者明母得廢之臣下得從母命（疏）注明母至母命○解云正以襄王之母於今仍在亦非繼母與左氏異也鄭氏發墨守云聖人制法必因其事非虛之孟子曰夫人○自侮而後人侮之家必自毁而後人毁之國必自伐而後人伐之今襄王實不能孝道穪惠后之心令其寵專於子失教而亂作出居于鄭自絶于周故孔子因其自絶而書之公羊以母得廢之則左氏已死矣是也襄王正是惠后所生非繼母又云失教而亂作自絶於周從左氏鄭氏雜用三家不苟從一魯子曰是王也不能乎母者其諸此之謂與猶曰是王也無絶義不能事母而見絶外者其諸謂此灼然異居不復供養者與主書者録王者所居也○與音餘復扶又反供養九用反下餘亮反（疏）注灼然異至居也○解云公羊以爲此天王出居于鄭不事其母而自出居于鄭春秋惡其所爲是以書出以絶之實非出奔故云灼然異居不復供養養者與晉侯夷吾卒篡故不書葬明當絶也不日月者失衆身死子見篡逐故略之猶薛伯定也（疏）注篡故不書明當絶也○解云正以惠公無立入之文於例去葬以絶之○注不日月至略之

解云大國之卒例書日月上十七年冬十有二月乙亥齊侯小白卒之類是也○注猶薛伯定也○解云即定十二年春薛伯定卒彼注云不日月者子無道當廢之而以爲後未至三年失衆見弑危社稷宗廟禍端在定故略之然則惠公之子亦是不肖而以爲後未期之間文公奪之是以不書日月

二十有五年春王正月丙午衛侯燬滅邢衛侯燬何以名据楚子滅蕭不名○燬況委反絶曷爲絶之据俱滅人滅同姓也絶先祖之體尤重故名甚之也日者爲魯憂而録之○爲魯于僞反下同（疏）滅同姓也○解云曲禮下篇云滅同姓名是也以此言之則知公羊何氏以爲齊人滅萊楚滅隗晉滅下陽之屬皆非同姓是以不名耳○注日者至録之○解云凡滅例月即莊十年冬十月齊師滅譚之屬是而此書日也○夏四月癸酉衛侯燬卒○宋蕩伯姬來逆婦宋蕩伯姬者何蕩氏之母也蕩氏宋世大夫（疏）宋蕩伯姬者何○解云欲言婦人而來逆婦欲言大夫而言伯姬故執不知問○注蕩氏宋世大夫○解云正以稱蕩氏若崔氏尹氏之屬文同也其言來逆婦何据莒慶言逆叔姬連來者嫌内女爲殺直來也（疏）注連來者○解云弟子本意據莒慶逆叔姬難此逆婦之文宜云其言逆婦何而連來言之者正以伯姬是内女嫌經言來逆婦爲殺直來之恥非實逆婦是以連來問之似若上五年杞伯姬來朝其子傳云其言來朝其子何彼注云連來者問爲直來乎爲下朝出之類其直來者即莊二十七年冬杞伯姬來傳云其言來何直來曰來彼注云直來無事而來也是也兄弟辭也其稱婦何有姑之辭也宋魯之間名結婚姻爲兄弟稱婦者見姑之辭以逆賓文知不殺直來也主書者無出道也○見賢徧反（疏）其稱婦何○解云隱二年傳云在塗稱婦今此非在塗而稱婦故難之不注者從省文可知也○注宋魯至兄弟○解云蓋時猶然公羊子齊人而取宋魯間語者正以蕩伯姬來逆婦宋魯之事故使解之亦何傷○注主書者無出道也○解云言伯姬無逆婦之道是以書而譏之○宋殺其大夫何以不名据宋殺其大夫山名宋三世無大夫

三世內娶也三世謂慈父王臣處臼也內娶大夫女也言無大夫者禮不臣妻之父母國內皆臣無娶道故絶去大夫名正其義也外小惡正之者宋以內娶故公族以弱妃黨益彊威權下流政分三門卒生篡弑親親出奔疾其末故正其本○去起呂反〔疏〕注三世至白也○解云即上二十三年夏宋公慈父卒文七年夏宋公王臣卒文十六年冬宋人弑其君處臼是也○注外小惡正之者所傳聞之世外小惡不書故也○注威權下流○解云謂君之威權下流于臣而臣下用之也○秋楚人圍陳納頓子于頓何以不言遂據楚子鄭人侵陳遂侵宋兩之也微者不別遂但別兩耳別兩耳別之者惡國家不重民命一出兵爲兩事也納頓子書者前出奔當絶還入爲盜國當誅書楚納之與之同罪也主書者從楚納之頓子出奔不書者小國例也不見挈者故君不可見挈於臣○惡烏路反〔疏〕注頓子至例也○解云正以春秋之例小國出入不兩書桓十五年夏許叔入于許注云不書出時者小國是例也○注不見挈者○解云故君不可見挈於臣者案桓十一年九月宋人執鄭祭仲突歸于鄭傳云突何以名挈乎祭仲也彼注云挈猶提挈也突當國本當言鄭突欲明祭仲從宋人命提挈而納之故上繫於祭仲不繫國者使與外納同也案莊九年夏公伐齊納糾傳曰何以不稱公子彼注云據下言子糾知非當國本當去國見挈言公子糾此若作挈文宜言楚人納某甲于頓去其國爵以見挈于楚矣故君不可以見挈於臣○葬衛文公不月者滅同姓故奪臣子恩也〔疏〕注不月者至恩也○解云卒日葬月大國之常案桓十二年冬十一月丙戌衛侯晉卒十三年三月葬衛宣公之類是也○冬十有二月癸亥公會衛子莒慶盟于洮莒無大夫書莒慶者尊敬壻之義也洮內地公與未踰年君大夫盟不別得意雖在外猶不致也○別彼列反〔疏〕注書莒至之義也○解云即莊二十七年冬莒慶來逆叔姬傳云大夫越竟逆女非禮也○注公與未至致也○解云案莊六年注云公與二國以上出會盟得意致會不得意不致謂與諸侯會時然也今此衛子莒慶皆是卑者得意不得意亦可知故言不別得意耳今洮是內地位不合致假令在外亦不致之何者正以其與卑者會盟得意不假別之如定十二年冬公至自圍成成是孟氏之邑而書致彼注云天子不親征下土諸侯不親征叛邑公親圍成不能服不能以一國爲家甚危若從他國來故危録之是也

二十有六年春王正月己未公會莒子衛甯遬盟于向○遬音速向舒亮反○齊人侵我西鄙公追齊師至嶲弗及其言至嶲弗及何據公追戎于濟西不言所至又不言弗及○嶲戶圭反又似兗反侈也侈猶大也大公能卻強齊之兵弗者不之深者也言齊人畏公士卒精猛引師而去之深遠不可得及故曰侈不直言大之者自爲追唯臣子得褒之耳不得與追戎同也言師者侈大公所追也國內兵不書而舉地者善公齊師去則止不遠勞百姓過復取勝得用兵之節故録詳之○侈昌爾反又昌者反大也卒子忽反自爲于僞反下深爲同〔疏〕注不直言至録詳之○解云案莊十八年公追戎于濟西傳云此未有言伐者其言追何大其爲中國追也此未有伐中國者則其言爲中國追何大其未至而豫禦之也其言于濟西何大之也彼注云大公除害恩及濟西也言大者當有公賞也然則彼爲諸侯追於王法當有功賞故得云大此則自爲已追但臣子得褒之故傳不言大以見義云言師者侈大公所追也者正以上言齊人侵我西鄙下言公追齊師與上文異故也○夏齊人伐我北鄙○衛人伐齊○公子遂如楚乞師乞師者何卑辭也曷爲以外內同若辭據春秋尊魯〔疏〕乞者至若辭○解云案成十六年夏晉侯使欒黶來乞師十七年秋晉侯使荀罃來乞師外亦言乞師也重師也外內皆同卑其辭者深爲與人者重之曷爲重師據泓之戰不重師〔疏〕注據泓之戰不重師○解云上二十二年十有一月己巳朔宋公及楚人戰于泓宋師敗績傳云宋公與楚人期戰于泓之陽楚人濟泓而來直司復曰請追其未畢濟而擊之宋公曰不可吾聞之也君子不厄人吾雖喪國之餘寡人不忍行也既濟未畢陳有司復曰請追其未畢陳而擊之宋公曰不可吾聞之也君子不鼓不成列已陳然後襄公鼓之宋師大敗故君子大其不鼓不成列臨大事而不忘大禮有君而無臣以爲雖文王之戰亦不過此也然則宋公守古敗師而春秋善之也是其不重之文師出不正反戰不正勝也

不正者不正自謂出當復反戰當必勝兵凶器戰危事不得已而用之爾乃以假人故重而不暇别外内也稱師者正所乞名也乞師例時○當復扶又反下同别外彼列反下同【疏】注戰必當勝○解云以義言之此句亦宜云戰不正勝者不正自謂戰當必勝但何氏省文不復備言○注乞師例時○解云正以據文承夏下文成十三年春晉侯使郤錡來乞師之屬皆書時故也

○**秋楚人滅隗以隗子歸**不月者略夷狄滅微國也不言獲者舉滅爲重書以歸者惡不死位不名者所傳聞世見治始起責小國略但絶不誅之○隗五罪反二傳作夔惡不烏路反下同傳直專反見治賢遍反下直吏反【疏】注不月者略夷狄○解云正以莊十年冬十月齊師滅譚十三年夏六月齊人滅遂之類皆書月故也○注不名者至不誅之○解云案上二十三年杞子卒之下注云又因以見聖人子孫有誅無絶故貶不失爵也以此言之似誅輕絶重此注云但絶不誅自相違者凡誅有二種一是誅責之誅若齒路馬有誅於子與何誅之類一是誅絶之誅似武王誅紂誅君之子不立之類然則上言有誅無絶聖人子孫但當誅責而已不合絶去此言但絶不誅者謂所傳聞之世責小國略今此不書其名但欲絶去一身不聽爲君不合誅滅其國哀七年八月己酉入邾婁以邾婁子益來傳云邾婁子益何以名絶之又莊十年以蔡侯獻舞歸傳曰蔡侯獻舞何以名絶之以此二文言絶之則似書名爲絶之此注云不名者但絶而不誅又以不名爲絶者益以絶亦有二種一是絶去其身一是絶滅其國蔡侯獻舞大國之君不能死難爲楚所獲春秋之義不與夷狄得志于諸夏是以不得書獲故名蔡侯起其當合絶滅矣邾婁正當所見之世爲魯所獲春秋之義内獲人皆諱不書故名邾婁子以起不死難當絶滅矣今此隗子既是微國復當傳聞之世若其書名恐如二君亦合絶滅故不名見責之略也但合一身絶去而已

○**冬楚人伐宋圍緡邑不言圍此其言圍何剌道用師也**時以師與魯未至又道用之於是惡其視百姓之命若草木不仁之甚也稱人者楚未有大夫未聞稱師楚自道用之故從楚文【疏】邑不至用師也○解云案隱五年宋人伐鄭圍長葛之下傳云邑不言圍此其言圍何彼已注云据伐於餘丘不言圍然則彼已有注故此其不復解耳○注稱人至從楚文○解云以文九年冬楚子使椒來聘彼傳云椒者何楚大夫也楚無大夫此何以書始有大夫也始有大夫則何以不氏許夷狄者不一而足也然則文九年始有大夫則知今時未有然上四年夏楚屈完來盟于師下二十八年夏楚殺其大夫得臣在椒來聘之前而有大夫者屈完之下傳云屈完者何楚大夫也何以不稱使尊屈完也曷爲尊屈完以當桓公也注云增倍使若得其君以醇霸德成王事也然則欲尊屈完使當桓公以醇霸德非常事子玉之下注云楚無大夫言其大夫者欲起上楚人本當言子玉得臣所以詳録霸事○注楚自道至楚文○解云欲道下文公以楚師得稱楚師而此不得者以楚自道用之故從楚文也

○**公以楚師伐齊取穀**言以者行公意别魯兵也稱師者順上文【疏】注言以者行公意○解云桓十四年冬宋人以齊人衛人蔡人陳人伐鄭傳云以者何行其意也彼注云以已從人曰行言四國行宋意也

公至自伐齊此已取穀矣何以致伐据伐邾婁取叢不致**未得乎取穀也**未可謂得意於取穀**曷爲未得乎取穀**据俱取邑**曰患之起必自此始也**魯内虛而外乞師以犯强齊會齊侯昭卒晉文行霸幸而得免孔子曰人之生也直罔之生也幸而免故雖得意猶致伐也【疏】注魯内虛而外乞師○解云言内虛者謂自無師○會齊侯昭卒○解云即下二十七年齊侯昭卒是也○注晉文行霸○解云即二十八年侵曹伐衛敗楚師于城濮盟于踐土是也○注故雖至伐也○解云莊六年注云公與一國及獨出用兵得意不致不得意致伐然則此文公以楚師伐齊取穀是得意宜合不致今致伐作不得意之文以解之

二十七年春杞子來朝貶稱子者起其無禮不備故魯入之【疏】注貶稱子至入之○解云杞本公爵但春秋欲新周故宋而黜之稱伯即莊二十七年冬杞伯來朝是也至二十三年經書杞子卒者但以微弱爲徐莒所脅不能死位故以其一等貶之見聖人子孫有誅無絶而已至於此經復稱子者起其無禮故左氏皆有魯人之文也

○**夏六月庚寅齊侯昭卒**○**秋八月乙未葬齊孝公**○**乙巳公子遂帥師入杞**日者杞屬脩禮朝魯雖無禮君子躬自厚而薄責於人不當乃入之故録責之○屬音燭

○**冬楚人陳侯蔡侯鄭伯許男圍宋此楚子也其稱人何**据序

諸侯之上貶曷爲貶据圍鄭不貶爲執宋公貶故終僖之篇貶也古者諸侯有難王者若方伯和平之後相犯復故罪楚前執宋公僖公與共議釋之今復圍犯宋故貶因以見義終僖之篇貶者言君子和平人當終身保也○爲于僞反難乃旦反今復扶又反見賢徧反〔疏〕注楚前執宋公○解云即二十一年秋執宋公以伐宋十二月公會諸侯盟于薄釋宋公傳云執未有言釋之者此其釋之何公與議爾也彼注云善僖公能與楚議釋賢者之厄○十有二月甲戌公會諸侯盟于宋地以宋者起公解宋圍爲此盟也宋得與盟則宋解可知也而公釋之見矣○與音預

二十有八年春晉侯侵曹晉侯伐衛曷爲再言晉侯据楚人圍陳納頓子于頓亦兩事不再出楚人〔疏〕注据楚至出楚人○解云在上二十五年秋也非兩之也然則何以不言遂据侵蔡遂伐楚言遂〔疏〕兩非之也○解云上二十五年頓子之下傳云何以不言遂兩之也注云微者不別遂但別兩稱耳別之者惡國家不重民命

一出兵爲兩事也以此言之初發國即有兩伐之意○注据侵蔡伐楚言遂○解云即上四年春王正月公會齊侯以下侵蔡蔡潰遂伐楚是也未侵曹也未侵曹則其言侵曹何致其意也其意侵曹則曷爲伐衛晉侯將侵曹假塗于衛衛曰不可得則固將伐之也曹有罪晉文行霸征之衛壅遏不得使義兵以時追故著言侵曹以致其意所以通賢者之心不使壅塞也宋襄公伐齊月此不月者晉文公功信未著且當脩文德未當深求於諸侯故不美也○衛壅於勇反下同又作壅同遏於葛反〔疏〕衛曰不至伐之也○解云言衛不可得塗則固將先伐之其意猶自欲得侵曹矣○注曹有至征之○解云言征之者謂伐而正之上討下之辭如上十八年傳云與襄公之征齊也○公子買戍衛不卒戍刺之不卒戍者何不卒戍者內辭也不可使往也即注當言戍衛不卒〔疏〕不卒戍者何○解云欲言實戍乃有不卒戍之文欲言不戍而經書戍衛故執不知問不可使往則其言戍衛何据言戍衛行文遂公意也使臣子不可使恥深故諱使若往不卒竟事者明臣不得壅塞君命刺之者何殺之也殺之則曷爲謂之刺之內諱殺大夫謂之刺之也有罪無罪皆不得專殺故諱殺言刺之不言刺公子買但言不卒戍刺之者起爲上事刺之也內殺大夫例有罪不日無罪日外殺大夫皆時○起爲于僞反下爲下卒爲晉深爲不爲同〔疏〕刺之者何○解云欲言不殺文言刺之欲言實殺文不言殺故執不知問○注有罪至刺之也○解云孟子言大夫者天子命之輔助其政諸侯不得專殺大夫也然則孟子之文論有罪故此何氏云有罪無罪皆不得專殺也○注內殺大至無罪日○解云其有罪不日即此文是而不月者與上同月故也無罪日者成十六年冬十二月乙酉刺公子偃是也○注外殺大夫皆時○解云即上七年夏鄭殺其大夫申侯下三十年秋衛殺其大夫元咺之類是也○楚人救衛○三月丙午晉侯入曹執曹伯畀宋人畀

者何與也其言畀宋人何据下執衛侯言歸之于京師○畀宋必二反與也下同〔疏〕畀者何○解云欲言是與文不言歸欲言非與畀者與義故執不知問○注据下至京師○解云即下經云冬晉人執衛侯歸之于京師是也然則彼言歸于京師此言以畀宋人故難之與使聽之也與使聽其獄也時天王居于鄭晉文欲討楚師以宋王者之後法度所存故因假使治之宋稱人者明聽訟必師斷與其師衆共之○斷丁亂反下當斷同曹伯之罪何甚惡也其甚惡奈何不可以一罪言也曹伯數侵伐諸侯以自廣大傳曰晉侯執曹伯班其所取侵地于諸侯是也齊桓既沒諸侯背叛無道者非一晉與曹同姓恩惠當先施刑罰當後加起而征之嫌其失義故著其甚惡者可知也以兵得不言獲者晉文伯討不坐獲者故亦不責曹不死義兵日者喜義兵得時入○數所角反下數道同〔疏〕注傳曰晉侯至是也○解云即下三十一年春取濟西田之下傳云惡乎取之取之曹也此未有伐曹者則其言取之曹何晉侯執曹伯班其所取侵地于諸侯是也○注恩惠當先施○解云即堯典云九族既睦平

章百姓是也○注刑罰當後加○解云即小司寇議親議賢之辟是也○注故著其甚惡○解云即執而言畀宋人使治其罪是也○注晉文伯討○解云即稱侯以執是也○注不坐獲者○解云謂諸侯言獲者皆是惡其擅獲是以上十五年獲晉侯之下傳云君獲不言師敗績也注云舉君獲爲重也釋不書者以獲君爲惡書者以惡見獲與獲人君者皆當絶也主書者從獲人例是其坐獲之文今晉侯伯討故不坐獲

○夏四月己巳晉侯齊師宋師秦師及楚人戰于城濮楚師敗績

此大戰也曷爲使微者 据秦稱師錄功知大戰必不使微者楚雖無大夫齊桓行霸書屈完也○濮音卜

〔疏〕注據秦稱師○解云案文十二年秋秦伯使遂來聘傳云秦無大夫此何以書賢繆公也然則至文十二年秦始有大夫則知此時未合稱師今乃稱師錄功故知大戰既是大戰則明知必不應使微者云楚雖無大夫者文九年冬楚子使椒來聘傳云楚無大夫此何以書始有大夫也以此言之則知此時未有大夫故曰楚雖無大夫矣云齊桓行霸書屈完也者即上四年夏楚屈完來盟于師傳云屈完者何楚大夫也何以不稱使尊屈完也曷爲尊屈完以當桓公也注云增倍使若得其君以醇霸德成王事是也

子玉得臣也 以上敗績下殺得臣

〔疏〕子玉得臣也○解云傳及注意似子玉爲得臣之氏

子玉得臣則其稱人何 据屈完當桓公稱名氏

貶曷爲貶 据邲之戰林父不貶○邲皮必反

大夫不敵君也 臣無敵君戰之義故絶正也秦稱師者助霸者征伐克勝有功故褒進之齊桓先朝天子晉文先討夷狄者晉文之時楚與爭彊所遭遇異

〔疏〕注齊桓先朝天子○解云正以莊十三年冬柯之盟桓公之信著于天下豈不朝天子而得然乎但以外朝不書是以無經可指耳但何氏以理知之故言先朝天子言先者欲道至僖四年乃始服楚之意云所遭遇異者謂齊桓初霸之時楚未强大雖侵諸夏未能爲伯者之害是以桓公養成其晦至僖四年乃往討而服之至晉文之時楚人孔熾圍宋救衞與之爭盛是以未服朝王先討子玉矣時事不同故云所遭遇異矣

○楚殺其大夫得臣 楚無大夫其言大夫者欲起上楚人本當言子玉得臣所以詳錄霸事不氏者子玉得臣楚之驕蹇臣數道其君侵中國故貶明當與君俱明也○道音導

○衞侯出奔楚 晉文逐之不書逐之者以王事逐之擇立其次無絶衞之心惡不如出奔重

〔疏〕注擇立至奔重○解云立叔武是也叔武衞侯之弟故曰其次耳惡不如出奔重者言文公逐人之惡少於衞侯出奔之罪

○五月癸丑公會晉侯齊侯宋公蔡侯鄭伯衞子莒子盟于踐土陳侯如會其言如會何 据曹伯襄言會諸侯

〔疏〕注据曹伯襄○解云即下文曹伯襄復歸于曹遂會諸侯圍許是也

後會也 說與會伐宋同刺諸侯不慕霸者反歧意于楚失信後會會不致者安信與晉文也盟日者譎也衞稱子者起叔武本無即位之意陳歧意于楚在二十七年○譎古穴反

〔疏〕注盟日者譎也○解云正以春秋之例不信者日今而書日故解之而言譎者正以孔子謂之譎而不正故取其文○注衞稱子至之意○解云衞侯爲王伯所逐而立叔武叔武即是成君何不稱侯而作未踰年之君號欲起其本無即位之心故也無即位之心者即下云文公逐衞侯而立叔武叔武辭立而他人立則恐衞侯之不得反也故於是已立然後爲踐土之會治反衞侯是也

○公朝于王所曷爲不言公如京師 据三月公如京師

天子在是也天子在是則曷爲不言天子在是 据狩于河陽

不與致天子也 時晉文公年老恐霸功不成故上白天子曰諸侯不可卒致願王居踐土下謂諸侯曰天子在是不可不朝迫使正君臣明王法雖非正起時可與故書朝因正其義不書諸侯朝者外小惡不書獨錄內也不書如不言天王者從外正君臣所以見文公之功○卒七忽反下倉卒同見賢徧反下不見當見見其同

〔疏〕注時晉至錄內也○解云皆春秋說文及史記文檀弓下篇云晉獻公之喪秦穆公使人弔公子重耳且曰喪亦不可久也時亦不可失也孺子其圖之鄭玄注云孺稚也孺子猶稚子則於僖九年獻公卒時仍謂之稚子今得稱云年老者正以禮記非正典何氏不醉取之云明王法雖非正起時可與者言明王之法雖以爲非正欲見當時事勢不得不然是故遂書其朝云公朝于王所言因正其義者欲道臣無召君之義故不言王之所在云不書至不書者正以諸侯朝王不在京師亦是其惡但非大惡當所傳聞之世見在不錄之限是以特書公朝故隱元年公子益師卒之下何

氏云於所傳聞世見治起於衰亂之中用心尚粗觕故內其國而外諸夏先詳內而後治外內小惡書外小惡不書是也○注不書如不言至之功○解云春秋之例內朝言如外來言朝令此魯侯不言如反言朝故云從外正君臣所以見文公之功也不言天王所以得正君臣見文公之功者以隱元年秋七月天王使宰咺來歸惠公仲子之賵下何氏云天王者時吳楚上僭稱王王者不能正而上自繫于天也春秋不正者因以廣是非然則稱王爲正稱於天則非禮今此經書不言天王者亦是正君臣以見文公之功也○六月衛侯鄭自楚復歸于衛言復歸者天子有命歸之名者刺天子歸有罪也言自楚者爲天子諱也天子所以陵遲者爲善不賞爲惡不誅衛侯出奔當絕叔武讓國不當復廢而反衛侯令殺叔武故使若從楚歸者復歸例皆時此月者爲下卒出也○當復扶又反令力呈反下令自同【疏】注言復歸至歸之○解云春秋文是以傳云然後爲踐土之會治反衛侯何氏云叔武訟治於晉文公令白王者反衛侯使還國也天子有命歸而言復歸者正以衛侯出惡歸無惡故也何者正以衛侯初出之時晉文以王事逐之是其出惡及其歸國得天子之命是其歸無惡矣桓十五年傳曰復歸者出惡歸無

惡是也○注名者至罪也○解云諸侯不生名若其生名皆欲絕之不以爲諸侯是以莊十年蔡侯獻舞之下傳云蔡侯獻舞何以名絕也今此衛侯王事不供而爲伯者所逐故當合絕但天子歸之失誅臣之義是以書名刺天子也○注自楚者爲天子諱也解云正以自者有力之文故言自楚得爲天子諱者若似自得楚力而歸然云復歸至出也者案桓十七年秋蔡季自陳歸于蔡下三十年秋衛侯鄭歸于衛之屬是歸書時也其復歸書時者即下冬衛元咺自晉復歸于衛之類是例合時而此月故知爲他事出也○衛元咺出奔晉○咺況元反○陳侯欵卒不書葬者爲晉文諱行霸不務教人以孝陳有大喪而姜會其孤故深爲恥之宋襄亦背殯獨不爲齊桓諱者時宋襄自會之卒不日者賤其歧意于楚【疏】注卒不日者○解云以大國之卒例書日已說于上○秋杞伯姬來○公子遂如齊○冬公會晉侯齊侯宋公蔡侯鄭伯陳子莒子邾婁子秦人于溫○天王狩于河陽狩不書此何以書据常

事也不與再致天子也一失禮尚愈再失禮重故深正其義使若天子自狩非致也魯子曰溫近而踐土遠也此魯子一說也溫近狩地故可言狩踐土遠狩地故不言狩也公以再朝而日言之上說是【疏】溫近而踐土遠也○解云近讀如附近之近遠爲遠外之遠○注公以至上說是○解云正以上朝不日而下朝始日危錄內再失禮則知此書狩者不與再致天子也故言上說是○壬申公朝于王所其日何据上朝不日錄乎內也危錄內再失禮將爲有義者所惡不月而日者自是諸侯不繫天子若自不繫於月○惡烏路反下惡衛同○晉人執衛侯歸之于京師歸之于者何歸于者何歸之于者罪已定矣歸于者罪未定也罪未定則何以得爲伯討此難成十五年晉侯執曹伯歸于京師○難乃旦反下方難同【疏】歸之于者何○解云欲言伯執晉不稱侯欲言非伯而云歸之于京師似得伯執之義故執不知問歸

之于者執之于天子之側者也罪定不定已可知矣歸之者次絕之辭執于天子之側已白天子罪定不定自在天子故言已可知歸于者非執之于天子之側者也罪定不定未可知也未得自天子分別之者但欲明諸侯尊貴不得自相治當斷之于天子爾大惡雖未可知執有罪當爲伯討矣無罪而執人當貶稱人○別彼列反衛侯之罪何殺叔武也何以不書据殺大夫書爲叔武諱也春秋爲賢者諱何賢乎叔武据失兄意○爲叔于僞反下爲賢爲叔武及注而爲深爲皆同讓國也其讓國奈何文公逐衛侯而立叔武叔武辭立而他人立則恐衛侯之不得反也故於是已立故上稱子然後爲踐土之會治反衛侯叔武訟治於晉文公令白王者

反衛侯使還國也叔武讓國見殺而爲叔武諱殺者明叔武治反衛侯欲兄饗國故爲去殺已之罪所以起其功而重衛侯之無道○爲去起呂反衛侯得反曰叔武篡我元咺爭之曰叔武無罪終殺叔武元咺走而出此晉侯也其稱人何此以伯討而何貶者言歸之于伯討明知坐他事故更問之○篡初患反〔疏〕注此以伯討而何貶者○解云上四年齊人執陳袁濤塗之下傳云此執有罪何以不得爲伯討然則此傳宜云此執有罪何以不稱侯而云此晉侯也其稱人何問其貶者正以言歸之于者罪定已可知即是伯討明矣知稱人更有所爲故問其稱人之義貶曷爲貶據他罪不見衛之禍文公爲之也文公爲之奈何文公逐衛侯而立叔武使人兄弟相疑春秋許人臣者必使臣許人子者必使子文公惡衛侯大深愛叔武大甚故使兄弟相疑○大深音泰下同放乎殺母弟者文公爲之也文公本逐之非故致

此稱也逐之文不見故貶主書者以起文公逐之○放乎甫往反〔疏〕注文公本逐之非○解云上注文公以王事逐之而言非者雖王事不供罪不至逐而文公逐之疾惡大甚故以爲非也案論語云人而不仁疾之已甚亂也○注以起文公逐之○解云其主書者即文公執衛侯之事是也今執衛侯貶文公稱人見其失所是故貶以起文公逐之○衛元咺自晉復歸于衛自者何有力焉者也有力焉者有力于晉也言恃晉有屬已力以歸方難下意故於是發問○屬音燭〔疏〕自者何解云文公賢伯而有力於惡人似非其義故執不知問此執其君其言自何上元咺出奔晉而文公執衛侯知以元咺訴執之怪訴其君而助之爲叔武爭也解文公助之意以元咺爲叔武爭訴以爲忠於已而助之雖然臣無訴君之義復於衛非也悖君臣之義故著言自明不當有力於惡人也言復歸者深爲霸者恥之使若無罪○爭爭鬭之爭下注同悖必內反○諸侯遂圍許○曹伯襄復歸于曹○遂會諸侯圍許曹伯言復歸者天子歸之也名者與

衛侯鄭同義執歸不書書者名惡當見本無事不當言遂又不更舉曹伯者見其能悔過即時從霸者征伐也霸兵不月者剌文公不假武脩文以附疏倉卒欲服許卒不能降威信自是衰故不成其善○降戶江反〔疏〕曹伯襄復歸于曹○解云天子歸之以得天子之命其罪可以除故言復歸作大無惡之文矣上衛侯之下注云言復者天子有命歸之不言衛侯而此處著言曹伯者正以文承元咺復歸之下辨嫌也○注執歸至言遂○解云正以上二十一年宋公被執而歸經不書之故知執歸不書今書者其名之惡當須見之○注又不更舉曹伯者○解云謂何以不言曹伯遂會諸侯圍許正以言遂又不更舉曹伯皆是風疾之義故可以見悔過即時從霸者征伐也○注欲服許至其善○解云正以上文溫之會許男不至是不慕霸者而從于楚故因而服之云卒不能降者正以二十九年春經書公至自圍許作不得意之文莊六年秋公至自伐衛之下傳云得意致會不得意致伐今此不致會知卒不能降也

二十有九年春介葛盧來介葛盧者何夷狄之君也何以不言朝據諸侯來曰朝○介葛音介國名〔疏〕介葛盧者何○解云欲言諸侯文不言朝欲言大夫文不書聘故執不知問

不能乎朝也不能升降揖讓也介者國也葛盧者名也進稱名者能慕中國朝賢君明當扶勉以禮義〔疏〕注進稱名者○解云正以下三十年秋介人侵蕭不名故知此稱名是其進○公至自圍許○夏六月公會王人晉人宋人齊人陳人蔡人秦人盟于翟泉文公圍許不能服自知威信不行故復上假王人以會諸侯年老志衰不能自致故諸侯亦使微者會之月者惡霸功之廢於是○故復扶又反年未同惡烏路反〔疏〕注月者至廢於是○解云正以月非大信之辭也○秋大雨雹夫人專愛之所生○雨于付反雹步角反○冬介葛盧來前公圍許不在故更來朝不稱字者一年再朝不中禮故不復進也○中丁仲反

三十年春王正月○夏狄侵齊○秋衛殺其大夫元咺及公子瑕衛侯未至其稱國以殺

何據歸在下道殺也時已得天子命還國於道路遇而殺之坐之與至國同故但稱國不復別也言及公子瑕者下大夫別尊卑○復扶又反別尊彼列反○衞侯鄭歸于衞此殺其大夫其言歸何據未至而有專殺之惡與入惡同【疏】其言歸何○解云正以歸者是出入無惡也○注與入惡同○解云正以復入者出無惡入有惡今此衞侯未至而殺故宜與入惡同不合言歸故難之歸惡乎元咺也衞侯歸殺無惡則元咺之惡明矣曷爲歸惡乎元咺據師還【疏】注據師還○解云即莊八年秋師還傳云還者何善辭也此滅同姓何善爾非師之罪也彼注云明君之使重在君然則彼魯公遣師滅同姓歸善于師而歸惡于公此衞侯即歸惡于元咺與彼義違元咺之事君也君出則已入晉人執衞侯歸之于京師元咺自晉復歸于衞恃晉力以歸是也【疏】注恃晉至是也○解云即彼傳云自者何有力焉者也注云有力焉者有力于晉也言恃晉有屬已力以歸是君入則已出衞侯鄭自楚復歸于衞元咺出奔晉是也以爲

不臣也故不從犯伯執爲天子所還言復歸從出入無惡言歸以見元咺有出入罪衞侯得殺之所以專臣事君之義名者爲殺叔武之惡天子歸有罪也執歸不書主書者名惡當見○以見賢徧反下同爲于僞反夫烏路反○晉人秦人圍鄭○介人侵蕭稱人者侵中國故退之【疏】注稱人者至退之○解云正以上二十九年來朝稱名今不名故知此稱人者退之也○冬天王使宰周公來聘與葵丘會同義【疏】注與葵丘會同義○解云葵丘之會在上九年公會宰周公以下于葵丘彼注云宰猶治也三公之職號尊名也以加宰知其職大尊重當與天子參聽萬機而下爲諸侯所會惡不勝任也此宰周公亦職大尊重當與天子參聽萬機而下聘諸侯惡不勝任故云與葵丘同義○公子遂如京師遂如晉大夫無遂事此其言遂何公不得爲政爾不從公政令也時見使如京師而橫生事矯君命聘晉故疾其驕蹇自專當絕之不舉重者遂當有本○矯君居表反本又作撟【疏】大夫無遂事○解云正以臣無自專之道也

三十有一年春取濟西田惡乎取之以不月與取運異知非內叛邑○惡音烏【疏】注以不月至叛邑○解云昭元年三月取運傳云運者何內之邑也其言取之何不聽也注云不聽者叛也不言叛者爲內諱故書取以起之月者爲內喜得之故書月也此不書月與彼異知非內之邑是以傳云惡乎取之猶言何處取之取之曹也曷爲不言取之曹據取叢言邾婁田也諱取同姓之田也同姓相貪利惡差重恥差深○惡差初賣反下同此未有伐曹者則其言取之曹何據伐同姓不諱即有兵當舉伐曹下日若甲戌取須朐【疏】注即有兵至須朐○解云即文七年春公伐邾婁三月甲戌取須朐傳云取邑不日此何以日內辭也使若他人然注云使若公春伐邾婁而去他人自以甲戌日取之晉侯執曹伯班其所取侵地于諸侯也班者布偏還之辭○布偏音遍下文同晉侯執曹伯班其所取侵地于諸侯則何諱乎取

同姓之田據晉還之得爲伯【疏】注據晉還之得爲伯○解云即上二十八年三月丙午晉侯入曹執曹伯畀宋人是也何者稱侯以執伯討之文然此傳云晉侯執曹伯班其所取侵地于諸侯正指上二十八年執曹伯以畀宋人之文言晉還之者謂執曹伯而還諸侯之田矣久也魯本爲霸者所還當時不取久後有悔更緣前語取之不應以得故當坐取邑○公子遂如晉○夏四月四卜郊不從乃免牲猶三望曷爲或言三卜或言四卜三卜禮也四卜非禮也三卜何以禮四卜何以非禮據俱卜也【疏】曷爲或言三卜○解云即襄七年夏四月三卜郊不從乃免牲是也○三卜禮也○解云案曲禮上篇云卜筮不過三是其舊典之遺存鄭玄云求吉不過三魯四卜郊春秋譏之是也三卜禮謂是魯禮若天子之郊則不卜以其常事但以魯郊非常是以卜之吉則爲之凶則已之求吉之道三三卜吉凶必有相奇者可以決疑故求吉必三卜○奇居丑反【疏】求吉之道三○解云周禮大卜

掌三王之龜易義亦通于此然三卜是禮理應不書襄七年三卜郊何以書正以魯人之郊博卜三正襄七年乃在周之四月以其不時是以書也**禘嘗不卜郊何以卜**禘比祫爲大嘗比四時祭爲大故据之〔疏〕禘嘗不卜。解云即僖八年秋七月禘于太廟桓十四年八月乙亥嘗之類皆不見卜筮之文故言此。禘比祫爲大。解云禘之與祫雖皆大祭但禘及功臣於祫則否故以禘爲大是以文二年大事於大廟之下傳云五年而再殷祭彼注云謂三年祫五年禘禘所以異於祫者功臣皆祭也祫猶合也禘猶諦也審諦無所遺失盤庚曰茲予大享于先王爾祖其從與享之義亦通于此也。注嘗比四時祭爲大。解云以此傳配禘禘既大於祫則知嘗大于四時且嘗是秋成萬物薦馨故以爲盛也**卜郊非禮也**禮天子不卜郊〔疏〕注禮天至卜郊。解云欲道天子之郊以其常事故不須卜魯郊非禮是以卜之異於禘嘗耳**卜郊何以非禮**据上言三卜禮〔疏〕卜郊何以非禮。解云弟子之意以爲上言三卜是禮何言卜郊非禮乎荅者以爲由魯郊非正故須卜何妨天子之郊不卜乎**魯郊非禮也**以魯郊非禮故卜爾昔武王既沒成王幼少周公居

攝行天子事制禮作樂致太平有王功周公薨成王以王禮葬之命魯使郊以彰周公之德非正故卜三卜吉則用之不吉則免牲謂之郊者天人相與交接之意也不言郊天者謙不敢斥尊。少詩照反太平音泰王功于況反〔疏〕注謂之郊至意也。解云何氏以爲郊特牲云於郊故謂之郊禮記非正典故不從之。注不言郊天者至尊者。解云欲道禘于大廟于莊公武宮之屬皆斥尊言之若然乙亥嘗己郊烝之屬文不斥言者以是時祭于大廟小於禘故也**魯郊何以非禮**据成公乃不郊惡之。惡之鳥路反下皆同**天子祭天**郊者所以祭天也天子所祭莫重於郊於南郊者就陽位也槀鞂玄酒器用陶匏大珪不瑑大羹不和爲天至尊物不可悉備故推質以事之。槀古老反匏白交反瑑大轉反和戶臥反爲天于僞反下則爲本爲主爲皆同〔疏〕注居南郊至以事之。解云皆出禮記郊特牲彼文云郊之祭也大報天而主日也兆於南郊就陽位也又云莞簟之安而蒲越槀鞂之尚酒醴之美玄酒明水之尚器用陶匏以象天地之性也大圭不瑑美其質也大羹不和貴其質也鄭氏云明水司烜以陰鑑所取於月之水也蒲越槀鞂藉神席也而彼文又云祭天掃地而祭焉於其質而已矣而云槀鞂神席者

正謂對不爲壇故言掃地不全無席**諸侯祭土**土謂社也諸侯所祭莫重於社卿大夫祭五祀士祭其先祖〔疏〕諸侯祭土。解云欲道魯郊爲非禮之意也**天子有方望之事**方望謂郊時所望祭四方羣神日月星辰風伯雨師五嶽四瀆及餘山川凡三十六所〔疏〕注方望至三十六所。解云舊說云四方羣臣是爲四也通日與月爲六星是五星爲十一也辰是十二辰爲二十三風伯雨師爲二十五五岳爲三十四瀆爲三十四餘小山川爲二是爲三十六所**無所不通**盡八極之內天之所覆地之所載無所不至故得郊也**諸侯山川有不在其封內者則不祭也**故魯郊非禮也〔疏〕注故魯至禮也。解云正以其所主狹是以不得祭天地也**曷爲或言免牲或言免牛免牲禮也**魯卜郊不吉免之禮卜郊不吉則爲牲作玄衣纁裳使有司玄端放之於南郊明本爲天不敢留天牲〔疏〕或言免牛。解云即成七年王正月鼷鼠食郊牛角改卜牛鼷鼠又食其角乃免牛是也**免牛非禮也免牛何以非禮**

傷者曰牛養牲不謹敬有災傷天不饗用不得復爲天牲故以本牛名之非禮者非大牲不當復見免但當內自省責而已。復爲扶又反下同見免賢徧反下以見同**三望者何望祭也然則曷祭祭泰山河海曷爲祭泰山河海**据郊者主爲祭天。大山音泰本亦作泰下同〔疏〕三望者何。解云欲言祭名文在免牲之下欲言非祭因郊天爲之故執不知問**山川有能潤于百里者天子秩而祭之**此皆助天宣氣布功故祭天及之秩者隨其大小尊卑高下所宜禮祭天牲角繭栗社稷宗廟角握六宗五嶽四瀆角尺其餘山川視卿大夫天燎地瘞日月星辰布山縣水沉風磔雨升燎者取俎上七體與其珪寶在辨中置於柴上燒之。繭古典反燎力召反瘞於例反縣音玄磔陟百反〔疏〕注禮祭天至大夫。解云皆王制與禮說文耳其餘山川視卿大夫者小山川之屬但牽牛而已。注天燎至雨升。解云爾雅祭天曰燔柴者蓋以燎柴而燔之故謂祭爲燔柴云地瘞者即爾雅云祭地曰瘞埋李巡曰祭地以玉埋地中瘞亦埋也云日月星辰布者即爾雅云祭星曰布孫氏云既

祭布散於地位似星辰布列郭氏曰布散祭於地然則爾雅雖不言日月日月之義宜附於星故何氏連日月言之云山縣者爾雅云祭山曰庪縣郭氏云或庪或縣置之於山李氏曰祭山以黃玉及璧以庪置几上遥遥而眂之若縣故曰庪縣孫氏曰庪縣埋於山足曰庪埋於山上曰縣是也云水沈者即爾雅祭川曰浮沈孫氏曰置祭於水中或浮或沈故曰浮沈是也言風磔者即爾雅云祭風曰磔孫氏云既祭披磔其牲以風散之李氏曰祭風以牲頭蹄及皮破之以祭故曰磔郭氏曰今俗當大道中磔狗云以止風此其象云雨升者無文何氏更有所見蓋患其雨多祭使上升故祭雨曰升明上水沈是祭川也○注燎者取至燎之○解云上天燎之文其七體者即少牢之肩臂臑肫胳正脊脡脊横脊短脅長脅代脅之屬也

觸石而出膚寸而合側手爲膚案指爲寸言其觸石理而出無有膚寸而不合○膚寸方于反側手爲膚按指爲寸不崇朝而徧雨乎天下者唯泰山爾崇重也不重朝言一朝也○崇朝如字注同雨于付反又如字崇重直龍反下同河海潤于千里亦能通氣致雨潤澤及于千里韓詩傳曰湯時大旱使人禱于山川是也郊望非一獨祭三者魯郊非禮故獨祭其大者猶者何通可以已也已止何以書譏不郊而望祭也譏尊者不食而卑者獨食書者惡失禮也魯至是郊者僖公賢君欲尊明其先祖之功德不䟽廢之譏者春秋不見事不書皆從事舉可知也不告言不從者明已意汲汲欲郊而上不從爾所以見事鬼神當如精誠○秋七月○冬杞伯姬來求婦其言來求婦何兄弟辭也其稱婦何有姑之辭也書者無出道也○狄圍衛○十有二月衛遷于帝丘月者惡大國遷至小國城郭堅固人衆彊遷徙畏人故惡之也

三十有二年春王正月○夏四月己丑鄭伯接卒不書葬者殺大夫申侯也君殺大夫皆就葬別有罪無罪唯內無貶公之道不可去葬故從殺時別之○接二傳作捷別有彼列反下同去起呂反

〔疏〕注君殺至無罪○解云正謂大夫有罪則書其君葬若其大夫無罪則去其君葬以見惡○注唯內至別之○解云正其別之者即有罪不日上二十八年春公子買戍衛不卒戍刺之是也若其無罪則書日即成十六年十有二月乙酉刺公子偃是也

○衛人侵狄○秋衛人及狄盟不地者起因上侵就狄盟也復出衛人者嫌與內微者同也言及者時出不得狄君也稱人而言及則知狄盟者卑○復扶又反○冬十有二月己卯晉侯重耳卒○重直龍反

三十有三年春王二月秦人入滑○齊侯使國歸父來聘○夏四月辛巳晉人及姜戎敗秦于殽其謂之秦何據敗者稱師未得師稱人○殽本又作肴戶交反或戶高反

〔疏〕注據敗至稱人○解云即莊二十八年春王三月甲寅齊人伐衛衛人及齊人戰衛人敗績傳云敗者稱師衛何以不稱師何氏云據桓十三年己巳燕人戰敗績稱師傳云未得乎師也何氏云未得成列爲師也然則燕人敗績稱師衛人未得師稱人今此稱國故難之

夷狄之也曷爲夷狄之據俱見敗秦伯將襲鄭輕行疾至不戒以入曰襲○輕遣政反百里子與蹇叔子諫曰千里而襲人未有不亡者也行疾不假塗變必生道遠多險阻遭變必亡○蹇居輦反秦伯怒曰若爾之年者宰上之木拱矣宰冢也拱可以手對抱○拱九勇反以手對抱

〔疏〕注宰冢也○解云正以穀梁傳云子之冢木已拱矣范氏云拱合抱未知同異如何也

爾曷知師出百里子與蹇叔子送其子而戒之曰爾即死必於殽之嶔巖是文王之所辟風雨者也其處險阻隘勢一人可要百故文王過之驅馳常若辟風雨襲鄭所當由也○嶔苦銜反鄒深生褚詮之音上林賦並同徐音欽韋昭漢書音義去瞻反又本或作嶔同岩五銜反韋音嚴處昌慮反隘於賣反要一遥反傳要之同吾將尸爾焉在牀曰尸在棺

曰柩子揖師而行揖其父於師中介胄不拜爲其拜如蹲○胄直又反爲于僞反蹲音存〔疏〕注介胄不拜○解云出曲禮上篇彼文蹲作夔字少儀亦云介者不拜鄭注云軍中之拜肅拜是也百里子與蹇叔子從其子而哭之秦伯怒曰爾曷爲哭吾師對曰臣非敢哭君師哭臣之子也言恐臣先死子不見臣故先哭之弦高者鄭商也鄭商賈人○賈音古遇之殽矯以鄭伯之命而犒師焉詐稱曰矯犒勞也見其軍行非常不似君子恐見虜掠故生意矯君命勞之○矯以居表反犒苦報反勞也勞力報反下同掠音亮或曰往矣或曰反矣軍中語也時以爲鄭實使弦高犒之或以爲鄭伯已知將見襲必設備不如還或曰緒出當遂往之然而晉人與姜戎要之殽而擊之匹馬隻輪無反者然然上議猶豫留往之頃也匹馬一馬也隻踦也皆喻盡○隻輪如字一本又作易輪董仲舒云車皆不還故不得易輪轍隻踦居宜反一本作易踦其言及姜戎何據秦人白狄不言及吳子主會也〔疏〕注及吳子主會也○解云即黃池傳云吳何以稱子吳主會吳主會即曷爲先言晉侯不與夷狄之主中國也姜戎微也故絕言及稱人亦微者也何言乎姜戎之微據邢人狄人伐衛不言及先軫也先軫晉大夫也言姜戎微則知稱人者尊或曰襄公親之以既貶又危文公葬〔疏〕注以既至公葬○解云即下經云癸巳葬晉文公是也何者隱三年傳云當時而不日正也當時而日危不得葬也今此文公去年十二月薨至今年四月正宜合葬而書其日故云危文公葬襄公親之則其稱人何據桓十三年衛侯背殯用兵不稱人〔疏〕注據桓十三年至稱人○解云即桓十三年二月公會紀侯鄭伯己巳及齊侯宋公衛侯燕人戰云云是也知彼衛侯背殯用兵者即以桓十二年十一月丙戌衛侯晉卒至十三年三月葬衛宣公然則三月乃葬先君二月而已出戰故知背殯明矣貶曷爲貶據俱背殯用兵君在乎殯而用師危不得葬也與衛迫齊宋異故惡不子也○惡不烏路反下同〔疏〕注與衛至宋異○解云即彼注云背殯用兵而月不危之者衛弱於齊宋不從亦有危故量力不責是也詐戰不日此何以日據不言敗績外詐戰文也詐卒也齊人語也○卒七忽反盡也惡者不仁○癸巳葬晉文公○狄侵齊○公伐邾婁取叢取邑不致者得意可知例○取叢才工反二傳作取訾樓〔疏〕取叢○解云有作鄒字者○取邑至知例○解云公與二國以上用兵之時得意致會不得意致伐若與一國及獨出用兵之時得意不致不得意致伐今此取邑例皆不致不別得意者既言取邑得意明矣何勞別之○秋公子遂率師伐邾婁○晉人敗狄于箕不月者略微者與夷狄也〔疏〕注不月至狄也○解云以隱六年注云戰例時偏戰日詐戰月今此不月故解之○冬十月公如齊月者善公念齊恩及子孫〔疏〕注月者至子孫○解云正以朝聘例時故如此解而言念齊恩及子孫者正以十年春公如齊之下注云月者僖公本齊所立桓公德衰見叛獨能念恩朝事之故善錄云十五年公如齊之下注云月者善公既能念恩尊事齊桓又合古五年一朝之義故錄之今桓公既卒能復朝齊書月故以念恩及子孫解之○十有二月公至自齊○乙巳公薨于小寢○隕霜不殺草李梅實何以書記異也何異爾不時也周之十二月夏之十月也易中孚記曰陰假陽威之應也早隕霜而不殺萬物至當隕霜之時根生之物復榮不死斯陽假與陰威陰威列索故陽自隕霜而反不能殺也此祿去公室政在公子遂之應也○復扶又反索息各反〔疏〕注陰威列索○解云正謂陰威列見而散萬物矣○晉人陳人鄭人伐許

監本春秋公羊注疏僖公卷第十二

江南蘇松督糧道方　體　栞

公羊注疏卷十二挍勘記　阮元撰盧宣旬摘錄

公羊注疏僖公卷十二

二十有二年

取須朐　唐石經諸本同釋文須朐左氏作句

二十有三年

以後諱加微封　解云封字亦有下句讀之非也

正所以傳聞之世　浦鏜云以所字誤倒

二十有四年

鄭氏發墨守云　閩本同監毛本氏誤云

夫人自侮而後人侮之　補毛本作夫人必自侮不誤

今其說專於子　浦鏜云今疑令字誤

不復供養養者與　補養字誤重

二十有五年

即莊二十年冬　浦鏜云十下脫七字按浦說是也

疾其末　鄂本末誤宋

遂但別兩耳　鄂本同閩監毛本兩下衍稱字此本下複衍別兩耳三字皆當删正

不書出時者小國是例也　浦鏜云者下脫略字按浦說是也

位不合致　按位當作但

天子不親征下土　閩本同監本土誤上毛本誤士

二十有六年

故錄詳之　鄂本作詳錄此誤倒

當有公賞也　浦鏜云功誤公是也

乞師者何卑辭也　閩監毛本同誤也唐石經鄂本無師字此誤衍按疏標起訖云乞者至若辭亦無師字

曷為重師　宋本脫半頁自重字起曰忠之起必自字止

注戰必當勝　閩監本同誤也毛本必當作當必宜據正

邾婁子益何以名絕之　哀七年傳絕字下有曷為絕三字下蔡侯獻舞何以名絕字下亦宜依莊十年傳補曷為絕三字

以此二文言絕之　毛本二誤上

內獲人皆諱不書　毛本獲誤楚

未聞稱師　閩監毛本誤也鄂本聞作得當據正

注稱人至從楚文　從楚文三字當作得稱師三字

言其大夫者　浦鏜云其言字誤倒

故從楚文也　毛本楚誤此

作不得意之文以解之　浦鏜云以當故字誤

二十七年　唐石經作廿有七年鄂本二十下有有字此脫

二十有八年

晉文行霸征之　鄂本文下有公字此脫

衛壅遏不得使義兵以時進　釋文雍又作壅同此本進誤追今據諸本訂正

未能為伯者之害　閩監毛本伯作霸

明當與君俱昭也鄂本昭作治無也此誤衍

刺諸侯不慕霸者反歧意于楚鄂本同宋本諸作陳此誤閩監毛本歧作岐下並同

陳歧意于楚鄂本同監毛本于作於閩本誤如

云不書至不書者當作云不書諸侯朝者

何氏云天王者浦鏜云天上脫言是也

爲天子諱也宋本子下衍之字疏同

注自楚者爲天子之諱也閩監本同毛本作言自楚者爲天子諱也

陳侯欵卒唐石經諸本欵作款是也

則何以得爲伯討唐石經原刻作執後磨改作討按下云歸于者非執之于天子之側者也則此當從原刻作執

公羊注疏卷十二校勘記　三

此難成十五年鄂本成下有公字

歸之者欠絕之辭執于天子之側鄂本欠作決此誤毛本側誤例

故於是已立唐石經原刻作爲是後磨改作於

曹伯言復歸者浦鏜云自此下二十九字當在上文曹伯襄復歸于曹之下按廿一年疏引此曰曹伯之下注云則此注本在上經下也

書者名惡當見鄂本見誤是

言復者天子有命歸之浦鏜云復下脫歸字是也

二十有九年

盟于狄泉唐石經諸本同左氏作翟泉

三十年

君出則已入唐石經諸本同隸釋載公羊殘碑後云三十年言君出則已入然則熹平石經不與何本同故舉其異者言之

爲殺叔武之惡天子歸有罪也閩監毛本同鄂本無之字此衍按廿一年疏引此注亦無之字

當與天子參聽萬機閩監毛本機改幾下同

故疾其驕蹇自專當絕之也宋本同閩監毛本之在專下誤

三十有一年

當舉伐曹下曰宋本閩監毛本同鄂本下誤不

布徧還之辭鄂本徧字空缺按釋文作布徧經注本蓋作布還此合併爲一

何者稱侯以執盧文弨曰何疑向

公羊注疏卷十二校勘記　四

不應以得鄂本以作復此誤宣元年疏引此注此本閩本皆作復

於南郊者鄂本於作居此本疏標起訖同當據正

稾秸元酒何校本槀作稾从禾是也

大珪不瑑鄂本同閩監毛本瑑作琢非疏同釋文亦作瑑

故推質以事之鄂本同閩監毛本推誤惟

舊說云四方羣臣閩本同監本剜改臣作神是也毛本從之

五岳爲三十閩監毛本岳作嶽

養牲不謹敬有災傷鄂本宋本閩本同監本剜改有作致毛本從之

非大牲不當復見免鄂本同閩監毛本大作天是也上文兩言天牲

祭泰山河海唐石經鄂本同閩監毛本泰作大下同按釋文作大山云本亦作泰今本當據此改

既祭布散於地位　蒲鏜云位衍按爾雅音義無位

注燎者取至燎之　按注當作燒之

上天燎之文　蒲鏜云疑衍盧文弨曰疑作上釋天之文

肩臂臑肫胳　何按本肫作膞與少牢饋食禮合

長脅　何按本長脅作正脅與少牢禮合

而上不從爾　鄂本上作卜此誤

三十有三年

晉人及姜戎敗秦于殽　唐石經諸本同釋文殽本又作肴惠棟云二傳皆作敗秦師

必於殽之嶔巖　唐石經諸本同釋文嶔本或作廞同盧文弨曰說文作欽崟高誘注淮南地形訓作欽吟○按說文有岑崟無欽崟義與傳亦不同

介胄不拜為其拜如蹲　解云出曲禮上篇彼文蹲作蓌經義雜記曰今禮記作介者不拜為其拜而蓌拜釋文蓌拜盧本作蹲與何邵公合蓌乃俗字介者作介胄蓋何氏以義言之而如古通此當從公羊注而讀為如

恐見虜掠　鄂本掠作略按釋文作虜掠

或曰緒出當遂往之　鄂本同蓋誤閩監本作既出毛本誤既自此本緒字剜改當本作既也

匹馬隻輪無反者　唐石經諸本同釋文隻輪一本又作易輪董仲舒云車皆不還故不得易輪轍經義雜記曰河注匹馬一馬也隻踦也穀梁傳作匹馬倚輪無反者范解倚輪一隻之輪漢書五行志載劉向說謂晉敗秦師匹馬觭輪無反者服虔曰觭音奇偶之奇師古曰觭隻也凡作觭作踦作倚皆奇字之通借疑公羊傳本作匹馬踦輪與穀梁及漢志同何注作踦隻也與范解及顔注同今本及釋文皆誤倒若傳本作隻文義已明反訓為踦義轉晦矣

猶豫留往之頃也　閩監毛本同誤也鄂本往作住當據正

隻踦也　釋文隻踦也一本作易踦○按據此則知傳一本作易輪與董仲舒合而何釋為踦

據秦人白狄不言及吳子主會也　閩監毛本同鄂本疊吳子二字盧文弨曰秦人白狄伐晉在成九年及吳子在哀十三年舊本吳予重但脫一及字按疏中標注云及吳子主會也如今本依疏疊及字義可通矣○按此注當據秦人白狄不言及句絕下云及吳子吳子主會也謂如哀十三年言及吳子者因吳子主會今姜戎非主會者何以言及

卽曷為先言晉侯　蒲鏜云則誤卽

惡者不仁　鄂本者作晉此誤

取叢　唐石經諸本同釋文作取菆云才工反二傳作取訾樓解云叢有作鄒字者

故善録云　蒲鏜云之誤云

公羊注疏卷十二挍勘記終

工部屯田司員外郎胡祖謙挍

監本春秋公羊注疏文公卷第十三　起元年盡九年

何休學

元年春王正月公即位〇二月癸亥朔日有食之　是後楚世子商臣弒其君楚滅江六狄比侵中國（疏）注是後至其君○解云即下經云冬十月丁未楚世子商臣弒其君髡是也○注楚滅江六○解云即下四年秋楚人滅六是也○注狄比侵中國○解云即下四年夏狄侵齊七年夏狄侵我西鄙之屬是也

〇天王使叔服來會葬其言來會葬何　據奔喪以非禮書歸含且賵不言來○歸含本又作唅戶暗反五年經同賵芳鳳反（疏）注據奔喪以非禮書○解云即定十五年夏五月壬申公薨于高寢下云邾婁子來奔喪傳云其言來奔喪非禮也是○注歸含至言來○解云下五年春王正月王使榮叔歸含且賵是也

會葬禮也　但解會葬者明言來者常文不為早晚施也常事書者文公不肖諸侯莫肯會之故書天子之厚以起諸侯之薄蓋以長補短也叔服者王子虎也服者字也叔者長幼稱也不繫王者不以親疏錄也不稱王子者時天子諸侯不務求賢而專貴親親故尤其在位子弟刺其早任以權也會得言公子者方錄異辭故獨不言弟也諸侯得言子弟者一國失賢輕○不為于僞反下不為同長幼丁丈反稱也尺證反（疏）注但解至施也○解云在隱元年也○注常事書者○解云僖公之卒在去年十二月至今年四月葬之是為五月而葬叔服來會附在葬前適得其所故謂之常事常事不書今書之故須注解○注文公至會之○解云正以下七年秋八月公會諸侯晉大夫盟于扈傳云諸侯何以不序大夫何以不名公失序也公失序奈何諸侯不可使與公盟昳晉大夫使與公盟也注去文公為諸侯所薄賤不見序故深諱為不可知之辭是其不肖諸侯莫肯會之之義也○注故書至之薄○解云言天子恩厚於文公而經書其會葬起諸侯之薄無恩於文公故經不書矣而襄三十一年冬十月滕子來會葬亦是常事而書之者亦起當時更無人會故彼注云此書者與叔服同義是也○注蓋以長補短也○解云謂書天子得禮欲以補諸侯之短○令其非禮見矣其非禮者不相會葬是也○注叔服至稱也○解云知叔服為王子虎者正以下三年夏五月王子虎卒傳云王子虎者何天子之大夫也外大夫不卒此何以卒新使乎我也注云王子虎即叔服也新為王者使來會葬在葬後三年中卒君子恩降於親親則加報之故卒明當有恩禮也是也○注不繫至錄也○解云若繫王宜云王使王服子來會葬似若宣十五年王札子矣今不如此者春秋主見天子之厚使來會葬而已何須錄其使人之親疏乎是以不言王服子矣宣十五年王札子殺召伯毛伯傳云王札子者何長庶之號注云子者王子也天子不言子弟故變文上札繫先王以明之是其類也○注不稱至權也○解云言尤其在位子弟則知聘使與會盟之時不得稱子弟若其卒與奔猶得稱之何者卒與出奔不復在位何須刺其早任以權乎即下三年夏五月王子虎卒襄三十年夏王子瑕奔晉之屬是也○注會得至弟也○解云會君在位公子得言之者即桓五年公子翬如齊逆女莊二年公子慶父伐於餘丘之屬是也言方錄異辭者謂上異於天子下異於諸侯見其為新王之義故曰方錄異辭矣故獨不言弟也者謂尤其在位之弟若其卒與出奔不妨有之即宣十七年冬公弟叔肸卒之屬是也○注諸侯至賢輕○解云諸侯在位公子得見經者即宣二年春及鄭公子歸生戰于大棘之屬是也其諸侯在位之弟得見經者即隱七年夏齊侯使其弟年來聘桓十四年夏鄭伯使其弟語來盟之屬是也一國失賢輕者雖是不務求賢而專貴親親要其一國失賢其罪輕故也

〇夏四月丁巳葬我君僖公〇天王使毛伯來錫公命錫者何賜也命者何加我服也　復發傳者嫌禮與桓公同死生異也主書者惡天子也古者三載考績三考黜陟幽明文公新即位功未足施而錫之非禮也○錫恩歷反復扶又反惡烏路反（疏）錫者何○解云明始即位未有功美天子加錫異於常典故執不知問○注復發至禮也○解云莊元年王使榮叔來錫桓公命傳云錫者何賜也注云上與下之辭傳又云命者何加我服也注云增加其衣服令有異於諸侯然則若不重發即嫌悉與桓公同故復言之明有異矣彼是贈死之衣此是朝祭之服故言死生異也云云之說在莊元年

〇晉侯伐衛〇叔孫得臣如京師　不書者與莊二十五年同知不為喪聘書者聘為貢職天子當得異方之物以事宗廟又欲以知君父無恙不以喪廢故不譏也如他國就不三年一譏而已○恙餘亮反（疏）注書者至譏也○解云即莊二十五年冬公子友如陳彼注云如陳者聘也內朝聘言如者尊內也書者錄內所交接也

今此亦然故曰同也。注如他至而已。解云如他國所以合譏者正以聘是吉禮又非君父之國於喪宜廢故也言就不三年一譏而已者即下二年冬公子遂如齊納幣傳云納幣不書此何以書譏何譏爾譏喪娶也娶在三年之外則何譏乎喪娶三年之内不圖婚是也言就其重者一譏而已其餘不譏從可知○衛人伐晉○秋公孫敖會晉侯于戚。戚于寂反○冬十月丁未楚世子商臣弒其君髡。楚無大夫言世子者甚惡世子弒父之禍也不言其父言其君者君之於世子有父之親有君之尊言世子者所以明有父之親言君者所以明有君之尊又責臣子當討賊也日者夷狄子弒父忍言其日。髡苦門反左氏作頵〔疏〕注楚無至賊也。解云下九年冬楚子使椒來聘傳云椒者何楚大夫也楚無大夫此何以書始有大夫也始有大夫則何以不氏許夷狄者不一而足也然則至下九年楚始有大夫則知此處未有大夫矣既無大夫其世子亦未當見故解之。注日者至其日。解云如此注者正决襄三十年夏四月蔡世子般弒其君固何氏云不日者深爲中國隱痛有子弒父之禍故不忍言其日是也○公

孫敖如齊書者譏喪娶吉凶不相干

二年春王二月甲子晉侯及秦師戰于彭衙秦師敗績稱秦師者慜其衆惡其將前以不用賢者之言匹馬隻輪無反者今復重師敗績師敵君不正者賤之不嫌得敵君。衙音牙本或作牙惡烏路反將子匠反復扶反反下不復皆同重直用反〔疏〕注稱秦至其將。解云正以秦于是時未有大夫則不合稱師今而稱師故解之。注前以至敗績。解云在僖三十三年矣。注師敵至敵君。解云僖二十八年夏晉侯以下及楚人戰于城濮傳云此大戰也曷爲使微者子玉得臣也子玉得臣則其稱人何故大夫不敵君也然則彼是大夫嫌其與君敵故正之稱人此師者乃是秦之衆人是以不勞正之耳○丁丑作僖公主作僖公主者何爲僖公作主也爲僖公廟作主也主狀正方穿中央達四方天子長尺二寸諸侯長一尺。爲僖公廟于僞反下盖爲以爲下欲爲同〔疏〕作僖公主者何。解云欲言是禮書而譏之欲言非禮禮有作主之事故執不知問。爲僖公作主也。解云爲于僞反。注主狀至一尺。解云皆孝經說文也卿大夫以下正禮無主故不言之云云之說備在左氏主者曷用虞主用桑禮平明而葬日中而反虞以陽求陰謂之虞者親喪以下壙皇皇無所親求而虞事之虞猶安神也用桑者取其名與其麤觕所以副孝子之心禮虞祭天子九諸侯七卿大夫五士三其奠處猶吉祭。壙苦晃反又音曠麤才古反又七奴反〔疏〕注禮平至反虞。解云出檀弓與士虞記也言以陽求陰者謂以日中求神是也而鄭注士虞記云朝葬而日中虞君子舉事必用辰正也者兩相須也彼鄭氏又云再虞三虞皆質明則日中而反虞者指葬日言之。注禮虞至吉祭。解云自諸侯七以下雜記文其天子九虞者何氏差之耳異義左氏說亦有成文云云之說具左氏傳疏練主用栗謂期年練祭也埋虞主於兩階之間易用栗也夏后氏以松殷人以柏周人以栗松猶容也想見其容貌而事之主人正之意也柏猶迫也親而不遠主地正之意也栗猶戰栗謹敬貌主天正之意也禮士虞記曰桑主不文吉主皆刻而謚之蓋爲禘祫時別昭穆也虞主三代同者用意尚麤觕未暇別也。期年音基三年同人正音征下同別彼列反下同〔疏〕注謂期至栗也。解云出禮記文

注夏后至以栗。解云出論語也而鄭氏注云謂社主正以古文論語哀公問社於宰我故也今文論語無社字是以何氏以爲廟主耳用栗者藏主也藏于廟室中當所當奉事也質家藏于堂作僖公主何以書據作餘公主不書譏何譏爾不時也其不時奈何欲久喪而後不能也禮作練主當以十三月文公亂聖人制欲服喪三十六月十九月作練主又不能卒竟故以二十五月也日者重失禮鬼神〔疏〕注禮作至三月。解云即禮記云十三月而練是也。注日者至鬼神。解云即隱五年注云失禮鬼神例日是也○三月乙巳及晉處父盟此晉陽處父也何以不氏據晉陽處父伐楚救江〔疏〕注據晉至救江。解云即下三年冬晉陽處父帥師伐楚救江是也諱與大夫盟也諱去氏者使若得其君如經言邾婁儀父矣不地者起公就於晉也日者起公盟也俱沒公齊高傒不使若君處父使若君者親就其國恥不得其君故使若得其君也如晉不書不致者深諱之。去起呂反〔疏〕注諱

去至晉也○解云儀父之事在隱元年凡五等諸侯失爵在
名字之例者但直書其名字不言其氏即倪黎來蔡叔邾婁
儀父之類是也今此處父無氏故云使若得其君矣○注日
者起公盟也○解云正以微者盟例不日故也○注俱沒至
君也○解云高傒之事在莊二十二年彼經云秋七月丙申
及齊高傒盟于防是也○注如晉至諱之○解云正决下三
年冬公如晉十有二月己巳公及
晉侯盟四年春公至自晉之文也　○夏六月公孫敖
會宋公陳侯鄭伯晉士縠盟于垂斂。盟不日者欲共
盟誅商臣雖不能誅猶爲疾惡故也褒與信辭也不如平丘
兩舉會盟詳録之者時至即盟會禮不成○縠戶木反垂斂
左氏作〔疏〕盟于垂斂者左氏作垂隴○注雖不能誅○解
垂隴　云正以共討惡逆乃是義之高者若能誅之理
應書見似若昭四年經書執齊慶封殺之然今無其經故知
不能誅也○注不如平至不成○解云即昭十三年公會劉
子晉侯以下于平丘八月
甲戌同盟於平丘是也　○自十有二月不雨至于
秋七月何以書記異也不以旱言大旱以災書此
亦旱也曷爲以異書大旱之日短而云災云言
也言〔疏〕大旱以災書○解云即僖二十一年經
有災　書夏大旱傳云何以書記災也是也　故以災
書此不雨之日長而無災故以異書也此祿去公室政
在公子遂之所致也不就莊三〔疏〕注不就至事著○解云
十一年發傳者此最甚事著　莊三十一年冬不雨傳
云何以書記災也然則彼一時不雨是以不得發
傳云不雨之日長此則歷四時故言最甚事著也　○八月
丁卯大事于大廟躋僖公大事者何大祫也
以言大與有事異又從僖八年禘數之知爲大祫○大廟音
太下太祖皆同躋僖子兮反升也本又作隮同祫音洽大祭
禘數大帝反〔疏〕大事者何○解云欲言大祭無禘祫之文
下所主反　欲言時祭而經書大故執不知問○注以
言至事異○解云宣八年夏六月辛巳有事于大廟彼是時
祭不言大則知此言大者是大祭明矣○注又從僖至大祫
解云春秋說文云三年一祫五年一禘爾雅云禘大祭也孫
氏云禘五年大祭也然則三年一祫五年一禘禮如然也案

僖八年秋七月禘於太廟從此以後三年一祫數則十一年
祫十四年祫十七年祫二十年祫二十三年祫二十六年祫
二十九年祫三十二年祫文二年祫也若作五年一禘數則
從僖公八年禘十三年禘十八年禘二十三年禘二十八年
禘三十三年禘文五年禘則文二年非禘年正當合祫故知
此年大事爲祫矣是以注云又從僖八年禘數之知爲大祫
也若然從僖八年禘數之則十一年祫十三年禘隨次而下
至僖二十三年并爲禘祫何得下傳云五年而再殷祭者葢
爲其初時三年作祫五年作禘大判言之得言五年而再殷
祭其間三五參差隨次而下何妨或有同年時乎知非祫與
禘相因而數爲三年五年者若從僖八年禘十一年祫十六
年禘十九年祫數之至僖三十二年禘文公二年祫亦相當
但於五年而再殷祭
之言不合故不得然　大祫者何合祭也其合祭柰
何毀廟之主陳于大祖毀廟謂親過高祖毀其廟藏
其主于大祖廟中禮取其廟
室笮以爲死者炊沐大祖周公之廟陳者就陳列大祖前大
祖東鄉昭南鄉穆北鄉其餘孫從王父父曰昭子曰穆昭取
其鄉明穆取其北面尚敬○笮側白反〔疏〕大祫者何○解
炊沐昌垂反下音木東鄉許亮反下同　云正以祫小于
禘而文加大故執不知問○注
禮取至炊沐○解云出禮記文　未毀廟之主皆升合
食于大祖自外來曰升　五年而再殷祭殷盛也謂三年
祫五年禘禘所
以異於祫者功臣皆祭也祫猶合也禘猶諦也審諦無所遺
失禮天子特禘特祫諸侯禘則不礿祫則不嘗大夫有賜於
君然後祫其高祖○〔疏〕注禘所以至皆祭也○解云出禮
諦音帝礿羊略反　記與春秋說文○注禮天至特祫
解云禮記及春秋說文即不主禘祫是也○注諸侯至不嘗
解云即禮記王制所云夏禘則不礿秋祫則不嘗是也○注
大夫至高祖○解云
正以於禮不得故也　躋者何升也何言乎升僖公
据禘于大廟〔疏〕躋者何○解云先君昭穆自有常次今而
不道所升　言躋故執不知問○注据禘至所升○解
云即僖八年秋七月禘
于大廟用致夫人是也　譏何譏爾逆祀也其逆祀
奈何先禰而後祖也升謂西上禮昭穆指父子近取
法春秋惠公與莊公當同南面
西上隱桓與閔僖亦當同北面西上繼閔者在下文公緣僖
公於閔公爲庶兄置僖公於閔公上失先後之義故譏之傳

日後祖者僖公以臣繼閔公猶子繼父故閔公於文公亦猶祖也自先君言之隱桓及閔僖各當爲兄弟顧有貴賤耳自繼代言之有父子君臣之道此恩義逆順各有所施也不言吉禘者就不三年不復譏略爲下張本○禘乃禮反〔疏〕注不言至張本○解云閔二年夏五月乙酉吉禘于莊公傳云其言吉何言吉者未可以吉也曷爲未可以吉未三年也然則吉禘于莊公在三年之內今此大事亦在三年之內是不須更言吉禘以譏之但略言大事于太廟爲下躋僖公張本而已 ○冬晉人宋人陳人鄭人伐秦○公子遂如齊納幣納幣不書此何以書譏何譏爾譏喪娶也娶在三年之外則何譏乎喪娶据逆在四年○喪取七住反本亦作娶同〔疏〕納幣不書○解云正以桓三年秋公子翬如齊逆女不書納幣故難之 三年之內不圖婚僖公以十二月薨至此未滿二十五月又禮先納采問名納吉乃納幣此四者皆在三年之內故云爾 吉禘于莊公譏然則曷爲不於祭

焉譏据吉禘于莊公譏始不三年大事圖婚俱不三年大事猶從吉禘不復譏 三年之恩疾矣疾痛 非虛加之也非虛加責之 以人心爲皆有之以人心爲皆有疾痛不忍娶 以人心爲皆有之則曷爲獨於娶焉譏据孝子疾痛吉事皆不當爲非獨娶也 娶者大吉也合二姓之好傳之於無窮故爲大吉○好呼報反傳直專反 非常吉也與大事異 其爲吉者主於已主於已身不如祭祀尚有念先人之心 以爲有人心焉者則宜於此焉變矣變者變慟哭泣也有人心念親者聞有欲爲已圖婚則當變慟哭泣矣況乃至于納幣感婚哉○慟杜貢反

三年春王正月叔孫得臣會晉人宋人陳人衞人鄭人伐沈沈潰○伐沈音審國名潰戶內反 ○夏五月王子虎卒王子虎者何天子之大夫也外大夫不卒此何以卒据原仲也〔疏〕王子虎者何○解云欲言大夫例不書卒欲言諸侯而經書王子故執不知問○注据原仲也○解云即莊二十七年秋公子友如陳葬原仲是也 新使乎我也王子虎即叔服也新爲王者使來會葬在葬後三年中卒君子恩隆於親親則加報之故卒明當有恩禮也尹氏卒日此不日者在期外也名者卒從正○新使所吏反〔疏〕注尹氏至外也○解云隱三年夏四月辛卯尹氏卒下傳云外大夫不卒此何以卒天王崩諸侯之主也何氏云時天王崩魯隱往奔喪尹氏主儐贊諸侯與隱交接而卒恩隆於王者則加禮錄之故爲隱恩痛之日者恩錄之明當有恩禮然則彼天王崩尹氏四月卒仍在期內其恩近故書日此則已經三年其恩殺故不日是以注云在期外○注名者卒從正○解云隱八年夏六月己亥蔡侯考父卒八月葬蔡宣公傳云卒從正何氏云卒當赴告天子君前臣名故從君臣之正義言也傳云而葬從主人何氏云至葬者有常月可知不赴告天子故自從蔡臣子辭稱公然則此亦從君臣之正義言之故云名者卒從正也 ○秦人伐

晉○秋楚人圍江○雨螽于宋雨螽者何死而墜也以先言雨也墜隋地也不言如雨言雨螽者本飛從地上而下至地似雨尤醇○雨螽于付反下及注同一音如字螽音終而隊直類反注同隋大果反上時掌反醇音純〔疏〕雨螽者何○解云欲言是雨而特施于螽欲言非雨而文言雨螽故執不知問○注以先言雨也○解云正以先言雨後言螽則知死而墜者也○注不言至尤醇○解云欲道莊七年星霣如雨者本從天來又不及地如雨不醇故云如雨此則初從地上而還至地故不言如言其真似雨也 何以書記異也外異不書此何以書爲王者之後記異也螽猶衆也衆死而墜者羣臣將爭彊相殘賊之象是後大臣比爭鬭相殺司城驚逃子哀奔亡國家廓然無人朝廷久空葢由三世內娶貴近妃族禍自上下故異之云爾○爲王于僞反近附近之近〔疏〕注是後至相殺○解云即七年夏宋人殺其大夫八年冬宋人殺其大夫是也○注司城驚逃○解云即八年冬宋司城來奔是也○注子哀奔亡○解云十四年秋宋子哀來奔是也○注葢由三世內娶

解云僖二十五年及卄七年傳皆云宋三世無大夫三世內娶也之屬是也○冬，公如晉。十有二月己巳，公及晉侯盟。○晉陽處父帥師伐楚救江。此伐楚也，其言救江何？据兩之當先言救也。非兩之當重出處父也。生事當言遂。三者皆違例，知後言救江起伐楚意，故問之。○重，直用反。疏注据兩至救也。○解云即僖二十五年秋楚人圍陳納頓子于頓，傳云何以不言遂？兩之也是也。必知先言救者，正以以江近楚遠故也。○注非兩至父也。○解云即僖二十八年春晉侯侵曹晉侯伐衛，傳云曷爲再言晉侯？非兩之也是也。○注生事當言遂。○解云即宣元年秋楚子、鄭人侵陳，遂侵宋是也。爲諼也。諼，詐。○諼，許元反。其爲諼奈何？伐楚爲救江也。救人之道，當指其所之。實欲救江而反伐楚，以爲其勢必當引圍江兵當還自救也，故云爾。孔子曰：「自古皆有死，民無信不立。」

四年春，公至自晉。○夏，逆婦姜于齊。其謂之逆婦姜于齊何？据不書逆者主名，不言如齊，不稱女。疏夏逆歸姜于齊。解云隱二年注云不親迎例月，重錄之。今此書時者，蓋以聚于大夫，賤，不可以奉宗廟，故略之。○注据不至稱女。○解云決宣元年公子遂如齊逆女之經也。略之也。稱婦姜，至文也。逆與至共文，故爲畧。疏注稱婦至爲畧。解云欲道遂以夫人婦姜至自齊之經，還至始言婦姜；今此始逆已言婦姜，故云逆與至共文耳。高子曰：娶乎大夫者，略之也。賤，非所以奉宗廟，故略之。不書逆者主名，卑不爲錄使也。不言如齊者，大夫無國也。不稱女者，方以婦姜見與至共文，重至也。不稱夫人，爲致文者，賤，不可奉宗廟也。不言氏者，本當稱女，女者父母辭。君子不奪人之親，故使從父母辭，不言氏。○爲，于僞反。使，所吏反。見，與賢偏反。疏注不言至言氏。解云莊二十七年秋公子友如陳葬原仲，案彼亦是大夫無國，而得言如陳者，何氏云不言如陳，嫌不辟國事，實私行也是也。○狄侵齊。○秋，楚人滅江。○晉侯伐秦。○衛侯使甯俞來聘。○冬，十有一月壬寅，夫人風氏薨。

○甯俞，乃定反，下音餘。疏衛侯使甯俞來聘。○解云正本作速字，故賈氏云公羊曰甯速是也。

五年春，王正月，王使榮叔歸含且賵。含者何？口實也。孝子所以實親口也。緣生以事死，不忍虛其口。天子以珠，諸侯以玉，大夫以碧，士以具，春秋之制也。文家加飯以稻米。○飯，扶晚反。疏含者何。○解云欲言實口，上下無例；欲言佗物，而經書含，故執不知問。○注天子至具者。○解云皆春秋說文，故云春秋之制也。○注文家加飯以稻米。○解云即禮記檀弓下篇云飯用米具，弗忍虛也。其言歸含且賵何？据宰咺歸兩賵不言且也。連賵何之者，嫌据賵言歸。○咺，况阮反。疏注据宰至且也。○解云即隱元年秋七月天王使宰咺來歸惠公仲子之賵是也。○注連賵至言歸。○解云若傳直言其言且何，即嫌責此賵事亦當言歸，故連言賵以辯嫌。兼之。兼之，非禮也。且，兼辭。以言且，知幾兼之也。含言歸者，時主持含來也。去天者，含者臣子職，以至尊行至卑事，失尊之義也。不從含晚言來者，本不當含也。主書者，從含也。○去，起呂反，下同。疏注含者臣子職。○解云正以大宰掌之故也。○注不從至含也。○解云正以含者殯前之禮，遥始行之，故知晚。然則宜言來以見晚，而不言來者，正以本不當含，寧得責其晚乎？○注主書至含也。○解云言春秋主書此事者，正欲譏其含，而并言且賵者，因譏之。○三月辛亥，葬我小君成風。成風者何？僖公之母也。風氏也。任、宿、顓臾之姓。○任，音壬。顓臾，音專，下音榆。疏成風者何。○解云欲言其妾，經書小君；欲言夫人，不同夫謚，故執不知問。○注風氏至之姓。○解云風氏，謂此成風，即上文風氏薨者矣。知任、宿等之姓者，左傳文。○王使召伯來會葬。去天者，不及事，刺比失喪禮也。○夏，公孫敖如晉。○秦人入鄀。○鄀，音弱。○秋，楚人滅六。○冬，十月甲申，許男業卒。○疏秋楚人滅六。○解云不月者，略夷狄滅小國也，說在僖二十六年。○許男業卒。○解云正本作辛字。

六年春，葬許僖公。○夏，季孫行父如陳。○秋季孫行父如晉○八月乙亥晉侯讙卒○讙好官反○冬十月公子遂如晉○葬晉襄公書遂者刺公生時數如晉葬不自行非禮也禮諸侯薨使大夫弔自會葬○數所角反〔疏〕注書遂至會葬○解云晉侯生時公數如晉者即上二年三月乙巳及晉處父盟彼下注云如晉不書不致者深諱之三年冬公如晉之屬是也言葬不自行非禮云云者異義公羊說云襄三十年叔弓如宋葬宋共姬譏公不自行也者與此注合○晉殺其大夫陽處父○晉狐射姑出奔狄晉殺其大夫陽處父則狐射姑曷爲出奔據蔡殺其大夫公子燮蔡公子履出奔楚此非同姓恐見及○射姑音亦又音夜穀梁作夜〔疏〕注據蔡至見及○解云事在襄二十年秋彼則履是燮之同姓言恐禍及已而出奔此非同姓而亦奔故難之射姑殺也以非恐見及知其殺射姑殺則其稱國以殺何君漏言也自上言泄下曰漏○君漏

力豆反泄也言泄息列反又以制反其漏言奈何君將使射姑將謂作中軍大夫○姑將子匠反下同陽處父諫曰射姑民衆不說不可使將於是廢將陽處父出射姑入君謂射姑曰陽處父言曰射姑民衆不說不可使將射姑怒出刺陽處父於朝而走明君漏言殺之當坐殺也易曰君不密則失臣臣不密則失身幾事不密則害成○不說音悅下同刺七亦反又一音七賜反〔疏〕注明君至坐殺也○解云襄公當坐則例去其葬而上文經書冬十月公子遂如晉葬襄公者蓋謂葬訖乃相殺不得追去葬是以穀梁傳曰襄公死處父主竟上之事夜姑使人殺之是也然則此傳雖連言之仍不妨殺之在葬後是以經書葬在殺前矣○注易曰至害成○解云上繫辭文也鄭氏云幾微也密靜也言不慎于微而以動作則禍變必成○閏月不告月猶朝于廟不告月者何不告朔也禮諸侯受十二月朔政於天子藏于大祖廟每月朔朝廟使大夫南面奉天子命君北面而受之比時使有司先告朔謹之至也受於廟者孝子歸美先君不敢自專也言朝者緣生以事死親在朝朝莫夕已死不敢渫鬼神故事必于朔者感月始生而朝○大祖音泰比必利反朝朝上如字下直遥反渫息列反〔疏〕不告月者何○解云欲言朔日文不言朔欲言非朔刺其不告故執不知問○注禮諸侯至受之○解云出玉藻但謂禮法然非謂禮有成文○注比時至告朔○解云比時者言比至月初之時也○注親在朝朝莫夕○解云據禮有朝玄端夕深衣之文故也而文王世子云文王之爲世子朝於王季日三者蓋謂越禮之高矣曷爲不告朔據具月也天無是月也閏月矣何以謂之天無是月非常月也所在無常故無政也猶者何通可以已也朝者因視朔政爾無政而朝故加猶不言朔者閏月無告朔禮也不言公者內事可知〔疏〕猶者何○解云欲言非禮禮則有之欲言是禮而經書猶故執不知問○注不言至可知○解云欲道下十六年夏五月公四不視朔言公矣故解之

七年春公伐邾婁○三月甲戌取須朐取邑不日此何以日據取叢也○朐其俱反〔疏〕注據取叢也○解云考諸舊本叢皆作闞字是以昭三十二年春王正月取闞傳云闞者何邾婁之邑也若作叢字即僖三十三年夏四月辛巳晉人及姜戎敗秦于殽癸巳葬晉文公狄侵齊公伐邾婁取叢文承日月之下而將取邑不日據之非其義也且案彼叢字多作鄒字耳內辭也使若他人然使若公春伐邾婁而去他人自以甲戌日取之內再取邑然後甚而日也今此一取而日故使若他人然所以深諱者扈之盟不見序并爲取邑故○并爲于僞反年末注同〔疏〕注內再至日也○解云即隱十年夏六月辛未取郜辛巳取防傳云取邑不日此何以日一月而再取也何言乎一月而再取甚之也是也若然哀二年春王二月季孫斯叔孫州仇仲孫何忌帥師伐邾婁取漷東田及沂西田亦是再取邑而不日者隱公之時新王始起當先自正而比取人邑小惡之甚者書日以甚之至定哀之時久致太平內之小惡亦諱而不書是以不書其日矣所以不全諱之者如彼注云○注今此至人然解云舊本故下有知字○注扈之至邑故○解云

扈之盟在下文秋八月○遂城郚主書者甚其生事困極師衆○郚音吾○夏四月

宋公王臣卒不書葬者坐殺大夫也不日者內娶略〔疏〕注不書至夫也解云正以僖二十四年宋公王臣即位至二十五年夏宋殺其大夫而不書葬明其坐此故也○注不日至娶略○解云正決僖九年春王三月丁丑宋公禦說卒書丁丑故也○宋人殺其大夫何以不名據宋殺其大夫山名〔疏〕注據宋至山名○解云即成十五年秋宋殺其大夫山是也宋三世無大夫三世內娶也故使無大夫〔疏〕宋三至娶也○解云僖二十五年傳云宋三世無大夫三世內娶也注云三世謂慈父王臣處臼也內娶大夫女也言無大夫者禮不臣妻之父母國內皆臣無娶道故絕去其大夫名正其義也是也然則彼已有傳今復發之者恐大夫不書名更有佗義故明之其有佗義者即莊二十六年夏曹殺其大夫傳云何以不名衆殺之之類是耳○戊子晉人及秦人戰于令狐○令力丁反晉先眜以師奔秦此偏戰也何以不言師敗績據秦師敗績○眜音蔑左氏作蔑〔疏〕晉先眜○解云左氏穀梁作先蔑○注據秦師敗績○解云即上二年春王二月甲子晉侯及秦師戰于彭衙秦師敗績是也敵也俱無勝負此晉先眜也其稱人何據奔無出文知先眜也貶曷爲貶據新築之戰衛孫良夫敗績不貶〔疏〕注據新築至不貶○解云即成二年夏衛孫良夫帥師及齊師敗于新築衛師敗績是也外也其外奈何以師外也懷持二心有功欲還無功便持師出奔故於戰貶之起其以師外也本所以懷持二心者其咎亦由晉侯要以無功當誅也不起者敵而外事可知也○咎其九反〔疏〕注不起至知也○解云言所以不申作文起見晉侯要無功當誅之義者以其可知故也何以不言出據楚囊瓦俱戰而奔言出〔疏〕注據楚至言出○解云即定四年冬蔡侯以吳子及楚人戰于伯莒楚師敗績楚囊瓦出奔鄭也以此言之則令狐非晉地伯莒爲楚地亦明矣遂在外也起其生事成於竟外從竟外去狄侵我西鄙○秋八月公會諸

侯晉大夫盟于扈諸侯何以不序大夫何以不名序次也據新城盟諸侯序趙盾名〔疏〕注據新城至盾名○解云即下十四年夏六月公會宋公陳侯以下晉趙盾癸酉同盟于新城是公失序也公失序奈何諸侯不可使與公盟眣晉大夫使與公盟也以目通指曰眣文公內則欲久喪而後不能喪娶逆祀外則貪利取邑爲諸侯所薄賤不見序故深諱爲不可知之辭不日者順諱爲善文也○眣音舜本又作眣丑乙反又大結反以目通指曰眣本又作瞚音同字書云眣瞚也以恐反〔疏〕注以目通指曰眣○解云言其用目眡之而并指向魯若今時瞬眼矣○注文公至不能○解云即上二年二月丁丑作僖公主傳云何以書譏何譏爾不時也其不時奈何欲久喪而後不能是也○注喪娶逆祀○解云其喪娶即二年冬公子遂如齊納幣傳云何以書譏喪娶是也其逆禮即二年秋大事于大廟躋僖公傳云何譏爾逆祀也者是也而先引喪娶者正以納幣之前仍有數禮不妨在大事之前故見之○注外則貪利取邑○解云即上春公伐邾婁取須朐是也○注不日至善文○解云正以日爲不信辭故也○冬徐伐莒謂之徐者前共滅王者後不知尊先聖法度今自先犯文對事連可以起同惡莒在下不得狄故復狄徐也一罪再狄者明爲莒狄之爾徐先狄在僖十五年○復扶又反〔疏〕注謂之至同惡○解云即僖十四年春諸侯城緣陵傳曰孰城之城杞也曷爲城杞滅也孰滅之蓋徐莒脅之是也言不知尊先聖法度者謂杞有禹法度也○注莒在至徐也○解云謂莒時被伐例不得出主名是以無由狄之○注徐先至五年○解云即僖十五年冬楚人敗徐于婁林彼注云謂之徐者爲滅杞不知尊先聖法度惡重故狄之也是也○公孫敖如莒莅盟

八年春王正月○夏四月○秋八月戊申天王崩○冬十月壬午公子遂會晉趙盾盟于衡雍○雍於用反○乙酉公子遂會伊雒戎盟于暴四日不能再出不卒名者非一事再見也○雒音洛暴步報反本又作曝一音甫沃反見賢遍反〔疏〕注四日至

見也。解云欲道宣元年公子遂如齊三月遂以夫人婦姜至自齊傳云遂何以不稱公子一事而再見者卒名也注云卒竟也竟但舉名者省文耳言彼是一事再見故得省文與此異也○公孫敖如京師不至復丙戌奔莒不至復者何不至復者內辭也不可使往也安居不肯行故諱使若已行但不至還爾即已行當道所至乃言復如至黃矣【疏】不至復者何○解云欲言不到經有如文欲言實到復有不至之稱故執不知問○注即已至黃矣解云即宣八年夏六月公子遂如齊至黃乃復是也不可使往則其言如京師何遂公意也正其義不使君命壅塞○壅於勇反何以不言出据慶父言出奔【疏】注据慶至出奔○解云即上閔二年九月公子慶父出奔莒是也遂在外也諱使若從外來不敢復還者也日者嫌敖罪明則起君弱故諱使若無罪○復扶又反【疏】注日者至無罪○解云閔二年九月公子慶父出奔莒彼注云不日者內大夫奔例無罪者日有罪者月是也故此作注云日者使若無罪矣

內大夫奔例日者襄二十三年冬十月乙亥臧孫紇出奔邾婁之屬是也○螽先是公如晉公子遂公孫敖比出不可使勢奪於大夫煩擾之應○螽音終【疏】注先是至之應○解云公子遂不可使者即僖三十年冬公子遂如京師遂如晉傳云大夫無遂事此其言遂何公不得為政爾注云不從公政令也時見使如京師而橫生事矯君命聘晉故疾其驕蹇自專當絕之者是○宋人殺其大夫司馬○宋司城來奔司馬者何司城者何皆官舉也皆以官名舉言之天子有大司徒大司馬大司空皆三公官名也諸侯有司徒司馬司空皆卿官也宋變司空為司城者辟先君武公名也【疏】司馬者何○解云欲言大夫例不官舉欲言非大夫而經有大夫之文故執不知問○司城者何○解云欲言大夫例不官舉欲言非大夫司城者宋大夫之號故執不知問○注宋變至武公名也○解云桓六年左氏傳文○曷為皆官舉据宋殺其大夫山不官舉【疏】注据宋殺至官舉○解云即在成十五年秋○宋三世無大夫三世內娶也宋以內娶故威勢下流三世妃黨爭權相

殺司城驚逃子哀奔之主或不知所任朝廷久空故但舉官起其事也大夫相殺例皆時【疏】注子哀奔亡○解云即下十四年宋子哀來奔是也○注大夫相殺例皆時○解云正以此經及下九年晉人殺其大夫先都晉人殺其大夫士穀之屬皆不別書日月故也知彼此是大夫相殺之經者正以下十六年傳云大夫相殺稱人矣

九年春毛伯來求金毛伯者何天子之大夫也何以不稱使据南季稱使【疏】毛伯者何○解云欲言諸侯經不書朝欲言大夫又不言使故執不知問○注据南季稱使解云即隱九年春天王使南季來聘是當喪未君也時王新有三年喪【疏】注時王新有三年喪○解云即去年八月天王崩是也踰年矣何以謂之未君据崩在八年踰年當即位即位矣而未稱王也未稱王何以知其即位以諸侯之踰年即位亦知天子之踰年即位也俱繼體其禮不得異以天子三年

然後稱王亦知諸侯於其封內三年稱子也各信恩於其下○信音申踰年稱公矣則曷為於其封內三年稱子緣民臣之心不可一日無君緣終始之義一年不二君故君薨稱子某既葬稱子明繼體以繫民臣之心【疏】踰年稱公○解云莊三十年師解云爾故據難之不可曠年無君故踰年稱公緣孝子之心則三年不忍當也孝子三年志在思慕不忍當父位故雖即位猶於其封內三年稱子子張曰書云高宗涼闇三年不言何謂也孔子曰何必高宗古之人皆然君薨百官總已以聽冢宰三年○涼音亮又音良闇如字又音陰毛伯來求金何以書譏何譏爾王者無求求金非禮也然則是王者與据未稱王○與音餘曰非也非王者則曷為謂之王者王者無求

曰是子也。雖名爲三年稱子者，其實非唯繼父之位。繼文王之體，守文王之法度，文王之法無求而求，故譏之也。引文王者，文王始受命制法度。○夫人姜氏如齊。奔父母之喪也。不言奔喪者，尊內，猶不言朝聘也。故以致起得禮也。書者，大夫家危重。言如齊者，大夫繫國。〔疏〕注奔父母之喪也。解云：知者，正以諸侯夫人尊重，既在夫家，終身不反，唯三年之喪乃可越竟而奔之。今此夫人如齊，直書不諱，故知其奔父母之喪也。注故以致起得禮也。解云：正以春秋之例，夫人違禮而出會者皆不致之，唯此一文而書至，故莊元年注云「有出道乃致，奔喪致是也」。注書者至危重。解云：欲道夫人如齊奔父母之喪，禮既許之，則是常事，而書之者，但此夫人所適乃是大夫之家，卑于夫人，有不制之義，而危重之，是以書也。注言如齊至繫國。解云：案上四年逆婦姜之下，注云「不言如齊者，大夫無國也」。與此違者，正以四年經云「夏，逆婦姜于齊」，逆至共文，又不書如齊，見其娶于大夫矣，故不言如齊，正由大夫無國故也。今此夫人仍彼婦姜一也，經書如齊，明知正由大夫繫國故也。何者？今既尊內不言奔喪，若去如齊，即文不可施，是以將大夫繫國，書如齊矣。

○二月，叔孫得臣如京師。○辛丑，葬襄王。王者不書葬，此何以書？不及時書，過時書。重錄失時。〔疏〕王者不至以書。解云：正以隱三年天王崩之下，師作解云「天子記崩不記葬，必其時也」，故此弟子據而難之。不及時書，過時書。解云：其不及時書者，即宣二年十月天王崩，三年正月葬匡王；昭二十二年夏四月乙丑天王崩，六月叔鞅如京師葬景王之屬是也。以其不及七月，故書之也。其過時書者，上下無文，唯桓十五年三月乙未天王崩，至莊三年夏五月葬桓王，蓋以當之。注重錄失時。解云：以天下共葬一人，而不如禮，故重錄之，刺其失時矣。我有往者則書。謂使大夫往也。惡文公不自往，故書葬以起大夫會之。日者，僖公成風之喪，襄王比加禮，故恩錄之，所以甚責內。惡，烏路反。〔疏〕注日者至責內。解云：如此注者，正以昭二十二年六月叔鞅如京師葬景王之屬不日故也。言襄王比加禮者，即元年叔服來會葬，五年榮叔歸含且賵，召伯來會葬之屬是也。○晉人殺其大夫先都。○三月，夫人姜

公羊疏卷十三　十七

氏至自齊。出獨致者，得禮，故與臣子辭。月者，婦人危重，從始至例。〔疏〕注出獨至子辭。解云：書致者，臣子喜其脫危而致，故曰與臣子辭耳。注月者至始至例。解云：獨行無制，恐有非禮之惡，故曰危重也。言從始至例者，即宣元年三月遂以夫人婦姜至自齊，成十四年九月僑如以夫人婦姜氏至自齊之屬是也。○晉人殺其大夫士穀及箕鄭父。○楚人伐鄭。○公子遂會晉人、宋人、衛人、許人救鄭。○夏，狄侵齊。○秋，八月，曹伯襄卒。○九月，癸酉，地震。地震者何？動地也。動者，震之，故傳先言動者，喻若物之動地以曉人也。〔疏〕地震者何。解云：大陰沈重，本無動性，而書震，故執不知問。何以書？記異也。天動地靜者，常也。地動者，象陰爲陽行。是時魯文公制於公子遂，齊晉失道，四方叛德，星孛之萌自此而作，故下與北斗之變所感同也。不傳天下異者，從王內錄可知。○行，下孟反。孛，音佩。〔疏〕注孛星至同也。解云：即十四年秋七月有星孛入于北斗是也。言與北斗之變所感同者，即十四年注云「齊晉並爭，吳楚更謀，競行天子之事，齊宋莒魯弒其君而立之」應是也。注不傳至可知。解云：僖十四年秋八月辛卯沙鹿崩，傳云「何以書？記異也。外異不書，此何以書？爲天下記異也」。今此地震爲內錄之，內爲新王，天下明矣，故言不傳天下異者，從王內錄可知。○冬，楚子使椒來聘。椒者何？楚大夫也。楚無大夫，此何以書？始有大夫也。入文公所聞世，見升平注內諸夏以外夷狄也。屈完、子玉得臣者，以起霸事，此其正也。聘而與大夫者，本大國。椒，子遥反，一本作萩，子小反。見，賢徧反。〔疏〕椒者何。解云：欲言大夫，不言其氏；欲言微者，書名見經，故執不知問。注入文至升平。解云：知文公爲所聞之世者，春秋說云「文宣成襄，所聞之世」是也。言見治升平者，升，進也，欲見其治稍稍上進而至于平也。注內諸夏外夷狄。解云：即成十五年冬，叔孫僑如會晉士燮以下會吳于鍾離，傳云「曷爲殊會吳？外吳也。曷爲外也？春秋內其國而外諸夏，內諸夏而外夷狄」是也。注屈完至霸事。解云：僖四年夏，楚屈完來盟于師，盟于召陵，傳曰「屈完者何？楚大夫也。何以不稱使？尊屈完也。曷爲尊屈完？以當桓公也」。何氏

公羊疏卷十三　十八

云埤倍使若得其君以醇霸德成王事也是也其子玉得臣者即僖二十八年夏楚殺其大夫得臣何氏云楚無大夫其言大夫者欲起上楚人本當言子玉得臣所以詳錄霸事是也然則彼二人皆是傳聞之世未合書之而書之者欲起齊桓晉文霸事故也○注此其正至大國○解云等是夷狄而舒越之屬皆無大夫而楚得有大夫者正以本是大國故入所聞之世於是見法矣

始有大夫則何以不氏据屈完氏許夷狄者不一而足也許與也足其氏則當純以中國禮責之嫌夷狄質薄不可卒備故且以漸○卒七忽反

○秦人來歸僖公成風之禭

其言僖公成風何兼之兼之非禮也禮主于敬當各使一使所以別尊卑○禭音遂賵喪之衣服一使所吏反別彼列反下同〔疏〕其言僖成風之禭何○解云欲言非禮禮有禭文欲言是禮而二人并致故執不知問

曷爲不言及成風据及者別公夫人尊卑文也連成風者但問尊卑體當絕非欲上成風使及僖公○上時掌反又如字〔疏〕注据及至卑文也○解云即僖十一年夏公及夫人姜氏會齊侯于陽穀是也

成風尊也不可使卑及尊也母尊序在下者明婦人有三從之義少繫父既嫁繫夫夫死繫子○少詩召反

葬曹共公○共音恭

監本附音春秋公羊注疏卷第十三

江南蘇松督糧道方　體琛

公羊注疏卷十三挍勘記　阮元撰盧宣旬摘録

公羊注疏文公卷十三　唐石經文公第六卷五

元年

二月癸亥朔日有食之　唐石經諸本同左氏穀梁無朔字

狄比侵中國　宋本同閩監毛本比誤北疏同

卽下四年秋　浦鏜云下脱楚人滅江五年秋七字

新爲王者使來會葬　閩監毛本新誤親

君子恩降於親親　浦鏜云隆誤降按浦說是也

明當有恩禮也是也　閩本同監毛本脱上也

卽桓五年公子翬如齊逆女也　浦鏜云三誤五按浦說是

楚世子商臣弑其君髡　葉鈔釋文唐石經髡作𩬊字從兀此從几非釋文髡左氏作頵

則知此處未有大夫矣　閩本同監毛本矣改也

蔡世子般弑其君固　閩監本般作般毛本誤股

二年

親喪以下壙皇皇無所親　穀梁疏引作親喪已入壙皇皇無所見此作親誤

虞猶安神也用桑者　穀梁疏引作虞猶安也無神字此衍用桑者下有桑猶喪也四字○按用桑者上穀梁有虞主二字

朝葬而日中虞　注作日中而虞

埋虞主於兩階之間　此本毛本埋誤理閩監本不誤

正以古文論語哀公問社於宰我故也　浦鏜云社下脱主非古論語作

問社魯論語作問主

藏于廟室中當所當奉事也 閩監本同毛本上當作堂宜據正儀禮經傳通解上當作常鄂本下當作常皆誤○按當作藏於廟中堂所常奉事也質家藏於室盖各本有誤倂再攷

質家藏于堂 閩監毛本同誤也鄂本于作於儀禮經傳通解堂作室宜據以訂正文家尊尊故藏於堂質家親親故藏於室

盟于垂歛 鄂本監本同唐石經閩毛本歛作斂釋文垂斂左氏作垂隴

正以共討惡逆 閩監毛本共誤其

傳云何以書記災也 浦鏜云異誤災○按僖二十一年傳正作災

故不得然 浦鏜云儀禮經傳通解續下有解字此誤

即不主禘祫是也 盧文弨曰疑不王不禘之誤

不復譏 鄂本復作獨

三年

故爲隱恩痛之 浦鏜云恩下脫錄○按何按本有與隱三年注合

死而墜也 諸本同釋文墜作隊唐石經墜字後加土

衆死而墜者 何煌云穀梁疏引無衆字按無者非也

羣臣將爭彊 何煌云羣上穀梁疏有象宋二字按此乃疏家以意改也

朝廷久空 鄂本空作虛此誤

盖由三世內娶 鄂本由改猶

及十七年傳 浦鏜云下誤十是也

晉陽處父帥師伐楚 監本師誤帥

正以以江近楚遠故也 閩監毛本下以作其

四年

衛侯使甯俞來聘 唐石經諸本同解云正本作速字故賈氏云公羊曰甯速經義雜記曰賈氏所據公羊作甯速即徐所謂正本是也後人依左穀改之釋文甯俞音餘已同今本矣

五年

天子以珠 鄂本珠作球誤

大夫以碧 檀弓下正義作璧

注天子至貝者 閩監毛本作天子至以貝是也

知幾兼之也 鄂本幾作機此誤

許男業卒 唐石經諸本同解云正本業作辛字

謹之至也 鄂本謹作慎此當是避宋諱所改猶許慎作許謹也

據具月也 鄂本具作俱

何以謂之天無是月非常月也 唐石經鄂本皆叠是月二字此脫

七年

據取叢也 解云考諸舊本叢皆作闞若作叢非其義且彼叢字多作鄒按此當從舊本作闞

故使若他人然 解云舊本故下有知字

取鄟東田及沂西田 閩本同監毛本沂誤泝

更有佗義故明之 毛本明誤用

晉先眜以師奔秦 唐石經鄂本閩本同監毛本眜誤眛下同段玉裁云从末是也解云左氏穀梁作先蔑

狄侵我西鄙　毛本狄誤秋

眣晉大夫使與公盟也　諸本同唐石經眣字缺段玉裁云戚二年作郤克眣魯衛之使字從目從矢釋文眣音舜本又作眣丑乙反本又作眹音同今釋文眣亦誤眣眣誤眹

其逆禮卽二年秋　浦鏜云祀誤禮是也

八年

諱使若從外來　閩監毛本同誤也鄂本來作奔當據正

子哀奔亡　此本亡誤之今訂正鄂本哀奔二字及下越其二字皆空缺

晉人殺其大夫士穀之屬　閩監毛本穀作縠是也

九年

莊二十年師解云爾　按當作莊三十二年傳云爾

高宗涼闇三年　鄂本涼作諒釋文作涼音亮

故莊二年注云　閩監毛本二誤元

注孛星至同也　閩監毛本作星孛是也

冬楚子使椒來聘　唐石經諸本同釋文椒一本作萩○按秋聲叔聲古音同弟三部

見升平法　諸本同解云言見治升平者升進也見下當有治字釋文出見升二字則陸本與此同

不一而足也　浦鏜云壹誤一按唐石經諸本皆作一

則當純以中國禮貴之　鄂本貴作責此誤

其言僖成風之禭何　閩監毛本僖下有公字此脫何校本無之禭

公羊注疏卷十三挍勘記終

工部屯田司員外郎胡祖謙挍

監本春秋公羊注疏文公卷第十四 起十年盡十八年

何休學

十年春王三月辛卯臧孫辰卒○夏秦伐晉謂之秦者起令狐之戰敵均不敗晉先昧以師奔秦可以足矣而猶不知止故夷狄之○楚殺其大夫宜申○自正月不雨至于秋七月公子遂之所招○及蘇子盟于女栗○女音汝本亦作汝○冬狄侵宋○楚子蔡侯次于屈貉魯恐故書刺微弱也○屈貉居勿反又音厥下麥又戶各反二傳作厥貉

十有一年春楚子伐圈○圈求阮反一音卷說文作圈字林臼萬反二傳作麇○夏叔彭生會晉郤缺于承匡○秋曹伯來朝○公子遂如宋○狄侵齊○冬十月甲午

叔孫得臣敗狄于鹹狄者何以日嫌夷狄不能偏戰故問也○鹹音咸〔疏〕注以日至問也○解云正以春秋之例偏戰日詐戰月夷狄不能偏戰今而書日故執不知問長狄也蓋長百尺〔疏〕注蓋長百尺○解云何氏蓋取關中記云秦始皇二十六年有長人十二見於臨洮身長百尺皆夷狄服天誡若曰勿大爲夷狄行將滅其國始皇不知反喜是時初併六國以爲瑞乃收天下兵器鑄作銅人十二象之是也其文穀梁左氏與此長短不同者不可强合兄弟三人言相類如兄弟〔疏〕注言相類如兄弟○解云正以別之三國不相援助是以知其非親兄弟一者之齊一者之魯一者之晉不書者外異也〔疏〕注不書者外異也○解云案上文狄侵齊而云不書者蓋以爲侵齊之狄非此等也其之齊者王子成父殺之其之魯者叔孫得臣殺之經言敗殺不明故復云爾○復扶又反則未知其之晉者也其言敗何据敗者內戰文非殺一人也〔疏〕注敗者至人也○解云以春秋之義內魯爲王王於諸侯無敵之義但當戰戰則是內敗之文言敗某師則是內戰之文今敵其一人而言敗狄于鹹作內戰之經故難之大之也長狄之三國皆欲爲君長大非一人所能討興師動衆然後殺之如大戰故就其事言敗〔疏〕注長狄至爲君○解云正以各之一國故也何者雖非兄弟若不爲君羣行亦得即長人十二見於臨洮是也其日何据日而言敗與公子友敗莒師于犂同非殺一人文○犂力知反又力兮反〔疏〕注据日至人文○解云即僖元年冬十月壬午公子友帥師敗莒師于犂獲莒挐傳云莒人聞之曰吾已得子之賊矣以求賂于魯魯人不與爲是興師而伐魯季子待之以偏戰是也大之也如結日大戰其地何大之也如大戰故地何以書記異也魯成就周道之封齊晉霸尊周室之後長狄之操無羽翮之助別之三國皆欲爲君比象周室衰禮義廢大人無輔佐有夷狄行事以三成不可苟指一故自宣成以往弒君二十八亡國四十○行下孟反〔疏〕注魯成就周道之封○解云正以周公相成王而致太平意封于魯故云爾○注齊晉至之後○解云正以晉文齊桓皆率諸侯尊事天子此是齊晉之君子孫故云爾○注長狄至之助

解云謂執持此意也○注事以三成○解云即長狄之三國共成其異是也言不可苟指一者明知其異亦不苟指一事而已○注故自宣成至四十○解云案今春秋之經自宣成以下訖于哀十四年止有弒君二十亡國二十四則知此注誤也宜云弒君二十二也八是衍字亡國二十四也作四十者錯也其殺君二十即宣二年趙盾弒其君夷獋四年歸生弒其君夷十年夏徵舒弒其君平國襄二十五年崔杼弒其君光吳子謁伐楚門于巢卒爲巢人所弒二十六年衛甯喜弒其君剽二十九年閽弒吳子餘祭三十年蔡世子般弒其君固三十一年莒人弒其君密州昭八年陳招殺偃師十一年楚子虔誘蔡侯般殺之十三年公子比殺其君虔棄疾殺比十九年許世子止弒其君買二十三年吳殺胡子髡沈子楹二十七年吳弒其君僚定四年蔡殺沈子嘉十三年薛弒其君比哀六年齊陳乞弒其君舍之屬是也其滅國二十四者宣八年楚滅舒蓼十二年楚滅蕭十五年晉滅潞氏十六年滅甲氏及留吁成十七年楚滅舒庸襄六年莒人滅鄫齊滅萊十年遂滅偪陽十三年取詩二十五年楚滅舒鳩昭四年遂滅厲八年楚滅陳十一年楚滅蔡十七年晉滅賁渾戎二十三年胡子髡沈子楹滅二十四年吳滅巢三十年吳滅徐定四年蔡滅沈六年鄭滅許十四年楚滅頓十五年楚滅胡

哀八年宋滅曹之屬是其二十四也然則三國變異起自今年而注者所以不言自今以後而言自宣成以往者蓋以文公之年已過半以後既不得其初故遺去其實楚人滅庸宋弑處臼莒弑庶其之屬皆由此禍耳或者弑君二十八亡國四十者春秋說文其間亦有經不書者故不同耳

十有二年春王正月盛伯來奔盛伯者何失地之君也何以不名兄弟辭也與郜子同義月者前爲魯所滅今來見歸尤當加意厚遇之（疏）盛伯者何。解云欲言諸侯不見存文欲言大夫而經書伯故執不知問。何以不名。解云桓七年夏穀伯綏鄧侯吾離來朝之下傳云皆何以名失地之君也是以此處見道失地之君即貴云何以不名然則何氏此處不言據穀鄧名者正以僖公二十年郜子來朝之下已注訖故也。注與郜子同義。解云即僖二十年郜子來朝傳云郜子者何失地之君也何以不名兄弟辭也何氏云郜魯之同姓故不忍言其絕賤明當尊遇之異於穀鄧也書者喜內見歸是也然則言同義者謂尊遇兄弟異於他姓是以不忍言其名不譏朝奔之文相似。注月者至遇之。解云正以穀鄧郜子之屬皆書時此特書月故須解也言前爲魯所滅者即莊八年夏師及齊師圍成成降于齊師傳云成者何盛也盛則曷爲謂之成諱滅同姓也是也

〇杞伯來朝〇二月庚子子叔姬卒卒者許嫁（疏）注卒者許嫁。解云舊本皆無此注且理亦不須疑衍字此未適人何以卒許嫁矣婦人許嫁字而笄之死則以成人之喪治之其稱子何據伯姬卒亦許嫁不稱子（疏）此未至以卒。解云正以叔姬無所繫故知未適人也。注據伯至稱子。解云即僖九年秋七月乙酉伯姬卒是也貴也其貴奈何母弟也不稱母妹而繫先君言子者遠別也禮男子不絕婦人之手婦人不絕男子之手（疏）注禮男至之手。解云既夕禮及喪大記皆有此文〇夏楚人圍巢〇秋滕子來朝〇秦伯使遂來聘遂者何秦大夫也秦無大夫此何以書賢繆公也何賢乎繆公據聘不足與大夫荆人來聘是也。使遂二傳作術繆音木（疏）秦伯使遂來聘。解云左氏穀梁皆作術字經亦有作術字者疑遂字誤。遂者何。解云欲言微者書名見經欲言大夫不錄其氏故執不知問。注荆人來聘是也。解云莊二十三年夏荆人來聘傳云荆何以稱人始能聘也是也以爲能變也其爲能變奈何惟諓諓善竫言諓諓淺薄之貌竫猶撰也。諓諓徐在淺反又子淺反又音牋尚書截截淺薄貌也賈逵注外傳云巧言也善竫在井反撰也本或作諞皮勉反又必淺反本作諓七全反又仕勉反（疏）惟諓諓善竫言。解云謂其念有淺薄之善而撰其言也俾君子易怠俾使也易怠猶輕惰也。俾必爾反注同使也易以豉反注同惰大臥反（疏）俾君子易怠。解云能撰善言故謂之君子言使此君子易爲輕惰何者自恃其善而欲慢人以自尊矣而況乎我多有之惟一介斷斷焉無他技一介猶一槩斷斷猶專一也他技奇巧異端也孔子曰攻乎異端斯害也已。一介古拜反一介猶一槩也尚書音古賁反斷斷丁亂反專一也注同技其綺反槩古愛反奇其宜反本又作琦同（疏）而況至有之。解云我謂秦伯也言況於秦伯之懷其善言無算故曰多有之。惟一至他技。解云秦伯之善雖曰無算若思念之皆是一槩專一之事更無奇巧異端之術言其醇粹其善無擇矣。注斷斷至異端。解云即鄭注大學云斷斷誠一之貌也他技異端之技也是與此合其心休休休休美大貌。休休許虯反美大貌能有容能含容賢者逆耳之言是難也是難行也秦繆公自傷前不能用百里子蹇叔子之言感而自變悔遂霸西戎故因其能聘中國善而與之使有大夫子貢曰君子之過也如日月之食焉過也人皆見之更也人皆仰之此之謂也（疏）注秦繆至言之。解云事在僖三十三年〇冬十有二月戊午晉人秦人戰于河曲此偏戰也何以不言師敗績敵也曷爲以水地以水地者謂以水曲折起地遠近所在也據戰于泓不言曲。折之設反（疏）此偏戰。解云以其書日故知之。注據戰于泓不言曲。解云即僖二十二年冬宋公及楚人戰于泓宋師敗績是也河曲疏矣河千

里而一曲也河曲流以据地明故可以曲地因以起二國之君數興兵相伐戰無已時故不言及不別曲直而地以河曲明兩曲也○數所角反不別彼列反下同季孫行父帥師城諸及運帥師者刺魯微弱臣下不可使邑久不脩不敢徒行興師厲衆然後敢城之言及者別君邑臣邑也○運二傳作鄆後皆爾〔疏〕注書帥至城之○解云如此注者正見隱七年夏城中丘之屬皆不言帥師故也言臣下不可使者即上八年公孫敖如京師不至復丙戌奔莒傳云不至復者何不至復也內辭也不可使往也之屬是也○注言及至邑也○解云正見昭五年莒牟夷以牟婁及防茲來奔彼傳云其言及防茲來奔何不以私邑累公邑也何氏云公邑君邑也私邑臣邑也累次也義不可使臣邑與公邑相次序故言及以絕之是也

十有三年春王正月○夏五月壬午陳侯朔卒不書葬者盈爲晉文諱也晉文雖霸會人孤以尊天子自補有餘故復盈爲諱○盈爲于僞反下文盈爲爲周公皆同復扶又反〔疏〕注不書至盈爲諱○解云盈者相接足之辭晉文於僖二十八年之時此朔之父陳侯款夏六月卒至冬未葬而晉文會諸侯於溫經有陳子是强會人孤令失子行亦是文公恥之是以春秋遂卒竟不書款葬深爲文公諱也今若款之子陳侯朔書葬則文公之惡還見是以此處須去朔葬使若陳國之君例不書葬然故言盈爲晉文諱故僖二十八年夏陳侯款卒之下注云不書葬者爲晉文諱行霸不務教人以孝陳有大喪而彊會其孤故深爲恥之是也○邾婁子蘧篨卒○蘧篨其居反下直居反○自正月不雨至秋七月公子遂所致○世室屋壞世室者何魯公之廟也魯公周公子伯禽○世室二傳作太室〔疏〕世室者何○解云欲言君寢於例不書欲言宗廟未有世室之名故執不知問周公稱太廟魯公稱世室羣公稱宮少差異其下者所以上尊周公○大廟音泰下同〔疏〕周公稱大廟解云即僖八年禘于大廟文二年大事于大廟是也○魯公稱世室○解云即此經是也○羣公稱宮○解云即武宮煬宮之屬是也○注少差至周公○解云正以廟者尊卑達名鬼神所居之稱今此稱異其名知上尊周公故也此魯公

之廟也曷爲謂之世室世室猶世室也世世不毀也魯公始封之君故不毀也〔疏〕世室猶世室也○解云言謂之世室者猶世世室也周公何以稱大廟于魯据魯公始封也封魯公以爲周公也爲周公故語在下周公拜乎前魯公拜乎後始受封時拜于文王廟也尚書曰用命賞于祖是也父子俱拜者明以周公之功封魯公也〔疏〕注尚書至於祖解云甘誓文也曰生以養周公生以魯國供養周公○以養餘亮反注皆同供養九用反下同死以爲周公主如周公死當以魯公爲祭祀主加日者成王始受其茅土之辭禮記明堂位曰封周公於曲阜地方七百里革車千乘蓋以爲有王功故半天子也○死以爲如字注死以爲周公主同乘繩證反王于況反〔疏〕注加日至之辭○解云即周書作洛篇曰封人社壝諸侯受命于周乃建大社于國中其壝東青土南赤土西白土北驪土中央疊以黃土將建諸侯鑿取其一面之土包以黃土苴以白茅以爲社之封孔氏云王者封五色土爲社建諸侯則各割其方土與之使立社燾以黃土苴以白茅茅取其絜黃取其王者覆四方者是其茅土之文耳○注蓋以至子也解云正以天子千里方百里者百周公七百里方百里者四十九大判言之故得言半天子矣然則周公之魯乎曰不之魯也封魯公以爲周公主然則周公曷爲不之魯据爲周公者謂生以養周公死以爲周公主周公不之魯則不得供養爲主欲天下之一乎周也周公聖人德至重功至大東征則西國怨西征則東國怨嫌之魯恐天下迴心趣鄉之故封伯禽命使遥供養死則奔喪爲主所以一天下之心于周室○鄉許亮反〔疏〕注東征至東國怨解云僖四年傳文魯祭周公何以爲牲据廟異也周公用白牲白牲殷牲也周公死有王禮謙不敢與文武同也不以夏黑牲者謙改周之文當以夏始嫌也〔疏〕注不以至嫌也○解云知黑牲爲夏牲者出明堂位文正朔三而改改天正十一月者當以十三月爲正故言當以夏矣魯公用騂犅騂犅赤脊周牲也魯公以諸侯不嫌故從周制以脊爲差○騂

息營反犅音對詩作剛騂犅赤脊也〔疏〕注騂犅至牲也○解云正以山脊曰剛故知騂犅爲赤脊矣羣公不毛不毛不純色所以降于尊祖〔疏〕注不毛至尊祖○解云正以牲用純色祭祀之禮而言不毛故以降子尊祖解之魯祭周公何以爲盛據牲異也○盛成武反又音成粢盛也在器曰盛周公盛盛者新穀魯公燾燾者冒也故上一新也○燾徒報反一本作濤音同冒也冒亡報反〔疏〕注燾者至新也○解云正以燾詁爲覆故也若似周書燾以黄土之類也然則言周公盛者謂新穀滿其器言魯公燾者謂下故上新栽可半平羣公廩廩者連新於陳上財令半相連爾此謂方祫祭之時序昭穆之差○廩力甚反財令力呈反下同〔疏〕羣公廩○解云廩謂全是故穀但在上少有新穀財得相連而已故謂之廩廩者希少之名是以鄭注云廩讀如羣公廩之廩者是也○注謂方至之差○解云正以若其時祭粢食精鑿羣公之饌一何至此故知正是祫祭之時序昭穆之差所以降子尊祖故也世室屋壞何以書譏何譏爾久不脩也簡忽久不以時脩治至令壞敗故譏之言

屋者重宗廟詳録之以不務公室不月者知久不脩當嘗上月〔疏〕注以不務至上月○解云當嘗上月者謂嘗上秋七月也不務公室月者即定二年冬十月新作雉門及兩觀傳云其言新作之何脩大也脩舊不書此何以書譏何譏不務乎公室何氏云務勉也不務公室亦可施於久不脩亦可施于不務如公室之禮微辭也月者久也當即脩之如諸侯禮是也然則彼久不脩是以書月此亦久不脩故知當嘗上月爾○冬公如晉○衞侯會于沓○沓徒合反○狄侵衞○十有二月己丑公及晉侯盟○還自晉○鄭伯會公于斐還者何善辭也何善爾往黨衞侯會公于沓至得與晉侯盟反黨鄭伯會公于斐故善之也黨所也所猶時齊人語也文公前邑之盟不見序後能救鄭之難不逆王者之求上得尊尊之義下得解患之恩一出三爲諸侯所榮故加録於其還時皆深善之○斐本又作棐芳尾反難乃旦反〔疏〕還者何○解云正以不言至而言還異於常例故執不知問○注文公至見序○解云即上七年秋公會諸侯晉大夫盟于扈傳云諸侯何以不序大夫何以不名公失序也是也○注後能至之難○解云即上九年春楚人伐鄭公子遂會晉人宋人衞人許人救鄭是也○注不逆王者之求○解云即上九年春毛伯來求金經無不與之文是也○注上得至之義○解云即不逆王者之求是也○注下得至之恩○解云即公子遂救鄭是也

十有四年春王正月公至自晉月者爲臣子喜録上事○爲臣子喜于僞反下爲後當爲同〔疏〕注月者至上事○解云出上文也○邾婁人伐我南鄙○叔彭生帥師伐邾婁○夏五月乙亥齊侯潘卒不書葬者潘立儲嗣不明作欲立舍作欲立商人至使臨葬更相篡弑故絶其身明當更立其先君之次○潘普于反更相音庚下吳楚更同篡殺申志反下同〔疏〕注至使至篡弑○解云即下九月齊公子商人弑其君舍是其臨葬相篡弑之文○六月公會宋公陳侯衞侯鄭

伯許男曹伯晉趙盾癸酉同盟于新城盟下日者刺諸侯微弱信在趙盾○盾徒本反〔疏〕注盟下至趙盾○解云言信任在於趙盾若如盟日定否趙盾制之然是以下日以近之○秋七月有星孛入于北斗孛者何彗星也狀如篲○孛步内反徐扶憒反〔疏〕孛者何○解云欲言是星星名未有欲言非星録爲星稱故執不知問其言入于北斗何据大辰不言入又不言孛名〔疏〕注据大至言入○解云即昭十七年冬有星孛于大辰是也○注又不言孛名解云謂昭十七年直言于大辰不言所孛之星名今此言有星孛入于北斗故難之何者大辰非星名故也是以昭十七年傳云其言于大辰何彼注云据北斗言入于大辰非常名是也北斗有中也中者魁中何以書記異也孛者邪亂之氣篲者掃故置新之象也北斗天之樞機玉衡七政所出是時桓文迹息正都不能統政自是之後齊晉並爭吳楚更謀競行天子之事齊宋莒魯弑其君而立之應○爭爭鬬之爭〔疏〕注北斗至所出○解云即堯典云在璿璣玉衡以齊七政七政

謂日月五星也○注齊宋至之應○解云即下文九月齊公子商人弑其君舍十八年夏五月齊人弑其君商人是齊弑君事也十六年冬宋人弑其君處臼是宋弑其君事也十八年冬莒弑其君庶其是莒弑其君事十八年冬十月子卒傳云子卒者孰謂謂子赤也何以不日隱之也何隱爾弑也弑則何以不日不忍言也者是魯弑其君事也○公至自會○晉人納接菑于邾婁弗克納納者何入辭也其言弗克納何據言于邾婁與納頓子于頓同俱入國得立辭○捷菑在妾反又如字下側其反二傳作捷菑【疏】納者何○解云欲言得國下有不克之文欲言不得國納者人辭故執不知問○注據言至立辭○解云即僖二十五年秋楚人圍陳納頓子于頓是也此上言于邾婁是其得國下云弗克納自相違故難之大其弗克納也克勝也鄭伯以勝爲惡此弗勝故爲大【疏】注鄭伯以勝爲惡○解云即隱元年夏五月鄭伯克段于鄢傳云克之者何殺之也殺之則曷爲謂之克大鄭伯之惡也曷爲大鄭伯之惡母欲立之已殺之如弗與而已矣注云克者詐爲殺亦爲能惡其能忍戾母而親殺之是也何

大乎其弗克納據伐齊納子糾恥不能納【疏】注據伐至能納○解云即莊九年夏公伐齊納糾傳云納者何入辭也其言伐之何伐而言納者猶不能納也是也晉郤缺帥師革車八百乘以納接菑于邾婁力沛若有餘沛有餘貌○乘繩證反沛若普具反有餘貌而納之邾婁人言曰接菑晉出也玃且齊出也出外孫也○玃且俱縛反下子餘反子以其指指手指【疏】子以其指注指手指○解云子謂郤缺言子以手指指麾于邾婁令使納接菑也則接菑也四玃且也六言俱不得天之正性【疏】注言俱至正性解云地四生金于西方地六成水于北方皆非天數也言此者喻皆庶子矣貴則皆貴矣子以大國壓之壓服也服邾婁使從命○壓於甲反又於輒反服也則未知齊晉孰有之也設齊復與兵來納玃且亦欲服邾婁使從命未知齊晉誰能使外孫有邾婁者○齊復扶又反下同貴則皆貴

矣時邾婁再娶二子母尊同體敵【疏】注時邾至體敵○解云蓋皆是右媵之子或是左媵之子言非姪娣所生也舊云子以其指者言凡立子之法以其手指相似則接菑猶人之四指玃且猶人之六指皆異於人故曰俱不得天之正性也雖然者雖皆不得正性但四不如六故長者宜立矣雖然玃且也長既兩不得正性又皆貴唯當以年長故立之○長丁丈反注同郤缺曰非吾力不能納也義實不爾克也如邾婁人言義不可奪也故云爾引師而去之故君子大其弗克納也大其不以已非奪人之是此晉郤缺也其稱人何貶曷爲貶據趙鞅納蒯聵不貶【疏】注據趙至不貶解云即哀二年夏晉趙鞅帥師納衛世子蒯聵于戚是也不與大夫專廢置君也曷爲不與據大其弗克納實與弗克納是而文不與文曷爲不與大夫之義不得專廢置君也不復發上無天子下無方伯傳者諸侯本有錫命征伐憂天下之道故明有亂義大夫不得專也接菑不繫邾婁者見挈于郤缺也不氏者本

當言邾婁接菑見當國也○見挈賢徧反下音苦結反【疏】注不復至之道○解云欲道僖元年救邢城楚丘之經悉是實與而文不與文與此同其傳皆云上無天子下無方伯天下諸侯有相滅亡者力能救之則救之可也今此不復言之故云爾言諸侯本有錫命征伐憂天下之道故者正謂保五連帥本有共相存恤之義是以上無天子下無方伯之時容有存恤之道是故異於大夫耳○注明有至專也○解云言大夫若有專廢置君者即是亂義故曰明有亂義大夫不得專也正由大夫不得專廢置故也○注接菑至缺也解云據僖二十五年納頓子繫頓也○注不氏者○解云據宣十一年納公孫甯儀行父于陳皆言氏也○注本當至當國也○解云即隱元年傳云段者何鄭伯之弟也何以不稱弟當國也注云欲當國爲之君故如其意使如國君氏上鄭所以見段之逆是也○九月甲申公孫敖卒于齊已絶卒之者爲後齊脅魯歸其喪有恥故爲內諱使若尚爲大夫【疏】注已絶至大夫○解云言已絶者即上八年公孫敖奔莒是也春秋之例大夫出奔之後即絶於大夫之位不復書其卒

即公子慶父臧孫紇之屬是是以於此怪其書卒矣言爲後齊脅魯歸其喪有恥者即下十五年夏齊人歸公孫敖之喪傳云何以不言來内辭也脅我而歸之是也○齊公子商人弒其君舍

此未踰年之君也其言弒其君舍何據弒其君之子奚齊也連名何之者弒成君未成君俱名問例所從也〔疏〕注據弒至齊也○解云即僖九年冬晉里克弒其君之子奚齊傳云弒未踰年君之號是也

已立之已殺之商人本正當立恐舍緣潘意爲害故先立而弒之〔疏〕注商人本正當立○解云正以弒舍不書日見不正遇禍則知商人本正明矣

成死者而賤生者也惡商人懷詐無道故成舍之君號以賤商人之所爲不解名者言成君可知從成君不日者與卓子同○惡烏路反卓勑角反〔疏〕注從成君至子同○解云即僖十年春晉里克弒其君卓子彼下注云不日者不正遇禍終始惡明故略之是也

○宋子哀來奔宋子哀者何無聞焉爾○冬單伯如齊齊人執單伯齊人執子叔姬執者曷爲或稱行人或不稱行人此問諸侯相執大夫所稱例〔疏〕宋子哀者何○解云欲言宋君經書子哀欲言大夫文不言氏故執不知問○無聞焉爾○解云即隱二年注云言無聞者春秋有改周受命之制孔子畏時遠害又知秦將燔詩書其説口授相傳至漢公羊氏及弟子胡毋生等乃始記於竹帛故有所失也是也

稱行人而執者以其事執也以其所銜奉國事執之晉人執我行人叔孫舍是也〔疏〕注晉人至是也○解云即昭二十三年晉人執我行人叔孫舍是

不稱行人而執者以已執也已者已大夫自以大夫之罪執之分別之者罪惡各當歸其本○別彼列反

單伯之罪何道淫也惡乎淫淫乎子叔姬時子叔姬嫁當爲齊夫人使單伯送之○惡音烏

然則曷爲不言齊人執單伯及子叔姬據夫人婦姜繫公子遂〔疏〕注據夫至子遂○解云即宣元年三月遂以夫人婦姜至自齊是也

内辭也使若異罪然深諱使若各自以他事見執者不書叔姬歸于齊者深諱以起道淫書單伯如齊者起送叔姬也齊稱人者順諱文使若非伯討〔疏〕注不書至姬也○解云言此者欲決隱二年冬十月伯姬歸于紀之屬書歸也言深諱者正以子叔姬有罪故也言以起道淫者謂深諱不言其歸即是以起道淫之義何者若更爲小事而見執何須諱其歸于齊今不言歸于齊而與單伯俱見執明其在道與單伯淫于歸事不醒醒矣或曰不書歸于齊者深諱其起道淫故也何者若言叔姬歸于齊齊人執單伯齊人執子叔姬即有道淫之理也○注齊稱人至伯討○解云即僖四年夏齊人執袁濤塗之下傳云稱侯而執者伯討也稱人而執者非伯討也是也

十有五年春季孫行父如晉○三月宋司馬華孫來盟月者文公微弱大夫秉政宋亦蔽於三世之黨三亂結盟故不與信辭不稱使者宋無大夫官舉者見宋亂也録華孫者明惡二國非以月惡華孫也○華孫戶化反見賢徧反惡二烏路反下皆同〔疏〕注月者至秉政○解云即公子遂是也○注宋亦至之黨○解云即上九年傳云曷爲皆官舉宋三世無大夫三世内娶也是也言爲三世内娶之故三世妃黨皆強而爲君之所蔽故云蔽于三世之黨矣○注故不與信辭○解云正以春秋之例凡莅盟來盟例皆書時所以然者欲見王者當以至信先于天下故也是以桓十四年夏鄭伯使其弟語來盟注云時者從内爲王義明王者當以至信先天下是也今而書月故言不與信辭耳○不稱使至大夫○解云正決鄭伯使其弟語來盟之文也○注官舉至孫也○解云大夫之義例不官舉而此言司馬者正以見宋之亂是以詳録華孫明其書月不與信辭者不由華孫之故也

○夏曹伯來朝○齊人歸公孫敖之喪何以不言來據齊人來歸子叔姬〔疏〕注據齊至叔姬○解云在此年十二月

内辭也脅我而歸之筍將而來也筍者竹箯一名編輿齊魯以此名之曰筍將送也爲叔姬淫惡魯類故取其尸置編輿中傳送而來脅魯令受之故諱不言來起其來有恥不可言來也不月者不以恩録與子叔姬異○筍將音峻竹箯也將送也竹箯婢緜反一音步賢反服虔音編韋昭音如類反編必緜反一音篇郭璞音步典反與音餘爲叔于僞反下父爲子爲若爲寶爲同傳直專反令受力呈反下同〔疏〕

注故取其尸解云謂取其死尸矣。注不月至姬異
解云正以下十有二月齊人來歸子叔姬書月故也。○六
月辛丑朔日有食之鼓用牲于社是後楚人滅
庸宋人弒其
君處臼齊人弒其君商人宣〈疏〉注是後楚人滅庸。解云
公弒子赤莒弒其君庶其即下十六年秋楚人秦人
巴人滅庸是也。注宋人弒處臼。解云在十六年冬。注
齊人弒商人。解云在十八年夏五月。注宣公弒子赤。
解云即十八年冬子卒傳云子卒者孰謂謂子赤也何以不
日隱之也何隱爾弒也者是也。莒弒其君庶其解云在十
八年
冬○單伯至自齊大夫不致此致者喜患禍解也不
省去氏者淫當絕使若他單伯至
也。解戶買
反省所景反〈疏〉注大夫不至禍解也。解云正以內大夫
出聘例不書至故也。注不省至伯至也
解云正以昭十四年春隱如至自晉彼是
被執而歸省去其氏今單伯存氏故解之○晉郤缺帥師
伐蔡戊申入蔡入不言伐此其言伐何至之
日也其日何據甲寅齊人
伐衛日伐也〈疏〉入不言伐。解云莊十
年師解云爾故此弟子

据而難之。注据甲至伐也。解云即莊二十八年春
王三月甲寅齊人伐衛衛人及齊人戰衛人敗績是也至
之日也嫌至日伐不至日入故曰
入也并書與甲寅同義〈疏〉注主書至同義。
解云即彼云伐不
日此何以日至之日也何氏云用兵之道當先至竟侵責之
不服乃伐之今日至便以今日伐之故日以起其暴也是也
然則令此郤缺亦今日至便以
今日伐之故書以日起其暴也○秋齊人侵我西鄙
○季孫行父如晉○冬十有一月諸侯盟于扈
不序不日者順上諱文使
若扈之盟都不可得而知〈疏〉注不序至而知。解云上七
年秋八月公會諸侯晉大夫
盟于扈傳云諸侯何以不序大夫何以不名公失序也公失
序奈何諸侯不可使與公盟云云何氏云文公內則欲久喪
而後不能喪娶逆祀外則貪利取邑爲諸侯所薄賤不見序
故深諱爲不可知之辭不日者順諱爲善文也然則此不序
者爲不可知之辭不日者順諱爲
善文也何者盟不日善文故也○十有二月齊人來
歸子叔姬其言來何據齊人歸公孫
敖之喪不言來閔之也閔傷
其棄

絕來
歸此有罪何閔爾父母之於子雖有罪猶若
其不欲服罪然孔子曰父爲子隱子爲父隱直在其中
矣所以崇父子之親也言齊人不以棄
歸爲文者令與敖同文相發明叔姬于文公爲姊妹言父母
者時文公母在明孝子當申母恩也月者閔録之從無罪例
〈疏〉注所以至親也。解云即言來以閔之是也。注言齊
人至母者。解云若以棄歸爲文即言子叔姬來歸不
言齊人即宣十六年郯伯姬來歸之文是今言齊人來歸故
謂之同文也言相發明者言敖爲齊所惡而來歸之今此亦
爲齊人所歸之故曰相發明耳。注時文至恩也。解云正
以下十六年秋八月辛未夫人姜氏薨十七年夏葬我小君
聖姜傳云聖姜者何文公之母也是。注月者閔至例。解
云正以棄歸之例有罪者時無罪者月故也其有罪者時即
宣十六年秋郯伯姬來歸是也其無罪者月○齊侯侵我
成五年春王正月杞叔姬來歸之屬是也
西鄙遂伐曹入其郛郛者何恢郭也恢大也郭
城外大郭
○郛芳夫反郭也
恢苦回反大也〈疏〉郛者何。解云欲言城郭經無城郭
之文欲言非城郭上文言入故執不

知
問入郛書乎曰不書圍不言入
入郛是也〈疏〉入郛至不書。
解云案諸舊本
此傳之下悉皆無注有注云圍
不言入入郛是也者衍字耳入郛不書此何以書
動我也諱使若爲同姓見
入郛故動懼我也動我者何內辭也其實
我動焉爾齊侵魯魯實爲子叔姬故動懼失操云爾鄉
者不去幾亦入我郛故舉入郛以起魯恥且
明兵之所鄉苟得其罪則莫敢不
懼。鄉者許亮反下同幾音祈
十有六年春季孫行父會齊侯于陽穀齊侯
弗及盟其言弗及盟何據序上會也連
盟何者嫌據盟〈疏〉注據序
至據盟
解云據序上會何得弗及盟乎是以
問之云嫌據盟者嫌直據盟問之不見與盟也與齊
期盟
爲叔姬故中見簡賤不見與盟侮辱有恥故諱使若行父會
而去齊侯不及得與盟故言齊侯弗及亦所以起齊侯不肯
。爲于
僞反〈疏〉注使若至與盟。解云使若行父會齊侯于陽
穀詑即棄之而去齊侯不及盟。注亦所以起

齊侯不肯○解云若直言不及盟文體已具足見不得盟矣而更言齊侯不及者欲道是時不肯盟者是齊侯也若直言季孫行父會齊侯于陽穀不及盟不妨行父不及無以見齊侯不肯矣○夏五月公四不視朔視朔說在六年不舉不朝廟者禮月終于廟先受朝政乃朝明王教尊也朝廟禮也故以不視朔爲重常以朔者始重也〔疏〕注視朔說在六年○解云即上六年注云禮諸侯受十二月朔政於天子藏于大祖廟每月朔朝廟使大夫南面奉天子命君北面而受之是也○注不舉至爲重○解云正以視朔之時必有朝廟之禮故上六年經云閏月不告月猶朝于廟是也今此經直言四不視朔不道不朝廟故解之○注常以至始也○解云言十二月之政令所以不在年初一受之而已必以月之朔日受之者重月之始故也公曷爲四不視朔據無事也公有疾也以不諱舉公如有疾公有疾乃復舉公是也○乃復扶又反下同〔疏〕注公有至是也○解云即昭二十三年冬公如晉至河公有疾乃復至也何言乎公有疾不視朔據有疾無惡也〔疏〕注據有疾無惡也○解云即昭二十三年傳云何言乎公有疾乃復殺恥

也者是自是公無疾不視朔也有疾無惡不當書又不言有疾者欲起公自是無疾不視朔也〔疏〕注公自至朔也○解云即鄭氏云魯自文公四不視朔視朔之禮已後遂廢者正取此書也然則曷爲不言公無疾不視朔有疾猶可言也無疾不可言也言無疾大惡不可言也是後公不復視朔政事委任公子遂○六月戊辰公子遂及齊侯盟于犀丘○犀丘彥西左氏作鄭丘穀梁作師丘〔疏〕盟于犀丘○解云正本作菑丘故賈氏公羊曰菑丘穀梁曰師丘是也今左氏經作鄭字○秋八月辛未夫人姜氏薨○毀泉臺泉臺者何郎臺也莊公所築臺于郎以郎議臨民之漱浣○漱素侯反浣戶管反〔疏〕泉臺者何○解云泉臺之名自前未有今而言毀故執不知問○注莊公至漱浣○解云即莊二十一年春築臺于郎傳云何以書譏何譏爾臨民之所漱浣也是也然則何以知泉臺爲郎臺正以彼傳云譏臨民之所漱浣書與此泉臺之義合故也郎

臺則曷爲謂之泉臺未成爲郎臺未成時但以地名之既成爲泉臺既成更以所置名之毀泉臺何以書譏何譏爾築之譏毀之譏先祖爲之已毀之不如勿居而已矣但當勿居令自毀壞不當故毀暴揚先祖之惡也築毀譏同知例皆時○令力呈反暴步卜反〔疏〕注築毀至皆時○解云言築毀譏同者即上傳云築之譏毀之譏是也言知例皆時者正以此經文承月下恐蒙月故如此解賤者窮諸人首言士先自稱人今弒君亦稱人故曰窮諸人矣云賤者窮諸盜者言士之賤名不過于盜故也○楚人秦人巴人滅庸○巴布加反○冬十有一月宋人弒其君處臼弒君者曷爲或稱名氏或不稱名氏大夫弒君稱名氏賤者窮諸人賤者謂士也士正自當稱人○處臼二傳作杵臼大夫相殺稱人賤者窮

諸盜降大夫使稱人降士使稱盜者所以別死刑有輕重也無尊上非聖人不孝者斬首梟之無營上犯軍法者斬要殺人者刎脰故重者錄輕者畧也不日者內要略賤之○別彼列反梟古堯反要一遥反刎亡粉反頭如字本又作脰音豆〔疏〕注故重至畧也○解云謂大夫弒君罪重故稱名氏責之深若大夫相殺罪輕於犯君故降稱盜者義之輕然也○注不日至賤之者既說于上

十有七年春晉人衛人陳人鄭人伐宋○夏四月癸亥葬我小君聖姜聖姜者何文公之母也○聖姜二傳作聲姜〔疏〕聖姜者何○解云欲言夫人謚異其夫號欲言爲妾而卒葬並不見故執不知問○齊侯伐我西鄙○六月癸未公及齊侯盟于穀○諸侯會于扈○秋公至自穀○公子遂如齊

十有八年春王二月丁丑公薨于臺下○秦伯罃卒秦穆公也至此卒者因其賢○伯罃乙耕反何云穆公也左氏穆公子康公〔疏〕注秦穆至其賢○解云正以秦是戎狄春秋外之往前以來未錄其卒今乃始書故以賢解之而左氏爲康公者與此别穀梁無解

○夏五月戊戌齊人弑其君商人商人弑君賊復見者與大夫異齊人已君事之殺之且當坐弑君○復見扶又反下同下賢遍反〔疏〕注商人至弑君○解云春秋之義諸是弑君之賊皆不復見所以賤之是以宣六年書晉趙盾衛孫免侵陳傳云趙盾弑君此其復見何注云据宋督鄭歸生齊崔杼弑其君後不復見傳又云親弑君者趙穿也注云復見趙盾者欲起親弑者趙穿非盾是也今此商人於上十四年弑其君舍而復見者正以其爲君故也與大夫異者齊人以君事之殺之宜當坐弑君然則商人弑其君舍而存之欲責臣子不討賊故也是以莊二十二年注云不與念母而譏忌省者本不事母則已不當忌省猶爲商人責不討賊義亦通於此

○六月癸酉葬我君文公○秋公子遂叔孫得臣如齊不舉重者譏魯猥使二大夫出虛國家廢政事重錄內也〔疏〕注不舉至內也○解云書事舉重春秋之常今而悉舉故解之穀梁傳云使舉上客而不稱介不正其同倫而相爲介故列而數之也者亦是宜舉重之義也而言重錄內者正以外大夫未有並見者於內唯有此經及定六年夏季孫斯仲孫何忌如晉之文故知正是重錄內也

○冬十月子卒子卒者孰謂謂子赤也何以不日据子般卒日隱之也何隱爾弑也弑則何以不日据子般卒日○弑也音試下及注同〔疏〕注据子般卒日○解云即莊三十二年冬十月乙未子般卒是也不忍言也所聞世臣子恩痛王父深厚故不忍言其日與子般異〔疏〕注故不忍至般異○解云正以般般爲所傳聞之世故也是以莊三十二年子般卒之下何氏云殺不去日見隱者降子赤也是

○夫人姜氏歸于齊歸者大歸也夫死子殺賊人立無所歸留故去也有去道書者重絕不復反〔疏〕注歸者至歸也○解云凡言大歸一出不反之辭若紀侯大去其國之類故言歸者大歸也○注有去至不復○解云正以不書故也

○季孫行父如齊

○莒弑其君庶其稱國以弑何据莒人弑其君密州〔疏〕注据莒至密州○解云即襄三十一年十有二月莒人弑其君密州是也稱國以弑者衆弑君之辭一人弑君國中人人盡喜故舉國以明失衆當坐絕也例皆時者畧之也〔疏〕注例皆至之也○解云謂是失衆而稱國以弑者皆書時以畧之即定十三年冬薛弑其君比之屬是也若然昭二十七年夏四月吳弑其君僚亦是稱國而書月者彼非失衆但以見弑之義故不書時賤之是以何氏云不書闔閭弑其君者爲季子諱明季子不忍父子兄弟自相弑讓國闔閭欲其享之故爲没其罪也月者非失衆見弑故不畧之者是也

監本附音春秋公羊注疏文公卷十四

江南蘇松督糧道方　體栞

公羊注疏卷十四挍勘記

阮元撰盧宣旬摘録

公羊注疏文公卷十四

十年

楚子蔡侯次于屈貉　釋文屈貉二傳作厥貉

十有一年

天誡若曰　毛本天誤大

與公子友敗莒師于犂同　鄂本無于犂非也按釋文出于犂二字

以求賂于魯　案僖元年傳于作乎

大人無輔佐　鄂本宋本閩監本同毛本改輔助非也

弒君二十八七國四十　解云宜云弒君二十也八是衍字七國二十四也作四十者錯也

其殺君二十　閩監毛本殺作弒

陳招殺偃師　閩監本同毛本殺改弒非也

十三年取詩　閩本同監毛本詩作邿非

十有二年

尤當加意厚遇之　鄂本同閩監毛本尤誤猶

卒者許嫁　解云舊本皆無此注

婦人不絕男子之手　毛本子誤人

秦伯使遂來聘　釋文唐石經作使遂解云左氏穀梁皆作術字經亦有作術字者疑遂字誤○按疏非也古書遂術音同

惟諓諓善竫言　諸本同唐石經缺釋文諓尚書作截竫或作諞本作諓九經古義云說文引書曰戔戔巧言李尋傳云昔秦穆說諓諓之言任佗佗之勇王逸楚辭章句引書云諓諓靖言靖與竫同

俾君子易怠　諸本同唐石經缺九經古義云尚書怠作辭籥文辭從台史記三王世家齊王策云俾君子怠與公羊傳合

而況乎我多有之　唐石經況字缺九經古義云尚書況作皇依字當作兄兄滋也無逸云無皇曰又云則皇自敬德漢石經無佚皆作兄詩倉兄填兮義作況

惟一介斷斷焉　唐石經諸本同釋文一介古拜反尚書音古賀反惠棟云古無个字作一介爲是九經古義云焉與夷同見周禮行夫注夷聲近猗故尚書作猗

其善言無筭　閩監毛筭改算下同

能有容　唐石經諸本同九經古義云尚書曰如有容古如字作而而讀爲能能讀曰如詩民勞柔遠能邇箋云能猶伽也伽當作如此述秦誓之辭而字多異然與尚書無大抵牾蓋古今文之殊爾

河曲疏矣河千里而一曲也　唐石經諸本同爾雅釋水百里一小曲千里一曲一直注引公羊傳曰河曲流河千里一曲一直也疏云此注以疏爲流引加一直字誤也按郭氏所據公羊不與何本同何本作疏不作流也○按此是流字鄂本唐石經等作疏乃譌字耳邢昺所據已譌

河曲流以据地　閩監毛本同鄂本流作疏

書帥師者　鄂本同此本疏標起訖亦作書帥至城之此本及閩本書誤帥今訂正監毛本改言帥師者非

不至復也　浦鏜云者誤也是也

十有三年

會人孤以尊天子　鄂本會字上有殭字此脫按僖廿八年注云陳有大喪而殭會其孤

令失子行　監本失誤夫

至秋七月　唐石經鄂本皆作至于秋此脫

世室屋壞　唐石經諸本同釋文世室二傳作大室九經古義云公羊皆以世爲大如衞大叔儀爲世叔齊宋樂大心爲樂世心推而廣之如鄭大夫子大叔論語作世叔天子之子稱大子春秋傳云會世子于首止諸侯之子稱世子而晉有大子申生鄭有大子華春秋經齊世子光左傳云大子光是古世與大通按世與大聲相近故文異

少差異其下者　余本脫一頁自此少字起至後注後能救鄭之難不不字止

所以上尊周公　鄂本同閩監毛本上作尚

魯拜乎後　唐石經鄂本作魯公拜乎後此脫禮記明堂位正義引有

成王始受其茅土之辭　浦鏜云受當授字誤

包以黃土　盧文弨曰周書包作苞按苞苴字當從艸

周公用白牲　閩監毛本同誤也唐石經鄂本作白牡當據正此本注中亦作牡不誤

謙改周之文　鄂本謙作嫌此誤

所以降于尊祖　盧文弨曰于當作子按此本疏中作降子尊祖

羣公廩　唐石經諸本同詩采薇正義引鄭易注作羣公濂濂廩聲相近此疏引鄭注云廩讀如羣公廩之廩當是後人改竄

是以鄭注云　按云上當有周易二字

不月者知久不脩　鄂本同閩監毛本不誤書

何譏不務乎公室　何校本譏下有爾字公室下有也字

故知當蒙上月爾　閩監本同毛本爾改耳

所猶時齊人語也　鄂本宋本閩監本同毛本時誤是

十有四年

王都不能統政　閩監毛本同此本王作正皆誤鄂本作王者當據正

是莒弑其君　閩監毛本下有也

晉人納接菑于邾婁　唐石經諸本同釋文接菑二傳作捷菑經義雜記曰莊十二年宋萬弑其君接今左氏穀梁作捷賈景伯所見公羊穀梁皆作接僖三十二年鄭伯接卒左氏穀梁作鄭伯捷接捷二字古多互用

注指手指　何校本此四字在解云子謂郤缺之下

言俱不得天之正性　毛本俱誤据

俱不得天之正性也雖然者雖皆不得正性　閩監毛本移雖然者以下分配下節又刪雖然者三字增雖然至長○解云六字一○大失疏文舊式矣

義實不爾克也　唐石經鄂本閩監本同毛本爾克誤倒

終始惡明　閩本同監毛本明誤名

宋子哀者何　此下二節疏此本在何注此問諸侯相執下閩監毛本移於宋子哀來奔傳下

罪惡各當歸其本　浦鏜云當各字誤倒

淫乎子叔姬　唐石經諸本同毛本乎誤于

十有五年

三亂結盟　閩監毛本同誤也鄂本三作二當據正此本三字剜改當本作二

即上九年傳云　浦鏜云八誤九是也

脅我而歸之　唐石經鄂本閩本同監毛本我誤物

齊魯以此名之曰筍　閩監毛本同誤也鄂本蜀大字本此作北漢制考同當據正九經古義云史記張陳列傳上使泄公持節問貫高箯輿前服虔曰箯音編編竹木如今峻可以糞除也韋昭音如頻反云如今輿牀人轝以行案服氏云如今峻峻即筍也同物同音釋文筍音笋

隱如巫自晉　閩本同監毛本隱作意非

故曰入也　鄂本同盖誤閩監毛本作日

令與敖同文相發明　鄂本宋本閩本同監毛本令作今

剡伯姬來歸是也　閩監毛本剡作郯不誤

圍不言入入郛是也　解云舊本此下無注有注云圍不言入入郛是也者衍字耳

十有六年

于廟先受朝政　鄂本朝作朔此誤

朝廟礼也　鄂本礼作私此誤因形相近也閩監毛本改作禮

故以不視朔爲重　鄂本作故不以非是

常以朔者始重也　諸本同誤倒鄂本作重始當據正此本疏標起訖云注當以至始也則本作重始

以不諱舉公如有疾　鄂本如作知此誤

正取此書也　浦鏜云文誤書從儀禮經傳通解挍

盟于犀丘　唐石經諸本同解云正本作菑丘故賈氏云公羊曰菑丘穀梁曰師丘今左氏經作鄑字經義雜記曰釋文作犀丘穀梁音義亦云公羊作犀丘則唐以來本不作菑字矣公羊疏唐以前人爲之所據皆晉宋古書故猶見正本與賈景伯合也

卽莊二十一年春　浦鏜云三誤二是也

故如此解賤者窮諸人首　浦鏜云首爲者之誤閩監毛本移賤者以下四十二字作賤者窮諸盜之注在降大夫使稱人之上鄂本注無之元年疏與此同不誤

殺人者刎脰　鄂本同閩監毛本脰改頭按釋文作頭云如字本又作脰音豆

義之輕然也　浦鏜云輕下脫重

十有七年

而卒葬並不見　閩監毛本作書見是也

公子遂如齊　唐石經鄂本上有冬字此脫

十有八年

秦伯罃卒　注秦穆公也釋文左氏穆公子康公解云左氏爲康公與此別穀梁無解惠棟云以康公爲穆公直以意說

齊人已君事之殺之且當坐弒君　閩監毛本同鄂本且作宜當據正疏已作以且亦作宜古已以通

是以莊三十三年　閩監本同誤也當從毛本作三十二

注有去至不復　閩監毛本作有去至復反按注當有反字

解云卽襄三十三年　浦鏜云一年誤三年浦說是也

十有二月　何按本二作一是也

春秋公羊卷第五　唐石經原刻第六後改第五

公羊注疏卷十四挍勘記　終

工部屯田司員外郎胡祖謙校

監本春秋公羊注疏宣公卷第十五 起元年盡九年

何休學

元年春王正月，公即位。繼弑君不言即位，此其言即位何？其意也。桓公篡成君，宣君篡未踰年君，嫌其義異，故復發傳。

疏 注桓公至發傳○解云：即桓元年傳云「繼弑君不言即位，此言即位何」，注云「如其意也」，注云「弑君欲即位，故如其意，以著其惡」是也。若然，案禮，未踰年之君，臣下為之無服，臣為君斬衰三年，誠實自異，何言嫌其義異者？正以惻隱者相似故也。是以閔元年何氏云「復發傳者，嫌繼未踰年君義異故也」，明當隱之如一是也。

公子遂如齊逆女。譏喪娶。復書不親迎者，嫌觸諱不成其文也。有母言如者，緣內諱無貶公文。

疏 注譏喪至其文○解云：何氏以為人君喪娶者，宜有貶刺之文，若其吉逆使卿者，宜書譏之，見不親迎而已，即叔孫僑如之徒是也。今公子遂為君喪娶，宜去公子以見譏，而存公子，復作不親迎之經書之者，正以公子遂本是弑君之賊，若去公子，即嫌為觸弑君大惡之故，諱去公子，即似隱四年、十年公子翬之類，是以不得成其貶文。若然，文公二年公子遂如齊納幣，亦譏喪娶之經，而不云公子者，彼是喪未畢納幣為失禮，猶淺，此乃初喪逆女，固當合貶。即下八年而注云「元年逆女，嫌為喪娶貶」也者，義亦通於此。云云之說，八年注備。○注有母至公文○解云：下八年夏六月戊子，夫人熊氏薨；冬十月己丑，葬我小君頃熊。頃熊者何？宣公之母也。是其今日有母。母不命使者，婦人之命不通四方，何得言如作內使之文者？正以緣內無貶公之文故也。何者？若其去如，則嫌宣公喪娶為絕賤，不成為諸侯然也。正緣此事，不得去如也。若然，莊二十八年臧孫辰告糴于齊，不言如，所以不嫌莊公不能貯蓄絕而賤之者，彼告糴之事，可以通臧孫之私行，此大夫不外娶，無通私行之義，故如是。

○三月，遂以夫人婦姜至自齊。遂何以不稱公子？一事而再見者，卒名也。卒竟也，竟但舉名者，省文。夫人何以不稱姜氏？據僑如以夫人婦姜氏至自齊也。經有姜，不但問不稱氏者，嫌據夫人氏，欲使去姜。

疏 注據僑至齊也○解云：在成十四年九月。○注嫌據至去姜○解云：即僖元年夫人氏之喪至自齊是也。

貶。曷為貶？據俱至也。譏喪娶也。喪娶者公也，則曷為貶夫人？據師還也。

疏 注據師還也○解云：即莊八年秋師還，傳曰「還者何？善辭也。此滅同姓，何善爾？病之也。曷為病之？非師之罪也」。彼公自滅同姓，非師之罪，是以歸惡于公，書還以善師。此公自喪娶，非夫人之罪，而貶夫人，與彼義違，故據而難之。

內無貶于公之道也。明下無貶上之義。內無貶于公之道，則曷為貶夫人？據俱有諱義。

疏 注據俱有諱義○解云：春秋之道，多為內諱，何故此經不為夫人諱而貶之乎？

夫人與公一體也。恥辱與公共之，夫人貶則公惡明矣。去氏比於去姜差輕，可言，故不諱貶夫人。○差，初買反。

疏 夫人與公一體○解云：初則判合，終成一體，是以寡妻之號稱未亡人，言其事體先亡，遺餘半在爾，故傳以一體言之。○恥辱至明矣○解云：正以夫人與公共謚，知榮辱同矣。○注去氏至夫人○解云：去姜，即僖元年夫人氏之喪至自齊是也。然此不諱者，以其輕；而僖元年去姜者，則重矣，而亦不諱者，何氏云「因正王法所加，臣子不得以夫人禮治其喪也」是也。

其稱婦何？據桓公夫人至不稱婦。

疏 注據桓至稱婦○解云：即桓三年九月夫人姜氏至自齊是也。

有姑之辭也。有姑當以婦禮至，無姑當以夫人禮至，故分別言之。言以者，見行遂意也，見繼重在遂，因遠別也。月者，公不親迎，危錄之例也。

疏 有姑之辭也○解云：隱二年傳云「在塗稱婦」，與此違者，兼二義也。言在塗見夫而服從夫，故謂之婦；至國對姑而服從姑，是以亦謂之婦矣。○注有姑至禮至○解云：當以婦禮至而稱夫人者，臣下錄之故也。○注言以至別也○解云：桓十四年傳云「以者何？行其意也」。何氏云「以已從人曰行」。然則此經云遂以夫人者，欲見夫人是時進止由遂，故言見繼重在遂。若不言以，直云遂夫人，則嫌恠夫人男女無別，故云因遠別也。○注月者至例也○解云：即桓三年九月夫人姜氏至自齊之屬是也。言公不親迎，故書月，危錄之例也。

○夏，季孫行父如齊。○晉放其大夫胥甲父于衛。放之者何？猶曰無去是云爾。是是衛

疏 放之者何○解云：大夫去國，於例言出奔，此經言放，故執不知問。然

則何言爾近正也此其爲近正奈何古者大夫已去三年待放古者刑不上大夫蓋以爲摘巢毀卵則鳳凰不翔刳胎焚天則麒麟不至刑之則恐誤刑賢者死者不可復生刑者不可復屬故有罪放之而已所以尊賢者之類也三年者古者疑獄三年而後斷易曰繫用徽纆寘於叢棘三歲不得凶是也自嫌有罪當誅故三年不敢去○摘吐狄反刳口狐反屬音蜀叢棘才工反疏近正也○解云用古放臣而言近正者正以古者放臣任其所去今此晉又處之於衞故言近耳○古者刑不上大夫○解云曲禮上篇文鄭注云不與賢者犯法其犯法則在八議輕重不在刑書是也○注蓋以爲至不至○解云皆家語文是時孔子之晉聞趙簡子殺舜華之屬故爲此言而遂還耳○注易曰至是也○解云此坎卦上六爻辭也鄭氏云繫拘也爻辰在巳巳爲蛇蛇之蟠屈以徽纆也三五互體艮文與震同體艮爲門闕於木爲多節震之所爲有叢拘之類門闕之内有叢木多節之木是天子外朝左右九棘之象也外朝者所以詢事之處也左嘉石平罷民焉右肺石達窮民焉罷民邪惡之民也上六乘陽有邪惡之罪故縛約徽纆置于叢棘而後公卿以下議之其害人者置之圜土而施職事焉以明刑恥之能復者上罪三年而赦中罪二年而赦下罪一年而赦不得者不自思以得正道終不自改而出圜土者殺故凶是也○注自嫌至不敢去○解云莊二十四年曹羈之下傳云三諫不從遂去之故君子以爲得君臣之義也何氏云孔子曰所謂大臣者以道事君不可則止此之謂也諫必三者取月生三日成魄臣道就也以此言之則知待放之臣三年乃去者亦取月生三日成魄臣道就之義故也君放之非也日無去是非也大夫待放正也聽君不去衞正也疏君放之非也大夫待放正也○解云此二句皆是今事非古法古者臣有大喪則君三年不呼其門重奪孝子之恩也禮父母之喪三年不從政齊衰大功之喪三月不從政故孔子曰夏后氏三年之喪既殯而致事殷人既葬而致事周人卒哭而致事君子不奪人之親亦不可奪親也疏注禮父至不從政○解云禮記王制文也此政謂稅矣○注故孔子至卒哭而致事○解云曾子問文鄭云致事者還其職位於君是也○注君子至親也○解云亦曾子問文彼云君子不奪人之親亦不可奪親也此之謂乎鄭云二者恕也孝也者是已練可以弁冕此說詩衰正失非謂禮當然弁禮所謂皮弁爵弁也皮弁武冠爵弁文冠夏曰收殷曰冔周曰弁加旒曰冕主所以入宗廟○冔況甫反疏注夏曰至曰弁○解云即郊特牲云周弁殷冔夏收是也○注加旒曰冕○解云何氏以爲弁冕之形制一耳但加旒爲異矣注主所以入宗廟○解云以其文冠故也服金革之事謂以兵事使之君使之非也非古道也臣行之禮也臣順爲命亦禮也此與君放之非臣待君放正同故引同類相發明閔子閔子騫以孝聞疏注閔子騫以孝聞○解云出論語也要絰而服事禮已練男子除乎首婦人除乎帶○要一遥反疏注禮已至乎帶○解云閒傳文孔子蓋善之也者蓋猶是也言於此三事孔子皆善之其三事者初則要絰而服事次則謂君爲古者後則退而致事是也既而曰若此乎古之道不即人心既事畢言古者不敢斥君即近也退而致仕退退身也致仕還祿位于君孔子蓋善之也善其服事外得事君之義致仕内不失親親之恩言古者又孫順不諷其君也不言君子者時賢者多以爲非唯孔子以爲是○孫音遜○公會齊侯于平州○公子遂如齊○六月齊人取濟西田外取邑不書此何以書據曹取之不書○濟子禮反疏注據曹取之不書○解云即僖三十一年取濟西田傳云惡乎取之取之曹也曷爲不言取之曹諱取同姓之田也此未有伐曹者則其言取之曹何晉侯執曹伯班其所取侵地于諸侯也晉侯執曹伯班其所取侵地于諸侯則何諱乎取同姓之田久也何氏云魯本爲霸者所還當時不取久後有悔更緣前語取之不應復將故當坐取邑其濟西田本魯物而曹取之不書之矣所以賂齊也魯所以賂遺齊故稱人共國辭○遺唯季反疏注魯所至國辭○解云謂一人字齊魯共有何者魯人篡弑以地賂人齊人失所取篡者之賂皆合稱人故也曷爲賂齊據上無戰伐無所謝疏注據上至所謝解云正決哀七年秋公伐邾婁八月己酉入邾婁子益來八年夏齊人取讙及闡傳云外取邑不書此何以書所以賂齊也曷爲賂齊爲以邾婁子益來也然則此文之上不見戰伐之文應無所謝曷爲以也賂齊乎故難之爲弑

子赤之賂也。子赤齊外孫，宣公篡弒之，恐爲齊所誅，爲是賂之，故諱使若齊自取之者，亦因惡齊取篡者賂。當坐取邑，未之齊，坐者，由律行言許受賂也。月者，惡內甚于邾婁子益。〔疏〕注子赤齊外孫。解云文公四年經書娶于齊而生也。注未之至受賂也。解云十年齊人歸我濟西田，傳云齊已取之矣，其言我何？言我者，未絕于我也。曷爲未絕于我？齊已言取之矣，其實未之齊也。何氏云齊已言語許取之，其人民貢賦尚屬於魯，實未歸於齊，不言來者，明不從齊來，不當坐取邑，是以知其未之齊矣。注月者至子益。解云哀八年夏，齊人取讙及僤，傳云外取邑不書，此何以書？所以賂齊也。曷爲賂齊？爲以邾婁子益來也。彼注云邾婁，齊與國，畏爲齊所怒而賂之，恥甚，故諱使若齊自取。然則彼爲侵奪小國而賂齊，此爲篡適而賂齊，罪重於彼，是以書月以諱其惡，故云月者惡內甚於邾婁子益矣。

○秋，邾婁子來朝。○楚子、鄭人侵陳，遂侵宋。微者不得言遂，遂者，楚子之遂也。不從鄭人去遂者，兵尊者兼將。○將，子匠反。〔疏〕注微者至之遂也。解云正以遂者專事之文也，是以僖二十五年注云微者不別遂，但別兩耳是也。其若大例，不合遂，若其竟外有利國家之事，亦權許之，即莊十九年秋，公子結媵陳人之婦于鄄，遂及齊侯、宋公盟，下傳云大夫無遂事，此其言遂何？聘禮大夫受命不受辭，出竟有可以安社稷利國家者，則專之可也是。

○晉趙盾帥師救陳。宋公、陳侯、衛侯、曹伯會晉師于斐林，伐鄭。此晉趙盾之師也，据上趙盾救陳，微者不能會諸侯。○斐，芳尾反。〔疏〕注微者至諸侯。解云謂若是微者，即不能爲會主以致諸侯于斐林而會之。曷爲不言趙盾之師？据公子遂會晉趙盾于衡雍，伊雒戎盟，再出名氏。〔疏〕注据公子至名氏。解云即文八年冬十月壬午，公子遂會晉趙盾盟于衡雍；乙酉，公子遂會伊雒戎盟于暴是。君不會大夫之辭也。時諸侯爲趙盾所會，不與卑致尊，故正之，去大夫名氏，使若更有師也。殊會地之者，起諸侯爲盾所會。〔疏〕注殊會至所會。解云言殊會者，正謂先序諸侯訖，乃言會晉師是也。所以不言宋公、陳侯、衛侯、曹伯帥師伐鄭，而先言會晉師于斐林，乃言伐鄭者，若以趙盾之師先在是，致諸侯來會之然也，故曰起諸侯爲盾所會耳。

○冬，晉趙穿帥師侵柳。柳者何？天子之邑也。天子之閒田也。有大夫守之，晉與大夫忿爭侵之。○閒音閑。〔疏〕柳者何。解云欲言是國，又復未聞；欲言是邑，文無所繫，故執不知問。曷爲不繫乎周？据王師敗績于貿戎，繫王。○貿音茂。〔疏〕注据王至繫王。解云即戎元年秋，王師敗績于貿戎是也。不與伐天子也。絕正其義，使若兩國自相伐。〔疏〕注絕正其義。解云謂絕柳不使繫之於王，所以正君臣之義也。

○晉人、宋人伐鄭。

二年，春，王二月，壬子，宋華元帥師及鄭公子歸生帥師戰于大棘，宋師敗績，獲宋華元。復出宋者，非獨惡華元，明恥辱及宋國。○華，戶化反。〔疏〕宋華至華元。解云宋、鄭皆言帥師者，其將皆尊，其師皆衆故也。

○秦師伐晉。秦稱師者，閔其衆，惡其將。本秦之忿起殽之戰，今襄公、繆公已死，可以止矣，而復伐晉，惡其搆怨結禍無已。〔疏〕注秦稱至其將。解云正以文十二年秦伯使遂來聘，始有大夫，宜見將之名氏，若其賤之，宜稱人稱國，而言師者，正以閔其衆惡其將故也。注本秦至之戰。解云在僖三十三年夏。注今襄至已死。解云即文六年晉侯讙卒，文十八年秦伯罃卒是也。

○夏，晉人、宋人、衛人、陳人侵鄭。○秋，九月，乙丑，晉趙盾弒其君夷獋。○夷獋，戶刀反，又古刀反，二傳作夷皐。○冬，十月，乙亥，天王崩。匡王。〔疏〕注匡王。解云即三年春葬匡王是也。

三年，春，王正月，郊牛之口傷，改卜牛，牛死，乃不郊，猶三望。其言之何？据食角不言之。〔疏〕注据食角不言之。解云即成七年春王正月，鼷鼠食郊牛角，改卜牛，鼷鼠又食其角，乃免牛是也。緩也。辭間容之，故爲緩，不若食角急也。別天牲主以角書者，譏宣公養牲不謹敬，不絜清而災，重事至尊，故詳録其簡甚。〔疏〕注不若食角急也。解云言食角之時，正以有不順之處，爲天所災，不敬簡慢，故不言之耳。注別天牲主以角。解云即王制云祭天地之牛角繭栗，宗廟之

牛角握賓客之牛角尺是○注重事至簡甚○解云正謂言之是也何者之爲緩辭故以簡慢之甚言矣言簡者欲取五行傳云簡宗廟之言耳

曷爲不復卜據定十五年牛死改卜牛〔疏〕注據定至卜牛○解云據彼經云十五年春王正月鼷鼠食郊牛牛死改卜牛是也

養牲養二卜二卜語在下帝牲不吉帝皇天大帝在北辰之中主總領天地五帝羣神也不吉者有災〔疏〕注帝皇至有災○解云在北辰之中者言其北辰之處紫微宮內也云總領天地天地五帝羣神也者總領天地之內五帝羣臣也其五方之帝東方青帝靈威仰之屬是其五帝之名春秋緯文耀鉤具有其文

則扳稷牲而卜之先卜帝牲養之有災更引稷牲卜之以爲天牲養之凡當二卜爾復不吉不復郊○扳普顏反又甫姦反〔疏〕注更引至天牲○解云即定十五年牛死改卜牛者正謂此

帝牲在于滌三月滌宮名養帝牲三牢之處也謂之滌者取其蕩滌絜清三牢者各主一月取三月一時足以充其天牲○于滌大歷反養牲宮名〔疏〕注養帝至之處○解云其三牢之文出春秋說文

於稷者唯具是視視其身體具無災害而已不特養于滌宮所以降稷尊帝

郊則曷爲必祭稷據郊者主爲祭天王者必以其祖配祖謂后稷周之始祖姜嫄履大人迹所生配配食也〔疏〕注姜嫄至所生解云即詩云履帝武敏歆文周本紀云有邰氏女曰姜嫄爲帝嚳元妃出野見巨人迹心忻然說欲踐之踐之身動如孕者居期而生子以爲不祥棄之隘巷或棄山林寒冰之上云云姜嫄以爲神遂收養長之初欲棄之因名曰棄是也

王者則曷爲必以其祖配據方父事天〔疏〕注據方父事天○解云言既以爲父特祭何嫌而要須以祖配祭之乎故難之

自內出者無匹不行匹合也無所與會合則不行自外至者無主不止必得主人乃止者天道闇昧故推人道以接之不以文王配者重本尊始之義也故孝經曰郊祀后稷以配天宗祀文王於明堂以配上帝上帝五帝在太微之中迭生子孫更王天下書改卜者善其應變得禮也○迭大結反更王音庚下于況反〔疏〕注必得至主之解云正謂天之精神靈不明察矣○注上帝至禮也○解云此重帝者即靈威仰之屬言在太微宮內迭王天下即感精符云蒼帝之始

二十八世滅蒼者翼也彼注云堯翼之星精在南方其色赤滅翼者斗注云舜斗之星精在中央其色黃滅斗者參注云爲參之星精在西方其色白滅參者虛注云湯虛之星精在北方其色黑滅虛者房注云文王房星之精在東方其色青五星之謀是其義

○葬匡王○楚子伐賁渾戎○賁渾舊音六或音奔下戶門反二傳作陸渾〔疏〕葬匡王○解云天子記崩不記葬今而書者正以去年十月天王崩至今年春未滿七月即文九年傳曰王者不書葬此何以書不及時書過時書我有往者書然則此未滿七月所謂不及時書也

○夏楚人侵鄭○秋赤狄侵齊○宋師圍曹○冬十月丙戌鄭伯蘭卒○葬鄭繆公葬不月者子未三年而弒故畧之也○繆音穆〔疏〕注葬不月至之也○解云即下四年夏六月乙酉鄭公子歸生弒其君夷是也然則春秋之內卒日葬月大國之常今而不月故爲此解似若定公十三年春薛伯定卒何氏云不日月者子無道當廢之而以爲後未至三年失衆見弒危社稷宗廟禍端在定故畧之之類也考諸舊本皆無注然則有者衍字耳而不月者與卒同月

故也即隱三年傳云不及時而不日慢葬何氏云慢薄不能以禮葬是也然則薛伯定之子是失衆見弒者即定十三年薛弒其君比稱國以弒是也今此繆公之子爲公子歸生弒之非失衆之文是以經書冬十月丙戌鄭伯蘭卒而不畧之以此言之有注者非也

四年春王正月公及齊侯平莒及郯莒人不肯公伐莒取向此平莒也其言不肯何據取汶陽田不言棘不肯〔疏〕注據取汶至不肯○解云即成二年秋取汶陽田至三年秋叔孫僑如率師圍棘傳云棘者何汶陽之不服邑也其言圍之何不聽也何不聽也何氏云不聽者叛也不言叛者爲內諱故書圍以起之是也

辭取向也爲公取向作辭也恥行義爲利故諱使若莒不肯起其平也聽公平伐取其邑以弱之者愈也莒言及者明非莒不肯起其平也書齊侯者公不能獨平也月者惡錄之○公爲于僞反〔疏〕注莒言及至其平也○解云正以及是汲汲之意亦見直之義故如此解○注月者惡錄之解云正以定十一年冬及鄭平知平例不月今而書月故以

爲惡録之若然定十年春王三月及齊平而書月何氏云月者頰谷之會齊侯欲執定公故不易是也又昭七年春王正月暨齊平而書月何氏云月者刺内暨暨也時魯方結婚于吳外慕强楚故不汲汲于齊是也○秦伯稻卒○夏六月乙酉鄭公子歸生弒其君夷○赤狄侵齊○秋公如齊○公至自齊○冬楚子伐鄭

五年春公如齊○夏公至自齊○秋九月齊高固來逆子叔姬○叔孫得臣卒不日者知公子遂欲弒君爲人臣知賊而不言明當誅（疏）秋九月至叔姬○解云隱二年注云親逆例時知此月爲下卒出高固不蒙月也○注不日至當誅○解云正以所聞之世大夫之卒無罪者日有罪者月今此不日故解之但推尋上下更不見得臣有罪之文惟有文十八年秋公子遂叔孫得臣如齊冬十月公子遂弒子赤是以何氏消量作如此解○冬

齊高固及子叔姬來何言乎高固之來據當舉叔姬爲重大夫私事不當書○爲重直用反下同（疏）注據當至爲重○解云正以春秋尊内故也○注大夫至當書○解云正以内之大夫直録其如不書其大夫私事故也今書高固是以難之言叔姬之來而不言高固之來則不可禮大夫妻歲一歸宗叔姬屬嫁而與高固來如但言叔姬來而不言高固來則魯負教戒重不可言故書高固明失教戒重在固言及者猶公及夫人（疏）注故書至在固○解云婦人之道既嫁從夫故也○注言及至夫人○解云即僖十一年夏公及夫人姜氏會齊侯于陽穀是也然則公羊之義以爲夫妻言及者遠別之稱刺其無別是以下注云言其雙行匹至似於鳥獸是也故桓十八年春公夫人姜氏遂如齊傳云公何以不及夫人注云據公及夫人會齊侯于陽穀夫人外也注云若言夫人已爲公所絶外公也傳云夫人外者何内辭也注云内爲公諱辭其實夫人外公也注云時夫人淫於齊侯而譖公故云爾然則桓公十八年而不言及者若言夫人爲公所絶外是以不得言及以遠之子公羊子曰其諸爲其雙雙而俱至者與言其雙行匹至似於鳥獸（疏）注言其至鳥獸○解云言其無別如雄狐綏綏故曰雙行游匹而來鶉鵲不異故言匹至似於鳥獸矣而舊說云雙雙之鳥一身二首尾有雌雄隨便而偶常不離散故以喻焉非何氏意也○楚人伐鄭

六年春晉趙盾衞孫免侵陳趙盾弒君此其復見何據宋督鄭歸生齊崔杼弒其君後不復見○見何賢徧反（疏）注據宋督至不復見○解云其宋督之事即桓二年春王正月戊申宋督弒其君與夷及其大夫孔父者是也歸生之事即上四年夏六月乙酉鄭公子歸生弒其君夷是也崔杼之事即襄二十五年夏五月齊崔杼弒其君光是也然則春秋之内書名弒君後不復見者唯此三人耳餘見者皆著義焉即桓三年公子翬如齊逆女宣元年公子遂如齊逆女之屬欲見罪在桓宣故翬遂得見閔二年公子慶父出奔莒書者彼注云慶父弒二君不當復見所以復見者起季子緩追逸賊是也隱四年衞人殺州吁于濮彼注云書者善之也然則善其臣子討得其賊是以書見則知莊九年齊人殺無知書之者亦是討得其賊善而書之莊

十二年宋萬出奔陳得書之者彼注云萬弒君所以復見者重録彊禦之賊明當急誅之也是也僖十年夏晉殺其大夫里克得書之者亦翬遂之類也故彼傳云里克弒二君則曷爲不以討賊之辭言之惠公之大夫也何氏云惠公篡立已定晉國君臣合爲一體無所復責故曰此乃惠公之大夫安得以討賊之辭言之然則欲歸惡於惠公尚不作討賊之辭何得怪其見于經矣襄二十七年衞殺其大夫甯喜得書之亦翬遂之類也是見其與獻公同謀而弒剽是以二十六年弒剽之下何氏云甯喜爲衞侯衎弒剽不舉衎弒剽者議成於喜是也其二十六年晉人執甯喜之下傳云不以其罪執之也何氏云明不得以爲功當坐執人亦是其得書之義文十八年齊人弒其君商人昭十一年楚子虔誘蔡侯般殺之于申皆書者商人之下何氏云商人弒君賊復見者與大夫異齊人已君事之殺之宜當坐弒君是也昭十三年楚公子棄疾弒公子比得書者亦是加弒故也如趙盾之類矣親弒君者趙穿也復見趙盾者欲起親弒者趙穿非盾親弒君者趙穿則曷爲加之趙盾不討賊也何以謂之不討賊據皆去葬不加弒（疏）注據皆去

葬不加弒○解云春秋之義君弒賊不討則不書葬所以責臣子不討賊若其加弒者雖不討賊亦書其葬以其不親弒不責臣子之討賊是以昭十九年夏許世子止弒其君買冬葬許悼公傳云賊未討何以書葬不成于弒也曷爲不成于弒止進藥而藥殺也止進藥而藥殺則曷爲加弒焉爾譏子道之不盡也是以君子加弒焉爾葬許悼公是君子之赦止也赦止者免止之罪辭也是也然則此趙盾之弒君與他親弒者同文皆去其葬則趙盾不加弒趙盾既不加弒即其身是賊何得謂之不討賊乎故難之

晉史書賊曰晉趙盾弒其君夷獋趙盾曰天乎無辜辜罪也呼天告冤【疏】注呼天告冤○解云冤謂冤枉之冤也吾不弒君誰謂吾弒君者乎史曰爾爲仁爲義人弒爾君而復國不討賊此非弒君如○何復反也趙盾不能復應者明義之所責不可辭趙盾之復國奈何靈公爲無道使諸大夫皆内朝禮公族朝於内朝親親也雖有富貴者以齒明父子也外朝以官體異姓也宗廟之中以爵爲位崇德也宗人授事以官尊賢也升餕受爵以上嗣尊祖之道也喪紀以服之精粗爲序不奪人之親也○餕音俊【疏】注禮公族至之親也○解云此皆文王世子文彼注云内朝路寢廷也云雖有貴者以齒明父子也彼注云謂以宗族事會也云外朝以官體異姓也者彼鄭氏云外朝路寢門之外廷體猶連結也云宗廟之中以爵爲位崇德也者鄭氏云崇高也以爵貴賤異位云宗人授事以官尊賢也者鄭氏云宗人掌禮及宗廟也以官官各有所掌也若司徒奉牛司馬奉羊司空奉豕云升餕受爵以上嗣尊祖之道也者彼文云其登餕獻爵則以上嗣尊祖之道也注云上嗣祖之正統爵謂上嗣舉奠也今此何氏以登爲升復無獻字蓋所見異也云喪紀以服之精粗爲序不奪人之親也者彼文作輕重字此作精粗者亦所見異也其上文云其公大事則以其喪服之精粗爲序注云大事謂死喪也其爲君雖皆斬衰序之必以本親也是也然後處乎臺上引彈而彈之已趨而辟丸已已諸大夫也○已音紀是樂而已矣以是爲笑樂○見樂音洛趙盾已朝而出與諸大夫立

於朝有人荷畚荷負何畚草器若今市所量穀者是也齊人謂之鍾○有人何本又作荷胡可反又音何畚音本【疏】注齊人謂之鍾○解云即昭三年左傳云齊舊四量豆區釜鍾是也自閨而出者宮中之門謂之闈其小者謂之閤從内朝出立于外朝見出闈者知外朝在闈外内朝在闈内可知【疏】注宮中至之闈○解云釋宮文孫氏曰闈者宮中相通小門也其小者謂之閨小閨謂之閤李氏曰皆門戶大小之異是也趙盾曰彼何也夫畚曷爲出乎閨彼何者始怪何等物之辭熟視知其爲畚乃言夫畚者賤器何故乃出尊者之閨乎呼之不至怪而呼欲問之曰子大夫也欲視之則就而視之顧君責已以視人欲以見就爲解也古者士大夫通曰子○解佳賣反又如字趙盾就而視之則赫然死人也赫然已支解之貌趙盾曰是何也曰膳宰也主宰割殺膳者若今大官宰人熊蹯不熟蹯掌公怒以斗摮而殺之摮猶摮也摮謂旁擊頭項○摮五羔反又苦交反猶擊也摮口弔反擊也支解將使我棄之趙盾曰嘻趨而入靈公望見趙盾愬而再拜愬者驚貌禮臣拜然後君荅拜靈公先拜者畚出盾入知其欲諫欲以敬拒之使不復言也禮天子爲三公下階卿前席大夫興席士式几○愬所革反又訴路反【疏】注禮天至士几○解云春秋說文亦時王禮也趙盾逡巡北面再拜稽首頭至地曰稽首頭至手曰拜手【疏】注頭至地至拜手○解云出大祝文趨而出本欲諫君君以拜謝知已意冀當覺悟故出靈公心怍焉怍慙貌慙盾知已過○怍在洛反欲殺之於是使勇士某者往殺之某者本有姓字記傳者失之勇士入其大門則無人門焉者入其閨則無人閨焉者焉者於也是無人於閨門守視者也上其堂則無人焉但言焉絶語辭堂不設守視人故不言堂焉者俯而闚其戶俯挽頭戶室戶

方食魚飧勇士曰嘻子誠仁人也吾入子之大門則無人焉入子之閨則無人焉上子之堂則無人焉是子之易也○易猶省也○飧音孫子爲晉國重卿而食魚飧是子之儉也君將使我殺子吾不忍殺子也雖然吾亦不可復見吾君矣負君命也遂刎頸而死勇士自斷頭也傳極道此者明約儉之衛也其於重門擊柝孔子曰禮與其奢也寧儉此所謂也○頸居郢反斷音短重直容反柝他洛反〔疏〕注傳極至謂也○解云易下繫辭云重門擊柝以待暴客是也靈公聞之怒滋欲殺之甚滋猶益也衆莫可使往者於是伏甲于宮中召趙盾而食之趙盾之車右祁彌明者國之力士也禮大夫驂乘有車右

有御者○而食音嗣下同祁工支反仡然從乎趙盾而入○仡然壯勇貌○仡魚乙反放乎堂下而立嫌靈公復欲殺盾故入以爲意禮器記曰天子堂高九尺諸侯七尺大夫五尺士三尺趙盾已食靈公謂盾曰吾聞子之劒蓋利劒也子以示我吾將觀焉授君劒當拔而進其首靈公因欲以推殺之趙盾起將進劒祁彌明自下呼之曰盾食飽則出何故拔劒於君所趙盾知之由人曰知之自已知曰覺焉〔疏〕注由人至覺焉○解云由人曰知之此文是也自已知曰覺者即昭三十一年傳云夏父曰以來人未足而旰有餘叔術覺焉曰嘻此誠衛國也夫起而致國于夏父是也躇階而走躇猶超遽不暇以次○躇丑畧反與踱同一本作跿音同劇不其據反本亦作遽靈公有周狗周狗可以比周之狗所指如意○比毗志反謂之獒犬四尺曰獒○獒五刀反〔疏〕注犬四尺曰獒○解云釋畜文呼獒而屬之獒亦躇階而從之祁彌明逆而踆之以足逆蹋曰踆○踆音存以足逆蹋之蹋徒臘反。〔疏〕呼獒而屬之○解云謂呼而指屬之今呼犬謂之屬義出於此絕其頷頷口○頷戶感反趙盾顧曰君之獒不若臣之獒也然而宮中甲鼓而起甲即上所道伏甲約勒聞鼓聲當起殺盾有起于甲中者抱趙盾而乘之欲遬疾走趙盾顧曰吾何以得此于子猶曰吾何以得此救急之恩於子邪非所以意悟曰子某時所食活我于暴桑下者也某時者記傳者失之暴桑蒲蘇桑傳道此者明人當素積恩德趙盾曰子名爲誰後欲報之曰吾君孰爲介介甲也猶曰我晉君誰爲與此甲兵豈不爲盾乎子之乘矣何問吾名之乘即上車也猶曰子以上車矣何不疾去而反徐問吾名乎欲令蚤免去不望報矣○蚤音早

趙盾驅而出衆無留之者明盾賢人不忍殺也且靈公無道民衆不悅以致見殺趙穿緣民衆不說起弒靈公然後迎趙盾而入與之立于朝復大夫位也即所謂復國不討賊明史得用責之傳極道此上事者明君雖不君臣不可以不臣○不說音悅而立成公黑臀不書者明以惡夷獋猶不書剽立○臀徒門反剽匹妙反〔疏〕注不書至剽立○解云襄公二十六年二月辛卯衛甯喜弒其君剽甲午衛侯衎復歸于衛然則曷爲不言剽之立不言剽之立者以惡衛侯矣注云欲起衛侯失衆出奔故不書剽立剽立無惡則衛侯惡明矣然則此處不書黑臀之立以惡夷獋明矣故如此解○夏四月○秋八月蝝先是宣公伐莒取向公比如齊所致〔疏〕注先君至取何○解云在上四年春也○注公比如齊○解云即四年秋公如齊五年春公如齊是也○冬十月

七年春衞侯使孫良夫來盟○夏公會齊侯

伐萊○秋公至自伐萊○大旱爲伐萊踰時也○爲于僞反〔疏〕春衞侯至來盟○解云不書日月者桓十四年夏鄭伯使其弟語來盟之下何氏云時者從内爲王義明王者當以至信先天下然則成三年冬十有一月晉侯使荀庚來聘衞侯使孫良夫來聘丙午及荀庚盟丁未及孫良夫盟亦是來盟而書日月彼下注云書者惡之詩曰君子屢盟亂是用長二國既脩禮相聘不能親信反復相疑故舉聘以非之是其惡故不舉重而書日月之義也是當文皆有注解

○冬公會晉侯宋公衞侯鄭伯曹伯于黑壤

八年春公至自會○夏六月公子遂如齊至黃乃復其言至黃乃復何据公孫敖不言至復又不言乃〔疏〕注据公孫至言乃○解云即文八年冬公孫敖如京師不至復丙戌奔莒是也

有疾也乃難辭也上言乃復下有卒知以疾爲難○難辭乃旦反

何言乎有疾乃復据公如晉以有疾乃復弒恥以爲有疾無惡〔疏〕注据公如至無惡○解云即昭二十三年冬公如晉至河公有疾乃復傳云何言乎公有疾乃復殺恥也注云因有疾以殺畏晉之恥是也

譏何譏爾大夫以君命出聞喪徐行而不反聞喪者聞父母之喪徐行者不忍疾行又爲君當使人追代之以喪喻疾者喪尚不當反況於疾乎順經文而重責之言乃不言有疾者有疾猶不得反也敖不言乃者明無所難爲重敖當誅遂當絶〔疏〕注順經文至難爲重○解云正以傳不言大夫以君命出遇疾而還非禮而言聞喪徐行而不反者是其順經文而重責之故也○注敖當誅遂絶○解云以敖違命罪大故當誅誅者罪家也遂前雖弒君而宣公不以爲罪直以當時行事而責之責其奉命不終而以疾辭故當絶其身而已

○辛巳有事于太廟

○仲遂卒于垂仲遂者何据不稱公子故問之公子遂也自是後無遂卒知公子遂

何以不稱公子据公子季友卒雖加字猶稱公子也〔疏〕注据公至子也○解云即僖十六年三月壬申公子季友卒是也言雖加字者欲道仲遂亦加字而不稱公子矣

貶

曷爲貶据叔孫得臣卒不貶〔疏〕注据叔至不貶○解云即宣五年秋九月叔孫得臣卒是也何氏云不日者知公子遂欲弒君爲人臣知賊而不言明當誅然則得臣與遂同罪而或貶或否故難之

爲弒子赤貶然則曷爲不於其弒焉貶据翬終隱之篇貶欲使於文十八年子赤卒年中貶〔疏〕注据翬至中貶○解云即隱四年秋翬帥師會宋公以下伐鄭傳云翬何以不稱公子貶曷爲貶與弒公也十年夏翬帥師會齊人鄭人伐宋傳云此公子翬也何以不稱公子貶曷爲貶隱之罪人也故終隱之篇貶也是也

於文則無罪於子則無年此解十八年秋如齊不貶意也十八年編於文公貶之則嫌有罪於文公無罪於子赤也卒乃貶者元年逆女嫌爲喪娶貶也公會平州下如齊也嫌公遂如齊嫌坐乃復貶也貶加字者起嬰齊所氏明爲歸父後大宗不得絶也地者絶外卒明當有卒外禮也日者不去樂也書有事者爲不去樂張本○編必連反〔疏〕注元年逆至貶也○解云即上元年公子遂如齊逆女彼注云嫌觸諱不成其文也是也○注云會至公遂○解云即元年經云夏公會齊侯于平州公子遂如齊是也若不言公子直言遂如齊

文承公會於平州之下嫌謂公遂如齊非公子遂是以不得去公子矣○注如齊嫌坐乃復貶也○解云公子翬助桓篡弒入篇即不貶見其無罪於桓公今此公子遂助宣篡弒而於宣貶者正以於子赤則無年遂之罪重不得令免會須貶之諸見之處悉皆有嫌不得作文是以正於卒時貶見其事○注貶加字至絶也○解云成十五年三月乙巳仲嬰齊卒傳云仲嬰齊者何公孫嬰齊也公孫嬰齊則曷爲謂之仲嬰齊爲兄後也爲兄後則曷爲謂之仲嬰齊爲人後者爲之子也注云更爲公孫之子故不得復氏公孫傳文云爲人後者爲其子則其稱仲何孫以王父字爲氏也然則嬰齊孰後後歸父也歸父使于晉而未反何以後之注云据巳絶也傳云叔仲惠伯傳子赤者也文公死子幼公子遂謂叔仲惠伯曰君幼如之何願與子慮之叔仲惠伯曰吾子相之老夫抱之何幼君之有公子遂知其不可與謀退而殺叔仲惠伯弒子赤而立宣公宣公死成公幼藏宣叔者相也君死不哭聚諸大夫而問焉曰昔者叔仲惠伯之事孰爲之諸大夫雜然曰仲氏也其然乎於是遣歸父之家注云時見君幼欲以防示諸大夫然後哭君歸父使乎晉還自晉至檉聞君薨家遣墠帷哭君成踊反命于介自是走之齊魯人徐傷歸父之無後也注云徐者皆共之辭也關東語傷其先人爲惡身見逐絶

不忿懟也於是使嬰齊後之也注云弟無後兄之義爲亂昭穆之序失父子之親故不言仲孫明不與子爲父孫是也然遂既被貶而加字者欲起成十五年仲嬰齊以仲爲氏故也嬰齊者仲遂之子宜稱公孫而氏仲者明爲其兄公孫歸父之後不得氏公孫故氏仲矣所以弟爲兄後者正以大宗不得絶故也○注地者至禮也○解云欲道公子季友之文皆不地此言於垂者正以卒於外故也所以卒於外則地之者明其當有卒於外之禮故也○注日者不去樂也○解云正以春秋之例失禮鬼神例日故也○注書有至張本○解云正以時祭之禮初夏作之即是得時不書之例而書之者爲下不去樂張本故也而言有事者祫不合書是以但有事爲下張本而已似若文二年注云不言吉祫者就不三年不復譏畧爲下張本而已之類

○壬午猶繹萬入去籥繹者何

祭之明日也

禮繹繼昨日事但不灌地降神爾天子諸侯曰繹大夫曰賓尸士曰宴尸去事之殺也必繹者尸屬昨日配先祖食不忍輒忘故因以復祭禮則無有誤敬愼之至殷日肜周日繹繹者据今日道昨日不敢斥尊言之文意也肜者形形不絶据昨日道今日斥尊言之質意也祭必有尸者節神也禮天子以卿爲尸諸侯以大夫

爲尸卿大夫以下以孫爲尸夏立尸殷坐尸周旅酬六尸○屬音燭肜羊弓反

〔疏〕繹者何○解云欲言是祭去祫大近欲言非祭繹者祭名故執不知問○注禮繹至神爾○解云正以釋天云繹又祭也孫氏云祭之明日尋繹復祭故言繼昨日事正以昨日祭已灌地降神是以今日繹主爲尸作何以爲灌乎故云但不灌地降神爾○注天子諸侯至宴尸○解云春秋說文也稍得言名繹在正祭之後故曰去事之殺也○注則無有誤○解云畏敬先君之尸而爲之設祭則無有過誤也○注殷日肜周曰繹○解云釋天文案鄭氏爾雅其下文仍有夏日復胙之文而何氏不言之者正以諸家爾雅悉無此言故不引之復胙郭氏云未見義所出也○注繹者至意也○解云祭尊于繹欲道今日所尋繹乃是昨日之正祭故云据今日道昨日不敢斥尊乃是尊正之義故日文意也○注形者至神也○解云正由昨日正祭是以今日作又祭相因而不絶形形然故曰据昨日道今日乃是追近而不尊故曰質意也○注禮天子至孫爲尸○解云何氏差約古禮也天子不使公諸侯不使卿皆爲其疑也卿大夫已下以孫爲尸以其昭穆同也○注夏立至六尸○解云即禮器云周坐尸注云言此亦周所因於殷也而立尸而卒祭注云夏禮尸有事乃坐殷坐尸注云無事猶坐周旅酬六尸

注云使之相酌也后稷之尸發爵不受旅曾子曰周禮其猶醵與注云斂錢飲酒爲醵旅酬相酌似之也

萬者何干舞也

干謂楯也能爲人扞難而不使害人故聖王貴之以爲武樂萬者其篇名武王以萬人服天下民樂之故名之云爾○楯食允反扞戶旦反

〔疏〕萬者何○解云欲言其樂文無樂名欲言非樂祭祀用之故執不知問○注武王至云爾○解云春秋說文昔武王一會八伯諸侯人數豈止萬而已蓋以萬是摠名故据以言耳

籥者何籥舞也

籥所吹以節舞也吹籥而舞文樂之長

〔疏〕籥者何○解云欲言非樂籥是樂名欲言是樂臨祭見去故執不知問○注吹籥而舞文樂之長○解云正以萬是武樂入而用之而籥特備矣

其言萬入去籥何

据入者不言萬去樂不言名

〔疏〕注去樂不言名○解云即昭十五年二月癸酉有事于武宮籥入叔弓卒去樂卒事是也

去其有聲者

不欲令人聞之也

廢其無聲者

廢置也置者不去也齊人語

存其心焉爾存其心焉爾者何知其不可而爲之也

明其心猶存於樂知其不

可故去其有聲者而爲之

〔疏〕存其心焉爾者何○解云欲道存心于樂而有去籥之文欲道存心于股肱而繹萬不廢故執不知問

猶者何通可以已也

禮大夫死爲廢一時之祭有事于廟而聞之者去樂卒事而聞之者廢繹日者起明日也言入者据未奏去籥時書凡祭自三年喪已下各以日月廢時祭唯郊社越紼而行事可

〔疏〕猶者何○解云欲言是禮書而譏之欲言非禮乃當正祭之明日故執不知問○禮大夫至之祭○解云正以正祭爲吉事故也○注有事至去樂○解云即昭十五年二月癸酉有事于武宮籥入叔弓卒去樂卒事傳云其言去樂卒事何禮也君有事于廟聞大夫之喪去樂注云恩痛不忍舉○注卒事至日也○解云即檀弓下篇云仲遂卒于垂壬午猶繹萬入去籥仲尼曰非禮也卿卒不繹是也○注言入至時書○解云欲道所以不言萬作而言萬入之意也○注凡祭至事可○解云即王制曰喪三年不祭唯祭天地社稷爲越紼而行事鄭注云不敢以卑廢尊越猶躐也紼輴車索是也

○戊子夫人熊氏薨○晉師白狄伐秦○楚人滅舒蓼○秋七月甲子日有食之

既是後楚莊王圍宋析骸易子伐鄭勝晉鄭伯肉袒晉大敗於邲中國精奪屈服强楚之應。（疏）注是後至易子。解云圍宋者即下十四年秋九月楚子圍宋是也言析骸易子者即十五年傳云易子而食之析骸而炊之是也。注伐鄭勝晉。解云即下九年冬楚子伐鄭晉郤缺帥師救鄭十年夏晉人宋人衛人曹人伐鄭冬楚子伐鄭十一年夏楚子陳侯鄭伯盟于辰陵注云不日月者莊王行霸約諸侯明王法討徵舒善其憂中國故爲信辭然則比年之間晉楚爭共伐鄭鄭伯終服于楚盟于辰陵楚勝于晉居然明矣故云伐鄭勝晉也。鄭伯肉袒。解云即下十二年春楚子圍鄭鄭伯肉袒左執茅旌右執鸞刀以逆莊王是也。注晉大敗于邲。解云即下十二年夏晉荀林父帥師及楚子戰于邲晉師敗績。注中國精奪。解云正以日者大陽之精諸夏之象令而被食故曰中國精奪○冬十月己丑葬我小君頃熊雨不克葬庚寅日中而克葬頃熊者何宣公之母也熊氏楚女宣公即僖公妾子。頃音傾（疏）頃熊者何。解云欲言是妾卒葬備書欲言夫人與君别謚故執不知問而者何難

也乃者何謂問定公日下昃乃克葬（疏）而者何。解云魯公夫人甍葬多矣此獨言故執不知問。注謂問定公日下昃乃克葬。解云即是十五年九月丁巳葬我君定公雨不克葬戊午日下昃乃克葬是也然則言乃之經不干此事而於此問之者正以葬時遇雨廢葬而乃異文是以連而問之難也禮卜葬從遠日不克葬見難者臣子重難不得以正日葬其君（疏）禮卜葬從遠日。解云即曲禮上篇云喪事先遠日鄭注云喪事葬與練祥也左氏傳云禮卜葬先遠日辟不懷也舊典之遺存也曷爲或言而或言乃乃難乎而也言乃者內而深言而者外而淺下昃日昳久故言乃孔子曰其爲之也難言之得無訒乎皆所以起孝子之情也雨不克葬者爲不得行葬禮孔子曰生事之以禮死葬之以禮祭之以禮故不得行禮則不葬也魯録雨不克葬者恩録內尤深也别朝莫者明見日乃葬也。訒音刃莫音暮（疏）注孔子至訒乎。解云論語文引之者證難言之事必須訒而言之似若臣子不得正日雖言重難亦須訒而葬之。注所以起孝子之情也。解云謂春秋言而言乃者所以起見孝子之情重難有淺深故也。注魯録至深也。解云欲道外諸侯葬多矣而無不克之文者以其恩淺也。注别朝至葬也。解云謂日中與昃然則朝莫猶早晚也○城平陽○楚師伐陳

九年春王正月公如齊月者善宣公事齊合古禮卒使齊歸濟西田不就十年月者五年再朝近得正孔子曰知和而和不以禮節之亦不可行也明雖事人皆當合禮（疏）注月者至西田。解云即下十年春齊人歸我濟西田是也。注不就至合禮。解云何氏之意以爲春秋之道祖述堯舜天子五年一巡狩諸侯亦五年一朝天子是以桓元年注故即位比年使大夫小聘三年使上卿大聘四年又使大夫小聘五年一朝是也然則諸侯自相朝雖文不著若欲以朝亦不過是也宣公五年春公如齊今九年春又如齊乃五年之內不得正盡五年故曰近得正言近者不正是之辭也雖不正是近合於禮是以春秋此年書月以見善宣公至十年公復如齊是爲大數唯近取濟西田之文亦不得見善故言不就十年月者五年再朝近得正○公至自齊○夏仲孫蔑如京師○齊侯伐萊○秋取根牟根

牟者何邾婁之邑也曷爲不繫乎邾婁諱亟也亟疾也屬有小君之喪邾婁子來加禮未期而取其邑故諱不繫邾婁也上有小君喪而下諱取之則邾婁加禮明矣未期年從加禮數者猶王子虎從會葬數。亟去冀反未期音基（疏）根牟者何。解云欲言是國經典未有欲言非國文無所繫故執不知問。注屬有小君之喪。解云即上八年夏夫人熊氏薨是也。注邾婁子來加禮。解云謂上八年冬十月葬頃熊之時邾婁使人來加禮但例不書之故不見也。注未期至婁也。解云去年十月來加禮今年七月而取邑故言未期也加禮者或是賵襚之屬皆是葬前之事而要繫會葬言之言未期者欲取諱亟之義强故也必知過期之後不復諱之者正以定十五年夏五月定公薨邾婁子來奔喪至於哀元年冬仲孫何忌帥師伐邾婁注云邾婁子新來奔喪伐之不諱者期外恩殺惡輕明當與根牟有差是也。注未期年至葬數解云此文欲取未期之義而從加禮數之若取甍之時則過於期矣若似僖三十三年冬十二月公甍于小寢文元年天王使叔服來會葬夏四月葬我君僖公文三年夏五月王子虎卒傳云王子虎者何天子之大夫也外大夫不卒此何以卒新使乎我也

注云王子虎即叔服也新爲王者使來會葬在葬後三年中卒君子恩隆於親親則加報之故卒明當有恩禮也然則王子虎之卒在文三年夏若數來會葬之時則在三年之内若數公卒時四年矣與此相似故猶之〇八月滕子卒〇九月晉侯宋公衛侯鄭伯曹伯會于扈〇晉荀林父帥師伐陳〇辛酉晉侯黑臀卒于扈扈者何晉之邑也諸侯卒其封内不地此何以地據陳侯鮑卒不地疏扈者何〇解云若言晉地不應書之欲道外地文無所繫故執不知問〇注據陳侯鮑卒不地〇解云桓五年春正月甲戌己丑陳侯鮑卒傳云曷爲以二日卒之怴也甲戌之日亡己丑之日死而得君子疑焉故以二日卒之也是其卒於封内不書地故難之卒于會故地也起時衰多窮厄伐喪而卒於諸侯會上故地危之未出其地故不言會也左右皆臣民雖卒於會上危愈於竟外故不復著言會也出外死有輕重死於師尤甚於會次之如〇人國次之於封內最輕不書葬者故篡也疏注出外死至最輕〇解云時衰多窮厄伐喪師者用兵之處而君死焉故言于師著其危甚即襄十八年曹伯負芻卒于師是也是以僖四年夏許男新臣卒何氏云不言卒於師者桓公師無危是其義也云於會次之者與人交接之處或相刼詐未可知若柯之盟曹子刼桓公之類是也而君卒焉故言次之即定四年夏杞伯成卒于會是也云於人國次之者正以時多背死向生而君卒於竟外似有掩襲之理但於主國有賓客之道是故又以爲次矣即襄二十六年秋許男甯卒于楚之屬是也云於封內最輕者正以左右皆民臣危少於竟外是以不言於會矣但有外國之人亦有危理故書其地即此文書晉侯黑臀卒於扈是也若不聚會直卒於封內者仍自不地即陳侯鮑卒是也若然昭十三年夏四月楚公子比自晉歸于楚弒其君虔于乾谿不與人會而書地者彼注云封內地者起禍所由因以爲戒是也而云起禍所由者案彼傳云靈王爲無道作乾谿之臺三年不成楚公子棄疾脅比而立之然後令于乾谿之役曰此已立矣後歸者不得復其田里衆罷而去之靈王經而死是其致禍之由〇注不書至篡也〇解云春秋之義篡明者書葬即小白之屬是也篡不明者即不書其葬以見篡即此黑臀之屬是也云云已說于上〇冬十月癸酉衛侯鄭卒不書葬者殺公子瑕也疏注不書葬至瑕也〇解云即僖三十年秋衛殺其大夫元咺及公子瑕也不言殺元咺元咺有罪云云已說于上〇宋人圍滕〇楚子伐鄭〇晉郤缺帥師救鄭〇陳殺其大夫泄冶

監本附音春秋公羊注疏宣公卷十五

江南蘇松督糧道方　體琹

公羊注疏卷十五校勘記　阮元撰盧宣旬摘錄

公羊注疏宣公卷十五　唐石經宣公第七卷大

元年

注云弑君欲即位故如其意也　浦鏜云十二字衍是也

公子遂齊納弊　閩監毛本遂下有如字弊作幣下同

即下八年而注云　浦鏜云而衍字

如滅同姓　浦鏜云此誤如是也

比於去姜差輕　閩監毛本同鄂本下疊輕字

言其事體先亡　浦鏜云事疑半字誤

見繼重在遂　閩監毛本同按繼當讀爲繫解云故言見繫重在遂

則鳳凰不翔　鄂本凰作皇此加几者俗字

繫用徽墨　鄂本閩本同監毛本墨改纆疏並同

已爲虵虵之蟠屈以徽墨也　閩本同監毛本虵作蛇墨改纆浦鏜云似誤以從玉海按

艮文與震同　浦鏜云又誤文從李氏集解按

置于叢棘　閩監本同毛本于改於

聽君不去衛正也　閩監毛本同按衛蓋是字誤戎當作爲

周人卒哭而致事　今本曾子問無此文此與岳珂九經三傳沿革例引興國本合段玉裁說

此說時衰正失　鄂本正作政此誤

殷曰哻　鄂本閩監本同毛本哻作冔疏同按釋文作冔

主所以入宗廟　鄂本主誤王

非古道也　監本道誤旨

臣順爲命亦禮也　鄂本爲作君此誤

不應復將　閩本亦作復監毛本改以非將字監毛本作得此誤閩本作注非○按僖三十一年注作不應復得

齊人取讙及禪　此僤字之誤閩本作僤是也此本下亦作僤監毛本改闡非下同

由律行言許受賂也　浦鏜云由猶通十年疏引受賂作受財

楚子鄭人侵陳　唐石經諸本同鄂本作楚人

但別兩耳是也　浦鏜云兩下脫稱是也

冬〻晉趙穿帥師侵柳　唐石經諸本同左氏穀梁作侵崇

三年

十五年春王正月　閩監本同毛本王誤上此本誤正今訂正

二卜語在下　此本監本下誤卜今訂正

揔領天地之內五帝羣臣也　閩監毛本臣作神是也

正謂天之精神靈不明察矣　毛本正誤王按不字疑衍

五星之謀是其義　閩監毛本同按謀當精字之誤

楚子伐賁渾戎　釋文賁渾舊音六或音奔二傳作陸渾○案毛本此句別分一節以葬匡王疏係葬匡王下

葬不月者子未三年而弑故略之也　鄂本無也此行解云考諸舊本皆無注然則有者衍字耳

其言圍之何不聽也　浦鏜云下衍何不聽也四字是也

故諱使若莒不肯起其平也聽公平　鄂本無起其平也四字諸本皆涉下誤衍當刪正讀故諱使若莒不肯聽公平爲一句

月者頰谷之會　閩本同監毛本頰誤夾

五年

公何以不及夫人　浦鏜云不下脱言字是也

傳云夫人外者何　按傳云二字當衍何按本無

其諸爲其雙雙而俱至者與　唐石經鄂本閩本同監毛本雙作雙俗字也注及疏同

六年

殺之宜當坐弒君是也　閩本同監毛本誤作殺君

据皆去葬不加弒　鄂本葬下有日字此脱○按依疏日字不當有

此非弒君如何　唐石經鄂本同閩監毛本改而何按如當讀而

雖有富貴者以齒　鄂本無富字此衍○按禮記文王世子無富字

升餕受爵以上嗣　閩監毛本同鄂本餕誤鋑此本誤酸今訂正○按文王世子升作登

喪紀以服之精粗爲序　鄂本粗作麤按疏中引注作觕

其登餕獻爵　惠按本爵上增受字下爵謂上嗣舉奠之上亦增受字

此作精粗者　按粗亦當作觕

其上文云　閩本同監毛本文誤又按上當作下

已趨而辟丸是樂而已矣　唐石經閩本同皆上作已下作已監毛本皆作已誤釋文已趨音紀何注云已已諸大夫也

始怪何等物之辭　鄂本同閩監毛本怪作恠俗字

顧君責已以覗人欲以見就爲解也　毛本君誤尹按見就或云當作就見非也

奧當覺悟　閩監毛本奧作糞鄂本悟作寤按下注云非所以意悟用悟字成七年注云重錄魯不覺寤用寤字蓋覺寤字當作寤猶人寐而覺寤也

則無人門焉者　唐石經諸本同段玉裁云此當作爲門者下當作爲閨者故注云爲者於也是無人於門閨守覗者也今本誤倒

故不言堂焉者　鄂本無焉段玉裁云當作爲堂者

俯挽頭　閩監毛本同誤也鄂本挽作俛當據正

明約儉之衞也　鄂本無也字此誤衍

此而謂也　閩監毛本同誤也鄂本而作之當據正

仡然從乎趙盾而入　唐石經諸本同經義雜記曰何注仡然壯勇貌案說文仡勇壯也从人气聲周書曰仡仡勇夫此何義也鄉飲酒禮賓西階上疑立注疑讀爲疑然從於趙盾之疑疑正立自定之貌則鄭所據公羊仡然作疑然乃立定之貌不取勇壯義按乎作於亦異

躇階而走　唐石經諸本同釋文躇與踱同一本作辵音同經義雜記曰說文辵乍行乍止也从彳从止讀若春秋公羊傳曰辵階而走釋文謂一本作辵與說文正合則古本公羊作辵階矣公食大夫禮賓栗階升注不拾級連步趨主國君之命不拾級而下曰辵公羊義當如禮經注較之說文乍行乍止之訓更密也

靈公有周狗　唐石經諸本同何注云可以比周之狗按爾雅釋畜狗四尺爲獒郭注公羊傳曰靈公有害狗謂之獒也又宋本張華博物志云晉靈公有害狗害與周形相近故文異害狗謂能害人之狗

絕其頷　段玉裁云玉篇引作絕其領

欲趍疾走　鄂本同閩監毛本趍作趨

所食活我于暴桑下者也　唐石經閩監本同毛本暴改暴非

猶曰子以上車矣　鄂本以作已

不望報矣　鄂本矣作也

衛侯衎復歸于衛　浦鏜云下脱傳云是也

在上四年春也　毛本春誤冬

七年

春衛侯至來盟　此本此節疏在大旱下閩監毛本移於經文七年春衛侯使孫良夫來盟之下

八年

春公至自會　毛本會誤齊

以有疾乃復弑恥　閩監毛本弑作殺此誤蓋凡殺字皆改爲弑遂誤改此爾

猶稱公子也　鄂本無也字

公會平州下如齊也嫌公遂如齊嫌坐乃復貶也　閩監毛本同誤也鄂本如齊下無也字公遂下有八年二字當據以訂正言於元年公會平州下如齊貶不稱公子則嫌公如齊矣於八年如齊至黄乃復貶不稱公子則嫌因坐乃復貶之矣

地者絶外卒　鄂本作地者卒外此本絶衍字外卒誤倒按解云此言於垂者正以卒於外故也是疏本亦作卒外不言絶

注如齊嫌坐乃復貶也　○按如齊之上當有八年二字

傳文云爲人後者爲其子　浦鏜云文當又字誤是也

明不與子爲父爲父孫是也　浦鏜云復衍爲父二字按何校本無此二字是也

禮繹繼昨日事　毛本繼誤祭

不欲令人聞之也　鄂本無也字此誤衍

有事于廟而聞之者去樂卒事而聞之者廢繹　鄂本叠卒事二字此因重文誤脱當據補按疏引昭十五年經去樂卒事以證上卒事又標注卒事至日也以釋下注則疏本亦叠卒事二字

各以日月廢時祭唯郊社越紼而行事可　毛本祭字空缺鄂本可作也按疏標起訖作凡祭至事可

紼輔車索是也　浦鏜云輴誤輔是也

謂問定公日下昃乃克葬　鄂本無謂字此誤衍監毛本昃改昃非下同閩本與此同疏中亦然

即是十五年　十五年上當有定字

不干此事　閩本同監本干誤于毛本因改於

別朝莫者明見日乃葬也　釋文莫音暮鄂本莫作暮毛本作莫非下並同監本日誤目

似若臣子不得正日　毛本日誤者

九年

唯近取濟西田之文　浦鏜云唯疑雖

雖卒於會上　鄂本閩監本同毛本雖誤所於作于

如人國次之　鄂本元本同誤也閩監毛本如作於當據正

不書葬者故篡也　閩監毛本同鄂本無故字

督比而立之　閩監毛本比誤此下同

陳殺其大夫泄治　宋本閩監毛本同唐石經避諱作洩

止

監本春秋公羊注疏宣公卷第十六 起十年盡十八年

何休學

十年春公如齊。公至自齊。齊人歸我濟西田。齊已取之矣，其言我何？据歸讙及闡齊已取不言我○僤本又作闡昌善反【疏】注据歸至言我○解云哀公八年夏齊人取讙及僤冬齊人歸讙及僤是也○言我者，未絶於我也。曷爲未絶于我？据有俄道【疏】注据有俄道○解云即桓二年傳云至乎地之與之則不然俄而可以爲其有矣彼注云俄者謂須臾之間制得之頃也言俄爾之間則有絶于本主之道爾來十年何言未絶于我乎故難之齊已言取之矣，齊已言語許取之○其實未之齊也。其人民貢賦尚屬於魯實未歸於齊不言來者明不從齊來不當坐取邑凡歸邑物例皆時○【疏】注不言來至取邑○解云案元年注云亦因惡齊取篡者賂當坐取邑者正以篡逆之賊天下共惡齊乃許取其賂而與之同似若漢律行言許受財之類故云當坐取邑耳今言不當坐取邑者正以爾來十年仍不入己見宣有禮還復歸之功過相除可以滅其初惡是以春秋恕之不復書來以除其過故曰不當坐取邑耳○注凡歸邑物例皆時○解云其歸邑時者即定十年夏齊人來歸運讙龜陰田及此經書春之屬皆是也其歸物時者即莊六年冬齊人來歸衛寶注云寶者玉物凡名是也以此言之則知哀八年齊人歸讙及僤在日月之下不蒙日月亦可知也

○夏四月丙辰，日有食之。與甲子既同事重故累食【疏】注與甲子既同○解云即上八年秋七月甲子日有食之既彼注云是後楚莊王圍宋析骸易子伐鄭勝晉鄭伯肉袒晉師大敗于邲中國精奪屈服强楚之應今此與彼同占故曰與甲子既同也○

○已巳，齊侯元卒。○齊崔氏出奔衛。崔氏者何？齊大夫也。其稱崔氏何？據齊高無咎出奔名連崔氏者與尹氏俱稱氏嫌爲采邑【疏】崔氏者何○解云欲言大夫而直言崔氏欲言微者而得書于經故執不知問○注据齊至奔名○解云即成十七年秋齊高無咎出奔莒是也○注連崔氏者○解云與尹氏俱稱氏嫌爲采邑者即隱三年夏四月辛卯尹氏卒是也○貶。曷爲貶？据外大夫奔不貶○【疏】注据外大夫奔不貶○解云即上引高無咎出奔莒之屬是也譏世卿，世卿非禮也。復見譏者嫌尹氏王者大夫職重不當世諸侯大夫任輕可出也因齊大國禍著故就可以爲法戒明王者尊莫大於周室彊莫大於齊國世卿猶能危之○【疏】注復見至世也○解云即隱三年尹氏卒單稱氏已是譏之今復單言崔氏故言復也○注因齊大國至危之○解云欲道等是諸侯科取即得所以不於僖二十八年衛元咺出奔晉之經見之者因齊大國有弒君之禍著明于出奔故也

○公如齊。不言奔喪者尊內也猶不言朝聘○【疏】注不言至內也○解云正以上文四月已巳齊侯元卒則知此經公如齊者奔喪而往而言尊內也者欲道定十五年夏公薨于高寢邾婁子來奔喪彼則書之今此否者尊內故也○五月，公至自齊。

○癸巳，陳夏徵舒弒其君平國。○六月，宋師伐滕。○公孫歸父如齊，葬齊惠公。○晉人、宋人、衛人、曹人伐鄭。○秋，天王使王季子來聘。

王季子者何？天子之大夫也。其稱王季子何？据叔服不繫王不稱子王札子不稱季○【疏】五月公至自齊○解云致例時而書五月者爲下癸巳出之○王季子者何○解云欲言諸侯而王使來聘欲言大夫而經書子故執不知問○注据叔至稱子○解云即文元年天王使叔服來會葬是也○王札子不稱季○解云即下十五年夏六月王札子殺召伯毛伯是也貴也。其貴奈何？母弟也。子者王子也天子不言子弟故變文上季繫先王以明之著其骨肉貴體親也【疏】注子者王子至明之○解云言天子不言子弟者即文元年注云叔服者王子虎也不繫王者不以親疏錄也不稱王子者時天子諸侯不務求賢而專貴親親故尤其在位子弟刺其早任以權也是也既言尤其在位子弟是以不得稱之王子瑕奔晉天王殺其弟年夫難之云云已說在文元年○注著其至親也○解云以其稟氣于先王故言骨肉貴以其今王母弟故曰體親也

○公孫歸父帥師伐邾婁，取蘱。○蘱音類又力對

斯類二反○大水先是城平陽取根牟及蘋役重民怨之所生。疏注先是城平陽解云在上八年冬。注取根牟者解云在上九年秋。○季孫行父如齊○冬公孫歸父如齊○齊侯使國佐來聘○饑何以書以重書也民食不足百姓不可復興危亡將至故重而書之明當自省減開倉庫贍振乏。哀公問於有若曰年饑用不足如之何有若對曰盍徹乎曰二吾猶不足如之何其徹也對曰百姓足君孰與不足百姓不足君孰與足。贍當豔反○楚子伐鄭

十有一年春王正月○夏楚子陳侯鄭伯盟于辰陵不日月者莊王行霸約諸侯明王法討徵舒善其憂中國故爲信辭○公孫歸父會齊人伐莒○秋晉侯會狄于欑函離不言會言會者見所聞世治近升平內諸夏而詳錄之殊夷狄也下發傳於吳者方具說其義故從外內悉舉者明言之。疏注發

傳於吳至明言之。解云即成十五年冬十有一月叔孫僑如會晉士燮齊高無咎宋華元衛孫林父鄭公子鰌邾婁人會吳于鍾離傳云曷爲殊會吳外吳也曷爲外也春秋內其國而外諸夏內諸夏而外夷狄王者欲一乎天下曷爲以外內之辭言之言自近者始也注云明當先正京師乃正諸夏諸夏正乃正夷狄以漸治之是也○冬十月楚人殺陳夏徵舒此楚子也其稱人何據下入陳稱子疏注據下入陳稱子。解云即下丁亥楚子入陳是也貶曷爲貶據徵舒有罪。不與外討也辟天子故貶見之即所謂貶絕然後罪惡見。疏注即所謂至惡見。解云即昭元年傳云春秋不待貶絕而罪惡見者不貶絕以見罪惡也是也。不與外討者因其討乎外而不與也雖內討亦不與也雖自討其臣下亦不得與也。疏雖內討亦不與也。解云案檀弓云臣弒君凡在官者殺無舍是以隱四年九月衛人殺州吁于濮傳曰其稱人何討賊之辭也注云討者除也明國中人人得討之所以廣忠孝之路以此言之則弒君之賊國內人人皆

得殺之而言雖內討亦不與者正以與莊王非國內是以不與其外討又言雖內討亦不與者正以莊王身爲君而見在寧得更有弒君之賊而討之乎明知莊王內討者更以他罪耳諸侯不得專殺大夫是以不與曷爲不與據善爲齊誅之疏注據善爲齊誅之。解云即昭四年秋七月楚子以下伐吳執齊慶封殺之傳云此伐吳也其言執齊慶封何爲齊誅也其爲齊誅奈何慶封走之吳吳封於防何氏云月者善義兵是也。實與不言執與討賊同文疏注不言執至同文。解云正以昭八年夏楚人執陳行人于徵師殺之言執非討賊之文隱四年衛人殺州吁莊九年齊人殺無知皆不言執以見此不言執乃與討賊同文故知實與矣。而文不與文曷爲不與諸侯之義不得專討也諸侯之義不得專討則其曰實與之何上無天子下無方伯天下諸侯有爲無道者臣弒君子弒父力能討之則討之可也與齊桓專封同義不書兵者時不伐疏

注與齊桓專封同義。解云即僖元年齊師救邢之下傳云曷爲先言次後言救君也君則其稱師何不與諸侯專封也曷爲不與實與而文不與文曷爲不與諸侯之義不得專封也諸侯之義不得專封則其曰實與之何上無天子下無方伯天下諸侯有相滅亡者力能救之則救之可也注云主書者起文從實也今此亦然故曰齊桓專封同義耳。注不書兵者時不伐。解云欲決昭四年秋楚子以下伐吳執齊慶封殺之彼實有兵故言伐今此不書兵者時實不伐非是省文之義耳○丁亥楚子入陳日者惡莊王討賊之後欲利其國復出楚子者爲下納善不當貶不可因上貶文疏注日者至利其國。解云正以春秋之義入例書時傷害多則書月今此書日以詳其惡故如此解。注復出楚至貶文。解云春秋之義以納爲篡辭而言爲下納善者正以上有起文故與凡納異何者上有討賊之文而即言納二子于陳故知其善所謂美惡不嫌同辭矣。納公孫甯儀行父于陳此皆大夫也其言納何據納者謂已絕也今甯儀行父上未有出奔絕文故見大夫反言納也。甯乃定反音寧疏注據納至言納也。解云定十四年秋衛世子蒯聵出奔宋至

哀二年夏晉趙鞅納衛世子蒯聵于戚是其上有出奔絶文而下言納矣而僖二十五年秋楚人圍陳納頓子于頓上文不言頓子出奔者正以頓是微國出入不兩書故彼注云頓子出奔不書小國例也云故見大夫者言此二子上無絶文故見任爲大夫而反言納于陳**納公黨與也**徵舒弑君甯儀行父如楚訴徵舒徵舒之黨從後絶其位楚爲討徵舒而納之本以助公見絶故言納公黨與不書徵舒絶之者以弑君爲重主書者美楚能變悔改過以遂前功卒不取其國而存陳不繫國者因上入陳可知〔疏〕注不書至主書者○解云若書徵舒絶之宜云陳公孫甯等出奔楚傳云此訴于楚矣曷爲謂之出奔徵舒絶其位是以謂之奔也○注美楚至改過○解云謂之入陳是也○注以遂前功○解云討徵舒是也○注不繫國至可知○解云欲決哀二年納衛世子云云繫衛是也

十有二年春葬陳靈公討此賊者非臣子也何以書葬据惠公殺里克不書卓子葬○〔疏〕注据惠至子葬○解云僖十年春里克殺其君卓夏晉惠公殺里克是也**君子辭也楚已討之矣臣子雖欲討之而無所討也**無所復討也不從殺泄冶不書葬者泄冶有罪故從討賊書葬則君子辭與泄冶罪兩見矣不月者獨甯儀行父有訴楚功上已言納故從餘臣子恩薄畧之〔疏〕君子至討也○注無所復討也○解云然則卓子之賊亦是惠公已討之其臣子雖欲討之亦無所討而不作君子辭者正以惠公之殺里克不作討賊之意是以春秋不書卓子葬以責其臣子也今此楚莊本有討賊之意而殺徵舒一賊不可再討故不責之○注不從至有罪○解云案何氏作膏肓以爲泄冶無罪而此注云有罪者其何氏兩解乎正以春秋之義殺無罪大夫者例去其葬以見之今乃經書靈公之葬則知泄冶有罪明矣而膏肓以爲無罪者蓋以諫君之人罪之無文而左氏罪之故言無罪矣而此何氏以爲有罪者其更有他罪乎○注從討至兩見矣○解云賊不討不書葬者欲責臣子不討賊今而書葬則知賊已討矣君子恕之不復責臣子矣又且君殺無罪大夫則不書其葬今靈公殺泄冶而得書葬則知泄冶有罪明矣故云兩見矣○注不月者至畧之○解云正以卒日葬月大國之常今書春故須辨之○**楚子圍鄭○夏六月乙卯晉荀林父帥師及楚子**

戰于邲晉師敗績大夫不敵君此其稱名氏以敵楚子何据城濮之戰子玉得臣貶也○〔疏〕注据城濮至貶也○解云即僖二十八年夏晉侯以下楚人戰于城濮楚師敗績傳云此大戰也曷爲使微者子玉得臣也子玉得臣則其稱人何貶曷爲貶大夫不敵君也**不與晉而與楚子爲禮也**不與晉而反與楚子爲君臣之禮以惡晉〔疏〕不與晉至禮也○解云但作一句連讀之注云不與晉而反與楚子爲君臣之禮亦爲一句連讀之○注以惡晉○解云内諸夏以外夷狄春秋之常今叙晉于楚子之上正是其例而知其惡晉者但楚莊德進行修同於諸夏討陳之賊不利其土入鄭皇門而不取其地既卓然有君子之信寧得殊之既不合殊即是晉侯之匹林父人臣何得序於其上既序人君之上無臣子之禮明矣臣而不臣故知惡晉也**曷爲不與晉而與楚子爲禮也**据城濮之戰貶得臣者不與楚爲禮**莊王伐鄭勝乎皇門**勝戰勝皇門鄭郭門**放乎路衢**路衢郭内衢道四達謂之衢○〔疏〕注道四達謂之衢○解云釋宮文**鄭伯肉袒左執茅旌**茅旌祀宗廟所用迎道神指護祭者斷曰藉不斷曰旌用茅者取其心理順一自本而暢乎末所以通精誠副至意○斷音短藉在夜反〔疏〕注茅旌至至意○解云茅旌祀宗廟所用云者皆時王之禮正以公羊子是景帝時人是以何氏取當時之事以解其語云用茅者取其心理順一者言茅心文理皆順無逆矣云自本而暢乎末者言其文理從本而申暢于末無絶以絶之**右執鸞刀**鸞刀宗廟割切之刀環有和鋒有鸞執宗廟器者示以宗廟不血食自歸首〔疏〕注鸞刀宗至有鸞○解云亦時王之制祭義亦云祭之日君牽牲卿大夫序從彼注云序以次第從也既入廟門麗于碑卿大夫袒而毛牛尚耳鸞刀以封取膟膋鄭注云麗猶繫也毛牛尚耳以耳毛爲上也膟膋血與腸間脂也又祭統云鸞刀羞嚌是鸞刀爲宗廟割切之刀矣○注執宗廟至自歸首○解云言示以宗廟者言示楚以宗廟血食之器也言已宗廟將墮滅斟酌在楚耳故言自歸首矣○**以逆莊王曰寡人無良邊垂之臣**諸侯自稱曰寡人天子自稱曰朕良善也無善喻有過言已有過於楚邊垂之臣謙不敢斥莊王○〔疏〕注諸侯自稱曰寡人

解云曲禮文。注天子自稱曰朕。解云時王之禮也若古禮自稱爲予一人矣。以干天禍干犯也謙不敢斥莊王歸之於天。是以使君王沛焉沛焉者怒有餘之貌猶傳曰力沛若有餘。沛普蓋反〔疏〕注猶傳至有餘。解云文十四年傳文辱到敝邑遠自勞辱到於鄭也諸侯自稱國曰敝邑君如矜此喪人自謂已喪亡。錫之不毛之地墝埆不生五穀曰不毛謙不敢求肥饒。墝埆上苦交反下音确。〔疏〕注墝埆至肥饒解云墝埆者墝鹵之稱若俗言墝埆矣使帥一二耋老而綏焉六十稱耋七十稱老綏安也謙不敢多索丁夫願得主帥一二老夫以自安。多索所白反舊本作策音索。〔疏〕注六十至稱老解云七十稱老曲禮文也案今曲禮云七十曰耋與此異也蓋何氏所見與鄭注者不同或者此耋字誤耳。請唯君王之命莊王曰君之不令臣交易爲言是亦莊王謙不斥鄭伯之辭令善也交易猶往來也言君之不善臣數往來爲惡言。屢往力住反又作數音朔。是以使寡

人得見君之玉面而微至乎此微喻小也積小語言以致於此〔疏〕是以使至玉面。解云若祭統云故國君取夫人之辭曰請君之玉女與寡人共有敝邑事宗廟社稷鄭注云言玉女者美言之也君子於玉比德焉然則此言玉面者亦美言之也。莊王親自手旌自以手持旌也緇廣充幅長尋曰旐繼旐如燕尾曰旆加文章曰旗錯革鳥曰旟注旄首曰旌〔疏〕注緇廣充至曰旌。解云此注皆爾雅釋天文其間少有不同者蓋所見異或何氏潤色之案今爾雅釋天緇作縿字孫氏云縿黑繒也郭氏云帛全幅長八尺又云繼旐曰旆孫氏云帛續旐末亦長尋詩云帛旆英英是也郭氏曰帛續旐末爲燕尾者故此何氏云繼旐如燕尾曰旆也又云有鈴曰旂李氏云有鈴以鈴著旐端孫氏曰鈴在旂上旂者畫龍郭氏曰縣鈴於竿頭畫交龍於旒是以此注云加文章曰旗也又云錯革鳥曰旟李氏云以革爲之置於旐端孫氏曰錯置也革急也言畫急疾之鳥于旒周官所謂鳥隼爲旟者矣又云注旄首曰旌李氏云以氂牛尾旄首者郭氏云載旄於竿頭如今之幢亦有旒是也。左右撝軍退舍七里將軍子重諫曰南郢之與

鄭相去數千里南郢楚都不能二千里言數千里者欲深感莊王使納其言。數所主反諸大夫死者數人厮役扈養死者數百人艾草爲防者曰厮汲水漿者曰役養馬者曰扈炊亨者曰養。扈養餘亮反艾魚廢反。〔疏〕注艾草至曰養。解云蓋于時猶然是以何氏知之今君勝鄭而不有無乃失民臣之力乎無乃猶得無。〔疏〕注無乃猶得無。解云言得無失民臣之力乎言其失民臣之力矣莊王曰古者杅不穿皮不蠹則不出於四方杅飲水器穿敗也皮裘也蠹壞也言杅穿皮蠹乃出四方古者出四方朝聘征伐皆當多少圖有所喪費然後乃行爾喻已出征伐士卒死傷固其宜也不當以是故滅有鄭恥不能早服也。杅不音于費芳味反。〔疏〕注杅飲水器。解云其音于若今馬盂矣舊說云杅是衧字若今食伻矣案今音作于則舊說非。是以君子篤於禮而薄于利篤厚也不惜杅皮之費而貴朝聘征伐者厚於禮義薄於財利要其人而不要

其土本所以伐鄭者欲要其人服罪過耳不要取其土地猶古朝聘欲厚禮義不顧杅皮告從從服從不赦不詳善用心曰詳吾以不詳道民災及吾身何日之有何日之有猶無有日既則晉師之救鄭者至荀林父也曰請戰荀林父請戰。莊王許諾將軍子重諫曰晉大國也國大衆彊王師淹病矣淹久也諸大夫厮役死者是。君請勿許也莊王曰弱者吾威之彊者吾辟之是以使寡人無以立乎天下以是故必使寡人無以立功名于天下。令之還師而逆晉寇言還者時莊王勝鄭去矣會晉師至復還戰也言寇者傳序經音謂晉如寇虜莊王鼓之晉師大敗晉衆之走者舟中之指可掬矣時晉乘舟度邲水戰兵敗反走欲急去先入舟者斬後板舟者指指隋舟中身隋鄭

水中而死可擲者言其多也以兩手曰擲禮天子造舟諸侯維舟卿大夫方舟士特舟○可擲九六反注同扱普顏反叉必顏反造七報反○〔疏〕注禮天子造舟至士持舟○解云釋水文也造孫氏云比舟爲梁郭氏云比船爲橋舊說云以舟爲橋詣其上而行過故曰造舟也言以舟爲梁故謂之造造成也諸侯維舟孫氏云維連四船音義曰維持使不動搖也者是也大夫方舟者李氏云併兩船曰方舟也士特舟者郭注云單船李氏云一舟曰特舟是也案爾雅下文云庶人乘泭李氏曰併木以渡別尊卑是也此注引之不盡者蓋何氏所見者無此文矣案今孫郭所注者亦有其文

莊王曰嘻吾兩君不相好敵大夫戰言兩君者林父本以君命來○百姓何罪令之還師而佚晉寇佚猶過使得過渡邲水去也晉見莊王行義於陳功立威行嫉妬欲敗之救鄭雖解猶擊之不止爲其欲壞楚善行以求二人故奪不使與楚成禮而序林父於上罪起其事言及者大臣及君不嫌晉直明晉汲汲欲敗楚爾陛戰當舉地而舉水者大莊王閔隋水而佚晉寇○而佚音逸注同壞音怪〔疏〕注晉見莊至立威行○解云即上十一年討夏徵舒是其行義也討陳既得鄭人遂服是其功立威行也○注

救鄭至之不止○解云上文令之還師之下注云言還者時莊王勝鄭去矣會晉師至復還戰也以此言之晉師未至之時楚師已解去也非謂晉人擊之令解也言猶擊之不止者謂欲一逐而擊之非謂已擊也○秋七月

○冬十有二月戊寅楚子滅蕭日者屬上有王言今反滅人故深責之○〔疏〕注日者至深責之○解云春秋之義滅例書月即莊十年冬十月齊師滅譚之屬是今乃書日故解之也言屬上有王言謂適上文云莊王曰嘻吾兩君不相好百姓何罪令之還師而佚晉寇者王霸之言也王者之道宜存人矜患今反滅人爲過深矣是故書日變於常例故曰深責之耳宋師伐陳者案諸家經皆有此文唯賈氏注者闕此一經疑脫耳

○晉人宋人衛人曹人同盟于淸丘○宋師伐陳○衛人救陳

十有三年春齊師伐衛○夏楚子伐宋○秋螽先是新饑而使歸父會齊人伐莒賦斂不足國家遂虛下求不已之應○螽音終〔疏〕注先是新饑○解云即十年冬書饑是也○注而使至伐莒者解云即上十一年公孫歸父會齊人伐莒是也冬晉殺其大夫先穀

十有四年春衛殺其大夫孔達○夏五月壬申曹伯壽卒日者公子喜時父也緣臣子尊榮莫不欲與君父共之故加錄之所以養孝子之志許人子者必使父也〔疏〕注日者公子至使父也○解云正以曹爲小國卒月葬時即昭十八年三月曹伯須卒秋葬曹平公之屬是今而書日故以加錄解之也公子喜之讓在成十三年曹伯廬卒處也其傳云云之說在昭二十年曹公孫會自鄭出奔宋之下云所以養孝子之志者正以喜時之讓而春秋尊榮其父故曰養孝子之志也云許人子者必使人父也者謂喜時爲子必使其人父亦尊榮是以加錄之似若襄二十九年傳云以季子爲臣則宜有君者也之類也

○晉侯伐鄭○秋九月楚子圍宋月者惡久圍宋使易子而食之○惡烏路反○〔疏〕注月者至而食之○解云正以凡圍例時即上十二年春楚子圍鄭之屬是今而書月故

解之言使易子而食之者下十五年傳文○葬曹文公○冬公孫歸父會齊侯于穀

十有五年春公孫歸父會楚子于宋宋見圍不得與會地以宋者善內爲救宋行雖不能解猶爲見人之厄則矜之故養遂其善意不嫌與實解宋同文者平事見刺皆可知○與音預〔疏〕注宋見至皆可知○解云春秋盟會之義以國都爲地名者皆是主人與之可知即隱元年九月及宋人盟于宿注云宿不出主名者主國主名與可知故省文明宿當自首其榮辱也今宋見圍不得與會而地以宋者正欲善內爲救宋行養遂其善意故地于宋耳不嫌與實解宋同文者平事見刺皆可知者魯春會楚子于宋至夏宋楚始平付度其事則知魯人不能平得之宋圍自解也且下傳云此皆大夫也其稱人何貶曷爲貶平者在下也注云言在下者譏二子在君側不先以便宜反報歸美于君而生事專平故貶稱人然則二子專平口云易子析骸明其急矣遂不告君是以見刺被貶稱人以此言之宋圍不解亦可知矣故言平事見刺皆可知書云見刺者謂魯人見刺也者疑之○夏

五月宋人及楚人平外平不書此何以書据上
楚鄭平不書○疏注据上至不書○解云適上十二年春楚子圍鄭之時傳云莊王親自手旌左右撝軍退舍七
里是其平也但經不書之故難之○大其平乎已也已二大夫何大乎其
平乎已据大夫無遂事疏注据大夫無遂事○解云即莊十九年傳云大夫無遂事此其言遂何聘
禮大夫受命不受辭是也莊王圍宋軍有七日之糧爾盡此
不勝將去而歸爾於是使司馬子反乘堙而
闚宋城宋華元亦乘堙而出見之堙距堙土城具疏
軍有七日之糧至歸爾○解云考諸舊本或云軍有七日之糧爾七日盡此不勝將去而歸爾即云更留七日之糧有糧
而不得勝將去宋而歸爾今定本無下七日二字○司馬子反曰子之國何
如華元曰憊矣曰何如問憊意也憊皮誠反○曰易子而

食之析骸而炊之析破骸人骨也司馬子反曰嘻甚
矣憊雖然雖如所言吾聞之也圍者古有見圍者○柑馬而
秣之秣者以粟置馬口中柑者以木銜其口不欲令食粟示有畜積○柑其廉反以木銜馬口使肥
者應客示飽足也是何子之情也猶曰何大露情疏是何子之情也○解
云言是何者猶言是何大然也子之情者言子之露情也是以何氏云猶曰何大露情○華元曰吾
聞之君子見人之厄則矜之矜閔小人見人之
厄則幸之幸僥幸吾見子之君子也是以告情
于子也司馬子反曰諾諾者受語辭勉之矣勉猶努力使努力堅
守之吾軍亦有七日之糧爾盡此不勝將去而
歸爾揖而去之反于莊王反報於莊王莊王曰何

如司馬子反曰憊矣曰何如曰易子而食之
析骸而炊之莊王曰嘻甚矣憊雖然雖已憊○吾
今取此然後而歸爾意未足也司馬子反曰不可
臣已告之矣軍有七日之糧爾莊王怒曰吾
使子往視之子曷爲告之司馬子反曰以區
區之宋區區小貌猶有不欺人之臣可以楚而無
乎是以告之也莊王曰諾先以諾受絶子反語舍而止受命○
築舍而止示無去計雖然雖宋已知我糧短○吾猶取此然後歸爾欲徹
糧待勝也司馬子反曰然則君請處于此臣請歸
爾莊王曰子去我而歸吾孰與處于此吾亦

從子而歸爾引師而去之故君子大其平乎
已也大其有仁恩○此皆大夫也其稱人何貶曷爲
貶据大其平平者在下也言在下者譏二子在君側不先以便宜反報歸美于君而生事
專平故貶稱人等不物貶不言遂者在君側無遂道也以主坐在君側遂爲罪也知經不以文實貶也凡爲文實貶者皆
以取專事爲罪月者專平不易疏注等不勿貶至道也○解云案莊十九年秋公子結媵陳人之婦于鄄遂及齊
侯宋公盟之下傳云大夫無遂事此其言遂何聘禮大夫受命不受辭出竟乃得專之以此言之則知大夫在君側無遂
道也是以此注言等欲見大夫專平爲罪不勿貶但當言遂亦足以見其專平矣所以不言遂者正以在君側無遂道故
也若當言楚圍宋宋華元楚子反遂平于宋矣○注以主至爲罪○解云凡言遂者專事之辭也爲文實貶者皆以時無
王霸諸侯專事雖違古典于時爲宜是以春秋文雖貶惡其實與之即僖元年齊師云云救邢貶齊侯稱師刺其專事不
言狄人滅邢而爲之諱見其實與是也今此以主坐爲在君側專事爲罪更無起文則知經稱人者實爲專貶之稱人非

是實與而文不與矣所以反覆解之者正以凡爲文實貶者皆以取專事爲罪故也○注月者專平不易○解云正以定十二年冬及鄭平不書月者易故也昭七年春王正月暨齊平注云月者制内暨暨也定十年王三月及齊平注云月者頰谷之會齊侯欲執定公故不易之類皆如此

○六月癸卯晉師滅赤狄潞氏以潞子嬰兒歸潞何以稱子據其滅稱氏○潞子之爲善也躬足以亡爾躬身雖然君子不可不記也離于夷狄疾夷狄之俗而去離之故稱子而未能合于中國未能與中國合同禮義相親比也故猶繫赤狄晉師伐之中國不救狄人不有是以亡也以去俗歸義亡故君子閔傷進之日者痛錄之名者示所聞世始錄小國也錄以歸者因可責而責之責而加進之者明不當絶當復其氏○疏注以去至其氏○解云言以去俗歸義亡者謂去離夷狄之俗而欲歸中國之義卒無救助者是以亡也正以文在蠻夷氏之下故取以說之云日者痛錄之者正以凡滅例月今此書日故以爲哀痛而詳錄之耳云名者示所聞世始錄小國也者正以僖二十六年秋楚人滅隗以隗子歸彼注云不名者所傳聞世見治始起責小國略然則此書名者示所聞世始錄小國也云錄以歸者因可責而責之者謂因其行進在可責之限故書以歸責其不死位是以僖二十六年以隗子歸之下何氏云書以歸者惡不死位是也云明不當絶當復其氏者言其行既進明不當絶滅其國還當復其潞氏以爲國矣

○秦人伐晉○王札子殺召伯毛伯王札子者何長庶之號也天子之庶兄札者冠且字也禮天子庶兄冠而不名所以尊之子者王子也天子不言子弟故變文王札繫先王以明之不稱伯仲者辟同母兄弟起其爲庶兄也主書者惡天子不以禮尊之而任以權至令殺尊卿二人不言其大夫者挈也惡二大夫居尊卿之位爲下所提挈而殺之大夫相殺不稱人者正之諸侯大夫顧弑君重故降稱人王者至尊不得顧○疏王札子者何○解云欲言王子以札間之欲言其非而經有王子之文故執不知問○注天子至得顧○解云言禮天子庶兄冠而不名所以尊之者時王之制與春秋同也言既加冠之後天子不復名之所以尊之也云子者王子也天子不言子弟故變文上札繫先王以明之者言子者王子也者王以子在札下故須解之言天子不言子弟者謂不言在位子弟也即文元年注云不稱王子者時天子諸侯不務求賢而專貴親親尤其在位子弟刺其早任以權也是也至於出奔被殺仍自言子弟即王子瑕奔晉天王殺其弟年夫之屬是言故變文者謂變文不言王子也言上札繫先王以明之者謂以札於子上以札近先王明其今王之庶兄矣云不稱伯仲者辟同母兄弟起爲庶兄也者若其與君同母者即稱伯仲字即上十年秋天王使王季子來聘彼傳云其稱王季子何貴也其貴奈何母弟也是也今稱王札子故言辟同母兄弟起其爲庶兄也云主書者天子不以禮尊之而任以權至令殺尊卿二人者正以經不稱爵知非公故云不以禮尊之矣正以堪殺二卿故知任以權也云不言其大夫者挈也者由其爲下所提挈而殺之失大夫位故不云大夫也云居尊卿之位者正以稱其五十字知是尊卿耳云大夫相殺不稱人者正之者以文十六年宋人弑其君處臼之下傳云大夫弑君稱名氏賤者窮諸人注云賤者謂士也士正自當稱人大夫相殺稱人賤者窮諸盜注云降大夫使稱人降士使稱盜者所以別死刑有輕重也然則大夫相殺例合稱人今此不稱人者正之使稱王札子故也所以正之者如下云諸侯大夫顧弑君重故降稱人者即大夫弑君稱名氏大夫相殺稱人是也云王者至尊不得顧者言至尊之人無有弑之理不可顧是以大夫相殺不假降之稱人矣

○秋螽從十三年之後上求未已而又歸父比年再出會内計稅畝百姓動擾之應○疏注從十三年至之應○解云即上十三年秋螽注云先是新饑而使歸父會齊人伐莒賦斂不足國家遂虛下求不已之應是以此注足之云爾云而又歸父比年再出會者即上十四年冬公孫歸父會齊侯于穀十五年春公孫歸父會楚子于宋是也

○仲孫蔑會齊高固于牟婁○初稅畝初者何始也稅畝者何履畝而稅也時宣公無恩信於民民不肯盡力於公田故履踐案行擇其善畝穀最好者稅取之○疏初者何○解云賦稅之式國之常經今而言初故執不知問○稅畝者何○解云什一而行明王舊典今而變文謂之稅畝故執不知問初稅畝何以書譏何譏爾譏始履畝而稅也何譏乎始履畝而稅據用田賦不言初亦不言

稅畝。〔疏〕注據用田至稅畝。解云即哀十二年春用田賦是也然則用田賦亦是改古易常而不言初又不言稅畝今此特言初稅畝以譏之故難之也古者什一而藉什一以借民力以什與民自取其一爲公田。古者曷爲什一而藉據數非一什一者天下之中正也多乎什一大桀小桀奢泰多取於民比於桀也〔疏〕多乎什一大桀小桀。解云夏桀無道重賦於人今過什一與之相似若十取四五則爲桀之大貪若取二三則爲桀之小貪故曰多乎什一大桀小桀所以不言紂者畧舉以爲說耳舊說云不言紂者近事不嫌不知。寡乎什一大貉小貉蠻貉無社稷宗廟百官制度之費稅薄。大貊亡百反費芳味反。〔疏〕寡乎至小貉。注蠻貉至稅薄。解云若十四五乃取其一則爲大貉行若十二十三乃取一則爲小貉行故曰寡於十一則大貉小貉也然則多於什一則有爲桀之譏寡於十一則有蠻貉之恥是以什一而稅三王所不易故傳比于中正之言什一者天下之中正也什一行而頌聲作矣頌聲者太平歌頌之聲帝王之高致也春秋經傳數萬指意無窮狀相須而舉相待而成至此獨言頌聲作者民以食爲本也夫飢寒並至雖堯舜躬化不能使野無寇盜貧富兼并雖皐陶制法不能使彊不陵弱是故聖人制井田之法而口分之一夫一婦受田百畝以養父母妻子五口爲一家公田十畝即所謂十一而稅也廬舍二畝半凡爲田一頃十二畝半八家而九頃共爲一井故曰井田廬舍在內貴人也公田次之重公也私田在外賤私也井田之義一曰無泄地氣二曰無費一家三曰同風俗四曰合巧拙五曰通財貨因井田以爲市故俗語曰市井種穀不得種一穀以備災害田中不得有樹以妨五穀還廬舍種桑荻雜菜畜五母雞兩母豕瓜果種疆畔女上蠶織老者得衣帛焉得食肉焉死者得葬焉多於五口名曰餘夫餘夫以率受田二十五畝十井共出兵車一乘司空謹別田之高下善惡分爲三品上田一歲一墾中田二歲一墾下田三歲一墾肥饒不得獨樂墝埆不得獨苦故三年一換主易居財均力平兵車素定是謂均民力彊國家在田曰廬在邑曰里一里八十戶八家共一巷中里爲校室選其耆老有高德者名曰父老其有辯護伉健者爲里正皆受倍田得乘馬父老比三老孝弟官屬里正比庶人在官吏民春夏出田秋冬入保城郭田作之時春父老及里正旦開門坐塾上晏出後時者不得出莫不持樵者不得入五穀畢入民皆居宅里正趨緝績男女同巷相從夜績至於夜中故女功一月得四十五日作從十月盡正月止男女有所怨恨相從而歌飢者歌其食勞者歌其事男年六十女年五十無子者官衣食之使之民間求詩鄉移於邑邑移於國國以聞於天子故王者不出牖戶盡知天下所苦不下堂而知四方十月事訖父老教於校室八歲者學小學十五者學大學其有秀者移於鄉學鄉學之秀者移於庠庠之秀者移於國學學於小學諸侯歲貢小學之秀者於天子學於大學其有秀者命曰進士行同而能偶別之以射然後爵之士以才能進取君以考功授官三年耕餘一年之畜九年耕餘三年之積三十年耕有十年之儲雖遇唐堯之水殷湯之旱民無近憂四海之內莫不樂其業故曰頌聲作矣。數所主反以食音嗣伉苦浪反一音苦杏反塾音淑。莫音暮。〔疏〕什一行而頌聲作矣。解云頌者大平之歌案文宣之時乃升平之世也而言頌聲作者因事而言之故也何者案文宣之時乃升平之世言但能均其衆寡等其功力平正而行必時和而年豐什一而稅之則四海不失業歌頌功德而歸鄉之故曰頌聲作矣不謂宣公之時實致頌聲。注帝王之高致也。解云謂帝王之行淸高乃致頌聲故曰高致也。注春秋經傳至作矣。解云言春秋經與傳數萬之字論其科指意義實無窮然其上下經例相須而舉其上下意義相待而成以此言之則非一言可盡至此獨言頌聲作者正以此處論稅畝之事若稅畝得所以致太平故云民以食爲本也云夫飢寒並至雖堯舜躬化不能使野無寇盜云云者是謂假設之辭耳云是故聖人制井田之法而口分之一夫一婦受田百畝云云以下皆是時王之制云井田之義一曰無泄地氣者謂其冬前相助犂云二曰無費一家者謂其田器相通云三曰同風俗者謂其同耕而相習云四曰合巧拙者謂共治耒耜云五曰通財貨者謂井地相交遂生恩義貨財有無可以相通云因井田以爲市故俗語曰市井者古者邑居秋冬之時入保城郭春夏之時出居田野既作田野遂相交易井田之處而爲此市故謂之市井云里正旦開門坐塾上者即鄭注學記曰古者仕焉而已者歸教於閭里朝夕坐於門門側之堂謂之塾是也

〇冬，蝝生。未有言蝝生者，此其言蝝生何？蝝即蟓也始生曰蝝大曰蟓。蝝與專反蝝生不書，此何以書？幸之也。幸僥幸。〔疏〕蝝生不書。解云謂例不書之幸之者何？聞災當懼反喜非其

類故執不知問。猶曰受之云爾受之云爾者何上變古易常上謂宣公變易公田古常舊制而稅畝。【疏】受之云爾者何。解云災是害物宜避之今而云受之於義似乖故執不知問。應是而有天災應是變古易常而有天災蝝民用飢。其諸則宜於此焉變矣言宣公於此天災饑後能受過變寤明年復古行中冬大有年其功美過於無災故君子深爲喜而僥倖之變蝝言蝝以不爲災書起其事。○饑

十有六年春王正月晉人滅赤狄甲氏及留吁言及者留吁行微不進。○夏成周宣謝災成周者何東周也後周分爲二天下所名爲東周名爲成周者本成王所定名天下初號之云爾。宣謝災左氏作宣謝火【疏】成周者何。解云欲言天子正居經無京師之文欲言是邑而錄其災故執不知問。注後周至之云爾。解云何氏之意以成周爲天子正居但至昭二十二年夏景王崩敬王即位王子猛與之爭立入于王城自號西周是故天下之人因號成周爲東周矣是以昭二十二年秋劉子單子以王猛入于王城傳云王城者何西周也注云時居王城邑自號西周至二十六年冬十月天王入于成周傳云成周者何東周也注云是時王猛自號爲西周天下因謂成周爲東周也云名爲成周者即鄭注書序云居攝七年天下太平而此邑成乃名曰成周也者是其名作成周之義矣宣謝者何宣宮之謝也宣宮周宣王之廟也至此不毀者有中興之功室有東西廂曰廟無東西廂有室曰寢無室曰謝。【疏】宣謝者何。解云宣王親盡不宜有廟今災其榭故執不知問。注室有東西至曰謝。解云皆釋宮文李氏曰室有東西廂謂宗廟殿有東西小堂也孫氏云夾室前堂無東西廂有室曰寢者郭注云但有大室云無室曰榭者但有大殿無室內名曰榭郭注云榭即今堂埠是也何言乎成周宣謝災據天子之居稱京師宋災不別所燒【疏】注據天子至所燒。解云即桓九年紀季姜歸于京師傳云京師者何天子之居也京者何大也師者何衆也天子之居必以衆大之辭言之是也云宋災不別所燒者即襄三十年夏五月宋災是也特據宋災者以其王者之後與周相類也樂器藏焉爾宣王中興所作樂器【疏】注宣王至樂器。解云蓋夷厲之時樂器有壞故宣王作之不謂更造別樂何者正以考諸古典不見宣王別有樂名故也成周宣謝災何以書記災也外災不書此何以書新周也新周故分別有災不與宋同也孔子以春秋當新王上黜杞下新周而故宋因天災中興之樂器示周不復興故繫宣謝於成周使若國文黜而新之從爲王者後記災也【疏】注使若至記災也。解云使周成爲國與宋齊之屬相似云從爲王者之後記災也者即襄九年宋火之下傳云外災不書此何以書爲王者之後記災也是也○秋郯伯姬來歸嫁不書者爲媵也來歸書者後爲嫡也死不卒者已棄有更適人之道或時爲大夫妻故不得待以初也棄歸例有罪時無罪月。【疏】注嫁不至罪月。解云正于春秋上下魯女嫁爲諸侯夫人者無不書之即叔姬歸于紀伯姬歸于宋之屬是也今此不書故知爲媵若然案隱七年叔姬歸于紀注云叔姬者伯姬之媵也媵賤書者後爲嫡然則彼後爲嫡初去則書此亦後得爲嫡而初嫁不書者蓋以不賢故也是以彼注云媵賤書者後爲嫡終有賢行紀侯爲齊所滅紀季以酅入于齊叔姬歸之能處隱約全竟婦道故重錄之是也然則彼以終有賢行故初去得書此則初去不書明其無賢也正以其嫡不書則知伯姬非姪娣也左媵右媵皆尊于嫡姪娣故後得爲嫡耳云來歸書者後爲嫡也者正以紀叔姬後爲嫡卒葬皆書即莊二十九年紀叔姬卒三十年葬紀叔姬是也今此被出亦待書見故知後得爲嫡矣云死不卒者已棄云云案莊二十九年紀叔姬卒注云國滅卒者從夫人行待之以初也然則彼叔姬者莊十二年歸于酅時從夫人行故雖國滅猶得待之以初今此伯姬或時爲大夫妻故不得作夫人待之是以不復書其卒矣云云之說在莊二十九年云棄歸例云云有罪時者此文書秋是也無罪月者即成五年春王正月杞叔姬來歸之屬是也○冬大有年

十有七年春王正月庚子許男錫我卒。錫思歷反○丁未蔡侯申卒○夏葬許昭公○葬蔡文公不月者齊桓晉文沒後先背中國與楚故畧之與楚在文十年【疏】注不月至文十年。解云正以卒日葬月大國之常例今此蔡侯不月故解之云與楚在文十年者即文十年冬楚子蔡侯次于屈貉者是也。○十八

月癸卯日有食之是後邾婁人戕鄫子四國大夫敗齊師于鞌齊侯逸獲君道微臣道强之所致○鞌音安〔疏〕注是後至之所致○解云即十八年秋邾婁人戕鄫子于鄫傳云殘賊而弒之也是也云四國大夫敗齊師于鞌者即成二年夏六月季孫行父云云會晉郤克衛孫良夫曹公子手及齊侯戰于鞌齊師敗績是也言齊侯佚獲者即成二年秋七月齊侯使國佐如師傳云君不使乎大夫此其行使乎大夫何佚獲也注云佚獲者已獲而逃亡也當絶賤使與大夫敵體以起之是也○己未公會晉侯衛侯曹伯邾婁子同盟于斷道○斷音短又大短反○秋公至自會○冬十有一月壬午公弟叔肸卒稱字者賢之宣公篡立叔肸不仕其朝不食其祿終身於貧賤故孔子曰篤信好學守死善道危邦不入亂邦不居天下有道則見無道則隱此之謂也禮盛德之士不名天子上大夫不名春秋公子不爲大夫者不卒卒而字者起其宜爲天子上大夫也孔子曰興滅國繼絶世舉逸民天下之民歸心焉

公羊疏卷十六　十九

十有八年春晉侯衛世子臧伐齊○公伐杞○夏四月○秋七月邾婁人戕鄫子于鄫戕鄫子于鄫者何殘賊而殺之也支解節斷之故變殺言戕戕則賤賊惡無道也言于鄫者剌鄫無守備小國本不卒故亦不日○斷音短〔疏〕戕鄫子于鄫者何○解云欲言殘賊於鄫國都欲言非殘賊戕者殘文故執不知問○注小國本至不日○解云正以凡滅例月即莊十年冬十月齊師滅譚之屬是若有所責者則書日即上十二年十二月戊寅楚子滅蕭注云日者屬上有王言今反滅人故深責之是也然則邾婁無道殘賊人君于其國都與滅相似亦宜書日以責其暴而不日者正以鄫爲微國本不合卒是以略之不書其日也而僖十九年夏六月己酉邾婁人執鄫子用之亦是無道與此相似而書日者彼注云日者魯不能防正其女以至於此明當痛其女禍而自責之是也○甲戌楚子旅卒何以不書葬据日而名〔疏〕注据日而名○解云書日書名全一是諸夏大國之例是以弟子因遂責其不與大國例同書葬是也○吳楚之君不書葬辟其號也旅即莊王也葬從臣子辭當稱王故絶其葬明當誅之至此卒者因其有賢行○行下孟反〔疏〕注至此至賢行○解云正以已前未有書楚子卒處故也若文十八年春秦伯罃卒彼注云秦穆公也至此卒者因其賢○公孫歸父如晉○冬十月壬戌公薨于路寢○歸父還自晉至檉遂奔齊還者何善辭也何善爾歸父使於晉上如晉是〔疏〕還者何○解云以大夫使反例不書至今乃書還違於常例故執不知問還自晉至檉聞君薨家遣家爲魯所遂遣以先人弒君故也○〔疏〕注家爲至弒君故也○解云即成十五年春仲嬰齊卒之下傳言公子遂殺叔仲惠伯弒子赤而立宣公宣公死成公幼臧宣叔者相也君死不哭聚諸大夫而問焉曰昔者叔仲惠伯之事孰爲之諸大夫皆雜言曰仲氏也其然乎於是遣歸父之家然後哭君歸父使乎晉還自晉至檉聞君薨家遣墠帷哭君成踊反命乎介自是走之齊是也○墠帷埽地曰墠

公羊疏卷十六　二十

今齊俗名之云爾將祖踊故設帷重形○墠音善埽地張帷哭君成踊踊辟踊也禮必踊者如嬰兒之慕母矣成踊成三日五哭踊之禮禮臣爲君本服斬衰故成踊比二日朝莫哭踊三日朝哭踊莫不復哭踊去事之殺也○殺所戒反○〔疏〕注成三日至之禮者解云出禮記奔喪也反命乎介因介反命禮卿出聘以大夫爲上介以士爲衆介○〔疏〕注禮卿至衆介○解云出聘禮○自是走之齊主書者善其不以家見逐怨懟成踊哭君終臣子之道起時莫能然也言至檉者善其得禮於檉言遂者因介反命是也不待報罪也遂弒君本當絶小善録者本宣公同篡之人又不當逐不日者伯討可逐故從有罪例也○懟直類反〔疏〕注不日至例也○解云凡內大夫出奔例無罪者日即襄二十三年冬十月乙亥臧孫紇出奔邾婁昭十二年冬十月公子整出奔齊之屬是也今此歸父亦無罪出奔不日者正以仲遂弒君其家合沒但與宣公同謀魯人不合逐之若作伯討之時歸父可逐故從有罪之例矣

監本附音春秋公羊注疏宣公卷十六

公羊注疏卷十六挍勘記　阮元撰盧宣旬摘錄

公羊注疏宣公卷十六

十年

齊人歸我濟西田　閩監毛本同唐石經磨改西下增之字鄂本亦有

据歸讙及闡　閩監毛本闡作僤釋文作及僤云本又作闡

未絕於我也　閩監毛本同唐石經鄂本於作于

曷爲未絕于我　唐石經鄂本閩監本同毛本于改於疏同

据有俄道　閩監毛本同鄂本俄作我是也當據正

至乎地之與之　浦鏜云與人人誤之是也與桓六年傳合

日有食之既　閩監毛本既誤卽

取蘱　唐石經諸本同惠棟云蘱二傳作繹

開倉廩賙振乏　鄂本乏作之此誤

十有一年

會吳于鍾離　監本鍾作鐘

吳封於防　毛本於改于何挍本作吳封之于防與昭四年傳合

臣弒君子弒父　唐石經諸本同昭十一年疏引作臣弒君子殺父盖弒字本皆作殺後改弒君而仍殺父耳

故曰齊桓專封同義耳　浦鏜云日下脫與是也

言此二子上無絕文　毛本上誤二

十有二年

不從殺泄冶　鄂本泄作洩下並同

晉侯以下　浦鏜云下脫及

不利其土　毛本土誤上

使帥一二耋老而綏焉　唐石經耋作耊

案今曲禮云七十曰耋　閩監毛本同經義雜記曰當作今曲禮六十曰耆徐據今禮記曰耆不作耋故下云或者此耋字誤也

數往來爲惡言　宋本同閩監毛本數作屢釋文作屢往又作數

緇廣充幅長尋曰旐　解云今爾雅釋天緇作縿字按此則何注本作縿廣充幅當訂正

加文章曰旗　按旗當作旂疏同疏引爾雅及孫炎注皆作旂

注旄首曰旌　宋本閩本同監毛本注作註非疏同

詩云帛旆英英是也　浦鏜云白誤帛非也孫氏所據毛詩作帛旆引以證帛續旐末今本詩作白訛浦鏜又云央央誤英英亦非也詩出其東門正義引六月亦作英英

繼旐如燕尾曰旆也　按旆當依注作旐

言畫急疾之鳥于旐周官所謂鳥隼爲旗者矣　浦鏜云縿誤旐隼誤準

廝役扈養　唐石經閩本同監毛本廝改厮非注同

養馬者曰扈　惠棟云閔元年僕人鄧扈樂卽圉人樂圉人卽養馬者

炊亨者曰養　閩本同監毛本亨作烹俗字

古者杅不穿　唐石經諸本同釋文杅音于解云其音于若今馬盂矣舊說云杅是衧字若今食㮤矣○按說文有盂飯器也杅槾也所以涂也然則古經皆假杅爲盂

耻不能早服也　毛本能誤得

是以君子篤於禮而薄于利　唐石經鄂本同閩監毛本于作於是也

欲要其人服罪過耳　閩監毛本同是也鄂本耳作爾

度郲水戰　鄂本度作渡按下注云使得過渡郲水去也作渡字此誤

比舩爲橋　閩監毛本舩作船下同

以求二人　鄂本作上此誤

言及者大臣及君　鄂本大作以此誤大字剜改當本作以

令之還師而佚晉寇者　閩監本同毛本令誤舍

宜存人矜患　閩監毛本矜改矝非古矜憐字皆從令詳見爾雅按勘記

宋師伐陳　唐石經諸本同解云宋師伐鄭者按諸家經皆有此文唯賈氏注者闕此一經疑脫耳盧文弨曰賈氏所闕當并衞人救陳亦闕否則救陳之文何所承乎

十有四年

許人子者必使父也　元本同閩監毛本父上有人字按疏中引注亦作必使人父也此脫

十有五年

謂魯人見刺也者疑之　浦鏜云之疑非字誤

軍有七日之糧爾盡此不勝　唐石經諸本同解云舊本或云軍有七日之糧爾七日盡此不勝將去而歸爾今定本無下七日二字按定本是也

於是使司馬子反乘堙而闚宋城　唐石經鄂本閩監本同毛本闚改窺非

土城具　閩監本同誤也鄂本土作上當據正

柑馬而秣之　唐石經秣從末○按柑當作拑

子曷爲告之　毛本子誤則

受命築舍而止　鄂本受作更此誤

此皆大夫也　唐石經鄂本閩監本同毛本皆誤其

等不勿貶　疏標起訖亦作等不勿貶言與不勿貶相等謂貶也此本勿作物誤今訂正

若當言楚圍宋　浦鏜云若下當脫言遂二字

正以定十二年冬　何校本二作一是也

而未能合于中國　唐石經鄂本閩監本同毛本于改於

故變文上札　閩監毛本同此本上作王誤解云謂以札於子上以札近先王

尤其在位子弟　浦鏜云上脫故字是也

今稱二十字　補閩監毛本二十改王札

正以稱其五十字　閩監毛本五十改伯仲非

內計稅畒　閩監毛本同鄂本計作議

即上十三年秋螽　按螽當依經作蝝

仲孫蔑會齊高固于牟婁　唐石經諸本同左氏穀梁無婁字

初稅畒　唐石經畒作畝閩監本作畞毛本作畮非下並同

則爲桀之小貪　毛本爲桀誤倒

夫飢寒並至　鄂本閩本同監毛本飢改饑下及疏同

即所謂十一而稅也　閩監毛本作什一

還廬舍種桑荻○按食貨志無荻字此荻當作萩萩者楸之假借字楸者梓也

女上蠶織　閩監毛本同浦鏜云工誤上○按上同尚

故三年一換主易居 閩監毛本同誤也鄂本主作土當據正

中里爲校室 毛本校改挍案毛本作挍避所諱全書皆然

辯護伉健者。謂能幹辨護衞也 按辯當作辨辨卽今人所用之辦字辨護

父老此三老孝弟官屬 鄂本此作比當據正

里正比庶人在官吏 鄂本官下有之字儀禮經傳通解同

其有秀者命曰進士 鄂本進作造儀禮經傳通解同當據正

其功美過於無災 鄂本其作有

故君子深爲喜而僥倖之也 按上云幸僥倖此幸加人旁非

十有六年

夏成周宣謝災 鄂本閩本同監毛本謝作榭下及注疏並同　唐石經缺釋文宣謝災左氏作宣榭惠棟云襄九年疏引作謝古無榭字或止作射周郙敦銘曰王格于宣射是也三傳皆作謝俗從木又災左傳作火

郎襄三十年 毛本三誤王

樂器藏焉爾 漢書五行志曰榭者所以臧樂器唐石經諸本作藏俗字

新周也 唐石經諸本同惠棟云當作親周古親新通新讀爲親按春秋繁露三代改制質文篇云絀夏親周故宋史記孔子世家云春秋據魯親周故殷皆作親字何注云孔子以春秋當新王上黜杞下新周而故宋是何注本作新周也當亦爲嚴顏之異。按董子史記親周皆新周之誤錢大昕言之當矣惠棟未憭此

云從爲王者之後記災也者 閩監毛本無之字按注中亦無乃衍文

今此被出亦待書見 浦鏜云待疑特字誤

十有七年

殘賊而弑之也是也 浦鏜云殺誤弑按何校本正作殺

十有八年

諸大夫皆雜言曰 閩監毛本作雜然與傳同

掃地曰壇 釋文注作埽地此從手旁非

反命乎介 唐石經諸本同成十五年傳作反命于介

不待報罪也 鄂本罪作非

遂殺君本當絶 鄂本遂作逐誤

又不當逐 鄂本同閩監毛本又誤父

公羊注疏卷十六挍勘記終　工部屯田司員外郎胡祖謙挍

監本附音春秋公羊注疏成公卷十七 起元年盡十年

何休學

元年春王正月公即位○二月辛酉葬我君宣公○無冰周正月夏十二月尚書曰舒恒燠若易京房傳曰當寒而温例賞也是時成公幼少季孫行父專權而委任之所致○舒恒如字緩也尚書作豫奧本又作燠於六反煖也少詩召反【疏】注尚書至燠若○解云洪範文舒遲也恒常也若順也言人君舉事太舒則有常燠之咎氣來順之是也○注易京至賞也○解云凡爲賞罰宜出君門而臣下行之故曰倒賞也是以洪範云唯辟作福唯辟作威唯辟玉食鄭氏云此凡君抑臣之言也作福專慶賞作威專刑罰玉食備珍美又云臣之有作福作威玉食其害于而家凶于而國鄭氏云害于汝家福去室凶凶于汝國亂下民是也然則是時成公幼少季孫專政是以無冰矣桓十四年無冰之下何氏云此夫人淫泆陰而陽行之所致襄二十八年無冰之下何氏云豹羯爲政之所致皆與此注合○三月作丘甲何以書四井爲邑四邑爲丘甲鎧也譏始使丘民作鎧也古者有四民一曰德能居位曰士二曰辟土殖穀曰農三曰巧心勞手以成器物曰工四曰通財貨曰商四民不相兼然後財用足月者重録之○鎧苦代反辟婢亦反粥羊六反【疏】譏始丘使也○解云謂不辨能否以丘貴甲故譏之矣○注四井至爲丘○解云司馬法文周禮經亦然○注古者至録之○解云四民之言出齊語也德能居位曰士者即彼云處士就閒宴是也辟土殖穀曰農者即彼云處農就田野是也巧心勞手以成器物曰工者即彼云處工就官府是也通財粥貨曰商者即彼云處商就市井是也云月者重録之者欲道宣十五年秋初稅畝哀十二年春用田賦皆書時今書月故如此解

譏何譏爾譏始丘使也

○夏臧孫許及晉侯盟于赤棘時者謀結鞌之戰不相負也後爲晉所執不日者執在二年外尋舊盟後非此盟所能保【疏】注時者至負也解云正以春秋之義太信者書時故也鞌之戰在下二年○注後爲至能保○解云春秋之義不信者日故如此注也言後爲晉所執者即下十六年九月晉人執季孫行父舍之於招丘是也言執在三年外尋舊盟後者即下三年冬十有一月晉侯使荀庚來聘丙午及荀庚盟傳云此聘也其言盟何聘而言盟者尋舊盟也是

秋王師敗績于貿戎孰敗之蓋晉敗之以晉比侵柳圍郊知王師討晉而敗之○貿伐音茂一音茅左氏作茅戎【疏】注以晉至茅戎○解云宣元年冬晉趙穿帥師侵柳傳云柳者何天子之邑也曷爲不繫乎周不與伐天子也者是晉侵柳之事昭二十三年春晉人圍郊傳云郊者何天子之邑也曷爲不繫于周不與伐天子也者是晉人圍郊之事然則圍郊之事趨在此經之後得如此明義者正以往前晉人侵柳已犯天子至於在後圍郊復犯天子二經之間天子敗績据上下更無餘國犯王之處故知正是天子討晉而爲所敗故如此解

或曰貿戎敗之以地貿戎故【疏】注以地貿戎故○解云蓋晉侯不臣知王討之逆往敗之亦何傷

然則曷爲不言晉敗之据侵柳圍郊言晉王者無敵莫敢當也正其義使若王自敗于貿戎莫敢當敵敗之也不日月者深正之使者不戰【疏】王者至當也○解云春秋之義託魯爲王而使舊王無敵者見任爲王寧可會奪正可時時內魯見義而已○注不日至不戰○解云正以春秋之例偏戰者日詐戰者月故如此解

○冬十月

二年春齊侯伐我北鄙○夏四月丙戌衛孫良夫帥師及齊師戰于新築衛師敗績○築音竹○六月癸酉季孫行父臧孫許叔孫僑如公孫嬰齊帥師會晉郤克衛孫良夫曹公子手及齊侯戰于鞌齊師敗績曹無大夫公子手何以書据羈無氏○公子手一本作午左氏作首鞌音安【疏】注据羈無氏○解云即莊二十四年冬曹羈出奔陳傳曰曹羈者何曹大夫也注云以小國知無氏爲大夫然則曹爲小國例無大夫假有須見者仍名氏不具以此言之則是不合有大夫之限故傳云曹無大夫公子手何以書

憂內也春秋託王于魯因假以見王法明諸侯有能從王者征伐不義克勝有功當褒之故與大夫大夫敵君不貶者隨從王者大夫得敵諸侯也不從內言敵

之者，君子不掩人之功，故從外言戰也。魯舉四大夫不舉重者，惡內多虛國家悉出用兵，重錄內也。○以見賢徧反。年未注同。惡烏路反。【疏】注大夫至侯也○解云欲決僖二十八年夏晉侯以下及楚人戰于城濮楚師敗績，即傳云此大戰也，曷爲使微者，子玉得臣也，子玉得臣則其稱人何，貶，曷爲貶，大夫不敵君也，注云臣無敵君戰之義，故絕正也。然則彼是大夫敵君故貶之，此不貶者，隨從王者大夫有得敵諸侯之義故也。以此言之，即知宣十二年晉荀林父序于楚子之上爲惡者，時無王者大夫故也。○注不從至戰也○解云桓十年冬齊侯衞侯鄭伯來戰于郎，傳云此偏戰也，何以不言師敗績，內不言戰，言戰乃敗矣，注云春秋託王於魯，戰者敵文也，王者兵不與諸侯敵，戰乃其已敗之文，故不復言師敗績矣。然則此戰之內有魯大夫，若從魯爲文，宜直云季孫行父以下敗齊師于鞌而已，但以君子不掩人功，故從外爲文，言戰于鞌齊師敗績耳。何氏必如此解者，正以桓十三年春二月公會紀侯鄭伯，己巳，及齊侯宋公衞侯燕人戰，齊師宋師衞師燕師敗績，傳云內不言戰，此其言戰何，從外也，曷爲從外，恃外故從外也，何氏云明當歸功乎紀鄭，言戰，然則此亦歸功于晉衞，不掩其功，故從外言戰也。

○秋七月，齊侯使國佐如

師。己酉，及國佐盟于袁婁。君不使乎大夫，此其行使乎大夫何？據高子來盟，魯無君不稱使，不從王者大夫稱使者，實晉郤克爲主，經先晉，傳舉郤克是也。○不使所吏反，下及注使乎大夫同。【疏】注據高至稱使○解云即閔二年齊高子來盟，傳云何以不稱使，我無君也，何氏云時閔公弒，僖公未立，故正其義，明君臣無相適之道也，春秋謹於別尊卑，理嫌疑，故絕去使文以起事張例，則所謂君不行使乎大夫也者是。○注不從至是也○解云經先晉，謂未戰之時經已言及晉侯盟于赤棘是也。云傳舉郤克是也者，即下傳云師還齊侯，晉郤克投戟，逡巡再拜稽首馬前之屬是也。或者言先晉正謂會晉郤克是也，何者，序四大夫乃言會晉郤克，則似郤克先在是而四大夫往會之，是爲先晉之文，猶如宣元年宋公陳侯以下會晉師于斐林伐鄭然。

佚獲也。佚獲者，已獲而逃亡也。當絕，賤使與大夫敵體以起之。君獲不言師敗績，等起不去師敗績者，辟內敗文。○佚獲音逸，下同，一本作失。去起呂反。【疏】注君獲至敗文解云言君獲不言師敗績者，即僖十五年冬晉侯及秦伯戰于韓獲晉侯，傳云此偏戰也，何以不言師敗績，君獲不言師敗績也，注云舉君獲爲重也是也。然則君若被獲則不言師敗績，今此經舉欲起見齊侯被獲，何不去師敗績以見之，而書使乎大夫以起之者，正欲辟內敗之文故也。何者，春秋王魯，內不言戰，言戰乃敗，若直言季孫行父以下及齊侯戰于鞌，不言齊師敗績，則是內敗之文。

其佚獲奈何？師還齊侯，還繞。○還音環，注同。晉郤克投戟，逡巡再拜稽首馬前。逢丑父者，頃公之車右也。人君驂乘，有車右，有御者。○逡七巡反。頃音傾。乘繩證反。【疏】晉郤至馬前○解云禮介者不拜，而郤克再拜者，蓋齊師已敗，行賓命之禮，投戟之後得再拜矣。若當戰之時，將軍有不可犯之色，寧有拜乎？故表記曰君子衰絰則有哀色，端冕則有敬色，甲胄則有不可辱之色，鄭注云言色稱其服也是。

面目與頃公相似，衣服與頃公相似，禮，皮弁以征，故言衣服相似。頃公有負晉魯之心，故特異。丑父備急，欲以自代。【疏】注禮皮弁以征○解云時王之禮，即昭二十五年注云皮弁以征不義是也。韓詩傳亦有此文。○注頃公至之心○解云即下傳云前此者，晉郤克與臧孫許同時而聘于齊，則客或跛或眇，於是

使跛者迓跛者，眇者迓眇者是也。

代頃公當左。升車象陽，陽道尚左，故人君居左，臣居右。○尚時亮反。使頃公取飲，頃公操飲而至，不知頃公將欲堅敵意邪？勢未得去邪？○公操七刀反，持也。曰：「革取清者。」革，更也。軍中人多，水泉濁，欲使遠取清者，因亡去。○頃公用是佚而不反。不書獲者，內大惡諱。【疏】注不書至惡諱解云獲人君，故爲大惡，是以諱而不書也。若獲大夫，則當書之，是以莊十二年傳云万嘗與莊公戰，獲乎莊公，莊公數月然後歸之，何氏云獲不書者，士也。然則万若大夫，書之明矣。

逢丑父曰：「吾賴社稷之神靈，吾君已免矣。」郤克曰：「欺三軍者其法奈何？」顧問執法者。曰：「法斮。」斮，斬。○斮在畧反，又仕畧反，斬也。【疏】曰法斮○解云釋器云魚曰斮之，樊光云斮，斫也。又說文云斮，斬也。故此何氏亦云斮，斬也。於是斮逢丑父。丑父死君，不賢之者，經有使乎大夫，於王法頃公當絕，如賢丑父，是賞人之臣絕其君也。若以丑父故不絕頃公，是開諸侯戰不能死難也。如以衰

世無絕項公者自齊所當善爾〔疏〕注若以至難也○解云言若以丑父故不絕項非王法所當貴○難乃旦反公似若襄二十九年吳子使札來聘傳曰吳無君無大夫此何以有君有大夫賢季子也何賢乎季子讓國也賢季子則賢君諸使臣亦大夫旋宜亦君矣今若以丑父賢以爲齊國宜有君而不絕項公即開諸侯不死社稷○注如以至得貴○解云丑父權以免齊侯是以齊人得善之但春秋爲王法是以不得貴耳而公羊說解疑論皆譏丑父者非何氏意不足爲妨己酉及齊國佐盟于袁婁曷爲不盟于師而盟于袁婁据國佐如師前此者晉郤克與臧孫許同時而聘于齊不書恥之。〔疏〕注不書恥之謂魯使尊卿聘齊爲所侮戲假藉大國而雪其恥是以不書如齊聘之矣其郤克不書者自從外相如之例○注臧孫許聘也者正以當聘之時無有內魯之義晉爲大國郤克宜先而魯宜後傳先言或跛故知聘者是臧孫許矣或曰一本云臧孫許跛舊解傳言客或跛或眇据魯序上者非也案此一句注宜在不書恥之下今定本無疑脫誤也蕭同姪子者齊君之

母也蕭同國名姪子者蕭同君姪娣之子嫁於齊生頃公○姪大結反又文乙反踊于棓而窺客踊上也凡無高下有絕加躡板曰棓齊人語○踊音勇上也棓普口反又步侯反高下有絕加躡板曰棓而闚去規反本又作窺上時掌反躡女輒反〔疏〕注凡無至曰棓○解云無高下猶言莫問高下但當有縣絕而加躡板者皆曰棓矣則客或跛或眇於是使跛者迓跛者使眇者迓眇者迓迎卿主迎者也聘禮賓至大夫率至于館卿致館宰夫朝服致飧臉厭明至于館○跛布可反眇亡小反迓本又作訝五嫁反迎也飧音孫臉而審反〔疏〕注聘禮至于館解云皆聘禮文二大夫出相與踦閭而語閭當道門閉一扇開一扇一人在外一人在內曰踦閭將別恨爲齊所侮戲謀伐之而不欲使人聽之○踦閭居倚反踦是也文音於綺反初義反何云閉一扇開一扇一人在外一人在內曰踦閭移日然後相去齊人皆曰患之起必自此始知必爲國家憂明芻蕘之言不可廢且起頃公不覺寤○芻初俱反蕘如遥反二大夫

歸相與率師爲鞌之戰齊師大敗齊侯使國佐如師怪師勝猶不解往問之郤克曰與我紀侯之甗齊襄公滅紀所得甗邑其土肥饒欲得之或說甗玉甑○甗音言又魚輦反又音彥邑也〔疏〕注齊襄公至甗邑○解云襄公滅紀者即莊四年夏紀侯大去其國是也正以繫紀侯言之故知紀邑而或說云甗玉甑者蓋以左傳云賂以紀甗玉磬又別言與地明甗是器名非地故以玉甑解之反魯衛之侵地使耕者東畝使耕者東西如晉地〔疏〕注使耕至晉地○解云蓋晉地谷川宜東畝者多故言此是以下傳云使耕東畝是則土齊也何氏云則晉悉以齊爲土地是不可行者是其晉東畝之義也舊云如者往也使齊東西其畝往來於晉地易非公羊意也且以蕭同姪子爲質見侮戲本由蕭同姪子○爲質音致下注及下同則吾舍子矣國佐曰與我紀侯之甗請諾反魯衛之侵地請諾使耕者東畝是則土齊

也則晉悉以齊爲土地是不可行〔疏〕是則土齊○解云亦有一本云是則土齊曰不可也者○蕭同姪子者齊君之母也齊君之母猶晉君之母也不可言至尊不可爲質請戰如欲使耕者東西畝質齊君之母當請戰壹戰不勝請再再戰不勝請三言齊雖敗尚可三戰三戰不勝則齊國盡子之有也何必以蕭同姪子爲質揖而去之郤克眣魯衛之使使以其辭而爲之請郤克恥傷其威故使魯衛大夫以國佐辭爲國佐請○眣音舜又丑乙反又達結反之使所吏反爲之于僞反注皆同然後許之逮于袁婁而與之盟逮及也追及國佐于袁婁也傳極道此者本禍所由生因録國佐受命不受辭義可拒則拒可許則許一言使四國大夫汲。追與之盟〔疏〕注因録國至與之盟○解云其受命不受辭者即莊十九年傳云聘禮大夫受命不受辭是也○八月壬午

宋公鮑卒。鮑，白卯反。○庚寅，衛侯遫卒。遫音速。○取汶陽田。汶陽田者何？鞌之賂也。以國佐言反魯衛之侵地，請諾，本所侵地非一，摠繫汶陽者，省文也。不言取之齊者，恥內乘勝脅齊求賂得邑，故諱，使若非齊邑。○汶音問。〔疏〕汶陽田者何○解云：欲言是國，曾來未有；欲言非國，乃與取鄟婁田同文，故執不知問。○注本所侵地至省文也○解云：知侵非一者，正以下三年秋叔僑如率師圍棘，傳云「棘者何？汶陽之不服邑也」，以此言之，則知汶陽大畔之名明矣。○注不言至非齊邑○解云：決襄十九年春取邾婁田自漷水，繫邾婁言之故也。○冬，楚師、鄭師侵衛。○十有一月，公會楚公子嬰齊于蜀。○丙申，公及楚人、秦人、宋人、陳人、衛人、鄭人、齊人、曹人、邾婁人、薛人、鄫人盟于蜀。此楚公子嬰齊也，其稱人何？據會而盟一處知一人也。○處，昌慮反。〔疏〕鄭人齊人至盟于蜀○解云：亦有一本無齊人者，脫也。得一貶焉爾。得一貶者，獨此一事得具見其惡，故貶之爾。不然，則當沒公也，如齊高傒矣。不沒公者，明不主爲公故也。上會不序諸侯大夫者，嬰齊楚專政驕蹇臣也，數道其君率諸侯侵中國，故獨先舉於上，乃貶之，明本在嬰齊，當先誅其本，乃及其末。○數道，所角反，下音導。〔疏〕得一貶焉爾者○解云：正以於此處得一貶焉爾。○注不然則至高傒矣○解云：即莊二十二年秋及齊高傒盟于防，傳云「公則曷爲不言公？諱與大夫盟也」。○注不沒公至公故也○解云：言高傒本意敵公，故恥之。今嬰齊者，止自元性驕蹇，不主爲公，是以春秋不沒公以見之矣。○注數道至侵中國○解云：即宣十四年秋楚子圍宋，十五年夏宋人及楚人平，上文冬楚師、鄭師侵衛之屬是也。以其非一，故謂之數也。

三年春，王正月，公會晉侯、宋公、衛侯、曹伯伐鄭。○辛亥，葬衛繆公。繆音穆。○二月，公至自伐鄭。○甲子，新宮災，三日哭。新宮者何？宣公之宮也。以無新宮，知宣公之宮廟。〔疏〕二月公至自伐鄭○解云：莊公六年傳云「得意致會，不得意致伐」，何氏云「此謂公與二國以上也」。然則此言公至自伐鄭者，不得意故也。莊六年注云皆例時，今此書二月者，爲下甲子出也。○新宮者何○解云：欲言宮廟，未有新公之名；欲言非廟，言宮舉災，故執不知問。○注以無新宮知宣公之宮廟者，正以春秋上下無新公宮，則知此言新宮者，正是其父宣公之宮，以其至近被災，故謂之新宮災。宣宮則曷爲謂之新宮？不忍言也。親之精神所依而災，孝子隱痛，不忍正言也。謂之新宮者，因新入宮，易其西北角，示昭穆相繼代，有所改更也。〔疏〕注謂之新宮至有所改更也者○解云：即穀梁傳云「壞廟之道，易檐可也」者是。易其西北角之檐也乎？故爾雅釋宮云「西北隅謂之屋漏」是也。孫氏曰：「當室之日光所漏入也。」不與何氏別。其言三日哭何？據桓僖宮災不言三日哭。〔疏〕注據桓至日哭者，即下哀三年夏辛卯，桓宮、僖宮災是也。廟災三日哭，禮也。善得禮，痛傷鬼神無所依歸，故君臣素縞哭之。○縞，古老反。〔疏〕注善得禮至縞哭之○解云：即檀弓下曰「有焚其先人之室，則三日哭」，鄭氏云「謂人燒其宗廟，哭者哀精神之有虧傷」，故此注云善得禮，痛傷鬼神無所依歸是也。云故君臣素縞哭之者，謂著素衣縞冠哭之。新宮災何以書？記災也。此象宣公篡立，當誅絕，不宜列昭穆，成公幼少，臣威大重，結怨彊齊，將不得久承宗廟之應。○幼少，詩召反，下同。大重，音泰，一音他賀反。〔疏〕注此象至昭穆○解云：案桓公亦篡立，不災其宮者，蓋以桓母言媵，次第宜立，隱公攝位，久不還，天示其變，隱猶不覺，是以隱九年三月癸酉大雨震電，何氏云「周之三月，夏之正月，雨當水雪雜下，雷當聞於地中，電未可見，而大雨震電，此陽氣大失其節，猶隱公久居位不反於桓，失其宜也」。然則桓正宜立，隱是左媵之子，据位失宜，而桓弒之，雖曰篡君，其罪差輕，是以不災其廟，豈若宣公以庶篡適，其子失政，將不得久承宗廟之應，故災其宮矣。而哀三年五月辛卯桓宮、僖宮災者，彼是已毀後復立之，是不宜立，故天災之，不謂怨其篡隱也。○乙亥，葬宋文公。○夏，公如晉。○鄭公子去疾率師伐許。去，起呂反。○公至自晉。○秋，叔孫僑如率師圍棘。棘者何？汶陽之不服邑也。棘民初未服於魯。

〔疏〕棘者何○解云欲言內邑不應國之欲言外邑不繫於國故執不知問○注棘民初未服於魯○解云言初未服者欲言終服於魯矣知終服者正以汝陽田者大眸之名棘者乃是其小邑上二年經取汝陽田以知盡得之但有不服之意故魯圍之若然公羊之義以圍者爲不克之文若其得之而言圍者正謂當時未克何妨終得之乎

其言圍之何据國內兵不舉〔疏〕注据國內兵不舉者○解云即定八年傳云公斂處父帥師而至經不書之是也

不聽也不聽者叛也不言叛者爲內諱故書圍以起之不先以文德來之而便以兵圍之當與圍外邑同罪故言圍也得曰取不得曰圍○爲于僞反〔疏〕注當與圍外邑至圍也者欲道國內之兵本自不書而此書者惡其失所令與圍外邑同矣○注得曰取不得曰圍○解云取者是得文故言得曰取也即上文取汝陽田及哀九年春宋皇瑗帥師取鄭師于雍丘之屬是也故傳云其言取之何易也其易奈何詐之也何氏云詐謂陷阱奇伏之類也其不得曰圍者即定四年楚人圍蔡之屬是也正以圍而去者非克之故也

○大雩成公幼少大臣秉政變亂政教先是作丘甲爲鞌之戰伐鄭圍棘不恤民之所生〔疏〕注先是作丘甲者○解云在上元年云爲鞌之戰者在上二年云伐鄭者在上正月也云圍棘者在上文秋也

○晉郤克衛孫良夫伐將咎如○將咎如音古刀反左氏作廧咎如〔疏〕伐將咎如者左氏將作廧字○

冬十有一月晉侯使荀庚來聘○衛侯使孫良夫來聘○丙午及荀庚盟○丁未及孫良夫盟此聘也其言盟何据不舉重嫌生事故此以輕問重也〔疏〕注据不舉至重也○解云春秋之義舉重畧輕即莊十年傳戰不言伐圍不言戰入不言圍滅不言入書其重者也是也今聘盟兩受命而書故云不舉重矣云嫌生事者嫌是荀庚初受君命但聘而已至及於魯生事而盟故曰嫌生事矣云故此以輕問重也者聘輕而盟重即此傳云此聘也其言盟何是也

聘而言盟者尋舊盟也尋猶尋繹也以不舉重連聘而言之知尋繹舊故約誓也書者惡之詩曰君子屢盟亂是用長二國既脩禮相聘不能相親信反復相疑故舉聘以非之○繹音亦惡之烏路反下同屢力住反用長丁丈反反復扶又反〔疏〕注不舉至約誓解云若其特結約誓當但舉重即文十五年三月宋司馬華孫來盟宣七年春衛侯使孫良夫來盟之屬皆因聘而爲之不言聘而言盟故知特結盟此則言聘又言盟故知非特○結盟而尋繹舊事盟矣故傳云聘而言盟者尋舊盟也

鄭伐許謂之鄭者惡鄭襄公與楚同心數侵伐諸夏自此之後中國盟會無已兵革數起夷狄比周爲黨故夷狄之○數侵所角反下同比毗志反

四年春宋公使華元來聘○三月壬申鄭伯堅卒○伯堅苦刃反本或作臤〔疏〕鄭伯堅卒者○解云左氏作堅字穀梁作賢字今定本亦作堅字

○杞伯來朝○夏四月甲寅臧孫許卒○公如晉○葬鄭襄公○秋公至自晉○冬城運○

鄭伯伐許未踰年君稱伯者時樂成君位親自伐許故如其意以著其惡〔疏〕注未踰年至其意以著其惡○解云正以莊三十二年傳云君存稱世子君薨稱子某既葬稱子踰年稱公即僖二十五年夏衛侯燬卒秋葬衛文公冬衛子莒慶盟于洮是也今此鄭伯未踰年而已稱伯故如此注矣

五年春王正月杞叔姬來歸始歸不書與郯伯姬同〔疏〕注始歸不書與郯伯姬同○解云即宣十六年秋郯伯姬來歸何氏云嫁不書者爲媵也來歸書者後爲嫡也棄歸例有罪時無罪月是也然則今書月者無罪之文矣

○仲孫蔑如宋○夏叔孫僑如會晉荀秀于穀○荀秀左氏作荀首○梁山崩梁山者何河上之山也梁山崩何以書記異也何異爾大也何大爾梁山崩壅河三日不沂故不日以起之不書壅河者舉崩大爲重○壅於勇反沂音流〔疏〕梁山者何○解云欲言晉山文不繫晉欲言魯物見在晉竟故執不知問○注故不日以起之○解云謂起其三日不沂也則但一日不可不書日矣若無所起例當書日即僖十四年秋八月辛卯沙鹿崩是也

外異不書此何以書爲天下記異也

山者陽精，德澤所由生，君之象；河者四瀆，所以通道中國，與正道同。記山崩壅河者，此象諸侯失勢，王道絶，大夫擅恣爲海内害。自是之後，六十年之中，弑君十四，亡國三十二，故湨梁之盟偏刺天下之大夫。【疏】外異不書者，正以文十一年長狄之齊晉不書故也。○注河者至道同。○解云：釋水云：江河淮濟爲四瀆，四瀆者，發源注海者也。○注記山至壅河者。○解云：壅河不書，而言記壅河者，正以不書日，以起壅河三日不沵之義，故亦謂之記壅河矣。○注自是之後至亡國三十二。○春秋説文若對經數之，從今以後訖於六十年，則不及於此數。何者？自今以後盡昭十六年，弑君止有十，亡國止有九，即襄二十五年齊崔杼弑其君光，吳子門于巢，爲巢人所弑；二十六年衛甯喜弑其君剽；二十九年閽弑吳子餘祭；三十年蔡世子般殺其君固；三十一年莒人弑其君密州；昭公八年陳招殺偃師；十一年楚子殺蔡侯般；十三年楚公子比弑其君虔，楚公子棄疾弑公子比，是六十年弑君但十矣。其亡國止有九者，成十七年楚滅舒庸，襄六年莒人滅鄫，齊侯滅萊，十年遂滅偪陽，十三年取詩，二十五年楚滅舒鳩，昭四年遂滅瑕，八年楚滅陳，十三年滅蔡，是九也。然則春秋書遂其可書者矣，説文舉者悉言之，是以多少異爾。或者此注誤也。○注故湨梁至之大夫。○解云：襄十六年春，公會晉侯、宋公以下于湨梁，戊寅，大夫盟。傳云：諸侯皆在是，其言大夫盟何？信在大夫也。何言乎信在大夫？遍刺天下之大夫也。曷爲遍刺天下之大夫？君若贅旒然。何氏云：旒，旂旒。贅，繫屬之辭，以旂旒喻者，爲下所執持東西是矣。

○秋，大水。先是旣有兵甲牽棘之役，又重以城鄆，民怨之所生。重，直用反。【疏】注先是既至之所生。○解云：作丘甲在元年三月，牽之師在二年夏，叔孫僑如圍棘在三年秋，城運在四年冬。

○冬十有一月己酉，天王崩。定王。

○十有二月己丑，公會晉侯、齊侯、宋公、衛侯、鄭伯、曹伯、邾婁子、杞伯，同盟于蟲牢。約備彊楚。蟲牢，直弓反，下力刀反。

六年春王正月，公至自會。月者，前魯大夫獲齊侯，今親相見，故危之。【疏】注月者前至故危之。○解云：諸致例時，即桓二年冬公至自唐，僖二十六年冬公至自伐齊，哀十三年秋公至自會之屬是也。今此書月，故解之也。言前魯大夫獲齊侯者，即上二年鞌戰時也。言今親相見者，即上五年冬公會晉侯、齊侯以下于蟲牢是也。

○二月辛巳，立武宮。武宮者何？武公之宮也。在春秋前。【疏】武宮者何。○解云：春秋之内未有武公之文，而立武宮，故執不知問。立者何？立者不宜立也。立武宮，非禮也。禮，天子諸侯立五廟，受命始封之君立一廟，至於子孫，過高祖不得復立廟。周家祖有功，尊有德，立后稷、文、武廟，至於子孫，自高祖已下而七廟。天子卿大夫三廟，元士二廟，諸侯之卿大夫比元士二廟，諸侯之士一廟。立武宮者，蓋時衰多廢人事，而好求福於鬼神，故重而書之。臧孫許伐齊有功，故立武宮。復，扶又反。好，呼報反。【疏】立者何。○解云：置廟是常，而乃書立，故執不知問。○立者不宜立也。○解云：亦有直云不宜立，無在上立者二字也。○注天子諸侯立五廟至元士二廟。○解云：皆出祭法也。其文云：天下有王，分地建國，注云：建國，封諸侯也。置都立邑，注云：置都立邑，爲卿大夫采地及賜士有功者之地。設廟祧壇墠而祭之，注云：廟之言貌也，宗廟者，先祖之尊貌也；祧之言超也，超上去意也；封土曰壇，除地曰墠。書曰三壇同墠，乃爲親疏多少之數，是故王立七廟，一壇一墠，曰考廟，曰王考廟，曰皇考廟，曰顯考廟，曰祖考廟，皆月祭之。注云：王、皇皆君也；顯，明也；祖，始也。名先人以君明始者，所以尊本之意也。有二祧，享嘗乃止。云享嘗謂四時之祭。諸侯立五廟，一壇一墠，曰考廟，曰王考廟，曰皇考廟，皆月祭之；顯考廟、祖考廟，享嘗乃止。大夫立三廟二壇，曰考廟，曰王考廟，曰皇考廟，享嘗乃止；顯考、祖考無廟，有禱焉，爲壇祭之。適士二廟一壇，曰考廟，曰王考廟，享嘗乃止；顯考無廟，有禱焉，爲壇祭之。注云：適士，上士也。此適士云顯考無廟，非也，當爲皇考，字之誤。官師一廟，曰考廟，王考無廟而祭之。庶士庶人無廟。注云：官師，中士、下士、庶士、府史之屬。然則此注云禮天子諸侯立五廟者，據正禮，通諸上代而言之。祭法云王立七廟者，據周言之耳。祭法云大夫立三廟，適士二廟者，皆據天子大夫士也。云諸侯之卿大夫比元士。○解云：更無正文，何氏以意當之。○注諸侯之士二廟。禮説文云，而鄭注王制云士一廟者，謂諸侯之中士，名曰官師者；上士二廟也，與何氏異。○注立武至書之。○解云：案明堂位云：武公之廟，武世室。然則謂之世室者，世世不毀，而此傳也。及注譏其立者，明堂位之作在此文之後，記人見武公之廟已立，欲成魯之善，故言此，非實然，故彼下即云魯之君臣未嘗相弑也。鄭注：春秋時魯國君弑，而云君臣未嘗相弑，亦近誣矣。○注臧孫許伐齊有功。○解云：正以伐齊之由本起臧孫故也。

○取鄟。鄟者何？邾

婁之邑也曷爲不繫于邾婁諱亟也諱魯背信亟也屬相與爲蟲牢之盟旋取其邑故使若非蟲牢人矣○鄟市轉反又音專亟去異反注同背音佩屬音燭【疏】鄟者何○解云欲言是國曾來未有欲言是邑文無所繫故執不知問○注屬相至其邑○解云即上五年冬公會晉侯齊侯以下同盟于蟲牢是也○注故使若非蟲牢人矣○解云謂所取之邑非同盟之物然也○衛孫良夫率師侵宋○夏六月邾婁子來朝○公孫嬰齊如晉○壬申鄭伯費卒不書葬者爲中國諱蟲牢之盟約備彊楚楚伐鄭喪不能救晉又侵之故去葬使若非伐喪○費音祕爲于僞反去起呂反○【疏】注楚伐鄭喪不能救晉又侵之者○解云即下文秋楚公子嬰齊帥師伐鄭冬晉欒書帥師侵鄭是也○秋仲孫蔑叔孫僑如率師侵宋○楚公子嬰齊率師伐鄭○冬季孫行父如晉○晉欒書率師侵鄭

七年春王正月鼷鼠食郊牛角改卜牛鼷鼠又食其角乃免牛鼷鼠者鼠中之微者角生上指逆之象易京房傳曰祭天不慎鼷鼠食郊牛角書又食者重錄魯不覺寤重有災也不重言牛獨重言鼠者言角牛可知食牛者未必故鼠故重言鼠○鼷音兮重有直用反下同【疏】注角生上指逆之象○解云言角在牲體之上指于天亦是上逆之象○注書又食者至有災也○解云重讀如煩重之重也異義公羊說云鼷鼠初食牛角咎在有司又有咎在人君取已有災而不云改更者義通于此若然改卜牛之徒皆言改而莊三年夏五月葬桓王傳云此未有言崩者何以書葬蓋改葬經何故不言改者蓋改卜牛之徒皆有所由故得言改其葬桓王者上未有經是以無由言之○吳伐郯吳國見者罕與中國交至升平乃見故因始見以漸進○郯音談見者賢徧反下同【疏】注吳國見者至以漸進○解云正以莊十年秋荆敗蔡師于莘傳云荆者何州名也州不若國國不若氏云云何氏不言楚言荆者楚強而近中國卒暴責之則恐爲害深故進之以漸從此七等之極始也然則吳楚相敵亦宜言揚當以揚州言之而經言吳者正以罕與中國交至今升平之世乃始見經故因其始見于升平故經直以漸進之○夏五月曹伯來朝○不郊猶三望○秋楚公子嬰齊率師伐鄭○公會晉侯齊侯宋公衛侯曹伯莒子邾婁子杞伯救鄭八月戊辰同盟于馬陵公至自會○吳入州來○冬大雩先是公會諸侯救鄭承前不恤民之所致【疏】注承前不恤民之所致○解云即上三年大雩之下注云成公幼少六臣秉政先是作丘甲爲鞌之戰伐鄭圍棘不恤民之所生是也○衛孫林父出奔晉

八年春晉侯使韓穿來言汶陽之田歸之于齊來言者何內辭也脅我使我歸之也以此經加之知見使即聞晉語自歸之但當言歸【疏】來言者何○解云語言見經於例未有今而書之故執不知問○注

以此經加之至當言歸○解云其自歸言歸者哀八年夏歸邾婁子益于邾婁注云善魯能悔過歸之然則若自歸當言歸汶陽之田于齊今乃如此作文而又言之則知被晉使之非其本情曷爲使我歸之據本魯邑【疏】注據本魯○解云正以莊十三年曹子劫齊侯反其所取侵地之時管子曰然則君何求曹子曰願請汶陽之田又上二年傳曰反魯衛之侵地之下其經云取汶陽田以此言之汶陽之田本是魯物明矣鞌之戰齊師大敗齊侯歸弔死視疾七年不飲酒不食肉晉侯聞之曰嘻奈何使人之君七年不飲酒不食肉請皆反其所取侵地晉侯聞齊侯悔過自責高其義畏其德使諸侯還鞌之所喪邑魯見使卑有恥故諱不言使者因兩爲其義諸侯不得相奪土地晉適可來議語之魯宜聞義自歸之爾不得使也主書者善晉之義齊○嘻許其反喪息浪反語魚據反○晉欒書帥師侵蔡○公孫嬰齊如莒○宋公使華元

來聘○夏宋公使公孫壽來納幣納幣不書此何以書据紀履緰來逆女不書納幣○緰音須疏注据紀履至納幣解云隱二年九月紀履緰來逆女是也錄伯姬也伯姬守節逮火而死賢故詳錄其禮所以殊於衆女疏注伯姬守節逮火死○解云即襄三十年夏五月甲午宋災伯姬卒秋七月叔弓如宋葬共姬傳云外夫人不書葬此何以書隱之也何隱爾宋災伯姬卒焉其稱謚何賢也何賢爾宋災伯姬存焉有司復曰火至矣請出伯姬曰不可吾聞之也婦人夜出不見傅母不下堂傅至矣母未至也逮乎火而死是也○晉殺其大夫趙同趙括括古活反○秋七月天子使召伯來錫公命其稱天子何据天王使毛伯來錫文公命不稱天子疏注据天王使至稱天子○解云即文元年夏四月天王使毛伯來錫公命是也元年春王正月正也正者文不變也疏元年春王正月也○解云据始言之其實二年三年以下之經皆如是其餘皆通矣其餘謂不繫于元年者或言王或言天王或言天子皆相通矣以見刺譏是非也王者號也德合元者稱皇孔子曰皇象元逍遙術無文字德明謚德合天者稱帝河洛受瑞可放仁義合者稱王符瑞應天下歸往天子者爵稱也聖人受命皆天所生故謂之天子此錫命稱天子者爲王者長愛幼少之義欲進勉幼君當勞來與賢師良傅如父教子不當賜也月者例也爲魯喜錄之○見賢徧反應應對之應爵稱尺證反爲王于僞反下爲魯爲下同少詩召反勞力報反下力代反疏注其餘謂不繫于年○解云何氏亦順傳文是以獨言元年矣○注或言王○解云即莊元年冬王使榮叔來錫桓公命文公五年春王使榮叔歸含且賵三月王使召伯來會葬之屬是也○注或言天王○解云隱元年秋七月天王使宰咺來歸惠公仲子之賵之屬是也○注或言天子○解云此文是也莊元年榮叔之下何氏云不言天王者桓行實惡而乃追錫之尤悖天道故云爾文五年榮叔之下注云去天者含者臣子職以至尊行至卑事失尊之義也召伯之下何氏云去天者不及事刺比失喪禮也隱元年宰咺之下何氏云言天王者時吳楚上僭稱王王者不能正而上繫于天也春秋不正者因以廣是非然則王是舊名天王是春秋時稱耳但春秋見當時之王皆繫于天是以逐本不追正見其是非何者若單稱王者是其舊號若繫于天者明非古禮矣作春秋既不追正遂以天王作其常稱是以春秋之內不言天者皆悉解之見其失所此注云皆相通矣以見刺譏是非也言皆相通矣者此三者皆是上之通稱但以天王者得當時之言王與天子者皆有所刺故曰以見刺譏是非也○注王者號也○解云言正是當時天子之號也○注德合元者稱皇○解云謂元氣是總三氣之名是故其德與之相合者謂之皇皇者美大之名○注孔子曰皇象至明謚解云皆春秋說文宋氏云言皇之德象合元矣逍遙猶勤動行其德術未有文字之教其德盛明者爲其謚矣○注德合天者至可放○解云天者二儀分散以後之稱故其德與之相合者謂之帝帝者諦也言審諦如天矣當爾之時河出圖洛出書可以受而行之則施于天下故曰河洛受瑞可放耳○注仁義合者稱王至歸往○解云二儀既分人乃生焉人之行也正直爲本行合於仁義者謂之王行合人道者符瑞應之而爲天下所歸往耳是以王字通於三才得爲歸往之義○注天子者爵稱也○解云案辨名記云天子無爵而言天子爲爵稱者言爵者醮也所以醮盡其材天子有聖德居無極之尊位謂之爵稱亦何傷而云天子無爵者謂無如諸侯以下九命之爵豈謂無尊美之爵乎禮記郊特牲云古者生無爵死無謚天子有謚有爵明矣○注此錫命稱天子至不當賜也○解云如此注者決文元年天王使毛伯來錫公命言天王矣彼注云主書者惡天子也古者三載考績三考黜陟幽明文公新即位功未足施而錫之非也然則文公初受命而未有功而王錫之故見非也但文公年長故稱天王今成公幼少當須如父教子未當錫也是以爲之張義而言天子矣○注月者例也○解云正以此經書月故知例月然外來朝聘皆例書時天王錫命而書月魯人喜得王命而詳錄之故也然則莊元年錫桓公命文元年錫文公命雖承上日不蒙上日亦可知矣○冬十月癸卯杞叔姬卒棄而曰卒者爲下脅杞歸其喪張本文使若尚爲杞夫人疏注棄而日卒至杞夫人○解云外夫人之卒經例書日即襄三十年夏五月甲午宋災伯姬卒何氏云外災例時此日者爲伯姬卒日是也今此已棄而書日故解之其棄者即上五年春王正月杞叔姬來歸是也○注爲下脅杞歸其喪解云即下九年春杞伯來逆叔姬之喪以歸傳曰脅而歸之是也○晉侯使士燮來聘○叔孫僑如會晉士燮齊人邾婁人伐郯○衛人來

媵媵不書此何以書据逆女不書媵也言來媵者禮君不求媵諸侯自媵夫人○來媵以證反又繩證反疏注据逆女不書媵也○解云蓋通內外言之何者隱二年紀履緰來逆女桓三年公子翬如齊逆女之屬皆不書媵故也云媵例時者即下九年夏晉人來媵莊十九年秋公子結媵陳人之婦于鄄之屬是也然則此經文承日月之下不蒙日月明矣錄伯姬也伯姬以賢聞諸侯諸侯爭欲媵之故善而詳錄之媵例時

九年春王正月杞伯來逆叔姬之喪以歸杞伯曷爲來逆叔姬之喪以歸据已棄也內辭也脅而歸之也言以歸者與忿怒執人同辭而不得專其本意知其爲脅也已棄而脅歸其喪悖義恥深惡重故使若杞伯自來逆之○悖布內反疏注言以歸至爲脅○解云言忿怒執人同辭者即襄十六年春晉人執莒子郲婁子以歸昭十三年秋晉人執季孫隱如以歸之屬是也○注而不得專其本意○解云正以以者行其意之辭故也是以桓十四年冬宋人以齊人衞人蔡人陳人伐鄭傳云以者何行其意何氏云以已從人曰行言四國行宋意

今叔姬之喪言以歸不得專其本意明知杞伯有忿怒是以知其被脅耳言知其爲脅者爲讀如子爲衞君乎之爲也○公會晉侯齊侯宋公衞侯鄭伯曹伯莒子杞伯同盟于蒲不日者已得鄭盟當以備楚而不以罪執之旋使離叛楚緣隙潰莒不能救禍由中國無信故諱爲信辭使若莒潰非盟失信所以甚中國因與下潰日相起疏注不日者已至信辭○解云正以春秋之義不信者日故以不日爲信辭矣言已得鄭盟者有鄭伯也當以備楚者正以楚人數爲諸夏之患故也○注而不以罪執之○解云即下文秋晉人執鄭伯是也正以僖四年傳曰稱侯而執者伯討也稱人而執者非伯討也今經稱人故曰不以罪執矣○注旋使離叛者○解云即其下文云晉欒書帥師伐鄭是也○注楚緣隙潰莒○解云即下文冬楚公子嬰齊帥師伐莒庚申莒潰是也言楚人緣其有不和之隙來伐莒而潰之故曰緣隙潰莒矣知不能救者正見以下遂無救文故也○注所以甚中國○解云謂其作信辭也所以甚惡中國之無信矣○注因與下潰日相起者○解云其言因非正爲之辭矣言此盟不日非直甚中國之無信亦因欲起其下潰書日者乃是中國無信同盟不相救至爲夷狄所潰矣言相者兩事相共之辭則下潰書日亦起此盟之不信矣公至自會○二月伯姬歸于宋○夏季孫行父如宋致女未有言致女者此其言致女何錄伯姬也古者婦人三月而後廟見稱婦擇日而祭於禰成婦之義也父母使大夫操禮而致之必三月者取一時足以別貞信貞信著然後成婦禮書者與上納幣同義所以彰其絜且爲父母安榮之言女者謙不敢自成禮婦人未廟見而死歸葬於女氏之黨○廟見賢徧反下同操七刀反別彼列反且爲于僞反疏未有言致女者○解云謂春秋無此經也○注古者婦人至之義也○解云此皆曾子問文也其文云孔子曰取婦之家三日不舉樂思嗣親也三月而廟見稱來婦也擇日而祭于禰成婦之義也鄭注云謂舅姑沒者也必祭成婦義者婦有共養之禮猶舅姑存時盥饋特豚於室是也○注書者與上納幣同義○解云即上八年夏宋公使公孫壽來納幣傳云納幣不書此何以書錄伯姬也注云伯姬守節逮火而死賢故詳錄其禮所以殊於衆女是也今此書其致女者義亦然故云書者與上納幣同義○注所以彰其絜至敢自成○解云

重得父母之命乃行婦道故曰所以彰其絜也其女當夫非禮不動光照九族父母得安故曰榮之○注禮婦人未至氏之黨○解云曾子問文也其文云曾子曰女未廟見而死則如之何孔子曰不遷於廟不祔於皇姑壻不杖不菲不次歸葬于女氏之黨示未成婦也鄭氏云遷朝廟也壻雖不備喪禮猶爲之服齊衰是也○晉人來媵媵不書此何以書錄伯姬也義與上同復發傳者樂道人之善○復扶又反疏注義與同上也○解云謂亦與上致女皆同書納幣矣○秋七月丙子齊侯無野卒○晉人執鄭伯○晉欒書帥師伐鄭○冬十有一月葬齊項公○楚公子嬰齊帥師伐莒庚申莒潰日者錄責中國無信同盟不能相救至爲夷狄所潰○潰戶內反○疏注日者錄責至狄所潰○解云正以凡潰例月即僖四年春王正月蔡潰文三年春王正月沈潰之屬是也今而書日故如此解○楚人入運○秦人白狄伐晉○鄭

人圍許〇城中城

十年春衞侯之弟黑背率師侵鄭〇夏四月五卜郊不從乃不郊其言乃不郊何据上不郊不言乃僖公不從言免牲也〔疏〕注据上不郊不言乃。解云即上七年夏不郊猶三望是也。注僖公不從言免牲。解云僖三十一年夏四卜郊不從乃免牲猶三望是也不免牲故言乃不郊也不免牲當坐盜天牲失事天之道故諱使若重難不得郊。難乃旦反〔疏〕注使若重難不得郊。解云宣八年傳云而者何難也乃者何難也曷爲或言而或言乃乃難乎而也何氏云言乃者内而深言而者外而淺下昃日昳久故言乃然則乃者難之深今經云乃不郊故云使若重難不得郊也重難之義皆出於乃字〇五月公會晉侯齊侯宋公衞侯曹伯伐鄭不致者成公數卜郊不從怨懟故不免牲不但不免牲而已故奪臣子辭以起之。數所角反懟直類反〔疏〕注不致者至牲而已。解云莊六年傳云得意

致會不得意致伐注云此謂公與二國以上也然則此經公會晉侯宋公以下伐鄭亦是二國以上若得意宜致會不得意宜致伐今全不致故如此解也言成公數卜郊不從者即此上文五卜郊不從是也五卜郊卜之多者故言數云不但不免牲而已者謂成公意卒竟而不復郊知如此者正以不免牲上文已有說今此仍不致故知更有罪也。注故奪臣子辭以起之。解云謂不致也奪其臣子之辭以起見其罪矣所以不致得謂之奪臣子辭者桓二年注云凡致者臣子喜其君父脫危而至今不書至以若不得脫危然故曰奪臣子辭也桓元年注云不致之者至而凡奪臣子辭成誅文也者義亦通于此〇齊人來媵媵不書此何以書錄伯姬也三國來媵非禮也曷爲皆以錄伯姬之辭言之婦人以衆多爲侈也侈大也朝廷侈於妬上婦人侈於妬下伯姬以至賢爲三國所爭媵故侈大其能容之唯天子娶十二女。侈昌氏反大也妬子故反取十七住反本或作娶〔疏〕注朝廷侈於妬上。解云言妬其有賢才而居於巳上位者是朝廷侈之妬也。注婦人侈於妬下。解云言不能容衆妾而妬惡之者是婦人妬也。故侈大其能容之解云考諸舊本大上無侈字。注唯天子娶十二女。解云保乾圖文孔子爲後王非古禮也〇丙午晉侯獳卒不書葬者殺大夫趙同等。獳乃侯反〔疏〕注不書葬至同等。解云春秋之義君殺無罪大夫例不書其葬見其合絶之是以僖九年晉侯詭諸卒何氏云不書葬者沒世子也是也其殺趙同等即上八年晉殺其大夫趙同趙括是也〇秋七月〇公如晉如晉者冬也去冬者惡成公前既怨懟不免牲今復如晉過郊乃反遂怨懟無事天之意當絶之。去起呂反惡烏路反復扶又反〔疏〕注過郊乃反至天之意。解云謂明年三月公至自晉是過郊乃反是其無事天之意。注當絶之者解云當合絶之不可爲魯侯矣

監本附音春秋公羊注疏成公卷第十七

江南蘇松督糧道方　體栞

公羊注疏卷十七挍勘記

阮元撰盧宣旬摘錄

公羊注疏成公卷十七

唐石經成公第八卷七

周二月夏十二月　此本原刻周二之二缺上畫翻刻本遂改爲周正月夏十一月閩監毛本承其誤

舒恒燠若　閩監毛本同釋文舒恒尚書作豫奧若本又作燠經義雜記曰尚書厥民隩五帝本紀作其民燠蓋古文尚書厥民奧今文尚書厥民燠釋文引馬云煖也是馬從今文讀按何氏今文之學也引尚書作恒奧若是今文燠亦作奧○按段玉裁云僞孔本作豫鄭王本作舒羣經音辨引作舒常奧若云何休讀今本作燠按音辨恒作常避宋諱也

當寒而温例賞也　諸本同按例當作倒字之誤也此本疏云凡爲賞罰宜出君門而臣下行之故曰倒賞也可證閩監毛本亦誤作例賞矣襄廿八年疏引作倒置置字誤倒字不誤

故曰例賞也　按例者倒之誤

通財貨曰商　閩監毛本作通財鬻貨曰商釋文鬻貨羊六反此脫

二年

帥師會晉郤克衛孫良夫曹公子手　唐石經諸本同釋文手一本作午左氏作首經義雜記曰春秋正義云沈氏引穀梁傳曹公子首偃今本作曹公子手僂大射儀相者皆左何瑟後首注古文後首爲後手則手爲假借字首爲正字一作午者手字形近之誤

不從內言敗之者　此本敗誤敵今訂正

楚師敗績卽傳云　浦鏜云卽當衍字是也

卽知宣十二年　閩監本同毛本卽改則

持外故從外也　按持爲恃之誤

君不使乎大夫　唐石經諸本同按君不下似脫行字當補正解云春秋謹於別尊卑理嫌疑故絕去使文以起事張例則所謂君不行使乎大夫也者是則疏本有行字又隱六年疏兩引皆作君不行使乎大夫閔元年疏引同

佚獲也　唐石經諸本同釋文佚音逸下同一本作失九經古義云古佚字皆作失佚又與逸同尚書無逸漢石經作佚春秋經曰肆大眚穀梁曰肆失也失猶佚也佚與逸同謂逸四○按漢石經無逸之逸作劮

晉郤克投戟　唐石經鄂本戟作戟

逢丑父者　唐石經諸本同鄂本逢作逄誤○按逢姓之逢从夅不从夆諸家說多誤

故特巽丑父備急　閩監本同蓋誤宋本毛本巽作選當據正

不知頃公將欲堅敵意邪　閩監毛本同鄂本將欲作欲將

樊光云斮斫也　毛本斫誤砍

非王法所當貴　閩監毛本同誤也當作非王法所得貴按疏標起訖云注如以至得貴解云但春秋爲王法是以不得貴耳則疏本作得字今毛本疏標起訖亦改作當貴矣

賢季子則賢君許使臣有大夫故宜有君矣　何按本作賢季子則矣何以有君有大夫以季子爲臣則宜有君者也共廿三字與襄廿九年傳合當據正

丑父權以免齊侯　監本父誤公

同時而聘于齊　毛本于誤與

不書恥之　據疏此下有臧孫許眇也五字一句今各本脫去則疏文無所系

按此一句註宜在不書恥之下今定本無疑脫誤也　此二十字當是挍書者札記語非作疏者本文也作疏時注固不脫且疏內少言定本者定本乃唐初顏師古所爲則知公羊疏出唐以前人矣

踊于棓而窺客　鄂本及漢制考作踊于棓而窺客注同棓字從手非閩監毛本窺作闚唐石經缺釋文作

闕云本又作竀

踊上也　鄂本上作止非也

於是使跛者迓跛者　唐石經諸本同釋文迓本又作訝周禮秋官掌訝注鄭司農云訝讀爲跛者訝跛者之訝釋曰此公羊傳文時晉使郤克聘齊郤克跛齊使跛者往御御亦訝也按鄭司農所據公羊傳作跛者訝跛者賈公彥所據公羊傳作跛者御跛者皆與今本異訝正字御假借字迓俗字

卿主迎者也　鄂本無也字

大夫率至于館　盧文弨曰至當作迓按儀禮率作帥

宰夫朝服致飧腍厥明至于館　閩監毛本同誤也鄂本至作訝當據正盧文弨曰儀禮腍作餁音義同

賂以紀甗玉磬　左傳磬作磬

是則土齊也　唐石經諸本同解云一本云是則土齊曰不可也者

郤克眣魯衛之使　唐石經同葉鈔釋文亦作眣音舜閩監毛本誤作眣

汲追與之盟　鄂本疊汲字此脫

公及楚人秦人宋人陳人衛人鄭人齊人　唐石經諸本同解云一本無齊人者誤也

得一貶焉爾　唐石經一作壹蓋因何注作一貶轉改也

三年

以無新宮知宣公之宮廟　○按當作以無新公乃合魯桓公廟謂之桓宮僖公廟謂之僖宮煬公廟謂之煬宮魯無新公故疑之而問也

未有新公之名　閩本同監毛本作新官誤○按謂魯君無謚新公者也

以無新宮　何校本宮作公是也

隱公攝位久不還　閩監本同毛本位誤政

夏之正月　毛本正誤五

桓宮僖宮災者　毛本宮誤公

四年

鄭伯堅卒　唐石經諸本同釋文作伯臤云本或作堅解云左氏作堅字穀梁作賢字今定本亦作堅字按云定本亦作堅與左氏同然則疏本作臤與釋文同也九經古義云臤與賢本一字說文臤古文以爲賢字漢潘乾校官碑云親臤寶智國三老袁良碑云優臤之寵堅又與賢通東觀漢紀云陰城公主名賢得續漢書天文志作堅得疑古賢字堅字皆省作臤公羊從古文作臤穀梁以爲賢左氏以爲堅師讀各異故也

鄭伯堅卒者　閩監毛本刪者字按段校本堅作臤

冬城運　唐石經諸本同五年秋大水注作城鄆

五年

河上之山也　唐石經鄂本閩本同監毛本河作江誤也

壅河三日不沵　唐石經諸本同釋文壅河於勇反沵音流按釋文當本作雍今從土當後人所加

與正道同　閩監毛本同鄂本正作王

故溴梁之盟　監毛本同誤也鄂本閩本溴作湨釋文湨古闃反當據正疏同

昭四年遂滅瑕　浦鏜云厲誤瑕按浦說是也

十三年滅蔡　浦鏜云一誤三按是也

六年

未有武公之文　毛本公誤宮

立者不宜立也　唐石經諸本同解云亦有直云不宜立無在上立者二字也

有二祧享嘗乃止　浦鏜云下脫注是也有字上何按本有遠廟爲祧四字與祭法合

而此傳也及注譏其立者　浦鏜云也衍字是也

春秋時魯國君弒　浦鏜云三誤國浦說是也作三字與彼注合彼正義詳之

秋仲孫蔑叔孫僑如率師侵宋　唐石經鄂本閩監本同毛本脫率師二字

晉欒書率師侵鄭　唐石經諸本同按左氏穀梁皆作救鄭上書楚公子嬰齊率師伐鄭故晉欒書率師救之也侵字誤嚴杰曰上文鄭伯費卒注云楚伐鄭喪不能救晉又侵之然則公羊作侵鄭與左穀異也

七年

重錄魯不覺寤　解云重讀如煩重之重也

食牛者未必故鼠　左傳正義引注食上有後字

又有咎在人君取已有災而不云改更者　浦鏜云又有當又食之誤按云疑衍

故因始見以漸進　鄂本閩監本同毛本因誤言

何氏不言楚言荆者　浦鏜云何氏下脫云

六臣秉政　浦鏜云大誤六

八年

今而書之　閩監本同毛本今誤經

願請汶陽之田　毛本請誤取

元年春王正月也　也上當有正字

其實二年三年以下之經皆如是　毛本三年誤三月

何氏云不言天王者　閩監毛本氏下衍注

而上繫於天也　浦鏜云上下脫自字浦說是也隱元年注有自字毛本於改于

功未足施而錫之非也　浦鏜云非下脫禮字按文元年注有禮字

棄而日卒者　閩監毛本同鄂本棄作弃

晉侯使士燮來聘　唐石經鄂本閩本同監毛本燮作爕非下同

紀履緰來逆女　閩監毛本紀誤杞

九年

知其爲脅也　解云爲讀如子爲衛君乎之爲

注義與上同也　閩監毛本删也字毛本義誤議此本上同誤倒今訂正

十年

下吳曰眣久　閩本同監毛本吳誤吴眣誤眹

公會晉侯齊侯宋公衛侯曹伯伐鄭　諸本同唐石經缺解云此經公會晉侯宋公以下伐鄭與今本異

故如此解也　閩本同監毛本如誤以

以若不得脫危然　浦鏜云似誤以浦說是也與桓二年注合

至而凡奪臣子辭　浦鏜云故復誤而凡是也

故侈大其能容之　解云考諸舊本大上無侈字按上云侈大也故此云大其能容之舊本是今衍

唯天子娶十二女　鄂本同閩監毛本娶作取按釋文作取云七住反本或作娶疏本標注作娶

孔子爲後王　浦鏜云下當脫立制二字是也

沒世子也是也　浦鏜云殺誤沒是也

當絶之　疏及諸本同鄂本絶作詔

冬十月　此本鄂本閩監毛本皆脫唯唐石經有之嚴杰曰左穀皆有此三字與公羊經異錢大昕云何注云去冬者惡成公然則石經有此三字非何意也故知唐石經未必是歷來版本未必非也

公羊注疏卷十七挍勘記　終

工部屯田司員外郎胡祖謙挍

監本附音春秋公羊注疏成公卷十八 起十一年盡十八年

休學

十有一年春王三月公至自晉○晉侯使郤州來聘己丑及郤州盟郤州本亦作犨尺由反疏晉侯至州盟○解云上三年冬晉侯使荀庚來聘丙午及荀庚盟傳云此聘也其言盟何聘而言盟者尋舊盟也注云以不舉重連聘而言之知尋繹舊故約誓也書者惡之二國既脩禮相聘不能相親信反復相疑故舉聘以非之今此亦然而無傳注者從彼可知故省文案桓十四年夏鄭伯使其弟語來盟注云時者從內爲王義明王者當以至信先天下是以春秋之例莅盟來盟悉書時即僖三年冬公子友如齊莅盟之屬是也今此經及上三年荀庚盟之屬皆書日者蓋以既脩禮相聘不能相親信反相疑是故不與信辭耳○夏季孫行父如晉○秋叔孫僑如如齊○冬十月

十有二年春周公出奔晉周公者何天子之三公也王者無外此其言出何自其私土而出也私土者謂其國也此起諸侯入爲天子三公也周公驕蹇不事天子出居私土不聽京師之政天子召之而出走明當并絕其國故以出國錄也不月者小國也疏周公者何○解云既是周臣自周無出而經書出故執不知問○注私土不聽至小國○解云春秋之例大國君奔例皆書月即桓十六年十有一月衛侯朔出奔齊之屬是也小國例時者即昭三年冬北燕伯款出奔齊及此經書春皆是也又王制云天子三公之田視公侯既視公侯何言小國者據其私土之言也周公本是小國諸侯而入爲天子三公於王畿之內雖有采地但從私土而去故從小國例○夏公會晉侯衛侯于沙澤○沙澤素禾反又如字二傳作瑣澤定七年同○秋晉人敗狄于交剛○冬十月

十有三年春晉侯使郤錡來乞師○郤錡魚綺反○三月公如京師月者善公尊天子疏注月者善公尊天子者解云正以朝聘時故也○夏五月公自京師遂會晉侯齊侯宋公衛侯鄭伯曹伯邾婁人滕人伐秦其言自京師何據僖公二十八年諸侯遂圍許不言自王所疏五月至自京師○解云公下自上有至字者衍文○注據僖公至自王所○解云僖二十八年冬公會晉侯以下于溫天王狩于河陽壬申公朝于王所諸侯遂圍許是也然則彼亦朝天子而往圍許言自王所與此異故難之公鑿行也以起公鑿行也鑿猶更造之意○鑿在洛反造意也公鑿行奈何不敢過天子也時本欲直伐秦塗過京師不敢過天子而不朝復生事脩朝禮而後行故起時善而褒成其意使若故朝然後生事也間無事復出公者善公鑿行○復出扶又反疏注生事脩朝禮而行者○解云生事之上亦有復字者衍文○注間無復出至鑿行○解云昭十三年秋公會劉子晉侯以下于平丘八月甲戌同盟于平丘注云不言劉子及諸侯者間無異事可知矣然則彼以間無事不勞重舉劉子及諸侯此亦間無事但言夏五月遂會晉侯以下伐秦足矣而重舉公者善公鑿行故也定四年召陵之會再言公者彼注自具○曹伯廬卒于師○廬力吳反本亦作盧○秋七月公至自伐秦月者危公幼而遠用兵疏注月者危公幼而遠用兵者解云正以凡致例時故如此解○冬葬曹宣公

十有四年春王正月莒子朱卒莒大于邾婁至此乃卒者庶其見殺不得卒至此始卒又不得日疏注莒大子至不得卒○解云正以莊十六年冬十有二月邾婁子克卒二十八年夏四月丁未邾婁子瑣卒春秋之序莒常在上而至此乃卒者正由文十八年莒弑其君庶其是以不得書其卒矣○注至此始卒又不得日○解云邾婁子瑣之卒所以書日者非直行進其邾子克往前已卒是以春秋得詳錄之今此始卒故不得書日曹書日者何氏云老使世子來朝春秋敬老重恩故爲魯恩錄之尤深是也然則此注何以不言故不得日而言又者欲道曹伯終生雖亦始卒但於魯有恩是以書日今此莒子非直始卒又無善行是以不日○夏

衞孫林父自晉歸于衞○秋叔孫僑如如齊逆女凡娶早晚皆不譏者從紀履緰一譏而已○凡取本又作娶（疏）注秋叔孫僑如如齊逆女○解云隱二年注云不親迎例月重録之今此不月者蓋以成公即位十有四年始娶元妃非重繼嗣之義故畧之○注凡娶早至譏而已○解云隱二年九月紀履緰來逆女傳云外逆女不書此何以書譏何譏爾譏始不親迎也始不親迎昉於此乎前此矣前此則曷爲始乎此託始焉爾曷爲託始焉爾春秋之始也然則宣公元年春公子遂如齊逆女喪服未除是其大早也成公十四年秋始使僑如如齊逆女非重繼嗣之義是其大晚也故言凡娶早晚矣但畧舉一二人則桓公三年娶于齊文公四年娶于齊合在其間也然則諸侯之法合親迎而魯侯悉使大夫所以不復發傳云何以書譏何譏爾譏不親迎者正欲從隱二年紀履緰之一譏而已是以不復發傳以解之舊解云隱二年履緰之下注云內逆女常書外逆女但疾始不常書者明當先自詳正躬自厚而薄責於人故畧外也然則外之娶妻莫問早晚其不親迎者皆不復書而譏之者悉從履緰之經一譏而已所以此處注之者正以內逆女常書之末是以於此處決之更有或解不足述也

○鄭公子喜率師伐許○九月僑如以夫人婦姜氏至自齊○冬十月庚寅衞侯臧卒○秦伯卒

十有五年春王二月葬衞定公○三月乙巳仲嬰齊卒仲嬰齊者何疑仲遂後故問之（疏）注疑仲後故問之○解云何氏欲解弟子問所不知之意何者欲言仲遂之子宜稱公孫今經稱仲故執不知問公孫嬰齊也未見於經爲公孫嬰齊今爲大夫死見於經爲仲嬰齊○未見賢徧反下同年末及注皆同（疏）注未見於經至仲嬰齊○解云未見於經者謂未作大夫不得見于經當爾之時猶爲公子之子故爲公孫嬰齊矣今爲大夫而死得見于經更爲公子之孫孫以王父字爲氏故爲仲嬰齊矣其更爲公子之孫孫之事其說在下公孫嬰齊則曷爲謂之仲嬰齊爲兄後也爲兄後則曷爲謂之仲嬰齊據本公孫（疏）注據本公孫○解云言其本公孫昭穆須正雖代兄爲大夫寧得更爲公孫之子乎故難之爲人後者爲之子也更爲公孫之子故不得復氏公孫○復氏扶又反年內同爲人後者爲其子則其稱仲何據氏非一孫以王父字爲氏也謂諸侯子也顧興滅繼絕故紀族明所出然則嬰齊孰後後歸父也歸父使于晉而未反宣公十八年自晉至檉弃齊訖今未還○使于所吏反及下使乎同何以後之據已絕也叔仲惠伯傅子赤者也叔仲者叔彭生氏也文家字積於叔叔仲有長幼故連氏之經云仲者明春秋質家當積於仲惠諡也○長丁丈反（疏）注叔仲者叔彭生氏也○解云即文十一年叔彭生之氏族也○注文家字積於叔至諡也○解云知如此者正以大姒之子皆稱叔唯有聃季而已是文家字積於叔之義也注言此者欲道彭生之經所以不連仲之意也云叔仲有長幼故連氏之者注言此者欲道彭生之傳所以連叔仲之意也何者彭生之祖生於叔氏其父武仲又長幼當仲是以彭生遠而言之雖非正禮要是當時之事是以傳家述其私稱連言仲矣○注經云仲至積於仲○解云注言此者欲道嬰齊此經何故不連其父歸父之字而單言仲者欲明春秋當質正得積於仲是以不得更以佗字連之文公死子幼子赤幼也公子遂謂叔仲惠伯曰君幼如之何願與子慮之叔仲惠伯曰吾子相之老夫抱之禮大夫七十而致事若不得謝則必賜之几杖行役以婦人從適四方乘安車自稱曰老夫○相之貞亮反下同（疏）注禮大夫至稱曰老夫○解云皆上曲禮文鄭氏云致其所掌之事於君而告老謝猶聽也君必有命勞若辭謝之其有德尚壯則不聽耳几杖婦人安車所以養其身體也安車坐乘若今小車也老夫老人稱也亦明君貪賢春秋傳曰老夫耄矣是也何幼君之有公子遂知其不可與謀退而殺叔仲惠伯弒子赤而立宣公殺叔仲惠伯不書者舉弒君爲重叔仲惠伯事與荀息相類不得爲累者

有異也叔仲惠伯直先見殺爾〔疏〕注叔仲惠伯至息死之不如荀息死之○殺子音弒　解云僖十年春晉里克弒其君卓子及其大夫荀息傳云及者何累也弒君多矣舍此無累者乎曰有孔父仇牧皆累也舍孔父仇牧無累者乎曰有有則此何以書賢也何賢乎荀息荀息傳云驪姬者國色也獻公愛之甚欲立其子於是殺世子申生申生者里克傳之獻公病將死謂荀息曰士何如則可謂之信矣荀息對曰使死者反生生者不愧乎其言則可謂信矣獻公死奚齊立里克謂荀息曰君殺正而立不正廢長而立幼如之何願與子慮之荀息曰君嘗訊臣矣臣對曰使死者反生生者不愧乎其言則可謂信矣里克知其不可與謀退弒奚齊荀息立卓子里克弒卓子荀息死之若然桓二年宋督弒其君與夷及其大夫孔父案彼傳文則孔父亦先見殺與此正同而得爲累者正以孔父生存殤公不可得而弒故於是先攻孔父之家殤公知孔父死已必死趨而救之皆死焉孔父正色而立于朝則人莫敢過而致難於其君者孔父可謂義形于色矣然孔父雖先見殺而事君之正義形于顏色韡如惠伯但爲傳子赤而吝之公子遂但欲弒子赤而殺之不畏惠伯衞若寧得類於孔父乎若然内之弒例皆諱不書假令成累安可作文而注言此者雖不言弒宜言冬十月子赤及叔彭生卒案今文公十八年經直言冬十月子卒故言不得爲累矣

宣公死成公幼臧宣公。者相也臧孫許宣謚君死不哭聚諸大夫而問焉曰昔者叔仲惠伯之事孰爲之諸大夫皆雜然曰仲氏也其然乎於是遣歸父之家時見君幼欲以防示諸大夫。雜七合反又如字〔疏〕注時見君至諸大夫○解云於時見君幼少恐有禍變欲以有防衞之義示其諸大夫然後哭君歸父使乎晉還自晉至檉聞君薨家遣墠帷哭君成踊反命于介自是走之齊魯人徐傷歸父之無後也徐者皆共之辭也關東語傷其先人爲惡身見逐絶不忿懟也於是使嬰齊後之也弟無後兄之義爲亂昭穆之序矣父子之親故不言仲孫明不與子爲父孫〔疏〕注弟無後兄至爲父孫○解云案異義公羊説云質家立世子弟文家立世子子而春秋從質故得立其弟以此言之嬰齊爲兄後正合諸春秋之義何得謂之亂昭穆之序者正以質家立世子弟者謂立之爲君而已豈謂作世子之子乎今嬰齊後之者若爲歸父之子然故爲亂昭穆之序言失父子之親者若後歸父即不爲仲遂之子故云失父子之親矣

○癸丑公會晉侯衞侯鄭伯曹伯宋世子成齊國佐邾婁人同盟于戚○世子成音恤本或作成晉侯執曹伯歸之于京師爲篡喜時○爲于僞反〔疏〕注爲篡喜時者即昭二十年傳云何賢乎公子喜時讓國也其讓國奈何曹伯廬卒于師注云在成十三年傳又云公子喜時見公子負芻之當主也逡巡而退是也公至自會○夏六月宋公固卒不日者多取三國媵非禮故畧之〔疏〕注不日者多至畧之○解云即上九年伯姬歸于宋之時衞人來媵晉人來媵齊人來媵傳云三國來媵非禮也是宋得用天子禮而非之者其婚娶當從諸侯故也雖於伯姬爲榮而宋公有失故死畧之○楚子伐鄭○秋八月庚辰葬宋共公共音恭○宋華元出奔晉○宋華元自晉歸于宋不省文復出宋華元者宋公卒子幼華元以憂國爲大夫山所譖出奔晉晉人理其罪宋人反華元誅山故繁文大之也言歸者明出入無惡〔疏〕注不省文至文大之言○解云襄三十年秋鄭良霄出奔許自許入于鄭彼則省文不言鄭良霄自許入于鄭今則不省文故決之必知不省文是大之者正以孔子曰書之重辭之復嗚呼其中必有美者焉不可不察故知也言華元以憂國爲大夫山所譖出奔晉者皆春秋説文也○注言歸者明出入無惡○解云即上桓十五年傳例云復歸者出惡歸無惡復入者出無惡入有惡入者出入惡歸者出入無惡是也○宋殺其大夫山不氏者見殺在華元歸後嫌直自見殺者故貶之明以譖華元故〔疏〕注不氏者至華元故○解云襄二十三年夏陳殺其大夫慶虎及慶寅陳侯之弟光自楚歸于陳注云前爲二慶所譖出奔楚楚人治其罪陳人誅二慶反光故言歸宋大夫山譖華元貶此不貶者殺二慶而光歸譖光可知然則今此華元歸後山見殺故須貶山以見其義矣山者魚石之親若其不貶宜言魚山也○

宋魚石出奔楚與山有親恐見及也後得言復入者出無惡知非君漏言魚石不殺山〔疏〕注與山有親恐見及也○解云知如此者襄二十年秋蔡殺其大夫公子燮蔡公子履出奔楚同稱公子親眷明矣今此宋殺其大夫山宋魚石出奔楚文與彼同故知山之親也但山以譖華元而見貶是以不得言魚矣○注後得言復至不殺山○解云復入者即下十八年夏宋魚石復入于彭城是也言復入者出無惡者桓十五年傳文案文六年冬晉殺其大夫陽處父晉狐射姑出奔狄傳云晉殺其大夫陽處父則狐射姑曷爲出奔射姑殺也射姑殺則其稱國以殺何君漏言也彼注云自上言泄下曰漏其漏言奈何君將使射姑將陽處父諫曰狐射姑民衆不說不可使將於是廢將陽處父出射姑入君謂射姑曰陽處父言曰射姑民衆不說不可使將射姑怒出刺陽處父於朝而走注云明君漏言殺之當坐殺也以此言之若由君漏言魚石殺山而走出是出有惡不復言復○入今魚石之奔下言復入知非君漏言魚石不殺山也

冬十有一月叔孫僑如會晉士燮齊高無咎宋華元衛孫林父鄭公子鰌邾婁人會吳于

鍾離曷爲殊會吳据楚不殊○燮息協反咎其九反鰌音秋〔疏〕注据楚不殊解云即僖二十一年秋宋公楚子陳侯蔡侯鄭伯許男曹伯會于霍是也外吳也曷爲外也据襄五年不外之〔疏〕注据襄五年不外之○解云其經云秋公會晉侯宋公以下齊世子光吳人鄫人于戚是也春秋內其國而外諸夏內諸夏而外夷狄內其國者假魯以爲京師也諸夏外土諸侯也謂之夏者大揔下上言之辭也不殊楚者楚始見所傳聞世尚外諸夏未得殊也至於所聞世可得殊又卓然有君子之行吳似夷狄差醇而適見於可殊之時故獨殊吳○傳直專反行下孟反差醇初賣反下音純〔疏〕春秋內其國而外諸夏解云即經云叔孫僑如會晉士燮齊高無咎以下是也云內諸夏而外夷狄者即經序諸大夫訖乃言會吳于鍾離是也○注不殊楚者楚始至得殊也○解云即僖二十一年秋宋公楚子陳侯蔡侯鄭伯許男曹伯會于霍之屬是也○注至於至之行解云即宣十一年夏楚子陳侯鄭伯盟于辰陵者是不殊楚之經也言卓然有君子之行者即彼注云不日月者莊王行霸約諸侯明王法討徵舒善其憂中國故爲信辭也然則討徵舒明王法勝鄭而不取令之還師佚晉寇之屬皆是卓然有君子之行矣

王者欲一乎天下曷爲以外內之辭言之据大一統〔疏〕注据大一統解云即元年傳云何言乎王正月大一統也注云統者始也揔繫之辭夫王者始受命改制布政施教於天下自公侯至於庶人自山川至於草木昆蟲莫不一一繫於正月故云政教之始然則王者施政欲其遠近徧及海內如此而殊外內故難之言自近者始也明當先正京師乃正諸夏諸夏正乃正夷狄以漸治之葉公問政於孔子孔子曰近者說遠者來季康子問政於孔子孔子曰政者正也子帥以正孰敢不正是也月者危錄之諸侯既委任大夫復命交接夷狄○葉公舒涉反下文同說音悅〔疏〕注子帥以正孰敢不正是也○解云帥長也言子爲諸侯之長而爲正誰敢不爲正乎亦是先正於近乃始及遠之義故引之○許遷于葉

十有六年春王正月雨木冰雨木冰者何雨而木冰也何以書記異也木者少陽幼君大臣之象冰者凝陰兵之類也

冰脅木者君臣將執於兵之徵也〔疏〕雨木冰者何○解云雨與木冰理不相類如此作經故執不知問○注木者至之象○解云木始於東方故曰少陽陽比君故有幼○君之義震爲六子之宗乃是乾之長子故爲大臣之象也○

夏四月辛未滕子卒滕始卒於宣公日於成公不名邾婁始卒於文公日於襄公名俱葬於昭公是以知滕小〔疏〕注滕始至滕小○解云滕始卒於宣公者即宣九年秋八月滕子卒是也其日于成公者即此注云辛未滕子卒是也二者皆不及名故曰不名其邾婁始卒于文公者即文十三年夏五月邾婁子蘧蒢卒是也其日于襄公者即襄十七年春王二月庚午邾婁子瞷卒是也書蘧蒢與瞷故曰名也云俱葬于昭公者即昭元年六月丁未邾婁子華卒秋葬邾婁悼公昭三年春王正月丁未滕子泉卒五月葬滕成公是也然則春秋於所聞之世始錄微國之卒書日書名明其大小滕子卒葬皆在邾婁之後邾婁之君名於所聞之世于滕則未是以知其小于邾婁也何氏所以不于會序比之而據其卒葬者會是主會大之未得其義其大小仍自難明故如此解若然案莊十六年十二月邾婁子克卒二十八年夏四月丁未邾婁子瑣卒然則邾婁始卒書日書名並在莊公之世而邾婁卒于文公日于襄公名者微是

傳聞之世小國之卒例不合書而莊公之時邾婁之君得書卒者何氏於克卒之下注云小國未嘗卒而卒者為慕霸者有尊天子之心行進也瑣卒之下注云日者附從霸者朝天子行進以此言之直是行而得書卒書日非其常例故不取之○鄭公子喜帥師侵宋○六月丙寅朔日有食之是後楚滅舒庸晉厲公見餓殺尤重故十七年復食○復扶又反【疏】注是後楚滅舒庸者解云在下十七年冬十二月○注晉厲公見餓殺○解云即下十八年春王正月庚申晉弒其君州蒲是也春秋說以為厲公猥殺四大夫臣下人人恐見及正月幽之二月而死故此注云見餓殺也○注故十七年復食○解云即十七年十有二月丁巳朔日有食之是也○晉侯使欒黶來乞師○欒力官反黶於斬反○甲午晦晦者何冥也何以書記異也此王公失道臣代其治故陰代陽○冥亡定反又亡丁反治直吏反【疏】晦者何○解云欲言月晦例所不書欲言且冥亥不言書故執不知問○晉侯及楚子鄭伯戰于鄢陵楚子鄭

師敗績敗者稱師楚何以不稱師據宋公戰于泓敗績稱師○鄢於晚反又於建反泓烏宏反【疏】注據宋公戰至稱師○解云即僖二十二年冬十有一月己巳朔宋公及楚人戰于泓宋師敗績是也王痍也王痍者何傷乎矢也時為飛矢所中○痍音夷傷也所中丁仲反【疏】王痍者何○解云王有主軍之衛而身見傷似非其類故執不知問然則何以不言師敗績據王痍未言爾未無也無所取於言師敗績也凡舉師敗績為重衆今親傷人君當舉傷君為重以言戰又言敗績知非詐當掌上日也○為于偽反下為代公同【疏】注以言戰至上日也○解云正以春秋之義偏戰者日詐者月令孤鄢陵之經言戰言敗績知非詐故當掌上日甲午矣○楚殺其大夫公子側○秋公會晉侯齊侯衛侯宋華元邾婁人于沙隨不見公公至自會不見公者何公不見見也不見見者恚乞師不得欲

執之○恚一睡反【疏】不見公者何○解云公會晉侯是與會之文言不見公疑其非類故執不知問○注不見見者恚乞師不得欲執之即下傳云其代公執奈何前此者晉人來乞師而不與公會晉侯將執公是也公不見見大夫執何以致會據不得意匽之會公失序不致【疏】注據不得意者解云正以莊六年傳云得意致會不得意致伐何氏云此謂公與二國以上也公與二國以上出會盟得意致會不得意不致○今會不得意而致會故據而難之○注匽之會公失序不致○解云即文七年秋公會諸侯晉大夫盟于匽傳云諸侯何以不序大夫何以不名公失序也公失序奈何諸侯不可使與公盟眣晉大夫與公盟也是也然則彼是公不得意不書致今此亦不得意而反致故難之不恥也曷為不恥據匽之會公失序恥公幼也因公幼殺恥為諱辭不書行父執者公不見見已重矣【疏】注因公幼殺恥為諱辭○解云實不見今而致會詐若得意然故言為諱辭耳○注不書行父執者○解云是時累代公執而下經但書其一故此注不書行父執者公不見見已重矣○公會尹子晉齊國佐邾婁人伐

鄭○曹伯歸自京師執而歸者名曹伯何以不名而不言復歸于曹何據曹伯襄復歸于曹【疏】注據曹伯襄復歸于曹○解云在僖二十八年冬易也易故未言之不復舉國名○易以豉反注及下同復扶又反下而復同其易奈何公子喜時在內也公子喜時在內則何以易據本篡喜時也○喜時左傳作欣時公子喜時者仁人也內平其國而待之和平其臣民令專心于負芻○令力呈反外治諸京師而免之訟治于京師解免使來歸其言自京師何據僖二十八年晉人執衛侯歸之于京師後復歸于衛俱天子所歸不言自京師不連歸問者嫌自京師天子有力文言甚易欲并問力文與上說喜時錯【疏】注據僖二十八年至言自京師○解云即僖二十八年冬晉人執衛侯歸之于京師三十年秋衛侯鄭歸于衛是也○注不連歸問至喜時錯○解云問者之意欲道僖三十年衛侯鄭歸于衛亦是天子所

歸不言自京師，今曹伯亦爲天子所歸，獨言自京師，文相違背，故問之。若連歸問，云其言歸自京師何，即嫌歸自京師者乃是天子有力之文，似若僖二十八年冬衛元咺自晉復歸于衛，傳云自者何？有力焉者也。然上説言其所以易，正猶公子喜時之力，若此處并問天子有力之文，即與上説喜時之力自相違。言甚易也，舍是無難矣。言歸自京師者，與內据臣子致公同文，欲言甚易也，舍此所從還無危難矣。主所以見曹伯歸本据喜時平國反之，書非錄京師有力也。執歸書者，賢喜時爲兄所篡，終無怨心，而復深推精誠，憂兄其難，非至仁莫能行之，故書起其功也。○舍是，音捨，注同，下傳舍臣放此。無難，乃旦反，注同。

疏注言歸自京師者至致公同文○解云：與上十三年公至自京師相似。○注執歸書者至起其功也○解云：正以僖十九年宋人執滕子嬰齊，二十一年執宋公之屬，皆不書其歸也。若然，僖二十八年春，晉侯執曹伯以畀宋人；冬，晉人執衛侯歸之于京師；曹伯襄復歸于曹；三十年秋，衛侯鄭復歸于衛，皆是被執而書之者，曹伯之下注云：「執歸不書，書者，名惡當見。」衛侯之下注云：「執歸不書，主書者，名惡當見。」是也。前此者晉人來乞師而不與者，即上十六年夏六月，晉侯使欒黶來乞師，晉侯及楚子、鄭伯戰于鄢陵，楚子、鄭師敗績。於戰之經不見魯師，則知不與矣。

○九月，晉人執季孫行父，舍之于招丘。執未可言舍之者，此其言舍之何？仁之也。曰在招丘悕矣。悕，悲也。仁之者，若曰在招丘可悲矣，閔錄之辭。○招丘，章遙反，又上饒反，二傳作苕丘。悕，音希，悲也。執未有言仁之者，此其言仁之何？代公執也。其代公執奈何？前此者晉人來乞師而不與，不書者，不與無惡。

疏注不書者不與無惡○解云：若其書之，宜言晉侯使欒黶來乞師，公不許之。今無此經，故言不與。不書也，言不與無惡者，僖二十六年公子遂如楚乞師之下傳云：「乞者何？卑辭也。曷爲以外內同若辭？重師也。曷爲重師？師出不正反，戰不正勝也。」何氏云：「兵凶器，戰危事，不得已而用之爾。乃以假人，故重而不暇別外內也。」者，是其不與無惡之義。

公會晉侯，會沙隨也。將執公。季孫行父曰：此臣之罪也。於是執季孫行父。成公將會厲公，謂上伐鄭。言謚者，別嬰齊所請也。明言公會晉侯者，嬰齊所請事也，故下與嬰齊傳合同。○別，彼列反。

疏於是執季孫行父○解云：此以上道今年秋會于沙隨之時事。○注謂上伐鄭至傳合同○解云：下十七年公孫嬰齊卒于貍軫之下傳云：「前此者，嬰齊走之晉，公會晉侯，將執公，嬰齊爲公請，公許之反爲大夫，歸至于貍軫而卒。」然則上言公會晉侯將執公者，乃是上經沙隨之事，故下與嬰齊傳文合。言成公將會晉厲公言謚者，欲別於嬰齊所請之事，明其是上伐鄭時也。案此傳沙隨之事時，行父亦請，而特言嬰齊所請事者，欲言行父再請，而嬰齊三請，俱在沙隨故也。

會不當期，將執公。季孫行父曰：臣有罪，執其君；子有罪，執其父。此聽失之大者也。今此臣之罪也，舍臣之身而執臣之君，吾恐聽失之爲宗廟羞也。於是執季孫行父。善其過則稱已，美則稱君。累代公執，在危殆之地，故地。言舍而月之者，痛傷忠臣不得其所。爲代公執，不稱行人者，在君側，非出使。

○出使，所吏反。

疏此聽失之大者也○解云：言聽獄者失之大者矣。○注故地言舍至得其所○解云：言故地言舍而月之者，即經書九月晉人執季孫行父，舍之于招丘是也。言月則爲傷痛之文者，正以凡執例時故也，即僖四年夏齊人執陳袁濤塗，五年冬晉人執虞公之屬是也。○注爲代公至非出使○解云：正以文十四年冬齊人執單伯之下傳云：「執者曷爲或稱行人，或不稱行人？」注云：「此問諸侯相執大夫所稱例。」傳云：「稱行人而執者，以其事執也。」注云：「以其銜命奉國事執之，晉人執我行人叔孫舍是也。」傳又云：「不稱行人而執者，以已執也。」注云：「已者，已大夫自以大夫之罪執之，分別之者，罪惡當各歸其本。」以此言之，則知自爲已執者，乃不稱行人。今此行父爲代公執，而亦不稱行人者，正以其在君側，非出使故也。

○冬十月乙亥，叔孫僑如出奔齊。○十有二月乙丑，季孫行父及晉郤州盟于扈。行父執釋不致者，舉公至爲重。

疏注行父執釋不致者舉公至爲重○解云：正以昭十三年秋，晉人執季孫隱如以歸；十四年春，隱如至自晉。二十三年春，晉人執我行人叔孫舍；二十四年春，叔孫舍至自晉，皆書其至。今此不書至，故言舉公至爲重。○

○公至自會○乙酉刺公子偃〔疏〕乙酉刺公子偃○解云即僖二十八年注云內殺大夫例有罪不日無罪日者正謂此文是也考諸舊本此經之下悉皆無注若有注者衍字耳

十有七年春衛北宮結率師侵鄭○夏公會尹子單子晉侯齊侯宋公衛侯曹伯邾婁人伐鄭○六月乙酉同盟于柯陵○柯古河反○秋公至自會○齊高無咎出奔莒○九月辛丑用郊用者何用者不宜用也九月非所用郊也周之九月夏之七月天氣上升地氣下降又非郊時故加用之〔疏〕用者何○解云正以上下之郊例不言用此獨違例故執不知問然則郊曷用郊用正月上辛魯郊博卜春三月言正月者因見百王正所當用也三王之郊一用夏正言正月者春秋之制也正月者歲首上辛猶始新皆取其首先之意日者明用辛例不郊

則不日○因見賢偏反下同〔疏〕注魯郊博至所當用○解云僖三十一年傳云魯郊非禮也彼注云以魯郊非禮故卜爾昔武王既沒成王幼少周公居攝行天子事制禮作樂致太平有王功周公薨成王以王禮葬之命魯使郊以彰周公之德非正故卜三卜吉則用之不吉則免牲者是其魯郊傳卜春三月之義也而此傳止言正月者因見其自今后百代之王正所當用之月也○注三王之郊至制也○解云三王之郊一用夏正者易說文也既用夏正而此傳特言用正月上辛者但春秋之制也春秋因魯以制法令自今以後之郊皆用周之正月故也○注不郊則不日○解云即僖三十一年夏四月四卜郊不從乃免牲猶三望成七年春王正月鼷鼠食郊牛角改卜牛夏五月不郊猶三望之屬是不郊則不日之文也或曰用然後郊或曰用者先有事存后稷神名也晉人將有事於河必先有事於惡池齊人將有事於泰山必先有事於蜚林魯人將有事於天必先有事於泮宮九月郊尤悖禮故言用小大盡識之以不郊乃識三望知郊不得識小也又夕牲告牷后稷當在日上不當在日下○惡如字又火吳反池如字又大河反蜚芳尾反又音配泮音判本又作郊拴音全〔疏〕注晉人將有事至於泮宮○解云即禮器云魯人將有事於上帝必先有事於泮宮注云上帝周所郊祀之帝謂蒼帝靈威仰也魯以周公之故得郊祀上帝與周同先有事于泮宮告后稷也告之者將以配天先仁也泮宮郊之學也詩所謂泮宮也字或爲郊宮晉人將有事於河必先有事於惡池鄭注云惡當爲呼聲之誤也呼池嘔夷并州川齊人將有事於泰山必先有事於配林注云配林林名是也○注以不郊至識小也○解云即僖三十一年夏四月四卜郊不從乃免牲猶三望傳云猶者何通可以已也識不郊而望祭也何氏云識尊者不食而卑者獨食也○注又夕牲告至在日下○解云言古禮郊之前日午后陳其牲物告牲之牷于后稷則知此經宜云九月用辛丑郊○晉侯使荀罃來乞師○罃乙耕反○冬公會單子晉侯宋公衛侯曹伯齊人邾婁人伐鄭十有一月公至自伐鄭月者方正下壬申故月之〔疏〕注月者方至月之○解云正以凡致例時故此解之言正下壬申者欲正壬申爲十月之日是以不得不言十一月以來之○壬申公孫嬰齊卒于貍軫非此月日也曷爲以

此月日卒之據下丁巳朔知壬申在十月○貍力之反軫之忍反左氏作脤穀梁作蜃〔疏〕卒于貍軫者○解云正本作貍辰字○注據下丁巳至十月○解云即下十有二月丁巳朔日有食之是也十二月丁巳朔逆而推之則丁亥爲十一月朔日又逆而推之即丁卯爲十月十一日矣即從丁卯數之戊辰己巳庚午辛未壬申然則壬申乃爲十月十六日故云據下丁巳朔知壬申在十月矣曷爲待君命然後卒大夫據昭公出奔卒叔孫舍〔疏〕注據昭公至孫舍○解云即昭二十五年九月己亥公孫于齊冬十月戊辰叔孫舍卒三十二年冬十二月公薨于乾侯是也待君命然後卒大夫前此者嬰齊走之晉不書者以爲公請除出奔之罪也○爲于僞反下文爲公同〔疏〕注不書者至之罪也○解云其請公者謂上沙隨時也公會晉侯將執公嬰齊爲公請公許之反爲大夫歸至于貍軫而卒十月壬申日貍軫魯地無君命不敢卒大夫國人未被君命不敢使從大夫禮

公至十一月至是也。疏注十一月至是也。解云十有一月公至自伐鄭是也若以上傳言之則嬰齊之請魯侯許之皆是沙隨時也若在沙隨會時即在伐鄭之上何故待公伐鄭之還乃始卒之正以成公許之實在沙隨但嬰齊未還公又伐鄭伐鄭未歸嬰齊已卒國人不聞公命未敢卒之亦何傷曰吾固許之反爲大夫許反爲大夫即受命矣然後卒之善其不敢自專故引其死日下就公至月卒之起其事所以激當世之驕臣。激古狄反〇十有二月丁巳朔日有食之〇邾婁子貜且卒〇貜且俱縛反下子餘反〇晉殺其大夫郤錡郤州郤至〇楚人滅舒庸舒庸東夷道吳圍巢疏注舒庸東夷道吳圍巢。解云出左氏考諸舊本亦有無此注者

十有八年春王正月晉殺其大夫胥童〇庚申晉弑其君州蒲日者二月庚申日上繫於正月者起正月見幽二月庚申日死也厲公猥殺四大夫臣下人人恐見及以致此禍故日起其事深爲有國者戒也疏注日者至申日。解云正以文十八年冬莒弑其君庶其傳云稱國以弑者衆弑君之辭注云一人弑君國中人人盡喜故舉國以明失衆當坐絕也例皆時者略之也然則稱國以弑者例書時而此書日故解之而昭二十七年夏四月吳弑其君僚何氏云月者非失衆見弑故不略是也云云之說在彼知庚申二月日者亦以上十二月丁巳朔言之也去年十二月丁巳朔則知今年二月丙辰朔也何者以長歷推之今年正月小故也二月丙辰朔數之丁巳戊午己未庚申則庚申爲二月五日矣正月之中寧得有之乎故知庚申二月日也。注上繫于正月至日死也。解云春秋說云厲公猥殺四大夫臣下人人恐見及正月幽之二月而死是也。注厲公猥殺四大夫者解云即去年殺三郤是歲殺胥童是也〇齊殺其大夫國佐〇公如晉〇夏楚子鄭伯伐宋〇宋魚石復入于彭城不書叛者楚爲魚石伐取彭城以封之本受于楚非得于宋故舉伐於上起其意也楚以封魚石復本繫于宋言復入者不與楚專封故從犯君錄之主書者其專封。復入扶又反注同爲于僞反下爲失同疏注不書叛者至其意也。解云如此注者欲決昭二十一年宋華亥向甯華定自陳入于宋南里以畔之文故也。注楚以至君錄之。解云桓十五年傳云復入者出無惡入有惡故言從犯君錄之何者魚石出時直爲與山有親更無實罪故曰出無惡也今犯君而入故爲人惡從犯君錄之。注主書者至專封。解云言楚子伐宋下即言魚石復入于彭城是起其專封之義必起其專封者正欲責之故也〇公至自晉〇晉侯使士匄來聘〇匄古害反〇秋杞伯來朝〇八月邾婁子來朝〇築鹿囿何以書譏何譏爾有囿矣又爲也刺奢泰妨民天子囿方百里公侯十里伯七里子男五里皆取一也。鹿囿音又疏注天子囿至取一也。解云孟子文司馬法亦云也〇己丑公薨于路寢〇冬楚人鄭人侵宋〇晉侯使士彭來乞師〇士彭二傳作士魴襄十二年同〇十有二月仲孫蔑會晉侯宋公衛侯邾婁子齊崔杼同盟于虛朾不日者時欲行義爲宋誅魚石故善而爲信辭或盟略。杼直呂反虛朾起魚反下敕丁反〇丁未葬我君成公

監本附音春秋公羊注疏成公卷十八

江南蘇松督糧道方　體乘

公羊注疏卷十八挍勘記　阮元撰盧宣旬摘錄

公羊注疏成公卷十八

十有一年

晉侯使郤州來聘　唐石經諸本同釋文郤州本亦作犨九經古義云世本郤豹生義義生步揚生州州郤犨也與公羊合左傳魏武子犨世本亦作州司馬貞云州犨聲相近字異耳

不能相親信反相疑　閩監毛本同本或反下有復字

十有二年

何言小國者據其私土之言也　浦鏜云疑當叠小國二字

十有三年

公自京師　解云公下自上有至字者衍文

言自王所與此異　閩監毛本同按言上當脫不字

復生事脩朝禮而後行　疏中標注作生事脩朝禮而行解云生事之上有復字者衍文

注生事脩朝禮而行者　閩監毛本作生事修朝禮而後行○

注間無復出至鑿行　閩監毛本作注間無事復至鑿行此脫事字

十有四年

凡娶早晚皆不譏者　鄂本同此本疏標起訖亦作娶閩監毛本改取非釋文作凡取云本又作娶閩監毛本蓋據此

鄭公子喜率師伐許　唐石經鄂本閩監本同毛本率改帥

十有五年

然則嬰齊孰後後歸父也　唐石經鄂本監毛本同此本閩本脫一後字今補正

唯有耼季而已　閩本同監毛本耼作聃

是以不得更以佗字連之　閩監本同毛本字誤事

何賢乎荀息傳云　浦鏜云傳云二字衍何煌云何賢乎荀息下當有奚齊卓子者驪姬之子也荀息傅焉十五字傳云二字誤

臧宣公者相也　閩監毛本同誤也鄂本作臧宣叔宣十八年疏引此傳同當據正唐石經缺

諸大夫皆雜然曰　唐石經諸本同宣十八年疏引作雜言曰

仲氏也　鄂本氏誤如

豈謂作世子之子乎　閩本同監毛本謂誤得

公會晉侯衛侯鄭伯曹伯宋世子成　鄂本元本同唐石經閩監毛本成作戍釋文世子戍音恤本或作成

晉侯執曹伯歸之于京師　唐石經諸本同僖廿八年注作歸于京師無之字傳文方辨別歸之于歸于二者之不同然則石經此處有之字其誤甚矣左氏穀梁亦無之

注爲篡喜時者　閩監毛本剛者下有解云

宋華元出奔晉　唐石經諸本同鄂本奔作犇下同

注不省文至文大之言　閩監毛本言作也此言字蓋誤衍注中當本無也字

射姑殺也射姑殺則其稱國以殺何　閩監毛本同此本射姑殺則四字剜擠

狐射姑民衆不說　按今傳無狐字

注據楚不殊　閩監毛本下有解云此脫

外土諸侯也　此本閩監本土誤士鄂本毛本不誤今訂正

大摠下上言之辭也　閩監毛本同誤也鄂本上作土當據正

解云即元年傳云　按元上脫隱字

一繫於正月　何校本作一一繫於正月

欲其遠近偏及海内如此　閩監毛本作如一此誤

十有六年

即此注云辛未滕子卒是也　浦鏜云經誤注

書蘧蒢與瞷　閩監毛本蒢作篨

直是行而得書卒書曰　浦鏜云行下當脫進字

晉厲公見餓殺九重　閩監毛本九誤猶鄂本餓作弑誤九字與此本同

注是後楚滅書庸者　閩監毛本者改○

文不言書　浦鏜云當作又不言晝

易故末言之　鄂本同閩監毛本末誤未

訟治于京師　閩監毛本同鄂本訟作訦誤

正猶公子喜時之力　浦鏜云猶當由字誤

晉侯執曹伯以畀介宋人　浦鏜云以介二字衍

前此者晉人來乞師而不與者　閩監毛本作前此者至不與○解云移此疏於執未有言仁之者節注下此本在執歸書者至起其功也節疏下

此其言仁之何仁之也　唐石經諸本同浦鏜云禮記表記注引此仁之也作人也疏云欲人愛此行人

此其言人之何　唐石經諸本作仁之何此與表記注合○按此誤字而有合於古者也公羊本三云人之後來皆改作仁之則此作人之爲誤字矣

故重而不暇别外内也者　閩本同監毛本暇誤假

成公將會厲公　唐石經作晉厲公此脫晉字

謂上伐鄭　鄂本下有也字

齊人執陳袁濤塗　閩本同監毛本袁誤轅

以其銜命奉國事執之　浦鏜云所銜誤銜命

乙酉剌公子偃　解云考諸舊本此經下無注若有注者衍字耳

十有七年

魯郊博卜春三月　鄂本閩監本同此本疏標起訖亦作博毛本誤作傳疏同按博卜者廣博卜三月也浦按本作轉卜非

上辛九始新　閩監毛本同鄂本作猶是也

先有事存后稷神名也　浦鏜云名衍字從續通解按

必先有事於蜚林　釋文蜚林芳尾反又音配惠棟云古配字讀爲妃故配林一作蜚林音相近

必先有事於泮宮　釋文泮本又作郊按禮記禮器注云泮宮字或爲郊宮

公孫嬰齊卒于貍軫　釋文軫之忍反左氏作脤穀梁作蜃解云正本作貍辰字

舒庸東夷道吳圍巢　解云考諸舊本亦有無此注者

十有八年

楚爲魚石伐　鄂本下有宋字此脫

主書者其專封　鄂本者下有起此脫解云起其專封之義

天子圍方百里　鄂本百作伯

晉侯使士彭來乞師釋文士彭二傳作士魴襄十二年同

公羊注疏卷十八挍勘記終

公羊注疏卷十八挍勘記　五

監本春秋公羊注疏襄公卷第十九 起元年盡十一年

何休學

元年春王正月公即位○仲孫蔑會晉欒黶宋華元衞甯殖曹人莒人邾婁人滕人薛人圍宋彭城據晉趙鞅以地正國加叛文今此無加叛文故問之○殖市力反

疏注據晉至問之○解云即定十三年秋晉趙鞅入于晉陽以叛冬晉荀寅及士吉射入于朝歌以叛晉趙鞅歸于晉傳云此叛也其言歸何注云據叛與出入惡同以地正國也又注云軍以井田立數故言以地傳又云其以地正國奈何晉趙鞅取晉陽之甲以逐荀寅與士吉射荀寅與士吉射者曷爲者也君側之惡人也此逐君側之惡人曷爲以叛言之無君命也注云無君命者操兵鄉國故初謂之叛后知其意欲逐君側之惡人故録其釋兵書歸救之君子誅意不誅事今華元與諸侯操兵鄉國而不加叛文故難之云宋華元曷爲與諸侯圍宋彭城而不加叛文與趙鞅異乎然則趙鞅以采地之兵逐君側之惡人以正其國其意實善而春秋必加叛文者正以人臣之義本無自專之道若其許之恐惡逆之臣外託興義之兵內有覬覦之意是以雖爲善不得與之

爲宋誅也故華元無惡文○爲宋于僞反下爲宋楚爲并注同

疏注故華元無惡文○解云雖云操兵鄉國但稟宋公之命與諸侯之師逐去叛人以衞社稷春秋善之故無惡文也

其爲宋誅奈何魚石走之楚楚爲之伐宋取彭城以封魚石魚石之罪奈何以入是爲罪也說在成十八年書者善諸侯爲宋誅雖不能誅猶有屈彊臣之助

疏注魚石之楚○解云即成十五年宋魚石出奔楚是也○楚爲至魚石○解云即成十八年夏楚子鄭伯伐宋宋魚石復入于彭城是也○以入是爲罪也○解云言魚石於成十五年初出之時直是與山有親恐見及是以辟而去非其大罪也至成十八年外託鄭楚之兵以伐取君邑遂居彭城與君相拒失人臣之義非順行之道故曰以入是爲罪也○注說在成十八年○解云即謂成十八年經具說楚子鄭伯伐宋宋魚石復入于彭城之事言上舉楚鄭伐宋下即言魚石復入復入者出無惡之文明其出奔楚時非其罪也但倚託楚鄭伐取彭城爲大惡故此傳云以入是爲罪矣非謂成十八年更有解注○注書者至之助○解云傳云爲宋誅而知不能誅者正以助其君討叛臣義之高者若能誅之理應在見似若昭四年經書執慶封殺之今但言圍而無殺文故知不能誅雖不能誅猶有屈魚石之功是以春秋書之善其爲宋誅矣

楚已取之矣曷爲繫之宋據莒人伐杞取牟婁后莒牟夷以牟婁來奔不繫杞

疏注據至繫杞○解云莒人伐杞取牟婁在隱四年春其后來奔者即昭五年夏莒牟夷以牟婁及防茲來奔是也

不與諸侯專封也故奪繫于宋猶若宋邑者楚救不書者從封內兵也

疏注故奪至邑者○解云案僖二年春王正月城楚丘傳云不與諸侯專封也然則不與諸侯專封取事一也所以或繫於宋或不繫於衞者彼以衞國已滅故無所繫不言桓公城之者不與諸侯專封故也今此魚石受楚之封入邑而叛是以奪而繫國以示不成然則不與之言雖同其不與之理實異是以齊侯封衞春秋實與楚封魚石繫宋以抑之云云之說在僖二年○注楚救至兵也○解云經傳無文而知楚救者正以楚人去年封之故也楚人是時并兵于魚石魚石之兵叛抑而不成今華元討之即是宋國封內之兵也封內之兵例所不録是以楚救魚石不得書之知封內之兵例所不録者正以定公八年傳云公斂處父帥師而至經不書之是也若然哀三年衞石曼姑帥師圍戚亦是封內之兵而得書者彼以國夏爲伯討是以得書故彼傳云齊國夏曷爲與石曼姑帥師圍戚伯討也然則春秋不與蒯聵之直故令國夏得討之國夏得討之則非封內之兵也今此魚石不成叛是以與彼異也

○夏晉韓屈帥師伐鄭○仲孫蔑會齊崔杼曹人邾婁人杞人次于合刺欲救宋而後不能也知不救鄭者時鄭背中國不能救不得刺○于合二傳作鄫背音佩

疏注夏晉韓屈○解云左傳穀梁屈作厥字也○次于合者左氏合作鄫字也○注刺至得刺○解云知如此者正以莊三年冬公次于郎傳云其言次于郎何刺欲救紀而後不能也今此下文即有楚人侵宋言次于合魯人在其間故知與彼宜同例亦是初欲救宋而後不能是以春秋書其止次譏之

○秋楚公子壬夫帥師侵宋○九月辛酉天

王崩○邾婁子來朝○冬衛侯使公孫剽來聘○剽匹妙反○晉侯使荀罃來聘〔疏〕九月辛酉至來聘○解云諸侯爲天子身服斬衰三年是以曾子問云諸侯相見揖讓而入門不得終禮廢者幾孔子曰六請問之曰天子崩大廟火日食后夫人之喪雨霑服失容則廢然則天王九月崩而四國得行朝聘禮者杜氏云辛酉九月十五冬者十月初也天王崩赴未至皆未聞喪故各得行朝聘之禮是也若然則四國行朝聘之時王之赴告未至於魯經書天王崩得在朝聘之上者公羊之義据百二十國寶書案而爲經雖四國未知何妨先書乎

二年春王正月葬簡王〔疏〕二年至簡王○解云隱三年傳云天子記崩不記葬必其時也而此書者即文公九年傳云不及時書過時書我有往者則書彼注云謂使大夫往也惡文公不自往故書葬以起大夫會之然則簡王去年九月崩至今年正月但始五月矣所謂不及時是以書之○鄭師伐宋○夏五月庚寅夫人姜氏薨○六月庚

辰鄭伯睔卒不書葬者諱伐喪○睔古困反〔疏〕注不書至伐喪○解云春秋之內諸侯之卒不書其葬非止一義而已或諱背殯用兵或譏其篡或刺不討賊枉殺大夫案鄭伯襄公之子繼體爲君復非篡立從成十五年即位以來未有罪惡之事明其不書葬者不爲上事明也而下又云冬仲孫蔑會晉荀罃以下云云于戚遂城虎牢傳云虎牢者何鄭之邑也其言城之何取之也取之則曷爲不言取之爲中國諱也曷爲爲中國諱諱伐喪也然則既不爲上事下即有諱伐喪之文則知不書葬者正爲諸侯諱其伐喪故也○晉師宋師衛甯殖侵鄭○秋七月仲孫蔑會晉荀罃宋華元衛孫林父曹人邾婁人于戚○己丑葬我小君齊姜齊姜者何齊姜與繆姜則未知其爲宣夫人與成夫人與齊姜者宣公夫人九年繆姜者成公夫人也傳家依違者襄公服繆姜喪未踰年親自伐鄭有惡故傳從內義不正言也○繆音穆人與音餘〔疏〕齊姜者何○解云欲言成母諡不言宣欲言成妻與成諡別故執不知問○注齊姜至正言也○解云左氏以齊姜成公夫人繆姜宣公夫人而何氏不然者正以齊姜先薨多是姑繆姜後卒理宜爲婦實無文据以順言之也且九年襄公伐鄭不書其至若非親母不應貶之至此矣言襄公服繆姜喪未踰年親自伐鄭者即襄九年五月辛酉夫人姜氏薨秋八月癸未葬我小君繆姜冬公會晉侯以下伐鄭是也然則襄公母死未期已爲兵首無恩之甚是故爲諱若爲祖差輕可言是以彼注云不致者惡公服繆姜喪未踰年親自伐鄭故奪臣子辭是也舊云傳言惡襄公喪服用師故以祖爲親母所以甚責內是以何氏順傳文也者非也公羊之義口授相傳五世以後方著竹帛是以傳家數云無聞焉爾以此言之容或未察止作公羊氏實不分明何以不得而要知傳序經意依違之者正以文與桓公九年曹世子射姑同故也案桓公九年冬曹伯使其世子射姑來朝傳云諸侯來曰朝此世子也其言朝何春秋有譏父老子代從政者則未知其在齊與在曹與注云在齊者世子光也時曹伯年老有疾使世子行聘禮恐卑故使自代朝雖非禮有尊厚魯之心傳見下卒葬詳錄故敘經意依違之也然則彼刺曹世子而傳序經意不正言之今此文正與彼同故知亦依違言之○孫叔豹如

宋○冬仲孫蔑會晉荀罃齊崔杼宋華元衛孫林父曹人邾婁人滕人薛人小邾婁人于戚遂城虎牢虎牢者何鄭之邑也以下戍繫鄭〔疏〕虎牢者何○解云欲言鄭邑今不繫鄭欲言他邑有城虎牢之文孰不知問○注以下戍繫鄭者○解云即下十年冬戍鄭虎牢是其言城之何据外城邑不書〔疏〕注据外至不書○解云正以春秋上下無外城邑之經故也而何氏兼邑言之者正以外城國都亦有書者是以不得直言据外城國都其書之者即城邢城楚丘城緣陵城成周之屬是也其外城國都雖非常例要自數數有經是以何氏据邑言之取之也取之則曷爲不言取之据取牟婁〔疏〕注据取牟婁○解云即隱四年二月莒人伐杞取牟婁是也爲中國諱也曷爲爲中國諱据莒伐杞取牟婁不爲中國諱○爲中于僞反下及注并下文鄭爲皆同諱伐喪也曷爲不繫乎鄭爲

中國諱也大夫無遂事此其言遂何歸惡乎大夫也使若大夫自生事取之者即實遂但當言取之○楚殺其大夫公子申【疏】注諱伐喪也○解云考諸古本皆無此注且與下傳文煩重若有注者是衍字也○曷爲爲中國諱○解云正据莒人取牟婁不爲中國諱矣而何氏不注之者以上文已据取牟婁是以不能重出曷爲不繫乎鄭者正据下十年冬戍之時繫鄭也爲中國諱也者若繫于鄭還有伐喪之義故云中國諱也○注即實至取之○解云若實大夫自生事即非諸侯使之取是以不勞爲諸侯諱依實書之亦無傷故言即實遂但當言取之

三年春楚公子嬰齊帥師伐吳○公如晉○

夏四月壬戌公及晉侯盟于長樗○樗勑居反公至自晉盟地者不于都也以晉致者上盟不于都嫌如晉不得入故以晉致起之不別盟得意者成公比失意如晉公獨得容盟得意亦可知○別彼列反【疏】注盟地至可知○解云文三年冬公如晉十有二月己巳公及晉侯盟彼不舉地者以其在國都故也今此舉長樗故言不于都矣云以晉至起之者昭二十八年春王三月公如晉次于乾侯二十九年春公至自乾侯居于運何氏云不致以晉者不見容于晉未至晉然此經上言盟于長樗今若又言至自長樗即嫌似次于乾侯然亦不得入晉都故以晉致起其文也云不別至可知者公與二國以上出會盟得意致會不得意不致公與一國出會盟得意致地不得意不致然則此襄公得與晉侯盟宜直致地不致地者以其可知也言成公比失意於晉者即成公十六年秋公會晉侯以下于沙隨不見公傳云前此者晉人來乞師而不與公會晉侯將執公季孫行父曰此臣之罪也於是執季孫行父經又云公會尹子晉侯以下伐鄭傳云成公將會晉厲公會不當期將執公季孫行父曰臣有罪執其君子有罪執其父此聽失之大者也今此臣之罪也舍臣之身而執臣之君吾恐聽失之爲宗廟羞也於是執季孫行父是也○六月公會單子晉侯宋公衛侯鄭伯莒子邾婁子齊世子光己未同盟于雞澤盟下日者信在世子光也【疏】注盟下至光也○解云言信在於世子光若如盟日定否世子光制之

然是以下日以近之由如文十四年注云盟下日者刺諸侯微弱信在趙盾之類何氏何以數言信在正以下十六年傳云諸侯皆在是其言大夫盟何信在大夫也舊解云齊光亢諸侯之禮晉侯貴致大國衆人畏之故郄日以待之非也

陳侯使袁僑如會其言如會何据曹伯襄言會諸侯鄫子言會盟○僑其驕反【疏】注据曹伯襄言會諸侯者即僖二十八年冬曹伯襄復歸于曹遂會諸侯圍許是也云鄫子言會盟者即僖十九年鄫子會盟于邾婁是也後會也不直言會盟者時諸侯不親與袁僑盟又下方殊及之【疏】注不直至及之○解云若其諸侯親與之盟宜云公會單子晉侯以下盟于雞澤陳侯使袁僑來會盟正由諸侯不新與之盟故止得言如會矣云又下方殊及之者即下云及諸侯之大夫及陳袁僑盟是也言下方殊文道及陳袁僑盟是以此處未勞道會盟

戊寅叔孫豹及諸侯之大夫及陳袁僑盟曷爲殊及陳袁僑据俱諸侯之大夫也言之大夫者辟諸侯與大夫皆盟爲其與袁僑盟也陳鄭楚之與國陳侯有慕中國之心有疾使大夫會諸侯欲附疏不復備責遂與之盟共結和親故殊之起主爲與袁僑盟也復出陳者喜得臣國也不重出地有諸侯在臣繫君故因上地○爲其于僞反注同不復扶又反下同重直用反【疏】注陳鄭至國也○解云即宣十一年夏楚子陳侯鄭伯盟于辰陵是也知有慕中國之心者正謂使大夫如會是也且僖八年鄭伯乞盟之下注云時鄭伯欲與楚不肯自來盟處其國遣使挹取其血而請與之約束無汲汲慕中國之心故抑之使若叩頭乞盟者也不録使者方抑鄭伯使若自來也然則鄭伯無慕中國之心抑言乞盟又不録其使則今不言乞盟又録其使則有慕中國之心明矣又知有疾者非直以其不自來又見下四年三月陳侯午卒矣云復出陳者喜得陳國也者欲決成二年及國佐盟于袁婁之經彼不重言齊今重言陳者喜得陳國故也孔子曰書之重辭之復嗚呼不可不察其中必有美者焉是以僖四年傳云曷爲再言盟喜服楚也故此注云復出陳者喜得陳也春秋意必如此者正以楚人強盛諸夏微弱陳侯背楚故喜得之所以奪夷狄之勢益諸夏之榮也○注不重出地○解云正決襄二十七年夏叔孫豹會晉趙武楚屈建以下于宋秋七月辛巳豹及諸侯之大夫盟于宋彼所以再出地者正以上無君故也今諸侯在臣繫於君故因上地矣下十六年春公會晉侯以

下于溴梁戊寅大夫盟之下不重出地者亦以爲諸侯在臣繫于君得因上地故彼注云不重出地者與三年雞澤大夫盟同義是也○秋公至自會○冬晉荀罃帥師伐許

四年春王三月已酉陳侯午卒○夏叔孫豹如晉○秋七月戊子夫人弋氏薨○弋氏以職反莒女也左氏作姒氏〔疏〕四年至夫人弋氏薨○解云左氏經作姒氏字聲勢與此同○定弋者何○解云欲言君母謚不言成欲言是妾卒葬並見故執不知問○葬陳成公○八月辛亥葬我小君定弋定弋者何襄公之母也定弋莒女也襄公者成公之妾子○定弋左氏作定姒〔疏〕注定弋至妾子○解云正以鄫世子巫者莒之外孫下五年傳意以爲與襄公爲舅出故知弋氏爲莒女也○冬公如晉○陳人圍頓

五年春公至自晉○夏鄭伯使公子發來聘

○叔孫豹鄫世子巫如晉外相如不書此何以書据晉郤克與臧孫許同時而聘于齊不書○巫亡扶反〔疏〕注据晉至不書○解云成二年傳云云者是也然則臧孫許不書者自是恥之故也而郤克聘齊不書之者是外相如例不書故也是以据之若然桓五年夏齊侯鄭伯如紀傳云外相如不書此何以書何氏云据蔡侯東國卒于楚不言如也何氏彼据蔡侯此据郤克者欲逐其相類故也何者彼齊侯鄭伯是君且事不干魯故据蔡侯卒于楚不言如矣此鄫世子巫事非親且叔孫豹率之故據晉大夫與臧孫許俱行者所引譬連類得其象也且其齊鄭如紀州公如曹皆得書者彼文悉有成解爲叔孫豹率而與之俱也以不殊鄫世子俱言如也○爲于僞反〔疏〕注以不至如也○解云正以不言及鄫世子與叔孫共作一文故知叔孫率之矣叔孫豹則曷爲率而與之俱据非內大夫蓋舅出也巫者鄫前夫人襄公母姊妹之子也俱莒外孫故曰舅出〔疏〕蓋舅出也者○解云謂巫是襄公舅氏之所出姊妹之子謂之出也言蓋者公羊子不受于師故疑若下傳蓋

欲立其出也之類或言此蓋宜訓爲皆若屬三年傳云蓋通于下似蓋云歸哉之類言襄公與巫皆是一舅姊妹之子也莒將滅之故相與往殆乎晉也殆疑凝讞于晉齊人語○凝讞魚竭反莒將滅之則曷爲相與往殆乎晉据當以兵救之取後乎莒也其取後乎莒奈何莒女有爲鄫夫人者蓋欲立其出也時莒女嫁爲鄫後夫人夫人無男有女還嫁之于莒有外孫鄫子愛後夫人而無子欲立其外孫主者善之得爲善者雖揚父之惡救國之滅者可也○仲孫蔑衛孫林父會吳于善稻不殊衛者晉侯欲會吳于戚使魯衛先通好見使畀故不殊蓋起所恥○善稻左氏作善道好呼報反〔疏〕注書者善之○解云六年秋莒人滅鄫然則不能救滅而得善之者雖不能救有言之功故也○秋大雩先是襄公數用兵圍彭城城虎牢三年再會四年如晉踰年乃反○又賦斂重恩澤不施所致○數所角反斂力驗反〔疏〕注先是至所致○解云圍彭城在元年春即經云仲孫蔑

會晉欒黶以下圍彭城是也其城虎牢者在上二年冬遂城牢是也云三年再會者蓋爲三年六月公會單子晉侯以下同盟于雞澤下云戊寅叔孫豹及諸侯之大夫及陳袁僑盟是也雖是一出行頻有二事停車費重而致旱緣是之故得作然解云四年如晉踰年乃反者即上四年冬公如晉五年春公至自晉是也其元年夏仲孫蔑會齊崔杼以下次于合二年秋叔孫豹如宋冬仲孫蔑會晉荀罃以下于戚於此諸事豈不爲費而注不言之者正以元年舉圍彭城二年舉城虎牢三年舉再會四年舉如晉年舉一事備而言之見其致旱之由而已其餘不足舉者文略不悉耳其三年再會並舉之者以其皆會事可以一言而盡故也○楚殺其大夫公子壬夫○公會晉侯宋公陳侯衛侯鄭伯曹伯莒子邾婁子滕子薛伯齊世子光吳人鄫人于戚吳何以稱人据上善稻之會不稱人〔疏〕楚其大夫公子壬夫○解云春秋之內君殺大夫皆至葬時別有罪無罪今吳楚之君例不書葬不作他文以別之者蓋以略夷狄故之也吳鄫人云則不

辭孔子曰言不順則事不成方以吳抑鄫國列在稱人上不以順辭故進吳稱人所以抑鄫者經書莒人滅鄫文與巫訴巫當存惡鄫文不見見惡必以吳者夷狄尚知父死子繼故以甚鄫也等不使鄫稱國者鄫不如夷狄故不得與夷狄同文○惡鄫烏路反不見賢徧反【疏】注所以抑至不見○解云經書言莒人滅鄫者在下六年秋其經稱人似與黜之云文與巫訴者即上文世子巫如晉是也許之訴即合存之義然則上下二經皆非鄫咎故曰惡鄫文不見也

公至自會○冬戍陳孰戍之諸侯戍之曷爲不言諸侯戍之据下救陳言諸侯【疏】注据下救陳言諸侯○解云謂歷敘諸侯即下文云公會晉侯以下救陳是也離至不可得而序離至離別前後至也陳坐欲與中國被強楚之害中國宜雜然同心救之乃解怠前後至故不序以刺中國之無信○雜然七合反又如字十年注同解古賣反【疏】注陳坐至無信○解云其與中國者謂欲得與中國即上三年陳侯使袁僑如會是也其被強楚之害者正見諸侯戍之故也故言我也言我者以魯至時書與魯微者同文微者同文者使若城楚丘辟魯獨戍之戍例時【疏】注與魯微者同○解云以不載名氏及國直言其事者若莊公二十八年冬築微之文故云與魯微者同文矣云微者同文者使若城楚丘辟魯獨戍之者城楚丘在僖二年彼時亦直言城楚丘作魯微者之文魯之微者焉能獨城乎明其更有餘國是以書月見其非內城今此戍陳之經亦作魯微者之文魯之微者焉能獨戍乎明其更有餘國矣故曰使若城楚丘辟魯獨戍之云戍例時者正以此文直書冬十年冬戍鄭虎牢故知例時也

○楚公子貞帥師伐陳○公會晉侯宋公衛侯鄭伯曹伯莒子邾婁子滕子薛伯齊世子光救陳十有二月公至自救陳○辛未季孫行父卒【疏】十有二月公至自救陳○賈氏云月爲下卒起其義也

六年春王三月壬午杞伯姑容卒始卒更名日書葬者新黜未忍便略也【疏】注始卒至略也○解云案僖二十三年冬十有一月杞子卒而於此言始者彼注云卒者桓公存王者後功尤美故爲表異卒録之然則傳聞之世小國之卒未合書見非其常例矣至所聞之世始合書卒是以於此言始矣文十三年夏五月邾婁子蘧篨卒宣九年秋八月滕子卒其名日與葬皆未書今此盡録故解之也言新黜未忍便略也者即莊二十七年冬杞伯朝注云杞夏後不稱公者春秋黜杞新周而故宋以春秋當新王者以其稟氣先王聖人胤嗣雖其微弱未忍便略之○夏宋華弱來奔○秋葬杞桓公○滕子來朝○莒人滅鄫莒稱人者莒公子鄫外孫稱人者從莒無大夫也言滅者以異姓爲後莒人當坐滅也不月者取後于莒非兵滅【疏】注莒稱人者○解云從莒無大夫即莊二十七年傳莒無大夫此何以書是也○注不月者○解云凡兵滅者例書月即莊十年冬十月齊師滅譚十三年夏六月齊人滅遂之屬是也今此非兵滅故書時矣以此言之即知僖二年晉滅下陽僖十年狄滅溫之屬皆蒙上月矣僖十七年夏滅項彼注云不月者桓公不坐滅略小國僖二十六年秋楚人滅夔何氏云不月者略夷狄滅微國也以此言之則知僖十二年夏楚人滅黃文五年秋楚人滅六之屬亦是略之故也其衞侯燬滅邢楚子滅蕭蔡歸生滅沈之屬皆當文自釋不勞備說○注据譚子言奔者即莊十年齊師滅譚譚子奔莒是也○冬叔孫豹如邾婁○季孫宿如晉○十有二月齊侯滅萊曷爲不言萊君出奔据譚子言奔曷爲于僞反○國滅君死之正也明國當存不書殺萊君者舉滅國爲重○重直用反【疏】注不書至爲重○解云欲決定四年四月庚辰蔡公孫歸生帥師滅沈以沈子嘉歸殺之文也彼注云不舉滅爲重書以歸殺之者責不死位也是也

七年春郯子來朝○郯音談○夏四月三卜郊不從乃免牲○小邾婁子來朝○城費○費音祕○秋季孫宿如衛○八月螽先是郯小邾婁來朝有賓主之賦加以城費季孫宿如衛煩擾之應○螽音終一音鍾○冬十月衛侯使孫林父來聘壬戌及孫林父盟○楚公子貞帥師圍陳○十

有二月公會晉侯宋公陳侯衛侯曹伯莒子邾婁子于鄬。鄬于委反字林凡吹反鄭伯髡原如會未見諸侯丙戌卒于操操者何鄭之邑也諸侯卒其封内不地此何以地据陳侯鮑卒不地。髡原苦門反左氏作髡頑操七報反一音七南反左氏作鄵【疏】鄭伯髡頑如會者。解云正本作頑字亦有一本作原字非也。操者何。解云欲言鄭邑封内不地欲言外邑文不繫外故執不知問其鄵字者非正本也。注据陳至不地。解云即桓五年正月甲戌已丑陳侯鮑卒傳曰曷爲以二日卒之怴也甲戌之日亡己丑之日死而得君子疑焉故以二日卒之是封内卒不地者故据而難之隱之也何隱爾弑也孰弑之其大夫弑之曷爲不言其大夫弑之据鄭公子歸生弑其君夷書。弑殺也音試下及注皆同【疏】注据鄭至夷書。解云在宣四年夏六月書者謂書大夫名氏矣爲中國諱

也曷爲爲中國諱据歸生弑君不爲中國諱爲中于僞反下及注皆同。鄭伯將會諸侯于鄬其大夫諫曰中國不足歸也則不若與楚鄭伯曰不可其大夫曰以中國爲義則伐我喪据城虎牢事【疏】注据城虎牢者。解云上三年經云遂城虎牢傳云虎牢者何鄭之邑也其言城之何取之也取之曷爲不取之爲中國諱也曷爲爲中國諱諱伐喪也是也以中國爲彊則不若楚言楚屬圍陳不能救。屬音燭【疏】注言楚至能救。解云即上文云楚公子貞帥師圍陳終無救文是也於是弑之旤由中國無義故深諱使若自卒。旤由音禍鄭伯髡原何以名据陳侯如會不名【疏】注据陳至不名。解云即僖二十八年五月公會晉侯以下于踐土陳侯如會是也傷而反未至乎舍而卒也舍昨日所舍止處也以操定邑知傷而反也未見諸侯尚往辭知未至舍也云爾者古者保辜諸侯卒名故於如會名之明如會時爲大夫所傷以傷辜死也君親無將見辜者辜内當以弑君論之辜外當以傷君論之。處昌慮反見辜賢偏反【疏】注以操定邑知傷而反也者。解云正以操是鄭邑操本去鄬彌遠是以知其見傷而還。注未見諸侯至舍也者。解云凡言未見者有欲見之理知尚往辭若其迴還至舍便絶未見之義經不應得言未見故如此解。注君親無將。解云莊三十二年傳云君親無將將而必誅故此注引之其弑君論之者其身梟首其家執之其傷君論之其身斬首而已罪不累家漢律有其事然則知古者保辜者亦依漢律律文多依古事故知然也未見諸侯其言如會何致其意也鄭伯欲與中國意未達而見弑故養遂而致之所以達賢者之心【疏】未見諸侯其言會何。解云上陳侯如會表僑如會之輩皆是至會今鄭伯既言未見諸侯而言如會故据未見而難之陳侯逃歸起鄭伯欲與中國卒逢其禍諸侯莫有恩痛自疾之心於是懼然後逃歸故書以刺中國之無義加逃者抑陳侯也孔子曰夷狄之有君不如諸夏之亡不當背也。背音佩

八年春王正月公如晉月者起鄬之會鄭伯以弑陳侯逃歸公獨脩禮於大國得

自安之道故善録之。以殺音試○夏葬鄭僖公賊未討何以書葬爲中國諱也据順事上使若無賊然不月者本實當去葬責臣子故不足也。爲中于僞反去起呂反【疏】賊未討何以書葬。解云正以隱十一年傳云春秋弑君賊不討不書葬以爲無臣子也是以弟子据而難之。注不月者。解云本實當去葬責臣子故不足也者正以卒日葬月達於春秋大國之例今鄭爲大國不月故如此解○鄭人侵蔡獲蔡公子燮此侵也其言獲何据宋師敗績獲宋華元戰乃言獲也。燮素協反【疏】獲蔡公子燮者穀梁作公子濕。注据宋至獲也。解曰即宣二年春宋華元帥師及鄭公子歸生帥師戰于大棘宋師敗績獲宋華元是也公羊之義以爲犄者曰侵故如此解侵而言獲者適得之也時適遇值其不備獲得之易不言取之者封内兵不書嫌如子糺取一人故言獲起有兵也又將兵禦難不明候伺雖不戰鬭當坐獲。易以豉反難乃旦反伺音司又息嗣反【疏】注易不言取之者。解云春秋之義取爲易辭故隱十年鄭伯伐取之傳云其言伐取之何易

也者是春秋之義封内之兵例不書之故定八年傳云公斂處父帥師而至經不書之是也莊九年齊人取子糾殺之者者是取一人之文凡言獲者用兵之文即獲宋華元獲陳夏齧之輩是也然則此傳言適得之即是易之甚者所以不言取之者其人是時將兵拒鄭但未至鬭戰封内之兵例所不書既不得書有蔡師若言鄭人侵蔡取公子燮則嫌如莊九年齊人取子糾殺之然但取一人而已故言獲起其文是時亦將兵來云又將兵禦難不明伺候雖不戰鬭當坐獲者以謂蔡公子燮當以被獲爲坐罪何者以其於守禦之道不足故也

○季孫宿會晉侯鄭伯齊人宋人衛人邾婁人于邢丘邢音刑○公至自晉○莒人伐我東鄙○秋九月大雩由城費公比出會如晉莒人伐我動擾不恤民之應〔疏〕注由城至之應○解云城費在七年夏也公比出會者即五年冬公會晉侯以下救陳七年十二月公會晉侯以下于鄬是也如晉者即今年正月公如晉是也莒人伐我者即今年夏莒人伐我東鄙是也或者公比出會者即七年公會晉侯以下于鄬今年季孫宿會晉侯以下于邢丘是也然則季孫宿會而言公比出會者略舉以言之是以不復別也○冬楚公子貞帥師伐鄭○

公羊注疏卷十九　十三

晉侯使士匄來聘

九年春宋火曷爲或言災或言火大者曰災小者曰火大者謂正寢社稷宗廟朝庭也下此則小矣災者離本辭故可以見火○宋火二傳作宋災離力智反見賢遍反〔疏〕言火者○解云左傳穀梁作宋災曷爲或言災者莊二十年夏齊大災襄三十年宋災之類是○大者曰災小者曰火○解云五行書云害物爲災不害物爲異者謂雪霜水旱蠻螽之屬非謂火害與否與此非妨矣○注災者至見火○解云本實是火而謂之災離其本體故曰離本辭災者害物之名故可以見其大於火也然則何氏以爲春秋之義不記人火火者皆是天害也但害於大物則言災害於小物則言火且不如左氏人火曰火故如此注所以然者正以春秋之義重於天道略於人事人火之難何足記也然則内何以不言火据西宮災不言火〔疏〕注据西至言火○解云即僖二十年夏五月乙巳西宮災傳云西宮者何小寢也彼注云西宮者小寢内室楚女所居也以其非正寢社稷宗廟朝廷故謂之小若然桓十四年秋八月壬申御廩災亦應是小所以不据之者以其御用於宗廟之物於小義不強豈似西宮爲小寢内室乎内不言火者甚之也春秋以内爲天下法動作當先自克責故小有火如大有災何以書記災也外災不書此何以書爲王者之後記災也是時周樂已毀先聖法度浸疏遠不用之應○爲王于僞反浸子鴆反〔疏〕外災不書○解云莊十二年秋宋大水之下傳云外災不書此何以書注云据鄒移不書是也○爲王者之後記災也○解云春秋之義詳内而略外是以外災例不錄而書者皆善文又皆有傳釋不勞備載也○注是時至之應○解云宣十六年夏成周宣謝災傳云成周者何東周也宣謝者何宣宮之謝也彼注云宣宮周宣王之廟傳云何言乎成周宣謝災樂器藏焉爾注云宣王中興所作樂器天災中興之樂器示周不復興是也然則宣公十六年時周樂已毀而宋是王者之後先聖法度所存今復災之是法度浸疏遠不用之應也夏季孫宿如晉○五月辛酉夫人

公羊注疏卷十九　十四

姜氏薨○秋八月癸未葬我小君繆姜○冬公會晉侯宋公衛侯曹伯莒子邾婁子滕子薛伯杞伯小邾婁子齊世子光伐鄭十有二月己亥同盟于戲事連上伐不致者惡公服繆姜喪未踰年而親伐鄭故奪臣子辭○戲許宜反惡烏路反〔疏〕注事連至子辭○解云莊六年傳得意致會不得致伐者謂公與二國以上會伐並有之時若公與二國以上出會盟得意致會不得意不致也然則今此若直同盟于戲而已容或不致今事連上伐若其得意宜致會若其不得意宜致伐無不致之理而今不致者惡其母服未期親自用兵不子之甚故不書致言奪臣子辭者正以凡書致者皆是臣子喜其君父脫危而至今不書致似若不脫然故曰奪臣子辭楚子伐鄭

十年春公會晉侯宋公衛侯曹伯莒子邾婁子滕子薛伯杞伯小邾婁子齊世子光會吳

于柤○柤莊加反○夏五月甲午遂滅偪陽○偪音福又彼力反

（疏）遂滅偪陽○解云左氏經作偪字音夫目反一音逼近之逼而南州人云道仍有偪陽之類如逼近之逼矣

公至自會滅日者甚惡諸侯不崇禮義以相安反遂爲不仁開道彊夷滅中國中國之禍連蔓日及故疾録之滅止于取邑例不當書晉書致者深諱若公與上會不與下滅○惡烏路反道音導蔓音萬公與音預下同

（疏）注滅日至下滅○解云凡滅例月即莊十年冬十月齊師滅譚十三年夏六月齊人滅遂之屬是今乃書日故如此解也言反遂爲不仁者則此經遂滅偪陽是也云開道彊夷者昭八年夏楚人執陳行人于徵師殺之冬十月壬午楚師滅陳執公子招放之于越殺陳孔瑗十一年冬四月丁巳楚子虔誘蔡侯般殺之于申楚公子棄疾帥師圍蔡冬十一月丁酉楚師滅蔡執蔡世子有以歸用之三十年冬十有二月吳滅徐徐子章禹奔楚定十四年楚公子結帥師滅頓以頓子牄歸十五年春楚子滅胡以胡子豹歸之屬皆是彊夷迭害諸夏故言連蔓日及是以變例書日疾而録之云滅比云云者春秋之義士書致者正欲別其得意以不故莊六年傳曰得意致會不得意致伐是也若取邑例不書致所以然者取得他邑得意明矣何勞書致以見之乎是以僖三十三年夏公伐邾婁取叢何氏云取邑不致者得意可知例是也然則滅得他國義如取邑故曰滅比取邑亦不當致而致之者深爲内諱使若公不與滅事故也

○楚公子貞鄭公孫輒帥師伐宋○晉師伐秦○秋莒人伐我東鄙○公會晉侯宋公衛侯曹伯莒子邾婁子齊世子光滕子薛伯杞伯小邾婁子伐鄭○冬盜殺鄭公子斐公子發公孫輒不言其大夫者降從盜故與盜同文○斐芳尾反左氏作騑

（疏）冬盜殺云云○解云凡春秋之事君殺大夫稱國即僖七年鄭殺其大夫申侯之屬是也大夫相殺稱人即文九年晉人殺其大夫先都之屬是也今此士殺其大夫故言盜矣是以文十六年傳云大夫弒君稱名氏賤者窮諸人注云賤者謂士也士正自當稱人大夫相殺稱人賤者窮諸盜注云降大夫使稱人降士使稱盜者所以別死刑有輕重也者是其士殺大夫稱盜之義也○注不言其至同文○解云士正自當稱人宜言鄭人殺其大夫某甲今不言其大夫者正以士既降從盜故與盜同文也其盜殺者即哀四年春盜弒蔡侯申傳云弒君賤者窮諸人此其稱盜以弒何賤乎賤者也賤乎賤者孰謂謂罪人也彼注云罪人者未加刑也蔡侯近罪人卒逢其禍故以爲人君深戒不言其君者方當刑放之與刑人義同然則盜殺蔡侯申不言其君今此士殺大夫降之言盜亦不言其大夫與實盜同故云降從盜故與盜同文也而哀四年注云當刑放之與刑人義同者襄二十九年夏五月閽弒吳子餘祭傳云閽者何門人也注云以刑人爲閽非其人故變盜言閽君子不近刑人近刑人則輕死之道也注云不言其君者公家不畜士庶不友放之遠地欲去聽所之故不繫國不繫國故不言其君然則刑人所止不常厥居若故出奔任其所願由此之故不合繫國既不繫國則君臣義盡是以春秋去君父以見之其殺蔡侯者由未加刑而亦不言其君者方當刑放故與刑人同義也

○戍鄭虎牢孰戍之諸侯戍之曷爲不言諸侯戍之離至不可得而序故言我也剌諸侯既取虎牢以爲蕃蔽不能離然同心安附之○爲蕃方元反

（疏）戍鄭虎牢云云○解云五年陳戍之下已有傳而復發者葢嫌國邑不同故也注既取虎牢者即二年冬遂城虎牢傳云虎牢者何鄭之邑也其言城之何取之也取之曷爲不言取之爲中國諱也曷爲爲中國諱諱伐喪也是也

諸侯已取之矣曷爲繫之鄭據莒牟夷以牟婁來奔本杞之邑不繫于杞

（疏）注據莒至于杞○解云即昭五年莒牟夷以牟婁及防茲來奔是也云本杞之邑即隱四年二月莒人伐杞取牟婁是也

諸侯莫之主有故反繫之鄭諸侯本無利虎牢之心欲共以距楚爾無主有之者故不當坐取邑故反繫之鄭見其意也所以見之者上諱伐喪不言取今剌戍之舒緩嫌於義反故正之云爾○諸侯莫之主有絶句見其賢偏反下同

（疏）注所以見之者○解云上諱伐喪不言取者即二年冬遂城虎牢傳云云是也不言取諱之似不合取既不合取戍之舒緩即不合剌而今剌之義似違是以春秋繫之於鄭見無主有明欲拒楚實無貪利即諸侯取之不合罪坐也故云不當坐取邑耳

○楚公子貞帥師救鄭○公至自伐鄭

十有一年春王正月，作三軍。三軍者何？三卿也。為軍置三卿官也。卿大夫爵號大同小異，方據上卿道中下，故揔言三卿。○為軍于僞反，年末同。【疏】作三軍○解云：公羊以為王官之伯，宜半天子，乃有三軍。魯為州牧，但合二軍，司徒司空將之而已。今更益司馬之軍，添滿三軍，是以春秋書而譏之，故曰作三軍。是以隱五年注「禮，天子六師，方伯二師，諸侯一師」，是其一隅也。何氏之意，以軍與師得為通稱，而臨時名耳，是以或言軍，或言師，不必萬二千五百人為軍也。○三軍者何也○解云：欲言先有，不應言作；欲言先無，軍是常役，故執不知問。○注為軍至官也○解云：魯人前此止置司徒司空以為將，下各有小卿二人輔助其政。其司馬事省，蓋揔監而已，故但有一小卿輔之。今更置中軍，司馬將之，亦置二小卿輔助其政，故曰為軍置三卿官也。然則問者云「三軍者何」，師荅之云「三卿也」者，謂言作三軍者，正是致司馬之職，三卿之官為軍將也。○注卿大至小異○卿大夫者，皆是爵號，但大同小異而已。若揔而言之，皆曰卿大夫；若別而異之，乃貴者曰卿，賤者曰大夫耳。如此注者，欲道一卿二大夫所以揔名三卿之意也。○注方據至三卿○解云：言卿與大夫，析而言之，其實有異，而皆謂之卿者，方據

上卿，言其中下者遂得卿稱，故得通言三卿也。其二小卿謂之中下者，蓋二者相對，有尊卑，若似大司馬敘官云「大司馬卿一人，小司馬中大夫，軍司馬下大夫」然。作三軍何以書？欲問作多書乎？作少書乎？故復全舉句以問之。○復扶又反。【疏】注欲問至問之○解云：欲道所以不直言何以書而舉作三軍者，弟子之意，欲問春秋之義，書其作三軍者，為是嫌其作軍大多而書乎？為是嫌其大少而書乎？故復全舉經文一句軍之頭數問之。若直言何以書，但問主書，無以見其數，故言此也。譏。何譏爾？古者上卿、下卿、上士、下士。説古制司馬官數。古者諸侯有司徒、司空，上卿各一，下卿各二；司馬事省，上下卿各一，上士相上卿，下士相下卿，足以為治。襄公委任強臣，國家內亂，兵革四起，軍職不共，不推其原，乃益司馬，作中卿官，踰王制，故譏之。言軍者，本以軍數置之。月者，重錄之。○省所景反。相，上息亮反，下同。治，直吏反。共音恭。【疏】注説古制○解云：言古者司馬一官，但上卿一人，下卿一人，上士一人，下士一人而已。所以爾者，以其事省，不作軍將故也。○注古者至為治○解云：何氏之意，知古者但有司徒司空典事者，正以詩云「乃召司徒，乃召司空」，不見司馬，故知司馬事省，揔監而已。然則司

徒卿一人，其大夫二人；司空卿一人，其大夫二人；司馬卿一人，其大夫一人。所謂諸侯之制，三卿五大夫矣。云襄公委任強臣者，謂三家季孫宿之徒是也。云國家內亂者，謂舉事不由君命，即下十二年遂入運之屬是也。云乃益司馬作中卿官踰王制故譏之者，言乃益司馬，謂添益其職內也。作中卿官者，謂於司馬內更作一卿，官尊于小卿，故曰作中卿官也。言踰王制者，謂過于先王舊制。云言軍者本以軍數置之，求其實置中卿而言作三軍者，言本所以置此中卿官者，正欲令助司馬為軍將，將三軍，故曰本以軍數置之。云月者重錄之者，此事無例，不可相決，但言重失禮，故詳言之。○夏四月，四卜郊不從，乃不郊。成公下文不致，此致者，襄公但不免牲爾，不怨懟，無所起。○懟直類反。【疏】注成公至所起○解云：成十年夏四月，五卜郊不從，乃不郊。傳云：「其言乃不郊何？不免牲，故言乃不郊也。」下云「五月，公會晉侯以下伐鄭」，注云：「不致者，成公數卜郊不從，怨懟，故不免牲。不但不免牲而已，故奪臣子辭以起之」者，是其成公下文不致之文也。今何氏難明前義，故令上下相曉也。○鄭公孫舍之帥師侵宋。○公會晉侯、宋公、衛侯、曹伯、齊

世子光、莒子、邾婁子、滕子、薛伯、杞伯、小邾婁子伐鄭。○秋七月己未，同盟于京城北。○京城北，左氏作亳城北。【疏】同盟于京城北○解云：穀梁與此同，左氏經作亳城北，服氏之經亦作京城北，乃與此傳同之也。公至自伐鄭。○楚子、鄭伯伐宋。○公會晉侯、宋公、衛侯、曹伯、齊世子光、莒子、邾婁子、滕子、薛伯、杞伯、小邾婁子伐鄭，會于蕭魚。此伐鄭也，其言會于蕭魚何？據伐鄭常難，今有詳錄之文。○難乃旦反。【疏】注據伐至之文○解云：謂以上伐鄭，多以伐致，作不得意之文，故曰常難。言今有詳錄之文者，謂錄其會蕭魚，并下文公至自會之屬是也，與前經異，故難之。蓋鄭與會爾。中國以鄭故，三年之中五起兵，至是乃服，其後無干戈之患二十餘年，故喜而詳錄其會，起得鄭為重。○與音預。【疏】注中國至為重○解云：即上文九年冬公會晉侯以下伐

鄭同盟于戲一也十年秋公會晉侯以下伐鄭二也冬戍鄭虎牢三也今年公會晉侯以下伐鄭同盟于京城北四也通此則五矣故曰三年之中五起兵耳云至是乃服者非直鄭人與會下文公以會致亦是其服文矣云其後無干戈之患二十餘年者謂鄭之遂服不復伐之不謂不伐餘國即下十四年夏叔孫豹會晉荀偃以下伐秦十八年公會晉侯以下同圍齊之屬是言二十餘年謂不滿得三十年至昭公之時屬楚滅陳蔡蠻夷内侵乃是諸夏之患故言此　公至自會○

楚人執鄭行人良霄○霄音消○冬，秦人伐晉為楚救鄭

〔疏〕注爲楚救鄭○解云爲楚救鄭之義出左氏傳矣

監本春秋公羊注疏襄公卷第十九

公羊注疏卷十九挍勘記　阮元撰盧宣旬摘錄

公羊注疏襄公卷十九唐石經襄公第九卷入

元年

后知其意欲逐君側之惡人　閩監毛本同按后當作後

猶有屈彊臣之助　閩監毛本同誤也鄂本助作功解亦云雖不能誅猶有屈魚石之功當據以訂正

書者至之助　鄂本助作功

后莒牟夷以牟婁來奔　閩監毛本同鄂本后作後當據正下注同疏中亦誤作后

齊國夏曷爲與石曼姑帥師圍戚　浦鏜云石上脱衛○按浦說與哀三年傳合

夏晉韓屈帥師伐鄭　唐石經諸本同解云左傳穀梁屈作厥

次于合　釋文于合二傳作鄫解云左傳合作鄫字

秋楚公子壬夫帥師侵宋　唐石經公子壬夫四字磨改

揖讓而入門　今禮記無而字

二年

鄭伯睔卒　唐石經諸本同釋文伯睔古困反九經古義云古今人表鄭成公綸師古曰綸音工頑反又泠綸氏服虔曰淪音鰥鰥與昆同音故綸淪字皆讀爲鰥

爲中國諱也　疏中標注有諱伐喪也四字解云考諸古本皆無此注且與下傳文煩重若有注者是衍字按今本無此注是也

据莒伐杞取牟婁不爲中國諱　諸本同按此注當衍釋文本有此疏本無之是也釋

文晉傳爲中云于僞反下及注并下文鄭爲皆同此陸本有注之證解云正据莒人取牟婁不爲中國諱矣而何氏不注之者以上文巳据取牟婁是以不能重出此疏本無注之證淺人襲疏語爲之而未覺其與上複也

諱伐喪也鄂本諱上有注字

三年

公至自晉鄂本與上長㮚合爲一節

成公比失意如晉鄂本如作于此誤疏云言成公比失意於晉者于作於爲是當據正

由如文十四年注云浦鏜云由當作猶按由與猶通

注据曹伯襄言會諸侯者閩監毛本無者字有解云

起主爲與袁僑盟也鄂本無與字

今重言陳者毛本陳誤成

四年

夫人弋氏薨唐石經諸本同解云左氏經作姒氏字聲勢與此同

五年

据晉郤克與莊孫許閩監毛本同誤也鄂本莊作臧當據正疏中作臧孫許不誤

蓋舅出也者閩監毛本删者字是也

凝讞于晉閩監毛本凝作疑此誤按釋文疑魚竭反如作凝不得音魚竭反矣此本載音義亦誤凝

主者善之監毛本同閩本作書者善之鄂本作主書者善之閩監毛本互脱一字

恩澤不施所致鄂本施下有之此脱

圍彭城在元年春閩本同監毛本春誤是

圍彭城是也閩本同監毛本是誤春

蓋爲三年六月浦鏜云爲當謂字誤

蓋以略夷狄故之也閩監毛本脱之按故之當作之故

邾婁子唐石經諸本同左氏穀梁作邾子

文與巫訴鄂本同閩監毛本文誤又疏同

冬戍陳唐石經閩本同監毛本戍誤戌下同

公會晉侯宋公衛侯鄭伯曹伯莒子邾婁子滕子薛伯唐石經諸本同左氏無莒子邾婁子滕子薛伯穀梁與此同無婁字

六年

始卒更名日昔葬者鄂本更作便

楚人滅蘷浦鏜云公羊經作隗公穀作夔

不勞備説注据譚子言奔者閩監毛本分注据譚子以下疏文於齊侯滅萊傳注下

滅舉滅爲重閩監毛本作舉國滅爲重脱國字

七年

鄭伯髡原如會唐石經作髡原釋文髡原左氏作髡頑疏本作髡頑解云正本作頑字一本作原非也按疏文所據之本較之釋文多得其正

鄭伯髡頑如會者閩監毛本删者

曷爲二日卒之按桓五年傳二上有以字

鄭伯曰不可唐石經諸本同昭十二年疏引作鄭伯不可無曰字

則伐我喪按昭十二年疏引作卽伐誤

注据城虎牢者　閩監毛本者作事是也案事下當有者字

取之曷爲不取之　傳作則曷爲不言取之○補案此本此疏諱伐之下喪也之上空二格當是此句有脫

禍由中國無義　鄂本同閩監毛本禍作旤釋文亦作旤音禍

以操定邑　鄂本定作鄭此誤

其傷君論之　下當脫者字

故養逐而致之　監毛本同誤也鄂本閩本逐作遂當據正

未見諸侯其言會何　毛本作其言如會何與傳合

八年

探順事上　鄂本作上事

春秋弑君賊不討　閩監毛本作君弑今傳同

獲蔡公子燮　唐石經鄂本閩本同監毛本燮作爕非疏云穀梁作公子濕毛本改作溼

嫌如子糺取一人　鄂本同閩監毛本糺作糾

不明伺候　閩監毛本作候伺注及釋文同

九年

故可以見火　諸本同浦鏜云大誤火按解云災者害物之名故可以見其大於火也浦按是

先聖法度　鄂本先誤失

成周宣謝火　浦鏜云災誤火○按宣十六年經作災

十年

遂滅偪陽　唐石經諸本同釋文偪音福又彼力反解云左氏經作偪字音夫目反一音逼近之逼左氏音義偪陽徐甫目反又彼力反本或作逼按左氏經當本作偪陽穀梁作傳陽九經古義云古今人表作偪陽漢書地理志及續漢志皆作傳陽

不當書晉　鄂本晉作致此誤

深諱若公與上會　鄂本諱下有使字此脫○按正義本有使字

五年陳戍之下　浦鏜云戍陳誤倒○按浦說是也又按戍字从人戈戌字从戊一版本多亂前後皆當以此正之

十有一年

三軍者何也　閩監毛本無也字

若似大司馬敘官云　何按本同閩監毛本似改是○按隱三年疏亦云若似蓋云歸哉言若似者重累言之

襄公委任强臣　閩監毛本同鄂本强作彊按公羊注彊弱字皆作彊今本彊强錯出

軍職不共　鄂本共作恭釋文不共音恭

同盟于京城北　唐石經諸本同解云穀梁與此同左氏經作亳城北服氏之經亦作京城北九經古義云京城地在滎陽隱元年傳謂之京城大叔是也亳城無考當從公穀爲正

公羊注疏卷十九校勘記終

工部屯田司員外郎胡祖謙校

監本春秋公羊注疏襄公卷第二十 起十二年盡二十四年

何休學

十有二年春王三月莒人伐我東鄙圍台邑不言圍此其言圍何伐而言圍者取邑之辭也伐而不言圍者非取邑之辭也外取邑有嘉惡當書不直言取邑者深恥中國之無信也前九年伐得鄭同盟于戲楚伐鄭不救卒爲鄭所背中國以弱蠻荆以强兵革亟作蕭魚之會服鄭最難不務長和親復相貪犯故諱而言圍以起之月者加責之○台他來反又音臺背音佩亟去冀反難乃旦反長丁丈反〔疏〕邑不言圍○解云隱五年冬宋人伐鄭圍長葛傳云邑不言圍注云据伐於餘丘不言圍也今此不注者從彼可知矣○注外取至責之○解云凡外取魯邑有所嘉有所惡皆當書見昭二十五年冬齊侯取運傳云外取邑不書此何以書爲公之也彼注云爲公取運以居公善其憂内故書者是其有嘉而書也宣元年六月齊人取濟西田傳云外取邑不書此何以書所以賂齊也曷爲賂齊爲弑子赤之賂也注云子赤齊外孫宣公篡弑之恐爲齊所誅爲是賂之故諱使若齊自取之者月者惡内甚於邾婁子益者是其有惡書也故言外取邑有嘉惡當書也然則外取魯邑有所嘉有所惡當書取今亦有所惡所以不直言取邑而言圍者深恥中國之無信故也云前九年伐得鄭知九年伐得鄭者以上言公會晉侯以下即言同盟于戲是其伐得之也言楚伐鄭不救者即下文楚子伐鄭經無救鄭之文是也言卒爲鄭所背者即十年夏楚公子貞鄭公孫輒帥師伐宋是其背諸夏之文云兵革亟作者即前年注云三年之中五起兵是也云蕭魚之會服鄭最難者正以三年之中五起兵然後得之直會于蕭魚蕭魚鄭人與會而已經無同盟之文故知服鄭最難矣云故諱而言圍以起之者不直言取而諱之言圍作無所嘉惡之文者欲以起禍深不可言故也知此莒人伐我東鄙圍台之經爲文者正以此傳作常文釋之云伐而言圍者取邑之辭也伐而不言圍者非取邑之辭也下十五年夏齊侯伐我北鄙圍成十七年秋齊侯伐我北鄙圍洮齊高厚帥師伐我北鄙圍防之屬皆從此文而不釋故知常文明矣若此是義之經至齊高厚之下傳當解之云月者加責之者欲道下十七年秋齊侯伐我北鄙圍洮及高厚圍防之屬皆不書月故知此特月加而責之故也而十五年圍成之下注云俱犯蕭魚此不月十二年月者疾始可知者正以去此勢近故令從此義十七年者差遠故不復解之○季孫宿帥師救台遂入運遂入運者討叛也封内兵書者爲遂舉討叛惡遂者得而不取與不討同故言入起其事○〔疏〕注入運討叛也○解云昭元年三月取運運者何内之邑也其言取之何不聽也何氏云不聽者叛也不言叛者爲内諱故書取以起之然則運者是内邑而季孫入之故知討叛也○注封内兵書者爲遂舉○解云春秋之義封内之兵例所不書即定八年傳云公斂處父帥師而至經不書之是也今書救台與入運者爲惡季孫之遂是以舉之○注討叛至其事○解云春秋之義大夫出竟有可以安社稷利國家者專之可也然則討叛之事可以容其專之而惡其遂者正以得而不取與不討莫異知得而不取者正以經書入故也是以隱二年夏莒人入向之下傳云入者何得而不居也案下注云季孫宿遂取鄆以自益其邑然則此言得而不取者謂雖得運不取以入國家非謂全不取也言故書入起其事者以起其不取運以入國家之事也大夫無遂事此其言遂何公不得爲政爾時公微弱政教不行故季孫宿遂取鄆而自益其邑〔疏〕大夫無遂事云云○解云莊公十九年公子結之下已發此傳今此復言之者嫌討叛不惡遂故明之○注季孫宿至其邑○解云遂者專事之辭言季孫自專取鄆故言遂取鄆也知以自益其邑者正以討叛邑而不入國家故知以自益其邑也夏晉侯使士彭來聘○秋九月吳子乘卒至此卒者與中國會同本在楚後賢季子因始卒其父是後亦欲見其迭爲君卒皆不日吳遠于楚○迭大結反○〔疏〕夏晉侯使士彭來聘○解云考諸正本皆作士魴字若作士彭者誤矣○注至此至其父○解云案宣十八年秋楚子旅卒而吳至是乃書卒者正以其與中國會同本在楚後是以春秋略之不書卒但因季子之賢乃始卒其父矣僖十九年冬會陳人蔡人楚人鄭人盟于齊二十一年春宋人齊人楚人盟于鹿上秋宋公楚子陳侯以下會于霍成十五年冬叔孫僑如會晉士燮以下會吳于鍾離然則於傳聞之世楚人數與中國會同至所聞之世吳人乃會故云與中國會同本在楚後也知賢季子乃始卒其父者正以吳子乘不慕諸夏會大晚理宜略之今得書卒問其有因是以二十九年夏吳子使札來聘之下傳云吳

無君無大夫此何以有君有大夫賢季子也何賢乎季子讓國也賢季子則吳何以有君有大夫以季子爲臣則國宜有君者也札者何吳季子之名也春秋賢者不名此何以名許夷狄者不壹而足也季子者所賢也曷爲不足乎季子許人臣者必使臣許人子者必使子也彼注云緣臣子尊榮莫不欲與君父共之故不足乎季子所以隆父子之親也以此言之則知由賢季子卒其父也○注是後至爲君○解云今書其父卒亦欲見其四子迭爲君之義故也襄二十九年傳云其讓國奈何謁也餘祭也夷眛也與季子同母者四季子弱而才兄弟皆愛之同欲立之以爲君謁曰今若是迮而與季子國季子猶不受也請無與子而與弟弟兄迭爲君而致國乎季子皆曰諾故諸爲君者皆輕死爲勇飲食必祝是其迭爲君之事○注卒皆不日吳遠於楚○解云言皆不日者即此文書九月下二十五年冬十二月吳子謁伐楚門于巢卒昭十五年春王正月吳子夷眛卒之屬故云卒皆不日也言吳遠於楚者正以宣十八年秋七月甲戌楚子旅卒下十三年秋九月庚辰楚子審卒之屬皆書日故決之也凡爲人宜道接而生恩楚邇於諸夏數會同親而邇近之故書其日吳側海濶而與諸夏罕接故皆不日以見其遠也

○冬楚公子貞帥師侵宋

○公如晉

十有三年春公至自晉○夏取詩詩者何邾婁之邑也曷爲不繫乎邾婁諱亟也 諱背蕭魚之會亟一取詩二傳作邿亟去冀反注同背音佩 【疏】夏取詩者○解云正本皆作邿字有作詩字者誤○詩者何○解云欲言其國曾來未有欲言其邑又不繫國故執不知問○注諱背至會亟○解云正以上十一年蕭魚之會邾婁在其間如此解

○秋九月庚辰楚子審卒○冬城防

十有四年春王正月季孫宿叔老會晉士匄齊人宋人衛人鄭公孫蠆曹人莒人邾婁人滕人薛人杞人小邾婁人會吳于向 月者危刺諸侯委任大夫交會彊夷臣日以强三年之後君若贅旒然○蠆勑邁反二傳作蠆向舒亮反綴流知銳反又作丁稅反一本作贅旒

【疏】注三年之後君若贅旒然者即下十六年春三月公會晉侯以下于溴梁戊寅大夫盟傳云諸侯皆在是其言大夫盟何信在大夫也何言乎信在大夫徧刺天下之大夫也曷爲徧刺天下之大夫○若贅旒然彼注云旒旂旒贅繫屬之辭以旂旒喻者爲下所執持東西者也

○二月乙未朔日有食之

是後衛侯爲彊臣所逐出奔溴梁之盟信在大夫 【疏】注是後衛至大夫○解云彊臣謂孫甯矣云溴梁之盟信在大夫者在下十六年春鄉已引之訖

○夏四月叔孫豹會晉荀偃齊人宋人衛北宮結鄭公孫蠆曹人莒人邾婁人滕人薛人杞人小邾婁人伐秦○己未衛侯衎出奔齊 日者爲孫氏甯氏所逐後甯氏復納之者同當相起故獨日也不書孫甯逐君者舉君絶爲重見逐誂在二十七年○復扶又反 【疏】叔孫豹會晉荀者○解云舊本作荀偃若作荀罃者誤○注日者至日也○解云凡諸侯出奔之例大國月重乖離之小國書時即桓十五年五月鄭伯突出奔蔡昭三年冬北燕伯欵出奔齊之屬是也今此書日故須解之爲孫氏甯氏所逐者下二十七年傳云衛甯殖與孫林父逐衛侯而立公孫剽是也知後甯氏復納者亦彼傳文甯殖已死其子甯喜納之也云出納之者同當相起故獨日也者欲見其出納之者同故出入皆書見其一家之事其入書日之經即下二十六年二月甲午衛侯衎復歸于衛是也云舉君絶爲重者謂書衎之名見其當絶不合爲諸侯云見逐誂在二十七年者謂下二十七年夏衛侯之弟鱄出奔晉之下傳具道見逐之由也

○莒人侵我東鄙○秋楚公子貞帥師伐吳

○冬季孫宿會晉士匄宋華閱衛孫林父鄭公孫蠆莒人邾婁人于戚 ○閱音悅

十有五年春宋公使向戌來聘 ○戌音恤 二月己亥及向戌盟于劉○劉夏逆王后于齊劉夏者何天子之大夫也劉者何邑也其稱劉何 據宰

渠伯糾繫官○劉夏戸雅反〔疏〕劉夏者何○解云欲言王臣文不言爵欲言諸侯臣而逆王后故執不知問○劉者何○解云欲言官名經典未有欲言非官與宰咺文相値故執不知問○注据宰渠伯糾繫官者即桓四年夏天王使宰渠伯糾來聘是也○

以邑氏也

諸侯入爲天子大夫不得氏國稱本爵故以所受采邑氏稱子所謂采者不得有其土地人民采取其租稅爾禮記王制曰天子三公之田視公侯卿視伯視夫視子男元士視附庸稱子者參見義顧爲天子大夫亦可以見諸侯不生名亦可以見爵亦可以見大夫稱傳曰天子大夫是也不稱劉子而名者禮逆王后當使三公故貶去大夫明非禮也○采邑七代反下謂采同租稅子奴反下紆銳反見義賢徧反下同大夫稱尺證反去起呂反〔疏〕注諸侯至稱子○解云知劉夏是諸侯入爲天子大夫者正以卒葬並書即定四秋七月劉卷卒葬劉文公是也若直爲大夫者假令書卒不錄其葬即文三年夏五月王子虎卒經無葬文是也言不得氏國稱本爵者謂不得氏本國不得稱本爵也其本國本爵今史文無記不可以指知也言故以所受采邑氏稱子者即劉子尹子單子之屬是也言其常文然不謂此經得稱子矣○注禮記至附庸○解云公羊之義天子圻内不封諸侯故如此解

即引王制以證之與左氏穀梁之義異若然案王制下文云天子之縣内方百里之國九七十里之國二十有一五十之國六十有三凡九十三國名山大澤不以朌其餘以祿士以爲間田鄭氏云大國九者三公之田三爲有致仕者副之爲六也其餘三待封王之子弟次國二十一者卿之田六亦爲有致仕者副之爲十二又三爲三孤之田其餘六亦待封王之子弟小國六十三大夫之田二十七亦爲有致仕者副之爲五十四其餘九亦以待封王之子弟三孤之田不副者以其無職佐公論道耳雖其致仕猶可即而謀焉以此言之天子圻内九十三國言天子圻内不封諸侯者謂采地以爲國比圻外諸侯田自采取其稅租而已不得取即有其人民身没之後子孫不世不得以諸侯難之○注稱子至是也○解云參讀爲二三之三也言凡諸侯入爲天子大夫所以稱子者三種見義何者正欲顧其爲天子大夫其稱子所以得三見義者一見則可以見諸侯不生名故曰子一則可以見其本爵何者是一圻外諸侯容其稱爵雖不得正稱其本爵亦得稱子以見之一則可以見大夫稱故曰參見義也言傳曰天子大夫是也者即上傳云劉夏者何天子之大夫也是也○注不稱至非禮也○解云桓八年冬十月祭公來遂逆王后于紀傳云祭公者何天子之三公也何氏云婚禮成於伍先納采問名納吉納徵請期然後親迎時王者遣祭公來使魯爲媒可則因用魯往迎之不復成禮疾王者不重妃匹逆天下之母若逆婢妾將謂海内何哉故譏之其注并引親迎言之則知何氏以爲天子親迎是以異義公羊說云天子至庶人皆親迎所以重婚禮也者是何此注云禮逆王后當使三公者蓋謂有故之時或者何氏此注云禮逆王后當使三公即知何氏之意以爲不親迎與桓八年注云婚禮成於五云云然後親迎者欲道士婚禮親迎之前仍有此五禮于時王者不行不謂解天子親迎也又言疾王者不重妃匹云云者正謂疾時王不行五禮不謂責親迎而異義公羊說云天子親迎者彼是章句家說非何氏之意也云故貶去大夫明非禮也者謂子是大夫之稱今貶而去之故曰貶去大夫也去其大夫正稱非禮明矣故云貶去大夫明非禮也

外逆女不書此何以書過我也

明魯當共送迎之禮○過古禾反共音恭

○夏齊侯伐我北鄙圍成

俱犯蕭魚此不月十二年月者疾始可知〔疏〕注俱犯至可知○解云即十二年三月莒人伐我東鄙圍台傳云邑不言圍此其言圍何伐而言圍者取邑之辭也彼注云不直言取邑者深恥中國之無信也前九年伐得鄭同

盟于戲楚伐鄭不救卒爲鄭所背中國以弱蠻荆以強兵革亟作蕭魚之會服鄭最難不務長和親復相貪犯故諱而言圍以起之月者加責之然則今齊侯伐我北鄙圍成者亦是取邑之辭但深恥諸夏之無信故言圍以起之然則齊侯不務長和親復相貪犯背蕭魚約而特不月者疾始可知也

公救成至遇其言至遇何

据季孫宿救台不言所至〔疏〕注据季至所至○解云即上十二年春季孫宿帥師救台遂入運是也○

不敢進也

兵不敵不敢進也不言止次如公次于郎以刺之者量力不責重民也故與至攜同文封内兵書者爲不進張本○攜戸圭反又因兖反爲于僞反〔疏〕注不言至民也云云○解云莊三年公次于郎傳云其言次于郎何刺欲救紀而後不能也彼注云惡公既救人辟難道還故書其止次以起之是也正以此量力不責之則知莊公三年者力能救之而不敢救故刺之云故與至嶲同文者僖二十六年春公追齊師至嶲弗及是也然則彼言至嶲此言至遇故言與至嶲同文彼下注云國内兵不書而舉地者善公齊師去則止不遠勞百姓過復取勝得用兵之節故詳錄之即襄公知力不能敵不忍戰殺其民至遇則止亦得用兵之宜故與之同文○注封内云云○解云定八年傳

云公斂處父帥師而至經不書之則知封內之兵例不書也今此公救成亦是封內之兵書之者正爲至遇張本也至遇者是不進之文故言此也○季孫宿叔孫豹帥師城成郛○郛芳夫反

○秋八月丁巳日有食之是後溴梁之盟信在大夫齊蔡莒吳衞之禍徧滿天下〔疏〕注是後至大夫○解云在下十六年春○注齊蔡至天下○解云下二十五年夏五月乙亥齊崔杼弒其君光冬十二月吳子謁伐楚門于巢卒二十六年春二月辛卯衞甯喜弒其君剽二十九年夏五月閽弒吳子餘祭三十年夏四月蔡世子般弒其君固三十一年冬十有一月莒人弒其君密州事不次者意及則言不必見義也○邾婁人伐我南鄙○冬十有一月癸亥晉侯周卒○周一本作雕

十有六年春王正月葬晉悼公○三月公會晉侯宋公衞侯鄭伯曹伯莒子邾婁子薛伯杞伯小邾婁子于溴梁○溴本又作狊古闃反戊寅大夫盟諸侯皆在是其言大夫盟何據葵丘之盟諸侯皆在有大夫不言大夫盟〔疏〕公會晉侯以下于溴梁者○解云爾雅釋地云梁莫大于溴梁孫氏曰梁水橋也音義云溴水出河內軹縣東南至溫入河是也○注據葵丘之盟者○解云在僖九年其經云夏公會宰周公齊侯宋子以下于葵丘九月戊辰諸侯盟于葵丘案彼經傳云不見有大夫之盟文唯有僖十五年三月公會齊侯宋公以下盟于牡丘遂次于匡公孫敖率師及諸侯之大夫救徐然則牡丘之盟即有大夫可知此注云葵丘之盟者誤也宜爲牡丘字矣信在大夫也者言其信任在于大夫信在大夫也故書大夫盟不言諸侯之大夫者起信在大夫〔疏〕注不言諸侯之大夫者起信在大夫○解云欲使上三年雞澤之會經云及諸侯之大夫也何言乎信在大夫據上三年戊寅不起〔疏〕注據上至不起○解云即上三年雞澤之會經云戊寅叔孫豹及諸侯之大夫及陳袁僑盟連言諸侯是其不起之文而言上戊寅不起者欲道今此戊寅起之二經皆言戊寅故得相對爲上下也徧刺天下之大夫也曷爲徧刺天下之大夫據戊寅不刺之○徧刺者音遍下及下同〔疏〕注據戊寅不刺之○解云不復言上戊寅者上已言之從可知省文君若贅旒然旒旂旒贅繫屬之辭若今俗名就壻爲贅壻矣以旂旒喻者爲下所執持東西旒者其數名禮記玉藻曰天子旒十有二旒諸侯九卿大夫七士五不言諸侯之大夫者明所刺者非但會上大夫并徧刺天下之大夫不殊內大夫者欲一其文見惡同也至此所以徧刺之者蕭魚之會服鄭最難諸侯勞倦莫肯復出而大夫常行三委于臣而君遂失權大夫故得信在故孔子曰唯器與名不可以假人不重出地者與三年雞澤大夫盟同義○贅章銳反本又作綴丁衞反又丁劣反繫屬也旒音留本又作流旌旗之旒屬音燭見惡賢徧反難乃旦反復扶又反重直用反〔疏〕注若今俗名就壻爲贅壻矣○解云亦是妻所持挈故名之云爾○注禮記玉藻○解云案今禮記玉藻即無此文唯禮說稽命徵及含文嘉皆云天子旗九刃十二旒曳地諸侯七刃九旒齊軫卿大夫五刃七旒齊較士三刃五旒齊首而言玉藻誤也云不言至大夫者注已云不言諸侯之大夫者起信在大夫今又言此者謂不言諸侯之大夫有兩種之義非但起信在大夫明徧刺天下之大夫也云不殊內大夫者欲一其文見惡同也者欲道上三年雞澤之會殊叔孫豹不一其文者非唯彼大夫之過豹惡亦可見故也云諸侯勞倦莫肯復出而大夫常行三委于臣而君遂失實權大夫故得信在者謂上十一年蕭魚之會以來十四年春季孫宿叔老會晉士匄以下于向夏叔孫豹會晉荀偃以下伐秦冬季孫宿會晉士匄以下于戚之屬是諸侯不出大夫常行也云故孔子曰唯器與名不可以假人者家語文成二年左傳亦有此言云不重出地者與三年雞澤大夫盟同義者即上注云不重出地有諸侯在臣繫君故因上地是也晉人執莒子邾婁子以歸錄以歸者甚惡晉有罪無罪皆當歸京師不得自治之○惡烏路反〔疏〕注錄以至治之○解云稱人以執非伯討己是晉之惡也復言以歸不決於天子又是其惡故其錄以歸者甚惡晉矣○齊侯伐我北鄙○夏公至自會○五月甲子地震是時溴梁之盟政在臣下其後叛臣二弒君五楚滅舒鳩齊侯襲莒乖離出奔兵事最甚〔疏〕注其後叛臣二者○解云即下二十三年夏晉欒盈復入于晉入于曲沃二十

六年春衞孫林父入于戚以叛是也云弒君五者即下二十五年夏齊崔杼弒其君光二十六年春衞甯喜弒其君剽二十九年夏閽弒吳子餘祭三十年夏蔡世子般弒其君固三十一年冬莒人弒其君密州之屬是也云楚滅舒鳩者即下二十五年秋楚屈建帥師滅舒鳩是也云齊侯襲莒者在下二十三年冬云乖離出奔者即下十七年宋華臣出奔陳二十年蔡公子履陳侯之弟光出奔楚之屬也叔老會鄭伯晉荀偃者正本作荀偃若有作荀罃者誤矣○叔老會鄭伯晉荀偃衞甯殖宋人伐許○秋齊侯伐我北鄙圍成○大雩先是伐許齊侯圍成動民之應○冬叔孫豹如晉

十有七年春王二月庚午邾婁子瞯卒○瞯音閑或下姧反左氏作牼○宋人伐陳○夏衞石買帥師伐曹○秋齊侯伐我北鄙圍洮○洮他刀反左氏作桃○齊高厚帥師伐我北鄙圍防○九月大雩比年仍見圍不暇恤民之應○宋華臣出奔陳○冬邾婁人伐我南鄙

十有八年春白狄來白狄者何夷狄之君也何以不言朝不能朝也○言朝直遙反下同疏白狄者何○解云欲言其君經不書朝欲言其臣不見名氏故執不知問○夏晉人執衞行人石買○秋齊師伐我北鄙○冬十月公會晉侯宋公衞侯鄭伯曹伯莒子邾婁子滕子薛伯杞伯小邾婁子同圍齊曹伯負芻卒于師○楚公子午帥師伐鄭

十有九年春王正月諸侯盟于祝阿下有執不日者善同伐齊故褒與信辭○祝阿二傳作祝柯疏下有至信辭○解云公羊之義不信者日今上文同盟下即執邾婁子是爲不信而不日者褒與信辭故也晉人執邾婁子公至自伐齊此同圍齊也何以致伐據諸侯圍許致圍疏注據諸侯圍許致圍者○解云即僖二十八年冬諸侯遂圍許二十九年公至自圍許是也未圍齊也故致伐起未圍齊則其言圍齊何抑齊也曷爲抑齊據侵蔡伐楚猶不抑疏注據侵至不抑○解云即僖四年春王正月公會齊侯以下侵蔡蔡潰遂伐楚是也言猶不抑者正以楚爲彊夷數害諸侯論深淺甚於齊矣猶不抑之故以爲難也爲其亟伐也或曰爲其驕蹇使其世子處乎諸侯之上也以下葬略或說是也亟伐者并數僞加圍者明當從滅死二等奪其爵土○爲其于僞反下同亟去冀反注同驕蹇紀橋反本又作橋下紀輦反并數必正及下所主反下數年同疏或曰爲其至上也○解云即上十一年夏公會晉侯以下伐鄭之時齊世子光

在於莒子之上之屬是也○注以下至是也○解云下葬略者即下文冬葬齊靈公注云不月者抑其父嫌子可得無過故奪臣子恩明光代父從政處諸侯之上不孝也者是正以葬是生者之事故略其父葬得惡其子則知或說近其義也云亟伐者并數僞者即上圍成圍洮圍防之屬故言并數爾必如此解者正以宣九年秋取根牟傳云根牟者何邾婁之邑也曷爲不繫乎邾婁諱亟也注云亟疾也屬有小君之喪邾婁子來加禮未期而取其邑故諱不繫邾婁也然則彼言亟者謂上有小君薨邾婁來加禮於魯未期而伐取邑背信大疾故云亟今此直是頻擊伐魯故云亟故須解云亟伐者并數爾以別彼文○注加圍者至爵土○解云據未圍而言圍故謂之加也莊十年傳云觕者曰侵精者曰伐戰不言伐圍不言戰入不言圍滅不言入書其重者然則用兵之道滅爲最甚入次之圍次之今加言圍輕於滅入二等明不合死但合黜爵滅土耳取邾婁田自漷水其言自漷水何據齊人取濟西田不言自濟水○漷火虢反徐音郭取濟子禮反下同疏注據齊人至濟水○解云即宣元年夏六月齊人取濟西田是也以漷爲竟也何言乎以漷爲竟據取邑未

嘗道竟界漷移也魯本與邾婁以漷爲竟漷移入邾婁界魯隨而有之諸侯土地本有度故不得隨水有之嘗坐取邑故云爾。〔疏〕漷移也。解云漷移而經不書者外異故也然則傳每言外異不書者亦据此文也

○季孫宿如晉○葬曹成公○夏衛孫林父帥師伐齊○秋七月辛卯齊侯瑗卒。瑗于眷反一音環二傳作環〔疏〕齊侯瑗卒者。解云左氏穀梁作環字也○晉士匄帥師侵齊至穀聞齊侯卒乃還還者何善辭也何善爾大其不伐喪也此受命乎君而伐齊則何大乎其不伐喪据公子買戍衞不卒戍言戍衞遂公意。〔疏〕還者何。解云欲言其善而廢君命欲言其惡還是善辭故執不知問。注据公至公意。解云即僖二十八年春公子買戍衞不卒戍刺之傳云不卒戍者何不卒戍者內辭也不可使往也不可使往則其言戍衞何遂公意也彼注云使臣子不可使恥深故諱使若往不卒竟事者明臣

不得壅塞君命是也然則公子買不可使往而經書戍衞以遂公意以明臣子不得壅塞君命今此士匄不行君命而經大之故以爲難也大夫以君命出進退在大夫也禮兵不從中御外臨事制宜當敵爲師唯義所在士匄聞齊侯卒引師而去恩動孝子之心服諸侯之君是後兵寢數年故起時善之言乃者士匄有難重廢君命之心故見之言至穀者未侵齊也言聞者在竟外舉侵者張本。難乃旦及見賢徧反。〔疏〕注禮兵至張本。解云司馬法云閫外之事將軍裁之故云禮用兵之道不得國中制御于外也凡爲將軍之法必須臨事制宜謂專進退也當其敵之強弱而爲師以禦之唯不爲非義而已故言唯義所在而老子云將軍有廟勝之策者謂未行之時先謀於廟授之斧鉞令有勝功也既授之斧鉞之後明即自專之義裁其可否故是其宜也云恩動孝子之心義服諸侯之君者哀痛其喪是其恩故曰恩動孝子之心依禮而行是其義故曰義服諸侯之君也云是後兵寢數年者謂自此以後兵事寢伏數年不起至二十三年秋齊侯伐衞遂伐晉二十四年冬楚子蔡侯陳侯許男伐鄭者始有兵起也案明年仲孫遬帥師伐邾婁亦是兵而言數年者正以魯與邾婁竟界相近數相冒犯非齊晉之事故得然

解也云故起時善之者正以士匄此事實依古禮但時莫能然特以爲善故云起時善之云言乃者士匄有難重廢君命之心故見之者正以宣八年傳云乃者何難也今又言乃故以重難解之而言重者正以乃難於而故彼注云言乃者內而深言而者外而淺故此云重難也云言至穀者未侵齊也者上十五年夏公救成至遇傳云其言至遇何不敢進也然則彼言至者不進之文今至穀即聞其喪明其未行侵故云言至穀者未侵齊也云言聞者在竟外者正以古禮庶人爲君齊衰三月若其入竟即舉而知之何道聞乎故如此解也云舉侵者張本者若如上說本未入齊但在竟外聞喪而言侵者爲下張本耳

○八月丙辰仲孫蔑卒○齊殺其大夫高厚○鄭殺其大夫公子喜。喜二傳作嘉〔疏〕鄭殺至子喜。解云左氏穀梁作公子嘉也○冬葬齊靈公不月者抑其父嫌子可得無過故奪臣子恩明光代父從政處諸侯之上不孝也。〔疏〕注不月至不孝也。解云正以卒日葬月終于春秋爲大國之例今葬不書月故須解之言抑其父者即上十九年傳云未圍齊則言其圍齊何抑齊也曷爲抑齊爲其亟伐也或曰爲其驕蹇使

其世子處乎諸侯之上也是也言嫌子可得無過者正以明王之制父子兄弟罪不相兼故也故奪臣子恩者正以葬是生者之事故略其父葬不書其月可以奪臣子恩也言明光代父從政處諸侯之上不孝也者正以孝子之道見父母不義之事不合從父之命處其人君之上焉得爲孝乎故去其父葬月以見之。○城西郛言西郛者据都城錄道東西○叔孫豹會晉士匄于柯。柯古河反○城武城

二十年春王正月辛亥仲孫遬會莒人盟于向。遬音速○夏六月庚申公會晉侯齊侯宋公衞侯鄭伯曹伯莒子邾婁子滕子薛伯杞伯小邾婁子盟于澶淵。澶市然反○秋公至自會○仲孫遬帥師伐邾婁○蔡殺其大夫公子燮○蔡公子履出奔楚○陳侯之弟光出奔楚

爲二慶所譖還在二十三年。弟光左氏傳作弟黃 疏 注爲二慶至三年。解云即下二十三年經云陳殺其大夫慶虎及慶寅陳侯之弟光自楚歸于陳注云前爲二慶所譖出奔楚楚人治其罪陳人誅二慶反光故言歸宋大夫山譖華元貶之而今此不貶者殺二慶而光歸譖光可知者即其義也

○叔老如齊○冬十月丙辰朔日有食之自溴梁之盟臣恣日甚故比年日食 疏 注自溴至日食。解云自上十六年溴梁之盟信在大夫以來臣之放恣日日甚矣言比年日食即下二十一年秋九月庚戌朔日有食之冬十月庚辰朔日有食之二十三年春王二月癸酉日有食之是也

○季孫宿如宋

二十有一年春王正月公如晉月者溴梁之盟後中國方乖離善公獨能與大國 疏 注月者至大國。解云正以朝聘例時故如此解

○邾婁庶其以漆閭丘來奔邾婁庶其者何邾婁大夫也邾婁無大夫此何以書据快無氏。漆音七閭力於反快苦夬反 疏 邾婁庶其者何。解云欲言其君經不書爵欲言其大夫邾婁無大夫故執不知問。注据快無氏。解云即昭二十七年冬邾婁快來奔是其無氏即不合書見之義問者見快不書氏知邾婁無大夫既無大夫何以特書庶其乎故難之然案下二十三年夏邾婁鼻我來奔何故不据鼻我而要以据快者正以鼻我以二字爲稱嫌鼻我爲字若其据之於義不明故如此注也

重地也惡受叛臣邑故重而書之不言叛者舉地言奔則魯坐受與庶其叛兩明故省文也。惡烏路反

○夏公至自晉○秋晉欒盈出奔楚○九月庚戌朔日有食之○冬十月庚辰朔日有食之○曹伯來朝○公會晉侯齊侯宋公衞侯鄭伯曹伯莒子邾婁子于商任。任音壬

○十有一月庚子孔子生時歲在己卯。庚子孔子生傳文上有十月庚辰此亦十月也一本作十一月庚子又本無此句 疏 十有一月庚子孔子生。解云左氏經無此言則公羊師從後記之。注時歲在己卯者。解云何氏自有長歷不得以左氏難之

二十有二年春王正月公至自會月者危公前彊隨邾有邾婁地又受其叛臣邑而今與魯不於上會月者與日食同月不得復見。與音預見賢徧反 疏 注月者危公者。解云正以凡致例時故如此解云前彊隨漷有邾婁地者即上十九年春取邾婁田自漷水是也云又受其叛臣邑者即上二十一年春邾婁庶其以漆閭丘來奔是也云不於上會云云者言所以不於上商任會時書月以見危者正以與上冬十月庚辰朔日有食之同在十月不得見此義是以於此危

○夏四月○秋七月辛酉叔老卒○冬公會晉侯齊侯宋公衞侯鄭伯曹伯莒子邾婁子滕子薛伯杞伯小邾婁子于沙隨公至自會○楚殺其大夫公子追舒

二十有三年春王二月癸酉朔日有食之○三月己巳杞伯匄卒。匄古害反

○夏邾婁鼻我來奔邾婁鼻我者何邾婁大夫也邾婁無大夫此何以書以近書也以奔無他義知以治近升平書也所傳聞世見治始起外諸夏錄大略小大國有大夫小國略稱人所聞之世內諸夏治小如大國廩廩近升平故小國有大夫治之漸也見於邾婁者自近始也獨舉一國者時亂實未有大夫治亂不失其實故取足張法而已。鼻我二傳作畀我以治直吏反下見治治之漸同近升平附近之近下近升同傳直專反見治賢徧反下同 疏 邾婁鼻我者何。解云已解於上。以近書也者。解云以其治近於升平故復書之。注以奔至而已。解云莊二十四年冬曹羈出奔之下傳云曹無大夫此何以書賢也何賢乎曹羈三諫不從遂去之故君子以爲得君臣之義也然則曹羈得諫義是以書之上二十一年邾庶其之奔傳云邾婁無大夫此何以書重地也昭五年夏莒牟夷以牟婁及防茲來奔傳云此何以書重地也然則庶其牟夷皆

以重地故書悉非常例今此鼻我無三諫之善無盜土之惡直奔而已更無它義而得書見知以治近升平之故也云見於邾婁者自近始也者正以地接于魯故先治之也云治亂不失其實故取足張法而已者言孔子作春秋欲以撥亂世多舉小國恐有大夫則恐文害其理故曰治亂不失其實也今鼻我更無他義而得書見明其張三世之法故曰取足張法而已

○葬杞孝公○陳殺其大夫慶虎及慶寅○陳侯之弟光自楚歸于陳前爲二慶所譖出奔楚楚人治其罪陳人誅二慶反光故言歸宋大夫山譖華元貶此不貶者殺二慶而光歸譖光可知○譖側鴆反【疏】注前爲至言歸○解云在上二十年秋云故言歸者正以歸者出入無惡之文故也云宋大夫山譖華元貶者即成十五年秋宋華元出奔晉宋華元自晉歸于宋宋殺其大夫山何氏云不氏者見殺在華元歸後嫌直自見殺者故貶之明以譖華元故今此殺二慶之後光乃歸歸者出入無惡之文則知譖光明矣○晉欒盈復入于晉入于曲沃曲沃者何晉之邑也其言入于晉入

于曲沃何據當舉重○復入扶又反注同【疏】曲沃者何○解云欲言晉邑理當舉重欲言非晉邑槩晉言之故執不知問欒盈將入晉晉人不納由乎曲沃而入也欒盈本欲入晉篡大夫位晉人不納更入於曲沃得其士衆以入晉國曲沃大夫當坐故復言入篡大夫位例時【疏】注欒盈本至例時○解云復入者出無惡之文故知其入欲有所篡也不直言入又無叛文故知不篡君位也其惡之文不繫於篡君故知止欲篡大夫也云曲沃大夫當坐故復言入也○正以入者出入惡之文而入于曲沃故知從晉鄉曲沃之時有罪明矣曲沃大夫受納有罪之人故云當坐春秋欲見此義故不舉重復書入于曲沃矣云篡大夫位例時者正以經書夏故知例時昭二十一年夏宋華亥向甯華定自陳入于宋南里以畔定十一年秋宋樂世心自曹入于蕭之屬皆是也○秋齊侯伐衞遂伐晉八月叔孫豹帥師救晉次于雍渝曷爲先言救而後言次據次于聶北救邢○渝羊朱反左氏作揄聶女輒反【疏】注據次至救邢○解云即僖元年春齊師宋師曹師次于聶北救邢是也

先通君命也惡其不遂君命而專止次故先通君命言救○惡烏路反○己卯仲孫遬卒○冬十月乙亥臧孫紇出奔邾婁○紇恨發反○晉人殺欒盈曷爲不言殺其大夫據篡得大夫之位【疏】注據篡至之位○解云正以夏已入晉冬乃殺之傳又云曷爲不言殺其大夫故知篡得大夫之位矣非其大夫也明非君所置不得爲大夫無大夫文而殺之稱人者從討賊辭大其除亂也【疏】注明非至亂也○解云公羊之例大夫自相殺稱人即文九年晉人殺其大夫先都之屬是今無大夫之文稱人者欲從衞人殺州吁齊人殺無知之屬是討賊之辭故也實非篡而作討賊之辭者大其除亂也○齊侯襲莒

二十有四年春叔孫豹如晉○仲孫羯帥師侵齊○仲孫偈本又作碣亦作羯同居羯反○夏楚子伐吳○秋七

月甲子朔日有食之既是後楚滅舒鳩齊崔杼衞甯喜弒其君【疏】注是後至其君○解云二十五年秋楚屈建帥師滅舒鳩二十五年夏齊崔杼弒其君光二十六年春衞甯喜弒其君剽是也○齊崔杼帥師伐莒○大水前此叔孫豹救晉仲孫羯侵齊此與師衆民怨之所生也八月癸巳朔日有食之與甲子同【疏】注與甲子同○解云在上七月也○公會晉侯宋公衞侯鄭伯曹伯莒子邾婁子滕子薛伯杞伯小邾婁子于陳儀○陳儀二傳作夷儀二十五年同○冬楚子蔡侯陳侯許男伐鄭○公至自會○陳鍼宜咎出奔楚○咸本又作鍼其廉反咎其九反○叔孫豹如京師○大饑有死傷曰大饑無死傷曰饑【疏】于陳儀左氏與穀梁作夷儀○注有死傷曰大饑○解云正以諸經直言饑此加大故也

卷第二十

公羊注疏卷二十挍勘記　阮元撰盧宣旬摘録

公羊注疏襄公卷二十

十有二年

春王三月唐石經鄂本閩本同監毛本三誤正

鑾荆以强閩監毛本同鄂本强作彊

此何以書爲公之也補毛本作爲公取之也此本誤脱取字

知此莒人伐我東鄙圍台之經爲文者補鏜云爲下當脱常字

昭元年三月取運補鏜云下當脱傳云

而自益其邑鄂本而作以按正義正作以

夏晉侯使士彭來聘唐石經諸本同解云考諸正本皆作士魴字若作士彭者誤矣按疏中標經士彭當本作士魴

因始卒其父疏中因作乃

問其有因疑當作其間有因

十有三年

夏取詩唐石經諸本同釋文詩二傳作邿解云正本皆作邿字有作詩字者誤齊召南云公羊經傳作詩漢地理志東平國亢父詩亭故詩國亦是同公羊非誤也○按說文邿附庸國在東平亢父邿亭

十有四年

三年之後君若贅旒然釋文作綴流云一本作贅旒○按穀梁疏引此亦作贅補鏜云二誤三從穀梁疏挍

注三年之後君若贅旒然者閩監毛本者作○下有解云二字

叔孫豹會晉荀偃諸本同唐石經缺解云舊本作荀偃若作荀犨者誤

叔孫豹會晉荀者閩監毛本者作偃按偃者當並有

己未衛侯衎出奔齊左穀無衎字

後甯氏復納之者同鄂本復納之下有出納之三字此脱按疏中引注亦有當據以補入

大國月重乖離之○補毛本月上有書字之下有稱字此誤脱

十有五年

天子之大夫也孫志祖云穀梁疏云公羊以劉夏爲天子下大夫據此則大夫之上疑脱下字

稱子者參見義解云參讀爲二三之三

卽定四秋七月補四下誤脱年字

五十之國六十有三也補鏜云五十下脱里○按補說是

其餘以録士補鏜云禄誤録

明魯當共送迎之禮鄂本迎作逆

故與至攜同文鄂本同閩監毛本攜改巂按釋文作至攜此本載音義同此疏及僖廿六年經傳釋文皆作至巂

十有六年

于湨梁唐石經閩本同監毛本湨誤溴釋文作狊梁云本又作湨

据葵丘之盟解云此注云葵丘者誤也宜爲牡丘字矣

公會晉侯以下于湨梁者閩監毛本刪者下注据葵丘之盟者同

若今俗名就壻爲贅壻矣鄂本名誤民

三委于臣而君遂失權補鏜云正誤三從六經正誤挍按此本疏引注云而君遂失實權閩

監毛本疏無實字

大夫故得信在　鄂本在作任此誤

叔老會鄭伯晉荀偃者　此本上接陳侯之弟光出奔楚之屬也下鄂閩監毛本移此於宋人伐許下又刪者字增解云二字

叔老會鄭伯晉荀偃　唐石經諸本同疏云正本作荀偃若有作荀罃者誤

十有七年

春王二月　唐石經原刻三磨改二按左氏穀梁皆二月

邾婁子瞷卒　釋文唐石經瞷作瞯左氏作邾子牼卒九經古義云考工梓人云數目顧脰注云故書顧或作牼鄭司農云牼讀爲鬜頭無髮之鬜是牼有瞷音故或作瞷

十有九年

正以楚爲彊夷　閩監本同毛本彊改强非

邾婁來加禮於魯　按婁下脫子字

恩動孝子之心服諸侯之君　閩監本同鄂本毛本心下有義字按解云哀痛其喪是其恩故心恩動孝子之心依禮而行是其義故曰義服諸侯之君也是疏本有義字當據補

公救成至遇　閩本同監毛本成誤陳

罪不相兼故也　閩本同監毛本兼誤及

二十年

陳侯之弟光出奔楚　唐石經諸本同釋文弟光左氏作弟黃九經古義云白虎通云璜之爲言光也風俗通云黃光也

癸酉日有食之是也　浦鏜云癸酉下脫朔字

二十有一年

惡受叛臣邑　鄂本受下有人字

十有一月庚子孔子生　唐石經諸本同釋文作庚子孔子生云傳文上有十月庚辰此亦十月也一本作十一月庚子又本無此句按穀梁傳作庚子孔子生與陸氏本合疏本作十有一月庚子與唐石經同○按作十月者是也考杜氏長麻十月庚辰小十一月己酉大十一月無庚子庚子乃十月二十一日也齊召南說

時歲在己卯　疏及鄂本閩本同監毛本作乙卯非錢大昕云於三統術是年歲在乙巳乙卯當爲乙巳之譌疏作己卯亦非

二十有二年

前彊隨鄰有邾婁地　鄂本同閩監毛本彊作疆疏同

而今與魯不於上會月者　鄂本魯作會此誤毛本於誤與鄂本閩監本及疏皆不誤

冬公會晉侯齊侯宋公衛侯鄭伯曹伯莒子邾婁子滕子　唐石經諸本同二傳邾婁子作邾子左氏無滕子

二十有三年

自近始也　諸本同昭廿七年疏引作以近治也始爲治之訛當據正按解云正以地接于魯故先治之也是疏本作治

以近書也○　鄂本○作者

宋大夫山譖華元貶　二十年疏引此下有之字

故復言入也　浦鏜云者誤也

故知從晉鄉曲沃之時　閩監毛本鄉誤郷

定十一年秋宋樂世心　閩監毛本世改大非經作世字

次于雍渝唐石經諸本同釋文雍渝左氏作榆

晉人殺其大夫先都之屬毛本先誤光

二十有四年

仲孫羯帥師侵齊唐石經諸本同釋文作仲孫偈云本又作羯亦作羯同

此與師衆民怨之所生也元本同監毛本此作北皆誤鄂本閩本作比又鄂本無也當據以訂正

于陳儀釋文陳儀二傳作夷儀二十五年同閩監毛本皆誤以此釋文爲注鄂本無之此本加圈以别之是也

公羊注疏卷二十校勘記終

工部屯田司員外郎胡祖謙校

監本春秋公羊注疏襄公卷二十一 起二十五年盡三十一年

何休學解

二十有五年春齊崔杼帥師伐我北鄙○夏五月乙亥齊崔杼弒其君光○公會晉侯宋公衛侯鄭伯曹伯莒子邾婁子滕子薛伯杞伯小邾婁子于陳儀○六月壬子鄭公孫舍之帥師入陳日者陳鄭俱楚之與國今鄭背楚入陳明中國當憂助鄭以離楚弱陳故爲中國憂錄之○背音佩爲于僞反疏注日者至錄之○解云正以公羊之義入例書時傷害多者乃始書月即成七年秋吳入州來隱二年夏五月莒人入向之屬是今此書日故爲憂錄之故也言陳鄭楚之與國者正以宣十一年夏楚子陳侯鄭伯盟于辰陵之文也○秋八月己巳諸侯同盟于重丘會盟再出不舉重者起諸侯欲誅崔杼故詳錄之○重直龍反疏注會盟至錄之○解云正以文十四年夏公會宋公以下同盟于新城舉盟以爲重不言會于某今會盟並舉故須解之僖九年公會宰周公以下于葵丘之下注云會盟一事不舉重者時宰周公不與盟也昭十三年平丘之下注云不舉重者起諸侯欲討棄疾故詳錄之與此同公至自會○衛侯入于陳儀陳儀者何衛之邑也曷爲不言入于衛据與鄭突入櫟同○櫟力狄反疏陳儀者何解云欲言是國衛侯入于欲言其邑不繫于衛故執不知問○注据與至櫟同○解云桓十五年秋九月鄭伯突入于櫟櫟者何鄭之邑曷爲不言入于鄭注云据齊陽生入于齊今此亦据哀公六年齊陽生之事與之同故云据與鄭突入櫟同矣哀六年傳云景公死而舍立陳乞使人迎陽生于諸其家諸大夫不得已皆逡巡北面再拜稽首而君之爾然則陽生實入陳乞家而言入于齊今衛侯入于陳儀不言入于衛是以据而難之然則陽生入于陳乞之家在國都之內故言入于齊陳儀非國都故不得言入于衛諼君以弒也以先言入后言弒也時衛侯爲剽所篡逐不能以義自復詐願居是邑爲剽臣然后候問伺便使甯喜弒之君子恥其所爲故就爲臣以諼君惡之未得國言入者起詐篡從此始○諼況元反以弒音試注同后年放此伺便音司下婢面反惡烏路反疏注以先至弒也○解云謂今言入二十六年弒剽是也云時衛侯爲剽所篡逐者初見篡逐在十四年今仍未復故言時也云然后候問伺便使甯喜弒之者在下二十六年春云故就爲臣以諼君惡之者謂就其君之文以惡之云未得國言入者云云欲言小白陽生之屬得國乃言入○楚屈建帥師滅舒鳩○屈居勿反○冬鄭公孫囆帥師伐陳疏公孫囆云云亦有本作公孫萬字者○

十有二月吳子謁伐楚門于巢卒門于巢卒者何入門乎巢而卒也入門乎巢而卒者何入巢之門而卒也以先言門后言于巢吳子欲伐楚過巢不假塗卒暴入巢門門者以爲欲犯巢而射殺之君子不怨所不知故與巢得殺之使若吳爲自死文所以彊守禦也書伐者明持兵入門乃得殺之○謁左氏作遏卒暴七忽反射食亦反疏吳子過者亦有一本作謁字者○門于巢卒者何○解云欲言好者舉門于巢卒欲言其殺卒非殺之稱故執不知問○入門乎巢而卒者何○解云雖加入者仍未分明故更以不知問之○注先言門后言于巢者○解云正以先入其門巢人乃殺故言門于巢卒傳云入巢之門而卒也者解入于巢而卒吳子謁何以名据諸侯伐人不名傷而反未至乎舍而卒也以名卒間無事知以傷辜死還就張本文伐名知傷而反卒繫巢知未還至舍巢不坐殺復見辜者辜內當以弒君論之辜外當以傷君論之○復扶又反疏吳子謁至卒也○解云上七年傳云鄭伯髡原何以名傷而反未至乎舍而卒也已是辜傳也今復發之者正以彼是臣傷其君今此異國因其異故復發之○注以名至本文○解云正以伐楚而書名門于巢而言卒其間更無事知以傷之故傷辜而死是以還就于伐而書其名爲卒張本文云伐名知傷而反卒繫巢知未還至舍者正以名者卒爵之稱今于伐已名知其見傷而反也其卒之時仍繫巢言之故知於殺傷還未至于舍止之處而卒也云巢不坐殺復見辜者上注云與巢得殺是巢不坐殺也言復見辜者對上七年言之

故言復也云事內當云云者上注云與巢得殺之今見事者正以過國假塗賓客之謙謹重門設守主人之恒備今吳人無禮凌暴巢國若不與殺開衰世諸侯得使縱橫巢無禦備而殺人之君若今舍之又脫漏其罪是以何氏進退月之若以殺論巢君合絕若以傷論貶黜而已云云之說在上七年

二十有六年春王二月辛卯衛甯喜弒其君剽 甯喜爲衛侯衎弒剽不舉衎弒剽者讓成于喜○剽匹妙反喜爲于僞反下文爲惡曷爲同 疏 注甯喜至剽者解云下二十七年傳文云不舉衎弒剽者讓成于喜者言喜若爲衎弒剽春秋舉重宜書衎弒今書喜者正由讓成于喜故也是以下二十七年傳曰甯殖死喜立爲大夫使人謂獻公黜公者非甯氏也孫氏爲之吾欲納公何如是讓詐于成喜之文也○衛孫林父入于戚以叛 衎盜國林父未君事衎言叛者林父本逐衎衎入故叛衎得誅之猶定公得誅季氏故正之云爾 疏 注林父至言叛者○解云正以凡言叛者臣盜土之辭故如此解云林父本逐衎者在十四年也○注猶定公至云爾○解云昔林父逐衎衎得誅之季氏不逐定公而定公得誅季氏者正以昭公是父父子一體榮辱同之季氏逐昭公故與定公得誅之也知如此者正以定公元年貫霜殺菽何氏云周十月夏八月微霜用事未可殺菽菽者少類爲稼強季氏象也是時定公喜於得位而不念父黜逐之恥反爲淫祀立煬宮故天示以當早誅季氏是也○甲午衛侯衎復歸于衛此讒君以弒也其言復歸何 據齊陽生至陳乞家時書入于齊不書復歸復歸者入無惡文 疏 注據齊至歸者○解云即哀六年秋齊陽生入于齊傳云景公死而舍立陳乞使人迎陽生于諸其家諸大夫不得已皆再拜稽首而君之爾是也云復歸者入無惡文者即桓十五年傳云復歸者出惡歸無惡是也惡剽也 主惡剽衛侯入無惡則剽惡明矣○惡剽烏路反注及下惡剽以惡并上注故惡反惡惡輕以惡皆同 曷爲惡剽 據齊陽生不書歸惡舍 剽之立於是未有說也 凡篡立皆緣親親也剽以公孫立於是位尤非其次故衛人未有說喜由此得成讓禍故惡以爲戒也篡重不書反惡此者因重不得書故得惡輕亦欲以見重○有說音悅注同以見賢徧反下出見同 疏 注凡篡至親親也者○解云正以有繼及之道故也○云剽以公孫立於是位尤非其次故衛人未有說者○解云若以昭穆言之遠遠於公子故曰尤非其次也昭穆既遠復無賢德是以衛未有說之也然則曷爲不言剽之立 據衛人立晉 疏 注據衛人立晉者在隱四年 不言剽之立者以惡衛侯也 欲起衛侯失衆出奔故不書剽立剽立無惡則衛侯惡明矣日者起甯氏復納之故出入同文也甯喜弒君而衛侯歸則甯氏納之明矣以歸出奔俱日知出納之者同衛侯歸而孫氏叛孫氏本與甯氏共逐之亦可知也名者起盜國盜國明則復歸爲惡剽出見矣○復納扶又反 疏 注日者至納之解云正以春秋之例歸與復歸例皆時即僖二十八年夏六月衛侯鄭自楚復歸于衛何氏云復歸例皆時此月者爲下卒出也是也今此書日故須解之○云故出入同文也者○解云即十四年夏四月己未衛侯衎出奔齊今此復日故曰同文也○云盜國明至見矣者○解云正以復歸者出有惡入無惡故得爲惡剽之文何者衎既盜國寧得無惡而入言復歸知更有所見○夏晉侯使荀吳來聘○公會晉人鄭良霄宋人曹人于澶淵○秋宋公殺其世子痤 痤有罪故平公書葬○痤在禾反 疏 注痤有罪至書葬○解云春秋之例君殺無罪大夫及枉殺世子者皆不書葬以明其合絕是以申生無罪不書獻公之葬至昭十一年經云叔弓如宋葬宋平公者正以痤有罪故也若隱元年鄭伯克段于鄢以其有罪故去弟痤今若有罪仍言世子者正以段有當國之罪重故如其意貶去其弟使如國君氏上鄭所以見段之惡逆矣今痤之罪微不足去世子但是合罪之科故得存其葬矣○晉人執衛甯喜此執有罪何以不得爲伯討 據甯喜弒君者稱人而執非伯討 疏 注稱人而執非伯討者○解云僖四年傳文也 不以其罪執之也 不明得以爲功當坐執人○八月壬午許男甯卒于楚○甯乃定反○冬楚子蔡侯陳侯伐鄭○葬許靈公

二十有七年春齊侯使慶封來聘○夏叔孫

豹會晉趙武楚屈建蔡公孫歸生衛石惡陳孔瑗鄭良霄許人曹人于宋孔瑗二傳作孔奐○衛殺其大夫甯喜衛侯之弟鱄出奔晉衛殺其大夫甯喜則衛侯之弟鱄曷爲出奔晉據與射姑同○鱄市轉反又音專一音直轉反射音亦又音夜〔疏〕注據與射姑同○解云即文六年晉殺其大夫陽處父孤射姑出奔狄傳云晉殺其大夫陽處父則孤射姑曷爲出奔彼注云據蔡殺其大夫公子燮蔡公子履出奔楚此非同姓恐見及然則今此亦據公子履出奔之事與射姑同故言據與射姑同矣其公子履之事在上二十年秋執鈇鑕者若似司弓矢云甲革楯鑕之類爲殺甯喜出奔也曷爲爲殺甯喜出奔據非同姓○爲殺于僞反下爲殺爲我爲衛注深爲皆同衛甯殖與孫林父逐衛侯而立公孫剽甯殖病將死謂喜曰黜公者

非吾意也孫氏爲之黜猶出逐○黜公勑律反下文注同我即死女能固納公乎固猶必也喜者殖子殖本與孫氏共立剽而孫氏獨得其權故有此言○女音汝喜曰諾甯殖死喜立爲大夫使人謂獻公曰黜公者非甯氏也孫氏爲之吾欲納公何如獻公曰子苟納我吾請與子盟盟者欲堅固喜意喜曰無所用盟時喜見獻公多詐欲使公子鱄保之故辭不肯盟曰臣納君義也無用爲盟矣請使公子鱄約之喜素信鱄以爲鱄能保獻公獻公謂公子鱄曰甯氏將納我吾欲與之盟其言曰無所用盟請使公子鱄約之子固爲我與之約矣公子鱄辭曰夫負羈縶縶馬絆也○羈縶本又作馽下陟立反馬絆也絆音半執

鈇鑕從君東西南北則是臣僕庶孽之事也僕從者庶孽衆賤子猶樹之有孽生○鈇音甫又方于反鑕之實反從君才用反又如字注同孽魚列反又五割反注及下同若夫約言爲信則非臣僕庶孽之所敢與也鱄見獻公多詐不敢保○與音預獻公怒曰黜我者非甯氏與孫氏凡在爾欲以此語迫從令必約之○令力呈反公子鱄不得已而與之約已約歸至殺甯喜獻公歸至國背約殺甯喜○背約音佩下同公子鱄挈其妻子而去之慙恚不能保獻公○挈苦結反恚一睡反將濟于河攜其妻子攜猶提也而與之盟恐乘舟有風波之害已意不得展故將濟豫與之盟曰苟有履衛地食衛粟者昧雉彼視昧割也時割雉以爲盟猶曰視彼割雉負此盟則如彼矣傳極道此者見獻公無信刺鱄見爲彊臣

所逐既不能救又移心事剽背爲姦約獻公雖復因喜得反誅之小負未爲大惡而深以自絕所謂守小信而忘大義拘小介而失大忠不爲君漏言者即漏言當坐殺大夫不得以正葬正葬明喜有罪○昧舊音刎亡粉反一音末又音蔑割也見獻賢偏反下見此同復扶又反介音界〔疏〕注誅之至大忠○解云獻公之入甯喜之由背賢弟之約殺所恃之人應爲大惡而言小負者正以甯氏殺逐兩君累世同惡雖納舊君未足掩其前罪今獻公違約殺之故謂之小負何氏必知小負者正以下二十九年秋葬衛獻公若殺無罪大夫例不書葬而獻公書葬甯喜有罪明矣喜既有罪則殺之者罪輕其罪既輕謂之小負不亦宜乎○注不爲至有罪解云君漏言者即文六年傳云射殺則其稱國以殺何君漏言也是也然則君漏言者即坐殺大夫故當去其葬而文六年晉襄公出漏言以殺處父而經書公子遂如晉葬襄公者正以彼經殺在葬後是以不得去其君葬矣○秋七月辛巳豹及諸侯之大夫盟于宋曷爲再言豹據盟于首戴不再出公〔疏〕注據盟至出公○解云即僖五年夏公及齊侯宋公以下會王世子于首戴秋八月諸侯盟于首戴是也殆諸侯

也殆危也危諸侯故再出豹懼録之曷爲殆諸侯据首戴不殆爲衛石惡在是也曰惡人之徒在是矣衛侯衎不信而使惡臣石惡來故深爲諸侯危懼其將負約爲禍原先見此者衎負鱄殺喜得書葬嫌於義絶可欲起其小負會盟再出不舉重者方再出豹也石惡惡者下出奔是也疏注會盟至豹也○解云正以文十四年夏公會宋公以下同盟于新城舉盟以爲重不言會于某今此會盟並舉故須解之○冬十有二月乙亥朔日有食之是后閽殺吳子餘祭蔡世子般弑其君莒人弑其君之應○閽殺音昬下音弑二十九年同祭側界反疏注是后至之應○解云即下二十九年夏五月閽弑吳子餘祭三十年夏四月蔡世子般弑其君固三十一年冬十月莒人弑其君密州是也

二十有八年春無冰豹羯爲政之所致疏注豹羯至所致解云成元年無冰之下注云尙書曰舒恒燠若易京房傳曰當寒而溫倒置也是時成公幼少季孫行父專權而委任之所致即其義也

而偏指豹羯者正以數年以來專見豹羯之事不見季孫見經明是時豹羯用事故也即上二十三年叔孫豹帥師救晉次于雍渝二十四年叔孫豹如晉仲孫羯帥師侵齊二十七年夏叔孫豹會晉趙武以下于宋案下文秋仲孫羯如晉二十九年夏仲孫羯會晉荀盈以下城杞之屬是也○夏衛石惡出奔晉○邾婁子來朝○秋八月大雩公方久如楚先是豫賦于民之所致疏注公方久如楚○解云即下十一月公如楚二十九年夏五月公至自楚是也仲孫羯如晉○冬齊慶封來奔○十有一月公如楚如楚皆月者危公朝夷狄也疏注如晉皆月者○解云即此及昭七年三月公如楚皆月之屬是也○十有二月甲寅天王崩靈王○乙未楚子昭卒乙未與甲寅相去四十二日蓋閏月也葬以閏數卒不書閏者正取朞月明朞三月之喪始死得以閏數非死月不得數閏○閏數所主反下同期月居其反又作朞疏注葬以閏至數閏○解云哀五年閏月葬齊景公傳云閏不書何以書注云据楚子昭卒不書閏傳云喪以閏數也注云

謂喪服大功以下諸喪當以閏月爲數傳又云喪曷爲以閏數注云据卒不書閏傳云喪數略也注云略猶殺也以月數恩殺故并閏數然則大功以下以月爲數故得數之故此注云葬以閏數云卒不書閏者正取朞月者以其取朞月故不得書閏矣何者以閏非正月故也以此言之明朞三年之喪始死在閏月得數之何者正以閏月者前月之餘故得繼前月言之若閏不在始死之月則不得數之何者朞三年皆以年計若通閏數之則不滿朞三年故也

二十有九年春王正月公在楚何言乎公在楚据成十一年正月公在晉不書疏注据成至不書○解云即成十年秋七月公如晉十一年春王三月公至自晉則知正月之時公在晉明矣正月以存君也正月歲終而復始臣子喜其君父與歲終而復始執贄存之故言在在晉不書在楚書者惡襄公久在夷狄爲臣子危録之○而復扶又反下皆同惡襄烏路反下惡以同爲臣子于僞反下故爲爲季子傳凡爲同疏注臣子至言在○解云公在國時恒以歲首存之今君在楚不得行此事故書其所在云在晉不書云云者即成十一年是也若然案昭三十一年三十二年皆云春王正月公在

乾侯何言在晉不書者昭三十年注云閔公運潰無尺土之居遠在乾侯故以存君書明臣子當憂納之然則閔公失國遠在晉地是以書之仍非常例也○夏五月公至自楚○庚午衛侯衎卒○閽弑吳子餘祭閽者何門人也守門人號疏閽者何○解云欲言其臣閽非臣稱欲言非臣而得弑吳子故執不知問刑人也以刑爲閽古者肉刑墨劓臏宮與大辟而五孔子曰三皇設言民不違五帝畫象世順機三王肉刑揆漸加應世黠巧姦僞多○劓魚器反臏毗忍反辟婢亦反畫象音獲應世應對之應黠閑八反疏注以刑至而五○解云何氏所以必言古者肉刑者正以漢文帝感女子之訴恕倉公之罪除肉刑之制故指肉刑爲古者矣知五刑爲此等者正以元命包云墨劓辟之屬各千臏辟之屬五百宮辟之屬三百大辟之屬二百列爲五刑罪次三千是也案周禮司刑職云墨罪五百劓罪五百刖罪五百宮罪五百大辟五百凡二千五百與此違者鄭駁異義云皐陶改臏爲剕呂刑有剕周改剕爲刖然則司刑職周刑也孔子爲春秋採摘古制是以元命包之文與司刑名異條目不同云孔子曰三皇設言民不違五帝畫象世順機三王肉

刑揆漸加應世黠巧姦僞多者孝經說文言三皇之時天下醇粹其若設言民無違者是以不勞制刑故曰三皇設言民無違也其五帝之時黎庶已薄故設象刑以示其恥當世之人順而從之疾之而機矣故曰五帝畫象世順機也畫猶設也其象刑者即唐傳云唐虞之象刑上刑赭衣不純注云純緣也時人尚德義犯刑者但易之衣服自爲大恥中刑雜屨屨屨也下刑墨幪幪巾也使不得冠飾周禮罷民亦然上刑易三中刑易二下刑易一輕重之差以居州里而民恥之是也三王之時劣薄已甚故作肉刑以威恐之言三王必爲重刑者正揆度其世以漸欲加而重之故曰揆漸加也當時之人應其時世而爲黠巧作姦僞者彌多于本用此之故須爲重刑也云云說備在孝經疏

刑人則曷爲謂之閽據非刑人名刑人非其人也以刑人爲閽非其人故變盜言閽

疏注以刑至言閽○解云曲禮上篇云刑人不在君側鄭注云爲怨恨爲害祭統云古者不使刑人守門然則刑人不合爲閽故曰以刑人爲閽非其人也刑人弒君正合書盜故哀四年盜弒蔡侯申之下傳云弒君賤者窮諸人此其稱盜以弒何賤乎賤者也賤乎賤者孰謂謂罪人也是其刑人弒君正合稱盜之文是以此注云故變盜言閽

君子不近刑人近刑人則輕死之道也刑人不自賴而用作閽由之出入卒爲所殺故以爲戒不言其君者公家不畜士庶不友放之遠地欲去聽所之故不繫國不繫國故不言其君○不近附近之近下同

疏注刑人至其君○解云猶言不自重似若世人名輕賤之物云非可賴也又云公家不畜士庶不友放之遠地欲去聽所之者出禮記王制文注故不至其君者言故不繫國者謂不言吳閽也既不繫國則絕君臣之義故不言弒其君矣

○仲孫羯會晉荀盈齊高止宋華定衛世叔齊鄭公孫段曹人莒人邾婁人滕人薛人小邾婁人城杞書者杞時微善能成王者後

疏衛世叔齊○解云左氏經作大叔儀

○晉侯使士鞅來聘○鞅於丈反

○杞子來盟貶稱子者微弱不能自城危社稷宗廟當坐善諸侯城之復貶者諸侯自閔而城之非杞能以善道致諸侯

疏注貶稱至當坐○解云杞是王者之後實爲公但春秋之義假魯爲王新周故宋黜杞爲伯是以莊二十七年冬杞伯來朝注云杞夏後不稱公者春秋黜杞新周而故宋以春秋當新王然則杞之常爵正合稱伯而稱子者微弱不能自城危社稷宗廟當坐故也云云之說在僖二十三年

○吳子使札來聘吳無君無大夫此何以有君有大夫據向之會稱國○札側八反

疏注據向之會稱國○解云即上十四年季孫宿叔老會晉士匄以下會吳于向是也

賢季子也何賢乎季子據聘不足賢而使賢有君有大夫荆人來聘是也

疏注荆人來聘是也釋曰○即莊二十三年夏荆人來聘是也然則彼亦來聘而但稱人則知來聘之功不足褒美今得加文故怪之

讓國也其讓國奈何謁也餘祭也夷昧也與季子同母者四與并也并季子四人季子弱而才兄弟皆愛之同欲立之以爲君謁曰今若是迮而與季子國迮起也倉卒意○迮子各反起也卒七忽反季子猶不受也請無與子而與弟弟兄迭爲君迭猶更也○迭大結反更也更也音庚而致國乎季子皆曰諾故諸爲君者皆輕死爲勇飲食必祝祝因祭祝也論語曰雖疏食菜羹瓜祭是也○祝之又反又之六反注同疏食音嗣

疏故諸至爲勇○解云言其或輕其死或爲勇事即餘祭不遠刑人謂爲巢門所殺是也○注論語至是也○釋曰論語鄉黨文言雖疏食菜羹及瓜質薄之物亦必祭其所先君子有事不忘本也引之者證飲食有祭之義吳子因此祭而得自祝也

曰天苟有吳國猶曰天誠欲有吳國當與賢弟

疏注猶曰至賢弟○釋曰言天誠有吳而不滅之我當將國以與賢弟也

尚速有悔於予身尚猶努力速疾也悔咎予我也欲急致國于季子意

疏尚速至予身○解云案成十七年左氏傳云晉士燮祈死下何氏作膏肓難之曰休以爲人生有三命有壽命以保度有隨命以督行有遭命以擿暴未聞死可祈也昔周公之隆天不出妖地不出孽陰陽和調災害不生武王有疾周公植璧秉珪願以身代武王疾愈瘳公不夭由此言之死不可請偶自天祿欲盡疾

非果死，今左氏以爲果死，因著其事以爲信然，於義左氏爲短。然則今此謁等亦自祈死而得，難左氏者，公羊此事直見謁等愛其友弟，致國無由，精誠之至，而願早卒，遂忘死不可祈之義矣，猶如周公代死、子路請禱之類，豈言謁等祈得死乎？而謁及餘祭之死，或入巢之門，或閽人所殺，抑亦事非天者也，豈如左氏以果死爲信然，故得難之。然則季子仁者，知兄如此，何不早去，而令三君遇咎自悔者？蓋謁等但爲密謀，季子不知，是以未去耳。故謁也死，餘祭也立，故选爲君。【疏】故謁也死〇解云：在上二十五年。餘祭也立在上二十六年，餘祭也死在今年夏，夷眛也立在明年，夷眛也死在昭十五年春。季子使而反至而君之爾者，在昭十五年。凡爲季子之故也者，三君皆然，故言凡。凡者，非一之辭。餘祭也死，夷眛也立，夷眛也死，則國宜之季子者也。季子使而亡焉。僚者長庶也，即之。緣兄弟相繼而即位，所以不書僚篡者，緣季子之心惡以已之是揚兄之非，故爲之諱，所以起至而君之。〇季子使，所吏反，下同。僚者，力雕反。長庶，丁丈反，下注同。季子使而反，至而君之爾。不爲讓國者，僚已得國，無讓也。闔廬曰：先君之所以不與子國而與弟者，凡爲季子故也。將從先君之命與，則國宜之季子者也；如不從先君之命與，則我宜立者也。僚惡得爲君乎？於是使專諸刺僚，闔廬，謁之長子光。專諸，膳宰。僚耆炙魚，因進魚而刺之。〇闔，戶臘反。廬，力居反。命與，音餘，下命與同。僚焉，於虔反，本又作惡，音烏。刺，七賜反，又七亦反，注同。耆，市志反。【疏】注闔廬至子光〇解云：正以上云則我宜立故也。云專諸膳宰僚耆炙魚因進魚而刺之者，吳語文。自闔廬以下至去之延陵，皆在昭二十七年。而致國乎季子。季子不受，曰：爾弒吾君，吾受爾國，是吾與爾爲篡也。爾殺吾兄，吾又殺爾，是父子兄弟相殺，終身無已也。兄弟相殺者，謂闔廬爲季子殺僚。〇爾殺吾君，申志

反，注殺僚同。篡，初患反。去之延陵，延陵，吳下邑。禮，公子無去國之義，故不越竟。終身不入吳國。不入吳朝，既不忍討闔廬，義不可留事。【疏】注不入吳朝〇解云：正以延陵者竟內之邑，而言不入吳國，故以朝廷解之。故君子以其不受爲義，以其不殺爲仁。故大其能去，以其不以貪賤苟止，故推二事與之。【疏】注故大其能去〇解云：言由其能去之，故君子與之。賢季子，則吳何以有君有大夫？據其本不賢甚君。以季子爲臣，則宜有君者也。方以季子賢，許使有臣有大夫，故宜有君。札者何？吳季子之名也。春秋賢者不名，此何以名？許夷狄者不壹而足也。故降字而名。【疏】札者何〇解云：欲言其名，違賢者例；欲言其字，仍不足其氏，故執不知問。〇許夷狄者不壹而足也者〇解云：壹而足者，即莊二十五年春陳侯使汝叔來聘是也。季子者所賢也，曷爲不足乎季子？許人臣者必使臣，許人子者必使子也。緣臣子尊榮，莫不欲與君父共之。字季子則遠其君，夷狄常例離君父辭，故不足以隆父子之親，厚君臣之義。季子讓在殺僚後，豫於此賢之者，移諱于闔廬，不可以見讓，故復因聘起其事。〇遠，于萬反。見賢，徧反。【疏】注季子至見讓〇解云：殺僚在昭二十七年夏。言移諱于闔廬者，移却季子讓國之文，諱去闔廬之殺，是以不得見其讓矣，故彼注云不書闔廬弒其君者，爲季子諱，明季子不忍父子兄弟自相殺，讓國闔廬，欲其高之，故爲沒其罪也是也。〇秋，九月，葬衛獻公。〇齊高止出奔北燕。〇燕，音烟。〇冬，仲孫羯如晉。

三十年，春，王正月，楚子使薳頗來聘。月者，公數如晉，希見荅，今見聘，故喜錄之。〇薳，于委反。頗，音皮，又音彼，一音普何反，一本作跛者，音同。二傳作薳罷。數，所角反。【疏】注月者至錄之〇解云：文當言如晉，是若有作如楚字者，誤也。言數如晉者，即上三年春公如晉，四年冬公如晉，八年春公如

晉十二年冬公如晉二十一年春公如晉之屬是也在位之間五朝于晉故言數也言希見荅者上十二年夏晉侯使士彭來聘二十九年夏晉侯使士鞅來聘是也魯侯五朝而晉人再荅故謂之希○十八年公○如楚楚亦一報故喜録之也案上元年晉侯使荀罃來聘而解之言希者以其公如晉之前非荅公之事故也○夏四月蔡世子般弒其君固不日者深爲中國隱痛有子弒父之禍故不忍言其日○般音班深爲于僞反下爲伯不爲爲中國同疏注不日至其日○解云欲道文元年冬十月丁未楚世子商臣弒其君髡以其是夷狄忍言其日也○五月甲午宋災伯姬卒伯姬守禮含悲極思之所生外災例時此日者爲伯姬卒日○思息吏反疏外災至卒日○解云外災例時即莊十一年秋宋大水莊二十年夏齊大災上九年春宋火之屬是也而昭九年夏四月陳火書月者正以楚人強暴行詐枉滅君于閔之故特月矣故彼注云月者閔之是也而昭十八年夏五月壬午宋衞陳鄭災而盡日者正以四國同日而俱災四國者天下象若曰無天下云爾故日之然則此不合日而日自爲伯姬卒故日若然即魯女之卒例合書日而莊四年三月紀伯姬卒不日者彼夏六月乙丑齊侯葬紀伯姬何氏云卒不日葬日者魯本宜葬之故移恩録文於葬是也以此言之則知莊二十九年冬十有二月紀叔姬卒三十年八月癸亥葬紀叔姬亦是魯本宜葬之故移恩録文於葬也○天王殺其弟年夫王者得專殺書者惡失親親也未三年不去王者方惡不思慕而殺弟不與子行也不從直稱君者舉重也莒殺意恢以失子行録設但殺弟不能書是也不爲諱者年夫有罪○年夫音佞又如字二傳作佞夫惡失烏路反下皆同去起呂反子行下孟反下子行其行同疏注王者至親也○解云諸侯之義不得專殺大夫若大夫有罪而殺之者皆惡于專殺是以書見今此天王也自得專殺若殺大夫宜不書之書者以其未王而殺母弟失親親故惡而書也○未三至子行○解云文九年毛伯來求金之下傳云何以不稱使當喪未君也踰年矣何以謂之未君即位矣而未稱王也未稱王何以知其即位以諸侯之踰年即位亦知天子之踰年即位也注云俱繼體其禮不得異以天子三年然後稱王亦知諸侯於其封内三年稱子也然則靈王之崩在二十八年十有二月則於此時未三年也未合稱王而稱王者責其在父服之内方當思慕而已而殺其母弟非人子之義是以直稱天王不與其子行也而昭二

十二年夏四月景王崩至二十三年秋七月天王居于狄泉亦未三年而稱天王者彼傳云此未三年其稱天王何著有天子也何氏云時庶孽並篡天王失位徙居微弱甚故急著正其號明天下當救其難而事之是也○注不從至有罪○解云僖五年春晉侯殺其世子申生傳云曷爲直稱晉侯以殺殺世子母弟直稱君者甚之也注云甚之者甚惡殺親親也春秋公子貫於先君唯世子與母弟以今君録親親也今舍國體直稱君知以親親責之然則殺世子母弟者皆直稱君甚之今經云天王殺其弟年夫者寧知不是直稱爵之例而知天王者乃是不與子行者正以其在父服之内而不思思慕反殺先君之子以此爲重故知義然云莒殺意恢以失子行録者即昭十四年冬莒殺其公子意恢注云莒無大夫書殺公子者未踰年而殺其君之子不孝尤甚故重而録之稱氏者明君之子是也云設但殺弟不能書是也者正以莒殺意恢以其在喪内故書而責之則知天王殺弟若不在喪不書矣若諸侯之義不得專殺大夫而言莒殺意恢在内喪乃書者正以意恢直莒子之弟不爲大夫故也今此王者自得專殺若不在喪内何勞書乎故云設但殺弟不能書是也云不爲諱者年夫有罪者春秋之義雖言黜周而王魯乃實天子服内殺弟是甚惡何故不爲尊者諱因年夫有罪則王者之惡稍輕是以春秋不復諱矣○王子瑕奔晉稱王子者惡天子重失親親○重直用反又直勇反疏注稱王至親親○解云正以文元年天王使叔服來會葬注云叔服王子虎也不繫王者不以親疏録也今此王子瑕言王子者正惡天王重失親親故也○秋七月叔弓如宋葬宋共姬外夫人不書葬此何以書隱之也何隱爾宋災伯姬卒焉說在下也○共音恭其稱謚何據葬紀伯姬不言謚疏注據葬至言謚○解云即莊四年齊侯葬紀伯姬是也然則宋伯姬得稱謚者以其賢故也即紀伯姬不言謚者不賢明矣若然案隱七年春王三月叔姬歸于紀何氏云叔姬者伯姬之媵也媵賤書者後爲嫡終有賢行紀侯爲齊所滅能處隱約全竟婦道故重録之然則紀叔姬亦有賢行而莊三十年葬紀叔姬之經不云謚者蓋以劣於宋伯姬故不得與之同文何者能處隱約全竟婦道豈同守節盡誠逮火而死乎賢也何賢爾宋災伯姬存焉有司復曰火至矣請出伯姬

曰不可吾聞之也婦人夜出謂有事宗廟不見傅母不下堂禮后夫人必有傅母所以輔正其行衞其身也選老大夫爲傅選老大夫妻爲母○傅母如字又武侯反本又作姆同【疏】注選老至爲母○解云春秋說文作時王之禮逮乎火而死者爲火所逮環而死也傅至矣母未至也逮乎火而死故賢而錄其說○鄭良霄出奔許自許入于鄭鄭人殺良霄○冬十月葬蔡景公賊未討何以書葬君子辭也君子爲中國諱使若加弑月者弑父比髡原恥尤重故足諱辭○加弑音試下同【疏】注君子至加弑○解云凡君弑者雖賊未討亦書其君葬故昭十九年夏五月戊辰許世子止弑其君買冬葬許悼公傳云賊未討何以書葬不成于弑也○注月者至諱辭○解云即上七年冬十二月鄭伯髡原如會未見諸侯丙戌卒于操傳云諸侯卒其封內不地此何以地隱之也何隱爾弑也孰弑之其大夫弑之曷爲不言其大夫弑之爲中國諱也八年夏葬鄭僖公傳云賊未討何以書葬爲中

國諱也何氏云操順上事使若無賊然不月者本實當去葬責臣子故不足也然則蔡般原爲大夫所弑雖爲中國諱而書其葬猶責不足其文今此蔡侯爲子所弑比於髡原爲恥尤重是以足其諱辭備書時月也○晉人齊人宋人衞人鄭人曹人莒人邾婁人滕人薛人杞人小邾婁人會于澶淵宋災故宋災故者何諸侯會于澶淵凡爲宋災故也會未有言其所爲者此言所爲何錄伯姬也重錄伯姬之賢爲諸侯所閔憂○凡爲于僞反下及注所爲同【疏】宋災故者何○解云上下諸會不錄所爲唯此特書故執不知問諸侯相聚聚斂也相聚斂財物而更宋之所喪更復也如今俗名解悅衣復之爲更衣○更宋音庚又古孟反復也償也所喪息浪反下注同浣戶管反曰死者不可復生爾財復矣復者如故時諸侯共償復其所喪○復生扶又反償常亮反此

大事也曷爲使微者據詳錄所爲故卿也卿則其稱人何貶曷爲貶據善事也卿不得憂諸侯也時雖各諸侯使之恩實從卿發故貶起其事明大夫之義得憂內不得憂外所以抑臣道也宋憂內并貶者非救危亡禁作福也【疏】注時雖至其事○解云以此言之若恩從君發而使大夫行之雖其非正罪不至貶也○注明大至臣道○解云在禮家施不及國而言得憂內者正謂救危亡之時助君憂內不謂自專行之以此言之若助君憂內以救危之時雖恩發大夫不合譏○注宋憂至福也○解云言宋雖遭災未至於滅而恩發於大夫外求鄰國近乎作福是以楚之洪範云惟辟作福惟辟作威今乃大夫行之故云禁作福也

三十有一年春王正月○夏六月辛巳公薨于楚宮公朝楚好其宮歸而作之故名之云爾作不書者見者不復見○好其呼報反見者賢偏反下同【疏】注公朝至云爾○解云正以上言公如楚公至自楚下言公薨于楚宮故云朝楚好其宮歸而作之故名楚宮

○注作不至復見○解云哀公三年夏五月辛卯桓宮僖宮災傳云此皆毀廟也其言災何復立也曷爲不言其復立春秋見者不得見也何氏云謂內所改作也哀自立之善惡獨在哀故得省文然則言見者不復見謂春秋之義諸是內所改作者但隨其重處一過見之而已其餘輕處不復見之所以然者正以哀自作之還於哀上災之善惡獨在於哀故得省文矣今此作楚宮亦是襄自作之還復襄自薨之善惡獨在於襄故得省文故引彼傳云見者不復見也以此言之則知成六年立武宮昭十五年有事于武宮亦是內所改作而重見者正以成公立之至昭乃有事立之祭之者異故不得省文○秋九月癸巳子野卒○己亥仲孫羯卒○冬十月滕子來會葬此書者與叔服同義【疏】注此書至同義解云文九年春天王使叔服來會葬傳云其言來會葬何會葬禮也何氏云常事書者文公不肖諸侯莫肯會之故書天子之厚以起諸侯之薄然則今此會葬亦是常禮而書之者亦是襄公不肖諸侯莫肯會之故書滕子之厚以起諸侯之薄故云與叔服同義矣○癸酉葬我君襄公○十有一月莒人弑

其君密州莒子納去疾及展立莒子廢之展因國人攻莒子殺之去疾奔齊稱人以弑者莒無大夫密州爲君惡民所賤故稱國以弑之

監本附音春秋公羊注疏襄公卷二十一

江南蘇松督糧道方　體栞

公羊注疏卷二十一挍勘記　阮元撰盧宣旬摘錄

公羊注疏襄公卷二十一

二十有五年

鄭伯突入于櫟浦鏜云下當脫傳云

譏君以弑也諸本同唐石經鈌釋文作以殺云音試注同後年放此

以先言入后言弑也鄂本后作後下及疏並同

冬鄭公孫囆帥師伐陳諸本同唐石經本作公孫蠆口旁後加疏云公孫囆云云亦有一本作公孫萬字者何煌云萬當蠆字誤按閩監毛本皆脫此疏

吳子謁伐楚唐石經諸本同釋文云謁左氏作遏按疏本作遏云亦有一本作謁字者作遏則與左氏合而陸氏乃區別之義疏所據之本往往勝於釋文公羊疏非唐人所爲也

吳子遏者亦有一本作謁字者何按本同閩監毛本遏謁字互倒據釋文唐石經所改也

傷而反未至乎舍而卒也唐石經鄂本閩監本同毛本反未誤倒

還就張本文伐名惠棟云伐名二字屬上句蓋名于伐而不名于卒故謂知以傷辜死爲伐名張本疏云伐名知傷而反卒誤讀

二十有六年

是譏詐于成喜之文也浦鏜云成于字誤倒

正以有繼及之道故也〇鄂本〇作者下故衞人未有說者同

二十有七年

我卽死唐石經諸本同鄂本卽作則

子苟納我唐石經作子苟欲納我諸本脱欲字石經考文提要云宋景德本鄂泮官書本春秋集傳釋義皆作子苟欲納我

非甯氏與孫氏唐石經原刻下有也字後磨改重刻刪去故次行九字

攜其妻子鄂本閩監本同唐石經攜作擕毛本作絜注同係臆改

是后闇殺吳子餘祭鄂本后作後

蔡世子般弑其君莒人弑其君之應諸本同按釋文闇殺下音弑此二弑字亦當作殺音弑因上有釋文故作殺此無釋文故改弑也

二十有八年

當寒而温倒置也倒置當作倒賞按成元年注作倒賞

次于雍渝閩監毛本同翻刻者渝作榆非左氏經作榆

公方久如楚鄂本久作欲此誤

閏不書何以書浦鏜云何上脱此字是也

二十有九年

三王肉刑揆漸加鄂本漸作斬誤解云揆度其世以漸欲加而重之故曰揆漸加

感女子之訴毛本訴誤訢

疾之而機矣諸本同盧文弨曰疑當作疾如機矣卽所謂其機如此也

幪巾也使不得冠飾閩監本同毛本巾誤申飾誤作

近刑人則輕死之道也唐石經原刻無則字後磨改增之故此行十一字

注故不至其君者浦鏜云七字當衍文按此標何注起訖特閩監毛本注字失加黑匡者下無解云二字耳不當衍也

衛世叔齊唐石經諸本同解云左氏經作大叔儀

釋曰卽莊二十三年夏閩監本同毛本釋曰改解云按周禮儀禮疏及穀梁疏皆稱釋曰公羊疏稱解云或後人所改此其改之未盡者

雖蔬食菜羹瓜祭是也按古論語作瓜祭魯論語作必祭何氏今文之學當引作必祭○按何於尚書多用伏生之學於論語不可必其用魯也

地不出蔓閩監毛本蔓作蘖

周公不夭閩監本同毛本夭誤大

在上二十五年餘祭也立此本自故謁也死解云起至凡者非一之辭止通爲一節閩監毛本分爲四段散置傳文每節下割裂破碎不成文理矣

凡爲季子之故也者閩監毛本作凡爲季子故也○解云

僚已得國無讓也鄂本無讓也作無所讓此誤

僚惡得爲君乎唐石經鄂本同閩監毛本惡改焉按釋文作僚焉云於虔反本又作惡音烏蓋據此所改

注闔廬至子光者○解云閩監毛本改作注闔廬謁之長子光者

吳語文毛本文下衍○

爾弑吾君唐石經鄂本同閩監毛本弑改殺按釋文作爾殺吾君云申志反注殺僚同蓋據此所改注中則諸本皆作殺僚

義不可留事鄂本無可此衍

則宜有君者也浦鏜云十二年疏引作則國宜有君者也唐石經缺以上下字數計之當無國字

故不足以隆父子之親厚君臣之義何校本十二年疏引作故不足乎季子所以隆父子之親也與今本異

欲其享之 浦鏜云享誤高浦說是也

三十年

公數如晉 解云文當言如晉是若有作如楚字者誤也

即上三年春公如晉 閩監毛本春誤冬

二十八年公〇如楚 閩監毛本刪〇非

未三年不去王者 鄂本閩本同監毛本去誤王

未三至子行 閩監毛本三下衍年毛本未上有注字

其稱諡何 唐石經諸本同毛本諡改謚非注及疏并前後同

故賢而録其說 鄂本說作謚此誤

晉人齊人宋人衛人鄭人曹人莒人邾婁人 唐石經諸本同鄂本脱莒人二

字

為諸侯所閔憂 閩監毛本同鄂本閔作同此誤

時雖各諸侯使之恩 鄂本各作名此誤

外求鄰國 閩監本同毛本求誤來

三十有一年

春秋見者不得見也 浦鏜云復誤得按浦說是也

還於哀上災之 浦鏜云世誤上

解云文九年春 浦鏜云元誤九〇按浦說是也

莒人弒其君密州 唐石經鄂本閩本同監毛本密作䆿非注同

公羊注疏卷二十一挍勘記終 工部屯田司員外郎胡祖謙校

監本春秋公羊注疏昭公卷二十二 起元年盡十二年

何休學

元年春王正月公即位〇叔孫豹會晉趙武楚公子圍齊國酌宋向戌衛石惡陳公子招蔡公孫歸生鄭軒虎許人曹人于漷 戌惡皆與君同名不正之者正之當貶貶之嫌觸大惡方譏二名爲諱義當正亦可知〇國酌二傳作國弱招上遙反軒虎軒依字許言反舊音罕二傳作罕虎漷音郭又音虢左氏作虢穀梁作郭 〔疏〕齊國酌〇解云亦有作國弱者〇注戌惡至大惡〇解云下七年秋衞侯惡卒十年冬宋公戌卒知向戌齊惡皆與君同名也然則君臣者父子之倫寧有同名之理今二子與君同名乃是不可之甚而春秋不正之者若正之當云其氏或貶稱人若其去氏嫌如宋督宋山齊無知之屬若其稱人嫌如襄三十年澶淵之大夫有作禍之大惡由兹進退不得正之然則君臣同名不軌之甚得不爲大惡者正以名者父之所置已父未必爲今君之臣已或先世子而生君子既孤禮有不更名之義是以春秋譏之小惡由禮下篇云不敢與世子同名鄭注云其先之生則亦不改義亦通於此以此言之則知無駭入極之屬自是大惡故去其氏俠卒翬溺會齊師之屬未命大夫正合無氏須辟嫌故〇注方譏至可知解云定六年冬季孫斯仲孫忌帥師圍運傳云此仲孫何忌也曷爲謂之仲孫忌譏二名二名非禮也何氏云爲其難諱也一字爲名令難言而易諱所以長臣子之敬不逼下也春秋定哀之間文致太平故見王者治定無所復爲譏唯有二名故譏之此春秋之制也然則所見之世文致太平二名者小過猶尚譏之況名不辟君乃小惡之大者乎當須正之亦可知矣揔三世言之昭爲大平之首所以不譏二名而定哀之間乃譏之者蓋欲析而言之未當孔子之身故也云云之說在定六年

此陳侯之弟招也何以不稱弟 據八年稱弟 〔疏〕注據八年稱弟〇解云即八年經云春陳侯之弟招殺陳世子偃師是 貶曷爲貶 據八年殺偃師猶不貶 爲殺世子偃師貶曰陳侯之弟招殺陳世子偃師大夫相殺稱人此其稱名氏以殺何 難八年事〇爲殺于僞反下注爲內爲任皆同難八乃旦反二年注同 〔疏〕曰陳至偃師〇解云先舉八年經文然後難之〇大夫相殺稱人〇解云文十六年宋人弒其君處臼之下師解故此弟子取而難之 言將自是弒君也 明其欲弒君故令與弒君而立者同文孔瑗弒君本謀在招〇令力呈反 〔疏〕言將至君也〇解云世子者君之副貳今而殺之明其從是以後有弒君之心故稱其名氏不作兩下相殺辭矣〇注明其至同文〇解云兩下相殺例自稱人今欲明自是弒君故與文十四年齊公子商人弒其君舍文同矣若然大夫相殺稱人而宣十五年王札子殺召伯毛伯亦是大夫相殺而不稱人殺者彼注云大夫相殺不稱人者正之諸侯大夫顧弒君重故降稱人王者至尊不得顧是也〇注孔瑗至在招〇解云案昭八年春陳侯之弟招殺陳世子偃師夏四月辛丑陳侯溺卒竟無孔瑗弒君之文而知孔瑗弒君者正以八年下文冬十月壬午楚師滅陳執陳公子招放之于越殺陳孔瑗葬陳哀公當爾之時楚人託討于陳招殺世子但適放之而已孔瑗見殺明其弒君故也是以九年陳火之下傳云滅人之國執人之罪人殺人之賊葬人之君以此言之知孔瑗爲弒君賊矣而經不書孔瑗弒君者本爲招弒當舉招爲重也但始有計不成爲弒陳侯溺卒者但自卒耳何氏之意見招作弒君之文故知本謀在招也本謀在招則招當爲首而楚人所以不殺招但放之者蓋楚失其意或陳招歸罪於孔瑗是以但罪於孔瑗而招但罪其殺世子之愆遂令免弒君之咎春秋體其事故於殺世子經書其名氏矣

今將爾詞曷爲與親弒者同君親無將將而必誅焉然則曷爲不於其弒焉貶 據未弒也 〔疏〕今將至者同〇解云言招但與孔瑗爲謀首而將欲弒陳侯爾而經曷爲書招名氏乃與親弒者同文乎〇注據未弒也〇解云據今仍未弒而已貶去其弟曷爲不於八年殺世子時貶之乎 以親者弒然後其罪惡甚春秋不待貶絕而罪惡見者不貶絕以見罪惡也 招殺偃師是也〇見者賢徧反下同 〔疏〕以親至惡也〇解云傳言此者欲道八年之時罪惡大甚不假貶絕也云春秋不待貶絕而罪惡見者云云者解之而言春秋者欲道上下通例如此不爲此文

貶

絶，然然罪惡見者，貶絶以見罪惡也。招稱公子，及楚人討夏徵舒貶，皆是也。（疏）注招稱公子。解云此文是也。注及楚至徵舒。解云即宣十一年冬十月楚人殺陳夏徵舒，傳云此楚子也，其稱人何？貶。曷爲貶？不與外討是也。今招之罪已重矣，曷爲復貶乎此？據棄疾不豫貶。○復，扶又反。（疏）今招至乎此。解云此今謂八年之時，言八年殺世子之時，將有弑君之意，即是其罪已重矣，何不逐其重處而貶之，曷爲又復豫貶於此。注據棄疾不豫貶。解云下十一年夏，楚公子弃疾帥師圍蔡，至十三年夏，楚公子弃疾弑公子比，與招殺偃師無異，弃疾於圍蔡之時不豫貶，此則貶之，故以爲難也。著招之有罪也。何著乎招之有罪？據弃疾不著。言楚之託乎討招以滅陳也。起楚託討招以滅陳意也。所以起之者，八年先言滅，後言執，託討招不明，故豫則於此明楚先以正罪討招乃滅陳也。（疏）注所以至陳也。解云八年經云冬十年壬午，楚師滅陳，執陳公子招，放之于越，殺陳孔瑗，葬陳哀公，是其先言滅後言執之事也。言託討招不明者，正以若其託討，宜先執後滅，今乃先言滅後言執，是託討不明。楚先以正罪討招乃滅陳也，而八年經先書滅者，彼注云託義不先書者，本懷滅心，然則楚人本懷滅人之心，故先書滅；而宣十一年冬十月，楚人殺陳夏徵舒，丁亥，楚子入陳，先書討賊，乃言入陳者，莊王討賊之後，始有利陳國之意，故後書入也。○三月，取運。運者何？内之邑也。其言取之何？據自魯之有。不聽也。不聽者，叛也。不言叛者，爲内諱，故書取以起之。不先以文德來之，而便以兵取之，當與外取邑同罪，故書取。月者，爲内喜得之。（疏）運者何。解云欲言内邑而經書取，欲言外邑文無所繫，故執不知問。注月者爲内喜得之。解云正以傳三十一年春取濟西田不書月，故知此月者，以其是内之叛邑，喜封得之故也。是以彼注云以不月者，與取運異，知非内叛邑，故言取是也。秦無大夫者，正以文十二年秋，秦伯使遂來聘，傳云秦無大夫，此何以書？賢繆公也。何賢乎繆公？其爲能變。然則秦處西戎，罕接諸夏，賢于繆公，始有大夫，自爾以來，常多格化，春秋漏之，無大夫名氏，今得書見，是以據而問之。○夏，秦伯之弟鍼出奔晉。秦無大夫，此何以書？仕諸晉也。爲仕之於晉，書。○鍼，其廉反。曷爲仕諸晉？據國地足以祿之。有千乘之國，十井爲一乘，公侯封方百里，凡千乘；伯四百九十乘；子男二百五十乘。時秦侵伐自廣大，故曰千乘。○千乘，繩證反，注同。（疏）注公侯至千乘。解云王制文，連言侯者，据有功者言之。云伯四百九十乘者，正以王制云伯七十里故也。云時秦侵伐自廣大，故曰千乘者，正以此伯故也。而不能容其母弟，故君子謂之出奔也。弟賢，當任用之；不肖，當安處之。乃仕之他國，與逐之無異，故云爾。○六月丁巳，邾婁子華卒。○晉荀吳帥師敗狄于大原。此大鹵也，曷爲謂之大原？據讀言大原也。○大原，音泰，下同。鹵，力古反。（疏）晉荀至大原。解云案左氏作大鹵字，穀梁與此同。○此大鹵至大原。解云案古史文及夷狄之人皆謂之大鹵，而今經與師讀皆謂之大原，故難之。○注據讀言大原也。解云時公羊子亦讀言大原也。地物從中國，以中國形名言之，所以曉中國教殊俗也。（疏）他物從中國。解云言所以今經與師讀皆言大原者，正以地與諸物之名，皆須從諸夏名之故也。○注以中至言之。解云謂諸夏之稱，皆從地之形勢爲名，此地形勢高大而廣平，故謂之大原。云所以曉中國教殊俗也者，本史及夷狄皆謂之大鹵，而今經與師讀必謂之大原者，正以曉中國之人教有殊俗之義故也。邑人名從主人。邑人名自夷狄所名也。不若他物有形名可得正，故從夷狄辭言之。（疏）邑人名從主人。解云此主人謂夷狄也。言大原人道云之時，從其夷狄皆謂之大鹵，故注云邑人名自夷狄所名也。○注不若至言之。解云諸夏地物有形名言之，夷狄之俗不如諸夏之地物有形勢之名也。可得正者，猶言可能正是，故本史及邑人止從夷狄辭言之，謂之大鹵也。原者何？上平曰原，下平曰隰。分別之者，地勢各有所生，原宜粟，隰宜麥，當教民所宜，因以制貢賦。○隰，音習。別，彼列反。（疏）原者何。解云春秋之文，既同明是廣大之義，原鹵名異，未有分別之言，故以不知問之。○上平曰原。解云釋地云廣平曰原，李氏云廣平謂土地寬博而平正者名原。然則此言上平者，蓋欲對隰言之，故謂之上平，其實與爾雅廣平不異。○下平曰隰。解云釋地云下濕曰隰，李氏云下濕謂土地穴下但當名爲隰然則此言下平者正欲對上平言之仍與濕不異○秋莒去疾自齊入于莒○莒展出奔吳主書去疾者重篡也莒無大夫書展者起與去疾爭篡當國出奔言自齊者當坐有力也皆不氏者當國也不從莒無大夫去氏者莒殺意恢稱公子篡重不嫌本不當氏○去疾起呂反【疏】注莒無至當氏○解云在莊二十七年傳文云當國出奔者正以襄三十一年冬莒人弑其君密州今年去疾之入入者出入惡之文而文不氏故知出時爲當國也既是當國正合書入而言自齊者刺齊有力矣其出奔不書者春秋之義微者出入不兩書故也云皆不氏者當國也者正以隱元年鄭伯克段于鄢之下傳云何以不稱弟當國也則此等下言公子者是當國之文注不從云云者下十四年冬莒殺莒公子意恢何氏云莒無大夫書殺公子者子未踰年而殺其君之子不孝大甚故重錄之稱氏者明君之子也然則莒爲小國大夫名氏例不錄見假有錄者名氏不具即莒慶之屬無氏是也今此去疾之徒寧知不爾彊云當國故不當氏者正以莒殺意恢重而錄氏今邪庶並篡其事非輕固宜重而錄之但欲當國爲君故如其意使惡逆見也然則意恢事重故稱公子今亦篡重明其未賍之時亦合稱

氏故云篡重不嫌本不當氏也○叔弓帥師疆運田疆運田者何與莒爲竟也疆竟也與莒是正竟界莒言城中丘○疆運居良反下同【疏】疆運田者何解云欲言正界而經書帥師欲言侵伐而道疆運故執不知問○與莒爲竟也○解云若言與莒人造作竟界○注若言城中丘○解云隱十年夏城中丘傳云何以書以重書也何氏云以功重故書當稍稍補完之至令大崩弛壞敗然後發衆城之猥苦百姓空虛國家故言城明其功重與始作無異則彼若稍稍補完則輕而不書至於功重故書而制之今此魯若往前之時少侵即正則輕而不書至於大損而與師發衆乃能正之明其功重與始取無異故若城中丘與莒爲竟則曷爲帥師而往據非侵伐畏莒也畏莒有賊臣亂子而與師與之正竟剩魯微弱失操煩擾百姓【疏】注畏莒至百姓○解云襄三十一年莒人弑其君密州是爲賊臣而二子爭篡是爲亂子魯人見其賊亂恐其轉侵是以與兵與之正竟賊亂之人自救無暇焉能轉侵乎故云微弱失操煩擾百姓也○葬邾婁悼公○冬十有一月己酉楚子

卷卒○卷音權左氏作麇【疏】楚子卷卒○解云左氏作麇字二小傳本亦有作麇字者○楚公子比出奔晉辟內難也【疏】注辟內難也○解云正以更無他事於君䕫之際而出奔故知止應辟內難故也

二年春晉侯使韓起來聘○夏叔弓如晉○秋鄭殺其大夫公孫黑○冬公如晉至河乃復其言至河乃復何據公如晉次于乾侯而還言至自乾侯不言至乾侯乃復【疏】注據公至乃復○解云即下二十八年春公如晉次于乾侯二十九年春公至自乾侯是也不敢進也乃難辭也時聞晉欲執之不敢往君子榮見與恥見距故諱使若至河河水有難而反○乃難如且反下有難同【疏】注乃難辭也○解云宣八年傳文云故諱使若至河河水有難而反者若如川之滿不可游也然○季孫宿如晉

三年春王正月丁未滕子泉卒【疏】滕子泉卒解云左

氏穀梁作原字○夏叔弓如滕○五月葬滕成公月者襄公上葬諸侯莫肯加禮獨滕子來會葬故恩錄之明公當自行不當遣大夫失禮尤重以責內【疏】注月者至錄之○解云卒月葬時者小國之常典下六年夏葬杞文公之屬是也今而書月故以爲恩錄之言襄公上葬者謂上文葬襄公時也言諸侯莫肯加禮獨滕子來會葬者即襄三十一年夏公薨于楚宮冬十月滕子來會葬癸酉葬我君襄公是也○注明公至責內○解云公羊之義鄰國諸侯及鄰國夫人喪皆公自會葬故異義公羊說云襄公三十年叔弓如宋葬葬姬譏公不自行是也然則凡平諸侯之葬公猶自行況其加禮於已者乎故言失禮尤重以責內也○秋小邾婁子來朝○八月大雩先是公季孫宿比如晉○冬大雨雹爲季氏○雨于付反雹步角反爲于僞反○北燕伯款出奔齊名者所見世著治大平責小國詳錄出奔當誅○治直吏反大音泰【疏】注名者至當誅○解云春秋之義有三世異辭入所見之世小國出奔而書其名故知義然也即莊十年譚子奔莒僖五年弦子奔黃十年溫子奔衛成十二年周公出奔晉之屬皆不

名至于此文北燕伯款下三十年冬徐子章禹出奔楚之國皆書其名是也言出奔當誅者謂太平之世民皆有禮況於諸侯不死社稷而棄國出奔當合誅滅矣

四年春王正月大雨雪為季氏。○大雨雪于付反左氏作大雨雹為季于僞反下文及注為齊誅並同疏大雨雹。解云案正本皆作雹字左氏經亦作雹字故賈氏云穀梁作大雨雪今此若有作雪字者誤也○夏楚子蔡侯陳侯鄭伯許男徐子滕子頓子胡子沈子小邾婁子宋世子佐淮夷會于申不殊淮夷者楚子主會行義故君子不殊其類所以順楚而病中國疏注不殊至中國。解云內諸夏外夷狄者春秋之常典而不殊淮夷者正以此會楚子爲主會行義其行義者即下文爲齊誅是也故君子不殊其類者君子謂孔子孔子作春秋不殊楚之類孔子之意所以然者正欲順楚之事而病諸夏之衰微何者言楚夷狄尚能行義以相榮顯況於諸夏反不能然故得病之若然春秋之式傳聞之世內其國外諸夏所聞之世內諸夏外夷狄所見之世治致太平錄夷狄則不殊淮夷固其宜也何則此注云由楚子主會行義君子不殊其類者正以等是太年亦有麤細昭當其父非已時事定哀之世乃醇粹也是以定六年仲孫氏之下何氏云春秋定哀之間文致太平故見王者治定無所復爲譏唯有二名故譏之是也然則淮夷始見安行無禮是以此經更無進稱未當定哀之間仍合外限但由楚子主會故得不殊是以何氏更爲立義矣

楚人執徐子○秋七月楚子蔡侯陳侯許男頓子胡子沈子淮夷伐吳執齊慶封殺之此伐吳也其言執齊慶封何爲齊誅也故繫之齊其爲齊誅奈何慶封走之吳以襄公二十八年奔魯自是走之吳不書者以絕于齊在魯不復爲大夫賤故不復錄之。○不復扶反又下同疏注以襄公至奔魯。○解云即彼云冬齊慶封來奔是也。○注不書至錄之。○解云案如此經上言伐吳則犯吳之文已著何得注云使防繫吳嫌犯吳也正以慶封往前已封于防爲小國矣但諸侯之義不得專封是以春秋奪言伐

吳矣實言之非伐吳矣今日此經若言入防則更成上伐吳之文實伐吳則爲犯吳若直言入防執齊慶封殺之則恐防是齊邑是以進退不得作文也吳封之於防不書入防者使防繫吳嫌犯吳也去吳嫌齊邑也。○去起呂反然則曷爲不言伐防据防邑爲國不與諸侯專封也故奪言伐吳慶封之罪何脅齊君而亂齊國也道爲齊誅意也稱侯而執者伯討也月者善義兵疏注稱侯至討也。○解云僖四年傳文上下更無稱爵以執大夫之事唯此一經可以當之故何氏言焉若然案如此經不重出楚上以爲伯討之義僖二十一年秋宋公楚子陳侯以下會于霍執宋公以伐宋傳云曷爲不言楚子執之不與夷狄之執中國者正以此經楚子爲會主而序于上下言執慶封殺之可以因上文不勞重出也既得因上文即是稱爵以執之故知爲伯討案霍之經宋公序上乃次楚子下言執宋公明知不得因上文矣既不因上文而不更出楚子不與夷狄之執諸夏故也云月者善義兵也者正以侵伐例時故也遂滅厲莊王滅蕭日此不日者靈王非賢責之略。○滅厲如字又音賴左氏作賴疏遂滅厲。○解云有作賴字者。○注莊王至之略。○解云宣十二年冬十有二月戊寅楚子滅蕭彼注云日者屬上有王言今反滅人故深責之是也然則以靈王非賢故責之略還依常例書月若似莊十年冬十月齊師滅譚之屬是○九月取鄫其言取之何据國言滅疏注据國言滅。○解云即滅譚滅遂之屬是也滅之也滅之則其言取之何內大惡諱也因鄫上有滅文故使若取內邑疏內大惡諱也。○解云隱二年無駭入極之下傳云此滅也其言入何內大惡諱也今又重發之者正以入取之文不同故也。○注因鄫至內邑。○解云直言取鄫言上有滅文者即襄六年秋莒人滅鄫是也內取邑直言取者上元年三月取運之屬是也言上有滅鄫之文鄫不復爲國因此之故遂直言取若似內自取邑然則襄六年之時鄫已見滅今而言取者彼直取後乎莒非兵滅是以魯人今得取之以此言之則無駭入極不言取者正以極上無滅文故也○冬十有二月乙卯叔孫豹卒

五年春王正月舍中軍舍中軍者何復古也

善復古也○舍中音捨下及注同〔疏〕舍中軍○解云襄十一年時於司馬之下爲之置中卿之官令助司馬爲軍將添前司徒司空之屬爲三軍踰王制故於彼經云作三軍以譏之今還依古禮舍司馬不復令作將軍故曰舍中軍○舍中軍者何○解云欲言非禮實如王制欲言是禮不應復書之故執不知問○復古也○解云正以魯爲州故正舍二軍今舍僭從禮故曰復古是以隱五年注云方伯二師是也○注善復古也○解云言舍僭從禮正是常事而書之者正以當時皆僭獨自能抑從禮善其復古是以書之故云善復古也

然則曷爲不言三卿据上言作三軍等問不言軍云卿者上師解言三卿因以爲難○爲難乃旦反下同〔疏〕注据上言作三軍○解云弟子之意見上文襄十一年時云道作三軍今日舍之應言舍三軍而言舍中軍與上文異故難之○注等問至爲難○解云襄十一年傳云三軍者何三卿也然則今於此問何故不云曷爲不言舍三軍而言卿者正以上文襄十一年時師解以爲三軍者何三卿也是以弟子因而難之云曷爲不言舍三卿

五亦有中三亦有中此乃解上作三軍時意作時益中軍不可言中軍者吾亦有中三亦有中不知何中也今此据上作三軍不言中則益三之中舍三之中皆可知也弟子本据上言作三難下中不言三也如師解言本益中故下言舍中爲其將復据下中難上不言中故解上以解下如此則下不言三亦可知也不言卿者欲同上下文以相起傳不足以解之者以上解下文當同亦可知月者善錄之○爲于僞反復扶又反〔疏〕五亦至有中○解云襄十一年時益司馬之職更令將軍正是作中而不言作中軍者正以五亦有中三亦有中若言作中軍嫌是五之中故變言作三軍若欲實而言之正是作中軍故至舍時云道中軍矣○注此乃至三也○解云上謂襄十一年時也云作時益中軍者謂於司馬之下置中卿令助司馬將軍添前二軍爲三軍故曰作時益中軍也云今此据上作三軍不言中云三者今此公羊子据上作三軍時不言中之意故言五亦有中三亦有中也如此則上益三之中下舍三之中皆可知矣何者上言作三軍下言舍中軍則非五之中亦明矣云弟子本据上言作三難下中不言三也者即此傳云然則曷爲不言舍三卿是也○注如師至可知也○解云如詁爲若若公羊荅之云本益三之中故言舍中即恐弟子難之云今舍時言中軍作時曷爲不言作中軍若其如此即是守文不察疑惑門人非師訓之道故公羊子解上以解下何者解上作時實是中軍但有嫌疑不得

言中遂變言三軍即是解此下文舍中軍不得言三之意故云解上以解下如此言之即下文不言三軍昭然可解故云亦可知云不言卿者欲同上下文以相起者正實而言之正是舍去司馬之職中卿之官何以不言舍中卿而言舍中軍者正以襄十一年時云作三軍故欲同其文相起爲一物○注傳不至錄之○解云傳若足解之宜云前此作三軍之時不言中者五亦有中三亦有中此舍三軍不言三者正以前三非正稱故舍時不得言三今此傳文少故言傳不足解之也欲以上解下者以作時文在上故傳特解之上文既解訖下文不言三之意當同上義亦可知云月者善錄之者謂善其復古而詳錄之也

○楚殺其大夫屈申○公如晉○夏莒牟夷以牟婁及防茲來奔莒牟夷者何莒大夫也莒無大夫此何以書重地也其言及防茲來奔何据漆閭丘不言及高張言及〔疏〕莒牟夷者何○解云欲言莒君經不言子欲言大夫莒無大夫故執不知問○注据漆至言及○解云言漆閭丘不言及者即襄二十一年春邾婁庶其以漆閭丘來奔是也高張言及者即哀六年夏齊國夏及高張來奔是也正以地邑無及文上下大夫乃言及與此防茲之義違故難之何者人之尊卑自有差等故可以言及地邑無尊卑之義恐其不得言及也

不以私邑累公邑也公邑君邑也私邑臣邑也累次也義不可使臣邑與君邑相次序故言及以絕之○秋七月公至自晉○戊辰叔弓帥師敗莒師于濆泉濆泉者何直泉也直泉者何涌泉也蓋戰而涌爲異也不傳異者外異不書此象公在晉臣下專爲莒叛臣地以興兵戰鬬百姓悲怨歎息氣逆之所致故因以著戰處欲明天之與人相報應之義○濆泉扶粉反濆泉踊泉也左氏作蚡泉穀梁作濆泉處昌慮反應應對之應〔疏〕于濆泉○解云左氏作蚡字穀梁作濆泉字○濆泉者何○解云欲言地名以泉名之欲言是水戰於其處故執不知問○直泉也○解云謂此泉直上而出○直泉者何○解云欲言涌地不應言直欲言土地仍謂之泉故執不知問○注蓋戰至而涌爲異也○解云似穀洛鬬之事也○注不傳至戰鬬○解云春秋之義外異不書即襄十九年不書漷移之屬

是今此濆泉爲異故不録經旣不録傳無由發之經若書之傳宜云何以書爲天下記異似若僖十四年沙鹿崩之傳矣云此象公在晉云云者公在晉者卽上春公如晉是也臣下專受莒叛臣地者卽經書夏莒牟夷以下云云來奔在秋七月公至自晉之上是也以興兵戰鬬者卽此戰敗于濆泉是正以敗者内戰之文故也○注百姓至所致○解云上注云外異今此云魯人悲怨致之者正以濆泉在莒魯界上二國結怨方戰於此應而爲異何以不然○注故因至之義○解云䟽具僖三年

○秦伯卒何以不名據諸侯名秦者夷也匿嫡之名也嫡子生不以名令于四竟擇勇猛者而立之○嫡之丁歷反注及下同〔疏〕注嫡子至立之○解云卽内則云夫告宰名宰辯告諸男名書曰某年某月某日某生而藏之宰告閭史書爲二其一藏諸閭府其一獻諸州史州史獻諸州伯州伯命藏諸州府是其以名令於四竟之義也其擇勇猛者而立之者正以夷狄之人不尙文德故也

其名何據秦伯嬰稱名〔疏〕注據秦伯嬰稱名○解云文十八年春秦伯罃卒宣四年春秦伯稻卒是也然則文十八年經作罃字今此嬰字者誤也寧知非彼誤者正以文十八年秦伯罃卒之下賈氏云穀梁傳云秦伯偃不道

公羊曰嬰知公羊與左氏同皆作罃字矣注獨嬰稱以嫡得立之者嬰字亦誤宜爲罃字矣

嫡得之也獨嬰稱以嫡得立之

○冬楚子蔡侯陳侯許男頓子沈子徐人越人伐吳吳未服慶封之罪故也越稱人者俱助義兵意進于淮夷故加人以進之義兵不月者進越爲義兵明故省文〔疏〕注越稱至省文○解云卽上四年秋七月楚子蔡侯陳侯許男頓子胡子沈子淮夷伐吳彼注云月者善義兵然則上文淮夷唯助義兵其意不進故不稱淮人今稱人故以進解之云義兵不月者進越爲義兵明故省文者正以侵伐例時義兵則詳録故上四年秋七月楚子以下伐吳注云月者善録義兵是也今此亦爲義兵而不書月故如此解

六年春王正月杞伯益姑卒不日者行微弱故略之上城杞已貶復卒略之者入所見世責小國詳始録内行也諸侯内行小失不可勝書故於終略責之見其義○復扶又反内行下孟反下同勝音升見匿賢恤反〔疏〕注不日至略之○解云正以襄二十三年春三月己巳杞伯匄卒彼已書日今而書月故解之○注上城至其義○解云上城已貶者謂襄二十九年夏仲孫羯會晉荀盈齊高止宋華定以下城杞杞子來盟注云貶稱子者微弱不能自城危社稷宗廟當坐是也律云一人有數罪則以重者坐之然則亦不再加而卒復略之者正以此是入所見之世責小國詳始録其内行故也諸侯内行小失寧可備盡但當卒時略之而已言不可勝書者言小行非一不可勝負不可具書猶如序云不可勝記之類也何氏必此解者正以往前經傳不見杞伯之惡而經略之知内行有失也

○葬秦景公○夏季孫宿如晉○葬杞文公○宋華合比出奔衞○比如字又毗志反○秋九月大雩先是季孫宿如晉是後叔弓與公比如楚有豫賦之煩也○賦斂力驗反或無此字〔疏〕注先是至之煩也○解云文當如是言先是季孫宿如晉卽上文夏季孫宿如晉是也言是後叔弓與公比如楚者卽下文冬叔弓如楚七年三月公如楚故謂之比也二年事皆在後故云有豫賦之煩也亦有一本云叔弓如齊者誤

○楚薳頗帥師伐吳〔疏〕楚薳頗○解云左氏穀梁作薳罷字

○冬叔弓如

楚○齊侯伐北燕

七年春王正月暨齊平書者善録内也不出主名者君相與平國中皆安故以舉國體言之月者刺内暨暨也時魯方結婚于吳外慕強楚故不汲汲于齊○暨其器反〔疏〕注書者善録内也○解云正以平爲善事今而書之故云善録内也○注月者至暨也○解云正以定十一年冬及鄭平則知例書時也今此書月故如此解也隱元年傳云及猶汲汲暨猶暨暨也及我欲之暨不得已然則暨暨是不獲已然後爲之平是善事而不汲汲故書月以刺之故云月者刺内暨暨矣○注時魯至于齊○解云下十年冬注云去冬者蓋昭公娶吳孟子之年故貶之然則十年不書冬者是其方結婚于吳之事其外慕強楚者卽上文叔弓如楚下文公如楚之屬是也正以文不言及故云不汲汲于齊矣注是後楚滅陳云云者卽八年冬十月壬午楚師滅陳是也及下十一年十有一月丁酉楚師滅蔡是也云楚弒其君于乾谿者卽下十三年夏四月楚公子比自晉歸于楚弒其君于乾谿是也

○三月公如楚○叔孫舍如齊莅盟○叔孫舍二傳作婼○夏四

月甲辰朔日有食之。是後楚滅陳，楚弑君虔于乾谿。○秋八月戊辰，衞侯惡卒。○九月，公至自楚。○冬十有一月癸未，季孫宿卒。○十有二月癸亥，葬衞襄公。當時而日者，世子輒有惡疾，不早廢之，臨死乃命臣下廢之，自下廢上，鮮不爲亂，故危録之。○當，丁浪反，又如字。鮮，息淺反。

【疏】注當時至録之。○解云：隱三年傳云「當時而日，危不得葬也」。今此衞侯八月卒，至此正五月，而經書癸亥，故言危録之。言世子輒有惡疾者，即下二十年秋「盜殺衞侯之兄輒」，傳云「母兄稱兄，兄何以不立？有惡疾也」是矣。知其不早廢，臨死乃命臣下廢之者，正以危録其葬故也。其若不然，更無危事，不知衞使葬何以書日乎？言危録之者，以其有危，故録其日也。

八年春，陳侯之弟招殺陳世子偃師。說在元年。變其言陳者，起招致楚滅陳自此始，故重舉國。○故重，直用反，年末同。

【疏】注說在元年。○解云：即元年傳云「大夫相殺稱人，此其稱名氏以殺何？言將自是弑君也。今將爾，詞曷爲與親弑者同？君親無將，將而必誅」之屬是也。○注變其至舉國。○解云：春秋之義，大夫相殺稱人，言其即莊二十二年春「陳人殺其公子禦寇」，下「陳人殺其大夫公子過」，文九年「晉人殺其大夫先都」之屬。今變兩下之例，言殺陳世子者，起招致楚滅陳自此始，是以重舉陳矣。

○夏四月辛丑，陳侯溺卒。○溺，乃狄反。○叔弓如晉。○楚人執陳行人于徵師，殺之。○陳公子留出奔鄭。○秋，蒐于紅。蒐者何？簡車徒也。徒來。○蒐，所留反，本亦作蒐。

【疏】蒐者何。○解云：正以常事不書，今此見經，故執不知問。

何以書？蓋以罕書也。說在桓六年。

【疏】注說在桓六年。○解云：桓六年「秋八月壬午，大閱」，傳云「大閱者何？簡車徒也。何以書？蓋以罕書也」，注云「罕，希也。孔子曰：以不教民戰，是謂棄之。故比年簡徒謂之蒐，三年簡車謂之大閱，五年大簡車徒謂之大蒐，存不忘亡，安不忘危。不地者，常地也。蒐例時，此日者，桓既無文德，又忽忘武備，故尤危録」。然則爲蒐之法，比年作之，今此不然，故云以罕書。

○陳人殺其大夫公子過。○過，音戈。○大雩。先是公如楚，半年乃歸，費多賦重所致。○費，芳味反。

【疏】注先是至乃歸。○解云：即去年三月「公如楚」，九月「公至自楚」是也。

○冬十月壬午，楚師滅陳，執陳公子招，放之于越，殺陳孔瑗。

【疏】殺陳孔瑗。○解云：左傳、穀梁作奐。

○葬陳哀公。日者，疾詐諼滅人也。不舉滅爲重，復書三事言執者，疾諼託義，故列見之。託義不先書者，本懷滅心。重舉陳者，上已言滅，不復重舉，無以明。○諼，況元反。復書，扶又反，下同。見，賢徧反。

【疏】注日者至人也。○解云：春秋之義，滅例書月，即莊十年「冬十月，齊師滅譚」，十三年「夏六月，齊人滅遂」之屬是也。上四年秋七月「楚子滅厲」之下，注云「莊王滅蕭日，此不日者，靈王非賢，責之略」，是以還依常例書月矣。今而日者，疾詐諼滅人故也。○注不舉至見之。○解云：春秋之義，舉滅爲重，是以襄六年「齊侯滅萊」之下，何氏云「不書殺萊君者，舉國滅爲重」是也。今不舉滅爲重，故須辨之。言復書三事言執者，謂復書三事，又言執者，以疾其詐諼託義，故須列而見之。三事：放招、殺瑗、葬哀公是。○注託義至滅心。○解云：宣十一年「冬十月，楚人殺陳夏徵舒。丁亥，楚子入陳」，然則彼乃楚子行義，先書其殺。今此楚子亦是託義討賊，書在滅後者，見本懷滅心故也。○注重舉至以明。○解云：成二年「秋七月，齊侯使國佐如師。己酉，及國佐盟于袁婁」，不重舉齊。此重舉陳者，上已言楚師滅陳，若不復舉陳，無以明其是陳人矣。

九年春，叔弓會楚子于陳。陳已滅，復見者，從地名録，猶宋郜以邑録。不舉小地者，顧後當存。○復見，扶又反，下同。下，賢徧反。

【疏】注陳已至當存。○解云：郜者，是文王之子，春秋前宋人滅之，至隱十年「夏六月壬戌，公敗宋師于管。辛未，取郜。辛巳，取防」是也。云不舉小地，顧後當存者，言陳是摠號，當是會時未必在其國都，所以不舉小地而舉陳者，正以楚人暴滅，春秋欲閔陳而存之，故還舉其大號而言也。其存陳者，即下經「夏四月，陳火」是也。

○許遷于夷。○夏四月，陳火。陳已滅矣，其言陳火何？據災異爲有國者戒。○陳火，左氏作災。

【疏】陳火。○解云：左氏作災字，穀梁與此同。○陳已至火何。○解云：所以不言外災不書此何以書之義者，正以解言存陳，故書其火，則外災得書之義亦見。

矣存陳也陳已滅復火者死灰復燃之象也此天意欲存之故從有國記災疏注陳已至記災。解云即考異郵不陳火之類未當誅絶天曉其君死灰更燃之意是也曰存陳悕矣書火存陳者若曰陳爲天所存悲之。悕音希悲也疏曰存陳悕矣。解云悕謂悲也公羊子曰陳爲天所存者天悲痛之故也曷爲存陳據災非一天意曷爲悲陳而存之疏注據災至存之。解云弟子之意以爲春秋之內書災者非止一處而已矣意曷爲正於此災之上悲陳而存之乎滅人之國執人之罪人罪人招也殺人之賊孔瑗弑君賊也葬人之君若是則陳存悕矣楚爲無道託討賊行義陳臣子辟門虛心待之而滅其國若是則天存之者悲之也不書孔瑗弑君者本爲招弑當舉招爲重方不與楚討賊於沒招正賊文以將與上貶起之月者閔之。辟婢亦反開也本爲于爲反疏注不書至閔之。解云案如上文則孔瑗與招本謀弑君而責是弑文者正以君親無將將而必誅故言當舉招爲重言故沒招正賊文者謂不於討處貶招見其有弑君之罪矣言以將與上貶起之者上貶謂元年

稱公子傳云此陳侯之弟招何以不稱弟貶是也云月者閔之者正以外災例時即襄元年春宋火之屬是今而書月故言閔之○秋仲孫貜如齊。貜具縛反又居碧反○冬築郎囿。囿音又

十年春王正月○夏晉欒施來奔。晉欒施左氏作齊欒施○秋七月季孫隱如叔弓仲孫貜帥師伐莒。隱如左氏作意如○戊子晉侯彪卒。彪彼虯反○九月叔孫舍如晉○葬晉平公○十有二月甲子宋公戌卒去冬者蓋昭公取吳孟子之年故貶之。宋戌誘左傳者音皮何云向戌與君同名則宜音恤去起呂反疏注去冬至貶之。解云正以禮記論語皆有昭公取于吳謂之吳孟子之文但不指其取之年歲今無冬者無佗罪可指是以何氏以意當之以無正文故言蓋也取吳孟子所以不書者諱取同姓故也賈服以爲剌不登臺視氣范氏以爲不書冬甯所未詳

十有一年春王正月叔弓如宋○葬宋平公○夏四月丁巳楚子虔誘蔡侯般殺之于申楚子虔何以名據誘戎曼子不名。戎曼音蠻疏注据誘至不名。解云即昭十六年春楚子誘戎曼子殺之是也絶曷爲絶之據俱誘之爲其誘封也使不自知而死故加誘。爲于僞反疏注使不至加誘。解云即左氏傳云醉而殺之是也此討賊也蔡侯般弑父而立疏注蔡侯至而立。解云即襄三十年夏四月蔡世子般弑其君固是也雖誘之則曷爲絶之據與莊王外討晉文譎尊。譎古穴反疏注据與至譎尊。解云莊王外討者即宣十一年冬十月楚人殺陳夏徵舒傳云此楚子也其稱人何貶曷爲貶不與外討也曷爲不與實與而文不與文曷爲不與諸侯之義不得專討也諸侯之義不得專討則其曰實與之何上無天子下無方伯天下諸侯有爲無

道者臣弑君子殺父力能討之則討之可也者是其實與莊王外討之文也云晉文譎尊者即僖二十八年五月癸丑公會晉侯以下盟于踐土公朝于王所傳云曷爲不言公如京師天子在是也曷爲不言天子在是不與致天子也注云時晉文公年老恐霸功不成故上白天子曰諸侯不可卒致願王居踐土下謂諸侯曰天子在是不可不朝迫使正君臣明王法雖非正起時可與故書朝因正其義所以見文公之功是也懷惡而討不義君子不予也內懷利國之心而外託討賊故不與其討賊而責其誘詐也地者起以好會誘之。好呼報反疏注地者至誘之。解云正以昭十六年楚子誘戎曼子殺之不書地今言于申故解之○楚公子棄疾帥師圍蔡○五月甲申夫人歸氏薨○大蒐于比蒲大蒐者何簡車徒也何以書蓋以罕書也說在桓六年。比音毗疏大蒐者何。解云欲言常事而經加大欲言非常事蒐是常獵之名故執不知問。注說在桓六年。解云即桓六年秋八月壬午大閱傳云大閱者何簡車徒何

以書蓋以罕書也注云罕希也孔子曰以不教民戰是謂棄之故比年簡徒謂之蒐三年簡車謂之大閱五年大簡車徒謂之大蒐存不忘亡安不忘危然則大蒐之法五年一爲今此不然故曰以罕書也上八年蒐于紅之下何氏云說在桓六年今復指之者正以蒐與大蒐希數大異禮亦不同是以不得相因各指其所在○仲孫貜會邾婁子盟于侵羊不日者蓋諱喪盟使若議結善事○侵羊二傳作祲祥疏盟于浸羊○解云穀梁傳作侵祥字服氏注引者直作詳字侵字皆是所見異也○注不日至善事○解云上文五月夫人歸氏薨君居喪居喪而與人盟至十三年秋平丘之會邾婁子與晉爲議不容公盟而執季孫理宜書日見其不信而不書日者正以身居大喪而不以爲憂是內惡可諱之限其爲信辭使若此盟方欲議論結其善事然齊國酌者賈氏作酌字與此同服氏及穀梁皆作齊國弱字也○秋季孫隱如會晉韓起齊國酌宋華亥衛北宫佗鄭軒虎曹人杞人于屈銀○佗大河反屈銀並如字二傳作厥憖疏于屈銀○解云左氏穀梁作厥憖字九

月已亥葬我小君齊歸齊歸者何昭公之母也歸氏胡女襄公嫡夫人○嫡丁歷反疏齊歸者何○解云欲言夫人初至不錄欲言其妾薨葬具書故執不知問○注歸氏至夫人○解云皆史記文而初至不書者蓋爲世子時娶之然則沙隨之會襄公始生而成公之世已娶夫人者案公羊上下竟無幼少之文則何氏不信左氏故也○冬十有一月丁酉楚師滅蔡執蔡世子有以歸用之此未踰年之君也其稱世子何據陳子也疏注據陳子也○解云即僖二十八年冬公會晉侯齊侯宋公蔡侯鄭伯陳子以下于溫是也不君靈公不成其子也靈公即般也不君不與靈公坐弒父誅不得爲君也不成其子不成有得稱子繼父也上不與楚誘討嫌有不當絕故正之云耳疏不君至子也○解云靈公弒父而立弒父之人人倫所不容今而見誅正是其宜是以春秋不與靈公爲君也故曰不君靈公也莊三十二年傳云君存稱世子君薨稱子某既葬稱子踰年稱公然則稱子者嗣君之稱春秋之義既不與靈公得爲成君故亦不成其子有得爲嗣君以繼其父故曰不成其子也云靈公坐弒父誅者即襄三十年夏四月蔡世子般弒其君固上四月楚子虔誘蔡侯般殺之于申是也云上不與楚誘討者即上傳云曷爲絕之爲其誘討也此討賊也雖誘之則曷爲絕之懷惡而討不義故君子不與是不君靈公則曷爲不成其子據惡惡止其身誅君之子不立雖不與楚誘討其惡坐弒父誅當以誅君論之故云爾言執者時楚託義滅之疏注當以至云爾○解云若不君靈公而以誅君論之何故上四年申之會及伐吳之經上文楚子誘殺之時皆稱其爵者凡貶刺之例正可於一事之上足見其惡而已寧可文文皆貶似若莊四年冬公及齊人狩于郜傳云前此者有事矣後此者有事矣則曷爲獨於此譏擇其重者而譏焉莫重乎其與讎狩也其餘從同同是也○注言執至滅之○解云春秋之義舉滅國以爲重其餘輕者皆從略是以襄六年注云不書殺萊君者舉滅國爲重是今并書其執者正以楚人託義滅之故見其義也似若上八年注云不舉滅爲重復書三事言執者疾讒託義故列見之是也楚既託義執用蔡之世子以滅其國當先書其餘似若宣十一年冬十月楚人殺陳夏徵舒下亥楚子

入陳然今乃先書滅蔡者起其本懷滅心故也是以八年注云託義不先書者本懷滅心故是也非怒也無繼也公誅子當絕疏非怒也無繼也○解云莊四年傳云今紀無罪此非怒與何氏云怒遷怒齊人語此非怒其先祖遷之于子孫與然則齊人謂遷怒爲怒也言今不成有爲子者非由惡其父遷怒其子孫但由靈公大逆理無繼嗣矣是以注父誅子當絕也其非字有作悲字者誤也惡乎用之用之防也其用之防奈何蓋以築防也持其足以頭築防惡不以道孔子曰人而不仁疾之已甚亂也日者疾讒滅人○惡乎音烏惡不烏路反疏注日者疾讒滅人○解云正以凡滅例月即莊十年冬十月齊師滅譚上四年秋七月遂滅厲之屬是也今而書日者疾詐讒故也

十有二年春齊高偃帥師納北燕伯于陽伯于陽者何即納上伯款非犯父命不當言于陽又微國出入不兩書伯不當再出故斷三字問之○斷丁管反又丁亂反疏注即納至問之○解云納上伯款者即上三年冬北燕伯款出奔齊是也其犯父命而見

納言于邑者，即哀二年夏，晉趙鞅帥師納衛世子蒯聵于戚，傳云「戚者何？衛之邑也。曷爲不言入于衛？父有子，子不得有父也」，注云「明其父得有子而廢之，子不得有父之所有，故奪其國文，正其義也」者是也。然則今此納北燕伯于陽，若是納上伯款，即非犯父之命者，正以出奔稱伯，不似蒯聵稱世子故也。是以何氏於款之上連伯言之，見非犯父之命。云又微國出入不兩書者，僖二十五年秋「楚人圍陳，納頓子于頓」，何以不言遂？兩之也，注云「頓子出奔不書者，小國例也」是也。

公子陽生也。子曰：我乃知之矣。子謂孔子。乃，乃是歲也。時孔子年二十三，具知其事，後作春秋，案史記知公誤爲伯，子誤爲于，陽在，生刊滅闕。○刊，苦于反。在側者曰：子苟知之，何以不革？曰：如爾所不知何？如猶奈也，猶曰奈女所不知何？寧可強更之乎？此夫子欲爲後人法，不欲令人妄億錯。子絕四：毋意，毋必，毋固，毋我。○女音汝。強，其丈反。令，力呈反，下令楚同。億，於力反。錯，七故反，或七各反，字或作措。

疏 注「如猶」至「億措」。○解云：孔子云當是歲時，我已年立，具見其事，奈汝在側之徒不見之，何故曰奈汝所不知何也。孔子雖知伯于陽者是公子陽生，但在側之徒皆不委曲，若改之，謂已苟出心肺，故曰寧可彊更之乎。莊七年「星隕如雨」之下，傳云「不脩春秋曰：雨星不及地尺而復。君子脩之曰：星霣如雨」，何氏云「明其狀似雨耳，不當言雨星。不言尺者，霣則爲異，不以尺寸錄之」。然孔子脩春秋，大有改之處，而特此文不改之者，欲示後人重其舊事，似劉公即君與爲不上禮之類也。故曰夫子欲爲後人法，不欲人妄億措也。億措者，億謂有所擬度，措者置也，置意於言也。不欲令人妄擬度，不欲令人妄置意於言矣。若擬度而中之者，無傷，即「柴也其來乎，由也其死矣」之類是也。若億措而妄者，正得學者不思之義也，則「學而不思則罔」之類是也。云子絕四者，備於鄭注。引之者，欲道無事億措，乃孔子所絕，是以脩春秋而有其義矣。

春秋之信史也。其序則齊桓、晉文，雖齊桓、晉文會，能以德優劣國大小相次序。

疏 注「雖齊」至「次序」。○解云：謂其盛時事也。及其衰末，亦不醇粹，是以僖十三年鹹之會，許男序于曹伯之上，而何氏於僖四年「許男辛臣卒，葬許穆公」之下注云「得卒葬於所傳聞世者，許大小次曹，故卒少在曹後」者，是鹹之會當桓未年，許在曹上，非其次序之事也。

其會則主會者爲之也。非齊桓、晉文，則如主會者爲之，雖優劣大小相越，不改更，信史也。

其詞則丘有罪焉耳。丘，孔子名。其貶絕譏刺之辭有所失者，是丘之罪。聖人德盛尚謙，故自名爾。主書者，惡納篡也。不書所篡出奔者，微國雖未踰年君猶不錄。本足陽下言于北燕者，史文也。○北燕本在上，從史文也。○惡，納烏路反。

疏 注「其貶」至「之罪」。○解云：即春秋說云「孔子作春秋，一萬八千字，九月而書成，以授游、夏之徒，游、夏之徒不能改一字」是也。云主書者惡納篡也者，正以春秋之義，立、納、入皆爲篡辭，且上有伯款出奔齊之文，知今納宜是篡人也。○注「不書」至「不錄」。○解云：正以上三年之末，伯款出奔，遂歷十許年，計應有君矣。陽生篡之，宜書其出，今不書者，微國之君被篡而出走者，皆略而不書之。假令非被篡，但是微國未踰年之君卒，猶不書，況乎被篡出奔，寧不略之乎？何氏所以必將未踰年君約之者，正以所見之世，微國成君之出，例皆錄之故也，即伯款之徒是也。○注「不足」至「史文也」。○解云：若足其文，宜云「齊高偃帥師納北燕公子陽生于北燕」。今陽生之下不言北燕者，正以史之本文陽生之上有北燕之字，因而從之，不及改順文。楚殺其大夫成然者，左氏作成熊，穀梁作成虔字。

○三月壬申，鄭伯嘉卒。○夏，宋公使華定來聘。○公如晉，至河乃復。○五月，葬鄭簡公。○楚殺其大夫成然。○成然，左氏作成熊。○秋七月。○冬十月，公子整出奔齊。○整，之領反，或作慭，魚覲反。○楚子伐徐。○晉伐鮮虞。謂之晉者，中國以無義，故爲夷狄所強。今楚行詐滅陳、蔡，諸夏懼然，去而與晉會于屈銀，不因以大綏諸侯，先之以博愛，而先伐同姓，從親親起，欲以立威行霸，故狄之。

疏 注「謂之」至「狄之」。○解云：諸夏之稱，連國稱爵，今單言晉，作夷狄之號，故須解之。言中國無義，故爲夷狄所彊者，即襄七年「鄭伯髡原」之下，傳云「曷爲不言其大夫弒之？爲中國諱也。曷爲爲中國諱？鄭伯將會諸侯于鄬，其大夫諫曰：中國不足歸也，則不若與楚。鄭伯不可。其大夫曰：以中國爲義，則伐我喪；以中國爲彊，則不若楚。於是弒之」，何氏云「禍由中國無義，故深諱，使若自卒」之屬，是中國無義之文也。言遂爲夷狄所彊也者，即四年夏楚子以下會于申，執齊慶封殺之之屬是也。云令楚行詐滅陳蔡者，即昭八年滅陳，十一年滅蔡是也。令楚行詐者，即託義討招瑗，託義討蔡般是也。言諸夏懼然去而與晉會于屈銀者，即上十一年秋，季孫隱如會晉韓起以下于屈

鉏是也言先伐同姓者正以鮮虞姬姓故也

監本附音春秋公羊注疏昭公卷二十二

江南蘇松督糧道方　體　栞

公羊注疏卷二十二挍勘記　阮元撰盧宣旬摘録

公羊注疏昭公卷二十二　唐石經昭公第十卷九

元年

齊國酌　唐石經諸本同釋文國酌二傳作國弱按疏云齊國酌亦有作國弱者是公羊本與二傳同

石惡　齊召南云二傳作齊惡是也石惡已於襄廿八年出奔晉矣○案釋文不云二傳作齊惡是公羊古本與二傳同孫志祖說

鄭軒虎　唐石經諸本同釋文軒虎舊音罕二傳作罕虎○按罕軒皆干聲

于漷　唐石經諸本同釋文亦作鄟云左氏作虢穀梁作郭惠棟云郭虢字古通虞虢作虞郭

故見王者治定　浦鏜云欲誤故四年會于申疏同

無所復爲議　定六年注議作譏昭四年疏引同

然則所見之世文致大平　閩監毛本改太平下同

先舉八年經文　閩本同監毛本先誤元

齊公子商人弒其君舍又同矣　浦鏜云文誤又

但始有討　疑當作招但有討何挍本討作計是也

而經曷爲書招名氏　閩監毛本氏誤字

據棄疾不豫貶　鄂本棄作弃此本下及疏皆作弃

三月取運　唐石經諸本同或作二月誤

以不月者與取運異　浦鏜云者衍按浦説是也

秦無大夫者至而問之　補毛本此段疏文八十六字在下節注下是也此本誤

正以此伯故也　閩監毛本同一本作正以稱伯故也當互脱一字

晉荀吳帥師敗狄于大原　唐石經諸本同解云左氏作大鹵字穀梁與此同

下濕曰隰　閩本同監毛本濕改溼下同

但當名爲隰　浦鏜云常沮洳三字誤但當○按此非誤也所傳不同耳

莒殺莒公子意恢　浦鏜云其公子誤莒公子浦說是也

子未踰年　浦鏜云子衍字浦說是也

彊云當國　浦鏜云彊當而字誤

解云隱十年夏　浦鏜云七誤十浦說是也

楚子卷卒　唐石經諸本同釋文子卷左氏作麇解云左氏作麇字二傳本亦有作麇字者按卷麇一聲之轉故文異

二小傳本　浦鏜云小字衍

三年

滕子泉卒　諸本同唐石經初刻作原後磨改爲泉解云左氏穀梁作原字

襄公上葬　穀梁疏引作葬襄公不誤

皆公自會葬　閩監毛本自誤至

叔弓如宋葬恭姬　閩監毛本恭作共

議公不自行是也　閩監本同毛本議改譏

四年

大雨雪　唐石經諸本同釋文大雨雪左氏作大雨雹解云正本皆作雹字左氏經亦作雹故賈氏云穀梁作大雨雪今此若有作雪字者誤也經義雜記曰范注穀梁云雪或爲雹則穀梁亦有作雹者或據左氏公羊言之若今公羊作雪釋文同則誤也

今此若有作雪字者　閩監毛本脫者字

楚子主會行義　監本子誤于

故見王者治定　○按定六年注故作欲此誤

楚人執徐子　唐石經鄂本同閩監毛本誤楚子

注不書至錄之　此本在注以襄公至奔魯節疏下閩監毛本改作注不書至邑也移於不書入防者節注下

月者善義兵　五年疏引作月者善錄義兵此脫錄字

遂滅厲　唐石經諸本同釋文滅厲左氏作賴疏云遂滅厲有作賴字者

五年

故正舍二軍　浦鏜云合誤舍

何故不云曷爲不言舍三軍而言卿者　浦鏜云軍卿字疑互誤非也注言此傳何不云三軍而云三卿也

今此据上作三軍不言中　疏中引注不言中下有云三二字此脫

傳不足以解之者以上解下　諸本同誤也按解云今此傳文少故言傳不足解之也欲以上解下者云云則此注足下衍以字者下脫欲字當據以刪補

注据漆至言及　閩監本同毛本至誤間

穀梁作濆泉字　貢誤濆

不以名令于四竟　鄂本同閩監毛本不以誤倒

据秦伯嬰稻名　解云文十八年經作罃字今此嬰字誤

今此嬰字者誤也　按今此下當脫作字

寧知非彼誤者　閩監毛本寧誤能
獨嬰稻以嫡得立之　解云嬰字亦誤宜爲罃
其意不進　閩監本同毛本意誤義
六年
杞伯匄卒　浦鏜云匄誤匃○按浦說是也
解云上城已貶者　何校本城下有杞字
寧可備盡　浦鏜云盡當書之誤
是後叔弓與公比如楚　解云一本云叔弓如齊者誤
即上文夏季孫宿如晉是也　閩本同監毛本夏誤下
七年

故云不汲汲于齊矣注是後楚滅陳云云者　閩監毛本改作注是後楚滅陳蔡○解云移此以下於日有食之注下
是後楚滅陳　鄂本同䟽及閩監毛本下有蔡字此脫
即下三十年秋　浦鏜云二誤三○按浦說是也
八年
殺陳孔瑗　解云左傳穀梁作奐
九年
陳火　解云左氏作災字穀梁與此同
其言陳火何　諸本同唐石經作其言火何無陳字
此大意欲存之　鄂本大作天此誤

即襄元年春　浦鏜云九誤元浦說是也
十年
夏晉欒施來奔　唐石經諸本同釋文晉欒施左氏作齊欒施左氏作齊　孫志祖云此非晉之欒氏公羊經文誤當同
宋公戌卒　唐石經諸本同釋文宋戌讀左傳者音城何云向云向戌與君同名則宜音恤
今無冬者　閩監毛本者作更則屬下
十有一年
絶曷爲絶之　唐石經諸本同十三年䟽引作絶也曷爲絶之此脫也字
楚公子棄疾　唐石經棄作弃
安不忘危　閩本同監毛本忘誤亡

希數大異　閩本同監毛本大誤實
盟于侵羊　唐石經諸本同釋文侵羊二傳作祲祥䟽本作盟于浸羊解云穀梁傳作侵祥字服氏注引者直作詳無侵字皆是所見異也九經古義云古祥字作詳易履視履考祥釋文云本又作詳書君奭其終出于不祥蔡邕石經云其道出于不詳呂刑告爾祥刑後漢劉愷傳引作詳刑周祥注亦云度作詳刑以詰四方今公羊作侵羊者春秋繁露云羊之爲言猶祥爾雅祥善也鄭注車人云羊善也
盟于浸羊　閩監毛本浸作侵
直作詳字侵字　閩監毛本作無侵字此誤
結其善事然齊國酌者　閩監毛本移齊國酌者二十四字於秋季孫隱如節經下
齊國酌　唐石經諸本同解云賈氏作酌字與此同服氏及穀梁皆作齊國弱字
于屈銀　唐石經諸本同釋文屈銀二傳作厥慭九經古義云說文慭从心猌聲猌讀若銀公羊厥字多作屈

非怒也　唐石經諸本同解云非字有作悲字者誤

十有二年　毛本年誤月

明其父得有子而廢之　按哀二年注無其字此衍

納頓子于頓　浦鏜云下當脱傳云是也

不欲令人妄億錯　蜀大字本閩監毛本同鄂本億作意釋文妄億於力反錯也字或作措按論語音義毋意或於力反則本作億與此注合陸氏以爲非誤也此本錯字剜改故小而偏當本作措梳標起訖作億措可證閩監毛本疏亦改作億錯矣

星隕如雨之下　閩監毛本同此本隕字剜改何校本作霣是也

及其衰末　毛本同誤也閩監本作衰末何校本同

許男辛臣卒　閩監毛本辛作新

則如主會者爲之　鄂本同閩監毛本如作知誤

史文也北燕本在上　閩本同鄂本無也字此衍監毛本北誤比

不及改順文楚殺其大夫成然者　閩監毛本删楚殺其大夫者六字移成然

左氏十三字於楚殺其大夫成然經下割裂之甚

楚殺其大夫成然　唐石經諸本同疏云左氏作成熊穀梁作成虔字按穀梁作成虎此作虔誤

故爲夷狄所强　諸本同誤也疏中兩引皆作夷狄所彊當據正

令楚行詐滅陳蔡　閩監毛本同誤也鄂本令作令此本疏中兩引亦作令當據以訂正

即伐我喪　襄七年疏即作則是也

云令楚行詐滅陳蔡者　閩監毛本令誤令下同

即託義討招瑗託義討蔡般是也　閩監毛本託皆改托閩本般作股監本誤殷

公羊注疏卷二十二校勘記終

工部屯田司員外郎胡祖謙挍

監本春秋公羊注疏昭公卷二十三

起十三年盡二十三年

何休學

十有三年春叔弓帥師圍費○費音祕○夏四月楚公子比自晉歸于楚弒其君虔于乾谿此弒其君其言歸何据齊陽生入惡不言歸○谿苦兮反【疏】此弒至歸何○解云正以歸者出入無惡之文今君弒而言歸故難之○注据齊至言歸○解云即哀六年秋七月齊陽生入于齊是也其陽生入惡者先詐致諸大夫立於陳乞之家自是往弒舍是也

歸無惡於弒立也歸無惡於弒立者何靈王爲無道作乾谿之臺三年不成楚公子棄疾脅比而立之然後令于乾谿之役曰比已立矣後歸者不得復其田里衆罷而去之靈王經而死据棄疾詐告比得晉力可以歸至而脅立之比之義宜效死不立而立君因自經故加弒也言歸者謂其本無弒君而立之意加弒責之爾不日者惡靈王無道封内地者起禍所由因以爲戒○罷音皮惡惡靈烏路反【疏】歸無至立也○解云弒謂虔也言所以書其歸者正於弒虔之時比無惡○歸無至者何○解云正据經書弒其君虔曷爲言無惡故問之○靈王經而死○解云經者謂懸縊而死也若申生雉經及論語云豈若匹夫匹婦之爲諒也自經於溝瀆者是也故何氏云君因自經○注時棄至爲戒○解云正以經書自晉故得爲有力之義故如此解○云比之義宜效死不立者下傳文云言歸者明其本無弒君而立之意加弒責之爾者桓十五年傳曰歸者出入無惡故云本無弒君而立之意言加殺責之者謂責其不效死而立矣云不日者惡靈王無道者正以宣二年秋七月乙丑晉趙盾弒其君夷獋四年夏六月乙酉鄭公子歸生弒其君夷則春秋之義不問加弒與否例皆書日今而不日故解之云封内地者起禍所由因爲戒者正以下二十五年宋公佐卒於曲棘傳云曲棘者何宋之邑諸侯卒其封内不地此何以地憂内也注云時宋公聞昭公見逐欲憂納之至曲棘而卒故恩録之然則諸侯卒其封内例不地今此靈王見弒乾谿之由是以書地以起之故曰起禍所由因以爲戒也

楚公子棄疾弒公子比比已立矣其稱公子何据齊公子商人弒其君舍【疏】注据齊至君舍○解云在文十四年九月彼傳云此未踰年之君也其言弒其君舍何已立之已殺之成死者而賤生者也注云惡商人懷詐無道故成舍之君號以賤商人之所爲然則彼未踰年君而見弒稱成君今此亦爲未踰年君見弒稱公子故据而難之所以不据僖九年晉里克弒其君之子奚齊者正以取成君之號以難公子義強于君之子之文故也

其意不當也据上傳知其脅【疏】注据上至其脅解云即上傳云楚公子弃疾脅比而立之是也

其意不當則曷爲加弒焉爾据王子朝不貶○朝如字【疏】注据王子朝不貶○解云即二十三年秋尹氏立王子朝注云貶言尹氏者著世卿之權尹氏貶于朝不貶者年未滿十歲未知欲富貴不當坐明罪在尹氏然則子朝之意與此相似子朝不貶而比加弒故難之

比之義宜乎效死不立大夫相殺稱人此其稱名氏以弒何据經言弒公子比也【疏】比之義不立○解云即守死善道若王子閒之類也○大夫至稱人○解云即文十六年冬宋人弒其君處臼之下傳云大夫弒君稱名氏賤者窮諸人注云賤者謂士也士正自當稱人大夫相殺稱人賤者窮諸盜注云降大夫使稱人降士使稱盜者所以别死刑有輕重也然則文十六年師有成解故此弟子取而難之○注据經至比也○解云經言弒公子比即是兩下相殺之文而稱弃疾名氏是以據而難之

言將自是爲君也故使與弒君而立者同文也不言其者比實已立嫌觸實公子弃疾則楚子居也【疏】言將至君也○解云謂弃疾從是殺比之後遂代比爲君矣○注故使至文也○解云同文也即文十四年秋九月齊公子商人弒其君舍是也○注不言至公子○解云莊二十二年春陳人殺其公子禦寇注云書者殺君之子重也下十四年冬莒殺其公子意恢然則彼二公子見殺言其今公子比實已立訖若言殺其公子比則嫌觸彼二公子文故曰嫌觸實公子云弃疾即楚子居也者即下二十六年秋楚子居卒是也○秋公會劉子晉侯齊侯宋公衞侯鄭伯曹伯莒子

邾婁子、滕子、薛伯、杞伯、小邾婁子于平丘。八月甲戌，同盟于平丘。不舉重者，起諸侯欲討弃疾，故詳録之。不言劉子及諸侯者，間無異事，可知矣。

【疏】注不舉至録之。○解云：文十四年六月，公會宋公以下同盟于新城，然則彼亦是二事，舉盟爲重，不言會于某。今會盟並舉，故須解之，故云諸侯欲討弃疾。以上有弃疾弒君之事，下傳有諸侯遂亂之言，故知於間詳録此會欲討之矣。○注不言至知矣。○解云：春秋之義，會盟咸有而間隔事者，則重言諸侯，即定公四年三月，公會劉子、晉侯以下于召陵，侵楚。夏四月，蔡公孫歸姓帥師滅沈，以沈子嘉歸，殺之。五月，公及諸侯盟于浩油，然則彼由間有隔事，劉子不與盟，是以重出諸侯。今則間無隔事，劉子復與盟，是以不勞重出劉子及諸侯，見其可知矣。

公不與盟。○與音預，注二「不肯與」及下文「不與焉」注「公不與」「不宜與」皆同。

【疏】公不與盟者何。○解云：正以盟會詳録，即爲善事，而公不與盟，於義似違，故執不知問。

晉人執季孫隱如以歸。

公至自會。公不與盟者何？公不見與盟也。時晉主會，疑公如楚，不肯與公盟，故諱使若公自不肯與盟。

【疏】注時晉至與盟。○解云：須言時晉主會者，正以此會劉子在其間，故須辨之。知非劉子主會者，正以當時天子微弱故也。知疑公如楚不肯與公盟者，正以上七年三月公如楚，九月公至自楚之文。十一年公如晉，至河乃復，是其見疑不得入晉故也。

公不見與盟，大夫執，何以致會？據得意乃致會。

【疏】注據得意乃致會。○解云：即莊六年注云「公與二國以上出會盟，得意致會，不得意不致」。今此平丘之經，亦是公與二國以上出會盟之事，故言據得意乃致會也。若欲伯事言之，即哀十三年夏，公會晉侯及吳子于黃池，公至自會是也。

不恥也。曷爲不恥？據扈之會，公失序又之。

【疏】注據扈之會至恥之。○解云：即文七年秋八月，公會諸侯、晉大夫盟于扈，傳云「諸侯何以不序？大夫何以不名？公失序也。公失序奈何？諸侯不可使與公盟，昳晉大夫使與公盟也」。何氏云「爲諸侯所薄賤，不見序，故深諱爲不可知之辭」是也。

諸侯遂亂，反陳、蔡，君子。恥不與焉。時諸侯將征棄疾，棄疾乃封陳、蔡之君，使說諸侯，諸侯從陳、蔡之君言，遂反，不復討楚，楚亂遂成，故云爾。公不與盟，不書成楚亂者，時不受賂也。諸侯實不與公盟，而言公不與盟者，遂亂，雖見與，公猶不宜與也，故因爲公張義。○復，扶又反。爲公，于僞反。

【疏】注棄疾至之君。○解云：即下文是也。○注公不至賂也。○解云：春秋之義，諱內惡，故隱五年春，公觀魚于棠，傳云「何以書？譏。何譏爾？遠也」。何氏云「實譏張魚而言觀，譏遠者，恥公去南面之位，下與百姓爭利，匹夫無異，故諱使若以遠觀爲譏也」。然則公若與盟，即成楚亂，使是內惡，例諱不書。今公不與盟，不書楚亂者，正以時不受賂，是以不得書其成亂矣。桓二年春，公會齊侯、陳侯、鄭伯于稷，以成宋亂。夏四月，取郜大鼎于宋。戊申，納于太廟。傳云「何以書？譏。何譏爾？遂亂受賂，納于太廟，非禮也」。然則彼以受賂之故，書其成宋亂，今不受賂，是不以書成楚亂決之。春秋之義，爲內諱大惡，而桓公受賂而成宋亂，不爲之諱者，彼注云「宋公馮與督共弒君而立，諸侯會于稷，欲共誅之，受賂便還，令宋亂遂成。桓公本亦弒隱而立，君子疾同類相養，小人同惡相長，故賤不爲諱也」者是也。○注諸侯至張義。○解云：上注云「故諱使若公自不肯與之盟」，今又言此者，正以諸侯遂亂，是以魯侯不肯與之盟，然則上下二注彌縫爲義，非別解。云「因爲公張義」者，謂書公不與盟者，非直爲國諱，因見諸侯遂亂大惡，公亦不宜與，故言因爲公張義也。

○蔡侯廬歸于蔡。陳侯吳歸于陳。此皆滅國也，其言歸何？據歸者有國辭。○廬，力吳反。

【疏】注據歸者有國辭。○解云：即僖三十年秋衛滅鄭歸于衛之屬是也。

不與諸侯專封也。故使若有國自歸者也。名者，專受其封，當誅。書者，因以起楚封之所以能起之者，上有存陳文，陳見滅無君所責。又蔡本以篡見殺，但不成其子，不絶其國，即諸侯存之當有文實也。

【疏】不與至封也。○解云：宜言不與楚專封，而云不與諸侯專封者，宜十一年傳云「此楚子也，其稱人何？諸侯之義不得專討也」，是楚得言諸侯之義矣。而舊云楚子初無封陳、蔡之意，但畏諸侯之誅，遂許封陳、蔡之子孫，陳、蔡爲之請于諸侯，諸侯止不伐楚，楚乃封陳、蔡，然則陳、蔡得封本由諸侯，故傳言諸侯以明之也，無疑焉。○注名者至當誅。○解云：諸侯之式不合生名，今陳、蔡之君既已稱爵而書名者，正以諸侯之封宜受于天子，而受國于楚，故名之，見當誅討，不合爲諸侯矣。○注書者至實也。○解云：言主書此事者，非直惡陳、蔡之君不受天子之命，亦因以起楚封之所以能起楚之封者，正以上九年夏四月陳火，傳云「陳已滅矣，其言陳火何？存陳也」，注云「陳已滅，復火者，死灰復燃之象也」。

此天意欲存之故從有國記災故曰上有存陳文也言陳見滅無君無所責者正以陳國已滅無君可責而火之者天意作死灰復燃之象見陳國合存之意言蔡本以篡見殺者即襄三十年夏四月蔡世子般弒其君固至上十一年夏四月丁巳楚子虔誘蔡侯般殺之于申是也言但不成其子者即上十一年冬十有一月楚師滅蔡執蔡世子有以歸用之傳云未踰年之君其稱世子何不君靈公不成其子是也子者嗣君之稱謂不成其子有得稱嗣君以繼其父矣言不絶其國者正以書滅是也何者傳五年晉人執虞公之下傳云虞已滅矣其言執之何不與滅也曷爲不與滅滅者亡國之善辭注云言王者起當存之故爲善辭也傳云滅者上下同力者也注云言滅者臣子與君戮力一心其死之辭是也然則何氏言此者欲道陳蔡皆舊有國二君之子復先在楚楚人封之而遂反國故得言歸非謂上會諸侯墠地封之若是上會諸侯墠地封之當如救邢城楚丘之屬傳亦有文實之文若作文實之文宜云城陳蔡傳云孰城之諸侯城之曷爲不言諸侯城之不與諸侯專封曷爲不與實與而文不與文曷爲不與諸侯之義不得專封諸侯之義不得專封則其曰實與之者上無天子下無方伯天下諸侯有相滅云者力能存之則存之可也。

○冬十月葬蔡靈公。書葬者，經不與楚討，嫌本可責復讎，故書葬明當從誅君論之，不得責臣子。〔疏〕注書葬至臣子。解云隱十一年傳云然則何以不書葬春秋君弒賊不討不書葬以爲無臣子也然則靈公上十一年爲楚誘殺未見復讎之文而書其葬者正以上十一年經不與楚討若不書其葬即嫌可以責蔡臣子無復讎之義是以書葬靈公本者弒父而立當從誅君論之不得責臣子復讎於楚矣言經不與楚討者即上十一年傳云楚子虔何以不名絶也曷爲絶之爲其誘討也此討賊雖誘之曷爲絶之懷惡而討不義君子不與是也。

公如晉至河乃復。

吳滅州來。不日者，略兩夷。〔疏〕注不日者略兩夷。解云上四年秋七月遂滅厲注云莊王滅蕭日此不日者靈王非賢責之略然則吳子夷昧兄弟立謀讓位季子即爲賢者而反滅人宜亦書日以責之而不日者正以兩夷相滅故略之考諸舊本日亦有作月字者若作月字當云春秋上下滅例書月即莊十年冬十月齊師滅譚十三年夏六月齊人滅遂之屬是今此不月略兩夷故也是以下三十年十二月吳滅徐之下而注云至此乃月者所見世始録夷狄滅小國也不從上州來巢見義者因有弃文可責是也以此言之則知此文無月明矣文承十月之下而言無月者謂不在十月内也然則爲日字者誤云云之說在三十年

十有四年春，隱如至自晉。○三月，曹伯滕卒。

夏四月。○秋，葬曹武公。○八月，莒子去疾卒。入昭公，卒不日、不書葬者，本篡，故因不序。○去，起呂反。〔疏〕注入昭至不序。解云春秋之義所傳聞之世略於小國不書其卒至所聞之世乃始書之即文十三年邾婁子蘧篨卒之徒是也至所見之世文致大平書小國而録之卒月葬時即下二十八年秋七月癸巳滕子寧卒冬葬滕悼公之屬是也今此莒君入昭公所見之世宜令卒日葬時而卒不日復不書其葬者正由其本是篡人故因略之不序其卒日亦不序其葬矣其本篡者即上元年秋莒去疾自齊入于莒是也然則春秋之義篡明者例書其葬即衛晉鄭突齊小白陽生之徒是今此去疾於上元年秋亦有自齊入于莒之文即是篡明例合書葬但以本篡故因不序然則入昭公所見之世小國之卒例合書日而上三月曹伯滕卒亦不日者莊二十三年冬十一月曹伯射姑卒之下何氏云曹伯達於春秋當卒月葬時也如卒日葬月嫌與大國同故復卒不日入所聞世可日不復日然則曹伯終生於桓十年時以春秋敬老重恩之故而得卒日葬月以爲大平是以入所見之世雖例可日亦不復日是故上文上曹伯不書日矣

○冬，莒殺其公子意恢。莒無大夫，書殺公子者，未踰年而殺其君之子，不孝尤甚，故重而録之。稱氏者，明君之子。○恢，苦回反。〔疏〕注莒無大夫。解云莊二十七年傳文。注稱氏至之子。解云小國大夫假令得見皆不書氏即莒慶之徒是也今兼書公子者欲明其是君之子故也若言莒殺意恢無以明嗣子不孝

十有五年春王正月，吳子夷昧卒。○夷昧，音未，本亦作末。

○二月癸酉，有事于武宮，籥入，叔弓卒，去樂卒事。其言去樂卒事何？據入者言萬，去籥言名，不言卒事。○籥，羊略反。去樂，起呂反，注去籥及下文去樂同。〔疏〕注據入至卒事。解云即宣八年夏六月辛巳有事于大廟仲遂卒于垂壬午猶繹萬入去籥是也然則彼乃入者言萬此則入者言籥彼則去籥言名此則漫言去樂而已彼又不言卒事與此異是

故弟子據而難之禮也以加錄卒事即非禮但當言去樂而已若去籥矣揔言樂者明悉去也君有事于廟聞大夫之喪去樂恩痛不忍舉卒事畢其祭事大夫聞君之喪攝主而往主謂已主祭者臣聞君之喪義不可以不即行故使兄弟若宗人攝行主事而往不廢祭者古禮也古有分土無分民大夫不世已父未必爲今君臣也孝經曰資於事父以事君而敬同疏注主謂至臣也○解云謂已於廟內主其祭事者矣云古有分土無分民知如此者正以詩云誓將去汝適彼樂土論語云四方之民襁負其子而至矣之言故也云大夫不世者謂凡平大夫也不得以有功德大夫難之○注孝經至敬同○解云何氏之意以資爲取言取事父之道以事君所以得然者而敬同故也以此言之則何氏解孝經與鄭稱同與康成異矣云云之說在孝經疏大夫聞大夫之喪尸事畢而往賓尸事畢而往也日者爲卒日○爲于僞反疏注賓尸至往也○解云正以禮大夫祭謂之賓尸故也云日者爲卒日者正以春秋之義失禮鬼神例日今非失禮知日爲卒○夏蔡昭吳

奔鄭不言出者始封名言歸嫌與天子歸有罪同故奪其有國之辭明專封○昭吳左氏作朝吳疏夏蔡昭吳奔鄭○解云左氏穀梁皆言朝吳出奔鄭今此作昭吳字又不言出者所見之文異案左氏穀梁皆以朝吳爲蔡大夫則知此昭吳亦爲蔡大夫矣而舊解以昭吳爲蔡侯廬之字者似非何氏之意○注不言至專封○解云今此昭吳出奔鄭不言出者正以其君始封之時名書歸即上十三年蔡侯廬歸于蔡是也云嫌與天子歸有罪同者謂書名言歸者乃與天子歸有罪之文近相似故以爲嫌何者僖公二十八年夏六月衛侯鄭自楚復歸于衛注云言復歸者刺天子歸有罪矣冬曹伯襄復歸于曹而注云曹伯言復歸者天子歸之名者與衛侯鄭同義然則天子歸有罪者書名言歸向上蔡侯廬歸于蔡亦有罪歸故言嫌與天子歸有罪同非謂確然相似言故奪其有國之辭者正以君子之歸有所嫌故奪其昭吳有國之辭不言其出矣云明專封者欲明其蔡侯爲楚所專封矣吳既受諸侯之專封不合有國故不言大夫之出奪其國文以見之○六月丁巳朔日有食之并十七年食蓋與孛于大辰同占疏注并十至同占○解云謂此文日有食之并十七年夏六月甲戌朔日有食之皆與十七年有星孛

於大辰同占也其占者則孛大辰之下注云是後周分爲二天下兩主宋南里以亡是也○秋晉荀吳帥師伐鮮虞○冬公如晉

十有六年春齊侯伐徐○楚子誘戎曼子殺之楚子何以不名據誘蔡侯名○戎曼音蠻又音萬二傳作戎蠻哀四年同疏注據誘蔡侯名○解云即上十一年夏楚子虔誘蔡侯般殺之于申是也夷狄相誘君子不疾也曷爲不疾據俱誘也若不疾乃疾之也以爲固當常然者乃所以爲惡也亂以無知薄責之戎曼稱子者入昭公見王道太平百蠻貢職夷狄皆進至其爵不日者本不卒不地者略也○見賢徧反疏注戎曼至其爵○解云上四年申之會伐吳再見淮夷五年冬越人伐吳一見越人所見之世而不進之者君子因事見義故也何者淮夷與越蓋遣大夫會此是君因可進而進之且昭公之時文致大平實不治定但可張法而已寧可文皆進乎○注不日者本不卒○解云上十一年夏四月丁巳楚子虔誘蔡侯般殺

之于申書其丁巳今亦誘殺而不日者正以戎曼乃是夷狄之內最爲微國雖於大平之世亦不合卒是故春秋因畧之不書其日矣云不地者略也者正以蔡侯誘殺經書于申今此不地故言略也○夏公至自晉○秋八月己亥晉侯夷卒○九月大雩先是公數如晉○數如音朔○季孫隱如如晉○冬十月葬晉昭公○

十有七年春小邾婁子來朝○夏六月甲戌朔日有食之○秋郯子來朝○八月晉荀吳帥師滅賁渾戎○賁渾音六下戶門反冬有星孛于大辰孛者何彗星也三孛皆發問者或言入或言于或言方嫌爲孛異猶問錄之○星孛音佩彗息遂反又囚歲反疏孛者何○解云欲言星名星名未有孛欲言非星錄爲星稱故執不知問○注三孛至錄之○解云言三孛皆發問者即文十四年秋七月有星孛入于北斗傳云孛者何彗星也其言入于北斗何北斗有中也何以

書記異也。哀十三年冬十有一月有星孛於東方，傳云：孛者何？彗星也。其言于東方何？見于旦也。何以書？記異也。并此三處皆言孛者何，故言三孛皆發問也。所以三處皆問之者，正以文十四年經言入于北斗，此經言于大辰，哀十三年經言于東方，三文甚異，即嫌爲孛之不同，是以處處猶發問而詳錄之，故云或言入，或言于，或言方，嫌爲孛異，猶問錄之。**其言于大辰何？**据北斗言入于。大辰非常名。〔疏〕注据北斗言入于。解云：正以此經不言入，宜言于北，據入而難之。云大辰非常名者，正以東方七宿皆謂之辰，故曰大辰非七宿之常名，而經舉之，因以爲難也。**在大辰也。大辰者何？大火也。**大火謂心。〔疏〕大辰者何。解云：正以大辰之名非一而已，不知何者，故執不知問。注大火謂心。解云：左氏傳心爲大火是也。而釋天云柳鶉火者，正以柳在南方，亦可爲出火之候故也，不謂心星非大火。然則爾雅不言心爲大火者，文不備也。**大火爲大辰，伐爲大辰，**伐謂參伐也。大火與伐，天所以示民時早晚，天下所取正，故謂之大辰。辰，時也。參，所林反。〔疏〕大火爲大辰。解云：即釋天云大火謂之大辰。李氏云：大火，蒼龍宿之心，以候四時，故曰大辰。孫氏、郭氏云：大火，心也，在中最明，故時候主焉是也。注伐謂參伐也。解云：正以伐在參傍，與參連體而六星，故言伐謂參伐。伐與參爲一候故也。**北辰亦爲大辰。**北辰，北極，天之中也，常居其所，迷惑不知東西者須視北辰以別心伐所在，故加亦。亦者，兩相須之意。別，彼列反。〔疏〕注北辰北極。解云：即釋天云北極謂之北辰。李氏云：北極，天心，居北方，正四時，謂之北辰。孫氏、郭氏曰：北極，天之中，以正四時，謂之北辰是也。云天中也者，以天面言之故也。然則謂之極者，取於居中之義矣。而春秋說云北者高也，極者藏也，言大一之星高居深藏，故名北極也者，與先儒說違，其何氏兩解乎？云常居其所者，謂常居紫微宮所矣。**何以書？記異也。**心者，天子明堂布政之宮，亦爲孛彗者，邪亂之氣，掃故置新之象。是後周分爲二，天下兩主，宋南里以亡。邪，似嗟反。〔疏〕注心者至之宮。解云：春秋說文，星經亦云。云亦爲孛者，亦如北斗爲彗所孛矣。注是後至以亡。解云：言周分爲二，天下兩主者，謂敬王在成周，王猛居王城，故下二十二年秋，劉子、單子以王猛入于王城，傳云王城者何？西周也。何氏云時居王城邑，自號西周王。經又言冬十月王子猛卒，二十二年秋，尹氏立王子朝，然則王猛卒後，子朝復篡，恒與敬王處，据相拒，故云周分爲二，天下兩主也。是以運斗樞云：星孛賊起，守大辰於五堂，亂兵填門，三王爭周，以分是也。然則彼有三王爭者，通前後言之。今此云周分爲二，天下兩主者，正以子猛、子朝之篡是一也。言宋南里以亡者，即下二十一年夏，宋華亥、向寧、華定自陳入于宋南里以畔是也。〇**楚人及吳戰于長岸。詐戰不言戰，此其言戰何？**据於越敗吳于醉李。檇李音醉，本或作醉。**敵也。**俱無勝負，不可言敗，故言戰也。不月者，略兩夷。〔疏〕詐戰至戰何。解云：經文言戰，而傳以詐戰問之者，正以夷狄質薄，不能結日偏戰，今此兩夷而言戰，故以詐戰難之。注据於至醉李。解云：在定十四年夏也。彼此皆是兩夷，無言戰之經，是以据而難之。注不月者略兩夷。解云：正以春秋之例，偏戰者日，詐戰者月，今此詐戰而不月，故言略兩夷。

十有八年春王三月，曹伯須卒。〇夏五月壬午，宋、衛、陳、鄭災。何以書？記異也。何異爾？異其同日而俱災也。外異不書，此何以書？爲天下記異也。詩云：其儀不忒，正是四國。四國，天下象也。是後王室亂，諸侯莫肯救，故天應以同日俱災，若曰無天下云爾。〇爲，于僞反。忒，它得反。應，應對之應。〔疏〕記異也。解云：經言災者，以其焚宗廟朝廷故也。傳云異者，正以四國同日而俱災。注四國天下象也。解云：正以四國得爲四方之國，故得謂之天下象。注是後王室亂諸侯莫肯救。解云：即下二十二年夏六月王室亂，傳云：何言乎王室亂？注云：据天子之居稱京師，言不及外也。注云：宮謂之室，刺周室之微弱，邪庶並篡，無一諸侯之助，匹失之救，如一家之亂也，故變京師言王室，不爲天子諱者，方責天下不救之者是。王室亂，諸侯莫肯救之事也。〇**六月，邾婁人入鄅。**〇鄅音禹，又音矩。〇**秋，葬曹平公。〇冬，許遷于白羽。**

十有九年春，宋公伐邾婁。〇夏五月戊辰，許世子止弒其君買。蔡世子般弒父，不忍日，此日者，加弒爾，非實弒也。〔疏〕注蔡世至弒也。解云：即襄三十年夏四月，蔡世子般弒其君固，何氏云：不日者，深爲中國隱痛有子弒父之禍，故不忍言其日是也然則許亦中國而言日者正以加弑非實弑故也知加弑者下傳備文若夷狄弑父則忍言其日者即文元年冬十月丁未楚世子商臣弑其君髠彼注云日者夷狄子弑父忍言其日是也

○己卯地震季氏稍盛宋南里以叛王室大亂諸侯莫肯救晉人國郊吳勝雞父尹氏立王子之朝應

疏注季氏至之應○解云謂稍稍盛也往前時豹揭爲政自上十一年夏公如晉至河乃復十三年平丘之會公不與盟以來季孫隱如數見經至二十五年逐出昭公矣云宋南里以叛者在二十一年夏云晉人國郊者在下二十三年也彼傳云郊者何天子之色也曷爲不繫于周不與伐天子也是也云吳勝雞父者即下二十三年秋七月戊寅吳敗頓胡沈蔡陳許之師于雞父是也云尹氏立王子朝者即下二十三年秋尹氏立王子朝是也賊未討何以書葬者正以隱十一年傳云春秋君弑賊不討不書葬以爲無臣子也然則師有解爾故此弟子疑而難之

○秋齊高發帥師伐莒○冬葬許悼公賊未討何以書葬不成于弑也曷爲不成于弑據将而誅之○于殺音試下于殺加殺皆同止進藥而

藥殺也時悼公病止進藥悼公飲藥而死止進藥而藥殺則曷爲加弑焉爾據意善也譏子道之不盡也其譏子道之不盡奈何曰樂正子春之視疾也樂正子春曾子弟子以孝名聞

疏注樂正至名聞○解云祭義云樂正子春下堂而傷其足數月不出猶有憂色門弟子云云子春曰吾聞諸曾子曾子聞諸夫子曰天之所生地之所養無人爲大父母全而生之子全而歸之可謂孝矣云云今予忘孝之道予是以有憂色云云是也

復加一飯則脫然愈復損一飯則脫然愈復加一衣則脫然愈復損一衣則脫然愈脫然疾除貌也言消息得其節○復加扶又反下同一飯扶晩反下同

疏復加至然愈○解云言子春視疾之時消息得其節觀其顏色力少如可時更加一飯以與之其病者脫然加愈若觀其顏色力少如弱時則復損一飯以與之則其病者脫然加愈又觀其顏色力似寒時則復加一衣以與之則病者脫然又加愈又觀其顏色力似如煖則復損一衣以與之則病者脫然而愈

止進藥而藥殺是以君子加弑焉爾失其消息多少之宜曰許世子止弑其君買是君子之聽止也聽治止罪葬許悼公是君子之赦止也原止進藥本欲愈父之病無害父之意故赦之赦止者免止之罪辭也明止但得免罪不得繼父后許男斯代立無惡文是也

疏注明止至是也○解云正以此傳但有赦止之文而無善止之處故知但得免罪而已無嗣父之義矣云許男斯代立無惡文是也者正以自此以后不見許男卒葬之文雖有定六年春王正月癸亥鄭游遬帥師滅許以許男斯歸是也言無惡文者正以不見立入之文故也若止宜立而斯篡之春秋之義應作篡文以惡斯矣似若隱四年衛桓見弑嗣子宜立而宣篡之經書立晉以爲惡晉之文也

二十年春王正月○夏曹公孫會自鄸出奔宋奔未有言自者此其言自何據始出奔未有言此者與宋華亥入宋南

里復出奔異○鄸音蒙又亡忠反又亡貢反一音亡增反者此舊於此下有比者非復扶又反

疏注據始至言此○解云謂始發國出未有言自者故云爾云與宋華亥入宋南里復出奔異者即下文冬十月宋華亥向寧華定自陳入于宋南里以叛二十一年夏宋華亥向寧華定自宋南里出奔楚是也而言異者正以華亥之徒奔而入叛邑之處乃始出奔故得言自今會始出故云異矣

畔也時會盜鄸以奔宋畔則曷爲不言其畔言叛者當言以畔如邾婁庶期

疏注言叛至庶期○解云若其作叛文當言公孫會以鄸出奔宋如似襄二十一年邾婁庶其以漆閭丘來奔之類也

爲公子喜時之後諱也春秋爲賢者諱諱使若從鄸出奔者故與自南里同文○爲公子于僞反下爲賢爲會爲之諱同何賢乎公子喜時據喜時不書

疏注據喜時不書○解云正以曹羈叔肸春秋賢之者皆書見經即莊二十四年冬曹羈出奔陳宣十七年冬公弟叔肸卒之文是也今此喜時既不書見非所賢矣則何賢乎喜時故難之

讓國也其讓國奈

何曹伯廬卒于師在成十三年則未知公子喜時從與喜時曹伯廬弟○從與才用反下音餘下從與同〔疏〕注喜時曹伯廬弟　解云而賈服以爲廬之庶子者蓋所見本異也公子負芻從與負芻喜時庶兄或爲主于國或爲主于師古者諸侯師出世子率與守國次宜爲君者持棺絮從所以備不虞或時疾病相代行本史文不具故傳疑之○絮從女居反說文云絮緼也一曰敝絮也〔疏〕注古者至不虞○解云春秋說文言卒興守國者與衆也謂卒衆以守國也左氏春秋傳云大子之法君行則守是也其次宜爲君者謂若大子母弟也言持棺絮從者棺者椑也即禮云以椑從之文是也絮謂新綿即禮記云屬纊以俟絶氣之文是也云或時疾病相代行者正以曹伯無子喜時其母弟也當守國公子負芻者庶兄也禮當從君但或時負芻疾而喜時代之行今傳不言者正以史文不具故也公子喜時見公子負芻之當主也逡巡而退賢公子喜時則曷爲爲會諱君子之善善也長惡惡也短惡惡止其身不遷怒也○逡七旬反惡惡並如字一讀上烏路反下同〔疏〕公子至其身○解云當依正禮喜時守國則負芻當主者在薨之處當主而來若其疾病求代行則負芻當主也者在國而當主矣善善及子孫賢者子孫故君子爲之諱也君子不使行善者有後患故以喜時之讓除會之叛不通鄭爲國如通濫者喜時本正當立有明王興當還國明叔術功惡相除裁足通濫爾○濫力甘反又力暫反〔疏〕注不通至濫爾○解云昭三十一年冬黑弓以濫來奔傳云文何以無邾婁注云据讀言邾婁通濫也注云通濫爲國故使無所繫曷爲通濫賢者子孫宜有地也賢者孰謂謂叔術也何賢乎叔術讓國也云云然則今若通鄭爲國宜云夏公孫會以鄭出奔宋傳云文何以無曹通鄭也曷爲通鄭賢者子孫宜有地也賢者孰謂謂喜時也何賢乎喜時讓國也云云今不如此者正以喜時本正當立若有明王興滅國繼絶世之時當令還其國則不宜通鄭邑以爲小國而已以此言之明叔術以讓國之功除其妻嫂殺顏之惡裁足通濫邑以爲小國而已不足以得邾婁也○秋盜殺衛侯之兄輒毋兄稱兄兄何以不立据立嫡以長○輒左氏作縶嫡丁歷反長丁丈反〔疏〕注据立嫡以長○解云即隱元年傳曰隱長又賢何以不宜立立嫡以長不以賢立子以貴不以長之文是也有疾也何疾爾惡疾也惡疾謂瘖聾盲癘禿跛傴不逮人倫之屬也書者惡衛侯兄有疾不憐傷厚遇營衛不固至令見殺失親親也公子不言之兄弟言之者敵體辭嫌於尊卑不明故加之以絶之所以正名也○瘖於今反聾路工反厲力世反又力大反禿吐木反跛布可反傴於矩反惡烏路反令力呈反〔疏〕注失親親也○解云失親親之道也○冬十月宋華亥向甯華定出奔陳月者危三大夫同時出奔將爲國家患明當防之○向甯二傳作向寧〔疏〕注月者至防之○解云春秋之義大夫出奔例皆書時即成七年冬衛孫林父出奔晉襄二十八年夏衛石惡出奔晉冬齊慶封來奔之屬是也今此書月故須解之言將爲國家患者即下文入于宋南里以畔是也若言三大夫同時出奔然後乃月案莊十二年冬十月宋萬出奔陳一大夫也亦書月者使與大國君出奔同明彊禦之甚是也○十有一月辛卯蔡侯廬卒

二十有一年春王三月葬蔡平公○夏晉侯使士鞅來聘○宋華亥向甯華定自陳入于宋南里以畔宋南里者何若曰因諸者然因諸者齊故刑人之地公羊子齊人故以齊喻也宋樂大心自曹入于蕭不言宋南里者略叛臣從刑人于國家尤危故重舉國○重宜用反〔疏〕入于至以畔○解云左氏穀梁皆作南里字而賈氏云穀梁曰南鄙蓋所見異也○宋南里者何○解云欲言其邑而繫宋言之與蕭側異欲言非邑入之而叛與蕭相似故執不知問○注因諸至之地○解云舊說云即博物志云周曰囹圄齊曰因諸是也○注宋樂至言宋○解云即定十一年秋宋樂世心自曹入于蕭注云不言叛者從叛臣叛可知者是也何氏特引此事者正以自外而入與此相似而不繫宋故須解之○秋七月壬午朔日有食之是後周有簒禍〔疏〕注是後周有簒禍○解云在明年○八月

乙亥，叔痤卒。○叔痤，在禾反。左氏作叔輒。疏 叔又卒○解云：左氏、穀梁作叔輒。○

冬，蔡侯朱出奔楚。出奔者，為東國所篡也。大國奔例月，此時者，意背中國而與楚，故略之。○惡，烏路反，下音佩。疏 冬蔡侯朱○解云：左氏與此同，穀梁作蔡侯東。○注出奔至篡也○解云：知此者，正以二十三年夏六月蔡侯東國卒于楚故也。篡不書者，東國之下自有注說。○注大國至略之○解云：大國奔例月者，即桓十六年十一月衛侯朔出奔齊之徒是也。言惡背中國而與楚者，即奔楚是也。○公如晉，至河乃復。

二十有二年春，齊侯伐莒。○宋華亥、向甯、華定自宋南里出奔楚。前出奔已絕，賤復錄者，以故大夫專勢入南里犯君而出，當誅也。言自者，別從國去。○復，扶又反。別，從彼列反，下同。疏 注前出去國去○解云：在上二十年冬也。春秋之例，大夫奔之後，其位已絕，即襄二十八年冬齊慶封來奔，其後因魯奔吳，經不書之是也。今此書者，正以專勢入南里犯君而出，起其當誅故也。云言自者，別從國去者，謂言自宋南里者，欲別於宋萬出奔陳之文，從國都而去者故也。○大蒐于昌姦。○大瘦，所求反，本亦作蒐。昌姦，二傳作昌間。○夏四月乙丑，天王崩。○六月，叔鞅如京師。○葬景王。○王室亂。謂王猛之事。疏 注謂王至之事○解云：即下文秋劉子單子以王猛入于王城是也。不言子朝者，子朝于時篡事未成故也。何言乎王室亂？據天子之居稱京師，天王入于成周，天王出居于鄭，不言亂。疏 注據天至京師○解云：桓九年紀季姜歸于京師，京師者何？天子之居也。京者何？大也。師者何？衆也。天子之居，必以衆大之辭言之是也。云天王入于成周者，即下二十六年冬十月天王入于成周是也。以上二事，以解傳文何言乎王室之意。云天王出居于鄭不言亂者，即僖二十四年冬天王出居于鄭是也。言不及外也。宮謂之室。刺周室之微，邪庶並篡，無一諸侯之助、匹夫之救，如一家之亂也。故變京師言王室，不言成周言王室者，正王以責諸侯也。傳不事事悉解者，言不及外，外當責之，故正王可知也。不為天子諱者，方責天下不救之。○邪，似嗟反。疏 注宮謂之室○解云：爾雅文。云邪庶並篡者，正以子猛、子朝皆非正適，故謂之邪庶也。共篡敬王，故謂之並篡。時子朝篡事未成，而言並篡者，欲見尹氏之徒已有立之之意也。云無一諸侯之助、匹夫之救者，正以變京師言王室，故知如此。云不言成周言王室者，正王以責諸侯也者，公羊之義，以成周是正居，既不言京師亂，何故不言成周亂而言王室亂者，又欲正其王號，以責諸侯不救之，謂敬王為王矣。其若不然，景王之崩至今期年，其嗣子在喪，得云王室乎？云傳不事事悉解者，傳若事事悉解，宜云不言京師言王室者，刺周家之微也，如一家之亂而已，責諸侯不救，急著天王之號。今不爾者，正以言不及外之文，足兼此等之意，是故不復費辭爾。云言不及外，即是外邊諸侯之當責之可知。由是之故，須著言王，責諸侯之不救也，故曰皆可知。云注不為天子諱者，方責天下不救之者，閔二年傳云：曷為外之？春秋為尊者諱。然則春秋之義，為尊者諱，今天子微弱，不能討亂，失國之刑，而不為諱者，方責天下不救之，是以不得不見者矣。劉子、單子以王猛居于皇。其稱王猛何？據未踰年，已葬當稱子。疏 注據未至稱子○解云：正以莊三十二年傳云既葬稱子，踰年稱公故也。言已葬者，即上文葬景王是也。當國也。時欲當王者位，故稱王猛，見當國也。錄居者，事所見也。不舉猛為重者，時猛尚幼，以二子為計勢，故加以。以者，行二子意辭也。二子不舉重者，尊同權等。○見當，賢遍反，下同。疏 注時欲至國也○解云：正以言王，傾國受師，似當國之人鄭段之徒矣。云錄居者，事所見也者，正以當國之人未成為王，理宜略之，而錄其居者，春秋刺其篡逆，若不書云王猛居于皇，則其當國之事無由見，故曰錄居者，事所見也。云不舉猛為重者，春秋之徒悉皆舉重，是以下二十三年秋天王居于狄泉之經，不言其大夫以之。今不舉重，故如此解也。云以者，行二子意辭也者，正以桓十四年宋人以齊人、衛人、蔡人、陳人伐鄭，以者何？行其意也。何氏云：以已從人曰行，言四國行宋意是也。○秋，劉子、單子以王猛入于王城。王城者何？西周也。時居王城邑，自號西周主。疏 王城者何○解云：欲言正居，文無成周之稱；欲言非正居，王猛入之，故執不知問。其言入何？據非成周。疏 注據非成周○解云：正以公羊之義，以成周為正居，故言此矣。是以二十六年冬十月天王入于成周是也。篡辭也。時雖不入成周，已得京師地半，稱王，置官，自號西周故從篡辭言入起其事也不言西周者正之無二京師也不月者本無此國無可與別輕重也　疏　注故從篡辭言入○解云正以春秋之義立納入皆爲篡辭故此謂入爲篡篡辭矣○注不月至重也○解云春秋之義大國之篡例合書月即隱四年冬十二月衞人立晉之徒是何者以其禍大故也小國例時以其禍小矣即昭元年秋莒去疾自齊入于莒之文是今此入王城之邑而篡天子計其禍咎實如大國之例而不月者正以本無可與別輕重之義是以時之也

冬十月王子猛卒此未踰年之君也其稱王子猛卒何　據子卒不言名外未踰年君不當卒　疏　注據子卒不言名○解云即文十八年冬十月子卒是也云外未踰年君不當卒者正以春秋上下無其事故也而僖九年冬晉里克弒其君之子奚齊書者彼乃見殺非此之類也而言外者正以內之子般子野之徒皆書之故也　不與當也不與當者不與當父死子繼兄死弟及之辭也　春秋篡成者皆與使當君之父死子繼兄死弟及者篡所緣得位成爲君辭也猛未悉得京師未得成王又外未踰年君三者皆不當卒○又名者非與使當成爲君也嫌上入無成周文非篡辭故從得位卒明其爲篡也月者方以得位明事故從外未踰年君例　疏　注春秋至辭也○解云即公及齊侯盟于柯齊侯小白卒之徒是也○注猛未至當卒○解云猛未悉得自京師即從篡不成已是不當卒也假令得作外踰年君猶自不得書其卒況未成外踰年君實不得書其卒言二者不當卒矣○注卒又至篡○解云既不合卒今書其名非欲成其爲君但嫌上經入于王城之時無成周之文恐其非篡辭故從其得位而書其卒正欲明爲篡故也○注月者至君例○解云篡既不成理宜略之而書其月者春秋方書其卒若得位然以明其篡事故曰方以得位明事也言故從外未踰年君例者即僖九年冬晉里克弒其君之子奚齊何氏云弒未踰年君例當月不月者不正遇禍終始惡明故畧之今此書月從未踰年君例矣

十有二月癸酉朔日有食之　是後晉人圍郊犯天子邑

監本附音春秋公羊注疏襄公卷二十三

江南蘇松督糧道方　體栞

公羊注疏卷二十三挍勘記　阮元撰盧宣旬摘録

公羊注疏昭公卷二十三

十有三年

得晉力可以歸　此本晉誤有可誤司今據諸本訂正

謂其本無弒君而立之意　諸本同誤也鄂本謂作明疏引注同當據正

加弒責之爾　此本疏中引注作加殺閩監毛本亦改作弒

今比亦爲未踰年君　閩監毛本比誤此

所以不据僖九年晉里克弒其君之子奚齊者　閩監毛本弒作殺非

卽上傳云楚公子弃疾　閩監毛本弃作棄下同

弃疾則楚子居也　鄂本同閩監毛本則作卽疏同

公不與盟者何　此本此節疏在公不與盟之下閩監毛本移於公不與盟者何之下

不肯與公盟　鄂本肯作肎下同

据扈之會至恥之　閩監毛本删之會二字

君子不恥不與焉　唐石經諸本同此本脱上不字今補正

時不受賂也　諸本同疏引桓二年傳受賂以證之此本作受盟盟字剜改今訂正

故言因爲公張義也　閩本同監毛本爲公誤倒

故使若有國自歸者口　閩監毛本口作也此本實缺蓋衍

因以起楚封之　此本疏引因作固

無君所責　鄂本同疏及閩監毛本作無君無所責

卽諸侯存陳　閩監毛本作諸侯存之此作陳誤按解云非謂上會諸侯墠地封之若是上會諸侯墠地封之當如救邢城楚丘之屬傳亦有文實之文然則存之當作封之矣

然則何以不書葬　浦鏜云弒誤然○按作殺與十一年傳合

靈公本者弒父而立　閩監毛本刪者字按者字當在靈公下

楚子虔何以不名　浦鏜云不衍字

絶也曷爲絶之　十一年傳無也字

不日者略兩夷　解云考諸舊本日亦有作月字者春秋上下滅例書月然則爲日字者誤按三十年冬十有二月吳滅徐疏引此注云不月者略兩夷此處疏本仍作日

靈王非賢責之略　此本閩本責誤表今訂正監毛本責改君之略誤倒

因有奔文可責是也　按三十年注作因有出奔可責無文字

十有四年

但以本篡故固不序　閩監毛本固作因

當卒月葬時也如卒日葬月嫌與大國同故復卒不日　閩本同監毛本與誤於按此常誤當始誤如後誤復

是故上文上曹伯　浦鏜云當作卒曹伯

十有五年

畢其祭事　閩監毛本其作竟

誓將去汝　浦鏜云逝誤誓

與鄭稱同　閩監毛本同浦鏜云鄭稱當孔傳之誤梁玉繩云鄭偁爲魏侍中有荅魏武帝金略之問見續後漢書輿服志注又魏志延康元年注引魏略言偁篤學大儒爲武德侯叡傅叡卽魏明帝也丁杰云孝經鄭注據此處疏文非康成亦非小同當是鄭偁孫志祖云徐彥疏云與鄭偁同與康成異則偁與康成爲二家明矣

夏蔡昭吳奔鄭　唐石經諸本同解云左氏穀梁皆言朝吳出奔鄭

始封名言歸　疏作書歸

而舊解以昭吳爲蔡侯盧之字者　閩監毛本盧改廬非

非謂礭然相似　何校本同閩監毛本礭作確

十有六年

見王道大平　閩監毛本大作太非疏同

十有七年

晉荀吳帥師滅賁渾戎　唐石經諸本同穀梁賁作陸左氏作陸渾之戎

北者高也極者藏也

自号西周王　閩監毛本号作號

二十二年秋　浦鏜云三年誤二年

恒與敬王處据相拒　按處据疑居處之誤或當爲處據

十有八年

爲天下記異也　唐石經諸本同鄂本異作災誤

十有九年

晉人圍郊　此本圍誤國疏同今據諸本訂正

自上十二年夏　此本二字缺上畫閩本缺下畫監毛本遂誤作一今訂正

逐出昭公矣　按逐當作遂

秋七月戊寅　浦鏜云戊辰之誤按浦說是也

尹氏立王子朝是也賊未討何以書葬者　閩監毛本下增○解云移賊未討以下於傳下

無人爲大　閩監毛本無改唯非

二十年

据始出奔未有言此者　鄂本同閩監毛本此作自按此本疏標起訖云注据始至言此者閩監毛本亦改此爲自

當言以畔如邾婁庶期　閩監毛本期改其非鄂本及此本疏標起訖皆作庶期又鄂本以畔作以鄭此誤

何賢乎公子喜時　毛本子誤羊

喜時曹伯廬弟　解云賈服以爲廬之庶子者蓋所見本異

負芻喜時庶兄　鄂本作從兄

世子卒與守國　閩監毛本與作輿此誤解云春秋說文言卒輿守國輿衆也

持棺絮從　釋文絮從女居反說文云絮緼也段玉裁云釋文當作絮

絮謂新綿　閩監毛本綿作緜

公子至其身　閩監毛本其身改當主

二十有一年

春王三月　唐石經鄂本同閩監毛本誤二月

自陳入于宋南里以畔　唐石經諸本同解云左氏穀梁皆作南里而賈氏云穀梁曰南鄙蓋所見異

齊故刑人之地　閩監毛本同誤也鄂本故作放當據正

宋樂世心　毛本世作大鄂本不誤公羊作世心左氏作大心廿五年釋文可證嚴杰說

自曹入于蕭不言宋　鄂本此下疊言宋二字此脫

冬蔡侯朱出奔楚　唐石經諸本同解云左氏與此同穀梁作蔡侯東

二十有二年

大蒐于昌姦　唐石經諸本同釋文作大廋云本亦作蒐昌姦二傳作昌間

以上二事以解傳文何言乎王室亂之意　按此十六字當在天王出居于鄭是也之下○補案此本王室下脫亂字

刺周室之微　十八年疏引此下有弱字

不言成周　蜀大字本閩監毛本同鄂本言作曰

故正王可知也　疏引作皆可知

傳若事悉解　浦鏜云疑脫一事字

云注不爲天子諱者　按注字當衍何按本作注云

閔二年傳云　浦鏜云元誤二按浦說是也

不舉猛爲重者　鄂本閩本同監毛本舉誤居

正以言王傾國受師　此本傾作頃今據閩本訂正監毛本作須非

以者何行其意也　浦鏜云上當脫傳云

自號西周主　鄂本同閩監毛本自誤故主作王按廿六年冬十月下疏引作自號西周王

不月者　蜀大字本閩監毛本同鄂本無者字

三者皆不當卒卒又名者　蜀大字本閩監毛本同誤也鄂本三作二無下卒字當據以訂

正按解云言二者皆不當卒又云既不合卒今書其名皆與鄂本合

假令得作外踰年君問自不得書其卒浦鏜云問疑亦字誤

公羊注疏卷二十三挍勘記終

工部屯田司員外郎胡祖謙校

監本春秋公羊注疏昭公卷二十四 起二十三年盡三十二年

何休學

二十。三年春王正月叔孫舍如晉○癸丑叔鞅卒○晉人執我行人叔孫舍○晉人圍郊

郊者何天子之邑也 天子間田有大夫主之○間音閑 【疏】叔孫舍者○解左氏穀梁作婼字○郊者何○解云欲言外邑文無所繫欲言魯邑而不言伐我故執不知問也

曷爲不繫于周不與伐天子也 與侵柳同義 【疏】○注與侵柳同義○解云即宣元年冬晉趙穿帥師侵柳傳曰柳者何天子之邑也注云天子間田也有大夫守之晉與大夫忿爭侵之也曷爲不繫乎周注云据王師敗績于貿戎繫王不與伐天子也注云絶正其義使若兩國自相伐今此圍郊亦然故曰與侵柳同義然則彼已有傳今復發之者正以侵圍異文故也且若不發傳無以知其伐天子

○夏六月蔡侯東國卒于楚 不日者惡背中國而與楚故略之月者比肸附父仇責之淺也不書葬者篡也篡不書者以惡朱在三年之內不共悲哀舉錯無度失衆見篡○惡背烏路反下同背音佩共音恭錯七故反 【疏】注不日至略之○解云正以大國之卒例皆書日今此不日故解之言背中國而與楚者即此文卒於楚是也○注月者至淺也○解云僖十四年冬蔡侯肸卒注云不月者賤其背中國而附父仇故略之甚也然則彼過深故不月此則過淺但不日而已云云之說備於僖十四年云不書葬者篡也者以春秋之例篡不明者例不書葬今此東國篡不明不書其葬以明篡矣○注篡不至見篡○解云二十一年冬蔡侯朱出奔楚何氏云奔者爲東國所篡然則東國既篡於朱而無立入之文者正欲惡朱故也何者東國篡朱而無文貶則知春秋之義惡朱明矣言在三年之內者即二十年冬蔡侯廬卒至二十一年冬朱即出奔故曰三年之內也所見之世始録諸侯內行小失不可勝書是以春秋但悯而見譏而已故何氏云不共悲哀舉錯無度而已矣凡是爲人所篡皆失衆之所由故何氏云失衆見篡也

○秋七月莒子庚輿來奔○戊辰吳敗頓胡沈蔡陳許之師于雞父胡子髡沈子楹滅獲陳夏齧此偏戰也曷爲以詐戰之辭言之 据甲戌齊國書及吳戰于艾陵俱與夷狄言戰今此從詐戰辭言敗○雞父音甫髡苦門反楹音盈左氏作遲穀梁作盈夏戶雅反齧五結反艾五蓋反 【疏】此偏戰也○解云正以春秋之例偏戰者日詐戰者月今此書日故言偏戰○注据甲戌至言敗○解云即哀十一年夏五月公會吳伐齊甲戌齊國書帥師及吳戰于艾陵齊師敗績獲齊國書是也

不與夷狄之主中國也 序上言戰別客主人直不直也今吳序上而言戰則主中國辭也○別彼列反下及傳同 【疏】注序上言戰○解云以莊二十八年齊伐衛衛人及齊人戰衛人敗績傳云春秋伐者爲客注云伐人者爲客伐者爲主注云見伐者爲主故使衛主之也彼注云戰序上言及者爲主曷爲使衛主之衛未有罪矣注云蓋爲幽之會服父喪未終而不至故又僖十八年春宋公以下伐齊夏宋師及齊師戰于甗齊師敗績傳云春秋伐者爲客伐者爲主曷爲不使齊主之與襄公之征齊也曷爲與襄公之征齊桓公死豎刀易牙爭權不葬爲是伐之也以此言之若主人直則主序上若客直則客序上故云序上言戰別客主人直不直今吳人序其上而言戰則是吳人爲主中國之辭故不得言戰直言敗而已故云不與夷狄之主中國

然則曷爲不使中國主之 据齊國書主吳

中國亦新夷狄也 中國所以異乎夷狄者以其能尊尊也王室亂莫肯救君臣上下壞敗亦新有夷狄之行故不使主之不稱國國出師者賤略之言之師者辟許獨稱師上五國稱國之嫌○之行下孟反下同 【疏】注君臣上下壞敗者○解云不救天子有無君臣上下之道故云君臣上下壞敗○注不稱國國出師者賤略之者○解云決桓十三年春齊師宋師衛師燕師敗績之文○注言之師者○解云若不言之直言吳敗頓胡沈蔡陳許師于雞父則嫌師文獨使許稱自陳以上單稱國是故言之以散之矣

其言滅獲何 据蔡公孫歸生滅沈以沈子嘉歸殺之國言滅君言殺又獲晉侯言獲此陳夏齧亦言獲君大夫無別 【疏】注据蔡至言殺○解云即定十四年夏四月庚辰蔡公孫歸生帥師滅沈以沈子嘉歸殺之彼國言滅君言殺今此君言滅是以据而難之云又獲晉侯言獲者即僖十五年冬十一月壬戌晉侯及秦伯戰于韓獲晉侯是也然則國言滅君言殺以

解傳其言滅何之文又獲晉侯言獲以解傳其言獲何之文別君臣也君死于位曰滅生得曰獲大夫生死皆曰獲大夫不世故不別死位。〔疏〕君死于位曰滅者。解云即此胡子髡沈子盈滅是也生得曰獲者即獲晉侯是也大夫生死皆曰獲者大夫死曰獲者即此獲陳夏齧及哀十一年獲齊國書之徒是也其大夫生得曰獲者宣二年獲宋華元是也。注大夫不世故不別死位。解云正謂諸侯世故別其死社稷與不若其死社稷者而經書滅不能者貶之言獲也大夫不世是以不勞別之故不問生死皆謂之獲也不與夷狄之主中國則其言獲陳夏齧何据荆敗蔡師于莘以蔡侯獻舞歸不言獲。莘所巾反〔疏〕注据荆至言獲。解云在莊十年秋九月彼傳云曷爲不言其獲不與夷狄之獲中國也吳少進也能結日偏戰行少進故從中國辭治之髡楹下云滅者死戰當加禮使若自卒相順也經先舉敗文嫌敗走及殺也故以自滅爲文明本死位乃敗之爾名者從赴辭也〔疏〕注髡楹至順也。解云獲晉侯戕鄫子之徒皆獲戕之文在上今髡楹之滅滅文在下者以其死戰當合加禮故退滅文於下使若公子友卒之類不爲人所殺然故曰使若自卒一則不言戰不與夷狄之主中國一則其言滅不與夷狄之殺諸夏二理合符故言相順也。注名者從赴辭也。解云公羊之義合書則書不待赴告而言從赴辭者正以髡楹既死故胡沈之臣赴告鄰國云道寡君某甲爲吳所滅諸侯之史悉書其名孔子案諸國之文而爲春秋由是之故録其名矣故曰名者從赴辭隱公八年夏六月己亥蔡侯考父卒秋八月葬蔡宣公傳云卒何以名而葬不名卒從正注云卒當赴告天子君前臣名故從君臣之正義言也而葬從主人彼注云至葬者有常月可知不赴告天子故從蔡臣子辭稱公也以此言之則此注云名者從赴辭者謂其赴告天子之辭是以稱人矣。○天王居于狄泉此未三年其稱天王何据毛伯來求金不稱天王〔疏〕注据毛至天王。解云即文九年毛伯來求金是也彼云何以不稱使當喪未君也踰年矣何以謂之未君即位矣而未稱王也未稱王何以知其即位以諸侯之踰年即位亦知天子之踰年即位也注云俱繼體其禮不得異以天子三年然後稱王亦知諸侯於封內三年稱子也然則天子之法三年然後方始稱王故此傳云此未三年其稱王何据毛伯不稱天王以難之著有天子也時庶孽並篡天王失位徙居微弱甚故急著正其號明天下當救其難而事之○孽魚列反難乃旦反尹氏立王子朝貶言尹氏者著世卿之權尹氏貶王子朝不貶者年未滿十歲未知欲富貴不當坐明罪在尹氏。○子朝如字〔疏〕注貶言尹氏者。解云即隱三年夏尹氏卒之下傳云尹氏者何天子之大夫也其稱尹氏何貶曷爲貶譏世卿是也云年未滿十歲者何氏更有所見或者正以衛人立晉莒展去疾之徒悉去公子見其當國今此王子朝經無貶文乃與楚公子比之經相似案上十三年公子比之下傳云比已立矣其稱公子何其意不當也以此言之明其幼少也年既幼少未貪富貴故以未盈十歲言以下二十六年出奔之時年已稍長而不去王子者順上文也○八月乙未地震是時猛朝更起與王爭入遂至數年晉陵周竟吳敗六國季氏逐昭公吳光弑僚滅徐故日至三食地爲再動。○更音庚數所主反爲于僞反〔疏〕是時至數年。解云猛今雖卒但篡來世近而子朝復逆故曰猛朝更起上王猛入于王城今言天王居于狄泉尹氏立王子朝二十六年天王入于成周王子朝奔楚故云與王爭入也首尾五載故曰遂至數年云晉陵周竟者即上圍郊是也云吳敗六國者上文云吳敗頓胡沈蔡陳許之師云云是也云季氏逐昭公者即下二十五年九月癸亥公孫于齊是也。注吳光殺僚滅徐者即下二十七年夏四月吳弑其君僚滅徐者即下三十年冬十二月吳滅徐徐子章禹奔楚是也云故日至三食地爲再動者上二十一年秋七月壬午朔日有食之二十三年十有二月癸酉朔日有食之二十四年夏五月乙未朔日有食之故云日至三食也上十九年夏五月己卯地震今年又震故曰地爲再動。○冬公如晉至河公有疾乃復何言乎公有疾乃復据上比乃復不言公不言有疾〔疏〕注据上至有疾。解云上十三年冬公如晉至河乃復又二十一年冬公如晉至河乃復皆言公如而云不言公者正謂至河之下不言公矣殺恥也因有疾以殺畏晉之恥舉公者重疾也子之所慎齋戰疾

二十有四年春王二月丙戌仲孫貜卒○叔孫舍至自晉○夏五月乙未朔日有食之是後

季氏逐昭公吳滅巢弒其君僚又滅徐○秋八月大雩先是公如晉仲孫貜卒民被其役時年叔倪出會故秋七月復大雩○被皮寄反○丁酉杞伯鬱釐卒○鬱釐音來又力之反二傳作郁釐○冬吳滅巢○葬杞平公疏叔孫舍至自晉

解云上十四年春隱如至自晉以其被執而還故省去其氏今此叔孫舍不去氏者蓋以無罪故也是以文十四年傳云稱行人而執者以其事執也注云以其所銜奉國事執之晉人執我行人叔孫舍是也不稱行人而執者以已執也注云已者已大夫自以大夫之罪執之分別之者罪惡當各歸其本以此言之則知隱如有罪故去其氏叔孫無罪故無貶文若然文十五年夏單伯至自齊案彼單伯亦以其有罪執而存其氏者恥之故也是以彼注云不省去氏者淫當絕使若他單伯至是也注是後季氏逐昭公者在下二十五年九月云吳滅巢者在今年冬云弒其君僚者在二十七年云又滅徐者在三十年冬先言季氏逐昭公者正欲決吳事故也杞伯鬱釐卒者左氏穀梁作郁釐字今正本亦有郁字者

二十有五年春叔孫舍如宋○夏叔倪會晉趙鞅宋樂世心衛北宮喜鄭游吉曹人邾婁人滕人薛人小邾婁人于黃父○倪音詣又五兮反左氏作詣樂世心世如字又以制反左氏作大心父音甫○有鸜鵒來巢何以書記異也何異爾非中國之禽也宜穴又巢也非中國之禽而來居此國國將危亡之象鸜鵒猶權欲宜穴又巢此權臣欲國自下居上之徵也其後卒爲季氏所逐○鸜音權左氏作鸜音劬鵒音欲疏夏叔倪者穀梁與此同左氏經賈注者作叔詣字○有鸜鵒來巢者○解云案運斗樞云有鸜鵒來巢于榆此經不言于榆者欲道來巢即爲異不假指其處所若莊七年傳云不修春秋曰雨星不及地尺而復君子修之曰星霣如雨何氏云明其狀似雨爾不當言雨星不言尺者霣則爲異不可以尺寸錄之非中國之禽也者謂是夷狄之鳥以異義公羊說云鸜鵒夷狄之鳥不當來入中國鄭君駮之曰春秋之鳥不言來者多爲夷狄來也若鸜鵒乃飛從夷狄而來則昭將去遠域之外以此言之則知非中國之禽者謂是夷狄之鳥而冬官云鸜鵒不踰濟鄭氏云無妨於

中國有之者何氏所不取也舊解以爲中國國中者非得注之意穀梁與此同○秋七月上辛大雩季辛又雩又雩者何又雩者非雩也聚衆以逐季氏也一月不當再舉雩言又雩者起非雩也昭公依托上雩生事聚衆欲以逐季氏不書逐季氏者諱不能逐反起下孫及爲所敗故因雩起其事也但舉日不舉辰者辰不同不可相爲上下又日爲君長爲臣去臣則逐季氏意明矣上不當日言上辛者爲下辛張本不言下辛言季辛者起季氏不執下而逐君○下孫音遜下文同去起呂反爲下于僞反下而爲同疏又雩者何○解云諸夏雩祭文悉不言又異于常例故執不知問○注一月至事也○解云僖三年注云大平一月不雨即書春秋亂世一月不雨未害物未足爲異當滿一時乃書然則春秋之義一時能害方始書雩豈有再舉其雩乎故曰一月不當再舉雩矣既無再舉雩之例而言又雩者可以起其非實雩故云言又雩者起非雩也○注但舉至上下○解云正以去年夏五月乙未朔日有食之則此月上辛爲辛丑下辛爲辛酉所以直言辛不兼言丑酉者若言辛丑辛酉即是參差不同不可相爲上下故也○注又日至明矣○解云十日爲陽爲榦故爲君之義十二辰爲陰爲枝故爲臣之象故云日爲君辰爲臣○注上不至張本○解云春秋之雩其例書時即桓五年秋大雩之文是故云上不當日也若然亦不合月而云七月者欲見上辛下辛皆七月之日故○注不言至逐君○解云凡言上者對下之稱既言上辛而不言下辛者欲起季氏不執臣下之卑而逐君矣○九月己亥公孫于齊次于楊州地者臣子痛君失位詳錄所舍止○楊州左氏作陽州○疏注地者至舍止○解云地者即經書次于楊州是也春秋之義悉皆舉重不舉公孫爲重而復書次于楊州者臣子哀痛公之失位是以詳錄公之所舍止之處矣○齊侯唁公于野井唁公者何昭公將弒季氏傳言弒者從昭公之辭○唁音彥將殺音試下及注同疏唁公者何○解云失國見唁在可諱之限今而書見故執不知問○注傳言至之辭○解云君討臣下正應言殺今傳云弒故須解之而言從昭公之辭者即下文云吾欲弒之如何是也季氏爲無道者謂無日之道告子家駒曰季氏爲無道僭於公室久矣諸侯稱公室吾欲弒

之何如昭公素畏季氏意者以爲如人君故言弑〔疏〕注昭公至言弑。解云隱四年傳云與弑公何氏云弑者殺君之辭然則臣下犯於君父皆謂之弑今昭公欲討臣下而言弑違於常義故須解之子家駒曰諸侯僭於天子大夫僭於諸侯久矣昭公曰吾何僭矣哉失禮成俗不自知也〔疏〕注失禮成至知也。解云正以魯人始僭在春秋前至昭已久故不自知子家駒曰設兩觀禮天子諸侯臺門天子外闕兩觀諸侯內闕一觀。觀工亂反注同〔疏〕注禮天子至一觀。解云在禮器文云天子外闕兩觀諸侯內闕一觀者禮說文也乘大路禮天子大路諸侯路車大夫大車士飾車〔疏〕注禮天子大至飾車。解云顧命之文也云諸侯路車詩云路車乘馬是也云大夫大車者即詩云大車檻檻是也云士飾車者即書傳云乘飾車兩馬庶人單馬木車是也朱干干楯也以朱飾楯楯食允反又音尹玉戚戚斧也以玉飾斧。玉戚千戚反以玉飾斧。以舞大夏大夏夏樂也周所以舞夏樂者王者始起未制作之時取先王之樂與已同者假以風化

天下天下大同乃自作樂取夏樂者與周俱文也王者舞六樂于宗廟之中舞先王之樂明有法也舞已之樂明有則也舞四夷之樂大德廣及之也東夷之樂曰株離南夷之樂曰任西夷之樂曰禁北夷之樂曰昧。大夏戶雅反注曰株離音誅禁音金又居鴆反〔疏〕注東夷之樂至曰昧。解云以下皆樂說文彼注云陽氣始起於懷任之物名離其株也南者任也盛夏之時物皆懷任矣草木畢成禁如收斂盛陽消盡蔽其光景昧然是也八佾以舞大武此皆天子之禮也且夫牛馬維婁繫馬曰維繫牛曰婁。佾音逸且夫音扶下有夫弁注同婁力主反〔疏〕注此皆天子之禮也。解云以周公之功得用四代之樂而以大夏之徒謂之爲僭者刺其羣公之廟若祭周公則備。注牛馬維婁者。解云皆謂繫之於廐不得放逸于郊也。注繫馬曰維者即詩云皎皎白駒縶之維之是云繫牛曰婁者正以上言牛馬下言維婁維既屬馬婁屬於牛亦可知矣而文不次者意到則言矣舊說云婁者侶也謂聚之於廐委已者也委食已者。委已于僞反注同已音紀委食音嗣下同而柔焉柔順〔疏〕委已者也而柔焉。解云言牛馬之數猶順於巳之八而

季氏作賞有年歲矣民從之固是其宜矣季氏得民衆久矣季氏專賞罰得民衆之心久矣民順從之猶牛馬之於委食已者君無多辱焉恐民必不從君命固爲季氏用反逐君故云爾子家駒上說正法下引時事以諫者欲使昭公先自正乃正季氏〔疏〕注子家駒上說正法者。解云即謂上文朱干玉戚之屬是也云下引時事者謂牛馬維婁是也昭公不從其言終弑而敗焉果反爲季氏所逐〔疏〕終弑之者解云謂陳兵欲往攻殺之也走之齊齊侯唁公于野井弔亡國曰唁弔死國曰弔弔喪主曰傷弔所執紼曰絻。紼音弗絻音問〔疏〕注弔亡國曰唁者。解云此文是也。注弔喪至曰絻。解云皆當時之制也曰奈何君去魯國之社稷昭公曰喪人自謂亡人。喪息浪反亡也不佞不善失守魯國之社稷執事以羞謙自比齊下執事言以羞及君〔疏〕執事以羞。解云言已之尊卑比齊之執事也而舉措不善失守社稷由是之故以羞及君再拜顙顙者猶今

叩頭矣謝見唁也。再拜顙息黨反見而稽顙也慶子家駒慶賀曰慶子免君於大難矣子家駒曰臣不佞陷君於大難君不忍加之以鈇鑕賜之以死鈇鑕要斬之罪即所錫之以死。大難乃旦反下同鈇音甫又方于反鑕之實反要一遥反再拜顙謝爲齊侯所慶高子執簞食簞葦器也圓曰簞方曰笥食即下所致糗也。簞音丹葦器食音嗣注葦于鬼反笥思嗣反糗丘九反又昌紹反〔疏〕注簞葦器也至方曰笥。解云釋器無文蓋以時事言之云食即下所致糗也者即下文云敢致糗於從者是也與四脡脯屈曰朐申曰脡。脡他頂反又大頂反朐其俱反〔疏〕注屈曰朐申曰脡者。解云正以脡是伸舒之名則知朐是屈疊之稱矣鄭注曲禮上篇云屈中曰朐義通於此國子執壺漿壺禮器腹方口圓曰壺反之曰方壺有爵飾〔疏〕注壺禮器。解云即燕禮云司宮尊于東楹之西兩方壺左玄酒南上是也云腹方至爵飾者釋器無文蓋用舊說或以時事知之言有爵飾者謂刻畫盞爵之形飾其

壺體曰吾寡君聞君在外餕饔未就餕熟食饔熟肉未就未成也解所以致糗意○餕音俊（疏）注餕熟食饔熟肉○解云聘禮曰宰夫朝服設飧飪一牢在西鼎九是飧爲熟食也又云致饔餼五牢飪一牢云云上文對餼下文有飪一牢之言故知熟肉明矣敢致糗于從者糗糒也謙不敢斥魯侯故言從者○于從才用反注及下皆同糒音備（疏）注糗糒也○解云言糗糒若今之糒米也○糗姝紹反又羌九反糒平祕反昭公曰君不忘吾先君延及喪人錫之以大禮再拜稽首以衽受衽衣下裳當前者乏器謙不敢求索○衽而甚反又而鳩反掩裳際也索所白反（疏）錫之以大禮上文糗是也○注衽衣至乏之器自解云所以衽受之者而以行客之人於器物乏故也高子曰有夫不祥猶曰人皆有夫不善君無所辱大禮禮臣受君錫荅拜謂之拜命謂之辱高子見昭公拜辱大卑故曰君無所辱大禮○大卑音泰下大學同昭公蓋祭而不嘗食必祭者謙不敢便嘗示有所先不嘗者待禮讓也（疏）注祭必至讓也○解云凡禮食必先須祭者正欲作謙其未祭之時不敢便即嘗之欲示有所先今昭公祭訖猶不嘗者正欲待禮讓故也景公曰寡人有不腆先

君之服未之敢服腆厚也服謂齊侯所著衣服也言未敢服者見魯侯乃敢服之謙辭也禮天子朝皮弁夕玄端朝服以聽朝玄端以燕皮弁以征不義取禽獸行射諸侯朝朝服夕深衣玄端以燕裨冕以朝天子以祭其祖禰卿大夫冕服而助君祭朝服祭其祖禰士爵弁皺衣裳以助公祭玄端以祭其祖禰○腆他典反厚也著丁略反裨婢支反黻音弗（疏）注禮天子朝○解云皆出禮記漢禮亦然有不腆先君之器器謂上所執簞壺（疏）注器謂上所執簞壺者上文高子執簞食國子執壺漿是也然則上言饔飧未熟今則更以簞壺盛饔飧是未之敢用敢以請請行禮昭公曰喪人不佞失守魯國之社稷執事以羞敢辱大禮敢辭不敢當大禮故敢辭（疏）敢辱至敢辭○解云亦上有不字者若有不字則辭下讀是以注者以不敢言之景公曰寡人有不腆先君之服未之敢服有不腆先君之器未之敢用敢固以請昭公曰以吾宗廟之在魯也以我守宗廟在魯時有先君之服未之能以服有先君之器未之能以出敢固辭已有時未能以事人今已無有義不可以受人之禮（疏）未之能以服者解云謂未能服之以事人矣下文未之能以出亦然○注今已無有者謂已身之已或解已爲已然之已也景公曰寡人有不腆先君之服未之敢服有不腆先君之器未之敢用請以饗乎從者欲令受之故益謙言從者○令力呈反昭公曰喪人其何稱行禮賓主當各有所稱時齊侯以諸侯遇禮接昭公昭公自謙失國不敢以故稱自稱故執謙問之○故稱尺證反景公曰孰君而無稱猶曰誰爲

君者而言無所稱乎昭公非君乎昭公於是噭然而哭噭然哭聲貌感景公言而自傷○噭古弔反一音古狄反諸大夫皆哭魯諸大夫從昭公者既哭以人爲菑菑周埒垣也所以分別內外衛威儀今大學辟雍作側字○菑側其反又側吏反埒力悅反下音表別彼列反辟音壁（疏）注菑周埒垣也者○解云猶言周匝爲埒墻云今大學辟雍作側字者謂何氏所注者是菑字今漢時大學辟雍所讀者作側字云既哭以人爲側以幦爲席幦車覆笭○幦示歷反車覆笭也一音呼闐反覆笭力丁反（疏）注幦覆笭○解云笭即式也但車式以笭爲之有暨者有橫者故考工記注云轛式之植者橫者也禮君羔幦虎犆大夫士鹿幦豹犆者是也以鞌爲几以遇禮相見以諸侯出相遇之禮相見○鞌音安孔子曰其禮與其辭足觀矣言昭公素能若此禍不至是主書者喜爲大國所唁地者痛録公明臣子當憂納公也（疏）注地者痛録至公也○解云書其唁公于野井者正欲痛公而詳録之下二十九年春齊侯使高張來唁公不復書其地正以公居于運與在國同

故與此異下三十一年晉侯使荀櫟唁公于乾侯地者與此同○冬十月戊辰叔孫舍卒○十有一月己亥宋公佐卒于曲棘曲棘者何宋之邑也諸侯卒其封内不地此何以地憂内也時宋公聞昭公見逐欲憂納之至曲棘而卒故恩録之【疏】曲棘者何○解云欲言宋邑例所不書欲言他邑文無所繫故執不知問○諸侯卒其封内不地此何以地者正以桓五年陳侯鮑卒不地是以弟子据而難之但宣公九年晉侯黑臀卒于扈之下已有成注故於此省文○十有二月齊侯取運外取邑不書此何以書爲公取之也爲公取運以居公善其憂内故書不舉伐者以言語從季氏取之月者善録齊侯○爲公于僞反注同【疏】外取邑不至以書○解云正据襄元年傳云魚石走之楚楚爲之伐宋取彭城以封魚石而經不書楚取彭城是也但隱四年春莒人伐杞取牟婁之下有注故此省文○注不舉伐者○解云正以隱四年春莒人伐杞取牟婁舉伐言取故決之云月者善録齊侯者正以哀八年夏齊人取讙及僤外取邑而書時今此書月正以善憂内詳録齊侯矣

二十有六年春王正月葬宋元公○三月公至自齊居于運月者閔公失國居運致者明臣子當憂納公不當使居運後不復月者始録可知○不復扶又反下同【疏】三月公至于運○解云案上公遜于齊次于楊州齊侯唁公于野井似不入齊國都而得言至自齊者穀梁傳云公次于楊州其曰至自齊何也注云据公但至楊州未至齊以齊侯之見公可以言至自齊也注云齊侯唁公于野井以親見齊侯爲重故可言至自齊居于鄆者公在外也注云若但言公至自齊而不言居于鄆則嫌公得歸國欲明公實在外故言居于鄆○注月者閔至居運者正以凡致例時故也○注致者至可知○解云桓元年三月公會鄭伯于垂之下注云不致者爲下去王適足起無王未足以見無王罪深淺故復奪臣子辭成誅文也然則昭公失所爲臣所逐而致之者正以罪輕於桓公明其臣子當憂納公故也云後不復月者始録可知即此秋公至自會二十七年冬公至自齊居于鄆之屬是也○夏公圍成書者惡公失國幸而得運不脩文德以來之復擾其民圍成不從叛書者本與國俱叛故不得復以叛爲重不從定公又以親圍下邑爲譏者昭無臣子又即如定公當致也○惡烏路反【疏】注不從至爲重○解云成三年秋叔孫僑如率師圍棘棘者何汶陽之不服邑也其言圍之何不聽也注云不聽者叛也不言叛者爲内諱故書圍以起之然則今此圍成是圍叛之文而知爲惡公書之者正以本與國俱叛理宜不復以叛爲重故也○注不從至臣子○解云定十二年十有二月公圍成注云天子不親征下土諸侯不親征叛邑不能圍成不能服不能以一國爲家甚危若從他國來故危録之是也然則此經不書月亦與彼異而注不決之者省文從可知○秋公會齊侯莒子邾婁子杞伯盟于剸陵不月者時諸侯相與約欲納公故内喜爲大信辭○剸音專本亦作專【疏】注不月至信辭○解云春秋之義大信者時小信者月不信者日剸陵之會無相犯復無大信止合書月而書時者正以約欲納公故爲大信辭矣公至自會居于運致會者責臣子明公已得意于諸侯不憂助納之而使居于運【疏】注致會者至于運○解云莊六年注云公與二國以上出會盟得意致會不得意不致即哀十

三年夏公會晉侯及吳子於黄池秋公至自會宣七年冬公會晉侯以下于黑壤之屬是也然則公與二國以上出會盟得意致會明公已得意於諸侯○九月庚申楚子居卒○冬十月天王入于成周成周者何東周也是時王猛自號爲西周天下因謂成周爲東周【疏】成周者何○解云欲言正居經無京師之稱欲言非正居天王入之故執不知問○注是時王至西周○解云謂是上二十二年時故彼經稱秋劉子單子以王猛入於王城傳云王城者何西周也注云時居王城邑自號西周王是也其言入何据入者篡辭【疏】注据入者篡辭○解云即莊六年衛侯朔入于衛之下傳文所云其言入何篡辭也是也不嫌也上言天王者有天子已明不嫌爲篡主言入者起其難也不言京師者起正居在成周實外之月者爲天下喜録王者反正位○爲天于僞反【疏】注上言至難也○解云謂此經上有天王之文下雖言入非篡可知上二十三年秋天王居于狄泉傳云此未三年其稱天王者何著有天子然則此注云著有天子已明者取上傳之文云主言入者起其難也者正以隱八年春入邴之下傳其言入何難也莊二

十四年秋夫人姜氏入之下傳云其言入何難也然則入者重難之辭故云主言入者起其難也。注不言至外之。解云桓九年春紀季姜歸于京師之下傳云京師者何天子之居也則天子之居乃京師是也今言天王入于成周不言入京師者正欲起其正居在成周故也所以能起之者既爲天王所入正居明矣言實外之者正以天子之重海内瞻望宜親九族以自衛守而辟庶孽蒙塵于外經歷數年方歸舊守是以不言京師欲以外之然則不言京師兼二義矣初起成周爲王居終實外天子故云不言京師起正居在成周實外之也注云月者爲天下喜録王者反正位者正以此上二十二年秋劉子單子以王猛入于成周不書月今此月者爲天下喜録王者反正位故也

尹氏召伯毛伯以王子朝奔楚立王子朝獨舉尹氏出奔并舉召伯毛伯者明本在尹氏當先誅渠帥後治其黨猶楚嬰齊。渠率所類反或作帥 疏 尹氏召伯至奔楚者。解云穀梁與此同左氏召伯作召氏。注云立王子朝獨舉尹氏者。解云即上二十三年秋尹氏立王子朝是也云當先誅渠帥後治其黨者漢之賊首皆謂之渠帥故何氏云焉云猶楚嬰齊者成二年冬十有一月公會楚公子嬰齊于蜀丙申公及楚人以下盟于蜀彼注云上

會不序諸侯大夫者嬰齊楚專政驕蹇臣也數道其君率諸侯侵中國故獨先舉于上乃貶之明本在嬰齊當先誅其本乃及其末是也

二十有七年春公如齊公至自齊居于運。

夏四月吳弒其君僚不書闔廬弒其君者爲季子諱明季子不忍父子兄弟自相殺讓國闔廬欲其享之故爲没其罪也不舉專諸弒者起闔廬當國賤者不得貶無所明文方見爲季子諱本不出賊以明闔廬罪雖可貶猶不舉月者非失衆見弒故不略之。爲季于僞反下同見賢徧反 疏 注不書闔廬弒其君者。解云襄二十九年吳子使札來聘下傳云闔廬曰先君之所以不與子國而與弟者凡爲季子故也將從先君之命與則國宜之季子者也如不從先君之命與則我宜立者也僚烏得爲君乎於是使專諸刺僚者闔廬弒僚之文也今不書闔廬弒爲季子諱不討賊故也云明季子不忍父兄自相殺者即彼傳云而致國乎季子季子不受曰爾弒吾君吾受爾國是吾與爾爲篡也爾殺吾兄吾又殺爾是父子兄弟相殺終身無已也去之延陵終身不入吳國者是其文也云不舉專諸弒者桓二年春王正月戊申宋督弒其君與夷之下何氏注云督不氏者起馮當國然則彼經貶去督之氏者起其弒君取國與馮所以不舉專諸弒僚見取國與闔廬者正以其賤不得貶之假令書見正得稱人文無所明故也注月者明失衆見弒故不略之者文十八年冬莒弒其君庶其傳云稱國以弒何稱國以弒者衆弒君之辭何氏云一人弒君國中人人盡喜故舉國以明失衆當坐絶也例皆時者略之也然則稱國以弒者例皆不月以略之今此月者直是本不出賊以除闔廬罪足以稱國非失衆見弒之例故不略之

○楚殺其大夫郤宛。郤宛去逆反下紆宛反

○秋晉士鞅宋樂祁犁衛北宮喜曹人邾婁人滕人會于扈。犁力兮反又力私反

冬十月曹伯午卒。

○邾婁快來奔邾婁快者何邾婁之大夫也邾婁無大夫此何以書以近書也說與鼻我同義。邾婁快本又作噲苦夬反 疏 注說與鼻我同義。解云即襄二十三年夏邾婁鼻我來奔傳云邾婁鼻我者

何邾婁大夫也邾婁無大夫此何以書以近書也何氏云以奔無他義知以治近升平書也所傳聞世見治始起外諸夏録大略小大國有大夫小國略稱人所聞之世内諸夏治小如大廩廩近升平故小國有大夫治之漸也見於邾婁者以近始也獨舉一國時亂實未有大夫治亂不失其實故取足張法而已然則邾婁快亦以奔無它義知以治近太平書也見於邾婁者以其近魯故也太平世獨舉一國者時亂實未有大夫治亂不失其實但取足張法而已故云說與鼻我同義也云云之說在襄二十三年

○公如齊公至自齊居于運

二十有八年春王三月葬曹悼公月者爲下出也。爲于僞反 疏 注月者爲下出也。解云正以上十八年三月曹伯須卒秋葬曹平公二十七年冬十月曹伯午卒然則曹於所見之世止自卒月葬時故知此月宜爲其下事出矣

○公如晉次于乾侯乾侯晉地名月者閔公内爲强臣所逐外如晉不見荅次于乾侯不諱者憂危不暇殺恥後不月者録始可知 疏 注後不月至可知。解云即下二十九年春公如晉次于乾侯是也

○夏四月丙戌鄭伯

甯卒。〇伯甯乃定反，下同。左氏并下滕子名並作寧。〇六月，葬鄭定公。〇秋，七月，癸巳，滕子甯卒。〇冬，葬滕悼公。

二十有九年，春，公至自乾侯，居于運。不致以晉者，不見容于晉，未至晉。〇齊侯使高張來唁公。言來者，居運從國內辭。書者，如晉不見荅，喜見唁也。不月者，例時也。〔疏〕注言來至內辭者。〇解云：正以下三十一年晉侯使荀櫟唁公于乾侯，不言來故也。云不月者例時也者，正以經不月，故知例。然則知下文荀櫟唁公之徒，雖在日月之下，不蒙日月可知。〇公如晉，次于乾侯。〇夏，四月，庚子，叔倪卒。〇秋，七月。〇冬，十月，運潰。邑不言潰，此其言潰何？據國曰潰，邑曰叛。〔疏〕注據國曰潰邑曰叛。〇解云：即僖四年蔡潰、文三年沈潰者，是國曰潰之文。襄二十六年春，衛孫林父入于戚以叛，定十三年春，宋公之弟辰及仲佗、石彄、公子池自陳入于蕭以叛，是邑曰叛之文。郛之也。郛，郭。〔疏〕注郛郭者，郛之猶云國之，但古今異語也。曷爲郛之？據成三年棘叛不言潰也。〔疏〕注據成至潰也。〇解云：即彼經云"叔孫僑如帥師圍棘"。"棘者何？汶陽之不服邑也。其言圍之何？不聽也。"彼注云："不聽者，叛也。"是也。君存焉爾。昭公居之，故從國言潰，明罪在公也。不言國之言郛之者，公失國也。不諱者，責臣子當憂而納之，殺恥不如救危也。孔子曰："不患寡而患不均，不患貧而患不安。"其本乃由于圍成，失大得小，而不能節用。〔疏〕注不言國之言郛之者。〇解云：正以桓七年春，焚咸丘之下傳云："咸丘者何？邾婁之邑也。曷爲不繫乎邾婁？國之也。"莊二年夏，公子慶父帥師伐於餘丘之下傳云："於餘丘者何？邾婁之邑也。曷爲不繫乎邾婁？國之也。"然則彼二文皆言國之，今言郛之者，正以昭公居國，裁得國外土地而已，其國內宗廟非公之有，故傳言郛之，不言國之耳。云孔子曰不患寡而患不均，不患貧而患不安者，論語文。言爲國家者，不患土地人民之寡少，而患政令之不均平；不患國無儲積，而患君臣上下之不能相安。而引之者，欲道昭公政令失所，是以出奔。今居小地而復圍成，擾亂其民，令之不安，由茲潰散，無寸土可居，久不得國而卒於外者，身自取之者也。云其本乃由于圍成者，圍成即二十六年夏公圍成是也。失魯之大而

公羊疏卷二十四　十五

得運邑，故曰失大得小，不能自節約而用之，乃復擾亂其民，圍成也。

三十年，春，王正月，公在乾侯。月者，閔公運潰，無尺土之居，遠在乾侯，故以存君，書明臣子當憂納之。〔疏〕注故以存君書者。〇解云：即襄二十九年春王正月，公在楚，何言乎公在楚？正月以存君也。彼注云：正月歲終而復始，臣子喜其君父與歲終而復始，執贄存之，故言在。今昭公運潰，無尺十之土可居，遠在他邦，故以存君書之，故云公在乾侯。〇夏，六月，庚辰，晉侯去疾卒。〇去，起呂反。〇秋，八月，葬晉頃公。〇頃，音傾。〇冬，十有二月，吳滅徐，徐子章禹奔楚。至此乃月者，所見世始録夷狄滅小國也。不從上州來、巢見義者，固有出奔可責。〇見，賢徧反。〔疏〕注至此至國也。〇解云：正以僖二十六年秋，楚人滅隗，以隗子歸，何氏云：不月者，略夷狄滅微國也。然則此亦夷狄滅微國而書月者，所見之世故也。〇注不從至可責。〇解云：吳滅州來在上十三年冬，吳滅巢在上二十四年冬，然則州來與巢皆當所見世而不書月，以見之至此乃月者，正以既滅其國，復奔其君，因責章禹不能死位，是以於二國皆不書月也。於上經既不書月，明其還同所聞之例，故何氏於州來之下注云：不月者，略兩夷是也。

三十有一年，春，王正月，公在乾侯。〇季孫隱如會晉荀櫟于適歷。時晉侯使荀櫟責季氏不納昭公，爲此會也。季氏負捶謝過，欲納昭公，昭公創惡季氏，不敢入。公出奔在外，無君命，所以書會，以殊外言來者，從王魯録，諱亟取邑，卒大夫者盈孫文。〇荀櫟本又作躒，又作濼，示滴濼也。適，丁歷反，一音狄。負箠，章蘂反，本又作捶。惡，烏路反。亟，去冀反。孫，音遜。〔疏〕注季氏負箠至不敢入者。〇解云：春秋說文。彼注云：負捶者，聽刑之禮也。昭公創惡季氏不敢入者，左傳亦有其文也。〇注公出至魯録。〇解云：春秋之義，待君命然後卒大夫，明其非君命者不録之也。今昭公不在，所以書季孫隱如會晉荀櫟于適歷，又書黑弓以濫來奔之文，又以殊外者，從王魯録文，故得然，不爲爾時有君命也。云諱亟取邑者，即下三十二年取闞，傳云："闞者何？邾婁之邑也。曷爲不繫乎邾婁？諱亟也。"注云"與取濫爲亟"是也。云卒大夫者盈孫文者，即上二十五年公遜

公羊疏卷二十四　十六

于齊後叔孫舍卒二十九年叔倪卒之徒是也然則春秋之義爲君父諱惡春秋之義待君命然後卒大夫然今君不在國而書大夫之卒故須解之然則取闞不繫邾婁乃書大夫之卒者正欲盈兄諱奔言遜之義故云盈孫文〇夏四月丁巳薛伯穀卒始卒便名日書葬者薛比滕最小迫後定寅皆當略〔疏〕注始卒便名日書葬者〇解云春秋之義小國始卒名日及葬未能悉具會二見之後方始能備即宣九年秋八月滕子卒成十六年夏四月辛未滕子卒昭三年春王正月丁未滕子泉卒五月葬滕成公之徒是也言薛比滕最小者正以滕子卒於宣公之篇薛今始卒故云比於滕爲小國也而今始卒日即得名葬具書正由於後定寅皆當見略迫此之故是以二注備書矣其定見略者即定十二年春薛伯定卒彼注云不日月者子無道當廢之而以爲後未至三年失衆見弑危社稷宗廟禍端在定故略之是也其寅見略者即哀十年夏薛伯寅卒彼注云卒葬略者與杞伯益姑同是也昭六年春王正月杞伯益姑卒彼注云不日者行微弱故略之入所見世責小國詳始錄內行也諸侯內行小失不可勝書故於略責之見其義是也〇晉侯使荀櫟唁公于乾侯〇秋葬薛獻公〇冬黑弓以濫來奔文何以無邾婁據讀言邾婁〇黑弓二傳作黑肱濫力甘反叉力暫反〔疏〕冬黑弓者謂當時公羊子口讀邾婁黑弓矣通濫也通濫爲國故使無所繫曷爲通濫據庶其不通也〔疏〕注據庶其不通也者解云即襄二十一年春邾婁庶其以漆閭丘來奔是也賢者子孫宜有地也賢者孰謂謂叔術也叔術者邾婁顏公之弟也或曰罄公子〔疏〕注叔術者邾婁至弟也〇解云謂母弟也或曰犖公子謂庶弟也何賢乎叔術據叔術不書讓國也其讓國奈何當邾婁顏之時顏公時也邾婁女有爲魯夫人者則未知其爲武公與懿公與孝公幼不知孝公者邾婁外孫邾將妾子邪〇武公與音餘下及注皆同顏淫九公子于宮中所與淫公子氏九人〔疏〕注所與至九人〇解云謂顏公一人不應並淫九人故以所言之因以納賊則未知其爲魯公子與邾婁公子與臧氏之母養公者也君幼則宜有養者大夫之妾士之妻禮也則未知臧氏之母者曷爲者也養公者必以其子入養不離人母子因以娛公也〔疏〕則未知其爲魯公子與者〇解云爲內通于魯公子也〇邾婁之公子與者不知爲是邾婁公子者與古者諸侯一娶九女二國媵之而邾婁一國以幷有九女於魯宮內者蓋所取於邾婁相通爲九人不必盡是一人妻矣大夫之妾士之妻〇注禮也〇解云大夫之妾士之妻禮記內則文故注云禮也〇則未知臧氏之母者曷爲者也〇解云案內則大夫之妾士之妻並陳之謂士妻不吉乃取大夫之妾亦得事不具矣何者乳食一男何假二人乎則未知臧氏之母爲是大夫之妾爲是士之妾故曰曷爲者臧氏之母聞有賊以其子易公抱公以逃以身死公則可以其子易公非事夫之義然而於王法當賞以活公爲重也賊至湊公寢而弒之弒臧氏子也不知欲弒孝公者納篡邪將利其國也〇湊七豆反臣有鮑廣父與梁買子者聞有賊趨而至臧氏之母曰公不死也在是吾以吾子易公矣於是負孝公之周訴天子天子爲之誅顏而立叔術反孝公于魯顏夫人者嫗盈女也國色也其言曰有能爲我殺殺顏者吾爲其妻殺顏者鮑廣父梁買子也婦人以貞一爲行云爾非德也〇愬音素本亦作訴爲之于僞反下爲我爲之則爲並同嫗紆具反一音紆羽反爲行下孟反下殺顏者之行亦同〔疏〕嫗盈女也者〇解云謂此老嫗是盈姓之女〇國色也者解云謂顏色一國之選叔術爲之殺殺顏者而以爲妻利其色也有子焉謂之盱夏父者其所爲有於顏者也

爲顔公夫人時所爲顔公生也。盱許于反又許孤反本或作晦一音夸夏父戸雅反盱及夏父邾顔公之二子【疏】謂之盱夏父者至有於顔者也。解云謂爲顔公妻時所以有之者盱幼而皆愛之叔術姬盈女皆愛盱食必坐二子於其側而食之有珍怪之食珍怪猶奇異也。而食音嗣盱必先取足焉夏父曰以來猶曰以彼物來置我前人未足人夏父自謂也而盱有餘言盱所得常多叔術覺焉覺悟也知小爭食長必爭國易曰君子見幾而作知幾其神乎幾者動之微者事之先見。長丁丈反先見賢徧反下欲見見王者同【疏】注易曰至先見。解云皆出下繫辭彼文云知幾其神乎君子上交不諂下交不瀆其知幾乎幾者動之微吉之先見者也君子見幾而作不俟終日是也曰嘻此誠爾國也夫起而致國于夏父夏父受而中分之叔術曰不可三分之叔術曰不可四分之叔術

曰不可五分之然後受之五分受其一。曰嘻許其反也夫音扶【疏】注五分受其一。解云服虔成長義云邾婁本附庸三十里耳而言五分之爲六里國也者彼乃左氏之偏辭未足以奪公羊以爲邾婁本大國但春秋之前在名例隱元年何氏有成解公扈子者邾婁之父兄也當夫子作春秋時於邾婁君爲父兄之行公扈者氏也。之行戸郎反習乎邾婁之故故事也道所以言也【疏】注道所至言也。解云謂道下傳所言矣其言曰惡有言人之國賢若此者乎惡有猶何有寧有此之類也言賢者寧有反妻嫂殺顔者之行乎。惡有音烏注同誅顔之時天子死叔術起而致國于夏父言叔術本欲讓追有誅顔天子在爾故天子死則讓無妻嫂惑兒爭食之事當此之時邾婁人常被兵于周曰何故死吾天子猶曰何故死吾天子違生時命而立夏父乎此天子死則讓之效也夫子本所以知上傳賢者惡少功大也猶律

一人有數罪以重者論之春秋滅不言入是也案叔術妻嫂雖有過惡當絶身無死刑當以殺殺顔者爲重宋繆公以反國與與夷除馮弑君之罪死乃反國不如生讓之大也馮殺與夷亦不輕于殺殺顔者比其罪不足而功有餘故得爲賢傳後記公扈子言者欲明夫子本以上傳通之故公扈子有是言。數所主反復扶又反【疏】注夫子本所以至惡少功大也者。解云上傳謂五分之然後受之以上矣。云春秋滅不言入是也者即莊十年傳云戰不言伐圍不言戰入不言圍滅不言入書其重者也是云當絶身無死刑者但當絶其身以爲不脩不合殺之故曰無死刑然則外内亂鳥獸行則滅之者謂姑妹之徒今一則非父子聚麀二則嫂非姑姊妹故也。注當以殺至爲重。解云謂犯王命殺魯賢臣故以爲重。注宋繆公以反國與至馮弑君之罪。解云宋繆公反國之事在隱三年彼傳文具矣其除馮弑君之罪者即桓二年宋督弑其君之下注云督不氏者起馮當國不舉馮弑爲重者繆公廢子而反國得正故爲之諱是也注云死乃反國不如生讓之大也者言繆公死乃反國非其全讓之意不如叔術生讓其功大矣注云馮殺與夷亦不輕於殺殺顔者謂馮爲弑君叔術爲犯王命皆是惡逆其罪勢等矣云比其罪不足而功有餘故得爲賢者上解云其罪勢等矣

而言罪不足者謂犯王命殺魯大夫豈如宋馮弑君乎故以爲罪少于馮矣其罪既少其功有餘故得賢之通濫則文何以無邾婁据國未有口繫于人【疏】注据國至于人。解云言若通濫是國宜應特達何故文上無邾婁而已其口仍繫邾婁言之乎故注云据國未有口繫于人天下未有濫也欲見天下實未有濫國春秋新通之爾故口繫于邾婁天下未有濫則其言以濫來奔何据上説天下實未有濫者言春秋新通之也春秋所通之君文成矣不言濫黑弓來奔而反與大夫竊邑來奔同文【疏】注而反與大夫竊邑來奔同文者。解云即襄二十一年春邾婁庶其以漆閭丘來奔之徒是叔術者賢大夫也絶之則爲叔術不欲絶不絶則世大夫也此解不言濫黑弓意叔術者賢大夫也如不口繫邾婁文言濫黑弓來奔則爲叔術賢心不欲自絶于國又觸天下實有濫無以起新通之文不可設也如口不絶邾婁文言濫黑弓來奔則嫌氏邑起本邾婁世大夫春秋口繫通之文亦不可施【疏】注起本邾婁至可施。解

云若曰云邾婁文言濫黑弓來奔即媿大夫氏邑欲起黑弓本是邾婁世大夫曰繫于邾婁欲通之爲世大夫故也大夫之義不得世故於是推而通之也推猶因也因就大夫竊邑奔文通之則大夫不世叔術賢心不欲自絕兩明矣主書者在春秋前見王者起當追有功顯有德興滅國繼絕世（疏）注主書者至繼絕世○解云隱元年注云諸大夫立隱不起者在春秋前明王者受命不追治前事今此追之者春秋之義勸其後功是以上二十年傳曰君子之善善也長惡惡也短惡惡止其身善善及子孫賢者子孫故君子爲之諱是也

○十有二月辛亥朔日有食之是後昭公死外晉大夫專執楚犯中國圍蔡也（疏）注是後昭公死外者○解云即下三十二年冬公薨于乾侯是云晉大夫專執者即定元年三月晉人執宋仲幾于京師傳云其稱人何貶曷爲貶不與大夫專執也是云楚犯中國圍蔡也者即定四年秋楚人圍蔡是也直言圍蔡足矣何須言楚犯中國欲言日食爲夷狄強諸夏微之象故也

三十有二年春王正月公在乾侯○取闞闞者何邾婁之邑也曷爲不繫乎邾婁諱亟也與取濫爲亟○闞口暫反亟去冀反注同（疏）闞者何○解云欲言是國諸典未聞欲言是邑文無所繫故執不知問○注與取濫爲亟○解云取亦作受字者二年之間比取兩邑故以爲亟而諱之矣○夏吳伐越○秋七月○冬仲孫何忌會晉韓不信齊高張宋仲幾衛世叔申鄭國參曹人莒人邾婁人薛人杞人小邾婁人城成周書者起時善其脩廢職有尊尊之意也孔子曰謹權量審法度脩廢官四方之政行焉言成周者起正居實外之○量音亮（疏）注書者至意也○解云隱七年夏城中丘傳云何以書以重書也注云以功重故書也當稍稍補完之至令大崩弛壞敗然後發衆城之猥苦百姓虛空國家故言城明其功重與始作城無異然則天子之城不時脩理至令大壞方始城之而書者正欲起其當時之善故也何者當是之時天子陵遲諸侯奢縱忽能脩其廢職有尊尊之心是以書見故曰起時善云孔子曰謹權量至行焉者論語文彼注云言成周者欲起正居實外之正以不言京師而言成周者欲起正居在成周故也言實外之者正以王微弱不能守成周不是小事猥苦天下是以不言京師實外天子云云之說在上二十六年○十有二月己未公薨于乾侯

監本春秋公羊注疏昭公卷第二十四

江南蘇松督糧道方　體　梓

公羊注疏卷二十四挍勘記　阮元撰盧宣旬摘録

公羊注疏昭公卷二十四

二十三年 閩監毛本同唐石經作廿有三年此脱有字

叔孫舍如晉 唐石經諸本同解云左氏穀梁作婼字

叔孫舍者 閩監毛本删者字

比胕附父仇 閩監毛本同鄂本仇作讎

何氏云奔者 浦鏜云奔上脱出字是也

沈子楹 唐石經諸本同釋文亦作楹云左氏作逞穀梁作盈按此本疏中下文作沈子盈則疏本與穀梁同故於此下無文

衞未有罪矣 浦鏜云爾誤矣

春秋伐者爲客 毛本伐下衍人字

豎刀易牙爭權 監本同閩本毛本刀改刁

卽定十四年夏四月 浦鏜云十衍字是也

蔡公孫歸生 按經作歸姓此順注文引作生

卽此胡子髡沈子盈滅是也 閩監毛本盈作楹

嫌敗走及殺也 鄂本也作之此誤

皆獲戕之文在今上 補毛本作上今此誤倒

是以稱人矣 盧文弨曰人爲名之誤

癸亥公孫于齊是也 浦鏜云己誤癸按浦說是也

注吳光殺僚滅徐者卽下二十七年 閩監本同毛本者下增○解云

二十三年十有二月癸酉朔 閩監毛本酉誤亥浦鏜云二年誤三年按浦說是也

齋戰疾 鄂本閩監毛本齋作齊

二十有四年

叔孫舍至自晉 二傳無叔孫字

時年叔倪出會 鄂本作明年諸本皆誤作時

杞伯鬱釐卒 唐石經諸本同釋文作鬱釐云本亦作釐疏云左氏穀梁作郁釐字今正本亦有郁字者按亦有下當脱作字

葬杞平公 此本叔孫舍至自晉三節疏皆在此經下閩監毛本分配各經之下

二十有五年

夏叔倪 釋文唐石經諸本同疏云穀梁與此同左氏經貫注者作叔詣字

有鸛鵒來巢 唐石經諸本同釋文鸛音權左氏作鸜音劬按周禮考工記鸛鵒不踰濟釋文本作鸜鵒此疏亦引冬官鸛鵒不踰濟

不可以尺寸録之 浦鏜云可衍字

昭公依托上雩 鄂本托作託

去臣則逐季氏意明矣 閩監毛本同誤也鄂本臣作辰當據正釋文亦作去辰

而言又雩者可以起其非實雩 閩監毛本可作何毛本言又誤倒

次于楊州 葉鈔釋文鄂本閩本同唐石經監毛本作揚州疏同按左氏作陽州

昭公將弒季氏 唐石經諸本同釋文作將殺云音試下及注同○按依疏則傳文本作弒也漢石經公羊弒皆作試猶今人語云姑且試之故其語可通乎上下也

吾欲弒之如何是也 閩監毛本如何作何如

子家駒曰諸侯僭於天子大夫僭於諸侯　唐石經諸本同考工記畫績之事其象方天時變注引子家駒曰天子僭天今何本無此句周禮大宰疏引作諸侯僭天子大夫僭諸侯此二於字當爲衍文考工記注無於字可證

注失禮成至知也　閩監毛本無成字

禮天子諸侯臺門　周禮太宰疏引何氏云天子兩觀諸侯臺門與今本異

注禮天至一觀　當作注禮天子諸侯臺門故解云在禮器文今本標起訖是後人所改

明有則也　閩監毛本同誤也鄂本則作制當據正制謂己所制也則卽法度上

東夷之樂曰株離　釋文及諸本皆作株離蜀大字本作邾誤

云繫牛曰婁者　何按本同閩監毛本云作也此本云字亦剜改作也今訂正

委己者也　唐石經同釋文委己音紀閩監毛本己誤已

猶順於己之人　浦鏜云於下當脫食字

固是其宜矣　浦鏜云也誤矣從經傳通解按

固爲季氏用　監毛本同閩本固作因皆誤鄂本作而爲季氏用與儀禮通解續正合當據以訂正

終弒而敗焉　唐石經作終弒之而敗焉諸本脫之字按疏中標經云終弒之者有之與石經合

弔死國曰弔　諸本同段玉裁云此國字衍

謙自比齊下執事　釋文作嗛自云音謙本亦作謙

慶子免君於大難矣　唐石經原刻無也字後磨改增刻諸本誤承之

卽所錫之以死　蜀大字本閩監毛本同鄂本錫作賜按傳言賜不當殊文鄂本是也

申曰脡　鄂本同此本疏中亦作申閩監毛本改伸疏同

國子執壺漿　唐石經鄂本閩本同監毛本壺改壼非

餕熟食　鄂本熟作孰下同加四點者俗字

致饔餼五牢　浦鏜云經致作歸是也

若今之精米也○　諸本同按此○當刪下載糗精字音切亦義疏之言非釋文也浦鏜云已見釋文當衍者非此與釋文不同

而以行客之人　而疑衍浦鏜云而以疑蓋以之誤

謂之拜命謂之辱　閩監毛本同鄂本作謂之拜命之辱此下謂字衍當據以刪正

注食必至讓也　閩監毛本必下有祭

今則更以簞壺盛饔飧是　浦鏜云是疑也字誤

敢辱大禮敢辭　唐石經諸本同解云亦上有不字者若有不字則辭下讀按當作敢上亦一本有不字者

今己無有　解云謂己身之己或解爲已然之已按音紀是

昭公自謙失國　鄂本謙作嗛此誤

昭公於是噭然而哭　唐石經諸本同按說文嘂高聲也一曰大呼也从㗊丩聲春秋公羊傳曰魯昭公叫然而哭噭與叫聲相近許以叫爲高聲大呼較之何注云噭然哭聲貌義益切也

既哭以人爲菑　唐石經諸本同何注云菑今大學辟雍作側字按此卽東漢熹平立石大學之公羊傳也

以鞌爲几　唐石經鄂本同釋文亦作以鞌閩監毛本鞌改鞍非

其禮與其辭足觀矣　唐石經與字起磨改重刻此六字故此行十一字

下三十年　浦鏜云十下脫一按浦說是也

二十有六年

次于楊州　閩本同監毛本楊改揚下同何按本並作陽與穀梁合

注月者閔至居運者　閩監本同毛本下增○解云何按本無○解云

無王罪深淺　何校本罪下有之字

昭無臣子又卽如定公當致也　蜀大字本閩監毛本同鄂本又作入則上屬言昭無臣子納公也

棘者何　浦鏜云上當脫傳云二字○按廿九年疏引亦無傳云非脫也

天子不親征下士　閩監毛本同何校本士作土何校本作土與定十二年注合

不能圍成不能服　定十二年注作公親圍成此誤

盟于剸陵　鄂本閩監毛本同唐石經蜀大字本剸作鄟釋文鄟陵音專本亦作專

上言天王者有天子已明　鄂本者作著此誤

起正居在成周　蜀大字本閩監毛本同誤也鄂本正作王當據正此本疏云起成周爲王居閩監毛本亦誤爲正居

尹氏召伯毛伯　唐石經諸本同解云穀梁與此同左氏召伯作召氏

當先誅渠帥　鄂本同閩監毛本帥作率按釋文作渠率云或作帥

注云立王子朝獨舉尹氏者　閩監本同毛本刪云字

二十有七年

文方見爲季子諱本　閩監毛本同誤也鄂本文作又當據正○按依疏當作文屬上讀

不出賊以明闔廬罪　閩監毛本同誤也鄂本明作除當據正解云今此月者直是本不出賊以除闔廬罪可證本是除字

於是使專諸刺僚者闔廬弒僚之文也　閩監毛本者改著何煌云者疑作是

注月者明失衆見弒　浦鏜云非誤明

以近治也　何校本作自近始也與襄廿三年注合

獨舉一國　何校本國下有者字是也

二十有八年

止自卒月葬時　閩監毛本止誤正

鄭伯甯卒　諸本同唐石經缺釋文伯甯乃定反下同左氏并下滕子名並作寧

二十有九年

定十三年春宋公之弟辰及仲佗石彄公子池　浦鏜云一誤三

棘者何　浦鏜云上當脫傳曰二字按此類皆疏文原本如是非脫誤也

裁得國外土地而已　閩監本同毛本土誤上

三十年

固有出奔可責　宋本閩監本同毛本固作囙誤

三十有一年

季氏負捶謝過　閩監毛本捶作棰疏同釋文作負箠云本又作捶此本疏標起訖亦作負箠

以殊外言來者　鄂本以作而

公遜于齊　何校本遜作孫

是以二注備書矣　閩本二字缺上畫監毛本誤作一

秋葬薛獻公　唐石經宋本同閩監毛本薛誤晉

冬黑弓以濫來奔　唐石經諸本同釋文黑弓二傳作黑肱

顏淫九公子于宮中　唐石經顏下有公字後磨改刪去故此行九字

於是負孝公之周訴天子　唐石經訴作訢閩監毛本改愬按釋文作周愬云本亦作訴蓋據此

所改

云爾非德也　閩監毛本同鄂本無德此誤衍蜀大字本脫也字

爲顏公夫人時所爲顏公生也　按下爲顏公三字誤衍複上當删正

知小爭食　鄂本同閩監毛本小作少

幾者動之微吉事之先見　鄂本同此本翻刻者吉誤爲者閩監毛本承之

曰嘻此誠爾國也　唐石經原刻無此後磨改增之故此行十一字

誅顏之時天子死　唐石經諸本同惠棟云謂誅顏天子死也作一句讀按時字疑衍

無妻嫂惑兒爭食之事　閩監毛本同誤也鄂本惑作感當據正

夫子本所以知上傳　鄂本知作如此誤監本夫誤天

然則外內亂　閩監毛本作兩外

春秋所遊之君　鄂本所作新此誤上云春秋新通之可證

又觸天下實有溢　鄂本宋本閩監本同毛本實誤寶

晉人執宋仲機于京師　閩監毛本機改幾是也

三十有二年

與取濫爲亟　解云取亦有作受字者按莊二年疏引作受今作與取濫誤

有尊尊之意也　蜀大字本閩監本同鄂本無也字毛本誤尊甲疏不誤

言成周者起正居　疏中引注作欲起正居此脫欲字

彼注云言成周者　按彼字當衍何按本無彼字

正以王微弱　閩監毛本王誤上

公羊注疏卷二十四校勘記終

工部屯田司員外郎胡祖謙校

監本春秋公羊注疏定公卷二十五

釋文何以定公爲昭公子與左氏異　○起元年盡四年

何休學

元年春王定何以無正月　据莊公雖不書即位猶書正月〔疏〕注据莊至正月。○解云即莊元年經云元年春王正月三月夫人孫于齊是也。案莊公之經上有正月下有三月今定公亦下有三月而上無正月故据之若然案隱公之經亦云元年春王正月下云三月公及邾婁儀父盟于眛亦是上有正月下有三月而不据之者正以隱公所承不蘗于外且欲讓桓位非已有與定公不類寧得据之其閔僖之屬雖承弒君之後其所承者皆在位見弒元年之下復無三月之文與定不同故不据之然則桓公戕于齊昭公卒于外亦是不類而得据之者正以昭公失道爲臣所逐終死于外恥與桓同故據之耳

正月者正即位也　本有有正月者正諸侯之即位〔疏〕注本有至即位。○解云案隱元年傳云何言乎王正月大一統也何氏云統者始也摠繫之辭夫王者始受命改制布政施教於天下自公侯至於庶人自山川至於草木昆蟲莫不一一繫於正月故云政教之始以此言之似書正月者爲大一統也而言本有正月者正諸侯即位者兼二義故也何氏云自公侯以下皆繫正月即是正月者正諸侯即位之義

定無正月者即位後也　雖書即位於六月實當如莊公有正月今無正月者昭公出奔國當絕定公不得繼體奉正故諱爲微辭使若即位在正月後故不書正月〔疏〕定無正月者即位後也。○解云謂定公行即位之禮在正月之後也。○注雖書至正月。○解云依經及傳正以定公即位在正月之後故無正月何氏更言昭公出奔國當絕定公不得繼體奉正者正以書正月大一統也明不但一即位而已且諸侯之法禮當死位而昭公不君棄位出奔終卒於外爲辱實甚論其罪惡君臣共有故知魯國之當絕矣是以何氏消量作如此注故諱爲微辭者謂經與傳直作無即位故無正月之義其定公當絕之文沒而不見故謂微辭爾

即位何以後　据正月正即位**昭公在外**　昭公喪在外**得入不得入未可知也曷爲未可知**　据已稱元年〔疏〕得入不得入未可知也者。○解云謂昭公之喪在外得入不得入未可知不謂据定公之身也其實定公先在于內是以上文已稱元年矣但以君喪未入未得正行即位禮是以即位在正月之後而左氏以爲喪及壞隤公子宋乃先入者何氏所不取之。○注据已稱元年。○解云謂已稱元年春似行即位之禮訖何言昭公之喪得入不得入未可知也而即位後乎

在季氏也　今季氏迎昭公喪而事之定公得即位不迎而事之則不得即位〔疏〕在季氏也。○解云定公是時雖以先君之喪未入未行即位之禮其實爲君之道已成是以上文得稱元年春矣但猶微弱不敢逆其次喪故云在季氏也

定哀多微辭　微辭即下傳所言者是也定公有王無正月不務公室喪失國寶哀公有黃池之會獲麟故摠言多〔疏〕定哀多微辭。○解云定哀二君微辭有五故謂之多不謂餘處更有所對若然昭與定哀同是太平之世所以特言定哀者昭公之篇無微辭之事寧可彊言之乎。○注微辭至是也。○解云謂主人習其讀而問其傳則未知已之有罪焉爾也。○注定公至正月。○解云得爲微辭者實爲昭公出奔國當絕定公不得繼體奉正故無正月如似即位在正月之後是以無正月然故得謂之微辭。○注不務公室。○解云下二年夏五月壬辰雉門及兩觀災冬十月新作雉門及兩觀傳云其言新作之何脩大也注云天災之當減損如諸侯制而復脩大僭天子之禮故言新作以見脩大也脩舊不書此何以書譏何譏爾不務乎公室也注云務猶勉也不務公室亦可施於久不脩亦可施于不務如公室之禮微辭也然則書其新作雉門及兩觀者主譏其僭天子之禮可施於久不脩治而錄之傳云不務公室亦得助成微辭之義也。○喪失國寶。○解云下八年冬盜竊寶玉大弓傳云寶者何璋判白注云不言璋言玉者起珪璧琮璜五玉盡亡之傳特言璋者所以郊事天尤重也書大弓者使若都以國寶書微辭也謂之寶者世世寶用之辭也然則特書大弓者欲通謂之寶寶即大弓是可以世世傳保而珠玉之故謂之寶玉也。○注哀公至言多。○解云黃池之會者即哀十三年夏公會晉侯及吳子于黃池傳云吳何以稱子吳主會也吳主會則曷爲先言晉侯不與夷狄之主中國也其言及吳子何會兩伯之辭也不與夷狄之主中國則曷爲以會兩伯之辭言之重吳也曷爲重吳吳在是則天下諸侯莫敢不至也彼注云以晉大國尚猶汲汲於吳則知諸侯莫敢不至也不書諸侯者爲微辭使若天下盡會之而魯侯蒙俗會之者惡愈是也其獲麟者即哀十四年春西狩獲麟是也實爲聖漢將興之瑞周家當滅之象今經直言獲麟不論

此事若以麟來周王更欲中興之光得謂之微辭矣主人習其讀而問其傳讀謂經傳謂訓詁主人謂定公言主人者能爲主人皆當爲微辭非獨定公則未知已之有罪焉爾此假設而言之主人謂定哀也設使定哀習其經而讀之問其傳解詁則不知已之有罪於是此孔子畏時君上以諱尊隆恩下以辟害容身慎之至也

疏主人至焉爾○解云主人習其讀謂習其經而讀之也云而問其傳者謂問其夫子口授之傳解詁之義矣云則未知已之有罪焉爾者焉爾猶於是讀其微辭意指難明雖問解詁亦未知已之有罪乎春秋假令讀定元年經而問其傳之解詁云定何以無正月正月者正即位也定無正月者即位後也則無以知其國當絕定公不得繼體奉正之義假令讀定公二年經云新作雉門及兩觀而問其傳之解詁云脩舊不書此何以書譏何譏爾不務乎公室也正以久不脩理不以公室爲急務故書之無以知其僭天子是也○注此假設而言至於是○解云當爾之時未有春秋故知主人習其經而讀之者假設而言之也既未有春秋而彊言主人故云此假設而言之云主人謂定哀者正以上言定哀多微辭下文即言主人習其讀故知此主人者宜指定哀言之也○注此孔子至之至也○解云此時君者還指定哀也孔子作春秋當哀公之世定沒未幾臣子猶存故亦畏之爲之諱惡恩隆於定哀故曰上以諱尊隆恩也若不迴避其害則身無所容故曰下以辟害容身也尊君卑已故生上下之文耳其傳未行口授弟子而作微辭以辟其害亦是謹慎之甚故此曰慎之至也

○三月晉人執宋仲幾于京師仲幾之罪何据言于京師成伯討辭知有罪○幾本或作譏

疏仲幾之罪何○解云上言晉人似非伯討言于京師是伯討之文與奪未明故難之

不蓑城也若今以草衣城是也禮諸侯爲天子治城各有分丈尺宋仲幾不治所主○不蓑素戈反一或作蓑一或音初危反衣于既反爲天于僞反下善爲同

疏不蓑城也○解云謂不以蓑苫城也公羊之義以爲昭三十二年城成周者既是城訖故於此處責其不蓑而已不似左氏方始欲城耳○注蓑若今以草衣城是也衣讀如衣輕裘之衣○注禮諸至主者○解云正以宋人不治所主者晉人執而歸之于京師得爲伯討之文故知禮有分丈尺之法不謂更存禮文

其言于京師何据城言成周執不地

疏注据城言成周○解云即昭三十二年冬仲孫何忌會晉韓不信以下城成周是也○注執不地○解云謂春秋上下大夫見執例不舉地即下六年秋晉人執宋行人樂祈黎七年秋齊人執衛行人北宮結之屬是也若然成十六年九月晉人執季孫行父舍之于招丘彼傳自有解執未有言舍之者此其言舍之何仁之也曰在招丘悕矣注云悕悲也仁之者若曰在招丘可悲矣閔錄之辭執未有言仁之者此其言仁之何代公執也是也

伯討也大夫不得專執執無稱名氏見伯討例故地以京師明以天子事執之得伯討之義○見賢遍反

疏注大夫至之義○解云下傳云大夫之義不得專執也故云大夫不得專執若諸侯執人即僖四年傳云稱侯而執者伯討也稱人而執者非伯討也若其大夫不得專執故其執人之時無稱名氏見伯討例雖無其例其執之有理寧得不作其文是故地以京師明以天子事執之見其得伯討之義也

伯討則其稱人何据城稱名氏諸侯伯執不稱人也復發此難者弟子未解嫌大夫稱人相執與諸侯同例○復發扶又反下皆同難乃旦反解音蟹

疏注据城稱名氏云云○解云即昭三十二年冬仲孫何忌會晉韓不信以下城成周是也○注諸侯伯執不稱人也○解云即僖四年傳云稱侯而執者伯討也稱人而執者非伯討也

是也若欲指經言之即成十五年春晉侯執曹伯歸之于京師是也

貶故稱人爾不以非伯討故曷爲貶据晉侯伯執稱人以他罪舉

疏注据晉至罪舉○解云即僖三十八年晉人執衛侯歸之于京師傳云歸之于者罪已定矣此晉侯也其稱人何貶曷爲貶衛之禍文公爲之也文公爲之奈何文公逐衛侯而立叔武使其兄弟相疑放乎殺母弟者文公爲之也然則彼乃晉文之執衛侯實得伯討之義而稱人者正由文公惡衛侯太深愛叔武太甚故致此禍是以貶之稱人故曰以佗罪舉也今此晉人執仲幾亦得爲伯討之義而貶稱人故欲問其稱人之狀矣

不與大夫專執也曷爲不與据伯討言于京師實與是也而文不與文不與者貶稱人是也文曷爲不與大夫之義不得專執也大夫不得專相執辟諸侯也不言歸者諸侯當與於天子犯之惡甚故錄所歸大夫當決王獄爾犯之罪從外小惡不復別也無例不在常書又月者善爲天子執之○別彼列反

疏文曷爲不與○解云据實與但何氏省文不復言大夫之義不得專執則其曰實與之何上無天子下無方伯天下大夫有爲無道

者力能執之則執之可也異僖元年二年救邢城楚丘之傳者正以諸侯相執伯者之常事大失相執例之所略詳尊畧卑之義也。注不言至別也。解云正以僖二十八年冬晉人執衛侯歸之于京師成十五年春晉侯執曹伯歸之于京師襄十六年春晉人執莒子邾婁子以歸者是諸侯相執錄其所歸之文所以然者正以諸侯尊貴當決於天子若其犯之其惡深大故須錄其歸之所在即執衛侯曹伯歸于京師是其得正執莒子邾婁子以歸其國者失所明矣彼注云錄以歸者甚惡晉也有罪無罪皆當歸京師不得自治之是也若然案襄十九年春晉人執邾婁子亦是諸侯相執而不錄其所歸者正以會上執之即會上釋之實無所歸寧得錄之也若執大夫當決於主獄之人耳若其犯之但為小惡故從外小惡例不復分別之也若然所見之世錄外小惡而言從外小惡不復別之者正謂時時錄之以見太平之世諸夏小惡在治之限文不盡錄故得然解。注無例至執之。解云欲道春秋上下更無大夫相執之義即是無其比例不在常書之限今而書之又書其月詳錄之與諸侯相執同例者善為天子執故也知諸侯相執例書月者正以襄十六年三月晉人執莒子邾婁子十九年三月晉人執邾婁子之屬皆書月故也舊云此事所以無歸于以歸之例正由大夫相執不在當書故也既不在當書而書月以執之者善為天子執之故也

〇夏六月癸亥公之喪至自乾侯至自乾侯者非公事齊不專中去之晉竟不見容死于乾侯〇戊辰公即位癸亥公之喪至自乾侯則曷為以戊辰之日然後即位据癸亥得人已可知正棺於兩楹之間然後即位正棺者象既小斂夷於堂昭公死於外不得以君臣禮治其喪故示盡始死之禮禮始死于北牖下浴於中霤飯含於牖下小斂於戶內夷於兩楹之間大斂於阼階殯於西階之上祖于庭葬于墓奪孝子之恩動以遠也禮天子五日小斂七日大斂諸侯三日小斂五日大斂卿大夫二日小斂三日大斂夷而經殯而成服故戊辰然後即位凡喪三日授子杖五日授大夫杖七日授士杖童子婦人不杖不能病故也。小斂力驗反下皆同北墉音容本又作牖霤力又反飯扶晚反含戶暗反阼才故反

疏 注正棺至故也。解云喪大記云小斂主人即位于戶內主婦東面乃斂卒斂主人馮之踊主婦亦如之徹帷男女奉尸夷于堂降拜鄭注夷之言尸也主人主婦以下從而奉之孝敬之心降拜拜賓也是也云故示盡始死之禮者示孚亦有作不字者誤也云禮始死于北牖下者即喪大記疾病寢東首於北牖下是也云浴於中霤云云者即坊記云子云賓禮每進以讓喪禮每加以遠浴於中霤飯於牖下小斂於戶內大斂於阼殯於客位祖於庭葬於墓所以示遠也是也而言夷于兩楹之間者即此傳云正棺于兩楹之間是也云奪孝子之恩動以遠也者何氏以意言之也言此者欲陳始死禮云天子五日云云者何氏差約古禮而言之欲道始死之禮五日大斂而殯殯訖成服今欲示盡始死之禮故云公之喪癸亥日至于丁卯殯而成服戊辰之日乃即位矣云凡喪三日云云者即喪服四制云杖者何也爵也三日授子杖五日授大夫杖七日授士杖或曰擔主或曰輔病婦人童子不杖不能病也是也鄭注喪大記云三日者死之後三日也為君杖不同日人君禮大可以見親疏也引之者欲道喪入五日嗣子大夫授杖已訖可以即位正其臣矣

子沈子曰定君乎國定昭公之喪禮於國然後即位即位不日此何以日据即位皆不日錄乎內也內事詳錄善得五日變禮或說危不得以踰年正月即位故日主書者重五始也

疏 注詳錄至始也。解云書日所以得變禮者癸亥之日公喪乃至戊辰之日然後君即位象五日殯訖即位之禮故錄日以明之言其變而合禮矣

〇秋七月癸巳葬我君昭公〇九月大雩定公得立九喜而不恤民之應〇立煬宮煬宮者何据十二公無煬公。煬餘亮反

疏 煬宮者何。解云正以春秋之內更無煬公之稱而立其宮故執不知問

煬公之宮也春秋前煬公也立者何立者不宜立也立煬宮非禮也不日嫌得禮故復問立也不日者所見之世諱深使若比武宮惡愈故不日

疏 立者何。解云欲言是禮不應言立欲言非禮復不書日故執不知問。立者何至立也。解云隱四年冬衛人立晉之下傳云立者何立者不宜立也成六年春二月辛巳立武宮之下傳云立者何立者不宜立也然則春秋之內三發此文者公子晉之下發之是春秋之首成六年立武宮之下發之嫌立宮與諸侯異例此復發之者正以立武宮書日此不書日故嫌之昭二十二年秋尹氏立王子朝不復發之者從立晉之傳可知。不日至立也。解云春秋之例失禮於宗廟例書日故

此不日嫌得禮也注言此者正以成六年已有此傳今復發之故解云耳○不日至不日○解云例既書日而不日者正以當所見之世故也若然案莊二十三年秋丹桓宮楹何氏云失禮宗廟例時與向說違者蓋失禮於鬼神例日故隱五年初獻六羽之下何氏云失禮鬼神例日是也若失禮脩營於宗廟則例書時即莊二十三年秋丹桓宮楹何氏云失禮宗廟例時是也莊二十四年春王三月刻桓宮桷書月者何氏云月者功重於丹楹是也若其失禮始造宗廟者例書日即成六年春王二月辛巳立武宮是也所以然者刻桷功重於丹楹猶變例以書月況於始造宗廟爲費實深寧不日乎例既宜日而不日者正以當所見之世爲內諱深使若惡愈於武宮故也○**冬十月霣霜殺菽何以書記異也**菽大豆時犹殺菽不殺他物故爲異○霣于敏反〔疏〕注時殺至爲異○解云知獨殺菽不殺他物者正以此經特舉殺菽傳云記異故也若更殺他物則經直云霣霜不舉穀名傳云記災也即桓元年秋大水傳云何以書記災也彼注云災傷二穀以上是也此則但傷一穀既不成災故謂之異**此災菽也曷爲以異書**据無麥苗以災書〔疏〕注据無至災書○解云即莊七年

秋大水無麥苗傳云何以書記災也是也然則大水殺麥苗傳云記災今此霣霜殺菽傳云記異故据而難之若然向解若更殺他物則經直言霣霜不舉穀名何故莊七年經云秋大水無麥苗者彼傳云何災不書待無麥然後書無苗彼注云明君子不以一過責人水旱螟蟲皆以傷二穀乃書而不書穀名至麥苗獨書者民食最重是也然則一災不書今此書者示以早當誅季氏故不得不錄也**異大乎災也**異者所以爲人戒也重異不重災君子所以貴教化而賤刑罰也周十月夏八月微霜用事未可殺菽菽者少類爲稼強季氏象也是時定公喜於得位而不念父黜逐之恥反爲淫祀立煬宮故天示以當早誅季氏〔疏〕異大乎災也○解云雖曰但傷一物若以害物言之災而必書者正以異重于災故也何者隱三年而作注云異者非常而可怪先事而至者隱五年作注云災者有害於人物隨事而至者然則正由先事而至可以爲戒若其變改竟不害人物若似君父教戒臣子之義故但謂之異而貴之矣災者隨事而至害於人物雖言變改亦無所及若似刑罰一施不可追更之義故謂之災而不重之故注云重異不重災君子所以貴教化而賤刑罰也然則直是美大此異故言異大於災不論害物與否五行傳云害物爲災不害物爲異亦通於此矣○注菽者至象也○解云菽季不同而得爲其象者正以菽爲第三之稱故爲少類季氏於叔孟爲第亦是少之義故得爲其象菽雖第三爲稼最強季氏雖幼彊於叔孟故曰菽者少類爲稼強季氏之象也○注是時至煬宮○解云何氏以爲定公者昭公之子與賈復異既爲昭公之子而喜於得位者正以父見放逐薨於乾侯雖人秉政有年歲矣爲道亦何可知忽然而立寧不喜乎是以忘其耻辱欲求福於淫祀天怪其所爲故示之戒也舊云定公爲昭公弟立非其次是以喜之而謂昭公爲父者臣子一例故也云故天示以早當誅季氏也者天戒若曰等欲勞心作淫祀之時不如作意早誅季氏所以然者雖作淫祀終竟無福早誅季氏可以復雖去患故也

二年春王正月○夏五月壬辰雉門及兩觀災其言雉門及兩觀災何据桓宮僖宮災不言及不但問及者方於下及問其文問之故先俱張本於上○兩觀工喚反下及注皆同〔疏〕注据桓至言及○解云即哀三年夏五月辛卯桓宮僖宮災是也**兩觀微也**雉門兩觀皆天子之制門爲其主觀爲其飾故微也〔疏〕注雉

門至微也○解云知如此者正以昭二十五年傳云子家駒曰諸侯僭天子久矣設兩觀云云者此皆天子之禮然則兩觀既爲天子之禮天惡其僭故災之則知雉門與之同災者亦僭明矣故云雉門及兩觀皆天子之訓也若然昭二十五年子家駒不言雉門爲僭者正以天子諸侯皆有雉門但形制殊耳若然雉門爲僭於辭爲負矣寧知非是主災兩觀因及雉門而已故子家駒不數雉門爲僭而何氏必言雉門亦如天子之制者正以下文新作雉門及兩觀之下傳云不務公室既言不務如公室之禮則知天子明矣**然則曷爲不言雉門災及兩觀**据下新作雉門及兩觀先言作者**主災者兩觀也**時災從兩觀起**時災者兩觀則曷爲後言之**据欲使言兩觀災及雉門若言宋督弒其君與夷及其大夫孔父**不以微及大也何以書**不復言雉門及兩觀災何以書者上已問雉門及兩觀災故但言何以書○不復扶又反下同〔疏〕注不復至以書○解云隱三年秋武氏子來求賻傳云武氏子來求賻何以書注云不但言何以書者嫌主覆問上所說二事不問求賻又七年夏城中丘傳云中丘者何內

之邑也城中丘何以書注云上言中丘者何指問邑也欲因言何以書嫌但問書中丘欲復言城中丘何以書僖二十年傳云西官災何以書然則彼三傳文皆舉句而問之今此不嫌不以微及大何以書而不舉句而問之者正以上傳已云其言雉門及兩觀災何不能復重言之故省文也**記災也**此本子家駒諫昭公所當先去以自正者昭公不從其言卒為季氏所逐定公繼其後宜去其所以失之者故災亦云爾立雉門兩觀不書者僭天子不可言雖在春秋中猶不書○先去起吕反下同【疏】○注此本至云爾○解云在昭二十五年○注立雉至不書○解云知如此者正以隱五年秋初獻六羽傳云何以書譏何譏爾譏始僭諸公也始僭諸公昉於此乎前此矣前此則曷為始乎此僭諸公猶可言也僭天子不可言也是也若然須更脩大還僭天子而得書之者但作微辭以譏之仍自不正言**○秋楚人伐吳○冬十月新作雉門及兩觀其言新作之何**據俱一門兩觀如故常【疏】注據俱至如常○解云正以所作與舊俱一門兩觀以故常無異何言新作之乎**脩大也**天災之當減損如諸侯制而復脩大僭天子之禮故言新作以見脩

大也○見賢遍反【疏】注故言至大也○解云莊二十九年作注云繕故曰新有所增益曰作然則此言新者見其料理舊牆言作者見其增益新木皆是還大於諸侯之義故言新作以見脩大矣**脩舊不書此何以書**據西宮災復脩不書【疏】注據西至不書○解云在僖二十年**譏何譏爾不務乎公室也**務勉也不務公室亦可施于久不脩亦可施于不務始公室之禮微辭也月者久也當即脩之如諸侯禮【疏】注不務至侯禮○解云即文十三年傳世室屋壞何以書譏何譏爾久不脩也何氏云簡忽久不以時脩治至令壞敗故譏之然則此文不務公室者亦可以見魯人簡忽五月有災十月乃作之義故云亦可施於久不脩也云月者久也者正以莊二十九年春新延廄僖二十年春新作南門皆書時此特月者譏其久不脩故也舊云如天子之門大不可即成故月以久之

三年春王正月公如晉至河乃復月者內有彊臣之讎外不見荅於晉故危之【疏】注月者至危之○解云正以凡朝例時假有小事亦不書月是以昭二年冬公如晉至河乃復傳云其言至河乃復何不敢進也注云乃難辭也時聞晉欲執之不敢往君子榮見與恥見距故諱使若至河河水有難而反然則彼是小故不足以月今乃內有彊臣之讎外不見荅於晉故書月以危之似若襄二十八年十一月公如楚何氏云如楚書月者危公朝夷狄之類也而僖十年注云故如京師善則月榮之如齊晉善則月安之者善惡不嫌假令同辭亦何傷也**○三月辛卯邾婁子穿卒○夏四月○秋葬邾婁莊公○冬仲孫何忌及邾婁子盟于枝**後相犯時者諱公使大夫盟又未踰年君薄父子之恩故為易辭使若義結善事○枝二傳作拔易以豉反【疏】三月辛卯云云公羊穀梁皆作三月左氏作二月未知孰正○注後相至善事○解云其後相犯者即哀元年冬仲孫何忌帥師伐邾婁之屬是也云故為易辭者即莊十三年冬公會齊侯盟于柯傳云何以不日易也何氏云易猶佼易也相親信無後患之辭是也

四年春王二月癸巳陳侯吳卒○三月公會

劉子晉侯宋公蔡侯衛侯陳子鄭伯許男曹伯莒子邾婁子頓子胡子滕子薛伯杞伯小邾婁子齊國夏于召陵侵楚月而不舉重者楚以一裘之故拘蔡昭公數年然後歸之諸侯雜然侵之會同最盛故善錄其行義兵也拘不書者惡蔡侯吝一裘而見拘執故匹夫之執歸不書者從執例○夏戶雅反召上照反數年所主反雜七合反又如字惡蔡烏路反年末同吝一裘力刃反【疏】陳子○解云上文二月陳侯吳卒下之六月葬陳惠公然則其父未葬宜稱子某而言陳子僖九年宋子之下注云宋未葬不稱子某者出會諸侯非尸柩之前故不名然則今此陳子亦然但從宋子省文不復注之○注月而至兵也○解云春秋之義侵伐例時即上二年秋楚人伐吳之屬是也善其義兵則書月即僖十八年春王正月宋公曹伯以下伐齊注云月者與襄公之征齊善錄義兵是也若其舉重宜云公會劉子晉侯以下侵楚不言于召陵也似若成十六年秋公會單子尹子晉侯齊國佐邾婁子伐鄭之屬今而書月復不舉重者善錄其行義兵故也若然案僖四年春王正月公會齊侯以

下侵蔡何氏云月者善義兵也然則彼亦是義兵而舉重者正以彼下經云楚屈完來盟于師盟于召陵傳云其言盟于師盟于召陵何師在召陵也師在召陵則曷爲再言盟喜服楚也彼注云孔子曰書之重辭之復嗚呼不可不察其中必有美者焉然則正以下有喜服楚之文爲義兵可知是以不勞具録也桓公十五年冬十有一月公會齊侯宋公以下于侈伐鄭彼注云月者善諸侯征突善録義兵也不舉伐爲重者用兵重於會嫌月爲桓伐有危舉不爲義兵録故復録會注云之屬當文皆有成解不勞逆説也言楚以一裘之故拘蔡昭公數年然後歸之者即下傳云蔡昭公朝乎楚有美裘焉囊瓦求之昭公不與爲是拘昭公於南郢數年然後歸之是也○注拘不至夫之○解云僖二十一年霍之會執宋公以伐宋之屬皆書其執今此不書故決之所以不直言賤之而已而言匹夫之者以楚人執良宵之屬大夫猶書今反不書賤於大夫故言匹夫之○注執歸至執例○解云即僖二十一年注云凡出奔歸書執獲歸不書者出奔已失國故録還應盜國與執獲者異臣下尙隨君事之未失國不應盜國無爲録也是其彼執而歸不書之義今此蔡侯之執經雖不書其實見執故得從其例矣云云之説備于僖二十一年

○夏四月庚辰蔡公孫歸姓帥師滅沈以沈子嘉歸殺之爲不會召陵故也不舉滅爲重書以歸殺之者責不死位也日者定哀滅例日定公承黜君之後有彊臣之讎故有滅則危懼之爲定公戒也○公孫歸姓二傳無歸字姓音生又音姓爲注爲不至故也不于僞反下爲季爲下爲治爲蔡同

疏 解云正以召陵之會蔡爲謀首召陵之經不見沈子而今滅之故知義然也○注不舉至位也○解云正以襄六年十有二月齊侯滅萊傳云曷爲不言萊君出奔國滅君死之正也彼注云明國不存不書殺萊君者舉滅國爲重然則萊君死位故得舉重今沈子不死位故不得舉滅爲重而書以歸殺之也○定哀至戒也○解云定哀之時文致太平若有相滅爲罪已重故皆書日以詳其惡即此經及下六年春王正月癸亥鄭游速帥師滅許以許男斯歸之屬是也既言定哀滅例日乃是滅爲例矣而又言定公承黜君之後有強臣之讎故有滅則危懼之爲定公戒者欲道哀公之篇若有相滅例合日欲見他義者容不書之即哀公八年春王正月宋公入曹以曹伯陽歸實是滅曹但魯人諱同姓之滅而不書之是以亦不書日是也然則案哀公之篇更無書滅之經而知例日者正以文承定公之下定公猶日則哀公明矣定公承黜君之後偏有危懼是以有滅則書日哀公無此義故諱其滅以没不救同姓之罪但知例合書其日故何氏云焉

○五月公及諸侯盟于浩油再言公者昭公數如晉不見荅卒爲季氏所逐定公初即位得與諸侯盟故喜録之後楚復圍蔡不救不日者善諸侯能翕然俱有疾楚之心會同最盛故襃與信辭○浩油戶古老反下音由一音牢又反二傳作皐鼬數所主反楚復扶又反下而復復討同翕許及反

疏 注再言至録之○解云正以僖五年夏公及齊侯以下會王世子于首戴秋八月諸侯盟于首戴九年夏公會宰周公以下于葵丘九月戊辰諸侯盟于葵丘之屬皆不再言公今此再言公故於此解之言昭公數如晉不見荅者即昭十二年夏公如晉至河乃復十三年冬公如晉至河乃復十五年冬公如晉十六年夏公至自晉二十一年冬公如晉至河乃復二十三年公如晉至河公有疾乃復之屬是數如晉之文也竟不見晉人來聘之經故云不見荅也卒爲季氏所逐者即二十五年九月己亥公孫于齊是也寧知再言公爲喜録之者正以文承祥録義兵之下而再言公故知其喜似若僖四年夏楚屈完來盟于師盟于召陵傳云曷爲再言盟喜服楚也之類注云孔子曰書之重辭之復嗚呼不可不察其中必有美者焉義亦通於此

杞伯戊卒于會不日與盟同日○戊音茂又音恤二傳作戌

疏 注不日與盟同日○解云考諸古本日亦有作月者若作日字宜云所見之世小國之卒例合書日即上言三月辛卯邾婁子穿卒之屬是也今不日者正以與盟同日文不可施故也何者若言五月甲子公及諸侯盟于浩油杞伯戊卒于會則嫌上會非信辭若言五月公及諸侯盟于浩油甲子杞伯戊卒于會則嫌與盟別日是以進退不得日也若作月字宜云所見之世則例書日若有內行失亦但月之即昭六年春王正月杞伯益姑卒何氏云不日者行微弱故畧之入所見之世責小國詳始録內行也諸侯內行小失不可勝書故於終畧責之見其義是也然則今杞伯亦有內小失宜合書月而不書月正以與盟同月故也

○六月葬陳惠公○許遷于容城○秋七月公至自會月者爲下劉卷卒月者重録恩○卷音權

疏 注月者至卷卒○解云正以春秋之義致公例時則桓二年冬公至自唐之屬是也若其有危乃合書月即下八年三月公至自侵齊之屬是也今此上會有義兵之録上盟有信辭之美又再言公爲喜文則知公於時無危明矣既無危事而有七月故知其月爲下事

爾。若然，案桓公十六年秋七月公至自伐鄭，何氏云「致者，善桓公能疾惡同類，比與諸侯行義伐鄭，致例時，此月者，善其比與善行義，故以致復加月也」。似月爲善者，正以桓是篡賊，動作有危，而能疾篡，脫危而至，故致之。何氏彼注必言此者，欲對桓元年垂會之注云「不致之者，爲下去王適足以起無王，未足以見無王罪之深淺，故復奪臣子辭成誅文也」。以此言之，則桓十六年注云「以致復加月」，仍是危文，但善其比與義，故能脫危而至，與此仍不妨矣。○注月者重錄恩。○解云：大夫之卒，宜又降于微國之君，但合書時而已。而書月者，正以新奉王命主會于召陵，於魯有恩，故重而錄之，故云月者重錄恩也。○劉卷卒。劉卷者何？天子之大夫也。外大夫不卒，此何以卒？我主之也。劉卷即上會劉子。我主之者，因上王魯文王之，張義也。卒者，明主會者當有恩禮也。言劉卷者，主起以大夫卒之屆於天子也。不日者，此尹氏以天子喪爲主重也，此卷主會輕，故不日。〔疏〕劉卷者何。○解云：欲言諸侯，未有劉國；欲言大夫，大夫不卒，故執不知問。○注劉卷至義也。○解云：正以召陵之經劉子爲首，今而書卒，故知一人也。若不然，大夫之卒例則不書，劉卷何事獨得錄見也？今而錄

見，明有恩於魯。傳曰「我主之」，亦其一隅矣。劉子者，天子之大夫，奉天子之命致諸侯於召陵，召陵之經序之于上，此言主之，主會明矣。此傳宜云「外大夫不卒，此何以卒？主我也」，而云「我主之」者，正以春秋王魯，因魯之文，故言我主之，不言主我也。言張義者，欲張魯君爲王之義。○注卒者至禮也。○解云：若主會有恩禮者，即違例書卒。案僖九年公會宰周公，成十六年、十七年之時，數有公會單子、尹子之文，而皆不卒。言卒等有恩，當論遠近，蓋在主會之年卒者，恩之錄之；若期外者，當從恩殺略之，是以尹子、單子之徒不見卒文。若奔喪主我，使來會葬之屬，其恩差重，三年之外方始略之。即隱三年夏四月辛卯尹氏卒，傳云「外大夫不卒，此何以卒？天王之崩爲諸侯之主也」，彼注云「時天王崩，魯隱往奔喪，尹氏主儐贊諸侯，與隱交接而卒，恩隆於王者，則加禮錄之」，明當有恩禮。又文三年夏五月王子虎卒，傳云「外大夫不卒，此何以卒？新使乎我也」，彼注云「王子虎即叔服也，新爲王者使來會葬，在葬後三年中卒，君子恩隆於親親，則加報之，故卒」，明當有恩禮也是。○注言劉至天子。○解云：襄十五年劉夏之下，傳云「劉夏者何？天子之大夫也。劉者何？邑也。其稱劉何？以邑氏也」，彼注云「諸侯入爲天子大夫，不得氏國稱本爵，故以所受采邑氏，稱子。不稱劉子而名者，禮，逆王后當使三公，故貶去大夫，明非禮也」。然則今此劉卷乃是圻外諸侯入爲天子大夫，所以不言劉子卷卒，從諸侯之例，而言劉卷，其但字者，正欲起大夫卒之屆於天子故也。○注不日至不日。○解云：文三年王子虎之下，何氏云「尹氏卒日，此不日者，在期外也」。然則尹氏之主諸侯，由其在期內，故日之。今此劉卷之主諸侯，亦在期內而不日者，正以尹氏之主諸侯，乃是天王崩，儐贊隱公，其恩重矣；劉卷之主諸侯，乃在召陵之會，故不書日，見其輕矣。知云不日者，比尹氏以天子喪爲主重也。言劉卷卒所以不書日者，若比尹氏之時，尹氏以天子喪爲主，重，故書日；劉卷但爲會主，其恩輕，故不日矣。○葬杞悼公。○楚人圍蔡。囊瓦稱人者，楚爲無道，拘蔡昭公數年，而復怒蔡歸有言伐之，故貶，明罪重於圍。〔疏〕注囊瓦至於圍。○解云：正以下傳云「爲是興師，使囊瓦將而伐蔡」，故知此文楚人者是囊瓦矣。言拘蔡昭公數年而復怒蔡歸有言伐之者，皆下傳文。云故貶明罪重於圍者，謂由是之故，貶之稱人，明其罪重，異於凡圍矣。其凡常之圍，罪不至貶，即哀九年楚子以下圍蔡之屬是也。○晉士鞅、衞孔圄帥師伐鮮虞。○圄，魚呂反，左氏作圉。虞，本或作吳，音虞。○葬劉文公。外大夫

不書葬，此何以書？錄我主也。其實以主我恩錄之，故云爾。舉采者，禮，諸侯入爲　子大夫，更受采地於京師，天子使大夫爲治其國，有功而卒者，當益封其子。時劉卷以功益封，故不以故國而以采地書葬，起其事，因恩以廣義也。稱公者，明本諸侯也。○舉采，七代反，下采地同。〔疏〕注舉采至侯也。○解云：知劉卷本是諸侯者，正以其葬稱公故也。知天子使大夫爲治其國者，正以此人身在王朝，明其本國須有治之者。云有功而卒者當益封其子者，正以父子並得之，故謂之益。云不以故國者，經使無文，不知其故國是何。云因恩以廣義也者，謂因有主會之恩，遂舉采稱公，以廣見其本是諸侯之義也。云稱公者明本諸侯也者，正以天子大夫本無稱公之義，今言葬劉文公，乃與葬晉文公之屬相似故也。○冬十有一月庚午，蔡侯以吳子及楚人戰于伯莒，楚師敗績。吳何以稱子？据滅徐稱國。○伯莒，左氏作柏舉。〔疏〕注据滅徐稱國。○解云：即昭三十年冬十二月吳滅徐，徐子章禹奔楚是也。夷狄也，而憂中國。言子，起憂中國。言以，明爲蔡故也，與桓十四年同。○

疏注言以至年同。解云桓十四年冬宋人以齊人以下伐鄭傳云以者何行其意也彼注云以已從人曰行言四國行宋意也是也其憂中國奈何伍子胥父誅乎楚挾弓而去楚挾弓者懷格意也禮天子雕弓諸侯彤弓大夫嬰弓士盧弓。挾弓音協又子協反雕下遼反彤大冬反嬰弓於耕反見司馬注盧力吳反疏注挾弓至意也。解云格猶拒也言所以挾弓者謂若君使人追之時已即懷拒之意故曰挾弓者懷格意也君似今人謂不順之處爲格化之類也或云格來也言所以挾弓者懷欲到來復讎之意。注禮天子至盧弓。解云古禮無文也以干闔廬不待禮見曰干欲因闔廬以復讎。禮見賢遍反下不見同闔廬曰士之甚言其以賢士之甚。勇之甚將爲之興師而復讎于楚伍子胥復曰諸侯不爲匹夫興師必須因事者其義可得因公託私而以匹夫興師討諸侯則不免於亂。將爲于僞反下不爲也不爲匹爲是注爲子胥同。且臣聞之事君猶事父

也虧君之義復父之讎臣不爲也於是止蔡昭公朝乎楚有美裘焉囊瓦求之昭公不與爲是拘昭公於南郢數年然後歸之於其歸焉用事乎河時北如晉請伐楚因祭河。囊乃郎反郢以其反又以政反。疏爲是拘昭公於南郢。解云蓋以楚於諸夏差而近南故謂之南郢若宣十二年傳云南郢之與鄭相去數千里何氏云南郢楚都之類是也。注時北至祭河。解云正以河非楚蔡之間也曰天下諸侯苟有能伐楚者寡人請爲之前列楚人聞之怒見侵後聞蔡有此言而怒疏注見侵至而怒。解云正以上文楚人圍蔡在侵楚之後故也而伐蔡者即下楚人圍蔡是也圍而言伐者舉撥名故也爲是興師使囊瓦將而伐蔡蔡請救于吳伍子胥復曰蔡非有罪也楚人爲無道君

如有憂中國之心則若時可矣猶曰若是時可興師矣激發初欲興師意。將子匠反激古狄反。於是興師而救蔡不書與子胥俱者舉君爲重子胥不見於經得爲善者以吳義文得成之也雖不舉子胥爲非懷惡而討不義君子不得不與也。疏而救蔡解去不書救蔡者止以蔡爲兵故首也。注子胥至成之也。解云案此傳文有善子胥之意子胥不得見於經而得爲善之者正以吳得進而稱子是其義文以是之故得成子胥之善故曰以吳義文得成之也。注雖不至與也。解云吳子若直救蔡討楚而敗之也是其憂中國尊事周室之義但親用子胥之謀兼有爲復讎之意是以傳家取而說之遂舉子胥之辭以見之雖舉子胥之辭但非懷惡而討不義是以君子與之昭十一年楚子誘蔡侯之下傳云懷惡而討不義君子不予也故注者取而況之。曰事君猶事父也此其爲可以復讎奈何曰父不受誅不受誅罪不當誅也子復讎可也孝經曰資於事父以事君而敬同本取事父之敬以事君而父以無罪爲君所殺諸侯之君與王者異於義得去君臣已絕故

可也孝經云資於事父以事母莊公不得報讎文姜者母所生雖輕於父重於君也易曰天地之大德曰生故得絕不得殺。疏注本取事父以事君。解云何氏之意以資爲取與鄭異鄭注云資者人之行也注四制云資猶操也然則言人之行者謂人操行也云云之說具於孝經疏。注莊公至君也。解云即莊元年注云言遜者明但當推逐去之亦不可誅誅不加上之義是也。注易曰至曰生。解云不繫辭文也。父受誅子復讎推刃之道也子復四非當復討其子一往一來曰推刃。當丁浪反。復讎不除害取讎身而已不得兼讎子復將恐害已而殺之時子胥因吳之衆墮平王之墓燒其宗廟而已昭王雖可得殺不除云。墮許規反去起呂反疏注時子胥至而已。解云春秋說文也彼文又云鞭平王之尸血流至踝此注不言之者省文也案昭二十六年秋九月楚子居卒至今十餘年矣而言血流至踝者非常之事寧可常理言之或者蓋以子胥有至孝之至精誠感天使血流所以快孝子之心也朋友相衞同門曰朋同志曰友相衞不使爲讎所勝時子胥因仕於吳爲大夫君臣言朋友者闔廬本以朋友之道爲子胥復讎孔子曰益者三友損者三友

友直友諒友多聞益矣友便辟友善柔友便佞損矣。辟婢亦反辯佞如字本亦作便佞〔疏〕注同門至損矣。解云出蒼頡篇漢主謂司馬遷云李陵非汝同門之朋同志之友乎義亦通於此而書傳散宜生等受學於大公大公除師學之禮酌酒切脯約爲朋友然則大公爲師而言朋者蓋大公知其非常人遂除師學之禮以友朋之道待之也既除師學之禮連朋言之亦何傷云君臣言朋友者云云即詩云朋友攸攝攝以威儀注云朋友謂羣臣與成王同志好者義亦通於此云孔子曰益者三友云云論語文引之者道闔廬子胥相與益友蓋以闔廬爲諒何者謂一許爲之興師終不變悔是也蓋以子胥爲直與多聞何者不敢虧君之義復父之讎是其直也子胥賢者博古今之事是其多聞矣便辟謂巧爲譬喻善柔謂口柔面柔體之屬辯佞辯爲媚矣案今世間有一論語音便辟爲便僻者非鄭氏之意通人所不取矣。

而不相迿 迿出表辭猶先也不當先相擊刺所以伸孝子之恩。迿音峻又音巡又玄徧反先也刺七亦反。〔疏〕注迿出至先也。解云依大司馬田獵習戰之時云爲表百步則一爲三表又五十步爲一表然則表者謂其戰時旅進旅退之限約迿者謂不顧步伍勉力先往之意故曰出表辭若然所以伐吳之經不使子胥爲兵首者蓋以吳王討楚兵爲蔡故且舉君爲重是以不得見也

古之道也○楚囊瓦出奔鄭○庚辰吳入楚吳何以不稱子 據狄人盟于邢有進行稱人。行下孟反〔疏〕楚囊瓦出奔鄭。解云左氏以爲戰不勝而去上經稱人者貶范氏云知見伐由己故懼而出奔蓋何氏與之同而戰時稱人者行不進矣。注據狄至稱人。解云即僖二十年秋齊人狄人盟于邢何氏云狄稱人者能常與中國也是也。

反夷狄也其反夷狄奈何君舍于君室大夫舍于大夫室蓋妻楚王之母也 舍其室因其婦人爲妻日者惡其無義。〔疏〕注日者惡其無義也者正以春秋之義入例書時傷害多則月即定五年夏於越入吳僖三十三年春王正月秦人入滑之屬是今而書日故須解之

五年春王正月辛亥朔日有食之 是後臣恣日甚魯失國寶宋大夫叛〔疏〕注是後至夫叛。解云蓋謂下八年秋晉趙鞅帥師侵鄭遂侵衛之文是也云魯失國寶即下八年冬盜竊寶玉大弓傳云季氏之宰則微者也惡乎得國寶而竊之是也云宋五大夫叛即下十一年春宋公之弟辰及仲佗石彄公子池自陳入于蕭以叛秋宋樂世心自曹入于蕭何氏云不言叛者從叛臣叛可知是也

○夏歸粟于蔡孰歸之諸侯歸之曷爲不言諸侯歸之 據齊人來歸衛寶。〔疏〕注據齊至衛寶。解云在莊六年

離至不可得而序故言我也 時爲蔡新被強楚之兵故歸之粟與戍陳同義。爲于僞反。〔疏〕注時爲至之粟。解云即老子云大兵之後必有凶年彼注云言妨其耕稼是也。注與戍陳同義。解云即襄五年冬戍陳傳云孰戍之諸侯戍之曷爲不言諸侯戍之離至不可得而序彼注云離至離別前後至也陳坐欲與中國被強楚之害中國宜雜然同心救之乃解怠前後至不序以刺中國之無信故言我也注云言我者以魯至時書與魯微者同文微者同文者使若城楚丘辟魯獨戍之今歸粟于蔡之義亦然故云與戍陳同義矣然則彼已有傳而復發之者正以歸戍之文異故同之

○於越入吳於越者何越者何 不言或者嫌兩國。〔疏〕於越者何。解云正以越爲國名經典通稱忽加於字故執不知問。越者何。解云問昭三十二年夏吳伐越之屬矣正以此文加於字是以單言越者翻然可怪故執不知問。注不言至兩國。解云隱元年傳云曷爲或言會或言及或言暨皆言或今此何故不云曷爲或言於越或言越者弟子之意本疑於越與越爲兩國是以分別而問之舊云正以僖四年傳云執者曷爲或稱侯或稱人稱侯而執者伯討也稱人而執者非伯討也然則彼言或者乃是兩事之辭今此若云曷爲或言越或言於越則嫌爲兩國是以別之。

於越者未能以其名通也越者能以其名通也 越人自名於越君子名之曰越治國有狀能與中國通者以中國之辭言之曰越治國無狀不能與中國通者以其俗辭言之因其俗可以見善惡故云爾亦狄以赤進者狄於北方摠名赤者其別與越異也吳新憂中國士卒罷敝而入之疾罪重故謂之於越。見賢偏反卒子忽反罷弊音皮弊亦作敝音同〔疏〕注治國有狀云云治國無狀云云。解云此狀謂模狀也模狀猶規矩若有規矩是得先生之術故謂之進若無規矩是失治國之法當獲咎禍故謂之退是以此注云治國有狀云云治國無狀云云凶儀云無狀招禍義亦通

於比亦有一本狀皆作禮字但非古本是以不能得從之也注赤狄至異也○解云正以宣十一年秋晉侯會狄于攢函之文直單言狄不言赤矣宣十五年夏晉師滅赤狄潞氏傳云潞子之爲善也離于夷狄是其加赤爲進之事也但狄者比方之摠名乃是鄙賤之號赤者是其別稱故得加之爲進矣今越者乃是其國名若似齊晉魯衛之屬諸夏之人有禮儀者其國名之上不見加於處唯有越爲此文尋檢其事此時入吳實合罪貶故注之○注疾罪至於越○解云夷狄之稱止有七等之名州不若國最其賤者今乃加於見其入吳之疾故以罪重言之　○六月丙申季孫隱如卒仲遂以貶起弑是不貶著其逐君者舉君出爲重故從季辛起之猶衛孫甯○弑音試○疏注仲遂至孫甯○解云宣八年仲遂卒于垂傳云仲遂者何公子遂也何以不稱公子貶曷爲貶爲弑子赤貶是其以貶起弑也案公子翬仲遂之類而不据之者以其無卒文故也今此欲道隱如之卒經無貶文故据卒時有貶文者言之也欲舉君出爲重者即昭二十五年九月己亥公孫于齊是也言舉其君出爲重即隱如之罪已重是以於卒不復貶也言故從季辛起之者即昭二十五年秋七月上辛大雩季辛又雩者彼注云不言下辛言季辛者起季氏不執下而逐君是也言季辛已起其逐君之義是以於卒不勞更貶也言猶衛孫甯者即襄十四年夏四月己未衛侯衎出奔齊注云不書孫甯逐君者舉君絕爲重是也　○秋七月壬子叔孫不敢卒○冬晉士鞅帥師圍鮮虞

監本附音春秋公羊注疏卷二十五

江南蘇松督糧道方體栞

公羊注疏卷二十五挍勘記　阮元撰盧宣旬摘録

公羊注疏定公卷二十五　唐石經定公第十一卷下

元年

卽莊元年經云　閩監毛本莊下有公字○按公字衍文

公及邾婁儀父盟于蔑傳字　閩監毛本蔑改眛按作蔑者左

故據之耳　閩監本同毛本據作据

本有有正月者　監毛本同閩本不疊有字按下有字衍文

而左氏以爲喪及壞隤　閩監本同毛本隤誤噴

起珪辟琮璜五玉盡亡之　浦鏜云璜下脫璋○按有璋字則與八年注合

世世寶用之辭也　何按本寶作保是也

是可以世世傳保而珠玉之　八年疏作金玉此誤

故此曰慎之至也　盧文弨曰此曰倒此蓋遙承上此孔子之此

晉人執宋仲幾于京師　唐石經諸本同釋文仲幾本或作機按昭三十一年疏作仲機左氏穀梁及漢書五行志皆作幾

不蕢城也　閩監毛本同唐石經蕢作衰釋文作不衰云或作蕢困學紀聞云按左氏傳遲速衰序於是焉在又云宋仲幾不受功蕢字當從漢志作衰與左氏合經義雜記曰五行志不衰城師古曰衰城謂以差次受功賦也衰音初爲反一曰衰讀曰蕢蕢城謂以草覆城也蕢音先和反按釋文及漢志知公羊本作不衰城說文衰艸雨衣从衣象形何氏用說文本義作蕢俗字也衰城義當從師古說

若今以草衣城是也　解云衣讀如衣輕裘之衣

不似左氏方始欲城耳　閩監本同毛本似誤以

非伯討例雖無其例　閩監毛本非作見此誤

冬晉人執衞侯歸之于京師　毛本之誤至晉上冬字脫依全書例則晉字上當補冬字此本不誤

故曰以侘罪舉也　毛本侘改他

十九年三月　浦鏜云正誤三○按浦説是也

禮始死于北牖下　宋本同閩監毛本牖作墉疏同按釋文作北墉云音容本又作牖鄭注禮記北牖下云或爲北墉蓋何注本作北墉即鄭所云或本是也今公羊注作北牖則後人從禮記改轉毛本于改於非

飯含於牖下　宋本閩監本同毛本牖誤牖

寢東首於北牖下是也　閩監本同毛本於改于下浴於飯於斂於殯於祖於葬於並同

此不書日故同之　按同爲問之誤

昭二十二年秋　浦鏜云三年誤二年

冬十月　監本冬字空缺

時猶殺菽　閩監毛本同誤也鄂本猶作獨解云知獨殺菽不殺他物者當據以訂正

彼傳云何災不書　浦鏜云一誤何

而不書穀名　莊七年注而作然

隱三年而作注云　浦鏜云而作當傳何誤下作注之作同

非常而可怪　浦鏜云而衍按浦説是也

與賈復異　按復當服之誤

二年

方於下及聞其文問之　鄂本聞作問此誤

諸侯僭天子久矣　昭廿五年傳僭下衍於字當從此所引

則知天子明矣　按知當如字誤

時災者兩觀　唐石經作主災者兩觀諸本皆誤作時孫志祖云左傳疏引作主

嫌主覆問上所說二事　何按本主上有以字與隱三年注合

中丘者何　毛本中丘誤倒

欲復言城中丘何以書　浦鏜云故誤欲○按何按本故書下有也字是也

注据俱至如常　閩監本同毛本改故常

解云正以所作　毛本所誤新

脩大也　唐石經諸本同毛本脩改修

亦可施於久不脩　蜀大字本閩監毛本同鄂本于作於下同按作於是

三年　監本年誤月

三月辛卯　唐石經原刻三月磨改作二月解云公羊穀梁皆作三月左氏作二月未知孰正按此則當從唐石經原刻

盟于枝　唐石經諸本同釋文于枝二傳作拔按枝當爲拔字之誤也如公孫拔之誤爲公孫枝

四年

似若成十六年秋公會單子尹子　浦鏜云十六年伐鄭無單子十七年有之此二字當衍○按浦説是也

蔡公孫歸姓　唐石經諸本同釋文公孫歸姓二傳無歸字姓音生按昭廿三年注作歸生疏引此經同

明國不存　閩本剜改不作當監毛本承之○按作當與襄六年注合

而沈子不死位　閩監毛本而作今

鄭游速帥師滅許　經速作遫此本速字剜改蓋本作遫

公及諸侯盟于浩油　唐石經諸本同釋文浩油二傳作皐䶏九經古義云鹽鐵論作詰䶏爾雅釋訓皐皐瑣瑣樊光本作浩浩

寧知再言公爲喜録之者　浦鏜云寧疑衍字或何字誤非也寧知猶安知也

杞伯戊卒于會　唐石經諸本同釋文伯戊音茂又音恤二傳作戌

邾婁子穿卒之屬是也　何挍本屬作文

則例書日　何挍本則作雖

比與諸侯行義伐鄭　按桓十六年注伐字上有兵字

但善其比與義　閩監毛本與作行

因上王魯文王之　閩本作故主之是也此作王之誤監毛本故亦作文上屬與疏合主之作王之同誤

故知一人也　閩監毛本也誤其

今而録見　何挍本録作書

言卒等有恩　閩監毛本卒作雖非

天王之崩爲諸侯之主也　浦鏜云上之衍傳無爲○按何挍本無之爲二字與傳合

明當有恩禮也　閩本也改又監毛本承之

卭哀九年楚子以下　浦鏜云元誤九○按何挍本正作元

晉士鞅衛孔圄帥師伐鮮虞　諸本同釋文孔圄左氏作圄鮮虞本或作吳音虞唐石經作孔圄虞字缺

經使無文　浦鏜云史誤使段挍本作傳是也

戰于伯莒　唐石經諸本同釋文伯莒左氏作柏舉

以者可行其意也　浦鏜云何誤可

爲格化之類也　閩監本同毛本爲誤謂○按何挍本作爲

則不免爲亂　鄂本爲作於

用事乎河　毛本事誤是

爲是拘昭公于南郢　何挍本于作於是也

君子不得不與也　鄂本與下有之

止以蔡爲兵故首也　浦鏜云故首疑誤倒何挍本云止疑正

亦不可誅　浦鏜云可下脫加按浦說是也

子復囚非當復討　鄂本囚作讎當據正毛本討誤封

時子胥因吳之衆　蜀大字本閩監毛本同鄂本無之此衍

不除云　閩本云缺上晝監毛本改作去

友便佞　諸本同釋文作辯佞云如字本又作便佞按疏本亦作辯佞云辯爲媚矣今本作便佞蓋據何晏論語集解所改

酌酒切肺　書傳肺作脯

攝以威儀注云　按注當作箋

蓋以闔盧爲諒　何挍本諒作亮

謂口柔面柔體之屬　毛本體下有柔此及閩監本皆脫

吳入楚　唐石經諸本同左氏楚作郢

曰者惡其無義　鄂本無作不此誤

春王正月　浦鏜云二誤正按浦說是也

五年

宋大夫叛　疏中引作宋五大夫叛何校本同此脫五字當據補

注與戌陳義　按義上脫同

不序　何校本不上有故字

於越者何越者何　唐石經原刻脫越者何三字後磨改補刻故三行每行十一字

治國無狀　解云亦有一本狀皆作禮字但非古本是以不能得從之

公羊注疏卷二十五校勘記終　工部屯田司員外郎胡祖謙校

監本春秋公羊注疏定公卷第二十六 起六年盡十五年

何休學

六年春王正月癸亥鄭游遬帥師滅許以許男斯歸○二月公侵鄭月者內有彊臣之讎不能討而外結怨故危之○公至自侵鄭○夏季孫斯仲孫何忌如晉○秋晉人執宋行人樂祁犂○冬城中城○季孫斯仲孫忌帥師圍運此仲孫何忌也曷爲謂之仲孫忌譏二名二名非禮也爲其難諱也一字爲名令難言而易諱所以長臣子之敬不逼下也春秋定哀之間文致太平欲見王者治定無所復爲譏唯有二名故譏之此春秋之制也○爲其于僞反令力呈反易以豉反長丁丈反大音泰見賢徧反治直吏反復扶又反○

【疏】冬季孫斯仲孫忌○解云古本無何字有者誤也穀梁及賈經皆無何字又哀公三年經云晉魏多帥師侵衞傳云此晉魏曼多也曷爲謂之晉魏多譏二名二名非禮也以此言之則此經無可明矣而賈氏云公羊曰仲孫何忌者蓋誤○此仲孫至之仲孫忌○解云正决上文眞仲孫何忌如晉之文也○注一字至逼下解云難言者謂言難著既不言君父之名即是臣子之敬故曰長臣子之敬也動不違禮爲下之易故曰不逼下也云春秋定哀之間文致太平者實不太平但作太平文而已故曰文致太平也案春秋說昭公爲所見之世而此注偏指定哀爲太平者正以昭公之時未譏二名故也云唯有二名故譏之者文王之臣散宜生孔子門人宓不齊之屬皆親事聖人而以二字爲名者謂依古禮若似堯名放勛舜名重華禹名文命宣王之與名子爲宮皇之屬是也但孔子作春秋欲改古禮爲後王之法是以譏其二名故注即言此春秋之制也然則傳云二名非禮者謂非新王禮不謂非古禮也○

七年春王正月○夏四月○秋齊侯鄭伯盟于鹹○鹹音咸○齊人執衞行人北宮結以侵衞○齊侯衞侯盟于沙澤○大雩先是公侵鄭城中城季孫斯仲孫忌如晉圍運費重不恤民之應○費重芳味反下同○【疏】注先是公侵鄭○解云即上六年二月公侵鄭是也云城中城者即上六年冬城中城是也云季孫斯仲孫忌如晉者在上六年夏而於城中城之下言之者蓋遂重者先言之故也云圍運者即上六年冬季孫斯仲孫何忌圍運是○齊國夏帥師伐我西鄙○九月大雩承前費重不恤民又重之以齊師伐我我自救之役○重之直用反○冬十月

八年春王正月公侵齊公至自侵齊○二月公侵齊三月公至自侵齊出入月者內有彊臣之讎外犯彊齊再出尤危於侵鄭故知入亦當蒙上月○【疏】春王正月公侵齊○解云侵伐例時而此月者正以內有強臣之讎而外犯彊齊故危之○公至自侵齊○解云以例言之不蒙上月矣○注出入至上月○解云正以春秋之例有離在月下而不蒙

月者故賈氏云還至不月爲曹伯卒月是也故何氏分疏之云此定公侵齊所以出入月者正以內有強臣之讎不能討而外犯強齊頻頻再出尤危於六年侵鄭之時故知其入亦當蒙月也上六年二月公侵鄭彼注云月者內有強臣之讎不能討而外結怨故危之也下經始云公至自侵鄭則知何氏以爲至不蒙月故此决云再出尤危於侵鄭則知入亦當蒙月也○曹伯露卒○夏齊國夏帥師伐我西鄙○公會晉師于瓦公至自瓦此晉趙鞅之師也但言晉師者君不會大夫之辭也公會大夫不別得意雖得意不致此致者諱公爲大夫所會故使若得意者○別彼列反【疏】注此晉至之辭○解云正以下經云晉趙鞅帥師侵鄭遂侵衞故知此言公會晉師是趙鞅之師矣宣元年秋趙盾帥師救陳宋公以下會晉師于斐林伐鄭傳云此晉趙盾之師曷爲不言趙盾之師君不會大夫之辭也今此文勢與彼正同故此何氏取彼傳文以解之○注公會至不致○解云莊六年作注云公與二國以上出會盟得意致會不得意不致公與一國出會盟得意致地不得意不致然則公與諸侯尊同體敵莫肯相下故須別之見其得意與否若與大夫盟會之

時尊卑異等得意可知何勞别之乎故僖二十五年冬公會衛子莒慶盟于洮何氏云洮內地公與未踰年君大夫盟不别得意雖在外猶不致也是云此致者諱公爲大夫所會故使若得意者正以公與一國出會盟得意致地不得意不致今此書致故云使若得意者○秋七月戊辰陳侯柳卒○晉趙鞅帥師侵鄭遂侵衛○葬曹靖公○曹婞才井反本亦作靖○九月葬陳懷公○季孫斯仲孫何忌帥師侵衛○冬衛侯鄭伯盟于曲濮○濮音卜○從祀先公從祀者何順祀也復文公之逆祀疏從祀者何○解云欲言其祭經無宮廟之文欲言非祭謂之從祀故執不知問文公逆祀去者三人諫不從而去之疏文公逆祀去者三人○解云謂文二年八月丁卯大事于大廟躋僖公傳云躋者何升也何言乎升僖公譏何譏爾逆祀也其逆祀奈何先禰而後祖也是也定公順祀叛者五人諫不以禮而去曰叛去與叛皆不書者微也不書禘者後祫亦順非獨禘也言祀者無已長久之辭不言僖公者閔公亦得其順○疏注諫不至曰叛○解云謂諫君全不以禮不從之而去者謂之叛也○注不書至禘也○解云何氏之意以爲三年一祫五年一禘謂諸侯始封之年禘祫並作之但夏禘則不礿秋祫則不嘗而已一祫一禘隨次而下其間三五參差亦有禘祫同年時矣若其有喪正可於喪廢其祫禘之年仍自乘上而數之即僖八年禘于大廟之時禘祫同年矣至文三年大事於大廟之下傳云大事者何大祫也何氏云從僖八年禘數之知爲大祫是從僖八年禘祫同年數之即文二年爲祫年文五年爲禘祫同年又隨次而數之至今定八年亦禘祫同年矣凡爲祭之法先重而後輕禘大於祫固當先之則知此言從祀先公者是禘明矣故云不書禘者後祫亦順非獨禘也若然既言是禘理宜在夏而在冬下者當之矣○注言祀至之辭○解云桓八年傳云春曰祠何氏云祠猶食也猶繼嗣也春物始生孝子思親繼嗣而食之故曰祠因以别死生然則此經何以不言從祭先公或言大事于先公而言祀者見其相嗣不已長久常然故云言祀者無已長久之辭○注不言至其順○解云閔二年夏五月乙酉吉禘于莊公僖八年秋七月禘于大廟文二年八月丁卯大事于大廟之文皆道

其人今此經文所以不言從祀僖公而言先公者正以閔公亦得其順是以不得特指之○盜竊寶玉大弓盜者孰謂微而竊大可怪故問之○疏注微而至問之○解云哀四年傳云弒君賤者窮諸人此其稱盜以弒何賤乎賤者也然則盜是微賤之稱寶玉大弓國之重寶故云微而竊大也謂陽虎也陽虎者曷爲者也季氏之宰也季氏之陪臣爲政者疏注季氏至政者○解云季氏之宰於國爲陪臣而爲政于魯故曰爲政也季氏之宰則微者也惡乎得國寶而竊之陽虎專季氏季氏專魯國陽虎拘季孫季氏逐昭公之後取其寶玉藏於其家陽虎拘季孫奪其寶玉季孫取玉不書者舉逐君爲重○惡乎音烏疏注季氏逐昭公者○解云在昭二十五年秋○孟氏與叔孫氏迭而食之睋而鍥其板以瓜刻其饋斂板○迭大結反注同食之音嗣下注迭食同睋而五多反下同鍥本又作鐵七廉反又且審反以爪刻饋斂板也本或作鍥誤疏注以瓜刻至板○解云謂以指爪刻其饋器之上斂藏衣物之板謂蓋板也○曰某月某日將殺我于蒲圃力能救我則於是於是時○圃本又作甫同布古反又音布至乎日若時而出臨南者陽虎之出也御之爲季孫御疏至乎日若時○解云謂至于某日如約之時也以此言之則知上文云某月某日宜亦言其時但傳家省去之至此乃言若時以刻日也○臨南至之出○解云姊妹之子謂之出蓋是虎之外生也或云從其家出而仕于公亦不妨下季氏云世世有子是矣○於其乘焉者謂於其上車之時矣於其乘焉季孫謂臨南曰以季氏之世世有子言我季氏累世有女以爲臣○其乘繩證反下皆同女音汝○子可以不免我死乎以義責之臨南曰有力不足臣何敢不勉陽越者陽虎之從弟也爲右爲季孫車右實衛之○從弟才用反下同疏注實衛之○解云謂守衛季孫

不令走。諸陽之從者車數十乘至于孟衢。孟氏衢四達可以橫去。數所主反。〔疏〕注衢四至橫去。解云即釋宮四達謂之衢李巡云四達各有所至曰衢孫氏曰交通四出是也。臨南投策而墜之。策馬捶也見二家迭食之欲將季孫由孟氏免之恐陽越不聽故詐投策欲使下車。而墜直類反捶章蘂反陽越下取策臨南駷馬。捶馬銜走。駷本又作擻字書無此字相承用之素動反而由乎孟氏陽虎從而射之矢著于莊門。莊門孟氏所入門名言幾中季孫賴門閉故著門。射食亦反著直略反注同莊本或作嚴亦音莊幾音祈中丁仲反。然而甲起於琴如。甲公斂處父所帥也琴如地名二家知出期故於是時起兵。〔疏〕注甲公至地名。解云即下傳云既獲公斂處父帥師而至是也。注二家至起兵。解云即上傳云力能救我則於是是也。弒不成却反舍于郊皆說然息。說解舍然猶如。殺不音試下同郤反去略反本又作却說然本又作稅始銳反又他會反注同說解舍也然猶如也。〔疏〕弒不成。解云正以季孫於陽虎爲君故謂之弒也却反舍于郊者謂上文陽虎從而射之時逐之鄉孟氏今而還去舍於郊故曰却反舍于郊不謂元從郊來。或曰弒千乘之主。時季氏邑至於千乘。而不克舍此可乎。嫌其近而無所依。陽虎曰夫孺子得國而已。得免專國家而已。如丈夫何。如猶奈也。丈夫大人稱也。稱尺證反睋而曰彼哉彼哉。望見公斂處父師而曰彼哉彼哉再言之者切遽意。遽其慮反趣駕。使疾駕。趣七欲反一音七住反。既駕公斂處父帥師而至。公斂處父孟氏叔孫氏將兵之將。〔疏〕注公斂至之將　解云左氏以爲孟氏家臣。懂然後得免自是走之晉寶者何璋判白。判半也半圭曰璋白藏天子青藏諸侯魯得郊天故錫以白不言璋言玉者起珪璧琮璜璋五玉盡亡之也傳獨言璋者所以郊事天尤重詩云奉璋峨峨髦士攸宜是也禮珪以朝璧以聘琮以發兵璜以發衆璋以徵召。僅其斷

反璋音章琮在宗反璜音黄峨峨五多反本又作蛾髦音毛〔疏〕寶者何。解云欲言貴物微者竊之欲言賤物又在弓玉之上故執不知問。注半圭曰璋。解云釋器無文云白藏天子青藏諸侯春秋說文云不言璋言玉者起珪璧琮璜璋五玉盡亡之也者正以玉爲摠名故也。注詩云至徵召。解云言文王祭皇天上帝時在助祭者奉此半珪之璋其儀容峨峨盛莊矣盡是俊士之所宜利何氏與鄭同云禮珪以朝璧以聘琮以發兵璜以發衆璋以徵召者時王之禮也弓繡質。質拊也言大者力千斤。拊芳甫反又方千反〔疏〕注言大者力千斤。解云千斤之文何氏有所見家語云三十斤爲鈞謂之石然則千斤之弓其力八石三斗有餘故左傳云可以威不軌戒不虞也龜青純。純緣也謂緣甲䫏也千歲之龜青髯明于吉凶易曰定天下之吉凶成天下之亹亹者莫善乎蓍龜經不言龜者以先知從寶省文謂之寶者世世寶用之辭此皆魯始封之錫不言取而言竊者正名也定公從季孫假馬孔子曰君之於臣有取無假而君臣之義立主書者定公失政權移陪臣拘其尊卿喪其五玉無以合信天子交質諸侯當絕之不書拘季孫者舉五玉爲重書大弓者使若都以國寶書微辭也。青純之閏反注同純緣悅維反下同䫏而占反亹文匪反蓍音尸喪息浪反〔疏〕注千歲之龜青䫏。解云以時事知之也。注易曰至蓍龜也。解云此皆上繫辭文也今易本善作大字爲異彼注云凡天下之善惡及没没之衆事皆成定之言其廣大無不包也。注經不言龜至微辭也。解云弓繡質龜青純然則此等皆喪之而經言大弓特不言龜者正以禮器郊特牲陳幣之時云龜爲前列先知也以其先知故得從寶省文然則龜非珠玉而得從寶省文者以其能定吉凶可以世世保而用之故注云謂之寶者世世保用之辭云此皆魯始封之錫者左傳定四年具有其文也云不言取而言竊者正名也者正所以不言盜取而言竊者盜是卑賤之稱是以不得言取也竊者是其正名是以即引家語以證之定公從季孫假馬孔子曰君之於臣有取無假而君臣之義立者家語文云無以合信天子交質諸侯當絕之者即上注云珪以朝璧以聘今珪璧盡亡故言此也云書大弓者使若者以國寶書微辭也者言大弓與龜皆可保用所以龜得從寶省文而特書大弓不省文使若都以國寶書作微辭之義何者經言盜竊寶玉大弓若似所謂寶玉者即大弓是言可世世傳保而金玉之然故得爲微辭也

九年春王正月○夏四月戊申鄭伯蠆卒蠆勑邁反左氏作蠆○得寶玉大弓何以書國寶也喪之書得之書微辭也使若都以重國寶故書不以罪定公者其寶失之當坐得之當除以竊寶不月知得例不蒙上○喪息浪反【疏】注微辭至故書○解云寶玉大弓者乃是周公初封之時受賜于周之物而必藏之魯者欲使世世子孫無忘於周而定公失之季氏奪之皆當合絕而上文直言盜竊寶玉大弓此文直云得寶玉大弓傳云何以書國寶也得之書喪之書不見貶之者正言作微辭使若都以重國寶之故而書之文更無刺譏之義也然則此言微辭者仍與上文共為一事以上元年定哀多微辭之下何氏首數喪失國寶而已○注不已至當除○解云上文之下有注云無以合信天子交質諸侯當絕今此寧知不復闕絕之者正以得之當除故也杜氏云弓玉魯之分器得之足以為榮失之足以為辱故重而書之義亦通於此云以竊寶不月云云者即上八年經云冬衛侯鄭伯盟於曲濮從祀先公盜竊寶玉大弓是也則知今雖文承四月之下不蒙上月明矣○六月葬鄭獻公○

秋齊侯衛侯次于五氏欲伐魯也善魯能却難早故書次而去○郤難起略反下乃旦反郤亦作却【疏】注欲伐至而去○解云知欲伐魯者正以直書其次上下更無起文乃與莊十年夏六月齊師宋師次于郎公敗宋師于乘丘之文同故知正欲伐魯也故彼傳云其言次于郎何伐也我能敗之故言次也是也彼注云此解本所以不言伐言次意也二國纔止次未成於伐魯即能敗宋師齊師罷而去故不言伐言次也明國君當強折衝當遠魯微弱深見犯至於近邑賴能速勝之故云爾所以強內者是其書次云欲伐魯善其却難早之文其餘見言次不欲伐魯者皆自有起文即次聶北救邢伐楚次于陘之屬是也○秦伯卒○冬葬秦哀公

十年春王三月及齊平月者頰谷之會齊侯欲執定公故不易○不易以豉反下同【疏】注月者至不易○解云下十一年冬及鄭平叔還如鄭莅盟則知平例書時而有月者皆見義矣而言不易者即莊十三年冬公會齊侯盟于柯傳云何以不日易也何氏云易猶佼易也相親信無後患之辭然則此書月者頰谷之會齊侯欲執定公故不易宜十五年夏五月宋人及楚人平之下何氏云月者專平不易昭七年春王正月暨齊平何氏云月者刺內暨也者皆與鄉解合○夏公會齊侯于頰谷公至自頰谷上平為頰谷之會不易故月致地者頰谷之會齊侯作侏儒之樂欲以執定公孔子曰匹夫而熒惑於諸侯者誅於是誅侏儒首足異處齊侯大懼曲節從教得意故致也○頰谷古協反左氏作夾谷熒惑音螢一音于瓊反處昌慮反【疏】注上平至致地○解云莊六年何注云公與一國出會盟得意致地不得意不致即桓二年秋公及戎盟于唐冬公至自唐隱二年秋八月庚辰公及戎盟于唐之屬是也今此上平為頰谷之會不易故月即此平不得意也而致地者正以初雖見脅終竟得意故也云頰谷之會至曲節從教家語及晏子春秋文也○晉趙鞅帥師圍衛○齊人來歸運讙龜陰田齊人曷為來歸運讙龜陰田據齊嘗取魯邑【疏】注據齊至魯邑○解云即宣元年六月齊人取濟西田哀八年夏齊人取讙及僤之文是也

孔子行乎季孫三月不違孔子仕魯政事行乎季孫三月之中不見違過是違之也不言政行乎定公者政在季氏之家【疏】孔子至不違○解云孔子家語亦有此言若以家語言之孔子今年從邑宰為司空既為大夫故有行於季孫之義齊人為是來歸之齊侯自頰谷會歸謂晏子曰寡人或過於魯侯如之何晏子曰君子謝過以質小人謝過以文齊嘗侵魯四邑請皆還之歸濟西田不言來此其言來者已絕魯不應復得故從外來常文與齊人來歸衛寶同夫子雖欲不受定公貪而受之此違之驗○為于偽反復得扶又反年末及十一年同【疏】注齊侯自頰谷至還之○解云皆晏子春秋及家語孔子世家之文其四邑者蓋運也讙也龜也陰也邑而言田者桓元年傳云田多邑少稱田然則此等皆是土地頃畝多邑內人民少故稱田龜亦是邑非山名賈服異若欲同於賈服即云上二邑邑內人民多故舉邑名龜陰言田者龜是山名直得田而不得邑而言侵魯四邑請皆歸之者謂雖有此請齊君不全許是以但得三邑而已蓋非何氏之意○注歸濟至寶同○解云宣十年齊人歸我濟西田者是其不言來之文也言已絕魯不應復得者即彼傳云齊已取之矣其言我何未絕于我也曷為未絕於我齊已言取之矣注云齊已言語許取之其實未之

齊也注云其人民貢賦尚屬於魯實未歸於齊不言來者明
不從齊來不嘗取邑然則彼以未絕於魯魯猶合得之明其
不從齊來齊人不當坐取邑故不言來此言來者入齊已久
絕于魯不應復得之故言來從外來常文也言魯不應復得
者止以不能保守先君世邑而失之故也言與齊人來歸衞
寶同者即莊六年冬齊人來歸衞寶是也○注夫子至之驗
解云知夫子雖欲不受者正以四邑屬齊年歲淹久已絕于
魯魯不應得頰谷之會討役侏儒威劫齊侯方始歸之雖曰
獲田君子不貴故知孔子之意不欲受也若然莊十三年曹
子手劍而劫桓公是以齊人歸我汶陽之田何氏云劫桓公
取汶陽田不書者諱行詐劫人也然則此亦威劫齊侯而得
田邑與彼不異而書不諱者正以曹子本意行劫以求汶陽
之田君子恥其所爲故不書也今在頰谷之會孔子相儀止
欲兩君揖讓行盟會之禮阻齊爲不道熒惑魯侯而欲執之
孔子誅之手足異處齊侯內懼歸其四邑以謝焉於其本情
實非劫詐書而不諱不亦宜乎言此違之驗者欲對上傳云
孔子行乎季孫三月不違文也○叔孫州仇仲孫何忌帥師圍郈
○郈音后○秋叔孫州仇仲孫何忌帥師圍費○宋樂

世心出奔曹○宋公子池出奔陳○池左氏作地 疏 帥師
圍費者○解云左氏穀梁此費字皆爲郈但公羊正本作費
字與二家異賈氏不云公羊曰費者蓋文不備或所見異也
宋樂世心者世字亦作泄字者故賈氏言焉左氏穀梁作大
字會于牽者左氏穀梁作安甫賈氏不云公羊曰牽者亦是
文不備穀梁經甫亦有作浦字者○冬齊侯衞侯鄭游遬會于牽
○于牽左氏作安甫○叔孫州仇如齊○齊公之弟辰暨宋
仲佗石彄出奔陳復出宋者惡仲佗悉欲帥國人去故舉國言之公子池樂世心石彄
從之皆是也辰言暨者明仲佗強與俱出也三大夫出不月
者舉國危亦見矣○暨其器反佗大多反彄古侯反惡烏路
反強其丈反見賢偏反 疏 注復出宋至出也○解云如此注者正決昭二十年冬十月宋華亥向甯華定出奔
陳不重言宋向甯也云公子池樂世心石彄從之皆是也者
下十一年經文也云辰言暨者明仲佗強與俱出也者正以
隱元年傳云暨猶暨暨也及我欲之暨不得已也然則弟辰
是時事不獲已而從去故曰明仲佗強與俱出也知非辰強

之者正以莊三十二年公子牙昭元年招之屬以其有罪皆
去弟以貶之今不去弟故知仲佗強之矣○注三大至見矣
解云春秋之例外大夫出奔悉書時即襄三十一年秋晉欒
盈出奔楚二十八年冬齊慶封來奔之屬是也其衆出奔者
於國尤危故書月即昭二十年冬十月宋華亥向甯華定出
奔陳何氏云月者危三大夫同時出奔將爲國家患明當防
之是也然則彼以三大夫同出奔是以書月以見危此亦三大夫
同出不月者正以舉國見其欲率國人去其危亦見矣是以
不勞書月以見危也

十有一年春宋公之弟辰及仲佗石彄公子
池自陳入于蕭以叛不復言宋仲佗者本舉國已明矣辰言及者後汲汲當坐重○
復扶又反 疏 注本舉至坐重○解云謂奔時舉言宋仲佗是其欲率國人去已明矣是以此經不復言宋也云辰
言及者後汲汲當坐重者正以隱元年傳云及猶汲汲及我
欲之故知辰言及者是其汲汲也而言後汲汲者欲言初出
之時事不獲已未及汲也言當重者惡其母
弟之親而汲汲於叛故當合坐重於疏者○夏四月○

秋宋樂世心自曹入于蕭不言叛者從叛臣叛可知 疏 注不言至
可知○解云決上經自陳入于蕭以叛文也○冬及鄭平○叔還如鄭蒞盟

十有二年春薛伯定卒不日月者子無道當廢之而以爲後未至三年失衆
見弒危社稷宗廟禍端在定故略之○見殺音弒 疏 注不日至略之○解云今責日月者正以所見之世小國
之卒例書日月即昭三十一年夏四月丁巳薛伯穀卒之屬
是也今不具日月故解之言子未三年失衆見弒者即下十
三年冬薛弒其君比是也春秋之例稱國以弒者失衆見弒
之辭故文十八年冬莒弒其君庶其傳云稱國以弒者衆弒
君之辭何氏云一人弒君國中人人盡喜故舉國以明失衆
當坐絕也例皆時者略之也故此作注云未至三年失衆見
弒也云禍端在定定字亦有
作在是字者今解從定也○夏葬薛襄公○叔孫
州仇帥師墮郈○墮許規反下同○衞公孟彄帥師伐
曹○季孫斯仲孫何忌帥師墮費曷爲帥

師墮郈。帥師墮費。據城費。疏注據城費。解云即襄七年城費是也。然則彼時城費，今乃墮之，似於義反，故以爲難。孔子行乎季孫，三月不違，曰：家不藏甲，邑無百雉之城。於是帥師墮郈，帥師墮費。郈，叔孫氏所食邑。費，季氏所食邑。二大夫宰吏數叛，患之，以問孔子。孔子曰：陪臣執國命，采長數叛者，坐邑有城池之固，家有甲兵之藏故也。季氏說其言而墮之。故君子時然後言，人不厭其言。書者，善定公任大聖，復古制，弱臣勢也。不書去甲者，舉墮城爲重。○吏數，所角反。采長，七代反，下丁丈反。說音悅。厭，於豔反。去，起呂反。疏孔子行至三月不違。解云案上十年齊人來歸邑之下，傳云孔子行乎季孫三月不違，以此言之，三月之外違之明矣。故上有注云定公貪而受之，此違之驗，然則三月之後必似違之。今此傳文復言之者，蓋不違有二。何者？案如家語，定十年之時，孔子從邑宰爲司空，十一年又從司空爲司寇。然則爲司空之時，能别五土之宜，咸得其所，爲季孫所重，是以三月不違也，齊人遂懼，來歸四邑矣。及作司寇之時，攝行相事，設法而用之，國無姦民，在朝七日，誅亂政大夫少正卯，戮于兩觀之下，尸諸朝三日，政化大行，季孫重之，復不違三月，是以此傳文言其事矣。○家不至之城。解云同之左氏，則邑無百雉之城者，亦據侯伯大都已言之。若與之異，則魯凡邑皆然也。○注二大夫宰吏數叛患之者。解云即上十年夏，叔孫州仇、仲孫何忌帥師圍郈，秋，叔孫州仇、仲孫何忌帥師圍費之屬是也。郈、費二邑相因言之，故謂之數耳。○注以問至墮之。解云春秋說及史記皆有此言。云故君子時然後言，人不厭其言者，論語文也。云不書去甲者，舉墮城爲重者，正以傳云家不藏甲，邑無百雉之城，明其並從二事，而特舉墮城，不書去家之甲者，舉重故也。必知去甲亦合書者，正以成元年三月作丘甲書之，於經明知去甲亦合書矣。雉者何？五板而堵，八尺曰板，堵凡四十尺。○堵，丁古反。疏雉者何。解云正以傳言邑無百雉之城，經典未有其事，須知雉之度數，故執不知問。○注八尺曰版堵者。解云韓詩外傳文。五堵而雉，雉二百尺。百雉而城。二萬尺，凡周十一里三十三步二尺，公侯之制也。禮，天子千雉，蓋受百雉之比十，伯七十雉，子男五十雉。天子周城，諸侯軒城。軒城者，缺南面以受過也。疏注二萬至制也。解云公侯方百雉，春秋說文也。古者六尺爲步，三百步爲里，計一里有

公羊注疏卷二十六　十一

千八百尺，十里即有萬八千尺，更以一里三十三步二尺爲二千尺，通前爲二萬尺也。故云二萬尺，凡周十一里三十二。步二尺也。云禮天子千雉者，春秋說文也。云蓋受百雉之城十者，謂公侯於天子十取一之義，似若孟子與司馬法云天子圍方百里，公侯十里，是十取一之文也。云伯七十雉，子男五十雉者，春秋說文。○注天子至過也。解云天子周城，諸侯軒城者，春秋說文。云缺其南面以受過也者，正以諸侯軒縣闕南方，則雉軒城亦宜然。案舊古城無如此者，蓋但孔子設法如是，後代之人不能盡用故也。或者但不設射垣以備守，故曰缺其南面以受過，不妨仍有城。○秋，大雩。不能事事信用孔子，聖澤廢。疏注不能至澤廢。解云並謂三月之後違之。○冬，十月癸亥，公會晉侯，盟于黃。○十有一月丙寅朔，日有食之。是後薛弑其君比，晉荀寅、士吉射入于朝歌以叛。○射，食亦反，又食夜反。朝歌，如字。疏注是後至以叛。解云在十三年冬。云晉荀寅、士吉射入于朝歌以叛者，亦在十三年冬。案晉荀寅、士吉射叛在弑比之前，而後言之者，正以弑君之變重，故先取以應之。○公至自黃。十有二月，公圍成。公至自圍成。成，仲孫氏邑。圍成月，又致者，天子不親征下土，諸侯不親征叛邑。公親圍成，不能服，不能以一國爲家，甚危，若從他國來，故危錄之。疏注圍城至錄之。解云春秋義圍例書時，即宣十二年春楚子圍鄭之文是。今此書月，故解之。莊二十七年注云凡公出在外，致；在內，不致。今此在內而致，故須解之。云天子不親征下土者，即公羊說云一國叛，王自征之，君四國皆叛，安得四王而征也者，是其義也。若然，桓五年秋，蔡人、衞人、陳人從王伐鄭，傳云其言從王伐鄭何？從王正也。彼注云美其得正義也，故以從王征伐錄之。然則天子不親征下土而美之者，直是美諸侯之得正，猶自不言桓王伐鄭之善。故彼注又云蓋起時天子微弱，諸侯背叛，不肯從王者征伐，以善三國之君獨能尊天子，死節。稱人者，刺王者也。天下之君，海內之主，當秉綱撮要，而親自用兵，故見其微弱，僅能從微者，不能從諸侯，猶苟稱人，則從不疑也。是書序曰啓與有扈戰于甘之野，作甘誓。其經曰大戰于甘，乃召六卿者，何氏以爲啓非至德之主，是以親征有扈，非春秋所美，豈害其義也。云諸侯不親征叛邑者，正以諸侯於天子，亦宜以國爲家，猶如天子之有天下也，而不能全服，親自征之，故爲非禮，而爲春秋所刺也。

公羊注疏卷二十六　十二

十有三年春齊侯衛侯次于垂瑕〇垂瑕如字又音加二傳作垂葭〇夏築蛇淵囿〇大蒐于比蒲〇大度所求反本又作蒐比音毗〔疏〕夏築淵囿〇解云成十八年秋築鹿囿傳云何以書譏何譏爾有囿矣又爲也彼注云刺奢泰妨民也然則彼有成說故此處不復解之〇大蒐于比蒲〇解云桓六年注云五年大簡車徒謂之大蒐是也所以書者即昭八年秋蒐于紅之下傳云蒐者何簡車徒也何以書蓋以罕書也但彼已解訖故此處不復論之〇衛公孟彄帥師伐曹〇秋晉趙鞅入于晉陽以叛〇冬晉荀寅及士吉射入于朝歌以叛〇晉趙鞅歸于晉此叛也其言歸何據叛與出入惡同〔疏〕注據叛至惡同〇解云桓十五年傳例云復歸者出惡歸無惡復入者出無惡入有惡入者出入有惡歸者出入無惡然則書叛者出入惡同不宜書歸作出入無惡之文故難之以地正國也軍以井田立數故言以地〔疏〕注軍以至以地〇解云假令天子六軍方伯二軍之屬皆以井田多少計出其數故曰軍以井田立數也今趙鞅以此井田之兵逐君側之惡人故云以地正國也其以地正國奈何晉趙鞅取晉陽之甲以逐荀寅與士吉射荀寅與士吉射者曷爲者也君側之惡人也此逐君側之惡人曷爲以叛言之無君命也無君命者操兵鄉國故初謂之叛後知其意欲逐君側之惡人故錄其釋兵書歸赦之君子誅意不誅事晉陽之甲者趙簡子之邑以邑中甲逐之〇操七曹反鄉許亮反〔疏〕注君子至誅事〇解云君子之人探端知緒但誅其意若輕而難原不誅其事若重而可恕以趙鞅意實非逆但以持兵鄉國爲罪是以春秋書歸以令之故曰誅意不誅事也〇薛弒其君比

十有四年春衛公叔戍來奔〇晉趙陽出奔宋〇晉趙陽左氏作衛趙陽〔疏〕晉趙陽出奔宋〇解云穀梁與此同左氏作衛趙陽字也〇二

月辛巳楚公子結陳公子佗人帥師滅頓以頓子牄歸不別以歸何國者明楚陳以滅人爲重頓子以不死位爲重〇公子佗人大河反二傳作公孫佗人牄七良反二傳作牂别彼列反〔疏〕以頓子牄歸〇解云左氏穀梁皆作頓子牂字賈氏不注文不備〇注不別至之重〇解云正以上四年滅沈以沈子嘉歸六年以許男斯歸之屬其上文皆直一國大夫而已是以其經宜言以歸不假分別今此經上載二國其下直言以歸而已似非詳備之義是以解之云明楚陳以滅人爲重者正以二國之卿擅相滅獲其過已深假言歸楚不足輕陳之罪假言歸陳不足減楚之惡故曰明楚陳以滅人爲重云頓子以不死位爲重者諸侯之禮當合死位頓子不死其過已深何假書言歸于某乎故云頓子以不死位爲重也〇夏衛北宮結來奔〇五月於越敗吳于醉李月者爲下卒出〇醉李本又作檇音同爲于僞反〔疏〕注月者爲下卒出〇解云隱六年有注云戰例時偏戰日詐戰月不日者鄭詐之然則諸侯之例詐戰者月今此兩夷相敗文宜略於諸夏而經書月故知爲下卒文出矣〇吳子光卒〇公會齊侯衛侯于堅〇堅如字本又作掔音牽左氏作牽公至自會〇秋齊侯宋公會于洮〇洮他切反〇天王使石尚來歸脤石尚者何天子之士也天子上士以名氏通〇脤市軫反〔疏〕石尚者何〇解云欲言大夫單名無字欲言微者名氏俱見故執不知問〇注天子至氏通〇解云傳直云天子之士而知上士者何氏以爲春秋之例天子上士以名氏通中士以官錄下士略稱人今此經書其名氏故知之何氏意必知例然者正以傳云石尚者何天子之士隱元年傳云宰者何官也咺者何名也曷爲以官氏宰士也僖八年傳云王人者何微者也曷爲序乎諸侯之上先王命也然則以此三處之傳言之則知單名繼官不以名氏通單稱王人云者不以名見故隱元年注云天子之上士以名氏通中士以官錄下士略稱人是也脤者何俎實也實俎肉也〔疏〕脤者何〇解云欲言天子賜之祭肉不見魯侯助祭之文欲言脤非祭肉不應遠來歸之故執不知問〇俎實也者〇解云謂以肉塡實於俎上故注云實俎肉也猶言實俎之肉也〇

腥曰脤，熟曰燔。禮諸侯朝天子助祭於宗廟然後受俎實。時魯不助祭而歸之，故書以譏之。○燔本亦作膰，又作繙，音煩。〔疏〕注禮諸侯至譏之○解云：正以魯無朝聘天子之處而書歸脤以譏之，則知助祭於宗廟者有受俎實之禮矣。論語云祭於公不宿肉者，義亦通於此。宗伯以脤膰之禮親兄弟之國，似不逼於異姓者，何氏所不取。

○衛世子蒯聵出奔宋。主書者，子雖見逐，無去父之義。○蒯聵，苦怪反，下五怪反。〔疏〕注主書至之義○解云：父子天倫，無相去之義。子若大爲惡逆，人倫之所不容，乃可竄之深宮閭人固守。若小小無道，當安處之，隨宜罪譴，令其克改，寧有逐之作國爲宗廟羞？且子之事父，雖其見逐，止可起敬起孝，號泣而諫之，諫若不入，悅則復諫，自不避殺，如舜與宜咎之徒，寧有去父之義乎？今大子以小小無道，衛侯惡而逐之，父無殺已之意，大子懟而去之，論其二三，上下俱失。衛侯逐子，非爲父之道；大子去父，失爲子之義。今主書此經者，一則譏衛侯之無恩，一則甚大子之不孝，故曰子雖見逐，無去父之義。若其父大爲無道，如獻公、幽王之類，若不迴避，必當殺已，如此之時，寧得陷父於惡？是以申生不去，失至孝之名；宜咎奔申，無刺譏之典。但衛侯爾時無殺子之意，是以蒯聵出奔，書氏譏之耳。

○衛公孟彄出奔鄭。○宋公之弟辰自蕭來奔。○大蒐于比蒲。譏亟也。○亟，去冀反。〔疏〕宋公至來奔○解云：上十年出奔陳，十一年春自陳入于蕭以叛，至此乃自蕭來奔矣。○注譏亟也○解云：大蒐之禮，五年一爲，若數于此，則書而譏亟也；若綴於此，則書而譏罕。上十三年夏已大蒐于比蒲，今始一年復行此禮，故曰譏亟也。

○邾婁子來會公。書者，非邾婁子會人於都也。如人人都當脩朝禮。古者諸侯將朝天子，必先會間隙之地，考德行，一刑法，講禮義，正文章，習事天子之儀，尊京師，重法度，恐過誤。言公者，不受于廟。○間隙，音閑，下去逆反。〔疏〕注書者至于廟○解云：曲禮下篇云諸侯相見於隙地曰會，今乃會人于都，故書而非之。云如人人都當脩朝禮者，即桓六年注云諸侯相過，至竟必假塗，入都必朝，所以崇禮讓，絕慢易，戒不虞也，是其義也。云古者諸侯將朝天子，必先會于間隙之地者，出曲禮也。云考德行一刑法者，謂考校其德行，齊一其刑法也。云講禮義者，謂習其禮儀也。云言公者不受于廟者，隱七年夏齊侯使其弟年來聘之下注云不言聘公者，禮聘受之於廟，孝子謙不敢以已當之，歸美於先君，且重賓也。隱十一年春滕侯薛侯來朝之下注云不言朝公者，禮朝受之於大廟，與聘同義。莊二十三年夏，公及齊侯遇於穀，蕭叔朝公，傳云其言朝公何？公在外也。彼注云時公受朝於外，故言朝公，惡公不受於廟。然則受朝之禮當在廟，孝子歸美于先君，不敢以已當之，若不於廟，則言公，即蕭叔朝公是也。今此會禮不在廟，魯侯受之於外，故言來會公矣。言公者，不受于朝也。

○城莒父及霄。去冬者，是歲蓋孔子由大司寇攝相事，政化大行，粥羔豚者不飾，男女異路，道無拾遺，齊懼，北面事魯，饋女樂以間之。定公聽季桓子受之，三日不朝，當坐淫，故貶之。歸女樂不書者，本以淫受之，故深諱其本文。三日不朝，孔子行，魯人皆知孔子所以去，附嫌近害，雖可書，猶不書。或說無冬者，坐受女樂，令聖人去，冬陰臣之象也。○父音甫。去，起呂反。相，息亮反。粥羔，羊六反。間，間廁之間。近，附近之近。〔疏〕注去冬至不書○解云：隱六年傳云春秋編年，四時具然後爲年，今此無冬，四時不具，故須解之。云是歲蓋孔子由大司寇攝行相事者，即家語始誅篇云孔子爲魯大司寇，攝行相事，有喜色是也。魯之司寇，云大者，蓋以無司寇之卿，是以大夫亦名大也。魯有司空卿，孔子爲司空，不言大者，是其一隅也。若以家語言之，即定九年始爲邑宰，十年爲司空，十一年爲大司寇，從大司寇攝

行相事之時，年月不明，故此注云蓋也。云政化大行，粥羔豚者不飾，男女異路，道無拾遺者，皆是家語相魯篇文也。言不飾者，舊說云魯前之時，粥羔豚者皆以彩物飾之，自孔子爲相，此事乃正，故曰粥羔豚者不飾也。云齊懼，北面事魯，饋女樂以間之，定公聽季桓子受之，三日不朝者，出孔子世家文。彼云定公十四年，孔子年五十六，由大司寇行攝相事，云云。齊人聞而懼，曰：孔子爲政必霸，霸則吾地近焉，我之爲先并矣，盍致地焉？犂鉏曰：請先嘗沮之，沮之而不可則致地，庸遲乎？於是選齊國中女子好者八十人，皆衣文衣而舞康樂，文馬三十駟，遺魯君。陳女樂文馬於魯城南高門外，季桓子微服往觀再三，將受，乃語魯侯爲周道游，往觀終日，怠於政事。子路曰：夫子可以行矣。孔子曰：魯今且郊，如致膰乎大夫，則吾猶可以止。桓子卒受齊女樂，三日不聽政，郊又不致膰俎於大夫，孔子遂行，宿乎屯，而師己送，曰：夫子則非罪。孔子曰：吾歌可夫？歌曰：彼婦人之口，可以出走，云云是也。云當坐淫，故貶之者，推尋古禮，無女樂之文，魯人受之，故當坐淫之惡。既有淫泆之惡，去冬以見之。其晉悼公受女樂二八而爲霸者，左氏之事，何氏所不取，不得難此矣。云魯人皆知孔子所以去者，謂皆知魯公受女樂有淫泆之惡，所以孔子去之。云附嫌近害，雖可書，猶不書者，正以其獲麟之後，得端門之命

而制春秋乃自因之即云已之本出由饋女樂之故魯國之人悉知所由若其書之即是附於嫌疑近於禍患是以雖非國家之諱依例可書于經孔子亦不書之故曰附嫌近害雖可書猶不書。注或說至象也。解云孔子自書春秋而貶去冬失謙遜之心違辟害之義蓋不脩春秋已無無冬字孔子因之遂存不改以爲王者之法宜用聖臣故曰如有用我者朞月則可三年乃有成是也又春秋之說口授相傳達於漢時乃著竹帛去一冬字何傷之有

十有五年春王正月邾婁子來朝。鼷鼠食郊牛牛死改卜牛曷爲不言其所食据食角。鼷音兮疏注据食角。解云即成七年春王正月鼷鼠食郊牛角改卜牛鼷鼠又食其角乃免牛是也漫也漫者徧食其身災不敬也不舉牛死爲重復舉食者內災甚矣錄內不言火是也。漫亡半反猶徧也徧音遍復扶又反下同疏注災不敬至是也。解云言所以災其郊牛者正以魯人不敬故也云不舉牛死爲重云云者春秋之義悉皆輿重食死並書故解之食在死前而言復者正以食輕於死故對重以爲復矣云內錄不言火是也者即襄九

年春宋火傳云大者曰災小者曰火然則內可以不言火內不言火者甚之也何氏云春秋以內爲天下法動作當先自克責故小有火如大有災也○二月辛丑楚子滅胡以胡子豹歸。夏五月辛亥郊曷爲以夏五月郊据魯郊正當卜春三正也又養牲不過三月疏二月辛至豹歸。解云僖二十六年秋楚人滅隗何氏云不月者略夷狄滅微國也昭三十年冬十二月吳滅徐何氏云至此乃月者所見世始錄夷狄滅小國也然則此亦所見世夷狄滅小國而書日者上四年夏四月庚辰蔡公孫歸生滅沈之下注云日者定哀滅例日定公承黜君之後有滅強臣之讎故有滅則危懼之爲定公戒是也。注据魯至正也。解云即成十七年傳云然則郊曷用郊用正月上辛何氏云魯郊傳卜春三月言正月者因見百王正所當用也僖三十一年注云武王既沒成王幼小周公居攝行天子事制禮作樂致太平有王功周公薨成王以王禮葬之命魯使郊以彰周公之德非正故上三卜吉則用之不吉則免牲者是其魯郊傳卜春三正之之義也何氏必知然者正以哀元年穀梁傳云郊自正月至于三月郊之時夏四月郊不時五月郊不時之文也。注養牲不過三月。解云宣三年傳云帝牲在于滌三月彼注云滌宮名養帝牲三牢之處也謂之滌者取其蕩滌潔清三牢者各主一月取三月一時足以充其天牲是也三卜之運也運轉也已卜春三正不吉復轉卜夏三月周五月得二吉故五月郊也易曰再三瀆瀆則不告不得其事雖吉猶不當爲也不舉卜者從何知疏注復轉卜夏三月。解云猶言轉卜夏之正也。注得二至可知解云必知得吉者正以經有郊文故也若其不吉宜言乃免牲或言乃免牛乃不郊矣知其二吉者正以僖三十一年傳云三卜禮也三卜何以禮求吉之道三彼注云三卜吉凶必有相奇者可以決疑故求吉必三卜也是其得二吉乃可爲事之義今此五月而郊故知得二吉也云易曰再三瀆瀆則不告者蒙卦彖辭云蒙亨匪我求童蒙童蒙求我初筮告再三瀆瀆則不告利貞鄭氏云蒙者蒙蒙物初生形是其未開著之名也人幼稚曰童亨者陽也五體震而得中嘉會禮通陽自動其中德於地道之上萬物應之而萌牙生教授之師取象焉脩道藝於其室而童蒙者求爲之弟子非已乎求之也弟子初問則告之以事義不思其三隅相況以反解而筮者此勤師而功寡學者之災也瀆筮則不復告欲令思而得之亦所以利義而幹事是也引之者欲道魯人瀆卜故五月

非郊之月而得吉非是龜靈厭之不復告其所圖之吉凶故也然則卦象之義乃是弟子請問師之事義故言筮以況之今此乃卜也而引者龜筮道同亦何傷乎云不得其事者謂不得其事之宜即五月郊天是也云雖吉猶不當爲也者謂吉凶會以事之善惡爲本郊非其月雖吉亦不得爲何者正以靈龜厭之不復告其吉凶故也云不舉卜者從可知者正以僖三十一年夏四月四卜郊不從云云舉卜今此直言五月辛亥郊不舉卜者正以言郊則知卜吉明矣故曰從可知○壬申公薨于高寢。鄭軒達帥師伐宋。軒達左氏作罕達疏壬申至高寢。解云說在莊三十二年○齊侯衛侯次于籧篨。籧篨其居反下直居反疏齊侯至籧篨。解云左氏作籧挐字賈氏無說文不備也上九年齊侯衛侯次于五氏注云欲伐魯也善魯能郊難早故書次而去然則今此亦然故省文不注而賈氏云欲救宋善恤鄰也者蓋與何氏異或者九年之次以其無起文故解爲欲伐魯今此上有軒達伐宋之文下即云齊侯衛侯次于籧篨此則知欲救宋明矣不注之者從可知省文○邾婁子來奔喪其言來奔

喪何據會葬以禮書歸含且賵不言來○含戶暗反賵芳鳳反〔疏〕注據會葬以禮書○解云即文元年天王使叔服來會葬傳云其言來會葬何會葬禮也云歸含且賵不言來者即文五年王正月王使榮叔歸含且賵是也○奔喪非禮也但解奔喪者明言來者常文不爲早晚施也禮天子崩諸侯奔喪會葬諸侯薨有服者奔喪無服者會葬邾婁與魯無服故以非禮書禮有不弔者三兵死壓死溺死○爲于僞反厭死於甲反〔疏〕注但解奔至晚施也○解云在隱元年○注禮天子至溺死○解云正以諸侯體敵而有會葬之禮則天子之尊兩有可知禮記文王世子曰喪紀以服之輕重爲序不奪人親也故知有服無服有差降明矣既有差降奔喪近於會葬故知但以奔與不奔爲異也云禮有不弔者三兵死壓死溺死者春秋說文案邾婁子來奔喪魯人無此三事而引之者以明不弔之類非謂禮實同也○秋七月壬申姒氏卒姒氏者何哀公之母也姒氏杞女哀公者即鄭公之妾子〔疏〕姒氏卒○解云穀梁作弋氏字○姒氏者何○解云欲言夫人經不書薨欲言其妾謚同於夫故執不知問○注姒氏杞女者○解云正以杞女爲姒姓故知之

何以不稱夫人據母以子貴〔疏〕注據母以子貴○解云隱元年傳文彼注云禮妾子立則母得爲夫人夫人成風是也哀未君也未踰年不稱公○八月庚辰朔日有食之是後衞蒯聵犯父命盜殺蔡侯申齊陳乞弒其君舍〔疏〕注是後至君舍○解云即哀二年夏晉趙鞅帥師納衞世子蒯聵于戚是也云盜殺蔡侯申者在哀四年春云齊陳乞弒其君舍者在哀六年秋○九月滕子來會葬○丁巳葬我君定公雨不克葬戊午日下昃乃克葬昃日西也易曰日中則昃是也下昃蓋晡時○昃音側晡布吳反〔疏〕注易曰日中則昃○解云豐卦彖辭也彼云日中則昃月盈則食云云鄭注云言皆有休已無常盛是也○辛巳葬定姒定姒何以書葬據不稱小君子般不書葬〔疏〕注據不稱小君○解云正以夫人書葬我小君此不言小君故難之○注子般不書葬○解云子般不書葬之事在莊三十二年子般未踰年是以不書葬今定姒之子亦未踰年與子般義同故乃據而難之然則子般終不成君故略之定姒之子終爲君有即尊之漸冊以子貴故書其葬但以今未踰年故其母不稱小君未踰年之君也有子則廟廟則書葬者但當連作一勢讀之乃可解哀未踰年也母以子貴故以子正之有子則廟廟則書葬如未踰年君之禮稱謚者方當踰年稱夫人曾子問曰並有喪則如之何何先何後孔子曰葬先輕而後重其奠也其虞也先重而後輕禮也〔疏〕注如未至夫人○解云未踰年之君禮則無謚今此定姒如未踰年君之禮而稱謚者正以方當踰年稱夫人故也○注曾子至禮也○解云案禮曾子問曰並有喪如之何何先何後注云並謂父母若親同者同月死孔子曰葬先輕而後重其奠也先重而後輕云云其虞也先重而後輕禮也今此何氏撮而引之是以直云其奠也其虞也而已引之者欲道定公五月薨定姒七月卒非其並有喪禮是以先葬定公後葬定姒若其同月當定姒先葬矣○冬城漆○漆音七

監本附音春秋公羊注疏定公卷二十六

江南蘇松督糧道方體栞

公羊注疏卷二十六挍勘記　阮元撰盧宣旬摘録

公羊注疏定公卷二十六

六年

秋晉人執宋行人樂祁犁　唐石經同閩監毛本祁作祈

季孫斯仲孫忌帥師圍運　唐石經諸本同解云古本無何字而賈氏云公羊曰仲孫何忌者蓋誤按上文夏季孫斯仲孫何忌如晉有何字

則此經無可明矣　浦鏜云何誤可○按浦說非是

名子爲宮皇之屬是也　閩監本同毛本皇改涅

七年

齊侯衞侯盟于沙澤　唐石經諸本同左氏穀梁無澤字

蓋遂重者先言之故也　浦鏜云遂當逐字誤

仲孫何忌圍運是　浦鏜云經文無何字惟六年夏如晉經有何字亦衍文按浦說是也

又重之以齊師伐我我自救之役　蜀大字本閩監毛本同鄂本無下我字

八年

再出尤危於侵鄭　閩監毛本同蜀大字本脫再鄂本尤誤大

莊六年作注云　按作爲傳之誤

今此書　何按本下有致字

趙鞅　按左氏傳經作士鞅

犇曹靖公　唐石經諸本同釋文作曹竫云才井反本亦作靖按段挍本作竫

至文三年　浦鏜云二誤三按浦說是也

睋而鋟其板　唐石經諸本同石經原刻作俄後改睋下同釋文作睋又云鋟本又作鐵七廉反又且審反本或作鍛誤按桓二年傳俄而可以爲其有矣莊三十二年傳俄而牙弑械成字皆作俄何注桓二年云俄者謂須臾之間創得之頃也此從目非

將殺我于蒲圃　唐石經諸本同釋文蒲圃本又作甫葉鈔本作滿圃

至乎日若時　疏及諸本同唐石經乎磨改日誤曰

於其乘焉者謂於其上車之時矣　補案此疏當在下節注下此誤

可以橫去　蜀大字本以下同鄂本橫作擴

臨南投策而墜之　諸本同釋文作而隊唐石經缺

臨南駷馬　唐石經諸本同釋文駷本又作擻字書無此字相承用之

捶馬銜走　鄂本捶作搖銜作衘○按依說文當作箠假借作捶譌作搖

弑不成却反舍于郊皆說然息　唐石經諸本同釋文弑作殺云音試下同卻本又作却說然本又作稅

半圭曰璋　鄂本閩本同監毛本圭作珪下珪璧字皆從玉

奉璋峨峨　鄂本閩監毛本同此本翻刻者峨字誤從虫旁釋文峨峨本又作娥按廣雅釋訓娥娥容也與何氏引詩正合毛詩作峩假借字也

質拊也　閩監毛本同釋文質柎此從手旁訛

謂之石　段挍本謂字上有百二十斤四字下文三斗有餘四字乃衍文

謂緣甲頓也　釋文作甲頓毛本頓誤頻

莫善乎蓍龜　解云今易善作大爲異惠棟云古易皆作莫善乎蓍龜王弼本善作大後人皆仍其誤按今文易作莫善古文易作莫大鄭注本及王弼本皆費氏古文也故作大鄭注云言其廣大無不包也可證是大字

世世寶用之辭　疏引作世世保用之辭此以保訓寶也今本仍作寶非定元年疏引同〇按何校本正作保

喪其五玉　鄂本同閩監毛本作寶玉非此本訛作玉玉今訂正

而君臣之義立者家語文　按今家語無君臣之義立

九年

鄭伯嚾卒　唐石經鄂本閩監本同毛本脫伯字釋文伯嚾左氏作蠆

知得例不蒙上　鄂本下有月字諸本皆脫疏云不蒙上月

得之書喪之書　今傳喪之書在上

十年

於是誅侏儒首足異處　鄂本叠侏儒二字

得意故致也　鄂本也作地此誤

寡人或過於魯侯　閩監毛本同誤也鄂本或作獲當據正〇按穀梁注引作獲

不當取邑　浦鏜云當下脫坐字〇按宣十年注有坐字浦說是也

止欲兩君揖讓　此本翻刻者及閩監毛本止皆作正按作正是也

實非劫詐　閩監毛本同此本詐誤非今訂正

帥師圍費　唐石經諸本同解云左氏穀梁費爲郈公羊正本作費字

宋樂世心出奔曹　唐石經諸本同解云世字亦作泄字故賈氏言焉左氏穀梁作大字

宋公子池出奔陳　唐石經諸本同鄂本奔作犇釋文公子池左氏作地按閩監毛本誤以池左氏作地五字釋文爲注此本鄂本皆無之

解云左氏　毛本氏作傳

世字亦作泄字　按亦下當脫有字

會于鞌者至作浦字者　補此疏文三十五字當在下節注下

十有一年

會于鞌　唐石經諸本同疏云左氏穀梁作安甫穀梁經甫亦有作浦字者按毛本浦誤蒲

言當重者　浦鏜云當下脫坐

叔還如鄭蒞盟　閩監毛本同唐石經蜀大字本蒞作莅鄂本作涖一從艸一從水此合并爲蒞非

十有二年

子無道當廢之　鄂本下有師

禍端在定　解云在定亦有作在是者今解從定按薛弒其君比卽在定十三年則此作定非也定當從是

亦据侯伯大都已言之　浦鏜云已當邑字誤

五板而堵　按毛詩小雅鄭箋引而作爲下而雉同

八尺曰版堵者　浦鏜云堵衍字按傳注版作板當從此

韓詩外傳文　按此當作內傳

五堵而雉　唐石經諸本同按詩鴻鴈正義引王愆期注公羊云諸儒皆以爲雉長三丈堵長一丈疑五誤當爲三

百雉而城　唐石經諸本同鄂本城誤成注軒城同

三十二步二尺也　浦鏜云三步誤二步

公會晉侯盟于黃　唐石經諸本同按左氏穀梁皆作齊侯此作晉誤也宋張洽云黃齊地公羊作晉侯誤

天子不親征下土　閩監毛本同蜀大字本土作士此本疏中引注亦作士

故危録之　蜀大字本閩監毛本同鄂本下有矣

不肯從王者征伐　浦鏜云彼注作莫肯是也

十有三年

書歸赦之　哀三年疏引作書歸而赦之

是以春秋書歸以舍之　補鏜云赦誤舍

十有四年

晉趙陽出奔宋　唐石經鄂本閩監本同毛本陽誤鞅疏同解云穀梁與此同左氏作衛趙陽

三月辛巳　閩監毛本同誤也唐石經原刻作三月後磨去上一畫按左氏穀梁皆作二月此作三誤

陳公子佗人　唐石經佗字人旁磨改釋文公子佗人二傳作公孫佗人

以頓子牄歸　唐石經閩監毛本同鄂本牄誤搶蜀大字本誤牄釋文子牄二傳作牂

論語云祭于公　毛本於改于

若數于此　閩本同監毛本此誤比下緩於此閩監毛本皆誤比

諸侯相見於隙地曰會　今禮記隙作郤

至竟必假途　何挍本途作塗

粥羔肫者不飾　此本及閩監本疏中引注肫作豚毛本始改爲肫非按史記家語皆作羔豚

故深諱其本文三日不朝　閩監毛本同誤也鄂本蜀大字本文作又屬下讀當據正

卽家語始誅編云　按編當篇之誤

孔子爲魯大司寇　補鏜云家語無大字○按孫志祖云史記孔子世家亦有大字疑今本家語脫耳相魯篇亦云由司空爲大司寇

此事乃正　補鏜云正當止字誤

陳女樂馬於魯城南高門外　何挍本馬上有文字是也

郊又不致膰胆於大夫　補鏜云俎誤胆

己無無冬字　補鏜云衍一無字

十有五年

漫也　鄂本閩監毛本同唐石經元本漫作曼按釋文作漫也

云內錄不言火是也者　補鏜云錄內字誤倒

然則內可以不言火　閩本同誤也當從監毛本可作何

動作當先自克責　何挍本同閩監毛本作誤則

二月辛至豹歸　自此節至養牲不過三月節此本合爲一節

蒙卦彖辭云　按彖當作象

萬物應之而萌牙生　閩監毛本牙改芽○按牙芽古今字

次于籧篨　唐石經閩本同監毛本籧誤蘧疏同解云左氏作籧篨字賈氏無說盧文弨曰左氏經作渠蒢傳作籧挐

卽文五年王正月　補鏜云王上脫春

姒氏卒　唐石經諸本同解云穀梁作弋氏字

卽鄭公之妾子　諸本同誤也鄂本作定公當據正

日下昊　宋本閩本同監毛本昊改昃非注及疏同按釋文唐石經作昊

公羊注疏卷二十六挍勘記終　工部屯田司員外郎胡祖謙校

監本附音春秋公羊注疏哀公卷二十七 起元年盡十年

何休學

元年春王正月公即位○楚子陳侯隨侯許男圍蔡隨微國稱侯者本爵俱侯土地見侵削故微爾許男者戍也前許男斯見滅以歸今戍復見者自復斯不死位自復無惡文者滅以歸可知○復見扶又反下賢徧反

〔疏〕注隨微國至自復○解云正以入春秋以來不稱爵大夫名氏不得見經故知其微隱五年傳云大國稱侯小國稱伯子男此微國而稱侯故須解之也言本爵俱侯者謂其初封之時與齊晉之屬俱稱侯故曰本爵俱侯也今爲小國者但以土地見侵削故也知非得褒乃得稱侯如滕侯薛侯之類而云本爵爲侯者正以滕薛入桓篇之後或稱滕子或稱薛伯故知隱篇稱侯由朝新王得褒明矣今此隨侯一無善行可褒二無稱伯子之處故知本爵爲侯也云許男者戍也正以下十三年夏許男戍卒故知之云前許男斯見滅者即定六年春王正月癸亥鄭游速帥師滅許以許男斯歸是也昭十三年秋蔡侯廬歸于蔡陳侯吳歸于陳爲楚所歸皆書之戍歸不書故知自復也○注斯不至可知○解云諸侯之禮固當死位斯不死位其國合絕今而自復不爲惡文以見之者正以定六年之時書滅以歸其惡已著是以此處不勞見之

○鼷鼠食郊牛災不敬故改卜牛○夏四月辛巳郊○秋齊侯衛侯伐晉○冬仲孫何忌帥師伐邾婁邾婁子新來奔喪伐之不諱者期外恩殺惡輕明當與根牟有差○殺所戒反

〔疏〕注邾婁至有差○解云邾婁子來奔喪在十五年夏也既來奔喪於魯有恩而魯伐之爲惡明矣內之有惡而不諱者既在期外恩殺惡輕故也奔喪於去年之夏伐在今年冬故曰期外矣宣九年秋取根牟傳曰曷爲不繫乎邾婁諱亟也注云亟疾也屬有小君之喪邾婁子來加禮未期而取其邑故諱不繫邾婁也然則彼以加禮未期其恩猶重伐之取邑其惡深矣是以諱之今乃期外恩殺惡輕由是不諱故曰當與根牟有差

二年春王二月季孫斯叔孫州仇仲孫何忌帥師伐邾婁取漷東田及沂西田漷沂皆水名邾婁子來奔喪取其地不諱者義與上同○漷火虢反徐音郭沂魚依反

〔疏〕取漷東田及沂西田○解云公羊之義言田者田多邑少故也而穀梁傳云取漷東田漷東未盡也及沂西田沂西未盡也范氏云以其言東西則知其未盡也與此別左氏以漷東沂西爲邑名

癸巳叔孫州仇仲孫何忌及邾婁子盟于句繹所以再出大夫名氏者季孫斯不與盟○句繹古侯反下音亦與音預

〔疏〕注所以至與盟○解云正以宣元年公子遂如齊逆女三月遂以夫人婦姜至自齊傳云遂何以不稱公子一事而再見者卒名何氏云卒竟但舉名省文然則今此伐邾婁及邾婁子盟于句繹之經亦是一事而再舉大夫名氏者正由季孫斯不與盟故也若此注內直云所以再出大夫名者無氏字即決昭十三年秋公會劉子晉侯以下于平丘八月甲戌同盟于平丘據彼注云不言劉子及諸侯者間無異事可知矣今此二經亦間無異事而再出大夫之名故解之也此注氏字或有或無故如此解季孫斯所以不與盟者服氏云季孫斯尊卿與仲孫氏伐敵服而使二子盟也者即其義矣而穀梁傳云三人伐而二人盟何各盟所得季孫斯不得田故不盟與何氏不合

○夏四月丙子衛侯元卒○滕子來朝○晉趙鞅帥師納衛世子蒯聵于戚戚者何衛之邑也曷爲不言入于衛据弗克納未入國文言納于邾婁納者入辭故傳言曷爲不言入于衛

〔疏〕戚者何○解云欲言其國經典未有欲言其邑文無所繫故執不知問○注据弗至于衛○解云公羊之意以爲戚與帝王道塗非遠但大同小異而已今言于戚者實是入于衛都是以傳云曷爲不言入于衛矣言据弗克納未入國文言納于邾婁納者入辭者即文十四年秋晉人納接菑于邾婁弗克納當爾之時接菑實不入國故曰不克納未入國之辭故曰未入國文言納于邾婁與納頓子於頓文同是其已入國之辭故曰納于邾婁納者入辭也今此上言納衛世子蒯聵下無不克納之文則是入國之辭矣而言于戚不言于衛是以據而難之故注者疊之曰故傳言曷爲不言入于衛

父有子子不得有父也明父得有子而廢之子不得有父之所有故奪其國文正其義也不貶蒯聵者下曼姑圍戚無惡文嫌曼姑可爲輒誅其父故明不得也不去國見挈者不言入于衛不可醇無國文輒

出奔不書者，不責拒父也。主書者，與頓子同。爲于僞反去起呂反見摯賢偏反下去結反。疏注不貶至于同。解云：正以犯父之命，理宜貶之，不謂更有經文可決也。然則文十四年郤缺納不正，貶之稱人，今趙鞅亦是納不當得位之人而不貶者，正以納父罪不至貶也。彼傳云此晉郤缺也，其稱人何？貶。曷爲貶？不與大夫專廢置君也。是其譏之義矣。云故明不得也者，正蒯聵無惡文，則知曼姑不得誅之明矣。云不去國見摯者云云，正以文十四年晉人納接菑，注云接菑不繫邾婁者，見摯于郤缺也。今此不見摯者，不可醇無國文故也。云輙出奔不書云云，知輙出奔者，正以蒯聵之入故也。諸侯之禮，禮當死位，若其出奔者，皆書而責之，今不書者，正欲不責輙之拒父故也。云主書者與頓子同者，即僖二十五年秋楚人圍陳，納頓子于頓，彼注云納頓子書者，前出奔當絶，還入爲盜國，當誅，書楚納之，與之同罪也。主書者，從楚納之。然則定十四年夏蒯聵出奔宋之時，子無去父之義，已當合絶，今還入爲盜國，復當合誅，晉納之與同罪，主書者從晉納，故曰與頓子同義。然則蒯聵犯父之命，其惡明矣，但晉爲霸主，法度所在，而納逆命之子，奪已立之侯，故去主書者從晉納矣。○秋八月甲戌，晉趙鞅帥師及鄭軒達帥師戰于栗，鄭師敗績。○栗一本作秩二傳作鐵疏及鄭軒達戰于鐵者。解云：諸家之經軒達之下皆有帥師，唯服引經者無，與諸家異。於鐵者，三家同有，作栗字者誤也，今定本作栗字。○冬十月，葬衛靈公。○十有一月，蔡遷于州來。畏楚也。州來，吳所滅。疏注畏楚也。解云：正以上文爲楚所圍，今遷而近吳，故知然也。云州來吳所滅者，即昭十三年冬吳滅州來是也。蔡殺其大夫公子駟。稱國以殺者，君殺大夫之辭。稱公子者，惡失親也。○惡烏路反。疏注稱國以殺者稱云君殺大夫之辭者，僖七年傳文，彼注云諸侯國爲體，以大夫爲股肱，士民爲肌膚，故以國體録是也。

三年春，齊國夏、衛石曼姑帥師圍戚。齊國夏曷爲與衛石曼姑帥師圍戚？據晉趙鞅以地正國加叛文，今此無加文，故問之。疏齊國至圍戚。解云：公羊之義，輙已出奔，曼姑稟誰之命而得圍戚者，下傳云曼姑受命于先君而立輙，蒯聵奪輙，是以春秋與得圍之矣。○注據晉至問之。○解云：定十三年秋，晉趙鞅入于晉陽以叛；冬，晉趙鞅歸于晉。傳云此叛也，其言歸何？以地正國也。其以地正國奈何？晉趙鞅取晉陽之甲以逐荀寅與士吉射。荀寅與士吉射者曷爲者也？君側之惡人也。此逐君側之惡人，曷爲以叛言之？無君命也。彼注云無君命者，操兵鄉國，故初謂之叛，後知其意欲逐君側之惡人，故録其釋兵書歸而赦之是也。然則趙鞅操兵鄉國加叛文，曼姑亦操兵鄉國而使國夏首兵，不加叛文，是以弟子據而問之云齊國夏曷爲與曼姑首兵而圍戚乎？伯討也。方伯所當討，故使國夏首兵。此其爲伯討奈何？曼姑受命乎靈公而立輙，靈公者，蒯聵之父。以曼姑之義，爲固可以距之也。曼姑無惡文者，起曼姑得拒之。曼姑臣也，拒之者，上爲靈公命，下爲輙，故義不可以子誅父，故但得拒之而已。傳所以曼姑解伯討者，推曼姑得拒之，則國夏得討之明矣。不言圍衛者，順上文辟圍輙。○上爲于僞反下爲輙爲衛不爲同。疏注曼姑臣也。○解云：注言臣也者，欲道曼姑者乃是靈公之臣也，受命于靈公，當立輙，寧得違之乎？故得拒蒯聵矣。似若僖十年傳云君嘗訊臣矣，臣對曰：使死者反生，生者不愧乎其言，則可謂信矣。彼注云上問下曰訊，言臣者，明君臣相與言不可負是。○注不

言至圍輙。○解云：蒯聵去年入衛，今而圍者，止應圍衛，而言圍戚者，順上經文，且輙上出奔不見于經，若言圍衛，則恐去年蒯聵入于戚，今年圍衛者是圍輙矣，故言圍戚以辟之。靈公逐蒯聵在定十四年，立輙蓋在上二年將甍之時也。輙者曷爲者也？蒯聵之子也。然則曷爲不立蒯聵而立輙？據春秋有父死子繼。蒯聵爲無道。行不中善道。中丁仲反。靈公逐蒯聵而立輙。然則輙之義可以立乎？輙之義不可以拒父，故但問可立與不。曰：可。其可奈何？不以父命辭王父命，不以蒯聵命辭靈公命。以王父命辭父命，辭猶不從。是父之行乎子也。是靈公命行乎蒯聵，重本尊統之義。疏注是靈至之義。○解云：即莊元年注云念母則忘父背本之道也，故絶文姜不爲不孝，拒蒯聵不爲不順，脅靈社不爲不敬，蓋重本尊統，使尊行於卑，上行於下是也。不以家事辭王事，以父見廢故辭讓不立，是家私事。以王事

辭家事聽靈公命立者是王事公法也是上之行乎下也是王法行於諸侯雖得正非義之高者也故冉有曰夫子爲衛君乎子貢曰諾吾將問之入曰伯夷叔齊何人也曰古之賢人也曰怨乎求仁而得仁又何怨出曰夫子不爲也主書者善伯討〔疏〕注是王法行於諸侯雖得正非義之高者也○解云正以上傳云不以父命辭王父命以王父命辭父命是父之命行乎子也彼注云是靈公命行乎蒯聵重本尊統之義也傳又云不以家事辭王事以王事辭家事是上之行乎下也故知宜是王法行於諸侯矣唯受靈公之命而拒蒯聵而引王法行于諸侯者正以靈公於蒯聵若似天子於諸侯故取以況之○注故冉有曰至伯討○解云此論語文也冉有所以疑之者正以輒之立也雖得公義失於父子之恩矣云入曰伯夷叔齊何人也者正以輒之拒父非義之高不敢正言故問古賢以測之云子曰古之賢人也者言古之賢士且有仁行若作仁字如此解之若作人字不勞解也云曰怨乎者謂諫而不用死于首陽然則怨周王乎云求仁而得仁又何怨者言其兄弟相讓而來正以求爲仁道卒得成讓仁道遂成不欲汲汲乎求仁有何孜孜而怨周王乎云出曰夫子不爲也者正以伯夷叔齊兄弟讓國夫子以爲賢而知輒與蒯聵父子爭國者夫子不助明矣云主書者善伯討者一則見輒之得正二則見曼姑可拒但主書善其伯討故曰主書者善伯討〇夏四月甲午地震此象季氏專政蒯聵犯父命是後蔡大夫專相放盜殺蔡侯申辟伯晉而京師楚黃池之會吳大爲主〔疏〕注是後至相放○解云即下文蔡人放其大夫公孫獵于吳是也○注盜殺蔡侯申者○解云在四年云辟伯晉而京師楚者即下四年夏晉人執戎曼子赤歸于楚傳云辟伯晉而京師楚是也云黃池之會吳大爲主者即下十三年夏公會晉侯及吳子于黃池傳云吳何以稱子吳主會也吳在是則天下諸侯莫敢不至也是也〇五月辛卯桓宮僖宮災此皆毀廟也其言災何據禮親過高祖則毀其廟〔疏〕注據禮至其廟○解云出禮記祭法文復立也曷爲不言其復立據立武宮言立○復立扶又反下及注同〔疏〕注據立武宮者○解云在成六年二月所以不據定元年立煬宮者蓋從始據之或科取一文亦何傷春秋見者不復見也謂內所改作也哀自立之善惡獨在哀故得省文○見者賢偏反下

同〔疏〕注謂內至省文○解云春秋逸義諸是內所改作者但遂其重處一過見之而已故餘輕處不復見之所以然者正以哀自立之還於哀世災之善惡獨在于哀故得省文矣似若襄三十一年公薨于楚宮不言作楚言者正以襄自作之還復襄自薨之善惡獨在于襄故得省文之類云云之說在襄三十一年何以不言及據雉門及兩觀○觀工喚反〔疏〕注據雉門及兩觀○解云即定二年五月壬辰雉門及兩觀災是也敵也親過高祖親疏適等何以書上已問此皆毀廟其言災何故不復連桓宮僖宮〔疏〕何以書○注上已至僖宮○解云正以隱三年秋武氏子來求賻傳云其稱武氏子何父卒子未命也何以不稱使當喪未君也武氏子來求賻何以書據彼注云不但言何以書者嫌主覆問上所以說二事不問求賻然則今此上文亦有二事之嫌主春秋見者不復見也何以不言及敵也何以書而不復爲嫌者正以上傳已云此皆毀廟也其言災何復立也分疏已訖是以不復言桓宮僖宮災何以書矣記災也災不宜立〔疏〕注災不宜立○解云謂其宮不宜立若曰以其不宜立故災之然〇季孫斯叔孫州仇帥師城開陽○開陽左氏作啟陽開者爲漢景帝諱也〇宋樂髡帥師伐曹○髡苦昆反〇秋七月丙子季孫斯卒〇蔡人放其大夫公孫獵于吳稱人者惡大夫驕蹇作威相放當誅故貶○惡烏路反〔疏〕注稱人至故貶○解云知是大夫者正以春秋之例君殺大夫稱國即僖十年鄭殺其大夫申侯之屬是大夫自相殺稱人即文九年晉人殺其大夫先都之屬是則知稱國以放者君自放之即宣元年晉放其大夫胥甲父丁衞是也則稱人以放乃是大夫自相放即此文是矣而言作威者即洪範云唯辟作威是也今此大夫作威故貶之言當誅者謂於王法當誅也言故貶之者正以大夫之貴平常之時合稱名氏故稱人爲貶之〇冬十月癸卯秦伯卒哀公著治大平之終小國卒葬極於哀公者皆卒日葬月○治直吏反大音泰〔疏〕注哀公至葬月○解云即此癸卯秦伯卒明年二月葬秦惠公是也案昭元年夏秦伯之弟鍼出奔晉傳曰秦無大夫此何以書仕諸晉也曷爲仕諸晉有千乘之國而不能容其母弟故君子謂之出奔也何氏云時秦侵伐自廣大故曰千乘然則秦伯是西方之伯國至千乘此

注謂之小國者正以辟陋在夷罕與諸夏交接至於春秋大夫名氏不見於經是以比之小國其實非小者也舊說云地之張翕彼此異時蹙闢之數不可同日而語昭元年之時自以千乘爲大國至此還小亦何傷也而有疑焉　○叔孫州仇仲孫何忌帥師圍邾婁

四年春王三月庚戌盜殺蔡侯申弒君賤者窮諸人此其稱盜以弒何據宋人弒其君處臼稱人。○盜殺音弒下同。

疏弒君至弒何。○解云文十六年冬宋人弒其君處臼之下傳云大夫弒君稱名氏賤者窮諸人然則師彼解爾故此弟子據而難之賤乎賤者也賤於稱人者

疏賤乎賤者也。○解云彼注云賤者謂士也士正自當稱人然則今此非士故言賤乎賤者也賤乎賤者孰謂據無主名謂罪人也罪人者未加刑也蔡侯近罪人卒逢其禍故以爲人君深戒不言其君者方當刑放之與刑人義同○近附近之近

疏注罪人至刑也。○解云若其刑訖當有刑稱即襄二十九年夏闇弒吳子餘祭是也今此言盜

又謂之罪人故知未加刑也云蔡侯近罪人卒逢其禍故以爲人君深戒者卒詁爲終也。○注不言至義同。○解云即襄二十九年閽弒其君下注云不言其君者公家不畜士庶不友放之遠地欲去聽所之故不繫國故不言其君也然則此處之盜仍未加刑而亦不言其君者正以方當刑放之故與刑人義同也　○蔡公孫辰出奔吳○葬秦惠公○宋人執小邾婁子○夏蔡殺其大夫公孫歸姓公孫霍○晉人執戎曼子赤歸于楚赤者何欲以爲戎曼子名則晉人執曹伯言畀宋人不言名歸欲言微者則不當書故以不知問也。曼音蠻畀必利反下同

疏晉人至子赤。○解云左氏作戎蠻子也。○注則晉至名歸。○解云即僖二十八年三月丙午晉侯入曹執曹伯畀宋人彼則曹伯不言名畀宋人不言歸與此異故執不知問。○注欲言至當書。○解云欲言赤是楚之微者自歸于楚非戎子之名則微者之例不當書見故以不知問之戎曼子之名也其言歸于楚何據執曹伯畀宋人不言歸于宋子北

宮子曰辟伯晉而京師楚也此解名此言歸意也前此楚比滅頓胡諸侯由是畏其威從而圍蔡蔡遷于州來遂張中國京師自置晉人執戎曼子不歸天子而歸于楚而不名而言歸于楚則與伯執歸京師同文故辟其文而名之使若晉非伯執而赤微者自歸于楚言歸于楚者起伯晉京師楚主書者惡晉背叛當誅之

疏辟伯至楚也。○解云成十五年春晉侯執曹伯歸于京師是伯執人歸于京師之文今戎曼子不言名直言晉侯執戎曼子歸于楚即是伯者執人歸京師無異故名戎子以辟之言赤歸于楚者似楚之微者自歸不于戎子然故曰辟伯晉而京師楚也。○注此解至誅之。○解云言赤歸于楚之意也云前此楚比滅頓胡者即定十四年春楚公子結師師滅頓以頓子牄歸十五年春楚子滅胡以胡子豹歸是也云從而圍蔡者即上元年春楚子陳侯隨侯許男圍蔡是云蔡遷于州來者在二年冬云遂張中國者猶言自盛大于中國也云京師自置者謂作天子自處置也云晉人執戎曼子不歸天子而歸于楚者謂晉人畏其彊禦之勢若京師矣云而不名而言歸于楚則與伯執歸京師同文者若言執戎曼子歸于楚則與成十五年晉侯執曹伯歸于京師同文云故辟其文而名之者爲辟伯執歸京師之文而名戎

曼子也云使若晉非伯執者僖四年陳云稱侯而執者伯討也稱人而執者非伯討也今此經云晉人執戎曼子故云使若晉非伯執也云而赤微者自歸于楚者若似楚之微者名赤自歸于楚然猶莊二十四年冬赤歸于曹之類云言歸于楚者起伯晉京師楚者正以僖二十八年晉侯執曹伯以畀宋人然則諸侯自相執不言歸公言歸者欲起晉人以楚爲京師故也云主書者惡晉背叛當誅之者言主書此事者正欲惡晉以楚爲京師背叛天子當命誅絕也若然楚人是時京師自置寧知不惡之者正以宣十八年秋七月甲戌楚子旅卒傳云何以不書葬吳楚之君不書葬辟其號也然則吳楚僭號非一朝一夕已不書葬一譏而已自餘京師自置之事理應不譏故以此　○城西郛。郛芳夫反○六月辛丑蒲社災蒲社者何據鼓用牲于社不言蒲。○蒲社左氏作亳社

疏蒲社者何。○解云正以社爲積土非火燒之物而反書災故執不知問亡國之社也蒲社者先世之亡國在魯竟

疏注蒲社至魯竟。○解云公羊解以爲蒲者古國之名天子滅之以封伯禽取其社以戒諸侯使事上今災之者若曰王教絕云爾左氏穀梁以爲亳社者殷社也武王滅殷遂取其社賜

諸侯以爲有國之戒然則傳說不同不可爲難案今穀梁經傳皆作亳宅范氏云殷都于亳武王克紂而班列其社于諸侯以爲亡國之戒而賈氏云公羊曰薄社也者蓋所見異**社者封也**封土爲社**其言災何**据封土非火所能燒**亡國之社蓋揜之揜其上而柴其下**故火得燒之揜柴之者絕不得使通天地四方以爲有國者戒。○揜，意冉反。【疏】亡國至其下。○解云公羊子不受于師故言蓋也。○注揜柴至四方。○解云即郊特牲云天子之大社必受霜露風雨以達天地之氣也是故喪國之社屋之不受天陽也薄社北牖使陰明也是也然禮記作薄社何氏所見與鄭氏異云以爲有國者戒者言若不事上當如此**蒲社災何以書記災也**戒社者先王所以威示教戒諸侯使事上也災者象諸侯背天子是後宋事彊吳齊晉前驅滕薛俠轂魯衛驂乘故天去戒社若曰王教滅絕云爾。○背音佩俠轂古洽反下古木反十三年同乘繩證反十三年同去起呂反【疏】蒲社災何以書。○解云不直言何以書者嫌覆問柴其下何以書故復舉句而問之。○注是後至驂乘。○解云春秋說文謂下十三年黃池之會時也○**秋八月甲寅滕子結卒○冬十有二月葬蔡昭公**賊已討故書葬也不書討賊者明諸侯得專討士以下也【疏】注賊已討故書葬也。○解云此蔡昭公即上盜殺蔡侯申者是隱十一年傳云弒則何以不書葬春秋君弒賊不討不書葬以爲無臣子也然則今此蔡侯亦弒而書其葬故知賊已討也。○注不書至以下也。○解云孟子曰諸侯不得專殺大夫是以春秋之內殺大夫不問有罪無罪皆書而譏之若殺微者例所不錄今蔡侯之賊乃微者嗣子殺之故不書見故云明諸侯得專討士以下也考諸正本何氏之注盡於此若更有注者衍字矣**○葬滕頃公**。○頃音傾

五年春城比。○比本又作芘亦作庇同音毗左氏作毗**○夏齊侯伐宋○晉趙鞅帥師伐衛○秋九月癸酉齊侯處臼卒○冬叔還如齊○閏月葬齊景公閏不書此何以書**据楚子昭卒不書閏【疏】注据楚至書閏。○解云即襄二十八年冬十二月甲寅天下崩乙未楚子昭卒是也彼注云乙未甲寅相去四十二日蓋閏月也然則相去四十二日明其不得同在一月故以閏月言之**喪以閏數也**謂喪服大功以下諸喪當以閏月爲數。○閏數所主反下及外月數閏數同【疏】喪以閏數也。○解云此喪謂喪服也謂爲之服大功以下喪服者皆以閏數之此數讀如加我數年之數非頭數之數也。○注謂喪服至爲數。○解云此數乃爲頭數之數謂九月五月三月之喪既是數月之物故得數閏以充之是以葬亦書閏矣何者葬亦數月之物故也**喪曷爲以閏數**据卒不書閏【疏】喪曷爲以閏數。○解云此喪亦喪服大功以下者**喪數略也**略猶殺也以月數恩殺故并閏數【疏】注略猶至閏數。○解云此數亦如加我以數年之數也言大功以下之喪所以得數閏月者正以恩殺故也鄭志趙商問曰經曰閏月不告朔猶朝于廟穀梁傳云閏月附月之餘日喪事不數又哀五年閏月葬齊景公公羊傳云閏月不書此何以書喪以閏數喪數略也此二傳義反於禮斷之何就荅曰若喪之禮以月數者數閏以年數者雖有閏無與于數也然則鄭氏之意以爲彼云喪事不數者謂期與三年也此云喪以閏數者謂大功以下也若穀梁之意以爲大功以下及葬皆不數閏云云之說在襄二十八年

六年春城邾婁葭城者取之也不言取者魯數圍取邾婁邑邾婁未曾加非於魯而侮奪之不知足有夷狄之行故諱之明惡甚。○邾婁葭音加又音遐左氏作邾瑕數所角反曾才能反行下孟反【疏】注城者至惡甚。○解云正以襄二年遂城虎牢傳云虎牢者何鄭之邑也其言城之何取之也今言城邾婁葭文與彼同故知取之云不言取之者魯數圍取邾婁邑者即上三年冬叔孫州仇仲孫何忌帥師圍邾婁又上二年春伐邾婁取漷東田及沂西田之屬是也先言圍者便文故也云有夷狄行者正以貪而無親故也**○晉趙鞅帥師伐鮮虞○吳伐陳○夏齊國夏及高張來奔○叔還會吳于柤**。○柤莊加反**○秋七月庚寅楚子軫卒○齊陽生入于齊○齊陳乞弒其君舍弒而立者不以當國之辭言之此其以當**

國之辭言之何據齊公子商人弒其君舍而立，氏公子。○君舍，二傳作荼，音舒。【疏】注據齊至公子○解云：即文十四年冬，齊公子商人弒其君舍是也。爲諼也。此其爲諼奈何？問其義。○諼，況元反。景公謂陳乞曰：「吾欲立舍，何如？」陳乞曰：「所樂乎爲君者，欲立之則立之，不欲立則不立。貴自專也。【疏】所樂至不立○解云：言人之所以愛樂乎其爲君者，貴慕其自專故也。然則此公乃有爲而言，非正道也。君如欲立之，則臣請立之。」陳乞欲拒言不可，恐景公殺陽生。陽生謂陳乞曰：「吾聞子蓋將不欲立我也。」陳乞曰：「夫千乘之主，將廢正而立不正，必殺正者。晉世子申生是也。○乘，繩證反。【疏】注晉世子申生是也○解云：即僖五年春，晉侯殺其世子申生是也。吾不立子者，所以生子者也。走矣！」教陽生走。與之玉節而走之。節，信也。析玉與陽生，留其半，爲後當迎之合以爲信，防稱矯也。奔不書者，未命爲嗣。○析，思歷反。爲後，于僞反，下「乞爲」同。矯，居兆反。【疏】注節信至爲嗣○解云：言與之爲斷玉之信而令之走也。云奔不書者，未命爲嗣者，案定十四年秋，衞世子蒯聵出奔宋，書見於經，故知陽生出奔不書者，未命爲嗣故也。然則公子陽生但是母貴，宜立，實非世子，而上傳云廢正而立不正，必殺正者，雖非夫人所生，但秩次宜立，謂之廢正，亦何傷？而舊云陽生實是正世子，但未命爲嗣，故出入不兩書，若命爲嗣，即是大國之君，出入合兩書也者，非。景公死而舍立，陳乞使人迎陽生于諸其家。于諸，寘也。齊人語也。除景公之喪。期而小祥，服期者除。○期而，音基，下同。【疏】注期而至者除○解云：期而小祥者，士虞記文。言服期者除者，謂從服之徒矣。若其正服，臣爲君斬衰三年，寧得期而除乎？案景公之卒在去年九月，至今七月，其實未期，而言服期者除者，蓋陽生之入實亦九月，但事不宜月，故直時，是以傳云除景公之喪也。若然，案隱四年冬十二月，衞人立晉，彼注云：月者，大國篡例月，小國而立、納、入皆爲篡。然則大國之篡，例合書月，齊爲大國，而言事不宜月者，正以陽生之篡，陳乞爲之，故陽生之入欲移惡於陳乞故也，似若莊九年夏齊小白入于齊，何氏云不月者，移惡于魯也之類也。然則大國之篡所以月者，以其禍大故也。既移惡于陳乞，是以不月，正得述事之宜矣。諸大夫皆在朝，陳乞曰：「常之母常，陳乞子。重難言其妻，故云爾。○難，乃旦反。【疏】注常至云爾○解云：正以妻者已之私，故難言之，似若今人謂妻爲兒母之類是也。有魚菽之祭，齊俗婦人首祭事。言魚豆者，示薄陋無所有。【疏】注齊俗至祭事○解云：主婦設祭，禮則有之，何言齊俗者？正以主婦設祭之時，助設而已，其實男子爲首，即君牽牲，夫人奠酒，君親獻，夫人薦豆之類是也。若其齊俗，則令使婦人爲首，故此傳云常之母有魚菽之祭，即其文是矣。○注言魚至所有○解云：定元年冬十月，霣霜殺菽，彼注云：菽，大豆。然則彼已訓解，故此何氏直以豆言之。若依正禮，水陸僉陳，而止言魚與豆者，示薄陋無所有故也。願諸大夫之化我也。」言欲以薄陋餘福共宴飲。【疏】注願諸至我也○解云：桓六年傳云：「曷爲謂之實來？慢之也。曷爲慢之？化我也。」彼注云：行過無禮謂之化，齊人語也。諸侯相過，至竟必假塗，入都必朝，所以崇禮讓、絕慢易。今州公過魯都不朝魯，是慢之爲惡，故書實來，見其義也。然則彼以州公過魯而無禮，故傳謂之化我也。今此陳乞亦以魚菽之薄物枉屈諸大夫之貴重，亦是無禮相過之義，故謂之化我也。諸大夫皆曰：「諾。」於是皆之陳乞之家。坐，陳乞曰：「吾有所爲甲，甲，鎧。○鎧，苦代反。【疏】吾有所爲甲○解云：猶言我有所作得若干甲也。請以示焉。」諸大夫皆曰：「諾。」於是使力士舉巨囊而至于中霤。巨囊，大囊。中央曰中霤。○囊，乃郎反，又音託。霤，力又反。【疏】注中央曰中霤○解云：案月令「中央土」云「其祀中霤」，鄭注云：中霤，猶中室也。古者複穴，是以名室爲霤云。庾蔚云：複地上累土，穴則穿地也。複穴皆開其上取明，故雨霤之，是以因名中室爲中霤也。故此傳云中霤，注云中央，謂室之中央也。諸大夫見之，皆色然而駭，色然，驚駭貌。○色然，如字，本又作垝，居委反，驚駭貌，又或作危。開之，則闖然闖，出頭貌。○闖，丑鴆反，又丑甚反，一音丑今反。見貌。字林云：馬出門貌，丑衽反。公子陽生也陳乞曰此君也已諸大夫不得已皆逡巡北面再拜稽首而君之爾時舍未能得衆而陽生今正當立諸大夫又見力士知陳乞有備故不得已遂君之○逡七旬反自是往弑舍陽生先詐致諸大夫立於陳乞家然後往弑舍故先書當國起其事也乞爲陽生弑舍不舉陽生弑者讓成于乞也不日者與卓子同〔疏〕注故先書當國起其事也者謂書陽生入齊乃在弑舍之前所以起其先入後弑也云乞爲陽生弑舍不舉陽生弑者讓成于乞也者正以舉重略輕春秋之常事今而不書者讓成于乞故也○注不日至子同○解云僖十年春王正月晉里克弑其君卓子何氏云不日者不正遇禍終始惡明故略之然則今此陳乞弑舍所以不日者亦是不正遇禍終始惡明故略之故曰與卓子同若然鄉解云陽生之入實在九月但事不宜月故不書月然則陳乞之事宜云不月而云不日者正以卓子之弑實書月若言不月則與卓子同文不可設故云不日也案陳乞弑舍實不書日謂之不日亦何傷然則陳乞弑舍之事與里克弑卓子相類而不月者正以文承陽生入于齊之下陽生之事既不宜月是以陳乞之事不得月也若然

案僖九年冬晉里克弑其君之子奚齊注不月者不正遇禍終始惡明故略之然則此亦不月何氏不云不月者與奚齊同義者正以奚齊未踰年之君與舍不類寧得同之乎○冬仲孫何忌帥師伐邾婁○宋向巢帥師伐曹

七年春宋皇瑗帥師侵鄭○瑗于眷反○晉魏曼多帥師侵衛○夏公會吳于鄫○鄫似陵反○秋公伐邾婁八月已酉入邾婁以邾婁子益來入不言伐此其言伐何据當舉入爲重〔疏〕入不至伐何○解云莊十年傳例觕者曰侵精者曰伐戰不言伐圍不言戰入不言圍滅不言入書其重者也然則傳例云戰不言伐入不言圍此云入不言伐者正以此經舉伐言入亦違舉重之例是以据經以釋之傳例云者序用兵之次第輕重備言不足怪也內辭也若使他人然諱獲諸侯故不舉重而兩書使若魯公伐而去他人入之以來者醇順他人來文〔疏〕注諱獲至來文○解云若其不諱宜舉重云公入邾婁今不舉重而伐入兩書故知諱獲諸侯也云使若魯公伐而去他人入之以來者以來是詣魯之常文故何氏言來者常文不爲早晚施是也今始若不諱宜云以邾婁子益至自某而經言來故如此解云醇順他人來文者以上諱獲諸侯故不舉重使若魯人伐而去他人自入之今文言來作外來詣魯之常文故曰醇順他人來文也邾婁子益何以名据以隗子歸不名○隗五罪反〔疏〕注据以至不名○解云即僖二十六年秋楚人滅隗以隗子歸是也絕曷爲絕之据俱以歸獲也曷爲不言其獲据獲晉侯言獲〔疏〕注据獲晉侯言獲○解云即僖十五年冬晉侯及秦伯戰于韓獲晉侯是也內大惡諱也故名以起之也日者惡魯侮奪邾婁無已復入獲之入不致者得意可知例○惡烏路反復扶又反〔疏〕注故名以起之○解云擅獲諸侯乃爲大惡是以諱之不言其獲既不言獲故云言其名以起其見獲也所以能起之者諸侯之禮當死位今不能死位而生見獲書其名起其絕也案隱二年無駭入極之下傳云此滅也其言入何內大惡諱也昭四年取鄫之下傳云

滅之則其言取之何內大惡諱也今此又言內大惡諱也重發傳者正以往前二處入取文異今此上經雖亦言入但書名之由事須備釋是以又言○注日者至獲之○解云隱二年注云入例時傷害多則月此書日故須解之言惡魯侮奪邾婁無已即上六年城葭之下注云魯數圍取邾婁邑邾婁未曾加非於魯而侮奪之不知足今復入其國獲其君故書日以惡內也○注入不至知例○解云莊六年注公與一國及獨出用兵得意不致不得意致伐即僖六年公至自伐鄭二十九年公至自圍許之屬是至於入佗國例不書致者正以既能入國得意可知似若僖三十三年公伐邾婁取叢之下注云取邑不致者得意可知例○宋人圍曹○冬鄭駟弘帥師救曹

八年春王正月宋公入曹以曹伯陽歸曹伯陽何以名据以隗子歸不名〔疏〕注据以至不名○解云即僖二十六年秋楚人滅隗以隗子歸是也絕曷爲絕之据俱以歸滅也曷爲不言其滅据滅

隗也諱同姓之滅也故名以起之疏注故名以起之○解云諱不得書其滅故書其名所以起其滅矣所以能起之者正以失地之君例合書名即桓七年穀伯綏鄧吾離之下傳云曹何以名失地之君是今曹伯陽亦書其名故可起其滅何諱乎同姓之滅據衛侯燬滅邢不諱○燬況委反疏注據衛至不諱○解云即僖二十五年春王正月丙午衛侯燬滅邢是也力能救之而不救也以屬上力能獲邾婁而不救曹故責之不日者深諱之定哀滅例日此不日者諱使若不滅故不日疏注不日至故不日○解云既書入以諱同姓見滅而又日故曰深諱也云定哀滅例日此不日者諱使若不滅故不日云云之說在定四年○吳伐我不言鄙者起圍魯也不言圍者諱使若伐而去疏注不言至魯也○解云正以莊十九年冬齊人宋人陳人伐我西鄙注云鄙者邊垂之辭榮見遠也然則鄙者邊垂之名今不言鄙直言伐我故得起其圍魯矣○注不言至而去○解云國君當彊折衝當遠魯微弱深見犯至于圍國故諱之但言伐者差輕也○夏齊人取讙及僤外取邑不書此

何以書所以賂齊也曷爲賂齊據上無戰伐之文○僤昌善反一音昌然反字林作僤左氏作闡疏取讙及僤○解云左氏穀梁作讙闡字○外取至以書○解云宣元年六月齊人取濟西田之下傳云外取邑不書此何以書注云據曹取之不書然則此傳云外取邑不書此何以書者亦據曹取濟西田不書但從彼省文是以不復注解○注據上至之文○解云謂此上經無魯與齊戰伐之文計無所謝無事而賂故難之爲以邾婁子益來也邾婁齊與國畏爲齊所怒而賂之恥甚故諱使若齊自取○爲以于僞反疏爲以至來也○解云正爲七年以邾婁子益來是以賂齊二邑也○注邾婁齊與國○解云正以魯獲邾婁之君而賂二邑若非齊之與國理不應賂云云之說備于宣元年疏○歸邾婁子益于邾婁獲歸不書此書者善魯能悔過歸之嫌解邾婁子益無罪書故復名之○復扶又反疏注獲歸至歸之○解云正以僖十五年秦獲晉侯後歸不書故曰獲歸不書今此書者善魯能悔過歸之故錄見之○注嫌解至名之○解云桓十五年傳例云歸者出入無惡今此言歸是以嫌其無罪也經既書歸作無罪之文則嫌魯人解

釋邾婁子其罪令除是以書見故復名之見其不善所以書益之名得見魯之有罪者正以上七年以益來之時傳云內大惡諱注云故名以起之然則初書名起見魯罪則今知復名者其不善明矣○秋七月○冬十有二月癸亥杞伯過卒○過古木反○齊人歸讙及僤書者善魯能悔過歸邾婁子益所喪之邑不求自得故不言來使若不從齊來與歸我濟西田同文○喪自浪反疏注書者至同文○解云言所喪之邑不求自得者正以言歸也何者歸者自與之故也若求乃得之者當言取即僖三十一年春取濟西田成二年秋取汶陽之田之屬是也故不言來使若不從齊來者謂若此邑元不入齊但以此來欲叛于魯齊人取而歸之然言與歸我濟西田邑同文者即宣十年春齊人歸我濟西田傳云齊已言取之矣其言我何言我者未絕于我也曷爲未絕于我齊已言取之矣其實未之齊也注云不言來者明不從齊來不當坐取邑是也然則彼以未之齊故不言來今此使若不從齊來是以謂之同文矣然則彼言我者以其未絕于我此不言我者正以讙僤實絕于我故也濟西田未絕齊人不當坐取邑讙僤實絕齊人當坐取邑明矣然則我與不即是不同而言同文者正謂皆不言來以爲同文何妨言我與不仍爲異乎

九年春王二月葬杞僖公○宋皇瑗帥師取鄭師于雍丘其言取之何據詐戰言敗也○雍於用反疏注據詐戰言敗也○解云即莊十年秋荊敗蔡師于莘昭二十三年秋吳敗頓胡沈蔡陳許之師于雞父傳云此偏戰也曷爲以詐戰之辭言之不與夷狄之主中國也是也易也其易奈何詐之也詐謂陷阱奇伏之類兵者爲征不義不爲苟勝而已十三年詐反不月知此不蒙上月狹略之爾○易也以豉反下同阱才性反爲征于僞反疏注詐謂至之類○解云何氏蓋取禮記中庸云人皆曰予知驅而納諸罟擭招阱之中而莫之知辟也又言奇伏者奇兵伏兵之謂也○注兵者至之爾○解云下十三年春鄭軒達帥師取宋師于嵒傳云其言取之何易也其易奈何詐反也注云前宋行詐取鄭師今鄭復行詐取之苟相報償不以君子正道故傳言詐反反猶報也然則兵之設也爲欲征不義豈欲苟勝而爲詐故知春秋疾而略之皆不書月矣何者春秋之義偏戰者日詐戰者月所以然

者正疾其行詐略之故也今此二經乃設陷阱奇伏又爲詐之甚者是以春秋復深略之○夏楚人伐陳○秋宋公伐鄭○冬十月

十年春王二月邾婁子益來奔月者魯前獲而歸之今來奪明當尤加禮厚遇之　疏注月者至遇之○解云正以上六年夏齊國夏高張來奔襄二十八年冬齊慶封來奔之屬則知來奔魯者例合書時今此書月故如此解文十二年春正月成伯來奔注云月者前爲魯所滅今來見歸尤當如意厚遇之也者義亦通於此以此言之則知昭二十三年秋七月莒子庚輿來奔月者爲下戊辰吳敗頓胡沈蔡陳許之師書莒子之奔雖在月下不蒙月何氏所以不注之者正以隱元年冬十二月祭伯來奔之下注云月者爲下卒也出奔例時也然則上已有注故至庚輿之下省文從可知○公會吳伐齊○三月戊戌齊侯陽生卒○夏宋人伐鄭○晉趙鞅帥師侵齊○五月公至自伐齊○葬齊悼公○衛

公孟彄自齊歸于衛○薛伯寅卒卒葬略者與杞伯益姑同○伯寅二傳作伯夷同音以尼反　疏注卒葬至姑同○解云正以所見之世詳錄小國卒日葬月是其常文即上四年秋八月甲寅滕子結卒冬十二月葬滕頃公是也今乃卒月葬時故解矣言與杞伯益姑同者即昭六年春王正月杞伯益姑卒注云不日者行微弱故略之上城杞已貶復卒略之者入所見世責小國詳始錄內行也諸侯內行小失不可勝書故於終略責之見其義然則今比略之者亦爲內行小失故曰與杞伯益姑同○秋葬薛惠公○冬楚公子結帥師伐陳吳救陳救中國不進者陳吳與國救陳欲以備中國故不進　疏注救中至不進○解云正以僖十八年夏狄救齊冬邢人狄人伐衛注云狄稱人者善救齊雖拒義兵猶有憂中國之心故進之不於救時進之者辟襄公不使義兵壅塞也定四年冬蔡侯以吳子及楚人戰于柏舉傳云吳何以稱子夷狄也而憂中國注云言子起憂中國然則夷狄之人能憂中國也皆進之今此稱國不進者正以救陳欲以備中國故不進也知陳是吳之與國者正以吳人救之故也必知欲以備中國者非直見其不進

亦以陳於諸夏之時乃是吳之屬故也

監本春秋公羊注疏哀公卷第二十七

江南蘇松督糧道方體栞

公羊注疏卷二十七挍勘記　阮元撰盧宣旬摘録

公羊注疏哀公卷二十七　唐石經哀公第十二卷十一

元年

滅以歸可知　閩監毛本同鄂本上有從字此脱

鄭游遫帥師滅許　閩本同監毛本遫作遨浦鏜云下脱以許二字

伐之不諱者　蜀大字本閩監毛本同鄂本者誤也

二年

所以再出大夫名氏者　解云此注氏字或有或無

季孫斯所以不與盟者　此本季孫下空缺一十二字方按斯所以云云文無脱漏

各盟所得　浦鏜云穀梁所作其又此句下當脱范氏云三字

然則定十四年夏　浦鏜云秋誤夏○按浦説是也

晉趙鞅帥師及鄭軒達帥師戰于栗　唐石經諸本同釋文亦作栗云一本作秩二傳作鐵疏本作及鄭軒達戰于鐵解云諸家之經軒達下有帥師唯服引經者無於鐵者三家同有作栗字者誤也今定本作栗字按鄭軒達下不言帥師者蒙上晉趙鞅帥師也今三家下有帥師當衍疏本與服氏無之是也疏又謂三家同作戰于鐵定本作栗者誤而釋文同定本作栗區别之云二傳作鐵案陸德明所據之本不及疏本也

及鄭軒達戰于鐵者　閩監毛本鐵作栗妄改

稱云君殺大夫之辭者　閩監毛本者改○按稱云是解云之誤當在者下

三年

曼姑受命于先君而立輒　浦鏜云于先君傳作乎靈公按浦説是也

起曼姑得拒之　按拒當同傳作距下同

聽靈公命立者是王事　此本者誤是今據鄂本訂正閩監毛本因誤作是遂删去此字

是王法行於諸侯　蜀大字本閩監毛本同鄂本於作乎何按本疏中同

曰古之賢人也　解云言古之賢士且有仁行若非仁字如此解之若作人字不勞解也

曰怨乎求仁而得仁　鄂本元本閩本同監毛本怨乎下增曰字非何煌云案文勢不當有曰字論語有者衍文

是父之命行乎子也　傳無命字

子曰古之賢人也者　段按本人作仁是也

蓋從始据之　閩本同監毛本据作據

解云春秋逸義　浦鏜云之誤逸

但遂其重處一過見之而已故餘輕處不復見之　浦鏜云逐誤遂其餘誤故餘

帥師城開陽　唐石經諸本同釋文開陽左氏作啓陽開者爲漢景帝諱也

即僖十年鄭殺其大夫申侯之屬是　浦鏜云七誤十按浦説是也

明年二月葬秦惠公是也　閩本同按二當作三監毛本誤五

四年

盜殺蔡侯申　閩監毛本同唐石經殺作弒

故不繫國　浦鏜云下脱不繫國三字按浦説是否則與襄廿九年注不合

則晉人執曹伯言畀宋人　鄂本閩監本同毛本言誤以

即僖二十八年二月丙午　浦鏜云三誤二按浦説是也

此解名此言歸意也　閩監毛本同誤也鄂本作名而言歸當據正

以頓子牄歸　閩監毛本牄作牂

云蔡遷于州來者在三年冬也　浦鏜云二誤三按浦説是

蒲社災　唐石經諸本同釋文蒲社左氏作亳社解云公羊以爲蒲者古國之名今穀梁經傳皆作亳字而賈氏云公羊曰薄社也者蓋所見異經義雜記曰禮記郊特牲薄社北牖注薄社殷之社殷始都薄釋文薄本又作亳書序將遷其君於蒲姑釋文蒲如字徐又扶各反馬本作薄史記周本紀作遷其君薄姑是薄蒲亳三字古通

按今穀梁經傳皆作亳宅　何按本宅作社是也

公羊曰薄社也者　何按本薄作浦

社者封也　唐石經封字磨改

明諸侯得專討士以下也　解云考諸正本何注盡於此若有注者衍字矣

五年

春城比　唐石經諸本同釋文城比本又作芘亦作庇左氏作毗

喪以閏數也　釋文數所主反下及注月數閏數同解云此數讀如加我數年之數非頭數之數

當以閏月爲數　解云此數乃爲頭數之數

以月數恩殺故并閏數　解云此數亦如加我以數年之數

此數亦如加我以數年之數也　按以字衍文

六年

春城郲婁葭　唐石經閩監毛本同鄂本葭作瑕非

齊陳乞弑其君舍　唐石經諸本同釋文君舍二傳作荼音舒九經古義云史記律書舍者日月所舍舍者舒氣也是舍有舒義故有舒音

卽文十四年冬　浦鏜云秋誤冬按浦説是也

然則此公乃有爲而言非王道也　閩本同監毛本王作正按公蓋乞之誤○

按齊召南云公字衍文是也

大國篡例月小國而　浦鏜云時誤而按浦説是也

常陳乞子　監本子誤千○按常作恒避漢諱也

冬十月霣霜殺菽　閩監毛本霣作隕

於是使力士舉巨囊　唐石經諸本同釋文囊乃郎反又音託按史記齊大公世家囊作橐故音託

庚蔚云　浦鏜云庾誤庚按浦説是也

皆色然而駭　唐石經諸本同釋文色然如字本又作垝又或作危按一切經音義引作𢿘然此作色蓋誤

開之則闖然　唐石經諸本同釋文闖然見貌字林云馬出門兒按説文覸暫見也从見炎聲春秋公羊傳曰覸然公子陽生

而陽生今正當立　鄂本閩本同監毛本今作本

七年

解云莊十年傳例　浦鏜云例下有云字是也

今始若不諱　閩監本同毛本始作使

今文言來　何按本文作又

絶曷爲絶之　唐石經諸本同按僖廿六年疏引此曷上有之字此脱

八年

鄧吾離之下傳云曹何以名　浦鏜云皆誤曹字鄧下脱侯按浦説是也

夏齊人取讙及僤　唐石經諸本同釋文云僤字林作闡左氏作闡解云左氏穀梁作讙闡字

歸郲婁子益于郲婁　唐石經鄂本閩本同監毛本于作子

正以言歸也何者此本也字剜擠監本何誤向

然言與歸我濟西田邑同文者閩本脫邑字監毛本承之

九年

今此二經何按本此作比

十年

春正月成伯來奔浦鏜云春下脫王盛誤成按浦說是也

祭伯來奔之下浦鏜云奔衍按因傳有奔字而誤增入也

葬滕昭公是也浦鏜云昭當爲頃按浦說是也

然則今比略之者閩監毛本比作此

戰于柏舉浦鏜云舉經作莒

公羊注疏卷二十七校勘記終

工部屯田司員外郎胡祖謙校

監本春秋公羊注疏哀公卷二十八 起十一年盡十四年

何休學

十有一年春，齊國書帥師伐我。○夏，陳袁頗出奔鄭。○頗，破多反 ○五月，公會吳伐齊。甲戌，齊國書帥師及吳戰于艾陵。○艾，五蓋反 齊師敗績，獲齊國書。戰不言伐，舉伐者，魯與伐而不與戰，不從內與伐，使吳爲主者，吳主會，故不與夷狄主中國也。言獲者，能結日偏戰，少進也。○與伐音預，下不與伐同。

〔疏〕獲齊國書○解云：宣二年春獲宋華元之下，何氏云「復出宋者，非獨惡華元，明恥辱及宋國」，然則今此復出齊者亦然，但省文從可知，故不注。○注戰不至與戰○解云：戰不言伐者，莊十年傳文，而此舉伐者，當爾之時，魯但與其伐而不與其戰，故得兩舉之矣。○注不從至國也○解云：成二年六月癸酉，季孫行父云云會晉郤克云云及齊侯戰于鞌，齊師敗績，注云「大夫敵君不貶者，隨從王者，大夫得敵諸侯也」，然則郤克之徒得敵齊侯者，正以魯人與在隨從王者大夫，是以得序于上而王齊侯。今亦云魯公與伐而不使吳爲主，序齊下者，正以吳是時爲主會，若其與之而序于齊上，即是夷狄之主中國，是以退之矣。若然，案宣十二年晉荀林父帥師及楚子戰于邲，林父序于楚子之上，亦應是不與夷狄之主中國，而注云「不與晉而反與楚子爲君臣之禮，以惡晉」者，正以楚莊王稱子，據彼君文成矣，有王伯之事，雖以臣及君，不嫌晉直。今吳稱國，君文不成，而序國書之下，寧得類乎？○注言獲至進也○解云：莊十年秋，荊敗蔡師于莘，以蔡侯獻舞歸，傳云「曷爲不言其獲？不與夷狄之獲中國也」。又昭二十三年秋，吳敗頓、胡、沈、蔡、陳、許之師于雞父，獲陳夏齧，傳云「不與夷狄之主中國，則其言獲陳夏齧何？吳少進也」，注云「能結日偏戰，行少進，故從中國辭治之」，今經亦然，故以言此。

○秋七月辛酉，滕子虞母卒。○冬十有一月，葬滕隱公。○衞世叔齊出奔宋。

十有二年春，用田賦。何以書？據當賦稅爲何書○爲何，于僞反，下爲同

宗同

譏。何譏爾？譏始用田賦也。田謂一井之田。賦者，斂取其財物也。言用田賦者，若今漢家斂民錢以田爲率矣。不言井者，城郭里若亦有井，嫌悉賦之。禮，稅民公田不過什一，軍賦十井不過一乘。哀公外慕彊吳，空盡國儲，故復用田賦，過什一。○爲率，音律，又音類。乘，繩證反。復，扶又反。

〔疏〕注田謂一井之田○解云：知如此者，正以家語政論篇云「季康子欲以一井田出賦法焉」，又魯語下篇云「孔子謂冉求曰：田一井出稯禾、秉芻、缶米，不是過也」，案彼二文皆論此經用田賦之事，而言一井，故知然也。○注不言井至賦之○解云：凡言田者，指墾土之處；言井者，但是方里之名。若言用井賦，則嫌城郭里巷之內但有一井之處悉皆賦之，故云「不言井者，城郭里巷亦有井，嫌悉賦之」。○注禮稅至什一○解云：即宣十五年傳云「什一者，天下之中正也。什一行而頌聲作矣」是也。云軍賦十井不過一乘者，何氏以爲公侯方百里，象諸典籍每有千乘之義，若不十井爲一乘，則不合。鄭氏云「公侯方百里，井十則賦出革車一乘」者，義亦通于此。云哀公外慕彊吳者，即上十年春公會吳伐齊，十一年夏公會吳伐齊，此年夏公會吳于橐皐之屬是也。云故復用田賦過什一者，對常賦以爲復矣。

○夏五月甲辰，孟子卒。孟子者何？據魯大夫無孟子。

〔疏〕孟子者何○解云：欲言魯女，不言孟姬；欲言夫人，經不書葬，故執不知問。

昭公之夫人也。其稱孟子何？據不稱夫人某氏。

〔疏〕注據不至某氏○解云：即隱二年冬十有二月乙卯，夫人子氏薨之屬是也。

諱娶同姓，蓋吳女也。禮不娶同姓，買妾不知其姓則卜之，爲同宗共祖，亂人倫，與禽獸無別。昭公既娶，諱而謂之吳孟子。春秋不繫吳者，禮，婦人繫姓不繫國，雖不諱，猶不繫國也。不稱夫人，不言薨，不書葬者，深諱之。

〔疏〕蓋吳女也○解云：公羊子不受于師，故疑之。○注禮不至無別○解云：上曲禮云「取妻不取同姓，故買妾不知其姓則卜之」，鄭氏注云「爲其近禽獸也。妾賤，或時非媵，取之於賤者，世無本繫」者是也。云爲同宗共祖，亂人倫，與禽獸無別者，欲取曲禮上云「夫唯禽獸無禮，故父子聚麀，是故聖人作爲禮以教人，欲人以有禮知自別於禽獸」之文乎？○注昭公至孟子○解云：昭十年注云「去冬者，蓋昭公娶吳孟子之年，故貶之」，然則此言昭公既娶者，謂從昭十年以來也。而諱之吳孟子者，即論語云「君娶于吳，爲同姓，謂之吳孟子」。坊記云「魯春秋猶去夫人之姓曰吳，其死曰孟子卒」是也。○注春秋至國也○解

去言婦人繫姓不繫國者即隱元年仲子下注云仲字子姓婦人以姓配字不忘本也因示不適同姓也二年夫人子氏之下注云子者姓也夫人以姓配號義與仲子同是言昭公之時諱之不謂之吳姬謂之吳孟子而春秋直謂之孟子不繫吳者正以婦人不繫國故也言雖不諱猶不繫國者正以齊義穆姜之屬亦不繫國言之故也○注不稱至諱之解云若言夫人又若言薨當言夫人姬氏薨若葬當言葬我小君昭姬皆爲大惡大惡不可言故曰深諱之也而云孟子卒者若言宋之長女爲魯侯之妾而卒之猶如定十五年秋姒氏卒之類

○公會吳于橐皋 ○橐章夜反二音託

○秋公會衛侯宋皇瑗于運 ○運左氏作鄖

○宋向巢帥師伐鄭

○冬十有二月螽何以書記異也何異爾不時也 螽者與陰殺俱藏周十二月夏之十月不當見故爲異比年再螽者天不能殺地不能理自是之后天下大亂莫能相禁宋國以亡齊并於陳氏晉分爲六卿○螽音終本亦作螽注同見賢偏反

〔疏〕○注比年再螽○解云即下十三年冬十二月螽是也○注宋國至六卿○解云皆在春秋后考諸舊本宋是宗字然則宗國猶大國言天不能殺地不能理天下大亂莫能相禁是其紀綱之國滅亡之象是故齊并于陳氏晉分爲六卿若作宋字何氏更有所見春秋說云陳氏纂齊三年于人合葬故螽蟲冬踊者是其螽爲齊亡之一隅也案左氏及史記皆云晉亡分爲魏趙韓今云晉分爲六卿者蓋其初時晉君失政六卿用事不妨其下滅時但三家分之矣

十有三年春鄭軒達帥師取宋師于嵒其言取之何易也其易奈何詐反也 前宋行詐取鄭師今鄭復行詐取之苟相報償不以君子正道故傳言詐反反猶報也○嵒五咸反一音魚及反易以豉反下同鄭復扶又反秋以下注同償時亮反

〔疏〕其言取之何解云上九年注云據詐戰言敗也故此省文不復言之也○注前宋至鄭師○解云即上九年春宋皇瑗帥師取鄭師于雍丘傳云其言取之何易也其易奈何詐之也是也

○夏許男戌卒 比陳蔡不當復卒故卒葬略○男戌本亦作成

〔疏〕注比陳至葬略○解云昭八年冬楚師滅陳十一年楚師滅蔡至十三年秋蔡侯廬歸于蔡陳侯吳歸于陳二十年冬十有一月辛卯蔡侯廬卒二十一年春王三月葬蔡平

公定四年春王二月癸巳陳侯吳卒夏六月葬陳惠公定六年鄭游速滅許以許男斯歸今年夏許男戌卒秋葬許元公然則陳蔡之滅非吳廬之罪及其存時乃爲大國所復但以不受封於天子故書君以見之仍以前君死位非其自復其國合存故許録其卒葬也而許男斯者爲鄭所滅不能死位許國合絶不足存之而戌自復罪惡深矣若比之陳蔡不當合録而録之者正欲見其前君不死位后君自復之惡深是以書其卒葬而去其日月以見矣故曰此陳蔡不當復卒故卒葬略之也

○公會晉侯及吳子于黄池吳何以稱子 據救陳稱國

〔疏〕注據救陳稱國○解云十年冬吳救陳是也

吳主會也 以言及也時吳彊而無道敗齊臨菑乘勝大會中國齊晉前驅魯衛驂乘滕薛俠轂而趨以諸夏之衆冠帶之國反背天子而事夷狄恥甚不可忍言故深爲諱辭使若吳大以禮義會天下諸侯以尊事天子故進稱子○背音佩

〔疏〕注以言至而趨○解云以經言及吳即知吳主會何者正及者汲汲之辭即僖五年夏公及齊侯宋公以下會王世子于首戴注云言及者因其文可得見汲汲也然則彼云及齊侯齊侯主會則知此言及吳子吳子主會明矣故云以言及也云時吳強而無道敗齊臨菑乘勝大會中國者即上十一年五月公會吳伐齊甲戌齊國書帥師及吳戰于艾陵齊師敗績者是敗齊師于臨菑之事正以吳爲夷狄數伐中國而敗之故謂之無道菑字然有作晉字若作晉字以黄池爲近晉晉人畏而會之故曰臨晉云齊晉前驅魯衛驂乘滕薛俠轂而趨者春秋說文也以下傳及注云則天下盡會而春秋說特舉此六國陵爲之役故偏舉之或言不盡意故也○注以諸至稱子○解云諸夏衆強不復如禮反棄君父而事夷狄恥辱之甚不忍言故深爲諱進吳稱子矣而言冠帶之國者正以夷狄之人不知冠帶故也是以穀梁傳云吳王夫差曰好冠來孔子曰大矣哉夫差未能言冠而欲冠也范氏云不知冠有等差唯欲好冠是也

吳主會則曷爲先言晉侯 據申之會楚子主會序上

〔疏〕注據申至序上○解云即昭四年夏楚子蔡侯以下會于申是

不與夷狄之主中國也 明其實自以夷狄之彊會諸侯爾不行禮義故序晉於上

其言及吳子何 據鍾離之會殊會吳不言及僖五年公及齊侯齊侯主會益明矣

〔疏〕注據鍾至言及○解云即成十五年冬叔孫僑如會晉士燮齊高無咎以下會吳于鍾離是也○注僖五

至明矣○解云即僖五年公及齊侯宋公以下會王世子于首戴然則案如彼經書公及齊侯齊侯主會此云及吴則是吴子主會益明矣何言不與夷狄之主中國乎是以據而難之

會兩伯之辭也

晉序上者主會文也吴言及者亦人往為主之文也方不與夷狄主中國而又事實當見不可醇奪故張兩伯辭先晉言及吴子使若晉主會為伯吴亦主會為伯半抑半起以奪見其事也語在下○當見賢偏反年內皆同

疏注吴言至文也○解云凡言及者汲汲之辭今言及吴子則似吴子先在是天下之人慕而往事之然故曰人往為主之文○注半抑至在下○解云序晉于上是其抑之言及吴子起其為伯也故曰半抑半起矣序晉于上是其奪言及吴子亦見其為伯之事故曰奪見其事

不與夷狄之主中國則曷為以會兩伯之辭言之

據伯主人

疏注據伯主人○解云謂為伯者主領會上之人矣

重吴也

其實重在吴故言及舉晉者諱而不盈

疏注其實至不盈○解云謂其實處權重在于吴故言及吴子作汲汲之文矣經言公會晉侯是其諱為吴所主也晉侯之下即言及吴子是其不盈滿其諱文也何者晉是大國而

汲汲乎吴還是吴為會主之義也僖二十三年夏宋公慈父卒傳云何以不書葬盈乎諱也注云盈滿也相接足之辭也然則此言諱而不盈者意欲取彼傳文矣

曷為重吴

據常殊吴

疏注據常殊吴○解云即成十五年冬叔孫僑如會晉士燮以下會吴于鍾離襄十年春公會晉侯以下會吴于相之屬是也

吴在是則天下諸侯莫敢不至也

以晉大國尚猶汲汲於吴則知諸侯莫敢不至也不書諸侯者為微辭使若天下盡會之而魯侯蒙俗會之者惡愈齊桓兼舉遠明近此但舉大者非尊天子故不得褒也主書者惡諸侯君事夷狄○惡諸烏路反

疏注不書至惡愈○解云若欲實而言之天下諸侯寧可悉至但欲見其重在吴偏至之辭而已其歷言某侯某侯則實不至者不可空言是以舉其最大之國作天下盡會之義矣○注齊桓至褒也○解云僖二年秋九月齊侯宋公江人黄人會于貫傳云江人黄人者何遠國之辭也遠國至矣則中國曷為獨齊宋至爾大國言齊宋小國言江黄則以其餘為莫敢不至也然則齊桓之時非獨舉大以明小亦兼舉遠以明近今此但舉晉者非尊天子不得褒為遠夷皆至之辭則傳云天下諸侯莫敢不至者據九州之內言之亦得謂之天下矣○注

主書至夷狄○解云春秋見義非唯一種一則見吴之強暴一則見晉之衰微但主書之情本惡諸侯君事夷狄餘者兼見之矣

○楚公子申帥師伐陳○於越入吴○秋公至自會

有恥致者順諱文也

疏注有恥至文也○解云莊六年注云公與二國以上出會盟得意致會不得意不致然則今此冠帶之國斂手從夷乃是可恥之次而致之者正欲順其諱文使若吴尊事天子以會諸侯諸侯得意以會致之然故曰順諱文也

○晉魏多帥師侵衛此晉魏曼多也曷為謂之晉魏多

據上七年言曼多○魏多左氏作魏曼多

疏注據上至曼多○解云即上七年春魏曼多帥師侵衛是也

譏二名二名非禮也

復就晉見者明先自正而后正人正人當先正大以帥小

疏注復就至帥小○解云定六年冬仲孫忌帥師圍運傳云此仲孫何忌也曷為謂之仲孫忌譏二名二名非禮也注云為其難諱也一字為名令難言而易諱所以長臣子之敬不逼下也春秋定哀之間文致大平欲見王者治定無所復為譏唯有二名故譏之然則彼已於魯見訖今復就晉見之者

明先自正而后正人也等是正人而於晉者見當先正大國以帥于小國故也

○葬許元公○九月螽

先是用田賦又有會吴之費○之費芳味反下同

疏注先是用田賦○解云在十二年春

○冬十有一月有星孛于東方孛者何彗星也其言于東方何

據北斗言星名○孛音佩彗星四歲反又息遂反

疏孛者何○解云欲言是星星名未有欲言非星錄為星稱故執不知問○注據北至星名○解云即文十四年秋七月有星孛入于北斗是也然則彼入于北斗言其所孛之星名今言于東方故難之

見于旦也

旦者日方出時宿不復見故言東方知為旦

疏見于旦也○解云于字亦有作平字者誤也○注旦者至為旦○解云旦者日方出地未相去離之辭故曰旦者日方出當爾之時宿皆不見故曰時宿不復見也星孛仍見餘宿已沒是以不復指其孛之星漫道其方而已故言東方知為旦也

何以書記異也

周十一月夏九月日在房心房心天子明堂布政之庭於此旦見與日爭明者諸侯代王治典法滅絕之象是後周室遂微諸侯相兼為秦所滅燔書道

絶○治直吏反熸扶元反〔疏〕注周十一月夏九月日在房心○解云堪輿云九月日體在大火故曰日在房心也云房心天子明堂布政之庭出堪輿星經亦云也○注是后至道絶○解云春秋説云趨作法孔聖沒周姬亡彗東出秦正起胡破術書記散亂孔子不絶也既言周姬亡彗東出故知由此孛星周室遂微也言秦正起亦由此孛星秦本紀云始皇名正以二十六年滅周而并天下故云諸侯相兼為秦所滅也始皇胡亥並悉焚書聖人之道于斯絶矣故曰熸書道絶

○**盜殺陳夏彄夫**○陳夏戸雅反一本作廉彄夫苦侯反又古侯反一本作嫗音同二傳作夏區夫

○**十有二月螽**黃池之會費重煩之所致

十有四年春西狩獲麟何以書記異也何異爾非中國之獸也然則孰狩之稱西言狩尊卑未分据無主名○狩手又反麟力人反〔疏〕何以書記異也○解云麟者仁獸大平之嘉瑞而言記異者當爾之時周室大衰為天下所厭漢高方起堯祚將興者謂之瑞亡者謂之異然則何氏云吉凶不並瑞災不兼之有乎義亦通於此○非中國之獸也○解云謂有聖帝明王然后乃來則知不應華夏無矣然則以其非中國之常物故曰非中國之獸不謂中國不合有若似昭二十五年有鸛鵒來巢之下傳云何以書記異也何異爾非中國之禽也之類是也君然皆非中國之物鸛鵒言有來而麟不言有來者正以麟是善物春秋慕之欲其常於中國非今始有非今始來之義是以穀梁傳云其不言來不外麟于中國也其不言有不使麟不恒於中國也是也○注稱西至未分○解云西者四時之叔是為卑稱狩者天子諸侯之事乃是尊名故曰稱西言狩尊卑未分也必知狩是天子諸侯之事者正以僖二十八年天王狩于河陽桓四年春公狩于郎之屬故也

薪采者也西者据狩言方地類賤人象也金主芟艾而正以春盡木火當燃之際舉此為文知庶人采樵薪者○薪音新芟所街反艾魚廢反樵在焦反〔疏〕薪采者也○解云薪采猶言采薪也言是庶人采薪者矣○注西者至方地○解云謂据其方處道其方地曰西狩也○注類賤人象也○解云正以西方為兌少女之位女子之卑草木衰落亦非可貴之義故曰類賤人象也○注金主至薪者○解云經言西者賤人象金主芟艾持斧之義而文正以春盡是火當絶木之時今乃舉此為文即知庶人持斧破木燃火之意故曰知庶人采樵薪者似若

漢高祖起于布衣之内持三尺之劒而以火應之君臨四海從東鄉西以應周家木德之象也

薪采者則微者也曷為以狩言之据天子諸侯乃言狩天王狩于河陽公狩于郎是也河陽冬言狩獲麟春言狩者蓋据魯變周之春以為冬去周之正而行夏之時○去周起呂反行夏戸雅反下于夏同〔疏〕注天王狩于河陽○解云在僖二十八年云公狩于郎者在桓四年春○注河陽至之時○解云若使周之正月乃夏之仲冬得冬獵曰狩之時即大司馬職云仲冬教大閱遂以狩田是也但孔子作春秋欲改周公之舊禮正朔三而反當欲行夏之時取夏之孟冬以為狩時夏之仲冬不是田狩之月是以桓四年春正月公狩于郎何氏云狩例時此月者譏不時周之正月夏十一月也陽氣始施鳥獸懷任草木萌牙非所以養微者是也然則河陽言狩者周之季冬當夏之十月故得言狩矣案僖二十八年冬天王狩于河陽之時乃冬言狩今獲麟之經春言狩者蓋据魯為王而改正朔方欲改周之春以為冬去其周之正月而行夏之時由此之故春而言狩矣

大之也使若天子諸侯**曷為大之**据略微〔疏〕注据略微○解云隱元年九月及宋人盟于宿傳云孰及之内之微者也注云内者謂魯也微者謂士也不名者略微也是然則春秋之道略於微者今而大之故以為難矣

為獲麟大之也曷為為獲麟大之据鸛鵒俱非中國之禽無加文○為獲于僞反下為獲孰為注為誰知為皆同鸛音權鵒音欲〔疏〕注据鸛至加文○解云即昭二十五年夏有鸛鵒來巢是也

麟者仁獸也狀如麕一角而戴肉設武備而不為害所以為仁也詩云麟之角振振公族是也○振之人反〔疏〕麟者仁獸也○解云五行傳云東方謂之仁又云視明禮脩而麟至言人君但當其視能明其禮又脩而麟至也是以春秋說云麟生於火遊於中土軒轅大角之獸然則麟為土畜而言仁獸者正以設武備而不害物所以為仁而異義公羊說云麟者木精一角赤目為火候下注亦云麟者木精者正以設武備而不害物有仁之物屬東方赤目為火候火乃木之子謂之木精亦何傷又鶡冠子云麟者北方玄枵之獸陰之精者正以五行相配言之水為土妃水土構精而生麟得土氣者性似父得水氣者性似母蓋以麟得水氣故云玄枵之獸陰之精也○注狀如至是也○解云釋獸云麔麕身牛尾一角郭氏曰角頭有肉故此云狀如麕一角也廣雅云麟狼額肉角故此注云而戴肉云設武備而不

爲害所以爲仁也者欲道中央之畜而傳得謂之仁獸之義云詩云麟之角振振公族是也者在麟趾之篇也引之者欲道麟角末有肉示有武而不用故得謂之仁當時公族皆振振然而信厚亦爲仁之義故得并引之

有王者則至

上有聖帝明王天下大平然后乃至尚書曰簫韶九成鳳皇來儀擊石拊石百獸率舞援神契曰德至鳥獸則鳳皇翔麒麟臻○大平音泰下注上有至乃至○大平皆同拊芳甫反援音袁麒音其

疏 解云若今未大平而麟至者非直爲聖漢將興之瑞亦爲孔子制作之象故先至故孝經說云丘以匹夫徒步以制正法是其賤者獲麟兼爲庶人作法之義也○注尚書至率舞○解云咎繇謨之文也彼鄭注云簫韶舜所制樂宋均注樂說云簫之言肅舜時民樂其肅敬而紀堯道故謂之簫韶或云韶舜樂名舜樂者其秉簫乎鄭氏又云樂備作謂之成簫韶作九備而鳳皇乃來儀止巢乘匹擊石拊石百獸率舞者石磬也百獸服不氏所養者謂音聲之道與政通焉引之者欲道上有聖帝明王天下大平瑞物乃來之義○注援神至麟臻○解云釋獸云驎如馬一角不角者騏舍人云驎如馬而有一角不有角者名騏然則麒麟非直雄雌之異其體亦别

無王者則不至

辟害遠也當春秋時天下散亂不當至而至故爲異

疏 注辟害遠也○解云謂無道之丗刳胎殺夭是以瑞物亦不來游也即家語云孔子曰刳胎殺夭則麒麟不至擿巢毁卵則鳳皇不翔是也故云辟害遠也

有以告者曰有麕而角者孔子曰孰爲來哉孰爲來哉

見時無聖帝明王怪爲誰來○有麕本又作麇亦作麕皆九倫反麞也

疏 有以至角者○解云即孔叢云叔孫氏之車子曰鉏商樵于野而獲麟焉衆莫之識以爲不祥棄之五父之衢冉有告孔子曰有麕肉角豈天下之妖乎夫子曰今何在吾將觀焉遂往謂其御高柴曰若求之言其必麟乎到視之曰今宗周將滅無主孰爲來哉茲日麟出而死吾道窮矣乃作歌曰唐虞之丗麟鳳游今非其時來何由麟兮麟兮我心憂是也然則此告者其冉求也若以孔叢合之此傳則鄉云薪采者還是鉏商也而春秋不言之者略微故也不言爲漢獲之者微辭也故春秋說云不言姓名爲虛主宋氏云劉帝未至故云虛主若書姓名時王惡之是其義也○注見時至誰來○解云下注云夫子素案圖録知庶姓劉季當代周見采薪獲麟知爲其出然則夫子素知此事而云孰爲來哉以怪之者蓋畏時遠害假爲微辭非其本心注解其語故見時無聖帝明王怪爲誰來矣或者素案圖録知劉季當代周但初見之時未知薪采獲麟爲之出仍自未明故作此言也乃后詳審方知爲薪采者所獲於是煥然而窮是以泣之亦何傷乎

反袂拭面涕沾袍

袍衣前襟也夫子素案圖録知庶姓劉季當代周見薪采者獲麟知爲其出何者麟者木精薪采者庶人燃火之意此赤帝將代周居其位故麟爲薪采者所執西狩獲之者從東方王於西也東卯西金象也言獲者兵戈文也言漢姓卯金刀以兵得天下不地者天下異也又先是螽蟲冬踊彗金精掃旦置新之象夫子知其將有六國爭彊從横相滅之敗秦項驅除積骨流血之虞然后劉氏乃帝深閔民之離害甚久故豫泣也○袂彌丗反衣袂也涕他禮反袍步刀反又步報反衣前襟也襟音金王於于況反下火王而王之王同從横子容反驅除並如字又上丘具反下直據反

疏 反袂拭面○解云目亦有作面字者云涕沾袍者袍亦有作衿字者以衣前襟言之袍似得之○注夫子至代周○解云蓋見中候云卯金刀帝出復堯之常是其案圖録從亭長之任而爲天子故謂之庶姓矣○注何者至之意○解云春秋說云麟生於火游於中土軒轅大角之獸然則麟爲土畜而言木精者正以公羊說云麟者木精一角赤目爲火候既爲火候是木之子謂之

木精亦何傷舊云木生火火生土麟爲土畜亦受氣于祖性合人仁故爲木精也庶人采薪本供庖爨意欲燃之故曰采薪庶人燃火之意也木雖生火火復燒木即漢以火德承周之后而能滅之故曰此赤帝將代周居其位也云故麟爲薪采者所執其若不然麟爲異物體形不小薪采隻夫寧能輕獲之乎○注西狩至天下○解云言西狩獲之者即是從東方而王於西方之象卯在東方金在西方故曰東卯西金象也言獲者兵戈之文是其有刀之義也故曰言姓卯金刀以兵得天下言劉季起於豐沛之間提三尺之劒而入秦宫是其卯金刀從東王於西以兵得天下之事也○注不地至異也○解云所以不言西狩于某獲麟者正以讖見于魯乃爲周王將亡之異是以不舉小地之名亦得爲王魯之義故曰不地者天下異也云又先是螽蟲冬踊者即上十二年冬十有二月螽十三年冬十有二月螽是也云彗金精歸旦置新之象者即上十三年冬十有二月有星孛于東方傳云孛者何彗星也者是孛從西方鄉東故曰金精彗者埽除之象鄉晨而見故曰埽旦也然則螽蟲冬踊者乃是天不能殺地不能理故爲六國爭强天下大亂之象也金精埽旦乃是秦項驅除劉氏乃帝之義故何氏云焉○注夫子至之敗○解云六國者即燕齊楚韓魏趙也當爾之時齊据東蕃燕楚强于

南北韓魏趙居於晉洛之間各自保險迭相征伐故曰六國爭强也戰國策云秦横有周故謂之横燕楚南北而遠故謂之從蘇秦在東而相六國謂之合從張儀在西而相秦以戎謂之連横故彼下文從成則楚王横成則秦帝蘇公居趙以秦兵不敢東伐張儀在秦楚兵絶于西是也蘇公既死張儀以横滅從是從横相滅之敗也○秦項驅除○解云始皇據秦藉滅周之資而殄六國項羽因胡亥之虐而籠括天下皆非受命之帝但爲劉氏驅其狐貍除其豺狼而已故曰秦項驅除○注積骨至泣也○解云虐亦有作害者爾時天下土崩英雄鵲起秦項之君視人如芥骸𠤎之處積骨成山平原之地血流如海故曰積骨流血之虐也自此以后高祖乃興故曰然后劉氏乃帝

顔淵死子曰噫

噫咄嗟貌○噫於其反咄丁忽反〔疏〕注噫咄嗟貌○解云咄嗟猶歎息即里語曰咄嗟之間也弟子傳云顔淵少孔子三十歲三十二而卒以此言之則顔淵之生昭十九年矣及其卒時當哀三年而至此乃言之者傳家追言之亦何傷

天喪予

予我○喪息浪反予羊汝反我也〔疏〕天喪予○解云聖人之道當須輔佐而成是以家語及殷傳云自予得回也門人加親也今而遭命故曰天喪予而論語云非助我者謂非師徒弟子共相發起之義蓋欲顯聰敏非是不助也

子路死子曰噫天祝予

祝斷也天生顔淵子路爲夫子輔佐皆死者天將亡夫子之証○斷丁管反〔疏〕子路死至祝予○解云若依在氏則獲麟之后當哀十五年衛大子蒯聵入國之時子路乃死衛人醢之孔子聞之爲之覆醢今已言死者公羊子於后言之未足爲妨也自予得由也惡言不至於耳是其爲輔佐之義也注祝斷也者言天祝惡已之道德亦是斷絶之義也○注天生至之証○解云若欲以理言之則四科十人游夏之徒皆爲夫子之輔佐故孝經説云春秋屬商孝經屬參是也今特言二人者以其先卒故也良輔之内二人先死亦非祐助之義故曰將亡夫子之証

西狩獲麟孔子曰吾道窮矣

加姓者重終也麟者大平之符聖人之類時得麟而死此亦天告夫子將沒之徵故云爾〔疏〕西狩至窮矣○解云麟之來也應於三義一爲周亡之徵即上傳云何以書記異也是也二爲漢興之瑞即上傳云孰爲來哉孰爲來哉雖在指斥意在於漢也三則見孔子將沒之徵故此孔子曰吾道窮矣是也○注加姓至云爾○解云正以上文再發子曰皆不加姓故也云麟者大平之符聖人之類者以皆有聖帝明王然後乃見故謂之類也注又云時得麟而死者即孔叢子云麟出而死言道窮矣是也

春秋何以始乎隱

據得麟乃作〔疏〕注據得麟乃作○解云止以演孔圖云獲麟而作春秋九月書成是也而撥命篇云孔子年七十歲知圖書作春秋者何氏以爲年七十歲者大判言之不妨爾時七十二矣猶如卜世三十卜年七百之類也

祖之所逮聞也

託記高祖以來事可及問聞知者猶曰我但記先人所聞辟制作之害〔疏〕祖之所逮聞也○解云何氏以爲公取十二則天之數故隱元年益師卒之下注云所以二百四十二年者取法十二公天數備足是也今此傳云祖之所逮聞者謂兼有天數之義亦託問聞而知亦取制服三等之義故隱元年注云所以三世者禮爲父母斬衰三年爲祖父母期爲曾祖高祖父母齊衰三月是也○注託記至之害○解云假託云道我記高祖以來事者謂因己聞父得聞昭定哀之事因父聞祖得聞文宣成襄之事因祖聞高祖得聞隱桓莊閔僖之事故曰託記高祖以來事可及問聞知者以此言之則無制作之義故曰我但記先人所聞辟制作之害也

所見異辭所聞異辭所傳聞異辭

所以復發傳者益師以臣見恩此以君見恩嫌義異於所見之世臣子恩其君父尤厚故多微辭也所聞之世恩王父少殺故立煬宮不日武宮日是也所傳聞之世恩高祖曾祖又殺故子赤卒不日子般卒日是也○傳直專反注傳聞同復扶又反臣見賢偏反下欲見同少殺所戒反下同般音班〔疏〕注所以復發至義異○解云隱元年冬十有二月公子益師卒傳云何以不日遠也所見異辭所聞異辭所傳聞異辭然則彼已有傳今復發之者正以益師之卒所以不日者以其恩遠孔子所不見欲道當時之君無恩于其臣是以大夫之卒不問有罪與不例皆不日以見之是以須發二魁與辭之言今此西狩獲麟當所見之世已與父時之事欲道當時之臣有恩于其君故爲微辭不忍正言其惡是以復須發傳道其三代異辭之意然則言益師以臣見恩者言益師之經以臣之故見君恩之薄厚也云此以君見恩者今此獲麟之經以君之故見臣恩之厚薄其義實異故重發案桓二年成宋亂之下傳云内大惡諱此其自言之何遠也所見異辭所聞異辭所傳聞異辭何氏云所以復發傳者益師以臣見恩此以君見恩嫌義異也然則桓公之時已發見君恩之傳今復發之者正以桓公之時欲見其臣無恩於其君是以不爲之諱大惡今時有恩于其君爲之諱而作微辭也彼注云嫌義異也此復注云義異是其一隅何氏不決之者從可知省文

也云故多微辭也者即定元年傳云定哀多微辭注云定公有王無正月不務公室喪失國寶哀公有黃池之會獲麟故揔言多是也云故立煬宮不日者即定元年秋九月立煬宮是也云武宮日者即成六年二月辛巳立武宮是也正以公羊之義失禮鬼神例日故如此解之也云子赤卒不日者即文十八年冬十月子赤卒是也云子般卒日是也者即莊三十二年冬十月乙未子般卒是也文十八年子卒之下傳云子卒者孰謂謂子赤也何以不日隱之也何隱爾弑也弑則何以不日不忍言也注云所聞世臣子恩痛王父深厚故不忍言其日與子般異是也

何以終乎

哀十四年據哀公未終也

疏注據哀公未終也○解云正以未見公薨之文故也且以左氏言之即哀二十七年公遜於越而因卒則知今未終

曰備矣人道浹王道備必止於麟者欲見撥亂功成於麟猶堯舜之隆鳳皇來儀故麟於周爲異春秋記以爲瑞明大平以瑞應爲效也絕筆於春不書下三時者起木絕火王制作道備當授漢也又春者歲之始能常法其始則無不終竟○道浹子協反一本作市撥卜末反理也應應對之應

疏注人道至效也○解云浹亦有作市字者正以三代異辭因父以親祖以親曾祖以曾祖親高祖骨肉相親極

于此故云人之道浹也云王道備者正以撥亂于隱公功成于獲麟懔懔治之至于大平故曰王道備也云必止至於麟者正以獲麟之后得端門之命乃作春秋但孔子欲道從隱撥亂功成于麟是以終于獲麟以示義似若堯舜之隆制禮作樂之后簫韶九成鳳皇乃來止巢而乘匹之類也云故麟于周爲異者即上傳云何以書記異也何異爾非中國之獸也是也云春秋記以爲瑞者記亦有作託者今解彼記也云明大平以瑞應爲効也者言若不致瑞即大平無驗故春秋記麟爲大平之効也○注絕筆至漢也○解云四時具然后爲年此乃春秋之常今不書下三時者欲起木應之君將亡欲別起爲王是以此處不得記之且獲麟既記制作之道巳備當欲以之授于漢帝使爲治國之法是以不得錄于三時矣○注又春至終竟○解云所以然者始正則僖十六年傳云朔有事則書晦有事不書也者義亦通此

君子曷爲爲春秋據以定作五經

疏君子曷爲爲春秋○解云君子謂孔子曷爲今日始爲春秋乎嫌其大晚於諸典之后○注據以定作五經○解云何氏以爲孔子領緣五經皆在獲麟之前故故言此何氏知然者正以論語云孔子曰吾自衛反魯然后樂正雅頌各得其所案孔子自衛反魯在哀十一年冬則知料理舊經不待天命者皆在獲麟之前明矣而論語直言樂正雅頌文不備矣言料理五經在獲麟之前何故作春秋獨在獲麟之后乎故据五經以難之

撥亂世撥猶治也

反諸正莫近諸春秋得麟之后天下血書魯端門曰趍作法孔聖沒周姬亡彗東出秦政起胡破術書記散孔不絕子夏明日往視之血書飛爲赤烏化爲白書署曰演孔圖中有作圖制法之狀孔子仰推天命俯察時變却觀未來豫解無窮知漢當繼大亂之后故作撥亂之法以授之○近附近之近又如字演以善反

疏撥亂至春秋○解云孔子未得天命之時未有制作之意故但領緣舊經以濟當時而已既獲麟之后見端門之書知天命已制作以俟后王于是選理典籍欲爲撥亂之道以爲春秋者賞善罰惡之書若欲治世反歸于正道莫近于春秋之義是以得天命之后乃作春秋矣即上云治世之要務義亦通於此○注得麟至之狀○解云演孔圖文也疾作王者之法孔氏聖人將欲沒矣周王姬氏將亡是以十三年冬彗星出于東方矣秦始皇名正方欲起爲天子其子胡亥破先王之術當爾之時書契紀綱盡皆散亂唯有孔氏春秋口相傳者獨存而不絕孔子聞之使子夏往視其血書其血乃飛爲赤烏其書乃化爲白書署之曰此是演孔圖中義理乃有訓作之象制法之形狀矣

案秦本紀云秦皇爲無道周人以舊典非之乃用李斯之謀欲以愚黔首於是燔詩書云然則始皇燔詩書而言胡破術者謂始皇燔之不盡胡亥亦燔之科舉之亦何傷云孔子仰推天命者謂仰推蓍天命即端門之命是也云俯察時變者即螽蟲冬踊彗星埽旦之象是也欲尊天命故以俯仰言之云却觀未來豫解無窮知漢當繼大亂之后故作撥亂之法以授之者謂知其承大亂之后天下未醇故作治亂之法以授之矣若欲託之春秋即所傳聞之世是也故桓三年夏齊侯衛侯胥命于蒲傳云胥命者何相命也何言乎相命近正也此其爲近正奈何古者不盟結言而退彼注云善其近正似於古而不相背故書以撥亂也是也

則未知其爲是與其諸君子

樂道堯舜之道與作傳者謙不敢斥夫子所爲作意也堯舜當古歷象日月星辰百獸率舞鳳皇來儀春秋亦以王次春上法天文四時具然后爲年以敬授民時崇德致麟乃得稱太平道同者相稱德合者相友故曰樂道堯舜之道○其爲于僞反注所爲同是與音餘下及注同

疏則未至是與○解云爲音于僞反公羊子謙不敢斥言孔子作春秋故依違云則未知其爲此春秋可以撥亂世而作之與○其諸至道與○解云其諸辭也

即桓六年子公羊子曰其諸以病桓與注云其諸辭也是也君子謂孔子不知爲是孔子而樂堯舜之道是以述而道之與○注堯舜至之道○解云言堯舜當古歷象日月星辰者堯典文也云百獸率舞者舜典咎繇謨皆有其文也云鳳皇來儀者咎繇謨文也云春秋亦以王次春上法天文四時具然后爲年以敬授人時者欲似堯舜當古厤象日月星辰以敬授人時也云崇德致麟乃得稱大平者欲似堯舜百獸率舞鳳皇來儀是也云道同者相稱者謂孔子之道同于堯舜故作春秋以稱述堯舜是也云德合者相友者同志之名言孔子之德合於堯舜是以愛而慕之乃作春秋與其志相似也

末不亦樂乎堯舜之知君子也末不亦樂后有聖漢受命而王德如堯舜之知孔子爲制作〈疏〉末不至子也○解云孔子之道既與堯舜雅合故得與堯舜相對爲首末然則指孔子言不亦也堯舜之時預知有已而制道術預知有已而爲君子而慕之巳亦預制春秋授劉帝是孔子亦愛慕堯舜之知君子而効之

制春秋之義以俟後聖待聖漢之王以爲法〈疏〉制春至后聖○解云制作春秋之義謂制春秋之中賞善罰惡之義也

以君子之爲亦有樂乎此也樂其貫於百王而不滅名與日月並行而不息〈疏〉以君至此也○解云君子謂孔子所以作春秋者亦樂此春秋之道可以永法故也○注樂至不息○解云春秋者賞善罰惡之書有國家者最所急務是以貫通于百王而不滅絕矣故孔子爲后王作之云名與日月並行而不息者謂名之曰春秋其合于天地之利生成萬物之義凡爲君者不得不爾故曰名與日月並行而不息也

監本附音春秋公羊注疏哀公卷二十八

江南蘇松督糧道方體栞

公羊注疏卷二十八挍勘記　阮元撰盧宣旬摘錄

公羊注疏哀公卷二十八

十有一年

令亦云魯公與伐　閩監毛本令誤合按令當今字之誤　此本今字不誤

十有二年

城郭里若亦有井　閩監毛本同誤也鄂本若作井當據正

出稷禾秉芻正米　浦鏜云缶誤正

正以齊義穆姜之屬　閩本缺義字按齊義蓋文姜之誤

秋公會衛侯宋皇瑗于運　諸本同唐石經缺

冬十有二月蝝　唐石經諸本同釋文蝝本亦作螽注同按注此年再蝝疏作此年再螽

天不能殺地不能理　惠棟云二語見荀子理當作埋

宋國以亡　解云考諸舊本宋是宗字宗國猶大國按當作宗國宗國謂魯也

十有三年

夏許男戌卒　閩監毛本同鄂本戌作戍唐石經缺釋文作成云本亦作戍

鄭游速滅許　閩監本同毛本速作遫

敗齊臨菑　解云菑字有作晉字黃池近晉晉人畏而會之故曰臨晉

正及者汲汲之辭　浦鏜云正下脫以

解云凡言及者　閩監本同毛本凡誤故何挍本亦作凡

不與夷狄之主中國　唐石經閩監本同毛本主中誤倒

而魯侯蒙俗會之者惡愈　桓二年疏引此下有也字此脫

會于貫 按經文作會于貫澤此及僖九年盟葵邱疏皆無澤字
小國言江黃 按當作遠國
見于旦也 諸本同唐石經于字磨改當本作乎解云于字有作乎字者誤
諸侯伐主治 閩監毛本同誤也鄂本作諸侯代王治余本伐亦作代當據正
盜殺陳夏彄夫 唐石經諸本同釋文陳夏一本作廉彄夫一本作嫗音同二傳作夏區夫
十有四年
何以書記異也 唐石經諸本同隸釋載漢石經公羊殘碑何以書上有十有四年字據此及隱公傳知經傳別行傳首皆載某公年數後人以經合傳始刪傳中紀年矣
何異爾非中國之獸也 唐石經諸本同春秋左氏傳序正義引孔舒元公羊傳本作今麟非常之獸其爲非常之獸柰何與注本迴異

堯祚將 浦鏜云下當脫復字孫志祖云以禮運正義校之浦說是也
然則何氏云吉凶不並 按云氏二字衍
正以僖二十八年 浦鏜云下脫春○按春乃冬字之誤
知庶人采樵薪者 鄂本元本同閩監毛本采作採下及疏同
蓋据魯變周之春 蜀大字本閩監毛本同鄂本据作據
草木萌牙 毛本牙改芽
非所以養微者是也 何按本無者字
在麟趾之篇也 閩監毛本同浦鏜云之趾字誤倒非
而紀堯道 段玉裁云紀爲紹之誤
舜樂者其秉簫乎 段玉裁云者上當脫舞字

無王者則不至 唐石經諸本同杜氏春秋左傳序云春秋之作左傳及穀梁無明文正義曰今驗何注公羊亦無作春秋事案孔舒元公羊傳本云有王者則至無王者則不至然則孰爲而至爲孔子之作春秋是有成文也今何注本此下無此二句
有麕而角者 唐石經同閩本麕字剜改囷作君監毛本承之非也釋文作麏云本又作麇亦作麕按隸釋載漢石經作麕麕卽麕之隸變爾雅釋獸麐麕身牛尾郭注引公羊傳曰有麕而角是古本作麕也石經考文提要云宋景德本鄂泮官書本皆作麕
反袂拭面涕沾袍 唐石經諸本同疏本作反袂拭目涕沾袍云目亦有作面字者袍亦有作衿字者按釋文作沾袍步刀反經義雜記曰說文袍襺也袷交衽也是當作涕沾袷衿襟皆俗字作袍非也論衡指瑞云反袂拭面泣涕沾襟春秋正義云下沾衿之泣離騷霑余襟之浪浪皆可證又杜氏春秋序亦作反袂拭面疏本作拭目非
夫子素案圖錄知庶聖劉季當代周 鄂本蜀大字本同毛本案改按閩本剜改

聖作姓 監毛本因之惠棟云當作庶聖參同契曰夫子庶聖雄
又先是蝝蟲冬踊 疏中蝝作螽
積骨流血之虞 鄂本虞作虐不誤解云虐亦有作害者
乃爲周王將亡之異 閩本同監毛本王改室
十三年冬十有二月螽是也 浦鏜云一月誤二月按浦說是也
云彗金星埽旦置新之象者 按注作金精何按本不誤
金精掃旦 何按本掃作埽
卽燕齊楚韓魏趙也 閩監毛本作趙魏下同
張儀在西而相秦以戎 閩監本同誤也當從毛本戎作成
除其犲狼而已 閩監毛本犲作豺

顏淵死子曰噫　唐石經作孔子曰按下西狩獲麟孔子曰注云加姓者重終也然則於此不當有孔字矣

天將亡夫子之證　閩本剜改証作證監毛本承之疏同

西狩獲麟　唐石經諸本同經義雜記曰論衡指瑞云春秋曰西狩獲死驎今三傳本無死字而公羊云顏淵死子曰噫天喪予子路死子曰噫天祝予西狩獲麟孔子曰吾道窮矣注云時得麟而死此亦天告夫子將没之徵則此傳本作西狩獲死麟與上顏淵死子路死一例吾道窮矣與上天喪予天祝予一例驎俗麟字

止以演孔圖云　閩監毛本止作正

祖之所逮聞也　唐石經諸本同隸釋載漢石經逮作遝九經古義云説文遝迨也玉篇迨遝行相近又目部眔目相及方言云迨遝及也東齊曰迨關之東西曰遝或曰及

是以須發二魁與辭之言　補毛本作三代異辭此本二魁與三字恐誤

子赤卒是也　浦鏜云赤衍

鳳凰來儀　鄂本凰作皇何校本疏同

春秋記以爲瑞　解云記亦有作託者

明大平以瑞應爲效也　鄂本效作効按疏中引注同

故云人之道浹也　浦鏜云之衍

云必止至於麟者　浦鏜云至衍

今解彼記也　浦鏜云從誤彼

莫近諸春秋　浦鏜云詩序及爾雅序疏引何注有莫近猶莫過之也七字今疑脱

秦政起　解云秦始王名正

血書飛爲赤烏　蜀大字本閩監毛本同誤也鄂本烏作烏當據正疏同

秦始皇名正之　按秦始皇不名政梁玉繩史記志疑曾辨

其血乃飛爲赤烏　何校本烏作烏是也

鳳凰來儀　何校本凰作皇疏同

子公羊子曰其諸以病桓與下　閩監毛本上子誤夏與誤

欲似堯舜當古厤象日月星辰　閩監毛本似誤以

公羊注疏卷二十八挍勘記終

工部屯田司員外郎胡祖謙挍

重栞宋本穀梁注疏附挍勘記

嘉慶二十年江西南昌府學開雕

太子少保江西巡撫兼提督揚州阮元審定　武寧縣貢生盧宣旬校

欽定四庫全書總目春秋穀梁傳注疏二十卷

晉范甯集解唐楊士勛疏其傳則士勛疏稱穀梁子名俶字元始一名赤受經於子夏爲經作傳則當爲穀梁子所自作徐彦公羊傳疏又稱公羊高五世相授至胡母生乃著竹帛題其親師故曰公羊傳穀梁亦是著竹帛者題其親師故曰穀梁傳則當爲傳其學者所作案公羊傳定公即位一條引子沈子曰何休解詁以爲後師（案此注在隱公十一年所引子沈子條下）此傳定公即位一條亦稱沈子曰公羊穀梁既

同師子夏不應及見後師又初獻六羽一條稱穀梁子曰傳既穀梁自作不應自引己說且此條又引尸子曰尸佼爲商鞅之師鞅既誅佼逃於蜀其人亦在穀梁後不應預爲引據疑徐彦之言爲得其實但誰著於竹帛則不可考耳漢書藝文志載公羊穀梁二家經十一卷傳亦各十一卷則經傳初亦別編范甯集解乃併經注之疑即甯之所合定公元年春王三月一條發傳於春王二字之下以三月別屬下文頗疑其割裂然考劉向說苑稱文王似元年武王似春王周公似正月向受穀梁春秋知穀梁經文以春王二字別爲一節故向有此讀至公觀魚于棠一條葬桓王一條杞伯來逆叔姬之喪以歸一條曹伯廬卒于師一條天王殺其弟佞夫一條皆冠以傳曰字惟桓王一條與左傳合餘皆不知所引何傳疑甯以傳附經之時每條皆冠以傳曰字如鄭元王弼之易有彖曰象曰之例後傳寫者刪之此五條其削除未盡者也甯注本十二卷以兼載門生故吏子弟之說各

列其名故曰集解晉書本傳稱甯此書爲世所重既而徐邈復爲之注世亦稱之今考書中乃多引邈注未詳其故又自序有商略名例之句疏稱甯別有略例百餘條此本不載然注中時有傳例曰字或士勛割裂其文散入注疏中歟士勛始末不可考孔穎達左傳正義序稱與故四門博士楊士勛參定則亦貞觀中人其書不及穎達書之賅洽然諸儒言左傳者多言公穀者少既乏憑藉之資又左傳成於衆手此書出於此人復鮮佐助之

力詳略殊觀固其宜也其疏長狄眉見於軾一條連綴於身横九畆句下與注相離蓋邢昺刊正之時又多失其原第亦不盡士勛之舊矣

監本附音春秋穀梁傳注疏序

國子四門助教楊士勛撰

國子博士兼太子中允贈齊州刺史吳縣開國男陸德明釋

春秋穀梁傳序〔疏〕釋曰此題諸本文多不同晉宋古文多云春秋穀梁傳序俗本亦有直云穀梁傳序者然春秋是此書之大名傳之解經隨事則釋亦既經傳其文題名不可單舉又此序末云名曰春秋穀梁傳集解故今依上題焉此序大畧凡有三段第一段自周道衰陵盡莫善於春秋釋仲尼修春秋所由及始隱終麟之意夫聖哲在上動必合宜而直臣良史克施有政故能使善人勸焉淫人懼焉洎乎周德既衰彝倫失序居上者無所懲艾處下者信意愛憎致令九有之存唯祭與號八表之俗或狄或戎故仲尼就大師而正雅頌因魯史而修春秋其始隱終麟范自具焉第二自春秋之傳有三盡君子之於春秋沒身而已釋三傳所起及是非得失仲尼卒而微言絕秦正起而書記亡其春秋之書異端競起遂有鄒氏夾氏左氏公羊穀梁五家之傳鄒氏夾氏口說無文師既不傳道亦尋廢左氏者左丘明與聖同恥恐諸弟子各安其意為經作傳故曰左氏傳其傳之者有張蒼賈誼張禹翟方進賈逵服虔之徒漢武帝置五經博士左氏不得立於學官至平帝時王莽輔政方始得立公羊子名高齊人受經於子夏故孝經說云春秋屬商是也為經作傳故曰公羊傳其傳之者有胡毋子都董仲舒嚴彭祖之類其道盛於漢武帝穀梁子名俶字元始魯人一名赤受經于子夏為經作傳故曰穀梁傳孫卿孫卿傳魯人申公申公傳博士江翁其後魯人榮廣大善穀梁又傳蔡千秋漢宣帝好穀梁擢千秋為郎由是穀梁之傳大行於世然則三家之傳是非無取自漢以來廢興由於好惡而已故鄭玄六藝論云左氏善於禮公羊善於讖穀梁善於經是先儒同遵之義也言左氏善於禮者謂朝聘會盟祭祀田獵之屬不違周典是也公羊善於讖者謂黜周王魯及龍門之戰等是也穀梁善於經者謂大夫曰卒諱莫如深之類是也其三傳是非序文自具第三自升平之末盡穀梁傳集解釋已注述之意并序集解之人案晉書范甯字武子順陽縣人為豫章太守父名汪長子名泰字伯倫中子名雍字仲倫小子名凱字季倫其從弟則注云邵曰是也言先君則父注是也以傳穀梁者雖多妄引三傳辭理典據不足可觀故與門徒商畧名例傳示同異也所云名例者即范氏所據別為畧例一百餘條是也其春秋及經傳之名在後別釋謂之序者序述經傳之旨并明已注作之意也

昔周道衰陵乾綱絕紐也○乾其連反天紐女久反**禮壞樂崩彝倫攸斁**○彝倫以之反彝常倫理也攸斁丁故反字書作殬敗也**弒逆篡盜者國有**○弒申志反又作殺音同篡初患反爾雅云取也**淫縱破義者比肩**○淫縱子用反〔疏〕昔周至比肩○釋曰仲尼之脩春秋因衰亂而作故序先述周道衰也云昔者范氏晉世之人仰追周代故曰昔云周道衰陵者總述幽厲以來也指衰極言之則平桓之世也知者幽厲雖則失道名器未失詩猶入雅平王東遷之後下同於國風政教所被纔及郊畿仲尼修春秋以平王為始知衰極是平桓也衰陵謂衰弱陵遲云乾綱者乾為陽喻天子坤為陰喻諸侯天子總統萬物若綱之紀衆紐故曰乾綱云絕紐者紐是連繫之辭故昭十三年左傳云再拜皆厭紐玉藻云紐約用組諸侯背叛四海分崩若紐之絕故曰絕紐云禮壞樂崩者通言之耳知非樂是陽故以崩言之禮是陰故以壞言之者正以詩序云微子至於戴公其間禮樂廢壞明知通矣云彝倫攸斁者尚書洪範文也禮以安上治民樂以移風易俗禮樂崩壞故常道所以敗也弒謂臣弒君逆謂子弒父篡謂以庶奪正盜即哀四年傳云春秋有三盜是也**是以妖災因釁而作**○釁許靳反**民俗染化而遷陰陽為之愆度**○為之于偽反下同**七耀為之盈縮**○縮所六反**川岳為之崩竭鬼神為之疵厲**○疵才斯反厲音例又作癘〔疏〕是以至疵厲○釋曰宣十五年左傳云天反時為災地反物為妖人反德為亂亂則妖災生是妖災因釁而起也云陰陽愆度者謂冬溫夏寒失其節度云七耀盈縮者謂日月薄食若晦食則是月行疾食朔與二日是月行遲又五行傳云晦而月見西方謂之朓朔而月見東方謂之側匿朓則侯王其恭側匿則侯王其肅是由君行使之然也五星亦有遲疾故襄二十八年左傳云歲在星紀而淫於玄枵是也謂之七曜者日月五星皆照天下故謂之七曜五星者即東方歲星南方熒惑西方太白北方辰星中央鎮星是也云川岳崩竭者謂周語云幽王之時三川震伯陽父曰昔伊洛竭而夏亡河竭而商亡岳是山之類即梁山沙鹿崩是也云鬼神疵厲者舊解以為鬼神即宗廟是也疵厲謂災

變也言人棄常制致宗廟之災即桓宮新宮災是也今以爲鬼神爲之疵癘即國語云杜伯射宣王於鎬左傳云伯有之鬼爲厲是也 故父子之恩缺則小弁之刺作○缺丘悅反弁步寒反刺七賜反此所引皆詩篇名谷風在邶風餘皆小雅 君臣之禮廢則桑扈之諷興○扈音戶諷方鳳反又作風 夫婦之道絕則谷風之篇奏 骨肉之親離則角弓之怨彰 君子之路塞則白駒之詩賦【疏】故父至詩賦○釋曰今范引此者即周道之衰微廢此五事爲此仲尼作春秋也故孔叢云孔子讀詩至小雅廢卷而歎感詩脩春秋是也云小弁之刺作者小弁詩小雅周幽王廢太子宜臼故大子之傳作詩以刺之云桑扈之諷興者桑扈亦詩小雅刺幽王君臣上下動無禮文焉故作是詩以諷之云谷風之篇奏者谷風衞人刺其君無德故令國內之人得其新婚者並棄其舊室風俗衰壞故作是詩以刺之言奏者謂奏進此詩與上文作興不異但述作之體欲辟文耳云角弓之怨彰者角弓詩小雅以幽王不親九族故作詩以刺之言族人怨之彰顯故云角弓之怨彰云白駒之詩賦者白駒詩小雅宣王之末不能任賢致使賢人乘白駒而去也此引詩之次先云小弁後言白駒者以父子是人倫之端首六親之莫大故先言之其次則有君臣若君臣禮廢則上下無序故次桑扈夫婦者生民之本室家之原欲見從近及遠故夫婦先九族是以谷風在角弓之上白駒是賢人棄君又非親戚故最後言之或當隨便而言更無次第之例知者白駒是宣王之詩而言在幽王之詩下是無先後之次也 天垂象見吉凶○見賢偏反 聖作訓紀成敗欲人君戒愼厥行○行下孟反 增脩德政【疏】天垂至德政○釋曰易稱在天成象在地成形成象則日月之曜成形則山川之形見吉凶者即上七曜爲之盈縮川岳爲之崩竭是也獨言天象者舊解云尊作法之本明聖人與天地合其德與日月齊其明以爲川嶽崩竭亦是天使爲之故總言垂象以包之云聖作訓紀成敗者謂若春秋書日食星隕山崩地震記災錄異善惡襃貶等皆所以示禍福成敗之原存亡得失之本欲使人君戒愼其所行改脩德政以消災咎也 盍誨爾諄諄聽我藐藐○藐亡角反 履霜堅

冰所由者漸【疏】盍誨至者漸○釋曰言此者明聖人雖作法愚上不能用也言我教誨汝王諄諄然何故聽我言藐藐然而不入此詩大雅抑篇刺厲王之詩也云履霜堅冰者易坤卦初六爻辭象曰履霜堅冰陰始凝也馴至其道至堅冰也引之者取積漸之義也 四夷交侵華戎同貫幽王以暴虐見禍平王以微弱東遷征伐不由天子之命號令出自權臣之門故兩觀表而臣禮亡○觀古亂反 朱干設而君權喪○喪息浪反下道喪同 下陵上替僭逼理極○替他計反僭子念反 天下蕩蕩王道盡矣【疏】四夷至盡矣○釋曰云四夷者東夷西戎南蠻北狄之總號也云交侵者謂交相侵伐也云華戎同貫者謂諸夏與夷狄無異也舊解四夷交侵華戎同貫指謂當春秋之時今以爲文勢在幽王之上則當亦兼據幽厲以來故節詩刺幽王云斬伐四國又曰國既卒斬及宣王幽王並爲夷狄所敗則此段序意論衰之積漸不直據春秋之時明矣云幽王見禍平王東遷者周本紀幽王既得襃姒廢申后而黜大子宜臼申侯與鄫人及犬戎殺幽王於驪山之下盡取周賂而還乃與諸侯就申立太子宜臼是爲平王東遷洛邑是也云兩觀已下者昭三十五年公羊傳云子家駒謂昭公曰諸侯之僭天子大夫之僭諸侯久矣公曰吾何僭哉子家駒曰設兩觀乘大路朱干玉戚以舞大夏八佾以舞大武然則諸侯不立兩觀周衰諸侯僭而置之是臣無有事君之禮也天子之舞始設朱干諸侯今亦用之是君之權喪失也云僭逼理極者謂僭上逼下之理至極也據君失權言之是逼下以臣陵君是僭上或以爲直據臣言之理亦通也云王道盡矣者言法度廢壞盡也 孔子覩滄海之橫流迺喟然而歎曰○喟起愧反又苦怪反 文王既沒文不在茲乎言文王之道喪興之者在己於是就大師而正雅頌○大師音泰 因魯史而脩春秋列黍離於國風齊王德於邦君所以明其不能復雅○復扶又反 政

化不足以被羣后也。被皮義反

疏孔子至后也○釋曰舊解引楊雄劇秦篇曰當秦之世海水羣飛海水喻萬民羣飛言散亂又引孟子云當堯之世洪水橫流言不復故道喻百姓散亂似水之橫流今以爲滄海是水之大者滄海橫流喻害萬物之大猶言在上殘虐之深也云就大師而正雅頌者大師樂官也詩者樂章也以大師掌詩樂故仲尼自衛反魯就而正之直言雅頌者舉雅頌則風詩理在可知又雅頌之功大故仲尼先用意焉知非爲師摯理之故仲尼不正者師摯直閑關雎之音而已詩之顛倒仍是仲尼改正故此序云仲尼列黍離於國風杜預注左氏云後仲尼刪定故不同是也然則作詩之體風雅先定黍離若是風體大師不得列之於雅頌之中若是雅頌之體仲尼亦不得退之於風詩之中而云列黍離於國風者詩人詠歌實先有風雅之體黍離既是國風誠不可列之於雅頌但天子不風諸侯不雅仲尼刋正還同國風亦是仲尼列之

於時則接乎隱公故因茲以託始該二儀之化育贊人道之幽變舉得失以彰黜陟明成敗以著勸誡拯頽綱以繼三五。拯拯救之頽徒回反鼓芳風以扇遊塵

疏於時至遊塵○釋曰平王四十九年隱公之元年故曰接乎隱公亦與惠公相接不託始於惠公者以平王之初仍賴晉鄭至於末年陵替尤甚惠公非是微弱之初故不託始於惠公隱公與平王相接故因茲以託始也該者備也二儀謂天地言仲尼脩春秋濟羣物同於天地之化育云舉得失以彰黜陟者謂若儀父能結信於魯書字以明其陟杞雖二王之後而後代微弱書子以明其黜云明成敗以著勸誡者成敗黜陟事亦相類謂若葵丘書日以表齊桓之功戎伐凡伯言戎以明衛侯之惡又定哀之時爲無賢伯不屈夷狄不申中國皆是書其成敗以著勸善懲惡云拯頽綱以繼三五者於時王侯失位上下無序綱紀頽壞故曰頽綱今仲尼脩春秋祖述堯舜憲章文武拯者救溺之名言欲拯此頽綱以繼三王五帝先言三王者欲見三王可以繼五帝從小至大之意或亦隨便而言云鼓芳風以扇遊塵者舊解以正樂爲芳風淫樂爲遊塵樂可以降天神出地祇故云芳風淫樂鬼神不享君子不聽故曰遊塵或以爲善之顯著者爲芳風惡之煩碎者爲遊塵理亦足通耳但舊解云范氏別錄如此故兩存之

一字之褒寵踰華

衮之贈。衮古本反衮冕上公之服片言之貶辱過市朝之撻。貶彼檢反市朝直遥反撻吐達反德之所助雖賤必申義之所抑雖貴必屈故附勢匿非者無所逃其罪。匿女力反潛德獨運者無所隱其名信不易之宏軌百王之通典也

疏一字至典也○釋曰言仲尼之脩春秋文致褒貶若蒙仲尼一字之褒得名傳竹帛則寵踰華衮之贈若定十四年石尚欲著名於春秋是也若被片言之貶則辱過市朝之撻若宣八年仲遂爲弑君不稱公子是也言華衮則上比王公稱市朝則下方士庶衮則王公之服而有文華或以對市朝言之華衮當爲二非也云德之所助雖賤必申者謂若吳是東夷可謂賤矣而襄二十九年因季札之賢而進稱爵是其申也云義之所抑雖貴必屈者謂若秦術是卿可謂貴矣而文十二年以其敵晉而略稱名是其屈也云故附勢匿非者無所逃其罪者舊解若公子翬假桓公之勢匿情於隱可謂非人臣也故隱四年十年皆貶之是不得逃其罪也云潛德獨運者無所隱其名者謂若公弟叔肹不食逆主之禄潛德昧身不求寵榮之名獨運其道宣十七年著名春秋是無所隱其名也或以爲匿非謂隱匿其非便於舊解

先王之道既弘麟感而來應。麟本又作驎呂辛反瑞獸也應應對之應因事備而終篇故絕筆於斯年成天下之事業定天下之邪正。邪似嗟反莫善於春秋

疏先王至春秋○釋曰先王謂文武言仲尼脩春秋貴仁重德崇道抑邪弘大先王之道麟感化而至杜預解左氏以爲獲麟而作春秋今范氏以作春秋然後麟至者以麟是神靈之物非聖不臻故論語云鳳鳥不至河不出圖吾已矣夫禮器云升中於天而鳳皇降龜龍假公羊傳曰麟有王者則至援神契曰德至鳥獸則麒麟臻是非有明王則五靈不至也當孔子之世周室陵遲天下喪亂豈有神靈之物無故而自來明爲仲尼脩春秋麟應而至也然則仲尼並脩六藝何故不致諸瑞者先儒鄭衆賈逵之徒以爲仲尼脩春秋約之以周禮脩母致子故獨得麟也或可仲尼脩六藝不可五靈俱來偶然麟應餘不至也因事備者謂從隱至哀文武之道協嘉瑞來臻是事

備也終篇者謂絕筆於獲麟也春秋之傳有三而爲經之旨一臧否不同臧子郎反否音鄙又方九反臧否猶善惡也襃貶殊致【疏】春秋至殊致。釋曰聖人作法本無二意故傳雖有三而經旨一也云臧否不同襃貶殊致者臧謂事有所善否謂理有所惡以臧否既異故襃貶亦殊謂若隱元年左氏貴儀父結盟公羊善其趣聖信元年公羊善齊桓存刑故稱師穀梁以爲不足乎揚故貶之隱二年夫人子氏薨左氏以爲桓母公羊以爲隱母穀梁以爲隱妻是三傳異也蓋九流分而微言隱異端作而大義乖【疏】蓋九至義乖。釋曰漢書藝文志云孔子既没諸弟子各編成一家之言凡爲九一曰儒家流凡五十二家八百三十六篇入揚雄一家三十八篇蓋出於司徒之官助人君順陰陽明教化游心於六藝之中留意於仁義之際祖述堯舜憲章文武宗師仲尼以重其言於道最爲高也二曰道家流凡三十七家九百九十三篇其本蓋出於史官歷記成敗存亡禍福古今之道然後知秉要執本清虛以自守卑弱以自持此人君南面之術也合於堯之克讓易之謙謙一謙而四益此其所長也三曰陰陽家流凡三

十一家三百六十九篇蓋出於羲和之官敬順昊天歷象日月星辰敬授民時此其所長也及拘者爲之則牽於禁忌泥於小數舍人事而任鬼神也四曰法家流凡十家二百一十七篇蓋出於理官信賞必罰以輔禮制易曰先王以明罰飭法此其所長也及刻者爲之則無教化去仁愛專任刑法也五曰名家流凡七家三十六篇蓋出於禮官古者名位不同禮亦異數孔子曰必也正名乎名不正則言不順言不順則事不成此其所長也六曰墨家流凡六家八十六篇蓋出於清廟之官茅屋采椽是以貴儉養三老五更是以兼愛選上大夫射是以上賢宗祀嚴父是以右鬼順四時而行是以非命以孝視天下是以上同及蔽者爲之見儉之利因以非禮推兼愛之意而不知別親疏七曰縱横家流凡十二家百七篇蓋出於行人之官孔子曰誦詩三百使於四方不能專對雖多亦奚以爲又曰使乎使乎言其當權事制宜受命不受辭此其所長也及邪人爲之則尚詐諼而棄其信八曰雜家流凡二十家四百三篇蓋出於議官兼儒墨合名法知國體之有此見王治之無不貫此其所長也九曰農家流凡九家百一十四篇蓋出於農稷之官播百穀勸農桑以足衣食故八政一曰食二曰貨孔子所重民食此其所長也及鄙者爲之以爲無所事聖王欲使君臣並耕悖上下之序也此九家

之術皆起於王道既微諸侯力政各引一端崇其所善以此馳說取合於諸侯云微言隱者仲尼没而微言絕故云隱也云異端起而大義乖者謂同說儒家三傳名異俱述經旨而理味有殊也微言絕大義乖亦藝文志文李奇云隱微不顯之言也左氏以鬻拳兵諫爲愛君鬻音育拳音權文公納幣爲用禮穀梁以衛輒拒父爲尊祖不納子糾爲内惡。糾居黝反公羊以祭仲廢君爲行權。祭側界反妾母稱夫人爲合正以兵諫爲愛君是人主可得而脅也以納幣爲用禮是居喪可得而婚也以拒父爲尊祖是爲子可得而叛也以不納子糾爲内惡是仇讎可得而容也以廢君爲行權是神器可得而闚也。闚本又作窺去規

反以妾母爲夫人是嫡庶可得而齊也。嫡丁歷反本又作適亦同若此之類傷教害義不可強通者也。強其丈反【疏】左氏至者也。釋曰鬻拳兵諫在莊十九年文公納幣在文二年衛輒拒父在哀二年不納子糾在莊九年祭仲廢君在桓十一年妾母稱夫人在隱二年凡傳以通經爲主經以必當爲理。當丁浪反下同夫至當無二而三傳殊說庸得不棄其所滯擇善而從乎既不俱當則固容俱失若至言幽絕擇善靡從庸得不並舍以求宗據理以通經乎。舍以音捨雖我之所是理未全當安可以得當之難而自絕於希通哉。難乃旦反【疏】凡傳至通哉。釋曰三傳殊異皆以通經爲主當者謂中於道也言聖人之經

以必中爲理其理既中計無差二而三傳殊說故范氏言不得不擇善而從之云三傳殊說者若隱二年子氏之說僖八年用致夫人之談是也擇善而從之季姬之遇鄫子注云左氏近合人情是也並舍以求宗據理以通經乎者謂若子糾衛輒范氏注別起異端季子替刃注云傳或失之天子六師方伯一軍示以凝滯南季之聘傳言非正范所不取是也。而漢興以來瓌望碩儒。瓌古回反各信所習是非紛錯。錯七洛反準裁靡定。裁在代反又音才下同故有父子異同之論石渠分爭之說。父子異同謂劉向好穀梁劉歆善左氏之論力困反石渠其居反閣名漢宣帝時使諸儒講論同異於石渠閣也分爭爭鬪之爭廢興由於好惡。好呼報反惡烏路反盛衰繼之辯訥。字書云訥或作吶乃骨反字詁云訥遲於言也包咸論語注云遲鈍也斯蓋非通方之至理誠君子之所歎息也【疏】而漢至息也。釋曰舊解云瓌望者據容貌言之碩儒者大德之稱或當瓌望

猶美望也云各信所習是非紛錯者若賈逵劉歆之類服虔鄭衆之徒皆說左氏之美不論二傳之得也云父子異同之論者若劉向注意穀梁子歆專精左氏是其異也賈景伯父子及陳元父子皆習左氏不學二傳是其同也或解異同揔據劉向父子言之理亦通云石渠者漢之學名論事校文多在其內故張平子云天祿石渠校文之處分爭者若劉歆欲專立左氏而移書大常諸儒不從反爲排擯陳元上疏論二傳之短亦被諠躑是也云廢興由於好惡者若景帝好公羊胡毋之學與仲舒之義立宣帝善穀梁而千秋之道起劉向之意存也云盛衰繼之辯訥者若武帝時公羊師董仲舒有才辯穀梁師江翁性訥公羊於是大興穀梁遂爾寖廢其後魯人榮廣善穀梁與公羊師眭孟辯論大義眭孟數至窮屈穀梁於是又興公羊還復寖息道有升降在乎其人不復論其得失故云可歎息也左氏豔而富其失也巫。豔移驗反巫音無穀梁清而婉其失也短。婉於阮反公羊辯而裁其失也俗若能富而不巫清而不短裁而不俗則深於其道者也故君子之於春秋沒身而已矣【疏】左氏至已矣。釋曰左丘明身爲國史躬覽載籍屬辭比事有可依據楊子以爲品藻范氏以爲富豔豔者文辭可美之稱也云其失也巫者謂多敘鬼神之事預言禍福之期申生之託狐突荀偃死不受含伯有之厲彭生之妖是也云清而婉者辭清義通若論隱公之小惠虞公之中知是也云其失也短者謂元年大義而無傳益師不日之惡畧而不言是也云辯而裁者辯謂說事分明裁謂善能裁斷若斷元年五始益師三辭美惡不嫌同辭貴賤不嫌同號是也舊解以爲裁謂才辯恐非也云其失也俗者若單伯之淫叔姬鄫子之請魯女論叔術之妻嫂是非說季子之兄弟飲食是也云沒身而已矣者三傳雖說春秋各有長短明非積年所能精究故要以沒身爲限也升平之末歲次大梁先君北蕃迴軫。蕃方元反又作藩頓駕于吳乃帥門生故吏我兄弟子姪。姪徒節反字林文一反杜預注左氏傳云兄子曰姪研講六籍次及三傳左氏則有服杜之注公羊則有何嚴之訓

釋穀梁傳者雖近十家。近附近之近皆膚淺末學不經師匠辭理典據既無可觀又引左氏公羊以解此傳文過違反斯害也已【疏】升平至也已。釋曰此范氏言已注述之意也升平者晉之年號歲謂大歲也大梁是十二次名也先君謂甯之父注也門生同門後生故吏謂昔日君臣江徐之屬是也兄弟子姪即邵凱雍泰之等是也六籍者謂易詩書禮樂與春秋也服杜者即服虔杜預也何嚴者即何休嚴彭祖也近十家者魏晉已來注穀梁者有尹更始唐固麋信孔演江熙程闡徐仙民徐乾劉瑤胡訥之等故曰近十家也范不云注二傳得失直言注穀梁膚淺末學者舊解以爲服杜何嚴皆深於義理不可復加故不論之以注穀梁者皆不經師匠故偏論之或當方便注穀梁故言其短也於是乃商略名例敷陳疑滯博示諸儒同異之說昊天不弔大山其頹。昊天胡老反詩云欲報之德昊天罔極本又作旻亡巾反匍匐墓次死

亡無日。匍音蒲又音扶匐蒲北反又音服日月逾邁。逾音榆跂及視息。跂上弭反又丘豉反乃與二三學士及諸子弟各記所識并言其意業未及終嚴霜夏墜。墜直類反從弟彫落。從才用反二子泯没。泯忘忍反又作泯天實喪予。喪息浪反何痛如之今撰諸子之言各記其姓名名曰春秋穀梁傳集解（疏）於是至集解。釋曰商畧名例者即范氏別爲畧例百餘條是也言旻天者以父卒故以殺方言之旻天不弔哀十六年左氏文也云大山其頹者禮記檀弓文也集解者撰集諸子之言以爲解故曰集解杜預云集解者謂集解經傳與此異也

監本附音春秋穀梁傳注疏序終

新建縣知縣鄭祖琛

浮梁縣知縣劉丙　同栞

監本附音春秋穀梁注疏隱公卷第一（起元年盡三年）

范甯集解　楊士勛疏

春秋穀梁傳隱公第一

【疏】春秋至第一○釋曰春秋者此書之大名傳之解經隨條即釋故冠大名於上也名曰春秋者以史官編年記事年有四時之序春先於夏秋先於冬故舉春秋二字以包之賈逵云取法陰陽之中知不然者以孝經云春秋祭祀以時思之豈是取法陰陽之中故知非也玉藻云動則左史書之言則右史書之左史所書春秋是也右史所書尚書是也則春秋立名必是仲尼以往三代以來不審誰立之耳仲尼所脩謂之經經者常也聖人大典可常遵用故謂之經穀梁所脩謂之傳傳不敢與聖人同稱直取傳示於人而已故謂之傳魯世家隱公名息姑惠公之子周公八世孫以平王四十九年即位隱者謚也周書謚法曰隱拂不成曰隱魯雖侯爵據臣子言之故謂之公說文第訓次謂次第之中當其一故謂之第一

元年春王正月　隱公之始年周王之正月也杜預曰凡人君即位欲其體元以居正故不言一年一月也○正音征又如字後皆放此【疏】注隱公至月也○釋曰何休注公羊取春秋緯黃帝受圖立五始以爲元者氣之始春者四時之始王者受命之始正月者政教之始公即位者一國之始五者同日並見相須而成又云惟王者然後改元立號春秋託新王受命於魯故因以錄即位公羊又引王者孰謂謂文王也故范云隱公之始年周王之正月以異之不然公者不嫌非隱何煩此注明知爲排公羊說也所書之公即魯隱所用之歷即周正安在黜周王魯也又所改正朔雖是文王頒於諸侯非復文王之歷用今王之歷言文王之正非也又何休言諸侯不得改元則元者王之元年非公之元年公之即位不在王之元年安得同日並見共成一體也言既不經故范所不信元年實是一年正月實爲一月而別爲立名故范引杜預之言以解之元者氣之本善之長人君當執大本長庶物欲其與元同體故年稱元也正者直方之間語直其行方其義人君當秉直心仗大義欲其常居正道故月稱正也以其君之始年歲之始月故特立此名以不義其餘皆即從其數不復改也

雖無事必舉正月謹始也　謹君即位之始【疏】雖無至始也○釋曰此言無事直據正月無即位之事非是過一時無事也云謹始也者謹人君即

位之始

公何以不言即位　據文公言即位【疏】注據文公言即位○釋曰不據桓公者文公繼正即位正也桓繼故即位非正故不據之

成公志也　成隱讓桓之志　**焉成之**

言君之不取爲公也　言隱意不取爲魯君也公君也上言君下言公互辭○焉於虔反

君之不取爲公何也將以讓桓也讓桓也乎曰不正　隱長桓幼○長丁丈反又作丈音同【疏】注隱長桓幼○釋曰傳云讓桓不正注何以知隱長桓幼不是隱嫡桓庶者若隱嫡桓庶先君焉得欲立之隱焉得探先君邪心而讓之傳言天倫則貴賤相似可知又云受之天子隱非嫡明矣

春秋成人之美不成人之惡隱不正不成之何也將以惡桓也　不明讓者之善則取者之惡不顯○之惡烏各反下注之惡同惡桓烏路反下其惡桓同【疏】春秋至桓也○釋曰此云春秋成人之美下云春秋貴義而不貴惠顯言春秋者讓者人之善事而傳稱小道危疑之理恐人不信故廣稱春秋之理以明之下既以隱爲善又惡其不正亦恐人不信故言春秋貴義而不貴惠也○注不明至不顯○釋曰謂不言公之即位是明讓者之善讓者之善既明則取者之惡自然顯也

其惡桓何也隱將讓而桓弒之則桓惡矣桓弒而隱讓則隱善矣善則其不正爲何也　據善無不正○弒申志反又作殺如字後皆同

春秋貴義而不貴惠　惠謂私惠

信道而不信邪　信申字古今所共用○信音申邪似嗟反下及注皆同

孝子揚父之美不揚父之惡先君之欲與桓非正也邪也雖然既勝其邪心以與隱矣　終歸之於隱是以正道制邪心

已探先君之邪志而遂以與桓則是成父之惡也兄弟天倫也　兄先弟後天之倫次○探吐南反

爲子受之父爲諸侯受之君　隱爲世子親受命於惠公爲魯君已

受之於天王矣已廢天倫而忘君父以行小惠曰小道也弟先於兄是廢天倫私以國讓是忘君父【疏】小道也○釋曰伯夷叔齊及大伯等讓國史傳所善今隱讓國而云小道者伯夷爲世子其父尚存兄弟交讓而歸周父没之後國人立其中子可謂求仁而得仁故以爲善今隱公上奉天王之命下承其父之託百姓已歸四鄰所與苟探先君之邪心而陷父於不義開篡弑之原啓賊臣之路卒使公子翬乘釁而動自害其身故謂之小道至於大伯則越禮之高以興周室不可以常人難之若隱者可謂輕千乘之國蹈道則未也○未履居正之道乘繩證反公侯之國賦千乘蹈道上徒報反履行之名也下如字○三月公及邾儀父盟于眛邾附庸之國眛魯地○邾音誅國名儀父凡人名字皆音甫後放此更不重音眛音蔑地名左氏作蔑注下皆同及者何內爲志焉爾內謂魯也儀字也父猶傳也男子之美稱也傳師傳附庸之君未王命例稱名善其結信於魯故以字配之○美

稱尺證反其不言邾子何也據莊十六年邾子卒稱邾子邾之上古微未爵命於周也邾自此以上是附庸國○上時掌反不日其盟渝也日者所以謹信盟變故不日七年公伐邾是也○不日人實反不日謂不書日也穀梁皆以日月爲例他皆放此渝羊朱反變也【疏】及者至渝也○釋曰此云及傳云內爲志焉爾二年公會戎于潛傳云會者外爲主焉則下六年公會齊侯盟于艾亦是外爲主公及戎盟于唐亦是內爲志外內之意别故傳辨彼我之情也案齊侯祿父則以父爲名此父爲傳者以春秋之例諸侯卒例名經云齊侯祿父卒無取字義故知父是名也今儀父既有所善故知父是男子之美稱也經善其結信貴而字之傳又云不日其盟渝也經傳相違者以附庸之君能結信於魯故以美稱稱之但結盟之後信義不固魯更伐邾故去日以惡之所謂善惡兩舉春秋之義也知非例不日者案二年秋八月庚辰公及戎盟于唐六年夏五月辛酉公會齊侯盟于艾彼皆書日故知非例不日今此不日故知爲渝盟略之也左氏惟大夫卒及日食以日月爲例自餘皆否此傳凡是書經皆有日月之例者以日月相承其事可悉史官記事必當具文豈有大聖脩撰而或詳或略故知無日者仲尼略之見褒貶耳○注附庸至配之○釋曰案莊五年秋郳犂來來朝稱名故知此善其結信於魯故以字配之也不善彼朝而善此盟者朝事大國附庸常禮齊盟結信所以安社稷故貴之也眛地名也○夏五月鄭伯克段于鄢段有徒衆攻之爲害必深故謹而月之鄢鄭地○鄢音偃地名【疏】注段有至鄭地○釋曰案下四年九月衛人殺祝吁于濮傳曰其月謹之也范云討賊例時也衛入不能即討祝吁致令出入自恣故謹其時月所在以著臣子之緩慢也此云爲害必深故謹而月之彼祝吁以二月弑君衛人以九月始討傳云其月謹之也明知謹臣子之緩慢此無歷時之事傳云段之有徒衆也故知爲害必深故謹而月爾莊九年齊人殺無知不書月者無知雖復歷年時月尚淺又無重害故直書時也宣十一年楚人殺陳夏徵舒書月者爲陳不能討而藉外楚力故禍害深也克者何能也何能也能殺也何以不言殺見段之有徒衆也言鄭伯能殺則邦人不能殺矣知段衆力彊盛唯國君能殺之○見賢遍反【疏】注言鄭至殺之○釋曰國君之討必

藉衆力若使鄭伯獨行理不能殺而云唯國君能殺之者段藉母弟之權乘先君之寵得衆人之情遂行弑君之計百姓畏憚莫不斂手而鄭伯既爲人君有威怒之重自爲戎首設賞罰之柄故君師用命戰士爭先注論克段之本故云唯國君乃能殺之也段鄭伯弟也何以知其爲弟也殺世子母弟目君以其目君知其爲弟也母弟同母弟也目君謂稱鄭伯【疏】段鄭至弟也○釋曰殺世子母弟皆目君傳何以知非世子者左氏公羊亦以段爲鄭伯之弟故此傳亦同之舊解以爲世子申生傳曰目晉侯斥殺惡晉侯也宋公殺世子痤傳無明解同例可知故范云痤之罪不子明矣然則書殺世子例目君稱世子其罪誅者即不書今段目君而不云世子是弟可知理亦通耳不及取二傳爲證後進易曉宣十七年公弟叔肸卒傳曰賢之也彼爲賢稱弟則不賢去弟乃是其常而下傳云弗謂弟貶之也者天王殺其弟佞夫彼佞夫無罪而稱弟今段不稱公子又不稱弟故云貶之又且相殺之例與尋常異故知去弟者貶之也段弟也而弗謂弟公子也而弗謂公子貶之也段

失子弟之道矣。賤段而甚鄭伯也。賤段謂不稱公子公弟，甚鄭伯謂目君也。何甚乎鄭伯？甚鄭伯之處心積慮成於殺也。雍曰：段持寵驕恣，彊足當國，鄭伯不能防閑以禮，教訓以道，縱成其罪，終致大辟，處心積思，志欲殺弟。○大辟，婢亦反。思，息吏反。于鄢，遠也。猶曰取之其母之懷中而殺之云爾，甚之也。段奔走乃至於鄢，去已遠矣，鄭伯猶追殺之，何以異於探其母懷中赤子而殺之乎？君殺大夫例不地，甚鄭伯之殺弟，故謹其地。【疏】注段奔至其地。○釋曰：傳十年晉殺其大夫里克，昭十四年莒殺其公子意恢，例不地，故知此書地是謹之也。又昭十一年楚子虔誘蔡侯般殺之于申，傳曰稱地謹之也，明此稱地亦是謹耳。然則爲鄭伯者宜奈何？緩追逸賊，親親之道也。君親無將，將而必誅，爲此蓋臣子之道，所犯在已，故可以申兄弟之恩。【疏】注君親至之恩。○釋曰：莊三十二年公羊傳文。○秋，七月，天王使宰

穀梁疏卷一　五

咺來歸惠公仲子之賵。宰，官；咺，名。仲，字；子，宋姓也。婦人以姓配字，明不忘本，示不適同姓也。妾子爲君，賵當稱謚，成風是也。仲子乃孝公時卒，故不稱謚。賵例時，書月，以謹其晚。○宰咺，況阮反，注同。仲子，惠公之母也，與左氏作同。賵，芳鳳反，下同。【疏】七月至之賵。○釋曰：公羊傳云仲子者何？桓之母也。何以不言及仲子？仲子微也。左氏亦以仲子爲桓之母，今穀梁以爲孝公之妾、惠公之母者，以文九年秦人來歸僖公成風之禭，彼若兼歸二禭，則先書成風，既經不先書成風，明母以子氏，直歸成風禭服而已。成風既是僖公之母，此文正與彼同，故知仲子是惠公之母也。鄭釋廢疾亦云：若仲子是桓之母，桓未爲君，則是惠公之妾，天王何以賵之？則惠公之母亦爲仲子也。鄭云亦爲仲子者，以左氏、公羊皆言仲子桓公母故也。然則魯女得並稱伯姬、叔姬，宋女何爲不得並稱仲子也？又仲子不稱夫人者，文九年秦人來歸僖公成風之禭，傳稱秦人弗夫人也，即外之弗夫人而見正焉，則此不稱夫人，理亦當然也。文五年春王正月，王使榮叔歸含且賵，傳曰其不言來，不周事之用也。仲子乃孝公時卒而云來者，秦人能遠慕中華，君子恕而不責其晚，故言來，又替時。今平王能崇禮諸侯，因惠公之喪而來歸賵，故亦恕而不責，言來也。秦近西戎，能慕中國，故時而不月；京師路近，故謹而月之。范以不責秦而不書月，故知書月者是譏之文。文五年傳云不周事之用也，而經書月，則周事之用合書時，故注云賵例時，書月以謹其晚也。母以子氏。妾不得體君，故以子爲氏。平王新有幽王之亂，遷于成周，欲崇禮諸侯，仲子早卒，無由追賵，故因惠公之喪而來賵之。仲子者何？惠公之母，孝公之妾也。禮，賵人之母則可，賵人之妾則不可，君子以其可辭受之。其志不及事也。常事不書。賵者何也？乘馬曰賵，衣衾曰禭，貝玉曰含，錢財曰賻。四馬曰乘。含，口實。○乘，繩證反。禭音遂。含，戶暗反，又作唅。賻者附。【疏】賵者至曰賻。○釋曰：士喪禮賵用兩馬，此用乘馬者，禮大夫以上皆乘四馬，故賵用乘馬，馬數雖同，其馬大小則異，故何休云天子馬曰龍，高七尺以上；諸侯曰馬，高六尺以上；卿大夫士曰駒，高五尺以上是也。士喪禮賵并有玄纁束，公羊傳亦云賵者以馬，以乘馬束帛。何休云束帛謂玄三纁二，玄三法天，纁二法地是也。謂之賵者，何休云

穀梁疏卷一　六

賵猶覆也，賵覆被亡者之身。休又云賻猶助也，皆助生送死之禮。禭猶遺也，遺是助死之禮。知生者賵賻，知死者賵禭耳。或當禭者衣服之名，故送死之衣亦名禭也。衣多少之數，喪大記小斂之衣皆十九稱，大斂之衣君百稱，大夫五十稱，士三十稱，天子蓋百三十稱。斂衣稱數不同，則所歸禭服亦當有異，但所歸者未必具其稱，先儒無說，不敢斷其多少也。含者，實口之名。周禮玉府大喪共含玉，則天子用玉。禮雜記論諸侯弔含之事，云將命者執璧委於殯東，是諸侯用璧。士喪禮含用米貝，是士用米貝。莊子云徐徐別其頰，無傷口中珠，或大夫用珠也。其多少之數，士喪禮用貝三，則天子以下同用三明矣。何者？實口當無多少之異故也。舊說云大夫當五，諸侯當七，天子當九，非也。檀弓含用米貝，以喪大記約之，則天子米當用黍，諸侯用粱，大夫士用稷也。案雜記之文，諸侯含必當用璧，文五年注云諸侯含用玉，又此傳直云貝玉曰含者，璧亦是玉之別，故同禮子男執璧，亦同謂之玉，故傳舉貝玉揔之也。或以爲禮緯天子用珠，諸侯用玉，大夫用璧，士用貝，又此傳貝玉曰含，故范氏不取禮記之文，而云諸侯含用玉也。若從前解，禮緯之文特爲先代法，則於理通耳。○九月，及宋人盟于宿。及者何？內卑者也。宋人

外甲者也甲者之盟不日甲者謂非卿大夫也凡非卿大夫盟信之與不例不日〔疏〕及者至不日○釋曰盟會言及別內外尊卑言及上下序此言及者是魯之微人傳云甲者之盟不日則公卿之盟書日可知故文二年三月乙巳及晉處父盟莊二十二年秋七月丙申及齊高傒盟彼雖不言公以公實在故亦書日又二年秋八月庚辰公及戎盟于唐襄三年六月公會云云己未同盟於雞澤是稱公而書日襄二十七年秋七月辛巳豹及諸侯之大夫盟於宋是卿盟亦日此不書日是甲者例不書日八年傳云外盟不日詳內而略外也其間有內之公卿不日外盟亦日皆當條別有義耳定十一年注云平不日亦有惡矣則平亦有日月之例也宿邑名也○冬十有二月祭伯來來者來朝也其弗謂朝何也寰內諸侯非有天子之命不得出會諸侯不正其外交故弗與朝也天子畿內大夫有采地謂之寰內諸侯○祭側界反朝直遙反寰音縣古縣字一音環又音患寰內圻內也畿本或作圻音祈

聘弓鍭矢不出竟場束脩之肉不行竟中有至尊者不貳之也聘遺所以結二國之好將彼我之意臣當稟命於君無私朝聘之道○鍭音候又音侯竟音境本或作境場音亦遺唯季反好呼報反稟彼錦反〔疏〕來者至之也○釋曰天子畿內大夫奉王命當言聘此不奉王命據之君言之故傳云不與朝也寰內者王都在中諸侯四面遶之故曰寰內也祭伯者范雖不注傳云諸侯則伯爲爵也聘弓鍭矢者麋信云聘問也古者以弓矢相聘問故左傳云楚子問郤至以弓爾雅釋器云金鏃翦羽謂之鍭郭璞云今之錍箭是也束脩之肉者脩脯也謂束脯之肉也臣無竟外之交故弓矢不出竟場在禮家施不及國故束脩之肉不行竟中謂之竟場者竟是疆界之名至此易主故謂之疆場不貳之者言臣當一一稟君命無自專之道也范注莒慶之下引禮束脩之問不出竟董仲舒曰大夫無束脩之饋言雖有異其意皆同也○公子益師卒大夫日卒正也君之卿佐是謂股肱股肱或虧何痛如之故錄其卒日以紀恩不日卒惡也罪故略之〔疏〕大夫至惡也○釋曰五年冬十有二月辛巳公子彄卒僖十六年三月壬申公子季友卒皆書日今不書日故云惡之益師之惡經傳無文蓋春秋之前有其事也麋信云益師不能防微杜漸使桓弒隱若益師能以正道輔隱則君無推國之意桓無篡弒之情所言亦無案據也何休爲公羊以爲日與不日爲遠近異辭若穀梁云益師惡而不日則公子牙及季孫意如何以書日乎鄭君釋之曰公子牙莊公弟不書弟則惡明也故不假去日季孫意如則定公所不惡故亦書日是鄭意亦以爲惡故不日也

二年春公會戎于潛凡年首月承於時時承於年文體相接春秋因書王以配之所以見王者上奉時承天而下統正萬國之義然春秋記事有例時者若事在時例則時而不月月繼事末則月而不書王書王必皆上承春而下屬於月文表年始事莫之先所以致恭而不黷者他皆放此唯桓有月無王以見不奉王法爾南蠻北狄東夷西戎皆底羌之別種潛魯地會例時○見王賢徧反下同屬章玉反黷徒木反放甫往反後此例不音底丁兮反本又作氐種章勇反〔疏〕注凡年至例時○釋曰春秋二百四十二年無王一百有八桓無王者以見不奉王法餘公無王者爲無正月不得言王凡書首時者六十有二若以正月首時者亦得書王何者以時雖無事年時月皆借

故亦書王則莊十有一年春王正月十有九年春王正月皆月下無事而書王是也若月承於時時承於年年下有事書王配之者則莊三年春王正月溺會齊師伐衛八年春王正月師次于郎是也雖非正月但月承於時時承於年又事繫月下亦稱王則三年王二月乙巳日有食之莊六年春王二月王人子突救衛是也注又云春秋記事有例時者謂若朝會侵伐之類知者十一年春滕侯薛侯來朝傳曰諸侯來朝時正也莊十年二月公侵宋傳曰侵時此惡之故謹而月之二十三年春公至自齊傳曰往時正也故此年春公會戎于潛五年春公觀魚于棠皆不書月是也其有書月之類皆有故始書耳注又云月繼事末則月而不書王者謂年首已有事下雖有月亦不得書王若八年春宋公衛侯遇于垂下文三月鄭伯使宛來歸邴是也致恭而不黷者也謂恭敬於王不敢黷慢者也會例時者四年夏公及宋公遇於清九年冬公會齊侯于防是也若然十年春王二月公會齊侯鄭伯于中丘十一年夏五月公會鄭伯于時來而書月者范云天言雷雨之異而不知戒懼反更數會故危之是有故始書月明無故例時也會者外爲主焉爾知者慮察安審危○知音智義者行臨者能斷○斷丁亂反仁者守衆之所歸

守必堅固○守如字有此三者然後可以出會會戎危公也無此三者不可以會而沉會戎乎〔疏〕注無此至戎乎○釋曰傳云知者慮謂卿爲司徒主教民察民之安危也義者行謂卿爲司馬司馬主斷制也仁者守謂卿爲司空司空主守也人君之行二卿從一卿守然後可會中國之君相無三臣之策而出會齊侯身死於外故重起例時其不可是以此注云無此三臣不可以會而沉會戎乎兼爲桓公生此意也此既危公而不月者徐邈云會戎雖危有三臣之助不至于難故不月也理或然焉○夏五月莒人入向入例時惡甚則日次惡則月他皆放此○莒音舉向舒亮反惡烏各反並同〔疏〕注入例至放此○釋曰入例時者以侵伐既時則入亦時也故五年秋衞師入郕十年秋宋人衞人入鄭皆不月是也惡甚則日者八年庚寅我入邴傳曰日入惡入者也十年冬十月壬午齊人鄭人入郕傳曰日入惡入者也經書日傳特發云惡入也則書日是大惡之例書日既爲大惡則書月者次惡書時有小惡知書時亦惡者傳云入者內弗受也則稱入者亦是惡也內不受此已發例下入極復言之者向者佗人我極者我入佗恐內外不同故兩發以同之或以爲書時者無惡但事自惡耳入者內弗受也入無小大苟不以罪則義皆不可受向我邑也自魯而言故曰我也○無侅帥師入極二千五百人爲師○侅音該又戶楷反左氏作駭入者內弗受也極國也諱滅同姓故變滅言入傳例曰滅國有三術中國日卑國月夷狄時極蓋卑國也內謂所入之國非獨魯也〔疏〕注滅國有三術至非獨魯也○釋曰宣十五年襄六年傳文也苟焉以入人爲志者人亦入之矣不稱氏者滅同姓貶也〔疏〕滅同姓貶也○釋曰左氏無駭八年乃賜族則爲无族可稱此傳云不稱氏者滅同姓貶也則以無侅舊有氏公羊無駭者何展無駭也何以不氏貶曷爲貶疾始滅也然則此傳貶意雖與公羊異或當先號展氏也○秋八月庚辰公及戎盟于唐傳例曰及者內爲志焉爾唐魯地○九月紀履緰來逆女不親逆則例月重錄之親迎則例時○履緰音須左氏作裂繻下注同〔疏〕注不親至例時○釋曰莊二十四年夏公如齊逆女書時

此則書月故云不親逆例月親逆例時也逆女親者也親者謂自逆之也使大夫非正也以國氏者爲其來交接於我故君子進之也傳例曰當國以國氏卑者以國氏進大夫以國氏國氏雖同而義各有當公子公孫篡君代位故去其氏族國氏以表其无禮齊無知之徒是也若庶姓微臣雖爲大夫不得爵命無代位之嫌既不書其氏族當知某國之臣故國氏以別之宋萬之倫是也履緰以名繫國著其奉國重命來爲君逆得接公行禮故以國氏重之成九年宋不書逆女以其逆者微今書履緰亦足知其非卑者公羊傳曰春秋貴賤不嫌同號美惡不嫌同辭左氏含族之例或厭以尊君或貶以著罪此傳隱公去即位以明讓莊公去即位以表繼弒文同而義異者甚衆故不可以一方求之○爲其于僞反注來爲同有當于浪反故去起呂反下同以別彼列反美惡烏路反又如字含族音捨或厭於葉反〔疏〕注傳例至求之○釋曰齊無知衞祝吁弒君取國以國氏齊公子商人楚公子比亦弒君取國不以國氏者商人不欲以嫌代嫌楚公子比不是弒君之主故皆稱公子不以國氏也此云履緰知非卑者傳云逆之道微指言不親逆略之不稱使非

謂履緰卑也注廣引公羊左氏者以證國氏不同之意并明褒貶殊致也貴賤不嫌同號美惡不嫌同辭隱七年公羊傳文也滕是小國爵稱侯齊是大國亦止稱侯是貴賤不嫌同號文公繼嗣君而稱即位桓公繼弒君亦言即位是美惡不嫌同辭或厭以尊君成十四年僑如以夫人婦姜氏至自齊宣元年遂以夫人婦姜至自齊是也或貶以著罪若四年翬帥師會宋公云伐鄭襄二十七年豹及諸侯之大夫盟於宋是也不可以一方求之者言國氏雖同本意各異故不可以一方求之是以廣引文同義異以爲證也○冬十月伯姬歸于紀伯姬魯女禮婦人謂嫁曰歸反曰來歸嫁而曰歸明外屬也反曰來歸明從外至反謂爲夫家所遣〔疏〕禮婦至來歸○釋曰婦人謂嫁曰歸此伯姬歸于紀是也反曰來歸宣十六年郯伯姬來歸是也○從人者也婦人在家制於父既嫁制於夫夫死從長子婦人不專行必有從也伯姬歸于紀此其如專行之辭何也曰非專行也吾伯

姬歸于紀故志之也其不言使何也怪不言使履緰來逆女。長丁丈反〔疏〕專行之辭。釋曰麋信云不稱使者似若專行也謂決魯夫人至并稱逆者此直云伯姬歸故問之下云吾伯姬歸故志之也明佗逆者不足録故與內夫人至異也逆之道微無足道焉爾言君不親迎而大夫來逆故曰微也既失其大不復稱明其細故不言使履緰也。迎魚敬反復扶又反〔疏〕逆之道微。釋曰成八年宋公使公孫壽來納幣注云婚禮不稱主人宋公無主婚者自命之故稱使此紀侯有母母使履緰文不稱使正是常事而云逆之道微故夫使者納幣禮合使卿宋公身自命之故云使逆女非親不得故云逆之道微而去使文也以逆女與納幣異故彼此不同耳○紀子伯莒子盟于密密莒地。子伯如字長也左氏作子帛或曰紀子伯莒子而與之盟紀子以莒子爲伯而與之盟伯長也或曰年同爵同故紀子以伯先也年爵鈞同紀子自以爲伯而先〔疏〕或曰至先也。釋曰上文伯莒子者謂紀子推先莒子爲

伯而與之盟下文以伯先者謂紀子自以爲伯而居先再言或曰者失其真故也○十有二月乙卯夫人子氏薨夫人薨例日夫人曰薨從夫稱。稱尺證反〔疏〕夫人子氏薨。釋曰左氏以子氏爲桓公之母公羊以爲隱公之母穀梁知是隱公之妻者以隱推讓據其爲君而亦稱公故其妻亦稱夫人也夫既不葬故其妻亦不葬以經文上下符合故爲隱妻而左氏桓未爲君其母稱夫人是亂嫡庶也公羊以爲隱母則隱見爲君何以不書葬若以讓不書葬何爲書夫人子氏薨故穀梁子以爲隱妻也夫人薨不地夫人無出竟之事薨有常處。處昌慮反夫人者隱之妻也卒而不書葬夫人之義從君者也隱弑賊未討故不書葬○鄭人伐衛傳例曰斬樹木壞宮室曰伐伐例時。壞音怪又戶怪反〔疏〕傳例至例時。釋曰傳例曰者五年傳文也伐既例時此伐衛文承月下者日月自爲咎夫人薨故上注云夫人薨例日是也三年春王二月己巳日有食之杜預曰日行遲一歲一周天月行疾

一月一周天一歲凡十二交會然日月動物雖行度有大量不能不小有盈縮故有雖交會而不食者或有頻交而食者唯正陽之月君子忌之故有伐鼓用幣之事京房易傳曰日者陽之精人君之象驕溢專明爲陰所侵則有日有食之災不救必有篡臣之萌其救也君懷謙虛下賢受諫任德日食之災爲消也。日有食之本亦作蝕音同後皆倣此量音亮下遐嫁反爲消于僞反〔疏〕二月至食之。釋曰此經不書朔傳云食晦日也則此食必當晦日但不知是何月晦也徐邈云己巳爲二月晦則三月不得有庚戌也明宣十年四月丙辰十七年六月癸卯皆是前月之晦也則此己巳正月晦冠以二月者蓋交會之正必主於朔今雖未朔而食著之此月所以正其本亦猶成十七年十月壬申而繫之十一月也取前月之日而冠以後月故不得稱晦以其不得稱晦知非二月晦也未審范意如何穀梁之例書日食凡有四種之別故此二月己巳日有食之傳云言日不言朔食晦日也桓十七年冬十月朔日有食之傳云言朔不言日食既朔也彼是二日食矣又莊十八年三月日有食之傳云不言日不言朔夜食也又桓三年七月壬辰朔日有食之既傳云言日言朔食正朔也是有四種之別公羊以爲此二月己巳不言朔者是二日食也左氏以爲不言朔者史失之並非穀梁

意耳。注杜預至消也。釋曰依歷家之說日一日一夜行天一度月一日一夜行天十三度十九分度之七天有三百六十五度四分度之一故日行一歲一周天計月逐及日之時不齊周天但舉其大率耳日月相及而爲交會謂之一月計一年之中有十二交會則應每月常食而有不食之時故解之但日月動物其行也或盈或縮故雖交會而有不食之時或亦有頻交而食也雖交會而不食者謂春秋二百四十二年唯三十七日食是也頻交而食者則襄二十一年九月十月食二十四年七月八月食是也京房漢人字君明頓丘人也本姓李推律自定爲京氏爲易作傳故曰京房易傳也言日不言朔食晦日也其日有食之何也吐者外壤食者內壤凡所吐出者其壤在外其所吞咽者壤入於內。壤而丈反吞勑恩反又音天咽於見反闕然不見其壤有食之者也今日闕損而不知壤之所在此必有物食之。見如字又賢徧反有內辭也或外辭也邵曰食者內壤故曰內辭吐者外壤故曰外辭傳無外辭之文者蓋時無外壤也而曰或外辭者因事以明義例爾猶傳云二穀不

升謂之饉四穀不升謂之康亦無其事。饉渠吝反有食之者內於日也內於日以壞不見於外。見賢徧反又如字其不言食之者何也知其不可知知也不可知知也上知如字下知音智【疏】其日至知也。釋曰傳問經意其稱日有食之何也傳又申說之吐者外壞謂凡所吐出其壞在外也食者內壞謂凡吞食者壞入於內也闕然不見其壞有食之者也者謂日既闕損不知壞之所在必有物食之有內辭也或外辭也者謂日食有所穢之辭據書內壞故言有內辭不書外壞故曰或外辭也有食之者內於日者也謂日食既有二辭今直云有食之者爲日之所壞在於內也其不言食之者何也者謂經不書月食日也知其不可知知也者謂聖人愼疑作不知之辭者知也壞字爲穀梁音者皆爲傷徐邈亦作傷麋信云齊魯之間謂鑿地出土鼠作穴出土皆曰壞或當字從壞蓋如麋信之言也。注三穀至其事。釋曰襄二十四年傳文也彼云一穀不升謂之嗛二穀不升謂之饑三穀不升謂之饉四穀不升謂之康五穀不升謂之大侵○三月庚戌天王崩平王也高曰崩梁山崩厚曰崩沙鹿崩

尊曰崩天子之崩以尊也其崩之何也以其在民上故崩之其不名何也大上故不名也夫名者所以相別爾居人之大在民之上故無所名。大並如字夫音符發句之端皆同別彼列反○夏四月辛卯尹氏卒文三年王子虎卒不日此日者錄其恩深也。尹如字周大夫也左氏作君氏【疏】注文三至深也。釋曰范云恩深者王子虎即叔服也會葬在文元年三年王子虎始卒其恩已殺故直錄其卒而不書其日尹氏三月詔魯人弔四月卒故痛而日之是恩深於叔服也尹氏者何也天子之大夫也外大夫不卒此何以卒之也於天子之崩爲魯主故隱而卒之隱猶痛也周禮大行人職曰若有大喪則詔相諸侯之禮然則尹氏時在職而詔魯人之弔者不書官名疑其譏世卿。相息亮反【疏】注隱猶至世卿。釋曰詔魯人之弔者叔孫得臣如京師經書名氏今不見其名蓋譏者也疑其譏世卿者穀梁無傳唯據公羊故云疑也○秋武氏子來求賻王天使不正者月今無君不稱使故亦略而書時【疏】注天王至書時。釋曰桓十五年二月天王使家父來求車是不正也文九年春毛伯來求金與此武氏子並不月者皆爲無君不稱使略而稱時也正而時者則凡伯南季是也祭伯來私出竟故書月以表不正祭叔來聘亦不請於王不正可知故不復月等不請王命祭伯寰內諸侯故不言朝祭叔大夫故不言使而言聘也武氏子者何也天子之大夫也天子之大夫其稱武氏子何也未畢喪孤未爵平王之喪在殯未爵使之非正也其不言使何也據桓十五年天王使家父來求車稱使無君也桓王在喪未即位故曰無君歸死者曰賵歸生者曰賻曰歸之者正也求之者非正也喪事無求而有賵賻周雖不求魯不可以不歸魯雖不歸周不可以

求之求之爲言得不得未可知之辭也交譏之【疏】未可至譏之。釋曰王者有求得在不疑而云未可知者以王者求之非道容有辭說故云未可知也交譏之者交猶俱也指事而書則周魯之非俱見也○八月庚辰宋公和卒天子曰崩諸侯曰薨大夫曰卒周之制也春秋所稱曲存魯史之義內稱公而書薨所以自尊其君則不得不略外諸侯書卒以自異也至於既葬雖邾許子男之君皆稱諡而言公各順臣子之辭兩通其義鄭君曰禮雜記上曰君薨赴於他國之君曰寡君不祿敢告於執事曲禮下曰壽考曰卒短折曰不祿君薨赴而云不祿者臣子之於君父雖有壽考猶若短折痛傷之至也若赴稱卒是以壽終無哀惜之心非臣子之辭鄰國來赴書以卒者無老無幼皆以成人之稱亦所以相尊敬。諡市至反後皆同短于緩反折時設反下同有壽市又反又如字【疏】注天子至尊敬。釋曰曲禮與公羊傳文也何休稱死而異名者別尊卑也葬不別者從恩殺略也諸侯曰卒正也正謂承嫡【疏】諸侯曰卒正也。釋曰據正始故發傳也。注正謂承嫡。釋曰僖十七年冬十有二月乙亥齊侯小白卒彼非正而書

日者以莊九年齊小白入于齊國氏及入則不正之事已見故於卒不復見之而依常書日耳注外盟不日者八年傳文也

○冬十有二月齊侯鄭伯盟于石門傳例曰外盟不日石門齊地

○癸未葬宋繆公日葬故也危不得葬也

天子七月而葬諸侯五月而葬大夫三月而葬傳例曰諸侯時葬正也月葬故也日者憂危最甚不得備禮葬也他皆放此徐邈曰文元年傳曰葬曰會言有天子諸侯之使共赴會葬事故凡書葬皆據我而言葬彼所以不稱宋葬繆公而言葬宋繆公者弔會之事賵襚之命此常事無所書故但記卒記葬録魯恩義之所及則哀其喪而恤其終亦可知矣若存没隔絶情禮不交則卒葬無文或有書卒不書葬蓋外雖赴卒而内不會葬無其事則闕其文史策之常也穀梁傳稱變之不葬有三弑君不葬國滅不葬失德不葬言夫子脩春秋所改舊史以示義者也弑君之賊天下所當同誅而諸侯不能治臣子不能討雖葬事是供義何足算亡國之君喪事不成則不應書葬失德之主無以守位故没葬文傳於宋襄公荅失民之咎宋共公發非葬之問言伯姬賢而不荅共公不能弘家人之禮然則爲君者外之不足以全國内之不足以正家皆所謂失德而終禮宜貶者也于時諸國多失道不可悉去其葬故於二君示義而大體明矣○繆音穆本亦作穆之使所吏反下同策本又作筴初革反算素緩反數也宋共公音恭本又作恭去起呂反

疏　注天子至明矣○釋曰天子七月而葬云云隱元年左傳文諸侯時葬正也襄七年傳文月葬故也隱五年傳文日者憂危最甚此傳云日葬故也危不得葬也是也變之不葬有三云云昭十三年傳文弑君不葬者若十一年公薨不書葬是也國滅不葬者若紀侯大去其國雖賢終不書葬是也其陳哀蔡靈書葬者閔二國不與楚滅之也失德不葬者僖二十三年宋公兹父卒成十五年宋公固卒是也外之不足以全國者謂宋襄也内之不足以正家者謂宋共也

監本春秋穀梁注疏隱公卷第一

新建縣知縣鄭祖琛　同栞
浮梁縣知縣劉丙

春秋穀梁傳注疏挍勘記序　阮元撰盧宣旬敬録

六藝論云穀梁善于經豈以其親炙於子夏所傳爲得其實與公羊同師子夏而鄭氏起癈疾則以穀梁爲近孔子公羊爲六國時人又云傳有先後然則穀梁實先於公羊矣今觀其書非出一人之手如隱五年桓六年竝引尸子說者謂卽尸佼佼爲秦相商鞅客鞅被刑後遂亡逃入蜀而預爲徵引必無是事或傳中所言者非尸佼也自漢宣帝善穀梁於是千秋之學起劉向之義存若更始唐固麋信孔衍徐乾皆治其學而范甯以未有善釋遂沈思積年著爲集解晉書范傳云徐邈復爲之注世亦偁之似徐在范後而書中乃引邈注一十有七可知邈成書於前范甯得以捃拾也讀釋文所列經解傳述人亦可得其後先矣漢志經傳各自爲帙今所傳本未審合併於何時也集解則經傳竝釋豈卽范氏之所合與范注援漢魏晉各家之說甚詳唐楊士勛疏分肌擘理爲穀梁學者未有能過之者也但晉豕魯魚紛綸錯出學者患焉康熙閒長洲何煌者焯之弟其所據宋槧經注殘本宋單疏殘本竝希世之珍雖殘編斷簡亦足寶貴元曾挍録今更屬元和生員李鋭合唐石經元版注疏本及閩本監本毛本以挍宋十行本之譌元復定其是非成穀梁注疏挍勘記十二卷釋文挍勘記一卷阮元記

引據各本目錄

單經本

唐石經 凡十二卷顧炎武金石文字記曰襄昭定哀四公卷朱梁補刻錢大昕金石文跋尾曰襄公篇朱梁重刻成公篇重刻者居其半僖公篇亦似後來重刻却不避城字炎武謂昭定哀三卷亦朱梁補刻則考之未審矣

經注本

宋槧殘本 余仁仲萬卷堂藏本兼載釋文宣公以前佚自宣公以後分卷與石經合今據何煌校本

單疏本

鈔宋殘本 章丘李中麓藏文公以前佚自文公以後分卷亦與石經合亦據何煌校本

注疏本

元本 亦據何煌校本

十行本 凡二十卷閩監毛三本同又何煌所記諸舊本尚有南監本一種今案南監本即十行本故不別出

閩本

監本

毛本

春秋穀梁傳注疏序校勘記　阮元撰盧宣旬摘錄

監本附音春秋穀梁傳註疏序 閩監毛本無監本附音序五字案何煌校本跋云此卷先命奴子羅中郎用南監本逐字比校訖今驗此標題及下銜名二行何校與十行本合何所稱南監本當即此十行本也

國子四門助教楊士勛撰　國子博士兼太子中允贈

齊州刺史吳縣開國男陸德明釋文 此銜名二行閩監毛本作晉范甯集解唐楊士勛疏

春秋穀梁傳序 閩監毛本上空二字石經此六字八分書稍大上不空字十行本與石經合釋文無傳字

亦既經傳其文 閩監毛本同何校本其作共是也案凡何所校不能別為何本者則但稱何校本以後並同

唯祭與號 閩監本同毛本號誤虢

穀梁子名淑字元始 宋王應麟云穀梁子或以為名赤或以為名俶顏師古又以為名喜○按作俶是也齊召南云爾雅俶訓始故字元始

故曰穀梁傳孫卿 閩監本同毛本脫傳字

父名注 閩本同監毛本注改汪下父注同○按晉書本傳作汪

昔周道衰陵 自此以下十行本行行頂格與石經合閩監毛本並上空一字

弒逆篡盜者國有 石經閩監毛本同釋文出弒逆申志反又作殺音同又昭公十三年弒其下云凡弒字從式殺字從殳君父曰弒取積漸之名自外則皆曰殺此可以意求也傳本多作殺字故時復音之後放此案古篡弒字即用殺字同而讀異耳

七耀為之盈縮 石經同閩監毛本耀作曜釋文七耀本又作曜

朓則侯王其恭閩監毛本同何校本恭作荼○按荼是也古多叚荼爲舒

二川震閩監本同毛本二改三是

善惡褒貶等皆所以示禍福成敗之原十行本善惡二字擠皆下空一格閩監毛本排匀不空

愚上不能用也閩監毛本上作者是也

申侯與鄫人及犬戎閩監本同毛本侯誤后

迺喟然而歎曰唐石經歎字改刊

麟感而來應宋建安本同石經閩監毛本感下有化字釋文麟本又作驎

餘不至也閩本同監毛本至作來

凡五十二家何校本二作三是也閩監毛本作凡二十五家尤誤

入揚雄一家三十八篇十行本此九字墨圍○按此九字乃漢書注

游心於六藝之中按今本漢書藝文志作游文

其本蓋出於史官閩監毛本同何校本去其本二字與漢志合

選士大夫射漢志無夫字

諸侯力政閩監毛本力作失非也史漢皆云諸侯力政

不可强通者也閩監毛本同石經萬歷本可下有得字

庸得不棄其所滯閩監毛本同石經棄作弃案此避世字故也

謂甯之父注也閩本同監毛本注改汪是也

孔演隋經籍志唐藝文志演作衍

劉瑶隋唐志並作劉珧

言旻天者閩監毛本旻作昊下旻天不弔同

春秋穀梁傳注疏序校勘記終

寧都州貢生李楨校

穀梁注疏卷一挍勘記　阮元撰盧宣旬摘録

監本附音春秋穀梁注疏隱公卷第一　閩監毛本無監本附音四字後卷並同

范甯集解　楊士勛疏　閩監毛三本范上有晉字楊上有唐字後卷並同

春秋穀梁傳隱公第一　石經釋文同案石經釋文並以每公為一卷石經每卷首題春秋穀梁傳某公第幾八分書大字釋文此卷與石經同餘卷止稱某公第幾注疏本餘卷止存某公二字又此題目十行本頂格與石經合閩監毛本上空一字疏又低一字

元年　自此已下十行本行行頂格每一年提行另起與石經合又每經之上十行本皆作○界之閩監毛本以經文提行頂格次行以後並上空一字

隱公之始年　十行本注文雙行夾寫閩監毛本改為單行上加註字

正者直方之間語　閩本同監毛本者誤月

雖無事必舉正月　閩監毛本上加傳字十行本無案石經經傳不別十行本正與之合加傳字非

外為主焉　案二年傳文焉下有爾字

貝玉曰含　閩監毛本同疏同儀禮經傳通解引亦作貝石經同補字貝作珠非釋文含又作唅○按依說文當作琀

知死者賵襚耳　按公羊傳注賵誤賻疏云賵實生死兩施是也

并有元纁束　補案束下當有帛字

故同禮　同乃周字之誤

豹及諸侯之大夫盟於宋　閩監本同毛本於作于

據之君言之　閩監毛本上之字作無

故傳云不與朝也　按傳不作弗

金鏃翦羽謂之鍭　閩監毛本鏃誤鍭

罪故略之　閩本同監毛本罪作惡

二年

南蠻北狄　此本狄誤秋閩監毛本不誤今據訂正

則三年王二月乙巳　閩監本同毛本王上增春字浦鏜云巳誤乙按浦說是也

春公至自齊　案春字乃承上文經而誤衍也否則夏字之譌

天言雷雨之異　閩監毛本言作告是也

相無三臣之策　閩監毛本相作桓

時其不可　閩監毛本時作明是也

三年

二穀不升謂之饉　閩監毛本二作三疏引亦作三○按作三與襄二十四年傳文合

徐邈亦作傷　段玉裁云傷當作煬下曰壞從壞並當作場場俗作塲

天王使不正者月　閩監毛本者作稱

弒君不葬　閩監毛本同釋文出殺君是陸所據本與此不同

穀梁注疏卷一挍勘記終　寧都州李楨校

監本附音春秋穀梁注疏隱公卷第二 起四年盡十一年

范甯集解　楊士勛疏

四年春王二月莒人伐杞取牟婁傳例曰取易辭也伐國不言圍邑言圍邑皆有所見伐國及取邑例時此月者蓋爲下戊申衛君完卒日起也凡例宜時而書月者皆緑下事當日故也日必繼於月故不得不書月事實在先故不得後録也他皆放此○杞音起牟亡侯反易以豉反見賢徧反蓋爲于僞反

疏注傳例至放此○釋曰取易辭也十年傳文伐國不言圍邑五年傳文伐國及取邑例時者案六年冬宋人取長葛僖二十六年冬公以楚師伐齊取穀宣九年秋取根牟皆不月是例時也其取須句以其再取故日取鄆取鄟皆内之叛邑爲害重大故月取部取防惡乘人之敗故日明常例則時

傳曰言伐言取所惡也稱傳曰者穀梁子不親受于師而聞之於傳者既伐其國又取其土明伐不以罪而貪其利兩書取伐以彰其惡○所惡烏路反又如字於傳直專反

諸侯相伐取地於是始

故謹而志之也春秋之始疏諸侯至志之也○釋曰外取邑不志今志之者爲入春秋以來最是取地之始故志之也

○戊申衛祝吁弑其君完弑君日與不日從其君正與不正之例也祝吁衛公子○祝吁香于反左氏公羊及詩作州吁完音丸

大夫弑其君以國氏者嫌也弑而代之也凡非正嫡則謂之嫌

○夏公及宋公遇于清遇例時清衛地疏注遇例時○釋曰八年春宋公衛侯遇于垂與此皆不月知例時也

及者内爲志焉爾元年與宋人盟于宿故今復尋之○復音扶又反

疏及者至焉爾○釋曰重發傳者嫌盟遇禮異故重發以同之○

遇者志相得也八年傳曰不期而會遇今日内爲志非不期也然則遇有二義疏注遇有二義○釋曰即八年與此雖同志相得而期不期異故云有二義傳祝吁之挈者徐邈以挈爲舉即是提挈之稱范云不書氏族提挈其名而道之則挈爲單挈不具足之辭○

○宋公陳侯蔡人衛人伐鄭○秋翬帥師會宋公陳侯蔡人衛人伐鄭翬者何也公子翬也其不稱公子何也據莊三年公子慶父帥師伐於餘丘稱公子○翬音暉下同

貶之也杜預曰外大夫貶皆稱人内大夫貶皆去族稱名記事之體他國可言某人而已之卿佐不得言魯人○去起呂反

何爲貶之也與于弑公故貶也○與音預

○九月衛人殺祝吁于濮濮陳地水名○濮音卜

稱人以殺殺有罪也有弑君之罪者則舉國之人皆欲殺之

祝吁之挈失嫌也不書氏族提挈其名而道之也衆所同疾威力不足以自固失當國之嫌○挈本又作絜苦結反注同

其月謹之也討賊例時也衞人不能即討祝吁致令出入自恣故謹其時月所在以著臣子之緩慢也○令力呈反下同

疏注討賊至慢也○釋曰莊九年春齊人殺無知直時不月又此傳云其月謹之知其例合書時但祝吁以二月殺君衛人九月始討譏其緩慢故謹而月之

于濮者譏失賊也譏其不即討乃令至濮

○冬十有二月衛人立晉立納入皆篡也大國篡例月小國時

疏注立納至國時○釋曰案莊九年齊小白入于齊傳曰以惡曰入文十四年晉人納捷菑傳曰不正也此云立者不宜立者也是三者皆爲篡也大國篡例月者即此冬十有二月衛人立晉是也小國時者昭元年秋莒去疾自齊入于莒是也齊小白入于齊齊是大國而不月者與公伐齊同時既例不月故小白亦不月王子猛不月者王猛雖則非正事異諸侯故不書月也

衛人者衆辭也立者不宜立者也嗣子有常位故不言立

晉之名惡也惡謂不正○惡也烏各反

其稱人以立之何也得衆也得衆則是賢也賢則其曰不宜立何也春秋之義諸侯與正而不與賢也雍曰正謂嫡長也夫多賢不可以多君無賢不可以無君立君非以尚賢所以明有統也建儲非以私親所以定名分名分定則賢無亂長之階而自賢之禍塞矣君無嬖幸之由而私愛之道滅矣○嫡丁歷反長丁丈反下同儲直魚反分扶

問反雙必計反【疏】春秋之義○釋曰言春秋者得衆而言立恐理不相合故實稱春秋以包之

五年春公觀魚于棠傳例曰公往時正也正謂無危事耳棠魯地○觀魚如字左氏作矢魚【疏】注傳例至魯地○釋曰莊二十三年傳文也正謂無危事此公雖以非禮觀魚不至於危故亦時而不月

傳曰常事曰視視朔之類是非常曰觀觀魚之類是禮尊不親小事卑不尸大功尸主魚卑者之事也周禮𩷕人中士下士○𩷕音魚公觀之非正也

○夏四月葬衛桓公月葬故也有祝吁之難故十五月乃葬○難乃旦反【疏】月葬故也○釋曰重發傳者前起日例今起月例故重發之

○秋衛師入郕入者内弗受也郕國也將卑師衆曰師書其重者也將卑謂非卿○郕音成將卑子匠反注同

○九月考仲子之宮失禮宗廟功重者月功輕者時莊二十三年秋丹桓宮楹是也【疏】

傳入者至受也○釋曰重發傳者前起者邑今是國故重發之○九月考至之宮○釋曰考者謂立其廟祭之成爲夫人也此所以書之者仲子孝公之妾惠公之母惠公雖爲君其母唯當惠公之世得祭至隱不合祭之故書以見譏也不言立者不宜立爲庶母築宫得禮之變但不合於隱之世祭之故止譏其考不譏立也公羊左氏妾子爲君其母得同夫人之禮今穀梁知不然者喪服記云公子爲其母練冠麻麻衣縓緣既葬除之傳曰何以不在五服之中也君之所不服子亦不敢服也鄭玄云子君之庶子是貴賤之序嫡庶全别安得庶子爲君即同嫡夫人乎故穀梁子以爲於子祭於孫止

考者何也考者成之也成之爲夫人也立其廟世祭之成夫人之禮禮庶子爲君爲其母築宮使公子主其祭也公當奉宗廟故不得自主也公子者長子之弟及妾之子○爲于僞反長丁丈反於子祭於孫止貴賤之序仲子者惠公之母隱孫而脩之非隱也非責也三年父喪畢不於三年考者又有天王崩至此服竟乃脩之

初獻六羽羽翟羽舞者所執獻者下奉上之辭作之於廟故言獻【疏】初獻六羽○釋曰凡言初者有二種之意若尸子所言者則是復正之初也若初稅畝是譏事之初范知羽是翟羽者以衞詩簡兮云左手執籥右手秉翟故知羽即翟也范又云作之於廟故言獻齊侯來獻戎捷非於廟亦言獻者此是獻薦宗廟之事故范據廟言之其實外來者尊魯並稱獻也若然齊人來歸衛寶不言獻者彼寶非齊獻諱其逆天子之命假齊爲辭故與常文異也或以爲戎捷齊侯尊魯故特言獻衛寶以平等相遺故言歸理亦通也

初始也遂以爲常

穀梁子曰舞夏天子八佾諸公六佾諸侯四佾言穀梁子者非受於師自其意也夏大也大謂大雅大雅翟雉佾之言列八人爲列又有八列八八六十四人也並執翟雉之羽而舞也天子用八象八風諸公用六降殺以兩也不言六佾者言佾則干在其中明婦人無武事獨奏文樂○舞夏戶雅反注及下同佾音逸列也殺色界反【疏】注獨奏文樂○釋曰禮有文舞有武舞文舞者羽籥是也武舞者干戚是也凡舞所以象人之德故襄二十九年左傳稱吳季札觀樂見舞韶箾者曰德至矣哉大矣如天之無不幬也如地之無不載也雖甚盛德其蔑以加於此矣是其證也今仲子特爲築宮而祭之婦人既無武事不應得用

干戚故云獨奏文樂何休徐邈之等並同范說則是相傳爲然

初獻六羽始僭樂矣下犯上謂之僭○僭子念反尸子曰舞夏自天子至諸侯皆用八佾初獻六羽始厲樂矣言時諸侯僭侈皆用八佾魯於是能自減厲而始用六穀梁子言其始僭尸子言其始降○侈昌是反又尸是反

○邾人鄭人伐宋邾主兵故序鄭上

○螟蟲災也甚則月不甚則時甚則即盡不及歷月禮月令曰仲春行夏令則蟲螟爲害○螟亡丁反

○冬十有二月辛巳公子彄卒杜預曰大夫書卒不書葬葬者自其臣子事非公家所及○彄苦侯反隱不爵命大夫其曰公子彄何也據八年無侅卒不稱公子先君之大夫也隱不成爲君故不爵命大夫公子不爲大夫則不言公子也【疏】先君至夫也○釋曰公子益師亦是先君之大夫而獨言公子彄者益師有罪而不日故傳略之彄無罪而文詳故因見爵命之例其實益師亦先君之

大夫也。○宋人伐鄭圍長葛。長葛，鄭邑。圍例時。疏注圍例時。釋曰：僖二十三年春，齊侯伐宋圍閔；宜十二年春，楚子圍鄭氏也。但此爲久圍，故譏而月之耳。或解上文日月者爲公子彄卒，此雖例時，不可去上文日月，其實日月不爲圍長葛也。伐國不言圍邑，據莊二年公子慶父帥師伐於餘丘，不言圍也。伐國不言圍邑，書其重也。此其言圍何也？久之也。宋以此冬圍之，至六年冬乃取之。古者師出不踰時，重民之命，愛民之財。乃暴師經年，僅而後克，無仁隱之心，而有貪利之行，故圍伐兼舉以明之。○暴，步卜反，本或作曝，暴露也。僅，渠吝反。行，下孟反。疏伐國至之也。○釋曰：伐國不言圍邑者，舉重也。其言圍者，各有所爲。此則五年圍，六年乃取，爲久之故書圍也。僖六年齊侯以下伐鄭圍新城，傳云著鄭伯之罪也。二十三年春齊侯伐宋圍閔，傳曰不正其以惡報惡也。是書圍者各有所爲。襄十二年莒人伐我東鄙圍郃，書圍者，爲季孫宿救郃張本也。襄十六年齊侯伐我北鄙圍成，十七年齊侯伐我北鄙圍桃，齊高厚帥師伐我北鄙圍防，並書圍者，爲十八年諸侯同圍之起也。伐不踰時，戰不逐奔，誅不填服。來服者不

復填厭之。○填，音田。復，扶又反，下同。厭，於甲反。苞人民、毆牛馬曰侵，斬樹木、壞宮室曰伐。制其人民，毆其牛馬，賊去之後則可還反；樹木斬不復生，宮室壞不自成，故其爲害重也。○毆，烏口反，注同。壞，音怪，一戶怪反，六年同。疏苞人至曰伐。○釋曰：案左傳有鍾鼓曰伐，無曰侵。公羊傳觕者曰侵，精者曰伐。又何休廢疾云：廢焚，孔子曰傷人乎，不問馬。今穀梁以苞人民爲輕，斬樹木、壞宮室爲重，是理道之不通也。所以穀梁不從二傳者，鄭玄云：苞人民、毆牛馬，兵去則可以歸還，其爲壞宮室、斬樹木，則樹木斷不復生，宮室壞不自成，爲害更重也。是鄭意亦以斬樹木、壞宮室爲重，是亦一家之義，故與二傳不同。六年春，鄭人來輸平。杜預曰：和而不盟曰平。○輸平，失朱反，墮也。左氏作渝平。輸者，墮也。平之爲言以道成也。來輸平者，不果成也。春秋前魯與鄭平，四年翬與宋伐鄭，故來絕魯，壞前平也。○墮，許規反。壞，毀之也。○夏五月辛酉，公會齊侯盟于艾。艾，魯地。隱行皆不致者，明其當讓也。○艾，五蓋

反。疏注艾魯至讓也。○釋曰：知非情者，以隱讓國賢君，不應終始俱情，明爲讓不致也。○秋七月。無事書首月，不遺時也。他皆放此。疏注無事至放此。○釋曰：九年傳云：無事焉何以書？不遺時也。然則春秋四時具，始得成年；若闕一時不書首月，則是遺時也。○冬，宋人取長葛。前年冬圍，至今乃得之。上有伐鄭圍長葛，言長葛則鄭邑可知，故不繫之鄭。外取邑不志，此其志何也？久之也。

七年春王三月，叔姬歸于紀。叔姬，伯姬之娣，至此歸者，待年於父母之國，六年乃歸。媵之爲言送也，從也，不與嫡俱行，非禮也。親逆例時，不親逆例月。許慎曰：姪娣年十五以上，能共事君子，可以往；二十而御。易曰：歸妹愆期，遲歸有時。詩云：韓侯取妻，諸娣從之，祁祁如雲。娣必少於嫡，知未二十而往也。○娣，徒細反，女弟曰娣。媵，以證反，又繩證反。從，才用反，下同，一音如字。上，時掌反。共事，音恭，本亦作供。愆，起虔反。取，七喻反。少，詩照反，下文及注同。疏注叔姬至往也。○釋曰：六年乃歸者，伯姬二年嫁于紀，叔姬此年始去，故云六年也。所引易文

歸妹九四爻辭也。王弼云：夫以不正無應而適人也，必須彼道窮盡，無所與交，然後乃可以往，故愆期遲歸以待時也。其卦䷵兌下震上。所引詩者，大雅韓奕之篇。引此二文者，言夫人有姪娣，必當少於嫡，知未二十而往也。一解引易者，證待年于父母國；與嫡俱行也。其不言逆何也？據莊二十九年莒慶來逆叔姬言逆。逆之道微，無足道焉爾。逆者非卿。○滕侯卒。滕侯無名，自無名，非貶之。○滕，徒登反。疏滕侯無名。○釋曰：左氏以滕侯無名爲未同盟，故薨不得以名赴。公羊傳云：滕侯何以不名？微國也。微國則其稱侯何？春秋貴賤不嫌同號，美惡不嫌同辭。今穀梁以爲用狄道也，故無名者。若左氏以爲未同盟故不名，何爲春秋之內亦有不盟而書名者？若公羊以爲微國不名，則邾子克、許男新臣何以名？故穀梁子以爲用狄道也，本來無名字。少曰世子，長曰君，狄道也。其不正者名也。戎狄之道，年少之時稱曰世子，長立之號曰君。其非正長嫡，然後有名爾，責滕侯用狄道也。○長，丁丈反，注同。嫡，本又作適，丁歷反。○夏，城中丘。城例時。中丘，魯地。城爲保民

爲之也建國立城邑有定所高下大小存乎王制刺公不脩勤德政更造城以安民。爲于僞反下爲其同刺七賜反【疏】注建國至安民。釋曰禮記王制無此文言存乎王制者謂王者之法制也高下者考工記云王宮門阿之制五雉宮隅之制七雉城隅之制九雉門阿之制以爲都城之制宮隅之制以爲諸侯之城制是也大小者即左傳云大都不過參國之一中五之一小九之一是也此城中丘與九年夏城郎例時者功役之事摠指天象故也民衆城小則益城益城無極凡城之志皆譏也夫保民以德不以城也如民衆而城小輒益城是無限極也此發凡例施之於城內邑○齊侯使其弟年來聘聘例時凡聘皆使卿執玉帛以相存問【疏】注聘例至存問。釋曰此齊侯使弟年下冬天王使凡伯皆不書月故例時也禮小聘曰問使大夫大聘使卿此既名見於經明是卿也案禮聘則執玉以致命執帛以致享故云執玉帛以相存問諸侯之尊弟兄不得以屬通禮非始封之君則臣諸父昆弟匹敵之稱人臣不可以敵君故不得以屬通所以遠别貴賤尊君卑臣之義。稱尺證反

别彼列反下同其弟云者以其來接於我舉其貴者也弟是臣之親貴者殊别於凡庶【疏】舉其貴者也。釋曰叔肸稱弟傳云賢也此年稱弟傳云舉其貴者則稱弟有二義也。○秋公伐邾○冬天王使凡伯來聘凡氏伯字上大夫也戎伐凡伯于楚丘以歸凡伯者何也天子之大夫也國而曰伐此一人而曰伐何也大天子之命也伐一人而同一國尊天子之命戎者衛也戎衛者爲其伐天子之使貶而戎之也楚丘衛之邑也以歸猶愈乎執也大天子之使過諸侯諸侯當候在疆埸膳宰致餼司里授館猶懼不敬今乃執天子之使無禮莫大焉昭十二年晉伐鮮虞傳曰晉狄之也今不曰衛伐凡伯乃變衛爲戎者伐中國之罪輕故稱國以狄晉執天子之使罪重故變衛以戎之以一人當一國離執言以歸皆尊尊之正義春秋之微旨○之使

所吏反注同愈羊主反過古卧反上古禾反疆本又作壃亦作強音姜埸者亦餼許氣反牲腥曰餼伐鮮音仙【疏】戎者衛也。釋曰麋信云不言夷狄獨言戎者因衛有戎邑故也范意或然。注云天子至不敬。釋曰國語云定王使單襄公聘于宋遂假道于陳以聘于楚陳人候不在彊膳宰不致餼司里不授館單子歸以告王曰陳侯不有大咎國必亡王曰何故對曰云云是棄先王之法制也周之秩官有之敵國賓至司里授館甸人積薪膳宰致飧廩人獻餼賓入如歸今臣承王命以過陳司事莫至是蔑先王之官也是文出於彼

八年春宋公衛侯遇于垂垂衛地不期而會曰遇遇者志相得也○三月鄭伯使宛來歸邴凡有所歸例時邴鄭邑。宛於阮反邴彼病反一音丙左氏作祊【疏】注凡有所歸例時。釋曰宣十年春齊人歸我濟西田定十年夏齊人來歸鄆讙龜陰之田並不書月故知例時也此月者爲下入邴月也一解以擅易天子之田故謹而月之也名宛所以貶鄭伯惡與地也去其族惡擅易天子邑。

惡與烏路反注及下同去起呂反擅市戰反○庚寅我入邴徐邈曰入承鄭歸邴下嫌內外文不别故著我以明之。别彼列反入者內弗受也日入惡入者也邴者鄭伯所受命於天子而祭泰山之邑也王室微弱無復方岳之會諸侯驕慢亦廢朝覲之事故鄭以湯沐之邑易魯朝宿之田也諸侯有大功盛德於王室者京師有朝宿之邑泰山有沐浴之邑所以供祭祀也魯周公之後鄭宣王母弟若此有賜邑其餘則否許慎曰若今諸侯京師之地皆有朝宿之邑周有千八國諸侯盡京師之地不足以容不合事理。復扶又反廢朝直遥反下同覲巨靳反諸侯春見天子曰朝秋見曰覲令力呈反【疏】入者內弗受也。釋曰重發傳者嫌易田與兵入異故重發以明之。注周有至事理釋曰孝經說文○夏六月己亥蔡侯考父卒諸侯日卒正也【疏】日卒正也。釋曰重發之者宋公起例之始蔡侯嫌爵異故重發以明之兼此二者足以包宿男故宿男不復發傳也○辛亥宿男卒宿微國也

未能同盟，故男卒也。【疏】未能同盟○釋曰：杜預以元年盟於宿，宿亦與盟，則以宿爲宿男之國。此傳云未能同盟，則以彼宿爲地名，與杜異也。○秋七月庚午，宋公、齊侯、衞侯盟于瓦屋。宋序齊上，王爵也。瓦屋，周地。外盟不日，此其日何也？據僖十九年夏六月宋公、曹人、邾人盟於曹南不日。【疏】注據僖至不日○釋曰：不據石門而引曹南者，以曹南三國與此相合，故引之也。諸侯之參盟於是始，故謹而日之也。世道交喪，盟詛滋彰，非可以經世軌訓，故存日以記惡，蓋春秋之始也。○參，七南反。喪，息浪反。詛，莊慮反，下文同。誥誓不及五帝，五帝謂黃帝、顓頊、帝嚳、帝堯、帝舜也。誥誓，尚書六誓七誥是其遺文。五帝之世，道化淳備，不須誥誓而信自著。○誥，古報反。誓，市制反。五帝，孔安國云少昊、顓頊、高辛、唐、虞；鄭玄有黃帝無少昊，餘同。范依鄭。顓頊，上音專，下音許玉反。帝嚳，苦篤反，高辛名。【疏】注五帝至自著○釋曰：五帝雖有軍旅會同，不須誥誓而信自著也。六誓者，即尚書甘誓、湯誓、牧誓、泰誓、費誓、秦誓也。七誥者，即湯誥、大誥、康誥、酒誥、召誥、洛誥、康王之誥是也。盟詛不及三王，三王謂夏、殷、周也。夏后有鈞臺之享，商湯有景亳之命，周武有盟津之會，衆所歸信，不盟詛也。○夏，戶雅反。鈞音均。亳，步各反。盟津，音孟，本亦作孟。【疏】注三王至詛也○釋曰：經史通以王爲夏、殷、周也。盟津之會，昭四年左傳文。三王衆所歸信，故不設盟詛也。尚書舜命禹征有苗而戒於衆，則亦誓之類。周禮秋官司盟掌盟載之約，則是盟事，而云誥誓不及三王者，舜是五帝之未，命禹徂征，是禹之事，故云不及五帝。周公制盟載之法者，謂方岳及有疑會同始爲之耳，不如春秋之世屢盟，故云不及三王也。交質子不及二伯。二伯謂齊桓、晉文。齊桓有召陵之師，晉文有踐土之盟，諸侯率服，不質任也。○交質，音置，注同。二伯，如字，又音霸。召，上照反。【疏】注二伯至任也○釋曰：經典言五伯者，皆謂夏伯昆吾、商伯大彭豕韋、周伯齊桓晉文。今此傳以周末言之，故知謂齊桓、晉文也。其召陵之師、踐土之盟，亦昭四年左傳文也。○八月，葬蔡宣公。月葬，故也。○九月辛卯，公及莒人盟于包來。包來，宋邑。○包音苞，一音浮。左氏作浮來。可言公

及人，不可言公及大夫。稱人，衆辭，可言公及人。若舉國之人皆盟也。不可言公及大夫，如以大夫敵公故也。○螟。○螟，亡丁反。○冬十有二月，無侅卒。無侅之名，未有聞焉。未聞者，不知爲是隱之不爵大夫，爲是有罪貶去氏族。穀梁子不受之於師，故曰未有聞焉。○者，起呂反。或曰：隱不爵大夫也。若俠卒是。○若俠，音協，九年經同。或說曰：故貶之也。若無侅帥師入極是。【疏】或曰至貶之也○釋曰：若是不爵命大夫，二年傳不得云貶。彼入極爲貶去氏，則此亦爲貶去氏。就二說之中，後或曰是也。公子益師卒，傳曰不日，惡也，則此不日，亦惡可知矣。

九年春，天王使南季來聘。南，氏姓也。季，字也。南季，天子之上大夫。氏以爲姓也。所以別姓者，經有王季子來聘、祭伯來、王祭，皆非姓也，嫌與同，故別之也。季云字者，明命爲大夫，不以名通也。○別，彼列反。祭，側界反，下同。凡國名、邑名及人名氏，皆於始音，後不復出。若假借之字，時復重音，後放此。聘，問也。聘諸侯，非正也。周禮天子時聘以結諸侯之好，殷覜以除邦國之慝，間問以諭諸侯之志，歸脤以交諸侯之福，賀慶以贊諸侯之喜，致禬以補諸侯之災。許慎曰：禮，臣病，君親問之。天子有下聘之義，傳曰聘諸侯非正，甯所未詳。○好，呼報反。覜，他弔反。慝，他得反，惡也。間問，間廁之間。脤，市軫反，祭肉也。禬，戶外反，或古外反。【疏】注周禮至未詳○釋曰：范所引者，周禮大行人文也。鄭玄云：時聘者，亦無常期，天子有事諸侯使大夫來聘，覜以禮見之，禮而遣之，所以結其恩好也。殷覜謂一服朝之歲也。慝，惡也。一服朝之歲，五服諸侯皆使卿以聘禮來覜天子，天子以禮見之，命以禮政禁之事，所以除其惡行。間問者，間歲一問諸侯，而有省之屬。諭諸侯之志者，諭言語、諭書名其類也。歸脤以交諸侯之福者，交或往或來者也。賀慶以贊諸侯之喜者，贊，助也。致禬凶禮之弔禮禬禮也。補諸侯之災者，若春秋澶淵之會，謀歸宋財。然時聘、殷覜二者，是諸侯臣使於王也；其間問、歸脤、賀慶、致禬四者，王使臣使於諸侯也。范此注引周禮者，證有下聘之義也。而傳云非正也，故云甯所未詳。然則昔鄭玄之駁，則云叔服重天子之禮者，以此傳既非，故別爲之說。○三月癸酉，大雨震電。震，雷也。電，

霆也。電徒練反，霆徒丁反，又徒頂反。〔疏〕震雷也電霆也。釋曰：說文云震霹靂也，陰擊陽爲電，電者即雷之光，與此傳異者，易說卦震爲雷，故何休亦以震爲雷，霆者霹靂之別名，有霆必有電，故傳云電霆也，或當電霆爲一也。○庚辰，大雨雪。志疏數也。八日之間再有大變，陰陽錯行，故謹而日之也。劉向云：雷未可以出，電未可以見，雷電既以出見，則雪不當復降，皆失節也。雷電，陽也；雨雪，陰也。雷出非其時者，是陽不能閉陰，陰氣縱逸而將爲害也。○雨，于付反。數，色角反。向，舒亮反。見，賢徧反。復，扶又反。〔疏〕志疏數也。釋曰：謂災有遠近，遠者爲疏，近者爲數也。注劉向至害也。釋曰：何休云：夏之正月，未可大雨震電，此陽氣大失其節，猶隱公久居其位不反於桓，失其宜也。異發於九年者，陽數可以極而不還國於桓之所致。大雨雪者，盛陰之氣大怒，此桓將怒而弒隱公之象。劉向之言與何休意不甚異，但取變異之象少差耳。雨月，志正也。雨得其時則月。〔疏〕注雨得其時則月。釋曰：雨得其時則月者，若僖三年夏六月雨是也。○俠卒。俠者，所俠也。俠，名也。所，其氏。〔疏〕俠者所俠也。釋曰：徐邈引尹更始云：所者，俠之氏。今范亦云所其氏，則所者是俠之氏族，但未備爵命，故略名耳。麋信以爲所非氏，所謂斥也。弗大夫者，隱不爵大夫也。俠不命爲大夫，故不氏。隱之不爵大夫，何也？曰：不成爲君也。明將立桓。○夏，城郎。郎，魯邑。○秋，七月。無事焉，何以書？不遺時也。四時不具，不成年也。○冬，公會齊侯于防。防，魯地也。會者，外爲主焉爾。〔疏〕會者至焉爾。釋曰：重發傳者，嫌華戎異故也。

十年，春，王二月，公會齊侯、鄭伯于中丘。隱行自此皆日者，天告雷雨之異，以見篡弒之禍，而不知戒懼，反更數會，故危之。○見，賢徧反。數，色角反。○夏，翬帥師會齊人、鄭人伐宋。翬，隱之罪人也，故終隱之世貶之。○六月，壬戌，公敗宋師于菅。敗例日，與不日皆與戰同。菅，宋地。○公敗，必邁反，又皮邁反，後亦同。于菅，古顏反。〔疏〕注敗例至宋地。釋曰：莊十年傳例日不日疑戰也者，言不克日而戰，以詐相襲，則不疑當書日，故桓十年冬十有二月丙午，齊侯、衛侯、鄭伯來戰于郎，范云結日列陳則日是也。今注云與戰同，則此敗宋師是克日而戰也。內不言戰，舉其大者也。戰然後敗，故敗大於戰。辛未，取郜。○郜，古報反，字林工竺反。辛巳，取防。取邑不日，此其日何也？據僖三十三年伐邾取訾婁不日。○訾，子斯反。不正其乘敗人而深爲利，取二邑，故謹而日之也。禮，不重傷，戰不逐北。公敗宋師于菅，復取其二邑，貪利不仁，故謹其日。○重，直用反。逐北，如字，又音佩，本又作逐奔。復，扶又反。〔疏〕注禮不至逐奔。釋曰：不重傷，僖二十二年左傳文也。不逐奔，上五年傳文。○秋，宋人、衛人入鄭。○宋人、蔡人、衛人伐載，鄭伯伐取之。凡書取國，皆滅也。變滅言取，明其易。○載，如字，本或作戴。易，以豉反，下文同。不正其因人之力而易取之，故主其事也。三國伐載，自足以制之，鄭伯不能矜人之危，而反與共伐，故獨書鄭伯伐取之，以首其惡。其實四國共取之。○惡，烏各反。○冬，十月，壬午，齊人、鄭人入郕。入者，內弗受也。日入，惡入者也。郕，國也。○惡，烏路反。

十有一年，春，滕侯、薛侯來朝。天子無事，諸侯相朝，正也。事謂巡守、崩葬、兵革之事。○薛，息列反。守，音狩，本亦作狩。〔疏〕十有一年。釋曰：言有者，十是盈數，更以奇從盈，故言有，欲見一者非十中之物也。○注事謂至之事。釋曰：書云肆覲東后，是天子巡守當方諸侯有事。許慎、鄭玄皆以爲天子喪葬，諸侯親奔，故范亦以爲天子崩葬爲諸侯之事也。桓五年諸侯從王伐鄭，是天子舉兵革，諸侯亦有事也。言無此等事，諸侯得相朝，若有即不得也。考禮脩德，所以尊天子也。諸侯來朝，時正也。朝宜以時，故書時則正也。〔疏〕考禮脩德。釋曰：諸侯相朝，所以正班爵，奉王命，故云考禮脩德也。犆言同時也。犆言，謂別言也，若穀伯綏來朝鄧侯吾離來朝同時來不俱至○犆音特獨也本或作特累數皆至也累數總言之也若滕侯薛侯來朝同時俱至○數所主反○夏五月公會鄭伯于時來時來鄭地○秋七月壬午公及齊侯鄭伯入許○冬十有一月壬辰公薨公薨不地故也不地不書路寢之比○比必利反隱之不忍地也隱猶痛也其不言葬何也君弒賊不討不書葬以罪下也責臣子也隱十年無正隱不自正也無正謂不書正月元年有正所以正隱也明隱宜立

監本附音春秋穀梁注疏隱公卷第二

新建縣知縣鄭祖琛
浮梁縣知縣劉丙　同栞

穀梁注疏卷二挍勘記　阮元撰盧宣旬摘錄

四年隱公

衛祝吁弒其君完閩監毛本同釋文弒其音試釋舊作殺注下同君完本又作皃音丸案皃即八分書完字筆迹小異耳非容皃字又音丸也

故貶也閩監毛本同石經作故貶之也

祝吁之挈閩監毛本同釋文挈本又作絜注同案通志堂本釋文絜誤挈此从宋本

不書氏族提挈其名而道之也衆所同疾威力不足以自固失當國之嫌此注文也閩監毛本凡注皆改單行上加注字此獨雙行無注字蓋改十行本之舊而未盡者

五年

疏傳入者至受也○釋曰重發傳者前起者邑今是國故重發之十行本無此一段疏閩本如此監本上傳作注毛本無上傳字至作内弗二字○補案此段疏文十行本初刻無後補板剜擠在下考仲子之宫疏上

練冠麻麻衣補案麻麻誤重

則干在其中閩監毛本干作羽○補此干字作羽則上不言六佾者佾字亦當作羽

爲十八年諸侯同圍之起也閩監毛本起作地是也

兵去則可以歸還其爲二字是也閩監毛本同何校本下有害輕

七年

大天子之使閩監毛本大作夫是也

八年

三月鄭伯使宛來歸邴　左氏作歸祊惠棟云古方丙同字

惡入者也　石經同二年疏引同閩監毛本脱入字

若今諸侯　閩監毛本同釋文出若令力呈反案令是

九年

而有省之屬　按周禮大行人注而有作謂存

十年

以詐相襲　閩監本同毛本詐誤戰

取二邑　閩監毛本同石經多一取字改刻作又取故此行十一字

戰不逐北　閩監毛本同釋文逐北本又作逐奔按注疏本作逐奔

伐載　閩監毛本同釋文云本或作戴按載爲𢧵之假借字戴爲或作之字詳左傳釋文校勘記

穀梁注疏卷二挍勘記終

𨗉都李楨校

監本附音春秋穀梁注疏卷第三 起元年盡七年

范甯集解　楊士勛疏

桓公【疏】魯世家桓公名允，惠公之子，隱公之弟，以桓王九年即位。世本作軌。謚法：辟土服遠曰桓。

元年，春，王。桓無王，其曰王，何也？謹始也。諸侯無專立之道，必受國於王。若桓初立，便以見治，故詳其即位之始，以明王者之義。【疏】桓無至始也。○釋曰：徐邈云：桓公篡立，不顧王命，王不能討，故無王。又且桓公終始十八年，唯元年、二年、十年、十八年有王，自外皆無王，故傳據以發問而曰桓無王。又范氏例云：春秋上下無王者凡一百有八，桓無王者，見不奉王法，餘公無王者，爲不書正月，不得書王。桓初即位，若已見治，故書王以示義。二年書王，痛與夷之卒，正宋督之弑，宜加誅也。十年有王，正曹伯之卒，使世子來朝，王法所宜治也。十八年有王，取終始治桓也。是解元年有王爲謹始也。餘年無王，爲不奉王法也。若然，桓爲弑君而立，故十四年没其王文。宣公亦篡位而立，不去王者，桓弑賢兄讓國之主，害成立之君；宣篡未踰年之子，又無爲臣之義，以輕重既異，

故去王亦殊也。杜預注左氏：桓十四年無王者，失不班歷也。何休注公羊，意與穀梁同，唯解有王者别，云：二年有王者，見始也；十年有王，數之終也；十八年有王，桓之終也。明終始有王，桓公無之耳。

其曰無王，何也？桓弟弑兄，臣弑君，天子不能定，諸侯不能救，百姓不能去，以爲無王之道，遂可以至焉爾。元年有王，所以治桓也。正月，公即位。杜預曰：嗣子位定於初喪，而改元必須踰年者，繼父之業，成父之志，不忍有變於中年也。諸侯每首歲必有禮於廟，諸遭喪繼位者因此而改元即位，百官以序，故國史亦書即位之事於策。○去，上聲。【疏】注杜預至於策。○釋曰：尚書顧命云：乙丑，成王崩，俾爰齊侯呂伋以二干戈、虎賁百人逆子釗于南門之外，延入翼室，恤宅宗。孔安國云：明室路寢外之，使居憂，爲天下宗主。天子初崩，嗣子定位，則諸侯亦當然也。其改元必須踰年者，孝子之情不忍有變於中年也。然嗣子不忍變於中年，故嗣年即位。桓公既無惻痛之情，朝死夕忘，亦於踰年即位者，聖人立法，即位必持踰年，桓雖不仁，未可獨當年即位。即位既是踰年，故史官從其實而書之。

繼故不言即位，正也。故謂弑也。繼故不言即位之爲正，何也？曰：先君不以其道終，則子弟不忍即位也。哀痛之至，故不忍行即位之禮。繼故而言即位，則是與聞乎弑也。繼故而言即位，是爲與聞乎弑，何也？曰：先君不以其道終，已正即位之道而即位，是無恩於先君也。推其無恩，則知與弑也。此明統例耳，與弑尚然，況親弑者。○與聞，音豫，下文及注與弑皆同。【疏】注推其至弑者。○釋曰：桓是親弑之主，而傳論與弑之事，故知傳意本明統例爾，故云與弑尚然，況親弑者。

○三月，公會鄭伯于垂。垂，衛地也。傳例曰：往月，危往也。桓大惡之人，故會皆月以危之。【疏】注垂衛至危之。○釋曰：傳例者，定八年傳文也。此三月公會鄭伯于垂，二年三月公會齊侯、陳侯、鄭伯于稷，是會皆月以危之。

會者外爲主焉爾。鄭伯所以欲爲此會者，爲易田故。○爲易，于僞也。【疏】會者至焉爾。○釋曰：重發傳者，嫌易田與直會異故也。

○鄭伯以璧假許田。假不言以，言以，非假也。實假則不應言以璧。非假而曰假，諱易地也。禮：天子在上，諸侯不得以地相與也。諸侯受地於天子，不得自專。無田則無許可知矣。不言許，不與許也。但言以璧假許，而不繼田，則許屬鄭也。今言許田，明以許之田與鄭，不與許邑也。諸侯有功則賜田以祿之，君可以借人，此蓋不欲以實言。○借，子夜反。許田者，魯朝宿之邑也。邴者，鄭伯之所受命而祭泰山之邑也。用見魯之不朝於周，而鄭之不祭泰山也。朝天子所宿之邑，謂之朝宿。泰山非鄭竟內，從天王巡守，受命而祭也。擅相换易，則知朝祭並廢。○魯朝，直遥反，下皆同。邴，彼病反，又音內。見，賢徧反。竟，音境。從，在用反。守，音狩。擅，市戰

反換一本亦作追胡喚反〔疏〕許田至山也○釋曰經文無邴而傳言之者經諱易天子之地故以璧假爲文若以地易地不得云假故經無邴文傳本舉鄭易田之勢五得不言邴也先儒解左氏者皆以爲鄭受天子祊田爲湯沐之邑後世因立桓公武公之廟故謂之泰山之祀案此傳及注意則以爲祭泰山之邑謂從王巡狩受命而祭泰山也羊以爲田多邑少稱田邑多田少稱邑左氏無傳或當史異辭穀梁以爲言田者則不德其邑是三傳之說各異也○夏四月丁未公及鄭伯盟于越越衛地也及者內爲志焉爾越盟地之名也○秋大水禮月令曰季秋行夏令則其國大水大水例時〔疏〕注大水例時○釋曰莊七年與此皆云秋大水不書月是例時也高下有水災曰大水○冬十月無事焉何以書不遺時也春秋編年四時具而後爲年編録○編必連反字林聲類韻集皆布千反史記音義甫連反

二年春王正月戊申宋督弒其君與夷宋督宋之卑者卑者以國氏○督丁毒反與如字又音餘〔疏〕注宋督至國氏○釋曰知是卑者祝吁弒其君取國傳以失如言之履緰來逆傳稱進之也此督與宋萬旣不取國又無可進明卑者可知也桓無王其曰王何也正與夷之卒也諸侯之卒天子所隱痛姦逆之人王法所宜誅故書王以正之及其大夫孔父孔父先死其曰及何也書尊及卑春秋之義也邵曰會盟言及別內外也尊卑言及上下序也○別彼列反〔疏〕注邵曰至序也○釋曰及有二義故范引邵云會盟言及別內外也尊卑言及上下序也別內外者謂魯與他人會盟皆先魯以及他若隱元年公及邾儀父盟于眛及宋人盟于宿是也上下序者此孔父荀息仇牧皆先言君後言臣是也孔父之先死何也督欲弒君而恐不立於是乎先殺孔父孔父閑也閑謂扞禦○殺並如字扞下旦反何以知

其先殺孔父也曰子既死父不忍稱其名臣既死君不忍稱其名以是知君之累之也累謂從也〔疏〕知君之累之也○釋曰糜信云累者從也謂孔父先死殤公從後被弒范注雖不明理亦當然也孔氏父字謚也孔父有死難之勳故其君以字爲謚○難乃旦反〔疏〕孔氏父字謚也○釋曰孔父新死未葬而得有謚者舊解謂三月既葬之後嗣君謚之但赴者以正月者亂故書弒在前使者以葬後始來故得稱謚或當孔父以字爲謚得據後言之故云字謚也○注孔父至爲謚○釋曰謚者大夫之常事而云死難之勳者字者襃德非可虛加若使孔父無死難之勳雖有凡平之謚焉得以字爲之文傳特言字謚也明知有義故注者原之或曰其不稱名蓋爲祖諱也孔子故宋也孔子舊是宋人孔父之玄孫○爲子僞反〔疏〕注孔子至玄孫○釋曰案世本孔父嘉生木金父木金父生祁父其子奔魯爲防叔生伯夏伯夏生叔梁紇叔梁紇生仲尼是孔父嘉爲孔子六世祖范云玄孫者以玄者親之極至來孫昆孫之等亦得通

稱之亦如左傳蒯聵禱文王稱曾孫之類是也○滕子來朝隱十一年稱侯今稱子蓋時王所黜〔疏〕注隱十至所黜○釋曰周公之制爵有五等所以擬其黜陟今傳無貶爵之文明降爵非春秋之義又且此時周德雖衰尚爲天下宗主滕今降爵明是時王所黜也○三月公會齊侯陳侯鄭伯于稷以成宋亂稷宋地也以者內爲志焉爾公爲志乎成是亂也欲會者外也欲受賂者公也〔疏〕以者至焉爾○釋曰十四年傳云以者不以者也僖二十一年傳云以重辭也此傳云以者內爲志焉爾則以有三種之義范於僖二十一年注云以有二義矣者以內爲志焉與不以者正是一事耳以成宋亂者公也非諸侯故也是以云內爲志焉爾其實以者仍是不以之例故注彼爲二事焉○注欲會至公也○釋曰以經言會故知欲會者外也以者內爲志故知欲受賂者公也此成矣取不成事之辭而加之焉於內之惡而君子無遺焉爾取不成事之辭謂以成宋亂也桓惡逆之人故極言其惡無所

遺漏也。江熙曰：春秋親尊皆諱，蓋患惡之不可掩，豈當取不成事之辭以加君父之惡乎？案宣四年公及齊侯平莒及郯，傳曰平者成也，然則成亦平也。公與齊陳鄭欲平宋亂而取其賂鼎，不能平亂，故書成宋亂，取郜大鼎納于大廟，微旨見矣。尋理推經，傳似失之。徐邈曰：宋雖已亂，治之則治，亂之成不繫此一會，若諸侯討之，則有撥亂之功，不討則受成亂之責，辭豈虛加也哉。春秋雖受親尊者諱，然亦不没其實，故納鼎于廟、躋僖逆祀及王室之亂、昭公之孫，皆指事而書。哀七年傳所謂有一國之道者、有天下之道者也。君失社稷猶書而不隱，況今四國羣會，非一人之過，以義致譏，輕於自己兆亂，以此方彼，無所多怪。○郯音談。大廟音泰，下文及注同。見賢徧反。躋子兮反。【疏】注取不至多怪。釋曰：江熙云微旨見矣者，傳意成宋辭者，謂成就宋亂，江熙以爲加君父之惡大初，故以成爲平，直書取郜大鼎納於大廟，足以示譏，是微旨見矣。言此傳成亂之辭爲微旨。徐邈引傳所謂有一國之道云云者，言謂侯專一國，猶似天子專天下，其有失社稷猶得書之，故此亦得云成宋辭也。

○夏四月，取郜大鼎于宋。戊申，納于太廟。傳例曰：納者，内不爲也。曰之，明惡甚也。太廟，周公廟。○郜古報反。【疏】注傳例至周公廟。○釋曰：宣十一年傳文也。然此傳亦有弗受之文，而引傳例者，凡傳言内弗受者，指說諸侯相入之例，今此言不受者，謂周公也，恐其不合，故引例以明之。

桓内弒其君，外成人之亂，受賂而退，以事其祖，非禮也。其道以周公爲弗受也。郜鼎者，郜之所爲也。曰宋，取之宋也。此鼎本郜國所作，宋後得之。以是爲討之鼎也。討宋亂而更受其賂鼎。○爲討之鼎，如字。麋氏云：討或作糾。孔子曰：名從主人，物從中國，故曰郜大鼎也。主人謂作鼎之主人也，故繫之郜。物從中國，謂是大鼎。【疏】名從至大鼎也。釋曰：名從主人者，謂本是郜作，繫之於郜。物從中國者，謂鼎在宋，從宋號也。言物從中國者，廣例耳，通夷狄亦然。其意謂鼎名從作者之主人，不問華戎，皆得繫之，若左傳稱甲父之鼎是也。物從中國者，謂中國號之大鼎，縱夷狄亦從中國之號，不得改之，若傳稱吳謂義稻爲伊緩，夷狄謂大原爲大鹵，以地形物類須從中國之號，故不得謂之伊緩、大鹵也。何休云：周家以世孝天璐之鼎，諸侯有世孝者，天子亦作鼎以賜之，禮祭天子九鼎，諸侯七，卿大夫五，元士三也，故郜國有之。

○秋七月，紀侯來朝。隱二年稱子，今稱侯，蓋時王所進。○紀侯，左氏作杞侯。朝時，此其月何也？據隱十一年春滕侯薛侯來朝稱時。桓内弒其君，外成人之亂，於是爲齊侯、陳侯、鄭伯討數日以賂。桓既罪深責大，乃復爲三國討數至日以責宋賂。○爲齊，于僞反，下同。數，色主反，注同。復，扶又反。已即是事而朝之，惡之，故謹而月之也。已，紀也。桓與諸侯校數功勢以取宋賂，不知非之爲非，貪愚之甚。紀不擇其不肖而就朝之。○惡，烏路反。【疏】謹而月之也。○釋曰：桓雖不君，臣不得不臣，所以極言君父之惡，以示來世者，桓既罪深責大，若爲隱諱，便是長無道之君，使縱以爲暴，故春秋極其辭以勸善懲惡也。○注已紀也。○釋曰：桓十三年注云紀當爲已，與此異者，觀經而說，故兩注不同。

○蔡侯、鄭伯會于鄧。鄧，某地。○某地，不知其國，故云某，後放此。○九月，入杞。我入之也。不稱主名，内之卑者。【疏】我入之也。○釋曰：何嫌非我而發傳者，以隱八年云我入邴，此直云入杞，恐非我，故發之。

○公及戎盟于唐。○冬，公至自唐。告廟曰至。傳例曰：致君者，殆其往而喜其反。此致君之意義也。離不言會，故以地致。【疏】注告廟至地致。○釋曰：傳例者，襄二十九年傳文也。離不言會者，即左傳所云特相會往來稱地，亦此類也。桓無會而其致何也？遠之也。桓會甚衆，而曰無會，善無致會也。弒逆之罪，非可以致宗廟，而今致者，危其遠會戎狄，喜其得反。【疏】注桓會甚衆。○釋曰：謂元年會于垂，二年會于稷是也。

三年春正月，公會齊侯于嬴。嬴，齊地。○嬴音盈。○夏，齊侯、衛侯胥命于蒲。蒲，衛地。胥之爲言猶相也。相命而信諭，謹言而退，以是爲近古也。申約言以相達，不歃血而誓盟。古謂五帝時。○近，附近之近。約如字，又於妙反。歃本又作唼，所洽反。【疏】注古謂五帝時。○釋曰：知古非三王者以傳云詰誓不及五帝盟詛不及三王今謹言而退非誥誓之辭相命而信諭無盟詛之事二國能行三王五帝之法而傳云近古明知謂五帝也是必一人先其以相言之何也不以齊侯命衛侯也江熙曰夫相與親比非一人之德是以同聲相應同氣相求齊衛胥盟雖有先倡倡和理均若以齊命衛則功歸于齊以衛命齊則齊僅隨從言其相命則泯然無際矣○比毗志反應應對之應僅巨靳反泯亡忍反【疏】注同聲至相求○釋曰易文言文也今二國相命則大者宜倡小者宜和大則齊也小則衛也故傳云不以齊侯命衛侯也明齊大也但倡和理均故直以相命言之倡則同聲相應和則同氣相求聲氣相通而相命之情見矣○六月公會杞侯于郕郕魯地。○郕音成○秋七月壬辰朔日有食之既言日言朔食正朔也朔日食也既者盡也有繼之辭也盡而復生謂之既○復音扶又反【疏】既者盡也○釋曰其日食或盡或不盡者歷家之說以爲交正在朔則日食既前後望月不食交正在望則月

食既前後朔日不食○公子翬如齊逆女翬稱公子者桓不以爲罪人也逆女親者也使大夫非正也九月齊侯送姜氏于讙已去齊國故不言女未至于魯故不稱夫人讙魯地月者重録之○于讙音歡【疏】使大夫非正也○釋曰重發傳者嫌諭外之始翬是內之初故重發以明外內不異也禮送女父不下堂母不出祭門諸母兄弟不出闕門祭門廟門也闕兩觀也在祭門之外○觀古亂反○父戒之曰謹慎從爾舅之言母戒之曰謹慎從爾姑之言諸母般申之曰謹慎從爾父母之言般囊也所以盛朝夕所須以備舅姑之用○般步干反一本作鞶音同盛音成【疏】注般囊至之用○釋曰士婚禮云父送女命之曰戒之敬之夙夜無違命母施衿結帨曰勉之敬之夙夜無違宮事庶母及門內施般申之以父母之命曰敬恭聽宗爾父母之言夙夜無愆示諸衿般鄭玄云般囊也男子般革婦人

般絲所以盛帨巾之屬爲謹敬也後戒辭與此不同此注又與鄭異者彼是士禮此即是諸侯之禮故異辭也般盛帨巾亦得備舅姑之用則范鄭二注不有違也或以爲傳并釋禮意故與本文不同也引此戒辭及上父母不出祭門諸母兄弟不出闕門者並證送女踰竟非禮之事也凡親迎之禮必在廟也故云不出祭門言不出闕門者則已出廟門之外矣送女踰竟非禮也○踰竟音境公會齊侯于讙無譏乎齊侯送女踰竟遠至于讙嫌會非禮之人當有譏曰爲禮也齊侯來也公之逆而會之可也爲親逆之禮夫人姜氏至自齊其不言翬之以來何也據宣元年遂以夫人婦姜至自齊公親受之于齊侯也重在公子貢曰冕而親迎不已重乎冕祭服○迎魚敬反一本作逆孔子曰合二姓之好以繼萬世之後何謂已重乎○好呼報反【疏】子貢至重乎○釋曰引之者以

齊侯送女公親受之於禮爲可故發冕而親迎之問○冬齊侯使其弟年來聘○有年有年例時【疏】注有年例時○釋曰凡書有年者冬下穀畢入計用豐足然後書之不可繫以日月故例時也宣十六年冬大有年亦時是其證也五穀皆熟爲有年也

四年春正月公狩于郎春而言狩蓋用冬狩之禮蒐狩例時而此月者重公失禮也莊四年冬公及齊人狩于郜傳曰齊人者齊侯也其曰人何也卑公之敵所以卑公也然則言齊人者所以人公則譏已明矣狩得其時故不月【疏】注春而至不月○釋曰周禮有四時之田春蒐夏苗秋獮冬狩皆用夏之四仲之月然周正月則是夏之十一月故左氏以此狩爲得時今范云春而言狩蓋用冬狩之禮以爲失時者蓋同公羊未制禮之時權用此法故得時節不同其名亦異仲尼脩春秋改周之文從殷之質因以爲春秋制也故何休注公羊亦云夏時不田春秋制也范以春狩爲失時又云蒐狩例時者昭八年秋蒐于紅又莊四年冬狩得其時雖譏公而不月是例時也左傳周禮爾雅並云春曰蒐夏曰苗秋曰獮冬曰狩公羊之文則春曰苗秋曰蒐冬曰狩此傳之文則春曰田夏曰苗秋曰蒐

冬曰狩所以文不同者左氏之文是周公制禮之名二傳之文或春秋取異代之法或當天子諸侯别法經典散亡無以取正也

四時之田皆爲宗廟之事也春曰田取獸於田○爲于僞反夏曰苗因爲苗除害故曰苗秋曰蒐蒐擇之舍小取大○蒐所由反麋氏本又作搜音同舍音捨冬曰狩狩圍狩也冬物畢成獲則取之無所擇

疏注冬物至所擇○釋曰四時田獵若用時王之正則周之冬是夏之秋而云畢成者冬是一揔名周之十二月夏之十月萬物已收故得以畢成言之

四時之田用三焉唯其所先得一爲乾豆上殺中心死速乾之以爲豆實可以祭祀○中丁仲反下同

疏注上殺至祭祀○釋曰何休云自左膘射之達于右腢中心死疾故乾而豆之以薦宗廟豆祭器名狀如鐙天子二十有六諸公十有六諸侯十有二卿上大夫八下大夫六士三也大夫以上禮器之文士三者相傳爲說

二爲賓客次殺射髀骼死差遲○射食亦反髀步啓反又必邇反骼若嫁反差初賣反

疏注次殺至差遲○釋曰何休云自左膘射之達於右髀遠心死難故爲次殺毛傳云次殺者射右耳本亦之今注云射髀骼則與彼異也髀骼者案儀禮髀骨膝以上者是也

三爲充君之庖下殺中腸汚泡死最遲先宗廟次賓客後庖廚尊神敬客之義○庖步交反汚汙穢之泡普交反又百交反

疏注下殺至之義○釋曰何休云自左膘射之達於右髃毛傳云左髀達於右髃爲下殺此云中腸同彼二說並無妨也

○夏天王使宰渠伯糾來聘宰官也渠氏也天子下大夫老故稱字下無秋冬二時甯所未詳

疏注宰官至未詳○釋曰公羊傳曰伯糾者何下大夫也何休云稱伯者上敬老也今范亦同之以何休之意又以爲伯仲叔季之字配氏地及氏者皆爲上大夫則祭伯南季之類是也兼名及字配官氏者則爲下大夫即此宰渠伯糾叔服之類是也范雖直以叔服爲字觀上下之注義亦似然故此注云伯糾下大夫文元年注毛伯天子上大夫也隱九年注南季天子上大夫是其說耳何休又云桓無王而行天子不能誅反下聘之故去二時以見貶范以五年亦使臣聘何以四時皆具七年不遣臣聘何因亦無二時故直云甯所未詳也

五年春正月甲戌己丑陳侯鮑卒鮑卒何爲以二日卒之春秋之義信以傳信疑以傳疑明實録也○傳直專反陳侯以甲戌之日出己丑之日得不知死之日故舉二日以包也國君獨出必辟病潛行○必辟音避本又作避

疏甲戌至鮑卒○釋曰公羊以爲鮑之狂故甲戌日亡己丑日死孔子疑之故以二日卒之此傳之意言陳侯辟病以甲戌日出己丑之日得之不知死之日故舉二日以包之左傳以爲再赴故兩日並書是三傳異説○信以至包也○釋曰既云信以傳信疑以傳疑則是告以虛事而注云實録者告以實則以一日卒之告以虛則二日卒之二者皆是據告而即是實録之事

○夏齊侯鄭伯如紀外相如不書過我則書例時○過我古禾反下文及注同

疏注外相至例時○釋曰過我者約州公之傳得知也然紀國在齊之東鄭在魯之西北鄭欲如紀則直過齊何以二君並得過魯者蓋齊侯出竟西行而逢鄭伯遂與至紀途過於魯故得記之知例時者此與州公皆不書月故知之

○天王使任叔之子來聘任叔天子之大夫○任叔音壬左氏作仍叔

任叔之子者録父以使子也故微其君臣而著其父子不正父在子代仕之辭也録父使子謂不氏名其人稱父言子也君闇劣於上臣苟進於下蓋參譏之

疏注參譏之○釋曰君闇劣於上臣苟進於下止是二譏而言參者舊解傳言微其君臣而著其父子是刺其父之不肖而令苟進更又刺其君臣故曰參譏之或以爲參參者交互之義不讀爲三理亦得通城祝丘者左氏之例凡城邑則有時與不時之例此傳則不然但書之者即是譏責故注云譏公不脩德政恃城以安民

○葬陳桓公○城祝丘譏公不脩德政恃城以安民

○秋蔡人衛人陳人從王伐鄭王親自伐鄭○從才用反又如字下同

疏注云親自伐鄭○釋云以舉從者之辭嫌非自伐故云親自伐鄭

舉從者之辭也使若王命諸侯伐鄭書從王命者三國也

疏舉從者之辭也○釋曰麋信曰舉從者之辭謂解經稱人也徐邈云舉從者之辭謂王不能以威致三國三國自以義從耳范以二者不通故爲别解言舉

從者之辭謂若王不親伐直舉三國從王命之辭也故下句云其舉從者之辭何也爲天王諱伐鄭也是也

其舉從者之辭何也？爲天王諱伐鄭也。○諱自伐鄭爲于僞反

鄭同姓之國也，在乎冀州，於是不服爲天子病矣。鄭姬姓之國冀州則近京師親近猶不能服則疏遠者可知○冀州案鄭本京兆鄭縣是雍州之域後從河南新鄭爲豫州之境冀在兩河之間非鄭都也冀州言去京師近也麋氏云韓侯滅鄭韓都冀州故以目鄭近附近之近

疏在乎冀州○釋曰徐邈云新鄭屬冀州案爾雅兩河間曰冀州新鄭在河南不得屬冀州是徐之妄也麋信云鄭在冀州者韓哀侯滅鄭遂都之韓故晉也傳以當時言之遂云冀州然則王伐鄭之時本未有韓國何得將後代之事以爲周世之名若以韓侯從冀州都鄭則曰冀州大伯從雍州適吳豈得謂吳爲雍州也是麋信之謬矣蓋冀州者天下之中州自唐虞及夏殷皆都焉則冀州是天子之常居以鄭近王畿故舉冀州以爲說故鄒衍著書云九州之內名曰赤縣赤縣之畿從冀州而起故後王雖不都冀州亦得以冀州言之

○大雩。雩者旱祭請雨之名

傳例曰雩得雨曰雩不得雨曰旱月雩正也時雩不正也禮月令曰仲冬行夏令則其國乃旱○雩音于祭名

疏注雩者至乃旱○釋曰何休云祭言大雩大旱可知也君親之南郊以六事謝過自責曰政不一與民失職與宮室榮與婦謁盛與苞苴行與讒夫倡與使童男女各八人舞而呼雩故謂之雩賈逵云言大雩者別於山川之雩左氏說不爲旱者亦稱大雩則雩稱大者或如賈言也名之爲雩者鄭玄云雩之言吁也吁嗟以求雨服虔杜預以爲雩之言遠也遠爲百穀祈膏雨也未知二說誰當范言夫爲大旱以六事謝過或如何說舞而吁雩理恐不然云傳例曰者僖十一年傳文也云月雩正也時雩不正也定元年傳文此雩不月者何休云譏公驕溢也案穀梁傳意月雩則正時雩則非正不論驕溢之事則何休之言不可通於此也

○螽。螽蚣蝑之屬禮月令曰仲冬行春令則蟲蝗爲敗○螽音終蚣相容反蝑音揟蝗華孟反

螽，蟲災也。甚則月，不甚則時。

疏甚則月○釋曰重發傳者經書時雩非正故不月螽災與之同不月嫌其甚而不月故發以明之

○冬，州公如曹。外相如不書，此其書何也？過我也。過我六年寔來是也將有其末故先録其本

疏注過我至其本○釋曰齊侯鄭伯如紀無寔來亦言過我者不必悉有下事此因有下事故以相發明其齊侯鄭伯直途過於魯不入國都故不言寔來也

六年春正月，寔來。來朝例時月者謹其無禮○寔常式反朝直遥反下七年同

疏注來朝至無禮○釋曰二年紀侯來朝傳曰朝時此其月何也惡之故謹而月之也彼書月是惡則此月亦惡也今州公不以禮朝又至魯不反是無禮之事故云謹其無禮也

寔來者，是來也。何謂是來？謂州公也。其謂之是來何也？以其畫我，故簡言之也。諸侯不以過相朝也。畫是相過去朝遠○畫音獲注同也過古禾反注同

○夏四月，公會紀侯于郕。○紀侯左氏作杞侯

○秋八月壬午，大閱。蒐閱例時○閱音悅

疏注蒐閱例時○釋曰傳云謹而日之知不以月爲正而云例時者以四年公狩于郎書月以刺不正故知蒐閱例時也

大閱者何？閱兵車也。閱爲簡練脩教明諭國道也。脩先王之教以明達於民治國之道平而脩戎事，非正也。邵曰禮因四時田獵以習用戎事存不忘亡安不忘危之道平謂不因田獵無事而脩之其日，以爲崇武，故謹而日之，蓋以觀婦人也。○觀古亂反視也

○蔡人殺陳佗。陳佗者，陳君也。其曰陳佗何也？匹夫行，故匹夫稱之也。其匹夫行奈何？陳侯憙獵，淫獵于蔡，與蔡人爭禽，蔡人不知其是陳君也而殺之。淫獵謂自放恣遺失徒衆○陳佗徒河反行下孟反憙虛記反何以知其是陳君也？兩下相殺不道。兩大夫相殺不書春秋其不地，於蔡也。

疏其不地於蔡也○釋曰宣十八年邾人戕繒子于繒書地今不地故決之云其不地於蔡也言在蔡故不地耳

○九月丁卯，子同生。

子同，桓公嫡子莊公。○嫡，丁歷反，或作適。**疑故志之。**莊公母文姜淫于齊襄，疑非公之子。【疏】疑故志之。○釋曰：文姜以桓三年入，至今四年矣，未有適齊之云，而云疑者，蓋文姜未嫁之時，已與襄公通，後桓公殆爲妻淫見殺，則其間雖則適魯，襄公仍尚往來，故疑之也。子同生，公羊以爲久無嫡子，喜國有正，故書之；左傳以爲備用大子之禮，故書。此傳云疑故志之，是三傳異也。**時曰同乎人也。**時人僉曰齊侯之子，同於他人。○僉，七廉反。

○冬，紀侯來朝。

七年，春，二月，己亥，焚咸丘。日之，謹其惡。○惡，烏各反。【疏】注「日之謹其惡」。釋曰：侵伐圍例時，故知書日謹其惡也。**其不言邾咸丘，何也？**據襄元年圍宋彭城，言宋。**疾其以火攻也。**不繫於國者，欲使焚邑之罪與焚國同。

○夏，穀伯綏來朝。○鄧侯吾離來朝。其名，何也？據隱十一年滕薛來朝不名。**失國也。**禮，諸侯不生名，失地則名。【疏】注「禮諸」至「則名」。○釋曰：曲禮云「諸侯不生名，失地名，滅同姓名」是也。

失國則其以朝言之，何也？據文十二年郕伯來奔不名。【疏】注「據文」至「不名」。○釋曰：哀十年邾子益來奔，昭二十三年莒子庚輿來奔，彼來奔書名，彰其失地，則與此穀鄧書名同。而范不據之，文十二年郕伯來奔無名而反據之者，以邾莒二國更無所見，故依常書名言奔，表其失地；其郕伯與穀鄧別有所見，與常例違，故據之以相決。何則？郕伯不言名而云來奔，穀鄧書名而稱朝，二者相反，故特據之。郕伯與魯同姓，故不名以表其親，言奔以明失國；穀鄧與魯有好，故言名以彰失國，稱朝以見和親。但入春秋以來，雖無同好之事，蓋春秋之前有。**嘗以諸侯與之接矣，雖失國，弗損吾異日也。**待之以初也。下無秋冬二時，甯所未詳。

監本附音春秋穀梁注疏桓公卷第三

新建縣知縣鄭祖琛
浮梁縣知縣劉丙　同栞

穀梁傳注疏卷三挍勘記

阮元撰盧宣旬摘錄

桓公　閩監毛本上空一字，十行本不空，後每公並同。

元年

故嗣年即位　閩監毛本嗣改踰，是也。

五得不言邴也　閩監毛本五改不，是也。

羊以爲田多邑少稱田　羊上脫公字，閩監毛本不脫。

則不德其邑也　閩監本同，毛本德字空。浦鏜云「得」之誤，是。

二年

宋督　閩監毛本同。釋文督本又作晢，石經作督。

傳以失如言之　閩監毛本如改㜈，是也。

臣既死君不忍稱其名　石經、宋本、閩本同，監毛本脫此九字。

孔氏父字謚也　段玉裁云：氏字衍。孔父者，字謚也。字謚者，以字爲謚也。左傳曰「諸侯之制，以字爲謚」，亦見儀禮鄭注。

但赴者以正月者亂　齊召南云：月者當作月告。

春秋親尊皆諱　閩監毛本謂作諱，是也。

春秋雖受親尊者諱　閩監毛本受改爲。

傳意成宋辭者　閩監毛本辭改亂，下成宋辭也同，是也。

江熙以爲加君父之惡大初　閩監毛本初作切，是也。

納于太廟　閩監毛本同，石經太作大。据上條，則釋文亦作大。

納者內不爲也　閩監毛本爲作受，是。

於是爲齊侯陳侯鄭伯討數日以賂 閩監毛本同石經討作計

鄧某地 閩監毛本同釋文出厶地云本又作某○按困學紀聞云某或作厶出穀梁注鄧厶地

三年

冬下穀畢入 閩監毛本不作五是也

四年

逹于右髃○按依說文當作髃說詳公羊注疏挍勘記

案儀禮髀骨膝以上者是也 閩監毛本滕改膝是也

五年

城祝邱者 補案此段疏文當在下經城祝邱注下誤在此城祝至安民是下城祝邱疏錯簡理亦得通下當據毛本訂正

宫室榮與 閩監毛本榮作祟○案荀子大略篇王應麟詩考並作榮

經書時雩非正 閩本同監毛本雩作雨

六年

後桓公殆爲妻淫見殺 閩本同監毛本殆作始何校本作終

穀梁注疏卷三挍勘記終　寧都李楨挍

監本附音春秋穀梁注疏桓公卷四　起八年盡十八年

范甯集解　楊士勛疏

八年，春，正月，己卯，烝。春祭曰祠，薦尚韭卵；夏祭曰禴，薦尚麥魚；秋祭曰嘗，薦尚黍肫；冬祭曰烝，薦尚稻鴈。無牲而祭曰薦，薦而加牲曰祭。禮各異也。失禮祭祀例日，得禮者時。定八年冬從祀先公是也。僖八年秋七月禘于大廟，用致夫人，耳禘，無違禮。○烝之承反。曰禴，餘若反，又作礿。黍肫，本又作豚，徒門反。大廟音泰。

疏 注"春祭"至"違禮"。○釋曰：所言四時祭名者，周禮大宗伯及爾雅並有其事。薦尚非卵之等，禮記王制之文。何休云：祠猶食也，猶繼嗣也。春物始生，孝子思親，繼嗣而食之也。礿者，麥始熟可礿也。嘗者，黍先熟可得薦，故曰嘗。烝，衆也，所薦衆多，芬芳備具，故曰烝。郭璞等注爾雅與何解四時祭名少異，但范之所引者並與何氏同，故從何說。又云天子四祭四薦，諸侯三祭三薦，大夫士再祭再薦。天子諸侯卿大夫牲用太牢，天子元士、諸侯卿大夫少牢，諸侯之士特豕。天子之牲角握，諸侯角尺，卿大夫索牛。此記異聞耳，未知范意與之同否。定八年冬，衛侯、鄭伯盟于曲濮，下即云從祀先公，是時而不月也，得禮例時。引定八年爲證失禮例日，不引其文者，凡烝合在夏之十月，故何休云祭必於夏之孟月者，取其見新物之月是也。今正月爲之，違月隔年，故傳曰春興之，志不時也。下文夏五月丁丑烝，傳曰志不敬也。二烝並書日，以見非禮，此文即是非禮例日之證，故不復更引他文。其文二年丁卯大事于太廟，亦是失禮書日也。正月烝，傳云不時；五月烝，傳云不敬也者，一失禮尚可，故以不時言之；再失禮重，故以不敬釋之。又注云禘○無違禮，案明堂位季夏六月以禘禮祀周公於大廟，僖公七月而禘，則是不時而云無違者，周之七月，夏之五月，若值月前節卻，則以四月相校，不多比之。隔年再烝，失禮尚可，故曰無違也。文二年八月，則是夏之六月而祫，嘗者亦是失禮，故書日表逆祀及失時也。宣八年六月有事于大廟，是得時而書日者，譏宣公卿死不廢繹也。

烝，冬事也。春興之，志不時也。○天王使家父來聘。家父，天子大夫，家氏，父字。

疏 注"家父"至"父字"。○釋曰：何休云：中大夫，故不稱伯仲。范意或然。

○夏，五月，丁丑，烝。烝，冬事也。春夏興之，黷祀也，志不敬也。○黷，徒木反。○秋，伐邾。○冬，十月，雨雪。禮月令曰：孟冬行秋令，則霜雪不時。○雨，于付反。○祭公來，遂逆王后于紀。祭公，寰內諸侯，爲天子三公者。親逆例時，不親逆例月。故春秋左氏說曰：王者至尊無敵，無親逆之禮。祭公逆王后，未致京師而稱后，知天子不行而禮成也。鄭君釋之曰：大姒之家在郃之陽，在渭之涘，文王親迎于渭，即天子親迎之明文矣。天子雖尊，其於后猶夫婦。夫婦判合，禮同一體，所謂無敵，豈施此哉？禮記哀公問曰：冕而親迎，不已重乎？孔子愀然作色而對曰：合二姓之好，以繼先聖之後，以爲天地宗廟社稷之主，君何謂已重焉？此言親迎繼先聖之後，爲天地宗廟社稷之主，非天子則誰乎？○祭，側界反。寰音縣，又音環。親迎，魚敬反，注皆同。大姒音似。大姒，文王妃也。郃音洽，本又作洽。涘音仕。愀，在九反，又親小反。之好，呼報反。

疏 注"祭公"至"誰乎"。○釋曰：此注之意，言左氏天子不合親迎，故引鄭君之釋以明天子合親迎也。然文王之逆大姒，時爲世子耳，得證天子禮者，文王之爲世子而聖賢相配，宜爲後王之法，故有造舟爲梁，又入大雅，明天子之法。又且魯不祭地而云天地之主，是王者親逆之明文也。案士昏禮，士衣爵弁，是助祭之服。則大夫以上及五等諸侯冕而親迎，亦當用助祭之服也。

其不言使焉何也？據四年天王使宰渠伯糾，稱使。

疏 注"據四"至"稱使"。○釋曰：此年天王家父來聘，五年天王使任叔之子來聘，范不據之而遠據四年宰渠伯糾者，彼宰是官，此公亦是官故也，或亦隨便。○而言無例矣。

不正其以宗廟之大事即謀於我，故弗與使也。時天子命祭公就魯共卜擇紀女，可中后者，便逆之，不復反命。○復，扶又反。遂，繼事之辭也。其曰遂逆王后，故略之也。以其遂逆無禮，故不書逆女而曰王后，略不以禮稱之。

疏 "遂繼事之辭也"。○釋曰：依范氏畧例，凡稱遂者有十九，遂事傳亦有釋之者，亦有不釋者。此是例之首，又天子大夫嫌與諸侯臣異，故發繼事之辭。莊十九年公子結言遂，傳云以輕事遂乎國重，辟要盟也，理在可知，故省文也。僖二十八年諸侯遂圍許，會溫已訖，中間有事，必恐不相繼，故發傳以明之。曹伯襄遂會諸侯圍許，恐彼釋而遂與常例異，故重發之。僖四年遂伐楚，恐華成異，故重發以同之。宣元年楚子、鄭人侵陳，遂侵宋，嫌尊卑異，故亦發之。宣十八年歸父遂奔齊，嫌出奔不得同於繼事，故發之。襄十二年季孫宿遂入鄆，嫌不受命與常例不同，故發之。自

餘不發者並可知故也或曰天子無外王命之則成矣四海之濱莫非王臣王命紀女爲后則已成王后不如諸侯入國乃稱夫人或説是

九年春紀季姜歸于京師季姜桓王后書字者申父母之尊姜紀姓爲之中者歸之也中謂關與婚事○之中丁仲反又如字注同與音豫〔疏〕爲之至之也○釋曰劉夏逆王后經不言歸則是魯不關與婚事而范氏略例云逆王后有二者以書逆王后皆由過魯若魯主婚而過我則言歸若不主婚而過我則直言逆雖詳略有異俱是過魯故范以二例揔之○夏四月○秋七月○冬曹伯使其世子射姑來朝朝不言使言使非正也使世子伉諸侯之禮而來朝曹伯失正矣諸侯相見曰朝以待人父之道待人之子以内爲失正矣内失正曹伯失正

世子可以已矣則是故命也父有爭子則身不陷於不義射姑廢曹伯之命可○射音亦麋氏本即作亦朝直遥反伉苦浪反本又作亢爭諫爭之爭〔疏〕言使非正也○釋曰季姬使鄫子來朝復云非正者嫌婦人所使與父命子異故兩見之使世子朝言非正者禮諸侯世子誓於天子攝其君則下其君一等未誓則以皮帛繼子男此謂會同急趨王命者也今曹伯或有疾朝雖關朝魯未是急事而使世子攝位來朝故云非正也公羊以爲世子不合朝惟左氏以爲得行朝禮尸子曰夫已多乎道邵曰已止也止曹伯使朝之命則曹伯不陷非禮之愆世子無苟從之咎魯無失正之譏三者正則合道多矣○愆去虔反

十年春王正月庚申曹伯終生卒桓無王其曰王何也正終生之卒也徐乾曰與夷見弑恐正卒不明故復明之○復扶富反〔疏〕注徐乾至明之○釋曰案范荅薄氏之駮云曹伯亢諸侯之禮使世子行朝故於卒示譏則傳云正者謂正治其罪則與徐解不同而引其説者以徐乾之説得通一家故引之范意仍與徐異或以范意權荅薄氏故云譏曹伯若正説仍與徐同○夏五月葬曹桓公○秋公會衛侯于桃丘弗遇桃丘衛地桓弑逆之人出則有危故會皆月之衛侯不來無危故時弗遇者志不相得也弗内辭也倡會者衛魯至桃丘而衛不來故書弗遇以殺恥〔疏〕弗遇至辭也○釋曰遇者志相得之名故此弗遇志不相得也弗内辭也者其實魯公弗被遇託言衛侯不遇故云弗内辭也○注倡會至殺恥○釋曰以經書會故知倡會者衛託言衛侯不遇則若衛侯不蒙魯公之接故云殺恥也○冬十有二月丙午齊侯衛侯鄭伯來戰于郎結日列陳則日傳例曰不日疑戰也○陳直覲反來戰者前定之戰也先已結期戰○先蘇薦反内不言戰言戰則敗也兩敵故言戰春秋不以外敵内書戰則敗不言其人以吾敗也不言及者爲内諱也○爲于僞反〔疏〕來戰至諱也○釋曰内不言戰又發傳者公敗宋師起例之始此戰没公故重

發例以明之也不言其人者謂不稱公也不言及者謂不云及齊侯衛侯鄭伯也傳與下十七年傳文同但觀經立説故二處有異耳

十有一年春正月齊人衛人鄭人盟于惡曹惡曹地闕○夏五月癸未鄭伯寤生卒○寤吾故反○秋七月葬鄭莊公莊公殺段失德不葬而書葬者段不弟於王法當討故不以殺親親貶之○弟下並音悌又如字〔疏〕注不以至貶之○釋曰此據晉侯殺世子申生不言葬而發○九月宋人執鄭祭仲祭氏仲名執大夫有罪者例時無罪者月此月者爲下盟○祭側界反〔疏〕注祭氏至下盟○釋曰知仲名者以仲立惡黜正無善可褒故知仲名也云有罪者例時者莊十七年春齊人執鄭詹經不書月傳曰以人執與之辭也是執有罪書時之文也言無罪者月者成十六年九月晉人執季孫行父舍之於苕丘彼雖爲危書月亦是無罪之例也今祭仲有罪而經書月故注解之書月者爲下盟耳案襄二十七年秋七月辛巳豹及諸侯之大夫盟於宋書日下云柔會宋公陳侯蔡叔盟于折不日者柔是大夫之未命者也不得同正大夫又下貴於士故雖得

書名仍從甲者之盟不日之例也宋人者宋公也其曰人何也貶之也惡其執人權臣廢嫡立庶○惡烏路反嫡丁歷反○突歸于鄭突鄭厲公昭公之弟莊公之子曰突賤之也曰歸易辭也傳例曰歸爲善自某歸次之此傳曰歸易辭也然則歸有二義不皆善矣突篡兄之位制命權臣則歸無善○易以豉反下文及注同篡初患反【疏】注傳例至無善○釋曰成十六年曹伯歸自京師傳云歸爲善注云謂直言歸而不言其國即曹伯歸自京師不言于曹是自來歸次之注云若蔡季自陳歸于蔡衛侯鄭自楚復歸于衛是據彼傳文則歸爲善今傳曰歸易辭故解之言歸有二意善者謂之歸易者亦謂之歸也是稱歸有二突惡而稱歸是惡辭非善也祭仲易其事權在祭仲也死君難臣道也今立惡而黜正惡祭仲也易辭言廢立在己○難乃旦反惡祭烏路反○鄭忽出奔衛忽鄭昭公鄭忽者世子忽也其名失國也其名謂去世子而但稱忽○去起呂反【疏】注其名至稱忽○釋曰鄭忽先君已葬而經不稱世子者穀梁之意先君雖葬而嗣子未踰年亦宜稱子即僖二十五年秋葬衛文公冬十有二月癸亥公會衛子莒慶盟于洮是也雖則踰年先君未葬亦不得成君故下十二年丙戌衛侯晉卒十三年衛惠公稱侯而注云衛宜未葬而嗣子稱侯以出其失禮明矣是也計鄭忽父雖葬訖仍未踰年於例宜合稱子但范以忽十五年歸國稱世子復歸故於此決其去世子而但稱忽也稱謂與常例違者此年書名表其失國十五年稱世子明其反正故與常例不同○柔會宋公陳侯蔡叔盟于折蔡叔蔡大夫名未命故不氏折某地○折之設反又時設反柔者何吾大夫之未命者也【疏】柔者至者也○釋曰重發傳者隱不成爲君不爵大夫故俠卒不氏今桓成爲君而有不命大夫嫌有罪則故明之○公會宋公于夫鍾夫鍾郕地○夫音扶麋氏本鍾作童音鍾○冬十有二月公會宋公于闞闞魯地○闞口暫反

十有二年春正月○夏六月壬寅公會紀侯莒子盟于曲池曲池魯地○秋七月丁亥公會宋公燕人盟于穀丘穀丘宋地○燕音煙國名○八月壬辰陳侯躍卒陳厲公也○躍餘若反○公會宋公于虛虛宋地○虛如字又去魚反○冬十有一月公會宋公于龜龜宋地○丙戌公會鄭伯盟于武父武父鄭地○父音甫○丙戌衛侯晉卒再稱日決日義也明二事皆當日也晉不正非日卒者也不正前見矣隱四年衛人立晉是也與齊小白義同○見賢徧反【疏】再稱至義也○釋曰決日者謂二事決宜書日故經兩舉日文也月則不然縱有兩事合月但舉一月以包之其有蒙日明者則亦不兩舉故范荅薄氏云貜且之卒異於日食之下可知日是也○注明二至義同○釋曰納入立皆篡隱四年書衛人立晉是不正前已見故今書日莊九年書齊小白入於齊是其惡已見故僖十七年小白卒書日與此同也○十有二月及鄭師伐宋丁未戰于宋非與所與伐戰也非責不言與鄭戰恥不和也於伐與戰敗也內諱敗舉其可道者也於伐宋而與鄭戰內敗也戰輕於敗戰可道而敗不可道【疏】非與至者也○釋曰麋信云此傳解經書下日之意也非責魯言責魯又與其所與伐者戰也謂還與鄭戰然則責其還與鄭戰于理是也言解經下日之意則非也何者十三年公會紀侯鄭伯己巳云云戰彼亦下日豈又是責魯乎麋信之說非也蓋責與人同伐反與之交戰是危之道故經舉戰伐以責之既責魯不顯言與鄭戰者諱不和也

十有三年春二月公會紀侯鄭伯己巳及齊侯宋公衛侯燕人戰齊師宋師衛師燕師敗績徐邈曰僖九年傳曰禮柩在堂上孤無外事今衛宜未葬而嗣子稱侯以出其失禮明矣宋陳稱子而衛稱侯隨其所以自稱者而書之得失自見矣○柩其救反見賢徧反【疏】注徐邈至見矣○釋曰宋稱子在僖九年陳稱

子在二十八年得失自見者彼二君稱子是其得今衞惠稱侯是其失也僖三十三年晉人及姜戎敗秦師于殽傳云晉人者晉子也不正其釋殯故貶之此衞侯亦釋殯所以不貶者晉爲大國不勞自戰無故釋殯自戰故貶稱人今衞侯初立須求好諸侯今從齊宋之命未是大過故譏而不貶譏者據經稱侯即是足見其惡 **其言及者由内及之也其曰戰者由外言之也** 内不言戰言戰則敗今魯與紀鄭同討以有紀鄭故可得言戰 【疏】其言至之也○釋曰言由内及之也者以文承紀鄭之下恐非獨内及故特言之又且下云其曰戰者由外言之也是戰從外稱及是内辭欲分別二事故内外兩舉傳其不地於紀也者春秋考異郵云時戰在魯之龍門故何休難云在紀無爲不地鄭玄云紀當爲己在龍門城下故不地何休注公羊亦云戰魯龍門兵攻城池恥之故不地是皆以紀爲己非紀國也 **戰稱人敗稱師重衆也其不地於紀也** 春秋戰無不地即於紀戰無爲不地也鄭君曰紀當爲己謂在魯也字之誤耳得在龍門城下之戰迫近故不地 **○三月葬衞宣公○夏大水○秋七月○冬十月**

穀梁疏卷四　七

十有四年春正月公會鄭伯于曹○無冰 皆君不明去就政治紀緩之所置五行傳曰視之不明是謂不哲厥咎舒厥罰常燠○哲陟列反一本作晢之列反燠於六反煖也下同 【疏】無冰○釋曰舊解傳云無冰時煖也謂無冰書時燠煖也時字上讀爲句因即解成元年正月公即位二月葬宣公三月作丘甲無冰在其中不是爲無冰書月可知也此正月公會鄭伯於曹下云無冰則正月者直爲公會鄭伯不爲無冰何者無冰一時之事固當不得以月書也徐邈亦然今以爲成元年傳云加之寒之辭也則無冰亦當蒙月也傳云無冰時燠也者謂今所以無冰者正由時燠也於字下讀理亦足通○注皆君不明去就政治紀緩之所置五行至罰常燠○釋曰徐邈云無冰者常陽之異此夫人淫泆陰爲陽行之所致也何休注公羊亦然今范云皆君不明去就政治舒緩之所致則非獨爲夫人也蓋爲桓公闇於去就不達是非外不能結好鄰國内不能防制夫人又成亂助篡貪賂廢祀以火攻人反與伐戰此等皆是不能去就政教舒緩故又引洪範五行傳曰視之不明是謂不哲言人君愚闇察視不明是謂不昭哲也其咎過在於舒緩其天降譴罰常在時燠也 **無冰時燠也○夏五** ○夏五本或有月者非 **鄭伯使其弟禦來盟諸侯之尊弟兄不得以屬通其弟云者以其來我舉其貴者也來盟前定也不日前定之盟不日** 言信在前非結於今○禦魚呂反本亦作御左氏作語 【疏】諸侯至不日○釋曰重發不以屬通例者前弟年來聘今禦來盟嫌不同故重發之此云前定之盟不日則成十一年已丑及郤犨盟是後定可知也 **孔子曰聽遠音者聞其疾而不聞其舒** 疾謂既揚之聲舒謂徐緩 **望遠者察其貌而不察其形** 貌姿體形容色 **立乎定哀以指隱桓隱桓之日遠矣夏五傳疑也** 孔子在於定哀之世而錄隱桓之事故承闕文之疑不書月明皆實錄○傳直專反 【疏】注明皆實錄○釋曰言孔子承闕文之疑不止夏五

穀梁疏卷四　八

一事故云皆也 **○秋八月壬申御廩災** 御廩藏公所親耕以奉粢盛之倉也内災例日○廩力甚反 【疏】注御廩至例日○釋曰御廩者藏公所親耕之物御用於宗廟故謂之御廩祭義云古者天子爲藉千畝冕而朱紘躬秉耒諸侯爲藉百畝冕而青紘躬秉耒以事天地山川社稷先古是公所親耕也内災例日者成三年甲子新宮災此云壬申御廩災是例日也 **乙亥嘗御廩之災不志** 以其微 【疏】注以其微○釋曰舊解云災是大事書亦不小而云微者周之八月夏之六月其六月之末容得立秋之節祭未足可書比之災則爲微當合舉重而今並書之者是未易災之餘可志而已見其不敬故兼志之如此解則傳云御廩之災不志者謂不當兼志之也今以爲微者直謂御廩災也故徐邈云不足志是也徐又云而嘗可也言可以嘗可上屬與范注違不得取之 **此其志何也以爲唯未易災之餘而嘗可也志不敬也** 鄭嗣曰唯以未易災之餘而嘗然後可志也用火焚之餘以祭宗廟非人子所以盡其心力不敬之大也○盡注忍反 **天子親耕以共粢盛**

天子親耕其禮三推黍稷曰粢在器曰盛○共音恭一本作供粢音咨推昌誰反一音他回反【疏】注天子至曰盛○釋曰月令天子於孟春之月乃擇元辰天子親載耒耜措之參保介之御間師三公九卿諸侯大夫躬耕帝藉天子三推公五推卿諸侯九推是其文也

王后親蠶以共祭服 王后親蠶齊戒躬桑夫人三繅遂班三宮朱緑玄黃以爲黼黻文章服既成君服以祀之○齊戒側皆反本亦作齋繅先刀反黼音甫亦作黼黻音弗俗作韍【疏】注王后至祀之○釋曰王后親蠶齊戒躬桑月令文夫人三繅遂班三宮云云祭義文故彼云古者天子諸侯必有公桑蠶室近川而爲之築宮仭有三尺棘牆而外閉之及大昕之朝君皮弁素積卜三宮之夫人世婦之吉者使入蠶于蠶室奉種浴于川桑于公桑風戾以食之鄭玄云大昕季春朔日之朝也諸侯夫人三宮半王后也又云及良日夫人繅三盆手遂布于三宮夫人世婦之吉者使繅遂朱緑之玄黃之以爲黼黻文章服既成君服以祀先王先公敬之至也鄭玄云三盆手者三淹也凡繅每淹大總而手振之以出緒也是也

國非無良農工女也以爲人之所盡事其祖禰不若以已所

自親者也 凱曰夫治人之道莫急於禮禮有五經莫重於祭祭者非物自外至者也由中出者身致其誠信然後可以交於神明祭之道也○禰乃禮反【疏】注禮有至道也○釋曰祭統文鄭玄云五經者吉凶賓軍嘉也莫重於祭謂以吉禮爲首也大宗伯職曰以吉禮事邦國之鬼神祇

何用見其未易災之餘而嘗也曰甸粟而内之三宮三宮米而藏之御廩 甸甸師掌田之官也三宮三夫人也宗廟之禮君親割夫人親舂○親舂傷容反【疏】注甸甸至親舂○釋曰傳言甸粟知是掌田之官也禮王后六宮諸侯夫人三宮也故知三宮是三夫人宮也禮宗廟之禮君親割夫人親舂者文十三年傳文傳兼甸之事焉者納粟者甸師而夫人親舂是兼之也

夫嘗必有兼甸之事焉 夫人親舂是兼甸之事○兼甸如字一本作旬十日爲旬注亦然

壬申御廩災乙亥嘗以爲未易災之餘而嘗也 鄭嗣曰壬申乙亥相去四日言用日至少而功多明未足及易而嘗○冬十有二月

丁巳齊侯禄父卒○宋人以齊人蔡人衛人陳人伐鄭以者不以者也民者君之本也使人以其死非正也 不以者謂本非所得制今得以之也刺四國使宋專用其師輕民命也○刺七賜反

十有五年春二月天王使家父來求車古者諸侯時獻于天子以其國之所有故有辭讓而無徵求求車非禮也求金甚矣 文九年毛伯來求金【疏】求車至甚矣○釋曰求賻求金並發傳者以所求不同故各發之不云求賻甚而云求金甚者喪事有賻但求之非禮金非喪所供故以爲甚傳反正也者稱其稱世子也

○三月乙未天王崩 桓王○夏四月己巳葬齊僖公○五月鄭伯突出奔蔡譏

奪正也 禮諸侯不生名今名突以譏之○鄭世子忽復歸于鄭反正也 傳例曰大夫出奔反以好曰歸以惡曰入【疏】注傳例至曰入○釋曰莊九年傳文

○許叔入于許 許叔許之貴者也莫宜乎許叔其曰入何也其歸之道非所以歸也 泰曰許國之貴莫過許叔叔之宜立又無與二而進無王命退非父授故不書曰歸同之惡入

○公會齊侯于蒿 蒿左氏作艾公羊作鄗○邾人牟人葛人來朝 何休曰桓公行惡而三人俱朝事之三人爲衆衆足責故夷狄之○行下孟反又如字

○秋九月鄭伯突入于櫟 櫟鄭邑也突不正書入明不當受○櫟力狄反【疏】注櫟鄭至當受○釋曰案齊小白入于齊傳曰以惡曰入衛侯朔入衛傳曰入者内弗受也蓋舊爲國君而入者則是内不受若衛侯朔入于衛鄭伯突入于櫟是也公子不正取國者則是以惡故曰入若許叔入于許齊小白入于齊是也觀范之注其事必然但舊無此解不敢輒定或當以惡入者即内不當受傳

文互舉之，其實不異，理亦通耳。○冬十有一月，公會宋公、衞侯、陳侯于袤，伐鄭。袤，宋地。袤，昌氏反。地而後伐，疑辭也，非其疑也。鄭突欲篡國，伐而正之，義也。不應疑，故責之。

十有六年春正月，公會宋公、蔡侯、衞侯于曹。○夏四月，公會宋公、衞侯、陳侯、蔡侯伐鄭。蔡常在衞上，今序陳下，蓋後至。【疏】注「蔡常」至「後至」。○釋曰：桓五年蔡人、衞人、陳人從王伐鄭，此春公會宋公、蔡侯、衞侯于曹，是蔡常在衞上，今在下，故知後至。○秋七月，公至自伐鄭。桓無會，其致何也？危之也。桓公再助篡伐正，危殆之甚，喜得全歸，故致之。【疏】注「桓公」至「致之」。○釋曰：公與諸侯此年爲突伐鄭，前年雖爲忽討突，疑而不用心，亦是其助，故云再助也。范荅薄氏駁云明桓伐突非本心，故言再助，是也。范必知前年爲忽伐鄭，而此年爲突伐鄭者，以前年責其疑，若是伐嫡而疑，則不足可責，明是爲忽討突也。此年傳云桓無會，其致何也？危之也。若是助嫡，則不須云危，故知是助突討忽也。○冬，城向。向，舒尚反。○十有一月，衞侯朔出奔齊。朔，惠公名。朔之名，惡也，天子召而不往也。【疏】「朔之」至「往也」。○釋曰：不云失地而言惡者，以朔不奉王命，重於失地，故直云惡也。

十有七年春正月丙辰，公會齊侯、紀侯盟于黃。黃，齊地。○二月丙午，公及邾儀父盟于趡。趡，魯地。趡，翠軌反。○夏五月丙午，及齊師戰于郎。內諱敗，舉其可道者也。敗恥大，戰恥小。戰于郎，左氏作于奚。不言其人，以吾敗也。言人則微者，敗於微者，其恥又甚，故言師。不言及之者，爲內諱也。吸當有人，公親帥之恥，有不可言。○爲，于僞反。【疏】注「公親帥之」。○釋曰：知非卿帥而言公者，春秋之義，唯爲親尊諱，不爲卿諱。又傳去爲內諱，則是公可知。○六月丁丑，蔡侯封人卒。○秋八月，蔡季自陳歸于蔡。蔡季，蔡之貴者也。自陳，陳有奉焉爾。陳以力助。○癸巳，葬蔡桓侯。徐邈曰：葬者臣子之事，故書葬皆以公配謚，此稱侯，蓋蔡臣子失禮，故即其所稱以示過。【疏】葬蔡桓侯。○釋曰：何休云蔡季賢而桓侯不能用，故抑之。杜預云疑謬誤。范以爲臣子失禮稱侯，既就其所稱以示過。三傳無文，各以意說。○及宋人、衞人伐邾。○冬十月朔，日有食之。言朔不言日，食既朔也。既，盡也。盡朔一日，至明日乃食，是月二日食也。【疏】注「既盡」至「食也」。○釋曰：知二日者，以傳云食既朔也，言食盡朔，是二日明矣。

十有八年春王正月，公會齊侯于濼。此年書王，以王法終治桓之事。○濼，力沃反，又音洛，舊音匹沃反。公與夫人姜氏遂如齊。公本與夫人俱行，至濼，公與齊侯行會禮，故先書會濼。既會而相隨至齊，故曰遂。遂，繼事之辭。他皆放此。

濼之會，不言及夫人，何也？據夫人實在，當言公及夫人姜氏會齊侯于濼。【疏】注「據夫」至「于濼」。○釋曰：決僖公十一年公及夫人姜氏會齊侯于陽穀，是也。公羊以爲此不言及夫人，外公也。左氏無正文，或當以公男女無別，故不言及，並與穀梁異。以夫人之伉，弗稱數也。濼之會，夫人驕伉，不可言及，故舍而弗數。今書遂如齊，欲錄其致變之由，故不可以不書。實驕伉而不制，故不言及。○伉，本又作亢，苦浪反。數，色尹反。舍音捨。○夏四月丙子，公薨于齊。夫人與齊謀殺之，不書，諱也。魯公薨，正與不正皆日，所以別內外也。○別，彼列反。其地，於外也。薨稱公，舉上也。公，五等之上。【疏】「其地」至「上也」。○釋曰：據隱、閔不地，故決之也。其卜諸侯之卒皆不言公，尊內，故舉五等之上也。丁酉，公之喪至自齊。○秋七月。○冬十有二月己丑，葬我君桓公。葬我君，接上下也。

言我君舉國上下之辭〔疏〕葬我至下也○釋曰公者臣子之稱也我君者接及舉國上下之辭**君弒賊不討不書葬此其言葬何也**據隱公不書葬**不責踰國而討于是也**禮君父之讎不與共戴天而曰不責踰國而討于是者時齊強大非已所討君子即而恕之以申臣子之恩〔疏〕不責至是也○釋曰不責其討而譏其狩于郜者齊魯大小不敵故恕而免之公雖不能報理當絕交而與之同狩故譏之也**桓公葬而後舉謚謚所以成德也於卒事乎加之矣**謚者行之迹所以表德人之終卒事畢於葬故於葬定稱號也昔武王崩周公制謚法大行受大名小行受小名所以勸善而懲惡禮天子崩稱天命以謚之諸侯薨天子謚之卿大夫卒受謚於其君○行之下孟反下同稱尸證反〔疏〕注謚者至其君○釋曰以左傳無駭卒羽父請謚於隱公是大夫謚諸侯賜之諸侯既上有王者故知天子賜之禮記云天子稱天以誄之又公羊說天子謚於南郊在天子上者唯天耳故知稱天命以謚**知者慮義者行仁者守有此三者備然後可以會矣**桓無此三者而出會大國所以見殺○知音智守如字又音狩〔疏〕知者至會矣○釋曰復發傳者隱公表會戎之危此明桓公見殺之事故重發之也

監本附音春秋穀梁注疏桓公卷第四

新建縣知縣鄭祖琛
浮梁縣知縣劉丙　同栞

穀梁注疏卷四校勘記

阮元撰盧宣旬摘錄

八年 桓公

礿者麥始熟可礿也 段玉裁云下礿字當作汋說詳公羊校勘記

禘○無蓮禮 閩監毛本作言禘無蓮禮是也

在郃之陽 閩監毛本同釋文出在郃本又作洽案郃即郃誤

夫婦叛合 閩監毛本叛作配○按今儀禮作胖合古本只作半合或作判合

恐華成異 閩監本同毛本成改戎是

九年

則是故命也 閩監毛本同石經故作放段玉裁云太平御覽百四十七卷引同

十年

結日列陳則曰 閩監本同毛本列誤例釋文出列陳

十有一年

舍之於苕丘 於當作于

盟於宋 於當作于

宋人者宋公也 案閩監毛本此文之上例加傳字今無傳字蓋閩本未加監毛本即仍閩本之舊也

自來歸次之 案成公十六年傳來作某

而怪不稱世子者 怪當作經閩監毛本不誤

葬徽文公 徽當作衞閩監毛本不誤

十有二年

虛宋地 閩本同監毛本脫此注

言責魯又與其所與伐者戰也　閩監毛本同何校本又作反

十有四年

政治紀緩之所置　閩監毛本紀作紓置作致是也疏引同

舊解傳云　閩監毛本云作文

其天降謂罰　閩監毛本同浦鏜云謂當譴誤是也

鄭伯使其弟禦來盟　閩監毛本同石經禦來盟三字漫漶

疾謂溉揚之聲　閩監毛本溉作激是也

師三公九卿諸侯大夫　閩監毛本師作帥是也

夫人三練　閩監毛本練作纚疏同釋文出三纚練乃誤字

必有兼甸之事焉　閩監毛本同石經甸作旬釋文出兼旬云一本作甸注亦然

十有五年

傳反正也者釋其稱世子也　閩監毛本同浦鏜云當在下鄭世子忽復歸于鄭傳下

則是以惡故曰入　閩監毛本同何校本故作入

十有七年

公及邾儀父盟于趡　石經同閩監毛本脫公字

十有八年

恥大不可言　閩監毛本大作有

以王法終治桓之事　嚴杰云元本左傳桓三年正義引治字上有始字是也

公與夫人姜氏遂如齊　閩監毛本同石經無與字

穀梁傳注疏卷四校勘記終　　寧都李楨校

監本春秋穀梁注疏莊公卷第五 起元年盡十八年

范甯集解　楊士勛疏

莊公（疏）魯世家莊公名同桓公之子以莊王四年即位謚法勝敵克壯曰莊

元年春王正月繼弑君不言即位正也（疏）繼弑至正也。釋曰桓繼弑即位非正故此言正以明之傳始人之也既以人道録之又不言氏姓貶之者公以練祭感母不與故以人道録之但以妻殺夫罪同至逆不可不貶故又以人道絶之所以進退見法也計桓公以十八年四月薨至此年三月未是練時而云練祭感母不與者至四月則當練今方至練故感之而思母故何休云月者起練祭左右是其意亦以四月為練也

繼弑君不言即位之為正何也據君不絶曰先君不以其道終則子不忍即位也。三月夫人孫于齊桓公夫人文姜也哀姜有殺子之罪輕故僖元年曰夫人氏之喪至自齊去姜以貶之文姜有殺夫之罪重故去姜氏以貶之此輕重之差。孫音遜本亦作遜去起呂反下去姜同

孫之為言猶孫也。孫孫遁而去遁徒困反諱奔也接練時録母之變始人之也夫人初與桓俱如齊今又書者於練時感夫人不與祭故始以人道録之。與祭音豫不言氏姓貶之也人之於天也以道受命於人也以言受命臣子則受君父之命婦受夫之命（疏）傳人之至受命。釋曰天之道臣事君子事父妻事夫也夫者妻之天故曰人之於天也以道受命謂事夫之道也臣子之法當受君父教令故曰於人也以言受命不若於道者天絶之也謂文姜殺夫是不順於道故天當絶之不若於言者人絶之也謂臣子不順君父之命則君父當絶之臣子大受命謂君父既絶天人臣子受君父之命故不得不貶也其注云臣子則受君父之命者解經中以言受命也云婦受夫之命者解以道受命也恐此說非也但舊為此解不得不述或當人之於天也以道受命謂順天道以事夫也於人也以言受命謂臣受君命也不順於道者天絶之天道妻當事夫今夫人反弑公是不順天也故天絶之不順於言者人絶之謂婦當受天之命夫人不受夫命是不順人也故人絶之臣子大受命者臣謂羣下子謂莊公上受命於天下受命於君是大受命也以其受君天之命故臣子得貶退夫人也不若於道者天絶之也若順不若於言者人絶之也臣子大受命言義得貶夫人○夏單伯逆王姬單姓也伯字。單音善單姓伯字左氏以為王卿士逆王姬左氏作送王姬單伯者何吾大夫之命乎天子者也命大夫故不名也諸侯歲貢士于天子天子親命之使還其國為大夫者不名天子就其國命之者以名氏通也（疏）注諸侯至通也。釋曰知諸侯貢士于天子者傳稱國高在又何休云大國舉三人次國舉二人小國舉一人是有貢士之法今單伯天子命大夫故不名知書名者就國命之其不言如何也據僖二十九年公子遂如京師言如其義不可受於京師也其義不可受於京師何也曰躬君弑於

齊使之主婚姻與齊為禮其義固不可受也禮尊卑不敵天子嫁女于諸侯必使同姓諸侯主之魯桓親見殺于齊若天子命使為主則非禮大矣春秋為尊者諱故不可受之于京師。弑又作殺為尊于偽反下為之築同（疏）注禮尊至京師。釋曰天子嫁女于諸侯必使同姓諸侯主婚之意者天子與諸侯尊卑不敵若行君臣之禮則廢婚姻之好若行婚姻之好則廢君臣之禮故使諸侯主之○秋築王姬之館于外築禮也于外非禮也外城外也（疏）于外非禮也。釋曰左氏以為築于外禮也此云非禮者以主王姬者必自公門出今築之于外則是營衛不固是輕王女故云非禮謂非正禮耳於變禮則通也築之為禮何也主王姬者必自公門出公門朝之外門主王姬者當設几筵于宗廟以俟迎者故在公門之内築王姬之館。朝之直遥反下於朝同迎魚敬反下同於廟則已尊於寢則已卑為之築節矣築之外變之正也築之外變

之爲正何也仇讎之人非所以接婚姻也衰麻非所以接弁冕也親迎服祭服者重婚姻也公時有桓之喪○衰七回反弁皮彦反疏親迎至之喪○釋曰禮稱冕而親迎是服祭服也弁冕者連言之周禮弁師掌王之五冕故傳亦通言之其不言齊侯之來逆何也不使齊侯得與吾爲禮也疏不使至禮也○釋曰二十四年夏公如齊逆女傳云親迎恒事也不志此其志何也不正其親迎於齊也然則不言齊侯之來逆乃是常事不録而云不使齊侯得與吾爲禮也者春秋之例得常不書莊公親逆是禮而書故知非其逆於齊也今王姬嫁於齊而使魯爲主齊侯如魯親逆當合書經但齊是魯讎不使齊侯得與吾爲禮故不書之耳舊解齊侯親逆不至京師文王親逆不至于洽則天子諸侯親迎皆不至婦家矣今恐不然何者此時王姬魯主婚故不至京師詩稱親迎于渭者爲造舟爲梁張本焉知文王不至大姒之家畧舉所疑遺諸來哲○冬十月乙亥陳侯林卒諸侯日卒正也疏日卒正也○釋曰重發之者此共錫命相連恐日月之爲錫命而録故傳明之○王使榮叔來錫桓公命榮氏叔字天子之上大夫也禮有九錫一曰輿馬二曰衣服三曰樂則四曰朱戸五曰納陛六曰虎賁七曰弓矢八曰鈇鉞九曰秬鬯皆所以褒德賞功也德有厚薄功有輕重故命有多少何休曰桓弑逆之人王法所宜誅絶而反錫命悖亂天道故不言天王也文五年王使榮叔歸含且賵則曰含者臣子之職也以至尊行卑事故不言天王也三月王使毛伯來會葬又曰刺比失禮故亦不言天王也甯案僖二十四年天王出居于鄭不可最大矣禮天子既有賵含之制傳但譏二事共一使耳言且所以示譏一事無再貶之道也以天王之尊會人妾祖母之葬誠失禮矣孰若使任叔之子來聘使家父來求車之不可乎此三者皆言天王明非義之所存舊史有詳畧夫子因而弗革故知曲說雖巧致遠則滯矣○錫星歴反賁音奔鈇方胡反鉞音越秬音巨黒黍鬯勑亮反香酒也悖補對反含胡暗反賵芳鳳反刺七賜反一使所吏反任音壬滯乃計反一本作泥疏注禮有至多少○釋曰九錫者出禮緯文也此九錫與周禮九命異何休注公羊既引九錫之文即云百里不過九命七十里不過七命五十里不過五命其意以九錫即是九命也今知

何説非者案大宗伯以九儀之命正邦國之位一命受職再命受服三命受位四命受器五命受則六命賜官七命賜國八命作牧九命作伯其言與九錫不同明知異也今范引九錫之下直云皆所以褒德賞功也德有厚薄功有輕重故命有多少則亦以九錫異也但此九錫亦是賜命之類故引之或以范亦與何同恐非也白虎通云能安民者賜車馬能富民者賜衣服能和民者賜樂則民衆多者賜朱戸能進善者賜納陛能退惡者賜虎賁能誅有罪者賜鈇鉞能征不顯者賜弓矢孝道備者賜秬鬯亦是有功特賜不關九命之事也舊説解九錫之名一曰輿馬大輅戎輅各一玄馬二也二曰衣服謂玄衮也三曰樂則謂軒縣之樂也四曰朱戸謂所居之室朱其戸也五曰納陛謂從中階而升也六曰虎賁謂三百人也七曰弓矢彤旅之弓矢也八曰鈇鉞謂大柯斧賜之專殺也九曰秬鬯謂賜秬鬯之酒盛以圭瓚之中以祭祀也禮有受命無來錫命錫命非正也賞人於朝與士共之當召而錫也周禮大宗伯職曰王命諸侯則儐之是來受命○朝直遥反儐必刃反生服之死行之禮也生不服死追錫之不正甚矣疏不正甚矣○釋曰文公踰年而賜成公八年乃賜桓公死後追賜三者異時嫌不得相蒙故並特發傳此追命失禮最大故以甚言之

○王姬歸于齊爲之中者歸之也疏爲之中者歸之也○釋曰十一年王姬歸于齊傳曰過我也此云爲之中者歸之發傳不同者此王姬由魯而嫁故曰爲之中者彼王姬非魯主婚故直云過我也○齊師遷紀郱鄑郚紀國也郱鄑郚國也此國以三言爲名○郱步丁反鄑子移反郚音吾或曰遷紀于郱鄑郚十年宋人遷宿傳曰遷亡辭也其不地宿不復見矣齊師遷紀四年復書紀侯大去其國者紀侯賢不與齊師之亡紀故變文以見義郱鄑郚之君無紀侯之賢故不復見從常例也若齊師遷紀于郱鄑郚當言于以明之又不應復書地當如宋人遷宿齊人遷陽或曰之説甯所未詳○復扶又反見賢遍反疏注不應復書地釋曰此范難或曰之説言宿陽既亡不地則此亦不應復書地何書於郱鄑郚乎

二年春王二月葬陳莊公○夏公子慶父帥

師伐於餘丘 慶父名字仲父 國而曰伐於餘丘邾之邑也其曰伐何也公子貴矣師重矣而敵人之邑公子病矣病公子所以譏乎公也其一曰君在而重之也 邾君在此邑故不繼于邾使若國 【疏】注邾君至若國 釋曰觀傳上文其曰伐何也公子貴矣云云所以譏乎公也則是解其稱伐之意而范注解一曰之義則似解不繼于邾者一曰君在而重之也亦是解其稱伐之意言邑而稱伐者爲君在重之使若國然故邑亦稱伐是上下不相違也

○秋七月齊王姬卒爲之主者卒之也 主其嫁則有兄弟之恩死則服之服之故書卒禮記曰齊告王姬之喪魯莊公爲之大功○爲之大功于僞反 【疏】秋七月云云○釋曰何休云內女卒日此不日者恩實輕於內女案成八年冬十月癸卯杞叔姬卒書日此不書日是輕於內女也

○冬十有二月夫人姜氏會齊侯于禚 禚齊地○禚章畧反 婦

人既嫁不踰竟踰竟非正也婦人不言會言會非正也饗甚矣 饗在四年○踰竟音境後踰之例皆同 ○乙酉宋公馮卒 ○馮皮冰反 【疏】乙酉宋公馮卒○釋曰案世本馮是宋莊公穆公之長子宋督既弒與夷則馮是當正故亦書日卒也

二年春王正月溺會齊侯伐衞 徐邈曰傳例曰往月危往也齊受天子罪人爲之興師而魯與同其理危也○溺乃狄反 【疏】注傳例至往也 釋曰定八年傳文會例時齊魯黨大是罪人故書月以見危也 溺者何也公子溺也其不稱公子何也 據二年公子慶父帥師伐於餘丘稱公子 惡其會仇讎而伐同姓故貶而名之也 ○惡烏路反 ○夏四月葬宋莊公月葬故也○五月葬桓王傳曰改葬也 若實改葬當言改以

明之○郊牛之口傷改卜牛是也傳當以七年乃葬故謂之改葬 【疏】傳曰改葬也○釋曰傳云改葬而范違之者以經不言改故知非改葬也傳言改者以見喪踰七年已行吉禮今始反服喪服故謂之改葬又感精符云恒星不見夜中星隕如雨而王不懼使榮叔改葬桓王冢奢麗大甚如譏之言則改葬桓王在恒星不見之後故范謂此時非改葬也 改葬之禮緦舉下緬也 緦者五服最下言舉下緬上從緦皆反其故服因葬桓王記改葬之禮不謂改葬桓王當服緦也猶晦震夷伯之廟因明天子諸侯之制不謂夷伯非魯之大夫也甯之先君與蔡司徒論之詳矣江熙曰葬稱公舉五等之上改葬禮緦舉五服之下以喪緬藐遠也天子諸侯易服而葬以爲交於神明者不可以純凶況其緬者乎是故改葬之禮其服唯輕言緬釋所以緦也○緦息詞反緬亡善反遠也 【疏】注緦者至緦也 釋曰五服者案喪服有斬衰齊衰大功小功緦麻是也改葬之禮各從本服但緦服者是五服之下故傳云改葬之禮緦者舉下以緬上也不謂改葬桓王之時唯服緦耳蔡司徒者謂蔡謨也江熙以爲改葬之禮其服唯輕故云天子諸侯易服而葬以證唯緦耳知天子諸侯易服而葬者檀弓云弁絰葛而葬與神交之道也鄭云云接神之道不可以

純凶天子諸侯變服而葬冠素弁以葛爲環絰既虞卒哭乃服受服也變服者謂未葬以前服麻葬則易之以葛也 或曰郤尸以求諸侯也 停尸七年以求諸侯會葬非人情○郤尸去畧反又去逆反杜預云尸未葬之通稱 天子志崩不志葬必其時也何必焉舉天下而葬一人其義不疑也志葬故也危不得葬也曰近不失崩不志崩失天下也 京師去魯不遠赴告之命可不踰旬而至史不志崩則亂可知 【疏】注京師至可知 釋曰王城去魯纔餘千里赴喪者旬日而至史不記崩亂可知也 獨陰不生獨陽不生獨天不生三合然後生 徐邈曰古人稱萬物負陰而抱陽沖氣以爲和然則傳所謂天蓋名其沖和之功而神理所由也會二氣之和極發揮之美者不可以柔剛滯其用不得以陰陽分其名故歸於冥極而謂之天凡生類稟靈知於天資形於二氣故又曰獨天不生必三合而形神生理具矣○揮許歸反冥亡丁反稟使錦反知於音智 故

曰母之子也可天之子也可尊者取尊稱焉卑者取卑稱焉王者尊故稱天子衆人卑故稱母子。母之子也可絶句下倣此尊稱尺證反下卑稱同【疏】傳獨陰不生至稱焉○釋曰凡物之生皆資二氣之和稟上天之靈知不可以柔剛滯其用不得以陰陽分其名故云三合然後生也雖資三合然終推功冥極故云天之子也託之人事故又曰父之子母之子也天則感生者衆言天足以兼父不得云父子而曰天子衆人或知母而不知父故云母子亦不云父子也衆人亦稟天氣而生不云天子者天子取尊稱故稱天子衆人取卑稱故稱母子也傳因論天子崩葬故明其別稱也然則陰能成物陽能生物天能養物而揔云生者凡萬物初生必須三氣合四時和然後得生不是獨陽能生也但既生之後始分繫三氣耳注云不可以剛柔滯其用不得以陰陽分其名者易繫辭云一陰一陽謂之道王弼云一陰一陽者或謂之陰或謂之陽不可定名也夫爲陰則不能爲陽爲柔則不能爲剛唯不陰不陽然後爲陰陽之宗不柔不剛然後爲剛柔之主故無方無體非陽非陰始得謂之道始得謂之神是也柔剛者即陰陽之別名也故繫辭又云動靜有常剛柔斷矣注云陽動陰靜剛

柔之斷也是剛則陽柔則陰也其曰王者民之所歸往也○秋紀季以酅入于齊季紀侯弟。以酅下圭反酅紀之邑也入于齊者以酅事齊也入者内弗受也雍曰紀國微弱齊將吞并紀季深覩存亡之機大懼社稷之傾故超然遐舉以酅事齊庶胄嗣不泯宗廟永存春秋賢之故襃之甯齊受人之邑而滅人之國故於義不可受也○并必性反泯彌忍反【疏】入者内弗受也○釋曰重發之者此齊不可受嫌違例故重發之○冬公次于郎次止也有畏也欲救紀而不能也畏齊

四年春王二月夫人姜氏饗齊侯于祝丘饗食也兩君相見之禮凡會書月者時事有危雖於公發例亦無所不嫌祝丘魯地○饗本又作享香丈反著張畧反又張慮反【疏】饗食至魯地○釋曰饗食也者烹大牢以飲賓故云兩君相見之禮夫人與齊侯非禮饗食故云著時事著危此與二年禚之會書月以著危而五年夏夫人姜氏如齊師不書月者何休云再出書月重之三出不月者省文從可知也事或然矣饗甚矣以非禮尤甚故謹而月之饗齊侯所以病齊侯也○三月紀伯姬卒隱二年履緰所逆者内女卒例日伯姬失國畧之故月也○緰音須【疏】注隱二至月也○釋曰僖九年秋七月乙酉伯姬卒是例日也此不日明爲失國畧之也外夫人不卒此其言卒何也吾女也適諸侯則尊同以吾爲之變卒之也禮諸侯絶傍朞姑姊妹女子子嫁於國君者尊與已同則爲之服大功九月變不服之例然則適大夫者不書卒○爲于僞反朞居其反【疏】注禮諸至書卒○釋曰莒慶高固並逆叔姬經無卒文是適大夫不書卒也○夏齊侯陳侯鄭伯遇于垂傳例曰不期而會曰遇遇者志相得也○紀侯大去其國大去者不遺一人之辭也言民之從者四年而

後畢也紀侯賢而齊侯滅之不言滅而曰大去其國者不使小人加乎君子不曰滅而曰大去其國蓋抑無道之強以優有道之弱若進止在已非齊所得滅也何休曰春秋楚世子商臣弑其君其後滅江六不言大去又大去者於齊滅之不明但知不使小人加乎君子而不言滅縱失襄公之惡反爲大去也鄭君釋之曰商臣弑其父大惡也不得但爲小人江六之君又無紀侯得民之賢不得變滅言大去也元年冬齊師遷紀三年紀季以酅入于齊今紀侯大去其國是足起齊滅之矣即以變滅言大去爲縱失襄公之惡是乃經也非傳也且春秋因事見義舍此以滅人爲罪者自多矣○縱子用反見賢徧反舍音捨【疏】注舍此至多矣○釋曰此是鄭難何休云縱失襄公之惡也言春秋有因事見義者不得不舍此以滅人爲罪也若僖五年晉人執虞公十九年梁亡之類是也○六月乙丑齊侯葬紀伯姬外夫人不書葬此其書葬何也吾女也失國故隱而葬之隱痛也不曰卒而曰葬閔紀之亡也

疏 注曰葬至亡也。釋曰知非爲危者紀國已滅而齊葬之非復紀之臣子能葬故知閔之非爲危也又三十年八月癸亥葬紀叔姬傳曰日葬閔紀之亡也知此亦是閔之也不於卒閔之者葬者送終大事故也

○秋七月○冬公及齊人狩于郜郜齊地。狩音獸郜古報反左氏作禚齊人者齊侯也其曰人何也卑公之敵所以卑公也內無貶公之道何爲卑公也不復讎而怨不釋刺釋怨也。怨紆元反又紆願反後同刺七賜反

五年春王正月○夏夫人姜氏如齊師師而曰如衆也言師衆大如國故可以言如若言如齊侯則不可

疏 傳師而曰如衆也。釋曰解經二年夫人姜氏會齊侯于禚四年夫人姜氏饗齊侯于祝丘不言如此言如齊師者言齊師衆大如國故可言如若指齊侯則於文不可言如齊侯也

婦人既嫁不踰竟踰竟非禮也

疏 傳不踰竟。釋曰復發傳者嫌師與國異也

○秋郳黎來來朝黎來名也。郳五兮反國名黎郎兮反黎來郳君名朝直遥反郳國也黎來微國之君未爵命者也○冬公會齊人宋人陳人蔡人伐衛納惠公朔是齊侯宋公也其曰人何也人諸侯所以人公也其人公何也逆天王之命也王不欲立朔也

疏 傳是齊侯宋公。釋曰四國皆從貶而獨言齊宋者齊爲兵主宋是大國則陳蔡亦從也

六年春王二月王人子突救衛徐邈曰諸侯不奉王命朔遂得篡王威屈辱有危故月也救衛於義善故重子突功不立故著其危

疏 注有危故月。釋曰日月之例見危者唯施於內今施之於外者范荅薄氏云王者安危天下所繫故亦與內同也

王人卑者也稱名貴之也何休以爲稱子則非名也鄭君釋之曰王人賤者錄則名可今以其銜命救衛故貴之貴之則子突

爲字可知明矣此名當爲字誤爾徐乾曰王人者卑者之稱也當直稱王人而已今以其能奉天子之命救衛而拒諸侯故加名以貴之僖八年公會王人齊侯是卑者之常稱。卑者之稱尺證反下常稱同

疏 注鄭君至稱也。釋曰鄭荅何休云傳文稱名貴之者名當爲字則鄭玄以子突非名徐乾云故加名以貴之則子突非字二者不同者鄭意若以子突爲名則書名者乃士之常稱傳何以云貴之故知子突是字徐乾意稱人則王之卑者不合書名僖八年公會王人于洮是也今稱名即是貴之故二說不同或以爲突是名子是貴理亦通但注意似不然

善救衛也

疏 傳善救衛也。釋曰討王者有伐無救而云善者朔叛逆王命天子廢之立其嗣子而遣師往救有存諸侯之功故曰善不可以大平之法格之

救者善則伐者不正矣○夏六月衛侯朔入于衛其不言伐衛納朔何也據九年伐齊納糾言納不逆天王之命也不與諸侯得納王之所絕入者內弗受也何用弗受也爲以王命絕之也朔之名惡也朔入逆則出順矣朔出入名以王命絕之也

疏 傳朔入逆云云。釋曰朔出奔之時傳曰朔之名惡也此云順者謂比之入國爲順彼辟天子之召仍是惡也故稱名耳一解此當文自相比朔入爲逆則出當爲順矣

○秋公至自伐衛據襄九年時有穆姜之喪會諸侯伐鄭不致惡事不致此其致何也不致則無用見公之惡事之成也。見賢遍反○螟。螟亡丁反○冬齊人來歸衛寶以齊首之分惡於齊也使之如下齊而來我然惡戰則殺矣若衛自歸寶於齊過齊然後與我齊首其事則我與王人戰罪差減。分惡烏各反下同殺色界反舊色例反過古禾反差初賣反

七年春夫人姜氏會齊侯于防防魯也婦人不

會會非正也〇夏四月辛卯昔恒星不見恒星者經星也經常也謂常列宿〇昔如字或作晉同不見賢徧反下不音者同列宿夙又反下皆同〔疏〕注謂常列宿〇釋曰周之四月夏之二月常列宿者謂南方七宿也日入至於星出謂之昔不見者可以見也夜中星隕如雨如而也星既隕而復雨〇隕云敏反復扶又反其隕也如雨是夜中與星既隕而雨必晦暝安知夜中乎〇與音餘暝亡定反〔疏〕傳其隕云云〇釋曰其隕如雨是夜中與謂星隕而天必晦暝何知是夜中乎春秋之意著以傳著疑以傳疑皆以實錄故知夜中春秋著以傳著疑以傳疑明實錄也傳直專反〇中之幾也而曰夜中著焉爾幾微也星既隕而雨中微難知而曰夜中自以實著爾非億度而知〇度徒各反〔疏〕中之幾也至著焉爾〇釋曰謂雨晦暝幾微也中微難知而曰夜中者是事之著見焉爾非億度而知也何用見其中也〔疏〕何用見其中也〇釋曰謂經以何事知其夜中者以失星變之始而錄其已隕之時揆度漏刻則正當夜中矣失變而錄其時則夜中矣失星變之始而錄其已隕之時檢錄漏刻以知夜中其不曰恒星之隕何也〔疏〕其不至何也〇釋曰解經上文云恒星不見下文其不曰恒星之隕者又自解之我知恒星之不見而不知其隕者是何星故不得言之也又解不言雨星而言隕星意言我見從上而隕又下接於地則可以雨說之也今唯見其下不見其上故曰隕星〇又揔說隕之與雨二者之别著於上見於上謂之雨著其直見於下不見於上謂之隕豈雨說哉言不見在上故不可以雨說之徐邈云著於上謂雲著上我知恒星之不見而不知其隕也我見其隕而接於地者則是雨說也言我見從上來接於下然後可言雨星今唯見在下故曰隕星〇我見見音如字注同雨于付反注同著於上見於下謂之雨著於下不見於上謂之隕豈雨說哉解經不得言雨星而言隕星也鄭君曰衆星列宿諸侯之象不見者是諸侯棄天子禮義法度也劉向曰隕者象諸侯隕墜失其所也又中夜而隕者象不終其性命中道而落〇見于下如字或賢徧反不見賢徧反隊直類反〇秋大水高下有水災曰大水〔疏〕傳高下云云〇釋曰復發傳者嫌大水無麥苗異於常故重發之〇無麥苗麥苗同時也麥與黍稷之苗同時死〇冬夫人姜氏會齊侯于穀穀齊地婦人不會會非正也〔疏〕傳會非正也〇釋曰再發傳者防是魯地穀是齊邑故重發之

八年春王正月師次于郎以俟陳人蔡人時陳蔡欲伐魯故出師以待之次止也俟待也甲午治兵出曰治兵習戰也入曰振旅習戰也振整也旅衆也〔疏〕傳習戰也〇釋曰此治兵振旅皆云習戰者周禮仲秋教治兵仲春教振旅出入幼賤雖殊同是教戰之法故此傳二者皆以習戰言之公羊以治兵爲祠兵亦云其禮一也周禮仲秋教治兵此非秋亦云治兵者周禮四時講武故各立别名此據出師之事故雖春亦得以治兵爲名治兵而陳蔡不至矣兵事以嚴終以嚴整終事故敵人不至故曰善陳者不戰此之謂也善爲國者不師導之以德齊之以禮江熙曰鄰國望我歡若親戚何師之爲〇陳直覲反下文皆同道徒報反下同善師者不陳師衆素嚴不須耀軍列陳江熙曰上兵伐謀何乃至陳善陳者不戰軍陳嚴整敵望而畏之莫敢戰善戰者不死投兵勝地故無死者江熙曰辟實攻虛則不死善死者不亡民盡其命無奔背散亡者也江熙曰見危授命義存君親雖沒猶存〇盡津忍反背音佩〔疏〕傳善爲至不亡〇釋曰善爲國者不師謂有明王時導之以德齊之以禮不起軍師而四海賓服則黃帝堯舜時是也善師者不陳若齊桓公伐楚不設行陳而服罪也善陳者不戰即此魯能嚴整終事而陳蔡不至也善戰者不死若文王伐崇因壘而崇自服也善死者不亡若柏舉之戰吳雖入楚父老致死還復楚國也此引文爲

證頗允傳文一准此解則與注少僻但舊有此說故今亦存之其注虛觀文則曉故不復煩釋○夏師及齊師圍郕郕降于齊師其曰降于齊師何不使齊師加威於郕也郕同姓之國而與齊伐之是用師之過也故使若齊無武功而郕自降○降戶江反皆同○秋師還還者事未畢也遯也郕已降而以未畢爲文者蓋辟滅同姓之國示不卒其事○還音旋遯徒困反○冬十有一月癸未齊無知弒其君諸兒大夫弒其君以國氏者嫌也弒而代之也○兒如字音五兮反

九年春齊人殺無知無知之挈失嫌也〔疏〕傳無知之挈失嫌也○釋曰重發之者月與不月地與不地之異故重發之稱人以殺大夫殺有罪也○挈苦結反○公及齊大夫盟于暨暨魯地○暨其器反左氏作蔇公不及大夫春秋之義內大夫可以會諸侯公不可以盟外大夫所以明尊卑定內外也今齊國無君要當有任其盟者故不得不以權通大夫不名無君也禮君前臣名齊無君故大夫不名盟納子糾也不日其盟渝也變盟立小白○渝羊朱反當齊無君制在公矣當可納而不納故惡內也○惡烏路反下及注惡內皆同○夏公伐齊納糾不言子糾而直云糾者盟繫在於魯故挈之也春秋於內公子爲大夫者乃記其奔子糾不爲大夫故不書其奔鄭忽既受命嗣位是以書其出然則重非嫡嗣宮非大夫皆事例所畧故許叔蔡季小白重耳通亦不書出○糾居黝反左氏作子糾嫡丁歷反重直龍反〔疏〕注不言至書出○釋曰下文取子糾殺之稱子此直云糾故解其意欲明繫在魯故挈之又解子糾不書出奔之意言內公子爲大夫者乃記其奔若閔二年公子慶父出奔莒是也子糾不書出是不爲大夫也當可納而不納齊變而後伐故乾時之戰不諱則

惡內也何休曰三年溺會齊師伐衛故貶而名之四年公及齊人狩于郜故卑之曰人今親納讎子反惡其晚恩義相違莫此之甚鄭君釋之曰於讎不復則怨不釋而魯釋怨屢會仇讎一貶其臣一卑其君亦足以責魯臣子其餘則同不復譏也至於伐齊納糾譏當可納而不納爾此自正義不相反也甯謂讎者無時而可與通縱納之遲晚又不能全保讎子何足以惡內乎然則乾時之戰不諱敗齊人取子糾殺之皆不迋其文正書其事內之大惡不待貶絕居然顯矣二十四年公如齊親迎亦其類也惡內之言傳或失之○敗惡烏路反注同復扶又反迋音于一音紆又於武反迎魚敬反〔疏〕注內之至亦其類也○釋曰范既不從傳文以爲大惡又莊公親逆未是大罪而云亦其類者以公忘父之仇而援舉兵動衆既不能強爲齊所敗是大惡也魯與齊爲讎而公娶其女雖得親迎之常甚失結婚之義故云亦其類也○齊小白入于齊大夫出奔反以好曰歸成十四年衛孫林父自晉歸于衛是也以惡曰入齊公孫無知弒襄公公子糾公子小白不能存出亡子糾奔魯小白奔莒齊人殺無知而迎公子糾於魯公子小白不讓公子糾先入又殺之于魯故曰齊小白入于齊惡之也○惡烏路反○秋七月丁酉葬齊襄公諸公子爭立國亂故危之○八月庚申及齊師戰于乾時我師敗績不言及者主名內之卑者乾時齊地〔疏〕注內之卑者○釋曰桓十七年及齊師戰于郎注云公親帥之諱故不言公此亦云及知非公者彼傳云不言敗爲內諱也以其諱故知公也今經書敗傳又不釋之故知是內之卑者○九月齊人取子糾殺之言子糾者明其貴宜爲君〔疏〕注明其貴○釋曰公羊云其稱子糾何貴也其貴奈何宜爲君也是其貴故以子某稱之如子般子野之類也外不言取〔疏〕外不言取○釋曰取是內取故外不得言取今云取者惡內也一解外不言取者謂楚人殺徵舒慶封並不言取此雖是何休之義亦得通一家故并錄之言取病內也取易辭

也猶曰取其子糾而殺之云爾猶言自齊之子糾今取而殺之言魯不能救護也。易以豉反十室之邑可以逃難百室之邑可以隱死以千乘之魯而不能存子糾以公爲病矣。難乃旦反下注同乘繩證反〇冬浚洙浚洙者深洙也著力不足也畏齊難。浚音峻深也洙音殊杜預云水名

十年春王正月公敗齊師于長勺長勺魯地。勺時酌反不日疑戰也疑戰者言不剋日而戰以詐相襲疑戰而曰敗勝内也勝内謂勝在内〇二月公侵宋疏二月公侵宋。釋曰舊説以爲公與宿盟宋方病宿故公侵之若此則是公之無惡傳何惡公也公與宿盟經無其事爲宿侵宋傳無其文是舊説妄也隱元年盟於宿范以爲地是公不與宿盟也但不知何爲侵耳侵時此其月何也乃深其怨於齊又退侵宋以衆其敵惡之故謹而月之。惡烏路反〇三月宋人遷宿遷亡辭也爲人所遷則無復國家故曰亡辭閔二年齊人遷陽亦是也。復扶富反下文及注同疏傳遷亡辭也。釋曰春秋言遷有二種之例一表亡辭者此文是也二見存亡國者邢遷于夷儀是也不於元年遷紀發傳者彼以紀侯賢經變文以示義非正故不發之遷陽不發從此省文也遷文三起例者此是亡辭之始邢是復國之初許獨自不月故三發之也范略例云凡遷有十亡遷有三者齊人遷陽宋人遷宿齊師遷紀是也好遷有七者邢遷夷儀衛遷帝丘蔡遷州來許遷于葉許遷于夷許遷白羽許遷容城是也餘遷皆月許四遷不月者以其小略之如邑也遷紀不月者文承月下蒙之可知也其不地宿不復見也國亡不復見經不言滅者言滅則弑其君滅其宗廟社稷就而有之不遷其民。見賢徧反遷者猶未失其國家以往者也自謂遷者僖元年邢遷于夷儀成十五年許遷于葉之類是也彼二傳曰遷者猶得其國家以往者也此傳云遷者猶未失其國家以往互文也。葉舒涉反〇夏六月齊師宋師次于郎次止也畏我也〇公敗宋師于乘丘乘丘魯地。乘繩證反不日疑戰也疑戰而曰敗勝内也〇秋九月荆敗蔡師于莘莘蔡地。莘所巾反以蔡侯獻武歸荆者楚也何爲謂之荆狄之也何爲狄之聖人立必後至天子弱必先叛故曰荆狄之也蔡侯何以名也據僖十五年秦獲晉侯不名。獻武本亦依左氏作舞絶之也何爲絶之獲也中國不言敗據宣十二年晉荀林父帥師及楚子戰于邲晉師敗績不言敗晉師。邲皮必反又扶必反一音弼敗績如字此其言敗何也中國不言敗蔡侯其見獲乎其言敗何也釋蔡侯之獲也以歸猶愈乎執也爲中國諱見執故言以歸。爲于僞反〇冬十月齊師滅譚譚子奔莒桓十一年鄭忽出奔衛傳曰其名失國也十六年衛侯朔出奔齊傳曰朔之名惡也然則出奔書名有二義譚子國滅不名蓋無罪也凡書奔者責不死社稷不言出者國滅無所出也他皆放此疏注有二義。釋曰禮言失地名故鄭忽失國而名也傳曰朔之名惡也是衛侯爲惡而名故云有二義滅國無文故注又云譚子無名蓋無罪也雖無罪不名以其不能死社稷書奔是譏也

十有一年春王正月〇夏五月戊寅公敗宋師于鄑鄑魯地。敗必邁反下及注同鄑子移反内事不言戰舉其大者其日成敗之也結日列陳不以詐相襲得敗師之道故曰成也。列陳直覲反宋萬之獲也疏傳宋萬之獲也。釋曰傳言獲宋萬而經不書者此時尚卑故不書反國爲卿始弑君是故書之雖書以新升爲卿未賜族故經不言氏傳以爲宋之卑者是也〇秋宋大水

外災不書，此何以書？王者之後也。高下有水災曰大水。(疏)傳高下云云○釋曰重發傳者嫌外災與內異也

○冬，王姬歸于齊。其志，過我也。○過古禾反

十有二年春王三月，紀叔姬歸于酅。酅紀邑也紀季所用入于齊者紀國既滅故歸酅國而曰歸，此邑也，其曰歸何也？吾女也，失國喜得其所，故言歸焉爾。江熙曰四年齊滅紀不言滅而言大去者義有所見爾則國滅也叔姬來歸不書非歸寧且非大歸也叔姬守節積有年矣紀季雖以酅入于齊不敢懷貳然襄公豺狼未可闇信桓公既立德行方宜於天下是以叔姬歸于酅喜其女得申其志○見賢偏反豺仕皆反行下孟反

○夏四月。○秋八月甲午，宋萬弒其君捷。捷宋閔公宋萬，宋之卑者也。(疏)傳宋之卑者○釋曰傳言宋之卑者解不稱氏之意與宋督同別於無知祝吁也

卑者以國氏。及其大夫仇牧，以尊及卑也。仇牧，閑也。仇牧折衛其君故見殺也桓二年傳曰臣既死君不忍稱其名今仇牧書名則知宋君先弒○仇牧音目折昌旦反(疏)傳仇牧閑也○釋曰復發傳者孔父先君死發傳以明閑此則後君死故又發傳荀息雖同復死之例但仇牧是卑者所殺荀息爲尊卿殺之故又發傳也

○冬十月，宋萬出奔陳。宋久不討賊致令得奔故謹而月之○令力呈反(疏)注宋久至月之○釋曰無知八年冬弒君九年春始被殺而經不書月此宋萬八月弒君十月出奔而云久不討賊故謹而月之者以祝吁書月傳云謹之則此書月亦是謹之可知也然則無知既經三月齊人殺得之故直書時此宋人不能即討令得奔故謹而月之

十有三年春，齊人、宋人、陳人、蔡人、邾人會于北杏。北杏齊地(疏)會于北杏○釋曰鄭釋廢疾數九會則以柯之明年爲始范今數衣裳則通言北杏之會三○說不同者鄭以孔子云九合諸侯北杏之會經無諸侯之文故不數之范以傳文直云衣裳之會不論諸侯多少北杏傳云齊侯宋公也故并以北杏數之范亦以傳云衣裳之會十有一兵車之會四故與鄭不同是齊侯、宋公也。其曰人何也？始疑之。何疑焉？桓非受命之伯也，將以事授之者也。言諸侯將權時推齊侯使行伯事曰可矣乎？未乎？邵曰疑齊桓雖非受命之伯侯推之便可以爲伯乎未也舉人，衆之辭也。稱人言非王命衆授之以事(疏)傳舉人衆之辭也○釋曰經不書某侯某侯云某人某人者是衆授之辭也經以衆授爲文明非王命是未得王命未可以爲伯覆上未乎之意也

○夏六月，齊人滅遂。遂，國也。其不日，微國也。○秋七月。○冬，公會齊侯盟于柯。柯齊地○柯古河反曹劌之盟也，信齊侯也。曹劌之盟經傳無文蓋有信者也公羊傳曰要盟可犯而桓公不欺曹子可讎而桓公不怨桓公之信著於天

下自柯之盟始○劌居衛反要盟於遙反(疏)注曹劌云云○釋曰傳云曹劌之盟也而注云經傳無文者謂曹劌與齊侯盟爲信之事穀梁經傳不說也注又云蓋有信者也故即引公羊桓公爲信之事以結之一解云經傳無文者不如公羊具說劌盟之狀也與前解少異耳大旨亦同要盟可犯而桓公不欺曹子手劍劫齊侯共盟使歸汶陽之田而齊侯終亦還之是也曹子可讎而桓公不怨謂以臣劫君是可讎也桓公終不罪曹子是不怨也桓盟雖內與，不日，信也。公盟例日外諸侯盟例不日桓大信遠著故雖公與盟猶不日○與音預注同

十有四年春，齊人、陳人、曹人伐宋。(疏)傳齊人至伐宋○釋曰蓋同左氏背北杏會故也

○夏，單伯會伐宋。會事之成也。伐事已成單伯乃至○單音善(疏)傳會事之成也○釋曰此解經言會伐宋之意以諸侯伐事已成而單伯始至故云會伐宋

○秋七月，荆入蔡。荆者，楚也。其曰荆何也？州舉之也。(疏)傳州舉之也○釋曰糜信云楚子貪淫爲息嬀滅蔡故州舉之是取左傳

之說非也。十年傳云聖人立必後至，天子弱必先叛，故曰荆狄之也。則此亦與彼同耳。州不如國，言荆不如言楚。國不如名，言楚不如言介葛盧。○介音界。名不如字。言介葛盧不如言邾儀父。○冬，單伯會齊侯、宋公、衛侯、鄭伯于鄄。鄄，衛地。○鄄音絹。復同會也。諸侯欲推桓以爲伯，故復同會于此以謀之。○復，扶又反。

十有五年春，齊侯、宋公、陳侯、衛侯、鄭伯會于鄄。復同會也。爲欲推桓爲伯，故復會於此。○復，扶又反。爲欲，于僞反。【疏】傳「復同會也」。釋曰：重發傳者，諸侯至此方信齊桓，故更發之也。○夏，夫人姜氏如齊。婦人既嫁不踰竟，踰竟非禮也。【疏】傳「踰竟非禮也」。釋曰：重發之者，此非淫，恐異故發傳同之。○秋，宋人、齊人、邾人伐郳。宋主兵，故序齊上也。班序上下以國大小爲文，夷狄在下，征伐則以主兵爲先，春秋之常也，他皆放此。○鄭人侵宋。

○冬十月。

十有六年春王正月。○夏，宋人、齊人、衛人伐鄭。○秋，荆伐鄭。○冬十有二月，會齊侯、宋公、陳侯、衛侯、鄭伯、許男、曹伯、滑伯、滕子同盟于幽。幽，宋地。○滑，于八反。同者，有同也，同尊周也。【疏】傳「同者」至「周也」。釋曰：公羊傳云：「同盟者加。同欲也。」左傳云：「同盟于幽，鄭成也。」此云「同盟者，同尊周也」，見三傳意各異也。所謂同尊周也者，諸侯推桓爲伯，使翼載。天子即是尊周之事。不言公，外內寮一疑之也。十三年春，會于北杏，諸侯俱疑齊桓非受命之伯，欲共以事推之，可乎？今于此年諸侯同共推桓，而魯與齊讎，外內同一疑公可事齊，不會不書公，以著疑焉。同官爲寮，謂諸侯也。至二十七年同盟于幽，遂伯齊侯。○寮，力彫反。【疏】傳「不言」至「之也」。釋曰：舊解謂會于北杏不言諸侯，是外疑也；今此會不言公，是內疑之也。自此以後，外內不復疑之，故曰一疑也。直據傳文，事欲似然，推尋范注，必不得爾。何者？注云「外內同一疑公可事齊，不會不書公以著疑焉」，何指北杏與此爲一疑也？故今更別說，言此會公實與之，而經不言公者，外內寮一疑之，寮謂諸侯也，言外內諸侯同一疑公，不知可事齊乎，不可事齊乎，故去公以著疑也。云外內者，諸侯之國或遠或近，故以外內揔之也。若然，十三年公會齊侯盟于柯，所以云公者，彼柯盟曹劌要齊歸魯汶陽之田，非事齊之事，縱與之盟，不足爲恥也。此幽盟欲推齊爲伯，與共尊事之，魯既與齊爲讎，又內外一疑，故經不言公，以示意也。○邾子克卒。其曰子，進之也。附齊而尊周室，王命進其爵。

十有七年春，齊人執鄭詹。人者，衆辭也。以人執，與之辭也。與令得執。○詹者廉反。令，力呈反。鄭詹，鄭之卑者。【疏】傳「齊人」至「卑者」。釋曰：稱人者，衆所欲之辭，故云與之，謂與齊得執也。知鄭詹是鄭之卑者，大夫卑者以國氏，今經直云鄭詹，故知卑者也。然則卑者可知，而重發傳者，嫌有罪去氏也。知非有罪去氏者，外大夫身有罪，例不去氏，即

祭仲之類是也。宛所以去氏者，爲貶鄭伯也。卑者不志，此其志何也？以其逃來志之也。逃來則何志焉？將有其末，不得不錄其本也。末謂逃來。鄭詹，鄭之佞人也。○佞，乃定反。○夏，齊人殲于遂。殲者，盡也。然則何爲不言遂人盡齊人也？無遂之辭也。無遂則何爲言遂？其猶存遂也。以其能殺齊戍，故若遂之存。○殲，子廉反，盡也。遂人盡齊人絕句。存遂奈何？曰：齊人滅遂，使人戍之。遂之因氏飲戍者酒而殺之，齊人殲焉。此謂狎敵也。狎猶輕也。○飲，於鴆反。狎，戶甲反。○秋，鄭詹自齊逃來。逃義曰逃。齊稱人以執，是執有罪也。執得其罪，故曰義也。今而逃之，是逃義也。○冬，多麋。京房易傳曰：廢正作淫爲

火不明則國多麋○麋亡悲反【疏】注京房云云○釋曰火不明者謂五行與五事五常相配則視與禮同配南方言火不明猶言視與禮不明也

十有八年春王三月日有食之不言日不言朔夜食也何以知其夜食也曰王者朝日王制曰天子玄冕而朝日於東門之外故日始出而有虧傷之處是以知其夜食也何休曰春秋不言月食日者以其無形故闕疑其夜食何緣書乎鄭君釋之曰一日一夜合爲一日今朔日日始出其食。虧傷之處未復故知此自以夜食夜食則亦屬前月之晦故穀梁子不以爲疑○朝直遥反處昌慮反【疏】注王制至夜食○釋曰此是禮記玉藻文而云王制者謂王者之法制非謂王制之篇也此魯事而輒言天子朝日者言王者朝日所以顯諸侯朝朔也天子朝日於東門之外服玄冕其諸侯則玉藻云皮弁以聽朔於大廟與天子禮異其禮雖異皆早早行事而昨夜有虧傷之處尚有故知夜食也徐邈云夜食則星無光張靖策廢疾云立八尺之木不見其影並與范意異也

故雖爲天子必有尊也貴爲諸侯必有長也故天子朝日諸侯朝朔○長丁丈反○夏公追戎于濟西其不言戎之伐我何也以公之追之不使戎邇於我也邇猶近也不使戎得逼近於我故君入竟望風退走亦近也○濟子禮反濟水名邇如字邇近也一本作介音界竟音境于濟西者大之也何大焉爲公之追之也言戎遠來至濟西必大有徒衆以公自追之知其審然○爲于僞反○秋有蜮蜮短狐也蓋含沙射人京房易傳曰忠臣進善君不識厥咎國生蜮○蜮本亦作蜮音或短狐本草謂之射工射人食亦反下文同【疏】傳秋有蜮○釋曰洪範五行傳云蜮如鼈三足生於南越南越婦人多淫故其地多蜮也陸機毛詩義疏云蜮短狐一名射影在江淮水中人在岸上影見水中投人影則殺之故曰射影或謂含沙射人入人皮肌其瘡如疥范引京房易傳則與五行傳說異又云蓋含沙射人則與陸機說或同也

一有一亡曰有蜮射人者也○亡音無又如字【疏】傳一有一亡曰有○釋曰舊解一有南越所生是也一亡魯國無是也今以爲一有一亡曰有者謂或有有時或有無時言不常也故書曰有若螟螽之類是常有之物不言有也上十七年云多麋者魯之常獸是歲偏多故書多也螟螽不言多者螟螽是微細之物不可以數言之故不言多也又每年常有不得言有也所以異於蜚蜮與麋也○冬十月

監本附音春秋穀梁注疏莊公卷第五

新建縣知縣鄭祖琛
浮梁縣知縣劉丙　全栞

穀梁傳注疏卷五校勘記

阮元撰盧宣旬摘録

莊公

元年

傳始人之也　閩監毛本以此下疏文移屬下注以人道録之下傳誤作注○案此傳在下疏當下屬此本誤也

則子不忍即位也　閩本同監毛本下衍註字

夫人孫于齊　石經閩監毛本同釋文孫本亦作遜○案段玉裁云古經典無遜字亦作遜者非是

傳人之至受命　此疏閩監毛本在注義得貶夫人下傳作註誤

據僖二十九年　閩本同監本二字模糊毛本二作三案當作三十年

六命賜官　閩監毛本賜作受○按周禮作賜

能征不顯者賜弓矢　閩監毛本同何校本顯作順○按今白虎通作義

舊說解九錫之名　閩監木同毛本名作命

此王姬由魯而嫁也　閩監本同毛本由作繇案毛避所諱

二年

爲之主者卒之也　石經同閩監毛本脫主字

三年

溺會齊侯伐衞　閩監毛本同石經侯作師按隱二年疏引正作師

齊魯黨大是罪人　閩監毛本是作惡何校本太是作天是云是疑子

郊牛之口傷　閩監毛本同何校本依通典上增猶字

謂蔡謀也　閩監毛本同何校本謀改謨○按蔡謨字道明謚文穆晉書有傳

鄭云云　閩監毛本上云作元

傳獨陰不生至稱焉　閩本同監毛本脫傳字

不是獨陽能生也　閩監毛本能作得

柔剛者　閩監毛本作剛柔者

四年

烹大牢以飲賓　閩監毛本同何校本烹作亨

六年

春王三月　石經同隱二年疏引亦作三月閩監毛本誤二月

王者安危天下所繫故亦與内同也　閩監毛本安危天下作天下安危無也字

七年

辛卯昔恒星不見　閩監毛本此下衍夜中星隕如雨六字釋文昔本或作宵○按古多假昔爲夕段玉裁說見公羊校勘記

著於上見於上　閩監毛本次上字作下

著其直見於下　閩監毛本無其直見三字

則是雨說也　閩監毛本同釋文出是雨云于付反注同則亦與今本同石經雨作兩

豈雨說哉　閩監毛本同石經雨作兩

又中夜而隕者　閩監毛本中夜作夜中

十有二年

宋萬弑其君捷　按公羊傳捷作接古音妾聲捷聲同部徐彥疏引長義云穀梁亦作接

荀息雖同復死之例　閩監毛本同何校本復作後是也

十有三年

三說不同者　閩監毛本同何校本三作二是也

侯推之　閩監毛本上有諸字

而齊侯終亦還之　閩監毛本無終字

十有四年

冬單伯會齊侯宋公衛侯鄭伯于鄄　石經同閩監毛本脫宋公衛侯四字

諸侯欲推桓以爲伯　閩監毛本脫桓字

十有六年

同盟者加同欲也　按公羊傳加作何

使翼載天子　閩監毛本載作戴是

十有八年

其食虧傷之處　閩監毛本食下衍有字

而昨夜有虧傷之處尚有　閩本同監毛本下有字作存

故君入竟　閩本同監毛本君作若

陸機　閩監本同是也毛本機作璣誤

穀梁注疏卷五挍勘記終

寧都李楨挍

監本春秋穀梁注疏莊公卷第六十九年至三十二年盡閔二年

范甯集解　楊士勛疏

十有九年○傳本或分此以下爲莊公與閔公同卷春王正月○夏四月○秋公子結媵陳人之婦于鄄遂及齊侯宋公盟媵淺事也不志此其志何也辟要盟也魯實使公子結要二國之盟欲自託於大國未審得盟與不故以媵婦爲名得盟則盟不則止此行有辭也○媵以證反又繩證反爾雅云送也要於遥反注同【疏】傳辟要盟也○釋曰文十六年季孫行父會齊侯于陽穀齊侯弗及盟此若齊宋不許亦當云弗及盟而云辟要盟也者彼以行父失辭又無媵事故云弗及盟此有媵事若齊宋不許則直書媵事而已故云辟要盟也何以見其辟要盟也媵禮之輕者也盟國之重也以輕事遂乎國重無說以輕遂重無他異說故知辟要盟耳○見賢徧反

其曰陳人之婦略之也但爲遂事假録媵事耳故略言陳人之婦不處其主名○爲于僞反【疏】注但爲至主名○釋曰假録媵事者媵是小事不合書經今既書之故云假非謂無媵事也不處其主名者謂不言陳侯夫人而云陳人之婦是不處其主名也其不日數渝惡之也○數音朔惡烏路反【疏】傳數渝惡之也○釋曰數疾也謂秋共盟冬而見伐變盟之疾故不書日以惡之也或以爲數○渝爲今冬伐我西鄙明年齊又伐我故云數理亦通也夫人姜氏如莒婦人既嫁不踰竟踰竟非正也【疏】傳不踰竟○釋曰重發傳者嫌此適異國恐別故發傳以同之○冬齊人宋人陳人伐我西鄙其曰鄙遠之也其遠之何也不以難邇我國也○難乃旦反邇如字本又作介音界

二十年春王二月夫人姜氏如莒夫人比年如莒過而不改無禮尤甚故謹而月之○莒音舉婦人既嫁不踰竟踰竟非正也○竟音境【疏】傳不踰竟○釋曰重發傳者比再如莒失禮之甚故詳之○夏齊大災其志以甚也外災不志甚謂災及人也外災例時【疏】傳其志以甚也○釋曰范例云災有十二内則書日外則書時國曰災邑曰火内則書日新宮御廩之類是也其外則時者則宋大水齊大災之等是也昭十八年不書時以四國同日故也其外災志者皆發傳故十一年宋大水傳曰王者之後也襄九年宋災嫌火與水異傳曰故宋也宣十六年成周宣榭災傳曰以樂器所藏目之也此書齊大災傳曰其志以甚也昭十八年宋衛陳鄭災傳曰其志以同日也其九年陳火傳曰閔陳而存之也是也○秋七月○冬齊人伐我

二十有一年春王正月○夏五月辛酉鄭伯突卒○秋七月戊戌夫人姜氏薨婦人弗目也鄭嗣曰弗目謂不目言其地也婦人無外事居有常所故薨不書地僖元年傳曰夫人薨不地此言弗目蓋互

辭爾定九年得寶玉大弓傳曰弗目羞也蓋此類也江熙曰文姜有弑公之逆而弗目其罪○弗目謂不題目文姜薨所也一曰弗目其罪【疏】傳婦人弗目也○釋曰隱二年夫人子氏薨著不地之例此復發傳者嫌有罪去地故發之也不曰夫人而言婦人者以文姜失夫人之道故經書薨傳以婦人言之或是經無變文蓋傳通言之無異意也○注弗目其罪○釋曰江熙云不目其罪者謂稱夫人薨與常例不異是也○冬十有二月葬鄭厲公

二十有二年春王正月肆大眚肆失也眚災也易稱赦過宥罪書稱眚災肆赦經稱肆大眚皆放赦罪人蕩滌衆故有時而用之非經國之常制○肆音四眚所景反宥音又滌音狄【疏】注易稱云云○釋曰肆失也眚災也言肆大眚者謂放失大罪惡災猶罪惡也言放失大罪惡明小惡亦赦之也易稱赦過宥罪者解卦辭也象曰雷雨作解君子以赦過宥罪解卦坎下震上震爲雷坎爲雨雷動雨下而萬物解散故君子以此卦象而放赦罪人書稱眚災肆赦舜典文孔安國云眚過災害肆緩也過而有害

當緩赦之此傳云肆失也則亦緩之類以經稱肆大眚故以眚爲災也尚書眚災連文故孔氏以眚爲過其天意亦不異也○注蕩滌衆故○釋曰傳爲嫌天子之葬也者二事相須注以肆大眚不可特爲夫人故云蕩滌衆故傳意原魯所以肆大眚者爲嫌天子之葬也故注與傳兩言之**災紀也失故也**災謂罪惡紀治理也有罪當治理之今失之者以文姜之故**爲嫌天子之葬也**文姜罪應誅絕誅絕之罪不葬若不赦除衆惡而書葬者嫌天子許之明須赦而後得葬○爲于僞反**○癸丑葬我小君文姜小君非君也**不治其民**其曰君何也以其爲公配可以言小君也○陳人殺其公子御寇**禦寇宣公之子○禦魚呂反又作御**言公子而不言大夫公子未命爲大夫也其曰公子何也公子之重視大夫**視此**命以執公子**大夫既命得執公子之禮一本大夫命以視公子**○夏五月**以五月首時甯所未詳（疏）傳夏五月○釋曰何休云譏莊公娶讎女不可以事先祖猶五月不宜以首時杜預云莊公獨稱夏五月者疑謬誤也范以二者皆無憑故云甯所未詳也**○秋七月丙申及齊高傒盟于防不言公高傒伉也**書日則公盟也高傒驕伉與公敵體恥之故不書公○傒音奚伉苦浪反（疏）注書日至書公○釋曰微者盟例不日及宋人盟于宿是也此既書日明公在可知知非卿者若卿則與高傒敵何以直言及故知非卿也公及莒人盟于包來言公者彼稱人是舉國之辭故可以言公此若云公及高傒則高傒得敵公故不言公也公會楚公子嬰齊不沒公者彼以前驕伉後服罪故不去公以見別意也**○冬公如齊納幣納幣大夫之事也禮有納采**采擇女之德性也其禮用鴈爲贄者取順陰陽往來○贄音至**有問名**問女名而卜之知吉凶也其禮如納采**有納徵**徵成也納幣以成婚（疏）傳有納徵○釋曰此傳釋諸侯不云納幣而云納徵者以士婚禮有納徵之文欲明用幣雖異而禮同也**有告期**告迎期○迎魚敬反**四者備**

（疏）傳四者備○釋曰士婚禮下達之後有納采問名納吉納徵請期親迎六禮此傳不云納吉者直舉四者足以譏公故畧納吉不言之或以爲諸侯與士禮異者非也**而後娶禮也公之親納幣非禮也**（疏）傳納幣非禮也○釋曰納幣非禮是譏喪娶而注云傳無譏文者傳上云公之親納幣非禮不云喪娶之事故云無譏文也然宣元年貶夫人去氏此則全無譏者彼以夫人不能以禮自固故與有貶仍未是貶公之事故彼注云不譏喪娶者不待貶絕而罪惡自見是也**故譏之**公母喪未再朞而圖婚傳無譏文但譏親納幣者喪婚不待貶絕而罪惡見○見賢徧反

二十有三年春公至自齊（疏）傳公至自齊○釋曰二十七年傳云桓會不致此與下文觀社皆書公至自齊者公羊傳云桓會不致此何以致危之也徐邈亦云不以禮行故致以見危范此雖無注下云公怠棄國政比行犯禮憂危甚矣則亦以二者爲憂危致之也若然定八年傳稱致月危致也下傳云致月有懼焉爾此若致以見危所以不月者以二者皆非禮而行不假書月危懼可知傳以危而不月嫌與例乖故發傳詳之或以爲二者皆非禮之行與好會異故致之非是見危理亦通也**○祭叔來聘**祭叔天子寰內諸侯叔名○祭側界反寰音縣又音環（疏）傳祭叔來聘○釋曰范云祭叔天子寰內諸侯叔名則范意將此祭叔與隱元年祭伯同是畿內諸侯而此云來聘彼傳責其不稱朝者祭伯者祭國伯爵也寰內諸侯時不爲王之卿大夫欲外交鄰好而來通魯以其無王命故不得言聘不仕王朝故得責其不稱朝也今祭叔見是天子大夫而恣意任情欲外接諸侯雖請王命非王本心故不稱使見其擅命言聘表其請王猶左氏公子翬强請故得書經而去其族也案隱元年注云祭伯畿內大夫有采地者既有采地則似祭伯亦仕王朝者以祭伯本爲入仕王朝故畿內授地今雖不仕亦得以大夫言之或以爲祭叔亦無王命以是天子大夫假王命而來魯受其聘故得書聘以本非王命故不稱使也祭伯雖是天子卿大夫欲同諸侯之例而來朝魯以不奉王命故不得稱聘寰內諸侯不合外交故亦不得云朝是亦得通一家也徐邈云祭叔爲祭公使則徐意以祭叔爲祭之大夫也范以叔爲名似同徐說但舊解不然故今亦同之**其不言使何也天子之內臣也不正其外交故不**

與使也何休曰南季宰渠伯糾家父宰周公來聘皆稱使獨于此奪之何也鄭君釋之曰諸稱使者是奉王命其人無自來之意今祭叔不一心於王而欲外交不得王命來故去使以見之。去起呂反見賢偏反。夏公如齊觀社常事曰視視朔是也非常曰觀疏傳非常曰觀。釋曰復發傳者嫌觀魚觀社異故發之也春秋之例常事不書視朔既書而范云常事謂視朔者視朔之禮實是常事但公廢之即爲非常故書之觀無事之辭也言無朝會之事。朝直遙反下同。以是爲尸女也尸主也主爲女往爾以觀社爲辭。主爲于僞反無事不出竟公至自齊公如陳公行例往時正也正謂無危懼也皆放此致月故也如往月致月有懼焉爾。荆人來聘善累而後進之其曰人何也舉道不待再明聘問之禮朝宗之道非夷狄之所能故一舉而進之疏傳善累云云。釋曰不言楚人而云荆人者傳稱州不若

國楚既新進若稱國繫人嫌其大褒故直舉州稱人言聘以進之。公及齊侯遇于穀及者內爲志焉爾疏傳內爲志焉爾。釋曰重發傳者公爲淫如齊嫌異於常故重發之遇者志相得也。蕭叔朝公疏傳蕭叔朝公。釋曰書名者附庸常例儀父稱字傳言貴之此傳直云微國不言貴之則叔名也重發傳者嫌名字異故也微國之君未爵命者其不言來於外也言於穀朝公也朝於廟正也於外非正也。秋丹桓宮楹楹柱禮天子諸侯黝堊黝堊黑色。黝於糾反又於柳反注同堊烏路反又烏各反范云黝堊黑色案黝黑也堊白土疏注黝堊黑色。釋曰徐邈云黝黑柱也堊白壁也謂白壁而黑柱今范同以黝堊爲黑色者以此傳爲丹楹而發何得有壁事而在其間故同爲黑色也大夫倉士黈黈黃色。黈他苟反黃色也糜氏云張斗反丹楹非禮也。冬十有一月曹伯射

姑卒。射音亦本或作亦。十有二月甲寅公會齊侯盟于扈桓盟不日此盟日者前公如齊觀社傳曰觀無事之辭以是爲尸女也公怠棄國政此行犯禮憂危甚矣霸主降心親與之盟實有弘濟之功而魯得免於罪臣子所慶莫重於此時事所重文亦宜詳故特謹日以著之。扈音戶疏注桓盟至著之。釋曰公羊傳云桓盟不日此何以日危之也今范知喜得霸主與盟故詳而日之者傳雖有桓盟不日信之文亦有不日數渝惡之事又葵丘以極美齊桓而書日故知此間書日喜霸者與盟也此時齊桓威德既盛與公結盟實有弘濟之功何得爲有危事故范以臣子所慶文亦宜詳也

二十有四年春王三月刻桓宮桷禮天子之桷斲之礱之加密石焉以細石磨之。刻音克桷音角榱也方曰桷圓曰椽斲丁角反削也礱之力公反磨之諸侯之桷斲之礱之大夫斲之士斲本刻桷非正也夫人所以崇宗廟也取

非禮與非正而加之於宗廟以飾夫人非正也非禮謂娶讎女非正謂刻桷丹楹也本非宗廟之宜故曰加言將親迎欲爲夫人飾又非正也。迎魚敬反下皆同疏注又非正也。釋曰娶讎女刻桷兩事俱非故曰又也或以爲又者并謂崇飾夫人理亦通也所以不直言非禮云又非正者見莊有二種之惡故非禮非正兩舉之也刻桓宮桷丹桓宮楹斥言桓宮以惡莊也不言新宮而謂之桓宮以桓見殺於齊而飾其宗廟以榮讎國之女惡莊不子。惡烏路反下同疏注不言新宮。釋曰新宮宣公之宮以是禰宮不忍斥之故謂之新宮合惡莊公不子故斥言桓宮以見非正也。葬曹莊公。夏公如齊逆女親迎恒事也不志疏傳親迎至不志。釋曰文四年傳云其不言公何也非成禮於齊也似不成禮於齊即合志而此云常事不志者彼亦是非禮而書就書之中更自別見言逆婦既書於經所以不云公者爲成禮於齊故變文與莊公異也此其志何也不正其親迎於

齊也○秋，公至自齊。迎者行見諸，舍見諸，諸之竝言瞻望夫人乘車。○乘，繩證反。先至非正也○八月丁丑，夫人姜氏入。哀姜入者，內弗受也。疏傳入者內弗受也。釋曰：重發傳者，嫌夫人與他例異故也。日入，惡入者也。何用不受也？以宗廟弗受也。其以宗廟弗受何也？娶仇人子弟以薦舍於前，其義不可受也。薦，進；舍，置。○惡入，烏路反，一音如字。戊寅，大夫宗婦覿，用幣。宗婦，同宗大夫之婦。○覿用，徒歷反，見也。疏傳覿用幣。釋曰：舊解不言見而言覿，覿者私事，大夫公然行之，故言覿，以明其私也。見者，正也，故會于沙隨云不見公，傳曰可以見公而不見，譏在諸侯也。是覿與見別也。今以爲不然者，三傳之文並不云覿、見事別，何得言私爲覿、正爲見乎？恐別有案據，遂存之，以示疑耳。覿，見也。禮，大夫不見夫人。疏傳大夫不見夫

人。○釋曰：既云不見夫人，又說男子之贄者，更釋用幣非禮之意也。言男子之贄羔鴈之等，婦人之贄棗栗之類，欲見俱不得用幣。不言及，不正其行婦道，故列數之也。男子之贄，羔、鴈、雉、腒。贄所以至者也。上大夫用羔，取其從羣帥而不黨也；下大夫用鴈，取其知時飛翔有行列也；士冬用雉，夏用腒，取其耿介交有時別有倫也。腒，腊也。雉必用死，爲其不可生服也。夏用腒，備腐臭也。○數，色主反。腒，其居反，腊也，乾雉也。士夏執之，備腐臭也。說文云：北方謂鳥腊曰腒。傳曰：堯腊舜始腒。別，彼列反。爲其，于僞反。腐，符甫反。婦人之贄，棗、栗、鍛脩。棗取其早自矜莊，栗取其敬栗，鍛脩取斷斷自脩整。○鍛，丁亂反，脯也。鍛而加薑桂曰脩。脩，飭，本或作勑，同，恥力反，一本作飾，申職反，或作整，音征領反。用幣，非禮也。用者，不宜用者也。大夫，國體也。國體謂爲君股肱。○股音古，肱，古弘反。而行婦道，惡之，故謹而日之也。○惡，烏路反。○大水○冬，戎侵曹，曹羈出奔陳。疏

傳曹羈出奔陳○釋曰：公羊以爲曹羈是曹大夫，三諫不從而去之也。杜預注左傳以爲羈是曹之世子。此處雖無傳，案下二十六年傳意，則與公羊同也○赤歸于曹郭公。疏傳赤歸于曹郭公○釋曰：薄氏駮云：赤若是諸侯，不能治國，舍而歸曹，應謂之奔，何以詭例言歸乎？徐乾又云：不言郭公，疑是魯之微者。若是微者，則例所不書，何得以微者爲譬？二事俱滯，而范從之者，凡諸侯出奔其國者，或爲人所滅，或受制强臣，迫逐苟免，然後書出。今郭公在國，不被迫逐，往曹事等如歸，故以易辭言之，不得云出奔也。凡內大夫未得命者，例但書名，若使赤直名而無所繫，則文同俠等，故又云郭公也。徐乾之說理通，故范引而從之。赤蓋郭公也。何爲名也？禮，諸侯無外歸之義，外歸非正也。徐乾曰：郭公，郭國之君也，名赤，蓋不能治其國，舍而歸于曹。君爲社稷之主，承宗廟之重，不能安之而外歸他國，故但書名以罪而懲之。不直言赤，復云郭公者，恐不知赤者是誰，將若魯之微者故也。以郭公著上者，則是諸侯失國之例，是無以見微之義。○羈，居宜反。郭公，左氏如字，公羊音虢。舍音捨。懲，直升反。復，扶又反。著，張慮反，又張畧反。見，賢徧反。○

二十有五年春，陳侯使女叔來聘。女氏，叔字。○女音汝。其不名何也？據成三年晉侯使荀庚來聘稱名。○天子之命大夫也。疏傳天子之命大夫也○釋曰：言命大夫即是單伯之等，故知叔是字。祭仲傳無文，釋故知仲是名也。○夏五月癸丑，衞侯朔卒。惠公也。犯逆失德，故不書葬。○六月辛未朔，日有食之。言日言朔，食正朔也。鼓，用牲于社。鼓，禮也；用牲，非禮也。天子救日，置五麾，陳五兵五鼓；麾，旌幡也。五兵：矛、戟、鉞、楯、弓矢。○麾，毀爲反。幡，芳元反。矛，亡侯反。鉞音越。楯，時準反，又音允。○諸侯置三麾，陳三鼓三兵；大夫擊門，士擊柝。言充其陽也。凡有聲，皆陽事，以壓陰氣。柝，兩木相擊。充，實也。○柝，吐洛反。壓，於甲反，又於涉反。○疏傳鼓用至陽也○釋曰：案范三十年注云救日用牲，既失之矣，非正陽之月而又伐鼓，亦非禮。今伐

鼓於建巳之月，故曰禮也。用牲非常，故云非禮也。五麾者，麋信云各以方色之旗置之五處也。五兵者，徐邈云矛在東，戟在南，鉞在西，楯在北，弓矢在中央。麋信與范數五兵與之同，是相傳說也。五鼓者，麋信、徐邈並云東方靑鼓，南方赤鼓，西方白鼓，北方黑鼓，中央黃鼓。案五兵有五種，未審五鼓是一鼓有五色，爲當五種之鼓也。何者？周禮有六鼓，雷鼓、靈鼓、路鼓、鼖鼓、鼛鼓、晉鼓之等，若以爲五種之鼓，則不知六鼓之内竟去何鼓；若以爲一種之鼓，則不知六鼓之内竟取何鼓。又周禮云雷鼓鼓神祀，則似救日之鼓用雷鼓，但此用之於社。周禮又云靈鼓鼓社稷祭，則又似救日食之鼓用靈鼓。進退有疑，不敢是正，故直述之而已。檢麋、徐兩家之說，則以五鼓者非六鼓之類，別用方色鼓而已。諸侯三者，則云降殺以兩，去黑黃二色，是非六鼓之類也。下云大夫擊門，士擊柝，則此陳五鼓亦擊之也，但擊之時陳列於社之壇域，因五兵五麾是陳，故亦以陳言之，非謂直陳而不擊也。○伯姬歸于杞。其不言逆，何也？逆之道微，（疏）傳逆之道微。○釋曰：重發傳者，紀伯姬釋不稱使之微，此解不言逆之微，故別發傳。無足道焉爾。○秋，大水。鼓，用牲于社、于門。門，國門也。高下有水災曰大水。既戒鼓而駭衆，用牲可以已矣。救日以鼓兵，救水以鼓衆。（疏）傳高下云云。○釋曰：重發之者，此有用牲之失，嫌異常水，故更發之。既戒鼓駭衆者，謂既警戒擊鼓而駭動衆人，則用牲可以已矣，知不合用牲者，用者不宜用，故知不合也。又云救日以鼓兵者，謂伐鼓以責陰，陳兵示禦侮；救水以鼓衆者，謂擊鼓聚衆也。皆所以發陽也。○冬，公子友如陳。

二十有六年春，公伐戎。○夏，公至自伐戎。○

曹殺其大夫。言大夫而不稱名姓，無命大夫也。無命大夫而曰大夫，賢也，爲曹羈崇也。徐邈曰：于時微國衰陵，不能及禮，其大夫降班失位，下同於士，故畧稱人，而傳謂之無命大夫也。莒慶、莒挐、邾庶其、邾快皆特以事書，非實能貴，故畧名而已。楚雖荆蠻，漸自通于諸夏，故莊二十三年書荆人來聘，文九年又褒而書名，國轉彊大，書之益詳。然當僖公、文公之世，楚猶未能自同于列國，故得臣及椒並畧名，惟屈完來會諸侯，以殊禮成之。楚莊王之興，爲江漢盟主，與諸夏之君權行抗禮，其勢彊于當年，而事交於内外，故春秋書之，遂從中國之例。夫政俗隆替，存乎其人，三后之姓日失其序，而諸國乘間與之代興，因詳畧之文，則可以見時事之實矣。秦爵伯也，上據西周，班列中夏，故得稱師，有大夫，其大夫當名氏，而文十二年秦術略名，蓋于時晉主魯盟，而秦方敵晉，則魯之于秦情好疏矣。禮以飾情，情疏則禮略，春秋所以略文乎？又吳札不書氏，以成尊于上也；宋之盟，叔孫豹不書氏，以著其能恭。此皆因事而爲義。○爲曹，于僞反。挐，女居反，又女加反。快，苦夬反。諸夏，戶雅反，下同。屈，君勿反。情好，呼報反。（疏）傳爲曹羈崇也。○釋曰：薄氏駁曰：曹羈出奔，經無歸處，曹自殺大夫，何以知是羈也？又云術之名爲晉貶秦，然楚亦敵晉，何以不略而貶之？又此注雖多，未足通崇之義，徒引證據，何益於此哉！范苔之曰：羈，曹之賢大夫也，曹伯不用其言，乃使出奔他國，終於受戮，故君子愍之，書殺其大夫，即是崇賢抑不肖之義也。案大夫出奔，或書出不書入，秦后子是也；或書入不書出，蔡季是也。史有闕漏，非是一般，何得以無歸之文，則怪其非羈也？秦以交疏之故而略其臣，楚與諸夏會同，所以不畧也。是范氏論崇曹羈之事也。曹羈三諫不從者，是公羊之說也。○注徐邈至爲義。○釋曰：莒慶、莒挐、邾庶其、邾快皆特以事書者，謂莒慶來逆女，莒挐爲魯所獲，庶其、邾快來奔於魯，故書以著罪，是皆以事書之，非能貴也。秦稱師者，僖二十八年城濮之戰是也。亦既稱師，明當有大夫，而秦術無氏，故知春秋所畧也。又云吳札不書氏以成尊於上者，襄二十九年傳文，謂進吳稱子，許夷狄者不壹而足，不可復進其臣，不書季札之氏，所以成尊於上也。叔孫豹不書氏以著其恭者，襄二十七年傳文。彼傳以溴梁之會，諸侯在而不曰諸侯，大夫大夫不臣也，意趙武恥之，豹云者，恭也，是其恭，故不書氏以見意也。○秋，公會宋人、齊人伐徐。○冬十有二月癸亥朔，日有食之。

二十有七年春，公會杞伯姬于洮。伯姬，莊公女。洮，魯地。○洮，他刀反，本或作桃。○夏六月，公會齊侯、宋公、陳侯、鄭伯同盟于幽。同者，有同也，同尊周也。（疏）傳同者云云。

釋曰同尊周也復發傳者前同盟于幽諸侯尚有疑者今外內同心推桓爲伯得專征伐之任成九合之功故傳詳其事也。於是而後授之諸侯也其授之諸侯何也齊侯得衆也桓會不致安之也桓盟不日信之也信其信仁其仁〔疏〕傳信其信仁其仁。釋曰謂諸侯信齊桓之信仁齊桓之仁下文未嘗有歃血之盟是其信也未嘗有大戰是其仁也衣裳之會十有一者謂從北杏至葵丘也論語稱九合諸侯者貫與陽穀二會管仲不欲故去之自外唯九合也兵車之會四者洮鹹牡丘淮也不數侵蔡伐楚者以二者征伐非會故也鄭玄釋廢疾云自柯之明年葵丘以前去貫與陽穀固已九合矣則鄭意不數北杏自外與范注同也不數北杏所以得九合諸侯者先師所說不同或云去貫與陽穀與猶數也言數陽穀故得爲九也或云葵丘會盟異時故分爲二或取公子結與齊桓宋公盟爲九故先師劉炫難之云貫與陽穀並非管仲之功何得去貫而數陽穀也若以葵丘之盟盟會異時而數爲二則首戴之會亦可爲兩也離會不數鄄盟去公子結則唯有齊宋二國之會安得數之二三之說

並無憑據故劉氏數洮會爲九以數洮會爲九兵車之會又少其一故劉以傳誤解之當云兵車之會三案洮會下亦無云兵車之會則傳文不應兩處皆誤是亦可疑也。衣裳之會十有一未嘗有歃血之盟也信厚也十三年會北杏十四年會鄄十五年又會鄄十六年會幽二十七年又會幽僖元年會檉二年會貫三年會陽穀五年會首戴七年會寧毋九年會葵丘。歃所洽反于檉他貞反又勑丁反本亦作檉寧如字又音甯毋音無又茂后反。兵車之會四未嘗有大戰也愛民也僖八年會洮十三年會鹹十五年會牡丘十六年會淮於末年乃言之不道侵蔡伐楚者方書其盛不道兵車也此則以兵車會而不用征伐。鹹音咸牡茂后反○秋公子友如陳葬原仲原仲陳大夫原氏仲字。言葬不言卒不葬者也外大夫例不書卒。〔疏〕注外大夫云云。釋曰葬亦不書止云例不書卒者以內大夫書卒尚不書葬況外大夫卒亦不書明不合書葬故云外大夫例不書卒欲見必不得書葬之意也不葬而曰葬諱出

奔也言季友辟內難而出以葬原仲爲辭。難乃旦反。〔疏〕傳諱出奔也。釋曰范知辟內難而出者公羊傳以夫人哀姜淫於二叔此上傳亦云子般卒而公子慶父出奔則慶父之釁季子素知季子出則殊其文入則貴之稱季子明其無罪故知辟難也○冬杞伯姬來歸寧○莒慶來逆叔姬慶名也莒大夫也叔姬莊公女禮檀弓記曰陳莊子死赴於魯魯人欲勿哭繆公召縣子而問焉縣子曰古之大夫束脩之問不出竟雖欲哭之安得而哭之今之大夫交政於中國雖欲勿哭安得而勿哭則大夫越竟逆女非禮也董仲舒曰大夫無束脩之餽無諸侯之交越竟逆女紀罪之。繆音穆縣音玄竟音境焉於虔反餽巨愧反越竟本或作彊居良反諸侯之嫁子於大夫主大夫以與之君不敵臣來者接內也不正其接內故不與夫婦之稱也接內謂與君爲禮也夫婦之稱當言逆女。稱尺證反○杞伯來朝杞稱伯蓋時王所絀。朝直遙反絀本又作黜勑律反○公會齊侯于城濮城濮衛地。濮音卜

二十有八年春王三月甲寅齊人伐衛衛人及齊人戰衛人敗績於伐與戰安戰也問在何處戰。處昌慮反〔疏〕傳於伐云云。釋曰於伐與戰安戰也謂於伐衛之時兩國相與交戰問在何處戰也戰衛謂在衛國之都也知國都者若在他所則應云地今不書地故知衛都耳猶桓十三年戰于龍門爲近不地相似也。戰衛戰則是師也其曰人何也微之也何爲微之也今授之諸侯而後有侵伐之事故微之也其人衛何也以其人齊不可不人衛也齊桓始受方伯之任未能信著鄰國致有侵伐之事衆師稱人以微之也人不可以敵于師師不可以與人戰故亦以衛師爲人衛非有罪。衛小齊大其以衛及之何也以其微之可以言及也其稱人以敗何也〔疏〕傳其稱人以敗何也。釋

曰據桓十二年戰稱人敗稱師故發違例之問也○不以師敗於人也人輕而師重○夏四月丁未邾子瑣卒○瑣素禾反○秋荆伐鄭荆者楚也其曰荆州舉之也疏荆州舉之也釋曰前書荆人來聘聘是善事故進之今伐中國不足可褒故州舉之也○○公會齊人宋人救鄭善救鄭也○冬築微微魯邑○微左氏作麋山林藪澤之利所以與民共也虞之非正也虞典禽獸之官言規固而築之又置官司以守之是不與民共何○利也築不志凡志皆識也築例時○藪素后反○疏傳虞之非正也○釋曰成十八年築鹿囿此築邑並云虞之非正也者彼直築囿以虞之此築邑置官司以虞之囿邑既殊俱是虞之非正故再起傳例○注虞典至例時○釋曰周禮澤虞掌田獵之事左傳皮冠以招虞人是虞人典禽獸之官也知築不志凡志皆識也者三十一年築臺于秦傳曰君子危之故謹而志之也知志則譏也此年與三十一年春築臺于郎秋築臺于秦皆不書月是例時○○大無麥禾大者有顧之辭也疏傳大者有顧之辭也○釋曰經言大無麥禾者謂一災不書待冬無禾然後并録無麥故經稱大而傳云有顧之辭也顧猶待也徐邈云至冬無禾於是顧録無麥其意亦謂待無禾然後顧録無麥故云大是也莊七年秋大水無麥苗此經不言大水者彼傳云麥苗同時也是麥與黍稷之苗同時爲水而死故繫大水言之此至冬始書大無麥禾則禾之死未必由大水故不繫之徐邈云不言水旱者麥禾自死不由水旱是也或以爲言無禾則大水可知故省文若然七年何以不省文而言大水不言饑者舊解以爲下傳云不書如爲内諱則此不古饑是諱也或當雖無麥禾得臧孫之告糴不至饑也○於無禾及無麥也一災不書於冬無禾而後顧録無麥故言大明不收甚○○臧孫辰告糴于齊臧孫辰魯大夫臧文仲○糴音狄○國無三年之畜曰國非其國也一年不升告糴諸侯告請也糴糴也不正故舉臧孫辰以爲私行也爲内諱故

不稱使使若私行○畜勑六反下同爲内于僞反下文爲内同國無九年之畜曰不足無六年之畜曰急無三年之畜曰國非其國也諸侯無粟諸侯相歸粟正也臧孫辰告糴于齊告然後與之言内之無外交也古者稅什一宣十五年注詳矣○稅始銳反什一十而稅一疏注宣十五年注詳矣釋曰彼傳云古者什一注云一夫一婦佃田百畝又受田十畝以爲公田公田在内私田在外此一夫一婦爲耕一百一十畝也八家共一井之田餘二十畝者以爲廬舍是也○豐年補敗敗謂凶年不外求而上下皆足也疏傳上下皆足也○釋曰上謂君也下謂民也○雖累凶年民弗病也一年不艾而百姓饑疏傳一年不艾○釋曰糜信云艾穫也君子非之不言如爲内諱也○艾牛蓋反

二十九年春新延廄疏傳新延廄○釋曰不言作者僖二十年新作南門傳曰作爲也有加其度也彼謂加其度更增大之故云作此直改新故不言作○延廄者法廄也周禮天子十二閑馬六種邦國六閑馬四種每廄一閑言法廄者六閑之舊制也○廄九又反○種之勇反下皆同疏注周禮至舊制○釋曰自每廄一閑以上周禮校人有其事馬六種者彼校人云辨六馬之屬種馬一物戎馬一物齊馬一物道馬一物田馬一物駑馬一物是也鄭云上路駕種馬戎路駕戎馬金路駕齊馬象路駕道馬田路駕田馬駑馬給官中之役是天子六種之馬分爲左右廄故十二閑也彼又云邦國六閑馬四種家四閑馬二種鄭玄云諸侯齊馬道馬田馬各一閑駑馬則分爲三大夫則田馬一閑駑馬分爲三是天子十二閑馬六種邦國六閑馬四種也其言新有故也言改故而新之有故則何爲書也古之君人者必時視民之所勤民勤於力則功築罕罕希○罕呼旦反民勤於財則貢賦少民勤於食則百

事廢矣（凶荒殺禮殺所界反）○冬築微春新延廄以其用民力爲已悉矣（悉盡）○夏鄭人侵許○秋有蜚（穀梁說曰蜚者南方臭惡之氣所生也象君臣淫泆有臭惡之行○蜚扶味反行下孟反）一有一亡曰有（○亡如字又音無）○冬十有二月紀叔姬卒（紀國雖滅叔姬執節守義故繫之紀賢而録之）〔疏〕（注賢而録之○釋曰內女嫁於大夫則不書卒爲媵亦如之今既書卒故知賢也○）○城諸及防（諸防皆魯邑）○可城也〔疏〕（傳可城也○釋曰左氏之例城有時與不時隱七年傳云凡城之志皆譏也此云可城也者傳以得土功之節者則譏之淺失土功之時者責之深故傳云可城也不謂此城無譏也○）以大及小也（傳例曰凡城之志皆譏今云可者謂冬可用城不妨農役耳不謂作城無譏）

二十年春王正月○夏師次于成次止也有

畏也欲救鄣而不能也不言公恥不能救鄣也（畏齊○鄣音章）○秋七月齊人降鄣降猶下也鄣紀之遺邑也（○降戶江反下遐嫁反）○八月癸亥葬紀叔姬不日卒而日葬閔紀之亡也○九月庚午朔日有食之鼓用牲于社（救日用牲既失之矣非正陽之月而又伐鼓亦非禮）○冬公及齊侯遇于魯濟（濟水名○濟子禮反）及者內爲志焉爾遇者志相得也〔疏〕（傳及者至得也○釋曰重發傳者齊爲伯者嫌與諸侯異也）○齊人伐山戎齊人者齊侯也其曰人何也愛齊侯乎山戎也（不以齊侯敵乎山戎故稱人○）其愛之何也桓內無因國外無從諸侯而越千里之險

北伐山戎危之也（內無因緣山戎左右之國爲內間者外無諸侯者不煩役寮國○從才用反內間間廁之間）○則非之乎善之也（遠伐山戎雖危勤王職貢則善）何善乎爾燕周之分子也（燕周大保召康公之後成王所封分子謂周之別子孫也○燕音烟注及後同分扶問反又如字本或作介音界大音泰召上照反）〔疏〕（注燕周至孫也○釋曰燕是召康公之後成王所封者世家文也分者別也燕與周同姓故知別子孫也）貢職不至山戎爲之伐矣（言由山戎爲害伐擊燕使之隔絕於周室○爲之如字）

三十有一年春築臺于郎○夏四月薛伯卒○築臺于薛（薛魯地）○六月齊侯來獻戎捷（獻下奉上之辭也春秋尊魯故曰獻○捷在接反戎菽也捷獲也○）齊侯來獻捷者內齊侯也不言使內與同不言使也（泰曰齊桓內救中國外攘夷狄親倚

之情不以齊爲異國故不稱使若同一國也○攘如羊反倚於綺反下文及注同○）獻戎捷軍得曰捷戎菽也（菽豆）〔疏〕（傳齊侯至菽也○釋曰徐邈云齊還經魯界故使人獻捷不入國都而言來獻敬重霸主親而內之也糜信亦云言內齊侯者解經稱來之意也范雖不注理亦合當然矣僖二十一年楚人使宜申來獻捷彼亦稱來者宜申止來鄉魯接公行禮故得稱來與齊侯異也又云不言使內與同者謂內齊侯與同一國故不稱使也戎菽也者舊解謂順經意而借齊侯故傳依違其文釋之爲菽其實宜是中國故捷不繫國戎是夷狄故繫之戎也案管子云出戎菽及冬葱布之天下則以戎爲豆也故徐邈云今之胡豆也舊解以爲依違其文恐失傳旨僖二十一年傳云其不曰宋捷何也不與楚捷于宋也范云據莊三十一年齊侯來獻戎捷據彼傳及注意則似不以戎爲豆今疑不敢正故兩載之此書月彼不書月者徐邈云霸主服遠之功重故詳而月之也一解齊侯此時克山戎并得胡豆來故傳云戎菽謂克戎之菽齊侯此時并得戎菽於文亦僻也）○秋築臺于秦（秦魯地）不正罷民三時虞山林藪澤之利且財盡

則怨力盡則懟。懟，恚恨也。罷音皮，下同。懟，直類反，怨也。君子危之，故謹而志之也。或曰：倚諸桓也。桓外無諸侯之變，内無國事，越千里之險，北伐山戎，爲燕辟地。辟開。○爲，于僞反。辟，婢亦反。魯外無諸侯之變，内無國事，一年罷民三時，虞山林藪澤之利，惡内也。譏公依倚齊桓而與桓行異。○惡，烏路反。行，下孟反。○冬，不雨。疏傳「冬不雨」。○釋曰：徐邈云：僖十一年傳曰「雩不得雨曰旱」，然則此云不雨者，或當不雩也。范意亦未必然，或當不言旱，不爲災也。○

三十有二年春，城小穀。小穀，魯邑。○夏，宋公、齊侯遇于梁丘。遇者，志相得也。疏傳「遇者志相得也」。○釋曰：重立傳者，外與伯者遇，嫌異，故發之。梁丘在曹、邾之間，去齊八百里，非不能

從諸侯而往也。辭所遇，遇所不遇，大齊桓也。辭所遇，謂八百里間諸侯必有願從者而不之遇。所不遇，謂遠遇宋公也。○能從，才用反，或如字，注同。○秋，七月癸巳，公子牙卒。牙，慶父同母弟。何休曰：傳例大夫不日卒，惡也。牙與慶父共淫哀姜，謀殺子般而日卒，何也？鄭君釋之曰：牙，莊公母弟，不言弟，其惡已見，不待去日矣。甯案傳例，諸侯之尊，弟兄不得以屬通，蓋以禮諸侯絶朞，而臣諸父昆弟稱昆弟，則是申其私親也。宣十七年公弟叔肸卒，傳曰：其曰公弟叔肸，賢之也。然則不稱弟，自其常例耳。鄭君之説，其所未詳。○見，賢徧反。去，起呂反。朞音期。肸，許乙反。○疏注「甯所未詳」。○釋曰：范既引鄭君之説，又云未詳者，范以僖十六年傳稱公弟叔仲，賢也。大夫不言公子、公孫，疏之也。若牙實有罪，則應去公子以見疏。今書公子，故云未詳也。或申鄭君義云：牙不去公子，爲親者諱。然則鄭意若以爲諱，何得云其惡已見？是鄭權荅何休之難，不顧上下之理，故范云未詳也。公子季友卒不稱弟者，季子雖賢，見已卒故也。○八月癸亥，公薨于路寢。公薨皆書其所，謹凶變。○路寢，正寢也。寢疾居正寢，正也。男子不絶于婦人之手，以齊終也。齊，側皆反，本亦作齋。○疏傳「以齊終也」。○釋曰：齊者，齋絜之名，故記稱齋之爲言齊也，是齊、齋意同，故范訓爲絜。或古者齊、齋同字，此傳齊即讀爲齋，理亦通也。○冬，十月乙未，子般卒。在喪，故稱子。般，其名也。莊公大子。不書弒，諱也。○般音班。大音泰。○疏傳「子般卒」。○釋曰：公羊傳云：其稱子般卒何也？君存稱世子，君薨稱子某，既葬稱子，踰年稱公。范意亦與之同，但踰年稱公，范意亦與之同，但踰年雖在國稱公，若未葬，亦不得稱侯以接鄰國，故桓十三年注云：今衛宣未葬，而嗣子稱侯以出，其失禮明矣。是其事也。子般不書葬者，未踰年之君例不書葬，故子野不書葬也。○子卒，日，正也。襄三十一年秋九月癸巳，子野卒是也。○不日，故也。文十八年冬十月子赤卒是也。有所見則日。閔公不書即位，是見繼弒者也。故慶父弒子般，子般可以日卒，不待不日而顯。○見則，賢徧反。○公子慶父如齊。疏傳「公子慶父如齊」。○釋曰：牙與慶父同謀殺般，所以牙被殺，慶父得出奔者，左氏、公羊皆以爲

牙欲廢般立慶父，故季子鴆殺之。穀梁不見季子歸魯之文，亦無鴆牙之事，則叔牙被殺以不，不可知也。此奔也，其曰如，何也？據閔二年慶父奔莒不言如。○諱莫如深，深則隱。深謂君弒賊奔，隱痛之至也。故子般日卒，慶父如齊。疏傳「諱莫如深」。○釋諱莫如深，謂爲國隱諱，莫如事之最深。深者則隱，深謂君弒賊奔之深重，以其深重，則爲之隱諱，若經書子般日卒，慶父如齊是也。苟有所見莫如深者，謂經意誠有所見，莫如事之深者，不書閔公即位是事之深也。有所見，謂子般之弒，慶父之奔也。苟有所見，莫如深也。閔公不書即位，見子般之弒，慶父出奔。○狄伐邢。

閔公疏魯世家：閔公名開，莊公之子，惠王十六年即位。謚法：在國逢難曰閔。世本作啓方，辟漢景帝諱，故爲開也。

元年春王正月。繼弒君不言即位，正也。疏傳「繼弒至正也」。○釋曰：復發傳者，以非父非君，嫌異，故發之。僖公又發之者，兄之後弟，義異，故重發之。文公繼正之始，故發傳

以明之成公不發傳者蒙之可知故不發也襄昭發傳者昭公即位承子野之卒嫌其非正故發傳以明之昭繼子野傳吉繼正嫌異公與之異故亦發傳父子同有繼正之文所以相發明也或以襄非嫡夫人之子嫌非正故發傳案襄四年夫人姒氏薨彼注云成公夫人襄公母也明非爲母賤而發傳也。親之非父也兄也尊之非君也未踰年也繼之如君父也者受國焉爾○齊人救邢善救邢也善齊桓得伯之道。○夏六月辛酉葬我君莊公莊公葬而後舉諡諡所以成德也疏傳諡所以成德。釋曰復發傳者恒公被殺莊公好終僖公葬緩嫌異禮故各發傳以明之。於卒事乎加之矣○秋八月公及齊侯盟于洛姑洛姑齊地。洛姑一本作路姑盟納季子也季子來歸疏傳季子來歸。釋曰傳云貴之也者不稱公子者公子是凡常之揔號季子忠賢爲國人所思故稱子所以表其賢也。其

曰季子貴之也大夫稱名氏今曰子是貴之也子男子之美稱。美稱尺證反其曰來歸喜之也大夫出使歸不書執然後致不言歸國內之人不曰來今言來者明本欲遂去同他國之人也言歸者明實魯人也喜之者季子賢大夫以亂故出奔國人思之懼其遂去不反今得其還故皆喜曰季子來歸。使所吏反疏注大夫至來歸。釋曰此云大夫出使歸不書而宣十八年歸父還自晉書者彼傳云還者事未畢也是還與歸意異也執然後致不言歸者意如與婼是也國內之人不言來下文齊仲孫言來者以其外之曰齊故得言來也○冬齊仲孫來其曰齊仲孫外之也魯絕之故繫之于齊。齊仲孫慶父也左氏以爲齊大夫其不目而曰仲孫疏之也不目謂不言公子慶父。其言齊以累桓也繫仲孫於齊言相容赦有罪。累劣僞反疏傳其言齊以累桓也。釋曰傳解經言齊仲孫有二種意故上文以外慶父釋之此又以累桓言之慶父魯人而繫之於齊是外之也齊桓容赦有罪故繫慶父於齊是惡之也

二年春王正月齊人遷陽○夏五月乙酉吉禘于莊公三年喪畢致新死者之主於廟廟之遠主當遷入大祖之廟因是大祭以審昭穆謂之禘莊公喪制未闋時別立廟廟成而吉祭又不於大廟故詳書以示譏。禘徒帝反大祖音泰下大廟同昭上饒反闋苦穴反疏注三年至示譏。釋曰言禘於莊公即是莊公立宫而不稱宫者莊公廟雖立訖而公服未除至此始二十二月未滿三年故不得稱宫也此喪服未終擧吉以非之文二年亦喪服未終而大事于大廟不言吉者其譏已明故不復云吉言大事者秋祫而物成其祀大故傳云大是事也著祫嘗是也凡祭祀之禮書者皆譏故范略例云祭祀例有九皆書月以示譏九者謂桓有二烝一嘗揔三也閔吉禘四也僖禘大廟五也文著祫嘗六也宣公有事七也昭公禘武宫八也定公從祀九也知禘是三年喪畢之祭者此莊公薨來二十二月仍書吉以譏之明三年喪畢方得爲也知必於大廟者明堂位曰季夏六月以禘禮祀周公於大廟是也其禘祀之月王肅杜預之徒皆以二十五月除喪即得行禘祭鄭玄則以二十八月始服吉嘗即祫於大廟明年春始禘於羣廟今范云三年喪畢禘於大廟必不得與鄭明年春禘於羣廟

同其除喪之月或與鄭合故何休注公羊亦以除喪在二十七月之後也方者未至之辭此實二十二月而云方者莊公以三十二年八月薨至此年五月始滿二十一月未盡其月爲禘祭故言方或可譏其大速以甚言之故云方也。吉禘者不吉者也喪事未畢而舉吉祭故非之也莊公薨至此方二十二月喪未畢○秋八月辛丑公薨不地故也其不書葬不以討母葬子也凡君弑賊討則書葬哀姜實被討而不書葬者不以討母葬子○九月夫人姜氏孫于邾哀姜與弑閔公故出奔。孫音遜本或作遜與音豫孫之爲言猶孫也疏傳孫之爲言猶孫。釋曰重發傳者文姜殺夫哀姜殺子嫌異故重發之諱奔也○公子慶父出奔莒其曰出絕之也慶父不復見矣慶父弑子般閔公不書弑諱之○復扶又反見賢偏反○疏傳其曰至見矣○釋曰宣十八年歸父奔齊范注云竟外故不言出是竟内言出理

之常也而云絶之也者慶父前弅不言出書曰如齊爲之隱諱是不絶其位之辭今不諱言弅明是絶其位也又云慶父不復見者明弑二君罪重不宜復見故特顯之矣○冬齊高子來盟其曰來喜之也其曰高子貴之也盟立僖公也不言使何也據桓十四年鄭伯使其弟禦來盟言使○禦魚呂反下同不以齊侯使高子也齊侯不討慶父使魯重罹其禍今若高子自來非齊侯所得使也猶屈完不稱使也江熙曰魯頻弑君僖公非正也桓公遣高傒立僖公以存魯魯人德之不名其使以貴之貴其使則其主重矣○重直用反屈君勿反傒音奚其使所吏反下同○【疏】傳其曰至子也○釋曰來者自外之常稱而云喜之者時魯二君見弑諸侯無一助之者而高子盟以存之比之餘使情實過倍故傳序經之情明與凡常之來有異也云不以齊侯使高子也者二說不同者前說以齊侯不討慶父使魯重遭其禍不以齊侯使高子故作自來之文所以歸美於高子若楚人使屈完如師能量敵强弱遂與齊盟故不言使所以歸功於屈完也江熙之意以君臣一體好惡同之使貴則主尊故去使文以表高子之貴高

子既貴則桓公之重益彰故不從前說也十有二月狄入衛僖公二年城楚丘以封衛則衛爲狄所滅明矣不言滅而言入者春秋爲賢者諱齊桓公不能攘夷狄救中國故爲之諱○爲賢于僞反下同攘如羊反○鄭棄其師惡其長也兼不反其衆則是棄其師也長謂高克也高克好利不顧其君文公惡而遠之不能使高克將兵禦狄于竟陳其師旅翱翔河上久而不召衆將離散高克進之不以禮文公退之不以道危國亡師之本○惡其烏路反注同長丁丈反兼戶謙反又如字好呼報反遠于萬反將子匠反竟音境翱五羔反【疏】傳惡其至師也○釋曰解經稱棄師之意爲惡高克不顧其君又責鄭人不反其衆故經書鄭棄其師也

監本附音春秋穀梁注疏莊閔公卷第六

新建縣知縣鄭祖琛

浮梁縣知縣劉丙　仝栞

穀梁注疏卷六挍勘記　阮元撰盧宣旬摘錄

十有九年　莊公

其遠之何也不以難邇我國也　石經同閩監毛本脫之字

二十有一年

○弗目謂不題目文姜薨所也一曰弗目其罪　此釋文也閩監毛本誤入注文

二十有二年

肆失也　惠棟九經古義云失係古佚字佚與逸同謂逸囚也

二十有三年

比行犯禮　閩本同是也監毛本比作此

此行犯禮　閩監毛本同何校本此作比

霸主降心　閩監毛本同何校本霸作伯疏同

二十有四年

故謹而日之也　石經閩本同監毛本日誤月

徐乾曰　閩毛本同監本乾誤訖

不直言赤　段玉裁云不字疑衍

是無以見微之義　段玉裁云微當作徵

二十有五年

言日言朔食正朔也鼓用牲于社　閩監毛本作鼓用牲于社言日言朔食正朔也非

二十有七年

僖元年會檉　閩監毛本同釋文出于朾云本亦作檉案今本無于字當是所據本有不同

二十有八年

兩國相與交戰　閩本同監毛本作國都相與交戰是也

是不與民共何利也　閩本同監毛本何作同是

未必田大水　田當作由閩監本田大作由夫毛本作繇夫並非

二十有九年　十行閩監毛本並脫有字石經有有字

鶩馬給官中之役　嚴杰云依周禮注官當作宮

三十年

周之分子也　閩監毛本同釋文分本或作介注同○案姚鼐云其文葢本爲周之別子古別字作兆故傳本或作分或作介皆以古字形近而誤范甯時傳本未誤故注云謂周別子孫也唐以後其文幷失故疏解失之

三十有二年

其所未詳　閩監毛本其作某是也詳改許非

但踰年稱公范意上與之同　毛本無此十一字此本誤衍

閔公元年

二年

此莊公薨來二十二月　閩監毛本來作未是

穀梁注疏卷六校勘記終　寧都李楨挍

監本春秋穀梁注疏僖公卷第七 起元年盡五年

僖公○名申惠王十八年即位（疏）魯世家僖公名申莊公之子閔公庶兄以惠王十八年即位謚法小心畏忌曰僖

范甯集解　楊士勛疏

元年春王正月繼弒君不言即位正也○弒音試後皆同

○齊師宋師曹師次于聶北救邢聶北邢也○聶女輒反

救不言次據莊六年王人子突救衛不言次（疏）傳救不言次○釋曰王人子突救衛上有伐文今無見伐文而云救邢者莊三十二年狄伐邢邢國遂滅而齊救之錄其本意故經言救傳以次非救急之事故云非救也知邢國滅者公羊傳云不及事者何邢已亡矣孰亡之蓋狄滅之又經書城邢是國滅也滅而不書者公羊傳云曷為不言狄滅之為桓公諱也是為齊桓諱故不言狄滅邢也然則滅衛諱而書入邢全不書之者二事不可全掩

故諱而書一也邢不書入故有救次之文衛亡書入故没其救次耳言次非救也次止也救赴急之意今方傳止故知非救也非救而曰救何也遂齊侯之意也錄其本意是齊侯與怪其稱師○與音餘齊侯也何用見其是齊侯也據經書齊師○見賢徧反下復見及注同曹無師曹師者曹伯也小國君將稱君卿將稱人不得稱師言師則是曹伯也曹君不可在師下故知是齊侯○君將子匠反下同（疏）注小國至稱師○釋曰桓十三年傳云戰稱人敗稱師重衆是師者重辭周禮小國一軍軍將雖命卿小國之卿唯比大國之大夫名氏不見例當稱人故不得言師也是知言師者即國君也然師是重辭所以楚滅蔡亦得稱師齊侯不足乎揚亦稱師者凡師者大國則得稱之不論貶有輕重春秋美惡不嫌同文貶雖文同輕重則自別其不言曹伯何也以其不言齊侯不可言曹伯也其不言齊侯何也以其不足乎揚不言齊侯也救不及事不足稱揚○以甚不足乎揚絶句稱揚也

○夏六月邢遷于夷儀辟狄難夷儀邢地○難乃旦反（疏）注夷儀邢地○釋曰以邢遷之故知邢地遷者猶得其國家以往者也其地邢復見也非若宋人遷宿滅不復見○復扶又反下注並同

○齊師宋師曹師城邢是向之師也使之如改事然美齊侯之功也是向聶北之師嘗言遂今復列二國者美齊桓存亡國○是鄉許亮反本又作向注同（疏）傳向之師也○釋曰前言師者貶齊侯也若向之師便是彰桓之罪而云美其功者春秋文同義異若上下甚衆故齊侯前稱師以見貶書次以彰情今之城邢國滅而復存齊桓過而能改君子善之故重列二國所以美其功也○使之如改事然○釋云謂經不言遂重列三國之師若似更別來城不因前事故云改事然○

○秋七月戊辰夫人姜氏薨于夷哀姜夫人薨不地地故也齊人以歸不言以喪歸非以

喪歸也加喪焉諱以夫人歸也泰曰齊人實以夫人歸殺之于夷諱故使若自行至夷遇疾而薨然後齊人以喪歸也歸在薨前而今在下是加喪之文也經不言以喪歸者以本非以喪歸也傳例曰以者不以者也微旨見矣○見賢徧反其以歸薨之也以歸然後殺之（疏）不言至之也○釋曰不言以喪歸謂承夫人薨于夷下不云齊人以喪歸也非以喪歸謂元本實不以喪歸故不得言之也加喪焉者謂齊人以夫人歸然後殺之今經書薨文在上是加喪之文也謂諱齊人以我夫人殺之故加喪文於上似若夫人行至夷遇疾而死然後齊人以其喪歸也其以歸薨之者謂其實以歸之然後始薨之實殺傳言薨之者傳以經文諱殺故順經為文○注傳例至見矣○釋曰桓十四年傳文彼注云不以者謂本非所得制今得以之也范引之者證齊人不合以夫人見此微旨

○楚人伐鄭（疏）楚人伐鄭○釋曰不以州言之者以楚雖荆蠻漸自通於諸夏國轉彊大與中國抗衡故不復州舉之或以為言楚所以駮鄭然則從此以後盡稱楚豈皆是駮鄭乎其說非也何休云稱楚人者為僖公諱與夷狄交婚故進之使若中國也穀梁無交婚之事其言不可通于此也杜預

云荆始改號曰楚案莊十四年傳云荆者何州舉之也州不如國注云言荆不如言楚則亦與杜預異也〇八月公會齊侯宋公鄭伯曹伯邾人于檉檉宋地。檉勑貞反一本作村音同〇九月公敗邾師于偃偃邾地。敗必邁反下皆同偃于晚反一本作堰同〔疏〕九月至于偃。釋曰公所以敗邾師者此傳無說何休云公怨邾以夫人與齊故敗之未知范意然不不日疑戰也疑戰而曰敗勝內也〇冬十月壬午公子友帥師敗莒師于麗獲莒挐麗魯地傳例曰獲者不與之辭。麗力他反挐女居反又女加反莒無大夫其曰莒挐何也據非大夫不書以吾獲之目之也內不言獲獲者不與之辭主善以內故不言獲此其言獲何也據文十一年叔孫得臣敗狄于鹹不言獲長狄〔疏〕注據文至長狄。釋曰此傳云惡公子之紿彼傳諱重傷故不言獲獲者不與之辭內不言獲乃是常例至於長狄則異

於餘獲宜書之以表功而經文略之由重傷故也此注據之以爲證者取不書獲之成文不言義旨全合也惡公子之紿紿欺紿也。惡烏路反紿徒乃反紿者奈何公子友謂莒挐曰吾二人不相說士卒何罪屏左右而相搏公子友處下左右曰孟勞孟勞者魯之寶刀也公子友以殺之然則何以惡乎紿也據得勝地。說音悅卒子忽反搏音博手搏也勞如字孟勞寶刀名曰棄師之道也江熙曰經書敗莒師而傳云二人相搏則師不戰何以得敗理自不通也夫王赫斯怒貴在爰整子所慎三戰居其一季友令德之人豈當舍三軍之整佻身獨鬭潛刃相害以決勝負者哉雖千載之事難明然風味之所期古猶今也此又事之不然傳或失之。赫呼白反舍音捨佻他堯反又徒堯反〔疏〕注江熙至失之。釋曰老子云以政治國以奇用兵季子知莒挐之可擒棄文王之整旅佻身獨鬭潛刃相爭據禮雖乖於權未爽縱使理違猶須申傳況傳文不知江生何

以爲非乎又且季子無輕鬭之事經不應書獲傳不須云棄師之道既經傳文符而江熙妄難范引其說意亦同之乃是范失非傳失之又經書獲所以惡季子之紿令江熙云季子令德也則是非獨不信傳亦是不信經〇十有二月丁巳夫人氏之喪至自齊其不言姜以其殺二子貶之也二子子般閔公或曰爲齊桓諱殺同姓也爲于僞反。〔疏〕爲齊至姓也。釋曰討夫人於齊桓非是姑姊即是妹姪而直云同姓者以夫人失母之道殺子外奔齊桓討之信得其罪既疏而遠之託言同姓

二年春王正月城楚丘楚丘者何衛邑也國而曰城此邑也其曰城何也據元年齊師宋師曹師城邢邢國也封衛也閔二年狄入衛遂滅則其不言城衛何也衛未遷也其不言衛之遷焉何也據元年邢遷于夷儀言遷也不與齊侯

專封也其言城之者專辭也故非天子不得專封諸侯諸侯不得專封諸侯雖通其仁以義而不與也存衛是桓之仁故通令城楚丘義不可以專封故不言遷衛。令力呈反故曰仁不勝道仁謂存亡國道謂上下之禮〔疏〕楚丘至勝道。釋曰楚丘何嫌非衛而傳言者以無遷衛之文故發之也傳知是衛者以詩云作于楚宮故知之也此云不言遷不與齊侯專封而元年城邢美齊侯之功者彼邢遷之後始城則城者脩舊之辭非始立之稱故可以美於齊桓今衛國已滅始城楚丘而國未遷經言先城後言遷則是齊桓城而遷之故不與專封也然城鄭虎牢是邑知楚丘非邑者詩稱楚宮明知非邑也〇夏五月辛巳葬我小君哀姜〇虞師晉師滅夏陽非國而曰滅重夏陽也虞無師其曰師何也以其先晉不可以不言師也人不得居師上貴賤之序。夏陽戶

雅反左氏下陽先蘇薦反下文及注同疏傳非國而曰滅○釋曰此云非國而曰滅重夏陽也昭十三年吳滅州來亦言滅者虞虢之滅由於夏陽之亡州來楚之大都而吳滅之令楚國稍弱入郢之兆由滅州來所致故並書滅○傳虞無師○釋曰小國無師傳三發之者並是小國不合言師燕爲敗而重衆故得言師曹言師者明其是君也虞言師者表其先晉也以其言師不同各舉備文耳其先晉何也據小不先大爲主乎滅夏陽也夏陽者虞虢之塞邑也其地險要故二國以爲塞邑○塞蘇代反注同滅夏陽而虞虢舉矣虞之爲主乎滅夏陽何也晉獻公欲伐虢荀息曰君何不以屈產之乘垂棘之璧而借道乎虞也荀息晉大夫屈邑產駿馬垂棘出良璧○屈其勿反又君勿反地名也乘繩證反駿音俊借子夜反及下不借而借皆同疏傳虞虢舉矣○釋曰徐邈云舉猶拔也言晉滅夏陽則虞虢自此而拔也公曰此晉國之寶也

如受吾幣而不借吾道則如之何荀息曰此小國之所以事大國也此謂璧馬之屬疏傳晉國之寶○釋曰玉有美惡出處不同周有藍田楚有和氏宋有結綠晉有垂棘各是國之貴物故云國之寶也彼不借吾道必不敢受吾幣如受吾幣而借吾道則是我取之中府而藏之外府取之中廄而置之外廄也公曰宫之奇存焉宫之奇虞之賢大夫○廄音救奇其宜反必不使受之也荀息曰宫之奇之爲人也達心而懦懦弱○懦乃亂反又乃臥反又少長於君達心則其言略明達之人言則舉綱領要不言提其耳則愚者不悟○少詩召反下同長丁丈反提徒兮反本作題音同懦則不能彊諫少長於君則君輕之且夫玩好在耳

目之前而患在一國之後此中知以上乃能慮之臣料虞君中知以下也公遂借道而伐虢宫之奇諫曰晉國之使者其辭卑而幣重必不便於虞虞公弗聽遂受其幣而借之道宫之奇諫曰語曰脣亡則齒寒其斯之謂與語諺言也○彊其良反又其丈反好呼報反知音智下同上時掌反料力彫反又力弔反使所吏反便婢面反與音餘諺音彥疏傳中知以下○釋曰論語云中人以上可以語上今虞君中知以下則近愚故不能遠慮也挈其妻子以奔曹獻公亡虢五年而後舉虞荀息牽馬操璧而前曰璧則猶是也而馬齒加長矣猶是言如故○挈去結反操七刀反加長丁丈反疏五年而後舉虞○釋曰謂僖五年也○

秋九月齊侯宋公江人黃人盟于貫貫宋地○貫古亂反貫之盟不期而至者江人黃人也江人黃人者遠國之辭也中國稱齊宋遠國稱江黃以爲諸侯皆來至也疏傳以爲諸侯皆來至也○釋曰公羊傳曰江人黃人者何遠國之辭也遠國至矣則中國曷爲獨言齊宋至爾大國言齊宋遠國言江黃則其餘爲莫敢不至也何休云晉楚大於宋不序晉楚而言序宋者時實晉楚之君不至但君子成人之美故褒益以爲偏至之辭所以獎大霸功而勉盛德也事或然矣魯雖復非大春秋以魯爲主魯若與會必書公但魯亦不至故不書之或以爲魯公亦在舉大以包之故不得以魯爲主耳○冬十月不雨不雨者勤雨也言不雨是欲得雨之心勤也明君之恤民○勤如字麇氏音覲後年同○楚人侵鄭

三年春王正月不雨不雨者勤雨也○夏四

月不雨一時不雨則書首月不言旱不爲災一時言不雨者閔雨也經一時輒言不雨憂民之至閔憂也（疏）一時至雨也○釋曰此傳云一時言不雨者据文二年自十二月不雨至于秋七月彼傳云歷時而言不雨文不憂雨也此僖公憂雨故時時别書之閔雨者有志乎民者也○徐人取舒○六月雨雨云者喜雨也喜雨者有志乎民者也（疏）傳雨云至民者也○釋曰春秋上下時雨不書非常乃録今輒書六月雨者欲明僖公待雨則心喜故也心喜是於民情深故特録之○秋齊侯宋公江人黃人會于陽穀陽穀齊地陽穀之會桓公委端搢笏而朝諸侯委委貌之冠也端玄端之服搢插也笏以記事者也所謂衣裳之會○搢音進又音箭笏音忽朝直遥反插楚洽反諸侯皆諭乎桓公之志（疏）陽穀至之志○釋曰相會多矣獨此言委端搢笏皆諭乎桓公之志者以此會最大又以四教令於諸侯其諸侯皆曉諭桓公之志不須盟誓故傳詳其事也其四教者公羊傳云無鄣谷無貯粟無易樹子無以妾爲妻是也云委端搢笏者謂會時服此服以朝諸侯也謂委端者郊特牲云委貌周道也章甫殷道也毋追夏后氏之道也又論語云羔裘玄冠不以弔鄭玄云玄冠委貌諸侯朝視之服是委者委貌之冠也論語又云端章甫願爲小相焉鄭云端玄端也衣玄端冠章甫諸侯日視朝之服又士冠禮云主人玄冠朝服在朝君臣同服是玄端諸侯視朝之服王肅云端人委者玄端之衣委貌之冠故范亦同之謂之玄端者其色玄而制正幅無殺故謂之玄端桓公會諸侯因使諸侯朝已故服朝服也笏者玉藻云天子以球玉諸侯以象大夫以魚須文竹士竹本象可也其長短則天子三尺諸侯以下二尺有六寸也○注所謂衣裳之會○釋曰傳稱衣裳之會十有一今此注特言所謂衣裳之會者以傳有其文故注因顯之不謂直此會是衣裳也○冬公子季友如齊莅盟傳例曰莅位也內之前定之盟謂之莅外之前定之盟謂之來○莅音利又音類（疏）注傳例至之來○釋曰昭七年傳文莅者位也盟誓之言素定今但往其位而盟其不日前定也不言及者

以國與之也不言其人亦以國與之也（疏）傳不言至之也○釋曰舊解此傳是外內之通例不據此一文而已不言及者以國與之也謂若外國之來盟及魯人往盟經直舉外來爲文不言及者欲見以國與之也故舉國爲主即宣七年衛侯使孫良夫來盟此公子季友如齊莅盟是也不言其人亦以國與之也者謂不言來盟之類經雖言及而不書魯之主名者亦是舉國與之即成三年丙午及荀庚盟是也不言外及者經無故也麋信徐邈並據當文解之理亦通也但據成三年傳注則不得以當文解之故今從舊說耳○

○楚人伐鄭

四年春王正月公會齊侯宋公陳侯衛侯鄭伯許男曹伯侵蔡蔡潰傳例曰侵時而此月蓋爲潰○潰戶內反蓋爲于僞反下爲退同（疏）注傳例至爲潰○釋曰侵無月例時今桓公知所侵而經書月故知爲潰也文三年沈潰書月是其例也莒潰書日者惡大夫之叛故謹而日之潰之爲言上下不相得也君臣不和而自潰散侵淺事也侵蔡而蔡潰以桓公爲知所侵也責得其罪故裁侵而潰不土其地不分其民明正也遂伐楚次于陘楚彊齊欲綏之以德故不速進而次于陘陘楚地○陘音刑（疏）傳侵淺至正也○釋曰侵者拘人民而謂之淺者對伐爲淺也又傳云不分其民是拘之而不取亦是淺之義此傳本意言桓公不深暴於蔡纔侵之而即潰故因發淺例左氏無鍾鼓曰侵此傳稱拘人民或當掩其不備亦未聲鍾鼓也論語稱齊桓公正而不譎指謂伐楚此侵蔡亦言正者伐楚是責正事大故馬鄭指之其實侵蔡不土其地不分其民亦是正事故傳言正也遂繼事也次止也（疏）傳次止也○釋曰次有二種有所畏之次即齊師宋師次于郎傳曰畏我是也有非所畏之次即此次于陘傳曰次止也是○夏許男新臣卒十四年冬蔡侯肸卒傳曰諸侯時卒惡之也宣九年辛酉晉侯黑臀卒于扈傳曰其地于外也其日未踰竟也然則新臣卒于楚故不日耳非惡也○惡烏路反下同臀徒門反（疏）注十四年至惡也○釋曰宋公和卒傳曰

諸侯日卒正也則日卒由正不由善惡蔡侯肸卒傳曰時卒惡也則似不日卒由善惡不由正者凡諸侯雖則正卒有惡者亦不得書日成十五年夏六月宋公固卒僖二十四年冬晉侯夷吾卒十四年冬蔡侯肸卒是也身既是庶雖則無惡亦不得書日故傳云日卒正也明不日是不正昭十四年八月莒子去疾卒定十四年夏五月吳子光卒襄十八年冬十月曹伯負芻卒是也日卒有二義故傳兩明之是諸侯正而無惡縱在外在內卒書日不正無惡則書月但有大惡不問正與不正皆時也宋共公卒書月者彼爲葬日表其違例故不得書時也雖例言之則此許男新臣亦是不正也故范直以非惡解之不云正與不正又昭二十三年夏六月蔡侯東國卒于楚范云不日在外也則此新臣亦不正故不書日襄二十六年八月壬午許男甯卒于楚彼亦在外而書日則甯是正可知也然則庶子踰竟未踰竟並皆不日嫡子在外在內並皆書日則新臣由不正而不書日注云卒于楚故不日者以新臣非直不正又兼在外傳例云其日未踰竟故順傳文書之其實由正與不正不論在外在內也其襄公二十六年傳注云在外已顯者彼甯實是正經言于楚則在外之文已顯必不須去日故亦順傳文言之必知由正不正不由在外在內者宣九年范注云諸侯正卒則日不正則不日而云

未踰竟者恐後人謂操扈是國故發傳曰未踰竟是也知新臣無罪者以薨于朝會乃有王事之功明無罪或以爲許男新臣亦正也但爲卒於楚故不日許男甯卒于楚書日者以新臣卒無于楚之文故去日以見在外而卒也許男甯經有在外之文故書日以明其正晉侯黑臀卒于扈是正未踰竟故亦書日與許男異故范以爲其日未踰竟者表其非國不釋日與不日范氏之注上下多違縱使兩解仍有僻謬故並存之以遺來哲

諸侯死於國不地死於外地死於師何爲不地據宣九年晉侯黑臀卒于扈地（疏）注據宣至扈地○釋曰不據曹伯負芻卒于師者師與地異上云伐楚次于陘則許男卒于陘可知卒當有地而不地故注以地決之曹伯圍齊未退即在師而卒故云卒于師是師與地異故不據曹伯也**內桓師也**齊桓威德洽著諸侯安之雖卒於外與其在國同

○**楚屈完來盟于師盟于召陵**屈完來如陘師盟齊桓以其服義爲退一舍次于召陵而與之盟召陵楚地○召上照反（疏）注退一舍○釋曰知一舍者古者師行每舍三十里上云屈完來盟于師下即云盟于召陵知非大遠故云一舍宣十五年左傳華元謂子反曰去我三十里唯命是聽亦其證也

楚無大夫無命卿也（疏）楚無大夫○釋曰無大夫凡有三等之例曹無大夫者本爲微國後削小耳莒則是東夷本微國也楚則蠻夷大國僭號稱王其卿不命於天子故不同中國之例也

其曰屈完何也以其來會桓成之爲大夫也尊齊桓不欲令與卑者盟○令力呈反下同**其不言使權在屈完也**邵曰齊桓威陵江漢楚人大懼未能量敵遣屈完如師完權事之宜以義卻齊遂得與盟以安竟內功皆在完故不言使○與音預又如字**則是正乎曰非正也**臣無自專之道**以其來會諸侯重之也**重其宗中國歸有道（疏）以其至重之也○釋曰以其來會重之也謂完既不正經無貶文者重其會中國徐邈云經不言使屈完者重其會諸侯也不言使前已解訖徐說非也

來者何內桓師也來者內辭也內桓師故言來（疏）來者至師也○釋曰來者何也謂據陳袁僑如會不言來也曰桓師也謂來者鄉內之辭今內齊桓爲天下霸主故亦言來也**于師**

前定也于召陵得志乎桓公也得志者不得志也屈完來盟桓公退于召陵是屈完得其本志屈完得志則桓公不得志**以桓公得志爲僅矣**桓爲霸主以會諸侯楚子不來屈完受盟令問諸江辭又不順僅乃得志言楚之難服○爲僅其靳反

屈完曰大國之以兵向楚何也桓公曰昭王南征不反菁茅之貢不至故周室不祭菁茅香草所以縮酒楚之職貢○菁茅子丁反下亡交反菁茅香草也尚書傳云菁以爲菹茅以縮酒縮所六反（疏）注菁茅香草○釋曰尚書禹貢云苞匭菁茅孔安國云菁以爲菹茅以縮酒今范云菁茅香草則以爲一物與孔異也

屈完曰菁茅之貢不至則諾昭王南征不反我將問諸江問江邊之民有見之者不此不服罪之言故退于召陵而與之盟屈完所以得志桓公之不得志爾（疏）注問江邊之民○釋曰呂氏春秋云周昭王親征荆蠻反涉漢梁敗隕于漢中辛餘靡振王北

齊高誘注引左傳云昭王不復君其問諸水濱則昭王沒於漢不得振王北濟也故舊說皆云漢濱之人以膠膠船船壞昭王溺焉則昭王沒漢此云問諸江邊者江漢水之相近者楚人不服罪不指王之死處而云問諸江也〇齊人執陳袁濤塗袁濤塗陳大夫〇濤徒刀反齊人者齊侯也其人之何也於是哆然外齊侯也不正其蹹國而執也江熙曰蹹國謂蹹陳而執陳大夫主人之不敬客由客之不先敬主人哆然衆有不服之心故春秋因而譏之所謂以萬物爲心也莊十七年齊人執鄭詹傳與其執者詹奔在齊因執之〇哆昌者反又昌氏反詹之廉反〔疏〕齊人至執也〇釋曰公羊左氏皆以爲濤塗誤軍道故齊侯執之此傳與注竟無誤軍道之言則以濤塗不敬齊命故執之也於是哆然外齊侯者謂齊不以禮於陳陳人有不服之意哆然疏外齊侯哆然寬大之意也〇不正其蹹國而執也〇釋曰謂陳之不敬由齊之無禮不能自責反越國而執其臣故不正其蹹國而執也貶以稱人不正猶言不與也正則人與之不正則人不與故謂不與爲不正也然齊人執鄭詹亦稱人以執傳言與之此稱人以執即

云貶者詹鄭之佞人往至齊國稱人以執則是衆人欲執之今濤塗不在齊國又無實罪齊侯執之而云齊人故知是貶也桓十一年宋公執人權臣令廢嫡立庶亦貶云宋人是其類也〇注以萬物爲心也〇釋曰莊子文〇秋及江人黃人伐陳不言其人及之者何內師也〔疏〕不言至師也〇釋曰何嫌非內而發傳者以文承齊人執濤塗之下即云及江人黃人伐陳恐非魯及故云內師也〇八月公至自伐楚有二事偶則以後事致後事小則以先事致其以伐楚致大伐楚也鄭君曰會爲大事伐爲小事今齊桓伐楚而後盟于召陵公當致會而致伐者楚彊莫能伐者故以伐楚爲大事〔疏〕注鄭君至大事〇釋曰知會大伐小者伐雖國之大事會盟有昇壇揖讓之儀示威講禮之制奉之以牲玉要之以神明是其大事故定四年公會諸侯侵楚五月盟于皐鼬下云公至自會是亦以會爲大事也今以楚彊莫能伐之者故特以伐爲大事也〇葬許穆公〇冬十有二月公孫

茲帥師會齊人宋人衞人鄭人許人曹人侵陳莊十年春正月公侵宋傳曰侵時此其月何也惡之故謹而月之然則凡侵而月者皆惡之〇惡烏路反下同〔疏〕注凡侵至惡之〇釋曰此侵陳爲惡者陳之不敬由齊之不敬陳也齊桓宜自責反執其臣前事既非今又致討故書月以見惡也

五年春晉侯殺其世子申生目晉侯斥殺惡晉侯也斥指斥〔疏〕目晉至侯也〇釋曰傳言此者於鄭段雖有目君之例未辨目君之由故於此明之宋公殺其世子痤雖不發傳從此可知其殺公子不曰君者皆罪賤之也〇杞伯姬來朝其子婦人既嫁不踰竟踰竟非正也諸侯相見曰朝伯姬爲志乎朝其子也伯姬爲志乎朝其子則是杞伯失夫之道矣凱曰不能刑于寡妻〇朝直遥反下

皆同爲志于僞反下同諸侯相見曰朝以待人父之道待人之子非正也故曰杞伯姬來朝其子參譏也參譏謂伯姬杞伯魯侯也桓九年曹伯使其世子射姑來朝譏世子此不譏者明子隨母行年尚幼弱未可責以人子之道伯姬以莊二十五年夏嫁至今十三年則子幼可知〇參七南反又音三〇〔疏〕傳參譏也〇釋曰並譏之者伯姬託事而行近於淫泆失爲婦之道杞伯不能防其閨門令妻至魯失爲夫之宜魯待人之子行待父之禮失爲主之度故三事同譏之也〇夏公孫茲如牟〇公及齊侯宋公陳侯衞侯鄭伯許男曹伯會王世子于首戴惠王之世子名鄭後立爲襄王首戴衞地〇首戴左氏作首止〔疏〕公及至首戴〇釋曰案史記年表此時齊侯桓公也宋公桓公也陳侯宣公也衞侯文公也鄭伯文公也許男僖公也曹伯昭公也其王世子者即惠王之世子名鄭後立爲襄王是也及以會尊之也言及諸侯然後會王世子不敢令世子與諸侯齊列〇令力呈

反侯尊焉王世子云者唯王之貳也云可以重之存焉尊之也何重焉天子世子世天下也〔疏〕天子至下也○釋曰士冠禮云天子之元子猶士也天下無生而貴者也此云世天下也者彼見無生而貴者又明有父在之故今傳以其特世父位故云世天下也〇秋八月諸侯盟于首戴言諸侯者前目而後凡他皆放此○無中事而復舉諸侯何也尊王世子而不敢與盟也尊則其不敢與盟何也盟者不相信也故謹信也不敢以所不信而加之尊者桓諸侯也不能朝天子是不臣也王世子子也塊然受諸侯之尊己而立乎其位是不子也桓不臣王世子不子則

其所善焉何也是則變之正也雖非禮之正而合當時之宜○復扶又反下同塊苦對反又苦怪反〔疏〕無中至侯何也○釋曰無中事者諸中間無他事也據平丘之會無中事不重舉諸侯此則重舉諸侯故決之○塊然○釋曰塊然者徐邈云塊然安然也○則其所善焉何也○釋曰謂經不譏桓而尊王世子是也天子微諸侯不享覲桓控大國扶小國統諸侯不能以朝天子亦不敢致天王尊王世子于首戴乃所以尊天王之命也世子含王命會齊桓亦所以尊天王之命也世子受之可乎是亦變之正也天子微諸侯不享覲世子受諸侯之尊己而天王尊矣世子受之可也鄭伯逃歸不盟以其法諸侯故逃之也專己背衆故書逃傳例曰逃義曰逃○控大苦貢反背衆音佩〔疏〕世子受之可乎○釋曰謂問世子受諸侯之尊己可乎以不也下又云世子受之可也謂得受之也○注逃義曰逃○釋曰莊十七年傳文弦國也何嫌非國傳特言弦國也發之者將明微國不書日故辨之也〇楚人滅弦弦子奔黃弦國也其不日微國也〇九月戊申朔日有食之

〇冬晉人執虞公虞公貪璧馬之寶棄兄弟之親拒絕忠諫之口不圖社稷之危故晉命行于虞使下執上虞同于晉是以謂之晉人執虞公江熙曰春秋有州公郭公虞公凡三公非爵也傳以爲下執之辭嘗試因此論之五等諸侯民皆稱曰公存有王爵之限沒則申其臣民之稱州公舍其國故先書州公郭公盜而歸曹故先名而後稱郭公夏陽亡則虞爲滅國故宜稱虞公三人殊而一致三公舛而同歸生死齊稱蓋春秋所賤○之稱尺證反下齊稱同舍音捨舛昌兗反〔疏〕注江熙至所賤○釋曰存有王爵之限者謂五等諸侯生存皆從本爵稱之也沒則申其臣民之稱者謂五等臣子尊其君父舉謚稱公也州公舍其國故先書州公者謂州公郭公書經不同立文之意以

州公好舍其國而寔來故先書州公若郭公則盜而歸曹故後言郭公也夏陽亡則虞爲滅國者謂晉滅夏陽則虞虢舉矣故虞爲滅國而亦稱公也三人殊而一致者謂立文雖殊其理致是一也三公舛而同歸者謂立國雖舛同歸一稱也生死齊稱正謂生死同號之曰公與凡諸侯異也案桓五年州公如曹六年寔來本無舍國之事莊二十四年郭公歸曹不見有盜歸之文今江爲此說而范不難者以州公舍國左氏有文郭公棄位適曹即是盜之狀以無正文故引而不難也三公舛而同歸或有作舛者舛謂差舛理亦通但定本作殊者多執不言所於地緼於晉也時虞已包裹屬於晉故雖在虞執而不書其處○緼紆粉反包音苞裹音果處昌呂反〔疏〕執不至晉也○釋曰舊解云執人例不書地此云不地緼於晉也者凡執人不地者亦以地理可明故也若晉會諸侯於溴梁執莒子邾子楚合諸侯於申執徐子皆因會而執之則在會可知故不假言地至如滅人之國執人之君則亦是就國可知也經若書晉滅虞則是言其地今不書滅虞即不舉滅國之地不謂執人當地也所以不言滅虞者晉命先行於虞虞已屬晉故不得言之也或以爲執不言所於地謂不書執虞公于虞也緼于晉也謂虞已苞裹屬晉故不得言也理

亦通耳也其曰公何也據十五年宋人執滕子嬰齊不言公猶曰其下執之之辭也臣民執其君故稱公其猶下執之之辭何也晉命行乎虞民矣虞服于晉故從晉命而執其君虞虢之相救非相爲賜也今日亡虢而明日亡虞矣言明日喻其速○爲于僞反又如字

監本春秋穀梁注疏僖公卷第七

新建縣知縣鄭祖琛
浮梁縣知縣劉丙　同栞

穀梁注疏卷七校勘記　阮元撰盧宣旬摘錄

僖公

元年

據經書齊師　閩本同監毛本師誤侯

今復列二國者　閩監毛本二作三是也下重列二國同

夫人薨不地地故也齊人以歸　石經同閩監毛本作齊人以歸夫人薨不地地故也誤倒

況傳文不知　閩監毛本同何校本知作失是

二年　閩本同監毛本二誤三

傳三發之者　閩監本同毛本三作二

晉楚大於宋不序晉楚而言序宋者　按今本公羊注脫二楚字無言字

三年

文不憂雨也　閩監本同毛本文作反與文二年傳不合

待雨則心喜　閩監毛本待作得是

故特錄之　閩監本同毛本闕之字

四年

傳侵淺至正也　此一段疏閩監毛本移在傳明正也下

則此新臣亦不正　按不正當作在外

諸侯死於國不地　閩監毛本於作于

曰桓師也　段玉裁校本曰作內

由客之不先敬主入　閩監毛本不先作先不

五年

云可以重之存焉　閩毛本同監本存誤右

天子世子　閩監毛本同石經世作廿避所諱

而尊王世子是也　閩本同監毛本尊作議

世子受之可乎　此疏閩監毛本移在傳世子受之可也下

謂問世子受諸侯之尊己　閩毛本謂作請監本同惟己字作以

注逃義曰逃○釋曰莊十七年傳文　此疏閩監毛本移在注逃義曰逃下脫注字

弦國也何嫌非國傳特言弦國也發之者將明微國不書曰故辨之也　此疏此本誤與前疏連閩監毛本移在傳微國也下於何嫌上增○及釋曰二字

穀梁注疏卷七校勘記終

寧都李楨校

監本春秋穀梁注疏僖公卷第八 起六年盡十八年

范甯集解　楊士勛疏

六年春王正月〇夏公會齊侯宋公陳侯衞侯曹伯伐鄭圍新城伐國不言圍邑此其言圍何也據元年楚人伐鄭不言圍病鄭也著鄭伯之罪也泰曰諸伐國而言圍邑傳皆以爲伐者之罪而以此著鄭伯之罪者齊桓行霸尊崇王室綏合諸侯翼戴世子盟之美者莫盛於此而鄭伯辟義逃歸違叛霸者是以諸侯伐而圍之罪著于上討顯于下圍伐之文雖同而善惡之義有殊亦猶桓盟不日以明信而葵丘之盟日之以爲美○著張慮反辟音避〔疏〕注泰曰至爲美○釋曰罪著於上而討顯于下者謂前五年書鄭伯會而逃歸是罪著於上比今伐鄭又言圍新城是討顯於下也圍伐之文雖同而善惡之義有殊謂隱五年宋人伐鄭圍長葛此言齊侯伐鄭圍新城是圍伐之文同也彼傳云伐國不言圍邑此其言圍何也久之也此傳曰伐國不言圍邑此其言圍何也著鄭伯之罪也故知彼言圍以惡宋此言圍以善齊是善惡之義有殊也知善齊者傳言著鄭伯之罪故知圍者之善也〇秋楚人圍許諸侯遂救許伐鄭之諸侯善救許也〔疏〕善救許也○釋曰何嫌非善而傳言之者以許是近楚小國叛而即齊嫌救之非善故發之〇冬公至自伐鄭其不以救許致何也大伐鄭也〔疏〕大伐鄭也○釋曰大之者鄭叛中國外心事楚成蠻夷之強益華夏之弱齊桓爲伯討得其罪鄭人服從遂使世子聽命是其大也

七年春齊人伐鄭〇夏小邾子來朝○朝直遥反〇鄭殺其大夫申侯稱國以殺大夫殺無罪也〔疏〕稱國至罪也○釋曰莊九年齊人殺無知傳曰稱人以殺殺有罪也此云稱國以殺大夫殺無罪也是稱人稱國例異也但傳不詭殺之狀無由知其事焉准例言之則是罪鄭伯也案傳例失德不葬文公不書葬則亦失德也枉殺鄭佐是失德之儔未知鄭伯更有失德爲當直由殺申侯不可知也〇秋七月公會齊侯宋公陳世子款鄭世子華盟于寧毋寧毋某地○寧毋上音如字又音甯下音無又茂后反左氏作甯衣裳之會也〔疏〕衣裳之會也○釋曰衣裳之會十有一或釋或不釋兵車之會四傳皆發之者衣裳之會多省文以相包兵車之會少故備舉以見義此是衣裳後歲兵車二文相近故傳因而別之也〇曹伯班卒○班必顏反〇公子友如齊〇冬葬曹昭公

八年春王正月公會王人齊侯宋公衞侯許男曹伯陳世子款盟于洮洮曹地王人之先諸侯何也貴王命也朝服雖敝必加於上弁冕雖舊必加於首周室雖衰必先諸侯兵車之會也鄭伯乞盟以向之逃歸乞之也向謂五年逃首戴之盟齊桓爲兵車之會于此乃震服懼不得盟故乞得與之不錄使者使若鄭伯自來所以抑一人之惡申衆人之善。之先悉薦反下同朝服直遥反弁皮彥反以向香亮反本又作鄉注同得與音豫使者所吏反〔疏〕朝服雖敝至必加於首○釋曰朝服者天子則皮弁諸侯則玄冠衣則皮弁白布玄冠緇衣素裳也弁冕者謂白鹿皮爲弁冕謂以木爲幹衣之以布上玄下纁垂旒者也乞者重辭也人道貴讓故以乞爲重〔疏〕乞者重辭也○釋曰文與乞師同故爲重辭也重是盟也悔前逃歸故以重言乞者處其所而請與也言乞知不自來〔疏〕注言乞知不自來○釋曰經言晉侯使郤錡來乞師是亦不自來也若然何以不錄使者所以抑鄭伯申諸侯也蓋汋之也汋血而與之○汋山若反又音酌〇夏狄伐晉〇秋七月禘于大廟禘三年大祭之名大廟周公廟禮記明堂位曰季夏六月以禘禮祀周公于大廟雜記下曰孟獻子曰七月日至可以有事于祖七月而禘獻子爲之業宜九年仲孫蔑如京師於是獻子始見經襄十九年卒然則失禮非獻子所始明矣雜記之云甯所未詳○大廟音泰見賢徧反下文而見同 疏 注失禮至明矣○釋曰范言此者以禮記稱七月而禘獻子爲之此時未有獻子亦七月而禘故知失禮非獻子爲始也

用致夫人 劉向曰夫人成風也致之于大廟立之以爲夫人○夫人成風也左氏以爲哀姜 疏 用致夫人○釋曰左氏以夫人爲哀姜因禘祭而致之於廟公羊以爲僖公本取楚女爲嫡取齊女爲媵齊女先至遂脅公使立之爲夫人故因禘祭而見於廟此傳及注意則以夫人爲成風致之者謂致之於大廟立之以爲夫人與二傳違者若左氏以夫人爲哀姜元年爲齊所殺何爲今日乃致之若公羊以爲齊之媵女則僖公是作頌賢君縱爲齊所脅豈得以媵妾爲夫人乎明知二傳非也今傳云一則以宗廟臨之而後貶焉一則以外之弗夫人而見正焉檢經傳之文符同故知是成風也

用者不宜用者也致者不宜致者也言夫人必以其氏姓言夫人而不以氏姓非夫人也立妾之辭也非正也 夫人者正

嫡之稱謂非崇妾之嘉號以妾體君則上下無別雖尊其母是卑其父故曰非正也禮有君之母非夫人者又庶子爲後爲其母緦是妾不爲夫人明矣○適丁歷反本亦作嫡稱尺證反別彼列反爲其于僞反緦音思 疏 注夫人至明矣○釋曰仲子者惠公之母隱五年考仲子之宮而經傳譏之是也有君之母非夫人者又庶子爲後爲其母緦者喪服文也

夫人之我可以不夫人之乎夫人卒葬之我可以不卒葬之乎 鄭嗣曰君以爲夫人君以夫人之禮卒葬之主書者不得不以爲夫人也成風以文四年薨五年葬傳終說其事 一則以宗廟臨之而後貶焉 臣無貶君之義故于大廟去夫人氏姓以明君之非正○去起呂反 一則以外之弗夫人而見正焉 秦人來歸僖公成風之禭不言夫人○禭音遂 ○冬十有二月丁未天王崩 惠王也

九年春王三月丁丑宋公禦說卒 ○禦魚呂反本亦作御說音悅 ○夏公會宰周公齊侯宋子衛侯鄭伯許男曹伯于葵丘 宰官周采地天子三公不字宋子襄公葵丘地名○采音菜 天子之宰通于四海 宰天官冢宰兼爲三公者三公論道之官無事于會盟冢宰掌建邦之六典以佐王治邦國故曰通于四海 疏 注宰天至四海○釋曰傳言通於四海者解其與盟會之事也若直爲三公論道之官則無事於會盟以兼爲冢宰通於四海爲諸侯所尊故得出會也一解通於四海者解其稱官之意與注乖非也論道之官者尚書周官云論道經邦燮理陰陽是也掌建邦之六典者大宰職云一曰治典二曰教典三曰禮典四曰政典五曰刑典六曰事典是也左氏以宰周公爲宰孔此傳蓋亦然也

宋其稱子何也未葬之辭也禮柩在堂上孤無外事今背殯而出會以宋子爲無哀矣 欑木如椁塗之曰殯周人殯于兩楹之間周人殯于西階之上宋殷後也○柩其救反禮記云在堂曰尸在棺曰柩背音佩欑木才官反本又作欑同 疏 宋其至哀矣○

釋曰稱宋子正也而云無哀者宋子非主伯所召而自會諸侯稱子嫌稱子合正無譏故傳責其背殯也晉襄背殯貶之稱人此經不貶者宋襄雖背殯出會而子道不虧於理雖合小譏而文不可貶責其晉襄上無王命所召又非國事急重而自爲戎首與敵交戰非直於理合責於文亦當貶也其稱子稱侯之例具於桓十三年疏○注欑木至後也○釋曰禮記檀弓云天子之殯也菆塗龍輴以椁鄭玄云菆木周龍輴如椁而塗之也天子殯以輴車畫轅爲龍也彼說天子之禮故云龍輴則諸侯亦設輴而不畫龍其用木欑之亦如椁故范云欑木如椁也檀弓又云夏后氏殯於東階之上殷人殯於兩楹之間周人殯於西階之上是注所據之文也云宋殷後者欲見宋之殯亦從兩楹之間

○秋七月乙酉伯姬卒 內女也未適人不卒此何以卒也許嫁笄而字之死則以成人之喪治之 女子許嫁不爲殤死則以成人之喪治之謂許嫁於諸侯尊同則服大功九月吉笄以象爲之刻鏤其首以爲飾成人著之○笄古兮反殤式羊反著丁略反 疏 內女也○釋曰明內女有書卒之義故發首云內女也若其不然不嫌非內女也范

氏別例云内女卒葬例有六葬有三卒亦有三卒者此文一也僖十六年鄫季姬二也成八年杞叔姬三也葬者莊四年葬紀伯姬三十年葬紀叔姬襄三十年宋葬共姬是也文十二年子叔姬不數之者與此伯姬同是未適人故揔爲一也○注女子至著之○釋曰喪服大功章云女子子之長殤傳曰何以大功未成人也年十九至十六爲長殤十五至十三爲中殤十一至八歲爲下殤七歲以下爲無服之殤於其服也長殤中殤降成人一等下殤降成人二等又喪服傳曰大功之殤中從上小功之殤中從下長殤中殤揔言之者據大功以上也其葬殤之禮亦與成人有異故檀弓云周人以殷人之棺椁葬長殤以夏后氏之堲周葬中殤下殤以有虞氏之瓦棺葬無服之殤是也女子許嫁而笄猶男子之冠也故以成人之喪治之禮諸侯絶朞故許嫁於諸侯則服之若嫁與大夫則不服也禮姊妹與已之女同服齊衰若出嫁則爲之降至大功九月禮意爲降者取受我而厚之夫爲之朞故我爲之降計此伯姬未至夫家案曾子問云娶女有吉日而女死壻齊衰而弔既葬除之然則其夫不爲之盡禮則皆不得爲之降當亦服齊衰朞也而范注云服大功者揔據出嫁者言之故云大功非謂此亦大功也或當女子在室公不爲之服則卒之亦不書今書之者以其許嫁故也夫雖不終服

公亦從出嫁之例降至大功也吉笄以象爲之者詩云象服是宜毛傳云尊者所以爲飾故知用象也鄭解象服與此異耳喪服女子許嫁服斬衰用箭笄齊衰則用榛笄喪既無飾故知吉笄有飾也鏤刻其首者相傳爲然也

○九月戊辰諸侯盟于葵丘桓盟不日此何以日美之也爲見天子之禁故備之也何休以爲即日爲美其不日皆爲惡也桓公之盟不日皆爲惡邪莊十三年柯之盟不日爲信至此日以爲美義相反也鄭君釋之曰柯之盟不日因始信之自其後盟以不日爲平文從陽穀已來至此葵丘之盟皆令諸侯以天子之禁桓德極而將衰故備日以美之自此不復盟矣○爲見于僞反下賢偏反復扶又反〔疏〕注自此不復盟矣○釋曰十五年盟于牲丘而云不復盟矣者以衣裳之會不復盟彼是兵車故也

葵丘之會陳牲而不殺所謂無歃血之盟鄭君曰盟牲諸侯用牛大夫用豭○歃本又作㰱所洽反又巳甲反豭音加〔疏〕陳牲而不殺釋曰陳牲不殺則不得謂之盟若不殺牲又不得云讀書加於牲上而傳云不殺者桓公信義之極是於此矣雖盟而不歃血謂之不殺不殺者謂不如凡常之殺殺而不用直讀書而加于牲上而已○注所謂至用豭○釋曰莊二十七年傳云衣裳之會十有一未嘗有歃血之盟也信厚也則衣裳之會皆不歃血而此會獨言之者以此會桓德極盛故詳其事實餘盟亦不歃血耳八年洮會云汭血與鄭伯者彼兵車之會故也徐邈云陳牲者不殺埋之陳示諸侯而已加于牲上者亦謂活牲非死牲理亦通也此葵丘會爲桓德盛故書日以美之又毋雍泉以下是四教之事而論語一匡天下鄭不據之而指陽穀者鄭據公羊之文故指陽穀其實此會亦有四教故上注云從陽穀已來至此葵丘之盟旨令諸侯以天子之禁是也注又引鄭君曰盟牲諸侯用牛大夫用豭者左傳云諸侯盟誰執牛耳又曰鄭伯使卒出豭是其證也

讀書加于牲上壹明天子之禁壹猶專也曰毋雍泉專水利以障谷○雍於勇反塞也障音章又之亮反毋訖糴訖止也謂貯粟○糴音狄貯張呂反毋易樹子樹子嫡子○嫡丁歷反毋以妾爲妻毋使婦人與國事女正位於内○與音豫

○甲子晉侯詭諸卒獻公也枉殺世子申生失德不葬○詭諸

九委反左氏作佹諸枉紆往反〔疏〕葬失德不葬○釋曰宋桓亦不葬至此言失德者今獻公枉殺申生即是失德之例宋桓無罪之狀故范不得言之也公羊以爲桓公不書葬者爲宋襄公背殯出會不書葬若非背殯然也穀梁既譏宋子即不是爲諱蓋魯不會故也

○冬晉里克殺其君之子奚齊其君之子云者國人不子也國人不子何也不正其殺世子申生而立之也諸侯在喪稱子言國人不君之故繫于其君〔疏〕冬晉至奚齊○釋曰范云弒君日與不日從其君正與不正今奚齊書時者爲未成君且又不正故也○國人不子○釋曰舊解諸侯在喪稱子今國人不以爲君故不直謂之子而繫之於君也徐邈云不子者謂不子愛之也非范意蓋不子者謂不以爲君則是不子也

十年春王正月公如齊〔疏〕正月公如齊○釋曰何休云書月者善公朝事齊故月之朝既以時爲正書月何以爲善蓋爲下滅温書月也

○狄滅温温子奔衛

○晉里克弒其君卓及其大夫荀息，以尊及卑也。荀息閑也。○卓，勑角反。○夏，齊侯、許男伐北戎。

○晉殺其大夫里克。稱國以殺，罪累上也。里克弒二君與一大夫，二君，奚齊、卓子。一大夫，荀息。其以累上之辭言之，何也？據有罪。其殺之不以其罪也。其殺之不以其罪奈何？里克所爲殺者，爲重耳也。殺奚齊、卓子者，欲以重耳爲君。重耳，夷吾兄文公。○所爲，于僞反，下文皆同。重，直龍反。殺奚齊，申志反，又如字。夷吾曰：「是又將殺我乎！」故殺之不以其罪也。其爲重耳弒奈何？晉獻公伐虢，得麗姬，獻公私之。有二子，長曰奚齊，稚曰卓子。麗姬欲爲亂，亂謂殺申生而立其子。○麗姬，力池反。伐虢所得，左氏伐麗戎所得。長，丁丈反。稚，直吏反。故謂君曰：「吾夜者夢夫人趨而來，曰：『吾苦畏。』夫人，申生母。○苦，如字，又枯路反，下同。胡不使大夫將衞士而衞冢乎？」公曰：「孰可使？」曰：「臣莫尊於世子，則世子可。」故君謂世子曰：「麗姬夢夫人趨而來，曰：『吾苦畏。』女其將衞士而往衞冢乎！」世子曰：「敬諾。」築宮，宮成。麗姬又曰：「吾夜者夢夫人趨而來，曰：『吾苦飢。』世子之宮已成，則何爲不使祠也？」故獻公謂世子曰：「其祠。」世子祠。已祠，致福於君。君田而不在，麗姬以酖爲酒，藥脯以毒。獻公田來，麗

姬曰：「世子已祠，故致福於君。」君將食，麗姬跪曰：「食自外來者，不可不試也。」覆酒於地而地賁，賁，沸起也。○女，音汝，下皆同。祠，自絲反。酖，直蔭反，以鴆鳥毛畫酒。跪，求委反。覆，芳服反。賁，扶粉反，注同。以脯與犬，犬死。麗姬下堂而啼，呼曰：「天乎！天乎！國，子之國也，子何遲於爲君？」君喟然歎曰：「吾與女未有過切，吾與女未有過差切急。○呼，火故反。喟，去愧反，又去怪反。差，初賣反，又如字。

【疏】未有過切。○釋曰：公信麗姬，謂大子實將殺已，故喟然歎曰：「吾與汝爲父子以來，未嘗有過差切急，是何與我之深也。」雖不對大子，發歎而爲此言也。

是何與我之深也？」使人謂世子曰：「爾其圖之。」世子之傅里克謂世子曰：「入自明。入自明則可以生，不入自明則不可以生。」世子曰：「吾君已老矣，已昏矣。吾若此而入自明，則麗姬必死，麗姬死則吾君不安。所以使吾君不安者，吾不若自死。吾寧自殺以安吾君，以重耳爲寄矣。」慮麗姬又譖重耳，故以託里克，使保全之。刎脰而死。○刎，亡粉反。脰，音豆，頸也。故里克所爲弒者，爲重耳也。夷吾曰：「是又將殺我也。」○秋七月。○冬，大雨雪。○雨，于付反。

十有一年春，晉殺其大夫丕鄭父。○丕，浦悲反。稱國以殺，罪累上也。

【疏】罪累上也。○釋曰：重發傳者，此里克同黨，恐異，故發之。

○夏，公及夫人姜氏會齊侯于陽穀。○秋，八

月大雩雩月正也雩得雨曰雩不得雨曰旱禮龍見而雩常祀不書書者皆以旱也故得雨則喜以月爲正也不得雨則書旱明旱災成何休曰公羊書雩者善人君應變求索不雩則言旱旱而不害物言不雨也就如穀梁設本不雩何以明之如以不雨明之設旱而不害物何以別乎鄭君釋之曰雩者夏祈穀實之禮也旱亦用焉得雨書雩明雩有益不得雨書旱明旱災成後得雨無及也國君而遭旱雖有不憂民事者何乃廢禮本不雩禱哉顧不能致精誠也旱而不害物固以久不雨別之文二年十三年自十有二月自正月不雨至于秋七月是也穀梁傳曰歷時而言不雨文不閔雨也以文不憂雨故不如僖時書不雨文所以不閔雨者素無志於民性退弱而不明又見時久不雨而無災耳○雩音于龍見賢徧反下同應變應對之應索所白反別彼列反下同禱丁老反又丁報反 疏 雩月正也○釋曰穀梁之例若常祀之雩則皆不書書者並是爲旱也若得雨則書雩不得雨則書旱就書之中若八月九月雩則書月以見正何者八月九月其時窮人力盡故也定元年九月大雩傳曰雩月雩之正也此秋八月雩傳曰雩月正也是雨者雩者書月以見正昭二十五年七月大雩亦書月者以一月再雩故月也餘月雩者則書時以見非正則成七年冬大雩傳曰雩不月而時非之也冬無爲雩也又定元年傳曰秋大雩非正也冬大雩非正也是餘月雩皆書時以見非正其旱則例皆時何者旱必歲窮非一月之事故也則僖二十一年夏大旱傳曰旱時正也宣七年秋大旱亦蒙例可知也舊解八月雩雖不得雨亦不云旱也若九月雩而不得雨則書旱傳言得雨曰雩指爲八月也不得雨曰旱指爲九月也觀經傳上下全無此意其說非也又僖二十一年夏大旱范引傳例曰得雨曰雩不得雨曰旱豈是九月雩不得雨何爲亦書旱也○注設本至災耳○釋曰何休難此傳云雩而得雨曰雩故言設使元本不雩則何以明之也此傳又云不得雨曰旱故又難云就如穀梁書旱則以不雨明之設使或旱而不害物則何以別之乎 ○冬楚人伐黄

十有二年春王正月庚午日有食之○夏楚人滅黄貫之盟管仲曰江黄遠齊而近楚楚爲利之國也若伐而不能救則無以宗諸侯矣宗諸侯謂諸侯宗之○貫古亂反遠于萬反近附近之近爲于僞反桓公不聽遂與之盟管仲死楚伐江滅黄桓公不能救故君子閔之也閔其貪慕伯者以致滅 疏 貫之至閔之也○釋曰案史記管仲之卒在桓公四十一年計桓公四十一年當魯僖十五年而此云管仲死者蓋不取之史記之說云閔之也者閔其背楚致禍歸齊無福之意是不解經也 ○秋七月○冬十有二月丁丑陳侯杵曰卒○杵昌呂反

十有三年春狄侵衛○夏四月葬陳宣公○公會齊侯宋公陳侯衛侯鄭伯許男曹伯于鹹鹹衞地○鹹音咸兵車之會也 疏 兵車之會也○釋曰何休於此有廢疾范不具載鄭釋者以數九會異於鄭故也 ○秋九月大雩○冬公子友如齊

十有四年春諸侯城緣陵緣陵杞邑 疏 注緣陵杞邑釋曰謂之城者封杞也不發非國之問者從楚丘之例也不言城杞及遷亦從彼例也公羊以爲杞國爲徐莒脅滅故諸侯爲之城左氏以爲淮夷病杞故齊桓爲之城二傳說城之所由雖殊皆是爲杞也故范注亦云緣陵杞邑其曰諸侯散辭也直曰諸侯無小大之序是各自欲城無總一之者非伯者所制故曰散辭聚而曰散何也據言諸侯城則是聚諸侯城有散辭也桓德衰矣言諸侯城則非伯者之爲可知也齊桓德衰所以散也何休曰案先是盟亦言諸侯非散也又穀梁美九年諸侯盟于葵丘即散何以美之邪鄭君釋之曰九年公會宰周公齊侯宋子衛侯鄭伯許男曹伯于葵丘九月戊辰盟于葵丘時諸侯初在會未有歸者故可以不序今此十三年夏公會齊侯宋公陳侯衛侯鄭伯許男曹伯于鹹而冬公子友如齊此聘也書聘則會固前已歸矣今云諸侯城緣陵而不序其人明其散桓德衰矣葵丘之事安得以難此○難乃旦反 ○夏

六月，季姬及繒子遇于防，使繒子來朝。遇例時此非所宜遇故謹而月之。繒在陵反朝直遥反下文及注同遇者同謀也。魯女無故遠會諸侯遂得淫通此亦事之不然左傳曰繒季姬來寧公怒之以繒子不朝遇于防而使來朝此近合人情。近如字又附近之近

〔疏〕遇者同謀也。釋曰傳例曰遇者志相得也今云同謀者以淫通與盟會異故發傳又云言使非正者婦人使夫異於君使世子故重發非正之例也

來朝者，來請已也。使來朝請已爲妻朝不言使，言使非正也，以病繒子也。○秋八月辛卯，沙鹿崩。沙鹿晉山

〔疏〕沙鹿崩。釋曰公羊以沙鹿爲河上之邑崩者陷入地中杜預注左氏以爲山名此傳以鹿爲山足是三傳說異也

林屬於山爲鹿。鹿山足。屬之玉反沙，山名也。無崩道而崩，故志之也。其日，重其變也。劉向曰鹿在山下平地臣象陰位也崩者散落背叛不事上之象。背音佩

〔疏〕其日重其變也。釋曰決梁山崩不日也梁山崩亦壅河不書壅河者舉山崩爲重故也

○狄侵鄭。○冬，蔡侯肹卒。○肹許乙反諸侯時卒，惡之也。○惡烏路反

〔疏〕時卒惡之也。釋曰麋信云蔡侯肹父哀侯爲楚所執肹不附中國而常事父讎故惡之而不書日也案蔡侯自僖以來未與中國爲會則麋信之言是也不書葬者或是失德或是魯不會也

十有五年春王正月，公如齊。○楚人伐徐。○三月，公會齊侯、宋公、陳侯、衛侯、鄭伯、許男、曹伯盟于牡丘。牡丘地名兵車之會也。遂次于匡。救徐也時楚人伐徐匡衛地遂，繼事也。次，止也，有畏也。畏楚

〔疏〕次止也有畏也。釋曰復發傳者前次于陘欲綏楚以德今而畏楚故別發之

○公孫敖帥師及諸侯之大夫救徐。諸侯既盟次匡背遣大夫將兵救徐故不復具列諸國。復扶又反善救徐也。

〔疏〕善救徐也。釋曰徐叛楚即齊旋爲楚所敗嫌救非善故發明之

○夏五月，日有食之。夜食

〔疏〕注夜食。釋曰莊公十八年傳云不言日不言朔夜食也是以知之

○秋七月，齊師、曹師伐厲。徐邈曰案齊桓末年用師及會皆危之而月也于時霸業已衰勤王之誠替于內震矜之容見於外禍釁既兆動接危理故月衆國之君雖有失道未足爲一世典衰齊桓威攝羣后政行天下其得失皆治亂所繫故春秋重而詳之錄所善而著所危云爾。見賢徧反釁許靳反衰本作喪息浪反治自吏反

〔疏〕注徐邈至云爾。釋曰何休以爲葵丘之會桓公震而矜之叛者九國此厲亦是叛者故伐之左氏以爲厲是楚屬國故伐厲以救徐今范載徐言云震矜之容見於外則與何休同也錄所善九年盟于葵上著日以極美是也著所危者此年書月以見衰是著所危

○八月，螽。○螽音終螽，蟲災也。甚則月，不甚則時。○九月，公至自會。莊二十七年傳曰相會不致安之也而此致者齊桓德衰故危而致之

〔疏〕甚則月。釋曰重發傳者嫌僖公憂民之重災不至於甚故明之也

○季姬歸于繒。○己卯晦，震夷伯之廟。夷謚伯字晦，冥也。震，雷也。夷伯，魯大夫也。因此以見天子至于士皆有廟。明夷伯之廟過制故因此以言禮。冥亡定反見賢徧反

〔疏〕晦冥至有廟。釋曰公羊以爲晦者爲晝日而晦冥震者雷也謂有雷擊夷伯之廟此傳亦云晦冥也震雷也則不得從左氏爲月晦與公羊同矣公羊又以爲夷伯者季氏之信臣故震其廟以戒之今此傳歷言天子以下廟數以爲過制故震之與公羊異左氏以爲夷伯有隱慝故天命霹靂之亦與穀梁不同也

天子七廟，祭法曰王立七廟曰考廟王考廟皇考廟顯考廟祖考廟有二祧遠廟稱祧。祧它堯反諸侯五，曰考廟王考廟皇考廟顯考廟祖考廟大夫三，曰考廟王考廟皇考廟士二。曰考廟王考廟故德厚者流光，德薄者流卑。雍曰德厚者位尊道隆者爵重故天子遠及七世士祭祖而已是以貴始，德之本也。始封必爲祖。若契爲殷祖棄

爲周祖○契息列反【疏】天子至爲祖○釋曰鄭據禮記說云夏五廟則殷六廟周七廟故王制云天子七廟三昭三穆與大祖之廟而七鄭注云此周制七者大祖廟及文武二祧與親廟四大祖謂后稷也殷則六廟契及湯與二昭二穆也夏則五廟無大祖禹與二昭二穆而已是其說也王制又云諸侯五廟二昭二穆與大祖而五鄭云大祖始封之君王者之後則不爲始封之君廟也又云大夫三廟一昭一穆與大祖之廟而三鄭云大祖別子始爵封者雖非別子始爵者亦然又云士一廟庶人祭于寢鄭云謂諸侯中士下士名曰官師者上士則二廟寢適寢也是禮與傳文合也唯祭法云大夫三廟曰考廟曰王考廟曰皇考廟與王制一昭一穆與大祖其意少異者鄭荅趙商祭法大夫三廟是周之制而王制大夫三廟言與大祖而三或當夏殷法不合於周禮也是解二者不同之意祭法又云適士二廟官師一廟而王制云士一廟者亦謂是中士下士者也若是上士亦當二廟故鄭注王制云士一廟者諸侯之中士下士名曰官師者也上士則二廟是也中士下士所以名爲官師者師長也言爲一官之長也祭法又云庶人無廟故王制亦云庶人祭寢是無廟也庶士者謂府史之屬也庶人者謂平民也以其賤故無廟也○德厚至流卑○釋曰光猶遠也卑猶近也天子德厚故遠及七廟士之德薄故近及二廟因其貴賤有倫故制爲等級也○是以制本也○釋曰始謂受封之君所以貴之者由是德之本也言有大德故受高位高位由之而來故始封之君必爲祖矣祖謂廟不毁也

○冬宋人伐曹○楚人敗徐于婁林婁林徐地○敗必邁反下相敗同夷狄相敗志也【疏】夷狄相敗志也○釋曰夷狄相敗書文不具今起禍亂之原謹兵車之始故傳言此以明之

○十有一月壬戌晉侯及秦伯戰于韓韓晉地獲晉侯獲者不與之辭諸侯非可相獲【疏】注獲者不與之辭○釋曰傳有明例注言之者嫌晉侯失衆與秦得獲故注顯之欲明亦不與秦獲也范別例云凡書獲有七謂莒挐一也晉侯二也華元三也蔡公子濕四也陳夏齧五也齊國書六也麟七也於晉侯著失民之咎於蔡公子濕彰公子之病華元表得衆之辭莒挐顯公子之給自餘雖不發從省文可知也韓之戰晉侯失民矣以其民未敗而君獲也

十有六年春王正月戊申朔隕石于宋五劉向曰石陰類也五陽數也象陰而陽行將致隊落○隕云敏反行下孟反下陰行同隊直類反【疏】注劉向至隊落○釋曰何休云石者陰德之專者也鷁者鳥中之耿介者皆有似宋襄公之行宋襄欲行霸事不納公子目夷之謀事事耿介自用卒以五年見執六年終敗如五石六鷁之數天之與人昭昭著明甚可畏也賈逵云石山岳之物齊大岳之胤而五石隕宋象齊桓卒而五公子作亂宋將得諸侯而治五公子之亂鷁退不成之象後六年霸業退也鷁水鳥陽中之陽象君臣之象闕也許愼異義載穀梁說云隕石於宋五象宋公德劣國小陰類也而欲行霸道是陰而欲陽行也其隕將拘執之象也是宋公欲以諸侯行天子道也六鷁退者鄭玄云六鷁俱飛得諸侯之象也其退示其德行不進以致敗也得諸侯是陽行也被執敗是陰行也是二說與劉向合耳其何休賈逵之言並是公羊左氏舊說非穀梁意也先隕而後石何也據莊七年星隕如雨先言星後言隕隕而後石也既隕後乃知是石于宋四竟之内曰宋後數散辭也耳治也隕石記聞也聞其磌然視之則石察之則五○竟音境治直吏反下目治同磌之人反又大年反聲響也【疏】于宋至治也○釋曰散辭也者對下聚辭也爲言此石散在宋四竟之内故後言其數以聚辭言之鷁則聚在宋都之上故先言其數以散辭言之又云耳治也者謂隕石先以耳聞故言先言隕鷁退先以目見故先言數是各以聞見先後爲次○注聞其磌然○釋曰范取公羊爲說彼傳云隕石記聞聞其磌然視之則石察之則五是也磌字說文玉篇字林等無其字學士多讀爲砰據公羊古本並爲磌字張揖讀爲磌是石聲之類不知出何書也

○是月六鷁退飛過宋都是月隕石之月劉向曰鷁陽也六陰數也象陽而陰行必衰退○鷁五歷反是月也決不日而月也欲著石日鷁月故言是月若不言是月則嫌與戊申同【疏】決不日而月也○釋曰傳言此者解經書是月之意言鷁退不日而月故云是月明與石隕異日也若然案桓十二年丙戌公會鄭伯盟于武父丙戌衛侯晉卒若下事得蒙上日何爲彼經重舉丙戌者彼公盟必須書日衛侯不正前見亦當書日經以衛侯不正而恐不得蒙上日故書二日以明之此石隕鷁退是記異之事恐蒙上日故言是月以別

之知下事得蒙上日者鬷且之卒得連日食之下叔弓之卒得與祭同日是經舉一日得苞兩日之驗也六鷁退飛過宋都先數聚辭也目治也六鷁退飛記見也視之則六察之則鷁徐而察之則退飛子曰石無知之物鷁微有知之物石無知故日之石無知而隕必天使之然故詳而日之鷁微有知之物故月之鷁或時自欲退飛耳是以略而月之君子之於物無所苟而已石鷁且猶盡其辭而況於人乎故五石六鷁之辭不設則王道不亢矣不遺微細故王道可舉○亢苦浪反民所聚曰都○三月壬申公子季友卒大夫日卒正也季友桓公之子【疏】大夫日卒正也○釋曰傳發之者益師明其有罪此則顯其得正故兩明之也稱公弟叔仲賢也大夫不言公子公孫

疏之也【疏】稱公弟叔仲賢也○釋曰傳因季友之賢發起其例也叔肸賢而稱弟季友不稱弟稱字賢可知也以兄先死故不得稱弟耳不言公子公孫疏之者謂仲遂嬰齊之等是也又公孫茲發日卒之傳者以其名而不字又非罪非賢故重發之仲遂非賢而稱字者彼既不字公子以疏之唯宣公嘉之而稱字無嫌是賢故也○夏四月丙申繒季姬卒○秋七月甲子公孫茲卒大夫日卒正也○冬十有二月公會齊侯宋公陳侯衛侯鄭伯許男邢侯曹伯于淮兵車之會也○淮音懷

十有七年春齊人徐人伐英氏○英於京反○夏滅項孰滅之桓公也何以不言桓公也據莊十年齊師滅譚稱齊師○項戶講反國名也齊滅之左氏以爲魯滅爲賢者諱也項國也不可滅而滅之乎桓公知項之可滅也知政昏亂易可滅○爲于僞反下爲之諱同而不知已之不可以滅也霸者存恤鄰國抑彊輔弱義不可滅人之國既滅人之國矣何賢乎君子惡惡疾其始絕其始則得不終於惡邵曰謂疾其初爲惡之事不終身疾之○惡惡並如字又烏路反善善樂其終樂賢者終其行也邵曰謂始有善事則終身善之○行下孟反【疏】君子至其終○釋曰言此者解爲齊桓諱滅項之意惡惡疾其始謂君子憎惡惡人則疾其初始何者欲使惡人不得終於惡故就其初始即貶疾之也善善樂其終謂君子善其善人樂使終其行也以樂終其行故雖有惡亦爲諱之或齊雖滅項亦不言齊滅也邵解二事並與范異君子惡惡疾其始者君子憎惡人有惡事唯疾其初始爲惡不終身疾也言有惡則疾之無惡則止也善善樂其終者君子嘉善人則欲終身善之見人一度有善則終身不忘故爲齊桓諱滅項也桓公嘗有存亡繼絕之功故君子爲之諱也邵曰存亡謂存

邢衛繼絕謂立僖公所以終其善○秋夫人姜氏會齊侯于卞卞魯地○卞皮彥反○九月公至自會桓會不致而今致會桓公德衰威信不著陳列兵車又以滅項往會既非踰年乃反故往還皆月以危之○冬十有二月乙亥齊侯小白卒此不正其日之何也據二十四年晉侯夷吾卒不書日其不正前見矣其不正之前見何也以不正入虛國故稱嫌焉爾莊九年齊小白入于齊貶不稱公子虛國謂齊無君傳例曰以國氏者嫌也○見賢徧反下同

十有八年春王正月宋公曹伯衛人邾人伐齊非伐喪也伐喪無道故謹而月之【疏】注故謹而月之○釋曰侵伐書月唯施於內今亦施之於外者齊桓以安危所繫故書月以表之宋襄欲繼齊桓之業故亦謹而月之○夏師救

齊魯師善救齊也〇五月戊寅宋師及齊師戰于甗甗齊地〇甗魚輦反又音言齊師敗績戰不言伐客不言及言及惡宋也何休曰戰言及者所以別客主直不直也故文十二年晉人秦人戰于河曲兩不直故不云及今宋言及明直在宋非所以惡宋也即言及爲惡是河曲之戰爲兩善乎又穀梁以河曲不言及略之也則自相反矣鄭君釋之曰及者別異客主耳不施於直與不直也直不直自在事而已義兵則客直宣十二年夏晉荀林父師及楚子戰於邲晉師敗績是也兵不義則主人直莊二十八年春衛人及齊人戰衛人敗績是也令齊桓卒未葬宋襄欲興霸事而伐喪於禮尤反故反其文以宋及齊即實以宋及齊明直在宋邲之戰直在楚不以楚及晉何邪秦晉戰於河曲不言及疾其亟戰爭舉兵故略其先後〇惡烏路反下同別彼列反下同邲蒲必反一音弼亟欺異反疏戰不至宋也〇釋曰春秋之例戰伐不並舉此上有伐文今又言戰是違常例也又伐人者爲客受伐者爲主此言及齊師是亦違常例也故傳釋之以爲惡宋也〇注何休至先後〇釋曰何休廢疾云此言及爲惡宋則文十

二年河曲之戰不言及爲兩善也故知言及者分別客主直與不直也鄭玄釋之曰言及者別異客主耳不施直與不直也故引宣十二年夏莊二十八年春以明之宣十二年邲之戰楚直晉曲經云荀林父及楚子莊二十八年衛直齊曲而云衛人及齊明直者在事而已不由稱及也穀梁邲戰竟不論楚直晉曲而鄭云直在楚者公羊意以爲邲戰是楚直故據之難何休

〇狄救齊善救齊也疏善救齊也〇釋曰楚與上文魯師救齊並爲善者此善狄能憂中國上文與魯昔與齊仇讎恐救之非善故並發善救之例也

〇秋八月丁亥葬齊桓公豎刁易牙爭權五公子爭立故危之〇刁音雕

〇冬邢人狄人伐衛狄其稱人何也善累而後進之累積伐衛所以救齊也何休曰即伐衛救齊當兩舉如伐楚救江矣又傳以爲江遠楚近故伐楚救江今狄亦近衛而遠齊其事一也義異何也鄭君釋之曰文三年冬晉陽處父帥師伐楚救江兩舉之者以晉未有救江文故明言之今此春宋公曹伯衛人邾人伐齊夏狄救齊冬邢人狄人伐衛爲其救齊可知故省文耳事同義又何異〇近衛如字又附近之近遠齊如字又于萬反爲其于僞反省所景反功近而德遠矣伐衛功近耳夷狄而憂中國其德遠也

監本春秋穀梁注疏僖公卷第八

新建縣知縣鄭祖琛
浮梁縣知縣劉丙　同栞

穀梁注疏卷八挍勘記　阮元撰盧宣旬摘錄

七年 僖公

省文以相包 閩監毛本同何校本包作苞

八年

是妾不爲夫口明矣 此本夫字下空缺閩監毛本作體

九年

是注所據之文也 閩本同監毛本作是據所注之文也誤

是於此矣 閩本同監毛本是作見是也

專水利以障谷 閩監毛本同釋文出以鄣

而繫之於君也 閩本同監毛本於作于

十年

狄滅溫 石經閩監本同毛本狄誤秋

吾若此而入自明 石經閩本同監毛本脫吾字明下衍明字

十有一年

善人君應變求索 閩監毛本同釋文出索也今本無也字葢所據本不同

固以久不雨別之 閩本同監毛本固作故是

則成七年冬大雩 閩本同監毛本則誤爾

十有二年

春王正月 閩監毛本同石經正作三

十有四年

決梁山崩不日也 閩本同監毛本決誤浹

十有五年

勤王之誠著于內 閩本同監毛本內誤初

大祖別子始爵封者 案鄭氏注原文無封字

十有六年

六鷁退飛過宋都 閩監毛本同石經鷁作鶂下五石六鷁同釋文出六鶂案十行本鷁字係剜補乃淺人妄改而仍有改之未盡者○案說文作鶃無鷁字

十有七年

桓公常有存亡繼絕之功 閩監毛本同石經無公字

十有八年

故不云及 閩監毛本同案釋文出故去起呂反在以別下于邿上今驗以別之下于邿之上無故去之文當是陸所據本此故不云及四字作故去及三字

穀梁注疏卷八挍勘記終

寧都李楨撽

監本春秋穀梁注疏僖公卷第九 起十九年盡三十三年

范甯集解　楊士勛疏

十有九年春王三月宋人執滕子嬰齊〔疏〕滕子嬰齊。釋曰傳法並不解稱名之意蓋卑賤之也○夏六月宋公曹人邾人盟于曹南曹南曹之南鄙繒子會盟于邾己酉邾人執繒子用之微國之君因邾以求與之盟與厠豫也。與音豫注及下文同〔疏〕會盟于邾。釋曰言會盟于邾者繒是微國欲因邾以求盟故云會盟也人因已以求與之盟已迎而執之惡之故謹而日之也用之者叩其鼻以衈社也衈者釁也取鼻血以釁祭社器。惡烏路反下惡其長同叩音口衈音二〔疏〕故謹至社也。釋曰此與昭公十一年冬十有一月丁酉楚師滅蔡執蔡世子友以歸用之皆惡其用人故不據國之大小同書日以見惡也叩其鼻者論語云以杖叩其脛則叩謂擊也○秋宋人圍曹○衛人伐邢○冬會陳人蔡人楚人鄭人盟于齊會無主名內卑者也四國稱人外卑者也杜預曰地於齊齊亦與盟○梁亡自亡也湎於酒淫於色心昏耳目塞上無正長之治大臣背叛民爲寇盜梁亡自亡也如加力役焉湎不足道也如使伐之而滅亡則淫湎不足記也使其自亡然後其惡明。湎面善反長丁丈反下及注同背音佩〔疏〕梁亡。釋曰左氏以爲秦滅梁惡其自取滅亡之故不以秦滅爲文公羊以爲魚爛而亡謂梁君隆刑峻法百姓逃叛而事等魚爛從中而去也此傳亦云大臣背叛民爲寇盜則同公羊梁國亦自亡也又如加力役焉湎不足道也則梁之土地必爲人所取蓋同左氏秦得之但據自滅爲文少異耳梁亡鄭棄其師我無加損焉正名而

已矣梁亡出惡正也正謂政教〔疏〕正名而已矣。釋曰仲尼脩春秋亦有改舊義以見褒貶者亦有因史成文以示善惡者其變之也不葬有三爲齊桓諱滅項之類是改舊也其梁以自滅爲文鄭棄其師之徒是因史之文也故傳云我無加損焉正名而已矣鄭棄其師惡其長也長謂高克

二十年春新作南門作爲也有加其度也更加使大言新有故也非作也責其改舊制南門者法門也法門謂天子諸侯皆南面而治法令之所出入故謂之法門○夏郜子來朝。郜古報反○五月己巳西宮災謂之新宮則近爲禰宮言閔公非僖公之父故不言新宮也○近附近之近禰乃禮反父廟也以謚言之則如疏之然故不言閔宮而云西宮以是爲閔宮也〔疏〕以是爲閔宮也。釋曰傳知之者以若是禰宮當言新宮若是疏祖之宮又須言謚此在親疏之間故知是閔宮也○鄭人入滑○秋齊人狄人盟于邢邢爲主焉爾邢小其爲主何也其爲主乎救齊十八年邢人狄人伐衛以救齊是也〔疏〕邢爲至救齊。釋曰盟會地于國都者國主雖與盟會未知即能爲主桓十四年公會鄭伯于曹曹不爲主是也而傳云邢爲主焉爾又辨其大小者傳以十八年邢人狄人伐衛以救齊今又盟于邢故知爲主也又云邢小者以邢雖是小國爲主能救齊故歸功于邢不謂盟國都者例能爲主耳○冬楚人伐隨隨國也〔疏〕隨國也。釋曰案世本隨是國名經又言伐知非邑也

二十有一年春狄侵衛○宋人齊人楚人盟于鹿上宋爲盟主故序齊上鹿上宋地○夏大旱傳例曰得雨曰雩不得雨曰旱旱時正也〔疏〕旱時正也。釋曰旱必歷時非一月之事故書時爲正也○秋宋公楚

子陳侯蔡侯鄭伯許男曹伯會于雩雩宋地雩或爲字執宋公以伐宋以重辭也傳例曰以者不以者也此傳及定七年齊人執衛行人北宮結以侵衛傳皆曰以重辭也然則以有二義矣國之所重故曰重辭。疏以重辭也。釋曰桓十四年宋人以齊人蔡人云云伐鄭傳曰以者不以者也今傳云以重辭也何知非是一事而重不可以范注云以有二義者范以執宋公及執衛結皆是國之所重而傳云以重辭也其微人從伐者即云以者不以者也明二者意異故云以有二義〇冬公伐邾〇楚人使宜申來獻捷楚稱人者爲執宋公貶。捷在接反爲于僞反疏注楚稱至公貶。釋曰知爲執宋公貶者以稱使知是楚子使之國君而稱人明爲執宋公貶也捷軍得也其不曰宋捷何也捷莊三十一年齊侯來獻戎捷疏注據至戎捷。釋曰役傳云戎菽也則與此宋捷絕不相當而范引之者彼雖以戎爲菽終是伐得之故范引爲證也不與楚捷於宋也不以夷狄捷中國〇十有二月癸丑公會諸侯盟于薄會雩之諸侯會者外爲主焉爾釋宋公外釋不志此其志何也以公之與之盟目之也不言楚不與楚專釋也何休曰春秋以執之爲罪不以釋之爲罪責楚子專釋非其理也公羊以爲公會諸侯釋之故不復出楚耳鄭君釋之曰不與楚專釋者非以責之也傳云外釋不志此其志何也以公之與之盟目之也言公與諸侯盟而釋宋公公有功焉與公羊義無違錯。復扶又反疏會者外爲主焉爾。釋曰重發之者以釋者是公嫌會非是外爲主故發例以明之二十二年春公伐邾取須句。句其俱反〇夏宋公衛侯許男滕子伐鄭〇秋八月丁未及邾人戰于升陘升陘魯地內諱敗舉其可道者也不言其人以吾敗也不言及之者爲內諱也。爲于僞反

疏不言至諱也。釋曰不言其人以吾敗也謂不言邾之主名也不言及者爲內諱也謂不言魯之主名也與桓十七年解異者觀經爲說不可執文也〇冬十有一月己巳朔宋公及楚人戰于泓。泓烏宏反宋師敗績日事遇朔曰朔春秋三十有四戰未有以尊敗乎卑以師敗乎人者也以尊敗乎卑以師敗乎人則驕其敵襄公以師敗乎人而不驕其敵何也責之也泓之戰以爲復雩之恥也前年宋公爲楚所執雩之恥宋襄公有以自取之伐齊之喪執滕子圍曹爲雩之會不顧其力之不足而致楚成王成王怒而執之故曰禮人而不荅則反其敬愛人而不親則反其仁治人而不治則反其知過而不改又之又復。知音智又如字復扶又反是謂之過襄公之謂也古者被甲嬰胄非以興國也則以征無道也豈曰以報其恥哉宋公與楚人戰于泓水之上司馬子反曰楚衆我少鼓險而擊之勝無幸焉若要而擊之必可破非僥倖也。被皮既反胄而救反司馬子反左傳作子魚要於遥反僥古堯反倖音幸疏司馬子反。釋曰糜信云子反當爲子夷未審范意然不。勝無幸。釋曰以小敵大恐其不若克之不名徼幸也襄公曰君子不推人危不攻人厄須其出須其出險。推如字又它回反既出旌亂於上陳亂於下子反曰楚衆我少擊之勝無幸焉襄公

曰不鼓不成列列陳。○陳直覲反須其成列而後擊之則衆敗而身傷焉七月而死何休曰即宋公身傷當言公不當言師成十六年楚子敗績是也又成十六年傳曰不言師君重于師也即成十六年是二十二年盧言也即二十二年是十六年非也鄭君釋之曰傳說楚子敗績曰四體偏斷此則月也此言君之目與手足有破斷者乃爲敗矣今宋襄公身傷耳當持鼓軍事無所害而師猶敗故不言宋公敗績也傳所以言敗衆敗身傷焉者疾其信而不道以取大辱疏七月而死○釋曰此云七月而死則是身傷不云宋公敗績者鄭玄云弃四體偏斷又非傷目故依當倒稱師也倍則攻敵則戰少則守人之所以爲人者言也人而不能言何以爲人言之所以爲言也信也言而不信何以爲言信之所以爲信者道也信而不道何以爲道道之貴者時其行勢也凱曰道有時事有勢何貴於道貴合於時何貴於時貴順於勢宋公守匹夫之狷介徒蒙恥於夷狄焉識大通之方至道之術哉○攻如字又音貢守如字又手又反狷音絹介音界焉於虔反疏焉識至術哉○釋曰老子至道之人猶曰以政治國以奇用兵今宋襄國弱於楚而行敵戰之禮故傳譏其師敗身傷注謂之不識至道之術也

二十有三年春齊侯伐宋圍閔伐國不言圍邑此其言圍何也不正其以惡報惡也前十八年宋伐齊之喪是惡也今齊乘勝而報是以惡報惡也○閔左氏作緡二十五年楚圍亦同○夏五月庚寅宋公茲父卒桓公之子襄公茲父之不葬何也失民也其失民何也以其不教民戰則是棄其師也爲人君而棄其師其民孰以爲君哉何休曰所謂教民戰者習之也春秋貴偏戰而惡詐戰宋襄公所以敗于泓者守禮偏戰也非不教其民也孔子曰君子去仁惡乎成名造次必於是顚沛必於是未有守正以敗而惡之也公羊以爲不書葬爲襄公諱背殯出會所以美其有承齊桓尊周室之美志鄭君釋之曰教民習戰而不用是亦不教也詐戰謂不期也既期矣當觀敵爲策倍則攻敵則戰少則守今宋襄公于泓之戰違之又不用其臣之謀而敗故徒善不用賢良不足以興霸主之功徒言不知權譎之謀不足以交鄰國會遠疆故易譏鼎折足詩刺不用良此說善也○而惡烏路反下而惡同惡乎音烏造七報反沛音貝爲襄于僞反背音佩譎音決折之設反刺七賜反疏何休至善也○釋曰何休曰春秋貴偏戰者謂各守一偏而戰也鄭玄云易譏鼎折足詩刺不用良者鼎折足是鼎卦九四爻辭彼云鼎折足覆公餗其形渥凶王弼云處上體之下而又應初既承且施非已所堪若鼎足小細而任重故折足也鼎足既折則覆餗矣餗謂鼎之實實覆則沾渥其形以喻不勝其任身被戮辱故凶也此襄公是其事也故曰鼎折足也初已出否至四所盛則已潔矣故曰覆公餗也渥沾濡之貌也既覆公餗體爲渥沾智小謀大不堪其任受其至辱災及其身故曰其形渥凶也鼎卦巽下離上☲馬融云餗謂糜也詩刺不用良者謂鄭忽不能與賢人圖事以至死亡故詩作狡童揚之水二篇刺之故詩序云云狡童刺忽也不能與賢人圖事權臣擅

命也揚之水閔無臣也君子閔忽之無忠臣良士終以死亡而作是詩也○秋楚人伐陳○冬十有一月杞子卒莊二十七年稱伯今稱子蓋爲時王所黜

二十有四年春王正月○夏狄伐鄭○秋七月○冬天王出居于鄭襄王也天子以天下爲家故所在稱居天子無出出失天下也王者無外言出則有外之辭江熙曰天子必巡守然後行故河陽之守全天王之行也平王東遷其詩不能復雅而列爲國風襄王奔鄭不得全天王之行則與諸侯不異故書出也夫子祖述堯舜憲章文武斯文是作不以道假人傳言失天下闕然如有未備○巡守手又反下同之行如字或下孟反下同復雅扶又反疏注夫子至未備○釋曰舊解江熙此言明夫子之脩春秋雖憲章前代亦不可全與前代齊錄故云夫子祖述堯舜憲章文武言堯舜有巡守之禮文武有省方之志故仲尼因襄王之守全天子之行是亦祖述憲章也斯文是作不以道假人者謂若全天子之行憲章前代是不以道假借人也但襄王與諸侯不異不可復全天子之行故書

出以表之也明夫子雖欲尊王者同之先伐以周德闕然未備不可同之故遂以此道借人也或以爲夫子所以書王出者祖述堯舜憲章文武斯文是作不以道借人王德既闕不可復全其行故書出以表其失天下也居者居其所也雖失天下莫敢有也邵曰雖實出奔而王者無外王之所居則成王畿鄭不敢有之以爲國○晉侯夷吾卒傳曰諸侯時卒惡之出不葬篡文公而立失德○惡烏路反篡初患反

二十五年春王正月丙午衛侯燬滅邢燬之名何也據宣十二年楚子滅蕭不名○燬況委反不正其伐本而滅同姓也絶先祖支體尤重故名以甚之【疏】不正至姓也○釋曰衛與邢同姬姓今衛滅邢則是絶先祖支體故謂之伐本也○夏四月癸酉衛侯燬卒○宋蕩伯姬來逆婦伯姬魯女爲宋大夫蕩氏妻也自爲其子來迎婦○自爲○爲人下爲且同

婦人既嫁不踰竟宋蕩伯姬來逆婦非正也其曰婦何也緣姑言之之辭也【疏】不踰竟○釋曰復發傳者嫌爲求婦爲禮故發之○宋殺其大夫其不稱名姓以其在祖之位尊之也何休曰曹殺其大夫亦不稱名姓豈可復以爲祖乎鄭君釋之曰宋之大夫盡名姓禮公族有罪刑于甸師氏不與國人慮兄弟也所以尊異之孔子之祖孔父累於宋殤公而死今骨肉在其位而見殺故尊之隱而不忍稱名氏若罪大者名之而已使若異姓然此乃祖之疏也曹殺其大夫自以無大夫不稱名氏耳春秋辭同事異者甚多隱去即位以見讓莊去即位爲繼弒是復可以比例非之乎○復以扶又反下是復同甸徒徧反累方僞反去起呂反下同以見賢徧反爲繼于僞反又如字【疏】注祖之疏○釋曰異姓稱名疏而詳己同姓不名親而略之若名氏具備而見其疏則見異姓同非尊祖之事故曰疏之也古本或作禮之疏者言同姓與異姓不別則於禮法爲疏也理亦通耳以本不定故兩解之○秋楚人圍陳納頓子于頓納者內弗受也圍一事也納一事也而遂言之怪其異事而辭相連有似遂事之辭蓋納頓子者陳也圍陳使納頓子【疏】蓋納頓子者陳也○釋曰案癈疾云休以爲即陳納之當舉陳何以不言陳鄭君釋之曰納頓子固宜爲楚也穀梁子見經云楚人圍陳納頓子于頓有似晉陽處父伐楚救江之文故云蓋陳也是鄭意亦同范說圍陳使納頓子也○葬衛文公○冬十有二月癸亥公會衛子莒慶盟于洮衛稱子在喪洮魯地莒無大夫其曰莒慶何也以公之會目之也小國無大夫以公與會故進之時有衛子則無敵公之嫌○與會如字一音預

二十有六年春王正月己未公會莒子衛甯速盟于向向莒地○向舒亮反公不會大夫其曰甯速何也以其隨莒子可以言會也○齊人侵我

西鄙公追齊師至嶲弗及人微者也侵淺事也公之追之非正也至嶲急辭也以急辭言之明不至嶲○嶲音攜又似兖反【疏】人微至辭也○釋曰文承追齊師之下即云至嶲是急辭也據文與公追戎于濟西異也案莊十八年公追戎于濟西傳稱不使戎邇於我也今舉齊侵是以難近國而亦云大之也者彼以戎有徒衆故大公所追此以公之不及故亦言大之也然彼不言戎之伐我此云齊人侵我者彼是戎狄不使之近我似若望風退走然此齊是中國侵又淺事故舉之以見公追非正也弗及者弗與也可以弗與戰也及而不敢及也畏齊師其侵也曰人其追也曰師以公之弗及大之也大之謂變人言師弗及內辭也弗及者若曰我自不及耳非齊不可及○夏齊人伐我北鄙○衛人伐齊○公子遂如楚乞師乞重辭也雍曰人道施而不有

讓而不取故以乞爲重。施舒豉反【疏】乞重辭也○釋曰此是乞師之始故發傳以明之何重焉重人之死也非所乞也師出不必反戰不必勝故重之也○秋楚人滅夔以夔子歸夔國也不日微國也以歸猶愈乎執也【疏】夔國至執也釋曰滅國有三術中國日卑國月夷狄時此是夷以之微國故從時例而傳言微國也以明之也案戎伐凡伯以歸不言執者尊天子之使不與夷狄之執今夷狄自相執經言以歸傳云猶愈乎執也者彼尊凡伯使一人當一國故變執言以歸諸侯相執以歸者例不得言執故傳云以歸猶愈乎執也明經止得言以歸○冬楚人伐宋圍閔伐國不言圍邑此其言圍何也以吾用其師目其事也非道用師也楚人出師爲魯伐齊而中道以伐宋故伐圍兼書所以責楚○爲于僞反中如字又丁仲反【疏】目其至師也○釋曰傳解經并言圍伐之意也言楚人爲

我伐齊而中道更伐宋故兼圍伐目其事所以責楚中道用師非訓爲責也公以楚師伐齊取穀以者不以者也民者君之本也使民以其死非其正也雍曰兵不祥之器不得已而用之安有驅民於死地以共假借之役乎○共音恭本又作供假借音嫁又古雅反下子夜反又子亦反【疏】以者不以者也○釋曰重發傳者彼據外此據內故重詳之公至自伐齊惡事不致此其致之何也危之也以蠻夷之師伐鄰近大國招禍深怨危亡之道【疏】惡至至危之也○釋曰莊六年秋公至自伐衛傳曰惡事不致此其致何也不致則無用見公惡事之成也與此文不同者互文以起義其實不異彼明惡事之成此亦明之此云危之也則彼亦危之可知也

二十有七年春杞子來朝○朝直遥反○夏六月庚寅齊侯昭卒○昭或作照非○秋八月乙未葬齊孝公○乙巳公子遂帥師入杞○冬楚人陳侯蔡侯鄭伯許男圍宋楚人者楚子也其曰人何也人楚子所以人諸侯也其人諸侯何也不正其信夷狄而伐中國也何休曰東元年楚子陳侯隨侯許男圍蔡不稱人明不以此故也鄭君釋之曰時晉文爲賢伯故譏諸侯不從而信夷狄也哀元年時無賢伯又何據而當貶之邪甯謂定哀之世楚彊盛故諸侯不得不從耳江熙曰夫屈信理對言信必有屈也宋楚戰于泓宋以信義而敗未有闕也楚復圍之我三人行必有我師諸侯不能以義相帥反信楚之曲屈宋之直是義所不取信曲屈直猶不可況乃華夷乎楚以亡義見貶則諸侯之不從不待貶而見也然則四國信楚而屈宋春秋屈其信而信其屈貶楚子于兵首則彼碌碌者以斯見矣故曰人楚子所以人諸侯○信音申【疏】注甯謂至諸侯○釋曰鄭云無賢伯范言楚盛者二者相接也爲當時無賢伯楚又彊盛故諸侯不得不從也案泓之戰穀梁意譏宋公江熙云宋以信義而敗未有闕者據

宋不能量敵彊弱致師敗身傷故譏之其於信義實未有所闕而楚復圍之故貶楚子也公羊以爲稱公者爲執宋公貶故終僖之篇貶之杜預解云楚以微者告並與穀梁異也○十有二月甲辰公會諸侯盟于宋地以宋者則宋得與盟宋圍解可知○與音豫【疏】注地以至可知○釋曰左氏之意公會諸侯盟于宋宋不與盟何休與范皆云地以宋則宋得與盟二傳以無晉救宋之文故與左氏異也

二十有八年春晉侯侵曹晉侯伐衛再稱晉侯忌也鄭嗣曰曹衛並有宿怨于晉君子不念舊惡故再稱晉侯以刺之○刺七賜反下文及注同○公子買戍衛不卒戍刺之刺殺也內諱殺大夫故謂之刺蓋取周禮三刺之法先名後刺殺有罪也公子啟曰不卒戍者可以卒也可以卒而不卒譏在公子也刺之可也公子啟魯大夫【疏】公子啟曰○釋曰舊解云子啟即公子偃啟書日者啟無罪今買書時者是買

有罪也今槪上下文勢理恐不然何者此傳上云先名後刺下文云不卒戍者可卒也本非釋時日之意何爲公子啟一句獨論日月之事若以穀梁專釋經不論人語之事何爲襄二十三年傳云蘧伯玉曰不以道事其君者其出乎豈得謂蘧伯玉曰又不是人言也故知舊說非耳○楚人救衛○三月丙午晉侯入曹執曹伯畀宋人入者內弗受也日入惡入者也以晉侯而斥執曹伯惡晉侯也惡其忌怨深○畀必利反與也下及注同惡烏路反下文及注同〔疏〕入者內弗受也○釋曰前已有傳重發之者以晉文初霸嫌得入中國故發傳以明之畀與也其曰人何也不以晉侯畀宋公也畀上與下之辭故不以侯畀公哀四年夏晉人執戎蠻子赤歸于楚使楚子治其罪今執曹伯不言歸于宋而言與宋人者是使宋公拘執之○夏四月己巳晉侯齊師宋師秦師及楚人戰于城濮楚師敗績○

楚殺其大夫得臣○衛侯出奔楚○五月癸丑公會晉侯齊侯宋公蔡侯鄭伯衛子莒子盟于踐土衛稱子者時衛侯出奔國更立君非王命所加未成君故曰子踐土鄭也諱會天王也實會天王而文不言天王若諸侯自共盟然是諱之也所謂譎而不正陳侯如會如會外乎會也於會受命也外乎會不及序也受命于會故書如會○公朝于王所朝不言所言所者非其所也非京師朝〔疏〕朝不言所○釋曰公如京師亦不言朝直失不言所者如即是內朝之常文故直解不言所而已如既是常文此言朝者以其非京師故以違例言之○六月衛侯鄭自楚復歸于衛自楚楚有奉焉爾復者復中國也中國猶國中也〔疏〕楚有奉焉爾○釋曰發傳者自楚嫌與中國異也歸者歸其所也

鄭之名失國也〔疏〕鄭之名失國也○釋曰重起失國之例者以鄭非大罪故出奔不名惡其藉楚之力故入名以表失國嫌出入異故傳發之○衛元咺出奔晉○陳侯款卒○秋杞伯姬來莊公女來歸寧也○公子遂如齊聘○冬公會晉侯宋公蔡侯鄭伯陳子莒子邾子秦人于溫陳稱子在喪也諱會天王也復致天子○復扶又反○天王守于河陽河陽晉地○守音狩下同全天王之行也時實晉文公召王以臣召君不可以訓因天子有巡守之禮故以自行爲文○行如字或下孟反爲若將守而遇諸侯之朝也爲天王諱也水北爲陽山南爲陽溫河陽也日之所昭曰陽○爲天王于僞反壬申公朝於王所朝於廟禮也於外非禮也諸侯朝王王必於宗

廟受之者盖欲尊祖禰共其榮獨公朝與諸侯盡朝也其日以其再致天子故謹而日之主善以內目惡以外主善以內謂公朝于王所目惡以外言再致天子○朝與音餘言曰公朝逆辭也而尊天子鄭嗣曰若公朝于廟則當言公如京師而全言公朝是逆常之辭雖逆常而曰公朝王所是尊天子〔疏〕而尊天子○釋曰公若朝於廟當云如也今逆常故言朝也朝雖逆常之辭言公朝於王所仍是敬王室之事故云而尊天子會于溫言小諸侯溫河北地以河陽言之大天子也溫河陽同耳小諸侯故以一邑言之尊天子故以廣大言之○日繫於月月繫於時壬申公朝于王所其不月失其所繫也以爲晉文公之行事爲已傎矣以爲召君傎倒上下日不繫于月猶諸侯不宗于天子○傎都田反倒丁老反○晉人執

衛侯歸之于京師此入而執其不言入何也不外王命於衛也入者自外來伯者以王命討衛衛王之士故曰不外王命歸之于京師緩辭也斷在京師也辭間容之故言緩○斷丁亂反疏緩辭也○釋曰據成十五年晉侯執曹伯歸于京師不言之○衛元咺自晉復歸于衛自晉晉有奉焉爾復者復中國也歸者歸其所也疏晉有奉焉爾○釋曰又發傳者嫌霸者與凡諸侯異○諸侯遂圍許會溫諸侯許比再會不至故共圍之遂繼事也繼事會于溫而圍許○曹伯襄復歸于曹三月爲晉侯所執今方歸復者復中國也天子免之因與之會其曰復通王命也免之于宋身未反國因會于許即從反國之辭通王命遂會諸侯圍許遂繼事也

二十有九年春介葛盧來介國也葛盧微國之君未爵者也其曰來卑也○介音界國名疏其曰來卑也○釋曰據莊五年郳犂來來朝亦未得爵命而稱朝此謂卑賤之故有言來矣襄十八年白狄來注云不言朝者不能行朝禮是也○公至自圍許○夏六月公會王人晉人宋人齊人陳人蔡人秦人盟于翟泉翟泉某地疏公會至翟泉○釋曰左氏以爲王人者王子虎爲下盟列國晉人云云者狐偃等爲上敵公侯皆貶之稱人何休注公羊云晉文德衰故微者往會今穀梁既無傳注或如何說王人以下皆是微也○秋大雨雹雹者陰脅陽臣侵君之象陽氣之在水雨則溫熱陰氣薄而脅之不相入轉而成雹○雨于付反雹蒲學反○冬介葛盧來

三十年春王正月○夏狄侵齊○秋衛殺其大夫元咺稱國以殺罪累上也以是爲訟君也元咺訟君之罪于伯者君忌之使人殺之而後入案宜九年陳殺其大夫泄冶傳曰稱國以殺其大夫殺無罪也此傳曰稱國以殺罪累上也凡稱國以殺大夫或殺無罪或罪累上參互不同略當近半然則稱國以殺有二義泄冶忠賢而君殺之是君無道也衛侯雖有不德臣無訟君之道元咺之罪亦已重矣然君子之道譬之于射失諸正鵠反求諸身衛侯不思致訟之愆躬自厚之義過而不改而又怨忌上下皆失故曰罪累上○累劣僞反泄息列反冶音也近半附近之近正音征鵠古毒反愆起虔反疏以是爲訟君也○釋曰元咺訟君則是臣之罪復言累上者以上下俱失嫌衛侯無罪故加累上之文也衛侯得書復歸者復歸非全善之辭衛侯旣委罪元咺故得復歸之稱○注有二義釋曰言有二義者謂傳言殺無罪也即是罪全在君傳云罪累上也即上下俱失故云有二義衛侯在外其以累上之辭言之何也待其殺而後入也及公子瑕公子瑕累也以尊及卑也○衛

侯鄭歸于衛徐邈曰凡出奔歸月執歸不月者齊則國更立主若故君還入必有戰爭禍害所以謹其文執者罪名未定其國猶追奉之歸無犯害故例不月○戰爭爭鬭之爭○晉人秦人圍鄭○介人侵蕭○冬天王使宰周公來聘天子之宰通於四海疏天子至四海○釋曰復發傳者葵丘會也此則聘也嫌異故重發之○公子遂如京師遂如晉以尊遂乎卑此言不敢叛京師也何休曰大夫無遂事案宜十二年季孫宿救台遂入鄆惡季孫不受命而入也如公子遂受命如晉不當言遂鄭君釋之曰遂固受命如京師如晉不專受命如周經近上言天王使宰周公來聘故公子遂報焉因聘于晉尊周不敢使並命使若公子遂自往焉即云公子遂如京師如晉是同周于諸侯叛而不尊天子也公羊傳有美惡不嫌同辭何獨不廣之於此乎甯謂經同而傳異者甚衆此吾徒所以不及古人也○台土來反又音臺鄆音運惡季孫烏路反美惡烏路反又如字疏遂乎卑○釋曰傳言此者遂是繼事之辭以辭有善

惡故傳分明別之也

三十有一年春，取濟西田。晉田 〇公子遂如晉。〇夏四月，四卜郊，謂之郊者，天人相與交接之意也。不言郊天者，不敢斥尊也。昔武王既崩，成王幼少，周公居攝，行天子事，制禮作樂，終致太平。周公薨，成王以王禮葬之，命魯使郊，以彰周公之德。祭蒼帝靈威仰，昊天上帝魯不祭。○少詩照反，大音泰。【疏】注謂之至不祭○釋曰：范惟言天人相與交接，故謂之郊，字既從郊，或當亦在南郊就陽位而祭也。昔武王既崩云云，尚書有其事。制禮作樂云云者，禮記文。祭蒼帝靈威仰，昊天上帝魯不祭者，是鄭玄之說。鄭以春秋說元命包云紫微爲大帝，大微爲天庭，五帝合明。又文耀鉤云蒼帝春受制，其名靈威仰；赤帝夏受制，其名赤熛怒；黃帝受制王四季，其名含樞紐；白帝秋受制，其名白招炬；黑帝冬受制，其名汁光紀。是紫微宫者五方帝。故鄭以周與魯夏正郊天者，祭青帝靈威仰之帝；冬至祭天於圓丘者，祭天皇大帝，魯不得祭之。故范亦同之耳。然三王之郊一用夏正，魯不然者，以天子得冬至祭天皇大帝，故郊所感之帝皆以夏正爲之，魯不得冬至祭天，故博卜三正。從周正月至於三月，皆是郊之時也。月各一卜，故云三卜禮也；四月非時，故云四卜非禮也。左氏以爲禮不卜常祀，郊既魯之常祀，故一卜亦爲非禮。公羊以爲天子不卜郊，魯郊非常禮，故卜之。求吉之道不過三，故三卜禮也，四卜非禮也。是三傳各異。其用牲也，何休以爲郊天牛角繭栗，三望之牛角尺，其文出於稽命徵。其祀也，郊祭則焚燎，山則升，水則沉。猶三望，公羊以爲三望泰山、河、海；賈逵、杜預之徒注左氏者，皆以爲分野星、國中山川。今范同鄭玄之說，取禹貢之文，以爲淮、海、岱也。不從，乃免牲，猶三望。鄭君曰：望者，祭山川之名也，謂海也、岱也、淮也。非其疆界則不祭。禹貢曰：海岱及淮惟徐州。徐，魯地。夏四月，不時也。郊，春事也。四卜，非禮也。郊，春事，四卜則入夏。免牲者，爲之緇衣熏裳，有司玄端奉送至于南郊。免牛亦然。玄端，黑衣，接神之道。玄熏者，天地之色也。南郊，天位，歸之于陽也。全曰牲，傷曰牛。牛有變而不郊，故卜免牛。○熏許云反。【疏】注全曰至免牛○釋曰：哀元年傳文也。乃者，亡乎人之辭也。亡乎人，若曰無賢人也。凱曰：其猶易稱闚其戶，闃其無人；詩云巷無居人。譏僖公不共致天變。○闃苦鵙反。共音恭，本亦作恭。猶者，可以已之辭也。望，郊之細也。不郊，無望可也。已，止也。〇秋七月。〇冬，杞伯姬來求婦。婦人既嫁不踰竟，杞伯姬來求婦，非正也。【疏】求婦非正也○釋曰：重發傳者，嫌國君之妻異，故明之。〇狄圍衛。〇十有二月，衛遷于帝丘。帝丘，衛地。

三十有二年春，王正月。〇夏四月己丑，鄭伯捷卒。捷，在接反。〇衛人侵狄。〇秋，衛人及狄盟。〇冬十有二月己卯，晉侯重耳卒。晉自莊公已前不書于春秋，又不言文公之入及鄭忽之殺，何乎？徐邈通之曰：案詩序及紀年、史記，晉昭公之後大亂五世，又鄭忽之後有子亹、子儀，且事出記傳而經所無，殊多。誠當有不告故不書者。諸侯有朝聘之禮、赴告之命，所以敦其交好，通其憂虞。若鄰國相望而情志否隔，存亡禍福不以相關，則它國之史無由得書。故告命之事絕，則記注之文闕。此蓋內外相與之常也。魯政雖陵遲，而典刑猶存，史策所錄，不失常法，其文獻之實足徵。故孔子因而脩之，事仍本史，而辭有損益，所以成詳略之例，起褒貶之意。若夫可以寄微旨而通王道者，存乎精義窮理，不在記事少多。此蓋脩春秋之本旨，師資辯說日用之常義，故穀梁子可不復發文，而體例自舉矣。○重直龍反。亹亡匪反。朝聘直遥反。好呼報反。否備矣反。注張住反。不復扶又反。【疏】注師資辯說○釋曰：師者教人以不及，故謂師爲師資也。日用者，易繫辭文也。

三十有三年春，王二月，秦人入滑。滑，國也。〇齊侯使國歸父來聘。〇夏四月辛巳，晉人及姜戎敗秦師于殽。不言戰而言敗，何也？狄秦也。其狄之何也？秦越千里之險入虛國。滑無備，故言虛國。○殽戶交反。進不能守，退敗其師徒，亂人子女之教無男女之別秦之爲狄自殽之戰始也明秦本非夷狄〇別彼列反【疏】進不至始也〇釋曰舊解進不能守謂入滑而去退敗其師謂敗於殽也亂人子女謂入滑之時縱暴亂也本或別進字者秦伯將襲鄭百里子與蹇叔子諫曰千里而襲人未有不亡者也秦伯曰子之冢木已拱矣何知子之輩皆已老死矣拱合抱也言其老無知〇百里子如字或作伯誤也蹇紀輦反拱九勇反合手曰拱師行百里子與蹇叔子送其子而戒之曰女死必於殽之巖唫之下其處險隘一人可以要百人〇女音汝下及注同唫本作崟音吟一音欽處昌慮反隘於懈反要百於遥反下文要而擊之同我將尸女於是尸女者收女尸師行百里子與蹇叔子隨其子而哭之秦伯怒曰何爲哭吾師也二子曰非敢哭師也哭吾子也我老矣彼不死則我死矣畏秦伯怒故云彼我要有死者晉人與姜戎要而擊之殽匹馬倚輪無反者倚輪一隻之輪〇倚居宜反或於綺反晉人者晉子也其曰人何也微之也何爲微之不正其釋殯而主乎戰也〇癸巳葬晉文公曰葬危不得葬也〇狄侵齊〇公伐邾取訾樓〇訾子斯反〇秋公子遂帥師伐邾〇晉人敗狄于箕箕晉地〇冬十月公如齊十有二月公至自齊〇乙巳公薨于小寢小寢內寢小寢非正也非路寢【疏】小寢非正也〇釋曰傳發此例者以隱公不地桓公非正今僖公雖卒而沒於婦人之手故發傳以惡之也〇隕霜不殺草京房易傳曰君假與臣權隕霜不殺草〇隕云敏反未可殺而殺舉重也可殺而不殺舉輕也重謂菽也輕謂草也輕者不死則重者不死可知〇李梅實京房易傳曰從叛者茲謂不明厥妖木冬實實之爲言猶實也實子〇晉人陳人鄭人伐許

監本春秋穀梁注疏僖公卷第九

新建縣知縣鄭祖琛
浮梁縣知縣劉丙　同栞

穀梁注疏卷九挍勘記　　阮元撰盧宣旬摘錄

二十年　僖公

故不言閔宮而云西宮　閩監本同毛本上宮誤公

二十有一年

役傳云戎菽也　閩監毛本役作彼是也

二十有二年　此本閩監毛本脫有字石經作廿有二年

春秋三十有四戰　閩監毛本同石經三十作卅刓滅○按段玉裁云說文十部曰廿二十并也古文省卅三十并也古文省按廿讀如入卅讀如颯秦刻石文多如是并爲一字則不得讀爲兩字

旝亂於上　石經閩本同監毛本脫亂字

二十有三年

桓公之子襄公　閩本同監毛本脫此注

茲父之不葬　閩本同監毛本脫茲父之三字案閩監毛本前條桓公上例有注字此茲父上例有傳字計共脫十一字

二十有五年　此本閩監毛本脫有字石經作廿有五年

爲宋大夫蕩氏妻也　閩毛本同監本妻誤妾不成字

以其在祖之位　漢書梅福傳引無之字

是復可以比例非之乎　閩本同監毛本比誤此

二十有六年

秋楚人滅夔　石經閩本同監毛本人誤子

其實不異　閩本同監本異誤典毛本誤與

二十有七年

諸侯不能以義相帥　案上文云必有我師帥是師之誤字

二十有八年

晉侯齊師宋師秦師及楚人戰于城濮　閩監毛本同石經齊師作齊侯

衞王之士　閩本同監毛本士作土當不誤

二十有九年

故有言來矣　閩監毛本同何校本有作直當不誤

白狄來　秋當作狄閩監毛本不誤

三十有一年

其名含樞紉　閩監毛本同何校本紉作紐是也

其名汁光紀　閩監毛本同何校本汁作叶是也

故博卜三正　閩本同案博當轉之懷字監毛本作傳亦非

三十有二年

則記注之文　閩本同監毛本注作註釋文出記注○案古人用記註字多從言與傳注字作注不同說詳左傳挍勘記

穀梁注疏卷九挍勘記終　　寧都李楨挍

監本春秋穀梁注疏僖公卷第十

起元年盡八年

范甯集解　楊士勛疏

文公○襄王二十六年即位名興【疏】魯世家文公名興僖公之子以襄王二十六年即位謚法慈惠愛民曰文

元年春王正月公即位繼正即位正也繼正謂繼正卒也隱去即位以見讓桓書即位示安忍莊閔僖不言即位皆繼弒○去起呂反見賢徧反弒申志反○二月癸亥日有食之○天王使叔服來會葬諸侯喪天子使大夫會葬禮也傳例曰天子大夫稱字蓋未受采邑故不稱氏字者貴稱故可獨達也○貴稱尺證反【疏】諸侯至達也○釋曰范云傳例者非正例推以知之定十四年傳日天子之大夫不名隱七年凡伯來聘傳曰凡伯者何也天子之大夫也又九年南季來聘傳曰南氏姓也季字也是天子之大夫稱字據傳文可知故亦得云傳例也葬曰會言會明非一人之辭其志重天子之禮也【疏】重天子之禮也釋曰五年毛伯來會葬會葬之禮於鄙上此叔服來會葬云其志重天子之禮也者舊解以爲叔服在葬前至先鄉魯國然後赴葬所毛伯以喪服發後始來先之竟上然始至魯國故傳釋有異辭也或當此釋書之所由故云重天子之禮也彼解會葬之處故云於鄙上二者互言之未必由先後至理亦通也○夏四月丁巳葬我君僖公薨稱公舉上也葬我君接上下也僖公葬而後舉謚謚所以成德也於卒事乎加之矣【疏】薨稱至加之矣○釋曰重發傳者桓不以禮終僖則好卒二者既異故傳詳之○天王使毛伯來錫公命毛采邑伯字也天子上大夫也○錫星歷反采地音菜地本又作邑禮有受命無來錫命錫命非正也【疏】禮有至正也○釋曰重發傳者桓則薨後見錫此則即位見錫嫌其得正故傳發之○晉侯伐衛○叔孫得臣如京師○衛人伐晉○秋公孫敖會晉侯于戚禮卿不得會公侯春秋尊魯內卿大夫可以會外諸侯戚衛地○戚倉寂反【疏】注內卿至衛地○釋曰內卿大夫可以會外諸侯者下二年傳文不於此發例者伯者至尊大夫不可以會但春秋內魯故無譏文以失禮深傳不可云得會至於三年垂斂之會則是凡常諸侯禮雖不達人情通許故發內大夫可以會外諸侯之例○冬十月丁未楚世子商臣弒其君髡鄭嗣曰商臣繆王也髡文王之子成王也不言其父而言其君者君之於世子有父之親有君之尊言世子所以明其親也言其君所以明其尊也商臣於尊親盡矣○弒其申志反傳同髡苦門反日髡之卒所以謹商臣之弒也夷狄不言正不正徐乾曰中國君卒正者例日篡立不正者不日夷狄君卒皆略而不日所以殊夷夏也今書日謹識商臣之大逆爾不以明髡正與不正○篡初患反夏戶雅反識如字又申志反【疏】夷狄至不正○釋曰傳言此者以夷狄之弒有日與不日嫌同中國故分明別之○公孫敖如齊

二年春王二月甲子晉侯及秦師戰于彭衙彭衙秦地○衙音牙秦師敗績○丁丑作僖公主作爲也爲僖公主也爲僖公廟作主也主蓋神之所馮依其狀正方穿中央達四方天子長尺二寸諸侯長一尺○爲僖公廟于僞反馮皮冰反長尺直亮反又如字下同立主喪主於虞禮平旦而葬日中反而祭謂之曰虞其主用桑吉主於練期而小祥其主用栗作僖公主譏其後也僖公薨至此已十五月作主壞廟有時日於練焉壞廟壞廟之道易檐可也改塗可也禮親過高祖則毀其廟以次而遷將納新神故示有所加○壞音怪下同檐以占反【疏】作爲至可也○釋曰僖二十年新作南門傳曰作爲也有加其度也彼傳意言作所以爲譏則此作亦譏可知故下傳云作僖公主譏其後也案莊公之喪已

二十二月仍譏其爲吉禘今方練而作主猶是凶服而曰吉主者三年之喪至二十五月猶未合全吉故公子遂有納幣之譏莊公喪制未二十五月而禘祭故譏其爲吉此言吉者比之虞主故爲吉也此雖爲練作之主終入廟以辨昭穆故傳以吉言之然作主在十三月壞廟在三年喪終而傳連言之者此主終入廟入廟即易檐以事相繼故連言之非謂作主壞廟同時也或以爲練而作主之時則易檐改塗故此傳云於練壞廟於傳文雖順舊說不然故不從之直記異聞耳糜信引衛次仲云宗廟主皆用栗右主八寸左主七寸廣厚三寸若祭訖則內於西壁埳中去地一尺六寸右主謂父也左主謂母也何休徐邈並與范注同云天子尺二寸諸侯一尺狀正方穿中央達四方是與衛氏異也其藏之也白虎通亦云藏之西壁則納之西壁中或如衛說去地高下則無文以明之何休又云謂之虞者親喪已入壙皇皇無所見求而虞事之虞猶安也虞主用桑者桑猶喪也取其名與其麤觕所以副孝子之心練主用栗者謂既埋虞主於兩階之間易用栗木爲主取其戰栗故用栗木爲主又引士虞記曰桑主不文吉主皆刻而謚之蓋爲禘時別昭穆也徐邈注穀梁盡與之同范亦當不異也

○三月乙巳及晉處父盟晉大夫陽處父疏注晉大夫陽處父○釋曰經不言陽注知之者以下有晉殺其大夫陽處父故也

不言公處父伉也爲公諱也諱公與大夫盟去處父氏公親如晉使若與其君盟如經言邾儀父矣不書地者公在晉也莊二十二年秋七月丙申及齊高傒盟于防不去高傒氏者公不親如齊不與其君盟於恥差降○伉苦浪反爲公于僞反去處父起呂反下同傒音兮差初賣反又初佳反

何以知其與公盟以其日也何以不言公之如晉所恥也出不書反不致也疏何以至不致也○釋曰傳決不言公者據隱公八年九月辛卯公及莒人盟于包來言公也彼傳云可言公及人不可言公及大夫故此沒公彼存公也莊二十二年及齊高傒盟于防傳曰不言公高傒伉也彼已有傳此又重發者高傒存氏今處父去族嫌異故重發之傳不於高傒發日以明公存者二者理同此又須辨公不言如晉意也故就此一發之後注云書日則公盟也是亦意同之事也傳又云出不書反不致也者以致者必有出出者不必致今出既不書故反亦不致也

○夏六月公孫敖會宋公陳侯鄭伯晉士穀盟于垂歛垂斂鄭地○穀戶木反本又作穀九年同歛如字左氏作垂隴

內大夫可以會外諸侯○自十有二月不雨至于秋七月建午之月猶未爲災

歷時而言不雨文不憂雨也僖公憂民歷一時輒書不雨今文公歷四時乃書是不勤雨也疏歷時至雨也○釋曰傳發之者以僖公憂民之情急故備書之今文公繼父之業無志於民故略書之以二者既異故傳分而別之莊三十一年冬不雨不發傳者以一時不雨輕故也下十年十三年意亦與此同故省文不發之

不憂雨者無志乎民也無恤民志

○八月丁卯大事于大廟躋僖公大事祫也時三年之喪未終而吉祭於大廟則其譏自明○大廟音泰注及傳大祖同躋子兮反升也祫戶來反下及注皆同疏注大事至自明○釋曰舊解范云其譏自明者謂吉禘於莊公書吉此大事于大廟不書吉者以同未滿三年前已書吉則此亦同譏故云其譏自明此解取杜預之意也然杜云其譏已明故得以吉禘並

之范云其譏自明焉知遠比吉禘蓋范意以喪制未終不待譏責其惡足顯故云自明也禘祫之禮俱在廟序昭穆所以爲制異者公羊傳稱五年再殷祭何休云謂三年祫五年禘禘所以異於祫者禘則功臣皆祭也祫則合食於大祖而已是何休意祫則三年禘則五年也范於閔二年注同杜預以禘爲三年之祭必不得與何休同也公羊云五年再殷祭禘既三年蓋祫則五年也若然祫在五年而云三年之喪未禘者據時三年未終而爲祫祭故以三年言之不謂祫祭亦在三年也或以爲禘祫同三年但禘在夏祫在秋直時異耳於范注不妨但與公羊五年再殷祭違也何休又云天子特禘特祫諸侯禘則不礿祫則不嘗大夫有賜於君然後祫其高祖然諸侯禘則不礿或如何說云大夫有祫恐其不然公羊亦以此大事于大廟爲祫祭杜解左氏以大事爲禘與穀梁異

大事者何大是事也著祫嘗祫合也嘗秋祭

祫祭者毀廟之主陳于大祖未毀廟之主皆升合祭于大祖祫祭者皆合祭諸廟已毀未毀者之主於大祖廟中以昭繆爲次序父爲昭子爲穆昭南鄉繆北鄉孫從王父坐也祭畢則復還其廟○昭繆音韶穆下及傳同鄉

音向下同躋，升也。先親而後祖也，逆祀也。舊說僖公閔公庶兄故文公升僖公之主於閔公之上耳僖公雖長已爲臣矣閔公雖小已爲君矣臣不可以先君猶子不可以先父故以昭穆父祖爲喻當曰即之於傳則無以知其然若引左氏以釋此傳則義雖有似而於文不辨高宗殷之賢主猶祭豐于禰以致雊雉之變然後率脩常禮文公傎倒祖考固不足多怪矣親謂僖祖謂莊○長丁丈反先悉薦反下同禰乃禮反雊古豆反雉鳴也傎倒丁田反下丁老反 逆祀則是無昭穆也，無昭穆則是無祖也，無祖則無天也。故曰文無天。無天者，是無天而行也。祖人之始也人之所仰天也 君子不以親親害尊尊，此春秋之義也。尊卑有序不可亂也

疏 大事至義也○釋曰大是事也者祫是祭之大者故云大是事也著祫嘗者謂以大事言之著明是祫嘗之祭也嘗連言者祫必在秋故連嘗言之然周之八月夏之六月而云著祫嘗者蓋月却節前已得立秋之節故也先親而後祖親謂僖公祖謂閔公也僖繼閔而立猶子之繼父故傳以昭穆祖父爲喻此於傳文不失而范氏謂莊公爲祖其理非也何者若范云文公傎倒祖考則是僖在於莊上謂之夷狄猶自不然況乎有道之邦豈其若是明范說非也則無天也謂天道先尊而後親今亂其上下不仰法天也此春秋之義也者以嫌疑之間須取聖證故也

○冬，晉人、宋人、陳人、鄭人伐秦。○公子遂如齊納幣。喪制未畢而納幣書非禮

三年春王正月，叔孫得臣會晉人、宋人、陳人、衛人、鄭人伐沈，沈潰。沈國也潰之爲言上下不相得○沈音審潰戶內反 ○夏五月，王子虎卒。叔服也。此不卒者也，外大夫不書卒 何以卒之？以其來會葬，我卒之也。會葬在元年

疏 何以卒之釋曰重發之者尹氏則以爲魯主此爲會葬事異故重發之

或曰以其嘗執重以守也。僖二十四年天王出居于鄭叔服執重任以守國○守手又反 ○秦人伐晉。○

秋，楚人圍江。○雨螽于宋。外災不志，此何以志也？曰：災甚也。其甚奈何？茅茨盡矣。茅茨猶盡則嘉穀可知茨蒺藜○雨螽于付反下同下音終茨在思反茅草也

疏 外災不志○釋曰外災不志重發之者志災或爲王者之後或爲甚而錄之故不得一例危之○注茨蒺藜○釋曰徐邈云不稼既盡又食屋之茅茨今范云茨蒺藜則與徐異也公羊與考異郵皆云螽死而墜於地故何休云螽猶衆也死而墜者衆宋羣臣相殘害也云云上下異之云爾今穀梁直云茅茨盡矣著於上見於下謂之雨與讖違是爲短鄭立云穀梁意亦以宋德薄後將有禍故螽飛在上墜地而死言茅茨盡者著甚之驗於讖何錯之有乎是鄭意以雨螽於宋亦爲將禍之應也

著於上，見於下，謂之雨。○見賢遍反 ○冬，公如晉。○十有二月己巳，公及晉侯盟。○晉陽處父帥師伐楚救江。此伐楚，其言救江何也？江遠楚近，伐楚所以救江也。時楚人圍江晉師伐楚楚國有難則江圍自解○難乃旦反解音蟹又古買反

四年春，公至自晉。○夏，逆婦姜于齊。其曰婦姜，爲其禮成乎齊也。婦禮成于齊故在齊便稱婦○爲于僞反 其逆者誰也？親逆而稱婦，或者公與？何其速婦之也？鄭嗣曰皆問者之辭問者以使大夫逆例稱女而今稱婦爲是公親逆與怪稱婦速故反覆推之○公與音餘注同反覆芳服反 曰：公也。其不言公何也？據莊二十四年公如齊逆女言公 非成禮於齊也。非責 曰婦，有姑之辭也。其不言氏何也？貶之也。何爲貶之也？夫人與有貶也。邵曰夫人能以禮自防則夫婦之禮不成於齊故譏公而夫人與焉○與音豫注同貶彼檢反

疏 其曰婦至貶也○釋曰宣元年已有傳今故深發之者彼書夫人此直云婦姜嫌文異也故彼此明之以彼稱夫人又書至此不然者公羊傳

曰其謂之逆婦姜于齊何娶於大夫者略之也徐邈亦以爲不書至不稱夫人下娶賤略之若以諸侯下娶大夫爲略賤則大夫亦不得上娶諸侯且天子得下娶諸侯何爲諸侯不得下娶大夫是公羊之言不可以解此也蓋不稱夫人不言至者以其婦禮成於齊故異於餘稱傳云夫人與有貶也者解不稱氏之意非釋不稱夫人也○狄侵齊○秋楚人滅江○晉侯伐秦○衛侯使甯俞來聘。俞羊朱反○冬十有一月壬寅夫人風氏薨僖公母風姓

五年春王正月王使榮叔歸含且賵含口實也禮記曰飯用米貝弗忍虛也諸侯含用玉榮叔天子之上大夫也榮采地叔字○含戶暗反釋舊作唅賵芳鳳反飯扶晚反疏注含口至叔字○釋曰飯用米貝不忍虛也禮記檀弓文諸侯含用玉禮緯文也含一事也賵一事也兼歸之非正也禮含賵襚各異人○襚音遂疏注禮含至異人釋曰知各異人者雜記稱諸侯之喪有賵者有含者有襚者又此傳云兼歸之非正也明天子於諸侯含襚常各異使也

其曰且志兼也其不言來不周事之用也何休曰四年夫人風氏薨九年秦人來歸僖公成風之襚最晚矣何以言來鄭君釋之曰秦自敗于殽之後與晉爲仇兵無休時乃加免繆公之喪而來君子原情不責晚用或作踰○殽戶交反賵以早乘馬曰賵乘馬所以助葬成風未葬故書早○乘繩證反下同而含已晚已殯故言晚國有遠近皆令及事理不通也禮雜記曰含者執璧將命曰寡君使某含相者入告出曰孤某須矣含者入升堂致命子拜稽顙含者坐委於殯東南有葦席既葬蒲席降出反位明君之於臣有含賵之義所以助喪盡恩含不必用示有其禮○令力呈反相息亮反稽顙音啓下息黨反葦于鬼反疏注已殯至其禮○釋曰舊解以爲傳與雜記違者傳言含賵上關天子之於諸侯及夫人耳雜記所云唯論諸侯自相於不是天子施於諸侯之事故彼既殯猶致含此則責其晚也何者諸侯及夫人於天子生有朝覲之好有疾則當告於天子天子遣使問之有喪則致含無則止矣故未殯以來是以及事今天子歸賵大早歸含大晚故譏之其諸侯相於有疾未必相告比殯以來道遠者容其不至故示其禮而已不責其晚也以事既有殊譏亦有異今恐不

然何者范云國有遠近皆令及事理不通也則是傳之不通故引記文爲證何得云天子與諸侯禮異是舊說妄耳又云明君之於臣云云者證君之於臣有賵含之義不必皆用也案鄭釋廢疾云天子於二王後之喪含爲先襚次之賵次之餘諸侯含之賵之小君亦如之於諸侯之臣襚之賵之其諸侯相於如天子於二王之後於卿大夫如天子於諸侯於士如天子於諸侯之臣京師去魯千里王室無事三月乃含故不言來以譏之是鄭意亦以譏王含晚也范前注引鄭釋似將傳爲是後注取彼記文則以傳非者范以何休取秦人來歸僖公成風之襚爲難非類故上注取鄭釋以排之下注既以傳爲非故引雜記之文爲證二注並不取鄭君非王含晚之說益明范云傳爲非也○三月辛亥葬我小君成風王使毛伯來會葬會葬之禮於鄙上從竟至墓主爲送葬來○竟音境爲于僞反疏毛伯來會葬○釋曰左氏公羊及徐邈本云召伯此本作毛伯疑誤也○夏公孫敖如晉○秦人入鄀鄀音若○秋楚人滅六○冬十月甲申許男業卒

六年春葬許僖公○夏季孫行父如陳行父季友孫疏注行父季友孫○釋曰世本季友生仲無佚佚生行父是也○秋季孫行父如晉○八月乙亥晉侯驩卒。驩好官反○冬十月公子遂如晉○葬晉襄公○晉殺其大夫陽處父稱國以殺罪累上也襄公已葬其以累上之辭言之何也君漏言也上泄則下闇下闇則上聾且闇且聾無以相通臣闇不言君無所聞上下否塞○累劣僞反下同或如字泄息列反又以制反聾魯公反疏傳襄公已葬○釋曰徐邈解襄公已葬謂春秋之例君殺無罪之大夫則是失德不合書葬今襄公書葬則是無罪而以累上之辭言之者以襄公漏泄陽處父之言故也舊解亦云襄公罪輕故不追去葬文今以爲傳云襄公已葬者謂卒哭日久葬在前殺在後是罪累不合及君故起累

上之問非是釋合書葬以否射姑殺者也殺處父。左氏作射姑射姑之殺奈何曰晉將與狄戰使狐夜姑爲將軍趙盾佐之陽處父曰不可古者君之使臣也使仁者佐賢者不使賢者佐仁者今趙盾賢夜姑仁其不可乎邵曰賢者多才也戰主于攻伐仁者有惻隱之恩不如多才者有權略。盾徒本反攻如字又音貢惻初力反襄公曰諾謂夜姑曰吾始使盾佐女今女佐盾矣稱處父語以語之故傳曰漏言也。女音汝語魚慮反夜姑曰敬諾襄公死處父主竟上事待諸侯會葬在竟上。竟音境射姑使人殺之君漏言也親殺者夜姑而歸罪於君明由君言而殺之罪在君也故稱君以殺〔疏〕注親殺至以殺。釋曰兩下相殺不志乎春秋今雖是射姑之殺罪君漏言故稱國

以殺故士造辟而言詭辭而出辟君也詭辭而出不以實告人。造七報反辟必亦反君也注同詭九委反曰用我則可不用我則無亂其德此士對君言之辭○晉狐夜姑出奔狄○閏月不告月猶朝于廟禮天子以十二月朔政班告于諸侯諸侯受於禰廟孝子尊事先君不敢自專也言朝者緣生以事死親存朝朝莫夕不敢泄鬼神故事畢感月始而朝之。猶朝直遙反注及下同朝朝上如字下直遙反莫音慕泄息列反〔疏〕注禮天子至朝之。釋曰周禮太史班告朔于邦國鄭玄云天子班朔於諸侯諸侯藏之祖廟至朔日朝於廟告而受行之論語云子貢欲去告朔之餼羊是告朔用特羊言廟鄭云祖廟范言禰廟者以无正文各以意說或祖或禰通言之耳何休亦云藏於祖廟使大夫南面奉天子命君北面而受之是亦受政之事也凡告朔之禮因聽視此月之政故謂之視朔謂之聽朔也其朝廟之禮孝子緣生以事死因告朔在廟故感月始而亦享祭宗廟故亦謂之朝享其歲首謂之朝正也據玉藻及祭法之文則天子聽朔於明堂朝享自祖考以下五廟諸侯則聽朔於大廟

朝享自皇考以下三廟也公羊傳稱閏月曷爲不告朔天无是月也閏月矣何以謂之天无是月非常月也此傳云閏月者附月之餘日也天子不以告朔而喪事不數公羊穀梁皆以爲閏月不合告朔左氏傳云不告閏朔棄時政也何以爲民主則閏月當告朔與二傳異也案哀五年閏月葬齊景公公羊傳意以爲并閏此傳云喪事不數也者閏月不告朔二傳雖同其於喪事數與不數其意又異也范氏別例云書不告朔有三皆所以示譏耳則此文一也公四不視朔二也襄二十九年公在楚三也公既在楚則是不告朔故亦以爲一注又云不敢泄鬼神解生則朝朝莫夕死則每月始朝之意也不告月者何也不告朔也不告朔則何爲不言朔也閏月者附月之餘日也積分而成於月者也一歲三百六十日餘六日又有小月六積五歲得六十日而再閏積衆月之餘分以成此月〔疏〕注一歲至此月。釋曰古今爲麻君皆云周天有三百六十五度四分度之一日之行天一日一夜行一度故謂一度爲一日一歲十二月唯有三百六十日是餘五日四分日之一也又月一大一小則一年之間又有六日并

言之則一歲有十二日故積五歲得六十日此皆大率而言其實一年不得有十二日范不如麻法細計之故云五歲得六十日也天子不以告朔而喪事不數也閏是叢殘之數非月之正故吉凶大事皆不用也不數所右也。叢徂洪反猶之爲言可以已也郊然後三望告朔然後朝廟俱言猶義相類也既廢其大而行其細故譏之〔疏〕猶之至已也。釋曰重發傳者前爲三望發此是朝廟嫌異故重明之范例猶有五等發傳者三僖三十一年猶三望獨發傳者据始也宣三年不發傳者從例也成七年亦不發傳者亦爲從例可知也此年發傳者朝與三望異也宣八年發傳者嫌仲遂有罪得不廢禮又繹祭與朝廟禮異故也

七年春公伐邾三月甲戌取須句取邑不日此其日何也據僖二十六年公伐齊取穀不日。句其俱反不正其再取故謹而日之也僖二十二年公已伐邾取須句過而不改於此爲甚故録日以志之〔疏〕

不正至日之也○釋曰哀元年冬仲孫何忌帥師伐邾二年王二月季孫斯云云帥師伐邾取漷東田及沂西田彼比年伐邾而取兩邑經不書日今僖之與文父子異人特言謹而日之者以文公是不肖之君緩主逆祀取邑致討不得序列於諸侯譏其過而不改故錄日以見惡僖雖伐邾纔始一度又是作頌賢君故與文異也

遂城郚。遂，繼事也。因伐邾之師○郚音吾

○夏四月宋公王臣卒。○壬臣或作王臣

○宋人殺其大夫。稱人以殺，誅有罪也。【疏】宋人殺其大夫○釋曰公羊以爲三世内娶使若無大夫故不書名左氏以爲無罪故不書名今此傳直云稱人以殺誅有罪也則謂此被殺者爲有罪故稱人以殺仍未解不稱名所由案僖二十五年宋殺其大夫傳曰其不稱名姓以其在祖之位尊之也此傳云誅有罪也又經稱宋人則與彼異蓋成公王臣新卒昭公杵臼未即位國内無君故不稱名氏從未命大夫例故八年鄭釋廢疾亦以此爲無君若然兩下相殺春秋不書又不得言其此書殺大夫而云無君者以受命於嗣天子是以言其孤未畢喪故無名氏八年書司馬官也者彼雖實有君而不重爪牙無君人之度故經書司馬傳以無君釋之鄭玄云亦爲上下俱失罪臣以權寵逼君故稱人以殺君以非理殺臣故著言司馬不稱名者以其世在祖之位尊亦與僖二十五年宋殺其大夫同是其說也

○戊子，晉人及秦人戰于令狐。令狐，秦地○令力丁反

晉先蔑奔秦。不言出，在外也。輟戰而奔秦，以是爲逃軍也。輟，止也。爲將而獨奔，故曰逃軍○輟丁劣反將子匠反

○狄侵我西鄙。○秋八月，公會諸侯晉大夫盟于扈。扈，鄭地○扈音戶

其曰諸侯，略之也。晉侯新立，公始往會，晉侯不盟，大夫受盟，既以喪娶，又取二邑，爲諸侯所賤，不得序，下會諱，使若扈之盟都不可知，故略之○喪取七住反本亦作娶【疏】注諱使至略之○釋曰舊說使若扈之盟都不可知者謂後十五年亦不序諸侯探解下文故云都也今以爲范解諸侯不序之意魯諱其不與故摠言諸侯似若扈之盟諸侯都不可知非是探解下文始稱都也

○冬，徐伐莒。○公孫敖如莒莅盟。莅，位也。

其曰位，何也？前定也。其不日，前定之盟不日也。【疏】莅位也○釋曰重發傳者以徐伐莒而往莅盟嫌非兩國交盟之例故明之

八年，春，王正月。○夏四月。○秋八月戊申，天王崩。襄王

○冬十月壬午，公子遂會晉趙盾盟于衡雍。衡雍，鄭地○雍於用反【疏】公子遂○釋曰再稱公子者若下文直言遂恐爲繼事之辭兩名不辨故重言公子以詳之

○乙酉，公子遂會雒戎盟于暴。鄭地○雒戎音洛本或作伊雒之戎誤

○公孫敖如京師，弔周喪

不至而復。丙戌，奔莒。不言所至，未如也。若其已行，當如公子遂至黃乃復，今不言所至而直言復，知其實未如也

未如則未復也。未如而曰如，不廢君命也。雍曰：受命而出，義無私留，書如京師以顯命行于下，不書所至以表不去之罪

未復而曰復，不專君命也。復者，事畢之辭，未如故知其未復，加畢事之文者，言君命無輒專之道

其如非如也，其復非復也，唯奔莒之爲信，故謹而日之也。【疏】謹而日之也○釋曰襄二十三年冬十月乙亥臧孫紇出奔邾傳曰其日正臧孫紇之出也范云正其有罪彼云正其有罪則此亦正其有罪兩處發傳者此其如非如其復非復臧孫則實奔嫌其意異故舉二者以包其餘成十六年冬十月乙亥叔孫僑如出奔齊亦同此例故不復發之若然僑如亦是有罪書日亦以包之於彼注引徐邈云禮大夫云君埽其宗廟不絶其祀身雖出奔而君遇之不失正故詳而日之明有恩義也與此異者書日之義有二種之意也一爲正罪一爲兼君恩知者以閔二年公子慶父出奔莒文承九月之下而不書日傳稱慶父不復見矣明罪重合誅故去日以見恩絶則書日者有恩可知以此推之歸父公子慭不書日之從例可知也然歸父有罪非成公遂之者歸父殺嫡立庶宜世不長魯人遂之實得其罪但惡成公遂父之使耳不言歸父無罪也

○螽。○宋人殺其大夫司馬。司馬，官也。

其以官稱無君之辭也何休曰近上七年宋公王臣卒宋人殺其大夫不言官今此在三年中言官義相違鄭君釋之曰七年殺其大夫此實無君也今殺其司馬無人君之德耳司馬司城君之爪牙守國之臣乃殺其司馬奔其司城無道之甚故稱官以見輕慢也傳例稱人以殺殺有罪也此上下俱失之○見賢徧反○宋司城來奔司城官也其以官稱無君之辭也來奔者不言出舉其接我也【疏】來奔至接我也○釋曰重發傳者嫌奔殺異也來奔不言出發傳於此者以是來奔之始故發之于哀不發者從此例可知

監本附音春秋穀梁注疏文公卷十　孝感盧氏宣旬校刊

皇清嘉慶二十年重栞宋本穀梁傳藏南昌府學

新建縣知縣鄭祖琛
浮梁縣知縣劉丙　同栞

穀梁傳注疏卷十挍勘記　阮元撰盧宣旬摘録

文公　單疏本每卷標題春秋穀梁疏某公卷第幾自此以下分卷亦以每公爲一卷與石經合此文公爲第六卷

元年

先鄉魯國　閩監毛本鄉作即

可以會外諸侯戚衞地　閩監毛本脫戚衞地三字

注內卿至衞地　閩本同單疏本至衞地作云云監毛本衞地作諸侯非也

至於三年　閩監毛本同何校本三作二是也

垂斂之曾　會誤曾閩監毛本不誤

楚世子商臣弑其君髡　石經閩監毛本商作商下及注同

二年

以事相繼　閩監毛本同何校本以作其

左主八寸　閩監毛本同何校本八作七○按儀禮經傳通解亦作七

則內於西壁埳中　閩監毛本埳作陷何校本作埳

親喪已入壙　閩監毛本同何校本據元文入改下

喪猶喪也　按今本公羊注脫此四字

與其觕觕　閩監毛本同何校本上觕作麤是也按說文無觕字蓋觕字轉寫之譌段玉裁說詳公羊校勘記

蓋爲禘時別昭穆也　閩監毛本同何校本依元文禘下增祫字

使若與甚君盟　閩監毛本甚作其是也

故就此一發之後注云　閩監毛本同何校本一作亦後作彼是也

公孫敖會宋公陳侯鄭伯晉士穀盟于垂斂　閩監毛本同石經穀作穀釋文出士穀云本又作穀九年同

可以會外諸侯　閩監毛本同石經無外字

而云三年之喪未締者　閩監毛本締作禘何校本作終案終是

以昭繆爲次序　閩監本同毛本繆誤穆釋文出昭繆音韶穆下及傳同案通志堂釋文亦誤作昭穆此據宋本陸以穆作繆音則本文作繆可知

則是僖在於莊上　閩監毛本同何校本僖下有公字

三年

故不得一例危之　閩監毛本危作施

亦以宋德薄　閩監毛本同單疏本德薄乙轉

四年

問者以使大夫逆例稱女　閩本同監毛本者誤曰

故反覆推之　閩監本同毛本故誤而

今故深發之者　閩監毛本故深作復特何校本無此二字

以彼稱夫人　閩監毛本同何校本以作然

娶於大夫者　閩監毛本同何校本於作乎與公羊傳合

五年

又此傳云兼歸之非正也明天子於諸侯含襚常各異使也　閩監毛本同單疏本無又此至含襚一十八字何校本常作當

而含已晚　閩監毛本同石經已作以○按儀禮經傳通解引作以

雖論諸侯自相於　宋本閩本同監毛本於誤施下兩其諸侯相於同

何得云天子與諸侯禮異　閩監毛本同何校本無云字

證君之於臣　閩監毛本同何校本於作與

益明范云傳爲非也　閩監毛本同何校本云作以

六年

射姑殺者也　石經閩監毛本射作夜釋文出夜姑云左氏作射姑此十行本亦作夜淺人據左氏妄改剜補之迹顯然下射姑之殺射姑使人並當作夜

處父主竟上事　閩監毛本同石經上下有之字

用特羊言廟　閩監毛本同何校本言作告

閏月矣何以謂之天无是月非常月也　閩監毛本无作無何校本矣作也非上叠是月二字與公羊合

故云五歲得六十日也　閩本同監毛本脫也字

閏是殘叢之數　閩監本同毛本叢作藂釋文出藂

七年

宋公壬臣卒　閩監毛本同石經壬作王

疏宋人殺其大夫　毛本同閩監本疏誤註

案僖二十五年　閩監毛本同何校本僖下有公字

而不重瓜牙　監毛本同閩本何校本瓜作爪

八年

鄭地　閩監本同毛本上有暴字

不至而復　閩監毛本同石經無而字

禮大夫云　閩監毛本同何校本云作去與成十六年注合

穀梁注疏卷十挍勘記終

寧都李楨挍

監本春秋穀梁注疏文公卷第十一 起九年盡十八年

范甯集解　楊士勛疏

九年春毛伯來求金求車猶可求金甚矣凱曰求俱不可在喪尤甚不稱使者天子當喪未君也疏注在喪尤甚○釋曰求賻亦在喪不言尤甚者在喪有賻無金故求賻比求金爲輕求車不在喪又可於求賻故傳云求車猶可凱云在喪求金尤甚○夫人姜氏如齊歸寧○二月叔孫得臣如京師京師大也師衆也言周必以衆與大言之也疏京大至言之也○釋曰不發於桓九年者內之如京師始於此故發之季姜非魯女故彼處不發雖略不發傳亦同此可知也○辛丑葬襄王天子志崩不志葬舉天下而葬一人其道不疑也志葬危不得葬也不得備禮葬疏

天子至葬也○釋曰重發傳者桓王七年始葬襄王則七月而葬嫌異故重發之也日之甚矣其不葬之辭也王室微弱諸侯無復往會葬○復扶又反疏王室至會葬○釋曰魯不會葬則無由得書而云王室微弱諸侯無復往會葬者天子志崩不志葬而又書日是不葬之辭故知諸侯無復往會者也其實魯卿往會始書若不會則不當書也故春秋之世有十二王志崩者有九書葬者唯五耳良由王室不赴諸侯不會故也志崩有九者平王桓王惠王襄王匡王定王簡王靈王景王是也書葬有五者桓王襄王匡王簡王景王是也其莊王僖王頃王三者不志崩爲不赴故也然則天子不合書葬魯史書之者欲見周室之衰不得備禮而葬因遣使往會則錄之若不遣使則葬不明故不錄也傳稱不志葬者據治平之日正法言之也○晉人殺其大夫先都○三月夫人姜氏至自齊卑以尊致病文公也夫人行例不致乃以君禮致刺公寵之過○刺七賜反疏注夫人至之過○釋曰范氏例云夫人行有十二例時此致而書月者蓋以非禮而致故書月以刺之餘不書月者當條皆有義耳夫人行十二者文姜七如齊再如莒是九也夫人姜氏會齊侯于陽穀十也夫人姜氏會齊侯于卞十一也并數此夫人姜氏是十二也徐邈云卑以尊致有文公娶齊大夫女爲妻故初逆姜氏不稱夫人今致以夫人禮與逆自違故疾公也范云夫人行例不致乃以君禮致刺公寵之過則與徐異也○晉人殺其大夫士穀及箕鄭父稱人以殺誅有罪也鄭父累也○箕居其反○楚人伐鄭○公子遂會晉人宋人衛人許人救鄭○夏狄侵齊○秋八月曹伯襄卒○九月癸酉地震震動也地不震者也震故謹而日之也穀梁說曰大臣盛將動有所變疏癸酉地震○釋曰范例云地震五例日故此亦日也何休徐邈並云由公子遂陰爲陽行專政之所致今范引穀梁說曰大臣盛將動有所變則與二說同理亦無妨○冬楚子使萩來聘楚無大夫無命卿○萩子遥反又子小反或作椒左氏作

椒其曰萩何也以其來我褒之也疏楚無至之也○釋曰既褒之而書名所以不稱氏者公羊傳云許夷狄者不一而足理或然也○秦人來歸僖公成風之襚秦人弗夫之也言秦人弗以成風爲夫人故不言夫人即外之弗夫人而見正焉見不以妾爲妻之正○見賢遍反○葬曹共公○共音恭

十年春王三月辛卯臧孫辰卒○夏秦伐晉○楚殺其大夫宜申僖四年傳曰楚無大夫而今云殺其大夫者楚本祝融之後季連之冑也而國近南蠻遂漸其俗故棄而夷之今知內附中國亦轉強大故進之○冑直又反國近附近之近疏楚本至進之○釋曰國語與楚世家文也○自正月不雨至于秋七月歷時而言不雨文不閔雨也不閔雨者無志乎

民也○及蘇子盟于女栗女栗某地蘇子周卿士○女音汝○冬狄侵宋○楚子蔡侯次于厥貉厥貉某地也○貉亡白反

十有一年春楚子伐麇○麇九倫反○夏叔彭生會晉郤缺于承匡承匡宋地○缺苦悅反○秋曹伯來朝○朝直遥反○公子遂如宋○狄侵齊○冬十月甲午叔孫得臣敗狄于鹹不言帥師而言敗何也據僖元年公子友帥師敗莒師于麗獲莒挐稱帥師○敗必邁反鹹音咸麗力知反挐女居反直敗一人之辭也一人而曰敗何也以衆焉言之也言其力足以敵衆〔疏〕直敗至言之也○釋曰公子友與莒挐戰唯二人相敵亦是直敗一人彼言帥師此不言者季子與莒挐並將軍衆而行之雖決勝負以其俱有徒衆故經書帥師令叔孫與魯之衆止敵一人故但言敗不言帥師也

傳曰長狄也弟兄三人佚宕中國佚猶更也○佚宕大結反更也害本又作宕更音庚瓦石不能害肌膚堅强瓦石打擿不能虧損○强其丈反擿直隻反叔孫得臣最善射者也射其目身橫九畝廣一步長百步爲一畝九畝五丈四尺○射食亦反下注同廣古曠反長直亮反〔疏〕注五丈四尺○釋曰春秋考異郵云兄弟二人各長百尺別之國欲爲君何休云長百尺范云五丈四尺者讖緯之書不可悉信以此傳云身橫九畝故知是五丈四尺也杜預注左氏云三丈唯約國語仲尼稱僬僥長三尺大者不過數之十非經正文故范所不信注高三尺三寸知者考工記云兵車之廣六尺有六寸又以其廣之半爲之軾崇是軾高從上而下去車版三尺三寸橫施一木名之曰軾也斷其首而載之眉見於軾兵車之軾高三尺三寸○斷丁管反見賢偏反軾音式然則何爲不言獲也據莒挐言獲曰古者不重創不禽二毛故不言獲爲內諱也不重創恤病也不禽二毛敬老也仁者造次必於是顛沛必於是故爲內諱也既射其目又斷其首爲重創鬢髮白爲二毛○重直用反注同創初羊反爲內于僞反造七報反沛音貝〔疏〕曰古至諱也○釋曰或以春秋本自不應書經何諱之有穀梁以不重創爲諱其理非也今知不然者以長狄兄弟更害中國禍害爲深得臣能立功於一時而標名於萬代其庸大矣若其不諱何以不書且晉獲潞子尚書於經魯獲長狄棄而不錄詳內略外之義豈其然哉知內諱之言爲得其實也其之齊者王子成父殺之則未知其之晉者也〔疏〕其之至者也○釋曰公羊傳云兄弟三人一者之齊一者之魯一者之晉何休云三國各欲爲君象周衰禮義廢魯成就周道之國齊晉霸者之後此三國爲後欲見中國皆爲夷狄之行范雖不從何說理亦無妨○未知其之晉者也○釋曰之魯者叔孫得臣殺之之齊者王子成父殺之謂其之晉者史傳不記未知殺者姓名是誰也

十有二年春王正月郕伯來奔○郕音成○杞伯來朝僖二十七年稱子今稱伯蓋時王所進○朝直遥反○二月庚子子叔姬

卒其曰子叔姬貴也公之母姊妹也同母姊妹〔疏〕公之母姊妹也○釋曰傳稱其曰子叔姬貴之也公之母姊妹也則似稱子以明貴是以錄其卒未必由公之母姊妹上下意乖者上傳云公之母姊妹解其稱子所由明貴則書卒賤乃不錄也下傳云許嫁以卒之也欲見其雖貴非許嫁不書上下二傳足成非乖也許嫁乃書卒者以其卽貴之漸故也徐邈云上傳云子叔姬者杞夫人見出故不言杞下傳云許嫁者言是別女非杞叔姬也理亦足通未知范意然否其一傳曰許嫁以卒之也男子二十而冠冠而列丈夫三十而娶女子十五而許嫁二十而嫁禮二十而冠冠而在丈夫之列譙周曰國不可久無儲貳故天子諸侯十五而冠十五而娶娶必先冠以夫婦之道王教之本不可以童子之道治之禮十五爲成童以次成人欲人君之早有繼體故因以爲節書稱成王十五而冠著在金縢周禮媒氏曰令男三十而娶女二十而嫁內則云女子十五而笄說曰許嫁也是故男自二十以及三十女自十五以及二十皆得以嫁娶先是則速後是則晚凡人嫁

娶，或以賢淑，或以方類，豈但年數而已？若必差十年乃爲夫婦，是廢賢淑方類，苟比年數而已，禮何爲然哉？則三十而娶，二十而嫁，說嫁娶之限，蓋不得復過此爾。故舜年三十無室，書稱曰鰥。周禮云：「女子年二十未有嫁者，仲春之月奔者不禁。」奔者，不待禮聘，因媒請嫁而已矣。甯謂禮爲夫之姊妹服長殤，年十九至十六，如此男不必三十而娶，女不必二十而嫁明矣。此又士大夫之禮。○冠，江奐反。娶，七住反。譙，在遥反。笄，古兮反。先，是蘇徧反。後，是戶豆反。比，毗至反，或如字。得復，扶又反。鰥，古頑反。禮爲，于僞反。長，丁丈反。【疏】注「禮二至之禮」○釋曰：先儒多以周禮媒氏三十之男、二十之女限以年數，故范引譙周以爲證，下取禮文以爲早嫁之驗。或以賢淑者，若文王之娶大姒是也；或以方類者，左傳稱鄭世子忽云「齊大非吾偶」是也。「此又士大夫之禮」者，著喪服所言多陳士大夫之禮，猶不待二十，明諸侯以上早娶，禮在不疑也。案尚書金縢无成王十五而冠，故彼鄭注云「天子諸侯十二而冠」。成王此年十五，於禮已冠，而爵弁者，承天變故降服也。今譙周云成王十五而冠，著在金縢者，先儒鄭玄之徒約大戴禮以爲文王崩之明年成王始生。文王年十五生武王，文王九十七而終，則終時武王年八十三矣。崩之明年，武王年八十四也。武王九十三而終，則武王崩時成王年十歲可知耳。周公攝政，必在除喪之後，是周公初攝政之時，成王年十二。金縢稱始欲攝政，即羣叔流言，周公居東二年，罪人斯得，乘前之年，是成王十四年。秋，始感大風之變，王與大夫盡弁以啓金縢之書，是啓金縢時成王年十五。又書傳云：「四年建侯衛。」則周公復居攝四年作康誥也。又書傳云：「天子年十八稱孟侯。」作康誥之時，成王稱孟侯，則成王年十八矣。周公居攝四年，成王十八年，自然啓金縢迎周公之時成王十五，故譙周亦以啓金縢時爲成王年十五。尚書特云王與大夫盡弁，明則始冠之年，故云十五而冠，謂在金縢也。鄭云「天子諸侯十二而冠」者，約左傳魯襄公之年耳，更無正文可據，故范亦不從。

○夏，楚人圍巢。○秋，滕子來朝。○秦伯使術來聘。術，秦大夫。○術音述。○冬，十有二月戊午，晉人、秦人戰于河曲。河曲，晉地。不言及，秦晉之戰已亟，故略之也。亟，數也。夫戰必有曲直，以一人主之。二國戰鬭數，曲直不可得詳，故略之，不言晉人及秦人戰。○亟，去冀反。數，也注同。【疏】「不言至略之也」○釋曰：七年戰于令狐，十年秦伐晉，此年又戰河曲，是數也。

季孫行父帥師城諸及鄆。稱帥師，言有難也。難，乃旦反。【疏】「言有難也」○釋曰：凡城之志皆譏，今傳云「有難」，則以无譏者，傳本有難，不是解譏與不譏，直釋其帥師之意耳。得此城得時，又畏莒爭鄆，書雖是譏，情義通許，故傳以有難釋之，不言譏之意也。

十有三年，春，王正月。○夏，五月壬午，陳侯朔卒。【疏】「陳侯朔卒」○釋曰：世本是陳共公也。○邾子籧篨卒。籧，其居反。篨，直居反。【疏】「邾子籧篨卒」○釋曰：左傳是文公也。○自正月不雨，至于秋七月。○大室屋壞。屋者，主於覆蓋，明廟不都壞。○大音泰，傳皆同。大室屋壞者，有壞道也，譏不脩也。大室，猶世室也。世世有是室，故言世室。【疏】「有壞道也」○釋曰：高者有崩道，下者有壞道。既言有壞道而書之者，譏不脩也。言魯君繕脩之，豈有敗壞之理？故書以譏不敬也。成五年梁山崩，傳云「高者有崩道」，山有崩道，又不可繕脩之物，而亦書之者，刺人君无德而致天災，令山崩河壅，怪異之大，故亦書之。然山高稱崩，屋下言壞，而序稱禮壞樂崩，釋云通言之者，以禮樂无高下之殊，故知通言之。

周公曰大廟，爾雅曰：室有東西廂曰廟。伯禽曰大室，羣公曰宮。爾雅曰：宮謂之室，室謂之宮。然則其實一也，蓋尊伯禽而異其名。【疏】注「爾雅至其名」○釋曰：此下注所引，並爾雅釋宮之言。有東西廂者，謂有夾室也。傳知周公曰大廟、伯禽曰大室、羣公曰宮者，禮記明堂位云「季夏六月，以禘禮祀周公于大廟」，哀三年「桓宮、僖宮災」，是周公稱大廟，羣公稱宮。此經別言大室，明是伯禽廟。公羊傳爲世室，言世世不毀，世與大室亦同耳。禮，宗廟之事，君親割，割牲。【疏】「君親割」○釋曰：徐邈云：「禮記曰：君執鸞刀而刲牲。」是也。然彼據初殺牲之時，非是割牲之事，徐言非也。夫人親舂，舂粢盛。敬之至也。爲社稷之主，而先君之廟壞，極稱之，志不敬也。極稱，言屋壞不復依違其文。○復，扶又反。○冬，公如晉。○衛侯會公于沓。沓，地也。○沓，徒荅反。○狄侵衛。

〇十有二月己丑，公及晉侯盟，還自晉。還者事未畢也，自晉事畢也。疏還者至畢也〇釋曰：知自晉是事畢者，以其與致文同，故知是事畢。傳知還是事未畢者，以未至國都而鄭伯會公于棐，故知是未畢。春秋上下書還者有四：莊八年秋師還，傳曰遯也。今自晉爲事未畢而言，嫌不得如彼例，故復發傳。宣十八年歸父還自晉，嫌君臣異，故復發事未畢之文。襄十九年晉士匄帥師侵齊，聞齊侯卒乃還，嫌外內異，故亦復發傳云事未畢也。還例有四，范別例云三者，蓋直據內爲三，不數外臣故也。〇鄭伯會公于棐。棐，鄭地〇棐，芳匪反

十有四年春王正月，公至自晉〇邾人伐我南鄙〇叔彭生帥師伐邾〇夏五月乙亥，齊侯潘卒〇潘，浦干反疏齊侯潘卒〇釋曰：世家及世本是齊昭公也〇六月，公會宋公、陳侯、衛侯、鄭伯、許伯、曹伯、晉趙盾，癸酉，同盟于新城。新城，宋地同者，有同也，同外楚也。疏同外楚也〇釋曰：春秋書同盟非一，傳或有釋，亦有不釋，就不釋之內，辭又不同，所以然者，莊公之世，二幽之盟，于時楚國未強，齊桓初霸，直取同尊周室而已，故傳云同尊周也。及邵陵、首止之徒，楚不敢與爭，襃大齊桓，故不復言同。當文公時，楚人強盛，而中國畏之，命同盟詳心外楚，不復直能尊周室而已，故傳釋之云同外楚也。斷道書同，傳云外楚也，則清丘亦是外楚，故傳省文也。舉斷道以包上下，則蟲牢、馬陵、蒲之與戚、柯陵、虛朾之類亦是省文可知。同盟雞澤復發傳者，楚人轉盛，中國外之彌甚，故更發之，則戲盟及京城、重丘之等亦其義也。平丘又重發外楚之文者，平丘以下中國微弱，外楚之事盡於平丘，從此以後不復能外，故發傳以終之也〇秋七月，有星孛入于北斗。孛之爲言猶茀也。其曰入北斗，斗有環域也。據孛于大辰及東方皆不言入，此言入者，明斗有規郭，入其魁中也。劉向曰：北斗貴星，人君之象也，茀星亂臣之類，言邪亂之臣將並弒其君〇孛，步內反。茀，李軌扶憒反，徐邈扶勿反，一音步勿反，又音弗。邪，似嗟反。弒，音試〇公至自會〇晉人納捷菑于邾，弗克納。是郤克也。其曰人，何也？微之也。何爲微之也？長轂五百乘，緜地千里，長轂，兵車。四馬曰乘，一乘甲士三人，步卒七十二人，五百乘合三萬七千五百人。緜猶彌漫〇捷菑，在接反，下側其反。轂，古木反。乘，繩證反。卒，子忽反疏微之也〇釋曰：不言貶之者，以非尊惡之稱，故傳言微之而已過宋、鄭、滕、薛，夐入千乘之國，欲變人之主。夐猶遠也。變人之主，謂時邾已立貜且。邾小國而言千乘者，大郤克之事〇夐，況盛反至城下，然後知，何知之晚也！征不廟筭，正其得失，勞而遠涉，乃至城下，邾以義拒，然後方悟，貶之曰人，不亦宜乎〇悟，五故反弗克納，未伐而曰弗克，何也？弗克其義也。非力不足，義不可勝捷菑，晉出也，貜且，齊出也。姊妹之子曰出貜且，正也，捷菑，不正也。正，適〇適，丁歷反〇九月甲申，公孫敖卒于齊。奔大夫不言卒，而言卒，何也？據閔二年公子慶父出奔莒，後不言卒爲受其喪，不可不卒也。其地，於外也。成十七年公孫嬰齊卒于貍蜃，傳曰其地未踰竟。宣八年仲遂卒于垂，垂，齊地。然則地或踰竟，或未踰竟，凡大夫卒在常所則不地，地者皆非其常所，隨其所在而書其地耳，不孫於踰竟與不踰竟〇爲，于僞反。貍，力之反。蜃，市軫反。竟，音境，並同疏其地於外也〇釋曰：此與公孫嬰齊卒于貍蜃，傳皆釋之。宣八年仲遂卒于垂而傳不釋者，此公孫敖卒于齊之國內，故傳釋之曰其地於外也，明在他國而卒。公孫嬰齊卒在魯竟內，故傳釋之曰其地未踰竟，明非他國也。二者既已發傳，垂是齊地，非是他國都，又非魯竟內，在兩端之間，故不復釋之〇齊公子商人弒其君舍。舍未踰年，其曰君，何也？成舍之爲君，所以重商人之弒也。舍不成君，則殺者非弒也〇殺其，音試，本又作弒商人其不

以國氏何也據隱四年衛州吁弒其君完不言公子不以嫌代嫌也春秋以正治不正，不以亂平亂。舍不宜立，有不正之嫌；商人專權，有當國之嫌。故不書國氏，明不以嫌相代。疏不以嫌代嫌也○釋曰：左氏以舍是昭公之子、夫人叔姬所生，而范云舍不宜立，有不正之嫌，以傳云不以嫌代嫌，明知舍不正。又舍卒不日，亦是非正之驗。舍之不日何也？未成爲君也。疏舍之至君也○釋曰：傳例，凡弒君書日以明正，不繫於成君。若舍是庶，成君亦不合書日，而云未成君者，春秋不正見者雖庶亦得書日，即齊侯小白、鄭伯突是也。今商人爲不欲以嫌代嫌，故不去公子，則舍不正之嫌前已著見，不正已見，例當書日，爲未成君，故不日耳。○宋子哀來奔。其曰子哀，失之也。言失其氏族，不知何人。疏失之也○釋曰：經言宋子哀，傳云失之也者，舊解失之者，謂其未達稱子之意。案范注云「言失其不知何人」，則不得云失其稱子之意。蓋失之者，謂雖知子哀是宋之大夫，但不知是何族姓也。○冬，單伯如齊。單伯，魯大夫。○單音善。齊人執單伯。私罪也。單伯淫于齊，齊人執之。齊人執子叔姬。叔姬同罪也。疏叔姬同罪也○釋曰：叔姬既與單伯同罪，而經文異執者，單伯是天子命大夫，魯人遣送叔姬，未至而與之淫，王則闇於取人之術，魯則失於遣使之宜，故經不書叔姬歸于齊，再舉齊執之文者，使若異罪然，所以爲諱也。明年書單伯至自齊，亦是諱之之事耳。公羊亦以爲不言齊人執單伯及子叔姬者，內辭也，使若異罪然。左氏則云單伯天子大夫，爲魯請叔姬，非穀梁意也。

十有五年春，季孫行父如晉。○三月，宋司馬華孫來盟。泰曰：擅權專國，不君其君，緣其不臣，因曰無君。上司馬、司城皆不名，而此獨名者，以華孫奉使出盟，爲好於我，故書官以見專，録名以存善。○華，戶化反。使，所吏反。好，呼報反。以見，賢徧反。疏泰曰至存善○釋曰：外大夫來盟，書名則是常事，而云録名以存善者，華孫擅權專國，理合變文，今得録名，即是同於常使。失常爲惡，則得常是善，猶左氏稱公子翬如齊逆女，脩先君之好，故曰公子，亦其類也。華孫奉使不稱使者，以其專，故經書官以表之。傳云無君之辭也，既無君無臣，故不得使也。司馬，官也。其以官稱，無君之辭也。來盟者何？前定也。不言及者，以國與之也。○偁，尺證反，年末注同。疏前定也○釋曰：重發傳者，不稱使，嫌異常故也。鼓用牲于社，莊二十五年傳稱鼓，禮也。鼓既是禮，所以書之者，鼓當於朝，今用之於社，鼓雖得禮，用之失處，故書也。若然，後亦鼓之於社，而云禮者，彼對用牲爲非禮，故云鼓，禮也。其實用鼓亦非其處，若得其處，經不當書耳。○夏，曹伯來朝。○朝，直遥反。○齊人歸公孫敖之喪。○六月辛丑朔，日有食之，鼓用牲于社。○單伯至自齊。大夫執則致，致則名，此其不名何也？據昭十四年意如至自晉稱名。天子之命大夫也。○晉郤缺帥師伐蔡。戊申，入蔡。疏晉郤至入蔡○釋曰：伐入兩舉者，伐而不即入，故兩舉之也。莊二十八年伐戰兩舉者，初伐其竟內，戰在國都，故亦兩舉之也。○秋，齊人侵我西鄙。其曰鄙，遠之也。其遠之何也？不以難介我國也。介猶近也。○難，乃旦反。介音界，注同。疏其曰鄙遠之也○釋曰：重發傳者，以莊十九年三國伐我，今齊人獨來，嫌異，故重明之。○季孫行父如晉。○冬十有一月，諸侯盟于扈。諸侯皆會而公獨不與，故恥而略之。疏注諸侯至略之○釋曰：舊解公獨不與者，謂七年扈之盟公不得與，故略言諸侯。此與十七年公雖與會，諱前不與，故亦略之。其意解公獨不與，謂七年時也。今以爲公獨不與，正謂此年公在不與，故言公會諸侯；今此會盟公全不往，故直言諸侯盟于扈而已，皆所以爲諱也。○十有二月，齊人來歸子叔姬。其曰子叔姬，貴之也。其言來歸何也？父母之於子，雖有罪，猶欲其免也。凱曰：書來歸，是見出之辭；有罪之人猶與貴稱書之曰子者，蓋父母之恩欲免罪也。疏其曰至免也○釋曰：來歸者

是彰罪之稱而云父母之於子欲其免也者稱子是尊貴之辭雖云來歸以貴辭言之非是有罪之稱故云欲其免也○

○齊侯侵我西鄙遂伐曹入其郛郛郭○郛芳孚反疏入其郛○釋曰公羊傳云郛者何郛也此不發傳者春秋唯有此事而已非例所及故略之也

十有六年春季孫行父會齊侯于陽穀齊侯弗及盟弗及者内辭也行父失命矣齊得内辭也行父出會失辭義無可納故齊侯以正道拒而弗受不盟由齊故得内辭疏注行父至内辭○釋曰以行父失辭之故爲齊侯所非外得其所拒内失其志春秋惡行父之失命故得内辭也○夏五月公四不視朔天子告朔于諸侯諸侯受乎禰廟禮也每月天子以朔政班于諸侯諸侯受而納之禰廟告廟以羊今公自二月不視朔至于五月是後視朔之禮遂廢故子貢欲去其羊○去起吕反疏注每月至其羊○釋曰三朝記云周衰天子不班朔于天下此

云班朔者彼據周末全不能班之此時尚或班或不班故下傳云以公爲厭政以甚矣范云天子班朔而公不視是也知是二月不視朔至五月者以經書五月公四不視朔若從五月以後數之則公或視或不視何得預言四不視朔知從二月至五月爲四也又云是後視朔之禮遂廢而經直云公四不視朔者左氏以爲此獨書公四不視朔者以表公實有疾非詐齊也公羊爲此公有疾猶可言無疾則不可言穀梁文雖不明蓋從此一譏之惡足見其餘不復譏也公四不視朔公不臣也以公爲厭政以甚矣天子班朔而公不視是不臣○厭於艷反○六月戊辰公子遂及齊侯盟于師丘師丘齊地○師丘左氏作郪丘公羊作犀丘復行父之盟也春齊侯不與行父盟故復使遂脩之○復行扶又反又音服注復使及下注而復皆同○秋八月辛未夫人姜氏薨僖公夫人○毀泉臺喪不貳事貳事緩喪也喪事主哀而復毀泉臺是以喪爲緩以文爲多失道矣緩作主躋

僖公四不視朔毀泉臺之類疏以文至道矣○釋曰春秋爲尊親者諱而舉其多失道者仲尼之脩春秋所以示法有罪皆諱何以見其褒貶故桓公殺逆之主罪無遺漏亦其比也至於書經文不委曲則亦是諱何者文實逆祀而云躋僖文從後多不視朔直言四不視朔而已文稱毀泉臺則似嫌其奢泰是亦臣子爲尊親諱之義也然取二邑大室屋壞不與扈盟亦是失道注不言之者云云之類足以包之也公羊以爲泉臺者是莊公所築郎臺也左氏與此傳並不顯言或如公羊之說也自古爲之今毀之不如勿處而已矣若以夫人居之而薨者但當莫處○楚人秦人巴人滅庸○冬十有一月宋人弒其君杵臼泰曰傳稱人者衆辭衆之所同則君過可知又曰稱國以弒其君君惡甚矣然則舉國重於書人也○杵昌呂反臼其九反疏注泰曰至人也○釋曰稱人衆辭莊十七年傳文稱國以弒其君君惡甚矣成十八年傳文

十有七年春晉人衛人陳人鄭人伐宋衛序陳上蓋主

會者降之○夏四月癸亥葬我小君聲姜○齊侯伐我西鄙○六月癸未公及齊侯盟于穀○諸侯會于扈言諸侯者義與上十五年同○范云言諸侯者義與上十五年同亦諸侯皆會公獨不與恥而略之疏注言諸至年同○釋曰彼爲公不會略言諸侯則此亦然也○秋公至自穀○冬公子遂如齊

十有八年春王二月丁丑公薨于臺下臺下非正也疏臺下非正也○釋曰非正與僖同重發之者僖是小寢此則臺下嫌異故發之○秦伯罃卒○罃乙耕反○夏五月戊戌齊人弒其君商人○六月癸酉葬我君文公○秋公子遂叔孫得臣如齊使舉上客而不稱介不正其同

倫而相介故列而數之也上客耳。主也禮大夫爲卿介遂與得臣俱爲卿是以同倫爲副使故兩言之明無差降。使舉所吏反注同介音界下同副使也數所主反疏注禮大夫爲卿介。釋曰聘禮卿出以大夫爲上介士爲末介是也○冬十月子卒子赤也諸侯在喪既葬之稱疏注子赤至之稱。釋曰公羊傳稱君薨稱子某既葬稱子踰年稱君今子赤文公既葬而云子卒是既葬之稱也子卒不日故也故殺也不稱殺諱也○夫人姜氏歸于齊惡宣公也姜氏子赤之母其子被殺故大歸也宣公亦文公之子其母敬嬴惡不奉姜氏。惡烏路反注同嬴音盈依左傳應作頃熊疏注惡宣公也。釋曰注并言敬嬴者注意欲明宣公是敬嬴所生是非惡敬嬴也舊解宣公不使其母奉養姜氏故言之禮亦通也有不待貶絕而罪惡見者泰曰直書姜氏之歸則宣公罪惡不貶而自見有待貶絕而惡從之者齊小白以國氏之類是也姪娣者不孤子之意也言其一人有子則共養。姪大結反娣音弟共養並如字一讀上九用反下餘亮反一人有子三人緩帶共望其祿疏姪娣至緩帶。釋曰上文直云姪娣者所以分別尊卑明夫人須媵妾之意下文摠言緩帶者欲見有子則喜樂之情均貴賤之意等今宣公爲人君不尊養姜氏非緩帶之謂也緩帶者優游之稱也一曰就賢也若並有子則就其賢謂年同也宣公不奉哀姜非此之謂故惡之疏注若並至惡之。釋曰宣以庶子篡立非關就賢范云宣不能奉養哀姜則是非賢之事故云非此之謂也○季孫行父如齊○莒弒其君庶其傳例曰稱國以弒其君君惡甚矣疏注傳例至甚矣。釋曰注引傳例者嫌小國無大夫例小稱臣名明弒逆事重不從凡常大夫之例也舊解稱國者謂惡於國人并虐及卿大夫稱人者謂失心於民庶也此乃涉於賈逵之說據十六年范注則似不然

春秋穀梁注疏文公卷第十一

穀梁注疏卷十一校勘記　　阮元撰盧宣旬摘錄

文公

九年

內之如京師　閩監毛本如誤於

故知諸侯無復往會者也　閩監毛本同何校本者作葬是也

卑以尊致有　閩監毛本同何校本有作者

不稱夫人　閩毛本同監本不誤雇

冬楚子使萩來聘　石經閩監本同毛本空缺冬字釋文萩或作萩

十年

及蘇子盟于女粟　閩監毛本同石經粟作栗釋文出女栗○按當作栗

十有一年

佚宕中國　閩監毛本同石經宕作害釋文出佚害云害本又作宕

何休云長百尺　閩監毛本同何校本云上有亦字

高三尺二寸　閩本同監毛本二作三案三是

何休云三國　閩監毛本同何校本三上有之字案有者是

魯成就周道之國　按公羊注國作封

齊晉霸者之後　按公羊注者字作尊周室三字

十有二年

是以錄其卒　閩監毛本同何校本以作其

著喪服所言　閩監毛本同何校本著作謂

謂在金縢也　閩監毛本同何校本謂作著

故略之也　石經監本同閩毛本略作畧○案古略畧字皆田在左

得此城得時　閩監毛本同何校本上得作但

十有三年

而刲牲是也　閩監毛本刲誤割

十有四年

世家及世本是齊昭公也　閩監毛本同何校本上有齊侯潘有二五字

公會宋公陳侯衛侯鄭伯許伯曹伯晉趙盾　閩監毛本同石經許伯作許男

及邵陵首止之徒　閩監毛本徒作後是也

命同盟詳心外楚　閩本同監毛本命作令是也

則戲盟及京城重丘之等　閩監毛本京誤亳

緜猶彌○漫案○當在漫下所以别音義此誤倒閩監毛本不誤今依訂正

以非專惡之稱　閩監毛本同何校本稱作也

宣十年　閩監毛本同何校本十作八案注是八字

據隱四年衛州吁弑其君完　閩監毛本同何校本州作祝是也釋文出殺其云本又作弑

案范注云言失其　閩監毛本同單疏本無注字何校本下有氏族二字

十有五年

其以官稱　石經同閩監毛本其以誤以其

嫌異常故也鼓用牲于社莊二十五年　閩本同監毛本鼓用以下在經鼓用牲于社下莊上增○

十有六年

公羊爲此公有疾猶可言　閩本同監毛本爲作謂

十有八年

耳主也　閩本同監毛本耳作聑

下文揔言綬帶者　閩監本同毛本言誤至

春秋穀梁傳注疏卷十一校勘記終

寧都李楨校

監本春秋穀梁注疏宣公卷第十二 起元年。終十八年。

范甯集解　楊士勛疏

宣公〔疏〕魯世家宣公名倭文公之子子赤庶兄以周匡王五年即位謚法善問周達曰宣

元年春王正月公即位繼故而言即位與聞乎故也。與聞音豫下注亦同〔疏〕繼故至故也。○釋曰重發傳者桓公篡成君宣公篡未踰年君嫌異故發之

○公子遂如齊逆女不譏喪娶者不待貶絕而罪惡自見桓三年傳日逆女親者也使大夫非正也。自見賢徧反〔疏〕注桓三至正也。○釋曰引彼傳例者嫌譏喪娶不責親迎故引傳例以明之

三月遂以夫人婦姜至自齊其不言氏喪未畢故略之也夫人不能以禮自固故與有貶〔疏〕注夫人至有貶。○釋曰婚禮遲速由於夫家陽倡陰和固是其理而責夫人者一禮不備貞女不行夫人姜氏若其不行公得無喪娶之譏夫人無苟從之咎故責之

其曰婦緣姑言之之辭也遂之挈由上致之也上謂宣公。挈苦結反〔疏〕其曰至辭也。○釋曰傳重言此者嫌喪娶辭略并明不與陳人之婦同也。○遂之至之也。○釋曰挈者謂去氏族而直書名徐邈以挈爲舉非也左氏以爲遂不稱公子者尊夫人也公羊以爲遂不言公子者一事而再見從省文此傳云由上致之是與二傳異也此注云上謂宣公昭公二十四年婼至自晉注云上謂宗廟也者釋有二家其一云禮夫人三月始見宗廟遂與僑如之致由君而已故知上爲宣公成公也婼被執而反理當告廟故知上謂宗廟也又一釋二者互文也以相通見廟之時君稱臣之名以告宗廟則二者皆當書名故此云宣公彼云宗廟亦是昭公告之可知此宣公亦是告宗廟明矣婼與意如俱爲被執而致傳釋有異辭者意如訴公於晉婼則無罪故傳不同也此已發傳僑如又發之者此喪娶彼非喪娶嫌異故重明之

○夏季孫行父如齊○晉放其大夫胥甲父于衛放猶屏也屏除稱國以放放無罪也。○公會齊侯于平州平州齊地離會故不致〔疏〕稱國至罪也。○釋曰范別例云放大夫凡有三晉放胥甲父一昭八年楚放公子昭二哀二年蔡人於公孫獵三也此云稱國以放放無罪也則稱蔡人者是放有罪也若然招殺世子偃師則招亦有罪不稱楚人者以上有楚師滅陳之文故不復出楚人又招有罪自明故不待更稱楚人也。○注離會故不致不引傳例者此宣自應例惡無所嫌疑故也傳內不至齊也

○公子遂如齊○六月齊人取濟西田內不言取言取授之也以是爲賂齊也公宣弑入賂齊以自輔恥賂之故書齊取〔疏〕……

昭二十五年齊侯取鄆傳曰取易辭也哀八年齊人取讙及闡傳曰惡內也所以三發傳不同者內不合言取今言取是違例之問宜在於始魯人不得已而賂之取雖是易而我難之故直云授之昭公失國之君忠臣喜公得邑故以易辭言之哀公犯齊陵邾而反喪邑易辭之也傳以明惡內之理未顯故傳特言惡內其實皆是易辭也

○秋邾子來朝○楚子鄭人侵陳遂侵宋遂繼事也○晉趙盾帥師救陳善救陳也。盾徒本反〔疏〕善救陳也。○釋曰何嫌非善而言善者陳近楚屬晉嫌救之非善故傳釋之又救之者爲善所以駮鄭之過也

○宋公陳侯衛侯曹伯會晉師于棐林伐鄭棐林鄭地。○棐芳尾反又音匪列數諸侯而會晉趙盾大趙盾之事也大其衞中國攘夷狄。數所主反攘而羊反○其曰師何也據言會晉師不言會晉趙盾以其大之也以諸侯大趙盾之事故言師師者衆大之辭〔疏〕以其大之也。○釋曰襄二年晉師宋師衛甯殖侵鄭注云不書晉宋之將以慢其伐人之喪彼稱師言惡晉宋此稱師云大之者稱師之義不在一方言師雖同善惡有別所謂春秋不嫌同文此之謂也齊救邢惡不及事楚子滅蔡滅非其罪晉宋伐喪失匍匐之義故皆貶之稱師今趙盾伐鄭以救陳宋故經列數諸侯而殊大之明稱師者以著善也

于棐林地而後伐鄭疑辭也此其地何則著其美也泰曰夫救災恤患其道宜速而方云會于棐林然後伐鄭狀似伐鄭

有疑須會乃定曰非也欲美趙盾之功故詳録其會地〔疏〕于棐至美也。釋曰桓十五年公會諸侯于袲伐鄭傳曰地而後伐疑辭也非其疑也此傳既曰疑辭也又云則著其美也者此文雖與會袲同其理則異何者以其列數諸侯而會趙盾則詳其會地亦善可知也　○冬，晉趙穿帥師侵崇。穿音川。○

晉人、宋人伐鄭。伐鄭，所以救宋也。時楚鄭侵宋〔疏〕所以救宋也。釋曰伐鄭所以救宋經不言救宋者以上有楚子鄭人侵陳遂侵宋之文今云晉人宋人伐鄭明救宋可知故不言之也知非救陳者以救陳之文已見故楚伐宋宋得出而自救者伐宋者不攻都城故得出師助晉也

二年春，王二月壬子，宋華元帥師及鄭公子歸生帥師戰于大棘。宋師敗績，獲宋華元。大棘宋地。華戸化反　獲者，不與之辭也。華元得衆甚賢故不與鄭獲之〔疏〕注華元至獲之。釋曰華元得衆故不與鄭獲之然則晉侯失民亦言獲者晉侯雖失衆諸侯無相獲之道故亦不與秦獲也

徐邈云獲是不與之辭與者當稱得也故定九年得寶玉大弓是也然則弓玉與人不類徐言非也何休云華元繫宋者明恥辱及國案齊國書陳夏齧皆繫國則是史之常辭非有異文也　言盡其衆以救其將也。先言敗績而後言獲知華元得衆心軍敗而後見獲晉與秦戰于韓未言敗績而君已獲知晉侯不得衆心明矣。盡子忍反　以三軍敵華元，華元雖獲不病矣。何休曰晉獲皆生獲也如欲不病華元當有變文鄭君釋之曰將師見獲師敗可知不當復書師敗績此兩書之者明宋師懼華元見獲皆竭力以救之無奈不勝敵耳華元有賢行得衆如是雖師敗身獲適明其衆不傷賢行今兩書敗獲非變文如何　○秦師伐晉。○夏，晉人、宋人、衛人、陳人侵鄭。○秋九月乙丑，晉趙盾弑其君夷皋。穿弑也，穿趙盾從父昆弟　盾不弑，而曰盾弑何也？以罪盾也。其以罪盾何也？曰：靈公朝諸大夫而暴彈之，暴殘暴。朝直遥反彈徒丹反又徒旦反　觀其辟丸也。趙盾入諫，不聽，出亡，至於郊。禮三諫不聽則去待放於竟三年君賜之環則還賜之玦則往必三年者古疑獄三年而後斷易曰繼用徽纆示于叢棘三歲不得凶是也自嫌有皋當誅故三年不敢去。辟音避竟音境玦古穴反杜元凱云如環而不連斷丁亂反徽許歸反纆亡北反徽纆皆繩也三股曰徽兩股曰纆〔疏〕注禮三至敢去。釋曰三諫不聽則去待放於竟三年公羊傳文君賜之環則還賜之玦則往荀卿書有其事易曰繼用徽纆示于叢棘三歲不得凶者易坎卦上六爻辭但易本繼作係陸德明云寘置也王弼云險陷之極不可升也法峻整難可犯也宜其囚執寘于思過之地三歲險道之夷也險終乃反故三歲不得自修三歲乃可以求復故曰三歲不得凶也馬融云徽纆索也陸得明云三糾繩曰徽二糾繩曰纆劉表云三股爲徽兩股爲纆　趙穿弑公而後反趙盾。招使還　史狐書賊曰：「趙盾弑公。」史國史掌書記事狐其名　盾曰：「天乎天乎！予無罪。告天言己無弑君之罪　孰爲盾而忍

弑其君者乎！」迴己易他誰作盾而當忍弑君者乎。孰爲盾絶句孰誰也　史狐曰：「子爲正卿，入諫不聽，出亡不遠，君弑反不討賊，則志同。志同穿也　志同則書重，非子而誰？」盾是正卿又賢故言重　故書之曰「晉趙盾弑其君夷皋」者，過在下也。鄭嗣曰成十八年晉弑其君州蒲傳曰稱國以弑其君君惡甚矣然則稱臣以弑罪在臣下也趙盾弑其君不言罪而曰過者言非盾親弑有不討賊之過。惡甚如字又烏路反　曰：於盾也，見忠臣之至；於許世子止，見孝子之至。邵曰盾以亡不出竟反不討賊受弑君之罪忠不至故也止以病不知嘗藥受弑父之罪孝不至故也。見忠賢徧反或如字下同〔疏〕曰於至之至。釋曰趙盾與許止加弑是同而許君書葬晉林公不書葬者許止失嘗藥之罪輕故書葬以赦止趙盾不討賊之罪重故不書晉侯葬明盾罪不可原也春秋必加弑於此二人者所以見忠孝之至故也忠孝不至則加惡名欲使忠

臣覩之不敢惜力孝子見之所以盡心是將來之遠防也○冬十月乙亥天王崩匡王也

三年春王正月郊牛之口傷之口緩辭也傷自牛作也牛自傷口非備災之道不至也故以緩辭言之疏緩辭也○釋曰此之爲緩辭則成七年不言之爲急辭也舊解范氏別例云凡三十五范既摠爲例則言之者並是緩辭也傳於執衛侯云言之緩辭也則云其餘不發亦緩可知耳公喪在外逆之緩也衛侯之弟鱄奔秦伯之弟鍼等稱之者取其緩之得逃吳敗六國亡之者取其六國同役而不急於軍事也殺奚齊稱之者緩於成君也考仲子宮言之者隱孫而脩之緩也日食言之者不知之緩也則自餘並緩耳理雖迂延舊說既然不可致詰故今亦從之改卜牛牛死乃不郊事之變也牛無故自傷其口易牛改卜復死乃廢郊禮此事之變異○復扶又反疏改卜至變也○釋曰公羊傳稱改卜者帝牲不吉則引稷牲而卜之其帝牲在於滌宮三月於稷者唯具視其身體無災而已不特養於滌宮又云郊必以其祖配者自內出者無匹不行自外至者無主不止今改卜者取於稷牛則未審傳意

如何以后稷配郊必與公羊異也不言免牛而云不郊者牛死不行免牛之禮故直言不郊也乃者亡乎人之辭也譏宣公不恭致天變疏乃者至辭也○釋曰重發傳者嫌牛死與卜郊不從異也猶三望○葬匡王○楚子伐陸渾戎○渾戶門反又戶困反○夏楚人侵鄭○秋赤狄侵齊○宋師圍曹○冬十月丙戌鄭伯蘭卒○葬鄭穆公

四年春王正月公及齊侯平莒及郯莒人不肯及者內爲志焉爾平者成也不肯者可以肯也凱曰君子不念舊惡況爲大國所和乎○郯音談國名也疏平者成也○釋曰舊解以莒不肯平公伐莒取向莒人彌復怨郯郯之與莒方爲怨惡乃是成就亂事故訓之爲成注無此意恐非也公伐莒取向向莒邑○向書亮反伐猶可取向甚矣以義兵討不平未若不用兵以義使平者也故曰猶可也疏注以義至可也○釋曰傳稱伐猶可是非正與辭注云義兵者據其討不直故云義兵也義兵之道不足故傳云猶可也莒人辭不受治也乘義取邑所以不服伐莒義兵也討不釋怨取向非也乘義而爲利也○爲如字又于僞反○秦伯稻卒疏秦伯稻卒○釋曰世本秦共公也○夏六月乙酉鄭公子歸生弒其君夷○赤狄侵齊○秋公如齊公至自齊○冬楚子伐鄭

五年春公如齊○夏公至自齊○秋九月齊高固來逆子叔姬諸侯之嫁子於大夫主大夫以與之婚禮主人設几筵于廟以待迎者諸侯大夫尊卑不敵故使大夫爲之主○迎魚敬反來者接內也不正其接內故不與夫婦之稱也

來者謂高固高固齊之大夫而今與君接婚姻之禮故不言逆女○稱尺證反疏諸侯至稱也○釋曰莒慶已發傳今重發之者莒慶小國之大夫高固齊之尊卿而取公之同母姊妹嫌待之禮殊故發傳明其不異也徐邈云傳言吾吾是宣公女也理亦通爾○叔孫得臣卒○冬齊高固及子叔姬來及者及吾子叔姬也爲使來者不使得歸之意也高固受使來聘而與婦俱歸故書及以明非禮莊二十七年冬杞伯姬來僖二十八年秋杞伯姬來皆不言所及是使得歸之意○受使所吏反疏叔孫得臣卒○釋曰隱元年傳曰大夫不曰卒惡也今叔孫得臣不曰卒亦惡可知矣何休云知公子遂弒君而匿情不言未審范意亦然以否○及者至姬也○釋曰經既言高固及子叔姬足自明矣傳何須更言及吾子叔姬也者傳方欲解及爲非禮故上張其文也○注故書至非禮釋曰桓十八年濼之會去及爲非禮此書及爲非禮者公與夫人之行須言及以別尊卑故云及夫人姜氏會齊侯於陽穀言及濼之會以夫人之伉不言及故知云及爲非禮今叔姬歸寧當以獨來爲文高固奉命宜云來聘經總之言來故

故書及爲非禮楚人伐鄭

六年春晉趙盾衛孫免侵陳此帥師也其不言帥師何也據元年趙盾帥師救陳言帥師也不正其敗前事故不與帥師也元年救而今更侵之【疏】不正至師也○釋曰傳例將卑師衆曰師將尊師少宜言將成三年晉郤克衛孫良夫伐廧咎如彼非是敗前事亦不言帥師此云不正其敗前事故不與帥師師者凡常書經自依將之尊卑師之多少之例趙盾元年稱帥師救陳今直書名而已明是惡敗前事故不與帥師也郤克良夫前無帥師之文故知從將尊師少例耳○夏四月○秋八月螽螽音終○冬十月

七年春衛侯使孫良夫來盟來盟前定也不言及者以國與之不言其人亦以國與之不日前定之盟不日○夏公會齊侯伐萊○萊音來國名

【疏】來盟至不日○釋曰此重發傳者宋華孫不稱使此則稱使嫌異故重發之言不日者據成三年及荀庚盟有日故發問也○秋公至自伐萊○大旱○冬公會晉侯宋公衛侯鄭伯曹伯于黑壤黑壤某地○壤人丈反

八年春公至自會○夏六月公子遂如齊至黃乃復蓋有疾而還黃齊地【疏】蓋有疾而還○釋曰以下有卒故知有疾也乃者亡乎人之辭也鄭嗣曰大夫受命而出雖死以尸將事今遂以疾而還失禮違命故曰亡乎人言魯使不得其人也【疏】亡乎人之辭也○釋曰重發傳者此乃復是事畢之文其實未畢嫌與他例異故重明之此云乃者亡乎人之辭也定十五年傳以爲急辭也者乃有二義故也此魯使不得其人言乃以責之公孫敖亦是失命不言乃者此以疾而反有可責之理故言乃復以譏之敖棄命奔莒元來未去不足可責非乃文所盡故不言乃也復者事畢也不專公命也遂以疾反而加事畢之文者是不使遂專命還○辛

巳有事于大廟○大音泰下注同仲遂卒于垂祭于大廟之日而知仲遂卒垂齊地【疏】注祭于至遂卒○釋曰注言此者解經仲遂之卒繫祭廟之意也仲遂有罪而亦書日者宣公與遂同罪猶定公不惡意如而書日也或當辛巳自爲祭廟不爲仲遂也案公子翬當桓世無罪則不去公子仲遂罪宜惡人而去公子者翬非桓罪人故生存不去公子之號他遂於宣雖則無罪死者人之終若不去公子嫌其全無罪狀故去之若然何以不去日者既替其尊號則罪已明故不假去日也傳稱公弟叔仲賢也遂非賢而稱仲者杜預云時君所加何休云稱仲者起要齊所氏范雖不注理未必然蓋以遂見疏而去公子經不可單稱遂卒遂於後以仲爲氏故稱仲遂卒也然仲遂以罪見疏則見罪惡之臣而譏宣公不廢繹者宣公與遂同心繹祭之時則內無去籥而爲之故所以譏也爲若反命而後卒也先書復言卒使若遂已反命于君而後卒于垂此公子也其曰仲何也疏之也僖十六年傳曰大夫不言公子公孫疏之也何爲疏之也是不卒者也遂與宣公共弒子赤不疏則

無用見其不卒也若書公子則與正卒者同故去公子以見之○見其賢遍反注同故去起呂反下文及注同則其卒之何也據公子翬不書卒○子翬許韋反以譏乎宣也其譏乎宣何也聞大夫之喪則去樂卒事去籥萬卒祭事言今不然壬午猶繹猶者可以已之辭也繹者祭之旦日之享賓也萬入去籥萬舞名籥管也○繹音亦爾雅云又祭也享許丈反籥餘若反管也【疏】猶者至賓也○釋曰旦日猶明日也何休云繹者繼昨日事但不灌地降神耳天子諸侯曰繹大夫曰賓尸士曰宴尸則天子以卿爲之諸侯則以大夫爲之卿大夫以孫爲之夏立尸殷坐尸周旅酬六尸唯士宴尸與先儒少異則范意或與何同也案少牢饋食之禮卿大夫當日賓尸天子諸侯明日賓尸者天子諸侯禮大故異日爲之卿大夫以下禮小故當日即行其三代之名者案爾雅云夏日復胙殷曰肜周曰繹是也謂之復胙者復前日之禮也謂之肜者肜是不絶之意也謂之繹者繹陳昨日禮也何休又云禮大夫死爲廢一

時之祭有事於廟而聞之者去樂卒事至卒事而聞之者廢繹今魯不以爲譏范意當亦然也以其爲之變譏之也內舞去籥惡其聲聞此爲卿變於常禮是知其不可而爲之○爲之于僞反注爲卿變同惡其烏路反○戊子夫人熊氏薨宣公妾母○左氏作嬴氏○晉師白狄伐秦○楚人滅舒鄝○舒鄝音了本又作蓼國名也○秋七月甲子日有食之既○冬十月己丑葬我小君頃熊文夫人姜氏大歸于齊故宣公立己妾母爲夫人君以夫人禮卒葬之故主書者不得不以爲夫人義與成風同○頃熊音傾左氏作敬嬴【疏】注文夫至風同○釋曰哀姜有罪故僖成其母爲夫人今姜氏子殺故身出夫自無罪則頃熊成喪不是同例而云與成風同者禮妾子爲君其母不得稱夫人以二者俱非正禮故云同耳非謂意盡同也穀梁以成風再貶故曰妾子雖爲君其母不得稱夫人則襄公以其母定姒爲夫人亦非正明也然成風再貶自外不譏者從一譏故也案文十八年注云宣母敬嬴此云頃熊者一人有兩號故也雨不克葬

葬既有日不爲雨止禮也雨不克葬喪不以制也徐邈曰案經文是己丑之日葬喪既出而遇雨若未及己丑而卻期無爲逆書此日葬禮喪事有進無退又士喪禮有潦車蓑笠則人君之張設固兼備矣禮先遷柩於廟其明昧爽而引既及葬日之晨則祖行遣奠之禮設矣故雖雨猶終事不敢停柩久次○不爲于僞反潦音老蓑素禾反笠音立張如字又陟亮反柩其又反尸在棺曰柩昧音妹引以刃反又如字遣奠弃戰反【疏】葬既至制也○釋曰舊解案禮庶人懸封葬不爲雨止明天子諸侯不觸雨而行可知也傳言不爲雨止者謂不得止葬事而更卜遠日喪不以制也者謂不得臨雨而制喪事豈有諸侯執紼者五百人安待觸雨而行哉是徐邈之說理之不通今案傳文云雨不克葬喪不以制也是葬爲雨止喪事不以禮制也上文云葬既有日不爲雨止禮也明爲雨止則非禮可知安得云傳意葬爲雨止乎又且范引徐邈之注不言其非則是從徐說矣何爲違范義而逆之哉○注徐邈至久次○釋曰未及己丑而卻期者謂雨之與葬皆是己丑之日也若未及己丑之而遇雨其葬期有卻者何爲逆書己丑日葬也士喪禮有潦車載蓑笠者毛詩傳云蓑所以備雨笠所以禦暑是也

庚寅日中而克葬而緩辭也足乎日之辭也【疏】而緩辭也○釋曰言緩辭也者此日中克葬足乎日故云緩也定十五年日下昃乃克葬故云乃急辭也是二文相對爲緩急故公羊傳云曷爲或言而或言乃乃難乎而也是二文相對也○城平陽○楚師伐陳

九年春王正月公如齊有母之喪而行朝會非禮○朝直遙反【疏】注有母至非禮○釋曰非禮經無異文者傳例云如往月危往也此朝書月即是非禮之異文也○公至自齊○夏仲孫蔑如京師○齊侯伐萊○秋取根牟【疏】秋取根牟○釋曰公羊傳曰根牟者何邾婁之邑也曷爲不繫乎邾婁諱亟也謂母喪未期而取邑故諱不繫邾婁也若言諱不繫邾婁居母之喪縱非邾邑豈容無諱或當如左傳以根牟爲國名也○八月滕子卒○九月晉侯宋公衞侯鄭伯曹伯會

于扈○晉荀林父帥師伐陳○辛酉晉侯黑臀卒于扈其地於外也其日未踰竟也外謂國都之外諸侯卒於路寢則不地傳例曰諸侯正卒則日不正則不日舊說踰竟亦不日然則諸侯不正而與未踰竟無以別之矣案襄七年鄭伯卒于操此年晉侯卒于扈文正與襄二十六年許男卒於楚同恐後人謂操扈是國故於疑似之際每爲發傳日未踰竟也○臀徒門反竟音境以別彼列反操七報反【疏】注外謂至竟也○釋曰諸侯之國皆以侵伐會盟見經操扈經既無文而疑是國者周有千八百諸侯今盟會侵伐見春秋者不過數十而已操扈傳若不發焉知非國也曲棘不釋者雙名也去國遠矣故不假釋郱鄑郚以三言爲名故傳釋之爲國也晉侯黑臀不書葬者舊解以爲篡立故也今案黑臀既書日卒未必篡立蓋魯不會故不書也○冬十月癸酉衞侯鄭卒○宋人圍滕○楚子伐鄭○晉郤缺帥師救鄭○郤去逆反缺傾雪反○陳殺其大夫泄冶○泄息列反冶音也稱國以

殺其大夫殺無罪也泄冶之無罪如何陳靈公通于夏徵舒之家公孫寧儀行父亦通其家二人陳大夫○夏戸雅反或衣其衣或衷其襦衷者襦在衷也○衣其衣上於既反下如字襦而朱反在衷本又作裏音里以相戲於朝○朝直遥反泄冶聞之入諫曰使國人聞之則猶可使仁人聞之則不可君愧於泄冶不能用其言而殺之

十年春公如齊公至自齊齊人歸我濟西田公娶齊齊由以爲兄弟反之齊由以婚族故還魯田爾雅釋親曰婦之黨爲婚兄弟○娶十住反不言來公如齊受之也○夏四月丙辰日有食之傳例曰言日不言朔食晦日則此丙辰晦之日也己巳在晦日之下五月之上推尋義例當是閏月矣文六年傳曰閏月者附月之餘日言閏承前月而受其餘日故書閏月之日繫前月之下蓋史策常法文有定例閏有常體無嫌不明故不復每月發傳哀五年公羊傳日閏月不書此何以書推此言之則春秋固有在閏月而不冠以閏者矣至於閏不告月猶朝于廟閏月葬齊景公不正其閏無以言其事故書見變禮○不復扶又反下注復同不冠工亂反猶朝直遥反見賢偏反疏不言至受之○釋曰決定十年齊人來歸鄆讙龜陰之田言來也○注閏有常體釋曰閏月所在無常而言有常體者閏是附月之餘文承前月是無體之常不謂所在有常○己巳齊侯元卒○齊崔氏出奔衛氏者舉族而出之之辭也何休曰氏者譏世卿也即稱氏爲舉族而出尹氏卒寧可復以爲舉族死乎鄭君釋之曰云舉族死是何妖問甚乎舉族而出之之辭者因譏世卿也崔杼以世卿專權齊人惡其族今出奔既不欲其身反又不欲國立其宗後故孔子順而書之曰崔氏出奔衛若其舉族盡去之辭○崔杼直呂反惡其烏路反○公如齊五月公至自齊○癸巳陳夏徵舒弒其君平國○六月宋師伐滕月者蓋爲下齊惠公葬速起○爲于僞反疏注月者至速起釋曰知非爲宋師伐滕歸父如齊宋師伐滕外事也歸父之聘輕也諸侯時葬正也月葬故也今上有齊遂崔氏之文又非五月而葬明書月者爲葬惠公也○公孫歸父如齊葬齊惠公○晉人宋人衛人曹人伐鄭○秋天王使王季子來聘其曰王季王子也其曰子尊之也子者人之貴稱○稱尺證反疏其曰至尊之也○釋曰傳知稱子是尊之也者此言王季子即是大子之母弟子者人之貴稱故稱子爲尊之也叔服以庶子爲大夫故直稱字而不繫王也卒稱王子虎者卒當稱名故繫王言之聘問也○公孫歸父帥師伐邾取繹○繹音亦○大水○季孫行父如齊○冬公孫歸父如齊○齊侯使國佐來聘○饑○饑本或作飢居疑反○楚子伐鄭

十有一年春王正月○夏楚子陳侯鄭伯盟于夷陵夷陵齊地○左氏作辰陵○公孫歸父會齊人伐莒○秋晉侯會狄于欑函○欑函狄地函音咸不言及外狄○所以異之於諸夏○夏戸雅反疏不言及外狄也○釋曰哀十三年公會晉侯及吳子于黃池注云及者書尊及卑也是言及所以外吳何得此傳云不言及外狄者黃池之會欲同吾子於諸侯故直云及吳子不云會吳此不言及是外狄故云會狄不云及狄是不言及爲外狄也若不外當云晉侯及狄會于欑函然隱三年齊侯鄭伯盟于石門不言及同吳於諸夏而云及吳子者不可全同中國故言及以別尊卑也○冬十月楚人殺陳夏徵舒變楚子言人者弒君之賊若曰人人所得殺也其月謹之疏變楚至謹之○釋曰經直言楚人知是楚子者下云楚子人陳明知此爲討賊故變楚子言人也其月謹之者不能自討藉楚之力禍害必深故書月爲謹之此入而殺也其不言入何也據入國乃得殺外徵舒

於陳也其外徵舒於陳何也據徵舒陳大夫不應外明楚之討有罪也雍曰經若書楚子入陳殺夏徵舒者則入者內不受是無以表徵舒之悖逆楚子之得正○悖補對反丁亥楚子入陳入者內弗受也日入惡入者也何用弗受也不使夷狄爲中國也楚子入陳納淫亂之人執國威柄制其君臣傎倒上下錯亂邪正是以夷狄爲中國○惡烏路反傎丁田反本又作顛邪似嗟反【疏】日入惡入者也○釋曰上文美楚子入今又惡之者前爲討徵舒討得其罪故變文以美之今爲納二子失其所故日入以惡之納公孫寧儀行父于陳納者內弗受也輔人之不能民而討猶可雍曰輔相鄰國有不能治民者而討其罪人則可而曰猶可者明鄰國之君無輔相之道○輔相息亮反下輔相同【疏】納公至于陳○釋曰糜信云二子不繫陳者以其淫亂明絕之也或當上有入陳之文下云于陳故省文耳無義例入人之國制人之上下使不得其君臣之道不可二人與昏淫當絕而楚強納之是制人之上下○強其丈反一音其良反

十有二年春葬陳靈公傳例曰失得不葬君弒賊不討不葬以罪下也日卒時葬正也靈公淫夏姬殺泄冶臣子不能討賊踰三年然後葬而日卒時葬何邪泰曰楚已討之矣臣子雖欲討之無所討也故君子即而恕之以申臣子之恩稱國以殺大夫則靈公之惡不嫌不明書葬以表討賊不言靈公無罪也踰三年而後葬則國亂居可知矣非日月小有前卻則書時不嫌○弒音試夏戶雅反【疏】注傳例至不嫌○釋曰失得不葬昭十三年傳文君弒賊不討不書葬以罪下也隱十一年傳文日卒時葬正也襄七年傳文案徵舒之弒靈公在十年五月至此纔二十一月而注云踰三年者諸侯五月而葬今踰五月至三年故曰踰也非日月小有前卻者未五月謂之前過五月謂之卻言葬有前卻則書月以見危今三年始葬非是小有前卻故書時不嫌也○楚子圍鄭○夏六月乙卯晉荀林父帥師及楚子戰于邲邲鄭地○邲皮必反【疏】夏六月至于邲○釋曰公羊傳稱荀林父稱名氏先楚子者惡林父也若然城濮之戰後子玉當是善子玉乎徐邈云先林父者內晉而外楚是也晉師敗績績功也功事也日其事敗也○秋七月○冬十有二月戊寅楚子滅蕭○晉人宋人衛人曹人同盟于清丘清丘衛地【疏】日其事敗也○釋曰舊解此戰事書日者爲敗之故也特於此發之者二國兵衆不同小國之戰故特發之徐邈云於此發傳者深閔中國大敗於彊楚也今以日爲語辭理足通也但舊解爲日月之日疑不敢質故皆存耳○戊寅楚子滅蕭○釋曰書日者徐邈云蕭君有賢得故書日也何休云責楚滅人國故書日若釋善而從則徐言與傳例合也○宋師伐陳○衛人救陳【疏】衛人救陳○釋曰不言善者衛宋同盟外楚今反救陳不足可善故傳不釋

十有三年春齊師伐莒○夏楚子伐宋○秋螽○冬晉殺其大夫先穀○穀戶木反一本作縠【疏】晉殺至先穀○釋曰此雖無傳於例爲殺無罪也

十有四年春衛殺其大夫孔達○夏五月壬申曹伯壽卒○晉侯伐鄭○秋九月楚子圍宋【疏】秋九至圍宋○釋曰徐邈云圍例時此圍久故書月以惡之也何休亦然范意或當不異也○葬曹文公○冬公孫歸父會齊侯于穀

十有五年春公孫歸父會楚子于宋○夏五月宋人及楚人平平者成也善其量力而反義也各自知力不能相制反共和之義【疏】平者成也○釋曰重發傳者嫌外內異也人者衆辭也平稱衆上下欲之也外平不道以吾

人之存焉道之也。吾人謂大夫歸父。○六月癸卯，晉師滅赤狄潞氏，以潞子嬰兒歸。滅國有三術，術猶道也。○潞氏音路。嬰，一盈反。中國謹日，卑國月，夷狄不日。卑國謂附庸之屬。襄六年傳曰：中國日，卑國月，夷狄時。此謂三術。其曰潞子嬰兒，賢也。○【疏】滅國至賢也。○釋曰：中國日者，謂衛滅許之類是也；卑國月者，謂无駭入極、齊侯滅萊之類是也；夷狄不日者，楚滅江、吳滅州來之類是也。此不云夷狄時而云不日者，方擇潞子嬰兒書日之意，故不云夷狄時也。夷狄不日，宜從下爲文勢，嬰兒爲賢書日，復稱名者，書日以表其賢，書名以見滅國，所謂善惡兩舉也。○秦人伐晉。○王札子殺召伯、毛伯。王札子者，當上之辭也。殺召伯、毛伯不言其何也？解經不言殺其大夫。○札，側八反。召，上照反。兩下相殺也。兩下相殺不志乎春秋，此其志何也？矯王命以殺之，非忿怒相殺也，故曰以王命殺也。以王命殺，謂言王札子殺召伯、毛伯，是知以王命而殺之。○矯，居表反。以王命殺則何志焉？爲天下主者天也，繼天者君也，君之所存者命也。爲人臣而侵其君之命而用之，是不臣也；爲人君而失其命，是不君也。君不君，臣不臣，此天下所以傾也。○秋，螽。○仲孫蔑會齊高固于無婁。無婁，杞邑。○婁，力侯反。○初稅畝。初者，始也。古者什一，一夫一婦佃田百畝，以共五口父母妻子也。又受田十畝以爲公田，公田在內，私田在外，此一夫一婦爲耕百一十畝。○稅，始鋭反，賦也。什一，音十，十稅一也。佃，音田，又徒徧反。共，音恭。藉而不稅。藉此公田而收其入，言不稅民。【疏】藉而不稅。○釋曰：徐邈曰：藉，借也，謂借民

力治公田，不稅民之私也。觀范之注，以藉爲賦，藉理亦通，從徐之言，義無妨也。初稅畝，非正也。古者三百步爲里，名曰井田。井田者，九百畝，公田居一。出除公田八十畝，餘八百二十畝，故井田之法，八家共一井，八百畝，餘二十畝，家各二畝半爲廬舍。○廬，力魚反。私田稼不善則非吏，非，責也。吏，田畯也。言吏急民，使不得營私田。○畯音俊，田大夫也。公田稼不善則非民。民勤私也。初稅畝者，非公之去公田而履畝十取一也，以公之與民爲已悉矣。悉謂盡其力。○去，如字，又起呂反。【疏】履畝十取一也。○釋曰：何休云：宣公無恩信於民，民不肯盡力治公田，故公家履踐案行，擇其善畝穀最好者稅取之，故曰履畝。徐邈以爲除去公田之外，又稅私田之十一也。傳稱以公之與民爲已悉矣，則徐言是也。古者公田爲居，八家共居。井竈葱韭盡取焉。損其廬舍，家作一園，以種五菜，外種楸桑，以備養生送死。○楸，音秋。【疏】注損其至送死。○釋曰：損爲減損也。五菜者，世所謂五辛之菜也。何休又云：古者井田之法，一夫一婦受田百畝，與父母妻子五口以爲一戶，公田十畝，又廬舍二畝半，凡爲田一頃一十二畝半也。八家而有九頃，故曰井田。廬舍在內，貴人也；公田次之，重公也；私田在外，賤私也。若五口之外，名曰餘夫，餘夫率受田二十五畝半，記與聞耳，於范氏注亦無所取。○冬，蝝生。蝝非災也，其曰蝝，非稅畝之災也。凡春秋記災，未有言生者。蝝之言緣也，緣宣公稅畝，故生此災，以責之非，責也。○蝝，以全反。劉歆云：此蚍蜉子。董仲舒云：蝗子。字林：尹絹反。○饑。

十有六年，春，王正月，晉人滅赤狄甲氏及留吁。甲氏、留吁，赤狄別種。晉既滅潞氏，今又并盡其餘邑也。滅夷狄時，賢嬰兒，故滅其餘邑猶月。○吁，許于反。種，章勇反。并，必政反。【疏】甲氏至猶月。○釋曰：傳例滅夷狄時，嬰兒以賢書月，故知餘邑書月亦爲賢也。甲氏、留吁非國而云滅者，甲氏、留吁國之大邑，而晉盡有之，重其事，故云滅，若晉滅夏陽之類是也。留吁言及者，蓋小於甲氏也。○

夏，成周宣榭災。成周，東周，今之洛陽。宣榭，宣王之榭。爾雅曰：室有東西廂曰廟，無東西廂有室曰寢，無室曰榭。傳例曰國曰災，邑曰火。○榭音謝，本或作謝。災，左氏作火。〈疏〉成周宣榭災○釋曰：不言京師者，爾時成周非京師故也。公羊傳云「宣榭者何？宣宮之榭也」，故范注亦以爲宣王之廟也。無室曰榭，爾雅正文。或以爲爾雅無此文，唯云土高曰臺，有木謂之榭，臺上有木即是屋也。楚語曰「榭不過講軍實」，臨觀講武，必是歇前，故云無室曰榭，爾雅有之者，本或誤也。又引傳例曰云云者，昭九年傳文也。周災不志也。其曰宣榭，何也？以樂器之所藏目之也。移風易俗，莫善於樂，是故貴其器。〈疏〉周災不志也○釋曰：徐邈所據本云「周災」，至注云「重王室也」。今遍檢范本，並有「不」字，則不得解與徐同也。○秋，郯伯姬來歸。爲夫家所遣。○冬，大有年。五穀大熟爲大有年。

十有七年春王正月庚子，許男錫我卒。○錫，星歷反。○丁未，蔡侯申卒。○夏，葬許昭公。○葬蔡文公。○六月癸卯，日有食之。○己未，公會晉侯、衛侯、曹伯、邾子同盟于斷道。己未，亦閏月之日。斷道，晉地。○斷，徒短反，一音短。〈疏〉注己未至晉地○釋曰：十年夏四月丙辰，日有食之；己巳，齊侯元卒。范以爲丙辰，晦之日也；己巳在晦日之下、五月之上，當是閏月可知。此文與彼正同，明亦閏月之日也。同者，有同也，同外楚也。○秋，公至自會。○冬十有一月壬午，公弟叔肸卒。其曰公弟叔肸，賢之也。其賢之何也？宣弒而非之也。宣公殺子赤，叔肸非責之。○肸，許乙反。〈疏〉同外楚也○釋曰：不於淸丘發傳者，淸丘魯不會，故重舉所以包之也。非之則胡爲不去也？曰：兄弟也，何去而之？言無所至。與之財，則曰我足矣。宣公與之財物，則言自足以距之。織屨而食，織屨賣以易食。○屨，九具反。終身不食宣公之食。君子以是爲通恩也，以取貴乎春秋。泰曰：宣公弒逆，故其祿不可受；兄弟無絶道，故雖非而不去。論情可以明親親，言義足以厲不軌，書曰公弟，不亦宜乎？〈疏〉取貴乎春秋○釋曰：衛侯之弟鱄去君，傳云合於春秋；此不去君，傳亦取貴於春秋者，易稱君子之道，或出或處，或默或語。鱄以衛侯惡而難親，恐罪及己，故棄之而去，使君無殺臣之惡，兄無害弟之愆，故得合於春秋。此叔肸以君有大逆，不可受其祿食，又是孔懷之親，不忍奮飛，使君臣之節兩通，兄弟之情俱暢，故亦取貴於春秋。叔肸書字，鱄直稱名者，叔肸內可以明親親，外足以厲不軌，比鱄也賢乎遠矣，故貴之稱字。鱄雖合於春秋，無大善可應，故直書名而已。

十有八年春，晉侯、衛世子臧伐齊。○臧，子郎反。○公伐杞。○夏四月。○秋七月，邾人戕繒子于繒。戕猶殘也，捝殺也。捝謂捶打，殘賊而殺。地于繒，惡其臣子不能距難。○戕，在良反，殘也，賊也，猶殺也。繒，本或作鄫，在陵反。捝殺，他活反，又徒活反，捶打也，字林云木杖。或作撲，普木反。捶，章蘂反。打音頂。惡其，烏路反。難，乃旦反。〈疏〉注地于繒至距難○釋曰：據楚子虔誘蔡侯般殺之于申，不于國都也。○甲戌，楚子呂卒。商臣子莊王。○子呂，左氏作旅。夷狄不卒，卒，少進也。卒而不日，日，少進也。日而不言正不正，簡之也。中國君日卒，正也；不日，不正也。今進夷狄，直舉其日，而不論正之與不正。〈疏〉夷狄至之也○釋曰：夷狄不卒，據自此以前吳、楚君卒而不書日，據襄十二年秋九月吳子乘卒言之也。簡之也者，中國卒則日，不正乃不日，夷狄進之則日，不論正與不正，故云簡之也。○公孫歸父如晉。○冬十月壬戌，公薨于路寢。正寢也。○歸父還自晉。還者，事未畢也。莊八年秋師還是也。〈疏〉路寢。正寢也。○釋曰：重發傳者，莊據始，故發之；宣公篡弒，有嫌；成公承所嫌之下故各發傳也○歸父還自晉○釋曰執則致歸父非執而書其還者爲出奔張本也直名不氏者凡致者由上致之故例今不書歸父之氏明有致命之義也自晉事畢也與人之子守其父之殯人之子謂歸父子也言成公與歸父子共守宣公殯捐殯而奔其父之使者是以奔父也捐棄也奔猶逐也言成公棄父之殯逐父之使使謂歸父也父命未反而已逐之是與親奔父無異○捐以全反至檉遂奔齊遂繼事也杜預曰檉魯竟外故不言出○檉尹貞反左氏作笙竟音境

監本春秋穀梁注疏宣公卷第十二

新建縣知縣鄭祖琛
浮梁縣知縣劉丙　同栞

穀梁注疏卷十二挍勘記　阮元撰盧宣旬摘錄

宣公余本分卷自此以下亦每公爲一卷與石經合明刻經傳本此爲第七卷單疏本同毛本同

元年

固是其理閩監毛本同何校本理作禮

由上致之也石經閩監本同毛本由作繇

稱國至罪也閩監毛本同何校本上有傳字又此下疏三條此本并爲一條在注故不致下閩監毛本分屬三節此疏在傳放無罪也下離會故不致段在注故不致下內不至齊也段在注故書齊取下

注離會故不致不引傳例者閩監毛本不引上增○及釋曰二字

傳內不至齊也昭二十五年監毛本傳誤注閩本不誤又閩監毛本昭上增○及釋曰二字

公宣弒入閩本同監毛本作宣公弒立釋文出宣弒

取雖是易閩監毛本同何校本無是字

故言師閩監毛本同宋余仁仲本師誤帥

二年

晉侯雖失衆閩監毛本同何校本下空一字

皆生獲也閩監毛本同余本無獲字

今兩書敗獲閩監本同毛本兩作両

法峻整閩監毛本同何校本上有嚴字

三年

止以病不知嘗藥閩監毛本同何校本病上有父

吳敗六國亡之者 閩監毛本亡作言何校本作云

而不急於軍事也 閩本同是也儀禮經傳通解引亦作軍監毛本軍作使

理雖迂延 何校本迂延作迂誕是也閩監毛本迂作遷

則引稷牲而卜之 單疏本稷上有社字○按公羊傳引作扳無社字

其帝牲在于滌宫三月 案公羊傳無其字宫字疏以意增也儀禮經傳通解引同

無災而已 閩監毛本同單疏本災下有害字與公羊注合

嫌牛死與卜郊不從異也 閩監毛本同單疏本與作于

五年

理亦通爾 閩監本同何校本爾作耳○按毛本理作禮非

會齊侯於陽穀 閩本同監毛本於作于

故知云及爲非禮 閩本同監毛本云作去

故故書及爲非禮 閩監毛本故字不重案此本剜改下故當依何校本作知

六年

將尊師少直言將 閩監毛本同單疏本無直字○按無直字是也公羊隱五年傳言作稱

七年

來盟前定也 閩監毛本同石經余本盟下有者字

八年

仲遂卒于垂 石經閩監毛本作于此本譌子今訂正

即見罪惡之臣 閩監毛本同單疏本見下有是字

以譏乎宣也 閩監毛本同石經譏誤饑

壬午猶繹猶者可以已之辭也 石經同閩監毛本繹下衍萬入去籥四字釋文先之享後去籥亦其證

則天子以卿爲之 閩監毛本則作即非

卿大夫以下禮小 閩監本同毛本禮小作豊不誤

繹陳昨日禮也 閩監毛本同何校本日下有之字

明爲雨止 閩監毛本同何校本爲作是是也

若未及已丑之而遇雨 補閩監毛本之下有日字此本誤脱

日下昃乃克葬 閩監毛本同何校本昃作稷十行本此字剜改當是本作稷也○按注云稷昃也

九年

諱亟也 閩監本同毛本亟誤急

以根牟爲國名也 閩監毛本同單疏本無也字

毋爲發傳日未踰竟也 補毛本日作曰

皆以侵伐會盟見經操扈經既無文 閩監毛本同單疏本上經字空缺無操扈經三字元刻注疏本同

楚子伐鄭 石經同閩監毛本子誤八

陳殺其大夫泄冶 閩監毛本同石經泄作洩下同釋文出泄冶

亦通其家 閩監毛本同石經余本通下有于字

十年

齊由以爲兄弟反之 石經閩監本同毛本由作繇反誤友

傳例曰 此注閩監毛本在日有食之下

十有一年

外狄 閩監毛本同石經余本下有也字

二人與昏淫 閩監毛本同余本與下有君字

十有二年

殺泄治 閩監毛本泄作洩

則靈公之惡 此下疏文閩監毛本作靈此本誤林何校本惡作罪

日其事敗也 此下疏文閩監毛本分屬兩節一在傳日其事敗也下一在楚子滅蕭下

理足通也 閩監毛本同單疏本理作亦

十有三年

晉殺其大夫先穀 閩監毛本同石經穀作縠宋本釋文出先縠云一本作穀兩者必有一誤通志堂本先穀一本作縠

十有五年

平者成也 閩監毛本同單疏本作夏五月宋人及楚人平

其曰潞子嬰兒賢也 石經閩監毛本同惠棟云曰當作日

謂衛滅許之類 單疏本元本同閩監毛本許作邢是也按僖廿五年衛侯燬滅邢

楚滅江吳滅滅州來之類 下滅衍字單疏本元本無下滅字閩監毛本江下衍黃字無下滅字○按黃字非衍文楚滅江見文四年滅黃見僖十四年皆不書日

又受田十五畝 閩監毛本同余本無五字是也莊廿八年疏引作又受田十畝

凡爲田一頃一十二畝半也 閩本同監毛本下一誤二與公羊注不合

十有六年

宣榭宣王之榭 何校本下榭字作謝

成周宣榭災 閩監毛本同單疏本榭作謝下同案此則單疏本所據經注必皆作謝與釋文或作本合

有木謂之榭 閩監毛本同何校本無之字

是故貴其器 閩監毛本同余本貴作善

十有七年

故重舉所以包之也 閩監毛本同單疏本無所字

終身不食宣公之食 石經閩本同監毛本身誤日

外足以厲不軌 閩監毛本同單疏本足作可

十有八年

邾人戕繒子于繒 石經閩本同監毛本上繒誤繪釋文繒本或作鄫

挩殺也 石經閩監毛本同嚴杰云石經初刻挩作梲後改從手非也梲殺謂以杖殺之後漢書禰衡傳手持三尺梲杖是也

挩謂捶打殘賊而殺 錢大昕云晉唐人書木旁字多作手旁此必杸字之譌說文杸橦也杸與構椓連文知橦亦兼有橦擊義

正寢也 閩監毛本同石經余本上有路寢二字疏標起訖同

歸父還自晉還者事未畢也 石經閩監毛本晉下衍至檉遂奔齊五字案釋文至檉在揁殯之使下足證五字爲衍文

路寢正寢也 此下疏閩監毛本分屬二節一在傳正寢也下一在師還是也下

故例　閩監毛本同何校本下有名字

是以奔父也　閩監毛本同石經余本以作亦

穀梁注疏卷十二校勘記終

寧都李楨校

監本春秋穀梁注疏成公卷第十三 起元年終八年

范甯集解　楊士勛疏

成公〔疏〕魯世家成公名黑肱宣公之子以周定王十七年即位謚法安民立政曰成

元年春王正月公即位○二月辛酉葬我君宣公○無冰終時無冰則志此未終時而言無冰何也言終寒時無冰當志之耳今方建丑之月是寒時未終〔疏〕無冰○釋曰徐邈何休並云此年無冰皆由季孫行父專政之所致也桓十四年亦無冰范云政治舒緩之所致必不得與二說同也又爾時季氏不專政亦無冰明徐何之言不可用終無冰矣加之寒之辭也周二月建丑之月夏之十二月也此月既是常寒之月於寒之中又如加甚常年過此無冰終無復冰矣○夏之戸雅反復扶又反〔疏〕終時至辭也○釋曰終時無冰當志謂終寒時無冰當志之也此未終寒時謂今建丑之月是寒時未終而言

無冰何也謂怪其書之意也終無冰矣謂過此時無冰則終無冰也加之寒之辭也謂於此月書者以此月是常寒之月加甚之辭故糜信徐邈亦云十二月最是寒盛之時故特於此月書之是也餘無冰不發特於此月發之者襄三十八年書春無冰則是也二時無冰書時則是終寒時故不傳此在二月葬宣公之下三月作丘甲之上是未終時故特發之桓十四年無冰在正月之下者舊解正月自爲公會鄭伯不爲無冰也或當月却而節前則周之正月亦是常寒之月○注周二至冰也○釋曰天有四時冬寒夏暑是冬爲常寒之月於寒之中又加甚謂建丑是夏之十二月於寒之中又加甚於餘月雖未終時亦得於此月書之○三月作丘甲周禮九夫爲井四井爲邑四邑爲丘丘十六井甲鎧也○鎧開代反〔疏〕三月作兵甲○釋曰何休云月者重録之徐邈云甲有伎巧非凡民能作而強使作之故書月以譏之范雖無注或書月亦是譏公羊說作兵甲亦與此傳同唯左氏傳以爲譏重斂作爲也丘爲甲也使一丘之民皆作甲〔疏〕作爲也○釋曰後重發傳者文同事異不可以一例該之故也范別例云作例有六直云作者三云新作亦三也云作三者謂作丘甲一也作三軍二也作僖公主三也云新作三者謂新作南門一也新延廄二也新作雉門及兩觀三也言作者不必有新則兼作也三者皆所以爲譏故傳曰作爲也是有加其度也言新有故是也丘甲國之事也丘作甲非正也丘作甲之爲非正何也古者立國家百官具農工皆有職以事上古者有四民有士民學習道藝者○〔疏〕有士民○釋曰何休云德能居位曰士范云學習道藝者是以爲之四民若以居位則不得爲之民故云學習道藝也有商民通四方之貨者有農民播殖耕稼者有工民巧心勞手以成器物者夫甲非人人之所能爲也各有業也○夫音符丘作甲非正也○夏臧孫許及晉侯盟于赤棘赤棘晉地〔疏〕夏臧至赤棘○釋曰盟不日者何休云謀結鞌之戰不相負所以不日者執在三年非此所得保也案隱元年眛之盟爲七年伐邾尚猶去日何爲二年即執反云非此所以保乎蓋謀爲鞌戰歸我汶陽之田至八年瀹前約故

略之也○秋王師敗績于貿戎貿戎地○貿音茂左氏作茅戎〔疏〕秋王至貿戎○釋曰左氏以爲戎敗之公羊與此亦同爲晉敗之今經不云晉敗之者欲見王者無敵故也不書月者何休云深正之使若不戰范雖不解蓋不言晉敗及戰故亦略其日月不言戰莫之敢敵也爲尊者諱敵不諱敗諱敵使莫二也不諱敗容有過否○爲于僞反爲親者諱敗不諱敵諱敗惜其毀折也不諱敵諸侯有列國尊尊親親之義也尊則無敵親則保全尊謂王親謂魯然則孰敗之晉也○冬十月季孫行父禿晉郤克眇衛孫良夫跛曹公子手僂同時而聘於齊齊使禿者御禿者使眇者御眇者使跛者御跛者使僂者御僂者御音迓迓迎也○禿他不反眇亡小反跛波可反僂於矩反一音刀圭反〔疏〕郤克眇○釋曰左氏以爲

跛今云眇者公羊無説未知二傳孰是范明年注云郤克跛者意從左氏故也或以爲誤跛當作眇蕭同姪子處臺上而笑之蕭國也同姓也姪子字也其母嫁齊惠公生頃公宣十二年楚人滅蕭故隨其母在齊。○姪大節反又丈乙反頃公音傾聞於客客不説而去相與立胥閭而語移日不解胥閭門名。○説音悦胥思徐反下力居反解古買反又音蟹〔疏〕注胥閭門名。○釋曰即周禮二十五家也齊人有知之者曰齊之患必自此始矣穀梁子作傳皆釋經以言義未有無其文而横發傳者甯疑經冬十月下云季孫行父如齊脱此六字。○横華孟反又如字脱此徒活反又他活反〔疏〕注脱此六字釋曰季孫行父禿是傳辭上脱季孫行父如齊六字

二年春齊侯伐我北鄙。○夏四月丙戌衛孫良夫帥師及齊師戰于新築衛師敗績新築衛地。○築音竹

○六月癸酉季孫行父臧孫許叔孫僑如公孫嬰齊帥師會晉郤克衛孫良夫曹公子手及齊侯戰于鞌齊師敗績鞌齊地。○僑本又作喬其僑反公子手左氏作首鞌音安〔疏〕癸酉季孫至敗績。○釋曰徐邈云四大夫用兵亦以譏之也然則諸國者惡魯猥遣四大夫用兵亦應猥遣何以不具書之蓋是用兵重事故詳内也其日或曰日其戰也或曰日其悉也悉謂魯四大夫時悉在戰也明二者皆當日〔疏〕其日至悉也釋曰穀梁傳例疑戰不日不疑戰則例書日此傳云日其戰日其悉也者豈使詐戰則魯雖四大夫戰亦不得書但傳以此戰不許書事宜詳故因經書日并見此意也曹無大夫其曰公子何也以吾之四大夫在焉舉其貴者也不欲令内衆大夫與外卑者共行戰。○令力呈反〔疏〕曹無大夫。○釋曰復發傳者前爲崇屬今爲戰故重發之公羊以爲公子手何以書憂内也杜解左氏以爲備於禮並非穀梁意○秋七月齊侯使國佐如師己酉及國佐盟于爰婁鞌去國五百里爰婁去國五十里國齊國也〔疏〕爰婁至十里。○釋曰爰婁去齊五十里今在師之外明晉師已逼到其國師謂晉師也齊爲晉所敗兵臨城下然則敗軍之將不可以語勇驚弦之鳥不可以應弓所以更能五戰者齊是大國邑竟既寛收拾餘燼足當諸國之師故請以五也壹戰緜地五百里焚雍門之茨雍門齊城門茨蓋也。○雍於用反之茨在私反侵車東至海侵車侵伐之車言時侵齊過乃至海君子聞之曰夫甚甚之辭焉鄭嗣曰君子聞戰于鞌乃盟于爰婁焚雍門之茨侵車至海言因齊之敗逼之甚。○夫甚音符齊有以取之也齊之有以取之何也敗衛師于新築侵我北鄙敖郤獻子謂笑其跛。○謂笑其跛布可反案杜預注左傳云郤克跛此傳言郤克眇范注當依傳而作跛恐非

齊有以取之也爰婁在師之外言師已逼其國郤克曰反魯衛之侵地以紀侯之甗來甗玉甗齊滅紀故得其寶。○甗魚輦反又音言又音彦玉甗也以蕭同姪子之母爲質齊侯與姪子同母異父昆弟不欲斥言齊侯之母故言蕭同姪子之母也兼忿姪子笑。○爲質音致下同使耕者皆東其畝欲以利其戎車於驅侵易。○侵易以豉反下伐易同然後與子盟國佐曰反魯衛之侵地以紀侯之甗來則諾以蕭同姪子之母爲質則是齊侯之母也齊侯之母猶晉君之母也晉君之母猶齊侯之母也言尊同也使耕者盡東其畝則是終土齊也凱曰利其戎車侵伐易則是以齊爲土不可不可謂若不許己言請壹戰壹戰不克請再再不

克請三三不克請四四不克請五五不克舉國而授於是而與之盟〇八月壬午宋公鮑卒〇庚寅衛侯速卒〇取汶陽田〇汶音問〇冬楚師鄭師侵衛〇十有一月公會楚公子嬰齊于蜀蜀某地楚無大夫其曰公子何也嬰齊亢也泰曰莊二十二年丙申及齊高傒盟文二年乙巳及晉處父盟傳曰不言高傒處父亢也此傳會嬰齊者公以明亢何乎蓋言高傒處父亢禮敵公書公則內恥也嬰齊而雖驕慢終自降屈故于會則書公以顯嬰齊之驕亢于盟則稱人以表嬰齊之服罪然則向之驕正足以表其無禮不足以病公則書公可也〇向之本又作鄉亦作向同許亮反下文同疏楚無至亢也〇釋曰楚無大夫重發之者屈完當齊桓名氏始見非正例也椒與宜申二者不見名氏非大夫之例今稱公子是貴於同大夫之文故重發之嬰齊之亢又重發者高傒則沒公存氏處父無氏稱名嬰齊則前驕

後讓三者皆異故各發之〇丙申公及楚人秦人宋人陳人衛人鄭人齊人曹人邾人薛人繒人盟于蜀楚其稱人何也怪楚向稱公子今稱人齊在鄭下蓋時王所黜疏注齊在至所黜〇釋曰知時王黜者以秦宋陳衛以下皆稱人稱人則非卿以其諸侯之大夫俱是微者必不能自有升降故知時王所黜齊以微敵之故師敗於鞌兵臨城下微弱之極天子因其勢故退之鄭下此乃一時之宜非是常例也知諸侯之大夫是微人者傳直怪嬰齊稱人不論諸侯大夫明知並是微者於是而後公得其所也會與盟同月則地會不地盟不同月則地會地盟此其地會地盟何也以公得其所申其事也公得其所謂楚稱人申其事謂地會地盟〇會與盟同月絶句不同月絶句則地會地盟絶句疏會與至事也〇釋曰同月則地會不地盟者僖二十八年踐土之盟襄十六年湨梁之盟是也不同月則地會盟者昭十三年平丘之盟定四年皐鼬之盟是也今之屈向之驕也

三年春王正月公會晉侯宋公衛侯曹伯伐鄭宋衛未葬而自同於正君故書公侯以譏之疏注宋衛至譏之〇釋曰范意雖葬未踰年亦不得成君雖踰年而未葬亦不得成君故云宋衛未葬書公侯以譏之踰年未葬不得成君此注是也雖葬未踰年不得成君即四年鄭伯伐許注云喪未踰年自同於正君亦譏之是也〇辛亥葬衛穆公〇二月公至自伐鄭〇甲子新宮災三日哭新宮者禰宮也謂宣公廟也三年喪畢宣公神主新入廟故謂之新宮〇禰乃禮反疏甲子新宮災〇釋曰何休云此象宣公篡位當誅絶不宜列之昭穆成公結怨強齊不得久承宗廟之象也范以天災難知非人所及故不言之三日哭哀也其哀禮也宮廟親之神靈所憑居而遇災故以哀哭爲禮〇憑居皮冰反迫近不敢稱謚恭也迫近言親禰也桓僖遠祖則稱謚

疏注迫近至稱謚〇釋曰范不據丹桓宮者傳云迫近不敢稱謚言近則宜對遠故據桓僖言之其用桓宮以莊公娶父之讎女故特言桓宮以譏莊之不子也其辭恭且哀以成公爲無譏矣〇乙亥葬宋文公〇夏公如晉〇鄭公子去疾帥師伐許〇去起呂反疏其辭至譏矣〇釋曰不稱謚明其恭三日哭著其哀是成公爲無譏矣〇公至自晉〇秋叔孫僑如帥師圍棘〇大雩〇晉郤克衛孫良夫伐牆咎如〇咎音羔疏叔孫至圍棘〇釋曰公羊左氏皆以棘爲汶陽之田邑此傳無說事或然也〇冬十有一月晉侯使荀庚來聘〇衛侯使孫良夫來聘〇丙午及荀庚盟〇丁未及孫良夫盟其日公也來聘而求盟不言及者以國與之也不言

其人亦以國與之也。徐邈曰：不言及，謂凡書來盟者也，若宣七年衞孫良夫來盟是也。以國與之，謂舉國爲主，故直書外來爾。此先聘而後盟，故不言來盟，揔言及而不復著其人，亦是舉國之辭。○復，扶又反。疏其日至與之也○釋曰：案傳例，前定之盟不日，後定之盟則日。此云公也者，其實盟雖公在位，但爲前定則不日，後定則日。此其日公故也，則後定亦可知矣。但以上文聘既接公，下文及則公文未顯，嫌不得再煩尊者，恐盟時無公，故傳云公以釋之。傳又云不言及者，則宣七年衞孫良夫來盟是也。不言其人者，解此文不書內之名氏是也。又云不言求兩欲之也者，言求當直言求盟，如孫良夫是也。不言求者，此云來聘，又云及盟是也。何者？來聘是他求，言及我欲也，是兩國同欲之文，非獨求之稱，故云不言求兩欲之也。若然，上文云來聘而求盟者，解二人本意。來聘只爲求盟，爲下不言求張本也。不言求兩欲之也。○鄭伐許。鄭從楚而伐衞之喪，又叛諸侯之盟，故狄之。疏注鄭從至狄之○釋曰：知伐衞之喪又叛諸侯之盟故狄之者，昭十二年晉伐鮮虞，傳曰不正其與夷狄交伐中國，故狄稱之也。定四年傳云吳不稱子，反其狄道也。鄭衞同姓，不有弔臨之恩，而伐其喪，其爲惡行，莫斯之甚，而亦直舉國稱之，明爲夷狄之行也。叛諸侯之盟者，舊解以爲上文背晉爲諸侯所伐是也。又其言伐喪者，前年衞侯速卒，楚師、鄭師侵衞是也。不於伐喪貶者，其罪不積，不足以成惡。鄭既伐喪，背盟一年之中，再加兵於許，故於此夷狄之。

四年春，宋公使華元來聘。○三月壬申，鄭伯堅卒。○杞伯來朝。○朝，直遥反。○夏四月甲寅，臧孫許卒。○公如晉。○葬鄭襄公。○秋，公至自晉。○冬，城鄆。○鄆音運。○鄭伯伐許。喪未踰年，自同於正君，亦譏之。疏注喪未至譏之○釋曰：傳於宋襄起喪稱之例，則諸侯亦同之可知。故上下經文宋、衞、陳皆有子稱。鄭是伯爵，與侯同於七命，明在喪之稱或亦與侯同也。左氏之例，唯云公侯曰子，伯則不入於例，與此異也。

五年春王正月，杞叔姬來歸。婦人之義，嫁曰歸，反曰來歸。○仲孫蔑如宋。○夏，叔孫僑如會晉荀首于穀。穀，齊地。疏婦人至來歸○釋曰：范氏云出女例凡三：齊人來歸子叔姬一也，郯伯姬來歸二也，此杞叔姬來歸三也。又別引文十八年夫人姜氏歸於齊爲例者，出既是同，但內外爲異，故并引之也。子叔姬淫而得罪，爲齊所逐，故言齊人來歸。今杞叔姬文既與之異，故並發傳，舉其上下，郯伯姬亦足以相包，故不更發之。○梁山崩。梁山，晉之望也。不言晉者，名山大澤不以封也。許慎曰：山者陽位，君之象也。象君權壞。疏注梁山至望也○釋曰：詩云「奕奕梁山」，是韓國之鎮。霍陽、韓、魏，晉之地，故云晉之望也。不日，何也？據僖十四年秋八月辛卯沙鹿崩書日。高者有崩道也。有崩道，則何以書也？曰：梁山崩，壅遏河三日不流。晉君召伯尊而問焉。伯尊來，遇輦者，輦者不辟，使車右下而鞭之。凡車將在左，御在中，有力之人在右，所以備非常。○壅，於勇反。遏，於葛反。伯尊，左氏作伯宗。辟音避。將，子匠反。輦者曰：所以鞭我者，其取道遠矣。所用鞭我之間，行道則可遠。伯尊下車而問焉。以其言有理，知非凡人。曰：子有聞乎？對曰：梁山崩，壅遏河三日不流。伯尊曰：君爲此召我也，爲之奈何？輦者曰：天有山，天崩之；天有河，天壅之。雖召伯尊，如之何？伯尊由忠問焉。用忠誠之心問之。○爲此，于僞反。○輦者曰：君親素縞，帥羣臣而哭之，既而祠焉，斯流矣。素衣縞冠，凶服也。所以凶服者，山川國之鎮也，山崩川竭，示哀窮。○縞，古老反。疏注素衣至哀窮○釋曰：禮云素縞者，鄭玄云黑經白緯謂之縞，縞冠素紕，以純喪冠，故謂之素縞，是祥祭之冠也。今注云素衣縞冠，與鄭異也。伯尊至，君問之曰：梁山崩，壅遏河三日不流，爲之奈何？伯尊曰：君親素縞，帥羣臣而哭之，既而祠焉斯流矣。孔子聞之曰：伯尊其無績乎，攘善也。績，功也。攘，盜也。取輦者之言而行之，非已之功也。績或作續，謂無繼嗣。○攘，如羊反。【疏】注謂無繼嗣○釋曰：舊說云伯尊晉之賢大夫，輦人晉之隱士，今一遇吐誠，理難再得，伯尊不能薦之於晉侯以救朝廷之急，反竊其語而晦其人，蔽賢罪深，故被戮絕嗣。子夏雖匿聖人之論，能播教於西河，令黑水之人欽其風，瀟坂之間愛其道，其罪先輕，故直喪明而已。然此之立說，恐非其理。何者？天道冥昧，非人所知，大聖立言，意在執世，則伯尊之戮，未必由蔽賢人之言；卜商喪明，豈關匿聖人之論？徒爭罪之輕重，妄說受罪淺深，據理言之，恐非聖賢之旨。何休以爲梁山崩，壅河三日不流，象諸侯失勢，王道絕，故自是之後，六十年之中，弒君十四，亡國三十二，象此傳說輦者之言，竟不論天子諸侯喪亡之事，則何休之言未必通於此也。

○秋，大水。○冬，十一月，己酉，天王崩。定王。○十有二月，己丑，公會晉侯、齊侯、宋公、衛侯、鄭伯、曹伯、邾子、杞伯，同盟于蟲牢。蟲牢，鄭地。○蟲，直忠反；牢，力刀反。

六年，春，王正月，公至自會。○二月，辛巳，立武宮。舊說曰：武公之宮廟毀已久矣，故傳曰不宜立也。禮記明堂位曰：魯公之廟，文世室也；武公之廟，武世室也。言世室則不毀也，則義與此違。【疏】春王至自會○釋曰：何休云：月者，魯使大夫伐齊侯，今親相見，危之，故書月也。傳例致月則危，此書月必是危，但不知同何說，以否或當時有危，傳不言之，故范亦不解，或亦爲此年公遠會，始至立武宮、取鄟，皆是危事，故致會書月也。○立武宮○釋曰：禮記稱世室，此傳云不宜立者，禮記周末之書，以其廟不毀，故謂之世室。此以武公之廟毀來已久，今復立之，故云不宜立，范義與此違也。何休解公羊以爲臧孫許伐齊有功，故立武宮；左氏以爲季文子以鞌之功立武宮。據人雖別，同是伐齊，穀梁之意亦以勝齊立武宮也。立者，不宜立也。

○取鄟。鄟，國也。○鄟，音專，又市轉反，國名。【疏】取鄟○釋曰：隱十年鄭伯伐取之，直注云：凡書取國皆滅也，變滅言取，明其易。今不言滅鄟，是明魯取之易也，又惡鄟不備也。凡書取之例，以內外皆有，外書取者，即徐人取舒是也；內書取者，即取鄟是也；其內被取邑，亦爲取，齊侯取鄆是也。公羊以爲鄟是邾之邑，與穀梁異。○衛孫良夫帥師侵宋。○夏，六月，邾子來朝。○朝有遥反二。○公孫嬰齊如晉。○壬申，鄭伯費卒。○費，音祕。【疏】鄭伯費卒○釋曰：案世本及左氏，鄭伯費是鄭悼公。不書葬者，何休云：楚伐鄭喪，諸侯不能救，晉欒書又侵之，故去葬，使若非伐喪者，爲中國諱也。在隱三年注：魯不往會，則經亦不書。則悼公不書葬者，魯不會也。○秋，仲孫蔑、叔孫僑如帥師侵宋。○楚公子嬰齊帥師伐鄭。○冬，季孫行父如晉。○晉欒書帥師救鄭。

七年，春，王正月，鼷鼠食郊牛角。不能免牛者，以方改卜郊，吉否未可知。○鼷，音奚；否，方九反。【疏】注不言至可知○釋曰：下傳稱免牲不曰不郊，免牛亦然。此言免牛，則嫌似不郊，故云不言免牛者，以方改卜郊，未可知也。不言日，急辭也。辭中促急，不容日。【疏】不言至辭也○釋曰：宣三年郊牛之口傷，彼言之是緩辭，亦不云日。此傳云不言日急辭也者，案宣三年傳言之是牛自傷之緩，此言其是鼷食牛之緩，二者立文雖異，俱是緩辭，則辭閒容日，亦是緩辭。傳云不言日急辭也，此已發例，則定十五年、哀元年之類不言日者，並是急辭也。緩辭不言日者，言之既是緩辭可知，故不須更書日以見緩也。過有司也。郊牛日展觓角而知傷，展道盡矣，其所以備災之道不盡也。有司展察牛而即知傷，是展察之道盡，不能防災禦患，致使牛傷，故不書日以顯有司之過。觓，球球然角貌。○觓角其樛反，一音求，角貌，或本作觩，非。禦，魚呂反。球，音求。【疏】郊牛至盡也○釋曰：展，省察也。言日日皆省察牛之觓角，而則知傷，是省察之道盡矣。展道雖盡，不能防災禦患，致使牛傷，是其所以備災之道不盡，是故不言日以責有司也。牛角云觩者，詩稱兕觩其觩，又曰有觩其角是也。改卜牛，鼷鼠又食其角。又，有繼之辭也。前已食，故曰繼。其，緩辭也。

曰亡乎人矣，非人之所能也，所以免有司之過也。至此復食，乃知國無賢君，天災之爾，非有司之過也，故言其以赦之。○能如字，亦作耐。復食，扶又反，下同。

疏「其緩至過也」○釋曰：解經上文云「鼷鼠食郊牛角」不言其，此文云「又食其角」乃變言其，故釋之云「其緩辭也」。曰「亡乎人矣」，亡，無也。至此郊牛復食，乃知國無賢君，非人所不能也，謂國無賢君之故，爲上天之所災，非人力所能禁，所以免有司之過也。謂經言其者，所以放有司也。

乃免牛。乃者，亡乎人之辭也。免牲者，爲之緇衣纁裳，有司玄端奉送至于南郊。免牛亦然。免牲不曰不郊，免牛亦然。郊者用牲，今言免牲，則不郊顯矣。若言免牛亦不郊，而經復書不郊者，蓋爲三望起爾。言時既不郊而猶三望，明失禮。○緇，側其反。纁，許云反。爲，于僞反。

疏「乃者至亦然」○釋曰：重發傳者，此再食乃免牛，嫌與僖例別，故重發之。○注「蓋爲至起爾」○釋曰：僖三十二年夏四月，四卜郊，不從，乃免牲，猶三望。彼不云不郊，此既云免牛，又云不郊者，彼免牲與三望同時，故略去不郊之文；此春免牛，夏乃三望，故備言之。

○吳伐郯。○郯音談。

○夏五月，曹伯來朝。○不郊，猶三望。○秋，楚公子嬰齊帥師伐鄭。○公會晉侯、齊侯、宋公、衛侯、曹伯、莒子、邾子、杞伯救鄭。八月戊辰，同盟于馬陵。馬陵，衛地。公至自會。○具入州來。州來，楚地。○冬，大雩。雩不月而時，非之也。冬無爲雩也。

疏「雩不至雩也」○釋曰：傳例云：月雩，正也；時雩，非正也。非正者，其時未窮，人力未盡，毛澤已竭，不雩則不及事，故月以明之，則經書「秋八月雩」「九月雩」是也。既過此節，秋不書旱，則冬無爲雩也。故鄭釋廢疾去：冬及春夏，案春秋說考異郵，三時唯有禱禮，無雩祭之事，唯四月龍星見，始有常雩耳。故因載其禱請山川辭云：方今天旱，野無生稼，寡人當死，百姓何依，不敢煩民，請命，願撫萬民，以身塞無狀。是鄭意亦以不須雩，唯有禱請而已。

○衛孫林父出奔晉。○

八年春，晉侯使韓穿來言汶陽之田，歸之于齊。晉爲盟主，齊還事晉，故使魯還二年齊所反之田。○穿音川。

疏注「晉爲至之田」○釋曰：公羊以爲齊侯敗宋之後，七年不飲酒，不食肉，晉侯高其德，遂反其所取侵地。此雖無傳，齊頃是中平之主，安能以一敗之後七年不飲酒食肉乎？故以爲晉爲盟主，齊還事晉，故使魯還二年齊所反之田。杜預解左氏，其意亦然。

于齊，緩辭也，不使盡我也。若曰爲之請歸，不使晉制命于我。○爲，于僞反。

疏「于齊緩辭也」○釋曰：傳二十八年「晉人執衛侯歸之于京師」，傳以言之爲緩辭也。今言歸之于齊爲緩辭者，之緩辭自是常例，於齊之理未明，故特釋之。辭雖不同，亦是緩也。此以緩辭言之者，諱不使制命於我也。

○晉欒書帥師侵蔡。○公孫嬰齊如莒。○宋公使華元來聘。○夏，宋公使公孫壽來納幣。婚禮不稱主人，宋公無主婚者，自命之，故稱使。納幣不書，書者賢伯姬，故盡其事。

疏注「婚禮至其事」○釋曰：公羊以爲婚禮不稱主人，宋公無主婚者，辭窮，自命之，故公孫壽來納幣稱使。紀侯有母，履緰受紀侯之母命，婦人之命不通，故不稱使。案隱二年傳云：「其不言使何也？逆之道微，無足道焉爾。」據彼傳文，以逆者微，無足道焉爾，故不言使，則與公羊異。觀此注意，云宋公無主婚者，自命之，故稱使，明爲母命之則不稱使，似與公羊同而與傳違者，范以紀侯之與宋公皆是無母，宜並稱主人，但納幣是卿之事，故稱宋公使也；逆女是君之事，使大夫非正，故履緰不稱使。今此注云婚禮不稱主人，亦據諸侯母在者言之，又且履緰不稱使，大率言之亦是不稱主人之事，故注言之耳。納幣不書，其經之所書者三：莊公以非禮書，一也；公子遂以喪錄，二也；此爲賢伯姬，三也。范知爲賢伯姬者，公羊傳云：「納幣不書，此何以書？錄伯姬也。」是爲賢而錄也。

○晉殺其大夫趙同、趙括。○秋七月，天子使召伯來錫公命。禮有受命，無來錫命。錫命，非正也。曰天子何也？曰見一稱也。天王、天子，王者之通稱。自此以上，未有言天子者，今言天子，是更見一稱。○召，上照反。曰見，賢徧反，注更見同。一稱，尺證反。以上，時掌反。

疏「曰見一稱也」○釋曰：王既是四大之重，宜表異號，莫若繫天以衆人畢故稱母子貴者取貴稱故謂之天子入春秋以來唯取仁義之稱未表繫天子之尊故曰更見一稱也公羊傳云其稱天子何元年春王正月正也其餘皆通矣何休云王德合於元者稱皇德合於天者稱帝仁義合者稱王又云王者取天下歸往也天子者爵稱也聖人受命皆天所生故謂之天子或言天王或言天子皆相通也唯賈逵云畿內稱王諸夏稱天王夷狄稱天子其理非也○冬十月癸卯，杞叔姬卒。杜預曰前五年來歸者女既適人雖見出棄猶以成人之禮書之終爲杞伯所葬故稱杞叔姬○晉侯使士燮來聘。燮素協反○叔孫僑如會晉士燮、齊人、邾人伐鄭○衛人來媵。杜預曰古者諸侯娶嫡夫人及左右媵各有姪娣皆同姓之國國三人凡九女所以廣繼嗣魯將嫁伯姬于宋故衛來媵○媵以證反又繩證反嫡丁歷反姪大結反娣音弟（疏）衛人來媵○釋曰公羊以爲媵不合書其書者賢伯姬也左氏雖無其說蓋以來至於魯然後與嫡行故書之此傳之意以伯姬爲災而死閔之故書其事是言三傳意小異也

媵，淺事也，不志。此其志何也？以伯姬之不得其所，故盡其事也。不得其所謂災死也江熙曰共公之葬由伯姬則共公是失德者也傷伯姬賢而嫁不得其所○共音恭下同（疏）注江熙至其所○釋曰江熙以不得其所爲共公失德文無所據范引之者傳異聞也

監本附音春秋穀梁注疏卷第十三

新建縣知縣鄭祖琛
浮梁縣知縣劉丙　同栞

穀梁注疏卷十三挍勘記　阮元撰盧宣旬摘録

終八年　閩監毛本終作盡

成公　余本卷第八單疏本同

元年

又如加甚　閩監毛本同余本無如字案疏兩引皆無如字余本是也

最是寒盛之時　閩監毛本同何校本是作爲

襄三十八年　閩監毛本三作二是

故不傳　閩監毛本同何校本不下有發字

後重發傳者　閩監毛本同單疏本無重字

則兼作也　閩監毛本同單疏本上有言新二字案有者是

播殖耕稼者　閩監本同毛本殖作植

案隱元年昧之盟　閩監毛本同浦鏜云昧誤眛

晉郤克眇衛孫良夫跛　釋云左氏以爲跛今云眇者公羊無說案臧琳經義雜記云據沈文阿引穀梁傳知古本穀梁作晉郤克跛故范注二年傳云謂笑其跛也

二年

前爲崇羈今爲戰　閩監毛本同單疏本羈作羇誤按莊廿六年傳云爲曹羈崇也疏云論崇曹羈之事也

壹戰緜地五百里　石經同閩監毛本壹作一

謂笑其跛　閩監毛本同釋文出謂笑其蹝跛五字案陸氏云杜預注左傳云郤克跛此傳言郤克眇范注當依傳而作跛恐非玩此則釋文本元無蹝字蹝跛字皆从足形相涉而誤衍蹝字也

請壹戰壹戰不克請再　石經同閩監毛本壹作一

傳曰不言高傒處父亢也　閩監毛本同案莊二十二年文二年傳並云不言公此注言下當有公字今本脫也何校本有公字

然則向之驕　閩監毛本同釋文出鄉之云本又作嚮亦作向

是貴於同大夫之文　閩監毛本同何校本同作稱

繒人　石經閩本同監毛本繒誤繪

不同月則地會盟者　案盟上當有地字單疏本及南監本亦誤脫

三年

故云宋衛未葬　閩監毛本同何校本故作此

此象宜公篡位　按公羊注位作立

不宜列之昭穆　公羊注無之字

不得久承宗廟之象也　公羊注象作應

以識莊之不子也　閩監毛本同單疏本子作孝

其辭至識矣　閩監毛本作其辭恭且至爲無譏矣又此疏閩監毛本在傳爲無識矣下何校本上有傳字

叔孫至圍棘　閩本同監毛本此疏在圍棘下

但爲前定則不日　閩監毛本同單疏本爲作是

解二人本意來聘　閩監毛本同何校本人下有或字

背晉爲諸侯所伐　監毛本同閩本背作皆何校本作叛

五年

婦人至來歸　此疏閩監毛本在傳反曰來歸下何校本上有傳字

縞冠素紕以純喪冠　閩監毛本紕作紕誤

其罪先輕　閩監毛本先作既

六年

春王至自會　此疏閩監毛本分屬兩節一在公至自會下一在注義與此違下

魯使大夫獲齊侯　閩監毛本同單疏本獲作攫○按公羊注作獲

或亦爲此年公遠會始至　閩監毛本同單疏本亦作以案以是

以其廟不毀　閩監毛本同單疏本毀作廢

以內外皆有　閩監毛本同單疏本以作有何云以字疑衍

七年

以方改卜郊　十行本方下空一格閩監毛本不空單疏本改作正○按注作改字

不言日急辭也　閩監毛本此上衍改卜牛鼷鼠又食其角乃免牛十二字石經與此不誤

郊牛日展斛角而知傷　監本同石經閩毛本斛作觓是也釋文出斛角云其樛反一音求本或作筋非

所以放有司也　閩本放作赦是也監毛本作救

八年

亦是緩也　閩監本同毛本亦誤女單疏本無是字

辭窮自命之　閩本同監毛本窮作容

逆之道微　閩本同監毛本道作者○按隱二年傳作道

或言天王　閩毛本同監本王誤主○按依公羊注或字上有或言王三字此不當刪

葢以來至於魯然後與嫡行　閩本同監毛本嫡誤俱何校本至作致

穀梁注疏卷十三校勘記終　　寧都李楨校

監本春秋穀梁注疏成公卷第十四 起九年盡十八年

范甯集解　楊士勛疏

九年春王正月，杞伯來逆叔姬之喪以歸。傳曰：夫無逆出妻之喪而爲之也。【疏】傳曰至爲之也○釋曰：公羊以爲魯脅杞使逆其喪，左氏以爲魯人請之，故杞伯來逆。此傳不說歸之所由，要叔姬免犯七出之愆，反歸父母之國，恩以絕矣。杞伯今復逆出妻之喪而違禮傷教，言其不合爲而爲之，是以書而記之，以見非。傳曰夫無逆出妻之喪爲之，言其不合爲而爲之也。徐邈云：爲猶葬也。言夫無逆出妻之喪而葬，理亦通矣。但范不訓爲爲葬也。○公會晉侯、齊侯、宋公、衛侯、鄭伯、曹伯、莒子、杞伯同盟于蒲。蒲，衛地。公至自會。○二月，伯姬歸于宋。逆者非卿，故不書。○夏，季孫行父如宋致女。致勑戒之言於女。

【疏】傳夏季至致女○釋曰：公羊以春秋未有言致女者，此其言致女何？賢伯姬也。左氏無說，蓋以使卿則書，餘不書者，或不致，或不使卿也。此傳云詳其事，賢伯姬也，則與公羊意同耳。徐邈云：宋公不親迎，故伯姬未順爲夫婦，故父母使卿致伯姬，使成夫婦之禮。以其責小禮違大節，故傳曰不與內稱。謂不稱夫人而稱女。案傳稱賢伯姬，而徐云責伯姬，是背傳而解之，故范以爲謂致勑戒之言於女也。致者，不致者也。婦人在家制於父，既嫁制於夫。如宋致女，是以我盡之也。剌已嫁而猶以父制盡之。不正，故不與內稱也。內稱謂稱使。○內稱，尺證反。【疏】注內稱謂稱使○釋曰：案經內大夫出國，例言如，不言使，此季孫行父如宋即是內稱，而云不與者，凡內卿出外直言如某者，即是使，又即是內稱。今行父稱君之命，以在家之道制出嫁之女，雖言如以爲內稱，言致女是見其不與也。僖三年公子友如齊莅盟，彼亦言如，又云莅盟者，若直言如，則嫌是單聘，故更須言盟也。莅盟既更須言盟也，莅盟則致女亦須言之。云不與內稱者，莅盟是禮，致女非禮，故不合言也。若然，傳曰逆者微，故致女詳其事，賢伯姬也。據傳文似致女得正，而云不正故不與內稱者，禮諸侯親逆，則不須致女，今以宋逆者微，故致女。具傳解其致女之意也。云不正故不與內稱也，其以在家之道制出嫁之女也。此傳之意，因解宋公不親逆，并見致女之不正。又云賢伯姬者，以上下文詳皆云賢伯姬，則此云致女亦兼賢伯姬也。若其不爲賢伯姬，則致女雖正亦不書也。逆者微，故致女，詳其事，賢伯姬也。○晉人來媵。媵，淺事也。不志，此其志何也？以伯姬之不得其所，故盡其事也。○秋七月丙子，齊侯無野卒。○晉人執鄭伯。○晉欒書帥師伐鄭。不言戰，以鄭伯也。欒書以鄭伯伐鄭，君臣無戰道。爲尊者諱恥，不使臣敵君，王師敗績于貿戎是也。○爲尊，于僞反，下及此傳注同。爲賢者諱過，爲齊桓諱滅項是也。○滅項，乎講反。爲親者諱疾。雍曰：欒書以鄭伯伐鄭，不言戰是也。鄭，兄弟之國，故謂之親。君臣交兵，病莫大焉，故爲之諱。【疏】爲親者諱疾○釋曰：春秋諱有四事：一曰爲尊者諱恥，二曰爲魯諱敗，三曰爲賢者諱過，四曰爲同姓諱疾。此不言魯者，因親者諱疾，則又亦包魯可知，故不言也。聖人有作，親疏一也，今乃以同姓爲別者，春秋之意，因親疏，故仲尼書經內外有別，既內外別，則親疏尊卑見矣。○冬十有一月，葬齊頃公。○頃音傾。○楚公子嬰齊帥師伐莒。庚申，莒潰。其日，莒雖夷狄，猶中國也。莒雖有夷狄之行，猶是中國。○潰，戶內反。行，下孟反。大夫潰莒而之楚，是以知其上爲事也。臣以叛君爲事，明君臣無道。【疏】大夫至事也○釋曰：范別例云凡潰者有四，發傳有三。僖四年蔡潰，傳曰潰之爲言上下不相得也。此莒潰，傳曰大夫潰莒而之楚。二者雖同是不相得，與君臣不和自潰散少異，故亦發傳。昭二十九年鄆潰，彼鄆是邑，與國殊，故重發傳。一解鄆不伐而自潰，與常例異，故重發之。文三年沈潰不發者，從例可知他。惡之，故謹而日之也。潰例月，甚之故日。○惡，烏路反。【疏】注潰例至故日○釋曰：傳上云猶中國也，故日。下文言惡之故謹而日之也。若使莒非中國雖惡不得日也以潰例月爲惡故日是以云謹而日之范知例月者僖四年春王正月公會齊侯云云侵蔡蔡潰文三年春王正月叔孫得臣會晉人云云伐沈沈潰○是例月今此莒師衆民叛君從楚故變文書日以見惡

楚人入鄆（疏）楚人入鄆○釋曰魯雖有鄆此鄆非魯也蓋從左氏爲莒邑人都以名通故不繫莒或以爲昭元年取鄆范云魯邑此不繫莒則魯邑可知理亦通也○秦人白狄伐晉

○鄭人圍許○城中城城中城者非外民也譏公不務德政恃城以自固不德能衞其人民（疏）城中至民也○釋曰莊二十九年冬城諸及防傳曰可城也今云非外民也者凡城之志皆譏就譏之中閑隙之月少耳故云可城乃非全善之文此亦冬城嫌同而無譏故發傳明之舊解以爲有難而脩城則不譏之若文十二年季孫行父城諸及鄆是也此涉左氏之說案穀梁傳凡城之志皆譏安得有備難之事若備難無譏則經本不應書之經既書之明譏例同或以爲城諸及防是十一月故傳發可城之文今此城是十二月故發外民之傳雖同是譏事有優劣故發傳以異之

十年春衞侯之弟黑背帥師侵鄭（疏）衞侯至侵鄭○釋曰范荅薄氏駮云諸侯之尊弟兄不得以屬通有賢行則書弟今黑背書弟者明亦有賢行故也陳侯之弟黃衞侯之弟專秦伯之弟鍼傳無賢行所以皆云弟者隱七年齊侯使其弟年來聘傳曰其弟云者以其來接於我舉其貴者也是接我者例稱弟襄二十年陳侯之弟光出奔楚昭元年秦伯之弟鍼出奔晉傳皆曰親而奔之惡也襄二十七年衞侯之弟專出奔晉傳云其曰弟何也專有是信者三者無罪故稱弟以惡兄襄三十年天王殺其弟佞夫傳曰甚之也稱弟以惡王也昭八年陳侯之弟招殺陳世子偃師傳曰其弟云者親之也親而殺之惡也是惡而稱弟也宣十七年公弟叔肹卒傳曰其曰公弟叔肹賢之也莊三十二年公子牙卒無賢行而不稱弟明稱弟皆賢也自然黃專之非直罪兄必兼有賢行叔肹以賢稱弟傳有賢行明文則黑背稱弟自然亦有賢行故范准例言之稱弟之例有四意齊侯之弟年來聘鄭伯使其弟禦來盟爲接我稱弟衞侯之弟專爲罪兄稱弟陳侯之弟招惡之稱弟叔肹及衞侯之弟黑背爲賢稱弟是有四也○夏四月五卜郊不從乃不郊夏四月不時也郊時極於二月五卜强也乃者亡乎人之辭也○强其丈反（疏）亡乎人之辭也○釋曰重發傳者嫌五卜與四卜異故也○五月公會晉侯齊侯宋公衞侯曹伯伐鄭○齊人來媵媵伯姬也異姓來媵非禮（疏）注媵伯姬至非禮○釋曰何休以爲異姓亦得媵故鄭箴膏肓難之云天子云備百姓博異氣諸侯直云備酒漿何得有異姓在其中是亦以異姓不合媵也此媵不發傳者上詳其事見同姓之得禮異姓非禮可知故省文○丙午晉侯獳卒○獳乃侯反（疏）晉侯獳卒○釋曰何休云不書葬爲殺大夫趙同等范雖不解或當與不會也○秋七月公如晉○冬十月

十有一年春王三月公至自晉○晉侯使郤犨來聘已丑及郤犨盟○郤犨尺由反公羊作郤州（疏）已丑及郤犨盟○釋曰書日者公親在又非前定之盟故也又不云公者取舉國與之也○夏季孫行父如

晉○秋叔孫僑如如齊○冬十月

十有二年春周公出奔晉周有入無出鄭嗣曰王者無外故無出也宗廟宮室有定所或即位失其常處反常書入內宗廟也昭二十六年天王入于成周是○處昌慮反其曰出上下一見之也鄭嗣曰上謂僖二十四年天王出居于鄭下謂今周公出奔上下皆一見之○見賢偏反言其上下之道無以存也上雖失之下孰敢有之今上下皆失之矣上雖有不君之失臣下莫敢效不臣之過今復云周公之出則上下皆自失矣君而不君臣而不臣是無以存于世言周之所以衰○復云扶又反（疏）周有至失之矣○釋曰有入無出注意直據天子今不云王而云周者以經雖無王臣入文至於王臣出亦是譏限故言周以揔之范以王者出入之文俱有故注直言王以當之衆僖二十四年傳云雖失天下莫敢有也謂王雖出鄭不敢有之以爲國也此云上雖失之下孰敢有之謂上雖有不君之失臣下誰敢於放爲之觀經立說故二處不同也今上下皆

失之矣謂王既書出居于鄭今復云周公出奔晉是上下皆有失也公羊以爲書出者周公自其私土謂國也左氏以爲書出者已復之周公自出並與穀梁異也〇夏公會晉侯衛侯于瑣澤瑣澤某地。瑣素果反〇秋晉人敗狄于交剛交剛某地中國與夷狄不言戰皆曰敗之不使夷狄敵中國夷狄不日〔疏〕夷狄不日〇釋曰不於箕役發傳者以再敗狄師甚之故發於此〇冬十月

十有三年春晉侯使郤錡來乞師〇錡魚綺反乞重辭也古之人重師故以乞言之也〔疏〕乞師乞重辭也〇釋曰重發傳者公子遂內之始此外之初故發之也古之人重師故以乞言之也者古人以師之爲重故以重辭言之古者舊以爲穀梁子後代人遠者舉當時之事亦以古言之徐邈以爲引古以刺今耳〇三月公如京師公如京師不月月非如也時實會晉伐秦過京師也

公行出竟有危則月朝聘京師理無危懼故不月非如而〇過京師音戈下同竟音境朝聘直遥反下皆同曰如不叛京師也因其過朝故正其文若使本自往〔疏〕公如至師也〇釋曰僖二十八年五月癸丑公會晉侯云云盟于踐土陳侯如會公朝於王所彼日月並書公朝于王所雖文承五月癸丑之下彼之日月自爲盟不爲朝也壬申公朝于王所書日此意取自不繫月猶諸侯不宗於天王朝會無危則例時今公以伐秦過京師非真朝故書月以見意〇夏五月公自京師遂會晉侯。宋公衛侯鄭伯曹伯邾人滕人伐秦言受命不敢叛周也使若既朝王而王命己使伐秦叛周謂專征伐〔疏〕言受至周也〇釋曰公子遂如京師遂如晉傳云不叛天子此文重發傳者嫌君臣異例也〇曹伯廬卒于師〇廬力吳反又力魚反傳曰閔之也公大夫在師曰師在會曰會〔疏〕曰閔至曰會〇釋曰諸侯或從會或從伐皆閔其在外而死故云卒于師于會也卒于師則此曹伯廬襄十八年曹伯負芻是也卒于會者則定四年杞伯成卒于會是也僖四年許男新臣亦卒於師不言於師者彼以內桓師雖卒於外以若在國然故不書于師然則大夫之卒例所不書而與公同例云在師曰師在會曰會者舊解以爲春秋緣大夫之心則知書君之卒於師則言師於會則言會非諸外大夫書卒于師若然傳當云大夫也公不得云大夫且經無其事傳因類發例者其數不少即日食云外壤饑云饉康之等是也彼經無其事傳得因類引之此雖无經何以爲不得又會大夫單伯之徒亦書會謂侯若使卒於師因當書之但無卒于師卒于會者耳故知公大夫在師曰師謂公及六夫二者皆然也徐邈之注亦以爲公及大夫所會諸侯在師言師在會言會明爲舊解非也〇秋七月公至自伐秦〇冬葬曹宣公葬時正也〔疏〕葬時正也〇釋曰嫌卒于師失正葬故重發之葬正則是無危不日卒者蓋非嫡子爲君故也又僖四年注云新臣卒于楚故不日耳則此不日者或當爲卒于秦故也若然襄二十六年壬午許男甯卒于楚注云許男卒于楚則在外已顯矣日卒明其正二注不同者以無正文二理俱通故爲兩解或亦新臣非嫡子不須兩解理足可通耳

十有四年春王正月莒子朱卒徐邈曰傳稱莒雖夷狄猶中國也言莒本中國末世衰弱遂行夷禮葬皆稱謚而莒君無謚謚以公配而與楚稱王所以終春秋亦不得書葬〔疏〕莒子朱卒〇釋曰莒子朱者莒渠丘公今不書葬者莒行夷禮則是失德又葬須稱謚莒夷無謚故不書葬也不日卒者何休云入春秋以來至此始書卒故畧之不日或當既行夷禮不得同中國故不日或當非正卒無文可明之〇夏衛孫林父自晉歸于衛〇秋叔孫僑如如齊逆女泰曰親迎例時大夫逆皆謹月以譏之下云九月僑如以夫人婦姜氏至自齊一事不二譏故此可以不月也宣元年公子遂如齊逆女亦以時逆而月致義與此同〇親迎魚敬反傳同本或作逆〔疏〕注宣元至此同〇釋曰案宣元年春王正月公即云公子遂如齊逆女彼文承正月之下即與此別而云同者彼雖文承正月之下正月自爲即位發文非是爲遂逆女若逆女既蒙上月則不夫人至不須云月案此比例知彼亦當時也〇鄭公子喜帥師伐許〇九月僑如以夫人婦姜氏

至自齊大夫不以夫人以夫人非正也刺不親迎也僑如之摯由上致之也○刺不七賜反摯昔結反〔疏〕大夫至之也○釋曰公子翬如齊逆女傳曰不言翬之來何見于公也然則夫人見於君宜言以夫人至而曰非正者逆女親者也使大夫非正也非正而以夫人至故刺之彼以先接於公故無至文此使大夫有譏則翬之被責居然顯矣不發於宣公逆女於此發之者宣公以喪娶故略夫人而不氏一事不二譏故省其文成公非喪娶而不親迎嫌其無罪故傳明之莊公親逆傳亦譏之者以娶讎人之女而事宗廟○故也由上致之者宣元年注云上謂宣公則謂成公也

冬十月庚寅衛侯臧卒○臧子郎反○秦伯卒〔疏〕秦伯卒○釋曰世本及左氏是秦桓公也

十有五年春王二月葬衛定公○三月乙巳仲嬰齊卒此公孫也其曰仲何也此蓋仲遂之子據實公孫子由父疏之也雍曰父有弒君之罪故不得言公子父不言公子則子不得稱公孫是是疏之罪由父故〔疏〕子由父疏之也○釋曰宣十八年公孫歸父如晉歸父亦襄仲之子何以不疏者卒則身之終今嬰齊之卒當繼於父父既被疏故子亦當略歸父則奉命出使使奔之故具名氏以恩錄也歸父還不氏者以明由上也公羊以爲仲嬰齊何以不稱公孫以歸父既是兄公孫嬰齊爲歸父後爲人後者則爲之子故不稱公孫與穀梁異○

癸丑公會晉侯衛侯鄭伯曹伯宋世子成齊國佐邾人同盟于戚晉侯執曹伯歸于京師以晉侯而斥執曹伯惡晉侯也僖二十八年晉人執衛侯歸之于京師此伯討之文也今以侯執伯明執之不以其罪○惡晉烏路反〔疏〕斥執曹伯○釋曰重發者此執歸于京師嫌晉之無罪故明之○注僖二十至其罪○釋曰衛侯有罪故稱人言執又歸之京師令天子決之是伯討之文也又且此傳云以晉侯而斥執曹伯惡晉侯也稱人以執是伯明稱人以執是伯討也若然定元年晉人執宋仲幾傳曰此大夫其曰人何也微之也何爲微之不正其執人於尊者之所也不與大夫之得伯討也彼又稱人非伯討者彼仲幾雖則逆命當歸於王之有司今晉大夫執人於尊者之側故地于京師以見尊稱人以見彼是不與大夫之伯討也伯討宜施諸侯大夫則不得也左氏以爲曹伯殺大子而自立公羊之意曹伯篡喜時據二傳之文則是有罪范云不以其罪者范以曹伯言執云惡晉侯曹伯之人云歸爲善據此二文言之明執之不以其罪不得以羊羊左氏爲難不言之急辭也斷在晉侯也明晉之私○斷丁亂反公至自會○

夏六月宋公固卒○楚子伐鄭○秋八月庚辰葬宋共公月卒日葬非葬者也宋共公正立卒當書日葬無甚危則當錄月今反常違例故知不葬者也然則共公之不宜書葬昬亂故○共音恭〔疏〕注宋共至亂故○釋曰葬書時正也注不以時決而以月決之者以葬書時最爲正書月有故書日危不得葬今共公月猶不得明不葬可知故不以時決之然共公失德所以不全去葬文者爲伯姬書葬故不得不存共公之葬但書日以素失德且不全去葬文

嫌是魯之不會無以明其失德也此其言葬何也以其葬共姬不可不葬共公也葬共姬則其不可不葬共公何也夫人之義不踰君也爲賢者崇也賢崇伯姬故書共公葬○爲于僞反○宋華元出奔晉宋華元自晉歸于宋○宋殺其大夫山〔疏〕宋殺其大夫○釋曰左氏以爲蕩其族何休○注公羊以爲譖華元貶之穀梁無說不知所從○宋魚石出奔楚○冬十有一月叔孫僑如會晉士燮齊高無咎宋華元衛孫林父鄭公子鰌邾人會吳于鍾離會又會外之也兩書會殊外夷狄○無咎其九反鰌音秋〔疏〕會又會外之也○釋曰重發傳者攢函表中國之辭鍾離明內外之稱故兩發之○許遷于葉遷者猶得其國家以

往者也其地許復見也。葉始涉反覆扶又反見也賢偏反

十有六年春王正月雨木冰穀梁傳曰雨木冰者木介甲冑兵之象。雨如字或于付反非也介音界冑直又反〔疏〕雨木冰。釋曰劉向云冰者陰之盛木者少陽卿大夫之象此是人將有害則陰氣脅木木先寒得雨而冰也是時叔孫僑如出奔公子偃誅死一曰時晉執季孫行父執公此執辱之異也徐邈云五行以木爲介介甲也木者少陽之精幼君大臣之象冰者兵之象今冰脅木君臣將見執之異根枝折者象禍害速至也或曰木冰此木介介者甲也兵之象也是歲有鄢陵之戰楚子傷目而敗注云兵之象則或說是也雨而木冰也。雨著木成冰○著直畧反志異也傳曰根枝折○

夏四月辛未滕子卒〔疏〕滕子卒。釋曰左氏滕文公○鄭公孫喜帥師侵宋○六月丙寅朔日有食之○晉侯使欒黶來乞師將與鄭楚戰○黶於斬反○甲午晦晉侯

及楚子鄭伯戰于鄢陵鄢陵鄭地○鄢音偃又於建反楚子鄭師敗績日事遇晦曰晦四體偏斷曰敗此其敗則目也此言敗者目傷故〔疏〕日事遇晦曰晦。釋曰僖十五年己卯晦震夷伯之廟傳曰晦冥也則晦非常文而云遇晦者舊解以爲僖十五年傳曰晦冥也者謂月光盡而夜闇不謂非晦日也今以爲震夷伯之廟云晦者如公羊書日爲冥自餘稱晦者是月盡日也既云日事遇晦何以日食不書晦者日食既言日雖不言晦可以知省文也必知不如公羊以盡爲晦冥者上六月丙寅朔日有食之此甲午是二十九日晦以日月相當知非晝日爲冥也。敗則目也。釋曰手足偏斷尚謂之敗目在首重於手足故亦爲敗也傳譏在諸侯也楚不言師君重於師也○楚殺其大夫公子側○秋公會晉侯齊侯衛侯宋華元邾人于沙隨不見公沙隨宋地不見公者可以見公也可以見公而不見公譏在諸侯也公至自會〔疏〕不見公者。釋曰是晉侯之意諸侯既無解釋之者即是同不與公相見故以諸侯總之○公會尹子晉侯齊國佐邾人伐鄭尹子王卿士子爵○曹伯歸自京師不言所歸歸之善者也出入不名以爲不失其國也歸爲善謂直言歸而不言其國即曹伯歸自京師不言于曹是自某歸次之若蔡季自陳歸于蔡衛侯鄭自楚復歸于衛〔疏〕出入不名。釋曰凡諸侯有罪失國出書名者即昭三年北燕伯款出奔齊是也入書名即僖二十八年衛侯鄭曹伯襄是也今曹伯被執以其無罪故出入不名見其不失國也傳詳發于此者以歸文與常例異故分別之○九月晉人執季孫行父舍之于苕丘行父魯執政卿其身執則危及國故謹而月之錄所憂也苕丘晉地○苕音條〔疏〕注行父至晉地。釋曰昭十三年八月甲戌同盟于平丘公不與盟晉人執季孫意如以歸二十三年春正月叔孫婼如

晉癸丑叔鞅卒晉人執我行人叔孫婼彼二文皆承月下即蒙上月文何爲此注獨爲謹而月之者意如之執文承八月之下彼月自爲盟而發不爲執意如也婼之執雖文承正月之下彼月自爲叔鞅而言亦不是爲婼而發故襄十八年晉人執衛行人石買莊十七年齊人執鄭詹皆不月也此九月之下更無他事指言晉人執季孫故知爲危謹而月之也一解行父書月以見危則意如及婼亦是危也執者不舍據昭二十三年晉人執我行人叔孫婼不言舍○孫婼丑畧反而舍公所也今言舍者以公在苕丘故也公在苕丘而言舍者明不得致也若既不致復不言舍則無以見其舍○復扶又反下同以見賢遍反下見公同執者致據昭二十四年婼至自晉而不致公在也在苕丘也見舍于苕丘還國則與公俱不得致者重在公何其執而辭也問何故書執季孫行父而言舍之復不致之辭邪猶存公也時行父雖爲晉所執猶欲存公之所在故不致行父又言舍之皆所以見公在苕丘存意公亦存也問存舍之不致之意便可知公所在乎公存也但存此二事即知公在苕丘〔疏〕執者至存也。

釋曰：經稱執季孫行父舍之苕丘，故傳稱執者不舍是據叔孫婼而發問也。而舍公所也者，謂言所舍故也。公所者，即苕丘是也。執致者，謂昭二十四年婼至自晉是也。而不致，公在也者，謂今季孫歸而不書至者，公在故也。以其與公同歸，重在公，故不致也。何其執而辭也，謂問經意何其書執不以致爲辭也。猶存公也，謂爲晉所執，心欲存公所在，故不致行父。又言舍之也，存意公亦存焉，謂又問經意有存舍之不致之意，則便可知公所在乎。公存也者，荅上問意，但存此二事即知公在也。公存者，謂在苕丘也。舊解注言二事，舍是一事也，於苕丘是二事。今以爲乘上注意，則二事者謂舍於苕丘及不致焉二事。○冬十月乙亥，叔孫僑如出奔齊。徐邈曰：案襄二十三年臧孫紇出奔齊，傳曰：其日，正臧紇之出也。禮，大夫去，君掃其宗廟，不絕其祀，身雖出奔而君遇之不失正，故詳而已之，明有恩義也。○紇，根發反。【疏】注徐邈至義也○釋曰：僑如爲君遇之不失所，書日；臧紇則正其有罪而書日。二者不同，范引之者，欲明二者不異。臧孫云正其有罪，亦兼爲君遇之不失所；書日僑如言君有恩而書日，亦兼正其罪，可知，是互以相包，故引之。○十有二月乙丑，季孫行父及晉郤犫盟于扈。○公至自會。無二事，會則致會，伐則致伐。上無會事，當言至自伐鄭，而言至自會，甯所未詳。鄭君曰：伐而致會，於伐事不成。○乙酉，刺公子偃。大夫日卒，正也。先刺後名，殺無罪也。僖二十八年公子買戍衛，不卒戍，刺之，是有罪者，以先列其罪。○刺，七則反，傳同。爾雅云：殺也。戍，式喻反。【疏】刺公子偃○釋曰：徐邈云：偃爲僑如所譖，故云無罪。左氏云爲姜氏所立，二者未知孰是。

十有七年春，衛北宮括帥師侵鄭。○夏，公會尹子、單子、晉侯、齊侯、宋公、衛侯、曹伯、邾人伐鄭。○單子音善。六月乙酉，同盟于柯陵。柯陵，鄭地。○柯音歌。柯陵之盟，謀復伐鄭也。○復，扶又反。○秋，公至自會。不曰至自伐鄭也，公不周乎伐鄭也。周，信也。公遍諸侯爲此盟，

爾意不欲更伐鄭。何以知公之不周乎伐鄭？以其以會致也。何以知其盟復伐鄭也？以其後會之人盡盟者也。後會謂冬公會單子等是。不周乎伐鄭，則何爲日也？據無伐鄭意而强盟，盟不由忠，不當日也。○而强，其丈反。言公之不背柯陵之盟也。舍己從人，遂伐鄭。【疏】不日至盟也○釋曰：定四年諸侯侵楚，盟于皐鼬，言公至自會者，經之常也。今傳起違例之問者，定四年楚弱而爲諸侯所侵芁而盟，故以盟爲大事，故云至自會。鄭自柯陵戰後不助中國，二年之間三度興兵，以伐爲重，盟爲輕，故決其不以伐鄭致。僖四年傳云：大伐楚也。不以會致而以伐致，是其事也。案後會齊侯不出而云後會之人盡盟者也，以今時身在後，遣大夫從師，故亦得云後會之人盡盟。○齊高無咎出奔莒。○九月辛丑，用郊。夏之始可以承春，以秋之末承春之始，蓋不可矣。郊，春事也。僖三十一年夏四月四卜郊不從，傳曰：四月不時。今言可者，方明秋末之不可，故以是爲猶可也。九月用郊，用者不宜用也。宮室不設，不可以祭；衣服不脩，不可以祭；車馬器械不備，不可以祭；有司一人不備其職，不可以祭。祭者，薦其時也，薦其敬也，薦其美也，非享味也。【疏】宮室至味也○釋曰：論用郊而陳宮室者，禮有五經，莫重於祭，祭之盛者莫大於郊，傳意欲見嚴父然後至其大，家備然後然享，故具說宮室、祭服、車馬、官司之等，明神非從享味而已，何得九月始用郊乎？徐邈云：宮室謂郊之齋宮，衣服車馬亦謂郊之所用，言一事闕則不可祭，何得九月用郊，理不通也。○晉侯使荀罃來乞師。將伐鄭。○荀罃，烏耕反。【疏】管侯至乞師○釋曰：范別例云乞師例有三，三者不釋，從例可知也。乞例六者，乞師五，乞盟一，并之爲六。乞師五者，公子遂、晉郤錡、欒黶、荀罃、士魴是也。乞盟一者，鄭伯是也。○冬，公會單子、晉

侯宋公衛侯曹伯齊人邾人伐鄭言公不背柯陵之盟也十有一月公至自伐鄭〇壬申公孫嬰齊卒于貍蜃貍蜃魯地也。貍蜃上力之反下時軫反十一月無壬申壬申乃十月也致公而後録臣子之義也嬰齊實以十月壬申日卒而公以十一月還先致公而後録其卒故壬申在十一月下也嬰齊從公伐鄭致公然後伐鄭之事畢須公事畢然後書臣卒先君後臣之義也其地未踰竟也。竟音境

疏致公至竟也。釋曰公羊之意以爲臣待君命然後卒大夫此云致公而後録其卒是與公羊異杜預解左氏以爲日誤又與二傳不同也〇十有二月丁巳朔日有食之〇邾子貜且卒。貜俱縛反且子餘反

疏邾子貜且卒。釋曰世本邾定公也〇晉殺其大夫郤錡郤犨郤至自禍於是起矣厲公見殺之禍。殺之如字又音試〇楚人滅舒庸

十有八年春王正月晉殺其大夫胥童〇庚申晉弑其君州蒲稱國以弑其君君惡甚矣

疏君惡甚矣。釋曰於此發傳者以州蒲二年之間殺四大夫故於此發惡例也〇齊殺其大夫國佐〇公如晉〇夏楚子鄭伯伐宋〇宋魚石復入于彭城彭城宋邑魚石十五年奔楚經稱復入者明前奔時入彭城以叛也今楚取彭城以封魚石故言復入

疏注彭城至復入。釋曰晉欒盈亦書復入者以欒盈先入曲沃後復入晉故亦云復入也後入曲沃不云復入者兵敗奔曲沃即既前文已云復入于晉故直云入曲沃舊解以爲初入國都後入曲沃言復入若然何不云復入曲沃而云復入于晉〇公至自晉〇晉侯使士匄來聘。匄本又作丐音蓋〇秋杞伯來朝。朝直遥反下同〇八月

邾子來朝〇築鹿囿築墻爲鹿地之苑。囿音又

疏築鹿囿。釋曰范知非爲鹿築囿而以鹿爲地名者案郞囿既是地名則此鹿亦當是地名徐邈何休皆云地名天子囿方十里伯方七里子男方五里言魯先有囿今復築之故書以示譏則郞及蛇泉亦是譏也案毛詩傳云囿者天子百里諸侯三十里與徐何二説別者詩傳蓋據孟子稱文王囿七十里寡人三十里故約之爲天子諸侯三十里耳未審徐何二家據何爲説也

築不志此其志何也山林藪澤之利所以與民共也虞之非正也。藪素口反〇己丑公薨于路寢路寢正也男子不絶婦人之手以齊終也。齊如字又側皆反〇冬楚人鄭人侵宋〇晉侯使士魴來乞師。魴音房〇十有二月仲孫蔑會晉侯宋公衛侯邾子齊崔杼同盟于虚朾虚朾某地。杼直呂反虚丘魚反朾丑丁反

疏同盟于虚朾。釋曰此虚朾之盟不日者何休云公薨喪盟畧之故不日事或然也〇丁未葬我君成公

監本附音春秋穀梁注疏成公卷十四

南昌盧氏宣旬校定

大清嘉慶二十年用文選樓藏本校定

新建縣知縣鄭祖琛
浮梁縣知縣劉丙　同栞

穀梁注疏卷十四挍勘記　　阮元撰盧宣旬摘録

九年

恩以絶矣　閩本同監毛本以作已案以已通用

爲親者諱疾　何校本上有傳字

則又亦包魯可知　閩監毛本同單疏本又作文是也

大夫至事也　何校本上有傳字

與君臣不和自潰散少異　閩監毛本同單疏本少作小

今此莒帥衆民叛君從楚　閩監毛本同單疏本無帥字

不德能衛其人民　閩本同余本監本毛本德作復

城中至民也　何校本上有傳字

舊解以爲有難而脩城　閩監毛本同單疏本脩作新

季孫行父城諸及鄆　案文公十二年經父字下有帥師二字

是十一月　閩監毛本同單疏本十一作其字

今此城是十二月　閩監毛本同單疏本是作爲

十年

所以皆云弟者　閩監毛本同何校本云作稱

冬十月　閩監毛本同浦鏜云中庸疏云成十年不書冬十月公羊無此三字今有者後人妄增當爲衍文案石經公如晉下漫漶細驗之冬字上半猶隱隱可辨是范氏本穀梁有此三字也

十有二年

臣下誰敢於效爲之　閩監毛本同單疏本誰作孰於作放

周公自其私土謂國也　案公羊傳謂國作而出此誤

十有三年

乞師乞重辭也　何校本作傳乞重至之也

舊以爲穀梁子後代人　閩本同監毛本人作之非

公自京師遂會晉侯宋公衛侯鄭伯曹伯邾人滕人伐秦　閩監毛本同石經公下有至字晉侯下有齊侯二字余本無至字有齊侯二字何煌云考石經三傳左氏有至字公羊無疏云公下自上有至字者衍文也穀梁石經此年係宋人補刻疑至字或亦出所增也案是年石經實非補刻何益偶誤公羊疏以至字爲衍文者指公羊傳而言穀梁自與公羊不同何據彼疏疑此經非是又補刻石經係宋梁謂宋人補刻亦非是

因當書之　閩監毛本同何校本因作固

十有四年

親迎例時　閩監毛本同釋文出時迎魚敬反傳同本或作逆案下注有時逆字陸爲迎字作音當出親迎今出時迎是釋文本此文作親逆下文時逆作時迎與今注疏本互易

公即云公子遂如齊逆女　閩監毛本云作位單疏本公即云三字作公即位下文即云七字蓋十行本誤脱

莊公親逆　閩監毛本同何校本逆作迎

則謂成公也　閩本同監毛本則下有此字何校本此在則上

十有五年

是是疏之罪由父故　閩本同余本監毛本下是作見

嫌晉之無罪　閩監本同毛本嫌誤如

言執叉歸之京師　閩監毛本同何校本執下有之字

稱人以執是伯　閩監毛本同單疏本人作侯是伯作爲惡案單疏本是注疏本蓋緣與下文相涉而譌

晉人執宋仲幾　閩監毛本脱人字與定元年經不合

此大夫　何挍本大上有其字非也

不與大夫之得伯討也　案得字乃衍文否則與定元年傳不合

稱人以見彼　閩監毛本同何挍本彼作微是也

背伯之人　閩本同監毛本人誤八

以葬書時最爲正　閩監毛本最誤葬

十有六年

木冰此木介　閩本同監本冰此作水比毛本此作比○按作比是也

省文也　閩監毛本同單疏本上有故字

必知不如公羊以盡爲晦冥者　閩監本同毛本盡作晝是也

傳譏在諸侯也　此六字當在下疏首下疏不見公者四字當在釋曰下元本及十行本閩監毛本並誤單疏本不誤

不見公者　此疏有脱誤說見上又十行本此疏在經公至自會下閩監毛本在傳譏在諸侯也下

自楚復歸于衞　閩監毛本同余本衞下有是字案以上注例之有是字者是○按桓十一年疏引有是字

春正月　昭廿三年經春下有王字

彼二文皆承月下　閩監毛本下誤不

故知爲危　閩監本同毛本知誤如

猶存公也　石經閩本同監毛本存誤在

存意公亦存也　閩監毛本同石經余本也作焉

不以致爲辭也　閩監毛本不以誤而不

故不致行父　閩本同監毛本故誤公

故詳而已之也　閩監毛本已作紀余本已作日○按作日是也否則與成十六年注不合

甯所未詳　閩毛本同監本詳誤議

十有七年

不曰至盟也　何挍本上有傳字

故云至自會　閩監本同毛本自誤日下鄭自同

故決其不以伐鄭致　閩監毛本同單疏本無不字何挍本致作至

以今時身在後　閩監本同毛本脱在字

論用郊而陳宫室者　閩本同監毛本用作有○按儀禮經傳通解續廿二引作用

欲見嚴父然後至其夫家國備然後然享　閩監毛本夫作天下然作天下然作祭儀禮經傳通解引亦作天作祭能何挍本下然作祭

理不通也　閩本同監毛本不作亦

乞盟一者　閩毛本同監本一字闕

壬申乃十月也　石經閩監毛本同余本脱壬申二字

十有八年

十五年奔楚　閩監本同毛本奔作犇

即既前文已云復入于晉閩監毛本同何校本無即字

晉侯使士匄來聘石經閩監毛本同釋文士匄本又作丐。按丐俗匄字

天子圍方十里閩監毛本同何校本方下有百里公侯四字與公羊注合

伯方七里子男方五里案公羊注無二方字

穀梁注疏卷十四校勘記終

寧都李楨校

監本附音春秋穀梁注疏卷第十五　起元年盡十五年

范甯集解　楊士勛疏

襄公

〔疏〕魯世家定公名午成公之子定姒所生周簡王十四年即位謚法因事有功曰襄

元年春王正月公即位繼正即位正也〔疏〕繼正即位正也○釋曰襄是定姒之子嫌非正胡重明之○仲孫蔑會晉欒黶宋華元衛甯殖曹人莒人邾人滕人薛人圍宋彭城繫彭城於宋者不與魚石正也魚石得罪於宋成十五年奔楚十八年復入于彭城然則彭城已屬魚石今猶繫宋者崇君抑叛臣也○復扶又反〔疏〕繫彭至正也○釋曰哀三年齊衛圍戚傳曰不繫戚於衛者子不有父也魚石人臣而取君之邑邑以繫國爲正故言繫彭城於宋不與魚石正也若不繫宋則似與之爲父子君臣意異。繫不有殊公羊傳曰曷爲繫之於宋不與諸侯專封也左氏云今楚取彭城以封魚石是魚石爲楚所封則三傳不異其說彭城繫宋則異也何者公羊意彭城繫宋不與楚封此傳意彭城繫宋不與魚石是其異也左氏以爲不成叛人又云謂之宋志是又與二傳意不同也○夏晉韓厥帥師伐鄭○仲孫蔑會齊崔杼曹人邾人杞人次于鄫鄫鄭地鄫或爲合○鄫似陵反○秋楚公子壬夫帥師侵宋○壬而林反九月辛酉天王崩○邾子來朝○朝直遥反〔疏〕邾子來朝○釋曰世本及左傳邾宣公也○冬衛侯使公孫剽來聘○剽匹妙反○晉侯使荀罃來聘冬者十月初也王崩赴未至皆未聞喪故各得行朝聘之禮〔疏〕注冬者至之禮○釋曰周禮諸侯之邦交歲相問殷相聘世相朝又左傳云凡諸侯即位小國朝之大國聘焉此年公新即位故各行朝聘禮也知王崩赴未至者禮諸侯爲天子斬衰若其聞喪豈以天子九月崩當月即邾子來朝冬初即晉衛來聘魯是有禮之國焉得受之明知赴未至故各得行朝聘之禮也猶如襄二十九年吳子餘祭五月所弑赴未至魯故季札以六月致魯行聘事亦此類也若然經書九月天王崩者赴雖在十月之末告以九月崩耳知王崩諸侯不得行朝聘之禮者曾子問云諸侯相見揖讓入門不得終禮廢者幾孔子曰六大廟火日食后夫人之喪雨霑服失容則廢是天子崩不得行朝聘也

二年春王正月葬簡王○鄭師伐宋。○夏五月庚寅夫人姜氏薨○六月庚辰鄭伯睔卒○睔古困反○晉師宋師衛甯殖侵鄭其曰衛甯殖如是而稱于前事也初衛侯速卒鄭人侵之故舉甯殖之報以明稱其前事不書晉宋之將以慢其伐人之喪○稱于尺證反〔疏〕稱于前事○釋曰依例將尊師少稱將將卑師衆稱師傳知稱于前而書名者三人同有伐喪之罪或名或師明知稱師者罪重稱名者罪輕又成二年鄭人侵衛之喪今甯殖獨稱名氏故知稱其前事也○秋七月仲孫蔑會晉荀罃宋華元衛孫林父曹人邾人于戚○己丑葬我小君齊姜齊謚○齊姜如字齊謚也一音側皆反後齊歸同〔疏〕注齊謚○釋曰葬皆舉謚又謚法執心克莊曰齊故知是謚○叔孫豹如宋○冬仲孫蔑會晉荀罃齊崔杼宋華元衛孫林父曹人邾人滕人薛人小邾人于戚遂城虎牢若言中國焉內鄭也虎牢鄭邑鄭服罪內之故爲之城不繫虎牢於鄭者如中國之邑也僖二年城楚丘傳曰楚丘者何衛之邑國曰城此邑也其曰城何封衛也然則非魯邑皆不言城中國猶國中也○爲于僞反〔疏〕若言至鄭也○釋曰此言若中國焉者非是對戎狄而生名言中國猶國中也今經不繫虎牢於鄭者如國中之邑也所以如國中之邑者鄭服罪故內之也所以鄭服不繫虎牢者春秋之例外邑皆不言城今虎牢若繫鄭則不得書之故不繫之鄭比內邑也公羊以爲虎牢不繫鄭者爲中國諱伐喪說左氏者以爲虎牢已屬晉故不繫鄭並與穀梁異楚殺其大

夫公子申

三年春楚公子嬰齊帥師伐吳○公如晉○夏四月壬戌公及晉侯盟于長樗晉侯出其國都與公盟于外地○樗丑居反【疏】注晉侯至外地○釋曰范知出國都與公盟者上言如晉下言公至自晉不言長樗故知之也公至自晉○六月公會單子晉侯宋公衛侯鄭伯莒子邾子齊世子光己未同盟于雞澤雞澤地也同者有同也同外楚也陳侯使袁僑如會如會外乎會也外乎會者明本非會內也諸侯已會乃至耳【疏】外乎會也○釋曰莊十四年單伯會伐宋傳云會事之成也僖二十八年陳侯如會傳曰外乎會也是二文互以相通也會伐宋伐事已成單伯乃至則踐土亦會事已成陳侯乃至也陳侯言外乎會明伐宋時亦外乎會也三處發傳者單伯內大夫陳侯是諸侯袁僑爲君所使嫌有異故重發之於會受命也戊寅叔孫豹及諸侯之大夫及陳袁僑盟及以及與之也諸侯在會而大夫又盟是大夫執國之權亢君之禮陳君不會袁僑受使來盟袁僑之盟得其義也通言叔孫豹及諸侯之大夫則無以表袁僑之得禮故再言及明獨與袁僑不與諸侯之大夫○受使所吏反諸侯以爲可與則與之不可與則釋之諸侯盟又大夫相與私盟是大夫張也故雞澤之會諸侯始失正矣大夫執國權曰袁僑異之也釋不但揔言及諸侯之大夫而復別言袁僑者是異袁僑之得禮○復扶又反【疏】及以至之也○釋曰傳解經所以再言及者以及與之也謂與袁僑故言及以殊之公羊以爲重言及者爲其與袁僑盟也其意言諸侯大夫所以爲盟者爲與袁僑盟也與穀梁傳異也禮君不敵臣陳遣大夫赴會諸侯大夫與之爲盟則是貴賤之宜而云大夫強者陳侯遠慕中國使大夫詣會受盟諸侯雖

則盟罷當須更與結好又尊卑不敵者謂獨會公侯今既與諸侯衆在何以得稱不敵陳侯不在故與袁僑得盟諸侯大夫君在私盟故謂之彊也案十六年大夫不臣也則不繫諸侯此云諸侯之大夫而謂之疆者此雖對君私盟慢君之意緩至十六年積習已久不臣之情極故不繫諸侯此亦應爲君之命而謂之私者對君盟非臣事故謂之私○秋公至自晉○冬晉荀罃帥師伐許

四年春王三月己酉陳侯午卒○夏叔孫豹如晉○秋七月戊子夫人姒氏薨成公夫人齊公母也姒杞姓○杞音起【疏】夫人姒氏薨○釋曰公羊以爲弋氏何休云莒女此與左氏並爲姒氏范及杜預皆云杞女是與公羊異也傳妾子爲君其母不得稱夫人今薨葬備文者君與夫人禮成之臣民不可以妾禮遇之故亦得稱夫人仍非禮也○葬陳成公○八月辛亥葬我小君定姒定謚○冬公如晉○陳人圍頓

五年春公至自晉○夏鄭伯使公子發來聘○叔孫豹繒世子巫如晉外不言如而言如爲我事往也外相如不書爲魯事往故同於內○巫亡符反爲于僞反【疏】叔孫豹繒世子巫如晉者○釋曰公羊以繒世子巫是繒之前夫人莒女所生其巫之母即是魯襄公同母姊妹繒更娶後夫人於莒而無子有女還于莒爲夫人生公子但繒子愛後之夫人故立其外孫莒之公子故叔孫豹與世子巫如晉訟之此傳直云爲我事往也不知更爲何事故徐邈注此取左氏爲說云爲我事往者謂請繒于晉以助已出賦也今范云外相如不書爲魯事往故同於內也下文滅繒此傳亦同公羊取外孫爲嗣則此之如晉同公羊理亦無損但巫繼與魯同是莒之外孫傳不得云爲我事往也況又上四年范注云姒氏襄公母杞姓也則襄公母非莒女也若同左氏則於傳文爲順未審范意如何或當范雖從公羊外孫爲嗣此明如晉非爲外孫○仲孫蔑衛孫林父會吳于善稻善稻吳地○善稻吳謂之伊緩左氏作善道吳謂善伊謂稻

緩號從中國名從主人夷狄所號地形及物類當從中國言之以教殊俗故不言伊緩而言善稻人名當從其本俗言〔疏〕號從中國。釋曰重發此文者邾之與宋俱是中國嫌此魯衛會吳善稻善稻吳地嫌從夷號故重發之大原晉地接狄之竟名曰大鹵恐從狄名故更發其例蚡泉魯地莒從夷俗但狄人謂蚡泉爲矢胎莒不得與真夷狄同故亦須發例也名從主人者越爲於越左氏云壽夢之鼎是也○秋大雩○楚殺其大夫公子壬夫○公會晉侯宋公陳侯衛侯鄭伯曹伯莒子邾子滕子薛伯齊世子光吳人繒人于戚繒以外甥爲子曾夷狄之不若故序吳下所以不復殊外吳者以其數會中國故。曾夷才登反又如字不復扶又反數會音朔〔疏〕注數會中國故。釋曰繒夷狄之下若自當序吳下繒在吳下即得殊吳所以云數會中國者若繒夷狄不若吳不數會中國縱使抑繒不可稱人進班也今以其數行進之故序云會進之故序繒于下以表夷狄之不若。進吳於上以顯其數會中國也公至自

會○冬戍陳內辭也不言諸侯是魯戍之〔疏〕內辭也。釋曰此戍陳公羊以爲諸侯雖至不可得而序故獨言我也杜預以爲戚會受晉命戍陳諸侯各自遣戍不復告魯故不書也觀范注似魯獨自戍之案檢上下則於理不得何者定五年歸粟于蔡傳云專辭也彼專辭即與此內辭不異彼傳歸粟更云諸侯歸之則此戍陳亦是諸侯同戍襄三十年澶淵救災具列諸國故定五年歸粟不復歷序諸侯則此亦以救陳之文具列諸侯故於戍之文獨言魯戍也彼傳云義邇也不足具列則此亦以其事可知故經文不序范云魯者解經之獨立文也○楚公子貞帥師伐陳○公會晉侯宋公衛侯鄭伯曹伯莒子邾子滕子薛伯齊世子光救陳十有二月公至自救陳善救陳也楚人伐陳公能救中國而攘夷狄故善之善之謂以救陳致〔疏〕善救陳也。釋曰於公之至下言之者春秋主善以內故書公至下重發○辛未季孫行父卒

六年春王三月壬午杞伯姑容卒○夏宋華弱來奔○秋葬杞桓公○滕子來朝朝直遥反○莒人滅繒莒是繒甥立以爲後非其族類神不歆其祀故言滅。莒人滅繒似陵反立其甥爲後異姓故言滅也非滅也非以兵滅中國日卑國月夷狄時繒中國也而時非滅也家有既亡國有既滅滅猶亡亡猶滅家立異姓爲後則亡國立異姓爲嗣則滅既盡也滅而不自知由別之而不別也繒不達滅亡之義故國滅而不知。別彼列反莒人滅繒非滅也非立異姓以莅祭祀滅亡之道也○莅音利又音類〔疏〕中國至道也。釋曰重發傳者非兵滅故重明之由別之不別也言繒所以滅者立嗣須分別同姓而繒不別也舊解云別猶識也言繒君唯識知國須立後不能分別異姓之不得齊侯滅萊左氏以爲齊遷萊子於郎故不書出奔

公羊以爲萊子出奔不如死也死不書率滅爲重此無傳未知所從○冬叔孫豹如邾○季孫宿如晉宿行父子○十有二月齊侯滅萊

七年春郯子來朝○郯音談朝直遥反下同○夏四月三卜郊不從乃免牲夏四月不時也三卜禮也乃者亡乎人之辭也〔疏〕三卜至辭也。釋曰三卜是禮而書之者爲三卜不從及四月不時故也乃者亡乎人之辭也復發傳者嫌三卜禮不當責無人也○小邾子來朝〔疏〕小邾子來朝。釋曰左傳小邾穆公也○城費○費音秘○秋季孫宿如衛○八月螽○冬十月衛侯使孫林父來聘壬戌及孫林父盟○楚公子貞帥師圍陳○十有二月公會晉侯宋公陳侯衛侯曹伯莒子

邾子于鄬鄬鄭地。鄬本又作鄔于詭反鄭伯髡原如會。髡苦門反本又作郼或作顔顔音於倫反左氏作髡頑未見諸侯丙戌卒于操。操鄭地操七報反未見諸侯其曰如會何也致其志也禮諸侯不生名此其生名何也卒之名也卒之名則何爲加之如會之上見以如會卒也其見以如會卒何也鄭伯將會中國其臣欲從楚不勝其臣弒而死其不言弒何也不使夷狄之民加乎中國之君也邵曰以其臣欲從楚故謂夷狄之民不欲使夷狄之臣得弒中國之君故去弒而言卒使若止卒然。見以賢徧反去起呂反其地於外也其日未踰竟也日卒時葬正也未踰竟音境【疏】日卒至正也。釋曰葬在八年比處發之者以鄭伯被弒而同正卒既同正卒宜云正葬故連言也重發正卒之傳者今被弒而同正卒嫌與他例異故明之也陳侯逃歸以其去諸侯故逃之也鄭伯欲從中國而罹其凶禍諸侯莫有討心於是懼而去之背華即夷故書逃以抑之。背音佩

八年春王正月公如晉【疏】正月公如晉。釋曰傳例往月危往也源空今書正月者以鄭伯歸晉受禍陳侯畏楚逃歸明晉之不足可恃而公往朝危之道故書月也○夏葬鄭僖公○鄭人侵蔡獲蔡公子濕獲者不與之辭侵者所以服不義無相獲之道。公子濕本又作隰又音燮二十年同左氏作燮人微者也侵淺事也而獲公子公子病矣【疏】公子病矣。釋曰公羊以爲侵而言獲者適得其意謂值其無備故獲得之此云公子病矣謂侵是淺事所以得公子者由公子病弱矣徐邈云公子病不任爲將帥故獲之○季孫宿會晉侯鄭伯齊人宋人衞人邾人于邢丘邢丘地。邢音刑見魯之失正也公在而大夫會也。見賢遍反【疏】見魯之失正也。釋曰以公在晉未及告公大夫爲會故云失正也○公至自晉○莒人伐我東鄙○秋九月大雩○冬楚公子貞帥師伐鄭○晉侯使士匄來聘

九年春宋災外災不志此其志何也故宋也故猶先也孔子之先宋人【疏】宋災。釋曰公羊以爲大者曰災何休云大者謂正寢社稷宗廟朝廷也小者非宗廟社稷也又曰內何以不言火甚之也者何休云春秋以內爲天下法故雖小有火如大災又云外災不書此何書爲王者之後記災也此傳直云故宋也徐邈云春秋王魯以周公爲王後以宋爲故也是亦以爲王者之後記災也今范獨云孔子之先宋人故記其災以黜周王魯乃是公羊之說今徐乃取以解穀梁故范不從之○夏季孫宿如晉○五月辛酉夫人姜氏薨成公母○秋八月

癸未葬我小君穆姜○冬公會晉侯宋公衞侯曹伯莒子邾子滕子薛伯。小邾子齊世子光伐鄭十有二月己亥同盟于戲戲鄭地。于戲許宜反不異言鄭善得鄭也不致恥不能據鄭也戲盟還而楚伐鄭故恥不能終有鄭【疏】不異至鄭也。釋曰舊解以伐鄭之文在上即同盟于戲明鄭在可知故不異言也善得鄭也言鄭服心同盟故以爲善既善得鄭則是無恥所以不致者恥不能據鄭也謂既盟之後楚即伐鄭恥不能終據之故不致也又一解不異言鄭謂會伐無鄭伯之文今不序是不異言也所以不異言者善得鄭也嘉其服心受盟比之舊同好然故不異言也既善得鄭又以爲恥者當時鄭雖受盟楚即伐鄭諸侯不能終據鄭故以爲恥也○楚子伐鄭

十年春公會晉侯宋公衞侯曹伯莒子邾子

滕子、薛伯、杞伯、小邾子、齊世子光會吳于柤。柤楚地○于柤莊加反會又會，外之也。五年會于戚不殊會今殊會吳者復夷狄故○復夷扶又反下不復皆同〔疏〕會又會外之也○釋曰重發傳者五年戚會不殊吳今殊之故復發傳○注復夷狄故○釋曰舊解戚之會抑絀進吳故不得殊會今宜當復夷狄故會以外之或以爲戚會以吳行進故不殊之今在後更爲夷狄之行故外之○夏五月甲午，遂滅傅陽。傅陽左氏作偪陽遂，直遂也。其曰遂何？不以中國從夷狄也。言時實吳會諸侯滅傳陽恥以中國之君從夷狄之主故加甲午使若改日諸侯自滅傳陽滅甲國月此日蓋爲遂耳○爲于僞反〔疏〕遂直遂也○釋曰傳言遂直遂也者是繼事之辭不須云○日今加甲午始云遂滅與凡遂異故傳言之○注此日蓋爲遂耳○釋曰傳陽甲國例當書月此經言日故范云蓋爲遂耳爲遂者欲見不使中國之君從夷狄之主也公至自會。會夷狄不致，惡事不致。夷狄不致恥與同惡事不致恥有惡

此其致何也？會吳曾夷狄也滅傅陽惡事也據不應致存中國也。以中國之君從夷狄之主而滅人之邑也此即夷狄爾是無中國也故加甲午使若改日諸侯自滅傳陽爾不以諸侯從夷狄也滅中國雖惡事自諸侯之一眚爾從夷狄而滅人則中國不復存矣○眚所景反〔疏〕夷狄至國也○釋曰僖二十六年公至自伐齊傳曰惡事不致此其致之何也危之也彼亦是以蠻夷伐中國傳揔釋之今分別兩言之者當以直會夷狄直爲惡事二者俱不致會夷狄不致者成二年蜀之盟是也惡事不致者桓二年稷之會是也今公從夷狄爲柤之會又滅傳陽二事皆惡故傳兩舉之彼公以楚師伐齊唯是一事故揔釋耳傳於此見存中國之文者雞澤之會諸侯失政從此之後日益陵遲又會夷狄之人以滅中國惡事之甚故書公至以存之僖二十六年傳云危之此云存之者彼向來陵遲故直云危之公此時微弱之甚故云存中國也○注而滅人之邑○釋曰此謂國邑也故上注云甲國月公羊左氏亦以爲國也中國有善事則并焉，若中國有善事則不復言會諸侯改日遂滅傳陽如僖四年諸侯侵蔡蔡潰遂伐楚是并焉○則并必性反又如字無善事則異之存之也。諸侯會吳于柤甲午遂滅傳陽是則若會與遂異人汲鄭伯，汲猶引也鄭伯髡原爲臣所弒而不書弒此引而致於善事○汲音急逃歸陳侯，鄬之會陳侯不會以其爲楚故言逃歸○爲于僞反致柤之會，存中國也。○楚公子貞、鄭公孫輒帥師伐宋。○晉師伐秦。○秋，莒人伐我東鄙。○公會晉侯、宋公、衛侯、曹伯、莒子、邾子、齊世子光、滕子、薛伯、杞伯、小邾子伐鄭。齊世子光字滕薛之上蓋驕蹇○蹇紀輦反○冬，盜殺鄭公子斐、公子發、公孫輒。稱盜以殺大夫，弗以上下道，惡上也。兩下相殺不志乎春秋惡鄭伯不能脩政刑致盜殺大夫也以上下道當言鄭人殺其大夫○斐芳尾反左氏作騑惡路反〔疏〕稱盜至上也釋曰哀四年傳云微殺大夫謂之盜而曰上下道者以微殺大夫即是兩下相殺兩下相殺不志乎春秋此惡鄭伯不能脩政刑以致

盜殺大夫則哀十三年盜殺陳夏區夫昭二十年盜殺衛侯之兄輒亦是惡其君以致盜也兩下相殺既不入于例故云不以上下道其以上下道者當云鄭人殺其大夫也然文六年狐射姑殺陽處父經改兩下相殺之文晉殺其大夫陽處父是謂君國殺之之辭也則上下之道亦稱國而獨決其不稱人者稱國以殺大夫有二例以二例不定故不得專爲上下道稱人殺是誅有罪之文有罪無二例故得決之於此發例者盜殺大夫初起於此故也○戍鄭虎牢。不稱其人則魯戍也猶戍陳其曰鄭虎牢，決鄭乎虎牢也。二年鄭去楚而從中國故城虎牢不言鄭使與中國無異自爾已來數反覆無從善之意故繫之於鄭決絕而棄外○數所角反覆芳服反〔疏〕注二年至棄外○釋曰注言此者解其決鄭之意九年鄭與諸侯同盟其年楚子伐鄭從楚此年又與楚公子貞伐宋是其數反覆也今諸侯則戍鄭鄭當見其無從善之心故不得內之以盟當決絕之若不決絕之當如上二年直云城虎牢不繫之鄭也○楚公子貞帥師救鄭。○公至自伐鄭。

十有一年春王正月作三軍作爲也古者天子六師諸侯一軍作三軍非正也周禮司馬法曰萬有二千五百人爲軍王六軍大國三軍次國二軍小國一軍其將皆命卿二千五百人爲師然則此言天子六師凡萬有五千人大國三軍則三萬七千五百人諸侯制踰天子非義也總云諸侯一軍又非制也昭五年經曰舍中軍傳曰貴復正也然則魯有二軍今云作三軍增置中軍爾魯爲次國於此爲明○將子匠反舍中音捨〔疏〕注魯爲次國釋曰魯本周公之後地方七百里而云次國者據春秋時言之也○夏四月四卜郊不從乃不郊夏四月不時也四卜非禮也〔疏〕四卜非禮也○釋曰上三卜爲禮而非時此卜違禮而禮亦非時故重發傳不言免牲者不行免牲之禮故但言不郊耳○鄭公孫舍之帥師侵宋○公會晉侯宋公衛侯曹伯齊世子光莒子邾子滕子薛伯杞伯小邾

子伐鄭○秋七月己未同盟于京城北盟謀更共伐鄭京城北鄭地○京城左氏京作亳公至自伐鄭不以後致盟後復伐鄭也傳例曰已伐而盟復伐者則以伐致盟不復伐者則以會致此言不以後致謂會在伐後○復扶又反〔疏〕不以至鄭也○釋曰成十七年夏公會尹子云云伐鄭乙酉同盟于柯陵與此正同彼云公至自會此云公至自伐鄭致文不同者案彼伐鄭同盟於柯陵爲公不同于伐鄭以會事爲大故以會致此時鄭從楚楚彊諸侯畏之故以伐爲大事又盟後重更伐鄭故以伐致也○注傳例至伐後○釋曰下十九年傳文○楚子鄭伯伐宋○公會晉侯宋公衛侯曹伯齊世子光莒子邾子滕子薛伯杞伯小邾子伐鄭會于蕭魚蕭魚鄭地公至自會伐而後會不以伐鄭致得鄭伯之辭也鄭與會而服中國喜之故以會致○鄭與音豫〔疏〕伐而至辭也○釋曰僖四年傳云二事偶則以後事致此云公至自會正是其當而云不以伐鄭致者以鄭從楚伐之尤難故當以伐爲大事但以喜鄭與會故以會致之○楚人執鄭行人良霄行人者挈國之辭也行人是傳國之辭命者○傳直專反〔疏〕挈國之辭也○釋曰舊解挈猶傳也行人傳國使會命故云挈國之辭也或以挈爲舉謂傳舉國命之辭理亦通耳但與注乖行人之文有六傳之所以發者三也昭公八年楚人執陳行人于徵師傳曰稱人以執大夫執有罪也稱行人怨接於上也襄十有八年晉執衞行人石買傳曰稱行人怨接於上也此云楚人執鄭行人良霄傳曰挈國之辭也徵師云稱人執有罪則此挈國之辭而被囚執亦是有罪也石買云稱行人怨接於上則良霄亦然也是其文亦相通也傳舉三者則定六年晉人執宋行人樂祁犂七年齊人執衞行人北宫結時二十三年晉人執我行人叔孫婼亦然也是稱人以執有罪石買稱行人怨接於上明君之與臣兩舉失之也執大夫稱人又有二義莊十七年齊人執鄭詹傳曰人者衆辭也以人執與之辭也僖四年齊人執陳袁濤塗傳曰齊人者齊侯也不正其踰國而執也桓十一年宋人執鄭祭仲傳曰宋人者宋公也其曰人何也貶之也是有二

也案經例執大夫皆稱人而執未有稱公侯者而云貶宋公齊侯何也斯有旨矣然執大夫得其罪例當稱人經因事以明義若被執者有罪則稱人以見罪若執人者有罪亦稱人以見惡齊侯爲踰國而執宋公命人逐君故貶之也稱人以明不正也縱使例執得其罪未有稱公侯之文其齊宋二君亦當貶從稱人之限故經雖同常文傳則分而別之所謂善惡不嫌同辭不可以一槩求之矣祭仲不稱行人舊解私罪不稱行人或當非行人故也○冬秦人伐晉

十有二年春王三月莒人伐我東鄙圍邰蓋攻守之害深故以危録其月○邰本又作台他來反又音臺伐國不言圍邑舉重也伐國重圍邑輕舉重可以包輕取邑不書圍安足書也不足書而今書蓋爲下事起○爲于僞反〔疏〕注蓋爲下事起○釋曰范知之者以伐國不言圍邑言圍邑有所見明此爲下事耳○季孫宿帥師救邰遂入鄆鄆莒邑○鄆音運遂繼事也受

命而救郃不受命而入鄆惡季孫宿也○惡烏路反○夏晉侯使士魴來聘○秋九月吳子乘卒○冬楚公子貞帥師侵宋○公如晉

十有三年春公至自晉○夏取邿○邿音詩〔疏〕夏取邿○釋曰公羊以邿爲邾婁之邑此傳雖無說蓋從左氏爲國也○秋九月庚辰楚子審卒共王○共音恭○冬城防

十有四年春王正月季孫宿叔老會晉士匄齊人宋人衛人鄭公孫蠆曹人莒人邾人滕人薛人杞人小邾人會吳于向向鄭地○蠆音丑邁反向舒亮反○〔疏〕正月至于向○釋曰何休云月者刺諸侯委任大夫二年之後君若贅旒然故月之范雖不注或以二卿遠會蠻夷危之故月從何說理亦通耳○二月乙未朔日有食之○夏四月叔孫豹會晉荀偃齊人宋人衛北宮括鄭公孫蠆曹人莒人邾人滕人薛人杞人小邾人伐秦○己未衛侯出奔齊諸侯出奔例月衎結怨于民自棄於位君弑而歸與知逆謀故出入皆日以著其惡○與音豫〔疏〕注諸侯至其惡○釋曰桓十五年五月鄭伯突出奔蔡十六年十有一月衛侯朔出奔齊又十一年鄭忽出奔衛亦文承九月之下是例月也若然昭三年冬北燕伯款出奔齊二十一年冬蔡侯東出奔楚而書時者彼蔡侯東時爲公如晉不當月故時也其北燕伯時自爲大雨雹故亦略其月文或當時晦月同雖書日有異也然此書日以著衛侯之惡則昭二十五年九月乙亥公孫于齊亦是明公之惡也或可詳內不可以外例准之然衛侯朔出奔齊傳曰朔之名惡也天子召而不往彼亦惡而書名則北燕伯蔡侯之徒亦是書名以見惡也今衛侯以惡甚而書日所以不名者鄭忽出奔衛傳曰其名失國也衛侯雖則惡甚以其不失國故不名以見得國人書名以明惡也曹伯負芻無罪故出入不名則衛侯鄭入書名者亦惡可知也然衛侯朔亦得國而出書名者以天子絕之故也則蔡侯東北燕伯款亦爲失國而名也鄭忽桓十五年稱世子忽復歸于鄭亦是得國而書名者以其微弱罪賤之故傳曰其名失國以後雖入國不能自安故亦與失國同也又忽是世子與君少異故彼注云其名謂去世子而但稱忽是也公孫于齊不名者爲內諱也一解以衛侯不名者出奔書日以見罪惡甚故不復名也理亦通耳○莒人侵我東鄙○秋楚公子貞帥師伐吳○冬季孫宿會晉士匄宋華閱衛孫林父鄭公孫蠆莒人邾人于戚○閱音悅

十有五年春宋公使向戌來聘向舒亮反戌音恤○○二月己亥及向戌盟于劉○劉夏逆王后于齊劉采地夏名書名則非卿也天子無外所命則成故不言逆女○劉夏戶雅反注同〔疏〕劉夏至于齊○釋曰公羊以劉夏爲天子下大夫今范云非卿則亦以爲下大夫也此時王者案世本本紀當傾王也過我故志之也○過音戈○夏齊侯伐我北鄙圍成○公救成至遇至遇而齊師已退也遇魯地○季孫宿叔孫豹帥師城成郛郛郭○郛音孚○秋八月丁巳日有食之○邾人伐我南鄙○冬十有一月癸亥晉侯周卒○

監本附音春秋穀梁注疏襄公卷十五

新建縣知縣鄭祖琛
浮梁縣知縣劉丙　同栞

穀梁注疏卷十五挍勘記　　阮元撰盧宣旬摘録

襄公 余本卷第九單疏本同

元年

爲父子君意異槩不有殊 閩本同監毛本君作若何挍本君下有臣字異下有故字

曷爲繫之於宋 按公羊傳無於字

鄫或爲合 閩毛本同監本鄫誤鄭

晉侯使荀罃來聘 閩監毛本同石經罃作嬰二三年並同

故季札以六月致魯 閩監毛本致作至單疏本作到

二年

六月庚辰鄭伯睔卒 石經同閩監毛本辰作寅又毛本脱鄭字

以明稱其前事 閩監毛本其作于

三年

諸侯始失正矣 閩監毛本同石經正作王

謂獨會公侯 閩監毛本同單疏本公作外

此亦應爲君之命 閩監毛本同單疏本爲作受

公至自晉 閩監毛本同石經晉作會

四年

公羊以爲戈氏 監本同閩毛本戈改弋是也

五年

叔孫豹繒世子巫如晉者 閩監毛本無者字案此文當在下公羊以繒世子巫云云之上注疏本以此句爲標起止非也

狄人謂蚡泉爲矢胎 段玉裁云昭五年經蚡作賁矢台作失台

越爲於越 閩監毛本同單疏本爲作謂

六年

非立異姓以莅祭祀 此本非字空缺閩監毛本無非字石經余本有顧炎武云石經多一非字何煃云非字疑衍案宣十五年傳非税畝之鄉也注云緣宣公税畝故生此災以責之非責也與此傳非字義同繒非滅謂之滅者立異姓是滅亡之道故責之顧説何説並誤

七年

于鄬 閩監毛本同釋文本又作鄬

鄭伯髡原如會 閩監毛本同釋文髡本又作郡或作頵

宜云正葬 閩監毛本云作同

嫌與他例異 何挍本他誤陀

八年

今書正月者 十行本此上空二字閩監毛本不空

獲蔡公子濕 閩監本同毛本濕作溼釋文本又作隰

九年

以周公爲王後 閩監毛本同何挍本王後作後王

公會晉侯宋公衛侯曹伯莒子邾子滕子薛伯小邾子齊世子光伐鄭 閩監毛本同石經薛伯下有杞伯二字

謂會伐無鄭伯之文 閩監毛本會伐誤倒

十年

其曰遂何 閩監毛本同石經余本下有也字

彼向來陵遲 閩監毛本同何挍本向來作尙未

今諸侯則戍鄭 閩監毛本同何挍本戍作伐

當見其無從善之心 閩本同監毛本見誤是

以盟當決絶之 閩監毛本同單疏本盟作明是也

十有一年

凡萬有五千人 閩監毛本同何挍本凡下有七字宋本同案有七者非上注云萬有二千五百人爲軍二千五百人爲師是軍與師不同六師止有萬五千人若七萬五千人則六軍之數非六師之數也

此卜違禮而禮亦非時 閩監毛本同何挍本而作非

此時鄭從楚彊 閩監本同毛本從誤後單疏本彊作張

稱人以執大夫 閩監毛本下有者字○按昭八年傳無者字

襄十有八年 閩監毛本同何挍本無有字

晉執衞行人石買 按十八年經晉下有人字

是其文亦相通也 閩監毛本同何挍本亦作互是也

明君之與臣 閩監毛本同何挍本與作於

或當非行人故也 閩監毛本同單疏本無非字

十有四年

二年之後 閩監毛本同何挍本二作三與公羊注合

文或當時明月同 閩監毛本同何挍本明作與是也

穀梁注疏卷十五挍勘記終

寧都李楨挍

監本附音春秋穀梁注疏襄公卷十六 起十六年盡三十一年

范甯集解　楊士勛疏

十有六年春王正月葬晉悼公○三月公會晉侯宋公衛侯鄭伯曹伯莒子邾子薛伯杞伯小邾子于溴梁溴梁地○溴古闃反戊寅大夫盟溴梁之會諸侯失正矣諸侯會而曰大夫盟正在大夫也諸侯在而不曰諸侯之大夫大夫不臣也晉人執莒子邾子以歸疏晉人至以歸釋曰諸侯不得私相治執人以歸非禮明矣○齊侯伐我北鄙○夏公至自會○五月甲子地震○叔老會鄭伯晉荀偃衛甯殖宋人伐許○秋齊侯伐我北鄙圍成○大雩○冬叔孫豹如晉

十有七年春王二月庚午邾子瞷卒○瞷音閑左氏作牼○宋人伐陳○夏衛石買帥師伐曹○秋齊侯伐我北鄙圍桃齊高厚帥師伐我北鄙圍防○九月大雩疏九月大雩○釋曰前年大雩不月此月者僖十一年傳曰雩月正也是九月八月雩得正也故月前年雩不正時也○宋華臣出奔陳○冬邾人伐我南鄙

十有八年春白狄來不言朝不能行朝禮○朝直遥反○夏晉人執衛行人石買稱行人怨接於上也怨其君而執其使稱行人明使人爾罪在上也○其使所吏反下同疏注怨其君至在上也○釋曰稱人以執是執有罪范云明使人者謂稱行人者明罪在君上故云明使人非謂稱行人以罪晉也重發傳者楚是夷狄嫌晉之主盟當異故重明之○秋齊侯伐我北鄙○冬十月公會晉侯宋公衛侯鄭伯曹伯莒子邾子滕子薛伯杞伯小邾子同圍齊非圍而曰圍據實伐齊有大焉亦有病焉齊若無罪諸侯豈得同病之乎非大而足同焉齊非大國諸侯豈足同共圍之與○與音餘諸侯同罪之也亦病矣諸侯同罪大國是不量力必爲大國所懼則亦病矣疏非圍至病矣○釋曰知非圍者以十九年經云至自伐齊不以圍致故也傳言非圍而曰圍者解經不以實言之意齊有大焉亦有病焉謂經稱同圍之意齊雖有事大國焉亦有罪惡焉病猶罪惡也謂數伐魯以數伐魯又復國大故稱同圍之耳非大而足同與覆上齊有大焉諸侯同罪之意也謂齊若非大國何須諸侯同罪之也亦病矣謂齊是大國諸侯共同罪之必爲大國所懼是取禍之道故云亦罪惡矣言諸侯與齊同有罪惡也○曹伯負芻卒于師閔之也疏閔之也○釋曰僖四年許男新臣卒彼内桓師故不地知言卒于師者皆閔之也○楚公子午帥師伐鄭

十有九年春王正月諸侯盟于祝柯前年同圍齊之諸侯也祝柯齊地○祝柯古河反注同晉人執邾子公至自伐齊春秋之義已伐而盟復伐者則以伐致京城北之類是○復扶又反下及注皆同盟不復伐者則以會致會于蕭魚之類是祝柯之盟盟復伐齊與怪不以會致○與音餘曰非也不復伐齊然則何爲以伐致也曰與人同事或執其君或取其地同與邾圍齊而晉執其君魯取其地此與盟後後伐无異疏或執至其地○釋曰據此傳文事實在邾

不關于齊而以伐齊致者以明實伐齊盟後又或執其君或取其地與盟後復伐無異故託事以見意罪晉執君惡魯取地若其實不伐齊亦不得以伐致也○取邾田自漷水以漷水爲界○漷水火虢反又音郭水名軋辭也軋委曲隨漷水言取邾田之多○軋於八反【疏】軋辭也○釋曰公羊以爲漷水移入邾界魯隨而有之今云軋辭者軋謂委曲經言自漷水者委曲之辭也一解軋辭者軋謂委曲言取邾田委曲隨漷水爲界之辭言其多也其不日惡盟也○惡烏路反【疏】其不日惡盟也○釋曰謂執君取地○季孫宿如晉○葬曹成公○夏衛孫林父帥師伐齊○秋七月辛卯齊侯環卒○晉士匄帥師侵齊至穀聞齊侯卒乃還還者事未畢之辭也【疏】還者至辭也○釋曰重發傳者嫌內外異也何休廢疾難此云君子不求備於一人闕原三空宰士匄不伐喪純善矣何以復責其專大功也鄭玄釋之曰士匄不伐喪則善矣然于善則稱君禮仍未備故言乃還不言乃復作未畢之辭還者致辭復者反命如鄭之言亦是譏士匄不復命也然如鄭意以乃還爲惡乃復爲善則公子遂至黃乃復又爲惡之者彼以遂違君命而反故加畢事之文欲見臣不專公命與此意少異此既善不伐喪復爲事畢之辭則是純善士匄故以未畢之辭言之受命而誅生死無所加其怒不伐喪善之也善之則何爲未畢也君不尸小事臣不專大名善則稱君過則稱己則民作讓矣士匄外專君命故非之也然則爲士匄者宜奈何宜墠帷而歸命乎介除地爲墠於墠張帷反命于介介歸告君君命乃還不敢專也○墠音善介音界副使也○八月丙辰仲孫蔑卒○齊殺其大夫高厚○鄭殺其大夫公子嘉○冬葬齊靈公○城西郛○叔孫豹會晉士匄于柯柯地○城武城

二十年春王正月辛亥仲孫速會莒人盟于向向莒邑○向舒亮反○夏六月庚申公會晉侯齊侯宋公衛侯鄭伯曹伯莒子邾子滕子薛伯杞伯小邾子盟于澶淵澶淵衛地○澶市然反○秋公至自會○仲孫速帥師伐邾○蔡殺其大夫公子濕蔡公子履出奔楚○陳侯之弟光出奔楚諸侯之尊弟兄不得以屬通其弟云者親之也親而奔之惡也顯書弟明其親也親而奔逐之所以惡陳侯○弟光左氏作黃惡音烏路反【疏】注所以惡陳侯○釋曰知非惡光者以傳例歸爲善自某歸次之以二十三年云光自楚歸于陳又且專之稱弟罪衛侯則光稱弟罪陳侯也故鄭釋廢疾亦云惡陳侯也○叔老如齊○冬十月丙辰朔日有食之○季孫宿如宋

二十有一年春王正月公如晉○邾庶其以漆閭丘來奔以者不以者也凱曰人臣無專祿以邑叛之道○漆音七閭力居反【疏】以者不以者也○釋曰重發傳者此非用兵之以故昭五年莒牟夷以牟婁及防茲來奔傳曰及防茲以大及小也是小大不敵故當言及今不言及爲小大敵故也來奔者不言出舉其接我者也漆閭丘不言及小大敵也○夏公至自晉○秋晉欒盈出奔楚○九月庚戌朔日有食之○冬十月庚辰朔日有食之【疏】日有食之○釋曰此年與二十四年皆頻月日食據今歷有無頻食之理但古或有之故漢書高祖本紀亦有頻食○

曹伯來朝。○朝直遥反 ○公會晉侯、齊侯、宋公、衞侯、鄭伯、曹伯、莒子、邾子于商任。商任某地。○任音壬 ○庚子，孔子生。疏 庚子孔子生。○釋曰：仲尼以此年生，故傳因而錄之。史記世家云襄公二十二年生者，馬遷之言與經典不同者非一，故與此傳異年耳。

二十有二年春王正月，公至自會。疏 公至自會。釋曰：此與二十一年公如晉皆月者，依傳例，月者有危，傳不記危之事，未可知也。何休云善公能事大國，衆下法，隨會公至不月，則何說非。○夏四月。○秋七月辛酉，叔老卒。○冬，公會晉侯、齊侯、宋公、衞侯、鄭伯、曹伯、莒子、邾子、滕子、薛伯、杞伯、小邾子于沙隨。○公至自會。○楚殺其大夫公子追舒。

二十有三年春王二月癸酉朔，日有食之。○三月己巳，杞伯匄卒。○匄古害反 ○夏，邾畀我來奔。○畀必二反 ○葬杞孝公。○陳殺其大夫慶虎及慶寅。稱國以殺，罪累上也。及慶寅，慶寅累也。陳侯之弟光自楚歸于陳。光反稱弟，言歸無罪明矣。○晉欒盈復入于晉，入于曲沃。曲沃晉地。○復扶又反 ○秋，齊侯伐衞，遂伐晉。○八月，叔孫豹帥師救晉，次于雍渝。雍渝晉地。○雍於用反，又如字。渝羊朱反 言救後次，非救也。惡其不遂君命而專止次，故先通君命而後言次，尊君抑臣之義。鄭嗣曰：次，止也。凡先書救而後言次，皆非救也。僖元年齊師、宋師、曹師次于聶北救邢，此師本欲止聶北，適爲之援，爾隨其本意而書，故先言次而後言救。豹本受君命救晉，中道不能，故先言救而后言次，若鄭伯未見諸侯而曰如會，致其本意。○惡其其烏路反。不傳惡之同。聶北不輒反。中道丁仲反，又如字。疏 言救至救也。○釋曰：后言次爲非救，則以僖元年先言次即是救，彼傳亦云非救者，其實言次則並是非救，但傳各隨其本意而釋之，鄭嗣言之詳矣。○己卯，仲孫速卒。○冬十月乙亥，臧孫紇出奔邾。其日，正臧孫紇之出也。正其有罪。蘧伯玉曰：不以道事其君者，其出乎？必不見容。○蘧其居反 ○晉人殺欒盈。惡之，弗有也。不言殺其大夫，是不有之以爲大夫。○齊侯襲莒。輕行掩其不備曰襲。○輕遣政反，又如字

二十有四年春，叔孫豹如晉。○仲孫羯帥師侵齊。○夏，楚子伐吳。○秋七月甲子朔，日有食之，既。○齊崔杼帥師伐莒。○大水。○八月

癸巳朔，日有食之。○公會晉侯、宋公、衞侯、鄭伯、曹伯、莒子、邾子、滕子、薛伯、杞伯、小邾子于夷儀。○冬，楚子、蔡侯、陳侯、許男伐鄭。○公至自會。○陳鍼宜咎出奔楚。○鍼其廉反。咎其九反 ○叔孫豹如京師。○大饑。五穀不升爲大饑。升，成也。一穀不升謂之嗛，嗛，不足貌。○嗛去簟反 二穀不升謂之饑，三穀不升謂之饉，○饉音近 四穀不升謂之康，康，虛。五穀不升謂之大侵。侵，傷。疏 五穀至大侵。○釋曰：二穀不升謂之饑，今經云大饑，故傳云五穀不升也。謂之嗛，謂之康，嗛是不足之貌，康是虛荒之名。五穀不升謂之大侵，又謂之大饑者，以經云大饑，是傳文順經言之。經所云大饑者，謂五穀不熟也。其實大侵者，大饑之異名，遂而言之，正是一物也。傳欲分析五種之名，故異言之耳。

徐邈云有死者曰大饑無死者曰大饑何休云有死。曰大饑无死。曰饑並以意言之與穀梁異也大侵之禮君食不兼味臺榭不塗塗塗飾。榭音謝塗烏路反又烏路反弛侯廷道不除弛廢也侯射侯也廢侯不燕射廷内道路不脩除。弛侯式氏反廷道徒佞反朝廷之道也一音庭疏注弛廢至燕射。釋曰凡大射爲祭擇士賓射則接賓而射燕則因歡燕而爲射既國大饑君不宜燕樂故注舉燕射言之其實尚不祭鬼神亦不應有大射賓射之禮故傳以弛侯揔之或以爲燕射一侯禮最省故舉之以明餘者亦不爲之耳理亦通之。百官布而不制官職脩列不可闕廢不更有造作鬼神禱而不祀周書曰大荒有禱无祀疏注周書至无祀。釋曰周書者先儒以爲仲尼刪尙書之餘今據其書與尙書不類未知是與非也此大侵之禮也

二十有五年春齊崔杼帥師伐我北鄙○夏五月乙亥齊崔杼弒其君光莊公失言淫于

崔氏放言將淫崔氏爲此見弒也邵曰淫過也言莊公言語失漏有過於崔子而崔子弒之故傳載其致弒之由以明崔杼之罪甚。爲此于僞反下爲其同疏注放言至罪甚。釋曰失言謂放言謂放言語將淫崔氏邵解云謂言語失漏有過於崔氏范兩載之者貴異說耳注又云傳載其致弒之由者正謂此傳不更據別文也○公會晉侯宋公衞侯鄭伯曹伯莒子邾子滕子薛伯杞伯小邾子于夷儀○六月壬子鄭公孫舍之帥師入陳○秋八月己巳諸侯同盟于重丘會夷儀之諸侯也重丘齊地。重直龍反公至自會○衞侯入于夷儀夷儀本邢地衞滅邢而爲衞地○楚屈建帥師滅舒鳩。屈居忽反○冬鄭公孫夏帥師伐陳。夏戶雅反○十有二月吳子謁伐楚門于巢卒以伐楚之事門于巢卒也所以攻巢之門者爲其伐楚之事故也然則伐楚經巢。子謁左氏作遏于巢者外乎楚也若但言伐楚卒而不言于巢者則卒在楚也言于巢則不在楚門于巢乃伐楚也先攻巢然后楚乃可得伐疏注先攻巢。釋曰舊解巢楚竟上之小國有表裏之援故先攻之然后楚可得伐以爲楚邑非也徐邈亦云巢偃姓之國是也諸侯不生名取卒之名加之伐楚之上者見以伐楚卒也其見以伐楚卒何也據伐楚惡事無緣致本意。見賢徧反疏諸侯不生名。釋曰重發傳者與失國生名異故也古者大國過小邑小邑必飾城而請罪禮也飾城者脩守備請罪問所以爲闕致飾之意。守備手又反或如字吳子謁伐楚至巢入其門門人射吳子有矢創反舍而卒古者雖有文事必有武備非巢之不飾城而

請罪非吳子之自輕也非責。射食亦反創初良反

二十有六年春王二月辛卯衞甯喜弒其君剽此不正其日何也殖也立之喜也君之正也父立以爲君則子宜君之以明正也。君剽匹妙反疏此不正其日何。釋曰知剽不正者以元年稱公孫見經故也○衞孫林父入于戚以叛○甲午衞侯衎復歸于衞日歸見知弒也書喜弒君衎可言歸衎實與弒故録日以見之書日所以知其與弒者言辛卯弒君甲午便歸是待弒而入故得速也。衎苦旦反一本作衎見知賢徧反實與音豫下同疏日歸至弒也。釋曰衎既與弒不言入以惡之者傳例歸爲善復歸則居其兩端故傳復者復中國歸者歸其所今喜既弒君衎可言歸但以與弒故從乎文云復歸書名因以見惡耳不言入以明歸罪于甯喜也○夏晉侯使荀吳來聘○公會晉人鄭良霄宋

人曹人于澶淵○秋宋公殺其世子座。○座，在禾反

○晉人執衛甯喜○八月壬午許男甯卒于楚宣九年九月辛酉晉侯黑臀卒于扈，傳曰其日未踰竟也，此乃在楚，何以日邪？隱三年八月庚辰宋公和卒，傳曰日卒正也，許男卒于楚則在外已顯，日卒明其正。○竟音境。【疏】注宣九至其正○釋曰：案薄氏駁云此自發例於大國，不明於小國，其小國或詳或畧，許男書日必正也。范荅云春秋稱世子國，有非正，周之襄王、晉之恭子、曹伯射姑亦是其例，貜且之卒謂于日食之下，何以知其不日？然則范之此荅據何文得知？又周之襄王與恭子何以爲別？又薄氏之駁不問射姑，而范荅探意大過者，案左氏襄王是惠后之子，明襄王是嫡也，故文八年書八月戊申天王崩。恭世子是獻公烝父妾而生，僖五年被殺不日，故知雖世子仍非嫡也。薄氏之意見射姑稱世子而卒不稱日，故駁云發例于大國，小國自從詳畧，故范以射姑非正荅之。據陳侯款僖七年甯母之會亦言世子，至僖二十八年書卒之上亦不日，明稱世子亦有非正也。捷菑既貶，則貜且是正，故知貜且之卒蒙上日食之文。可知襄王正，恭子不正，而亦引以爲例者，欲明襄

王正而稱世子，申生不正亦稱世子，據此言之，明有不正而稱世子者。○冬楚子蔡侯陳侯伐鄭○葬許靈公

二十有七年春齊侯使慶封來聘○夏叔孫豹會晉趙武楚屈建蔡公孫歸生衛石惡陳孔奐鄭良霄許人曹人于宋。○奐，呼亂反

○衛殺其大夫甯喜稱國以殺罪累上也甯喜弑君其以累上之辭言之何也嘗爲大夫與之涉公事矣鄭嗣曰：若獻公以喜有弑君之罪而殺之，則不宜旣入以爲大夫，而得殺之，明以他故。○復音扶又反。【疏】涉公事矣○釋曰：舊解國家之事危，若涉海以水行爲踰也。徐邈云涉猶歷也。傳織絇邯鄲，欒信云絇者著履舄之頭，即周禮絇繶及純是也。甯喜由君弑君而不以弑君之罪罪之者惡獻公也獻公即衎也。鄭嗣曰：書甯喜弑其君，則喜之罪不嫌不明，今若不言喜之無罪而死，則獻公之惡不彰。○惡，烏路反

○衛侯之弟專出奔晉○專，左氏作鱄專喜之徒也專之爲喜之徒何也已雖急納其兄與人之臣謀弑其君是亦弑君者也專其曰弟何也據稱弟則無罪。○已音紀專有是信者言君本使專與喜爲約，納君許以寵賂，今反殺之，獻公使專失信，故稱弟見獻公之惡也。○見，賢徧反君賂不入乎喜而殺喜是君不直乎喜也故出奔晉織絇邯鄲終身不言衛恥失信。○絇，其俱反；邯音寒；鄲音丹專之去合乎春秋何休曰：甯喜本弑君之家，獻公過而殺之，小負也，專以君之小負自絶，非大義也，何以合乎春秋？鄭君釋之曰：甯喜雖弑君之家，本專與約納獻公爾，公由喜得入，已與喜以君臣從事矣。春秋撥亂，重盟約，今獻

公背之而殺忠于已者，是獻公惡而難親也。獻公既惡而難親，專又與喜爲黨，懼禍將及，君子見幾而作，不俟終日，微子去紂，孔子以爲上仁，專之去衛，其心若此，合于春秋，不亦宜乎？○與約如字，又於妙反，下同。爲約，于僞反，本或作盟約。背之，音佩

○秋七月辛巳豹及諸侯之大夫盟于宋湨梁之會諸侯在而不曰諸侯之大夫大夫不臣也晉趙武恥之豹云者恭也不舉姓氏諸侯不在而曰諸侯之大夫大夫臣也其臣恭也晉趙武爲之會也【疏】晉趙至會也○釋曰：豹云能恭，獨言趙武恥之者，趙武恥湨梁之會大夫不臣，故合師諸侯大夫爲恭，故歸功趙武也。傳言豹云者，據前稱氏，後直名也。○冬十有二月乙亥朔日有食之

二十有八年春無冰○夏衛石惡出奔晉○

邾子來朝。朝直遥反 ○秋八月大雩○仲孫羯如晉○冬齊慶封來奔○十有一月公如楚【疏】公如楚○釋曰書月者何休云危公朝夷狄桼下二十九年公至自楚傳云喜之也則何説是耳 ○十有二月甲寅天王崩靈王 ○乙未楚子昭卒

二十有九年春王正月公在楚喜之也閔公爲楚所制故存録 ○夏五月公至自楚喜之也凱曰遠之蠻國喜得全歸 致君者殆其往殆危 而喜其反此致君之意義也【疏】致君至義也○釋曰於此發之者以公遠之荆蠻故傳特發之明中國亦同也 ○庚午衛侯衎卒○閽弑吳子餘祭閽門者也寺人也不稱名姓閽不得齊於人不稱其君閽不得君其君也禮君不使無恥不近刑人無恥不知臧否○閽音昏 守門人也祭側界反寺人本又作侍人 不狎敵不邇怨不近附近之近下同否音鄙又方九反 賤人非所貴也貴人非所刑也刑人非所近也舉至賤而加之吳子吳子近刑人也閽弑吳子餘祭仇之也怨仇餘祭故弑之○狎戶甲反怨於願反又於元反仇音求【疏】閽門至之也○釋曰稟二儀之氣須五常之性備然後爲人閽者虧刑絶嗣無陰陽之會故不復齊於人以圭門晨昏開閽謂之閽以是奄豎之屬故又謂之寺人也不狎敵不邇怨者言爲人君之道外不得狎敵内不得近怨何者吳遏以狎敵蒙禍餘祭以邇怨害身故不可狎敵近怨也賤人非所貴謂卑賤之人無高德者不可卒貴貴人非所刑謂刑不上大夫故不可刑之刑人非所近也謂刑罪之人不可信近之今吳子以奄人爲閽是近之也舉至賤而加之吳子近刑人也謂經書閽弑吳子餘祭者譏其近刑人也○注怨仇餘祭○釋曰國君不仇匹夫犯罪則誅之故知是閽怨也○仲孫羯會晉荀盈齊高止宋華定衛世叔儀鄭公孫段曹人莒人邾人滕人薛人小邾人城杞古者天子封諸侯其地足以容其民其民足以滿城以自守也杞危而不能自守故諸侯之大夫相帥以城之此變之正也諸侯微弱政由大夫大夫能同恤災危故曰變之正【疏】變之正○釋曰諸侯恤災救危是正今大夫爲之故云變之正也 ○晉侯使士鞅來聘○杞子來盟杞復稱子蓋時王所黜○復扶又反 ○吳子使札來聘杜預曰吳子餘祭既遣札聘上國而後死札以六月到魯未聞喪也不稱公子其禮未同於上國○札側八反 吳其稱子何也善使延陵季子故進之也身賢賢也使賢亦賢也延陵季子之賢尊君也以季札之賢吳子得進稱子是尊君也 其名成尊於上也春秋賢者不名而札名者許夷狄不一而足唯成吳之尊稱直稱吳則不得有大夫○尊稱尺證反【疏】成尊於上也○釋曰謂進吳稱子上謂君上也 ○秋七月葬衛獻公○齊高止出奔北燕其曰北燕從史文也南燕姞姓在鄭衛之間北燕姬姓在晉之北史曰北燕據時然故不改也傳所言解時但有言燕者○北燕音烟國名姞其乙反又其吉反【疏】從史文也○釋曰傳言從史文者以時有直言燕者故仲尼從史文也 ○冬仲孫羯如晉

三十年春王正月楚子使薳罷來聘聘例時此聘月之何也泰曰桓二年宋督殺其君與夷傳曰書王以正與夷之卒然則善有所明皆須王以正之書王必上繫于春下統于月此書王以治蔡般弑父之罪爾非以録薳罷之聘○薳于委反下音皮與夷如字又音餘宋殤公名 ○夏四月蔡世子般弑其君固其不日子奪父政是

謂夷之比之夷弑故不日也丁未楚世子商臣殺其父傳曰日髡之卒所以謹商臣之弑也楚公子比弑其君傳曰不日比不弑般弑不日而曰夷之何也徐乾曰凡中國君正卒皆書日以錄之夷狄君卒皆不日以略之所以別中國與夷狄夷狄弑君而日者閔其爲惡之甚謹而錄之中國君卒例日不以弑與夷弑也至于卒而不日者乃所以略之與夷狄同例○子般音班本或作班髡苦門反以別彼列反【疏】注比之至同例○釋曰何休廢疾云蔡世子班弑其君固不日謂之夷楚世子商臣弑其君何以反書日邪鄭玄釋之曰商臣殺父日之嫌夷狄無禮罪輕也今蔡中國而又弑父故不日之若夷狄不足責然公羊有若不疾乃疾之推以況此則無怪然此注之意與鄭君釋廢疾大旨同也但解商臣之弑書日少異耳何者鄭云嫌夷狄無禮罪輕故日徐乾云閔其爲惡之甚故日是少異也昭十九年夏五月戊辰許世子止弑其君買傳云日弑正卒也與此異者彼以實不弑君而書日故與此異也○五月甲午宋災伯姬卒取卒之日加之災上者見以災卒也其見以災卒奈何伯姬之舍失火左右曰夫人少辟火乎伯姬曰婦人之義傅母不在宵不下堂宵夜○見以賢徧反辟音避下同左右又曰夫人少辟火乎伯姬曰婦人之義保母不在宵不下堂遂逮乎火而死婦人以貞爲行者也伯姬之婦道盡矣詳其事賢伯姬也○逮音代又大計反行下孟反【疏】取卒至姬也○釋曰外災例時今伯姬之卒故進日在上以明災死也伯姬之婦道盡矣爲共公卒雖日久姬能守災死之貞謂之婦道盡矣○天王殺其弟佞夫傳曰諸侯目。不首惡況於天子乎君無忍親之義天子諸侯所親者唯長子母弟耳天王殺其弟佞夫甚之也○長丁丈反【疏】況於天子乎○釋曰嫌天子之殺弟異於諸侯故以輕況重舉重以明輕見輕重之道並見矣○王子瑕奔晉不言出周無外○秋七月叔弓如宋葬共姬共姬從夫之謚○共音恭外夫人不書葬此其言葬何也吾女也卒災故隱而葬之也【疏】外夫至葬之也○釋曰外夫人卒亦不書而云不書葬者傳云外夫人不葬者謂魯女嫁於諸侯者唯當書卒不合稱葬非謂不是魯女也○鄭良霄出奔許自許入于鄭鄭人殺良霄不言大夫惡之也○惡烏路反【疏】不言至之也○釋曰襄二十一年晉人殺欒盈傳曰惡之弗有也彼云不有則此亦然也重發傳者嫌與復入異故也○冬十月葬蔡景公不日卒而月葬不葬者也卒而葬之不忍使父失民於子也鄭嗣曰夫葬者臣子之事也景公無子不可謂無民無民則景公有失於民有民則罪歸於子若不書葬則嫌亦失民故曰不忍使父失民於子【疏】不日至子也○釋曰成十五年秋八月庚辰葬宋共公傳曰月卒日葬。者也此云不日卒而月葬不葬者也重發傳而文又異者傳例諸侯日卒時葬正也明違此即非正故兩文以明之又解一弑一卒經文有日月之殊故重發傳而文異日月有殊者宋共則日葬景公則月葬是殊也宋襄失民不葬此失民書葬者此即是於失子非失民若實失民則直稱人以弑以弑傳曰不忍使父失民於子也是非失民可知傳云不忍使父失民於子者言若不書葬則與失民同故云然也○晉人齊人宋人衛人鄭人曹人莒人邾人滕人薛人杞人小邾人會于澶淵宋災故會不言其所爲其曰宋災故何也不言災故則無以見其善也其曰人何也救災以衆何救焉更宋之所喪財也償其所喪財故雖不及災時而猶曰救災○所爲于僞反以見賢徧反更音庚償也喪息浪反償時亮反【疏】晉人至財也○釋曰公羊傳云卿則其稱人何貶也曷爲貶卿不得憂諸侯也左氏以爲不歸宋財故貶此傳云其曰人何救災以衆是三傳異也或當此會趙武亦在但取救災以衆故不顯名也澶淵之會中國不侵伐夷狄夷狄不入中國無侵伐八年善之也晉趙武楚屈建之力也〔疏〕無侵伐八年○釋曰徐邈云晉趙武楚屈建感伯姬之節故爲之息兵其意以爲諸侯閔伯姬之賢故歸宋財爲澶淵之會此不相侵伐連會言之故知爲伯姬也范氏不解理未必然言感伯姬歸宋財事亦可矣豈以一婦人之貞國則息兵八載人情測之必是未可又且傳稱趙武屈建之力則無侵伐不由伯姬明矣若然則此會不書楚人則無楚屈建若據此後言之昭元年即楚靈王即位不得云無侵伐八年若據二十六年澶淵之會言之何知彼有趙武屈建唯二十七年見經而云屈建之力者案左氏晉趙武以二十五年爲政二十六年澶淵之會晉人列在鄭卿之上明是趙武但取溴梁不臣故屈於澶淵也其實晉人者趙武是爲政起於二十五年再會澶淵一會宋又昭元年會于虢而中國以安屈建雖一會于宋外寧夷狄是屈建之功傳恐連公子圍之事故以屈建别之故左氏云相晉國於今八年亦從二十

五年數至昭元年也傳連此澶淵會言之者以諸侯靜兵由趙武功力此歸宋財亦是趙武爲之以其息師故得憂災恤患是以連言之耳

三十有一年春王正月○夏六月辛巳公薨于楚宮楚宮非正也楚宮别宮名非路寢○秋九月癸巳子野卒襄公太子○大音泰子卒日正也〔疏〕子卒日正也○解云未踰年之君弑死不日文十八年子卒是也莊三十二年子般卒書日者以有所見故也今子野正卒書日嫌與子般同故傳發之以明昭公之繼正也○己亥仲孫羯卒○冬十月滕子來會葬書非禮○癸酉葬我君襄公○十有一月莒人弑其君密州

監本附音春秋穀梁注疏襄公卷十六

[illegible]盧宣旬校

穀梁注疏卷十六挍勘記　阮元撰盧宣旬摘錄

十有六年

晉人至以歸　閩監本同毛本人下衍執字

叔孫豹如晉　石經閩本同監毛本晉誤齊

十有七年

圍桃齊高厚帥師伐我北鄙　閩監毛本同余本脱此十一字

宋華臣出奔陳　閩監本同毛本奔作犇非

十有八年

故重明之　閩監毛本同何校本明作發

非大而足同焉　閩監毛本同石經余本焉作與案釋文出同與是陸所據本亦作與作焉者非

病猶罪惡也　閩本同監毛本猶誤所

十有九年

京城北之類是　閩本同監毛本京誤亳

君子不求備於一人　十行本下空三字閩本同監毛本不空

二十年

弟兄不得以屬通　石經閩監毛本同余本弟兄作兄弟

二十有一年

公至自晉　石經閩本同監毛本晉誤會

二十有二年

今麻有無頻食之理　閩本同監毛本有無作無有何挍本有作法

辛酉叔老卒 十行本辛酉二字誤作注閩監毛本不誤○今依訂正

二十有四年

有死曰大饑无死曰饑 單疏本監毛本死下有者字閩本无作無監毛同饑饑字倒○

按公羊注作有死傷曰大饑無死傷曰饑

塗塗飾 閩監毛本同何按本下塗作塈釋文出塈飾

理亦通之 閩本同監毛本無之字

二十有六年

故録日以見之書日 閩監本同毛本日誤曰余本無以見之書日五字

國有非正 閩監毛本同何按本國作固

故知雖世子 閩本同監毛本雖誤非

恭子不正 閩本同監毛本恭誤公

二十有七年

若獻入以喜有弑君之罪 閩監毛本同余本入作公

而得殺之 閩監毛本同何按本得作復案釋文出而復作復是

納君許以寵賂 閩本同監毛本納作約

孔子以爲上仁 閩監毛本上作三是也

不舉姓氏 閩監毛本同余本姓氏作氏姓

故合師諸侯大夫爲恭 閩監毛本師作帥何按本合作今

二十有九年

刑非所近也 閩本同監毛本作刑人非所近

今吳子以奄人爲閽 閩監毛本吳作吾盖音相近而譌

解時但有言燕者 閩監毛本同余本燕下有有字

三十年

然則善有所明 閩監毛本同余本善作義

大肯同也 閩本同監毛本肯作致

許世子止弑其君罪 閩監本罪作買是毛本誤買

姬能守災死之貞 閩監毛本同何按本災死作夫在

諸侯目不首惡 閩本同誤監毛本日作且○按石經亦作且

襄二十一年 閩監毛本同何按本一作三是也

月卒日葬者也 閩監毛本同何按本葬下有非葬二字與成十五年傳合

此云不日卒而月葬 閩毛本同監本不誤一

三十有一年

襄公太子 閩本同監毛本太作大案大是

文十八年 閩本同監毛本脱十字

莊三十二年 閩本同監毛本莊誤襄

穀梁注疏卷十六校勘記終

寧都李楨校

監本春秋穀梁注疏昭公卷第十七 起元年盡十二年

范甯集解　楊士勛疏

昭公〔疏〕魯世家昭公名稠襄公之子以周景王四年即位謚法容儀恭明曰昭

元年春王正月公即位繼正即位正也〔疏〕繼正即位正也○釋曰重發傳者嫌繼子野非正故明之 ○叔孫豹會晉趙武楚公子圍齊國弱宋向戌衛齊惡陳公子招蔡公孫歸生鄭罕虎許人曹人于郭 ○招上昭反郭左氏作號 ○二月取鄆 鄆魯邑言取者叛戾不服○鄆音運〔疏〕注鄆魯至不服○釋曰案左氏鄆爲莒邑范知魯邑者以經有城諸及鄆之文此鄆不繼莒故知魯邑也公羊傳曰鄆者何內之邑也其言取何不聽也何休云不聽者叛也是范所據之文也 ○夏秦伯之弟鍼出奔晉諸侯之尊弟兄不得以屬通其弟云者親之也親而奔之惡也 ○鍼其廉反惡烏路反〔疏〕親而奔之惡也○釋曰重發傳者陳侯之弟稱歸爲無罪此鍼後無歸文則罪之輕重既不可知故傳云親而奔之惡也明與陳光同耳 ○六月丁巳邾子華卒 ○晉荀吳帥師敗狄于大原 大原地○大音泰 傳曰中國曰大原夷狄曰大鹵號從中國名從主人 襄五年注詳矣○鹵力古反〔疏〕注襄五至詳矣○釋曰桓二年亦有文而註言襄五年者桓二年論郜鼎之事襄五年則同論地事故注指之 ○秋莒去疾自齊入于莒 莒展出奔吳〔疏〕莒展出奔吳○釋曰展篡踰年不稱爵者徐邈云不爲內外所與也不成君故但書名理或然焉 ○叔弓帥師疆鄆田 疆之爲言猶竟也 爲之境界○去起呂反竟音境〔疏〕叔弓至鄆田○釋曰鄆是魯邑所以帥師者公羊以爲與莒接竟故帥師是畏莒故以帥正其界 ○葬邾悼公 ○冬十有一月己酉楚子卷卒 ○卷音權左氏作麇 ○楚公子比出奔晉

二年春晉侯使韓起來聘 ○夏叔弓如晉 ○秋鄭殺其大夫公孫黑 ○冬公如晉至河乃復 乃者亡乎人之辭刺公弱劣受制彊臣 恥如晉故著有疾也 公凡四如晉季氏訴公于晉侯使不見公公懼不利于已故公托至河有疾而反以殺恥也十二年傳曰季氏不使遂乎晉與此傳互文以見義然則十三年二十一年如晉與此義同二十三年經曰至河有疾乃復是微有疾而反嫌與上四如晉同故明之○見去聲〔疏〕恥如至疾也○釋曰案公之乃復凡有五文惟二十三年經云至河有疾乃復自餘四者皆不云有疾而傳曰著有疾者公爲季氏所訴恥四如晉不入故皆書曰乃復者即是託有疾之辭非實疾也故傳云恥如晉故著有疾也二十三年實有疾而復故經言有疾而別之○注公凡四如晉○釋曰此文一也十二年二也十三年三也二十一年四也二十三年經云有疾故不數之耳 ○季孫宿如晉 公如晉而不得入季孫宿如晉而得入惡季孫宿也 明晉之不見公季孫宿之所爲○惡烏路反〔疏〕惡季孫宿也○釋曰惡季孫宿十二年又發傳云季孫不使遂乎晉者季孫宿以七年卒十二年譖君者意如見其累世同惡故傳重明之若然十三年乃復者意如見執之下意如身尚被執安得謂之譖公者彼公不盟亦坐意如意如先以譖公被執之日又自雪無罪晉人聽其言而不受公故經言乃復之文與十二年同明亦是意如譖公可知也

三年春王正月丁未滕子原卒 ○夏叔弓如滕 ○五月葬滕成公〔疏〕夏叔至成公○釋曰何休云月者上葬襄公諸侯莫肯加禮獨滕子來會葬故恩錄之穀梁以月葬爲故必不得從何說或當有故但經傳不言耳 ○秋小邾子來朝 ○朝直遙反 ○八月大雩 ○冬大雨雹 ○雨于付反雹皮學

反○北燕伯款出奔齊其曰北燕從史文也〔疏〕從史文也○釋曰重發傳者前高止之奔欲明從史文今北燕伯出奔亦曰北燕伯嫌目名之故重曰從史文舉此二者以明例故於後不釋

四年春王正月大雨雪雪或爲雹○雨雪于付反左氏作雨雹〔疏〕注雪或爲雹○釋曰左氏爲雹故范疑之云或爲雹也○夏楚子蔡侯陳侯鄭伯許男徐子滕子頓子胡子沈子小邾子宋世子佐淮夷會于申楚靈王始會諸侯也○沈音審楚人執徐子稱人以執執有罪〔疏〕楚人執徐子○釋曰僖二十一年執宋公不言楚此云楚人執徐子者彼欲見諸侯同執且不與夷狄執中國故不言楚人此時楚彊徐又夷也故云楚執不言歸者蓋在會而執尋亦釋之故不言所歸也○秋七月楚子蔡侯陳侯許男頓子胡子沈子

淮夷伐吳衆國之君傾衆悉力以伐彊敵內外之害重故謹而月之定四年伐楚亦月此其例也○〔疏〕注衆國至例也○釋曰舊解凡日月之例多施於內不止於外而云謹而月之者以四夷之盛吳楚最甚從此以後中國微弱禍害既重書亦宜詳故注并引定四年三月公會劉子以下于召陵侵楚爲證猶莊六年子突王者之師挫於諸侯僖十五年齊桓霸者之兵屈於伐厲故亦書月是其義也徐邈云伐不月而書月者爲滅厲書理亦通也內外之害者內謂吳外謂衆國也執齊慶封殺之此入而殺其不言入何也慶封封乎吳鍾離言時殺慶封自于鍾離實不入吳其不言伐鍾離何也不與吳封也慶封其以齊氏何也據已絶于齊爲齊討也靈王使人以慶封令於軍中曰有若齊慶封弒其君者乎謂與崔杼共弒莊公光○爲于僞反慶封曰子一息我亦且一言曰有若楚

公子圍弒其兄之子而代之爲君者乎軍人粲然皆笑粲然盛笑貌○粲七旦反〔疏〕弒其兄之子○釋曰元年楚子卷卒不云弒此云弒者彼爲密弒之託以疾卒楚無良史告以不實故春秋從而書之傳因慶封之對以起其事則麇之罪亦足以見也慶封弒其君而不以弒君之罪罪之者慶封不爲靈王服也不與楚討也傳例曰稱人以殺大夫爲殺有罪今殺慶封經不稱人故曰不以弒君之罪罪之○爲于僞反春秋之義用貴治賤用賢治不肖不以亂治亂也孔子曰懷惡而討雖死不服其斯之謂與音餘○與〔疏〕孔子曰至謂與○釋曰上云春秋之義足以見罪人稱孔子曰者靈王夷狄之君欲行霸者之事嫌於得善故引春秋以明之後言孔子以正之遂滅厲遂繼事也○九月取鄫〔疏〕九月取鄫○釋曰襄六年莒人滅鄫

今又云取者彼以立莒之公子爲後故以滅言之其實非滅故今魯得取之不云滅而云取者徐邈云諱故以易言之事或然矣○冬十有二月乙卯叔孫豹卒

五年春王正月舍中軍貴復正也魯次國舊二軍襄十一年立三軍今毀之故曰復正○舍音捨○楚殺其大夫屈申○屈居勿反○公如晉○夏莒牟夷以牟婁及防茲來奔以者不以者也來奔者不言出以其方向內也及防茲以大及小也莒無大夫其曰牟夷何也以其地來也以地來則何以書也重地也竊地之罪重故不得不錄其人〔疏〕以者至地也○釋曰重發傳者庶其以邑來而不言及此以邑來言及黑肱則不繫濫故各發傳也此傳獨言重地者舉其中以包上下也○秋七月公至自晉○戊辰叔

弓帥師敗莒師于賁泉賁泉魯地。○賁泉扶粉反左氏作蚡泉狄人謂賁泉失台。號從中國名從主人○台湯來反○秦伯卒【疏】蔡伯卒。○釋曰左氏以爲同盟則名同盟而不名皆從赴公羊以爲秦伯不名者秦夷也匿嫡之名其意云嫡子生不以名告國中唯擇勇猛者而立之又云秦伯罃及稻名者嫡子故得名之言獨二人以嫡得立也此傳云隱七年滕侯卒云無名狄道也則此秦伯不名者以用狄道也又隱八年宿男卒注曰宿微國也未能同盟故男卒也據彼則是未同盟者則不赴以名案蔡之諸君卒經或名或不名則是非用狄道蓋同左氏未同盟故不名也徐邈云秦伯不名用狄道也恐非耳○冬楚子蔡侯陳侯許男頓子沈子徐人越人伐吳

六年春王正月杞伯益姑卒【疏】杞伯益姑卒。○釋曰不日卒者蓋非正也○葬秦景公○夏季孫宿如晉○葬杞文

公○宋華合比出奔衛○比必里反又毗志反○秋九月大雩○冬遂罷帥師伐吳○冬叔弓如楚○齊侯伐北燕

七年春王正月暨齊平○暨其器反平者成也暨猶暨暨也暨者不得已也以外及內曰暨【疏】平者成也○釋曰舊解平者善事也當同以爲之而不得已而爲之是亂道也故釋之爲成言成亂之辭耳或當成平義通故展轉爲訓○三月公如楚○叔孫婼如齊莅盟○婼丑畧反莅音利又音類莅位也內之前定之辭謂之莅外之前定之辭謂之來【疏】莅位也。○釋曰重發傳者嫌公如楚恐婼非是君命故發明之婼亦受命也○夏四月甲辰朔日有食之○秋八月戊辰衛侯惡卒鄉曰衛齊侯在元年。○鄉香亮反本亦作鄉八年同今日衛侯惡此何爲君臣同名也君子不奪人名不奪人親之所名重其所以來也王父名子也不奪人名謂親之所名明臣雖欲改君不當聽也君不聽臣易名者欲使重父命也父受命名于王父王父卒則聽王父之命名之【疏】王父名子也。○釋曰傳言王父則祖也范云欲使人重父命也者父受名於王父王父卒則已命子故傳注兩言之其並存者則不諱若卒哭而後無容得斥君名蓋捨名而稱字耳○九月公至自楚○冬十有一月癸未季孫宿卒○十有二月癸亥葬衛襄公

八年春陳侯之弟招殺陳世子偃師鄉曰陳公子招在元年今曰陳侯之弟招何也曰盡其

親所以惡招也盡其親謂既稱公子又稱弟招先君之公子今君之毋弟。○惡烏路反【疏】盡其親。○釋曰盡其親者招前稱公子明有先君之親今變父言弟彰是今君之親二稱並見故云盡其親也然昭元年稱公子不關殺偃師而亦言之者以變公子之文而稱弟故二者并言之也十三年殺公子比不言楚比云陳世子者體國重故繫國言之公子繫君故不繫國也若然下云殺陳孔奐繫陳者楚人殺他國之臣故繫國兩下相殺不志乎春秋此其志何也世子云者唯君之貳也云可以重之存焉志之也諸侯之尊兄弟不得以屬通其弟云者親之也親而殺之惡也惡招【疏】注惡招。○釋曰此稱弟惡招光稱弟惡陳侯者光有歸文見經明知光無罪今招親殺世子故知稱弟以惡招也○夏四月辛丑陳侯溺卒○溺乃歷反○叔弓如晉○楚人執陳行人干徵師殺之干姓

徵師名稱人以執大夫執有罪也稱行人怨接於上也陳公子留出奔鄭〔疏〕稱人至上也○釋曰重發傳者嫌楚殺爲甚恐其無罪故重發傳以同之○秋蒐于紅紅魯地○蒐所求反紅戶公反〔疏〕秋蒐于紅○釋曰傳云正也而經書者范氏例云蒐狩書時其例有九書狩有四言蒐有五稱狩有四者桓四年狩于郎一也莊四年狩于郜二也僖二十八年狩于河陽三也哀十四年西狩獲麟四也蒐有五者此蒐于紅一也十一年大蒐于比蒲二也二十二年大蒐于昌間三也定十三年大蒐于比蒲四也定十四年又大蒐于比蒲五也范又云凡書者皆譏也昭八年秋蒐于紅傳云正也而書之者明比年大蒐失禮故因以此正見不正也是范意將秋蒐得禮欲見以正刺不正故書之范例又云器械皆常故不云大言大者則器械過常狩言公此不云公者狩則主爲遊戲故言公蒐是國家常禮故例不言公也然則蒐狩書者皆譏而傳云因蒐狩以習用武事禮之大者也據得禮者言之范云比年失禮謂器械過常又失時是也正也常事不書而此書者以後比年大蒐失禮因此以見正○見賢遍反因蒐狩以

習用武事禮之大者也艾蘭以爲防蘭香草也防爲田之大限○狩手又反艾魚廢反置旃以爲轅門旃旌旗之名周禮通帛爲旃轅門卬車以其轅表門○旃之然反卬車五郎反一音仰本又作昂以葛覆質以爲槷質椹也槷門中臬葛或爲褐○槷魚列反門橛也椹張林反臬魚列反橛也褐戶葛反毛布也流旁握御轚者不得入流旁握謂車兩轊頭各去門邊空握握四寸也轚挂則不得入門○轚古帝反挂也劉兆云絓也本或作擊轊音衞一音徐歲反車軸頭也挂戶卦反又音封礙也車軼塵塵不出轍馬候蹄發足相應遲疾相投○蹄徒兮反馬足也相應應對之應揜禽旅揜取衆禽○揜於撿反本亦作俺御者不失其馳然後射者能中不失馳騁之節○中丁仲反下皆同過防弗逐不從奔之道也戰不逐奔之義面傷不獻嫌誅降○降戶江反不成禽不獻惡虐幼小○惡烏路反年未傳及注皆同少詩召反禽雖多

天子取三十焉其餘與士衆以習射於射宮取三十以共乾豆賓客之庖射宮澤宮○共音恭庖步交反射而中田不得禽則得禽田得禽而射不中則不得禽是以知古之貴仁義而賤勇力也射以不爭爲仁揖讓爲義○爭爭鬬之爭〔疏〕艾蘭至力也○釋曰蘭是草之貴者地之希有之物而云艾蘭爲防者廣澤之內與衆同生艾之爲防則逆蘭同剪故舉以包之置旃以爲轅門謂以車爲營舉轅爲門又建旃以表之故云置旃以爲轅門以葛覆質以爲槷質者中門之木椹謂恐木椹傷馬足故以葛草覆之以爲槷葛或爲褐者謂之毛布覆之徐邈亦云恐傷馬足故以毛市覆之毛詩傳云褐纓旃以爲門褻纓質以爲槷與此異也流旁握御轚者不得入徐邈云流至也門之廣狹足令車通至車兩軸去門之旁邊一握握四寸也轚者不得入轚謂挂著若車挂著門則不使得入以恥其御拙也觀范之注似與徐邈同或以爲流旁握者謂建旃表門之旃旁去車之兩軸各一握也古字同通故傳作流理亦通也但與注少僻耳范注兩軸頭本或作轊者兩

轊兩軸止是一物故鄭玄注少儀亦以軸爲轊也車軼塵謂驅車塵不出軌轍馬候蹄舊解四蹄皆發後足躡前足而相伺候與范注亦合耳揜禽旅旅衆也謂掩取衆禽然禮云不掩羣者謂不得不分別大小一羣盡取之今雖掩衆禽在田則簡其麛卵之流而放之射詭則釋其面傷之徒不獻之以習軍禮則亦不掩羣之義也○古之貴仁義者謂田獵之時務在得禽不升降是勇力也射宮之內有揖讓周旋是仁義也田雖不得禽射中則得禽是貴仁義而賤勇力也舊解以爲射弓之內還射死禽中則取之故以重傷爲雅論語稱射不主皮則射皮不射禽也○陳人殺其大夫公子過○過音戈○大雩○冬十月壬午楚師滅陳執陳公子招放之于越殺陳孔奐惡楚子也惡其滅人之國放有罪之人反殺無辜之臣故實是楚子而言師〔疏〕惡楚子也○釋曰惡之者謂滅人之國又招有罪而放之奐無辜反殺之有三事之惡故貶而稱師也傳知是楚子者以九年經叔弓會楚子於陳知滅陳亦是楚子但爲惡之故貶稱師也不貶稱人而言師者以楚恃彊滅國著其用大衆故云師若貶之稱人嫌

是賤者故不言人矣○葬陳哀公不與楚滅閔公也滅國不葬閔楚夷狄以無道滅之故書葬以存陳疏滅國。釋曰滅國不葬今書葬者以楚夷狄無道滅人閔陳之滅故書葬以存之

九年春叔弓會楚子于陳○許遷于夷以自遷爲文而地者許復見也夷許地徐邈曰許十八年又遷于白羽許比遷徙所都無常居處薄淺如一邑之移故畧而不月不得從國遷常例。復扶又反見賢遍反疏注故略而不月。釋曰僖元年夏六月邢遷于夷儀三十一年十二月衞遷于帝丘皆書月而許遷不月故知是畧也○夏四月陳火○火左氏作災國曰災邑曰火火不志此何以志閔陳而存之也陳已滅矣猶書火者不與楚滅也不可以方全國故不云災何休曰月者閔之疏國曰災至存之也。釋曰傳言火不志則是無例而云國曰災邑曰火者火不合志志者皆義有所見此書者以見不與楚滅義在存陳也陳滅不可以比全國故以邑録之既以邑録之則不得與國同文國邑文既不同傳宜顯變例故云國曰災邑曰火○秋仲孫貜如齊○貜俱縛反○冬築郎囿○有音又舊于目反苑也

十年春王正月○夏齊欒施來奔○秋七月季孫意如叔弓仲孫貜帥師伐莒○戊子秋侯彪卒○彪彼虬反○九月叔孫婼如晉月者爲下葬晉平公起。爲于僞反○葬晉平公○十有二月甲子宋公成卒不書冬甯所未詳。成音城疏十有至成卒。釋曰何休云去冬者蓋昭娶吳孟子之年故貶之范既不注或是闕文也

十有一年春王二月叔弓如宋○葬宋平公晉獻公以殺世子申生故不書葬宋平公殺世子痤而書葬何乎何休曰痤有罪故也痤之罪甯所未聞鄭莊公殺弟而書葬以段不弟也何氏將以理例推之然則段不弟也故不書弟痤若不子亦不應書世子書世子則痤之罪非不子明矣。痤在禾反不弟大帝反又如字下下弟同疏注晉獻至明矣。釋曰晉獻公殺世子申生故不書葬痤若無不子之行而平公殺之所以書葬者申生賢孝遇讒而死故黜獻公之葬痤雖無不子之文微有小罪故不黜宋公之葬若然范云甯所未聞者不直取何休之說故云未聞范以與何說異者何休意直謂痤有罪如鄭段之比故平公書葬不論罪之輕重范意以鄭段至逆經不言弟痤若不子亦不應云世子既云世子明無至逆故不從何說而云未聞今以罪輕重解之與何休異○夏四月丁巳楚子虔誘蔡侯般殺之于申何爲名之也據諸侯不生名。虔其然反或作乾侯般音班疏注據諸侯不生名。釋曰十六年楚子誘戎蠻子殺之不名所以不據之以明於例而揔云諸侯不生名者以傳於鄭伯髡原之卒亦言諸侯不生名者又恐華戎異例故注以廣問衆例言之夷狄之君誘中國之君而殺之故謹而名之也稱時稱月稱日稱地謹之也蔡侯般弑父之賊此人倫之所不容王誅之所必加禮凡在官者殺無赦豈得惡楚子殺般乎若謂夷狄之君不得行禮于中國者理既不通事又不然宜十一年楚人殺陳夏徵書不言入傳曰明楚之討有罪也似若上下違反不兩立之說嘗試論之曰夫罰不及嗣先王之令典懷惡而討丈夫之醜行楚虔滅人之國殺人之子伐不以罪亦已明矣莊王之討徵舒則異於是矣凡罰當其理雖夷必申苟違斯道雖華必抑故莊王得爲伯討齊侯不得滅紀趙盾救陳則稱師以大之靈王誘蔡則書名以惡之所以情理俱揚善惡兩顯豈直惡夷狄之君討中國之亂哉夫楚靈王之殺蔡般亦猶晉惠之戮里克雖伐弑逆之國誅有罪之人不獲討賊之美而有累謹之名者良有以也。得惡烏路反下以惡之豈直惡同陳夏戶雅反醜行下孟反罰當丁浪反又如字趙盾徒本反有累力僞反疏夷狄之至謹之也。釋曰注凡罰當其理雖夷必申苟違斯道雖華必抑似華討罪事同傳云夷狄之君誘中國之君而殺之故謹而名之又似華戎事異者據此傳意就討不以罪之內則華夷不同注意言但罰當其理者則華夷不異知然者傳以春秋書誘有二皆楚子所爲其罪或名或不名據此二文詳畧知誘中國君與夷狄君異也注故莊王得爲伯討

齊侯不得滅紀明討得其罪者則華夷不異可知也○注蔡侯至以也○釋曰殺父者謂襄三十年蔡世子般弒其君故是也禮凡在官者殺無赦禮記檀弓文兩立之說謂兩理皆立之說所以謂之兩理者楚殺徵舒則傳云討有罪楚殺蔡般則傳云夷狄有中國之君故名之同論楚討二者意異故云兩理也又解兩立之說謂兩事立說或以爲不字下讀云不兩立之說謂事不得兩立恐非也又云伐弒逆之國謂蔡也誅有罪之人謂里克也而有累譏之名者晉殺其大夫里克傳云稱國以殺罪累上也是謂晉惠也楚子誘蔡侯傳曰謹而名之是謂楚靈也○楚公子棄疾師師圍蔡○五月甲申夫人歸氏薨昭公母胡女歸姓○大蒐于比蒲夏而言蒐蓋用秋蒐之禮八年秋蒐于紅傳曰正也比月大蒐人衆器械有踰常禮時有小君之喪不譏喪蒐者重守國之衛安不忘危○比音毗械戶戒反〈疏〉注夏而至忘危○釋曰傳稱夏曰苗秋曰蒐今五月大蒐自是用秋蒐之禮而云蓋者以傳無文解故云蓋以示疑也注又引傳曰正也今以失時之蒐故引正以譏不正也○仲孫貜會邾子盟于祲祥祲祥地也○祲子鴆反○秋季孫意如會晉韓起齊國弱宋華亥衛北宮佗鄭罕虎曹人杞人于厥慭厥慭地也○佗大何反慭魚靳反又五轄反○九月己亥葬我小君齊歸齊諡○冬十有一月丁酉楚師滅蔡執蔡世子友以歸用之僖十九年邾人執鄫子用之傳曰用之者叩其鼻以衈血惡之故謹而日之○叩音口衈音二惡烏路反下文及注同〈疏〉注故謹而日之○釋曰傳例滅中國日則此書日爲滅而云惡用蔡世子友故謹而日之者滅國書日傳例以明用人書日其文未顯注嫌用之不得蒙日故特言之其實二者皆當日又檢經上下執例日則書日爲惡故云謹而日之也左氏以爲用之殺蔡世子祭岡山公羊以爲用之築城今范引僖十九年傳則用之祭社也○此子也諸侯在喪稱子其曰世子何也不與楚殺也一事注乎志所以惡楚子也一事輒注而志之也何休曰即不與楚殺當貶

楚爾何故反貶蔡稱世子邪鄭君釋之曰滅蔡者楚子也而稱師圍已貶矣楚子思啓封疆而貪蔡誘殺蔡侯般冬而滅蔡殺友惡其淫放其志殺○國二君以取其國故變子言世子使若不得其君終〈疏〉比子至子也○釋曰世子父没仍得稱世子毋弟兄死而不得稱弟者世子繼體之名父雖没若意有所見則亦得稱之毋弟者對兄没則寵名棄矣故不得稱弟○注滅蔡者楚子○釋曰經稱公子棄疾帥師圍蔡鄭知是楚子者以棄疾若貶當云楚人今貶而稱師故知楚子也又傳云惡楚子也明非棄疾然則惡楚子變文云世子者以楚四年之中滅兩國殺二君自謂得志若遂其凶暴是表中國之衰申夷狄之彊故抑之使若不得其君故云世子也

十有二年春齊高偃帥師納北燕伯于陽三年所奔齊者高傒玄孫齊大夫也陽燕別邑不言于燕未得國都也納者內不受也燕伯之不名何也據義不可受則應名而絕之〈疏〉傳燕伯之不名何也○釋曰楚人圍陳納頓子傳曰納者何內弗受也彼稱納而不名衛侯入于夷儀亦不書名則不書名乃是常事而傳怪燕伯不名者衛侯朔入于衛傳曰朔之名惡也則諸侯有惡出入皆名北燕伯亦出入宜名但不以高偃挈之故直出書名而已頓子不名者爲楚微者所納故亦不名衛侯入于夷儀不名者以復歸有名故未入國畧而不名也鄭伯突亦未入國書名者以後不書復歸故入櫟書名也不以高偃挈燕伯也邵曰公子遂以去公子爲挈燕伯以書名爲挈者臣宜書名故須去公子乃爲挈君不可名而以臣名君者不待去燕伯則爲挈也是以目燕伯而不書名所以不與高偃挈之○挈苦結反以去起呂反○三月壬申鄭伯嘉卒○夏宋公使華定來聘○公如晉至河乃復季孫氏不使遂乎晉也〈疏〉季孫氏○釋曰不言意如而云氏者欲見累世譖公故也○五月葬鄭簡公○楚殺其大夫成虎○秋七月○冬十月公子慭出奔齊○慭魚靳反○楚子伐徐○晉伐鮮虞其曰晉狄之也其

狄之何也？不正其與夷狄交伐中國，故狄稱之也。鮮虞姬姓白狄也，地居中山，故曰中國。夷狄謂楚也。何休曰：「春秋多與夷狄並伐，何以不狄也？」鄭君釋之曰：「晉不見因會以綏諸夏，而伐同姓，貶之可也。狄之大重。晉爲厥慭之會，實謀救蔡，以八國之師而不救，楚終滅蔡。今又伐徐，晉不糾合諸侯以遂前志，舍而伐鮮虞，是楚而不如也，故狄稱之焉。」厥慭之會，穀梁無傳，鄭君之說似依左氏，甯所未詳是穀梁意非。○見，賢偏反。諸夏，戶雅反。舍音捨。〔疏〕夷狄交伐○釋曰：麋信云「夷狄交伐，謂楚伐徐，晉伐鮮虞」是也。范云「夷狄謂楚也」，則與麋信不異耳。○注「鮮虞」至「意非」○釋曰：「鮮虞姬姓白狄也」者，世本文也。云「甯所未詳是穀梁意非」者，疑鄭以厥慭之會謀救蔡者作穀梁意也。若然，范荅薄氏亦言「楚滅陳蔡而晉不能救，棄盟背好，交相伐攻」者，范意以楚滅陳蔡晉不能救者，不據厥慭之會故也。

十有三年春，叔弓帥師圍費。○費音祕。○夏四月，楚公子比自晉歸于楚，弑其君虔于乾溪。乾溪，楚地。○溪，苦奚反。〔疏〕于乾溪○釋曰：左氏以爲田獵于乾溪，公羊以爲作乾溪臺，三年不成。范云「乾溪，楚地」，則從左氏也。

自晉，晉有奉焉爾。歸而弑，不言歸，言歸非弑也。傳例曰：「歸爲善，自某歸次之。」然則弑君不得言歸，比不弑之一驗也。〔疏〕自晉至焉爾○釋曰：重發傳者，楚比之歸，歸實非殺，嫌自亦非晉力，故復明之。歸一事也，弑一事也，而遂言之，以比之歸弑，比不弑也。歸、弑其事各異，自宜別書之，而今連言之，是比之歸遇君弑爾，比不弑之二驗也。〔疏〕注自宜別書之○釋曰：齊小白入于齊，齊人取子糾殺之；齊陽生入于齊，齊陳乞弑其君荼，彼各異書，明知此亦宜別書之。弑君者日，不日，比不弑也。據文元年丁未，楚世子商臣弑其君髠，日。此不日，比不弑之三驗也。○髠，苦門反。〔疏〕弑君者○釋曰：弑君日，不辨嫡庶者，中國死者正則日，不正不日。是楚不關中國之例，故范注引商臣爲證也。「當上之辭也」者，謂不稱人以殺，而云公子棄疾殺公子比，如王札子殺召伯、毛伯也。○楚公子棄疾殺公子

比，當上之辭也。當上之辭者，謂不稱人以殺，乃以君殺之也。稱人以殺，謂若衛人殺祝吁于濮是也。今比實不弑，故以君殺大夫之辭言之。○吁，香于反。濮音卜。討賊以當上之辭，殺非弑也。實有弑君之罪，則人人皆欲殺，宜稱人以殺之。今言楚公子棄疾殺公子比，明棄疾所殺非弑君之人，比之不弑四驗也。比之不弑有四。上四事。取國者稱國以弑。若比欲取國而殺君者，當直云楚比弑其君虔，不應言公子也。若衛祝吁弑其君完，齊無知弑其君諸兒之類是也。楚公子棄疾殺公子比，比不嫌也。今棄疾殺之，又言殺公子比，不言弑其君，是比無欲爲君之嫌。春秋不以嫌代嫌，不以亂治亂之義。棄疾主其事，故嫌也。比實無弑君之罪，而主殺之者，是棄疾欲爲君之嫌。〔疏〕比不至故嫌也○釋曰：比歸稱公子，今棄疾殺之亦云公子，不言弑其君，是比無欲爲君之嫌，異于無知、祝吁之類也。然無知、祝吁有嫌，此亦不稱君，未踰年之主例不得稱君，以稱公子則異于祝吁之類。齊公子商人弑舍，雖未踰年，欲成商人之罪而稱君，若成棄疾之罪，亦應稱君，故范決其不言弑其君也。「春秋不以嫌代嫌」者，謂比歸而遇弑，雖則無嫌，棄疾之意亦以比欲爲君之嫌而殺之，是棄疾以比爲嫌。棄疾殺比而自立，亦是嫌也。今棄疾不以國氏者，不以嫌代嫌故也。若以嫌代嫌，而當云楚棄疾殺公子比也。但由不以嫌代嫌，故存棄疾之氏耳。「棄疾主其事，故嫌也」，傳言此者，棄疾殺比，理實有嫌，但爲不以嫌代嫌，故經無其事，傳以棄疾經無嫌文，故云「棄疾主其事，故嫌也」。主其事者，主殺比之事也。○秋，公會劉子、晉侯、齊侯、宋公、衛侯、鄭伯、曹伯、莒子、邾子、滕子、薛伯、杞伯、小邾子于平丘。平丘，地也。八月甲戌，同盟于平丘，公不與盟。公以再如晉不得入，故不肯與盟。○與音豫。同者，有同也，同外楚也。公不與盟者，可以與而不與，譏在公也。其日，善是盟也。公不與盟，當從外盟不日，今日之，善其會盟，因楚有難而

反陳蔡之君。有難乃旦反〔疏〕注當從外盟不日。釋云外盟不日者隱八年傳曰外盟不日此其日何也諸侯之參盟於是始故謹而日之是非始則不日也晉人執季孫意如以歸以公不與名故公至自會○蔡侯廬歸于蔡○陳侯吳歸于陳八年楚滅陳十一年楚滅蔡諸侯會而復之故言歸善其成之會而歸之故謹而日之二國獲復此盟之功也故於其歸追述前盟謹日之意以美諸侯存亡繼絕非謹陳蔡歸國之日也於盟則發謹日之美於歸則論致美之義〔疏〕注於盟至之義。釋曰注言此者解傳稱謹而日之意也於盟則發謹而日之美者謂傳稱其日善是盟是也於歸論致美之義者謂傳云善其成之會而歸之故謹而日之是也此未嘗有國也使如失國辭然者不與楚滅也〔疏〕使如至滅也。釋曰傳言此者據其稱爵言歸同於舊有國之例也不與楚滅也謂不與楚滅故以失國辭言之不言復歸者雖同失國之辭實未嘗有國故不得言復歸也公羊傳云此滅國也其言歸何不與諸侯專封也其意不與諸侯專封故使若有國自歸者穀梁以此會劉子在焉楚以無道滅二國諸侯王命存之不得云不與諸侯專封也故以為善其成之會而歸之狀同舊有國然且又不與楚滅故也○冬十月葬蔡靈公變之不葬有三變之謂改常禮春秋之常小國夷狄不葬〔疏〕注變之至不葬。釋曰彼不赴我不會及小國與夷狄不書葬者也舊史之常也言變之言不葬者謂舊合書葬有故而仲尼改之也小國不葬曹許之書葬者小國謂附庸之屬非曹許也失德不葬無道弑君不葬謂不討賊如無臣子滅國不葬無臣子也然且葬之不與楚滅且成諸侯之事也蔡靈公弑逆無道以至身死國滅不宜書葬書葬者不令夷狄加乎中國且成諸侯與滅繼絕之善故葬之。令力呈反○公如晉至河乃復○吳滅州來〔疏〕失德至事也。釋曰此言失德不葬宋共書葬者由賢伯姬故書其葬也弑君不葬春秋所以有弑君書葬者弑君賊不討之不書葬是正也其書葬者皆意有所見也蔡景不忍使父失民於子陳靈公明外之討賊蔡昭以盜名不見若殺微人不足可錄其衛桓齊襄二人並討賊故皆書葬也滅國無臣子不葬是其正也書之者亦意有所見此見不與楚滅蔡且成諸侯之事八年陳哀公書葬者亦見不與楚滅閔陳而存之也

監本春秋穀梁注疏昭公卷第十七

新建縣知縣鄭祖琛
浮梁縣知縣劉丙
同栞

穀梁注疏卷十七校勘記

阮元撰盧宣旬摘錄

昭公余本卷第十單疏本同

元年

二月取鄆閩監毛本同石經二作三是也

晉荀吳帥師敗狄于太原閩監本同石經毛本太作大釋文出大原云下及注同

二年

受制彊臣閩毛本彊改彊是也監本作受制彊臣尤誤

故經言有疾而別之閩監毛本同單疏本而作以

惡季孫宿閩監毛本同單疏本上有此云二字

安得謂之譖公者閩監毛本同單疏本謂作爲

三年

夏叔至成公閩監毛本同單疏本作五月葬滕成公

四年

注雪或爲雹閩本同監毛本脫此五字

爲齊討也石經閩本同監毛本討誤封

欲行霸者之事閩監毛本同單疏本霸作伯

五年

以其地來也余本閩監毛本同石經無其字

狄人謂賁泉失台案襄公五年疏賁作蚡失胎作矢台

以用狄道也閩監毛本同單疏本以作似是也

六年

冬薳罷帥師伐吳閩監毛本同石經余本冬作楚不誤

七年

平者成也石經閩監毛本同余本脫此四字

故發明之婼亦受命也閩監毛本同單疏本明之作之明

鄉曰衛齊惡石經閩監毛本同釋文出鄉云本亦作嚮八年同

欲使重父命也父受命名于王父閩監毛本同余本使下有人字無下命字

則聽王父之命名之閩監毛本同余本聽作稱

若卒哭而後閩監毛本同單疏本而作以

八年

此云陳世子者閩監毛本同單疏本此作此

兄弟不得以屬通閩監毛本同石經余本兄弟作弟兄

陳侯溺卒石經閩本同監毛本脫侯字釋文出侯溺

楚人執陳行人干徵師殺之石經閩監本同毛本干誤于

怨接於上也禰此下有疏文誤在下經陳公子留出奔鄭下

稱人至上也此疏閩監毛本在上傳怨接于上也下何校本上有傳字

重發傳者自此至發傳以同之并經文陳公子留出奔鄭七字閩本闕監本剜增故此半頁獨十行

狩則主爲游戲監毛本同閩本缺戲字

通帛旃閩監毛本同余本帛下有爲字是也

或爲禍閩本同監毛本爲誤作釋文出爲禍

各去門邊空握　閩監毛本同余本空作容

鑿挂則不得入門　閩監毛本同案釋文出挂也云戶卦反又音卦礙也與今本不同疑陸氏所據本鑿挂下有也挂二字

揜禽旅　石經閩監毛本同釋文揜本亦作俺〇按俺當是掩之誤

惡虐幼小　閩監毛本同余本小作少案釋文出幼少音詩召反余本是也

謂之毛布覆之　閩監毛本同單疏本謂作爲

足令車通　閩本同監毛本令誤合

謂建旃表門之旐　閩監毛本同單疏本旐作流

但爲惡之　閩監毛本同單疏本爲作是

閔公也　閩監毛本同石經余本公作之

滅國〇釋曰　閩監毛本同單疏本滅國作傳閔之也四字釋曰下有傳解二字

九年

居處薄淺　閩監毛本同余本薄淺作淺薄

十年

故貶之　閩本同監毛本脫之字

十有一年

亦言諸侯不生名者　閩監毛本同單疏本無者字

凡罰當其理　閩本同監毛本罰誤討釋文出罰當

似華討罪事同　閩監毛本同單疏本華下有夷字

弑其君故　補毛本故作固案襄三十年經是固字

夷狄有中國之君　閩監毛本同何煌云誘誤有

比月大蒐人衆器械　閩本同余本比作此監毛本月作蒲人衆作衆人

厥慭地也　閩監毛本也作名

叩其鼻以衈血　僖九年傳血作社注云取鼻血以釁祭社器

一事注乎志　石經閩本同監毛本注誤註注同釋文出注乎

其志殺〇國二君以取其國　閩監毛本〇作蔡何校本作一

十有二年

則應名而絕之　閩監毛本同余本而作以

春秋多與夷狄並伐　閩監毛本同余本下有者字

而不救　閩監毛本同余本不下有能字

范意以楚滅陳蔡　閩監毛本同單疏本意作云

十有三年

當上之辭也者　十行本此下疏在弑君者一段內單疏本同閩監毛本刪者字以當上之辭也五字爲標起止下增〇及釋曰二字移屬注文故以君殺大夫之辭言之下

楚公子棄疾殺公子比　閩監毛本同石經棄作弃下同

若比欲取國而殺君者　閩監毛本同何校本殺作弑

以稱公子　閩監毛本脫稱字

故范決其不言弑其君也　閩本同監毛本弑作殺

外盟不日者　閩監毛本同何校本上有知字

於歸論致美之義者　閩本同監毛本義作意非

失德至事也此疏十行本在吳滅州來下閩監毛本在注故葬之下何校本上有傳字

穀梁注疏卷十七挍勘記終

寧都李楨校

監本春秋穀梁注疏昭公卷第十八　起十四年盡三十二年

范甯集解　楊士勛疏

十有四年春，意如至自晉。大夫執則致，致則名。意如惡，然而致，見君臣之禮也。大夫有罪則宜廢之，既不能廢，不得不盡為君臣之恩，故曰見君臣之禮。○見，賢偏反。〔疏〕大夫執則致。○釋曰：重發傳者，單伯書字，意如則書名，嫌又無罪，以見三者義異，故各發傳也。○三月，曹伯滕卒。○夏四月。○秋，葬曹武公。○八月，莒子去疾卒。○去，起呂反。〔疏〕八月至疾卒。○釋曰：不正前已見說，今卒書月，莒行夷禮，故無嫡庶之異。○冬，莒殺其公子意恢。○恢，苦回反。言公子而不言大夫，莒無大夫也。莒無大夫而曰公子意恢，意恢賢也。曹、莒皆無大夫，其所以無大夫者，其義異也。曹叔振鐸，文王之子，武王封之于曹，在甸服之內，後削小爾。莒，己姓，東夷，本微國。○振鐸，之慎反，下大各反。甸，徒偏反。己姓，音己，一本又音祀。〔疏〕曹莒至異也。○釋曰：傳言此者，總而言之，則小國無大夫也；就事而釋，則曹、莒有異，故傳辨之。○注曹叔至之國。○釋曰：曹是文王之子，封於曹者，世本文；在甸服之內者，定四年左傳文。

十有五年春王正月，吳子夷末卒。○末，亡葛反。○二月癸酉，有事于武宮，籥入，叔弓卒，去樂卒事。君在祭樂之中，聞大夫之喪，則去樂卒事，禮也。祭樂者，君在廟中祭作樂。○籥，由若反。去，起呂反。〔疏〕禮也。○釋曰：禮則不疑，而曰有變以聞可乎，似有嫌，嫌則非禮，非禮何以言禮也？解云：祭祀重禮，國之大事，一物不具則為失所，以卿佐之卒而闕先君之樂，而不止祭，嫌有失禮，釋之，復言可乎，問言禮意。君在祭樂之中，大夫有變，以聞，可乎？變謂死喪。大夫，國體也。君之卿佐，是謂股肱，故曰國體。古之人重死，君命無所不通。死者不可復生，重莫大焉，是以君雖在祭樂之中，大夫死，以聞可也。○復，扶又反。〔疏〕君命至不通。○釋曰：解命，告也。大夫與君一體，情無疑二，祭祀雖重，以卒告君，君當哀其喪而止祭，不得以輕廢重，故死可以聞也。○夏，蔡朝吳出奔鄭。朝吳，蔡大夫。○六月丁巳朔，日有食之。○秋，晉荀吳帥師伐鮮虞。○冬，公如晉。

十有六年春，齊侯伐徐。○楚子誘戎蠻子殺之。楚子不名戎蠻子，非中國故。○夏，公至自晉。○秋八月己亥，晉侯夷卒。○九月，大雩。○季孫意如如晉。〔疏〕意如如晉。○釋曰：何以在葬上？解去有本末，事書前後，文不得同。○冬十月，葬晉昭公。

十有七年春，小邾子來朝。○朝，直遥反。○夏六月甲戌朔，日有食之。○秋，郯子來朝。○八月，晉荀吳帥師滅陸渾戎。滅夷狄時，潞子嬰兒賢則日，此月者，蓋亦有殊于常戎。○冬，有星孛于大辰。一有一亡曰有。于大辰者，濫于大辰也。劉向曰：大辰者，大火也。不曰孛于大火而曰大辰者，謂濫于蒼龍之體，不獨加大火。○星孛，蒲內反。孛于，本又作茀，音佩。○楚人及吳戰于長岸。長岸，楚地。兩夷狄曰敗。夷狄不能結日成陳，故曰敗，於越敗吳于檇李是也。○曰敗，必邁反，下文及注同。成陳，直刃反。檇李，音醉。中國與夷狄亦曰敗。晉荀吳敗狄于大鹵是也。楚人及吳戰于長岸，進楚子，故曰戰。〔疏〕進楚子故曰戰。○釋曰：何嫌以發解？戰言及，所以別客主，不施直不言及，或在上，或在下。案宋襄伐齊云及在上，所以惡宋襄；宣十二年邲之戰，楚言及在下，所以不惡楚者據無罪言之直用兵得理則客直今楚稱及而在上與郯戰之義反嫌惡楚而善吳吳以伯舉有辭序上稱及以罪楚今兩夷言戰有違常例二國曲直得失未分故須起例以明之

十有八年春王三月曹伯須卒○夏五月壬午宋衛陳鄭災其志以同日也其日亦以同日也或曰人有謂鄭子產曰某日有災子產曰天者神子惡知之是人也同日爲四國災也○惡音烏

〔疏〕其志至同日○釋曰二文釋何解襄九年宋災傳曰故宋也明之災得書之由然則宋常錄三國事非常也故傳曰同日也解衛陳鄭得書之意以此故復問外災不日之義見同日故不得不兩文釋之鄭子產之言明天時人事報應有驗重其同日故經書其文傳載其事劉向以爲宋陳王者之後衛鄭周之同姓時景王在劉子單子事王猛召氏尹氏立王子朝朝楚之出也及宋衛陳鄭皆外附於楚無尊周室之心後三年崩王室亂故天災四國若曰不救反從楚廢世子言不正以害王室明以同辠

○六月邾人入鄅○鄅音禹又音矩○秋葬曹平公○冬許遷于白羽白羽許地

十有九年春宋公伐邾○夏五月戊辰許世子止弒其君買曰弒正卒也蔡世子般實弒父故以比之夷狄而不書日止弒而日知其弒止不弒則買正卒也正卒則止不弒也不弒而曰弒責止也責止不嘗藥

〔疏〕正卒至責止也○釋曰責止則實實文不可虛加而復書葬以赦何解止進藥之罪不由於醫罪連於許君故書殺責止止實不弒宜書葬以赦之春秋子弒父皆非子失教訓之道獨於此見之何有義而然因其可責而責之若商臣蔡般之流行同禽獸不得爲小人非可責之限故傳詳例於此

止曰我與夫弒者不立乎其位以與其弟虺止自責曰我與弒君之人同罪於是致君位於弟○與夫音豫又如字下音扶虺許鬼反哭泣歠飦粥嗌不容粒嗌喉也○歠昌悅反又常悅反飦之然反又居言反粥也粥之六反嗌音益咽喉也容粒音立未踰年而死故君子即止自責而責之也就其有自責心故以備禮責之○己卯地震○秋齊高發帥師伐莒○冬葬許悼公日卒時葬不使止爲弒父也曰子既生不免乎水火母之罪也羈貫成童不就師傅父之罪也羈貫謂交午翦髮以爲飾成童八歲以上○羈又作羈貫古亂反就師學問無方心志不通身之罪也心志既通而名譽不聞友之罪也名譽既聞有司不舉有司之罪也有司舉之王者不用王者之過也不敢罪上故言過許世子不知嘗藥累及許君也許君不授子以師傅使不識嘗藥之義故累及之○累劣僞反

二十年春王正月○夏曹公孫會自夢出奔宋自夢者專乎夢也能專制夢○自夢無工反又亡忠反又亡弄反本或作蒙左氏作鄸曹無大夫其曰公孫何也言其以貴取之而不以叛也會以公孫之貴而得夢既而不以之叛明曹君無道致令其奔非會之罪故書公孫以善之○令力呈反

〔疏〕曹無大夫○釋曰再發傳者何解前崇曹羈之殺此重公孫之奔奔殺異辭而同例發明明其俱賢而得書明小國無大夫也

○秋盜殺衛侯之兄輒盜賤也其曰兄母兄也目衛侯衛侯累也覬曰諸侯之尊弟兄不得以屬通經不書衛公子而目言衛侯之兄者惡其不能保護其兄乃爲盜所殺故稱至賤殺至貴○惡其烏路反

〔疏〕盜賤也○釋曰復發傳何解殺大夫稱人者謂誅有罪故盜殺三卿云不以上下道明大夫之例母兄之殺宜繫於君自

殺也不能保存毋兄令爲盜所殺故書兩下之文以至賊而殺至貴故不得言上下道稱盜雖同本事例異故發傳也然則何爲不爲君也嫡兄宜爲君○嫡丁歷反曰有天疾者不得入乎宗廟輒者何也曰兩足不能相過齊謂之綦楚謂之踂衛謂之輒○綦音其又其冀反劉兆云綦連併也踂女輒反劉兆云聚合不解也輒本亦作縶劉兆云如見絆縶也○冬十月宋華亥向寧華定出奔陳徐邈曰月者蓋三卿同出爲禍害重也君以臣爲體民以君爲命凡爲憂者大害民處甚春秋皆變常文而示所謹非徒足以見時事之實亦知安危監戒去耳○處昌慮反以見賢徧反○十有一月辛卯蔡侯廬卒疏注月者至害重也○釋曰宋萬以一卿而詳之又弟辰以五大夫而不月何解宋萬乃出月見宋人不討賊致令得奔故謹而月之弟辰爲仲佗所彊元無去意爲患輕故不月

二十有一年春王三月葬蔡平公○夏晉侯使士鞅來聘○宋華亥向寧華定自陳入于宋南里以叛自陳陳有奉焉爾入者內弗受也其曰宋南里宋之南鄙也以者不以者也叛直叛也言不作亂疏自陳至焉爾○釋曰復發傳何解從外之叛而加自自實有力嫌其言自叛不由外納力復言內弗受也與入邑異例不受爲同復言以有嫌異於竊地者故發例同之○注言不作亂○釋曰則作亂不得言叛當以作亂書欒盈良霄是也傳言叛是與作亂是也○秋七月壬午朔日有食之○八月乙亥叔輒卒叔弓之子○冬蔡侯東出奔楚東者東國也何爲謂之東也王父誘而殺焉楚子虔誘蔡侯般殺之于申○蔡侯東左氏及公羊作蔡侯朱父執而用焉執蔡世子友以歸用之是也奔而又奔之曰東惡之而貶之也奔既罪矣又奔讎國惡莫大焉○惡之烏路反○公如晉至河乃復

二十有二年春齊侯伐莒○宋華亥向寧華定自宋南里出奔楚自宋南里者專也專制南里○大蒐于昌間○間如字一音閒秋而曰蒐此春也其曰蒐何也以蒐事也疏秋而至蒐事○釋曰何以發傳於此解大蒐有五八年發例見正譏不正比蒲之蒐在夏之末承秋之初尚可以蒐則承春之首不可之甚故須發傳以彰甚也○夏四月乙丑天王崩○六月叔鞅如京師○葬景王叔鞅叔弓子天子志崩不志葬志葬危不得以禮葬也月者亦爲葬景王起○亦爲于僞反疏六月葬景王○釋曰何以不書日解傳言日甚矣其不葬之辭恐其甚之不明日以起之今經言王室亂則甚之可知故省文也

王室亂亂之爲言事未有所成也尹氏立子朝劉氏單氏立王猛俱未定也劉子單子以王猛居于皇皇地○單音善以者不以者也王猛嫌也直言王猛不言王子是有當國之嫌疏以者不以者也○釋曰復發傳何解劉單王之重卿猛王之庶子以貴制庶嫌其義別起例以詳之也○秋劉子單子以王猛入于王城以者不以者也入者內弗受也猛非正也○冬十月王子猛卒此不卒者也未成君也其曰卒失嫌也猛本有當國之嫌其卒則失嫌故錄之疏失嫌也○釋曰經言王猛以王爲尊何以言當國解春秋以王爲國若言齊晉今言王猛不言子與無知同文故曰當國也○十有二月癸酉朔日有食之

二十有三年春王正月叔孫婼如晉○癸丑

叔鞅卒。○晉人執我行人叔孫婼。○晉人圍郊。郊周邑也。○夏六月，蔡侯東國卒于楚。不日在外也，以罪出奔，又奔雔國，故不葬。【疏】注不日在外也。○釋曰：案諸侯之卒不日以明庶不以外爲異。傳曰「諸侯時卒，惡之」。今東國奔雔，何以書月？解：許用新臣卒，上言伐楚，下言卒，無明其在楚，庶子而卒，卒而不日，書時在外，文不明故也。蔡侯肸在内而卒，卒不書日，傳曰「惡之」。今蔡侯東國上言東以貶之，下言卒於楚，諸侯之奔例不書卒，今蔡侯之卒，見奔雔國而死，惡之可知，以在外以明惡，故書月以顯之。○注又奔雔國故不葬。○釋曰：諸侯奔死於外國，例不卒，何直不葬？有義而然。諸侯不卒則已，卒宜有葬，葬不書者，義有所見，義不必同。或從失德，今蔡侯不卒，卒於雔國，書卒而不葬。○秋七月，莒子庚輿來奔。○戊辰，吳敗頓、胡、沈、蔡、陳、許之師于雞甫，雞甫，楚地。○雞甫，左氏作雞。胡子髡、沈子盈滅。國雖存，君死曰滅。○髡，苦門反。盈，本亦作逞。中國不言敗，此其言敗何也？

據宣十二年晉荀林父及楚子戰于邲，晉師敗績，不言楚敗晉師。【疏】中國不言敗○釋曰釋其滅案經戰于韓獲晉侯，戰于大棘，宋師敗績，獲華元，中國不言敗，直言戰于雞甫，敗頓、胡、沈、蔡、陳、許之師，胡子髡、沈子盈滅，定以言敗解言楚人及吳戰于長岸，傳曰「進楚子」，然則邲之戰直在楚，以中國不言敗。今吳無進稱，爲夷狄，故不稱戰及敗績，以釋其滅，足賢吳沈之君，亦明吳之不進也。中國不敗，胡子髡、沈子盈其滅乎？其言敗，釋其滅也。若師不敗，則君無由滅也。賢胡沈之君死社稷。獲陳夏齧，獲者非與之辭也，賢夏齧雖獲不病，以其得衆也，義與華元同。○夏，户雅反。齧，五結反。【疏】注與華元同。○釋曰：國書亦然，而無傳釋，而經文有異，何得稱同？解：華元有故而止，文雖不同，明賢之義不別。國書文同而義同也。上下之稱也。君死曰滅，臣得曰獲，君臣之稱。○之稱，尺證反，注之稱同。○天王居于狄泉。敬王辟子朝，狄泉，周地。○辟音避。始王也。其曰天王，因其居而王之也。天子踰年即位稱王。敬王踰年而出，故曰始王。雖不在國，行即位之禮，王者以天下爲家，故居于狄泉稱王。尹氏立王子朝。隱四年衛人立晉，傳曰「稱人以立，得衆也」。此言尹氏立朝，唯尹氏欲立之。【疏】始王至之也。○釋曰：注云「天子踰年即位稱王，敬王踰年而出，故曰始王」。天子之稱天王，是常例也，而傳云始王，注云踰年者，未通此傳之意。解：子猛當國，朝亦非正，景王以三十一年夏四月崩，六月葬，劉、單二子以王猛居于皇，復入王城，冬而猛卒，至今敬王踰年而既葬，所繼者承景王之崩，不繼者承王猛之卒。是年七月，敬王立，當踰年既葬之例。此歲尹氏立子朝，將圖神器，天下兇懼，其主無雖復常稱，其所在著其始王也。立者，不宜立者也。朝之不名何也？據晉之名惡，今朝亦惡，怪不直名而言王子。○惡，烏路反，下同。別嫌乎尹氏之朝也。若但言尹氏立朝，則嫌朝是尹氏之子，故言王子以別之。○別，彼列反。【疏】立者至者也。○釋曰：重發傳何？解：衛晉得衆，言立，嫌非所宜，此子朝失衆，獨在尹氏，故言立以著不宜，文同而義異，故復發傳。別嫌乎尹氏之朝。○注云嫌朝是尹氏之子。○釋曰：夫國之大事，莫善繼統，繼統之道，勿盛嫡胄，繼無承重，宜擇立其次，故單子、劉子立猛，文稱當國，其次子无命，故獨

言立，言立彰不宜，明有篡王之意。今周室雖衰，鼎命在上，四方諸侯知一人之貴，繼成康之道，滅典法之文，存祭號大名，不可虛置，巍巍聖寶，寧得空假？鄁以區區之小，而以外孫爲嗣，書其滅亡，以爲將來之戒，況天下重任，豈得異姓？尹氏不擇天道，不違人事，不自立其子，當有同心之授，不義之罪，御假一朝之勢，以集四海之士，此理灼然，而愚夫之所不或，何爲孔子書經，游夏爲傳，經於不疑之中，而軀生疑於無嫌之義，而巧出嫌恐朝爲尹氏之子？爲當有旨。解：周室大亂，骨肉乖離，故王猛有篡奪之心，單劉懷翼戴之志，敬王孤立，猛卒之後，而朝逆尹氏之世卿，婚媾王室，禍亂之基，固可奪之，初自立，或招乘釁之衆，集負險之民，堅冰之際，或有无妄之會，經別嫌尹氏，不亦宜乎？衰亂之世，何所不爲？鄁立異姓，周亦致疑，疑而須別，別嫌立朝者，此其旨矣。○八月乙未，地震。○冬，公如晉，至河，公有疾，乃復。疾不志，此其志何也？釋不得入乎晉也。【疏】有疾至晉也。○釋曰：解公之如晉，四不得入，假言有疾，實由季孫之不入。今實有疾，別於無疾而反也。

二十有四年春王二月丙戌仲孫貜卒。婼至自晉大夫執則致致則挈由上致之也上謂宗廟也致臣于廟則直名而已所謂君前臣名○挈苦結反○夏五月乙未朔日有食之○秋八月大雩○丁酉杞伯郁釐卒○釐力之反○冬吳滅巢○葬杞平公

二十有五年春叔孫婼如宋○夏叔倪會晉趙鞅宋樂大心衛北宮喜鄭游吉曹人邾人滕人薛人小邾人于黃父○有鸜鵒來巢一有一亡曰有來者來中國也鸜鵒不渡濟非中國之禽故曰來○鸜其俱反本又作鸛音權左氏作鸜公羊作鸛鵒音欲濟子禮反【疏】一有至中國○釋曰重發傳者何解鸜鵒者飛

鳥與蜚蜮異稱有爲同故重發傳云來者來中國也何嫌而發解蜚蜮不言來不見所從麟不言來者欲但於中國不外之鸜鵒穴者而曰巢劉向曰去穴而巢此陰居陽位臣逐君之象也或曰增之也如增言巢爾其實不巢也范曰凡春秋記災異未有妄加之文或說非也○秋七月上辛大雩季辛又雩季者有中之辭也不言中辛中辛無事又有繼之辭也緣有上辛大雩故言又也○九月乙亥公孫于齊孫之爲言猶孫也諱奔也次于陽州次止也陽州齊竟上之地未敢直前故止竟也○公孫音遜本亦作遜下同齊竟音境下同【疏】孫之至奔也○釋曰復發傳何解前發例於夫人今復發例於公明其同義以別尊卑之辭詳畧也齊侯唁公于野井野井齊地齊侯來唁公公逆之至野井唁音彥弔失國曰唁唁公不得入於魯也【疏】弔失至魯也○釋曰言弔足以釋之復言不入於魯地則曰唁者彰公失國言不得入魯繼國事之辭言可以書唁而不詳其文○冬十月戊辰叔孫婼卒○十有一月己亥宋公佐卒于曲棘曲棘宋地邡公也邡當爲訪訪謀也言宋公所以卒于曲棘者欲謀納公○邡音方又音訪【疏】注宋公至納公○釋曰案諸侯之卒卒在外書地書地繼不納公何得畧以見義解諸侯卒書地者地有遠近國邑之別故鄟扈非國晉侯因會且而鄭伯未見諸侯之所許男朝楚蔡奔雖國四者書地地有所由今曲棘非國是未喻竟當從鄟扈之例既明矣釋以謀納公爲義義叶鄟扈而例不異○十有二月齊侯取鄆取鄆以居公取易辭也內不言取以其爲公取之故易言之也易以豉反爲于僞反【疏】取易辭○釋曰與濟西讙闡同異若何解取者易之辭易辭之義兼內外內之釋雖同同而事辨異異則反覆釋之故曰爲公取之言非季氏之賂忠臣之意非實易辭尊君抑臣與濟西同文前不異外之易者實易宋取鄭師是也

二十有六年春王正月葬宋元公○三月公至自齊居于鄆公次于陽州其曰至自齊何也據公但至陽州未至齊【疏】注據公至陽州○釋曰後如晉出致不同傳以見出致解公初至於陽州後如晉乾侯出不同傳以見齊侯爲義雖至陽州可以齊致明乾侯之致不見晉侯故下二十九年注云以乾侯致不得見晉侯故以齊侯之見公可以言至自齊也齊侯唁公于野井以親見齊侯爲重故可言至自齊居于鄆者公在外也若但言公至自齊而不唁居于鄆則公得歸國欲明公實在外故言居于鄆【疏】公在外○釋曰又日前不外公言外何解言外者據內生名公雖出奔臣子不得外公存錄之如在國在國之文不得實同故言居鄆以別之至自齊道義不外公也至自齊者臣子喜君父得反致宗廟之辭爾今君雖在外猶以在國之禮錄之是崇君之道○○夏公圍成成孟氏邑非國不言圍所以言圍者以

大公也崇大其事〔疏〕非國至大公也○釋曰何解凡邑不言圍指小都都之大者則國此文是於三家彊大邑過百乘比之小國國家之患良由此起昭公圍成郕郕人不服而臣之邑不順季氏之權得國之資圍而不克故以大公爲文然則定公雖墮三都成人不肯公代不克故傳以大公釋之書致爲異故傳釋之此不致者齊無難公之言不以適齊無爲危至如長葛言圍非常見義乃殊故傳不異○秋公會齊侯莒子邾子杞伯盟于鄟陵鄟陵其地○鄟陵音專又市轉反公至自會居于鄆公在外也至自會道義不外公也〔疏〕義不外公也○釋曰復發傳何解自齊爲虛致自會爲實文與虛致嫌義有殊故發不異已○九月庚申楚子居卒○冬十月天王入于成周周有入無出也始即位非其所今得還復據宗廟是內故可言入若即位在廟則王者無外不言出〔疏〕有入無出也○釋曰王也傳言周而復釋何解彼明上下一見則同有出文故言周言周有入無出明天王之身入與出

故發傳也尹氏召伯毛伯以王子朝奔楚遠矣非也雍曰奔篡君之賊其責遠矣○召上照反篡初患反〔疏〕注奔篡至遠矣○釋曰傳言奔直奔也何嫌以發解非也非責之非責其遠矣獨言遠者傳云於周公著例見上下之文然則王子瑕不言出是常文而無大罪則從例可知故省文至於尹氏周室之微弱而日月不誅子朝使之奔不足可責遠矣則刺諸侯諸侯謂宋衛陳鄭外附於楚子朝之舅華戎同心而叛天子不能誅則宜遠責諸侯乃經解傳宣其責遠矣傳既責遠愧奔亦異故曰奔直奔也傳曰奔之惡也惡其奔鱗子朝之奔奔鱗而曰奔直奔惡諸侯之叛刺其不殊也奔直奔也

二十有七年春公如齊自鄆行公至自齊居于鄆公在外也〔疏〕公在外也○釋曰發傳不同而重起例何解公前孫而至今如齊不言孫反而言至至言居于鄆故傳言公在外也異義而文別故重言例而文省則義同義同亦在外可知也○夏四月吳弑其君僚○僚力雕反○楚殺其大夫郤宛○宛於阮反又於元反○秋晉士鞅宋樂祁犂衛北宫喜曹人邾人滕人會于扈○祁犂力兮反又力私反扈音戶○冬十月曹伯午卒○邾快來奔徐邈曰自此已前邾畀我庶其並來奔今邾快又至三叛之人俱以魯爲主邾魯鄰國而聚其逋逃爲過之甚故悉書之以示譏也小國無大夫故但舉名而畧其氏○邾快苦夬反畀必二反本或作鼻逋逃布吳反○公如齊公至自齊居于鄆

二十有八年春王三月葬曹悼公○公如晉次于乾侯不得入于晉乾侯晉地〔疏〕公如晉○釋曰解與發圍國之文同故傳言公在外也明從鄆如齊不釋言次之言在外亦顯故公在外也○夏四月丙戌鄭伯寧卒○寧下滕子寧皆如字○六月葬鄭定公○秋七月癸巳滕子寧卒○冬葬滕悼公

二十有九年春公至自乾侯居于鄆以乾侯致不得見晉侯故齊侯使高張來唁公唁公不得入於魯也〔疏〕唁公至魯也○釋曰復發傳何解前齊侯唁公于野井野井齊地今來唁公于鄆鄆是魯地魯地而言唁言不得入于魯國都魯國都謂宗廟所在唁有遠近人有尊卑君臣同文故重發例也○公如晉次于乾侯○夏四月庚子叔倪卒季孫意如曰叔倪無病而死此皆無公也是天命也非我罪也言叔倪欲納公無病而死此皆天命使魯無君爾公之出非我罪○叔倪五計反又五兮反左氏作詣〔疏〕皆無公也○釋曰叔倪之卒事無公而曰皆何解經言宋公佐卒于曲棘傳言邠公也今叔倪復卒傳曰皆無公也○秋七月○冬十月鄆潰潰之爲言上下不相得也上下不相得則惡矣亦譏公也公既出奔不能改德脩行

居鄆小邑復使潰亂德之不建如此之甚。潰戶內反惡烏路反又如字行下孟反復扶又反〔疏〕潰之至得也○釋曰重發起列何解上下不相得之爲罪與國同故例詳之此年三月次于乾侯來還于鄆冬而鄆潰嫌自潰不責於公故言亦譏公也昭公出奔民如釋重負傳明昭公有過非但季氏之罪

三十年春王正月公在乾侯中國不存公存公故也中國猶國中也〔疏〕注中國至中也釋曰凡言國中指謂魯也中國指其諸夏諸夏爲中國據夷狄爲外索戎昭適晉並踰年而不言在襄二十八年公如楚二十九年書公在楚傳曰閔公也爲楚所致存錄之然則此文中國國中何爲變中國者何解中國踰年不言在親倚之情如國莫二比之國中不以言中非諸夏且昭以二十五年出奔二十六年居鄆是魯地不存公二十七年二十八年亦如之至此寄在乾侯乾侯爲晉地明公去魯竟而入於晉界不復重還遂卒于外雖復生存居地壤于子來歸來不居茲日故傳以有故釋之所以閔公范例云在有故言在非所在也○夏六月庚辰晉侯去疾卒○去起呂反○秋八月葬晉頃公○頃音傾○冬十有二月吳滅徐滅夷狄時月者爲下奔起○爲于僞反〔疏〕注月者至奔起○釋曰案滅中國日出奔月輕於滅滅夷狄時奔何得更月解范荅薄氏云國不滅而出以月爲國國滅例而出出重發於滅滅夷狄雖時猶加於月然則溫子不滅而出奔何以不月有義而然弦子之奔文承八月之下溫子以逃在正月之後何知不月傳於弦子滅言不日微國微國則例月例月則不關於君出君出之重不大於滅國范云出重於滅者言既滅其國君不死難比之常奔恒滅則爲重矣滅在月例者君出不復加日明滅重矣月亦是譚子出月月關滅國滅國例之間同例在不日傳於滅國詳畧之更於潞子發夷狄之遠例於鄫亡見中國之變稱義例成矣潞子之賢從自盟滅國獲君君或出奔名爲罪皆有罪故注譚子云蓋無罪今注章羽明不復疑名爲有罪譚子言蓋約郲益之名名義見矣故章禹從正例而不疑也徐子章羽奔楚奔而名者有罪惡也○惡烏路反

三十有一年春王正月公在乾侯○季孫意如會晉荀櫟于適歷適歷晉地○櫟音歷舊作躒適丁歷反○夏四月丁巳薛伯穀卒○晉侯使荀櫟唁公于乾侯唁公不得入於魯也曰既爲君言之矣不可者意如也言已已告魯求納君唯意如不肯○爲于僞反〔疏〕唁公至魯也○釋曰復發傳何解范例云唁有三弔失國曰唁唁雖有三弔失國三三釋一而已不入魯界有三文知言唁嫌與魯異其言不得入魯明弔失國而異今地晉而受晉納公有可入之理故言唁公不得入於魯也○秋葬薛獻公○冬黑肱以濫來奔其不言邾黑肱何也據襄二十一年邾庶其以漆閭丘來奔言邾○肱古弘反濫力甘反又力暫反別乎邾也邾以濫邑封黑肱故別之若國○別彼列反其不言濫子何也據既別之爲國則應書其爵非天子所封也來奔內不言叛也〔疏〕來奔至叛也○釋曰重發傳何解書黑肱不繫邾嫌其專地不責叛罪輕故言來奔不言叛罪自顯也○十有二月辛亥朔日有食之

三十有二年春王正月公在乾侯取闞○闞口暫反○夏吳伐越○秋七月○冬仲孫何忌會晉韓不信齊高張宋仲幾衛太叔申鄭國參曹人莒人邾人薛人杞人小邾人城成周天子微諸侯不享覲享獻也覲見也言天子微弱四方諸侯不復貢獻又無朝覲之禮○大音泰享許丈反覲其靳反見賢徧反復扶又反朝直遥反天子之在者惟祭與號祭謂郊上帝號謂稱王〔疏〕天子至與號○釋曰於此乃言周衰變之正重復起傳何解平桓之世唯復禮樂出自諸侯諸侯猶有享覲之心襄王雖復出居猶賴晉文之力札子雖云矯殺王威未甚屈辱至於景王之崩嫡庶交爭宋衛外附楚

亦內侮天子獨立成周政教不行天下諸侯無桓文之霸不能致力於京師權溺委于臣手故大夫相率而城之比之在禮故釋不異辭因變正也故諸侯之大夫相帥以城之此變之正也〇十有二月已未公薨于乾侯

監本春秋穀梁注疏昭公卷第十八

新建縣知縣鄭祖琛
浮梁縣知縣劉丙　同栞

穀梁注疏卷十八校勘記　阮元撰盧宣旬摘錄

十有四年

注曹叔至之國　閩監本同毛本國誤內

定四年左傳文　閩監毛本同何校本傳作氏

十有六年

解去有本末　閩監毛本去作云是也

十有七年

不曰孛于大火　閩監毛本同釋文星孛下出茀于云本亦作孛今本作孛與釋文本作本合

於越敗吳于槜李是也　監毛本于誤於閩本不誤槜皆誤从才

何嫌以發辭戰言及所以別客主　閩本及作乃監毛本言及作〇註

故須起例以明之　閩監毛本同單疏本以作而

十有八年

明之災得書之內　閩本同監毛本之作宋單疏本作外

十有九年　監本十誤子

故以比之夷狄　閩監毛本同余本無之字

知其弑　閩監毛本同余本其下有不字

而復書葬以赦何　閩監毛本同單疏本無何字

我與弑君之人同罪　閩本同監毛本君作父

毋之罪也　閩監毛本同石經元刻上有父字改刻刪去故以父也曰子既生不免乎九字爲一行

羈貫成童不就師傅　石經閩本同監毛本傅誤傅釋文羈又作覊

二十年

曹公孫會自夢出奔宋　石經閩監毛本同釋文夢本或作茂

而日言衛侯之兄者　閩監毛本日作自余本作斥

衛謂之輒　石經閩監毛本輒作輙是也釋文本亦作縶

二十有二年

嫌其義別起例以詳之也　閩本同監毛本起誤其

癸酉朔日有食之　石經閩監毛本同余本脫朔字

二十有三年

解許用新臣卒　閩監毛本用作男

死於外國　閩監毛本同單疏本外作他

中國不言敗　閩監毛本此上衍獲陳夏齧四字石經無

定以言敗　閩監毛本同單疏本定作足

以釋其滅　閩監毛本同單疏本釋作稱

賢胡沈之君死社稷　閩本同監毛本胡誤乎

始王至之也　此疏十行本在注尹氏欲立之之下閩監毛本在故居于狄泉稱王下何校本上有傳字

未通此傳之意　十行本未下一字筆畫舛誤閩監毛本作諭何校本作通

朝唯尹氏欲立之也　閩監毛本同何校本朝作明按作明是

重發傳何　閩監毛本同單疏本重作復

不義之罪　閩監毛本同單疏本義作達

而愚夫之所不或　單疏本元本同閩監毛本或作惑

二十有五年

有鸜鵒來與　閩監毛本同釋文鸜本又作鸛

如增言巢爾　閩監毛本同何校本如作加

公孫于齊　閩監毛本同是也釋文孫本亦作遜

孫之爲言猶孫也諱奔也次于陽州　閩監毛本次于陽州四字誤倒在孫之爲言猶孫也上石經此語漫漶諱奔也陽州五字尚可辨知十行本與石經合

復發傳　閩監毛本同單疏本下有者字

何得略以見義　閩監毛本同單疏本何下有以字

晉侯因會且而鄭伯未見　閩監毛本同單疏本而下有卒字

四者書地地有所由　閩監毛本同單疏本書地作地書

易辭之義兼內　閩監毛本同單疏本內上有外字是

同而事辨異　閩監毛本同單疏本辨作別

二十有六年

則公得歸國　閩監毛本同何校本依公羊疏則下增嫌字

又日前不外公言外　閩監毛本同何校本日作曰

自齊爲虛致　閩監毛本同單疏本致作至

刺其不殊也　閩監毛本殊作誅

二十有七年

楚殺其大夫郤宛　石經閩監毛本同釋文出郤宛

宋樂祁犂 閩監毛本同石經犂作犁釋文出祁犁

三十年

雖時猶加於月 閩監毛本同單疏本於作以

滅國例之同 閩監毛本同單疏本例作與

故章禹從正例而不疑也 閩本同單疏本監毛本禹作羽

三十有二年 十行本三字脫中間一畫閩監毛本誤作二

衛太叔申 閩監毛本同石經太作大釋文出大叔音泰○按大太古今字

又無朝覲之禮 閩監毛本同余本覲作見

於此乃言周衰變之正 閩監毛本同單疏本於作以

穀梁注疏卷十八挍勘記終

寧都李楨挍

監本春秋穀梁注疏定公卷第十九 起元年盡十五年

范甯集解　楊士勛疏

定公〔疏〕魯世家定公名宋襄公之子昭公之弟以周敬王十一年即位諡法安民大慮曰定

元年春王不言正月定無正也定之無正何也昭公之終非正終也死在外故〔疏〕注死在外故○釋曰非正終案桓公之薨于齊與乾侯不異莊公不即位而書正月何解以十八年如齊至即薨薨而當歲即入入而莊公繼位行既殯踰年之禮但以先君殺而後主不忍行即位之禮今昭公前年薨今年喪入定公既殯不居正月之前欲行即位非踰年之始非始非正故未得即位不得比之莊公定之始非正始也昭無正終故定無正始不言即位喪在外也○三月晉人執宋仲幾于京師晉執人於尊者之側而不以歸京師故但言其執不書所歸徐邈曰案傳定元年不書正月言定無正也然則改元即位在于此年故不可以不書王書王必有月以承之故因其執月以表年首爾不以謹仲幾也〔疏〕注晉執至幾也○釋曰薄氏駮云仲幾之罪自委之王吏非晉人所執故傳云不正其執人於尊者之所也識執不識無所歸晉執曹衛他處並可言歸若晉人執仲幾于京師復何得言歸于京師若如此論何以通乎解范荅云晉城成周宋不即役晉爲監功之主因而執之此自晉人之事安得委之王吏傳當以執人於尊者之所而不以歸於王之有司非言其不可以執晉文公執曹衛之君各於其國而並不書國者以其歸于京師故也今執仲幾不書所歸唯舉其地者此晉自治之効若使歸于京師與執諸侯同若臣無別也今直執在京師不可言歸此義猶自未通有義而然上言城成周序仲幾于會於歸言于京師其言足誤天王居于狄泉在畿內而別處若上言城成周下稱晉人執宋仲幾歸于京師具見執之異處而歸天子今晉人於尊者之側而執人以歸自治於國故春秋不與其專執地於京師下文言此大夫其日人何微之也何以知大夫有義而然周之稱名大夫相執無稱名之例因此見義明大夫相執不書書則徵之見伯討失所故云云非謂大夫相執得見於經經書晉人執衛侯歸之于京師與伯執稱人不異異則言侯故曰以晉侯而斥執曹伯惡晉侯也是君臣之別也此其大夫其曰人何也微之也何爲微之不正其執人於尊者之所也不與大夫之伯討也○夏六月癸亥公之喪至自乾侯○戊辰公即位殯然後即位也周人殯于西階之上〔疏〕注周人至之上○釋曰嫌何以言解喪自外至雖正棺於兩楹之間兼不亦言故言西階鄭注禮記以爲殯亦兩楹之間也定無正見無以正也踰年不言即位是有故公也謂昭公在外故言即位是無故公也○見賢徧反即位授受之道也先君見授後君乃受故須棺在殯乃言即位先君無正終則後君無正始也先君有正終則後君有正始也戊辰公即位謹之也定之即位不可不察也公即位何以日也據未有日者〔疏〕定之至察也○釋曰解定公即位特異常文者欲言繼弑公好卒欲言好卒卒非正終不即入踰年乃至至正月當即位而皆失時時不得同於常禮禮宜異文文書之在夏是有故與無故兩文並見即位雖同而時義有別理有所見見必有意故曰不可不察也戊辰之日然後即位也癸亥公之喪至自乾侯何爲戊辰之日然後即位也癸亥去戊辰六日恠不即位正君乎國然後即位也諸侯五日而殯今以君始死之禮治之故須殯而後言即位沈子曰正棺乎兩楹之間然後即位也兩楹之間南面之君聽治之處○之處昌慮反內之大事日即位君之大事也其不日何也以年決者不以日決也此則其日何也著之也欲有所見何

著焉踰年即位厲也厲危也公喪在外踰年六月乃得即位危故曰之於厲之中又有義焉先君未殯則後君不得即位未殯雖有天子之命猶不敢況臨諸臣乎以輕喻重也雖爲天子所召不敢背殯而往況君喪未殯而行即位之禮以臨諸臣乎周人有喪魯人有喪周人弔魯人不弔周人曰固吾臣也使人可也魯人曰吾君也親之者也使大夫則不可也故周人弔魯人不弔以其下成康爲未久也周道尚明无愧于不往〔疏〕注周道至不往○釋曰今定公之世天子之存唯祭與虢安得云尚明解此傳以重況輕陳上世之事非專今日下成康爲未久定公未殯不得即位以臨群臣輕于王命王命猶不得背殯指謂王與魯並有喪周人弔魯魯人不弔既殯君乃奔喪喪服天子之斬哭泣申父重之情先殯其父後奔天子之喪亦是不奪人之親門外之治義斷

恩門內之治恩掩義至如伯禽越紼赴金革之重不拘此例君至尊也去父之殯而往弔猶不敢況未殯而臨諸臣乎○秋七月癸巳葬我君昭公○九月大雩雩月雩之正也秋大雩非正也冬大雩非正也秋大雩雩之爲非正何也冬禾稼既成猶雩則非禮可知秋禾嫁始苗嫌當須雨故問也毛澤未盡人力未竭未可以雩也邵曰凡地之所生謂之毛公羊傳曰錫之不毛之地是也言秋百穀之潤澤未盡也人力未盡謂耕耘之功未畢○耘本又作芸音云〔疏〕凡地至是也○釋曰言非必百穀至而雩祀之設本爲求雨求雨之意指爲祈穀故周頌噫嘻之篇歌春夏而同名至於脩雩祀不異故此傳言毛澤未窮人力未竭言人力之功施於種植種植之義在于禾黍未聞凡品總稱曰毛將何所據解聖人之於四海不偏一物愛人之情特深懷抱百姓所恃莫急於食食雖民天天不降雨嘉品不育時澤之來普汎無私雖非百穀亦治有洪之潤公田已流遂及之惠彌遠故總凡品爲毛明天德之道廣列子言山川之毛指謂草木公羊所論非專禾麥寒涼之地本不種苗鄒衍吹律乃始名生物謂之黍若以此言之公羊所言不毛鄒衍之前當鄭伯與楚語時也又上傳云冬大雩非正也秋亦曰非正也非正是同而問不異及荅之直釋月雩爲正則四月龍見常失正故也解成七年冬大雩傳云冬无爲雩也言用禱禮明禾稼成不須雩失時不二故問同而荅異注當須雨其解也聖人重謝請請必爲民民之本務在於春夏春夏祈穀先嚴其犧牲具其器物謹脩其禮與精神有感故一時盡力專心求請求請不得失時時謂孟夏之節是月有雨先種得成茂實後種更生故重其二時時過以往至於八月九月脩雩之節不言四月非正也故曰是月不雩則无及矣謂八月求雨雩而得之則書雩明有所及故也是月雩不必有雨而曰无及者人情之意欲其有益故以兩月請是年不艾則无食指謂九月之雩雩而得雨是年有食雩不得雨則書旱旱則一歲无食故曰是年傳於仲秋言月季秋言年年月之情以表遠近深淺之辭也雩月雩之正也月之爲雩之正何也其時窮人力盡然後雩雩之正

也何謂其時窮人力盡是月不雨則無及矣是年不艾則無食矣是謂其時窮人力盡也雩之必待其時窮人力盡何也雩者爲旱求者也求者請也古之人重請何重乎請人之所以爲人者讓也請道去讓也則是舍其所以爲人也是以重之焉請哉請乎應上公古之神人有應上公者通乎陰陽君親帥諸大夫道之而以請焉道之爲君必爲先也其禱辭曰方今大旱野无生稼寡人當死百姓何謗不敢煩民請命願撫萬民以身塞无狀禱亦請也此即請辭也○艾魚廢反去讓羌呂反是舍音捨焉請於虔反應上時掌反道之音導夫請者非可詒託而往也必親之者

也是以重之。詒，托猶假寄。○詒，以之反。疏請乎應上公。○釋曰：案月令大雩帝，此經言大雩文與月令同，同祀上帝天也，而曰上公，義更何取？且雩與禱本自不同，而引禱辭以證雩，何解？天子雩上帝，諸侯雩上公，與魯天子同雩上帝，上帝既雩，雩及百辟卿士有益於民者，即此傳所謂古之神人通乎陰陽，使爲民請雨，故言請哉，請應乎上公，天尊不敢指斥，故請其屬神。考異郵說僖公三時不雨，禱于山川，以六過自責，又曰方今大旱，野無生稼，此注所云其禱辭或亦用之，故引以明之耳。○立煬宮。煬宮伯禽子廟毀已久○煬宮餘亮反煬公之廟也煬公伯禽子立者，不宜立者也。疏立者至者也。○釋曰：重發傳何解？不日與武宮異，故發傳。范例云宮廟有三者，三者文有詳略，詳略見功有輕重，册樞功少故書時，刻桷功重故錄月，范荅薄氏云考宮書月，比册極爲重，是其三文。武宮書日，范云始築之事然，煬宮，周書謚法肆行勞神曰煬，煬宮不日，比武宮爲輕，輕重之例各以類舉，此謂范例之數。以宮言之，立廟之例以立言之，在不宜之中，一事而兩屬，義有所附，故例有四亦得數此，同在不宜之中。○冬十月，隕霜殺菽。建酉之月，隕霜殺菽，非常之災。

未可以殺而殺，舉重。舉殺豆則殺草可知。可殺而不殺，舉輕。不殺草則不殺菽亦顯。僖三十三年隕霜不殺草是也。其曰菽，舉重也。疏未可至舉輕。○釋曰：隕霜二文不同書，故范特爲一例。傳嫌獨殺菽不害餘物，故以輕重別之。菽易長而難殺，故以殺之爲重，重者殺則輕者死矣，輕而不死，重者不殺，居然可知。

二年春王正月。○夏五月壬辰，雉門及兩觀災。雉門，公宮之南門。兩觀，闕也。○兩觀，工喚反，注及下文同。其不曰雉門災及兩觀，何也？據先書雉門，則應言雉門災及兩觀。鄭嗣曰：據災實從雉門起，應言雉門災及兩觀。災自兩觀始也，不以尊者親災也。始災者兩觀也。鄭嗣曰：今以災在兩觀下，使若兩觀始災者，不以雉門親災。先言雉門，尊尊也。欲言兩觀災及雉門，則卑不可以及尊，災不從雉門起，故不得言雉門災及兩觀，兩觀始災，故災在兩觀下也。鄭嗣曰：欲以兩觀親災，則經宜言兩觀災及雉門，雉門尊，兩觀卑，卑不可以及尊，故不得不先言雉門而後言兩觀，欲令兩觀始災，故災在兩觀下矣。○令，力呈反。疏雉門至觀災。○釋曰：解劉向云雉門天子之門，而今過魯制，故致天災也。○秋，楚人伐吳。○冬十月，新作雉門及兩觀。言新，有舊也。作，爲也，有加其度也。此不正，其以尊者親之何也？不正謂更廣大之，不合法度也。據當譏而以雉門親新作之下。雖不正也，於美猶可也。改舊雖不合正，脩飾美好之事，差可以雉門親之。○差，初賣反。疏○作爲至度也。釋曰：重發傳何解？此災而更脩，嫌與作南門異，故發傳以同之。災惡，故尊雉門推災而遠之；今新作美好之事，雉門雖不正，尊雉門可以親之。

三年春王正月，公如晉，至河乃復。疏公如晉。○釋曰：書月何解？昭公四如晉，兼有疾爲五，皆不月，公不入晉則無危。十三年、二十三年乃復，皆不月，是其例。乃復文承月下，不

蒙可知。昭公即位二年而脩朝禮無闕，而爲季氏所譖，使不得入，公無危懼之意，猶數數修朝於晉，晉雖不受，朝公無危懼之理。定立今三年始朝於晉，晉責其緩慢，不受其朝，公懼而反，非必季氏所譖，公自負於晉，而心內畏懼，故危錄之。○二月辛卯，邾子穿卒。○穿音川。○夏四月。○秋，葬邾莊公。○冬，仲孫何忌及邾子盟于拔。拔，地名。○拔，皮八反。

四年春王二月癸巳，陳侯吳卒。○三月，公會劉子、晉侯、宋公、蔡侯、衛侯、陳子、鄭伯、許男、曹伯、莒子、邾子、頓子、胡子、滕子、薛伯、杞伯、小邾子、齊國夏于召陵，侵楚。○夏，戶雅反。召，詩照反。○夏四月庚辰，蔡公孫姓帥師滅沈，以沈子嘉歸，殺之。公

孫姓音生又如字○五月公及諸侯盟于臯鼬召陵會劉子諸侯揔言之也臯鼬地名○鼬由又反○後而再會公志於後會也後志疑也公畏強楚疑於侵之故復者更謀也不日者後楚伐蔡不能救故○復扶又反【疏】公會至疑也○釋曰案傳例地而伐疑辭今經言會于召陵侵楚則疑於前會不關於後而云志於後會也者後志疑何解楚當時爲之所困削弱矣諸侯侵之易可得志今一會之中十有九國衆力之彊足以服楚不敢深入淺侵郊竟則責諸侯之疑居然可曉公疑於楚彊謂無勇故會盟二文並見魯公外内之疑兩顯杞伯成卒于會○六月葬陳惠公○許遷于容城○秋七月公至自會○劉卷卒劉采地○劉卷音權采七代反此不卒而卒者賢之也寰内諸侯也非列土諸侯此何以卒也天子畿内大夫有采地者謂之寰内諸侯非列土之諸侯雖賢猶不當卒○寰内音環天王崩

爲諸侯主也昭二十二年景王崩嘗以賓主之禮相接能爲諸侯主所以爲賢【疏】此不卒至賢之也○釋曰又云非列土諸侯此何以卒也天王崩爲諸侯主也書卒不關其賢而范例云寰内諸侯非列土諸侯非列土諸侯而書之者賢之也賢之一文而義當兩用解上言不卒而得書卒之意釋下言賢之猶賢不當卒卒之旨以其爲諸侯主明賢之義故得書卒反覆二事皆是爲賢故例復云賢之不用葬葬之者明亦爲賢之而采地比之畿外諸侯故書葬○葬杞悼公○楚人圍蔡○晉士鞅衛孔圄帥師伐鮮虞○葬劉文公○冬十有一月庚午蔡侯以吳子及楚人戰于伯舉楚師敗績吳其稱子何也以蔡侯之以之舉其貴者也貴謂子也蔡侯之以之則其舉貴者何也吳信中國而攘夷狄吳進矣其信中國而攘夷

狄奈何子胥父誅于楚也子胥父伍奢也爲楚平王所殺○信音申攘如羊反郤也挾弓持矢而干闔廬見不以禮曰干欲因闔廬復父之讎○挾戶牒反又子協反闔戶臘反廬力居反見賢徧反闔廬曰大之甚勇之甚子胥匹夫乃欲復讎於國君其孝甚大其心甚勇【疏】注其孝至甚勇○釋曰子胥之復讎違君臣之禮失事王之道以匹夫之弱敵千乘之強非心至孝焉能然也得事父之孝非敬長之道故曰其孝甚大若夫子胥父欲被誅寘身外奔旆衣之士而求于列國之君吐弓矢之志無疑難之心故曰其心甚勇爲是欲興師而伐楚子胥諫曰臣聞之君不爲匹夫興師【疏】傳不至興師○釋曰然則成湯之誅葛伯爲殺其餉者武王之殺殷紂稱斮朝涉之脛何以萬乘之主爲匹夫復讎解湯征葛伯本爲不祀之罪罪已灼然然湯聽其順辭使其亳民爲耕葛伯殺其餉者此由不祀而致禍其如殷紂之罪被所不盡斬以所不書故武王致天之罪稱斮朝涉之脛剖賢人之心亦不爲匹夫興師吳子有因諸侯之怒直申子胥之情故言不爲

匹夫興師得其實論也傳稱子胥云虧君之義復父之讎傳文曲直子胥是非穀梁之意善惡若爲解公羊左氏論難紛然賈逵服虔共相教授戴宏何休亦有脣齒其於此傳開端似同公羊及其結約不言子胥之善夫資父事君尊之非異重服之情理宜共均既以天性之重降於義合之輕故令忠臣出自孝子孝子不稱忠臣今子胥稱一體之重忽元首之分以父被誅而痛纏骨髓得耿介之孝失忠義之臣而忠孝不得並存傳不善子胥者兩端之間忠臣傷孝子之恩論孝子則失忠臣之義春秋科量至理尊君卑臣子胥有罪明矣君者臣之天天無二日土無二王子胥以藉吳之兵戮楚王之尸可謂失矣雖得壯士之偏節失純臣之具道傳舉見其非不言其義蓋吳子爲蔡討楚申中國之心屈夷狄之意其在可知且事君猶事父也虧君之義復父之讎臣弗爲也於是止蔡昭公朝於楚有美裘正是日囊瓦求之正是日謂昭公始朝楚之日○爲是于僞反不爲及下爲是皆同朝於直遥反注同囊乃郎反昭公不與爲是拘昭公於南郢南郢楚郡○郢以井

反又正反以數年然後得歸歸乃用事乎漢用事者禱漢水神○數所主反曰苟諸侯有欲伐楚者寡人請爲前列焉楚人聞之而怒爲是興師而伐蔡蔡請救于吳子胥曰蔡非有罪楚無道也君若有憂中國之心則若此時可矣爲是興師而伐楚何以不言救也據實救蔡救大也夷狄漸進未同於中國〔疏〕救大也○釋曰夷狄漸進未同於中國狄何以言救齊解救齊是善事今吳夷狄而憂中國故進稱子然未同諸夏故不言救雖書救齊而未稱人許夷狄不使頓備故也令吳既進稱子復書曰救便與中國齊蹤華夷等迹故不與救若書救當言吳子救蔡蔡侯以吳子及楚人戰于伯舉不直舉救蔡而言吳入楚楚囊瓦出奔鄭知見伐由已故懼而出奔庚辰吳入楚日入易無楚也易無楚者壞宗廟徙陳器撻平王之墓鄭嗣曰陳器樂縣也禮諸侯軒縣言吳人壞楚宗廟徙其樂器鞭其君之尸楚無能抗禦之者若曰無人也○易以豉反壞音怪撻土達反縣音玄亢苦浪反何以不言滅也據宗廟既毀樂器已徙則是滅也欲存楚也其欲存楚奈何昭王之軍敗而逃父老送之曰寡人不肖亡先君之邑父老反矣何憂無君寡人且用此入海矣父老曰有君如此其賢也以衆不如吳以必死不如楚雍曰吳勝而驕楚敗而奮○肖音笑奮方問反相與擊之一夜而三敗吳人復立楚復立也○敗必邁反復扶又反何以謂之吳也據戰稱子狄之也何謂狄之也君居其君之寢而妻其君之妻大夫居其大夫之寢而妻其大夫之妻蓋有欲妻楚王之母者不正乘敗人之績而深爲利居人之國故反其狄道也

五年春王正月辛亥朔日有食之○夏歸粟于蔡蔡侯比年在楚又爲楚所伐飢故諸侯歸之粟諸侯無粟諸侯相歸粟正也孰歸之諸侯也不言歸之者專辭也不言歸之者主名若獨是魯也義邇也言此是邇近之事故不足具列諸侯○於越入吳舊說於越夷言也春秋即其所以自稱者書之見其不能慕中國故以本俗名自通見賢遍反○六月丙申季孫意如卒傳例曰大夫不日卒惡也意如逐昭公而日卒者明定之得立由乎意如春秋因定之不惡而書日以示譏亦猶公子翬非桓之罪人故於桓不貶○惡烏路反翬許韋反○秋七月壬子叔孫不敢卒○冬晉士鞅帥師圍鮮虞

六年春王正月癸亥鄭游帥師滅許以許男斯歸○二月公侵鄭公至自侵鄭○夏季孫斯仲孫何忌如晉仲孫忌而曰仲孫何忌所未詳公羊傳曰譏二名○秋晉人執宋行人樂祁犂○冬城中城城中城者三家張也大夫稱家三家仲孫叔孫季孫也三家僭張故公懼而脩內城譏公不務德政恃城以自固○張如字一音下亮反注同〔疏〕三家張也○釋曰釋之異辭何也凡城之志皆譏傳於冬城諸及防解可城言間隙無事理實有譏今不釋恐同彼傳言志城之中雖得間隙復有畏張後之患還與皆譏之義同或是義與可城同也或曰非外民也○季孫斯仲孫忌帥師圍鄆

七年春王正月○夏四月○秋齊侯鄭伯盟

于鹹（○鹹音咸）○齊人執衛行人北宮結以侵衛以重辭也衛人重北宮結（齊以衛重結故執以侵之若楚執宋公以伐宋凡言以皆非所宜以）【疏】以重辭也○釋曰前注云以有二義今注即云凡言以皆非所宜以是一義而曰二何解楚執宋公兩君相執傳以言重辭別於凡以今此君而執臣明以國重不言與二君共例故發例同之二義已見故注更言凡以而起義解以者不以者不止釋此文○齊侯衛侯盟于沙（沙地）○大雩○齊國夏帥師伐我西鄙　九月大雩○冬十月

八年春王正月公侵齊公至自侵齊○二月公侵齊（未得志故）三月公至自侵齊公如往時致月危致也往月致時危往也往月致月惡之也（○惡烏路反）【疏】公如至致也○釋曰復發傳何解莊二十三年起例公行有危而書月今公伐齊有危危而書月一時之間再與兵革危懼之理義例所詳故重說以明之○曹伯露卒○夏齊國夏帥師伐我西鄙○公會晉師于瓦（瓦衛地也）公至自瓦○秋七月戊辰陳侯柳卒（○柳良久反）○晉士鞅帥師侵鄭遂侵衛○葬曹靖公○九月葬陳懷公○季孫斯仲孫何忌帥師侵衛○冬衛侯鄭伯盟于曲濮（○曲濮衛地濮音卜）○從祀先公貴復正也（文公逆祀今還順）○盜竊寶玉大弓寶玉者封圭也（始封之圭）大弓者武王之戎弓也（是武王征伐之弓）周公受賜藏之魯（周公受賜於周藏之魯者欲世世子孫無忘周德也）非其所

以與人而與人謂之亡（亡失也）非其所取而取之謂之盜【疏】非其至之亡○傳曰於經何例當之解經言饑止謂二穀不收苞宣公之例五穀不收止在當文康饑無例應之今因盜而發亡例經無應之或說非其所以與人謂之亡是梁伯所行也梁伯受國于天子不能撫其民人而自失之夫國之利器不可以示人權之可守焉得虛假君貪色好酒耳目不能聰明上無正長之治大臣背叛而國外奔因君自滅故謂之亡此可以應其義

九年春王正月○夏四月戊申鄭伯蠆卒（○蠆田邁反）○得寶玉大弓（杜預曰弓玉國之分器也得之足以為榮失之足以為辱故重而書之○分器扶問反）其不地何也【疏】其不地何也○釋曰據何文而責地解此據獲物言地經言戰于大棘獲宋華元宜蒙上地故據彼責此　寶玉大弓在家則羞不目羞也（國之大寶在家則羞也況陪臣專之乎恥甚而不目其地）【疏】注況陪臣專之乎恥甚而不目其地○釋曰下或曰陽虎以解衆也還是陪臣何以異之解上說不目羞明失之為辱得之為榮榮而言地地是陪臣之所居魯能奪陪臣之得可以明免恥何為不地夫以千乘之國而受辱於陪臣雖得為榮書地則恥或曰之義得非魯力也陽虎竊國重寶非其所用畏衆之討送納歸君故書而記之　惡得之（惡於何也○惡音烏注同）得之堤下或曰陽虎以解衆也○六月葬鄭獻公○秋齊侯衛侯次于五氏（五氏晉地）○秦伯卒○冬葬秦哀公

十年春王三月及齊平（平前八年再侵齊之怨）○夏公會齊侯于頰谷（○頰古協反左傳作夾谷）公至自頰谷離會不致（雖曰二國會曰離各是其所是非其所非然則所是之是未必是所非之非未必非未必非者不能非人之真非未必是者不能是人之真是是非紛錯則未有是是非不同故曰離離則善惡無在善惡無在則不足致之于宗廟）何為

致也危之也危之則以地致何也爲危之也其危奈何曰頰谷之會孔子相焉兩君就壇兩相相揖將欲行盟會之禮○爲危于僞反相焉息亮反下兩相同壇徒丹反封土曰壇齊人鼓譟而起欲以執魯君羣呼曰譟○鼓譟素報反呼火故反孔子歷階而上不盡一等而視歸乎齊侯階會壇之階曰兩君合好夷狄之民何爲來爲命司馬止之兩君合會以結親好而齊人欲執魯君此無禮之甚故謂之夷狄之民司馬主兵之官使禦止之○合好呼報反注同使禦魚呂反齊侯逡巡而謝曰寡人之過也退而屬其二三大夫曰夫人率其君與之行古人之道二三子獨率我而入夷狄之俗何爲屬語也夫人謂

孔子也齊人欲執魯君是夷狄之行○逡一句反屬章欲反夫人音扶語魚呂反之行下孟反罷會齊人使優施舞於魯君之幕下優俳施其名也幕帳欲嗤笑魯君○幕音莫俳皮皆反嗤尺之反孔子曰笑君者罪當死使司馬行法焉首足異門而出齊人來歸鄆讙龜陰之田者蓋爲此也何休曰齊侯自頰谷歸謂晏子曰寡人獲過於魯侯如之何晏子曰君子謝過以質小人謝過以文齊嘗侵魯四邑請皆還之○讙好官反蓋爲于僞反因是以見雖有文事必有武備孔子於頰谷之會見之矣○以見賢遍反

【疏】一會之怒三軍自降若非孔子必以白刃喪其膽核矣敢直視齊侯行法殺戮故傳於頰谷之會見之矣後世慕其風規欽其意氣者忽若如是毛遂之亢楚王藺子之脅秦王俱展一夫之勇不憚千乘之威亦善忠臣之鯁骨是賢亞聖之義勇

○晉趙鞅帥師圍衞○齊人來歸鄆讙龜陰之田○叔孫州仇仲孫何忌帥師圍郈郈叔孫氏邑郈音后○秋叔孫州仇仲孫何忌帥師圍郈○宋樂大心出奔曹○宋公子地出奔陳○冬齊侯衞侯鄭游速會于安甫安甫地名○叔孫州仇如齊○宋公之弟辰暨宋仲佗石彄出奔陳辰爲佗所強故曰暨○暨其器反佗大河反彄苦侯反強其丈反

十有一年春宋公之弟辰未失其弟也言辰未有失其爲弟之道故書弟以罪宋公

【疏】未失其弟也○釋曰案辰以前年出奔離骨肉之義今歲入邑有叛國之罪失弟之道彰於經文而曰未失何也解公不能制御彊臣以無其弟而使二卿脅以外奔故著暨以表彊辭稱弟以見罪罪在仲石亦可知矣今而入國兩子之情非辰之意書及而辨尊卑言弟以顯無失然則自陳之力力由二卿入蕭之叛專

歸仲石故重發例以明無罪

及仲佗石彄公子地以尊及卑也自陳陳有奉焉爾入于蕭以叛蕭宋邑入者內弗受也以者不以也叛直叛也○夏四月○秋宋樂大心自曹入于蕭入蕭從叛人叛可知故不書叛○冬及鄭平平六年侵鄭之怨傳例曰盟不日者渝盟惡之也取夫詳略之義則平不日者亦有惡矣蓋不能相結以信○渝羊朱反變也惡之烏路反下同取夫音符○叔還如鄭莅盟○還音旋

十有二年春薛伯定卒○夏葬薛襄公○叔孫州仇帥師墮郈墮猶取也陪臣專彊違背公室恃城爲固是以叔孫墮其城若新得之故云墮墮猶取也墮非訓取言今但毀其城則郈永屬己若更取邑於他然○墮許規反毀也背音佩

【疏】注墮非訓取○釋曰傳言墮猶取也即其訓而曰非者何休難云當言取不言墮實壞耳無取於訓詁鄭君如

此釋之今經墮其爲義○衞公孟彄帥師伐曹○季孫斯仲孫何忌帥師墮費○費音祕○秋大雩○冬十月癸亥公會齊侯盟于黃○十有一月丙寅朔日有食之○公至自黃○十有二月公圍成非國言圍圍成大公也以公之重而伐小邑則爲恥深矣故大公之事而言圍使若成是國然〔疏〕注以公至小邑○釋曰案例國曰圍今邑而言圍則大都大都則皆是國而曰小邑何解經書公明成非小是故言圍公一國之貴重成三家之大邑邑比於國爲細擬公爲小比於凡邑則大矣故書曰圍公至自圍成何以致危之也何危爾邊乎齊也邊謂相接

十有三年春齊侯次于垂葭○葭音加○夏築蛇

淵囿蛇淵地名○囿音又○大蒐于比蒲○比音毗○衞公孟彄帥師伐曹○秋晉趙鞅入于晉陽以叛以者不以者也叛直叛也〔疏〕叛直叛也○釋曰不解入而重發叛例何解趙鞅自入已邑不從外入入者內弗受也以其無君命於義不受同書入之非專不受故但釋其叛非實叛故下書歸明之非叛而書叛書叛非真叛也故復發也○冬晉荀寅士吉射入于朝歌以叛○射食夜反又食亦反○晉趙鞅歸于晉此叛也其以歸言之何也據叛惡而歸善貴其以地反也貴其以地反則是大利也非大利也許悔過也許悔過則何以言叛也以地正國也地謂晉陽也益以晉陽之兵還正國也公羊傳曰逐君側之惡人以地正國則何以言叛據是善事其入無君命也覬曰專入晉陽以興兵甲故不得不言叛實以驅惡而安君則釋兵不得不言歸春秋善惡必著之義○薛弒其君比○比必履反又毗志反〔疏〕薛弒其君比○釋曰不日月者何解傳言剽不正其日何則庶子爲君而被弒則不日而月之傳曰諸侯時卒惡之宜從此例薛比書時亦其惡也

十有四年春衞公叔戌來奔○晉趙陽出奔宋○晉趙陽左氏作衞趙陽○二月辛巳楚公子結陳公孫佗人帥師滅頓以頓子牂歸○佗徒河反又如字牂作郎反○夏衞北宮結來奔○五月於越敗吴于檇李檇李吴地○敗必邁反檇李音醉○吴子光卒○公會齊侯衞侯于牽牽地○牽去賢反公至自會○秋齊侯宋公會于洮○洮他刀反○天王使石尚來歸脤脤祭肉天子祭畢以之賜同姓諸侯親兄弟之國與

之共福○脤市軫反脤者何也俎實也祭肉也生曰脤熟曰膰其辭石尚士也辭猶書也○膰音煩本又作燔何以知其士也天子之大夫不名石尚欲書春秋欲著名于春秋諫曰久矣周之不行禮於魯也請行脤貴復正也〔疏〕貴復正也○釋曰從祀先公前有失正之文於後言貴復正今復正前无失正之文而曰貴復正何解復正之文雖同義須有異天王不行禮於魯失正矣今由石尚而歸脤美之故曰貴復正也○衞世子蒯聵出奔宋○蒯聵苦怪反下五怪反衞公孟彄出奔鄭○宋公之弟辰自蕭來奔稱弟猶未失爲弟之行○行下孟反○大蒐于比蒲〔疏〕大蒐于比蒲○釋曰文承秋下注云城莒父云無冬者甯所未詳然則大蒐秋秋則常事常事不書書之者何即昭八年秋蒐于紅傳曰正也正所以譏不正後比蒲大蒐失禮因此見正今定公以斗

三年大蒐秋事而於夏行之失正至此十四年大蒐書正以明前不正也〇邾子來會公會公于比蒲〇城莒父及霄無冬所未詳疏注無冬至未詳〇釋曰桓七年注云下無秋冬今不言下何解桓七年夏有人事而秋冬二時不書復無人事故云下今此上有秋下有人事而無冬故直云無冬不言下明冬宜在人事之上也

十有五年春王正月邾子來朝朝直遥反〇鼷鼠食郊牛牛死改卜牛不言所食食非一處而至死〇鼷音兮處昌慮反不敬莫大焉定公不敬最大故天災最甚疏不敬莫大焉〇釋曰凡鼠食牛皆是不敬而曰莫大何解成七年鼷鼠食郊牛角過有司也改卜牛鼷鼠又食其角歸罪於君皆道其所傳明不敬之罪小今牛體徧食不敬之罪大也〇二月辛丑楚子滅胡以胡子豹歸〇夏五月辛亥郊譏不時也〇壬申公薨于高寢高寢宮名高寢

非正也疏高寢非正也〇釋曰重發傳何解高者大名嫌是路寢之流故發傳明之〇鄭罕達帥師伐宋〇齊侯衛侯次于渠蒢渠蒢地也〇蒢直居反〇邾子來奔喪喪急故以奔言之疏喪急至言之〇釋曰奔喪之制日行百里故傳言急所以申惻怛之情也〇秋七月壬申弋氏卒妾辭也不言夫人薨〇弋氏羊職反哀公之母左氏作姒氏也哀公之母也〇八月庚辰朔日有食之〇九月滕子來會葬邾滕魯之屬國近則來奔喪遠則來會葬於長帥之喪同之王者書非禮〇長丁丈反帥所類反疏注邾滕至屬國〇釋曰將何據也解范荅薄氏云屬國五國爲屬屬有長曹滕二邾世屬服事我故謂之屬〇注近則至非禮〇釋曰若如此注意以奔喪爲禮會葬爲非然則王者之喪諸侯會出何文證若以會葬非禮何以范例云會葬四案經有三范總云會葬禮何解傳言奔喪喪急不言非禮可知諸侯自相會葬傳無釋文但釋天子之會葬云其志重天子之禮又曰在鄗上明其別於諸侯傳曰周人有喪魯人有喪周人弔魯人不弔周人責魯人曰吾君親之是以知王者之喪諸侯親會之范云四四當爲三古者四三皆積畫字有誤耳會葬禮也據釋天子之大夫來會葬言者重天子之禮故范例舉之不謂皆是禮也〇丁巳葬我君定公雨不克葬葬既有日不爲雨止禮也雨不克葬喪不以制也戊午日下稷乃克葬稷昃也下昃謂晡時〇爲于僞反稷如字左氏作昃晡布吳反疏葬既有日〇釋曰重發傳何解頃熊夫人今此人君嫌禮異故發傳以明之且彼言日中此言日下稷彼言而此言乃文並不同釋既不異義體相似乃急辭也不足乎日之辭也宣八年注詳矣疏注宣八至詳矣〇釋曰范例云克例有六則數何文以充之解鄭伯克段一不克納二雨不克葬日中而克葬各二是謂四通前二爲六也〇辛巳葬定弋〇定弋左氏作定姒〇冬城漆

監本春秋穀梁注疏定公卷第十九

大清嘉慶二十年重刊
用文選樓藏本校定

新建縣知縣鄭祖琛
浮梁縣知縣劉丙　同刊

穀梁注疏卷十九校勘記　阮元撰盧宣旬摘録

定公余本卷第十一單疏本同

元年

但以先君殺而後主不忍行卽位之禮 閩監毛本主作立何校本殺作弑

復何得言歸于京師 閩監毛本同何校本何作可

此晉自治之効 閩監本同毛本効作效

其言足誤天王居于狄泉 閩監毛本同浦鏜云誤疑證字誤

何以知大夫有義而然周之稱名 閩監毛本同何校本然作後

此其大夫 閩監毛本同石經宋本無其字案成公十五年疏引無其字。按上文疏引亦無其字

兼不亦言 閩監毛本同何校本作嫌殯亦然

又有義焉 石經閩監毛本同余本焉作也

故周人弔 石經閩監本同毛本人誤入

王命猶不得背殯 閩監毛本同何校本背作皆

冬大雩非正也秋大雩雩之爲非正 閩監毛本同石經無下雩字儀禮經傳通解引同余本脱冬大雩非正也六字

故周頌噫嘻之篇 閩監毛本同何校本無嘻字

食雖民天 閩監毛本同何校本雖民二字闕

亦治有洪之潤 閩監毛本治作沾何校本洪作渰是也

爲君必爲先也 閩監毛本同余本爲作謂是也。按儀禮經傳通解引亦作謂

與魯天子同雩上帝 閩監毛本同何校本與魯乙轉

上帝既雩雩 閩監毛本同何校本雩字不重

輕重之例 閩本同監毛本例作序

此謂范例之數 閩監毛本同何校本謂作爲

二年

故災在兩觀下矣 閩監毛本同余本矣作爾

雉門至觀災 閩監毛本同何校本至作及兩二字

而今過魯制 閩監毛本同惠棟校本過魯作魯過

四年

後而再會 閩監毛本同石經余本後作一事兩字

公會至疑也 閩監毛本同何校本公會作傳一事三字

案傳例地而伐疑辭 閩監毛本同何校本例作異伐作發

楚當時爲之所困 閩監毛本同何校本之作吳

此何以卒也天王崩 閩監本同毛本王誤下單疏本卒下有之字與傳不合

挾弓持矢而干闔廬 石經閩監本同毛本持誤扶

傳不至與師 閩監本同毛本傳作君何校本至作寫匹夫三字

故武王致天之罪 閩監毛本同何校本罪作罸

亦不爲匹夫興師 閩監毛本同何校本不下有専字

吳子有因諸侯之怒 閩監毛本同何校本有作既

傳舉見其非 閩監毛本同單疏本非作爲

其在可知　閩監毛本同何校本其作理

南郢楚郡　閩監毛本同余本郡作都

然未同諸夏　閩監毛本同單疏本諸作中

知見伐由己故懼而出奔　余本閩本同監毛本脱此十字

楚無能抗禦之者　閩監毛本同余本抗禦作亢御釋文出能亢御之與余本合案十行本係剜修當是本作亢御淺人妄改

五年

由乎意如　閩監毛本同余本乎作于

六年

七年

傳以言重辭　閩監毛本同何校本以言乙

八年

傳曰於經何例當之　傳當作釋閩本誤同監毛本不誤

止謂二穀不政　閩監毛本同何校本政作收是也

十年

喪其膽核矣　閩監毛本核作胲

後世慕其風規　閩本同監本其誤具毛本規作軌

十有一年

宋公之弟辰未失其弟也　石經同閩監毛本辰下衍及仲佗石彄公子地自陳入于蕭以叛宋公之弟辰二十字

故著暨以表彊辭　閩本同監本著誤者毛本誤同又脱故字

書及而辨尊卑　閩監毛本同單疏本而作以

十有二年

非國言圍　閩監毛本同石經余本國下有不字

邊乎齊也　石經閩監毛本同余本邊誤造

十有三年

故復發也　閩監毛本同何校本作故重復發傳也

專入晉陽以興兵甲　閩監毛本同余本兵甲乙轉

十有四年

吳子光卒　石經閩監毛本同余本脱此四字

然則大蒐秋　閩監毛本同何校本蒐下有在字

書之者何即昭八年秋蒐于紅　閩毛本同監本紅誤經何校本即作解

十有五年

食非一處而至死　閩監毛本同余本而作以

弋氏卒　石經閩毛本同監本弋誤戈

曹滕二邾　閩監毛本同單疏本邾作莒何煌云疑此脱莒鈔脱邾盖曹滕二邾莒爲五國也

又曰在鄗上　閩監毛本同何校本鄗作比嚴杰云會葬之禮於鄗上文五年傳文何校本作比上非也

稷吳也　閩監毛本吳作昃下同

日中而克葬各二　閩監毛本同單疏本而作不是也

穀梁注疏卷十九挍勘記終

寧都李楨挍

監本春秋穀梁注疏哀公卷第二十 起元年盡十四年

范甯集解　楊士勛疏

哀公【疏】公名蔣定公之子敬王三十六年即位十四年西狩獲麟春秋終矣二十七年薨謚曰哀周書謚法恭仁短折曰哀

元年春王正月公即位○楚子陳侯隨侯許男圍蔡隨久不見者哀微也稱侯者本爵俱侯土地見侵削故微爾定六年鄭滅許今復見者自復也○不見賢徧反下復見同復扶又反【疏】注隨久至微也○釋曰僖二十年冬楚人伐隨以求更不見經將是哀微不能自通於盟會故也本爵俱侯者隨本侯爵自僖二十年見經至今俱侯盟更不爲貶黜但土地見侵削故微爾昭八年楚師滅陳十一年楚師滅蔡十三年諸侯會于平丘而復陳蔡故經書蔡侯廬歸于蔡陳侯吳歸于陳是有文見復也其許男則定六年鄭游速帥師滅許以許男斯歸其間更無歸文今許男復見經者明是許男自復○鼷鼠食郊牛角改卜牛○夏四月辛巳郊此該之變

而道之也該備也春秋書郊終於此故於此備說郊之變變謂郊非其時或牲被災害【疏】此該至之也○釋曰郊自正月至于三月郊之時也三卜禮之正凡書郊皆譏范例云書郊有九僖三十一年夏四月四卜郊不從乃免牲猶三望一也宣三年郊牛之口傷改卜牛牛死乃不郊猶三望二也成七年鼷鼠食郊牛角三也襄七年夏四月三卜郊不從乃免牲四也襄十一年夏四月四卜郊不從乃不郊者五也定公哀公並有牲變不言所食處不敬莫大二罪不異并爲一物六也定十五年五月郊七也成十七年九月用郊八也及此年四月辛巳郊九也下傳云子之所言至道之何也然則據此而言牛有傷損之異卜有遠近之别亦在其明於變之中又有言焉於災變之中又有可善而言者【疏】注於災至言者○釋曰郊牛日日展視其觓角而知其傷是展盡道矣即於災變之中有可善而言者但備災之道不盡致此天災而鼷鼠食角故書以譏之也鼷鼠食郊牛角改卜牛志不敬也郊牛日展觓角而知傷展道盡矣展道雖盡所以備災之道不盡譏哀公不敬故致天變○觓音糾又音求郊

自正月至于三月郊之時也夏四月郊不時也五月郊不時也夏之始可以承春以秋之末承春之始蓋不可矣凱曰不時之中有差劇也夏始承春方秋之末猶爲可也○有差初賣反【疏】注不時至可也○釋曰自正月二月三月此三春之月是郊天之正時也若夏四月五月以後皆非郊月如其有郊並書以示譏然則郊是春事也如郊在四月五月之中則是以夏始承春其過差少若郊在九月之中則是以秋末承春其過極多則自五月至八月其間有郊亦以承春遠近爲過之深淺也九月用郊用者不宜用者也在成十七年郊三卜禮也以十二月下辛卜正月上辛如不從則以正月下辛卜二月上辛如不從則以二月下辛卜三月上辛所謂三卜也鄭嗣曰謂下一辛而三也求吉之道三故曰禮也【疏】注鄭嗣至三也○釋曰如嗣之意以十二月下辛卜正月上辛日爲郊之時則於此一辛之上卜不吉以至二卜不吉以至三卜求吉之道三故曰禮也四卜非禮也僖三十一

年襄十一年皆四卜五卜強也成十年五卜【疏】四卜非禮也○釋曰僖三十一年以十二月下辛卜正月上辛不從則以正月下辛卜二月上辛不從則以二月下辛卜三月上辛所謂三卜禮也今以三月以前不吉更以三月下辛卜四月上辛則謂四卜郊非禮也成十年以四月以前四卜不吉又於四月下辛卜五月上辛則五卜強也非禮可知鄭嗣之意亦以一辛之中卜至於四五月也一辛之上三卜禮也四卜五卜非禮也然則四卜云非禮五卜變文云強者四卜雖失猶去禮近容有過失故以非禮言之若至五卜則是知其不可而強爲之去禮已遠故以強釋之卜免牲者吉則免之不吉則否牛傷不言傷之者傷自牛作也故其辭緩宣三年郊牛之口傷以牛自傷故加之言緩辭○則否方九反全曰牲傷曰牛未牲曰牛其牛一也其所以爲牛者異已卜日成牲而傷之曰牛未卜日未成牲之牛二者不同有變而不郊故卜免牛也已牛矣其尚卜免

之何也災傷不復以郊怪復卜免之禮與其亡也寧有於禮有卜之與無卜寧肯有卜肯置之上帝矣故卜而後免之不敢專也肯置之滌宮名之爲上帝牲矣故不敢擅施也。滌徒歷反擅市戰反施式氏反又如字卜之不吉則如之何不免安置之繫而待六月上甲始庀牲然後左右之庀具也待具後牲然後左右前牛皆我用之不復須卜已有新牲故也周禮曰司門掌授管鍵以啟閉國門祭祀之牛牲繫焉然則未左右時監門者養之。庀匹爾反鍵其展反又其偃反監古銜反子之所言者牲之變也而曰我一該郊之變而道之何也我以六月上甲始庀牲十月上甲始繫牲十一月十二月牲雖有變不道也牲有變則改卜牛以不妨郊事故不言其變【疏】子之至道也。釋曰上言子曰弟子問穀梁子

之辭而曰我者是弟子述穀梁子自我之意我以六月者是穀梁子荅前弟子之辭我以六月上甲始庀牲庀具猶簡擇未繫之待十月然後始繫養若六月簡訖以後有變則七月八月九月上甲皆可簡擇故傳云六月上甲始庀牲明自六月爲始七月八月九月皆可簡牲自十月繫之有變則改卜卜取吉者十一月十二月亦然是繫之三月也故傳云十月上甲始繫牲十一月十二月牲雖有變不道也是也待正月然後言牲之變周正是郊時之正如其牛有變然後言之二月三月亦然重妨郊故也待正月然後言牲之變此乃所以該郊至郊時然後言其變重其妨郊也十二月不道自前可知也至正月然後道則二月三月亦可知也此所以該郊言其變道盡【疏】比乃至該郊。釋曰自六月上甲始庀牲十月始繫牲自十二月以前牲雖有變不道自正月然後云牲之變乃不郊卜免牲吉與不吉如此之類皆是該備郊事言牲變之道盡悉也郊享道也貴其時大其禮其養牲雖小不備可也享者飲食之道牲有變則改卜牛郊日已遁庀繫之禮雖小不備合時得禮用之可也。享許丈反子不忘。三月卜郊何也三月謂十二月正月二月也【疏】注三月至二月。釋曰既言卜二月下辛卜正月上辛正月下辛卜二月上辛二月下辛卜三月上辛怪經不書此十二月正月二月之下郊故問之也郊自正月至于三月郊之時也有變乃志常事不書我以十二月下辛卜正月上辛如不從則以正月下辛卜二月上辛如不從則以二月下辛卜三月上辛如不從則不郊矣意欲郊而卜不吉故曰不從郊必用上辛者取其新潔莫先也。秋齊侯衛侯伐晉。冬仲孫何忌帥師伐邾

二年春王二月季孫斯叔孫州仇仲孫何忌帥師伐邾取漷東田漷東未盡也及沂西田

沂西未盡也漷沂皆水名邵曰以其言東西則知其未盡也。漷火號反又音郭沂魚依反癸巳叔孫州仇仲孫何忌及邾子盟于句繹句繹邾地。句古侯反繹音亦三人伐而二人盟何也各盟其得也季孫不得田故不與盟。不與音豫。夏四月丙子衛侯元卒。滕子來朝朝直遥反。晉趙鞅帥師納衛世子蒯聵于戚鄭君曰蒯聵欲殺母靈公廢之是也若君薨有反國之道當稱子某如齊子糾也今稱世子如君存是春秋不與蒯聵得反立明矣江熙曰鄭世子忽反正有明文子糾但於公子爲貴非世子也【疏】注蒯聵至廢之。釋曰案定公十四年左傳云衛侯爲夫人南子召宋朝會于洮大子蒯聵獻盂于齊過宋野野人歌之曰既定爾婁豬盍歸吾艾豭大子羞之謂戲陽速曰從我而朝少君我顧乃殺之速曰諾乃朝夫人夫人見大子大子三顧速不進夫人見其色啼而走曰蒯聵將殺余公執其手以登臺大子奔宋是也云當稱子某者公羊云君在稱世子君薨稱子其

既葬稱子踰年稱君范取公羊爲說也云如齊子糾也者莊九年九月齊人取子糾殺之是也云鄭世子忽反正有明文者桓十五年鄭世子忽復歸于鄭傳曰反正也然則鄭世子忽反正春秋不非稱世子則蒯聵稱世子亦是反正不非之之限是其子糾稱子某但於公子之中爲貴謂是右媵之子非世子與鄭忽蒯聵不同如熙之意則蒯聵合立而輒拒父非是也納者内弗受也帥師而後納者有伐也何用弗受也以輒不受也以輒不受父之命受之王父也信父而辭王父則是不尊王父也其弗受以尊王父也甯不達此義江熙曰齊景公廢世子世子還國書篡若靈公廢蒯聵立輒則蒯聵不得復稱曩日世子也稱蒯聵爲世子則靈公不命輒審矣此矛楯之喻也然則從王父之言傳似失矣經云納衛世子鄭世子忽復歸于鄭稱世子明正也明正則拒之者非邪○信父音申篡初患反復扶又反曩乃黨反矛五侯反本又作舒楯常允反又音允拒音巨邪也似嗟反【疏】信父至父也○釋曰輒先受王父之命而有國今若以國與父則是申父也若申父而辭王父則是不尊王父也何者使父有違命之愆故其不受使父無違命之失則尊父也○注齊景至書篡○釋曰下六年齊陽生入于齊齊陳乞弒其君荼傳曰陽生正荼不正不正則其曰君何也荼雖不正已受命矣此與莊九年齊小白入于齊同文則稱名書人者皆一辭也然則蒯聵若已被廢則當與陽生同文稱衛蒯聵入戚不得自稱曩日世子○注矛楯之喻也○釋曰莊子云楚人有賣矛及楯者見人來買矛即謂之曰此矛無何不徹見人來買楯則又謂之曰此楯無何能徹者買人曰還將爾矛刺爾楯若何然則矛楯各自言之則皆善矣若相對言之則必有不善者矣喻今傳文輒若申父而辭王父是不受父則蒯聵逆父爲不善若以鄭忽稱世子以明反正則輒之拒父爲醜行亦是非不可並故云矛楯之喻也○秋八月甲戌晉趙鞅帥師及鄭罕達帥師戰于鐵鐵衛地○鐵他結反鄭師敗績

○冬十月葬衛靈公七月葬蒯聵之亂故也【疏】注七月至故也○釋曰隱五年夏四月葬衛桓公傳曰月葬故也月葬憂危最甚不得備禮葬也此月葬故知有故也彼注云有祝吁之難故此則蒯聵之亂故也○十有一月蔡遷于州來蔡殺其大夫公子駟

三年春齊國夏衛石曼姑帥師圍戚此衛事也其先國夏何也子不圍父也不繫戚於衛者子不有父也江熙曰國夏首兵則應言衛戚今不言者辟子有父也子有父者戚繫衛則爲大夫屬于衛子圍父者謂人倫之道絶故以齊首之○曼姑音萬辟音避【疏】注戚繫至于衛○釋曰諸侯有國大夫有邑大夫之邑國君之有若言圍衛戚是戚繫衛使是子之而圍父也故以國夏爲首也○夏四月甲午地震○五月辛卯桓宫僖宫災言及則祖有尊卑解經不言及僖由我言之則一也遠祖恩無差降如一故不言及【疏】注遠祖至言及○釋曰凡言及者皆以尊及卑等者不言及若自祖言之則有昭穆昭尊可以及穆若自我言之則遠祖親盡尊卑如一故不言及案左氏孔子在陳聞火曰其桓僖乎言廟應毁而不毁故天災也○季孫斯叔孫州仇帥師城啟陽稱帥師有難○難乃旦反○宋樂髡帥師伐曹○髡苦門反○秋七月丙子季孫斯卒○蔡人放其大夫公孫獵于吳宣元年晉放其大夫胥甲父于衛傳曰稱國以放放無罪也然則稱人以放放有罪也○冬十月癸卯秦伯卒○叔孫州仇仲孫何忌帥師圍邾

四年春王二月庚戌盜弒蔡侯申稱盜以弒君不以上下道道也以上下道道者若衛祝吁弒其君完之類是直稱盜不在人倫之序【疏】注以上至類是○釋曰祝吁弒其君完隱四年經文祝吁稱國稱名及言弒其君者是下道言弒其君謂此死者以其臣之君而臣弒之故以君臣上下道道之今不稱名氏直稱盜盜是微賤稱賤不稱弒其君則此死者非是

盜者之君則盜疏外無君是不在人倫上下之序內其君而外弑者不以弑道道也襄七年鄭伯將會中國其臣欲從楚不勝其臣弑而死不使夷狄之民加乎中國之君故曰鄭伯髡原如會未見諸侯丙戌卒于操是不以弑道道也疏內其至道也○釋曰猶尊內其君而疏外弑者故不與疏外者得弑君之道道之故狄之爲盜若鄭伯髡原實被臣弑其書自卒抑臣爲夷狄之民亦是也春秋有三盜微殺大夫謂之盜十三年冬盜殺陳夏區夫是○陳夏戸雅反區烏侯反非所取而取之謂之盜定八年陽貨取寶玉大弓是辟中國之正道以襲利謂之盜即殺蔡侯申者是非微者也○辟中音避疏辟中至襲利○釋曰辟中國之正道而行同夷狄不以禮義爲主而徼幸以求名利若齊豹之類故抑而書盜者也襲掩也謂求利之心不以禮義爲意也○蔡公孫辰出奔吳○葬秦惠公○宋人執小邾子○夏蔡殺其大夫

公孫姓公孫霍○晉人執戎蠻子赤歸于楚○城西郛郛郭也○郛音孚○六月辛丑亳社災殷都于亳武王克紂而班列其社于諸侯以爲亡國之戒劉向曰災亳社戒人君縱盜不能警戒之象疏注殷都于亳○釋曰書序云湯始居亳從先王居孔注云契父帝嚳都亳湯自商丘遷焉故曰從先王居又盤庚五遷將治亳殷是都亳之事亳社者亳之社也亳亡國也亳即殷也殷都于亳故因謂之亳社亡國之社以爲廟屏戒也立亳之社於廟之外以爲屏蔽取其不得通夫人君瞻之而致戒心疏注立亳至之外○釋曰周禮建國之神位左宗廟右社稷彼謂天子諸侯之正社稷霜露者周禮又云決陰事于亳社明不與正同處明一在西一在東故左氏曰閒於兩社爲公室輔是也其屋亡國之社不得上達也必爲之作屋不使上通天也緣有屋故言災○秋八月甲寅滕子結卒○冬十有二月葬蔡昭公

不書弑君之賊而昭公書葬既謂之盜若殺微賤小人不足錄之疏冬十有至昭公○釋曰諸侯時葬正也今書月者以明危亦見不葬而書葬者春秋賊不討則不書葬若不書葬則見賊不討今書葬者使若弑者實是盜微賤小人雖討訖不足錄○葬滕頃公○頃音傾

五年春城毗○夏齊侯伐宋○晉趙鞅帥師伐衛○秋九月癸酉齊侯杵臼卒○杵昌呂反○冬叔還如齊○閏月葬齊景公不正其閏也閏月附月之餘日喪事不數○數所主反疏注閏月至不數○釋曰案經書閏月葬者年若數閏則十三月故書閏月葬以見喪事亦不數之例

六年春城邾瑕○晉趙鞅帥師伐鮮虞○吳伐陳○夏齊國夏及高張來奔○叔還會吳

于柤○莊加反○秋七月庚寅楚子軫卒軫之忍反○齊陽生入于齊○齊陳乞弑其君荼不日荼不正也○荼音舒又音徒一音丈加反疏注不日荼不正也○釋曰隱三年八月庚辰宋公和卒傳云諸侯日卒正也荼不日是不正也陽生入而弑其君以陳乞主之何也不以陽生君荼也其不以陽生君荼何也陽生正荼不正不正則其曰君何也荼雖不正已受命矣已受命于景公而立故可言君入者內弗受也荼不正何用弗受以其受命可以言弗受也先君已命立之於義可以拒之陽生其以國氏何也取國于荼也何休曰即不使陽生以荼爲君不當去公子見當國也又穀梁以爲國氏者取國于荼齊小白又不取國于子糾無乃近自相反乎鄭君釋之

曰陽生篡國故不言公子不使君荼謂書陳乞弒君爾荼與小白其事相似荼弒乃後立小白立乃後弒雖然俱篡國而受國焉爾傳曰齊小白入于齊惡之也陽生其以國氏何取國于荼也義適互相足又何自反乎子糾宜立而小白篡之非受國于子糾則將誰乎○當去起呂反見賢遍反糾居黝反惡之烏路反〔疏〕注荼殺至後殺○釋曰案上六年經書齊陽生入于齊齊陳乞殺其君荼傳云陽生入而弒其君以陳乞主之何也不以陽生君荼也是荼殺之後陽生乃立案莊九年夏齊小白入于齊九月齊人取子糾殺之是小白自立乃後殺也義適互相足者莊九年傳云小白入于齊惡之則陽生入于齊亦惡之此年傳云陽生其以國氏取國于荼也則小白以其國氏亦取國于子糾也以義推之適互相足故鄭云子糾宜立而小白篡之非受國于子糾則將誰乎是也○冬仲孫何忌帥師伐邾○宋向巢帥師伐曹

七年春宋皇瑗帥師侵鄭○緩于眷反○晉魏曼多帥師侵衛○曼音万○夏公會吳于繒○繒在陵反○秋公伐邾八月己酉入邾以邾子益來以者不以者也夫諸侯有罪伯者雖執猶以歸于京師魯非霸王而擅相執錄故日入以表惡之○擅市戰反惡烏路反傳及注同〔疏〕注夫諸侯至于京師○釋曰僖二十八年晉人執衛侯歸之于京師傳云歸之于京師緩辭也斷在京師也是衛侯有罪晉文伯者執之猶以歸于京師之事○注故日入以表惡之○釋曰案范例云僖二十八年三月丙午晉侯入曹執曹伯畀宋人傳曰入者內弗受也日入惡入者也文惡則月據此日入與被例同故知日入以表惡之益之名惡也惡其不能死社稷春秋有臨天下之言焉徐乾曰臨者撫有之也王者無外以天下爲家盡其有也〔疏〕春秋至言焉○釋曰此下三者皆以內外辭別之王者則以海內之辭言之即僖二十八年天王狩于河陽傳曰全天王之行也是也王者微弱則以外辭言之即僖二十四年天王出居于鄭傳曰失天下也是也有臨一國之言焉諸侯之臨國亦得有之如王於天下〔疏〕有臨至言焉○釋曰此亦據內外言之若宜九年辛酉晉侯卒于扈傳曰其地于外也其日未踰竟也既以內外顯地及日是以一國言之有臨一家之言焉大夫臨家猶諸侯臨國〔疏〕有臨一家至焉○釋曰家謂采地若文元年毛伯來錫公命定四年劉卷卒其毛劉皆采邑名大夫氏采爲家大夫稱家是以一家言之也其言來者有外魯之辭焉非已內有從外來者曰來今魯侯身自以歸而門來是外之也〔疏〕其言至辭焉○釋曰凡言來者非已內有從外始來即邾庶其以漆閭丘來奔是也今書魯侯以邾子益來而文與庶其正同文切直者有外魯侯之辭焉爾○宋人圍曹○冬鄭駟弘帥師救曹

八年春王正月宋公入曹以曹伯陽歸○吳伐我○夏齊人取讙及闡宣九年傳曰內不言取言取授之也以是爲賂齊此言取蓋亦賂也魯前年伐邾以邾子益來益齊之甥也畏齊故賂之○及闡尺善反惡內也○歸邾子益于邾侵齊故也○惡烏路反益之名失國也於王法當絕故〔疏〕益之名失國也○釋曰經書歸邾子益於邾則益得國而云失國者邾益不能死難而從執辱於王法而言理當絕位魯歸之不得無罪故書益之名以明失國之故也○秋七月○冬十有二月癸亥杞伯過卒○過音戈○齊人歸讙及闡凱曰歸邾子故亦還其賂

九年春王二月葬杞僖公○宋皇瑗帥師取鄭師于雍丘雍丘地也○雍於用反取易辭也以師而易取鄭病矣以師之重而宋以易得之辭言之則鄭師將劣矣○易以豉反將子匠反〔疏〕以師而至鄭病矣○釋曰凡書取皆易辭今以鄭師之重而今宋以易得之辭言之鄭之將帥微弱矣亡軍之咎本由君不任其才故爲鄭國病患○夏楚人伐陳○秋宋公伐鄭○冬十月

十年春王二月邾子益來奔○公會吳伐齊

○三月戊戌齊侯陽生卒○夏宋人伐鄭○晉趙鞅帥師侵齊○五月公至自伐齊傳例曰惡事不致公會夷狄伐齊之喪而致之何也莊六年公至自伐衛傳曰不致則無以見公惡事之成也將宜從此之例○以見賢遍反【疏】注傳例至不致○釋曰襄十年公會晉侯云云齊世子光會吳于柤傳曰會夷狄不致惡事不致是也云傳曰不致則無以見公惡事之成也者案莊公五年公會齊人云云伐衛注云納惠公朔逆天王之命也六年公至自伐衛傳曰惡事不致此其致何也不致則無用見公之惡事之成也是也此年二月公會吳伐齊之喪是惡事宜不致而致亦以見公惡事之成也○葬齊悼公○衛公孟彄自齊歸于衛彄苦侯反○薛伯夷卒○秋葬薛惠公○冬楚公子結帥師伐陳吳救陳

十有一年春齊國書帥師伐我○夏陳轅頗出奔鄭頗破何反○五月公會吳伐齊甲戌齊國書帥師及吳戰于艾陵齊師敗績獲齊國書與華元同義艾陵齊地○艾五蓋反【疏】注與華元同義○釋曰宣二年宋華元帥師及鄭公子歸生帥師戰于大棘宋師敗績獲宋華元傳曰獲者不與之辭也言盡其衆以救其將也以三軍敵華元華元雖獲不病也是與此同義○秋七月辛酉滕子虞母卒○冬十有一月葬滕隱公○衛世叔齊出奔宋

十有二年春用田賦古者九夫爲井十六井爲丘丘賦之法因其田財通共出馬一匹牛三頭今別其田及家財各出此賦○別如字又彼列反【疏】用田賦○釋曰古者一丘之田方十六井一百四十四夫軍賦之法因其田財通出馬一匹牛三頭今乃分別其田及家財各令出此賦則一丘之田出馬二匹牛六頭故曰用田賦言非所宜用也謂之田賦者古者但賦其家財今又計田貢故曰田賦也○注古者九夫至爲丘○釋曰案周禮小司徒職九夫爲井四井爲邑四邑爲丘四丘爲甸然則井方一里九夫邑方二里四井三十六夫丘方四里十六井百四十四夫甸方八里六十四井五百七十六夫軍賦之法丘出馬一匹牛三頭甸出長轂一乘馬四匹牛十二頭甲士三人步卒七十二人此甸八里據實出賦者言之其畔各加一里治溝洫者司馬法城方十里出革車一乘者通計治溝洫者言之其實一也今指解經云用田賦者是丘之賦故云九夫爲井十六井爲丘也然經即云用田賦而使丘民以成元年作丘甲民盡作甲則知此用田賦亦令一丘之民用田賦也宣十五年初稅畝則計畝以稅所稅畝十畝稅其一此則通公田什一而不畝計故彼言稅而此言賦也○注丘賦至三頭○釋曰凡丘賦之法因其民之所受公田什一及私家之財通融共出馬一匹牛三頭以一丘之民共出此賦以家財爲主故曰丘賦今又分別其所受公田各令出此馬牛之賦故曰用田賦也論語曰哀公云二吾猶不足如之何其徹也即此田財並賦之驗也○古者公田什一用田賦非正也古者五口之家受田百畝爲官田十畝是爲私得其什而官稅其一故曰什一周謂之徹殷謂之助夏謂之貢其實一也皆通法也今乃棄中平之法而田財並賦言其賦民甚矣○爲官于僞反稅舒銳反夏謂戶雅反【疏】古者公至非正也○釋曰凡受農田皆私田百畝公田十畝但由公田私田皆公家所受故總曰公田什一則以田之什一及家財而出馬牛之賦是其正也今魯用田與財各出馬牛之賦非正也○注古者五至百畝○釋曰周禮小司徒云上地家七人可任也者家三人鄭注曰一家男女七人以上則授之以上地所養者衆也男女五人以下則授之以下地所養者寡也正以七六五爲率者有夫有婦然後爲家自二人以至於十人爲九等則七六五爲其中也老者一人其餘羸弱相半此其大數也然則周禮七人五人六人三等此唯言五口之家受田百畝指下等言之其實六人七人亦受田百畝與周禮不異也爲官田十畝者受田百畝之外又受十畝以爲公田是爲私得其十而官稅其一故漢書食貨志井田一里是爲九夫八家共之各受私田百畝公田十畝是爲八百八十畝餘二十畝爲廬舍則家得二畝半凡家受田一百十二畝半也今傳言公田什一者舉其全數據出稅言之周謂之徹殷謂之助夏謂之貢其實一也者出孟子文彼云滕文公問爲國於孟子孟子對曰夏后氏五十而貢殷人七十而助周人百畝而徹其實皆什一是也然三代受畝悉皆什一則夫皆一百一十畝夏后政寬計其五十畝而貢

五畝於公殷人計其七十畝而助十畝於公周人盡計一百一十畝而徹十畝於公徹者通也什一而稅爲天下通法故詩云徹田爲糧是也皆通法者孟子云重之于堯舜大桀小桀輕之於堯舜大貊小貊什一而稅頌聲作則什一而稅堯舜亦然是爲通法也貢起堯舜則古者公田什一是堯舜之時明此什一之法也范說不與先儒同其先儒皆云什一者十中稅一耳○夏五月甲辰孟子卒。孟子者何也昭公夫人也其不言夫人何也諱取同姓也葬當書姓諱故亦不書葬○取如字又七住反〔疏〕注書當至書葬○釋曰莊二十二年葬我小君文姜經書其氏卒又稱夫人而書葬今孟子卒雖不稱夫人准弋氏應書葬不言者知諱同姓故范例夫人薨者十而書葬者十夫人之道從母儀即桓公夫人文姜一莊公夫人哀姜二僖公之母成風三文公之母聲姜四宣公之母頃熊五成公之母繆姜六成公之嫡夫人齊姜七襄公之母定姒八昭公之母歸氏九哀公之母定弋十十者並書葬其隱公夫人從夫之讓昭公夫人諱同姓二者皆不書葬也○公會吳于橐皋橐皋某地○橐章夜反一音託○秋

公會衛侯宋皇瑗于鄖鄖某地○鄖音云○宋向巢帥師伐鄭○冬十有二月螽○螽音終

十有三年春鄭罕達帥師取宋師于嵒○嵒五咸反取易辭也以師而易取宋病矣〔疏〕取易辭至病矣○釋曰上九年宋皇瑗取鄭師今鄭罕達取宋師其事正反嫌宋爲人所報非宋之病故重發以同之○夏許男成卒○公會晉侯及吳子于黃池及者書尊及卑也黃池某地〔疏〕注及者至卑也○釋曰隱二年傳云會者外爲主焉爾今言公會晉侯則晉爲主於黃池而公往會之旣以晉侯爲主會無二尊故言及以卑吳也則與桓二年范注云會盟言及別內外也尊卑言及序上下也亦同何者外吳而尊晉則內外序上下也黃池之會吳子進乎哉遂子矣進遂稱子吳夷狄之國也祝髮文身祝斷也文身刻畫其身以爲文也必自殘毀者以辟蛟龍之害○祝之六反斷音短辟音避蛟音交〔疏〕注文身至之害○釋曰荊楊之域厥土塗泥人多游永故刻畫其身以爲蛟龍之文與之同類以辟其害欲因魯之禮因晉之權而請冠端而襲襲衣冠端玄端〔疏〕欲因魯至而襲○釋曰魯是守文之國禮儀之鄉晉執中國之權爲諸侯盟主故吳子欲因之而冠必欲因之者以鄭伯髡原欲從中國而被殺于鄵吳子亦恐臣子不肯變從故因魯之禮因晉之權然後羣臣嚮化以魯禮天下共依晉權諸侯所服故也是以明堂說魯云天下以爲有道之國天下資禮樂焉是也云請冠端而襲者請著玄冠玄端而相襲○注襲衣冠端玄端○釋曰吳俗祝髮文身衣皮卉服不能衣冠相襲今請加冠于首身服玄端則衣冠上下共相掩襲故云襲衣也詩云其軍三單彼毛傳云三單相襲彼謂三軍前後爲相襲則此衣冠上下亦爲相襲也玄端者謂玄端衣而端幅制之即諸侯視朝之服也諸侯視朝之服緇布衣素積裳緇玄一也其藉于成周藉謂貢獻〔疏〕注藉謂貢獻○釋云貢謂土地所有以獻于成周若禹貢齒革羽毛納錫大龜惟金三品之類著於藉錄以爲常職故知藉謂貢獻也以尊天王吳

進矣吳東方之大國也累累致小國以會諸侯以合乎中國累累猶數數也○累累如字數所角反〔疏〕注累累猶數數○釋云東方之國吳爲最大吳舉小國必從會吳于相于道于繒于池之類積其善事故言數○數致小國以合乎中國也吳能爲之則不臣乎言其臣也吳進矣王尊稱也子卑稱也辭尊稱而居卑稱以會乎諸侯以尊天王吳王夫差曰好冠來孔子曰大矣哉夫差未能言冠而欲冠也不知冠有差等唯欲好冠○尊稱尺證反下同夫差音扶下初佳反〔疏〕王尊稱也子卑稱也○釋曰自黃池前吳常僭號稱王是其尊稱今去僭號而稱子是其卑稱也○注不知冠而差等○釋曰冕有旒數不同則冠亦有差等之別吳爲子爵其冠之飾必不得與公侯同等但未知若爲差等爾○楚公子申帥師伐陳○於越入吳○秋公

至自會吳進稱子又會晉侯故致也〔疏〕注吳進至致也○釋曰襄十年傳曰會夷狄不致致會者一以吳進稱子二又爲公會晉侯以此二事之故致之爾○晉魏曼多帥師侵衛○葬許元公○九月螽○冬十有一月有星孛于東方不書所孛之星而曰東方者旦方見孛衆星皆沒故○孛音佩〔疏〕注不書至方者釋曰文十四年有星孛入于北斗昭十七年有星孛于大辰彼皆言所佩之星此不言所孛之星直言東方者彼北斗大辰未沒之時有故得言所孛之星此則旦明之時方乃見孛其東方常見之星並以沒盡故不言所孛之處星也○盜殺陳夏區夫傳例曰微殺大夫謂之盜○區夫烏侯反○十有二月螽

十有四年春西狩獲麟杜預曰孔子曰文王既沒文不在茲乎此制作之本旨又曰鳳鳥不至河不出圖吾已矣夫斯不王之明文矣夫關雎之化王者之風麟之趾關雎之應也然則斯麟之來歸於王德者矣春秋之于廣大悉備義始於隱公道終於獲麟○狩手又反不出如字又赤遂反矣夫音扶不王于況反下王德

穀梁疏卷二十　十五

同雎七余反之應于敬反〔疏〕注杜預至本旨○釋曰論語云文武之道未墜於地在人文王既沒其爲文之道實不在我身乎孔子既言文武之道在我身孔子有制作之意中庸云有其德無其位不得制作有其位無其德而不得制作孔子雖懷聖德而道不王故有制作之志而不爲也○注又曰至文矣○釋曰凡聖人受命而必鳳鳥至河出圖洛出書故孔子曰鳳鳥不至河不出圖吾已矣夫言已無瑞應道終不王故云斯不王之明文矣○注關雎之化王者之風○釋曰子夏詩序云關雎之化王者之風言后妃有關雎之德也○注麟之趾關雎之應也○釋曰詩序文言后妃有關雎之德爲王者之風故感麟來應之以見其趾足也○注然則斯麟之來歸于王德者矣○釋曰由后妃有關雎之化爲王者之風故致得麟來應之然則孔子有王之德故亦感得麟來應之故斯應麟之來歸于王德者謂孔子也○注春秋至獲麟○釋曰其詩周南則始於關雎篇終於麟趾故春秋之文亦義始於隱公之道終於獲麟乘之以十二約之以周典詩云誰將西歸懷之好音示有贊於周道故著西狩獲麟言道備之驗也引取之也言引取之解經言獲也傳例曰諸獲者皆不與也故今言獲麟自爲孔子來魯引而取之亦不與魯之辭也○爲于僞反〔疏〕注傳例至不與也○釋曰宣二年大棘之戰鄭公子歸生獲宋華元傳曰獲者不與之辭也上十一年艾陵之戰吳獲齊國書范云與華元同義是諸獲皆不與之辭也今言獲麟者欲言此麟自爲孔子有王者之德而來應之魯引而取之亦不與魯之辭也必使魯引取之者天意若曰以夫子因魯史記而脩春秋故也然則孔子脩春秋乃獲麟之驗也狩地不地不狩也非狩而曰狩大獲麟故大其適也適猶如也之也非狩而言狩大得麟故以大所如者名之也且實狩當言冬不當言春〔疏〕狩地至適也○釋曰桓四年春公狩于郎莊四年冬公及齊人狩而郎是狩皆書地今不書地則非狩也非狩而曰狩者大得此驗故以大其所如者名之○注實狩至言春秋釋曰案桓四年傳云春曰田夏曰苗秋曰蒐冬曰狩是也其不言來不外麟於中國也其不言有不使麟不恒於中國也雍曰中國者蓋禮義之鄉聖賢之宅軌儀表於遐荒道風扇於不朽麒麟步郊不爲暫有鸞鳳栖林非爲權來雖時道喪猶若不喪雖麟一降猶若其常鸜鵒非魯之常禽螽蜮非祥瑞之嘉蟲故經書

穀梁疏卷二十　十六

其有以非常有此所以所貴于中國春秋之意義也○道喪息浪反鸜音權又音劬鵒音欲蜮音或〔疏〕注鸜鵒至嘉蟲○釋曰昭二十五年經書有鸜鵒來巢莊二十九年經書秋有蜚莊十八年經書秋有蜮傳皆曰有一亡曰有是也○注所以至中國○釋曰麒麟一致不爲暫有雖時道喪猶若不喪如此爲文是所以取貴于中國而王道須盛麟鳳常有此則春秋之意然也

監本春秋穀梁注疏哀公卷第二十

大清嘉慶二十年重栞宋本用文選樓藏本校定

盧宣旬校

新建縣知縣鄭祖琛
浮梁縣知縣劉丙　同刊

穀梁注疏卷二十挍勘記　阮元撰盧宣旬摘録

哀公 余本卷第十二單疏本同

敬王三十六年 閩監毛本同何挍本三作二不誤

謚法 監毛本同閩本作謚灋

元年

是有文見復也 閩監毛本同單疏本復作後

此該之變而道之也 閩監毛本同石經余本之上有郊字與儀禮經傳合顧炎武曰石經該誤作郊錢大昕曰石刻止存郊之變而四字以字數計之郊上當有該字炎武非也

此該至之也 閩監毛本同何挍本作傳此該郊之變而道之也

子之所言至道之何也 閩監毛本同單疏本脫之字

亦在其明 閩監本同毛本明作間不誤

故致天變 閩本同監本天字上畫不全毛本誤大

葢不可矣 石經閩監毛本同余本矣誤也

其過極多 閩監毛本同何挍本極作差

謂下一辛而三也 閩監毛本同余本下作卜

故卜免牛也 石經閩本同監毛本誤免卜

寧嘗有卜 閩監毛本同余本嘗作當

皆我用之 閩監毛本同余本皆作在

上言子曰 閩監毛本同何挍本曰作者

子不忘三月卜郊何也 閩監毛本同石經余本忘作志

二月之下郊 閩監毛本同何挍本下作卜是也

二年

取鄟東田鄟東未盡也 石經同閩監毛本田下衍及沂西田傳取鄟東田九字

二顧速不進 二當作三閩監毛本不誤何挍本此下有大子二字與左傳合

君薨稱子其 閩監本同毛本其改某是

鄭世忽復歸于鄭 閩監毛本世下有子字是也無復字非

以輒不受也 石經閩監毛本同余本脫此五字

鄭世子忽復歸于鄭 閩監毛本同余本脫鄭世子三字

則拒之者非邪 閩監毛本同釋文出邪也則陸所據本邪下有也字

則是不尊父也 閩監本同毛本父上有王字下則尊父也同

三年

不繫戚於衛者 石經閩本同監毛本於誤于

四年

不稱弒其君 閩監毛本同何挍本下有者字

又盤庚五遷 閩監本同毛本又作及

六年

則其曰君何也 石經閩監毛本同二年疏引亦有其字余本脫

內弗受也荼不正何用弗受以其受命可以言弗受也 閩監本同毛本可誤何石經弗並作不

小白立乃後弒 閩監毛本同余本弒作殺

則將許乎　閩本同監毛本許改誑與注合

七年

緩辭也斷在京師也　閩監本同毛本辭斷並誤作歸字

天王狩于河陽　閩監本同毛本于作於何挍本狩作守與石經同

八年

宣九年　閩監毛本同何挍本九作元是也

以明先國之故也　閩監毛本同單疏本故上有惡字

十年

則無以見公惡事之成也　閩監毛本同何挍本以作用公下有之字與莊六年傳合

則無以見公惡事之成也者　何挍本以作用公下有之字是也

十有二年

城方十里　閩監毛本城作成

用田賦而使壬民　閩監毛本同何挍本而下有知字

古者公田什一　閩本上有傳字監毛本脫

各出馬牛之賦　閩監毛本同何校本各作並

正以七六五爲率者　閩監毛本正誤𤴓何校本七六五作七人六人五人與鄭注周禮合

老者一人　閩監毛本同何挍本上有出字是也

其餘彊弱相半　案周禮注文彊弱上有男女二字彊作强

故漢書殖貨志　閩監毛本同單疏本殖作食不誤

井田一里　閩監毛本同何挍本田作方與食貨志合

凡家受田一百十二畝半也　閩本同監毛本受作授

而助十畝於公　閩監毛本同何挍本十作七是也

人貊小貊　大誤人閩監毛本不誤

哀公之母定戈十　閩監本同毛本戈作弋何挍本作姒

十有三年

然後羣臣嚮化　閩本同監毛本嚮作向

于池之類　閩監毛本同何挍本池上有黄字

故言數〇數致小國以合乎中國也　閩監毛本〇作數疊三數字何挍本刪一數字

葬許元公　石經閩監毛本同余本脫元字

有星孛入于北斗　閩本同監毛本星孛誤倒

十有四年

故今言獲麟自爲孔子來　閩監毛本同余本無故字

艾陵之戰吳獲齊國書　閩本同監本艾誤文吳誤具毛本吳亦誤具

公及齊人狩而郜　閩監毛本而改于是也

猶若其常　閩監毛本同余本其常作有恒

傳皆曰有一亡　補案皆曰下脫一字

穀梁注疏卷二十校勘記終

寧都李楨挍

重栞宋本論語注疏附挍勘記

嘉慶二十年江西南昌府學開雕

太子少保江西巡撫兼提督揚州阮元審定 武寧縣貢生盧宣旬校

欽定四庫全書總目論語正義二十卷

魏何晏注宋邢昺疏昺字叔明曹州濟陰人太平興國中擢九經及第官至禮部尚書事蹟具宋史本傳是書蓋咸平二年詔昺改定舊疏頒列學官至今承用而傳刻頗譌集解所引十三家今本各題曰某氏皇侃義疏則均題其名案奏進序中稱集諸家之善記其姓名侃疏亦曰何集注皆呼人名惟包獨言氏者包名咸何家諱咸故不言也與序文合知今本爲後來刊版之省文然周氏與周生

烈遂不可分殊不如皇本之有別考邢昺疏中亦載皇侃何氏諱咸之語其疏記其姓名句則云注但記其姓而此連言名者以著其姓所以名其人非謂名字之名也是昺所見之本已惟題姓故有是曲說七經孟子考文稱其國皇侃義疏本爲唐代所傳是亦一證矣其文與皇侃所載亦異同不一大抵互有短長如學而篇不患人之不己知章皇疏有王肅注一條里仁篇君子之於天下也章皇疏有何晏注一條今本皆無觀顧炎武石經考以石經儀禮校監版或併經文全節漏落則今本集解傳刻佚脫蓋所不免然蔡邕石經論語於而在蕭牆之內句兩本竝存見於隸釋陸德明經典釋文於諸本同異亦皆竝存蓋唐以前經師授受各守專門雖經文亦不能畫一無論注文固不必以此改彼亦不必以彼改此今仍從今本錄之所以各存其舊也昺疏宋志作十卷今本二十卷蓋後人依論語篇第析之晁公武讀書志稱其亦因皇侃所採諸儒之說刊定而成今觀其書大

抵翦皇氏之枝蔓而稍傳以義理漢學宋學茲其轉關是疏出而皇疏微迨伊洛之說出而是疏又微故中興書目曰其書於章句訓詁名物之際詳矣蓋微言其未造精微也然先有是疏而後講學諸儒得沿溯以窺其奥祭先河而後海亦何可以後來居上遂盡廢其功乎

論語注疏解經序

翰林侍講學士朝請大夫守國子祭酒上柱國賜紫金魚袋臣邢昺等奉　勑校定

序解

【疏】正義曰案漢書藝文志云論語者孔子應荅弟子時人及弟子相與言而接聞於夫子之語也當時弟子各有所記夫子既卒門人相與輯而論纂故謂之論語然則夫子既終微言已絕弟子恐離居已後各生異見而聖言永滅故相與論撰因採時賢及古明王之語合成一法謂之論語也鄭玄云仲弓子游子夏等撰定論者綸也輪也理也次也撰也以此書可以經綸世務故曰綸也圓轉無窮故曰輪也蘊含萬理故曰理也篇章有序故曰次也羣賢集定故曰撰也鄭玄周禮注云荅述曰語以此書所載皆仲尼應荅弟子及時人之辭故曰語而在論下者必經論撰然後載之以示非妄謬也以其口相傳授故經焚書而獨存也漢興傳者則有三家魯論語者魯人所傳即今所行篇次是也常山都尉龔奮長信少府夏侯勝丞相韋賢及子玄成魯扶卿太子太傅夏侯建前將軍蕭望之並傳之各自名家齊論者齊人所傳別有問王知道二篇凡二十二篇其二十篇中章句頗多於魯論昌邑中尉王吉少府朱畸琅邪王卿御史大夫貢禹尚書令五鹿充宗膠東庸生並傳之唯王吉名家古論語者出自孔氏壁中凡二十一篇有兩子張篇次不與齊魯論同孔安國爲傳後漢馬融亦注之安昌侯張禹受魯論于夏侯建又從庸生王吉受齊論擇善而從號曰張侯論最後而行於漢世禹以論授成帝後漢包咸周氏並爲章句列於學官鄭玄就魯論張包周之篇章考之齊古爲之注焉魏吏部尚書何晏集孔安國包咸周氏馬融鄭玄陳羣王肅周生烈之說并下已意爲集解正始中上之盛行於世今以爲主焉序者何晏次序傳授訓說之人乃已集解之意序爲論語而作故曰論語序

敘曰漢中壘校尉劉向言魯論語二十篇皆孔子弟子記諸善言也大子大傅夏侯勝前將軍蕭望之丞相韋賢及子玄成等傳之【疏】敘曰至傳之○

正義曰此敘魯論之作及傳授之人也敘與序音義同曰者發語辭也案漢書百官公卿表云中壘校尉掌北軍壘門內外掌西域顔師古曰掌北軍壘門之內而又外掌西域劉向者高祖少弟楚元王之後辟彊之孫德之子字子政本名更生成帝即位更名向數上疏言得失以向爲中壘校尉向爲人簡易專精思於經術成帝詔校經傳諸子詩賦每一書已向輒條其篇目撮其指意錄而奏之著別錄新序此言魯論語二十篇皆孔子弟子記諸善言也蓋出於彼故何晏引之對文則直言曰言荅述曰語散則言語可通故此論夫子之語而謂之善言也表又云太子太傅古官秩二千石傳云夏侯勝字長公東平人少好學爲學精熟善說禮服徵爲博士宣帝立太后省政勝以尚書授太后遷長信少府坐議廟樂事下獄繫再更冬會赦出爲諫大夫上知勝素直復爲長信少府遷太子太傅受詔撰尚書論語說賜黃金百斤年九十卒官賜冢塋葬平陵太后賜錢二百萬爲勝素服五日以報師傅之恩儒者以爲榮始勝每講授常謂諸生曰士病不明經術經術苟明其取青紫如俛拾地芥耳學經不明不如歸耕表又云前後左右將軍皆周末官秦因之位上卿金印紫綬漢不常置或有前後或有左右皆掌兵及四夷傳云蕭望之字長倩東海蘭陵人也好學齊詩事同縣后倉又從夏侯勝問論語禮服以射策甲科爲郎累遷諫大夫後代丙吉爲御史大夫左遷爲太子太傅及宣帝寢疾選大臣可屬者引至禁中拜望之爲前將軍元帝即位爲弘恭石顯等所害飲鴆自殺天子聞之驚拊手爲之卻食涕泣哀慟左右長子伋嗣爲關內侯表又云相國丞相皆秦官金印紫綬掌丞天子助理萬機應劭曰丞承也相助也秦有左右高帝即位置一丞相十一年更名相國綠綬孝惠高后置左右丞相文帝二年一丞相哀帝元壽二年更名大司徒傳曰韋賢字長孺魯國鄒人也賢爲人質朴少欲篤志於學兼通禮尚書以詩教授號稱鄒魯大儒徵爲博士給事中進授昭帝詩稍遷光祿大夫及宣帝即位以先帝師甚見尊重本始三年代蔡義爲丞相封扶陽侯年七十餘爲相五歲地節三年以老病乞骸骨賜黃金百斤罷歸加賜第一區丞相致仕自賢始年八十二薨謚曰節侯少子玄成字少翁復以明經歷位至丞相鄒魯諺曰遺子黃金滿籯不如一經玄成爲相七年建昭三年薨謚曰共侯此四人皆傳魯論語

齊論語二十二篇其二十篇中章句頗多於魯論琅邪王卿及膠東庸生昌邑中尉王吉皆以教授○【疏】齊論

至教授。○正義曰：此敘齊論語之興及傳授之人也。齊論語凡二十二篇，其二十篇篇名與魯論正同，其篇中章句則頗多於魯論。篇者，積章而成篇。徧也，言出情鋪事明而徧者也。積句以成章，章者明也，揔義包體所以明情者也。句必聯字而言，句者局也，聯字分疆所以局言者也。琅邪、膠東，郡國名。王卿，天漢元年由濟南太守爲御史大夫。庸生，名譚。生蓋古謂有德者也。昌邑中尉者，表云：「諸侯王，高帝初置，金璽盭綬，掌治其國。有太傅輔王，內史治國民，中尉掌武職，丞相統衆官。景帝中五年改丞相曰相。成帝綏和元年省內史，更名相治民，如郡太守；中尉如郡都尉。」傳云：「王吉，字子陽，琅邪皋虞人也。少好學明經，以郡吏舉孝廉爲郎，補若盧右丞，遷熒陽令，舉賢良爲昌邑中尉。」此三人皆以齊論語教授於人也。

故有魯論，有齊論。【疏】故有魯論有齊論。○正義曰：既敘魯論、齊論之作及傳述之人，乃以此言結之也。

魯共王時，嘗欲以孔子宅爲宮，壞，得古文論語。【疏】魯共至論語。○正義曰：此敘得古論之所由也。嘗，會也。壞，毀也。言魯共王時，嘗欲以孔子宅爲宮，乃毀之，於壁中故得此古文論語也。傳曰：「魯共王餘，景帝子，程姬所生，以孝景前二年立爲淮陽王，前三年徙王魯，二十八年薨，謚曰共王。初好治宮室，壞孔子舊宅以廣其宮，聞鍾磬琴瑟之音，遂不敢復壞，於其壁中得古文經傳。」即謂此論語及孝經爲傳也。故漢武帝謂東方朔云：「傳曰：時然後言，人不厭其言。」又成帝賜翟方進策書云：「傳曰：高而不危，所以長守貴也。」是漢世通謂論語、孝經爲傳，以論語、孝經非先王之書，是孔子所傳說，故謂之傳，所以異於先王之書也。言古文者，科斗書也，所謂倉頡本體，周所用之，以今所不識，是古人所爲，故名古文。形多頭麤尾細，狀復團圓，似水蟲之科斗，故曰科斗也。

齊論有問王、知道，多於魯論二篇。古論亦無此二篇，分堯曰下章子張問以爲一篇，有兩子張，凡二十一篇，篇次不與齊、魯論同。【疏】齊論至魯論同。○正義曰：此辨三論篇章之異也。齊論有問王、知道，多於魯論二篇，所謂齊論語二十二篇也。古論亦無此問王、知道二篇，非但魯論無之，古論亦無也。古論亦無此二篇，而分堯曰下章子張問以爲一篇，有兩子張，凡二十一篇。如淳曰：「分堯曰篇後子張問『何如可以從政』以下爲篇，名曰從政。」其篇次又不與齊、魯論同。新論云：「文異者四百餘字。」

安昌侯張禹本受魯論，兼講齊說，善者從之，號曰張侯論，爲世所貴。包氏、周氏章句出焉。【疏】安昌侯至出焉。○正義曰：此言張禹擇齊、魯論之善者從之，爲世所重，包、周二氏爲章句訓說此張侯論語也。傳曰：「張禹，字子文，河內軹人也。從沛郡施讐受易，王陽、庸生問論語，既皆明習，舉爲郡文學。久之，試爲博士。初元中，立皇太子，令禹授太子論語，由是遷光祿大夫。數歲，出爲東平內史。成帝即位，徵禹以師賜爵關內侯，給事中，領尚書事。河平四年，代王商爲丞相，封安昌侯。爲相六歲，乞骸就第。建平二年薨，謚曰節侯。禹本受魯論於夏侯建，又從庸生、王吉受齊論，故兼講齊說也。」傳又云：「始魯扶卿及夏侯勝、王陽、蕭望之、韋玄成皆說論語，篇第或異。禹先事王陽，後從庸生，采獲所安，最後出而尊貴。諸儒爲之語曰：『欲不爲論，念張文。』由是學者多從張氏，餘家浸微。」是其善者從之，號曰張侯論，爲世所貴之事。後漢儒林傳云：「包咸，字子良，會稽曲阿人也。少爲諸生，習魯詩、論語。舉孝廉，除郎中。建武中，入授皇太子論語，又爲其章句，拜諫議大夫。永平五年，遷大鴻臚。」周氏不詳何人。章句者，訓解科段之名。包氏、周氏就張侯論爲之章句訓解，以出其義理焉。不言名而言氏者，蓋爲章句之時，義在謙退，不欲顯題其名，但欲傳之私族，故直云氏而已。若杜元凱集解春秋謂之杜氏也。或曰：以何氏諱咸，故沒其名，但言包氏，連言周氏耳。

古論唯博士孔安國爲之訓解，而世不傳。至順帝時，南郡大守馬融亦爲之訓說。【疏】古論至訓說。○正義曰：此敘訓說古文論語之人也。史記世家：「安國，孔子十一世孫，爲武帝博士。」時魯共王壞孔子舊宅，壁中得古文虞、夏、商、周之書及傳論語、孝經，悉還孔氏，故安國承詔作書傳，又作古文孝經傳，亦作論語訓解。釋詁云：「訓，道也。」然則道其義、釋其理謂之訓解。以傳述言之曰傳，以釋理言之曰訓解，其實一也。以武帝末年遭巫蠱事，經籍道息，故世不傳。自此安國之後，至後漢順帝時，有南郡太守馬融，亦爲古文論語訓說。案後漢紀：「孝順皇帝諱保，安帝之子也。」地理志云：「南郡，秦置，高帝元年更爲臨江郡，五年復故，景帝二年復爲臨江郡，中二年復故，屬荊州。」表云：「郡守，秦官，掌治其郡，秩二千石。景帝中二年更名太守。」傳云：「馬融，字季長，扶風茂陵人也。爲人美辭貌，有俊才，博通經籍。永初中，爲校書郎。陽嘉二年，拜議郎。梁商表爲從事中郎，轉武都太守，三遷爲南郡太守，注孝經、論語、詩、易、尚書三禮年八十八延壽九年卒於家**漢末大司農鄭玄就魯論篇章考之齊古爲之註**疏漢末至之註。正義曰言鄭玄亦爲論語之注也鄭玄字康成北海高密縣人師事馬融大司農徵不起居家教授當後漢桓靈時故云漢末注易尚書三禮論語尚書大傳五經緯候箋毛詩作毛詩譜破許慎五經異義針何休左氏膏肓發公羊墨守起穀梁廢疾可謂大儒作注之時就魯論篇章謂二十篇也復考校之以齊論古論擇其善者而爲之註註與注音義同**近故司空陳羣太常王肅博士周生烈皆爲義說**疏近故至義說。正義曰此敘魏時注說論語之人也年世未遠人已歿故是近故也司空古官三公也表云奉常秦官掌宗廟禮儀景帝中六年更名太常博士秦官掌通古今。魏志云陳羣字長文潁川許昌人也太祖辟羣爲司空西曹。屬文帝卽位遷尚書僕射明帝卽位進封潁陰侯頃之爲司空青龍四年薨王肅字子邕東海蘭陵人魏衞將軍太常蘭陵景侯甘露元年薨注尚書禮喪服論語孔子家語述毛詩注作聖證論難鄭玄周生烈燉煌人七錄云字文逸本姓唐魏博士侍中此二人皆爲論語義說謂作注而說其義故云義說**前世傳授師說雖有異同不爲訓解中間爲之訓解至于今多矣所見不同互有得失**疏前世至得失。正義曰將作論語集解故須言先儒有得失不同之說也據今而道往古謂之前世上教下曰傳下承上曰受謂張禹以上至夏侯勝以來但師資誦說而已雖說有異者同者皆不著篇簡以爲傳注訓解中間爲之訓解謂自古至今中間包氏周氏等爲此論語訓解有二十餘家故云至于今多矣以其趣舍各異故得失互有也**今集諸家之善。記其姓名有不安者頗爲改易名曰論語集解**疏今集至集解。正義曰此敘集解之體例也今謂何晏時諸家謂孔安國包咸周氏馬融鄭玄陳羣王肅周生烈也集此諸家所說善者而存之示無勦說故各記其姓名注言包曰馬曰之類是也注但記其姓而此連言名者以著其姓所以名其人非謂名字之名也有不安者謂諸家之說於義有不安者也頗頗爲改易者言諸家之善則存而不改其不善者頗多爲改易之注首不言包曰馬曰及諸家說下言一曰者皆是何氏自下已言改易先儒者也名曰論語集解者何氏注解既畢乃自題之也杜氏注春秋左氏傳謂之集解者謂聚集經傳爲之作解也此乃聚集諸家義理以解論語言同而意異也**光祿大夫關內侯臣孫邕光祿大夫臣鄭沖散騎常侍中領軍安鄉亭侯臣曹羲侍中臣荀顗尚書駙馬都尉關內侯臣何晏等上**疏光祿至等上。正義曰此敘同集解之人也表云大夫掌論議有太中大夫中大夫諫大夫皆無員多至數十人太初元年更名中大夫爲光祿大夫秩比二千石無印綬爵級十九曰關內侯顏師古曰言有侯號而居京畿無國邑孫邕字宗儒樂安青州人也晉書鄭沖字文和滎陽開封人也起自寒微卓爾立操魏文帝爲太子命爲文學累遷尚書郎出補陳留太守曹爽引爲從事中郎轉散騎常侍光祿勳表又云侍中散騎中常侍皆加官應劭曰入侍天子故曰侍中晉灼曰魏文帝合散騎中常侍爲散騎常侍也又曰所加或列侯將軍卿大夫將都尉尚書太醫太官。令至郎中亡員多至數十人如淳曰將謂都郎將以下也自列侯下至郎中皆得有散騎及中常侍也又曰侍中中常侍得入禁中散騎。並乘輿車顏師古曰並音步浪反騎而散從無常職也此言中領軍者表無文安鄉亭侯者不在爵級二十之數蓋漢末及魏置亭侯列侯之倫也曹羲沛國譙人魏宗室曹爽之弟荀顗字景倩荀彧之子詵之弟也咸熙中爲司空表又云少府秦官屬官有尚書成帝建始四年初置尚書員五人駙馬都尉掌駙馬武帝初置秩比二千石顏師古曰駙副也非正駕車皆爲副馬一曰駙近也疾也何晏字平叔南陽宛人也何進之孫咸之子曹爽秉政以晏爲尚書又尚公主著述凡數十篇正始中此五人共上此論語集解也

論語注疏解序終

二品廕生阮常生挍栞

論語注疏解經卷第一

學而第一　何晏集解　邢昺疏

疏 正義曰自此至堯曰是魯論語二十篇之名及第次也當弟子論撰之時以論語爲此書之大名學而以下爲當篇之小目其篇中所載各記舊聞意及則言不爲義例或亦以類相從此篇論君子孝弟仁人忠信道國之法主友之規聞政在乎行德由禮貴於用和無求安飽以好學能自切磋而樂道皆人行之大者故爲諸篇之先既以學爲章首遂以名篇言人必須學也爲政以下諸篇所次先儒不無意焉當篇各言其指此不煩說第順次也一數之始也言此篇於次當一也

子曰學而時習之不亦說乎 馬曰子者男子之通稱謂孔子也王曰時者學者以時誦習之誦習以時學無廢業所以爲說懌 **有朋自遠方來不亦樂乎** 包曰同門曰朋 **人不知而不慍不亦君子乎** 慍怒也凡人有所不知君子不怒

疏 子曰學而至君子乎○正義曰此章勸人學爲君子也子者古人稱師曰子子男子之通稱此言子者謂孔子也曰者說文云詞也從口乙聲亦象口氣出也然則曰者發語詞也以此下是孔子之語故以子曰冠之或言孔子曰者以記非一人各以意載無義例也白虎通云學者覺也覺悟所未知也孔子曰學者而能以時誦習其經業使無廢落不亦說懌乎學業稍成能招朋友有同門之朋從遠方而來與己講習不亦樂乎既有成德凡人不知而不怒之不亦君子乎言誠君子也君子之行非一此其一行耳故云亦也○注馬曰子者至說懌○正義曰云子者男子之通稱者經傳凡敵者相謂皆言吾子或直言子稱師亦曰子是子者男子有德之通稱也云謂孔子者嫌爲他師故辨之公羊傳曰子沈子曰何休云沈子稱子冠氏上者著其爲師也不但言子曰者辟孔子也其不冠子者他師也然則書傳直言子曰者皆指孔子以其聖德著聞師範來世不須言其氏人盡知之故也若其他傳受師說後人稱其先師之言則以子冠氏上所以明其爲師也子公羊子沈子之類是也若非己師而稱他有德者則不以子冠氏上直言某子若高子孟子之類是也云時者學者以時誦習之者皇氏以爲凡學有三時一身中時學記云發然後禁則扞格而不勝時過然後學則勤苦而難成故內則云十年出就外傅居宿於外學書計十有三年學樂誦詩舞勺十五成童舞象是也二年中時王制云春秋教以禮樂冬夏教以詩書鄭玄云春夏陽也詩樂者聲聲亦陽也秋冬陰也書禮者事事亦陰也互言之者皆以其術相成又文王世子云春誦夏弦秋學禮冬讀書鄭玄云誦謂歌樂也弦謂以絲播時陽用事則學之以聲陰用事則學之以事因時順氣於功易也三日中時學記云故君子之於學也藏焉脩焉息焉遊焉是日日所習也言學者以此時誦習所學篇簡之文及禮樂之容日知其所亡月無忘其所能所以爲說懌也譙周云悅深而樂淺也一曰在內曰說在外曰樂言亦者凡外境適心則人心說樂可說可樂之事其類非一此學而時習有朋自遠方來亦說樂之事耳故云亦猶易云亦可醜也亦可喜也○注包曰同門曰朋○正義曰鄭玄注大司徒云同師曰朋同志曰友然則同門者同在師門以授學者也朋即羣黨之謂故子夏曰吾離羣而索居鄭玄注云羣謂同門朋友也此言有朋自遠方來者即學記云三年視敬業樂羣也同志謂同其心意所趣鄉也朋疏而友親朋來既樂友即可知故略不言也○注慍怒至不怒○正義曰云凡人有所不知君子不怒者其說有二一云古之學者爲己己得先王之道含章內映而他人不見不知而我不怒也

一云君子易事不求備於一人故爲教誨之道若有人鈍根不能知解者君子恕之而不慍怒也

有子曰 孔子弟子有若 **其爲人也孝弟而好犯上者鮮矣** 鮮少也上謂凡在己上者言孝弟之人必恭順好欲犯其上者少也 **不好犯上而好作亂者未之有也君子務本本立而道生** 本基也基立而後可大成 **孝弟也者其爲仁之本與** 先能事父兄然後仁道可大成

疏 有子曰至本與○正義曰此章言孝弟之行也弟子有若曰其爲人也孝於父母順於兄長而好陵犯凡在己上者少矣言孝弟之人性必恭順故好欲犯其上者少也既不好犯上而好欲作亂爲悖逆之行者必無故云未之有也是故君子務脩孝弟以爲道之基本基本既立而後道德生焉恐人未知其本何謂故又言孝弟也者其爲仁之本歟禮尚謙退不敢質言故云與也○注孔子弟子有若○正義曰史記弟子傳云有若少孔子四十三歲鄭玄曰魯人○注鮮少也○正義曰釋詁云鮮罕也故得爲少皇氏熊氏以爲上謂君親犯謂犯顏諫爭今案注云上謂凡在己上者則皇氏熊氏違背注意其義恐非也

子曰

巧言令色鮮矣仁。包曰：巧言好其言語，令色善其顔色，皆欲令人說之，少能有仁也。〔疏〕子曰巧言令色鮮矣仁○正義曰：此章論仁者必直言正色，其若巧好其言語，令善其顔色，欲令人說愛之者，少能有仁也。

曾子曰：馬曰：弟子曾參。吾日三省吾身：爲人謀而不忠乎？與朋友交而不信乎？傳不習乎？言凡所傳之事得無素不講習而傳之。〔疏〕曾子曰至習乎○正義曰：此章論曾子省身愼行之事。弟子曾參嘗曰：吾每日三自省察己身：爲人謀事而得無不盡忠心乎？與朋友結交而得無不誠信乎？凡所傳授之事得無素不講習而妄傳乎？以謀貴盡忠，朋友主信，傳惡穿鑿，故曾子省愼之。○注馬曰弟子曾參○正義曰：史記弟子傳云：曾參，南武城人，字子輿，少孔子四十六歲。孔子以爲能通孝道，故授之業，作孝經，死於魯。

子曰：道千乘之國，馬曰：道謂爲之政教。司馬法：六尺爲步，步百爲畝，畝百爲夫，夫三爲屋，屋三爲井，井十爲通，通十爲成，成出革車一乘。然則千乘之賦，其地千成，居地方三百一十六里有畸，唯公侯之封乃能容之，雖大國之賦亦不是過焉。○包曰：道，治也。千乘之國者，百里之國也。古者井田，方里爲井，十井爲乘，百里之國，適千乘也。融依周禮，包依王制、孟子，義疑，故兩存焉。敬事而信，包曰：爲國者舉事必敬愼，與民必誠信。節用而愛人，包曰：節用不奢侈，國以民爲本，故愛養之。使民以時。包曰：作使民必以其時，不妨奪農務。〔疏〕子曰道至以時○正義曰：此章論治大國之法也。馬融以爲道謂爲之政教，千乘之國謂公侯之國，方五百里、四百里者也。言爲政教以治公侯之國者，舉事必敬愼，與民必誠信，省節財用，不奢侈，而愛養人民，以爲國本，作事使民，必以其時，不妨奪農務，此其爲政治國之要也。包氏以爲道，治也；千乘之國，百里之國也，夏卽公侯，殷周惟上公也。餘同。○注馬曰道至存焉○正義曰：以下篇子曰「道之以政」，故云「道謂爲之政教」。史記齊景公時有司馬田穰苴善用兵，周禮司馬掌征伐，六國時齊威王使大夫追論古者兵法，附穰苴於其中，凡一百五十篇，號曰司馬法。此「六尺曰步」至「成出革車一乘」，皆彼文也。引之者，以證千乘之國爲公侯之大國也。云「然則千乘之賦，其地千成」者，以成出一乘，千乘故千成也。云「居地方三百一十六里有畸」者，以方百里者一爲方十里者百，方三百里者三三而九，則爲方百里者九，合一成方十里者九百，得九百乘也。計千乘猶少百乘，方百里者一也。又以此方百里者一，六分破之，每分得廣十六里、長百里，引而接之，則長六百里、廣十六里也。半折之，各長三百里，將埤前三百里南西兩邊，是方三百一十六里也。然西南角猶缺方十六里者一也。方十六里者一，爲方一里者二百五十六。然曏割方百里者爲六分，餘方一里者四百，今以方一里者二百五十六埤西南角，猶餘方一里者一百四十四，又復破而埤三百一十六里兩邊，則每邊不復得半里，故云三百一十六里有畸也。云「唯公侯之封乃能容之」者，案周禮大司徒云：「諸公之地，封疆方五百里；諸侯之地，封疆方四百里；諸伯之地，封疆方三百里；諸子之地，封疆方二百里；諸男之地，封疆方百里。」此千乘之國，居地方三百一十六里有畸，伯子男自方三百而下，則莫能容之，故云唯公侯之封乃能容之。云「雖大國之賦亦不是過焉」者，坊記云「制國不過千乘」，然則地雖廣大，以千乘爲限，故云雖大國之賦亦不是過焉。司馬法兵車一乘，甲士三人，步卒七十二人，計千乘有七萬五千人，則是六軍矣。周禮大司馬序官：「凡制軍，萬有二千五百人爲軍，王六軍，大國三軍，次國二軍，小國一軍。」魯頌閟宮云「公車千乘」，明堂位云「封周公於曲阜，地方七百里，革車千乘」，及坊記與此文皆與周禮不合者，禮：天子六軍，出自六鄉，萬二千五百家爲鄉，萬二千五百人爲軍。地官小司徒云：「凡起徒役，無過家一人。」是家出一人，鄉爲一軍，此則出軍之常也。天子六軍既出六鄉，則諸侯三軍出自三鄉，閟宮云「公徒三萬」者，謂鄉之所出，非千乘之衆也。千乘者，自謂計地出兵，非彼三軍之車也。二者不同，故數不相合。所以必有二法者，聖王治國，安不忘危，故今所在皆有出軍之制。若從王伯之命，則依國之大小，出三軍、二軍、一軍也。若其前敵不服，用兵未已，則盡其境內皆使從軍，故復有此計地出軍之法。但鄉之出軍是正，故家出一人；計地所出則非常，故成出一車，以其非常，故優之也。「包曰道治也」者，以治國之法不惟政教而已，下云「道之以德」，謂道德，故易之，但云「道，治也」。云「千乘之國，百里之國也」者，謂夏之公侯、殷周上公之國也。云「古者井田，方里爲井」者，孟子云「方里而井，井九百畝」是也。云「十井爲乘，百里之國適千乘也」者，此包以古之大國不過百里，以百里賦千乘，故計之每十井爲一乘，是方一里者十爲一乘，則方一里者百爲十乘。開方之法，方百里者一爲方十里者百，每方十里者一爲方一里者百，其賦十乘，方十里者百，則其賦千乘，地與乘數適相當，故曰「適千乘也」。云「融依周禮，包依王制、孟子」者，馬融依周禮大司徒文，以爲諸公之地方五百里，侯四百里以下也。包氏依王制云：「凡四海之內九州，州方千里，州建百里之國三十，七十里之國六十，五十里國百有二十，凡二百一十國也又孟子云天子之制地方千里公侯之制皆方百里伯七十里子男五十里包氏據此以爲大國不過百里不信周禮有方五百里四百里之封也馬氏言名包氏不言名者包氏避其父名也云義疑故兩存焉者以周禮者周公致太平之書爲一代大典王制者漢文帝令博士所作孟子者鄒人也名軻師孔子之孫子思治儒術之道著書七篇亦命世亞聖之大才也今馬氏包氏各以爲據難以質其是非莫敢去取於義有疑故兩存其說也○包曰作使至農務○正義曰云作使民必以其時者謂築都邑城郭也以都邑者人之聚也國家之藩衛百姓之保障不固則敗不脩則壞故雖不臨寇必於農隙備其守禦無妨農務春秋莊二十九年左氏傳曰凡土功龍見而畢務戒事也注云謂今九月周十一月龍星角亢晨見東方三務始畢戒民以土功事火見而致用注云大火心星次角亢見者致築作之物水昏正而栽注云謂今十月定星昏而中於是樹板幹而興作日至而畢注云日南至微陽始動故土功息若其門戶道橋城郭牆塹有所損壞則特隨壞時脩之故僖二十年左傳曰凡啓塞從時是也王制云用民之力歲不過三日周禮均人職云凡均力政以歲上下豐年則公旬用三日焉中年則公旬用二日焉無年則公旬用一日焉是皆重民之力而不妨奪農務也

子曰弟子入則孝出則悌謹而信汎愛衆而親仁行有餘力則以學文 馬曰文者古之遺文〔疏〕子曰弟子至學文○正義曰此章明人以德爲本學爲末男子後生爲弟言爲人弟與子者入事父兄則當孝與弟也出事公卿則當忠與順也弟順也入不言弟出不言忠者互文可知也下孔子云出則事公卿入則事父兄孝經云事父孝故忠可移於君事兄弟故順可移於長是也謹而信者理兼出入言恭謹而誠信也汎愛衆者汎者寬博之語君子尊賢而容衆或博愛衆人也而親仁者有仁德者則親而友之能行已上諸事仍有間暇餘力則可以學先王之遺文若徒學其文而不能行上事則爲言非行僞也注言古之遺文者則詩書禮樂易春秋六經是也

子夏曰賢賢易色 孔曰子夏弟子卜商也言以好色之心好賢則善 事父母能竭其力事君能致其身 孔曰盡忠節不愛其身 與朋友交言而有信雖曰未學吾必謂之學矣〔疏〕子夏曰至學矣○正義曰此章論生知美行之事賢賢易色者上賢謂好尚之也下賢謂有德之人易改也色女人也女有姿色男子悅之故經傳之文通謂女人爲色人多好色不好賢者能改易好色之心以好賢則善矣故曰賢賢易色也事父母能竭其力者謂小孝也言爲子事父雖未能不匱但竭盡其力服其勤勞也事君能致其身者言爲臣事君雖未能將順其美匡救其惡但致盡忠節不愛其身若童汪踦也與朋友交言而有信者謂與朋友結交雖不能切磋琢磨但言約而每有信也雖曰未學吾必謂之學矣者言人生知行此四事雖曰未嘗從師伏膺學問然此爲人行之美矣雖學亦不是過故吾必謂之學矣○注孔曰子夏弟子卜商○正義曰案史記仲尼弟子傳云卜商字子夏衛人也少孔子四十四歲孔子既沒居西河教授爲魏文侯師

子曰君子不重則不威學則不固 孔曰固蔽也一曰言人不能敦重既無威嚴學又不能堅固識其義理 主忠信無友不如己者過則勿憚改 鄭曰主親也憚難也〔疏〕子曰至憚改○正義曰此章勉人爲君子也君子不重則不威學則不固者其說有二孔安國曰固蔽也言君子當須敦重若不敦重則無威嚴又當學先王之道以致博聞強識則不固蔽也一曰固謂堅固言人不能敦重既

無威嚴學又不能堅固識其道理也明須敦重也主忠信者主猶親也言凡所親狎皆須有忠信者也無友不如己者言無得以忠信不如己者爲友也過則勿憚改者勿無也憚猶難也言人誰無過過而不改是謂過矣過而能改善莫大焉故苟有過無得難於改也

曾子曰慎終追遠民德歸厚矣 孔曰慎終者喪盡其哀追遠者祭盡其敬君能行此二者民化其德皆歸於厚也〔疏〕曾子曰至厚矣○正義曰此章言民化君德也慎終者終謂父母之喪也以死者人之終故謂之終執親之喪禮須謹慎盡其哀也追遠者遠謂親終既葬日月已遠也孝子感時念親追而祭之盡其敬也民德歸厚矣者言君能行此慎終追遠二者民化其德皆歸厚矣言不偷薄也

子禽問於子貢曰夫子至於是邦也必聞其政求之與抑與之與 鄭曰子禽弟子陳亢也子貢弟子姓端木名賜亢怪孔子所至之邦必與聞其國政求而得之邪抑人君自願與之爲治 子貢曰夫子溫良恭儉讓以得之夫子之求之也其諸異乎人之求之與

鄭曰：言夫子行此五德而得之，與人求之異，明人君自與之。疏子禽至求之。○正義曰：此章明夫子由其有德與聞國政之事。子禽問於子貢曰：夫子至於是邦也，必聞其政，求之與，抑與之與者，子禽疑怪孔子所至之邦必與聞其國之政事，故問子貢曰：此是孔子求於時君而得之與，抑人君自願與夫子爲治與。抑、與皆語辭。子貢曰：夫子溫良恭儉讓以得之，夫子之求之也，其諸異乎人之求之與者，此子貢荅辭也。敦柔潤澤謂之溫，行不犯物謂之良，和從不逆謂之恭，去奢從約謂之儉，先人後已謂之讓。言夫子行此五德而得與聞國政，他人則就君求之，夫子則脩德，人君自願與之爲治，故曰夫子之求之也，其諸異乎人之求之與。諸、與皆語辭。○注鄭曰至爲治。○正義曰：云子禽弟子陳亢，子貢弟子姓端木名賜者，家語七十二弟子篇云：陳亢，陳人，字子禽，少孔子四十歲。史記弟子傳云：端木賜，字子貢，少孔子三十一歲。云求而得之邪者，邪，未定之辭。

子曰：父在觀其志，孔曰：父在子不得自專，故觀其志而已。父沒觀其行，孔曰：父沒乃觀其行。三年無改於父之道，可謂孝矣。孔曰：孝子在喪，哀慕猶若父存，無所改於父之道。疏子曰至孝矣。○正義曰：此章論孝子之行。父在觀其志者，在心爲志，父在子不得自專，故觀其志而已。父沒觀其行者，父沒可以自專，乃觀其行也。三年無改於父之道，可謂孝矣者，言孝子在喪三年，哀慕猶若父存，無所改於父之道，可謂爲孝也。

有子曰：禮之用，和爲貴。先王之道斯爲美，小大由之。有所不行，知和而和，不以禮節之，亦不可行也。馬曰：人知禮貴和，而每事從和，不以禮爲節，亦不可行。疏有子曰至行也。○正義曰：此章言禮樂爲用相須乃美。禮之用和爲貴者，和謂樂也，樂主和同，故謂樂爲和。夫禮勝則離，謂所居不和也，故禮貴用和，使不至於離也。先王之道斯爲美者，斯，此也，言先王治民之道，以此禮貴和美，禮節民心，樂和民聲。樂至則無怨，禮至則不爭，揖讓而治天下者，禮樂之謂也，是先王之美道也。小大由之，有所不行者，由，用也，言每事小大皆用禮，而不以樂和之，則其政有所不行也。知和而和，不以禮節之，亦不可行也者，言人知禮貴和，而每事從和，不以禮爲節，亦不可行也。

有子曰：信近於義，言可復也。復猶覆也。義不必信，信非義也。以其言可反覆，故曰近義。恭近於禮，遠恥辱也。恭不合禮，非禮也。以其能遠恥辱，故曰近禮也。因不失其親，亦可宗也。孔曰：因，親也。言所親不失其親，亦可宗敬。疏有子曰至宗也。○正義曰：此章明信與義、恭與禮不同，及人行可宗之事。信近於義，言可復也者，復猶覆也。人言不欺爲信，於事合宜爲義。若爲義事，不必守信，而信亦有非義者也。言雖非義，以其言可反復不欺，故曰近義。恭近於禮，遠恥辱也者，恭惟卑巽，禮貴會時，若巽在牀下，是恭不合禮，則非禮也。恭雖非禮，以其能遠恥辱，故曰近禮。因不失其親，亦可宗也者，因，親也，所親不失其親，言義之與比也。旣能親仁比義，不有所失，則有知人之鑒，故可宗敬也。言亦者，人之善行可宗敬者非一，於其善行可宗之中，此爲一行耳，故云亦也。○注義不必信，信非義也。○正義曰：云義不必信者，若春秋晉士匄帥師侵齊，聞齊侯卒，乃還，春秋善之，是合宜不必守信也。云信非義也者，史記：尾生與女子期於梁下，女子不來，水至不去，抱柱而死，是雖守信而非義也。

子曰：君子食無求飽，居無求安，鄭曰：學者之志有所不暇。敏於事而愼於言，就有道而正焉，可謂好學也已。

孔曰：敏，疾也。有道，有道德者。正，謂問事是非。疏子曰君子至也已。○正義曰：此章述好學之事。君子食無求飽，居無求安者，言學者之志，樂道忘飢，故不暇求其安飽也。敏於事而愼於言者，敏，疾也，言當敏疾於所學事業，則有成功。說命曰「敬遜務時敏，厥脩乃來」是也。學有所得，又當愼言說之。就有道而正焉者，有道謂有道德者，正謂問其是非，言學業有所未曉，當就有道德之人正定其是之與非。易文言曰「問以辨之」是也。可謂好學也已者，總結之也，言能行在上諸事，則可謂之爲好學也。

子貢曰：貧而無諂，富而無驕，何如？子曰：可也。孔曰：未足多。未若貧而樂，富而好禮者也。鄭曰：樂謂志於道，不以貧爲憂苦。子貢曰：詩云「如切如磋，如琢如磨」，其斯之謂與？孔曰：能貧而樂道，富而好禮者，能自切磋琢磨。子曰：賜也，始可與言詩已矣，告諸往而知來者。孔曰：諸，之也。子貢知引詩以成孔子義，善取類，故然之。往告之以貧而樂道，來荅以切磋琢磨。疏子曰至來者。○正義曰：此章言貧之與富皆當樂道自脩也貧而無諂富而無驕何如者乏財曰貧佞說為諂多財曰富傲逸為驕言人貧多佞說富多傲逸若能貧無諂佞富不驕逸子貢以為善故問夫子曰其德行何如子曰可也者此夫子答子貢也時子貢富志怠於學故發此問意謂不驕而為美德故孔子抑之云可也言未足多未若貧而樂富而好禮者也樂謂志於善道不以貧為憂苦好謂閑習禮容不以富而倦略此則勝於無諂無驕故云未若言不如也子貢曰詩云如切如磋如琢如磨其斯之謂與者子貢知師勵己故引詩以成之此衛風淇奧之篇美武公之德也治骨曰切象曰瑳玉曰琢石曰磨道其學而成也聽其規諫以自脩如切玉石之見琢磨子貢言貧而樂道富而好禮其此能切瑳琢磨之謂與子曰賜也始可與言詩已矣者子貢知引詩以成孔子義善取類故呼其名而然之告諸往而知來者者此言可與言詩之意諸之也謂告之往以貧而樂道富而好禮則知來者切瑳琢磨所以可與言詩也

子曰不患人之不已知患不知人也。疏 子曰不患人之不已知患不知人也○正義曰此章言人當責己而不責人凡人之情多輕易於知人而患人不知己故孔子抑之云我則不耳不患人之不已知但患己不能知人也

注疏卷一　九

論語注疏解經卷第一

二品蔭生阮常生挍栞

論語注疏挍勘記序

春秋易大傳聖人自作之文也論語門弟子所以記載聖人之文也凡記言之書未有不宗之者也魯齊古本異同今不可詳今所習者則何晏本也元元於論語注疏舊有挍本且有箋識又屬仁和生員孫同元推而廣之於經注疏釋文皆據善本雠其同異暇輒親訂成書以詒學者云爾阮元記

引據各本目錄

漢石經十卷 據洪适隸釋所載石刻殘字

唐石經十卷 唐開成時石刻本

宋石經 宋紹興時石刻本

皇侃義疏十卷 日本寬延庚午根伯脩遜志挍刻每葉十八行每行二十字前有彼國人平安服元喬敘

高麗本 據海寧陳鱣論語古訓本所引

十行本二十卷 每葉二十行每行二十三字上邊書字數下邊書刻工姓名中有一葉下邊書泰定四年年號知其書雖為宋刻元明遞有脩補又元徵宏桓慎殷樹匡敦讓貞懲崩完恒等字字外並加一墨圈書中誤字雖多然其勝於各本之處亦復不少

閩本二十卷 明嘉靖間閩中御史李元陽挍刊每葉十八行每行二十一字下邊書刻工姓名間有書字數者當出於脩補之手雖有訂正十行本之處然亦有不及十行本之善

北監本 明神廟間北國子監所刊行數字數與閩本同上邊書萬歷十四年刊六字字體惡劣誤字亦多

毛本 明崇禎間汲古閣毛子晉挍刊行數字數亦與閩本同下邊大書汲古閣三字雖挍正付刊誤字少於北監本然較之十行本其善處遠不可及矣

論語注疏挍勘記序　一

論語注疏挍勘記　阮元撰盧宣旬摘錄

論語注疏解經序

翰林侍講學士朝請大夫守國子祭酒上柱國賜紫金魚袋臣邢昺等奉勑校定 毛本無此卅一字北監本此二行題明校刊重修等姓名閩本併一行書刪去等字又改定字爲刊字案宋史邢昺傳咸平二年昺受詔與杜鎬舒雅孫奭李慕清崔偓佺等挍定周禮儀禮公羊穀梁春秋傳孝經論語爾雅義䟽據此則等字定字俱當依此本爲是

序解 唐石經及經典釋文竝作論語序

䟽 閩本北監本毛本序解疏併一行寫又此十行本經序注疏文竝頂格寫閩本北監本毛本注疏文竝低一格寫序文經文雖第一節頂格寫其餘亦低一格寫

門人相與輯而論纂 閩本闕論字此本與字論字竝闕今補正又纂字閩本與此本同毛本改作篹案釋文序錄作撰漢書藝文志作篹篹與撰通又與饌通

齊論者 浦鏜十三經注疏正誤云論下脫語字案古書引用或稱論語或止稱論趙岐孟子注凡稱論者皆指論語浦鏜疑有脫字非也

別有問王知道二篇 北監本作問玉案朱彝尊經義考曰今逸論語見於說文初學記文選注太平御覽等書其詮王之屬特詳疑齊論中所逸二篇其一乃問玉非問王也考之篆法三畫正均者爲王中畫近上者爲玉初無大異因偁玉爲王耳王應麟亦云問王疑卽問玉亶其然乎

少府朱畸 漢書藝文志釋文序錄竝作宋畸

考之齊右爲之註焉 毛本右作古註作注案所改是也。今訂正

敘曰漢中壘挍尉劉向 明監本挍作校不誤毛本作挍與此本同案毛本作挍者避明僖宗諱也後以能問於不能章放此考周禮校人釋文云校戶教反字從木若從手旁作是比挍之字耳今人多亂之據此則校尉字亦當從木從手作挍者非。今正

言魯論語二十篇 唐石經二十作廿後二十三十字竝放此案說文廿二十併也卅三十併也竝古文省漢石經如此唐石經沿其例

太子太傅 唐石經太作大案釋文出大子大傅云竝音泰則字當作大。今正

敘曰至傳之○正義曰 毛本至下有等字正義曰上不加。後放此

案漢魯百官公卿表云 閩本同明監本毛本魯作書案魯字誤也。今正

專精思於經術 漢書劉向傳精作積

荅述曰語 北監本述誤述不成字

賜冢塋 北監本冢誤家

太后賜錢三百萬 按漢書夏侯勝傳三作二

不如親耕 漢書親作歸

蕭望之字長情 案情當作倩。今正

好學齊詩 漢書學下有治字

天子聞之 北監本天作大

哀慟左右 北監本毛本慟作動案漢書蕭望之傳本作慟師古曰慟動也

文帝三年一丞相 漢書百官公卿表三作二年下有復置二字

進授昭帝時 閩本同北監本毛本時作詩案時字誤也今訂正

琅邪王卿 皇侃義疏本琅邪作瑯琊釋文出琅字云音郎本或作瑯案瑯琊乃琅邪之俗字琅本作郎唐元度九經字樣云郎邪郡名郎良也邪道也以地居鄒魯人有善道故爲郡名今經典相承郎字玉旁作良邪字或作耶者訛

皆以教授 皇本授下有之字七經孟子考文足利本作教之

積章而成篇徧也　毛本徧上增篇者二字

局也　毛本局作局案張參五經文字云局从尺下口作局與局皆譌

成帝綏和元年　北監本毛本綏作綏是也今依訂正

更名相　漢書百官公卿表名作令

遷榮陽令　閩本同北監本榮作滎令誤令案漢書王吉傳作雲陽○按滎陽字古皆从火不从水作滎亦誤也今訂正

魯共王時　皇本共作恭案共恭古字通

聞鍾磬琴瑟之音　閩本北監本毛本鍾作鐘案五經文字云鐘樂器鍾量名又聚也今經典或通用鍾爲樂器○按漢書魯恭王餘傳音作聲

形多頭麄尾細　北監本毛本麄作麤後鄉黨篇君子不以紺緅飾節疏麤曰綌同○按麄乃麤之俗字今改正

論語疏卷一挍勘記　三

爲世所貴　唐石經避太宗諱世作廿後放此

包氏周氏　皇本包作苞後包氏並放此○按廣韻包下云包裹亦姓楚大夫申包胥之後後漢有大鴻臚包咸皇本作苞非也

乞骸就第　漢書張禹傳骸下有骨字

篇第或異　閩本北監本毛本篇第誤篇篇

欲不爲論念張文　漢書張禹傳無不字○按宋板漢書有不字

餘家浸微　漢書張禹傳浸作寖案五經文字云寖經典及釋文或作浸據此則寖浸古通用浦鏜以爲字誤非也

包咸字子良　釋文序錄作子長

昌魯詩論語　閩本北監本毛本昌作倡案古倡字或省作昌周禮樂師遂倡之注故書倡爲昌廣雅釋詁一昌始也疏中古文罕見當以作倡爲是○按後漢書儒林傳昌作習

爲之訓解　皇本解作說○按下文作亦爲之訓說皇本是也

至順帝時　皇本時上有之字

南郡太守　唐石經太作大案釋文出大守云音泰下大常同

亦爲之訓說　攷文足利本無之字

廷壽九年　閩本同北監本毛本廷改延是也○今訂正

考之齊古爲之註　皇本爲上有以字註作注釋文出爲之註云本又作注○按注是

破許慎五經異義　浦鏜云破疑作駮是也

皆爲義說　皇本爲下有之字

論語疏卷一挍勘記　四

年出未遠　北監本毛本出作世出字誤也○今正

太祖辟羣爲司空西曹屬　魏志陳羣傳曹下有掾字○按掾字不當刪

七錄云字文逸　釋文序錄作文逢

前世傳授師說　皇本授作受

不爲訓解　皇本爲下有之字

今集諸家之善　皇本善下有說字

滎陽開封人也　閩本滎誤榮○案滎字亦非滎澤滎陽字古多从火作熒詳左傳校勘記

亡員　閩本北監本毛本亡作無案作亡與漢書百官公卿表合

將謂都郞將以下也　漢書百官公卿表注無都字

散騎竝乘輿車　漢書百官公卿表重騎字

荀彧之子　案彧當作或。今正

駙副也　漢書百官公卿表注副下有馬字

論語注疏解經卷第一　閩本北監本毛本竝分二十卷與此本同唐石經分十卷與皇本同攷宋史藝文志卷數正合今挍勘記分卷從之

學而第一　何晏集解　邢昺疏

疏　十行本標題如此後卷放此閩本毛本第一行與十行本同第二行下書魏何晏集解第三行下書宋邢昺疏第四行低一格書學而第一與疏接寫後卷放此北監本第一行下書魏何晏集解宋邢昺疏第二三行書明挍刊重修等姓名第四行與閩本毛本同後卷放此

曰禮貴於用和　閩本同北監本毛本曰作由是也。今訂正

第順次也　浦鏜云順當訓字誤非也

學而時習之章

不亦說乎　皇本說作悅後竝放此釋文出亦說云音悅注同。案說文說說釋也从言兑聲一曰談說蓋古人喜悅字多假借作說唯皇本俱作悅而先進篇無所不說子路篇君子易事而難說也又仍作說

馬曰　皇本作馬融曰後放此

男子之通稱　皇本作男子通稱也北監本通誤道

王曰　皇本作王肅曰後放此

學者以時誦習之　皇本之作也

所以爲說懌　皇本懌下有也字。案皇本注文有也字者甚多此本十去八九今不悉出

有朋自遠方來　釋文出有朋云有或作友非。案白虎通辟雍篇引朋友自遠方來又鄭氏康成注此云同門曰朋同志曰友是舊本皆作友字

包曰　皇本作苞氏曰後放此

君子不慍　皇本作君子不慍之也攷文引足利本作君子不慍

學業稍成　本學誤覺今訂正

則扞格而不勝　本扞誤杅今訂正

又文王世子云　北監本子誤于

弦謂以絲播時　禮記文王世子注時作詩是也

於功易也　北監本毛本於誤初。案禮記文王世子注作於功易成也

三曰中時　閩本同北監本毛本曰作日曰字誤也。今訂正

其爲人也孝弟章

有子曰　皇本閩本北監本毛本提行寫唯此本與上章疏文接寫後每章首放此

孔子弟子有若　皇本作孔安國曰弟子有若也。案孔子疑孔曰之譌皇本凡孔曰皆稱孔安國曰

其爲人也孝弟　皇本弟作悌注及下竝同。案釋文出孝弟云本或作悌下同

謂凡在己上者　皇本者下有也字北監本上字空闕

必恭順　皇本必下有有字

其爲仁之本與　攷文引足利本無爲字

先能事父兄然後仁道可大成　皇本此注作苞氏曰又作然後仁道可成也

巧言令色章

鮮矣仁　皇本作鮮矣有仁。案包注及疏文當作有仁

吾日三省吾身

與朋友交而不信乎　皇本高麗本交下有言字

傳不習乎　釋文出傳不云鄭注云魯讀傳爲專今從古

得無素不講習而傳之　皇本之下有乎字

弟子曾參　閩本北監本毛本弟子作曾子案以前其爲人也章疏文例之當作弟子馬季長注亦作弟子曾參

以謀貴盡忠　本謀誤講今訂正

道千乘之國章

道千乘之國　皇本高麗本道作導案釋文出道字云音導本或作導

司馬法　攷文引足利本法下有曰字

通十爲成成出革車一乘　皇本成作城

居地方三百一十六里有畸　皇本畸作奇案釋文出有畸云田之殘也則字當作畸

雖大國之賦　釋文出雖大賦云一本或云雖大國之賦

十井爲乘　攷文引足利本十井作井十

融依周禮包依王制孟子　皇本融上有馬字包作苞氏

敬事而信　宋石經避廟諱敬作欽後放此唯子路篇以下則闕筆爲敬

使民以時　唐石經避太宗諱民作𠯁後放此

作使民　皇本同閩本北監本毛本作下有事字案作作事使民文義較明疏中亦有事字

不以此方百里者一　毛本作不乃乂字之誤

居地方三百一十六里有畸　各本一竝誤二今訂正

下云道之以德　閩本北監本毛本云作文

五十里國　禮記王制里下有之字

百姓之保鄣　案說文鄣紀邑也障隔也保障字亦當作障

水昏正而栽　閩本同毛本栽作裁案裁字誤。今正

於是樹板幹而興作　本幹誤斡今訂正

城郭牆塹　北監本毛本塹作壍案依說文當作塹

弟子入則孝章

出則悌　皇本同毛本悌作弟案釋文出則弟云本亦作悌

古之遺文　皇本文下有也字案釋文引馬注亦有也字

或博愛衆人也　浦鏜云或疑故字誤

賢賢易色章

若童汪踦也　汪踦誤注錡今訂正

君子不重章

言人不能敦重　皇本作言人不敢重案敢當作敦字形相近而訛

既無威嚴　皇本無嚴字

無友不如己者　釋文出毋友云本亦作無下同案古書無毋多通用後子罕篇各本又竝作毋友唯皇本仍作無釋文出毋友云音無

鄭曰　皇本作鄭玄曰後放此

慎終追遠章

君能行此二者　皇本君上有人字

皆歸於厚也　皇本皆上有而字

夫子至於是邦也章

子禽問於子貢曰　釋文出子貢云本亦作贛案隸釋載漢石經凡子貢字皆作子贛葢贛贛竝當作贛臧琳經義雜記云說文貝部貢獻功也贛賜也是貢贛不同依說文當爲贛贛卽贛之譌體子貢名賜故字子贛作貢者字之省借耳今禮記樂記子贛見師乙而問焉祭義子贛問曰子之言祭尚存古本餘則多爲後人改易矣

抑與之與　漢石經抑作意

弟子陳亢也　皇本此句下有字子禽也四字下名賜下有字子貢也四字

抑人君自願與之爲治　皇本作抑人君自願與爲治耶

夫子溫良恭儉讓以得之　宋石經避諱讓作遜後放此惟先進篇其言不讓但闕末筆

夫子之求之也其諸異乎人之求之與　皇本與下有也字攷文引足利本作夫子之求也其諸異乎人求之與

明人君自與之　皇本作明人君自願求與爲治也

父在觀其志章

猶若父存　皇本存作在北監本存誤毋

禮之用章

亦不可行也　漢石經無可字

信近於義章

信非義也　皇本作信不必義也

故曰近禮也　皇本近下有於字又此節注作苞氏曰○按僞昌黎論語筆解此節及上節注竝作馬曰

亦可宗也　皇本宗下有敬字

君子食無求飽章

可謂好學也已　漢石經作可謂好學已矣皇本作可謂好學也已矣筆解作可謂好學也矣

有道有道德者　皇本作有道者謂有道德者也案太平御覽四百三引亦有謂字

正謂問事是非　閩本北監本毛本事作其案皇本筆解俱作事字太平御覽四百三亦引作事則作其者非

樂道忘飢　閩本北監本飢作饑案說文穀不孰爲饑飢餓也則字當作飢

敬遜務時敏　閩本同毛本敬遜作遜志案後述而篇志於道章疏閩本北監本竝與此本同亦作敬遜惟毛本作孫志

貧而無諂章

子貢曰　皇本作子貢問曰案皇疏云子貢問言若有貧者能不橫求何如故云貧而無諂也邢疏云若能貧無諂佞富不驕逸子貢以爲善故問夫子曰其德行何如據此則古本當有問字

貧而無諂　北監本毛本諂作諂是也此與閩本凡諂字竝誤作謟案五經文字云謟諂上音滔從爪從臼凡字聲近謟者皆從舀下答冉反從刀從臼凡字聲從諂者皆從臽

未若貧而樂　皇本高麗本樂下有道字唐石經道字旁添案唐石經旁添字多不足據此道字獨與古合攷史記仲尼弟子列傳文選幽憤詩注引此文竝有道字又下二節孔注及皇邢兩疏亦有道字俱足爲古本有道字之證

不以貧爲憂苦　皇本作不以貧賤爲憂苦也

如琢如磨　釋文出摩字云一本作磨案磨摩正俗字

告諸往而知來者　皇本者下有也字

好謂閑習禮容　閩本北監本毛本好下有禮字案疏云樂謂志於善道不以貧爲憂苦好謂閑習禮容不以富而倦略樂道好禮相對成文足證經文本有道字不知者妄加禮字誤甚

此衞風淇奧之篇　閩本北監本毛本奧作澳○按澳正字毛詩作奧用古文假借字

象曰瑳　閩本北監本毛本瑳作磋案古書瑳磋二字多通用

告諸往而知來者者　閩本北監本毛本脱下者字

不患人之不已知章

不患人之不已知患不知人也　皇本作不患人之不已知也患己不知人也釋文出患不知也云本或作患已不知人也俗本妄加字案經義雜記云據釋文知古本作患不知也蓋與里仁不患莫已知求爲可知也先進居則曰不吾知也如或知爾則何以哉語意同今邢疏及集注本皆作患不知人也人字亦淺人所加○此節皇本有王肅曰但患己之無能知也十一字注各本皆脱

論語注疏校勘記卷一終

論語注疏解經卷第二

爲政第二

何晏集解　邢昺疏

疏　正義曰：左傳曰學而後入政，故次前篇也。此篇所論孝敬信勇爲政之德也，聖賢君子爲政之人也，故以爲政冠於章首，遂以名篇。

子曰：爲政以德，譬如北辰居其所而衆星共之。包曰：德者無爲，猶北辰之不移而衆星共之。

疏　子曰至共之。○正義曰：此章言爲政之要。爲政以德者，言爲政之善莫若以德。德者，得也，物得以生謂之德。淳德不散，無爲化清，則政善矣。譬如北辰居其所而衆星共之者，譬況也。北極謂之北辰，北辰常居其所而不移，故衆星共尊之，以況人君爲政以德，無爲清靜，亦衆人共尊之也。○注包曰至共之。○正義曰：案爾雅釋天云：北極謂之北辰。郭璞曰：北極，天之中，以正四時。然則極，中也；辰，時也。以其居天之中，故曰北極；以正四時，故曰北辰。漢書天文志曰：中宮太極星，其一明者，泰一之常居也；旁三星，三公環之；匡衛十二星，藩臣，皆曰紫宮。北斗七星，所謂琁璣玉衡，以齊七政。斗爲帝車，運於中央，臨制四海，分陰陽，建四時，均五行，移節度，定諸紀，皆繫於斗。是衆星共之也。

子曰：詩三百，孔曰：篇之大數。一言以蔽之，包曰：蔽猶當也。曰思無邪。包曰：歸於正。

疏　子曰至無邪。○正義曰：此章言爲政之道在於去邪歸正，故舉詩要當一句以言之。詩三百者，言詩篇之大數也。一言以蔽之者，蔽猶當也。古者謂一句爲一言。詩雖有三百篇之多，可舉一句當盡其理也。曰思無邪者，此詩之一言，魯頌駉篇文也。詩之爲體，論功頌德，止僻防邪，大抵皆歸於正，故此一句可以當之也。○注孔曰篇之大數。○正義曰：案今毛詩序凡三百一十一篇，內六篇亡，今其存者有三百五篇。今但言三百篇，故曰篇之大數。

子曰：道之以政，孔曰：政謂法教。齊之以刑，馬曰：齊整之以刑罰。民免而無恥。孔曰：苟免。道之以德，包曰：德謂道德。齊之以禮，有恥且格。格，正也。

疏　子曰至且格。○正義曰：此章言爲政以德之效也。道之以政者，政謂法教，道謂化誘，言化誘於民以法制教命也。齊之以刑者，齊謂齊整，刑謂刑罰，言道之以政而民不服者，則齊整之以刑罰也。民免而無恥者，免，苟免也，言君上化民不以德而以法制刑罰，則民皆巧詐苟免而心無愧恥也。道之以德，齊之以禮，有恥且格者，德謂道德，格，正也，言君上化民必以道德，民或未從化，則制禮以齊整，使民知有禮則安，失禮則恥，如此則民有愧恥而不犯禮，且能自脩而歸正也。

子曰：吾十有五而志于學，三十而立，有所成也。四十而不惑，孔曰：不疑惑。五十而知天命，孔曰：知天命之終始。六十而耳順，鄭曰：耳聞其言而知其微旨。七十而從心所欲不踰矩。馬曰：矩，法也。從心所欲無非法。

疏　子曰至踰矩。○正義曰：此章明夫子隱聖同凡，所以勸人也。吾十有五而志于學者，言成童之歲，識慮方明，於是乃志於學也。三十而立者，有所成立也。四十而不惑者，志强學廣，不疑惑也。五十而知天命者，命，天之所稟受者也。孔子四十七學易，至五十窮理盡性，知天命之終始也。六十而耳順者，順，不逆也，耳聞其言則知其微旨而不逆也。七十而從心所欲不踰矩者，矩，法也，言雖從心所欲而不踰越法度也。孔子輙言此者，欲以勉人志學而善始令終也。

孟懿子問孝。孔曰：魯大夫仲孫何忌。懿，諡也。

子曰：無違。樊遲御，子告之曰：孟孫問孝於我，我對曰無違。鄭曰：恐孟孫不曉無違之意，將問於樊遲，故告之。樊遲，弟子樊須。樊遲曰：何謂也？子曰：生，事之以禮；死，葬之以禮，祭之以禮。

疏　孟懿至以禮。○正義曰：此章明孝必以禮。孟懿子問孝者，魯大夫仲孫何忌問孝道於孔子也。子曰無違者，此夫子荅辭也，言行孝之道無得違禮也。樊遲御者，弟子樊須爲夫子御車也。子告之曰孟孫問孝於我，我對曰無違者，孟孫即懿子也。孔子恐孟孫不曉無違之意，而懿子與樊遲友善，必將問於樊遲，故夫子告之。樊遲曰何謂也者，樊遲亦未達無違之旨，故復問曰何謂也。子曰生事之以禮，死葬之以禮，祭之以禮者，此夫子爲言無違之事也。生事之以禮，謂冬溫夏凊、昏定晨省之屬也。死葬之以禮，謂爲之棺椁衣衾而舉之，卜其宅兆而安措之之屬也。祭之以禮，謂春秋祭祀以時思之，陳其簠簋而哀戚之之屬也。不違此禮，是無違之理也。不即告孟孫者，初時意在簡略，欲使思而得之。必告樊遲者，恐孟孫以爲從父之令是無違，故既與別後，告於樊遲，將使復告孟孫也。○注孔子曰至諡也。○正義曰春秋定六年經書仲孫何忌如晉，傳曰孟懿子往，是知孟懿子即仲孫何忌也。謚法曰：溫柔賢善曰懿。○注鄭曰至樊須。○正義曰：案史記弟子傳曰：樊須字子遲，齊人，少孔子三十六歲也。

孟武伯問孝。子曰：父母唯其疾之憂。馬曰：武伯，懿子之子仲孫彘，武，謚也。言孝子不妄爲非，唯疾病然後使父母憂。

【疏】孟武伯問孝子曰父母唯其疾之憂。○正義曰：此章言孝子不妄爲非也。武伯，懿子之子仲孫彘也，問於夫子爲孝之道。夫子荅之曰：子事父母，唯其疾病然後可使父母憂之，疾病之外，不得妄爲非法，貽憂於父母也。○注馬曰至父母憂。○正義曰：案春秋，懿子以哀十四年卒而武伯嗣。哀公十七年左傳曰：公會齊侯於蒙，孟武伯相。武伯問於高柴曰：諸侯盟，誰執牛耳？季羔曰：鄫衍之役，吳公子姑曹；發陽之役，衛石魋。武伯曰：然則彘也。是武伯爲懿子之子仲孫彘也。謚法：剛強直理曰武。

子游問孝。孔曰：子游，弟子，姓言名偃。**子曰：今之孝者，是謂能養。至於犬馬，皆能有養；不敬，何以別乎？**包曰：犬以守禦，馬以代勞，皆養人者。一曰：人之所養，乃至於犬馬，不敬則無以別。孟子曰：食而不愛，豕畜之；愛而不敬，獸畜之。

【疏】子游至別乎。○正義曰：此章言爲孝必敬。子游問孝者，弟子子游問行孝之道於孔子也。子曰今之孝者是謂能養者，此下孔子爲子游說須敬之事。今之人所謂孝者，是唯謂能以飲食供養者也。言皆無敬心。至於犬馬皆能有養不敬何以別乎者，此爲不敬之人作譬也。其說有二：一曰，犬以守禦，馬以代勞，皆能有以養人者，但畜獸無知，不能生敬於人；若人唯能供養於父母而不敬，則何以別於犬馬乎？一曰，人之所養，乃至於犬馬，同。其飢渴，飲之食之，皆能有以養之也，但人養犬馬，資其爲人用耳，而不敬此犬馬也；人若養其父母而不敬，則何以別於犬馬乎？言無以別，明孝必須敬也。○注孔曰子游弟子姓言名偃。○正義曰：史記弟子傳曰：言偃，吳人，字子游，少孔子四十五歲。○注包曰至畜之。○正義曰：云孟子曰者，案孟子盡心篇，孟子曰：食而不愛，豕交之也；愛而不敬，獸畜之也。趙岐注云：人之交接，但食之而不愛，若養豕也；愛而不敬，若人畜禽獸，但愛而不能敬也。引之以證孝必須敬。彼言豕交之，此作豕畜之者，所見本異，或傳寫誤。

子夏問孝。子曰：色難。包曰：色難者，謂承順父母顏色乃爲難。**有事，弟子服其勞；有酒食，先生饌，**馬曰：先生謂父兄，饌，飲食也。**曾是以爲孝乎？**馬曰：孔子喻子夏，服勞先食，汝謂此爲孝乎？未孝也，承順父母顏色乃爲孝也。

【疏】子夏問至孝乎。○正義曰：此章言爲孝必須承順父母顏色也。子夏問孝者，弟子子夏問於孔子爲孝之道也。子曰色難者，孔子荅之也。言承順父母顏色乃爲難也。有事弟子服其勞有酒食先生饌曾是以爲孝乎者，孔子又喻子夏服勞先食不爲孝也。先生謂父兄，饌，飲食也，曾猶則也。言若家有勞辱之事，或弟或子服其勤勞，有酒有食，進與父兄飲食，汝則謂是以爲孝乎？言此未孝也，必須承順父母顏色乃爲孝也。

子曰：吾與回言終日，不違，如愚。孔曰：回，弟子，姓顏，名回，字子淵，魯人也。不違者，無所怪問於孔子之言，默而識之，如愚。**退而省其私，亦足以發，回也不愚。**孔曰：察其退還，與二三子說釋道義，發明大體，知其不愚。

【疏】子曰至不愚。○正義曰：此章美顏淵之德。子曰吾與回言終日不違如愚者，回，弟子顏淵也；違猶怪問也；愚，無智之稱。孔子言，我與回言，終竟一日，亦無所怪問於我之言，默而識之，如無知之愚人也。退而省其私亦足以發回也不愚者，言回既退還，而省察其在私室，與二三子說釋道義，亦足以發明大體，乃知其回也不愚。○注孔曰至愚。○正義曰：史記弟子傳云：顏回者，魯人也，字子淵，少孔子三十歲，年二十九，髮盡白，蚤死。

子曰：視其所以，以，用也。言視其所行用。**觀其所由，**由，經也。言觀其所經從。**察其所安，人焉廋哉？人焉廋哉？**孔曰：廋，匿也。言觀人終始，安所匿其情。

【疏】子曰至廋哉。○正義曰：此章言知人之法也。視其所以者，以，用也，言視其所以行用。觀其所由者，由，經也，言觀其所經從。察其所安者，言察其所安處也。人焉廋哉人焉廋哉者，廋，匿也，言知人之法，但觀察其終始，則人安所隱匿其情哉？再言之者，深明情不可隱也。

子曰：溫故而知新，可以爲師矣。溫，尋也。尋繹故者，又知新者，可以爲人師矣。

【疏】子曰溫故而知新可以爲師矣。○正義曰：此章言爲師之法。溫，尋也。言舊所學得者，溫尋使不忘，是溫故也；素所未知，學使知之，是知新也。既溫尋故者，又知新者，則可以爲人師矣。○注溫尋也。○正義曰：案中庸云：溫故而知新。鄭注云：溫讀如燖溫之溫，謂故學之熟矣，後時習之謂之溫。案左傳哀十二年，公會吳于橐皋，太宰嚭請尋盟，子貢對曰：盟可尋也，亦可寒也。賈逵注云：尋，溫也。又有司徹云：乃爇尸俎。是尋爲溫也。言人

尋學已精熟在後更習之猶若溫燖故食也

子曰：君子不器。包曰：器者各周其用，至於君子無所不施。〔疏〕子曰君子不器。正義曰：此章明君子之德也。器者物象之名，形器既成，各周其用，若舟檝以濟川，車輿以行陸，反之則不能。君子之德則不如器物各守一用，言見幾而作，無所不施也。

子貢問君子。子曰：先行其言而後從之。孔曰：疾小人多言而行之不周。〔疏〕子貢問君子，子曰先行其言而後從之。正義曰：此章疾小人多言而行之不周也。子貢問於夫子曰：君子之德行何如？夫子荅之曰：君子先行其言而後以行從之，言行相副，是君子也。

子曰：君子周而不比，孔曰：忠信爲周，阿黨爲比。小人比而不周。〔疏〕子曰君子周而不比，小人比而不周。正義曰：此章明君子小人德行不同之事。忠信爲周，阿黨爲比。言君子常行忠信而不私相阿黨，小人則反是。○注孔曰忠信爲周。○正義曰：魯語文也。

子曰：學而不思則罔，包曰：學不尋思其義則罔然無所得。思而不學則殆。不學而思，終卒不得，徒使人精神疲殆。〔疏〕子曰至則殆。○正義曰：此章言

教學法也。學而不思則罔者，言爲學之法，既從師學，則自思其餘蘊，若雖從師學而不尋思其義，則罔然無所得也。思而不學則殆者，言但自尋思而不往從師學，終卒不得其義，則徒使人精神疲勞倦殆。

子曰：攻乎異端，斯害也已。攻，治也。善道有統，故殊塗而同歸。異端不同歸也。〔疏〕子曰攻乎異端斯害也已。○正義曰：此章禁人雜學。攻，治也。異端，謂諸子百家之書也。言人若不學正經善道，而治乎異端之書，斯則爲害之深也。以其善道有統，故殊塗而同歸，異端則不同歸也。○注攻治至同歸。○正義曰：云善道有統，故殊塗而同歸者，正經是善道也，皆以忠孝仁義爲本，是有統也；四術爲教，是殊塗也；皆以去邪歸正，是同歸也。異端之書，則或粃糠堯舜，戕毁仁義，是不同歸也。殊塗同歸，是易下繫辭文也。

子曰：由，誨女知之乎！孔曰：弟子，姓仲，名由，字子路。知之爲知之，不知爲不知，是知也。〔疏〕子曰至知也。○正義曰：此章明知也。由誨汝知之乎者，孔子以子路性剛，好以不知爲知，故此抑之。呼其名曰由，我今教誨汝爲知之乎。此皆語辭。知之爲知之，不知爲不知，是知也者，此誨辭也。言汝實知之事則爲知之，實不知之事則爲不知，此是眞知也。若其知之反隱曰不知，及不知妄言我知，皆非知也。○注孔曰至子路。○正義曰：史記弟子傳云：仲由字子路，卞人也。少孔子九歲。子路性鄙，好勇力，志抗直，冠雄雞，佩豭豚，陵暴孔子。孔子設禮稍誘子路，子路後儒服委質，因門人請爲弟子。

子張學干祿。鄭曰：弟子，姓顓孫，名師，字子張。干，求也。祿，祿位也。子曰：多聞闕疑，慎言其餘，則寡尤；包曰：尤，過也。疑則闕之，其餘不疑，猶慎言之，則少過。多見闕殆，慎行其餘，則寡悔。包曰：殆，危也。所見危者，闕而不行，則少悔。言寡尤，行寡悔，祿在其中矣。鄭曰：言行如此，雖不得祿，亦同得祿之道。〔疏〕子張至中矣。○正義曰：此章言求祿之法。子張學干祿者，干，求也。弟子子張師事孔子，學求祿位之法。子曰多聞闕疑，慎言其餘，則寡尤者，此夫子教子張求祿之法也。尤，過也。寡，少也。言雖博學多聞，疑則闕之，尤須慎言其餘不疑者，則少過也。多見闕殆，慎行其餘，則寡悔者，殆，危也。言雖廣覽多見，所見危者，闕而不行，尤須慎行其餘不危者，則少悔恨也。言寡尤，行寡悔，祿在其中矣者，言若少過行又少悔，必得祿位。設若言行如此，雖偶不得祿，亦同得祿之道。○注鄭曰至位也。

○正義曰：史記弟子傳云：顓孫師，陳人，字子張，少孔子四十八歲。

哀公問曰：何爲則民服？包曰：哀公，魯君謚。孔子對曰：舉直錯諸枉，則民服；包曰：錯，置也。舉正直之人用之，廢置邪枉之人，則民服其上。舉枉錯諸直，則民不服。〔疏〕哀公至不服。○正義曰：此章言治國使民服之法。哀公問曰何爲則民服者，哀公，魯君也。問於孔子曰：何所云爲則萬民服從也？時哀公失德，民不服從，哀公患之，故有此問。孔子對曰舉直錯諸枉則民服者，此孔子對以民服之法也。錯，置也。舉正直之人用之，廢置諸邪枉之人，則民服其上也。舉枉錯諸直則民不服者，舉邪枉之人用之，廢置諸正直之人，則民不服上也。於時羣邪秉政，民心厭棄，故以此對之也。○注包曰哀公魯君謚。○正義曰：魯世家云：哀公名蔣，定公之子，周敬王二十六年即位。謚法云：恭仁短折曰哀。

季康子問：使民敬、忠以勸，如之何？孔曰：魯卿季孫肥，康，謚。子曰：臨之以莊，則敬；包曰：莊，嚴也。君臨民以嚴，則民敬其上。孝慈，則忠；包曰：君能上孝於親，下慈於民，則民忠矣。舉善而

教不能則勸包曰舉用善人而教不能者則民勸勉 疏 季康至則勸。正義曰此章明使民敬忠勸善之法季康子問使民敬忠以勸如之何者季康子魯執政之上卿也時以僭濫故民不敬忠勸勉故問於孔子曰欲使民人敬上盡忠勸勉爲善其法如之何子曰臨之以莊則敬者此荅之也自上涖下曰臨莊嚴也言君臨民以嚴則民敬其上孝慈則忠者言君能上孝於親下慈於民則民作忠舉善而教不能則勸者言君能舉用善人置之祿位教誨不能之人使之材能如此則民相勸勉爲善也於時魯君蠶食深宮季氏專執國政則如君矣故此荅皆以人君之事言之也。注魯卿季孫肥康謚。正義曰知者據左傳及世家文也謚法云安樂撫民曰康

或謂孔子曰子奚不爲政包曰或人以爲居位乃是爲政子曰書云孝乎惟孝友于兄弟施於有政是亦爲政奚其爲爲政包曰孝乎惟孝美大孝之辭友于兄弟善於兄弟施行也所行有政道。與爲政同 疏 或謂至爲政。正義曰此章言孝友與爲政同或謂孔子曰子奚不爲政者奚何也或有一人亡其姓名謂孔子曰子既多才多藝何不居官爲政或

人以爲居位乃是爲政也子曰書云孝乎惟孝友于兄弟施於有政者此周書君陳篇文引之以荅或人爲政之事彼云王若曰君陳惟爾令德孝恭惟孝友于兄弟克施有政孔安國云言其有令德善事父母行已以恭言善事父母者必友于兄弟能施有政令其言與此小異此云孝乎惟孝者美大孝之辭也友于兄弟者言善於兄弟也施行也行於此二者即有爲政之道也是亦爲政奚其爲爲政者此孔子語也是此也言此孝友亦爲政之道此外何事其爲爲政乎言所行有政道即與爲政同不必居位乃是爲政

子曰人而無信不知其可也孔曰言人而無信其餘終無可大車無輗小車無軏其何以行之哉包曰大車牛車輗者轅端橫木以縛軛小車駟馬車軏者轅端上曲鉤衡 疏 子曰至之哉。正義曰此章明信不可無也人而無信不知其可也者言人而無信其餘雖有他才終無可也大車無輗小車無軏其何以行之哉者此爲無信之人作譬也大車牛車輗轅端橫木以縛軛駕牛領者也小車駟馬車軏者轅端上曲鉤衡以駕兩服馬領者也大車無輗則不能駕牛小車無軏則不能駕馬其車何以得行之哉言必不能行也以喻人而無信亦不可行也。注包曰至鉤衡。正義曰云大車牛車者冬官考工記車人爲車大車崇九尺鄭注云大車平地載任之車轂長半柯者也其駕牛故酒誥曰肇牽車牛遠服賈用故曰大車牛車也說文云輗大車轅端持衡者軏轅前也是輗者轅端橫木以縛軛者也云小車駟馬車者考工記兵車田車乘車也皆駕駟馬故曰駟馬車也說文云軏者車轅端持衡者考工記云國馬之輈深四尺有七寸注云馬高八尺兵車乘車軹崇三尺有三寸加軫與轐七寸又并此輈深則衡高八尺七寸也除馬之高則餘七寸爲衡頸之間是輈在衡上也轅從軫以前稍曲而上至衡則居衡之上而嚮下鉤之衡則橫居輈下是轅端上曲鉤衡者名軏也

子張問十世可知也孔曰文質禮變子曰殷因於夏禮所損益可知也周因於殷禮所損益可知也馬曰所因謂三綱五常所損益謂文質三統其或繼周者雖百世可知也物類相召世數相生其變有常故可預知 疏 子張至知也。正義曰此章明創制革命因沿損益之禮子張問十世可知也者弟子子張問於孔子夫國家文質禮變設若相承至於十世世數既遠可得知其禮乎子曰殷因於夏禮所

損益可知也周因於殷禮所損益可知也者此夫子荅以可知之事言殷承夏后因用夏禮謂三綱五常不可變革故因之也所損益者謂文質三統夏尚文殷則損文而益質夏以十三月爲正爲人統色尚黑殷則損益之以十二月爲正爲地統色尚白也其事易曉故曰可知也周因於殷禮所損益可知也者言周代殷立而因用殷禮及所損益事事亦可知也其或繼周者雖百世可知也者言非但順知既往兼亦預知將來時周尚存不敢斥言故曰其或言設或有繼周而王者雖多至百世以其物類相召世數相生其變有常故皆可預知也。注馬曰至三統。正義曰云三綱五常者白虎通云三綱者何謂謂君臣父子夫婦也君爲臣綱父爲子綱夫爲妻綱大者爲綱小者爲紀所以張理上下整齊人道也人皆懷五常之性有親愛之心是以綱紀爲化若羅網有紀綱之而百目張也所以稱三綱何一陰一陽之謂道陽得陰而成陰得陽而序剛柔相配故人爲三綱法天地人君臣法天取象日月屈信歸功也父子法地取法五行轉相生也夫婦取象人合陰陽有施君羣也羣下之所歸心臣牽也事君也象屈服之形也父者矩也以度教子子者孳也孳孳無已也夫者扶也以道扶接婦者服也以禮屈服也云五常者仁義禮智信也白虎通云五常者何謂仁義禮智信也仁者不忍

好生愛人義者宜也斷決得中也禮者履也履道成文智者知也或於事見微知著信者誠也專一不移故人生而應八卦之體得五氣以爲常仁義禮智信是也云損益謂文質三統者白虎通云王者必一質一文者何所以承天地順陰陽陽道極則陰道受陰道極則陽道受明一陽二陰不能繼也質法天文法地而已故天爲質地受而化之養而成之故爲文尚書大傳曰王者一質一文據天地之道禮三正記曰質法天文法地帝王始起先質後文者順天地之道本末之義先後之序也事莫不先其質性乃後有其文章也夏尚黑殷尚白周尚赤此之謂三統故書傳略說云天有三統物有三變故正色有三天有三生三死故士有三王王特一生死又春秋緯元命包及樂緯稽耀嘉云夏以十三月爲正息卦受泰注云物之始其色尚黑以寅爲朔殷以十二月爲正息卦受臨注云物之牙其色尚白以雞鳴爲朔周以十一月爲正息卦受復其色尚赤以夜半爲朔又三正記云正朔三而改文質再而復以此推之自夏以上皆正朔三而改也鄭注尚書三帛高陽氏之後用赤繒高辛氏之後用黑繒其餘諸侯用白繒如鄭此意卻而推之舜以十一月爲正尚赤堯以十二月爲正尚白故曰其餘諸侯用白繒高辛氏以十三月爲正尚黑故云高辛氏之後用黑繒高陽氏以十一月爲正尚赤故云高陽氏之後用赤繒有少皞以十二月爲正尚白黄帝以十三月爲正尚黑神農以十一月爲正尚赤女媧以十二月爲正尚白伏羲以上未有聞焉易說卦云帝出乎震則伏羲也建寅之月又木之始其三正當從伏羲以下文質再而復者文質法天地文法天。質法地周文法地而爲天正殷質法。而爲地正者正朔文質不相須正朔以三而改文質以二而復各自爲義不相須也建子之月爲正者謂之天統以天之陽氣始生爲百物得陽氣微稍動變故爲天統建丑之月爲統者以其物已吐牙不爲天氣始動物又未出不得爲人。所施功唯在地中含養萌牙故爲地統建寅之月爲統者以人物出於地人功當須脩理故謂之人統統者本也謂天地人之本然王者必以此三月爲正者以其此月物生細微又是歲之始生王者繼天理物含養微細又取其歲初爲正朔之始既天地人之三者所繼不同故各改正朔不相襲也所尚既異符命亦隨所尚而來故禮緯稽命徵云其天命以黑故夏有玄圭天命以赤故周有赤雀銜書天命以白故殷有白狼銜鉤是天之所命亦各隨人所尚符命雖逐所尚不必皆然故天命禹觀河見白面長人洛予命云湯觀於洛沈璧。而黑龜與之書黄魚雙躍泰誓言武王伐紂而白魚入於王舟是符命不皆逐正色也鄭康成之義自古以來皆改正朔若孔安國則改正朔殷周二代故注尚書湯承堯舜禪代之後革命創制改正易服是從湯始改正朔也。注物類至預知。正義曰物類相召者謂三綱五常各以類相召因而不變也云世數相生者謂文質三統及五行相次周而復始而其世運有數相生變革也

子曰非其鬼而祭之諂也鄭曰人神曰鬼非其祖考而祭之者是諂求福

見義不爲無勇也孔曰義所宜爲而不能爲是無勇

【疏】子曰至勇也。正義曰此章言祭必巳親勇必爲義也非其鬼而祭之諂也者人神曰鬼言若非己祖考而輒祭他鬼者是諂媚求福也見義不爲無勇也者義宜也言義所宜爲而不能爲者是無勇之人也。注鄭曰至求福。正義曰云人神曰鬼者周禮大宗伯之職掌建邦之天神人鬼地示之禮是人神曰鬼也左傳曰神不歆非類民不祀非族故非其祖考而祭之者是諂求福也。注孔子曰至無勇。正義曰若齊之田氏弑君夫子請討之是義所宜爲也而魯君不能爲討是無勇也

論語注疏解經卷第二

二品廕生阮常生校栞

論語注疏挍勘記

阮元撰盧宣旬摘錄

爲政第二

爲政以德章

而衆星共之 釋文出衆星共云鄭作拱○按拱正字共假借字

包曰 皇本作鄭元曰

猶北辰之不移 皇本猶上有譬字釋文出猶北辰之不移云本或作譬猶北辰之不移與皇本合

而衆星共之 皇本之下有也字

案爾雅釋文云 閩本北監本同毛本又作天文字誤也今訂正

中宫太極皇 漢書天文志大作天

所謂琁璣玉衡 毛本琁作璇○按當作旋璇琁皆俗字

詩三百章

篇之大數 皇本數下有也字下歸於正下同

篇之大數 本大誤夫今正

道之以政

道之以政 皇本高麗本道作導下節同漢石經作道釋文出道之云音導下同○按後漢書朱景王杜馬劉傳堅馬傳論又杜林傳並引作導之以政漢石經作道用假借字

政謂法教 皇本教下有也字下刑罰下逆德下同

民免而無恥 閩本恥作耻乃恥之俗字

免苟免 皇本作苟免罪也

吾十有五而志于學章

吾十有五而志于學 漢石經高麗本于作乎皇本于作於案翟灝四書攷異曰此經自引詩書外例用於字今此獨變體爲于疑屬乎字傳寫誤漢石經論衡實知篇作乎而朱注亦云志乎此可思也

有所成也 皇本成下有立字

不疑惑 皇本惑下有也字下終始下徵旨下同

知天命之終始 閩本北監本毛本作始終

耳聞其言 皇本耳下有順字

從心所欲無非法 皇本法下有者字

孟懿子問孝章

仲孫何忌 皇本忌下有也字下故告之下樊須下同

我對曰無違 漢石經無作毋上無違無字闕

恐孟孫不曉無違之意 皇本無恐字

卜其宅兆而安措之之屬也 閩本北監本毛本措作厝案措正字厝假借字

是無違之理也 毛本理誤禮

孟武伯問孝章

父母唯其疾之憂 閩本母誤毋注同

唯疾病然後使父母憂 皇本作唯疾病然後使父母之憂耳

武伯懿子之仲孫彘也 閩本同北監本毛本之下有子字

子游問孝章

不敬何以別乎 漢石經無乎字

食而不愛豕畜之愛而不敬獸畜之 皇本食作飡之下並有也字

今之人本今誤令今訂正

字子游本子誤少今訂正

子夏問孝章

謂承順父母顏色皇本順作望

先生饌釋文出先生饌云鄭作餕音俊食餘曰餕案馬注饌飲食也是馬本作饌葢作饌者古論作餕者魯論也

孔子喻子夏皇本夏下有曰字

未孝也皇本作未足爲孝也

乃爲孝也皇本作乃是爲孝耳

吾與回言終日章

默而識之如愚皇本愚下有者也二字

回也不愚皇本愚下有也字

說釋道義皇本同北監本毛本釋作繹釋文出繹字云音亦則字當作繹○按說文說下云說繹也說釋即悅懌說悅釋懌皆古今字作繹用假借字

愚無知之稱本知誤智今訂正

視其所以章

人焉廋哉人焉廋哉漢石經脫下哉字

言觀人終始皇本人下有之字

溫故而知新章

可以爲人師矣皇本作可以爲師也筆解此注首有孔曰二字又師上亦無人字

乃褻尸俎閩本北監本同毛本褻作䙝案褻字誤也今訂正

是歸爲溫也閩本同北監本毛本歸作尋案所改是也今依訂正

學而不思章

學而不思則罔釋文出則罔云本又作冈案古罔字本省作冈此作冈又古文之省

學不尋思其義皇本作學而不尋思其義理

攻乎異端章

斯害也已皇本高麗本已下有矣字是也

由誨汝知之乎章

誨女知之乎皇本高麗本毛本女作汝後竝放此案釋文出誨女云音汝後可以意求之

不知爲不知皇本不知下有之字

子張學干祿章

雖愚不得祿閩本同北監本毛本愚作偶今依訂正

何爲則民服章

舉直錯諸枉釋文出錯字云鄭本作措投也○按措正字古經傳多假錯爲之

舉正直之人用之皇本正上有用字人下無用之二字

則民服其上皇本上下有矣字毛本作則民服其上也

哀公名蔣史記魯世家作名將世本作蔣

季康子問使民敬忠以勸章

臨之以莊則敬皇本臨下有民字又則敬則勸作則民敬則民勸案作臨民作臨之俱可若民之連用則不詞矣疑皇本誤

或謂孔子曰章

孝乎惟孝 皇本乎作于釋文出孝于云一本作孝乎案惠棟九經古義云蔡邕石經亦作于故包咸注云孝于惟孝美大孝之辭後世儒者據晉世所出君陳篇改孝于爲乎惟以孝屬下句以合之若非漢石經及包氏注亦安從而是正邪

是亦爲政 皇本正下有也字

奚其爲爲政 釋文出奚其爲爲政也云一本不重爲字

孝乎惟孝 皇本乎作于惟孝下有者字

美大孝之辭 皇本無大字辭下有也字

施行也 文選閒居賦注引此注下有政所施行也五字各本皆無

與爲政同 皇本作卽是與爲政同耳文選閒居賦注引與上有卽字同下有也字

今其言 本今誤令今正

美此孝之辭也 孫志祖云此當作大今正

人而無信章

小車無軏 案五經文字云軏軏音月轅端上說文不見論語及釋文相承隸省

轅端上曲鉤衡 皇本鉤作拘衡下有者也二字案鉤拘古音同第四部故多通用周禮巾車金路鉤注故書鉤爲拘杜子春讀爲鉤

大車崇九尺 考工記作三柯

如軫與轐 案如當作加如字誤也閩本北監本毛本與又誤輿

爲衡頸之問 閩本同北監本毛本問作間是也今依訂正

子張問十世章

殷因於夏禮所損益 宋石經避宣祖諱殷作商後放此漢石經損作損

雖百世可知也 皇本高麗本可上有亦字

物類相召世數相生 皇本此注作馬融曰召作招世作勢

故可預知 皇本作故可豫知也案豫預古今字

殷則損益之 各本益之二字誤倒今正

勢數相生 案注文及疏末段俱作世數則此不當作勢字今訂正

若羅網有紀綱之而百目張也 今白虎通作若羅網之有紀綱而萬目張也

剛柔相配故人爲三綱 今白虎通人上有六字

取象日月屈信歸功也 今白虎通功下有天字

取法五行 今白虎通法作象

夫婦取象人合陰陽有施 今白虎通作夫婦法人取象人合陰陽有施化端也

以度教子 今白虎通作以法度教子也

白虎通云 本云誤示今正

五性者何 今白虎通性作常是也

仁者不忍好生愛人 今白虎通作仁者不忍也施生愛人也案白虎通本有作好字者古人所據之本不必盡同今本且引書亦不盡用元文者不得援彼改此浦鏜遽以好爲誤字非也

或於事 今白虎通作不惑於事○按惑正字古多假或爲之

明一陽二陰 今白虎通一作二

事莫不先其質性乃後有其文章也 今白虎通作事莫不先有質性乃後有文章也

天有三生三死故士有三王 今白虎通士作王毛本三死誤二死

女媧以十二月爲正尙白　本正誤王白誤曰今正

又木之始　本木誤未今正

文法天質法地　閩本同案此當作文法地質法天下周文法地殷質法天可證

殷質法而爲地正者　閩本同北監本毛本而上有天字此誤脫也

建丑之月爲地統者　各本脫地字浦鏜挍補下建寅之月爲人統者同

以其物出於地　各本其作人據浦鏜挍改

物生細微　閩本北監本毛本作微細

洛予命云湯觀於洛沈璧而黑龜與之書　浦鏜云予誤子璧誤壁是也今依訂正

泰誓言武王伐紂　本泰誤秦今訂正

而白魚入於王舟　本入誤八今訂正

禪代之後　本代誤伐今訂正

非其鬼而祭之章

是諂求福　皇本作是諸以求福也

義所宜爲　皇本作義者所宜爲也又下是無勇下亦有也字

見其義不爲　孫志祖云其衍字

論語注疏挍勘記卷二終

論語注疏解經卷第三

八佾第三

何晏集解　邢昺疏

[疏]正義曰前篇論爲政爲政之善莫善禮樂禮以安上治民樂以移風易俗得之則安失之則危故此篇論禮樂得失也

孔子謂季氏八佾舞於庭是可忍也孰不可忍也馬曰孰誰也佾列也天子八佾諸侯六卿大夫四士二八人爲列八八六十四人魯以周公故受王者禮樂有八佾之舞季桓子僭於其家廟舞之故孔子譏之

[疏]孔子至忍也○正義曰此章論魯卿季氏僭用禮樂之事孔子謂季氏八佾舞於庭者謂者評論之稱季氏魯卿於時當桓子也佾列也舞者八人爲列八八六十四人桓子用此八佾舞於家廟之庭故孔子評論而譏之是可忍也孰不可忍也者此孔子所譏之語也孰誰也人之僭禮皆當罪責不可容忍季氏以陪臣而僭天子最難容忍故曰若是可容忍他人更誰不可忍也○注馬曰至譏之○正義曰孰誰釋詁文佾列書傳通訓也云天子八佾諸侯六大夫四士二者隱五年左傳文也云八人爲列八八六十四人者杜預何休說如此其諸侯用六者六六三十六人大夫四四十六人士二二四人服虔以用六爲六八四十八人大夫四八三十二人士二八十六人今以舞勢宜方行列既減即每行人數亦宜減故同何杜之說天子所以八佾者案隱五年左傳考仲子之宮將萬焉公問羽數於衆仲對曰天子用八諸侯用六大夫四士二夫舞所以節八音而行八風故自八以下杜預云唯天子得盡物數故以八爲列諸侯則不敢用八所謂八音者金石土革絲木匏竹也鄭玄云金鐘鎛也石磬也土壎也革鼔鼗也絲琴瑟也木柷敔也匏笙也竹管簫也所謂八風者服虔以爲八卦之風乾音石其風不周坎音革其風廣莫艮音匏其風融震音竹其風明庶巽音木其風清明離音絲其風景坤音土其風涼兌音金其風閶闔又易緯通卦驗云立春調風至春分明庶風至立夏清明風至夏至景風至立秋涼風至秋分閶闔風至立冬不周風至冬至廣莫風至是則天子之舞所以節八音而行八風故八佾也云魯以周公之故受王者禮樂有八佾之舞者此釋季氏所以得僭之由由魯得用之也案禮記祭統云昔者周公旦有勳勞於天下成王康王賜之以重祭朱干玉戚以舞大武八佾以舞大夏此天子之樂也重周公故以賜魯又明堂位曰命魯公世世祀周公以天子之禮樂是受王者禮樂也然王者禮樂唯得於文王周公廟用之若用之他廟亦爲僭也故昭二十五年公羊傳稱昭公謂子家駒曰吾何僭哉荅曰朱干玉戚以舞大夏八佾以舞大武此皆天子之禮也是昭公之時僭用他廟也云季桓子僭於家廟舞之故孔子譏之者案經但云季氏知是桓子者以孔子與桓子同時親見其事而譏之故知桓子也何休云僭齊也下效上之辭季氏陪臣也而效君於上故云僭也大夫稱家祭法大夫三廟此經又言於庭魯之用樂見於經傳者皆據廟中祭祀時知此亦僭於其家廟舞之故孔子譏之也

三家者以雍徹馬曰三家謂仲孫叔孫季孫雍周頌臣工篇名天子祭於宗廟歌之以徹祭今三家亦作此樂**子曰相維辟公天子穆穆奚取於三家之堂**包曰辟公謂諸侯及二王之後穆穆天子之容貌雍篇歌此者有諸侯及二王之後來助祭故也今三家但家臣而已何取此義而作之於堂邪

[疏]三家至之堂○正義曰此章譏三家之僭也三家者以雍徹者此弟子之言將論夫子所譏之語故先設此文以爲首引三家謂仲孫叔孫季孫雍周頌臣工篇名天子祭於宗廟歌之以徹祭今三家亦作此樂以徹祭故夫子譏之子曰相維辟公天子穆穆奚取於三家之堂者此夫子所譏之語也先引詩文後言其不可取之理也相維辟公天子穆穆者此雍詩之文也相助也維辭也辟公謂諸侯及二王之後穆穆天子之容貌雍篇歌此者有諸侯及二王之後來助祭故也今三家但家臣而已何取此義而作之於堂乎○注馬曰至此樂○正義曰三孫同是魯桓公之後桓公適子莊公爲君庶子公子慶父公子叔牙公子季友仲孫是慶父之後叔孫是叔牙之後季孫是季友之後其後子孫皆以其仲叔季爲氏故有此氏並是桓公子孫故俱稱孫也至仲孫氏後世改仲曰孟孟者庶長之稱也言已是庶不敢與莊公爲伯仲叔季之次故取庶長爲始也云雍周頌臣工篇名者即周頌臣工之什第七篇也天子祭於宗廟歌之以徹祭者案周禮樂師云及徹帥學士而歌徹鄭玄云徹者歌雍又小師云徹歌鄭云於有司徹而歌雍是知天子祭於宗廟歌之以徹祭也今三家亦作此樂故夫子譏之也○注包曰至堂邪○正義曰云辟公謂諸侯及二王之後者此與毛傳同鄭玄以辟爲卿士公謂諸侯爲異餘亦同也云穆穆天子之容貌者曲禮云天子穆穆爾雅釋詁云穆穆美也云天子之容貌穆穆然美也云雍篇歌此者有諸侯及二王之是

後來助祭故也者將言無諸侯及二王之後助祭則不可歌也云今三家但家臣而已何取此義而作之於堂邪者卿大夫稱家家臣謂家相邑宰之屬來助祭耳何取此雍詩之義而奏作於堂邪邪語辭魯用天子禮樂以雍徹由是三家僭之也

子曰人而不仁如禮何人而不仁如樂何 包曰言人而不仁必不能行禮樂。〔疏〕子曰至樂何。正義曰此章言禮樂資仁而行也人而不仁如禮何人而不仁如樂何者如奈也言人而不仁奈此禮樂何謂必不能行禮樂也

林放問禮之本 鄭曰林放魯人

子曰大哉問禮與其奢也寧儉喪與其易也寧戚 包曰易和易也言禮之本意失於奢不如儉喪失於和易不如哀戚〔疏〕林放至寧戚。正義曰此章明禮之本意也林放問禮之本者林放魯人也問於夫子禮之本意如何子曰大哉問者夫子將荅禮本先嘆美之也禮之末節人尚不知林放能問其本其意非小故曰大哉問也禮與其奢也寧儉喪與其易也寧戚者此夫子所荅禮本也奢汰侈也儉約省也易和易也戚哀戚也與猶等也奢與儉易與戚等俱不合禮但禮不欲失於奢寧失於儉喪不欲失於易寧失於戚言禮之本意禮失於奢不如儉喪失於和易不如哀戚

子曰夷狄之有君不如諸夏之亡也 包曰諸夏中國亡無也〔疏〕子曰夷狄之有君不如諸夏之亡也。正義曰此章言中國禮義之盛而夷狄無也舉夷狄則戎蠻可知諸夏中國也亡無也言夷狄雖有君長而無禮義中國雖偶無君若周召共和之年而禮義不廢故曰夷狄之有君不如諸夏之亡也。注包曰諸夏中國。正義曰此及閔元年左氏傳皆言諸夏襄四年左傳魏絳云諸夷必叛華夏皆謂中國而謂之華夏者夏大也言有禮儀之大有文章之華也

季氏旅於泰山子謂冉有曰女弗能救與 馬曰旅祭名也禮諸侯祭山川在其封內者今陪臣祭泰山非禮也冉有弟子冉求時仕於季氏救猶止也 對曰不能 子曰嗚呼曾謂泰山不如林放乎 包曰神不享非禮林放尚知問禮泰山之神反不如林放邪欲誣而祭之〔疏〕季氏至放乎。正義曰此章譏季氏非禮祭泰山也季氏旅於泰山者旅祭名也禮諸侯祭山川在其封內者今陪臣祭泰山非禮也子謂冉有曰女弗能救與者冉有弟子冉求時仕於季氏救猶止也夫子見季氏非禮而祭泰山故以言謂弟子冉有曰汝既臣於季氏知其非禮即合諫止女豈不能諫止與與語辭對曰不能者言季氏僭濫已不能諫止也子曰嗚呼曾謂泰山不如林放乎者孔子歎其失禮故曰嗚呼曾之言則也夫神不享非禮林放尚知問禮況泰山之神豈反不如林放乎而季氏欲誣罔而祭之也言泰山之神必不享季氏之祭若其享之則是不如林放也。注馬曰至止也。正義曰云旅祭名者周禮太宗伯職云國有大故明旅上帝及四望鄭注云故謂凶烖旅陳也陳其祭事以祈焉禮不如祀之備也故知旅祭名也云禮諸侯祭山川在其封內者王制云諸侯祭名山大川之在其地者是也云今陪臣祭泰山非禮也者陪重也諸侯既爲天子之臣故謂諸侯之臣爲陪臣泰山在魯封內故魯得祭之今季氏亦祭故云非禮云冉有弟子冉求者史記弟子傳云冉求字子有少孔子二十九歲鄭玄曰魯人

子曰君子無所爭必也射乎 孔曰言於射而後有爭 揖讓而升下而飲 王曰射於堂升及下皆揖讓而相飲 其爭也君子 馬曰多筭飲少筭君子之所爭〔疏〕子曰至君子。正義曰此章言射禮有君子之風也君子無所爭者言君子之人謙卑自牧無

所競爭也必也射乎者君子雖於他事無爭其或有爭必也於射禮乎言於射而後有爭也揖讓而升下而飲者射禮於堂將射升堂及射畢而下勝飲不勝其耦皆以禮相揖讓也其爭也君子者射者爭中正鵠而已不同小人厲色援臂故曰其爭也君子。注孔曰言於射而後有爭。正義曰鄭注射義云飲射爵者亦揖讓而升降勝者袒決遂執張弓不勝者襲說決拾卻左手右加弛弓於其上而升飲君子恥之是以射則爭中是於射而後有爭。注王曰至相飲。正義曰云射於堂升及下皆揖讓而相飲者儀禮大射云耦進上射在左並行當階北面揖及階揖升堂揖皆當其物北面揖及物揖射畢北面揖揖如升射是射時升降揖讓也大射又云飲射爵之時勝者皆袒決遂執張弓不勝者皆襲說決拾卻左手右加弛弓于其上遂以執弣揖如始升射及階勝者先升升堂少右不勝者進北面坐取豐上之觶立卒觶坐奠於豐下興揖不勝者先降是飲射爵之時揖讓升降也。注馬曰多至所爭。正義曰云多筭飲少筭者筭籌也鄉射記曰箭籌八十長尺有握握素是也多筭謂勝者少筭謂不勝者勝飲不勝而相揖讓故曰君子之所爭也

子夏問曰巧笑倩兮美目盼兮素以爲絢兮何謂也

馬曰倩笑貌盼動目貌絢文貌此上二句在衛風碩人之二章其下一句逸也

子曰繪事後素鄭曰繪畫文也凡繪畫先布衆色然後以素分布其間以成其文喻美女雖有倩盼美質亦須禮以成之

曰禮後乎孔曰孔子言繪事後素子夏聞而解知以素喻禮故曰禮後乎

子曰起予者商也始可與言詩已矣包曰予我也孔子言子夏能發明我意可與共言詩

【疏】子夏至詩已矣○正義曰此章言成人須禮也子夏問曰巧笑倩兮美目盼兮素以爲絢兮何謂也者倩笑貌盼動目貌絢文貌此衛風碩人之篇閔莊姜美而不見荅之詩也言莊姜既有巧笑美目倩盼之容又能以禮成文絢然素喻禮也子夏讀詩至此三句不達其旨故問夫子何謂也子曰繪事後素者孔子舉喻以荅子夏也繪畫文也凡繪畫先布衆色然後以素分布其間以成其文喻美女雖有倩盼美質亦須禮以成之也曰禮後乎者此子夏語子夏聞孔子言繪事後素即解其旨知以素喻禮故曰禮後乎子曰起予者商也始可與言詩已矣者起發也予我也商子夏名孔子言能發明我意者是子夏也始可與共言詩也○注馬曰至逸也○正義曰云此上二句在衛風碩人之二章者案今毛詩碩人四

章章七句其二章曰手如柔荑膚如凝脂領如蝤蠐齒如瓠犀螓首蛾眉巧笑倩兮美目盼兮是也云其下一句逸者今毛詩無此一句故曰逸言亡逸也○注鄭曰至成之○正義曰案考工記云畫繪之事雜五色下云畫繢之事後素功是知凡繪畫先布衆色然後以素分布其間以成其文章也

子曰夏禮吾能言之杞不足徵也殷禮吾能言之宋不足徵也包曰徵成也杞宋二國名夏殷之後夏殷之禮吾能說之杞宋之君不足以成也

文獻不足故也足則吾能徵之矣鄭曰獻猶賢也我不以禮成之者以此二國之君文章賢才不足故也

【疏】子曰至徵之矣○正義曰此章言夏商之後不能行先王之禮也夏禮吾能言之杞不足徵也殷禮。言之宋不足徵也者徵成也杞宋二國言夏殷之後也孔子言夏殷之禮吾能說之但以杞宋之君闇弱不足以成之也文獻不足故也足則吾能徵之矣者此又言不足徵之意獻賢也孔子言我不以禮成之者以此二國之君文章賢才不足故也○注包曰至成也○正義曰徵成釋詁文○云杞宋二國名夏殷之後者樂記云武王克殷下車而封夏后氏之後於杞封殷之後於宋是也

子曰禘自既灌而往者吾不欲觀之矣孔曰禘祫之禮爲序昭穆。故毀廟之主及羣廟之主皆合食於太祖灌者酌鬱鬯灌於太祖以降神也既灌之後列尊卑序昭穆而魯逆祀躋僖公亂昭穆故不欲觀之矣

【疏】子曰禘自既灌而往者吾不欲觀之矣○正義曰此章言魯禘祭非禮之事禘者五年大祭之名灌者將祭酌鬱鬯於太祖以降神也既灌之後列尊卑序昭穆而魯逆祀躋僖公亂昭穆故孔子曰禘祭自既灌已往吾則不欲觀之也○注孔曰至觀之○正義曰云禘祫之禮爲序昭穆故毀廟之主及羣廟之主皆合食於太祖者鄭玄曰魯禮三年喪畢而祫於太祖明年春禘於羣廟自爾之後五年而再殷祭以遠主初始入祧新死之主又當與先君相接故禮因是而爲大祭以審序昭穆故謂之禘禘者諦也言使昭穆之次審諦而不亂也祫者合也文二年公羊傳曰大祫者何合祭也其合祭奈何毀廟之主陳于太祖未毀廟之主皆升合食於太祖是也云灌者酌鬱鬯灌於太祖以降神者郊特牲云周人尚臭灌用鬯臭鬱合鬯臭陰達於淵泉灌以圭璋用玉氣也既灌然後迎牲致陰氣也鄭注云灌謂以圭瓚酌鬯始獻神也鬱鬱金草釀秬爲酒煮鬱金草和之其氣芬芳調暢故曰鬱鬯言未殺牲先酌

鬱鬯酒灌地以求神於太祖廟也云既灌之後列尊卑序昭穆者言既灌地降神之後始列木主以尊卑陳列太祖前太祖東鄉昭南鄉穆北鄉其餘孫從王父父曰昭子曰穆昭取其鄉明穆取其北面尚敬三年一祫五年一禘禘所以異於祫者毀廟之主陳於太祖與祫同未毀廟之主則各就其廟而祭也云而魯逆祀躋僖公亂昭穆故不欲觀之者春秋文二年秋八月丁卯大事于太廟躋僖公公羊傳曰躋者何升也何言乎升僖公譏何譏爾逆祀也何休云升謂西上禮昭穆指父子近取法春秋惠公與莊公當同南面西上隱桓與閔僖亦當同北面西上繼閔者在下文公緣僖公於閔公爲庶兄置僖公於閔公上失先後之義故譏之是知當閔在僖上今升僖先閔故云逆祀二公位次之逆非昭穆亂也此注云亂昭穆及魯語云將躋僖公宗有司曰非昭穆也弗忌曰我爲宗伯明者爲昭其次爲穆何常之有如彼所言又似閔僖異昭穆者位次之逆如昭穆之亂假昭穆以言之非謂異昭穆也若兄弟相代即異昭穆設今兄弟四人皆立爲君則祖父之廟即已從毀知其理必不然故先儒無作此說以此逆祀失禮故孔子不欲觀之也

或問禘之說子曰不知也孔曰荅以不知者爲魯諱。

知其說者之於天下

也其如示諸斯乎指其掌包曰孔子謂或人言知禘禮之說者於天下之事如指示掌中之物言其易了【疏】或問至其掌。正義曰此章言諱國惡之禮也或問禘之說者或人問孔子禘祭之禮其說何如子曰不知也者孔子荅言不知禘禮之說荅以不知者爲魯諱諱國惡禮也若其說之當云禘之禮序昭穆時魯躋僖公亂昭穆說之則彰國之惡故但言不知也知其說者之於天下也其如示諸斯乎也者諸於也斯此也孔子既荅或人以不知禘禮之說若不更說恐或人以爲己實不知無以明其諱國惡且恐後世以爲禘祭之禮聖人不知而致廢絕更爲或人言此也言我知禘禮之說者於天下之事中其如指示於此掌中之物言其易了也指其掌者此句弟子作論語時言也當時孔子舉一手伸掌以一手指之以示或人曰其如示諸斯乎弟子等恐人不知示諸斯謂指示何等物故著此一句言是時夫子指其掌也**祭如在**孔曰言事死如事生**祭神如神在**孔曰謂祭百神**子曰吾不與祭如不祭**包曰孔子或出或病而不自親祭使攝者爲之不致肅敬於心與不祭同【疏】祭如在至不祭。正義曰此章言孔子重祭禮祭如在者謂祭宗廟必致其敬

如其親存言事死如事生也祭神如神在者謂祭百神亦如神之存在而致敬也子曰吾不與祭如不祭者孔子言我若親行祭事則必致其恭敬我或出或病而不自親祭使人攝代己爲之不致肅敬於心與不祭同。注謂祭百神。正義曰百神謂宗廟之外皆是言百神舉成數**王孫賈問曰與其媚於奧寧媚於竈何謂也**孔曰王孫賈衛大夫奧內也以喻近臣竈以喻執政賈執政者欲使孔子求昵之微以世俗之言感動之也**子曰不然獲罪於天無所禱也**孔曰天以喻君孔子拒之曰如獲罪於天無所禱於眾神【疏】王孫至禱也。正義曰此章言夫子守禮不求媚於人也王孫賈者衛執政大夫也問曰與其媚於奧寧媚於竈何謂也者媚趣鄉也奧內也謂室內西南隅也以其隱奧故尊者居之其處雖尊而閒靜無事以喻近臣雖尊不執政柄無益於人也竈者飲食之所由雖處卑褻爲家之急用以喻國之執政位雖卑下而執賞罰之柄有益於人也此二句世俗之言也言與其趣於閒靜之處寧若趣於急用之竈以喻其求於無事之近臣寧若求於用權之執政王孫賈時執國政舉於二句佯若不達其理問於孔子曰何謂也欲使孔子求媚

親昵於己故微以世俗之言感動之也子曰不然獲罪於天無所禱也者孔子拒賈之辭也然如此也言我則不如世俗之言也天以喻君獲猶得也我道之行否由於時君無求於眾臣如得罪於天無所禱於眾神**子曰周監於二代郁郁乎文哉吾從周**孔曰監視也言周文章備於二代當從之【疏】子曰至從周。正義曰此章言周之禮文猶備也周監於二代郁郁乎文哉者監視也二代謂夏商郁郁文章貌言以今周代之禮法文章迴視夏商二代則周代郁郁乎有文章哉吾從周者言周之文章備於二代故從而行之也**子入太廟**包曰太廟周公廟孔子仕魯魯祭周公而助祭也**每事問或曰孰謂鄹人之子知禮乎入太廟每事問**孔曰鄹孔子父叔梁紇所治邑時人多言孔子知禮或人以爲知禮者不當復問**子聞之曰是禮也**孔曰雖知之當復問慎之至也【疏】子入至禮也。正義曰此章言夫子慎禮也子入太廟者子謂孔子太廟周公廟孔子仕魯魯祭周公而助祭故得入之也每事問者言太廟之中禮器之屬每事輒問於令長也或曰孰謂鄹人之子知禮乎入太廟

每事問者孰誰也鄹人魯鄹邑大夫孔子父叔梁紇也或有人曰誰謂鄹大夫之子知禮者也時人多言孔子知禮或人以爲知禮者不當復問何爲入太廟而每事問乎意以爲孔子不知禮子聞之曰是禮也者孔子聞或人之譏乃言其問之意以宗廟之禮當須重慎不可輕言雖已知之更當復問慎之至也。注包曰至助祭也。正義曰云太廟周公廟者文十三年公羊傳曰周公稱太廟魯公稱世室羣公稱宫故知太廟周公廟也云孔子仕魯者史記孔子世家云孔子貧且賤及長嘗爲季氏吏料量平嘗爲司職吏而畜蕃息由是爲司空其後定公以孔子爲中都宰一年四方皆則之由中都宰爲司空由司空爲大司寇攝相事是仕魯由是故得與助祭也。注孔曰至復問。正義曰云鄹孔子父叔梁紇所治邑者古謂大夫守邑者以邑冠之呼爲某人孔子父鄹邑大夫左傳稱鄹人紇故此謂孔子爲鄹人之子也左傳成二年云新築人仲叔于奚杜注云于奚守新築大夫即此類也**子曰射不主皮**馬曰射有五善焉一曰和志體和二曰和容有容儀三曰主皮能中質四曰和頌合雅頌五曰興武與舞同天子三侯以熊虎豹皮爲之言射者不但以中皮爲善亦兼取和容也**爲力不同科古之道也**馬曰爲力力役

之事亦有上中下設三科焉故曰不同科【疏】子曰至古之道也。正義曰此章明古禮也射不主皮者言古者射禮張布爲侯而棲熊虎豹之皮於中而射之射有五善焉不但以中皮爲善亦兼取禮樂容節也周衰禮廢射者無復禮容但以主皮爲善故孔子抑之云古之射者不主皮也爲力不同科者言古者爲力役之事亦有上中下設三科焉周衰政失力役之事貧富兼并強弱無别而同爲一科故孔子非之云古之爲力役不如今同科也古之道也者結上二事皆前古所行之道也。注馬曰至和容也。正義曰云射有五善焉者言射禮有五種之善下所引是也云一曰和至五曰興舞皆周禮鄉大夫職文也云志體和至興舞同皆馬融辭義語案彼云退而以鄉射之禮五物詢衆庶一曰和二曰容三曰主皮四曰和容五曰興舞注云以用也行鄉射之禮而以五物詢於衆民鄭司農云詢謀也問於衆庶寧復有賢能者和謂閨門之內行也容謂容貌也主皮謂善射射所以觀士也故書舞爲無杜子春讀和容爲和頌謂能爲樂也無不爲舞謂能爲六舞玄謂和載六德容包六行也庶民無射禮因田獵分禽則有主皮者張皮射之無侯也主皮和容興舞則六藝之射與禮與樂是也今此注二曰和容衍和字五曰興武武當爲舞聲之誤也云天子三侯以熊虎豹皮爲之者

周禮天官司裘職云王大射則共熊侯虎侯豹侯設其鵠諸侯則共熊侯豹侯卿大夫則共麋侯皆設其鵠注云大射者爲祭祀射王將有郊廟之事以射擇諸侯及羣臣與邦國所貢之士可以與祭者射者可以觀德行其容體比於禮其節比於樂而中多者得與於祭諸侯謂三公及王子弟封於畿內者卿大夫亦皆有采地焉其將祀其先祖亦與羣臣射以擇之凡大射各於其射宫侯者其所射也以虎熊豹麋之皮飾其側又方制之以爲臯謂之鵠著於侯中所謂皮侯王之大射虎侯王所自射也熊侯諸侯所射豹侯卿大夫以下所射諸侯之大射熊侯諸侯所自射豹侯羣臣所射卿大夫之大射麋侯君臣共射焉凡此侯道虎九十弓熊七十弓豹麋五十弓列國之諸侯大射大侯亦九十參七十干五十遠尊得伸可同耳所射正謂之侯者天子中之則能服諸侯諸侯以下中之則得爲諸侯鄭司農云鵠鵠毛也方十尺曰侯四尺曰鵠二尺曰正四寸曰質玄謂侯中之大小取數於侯道鄉射記曰弓二寸以爲侯中則九十弓者侯中廣丈八尺七十弓者侯中廣丈四尺五十弓者侯中廣一丈尊卑異等此數明矣考工記曰梓人爲侯廣與崇方參分其廣而鵠居一焉然則侯中丈八尺者鵠方六尺侯中丈四尺者鵠方四尺六寸大半寸侯中一丈者鵠方三尺三寸少半寸謂之鵠者

取名於鳱鵠鳱鵠小鳥而難中是以中之爲儁亦取鵠之言較較者直也射所以直己志用虎熊豹麋之皮示服猛討迷士惑者射者大禮故取義衆也不大射士無臣祭無所擇也

子貢欲去告朔之餼羊鄭曰牲生曰餼禮人君每月告朔於廟有祭謂之朝享魯自文公始不視朔子貢見其禮廢故欲去其羊

子曰賜也爾愛其羊我愛其禮包曰羊存猶以識其禮羊亡禮遂廢

【疏】子貢至其禮。正義曰此章言孔子不欲廢禮也子貢欲去告朔之餼羊者牲生曰餼禮人君每月告朔於廟因有祭謂之朝享魯自文公怠於政禮始不視朔廢朝享之祭有司仍供備其羊子貢見其禮廢故欲并去其羊也子曰賜也爾愛其羊我愛其禮者此孔子不許子貢之欲去羊故呼其名而謂之曰賜也爾以爲既廢其禮虛費其羊故欲去之是愛其羊也我以爲羊存猶以識其禮羊亡禮遂廢所以不去其羊欲使後世見此告朔之羊知有告朔之禮庶或復行之是愛其禮也。注鄭曰至其羊。正義曰云牲生曰餼者僖三十三年左傳曰餼牽竭矣餼與牽相對牽是牲可牽行則餼是已殺殺又非熟故解者以爲腥曰餼謂生肉未煑者也其實餼亦是生哀二十四年左傳云晉師乃還餼臧石牛是以生牛賜之也此及聘禮注皆云牲生曰餼由不與牽相對故爲生也云禮每月告朔於廟有祭謂之朝享者案周禮大史頒告朔于邦國鄭玄云天子頒朔于諸侯諸侯藏之祖廟至朔朝于廟告而受行之此云子貢欲去告朔之餼羊是用生羊告於廟謂之告朔人君即以此日聽視此朔之政謂之視朔文十六年公四不視朔僖五年傳曰公既視朔是也視朔者聽治此月之政亦謂之聽朔玉藻云天子聽朔于南門之外是也其日又以禮祭於宗廟謂之朝廟周禮謂之朝享司尊彝云追享朝享是也其歲首爲之則謂之朝正襄二十九年正月公在楚傳曰釋不朝正於廟是也告朔視朔聽朔朝廟享朝正二禮各有三名同日而爲之也必於月朔爲此告朔聽朔之禮者杜預春秋釋例曰人君者設官分職以爲民極遠細事以全委任之責縱諸下以盡知力之用揔成敗以效能否執八柄以明誅賞故自非機事皆委任焉誠信足以相感事實盡而不擁故受位居職者思效忠善日夜自進而無所顧忌也天下之細事無數一日二日萬端人君之明有所不照人君之力有所不堪則不得不借問近習有時而用之如此則六鄉六遂之長雖躬履此事躬造此官當皆移聽於內官回心於左右政之粃亂常必由此聖人知其不可故簡其節敬其事因月朔朝廟遷坐正位會羣吏而聽大政考其

所行而決其煩疑非徒議將然也乃所以考已然又惡其審聽之亂公也故顯衆以斷之是以上下交泰官人以理萬民以察天下以治也每月之朔必朝於廟因聽政事事敬而禮成以故告特羊然則朝廟朝正告朔視朔皆同日之事所從言異耳是言聽朔朝廟之義也玉藻說天子朝廟之禮云聽朔於南門之外諸侯皮弁聽朔於太廟鄭玄以爲明堂在國之陽南門之外謂明堂也諸侯告朔以特羊則天子以特牛與天子用特牛告其帝及其神配以文王武王諸侯用特羊告太祖而已杜預以明堂與祖廟爲一但明堂是祭天之處天子告朔雖杜之義亦應告人帝朝享卽月祭是也祭法云王立七廟祖廟曰考廟王考廟皇考廟顯考廟皆月祭之二祧享嘗乃止諸侯立五廟曰考廟王考廟皇考廟皆月祭之顯考廟祖考廟享嘗乃止然則天子告朔於明堂朝享於五廟諸侯告朔於大廟朝享自皇考以下三廟耳皆先告朔後朝廟朝廟小於告朔文公廢其大而行其小故春秋文公六年經云閏月不告朔猶朝于廟公羊傳曰猶者可止之辭也天子玄冕以視朔皮弁以日視朝諸侯皮弁以聽朔朝服以日視朝其閏月則聽朔於明堂闔門左扉立於其中聽政於路寢門終月故於文王在門爲閏云魯自文公始不視朔者卽文六年閏月不告朔是也

子曰事君盡禮人以爲諂也孔曰時事君者多無禮故以有禮者爲諂〔疏〕子曰至諂也。正義曰此章疾時臣事君多無禮也言若有人事君盡其臣禮謂將順其美及善則稱君之類而無禮之人反以爲諂佞也

定公問君使臣臣事君如之何孔曰定公魯君謚時臣失禮定公患之故問之孔子對曰君使臣以禮臣事君以忠〔疏〕定公問至以忠。正義曰此章明君臣之禮也定公問君使臣臣事君如之何者定公魯君也時臣失禮君不能使定公患之故問於孔子曰君之使臣及臣之事君當如之何也孔子對曰君使臣以禮臣事君以忠者言禮可以安國家定社稷止由君不用禮則臣不竭忠故對曰君之使臣以禮則臣必事君以忠也。注孔曰至問之。正義曰云定公魯君謚者魯世家云定公名宋襄公之子昭公之弟以敬王十一年卽位謚法安民大慮曰定

子曰關雎樂而不淫哀而不傷孔曰樂不至淫哀不至傷言其和也〔疏〕子曰至不傷。正義曰此章言正樂之和也關雎者詩國風周南首篇名興后妃之德也詩序云樂得淑女以配君子憂在進賢不淫其色是樂而不淫也哀窈窕思賢才而無傷善之心焉是哀而不傷也樂不至淫哀不至傷言其正樂之和也

哀公問社於宰我宰我對曰夏后氏以松殷人以栢周人以栗曰使民戰栗孔曰凡建邦立社各以其土所宜之木宰我不本其意妄爲之說因周用栗云使民戰栗子聞之曰成事不說包曰事已成不可復解說遂事不諫包曰事已遂不可復諫止既往不咎包曰事已往不可復追咎孔子非宰我故歷言此三者欲使慎其後〔疏〕哀公至不咎。正義曰此章明立社所用木也哀公問社於宰我者哀公魯君也社五土之神也凡建邦立社各以其土所宜木哀公未知其禮故問於弟于宰我也宰我對曰夏后氏以松殷人以栢周人以栗曰使民戰栗者三代立社各以其土所宜木故宰我舉之以對哀公也但宰我不本其土宜之意因周用栗便妄爲之說曰周人以栗者欲使其民戰栗故也子聞之曰成事不說遂事不諫既往不咎者孔子聞宰我對哀公使民戰栗知其非妄無如之何故曰事已成不可復解說也事已遂不可復諫止也事已往不可復追咎也歷言此三者以非之欲使慎其後也

注孔曰至戰栗。正義曰云凡建邦立社各以其土所宜之木者以社者五土之摠神故凡建邦立國必立社也夏都安邑宜松殷都亳宜栢周都豐鎬宜栗是各以其土所宜木也謂用其木以爲社主張包周本以爲哀公問主於宰我先儒或以爲宗廟主者杜元凱何休用之以解春秋以爲宗廟主今所不取

子曰管仲之器小哉言其器量小也或曰管仲儉乎包曰或人見孔子小之以爲謂之大儉曰管氏有三歸官事不攝焉得儉包曰三歸娶三姓女婦人謂嫁曰歸攝猶兼也禮國君事大官各有人大夫兼并今管仲家臣備職非爲儉然則管仲知禮乎包曰或人以儉問故荅以安得儉或人聞不儉便謂爲得禮曰邦君樹塞門管氏亦樹塞門邦君爲兩君之好有反坫管氏亦有反坫鄭曰反坫反爵之坫在兩楹之間人君別內外於門樹屛以蔽之若與鄰國爲好會其獻酢之禮更酌酌畢則各反爵於坫上今管仲皆僭爲之如是是不知禮管氏而知禮孰不知

禮【疏】子曰至之禮。正義曰此章言管仲僭禮也子曰管仲之器小哉者管仲齊大夫管夷吾也孔子言其器量小也或曰管仲儉乎者或人見孔子言管仲器小以爲謂其大儉故問曰管氏儉乎曰管氏有三歸官事不攝焉得儉者孔子荅或人以管仲不儉之事也婦人謂嫁曰歸攝猶兼也焉猶安也禮大夫雖有妾媵嫡妻唯娶一姓今管仲娶三姓之女故曰有三歸禮國君事大官各有人大夫雖得有家臣不得每事立官當使一官兼攝餘事今管仲家臣備職奢豪若此安得爲儉也然則管仲知禮乎者或人聞孔子言管仲不儉便謂爲得禮故又問曰然則管仲是知禮之人乎曰邦君樹塞門管氏亦樹塞門邦君爲兩君之好有反坫管氏亦有反坫者此孔子又爲或人説管仲不知禮之事也邦君諸侯也屏謂之樹人君别内外於門樹屏以蔽塞之大夫當以簾蔽其位耳今管仲亦如人君樹屏以塞門也反坫反爵之坫在兩楹之間人君與鄰國爲好會其獻酢之禮更酌酌畢則各反爵於坫上大夫則無之今管仲亦有反爵之坫僭濫如此是不知禮也管氏而知禮孰不知禮者孔子舉其僭禮於上而以此言非之孰誰也言若謂管氏而爲知禮更誰爲不知禮言唯管氏不知禮也。注包曰至爲儉。正義曰云婦人謂嫁曰歸者隱二年公羊傳文何休曰婦人生以父母爲家嫁以夫爲家故謂嫁曰歸明有三歸之道也。注鄭曰至知禮。正義曰云反坫反爵之坫在兩楹之間者以鄉飲酒是鄉大夫之禮於房戶間燕禮是燕已之臣子故尊於東楹之西若兩君相敵則尊於兩楹間故其坫在兩楹間也云人君别内外於門樹屏以蔽之者釋宫云屏謂之樹郭璞曰小牆當門中郊特牲云臺門而旅樹鄭玄云此皆諸侯之禮也旅道也屏謂之樹樹所以蔽行道管氏樹塞門塞猶蔽也禮天子外屏諸侯内屏大夫以簾士以帷是也云若與鄰國爲好會其獻酢之禮更酌酌畢則各反爵於坫上者熊氏云主君獻賓賓筵前受爵飲畢反坫虚爵於坫上於西階上拜主人於阼階上荅拜賓於坫取爵洗爵酌以酢主人主人受爵飲畢反此虚爵於坫上主人阼階上拜賓荅拜是賓主飲畢反爵於坫上也而云酌畢各反爵於坫上者文不具耳其實當飲畢

子語魯大師樂曰：樂其可知也。始作，翕如也。大師，樂官名。五音始奏，翕如盛。從之，純如也。從讀曰縱，言五音既發，放縱盡其音聲，純純和諧也。皦如也，言其音節明也。繹如也，以成。縱之以純如、皦如、繹如，言樂始作翕如，而成於三。

【疏】子語至以成。正義曰此章明樂子語魯大師樂者大師樂官名猶周禮之大司樂也於時魯國禮樂崩壞故孔子以正樂之法語之使知也曰樂其可知也者言五音翕然盛也翕盛皃如皆語辭從之純如也者從讀曰縱謂放縱也純和也言五音既發放縱盡其音聲純純和諧也皦如也者皦明也言其音節分明也繹如也者言其音落繹然相續不絶也以成者言樂始作翕如又縱之以純如皦如繹如則正樂以之而成也

儀封人請見，鄭曰：儀蓋衛邑。封人，官名。曰：君子之至於斯也，吾未嘗不得見也。從者見之。包曰：從者，弟子隨孔子行者，通使得見。出曰：二三子何患於喪乎？天下之無道也久矣，孔曰：語諸弟子，言何患於夫子聖德之將喪亡邪？天下之無道已久矣，極衰必盛。天將以夫子爲木鐸。孔曰：木鐸，施政教時所振也。言天將命孔子制作法度，以號令於天下。

【疏】儀封至木鐸。正義曰此章明夫子之德天將命之使其定禮樂也儀封人請見衛國儀邑典封疆之人請告於孔子從者欲見孔子也曰君子之至於斯也吾未嘗不得見也者此所請辭也嘗曾也言往者有德之君子至於我斯地也吾嘗得見之未曾有不得見者也從者見之者從者謂弟子隨孔子行者既見其請故爲之紹介通使得見也出曰二三子何患於喪乎者儀封人請既見夫子出門乃語諸弟子曰二三子何須憂患於夫子聖德之將喪亡乎天下之無道也久矣者此封人又説孔子聖德不喪之由也言事不常一盛必有衰衰極必盛今天下之衰亂無道亦已久矣言拯弱興衰屬在夫子天將以夫子爲木鐸者木鐸金鈴木舌施政教時所振也言天將命孔子制作法度以號令於天下如木鐸以振文教也。注鄭曰儀蓋至官名。正義曰云儀蓋衛邑者以左傳衛侯入於夷儀疑與此是一故云蓋衛邑也云封人官名者周禮封人掌爲畿封而樹之鄭玄云畿上有封若今時界也天子封人職典封疆則知諸侯封人亦然也左傳言潁谷封人祭仲足爲祭封人宋高哀爲蕭封人此云儀封人皆以地名封人蓋職典封疆居在邊邑潁谷儀祭皆是國之邊邑也。注包曰至得見。正義曰云通使得見者見謂爲之紹介使之見也若左傳云乃見鱄設諸焉齊豹見宗魯於公孟亦然。注孔曰至天下。正義曰云木鐸施政教時所振也者禮有金鐸木鐸鐸是鈴也其體以金爲之明舌有金木之異知木鐸是木舌也周禮教鼓人以金鐸通鼓大司馬教振旅兩司馬執鐸明堂位云振木鐸於朝是武事

振金鐸文事振木鐸此云木鐸施政教時所振者所以振文教是也**子謂韶盡美矣又盡善也**孔曰韶舜樂名謂以聖德受禪故盡善**謂武盡美矣未盡善也**孔曰武武王樂也以征伐取天下故未盡善【疏】子謂至善也。正義曰此章論韶武之樂。子謂韶盡美矣又盡善者韶舜樂名韶紹也德能紹堯故樂名韶言韶樂其聲及舞極盡其美揖讓受禪其聖德又盡善也謂武盡美矣未盡善也者武周武王樂以武得民心故名樂曰武言武樂音曲及舞容則盡極美矣然以征伐取天下不若揖讓而得故其德未盡善也。注孔曰至盡善。正義曰云韶舜樂名者樂記云韶繼也注云韶紹也言舜之道德繼紹於堯也元命包曰舜之時民樂紹堯業其書益稷云簫韶九成鳳皇來儀是韶爲舜樂名也云謂以聖德受禪故盡善者書序云昔在帝堯聰明文思光宅天下將遜于位讓于虞舜孔安國云若使攝遂禪之禪即讓也是以聖德受禪也。注孔曰至未盡善。正義曰云武武王樂也者禮器云樂也者樂其所自成注云作樂者緣民所樂於已之功然則以武王用武除暴爲天下所樂故謂其樂爲武樂武樂爲一代大事故歷代皆稱大也云以征伐取天下故未盡善者以臣代君雖曰應天順人不若揖讓而受故未盡善也

子曰居上不寬爲禮不敬臨喪不哀吾何以觀之哉【疏】子曰居上不寬爲禮不敬臨喪不哀吾何以觀之哉。正義曰此章揔言禮意居上位者寬則得衆不寬則失於苛刻凡爲禮事在於莊敬不敬則失於傲惰親臨死喪當致其哀不哀則失於和易凡此三失皆非禮意人或若此不足可觀故曰吾何以觀之哉

論語注疏解經卷第三

二品廕生阮常生挍栞

論語注疏挍勘記

阮元撰盧宣旬摘錄

八佾第三

孔子謂季氏章

金鐘鐏也　毛本鐘作鍾閩本鐏誤鎛北監本鍾亦作鐘鎛亦誤鎛

重周公故以賜魯　禮記祭統重作康

吾何僭哉　公羊傳哉上有矣字

下効上之辭　閩本同北監本毛本効作效案効乃效之俗字今正

三家者以雍徹　釋文出撤字云本或作徹案五經文字云撤去也案字書無此字見論語

今三家亦作此樂　皇本樂下有者也二字。按者是衍文

天子穆穆　皇本穆穆下有矣字

天子之容貌　皇本貌作也

雍篇歌此者　皇本此下有曲字

但家臣而已　本但誤伹今改正

季氏旅於泰山章

季氏旅於泰山　玉篇云祣祭名論語作旅廣韻云祣祭山川名論語只作旅。按說文有旅無祣鄭氏注大司徒云旅陳也陳其祭事以祈焉

女弗能救與　皇本高麗本弗作不

君子無所爭章

多筭飲少筭　毛本筭作算釋文出多筭云本今作筭案五經文字云筭相亂反作筭訛算先卯反從具見禮經說文筭計厤數者从竹弄算數也从竹具據此則字當作筭

右加弛弓　毛本作弛○按禮注射儀注作弛是正字

揖如始升射　儀禮大射儀無始字

坐奠於豐下與揖　本與誤與今訂正

鄉射記曰　北監本毛本記作禮後射不主皮章疏同○按作記是也

巧笑倩兮章

巧笑倩兮　皇本北監本毛本笑作笑後陽貨篇子之武城章夫子莞爾而笑皇本閩本北監本毛本亦竝作笑五經文字云笑喜也從竹下犬○按釋文注中多作笑竹下犬非古也

美目盼兮　唐石經閩本北監本同毛本盼作盻下竝同○案說文盼詩曰美目盼兮从目分聲盻恨視也从目兮聲音義迥別毛本改从兮是今依訂正

繪事後素　釋文出繪事云本又作繢同畫文也案繪繢古通用周禮考工記凡畫繢之事後素功注及文選夏侯常侍誄注竝引作繢

凡繪畫先布衆色　皇本作畫繪又色作采

然後以素分布其閒　皇本無布字

起予者商也　漢石經無者字

可與共言詩　皇本詩下有已矣二字

夏禮吾能言之章

殷禮言之　浦鏜云禮下脫吾能二字

徵成釋詁文　孫志祖云今爾雅釋詁無此文

封殷之後於宋是也　禮記樂記封作投

禘自既灌而往章

列尊卑　皇本列作別

而魯逆祀　皇本魯下有爲字

禘者二年大祭之名　浦鏜云五誤二今正

禘祭自既灌巳往　閩本北監本毛本巳作以○按巳以古字通

五年一禘　本五誤王今正

是知當閔在僖上　本上誤土今正

或問禘之說章

爲魯諱　皇本作爲魯君諱也

如指示掌中之物　皇本掌上有以字

其如示諸斯乎也者　浦鏜云也字衍

言我知禘禮之說者於天下之事中　浦鏜云我疑若字誤中字疑衍

祭如在章

不致肅敬於心　皇本不上有故字無肅字毛本於誤作其疏文可證也

與其媚於奧章

賈執政者　皇本賈下有者字者下有也字

欲使孔子求昵之　釋文出求昵云亦作暱案昵暱古字通五經文字云暱昵同尼一反近也

孔子拒之曰　皇本拒作距北監本誤作柜五經文字云拒與距同○按距雞距字說文有歫無拒歫卽拒也

樂於二句　浦鏜云於疑此字誤

周監於二代章

郁郁乎文哉　汗簡云古論語郁作戫案說文戫有文章也戫卽戫字之省

當從之　皇本作當從周也

此章言周之禮文猶備也　浦鏜云猶當獨字誤

子入太廟章

子入太廟　唐石經皇本太作大下文及注並同後並放此唯本篇管仲之器小哉章注以爲謂之太儉皇本亦作太案釋文出大字云音泰則此當作大爲是

射不主皮章

嘗爲季氏史　閩本北監本同毛本史作吏今依訂正

云志體和至與舞同　北監本閩本與誤典

行鄉射之禮　本鄉誤卿今正

無讀爲舞　本讀誤不今正

與禮與樂是也　按周禮注無下與字

主將有祭祀之射　北監本毛本作主將有郊廟之事浦鏜云主當作王是也

卿大夫亦皆有采地焉　本卿誤鄉焉誤馬今並正○案閩本北監本卿亦誤鄉

其將祀其先祖　本先誤無閩本同案此無作无形近之譌今正

又方制之以爲䡴　本䡴誤辜閩本同北監本毛本作䡴亦誤○今正

鄉射記曰　毛本記作禮周禮注作記不誤

討迷士惑者　閩本同北監本毛本無士字○補案此士字因下士不大射誤衍

不大射　本大誤犬今改正○補毛本不上有士字案此誤脫

子貢欲去告朔之餼羊章

爾愛其羊　唐石經爾作女皇本高麗本作汝

云禮每月告朔於廟　浦鏜云據注文每上脫人君二字

是用牲羊告於廟　閩本同案牲當作生今訂正

則謂之朝政　閩本同毛本政作正是也今依訂正

朝廟亨朝正　毛本亨上有朝字此誤脫也閩本北監本毛本作朝廟亨廟正尤誤

皆委立焉　閩本同毛本立作任是也今依正

雖則履此事　浦鏜云躬誤則今依正

每月之朝　閩本同毛本朝作朔案朝字誤今正

以故告特羊　本特誤時今正

王立七廟祖廟　禮記祭法無祖廟二字按下脫祖考廟三字此蓋因下文誤衍

朝亨自皇考以下　閩本北監本同毛本廟作朝是也今依正

關雎樂而不淫章

樂不至淫哀不至傷　皇本不上並有而字

哀窈窕　北監本窈作竅竅字非也毛本竅誤窕

哀公問社於宰我章

哀公問社於宰我　釋文出問社云鄭本作主云主田主謂社案左氏文二年經丁丑作僖公主正義云論語哀公問主於宰我古論語及孔鄭皆以爲社主張包周等並爲廟主故杜所依用

使民戰栗　皇本高麗本栗下有也字

不可復追咎　皇本追下有非字

杜元凱　本元誤無今正

管仲之器小哉章

以爲謂之大儉　皇本大作太儉下有乎字按釋文出大儉云音泰

焉得儉　皇本高麗本儉下有乎字

三歸娶三姓女　皇本作三歸者娶三姓女也釋文出取三云本今作娶○按娶正字古多假取字

婦人謂嫁曰歸　皇本曰作爲釋文出謂嫁爲歸云一本無爲字本今作曰歸

便謂爲得禮　皇本作更謂爲得知禮也

邦君爲兩君之好　漢石經避高帝諱邦作國後放此

有反坫管氏亦有反坫　毛本坫竝誤玷

人君別內外　皇本作人君有別外內

若與鄰國爲好會　皇本國下有君字

孰不知禮　皇本禮下有也字

隱二年公羊傳文　各本二誤三今正

反此處爵於坫上　各本此誤坫今正

子語魯大師樂章

子語魯大師樂曰　閩本毛本作太師按釋文出大師云音泰注同

樂其可知也　皇本高麗本也下有已字

五音始奏　皇本五上有言字

從之純如也　唐石經避憲宗諱純作絲後放此按史記孔子世家從作縱後漢書班固傳注亦引作縱當是古論

放縱盡其音聲　皇本無音字

純純和諧也　皇本和上有如字按史記孔子世家集解引此注不重純字

言其音節明也　皇本明上有分字

言樂始作翕如而成於三　皇本作作於史記孔子世家集解引同皇本三下有者也二字

落繹然相續不絕也　補北監本毛本落作絡

儀封人請見章

儀蓋衛邑　皇本衛下有下字

君子之至於斯也　皇本高麗本也作者

天下之無道也久矣　高麗本無也字

儀封人既請見夫子　各本竝誤作請既今訂正

子謂韶章

又盡善也　嘉定錢大昕養新錄云漢書董仲舒傳本引又盡善矣上矣下也語意不同當是論語古本今漢書亦改作也唯宋景祐本是矣字西漢策要與景祐本同

故盡善　皇本作故曰盡善也下作故曰未盡善也

鳳皇來儀　閩本北監本皇作凰○按皇凰正俗字

武樂爲一代大事　盧文弨挍本改武爲夫

論語注疏挍勘記卷三終

論語注疏解經卷第四

里仁第四

何晏集解　邢昺疏

疏 正義曰此篇明仁仁者善行之大名也君子體仁必能行禮樂故以次前也

子曰里仁爲美。鄭曰里者仁之所居居於仁者之里是爲美。擇不處仁焉得知。鄭曰求居而不處仁者之里不得爲有知。疏 子曰至得知○正義曰此章言居必擇仁也里仁爲美者里居也仁者之所居處謂之里仁凡人之擇居居於仁者之里是爲美也擇不處仁焉得知者焉猶安也擇求居處而不處仁者之里安得爲有知也

子曰不仁者不可以久處約孔曰久困則爲非。不可以長處樂孔曰必驕佚。仁者安仁包曰惟性仁者自然體之故謂安仁知者利仁王曰知仁爲美故利而行之疏 子曰至利仁○正義曰此章明仁性也不仁者不可以久處約者言不仁之人不可令久長處貧約若久困則爲非也不可以長處樂者言亦不可令久長處於富貴逸樂若久長處樂則必驕佚仁者安仁者謂天性仁者自然安而行之也知者利仁者知能照識前事知仁爲美故利而行之也○注包曰至安仁○正義曰此經仁者安仁知者利仁與表記正同理亦不異云唯性仁者自然體之者言天性仁者非關利害自然汎愛施生體包仁道易文言曰君子體仁足以長人是也○注王曰至行之○正義曰云知仁爲美故利而行之者言有知謀者貪利而行仁有利則行無利則止非本情也

子曰唯仁者能好人能惡人孔曰唯仁者能審人之所好惡。疏 子曰唯仁者能好人能惡人○正義曰此章言唯有仁德者無私於物故能審人之好惡也

子曰苟志於仁矣無惡也孔曰苟誠也言誠能志於仁則其餘終無惡。疏 子曰苟志於仁矣無惡也○正義曰苟誠也此章言誠能志在於仁則其餘行終無惡也

子曰富與貴是人之所欲也不以其道得之不處也孔曰不以其道得富貴則仁者不處貧與賤是人之所惡也不以其道得之不去也時有否泰故君子履道而反貧賤此則不以其道得之雖是人之所惡不可違而去之。君子去仁惡乎成名孔曰惡乎成名者不得成名爲君子。君子無終食之間違仁造次必於是顛沛必於是馬曰造次急遽顛沛偃仆雖急遽偃仆不違仁。疏 子曰至於是○正義曰此章廣明仁行也富與貴是人之所欲也不以其道得之不處也者富者財多貴者位高此二者是人之所貪欲也若不以其道而得之雖是人之所欲而仁者不處也貧與賤是人之所惡也不以其道得之不去也者乏財曰貧無位曰賤此二者是人之所嫌惡也時有否泰故君子履道而反貧賤此則不以其道而得之雖是人之所惡而仁者不違而去之也君子去仁惡乎成名者惡乎猶於何也言人欲爲君子唯行仁道乃得君子之名若違去仁道則於何得成名爲君子乎言去仁則不得成名爲君子也君子無終食之間違仁者言仁不可斯須去身故君子無食頃違去仁道也造次必於是顛沛必於是者造次急遽也顛沛偃仆也言君子之人雖身有急遽偃仆之時而必守於是仁道而不違去也○注馬曰至違仁○正義曰云造次急遽者造次猶言草次鄭玄云倉卒也皆迫促不暇之意故云急遽云顛沛偃仆者說文云偃僵也仆頓也則假是仰倒也仆是踣倒也雖遇此顛躓之時亦不違仁也

子曰我未見好仁者惡不仁者好仁者無以尚之孔曰難復加也惡不仁者其爲仁矣不使不仁者加乎其身孔曰言惡不仁者能使不仁者不加非義於己不如好仁者無以尚之爲優。有能一日用其力於仁矣乎我未見力不足者。孔曰言人無能一日用其力脩仁者耳我未見欲爲仁而力不足者蓋有之矣我未之見也孔曰謙不欲盡誣時人言不能爲仁故云爲能有爾我未之見也疏 子曰至見也○正義曰此章疾時無仁也我未見好仁者惡不仁者孔子言我未見性好仁者亦未見能疾惡不仁者也好仁者無以尚之者此覆說上好仁者也尚上也言性好仁者爲德之最上他行無以更上之言難復加也惡不仁者其爲仁矣不使不仁者加乎其身此覆說上惡不仁者也言能疾惡不仁者亦得爲仁但其行少劣故曰其所爲仁矣也唯能不使不仁者加乎非義於己身也不如好仁者無以尚之爲優也有能一日用其力於仁矣乎者言世不脩仁也故曰

有人能一日之間用其力於仁道矣乎言人誠能一日用其力脩仁者耳我未見力不足者言德輶如毛行仁甚易我欲仁斯仁至矣何須用力故曰我未見欲爲仁而力不足者也蓋有之矣我未之見也者此孔子謙不欲盡誣時人言不能爲仁故曰蓋有能爲之者矣但我未之見也

子曰人之過也各於其黨觀過斯知仁矣。孔曰黨黨類小人不能爲君子之行非小人之過當恕而勿責之觀過使賢愚各當其所則爲仁矣〔疏〕子曰至仁矣○正義曰此章言仁恕也人之過也各於其黨黨者黨類也言人之爲過也君子小人各於其類也觀過斯知仁矣者言觀人之過使賢愚各當其所若小人不能爲君子之行非小人之過當恕而勿責之斯知仁者之用心矣

子曰朝聞道夕死可矣。言將至死不聞世之有道〔疏〕子曰朝聞道夕死可矣○正義曰此章疾世無道也設若早朝聞世有道暮夕而死可無恨矣言將至死不聞世之有道也

子曰士志於道而恥惡衣惡食者未足與議也〔疏〕子曰至議也○正義曰此章言人當樂道固窮也士者人之有士行者也言士雖志在善道而衣服飲食好其華美恥其麤惡者則是志道不篤故未足與言議於道也

子曰君子之於天下也無適也無莫也義之與比〔疏〕子曰至與比○正義曰此章貴義也適厚也莫薄也比親也言君子於天下之人無擇於富厚與窮薄者但有義者則與相親也

子曰君子懷德孔曰懷安也小人懷土孔曰重遷君子懷刑孔曰安於法小人懷惠包曰惠恩惠〔疏〕子曰至懷惠○正義曰此章言君子小人所安不同也君子懷德小人懷土者懷安也君子執德不移是安於德也小人安安而不能遷者難於遷徙是安於土也君子懷刑小人懷惠者刑法制惠恩惠也君子樂於法制齊民是懷刑也小人唯利是親安於恩惠是懷惠也

子曰放於利而行孔曰放依也每事依利而行多怨孔曰取怨之道〔疏〕子曰放於利而行多怨○正義曰此章惡利也放依也言人每事依於財利而行則是取怨之道也故多爲人所怨恨也

子曰能以禮讓爲國乎何有何有者言不難不能以禮讓爲國如禮何包曰如禮何者言不能用禮〔疏〕子曰至禮何○正義曰此章言治國者必須禮讓也能以禮讓爲國乎者爲猶治也禮節民心讓則不爭言人君能以禮讓爲教治其國乎云何有者謂以禮讓治國何有其難言不難也不能以禮讓爲國者言人君不能明禮讓以治民也如禮何者言有禮而不能用如此禮何

子曰不患無位患所以立不患莫己知求爲可知也包曰求善道而學行之則人知己〔疏〕子曰至知也○正義曰此章勸學也不患無位者言不憂爵位也患所以立者言但憂其無立身之才學耳不患莫己知者言不憂無人見知於己也求爲可知也者言求善道而學行之使己才學有可知重則人知己也

子曰參乎吾道一以貫之曾子曰唯孔曰直曉不問故答曰唯子出門人問曰何謂也曾子曰夫子之道忠恕而已矣〔疏〕子曰至已矣○正義曰此章明忠恕也子曰參乎者呼曾子名欲語之也吾道一以貫之者貫統也孔子語曾子言我所行之道唯用一理以統天下萬事之理也曾子曰唯者曾子直曉其理更不須問故答曰唯子出者孔子出去也門人問曰何謂也者門人曾子弟子也不曉夫子之言故問於曾子也曾子曰夫子之道忠恕而已矣者答門人也忠謂盡中心也恕謂忖己度物也言夫子之道唯以忠恕一理以統天下萬事之理更無他法故云而已矣

子曰君子喻於義小人喻於利孔曰喻猶曉也〔疏〕子曰君子喻於義小人喻於利○正義曰此章明君子小人所曉不同也喻曉也君子則曉於仁義小人則曉於財利

子曰見賢思齊焉包曰思與賢者等見不賢而內自省也〔疏〕子曰至省也○正義曰此章勉人爲高行也見彼賢則思與之齊等見彼不賢則內自省察得無如彼人乎

子曰事父母幾諫包曰幾者微也當微諫納善言於父母見志不從又敬不違勞而不怨包曰見志見父母志有不從己諫之色則又當恭敬不敢違父母意而遂己之諫〔疏〕子曰至不怨○正義曰此并下四章皆明孝事父母幾諫者幾微也父母有過當微納善言以諫於父母也見志不從又敬不違者見父母志有不從己諫之色則又當恭敬不敢違父母意而遂己之諫也勞而不怨者父母使己以勞辱之事己當

盡力服其勤不得怨父母也

子曰：父母在，不遠遊，遊必有方。鄭曰方猶常也〔疏〕子曰父母在不遠遊遊必有方○正義曰方猶常也父母既存或時思欲見已故不遠遊遊必有常所欲使父母呼已得卽知其處也設若告云詣甲則不得更詣乙恐父母呼已於甲處不見則使父母憂也

子曰：三年無改於父之道，可謂孝矣。鄭曰孝子在喪哀戚思慕無所改於父之道非心所忍爲〔疏〕子曰三年無改於父之道可謂孝矣○正義曰言孝子在父母喪三年之中哀戚思慕無所改爲父之道非心所忍爲故也此章與學而篇同當是重出學而篇是孔注此是鄭注本或二處皆有

子曰：父母之年，不可不知也。一則以喜，一則以懼。孔曰見其壽考則喜見其衰老則懼〔疏〕子曰父母之年不可不知也一則以喜一則以懼○正義曰言孝子當知父母之年也其意有二一則以父母年多見其壽考則喜也一則以父母年老形必衰弱見其衰老則憂懼也

子曰：古者言之不出，恥躬之不逮也。包曰古人之言不妄出口爲身行之將不及

〔疏〕子曰古者言之不出恥躬之不逮也○正義曰此章明愼言躬身也逮及也言古人之言不妄出口爲身行之將不及故也

子曰：以約失之者鮮矣。孔曰俱不得中奢則驕佚招禍儉約無憂患〔疏〕子曰至鮮矣○正義曰此章貴儉鮮少也得中合禮爲事乃善設若奢儉俱不得中奢則驕佚招禍儉約無憂患是以約致失者少也

子曰：君子欲訥於言而敏於行。包曰訥遲鈍也言欲遲而行欲疾〔疏〕子曰君子欲訥於言而敏於行○正義曰此章愼言貴行也訥遲鈍也敏疾也言君子但欲遲鈍於言敏疾於行惡時人行不副言也

子曰：德不孤，必有鄰。方以類聚同志相求故必有鄰是以不孤〔疏〕子曰德不孤必有鄰○正義曰此章勉人脩德也有德則人所慕仰居不孤特必有同志相求與之爲鄰也○注方以至不孤○正義曰云方以類聚者周易上繫辭文也方謂法術性行各以類相聚也云同志相求者周易乾卦文言也言志同者相求爲朋友也故必有鄰是以不孤者案坤卦文言曰君子敬以直內義以方外敬義立而德不孤言身有敬義以接於人則人亦敬義以應之是亦德不孤也

子游曰：事君數，斯辱矣；朋友數，斯疏矣。數謂速數之數〔疏〕子游曰事君數斯辱矣朋友數斯疏矣○正義曰此章明爲臣結交當以禮漸進也數謂速數數則瀆而不敬故事君數斯致罪辱矣朋友數斯見疏薄矣○注數謂速數之數○正義曰嫌讀爲上聲去聲故辨之

論語注疏解經卷第四

二品廕生阮常生挍栞

論語注疏挍勘記　阮元撰盧宣旬摘錄

里仁第四

里仁爲美章

里仁爲美　高麗本美作善

里者仁之所居　皇本作里者民之所居也案此當依皇本作民文選潘岳閒居賦注引作人之所居也當是避唐諱耳

是爲美　皇本作是爲善也案義疏云文云美而注云善者夫善未必善故鄭深明居仁者里必是善也疑邪疏作美誤觀閒居賦注亦引作善可證

擇不處仁　案困學紀聞載張衡思元賦注引論語宅不處仁謂古文本作宅字九經古義云按釋名曰宅擇也擇吉處而營之是宅有擇義或古文作宅訓爲擇亦通

焉得知　皇本高麗本知作智後竝放此案釋文出知字云音智注及下同

不仁者不可以久處約章

知仁爲美故利而行之　皇本作智者知仁爲美故利而行之也

苟志於仁矣章

無惡也　漢石經高麗本無也字

富與貴章

是人之所欲也　此句也字及下是人之所惡也兩也字疑俱屬後人所加攷初學記十八文選幽通賦注引此二段皆無也字又晉書皇甫謐王沈二傳竝云富貴人之所欲貧賤人之所惡亦無也字又後漢書李通傳論陳蕃傳注晉書夏侯湛傳文選鮑照擬古詩注太平御覽四百七十一單引此句亦無也字四書攷異云案此也字唐以前人引述悉略去未必不謀盡同也恐是當時傳本如此○按考異非也古人引書每多節省況有皇侃義疏可證也

偃仆　皇本偃作僵下同案釋文出僵字云本今作偃

言仁不可斯須去身　本去誤立今正

皆迫從不暇之意　十行本促誤從

我未見好仁者章

我未見好仁者惡不仁者　漢石經好仁下無者字

無以尚之爲優　皇本以下有加字優下有也字

有能一日用其力於仁矣乎我未見力不足者　皇本仁下有者字不足者下有也字

蓋有之矣　皇本高麗本矣作乎

故云爲能有爾我未之見也　皇本能下有仁字爾作耳我上有其字無之字

言人誠能一日用其力脩仁者耳　浦鏜云耳當乎字誤

人之過也章

人之過也　皇本高麗本人作民

朝聞道章

夕死可矣　漢石經矣作也

君子之於天下也章

無適也　釋文出適字云鄭本作敵九經古義云古敵字皆作適禮記雜記云赴於適者鄭注云適讀爲匹敵之敵史記范睢傳攷適伐國田單傳適人開戶李斯傳羣臣百官皆畔不適徐廣皆音征敵之敵荀卿子君子篇云天子四海之內無客禮告無適也注讀爲敵

義之與比　皇本比下有也字有注二十二字言君子之於天下無適無莫無所貪慕也唯義之所在也各本竝

脫

君子懷德章

君子懷刑 漢石經刑作㓝案說文井部㓝罰辠也从井从刀易曰井法也井亦聲今經典相承作刑

參乎章

參乎 釋文云參所金反九經字樣云曑參上說文下隸省與參字不同參音驂從厽今經典相承通作參孝經參不敏釋文本作曑音所林反

吾道一以貫之 皇本高麗本之下有哉字

事父母幾諫章

又敬不違 皇本敬下有而字

勞而不怨 高麗本無而字

且志不從 補且當作見北監本毛本並是見字

三年無改於父之道章

無所改爲父之道 浦鏜云於誤爲

父母之年章

孔曰 釋文云此章注或云孔注或云包氏又作鄭元語辭未知孰是

古者言之不出章

古者言之不出 皇本作古之者言之不妄出也高麗本出下有也字四書攷異云包氏注云古人之言不妄出口據其文或舊本經原有妄字未可知若上一之字則斷知其流傳訛衍○按皇本妄字必因注文而誤衍也

不妄出口爲身行之將不及 皇本作不妄出口者爲恥其身行之將不及也

以約失之者章

奢則驕佚招禍 皇本佚作溢

儉約無憂患 皇本作儉約則無憂患也

君子欲訥於言章

言欲遲而行欲疾 皇本作言欲遲鈍而行欲敏也

事君數章

數謂速數之數 皇本此注作孔安國曰數下有也字案筆解作包曰

當以禮斬進也 案斬當漸字之譌閩本北監本毛本並脫此字

論語注疏挍勘記卷四終

論語注疏解經卷第五

公冶長第五　何晏集解　邢昺疏

疏 正義曰此篇大指明賢人君子仁知剛直以前篇擇仁者之里而居故得學爲君子卽下云魯無君子斯焉取斯是也故次里仁

子謂公冶長可妻也雖在縲紲之中非其罪也以其子妻之 孔曰冶長弟子魯人也姓公冶名長縲黑索紲攣也所以拘罪人 疏 子謂至妻之○正義曰此章明弟子公冶長之賢也子謂公冶長可妻也者納女於人曰妻孔子評論弟子公冶長德行純備可納女與之爲妻也雖在縲紲之中非其罪也者縲黑索紲攣也古獄以黑索拘攣罪人於時冶長以枉濫被繫故孔子論之曰雖在縲紲之中實非其冶長之罪也以其子妻之者論竟遂以其女子妻之也○注孔曰至罪人○正義曰云冶長弟子魯人也者案家語弟子篇云公冶長魯人字子長爲人能忍恥孔子以女妻之又案史記弟子傳云公冶長齊人而此云魯人用家語爲說也張華云公冶長墓在陽城姑幕城東南五里所基極高舊說冶長解禽語故繫之縲紲以其不經今不取也

子謂南容邦有道不廢邦無道免於刑戮 王曰南容弟子南宮縚魯人也字子容不廢言見用 以其兄之子妻之 疏 子謂南容至妻之○正義曰此章孔子評論弟子南容之賢行也邦有道不廢邦無道免於刑戮者此南容之德也若遇邦國有道則常得見用在官不被廢弃若遇邦國無道則必危行言遜以脫免於刑罰戮辱也以其兄之子妻之者言德行如此故以其兄之女與之爲妻也○注王曰至見用○正義曰云南容弟子南宮縚魯人也字子容者此家語弟子篇文也案史記弟子傳云南宮括字子容鄭注檀弓云南宮縚孟僖子之子南宮閱以昭七年左氏傳云孟僖子將卒召其大夫云屬說與何忌於夫子以事仲尼以南宮爲氏故世本云中孫獲生南宮縚是也然則名縚名括又名閱字子容氏南宮本孟氏之後也

子謂子賤 孔曰子賤魯人弟子宓不齊 君子哉若人魯無君子者斯焉取斯 包曰若人者若此人也如魯無君子子賤安得此行而學行之 疏 子謂子賤至取斯○正義曰此章論子賤之德也君子哉若人魯無君子者斯焉取斯者此評論之辭也因美魯多君子故曰有君子之德哉若此人也魯國若更無君子者斯子賤安得取斯君子之德行而學行之乎明魯多君子故子賤得學爲君子也○注孔曰至不齊○正義曰案家語弟子篇云宓不齊魯人字子賤少孔子四十九歲爲單父宰有才知仁愛百姓不忍欺之故孔子大之也

子貢問曰賜也何如子曰女器也 孔曰言女器用之人 曰何器也曰瑚璉也 包曰瑚璉黍稷之器夏曰瑚殷曰璉周曰簠簋宗廟之器貴者 疏 子貢至瑚璉也○正義曰此章明弟子子貢之德也子貢曰賜也何如者子貢見夫子歷說諸弟子不及於己故問之曰賜也己自不知其行何如也子曰女器也夫子答之言女器用之人也曰何器也者子貢雖得夫子言己爲器用之人但器有善惡猶未知己器云何故復問之也曰瑚璉也者此夫子又爲指其定分瑚璉黍稷之器宗廟之器貴者也言女是貴器也○注包曰至貴者○正義曰云瑚璉黍稷之器夏曰瑚殷曰璉周曰簠簋者案明堂位說四代之器云有虞氏之兩敦夏后氏之四璉殷之六瑚周之八簋注云皆黍稷器制之異同未聞鄭注周禮舍人云方曰簠圓曰簋如記文則夏器名璉殷器名瑚而包咸鄭玄等注此論語賈服杜等注左傳皆云夏曰瑚或引有所據或相從而誤也

或曰雍也仁而不佞 馬曰雍弟子仲弓名姓冉 子曰焉用佞禦人以口給屢憎於人不知其仁焉用佞 孔曰屢數也佞人口辭捷給數爲人所憎惡 疏 或曰至用佞○正義曰此章明仁不須佞也或曰雍也仁而不佞者佞口才也或有一人言於夫子曰弟子冉雍雖身有仁德而口無才辯或人嫌其德未備也子曰焉用佞者夫子語或人言仁人安用其佞也禦人以口給屢憎於人者夫子更爲或人說佞人之短屢數也言佞人禦當於人以口才捷給屢致憎惡於人謂數爲人所憎惡也不知其仁焉用佞者言佞人既數爲人所憎惡則不知其有仁德之人復安用其佞邪○注馬曰雍弟子仲弓名姓冉○正義曰案史記弟子傳冉雍字仲弓鄭玄曰魯人也○注孔曰至憎惡○正義曰屢數也者釋言云屢亟也郭璞云亟亦數也云佞人口辭捷給數爲人所憎惡者案左傳云寡人不佞服虔云佞才也不才者自謙之辭也而此云焉用佞禦人以口給屢憎於人則佞非善事而以不佞爲謙者佞是口才捷利之名本非善惡之稱但爲佞有善

惡耳爲善捷敏是善佞祝鮀是也爲惡捷敏是惡佞卽遠佞人是也但君子欲訥於言而敏於行言之雖多情或不信故云焉用佞耳

子使漆彫開仕對曰吾斯之未能信孔曰開弟子漆彫姓開名仕進之道未能信者未能究習**子說**鄭曰善其志道深

疏子使至子說○正義曰此章明弟子漆彫開之行子使漆彫開仕者弟子姓漆彫名開孔子使之仕進也對曰吾斯之未能信者開意志於學道不欲仕進故對曰吾於斯仕進之道未能信言未能究習也子說者孔子見其不汲汲於榮祿知其志道深故喜說也○注孔曰至究習○正義曰案史記弟子傳漆彫開字子開鄭玄曰魯人也

子曰道不行乘桴浮于海從我者其由與馬曰桴編竹木大者曰栰小者曰桴**子路聞之喜**孔曰喜與己俱行**子曰由也好勇過我無所取材**鄭曰子路信夫子欲行故言好勇過我無所取材者無所取於桴材以子路不解微言故戲之耳一曰子路聞孔子欲浮海便喜不復顧望故孔子歎其勇曰過我無所取哉言唯取於己古字材哉同

疏子曰至取材○正義曰此章仲尼患中國不能行己之道也道不行乘桴浮于海者桴竹木所編小栰也言我之善道中國既不能行卽欲乘其桴栰浮渡于海而居九夷庶幾能行己道也從我者其由與者由子路名以子路果敢有勇故孔子欲令從己意未決定故云與以疑之子路聞之喜者喜夫子欲與己俱行也子曰由也好勇過我無所取材者孔子以子路不解微言故以此戲之耳其說有二鄭以爲材桴材也子路信夫子欲行故言好勇過我無所取材者無所取於桴材也示子路令知己但歎世無道耳非實卽欲浮海也一曰材讀曰哉子路聞孔子欲浮海便喜不復顧望孔子之微意故孔子歎其勇曰過我無所取哉者言唯取於已無所取於他人哉○注馬曰至曰桴○正義曰云桴編竹木大者曰栰小者曰桴者爾雅云舫泭也郭璞云水中簰筏孫炎云舫水中爲泭筏也方言云泭謂之簰簰謂之筏筏秦晉之通語也方舟泭桴音義同也

孟武伯問子路仁乎子曰不知也孔曰仁道至大不可全名也**又問子曰由也千乘之國可使治其賦也**孔曰賦兵賦**不知其仁也求也何如子曰求也千室之邑百乘之家可使爲之宰也**孔曰千室之邑卿大夫之邑卿大夫稱家諸侯千乘大夫百乘宰家臣**不知其仁也赤也何如子曰赤也束帶立於朝可使與賓客言也**馬曰赤弟子公西華有容儀可使爲行人**不知其仁也**

疏孟武至仁也○正義曰此章明仁之難也孟武伯問子路仁乎子曰不知也者魯大夫孟武伯問於夫子曰弟子子路有仁德否乎夫子以爲仁道至大不可全名故荅曰不知也又問者武伯意其子路有仁故夫子雖荅以不知又復問之也子曰由也千乘之國可使治其賦也不知其仁也者此夫子更爲武伯說子路之能言由也有勇千乘之大國可使治其兵賦也不知其仁也言仁道則不全也求也何如者此句又武伯問辭言弟子冉求仁道何如子曰求也千室之邑百乘之家可使爲之宰也不知其仁也者此孔子又荅武伯以冉求之能也言求也若卿大夫千室之邑百乘卿大夫之家可使爲之邑宰也仁則不知也赤也何如者此句又武伯問辭言弟子公西赤仁道何如子曰赤也束帶立於朝可使與賓客言也不知其仁也者此孔子又荅以公西赤之才也言赤也有容儀可使爲行人之官盛服束帶立於朝廷可使與鄰國之大賓小客言語應對也仁則不知○注孔曰賦兵賦○正義曰案隱四年左傳云敝邑以賦與陳蔡從服虔云賦兵也以田賦出兵故謂之兵賦正謂以兵從也其賦法依周禮九夫爲井四井爲邑四邑爲丘丘十六井出戎馬一匹牛三頭四丘爲甸甸六十四井出長轂一乘戎馬四匹牛十三頭甲士三人步卒七十二人是也○注孔曰至家臣○正義曰云千室之邑卿大夫之邑者大學云百乘之家不畜聚斂之臣鄭注云百乘之家有采地者也又鄭注云采地一同之廣輪也然則此云千室之邑百乘之家者謂卿大夫采邑地有一同民有千家者也左傳曰唯卿備百邑司馬法成方十里出革車一乘故知百乘之家地一同也○注馬曰至行人○正義曰云赤弟子公西華者案史記弟子傳云公西赤字子華鄭玄曰魯人少孔子四十二歲云有容儀可使爲行人者按周禮有大行人小行人之職掌賓客之禮儀及朝覲聘問之事言公西華任此官也

子謂子貢曰女與回也孰愈孔曰愈猶勝也**對曰賜也何敢望回回也聞一以知十賜也聞一以知二子曰弗如也吾與女弗如也**包曰既然

子貢不如。復云吾與女俱不如者，蓋欲以慰子貢也。【疏】子謂至如也。○正義曰：此章美顏回之德。子謂子貢曰女與回也孰愈者，愈猶勝也。孔子乘間問弟子子貢曰：女之才能與顏回誰勝？對曰賜也何敢望回者，望謂比視。子貢稱名言賜也才劣，何敢比視顏回也。回也聞一以知十，賜也聞一以知二者，子貢更言不敢望回之事，假設數名以明優劣。一者數之始，十者數之終。顏回亞聖，故聞始知終；子貢識淺，故聞一纔知二。以明己與回十分及二，是其懸殊也。子曰弗如也，吾與女弗如也者，夫子見子貢之荅識有懸殊，故云不如也。弗者，不之深也。既然荅子貢不如，又恐子貢慚愧，故復云吾與女俱不如，欲以安慰子貢之心，使無慚也。

宰予晝寢。孔曰：宰予，弟子宰我。子曰：朽木不可雕也，包曰：朽，腐也。彫，彫琢刻畫。糞土之牆不可杇也。王曰：杇，鏝也。此二者以喻雖施功猶不成。於予與何誅？孔曰：誅，責也。今我當何責於女乎？深責之。子曰：始吾於人也，聽其言而信其行；今吾於人也，聽其言而觀其行。於予與改是。孔曰：改是，聽言信行，更察言觀行，發於宰我之晝寢。

【疏】宰予至改是。○正義曰：此章勉人學也。宰予晝寢者，弟子宰我晝日寢寐也。子曰朽木不可彫也，糞土之牆不可杇也者，此孔子責宰我之辭也。朽，腐也。彫，彫琢刻畫也。杇，鏝也。言腐爛之木不可彫琢刻畫以成器物，糞土之牆易為垝壞，不可杇鏝塗塓以成華美。此二者以喻人之學道當輕尺璧而重寸陰，今乃廢惰晝寢，雖欲施功教之，亦終無成也。於予與何誅者，誅，責也。與，語辭。言於宰我何足責乎？謂不足可責，乃是責之深也。然宰我處四科，而孔子深責者，託之以設教，畢宰我非實惰學之人也。子曰始吾於人也，聽其言而信其行；今吾於人也，聽其言而觀其行。於予與改是者，與亦語辭。以宰予嘗謂夫子言已勤學，今乃晝寢，是言與行違，故孔子責之。曰：始前吾於人也，聽其所言即信其行，以為人皆言行相副；今後吾於人也，雖聽其言，更觀其行，待其相副，然後信之。因發於宰予晝寢，言行相違，改是聽言信行，更察言觀行也。○注包曰宰予弟子宰我。○正義曰：案史記弟子傳云宰予字子我，鄭玄曰魯人也。○注王曰杇鏝也。○正義曰：釋宮云鏝謂之杇，郭璞云泥塗也，李巡曰塗一名杇，塗土之作具也。然則杇是塗之所用，因謂泥塗為杇。

子曰：吾未見剛者。或對曰：申棖。包曰：申棖，魯人。子曰：棖也慾，焉得剛？孔曰：慾，多情慾。【疏】子曰至得剛。○正義曰：此章明剛。子曰吾未見剛者，剛謂質直而理者也。夫子以時皆柔佞，故云吾未見剛者。或對曰申棖者，或人聞孔子之言，乃對曰申棖性剛。子曰棖也慾，焉得剛者，夫子謂或人言剛者質直寡欲，今棖也多情慾，情慾既多，或私佞媚，安得剛乎？○注包曰申棖魯人。○正義曰：鄭云蓋孔子弟子申續。史記云申棠字周，家語云申續字周。

子貢曰：我不欲人之加諸我也，吾亦欲無加諸人。馬曰：加，陵也。子曰：賜也，非爾所及也。孔曰：言不能止人使不加非義於己。【疏】子貢至及也。○正義曰：此章明子貢之志。子貢曰我不欲人之加諸我也，吾亦欲無加諸人者，加，陵也。諸，於也。子貢言我不欲他人以非義加陵於己，吾亦欲無以非義加陵於人也。子曰賜也非爾所及也者，爾，女也。夫子言使人不加非義於己，亦為難事，故曰賜也，此事非女所能及。言不能止人使不加非義於己也。

子貢曰：夫子之文章，可得而聞也。章，明也。文彩形質著見，可以耳目循。夫子之言性與天道，不可得而聞也。性者，人之所受以生也。天道者，元亨日新之道。深微，故不可得而聞也。

【疏】子貢至聞也。○正義曰：此章言夫子之道深微難知也。子貢曰夫子之文章可得而聞也者，章，明也。子貢言夫子之述作威儀禮法，有文彩形質著明，可以耳聽目視，依循學習，故可得而聞也。夫子之言性與天道不可得而聞也者，天之所命，人所受以生，是性也。自然化育，元亨日新，是天道也。與，及也。子貢言若夫子言天命之性及元亨日新之道，其理深微，故不可得而聞也。○注性者至聞也。○正義曰：云性者人之所受以生也者，中庸云天命之謂性，注云天命謂天所命生人者也，是謂性命。木神則仁，金神則義，火神則禮，水神則信，土神則知。孝經說曰：性者天之質，命人所稟受度也。言人感自然而生，有賢愚吉凶，或仁或義，若天之付命遣使之然，其實自然天性，故云性者人之所受以生也。云天道者元亨日新之道者，案易乾卦云：乾，元亨利貞。文言曰：元者善之長也，亨者嘉之會也，利者義之和也，貞者事之幹也。謂天之體性生養萬物，善之大者莫善施生，元為施生之宗，故言元者善之長也。嘉，美也。言天能通暢萬物，使物嘉美而會聚，故云嘉之會也。利者，言天能利益庶物，使物各得其宜而和同也。貞者事之幹者，言天能以中正之氣成就萬物，使物皆得幹濟。此明天之德也。天本無心，豈造元亨利貞之德也天本無心豈造元亨利貞之名也但聖人以人事託之謂此自然之功爲天之四德也此但言元亨者略言之也天之爲道生生相續新新不停故曰日新也以其自然而然故謂之道云深微故不可得而聞也者言人稟自然之性及天之自然之道皆不知所以然而然是其理深微故不可得而聞也

子路有聞未之能行唯恐有聞孔曰前所聞未及行故恐後有聞不得並行也〔疏〕子路有聞未之能行唯恐有聞。正義曰此章言子路之志也子路於夫子之道前有所聞未能及行唯恐後有聞不得並行也

子貢問曰孔文子何以謂之文也孔曰孔文子衛大夫孔圉文謚也子曰敏而好學不恥下問是以謂之文也孔曰敏者識之疾也下問謂凡在己下者〔疏〕子貢至文也。正義曰此章言文爲美謚也子貢問曰孔文子何以謂之文也者言文是謚之美者故問衛大夫孔圉有何善行而得謂之聞也子曰敏而好學不恥下問是以謂之文也者此夫子爲子貢說文子之美行也敏者疾也下問問凡在己下者言文子知識敏疾而又好學有所未辨不羞恥於問己下之人有此美行是以謚謂之文也。注孔曰至謚也。正義曰云孔文子衛大夫孔圉者左傳文也云文謚也者案謚法云勤學好問曰文

子謂子產有君子之道四焉孔曰子產鄭大夫公孫僑其行己也恭其事上也敬其養民也惠其使民也義〔疏〕子謂至也義。正義曰此章美子產之德子謂子產有君子之道四焉者孔子評論鄭大夫子產事上使下有君子之道四焉下文是也其行己也恭者一也言己之所行常能恭順不違忤於物也其事上也敬者二也言承事在己上之人及君親則忠心復加謹敬也其養民也惠者三也言愛養於民振乏賙無以恩惠也其使民也義者四也義宜也言役使下民皆於禮法得宜不妨農也。注孔曰至孫僑。正義曰案左傳子產穆公之孫公子發之子名僑公子之子稱公孫襄三十年執鄭國之政故云鄭大夫公孫僑也公子發字子國公孫之子以王父字爲氏據後而言故後或謂之國焉

子曰晏平仲善與人交久而敬之周曰齊大夫晏姓平謚名嬰〔疏〕子曰晏平仲善與人交久而敬之。正義曰此章言齊大夫晏平仲之德凡人輕交易絕平仲則久而愈敬所以爲善。

注周曰至名嬰。正義曰云齊大夫晏姓平謚名嬰者案左傳文知之是晏桓子之子也謚法治而清省曰平

子曰臧文仲居蔡包曰臧文仲魯大夫臧孫辰文謚也蔡國君之守龜出蔡地因以爲名焉長尺有二寸居蔡僭也山節藻梲包曰節者栭也刻鏤爲山梲者梁上楹畫爲藻文言其奢侈何如其知也孔曰非時人謂之爲知。〔疏〕子曰至知也。正義曰此章明臧文仲不知也子曰臧文仲居蔡者蔡國君之守龜名也而魯大夫臧文仲居守之言其僭也山節者節栭也刻鏤爲山形故云山節也藻梲者藻水草有文者也梲梁上短柱也畫爲藻文故云藻梲此言其奢侈也何如其知也者言僭奢若此是不知也所以非時人謂之爲知。注包曰至僭也。正義曰云臧文仲魯大夫臧孫辰者案世本孝公生僖伯彄彄生哀伯達達生伯氏瓶瓶生文仲辰則辰是公子彄曾孫也彄字子臧公孫之子以王父字爲氏故姓曰臧也云文謚也者謚法云道德博厚曰文云蔡國君之守龜出蔡地因以爲名焉長尺有二寸居蔡僭也者漢書食貨志云元龜爲蔡家語稱漆彫平對孔子云臧氏有守龜其名曰蔡文仲三年而爲一兆武仲三年而爲二兆是大蔡爲大龜蔡是龜之名耳鄭玄包咸皆云出蔡地因以爲名未知孰是食貨志云龜不盈尺不得爲寶故知此龜長尺二寸此國君之守龜臧氏爲大夫而居之故云僭也。注包曰至奢侈。正義曰云節者栭也者釋宮文云刻鏤爲山梲者梁上楹畫爲藻文者釋宮云杗廇謂之梁其上楹謂之梲栭謂之楶郭璞曰梲侏儒柱也楶即櫨也此言山節者謂刻鏤柱頭爲斗拱形如山也藻梲者謂畫梁上短柱爲藻文也此是天子廟飾而文仲僭爲之故言其奢侈文二年左傳仲尼謂之作虛器言有其器而無其位故曰虛也

子張問曰令尹子文孔曰令尹子文楚大夫姓鬭名穀字於菟三仕爲令尹無喜色三已之無慍色舊令尹之政必以告新令尹何如子曰忠矣曰仁矣乎曰未知焉得仁但聞其忠事未知其仁也崔子弒齊君陳文子有馬十乘棄而違之孔曰皆齊大夫崔杼作亂陳文子惡之捐其四十匹馬違而去之至於他邦則曰猶吾大夫崔子也違之之一邦則又曰猶吾

大夫崔子也違之何如子曰清矣曰仁矣乎曰未知焉得仁孔曰文子辟惡逆去無道求有道當春秋時臣陵其君皆如崔子無有可止者〔疏〕子張至得仁。正義曰此章明仁之難成也子張問曰令尹子文三仕爲令尹無喜色三已之無慍色舊令尹之政必以告新令尹何如者弟子子張問於孔子曰楚大夫令尹子文三被任用仕爲令尹之官而無喜見於顔色三被已退無慍懟之色舊令尹之政令規矩必以告新令尹慮其未曉也子文有此美行子張疑可謂仁故問曰何如子曰忠矣者孔子荅之爲行如此是忠臣也曰仁矣乎者子張復問子文此德可謂仁矣乎曰未知焉得仁者孔子荅言如其所說但聞其忠事未知其仁也崔子弒齊君陳文子有馬十乘棄而違之至於他邦則曰猶吾大夫崔子也違之之一邦則又曰猶吾大夫崔子也違之何如者此子張又舉齊大夫陳文子之行而問孔子也崔子崔杼也爲齊大夫作亂弒其君光陳文子惡之故家雖富有馬十乘謂四十匹也而輒捐棄違去之至於他國亦遇其亂陳文子則曰猶吾齊大夫崔子也而違去之復往一他邦則又曰猶吾齊大夫崔子也而違去之爲行若此其人何如子曰清矣者孔子荅言文子辟惡逆去無道

求有道當春秋時臣陵其君皆如崔子無可止者可謂清潔矣曰仁矣乎者子張意其爲仁故復問之曰可以爲仁矣乎曰未知焉得仁者孔子荅言據其所聞但是清耳未知他行安得仁乎。注孔曰至於菟。正義曰案宣四年左傳云初若敖娶於䢵生鬭伯比若敖卒從其母畜於䢵淫於䢵子之女生子文焉䢵夫人使棄諸夢中虎乳之䢵子田見之懼而歸夫人以告遂使收之楚人謂乳穀謂虎於菟故命之曰鬭穀於菟實爲令尹子文是也令尹宰也周禮六卿太宰爲長遂以宰爲上卿之號楚臣令尹爲長從他國之言或亦謂之宰宣十二年左傳云蔿敖爲宰是也令善也尹正也言用善人正此官也楚官多以尹爲名皆取其正直也。注孔曰至去之。正義曰云皆齊大夫者並見春秋故知之云崔杼作亂者左襄二十五年云四十匹馬者古以四馬共駕一車因謂四匹爲乘經言十乘故知四十匹也

季文子三思而後行子聞之曰再斯可矣鄭曰季文子魯大夫季孫行父文謚也文子忠而有賢行其舉事寡過不必乃三思〔疏〕季文子三思而後行子聞之曰再斯可矣。正義曰此章美魯大夫季文子之德文子忠而有賢行其舉事皆三思之然後乃行常寡過咎孔子聞之曰不必乃三思但再思之斯亦可矣。注鄭曰至三思。正義曰案春秋文六年經書秋季孫行父如晉左傳曰季文子將聘於晉使求遭喪之禮以行其人曰將焉用之文子曰備豫不虞古之善教也求而無之實難過求何害杜預云所謂文子三思故知文子魯大夫季孫行父也謚法云道德博厚曰文

子曰甯武子馬曰衛大夫甯俞武謚也邦有道則知邦無道則愚其知可及也其愚不可及也孔曰佯愚似實故曰不可及也〔疏〕子曰至及也。正義曰此章美衛大夫甯武子之德也邦有道則知邦無道則愚者此其德也若遇邦國有道則顯其知謀若遇無道則韜藏其知而佯愚其知可及也其愚不可及也者言有道則知人或可及佯愚似實不可及也。注馬曰衛大夫甯俞武謚也。正義曰案春秋文四年衛侯使甯俞來聘左傳曰衛甯武子來聘公與之燕爲賦湛露及彤弓不辭又不荅賦使行人私焉對曰臣以爲肄業及之也杜元凱注云此其愚不可及也是甯武子即甯俞也謚法云剛彊直理曰武

子在陳曰歸與歸與吾黨之小子狂簡斐然成章不知所以裁之孔曰簡大也孔

子在陳思歸欲去故曰吾黨之小子狂簡者進取於大道妄作穿鑿以成文章不知所以裁制我當歸以裁之耳遂歸〔疏〕子在陳曰歸與歸與吾黨之小子狂簡斐然成章不知所以裁之。正義曰此章孔子在陳既久言其欲歸之意也與語辭再言歸與者思歸之深也狂者進取也簡大也斐然文章貌言我所以歸者以吾鄉黨之中未學之小子等進取大道妄作穿鑿斐然而成文章不知所以裁制故我當歸以裁之耳遂歸也不即歸而言此者恐人怪己故託此爲辭耳

子曰伯夷叔齊不念舊惡怨是用希孔曰伯夷叔齊孤竹君之二子孤竹國名〔疏〕子曰伯夷叔齊不念舊惡怨是用希。正義曰此章美伯夷叔齊二人之行不念舊時之惡而欲報復故希爲人所怨恨也。注伯夷叔齊孤竹君之二子孤竹國名。正義曰案春秋少陽篇伯夷姓墨名允字公信伯長也夷謚叔齊名智字公達伯夷之弟齊亦謚也太史公曰伯夷叔齊孤竹君之二子也父欲立叔齊及父卒叔齊讓伯夷伯夷曰父命也遂逃去叔齊亦不肯立而逃之國人立其中子於是伯夷叔齊聞西伯昌善養老盍往歸焉及至西伯卒武王載木主號爲文王東伐紂伯夷叔齊叩馬而諫曰父死不葬爰及干戈可謂孝乎以臣弒君可謂仁乎左

右欲兵之太公曰此義人也扶而去之武王已平殷亂天下宗周而伯夷叔齊恥之義不食周粟隱於首陽山采薇而食之及餓且死者是也孤竹北方之遠國名地里志遼西令支有孤竹城應劭曰故伯夷國

子曰孰謂微生高直 孔曰微生姓名高魯人也 或乞醯焉乞諸其鄰而與之 孔曰乞之四鄰以應求者用意委曲非爲直人 【疏】子曰至與之。正義曰此章明直者不應委曲也孰謂微生高直者孰誰也孔子曰誰言魯人微生高性行正直或乞醯焉乞諸其鄰而與之者此孔子言其不直之事醯醋也諸之也或有一人就微生高乞醯時自無之即可荅云無高乃乞之其四鄰以應求者用意委曲非爲直人也

子曰巧言令色足恭 孔曰足恭便僻貌 左丘明恥之丘亦恥之 孔曰左丘明魯太史 匿怨而友其人 孔曰心內相怨而外詐親 左丘明恥之丘亦恥之【疏】子曰至恥之。正義曰此章言魯太史左丘明與聖同恥之事巧言令色足恭者孔以爲巧好言語令善顔色便僻其足以爲恭謂前却俯仰以足爲恭也一曰足將樹切足成也謂巧言令色以成其恭取

媚於人也左丘明恥之丘亦恥之者左丘明魯太史受春秋經於仲尼者也恥此諸事不爲適合孔子之意故云丘亦恥之匿怨而友其人者友親也匿隱也言心內隱其相怨而外貌詐相親友也左丘明恥之丘亦恥之者亦俱恥而不爲也。注孔曰足恭便僻貌。正義曰此讀足如字便僻謂便習盤僻其足以爲恭也。注左丘明魯太史。正義曰漢書藝文志文者也

顔淵季路侍子曰盍各言爾志子路曰願車馬衣輕裘與朋友共敝之而無憾 孔曰憾恨也 顔淵曰願無伐善 孔曰不自稱己之善 無施勞 孔曰不以勞事置施於人 子路曰願聞子之志子曰老者安之朋友信之少者懷之 孔曰懷歸也 【疏】顔淵至懷之。正義曰此章仲尼顔淵季路各言其志也顔淵季路侍者二弟子侍孔子也卑在尊旁曰侍子曰盍各言爾志者爾女也盍何不也夫子謂二弟子曰何不各言女心中之所志也子路曰願車馬衣輕裘與朋友共敝之而無憾者憾恨也衣裘以輕者爲美言願以己之車馬衣裘與朋友共乘服而敝之而無恨也此重義輕財之志也顔淵曰願無伐善無施勞者誇功曰伐言願不自稱伐己之善不置施勞役之事於人也此仁人之志也子路曰願聞子之志者二子各言其志畢子路復問夫子曰願聞子之志古者稱師曰子子曰老者安之朋友信之少者懷之者此夫子之志也懷歸也言己願老者安己事之以孝敬也朋友信己待之以不欺也少者歸己施之以恩惠也

子曰已矣乎吾未見能見其過而內自訟者也 包曰訟猶責也言人有過莫能自責 【疏】子曰已矣乎吾未見能見其過而內自訟者也。正義曰此章疾時人有過莫能自責也訟猶責也已終也吾未見有人能自見其己過而內自責者也言將終不復見故云已矣乎

子曰十室之邑必有忠信如丘者焉不如丘之好學也 【疏】子曰十室之邑必有忠信如丘者焉不如丘之好學也。正義曰此章夫子言己勤學也十室之邑邑之小者也其邑雖小亦不誣之必有忠信如我者焉但不如我之好學不厭也衛瓘讀焉爲虔切爲下句首焉猶安也言十室之邑雖小必有忠信如我者也安不如我之好學也言亦不如我之好學也義並得通故具存焉

論語注疏解經卷第五

二品廕生阮常生校栞

論語注疏校勘記　阮元撰盧宣旬摘錄

公冶長第五

子謂公冶長章

雖在縲絏之中　皇本高麗本絏作紲宋石經亦作紲案字本作紲唐人避太宗諱改作絏釋文出紲字云本今作絏五經文字云絏本文从世緣廟諱偏旁今經典竝準式例變

治長　皇本作公冶長案孔注下云姓公冶名長則不當單稱治長

在官不被廢弃　閩本北監本毛本弃作棄後放此案說文棄捐也弃古文棄籀文弃棄𢍁古今字

南宮括　閩本北監本毛本括作适案史記弟子列傳作括

中孫玃生南宮縚是也　浦鏜云獲誤玃按禮記檀弓上疏引世本作獲故浦以爲貜之誤然攷南宮縚之父爲孟僖子僖子卽左氏昭公九年經所書仲孫玃如楚者也據此不得以玃字爲誤

子謂子賤章

安得此行而學行之　皇本得下有取字

賜也何如章

賜也何如　高麗本作如何

瑚璉也　案說文槤胡槤也大徐云今俗作連非九經古義云瑚璉二字从玉旁俗所作也當爲胡連春秋傳曰胡簋之事明堂位曰夏后氏之四連皆不从玉旁據此則槤爲本字連爲假借从玉者俗字耳○按韓勑禮器碑胡輦器用卽胡連也

此夫子又爲指其定分　本夫誤未今訂正

注此論語　閩本北監本毛本注作說

或引有所據　浦鏜云別誤引是也今訂正

雍也仁而不佞章

子曰焉用佞　高麗本佞下有也字

屢憎於人　高麗本作屢憎民

不知其仁焉用佞　皇本高麗本仁下佞下有也字

數爲人所憎惡　皇本無惡字有也字

數謂人所憎惡者　閩本北監本同毛本謂作爲案所改是也

而以不佞爲嫌者　本嫌誤謙

子使漆雕開仕章

子使漆彫開仕　閩本北監本毛本彫作雕注疏同案釋文出漆彫云本或作凋同四書攷異云舊經漆雕與後章朽木不可雕雕俱爲彫松柏後彫之彫爲凋體義自合不知何時皆傳寫差此本此處作彫不誤後朽木不可彫經文已作雕唯注疏尚作彫歲寒章亦作彫與閩本北監本毛本同○按依說文當作琱凡琱琢之成文則曰彫今彫行而琱廢雕凋皆假借字

善其志道深　皇本善作喜深下有也字

子使漆彫開仕者　本仕誤化今改正

孔子見其不汲汲於於榮祿　案於字誤重

乘桴浮于海從我者其由與　皇本于作於由下有也字高麗本也字同案此經例用於字惟爲政篇吾十有五而志于學及此兩於字變體作于爲政篇于字乃乎字之譌此亦疑本作於傳寫者偶亂耳觀文選嘯賦注尚引作於可證又由下也字亦與顏師古漢書地理志注太平御覽四百六十七所引合

大者曰栰　皇本栰作筏

子路聞孔子欲浮海皇本浮上有乘桴二字毛本子路誤孔路

古字材哉同皇本同下有耳字

水中簰筏閩本同北監本毛本簰作箄是也

方舫泭浮音義同也閩本同北監本毛本浮作桴是也

孟武伯問子路仁乎章

可使治其賦也釋文出賦字云孔云兵賦也鄭云軍賦梁武云魯論作傅

兵賦皇本賦下有也字下之邑下公西華下行人下同

大夫百乘皇本作卿大夫故曰百乘也

出戎馬一匹本戎誤戍今改正下同

女與回也孰愈章

回也聞一以知十釋文出聞一云本或作問字非

吾與女釋文出吾與爾云爾本或作女音汝案三國志夏侯淵傳曰仲尼有言吾與爾不如也正作爾字葢與陸氏所據本合

葢欲以慰子貢也皇本貢下有心字案筆解也作爾

故云不如也浦鏜云不當作弗

宰予晝寢章

弟子宰我皇本我下有也字下刻晝下同又此注作苞氏曰案疏述注亦作包曰今本作孔曰疑誤

朽木不可雕也閩本北監本毛本彫經注疏俱作雕此本雕經文作雕餘仍作彫案唐石經宋石經俱作彫漢書董仲舒傳論衡問孔篇詩大雅棫樸正義亦俱引作彫是作雕者用假借字釋文亦作雕

不可杇也皇本杇作圬釋文出圬字云本或作杇鏝也案史記弟子列傳漢書董仲舒傳俱作圬葢論語古本作圬說文杇所以塗也杇當是正字圬乃杇之假借耳

杇鏝也皇本作圬墁也此本杇並誤朽今正案釋文出槾字云或作鏝五經文字云槾莫干反見論語經文槾字當卽此注

此二者以喻雖施功猶不成皇本無此以二字成下有也字

深責之皇本之下有辭也二字

改是聽言信行皇本是下有者始二字

更察言觀行發於宰我之晝寢皇本更上有今字無之字寢下有也字

此孔子責宰我之辭也此本辭皆作辞案說文詞意內而言外也辭訟也辤不受也籀文作辞據此則此處不當作辞五經文字云辭辤辞上說文中古文下籀文經典相承通用上字

託之以設教耳本耳誤卑

今乃晝寢晝寢子字闕今補正下故孔子責之責字聽其所言聽字雖聽其言更觀其行聽觀二字杇鏝也鏝字釋宫釋字鏝謂之杇鏝字泥塗也李巡曰塗因謂泥塗三塗字並同

釋宫云鏝謂之杇郭璞云泥塗也李巡曰塗一名杇浦鏜云泥塗也鏝誤塗下鏝一名杇因謂泥鏝爲杇二鏝字誤同

塗土之作具也北監本土誤上浦鏜云工誤土

吾未見剛者章

申棖魯人棖魯二字闕今補

夫子以時皆柔佞本佞誤倿今正下同

質直寡欲閩本北監本毛本欲作慾○按欲正字慾俗字

申棠字周浦鏜云周上脫子字案史記弟子列傳本無子字浦鏜疑有脫字者據家語也然釋文引

家語亦無子字則今本家語有子字者恐不足據

夫子之文章章

可以耳目循 皇本作可得以耳目自修也又筆解此注作孔曰

夫子之言性與天道 史記孔子世家作夫子之言天道與性命

不可得而聞也 皇本高麗本也下有已矣二字是也按漢書眭兩夏侯京翼李傳贊及匡謬正俗竝作已矣

故不可得而聞也 本聞誤問今正

孝經說曰性者天之質 按禮記中庸注天作生此誤

嘉之會也 本嘉誤加下嘉字同今正

成就万物 閩本北監本毛本作濟物○按唐人千萬字多作万今改

豈迨元亨利貞之德也 閩本同毛本迨作造是也亨作享誤

子路有聞章

子路有聞未之能行 皇本高麗本無之字

孔文子何以謂之文也章

有所未辯 此本辯皆作辨案五經文字云辯辨上理也下別也經典或通用之

晏平仲章

久而敬之 皇本高麗本而下有人字

治而清省曰平 北監本毛本清省改無眚案二本所改蓋據今本周書謚法解攷周書舊本本作清省以今本改古本非也

臧文仲居蔡章

長尺有二寸 本寸誤十今正

山節藻梲 釋文出梲字云本又作棳○按梲說文訓木杖經典多借用為梁上短柱之棳

非時人謂之為知 皇本之作以知下有也字

彊生哀伯達 本生誤泆今正

故姓曰臧也 本姓誤謚今正

道德博厚曰文 北監本毛本厚改聞後季文子章疏同案周書舊本亦作厚此亦據今本誤改

龜不盈尺 漢書食貨志作盈五寸

杗窌謂之梁 閩本同毛本杗窌作杗廇是也北監本杗亦誤杗

令尹子文章

姓鬬名穀字於菟 皇本穀作榖釋文出名㝅云本又作穀○按說文㝅乳也从子𣪊聲釋文㝅字即㝅字之訛又作穀用假借字說詳左傳釋文挍勘記

必以告新令尹何如 皇本高麗本如下有也字又此注作孔安國曰

崔子弑齊君 釋文出崔子云鄭注云魯讀崔為高今從古又出弑字云本又作殺同案九經古義云王充論衡曰猶吾大夫高子也蓋用魯論語之言

棄而違之 唐石經避太宗諱棄作弃後放此

則曰猶吾大夫崔子也 高麗本則下有又字

違之之一邦 皇本作違之之至他邦高麗本作違之之至一邦案攷文載足利本作違之至一邦疑皇本高麗本竝衍一之字

文子辟惡逆去無道 皇本辟作避後竝放此案釋文出辟字云音避本亦作避○按避正字辟假借字

皆如崔子　皇本子作杼案釋文出杼字云直吕反則陸氏所據本亦作崔杼

無有可止者　本止誤且今正

三仕為令尹　本三誤二今正

從其毋畜於邳　閩本北監本同毛本毋作毋是也今依正

邳子毋　案毋當作田各本竝誤

季文子三思而後行章

再斯可矣　唐石經作再思可矣皇本高麗本作再思斯可矣

不必乃三思　皇本作不必及三思也案及字是也

甯武子章

佯愚似實　皇本佯作詳案佯詳古字通史記蘇秦傳詳僵而棄酒吳太伯世家公子光詳為足疾皆以詳為佯

為賦湛露及彤弓不辭　閩本北監本毛本辭作辭閩本彤誤彤

子在陳章

不知所以裁之　皇本高麗本之下有也字史記孔子世家不知上有吾字

狂簡者進取於大道妄作穿鑿以成文章　皇本無簡字取作趨妄下無作字案史記孔子世家集解引亦無簡字

我當歸以裁之耳　皇本裁下有制字案文選王簡栖頭陁寺碑文注引不知所以裁製

孰謂微生高直章

或乞醯焉　高麗本或下有人字釋文出乞醯云亦作醯案五經文字云醯作醯俗

巧言令色足恭章

巧言令色足恭　釋文出色足云一本此章有子曰字恐非

漢書藝文志文者也　各本也上竝誤衍者字

願車馬衣輕裘　唐石經輕字旁注案石經初刻本無輕字車馬衣裘見管子小匡及外傳齊語是子路本用成語後人因雍也篇衣輕裘誤加輕字甚誤錢大昕金石文跋尾云石經輕字宋人誤加攷北齊書唐邕傳顯祖嘗解服青鼠皮裘賜邕云朕意在車馬衣裘與卿共敝蓋用子路故事是古本無輕字一證也釋文於赤之適齊節音衣為于旣反而此衣字無音是陸本無輕字二證也邢疏云願以己之車馬衣裘與朋友共乘服是邢本亦無輕字三證也皇疏云車馬衣裘共乘服而無所憾恨也是皇本亦無輕字四證也今注疏與皇本正文有輕字則後人依通行本增入非其舊矣

敝之而無憾　皇本敝作弊○按敝正字弊俗字

不以勞事置施於人　皇本不作無人下有也字

懷歸也　皇本歸作安

十室之邑章

不如丘之好學也　高麗本學下有者字

論語注疏挍勘記卷五終

論語注疏解經卷第六

何晏集解　邢昺疏

雍也第六

疏正義曰此篇亦論賢人君子及仁知中庸之德大抵與前相類故以次之

子曰雍也可使南面包曰可使南面者言任諸侯治○疏子曰雍也可使南面○正義曰此章稱弟子冉雍之德行南面謂諸侯也言冉雍有德行堪任爲諸侯治理一國者也

仲弓問子桑伯子王曰伯子書傳無見焉子曰可也簡孔曰以其能簡故曰可也仲弓曰居敬而行簡以臨其民不亦可乎孔曰居身敬肅臨下寬略則可居簡而行簡無乃大簡乎包曰伯子之簡太簡子曰雍之言然疏仲弓至言然○正義曰此章明行簡之法仲弓問子桑伯子者仲弓冉雍字也問子桑伯子其人德行何如子曰可也簡者孔子爲仲弓述子桑伯子之德行也簡略也言其人可也以其行能寬略故也仲弓曰居敬而行簡以臨其民不亦可乎者仲弓因辨簡之可否言若居身敬肅而行寬略以臨其下民不亦可乎言其可也居簡而行簡無乃太簡乎者言居身寬略而行又寬略乃大簡也則子桑伯子之簡是太簡也子曰雍之言然者然猶是也夫子許仲弓之言是故曰然○注王曰伯子書傳無見焉○正義曰書傳無見不知何人也子桑伯子當是一人故此注及下包氏皆唯言伯子而已鄭以左傳秦有公孫枝字子桑則以此爲秦大夫恐非

哀公問弟子孰爲好學孔子對曰有顏回者好學不遷怒不貳過不幸短命死矣今也則亡未聞好學者也凡人任情喜怒違理顏回任道怒不過分遷者移也怒當其理不移易也不貳過者有不善未嘗復行疏哀公至者也○正義曰此章稱顏回之德哀公問弟子孰爲好學者魯君哀公問於孔子曰弟子之中誰爲樂於好學者孔子對曰有顏回者好學者孔子對哀公曰有弟子顏回者其人好學遷移也凡人任情喜怒違理顏回任道怒不過分而當其理不移易不遷怒也人皆有過憚改顏回有不善未嘗不知知之未嘗復行不貳過也凡事應失而得曰幸應得而失曰不幸惡人橫夭則惟其常顏回以德行著名應得壽考而反二十九髮盡白三十二而卒故曰不幸短命死矣亡無也言今則無好學者矣未聞更有好學者也○注凡人至復行○正義曰云凡人任情喜怒違理者言凡常之人信任邪情恣其喜怒違於分理也云顏回任道怒不過分者言顏回好學既深信用至道故怒不過其分理也云有不善未嘗復行者周易下繫辭文彼云子曰顏氏之子其殆庶幾乎有不善未嘗不知知之未嘗復行也韓康伯注云在理則昧造形而悟顏子之分也失之於幾故有不善得之於貳不遠而復故知之未嘗復行也引之以證不貳過也此稱其好學而言不遷怒貳過者以不遷怒貳過由於學問既篤任道而行故舉以言焉以明好學之深也一曰以哀公遷怒貳過而孔子因以諷諫

子華使於齊冉子爲其母請粟馬曰子華弟子公西華赤之字六斗四升曰釜子曰與之釜請益曰與之庾包曰十六斗曰庾冉子與之粟五秉馬曰十六斛曰秉五秉合爲八十斛子曰赤之適齊也乘肥馬衣輕裘吾聞之也君子周急不繼富鄭曰非冉有與之太多疏子華至繼富○正義曰此章論君子當賑窮周急不繼富子華使於齊者弟子公西赤字子華時仕魯爲魯使適於齊也冉子爲其母請粟者冉子即冉有也爲其子華之母請粟於夫子言其子出使而家貧也子曰與之釜者夫子令與粟六斗四升也請益者冉有嫌其粟少故更請益之曰與之庾者夫子令益與十六斗也冉子與之粟五秉者冉有終以爲少故自與粟八十斛也子曰赤之適齊也乘肥馬衣輕裘吾聞之也君子周急不繼富者此孔子非冉有與之太多也赤子華名適往也言子華使往齊國乘駕肥馬衣著輕裘則是富也富則毋不闕粟吾嘗聞之君子當周救人之窮急不繼接於富有今子華家富而多與之粟則是繼富故非之也○注馬曰至曰釜○正義曰史記弟子傳云公西赤字子華鄭玄曰魯人少孔子四十二歲云六斗四升曰釜者昭三年左傳晏子曰齊舊四量豆區釜鍾四升爲豆各自其四以登於釜杜注云四豆爲區區十六升四區爲釜釜六斗四升是也○注包曰十六斗曰庾馬曰十六斛曰秉○正義曰案聘禮記云十斗曰斛十六斗曰籔十籔曰秉鄭注云秉十六斛今江淮之間量名以爲籔者今文籔爲逾是庾逾籔其數同故知然也

原思爲之宰包曰弟子原憲

思字也孔子爲魯司寇以原憲爲家邑宰與之粟九百辭孔曰九百九百斗辭讓不受子曰毋孔曰祿法所得當受無讓以與爾鄰里鄉黨乎鄭曰五家爲鄰五鄰爲里萬二千五百家爲鄉五百家爲黨〔疏〕原思至黨乎。正義曰此章明爲受祿之法原思弟子原憲也孔子爲魯司寇以原憲爲家邑宰也與之粟九百辭者孔子與之粟九百斗原思辭讓不受子曰毋者毋禁辭也孔子禁止其讓言祿法所得當受無讓也以與爾鄰里鄉黨乎者言於已有餘可分與爾鄰里鄉黨之人亦不可辭也。注包曰至邑宰。正義曰史記弟子傳曰原憲字子思鄭玄曰魯人云孔子爲司寇以原憲爲家邑宰者世家云孔子由中都宰爲司空由司空爲司寇魯司寇大夫也必有采邑大夫稱家故以原憲爲家采邑之宰也。注鄭曰至爲黨。正義曰云五家爲鄰五鄰爲里者地官遂人職文案大司徒職云五家爲比五比爲閭四閭爲族五族爲黨五黨爲州五州爲鄉故知萬二千五百家爲鄉五百家爲黨也

子謂仲弓曰犂牛之子騂且角雖欲勿用山川其舍諸犂雜文騂赤也角者角周正中犧牲雖欲以其所生犂而不用山川寧肯舍之乎言父雖不善不害於子之美〔疏〕子謂至舍諸。正義曰此章復謂冉雍之德也子謂仲弓曰犂牛之子騂且角雖欲勿用山川其舍諸者雜文曰犂騂純赤色也角者角周正也舍棄也諸之也仲弓父賤人而行不善故孔子稱謂仲弓曰譬若雜文之犂牛生純赤且角周正之子中祭祀之犧牲雖欲以其所生犂而不用山川寧肯舍棄之乎言仲弓父雖不善不害於子之美也

子曰回也其心三月不違仁其餘則日月至焉而已矣餘人暫有至仁時唯回移時而不變〔疏〕子曰回也其心三月不違仁其餘則日月至焉而已矣。正義曰此章稱顏回之仁三月爲一時天氣一變人心行善亦多隨時移變唯回也其心雖經一時復一時而不變移違去仁道也其餘則暫有至仁時或一日或一月而已矣

季康子問仲由可使從政也與子曰由也果包曰果謂果敢決斷於從政乎何有曰賜也可使從政也與曰賜也達孔曰達謂通於物理於從政乎何有曰求也可使從政

也與曰求也藝孔曰藝謂多才藝於從政乎何有〔疏〕季康至何有。正義曰此章明子路子貢冉有之才也季康子問仲由可使從政也歟者康子魯卿季孫肥也問於孔子曰仲由之才可使從一官而爲政治也歟子曰由也果於從政乎何有者果謂果敢決斷何有言不難也孔子言仲由之才果敢決斷其於從政何有難乎言仲由可使從政也曰賜也可使從政也歟者季康子又問子貢也曰賜也達於從政乎何有者達謂通於物理孔子荅言子貢之才通達物理亦言可從政也曰求也可使從政也歟者康子又問冉有也曰求也藝於從政乎何有者藝謂多才藝孔子荅言冉求多才藝亦可從政也

季氏使閔子騫爲費宰孔曰費季氏邑季氏不臣而其邑宰數畔聞子騫賢故欲用之閔子騫曰善爲我辭焉孔曰不欲爲季氏宰託使者善爲我辭焉說令不復召我如有復我者孔曰復我者重來召我則吾必在汶上矣孔曰去之汶水上欲北如齊〔疏〕季氏至上矣。正義曰此章明閔損之賢也季氏使閔子騫爲費宰者費季氏邑季氏不臣而其邑宰數畔聞子騫賢故欲使之也閔子騫曰善爲我辭焉者子騫不欲爲季氏宰故語使者曰善爲我作辭說令不復召我也如有復我者則吾必在汶上矣者復重也言如有重來召我者則吾必去之在汶水上欲北如齊也。注孔曰至用之。正義曰云費季氏邑者左傳文也云季氏不臣而其邑宰數畔者僭禮樂逐昭公是不臣也昭十二年南蒯以費畔又公山弗擾以費畔是數畔也。注去之汶水上欲北如齊。正義曰地理志云汶水出泰山萊蕪西南入濟在齊南魯北故曰欲北如齊

伯牛有疾馬曰伯牛弟子冉耕子問之自牖執其手包曰牛有惡疾不欲見人故孔子從牖執其手也曰亡之孔曰亡喪也疾甚故持其手曰喪之命矣夫斯人也而有斯疾也斯人也而有斯疾也包曰再言之者痛惜之甚〔疏〕伯牛至疾也。正義曰此章孔子痛惜弟子冉耕有德行而遇惡疾也伯牛冉耕字也有疾有惡疾也子問之自牖執其手者自從也伯牛惡疾不欲見人故孔子問之從牖執其手也曰亡之者亡喪也疾甚故持其手曰喪之命矣夫斯人也而有斯疾也斯人也而有斯疾也者行善遇凶非人所召故歸之於命言天命矣夫斯此也此善人也而有此

惡疾也是孔子痛惜之也再言之者痛惜之甚○注馬曰伯牛弟子冉耕○正義曰史記弟子傳曰冉耕字伯牛鄭玄曰魯人○注包曰伯牛有惡疾○正義曰惡疾疾之惡者也淮南子云伯牛癩

子曰賢哉回也一簞食一瓢飲孔曰簞笥也在陋巷人不堪其憂回也不改其樂賢哉回也孔曰顏淵樂道雖簞食在陋巷不改其所樂

疏子曰至回也○正義曰此章歎顏回之賢故曰賢哉回也云一簞食一瓢飲者簞竹器食飯也瓢瓠也言回家貧唯有一簞飯一瓠瓢飲也在陋巷人不堪其憂回也不改其樂者言回居處又在隘陋之巷他人見之不任其憂唯回也不改其樂道之志不以貧爲憂苦也歎美之甚故又曰賢哉回也○注孔曰簞笥也○正義曰案鄭注曲禮云圓曰簞方曰笥然則簞與笥方圓異而此云簞笥者以其俱用竹爲之舉類以曉人也

冉求曰非不說子之道力不足也子曰力不足者中道而廢今女畫孔曰畫止也力不足者當中道而廢今女自止耳非力極

疏冉求曰至女畫○正義曰此章勉人學也冉求曰非不說子之道力不足也者弟子冉求言己非不說樂子之道而勤學之但以力不足故也子曰力不足者中道而廢今女畫者畫止也此孔子責冉求之不說學也言力不足者當中道而廢今女自止耳非力極也

子謂子夏曰女爲君子儒無爲小人儒孔曰君子爲儒將以明道小人爲儒則矜其名

疏子謂子夏曰女爲君子儒無爲小人儒○正義曰此章戒子夏爲君子也言人博學先王之道以潤其身者皆謂之儒但君子則將以明道小人則矜其才名言女當明道無得矜名也

子游爲武城宰包曰武城魯下邑子曰女得人焉耳乎孔曰焉耳乎皆辭曰有澹臺滅明者行不由徑非公事未嘗至於偃之室也包曰澹臺姓滅明名字子羽言其公且方

疏子游至室也○正義曰此章明子羽公方也子游爲武城宰者武城魯下邑子游時爲之宰也子曰女得人焉耳乎者孔子問子游言女在武城得其有德之人乎焉耳乎皆語助辭曰有澹臺滅明者此子游對孔子言已所得之人也姓澹臺名滅明行不由徑非公事未嘗至於偃之室也者此言其人之德也行遵大道不由小徑是方也若非公事未嘗至於偃之室是公也既公且方故以爲得人○注包曰至且方○正義曰史記弟子傳云澹臺滅明武城人字子羽少孔子三十九歲狀貌甚惡欲事孔子孔子以爲材薄既已受業退而脩行名施乎諸侯孔子聞之曰吾以貌取人失之子羽是亦弟子也故注不言弟子者從可知也云言其公且方者公無私也方正直也

子曰孟之反不伐孔曰魯大夫孟之側與齊戰軍大敗不伐者不自伐其功奔而殿將入門策其馬曰非敢後也馬不進也馬曰殿在軍後前曰啓後曰殿孟之反賢而有勇軍大奔獨在後爲殿人迎功之不欲獨有其名曰我非敢在後拒敵馬不能前進

疏子曰至進也○正義曰此章言功以不伐爲善也孟之反不伐者誇功曰伐孟之反魯大夫孟之側也有軍功而不誇伐也奔而殿將入門策其馬曰非敢後也馬不進也者此其不伐之事也在軍後曰殿策捶也魯與齊戰魯師敗而奔孟之反賢而有勇獨在後爲殿人迎功之不欲獨有其名故將入國門乃捶其馬欲先奔者入城也且曰我非敢在後爲殿以拒敵馬不能前進故也○注孔曰魯大夫孟之側○正義曰杜預曰之側孟氏族字反是也○注馬曰至

前進○正義曰云殿在軍後前曰啓後曰殿者案司馬法謀帥篇曰夫前驅啓乘車大震倅車屬馬大震郎大殿也音相似襄二十三年左傳曰齊侯伐衞大殿商子游御夏之御寇詩曰元戎十乘以先啓行是殿在軍後前曰啓也案哀十一年左傳說此事云齊師伐我及淸孟孺子洩帥右師冉求帥左師師及齊師戰于郊右師奔齊人從之孟之側後入以爲殿抽矢策其馬曰馬不進也文不同者各據所聞而記之也

子曰不有祝鮀之佞而有宋朝之美難乎免於今之世矣孔曰佞口才也祝鮀衞大夫子魚也時世貴之宋朝宋之美人而善淫言當如祝鮀之佞而反如宋朝之美難乎免於今之世害也

疏子曰不有祝鮀之佞而有宋朝之美難乎免於今之世矣○正義曰此章言世尚口才也佞口才也祝鮀衞大夫子魚也有口才時世貴之宋朝宋之美人善淫時世疾之言人當如祝鮀之有口才則見貴重若無祝鮀之佞而反有宋朝之美難乎免於今之世害也○注孔曰至善也○正義曰云祝鮀衞大夫子魚也時世貴之者春秋定四年會于召陵盟于皐鼬左傳曰將會衞子行敬子言於靈公曰會同難嘖有煩言莫之治也其使祝鮀從公曰善乃使子魚是祝鮀卽子魚也傳又曰及

臯鼬將盟將長蔡於衛衛侯使祝鮀私於萇弘文多不載萇弘說告劉子與范獻子謀之乃長衛侯於盟是時世貴之也云宋朝宋之美人而善淫者案定十四年左傳曰衛侯爲夫人南子召宋朝杜注云南子宋女也朝宋公子舊通于南子在宋呼之是朝爲宋之美人而善淫也

子曰：誰能出不由戶。何莫由斯道也？孔曰言人立身成功當由道譬猶出入要當從戶〔疏〕子曰誰能出不由戶何莫由斯道也。正義曰此章言道爲立身之要也故曰誰人能出入不由門戶以譬何人立身不由於此道也言人立身成功當由道譬猶出入要當從戶

子曰：質勝文則野，包曰野如野人言鄙略也文勝質則史。包曰史者文多而質少文質彬彬，然後君子。包曰彬彬文質相半之貌〔疏〕子曰至君子。正義曰此章明君子也質勝文則野者謂人若質多勝於文則如野人言鄙略也文勝質則史者言文多勝於質則如史官也文質彬彬然後君子者彬彬文質相半之貌言文華質朴相半彬彬然然後可爲君子也

子曰：人之生也直，馬曰言人所生於世而自終者以其正直也罔之生也幸而免。包曰誣罔正直之道而亦生者是幸而免〔疏〕子曰人之生也直罔之生也幸而免。正義曰此章明人以正直爲德言人之所以生於世而自壽終不橫夭者以其正直故也罔誣罔也言人有誣罔正直之道而亦生者是幸而獲免也

子曰：知之者不如好之者，好之者不如樂之者。包曰學問知之者不如好之者篤好之者不如樂之者深〔疏〕子曰知之者不如好之者好之者不如樂之者。正義曰此章言人之學道用心深淺之異也言學問知之者不如好之者篤厚也好之者又不如悅樂之者深也

子曰：中人以上，可以語上也；中人以下，不可以語上也。王曰上謂上知之所知也兩舉中人以其可上可下〔疏〕子曰中人以上可以語上也中人以下不可以語上也。正義曰此章言授學之法當稱其才識也語謂告語上謂上知之所知也人之才識凡有九等謂上上上中上下中上中中中下下上下中下下也上上則聖人也下下則愚人也皆不可移也其上中以下下中以上是可教之人也中人謂第五中中之人也以上謂上中上下中上之人也以其才識優長故可以告語上知之所知也中人以下謂中下下上下中之人也以其才識暗劣故不可以告語上知之所知也此應云中人以上可以語上以下不可以語上而繁文兩舉中人者以其中人可上可下故也言此中人若才性稍優則可以語上才性稍劣則不可以語上是其可上可下也

樊遲問知。子曰：務民之義，王曰務所以化道民之義敬鬼神而遠之，可謂知矣。包曰敬鬼神而不瀆問仁。曰：仁者先難而後獲，可謂仁矣。孔曰先勞苦而後得功此所以爲仁〔疏〕樊遲至仁矣。正義曰此章明仁知之用也樊遲問知者弟子樊須問於孔子何爲可謂之知子曰務民之義敬鬼神而遠之可謂知矣者孔子荅其爲知也言當務所以化道民之義恭敬鬼神而疏遠之不褻瀆能行如此可謂爲知矣問仁者樊遲又問何爲可謂之仁子曰仁者先難而後獲可謂仁矣者此荅其爲仁也獲猶得也言爲仁者先受勞苦之難而後乃得功此所以爲仁也已

子曰：知者樂水，包曰知者樂運其才知以治世如水流而不知已仁者樂山。仁者樂如山之安固自然不動而萬物生焉知者動，包曰日進故動仁者靜。孔曰無欲故靜知者樂，鄭曰智者自役得其志故樂仁者壽。包曰性靜者多壽考〔疏〕子曰至仁者壽。正義曰此章初明知仁之性次明知仁之用三明知仁之功也知者樂水者樂謂愛好言知者性好運其才知以治世如水流而不知已止也仁者樂山者言仁者之性好樂如山之安固自然不動而萬物生焉知者動者言知者常務進故動仁者靜者言仁者本無貪欲故靜知者樂者言知者役用才知成功得志故歡樂也仁者壽者言仁者少思寡欲性常安靜故多壽考也

子曰：齊一變至於魯，魯一變至於道。包曰言齊魯有太公周公之餘化太公大賢周公聖人今其政教雖衰若有明君興之齊可使如魯魯可使如大道行之時〔疏〕子曰齊一變至於魯魯一變至於道。正義曰此章言齊魯有太公周公之餘化太公大賢周公聖人今其政教雖衰若有明君興之齊可使如魯魯可一變使如於大道行之時也

子曰：觚不觚，馬曰觚禮器一升曰爵二升曰觚觚哉觚哉！觚哉觚哉言非觚也以喻爲政不得其道則不成〔疏〕子曰觚不觚觚哉觚哉。正義曰此章言爲政須遵禮道也觚者禮器所以盛酒二升曰

觚言觚者，用之當以禮，若用之失禮則不成爲觚也。故孔子歎之，觚哉觚哉，言非觚也，以喻人君爲政當以道，若不得其道則不成爲政也。○注「馬曰觚，禮器，一升曰爵，二升曰觚」。○正義曰：案《特牲禮》「三爵三觚，四觶一角，三散」。是觚爲禮器也。《異義》：「韓詩說：一升曰爵。爵，盡也，足也。二升曰觚。觚，寡也，飲當寡少。三升曰觶。觶，適也，飲當自適也。四升曰角。角，觸也，不能自適，觸罪過也。五升曰散。散，訕也，飲不省節，爲人謗訕。總名曰爵，其實曰觴。觴者，餉也。觥亦五升，所以罰不敬。觥，廓也，所以著明之貌，君子有過，廓然著明。非所以餉，不得名觴。」此惟言爵、觚者，略言之也。

宰我問曰：仁者雖告之曰井有仁焉，其從之也？孔曰：宰我以仁者必濟人於患難，故問有仁人墮井，將自投下，從而出之不乎？欲極觀仁者憂樂之所至。子曰：何爲其然也？君子可逝也，不可陷也。孔曰：逝，往也。言君子可使往視之耳，不肯自投從之。可欺也，不可罔也。馬曰：可欺者，可使往也；不可罔者，不可得誣罔令自投下。〔疏〕宰我至罔也。○正義曰：此章明仁者之心也。宰我問曰仁者雖告之曰井有仁焉其從之也者，宰我以仁者必濟人於患難，故問曰：仁者之人，設有來告曰井中有仁人焉，言仁人墮井也。此承告之仁人將自投下，從而出之不乎？意欲極觀仁者憂人樂生之所至也。子曰何爲其然也，君子可逝也，不可陷也者，此孔子怪拒之辭。逝，往也。然，如是也。言何爲能使仁者如是自投井乎？夫仁人君子但可使往視之耳，不可陷入於井，言不可自投從之也。可欺也，不可罔也者，唯可欺之使往視，不可得誣罔令自投下也。

子曰：君子博學於文，約之以禮，亦可以弗畔矣夫。鄭曰：弗畔，不違道。〔疏〕子曰君子博學於文約之以禮亦可以弗畔矣乎。○正義曰：畔，違也。此章言君子若博學於先王之遺文，復用禮以自檢約，則不違道也。

子見南子，子路不說。夫子矢之曰：予所否者，天厭之，天厭之！孔曰：舊以南子者衛靈公夫人，淫亂而靈公惑之。孔子見之者，欲因以說靈公使行治道。矢，誓也。子路不說，故夫子誓之。行道既非婦人之事，而弟子不說，與之呪誓，義可疑焉。〔疏〕子見至厭之。○正義曰：此章孔子屈己求行治道也。子見南子者，南子衛靈公夫人，淫亂而靈公惑之。孔子至衛，見此南子，意欲因以說靈公使行治道故也。子路不說者，子路性剛直，未達孔子之意，以爲君子當義之與比，而孔子乃見淫亂婦人，故不說樂。夫子矢之者，矢，誓也，以子路不說，故夫子告誓之曰：予所否者，天厭之，天厭之者，此誓辭也。予，我也。否，不也。厭，棄也。言我見南子所不爲求行治道者，願天厭棄我。再言之者，重其誓，欲使信之也。○注「孔曰」至「疑焉」。○正義曰：云「孔曰：舊以南子者，衛靈公夫人，淫亂而靈公惑之。孔子見之者，欲因以說靈公使行治道。矢，誓也。子路不說，故夫子誓之」者，先儒舊有此解也。云「行道既非婦人之事，而弟子不說，與之呪誓，義可疑焉」者，安國以爲先儒舊說不近人情，故疑其義也。《史記·世家》：「孔子至衛，靈公夫人有南子者，使人謂孔子曰：四方之君子不辱欲與寡君爲兄弟者，必見寡小君，寡小君願見。孔子辭謝，不得已而見之。夫人在絺帷中。孔子入門，北面稽首，夫人自帷中再拜，環珮玉聲璆然。孔子曰：吾鄉爲弗見，見之禮荅焉。子路不說。孔子矢之曰：天厭之，天厭之。」是子見南子之事也。欒肇曰：見南子者，時不獲已，猶文王之拘羑里也。天厭之者，言我之否屈，乃天命所厭也。蔡謨云：矢，陳也。夫子爲子路陳天命也。

子曰：中庸之爲德也，其至矣乎！民鮮久矣。庸，常也。中和可常行之德，世亂，先王之道廢，民鮮能行此道久矣，非適今。〔疏〕子曰中庸之爲德也其至矣乎民鮮久矣。○正義曰：此章言世亂人不能行中庸之德也。中，謂中和。庸，常也。鮮，罕也。言中和可常行之德也，其至極矣乎！以世亂，先王之道廢，故民罕能行此道，久多時矣，非適而今也。

子貢曰：如有博施於民而能濟衆，何如？可謂仁乎？子曰：何事於仁，必也聖乎！堯舜其猶病諸。孔曰：君能廣施恩惠濟民於患難，堯舜至聖猶病其難。夫仁者，己欲立而立人，己欲達而達人。能近取譬，可謂仁之方也已。孔曰：更爲子貢說仁者之行。方，道也。但能近取譬於己，皆恕己所欲而施之於人。〔疏〕子貢至也已。○正義曰：此章明仁道也。子貢曰如有博施於民而能濟衆何如可謂仁乎者，子貢問夫子曰：設如人君能廣施恩惠於民，而能振濟衆民於患難者，此德行何如？可謂之仁人之君乎？子曰何事於仁，必也聖乎，堯舜其病諸者，此孔子荅子貢之語也。言君能博施濟衆，何止事於仁，謂不啻於仁，必也爲聖人乎！然行此事甚難，堯舜至聖猶病之以爲難也。夫仁者，已欲立而立人，已欲達而達人，能近取譬，可謂仁之方也已者，此孔子更爲子

貢説仁者之行也方猶道也言夫仁者已欲立身進達而先立達他人又能近取譬於已皆恕已所欲而施之於人已所不欲弗施於人可謂仁道也

論語注疏解經卷第六

二品廕生阮常生挍䅁

論語注疏挍勘記

阮元撰盧宣旬摘録

雍也第六十行本閩本毛本此下並有疏文與各第下同北監本脫此疏

雍也可使南面章

雍也可使南面高麗本面下有也字

言任諸侯治皇本作言任諸侯可使治國政也釋文出諸侯治云一本無治字本作言任諸侯治國也

孔曰以其能簡故曰可也皇本無孔曰字

無乃大簡乎北監本毛本大作太案釋文出大簡云音泰下同

則以此爲秦大夫恐非孫志祖云則字衍

哀公問弟子

哀公問弟子孰爲好學皇本高麗本問下有曰字

有顔回者好學浦鏜云下脫不遷怒不貳過六字

未聞更有好學者也案此聞字與下顔回任道顔字互易而誤今訂正

子華使於齊章

包曰十六斗曰庾本包誤句皇本作十六斗爲庾也

此章論君子當賑窮周急閩本北監本賑作振案作振是也顔師古匡謬正俗云振給振貸字皆作振振舉救也俗作賑非

區十六升浦鏜云斗誤十

量名以爲籔者浦鏜云有誤以是也

原思爲之宰章

辭辭讓不受皇本辭字不重受下有也字

子曰母　閩本北監本同毛本母作毋是也今正

此章明爲受祿之法　各本爲下竝有仕字此誤脱也

云孔子爲司寇　浦鏜云爲下脱魯字

由司空爲司寇　浦鏜云爲下脱大字

子謂仲弓章

騂赤也　皇本赤下有色字

不害於子之美　皇本子上有其字美下有也字

中祭祀之犧牲　本犧誤儀今正

回也其心三月不違仁章

餘人暫有至仁時　皇本餘上有言字

復一時而不變移　毛本作移變

其餘蹔有至仁時　北監本毛本蹔作暫案暫蹔正俗字

季康子問仲由章

曰賜也達　皇本高麗本曰上有子字下曰求也藝下同

藝謂多才藝　皇本作藝謂多才能也

季氏使閔子騫爲費宰章

而其邑宰數畔　皇本畔作叛是正字古多假畔字爲之

聞子騫賢故欲用之　皇本子上有閔字之作也

託。使者　皇本作語使者曰案釋文出語字云魚據反是陸氏所據本亦作語

善爲我辭焉說令不復召我　皇本作善爲作辭說令不復召我也下重來召我下如有

下有也字

則吾必在汶上矣　釋文出則吾必在云一本無吾字鄭本無則吾二字案史記弟子列傳亦無則吾字

昭十二年　各本二誤三今訂正

汶水出泰山萊蕪西南入濟　閩本北監本毛本濟誤齊

伯牛有疾章

命矣夫斯人也而有斯疾也斯人也而有斯疾也　史記弟子列傳作命也夫斯人也而有斯疾命也夫

賢哉回也章

簞笥也　皇本此下有瓢瓠也三字又下所樂下有也字案正義亦有三字注脱

子謂子夏章

無爲小人儒　高麗本無作毋

將以明道　皇本明下有其字下其名下有也字又此注作馬融曰

女得人焉耳乎　皇本高麗本乎下有哉字案焉耳乎三字連文已屬不詞下又增哉字更不成文疑耳當爾字之譌攷太平御覽一百七十四二百六十六俱引作爾又張栻論語解呂祖謙論語說眞德秀論語集編暨論語纂疏四書通四書纂箋諸本竝作爾又今坊本亦作爾葢焉爾者猶於此也言女得人於此乎哉此者此武城也如書作耳則義不可通矣

孟之反不伐章

人迎功之　皇本功上有爲字

曰我非敢在後拒敵也字。按距別一字說見前　皇本曰作故云二字拒作距敵下有

馬不能前進　皇本進下有耳字

策捶也　本埵誤捶今正

商子游御夏之御寇　北監本毛本此下有崔如爲右燭庸之越駟乘十字閩本亦無

帥右師　本帥誤師今正

不有祝鮀之佞章

衛大夫子魚也　皇本子上有名字

而反如宋朝之美　皇本反作及案釋文出及如云一本及字作反義亦通

難乎免於今之世害也　皇本乎作矣之世作世之

誰能出不由戶章

誰能出不由戶　皇本戶下有者字

質勝文則野章

文質彬彬　說文引作份份。按彬份古今字

人之生也直章

人之生也直　皇本作人生之直

言人所生於世而自終者以其正直也　皇本作言人之所以生於世而自終者以其正直之道也

誣罔正直之道而亦生者是幸而免　皇本無者字免下有也字

知之者章

好之者不如樂之者深　皇本不上有又字深下有也字

中人以上章

上謂上知之所知也　皇本上知字作智之下有人字

樊遲問知章

敬鬼神而不黷　皇本黷作瀆下有也字下爲仁下同釋文出瀆字云本今作黷。按瀆黷古今字

問仁曰　皇本仁下有子字

而後得功　皇本而作乃

不褻黷　本褻誤藝今正

知者樂水章

日進故動　皇本作自進故動也下故靜下故樂下亦有也字

性靜者多壽考　皇本作性靜故壽考也

故多壽考也　本考誤者今正

觚不觚章

二升曰觚　正義同皇本二作三觚下有也字案異義引韓詩說及儀禮特牲饋食禮記注周禮梓人疏俱云二升爲觚又廣雅釋器亦云二升曰觚皇本作三者字之誤也

刑三爵三觚四觶一角三散　案刑當作用上兩三字當作二下三字當作一閩本北監本毛本二爵誤三爵一散亦誤三散。今並訂正

韓詩說　本說誤爲

飲不省節　閩本北監本毛本省作自

仁者雖告之曰章

井有仁焉其從之也　皇本仁下有者字也作與案孔注云有仁人墮井則仁下當有者字

宰我以仁者　皇本以下有爲字

將自投下　本將誤得今正

不肯自投從之皇本從作救之下有也字又此節作苞氏曰

不可得誣罔令自投下本罔誤固投誤役今正

君子博學於文章

君子博學於文釋文云一本無君子字兩得案無君子者是經義雜記云集解載鄭注云弗畔不違道既言君子不嫌其違畔於道後顏淵篇此見再見正本皆無君子字據釋文知此處古本亦無有者衍文顏淵篇釋文云博學於文一本作君子博學於文正義曰或本亦有作君子博學於文蓋皆後人所加後篇朱子皆無

子見南子章

子所否者史記孔子世家否作不釋文引鄭康成繆播訓為不與史記合○按不者事之不然者也否者說事之不然者也此當作否

舊以南子者皇本舊作等以下有為字案釋文出等以為男子者云集解本皆爾或不達其義妄去等

字非也今注云舊以南子者

故夫子誓之皇本之下有曰字釋文出故孔子云一本作夫子

與之呪誓釋文出之祝云本今作呪○按祝呪正俗字

意欲因以說靈公本因誤曰今正

如有博施於民章

如有博施於民而能濟眾皇本有作能眾下有也字

君能廣施恩惠皇本 君作若

己所欲而施之於人皇本作己所不欲而勿施人也

此孔子荅子貢之語也本之語誤諳之今正

論語注疏挍勘記卷六終

論語注疏解經卷第七

何晏集解　邢昺疏

述而第七

【疏】正義曰此篇皆明孔子之志行也以前篇論賢人君子及仁者之德行成德有漸故以聖人次之

子曰述而不作信而好古竊比於我老彭 包曰老彭殷賢大夫好述古事我若老彭但述之耳 【疏】子曰述而不作信而好古竊比於我老彭○正義曰此章記仲尼著述之謙也作者之謂聖述者之謂明老彭殷賢大夫也老彭於時但述脩先王之道而不自制作篤信而好古事孔子言今我亦爾故云比老彭猶不敢顯言故云竊○注包曰至之耳○正義曰云老彭殷賢大夫者老彭即莊子所謂彭祖也李云名鏗堯臣封於彭城歷虞夏至商年七百歲故以久壽見聞世本云姓籛名鏗在商爲守藏史在周爲柱下史年八百歲籛音翦一云即老子也崔云堯臣仕殷世其人甫壽七百年王弼云老是老聃彭是彭祖老子者楚苦縣厲鄉曲仁里人也姓李氏名耳字伯陽謚曰聃周守藏室之史也云好述古事我若老彭但述之耳者言老彭不自制作好述古事仲尼言我亦若老彭但述之耳

子曰默而識之學而不厭誨人不倦何有於我哉 鄭曰無是行於我我獨有之 【疏】子曰默而識之學而不厭誨人不倦何有於我哉○正義曰此章仲尼言己不言而記識之學古而心不厭教誨於人不有倦息他人無是行於我我獨有之故曰何有於我哉

子曰德之不脩學之不講聞義不能徙不善不能改是吾憂也 孔曰夫子常以此四者爲憂 【疏】子曰德之不脩學之不講聞義不能徙不善不能改是吾憂也○正義曰此章言孔子憂在脩身也德在脩行學須講習聞義事當徙意從之有不善當追悔改之夫子常以此四者爲憂憂已恐有不脩不講不徙不改之事故云是吾憂也

子之燕居申申如也夭夭如也 馬曰申申夭夭和舒之貌 【疏】子之燕居申申如也夭夭如也○正義曰此章言孔子燕居之時體貌也申申夭夭和舒之貌如者如此義也謂體貌和舒如似申申夭夭也故玉藻云受一爵而色洒如也及鄉黨每云如也者皆謂容色如此

子曰甚矣吾衰也久矣吾不復夢見周公 孔曰孔子衰老不復夢見周公明盛時夢見周公欲行其道也 【疏】子曰甚矣吾衰也久矣吾不復夢見周公○正義曰此章孔子歎其衰老言我盛時嘗夢見周公欲行其道今則久多時矣吾更不復夢見周公知是吾衰老甚矣

子曰志於道 志慕也道不可體故志之而已 據於德 據杖也德有成形故可據 依於仁 依倚也仁者功施於人故可倚 遊於藝 藝六藝也不足據依故曰遊 【疏】子曰志於道據於德依於仁遊於藝○正義曰此章孔子言己志慕據杖依倚遊習者道德仁藝也○注志慕也至之而已○正義曰道者虛通無擁自然之謂也王弼曰道者無之稱也無不通也無不由也況之曰道寂然無體不可爲象是道不可體故但志慕而已○注據杖也德有成形故可據○正義曰德者得也物得其所謂之德寂然至無則謂之道離無入有而成形器是謂德業少儀云士依於德遊於藝文與此類鄭注云德三德也一曰至德二曰敏德三曰孝德周禮師氏掌以三德教國子一曰至德以爲道本二曰敏德以爲行本三曰孝德以知逆惡注云德行內外之稱在心爲德施之爲行至德中和之德覆幬持載含容者也孔子曰中庸之爲德也其至矣乎敏德仁義順時者也說命曰敬孫務時敏厥修乃來孝德尊祖愛親守其所以生者也孔子曰武王周公其達孝矣乎夫孝者善繼人之志善述人之事者也是德有成形者也夫立身行道唯杖於德故可據也○注依倚也仁者功施於人故可倚○正義曰博施於民而能濟衆乃謂之仁恩被於物物亦應之故可倚賴○注藝六藝也不足據依故曰遊○正義曰六藝謂禮樂射馭書數也周禮保氏云掌養國子教之六藝一曰五禮二曰六樂三曰五射四曰五馭五曰六書六曰九數注云五禮吉凶軍賓嘉也六樂雲門大咸大韶大夏大濩大武也五射白矢參連剡注襄尺井儀也五馭鳴和鸞逐水曲過君表舞交衢逐禽左也六書象形會意轉注處事假借諧聲也九數方田粟米差分少廣商功均輸方程贏不足旁要也此六者所以飾身耳劣於道德與仁故不足依據故但曰遊

子曰自行束脩以上吾未嘗無誨焉 孔曰言人能奉禮自行束脩以上則皆教誨之 【疏】子曰自行束脩以上吾未嘗無誨焉○正義曰此章言己誨人不倦也束脩禮之薄者言人能奉禮自行束脩以上而來學者則吾未嘗不誨焉皆教誨之也○注孔曰至誨之○正義曰云言人能奉禮自行束脩以上者案書傳言束脩者多

矣皆謂十脡脯也檀弓曰古之大夫束脩之問不出竟少儀曰其以乘壺酒束脩一犬賜人穀梁傳曰束脩之問不行竟中是知古者持束脩以爲禮然此是禮之薄者其厚則有玉帛之屬故云以上以包之也

子曰不憤不啓不悱不發舉一隅。不以三隅反則不復也鄭曰孔子與人言必待其人心憤憤口悱悱乃後啓發爲說之如此則識思之深也說則舉一隅以語之其人不思其類則不復重教之

〔疏〕子曰不憤不啓不悱不發舉一隅不以三隅反則不復也。正義曰此章言誨人之法啓開也言人若不心憤憤則孔子不爲開說若不口悱悱則孔子不爲發明必待其人心憤憤口悱悱乃後啓發爲說之如此則識思之深也其說之也略舉一隅以語之凡物有四隅者舉一則三隅從可知學者當以三隅反類一隅以思之而其人若不以三隅反思其類則不復重教之矣

子食於有喪者之側未嘗飽也喪者哀感飽食於其側是無惻隱之心

〔疏〕子食於有喪者之側未嘗飽也。正義曰此章言孔子助喪家執事時故得有食饑而廢事非禮也飽而忘哀亦非禮故食而不飽以喪者哀慼若飽食於其側是無惻愴隱痛之心也

子於是日哭則不歌一日之中或哭或歌是褻於禮容

〔疏〕子於是日哭則不歌。正義曰此章言孔子於是日聞喪或弔人而哭則終是日不歌也若一日之中或哭或歌是褻瀆於禮容故不爲也檀弓曰弔於人是日不樂注引此文是也

子謂顏淵曰用之則行舍之則藏唯我與爾有是夫孔曰言可行則行可止則止唯我與顏淵同

子路曰子行三軍則誰與孔曰大國三軍子路見孔子獨美顏淵以爲已勇至於夫子爲三軍將亦當誰與已同故發此問

子曰暴虎馮河死而無悔者吾不與也孔曰暴虎徒搏馮河徒涉

必也臨事而懼好謀而成者也

〔疏〕子謂至者也。正義曰此章孔子言已行藏與顏回同也子謂顏淵曰用之則行舍之則藏唯我與爾有是夫者言時用之則行舍之則藏用捨隨時行藏不忤於物唯我與汝同有是行夫子路曰子行三軍則誰與者大國三軍子路見孔子獨美顏淵以已有勇故發此問曰若子行三軍之事爲三軍之將則當誰與同子路意其與已也子曰暴虎馮河死而無悔者吾不與也者空手搏虎爲暴虎無舟渡河爲馮河言人若暴虎馮河輕死而不追悔者吾不與之同也子路之勇若此故孔子抑之也必也臨事而懼好謀而成者也者此又言行三軍所與之人必須臨事而能戒懼好謀而有成功者吾則與之行三軍之事也所以誘子路使慎其勇也。注孔曰大國三軍。正義曰此司馬序官文也。注孔曰暴虎徒搏馮河徒涉。正義曰釋訓文也舍人曰無兵空手搏之郭璞曰空手執也李巡曰無舟而渡水曰徒涉郭璞曰無舟檝詩傳云馮陵也然則空涉水陵波而渡故訓馮爲陵也

子曰富而可求也雖執鞭之士吾亦爲之鄭曰富貴不可求而得之當修德以得之若於道可求者雖執鞭之賤職我亦爲之

如不可求從吾所好孔曰所好者古人之道

〔疏〕子曰富而可求也雖執鞭之士吾亦爲之如不可求從吾所好。正義曰此章孔子言已脩德好道不諂求富貴也言富貴不可求而得之當脩德以得之若富貴而於道可求者雖執鞭賤職我亦爲之如不可求則當從吾所好者古人之道也。注雖執鞭賤職。正義曰案周禮秋官條狼氏掌執鞭以趨辟王出入則八人夾道公則六人侯伯則四人子男則二人注云趨辟趨而辟行人若今卒辟車之爲也序官云條狼氏下士故云執鞭賤職也

子之所慎齋戰疾孔曰此三者人所不能慎而夫子獨能慎之

〔疏〕子之所慎齋戰疾。正義曰此章記孔子所慎之行也將祭散齋七日致齋三日齋之爲言齊也所以齊不齊也故戒慎之左傳曰皆陳曰戰夫兵凶戰危不必其勝重其民命固當慎之君子敬身安體若偶嬰疾病則慎其藥齊以治之此三者凡人所不能慎而夫子能慎之也

子在齊聞韶三月不知肉味周曰孔子在齊聞習韶樂之盛美故忽忘於肉味

曰不圖爲樂之至於斯也王曰爲作也不圖作韶樂至於此此齊

〔疏〕子在至斯也。正義曰此章孔子美韶樂也子在齊聞韶三月不知肉味者韶舜樂名孔子在齊聞習韶樂之盛美故三月忽忘於肉味而不知也曰不圖爲樂之至於斯也者圖謀度也爲作也斯此也謂此齊也言我不意度作韶樂乃至於此齊也。注王曰至於此齊。正義曰云爲作也者釋言云作造爲也互相訓故云爲作也云不圖作韶樂至於此此齊者言不意作此韶樂至於齊也韶是舜樂而齊得作之者案禮樂志云夫樂本情性浹肌膚而藏骨髓雖經乎千載其遺風餘烈尚猶不絕至

春秋時陳公子完奔齊陳舜之後韶樂存焉故孔子適齊聞韶三月不知肉味曰不圖爲樂之至於斯美之甚也

冉有曰夫子爲衞君乎鄭曰爲猶助也衞君者謂輒也衞靈公逐太子蒯聵公薨而立孫輒後晉趙鞅納蒯聵於戚城衞石曼姑帥師圍之故問其意助輒不乎**子貢曰諾吾將問之入曰伯夷叔齊何人也曰古之賢人也曰怨乎曰求仁而得仁又何怨。**孔曰夷齊讓國遠去終於餓死故問怨邪以讓爲仁豈有怨乎**出曰夫子不爲也**鄭曰父子爭國惡行孔子以伯夷叔齊爲賢且仁故知不助衞君明矣

【疏】冉有至爲也。正義曰此章記孔子崇仁讓也冉有曰夫子爲衞君乎者爲猶助也衞君謂出公輒也衞靈公逐太子蒯聵公薨而立孫輒輒即蒯聵之子也後晉趙鞅納蒯聵於戚城衞石曼姑帥師圍之子而拒父惡行之甚時孔子在衞爲輒所賓禮人疑孔子助輒故冉有言問其友曰夫子之意助輒不乎子貢曰諾吾將問之者子貢承冉有之問其意亦未決故諾其言我將入問夫子庶知其助不也入曰伯夷叔齊何人也者此子貢問孔子辭也伯夷叔齊孤

竹君之二子兄弟讓國遠去終於餓死今衞乃父子爭國爭讓正反所以舉夷齊爲問者子貢意言夫子若不助衞君應言夷齊爲是夫子若助衞君應言夷齊爲非故入問曰伯夷叔齊何人也曰古之賢人也者孔子荅言是古之讓國之賢人也曰怨乎者此子貢復問曰夷齊初雖有讓國之賢而終於餓死得無怨恨邪所以復問此者子貢意言若夫子不助衞君應言不怨若助衞君則應言有怨也曰求仁而得仁又何怨者此孔子荅言不怨也初心讓國求爲仁也君子殺身以成仁夷齊雖終於餓死得成於仁豈有怨乎故曰又何怨出曰夫子不爲也者子貢既問而出見冉有而告之曰夫子不助衞君也知其父子爭國惡行也孔子以伯夷叔齊爲賢且仁故知不助衞君明矣○注鄭曰至不乎○正義曰云衞靈公逐太子蒯聵者案左傳定十四年蒯聵謀殺靈公夫人南子不能而出奔宋是也云公薨而立孫輒者哀二年左傳曰夏衞靈公卒夫人曰命公子郢爲太子君命也對曰郢異於他子且君沒於吾手若有之郢必聞之且亡人之子輒在乃立輒是也云後晉趙鞅納蒯聵於戚城者亦哀二年春秋文也云衞石曼姑帥師圍之者春秋哀三年春齊國夏衞石曼姑帥師圍戚是也

子曰飯疏食飲水曲肱而枕之樂亦在其中矣孔曰疏食菜食肱臂也孔子以此爲樂**不義而富且貴於我如浮雲**鄭曰富貴而不以義者於我如浮雲非己之有

【疏】子曰至浮雲○正義曰此章記孔子樂道而賤不義也子曰飯疏食飲水曲肱而枕之樂亦在其中矣者疏食菜食也肱臂也言己飯菜食飲水寢則曲肱而枕之以此爲樂不義而富且貴於我如浮雲者富與貴雖人之所欲若富貴而以不義者於我如浮雲言非己之有也

子曰加我數年五十以學易可以無大過矣易窮理盡性以至於命年五十而知天命以知命之年讀至命之書故可以無大過

【疏】子曰加我數年五十以學易可以無大過矣○正義曰此章孔子言其學易年也加我數年方至五十謂四十七時也易之爲書窮理盡性以至於命吉凶悔吝豫以告人使人從吉不從凶故孔子言己四十七學易可以無過咎矣○注易窮至大過○正義曰云窮理盡性以至於命者說卦文也命者生之極窮理則盡其極也云五十而知天命者爲政篇文云以知命之年讀至命之書故可以無大過矣者漢書儒林傳云孔子蓋晚而好易讀之韋編三絕而爲之傳是孔子讀易之事也言孔子以知天命終始之年讀窮

理盡性以至於命之書則能避凶之吉而無過咎謙不敢自言盡無其過故但言可以無大過矣

子所雅言孔曰雅言正言也**詩書執禮皆雅言也**鄭曰讀先王典法必正言其音然後義全故不可有所諱禮不誦故言執

【疏】子所雅言詩書執禮皆雅言也○正義曰此章記孔子正言其音無所諱避之事雅正也子所正言者詩書禮也此三者先王典法臨文教學讀之必正言其音然後義全故不可有所諱禮不背文誦但記其揖讓周旋執而行之故言執也舉此三者則六藝可知

葉公問孔子於子路子路不對孔曰葉公名諸梁楚大夫食菜於葉僭稱公不對者未知所以荅**子曰女奚不曰其爲人也發憤忘食樂以忘憂不知老之將至云爾**

【疏】葉公至云爾○正義曰此章記孔子之爲人也葉公問孔子於子路子路不對者葉公名諸梁楚大夫食菜於葉僭稱公問孔子爲人志行於子路子路未知所以荅故不對子曰女奚不曰其爲人也發憤忘食樂以忘憂不知老之將至云爾者孔子聞子路不能荅故教之奚何也言女何不曰其孔子之爲人

也發憤嗜學而忘食樂道以忘憂不覺老之將至云爾乎。注孔曰至以荅。○正義曰云葉公名諸梁楚大夫食菜於葉僭稱公者據左傳世本文也名諸梁字子高爲葉縣尹楚子僭稱王故縣尹皆僭稱公也

子曰我非生而知之者好古敏以求之者也

鄭曰言此者勸人學

疏 子曰我非生而知之者好古敏以求之者也。○正義曰此章勸人學也恐人以己爲生知而不可學故告之曰我非生而知之者但愛好古道敏疾求學而知之也

子不語怪力亂神

王曰怪怪異也力謂若奡盪舟烏獲舉千鈞之屬亂謂臣弑君子弑父神謂鬼神之事或無益於教化或所不忍言

疏 ○子不語怪力亂神。○正義曰此章記夫子爲教不道無益之事怪怪異也力謂若奡盪舟烏獲舉千鈞之屬也亂謂臣弑君子弑父也神謂鬼神之事或無益於教化或所不忍言也李充曰力不由理斯怪力也神不由正斯亂神也怪力亂神有與於邪無益於教故不言也。注烏獲舉千鈞。○正義曰烏獲古之有力人三十斤爲鈞言能舉三萬斤之重也

子曰。三人行必有我師焉擇其善者而從之其不善者而改之

言我三人行本無賢愚擇善從之不善改之故無常師

疏 子曰三人行必有我師焉擇其善者而從之其不善者而改之。○正義曰此章言學無常師也言我三人行本無賢愚相懸但敵體耳然彼二人言行必有一人善一人不善我則擇其善者而從之不善者而改之有善可從是爲師矣故無常師也

子曰天生德於予桓魋其如予何

包曰桓魋宋司馬。天生德者謂授我以聖性德合天地吉無不利故曰其如予何

疏 子曰天生德於予桓魋其如予何。正義曰此章言孔子無憂懼也案世家孔子適宋與弟子習禮大樹下宋司馬桓魋欲殺孔子拔其樹孔子去弟子曰可速矣故孔子發此語言天生德於予者謂天授我以聖性德合天地吉無不利桓魋必不能害我故曰其如予何

子曰二三子以我爲隱乎吾無隱乎爾

包曰二三子謂諸弟子聖人知廣道深弟子學之不能及以爲有所隱匿故解之

吾無行而不與二三子者是丘也

包曰我所爲無不與爾共之者是丘之心

疏 子曰至丘也。○正義曰此章言孔子教人無所隱惜也子曰二三子以我爲隱乎吾無隱乎爾者二三子謂諸弟子也聖人知廣道深弟子學之不能及常以爲夫子有所隱匿故以此言解之言女以我爲隱我實無隱也吾無行而不與二三子者是丘也者言我所行所爲無不與爾等共之者是丘之心也言心者使信其言也

子以四教文行忠信

四者有形質可舉以教

疏 子以四教文行忠信。○正義曰此章記孔子行教以此四事爲先也文謂先王之遺文行謂德行在心爲德施之爲行中心無隱謂之忠人言不欺謂之信此四者有形質故可舉以教也

子曰聖人吾不得而見之矣得見君子者斯可矣

疾世無明君

子曰善人吾不得而見之矣得見有恒者斯可矣亡而爲有虛而爲盈約而爲泰難乎有恒矣

孔曰難可名之爲有常

疏 子曰聖人至恒矣。○正義曰此章疾世無明君也子曰聖人吾不得而見之矣得見君子者斯可矣者聖人謂上聖之人若堯舜禹湯也君子謂行善無怠之君也言當時非但無聖人亦無君子也子曰善人吾不得而見之矣得見有恒者斯可矣者善人卽君子也恒常也又見善人之君皆不得而見之矣得見有常德之君斯亦可矣亡而爲有虛而爲盈約而爲泰難乎有恒矣者此明時無常德也亡無也時旣澆薄率皆虛矯以無爲有將虛作盈內實窮約而外爲奢泰行旣如此難可名之爲有常也

子釣而不綱弋不射宿

孔曰釣者一竿釣綱者爲大綱以橫絕流以繳繫釣羅屬著綱弋繳射也宿宿鳥

疏 子釣而不綱弋不射宿。○正義曰此章言孔子仁心也釣者以繳繫一竿而釣取魚也綱者爲大綱羅屬著綱以橫絕流而取魚也釣則得魚少綱則得魚多孔子但釣而不綱是其仁也弋繳射也宿宿鳥也夫子雖爲弋射但晝日爲之不夜射棲鳥也爲其欺暗必中且驚衆也。注孔曰至宿鳥。○正義曰云釣者一竿釣綱者爲大綱以橫絕流以繳繫釣羅屬著綱者此注文句交互故少難解耳若其次序應云釣者一竿釣以繳繫釣綱者爲大綱以橫絕流羅屬著綱也繳卽線也釣謂鉤也謂以一竹竿用線繫鉤而取魚也羅細網也謂以繩爲大綱用網以屬著此網施之水中橫絕流以取魚舉綱則提其網也云弋繳射也者夏官司弓矢云矰矢茀矢用諸弋射注云結繳於矢謂之矰矰高也茀矢象焉茀之言刜也二者皆可以弋飛鳥刜羅之也然則繳射謂以繩繫矢而射也說文云繳謂生絲爲繩也

子

曰蓋有不知而作之者我無是也包曰時人有穿鑿妄作篇籍者故云然多聞擇其善者而從之多見而識之知之次也孔曰如此者次於天生知之【疏】子曰至次也。正義曰此章言無穿鑿也子曰蓋有不知而作之者我無是也者言時人蓋有不知理道穿鑿妄作篇籍者我即無此事也多聞擇其善者而從之多見而識之知之次也者言人若多聞擇善而從之多見擇善而志之能如此者比天生知之可以爲次也言此者所以戒人不爲穿鑿互鄉難與言童子見門人惑鄭曰互鄉鄉名也其鄉人言語自專不達時宜而有童子來見孔子門人怪孔子見之子曰與其進也不與其退也唯何甚孔曰教誨之道與其進不與其退怪我見此童子惡惡一何甚人絜已以進與其絜也不保其往也鄭曰往猶去也人虛已自絜而來當與之進亦何能保其去後之行【疏】互鄉至往也。正義曰此章言教誨之道也互鄉難與言童子見門人惑者互鄉鄉名也其鄉人言語自專不達時宜而有童子來見孔子門人怪孔子見之琳公云此互鄉難與言童子見八字通爲一句言此鄉有一童子難與言非是一鄉皆難與言也子曰與其進也不與其退也唯何甚者孔子以門人怪己故以言語之言教誨之道與其進不與其退也怪我見此童子惡惡一何甚乎人絜已以進與其絜也不保其往也者往猶去也言人若虛已自絜而來當與之進亦何能保其去後之行去後之行者謂往前之行今已過去顧懽云往謂前日之行夫人之爲行未必可一或有始無終先迷後得教誨之道絜則與之往日之行非我所保也子曰仁遠乎哉我欲仁斯仁至矣包曰仁道不遠行之即是【疏】子曰仁遠乎哉我欲仁斯仁至矣。正義曰此章言仁道不遠行之即是故曰仁道豈遠乎哉我欲行仁即斯仁至矣是不遠也陳司敗問昭公知禮乎孔曰司敗官名陳大夫昭公魯昭公孔子曰知禮孔子退揖巫馬期而進之曰吾聞君子不黨君子亦黨乎君取於吳爲同姓謂之吳孟子君而知禮孰不知

禮孔曰巫馬期弟子名施相助匿非曰黨魯吳俱姬姓禮同姓不昏而君取之當稱吳姬諱曰孟子巫馬期以告子曰丘也幸苟有過人必知之孔曰以司敗之言告也諱國惡禮也聖人道弘故受以爲過【疏】陳司至知之。正義曰此章記孔子諱國惡之禮也陳司敗問昭公知禮乎者陳大夫爲司寇之官舊聞魯昭公有違禮之事故問孔子昭公知禮乎孔子曰知禮者荅言昭公知禮也孔子退揖巫馬期而進之曰吾聞君子不黨君子亦黨乎者相助匿非曰黨孔子既荅司敗而退去司敗復揖弟子巫馬期而進之問曰我聞君子不阿黨今孔子言昭公知禮乃是君子亦有黨乎君取於吳爲同姓謂之吳孟子君而知禮孰不知禮者孰誰也魯吳俱姬姓禮同姓不昏而君取之當稱吳姬爲是同姓諱之故謂之吳孟子若以魯君昭公而爲知禮又誰不知禮也巫馬期以告孔子也孔子初言昭公知禮是諱國惡也諱國惡禮也但聖人道弘故受以爲過言丘也幸苟有過人必知之也。注司敗官名陳大夫正義曰文十一年左傳云楚子西曰臣歸死於司敗也杜注云陳楚名司寇爲司敗也傳言歸死於司敗知司敗主刑之官司寇是也此云陳司敗楚子西亦云司敗知陳楚同此名也。注孔曰至孟子正義曰云巫馬期弟子名施者史記弟子傳云巫馬施字子旗少孔子三十歲鄭玄云魯人也云魯吳俱姬姓者魯周公之後吳泰伯之後故云俱姬姓也云禮同姓不昏者曲禮云取妻不取同姓故買妾不知其姓則卜之又大傳曰繫之以姓而弗別綴之以食而弗殊雖百世而昏姻不通者周道然也云而君取之當稱吳姬而諱曰孟子者案春秋哀十二年夏五月甲辰孟子卒左氏傳曰昭公娶於吳故不書姓此云君娶於吳爲同姓謂之吳孟子是魯人常言稱孟子也坊記云魯春秋去夫人之姓曰吳其死曰孟子卒是舊史書爲孟子卒及仲尼脩春秋以魯人已知其非諱而不稱姬氏諱國惡禮也因而不改所以順時世也魯春秋去夫人之姓曰吳春秋無此文坊記云然者禮夫人初至必書於冊若娶齊女則云夫人姜氏至自齊此孟子初至之時亦當書曰夫人姬氏至自吳同姓不得稱姬舊史所書蓋直云夫人至自吳是去夫人之姓直書曰吳而已仲尼脩春秋以犯禮明著全去其文故經無其事也。注孔曰至爲過正義曰云諱國惡禮也者僖元年左傳文也案坊記云善則稱君過則稱已則民作忠善則稱親過則稱已則民作孝是君親之惡務於欲掩之是故聖賢作法通有諱例杜預曰有時而聽之則可也

正以爲後法則不經故不奪其所諱亦不爲之定制言若正爲後法每事皆諱則爲惡者無復忌憚居上者不知所懲不可盡令諱也人之所極唯君與親纔有小惡即發其短非復臣子之心全無愛敬之義是故不抑不勸有時聽之以爲諱惡者禮也無隱者直也二者俱通以爲世教也云聖人道弘故受以爲過者孔子所言雖是諱國惡之禮聖人之道弘大故受以爲過也我荅云孔子得巫馬期之言稱已名云是已幸受以爲過故云苟有過人必知之所以然者昭公不知禮我荅云知禮若使司敗不譏我則千載之後遂永信我言用昭公所行爲知禮則亂禮之事從我而始今得司敗見非而受以爲過則後人不謬故我所以爲幸也繆協云諱則非諱若受而爲過則所諱者又以明矣亦非諱也鄙司敗之問則詭言以爲諱今苟將明其義故鄙之言爲合禮也苟曰合禮則不爲黨矣若不受過則何禮之有乎

子與人歌而善必使反之而後和之樂其善故使重歌而自和之〔疏〕子與人歌而善必使反之而後和之○正義曰此章明孔子重於正音也反猶重也孔子共人歌彼人歌善合於雅頌者樂其善故使重歌之審其歌意然後自和而荅之

子曰文莫吾猶人也莫無也文無者猶俗言文不也文不吾猶人者凡言文皆不勝於人躬行君子則吾未之有得。孔曰身爲君子已未能也〔疏〕子曰文莫吾猶人也躬行君子則吾未之有得○正義曰此章記夫子之謙德也莫無也文無者猶俗言文不也文不吾猶人者言凡文皆不勝於人但猶如常人也躬身也言身爲君子已未能也

子曰若聖與仁則吾豈敢孔曰孔子謙不敢自名仁聖抑爲之不厭誨人不倦則可謂云爾已矣公西華曰正唯弟子不能學也馬曰正如所言弟子猶不能學況仁聖乎〔疏〕子曰至學也○正義曰此章亦記孔子之謙德也子曰若聖與仁則吾豈敢者唯聖與仁人行之大者也孔子謙不敢自名仁聖也抑爲之不厭誨人不倦則可謂云爾已矣者抑語辭爲猶學也孔子言已學先王之道不厭教誨於人不倦但可謂如此而已矣公西華曰正唯弟子不能學也者公西華聞孔子云學之不厭誨人不倦故荅於孔子曰正如所言不厭不倦之二事弟子猶不能學況仁聖乎

子疾病。子路請禱包曰禱禱請於鬼神子曰有諸周曰言有

此禱請於鬼神之事子路對曰有之誄。曰禱爾于上下神祇孔曰子路失指誄禱篇名子曰丘之禱久矣孔曰孔子素行合於神明故曰丘之禱久矣〔疏〕子疾至久矣○正義曰此章記孔子不詔求於鬼神也子疾病子路請禱者孔子疾病子路告請禱求鬼神冀其疾愈也子曰有諸者諸之也孔子以死生有命不欲禱而故反問子路曰有此禱請於鬼神之事乎子路對曰有之誄曰禱爾于上下神祇者誄禱篇名誄累也累功德以求福子路失孔子之指。故曰有之又引禱篇之文以對也子曰丘之禱久矣者孔子不許子路故以此言拒之若人之履行違忤神明罹其咎殃則可禱請孔子素行合於神明故曰丘之禱久矣也

子曰奢則不孫儉則固與其不孫也寧固孔曰俱失之奢不如儉奢則僭上儉不及禮固陋也〔疏〕子曰奢則不孫儉則固與其不孫也寧固○正義曰此章戒人奢僭也孫順也固陋也言奢則僭上而不順儉則偪下而窶陋二者俱失之與其不順也寧爲窶陋是奢不如儉也以其奢則僭上儉但不及禮耳

子曰君子坦蕩蕩小人長戚戚鄭曰坦蕩蕩寬廣貌長戚戚多憂懼〔疏〕子曰君子坦蕩蕩小人長戚戚○正義曰此章言君子小人心貌不同也坦蕩蕩寬廣貌長戚戚多憂懼也君子內省不疚故心貌坦蕩蕩然寬廣也小人好爲咎過故多憂懼

子溫而厲威而不猛恭而安〔疏〕子溫而厲威而不猛恭而安○正義曰此章說孔子體貌也言孔子體貌溫和而能嚴正儼然人望而畏之而無剛暴雖爲恭孫而能安泰此皆與常度相反若皋陶謨之九德也他人不能唯孔子能然故記之也

論語注疏解經卷第七

二品廕生阮常生挍栞

論語注疏挍勘記　阮元撰盧宣旬摘錄

述而第七。

述而不作章

但述之耳　皇本但作祖案筆解亦作祖

楚苦縣　閩本同北監本毛本苫作苦案苫字誤今正

默而識之章

默而識之　釋文出默而云俗作嘿五經文字云默與嘿同經典通爲語默字

無是行於我我獨有之　皇本作人無有是行於我我獨有之也

德之不脩章

德之不脩學之不講聞義不能徙不善不能改　皇本高麗本每句下並有也字又高麗本徙作従又注爲憂下皇本有也字下章注之貌下同

子之燕居章

子之燕居　釋文出燕居云鄭本作宴案後漢書仇覽傳注引作宴與鄭本合○案宴正字燕假借字

甚矣吾衰也章

久矣吾不復夢見周公　皇本高麗本公下有也字又釋文出不復云本或無復字非案經義雜記云據陸氏所見本知經無復字乃後人據注所增以經云久矣吾不夢見先時曾夢見故注云不復夢見復字正釋久矣字陸氏反以無復字爲非不審之至

不復夢見周公　本公字空闕今補正

欲行其道也　本也字空闕今據北監本增入○案攷文所載足利本亦無也字

志於道章

遊於藝　皇本閩本北監本毛本遊並作游唐石經亦作遊○案遊俗字

寂然無體不可爲象　閩本空闕二格脫無體不三字

一曰至德以道爲本二曰敏德以行爲本　周禮師氏作一曰至德以爲道本二曰敏德以爲行本此誤

覆幬持載含容者也　本幬誤壽今正

六藝謂禮樂射馭書數也　毛本馭作御案馭御古今字周禮作馭

五禮吉凶軍賓嘉也　周禮保氏注軍賓作賓軍正義引注同

轉註處事　閩本北監本同毛本處作指註作注○案周禮注作處事劉歆班固首象形次象事指事即象事也鄭司農作處事非也

自行束脩以上章

注孔曰至誨之　本曰誤子今正

故云其上以包之也　案其當作以今正

不憤不啓章

舉一隅　皇本高麗本隅下有而示之三字案文選西京賦注引有此三字又鼂公武蜀石經考異云舉一隅下有而示之三字與李鶚本不同據此則古本當有此三字也

則不復也　皇本作則吾不復也高麗本作則吾不復也

乃後啓發爲說之　皇本作乃後啓發爲之說也

子食於有喪者之側章

喪者哀慼　皇本慼作戚○案依說文當作慽从心戚聲假借作戚或作慼

子於是日哭章　皇本高麗本連上爲一章此與閩本北監本毛本俱別爲一章案釋文出

子於是日哭則不歌云舊以爲别章今宜合前章

子於是日哭　皇本日下有也字

一日之中或哭或歌是褻於禮容　皇本高麗本脫此注

子謂顏淵章

以爲己勇　皇本勇上有有字

亦當誰與己同　皇本誰作唯同作俱下此問下徒搏下徒涉下竝有也字

暴虎馮河　皇本高麗本馮作憑注同釋文出馮河云字亦作憑○案說文作淜馮假借字憑俗字

用舍隨時　本舍作捨

富而可求也章

雖執鞭之士　釋文出執鞭云或作硬音吾孟反非也

富貴不可求而得之　皇本之作者也二字

雖執鞭之賤職　皇本無之字

如不可求　皇本高麗本求下有者字

若今卒辟車之爲也　今本周禮注同段玉裁過按宋本周禮今下有時字

子之所愼章

齋。毛本齋作齊釋文云齊本或作齋同○案古多假齊爲齋

則愼其藥齊以治之　毛本齊作劑案劑齊古字通周禮劑皆作齊

子在齊聞韶章

子在齊聞韶　皇本高麗本韶下有樂字

故忽忘於肉味　皇本無忘字味下有也字

不圖爲樂之至於斯也　釋文出爲樂云本或作嬀音居危反非

此齊　皇本作此此齊也案文選嘯賦注引王注不圖韶之至於此此齊也疑皇本衍一此字

夫子爲衛君乎章

後晉趙鞅納蒯聵於戚城　皇本無城字是也○按正義亦衍城字

又何怨。皇本高麗本怨下有乎字案左氏哀三年傳正義史記伯夷列傳索隱文選江淹雜體詩注引竝有乎字疑古本如此

豈有怨乎　皇本無有字

飯疏食章

飯疏食　皇本疏作蔬釋文出疏字云本或作蔬案說文無蔬字新附始有之蔬乃疏之俗字

加我數年章

加我數年　史記孔子世家加作假案風俗通義窮通卷亦引作假

五十以學易　釋文出學易云魯讀易爲亦今從古案魯論作亦連下句讀惠棟云外黃今高彪碑云恬虛守約五十以斆此從魯論亦字連下讀也斆音效約音要

故可以無大過矣者　浦鏜云矣衍字

子所雅言章

禮不背文誦　浦鏜云文字當在禮上

葉公問孔子於子路章

葉公問孔子於子路　唐石經避太宗諱葉字變體作葉後放此

食菜於葉　毛本菜作采案考文所載古本足利本亦作菜周禮太宰注公卿大夫之采邑釋文采音菜古采菜字通故釋菜本作釋采

我非生而知之者章

善此者勸人學　皇本作言此者勉勸人於學也此善字誤今正

三人行章

三人行必有我師焉　唐石經皇本三上有我字有作得案釋文出我三人行云一本無我字下出必得我師焉云本或作必有與唐石經皇本合觀何晏自注及邢昺疏竝云言我三人行卽朱子集注亦云三人同行其一我也當以皇本爲是

天生德於予章

宋司馬　皇本馬下有黎也二字

天生德者　皇本德下有於予二字

二三子以我爲隱乎章

二三子以我爲隱乎　皇本隱下有子字

聖人知廣道深　本深誤探今正

聖人吾不得而見之矣章

得見有恆者　宋石經避眞宗諱恆作常後放此

亡而爲有　釋文出亡而爲有云亡如字一音無此舊爲別章今宜與前章合

子釣而不綱章

爲大綱以横絕流　皇本閩本毛本綱作網案疏中竝作大綱唯此疏後段仍誤作大網

用線繫鉤而取魚也　閩本同毛本釣作鉤案釣字誤今正

矰矢茀　案周禮司弓矢茀下有矢字

蓋有不知而作之者章

時人有穿鑿　皇本人下有多字

知之次也　高麗本無之字

善時人　閩本同案善當作言今正

多見擇善而志之　毛本志作識案志識古今字

互鄉難與言章

人絜己以進與其絜也　皇本閩本北監本毛本絜竝作潔注同唐石經宋石經俱作絜與此本合廣韻十六屑云潔淸也經典通用絜○案潔俗絜字

人虛己自絜而來　本自誤目今正

顧歎云。　浦鏜云懽誤歎是也

仁遠乎哉章

行之卽是　皇本作行之則是至也

陳司敗問昭公知禮乎章

揖巫馬期而進之　皇本之作也史記弟子列傳期作旗

同姓不昏　皇本昏作婚○昏婚古字通○案昏當作昬从日氏省

而君取之　皇本作而君娶吴女

聖人道宏　皇本人下有智深二字

魯春秋去夫人之姓曰吴　各本去誤云今正

必書於册。　本册誤典今正

我荅云　浦鏜云此三字當衍文案此因下文誤衍

諱則非諱。　浦鏜云下諱字當過字誤

若受以爲過本以誤而今正

子與人歌章

而自和之皇本作而後自和之也

文莫吾猶人也章

凡言文皆不勝於人皇本凡言作言凡人下有也字

則吾未之有得皇本高麗本得下有也字

子疾病章

子疾病釋文出子疾云一本云子疾病皇本同鄭本無病字案集解於子罕篇始釋病則此有病字非

誄曰釋文出誄曰云說文作讄云或作讄案說文誄謚也讄禱也累功德以求福論語云讄曰禱爾于上下神祇讄或从纍是古論作讄也然鄭君注周禮小宗伯引作讄大祝仍引作誄謚二字相混已久

子路失指皇本指作旨是也下有也字

丘之禱久矣皇本高麗本禱下有之字

奢則不孫章

奢則不孫皇本孫作遜後放此釋文出不孫云音遜○案依說文當作愻論語多假孫爲之遜乃遜遁字

儉不及禮皇本作則不及禮耳

君子坦蕩蕩章

多憂懼皇本懼下有貌也二字

子溫而厲章

子溫而厲釋文出子溫而厲云一本作子曰厲作列皇本作君子案此章疏孔子德行依此文爲是也案今皇本仍與今本同不作君子疑有脫誤觀後子張篇君子有三變章義疏云所以前卷云君子溫而厲是也則皇本此處當脫一君字

威而不猛皇本無而字

論語注疏校勘記卷七終

論語注疏解經卷第八

泰伯第八　何晏集解　邢昺疏

【疏】正義曰此篇論禮讓仁孝之德賢人君子之風勸學立身守道爲政歎美正樂鄙薄小人遂稱堯舜及禹文王武王以前篇論孔子之行此篇首末載賢聖之德故以爲次也

子曰泰伯其可謂至德也已矣三以天下讓民無得而稱焉王曰泰伯周太王之長子次弟仲雍少弟季歷季歷賢又生聖子文王昌昌必有天下故泰伯以天下三讓於王季其讓隱故無得而稱言之者所以爲至德也【疏】子曰泰伯其可謂至德也已矣三以天下讓民無得而稱焉○正義曰此章論泰伯讓位之德也泰伯周太王之長子次弟仲雍少弟季歷季歷賢又生聖子文王昌昌必有天下故泰伯三以天下讓於王季其讓隱故民無得而稱言之者故所以爲至德而孔子美之也鄭玄注云泰伯周太王之長子次子仲雍次子季歷太王見季歷賢又生文王有聖人表故欲立之而未有命太王疾太伯因適吳越採藥太王歿而不返季歷爲喪主一讓也季歷赴之不來奔喪二讓也免喪之後遂斷髮文身三讓也三讓之美皆隱蔽不著故人無得而稱焉○注王曰至至德也○正義曰云泰伯周太王之長子云云者史記吳世家云泰伯弟仲雍皆周太王之子而王季歷之兄也季歷賢而有聖子昌太王欲立季歷以及昌於是泰伯仲雍二人乃奔荆蠻文身斷髮示不可用以辟季歷季歷果立是爲王季而昌爲文王泰伯之奔荆蠻自號句吳荆蠻義之從而歸之千餘家立爲吳泰伯泰伯卒無子弟仲雍立是爲吳仲雍仲雍卒子季簡立季簡卒子叔達立叔達卒子周章立是時周武王克殷求太伯仲雍之後得周章周章已君吳因而封之乃封周章弟虞仲於周之北故夏墟是爲虞仲列爲諸侯是泰伯讓位之事也

子曰恭而無禮則勞慎而無禮則葸葸畏懼之貌言慎而不以禮節之則常畏懼勇而無禮則亂直而無禮則絞馬曰絞絞刺也君子篤於親則民興於仁故舊不遺則民不偷包曰興起也君能厚於親屬不遺忘其故舊行之美者則民皆化之起爲仁厚之行不偷薄【疏】

子曰至不偷○正義曰此章貴禮也子曰恭而無禮則勞者勞謂困苦言人爲恭孫而無禮以節之則自困苦慎而無禮則葸者葸畏懼之貌言慎而不以禮節之則常畏懼也勇而無禮則亂者亂謂逆惡言人勇而不以禮節之則爲亂矣直而無禮則絞者正曲爲直絞謂絞刺也言人而爲直不以禮節則絞刺人之非也君子篤於親則民興於仁故舊不遺則民不偷者君子人君也篤厚也興起也偷薄也言君能厚於親屬則民化之起爲仁行相親友也君不遺忘其故舊故民德歸厚不偷薄也

曾子有疾召門弟子曰啓予足啓予手鄭曰啓開也曾子以爲受身體於父母不敢毀傷故使弟子開衾而視之也詩云戰戰兢兢如臨深淵如履薄冰孔曰言此詩者喻己常戒慎恐有所毀傷而今而後吾知免夫小子周曰乃今日後我自知免於患難矣小子弟子也呼之者欲使聽識其言【疏】曾子至小子○正義曰此章言曾子之孝不敢毀傷也曾子有疾召門弟子曰啓予足啓予手者啓開也曾子以爲受身體於父母不敢毀傷故有疾恐死召其門弟子使開衾而視之以明無毀傷也詩云戰戰兢兢如臨深淵如履薄冰者小雅小旻篇文也戰戰恐懼兢兢戒慎臨深恐墜履薄恐陷曾子言此詩者喻己常戒慎恐有所毀傷也而今而後吾知免夫小子者小子弟子也言乃今日後自知免於患難矣呼弟子者欲使聽識其言也

曾子有疾孟敬子問之馬曰孟敬子魯大夫仲孫捷曾子言曰鳥之將死其鳴也哀人之將死其言也善包曰欲戒敬子言我將死言善可用君子所貴乎道者三動容貌斯遠暴慢矣正顏色斯近信矣出辭氣斯遠鄙倍矣鄭曰此道謂禮也動容貌能濟濟蹌蹌則人不敢暴慢之正顏色能矜莊嚴栗則人不敢欺詐之出辭氣能順而說之則無惡戾之言入於耳籩豆之事則有司存包曰敬子忽大務小故又戒之以此籩豆禮器【疏】曾子至司存○正義曰此章貴禮也曾子有疾孟敬子問之者來問疾也曾子言曰鳥之將死其鳴也哀人之將死其言也善者曾子因敬子來問已疾將欲戒之先以此言告之言我將死言善可用也君子所貴乎道者三動容貌斯遠暴慢矣正顏色斯近信矣

出辭氣斯遠鄙倍矣者此其所戒之辭也道謂禮也言君子所崇貴乎禮者有三事也動容貌能濟濟蹌蹌則人不敢暴慢之正顏色能矜莊嚴栗則人不敢欺誕之出辭氣能順而說之則無鄙惡倍戾之言入於耳也人之相接先見容貌次觀顏色次交言語故三者相次而言也暴慢鄙倍同是惡事故俱云遠信是善事故云近也籩豆之事則有司存者敬子輕忽大事務行小事故又戒之以此籩豆禮器也言執籩豆行禮之事則有所主者存焉此乃事之小者無用親之○注孟敬子魯大夫仲孫捷○正義曰鄭玄注檀弓云敬子武伯之子名捷是也○注包曰欲戒敬子言我將死言善可用○正義曰案春秋左氏傳魏顆父病困命使殺妾以殉又晉趙孟孝伯並將死其語偷又晉程鄭問降階之道鄭然明以將死而有惑疾此等並是將死之時其言皆變常而曾子云人之將死其言也善者但人之疾患有深有淺淺則神正深則神亂故魏顆父初欲嫁妾是其神正之時曾子云其言也善是其未困之日且曾子賢人至困猶善其中庸已下未有疾病天奪之魄苟欲偷生則趙孟孝伯程鄭之徒不足怪也○注籩豆禮器○正義曰周禮天官籩人掌四籩之實醢人掌四豆之實鄭注云籩竹器如豆者其容實皆四升釋器云木豆謂之豆竹豆謂之籩豆盛葅醢籩盛棗栗以供祭祀享燕

故云禮器也

曾子曰以能問於不能以多問於寡有若無實若虛犯而不校包曰校報也言見侵犯不報昔者吾友嘗從事於斯矣馬曰友謂顏淵【疏】曾子至斯矣○正義曰此章稱顏淵之德行也曾子曰以能問於不能以多問於寡有若無實若虛犯而不校者校報也言其好學持謙見侵犯而不報也昔者吾友嘗從事於斯矣者曾子云昔時我同志之友顏淵嘗從事於斯矣言能行此上之事也

曾子曰可以託六尺之孤孔曰六尺之孤幼少之君可以寄百里之命孔曰攝君之政令臨大節而不可奪也大節安國家定社稷奪不可傾奪君子人與君子人也【疏】曾子至人也○正義曰此章論君子德行也曾子曰可以託六尺之孤者謂可委託以幼少之君也若周公霍光也可以寄百里之命者謂君在亮陰可當國攝君之政令也臨大節而不可奪也者奪謂傾奪大節謂安國家定社稷言事有可以安國家定社稷臨時固守衆不可傾奪也君子人與君子人也者言能此已上之事可以謂之君子人與與者疑而未定之辭審而察之能此上事者可謂君子無復疑也故又云君子人也○注孔曰六尺之孤幼少之君○正義曰鄭玄注此云六尺之孤年十五已下言已下者正謂十四已下亦可寄託非謂六尺可通十四已下鄭知六尺年十五者以周禮鄉大夫職云國中自七尺以及六十野自六尺以及六十有五皆征之以其國中七尺爲二十對六十野云六尺對六十五晚校五年明知六尺與七尺早校五年故以六尺爲十五也

曾子曰士不可以不弘毅任重而道遠包曰弘大也毅强而能斷也士弘毅然後能負重任致遠路仁以爲己任不亦重乎死而後已不亦遠乎孔曰以仁爲己任重莫重焉死而後已遠莫遠焉【疏】曾子至遠乎○正義曰此章明士行也曾子曰士不可以不弘毅任重而道遠者弘大也毅强而能斷也言士能弘毅然後能負重任致遠路也仁以爲己任不亦重乎死而後已不亦遠乎者復明任重道遠之事也言仁以爲己任人鮮克舉之是他物之重莫重於此焉他人行仁則日月至焉而已矣士則死而後已是遠莫遠焉

子曰興於詩包曰興起也言脩身當先學詩立於禮包曰禮者所以立身成於樂包曰樂所以成性【疏】子曰興於詩立於禮成於樂○正義曰此章記人立身成德之法也興起也言人脩身當先起於詩也立身必須學禮成性在於學樂不學詩無以言不學禮無以立既學詩禮然後樂以成之也

子曰民可使由之不可使知之由用也可使用而不可使知者百姓能日用而不能知【疏】子曰民可使由之不可使知之○正義曰此章言聖人之道深遠人不易知也由用也民可使用之而不可使知之者以百姓能日用而不能知故也

子曰好勇疾貧亂也包曰好勇之人而患疾己貧賤者必將爲亂人而不仁疾之已甚亂也包曰疾惡太甚亦使其爲亂【疏】子曰好勇疾貧亂也人而不仁疾之已甚亂也○正義曰此章說小人之行也言好勇之人患疾己貧者必將爲逆亂也人若本性不仁則當以禮孫接不可深疾之若疾惡太甚亦使爲亂也

子曰如有周公之才之美使驕且吝其餘不足觀也已孔曰周公者周公旦【疏】子曰如有周公之才之美使驕

且吝其餘不足觀也已。正義曰此章戒人驕吝也周公周公旦也大聖之人也才美兼備設人有周公之才美使爲驕矜且鄙吝其餘雖有善行不足觀也言爲鄙吝所揜弃也。注周公者周公旦。正義曰以春秋之世別有周公此孔子極言其才美而云周公恐與彼相嫌故注者明之

子曰三年學不至於穀不易得也。孔曰穀善也言人三歲學不至於善不可得言必無也所以勸人學〔疏〕子曰三年學不至於穀不易得也。正義曰此章勸學也穀善也言人勸學三歲必至於善若三歲學不至於善不可得言必無也所以勸人學也

子曰篤信好學守死善道危邦不入亂邦不居天下有道則見無道則隱包曰言行當常然危邦不入始欲往亂邦不居今欲去亂謂臣弑君子弑父危者將亂之兆**邦有道貧且賤焉恥也邦無道富且貴焉恥也**〔疏〕子曰至恥也。正義曰此章勸人守道也子曰篤信好學者言厚於誠信而好學問也守死善道者守節至死不離善道也危邦不入亂邦不居者亂謂臣弑君子弑父危者將亂之兆也不入謂始欲往見其亂兆不復入也不居謂今欲見其已亂則遂去之也天下有道則見無道則隱者言値明君則當出仕遇闇主則當隱遯邦有道貧且賤焉恥也者恥其不得明君之祿也邦無道富且貴焉恥也者恥食汚君之祿以致富貴也言人之爲行當常如此

子曰不在其位不謀其政孔曰欲各專一於其職〔疏〕子曰不在其位不謀其政。正義曰此章戒人侵官也言不在此位則不得謀此位之政欲使各專一守於其本職也

子曰師摯之始關雎之亂洋洋乎盈耳哉鄭曰師摯魯大師之名始猶首也周道衰微鄭衛之音作正樂廢而失節魯大師摯識關雎之聲而首理其亂有洋洋盈耳聽而美之〔疏〕子曰師摯之始關雎之亂洋洋乎盈耳哉。正義曰此章美正樂之音也師摯魯太師名也始猶首也關雎周南篇名正樂之首章也周道衰微鄭衛之音作正樂廢而失節魯太師摯識關雎之聲而首理其亂者洋洋盈耳聽而美之

子曰狂而不直孔曰狂者進取宜直**侗而不愿**孔曰侗未成器之人宜謹愿**悾悾而不信**包曰悾悾愨也宜可信**吾不知之矣**孔曰言皆與常度反我不知之〔疏〕子曰狂而不直侗而不愿悾悾而不信吾不知之矣。正義曰此章孔子疾小人之性與常度反也狂者進取宜直而乃不直侗未成器之人宜謹愿而乃不愿悾悾愨也謹愨之人宜信而乃不信此等之人皆與常度反我不知之也

子曰學如不及猶恐失之學自外入至熟乃可長久如不及猶恐失之〔疏〕子曰學如不及猶恐失之。正義曰此章勸學也言學自外入至熟乃可長久故勤學汲汲如不及猶恐失之也何況怠惰而不汲汲者乎

子曰巍巍乎舜禹之有天下也而不與焉美舜禹也言己不與求天下而得之巍巍高大之稱〔疏〕子曰巍巍乎舜禹之有天下也而不與焉。正義曰此章美舜禹也巍巍高大之稱言舜禹之有天下自以功德受禪不與求而得之所以其德巍巍然高大也

子曰大哉堯之爲君也巍巍乎唯天爲大唯堯則之孔曰則法也美堯能法天而行化**蕩蕩乎民無能名焉**包曰蕩蕩廣遠之稱言其布德廣遠民無能識其名焉**巍巍乎其有成功也**功成化隆高大巍巍**煥乎其有文章**煥明也其立文垂制又著明〔疏〕子曰至文章。正義曰此章歎美堯也子曰大哉堯之爲君也巍巍乎唯天爲大唯堯則之者則法也言大矣哉堯之爲君也聰明文思其德高大巍巍然有形之中唯天爲大萬物資始四時行焉唯堯能法此天道而行其化焉蕩蕩乎民無能名焉者蕩蕩廣遠之稱言其布德廣遠民無能識其名焉巍巍乎其有成功也者言其治民功成化隆高大巍巍然煥乎其有文章者煥明也言其立文垂制又著明也

舜有臣五人而天下治孔曰禹稷契皋陶伯益**武王曰予有亂臣。十人**馬曰亂治。也治官者十人謂周公旦召公奭太公望畢公榮公太顛閎夭散宜生南宮适其。一人謂文母**孔子曰才難不其然乎唐虞之際於斯爲盛有婦人焉九人而已**孔曰唐者堯號虞者舜號際者堯舜交會之間斯此也言堯舜交會之間比於。周周最盛多賢才然尚有一婦人其餘九人而已。大才難得豈不然乎**三分天下有其二以服事殷周之德可**

謂至德也已矣包曰：殷紂淫亂，文王爲西伯而有聖德，天下歸周者三分有二，而猶以服事殷，故謂之至德。

【疏】舜有至已矣○正義曰：此章論大才難得也。舜有臣五人而天下治者，言帝舜時有大才之臣五人而天下大治，五人者，禹也，稷也，契也，皋陶也，伯益也。武王曰予有亂臣十人者，亂，治也。周武王曰我有治官之臣十人者，謂周公旦也，召公奭也，太公望也，畢公也，榮公也，太顛也，閎夭也，散宜生也，南宫适也，其一人謂文母也。孔子曰才難不其然乎唐虞之際於斯爲盛有婦人焉九人而已者，記者舉舜及武王之時大才之人於上，遂載孔子之言於下。唐者堯號，虞者舜號，際者堯舜交會之間也，斯，此也，言堯舜交會之間比於此周，周最爲盛，多賢才也，然尚有一婦人，其餘九人而已，大才難得，豈不然乎。三分天下有其二以服事殷周之德其可謂至德也已矣者，此孔子因美周文王有至聖之德也。言殷紂淫亂，文王爲西伯而有聖德，天下歸周者三分有二，而猶以服事殷，故謂之至德也。○注孔曰禹稷契皋陶伯益○正義曰：案史記及舜典，禹名文命，鯀之子也，舜命作司空，平水土之官也。稷名棄，帝嚳之子也，舜命爲后稷，布種百穀之官也。契亦帝嚳之子也，佐禹治水有功，舜命作司徒，布五教之官也。皋陶字廷堅，顓頊之後，舜命作士，理官也。

伯益，皋陶之子，舜命作虞官，掌山澤之官也。○注馬曰至文母○正義曰：云亂，治也，釋詁文。云十人謂周公旦以下者，先儒相傳爲此說也。案史記世家云：周公名旦，武王之弟也，封於魯，食菜於周，謂之周公。召公名奭，與周同姓，封於燕，食邑於召，謂之召公。太公望，呂尚也，東海上人，其先祖嘗爲四岳，佐禹平水土，甚有功，虞夏之際封於呂，本姓姜氏，從其封姓，故曰呂尚。呂尚蓋嘗窮困，年老矣，以魚釣奸周西伯。西伯將獵，卜之曰所獲非龍非彲勑知切非虎非羆，所獲霸王之輔。於是周西伯獵，果遇太公於渭之陽，與語大說，曰：自吾先君太公曰當有聖人適周，周以興，子真是邪？吾太公望子久矣。故號之曰太公望，載與俱歸，立爲太師。劉向別録曰：師之尚之父之，故曰師尚父，父亦男子之美號。孫子兵法曰：周之興也，呂牙在殷，則牙又是其名字。武王已平商而王天下，封師尚父於齊。畢、榮皆國名，入爲天子公卿，畢公，文王庶子。太顛、散、南宫皆氏，顛、夭、宜生、适皆名也。文母，文王之后大姒也，從夫之謚，武王之母，謂之文母。周南、召南言后妃夫人者皆是也。○注孔曰至然乎○正義曰：云唐者堯號，虞者舜號者，史記諸書皆言堯，帝嚳之子，帝摯之弟，嚳崩摯立，摯崩乃傳位於堯。書傳云堯年十六以唐侯升爲天子，遂以爲號，或謂之陶唐氏。書曰惟彼陶唐。世本云帝堯爲陶唐氏。韋昭云陶唐皆國名，猶湯稱殷商也。案經傳，契居商，故湯以商爲國號，後盤庚遷殷，故殷商雙舉。歷檢書傳，未聞帝堯居陶而以陶冠唐，蓋以二字爲名，所稱或單或複也。舜之爲虞，猶禹之爲夏，外傳稱禹氏曰有夏，則如舜氏曰有虞。顓頊已來，地爲國號，而舜有天下號曰有虞氏，是地名也。王肅云：虞，地也。皇甫謐云：堯以二女妻舜，封之於虞，今河東太陽山西虞地是也。然則舜居虞地，以虞爲氏，堯封之虞，爲諸侯，及王天下，遂爲天子之號，故從微至著，常稱虞氏。○注包曰至至德○正義曰：云殷紂淫亂者，紂爲淫亂，書傳備言，若泰誓云沈湎冒色，敢行暴虐之類是也。云文王爲西伯而有聖德者，鄭玄詩譜云：周之先公曰太王者，避狄難，自豳始遷焉，而脩德建王業。商王帝乙之初，命其子王季爲西伯，至紂又命文王典治南國江漢汝墳之諸侯，是謂文王繼父之業爲西伯也。殷之州長曰伯，謂爲雍州伯也。周禮八命作牧，殷之州牧蓋亦八命，如旱麓傳云九命然後錫以秬鬯圭瓚。孔叢云：羊容問於子思曰：古之帝王中分天下而二公治之，謂之二伯。周自后稷封爲王者之後，大王、王季皆爲諸侯，奚得爲西伯乎？子思曰：吾聞諸子夏云，殷王帝乙之時，王季以九命作伯於西，受圭瓚秬鬯之錫，故文王因之得專征伐，此諸侯爲伯，猶周召分陝。皇甫謐亦云王季於帝乙殷王之時賜九命爲西長，始受圭

瓚秬鬯，皆以爲王季受九命作東西大伯。鄭不見孔叢之書，旱麓之箋不言九命，則以王季爲州伯也。文王亦爲州伯，故西伯戡黎注云：文王爲雍州之伯，南兼梁、荆，在西，故曰西伯。文王之德優於王季，文王尚爲州伯，明王季亦爲州伯也。楚辭天問曰伯昌號衰，秉鞭作牧，王逸注云：伯謂文王也，鞭以喻政，言紂號令既衰，文王執鞭持政，爲雍州牧。天問屈原所作，去聖未遠，謂文王爲牧，明非大伯也，所以不從毛說。言至紂又命文王者，既以繼父爲伯，又命之使兼治南國江漢汝墳之諸侯。周本紀云：季歷娶大任，生昌，有聖瑞，古公曰：我世當有興者，其在昌乎？後果受命爲文王也。云天下歸周者三分有二而猶服事殷者，鄭玄又云：於時三分天下有其二，以服事殷，故雍、梁、荆、豫、徐、楊之人咸被其德而從之。鄭既引論語三分有二，故據禹貢州名指而言之，雍、梁、荆、豫、徐、楊歸文王，其餘冀、青、兖屬紂，九州而有其六，是爲三分有其二也。書傳云：文王率諸侯以事紂，是猶服事殷也。紂惡貫盈，文王不忍誅伐，猶服事之，故謂之至德也。

子曰：禹，吾無間然矣。孔曰：孔子推禹功德之盛美，言己不能復間廁其間。**菲飲食而致孝乎鬼神，**馬曰：菲，薄也。致孝鬼神，祭祀豐絜。**惡衣服而致美乎黻冕，**

孔曰損其常服以盛祭服卑宮室而盡力乎溝洫包曰方里爲井井間有溝溝廣深四尺十里爲成成間有洫洫廣深八尺禹吾無間然矣疏子曰至然矣正義曰此章美夏禹之功德也子曰禹吾無間然矣者間謂間廁孔子推禹功德之盛美言已不能復間廁其間也菲飲食而致孝乎鬼神者此下言其無間之三事也菲薄也薄己飲食而致孝於鬼神令祭祀之物豐多絜靜也惡衣服而致美乎黻冕者黻冕皆祭服也言禹降損其常服以盛美其祭服也卑宮室而盡力乎溝洫者溝洫田間通水之道也言禹卑下所居之宮室而盡力以治田間之溝洫也以常人之情飲食務於肥濃禹則淡薄之衣服好其華美禹則麤惡之宮室多尚高廣禹則卑下之飲食鬼神所享故云致孝祭服備其采章故云致美溝洫人功所爲故云盡力也禹吾無間然矣者美之深故再言之○注孔曰損其常服以盛祭服○正義曰鄭玄注此云黻是祭服之衣冕其冠也左傳晉侯以黻冕命士會亦當然也黻蔽膝也祭服謂之黻其他謂之韠俱以韋爲之制同而色異韠各從裳色黻其色皆赤尊卑以深淺爲異天子純朱諸侯黃朱大夫赤而已大夫以上冕服悉皆有黻故禹言黻冕左傳亦言黻冕但冕服自有尊卑耳周禮司服云王之服祀昊天上帝則服大裘而冕祀五帝亦如之享先王則衮冕享先公饗射則鷩冕祀四望山川則毳冕祭社稷五祀則希冕祭羣小祀則玄冕孤之服自希冕而下左傳士會黻冕當是希冕也此禹之黻冕則六冕皆是也○注包曰至八尺○正義曰方里爲井井間有溝溝廣深四尺十里爲成成間有洫洫廣深八尺者案考工記匠人爲溝洫耜廣五寸二耜爲耦一耦之伐廣尺深尺謂之畎田首倍之廣二尺深二尺謂之遂九夫爲井井間廣四尺深四尺謂之溝方十里爲成成間廣八尺深八尺謂之洫方百里爲同同間廣二尋深二仞謂之澮鄭注云此畿內采地之制九夫爲井井者方一里九夫所治之田也采地制井田異於鄉遂及公邑三夫爲屋屋具也一井之中三屋九夫三三相具以出賦稅其治溝也方十里爲成成中容一甸甸方八里出田稅緣邊一里治洫方百里爲同同中容四都六十四成方八十里出田稅緣邊十里治澮是溝洫之法也

論語注疏解經卷第八

二品廕生阮常生校栞

論語注疏卷八校勘記　阮元撰盧宣旬摘錄

泰伯第八

泰伯章

民無得而稱焉　釋文出民無得云本亦作德案後漢書丁鴻傳論引孔子曰泰伯三以天下讓民無德而稱焉李注云論語載孔子之言也又引鄭元注云三讓之美皆蔽隱不著故人無德而稱焉據此釋文所云作德者乃鄭君所據之本也然字雖作德而義仍爲得盍德得古字通

故無得而稱言之者　皇本故下有民家二字

恭而無禮章

君子篤於親　汗簡引古論語篤作竺案竺篤古今字

曾子有疾章

啓予足　說文誃離別也从言多聲讀若論語跢予之足○案段玉裁云跢當是啓誤或曰當作哆予之足哆猶開也

如臨深淵　唐石經避高祖諱淵作渆後放此

喻已常戒慎　皇本戒作誡案誡戒古字通

呼之者　皇本無之字

曾子有疾孟敬子問之章

君子所貴乎道者三　高麗本無乎字

能濟濟蹌蹌　釋文出蹌蹌云本或作鏘同○案依說文當作𧼼蹌假借字鏘俗字

則人不敢欺詐之　皇本詐作誕

以能問於不能章

言見侵犯不報　皇本作言見侵犯而不校之也

可以託六尺之孤章

可以託六尺之孤　玉篇人部引作侂案侂與託古字通經義雜記云據玉篇所引則論語舊是侂字葢从言者以言託寄之从人者以人託寄之義各不同今从言葢通借字

野自六尺以及六十有三　閩本北監本同案三當作五

士不可以不宏毅章

言仁以爲己任　本仁誤士今正

與於詩章

包曰樂所以成性　皇本作孔安國曰

好勇疾貧章

亦使其爲亂　皇本亂下有也字又此節注作孔安國曰

如有周公之才之美章

其餘不足觀也已　皇本高麗本已下有矣字是也

故註者明之　本註誤註今改作注

三年學章

不易得也　皇本高麗本也下有已字

篤信好學章

亂謂臣弒君子弒父　皇本作臣弒君子弒父亂也釋文出𢘑字云古臣字本今作臣後先進篇季子然問仲由冉求章可謂大臣與釋文亦出𢘑字云古文臣字本今作臣案唐書所載唐天后撰字中有𢘑字是天后所撰字非盡出杜撰○錢大昕說戰國策𢘑字乃草書臣字之譌

言厚於誠信而好樂問也　閩本同北監本樂作學案樂字誤今正

不居謂今欲　閩本北監本同毛本欲下有去字是也

師摯之始章

周道衰微　皇本衰上有旣字

洋洋盈耳聽而美之　皇本作洋洋乎盈耳哉聽而美也

狂而不直章

悾悾愨也　皇本作悾悾愨愨也

巍巍乎章

言已不與求天下而得之　閩本北監本言作信皇本無言字之下有也字

大哉堯之爲君也章

唯天爲大　毛本唯作惟此疏亦作惟閩本北監本同說見前

民無能識其名焉　皇本無其字

舜有臣五人而天下治章

予有亂臣十人　唐石經臣字旁注釋文出予有亂十人云本或作亂臣十人非案困學紀聞云論語釋文予有亂十人左傳叔孫穆子亦曰武王有亂十人劉原父謂子無臣母之理然本無臣字舊說不必改攷皇疏云亂理也武王曰我有共理天下者有十人也似亦無臣字葢唐石經此處及左傳襄廿八年臣字皆後人據僞泰誓妄增

亂治也　皇本治作理後放此

其一人　皇本一上有餘字

斯此也　皇本此也下有此此於周也五字各本並脫

比於周　皇本周上有此字

人才難得皇本人作大

三分天下有其二皇本三作參釋文出參分云一音三本今作三案後漢書伏湛傳文選典引注竝引作參是古本皆作參字

周之德皇本高麗本無之字

布種百穀之官也浦鏜云播誤布

皐陶字廷堅北監本毛本廷作庭是也

食菜於周閩本同毛本菜作采○案作采與史記世家合

以魚釣奸周西伯本奸誤好今正又毛本魚作漁是也

彪勑知切案此邢昺自爲音釋或以爲誤衍非也說詳詩經校勘記

非虎非熊北監本毛本熊作羆與史記合

則如舜氏曰有虞孫志祖云如當作知

又命文王典治南國江漢汝墳之諸侯鄭氏詩譜墳作旁下同

羊容問於子思曰本子誤乎今正

而二公治之今孔叢子而作使

受圭瓚秬鬯之錫本秬誤柜錫作賜今正

此諸侯爲伯今孔叢子此下有以字

故雍梁荆豫徐楊之人閩本北監本同毛本楊作揚下同○案作楊是也

禹吾無閒然矣章

孔子推禹功德之盛美皇本無美字

致孝鬼神皇本孝下有乎字

十里爲成皇本成作城後放此

禹則麤惡之閩本同毛本作麁案麁俗字今正

三夫爲屋本夫誤天今正

緣邊千里治澮閩本同案千當作十今正

論語注疏校勘記卷八終

論語注疏解經卷第九

何晏集解　邢昺疏

子罕第九

疏 正義曰此篇皆論孔子之德行也故以次泰伯堯禹之至德

子罕言利與命與仁 罕者希也利者義之和也命者天之命也仁者行之盛也寡能及之故希言也

疏 子罕言利與命與仁○正義曰此章論孔子希言難及之事也罕希也與及也利者義之和也命者天之命也仁者行之盛也孔子以其利命仁三者常人寡能及之故希言也○注罕者至言也○正義曰釋詁云希罕也轉互相訓故罕得爲希也云利者義之和也者乾卦文言文也言天能利益庶物使物各得其宜而和同也此云利者謂君子利益萬物使物各得其宜足以和合於義法天之利也云命者天之命也者謂天所命生人者也天本無體亦無言語之命但人感自然而生有賢愚吉凶窮通夭壽若天之付命遣使之然故云天之命也云仁者行之盛也者仁者愛人以及物是善行之中最盛者也以此三者中知以下寡能及知故孔子希言也

達巷黨人曰大哉孔子博學而無所成名 鄭曰達巷者黨名也五百家爲黨此黨之人美孔子博學道藝不成一名而已 子聞之謂門弟子曰吾何執執御乎執射乎吾執御矣 鄭曰聞人美之承之以謙吾執御欲名六藝之卑也

疏 達巷至御矣○正義曰此章論孔子道藝該博也達巷黨人曰大哉孔子博學而無所成名者達巷者黨名也五百家爲黨此黨之人美孔子博學道藝不成一名而已子聞之謂門弟子曰吾何執執御乎執射乎吾執御矣者孔子聞人美之承之以謙故告謂門弟子曰我於六藝之中何所執守乎但能執御乎執射乎乎者疑而未定之辭又復謙指云吾執御矣以爲人僕御是六藝之卑者孔子欲名六藝之卑故云吾執御矣謙之甚矣

子曰麻冕禮也今也純儉吾從衆 孔曰冕緇布冠也古者績麻三十升布以爲之純絲也絲易成故從儉 拜下禮也今拜乎上泰也雖違衆吾從下 王曰臣之與君行禮者下拜然後成禮時臣驕泰故於上拜今從下禮之恭也

疏 子曰至從下○正義曰此章記孔子從恭儉吾從衆者冕緇布冠也古者績麻三十升布以爲之故云麻冕禮也今也謂當孔子時純絲也絲易成故云純儉用絲雖不合禮以其儉易故孔子從之也拜下禮也今拜乎上泰也雖違衆吾從下者禮臣之與君行禮者下拜然後升成拜是禮也今時之臣皆拜於上長驕泰也孔子以其驕泰則不孫故違衆而從下拜之禮也下拜禮之恭故也○注孔曰至從儉○正義曰云冕緇布冠也者冠首服之大名冕者冠中之別號故冕得爲緇布冠也士冠禮曰陳服緇布冠頍項青組纓屬于頍記曰始冠緇布之冠也大古冠布齊則緇之其緌也孔子曰吾未之聞也冠而敝之可也云古者績麻三十升布以爲之者鄭注喪服云布八十縷爲升○注王曰至恭也○正義曰云臣之與君行禮者下拜然後升成禮者案燕禮君燕卿大夫之禮也其禮云公坐取大夫所媵觶興以酬賓賓降西階下再拜稽首公命小臣辭賓升成拜鄭注升成拜復再拜稽首也先時君辭之於禮若未成然又覲禮天子賜侯氏以車服諸公奉篋服加命書于其上升自西階東面大史氏右侯氏升西面立大史述命侯氏降兩階之間北面再拜稽首升成拜皆是臣之與君行禮下拜然後升成禮也

子絕四毋意 以道爲度故不任意 毋必 用之則行舍之則藏故無專必 毋固 無可無不可故無固行 毋我 述古而不自作處群萃而不自異唯道是從故不有其身

疏 子絕四毋意毋必毋固毋我○正義曰此章論孔子絕去四事與常人異也毋不也我身也常人師心徇惑自任己意孔子以道爲度故不任意常人行藏不能隨時用舍好自專必惟孔子用之則行舍之則藏不專必也常人之情可者與之不可者拒之好堅固其所行也孔子則無可無不可不固行也人多制作自異以擅其身孔子則述古而不自作處群萃聚和光同塵而不自異故不有其身也

子畏於匡 包曰匡人誤圍夫子以爲陽虎陽虎曾暴於匡夫子弟子顏尅時又與虎俱行後尅爲夫子御至於匡匡人相與共識尅又夫子容貌與虎相似故匡人以兵圍之 曰文王既沒文不在茲乎 孔曰茲此也言文王雖已死其文見在此此自謂其身 天之將喪斯文也後死者不得與於斯文也 孔曰文王既沒故孔子自謂後死言天將喪此文者本不當使我知之今使我知之未欲喪也 天之未喪斯文也匡人其如予何 馬曰其如予何者猶言奈我何也天之未喪此文則我當傳之匡人欲奈我何

言其不能違天以害己也〔疏〕子畏至予何。正義曰此章記孔子知天命也子畏於匡者謂匡人以兵圍孔子記者以衆情言之故云子畏於匡其實孔子無所畏也曰文王既没文不在茲乎者孔子以弟子等畏懼故以此言論之茲此也言文王雖已死其文豈不見在此身乎言其文見在我此身也天之將喪斯文也後死者不得與於斯文也者後死者孔子自謂也以文王既没故孔子自謂已爲後死者言天將喪此文者本不當使我與知之今既使我知之是天未欲喪此文也天之未喪斯文也匡人其如予何者如予何猶言奈我何也天之未喪此文則我當傳之匡人其欲奈我何言匡人不能違天以害已也。注包曰至圍之。正義曰此注皆約世家述其畏匡之由也案世家云孔子去衞將適陳過匡顏剋爲僕以策指之曰昔日吾入此由彼缺也匡人聞之以爲魯之陽虎陽虎嘗暴匡人匡人於是遂止孔子孔子狀貌類陽虎拘焉五日匡人拘孔子益急弟子懼孔子曰文王既没文不在茲乎已下文與此正同是其事也

大宰問於子貢曰夫子聖者與何其多能也孔曰大宰大夫官名或吳或宋未可分也疑孔子多能於小藝

子貢曰固天縱之將聖又多

能也孔曰言天固縱大聖之德又使多能也

子聞之曰大宰知我乎。吾少也賤故多能鄙事君子多乎哉不多也包曰我少小貧賤常自執事故多能爲鄙人之事君子固不當多能〔疏〕大宰至多也。正義曰此章論孔子多小藝也大宰問於子貢曰夫子聖者與何其多能也者大宰大夫官名大宰之意以爲聖人當務大忽小今夫子既曰聖者與又何其多能小藝乎以爲疑故問於子貢也子貢曰固天縱之將聖又多能也者將大也言天固縱大聖之德又使多能也子聞之曰大宰知我乎者孔子聞大宰疑已多能非聖故云知我乎謙謙之意也吾少也賤故多能鄙事者又說以多能之由也言我自小貧賤常自執事故多能爲鄙人之事也君子多乎哉不多也者又言聖人君子當多能乎哉言君子固不當多能也今已多能則爲非聖所以爲謙謙也。注孔曰至小藝。正義曰云大宰大夫官名者案周禮大宰六卿之長卿卽上大夫也故云大夫官名也云或吳或宋未可分也者以當時惟吳宋二國上大夫稱大宰諸國雖有大宰非上大夫故云或吳或宋未可分也鄭云是吳大宰嚭也以左傳哀十二年公會吳于橐皋吳子使大宰嚭請尋盟公不欲使子貢對又子貢嘗適吳故鄭以爲是吳大宰嚭也

牢曰子云吾不試故藝鄭曰牢弟子子牢也試用也言孔子自云我不見用故多技藝〔疏〕牢曰子云吾不試故藝。正義曰此章論孔子多技藝之由但與前章異時而語故分之牢弟子琴牢也試用也言孔子自云我不見用於時故多能技藝。注牢弟子子牢也。正義曰家語弟子篇云琴牢衞人也字子開一字張此云弟子子牢當是耳

子曰吾有知乎哉無知也知者知意之知也知者言未必盡今我誠盡

有鄙夫問於我空空如也我叩其兩端而竭焉孔曰有鄙夫來問於我其意空空然我則發事之終始兩端以語之竭盡所知不爲有愛〔疏〕子曰至竭焉。正義曰此章言孔子教人必盡其誠也子曰吾有知乎哉無知也者知者意之所知也孔子言我有意之所知不盡以教人乎哉無之也常人知者言未必盡今我誠盡也有鄙夫問於我空空如也我叩其兩端而竭焉者此舉無知而誠盡之事也空空虛心也叩發動也兩端終始也言設有鄙賤之夫來問於我其意空空然我則發事之終始兩端以告語之竭盡所知不爲有愛言我教鄙夫尚竭盡所知況知

禮義之弟子乎明無愛惜乎其意之所知也。注知者至誠盡。正義曰云知者知意之知也者知猶意也言意之所知也云知者言未必盡者言他人之短者言之以教人未必竭盡所知謂多所愛惜也云今我誠盡者謂孔子言今我教人實盡其意之所知無愛惜也故云無知也

子曰鳳鳥不至河不出圖吾已矣夫孔曰聖人受命則鳳鳥至河出圖今天無此瑞吾已矣夫者傷不得見也河圖八卦是也〔疏〕子曰鳳鳥不至河不出圖吾已矣夫。正義曰此章言孔子傷時无明君也聖人受命則鳳鳥至河出圖今天无此瑞則時無聖人也故歎曰吾已矣夫傷不得見也。注孔曰至是也。正義曰聖人受命則鳳鳥至河出圖者禮器云升中於天而鳳皇降援神契云德至鳥獸則鳳皇來天老曰鳳象前鹿後蛇頸魚尾龍文龜背燕頷雞喙五色備舉出於東方君子之國翱翔四海之外過崐崘飲砥柱濯羽弱水莫宿丹穴見則天下大安寧鄭玄以爲河圖洛書龜龍銜負而出如中候所說龍馬銜甲赤文綠色甲似龜背袤廣九尺上有列宿斗正之度帝王録紀興亡之數是也孔安國以爲河圖卽八卦是也

子見齊衰者冕衣裳者與瞽者包曰冕者冠也大夫之服

瞽盲也。見之，雖少必作，過之必趨。包曰：作，起也。趨，疾行也。此夫子哀有喪，尊在位，恤不成人。疏子見至必趨。○正義曰：此章言孔子哀有喪，尊在位，恤不成人也。子見齊衰者，冕衣裳者與瞽者。齊衰，周親之喪服也。言齊衰則斬衰從可知也。冕，冠也。大夫之服也。瞽，盲也。見之，雖少必作，過之必趨者，作，起也。趨，疾行也。言夫子見此三種之人，雖少，坐則必起，行則必趨。

顏淵喟然歎曰：喟，歎聲。仰之彌高，鑽之彌堅，言不可窮盡。瞻之在前，忽焉在後。言恍惚不可爲形象。夫子循循然善誘人，循循，次序貌。誘，進也。言夫子正以此道進勸人有所序。博我以文，約我以禮，欲罷不能，既竭吾才，如有所立卓爾，雖欲從之，末由也已。孔曰：言夫子既以文章開博我，又以禮節節約我，使我欲罷而不能，已竭我才矣。其有所立，則又卓然不可及，言已雖蒙夫子之善誘，猶不能及夫子之所立。疏顏淵至也已。○正義曰：此章美夫子之道也。顏淵喟然歎曰，仰之彌高，鑽之彌堅，瞻之在前，忽焉在後者，喟，歎聲也。彌，益也。顏淵喟然發歎，言夫子之道高堅，不可窮盡，恍惚不可爲形象。故仰而求之則益高，鑽研求之則益堅，瞻之似若在前，忽然又復在後也。夫子循循然善誘人者，循循，次序貌。誘，進也。言夫子以此道教人，循循然有次序，可謂善進勸人也。博我以文，約我以禮，欲罷不能，既竭吾才，如有所立卓爾，雖欲從之，末由也已者，末，無也。言夫子既開博我以文章，又節約我以禮節，使我欲罷止而不能，已竭盡我才矣。其夫子更有所創立，則又卓然絶異，已雖欲從之，無由得及。言已雖蒙夫子之善誘，猶不能及夫子之所立也。

子疾病，包曰：疾甚曰病。子路使門人爲臣。鄭曰：孔子嘗爲大夫，故子路欲使弟子行其臣之禮。病間，曰：「久矣哉，由之行詐也！無臣而爲有臣。吾誰欺？欺天乎！孔曰：少差曰間。言子路久有是心，非今日也。且予與其死於臣之手也，無寧死於二三子之手乎！馬曰：無寧，寧也。二三子，門人也。就使我有臣而死其手，我寧死於弟子之手乎。且予縱不得大葬，孔曰：君臣禮葬。予死於道路乎？」馬曰：就使我不得以君臣禮葬，有二三子在，我寧當憂棄於道路乎？疏子疾至路乎。○正義曰：此章言孔子不欺也。子疾病者，疾甚曰病。子路使門人爲臣者，以孔子嘗爲大夫，故子路欲使弟子行其家臣之禮，以夫子爲大夫君也。病閒，曰久矣哉，由之行詐也者，少差曰間。當其疾甚時，子路以門人爲臣，夫子不知，及病少差知之，乃責之。言子路久有是詐欺之心，非今日也，故云久矣哉，由之行詐也。無臣而爲有臣，吾誰欺，欺天乎者，言我既去大夫，是無臣也。女使門人爲臣，是無臣而爲有臣。如此行詐，人蓋知之，是人不可欺，故云吾誰欺。既人不可欺，乃欲遠欺天乎。且予與其死於臣之手也，無寧死於二三子之手乎者，無寧，寧也。二三子，門人也。言就使我有臣，且我等其死，死於臣之手，寧如死於其弟子之手乎。且予縱不得大葬，予死於道路乎者，大葬謂君臣禮葬。言且就使我縱不得以君臣禮葬，有二三子在，我寧當憂棄於道路乎？言必不至死於道路也。

子貢曰：「有美玉於斯，韞匵而藏諸？求善賈而沽諸？」馬曰：韞，藏也。匵，匱也。謂藏諸匵中。沽，賣也。得善賈，寧肯賣之邪？子曰：「沽之哉！沽之哉！我待賈者也。」包曰：沽之哉，不衒賣之辭。我居而待賈。疏子貢至者也。○正義曰：此章言孔子藏德待用也。子貢曰，有美玉於斯，韞匵而藏諸？求善賈而沽諸者，子貢欲觀孔子聖德藏用何如，故託玉以諮問也。韞，藏也。匵，匱也。諸之沽賣也。言人有美玉於此，藏在匵中而藏之，若求得善賈，寧肯賣之邪？君子於玉比德，子貢之意，言夫子有美德而懷藏之，若人虛心盡禮求之，夫子肯與之乎？子曰，沽之哉，沽之哉，我待賈者也者，孔子荅言我賣之哉，不衒賣之辭。雖不衒賣，我居而待賈。言有人虛心盡禮以求我道，我即與之，而不吝也。

子欲居九夷。馬曰：九夷，東方之夷有九種。或曰：「陋，如之何？」子曰：「君子居之，何陋之有？」馬曰：君子所居則化。疏子欲至之有。正義曰：此章論孔子疾中國無明君也。子欲居九夷者，東方之夷有九種，孔子以時無明君，故欲居東夷。或曰陋如之何者，或人謂孔子言東夷僻陋無禮，如何可居。子曰君子居之，何陋之有者，孔子荅或人言君子所居則化，使有禮義，故云何陋之有。○注馬曰九夷東方之夷有九種。○正義曰：案東夷傳云，夷有九種，曰畎夷、于夷、方夷、黃夷、白夷、赤夷、玄夷、風夷、陽夷。又一曰玄菟，二曰樂浪，三曰高麗，四曰滿飾，五曰鳧臾，六曰索家，七曰東屠，八曰倭人，九曰天鄙。

子曰：「吾自

衛反魯然後樂正雅頌各得其所鄭曰反魯哀公十一年冬是時道衰樂廢孔子來還乃正之故雅頌各得其所【疏】子曰吾自衛反魯然後樂正雅頌各得其所。正義曰此章記孔子言正廢樂之事也孔子以定十四年去魯應聘諸國魯哀公十一年自衛反魯是時道衰樂廢孔子來還乃正之故雅頌各得其所也。注反魯魯哀公十一年冬。正義曰案左傳哀十一年冬衛孔文子之將攻大叔也訪於仲尼仲尼曰胡簋之事則嘗學之矣甲兵之事未之聞也退命駕而行曰鳥則擇木木豈能擇鳥文子遽止之曰圉豈敢度其私訪衛國之難也將止魯人以幣召之乃歸杜注云於是自衛反魯樂正雅頌各得其所是也

子曰出則事公卿入則事父兄喪事不敢不勉不爲酒困何有於我哉馬曰困亂也【疏】子曰出則事公卿入則事父兄喪事不敢不勉不爲酒困何有於我哉。正義曰此章記孔子言忠順孝悌哀喪愼酒之事也困亂也言出仕朝廷則盡其忠順以事公卿也入居私門則盡其孝悌以事父兄也若有喪事則不敢不勉力以從禮也未嘗爲酒亂其性也他人無是行於我我獨有之故曰何有於我哉

子在川上曰逝者如斯夫不舍晝夜包曰逝往也言凡往也者如川之流【疏】子在川上曰逝者如斯夫不舍晝夜。正義曰此章記孔子感歎時事既往不可追復也逝往也夫子因在川水之上見川水之流迅速且不可追復故感之而興歎言凡時事往者如此川之流夫不以晝夜而有舍止也

子曰吾未見好德如好色者也疾時人薄於德而厚於色故發此言【疏】子曰吾未見好德如好色者也。正義曰此章孔子疾時人薄於德而厚於色也

子曰譬如爲山未成一簣止吾止也包曰簣土籠也此勸人進於道德爲山者其功雖已多未成一籠而中道止者我不以其前功多而善之見其志不遂故不與也譬如平地雖覆一簣進吾往也馬曰平地者將進加功雖始覆一簣我不以其功少而薄之據其欲進而與之【疏】子曰至往也。正義曰此章孔子勸人進於道德也譬如爲山未成一簣止吾止也者簣土籠也言人之學道垂成而止前功雖多吾不與也譬如爲山者其功雖已多未成一籠而中道止者我不以其前功多而善之見其志不遂故吾止而不與也譬如平地雖覆一簣進吾往也者言人進德脩業功雖未多而强學不息則吾與之也譬如平地者將進加功雖始覆一簣我不以其功少而薄之據其欲進故吾則往而與之也

子曰語之而不惰者其回也與顏淵解故語之而不惰餘人不解故有惰語之時【疏】子曰語之而不惰者其回也與。正義曰此章美顏回也惰謂懈惰也言餘人不能盡解故有懈惰於夫子之語時其語之而不懈惰者其唯顏回也與顏淵解故也

子謂顏淵曰惜乎吾見其進也未見其止也包曰孔子謂顏淵進益未止痛惜之甚【疏】子謂顏淵曰惜乎吾見其進也未見其止也。正義曰此章以顏回早死孔子於後歎惜之也孔子謂顏淵進益未止痛惜之甚也

子曰苗而不秀者有矣夫秀而不實者有矣夫孔曰言萬物有生而不育成者喻人亦然【疏】子曰苗而不秀者有矣夫秀而不實者有矣夫。正義曰此章亦以顏回早卒孔子痛惜之爲之作譬也言萬物有生而不育成者喻人亦然也

子曰後生可畏焉知來者之不如今也後生謂年少四十五十而無聞焉斯亦不足畏也已【疏】子曰至也已。正義曰此章勸學也子曰後生可畏焉知來者之不如今也者後生謂年少也言年少之人足以積學成德誠可畏也安知將來者之道德不如我今日也四十五十而無聞焉斯亦不足畏也已者言年少時不能積學成德至於四十五十而令名無聞雖欲强學終無成德故不足畏也

子曰法語之言能無從乎改之爲貴孔曰人有過以正道告之口無不順從之能必自改之乃爲貴巽與之言能無說乎繹之爲貴馬曰巽恭也謂恭孫謹敬之言聞之無不說者能尋繹行之乃爲貴說而不繹從而不改吾末如之何也已矣【疏】子曰至已矣。正義曰此章貴行也子曰法語之言能無從乎改之爲貴者謂人有過以禮法正道之言告語之當時口無不順從之者口雖服從未足可貴能必自改之乃爲貴耳巽與之言能無說乎繹之爲貴者巽恭也繹尋繹也謂以恭孫謹敬之言教與之當時聞之無不喜說者雖聞之喜說未足可貴必能尋繹其言

行之乃爲貴也說而不繹從而不改吾末如之何也已矣者謂口雖說從而行不尋繹追改疾夫形服而心不化故云末如之何猶言不可柰何也。**子曰主忠信毋友不如己者過則勿憚改**慎所主。友有過務改皆所以爲益〔疏〕子曰主忠信毋友不如己者過則勿憚改。正義曰此章戒人忠信改過也主猶親也憚猶難也言凡所親狎皆須有忠信者也無得以忠信不如己者爲友也苟有其過無難於改也學而篇已有此文記者異人故重出之**子曰三軍可奪帥也匹夫不可奪志也**孔曰三軍雖衆人心不一則其將帥可奪而取之匹夫雖微苟守其志不可得而奪也〔疏〕子曰三軍可奪帥也匹夫不可奪志也。正義曰此章言人守志不移也萬二千五百人爲軍帥謂將也匹夫謂庶人也三軍雖衆人心不一則其將帥可奪而取之匹夫雖微苟守其志不可得而奪也士大夫已上有妾媵庶人賤但夫婦相匹配而已故云匹夫**子曰衣敝緼袍與衣狐貉者立而不恥者其由也與**孔曰緼枲著**不忮不求何用不臧**馬曰忮害也臧善也言不忮害不貪求何用爲不善疾貪惡忮害之詩

子路終身誦之子曰是道也何足以臧馬曰臧善也尚復有美於是者何足以爲善〔疏〕子曰至以臧。正義曰此章善仲由也子曰衣敝緼袍與衣狐貉者立而不恥者其由也與者緼枲著也緼袍衣之賤者狐貉裘之貴者常人之情著破敗之緼袍與著狐貉之裘者並立則皆慙恥而能不恥者唯其仲由也與不忮不求何用不臧者忮害也臧善也言不忮害不貪求何用爲不善言仲由不忮害不貪求何用爲不善此詩邶風雄雉之篇疾貪惡忮害之詩也孔子言之以善子路也子路終身誦之者子路以夫子善已故常稱誦之子曰是道也何足以臧者孔子見子路誦之不止懼其伐善故抑之言人行尚復有美於是者此何足以爲善。注孔曰緼枲著。正義曰玉藻云纊爲繭緼爲袍鄭玄云衣有著之異名也纊謂今之新緜緼謂今纊及舊絮也然則今云枲著者雜用枲麻以著袍也**子曰歲寒然後知松柏之後彫也**大寒之歲衆木皆死然後知松柏小彫傷平歲則衆木亦有不死者故須歲寒而後別之喻凡人處治世亦能自脩整與君子同在濁世然後知君子之正不苟容〔疏〕子曰歲寒然後知松柏之後彫也。正義曰此章喻君子也大寒之歲衆木皆死然後知松柏小彫傷若平歲則衆木亦有不死者故須歲寒而後別之喻凡人處治世亦能自脩整與君子同在濁世然後知君子之正不苟容也**子曰知者不惑**包曰不惑亂**仁者不憂**孔曰無憂患**勇者不懼**〔疏〕子曰知者子曰知者不惑仁者不憂勇者不懼。正義曰此章言知者明於事故不惑亂仁者知命故無憂患勇者果敢故不恐懼**子曰可與共學未可與適道**適之也雖學或得異端未必能之道**可與適道未可與立**雖能之道未必能有所立**可與立未可與權**雖能有所立未必能權量其輕重之極**唐棣之華偏其反而豈不爾思室是遠而**逸詩也唐棣栘也華反而後合賦此詩者以言權道反而後至於大順思其人而不得見者其室遠也以言思權而不得見者其道遠也**子曰未之思也夫何遠之有**夫思者當思其反反是不思所以爲遠能思其反何遠之有言權可知唯不知思耳思之有次序斯可知矣〔疏〕

子曰至之有。正義曰此章論權道也子曰可與共學未可與適道者適之也言人雖可與共學所學或得異端未必能之正道故未可與也可與適道未可與立者言人雖能之道未必能有所立故未可與也可與立未可與權者言人雖能有所立未必能隨時變通權量其輕重之極也唐棣之華偏其反而豈不爾思室是遠而者此逸詩也唐棣栘也其華偏然反而後合賦此詩者以言權道亦先反常而後至於大順也豈不爾思者言誠思爾也誠思其人而不得見者其室遠也以喻思權而不得見者其道遠也子曰未之思也夫何遠之有者言夫思者當思其反常若不思是反所以爲遠能思其反何遠之有言權可知唯不知思爾儻能思之有次序斯可知矣記者嫌與詩言相亂故重言子曰也。注唐棣栘也。正義曰釋木文也舍人曰唐棣一名栘郭璞曰似白楊江東呼夫栘詩召南云唐棣之華陸機云奧李也一名雀梅亦曰車下李所在山皆有其華或白或赤六月中熟大如李子可食

論語注疏解經卷第九

二品廕生阮常生校栞

論語注疏挍勘記

阮元撰盧宣旬摘錄

子罕第九

子罕言章

命者天之命也　段玉裁云此當是用董子命者天之命也

寡能及之故希言也　筆解引無也字又此注作包曰

故希言也　北監本毛本希作罕○按希字是承上文希也而言

又復謙指云　本指誤揗今正

麻冕章

古者績麻三十升布以爲之　本三誤二升誤斤疏中兩三十升升並誤斤今正

王曰　後漢書陳元傳注引作何晏注云○按注即集解字之譌故引下節注亦不加王曰以別之此處不誤

下拜然後成禮　皇本成上有升字邢疏亦有升字○按有升字是也後漢書注可證

此章記孔子從恭儉　浦鏜云恭儉下脫麻冕禮也今也純儉八字

纓屬于頍　本于誤干閩本同今正

大史氏右　閩本右誤古北監本氏作是案作是與儀禮覲禮合彼注云古文是爲氏也

子絕四章

毋意　本毋誤母今正下同

故不有其身　皇本作故不自有其身也

子畏於匡章

夫子弟子顏尅　皇本毛本尅作剋釋文出顏剋云諸書或作顏亥

文王既沒　本文誤三今正

大宰問於子貢章

大宰知我乎　皇本高麗本我下有者字

牢曰子云章　朱子集注本合前章注疏本別爲一章

故多技藝　皇本多下有能字藝下有也字又技作伎○按伎訓與古多假爲技藝字

字子開一字張　浦鏜云張上脫子字

吾有知乎哉章

有鄙夫問於我　皇本問上有來字

空空如也　釋文出空空云鄭或作悾悾

知意之知猶意言意之所知也　浦鏜云猶意之意當衍字

言他人之短者　浦鏜云短當知字誤

鳳鳥不至章

此章言孔子傷時无明君也　毛本无作無下今天无此瑞同

聖人受命　浦鏜云聖上脫云字是也

燕含　閩本北監本毛本含作頷

飲砥柱　本飲誤欽閩本同今正

莫宿丹穴　本丹誤舟閩本同今正

子見齊衰者章

冕衣裳者　釋文出冕字云鄭本作弁云魯讀弁爲絻今從古鄉黨篇亦然案說文冕大夫以上服也從冃免聲絻或從糸據此則今之作冕者蓋魯論也

雖少必作　皇本高麗本少下有者字

過之必趨 朱石經趨作趍。按趨趍正俗字

此夫子哀有喪 本此誤北今正

顏淵喟然歎曰章

顏淵喟然歎曰 此本歎作嘆今訂正注疏同。按說文歎訓吟嘆訓吞嘆二字義别此當从欠今人多通用之

忽焉在後 閩本北監本毛本焉作然筆解亦作然案唐石經宋石經並作焉又列子仲尼篇史記孔子世家後漢書黄憲傳亦俱作焉據此則此本作焉是今朱子集注本尚仍其誤

言恍惚不可爲形象 皇本恍惚作忽怳釋文出惚怳云本今作恍惚

夫子循循然 案後漢書趙壹傳注引論語曰夫子恂恂然善誘人恂恂恭順貌疑是鄭注又攷孟子明堂章章指及三國志步騭傳後漢書李膺傳注俱引作恂恂又後漢書郭太傳論林宗恂恂善導宋書禮志載晉袁瓌疏曰孔子恂恂道化洙泗北魏書賈思伯傳云接誘恂恂會無倦色並用此文俱作恂字蓋作循者古論作恂者魯論鄭從魯論故字作恂。按翟灝之說云爾

言夫子正以此道進勸人有所序 皇本進勸人作勸進人又所作次序下有也字

已竭盡我才矣 本盡誤盖今正

由不能及夫子之所立也 毛本由作九浦鏜云猶誤九案浦鏜說是也今正

子疾病章

故子路欲使弟子行其臣之禮也 筆解無故字其作爲毛本無也字

少差曰閒 皇本少上有病字閒下有也字

言子路久有是心非今日也 皇本無久字非下有唯字

以夫子爲大夫官也 本官誤君今正

乃責之 本責誤貴今正

有美玉於斯章

韞匵而藏諸 毛本匵作匱是也釋文出匵字云本又作櫝二字音義皆同今訂作匵

求善賈而沽諸 漢石經沽作賈下同。按作沽用假借字玉篇夊部及下引論語曰求善賈而夃諸未知所據何本也

我待賈者也 案白虎通商賈篇後漢書張衡傳注逸民傳注文選琴賦注並引作待價是俗字

此章言孔子藏德待用也 本德誤得疏美德同今並訂正

故託玉以諮問也 本玉誤土今正

若人虛心盡禮求之 本盡誤盖下盡禮同今並正

子欲居九夷章

君子所居則化 皇本作君子所居者皆化也

四曰滿飾 浦鏜云飾誤節是也今正

吾自衛反魯章

吾自衛反魯 皇本高麗本反下有於字

反魯哀公十一年冬 皇本哀上重魯字案疏中亦重魯字皇本是也

胡簋之事 閩本北監本毛本胡作簠

子在川上章

包曰 皇本作鄭元曰

夫不以晝夜而有舍止也 本夫誤天今正

譬如爲山章

未成一籠本一字空闕今補正

子謂顔淵章

包曰皇本作馬融曰

後生可畏章

後生可畏皇本高麗本畏下有也字

謂年少皇本少下有也字釋文出少年云本今作年少

斯亦不足畏也已皇本高麗本已下有矣字是也

法語之言章

口無不順從之皇本不上有所字

能必自改之乃爲貴皇本無之字貴下有也字

謂恭孫謹敬之言皇本孫作巽言下有也字

未足可貴閩本北監本毛本可作爲下同

主忠信章

愼所主友皇本作愼其所主所友

衣敝緼袍章

衣敝緼袍皇本高麗本敝作弊釋文出衣弊云本今作敝案説文袍字下引論語亦作弊弊者敝之俗説文所無袍下引作弊者亦後人妄改也

與衣狐貉者立汗簡引古論語貉作貈釋文出狐貉云依字當作貈案史記弟子列傳作狢○按貈正字貉假借字狢俗字

常人之情本情誤淸今正

唯其仲由也與浦鏜云唯其字當誤倒

歲寒章

歲寒然後知松栢之後彫也皇本彫作凋注同釋文出後彫云依字當作凋○按釋文是也彫是假借字

知者不惑章

勇者不懼攷文古本此下有孔安國曰無畏懼也八字皇本閩本北監本毛本竝脱

可與共學章

未必能有所立皇本作未必能以有所成立者也筆解此注作孔曰

可與立未可與權筆解云正文傳寫錯倒當云可與共學未可與立可與適道未可與權案詩緜正義及説苑權謀篇三國志魏武帝紀注北周書宇文護傳論竝引可與適道未可與權與筆解説合○按此亦翟灝之説

雖能有所立筆解無能字亦作孔曰

唐棣之華春秋繁露竹林篇文選廣絶交論注竝引作棠棣

思其人而不自見者皇本自作得案邢疏亦作得字

未之思也釋文出未之云或作未者非

夫何遠之有皇本高麗本有下有哉字

似白楊本似誤以閩本同今正

陸機云毛本機作璣機與璣古字通隸釋載堯廟碑云璇機之政周公禮殿記云旋機離常璣竝作機又文選宋文皇帝元皇后哀策又注云璣與機同○按孫志祖讀書脞録續編云梁元帝作同姓名録兼收名之音義通用者有兩陸機一吴人字士衡一名璣字元恪注本艸者而宋槧爾雅疏引艸木疏作陸機此二字古人殆通借用之與錢大昕云當作陸機

論語注疏校勘記卷九終

論語注疏解經卷第十

鄉黨第十　何晏集解　邢昺疏

【疏】正義曰此篇唯記孔子在魯國鄉黨中言行故分之以次前篇也此篇雖曰一章其間事義亦以類相從今各依文解之

孔子於鄉黨恂恂如也似不能言者王曰恂恂温恭之貌其在宗廟朝廷便便言唯謹爾鄭曰便便辯也雖辯而謹敬朝與下大夫言侃侃如也孔曰侃侃和樂之貌與上大夫言誾誾如也孔曰誾誾中正之貌君在踧踖如也與與如也馬曰君在。視朝也踧踖恭敬之貌與與威儀中適之貌

【疏】孔子至與與如也。正義曰此一節記言語及趨朝之禮容也孔子於鄉黨恂恂如也似不能言者恂恂温恭之貌言孔子在於鄉黨中與故舊相接常温和恭敬恂恂然如似不能言語者道其謙恭之甚也凡言如也者皆謂如此義也其在宗廟朝廷便便言唯謹爾者便便辯也宗廟行禮之處朝廷布政之所當詳問極言故辯治也雖辯而唯謹敬朝與下大夫言侃侃如也與上大夫言誾誾如也者侃侃和樂之貌誾誾中正之貌下大夫稍卑故與之言可以和樂上大夫卿也爵位既尊故與之言常執中正不敢和樂也君在踧踖如也與與如也者君在謂視朝時也踧踖恭敬之貌與與威儀中適之貌既當君在之所故恭敬使威儀中適不敢解惰也

君召使擯鄭曰君召使擯者有賓客使迎之色勃如也孔曰必變色足躩如也包曰足躩盤辟貌揖所與立左右手衣前後襜如也鄭曰揖左人左其手揖右人右其手一俛一仰衣前後襜如也趨進翼如也孔曰言端好賓退必復命曰賓不顧矣鄭曰復命白君賓已去矣

【疏】君召使擯至顧矣。正義曰此一節言君召孔子使爲擯之禮也擯謂主國之君所使出接賓者也色勃如也足躩如也者勃然變色也足躩盤辟貌既傳君命以接賓故必變色而加肅敬也足容盤辟躩然不敢懈慢也揖所與立左右手衣前後襜如也者謂交擯傳命時揖左人左其手揖右人右其手一俛一仰衣前後襜如也趨進翼如也者謂疾趨而進張拱端好爲烏之張翼也賓退必復命曰賓不顧矣謂賓禮畢上擯送賓出反告白君賓已去矣不反顧也。注鄭曰至如也。正義曰云揖左人左其手揖右人右其手者謂傳擯時也案諸侯自相爲賓之禮凡賓主各有副賓副曰介主副曰擯及行人若諸侯自行則介各從其命數至主國大門外主人及擯出門相接若主君是公則擯者五人侯伯則擯者四人子男則擯者三人所以不隨命數者謙也故並用強半之數也賓若是公來至門外直當闑西去門九十步而下車當軹北鄉而立鄭注考工記云軹轂末也其侯伯立當前侯胡下子男立當衡注衡謂車軛其君當軫而九介立在君之北邐迤西北並東鄉而列主公出直闑東南西鄉立擯在主人之南邐迤東南立並西鄉也使末擯與末介相對中間傍相去三丈六尺列擯介既竟則主君就擯求辭所以須求辭者不敢自許人求詣已恐爲他事而至故就求辭自謙之道也求辭之法主人先傳求辭之言與上擯上擯以至次擯次擯繼傳以至末擯末擯傳與賓末介末介以次繼傳上至於賓賓答辭隨其來意又從上介而傳下至末介末介又傳與末擯末擯傳相次而上至於主人傳辭既竟而後進迎賓至門知擯介朝位如此者大行人職文又知傳辭拜迎賓前至門者司儀職文其傳辭司儀之交擯也其列擯介傳辭委曲約聘禮文若諸侯使卿大夫相聘其介與主位則大行人云卿大夫之禮各下其君二等鄭注云介與朝位是也主君待之擯數如待其君其有異者主君至大門而不出限南面而立也若公之使亦直闑西北鄉七介而去門七十步侯伯之使列五介而去門五十步子男之使三介而去門三十步上擯出闑外闑東南西鄉陳介西北東面邐迤如君自相見也而末介末擯相對亦相去三丈六尺陳擯介竟則不傳命而上擯進至末擯間南揖賓賓亦進至末介間上擯與賓相去亦三丈六尺而上擯揖而請事入告君君在限內後乃相與入也知者約聘禮文不傳辭司儀及聘禮謂之旅擯君自來所以必傳命者聘義云君子於其所尊弗敢質敬之至也又若天子春夏受朝宗則無迎法受享則有之故大行人云廟中將幣三享鄭云朝先享不言朝者朝正禮不嫌有等也若秋冬覲遇一受之於廟則亦無迎法故郊特牲云覲禮天子不下堂而見諸侯明冬遇依秋也以爲擯之禮依次傳命故揖左人左其手揖右人右其手一俛一仰使衣前後襜如也。注鄭曰復命白君賓已去矣。正義曰案聘禮行聘享私覿禮畢賓出公再拜送賓不復鄭注云公既拜客趨辟君命上擯送賓出反告賓不顧矣

於此君可以反路寢矣

入公門，鞠躬如也，如不容。孔曰：斂身。立不中門，行不履閾。孔曰：閾，門限。過位，色勃如也，足躩如也，包曰：過君之空位。其言似不足者。攝齊升堂，鞠躬如也，屏氣似不息者。孔曰：皆重慎也。衣下曰齊。攝齊者，摳衣也。出，降一等，逞顏色，怡怡如也。孔曰：先屏氣，下階舒氣，故怡怡如也。沒階趨進，翼如也。孔曰：沒，盡也。下盡階。復其位，踧踖如也。孔曰：來時所過位。

【疏】「入公門」至「踧踖如也」。○正義曰：此一節記孔子趨朝之禮容也。「入公門，鞠躬如也，如不容」者，公，君也。鞠，曲斂也。躬，身也。君門雖大，斂身如狹小不容受其身也。「立不中門」者，中門謂棖闑之中央。君門中央有闑，兩旁有棖，棖謂之門梐。棖闑之中，是尊者所立處，故人臣不得當之而立也。「行不履閾」者，履，踐也。閾，門限也。出入不得踐履門限。所以爾者，一則自高，二則不淨，並爲不敬。「過位，色勃如也，足躩如也」者，過位，過君之空位也。謂門屏之間，人君宁立之處。君雖不在此位，人臣過之宜敬，故勃然變色，足盤辟而爲敬也。「其言似不足」者，下氣怡聲，如似不足者也。「攝齊升堂，鞠躬如也，屏氣似不息」者，皆重慎也。衣下曰齊。攝齊者，摳衣也。將升堂時，以兩手當裳前，提挈裳使起，恐衣長轉足躡履之，仍復曲斂其身，以至君所，則屏藏其氣，似無氣息者也。「出，降一等，逞顏色，怡怡如也」者，以先時屏氣，出下階一級，則舒氣，故解其顏色，怡怡然和說也。「沒階趨進，翼如也」，沒，盡也。下盡階則疾趨而出，張拱端好，如鳥之舒翼也。「復其位，踧踖如也」者，復至其來時所過之位，則又踧踖恭敬也。○注「閾，門限」。○正義曰：釋宮云：「柣謂之閾。」孫炎云：「閾，門限也。」經傳諸注皆以閾爲門限，爲內外之限約也。○注「衣下曰齊。攝齊者，摳衣也」。○正義曰：曲禮云：「兩手摳衣，去齊尺。」鄭注云：「齊謂裳下緝也。」然則衣謂裳也。對文則上曰衣，下曰裳；散則可通，故此云摳衣。摳，提挈也。謂提挈裳前，使去地一尺也。

執圭，鞠躬如也，如不勝。包曰：爲君使聘問鄰國，執持君之圭，鞠躬者，敬慎之至。上如揖，下如授。勃如戰色，足蹜蹜如有循。鄭曰：上如揖，授玉宜敬；下如授，不敢忘禮。戰色，敬也。足蹜蹜如有循，舉前曳踵行。享禮，有容色。鄭曰：享，獻也。聘禮既聘而享，用圭璧，有庭實。私覿，愉愉如也。鄭曰：覿，見也。既享，乃以私禮見，愉愉顏色和。

【疏】「執圭」至「愉愉如也」。○正義曰：此一節記爲君使聘問鄰國之禮容也。「執圭，鞠躬如也，如不勝」者，言執持君之圭以聘鄰國，而鞠躬如不能勝舉，慎之至也。「上如揖，下如授」者，上謂授玉時宜敬，故如揖也。下謂既授玉而降，雖不執玉，猶如授時不敢忘禮也。「勃如戰色，足蹜蹜如有循」者，亦謂執圭行聘時，戰栗其顏色，敬也。足則舉前曳踵而行，蹜蹜如有所循也。「享禮，有容色」者，享，獻也。聘禮既聘而享，用圭璧，有庭實。聘時執圭致命，故勃如戰色；至行享時，則稍許有容色，不復戰栗。「私覿，愉愉如也」者，覿，見也。愉愉，顏色和也。謂既享，乃以私禮見，故顏色愉愉然和說也。○注「包曰」至「之至」。○正義曰：云「爲君使聘問鄰國，執持君之圭」者，案聘禮云：「賓襲執圭致命，公側襲受玉于中堂與東楹之間。」是其事也。凡執玉之禮，大宗伯云：「公執桓圭。」注云：「雙植謂之桓。桓，宮室之象，所以安其上也。圭長九寸。」故玉人云：「命圭九寸，公守之。」是也。宗伯又云：「侯執信圭，伯執躬圭。」注云：「蓋皆象以人形爲琢飾，文有麤縟耳。欲其慎行以保身。圭皆長七寸。」故玉人云：「命圭七寸，謂之信圭，侯守之。命圭七寸，謂之躬圭，伯守之。」江南儒者解云：「直者爲信，其文縟細；曲者爲躬，其文麤略。」義或然也。宗伯又云：「子執穀璧，男執蒲璧。」注云：「穀所以養人，蒲爲席所以安人。不執圭者，未成國也。蓋琢爲穀稼及蒲葦之文，蓋皆徑五寸。」故大行人云：「子執穀璧，男執蒲璧，五寸。」是也。凡圭廣三寸，厚半寸，剡上左右各寸半，知者，聘禮記文。其璧則內有孔，外有肉，其孔謂之好，故爾雅釋器云：「肉倍好謂之璧，好倍肉謂之瑗，肉好若一謂之環。」此謂諸侯所執圭璧，皆朝於王及相朝所用也。故典瑞前既陳玉，則云：「朝覲宗遇會同於王，諸侯相見亦如之。」是也。其公侯伯朝后皆用璋，知者，以聘禮聘君用圭，聘夫人以璋，則知於天子及后亦然也。其子男既朝王用璧，朝后宜用琮，以璧琮相對故也。鄭注小行人云：「其上公及二王之後，享天子圭以馬，享后璋以皮；其侯伯子男，享天子璧以帛，享后琮以錦。其玉大小各如其命數。」知者，玉人云「璧琮九寸，諸侯以享天子」是也。其諸侯相朝，所執之玉與朝天子同，其享玉皆以璧享君，以琮享夫人，明相朝禮亦當然。子男相享，則降用琥以繡，璜以黼。故鄭注小行人云：「其於諸侯亦用璧琮耳，子男於諸侯則享用琥璜，下其瑞。」是也。其諸侯之臣聘天子及聘諸侯，其聘玉及享玉降其君瑞一等，故玉人云：「瑑圭璋八寸，璧琮八寸，以覜聘。」是也。○注「足蹜蹜如有循，舉前曳踵行」。○正義曰：按玉藻云：「執龜玉，舉前曳踵，蹜蹜如也。」踵謂足後跟也。謂將行之時，初舉足前，後曳足跟，行不離地，蹜蹜如也。言舉足狹數，蹜蹜如也。玉藻又云：「圈豚行，不舉足，齊如流。」鄭注云圓轉也豚之言若有所循不舉足曳踵則衣之齊如水之流矣孔子執圭則然此徐趨也○注鄭曰至庭實○正義曰享獻也釋詁文也云聘禮既聘而享用圭璧有庭實者案覲禮侯氏既見王乃云四享皆束帛加璧庭實唯國所有鄭玄云四當爲三大行人職曰諸侯廟中將幣皆三享其禮差又無取於四也初享或用馬或用虎豹之皮其次享三牲魚腊籩豆之實龜也金也丹漆絲纊竹箭也其餘無常貨此物非一國所能有唯國所有分爲三享皆以璧帛致之禮器云大饗其王事與三牲魚腊四海九州之美味也籩豆之薦四時之和氣也內金示和也束帛加璧尊德也龜爲前列先知也金次之見情也丹漆絲纊竹箭與衆共財也其餘無常貨各以其國之所有則致遠物也郊特牲曰旅幣無方所以別土地之宜而節遠邇之期也龜爲前列先知也以鐘次之以和居參之也虎豹之皮示服猛也束帛加璧往德也鄭玄覲禮之注所言出於彼也諸侯相朝聘其禮亦然案聘禮賓裼奉束帛加璧享記曰凡庭實隨入左先皮馬相間可也小行人職云合六幣圭以馬璋以皮璧以帛琮以錦琥以繡璜以黼此六物者以和諸侯之好故鄭注云合同也六幣所以享也五等諸侯享天子用璧享后用琮其大各如其瑞皆有庭實以馬若皮皮虎豹皮也用圭璋者二王之後也二王後尊故

享用圭璋而特之禮器曰圭璋特是也其於諸侯亦用璧琮耳子男於諸侯則享用琥璜下其瑞也凡二王後諸侯相享之玉大小各降其瑞一等及使卿大夫覜聘亦如之是用圭璧有庭實也○注既享乃以私禮見○正義曰案聘禮擯者出請事賓告事畢賓奉束錦以請覿注云覿見也鄉將公事是欲交其歡敬也不用羔因使而見非特來是也

君子不以紺緅飾孔曰一入曰緅飾者不以爲領袖緣也紺者齊服盛色以爲飾衣似衣齊服緅者三年練以緅飾衣爲其似衣喪服故皆不以爲飾衣紅紫不以爲褻服王曰褻服私居服非公會之服皆不正褻尚不衣正服無所施當暑袗絺綌必表而出之孔曰暑則單服絺綌葛也必表而出之加上衣緇衣羔裘素衣麑裘黃衣狐裘褻裘長短右袂孔曰服皆中外之色相稱也私家裘長主溫短右袂便作事必有寢衣長一身有半孔曰今之被也狐貉之厚以居鄭曰在家以接賓客去喪無所不佩孔曰去除也非喪則備佩所宜佩也非帷裳必殺之王曰衣必有殺縫惟帷裳無殺也羔裘玄冠不以弔孔曰喪主素吉主玄吉凶異服吉月必朝服而朝孔曰吉月月朔也朝服皮弁服齊必有明衣布孔曰以布爲沐浴衣

【疏】君子至明衣布○正義曰此一節記孔子衣服之禮也君子不以紺緅飾者君子謂孔子也紺玄色緅淺絳色飾者領緣也紺者齊服盛色以爲飾衣似衣齊服緅者三年練以緅飾衣爲其似衣喪服故皆不以爲飾衣紅紫不以爲褻服者紅南方間色紫北方間色褻服私居服非公會之服以其紅紫二色皆不正故不以爲褻服褻服尚不用則正服無所施可知也但言紅紫則五方間色皆不用也當暑袗絺綌必表而出之者袗單也絺綌葛也精曰絺麤曰綌暑則單服必加尚表衣然後出之爲其形褻故也緇衣羔裘素衣麑裘黃衣狐裘者凡祭服先加明衣次加中衣冬則次加袍襺夏則不袍襺用葛也次加祭服若朝服布衣亦先以明衣親身次加中衣冬則次加裘裘上加裼衣裼衣之上加朝服夏則中衣之上不用裘而加葛葛上加朝服凡服必中外之色相稱羔裘黑羊裘也故用緇衣以裼之麑裘鹿子皮以爲裘也故用素衣以裼之狐裘黃故用黃衣以裼之褻裘長短右袂者此裘私家所著之裘也長之者主

溫也袂是裘之袂短右袂者作事便也必有寢衣長一身有半者今之被也狐貉之厚以居者謂在家接賓客之裘者居家主溫故厚爲之去喪無所不佩者去除也居喪無飾故不佩除喪則備佩所宜佩也非帷裳必殺之者殺謂殺縫凡衣必有殺縫唯帷裳無也羔裘玄冠不以弔者因主素吉主玄故羔裘玄冠不以弔喪也吉月必朝服而朝者吉月月朔也朝服皮弁服言每朔日必服皮弁之服以朝於君也齊必有明衣布者將祭而齊則必沐浴浴竟而著明衣所以明絜其體也明衣以布爲之故曰齊必有明衣布也○注孔曰至飾衣○正義曰云一入曰緅飾者不以爲領袖緣也者案考工記云三入爲纁五入爲緅七入爲緇注云染纁者三入而成又再染以黑則爲緅緅今禮俗文作爵言如爵頭色也又復再染以黑乃成緇矣鄭司農說以論語曰君子不以紺緅飾又曰緇衣羔裘爾雅曰一染謂之縓再染謂之竀三染謂之纁詩云緇衣之宜兮玄謂此同色耳染布帛者染人掌之凡玄色者在緅緇之間其六入者與今孔氏云一入曰緅者未知出何書又云緅者三年練以緅飾衣則似讀緅爲縓案檀弓云練練衣黃裏縓緣注云小祥練冠練中衣以黃爲內縓爲飾黃之色卑於纁縓纁之類明外除故曰爲其似衣喪服故皆不以爲飾衣云紺者齊服盛色以爲飾衣似衣齊服者

說文云紺帛深青揚赤色是紺爲青赤色也故爲齋服盛色若以爲領袖緣飾則似衣齊服也○注服皆中外之色相稱也○正義曰謂中衣外裘其色皆相稱也此經云緇衣羔裘者謂朝服也知者案玉藻云諸侯朝服以日視朝於内朝士冠禮云主人玄冠朝服緇帶素韠注云玄冠委貌朝服者十五升布衣而素裳不言色者衣與冠同色是朝衣色玄玄即緇色之小別此說孔子之服云緇衣羔裘玉藻亦云羔裘緇衣以裼之是羔裘裼用緇衣明其上正服亦緇色也下文又曰羔裘玄冠不以弔是羔裘所用配玄冠羔裘之上必用緇布衣爲裼裼衣之上正服亦是緇色又與玄冠相配故知緇衣羔裘是諸侯君臣日視朝之服也其素衣麑裘則在國視朔之服也卿大夫士亦皆然故鄭玄注此云素衣麑裘視朔之服是也其受外國聘享亦素衣麑裘故聘禮云裼降立注引玉藻云麛裘青豻褎絞衣以裼之又引此云素衣麛裘皮弁時或素衣如鄭此言則裼衣或絞或素不定也熊氏云臣用絞君用素皇氏云素衣爲正記者亂言絞耳其黃衣狐裘謂大蜡息民之祭服也人君以歲事成熟搜索羣神而報祭之謂之大蜡又臘祭先祖五祀因令民得大飲農事休息謂之息民於大蜡之後作息民之祭其時則有黃衣狐裘也大蜡之祭與息民異也息民用黃衣狐裘大蜡則皮弁素服二

者不同矣以其大蜡之後始作息民之祭息民大蜡同月其事相次故連言之耳知者郊特牲云蜡也者索也歲十二月合聚萬物而索饗之也皮弁素服而祭素服以送終葛帶榛杖喪殺也是大蜡之祭用素服也郊特牲既說蜡祭其下又云黃衣黃冠而祭息田夫也注云祭謂既蜡臘先祖五祀也於是勞農以休息之是息民之祭用黃衣也此說孔子之服云黃衣狐裘玉藻云狐裘黃衣以裼之以此知大蜡息民則有黃衣狐裘也是此二者之服中衣與外裘其色皆相稱也○注孔曰至佩也○正義曰云非喪則備佩所宜佩也者案玉藻云古之君子必佩玉右徵角左宫羽凡帶必有佩玉唯喪則否佩玉有衝牙君子無故玉不去身君子於玉比德焉天子佩白玉而玄組綬世子佩瑜玉而綦組綬士佩瓀玫而緼組綬孔子佩象環五寸而綦組綬是非居喪則備佩此所宜佩也○注王曰衣必有殺縫唯帷裳無殺也○正義曰謂朝祭之服上衣必有殺縫在下之裳其制正幅如帷名曰帷裳則無殺縫其餘服之裳則亦有殺縫故深衣之制要在縫半下縫齊倍要喪服之制裳内削幅注云削猶殺也○注孔曰喪主素吉主玄吉凶異服○正義曰檀弓云奠以素器以生者有哀素之心注哀素言哀痛無飾凡物無飾曰素又禮祭服皆玄衣服是喪主素吉主玄也○注孔曰至弁服○正

義曰云吉月月朔也者以詩云二月初吉周禮云正月之吉皆謂朔日故知此吉月謂朔日也云朝服皮弁服者士冠禮云皮弁服素積緇帶素韠注云此與君視朔之服也皮弁者以白鹿皮爲冠象上古也積猶辟也以素爲裳辟蹙其要中皮弁之衣用布亦十五升其色象焉魯自文公不行視朔之禮孔子恐其禮廢故每於月朔必衣此視朔之服而朝於君所謂我愛其禮也

齊必變食孔曰改常饌**居必遷坐**孔曰易常處**食不厭精膾不厭細食饐而餲**孔曰饐餲臭味變**魚餒而肉敗不食**魚敗曰餒**色惡不食臭惡不食失飪不食**孔曰失飪失生熟之節**不時不食**鄭曰不時非朝夕日中時**割不正不食不得其醬不食**馬曰魚膾非芥醬不食**肉雖多不使勝食氣唯酒無量不及亂沽酒市脯不食不撤薑食**孔曰撤去也齊禁薰物薑辛而不臭故不去**不多食**孔曰不過飽**祭於公不宿肉**周曰助祭於君所得

牲體歸則班賜不留神惠**祭肉不出三日出三日不食之矣**鄭曰自其家祭肉過三日不食是褻鬼神之餘**食不語寢不言雖蔬食菜羹瓜祭必齊如也**孔曰齊嚴敬貌三物雖薄祭之必敬

【疏】齊必至如也○正義曰此一節論齊祭飲食居處之事也齊必變食者謂將欲接事鬼神宜自絜淨故改其常饌也居必遷坐者謂改易常處也食不厭精膾不厭細者食飯也牛與羊魚之腥聶而切之爲膾飯與膾所尚精細也食饐而餲魚餒而肉敗不食者饐餲臭味變也魚敗曰餒言飯之氣味變及魚肉敗壞皆不食之色惡不食臭惡不食者謂飯食及肉顏色香臭變惡者皆不食之失飪不食者謂饌失生熟之節也不時不食者謂非朝夕日中時也割不正不食者謂折解牲體脊脅臂臑之屬禮有正數若解割不得其正則不食也不得其醬不食者謂魚膾非得芥醬則不食也肉雖多不使勝食氣者氣小食也言有肉雖多食之不可使過食氣也唯酒無量不及亂者唯人飲酒無有限量但不得多以至困亂也沽酒市脯不食者沽賣也酒不自作未必精絜脯不自作不知何物之肉故不食也酒當言歠而亦云不食者因脯而并言之耳經傳之文此類多矣

易繫辭云潤之以風雨左傳曰馬牛皆百匹玉藻云大夫不得造車馬皆從一而省文也不撤薑食者撤去也齊禁薰物薑辛而不臭故不去也不多食者不可過飽也自此已上皆蒙齊文凡言不食者皆爲不利人亦齊者孔子所愼齊必嚴敬若必食之或致困病則失嚴敬心故不食也其凡常不必然祭於公不宿肉者謂助祭於君所得牲體歸則班賜不留神惠經宿也祭肉不出三日出三日不食之矣者謂自其家祭肉過三日不食是褻慢鬼神之餘也食不語寢不言者直言曰言荅述曰語方食不可語語則口中可憎寢息宜靜故不言也雖蔬食菜羹瓜祭必齊如也者祭謂祭先齊嚴敬貌言蔬食也菜羹也瓜也三物雖薄將食祭先之時亦必嚴敬○注孔曰饐餲臭味變○正義曰釋器云食饐謂之餲郭璞云飯饖臭說文云饖飯傷熱也蒼頡篇云食臭敗也字林云饐飯傷熱濕也○注魚敗曰餒○正義曰釋器云肉謂之敗魚謂之餒郭璞云敗臭壞也餒肉爛也○注孔曰至必敬○正義曰云三物雖薄祭之必敬者祭謂祭先也案玉藻云唯水漿不祭又云瓜祭上環知此三者雖薄亦祭先也若祭之亦必齊敬也

席不正不坐鄉人飲酒杖者出斯出矣孔曰杖者老人也鄉人飲酒之禮主於老者老者禮畢出孔子從而後出〔疏〕席不正不坐鄉人飲酒杖者出斯出矣正義曰此明坐席及飲酒之禮也凡爲席之禮天子之席五重諸侯之席三重大夫再重席南鄉北鄉以西方爲上東鄉西鄉以南方爲上如此之類是禮之正也若不正則孔子不坐也杖者老人也鄉人飲酒之禮主於老者老者禮畢出孔子則從而後出

鄉人儺朝服而立於阼階孔曰儺驅逐疫鬼恐驚先祖故朝服而立於廟之阼階〔疏〕鄉人儺朝服而立於阼階正義曰此明孔子存室神之禮也難索室驅逐疫鬼也恐驚先祖故孔子朝服而立於廟之阼階鬼神依人庶其依己而安也所以朝服者大夫朝服以祭故用祭服以依神也

問人於他邦再拜而送之孔曰拜送使者敬也〔疏〕問人於他邦再拜而送之○正義曰此記孔子遺人之禮也問猶遺也謂因問有物遺之也問者或自有事問人或聞彼有事而問之悉有物表其意故曲禮云凡以弓劒苞苴簞笥問人者操以受命如使之容此孔子凡以物問遺人於他邦者必再拜而送其使者所以示敬也

康子饋藥拜而受之包曰饋孔子藥**曰丘未達不敢嘗**孔曰未知其故故不敢嘗禮也〔疏〕康子饋藥拜而受之

曰丘未達不敢嘗○正義曰此明孔子受饋之禮也魯卿季康子饋孔子藥孔子拜而受之凡受人饋遺可食之物必先嘗而謝之孔子未達其藥之故不敢先嘗故曰丘未達不敢嘗亦其禮也

廄焚子退朝曰傷人乎不問馬鄭曰重人賤畜退朝自君之朝來歸〔疏〕廄焚子退朝曰傷人乎不問馬○正義曰此明孔子重人賤畜也廄焚謂孔子家廄被火也孔子罷朝退歸承告而問曰廄焚之時得無傷人乎不問傷馬與否是其重人賤畜之意不問馬一句記者之言也

君賜食必正席先嘗之孔曰敬君惠也既嘗之乃以班賜**君賜腥必熟而薦之**孔曰薦其先祖**君賜生必畜之侍食於君君祭先飯**鄭曰於君祭則先飯矣若爲君嘗食然〔疏〕君賜至先飯○正義曰此明孔子受君賜食及侍食之禮也君賜食必正席先嘗之者謂君以熟食賜己必正席而坐先品嘗之敬君之惠也君賜必多不可留君之惠既嘗當以班賜君賜腥必熟而薦之者謂君賜己生肉必烹熟而薦其先祖榮君賜也熟食不薦者褻也君賜生必畜之者謂君賜己牲之未殺者必畜養之以待祭祀之用也侍食於君君祭先飯者謂君召已共食時也於君祭時則先飯矣若爲君嘗食然○注鄭曰至食然○正義曰云於君祭則先飯矣者曲禮云主人延客祭注云祭祭先也君子有事不忘本也君子不忘本者有德必酬之故得食而種種出少許置在豆間之地以報先代造食之人也若敵客則得先自祭降等之客則後祭若臣侍君而賜之食則不祭若賜食而君以客禮待之則得祭雖得祭又先須君命之祭後乃敢祭也此言君祭先飯則是非客之禮也故不祭而先飯若爲君嘗食然也

疾君視之東首加朝服拖紳包曰夫子疾處南牖之下東首加其朝服拖紳紳大帶不敢不衣朝服見君〔疏〕疾君視之東首加朝服拖紳○正義曰此明孔子有疾君來視之時也拖加也紳大帶也病者常居北牖下爲君來視則暫時遷鄉南牖下東首令君得南面而視之以病臥不能衣朝服及大帶又不敢不衣朝服見君故但加朝服於身又加大帶於上是禮也

君命召不俟駕行矣鄭曰急趨君命行出而車駕隨之〔疏〕君命召不俟駕行矣○正義曰此明孔子急趨君命也俟猶待也謂君命召已不待駕車而即行出車當駕而隨之也

入太廟每事問〔疏〕入大廟每事問○正義曰

此明孔子因助祭入太廟廟中禮儀祭器雖知之猶每事復問慎之至也

朋友死無所歸曰於我殯孔曰重朋友之恩無所歸言無親昵【疏】朋友死無所歸曰於我殯正義曰此明孔子重朋友之恩也言朋友若死更無親昵可歸孔子則曰於我殯與之爲喪主也

朋友之饋雖車馬非祭肉不拜孔曰不拜者有通財之義【疏】朋友之饋雖車馬非祭肉不拜○正義曰此言孔子輕財重祭之禮也朋友有通財之義故其饋遺之物雖是車馬非祭之肉不拜謝之言其祭肉則拜之尊神惠也

寢不尸包曰偃臥四體布展手足似死人居不容孔曰爲室家之敬難久【疏】寢不尸居不容○正義曰此言孔子寢息居家之禮也尸死人也言人偃臥四體布展手足似死人孔子則當敬屈也其居家之時則不爲容儀爲室家之敬難久當和舒也

見齊衰者雖狎必變孔曰狎者素親狎見冕者與瞽者雖褻必以貌周曰褻謂數相見必當以貌禮之凶服者式之式負版者孔曰凶服送死之衣物負版者持邦國之圖籍有盛饌必

變色而作孔曰作起也敬主人之親饋迅雷風烈必變鄭曰敬天之怒風疾雷爲烈【疏】見齊至必變○正義曰此一節言孔子見所哀恤及敬重之事爲之變容也見齊衰者雖狎必變者狎謂素相親狎言見衣齊衰喪服者雖素親狎亦必爲變容此即哀有喪也見冕者與瞽者雖褻必以貌者冕大夫冠也瞽盲也褻謂數相見也言孔子見大夫與盲者雖數相見必當以貌禮之此即尊在位恤不成人也凶服者式之式負版者凶服送死之衣物也負版者是持邦國之圖籍者也式者車上之横木男子立乘有所敬則俯而憑式遂以式爲敬名言孔子乘車之時見送死之衣物見持邦國之圖籍者皆憑式而敬之也有盛饌必變色而作者作起也謂人設盛饌待己己必改容而起敬主人之親饋也迅雷風烈必變者迅急疾也風疾雷爲烈此陰陽氣激爲天之怒故孔子必變容以敬之也○注孔曰狎者素親狎○正義曰案左傳宋華弱與樂輿少相狎曲禮云賢者狎而敬之狎是相褻慢相貫習之名也故爲素相親狎也○注負版者持邦國之圖籍○正義曰案周禮小宰職曰聽閭里以版圖注云版是戶籍圖也聽人訟地者以版圖決之司書職曰邦中之版土地之圖以圖籍相將之物故知負版者是持邦國之圖籍也

升車必正立執綏周曰必正立執綏所以爲安車中不內顧包曰車中不內顧者前視不過衡軛傍視不過輢轂不疾言不親指【疏】升車至親指○正義曰此記孔子乘車之禮也升車必正立執綏者綏以上車之索也言孔子升車之時必正立執綏所以爲安也車中不內顧者顧謂迴視也言孔子在車中不鄉內迴顧掩人之私也不疾言不親指者亦謂在車中時也疾急也以車中既高故不疾言不親有所指皆爲惑人也○注包曰車中不內顧者前視不過衡軛傍視不過輢轂○正義曰衡軛是轅端横木駕馬領者輿人注云較兩輢上出軾者則輢轂俱在車之兩傍言孔子在車中前視則不過衡軛之前傍視則不過輢轂之後案曲禮云立視五巂式視馬尾顧不過轂注云立平視也巂猶規也謂輪轉之度案車輪一周爲一規乘車之輪高六尺六寸徑一圍三三六十八得一丈八尺又六寸爲一尺八寸揔一規爲一丈九尺八寸五規爲九十九尺六尺爲步揔爲十六步半則在車上得視前十六步半也而此注云前視不過衡軛者禮言中人之制此記聖人之行故前視但不過衡軛耳

色斯舉矣馬曰見顏色不善則去之翔而後集周曰迴翔審觀而後

下止【疏】色斯舉矣翔而後集○正義曰此言孔子審去就也謂孔子所處見顏色不善則於斯舉動而去之將所依就則必迴翔審觀而後下止此翔而後集一句以飛鳥喻也

曰山梁雌雉時哉時哉。子路共之三嗅而作。言山梁雌雉得其時而人不得其時故歎之子路以其時物故共具之非本意不苟食故三嗅而作作起也【疏】曰山梁雌雉時哉時哉子路共之三嗅而作○正義曰此記孔子感物而歎也梁橋也共具也嗅謂鼻歆其氣作起也孔子行於山梁見雌雉飲啄得所故歎曰此山梁雌雉得其時哉而人不得其時也子路失指以爲夫子云時哉者言是時物也故取而共具之孔子以非己本意義不苟食又不可逆子路之情故但三嗅其氣而起也

論語注疏解經卷第十

二品廕生阮常生校栞

論語注疏挍勘記

阮元撰盧宣旬摘錄

鄉黨第十

孔子於鄉黨節 案釋文云此篇凡一章故此篇以分節標之此節君在以下毛本提行別爲一節與各本異

雖辨而謹敬 閩本北監本毛本謹敬作敬謹

和樂之貌 皇本作和樂貌也下中正之貌作中正貌也恭敬之貌作恭敬貌也威儀中適之貌下亦有也字

君在視朝也 皇本作君在者君視朝也

君召使擯節

君召使擯 釋文出使擯云本又作儐亦作賓皆同○按擯相之擯當从才从人者乃儐禮字釋文亦作賓者如史記設九賓於庭是也

色勃如也 案說文孛下引論語色孛如也艴下引論語色艴如也汗簡云艴見古論語

足躩盤辟貌 皇本無足躩二字貌下有也字釋文出盤字云字又作磐○按當作般假借作盤俗作磐

左右手 皇本手上有其字案鄭注云揖左人左其手揖右人右其手疑皇本是

翼如也 說文引作趩今作翼者趩之省文

鄭曰 皇本高麗本作孔安國曰

如鳥之張翼也 本如誤爲今正

賓不顧矣者 浦鏜云矣下脫者字

子男則擯者二人 浦鏜云三誤二

其儐伯立當前侯胡下 案今本周禮大行人並誤作前疾唯此及詩蓼蕭正義所引不誤說詳惠天牧禮說

主君出直闑東南西嚮立 浦鏜云西衍字毛本作主公

使末擯 本末誤未今正

則主君就擯求辭 浦鏜云賓誤擯

不敢自許人求詣已 閩本北監本毛本詣作諸浦鏜云來誤求

上擯以至次擯 浦鏜云以上脫傳字

送賓不復 儀禮聘禮復作顧

入公門節

鞠躬如也 案躬又作竆儀禮聘禮記執圭入門鞠躬焉如恐失之釋文作竆云劉音弓本亦作躬羣經音辨云鞠躬容謹也鄭康成說禮孔子之執圭鞠竆如也是鄭陸所據本作竆但字雖作竆讀仍如躬蓋鞠躬本雙聲字史漢中屢見之史記韓長孺傳贊云壺遂之內廉行修斯鞠躬君子也太史公自序云敦厚慈孝訥於言敏於行務在鞠躬君子

長者漢書馮奉世傳贊鞠躬履方擇地而行鞠躬字鄉黨凡三見皆訓謹敬貌蓋鞠躬同見母猶踧踖同精母皆雙聲字也

沒階趨進 釋文出沒階趨云一本作沒階趨進誤也案經義雜記云集注引陸氏曰趨下本無進字俗本有之誤案史記孔子世家作沒階趨進儀禮聘禮注引論語同曲禮帷薄之外不趨正義儀禮士相見禮疏引並有進字然則自兩漢以至唐初皆作沒階趨進趨進者趨前之謂也進字不作入字解舊有此字非誤孫志祖云說文引此文亦有進字見走部趩字注

閾門限也 本限誤恨今正

攝齊升堂 本升誤知今正

以先時屏氣 本屏誤屛不成字今正

柣謂之閾 各本柣並誤秩今正

對衣則上曰衣 孫志祖云對衣當作對交今正

執圭節

下如授 釋文出下如云魯讀下爲趨今從古

授玉宜敬 本玉誤王疏同今正

既聘而享用圭璧 本璧誤壁今正又皇本重享字

記爲君使聘問鄰國之禮容也 本使誤德今正

大宗伯云 本大誤太閩本同今正

左右各寸半 各本各並誤瓊今正

外有肉 本肉誤玉閩本丨今正

皆朝於王 案此王誤玉下執龜玉玉又誤王今並正

案覲禮侯氏既見王 各本王並誤正今正

鄉將公事 今儀禮聘禮注鄉作鄕

君子不以紺緅飾節

一入曰緅 案緅乃縓字之誤錢大昕荅問云爾雅一染謂之縓即孔所云一入也檀弓云練練衣黃裏縓緣注云小祥練冠練中衣以黃爲內縓爲飾即孔所云三年練以飾衣者也然則孔本經注皆當作縓不作緅矣攷工記鍾氏三入爲纁五入爲緅注謂染纁者三入而成又再染以黑則爲緅緅今禮俗文作爵言如爵頭色也先鄭司農以論語君子不以紺緅飾證五入爲緅之文則先鄭所受論語本作緅與孔本異也自集解采孔氏說而經文仍從緅字又改注文之縓亦爲緅而二文相亂邢氏知孔讀緅爲縓又云一入曰緅未知出何書此知二五而不知十也

不以爲領袖緣也 釋文出領褎云字亦作袖俗字也

以爲飾衣 皇本無衣字

故皆不以爲飾衣 皇本無爲字

當暑袗絺綌 皇本袗作縝唐石經作紾釋文出紾字云本又作袗單也五經文字云袗論語作紾禮記作振廣韻十六軫云紾單衣或作縝又文選聖主得賢臣頌注亦引作紾說文訓袗爲元服並無單衣之訓○按段玉裁云曲禮引論語作袗孔安國曰暑則單服玉藻振絺綌不入公門鄭云振讀爲袗袗禪也是袗爲正字振紾爲假借字縝俗字說文袗元服據曲禮玉藻注當云袗禪也

素衣麑裘 案釋文云麑鹿子也則字當作麛說文麛鹿子也麑狻麑獸也兩字義別然古書多通用據禮記玉藻麛裘青豻褎注儀禮聘禮裼降立注鄭君俱引素衣麛裘是鄭所見本作麛與說文合○按兒聲弭聲古音同部

褻裘長短右袂 閩本北監本毛本並連上爲一節與此本同皇本此六字別爲一節以私家裘長以下爲此節注又加孔安國曰四字說文引褻裘長作絬衣長

相稱也 本相誤目今正

狐貉之厚以居 說文引貉作貈是也說見前

無所不佩 釋文出不佩云字或從王旁是俗字

吉凶異服 皇本此下有故不相弔也五字各本俱脫

齊必有明衣 釋文出齊必云本或作齋

故用素衣以裼之 浦鏜云上當脫麑裘白三字

作事便也 閩本北監本毛本作便作事也

再染謂之竀 本竀誤窺閩本同案爾雅釋器竀作赬五經文字云竀與赬同○按作竀假借字

紺帛深青揚赤色 各本揚並誤楊今正

又與元冠相配 本又誤文閩本同今正

素服以送終 禮郊特牲終下有也字

唯喪則否 禮玉藻無則字

要在縫半下 禮深衣無在字

吉主元 本主誤王今正

吉凶異服○ 閩本北監本○上有也字毛本無○案注本無也字十行本是

以素爲常 浦鏜云喪誤常案浦說非也說文常下帬也常或从衣今裳行而常廢矣

齊必變食節

膾不厭細 釋文出膾字云又作鱠非

臭味變 皇本臭作臰俗字下放此

魚餒而肉敗 釋文出魚餒云說文云魚敗曰餒本又作鮾字書同○按說文作餧从食委聲餒餧古今字鮾俗字

魚敗曰餒 皇本餒下有也字又此注作孔安國曰案史記孔子世家集解亦作孔曰疑此有脫字

不使勝食氣 說文引氣作既案禮中庸既廩稱事鄭君注既讀爲餼說文無餼字氣即餼字是既與氣通也程瑤田通藝錄曰論語不使勝食氣說文氣作既釋之曰小食也引論語以證之蓋古文氣息字作气加米則爲氣稟字與既字相通然後世於氣字無不讀作氣息者不有說文則論語食氣二字難通其義矣

不撤薑食 案石經考文提要引宋本九經撤作徹說文無撤字撤乃徹之俗字

齊禁薰物 北監本毛本薰作葷疏同釋文出焄字云本或作葷同本今作薰○按葷古多作薰或作焄

雖蔬食菜羹 皇本同北監本毛本蔬作疏說見前

瓜祭 皇本瓜作苽釋文出瓜祭云魯讀瓜爲必今從古○按苽俗字

唯水漿之祭 閩本同北監本毛本之作不案之字誤今正

鄉人儺節

鄉人儺 釋文出人儺云魯讀爲獻今從古案郊特牲汁獻涗於醆酒注獻讀當爲莎齊人語聲之誤也此讀儺爲獻亦聲近之誤

朝服而立於阼階 釋文出於阼云本或作於阼階案釋文是古本無階字經義雜記云此階字蓋因注誤衍禮記郊特牲鄉人禓孔子朝服立于阼注禓或爲儺知禮記文與論語同亦無階字

康子饋藥節

難索室毆逐疫鬼也 北監本毛本難作儺案難正字儺假借字

拜而受之 釋文出拜而受之云一本或無而之二字

饋孔子藥 皇本作遺孔子藥也釋文出遺孔云唯季反本今無此字按廣雅釋詁三饋遺也饋遺俱从貴聲義本相通

故不敢嘗 皇本無敢字

廄焚節

廄焚 唐石經廄作廏釋文出廏與此本同閩本北監本毛本作廐大誤

君賜食節

乃以班賜 閩本北監本毛本班作頒○按頒假借字

君賜腥 釋文出賜腥云說文字林竝作胜案五經文字云胜腥上先丁反下先定反今經典通用腥爲胜並先丁反

薦其先祖 皇本重薦字

君賜生 釋文出賜生云魯讀生爲牲今從古

若爲君嘗食然 皇本君作先釋文出若爲嘗食然云一本作若爲君嘗食然

疾君視之節

加朝服拖紳　唐石經拖作拕釋文出拕字云本或作拖○按說文引朝服袉紳即雜記云申加大帶於上是也拕拖即手部拕字許所據作袉是假借袉爲拕也此在引經說假借之例聞諸段玉裁云

入太廟節

入太廟　唐石經皇本太作大釋文出大廟云音太是作太誤又此節下皇本有注云鄭元曰爲君助祭也大廟周公廟也各本竝脱

寢不尸節

居不容　唐石經容作客釋文出居不客云苦百反本或作容羊凶反案唐石經作客字不誤經義雜記云居不客言居家不以客禮自處集解載孔注云爲室家之敬難久謂因一家之人難久以客禮敬己也邢疏云不爲容儀夫君子物各有儀豈因私居廢乎是當從陸氏作客段玉裁曰居不客者嫌其主之類於賓也寢不尸惡其生之同於死也

見齊衰者節

見齊衰者　皇本高麗本見上有子字

必當以貌禮之也　閩本北監本毛本貌禮作禮貌皇本之作也案皇本作貌禮邢疏亦作貌禮此本是

凶服送死之衣服　皇本凶服下有者字衣服下有也字毛本作衣物正義同○按皇本亦作衣物服字非也

敬主人之親饋　本主誤王今正

宋華弱與樂轡　本宋誤朱閩本同今正

版是戶籍圖也　今周禮小宰注無是字圖下有地圖二字

升車節

車中不內顧　釋文出車中不內顧云魯讀車中內顧今從古也案魯論古論雖所傳不同然究以無不字爲是盧文弨鍾山札記云文選東京賦云夫君人者黈纊垂耳車中內顧李善引魯論及崔駰車左銘正位受綏車中內顧以爲注又漢書成帝紀贊云升車正立不內顧不疾言不親指顏師古注云今論語云車中不內顧不疾言不親指內顧者說者以爲前視不過衡軛旁視不過輢轂與此不同然則師古所見之論語亦無不字說者云云乃包咸注是包亦依魯論爲說也惟集解既從古論而又采包注以附之不知者并增不字誤益誤矣

車中不內顧者　皇本車作輿閩本北監本毛本作居釋文出輿中云一本作車中

曰山梁雌雉節

時哉　釋文出時哉云一本作時哉時哉案皇邢兩疏文義俱不當重時哉又攷後漢書班固傳注太平御覽九百十七竝引此文時哉二字亦不重

子路共之　皇本作供注同釋文出共之云本又作供案共供古字通

三嗅而作　玉篇齅下引作三齅而作案說文止有齅字嗅乃齅之俗字

非本意　皇本非下有其字案筆解引此注作周曰

故三嗅而作作起也　皇本無二作字

見雌雉飲啄得所故歎曰　閩本北監本毛本作見雌雉飲啄得其所歎曰

論語注疏校勘記卷十終

論語注疏解經卷第十一

先進第十一　何晏集解　邢昺疏

【疏】正義曰前篇論夫子在鄉黨聖人之行也○此篇論弟子賢人之行聖賢相次亦其宜也

子曰先進於禮樂野人也後進於禮樂君子也孔曰先進後進謂仕先後輩也禮樂因世損益後進與禮樂俱得時之中斯君子矣先進有古風斯野人也○**如用之則吾從先進**將移風易俗歸之淳素先進猶近古風故從之【疏】子曰至先進○正義曰此章孔子評其弟子之中仕進先後之輩也先進於禮樂野人也者先進謂先輩仕進之人準於禮樂不能因世損益而有古風故曰朴野之人也後進於禮樂君子也者後進謂後輩仕進之人也準於禮樂能因時損益與禮樂俱得時之中故曰君子之人也如用之則吾從先進者言如其用之以爲治則吾從先輩朴野之人夫子之意將移風易俗歸之淳素先進猶近古風故從之也○注孔曰至人也○正義曰云先進後進謂仕先後輩也者下章云從我於陳蔡者皆不及門也謂不及仕進之門則此謂不從於陳蔡得仕進者也蓋先進者當襄昭之世後進者當定哀之世云禮樂因世損益者爲政篇云殷因於夏禮所損益可知也周因於殷禮所損益可知也又周衰則禮樂衰是禮樂因世損益也云後進與禮樂俱得時之中斯君子矣者言禮樂隨世盛衰後進與時消息皆中當於時故爲君子也云先進有古風斯野人也者言先輩仕進之人比今則猶尚淳素故云斯野人也

子曰從我於陳蔡者皆不及門也鄭曰言弟子從我而厄於陳蔡者皆不及仕進之門而失其所【疏】子曰從我於陳蔡者皆不及門也○正義曰此章孔子閔弟子之失所言弟子從我而厄於陳蔡者皆不及仕進之門而失其所也

德行顏淵閔子騫冉伯牛仲弓言語宰我子貢政事冉有季路文學子游子夏【疏】德行顏淵閔子騫冉伯牛仲弓言語宰我子貢政事冉有季路文學子游子夏○正義曰此章因前章言弟子失所不及仕進遂舉弟子之中才德尤高可仕進之人鄭氏以合前章皇氏別爲一章言若任用德行則有顏淵閔子騫冉伯牛仲弓四人若用其言語辨說以爲行人使適四方則有宰我子貢二人若治理政事決斷不疑則有冉有季路二人若文章博學則有子游子夏二人也然夫子門徒三千達者七十有二而此四科唯舉十人者但言其翹楚者耳或時在陳言之唯舉從者其不從者雖有才德亦言不及也

子曰回也非助我者也於吾言無所不說孔曰助益也言回聞言即解無發起增益於己【疏】子曰回也非助我者也於吾言無所不說○正義曰此章稱顏回之賢也助益也說解也凡師資問荅以相發起若與子夏論詩子曰起予者商也如此是有益於己也今回也非增益於己者也以其於吾之所言皆默而識之無所不解言回聞言即解無所發起增益於己也

子曰孝哉閔子騫人不間於其父母昆弟之言陳曰言子騫上事父母下順兄弟動靜盡善故人不得有非間之言【疏】子曰孝哉閔子騫人不間於其父母昆弟之言正義曰此章歎美閔子騫之孝行也昆兄也間謂非毀間廁言子騫上事父母下順兄弟動靜盡善故人不得有非間之言

南容三復白圭孔曰詩云白圭之玷尚可磨也斯言之玷不可爲也南容讀詩至此三反覆之是其心慎言也○**孔子以其兄之子妻之**【疏】南容三復白圭孔子以其兄之子妻之○正義曰此章美南容慎言也復覆也詩云白圭之玷尚可磨也斯言之玷不可爲也南容讀詩至此三反覆之是其心慎言也孔子知其賢故以其兄之女子妻之此即邦有道不廢邦無道免於刑戮者也弟子各記所聞故又載之○注詩云白圭之玷尚可磨也斯言之玷不可爲也○正義曰此大雅抑篇刺厲王之詩也毛傳云玷缺也箋云斯此也玉之缺尚可磨鑢而平人君政教一失誰能反覆之意言教令尤須謹慎白玉爲圭圭有損缺猶尚可更磨鑢而平若此政教言語之有缺失則遂往而不可改爲王者安危在於出令故特宜慎之是詩人戒其慎言南容之心亦欲慎言故三覆讀此也

季康子問弟子孰爲好學孔子對曰有顏回者好學不幸短命死矣今也則亡【疏】季康子問弟子孰爲好學孔子對曰有顏回者好學不幸短命死矣今也則亡○正義曰此章稱顏回之好學也季康子魯執政大夫故言氏稱對此與哀公問同而荅異者以哀公遷怒貳過故因荅以諫之康子無之故不云也

顏淵死顏路

請子之車以爲之椁。孔曰路淵父也家貧欲請孔子之車賣以作椁子曰才不才亦各言其子也鯉也死有棺而無椁吾不徒行以爲之椁以吾從大夫之後不可徒行也。孔曰鯉孔子之子伯魚也孔子時爲大夫言從大夫之後不可以徒行謙辭也〔疏〕顏淵死至徒行也。正義曰此并三章記顏回死時孔子之語也顏淵死顏路請子之車賣爲之椁者路顏淵父也家貧欲請孔子之車賣以作椁也子曰才不才亦各言其子也鯉也死有棺而無椁吾不徒行以爲之椁者此舉親喻疏也言淵才鯉不才雖異亦各言其子則同我子鯉也死時但有棺以家貧而無椁吾不賣車以作椁今女子死安得賣我車以作椁乎以吾從大夫之後不可徒行也者此言不可賣車作椁之由徒行步行也以吾爲大夫不可徒行故也孔子時爲大夫言從大夫之後者謙辭也。注孔曰至辭也。正義曰云鯉孔子之子伯魚也者世家文也云孔子時爲大夫言從大夫之後不可以徒行謙辭也者案孔子世家定公十四年孔子年五十六由大司寇攝行相事魯受齊女樂不聽政三日孔子遂適衛歷至宋鄭陳蔡

晉楚去魯凡十四歲而反乎魯然魯終不能用孔子亦不求仕以哀公十六年卒年七十三今案顏回少孔子三十歲三十二而卒則顏回卒時孔子年六十一方在陳蔡矣伯魚年五十先孔子死則鯉也死時孔子蓋年七十左右皆非在大夫位時而此注云時爲大夫未知有何所據也杜預曰嘗爲大夫而去故言後也據其年則顏回先伯魚卒而此云顏回死顏路請子之車以爲之椁子曰鯉也死有棺而無椁又似伯魚先死者王肅家語注云此書久遠年數錯誤未可詳也或以爲假設之辭也徒猶空也謂無車空行也是步行謂之徒行故左傳襄元年敗鄭徒兵於洧上杜注云徒兵步兵也

顏淵死子曰噫包曰噫痛傷之聲天喪予天喪予天喪予者若喪已也再言之者痛惜之甚〔疏〕顏淵死子曰噫天喪予天喪予。正義曰噫痛傷之聲天喪予者孔子痛惜顏淵死言若天喪已也再言之者痛惜之甚

顏淵死子哭之慟馬曰慟哀過也從者曰子慟矣。曰有慟乎孔曰不自知已之悲哀過非夫人之爲慟而誰爲。〔疏〕顏淵死至誰爲。正義曰子哭之慟者慟過哀也言夫子哭顏淵其悲哀過甚從者曰子慟矣者從者衆弟子見夫子哀過故告曰子慟矣曰有慟乎者時夫子不自知已之悲哀過故荅曰有慟乎邪非夫人之爲慟而誰爲者因弟子言已悲哀過甚遂說己之過哀亦當於理非失也夫人謂顏淵言不於顏淵哭之爲慟而更於誰人爲慟乎

顏淵死門人欲厚葬之子曰不可禮貧富有宜顏淵貧而門人欲厚葬之故不聽門人厚葬之子曰回也視予猶父也予不得視猶子也非我也夫二三子也馬曰言回自有父父意欲聽門人厚葬我不得割。止非其厚葬故云耳〔疏〕顏淵至三子也。正義曰顏淵死門人欲厚葬之者門人顏淵之弟子以其師有賢行故欲豐厚其禮以葬之也子曰不可者禮貧富有宜顏淵貧而門人欲厚葬故不聽之曰不可也門人厚葬之者初咨孔子孔子不聽門人故違孔子而卒厚葬之也子曰回也視予猶父也者此下孔子非其厚葬之語也言回也師事於已視已猶如其父也予不得視猶子也者言回自有父存父意欲聽門人厚葬我不得割止之故曰予不得視猶子也非我也夫二三子也者言厚葬之事非我所爲夫門人二三子爲之也非其厚葬故云耳。

季路問事

鬼神子曰未能事人焉能事鬼曰敢問死曰未知生焉知死陳曰鬼神及死事難明語之無益故不荅〔疏〕季路至知死。正義曰此章明孔子不道無益之語也子路問事鬼神者對則天曰神人曰鬼散則雖人亦曰神故下文獨以鬼荅之子路問承事神其理何如子曰未能事人焉能事鬼者言生人尚未能事之況死者之鬼神安能事之乎曰敢問死者子路又曰敢問人之若死其事何如曰未知生焉知死者孔子言女尚未知生時之事則安知死後乎皆所以抑止子路也以鬼神及死事難明又語之無益故不荅也

閔子侍側誾誾如也子路行行如也冉有子貢侃侃如也子樂。鄭曰樂各盡其性行行剛強之皃若由也不得其死然孔曰不得以壽終〔疏〕閔子至死然。正義曰此章孔子喜四弟子任其直性也閔子侍側誾誾如也者卑在尊側曰侍誾誾中正之皃如也者言其皃如此也子路行行如也者行行剛強之皃冉有子貢侃侃如也者侃侃和樂之皃子樂者以四子各盡其自然之性故喜樂也若由也不得其死然者然猶焉也言子路以

剛必不得其以壽終焉

魯人爲長府。閔子騫曰：仍舊貫，如之何？何必改作？鄭曰：長府，藏名也。藏財貨曰府。仍，因也。貫，事也。因舊事則可也，何乃復更改作。子曰：夫人不言，言必有中。王曰：言必有中者，善其不欲勞民改作。

【疏】魯人至有中。○正義曰：此章重於勞民也。魯人爲長府者，藏財貨曰府。長，其藏名也。爲，作也。言魯人新改作之也。閔子騫曰仍舊貫如之何何必改作者，子騫見魯人勞民改作長府，而爲此辭。仍，因也。貫，事也。言因舊事則亦可矣，何必乃復更改作也。夫子曰夫人不言言必有中者，孔子聞子騫之言而善之也。夫人，謂子騫。言夫此人其唯不言則已，若其發言必有中於理。此言何必改作，是中理之言也。善其不欲勞民，故以爲中。○注鄭曰至改作。○正義曰：云長府藏名者，言魯藏財貨之府名長府也。云藏財貨曰府者，布帛曰財，金玉曰貨。周禮天官有大府，爲王治藏之長；玉府掌王之金玉玩好；內府主良貨賄藏在內者；外府主泉藏在外者，是藏財貨曰府。府猶聚也，言財貨之所聚也。仍因、貫事，皆釋詁文。

子曰：由之瑟奚爲於丘之門？馬曰：子路鼓瑟不合雅頌。門人不敬子路。

子曰：由也升堂矣，未入於室也。馬曰：升我堂矣，未入於室耳。門人不解，謂孔子言爲賤子路，故復解之。

【疏】子曰至室也。○正義曰：此章言子路之才學分限也。子曰由之瑟奚爲於丘之門者，由，子路名。奚，何也。子路性剛，鼓瑟不合雅頌，故孔子非之云：由之鼓瑟何爲於丘之門乎？所以抑其剛也。門人不敬子路者，門人不解孔子之意，謂孔子言爲賤子路，故不敬之也。子曰由也升堂矣未入於室也者，以門人不解，故孔子復解之，言子路之學識深淺，譬如自外入內，得其門者，入室爲深，顏淵是也；升堂次之，子路是也。今子路既升我堂矣，但未入於室耳，豈可不敬也。

子貢問：師與商也孰賢？子曰：師也過，商也不及。孔曰：言俱不得中。曰：然則師愈與？子曰：過猶不及。愈猶勝也。

【疏】子貢至猶不及。○正義曰：此章明子張、子夏才性優劣。子貢問師與商也孰賢者，師，子張名；商，子夏名；孰，誰也。子貢問孔子曰：子張與子夏二人誰爲賢才？子曰師也過商也不及者，孔子答言：子張所爲過當而不已，子夏則不及而止，言俱不得中也。曰然則師愈與者，愈猶勝也。子貢未明夫子之旨，以爲師也過則是賢亦過於子夏，故復問曰：然則子張勝於子夏與？與爲疑辭。子曰過猶不及者，子貢不解，故復解之曰：過當猶如不及，俱不中理也。

季氏富於周公，孔曰：周公，天子之宰，卿士。而求也爲之聚斂而附益之。孔曰：冉求爲季氏宰，爲之急賦稅。子曰：非吾徒也。小子鳴鼓而攻之可也。鄭曰：小子，門人也。鳴鼓，聲其罪以責之。

【疏】季氏至可也。○正義曰：此章夫子責冉求重賦稅也。季氏富於周公者，季氏，魯臣，諸侯之卿也。周公，天子之宰，卿士。魯其後也。孔子之時，季氏專執魯政，盡征其民，其君蠶食深宮，賦稅皆非已有，故季氏富於周公也。而求也爲之聚斂而附益之者，時冉求爲季氏家宰，又爲之急賦稅，聚斂財物而陪附助益季氏也。子曰非吾徒也小子鳴鼓而攻之可也者，小子，門人也。冉求亦夫子門徒，當尚仁義，今爲季氏聚斂，害於仁義，故夫子責之曰：非我門徒也，使其門人鳴鼓以聲其罪而攻責之可也。○注孔曰周公天子之宰卿士。○正義曰：何休云：宰猶治也，三公之職號尊名也。杜預注左傳曰：卿士，王之執政者也。

柴也愚，弟子高柴，字子羔。愚，愚直之愚。參也魯，孔曰：魯，鈍也。曾子性遲鈍。師也辟，馬曰：子張才過人，失在邪辟文過。

由也喭。鄭曰：子路之行，失於畔喭。子曰：回也其庶乎，屢空。賜不受命，而貨殖焉，億則屢中。言回庶幾聖道，雖數空匱而樂在其中。賜不受教命，唯財貨是殖，億度是非。蓋美回，所以勵賜也。一曰：屢猶每也，空猶虛中也。以聖人之善道，教數子之庶幾，猶不至於知道者，各內有此害。其於庶幾每能虛中者，唯回懷道深遠。不虛心，不能知道。子貢雖無數子之病，然亦不知道者，雖不窮理而幸中，雖非天命而偶富，亦所以不虛心也。

【疏】柴也愚至屢中。○正義曰：此章孔子歷評六弟子之德行中失也。柴也愚者，高柴性愚直也。參也魯者，曾參性遲鈍也。師也辟者，子張才過人，失在邪辟文過也。由也喭者，子路之行，失於畔喭也。子曰回也其庶乎屢空賜不受命而貨殖焉億則屢中者，此蓋孔子美顏回，所以勵賜也。其說有二：一曰屢，數也；空，匱也；億，度也。言回庶幾聖道，雖數空匱貧窶，而樂在其中，是美回也。賜不受命，唯貨財是殖，若億度是非，則數中。言此所以勉勵賜也。一曰屢猶每也，空猶虛中也。言孔子以聖人之善道教數子之庶幾，猶不至於知道者，各內有此害故也。其於庶幾每能虛中者，唯有顏回懷道深遠。若不虛心，不能知道也。子貢雖無數子之病，然亦不知道者雖不窮理而幸中雖非天命而偶富有此二累亦所以不虛心也。注弟子高柴字子羔。正義曰史記弟子傳云高柴字子羔鄭玄曰衛人少孔子三十歲左傳亦作子羔家語作子高禮記作子臯三字不同其實一也。注鄭曰子路之行失於畔喭。正義曰舊注作吸喭字書吸喭失容也言子路性行剛強常吸喭失於禮容也今本吸作畔王弼云剛猛也。注言回至心也。正義曰云言回庶幾聖道者易下繫辭云顏氏之子其殆庶幾乎是回庶慕幾微之聖道云雖數空匱而樂在其中者即簞食瓢飲不改其樂是也云賜不受教命者言不受夫子禮教之命云惟財貨是殖者言唯務使貨財生殖蕃息也云億度是非者言又用心億度人事之是非也云蓋美回所以勵賜也者言孔子之意美顏回貧而樂道所以勸勵子貢言汝既富矣又能億則屢中何得不受教命乎云一曰以下者何晏又爲一說也云以聖人之善道教數子之庶幾者言孔子以聖人庶幾之善道竝教六子也云猶不至於知道者各內有此害者言聖人不倦竝教誨之而猶尚不能至於知幾微善道者以其各自內有愚魯辟喭之病害故也云其於庶幾每能虛中唯回者言唯顏回每能虛其中心知於庶幾之道也云懷道深遠不虛心不能知道者此解虛中之由由其至道深遠若不虛其中心則不能知道

也云子貢雖無數子之病者謂無愚魯辟喭之病也然亦不知道者謂亦如四子不知聖道也云雖不窮理而幸中雖非天命而偶富亦所以不虛心也者此解子貢不知道由於有此二累也雖不窮理而幸中釋經億則屢中言雖不窮理盡性但億度之幸中其言也左傳定十五年春邾隱公來朝子貢觀焉邾子執玉高其容仰公受玉卑其容俯子貢曰以禮觀之二君者皆有死亡焉夏五月壬申公薨仲尼曰賜不幸言而中哀七年以邾子益來是其屢中也雖非天命而偶富釋經不受命而貨殖也言致富之道當由天命與之爵祿今子貢不因天命爵祿而能自致富故曰偶富言有億度之勞富有經營之累以此二事何暇虛心以知道故云亦所以不虛心也

子張問善人之道子曰不踐迹亦不入於室孔曰踐循也言善人不但循追舊迹而已亦少能創業然亦不入於聖人之奧室

子曰論篤是與君子者乎色莊者乎論篤者謂口無擇言君子者謂身無鄙行色莊者不惡而嚴以遠小人言此三者皆可以爲善人

疏子張至者乎。正義曰此章論善人所行之道也子張問善人之道者問行何道可謂善人子曰不踐迹亦不入於室者孔子荅其善人之道也踐循也迹已行舊事之言善人不但循追舊迹而已當自立功立事也而善人好謙亦少能創業故亦不能入於聖人之奧室也子曰論篤是與君子者乎色莊者乎者此亦善人之道也故同爲一章當是異時之語故別言子曰也論篤是與者篤厚也謂口無擇言所論說皆重厚是善人與君子者乎者言身無鄙行之君子亦是善人乎色莊者乎者言能顏色莊嚴使小人畏威者亦是善人乎孔子謙不正言故云與乎以疑之也。注論篤至善人。正義曰云口無擇言孝經文也所言皆善故無可擇也云身無鄙行者所以竝美無鄙惡也以遠小人不惡而嚴者周易遯卦象辭也

子路問聞斯行諸包曰賑窮救乏之事子曰有父兄在如之何其聞斯行之孔曰當白父兄不得自專冉有問聞斯行諸子曰聞斯行之公西華曰由也問聞斯行諸子曰有父兄在求也問聞斯行諸子曰聞斯行之赤也惑敢問孔曰惑其問同而荅異子曰求也退故進之由

也兼人故退之鄭曰言冉有性謙退子路務在勝尚人各因其人之失而正之

疏子路至退之。正義曰此章論施予之禮并孔子問同荅異之意也子路問聞斯行諸者諸之也子路問於孔子曰若聞人窮乏當賑救之事於斯即得行之乎子曰有父兄在如之何其聞斯行之也者言當先白父兄不得自專也冉有問聞斯行諸子曰聞斯行之者此問與子路同而所荅異也公西華曰由也問聞斯行諸子曰有父兄在求也問聞斯行諸子曰聞斯行之赤也惑敢問者赤公西華名也見其問同而荅異故疑惑而問於孔子也子曰求也退故進之由也兼人故退之者此孔子言其荅異之意也冉有性謙退子路務在勝尚人各因其人失而正之故荅異也

子畏於匡顏淵後孔曰言與孔子相失故在後子曰吾以女爲死矣曰子在回何敢死包曰言夫子在已無所敢死

疏子畏至敢死。正義曰此章言仁者必有勇也子畏於匡顏淵後者言孔子畏於匡時與顏回相失既免而回在後方至也子曰吾以女爲死矣者孔子謂顏淵曰吾以女爲致死與匡人鬭也子在回何敢死者言夫子若陷於危難則回必致死今夫子在已則無所敢死言不敢致死也

季子然問仲由冉求可謂大臣與孔曰：子然，季氏子弟，自多得臣此二子，故問之。子曰：吾以子爲異之問，曾由與求之問。孔曰：謂子問異事耳，則此二人之問安足大乎。所謂大臣者，以道事君，不可則止。今由與求也，可謂具臣矣。孔曰：言備臣數而已。曰：然則從之者與？孔曰：問爲臣皆當從君所欲邪。子曰：弑父與君，亦不從也。孔曰：言二子雖從其主，亦不與爲大逆。

【疏】季子至從也。○正義曰：此章明爲臣事君之道。季子然問仲由冉求可謂太臣與者，季子然，季氏之子弟也，自多得臣此二子，故問於夫子曰：仲由、冉求才能爲政，可以謂之大臣與？疑而未定，故云與也。子曰吾以子爲異之問，曾由與求之問者，此孔子抑其自多也。曾，則也。吾以子爲問異事耳，則此二人之問安足多大乎？言所問小也。所謂大臣者，以道事君，不可則止者，此孔子更爲子然陳說大臣之體也。言所可謂之大臣者，以正道事君，君若不用己道，則當退止也。今由與求也可謂具臣矣者，既陳大臣之體，乃言二子非大臣也。具，備也。今二子臣於季氏，季氏不道而不能匡救，又不退止，唯可謂備臣數而已，不可謂之大臣也。曰然則從之者與者，子然既聞孔子言二子非大臣，故又問曰：然則二子爲臣，皆當從君所欲邪？子曰弑父與君亦不從也者，孔子更爲說二子之行，言二子雖從其主，若其主弑父與君，爲此大逆，亦不與也。

子路使子羔爲費宰。子曰：賊夫人之子。包曰：子羔學未熟習，而使爲政，所以爲賊害。子路曰：有民人焉，有社稷焉，何必讀書，然後爲學？孔曰：言治民事神，於是而習之，亦學也。子曰：是故惡夫佞者。孔曰：疾其以口給應，遂己非而不知窮。

【疏】子路至佞者。○正義曰：此章勉人學也。子路使子羔爲費宰者，子路臣季氏，故任舉子羔使爲季氏費邑宰也。子曰賊夫人之子者，賊，害也。夫人之子，指子羔也。孔子之意，以爲子羔學未熟習而使爲政，必累其身，所以爲賊害也。子路曰有民人焉，有社稷焉，何必讀書然後爲學者，子路辯答孔子，言費邑有人民焉，爲而治之；有社稷之神焉，而事之。治民事神，於是而習之，是亦學也，何必須讀書然後乃謂爲學也。子曰是故惡夫佞者，言人所以憎惡夫佞者，祇爲口才捷給，文過飾非，故也。今子路以口給應，遂己非而不知窮，已是故致人惡夫佞者也。

子路、曾皙孔曰：皙，曾參父，名點。冉有、公西華侍坐。子曰：以吾一日長乎爾，毋吾以也。孔曰：言我問女，女無以我長故難對。居則曰：不吾知也。孔曰：女常居云人不知也。如或知爾，則何以哉？孔曰：如有用女者，則何以爲治。子路率爾而對率爾，先三人對。曰：千乘之國，攝乎大國之間，加之以師旅，因之以饑饉，包曰：攝，迫也。迫於大國之間。由也爲之，比及三年，可使有勇，且知方也。方，義方。夫子哂之。馬曰：哂，笑。求，爾何如？對曰：方六七十，如五六十，求性謙退，言欲得方六七十，如五六十里小國治之而已。求也爲之，比及三年，可使足民。如其禮樂，以俟君子。孔曰：求自云能足民而已，謂衣食足也。若禮樂之化，當以待君子，謙也。

赤，爾何如？對曰：非曰能之，願學焉。宗廟之事，如會同，端章甫，願爲小相焉。鄭曰：我非自言能，願學爲之。宗廟之事，謂祭祀也。諸侯時見曰會，衆頫曰同。端，玄端也。衣玄端，冠章甫，諸侯日視朝之服。小相，謂相君之禮。點，爾何如？鼓瑟希，孔曰：思所以對，故音希。鏗爾，舍瑟而作，對曰：異乎三子者之撰。孔曰：置瑟起對。撰，具也。爲政之具。鏗者，投瑟之聲。子曰：何傷乎？亦各言其志也。孔曰：各言己志，於義無傷。曰：莫春者，春服既成，冠者五六人，童子六七人，浴乎沂，風乎舞雩，詠而歸。包曰：莫春者，季春三月也。春服既成，衣單袷之時。我欲得冠者五六人，童子六七人，浴乎沂水之上，風涼於舞雩之下，歌詠先王之道，而歸夫子之門。夫子喟然歎曰：吾與點也。周曰：善點獨知時。三子者出，曾皙後。曾皙曰：夫三子者之言何如？子曰：

亦各言其志也已矣。曰：夫子何哂由也？曰：為國以禮，其言不讓，是故哂之。包曰：為國以禮，禮貴讓。子路言不讓，故笑之。唯求則非邦也與？安見方六七十如五六十而非邦也者？唯赤則非邦也與？宗廟會同，非諸侯而何？孔曰：明皆諸侯之事，與子路同，徒笑子路不讓。赤也為之小，孰能為之大。孔曰：赤謙言小相耳，誰能為大相。

【疏】「子路」至「篇末」。○正義曰：此章孔子乘間四弟子侍坐，因使各言其志，以觀其器能也。「子路、曾晳、冉有、公西華侍坐」者，時孔子坐，四子侍側，亦皆坐也。「子曰：以吾一日長乎爾，毋吾以也」者，孔子將發問，先以此言誘掖之也。言女等侍吾，以吾年長於女，謙而少言，故云一日。今我問女，女等毋以吾長而憚難其對也。「居則曰：不吾知也，如或知爾，則何以哉」者，此問辭也。言女常居則云：己有才能，人不我知。設如有人知女，將欲用之，則女將何以為治？「子路率爾而對」者，子路性剛，故率爾先三人而對也。「千乘之國，攝乎大國之間，加之以師旅，因之以饑饉，由也為之，比及三年，可使有勇，且知方也」者，此子路所志也。千乘之國，公侯之大國也。攝，迫也。穀不熟為飢，蔬不熟為饉。方，義方也。言若有公侯之國，迫於大國之間，又加之以師旅侵伐，復因之以飢饉，民困而由也治之，比至三年以來，可使其民有勇敢，且知義方也。「夫子哂之」者，哂，笑也。夫子笑之也。「求，爾何如」者，子路既對，三子無言，故孔子後歷問之：冉求，爾志何如？「對曰：方六七十，如五六十，求也為之，比及三年，可使足民。如其禮樂，以俟君子」者，此冉求之志也。俟，待也。求性謙退，言欲得方六七十，如五十里小國治之而已。求也治此小國，比及三年以來，使足民衣食；若禮樂之化，當以待君子。此謙辭也。「赤，爾何如」者，又問公西華也。「對曰：非曰能之，願學焉。宗廟之事，如會同，端章甫，願為小相焉」者，此赤也之志也。曰言也，我非自言能之，願學為焉。宗廟祭祀之事，如有諸侯會同，及諸侯衣玄端、冠章甫，日視朝之時，已願為其小相君之禮焉。「點，爾何如」者，又問曾晳也。「鼓瑟希」者，時曾晳方鼓瑟，承師之問，思所以對，故音希也。「鏗爾，舍瑟而作」者，作，起也。舍，置也。鏗，投瑟聲也。思得其對，故置瑟起對，投置其瑟而聲鏗然也。「對曰：異乎三子者之撰」者，撰，具也。未敢言其志，先對此辭，言己之所志，異乎三子者所陳為政之具也。「子曰：何傷乎？亦各言其志也」者，孔子見曾晳持謙，難其對，故以此言誘之。曰：於義何傷乎？亦各言其志也，欲令任其所志而言也。「曰：莫春者，春服既成，冠者五六人，童子六七人，浴乎沂，風乎舞雩，詠而歸」者，此曾點所志也。莫春，季春也。春服既成，衣單袷之時也。我欲得與二十以上冠者五六人、十九以下童子六七人，浴乎沂水之上，風涼於舞雩之下，歌詠先王之道，而歸夫子之門也。「夫子喟然歎曰：吾與點也」者，喟，然歎之皃。夫子聞其樂道，故喟然而歎曰：吾與點之志。善其獨知時而不求為政也。「三子者出，曾晳後」者，子路、冉有、公西華三子先出，曾晳後，猶侍坐於夫子也。「曾晳曰：夫三子者之言何如」者，曾晳在後，問於夫子曰：夫三子者適各言其志，其言是非何如也？「子曰：亦各言其志也已矣」者，言三子亦各言其所志而已，無他別是非也。「曰：夫子何哂由也」者，曾晳又問夫子曰：既三子各言其志，何獨笑仲由也？「曰：為國以禮，其言不讓，是故哂之」者，此夫子為說哂之意。言為國以禮，禮貴謙讓，子路言不讓，故笑之也。「唯求也則非邦也與？安見方六七十如五六十而非邦也者？唯赤則非邦也與？宗廟會同，非諸侯而何」者，此夫子又言不哂其子路欲為諸侯之事，故舉二子所言，明皆諸侯之事，與子路同，其言讓，故不笑之，徒笑其子路不讓耳。「赤也為之小，孰能為之大」者，此夫子又言公西華之才堪為大相，今赤謙言小相耳，若赤也為之小相，更誰能為大相。○注孔子曰晳曾參父名點。○正義曰：史記弟子傳曰：曾蒧音點，字晳是也。○注「方，義方」。○正義曰：義，宜也。方，道也。言能教之使知合宜之道也。左傳曰：愛子，教之以義方。○注「鄭曰」至「之禮」。○正義曰：云「宗廟之事，謂祭祀也」者，謂禴祀烝嘗及追享朝享禘祫之類皆是也。云「諸侯時見曰會，殷頫曰同」者，周禮春官大宗伯職文。但彼作殷見，此作殷頫，頫則見也。鄭玄注云：此禮以諸侯見王為文。時見者，言無常期，諸侯有不順服者，王將有征討之事，則既朝覲，王為壇於國外，合諸侯而命事焉。春秋傳曰「有事而會，不協而盟」是也。殷猶眾也。十二歲王如不巡守，則六服盡朝，朝禮既畢，王亦為壇，合諸侯以命政焉。所命之政，如王巡守。殷見，四方四時分來，終歲則徧是也。云「端，玄端也，衣玄端，冠章甫，諸侯日視朝之服」者，其衣正幅，染之玄色，故曰玄端。案王制云：周人玄衣而養老。注云：玄衣素裳，天子之燕服，為諸侯朝服。彼云玄衣，則此玄端也。若以素為裳，即是朝服。此朝服素裳，皆得謂之玄端，故此注云「端，玄端，諸侯朝服」。若上士以玄為裳，中士以黃為裳，下士以雜色為裳，天子諸侯以朱為裳，則皆謂之玄端，不得名為朝服也。云「小相，謂相君之禮」者，案周禮秋官司儀職云：掌九儀之賓客擯相之禮，以詔儀容、辭令、揖讓之節。注云：出接賓曰擯，入贊禮曰相。又曰：凡諸公相為賓，及將幣，交擯，三辭，車逆，拜辱，賓車進荅拜三揖三讓每門止一相注曰相爲主君擯者及賓之介也謂之相者於外傳辭耳入門當以禮詔侑也介紹而傳命者君子於其所尊不敢質敬之至也每門止一相彌相親也是相謂相君之禮也聘禮云卿爲上擯大夫爲承擯士爲紹擯玉藻曰君入門介拂闑大夫中棖與闑之閒上介拂棖則卿爲上介大夫爲次介士爲末介也此云願爲小相者謙不敢爲上擯上介之卿願爲承擯紹擯次介末介之大夫士耳○注包曰至之門○正義曰云我欲得冠者五六人童子六七人者意在取其朋友十餘人耳云浴于沂水之上風凉於舞雩之下者杜預云魯城南自有沂水此是也大沂水出蓋縣南至下邳入泗雩者祈雨之祭名左傳曰龍見而雩是也鄭玄曰雩者吁也吁嗟而請雨也杜預曰雩之言遠也遠爲百穀祈膏雨也使童男女舞之春官女巫職曰旱暵則舞雩因謂其處爲舞雩舞雩之處有壇墠樹木可以休息故云風凉於舞雩之下也○注周曰善點獨知時○正義曰仲尼祖述堯舜憲章文武生値亂時而君不用三子不能相時志在爲政唯曾晳獨能知時志在潔身浴德詠懷樂道故夫子與之也

論語注疏解經卷第十一

嘉慶二十年重栞宋本[illegible]

南昌盧氏宣旬校定

二品廕生阮常生校栞

論語注疏校勘記

阮元撰盧宣旬摘錄

先進第十一

○此篇論弟子賢人之行　閩本弟誤第○按此上○誤衍

先進於禮樂章

孔曰先進後進謂仕先後輩也　皇本高麗本無孔曰字又皇本仕作士案釋文出先進云包云謂仕也是陸又以此注爲包注○補案正義標起止孔曰至人也是正義本有孔曰

將移風易俗　皇本此段注作包氏曰

從我於陳蔡章

皆不及門也　皇本也上有者字

此章孔子閔弟子之失所　毛本閔作憫○按閔憫正俗字

德行章

德行　釋文云鄭云以合前章皇別爲一章案攷文載古本德行上有子曰二字毛奇齡論語稽求篇曰舊有子曰字故史記冉伯牛傳云孔子稱之爲德行四書攷異云案攷文每云古本皆以證其與皇本同也今檢皇侃義疏本惟別分此爲章子曰字未嘗有其疏則云此章初無子曰者是記者所書竝從孔子印可而錄在論中也二字之無尤確鑿物觀以彼國別藏寫本謬稱古本未可援之實史記矣

若用其言語辯說　各本辨竝作辯

回也非助我者也章

助益也　皇本益上有猶字

孝哉閔子騫章

陳曰　皇本作陳羣曰後放此

南容三復白圭章

三反覆之　本三誤二今正

故三覆讀此也　北監本無也字浦鏜云反誤三

季康子問弟子章

季康子問弟子　釋文出康子云一本作季康子鄭本同

今也則亡　皇本高麗本此下有未聞好學者五字各本並無

以哀公遷怒貳過　本貳誤二今正

顏淵死章

以爲之椁　皇本椁作槨下同高麗本無此四字案釋文出無椁云古廓反不爲之椁作音似陸氏所據本亦無此四字

鯉也死　高麗本無也字

吾不徒行以爲之椁　皇本高麗本不下有可字

不可徒行也　皇本高麗本不上有吾以二字無也字

魯終不能用孔子亦不求仕　今史記孔子世家重孔子二字

顏淵死子哭之慟章

曰有慟乎　皇本曰上有子字

非夫人之爲慟而誰爲　皇本高麗本爲下有慟字

亦當於理　本理誤埋今正

非失也　各本失並誤不今正

顏淵死門人欲厚葬之章

禮貧富有宜　皇本有上有各字

我不得割止　皇本割作制

故云耳　皇本作故云爾也

季路問事鬼神章

曰敢問死　朱子集注本無曰字案皇疏云曰敢問死者此又問當來之事也邢疏云曰敢問死者子路又曰敢問人之若死其事何如是皇邢本並有曰字又匡謬正俗引此文亦有曰字今集注本無曰字誤脫

子路問承事神　浦鏜云神上脫鬼字

閔子侍側章

閔子侍側　皇本子下有騫字

冉有子貢　唐石經有作子

若由也不得其死然　皇本若上有曰字朱子集注載洪氏曰漢書引此句上有曰字或云上文樂字卽曰字之誤案漢書敘傳幽通賦云固行行其必凶顏師古曰論語稱閔子云云子樂曰若由也不得其死然蓋集注漢書下脫一注字耳又孫奕示兒編曰子樂必當作子曰聲之誤也始以聲相近而轉曰爲悅繼又以義相近而轉悅爲樂知由也不得其死則何樂之有今攷文選幽通賦及座右銘兩注並引子路行行如也子曰若由也不得其死然與孫說正合

魯人爲長府章

仍舊貫　釋文出仍舊云魯讀仍爲仁今從古案九經古義云揚雄將作大匠箴曰或作長府而閔子不仁用魯論也

由之瑟章

由之瑟　皇本高麗本瑟上有鼓字

子路鼓瑟　皇本子上有言字

子貢問師與商也孰賢章

子貢問師與商也孰賢　本貢誤路今正皇本問上有曰字賢下有乎字高麗本亦有乎字

過猶不及　皇本高麗本及下有也字

季氏富於周公章

而求也爲之聚斂而附益之　皇本之作也

小子鳴鼓而攻之可也　皇本無而字案論衡順鼓篇引亦無而字

柴也愚章

曾子性遲鈍　皇本無性字鈍下有也字案釋文明出鈍也是陸氏所據本亦有也字

師也辟　皇本高麗本辟作僻注同

由也喭　書無逸正義引作諺案說文有諺無喭喭乃諺之俗字

失於畔喭　皇本畔作㕸喭下有也字釋文出㕸字云本今作畔案廣韻二十九換㕸㕸喭失容據此則字不當作畔

子曰回也其庶乎　朱子集注本以下別爲一章各本並連上爲一章案釋文云或分爲別章今所不用

億則屢中　皇本高麗本億作憶注同○按億憶皆意之俗字

王弼云　本王誤玉今正

每能虛中唯回者　浦鏜云中下脫者字○補案回者者字疑因上脫致誤衍

子張問善人之道章　各本並連下論篤是與爲一章朱子集注本分爲兩章

不踐迹　釋文出踐迹云本亦作跡案跡乃迹之俗字五經文字云迹經典或作跡

亦少能創業　皇本少上有多字

然亦不入於聖人之奧室　皇本人上有能字室下有也字案邢疏亦有能字也字

謂身無鄙行　筆解此節注作孔曰

子路問聞斯行諸章

如之何其聞斯行之　皇本高麗本之下有也字案邢疏本有也字疑今本脫

不得自專　皇本作不可得自專也

季子然問仲由冉求章

安足大乎　皇本作安足爲大臣乎

言二子雖從其王　案王當作主皇本無言字

子路使子羔爲費宰章

所以爲賊害　皇本作所以賊害人也

言費邑有人民爲而治之　案人民誤倒今訂正

衹爲口才捷給　北監本衹作秖○按作秖亦非當作祇後同

子路曾晳章

毋吾以也　皇本毋作無釋文出毋字云音無又出吾以云鄭本作已

子路率爾而對　皇本率作卒注同案率卒古字通莊子人間世注率然拊之釋文率本或作卒

因之以饑饉　釋文出饑字云鄭本作飢同○按飢乃飢餓字當作饑

可使足民　皇本高麗本民下有也字

殷覲曰同　閩本北監本毛本殷作眾毛本覲誤攬皇本覲作見邢疏作殷釋文出殷覲云本或作見據此則字當作殷

鏗爾　玉篇手部摼下引論語摼爾捨瑟而作云與鏗同

異乎三子者之撰 釋文出之撰云鄭作僎讀曰詮詮之言善也

鏗者 皇本作鏗爾者

亦各言其志也 釋文出亦各言其志云一本作亦各言其志也

莫春者 皇本莫作暮釋文出莫春云音暮本亦作暮

冠者五六人 皇本冠上有得字

詠而歸 釋文出而歸云如字鄭本作饋饋酒食也魯讀饋爲歸今從古案論衡明雩篇作詠而饋與古論合

包曰 筆解作孔曰

而歸夫子之門 本夫誤天今正

禮貴讓 皇本禮下有道字

宗廟會同非諸侯而何 皇本高麗本作宗廟之事如會同非諸侯如之何釋文出宗廟會同云本或作宗廟之事如會同又出非諸侯而何云一本作非諸侯如之何

赤也爲之小孰能爲之大 皇本高麗本小下大下竝有相字

先以此言誘棭之也 諸本棭作掖案棭字誤也今正

千乘之國 浦鏜云千上脫曰字

穀不熟爲飢 閩本明監本毛本飢作饑下飢饉同案飢饉與釋文所載鄭本合

言欲得方六七十如五十里小國 浦鏜云五下脫六字

此赤也之志也 浦鏜云上也字當衍文

注孔子曰皙 孔下子字誤衍

曾蒧音點 各本蒧竝誤蔵今正

王始不巡守 浦鏜云如誤始

論語注疏校勘記卷十一終

論語注疏解經卷第十二

顔淵第十二　何晏集解　邢昺疏

〔疏〕正義曰此篇論仁政明達君臣父子辨惑折獄君子文爲皆聖賢之格言仕進之階路故次先進也

顔淵問仁子曰克己復禮爲仁馬曰克己約身孔曰復反也身能反禮則爲仁矣一日克己復禮天下歸仁焉馬曰一日猶見歸況終身乎爲仁由己而由人乎哉孔曰行善在己不在人也顔淵曰請問其目包曰知其必有條目故請問之子曰非禮勿視非禮勿聽非禮勿言非禮勿動鄭曰此四者克己復禮之目顔淵曰回雖不敏請事斯語矣王曰敬事此語必行之〔疏〕顔淵至語矣○正義曰此并下三章皆明仁也子曰克己復禮爲仁者克約也己身也復反也言能約身反禮則爲仁矣一日克己復禮天下歸仁焉者言人君若能一日行克己復禮則天下皆歸此仁德之君也一日猶見歸況終身行仁乎爲仁由己而由人乎哉者言行善由己豈由他人乎哉言不在人也顔淵曰請問其目者淵意知其爲仁必有條目故請問之子曰非禮勿視非禮勿聽非禮勿言非禮勿動者此四者克己復禮之目也曲禮曰視瞻毋回立視五巂式視馬尾之類是禮也非此則勿視曲禮云毋側聽側聽則非禮也言無非禮則口無擇言也動無非禮則身無擇行也四者皆所以爲仁顔淵曰回雖不敏請事斯語矣者此顔淵預謝師言也言回雖不敏達請敬事此語必行之也○注馬曰克己約身○正義曰此注克訓爲約劉炫云克訓勝也己謂身也身有嗜慾當以禮義齊之嗜慾與禮義戰使禮義勝其嗜慾身得歸復於禮如是乃爲仁也復反也言情爲嗜慾所逼已離禮而更歸復之今刊定云克訓勝也己謂身也謂能勝去嗜慾反復於禮也

仲弓問仁子曰出門如見大賓使民如承大祭孔曰爲仁之道莫尚乎敬己所不欲勿施於人在邦無怨在家無怨包曰在邦爲諸侯在家爲卿大夫仲弓曰雍雖不敏請事斯語矣〔疏〕仲弓問仁至語矣○正義曰此章明仁在敬恕也子曰出門如見大賓使民如承大祭者此言爲仁之道莫尚乎敬也大賓公侯之賓也大祭禘郊之屬也人之出門失在倨傲故戒之出門如見公侯之賓使民失於驕易故戒之如承奉禘郊之祭已所不欲勿施於人者此言仁者必恕也已所不欲無施之於人以他人亦不欲也在邦無怨在家無怨者言既敬且恕若在邦爲諸侯必無人怨在家爲卿大夫亦無怨也仲弓曰雍雖不敏請事斯語矣者亦承謝之語也

司馬牛問仁子曰仁者其言也訒孔曰訒難也牛宋人弟子司馬犂曰其言也訒斯謂之仁已乎子曰爲之難言之得無訒乎孔曰行仁難言仁亦不得不難〔疏〕司馬牛問仁至訒乎○正義曰此章言仁之難也子曰仁者其言也訒者訒難也言仁道至大非但行之難也其言之亦難曰其言也訒斯謂之仁已乎者牛意嫌孔子所言未盡其理故復問曰祗此其言也訒便謂仁已乎子曰爲之難言之得無訒乎者此孔子又爲牛說言訒之意行仁既難言仁亦不得不難○注孔子曰至馬犂○正義曰史記弟子傳云司馬耕字子牛多言而躁問仁於孔子孔子曰仁者其言也訒是也

司馬牛問君子子曰君子不憂不懼孔曰牛兄桓魋將爲亂牛自宋來學常憂懼故孔子解之曰不憂不懼斯謂之君子已乎子曰內省不疚夫何憂何懼包曰疚病也自省無罪惡無可憂懼〔疏〕司馬至何懼○正義曰此章明君子也司馬牛問君子者問於孔子言君子之行何如也子曰君子不憂不懼者言君子之人不憂愁不恐懼時牛兄桓魋將爲亂牛自宋來學常憂懼故孔子解之也曰不憂不懼斯謂之君子已乎者亦意少其言故復問之子曰內省不疚夫何憂何懼者此孔子更爲牛說不憂懼之理疚病也自省無罪惡則無可憂懼

司馬牛憂曰人皆有兄弟我獨亡鄭曰牛兄桓魋行惡死亡無日我爲無兄弟子夏曰商聞之矣死生有命富貴在天君子敬而無失與人恭而有禮四海之內皆兄弟也君子何患乎無兄弟也包曰君子疏惡而友賢九州之人皆可以禮親〔疏〕

司馬至弟也○正義曰此章言人當任命友賢也司馬牛憂曰人皆有兄弟我獨亡者亡無也牛兄桓魋行惡死亡無日故牛常憂而告人曰他人皆有兄弟若桓魋死亡之後我爲獨無兄弟也子夏曰商聞之矣死生有命富貴在天君子敬而無失與人恭而有禮四海之內皆兄弟也君子何患乎無兄弟也者子夏見牛憂無兄弟以此言解之也商子夏名謙故云商聞之矣示非妄謬也言人死生短長各有所稟之命財富位貴則在天之所予君子但當敬慎而無過失與人結交恭謹而有禮能此疏惡而友賢則東夷西戎南蠻北狄四海之內九州之人皆可以禮親之爲兄弟也君子何須憂患於無兄弟也○注鄭曰至兄弟○正義曰云牛兄桓魋行惡死亡無日者案哀十四年左傳云宋桓魋之寵害於公公將討之未及魋先謀公公知之召皇司馬子仲及左師向巢以命其徒攻桓氏向魋遂入於曹以叛民叛之而奔衛遂奔齊是其行惡死亡之事也桓氏即向魋也又謂之桓司馬即此桓魋也

子張問明子曰浸潤之譖膚受之愬不行焉可謂明也已矣鄭曰譖人之言如水之浸潤漸以成之馬曰膚受之愬皮膚外語非其內實浸潤之譖膚受之愬不

行焉可謂遠也已矣馬曰無此二者非但爲明其德行高遠人莫能及〔疏〕子張至已矣○正義曰此章論人之明德也子張問明者問於孔子何如可謂之明德也子曰浸潤之譖膚受之愬不行焉可謂明也已矣者此荅爲明也夫水之浸潤漸以壞物皮膚受塵漸成垢穢譖人之言如水之浸潤皮膚受塵亦漸以成之使人不覺知也若能辨其情僞使譖愬之言不行可謂明德也浸潤之譖膚受之愬不行焉可謂遠也已矣者言人若無此二者非但爲明其德行可謂高遠矣人莫能及之也○注馬曰膚受之愬皮膚外語非其內實○正義曰愬亦譖也變其文耳皮膚受塵垢穢其外不能入內也以喻譖毁之語但在外萋斐構成其過惡非其人內實有罪也

子貢問政子曰足食足兵民信之矣子貢曰必不得已而去於斯三者何先曰去兵子貢曰必不得已而去於斯二者何先曰去食自古皆有死民無信不立孔曰死者古今常道人皆有之治邦不可失信〔疏〕子貢問政至不立正義曰此章貴信也子曰足食足兵民信之矣者此荅爲政之事也足食則人知禮節足兵則不軌畏威民信之則服命從化子貢曰必不得已而去於斯三者何先者子貢復問曰若不獲已而除去於此三者之中何者爲先曰去兵者孔子荅言先去兵以兵者凶器民之殘也財用之蠹也故先去之子貢曰必不得已而去於斯二者何先者子貢復問設若事不獲已須要去之於此食與信二者之中先去何者曰去食自古皆有死民無信不立者孔子荅言二者之中先去食夫食者人命所須去之則人死而去食不去信者言死者古今常道人皆有之治國不可失信失信則國不立也

棘子成曰君子質而已矣何以文爲鄭曰舊說云棘子成衛大夫子貢曰惜乎夫子之說君子也駟不及舌鄭曰惜乎夫子之說君子也過言一出駟馬追之不及文猶質也質猶文也虎豹之鞟猶犬羊之鞟孔曰皮去毛曰鞟虎豹與犬羊別正以毛文異耳今使文質同者何以別虎豹與羊犬邪〔疏〕棘子至之鞟○正義曰此章貴尚文章也棘子成曰君子質而已矣何以文爲者衛大夫棘子成言曰君子之人淳質而已則

可矣何用文章乃爲君子意疾時多文章子貢曰惜乎夫子之說君子也駟不及舌者夫子指子成也子貢聞子成言君子不以文爲其言過謬故歎曰可惜乎棘子成之說君子也過言一出於舌駟馬追之不及文猶質也質猶文也虎豹之鞟猶犬羊之鞟者此子貢舉喻言文章不可去也皮去毛曰鞟言君子野人異者質文不同故也虎豹與犬羊別者正以毛文異耳今若文猶質質猶文使文質同者則君子與鄙夫何以別乎如虎豹之皮去其毛文以爲之鞟與犬羊之鞟同處何以別虎豹與犬羊也

哀公問於有若曰年饑用不足如之何有若對曰盍徹乎鄭曰盍何不也周法什一而稅謂之徹徹通也爲天下之通法曰二吾猶不足如之何其徹也孔曰二謂什二而稅對曰百姓足君孰與不足百姓不足君孰與足孔曰孰誰也〔疏〕哀公至與足○正義曰此章明稅法也哀公問於有若曰年饑用不足如之何者魯君哀公問於孔子弟子有若曰年穀不熟國用不足如之何使國用得足也有若對曰盍徹乎者盍猶何不也周法什一而稅謂之徹徹通也爲天下之通法

有若意譏哀公重斂故對曰既國用不足何不依通法而稅取乎曰二吾猶不足如之何其徹也者二謂什二而稅哀公不覺其譏故又曰什而稅二吾之國用猶尚不足如之何其依徹法什而稅一乎對曰百姓足君孰與不足百姓不足君孰與足者孰誰也哀公既言重斂之貧故有若又對以盡徹足用之理言若依通法而稅則百姓家給人足百姓既足上命有求則供故曰君孰與不足也今君重斂民則困窮上命所須無以供給故曰百姓不足君孰與足也○注鄭曰至通法○正義曰云周法什一而稅謂之徹者公羊傳曰古者什一而藉古者曷爲什一而藉什一者天下之中正也多乎什一大桀小桀寡乎什一大貉小貉什一者天下之中正也什一行而頌聲作矣何休云多取於民比於桀蠻貉無百官制度之費稅薄穀梁傳亦云古者什一而藉孟子云夏后氏五十而貢殷人七十而助周人百畝而徹其實皆什一也趙岐注云民耕五十畝者貢上五畝耕七十畝者以七畝助公家耕百畝者徹取十畝以爲賦雖異名二多少同故云皆什一也書傳云十一者多矣故杜預云古者公田之法十取其一謂十畝內取一舊法既已十畝取一矣春秋魯宣公十五年初稅畝又履其餘畝更復十收其一乃是十取其二故此哀公曰二吾猶不足謂十內稅二猶尚不足則從宣公之後遂

以十二爲常故曰初言初稅十二自宣公始也諸書皆言十一而稅而周禮載師云凡任地近郊十一遠郊二十而三甸稍縣都皆無過十二漆林之征二十而五者彼謂王畿之內所共多故賦稅重諸書所言什一皆謂畿外之國故此鄭玄云什一而稅謂之徹徹通也爲天下之通法言天下皆什一耳不言畿內亦什一也孟子又曰方里爲井井九百畝其中爲公田八家皆私百畝同養公田公事畢然後敢治私事漢書食貨志取彼意而爲之文云井田方一里是爲九夫八家共之各受私田百畝公田十畝是爲八百八十畝餘二十畝爲廬舍諸儒多用彼爲義如彼所言則家別一百一十畝是爲十外稅一也鄭玄詩箋云井稅一夫其田百畝則九而稅一其意異於漢書不以志爲說也又孟子對滕文公云請野九一而助國中什一使自賦鄭玄周禮匠人注引孟子此言乃云是邦國亦異外內之法則鄭玄以爲諸侯郊外郊內其法不同郊內十一使自賦其一郊外九而助一是爲二十而稅二故鄭玄又云諸侯謂之徹者通其率以十一爲正言郊內郊外相通其率爲十稅一也杜預直云十取其一則又異於鄭唯謂一夫百畝以十畝歸公趙岐不解夏五十殷七十之意蓋古者人多田少一夫唯得五十七十畝耳五十而貢貢五畝七十而助助七畝好惡取於此鄭注考工記云周人畿內用夏之貢法邦國用殷之助法也

子張問崇德辨惑孔曰辨別也子曰主忠信徙義崇德也包曰徙義見義則徙意而從之愛之欲其生惡之欲其死既欲其生又欲其死是惑也包曰愛惡當有常一欲生之一欲死之是心惑也誠不以富亦祇以異鄭曰此詩小雅也祇適也言此行誠不可以致富適足以爲異耳取此詩之異義以非之

疏子張至以異○正義曰此章言人當有常德也子張問崇德辨惑者崇充也辨別也言欲充盛道德祛別疑惑何爲而可也子曰主忠信徙義崇德也者主親也徙遷也言人有忠信者則親友之見義事則遷意而從之此所以充盛其德也愛之欲其生惡之欲其死既欲其生又欲其死是惑也者言人心愛惡當須有常若人有順己己卽愛之便欲其生此人忽逆於己己卽惡之則願其死一欲生之一欲死之用心無常是惑也既能別此是惑則當祛之誠不以富亦祇以異者此詩小雅我行其野篇文也祇適也言此行誠不足以致富適足以爲異耳取此詩之異義以非人之惑也○注鄭曰至非之○正義曰案詩刺淫昏之俗不思舊姻而求新昏也彼誠作成鄭箋云女不以禮爲室家成事不足以得富也女亦適以此自異於人道言可惡也此引詩斷章故不與本義同也

齊景公問政於孔子孔子對曰君君臣臣父父子子孔曰當此之時陳桓制齊君不君臣不臣父不父子不子故以對公曰善哉信如君不君臣不臣父不父子不子雖有粟吾得而食諸孔曰言將危也陳氏果滅齊

疏齊景至食諸○正義曰此章明治國之政也齊景公問政於孔子者齊君景公問爲國之政於夫子也孔子對曰君君臣臣父父子子者言政者正也若君不失君道乃至子不失子道尊卑有序上下不失而後國家正也當此之時陳桓爲齊大夫以制齊國君不君臣不臣父不父子不子故孔子以此對之公曰善哉信如君不君臣不臣父不父子不子雖有粟吾得而食諸者諸之也景公聞孔子之言而信服之故歎曰善哉信如夫子之言而今齊國君不君以至子不子雖有其粟吾得而食之乎言將見危亡必不得食之也○注陳氏果滅齊○正義曰史記田完世家完卒謚爲敬仲仲生穉孟夷夷生湣孟莊莊生文子須無文子生桓子無宇桓子生武

子啟及僖子乞乞卒子常代之是爲田成子成子弒簡公專齊政成子生襄子盤盤生莊子白白生大公和和遷齊康公於海上和立爲齊侯和孫威王稱王四世而秦滅之是陳氏滅齊也世家云敬仲之知齊以陳子爲田氏左傳終始稱陳則田必非敬仲所改未知何時改耳

子曰片言可以折獄者其由也與孔曰片猶偏也聽訟必須兩辭以定是非偏信一言以折獄者唯子路可**子路無宿諾**宿猶豫也子路篤信恐臨時多故故不豫諾

【疏】子曰至宿諾○正義曰此章言子路有明斷篤信之德也子曰片言可以折獄者其由也與者片猶偏也折猶決斷也凡聽訟必須兩辭以定是非偏信一言以決斷獄訟者唯子路可故云其由也與子路無宿諾者宿猶豫也子路篤信恐臨時多故故不豫也或分此別爲一章今合之○注孔曰至路可○正義曰云聽訟必須兩辭以定是非者周禮秋官大司寇云以兩造禁民訟以兩劑禁民獄注云訟謂以財貨相告者獄謂相告以罪名者造至也劑今券書也使訟者兩至獄者各齎券書既兩至兩券書乃治之不至及不券書則是自服不直者也故知聽訟必須兩辭方定是非偏信一言則是非難決唯子路才性明辨能聽偏言決斷獄訟故云唯子路可

子曰聽訟吾猶人也包曰與人等**必也使無訟乎**王曰化之在前

【疏】子曰聽訟吾猶人也必也使無訟乎○正義曰此章孔子言已至誠也言聽斷獄訟之時備兩造吾亦猶如常人無以異也言與常人同必也在前以道化之使無爭訟乃善○注王曰化之在前○正義曰案周易訟卦象曰天與水違行訟君子以作事謀始王弼云聽訟吾猶人也必也使無訟乎無訟在於謀始謀始在於作制契之不明訟之所以生也物有其分職不相濫爭何由興訟之所以起契之過也故有德司契而不責於人是化之在前也又案大學云子曰聽訟吾猶人也必也使無訟乎無情者不得盡其辭大畏民志鄭注云情猶實也無實者多虛誕之辭聖人之聽訟與人同耳必使民無實者不敢盡其辭大畏其心志使誠其意不敢訟然則聽訟吾猶人也必也使無訟乎是夫子辭無情者不得盡其辭大畏民志是記者釋夫子無訟之事意與此注及王弼不同未知誰是故具載之

子張問政子曰居之無倦行之以忠王曰言爲政之道居之於身無得解倦行之於民必以忠信

【疏】子張問政子曰居之無倦行之以忠○正義曰此章言爲政之道若居之於身無解倦行之於民必以忠信也

子曰博學於文約之以禮亦可以弗畔矣夫鄭曰弗畔不違道

【疏】子曰至弗畔矣夫○正義曰此章及注與雍也篇同當是弟子各記所聞故重載之或本亦有作君子博學於文

子曰君子成人之美不成人之惡小人反是

【疏】子曰君子成人之美不成人之惡小人反是○正義曰此章言君子之於人嘉善而矜不能又復仁恕故成人之美不成人之惡也小人則嫉賢樂禍而成人之惡不成人之美故曰反是

季康子問政於孔子孔子對曰政者正也子帥以正孰敢不正鄭曰康子魯上卿諸臣之帥也

【疏】季康子問政至不正○正義曰此章言爲政在乎修己對曰政者正也者言政教者在於齊正也子帥以正孰敢不正者言康子爲魯上卿諸臣之帥也若己能每事以正則己下之臣民誰敢不正也

季康子患盜問於孔子孔子對曰苟子之不欲雖賞之不竊孔曰欲多情慾言民化於上不從其令從其所好

【疏】季康子至不竊○正義曰此章言民從上化也季康子患盜問於孔子者時魯多盜賊康子患之問於孔子欲以謀去也孔子對曰苟子之不欲雖賞之不竊者孔子言民化於上不從其令從其所好苟誠也誠如子之不貪欲則民亦不竊盜非但不爲假令賞之民亦知恥而不竊也今多盜賊者正由子之貪欲故耳○注孔曰至所好○正義曰云民化於上不從其令從其所好者大學曰堯舜率天下以仁而民從之桀紂率天下以暴而民從之其所令反其所好而民不從注云言民化君行也君若好貨而禁民淫於財利不能正也

季康子問政於孔子曰如殺無道以就有道何如孔曰就成也欲多殺以止姦**孔子對曰子爲政焉用殺子欲善而民善矣君子之德風小人之德草草上之風必偃**孔曰亦欲令康子先自正偃仆也加草以風無不仆者猶民之化於上

【疏】季康子至必偃○正義曰此章言爲政不須刑殺但在上自正則民化之也季康子問政於孔子曰如殺無道以就有道何如者就成也康子之意欲多殺止姦以成爲有道也孔子對曰子爲政焉用

殺者言子爲執政安用刑殺也子欲善而民善矣者言子若爲善則民亦化之爲善矣君子之德風小人之德草草上之風必偃者此爲康子設譬也假仆也在上君子爲政之德若風在下小人從化之德如草加草以風無不仆者猶化民以正無不從者亦欲令康子先自正也

子張問士何如斯可謂之達矣子曰何哉爾所謂達者子張對曰在邦必聞在家必聞鄭曰言士之所在皆能有名譽子曰是聞也非達也夫達也者質直而好義察言而觀色慮以下人馬曰常有謙退之志察言語觀顔色知其所欲其志慮常欲以下人在邦必達在家必達馬曰謙尊而光卑而不可踰夫聞也者色取仁而行違居之不疑馬曰此言佞人假仁者之色行之則違安居其僞而不自疑在邦必聞在家必聞馬曰佞人黨多

【疏】子張至必聞○正義曰此章論士行子張問士何如斯可謂之達矣者士有德之稱問士行何如可謂通達也子曰何哉

爾所謂達者者夫子復問子張何者是汝意所謂達者欲使試言之也子張對曰在邦必聞在家必聞者聞謂有名譽使人聞之也言士有德行在邦臣於諸侯必有名聞在家臣於卿大夫亦必有名聞言士之所在皆有名譽意謂此爲達也子曰是聞也非達也者言汝所陳正是名聞之士非是通達之士也夫達也者質直而好義察言而觀色慮以下人者此孔子又說達士之行也爲性正直所好義事察人言語觀人顔色知其所欲其念慮常欲以下人言常有謙退之志也在邦必達在家必達者以其謙退故所在通達也夫聞也者色取仁而行違居之不疑者此言佞人色則假取仁者之色而行則違之安居其僞而不自疑也在邦必聞在家必聞者言佞人黨多妄相稱譽故所在皆有名聞也○注馬曰謙尊而光卑而不可踰○正義曰此周易謙卦彖辭也言尊者有謙而更光明盛大卑者有謙而不可踰越引證士有謙德則所在必達也

樊遲從遊於舞雩之下包曰舞雩之處有壇墠樹木故下可遊焉曰敢問崇德脩慝辨惑孔曰慝惡也脩治也治惡爲善子曰善哉問先事後得非崇德與孔曰先勞於事然後得報攻其惡無攻人之惡非脩慝與一朝之忿忘其身以及其親非惑與

【疏】樊遲至惑與○正義曰此章言脩身之事也樊遲從遊於舞雩之處有壇墠樹木故弟子樊遲隨從孔子遊於其下也曰敢問崇德脩慝辨惑者脩治也慝惡也此樊遲因從行而問孔子曰敢問欲充盛其德治惡爲善袪別疑惑何爲而可也子曰善哉問者其問皆脩身之要故善之先事後得非崇德與者言先勞於事然後得報是崇德也攻其惡無攻人之惡非脩慝與者攻治也言治其已過無治人之過是治惡也一朝之忿忘其身以及其親非惑與者言君子忿則思難若人有犯已一朝忿之不思其難則忘身也辱其身則羞其親故曰以及其親也非惑與言是惑也○注壇墠○正義曰封土爲壇除地爲墠言雩壇在所除地中故連言壇墠

樊遲問仁子曰愛人問知子曰知人樊遲未達子曰舉直錯諸枉能使枉者直包曰舉正直之人用之廢置邪枉之人則皆化爲直樊遲退見子夏曰鄉也吾見於夫子而問知子曰舉直錯諸

枉能使枉者直何謂也子夏曰富哉言乎孔曰富盛也舜有天下選於衆舉皋陶不仁者遠矣湯有天下選於衆舉伊尹不仁者遠矣孔曰言舜湯有天下選擇於衆舉皋陶伊尹則不仁者遠矣仁者至矣

【疏】樊遲至遠矣○正義曰此章明仁知也樊遲問仁子曰愛人者言汎愛濟衆是仁道也問知子曰知人者言知人賢才而舉之是知也樊遲未達子曰舉直錯諸枉能使枉者直者樊遲未曉達知人之意故孔子復解之言舉正直之人而用之廢置邪枉之人則皆化爲直故曰能使枉者直也樊遲退見子夏曰鄉也吾見於夫子而問知子曰舉直錯諸枉能使枉者直何謂也者樊遲雖問舉直錯枉之語猶自未喻故復問子夏也子夏曰富哉言乎者子夏聞言即解故歎美之曰富盛哉此言乎舜有天下選於衆舉皋陶不仁者遠矣湯有天下選於衆舉伊尹不仁者遠矣者此子夏爲樊遲說舉直錯枉之事也言舜湯有天下選擇於衆舉用皋陶伊尹則不仁者遠矣仁者至矣長其能使邪枉者亦化爲直也

子貢問友子曰忠告而善道之不

可則止毋自辱焉包曰忠告以是非告之以善道導之不見從則止必言之或見辱。〔疏〕子貢問友子曰忠告而善道之不可則止毋自辱焉○正義曰此章論友也言盡其忠以是非告之又以善道導之若不從已則止而不告不導也毋得強告導之以自取困辱焉以其必言之或時見辱曾子曰君子以文會友孔曰友以文德合以友輔仁孔曰友相切磋之道所以輔成己之仁。〔疏〕曾子曰君子以文會友以友輔仁○正義曰此章論友言君子之人以文德會合朋友朋友有相切磋琢磨之道所以輔成己之仁德也

論語注疏解經卷第十二

二品廕生阮常生校栞

論語注疏挍勘記　　阮元撰盧宣旬摘錄

顏淵第十二

顏淵問仁章

克己復禮爲仁皇本克作剋下及注同

立視五雋案雋當作㒞閩本同誤

司馬牛問仁章

仁者其言也訒釋文出也訒云字或作仞○按說文引作其言也訒

弟子司馬犂皇本犂下有也字釋文出馬犂云史記作耕並云字子牛

斯謂之仁已乎皇本高麗本作斯可謂之仁已矣乎朱子集注本作矣乎

子曰行仁難案子當作孔各本並誤

祇此其言也訒北監本祇作祗是也閩本亦誤祇毛本作秪並非

司馬牛問君子章

斯謂之君子已乎皇本高麗本作可謂君子已乎朱子集注本作矣乎

司馬牛憂曰章

我爲無兄弟皇本我下有獨字弟下有也字案邢疏有獨字

皆兄弟也皇本高麗本皆下有爲字案鹽鐵論和親章及文選蘇子卿古詩注並引此文皆有爲字

君子疏惡而友賢皇本疏作疎案疎乃疏之俗字

子張問明章

構成其過惡毛本構作搆案說文無搆字古構成字亦作構今以搆爲構成字誤

子貢問政章

民信之矣 皇本民上有令字高麗本令作使

子貢曰必不得已而去於斯二者何先 皇本無子貢二字

民無信不立 皇本無作不

棘子成曰章

棘子成曰 皇本高麗本成作城注同○按漢書古今人表三國志秦宓傳作革子成

何以文爲 高麗本作爲文

駟馬追之不及 皇本及下有舌也二字

虎豹之鞟猶犬羊之鞟 皇本高麗本鞟作鞹注同又下之鞟下有也字案說文鞹去毛皮也郎引此文今作鞟者省文耳

虎豹與犬羊別 皇本別下有者字案邢疏本有者字釋文亦明出別者字今注誤脫

哀公問於有若章

年饑 皇本饑作飢釋文出饑字云鄭本作飢說見前

周法什一而稅 皇本什作十下什二同

孔曰二謂什二而稅 案周禮匠人疏引作鄭曰

蠻貊無百官制度之費 公羊宣十五年傳注百官上有社稷宗廟四字

雖異名二多少同 各本二作義今孟子注二作而案義字是也

又曰方里爲井 今孟子爲作而

子張問崇德辨惑章

子張問崇德辨惑 釋文出辨惑云本亦作或

崇德也 皇本無也字

愛之欲其生惡之欲其死 皇本高麗本生下死下竝有也字

亦祇以異 閩本北監本毛本同案祇當作祗唐石經作祗五經文字廣韻亦作祗

齊景公問政於孔子章

吾得而食諸 皇本高麗本吾下有豈字釋文出吾焉得而食諸云本亦作焉得而食諸焉於虔反本今作吾豈與皇本合太平御覽二十二引吾惡得而食諸豈焉惡三字義皆相近疑今本吾下有脫字

夷生泯孟莊 今史記田完世家泯作湣案泯乃湣之省文

桓子生武子啟 今史記啟作開避漢景帝諱也

及僖子乞 今史記及作與僖作釐案僖釐古字通

乞卒子當代之 今史記當作常之作立

白生大公利 毛本利作和案和字是也閩本大作太和亦誤利

敬仲之知齊 毛本知作如案如字是也閩本同誤

以陳子爲田氏 北監本子作字浦鏜云氏誤字

片言章

片言可以折獄者 釋文出以折云魯讀折爲制今從古案古多假折爲制墨子尙同中引書呂刑制以刑作折則刑

子路無宿諾 各本竝連上爲一章釋文云或分此爲別章

凡聽訟 案訟當作訟形近之譌今正

周禮秋官大司寇聽云 毛本聽作職是也閩本亦誤聽北監本官誤言

今劵書也 劵當作券各本竝誤下同案說文券契也从刀𠔉聲劵勞也从力卷省聲大徐云今俗作

倦

獄者各齎券書　周禮大司寇注獄上有使字

子張問政章

居之無倦　釋文出無倦云亦作卷案九經古義云棟案倦當作券漢涼州刺史魏君碑云施舍不券鄭氏考工記注云券今倦字也

無得解倦　皇本解作懈釋文亦作懈是正字

必以忠信也　北監本毛本以誤有

博學於文章

博學於文　皇本博上有君子二字釋文出博學於文云一本作君子博學於文案詳雍也篇

鄭曰　高麗本無此二字

季康子患盜章

苟子之不欲　皇本高麗本無之字

欲多情慾　皇本慾作欲下有也字案釋文出情慾云本今作欲說見前

孔孔曰至所好　案孔字誤重

不從其今　案今當作令今正

季康子問政於孔子章

欲多殺以止姦　皇本姦作奸下有也字案五經文字云姦俗作奸譌

君子之德風小人之德草　皇本高麗本草下風下有也字案漢書董仲舒傳及說苑政理篇引此文亦並有也字與皇本合

草上之風必偃　皇本高麗本上作尚釋文出草尚云本或作上案尚上古字通

子張問士章

夫達也者　皇本高麗本無也字下夫聞也者同

則所狂必遠也　案遠當作達閩本亦誤

樊遲從遊於舞雩之下章

無攻人之惡　皇本高麗本無作毋

封土爲壇　本土誤上今正

樊遲問仁章

舉直錯諸枉　釋文出錯諸云或作措同說見前

鄉也　皇本高麗本鄉作嚮釋文出鄉也云又作嚮同○按嚮俗字鄉正字鄉假借字

富哉言乎　皇本高麗本言上有是字

樊遲雖問舉直錯枉之語　案問當作聞閩本北監本並誤今正

長其能使邪枉者　案長當作是形近之譌

子貢問友章

忠告而善道之　皇本高麗本作忠告而以善導之釋文出善道云導也案包注本作以善道之文義較明順

不可則止　皇本高麗本作否則止

毋自辱焉　皇本高麗本毋作無釋文出毋自云音無

君子以文會友章

友相切磋之道　皇本友下有有字釋文出有相切磋云本今作友

此章以論友　浦鏜云友下當脫也字以當亦字誤

論語注疏校勘記卷十二終

論語注疏解經卷十三

何晏集解　邢昺疏

子路第十三

【疏】正義曰此篇論善人君子爲邦教民仁政孝弟中行常德皆治國脩身之要大意與前篇相類且回也入室由也升堂故以爲次也

子路問政子曰先之勞之孔曰先導之以德使民信之然後勞之易曰說以使民民忘其勞**請益曰無倦**孔曰子路嫌其少故請益曰無倦者行此上事無倦則可【疏】子路問政至無倦○正義曰此章言政先德澤也子曰先之勞之者言爲德政者先導之以德使民信之然後可以政役之事勞之則民從其令也請益者子路嫌其少故更請益之曰無倦者夫子言行此上事無倦怠則可也○注易曰說以使民民忘其勞○正義曰此周易兊卦彖辭文也言先以說豫撫民然後使之從事則民皆竭力忘其勞苦也引之以證先之勞之之義也

仲弓爲季氏宰問政子曰先有司王曰言爲政當先任有司而後責其事**赦小過舉賢才曰焉知賢才而舉之**孔曰女所不知者人將自舉其所知則賢才無遺**曰舉爾所知爾所不知人其舍諸**【疏】仲弓至舍諸○正義曰此章言政在舉賢也仲弓爲季氏宰問政者冉雍爲季氏家宰而問政於夫子也子曰先有司赦小過舉賢才者言爲政當先委任屬吏各有所司而後責其成事赦放小過寬則得衆也舉用賢才使官得其人野無遺逸是政之善也曰焉知賢才而舉之者仲弓聞使舉賢意言賢才難可徧知故復問曰安知賢才而得舉用之也曰舉爾所知爾所不知人其舍諸者舍置也諸之也夫子教之曰但舉女之所知女所不知人將自舉之其肯置之而不舉乎既各舉其所知則賢才無遺

子路曰衛君待子而爲政子將奚先包曰問往將何所先行**子曰必也正名乎**馬曰正百事之名**子路曰有是哉子之迂也奚其正**包曰迂猶遠也言孔子之言遠於事**子曰野哉由也**孔曰野猶不達**君子於其所不知蓋闕如也**包曰君子於其所不知當闕而勿據今由不知正名之義而謂之迂遠**名不正則言不順言不順則事不成事不成則禮樂不興禮樂不興則刑罰不中**孔曰禮以安上樂以移風二者不行則有淫刑濫罰**刑罰不中則民無所錯手足故君子名之必可言也言之必可行也**王曰所名之事必可得而明言所言之事必可得而遵行**君子於其言無所苟而已矣**【疏】子路至而已矣○正義曰此章論政在正名也子路曰衛君待子而爲政子將奚先者案世家孔子自楚反乎衛是時衛君輒父不得立在外諸侯數以爲讓而孔子弟子多仕於衛衛君欲得孔子爲政故子路問之曰往將何以先行子曰必也正名乎者言將先正百事之名也子路曰有是哉子之迂也奚其正者迂猶遠也子路言豈有若是哉夫子之言遠於士也何其正名乎子曰野哉由也者野猶不達也夫子見子路言迂故曰不達理哉此仲由也君子於其所不知蓋闕如也者此責子路不知正名之義而便言迂遠也言君子於其所不知蓋當闕而勿據今由不知正名之義而便謂之迂遠不亦野哉名不正則言不順言不順則事不成事不成則禮樂不興禮樂不興則刑罰不中刑罰不中則民無所錯手足者此孔子更陳正名之理也夫事以順成名由言舉名若不正則言不順序言不順序則政事不成政事不成則君不安於上風不移於下是禮樂不興行也禮樂不行則有淫刑濫罰故不中也刑罰枉濫民則蹐地局天動罹刑網故無所錯其手足也故君子名之必可言也言之必可行也君子於其言無所苟而已矣者此又言正名之事非爲苟且也君子名此事必使可明言言此事必可遵行君子於其所言無苟且若名之不可言言之不可行是苟且而言也○注孔曰至濫罰○正義曰云禮以安上樂以移風者孝經廣要道章文言禮所以正君臣父子之別明男女長幼之序故可以安上化下風移俗易先入樂聲變隨人心正由君德正之與變因樂而彰故可以移風易俗也云二者不行則有淫刑濫罰者禮運云禮者所以治政安君也政不正則君位危君位危則大臣倍小臣竊刑肅而俗敝則法無常又樂記曰五刑不用百姓無患天子不怒如此則樂達矣故禮樂二者不行則刑罰淫濫而不中也○注王曰至遵行○正義曰云所名之事必可得而明言者若禮人名不以國以國

則廢名是不可明言也云所言之士必可得而遵行者緇衣曰可言也不可行君子弗言也可行也不可言君子弗行也熊氏云君子賢人可行。不可言作凡人法若曾子有母之喪水漿不入於口七日不可言說以爲法是不可遵行也是以可明言可遵行而後君子名言之也

樊遲請學稼子曰吾不如老農請學爲圃曰吾不如老圃馬曰樹五穀曰稼樹菜蔬曰圃樊遲出子曰小人哉樊須也上好禮則民莫敢不敬上好義則民莫敢不服上好信則民莫敢不用情孔曰情情實也言民化於上各以實應夫如是則四方之民襁負其子而至矣焉用稼包曰禮義與信足以成德何用學稼以教民乎負者以器曰襁

【疏】樊遲至用稼。正義曰此章言禮義忠信爲治民之要樊遲請學稼者樹五穀曰稼弟子樊須謂於夫子學播種之法欲以教民也子曰吾不如老農者孔子怒其不學禮義而學稼種故拒之曰稼種之事吾不如久老之農夫也請學爲圃者樹菜蔬曰圃樊遲又請於夫子學樹藝菜蔬之法曰吾不如老圃者亦拒其請也言樹藝菜蔬之法吾不如久老爲圃者樊遲出子曰小人哉樊須也者樊遲既請而出夫子與諸弟子言曰小人哉此樊須也謂其不學禮義而學農圃故曰小人也上好禮則民莫敢不敬上好義則民莫敢不服上好信則民莫敢不用情者孔子遂言禮義與信可以敎民也禮毋不敬故上好行禮則民化之莫敢不敬也人聞義則服故上好行義則民莫敢不服也以信待物物亦以實應之故上若好信則民莫不用其情情猶情實也言民於上各以實應也夫如是則四方之民襁負其子而至矣焉用稼者此又言夫禮義與信足以成德化民如是則四方之民感化自來皆以襁器背負其子而至矣何用學稼以教民乎。注樹五穀曰稼樹菜蔬曰圃。正義曰樹者種殖之名五穀者黍稷麻麥豆也周禮注云種穀曰稼如嫁女以有所生也周禮大宰職云園圃毓草木注云樹果蓏曰圃園其樊也然則園者外畔藩籬之名其內之地種樹菜果則謂之圃蔬則菜也鄭云周禮注云百草根實可食者釋文云蔬不熟爲饉郭璞曰凡草菜可食者通名爲蔬注負者以器曰襁。正義曰博物志云織縷之廣八尺長丈二以約小兒於背

子曰誦詩三百授之以政不達使於四方不能專對雖多亦奚以爲專猶獨也

【疏】子曰誦詩三百授之以政不達使於四方不能專對雖多亦奚以爲。正義曰此章言人之才學貴於適用若多學而不能用則如不學也誦謂諷誦周禮注云倍文曰諷以聲節之曰誦詩有國風雅頌凡三百五篇皆言天子諸侯之政也古者使適四方有會同之事皆賦詩以見意今有人能諷誦詩文三百篇之多若授之以政使居位治民而不能通達使於四方不能獨對諷誦雖多亦何以爲言無所益也

子曰其身正不令而行其身不正雖令不從令教令也

【疏】子曰其身正不令而行其身不正雖令不從。正義曰此章言爲政者當以身先也言上之人其身若正不在教令民自觀化而行之其身若不正雖教令滋章民亦不從也

子曰魯衛之政兄弟也包曰魯周公之封衛康叔之封周公康叔既爲兄弟康叔睦於周公其國之政亦如兄弟

【疏】子曰魯衛之政兄弟也。正義曰此章孔子評論魯衛二國之政相似如周公康叔之爲兄弟也魯周公之封衛康叔之封周公康叔既爲兄弟康叔睦於周公其國之政亦如兄弟也

子謂衛公子荊善居室王曰荊與蘧瑗史鰌並爲君子始有曰苟合矣少有曰苟完矣富有曰苟美矣

【疏】子謂至美矣。正義曰此章孔子稱謂衛公子荊有君子之德也善居室者言居家理也始有曰苟合矣者家始富有不言已才能所致但曰苟且聚合也少有曰苟完矣者又少有增多但曰苟且完全矣富有曰苟美矣者富有大備但曰苟且有此富美耳終無泰侈之心也。注王曰荆與蘧瑗史鰌並爲君子。正義曰案左傳襄二十九年吳公子札來聘遂適衞說蘧瑗史狗史鰌公子荊公叔發公子朝曰衞多君子未有患也是與蘧瑗史鰌並爲君子也

子適衛冉有僕孔曰孔子之衛冉有御子曰庶矣哉孔曰庶衆也言衛人衆多冉有曰既庶矣又何加焉曰富之曰既富矣又何加焉曰教之

【疏】子適至教之。正義曰此章言治民之法也子適衞冉有僕者適之也孔子之衞冉有爲僕以御車也子曰庶矣哉者庶衆也至衞境見衞人衆多故孔子歎美之冉有曰既庶矣又何加焉者言民既衆多復何加益也曰富之者孔子言當施舍薄斂使之衣食足也曰既富矣又何加焉者冉有言民既饒足復

何加益之曰敎之者孔子言當敎以義方使知禮節也子曰苟有用我者期月而已可也三年有成孔曰言誠有用我於政事者期月而可以行其政教必三年乃有成功〔疏〕子曰苟有用我者期月而已可也三年有成〇正義曰此章孔子自言爲政之道也苟誠也期月周月也謂周一年之十二月也孔子言誠有用我於政事者期月而可以行其政教必滿三年乃有成功也子曰善人爲邦百年亦可以勝殘去殺矣王曰勝殘。殘暴之人使不爲惡也去殺不用刑殺也誠哉是言也孔曰古有此言孔子信之〔疏〕子曰善人爲邦百年亦可以勝殘去殺矣誠哉是言也〇正義曰此章言善人君子治國至於百年以來亦可以勝殘暴之人使不爲惡去刑殺而不用矣誠哉是言者古有此言孔子信之故曰誠哉是言也子曰如有王者必世而後仁孔曰三十年曰世如有受命王者必三十年仁政乃成〔疏〕子曰如有王者必世而後仁〇正義曰三十年曰世此章言如有受天命而王天下者必三十年仁政乃成也子曰苟正其身矣於從

政乎何有不能正其身如正人何〔疏〕子曰苟正其身矣於從政乎何有不能正其身如正人何〇正義曰此章言政者正也欲正他人在先正其身也苟誠也誠能自正其身則於從政乎何有言不難也若自不能正其身則雖令不從如正人何言必不能正人也冉子退朝周曰謂罷朝於魯君子曰何晏也對曰有政馬曰政者有所改更匡正子曰其事也馬曰事者凡行常事如有政雖不吾以吾其與聞之馬曰如有政非常之事我爲大夫雖不見任用必當與聞之〔疏〕冉子至聞之〇正義曰此章明政事之別也冉子退朝者時冉有臣於季氏朝廷曰退謂罷朝於魯君也子曰何晏也者晏晚也孔子訝其退朝晚故問之對曰有政者冉子言有所改更匡正之政故退晚也子曰其事也如有政雖不吾以吾其與聞之者孔子言女之所謂政者但凡行常事耳設如有大政非常之事我爲大夫雖不見任用必當與聞之也〇注周曰謂罷朝於魯君〇正義曰周氏以爲夫子云雖不吾以吾其與聞皆論君朝之事故云罷朝於魯君鄭玄以冉有臣於季氏故以朝爲季氏之朝少儀云朝廷曰退謂於朝廷之中若欲

散還則稱曰退以近君爲進還私遠君爲退朝此退朝謂罷朝也〇注馬曰事者凡行常事〇正義曰案昭二十五年左傳曰爲政事庸力行務以從四時杜預曰在君爲政在臣爲事杜意據此文時冉子仕於季氏稱季氏有政孔子謂之爲事是在君爲政在臣爲事也何晏曰爲仲尼稱孝友是亦爲政明其政事通言但隨事大小異其名耳故不同鄭杜之說而取周馬之言以朝爲魯君之朝以事爲君之凡行常事也定公問一言而可以興邦有諸孔子對曰言不可以若是其幾也王曰以其大要一言不能正興國幾近也有近一言可以興國人之言曰爲君難爲臣不易如知爲君之難也不幾乎一言而興邦乎孔曰事不可以一言而成如知此則可近也曰一言而喪邦有諸孔子對曰言不可以若是其幾也人之言曰予無樂乎爲君唯其言而莫予違也孔曰言無樂於爲君所樂者唯樂其言而不見違如其

善而莫之違也不亦善乎如不善而莫之違也不幾乎一言而喪邦乎孔曰人君所言善無違之者則善也所言不善而無敢違之者則近一言而喪國〔疏〕定公至邦乎〇正義曰此章言爲君之道也定公問一言而可以興邦有諸者魯君定公問於孔子爲君之道有一言善而可以興其國有之乎孔子對曰言不可以若是其幾也者幾近也孔子以其大要一言不能正興國故云言不可以若是有近一言可以興國者故云其幾也人之言曰爲君難爲臣不易如知爲君之難也不幾乎一言而興邦乎者此孔子稱其近興國之一言也事不可以一言而成如人君知此爲君難此則可近也曰一言而喪邦有諸者定公又問曰人君一言不善而致亡國有之乎孔子對曰言不可以若是其幾也者亦言有近一言可以亡國也人之言曰予無樂乎爲君唯其言而莫予違也者此舉近亡國之一言也言我無樂於爲君所樂者唯樂其言而不見違也如其善而莫之違也不亦善乎如不善而莫之違也不幾乎一言而喪邦乎者此孔子又評其理言人君所言善無違之者則善也所言不善而無敢違之者則近一言而亡國也葉公問政子曰近

者說遠者來［疏］葉公至者來。正義曰此章楚葉縣公問爲政之法於孔子也子曰當施惠於近者使之喜說則遠者當慕化而來也

子夏爲莒父宰問政鄭曰舊說云莒父魯下邑子曰無欲速無見小利欲速則不達見小利大事不成孔曰事不可以速成而欲其速則不達矣。小利妨大則大事不成［疏］子夏至不成。正義曰此章弟子子夏爲魯下邑莒父之宰問爲政之法於夫子也子曰無欲速無見小利者言事有程期無欲速成當存大體無見小利也欲速則不達見小利則大事不成者此父言其欲速見小利害政之意若事不可以速成者而欲其速則其事不達矣務見小利而行之則妨大政故大事不成也

葉公語孔子曰吾黨有直躬者孔曰直躬直身而行其父攘羊而子證之周曰有因而盜曰攘孔子曰吾黨之直者異於是父爲子隱子爲父隱直在其中矣［疏］葉公至中矣。正義曰此章明爲直之禮也葉公語孔子曰吾黨有直躬者躬身也言吾鄉黨中有直身而行者其父攘羊而子證之者此所直行之事也有因而盜曰攘言因羊來入己家父即取之而子言於失羊之主證父之盜葉公以此子爲直行而誇於孔子也孔子曰吾黨之直者異於是父爲子隱子爲父隱直在其中矣者孔子言此以拒葉公也言吾黨之直者異於此證父之直也子苟有過父爲隱之則慈也父苟有過子爲隱之則孝也孝慈則忠忠則直也故曰直在其中矣今律大功以上得相容隱告言父祖者入十惡則典禮亦爾而葉公以證父爲直者江熙云葉公見聖人之訓動有隱諱故舉直躬欲以此言毀訾儒教抗衡中國夫子荅之辭正而義切荆蠻之豪喪其誇矣

樊遲問仁子曰居處恭執事敬與人忠雖之夷狄不可棄也包曰雖之夷狄無禮義之處猶不可棄去而不行［疏］樊遲至棄也。正義曰此章明仁者之行也弟子樊遲問仁於孔子子曰居處恭執事敬與人忠雖之夷狄不可棄也者言凡人居處多放恣執事則懈惰與人交則不盡忠唯仁者居處恭謹執事敬慎忠以與人也此恭敬及忠雖之適夷狄無禮義之處亦不可棄而不行也

子貢問曰何如斯可謂之士矣子曰行已有恥孔曰有恥者有所不爲使於四方不辱君命可謂士矣曰敢問其次曰宗族稱孝焉鄉黨稱弟焉曰敢問其次曰言必信行必果硜硜然小人哉抑亦可以爲次矣鄭曰行必果所欲行必果敢爲之硜硜者小人之皃也抑亦其次言可以爲次曰今之從政者何如子曰噫斗筲之人何足算也鄭曰噫心不平之聲筲竹器容斗二升算數也［疏］子貢至算也。正義曰此章明士行也子貢問曰何如斯可謂之士矣者士有德之稱故子貢問於孔子曰其行如何斯可謂之士矣子曰行已有恥使於四方不辱君命可謂士矣者此荅士之高行也言行已之道若有不善恥而不爲爲臣奉命出使能遭時制宜不辱君命有此二行可謂士矣曰敢問其次者子貢復問士之爲行次此於二者云何曰宗族稱孝焉鄉黨稱弟焉此孔子復爲言其士行之次也宗族同宗族屬也善事父母爲孝宗族內親見其孝而稱之善事長上爲弟鄉黨差遠見其弟而稱之也曰敢問其次者子貢又問更有何行可次於此也曰言必信行必果硜硜然小人哉抑亦可以爲次矣者孔子又爲言其次也若人不能信以行義而言必執信行不能相時度宜所欲行者必果敢爲之硜硜然者小人之皃也言此二行雖非君子所爲乃硜硜然小人耳抑辭也抑亦其次言可以爲次也曰今之從政者何如者子貢復問今之從政之士其行何如也子曰噫斗筲之人何足算也者噫心不平之聲斗量名容十升筲竹器容斗二升算數也孔子時見從政者皆無士行唯小器耳故心不平之而曰噫今斗筲小器之人何足數也言不足數故不述其行

子曰不得中行而與之必也狂狷乎包曰中行行能得其中者言不得中行則欲得狂狷者狂者進取狷者有所不爲也包曰狂者進取於善道狷者守節無爲欲得此二人者以時多進退取其恆一［疏］子曰至爲也。正義曰此章孔子疾時人不純一也子曰不得中行而與之必也狂狷乎者中行行能得其中者也言既不得中行之人而與之同處必也得狂狷之人可也狂者進取狷者有所不爲者此說狂狷之行也狂者進取於善道知進而不知退狷者守節無爲應進而退也二者俱不得中而性恆一欲得此二人者

以時多進退敢其恆一也

子曰：南人有言曰：人而無恆，不可以作巫醫。孔曰南人南國之人鄭曰言巫醫不能治無恆之人善夫！包曰善南人之言也不恆其德，或承之羞。孔曰此易恆卦之辭言德無常則羞辱承之子曰：不占而已矣。鄭曰易所以占吉凶無恆之人易所不占【疏】子曰至已矣○正義曰此章疾性行無恆之人也子曰南人有言曰人而無恆不可以作巫醫者南人南國之人也巫主接神除邪醫主療病南國之人嘗有言曰人而性行無恆不可以為巫醫言巫醫不能治無恆之人也善夫者孔子善南人之言有徵也不恆其德或承之羞者此易恆卦之辭孔子引之言德無恆則羞辱承之也子曰不占而已者孔子既言易文又言夫易所以占吉凶無恆之人易所不占也○注孔曰至承之○正義曰云此易恆卦之辭者謂此經所言是易恆卦九三爻辭也王弼云處三陽之中居下體之上處上體之下上不全尊下不全卑中不在體體在乎恆而分無所定無恆者也德行無恆自相違錯不可致詰故或承之羞也

子曰：君子和而不同，小人同而不和。君子心和然其所見各異故曰不同小人所嗜好者同然各爭利故曰不和【疏】子曰君子和而不同小人同而不和○正義曰此章別君子小人志行不同之事也君子心和然其所見各異故曰不同小人所嗜好者則同然各爭利故曰不和

子貢問曰：鄉人皆好之，何如？子曰：未可也。鄉人皆惡之，何如？子曰：未可也。不如鄉人之善者好之，其不善者惡之。孔曰善人善己惡人惡己是善善明惡惡著【疏】子貢至惡之○正義曰此章別好惡子貢問曰鄉人皆好之何如者言有一人為一鄉之所愛好此人何如可謂善人乎子曰未可也者言未可謂善或一鄉皆惡此人與之同黨故為衆所獨是以未可鄉人皆惡之何如者此子貢又問夫子既鄉人皆好未可為善若鄉人衆共憎惡此人何如可謂善人乎子曰未可也者言亦未可為善或一鄉皆善此人獨惡故為衆所疾是以未可不如鄉人之善者好之其不善者惡之者孔子既答不可其問自為說其善人也言鄉之善人善之惡人惡之真善人也○注孔曰至惡著○正義曰言鄉人皆好之是善善不明鄉人皆惡之是惡惡不著若鄉人之善者善之惡者惡之則是善善分明惡惡顯著也

子曰：君子易事而難說也。孔曰不責備於一人故易事說之不以道，不說也。及其使人也，器之。孔曰度才而官之小人難事而易說也。說之雖不以道，說也。及其使人也，求備焉。【疏】子曰至備焉○正義曰此章論君子小人不同之事也子曰君子易事而難說也者言君子不責備於一人故易事不受妄說故難說也說之不以道不說也及其使人也器之者此覆明難說易事之理言君子有正德若人說己不以道而妄說則不喜說也是以難說度人才器而官之不責備故易事小人難事而易說也者小人反君子故也說之雖不以道說也及其使人也求備焉者此覆明易說難事之理以小人為人說媚雖不以道而妄說之亦喜說故易說也及其使人也責備於一人焉故難事也

子曰：君子泰而不驕，小人驕而不泰。君子自縱泰似驕而不驕小人拘忌而實自驕矜【疏】子曰君子泰而不驕小人驕而不泰○正義曰此章論君子小人禮皃不同之事也君子自縱泰似驕而實不驕小人實驕自矜而強自拘忌不能寬泰也

子曰：剛、毅、木、訥近仁。王曰剛無欲毅果敢木質樸訥遲鈍有斯四者近於仁【疏】子曰剛毅木訥近仁○正義曰此章言有此四者之性行近於仁道也仁者靜剛無欲亦靜故剛近仁也仁者必有勇毅者果敢故毅近仁也仁者不尚華飾木者質樸故木近仁也仁者其言也訒訥者遲鈍故訥近仁也

子路問曰：何如斯可謂之士矣？子曰：切切偲偲，怡怡如也，可謂士矣。朋友切切偲偲，兄弟怡怡。馬曰切切偲偲相切責之皃怡怡和順之皃【疏】子路至怡怡○正義曰此章問士行也子路問曰何如斯可謂之士矣者問士之行何如也子曰切切偲偲怡怡如也可謂士也者此荅士行也朋友切切偲偲兄弟怡怡者此覆明其所施也切切偲偲相切責之皃朋友以道義切磋琢磨故施於朋友也怡怡和順之皃兄弟天倫當相友恭故怡怡施於兄弟也

子曰：善人教民七年，亦可以即戎矣。包曰即就也戎兵也言以攻戰【疏】子曰善人教民七年亦可以即戎矣○正義曰此章言善人為政之法也善人

謂君子也卽就也戎兵也言君子爲政教民至於七年使民知禮義與信亦可以就兵戎攻戰之事也言七年者夫子以意言之耳

子曰：以不教民戰，是謂棄之。馬曰言用不習之民使之攻戰必破敗是謂棄之

疏 子曰以不教民戰是謂棄之○正義曰此章言用不習之民使之攻戰必致破敗是謂棄之若棄擲也

論語注疏解經卷第十三

二品廕生阮常生校栞

論語注疏校勘記

阮元撰盧宣旬摘錄

子路第十三

子路問政章

先導之以德 釋文出先道云道導也本今作導是正字

無倦 釋文出曰毋倦云本今作無

仲弓爲季氏章

人將自舉其所知 皇本舉下有之各舉三字

言賢才難可偏知 案偏當作徧

衞君待子而爲政章

子之迂也 釋文出之迂云鄭本作于案迂于古字通禮記文王世子云況于其身以善其君乎鄭君注于讀爲迂

孔曰禮以安上 皇本作苞氏曰

則民無所錯手足 毛本錯作措疏仍作錯釋文出所錯云本又作錯說見前

衞君待子而爲正 補案正當作政

遠於士也 案士當作事下所言之士誤同

君子賢人可行不可言作凡人法 補鏜案可行下脫此事二字

樊遲請學稼章

曰吾不如老圃 皇本高麗本曰上有子字

樹菜𧁀曰圃也 各本𧁀作蔬案蔬爲疏之俗字𧁀又蔬之誤

襁負其子而至矣 釋文出繈字云又作襁同五經文字云襁作繈者非○按五經文字非也古繈緥字

從糸不從衣說文䙫字乃後人不得其解而妄增之段玉裁說

負者以器曰䙫　皇本䙫下有也字案史記弟子傳集解引包注作負子之器曰䙫

謂於夫子　案謂當作請

孔子怒其不學禮義而學稼種　閩本北監本毛本怒作恐

以信待物　案待當作侍寫者偶誤也今正

黍稷麻麦豆也　案麦當作麥形近之譌

鄭云周禮注云　案上云字當作元各本並誤

釋文云　案文當作天各本並誤

織縷之　北監本毛本之上有爲字案釋文繈下引博物志亦有爲字

誦詩三百章

誦詩三百　唐石經避順宗諱誦作誦

亦奚以爲　高麗本爲下有哉字

子謂衛公子荆

案左傳襄十九年　十九年上各本並脫二字當依本書補正

子適衛章

冉有僕　皇本有作子案風俗通義十反卷及論衡問孔篇並引作子又春秋繁露仁義法篇亦稱冉子與皇本合

冉有御　皇本御下有也字

言衛人衆多　皇本人作民多下有也字

曰教之　考文古本此下有王肅曰民富然後教義也衣食足後知辱十六字各本俱無

苟有用我者章

期月而已可也　皇本期作朞注同

期月周月也　案上月字本誤目今改正

善人爲邦百年章

勝殘殘暴之人　皇本作勝殘者勝殘暴之人

冉子退朝章

冉子退朝　筆解作冉有

馬曰事者　北監本曰誤目不成字

孔子訝其退朝晚　北監本訝其誤訏莫

皆論若朝之事　案若當作君閩本亦誤

還私遠君爲退朝　浦鏜云故稱退誤爲退朝

何晏曰爲仲尼稱孝友　浦鏜云曰當以字誤

定公問一言而可以興邦章

如知爲君之難也　皇本無之字

一言而喪邦有諸　皇本而下有可以二字高麗本亦有可字

唯其言而莫予違也　皇本高麗本而下有樂字

葉公問政章

此章楚葉縣公問爲政之法於孔子也　各本公作尹公字誤也今正

子夏爲莒父宰章

無欲速　高麗本無作毋釋文出毋欲云本今作無

無見小利　皇本無作毋

小利妨大皇本作見小利妨大事

則具事不達矣案具當作其形近之譌今正

葉公語孔子曰章

吾黨有直躬者釋文出直躬云鄭本作弓云直人名弓案吕氏春秋當務篇引孔子云異哉直躬之爲信也淮南氾論訓直躬其父攘羊而子證之高誘注直躬楚葉縣人也蕬字雖作躬亦俱不解爲直身

此章明爲直之禮也（補）明監本禮作理

何如斯可謂之士矣章

鄉黨稱弟焉皇本高麗本弟作悌釋文出稱弟云亦作悌

何足算也釋文出算字云本或作筭案鄭君注算數也不當作筭字漢書公孫賀傳贊及鹽鐵論大論竝引作選乃算之假借字

子貢至算也本貢誤曰今正

次此於二者云何明監本可作何案何字是也閩本誤作子浦鏜云於此字誤倒

宗族稱孝焉本孝誤之今正

不得中行而與之章

取其恒一也本一字空闕今補正

鄉人皆好之章

其不善者惡之高麗本之下有也字

何如斯可謂之士矣章

斯可謂之士矣皇本無之字

切切偲偲釋文出偲偲云本又作愢

兄弟怡怡皇本高麗本怡怡下有如也二字案文選曹植求通親親表注引兄弟怡怡如也又初學記十七藝文類聚二十一太平御覽四百十六引此文竝有如也二字與皇本合

善人教民七年章

包曰筆解無此二字

卽就也戎兵也皇本作卽戎就兵

論語注疏校勘記卷十三終

論語注疏解經卷第十四

憲問第十四　何晏集解　邢昺疏

【疏】正義曰此篇論三王二霸之迹諸侯大夫之行爲仁知恥脩己安民皆政之大節也故以類相聚次於問政也

憲問恥子曰邦有道穀孔曰穀祿也邦有道當食祿邦無道穀恥也孔曰君無道而在其朝食其祿是恥辱克伐怨欲不行焉可以爲仁矣馬曰克好勝人伐自伐其功怨忌小怨欲貪欲也子曰可以爲難矣仁則吾不知也包曰四者行之難未足以爲仁【疏】憲問恥至知也○正義曰此章明恥辱及仁德也憲謂弟子原憲問於夫子曰人之行何爲可恥辱也子曰邦有道穀邦無道穀恥也者穀祿也孔子荅言邦有道當食祿君無道而在其朝食其祿是恥辱也克伐怨欲不行焉可以爲仁矣者克好勝人也伐自伐其功也怨忌小怨也欲貪欲也原憲復問曰若此四者不行焉可以爲仁人矣乎子曰可以爲難矣仁則吾不知也者孔子荅言不行四者可以爲難未足以爲仁也○注馬曰至欲也○正義曰云克好勝人者克訓勝也左傳僖九年秦伯將納晉惠公謂其大夫公孫枝曰夷吾其定乎對曰言多忌克難哉公曰忌則多怨又焉能克杜預曰其言雖多忌適足以自害不能勝人也是克爲好勝人也云伐自伐其功者書曰汝惟不伐天下莫與汝爭功老子曰自伐者無功言人有功誇示之則人不與乃無功也是伐去其功若伐去樹木然故經傳謂誇功爲伐謂自伐其功也

子曰士而懷居不足以爲士矣士當志道不求安而懷其居非士也【疏】子曰士而懷居不足以爲士矣正義曰此章言士當志於道不求安居而懷安其居則非士也

子曰邦有道危言危行包曰危厲也邦有道可以厲言行也邦無道危行言孫孫順也厲行不隨俗順言以遠害【疏】子曰邦有道危言危行邦無道危行言孫○正義曰此章教人言行之法也危厲也孫順也言邦有道可以厲言行邦無道則厲其行不隨汙俗順言辭以避當時之害也

子曰有德者必有言德不可以億中故必有言有言者不必有德仁者必有勇勇者不必有仁【疏】子曰至有仁○正義曰此章言有德有仁者之行也子曰有德者必有言者德不可以無言億中故必有言也有言者不必有德者辯佞口給不必有德也仁者必有勇者見危授命殺身以成仁是必有勇也勇者不必有仁者若暴虎馮河之勇不必有仁也

南宮适孔曰适南宮敬叔魯大夫問於孔子曰羿善射奡盪舟孔曰羿有窮國之君篡夏后相之位其臣寒浞殺之因其室而生奡奡多力能陸地行舟爲夏后少康所殺俱不得其死然孔曰此二子者皆不得以壽終禹稷躬稼而有天下夫子不荅馬曰禹盡力於溝洫稷播百穀故曰躬稼禹及其身稷及後世皆王适意欲以禹稷比孔子孔子謙故不荅也南宮适出子曰君子哉若人尚德哉若人孔曰賤不義而貴有德故曰君子【疏】南宮适至若人○正義曰此章賤不義而貴有德也南宮适者魯大夫南宮敬叔也問於孔子曰羿善射奡盪舟俱不得其死然禹稷躬稼而有天下者羿有窮國之君以其善射篡夏后相之位其臣寒浞殺之奡寒浞之子多力盪推也能陸地推舟而行爲夏后少康所殺然猶焉也此二子者皆不得其壽終而死焉禹盡力於溝洫洪水既除烝民乃粒稷后稷也名弃周之始祖播種百穀皆以身親稼穡故曰禹稷躬稼也禹受舜禪稷及后世至文武皆王天下故曰而有天下也夫子不荅者适意欲以禹稷比孔子孔子謙故不荅也南宮适出者既問而退也子曰君子哉若人尚德哉若人者以其賤羿奡之不義貴禹稷之有德故美之曰君子哉若此人也尚德哉若此人也○注孔曰适南宮敬叔魯大夫正義曰此即南宮縚也字子容鄭注檀弓云敬叔孟僖子之子仲孫閱是也○注孔曰至所殺○正義曰云羿有窮國之君者羿居窮石之地故以窮爲國號以有配之猶言有周有夏也窮國之君曰羿羿是有窮君之名號也孔注尚書云羿諸侯名杜注左傳云羿有窮君之號則與孔不同也說文云羿帝嚳射官也賈逵云羿之先祖世爲先王射官故帝嚳賜羿弓矢使司射淮南子云堯時十日並生堯使羿射九日而落之楚辭天問云羿焉彈日烏解羽歸藏易亦云羿彈十日說文云彈者射也此三者言雖不經難以取信要言帝嚳時有羿堯時亦有羿則羿是善射之號非復人之名字信如彼言則不知此羿名爲何也云篡夏后相之位者襄四年左傳曰昔有夏之方衰也后羿自鉏遷於窮石因夏民以代夏

政。杜注云：禹孫大康淫放失國，夏人立其弟仲康，仲康亦微弱，仲康卒，子相立，羿遂代相，號曰有窮是也。云其臣寒浞殺之，因其室而生奡者，傳又曰：寒浞，伯明氏之讒子弟也。伯明后寒弃之，夷羿收之，信而使之，以爲己相。浞行媚于內，而施賂于外，愚弄其民，而虞羿于田，樹之詐慝，以取其國家，內外咸服。羿猶不悛，將歸自田，家衆殺而亨之。浞因羿室，生澆及豷是也。澆卽奡也，聲轉字異，故彼此不同。云奡多力能陸地行舟者，以此文云奡盪舟，盪訓推也，故知多力能陸地推舟而行也。云爲夏后少康所殺者，哀元年左傳曰：昔有過澆殺斟灌以伐斟鄩，滅夏后相。后緡方娠，逃出自竇，歸于有仍，生少康焉。爲仍牧正，其心澆能戒之。澆使椒求之，逃奔有虞，爲之庖正，以除其害。虞思於是妻之以二姚，而邑諸綸，有田一成，有衆一旅，能布其德，而兆其謀，以收夏衆，撫其官職。使女艾諜澆，使季杼誘豷，遂滅過、戈，復禹之績是也。過，澆國；戈，豷國。如彼傳文，當是羿遂出后相，乃自立爲天子，相依斟灌、斟鄩，夏祚猶尚未滅，蓋與羿竝稱王也。及寒浞殺羿，因羿室而生澆，澆已長大，自能用師，始滅后相。相死之後，始生少康，少康生杼，杼又年長，已堪誘豷，方始滅浞而立少康。計大康失邦，及少康紹國，向有百載，乃滅有窮。而夏本紀云仲康崩，子相立，相崩，子少康立，都不言羿、浞之事，是馬遷之疏也。○注馬曰至荅也。○正義曰：云禹盡力於溝洫者，泰伯篇文。云稷播百穀者，舜典文也。又益稷云：暨稷播奏庶艱食鮮食，懋遷有無化居，烝民乃粒。故摠曰躬稼。云禹及其身，稷及後世，皆王者，禹受舜禪，是及身也；稷后十五世至文王受命，武王誅紂，是及後世也。皆王有天下而爲王也。云适意欲以禹、稷比孔子者，言孔子勤行道德，亦當王有天下也。孔子持謙，不敢以己比於禹、稷，故不荅其言也。

子曰：「君子而不仁者有矣夫，未有小人而仁者也。」孔曰：雖曰君子，猶未能備。〔疏〕「子曰君子而不仁者有矣夫，未有小人而仁者也」。○正義曰：此章言仁道難備也。雖曰君子，猶未能備，而有時不仁也。若管仲九合諸侯，不以兵車，可謂仁矣，而鏤簋朱紘，山節藻梲，是不仁也。小人性不及仁道，故未有仁者。

子曰：「愛之，能勿勞乎？忠焉，能勿誨乎？」孔曰：言人有所愛，必欲勞來之；有所忠，必欲教誨之。〔疏〕「子曰愛之能勿勞乎，忠焉能勿誨乎」。○正義曰：此章論忠愛之心也。言人有所愛，必欲勞來之；有所忠，必欲教誨之也。

子曰：「爲命，裨諶草創之，孔曰：裨諶，鄭大夫氏名也。謀於野則獲，於國則否。鄭國將有諸侯之辭，則使乘車以適野，而謀作盟會之辭。世叔討論之，行人子羽脩飾之，東里子產潤色之。」馬曰：世叔，鄭大夫游吉也。討，治也。裨諶既造謀，世叔復治而論之，詳而審之。行人，掌使之官。子羽，公孫揮。子產居東里，因以爲號。更此四賢而成，故鮮有敗事。〔疏〕「子曰」至「色之」。○正義曰：此章述鄭國大夫之善也。「子曰爲命，裨諶草創之」者，裨諶，鄭大夫也。命謂政命盟會之辭也。言鄭國將有諸侯之事，作盟會政命之辭，則使裨諶適草野以創制之。「世叔討論之」者，世叔卽子大叔，鄭大夫游吉也。討，治也。裨諶既造謀，世叔復治而論之，詳而審之也。「行人子羽脩飾之」者，行人，掌使之官。子羽，公孫揮，亦鄭大夫也。世叔既討論，復以公孫揮脩飾之也。「東里子產潤色之」者，東里，鄭城中里名。子產居東里，因以爲號。脩飾潤色，皆謂增脩使華美也。既更此四賢而成，故鮮有敗事也。○注孔曰至之辭。○正義曰：云謀於野則獲，於國則否者，襄三十一年左傳文。此及下注皆出於此。案彼傳云：子產之從政也，擇能而使之。馮簡子能斷大事，子大叔美秀而文，公孫揮知四國之爲，而辨於大夫之族姓、班位、貴賤、能否，而又善爲辭令。裨諶能謀，謀於野則獲，謀於邑則否。鄭國將有諸侯之事，子產問四國之爲於子羽，且使多爲辭令，與裨諶乘以適野，使謀可否，而告馮簡子使斷之。事成，乃授子大叔使行之，以應對賓客，是以鮮有敗事是也。○注馬曰至敗事。○正義曰：云行人掌使之官者，周禮秋官有大行人、小行人，皆大夫也，掌諸侯朝覲宗廟會同之禮儀，及時聘問之事，則諸侯之行人亦然，故云掌使之官也。

或問子產。子曰：「惠人也。」孔曰：惠，愛也。子產，古之遺愛。問子西。曰：「彼哉！彼哉！」馬曰：子西，鄭大夫。彼哉彼哉，言無足稱。或曰楚令尹子西。問管仲。曰：「人也。猶詩言所謂伊人。奪伯氏駢邑三百，飯疏食，沒齒無怨言。」孔曰：伯氏，齊大夫。駢邑，地名。齒，年也。伯氏食邑三百家，管仲奪之，使至疏食，而沒齒無怨言，以其當理也。〔疏〕「或問」至「怨言」。○正義曰：此章歷評子產、子西、管仲之爲人也。「或問子產」者，或人問於夫子曰：鄭大夫子產何如人也？「子曰惠人也」者，惠，愛也。言子產仁恩被物，愛人之人也。「問子西」者，或人又問鄭大夫子西之行。「曰彼哉彼哉」者，彼指子西也。言如彼人哉，如彼人哉，無足可稱也。「問管仲」者，或人又問齊大夫管夷吾也。「曰人也，奪伯氏駢邑三百，飯疏食，沒齒無怨言」者，此荅言管仲是當理之人也。人也，指管仲，猶云此人也。

伯氏鄭大夫駢邑地名沒齒謂終沒齒年也伯氏食邑於駢邑三百家管仲奪之使貧但飯疏食至於終年亦無怨言以其管仲當理故也○注孔曰至遺愛○正義曰惠愛釋注文云子産古之遺愛者昭二十年左傳曰子産卒仲尼聞之出涕曰古之遺愛也杜注云子産見愛有古人之遺風○注爲曰至子西○正義曰云子西鄭大夫者案左傳子駟之子公孫夏也或曰楚令尹子西者案左傳公子申也代囊瓦爲令尹爲白公勝所殺者也○注猶詩言所謂伊人○正義曰詩秦風蒹葭文也毛傳云伊維也鄭箋云伊當作繄繄猶是也伊人若言是人也

子曰貧而無怨難富而無驕易疏子曰貧而無怨難富而無驕易○正義曰此章言人之貧乏多所怨恨而無怨爲難江熙云顏淵無怨不可及也人若豐富好生驕逸而無驕爲易江熙云子貢不驕猶可能也

子曰孟公綽爲趙魏老則優不可以爲滕薛大夫孔曰公綽魯大夫趙魏皆晉卿家臣稱老公綽性寡欲趙魏貪賢家老無職故優滕薛小國大夫職煩故不可爲疏子曰孟公綽爲趙魏老則優不可以爲滕薛大夫○正義曰此章評魯大夫孟公綽之才性也趙魏皆晉卿所食采邑名也家臣稱老公綽性寡欲趙魏貪賢家老無職若公綽爲之則優游有餘裕也滕薛乃小國而大夫職煩則不可爲也

子路問成人子曰若臧武仲之知馬曰魯大夫臧孫紇公綽之不欲馬曰孟公綽卞莊子之勇周曰卞邑大夫冉求之藝文之以禮樂孔曰加之以禮樂文成亦可以爲成人矣曰今之成人者何必然見利思義馬曰義然後取不苟得見危授命久要不忘平生之言亦可以爲成人矣孔曰久要舊約也平生猶少時疏子路至人矣○正義曰此章論成人之行也子路問成人者問於夫子行何德行謂之成人子曰若臧武仲之知公綽之不欲卞莊子之勇冉求之藝文之以禮樂亦可以爲成人矣者此荅成人之行也必也知如武仲廉如公綽勇如卞莊子藝如冉求既有知廉勇藝復以禮樂文成之雖未足多亦可以爲成人矣曰今之成人者何必然者夫子鄉言成人者是古之人也又言今之成人不必能備如此也見利思義見危授命久要不忘平生之言亦可以爲成人矣者此今之成人行也見財利思合義然後取之見君親有危難當致命以救之久要舊約也平生猶少時言與人少時有舊約雖年長貴達不忘其言能此三事亦可以爲成人也○注馬曰魯大夫臧孫紇○正義曰案春秋襄二十三年左氏傳以阿順季氏出奔邾又以防求爲後於魯致防而奔齊齊侯將爲臧紇田臧孫聞之見齊侯與之言伐晉對曰多則多矣抑君似鼠夫鼠晝伏夜動不穴於寢廟畏人故也今君聞晉之亂而後作焉寧將事之非鼠如何乃弗與田仲尼曰知之難也有臧武仲之知杜注云謂能避齊禍是武仲之知也

子問公叔文子於公明賈曰信乎夫子不言不笑不取乎孔曰公叔文子衛大夫公孫枝文謚公明賈對曰以告者過也夫子時然後言人不厭其言樂然後笑人不厭其笑義然後取人不厭其取子曰其然豈其然乎馬曰美其得道嫌不能悉然疏子問至然乎○正義曰此章言衛大夫公孫拔之德行也子問公叔文子於公明賈曰信乎夫子不言不笑不取乎者夫子指文子也孔子舊聞文子有此三行疑而未信故問於公明賈曰信實乎公明賈對曰以告者過也者過誤也賈對孔子言以告者誤云不言不笑不取耳夫子時然後言人不厭其言樂然後笑人不厭其笑義然後取人不厭其取也者賈言文子亦有言笑及取但中時然後言無游言也故人不厭棄其言可樂而後笑不苟笑也故人不厭惡其笑也見得思義合宜然後取之不貪取也故人不厭倦其取也子曰其然豈其然乎者然如此也孔子聞賈之言驚而美之也美其得道故曰其如是又嫌不能悉然故曰豈可盡能如此者乎○注孔曰公叔文子衛大夫公孫拔文謚○正義曰案世本云獻公生成子當當生文子拔拔生朱爲公叔氏謚法慈惠愛民曰文

子曰臧武仲以防求爲後於魯雖曰不要君吾不信也孔曰防武仲故邑爲後立後也魯襄公二十三年武仲爲孟氏所譖出奔邾自邾如防使爲以大蔡納請曰紇非能害也知不足也非敢私請苟守先祀無廢二勳敢不辟邑乃立臧爲紇致防而奔齊此所謂要君疏子曰臧武仲以防求爲後於魯雖曰不要君吾不信也○正義曰此章論臧孫紇要君之事防武仲故邑爲後猶立後也武仲據防邑求立後於魯他人

雖曰武仲不是要君吾不信也言實是要君。注孔曰至要君。○正義曰云魯襄公二十三年武仲爲孟氏所譖出奔邾者此及下至致防而奔齊皆左氏傳文也案彼傳云季武子無適公子彌長而愛悼子欲立之訪於臧紇紇爲立之公彌卽公鉏也孟孫惡臧孫季孫愛之孟氏之御騶豐點好羯也孟莊子疾豐點謂公鉏苟立羯請讎臧氏孟孫卒遂立羯孟氏閉門告於季孫曰臧氏將爲亂不使我葬季孫不信臧孫聞之戒冬十月孟氏將辟藉除於臧氏臧孫使正夫助之除於東門甲從己而視之孟氏又告季孫季孫怒命攻臧氏乙亥臧紇斬鹿門之關以出奔邾是也云自邾如防使爲以大蔡納請者傳又曰初臧宣叔娶于鑄生賈及爲而死繼室以其姪穆姜之姨子也生紇長於公宮姜氏愛之故立之臧賈臧爲出在鑄臧武仲自邾使告臧賈且致大蔡焉曰紇不佞失守宗祧敢告不弔紇之罪不及不祀子以大蔡納請其可賈曰是家之禍也非子之過也賈聞命矣再拜受龜使爲以納請遂立爲也臧孫如防使來告是也杜預曰大蔡大龜云紇非敢害也知不足也者此下皆彼傳文言使甲從己但慮事淺耳云非敢私請者言爲其先人請也云苟守先祀無廢二勳者二勳文仲宣叔云敢不辟邑乃立臧爲紇致防而奔齊此所謂要君者據邑請後故孔子以爲要君

子曰晉文公譎而不正鄭曰譎者詐也謂召天子而使諸侯朝之仲尼曰以臣召君不可以訓故書曰天王狩於河陽是譎而不正也齊桓公正而不譎馬曰伐楚以公義責苞茅之貢不入問昭王南征不還是正而不譎也

【疏】子曰晉文公譎而不正齊桓公正而不譎。○正義曰此章論二霸之事也譎詐也謂晉文公召天子而使諸侯朝之是詐而不正也齊桓公伐楚實因侵蔡而遂伐楚乃以公義責苞茅之貢不入問昭王南征不還是正而不詐也。○注鄭曰至正也。○正義曰云謂召天子而使諸侯朝之者案左傳僖二十八年冬會于溫是會也晉侯召王以諸侯見且使王狩是也云仲尼曰以臣召君不可以訓故書曰天王狩於河陽者亦彼傳文也云是譎而不正也者晉侯本意欲大合諸侯之師共尊事天子以爲臣之名義實無覬覦之心但於時周室旣衰天子微弱忽然帥九國之師將數千萬衆入京師以臨天子似有篡奪之說恐爲天子拒逆或復天子怖懼棄位出奔則諸侯心實盡誠無辭可解故自嫌彊大不敢朝王故召諸侯來會于溫溫去京師路近因加請諭令王就會受朝天子不可以受朝爲辭故令假稱出狩諸侯因會遇王遂共朝王得盡君臣之禮皆孔子所謂譎而不正之事聖人作法所以貽訓後世以臣召君不可以爲教訓故改正舊史舊史當依實而書言晉侯召王且使王狩仲尼書曰天王狩獮于河陽言天王自來狩獮于河陽之地使若獮失其地故書之以譏王然。注馬曰至譎也。○正義曰云伐楚以公義責苞茅之貢不入問昭王南征不還者案左傳僖四年春齊侯以諸侯之師侵蔡蔡潰遂伐楚楚子使與師言曰君處北海寡人處南海唯是風馬牛不相及也不虞君之涉吾地也何故管仲對曰昔召康公命我先君大公曰五侯九伯汝實征之以夾輔周室賜我先君履東至于海西至于河南至于穆陵北至于無棣爾貢苞茅不入王祭不供無以縮酒寡人是徵昭王南征而不復寡人是問是也杜注云包裹束也茅菁茅也束而灌之以酒爲縮酒尚書包匭菁茅茅之爲異未審昭王成王之孫南巡狩涉漢船壞而溺周人諱而不赴諸侯不知其故問之也案禹貢荊州包匭菁茅孔安國云其所包裹而致者匭匣也菁以爲菹茅以縮酒郊特牲云縮酌用茅鄭玄云泲之以茅縮去滓也周禮甸師祭祀共蕭茅鄭興云蕭字或爲莤莤讀爲縮束茅立之祭前沃酒其上酒滲下去若神飲之故謂之縮縮滲也故齊桓公責楚不貢苞茅王祭不共無以縮酒杜預用鄭興之說孔安國以菁與茅別杜云茅菁茅則以菁茅爲一特令荊州貢茅必當異於餘處但更無傳說故云茅之爲異未審也沈氏云大史公封禪書云江淮之間一茅三脊杜云未審者以三脊之茅比目之魚比翼之鳥皆是靈物不可常貢故杜云未審也舊說皆言漢濱之人以膠膠船故得水而壞昭王溺焉不知本出何書

子路曰桓公殺公子糾召忽死之管仲不死曰未仁乎孔曰齊襄公立無常鮑叔牙曰君使民慢亂將作矣奉公子小白出奔莒襄公從弟公孫無知殺襄公管夷吾召忽奉公子糾出奔魯齊人殺無知魯伐齊納子糾小白自莒先入是爲桓公乃殺子糾召忽死之子曰桓公九合諸侯不以兵車管仲之力也如其仁如其仁孔曰誰如管仲之仁

【疏】子路至其仁。○正義曰此章論齊大夫管仲之行也子路曰桓公殺公子糾召忽死之管仲不死曰未仁乎者召忽管仲皆事子糾及桓公殺公子糾召忽致死而管仲獨不死復臣桓公故子路言管仲未得爲仁乎子曰桓公九合諸侯不以兵車管仲之力也如其仁如其仁者孔子聞子路言管仲未仁故爲說其行仁之事言齊桓公九會諸侯不以兵車謂衣裳之會也存亡繼絕諸夏義安皆管仲之力也足得爲仁餘更有誰如其管仲之仁再言之者

所以拒子路美管仲之深也言九合者史記云兵車之會三乘車之會六穀梁傳云衣裳之會十有一范甯注云十三年會北杏十四年會鄄十五年又會鄄十六年會幽二十七年又會幽僖元年會檉二年會貫三年會陽穀五年會首戴七年會甯母九年會葵丘凡十一會不取北杏及陽穀爲九也注孔曰至死之○正義曰云襄公立無常至出奔莒皆莊八年左傳文也杜注云政令無常鮑叔牙小白傅小白僖公庶子云襄公從弟公孫無知殺襄公者春秋莊八年冬十有一月癸未齊無知弑其君諸兒是也云管夷吾召忽奉公子糾出奔魯者亦莊八年左傳文云齊人殺無知魯伐齊納子糾者莊九年經文也云小白自莒先入是爲桓公者九年傳文也云殺子糾召忽死之者案莊九年傳云夏公伐齊納子糾桓公自莒先入秋師及齊師戰于乾時我師敗績鮑叔帥師來言曰子糾親也請君討之管仲讎也請受而甘心焉乃殺子糾于生竇召忽死之管仲請囚鮑叔受之及堂阜而稅之歸而以告曰管夷吾治於高傒使相可也公從之是也

子貢曰管仲非仁者與桓公殺公子糾不能死又相之子曰管仲相桓公霸諸侯一匡天下馬曰匡正也天子微弱桓公帥諸侯以尊周室一正天下民到于今受其賜受其賜者爲不被髮左衽之惠微管仲吾其被髮左衽矣馬曰微無也無管仲則君不君臣不臣皆爲夷狄豈若匹夫匹婦之爲諒也自經於溝瀆而莫之知也王曰經經死於溝瀆中也管仲召忽之於公子糾君臣之義未正成故死之未足深嘉不死未足多非死事既難亦在於過厚故仲尼但美管仲之功亦不言召忽不當死

【疏】子貢至知也○正義曰此章亦論管仲之行子貢曰管仲非仁者與者子貢言齊大夫管仲不仁疑而未定故云與桓公殺公子糾不能死又相之者子貢既言非仁遂言非仁之事管仲與召忽同事公子糾則有君臣之義理當授命致死而齊桓公使魯殺公子糾召忽則死管仲不能致死復爲桓公之相是無仁心於子糾故子貢非之也子曰管仲相桓公霸諸侯一匡天下者此下孔子爲子貢說管仲之仁也匡正也霸把也諸侯把天子之政也言時周天子微弱管仲相桓公帥諸侯以尊周室一匡天下也民到於今受其賜者謂受不被髮左衽之惠賜也微管仲吾其被髮左衽矣者微無也衽謂衣衿衣衿向左謂之左衽夷狄之人被

髮左衽言無管仲則君不君臣不臣中國皆爲夷狄故云吾其被髮左衽也豈若匹夫匹婦之爲諒也自經於溝瀆而莫之知也者自經謂經死於溝瀆中也諒信也匹夫匹婦謂庶人也無別妾媵惟夫婦相匹而已言管仲志在立功創業豈肯若庶人之爲小信自經死於溝瀆中而使人莫知其名也且管仲召忽之爲公子糾君臣之義未正成故召忽死之未足深嘉管仲不死未足多非死事既難亦在於過厚故仲尼但美管仲之功亦不言召忽不當死○注馬曰至天下○正義曰云匡正也釋言文云天子微弱桓公帥諸侯以尊周室一正天下者成二年左傳云五伯之霸也杜預云夏伯昆吾商伯大彭豕韋周伯齊桓晉文是三代有五伯矣伯者長也言爲諸侯之長也鄭玄云天子衰諸侯興故曰霸霸者把也言把持王者之政教故其字或作伯或作霸也是天子微弱桓公帥諸侯以尊周室一正天下故曰霸諸侯也

公叔文子之臣大夫僎與文子同升諸公孔曰大夫僎本文子家臣薦之使與己並爲大夫同升在公朝子聞之曰可以爲文矣孔曰言行如是可謚爲文

【疏】公叔至文矣○正義曰此章論衛大夫公孫拔之行也公叔文子之臣大夫僎與文子同升諸公者諸於也大夫僎本文子家臣文子薦之使與己並爲大夫同升在於公朝也子聞之曰可以爲文矣者孔子聞其行如是故稱之曰可以謚爲文矣以謚法錫民爵位曰文故也

子言衛靈公之無道也康子曰夫如是奚而不喪孔子曰仲叔圉治賓客祝鮀治宗廟王孫賈治軍旅夫如是奚其喪孔曰言雖無道所任者各當其才何爲當亡

【疏】子言至其喪○正義曰此章言治國在於任材也子言衛靈公之無道也康子曰夫如是奚而不喪者奚何也夫子因言衛靈公之無道季康子乃問之曰夫靈公無道如是何爲而國不亡乎孔子曰仲叔圉治賓客祝鮀治宗廟王孫賈治軍旅夫如是奚其喪者言雖無道有此三人所任者各當其才何爲當亡

子曰其言之不怍則爲之也難馬曰怍慙也內有其實則言之不慙積其實者爲之難

【疏】子曰其言之不怍則爲之也難○正義曰此章疾時人內無其實而辭多慙怍作慙也人若內有其實則其言之不怍然則內積其實者爲之也甚難

陳成子弒簡公孔

子沐浴而朝告於哀公曰陳恒弑其君請討之馬曰成子齊大夫陳恒也將告君故先齋齋必沐浴公曰告夫三子孔曰謂三卿也孔子曰以吾從大夫之後不敢不告也君曰告夫三子者馬曰我禮當告君不當告三子君使我往故復往之三子告不可孔子曰以吾從大夫之後不敢不告也馬曰孔子由君命之三子告不可故復以此辭語之而止〔疏〕陳成至告也。正義曰此章記孔子惡無道之事也陳成子弑簡公者春秋哀十四年齊人弑其君壬是也孔子沐浴而朝告於哀公曰陳恒弑其君請討之者孔子在魯聞齊弑其君故齋戒沐浴而朝告於魯君哀公曰齊大夫陳恒弑其君請往討伐之公曰告夫三子者哀公使孔子告夫季孫孟孫叔孫三卿也孔子曰以吾從大夫之後不敢不告也者嘗爲大夫而去故云從大夫之後聞夫不義禮當告君故云不敢不告君曰告夫三子者者言我禮當告君不當告三子君使我往故復往也之三子告不可者之往也往三子所告之三子不肯討齊也孔

子曰以吾從大夫之後不敢不告也者孔子以君命往告三子三子不可其請故孔子復以此辭語之而止案左傳録此事與此小異此云沐浴而朝彼云齊而請此云公曰告夫三子彼云公曰子告季孫禮齋必沐浴三子季孫爲長各記其一故不同耳此又云之三子告彼無文者傳是史官所録記其與君言耳退後別告三子唯弟子知之史官不見其告故專無文也

子路問事君子曰勿欺也而犯之孔曰事君之道義不可欺當能犯顏諫爭〔疏〕子路問事君子曰勿欺也而犯之。正義曰此章言事君之道義不可欺而當能犯顏諫爭之

子曰君子上達小人下達本爲上末爲下〔疏〕子曰君子上達小人下達。正義曰此章言君子小人所曉達不同也本爲上謂德義也末爲下謂財利也言君子達於德義小人達於財利

子曰古之學者爲己今之學者爲人孔曰爲己履而行之爲人徒能言之〔疏〕子曰古之學者爲己今之學者爲人。正義曰此章言古今學者不同也古人之學則履而行之是爲己也今人之學空能爲人言說之己不能行是爲人也范曄云爲人者憑譽以顯物爲己者因心以會道也

蘧伯玉使人於孔子孔子與之坐而問焉孔曰伯玉衞大夫蘧瑗曰夫子何爲對曰夫子欲寡其過而未能也言夫子欲寡其過而未能無過使者出子曰使乎使乎陳曰再言使乎者善之也言使得其人〔疏〕蘧伯至使乎。正義曰此章論衞大夫蘧瑗之德蘧伯玉使人於孔子孔子與之坐而問焉曰夫子何爲者夫子指蘧伯玉也蘧伯玉有君子之名故孔子問其使人曰夫子何所云爲而得此君子之名譽乎對曰夫子欲寡其過而未能也者言夫子常自脩省欲寡少其過而未能無過也使者出子曰使乎使乎者孔子善其使得其人故言使乎使乎所以善之者顏回尚未能無過況伯玉乎而使者云未能是伯玉之心不見欺也

子曰不在其位不謀其政曾子曰君子思不出其位孔曰不越其職〔疏〕子曰不在其位不謀其政曾子曰君子思不出其位。正義曰此章戒人之僭濫侵官也言若己不在此位則不得謀議此位之政事也曾子遂曰君子思謀當不出己位言思慮所及不越其職

子曰君子恥其言而過其行〔疏〕子曰君子恥其言而過其行。正義曰此章勉人使言行相副也若君子言行相顧若言過其行謂有言而行不副君子所恥也

子曰君子道者三我無能焉仁者不憂知者不惑勇者不懼子貢曰夫子自道也〔疏〕子曰至道也。正義曰此章論君子之道子曰君子道者三我無能焉者言君子之道有三我皆不能也仁者不憂知者不惑勇者不懼者此其三也仁者樂天知命內省不疚故不憂也知者明於事故不惑勇者折衝禦侮故不懼夫子言我皆不能此三者子貢曰夫子自道也者子貢言夫子實有仁知及勇而謙稱我無故曰夫子自道說也所謂謙尊而光

子貢方人孔曰比方人也子曰賜也賢乎哉夫我則不暇孔曰不暇比方人也〔疏〕子貢至不暇。正義曰此章抑子貢也子貢方人者謂比方人也子貢多言嘗舉其人倫以相比方子曰賜也賢乎哉夫我則不暇者夫知人則哲堯舜猶病而子貢輙比方人怒其輕易故曰賜也賢乎哉所以抑之也夫我則不暇比方人也

子曰不患人之不

已知患其不能也王曰：徒患己之無能。［疏］子曰不患人之不己知，患其不能也。正義曰：此章勉人脩德也。言不患人不知己，但患己之無能。

子曰：不逆詐，不億不信，抑亦先覺者，是賢乎？孔曰：先覺人情者，是寧能爲賢乎？或時反怨人。［疏］子曰不逆詐不億不信抑亦先覺者是賢乎。正義曰：此章戒人不可逆料人之詐，不可億度人之不信也。抑，語辭也。言先覺人者是□□□□□□□□□所以非賢者，以詐僞不信之人爲之億度□□□□□人，故先覺者非爲賢也。

微生畝謂孔子曰：丘何爲是栖栖者與？無乃爲佞乎？包曰：微生，姓；畝，名。孔子曰：非敢爲佞也，疾固也。包曰：疾世固陋，欲行道以化之。［疏］微生至疾固也。正義曰：此章記孔子疾世固陋之事也。微生畝謂孔子曰丘何爲是栖栖者與無乃爲佞乎者，栖栖猶皇皇也。微生畝，隱士之姓名也。以言謂孔子曰丘，呼孔子名也。何爲如是東西南北而栖栖皇皇者與，無乃爲佞說之事於世乎？孔子曰非敢爲佞也疾固也者，孔子荅言不敢爲佞，但疾世固陋，欲行道以化之。

子曰：驥不稱其力，稱其德也。鄭曰：德者，調良之謂。［疏］子曰驥不稱其力稱其德也。正義曰：此章疾時尚力取勝而不重德。驥，是古之善馬名。人不稱其任重致遠之力，但稱其調良之德也。馬尚如是，人亦宜然。

或曰：以德報怨，何如？德，恩惠之德。子曰：何以報德？以直報怨，以德報德。［疏］或曰至報德。正義曰：此章論酬恩報怨之法也。或曰以德報怨何如者，或人之意欲人犯而不校，故問孔子曰：以恩德報讎怨何如？子曰何以報德者，孔子荅言：若報怨既用其德，若受人恩惠之德，不知何以報之也。以直報怨以德報德者，既不許或人以德報怨，故陳其正法，言當以直道報讎怨，以恩德報德也。注德恩惠之德。正義曰：謂德加於彼，彼荷其恩，故謂荷恩爲德。左傳云「然則德我乎」，又曰「王德狄人」，皆是也。

子曰：莫我知也夫！子貢曰：何爲其莫知子也？子貢怪夫子言何爲莫知己，故問。子曰：不怨天，不尤人，馬曰：孔子不用於世，而不怨天；人不知己，亦不尤人。下學而上達。孔曰：下學人事，上知天命。知我者其天乎！聖人與天地合其德，故曰唯天知己。［疏］子曰至天乎。正義曰：此章孔子自明其志也。子曰莫我知也夫者，言無人知我志者也。子貢曰何爲其莫知子也者，子貢怪夫子言，故問何爲莫知己。子曰不怨天不尤人者，尤，非也。孔子言已不用於世而不怨天，人不知已亦不非人也。下學而上達者，言已下學人事，上知天命，時有否泰，故用有行藏，是以不怨天尤人也。知我者其天乎者，言唯天知已志也。注聖人與天地合其德。正義曰：此易乾卦文言文也。合其德者，謂覆載也。引之者，以證天知夫子者，以夫子聖人與天地合德故也。

公伯寮愬子路於季孫。馬曰：愬，譖也。伯寮，魯人，弟子也。子服景伯以告，孔曰：魯大夫子服何忌也。告，告孔子。曰：夫子固有惑志，孔曰：季孫信讒，恚子路。於公伯寮，吾力猶能肆諸市朝。鄭曰：吾勢力猶能辨子路之無罪於季孫，使之誅寮而肆之。有罪既刑，陳其尸曰肆。子曰：道之將行也與，命也。道之將廢也與，命也。公伯寮其如命何！［疏］公伯至命何。正義曰：此章言道之廢行皆由天命也。公伯寮愬子路於季孫者，愬，譖也。伯寮、子路皆臣於季孫，伯寮誣子路以罪而譖於季孫也。子服景伯以告者，以其事告孔子也。曰夫子固有惑志者，夫子謂季孫。言季孫堅固已有疑惑之志，謂信讒恚子路也。於公伯寮吾力猶能肆諸市朝者，有罪既刑，陳其尸曰肆。景伯言吾勢力猶能辨子路之無罪於季孫，使之誅寮而肆之。子曰道之將行也與命也道之將廢也與命也公伯寮其如命何者，孔子不許其告，故言道之廢行皆由天命，雖公伯寮之譖，其能違天而興廢子路乎？注伯寮魯人弟子也。正義曰：史記弟子傳云：「公伯寮字子周，魯人。愬子路於季孫。」者。注孔曰魯大夫子報何忌也。正義曰：案左傳哀十二年，吳人將以公見晉侯，子服景伯對使者，吳人乃止。既而悔之，將囚景伯。景伯曰：「何也立後於魯矣。」杜注云：「何，景伯名。」然則景伯單名何，而此注云何忌，誤也。注有罪既刑陳其尸曰肆。正義曰：秋官鄉士職云：「協日刑殺，肆之三日。」鄭玄曰：「肆猶申也，陳也。」是言有罪既殺，陳其尸曰肆也。言市朝者，應劭曰：「大夫已上於朝，士已下於市。」

子曰：賢者辟世，孔曰：世主莫得而臣。其次辟地，馬曰：去亂國，適治邦。其次辟色，孔曰：色斯舉矣。其次辟言。孔曰：有惡言乃去。子曰：作者七人矣。包曰作爲也爲之者凡七人謂長沮桀溺丈人石門荷蕢儀封人楚狂接輿 疏 子曰至人矣○正義曰此章言自古隱逸賢者之行也子曰賢者辟世者謂天地閉則賢人隱高蹈塵外枕流漱石天子諸侯莫得而臣也其次辟地者未能高栖絕世但擇地而處去亂國適治邦者也其次辟色者不能豫擇治亂但觀君之顏色若有厭已之色於斯舉而去之也其次辟言者不能觀色斯舉矣有惡言乃去之也子曰作者七人矣者作爲也言爲此行者凡有七人○注孔曰色斯舉矣○正義曰此鄉黨篇文也○注包曰至接輿○正義曰作爲釋言文云爲之者凡七人謂長沮桀溺丈人石門荷蕢儀封人楚狂接輿者謂長沮一桀溺二荷蓧丈人三石門晨門四荷蕢五儀封人六楚狂接輿七也王弼云七人伯夷叔齊虞仲夷逸朱張柳下惠少連鄭康成云伯夷叔齊虞仲辟世者荷蓧長沮桀溺辟地者柳下惠少連辟色者荷蕢楚狂接輿辟言者七當爲十字之誤也

子路宿於石門晨門曰奚自 晨門者閽人也 子路曰自孔氏曰是知其不可而爲之者與 包曰言孔子知世不可爲而強爲之 疏 子路至者與○正義曰此章記隱者晨門之言也子路宿於石門晨門曰奚自者石門地名也晨門掌晨昏開閉門者謂閽人也自從也奚何也時子路宿於石門夙興爲門人所問曰汝何從來乎子路曰自孔氏者子路荅閽人言自孔氏處來也曰是知其不可而爲之者與者晨門聞子路云從孔氏未審孔氏爲誰又舊知孔子之行故問曰是知其世不可爲而周流東西彊爲之者此孔氏與意非孔子不能隱遯辟世也

子擊磬於衛有荷蕢而過孔氏之門者曰有心哉擊磬乎 蕢草器也有心謂契契然 既而曰鄙哉硜硜乎莫已知也斯已而已矣 此硜硜者徒信己而已言亦無益 深則厲淺則揭 包曰以衣涉水爲厲揭揭衣也言隨世以行己若過水必以濟知其不可則當不爲 子曰果哉末之難矣 未知己志而便譏己所以爲果末無也無難者以其不能解己之道 疏 子擊至難矣○正義曰此章記隱者荷蕢之言也子擊磬於衛者時孔子在衛而自擊磬爲聲也有荷蕢而過孔氏之門者曰有心哉擊磬乎者荷擔揭也蕢草器也有心謂契契然當孔子擊磬之時有擔揭草器之人經過孔氏之門聞其磬聲乃言曰有心契契然憂苦哉此擊磬之磬乎既而曰鄙哉硜硜乎莫已知也斯已而已矣者既已也硜硜鄙賤貌莫無也斯此也荷蕢者既言有心哉擊磬乎又察其磬聲已而言曰可鄙賤哉硜硜乎無人知己此硜硜者徒信己而已言無益也深則厲淺則揭者此衛風匏有苦葉詩以衣涉水爲厲揭揭衣也荷蕢者引之欲令孔子隨世以行己若過水深則當厲淺則當揭而不當厲以喻行己知其不可則不當爲也子曰果哉末之難矣者孔子聞荷蕢者譏己故發此言果謂果敢末無也言未知己志而便譏己所以爲果敢無難者以其不能解己之道不以爲難故云無難也○注蕢草器也有心謂契契然○正義曰蕢草器見說文小雅大東云契契寤歎毛傳云契契憂苦也○注包曰至不爲○正義曰云以衣涉水爲厲揭揭衣也者爾雅釋水文也孫炎曰揭衣褰裳也衣涉濡褌也

子張曰書云高宗諒陰三年不言何謂也 孔曰高宗殷之中興王武丁也諒信也陰猶默也 子曰何必高宗古之人皆然君薨百官總己 馬曰已百官 以聽於冢宰三年 孔曰冢宰天官卿佐王治者三年喪畢然後王自聽政 疏 子張至三年○正義曰此章論天子諸侯居喪之禮也子張曰書云高宗諒陰三年不言何謂也者高宗諒陰三年不言周書無逸篇文也高宗殷王武丁也諒信也陰默也言武丁居父憂信任冢宰默而不言三年矣子張未達其理而問於夫子也子曰何必高宗古之人皆然君薨百官總己以聽於冢宰三年者孔子荅言何必獨高宗古之人皆如是諸侯死曰薨言君既薨新君即位使百官各總己職以聽使於冢宰三年喪畢然後王自聽政○注孔曰至默也○正義曰云高宗殷之中興王武丁也者孔安國云盤庚弟小乙子名武丁德高可尊故號高宗喪服四制引書云高宗諒陰三年不言善之也王者莫不行此禮何以獨善之也曰高宗者武丁武丁者殷之賢王也繼世即位而慈良於喪當此之時殷衰而復興禮廢而復起故載之於書中而高之故謂之高宗三年之喪君不言也是說不言之意也云諒信也陰默也者謂信任冢宰默而不言也禮記作諒闇鄭玄以爲凶廬非孔義也今所不取○注孔曰至聽政○正義曰云冢宰天官卿佐王治者案周禮天官太宰之職掌建邦之六典以佐王治邦國敘官云乃立天官冢宰使帥其屬而掌邦治以佐王均邦國治官之屬大宰卿一人鄭注引此文云君薨百官總己以聽於冢宰言冢宰於百官無所不主爾雅曰冢大也冢宰大宰也變冢言大進退異名也百官總

焉則謂之冢列職於王則稱大冢大之上也山頂曰冢故云冢宰天官卿佐王治者也云三年喪畢然後王自聽政者謂卒哭除服之後三年心喪已畢然後王自聽政也知非衰麻三年者晉書杜預傳云大始十年元皇后崩依漢魏舊制既葬帝及羣臣皆除服疑皇太子亦應除否詔諸尚書會僕射盧欽論之唯預以爲古者天子諸侯三年之喪始服齊斬既葬除喪服諒闇以居心喪終制不與士庶同禮於是盧欽魏舒問預證據預曰春秋晉侯享諸侯子産相鄭伯時簡公未葬請免喪以聽命君子謂之得禮宰咺歸惠公仲子之賵傳曰弔生不及哀此皆既葬除服諒陰之證也書傳之說既多學者未之思耳喪服諸侯爲天子亦斬衰豈可謂終服三年也預又作議曰周景王有后世子之喪既葬除喪而宴樂晉叔向譏之曰三年之喪雖貴遂服禮也王雖不遂宴樂以早此亦天子喪事見於古也稱高宗不言喪服三年而云諒陰三年此釋服心喪之文也譏景王不譏其除喪而譏其宴樂早則既葬應除而違諒闇之節也堯喪舜諒闇三年故稱遏密八音由此言之天子居喪齊斬之制非杖經帶當遂其服既葬而除諒闇以終之三年無改於父之道故曰百官總已以聽冢宰喪服既除故更稱不言之美明不復寢苫枕凷以荒大政也禮記云三年之喪自天子達又云父母之喪無貴

賤一也又云端衰喪車皆無等此通謂天子居喪衣服之制同於凡人心喪之禮終於三年亦無服喪三年之文天子之位至尊萬機之政至大羣臣之衆至廣不得同之於凡人故大行既葬祔祭於廟則因疏而除之已不除則羣臣莫敢除故屈己以除之而諒闇以終制天下之人皆曰我王之仁也屈己以從宜皆曰我王之孝也既除而心喪我王猶若此之篤也凡我臣子亦安得不自勉以崇禮此乃聖制移風易俗之本也譏秦皇太子遂除衰麻而諒闇喪終是知三年喪畢謂心喪畢然後王自聽政也

子曰上好禮則民易使也民莫敢不敬故易使

疏子曰上好禮則民易使也○正義曰此章言君上好禮則民莫敢不敬故易使也

子路問君子子曰脩己以敬孔曰敬其身曰如斯而已乎曰脩己以安人孔曰人謂朋友九族曰如斯而已乎曰脩己以安百姓脩己以安百姓堯舜其猶病諸孔曰病猶難也

疏子路問君子至病諸○正義曰此章論君子之道也子路問於孔子爲行何如可謂之君子也子曰脩己以敬者言君子當敬其身也曰如斯而已乎者子路嫌其少故曰君子之道豈如此而已乎曰脩己以安人者人謂朋友九族孔子更爲廣之言當脩己以恩惠安於親族也曰如斯而已乎者子路猶嫌其少故又言此曰脩己以安百姓者百姓謂衆人也言當脩己以安天下之衆人也脩己以安百姓堯舜其猶病諸者病猶難也諸之也孔子恐其未已故又說此言言此脩己以安百姓之事雖堯舜之聖其猶難之況君子乎

原壤夷俟馬曰原壤魯人孔子故舊夷踞俟待也踞待孔子子曰幼而不孫弟長而無述焉老而不死是爲賊賊謂賊害以杖叩其脛孔曰叩擊也脛脚脛

疏原壤夷俟至其脛○正義曰此章記孔子責原壤之辭原壤魯人孔子故舊夷踞也俟待也原壤聞孔子來乃申兩足箕踞以待孔子也子曰幼而不孫弟長而無述焉老而不死是爲賊者孔子見其無禮故以此言責之孫順也言原壤幼少不順弟於長上及長無德行不稱述今老而不死不脩禮敬則爲賊害以杖叩其脛者叩擊也脛脚脛既數責之復以杖擊其脚脛令不踞也○注馬曰至孔子○正義曰原壤魯人孔子故舊者檀弓云孔子之故人曰原壤是也云夷踞俟待也踞待孔子者說文云踞

蹲也蹲卽坐也禮揖人必違其位今原壤坐待孔子故孔子責之也

闕黨童子將命馬曰闕黨之童子將命者傳賓主之語出入或問之曰益者與子曰吾見其居於位也童子隅坐無位成人乃有位見其與先生並行也非求益者也欲速成者也包曰先生成人也並行不差在後違禮欲速成人者則非求益也

疏闕黨至者也○正義曰此章戒人當行少長之禮也闕黨童子將命者闕黨黨名童子未冠者之稱將命謂傳賓主之語出入時闕黨之童子能將命傳賓主之命也或問之曰益者與者或人見其童子能將命故問孔子曰此童子是自求進益之道也與子曰吾見其居於位也見其與先生並行也非求益者也欲速成者也者孔子荅或人言此童子非求進益者也乃是欲速成人者也知者禮童子隅坐無位成人乃有位今吾見此童子其居於成人之位禮父之齒隨行兄之齒鴈行今吾見此童子其與先生成人者並行不差在後違謙越禮故知欲速成人者非求益也

論語注疏解經卷第十四　二品廕生阮常生校栞

論語注疏挍勘記　阮元撰盧宣旬摘錄

憲問第十四

憲問恥章　閩本北監本連下克伐怨欲爲一章，與此本同，毛本及朱子集注本別爲一章

當食祿　皇本作當食其祿也

君無道而在其朝　釋文出在朝云本今作在其朝

四者行之難　皇本作此四者行之難者。又史記弟子傳集解引此節注作鄭曰

左傳僖元年　案元年當作九，各本竝誤，今正

邦有道章

危行言孫　皇本孫作遜，注同。釋文出言孫云音遜，說見前

有德者必有言章

德不可以億中　皇本億作憶，說詳先進篇柴也愚章

南宮适章

南宮适　釋文出宮适云本又作括。唐石經避德宗諱，适作适

羿善射　說文引羿作𢏚。案汗簡載羿之古文爲㚤，云出古尚書，㚤即𢏚之變體，益古論則作𢏚也

有窮國之君　皇本無國字，君下有也字

稷播百穀　皇本播下有殖字

及后世　閩本北監本毛本后作後。案經傳多借后爲後

堯時十日竝生　浦鏜云出誤生

羿爲彈日烏解羽　閩本北監本烏誤鳥，非也

因夏民以代夏政　毛本代作伐。伐字誤也，今正

淫於失國　閩本北監本同。案皆誤也，於當作放

寒羿牧之　閩本同，明監本毛本牧作收，是也

其心澆能戒之　閩本同，明監本毛本其心二字并作惎。案作惎是也

爲之苍正　閩本同，明監本毛本苍作庖。案苍字誤也

以牧畀衆　閩本同，毛本牧畀作收夏。案所改是也。北監本夏亦誤畀

及少康紹國　閩本北監本同，毛本反作及。案及字誤也

武王誅討　補北監本毛本討作紂。案紂字是也

爲命章

裨諶草創之　高麗本裨作卑。羣經音辨一卜部卑諶，鄭人也，引鄭康成曰卑諶艸創之。釋文出草創云依說文此是創痍字，創制之字當作刱。案後漢書皇后紀下卑蹵注引風俗通義云卑氏鄭大夫卑諶之後，是古本作卑也。又漢書古今人表作卑湛，湛諶古字通，草創乃艸刱二字之假借。○按依說文當作椑，說詳左傳注疏挍勘記

則使乘車以適野　釋文出乘以云本今作乘車以

行人子羽脩飾之　皇本脩作修。案後脩己以敬，脩己以安人，脩己以安百姓，及脩文德，脩廢官，此章脩飾之竝從彡作修，此外如德之不脩，脩慝辨惑，仍同今本作脩，體例不能畫一。○案脩訓脯，修訓治，經傳假脩爲修治字

此章迹鄭國大夫之善也　案迹當作述，各本皆誤

公孫揮知四國之爲而辨於大夫之族姓　今左氏襄三十一年傳知上有能字，於下有其字

且使多爲辭令　本且誤且，今正

及時聘問問之事　閩本北監本毛本問問作會同。案會同已見上文，依此作問問爲是

或問子產章

猶詩言所謂伊人　皇本此注作鄭元曰

飯疏食　皇本高麗本疏作蔬注同釋文出蔬字云本今作疏

代囊瓦爲令尹　閩本北監本代誤伐毛本代作楚

貧而無怨難章

富而無驕易　考文古本此下有王肅曰貧者善怨富者善驕二者之中貧者人難使不怨也二十三字注各本俱無

孟公綽章

孟公綽　釋文出公綽云本又作繛案說文繛或省作綽又汗簡云繛見古論語是魯論作綽古論作繛也○按據汗簡改非也當云本又作卓

不可以爲滕薛大夫　皇本高麗本夫下有也字

故憂　北監本毛本憂作優案此寫者誤脫人旁也今正

皆晉卿所食菜邑名也　北監本毛本菜作采說見前

子路問成人章

若臧武仲之知　皇本知作智高麗本無子字

子問公叔文子於公明賈章

衛大夫公孫枝　皇本枝作拔釋文出公孫拔云皮八反禮記檀弓下公叔文子卒鄭君注文子衛獻公之孫名拔或作發疏引世本亦作拔困學紀聞六云衛公叔發注謂公叔文子論語孔注作公孫拔是王伯厚所見本尚作拔字養新錄云公叔文子朱注作公孫枝王伯厚以爲傳寫之誤予嘗見倪士毅四書輯釋載朱文公論語注公叔文子衛大夫公孫拔也又引吳氏程曰拔皮八反俗本作枝誤即公叔發乃知今世所行集注本非考亭之舊王厚齋所見亦是誤本據此則集解集注諸本枝字皆形近傳寫之譌○案此疏中作技尤誤

人不厭其言　皇本高麗本言下有也字下其笑其取下並同

臧武仲以防章

紇非能害也　皇本能作敢

防於臧紇　北監本毛本防作訪是也閩本亦誤

籍除於臧氏　北監本毛本籍作藉是也閩本亦誤

紇非敢害也　左氏襄二十三年傳敢作能

此下皆彼傳又　案又當作文各本皆不誤今正

苟守先祖　北監本毛本祖作祀祖字誤也今正

晉文公譎而不正章

天王狩於河陽　皇本於作于釋文出狩字云本亦作守

責苞茅之貢不入　皇本北監本毛本苞作包疏同案五經文字云包裹也經典或借苞字爲之

將數千萬衆　浦鏜云十誤千

弃位出奔　北監本毛本弃作棄案棄字是也○今正

因加謂諭　浦鏜云諷誤謂

天王狩于河陽　各本狩下衍獵字

責苞茅之貢不及　及當作入今正

不虞君之涉吾地何故　左氏僖四年傳地下有也字

主祭不共　主當作王

舡壞而溺　補　北監本毛本舡作船下膠舡同

縮滲也　周禮甸師注作浚也

桓公殺公子糾章

殺襄公 釋文出殺襄云本今作弒考文所載足利本作弒與釋文合。按述其實則曰殺正其名則曰弒注述其實也則當作殺

謂衣安之會也 北監本毛本安作裳安字誤

諸夏義安 北監本毛本義作乂案乂字是也閩本亦誤

五年會首戴 北監本毛本戴誤止

小白傳 各本傳竝誤傳

子糾親也 閩本親誤親不成字

管夷吾治於高徯 案徯當作傒今正

管仲非仁者與章

爲不被髮左衽之惠 皇本爲作謂閩本北監本被衽誤祓袵

吾其被髮左衽矣 閩本北監本毛本衽作袵。按說文作衽袵乃衽之俗字

公叔文子之臣大夫僎章

大夫僎 釋文出大夫僎云本又作撰案漢書古今人表又作大夫選古選撰僎三字竝通先進篇子路曾皙章異乎三子者之撰釋文云鄭作僎又漢書食貨志白撰史記平準書本作白選

此章論衞大夫公孫拔之行也 北監本毛本拔誤枝

子言衞靈公之無道也章

子言衞靈公之無道也 皇本高麗本作子曰衞靈公之無道久也釋文出子曰衞靈公之無道云一本作子言鄭本同

名當其才 〔補〕北監本毛本名作各案名字誤今訂正

其言之不怍章

則爲之也難 皇本作則其爲之難高麗本作則其爲之也難也

作慙也 案作是怍之譌今正

陳成子弒簡公章

陳成子弒簡公 皇本高麗本弒作殺下同釋文出弑簡云本亦作殺同音試下同

成子 本子誤了今訂正皇本成上有陳字

故先齊 閩本北監本毛本齊作齋釋文出先齊齊必沐浴云亦作齋是正字

齋必沐浴 案沭當作沐疏誤同皇本齋作齊

告夫三子 唐石經皇本高麗本三上有二字下句同

之三子告 皇本高麗本三上亦有二字釋文出之三子告云本或作二三子告非也案釋文惟於此句云本或作二三子告且云非也皇本高麗本於上兩句竝有二字據皇疏云本不應告三子今君使我告三子又云三子告孔子曰又云三子既告孔子云俱無二字今有二字者甚誤

不敢不告也 皇本無也字

齊人弒其君壬是也 本壬誤王閩本同今正

告夫三子者者 閩本北監本毛本脫者字

此云沐浴而朝 本浴誤洛今正

予告季孫 北監本毛本予作于

故專無文也 北監本專作傳案傳字是也閩本亦誤

君子上達章

未爲下 北監本毛本未作末是也閩本亦誤

不在其位章皇本閩本北監本合下曾子曰君子思不出其位爲一章毛本曾子曰提行別爲一章案邢疏云曾子遂曰明出一逸字則毛本別爲一章非是○案孫志祖讀書脞錄云論語憲問篇子曰不在其位不謀其政注疏以此二句與下曾子曰君子思不出其位合爲一章蓋曾子引易以證夫子之言語意本一貫鄒牢曰子云吾不試故藝也集注因泰伯篇有此文注爲重出而以曾子曰自爲一章誤矣

君子恥其言而過其行章

君子恥其言而過其行皇本高麗本而作之行下有也字○按潛夫論交際篇孔子疾夫言之過其行者亦作之字荅問云邢叔明疏云君子言行相顧若言過其行謂有言而行不副君子所恥也則邢本亦當與皇同今注疏本乃後人依朱文公本校改非邢氏之舊矣

子貢方人章

子貢方人釋文出方人云鄭本作謗謂言人之過惡案方與旁通謗字從旁古或與方通借故鄭本作謗讀書脞錄云讀左傳襄十四年庶人謗正義云謗謂言其過失使在上聞之而自改亦是諫之類也昭四年傳鄭人謗子產國語厲王虐國人謗王皆是言其實事謂之爲謗但傳聞之事有實有虛或有妄謗人者今世遂以謗爲誣類是俗易而意異也始悟子貢謗人之義如此

賜也賢乎哉夫我則不暇皇本作賜也賢乎我夫哉我則不暇高麗本作賜也賢乎我夫我則不暇。按皇本高麗本皆非也

而子貢輔比方人補北監本毛本輔作務案務字是也

不逆詐章

或時反怨人皇本人下有也字釋文出反怨云本或作究

言先覺人者是者是下九字模糊下接所以非賢者閩本是作具下十字實闕北監本毛本亦作具下十字空闕

不信之人爲之億度度下五字模糊下接人故先覺者閩本之人下十字實闕北監本毛本十字空闕

微生畝謂孔子曰章

微生畝唐石經畝作畒皇本北監本作畆閩本作畆案五經文字云畒畝上說文下經典相承隸省

丘何爲是栖栖者與釋文出丘何云或作丘何爲鄭作丘何是本今作丘何爲是

孔子曰非敢爲佞也皇本高麗本曰上有對字

包曰疾世固陋閩本北監本毛本疾作病又北監本包誤色案邢疏各本並作疾疾字不誤

驥不稱其力章

馬尚如定北監本毛本定作是案定是形近之譌

或曰以德報怨章

何以報德本德誤之今改正

公伯寮愬子路於季孫章

公伯寮愬子路於季孫說文引作公伯寮案作寮俗省也

愬譖也北監本毛本譖作讃案讃字誤也

於公伯寮皇本高麗本寮下有也字

案左傳哀十二年按十二乃十三之誤

秋官卿士職云協日刑殺案卿當作鄉各本皆誤閩本日誤曰

賢者辟世章各本並合下子曰作者七人矣爲一章朱子集注本別爲一章

賢者辟世皇本高麗本辟作避是正字下皆同

世主莫得而臣　皇本作世主莫得而臣之也

荷蕢　釋文出荷蕢本又作何音同案漢書古今人表正作何蕢。按何荷正俗字

子路宿於石門章

子路宿於石門晨門曰　皇本高麗本重石門二字注爲之下有也字

閽人也　釋文出閽人云本或作昏同案周禮天官序官閽人注閽人司昏晨以啓閉者故字亦可省作昏

爲門人所問　（補）北監本毛本門人作閽人案門字誤也

子擊磬於衛章

有荷蕢而過孔氏之門者　皇本高麗本氏作子。按說文引蕢作臾據古文論語也

鄙哉硜硜乎　說文硜古文磬九經古義云何晏注云此硜硜者謂此磬聲也史記載樂記云石聲硜硜即磬字今禮記作磬。按硜本古文磬字段玉裁云後以硜爲堅确之意是所謂古今字

莫己知也斯己而已矣　各本上兩己字竝誤作已案養新錄云今人讀斯己而已兩己字皆如以考唐石經莫己斯己皆作人己之己而已作已止之已釋文莫己音紀下斯己同與石經正合集解此經硜硜者徒信己而已皇疏申之云言孔子硜硜不宜隨世變唯自信己而已矣是唐以前論語斯己字皆不作止解由於經文作己不作已也己與已絕非一字宋儒誤讀斯己爲以未免改經文以就己說矣

契憂苦也　今小雅大東傳作契契

衣涉濡褌也　案褌當作襌褌字誤也閩本北監本作揮亦誤

子張曰書云章

山頂曰冢　（補）北監本毛本頂作頂案頂字是也

始服齊斬　今晉書禮志中服作同

此皆既葬除服諒陰之證也　晉志陰作闇下同

書傳之說既多　晉志作先儒舊說往往亦見

預又作議曰　閩本北監本毛本又誤亦

既葬除喪而宴樂　毛本喪作服晉志同

比亦天子喪事　（補）北監本比作此案比字誤

不言喪服三年　晉志作服喪

而譏其宴樂早則既葬應除　晉志早上有已字則作明是也

堯崩　晉志崩作喪

寢苦枕由　案苦當作苫由當作凷皆形近之譌

拊祭於廟　案拊當作祔拊字非也閩本作柎亦誤

原壤夷俟章

幼而不孫弟　皇本孫弟作遜悌說見前

長而無述焉　釋文出長無云丁丈反是陸氏所據本無而字

是爲賊　皇本賊下有也字

不脩禮敬　北監本毛本敬作敎案敎字是也

闕黨童子章

闕黨童子將命　皇本高麗本命下有矣字

今吾見此童子　本今誤令。○今正

論語注疏挍勘記　卷十四終

論語注疏解經卷第十五

衛靈公第十五　何晏集解　邢昺疏

【疏】正義曰此章記孔子先禮後兵去亂就治并明忠信仁知勸學爲邦無所毀譽必察好惡志士君子之道事君相師之儀皆有恥且格之事故次前篇也

衛靈公問陳於孔子孔曰軍陳行列之法孔子對曰俎豆之事則嘗聞之矣孔曰俎豆禮器軍旅之事未之學也鄭曰萬二千五百人爲軍五百人爲旅軍旅末事本未立不可教以末事【疏】衛靈至學也○正義曰此章記孔子先禮後兵之事也衛靈公問陳於孔子者問軍陳行列之法於孔子也孔子對曰俎豆之事則嘗聞之矣軍旅之事未之學也者俎豆禮器萬二千五百人爲軍五百人爲旅孔子之意治國以禮義爲本軍旅爲末本未立則不可教以末事今靈公但問軍陳故對曰俎豆行禮之事則嘗聞之軍旅用兵之事未之學也左傳哀十一年孔文子之將攻大叔也訪於仲尼仲尼曰胡簋之事則嘗學之矣甲兵之事未之聞也其意亦與此同軍旅甲兵亦治國之具也彼以文子非禮欲國內用兵此以靈公空問軍陳故並不荅非輕甲兵也○注俎豆禮器○正義曰案明堂位云俎有虞氏以梡夏后氏以嶡殷以椇周以房俎鄭注云梡斷木爲四足而已嶡之言蹷也謂中足爲橫距之象周禮謂之距椇之言枳椇也謂曲橈之也房謂足下跗也上下兩間有似於堂房魯頌曰籩豆大房又曰夏后氏以楬豆殷玉豆周獻豆鄭注云楬無異物之飾也獻疏刻之齊人謂無髮爲禿楬其委曲制度備在禮圖○注鄭曰萬二千五百人爲軍五百人爲旅○正義曰皆司馬序官文也

明日遂行在陳絕糧從者病莫能興孔曰從者弟子興起也孔子去衛如曹曹不容又之宋宋遭匡人之難又之陳會吳伐陳陳亂故乏食子路慍見曰君子亦有窮乎子曰君子固窮小人窮斯濫矣濫溢也君子固亦有窮時但不如小人窮則濫溢爲非【疏】明日至濫矣○正義曰此章記孔子阨於陳也明日遂行者既荅靈公之明日也遂去衛國而之於他邦也在陳絕糧從者病莫能興者從者弟子也興起也孔子適在陳會吳伐陳陳亂故乏絕糧食弟子從者困病莫能興起也子路慍見曰君子亦有窮乎者慍怒也子路以爲君子學則祿在其中不當有窮困今乃窮困故慍怒而見問於夫子曰君子豈亦如常人有窮困邪子曰君子固窮小人窮斯濫矣者濫溢也言君子固亦有窮困時但不如小人窮則濫溢爲非○注孔曰至乏食○正義曰云孔子去衛如曹曹不容又之宋宋遭匡人之難又之陳會吳伐陳者皆以孔子世家文而知也如之皆訓往

子曰賜也女以予爲多學而識之者與對曰然孔曰然謂多學而識之非與孔曰問今不然曰非也予一以貫之善有元事有會天下殊塗而同歸百慮而一致知其元則衆善舉矣故不待多學而一知之【疏】子曰至貫之○正義曰此章言善道有統也子曰賜也女以予爲多學而識之者與者孔子問子貢女意以我爲多其學問記識之者與與語辭對曰然者子貢意以爲然是夫子多學而識之也非與者子貢又言今乃非多學而識之者與曰非也予一以貫之者孔子荅言已之善道非多學而識之也我但用一理以通貫之以其善有元事有會知其元則衆善舉矣故不待多學一以知之○注天下殊塗而同歸百慮而一致○正義曰周易下繫辭文也

子曰由知德者鮮矣王曰君子固窮而子路慍見故謂之少於知德【疏】子曰由知德者鮮矣○正義曰此一章言子路鮮於知德鮮少也由子路名言君子固窮而子路慍見故謂之少於知德也

子曰無爲而治者其舜也與夫何爲哉恭己正南面而已矣言任官得其人故無爲而治【疏】子曰無爲而治者其舜也與夫何爲哉恭己正南面而已矣○正義曰此一章美帝舜也帝王之道貴在無爲清靜而民化之然後之王者以罕能及故孔子曰無爲而天下治者其舜也與所以無爲者以其任官得人夫舜何必有爲哉但恭敬己身正南面而已○注任官言任官得其人故無爲而治○正義曰案舜典命禹宅百揆棄后稷契作司徒皋陶作士垂共工益作朕虞伯夷作秩宗夔典樂教胄子龍作納言并四岳十二牧凡二十二人皆得其人故舜無爲而治也

子張問行子曰言忠信行篤敬雖蠻貊之邦行矣言不忠信行不篤敬雖州里行乎哉鄭曰萬二千五百家爲州五家爲鄰五鄰爲里行乎

哉言不可行立則見其參於前也在輿則見其倚於衡也夫然後行包曰衡軛也言思念忠信立則常想見參然在目前在輿則若倚車軛子張書諸紳孔曰紳大帶

〔疏〕子張至諸紳○正義曰此一章言可常行之行也子張問行者問於夫子何如則可常行子曰言忠信行篤敬雖蠻貊之邦行矣言不忠信行不篤敬雖州里行乎哉者孔子荅言必當言盡忠誠不欺於物行雖敦厚而常謹敬則雖蠻貊遠國其道行矣反此雖州里近處而行乎哉言不可行也立則見其參於前也在輿則見其倚於衡也夫然後行者輿是車輿也衡軛也言常思念忠信篤敬立則想見參然在目前在輿則若倚車軛夫能如是而後可行子張書諸紳者紳大帶也子張以孔子之言書之紳帶意其佩服無忽忘也○注鄭曰至爲里○正義曰周禮大司徒職云五家爲比五比爲閭四閭爲族五族爲黨五黨爲州是二千五百家爲州也今云萬二千五百家爲州誤也云五家爲鄰五鄰爲里遂人職文也○注紳大帶○正義曰以帶束腰垂其餘以爲飾謂之紳玉藻說帶云大夫大帶是一名大帶也玉藻稱天子素帶朱裏終辟諸侯素帶不朱裏而終辟大夫素帶辟垂士練帶率下辟居士錦帶弟子縞帶并紐約用組三寸長齊於帶紳長制士三尺有司二尺有五寸子遊曰參分帶下紳居二焉紳韠結三齊大夫大帶四寸雜帶君朱綠大夫玄華士緇辟二寸再繚四寸凡帶有率無箴功此紳帶之制也

子曰直哉史魚孔曰衛大夫史鰌邦有道如矢邦無道如矢孔曰有道無道行直如矢言不曲君子哉蘧伯玉邦有道則仕邦無道則可卷而懷之包曰卷而懷謂不與時政柔順不忤於人

〔疏〕子曰至懷之○正義曰此章美衛大夫史鰌蘧瑗之行也直哉史魚者美史魚之行正直也邦有道如矢邦無道如矢者此其直之行也矢箭也史鰌之德其性惟直國之有道無道行直如箭言不隨世變曲也君子哉蘧伯玉者美伯玉有君子之德也邦有道則仕邦無道則可卷而懷之者此其君子之行也國若有道則肆其聰明而在仕也國若無道則韜光晦知不與時政亦常柔順不忤逆校人是以謂之君子也

子曰可與言而不與言失人不可與言而與之言失言知者不失人亦不失言

〔疏〕子曰可與言而不與言失人不可與言而與之言失言知者不失人亦不失言○正義曰此章戒其知人也若中人以上可以語上是可與言而不與言是失於彼人也若中人以下不可以語上而已與之言則失於己言也惟知者明於事二者俱不失

子曰志士仁人無求生以害仁有殺身以成仁孔曰無求生以害仁死而後成仁則志士仁人不愛其身也

〔疏〕子曰志士仁人無求生以害仁有殺身以成仁○正義曰此章言志善之士仁愛之人無求生而害仁若身死而後成仁則志士仁人不愛其身有殺其身以成其仁者也若伯夷叔齊及比干是也

子貢問爲仁子曰工欲善其事必先利其器居是邦也事其大夫之賢者友其士之仁者孔曰言工以利器爲用人以賢友爲助

〔疏〕子貢至仁者○正義曰此章明爲仁之法也子貢問爲仁者子貢欲爲仁未知其法故問之子曰工欲善其事必先利其器者將荅爲仁先爲設譬也若百工欲善其所爲之事當先脩利所用之器居是邦也事某大夫之賢者友其士之仁者此荅譬也言工以利

器爲用人以賢友爲助大夫尊故言事士卑故言友大夫言賢士言仁互文也

顏淵問爲邦子曰行夏之時據見萬物之生以爲四時之始取其易知乘殷之輅馬曰殷車曰大輅左傳曰大輅越席昭其儉也服周之冕包曰冕禮冠周之禮文而備取其黈纊塞耳不任視聽樂則韶舞韶舜樂也盡善盡美故取之放鄭聲遠佞人鄭聲淫佞人殆孔曰鄭聲佞人亦俱能惑人心與雅樂賢人同而使人淫亂危殆故當放遠之

〔疏〕顏淵至人殆○正義曰此章言治國之法也顏淵問爲邦者爲猶之治問治國之禮法於孔子也子曰行夏之時者此下孔子荅以爲邦所行用之禮樂車服也夏之時謂以建寅之月爲正也據見萬物之生以爲四時之始取其易知故使行之乘殷之輅者殷車曰大輅謂木輅也取其儉素故使乘之服周之冕者冕禮冠也周之禮文而備取其黈纊塞耳不任視聽故使服之樂則韶舞者韶舜樂名也以其盡善盡美故使取之放鄭聲遠佞人鄭聲淫佞人殆者又當放棄鄭衛之聲遠離辯佞之人以鄭聲佞人亦俱能惑人心與雅樂賢人同然而使人淫亂危殆故使放遠之○注馬曰至儉也正義曰云殷車

曰大輅者明堂位曰大輅殷輅也鄭注云大路木路也漢祭天乘殷之路今謂之桑根車者是也路訓大也君之所在以大爲號門曰路門寢曰路寢車曰路車故人君之車通以路爲名周禮巾車掌王之五路鄭玄云王在焉曰路彼解天子之車故云王在耳其實諸侯之車亦稱爲路云左傳曰大輅越席昭其儉也者桓二年文也越席結蒲爲席置於路中以茵藉示其儉也服虔云大路木路引之者以證殷路一名大路也杜元凱以大路爲玉路今所不取○注包曰至視聽正義曰云冕禮冠周之禮文而備者冠者首服之大名冕者冠中之別號故云冕禮冠也世本云黃帝作冕宋仲子云冕冠之有旒者禮文殘缺形制難詳周禮弁師掌王之五冕皆玄冕朱裏止言玄朱而已不言所用之物子罕篇云麻冕禮也蓋以木爲幹而用布衣之上玄下朱取天地之色其長短廣狹則經傳無文阮諶三禮圖漢禮器制度云冕制皆長尺六寸廣八寸天子以下皆同沈引董巴輿服志云廣七寸長尺二寸應劭漢官儀云廣七寸長八寸沈又云廣八寸長尺六寸者天子之冕廣七寸長尺二寸者諸侯之冕廣七寸長八寸者大夫之冕但古禮殘缺未知孰是故備載焉司馬彪漢書輿服志云孝明帝永平二年初詔有司采周官禮記尚書之文制冕皆前圓後方朱裏玄上前垂四寸後垂三寸天子

白玉珠十二旒三公諸侯青玉珠七旒卿大夫黑玉珠五旒皆有前無後此則漢法耳其古禮鄭玄注弁師云天子袞冕以五采繅前後十二旒旒有五采玉十有二鷩冕前後九旒毳冕前後七旒希冕前後五旒玄冕前後三旒旒皆五采玉十有二上公袞冕三采繅前後九旒旒有三采玉九侯伯鷩冕三采繅前後七旒旒有三采玉七子男毳冕三采繅前後五旒旒有三采玉五孤卿以下皆二采繅二采玉焉蓋以繅采玉其旒又玉名依命數耳謂之冕者冕俛也以其後高前下有俛俯之形故因名焉蓋以在上位者先於驕矜欲令位彌高而志彌下故制此服令貴者下賤也云取其黈纊塞耳不任視聽者黈纊黃緜也案禮圖云玄冕以下皆有充耳天子以黈纊諸侯以青纊以其冕旁垂目黈纊塞耳欲使無爲清靜以化其民故不任視聽也

子曰人無遠慮必有近憂王曰君子當思患而預防之〔疏〕子曰人無遠慮必有近憂○正義曰此章戒人備豫不虞也○注王曰君子當思患而預防之○正義曰此周易既濟象辭也王弼云存不忘亡既濟不忘未濟也

子曰已矣乎吾未見好德如好色者也〔疏〕子曰已矣乎吾未見好德如好色者也○正義曰此章疾時人好色而不好德也

子曰臧文仲其竊位者與知柳下惠之賢而不與立也孔曰柳下惠展禽也知賢而不舉是爲竊位〔疏〕子曰臧文仲其竊位者與知柳下惠之賢而不與立也○正義曰此章勉人舉賢也竊盜也魯大夫臧文仲知賢不舉偷安於位故曰竊位以其知柳下惠之賢不稱舉與立於朝廷也○注柳下惠展禽也○正義曰案魯語展禽對臧文仲云獲聞之是其人氏展名獲字禽柳下惠是其所食之邑名謚曰惠列女傳柳下惠死門人將謚之妻曰夫子之謚宜爲惠乎門人從以爲謚莊子云柳下季者季是五十字禽是二十字

子曰躬自厚而薄責於人則遠怨矣孔曰責己厚責人薄所以遠怨咎〔疏〕子曰躬自厚而薄責於人則遠怨矣○正義曰此章戒人責己也躬身也言凡事自責厚薄責於人則所以遠怨咎也

子曰不曰如之何孔曰不曰如之何者猶言不曰奈是何**如之何者吾末如之何也已矣**孔曰如之何者言禍難已成吾亦無如之何〔疏〕子曰不曰如之何如之何者吾末如之何也已矣○正義曰此

章戒人豫防禍難也如奈也不曰如之何猶言不曰奈是何末無也若曰奈是何者則是禍難已成不可救藥吾亦無奈之何

子曰羣居終日言不及義好行小慧難矣哉鄭曰小慧謂小小之才知難矣哉言終無成〔疏〕子曰羣居終日言不及義好行小慧難矣哉○正義曰此章責義小慧謂小小才知言人羣朋共居終竟一日所言不及義事但好行小小才知以陵誇於人難有所成矣哉言終無成也

子曰君子義以爲質禮以行之孫以出之信以成之君子哉鄭曰義以爲質謂操行孫以出之謂言語〔疏〕子曰君子義以爲質禮以行之孫以出之信以成之君子哉○正義曰此章論君子之行也義以爲質謂操執以行者當以義爲體質文之以禮然後行之孫順其言語以出之守信以成之能此四者可謂君子哉

子曰君子病無能焉不病人之不己知也包曰君子之人但病無聖人之道不病人之不己知〔疏〕子曰君子病無能焉不病人之不己知也○正義曰此章戒人脩己也病猶患也言君子之人但患己無聖人之道不患人之

不知已也。子曰：君子疾没世而名不稱焉。疾猶病也。【疏】子曰君子疾没世而名不稱焉。○正義曰：此章勸人脩德也。疾猶病也。言君子病其終世而善名不稱也。子曰：君子求諸已，小人求諸人。君子責已，小人責人。【疏】子曰君子求諸已小人求諸人。○正義曰：此章言君子責於已，小人責於人也。求，責也。諸，於也。子曰：君子矜而不爭，包曰：矜，矜莊也。羣而不黨。孔曰：黨，助也。君子雖衆，不相私助，義之與比。【疏】子曰君子矜而不爭羣而不黨。○正義曰：此章言君子貌雖矜莊而不爭鬬，君子雖衆而不私相黨助，義之與比也。子曰：君子不以言舉人，包曰：有言者不必有德，故不可以言舉人。不以人廢言。王曰：不可以無德而廢善言。【疏】子曰君子不以言舉人不以人廢言。○正義曰：此章言君子用人取其善節也。有言者不必有德，故不可以言舉人，當察言觀行然後舉之。夫婦之愚可以與知，故不可以無德而廢善言也。子貢問曰：有一言而可以終身行之者乎？子曰：其恕乎！己所不欲，勿施於人。言己之所惡，勿加施於人。【疏】子貢至於人。○正義曰：此章言人當恕己不及物也。子貢問曰有一言可以終身行之者乎者，問於孔子求脩身之要道也。子曰其恕乎己所不欲勿施於人者，孔子荅言唯仁恕之一言可終身行之也。己之所惡，勿欲施於人，即恕也。子曰：吾之於人也，誰毀誰譽？如有所譽者，其有所試矣。包曰：所譽者輒試以事，不虛譽而已。斯民也，三代之所以直道而行也。馬曰：三代，夏殷周。用民如此，無所阿私，所以云直道而行。【疏】子曰至行也。○正義曰：此章論正直之道也。子曰吾之於人也誰毀誰譽者，毀謂譖害，譽謂稱揚。言我之於人，於誰毀，於誰譽？無私毀譽也。如有所譽者其有所試矣者，言所稱譽者輒試以事，不虛譽而已也。斯民也三代之所以直道而行也者，斯，此也。三代，夏殷周也。言如此用民無所阿私，夏殷周三代之令王所以得稱直道而行也。子曰：吾猶及史之闕文也。包曰：古之良史，於書字有疑則闕之，以待知者。有馬者借人乘之，今亡矣夫！

包曰：有馬不能調良，則借人乘習之。孔子自謂及見其人如此，至今無有矣。言此者，以俗多穿鑿。【疏】子曰至矣夫。○正義曰：此章疾時人多穿鑿也。子曰吾猶及史之闕文也者，史是掌書之官也。文，字也。古之良史，於書字有疑則闕之，以待能者，不敢穿鑿。孔子言我尚及見此古史闕疑之文。有馬者借人乘之者，此舉喻也。喻已有馬不能調良，當借人乘習之也。今亡矣夫者，亡，無也。孔子自謂及見其人如此闕疑，至今則無有矣。言此者，以俗多穿鑿。子曰：巧言亂德，小不忍則亂大謀。孔曰：巧言利口則亂德義，小不忍則亂大謀。【疏】子曰巧言亂德小不忍則亂大謀。○正義曰：此章戒人慎口忍事也。有言者不必有德，故巧言利口則亂德義。山藪藏疾，國君含垢，故小事不忍則亂大謀。子曰：衆惡之，必察焉；衆好之，必察焉。王曰：或衆阿黨比周，或其人特立不羣，故好惡不可不察也。【疏】子曰衆惡之必察焉衆好之必察焉。○正義曰：此章論知人之事也。夫知人未易，設有一人爲衆所惡，不可即從雷同而惡之，或其人特立不羣，故必察焉。又設有一人爲衆所好，亦不可即從衆而好之，或此人行惡，衆乃阿黨比周，故不可不察。○注王曰衆或阿黨比周。○正義曰：此解衆好之也。謂衆多惡人私相阿曲朋黨比近周密也。文十八年左傳云渾敦之惡云頑嚚不友，是與比周。杜注云：比，近也。周，密也。言比是相近也，周是親密也。雖是親愛之義，非爲善惡之名。爲政篇子曰君子周而不比，小人比而不周。孔曰：忠信爲周，阿黨爲比。以君子小人相對，故觀文爲説也。

子曰：人能弘道，非道弘人。王曰：才大者道隨大，才小者道隨小，故不能弘人。【疏】子曰人能弘道非道弘人。○正義曰：此章論道也。弘，大也。道者，通物之名，虛無妙用，不可須臾離，但仁者見之謂之仁，知者見之謂之知，是人才大者道隨之大也，故曰人能弘道。百姓則日用而不知，是人才小者道亦隨小，而道不能大其人也，故曰非道弘人。子曰：過而不改，是謂過矣。【疏】子曰過而不改是謂過矣。○正義曰：此章戒人改過也。人誰無過，過而能改，善莫大焉。過而不改，是謂過矣。子曰：吾嘗終日不食，終夜不寢，以思，無益，不如學也。【疏】子曰吾嘗終日不食終夜不寢以思無益不如學也。○正義曰：此章勸人學也。子曰：君子謀道不謀食。耕也，餒在其中矣學也祿在其中矣君子憂道不憂貧鄭曰餒餓也言人雖念耕而不學故飢餓學則得祿雖不耕而不餒此勸人學【疏】子曰君子謀道不謀食耕也餒在其中矣學也祿在其中矣君子憂道不憂貧○正義曰此章亦勸人學也人非道不立故必先謀於道道高則祿來故不假謀於食餒餓也言人雖念耕而不學則無知歲有凶荒故飢餓學則得祿雖不耕而不餒是以君子但憂道德不成不憂貧之也然耕也未必皆餓學也未必皆得祿大判而言故云耳子曰知及之仁不能守之雖得之必失之包曰知能及治其官而仁不能守雖得之必失之知及之仁能守之不莊以涖之則民不敬包曰不嚴以臨之則民不敬從其上知及之仁能守之莊以涖之動之不以禮未善也王曰動必以禮然後善【疏】子曰至善也○正義曰此章論居官臨民之法也子曰知及之仁不能守之雖得之必失之者得位由知守位在仁若人知能及治其官而仁不能守雖得祿位必將失之知及之仁能

守之不莊以涖之則民不敬者莊嚴也涖臨也言雖知及其官仁能守位不嚴以臨之則民不敬從其上知及之仁能守之莊以涖之動之不以禮未善也者言動必以禮然後善李充云夫知及以得其失也蕩仁守以靜其失也寬莊涖以威其失也猛故必須禮然後和之以禮制知則精而不蕩以禮輔仁則溫而不寬以禮御莊則威而不猛故安上治民莫善於禮顏特進云知以通其變仁以安其性莊以安其慢禮以安其情化民之善必備此四者子曰君子不可小知而可大受也小人不可大受而可小知也王曰君子之道深遠不可小了知而可大受小人之道淺近可小了知而不可大受也【疏】子曰君子不可小知而可大受也小人不可大受而可小知也○正義曰此章言君子小人道德深淺不同之事也言君子之道深遠仰之彌高鑽之彌堅故不可小了知也使人饜飫而已是可大受也小人之道淺近易爲窮竭故不可大受而可小了知也子曰民之於仁也甚於水火馬曰水火及仁故民所仰而生者仁最爲甚水火吾見蹈而死者矣未見蹈仁而死者

也馬曰蹈水火或時殺人蹈仁未嘗殺人【疏】子曰至者也○正義曰此章勸人行仁道也子曰民之於仁也甚於水火者言水火飲食所由仁者善行之長皆民所仰而生者也若較其三者所用則仁最爲甚也水火吾見蹈而死者矣未見蹈仁而死者也者此明仁甚於水火之事也蹈猶履也水火雖所以養人若履蹈之或時殺人若履行仁道未嘗殺人也王弼云民之遠於仁甚於水火見有蹈水火者未嘗見蹈仁者也雖與馬意不同亦得爲一義子曰當仁不讓於師孔曰當行仁之事不復讓於師言行仁急【疏】子曰當仁不讓於師○正義曰此章言行仁之急也弟子之法爲事雖當讓於師若當行仁之事不復讓於師也子曰君子貞而不諒孔曰貞正諒信也君子之人正其道耳言不必小信【疏】子曰君子貞而不諒○正義曰此章貴正道而輕小信也貞正也諒信也君子之人正其道耳言不必小信案昭七年左傳云子産爲豐施歸州田於韓宣子曰日君以夫公孫段爲能任其事而賜之州田今無祿早世不獲久享君德其子弗敢有不敢以聞於君私致諸子宣子辭子産曰古人有言曰其父析薪其子弗克負荷施將懼不能任其先人之祿其況能任大國之賜縱吾子爲政而可後

之人若屬有疆場之言敝邑獲戾而豐氏受其大討吾子取州是免敝邑於戾而建置豐氏也敢以爲請杜注云傳言子産貞而不諒言段受晉邑卒而歸之是正也知宣子欲之而言畏懼後禍是不信故杜氏引此文爲注也子曰事君敬其事而後其食孔曰先盡力而後食祿【疏】子曰事君敬其事而後其食○正義曰此章言其爲臣事君之法也言當先盡力敬其職事必有勳績而後食祿也子曰有教無類馬曰言人所在見教無有種類【疏】子曰有教無類○正義曰此章言教人之法也類謂種類言人所在見教無有貴賤種類也子曰道不同不相爲謀【疏】子曰道不同不相爲謀○正義曰此章言人之爲事必須先謀若道同者共謀則情審不誤若道不同而相爲謀則事不成也子曰辭達而已矣孔曰凡事莫過於實辭達則足矣不煩文豔之辭【疏】子曰辭達而已矣○正義曰此章明言語之法也凡事莫過於實辭達則足矣不煩文豔也師冕見孔曰樂師人盲者名冕及階子曰階也及席子曰席也皆坐子告之

曰某在斯某在斯孔曰歷告以坐中人姓字所在處師冕出子張問曰與師言之道與子曰然固相師之道也馬曰相導也

【疏】師冕見至道也。正義曰此章論相師之禮也師冕見者師樂人盲者名冕見謂來見孔子也及階子曰階也及席子曰席也者師冕及階及席孔子並告之使師冕知而升階登席也皆坐子告之曰某在斯某在斯者孔子見瞽者必起弟子亦起冕既登席而坐孔子及弟子亦皆坐孔子歷以坐中人姓字所在處告師冕使知也師冕出子張問曰與師言之道與者道謂禮也子張見孔子歷告之未嘗知此禮既師冕出去而問孔子曰此是與師言之禮與子曰然固相師之道也者相猶導也孔子然荅子張言此固是相導樂師之禮也

論語注疏解經卷第十五

二品廕生阮常生校栞

論語注疏挍勘記　阮元撰盧宣旬摘錄

衛靈公第十五

去亂就洽　北監本去誤云毛本洽作治案治字是也。今訂正

皆有恥且格之事　本且誤目今正

衛靈公問陳於孔子章

衛靈公問陳於孔子　釋文出問陳云直刃反注同本今作陣案陣爲陳之俗字顏氏家訓書證篇云太公六韜有天陳地陳人陳雲鳥之陳論語曰衛靈公問陳於孔子左傳爲魚麗之陳俗本多作阜旁車乘之車蒼雅及近世字書皆無惟王義小學章獨阜旁作車縱復俗行不宜追改六韜論語左傳也

軍旅末事　本末誤未下末事同。今正

不可教以末事　皇本不上有則字事下有也字閩本北監本毛本教以作以教案筆解亦作教以與邢疏合作以教者非

孔文子之將攻大叔也　北監本毛本大作太

明日遂行章　朱子集注本合上爲一章

在陳絕糧　皇本糧作粻釋文出絕糧云音粻鄭本作粻音張糧也。案糧正字粻粻皆俗字

孔子去衛如曹　毛本去衛二字空闕

宋遭匡人之難　皇本無宋字

君子亦有窮乎　高麗本無有字

小人窮斯濫矣　說文引濫作嚂案九經字樣云嚂今經典相承作濫

此章記孔子阨於陳也　本阨誤路今正

但不如小人窮則濫溢爲非　本如誤好今正

孔曰至之食 案之是乏字上畫板損今補正

賜也女以予爲多學而識之者與章

問今不然 皇本然下有也字閩本北監本毛本問作謂

此章言善道有統也 本此誤一今正

是夫子多學而識之也 本夫誤天今正

子張問行章

立則見其參於前也 皇本高麗本參下有然字案釋文云參所金反包注云參然在目前是古讀如森不讀如驂字當作曑參與曾子名同今作參隸之變體竟讀如驂甚誤

夫然後行 皇本高麗本行下有也字

在輿則若倚車軛 皇本車作衡軛下有也字釋文出枙字云本今作軛

玉藻說帶云 本玉誤王下同今並訂正

朱裏於辟 北監本毛本於作終案終字是也閩本亦誤今正

并紉約用組三寸 補北監本毛本紉作紐案紐字是也

紳居二焉 禮記玉藻二作一

直哉史魚章

則可卷而懷之 唐石經之作也案後漢書周黃徐姜申屠傳序曰孔子稱蘧伯玉邦無道則可卷而懷也亦作也字

則可卷而懷之者 北監本懷誤懹不成字毛本懷之二字空闕

則韜光晦知 北監本毛本知作迹

不與時政 閩本北監本毛本無時字

亦常柔順 閩本北監本毛本亦上有故字

不忤逆校人 補北監本校作於

可與言而不與言章

可與言而不與言 閩本北監本毛本不與下有之字朱子集注本亦有之字案唐石經皇本高麗本石經考文提要引岳珂本俱無之字疏述經文本無之字則無之字是

志士仁人章

亦不失言 皇本有所言皆是故無所失者也十字注名本並無

無求生以害仁 唐石經仁作人案文選曹植贈徐幹詩注及太平御覽四百十九俱引作人與唐石經合然皇疏云無求生以害仁者既志善行仁恆欲救物故不自求我之生以害於仁恩之理也則字當作仁又此本正義述經文亦作仁字

子貢問爲仁章

友其士之仁者 皇本高麗本者下有也字注爲助下同

將答問仁 本問誤爲今正

乘殷之輅 釋文出之輅云音路本亦作路是假借字

不任視聽 本視誤覩今正

木輅也 本木誤未今正

巾車掌王之曰路 案曰當作五閩本北監本毛本之五並誤車曰

王在焉曰路 本王誤玉今正

○正義曰 本正誤玉今正

周之禮文而備者 閩本北監本毛本無而字案據注文有而字是

司馬彪漢書輿服志云本馬誤焉今正

天子白玉珠十二旒本白玉誤曰王下玉十有二玉七又玉名誤同今正

三公諸侯青玉珠七旒。按輿服志作三公諸侯七旒青玉爲珠

卿大夫黑玉珠五旒。按輿服志作卿大夫五旒黑玉爲珠

先於驕矜北監本毛本先作失

案今禮圖本今誤令今正

人無遠慮章

人無遠慮皇本高麗本人下有而字

君子當思患而預防之本思誤惡今正

已矣乎章

已矣乎皇本無乎字

臧文仲其竊位者與章

知賢而不舉是爲切位皇本知下有其字無是字切作竊按此寫者省竊作窃遂譌爲切今訂正

柳下惠是其所食之邑名浦鏜云惠當衍字

不曰如之何章

吾末如之何也已矣本末誤未今正

好行小慧皇本慧作惠注同釋文出行小慧云音惠小才知魯讀慧爲惠今從古案古多假惠爲慧如韓詩外傳五云主名者共臣惠漢書昌邑王傳云清狂不惠列子逢氏有子少而惠是也

君子義以爲質章

君子義以爲質釋文出爲質云一本作君子義以爲質鄭本略同案文義君子字不當有孝經三才章疏引亦無君子字經義雜記云有者係衍文蓋先說義以爲質四句然後言君子哉明不當先言君子也

鄭曰義以爲質云云高麗本無此注

君子病無能焉章

包曰君子之人云云高麗本無此注

君子矜而不爭章

義之與比也本比誤此今正

君子不以言舉人章

王曰不可以無德而廢善言皇本高麗本竝無此注

取其善節也北監本取誤敦不成字

有一言而可以終身行之者乎章

勿施於人皇本人下有也字

言己之所惡勿加施於人皇本高麗本竝無此注

吾之於人也章

吾之於人也皇本無也字

如有所譽者皇本所作可

馬曰三代云云高麗本無此注

吾猶及史之闕文也章

吾猶及史之闕文也唐石經無之字

今亡矣夫皇本高麗本今下有則字朱子集注本矣作已案宋石經作矣石經考文提要引宋本九經岳珂本

亦作矣今集注本作已非

巧言亂德章

則亂大謀 高麗本無則字

巧言亂德 本巧誤則今正

衆惡之章

王曰衆或阿黨比周 北監本毛本作或衆是也

頑嚚不友 補北監本嚚作囂是也

人能宏道章

非道宏人 皇本高麗本人下有也字

王曰才大者 皇本才作材下同又注首無王曰二字

君子謀道不謀食章

君子憂道不憂貧 高麗本貧下有也字

故不假謀於食 北監本毛本假作假

君子不可小知章

王曰君子之道深遠 皇本高麗本無王曰二字

君子貞而不諒章

曰君以夫公孫段 本段誤叚下同今正

事君敬其事而後其食章

事君敬其事而後其食 郡齋讀書志載蜀石經作敬其事而後食其祿○按皇疏云國家之事知無不爲是敬其事也必有勳績乃受祿賞是後其食也蜀石經作而後食其祿是依注文妄增也

敬其職事也 毛本其作共浦鏜云共疑衍不知其爲誤字

辭達而已矣章

孔曰凡事莫過於實辭達則足矣 高麗本無孔曰字皇本實下有足也二字

師冕見章

及席 高麗本席下有也字案文義不當有也字各本俱無

歷告以坐中人姓字所在處 皇本坐作座字下有及字處下有也字

論語注疏校勘記卷十五終

論語注疏解經卷第十六

季氏第十六　何晏集解　邢昺疏

〔疏〕正義曰此篇論天下無道政在大夫故孔子陳其正道揚其衰失稱損益以教人舉詩禮以訓子明君子之行正夫人之名以前篇首章記衛君靈公失禮此篇首章言魯臣季氏專恣故以次之也

季氏將伐顓臾。冉有季路見於孔子曰季氏將有事於顓臾。孔曰顓臾伏羲之後風姓之國本魯之附庸當時臣屬魯季氏貪其土地欲滅而取之冉有與季路爲季氏臣來告孔子孔子曰求無乃爾是過與。孔曰冉求爲季氏宰相其室爲之聚斂故孔子獨疑求教之夫顓臾昔者先王以爲東蒙主。孔曰使主祭蒙山且在邦域之中矣。孔曰魯七百里之封顓臾爲附庸在其域中是社稷之臣也何以伐爲。孔曰已屬魯爲社稷之臣何用滅之爲冉有曰夫子欲之吾二臣者皆不欲也。孔曰歸咎於季氏孔子曰求周任有言曰陳力就列不能者止。馬曰周任古之良史言當陳其才力度已所任以就其位不能則當止危而不持顛而不扶則將焉用彼相矣。包曰言輔相人者當能持危扶顛若不能何用相爲且爾言過矣虎兕出於柙龜玉毀於櫝中是誰之過與。馬曰柙檻也櫝匱也失虎毀玉豈非典守之過邪冉有曰今夫顓臾固而近於費。馬曰固謂城郭完堅兵甲利也費季氏邑今不取後世必爲子孫憂。孔子曰求君子疾夫。孔曰疾如女之言舍曰欲之而必爲之辭。孔曰舍其貪利之說而更作他辭是所疾也丘也聞有國有家者不患寡而患不均。孔曰國諸侯家卿大夫不患土地人民之寡少患政理之不均平不患貧而患不安。孔曰憂不能安民耳民安則國富蓋均無貧和無寡安無傾。包曰政教均平則不貧矣上下和同不患寡矣大小安寧不傾危矣夫如是故遠人不服則脩文德以來之既來之則安之。今由與求也相夫子遠人不服而不能來也邦分崩離析而不能守也。孔曰民有異心曰分欲去曰崩不可會聚曰離析而謀動干戈於邦內。孔曰干楯也戈戟也吾恐季孫之憂不在顓臾而在蕭牆之內也。鄭曰蕭之言肅也牆謂屏也君臣相見之禮至屏而加肅敬焉是以謂之蕭牆後季氏家臣陽虎果囚季桓子

〔疏〕「季氏」至「內也」○正義曰此章論魯卿季氏專恣征伐之事也季氏將伐顓臾者顓臾伏羲之後風姓之國本魯之附庸當時臣屬於魯而季氏貪其土地欲滅而取之也冉有季氏見於孔子曰季氏將有事於顓臾者冉有季路爲季氏臣來告孔子言季氏將有征伐之事於顓臾也孔子曰求無乃爾是過與者無乃乃也爾女也雖二子同來告以冉求爲季氏宰相其室爲之聚斂故孔子獨疑求教之言將伐顓臾乃女是罪過與與疑辭也夫顓臾昔者先王以爲東蒙主者言昔者先王始封顓臾爲附庸之君使主祭蒙山蒙山在東故曰東蒙且在邦域之中矣者魯之封域方七百里顓臾爲附庸在其域中也是社稷之臣也何以伐爲者言顓臾已屬魯爲社稷之臣何用伐滅之爲冉有曰夫子欲之吾二臣者皆不欲也者夫子謂季氏也冉有歸其咎惡於季氏也故言季氏欲伐我二人皆不欲也孔子曰求周任有言曰陳力就列不能者止者周任古之良史也夫子見冉有歸咎於季氏故呼其名引周任之言以責之言爲大臣者常陳其才力度已所任以就其列位不能則當自止退也危而不持顚而不扶則將焉用彼相矣者相謂輔相焉何也言輔相人者當持其主之傾危扶其主之顚躓若其不能何用彼相爲且爾言過矣者爾汝也汝爲季氏輔相而歸咎於季氏自是汝之言罪過矣虎兕出於柙龜玉毀於櫝中是誰之過與者此又爲輔相之人作譬也柙檻也櫝匱也虎兕皆猛獸故設檻以制之龜玉皆大寶故設匱以藏之若虎兕失出於檻龜玉損毀於匱中是誰之過與言是典守者之過也以喻主君有闕是輔相者之過也冉有曰今夫顓臾

固而近於費今不取後世必爲子孫憂者此冉有乃自言欲伐顓臾之意也固謂城郭完堅兵甲利也費季氏邑言今夫顓臾城郭甲兵堅固而又近於費邑若今不伐而取之後世必爲季氏子孫之憂也孔子曰求君子疾夫舍曰欲之而必爲之辭者孔子見冉有言將伐顓臾之意故又呼冉有名而責之如汝之言君子所憎疾夫以舍其探利之説而更作他辭是所疾也丘也聞有國有家者不患寡而患不均者此下孔子又爲言其正治之法以示非聽説故云丘也聞國謂諸侯家謂卿大夫言爲諸侯卿大夫者不患土地人民之寡少但患政理之不均平也不患貧而患不安者言不憂國家貧但憂不能安民耳民安則國富也蓋均無貧和無寡安無傾者孔子既陳其所聞更爲言其理蓋言政教均平則不貧矣上下和同不患寡矣小大安寧不傾危矣如上所聞此應云均無寡安無貧而此乃云均無貧和無寡安無傾者欲見政教均平又須上下和睦然後國富民多而社稷不傾危也故衍其文耳夫如是故遠人不服則脩文德以來之既來之則安之者言夫政教能均平和安如此故遠方之人有不服者則當脩文德使遠人慕其德化而來遠人既來當以恩惠安存之今由與求也相夫子者謂冉有季路輔相季氏也遠人不服而不能來也者謂不脩文德也邦分崩離析而不能守

也者民有異心曰分欲去曰崩不可會聚曰離析言國內之民又不能以恩惠安撫致有異心不可會聚莫能固守也而謀動干戈於邦內者謂將伐顓臾也吾恐季孫之憂不在顓臾而在蕭牆之內也蕭牆謂屏也蕭之言肅也君臣相見之禮至屏而加肅敬焉是以謂之蕭牆孔子聖人有先見之明見季氏家臣擅命必知將爲季氏之禍因冉有言顓臾後世必爲子孫憂故言吾恐季孫之憂不在顓臾而近在蕭牆之內後季氏家臣陽虎果囚季桓子○注孔曰至孔子○正義曰云顓臾伏羲之後風姓之國者僖二十一年左傳云任宿須句顓臾風姓也實司太皞與有濟之祀杜注云太皞伏羲四國伏羲之後故主其祀顓臾在泰山南武陽縣東北是也云本魯之附庸當時臣屬魯者王制云公侯田方百里伯七十里子男五十里不能五十里者不合於天子附於諸侯曰附庸鄭注云不合謂不朝會也小城曰附庸附庸者以國事附於大國未能以其名通也言此顓臾始封爲附庸之君以國事附於魯耳猶不爲魯臣故曰魯之附庸春秋之世強陵弱衆暴寡故當此季氏之時而顓臾已屬魯爲臣故曰當時臣屬魯也○注使主祭蒙山○正義曰禹貢徐州云蒙羽其藝地理志云泰山蒙陰縣蒙山在西南有祠顓臾國在蒙山下○注曰魯七百里之封顓臾爲附庸在其城中○正義

曰明堂位曰成王以周公爲有勳勞於天下是以封周公於曲阜地方七百里革車千乘鄭注云曲阜魯地上公之封地方五百里加魯以四等之附庸方百里者二十四并五五二十五積四十九開方之得七百里言其顓臾爲附庸在此七百里封域之中也○注周任古之良史○正義曰周大夫也與史佚臧文仲並古人立言之賢者也○馬曰至過邪○正義曰云柙檻也者説文云柙檻也檻櫳也一曰圈以藏虎兕爾雅云兕野牛郭璞云一角青色重千斤説文云兕如野牛青毛其皮堅厚可制鎧交州記曰兕出九德有一角角長三尺餘形如馬鞭柄是也云櫝匱也者亦説文也○注孔曰干楯也戈戟也○正義曰干一名楯今謂之旁牌方言云楯自關而東或謂之楯或謂之干關西謂之楯是干楯爲一也施紛以持之孔注尚書費誓云施楯紛紛如綬而小繫於楯以持之且以爲飾也干扞也並之以扞敵故牧誓云比爾干也戈者考工記云戈柲六尺有六寸其刃廣二寸內倍之胡三之援四之鄭玄注云戈今句孑戟也或謂之雞鳴或謂之擁頸內謂胡以內接柲者也長四寸胡六寸援八寸鄭司農云援直刃也胡其孑。

孔子曰天下有道則禮樂征伐自天子出天下無道則禮樂

征伐自諸侯出自諸侯出蓋十世希不失矣孔曰希少也周幽王爲犬戎所殺平王東遷周始微弱諸侯自作禮樂專行征伐始於隱公至昭公十世失政死於乾侯矣**自大夫出五世希不失矣**孔曰季文子初得政至桓子五世爲家臣陽虎所囚**陪臣執國命三世希不失矣**馬曰陪重也謂家臣陽虎爲季氏家臣至虎三世而出奔齊**天下有道則政不在大夫**孔曰制之由君**天下有道則庶人不議**孔曰無所非議【疏】孔曰至不議○正義曰此一章論天下有道無道禮樂征伐所出不同及言衰失之世數也孔子曰天下有道則禮樂征伐自天子出者王者功成制禮治定作樂立司馬之官掌九伐之法諸侯不得制作禮樂賜弓矢然後專征伐是天下有道之時禮樂征伐自天子出也天下無道則禮樂征伐自諸侯出者謂天子微弱諸侯上僭自作禮樂專行征伐也自諸侯出蓋十世希不失矣者希少也言政出諸侯不過十世必失其位不失者少也若魯昭公出奔齊是也自大夫出五世希不失矣者言政在大夫不過五世必失其位不失

者少矣若魯大夫季桓子爲陽虎所囚是也陪臣執國命三世希不失矣者陪重也謂家臣也大夫已爲臣故謂家臣爲陪臣言陪臣擅權執國之政命不過三世必失其位不失者少矣若陽虎三世而出奔齊是也天下有道則政不在大夫者元爲政命制之由君也天下有道則庶人不議者議謂謗訕言天下有道則上酌民言以爲政教所行皆是則庶人無有非毁謗議也○注孔曰至乾侯○正義曰云周幽王爲犬戎所殺平王東遷者案周本紀云幽王三年嬖襃姒生伯服幽王欲廢太子太子母申侯女而爲后幽王得襃姒愛之使廢申后并去太子用襃姒爲后以其子伯服爲太子幽王之廢后去太子也申侯怒乃與繒西夷犬戎共攻幽王幽王舉烽火徵兵兵莫至遂殺幽王驪山下虜襃姒盡取周賂而去隱六年左傳稱周桓公言於王曰我周之東遷晉鄭焉依周本紀又云於是諸侯乃卽申侯而共立故幽王太子宜臼是爲平王也云周始微弱者地理志云幽王淫襃姒滅宗周子平王東居洛邑於是王室之尊與諸侯無異其詩不能復雅故其詩謂之王國風是周始微弱也云諸侯自作禮樂者謂僭爲天子之禮樂若魯昭公之比也案昭二十五年公羊傳云子家駒曰諸侯僭於天子大夫僭於諸侯久矣昭公曰吾何僭矣哉子家駒曰設兩觀乘大輅朱干玉戚以舞大夏八

佾以舞大武是也云專征伐者謂不由王命專擅行其征伐春秋之時諸侯皆是也云始於隱公至昭公十世失政死於乾侯者隱公名息姑伯禽七世孫惠公弗皇子聲子所生平王四十九年卽位是王室微弱政在諸侯始於隱公隱公卒弟桓公允立卒子莊公同立卒子閔公開立卒兄僖公申立卒子文公興立卒子宣公倭立卒子成公黑肱立卒子襄公午立卒子昭公裯立是爲十世也春秋昭公二十五年公孫於齊三十二年卒於乾侯是也○注孔曰至所囚○正義曰季文子初得政至桓子五世者謂文子武子悼子平子桓子爲五世也云爲家臣陽虎所囚者定五年左傳云九月乙亥陽虎囚季桓子及公父文伯是也○注陽虎至奔齊○正義曰魯伐陽虎陽虎出奔齊在定九年

孔子曰祿之去公室五世矣鄭曰言此之時魯定公之初魯自東門襄仲殺文公之子赤而立宣公於是政在大夫爵祿不從君出至定公爲五世矣**政逮於大夫四世矣**孔曰文子武子悼子平子**故夫三桓之子孫微矣**孔曰三桓謂仲孫叔孫季孫三卿皆出桓公故曰三桓也仲孫氏改其氏稱孟氏至哀公皆衰

〔疏〕孔子至微矣○正義曰此章言魯公室微弱政在大夫也孔子曰祿之去公室五世矣者謂政在大夫爵祿不從君出始於宣公言此之時在魯定公之初故爲五世矣政逮於大夫四世矣者逮及也言君之政令及於大夫至今四世矣謂季文子武子悼子平子也故夫三桓之子孫微矣者三桓謂仲孫叔孫季孫三卿皆出桓公故曰三桓也仲孫氏改其氏稱孟氏以禮樂征伐自大夫出五世希不失故夫三桓子孫至哀公時皆衰微也○注鄭曰至世矣○正義曰魯自東門襄仲殺文公之子赤而立宣公者文十八年左傳云文公二妃敬嬴生宣公敬嬴嬖而私事襄仲宣公長而屬諸襄仲欲立之叔仲不可仲見于齊侯而請之齊侯新立而欲親魯許之冬十月仲殺惡及視而立宣公是也公羊傳作子赤襄仲居東門故曰東門襄仲云至定公爲五世矣者謂宣公成公襄公昭公定公也○注孔曰文子武子悼子平子○正義曰此據左傳及世家文也

孔子曰益者三友損者三友友直友諒友多聞益矣友便辟馬曰便辟巧辟人之所忌以求容媚**友善柔**馬曰面柔也**友便佞損矣**鄭曰便辯也謂佞而辨

〔疏〕孔子至損矣○正義曰此章戒人擇友也益者三友損者三友者以人爲友損益於己其類各三也友直

友諒友多聞益矣者直謂正直諒謂誠信多聞謂博學以此三種之人爲友則有益於己也友便辟友善柔友便佞損矣者便辟巧辟人之所忌以求容媚者也善柔謂面柔和顏悅色以誘人者也便辨也謂佞而復辨以此三種之人爲友則有損於己也

孔子曰益者三樂損者三樂樂節禮樂動得禮樂之節**樂道人之善樂多賢友益矣樂驕樂**孔曰恃尊貴以自恣**樂佚遊**王曰佚遊出入不節**樂宴樂損矣**孔曰宴樂沈荒淫瀆三者自損之道

〔疏〕孔子至損矣○正義曰此章言人心樂好損益之事各有三種也樂節禮樂者謂凡所動作皆得禮樂之節也樂道人之善者謂好稱人之美也樂多賢友者謂好多得賢人以爲朋友也言好此三者於身有益也樂驕樂者謂恃尊貴以自恣也樂佚遊者謂好出入不節也樂宴樂者謂好沈荒淫瀆也言好此三者自損之道也○注沈荒淫瀆○正義曰云沈者書微子云沈酗於酒言人以酒亂若沈没於水故以耽酒爲沈也荒者廢也謂有所好樂而廢所掌之職事也書云酒荒於厥邑內作色荒外作禽荒皆是淫訓過也言耽酒爲過差也瀆者嬻慢也言無復禮節也

孔

子曰：侍於君子有三愆，孔曰：愆，過也。言未及之而言謂之躁，鄭曰：躁，不安靜。言及之而不言謂之隱，孔曰：隱匿不盡情實。未見顏色而言謂之瞽。周曰：未見君子顏色所趣嚮而便逆先意語者猶瞽也。〔疏〕孔子至之瞽。○正義曰：此章戒卑侍於尊審慎言語之法也。侍於君子有三愆者，愆，過也。言卑侍於尊有三種過失之事。言未及之而言謂之躁者，謂君子言事未及於己而輒先言，是謂躁動不安靜也。言及之而不言謂之隱者，謂君子言論及己，己應言而不言，是謂隱匿不盡情實也。未見顏色而言謂之瞽者，瞽謂無目之人也。言未見君子顏色所趣嚮而便逆先意語者，猶若無目人也。

孔子曰：君子有三戒：少之時，血氣未定，戒之在色；及其壯也，血氣方剛，戒之在鬭；及其老也，血氣既衰，戒之在得。孔曰：得，貪得。〔疏〕孔子至在得。○正義曰：此章言君子之人自少及老有三種戒慎之事也。少之時血氣未定戒之在色者，少謂人年二十九以

下，血氣猶弱，筋骨未定，貪色則自損，故戒之。及其壯也血氣方剛戒之在鬭者，壯謂氣力方當剛強，喜於爭鬭，故戒之。及其老也血氣既衰戒之在得者，老謂五十以上，得謂貪得，血氣既衰，多好聚斂，故戒之。

孔子曰：君子有三畏：畏天命，順吉逆凶，天之命也。畏大人，大人卽聖人，與天地合其德。畏聖人之言。深遠不可易知測，聖人之言也。小人不知天命而不畏也，恢疏，故不知畏。狎大人，直而不肆，故狎之。侮聖人之言。不可小知，故侮之。〔疏〕孔子至之言。○正義曰：此章言君子小人敬慢不同也。君子有三畏者，心服曰畏，言君子心所畏服有三種之事也。畏天命者，謂作善降之百祥，作不善降之百殃，順吉逆凶，天之命也，故君子畏之。畏大人者，大人卽聖人也，與天地合其德，故君子畏之。畏聖人之言者，聖人之言深遠不可易知測，故君子畏之也。小人不知天命而不畏也者，言小人與君子相反，天道恢疏，故小人不知畏也。狎大人者，狎謂慣忽，聖人直而不肆，故小人忽之。侮聖人之言者，侮謂輕慢，聖人之言不可小知，故小人輕慢之而不行也。○注順吉逆凶天之命也。○正義曰：虞書大禹謨云「惠迪吉，從逆凶，惟影響」。孔安國云：「順道吉，從逆凶，吉凶之報，若影之隨形，響之應聲，言不虛。」道卽天命也，天命無不報，故可畏之。○注大人卽聖人與天地合其德。○正義曰：易云「利見大人」，卽聖人也。乾卦文言云：「夫大人者與天地合其德。」莊氏云：謂覆載也。「與日月合其明」，謂照臨也。「與四時合其序」，若賞以春夏，刑以秋冬之類也。「與鬼神合其吉凶」，若福善禍淫也。此獨舉天地合其德者，舉一隅也。○注恢疏故不知畏。○正義曰：案老子德經云「天網恢恢，疏而不失」，言天之網羅恢恢疏遠，刑淫賞善不失毫分也。○注直而不肆故狎之。○正義曰：肆謂放肆，言大人質直而不放肆，故小人輕狎之也。

孔子曰：生而知之者，上也；學而知之者，次也；困而學之，又其次也；孔曰：困謂有所不通。困而不學，民斯爲下矣。〔疏〕孔子至下矣。○正義曰：此章勸人學也。生而知之者上也者，謂聖人也。學而知之者次也者，言由學而知道，次於聖人，謂賢人也。困而學之又其次也者，人本不好學，因其行事有所困，禮不通，發憤而學之者，復次於賢人也。困而不學民斯爲下矣者，謂知困而不能學，此爲下愚之民也。○注孔曰困謂有所不通。○正義曰：言爲事不能通達者也。左傳昭七年公如楚，

孟僖子爲介，不能相儀；及楚，不能荅郊勞。九月，公至自楚，孟僖子病不能相禮，乃講學之。是其困而學之者也。

孔子曰：君子有九思：視思明，聽思聰，色思溫，貌思恭，言思忠，事思敬，疑思問，忿思難，見得思義。〔疏〕孔子至思義。○正義曰：此章言君子有九種之事當用心思慮使合禮義也。視思明者，目覩爲視，見微爲明，言君子覩視當思見微，若離婁也。聽思聰者，耳聞爲聽，聽遠爲聰，言君子耳聽當思聞遠，若師曠也。色思溫者，言顏色不可嚴猛，當思溫也。貌思恭者，體皃接物不可驕亢，當思恭遜也。言思忠者，凡所言論不可隱欺，當思盡其忠心也。事思敬者，凡人執事多惰窳，君子常思謹敬也。疑思問者，已有疑事，不使在躬，當思問以辨之也。忿思難者，謂人以非理忤己，己必忿怒，心雖忿怒，不可輕易，當思其後得無患難乎？若一朝之忿，忘其身以及其親，是不思難者也。見得思義者，言若有所得，當思義然後取，不可苟也。

孔子曰：見善如不及，見不善如探湯。吾見其人矣，吾聞其語矣。孔曰：探湯，喻去惡疾。隱居以求其志，

行義以達其道吾聞其語矣未見其人也〔疏〕孔曰至人也。正義曰此章言善人難得也見善如不及者言爲善常汲汲也見不善如探湯者人之探試熱湯其去之必速以喻見惡事去之疾也吾見其人矣吾聞其語矣者言今人與古人皆有能若此者也隱居以求其志者謂隱遯幽居以求遂其己志也行義以達其道者謂好行義事以達其仁道也吾聞其語矣未見其人也者言但聞其語說古有此行之人也今則無有故未見其人也

齊景公有馬千駟死之日民無德而稱焉孔曰千駟四千匹伯夷叔齊餓于首陽之下馬曰首陽山在河東蒲坂縣華山之北河曲之中民到于今稱之其斯之謂與王曰此所謂以德爲稱〔疏〕齊景公至謂與。正義曰此章貴德也齊景公有馬千駟死之日民無德而稱焉者景公齊君景謚也馬四匹爲駟千駟四千匹也言齊君景公雖富有千駟及其死也無德可稱伯夷叔齊餓于首陽之下民到于今稱之其斯之謂與者夷齊孤竹君之二子讓位適周遇武王伐紂諫之不入及武王既誅紂義不食周粟故于河東

郡蒲坂縣首陽山下采薇而食終餓死雖然窮餓民到于今稱之以爲古之賢人其此所謂以德爲稱者與

陳亢問於伯魚曰子亦有異聞乎馬曰以爲伯魚孔子之子所聞當有異對曰未也嘗獨立孔曰獨立謂孔子鯉趨而過庭曰學詩乎對曰未也不學詩無以言鯉退而學詩他日又獨立鯉趨而過庭曰學禮乎對曰未也不學禮無以立鯉退而學禮聞斯二者陳亢退而喜曰問一得三聞詩聞禮又聞君子之遠其子也〔疏〕陳亢至子也。正義曰此章勉人爲詩爲禮也陳亢問於伯魚曰子亦有異聞乎者伯魚孔子之子鯉也弟子陳亢以爲伯魚是孔子之子所聞當有異於餘人故問之對曰未也者荅言未有異聞也嘗獨立鯉趨而過庭曰學詩乎對曰未也不學詩無以言鯉退而學詩者伯魚對陳亢言雖未有異聞有時夫子曾獨立於堂鯉疾趨而過其中庭夫子謂己曰學詩乎己即對曰未也夫子又言不學詩無以言以古者會同皆賦詩見意若不學之何以爲言也鯉於是退而遂學通於詩也他日又獨立鯉趨而過庭曰學禮乎對曰未也不學禮無以立鯉退而學禮者謂異日夫子又嘗獨立而伯魚趨過夫子訓之曰學禮乎荅言未也夫子又言若不學禮無以立身以禮者恭儉莊敬人有禮則安無禮則危故不學之則無以立其身也鯉於是退而學通於禮聞斯二者矣言別無異聞但聞此詩禮二者也陳亢退而喜者既問伯魚退而喜悅也曰問一得三聞詩聞禮又聞君子之遠其子也者亢言始但問異聞是問一也今乃聞詩可以言禮可以立且鯉也過庭方始受訓則知不常嘻嘻褻慢是又聞君子之疎遠其子也故爲得三所以喜也

邦君之妻君稱之曰夫人夫人自稱曰小童邦人稱之曰君夫人稱諸異邦曰寡小君異邦人稱之亦曰君夫人孔曰小君君夫人之稱對異所謙故曰寡小君當此之時諸侯嫡妾不正稱號不審故孔子正言其禮也〔疏〕邦君至夫人。正義曰此章正夫人之名稱也邦君之妻者諸侯之夫人也妻者齊也言與夫齊禮上下

之通稱故曰邦君之妻也君稱之曰夫人者夫人之言也能扶成人君之德也邦君自稱其妻則曰夫人也夫人自稱曰小童者自稱謙言己小弱之童稚也邦人稱之曰君夫人者謂國中之臣民言則繫君而稱之言是君之夫人故曰君夫人也稱諸異邦曰寡小君者諸於也謂己國臣民稱己君之夫人於他國之人則曰寡小君對異邦謙也以對異邦稱君曰寡君謙言寡德之君夫人對君爲小故曰寡小君也異邦人稱之亦曰君夫人者謂稱他國君妻亦曰君夫人也以當此之時諸侯嫡妾不正稱號不審故孔子正言其禮也

論語注疏解經卷第十六

二品蔭生阮常生按栞

論語注疏校勘記　阮元撰盧宣旬摘録

季氏第十六

揚其衰失　本揚誤楊今正

季氏將伐顓臾章

季氏將伐顓臾　唐石經臾作臾北監本作臾案臾是正字省作臾誤作臾

伏羲之後　皇本伏羲作宓犧釋文出宓字云音密又音伏本亦作伏案五經文字云宓論語注亦用作宓犧字音伏是唐時論語注俱作宓犧

季氏貪其土地　皇本無土字

欲滅而取之　皇本取作有

來告孔子　皇本子作氏下有也字

故孔子獨疑求告之　皇本之作也

且在邦域之中矣　釋文出邦域云邦或作封案邦與封古字雖通然此處疑本作封字孔注云魯七百里之封邢疏云魯之封域方七百里顓臾爲附庸在其域中也又云顓臾爲附庸在此七百里封域之中也皆作封字可證

魯七百里之封　皇本封作邦

何以伐爲　皇本高麗本作何以爲伐也

虎兕出於柙龜玉毀於櫝中　皇本無二於字高麗本毀下無於字釋文出於匣云本今作柙五經文字云柙與匣同見論語○按柙訓檻匣訓匱是柙爲正字匣爲假借字

櫝匱也　皇本匱作櫃案櫃乃匱之俗字

失虎毀玉豈非典守之過邪　皇本作失毀非典守者之過邪

後世必爲子孫憂　釋文出必爲子孫憂云本或作後世必爲子孫憂

而必爲之辭　皇本高麗本必下有更字

患政理之不均平　皇本理作治平下有也字釋文出政治云本今作理

則不貧矣　皇本不下有患字

而謀動干戈於邦內　釋文出邦內云鄭本作封內

干楯也　釋文出盾字云又作楯

不在顓臾　唐石經高麗本在下有於字釋文出不在顓臾云或作不在於顓臾

而在蕭牆之內也　隸釋載漢石經在下有於字云盇毛包周無於又牆作蘠閩本北監本毛本作墻○按墻俗牆字

言季氏將有征伐之事於顓臾也　本顓誤顓今正

且爾言過矣　本且誤目今正

自是汝之言罪過矣　本自誤目今正

言將伐顓臾之意　本臾誤更今正

以合其探利之說　北監本毛本探作貪

不患土地人民之寡少　本土誤士今正

則當修文德　本文誤大今正

而在蕭牆之內也　浦鏜云也下脫者字

至屏而加肅敬焉　本肅誤蕭今正

武陽縣東北是也　本北誤此今正

爾雅云兕野牛　案爾雅野當作似各本皆誤

戈柲六尺有六寸監本毛本柲作松是也閩本亦誤

戈今句孑戟也浦鏜云孑誤矛是也

胡其孑子當作孑閩本毛本並誤

天下有道章

周幽王爲犬戎所殺本犬誤天今改

孔曰至乾侯北監本毛本作至侯矣

幽王之廢后去太子也今史記周本紀后上有申字

遂殺幽王麗山下本同毛本麗作驪

云專征伐者浦鏜云專下脱行字

子昭公禂立閩本北監本毛本禂作稠○按史漢並作禂左傳作裯說詳左傳注疏挍勘記二十

六

祿之去公室章

孔曰文子云云皇本高麗本並作鄭元曰

文公子。妃左氏文十八年傳子作二

欲立之左氏文十八年傳欲上重襄仲二字

益者三友章

友便辟高麗本辟作僻案馬讀辟爲避鄭讀辟爲譬今高麗本作僻蓋與釋文同今既采馬注而字又作僻其誤甚矣

巧辟人之所忌以求容媚皇本作巧避人所忌以求容媚者也

友便佞說文引便作諞案五經文字云諞見周書與便巧之便同

便辯也北監本毛本辯作辯說見前

益者三樂章

樂佚遊釋文出佚遊云本亦作逸音同○按佚逸字多通用

謂好沈荒淫溢也浦鏜云瀆誤溢

瀆者媟慢也案媟是媟之誤閩本同

侍於君子有三愆章

言未及之而言謂之躁釋文出躁字云魯讀躁爲傲今從古案荀子勸學篇云未可與言而言謂之傲鹽鐵論孝養章云言不及而言者傲也皆用魯論

言及之而不言謂之隱皇本高麗本無而字

君子有三戒章

戒之在鬬唐石經鬬誤鬭皇本閩本誤鬭北監本毛本誤鬬

戒之在得釋文出在得云或作德非

生而知之者章

有所困禮不通補北監本禮作屈

君子有九思章

孔子至思義本義誤夫今正

凡人執事多惰窳閩本北監本毛本窳作息

若一朝之忿本一字空闕今補正

齊景公有馬千駟章

民無德而稱焉皇本高麗本德作得又皇本無而字案得與德字雖通然此處自當作德王注云此所謂

以德爲稱正義云此章貴德也又云及其死也無德可稱又云其此所謂以德爲稱者與皆以斯字卽指德言直截自然若改爲得頗乖文義

餓于首陽之下　案論語于皆作於惟此章作于

陳亢問於伯魚曰章

陳亢　說文云論語有陳伉案亢字子禽與爾雅亢鳥嚨詁訓相合作伉似非也然漢書古今人表陳亢陳子禽爲二人段玉裁說

未也不學詩無以言　皇本高麗本也下有曰字言下有也字

聞斯二者　皇本者下有矣字高麗本者作矣

問一得三　北監本毛本問誤聞

邦君之妻章

亦曰君夫人　皇本高麗本人下有也字

對異邦謙　本邦誤所今正

諸侯嫡妻不正　釋文出嫡妻云本又作適同

論語注疏校勘記卷十六終

論語注疏解經卷第十七

何晏集解　邢昺疏

陽貨第十七

疏正義曰此篇論陪臣專恣因明性習知愚禮樂本末六蔽之惡二南之美君子小人爲行各異今之與古其疾不同以前篇首章言大夫之惡此篇首章記家臣之亂尊卑之差故以相次也

陽貨欲見孔子孔子不見孔曰陽貨陽虎也季氏家臣而專魯國之政欲見孔子使仕歸孔子豚孔曰欲使往謝故遺孔子豚孔子時其亡也而往拜之遇諸塗孔曰塗道也於道路與相逢謂孔子曰來予與爾言曰懷其寶而迷其邦可謂仁乎曰不可馬曰言孔子不仕是懷寶也知國不治而不爲政是迷邦也好從事而亟失時可謂知乎曰不可孔曰言孔子栖栖好從事而數不遇失時不得爲有知日月逝矣歲不我與馬曰年老歲月已往當急仕孔子曰諾吾將仕矣孔曰以順辭免疏陽貨至仕矣○正義曰此章論家臣專恣孔子遜辭遠害之事也陽貨欲見孔子者陽貨陽虎也蓋名虎字貨爲季氏家臣而專魯國之政欲見孔子將使之仕也孔子不見者疾其家臣專政故不與相見歸孔子豚者歸遺也豚豕之小者陽貨欲使孔子往謝因得從容見之故遺孔子豚也孔子時其亡而往拜之者謂伺虎不在家時而往謝之也遇諸塗者塗道也孔子既至貨家而反於道路與相逢也謂孔子曰來予與爾言者貨呼孔子使來就己言我與汝有所言也曰懷其寶而迷其邦可謂仁乎者此陽貨謂孔子之言也寶以喻道德言孔子不仕是懷藏其道德也知國不治而不爲政是使迷亂其國也仁者當拯弱興衰使功被當世今爾乃懷寶迷邦可以謂之仁乎曰不可者此孔子遜辭言如此者不可謂之仁也好從事而亟失時可謂知乎者此亦陽貨謂孔子辭亟數也言孔子棲棲好從事而數不遇失時可謂有知者乎不得爲有知也曰不可者此亦孔子遜辭言如此者不可謂之知也日月逝矣歲不我與者此陽貨勸孔子求仕之辭逝往也言孔子年者歲月已往不復留待我也當急求仕孔子曰諾吾將仕矣者諾應辭也孔子知其勸仕故應答之言我將求仕以順辭免去也

子曰性相近也習相遠也孔曰君子慎所習子曰唯上知與下愚不移孔曰上知不可使爲惡下愚不可使強賢疏子曰性相近也習相遠也子曰唯上知與下愚不移○正義曰此章言君子當慎其所習也性謂人所稟受以生而靜者也未爲外物所感則人皆相似是近也既爲外物所感則習以性成若習於善則爲君子若習於惡則爲小人是相遠也故君子慎所習然此乃是中人耳其性可上可下故遇善則升逢惡則墜也孔子又嘗曰唯上知聖人不可移之使爲惡下愚之人不可移之使強賢此則非如中人性習相近遠也

子之武城聞弦歌之聲孔曰子游爲武城宰夫子莞爾而笑莞爾小笑貌曰割雞焉用牛刀孔曰言治小何須用大道子游對曰昔者偃也聞諸夫子曰君子學道則愛人小人學道則易使也孔曰道謂禮樂也樂以和人人和則易使子曰二三子孔曰從行者偃之言是也前言戲之耳孔曰戲以治小而用大道疏子之至之耳○正義曰此章論治民之道也子之武城聞弦歌之聲者之適也武城魯邑名時子游爲武城宰意欲以禮樂化導於民故弦歌孔子因適武城而聞其聲也夫子莞爾而笑曰割雞焉用牛刀者莞爾小笑貌言雞乃小牲割之當用小刀何用解牛之大刀以喻治小何須用大道今子游治小用大故笑之子游對曰昔者偃也聞諸夫子曰君子學道則愛人小人學道則易使也者子游見孔子笑其治小用大故稱名而引昔聞夫子之言以對之道謂禮樂也禮節人心樂和人聲言若在位君子學禮樂則愛養下人也若在下小人學禮樂則人和而易使也子曰二三子者呼其弟子從行者也偃之言是也前言戲之耳者孔子語其從者言子游之說是我前言戲之以治小而用大道其實用大是也

公山弗擾以費畔召子欲往孔曰弗擾爲季氏宰與陽虎共執季桓子而召孔子子路不說曰末之也已何必公山氏之之也孔曰之適也無可之則止何必公山氏之適子曰夫召我者而豈徒哉如有用我者吾

其爲東周乎興周道於東方故曰東周【疏】公山至周乎○正義曰此章論孔子欲不避亂而興周道也公山弗擾以費畔召子欲往者弗擾即左傳公山不狃也字子洩爲季氏費邑宰與陽虎共執季桓子據邑以畔來召孔子孔子欲往從之也子路不說曰末之也已何必公山氏之之也者上下二之俱訓爲適末無也已止也子路以爲君子當去亂就治今孔子乃欲就亂故不喜說且曰無可適也則止之何必公山氏之適也子曰夫召我者而豈徒哉如有用我者吾其爲東周乎者孔子荅其欲往之意也徒空也言夫人召我者豈空然哉必將用我道也如有用我道者我則興周道於東方其使魯爲周乎吾是以不擇地而欲往也○注弗擾爲季氏宰與陽虎共執季桓子○正義曰案定五年左傳曰六月季平子行東野還未至丙申卒于房陽虎將以璵璠斂仲梁懷弗與曰改步改玉陽虎欲逐之告公山不狃不狃曰彼爲君也子何怨焉既葬桓子行東野及費子洩爲費宰逆勞於郊桓子敬之勞仲梁懷仲梁懷弗敬子洩怒謂陽虎子行之乎九月乙亥陽虎囚季桓子是其事也至八年又與陽虎謀殺桓子陽虎敗而出至十二年季氏將墮費公山不狃叔孫輒率費人以襲魯國人敗諸姑蔑二子奔齊子張問仁於孔子孔

子。曰能行五者於天下爲仁矣請問之曰恭寬信敏惠恭則不侮孔曰不見侮慢寬則得衆信則人任焉敏則有功孔曰應事疾則多成功惠則足以使人【疏】子張至使人○正義曰此章明仁也子張問仁於孔子者問何如斯可謂之仁也孔子曰能行五者於天下爲仁矣者言爲仁之道有五也請問之者子張復請問五者之目也曰恭寬信敏惠者此孔子略言爲仁五者之名也恭則不侮者此下孔子又歷疏五者之事也言己若恭以接人人亦恭以待己故不見侮慢寬則得衆者言行能寬簡則爲衆所歸也信則人任焉者言而有信則人所委任也敏則有功者敏疾也應事敏疾則多成功也惠則足以使人者有恩惠則人忘其勞也佛。肸召子欲往孔曰晉大夫趙簡子之邑宰子路曰昔者由也聞諸夫子曰親於其身爲不善者君子不入也孔曰不入其國佛肸以中牟畔子之往也如之何子曰然有

是言也不曰堅乎磨而不磷不曰白乎涅而不緇孔曰磷薄也涅可以染皁言至堅者磨之而不薄至白者染之於涅而不黑喻君子雖在濁亂濁亂不能汙吾豈匏瓜也哉焉能繫而不食匏瓠也言瓠瓜得繫一處者不食故也吾自食物當東西南北不得如不食之物繫滯一處【疏】佛肸至不食○正義曰此章亦言孔子欲不擇地而治也佛肸爲晉大夫趙簡子之中牟邑宰以中牟畔來召孔子孔子欲往從之也子路曰昔者由也聞諸夫子曰親於其身爲不善者君子不入也者言君子不入不善之國也佛肸以中牟畔子之往也如之何者言今佛肸以中牟畔則是身爲不善而子欲往如前言何子曰然有是言也者孔子荅云雖有此不入不善之言也不曰堅乎磨而不磷不曰白乎涅而不緇者孔子之意雖言不入不善緣君子見幾而作亦有可入之理故謂之作譬磷薄也涅水中黑土可以染皁緇黑色也人豈不曰至堅者磨之而不薄至白者染之於涅而不黑以喻君子雖居濁亂濁亂不能汙也吾豈匏瓜也哉焉能繫而不食者孔子又爲言其欲往之意也匏瓠也瓠瓜得繫一處者不食故也吾自食物當東西南北

不得如不食之物繫滯一處江熙云夫子豈實之公山佛肸乎欲往之意以示無係以觀門人之意如欲居九夷乘桴浮于海耳子路見形而不及道故聞乘桴而喜聞之公山而不說升堂而未入室安得聖人之趣子曰由也女聞六言六蔽矣乎六言六蔽者謂下六事仁知信直勇剛也對曰未也居吾語女孔曰子路起對故使還坐好仁不好學其蔽也愚孔曰仁者愛物不知所以裁之則愚好知不好學其蔽也蕩孔曰蕩無所適守好信不好學其蔽也賊孔曰父子不知相爲隱之輩好直不好學其蔽也絞好勇不好學其蔽也亂好剛不好學其蔽也狂孔曰狂妄抵觸人【疏】子曰至也狂○正義曰此章勸學也子曰由也女聞六言六蔽矣乎者蔽謂蔽塞不自見其過也孔子呼子路而問之曰汝嘗聞六言不學而皆蔽塞者乎對曰未也者子路對言未曾聞也居吾語女者居由坐也禮君子問更端則起子路起對故使還坐吾將語女也好仁不好學其蔽也愚者此下

歷說六言六蔽之事也。學者覺也，所以覺寤未知也。仁之爲行，學則不固，是以愛物。好與曰仁，若但好仁不知所以裁之，所施不當，則如愚人也。好知不好學其蔽也蕩者，明照於事曰知，若不學以裁之，則其蔽在於蕩逸無所適守也。好信不好學其蔽也賊者，人言不欺爲信，則當信義，若但好信而不學以裁之，其蔽在於賊害，父子不知相爲隱之輩也。好直不好學其蔽也絞者，絞切也，正人之曲曰直，若好直不好學，則失於譏刺太切。好勇不好學其蔽也亂者，勇謂果敢，當學以知義，若好勇而不好學，則是有勇而無義，則爲賊亂。好剛不好學其蔽也狂者，狂猶妄也，剛者無欲，不爲曲求，若好恃其剛不學以制之，則其蔽也妄抵觸人。

子曰：「小子何莫學夫詩？ 包曰：小子，門人也。 **詩可以興，** 孔曰：興，引譬連類。 **可以觀，** 鄭曰：觀風俗之盛衰。 **可以羣，** 孔曰：羣居相切磋。 **可以怨，** 孔曰：怨刺上政。 **邇之事父，遠之事君，** 孔曰：邇，近也。 **多識於鳥獸草木之名。」子謂伯魚曰：「女爲周南、召南矣乎？人而不爲周南、召南，其猶正牆面而立也與！」** 馬曰：周南、召南，國風之始。樂得淑女以配君子，三綱之首，王教之端，故人而不爲，如向牆而立。

〔疏〕子曰至也與。○正義曰：此章勸人學詩也。子曰小子何莫學夫詩者，小子，門人也。莫，不也。孔子呼門人曰：何不學夫詩也。詩可以興者，又爲說其學詩有益之理也。若能學詩，詩可以令人能引譬連類以爲比興也。可以觀者，詩有諸國之風俗，盛衰可以觀覽知之也。可以羣者，詩有如切如磋，可以羣居相切磋也。可以怨者，詩有君政不善則風刺之，言之者無罪，聞之者足以戒，故可以怨刺上政。邇之事父，遠之事君者，邇，近也。詩有凱風、白華相戒以養，是有近之事父之道也。又有雅、頌君臣之法，是有遠之事君之道也。言事父與事君皆有其道也。多識於鳥獸草木之名者，言詩人多記鳥獸草木之名以爲比興，則因又多識於此鳥獸草木之名也。子謂伯魚曰女爲周南召南矣乎者，爲猶學也。孔子謂其子伯魚曰：女學周南、召南之詩乎？人而不爲周南、召南，其猶正牆面而立也與者，又爲說宜學周南、召南之意也。牆面，面向牆也。周南、召南，國風之始，三綱之首，王教之端，故人若學之，則可以觀興；人而不爲，則如面正向牆而立，無所觀見也。○注「周南」至「而立」。正義曰：云「周南、召南，國風之始」者，詩序云：「然則關雎、麟趾之化，王者之風，故繫之周公。南，言化自北而南也。鵲巢、騶

虞之德，諸侯之風也。先王之所以教，故繫之召公。周南、召南，正始之道，王化之基。」是以周南、召南二十五篇謂之正國風，爲十五國風之始也。云「樂得淑女以配君子」者，亦詩關雎序文也。言二南皆是正始之道，先美家內之化，是以關雎之篇說后妃心之所樂，樂得此賢善之女以配己之君子也。云「三綱之首，王化之端」者，白虎通云：「三綱者何謂？謂君臣、父子、夫婦也。君爲臣綱，父爲子綱，夫爲妻綱。」有夫婦然後有父子，有父子然後有君臣。二南之詩首論夫婦，文王刑于寡妻，至于兄弟，以御于家邦。是故二國之詩以后妃夫人之德爲首，終以麟趾、騶虞，言后妃夫人有斯德，興助其君子，皆可以成功，至于致嘉瑞。故爲三綱之首，王教之端也。

子曰：「禮云禮云，玉帛云乎哉？ 鄭曰：玉，圭璋之屬。帛，束帛之屬。言禮非但崇此玉帛而已，所貴者乃貴其安上治民。 **樂云樂云，鍾鼓云乎哉？」** 馬曰：樂之所貴者，移風易俗，非謂鍾鼓而已。

〔疏〕子曰至乎哉。○正義曰：此章辨禮樂之本也。子曰禮云禮云，玉帛云乎哉者，玉，圭璋之屬。帛，束帛之屬。皆行禮之物也。言禮之所云，豈在此玉帛云乎者哉？言非但崇此玉帛而已，所貴者在於安上治民。樂云樂云，鍾鼓云乎哉者，鍾鼓，樂之器也。樂之所貴者，貴其移風易俗，非謂貴此鍾鼓鏗鏘而已。故孔子歎之，重言之者，深明樂之本不在玉帛鍾鼓也。

子曰：「色厲而內荏， 孔曰：荏，柔也。爲外自矜厲而內柔佞。 **譬諸小人，其猶穿窬之盜也與！」** 孔曰：爲人如此，猶小人之有盜心。穿，穿壁。窬，窬牆。

〔疏〕子曰至也與。○正義曰：此章疾時人體與情反也。厲，矜莊也。荏，柔佞也。穿，穿壁。窬，窬牆也。言外自矜厲而內柔佞，爲人如此，譬之猶小人外雖持正，內常有穿壁窬牆竊盜之心也與。

子曰：「鄉原，德之賊也。」 周曰：所至之鄉，輒原其人情而爲意以待之，是賊亂德也。一曰：鄉，向也，古字同。謂人不能剛毅，而見人輒原其趣嚮，容媚而合之，言此所以賊德。

〔疏〕子曰鄉原德之賊也。○正義曰：此章疾時人之詭隨也。舊解有二：周曰所至之鄉，輒原其人情而爲意以待之，是賊亂德也。何晏云：一曰鄉，向也，古字同。謂人不能剛毅，而見人輒原其趣嚮，容媚而合之，言此所以賊德也。

子曰：「道聽而塗說，德之棄也。」 馬曰：聞之於道路，則傳而說之。

〔疏〕子曰道聽而塗說德之棄也。○正義曰：此章疾時人不習而傳之也。塗亦道也。言聞之於道路，則於道路傳而說之，必多謬妄，爲有

德者所棄也

子曰：鄙夫可與事君也與哉？孔曰：言不可與事君。其未得之也，患得之。患得之者，患不能得之。楚俗言。既得之，患失之。苟患失之，無所不至矣。鄭曰：無所不至者，言其邪媚無所不爲。

〔疏〕子曰鄙夫至至矣。○正義曰：此章論鄙夫之行也。子曰鄙夫可與事君也與哉者，言凡鄙之人不可與之事君也。其未得之也患得之者，此下明鄙夫不可與事君之由也。患得之者，患不能得也。言其初未得事君也，時常患已不能得事君也。既得之患失之者，言不能任直守道，常憂患失其祿位也。苟患失之無所不至矣者，苟，誠也。若誠憂失之，則用心顧惜，竊位偷安，言其邪媚無所不爲也。以此故不可與事君也。

子曰：古者民有三疾，今也或是之亡也。包曰：言古者民疾與今時異。古之狂也肆，包曰：肆，極意敢言。今之狂也蕩；孔曰：蕩，無所據。古之矜也廉，馬曰：有廉隅。今之矜也忿戾；孔曰：惡理多怒。古之愚也直，今之愚也詐而已矣。

〔疏〕子曰至已矣。○正義曰：此章論今人澆薄不如古人也。子曰古者民有三疾今也或是之亡也者，亡，無也。言古者淳朴之時，民之行有三疾，今也澆薄，或是亦無也。言古者民疾與今時異。古之狂也肆者，此下歷言三疾也。肆謂極意敢言，多抵觸人也。今之狂也蕩者，謂忿怒而多咈戾惡理多怒。古之愚也直者，謂心直而無邪曲。今之愚也詐而已矣者，謂多行欺詐自利也。

子曰：巧言令色，鮮矣仁。王曰：巧言無實，令色無質。

〔疏〕子曰巧言令色鮮矣仁。○正義曰：此章與學而篇同，弟子各記所聞，故重出之。

子曰：惡紫之奪朱也，孔曰：朱，正色。紫，間色之好者。惡其邪好而奪正色。惡鄭聲之亂雅樂也，包曰：鄭聲，淫聲之哀者。惡其亂雅樂。惡利口之覆邦家者。孔曰：利口之人多言少實，苟能悅媚時君，傾覆國家。

〔疏〕子曰至家者。○正義曰：此章記孔子惡邪奪正也。惡紫之奪朱也者，朱，正色；紫，間色之好者。惡其邪好而奪正色也。惡鄭聲之亂雅樂也者，鄭聲，淫聲之哀者。惡其淫聲亂正樂也。惡利口之覆邦家者，利口之人多言少實，苟能悅媚時君，傾覆國家也。○注孔曰至正色。○正義曰：云朱正色，紫間色者，皇氏云：謂青赤黃白黑五

方正色。不正，謂五方間色，綠紅碧紫騮黃色是也。青是東方正，綠是東方間。東爲木，木色青。木刻土，土色黃，並以所刻爲間，故綠色青黃也。朱是南方正，紅是南方間。南爲火，火色赤。火刻金，金色白，故紅色赤白也。白是西方正，碧是西方間。西爲金，金色白。金刻木，故碧色青白也。黑是北方正，紫是北方間。北方水，水色黑。水刻火，火色赤，故紫色赤黑也。黃是中央正，騮黃是中央間。中央土，土色黃。土刻水，水色黑，故騮黃色黃黑也。

子曰：予欲無言。子貢曰：子如不言，則小子何述焉？言之爲益少，故欲無言。子曰：天何言哉？四時行焉，百物生焉，天何言哉？

〔疏〕子曰至言哉。○正義曰：此章戒人慎言也。子曰予欲無言者，君子訥於言而敏於行，以言之爲益少，故欲無言。子貢曰子如不言則小子何述焉者，小子，弟子也。子貢聞孔子不欲言，故告曰：夫子若不言，則弟子等何所傳述？子曰天何言哉四時行焉百物生焉天何言哉者，此孔子舉天亦不言而令行以爲譬也。天何嘗有言語哉？而四時之令遞行焉，百物皆依時而生焉。天何嘗有言語教命哉？以喻人若無言，但有其行，不亦可乎？

孺悲欲見孔子，孔子辭以疾。將命者出戶，取瑟而歌，使之聞之。孺悲，魯人也。孔子不欲見，故辭之以疾。爲其將命者不已，故歌，令將命者悟，所以令孺悲思之。

〔疏〕孺悲至聞之。○正義曰：此章蓋言孔子疾惡也。孺悲欲見孔子孔子辭以疾者，孺悲，魯人也。來欲見孔子，孔子不欲見，故辭之以疾也。將命者出戶取瑟而歌使之聞之者，將，猶奉也。奉命者，主人傳辭出入人也。初將命者來入戶，言孺悲求見，夫子辭之以疾，又爲將命者不已，故取瑟而歌，令將命者聞之而悟，已無疾，但不欲見之，所以令孺悲思之。

宰我問：三年之喪，期已久矣。君子三年不爲禮，禮必壞；三年不爲樂，樂必崩。舊穀既沒，新穀既升，鑽燧改火，期可已矣。馬曰：周書月令有更火之文。春取榆柳之火，夏取棗杏之火，季夏取桑柘之火，秋取柞楢之火，冬取槐檀之火。一年之中，鑽火各異木，故曰改火也。子曰：食夫稻，衣夫錦，於女安乎？曰：安。女安則爲之！夫君子之居喪，食旨不

甘聞樂不樂居處不安故不爲也今女安則爲之孔曰旨美也責其無仁恩於親故再言女安則爲之宰我出子曰予之不仁也子生三年然後免於父母之懷馬曰子生於三歲爲父母所懷抱夫三年之喪天下之通喪也孔曰自天子達於庶人予也有三年之愛於其父母乎孔曰言子之於父母欲報之恩昊天罔極而予也有三年之愛乎

【疏】宰我至母乎。正義曰此章論三年喪禮也宰我問三年之喪期已久矣者禮喪服爲至親者三年宰我嫌其期月大遠故問於夫子曰三年之喪期已久矣乎君子三年不爲禮禮必壞三年不爲樂樂必崩者此宰我又說喪不可三年之義也言禮檢人迹樂和人心君子不可斯須去身若在喪則皆不爲也不爲既久故禮壞而樂崩也舊穀既沒新穀既升鑽燧改火期可已矣者宰我又言三年之喪一期爲足之意也夫人之變遷本依天道一期之間則舊穀已沒新穀已成鑽木出火謂之燧言鑽燧者又已改變出火之木天道萬物既已改新則人情亦宜從舊故喪禮

但一期而除亦可已矣子曰食夫稻衣夫錦於女安乎者孔子見宰我言至親之喪欲以期斷故問之言禮爲父母之喪既殯食粥居倚廬斬衰三年期而小祥食菜果居堊室練冠縓緣要絰不除今女既期之後食稻衣錦於女之心得安否乎曰安者宰我言既期除喪卽食稻衣錦其心安也女安則爲之者孔子言女心安則自爲之夫君子之居喪食旨不甘聞樂不樂居處不安故不爲也今女安則爲之者孔子又爲說不可安之禮旨美也言君子之居喪也疾卽飲酒食肉雖食美味不以爲甘雖聞樂聲不以爲樂寢苫枕塊居處不求安也故不爲食稻衣錦之事今女既心安則任自爲之責其無仁恩於親故再言女安則爲之宰我出子曰予之不仁也子生三年然後免於父母之懷者予宰我名宰我方當愚執夫子不欲面斥其過故宰我既問而出去孔子對二三子言曰夫宰予不仁於父母也凡人子生未三歲常爲父母所懷抱既三年然後免離父母之懷是以聖人制喪禮爲父母三年夫三年之喪天下之通喪也者通達也謂上自天子下達庶人皆爲父母三年故曰通喪也予也有三年之愛於其父母乎者爲父母愛己故喪三年今予也不欲行三年之服是有三年之恩愛於父母乎。注馬曰至火也。正義曰云周禮月令有更火之文者周書孔子所删尚書百篇之餘也晉成康中得之汲冢有月令篇其辭令亡案周禮司爟掌行火之政令四時變國火以救時疾鄭玄注云行猶用也變猶易也鄭司農說以鄹子曰春取榆柳之火夏取棗杏之火季夏取桑柘之火秋取柞楢之火冬取槐檀之火其文與此正同釋者云榆柳青故春用之棗杏赤故夏用之桑柘黃故季夏用之柞楢白故秋用之槐檀黑故冬用之。注孔曰自天子達於庶人。正義曰禮記三年問云夫三年之喪天下之通喪也鄭玄云達謂自天子至於庶人喪服四制曰此喪之所以三年賢者不得過不肖者不得不及檀弓曰先王制禮也過之者俯而就之不至者跂而及之也聖人雖以三年爲文其實二十五月而畢若駟之過隙然而遂之則是無窮也故先王爲之立中制節壹使足以成文理則釋之矣喪服四制曰始死三日不怠三月不解期悲哀三年憂恩之殺也故孔子云子生三年然後免於父母之懷夫三年之喪天下之達喪也所以喪必三年爲制也。注孔曰至愛乎。正義曰云欲報之德昊天罔極者小雅蓼莪文鄭箋云之猶是也我欲報父母是德昊天乎我心無極云予也有三年之愛乎者言宰予不欲服喪三年是無三年之愛也繆協云爾時禮壞樂崩三年不行宰我大懼其往以爲聖人無微旨以戒將來故假時人之謂啓憤於夫子義在屈己以明道也

子曰飽食終日無所用心難矣哉不有博弈者乎爲之猶賢乎已馬曰爲其無所據樂善生淫欲

【疏】子曰至乎已。正義曰此章疾人之不學也子曰飽食終日無所用心難矣哉者言人飽食終日於善道無所用心則難以爲處矣哉不有博弈者乎爲之猶賢乎已者賢勝也已止也博說文作簙局戲也六箸十二棊也古者烏曹作簙圍棊謂之弈說文弈從廾言竦兩手而執之棊者所執之子以子圍而相殺故謂之圍棊圍棊稱弈者又取其落弈之義也夫子爲其飽食之人無所據樂善生淫欲故教之曰不有博弈之戲者乎若其爲之猶勝乎止也欲令據此爲樂則不生淫欲也

子路曰君子尚勇乎子曰君子義以爲上君子有勇而無義爲亂小人有勇而無義爲盜

【疏】子路至爲盜。正義曰此章抑子路也子路曰君子尚勇乎者子路有勇意謂勇可崇尚故問於夫子曰君子當尚勇乎子曰君子義以爲上者言君子不尚勇而上義也上卽尚也君子有勇而無義爲亂小人有勇而無義爲盜者君子指在位者合宜爲義言在位之人有勇而

無義則爲亂逆在下小人有勇而無義則爲盜賊**子貢曰君子亦有惡乎子曰有惡惡稱人之惡者**包曰好稱說人之惡所以爲惡**惡居下流而訕上者**孔曰訕謗毀**惡勇而無禮者惡果敢而窒者**馬曰窒窒塞也**曰賜也亦有惡乎惡徼以爲知者**孔曰徼抄也抄人之意以爲己有**惡不孫以爲勇者惡訐以爲直者**包曰訐謂攻發人之陰私〔疏〕子貢至直者。正義曰此章論人有惡行可憎惡也子貢曰君子亦有惡乎者君子謂夫子也子貢問夫子之意亦有憎惡者乎子曰有惡者荅言有所憎惡也惡稱人之惡者謂好稱說人之惡所以惡之惡居下流而訕上者訕謗毀也謂人居下位而謗毀在上所以惡之也惡勇而無禮者勇而無禮義爲亂所以惡之也惡果敢而窒者窒謂窒塞謂好爲果敢窒塞人之善道所以惡之也曰賜也亦有惡乎者子貢言賜也亦有所憎惡也惡徼以爲知者徼抄也禮毋抄說若抄人之意以爲己有所以惡之惡不孫以爲勇者孫順也君子義以爲勇若以不順爲勇者亦可惡也惡訐以爲直者訐謂攻發人之陰私也人之爲直當自直己若攻發他人陰私之事以成己之直者亦可惡也

子曰唯女子與小人爲難養也近之則不孫遠之則怨〔疏〕子曰唯女子與小人爲難養也近之則不孫遠之則怨。正義曰此章言女子與小人皆無正性難畜養所以難養者以其親近之則多不孫順疏遠之則好生怨恨此言女子舉其大率耳若其稟性賢明若文母之類則非所論也

子曰年四十而見惡焉其終也已鄭曰年在不惑而爲人所惡終無善行〔疏〕子曰年四十而見惡焉其終也已。正義曰此章言人年四十猶爲惡行而見憎惡於人者則是其終無善行也已以其年在不惑而猶爲人所惡必不能追改故也

論語注疏解經卷第十七

二品廕生阮常生校栞

論語注疏校勘記

阮元撰盧宣旬摘錄

陽貨第十七

陽貨欲見孔子章

歸孔子豚 釋文出歸孔子云如字鄭本作饋魯讀爲歸今從古案歸饋古今字儀禮聘禮注今文歸或爲饋

遇諸塗 釋文出塗字云字當作途○按古道塗字多作涂从辵从土皆後出字

言孔子栖栖好從事 北監本毛本栖作棲此疏中亦作棲案說文西爲本字或作棲此作栖又爲棲之俗字

以順辭免 皇本免下有害也二字

予與爾言者 本予誤子今正

仕者當拯弱興衰 北監本毛本弱作溺

言孔子年老 本老誤者今正

性相近也章

唯上知與下愚 皇本唯作惟說見前

不可使爲惡 皇本爲上有强字案釋文爲下强賢作音則此處亦無强字

未爲外物所感 本未誤夫今正

下愚之人 閩本北監本毛本人作夫

子之武城章

聞弦歌之聲 皇本弦作絃案說文有弦無絃

夫子莞爾而笑 釋文出莧爾云本今作莞案易夬莧陸夬夬虞注莧俒也讀如夫子莧爾而笑之莧是仲翔所見本亦作莧字

小人學道則易使也高麗本無也字

言雞乃小牲本牲誤往今正

而引昔聞夫子之言以對之本昔誤焉閩本同今正

公山弗擾以費畔章

公山弗擾皇本高麗本弗作不注同

何必公山氏之之也高麗本之字不重

如有用我者皇本用上有復字

此章論孔子不避亂而與周道也本避誤壁今正

改步改玉本玉誤王閩本同今正

子張問仁於孔子章

孔子曰高麗本曰上有對字

佛肸召章

佛肸召唐石經同皇本佛肸作胇肸後同案漢書古今人表作茀肸佛茀胇三字皆以音近通借五經文字云肸肸上說文下經典相承隸省

有是言也不曰堅乎皇本不上有曰字

涅而不緇閩本同毛本涅作涅案史記孔子世家及論衡問孔篇俱作不淄淄與緇古字通後漢書后妃紀云恩隆好合遂忘淄蠹以淄爲緇又隸釋藏贇鳳別碑有云涅而不滓史記屈原賈生傳云皭然泥而不滓者也後漢書隗囂傳亦云賢者泥而不滓似皆本此當是古魯異文

故謂之作譬浦鏜云爲誤謂

由也女聞六言六蔽矣乎章

由也女聞六言六蔽矣乎皇本無也字

未也居吾語女皇本居上有曰字

居由坐也閩本同毛本由作猶

好剛不好學本學誤之今正

小子何莫學夫詩章皇本以子謂伯魚曰以下別爲一章朱子集注本與皇本同

羣居相切瑳毛本瑳並作磋

女爲周南召南矣乎皇本高麗本召作邵下及注並同○按周召字當作召作邵非

樂得淑女皇本無樂字

如向牆而立皇本立下有也字釋文出如鄉云又作向同說見前

王者之風本王誤五今正

三綱者何謂今白虎通謂下有也字

禮云禮云章

鐘鼓云乎哉皇本閩本北監本毛本鐘作鍾注疏並同

言非但崇此玉帛而已本而誤不今正

深明樂之本北監本毛本樂上有禮字此誤脫也

色厲而內荏章

其猶穿窬之盜也與釋文出穿踰云本又作窬音同案孔注云窬窬牆也則字當從踰

鄉原章

而爲意以待之皇上意上有已字

是賊亂德也皇本也上有者字釋文出是敗亂云敗或作賊字

而見人輒原其趣嚮皇本嚮作向釋文出趣鄉云本今作向說見前

言此所以賊德諸本有也字

道聽而塗說章

德之棄也高麗本無也字

鄙夫章

鄙夫可與事君也與哉釋文出與哉云本或作無哉

其未得之也患得之高麗本無也字

苟患失之高麗本無之字

言其邪媚無所不爲皇本無其字爲下有也字

則用心固惜案固當作顧各本皆不誤今正

古者民有三疾章

與今時異本今誤令今正

古之矜也廉釋文出廉字云魯讀廉爲貶今從古

古之狂也蕩者謂忿戾而多咈戾蕩者下毛本有謂無所依據太放浪也古之矜也廉者謂有廉隅自撿束也今之矜也忿戾者三十字閩本北監本竝有上謂字以下二十九字閩本實闕北監本空闕

巧言令色章

王曰巧言無實令色無質皇本高麗本無此節經注

惡紫之奪朱也章

惡紫之奪朱也高麗本無也字下雅樂下同

惡利口之覆邦家者皇本者作也高麗本無者字

傾覆國家皇本作傾覆其國家也

謂青赤田白黑北監本毛本田作黃是也浦鏜云謂上脫正字

綠紅碧紫騮黃色是也浦鏜云色字衍

東爲木本東誤策今正

木刻土閩本同案刻當作克下同

中央上上色黃案二上字竝當作土浦鏜云央下脫爲字

土克水本土誤士今正

予欲無言章

天何言哉釋文出天何言哉云魯讀天爲夫今從古

孺悲欲見孔子章

孺悲欲見孔子釋文出孺悲云字亦作孺案五經文字云孺經典及釋文或作㝸與孺同

孔子辭以疾皇本高麗本以上有之字

爲其將命者不已皇本已上有知字

宰我問三年之喪章

期已久矣釋文出期已久矣云一本作其

周書月令有更火之文皇本無之文二字

食夫稻衣夫錦皇本高麗本稻下錦下有也字案世說規箴篇引此文亦竝有也字

女安安則爲之皇本女上有曰字

子生於二歲案二當作三皇本於作未

天下之通喪也　史記弟子列傳喪作義

於其父母乎　漢石經無乎字

欲報之恩　皇本恩作德

宰我嫌其期月太遠　北監本毛本期月作三年

推在喪則皆不爲也　案推當惟誤

一期之間　本間誤問今正

其辭令亡　本令誤令今正

天下之通喪也　禮記三年問通作達案此本疏後述經文亦作達喪

先王制禮也　今禮記檀弓王下有之字

不至者　今禮記檀弓至下有焉字

有三年之愛乎者　浦鏜云愛下脫於其父母四字

飽食終日章

不有博奕者乎　皇本閩本同北監本毛本奕作弈閩本疏中亦作弈此本疏中唯說文下作弈按當作弈从廾亦聲

馬曰　高麗本無馬曰字

善生淫欲　皇本欲作慾下有也字釋文出淫慾云本今作欲○按欲慾古今字

局戲也　毛本局作烏說見前

古者烏曾作簙　閩本同北監本毛本曾改作曹是也案廣韻十九鐸衆經音義八藝文類聚七十四引世本竝作烏曹說文作烏胄段玉裁說文注已正其誤

夫子爲其飽食之之　按之之當是終日之誤

猶勝乎上也　北監本毛本上作止

君子尚勇乎章

君子義以爲上者　本以誤而今正

言君子不尚勇而上義也　北監本毛本上作尚

君子亦有惡乎章

子貢曰　皇本高麗本曰上有問字

君子亦有惡乎　漢石經無亦字下有惡無惡字

惡居下流而訕上者　漢石經無流字案皇疏云又憎惡爲人臣下而毀謗其君上者也邢疏云謂人居下位而謗毀在上所以惡之也是皇邢兩本亦無流字九經古義云當因子張篇惡居下流涉彼而誤鹽鐵論大夫曰文學居下而訕上漢書朱雲傳云小臣居下訕上是漢以前皆無流字

惡果敢而窒者　釋文出而窒云魯讀窒爲室今從古案室乃窒之省文隸釋載漢韓勑脩孔廟後碑以窒爲室

賜也亦有惡乎　皇本高麗本乎作也

惡徼以爲知者　釋文出徼以云鄭本作絞案敫聲交聲古音同部故得通借

抄人之意　皇本抄上有惡字

禮毋抄說　案抄當作勦北監本毋誤母○按段玉裁云曲禮勦字从刀不从力

唯女子與小人章

遠之則怨　皇本怨上有有字

若文母之類　本母誤毋今正

年四十而見惡焉章

年四十而見惡焉漢石經作年卌見惡焉

論語注疏校勘記卷十七終

論語注疏解經卷第十八

微子第十八

何晏集解　邢昺疏

疏 正義曰：此篇論天下無道，禮壞樂崩，君子仁人或去或死，否則隱淪巖野，周流四方，因記周公戒魯公之語，四乳生八士之名。以前篇言羣小在位，則必致仁人失所，故以此篇次之。

微子去之，箕子爲之奴，比干諫而死。馬曰：微、箕，二國名。子，爵也。微子，紂之庶兄。箕子、比干，紂之諸父。微子見紂無道，早去之。箕子佯狂爲奴。比干以諫見殺。孔子曰：殷有三仁焉。仁者愛人。三人行異而同稱仁，以其俱在憂亂寧民。

疏 微子至仁焉。正義曰：此章論殷有三仁志同行異也。微子去之，箕子爲之奴，比干諫而死者，微子，紂之庶兄；箕子、比干，紂之諸父。見紂無道，微子去之，箕子佯狂爲奴，比干以諫見殺。孔子曰殷有三仁焉者，愛人謂之仁，三人所行異而同稱仁，以其俱在憂亂寧民也。注馬曰至見殺。正義曰：云微、箕，二國名，子，爵也者，孔安國云：微，圻內國名，子爵，爲紂卿士，去無道。鄭玄以爲微與箕俱在圻內。孔雖不言箕，亦當在圻內。王肅云：微，國名，子爵，入爲王卿士。肅意蓋以微爲圻外，故言入也。微子名啓，世家作開，辟漢景帝名也。微子，紂之庶兄，箕子、比干，紂之諸父者，啓與其弟仲衍，皆紂之同母庶兄也。呂氏春秋仲冬紀云：紂之母生微子啓與仲衍，其時尤尚爲妾，改而爲妻，後生紂。紂之父欲立微子啓爲太子，太史據法而爭曰：有妻之子，不可立妾之子。故立紂爲後。徧檢書傳，不見箕子之名，惟司馬彪注莊子云：箕子名胥餘。不知出何書也。家語曰：比干是紂之親則諸父。知比干是紂之諸父耳。箕子則無文。宋世家云：箕子者，紂之親戚也。言親戚，不知爲父爲兄也。鄭玄、王肅皆以箕子爲紂之諸父，服虔、杜預以爲紂之庶兄，既無正文，各以意言之耳。云微子見紂無道，早去之，箕子佯狂爲奴，比干以諫見殺者，尚書微子篇備有去殷之事。本紀云：西伯既卒，周武王之東伐，至盟津，諸侯叛殷會周者八百，諸侯皆曰：紂可伐矣。武王曰：爾未知天命。乃復歸。紂愈淫亂不止，微子數諫不聽，乃與太師謀，遂去。比干曰：爲人臣者，不得不以死爭。迺強諫紂。紂怒曰：吾聞聖人心有七竅。剖比干，觀其心。箕子懼，乃佯狂爲奴，紂又囚之。是也。

柳下惠爲士師，孔曰：士師，典獄之官。三黜。人曰：子未可以去乎？曰：直道而事人，焉往而不三黜？孔曰：苟直道以事人，所至之國俱當復三黜。枉道而事人，何必去父母之邦？

疏 柳下至之邦。正義曰：此一章論柳下惠之行也。柳下惠爲士師者，士師，典獄之官也。三黜者，時柳下惠爲魯典獄之官，任其直道，羣邪醜直，故三被黜退。人曰子未可以去乎者，或人謂柳下惠曰：吾子數被黜辱，未可以去離魯乎？曰直道而事人，焉往而不三黜，枉道而事人，何必去父母之邦者，荅或人不去之意也。焉，何也。枉，曲也。時世皆邪，已用直道以事於人，則何往而不三黜乎？言苟直道以事人，所至之國俱當復三黜；若舍其直道而曲以事人，則在魯亦不見黜，何必去父母所居之國也。注士師，典獄之官。正義曰：士師即周禮司寇之屬，有士師、鄉士，皆以士爲官名。鄭玄云：士，察也。主察獄訟之事。是士師爲典獄之官也。

齊景公待孔子曰：若季氏則吾不能，以季、孟之閒待之。孔曰：魯三卿，季氏爲上卿，最貴；孟氏爲下卿，不用事。言待之以二者之間。曰：吾老矣，不能用也。孔子行。以聖道難成，故云吾老不能用。

疏 齊景至子行。正義曰：此章言孔子失所也。齊景公待孔子者，待，遇也。謂以祿位接遇孔子也。曰若季氏則吾不能，以季、孟之閒待之者，魯三卿，季氏爲上卿，最貴；孟氏爲下卿，不用事。景公言我待孔子以上卿之位，若魯季氏則不能，以其有田氏專政故也；又不可使其位卑若魯孟氏，故欲待之以季、孟二者之閒。曰吾老矣，不能用也者，時景公爲臣下所制，雖說孔子之道，而終不能用，故託云聖道難成，吾老不能用也。孔子行者，去齊而歸魯也。注以聖道難成，故云吾老不能用。正義曰：案世家云：魯昭公奔齊，頃之，魯亂，孔子適齊。景公數問政，景公說，將以尼谿田封孔子，晏嬰諫而止之。異日，景公止孔子曰：奉子以季氏，吾不能。以季、孟之閒待之。齊大夫欲害孔子，孔子歸之。景公曰：吾老矣，弗能用也。孔子遂行，反乎魯。是其事也。

齊人歸女樂，季桓子受之，三日不朝，孔子行。孔曰：桓子，季孫斯也。使定公受齊之女樂，君臣相與觀之，廢朝禮三日。

疏 齊人歸女樂季桓子受之三日不朝孔子行。正義曰：此章言孔子去無道也。桓子，季孫斯也。使定公受齊之女樂，君臣相與觀之，廢朝禮三日，孔子遂行也。案世家：定公十四年，孔子年五十八，由大司寇行攝相事，於是誅魯大夫亂政者少正卯。與聞國政三月，粥羔豚者弗飾賈，男女行者別於塗塗不拾遺四方之客至乎邑者不求有司皆予之以歸齊人聞之而懼曰孔子爲政必霸霸則吾地近焉我之爲先并矣盍致地焉犂鉏請先嘗沮之沮之而不可則致地庸遲乎於是選齊國中女子好者八十人皆衣文衣而舞康樂文馬三十駟遺魯君陳女樂文馬於魯城南高門外季桓子微服往觀再三將受乃語魯君爲周道遊往觀終日怠於政事子路曰夫子可以行矣孔子曰魯今且郊如致膰乎大夫則吾猶可以止桓子卒受齊女樂三日不聽政郊又不致膰俎於大夫孔子遂行宿乎屯而師己送曰夫子則非罪孔子曰吾歌可夫歌曰彼婦之口可以出走彼婦之謁可以死敗蓋優哉游哉維以卒歲師己反桓子曰孔子亦何言師己以實告桓子喟然歎曰夫子罪我以羣婢故也孔子遂適衛矣

楚狂接輿歌而過孔子。孔曰接輿楚人佯狂而來歌欲以感切孔子曰鳳兮鳳兮何德之衰。孔曰比孔子於鳳鳥鳳鳥待聖君乃見非孔子周行求合故曰衰往者不可諫孔曰已往所行不可復諫止來者猶可追孔曰自今已來可追自止辟亂隱居已而已而今之從政者殆而孔曰已而已而者言世亂已甚不可復治也再言之者傷之深也孔子下欲與之言趨而辟之不得與之言包曰下下車

【疏】"楚狂"至"之言"。正義曰此章記接輿佯狂感切孔子也楚狂接輿歌而過孔子者接輿楚人姓陸名通字接輿也昭王時政令無常乃被髮佯狂不仕時人謂之楚狂也時孔子適楚與接輿相過而接輿行歌從孔子邊過欲感切孔子也曰鳳兮鳳兮何德之衰往者不可諫來者尤可追已而已而今之從政者殆而者此其歌辭也知孔子有聖德故比孔子於鳳但鳳鳥待聖君乃見今孔子周行求合諸國而每不合是鳳德之衰也諫止也言已往所行者不可復諫止也自今已來尤可追而自止欲勸孔子辟亂隱居也已而已而者言世亂已甚不可復治也再言之者傷之深也殆危也言今之從政者皆無德自將危亡無日故曰殆而而皆語辭也孔子下欲與之言者下謂下車孔子感其言故下車欲與語趨而辟之不得與之言者趨謂疾行也疾行以辟孔子故孔子不得與之言也

長沮桀溺耦而耕孔子過之使子路問津焉。鄭曰長沮桀溺隱者也耜廣五寸二耜爲耦津濟渡處長沮曰夫執輿者爲誰子路曰爲孔丘。曰是魯孔丘與。曰是也。曰是知津矣馬曰言數周流自知津處。問於桀溺桀溺曰子爲誰曰爲仲由曰是魯孔丘之徒與對曰然曰滔滔者天下皆是也而誰以易之孔曰滔滔周流之貌言當今天下治亂同空舍此適彼故曰誰以易之且而與其從辟人之士也豈若從辟世之士哉士有辟人之法有辟世之法長沮桀溺謂孔子爲士從辟人之法己之爲士則從辟世之法耰而不輟鄭曰耰覆種也輟止也覆種不止不以津告子路行以告夫子憮然爲其不達己意而便非己也曰鳥獸不可與同羣。孔曰隱於山林是同羣吾非斯人之徒與而誰與孔曰吾自當與此天下人同羣安能去人從鳥獸居乎天下有道丘不與易也。言凡天下有道者丘皆不與易也己大而人小故也

【疏】"長沮"至"易也"。正義曰此章記孔子周流爲隱者所譏也長沮桀溺耦而耕孔子過之使子路問津焉者長沮桀溺隱者也耜耕器也二耜爲耦津濟渡之處也長沮桀溺並二耜而耕孔子道行於旁過之使子路往問濟渡之處也長沮曰夫執輿者爲誰者執輿謂執轡在車也時子路爲御既使問津孔子代之而執轡故長沮見而問子路曰夫執轡者爲誰人子路曰爲孔丘者子路以其師名聞於天下故舉師之姓名以答長沮也曰是魯孔丘與者長沮舊聞夫子之名見子路之荅又恐非是故復問之曰是魯國之孔丘與與是疑而未定之辭曰是也者子路言是魯孔丘也曰是知津矣者長沮言既是魯孔丘是人數周流天下自知津處故乃不告問於桀溺者長沮不告津處故子路復問桀溺桀溺曰子爲誰者不識子路故問之曰爲仲由者子路稱姓名以答也曰是魯孔丘之徒與者桀溺舊聞魯孔丘之門徒有仲由有恐非是故復問之曰是與曰然者然尤是也子路言己是魯孔丘之徒也曰滔滔者天下皆是也而誰以易之者此譏孔子周流天下也滔滔周流之貌言孔子何事滔滔然周流者乎當今天下治亂同皆是無道也空舍此適彼誰以易之爲有道者也且而與其從辟人之士也豈若從辟世之士哉者士有辟人辟世之法謂孔子從辟人之法長沮桀溺自謂從辟世之法且而皆語辭

與猶等也既言天下皆亂無以易之則賢者皆合隱辟且等其隱辟從辟人之法則有周流之勞從辟世之法則有安逸之樂意令孔子如己也耰而不輟者耰覆種也輟止也覆種不止不以津告子路行以告者子路以長沮桀溺之言告夫子夫子憮然者憮失意貌謂不達己意而便非己也曰鳥獸不可與同羣者孔子言其不可隱居避世之意也山林多鳥獸不可與同羣若隱於山林是同羣也吾非斯人之徒與而誰與者與謂相親與我非天下人之徒衆相親與而更誰親與言吾自當與此天下人同羣安能去人從鳥獸居乎天下有道丘不與易也者言凡天下有道者我皆不與易也爲其己大而人小故也○注耜廣五寸二耜爲耦○正義曰此周禮考工記文也鄭注云古者耜一金兩人並發之今之耜岐頭兩金象古之耦也月令云脩耒耜鄭注云耜者耒之金子路從而後遇丈人以杖荷蓧。包曰丈人老人也蓧竹器子路問曰子見夫子乎丈人曰四體不勤五穀不分孰爲夫子包曰丈人云不勤勞四體不分殖五穀誰爲夫子而索之邪植其杖而芸。孔曰植倚也除草曰芸子路拱而

立未知所以答止子路宿殺雞爲黍而食之見其二子焉明日子路行以告子曰隱者也使子路反見之至則行矣孔曰子路反至其家丈人出行不在子路曰不仕無義鄭曰留言以語丈人之二子長幼之節不可廢也君臣之義如之何其廢之。孔曰言女知父子相養不可廢反可廢君臣之義邪欲絜其身而亂大倫包曰倫道理也君子之仕也行其義也道之不行已知之矣。包曰言君子之仕所以行君臣之義不必自己道得行孔子道不見用自己知之〔疏〕子路至之矣○正義曰此章記隱者與子路相譏之語也子路從而後遇丈人以杖擔荷蓧者子路隨從夫子行不相及而獨在後逢老人以杖擔荷竹器子路問曰子見夫子乎者夫子孔子也丈人曰四體不勤五穀不分孰爲夫子者丈人責子路云不勤勞四體不分殖五穀誰爲夫子而來問我求索之邪植其杖而芸者植倚立也芸除草也丈

人既責子路至於田中倚其荷蓧之杖而芸其苗子路拱而立者子路未知所以答故隨至田中拱手而立也止子路宿殺雞爲黍而食之見其二子焉者丈人留子路宿殺雞爲黍而食之丈人知子路賢故又以二子見於子路也明日子路行以告者既宿之明日子路行去遂及夫子以丈人所言及雞黍見子之事告之也子曰隱者也使子路反見之至則行矣夫子言此丈人必賢人之隱者也使子路反求見之欲語以己道子路反而至其家則丈人出行不在也子路曰不仕無義者丈人既不在留言以語丈人之二子令其父還則述之此下之言皆孔子之意言父子之道天性也君臣之義也人性則皆當有之若其不仕是無君臣之義也長幼之節不可廢也君臣之義如之何其廢之者言女知父子相養是知長幼之節不可廢也反可廢君臣之義而不仕濁世欲清絜其身則亂於君臣之義大道理也君子之仕也行其義也道之不行已知之矣者言君子之仕非苟利祿而已所以行君臣之義亦不必自己道得行孔子道不見用自己知之也○注蓧竹器○正義曰說文作莜芸田器也逸民伯夷叔齊虞仲夷逸朱張柳下惠少連逸民者節行超逸也包曰此七人皆逸民之賢者子曰不降其

志不辱其身伯夷叔齊與鄭曰言其直己之心不入庸君之朝謂柳下惠少連降志辱身矣言中倫行中慮其斯而已矣孔曰但能言應倫理行應思慮如此而已謂虞仲夷逸隱居放言包曰放置也不復言世務身中清廢中權馬曰清純潔也遭世亂自廢棄以免患合於權也我則異於是無可無不可馬曰亦不必進亦不必退唯義所在〔疏〕逸民至不可○正義曰此章論逸民賢者之行也逸民伯夷叔齊虞仲夷逸朱張柳下惠少連者逸民謂民之節行超逸者也此七人皆逸民之賢者也子曰不降其志不辱其身伯夷叔齊與者此下孔子論其逸民之行也言其直己之心不降志也不入庸君之朝不辱身也惟伯夷叔齊有此行也謂柳下惠少連降志辱身矣者言中倫行中慮其斯而已矣者又論此二人食祿亂朝是降志辱身也倫理也中慮也但能言應倫理行應思慮如此而已不以世務嬰心故亦謂之逸民謂虞仲夷逸隱居放言身中清廢中權者放置也清純潔也權反常合道也孔子又論此二人隱遯退居放置言語不復言

其世務其身不仕濁世應於純潔遭世亂自廢棄以免患應於權也我則異於是無可無不可者孔子言我之所行則與此逸民異亦不必進亦不必退唯義所在故曰無可無不可也不論朱張之行者王弼云朱張字子弓荀卿以比孔子言其行與孔子同故不論也

大師摯適齊亞飯干適楚 孔曰亞次也次飯樂師也摯干皆名 **三飯繚適蔡四飯缺適秦** 包曰三飯四飯樂章名各異師繚缺皆名也 **鼓方叔入於河** 包曰鼓擊鼓者方叔名入謂居其河內 **播鼗武入於漢** 孔曰播搖也武名也 **少師陽擊磬襄入於海** 孔曰魯哀公時禮壞樂崩樂人皆去陽襄皆名

〔疏〕大師至於海○正義曰此章記魯哀公時禮壞樂崩樂人皆去也大師摯適齊者大師樂官之長名摯去魯而適齊也亞飯干適楚者亞次也天子諸侯每食奏樂樂章各異各有樂師次飯樂師名干往楚三飯樂師名繚往蔡四飯樂師名缺往秦鼓方叔入於河者擊鼓者名方叔入於河內也播鼗武入於漢者播搖也鼗如鼓而小有兩耳持其柄搖之旁耳還自擊搖鼗鼓者名武入居於漢中也少師陽擊磬襄入於海者陽襄皆名二人入居於海內也

周公謂魯公 孔曰魯公周公之子伯禽封於魯 **曰君子不施其親** 孔曰施易也不以他人之親易己之親 **不使大臣怨乎不以** 孔曰以用也怨不見聽用 **故舊無大故則不棄也無求備於一人** 孔曰大故謂惡逆之事

〔疏〕周公至故舊無大故則不棄也無求備於一人○正義曰此一章記周公戒魯公之語也周公謂魯公者魯公周公之子伯禽封於魯將之國周公戒之也曰君子不施其親者施不易也言君子爲國不以他人之親易己之親當行博愛廣敬也不使大臣怨乎不以者以用也既仕爲大臣則當聽用之不得令大臣怨不見聽用故舊無大故則不棄者大故謂惡逆之事也故舊朋友無此惡逆之事則不有遺棄也無求備於一人者求責也任人當隨其才無得責備於一人也

周有八士伯達伯适仲突仲忽叔夜叔夏季隨季騧 包曰周時四乳生八子皆爲顯士故記之爾○

〔疏〕周有八士伯達伯适仲突仲忽叔夜叔夏季隨季騧○正義曰此章記異也周時有人四偏生子而乳之每乳皆二子凡八子皆爲顯士故記之耳鄭玄以爲成王時劉向馬融皆以爲宣王時

論語注疏解經卷第十八

二品廕生阮常生校栞

論語注疏卷十八挍勘記　阮元撰盧宣旬摘錄

微子第十八

微子去之章

其時尤尚爲妾 閩本同北監本毛本尤作猶是也○按今本吕氏春秋無其時猶三字

改而爲妻後生紂 案吕氏春秋吕覽改作已後作而是也

紂之父欲立微子啓 ○案吕氏春秋父下有紂之母三字立作置下同

比干是紂之親 今家語作比干於紂親

乃與太師謀遂去 史記殷本紀太師下有少師二字

吾聞聖人心有七竅 本竅誤竅今正

柳下惠爲士師章

所至之國 皇本所上有於字

齊景公待孔子章

季氏爲上卿最貴 史記孔子世家集注引上卿作正卿

異日 本日誤曰今正

齊人歸女樂章

齊人歸女樂 釋文出齊人歸云鄭作饋案說見陽貨篇

陳女樂馬於魯城南高門外 本馬誤焉史記孔子世家馬上有文字

則吾尤可以正 北監本毛本尤作猶正作止是也

彼婦人之口 北監本毛本無人字下彼婦人之謂亦無人字又謂作謁與今史記合

以羣婢故也 史記孔子世家無故字也下有夫字下適衞下無矣字

楚狂接輿歌而過孔子章

楚狂接輿歌而過孔子 高麗本孔子下有之門一字閩本狂誤往下同案高麗本有之門二字頗與古合蓋接輿乃楚狂之名過孔子者過孔子之門也莊子入閒世言孔子適楚楚狂接輿遊其門正指此事故鄭君注孔子下云下堂出門最爲明確包咸以下爲下車甚誤

何德之衰 漢石經何下有而字衰下有也字下可諫可追下竝同皇本高麗本句末亦竝有也字唐石經唯衰下有也字案莊子人閒世作何如德之衰也如與而古字通

已而已而今之從政者殆而 釋文出殆而云魯讀期斯已矣今之從政者殆今從古

來者猶可追 本猶誤尤下同今正

趍而辟之 各本趍作趨下同

長沮桀溺耦而耕章

夫執輿者爲誰 漢石經輿作車誰下有子字皇本誰下有乎字

曰是也曰 漢石經無也字下曰字皇本高麗本上曰上有對字

是魯孔丘之徒與 釋文出孔子之徒與云一本作子是本今作孔丘之徒與案史記孔子世家作子孔丘之徒與

滔滔者 釋文出滔滔云鄭本作悠悠案史記孔子世家亦作悠悠文選晉紀總論注引孔注云悠悠者周流之貌也鄭作悠悠亦从古論今注中仍作滔滔當是何晏从魯論妄改

耰而不輟 漢石經耰作櫌案說文亦引作櫌與漢石經合五經文字云櫌音憂覆種見論語經典及釋文皆作耰

子路行以告夫子憮然 漢石經無行字夫字案史記孔子世家亦無行字因丈人章而誤衍也皇侃疏已有行字

鳥獸不可與同羣 皇本高麗本羣下有也字

隱於山林是同羣 皇本作隱居於山林是與鳥獸同羣也○按文選劉孝標廣絕交論注引隱居山林是同羣也

有恐非是 補 明監本有作又

是與 浦鏜云當爲是魯國孔丘之徒與八字

夫子憮然者憮失意貌 本憮竝誤撫今正

謂不達己意 本謂誤其今正

鳥獸不可與同羣者 本鳥誤烏下竝同閩本下山林多鳥獸烏字亦誤烏

兩人並發之 今周禮攷工記注並作併

今之耜歧頭兩金 閩本北監本毛本歧作岐○按岐歧正俗字

子路從而後章

以杖荷蓧 皇本蓧作篠釋文出蓧字云本又作條又作莜案說文玉篇竝引作莜是莜爲本字蓧爲假借字條又爲蓧之省文史記孔子世家引包氏注蓧草器名也字當从艸無疑今包注作竹器竹乃艸字之譌皇本竟改从竹作篠并云篠篨之屬誤益甚矣

植其杖而芸 漢石經植作置芸作耘釋文出而芸云音云多作耘字案植置古字通耘爲本字芸乃假借字

君臣之義如之何其廢之 漢石經作君臣之禮如之何其廢之也皇本作如之何其可廢也案後漢書申屠蟠傳注亦作其可廢也

欲絜其身 皇本閩本北監本毛本絜作潔案潔乃絜之俗字

道之不行 皇本高麗本行下有也字

見子之士 補 明監本士作事是也

逸民章

朱張 釋文出朱張云鄭作侏張云音陟留反案鄭氏不以朱張爲人姓名故讀朱如周朱周一聲之轉書譸張爲幻本或作侜張亦作侏張此言逸民之行皆不合於正故云侏張猶師古注夷逸謂竄於蠻夷而遁亦不以爲人姓名也○按下無謂朱張之語

不辱其身 皇本高麗本身下有者字

其斯而已矣 漢石經作其斯以乎案已以古字通

謂虞仲夷逸 漢石經逸作佚案前夷逸字闕○按二字古多通用

身中清 史記孔子世家身作行

降志辱身矣者 案者字誤衍諸本竝無

中慮也 案此三字是中倫中慮之誤

應於絕潔 北監本毛本同案潔當作絜

荀卿以比孔子 本比誤此今正

大師摯適齊章

入於河 唐石經皇本於作于下入於海入於漢同

播鼗武 皇本高麗本鼗作鞀釋文出鼗字云亦作鞉案說文鞀或从兆作鞉或从鼓从兆作𪔛此作鼗乃𪔛之變體

播搖也 皇本搖上有猶字

太師樂官之長 北監本同毛本太作大

鼗如鼓而小 本鼗誤人今正

周公謂魯公曰章

周公謂魯公曰　高麗本謂作語

君子不施其親　釋文出不弛云本今作施案施弛古字通禮記孔子閒居引詩弛其文德注弛作施周禮遂人以其施舍注云施讀爲弛

入以他人之親易己之親　案入當作不皇本作不以他人親易其親也

施不易也　孫志祖云不字當衍

無此惡逆之事　本事誤士今正

周有八士章

生八子　皇本生作得案釋文明出生字是陸氏所見本亦不作得字

故記之爾　皇本爾作耳

徧生子而乳之　本徧誤偏今正

論語注疏校勘記卷十八終

論語注疏解經卷第十九

子張第十九　何晏集解　邢昺疏

〔疏〕正義曰：此篇記士行交情、仁人勉學，或接聞夫子之語，或辨揚聖師之德，以其皆弟子所言，故善次諸篇之後。

子張曰：士見危致命，孔曰：致命，不愛其身。見得思義，祭思敬，喪思哀，其可已矣。〔疏〕子張曰士見危致命見得思義祭思敬喪思哀其可已矣○正義曰：此章言士行也。士者，有德之稱，自卿大夫已下皆是。致命，謂不愛其身。子張言爲士者見君有危難，不愛其身，致命以救之；見得利祿，思義然後取；有祭事，思盡其敬；有喪事，當盡其哀。有此行者，其可以爲士已矣。

子張曰：執德不弘，信道不篤，焉能爲有？焉能爲亡？孔曰：言無所輕重。〔疏〕子張曰執德不弘信道不篤焉能爲有焉能爲亡○正義曰：此章言人行之不備者。弘，大也；篤，厚也；亡，無也。言人執守其德不能弘大，雖信善道不能篤厚，人之若此，雖存於世，何能爲有而重？雖沒於世，何能爲無而輕？言於世無所輕重也。

子夏之門人問交於子張。孔曰：問與人交接之道。子張曰：子夏云何？對曰：子夏曰可者與之，其不可者拒之。子張曰：異乎吾所聞。君子尊賢而容衆，嘉善而矜不能。我之大賢與，於人何所不容？我之不賢與，人將拒我，如之何其拒人也？包曰：友交當如子夏，汎交當如子張。〔疏〕子夏至人也○正義曰：此章論與人結交之道。子夏之門人問交於子張者，門人，謂弟子，問交，問與人交接之道。子張曰子夏云何者，子張反問子夏之門人：汝師嘗說結交之道云何乎？對曰子夏曰可者與之，不可者拒之者，子夏弟子對子張述子夏之言也。子夏言結交之道，若彼人賢，可與交者，即與之交；若彼人不賢，不可與之交者，則拒之而不交。子張曰異乎吾所聞者，言已之所聞結交之道與子夏所說異也。君子尊賢而容衆，嘉善而矜不能者，此所聞之異者也。言君子之人見彼賢則尊重之，雖衆多亦容納之；人有善行者則嘉美之，不能者則哀矜之。我之大賢與，於人何所不容，我之不賢與，人將拒我，如之何其拒人也者，既陳其所聞，又論其不可拒人之事。誠如子夏所說，可者與之，不可者拒之，設若我之大賢，則所在見容也；我若不賢，則人將拒我，不與已交，又何暇拒他人乎？然二子所言，各是其見，論交之道不可相非，友交當如子夏，汎交當如子張。

子夏曰：雖小道，必有可觀者焉。小道謂異端。致遠恐泥，包曰：泥難不通。是以君子不爲也。〔疏〕子夏曰雖小道必有可觀者焉致遠恐泥是以君子不爲也○正義曰：此章勉人學爲大道正典也。小道，謂異端之說，百家語也。雖曰小道，亦必有小理可觀覽者焉，然致遠經久，則恐泥難不通，是以君子不學也。

子夏曰：日知其所亡，孔曰：日知其所未聞。月無忘其所能，可謂好學也已矣。〔疏〕子夏曰日知其所亡月無忘其所能可謂好學也已矣○正義曰：此章勸學也。亡，無也。舊無聞者，當學之，使日知其所未聞；舊已能者，當溫尋之，使月無忘也。能如此者，可以謂之好學。

子夏曰：博學而篤志，孔曰：廣學而厚識之。切問而近思，切問者，切問於己所學未悟之事。近思者，思己所未能及之事。汎問所未學，遠思所未達，則於所習者不精，所思者不解。仁在其中矣。〔疏〕子夏曰博學而篤志切問而近思仁在其中矣○正義曰：此章論好學近於仁也。博，廣也；篤，厚也；志，識也。言廣學而厚識之，使不忘；切問者，親切問於己所學未悟之事，不汎濫問之也；近思者，思己所未能及之事，不遠思也。若汎問所未學，遠思所未達，則於所習者不精，所思者不解。仁者之性純篤，今學者既能篤志近思，故曰仁在其中矣。

子夏曰：百工居肆以成其事，君子學以致其道。包曰：言百工處其肆則事成，猶君子學以致其道。〔疏〕子夏曰百工居肆以成其事君子學以致其道○正義曰：此章亦勉人學。舉百工以爲喻也。審曲面勢，以飭五材，以辨民器，謂之百工。五材各有工，言百，衆言之也。肆，謂官府造作之處也。致，至也。言百工處其肆，則能成其事，猶君子勤於學，則能至於道也。

子夏曰：小人之過也必文。孔曰：文飾其過，不言情實。〔疏〕子夏曰小人之過也必文○正義曰：此章言小人不能改過也。言小人之有過也，必文飾其過，强爲辭理，不言情實也。

子夏曰：君子有三變：望之儼然，

卽之也溫聽其言也厲鄭曰厲嚴正〔疏〕子夏曰君子有三變望之儼然卽之也溫聽其言也厲。正義曰此章論君子之德也望之卽之及聽其言也有此三者變易常人之事也厲嚴正也常人遠望之則多懈惰卽近之則顏色猛厲聽其言則多佞邪唯君子則不然人遠望之則正其衣冠尊其瞻視常儼然也就近之則顏色溫和及聽其言辭則嚴正而無佞邪也

子夏曰君子信而後勞其民未信則以爲厲己也王曰厲猶病也信而後諫未信則以爲謗己也〔疏〕子夏曰君子信而後勞其民未信則以爲厲己也信而後諫未信則以爲謗己也。正義曰此章論君子使下事上之法也厲猶病也言君子若在上位當先示信於民然後勞役其民則民忘其苦也若未嘗施信而便勞役之則民以爲從欲崇侈妄加困病於己也若爲人臣當先盡忠於君待君信己而後可諫君之失若君未信己而便稱君過失以諫諍之則君以爲謗讟於己也

子夏曰大德不踰閑孔曰閑猶法也小德出入可也孔曰小德不能不踰法故曰出入可〔疏〕

子夏曰大德不踰閑小德出入可也。正義曰此章論人之德有小大而行亦不同也閑猶法也大德之人謂上賢也所行皆不越法則也小有德者謂次賢之人不能不踰法有時踰法而出旋能入守其法不責其備故曰可也

子游曰子夏之門人小子當洒埽應對進退則可矣抑末也本之則無如之何包曰言子夏弟子但當對賓客脩威儀禮節之事則可然此但是人之末事耳不可無其本故云本之則無如之何子夏聞之曰噫孔曰噫心不平之聲言游過矣君子之道孰先傳焉孰後倦焉包曰言先傳業者必先厭倦故我門人先教以小事後將教以大道譬諸草木區以別矣馬曰言大道與小道殊異譬如草木異類區別言學當以次君子之道焉可誣也馬曰君子之道焉可使誣言我門人但能洒埽而已有始有卒者其唯聖人乎孔曰終始如一唯聖人耳〔疏〕子游至人乎。正義曰此章論人學業有先後之法也子游曰子夏之門人小子當洒埽應對進退則可矣抑末也本之則無如之何者子游言偃也門人小子謂弟子也應當也抑語辭也末謂先王之道言偃有時許論子夏之弟子但當對賓客脩威儀禮節之事則可然此但是人之末事耳不可無其本今子夏弟子於其本先王之道則無有不可柰何故云如之何也子夏聞之曰噫者噫心不平之聲子夏既聞子游之言中心不平之故曰噫言游過矣者謂言偃所說爲過失也君子之道孰先傳焉孰後倦焉者言君子教人之道先傳業者必先厭倦誰有先傳而後倦者乎子夏言我之意恐門人聞大道而厭倦故先教以小事後將教以大道也譬諸草木區以別矣者諸之也言大道與小道殊異譬之草木異類區別言學當以次也君子之道焉可誣也者言君子之道當知學業以次安可便誣罔言我門人但能洒埽而已有始有卒者其唯聖人乎者卒猶終也言人之學道廓不有初鮮克有終能終始如一不厭倦者其唯聖人耳

子夏曰仕而優則學馬曰行有餘力則以學文學而優則仕〔疏〕子夏曰仕而優則學學而優則仕。正義曰此章勸學也言人之仕官行己職而優閒有餘力則以學先王之遺文也若學而德業優長者則當仕進以行君臣之義也

子游曰喪致乎哀而止孔曰毀不滅性〔疏〕子游曰喪致乎哀而止。正義曰此章言居喪之禮也言人有父母之喪當致極哀戚不得過毀以至滅性滅性則非孝。注毀不滅性。正義曰此孝經文也注云不食三日哀毀過情滅性而死皆虧孝道故聖人制禮施教不令至於隕滅

子游曰吾友張也爲難能也包曰言子張容儀之難及然而未仁〔疏〕子游曰吾友張也爲難能也然而未仁。正義曰此章論子張材德也子游言吾同志之友子張其容儀爲難能及也然而其德未仁

曾子曰堂堂乎張也難與並爲仁矣鄭曰言子張容儀盛而於仁道薄也〔疏〕曾子曰堂堂乎張也難與並爲仁矣。正義曰此章亦論子張材德也堂堂容儀盛貌曾子言子張容儀堂堂然盛於仁道則薄故難與並爲仁矣

曾子曰吾聞諸夫子人未有自致者也必也親喪乎馬曰言人雖未能自致盡於他事至於親喪必自致盡〔疏〕曾子曰吾聞諸夫子人未有自致者也必也親喪乎。正義曰此章論人致誠之事也諸之也曾子言我聞之夫子言人雖未能自致盡其誠於他事至於親喪必自致

盡也。

曾子曰：「吾聞諸夫子，孟莊子之孝也，其他可能也；其不改父之臣與父之政，是難能也。」馬曰：孟莊子，魯大夫仲孫速也。謂在諒陰之中，父臣及父政雖存不善者，不忍改也。疏「曾子曰吾聞諸夫子孟莊子之孝也其他可能也其不改父之臣與父之政是難能也」。○正義曰：此章論魯大夫仲孫速之孝行也。言其他哭泣之哀、齊斬之情、饘粥之食，他人可能及之也。其在諒陰之中，父臣及父政雖有不善者，不忍改之也，是他人難能也。

孟氏使陽膚爲士師，包曰：陽膚，曾子弟子。士師，典獄之官。問於曾子。曾子曰：「上失其道，民散久矣。如得其情，則哀矜而勿喜。」馬曰：民之離散爲輕漂犯法，乃上之所爲，非民之過。當哀矜之，勿自喜能得其情。疏「孟氏」至「勿喜」。○正義曰：此章論典獄之法也。「孟氏使陽膚爲士師」者，陽膚，曾子弟子。士師，典獄之官。「問於曾子」者，問其師求典獄之法也。「曾子曰上失其道民散久矣如得其情則哀矜而勿喜」者，言上失爲君之道，民人離散，爲輕易漂掠，犯於刑法，亦已久矣。乃上之失

政所爲，非民之過。女若求得其情，當哀矜之，勿自喜也。

子貢曰：「紂之不善，不如是之甚也。是以君子惡居下流，天下之惡皆歸焉。」孔曰：紂爲不善以喪天下，後世憎甚之，皆以天下之惡歸之於紂。疏「子貢曰紂之不善不如是之甚也是以君子惡居下流天下之惡皆歸焉」。○正義曰：此章戒人爲惡也。紂名辛，字受德，商末世之王也，爲惡不道，周武王所殺。謚法殘義損善曰紂。言商紂雖爲不善以喪天下，亦不如此之甚也，乃後人憎甚之耳。下流者，謂爲惡行而處人下，若地形卑下，則衆流所歸；人之爲惡處下，衆惡所歸。是以君子常爲善不爲惡，惡居下流故也。紂爲惡行，居下流，則人皆以天下之惡歸之於紂也。

子貢曰：「君子之過也，如日月之食焉。過也，人皆見之；更也，人皆仰之。」孔曰：更，改也。疏「子貢曰君子之過也如日月之食焉過也人皆見之更也人皆仰之」。正義曰：此章論君子之過似日月之食也。更，改也。言君子苟有過也，則爲衆所知，如日月正當食時，則萬物皆觀也。及其改過之時，則人皆復仰其德，如日月明生之後，則萬物亦皆仰其明。

衛公孫朝馬曰：公孫朝，衛大夫。問於子貢曰：「仲尼焉學？」子貢曰：「文武之道，未墜於地，在人。賢者識其大者，不賢者識其小者，莫不有文武之道焉。夫子焉不學？孔曰：文武之道未墜落於地，賢與不賢各有所識，夫子無所不從學。而亦何常師之有？」孔曰：無所不從學，故無常師。疏「衛公」至「之有」。正義曰：此章論仲尼之德也。「衛公孫朝」者，衛大夫也。「問於子貢曰仲尼焉學」者，問子貢，仲尼何所從學而得成此聖也。意謂孔子生知，無師所從學也。「子貢曰文武之道未墜於地在人賢者識其大者不賢者識其小者莫不有文武之道焉夫子焉不學」者，焉猶安也。言文武之道未墜落於地，行之在人，賢與不賢各有所識，夫子皆從而學，安得不學乎？「而亦何常師之有」者，言夫子無所不從學，故無常師。

叔孫武叔語大夫於朝馬曰：魯大夫叔孫州仇。武，謚。曰：「子貢賢於仲尼。」子服景伯以告子貢。子貢曰：「譬之宮牆，賜

之牆也及肩，闚見室家之好。夫子之牆數仞，不得其門而入，不見宗廟之美、百官之富。得其門者或寡矣。包曰：七尺曰仞。夫子之云，不亦宜乎！」包曰：夫子謂武叔。疏「叔孫」至「宜乎」。○正義曰：此章亦明仲尼之德也。「叔孫武叔語大夫於朝曰子貢賢於仲尼」者，叔孫武叔，魯大夫，有時告語諸大夫於朝中，曰子貢賢才過於仲尼。「子服景伯以告子貢」者，景伯亦魯大夫子服何也，以武叔之言告之子貢也。「子貢曰譬之宮牆賜之牆也及肩闚見室家之好夫子之牆數仞不得其門而入不見宗廟之美百官之富」者，子貢聞武叔之言已賢於仲尼，此由君子之道不可小知，故致武叔有此言，乃爲之舉喻曰：譬如人居之宮，四圍各有牆，牆卑則可闚見其在內之美，猶小人之道可以小知也；牆高則不可闚見在內之美，猶君子之道不可小知也。今賜之牆也纔及人肩，則人闚見牆內室家之美好；夫子之牆高乃數仞，七尺曰仞，若人不得其門而入，則不見宗廟之美備、百官之富盛也。「得其門者或寡矣」者，言夫聖閾非凡可及，故得其門而入者或少矣。「夫子之云不亦宜乎」者，夫子謂武叔，以此論之

即武叔云子貢賢於仲尼亦其宜也不足怪焉○注馬曰魯大夫叔孫州仇武謚○正義曰案世本州仇公子叔此六世孫叔孫不敢子也春秋定十年秋叔孫州仇仲孫何忌帥師圍郈左傳曰武叔懿子圍郈是知叔孫武叔即州仇也謚法云剛強直理曰武

叔孫武叔毀仲尼子貢曰無以爲也仲尼不可毀也他人之賢者丘陵也猶可踰也仲尼日月也無得而踰焉人雖欲自絕其何傷於日月乎多見其不知量也言人雖自絕棄於日月其何能傷之乎適足自見其不知量也【疏】叔孫至量也○正義曰此章亦明仲尼也叔孫武叔毀仲尼者訾毀孔子之德也子貢曰無以爲也仲尼不可毀也者言無用爲此毀訾夫仲尼之德不可毀也他人之賢者丘陵也猶可踰也仲尼日月也無得而踰焉者子貢又爲設譬也言他人之賢譬如丘陵雖曰廣顯猶可踰越至於仲尼之賢則如日月不可得而踰也○人雖欲自絕其何傷於日月乎者言人雖欲毀訾夫日月特自絕棄於日月其何能傷之乎故人雖欲毀仲尼亦不能傷仲尼

也多見其不知量也多猶適也皆化但不能毀仲尼又適足自見其不知量也○注言人至量也○正義曰云適足自見其不知量也者據此注意似訓多爲適所以多得爲適者古人多祇同音多見其不知量猶襄二十九年左傳云多見疏也服虔本作祇見疏解云祇適也晉宋杜本皆作多張衡西京賦云炙炮夥清酤多皇恩溥洪德施施與多爲韻此類衆矣故以多爲適也

陳子禽謂子貢曰子爲恭也仲尼豈賢於子乎子貢曰君子一言以爲知一言以爲不知言不可不慎也夫子之不可及也猶天之不可階而升也夫子之得邦家者孔曰謂爲諸侯若卿大夫**所謂立之斯立道之斯行綏之斯來動之斯和其生也榮其死也哀如之何其可及也**孔曰綏安也言孔子爲政其立教則無不立道之則莫不興行安之則遠者來至動之則莫不和睦故能生則榮顯死則哀痛【疏】陳子至及也○正義曰此章亦明仲尼之德也陳子禽謂子貢曰子爲恭也仲尼豈賢於子乎者此子禽必作陳亢當是同其姓字耳見其子貢每事稱譽其師故謂子貢云當是子爲恭孫故也其實仲尼才德豈賢於子乎子貢曰君子一言以爲知一言以爲不知言不可不慎也者子貢聞子禽之言以此言拒而非之也言君子出一言是則人以爲有知出一言非則人以爲不知知與不知既由一言則其言不可不慎也今乃云仲尼豈賢於子乎則是女不慎其言是爲不知也夫子之不可及也如天之不可階而升也者又爲設譬言夫子之德不可及也他人之賢猶也物之高者可設階梯而升上之至於仲尼之德猶天之高不可以階梯而升上之夫子之得邦家者所謂立之斯立道之斯行綏之斯來動之斯和其生也榮其死也哀如之何其可及也者又爲廣言仲尼爲政之德也得邦謂爲諸侯得家謂爲卿大夫綏安也言孔子爲政其立教則無不立道之則莫不興行安之則遠者來至動之則民莫不和睦故能生則榮顯死則哀痛故如之何其可及也

論語注疏解經卷第十九

二品廕生阮常生校栞

論語注疏挍勘記　阮元撰盧宣旬摘錄

子張第十九

或辨揚聖師之德　北監本毛本辨作辯帥作師。按帥字誤今正

士見危致命章

當盡其哀　浦鏜云思誤當

子夏之門人章

其不可者拒之　漢石經皇本高麗本拒作距下並同釋文於賢與後出距字云本今作拒下同說見前入佾篇

我之大賢與　高麗本無之字下我之不賢與亦無之字

如之何其拒人也者　本者誤有今正

雖小道章

亦必有小理可觀覽者焉　本小誤少今正

日知其所亡章

使月無忘也　閩本同北監本毛本也作已屬下能字讀

博學而篤志章

思己所未能及之事　皇本作近思於己所能及之事也

汎問所未學　皇本汎上有若字

則於所習者不精　皇本習作學

百工居肆章

猶君子學以致其道　皇本致作立

以飭五材　閩本北監本毛本材作財案作材與周禮攷工記合

小人之過也章

小人之過也必文　皇本必下有則字案作必則文義頗難通攷文所載古本作則必文古文與皇本悉合此亦疑作則必今皇本誤倒

君子有三變章

望之儼然　皇本儼作嚴釋文出儼然云本或作嚴音同案古多借嚴爲儼公羊桓二年傳注儼然人望而畏之釋文亦云儼本又作嚴

君子信而後勞其民章

則以爲厲己也　釋文出厲字云鄭讀爲賴

則以爲謗己也　高麗本也作矣

此章論君子使下事上之法也　閩本北監本毛本作事上使下案使下指君子信而後勞其民事上指信而後諫據經文前後此本爲是

大德不踰閑章

小德不能不踰法　閩本北監本毛本德下有則字是衍文

子夏之門人小子章

子游曰　漢石經游作斿案九經古義云說文云㫃旌旗之游讀若偃古人名㫃字子游游旌旗之流也从㫃汓聲游與斿通大宰九貢八曰斿貢注云斿讀如圃游之游漢武班碑亦以斿爲游

當洒埽　皇本閩本北監本毛本埽作掃釋文出洒掃云上色買反又所綺反正作灑經典下素報反本今作埽案五經文字云灑經典或借洒爲灑埽字埽經典及釋文多作掃是俗字

抑末也　釋文出末字云本末之末字或作未非也

但當對賓客　皇本但下有於字

言先傳業者　皇本傳下有大字

焉可誣也　案九經古義云漢書薛宣傳云君子之道焉可憮也蘇林曰憮同也兼也晉灼曰憮音誣師古曰論語載子夏之言謂行業不同所守各異唯聖人爲能體備之家君曰蘇解得之據此是古本有作憮者當是古魯異傳

其唯聖人乎　閩本北監本毛本唯作惟說見前

吾聞諸夫子章

吾聞諸夫子人未有自致者也　漢石經作吾聞諸子人未有自致也者

吾聞諸夫子孟莊子之孝也章

是難能也　皇本高麗本無能字

魯大夫仲孫連也　閩本北監本毛本同案連當作速疏內同

謂在諒陰之中　皇本陰作闇

雖有不善者　皇本無有字

孟氏使陽膚爲士師章

則哀矜而勿喜　案鹽鐵論後刑章舊唐書懿宗紀竝引此文則作卽卽則古字通

上失其道　本上誤土今正

紂之不善章

紂之不善　皇本高麗本善下有也字注於紂下亦有也字

不如是之甚也　漢石經之作其

君子之過也章

如日月之食焉　皇本高麗本食焉作蝕也

衞公孫朝章

未墜於地　漢石經墜作隊案墜隊古字通

賢者識其大者　漢石經識作志案志識古今字康成注周禮保章氏云志古文識賈疏云古之文字少志意之志與記識之識同後代自有記識之字不復以志爲識

叔孫武叔語大夫於朝章

譬之宮牆　漢石經作辟諸宮牆皇本高麗本作譬諸宮牆也案白虎通社稷篇亦引作諸與漢石經合○按譬正字辟假借字

闚見室家之好　閩本北監本毛本闚作窺朱子集注本亦作窺案五經文字云窺與闚同

夫子之牆數仞　皇本夫子上有夫字高麗本作夫子之牆也釋文出數仞云仞一作刃音同案古多假刃爲仞如書旅獒爲山九仞左氏昭卅二年傳仞溝洫釋文竝云仞本作刃

不得其門而入　皇本高麗本入下有者字

夫子之云　本夫誤天今訂正

案此本用仇公子叔此六世孫　毛本上此字作世世用作州是也浦鏜云叔此當叔牙誤

叔孫武叔毁仲尼章　皇本合上爲一章

仲尼日月也　皇本高麗本日上有如字案後漢書孔融傳列女傳二注引此文竝有如字

人雖欲自絕　皇本高麗本絕下有也字

疏　本此字實闕

此章亦明仲尼也　浦鏜云尼下當脫之德二字

猶可踰也　本踰字實闕

猶可踰越　本踰字實闕

則如日月　本月下四字實闕閩本同北監本毛本空闕

不可得而踰也　本踰字實闕

人雖欲自絕　本雖字實闕

其何傷於日月乎者詒　本言下六字實闕閩本同北監本空闕毛本作人雖欲毀訾夫○今依毛本補正

日月　本月下三字實闕閩本同北監本空闕毛本作特自絕

其何能傷之乎　本乎下五字實闕閩本同北監本空闕毛本作故人雖欲毀

仲尼亦不　本不下四字實闕閩本同北監本空闕毛本作能傷仲尼

多見其不知量也　浦鏜云也下脫者字

皆化但不能毀仲尼之誤　毛本化作作浦鏜云皆化當言非之誤

言人至量也　本量誤者今訂正

所以多得爲適者　本所誤斥今訂正

古人多祇同者　閩本同案者當作音今正

服虔本作祇　北監本毛本祇作秖亦誤○按當作秖

炙炮夥清酤多　本夥清酤三字實闕閩本同○嚴杰案西京賦夥作敊讀如支

皇恩溥　本溥字實闕閩本同

陳子禽謂子貢章

夫子之不可及也　高麗本無也字

夫子之得邦家者　高麗本無之字

動之則莫不和睦　皇本睦作穆○按睦穆古書多通用

故能生則榮顯　皇本則下有見字○按此本能字實闕榮誤荣顯誤显○今訂正

死則哀痛　皇本哀上有見字

陳子禽謂子貢曰　本陳誤東今正

此子禽必作陳亢　各本必作不

是爲不知也　本是誤豈今正

如天之不可階而升也者　浦鏜云如當依經文作猶

可設階梯而升上之　本階梯誤皆弟今正

其生也榮　本生誤主今正

動之則民莫不和睦　本民字實闕

故如之何其可及也　浦鏜云故當衍字

論語注疏校勘記卷十九終

論語注疏解經卷第二十

堯曰第二十　何晏集解　邢昺疏

【疏】正義曰此篇記二帝三王及孔子之語明天命政化之美皆是聖人之道可以垂訓將來故殿諸篇非所次也

堯曰咨爾舜天之厤數在爾躬厤數謂列次也**允執其中四海困窮天祿永終**包曰允信也困極也永長也言爲政信執其中則能窮極四海天祿所以長終**舜亦以命禹**孔曰舜亦以堯命己之辭命禹**曰予小子履敢用玄牡敢昭告于皇皇后帝**孔曰履殷湯名此伐桀告天之文殷家。尚白未變夏禮故用玄牡皇大后君也大大君帝謂天帝也墨子引湯誓其辭若此**有罪不敢赦**包曰順天奉法有罪者不敢擅赦**帝臣不蔽簡在帝心。**言桀居帝臣之位罪過不可隱蔽以其簡在天心故**朕躬有罪無以萬方萬方有罪罪在朕躬**孔曰無以萬方萬方不與也萬方有罪我身之過

周有大賚善人是富周周家賚賜也言周家受天大賜富於善人有亂臣十人是也**雖有周親不如仁人**孔曰親而不賢不忠則誅之管蔡是也仁人謂箕子微子來則用之**百姓有過在予一人謹權量審法度脩廢官四方之政行焉。**包曰權秤也量斗斛**興滅國繼絕世舉逸民天下之民歸心焉所重民食喪祭**孔曰重民國之本也重食民之命也重喪所以盡哀重祭所以致敬**寬則得衆信則民任焉。敏則有功公則說。**孔曰言政教公平則民說矣凡此二帝三王所以治也故傳以示後世

【疏】堯曰至則說。正義曰此章明二帝三王之道凡有五節初自堯曰至天祿永終記堯命舜之辭也二自舜亦以堯命己之辭命禹也三自曰予小子至罪在朕躬記湯伐桀告天之辭也四自周有大賚至在予一人言周家受天命及伐紂告天之辭也五自謹權量至公則說此明二帝三王政化之法也

堯曰咨爾舜天之厤數在爾躬者此下是堯命舜以天命之辭也咨咨嗟也爾女也厤數謂列次也堯姓伊祁名放勳舜姓姚名重華謚法云翼善傳聖曰堯仁義盛明曰舜堯子丹朱不肖不堪嗣位虞舜側微堯聞之聰明將使嗣位故先咨嗟歎而命之欲使重其事言天位之列次當在女身故我今命授於女也允執其中四海困窮天祿永終者此堯戒舜以爲君之法也允信也困極也永長也言爲政信執其中則能窮極四海天之祿籍所以長終汝身舜亦以命禹者舜有子商均亦不肖禹有治水大功故舜禪位與禹故亦以堯命己之辭命禹也曰予小子履敢用玄牡敢昭告于皇皇后帝者此下湯伐桀告天辭也禹受舜禪傳位子孫至桀無道湯有聖德應天順人舉干戈而伐之遂放桀於南巢自立爲天子而以此辭告天也履殷湯名稱小子謙也玄牡黑牲也殷尚白而用黑牲者未變夏禮故也昭明也皇大也后君也大大君帝謂天帝也謂殺牲明告天帝以伐桀之意有罪不敢赦者言已順天奉法有罪者不敢擅放也帝臣不蔽簡在帝心者帝天也帝臣謂桀也桀是天子天子事天猶臣事君故謂桀爲帝臣也言桀居帝臣之位罪過不可隱蔽以其簡閱在天心故也朕躬有罪無以萬方萬方有罪罪在朕躬者言我身有罪無用汝萬方萬方不與也萬方有罪過在我身自

責化不至也周有大賚善人是富者周周家也文王武王居岐周而王天下故曰周家賚賜也周家受天大賜富於善人有亂臣十人是也雖有周親不如仁人百姓有過在予一人者此武王誅紂誓衆之辭湯亦傳位子孫至末孫帝紂無道周武王伐而滅之而以此辭誓衆言雖有周親不賢不忠則誅之若管蔡是也不如有仁德之人賢而且忠若箕子微子來則用之也百姓謂天下衆民也言若不教百姓使有罪過當在我一人之化不至也謹權量審法度脩廢官四方之政行焉者此下總言二帝三王所行政法也權秤也量斗斛也謹飭之使鈞平法度謂車服旌旗之禮儀也審察之使貴賤有別無僭偪也官有廢闕復脩治之使無曠也如此則四方之政化興行焉興滅國繼絕世舉逸民天下之民歸心焉者諸侯之國爲人非理滅之者復興立之賢者當世祀爲人非理絕之者則求其子孫使復繼之節行超逸之民隱居未仕者則舉用之政化若此則天下之民歸心焉而不離析也所重民食喪祭者言帝王所重有此四事重民國之本也重食民之命也重喪所以盡哀重祭所以致敬寬則得衆信則民任焉敏則有功公則說者又言帝王之德務在寬簡示信敏速公平也寬則人所歸附故得衆信則民聽不惑皆爲已任用焉敏則事無不成故有功政教公平則民說凡此上事二

帝三王所以治也故傳之以示後世此章有二帝三王之事
錄者採合以成章檢大禹謨湯誥與泰誓武成則此章其文
略矣○注厤數謂列次也○正義曰孔注尚書云謂天道謂
天厤運之數帝王易姓而興故言厤數謂天道鄭玄以厤數
在汝身謂有圖錄之名何云列次義得兩通○注孔曰至若
此正義曰云履殷湯名者案世本湯名天乙者安國意蓋以
湯受命之王依殷法以乙日生名天乙至將爲王改名履故
二名也亦可安國不信世本無天乙之名皇甫謐巧欲傳會
云以乙日生故名履字天乙又云祖乙亦云乙日生復名乙
引易緯孔子所謂天之錫命故可同名既以天乙爲字何云
同名乎斯文妄矣云墨子引湯誓其辭若此者以其尚書湯
誓無此文而湯誥有之又與此小異唯墨子引湯誓其辭與
此正同故言之所以證此爲伐桀告天之文也○注以其簡
在天心故○正義曰鄭玄云簡閱在天心言天簡閱其善惡
也○注孔子至用之○正義曰云親而不賢不忠則誅之管
蔡是也者金縢云武王既喪管叔及其羣弟乃流言於國曰
公將不利於孺子周公乃致辟管叔于商囚蔡叔于郭鄰所
謂殺管叔而殺蔡叔也云仁人謂箕子微子來則用之者箕
子紂之諸父書洪範序云以箕子歸作洪範宋世家云微子
開者殷帝乙之首子而帝紂之庶兄周武王克殷微子乃持

其祭器造於軍門肉袒面縛左牽羊右把茅膝行而前以告
於是武王乃釋微子復其位成王誅武庚乃命微子代殷之
後於宋是言雖有管叔蔡叔爲周親不如箕子微子之仁人
也案周書泰誓云雖有周親不如仁人是武王往伐紂次于
河朔誓衆之辭也孔傳云周至也言紂至親雖多不如周家
之少仁人此文與彼正同而孔注與此異者蓋孔意以彼爲
伐紂誓衆之辭此汎言周家政治之法欲兩通其義故不同
也○注權秤也量斗斛○正義曰漢書律厤志云權者銖兩
斤鈞石也所以稱物平施知輕重也本起於黃鍾之重一龠
容千二百黍重十二銖兩之爲兩二十四銖爲兩十六兩爲
斤三十斤爲鈞四鈞爲石五權謹矣量者龠合升斗斛也所
以量多少也本起於黃鍾之龠用度數審其容以子穀秬黍
中者千有二百實其龠合龠爲合十合爲升十升爲斗十斗
爲斛而五量加矣志又云度者分寸尺丈引也所以度長短
也本起黃鍾之長以子穀秬黍中者一黍之廣爲一分十分
爲寸十寸爲尺十尺爲丈十丈爲引而五度審矣而此不言
度者從可知也子張問於孔子曰何如斯可以從政矣子
曰尊五美屏四惡斯可以從政矣孔曰屏除也子張

曰何謂五美子曰君子惠而不費勞而不怨欲
而不貪泰而不驕威而不猛子張曰何謂惠而
不費子曰因民之所利而利之斯不亦惠而不
費乎王曰利民在政無費於財擇可勞而勞之又誰怨欲仁而
得仁又焉貪君子無衆寡無小大無敢慢孔曰言君
子不以寡小而慢也斯不亦泰而不驕乎君子正其衣冠尊
其瞻視儼然人望而畏之斯不亦威而不猛乎
子張曰何謂四惡子曰不教而殺謂之虐不戒
視成謂之暴馬曰不宿戒而責目前成爲視成慢令致期謂之賊
孔曰與民無信而虛刻期猶之與人也出納之吝謂之有司孔曰

謂財物俱當與人而吝嗇於出納惜
難之此有司之任耳非人君之道疏子張至有司○正
義曰此章論爲政
之理也子張問於孔子曰何如斯可以從政矣子曰尊五美
屏四惡斯可以從政矣者屏除也子張問其政術孔子答曰
當尊崇五種美事屏除四種惡事則可也子張曰何謂五美
者未知其目故復問之子曰君子惠而不費勞而不怨欲而
不貪泰而不驕威而不猛者此孔子爲述五美之目也子張
曰何謂惠而不費者子張雖聞其目猶未達其理故復問之
子曰因民之所利而利之斯不亦惠而不費乎者此孔子爲
說其惠而不費之一美也民居五土所利不同山者利其禽
獸渚者利其魚鹽中原利其五穀人君因其所利使各居其
所安不易其利則是惠愛利民在政且不費於財也擇可勞
而勞之又誰怨者孔子知子張未能盡達故既答惠而不費
不須其問卽爲陳其餘者此說勞而不怨者也擇可勞而勞
之謂使民以時則又誰怨恨哉欲仁而得仁又焉貪者此說
而不貪也言常人之欲失在貪財我則欲仁而仁斯至矣又
安得爲貪乎君子無衆寡無小大無敢慢斯不亦泰而不驕
乎者此說泰而不驕也常人之情敬衆大而慢寡小君子則
不以寡小而慢之也此不亦是君子安泰而不驕慢乎君子
正其衣冠尊其瞻視儼然人望而畏之斯不亦威而不猛乎

者此謂威而不猛也言君子常正其衣冠尊重其瞻視端居儼然人則望而畏之斯不亦雖有威嚴而不猛厲者乎子張曰何謂四惡者子張未聞四惡之義故復問之子曰不教而殺謂之虐者此下孔子歷答四惡也為政之法當先施教令於民猶復寧申勑之教令既治而民不從後乃誅也若未嘗教告而即殺之謂之殘虐不戒視成謂之暴者謂不宿戒而責目前成謂之卒暴慢令致期謂之賊者謂與民無信而虛刻期期不至則罪罰之謂之賊害猶之與人也出納之吝謂之有司者謂財物俱當與人而人君吝嗇於出納而惜難之此有司之任耳非人君之道孔子曰不知命無以為君子也孔曰命謂窮達之分不知禮無以立也不知言無以知人也馬曰聽言則別其是非也疏孔子曰不知命無以為君子也不知禮無以立也不知言無以知人也○正義曰此章言君子立身知人也命謂窮達之分言天之賦命窮達有時當待時而動若不知天命而妄動則非君子也禮者恭儉莊敬立身之本若其不知則無以立也聽人之言當別其是非若不能別其是非則無以知人之善惡也

論語注疏解經卷第二十終

二品廕生阮常生校栞

論語注疏挍勘記　阮元撰盧宣旬摘錄

堯曰第二十

堯曰章

殷豕尚白　皇本豕作家是也

墨子引湯誓　孫志祖云今墨子兼愛篇作湯說疑說字正誓字之訛

言桀居帝臣之位　筆解此注作包曰

罪過不可隱蔽　皇本罪上有有字

無以萬方　漢石經無作毋

萬方有罪罪在朕躬　漢石經皇本高麗本不重罪字案書湯誥云其爾萬方有罪在予一人國語周語引湯誓云萬夫有罪在余一人墨子兼愛篇下亦云萬方有罪即當朕身呂氏春秋季秋紀云萬夫有罪在余一人說先貴德篇云百姓有過在予一人與此並大同而小異核其文義俱不重罪字

萬方不與也　皇本與作預○按預俗字古書多假與為豫

四方之政行焉　皇本焉作矣案漢書律厤志亦引作矣

信則民任焉　漢石經皇本高麗本並無此句案此句疑因陽貨篇子張問仁章誤衍

公則說　皇本說上有民字

禹有治水大功　本大誤太今正

故舜禪位與禹　浦鏜云與疑於字誤

皇天也　本大誤天今正

大大君帝　本下大字誤作夫今正

居岐周而王天下　本岐誤歧今正

謂有圖籙之名　浦鏜云籙誤錄○按籙錄古今字

皇甫謐巧欲傳會　閩本同傳誤傅

注孔子至用之　補案曰誤子

所謂殺管叔而殺蔡叔也　北監本作蔡蔡叔毛本作四蔡叔案北監本是也

而帝紂之庶兄　今史記宋世家作而紂之庶兄也

不如周家之少仁人　閩本北監本毛本少作多案今孔傳本作不如周家之少仁人孔疏云多惡不如少善故言紂至親雖多不如周家之少仁人則穎達所見本作少字朱子集注本引孔傳誤作多蓋據誤本改也

所以稱物平施知輕重也　閩本北監本毛本稱作秤是俗字漢書律厤志本作稱

合龠為合　北監本毛本作十龠案漢書律厤志作合龠舊本亦有誤作十龠者唐六典云二龠為合此云合龠猶言兩龠也若作十龠未免太多矣

十升為斗　本斗誤十今正

而五量加矣　今漢書律厤志加作嘉

子張問於孔子章

子張問於孔子曰　皇本高麗本問下有政字

尊五美屏四惡　案漢平都相蔣君碑遵五迸四隸釋云後漢傳有遵五迸四之文此碑亦然蓋漢人傳魯論有如此者攷說文無迸字古多借屏為之詩作之屏之禮記王制屏之遠方穀梁宣元年傳放猶屏也皆作屏字雖禮記大學迸諸四夷作迸釋文引皇云迸猶屏也又尊乃遵字之省文宗敬則率循也義亦相近

因民之所利而利之　易益卦注周禮旅師疏及文選洞簫賦注引此文竝作因民所利而利之案皇疏兩述經文皆無上之字疑後人據俗本誤增

擇可勞而勞之　皇本可上有其字

言君子不以寡小而慢也　皇本慢下有之字

與民無信而虛刻期　皇本刻作剋

出納之吝　唐石經皇本高麗本納作內注同釋文出內字云如字又音納注同本今作納○按內納古今字

又誰怨者　本又誤且今正

此說勞而不怨者也　浦鏜云者字衍

又焉貪　浦鏜云貪下脫者

我則欲仁而仁斯至矣　本則誤財今正

此則威而不猛也　本猛誤猛今正

當先施教令於氏　本民誤氏今正

猶復丁寧申勑之　本寧上脫丁字

謂不宿戒而責目前成謂之卒暴　本責目誤貴日今正

不知命章　釋文出孔子曰不知命無以為君子也云魯論無此章今從古

孔子曰　朱子集注本無孔字案唐石經宋石經釋文皇本高麗本及閩本北監本毛本竝有孔字據此則朱子作子曰者非也

命謂窮達之分　本達誤達今正

當待時而動　本待作侍今正

立身之本　本立誤以今正

論語注疏校勘記卷二十終

重栞宋本孝經注疏附挍勘記

嘉慶二十年江西南昌府學開雕

太子少保江西巡撫兼提督揚州阮元審定　武寧縣貢生盧宣旬校

欽定四庫全書總目孝經正義三卷

唐元宗明皇帝御注宋邢昺疏案唐會要開元十年六月上注孝經頒天下及國子學天寶二年五月上重注亦頒天下舊唐書經籍志孝經一卷元宗注唐書藝文志今上孝經制旨一卷注曰元宗其稱制旨者猶梁武帝中庸義之稱制旨實一書也趙明誠金石錄載明皇注孝經四卷陳振孫書錄解題亦稱家有此刻爲四大軸蓋天寶四載九月以御注刻石於太學謂之石臺孝經今尚在西安

府學中爲碑凡四故拓本稱四卷耳元宗御製序末稱一章之中凡有數句一句之內義有兼明具載則文繁略之則義闕今存於疏用廣發揮唐書元行沖傳稱元宗自注孝經詔行沖爲疏立於學官唐會要又載天寶五載詔孝經書疏雖麤發明未能該備今更敷暢以廣闕文令集賢院寫頒中外是注凡再修疏亦再修其疏唐志作二卷宋志則作三卷殆續增一卷歟宋咸平中邢昺所修之疏卽據行沖書爲藍本然孰爲舊文孰爲新說今已不可辨別矣孝經有今文古文二本今文稱鄭元注其說傳自荀昶而鄭志不載其名古文稱孔安國注其書出自劉炫而隋書已言其僞至唐開元七年三月詔令羣儒質定右庶子劉知幾主古文立十二驗以駁鄭國子祭酒司馬貞主今文摘閨門章文句凡鄙庶人章割裂舊文妄加子曰字及注中脫衣就功諸語以駁孔其文具載唐會要中厥後今文行而古文廢元熊禾作董鼎孝經大義序遂謂貞去閨門一章卒啓元宗無禮無

度之禍明孫本作孝經辨疑併謂唐宮闈不肅貞削閨門一章乃爲國諱夫削閨門一章遂啓幸蜀之衅使當時行用古文果無天寶之亂乎唐宮闈不肅誠有之至於閨門章二十四字則絕與武韋不相涉指爲避諱不知所避何諱也況知幾與貞兩議並上會要載當時之詔乃鄭依舊行用孔注傳習者稀亦存繼絕之典是未因知幾而廢鄭亦未因貞而廢孔迨時閱三年乃有御注太學刻石署名者三十六人貞不預列御注旣行孔鄭兩

家遂併廢亦未聞貞更建議廢孔也禾等徒以朱子刊誤偶用古文遂以不用古文爲大罪又不能知唐時典故徒聞中興書目有議者排毀古文遂廢之語遂沿其誤說憤憤然歸罪於貞不知以注而論則孔佚鄭亦佚孔佚罪貞鄭佚又罪誰乎以經而論則鄭存孔亦存古文竝未因貞一議亡也貞又何罪焉今詳考源流明今文之立自元宗此注始元宗此注之立自宋詔邢昺等修此疏始衆說喧呶皆揣摩影響之談置之不論不議可矣

孝經注疏序

孝經者百行之宗五教之要自昔孔子述作垂範將來奥旨微言已備解乎注疏尚以辭高旨遠後學難盡討論今特翦截元疏旁引諸書分義錯經會合歸趣一依講說次第解釋號之爲講義也

翰林侍講學士朝請大夫守國子祭酒上柱國賜紫金魚袋臣邢昺等奉勑校定注疏

成都府學主鄉貢傅注　奉右撰

夫孝經者孔子之所述作也述作之旨者昔聖人蘊大聖德生不偶時適值周室衰微王綱失墜君臣僭亂禮樂崩頽居上位者賞罰不行居下位者褒貶無作孔子遂乃定禮樂刪詩書讚易道以明道德仁義之源修春秋以正君臣父子之法又慮雖知其法未知其行遂說孝經一十八章以明君臣父子之行所寄知其法者修其行知其行者謹其法故孝經緯曰孔子云欲觀我褒貶諸侯之志在春秋崇人倫之行在孝經是知孝經雖居六籍之外乃與春秋爲表矣先儒或云夫子爲曾參所說此未盡其指歸也蓋曾子在七十弟子中孝行最著孔子乃假立曾子爲請益問荅之人以廣明孝道既說之後乃屬與曾子洎遭暴秦焚書並爲煨燼漢膺天命復闡微言孝經河間顔芝所藏因始傳之于世自西漢及魏歷晉宋齊梁注解之者迨及百家至有唐之初雖備存祕府而簡編多有殘缺傳行者唯孔安國鄭康成兩家之注并有梁博士皇侃義疏播於國序然辭多紕繆理昧精研至唐玄宗朝乃詔羣儒學官俾其集議是以劉子玄辨鄭注有十謬七惑司馬堅斥孔注多鄙俚不經其餘諸家注解皆榮華其言妄生穿鑿明皇遂於先儒注中採摭菁英芟去煩亂撮其義理允當者用爲注解至天寶二年注成頒行天下仍自八分

御札勒于石碑即今京兆石臺孝經是也

孝經正義

翰林侍講學士朝請大夫守國子祭酒上柱國賜紫

金魚袋臣邢　昺　等奉　勑校定

御製序并注〔疏〕

正義曰：孝經者，孔子爲曾參陳孝道也。漢初長孫氏、博士江翁、少府后倉、諫大夫翼奉、安昌侯張禹傳之，各自名家。經文皆同，唯孔氏壁中古文爲異。至劉炫遂以古孝經庶人章分爲二，曾子敢問章分爲三，又多閨門一章，凡二十二章。桓譚新論云：古孝經千八百七十二字，今異者四百餘字。孝者，事親之名；經者，常行之典。按漢書藝文志云：夫孝，天之經，地之義，民之行也。舉大者言，故曰孝經。又按禮記祭統云：孝者，畜也。畜，養也。釋名云：孝，好也。周書謚法：至順曰孝。揔而言之，道常在心，盡其色養，中情悅好，承順無怠之義也。爾雅曰：善父母爲孝。皇侃曰：經者，常也，法也。此經爲教，任重道遠，雖復時移代革，金石可消，而爲孝事親常行，存世不滅，是其常也。爲百代規模，人生所資，是其法也。言孝之爲教，使可常而法之。易有上經下經，老子有道經德經。孝爲百行之本，故名曰孝經。經之創制，孔子所撰也。前賢以爲曾參唯有至孝之性，未達孝德之本，偶於閒居，因得侍坐，參起問於夫子，夫子隨而答，參是以集錄，因名爲孝經。尋繹再三，將未爲得也。何者？夫子刊緝前史而修春秋，猶云筆則筆，削則削，四科十哲莫敢措辭。按鉤命決云：孔子曰：吾志在春秋，行在孝經。斯則修春秋、撰孝經，孔子之志行也。何爲重其志而自筆削，輕其行而假他人者乎？按劉炫述義其略曰：炫謂孔子自作孝經，本非曾參請業而對也。士有百行，以孝爲本。本立而後道行，道行而後業就，故曰明王之以孝治天下也。然則治世之要，孰能非乎？徒以教化之道，因時立稱，經典之目，隨事表名，至使威儀禮節之餘，盛傳當代，孝悌德行之本，隱而不彰。夫子運偶陵遲，禮樂崩壞，名教將絕，特感聖心，因弟子有請問之道，師儒有教誨之義，故假曾子之言以爲對揚之體，乃非曾子實有問也。若疑而始問，答以申辭，則曾子應每章一問，仲尼應每問一答。按經夫子先自言之，非參請也。諸章以次演之，非待也。且辭義血脈，文連旨環，而開宗題其端緒，餘音廣而成之，非一問一答之勢也。理有所極，方始發問，又非請業請答之事。首章言先王有至德要道，則下章云此之謂要道也，非至德其孰能順民，皆遐結道本，答曾子也。舉此爲例，凡有數科，必其主爲曾子言，首章答曾子已了，何由不待曾子問，更自述而脩之？且三起曾參侍坐與之別，二者是問也，一者歎之也。故假言乘間曾子坐也。與之論孝，開宗明義，上陳天子，下陳庶人，語盡無更端，於曾子未有請，故假參歎孝之大，又說以孝爲理之功。說之以終，欲言其聖道莫大於孝，又假參問，乃說聖人之德不加於孝。在前論敬順之道，未有規諫之事，慇懃在悅色，不可頓說犯顏，故須更借曾子言，陳諫諍之義。此皆孔子須參問，非參須問孔子也。莊周之斥鷃笑鵬、罔兩問影，屈原之漁父鼓枻、大卜拂龜，馬卿之烏有無是，楊雄之翰林子墨，寧非師祖製作以爲楷模者乎？若依鄭注實居講堂，則廣延生徒，侍坐非一，夫子豈凌人侮衆，獨與參言邪？且云汝知之乎，何必直汝曾子，而參先避席乎？必其偏告諸生，又有對者，當參不讓儕輩而獨答乎？假使獨與參言，言畢參自集錄，豈宜稱師字者乎？由斯言之，經教發極，夫子所撰也。而漢書藝文志云孝經者，孔子爲曾子陳孝道也，謂其爲曾子特說此經。然則聖人之有述作，豈爲一人而已？斯皆誤本其文，致茲乖謬也。所以先儒注解，多所未行。唯鄭玄之六藝論曰：孔子以六藝題目不同，指意殊別，恐道離散，後世莫知根源，故作孝經以揔會之。其言雖則不然，其意頗近之矣。然入室之徒不獨，假曾子爲言，以參偏得孝名也。老子曰：六親不和有孝慈。然則孝慈之名，因不和而有，若萬行俱備，稱爲人聖，則凡聖無不孝也。而家有三惡，舜稱大孝；龍逢、比干，忠名獨彰，君不明也；孝以伯奇之名偏著，母不慈也。曾子性雖至孝，蓋有由而發矣。藜蒸不熟而出其妻，家法嚴也；耘瓜傷苗，幾殞其命，明父少恩也。曾子孝名之大，其或由茲，固非參性遲朴，躬行匹夫之孝也。審攷經言，詳稽炫釋，貴藏理於古而獨得之於今者與。元氏雖同炫說，恐未盡善，今以藝文志及鄭氏所說爲得。其作經年，先儒以爲魯哀公十四年西狩獲麟而作春秋，至十六年夏四月己丑孔子卒爲證，則作在魯哀公十四年後、十六年前。案鉤命決云：孔子曰：吾志在春秋，行在孝經。據先後言之，明孝經之文同春秋作也。又鉤命決云：孔子曰：春秋屬商，孝經屬參。則孝經之作在春秋後也。○御者，按大戴禮盛德篇云：德法者，御民之本也。古之御政以治天下者，冢宰之官以成道，司徒之官以成德，宗伯之官以成仁，司馬之官以成聖，司寇之官以成義，司空之官以成禮。故六官以爲轡，司會均入以爲軜，故曰御四馬者執六轡，御天地與人與事者亦有六政。是故善御者正身同轡，均馬力，齊馬心，唯其所引而之，以取長道遠行，可以之急疾，可以御天地與人事，此四者聖人之所乘也。是故天子御者，內史、太史左右手也，六官亦六轡也。天子三公合以執六官，均五政，齊五法，以御四者，故亦爲其所引而之。以之道則國治，以之德則國安以之仁則國和以之聖則國平以之義則國成以之禮則國定此御政之體也然則御者治天下之名若柔轡之御剛馬也家語亦有此文是以秦漢以來以御爲至尊之稱又蔡邕獨斷曰御者進也凡衣服加於身飲食入於口妃妾接於寢皆曰御至於器物製作亦皆以御言之故此云御也。製者裁翦述作之謂也故左傳曰子有美錦不使人學製焉取此美名故人之文章述作皆謂之製以此序唐玄宗所撰故云御製也玄宗唐弟六帝也諱隆著睿宗之子以延和元年即位時年三十三在位四十五年年七十八登遐謚曰明孝皇帝廟號玄宗開元十年製經序并注序者按詩頌云繼序思不忘毛傳云序緒也又釋詁云敘緒也是序與敘音義同郭璞云又爲端緒然則此言緒者舉一經之端緒耳。并注者并兼也注著也解釋經指使義理著明也言非但製序兼亦作注故云并也案今俗所行孝經題曰鄭氏注近古皆謂康成而晉魏之朝無有此說晉穆帝永和十一年及孝武太元元年再聚羣臣共論經義有荀昶者撰集孝經諸說始以鄭氏爲宗晉末以來多有異論陸澄以爲非玄所注請不藏於祕省王儉不依其請遂得見傳至魏齊則立學官著作律令蓋由虜俗無識故致斯訛外然則經非鄭玄所注其驗有十二焉據鄭自序云遭黨錮之事逃難至黨錮事解注古文尚書毛詩論語爲衆譚所逼來至元誠乃注周易都無注孝經之文其驗一也鄭君卒後其弟子追論師所注述及應對時人謂之鄭志其言鄭所注者唯有毛詩三禮尚書周易都不言注孝經其驗二也又鄭志目録記鄭之所注五經之外有中候大傳七政論乾象厤六藝論毛詩譜荅臨碩難禮許愼異議釋廢疾發墨守箴膏肓荅甄守然等書寸紙片言莫不悉載若有孝經之注無容匿而不言其驗三也鄭之弟子分授門徒各述所言更爲問荅編録其語謂之鄭記唯載禮易論語其言不及孝經其驗四也趙商作鄭玄碑銘具載諸所注箋驗論亦不言注孝經晉中經簿周易尚書中候尚書大傳毛詩周禮儀禮禮記論語凡九書皆云鄭氏注名玄至於孝經則稱鄭氏解無名玄二字其驗五也春秋緯演孔圖注云康成注三禮詩易尚書論語其春秋孝經則有評論宋均詩譜序云我先師北海鄭司農則均是玄之傳業弟子師有注述無容不知而云春秋孝經唯有評論非玄所注時明其驗六也又宋均孝經緯注引鄭六藝論敘孝經云玄又爲之注司農論如是而均無聞焉有義無辭令予昏惑舉鄭之語而云無聞其驗七也宋均春秋緯注云爲春秋孝經略說則非注之謂所言又爲之注者汎辭耳非事實其敘春秋亦云玄又爲之注寧可復責以實注春秋乎其驗八也後漢史

書存於代者有謝承薛瑩司馬彪袁山松等其所注皆無孝經唯范氏書有孝經其驗九也王肅孝經傳首有司馬宣王奉詔令諸儒注述孝經以肅說爲長若先有鄭注亦應言及而不言鄭其驗十也王肅注書好發鄭短凡有小失皆在聖證若孝經此注亦出鄭氏被肅攻擊最應煩多而肅無言其驗十一也魏晉朝賢辯論時事鄭氏諸注無不撮引未有一言孝經注者其驗十二也以此證驗易爲討覈而代之學者不覺其非乘後謬說競相推舉諸解不立學官此注獨行於世觀言語鄙陋義理乖謬固不可示彼後來傳諸不朽至古文孝經孔傳本出孔氏壁中語甚詳正無俟商權而曠代亾逸不被流行隋開皇十四年祕書學生王逸於京市陳人處買得一本送與著作王劭以示河間劉炫仍令校定而此書更無兼本難可依憑炫輒以所見率意刊改因著古文孝經稽疑一篇故開元七年勑議之際劉子玄等議以爲孔鄭二家雲泥致隔今綸旨煥發校其短長必謂行孔廢鄭於義爲允國子博士司馬貞議曰今文孝經是漢河間王所得顔芝本至劉向以此參校古文省除繁惑定此一十八章其注相承云是鄭玄所作而鄭志及目録等不載故往賢共疑焉唯荀昶范曄以爲鄭注故昶集解孝經具載此注爲優且其注縱非鄭玄而義旨敷暢將爲得所雖數處小有非穩實亦未爽經言其古文二十二章無出孔壁先是安國作傳緣遭巫蠱未之行也昶集注之時尚未見孔傳中朝遂亡其本近儒欲崇古學妄作傳學假稱孔氏輒穿鑿改更又僞作閨門一章劉炫詭隨妄稱其善且閨門之義近俗之語必非宣尼正說案其文云閨門之内具禮矣嚴親嚴兄妻子臣妾繇百姓徒役也是此妻子於徒役文句凡鄙不合經典又分庶人章從故自天子已下別爲一章仍加子曰二字然故者建下之辭既是章首不合言故是古人既沒後人妄開此等數章以應二十二之數非但經久不真抑亦傳文淺僞又注用天之道分地之利其略曰脫之應功暴其肌體朝暮從事露髮徒足少而習之其心安焉此語雖旁出諸子而引之爲注何言之鄙俚乎與鄭氏所云分別五土視其高下高田宜黍稷下田宜稻麥優劣懸殊曾何等級今議者欲取近儒詭說而廢鄭注理實未可請准令式孝經鄭注與孔傳依舊俱行詔鄭注仍舊行用孔傳亦存是時蘇宋文吏拘於流俗不能發明古義奏議排子玄令諸儒對定司馬貞與學生郗常等十人盡非子玄卒從諸儒之說至十年

上自注孝經頒于天下卒以十八年章爲定

孝經正義終

孝經序

朕聞上古其風朴略〔疏〕朕聞上古至德之本歟。正義曰：自此以下至於序末，凡有五段明義，當段自解其指，於此不復繁文。今此初段序孝之所起，及可以教人而爲德本也○朕者，我也，古者尊卑皆稱之，故帝舜命禹曰朕志先定，禹曰朕德罔克，皐陶曰朕言惠可底行，又屈原亦云朕皇考曰伯庸，是由古人質，故君臣共稱，至秦始皇二十六年始定爲天子之稱。聞者目之不覩，耳之所傳曰聞。上古者，經典所說不同，案禮運鄭玄注云中古未有釜甑，則謂神農爲中古；若易歷三古，則伏羲爲上古，文王爲中古，孔子爲下古；若三王對五帝，則五帝亦爲上古，故士冠記云太古冠布，下云三王共皮弁，則大古五帝時也。大古亦上古也，以其文各有所對，故上古中古不同也。此云上古者，亦謂五帝以上也。知者，以下云及乎仁義既有，以禮運及老子言之，仁義之盛在三王之世，則此上古自然當五帝以上也。云其風朴略者，風，教也；朴，質也；略，疏也。言上古之君貴尚道德，其於教化則質朴疏略也。

雖因心之孝已萌，而資敬之禮猶簡〔疏〕正義曰：因，猶親也；資，猶取也。言上古之人有自然親愛父母之心，如此之孝雖已萌兆，而取其恭敬之禮節猶尚簡少也。周禮大司徒教六行云孝友睦婣任恤，注云因親於外親，是因得爲親也。詩大雅皇矣云惟此王季，因心則友。士章云資於事父以事君而敬同，此其所出之文也，故引以爲序耳。

及乎仁義既有，親譽益著〔疏〕正義曰：及乎者，語之發端，連上逮下之辭也。仁者兼愛之名，義者裁非之謂。仁義既有，謂三王時也。案曲禮云太上貴德，鄭注云大古帝皇之世；又禮運云大道之行也，鄭注云大道謂五帝時；老子德經云失道而後德，失德而後仁，失仁而後義，是道德當三皇五帝時，則仁義當三王之時可知也。慈愛之心曰親，聲美之稱曰譽，謂三王之世天下爲家，各親其親，各子其子，親譽之道日益著見，故曰親譽益著也。

聖人知孝之可以教人也〔疏〕正義曰：聖人謂以孝治天下之明王也。孝爲百行之本，至道之極，故經文云聖人之德又何以加於孝乎。

故因嚴以教敬，因親以教愛〔疏〕正義曰：引下經文以證義也。

於是以順移忠之道昭矣，立身揚名之義彰矣〔疏〕正義曰：經云君子之事親孝，故忠可移於君；又曰立身行道，揚名於後世。言人事兄能悌，以之事長則爲順；事親能孝，移之事君則爲忠，然後立身揚名，傳於後世也。昭彰皆明也。

子曰：吾志在春秋，行在孝經〔疏〕正義曰：此鉤命決文也。言褒貶諸侯善惡，志在於春秋；人倫尊卑之行，在於孝經也。

是知孝者德之本歟〔疏〕正義曰：論語云孝弟也者其爲仁之本歟，今言孝者德之本歟。歟者，歎美之辭，舉其大者而言，故但云孝德，則行之摠名，故變仁言德也。

經曰：昔者明王之以孝理天下也，不敢遺小國之臣，而況於公侯伯子男乎〔疏〕經曰至形於四海○正義曰：此第二段，序已仰慕先世明王欲以博愛廣敬之道被四海也○經曰至男乎○此孝治章文也，故言經曰。言小國之臣尚不敢遺棄，何況於五等列爵之君乎。公侯伯子男，五等之爵也。白虎通曰：公者，通也，公正無私之意也。春秋傳曰：王者之後稱公。侯者，候也，候順逆也。伯者，長也，爲一國之長也。子者，字也，常行字愛於人也。男者，任也，常任王事也。王制云公侯地方百里，伯七十里，子男五十里。至於周公時，增地益廣，加賜諸侯之地，公五百里，侯四百里，伯三百里，子二百里，男一百里。公爲上等，侯伯爲中等，子男爲下等。言小國之臣，謂子男之臣也。

朕嘗三復斯言，景行先哲〔疏〕正義曰：復，猶覆也；斯，此也；景，明也；哲，智也。言每讀經至此科，三度反覆重讀，庶幾法則此有明行者先世聖智之明王也。論語云南容三復白圭，詩云高山仰止，景行行止，是其類也。

雖無德教加於百姓〔疏〕正義曰：上遜辭也。

庶幾廣愛形于四海〔疏〕正義曰：此上意思行教也。庶幾，猶幸望。既謙言無德教加於百姓，唯幸望以廣敬博愛之道著見於四夷也。案經作刑，刑，法也；今此作形，則形猶見也，義得兩通，無繁改字。四海即四夷也，又經別釋。

嗟乎！夫子沒而微言絕，異端起而大義乖〔疏〕嗟乎至樞要也○正義曰：此第三段，歎夫子沒後遺世陵遲，典籍散亡，傳注踳駁，所以撮其樞要而自作注也。嗟乎，上歎辭也。夫子，孔子也，以嘗爲魯大夫，故云夫子。案史記云孔子生魯國昌平陬邑，魯襄公二十二年生，年七十三，以魯哀公十六年四月己丑卒，葬魯城北泗上。而微言絕

者藝文志文李奇曰隱微不顯之言也顏師古曰精微要妙之言耳言夫子沒後妙言咸絕七十子既喪而異端竝起大義悉乖

況泯絕於秦得之者皆煨燼之末疏正義曰泯滅也秦者隴西谷名也在雍州鳥鼠山之東北昔皋陶之子伯翳佐禹治水有功舜命作虞賜姓曰嬴其左孫非子爲周孝王養馬於汧渭之間封爲附庸邑于秦谷及非子之曾孫秦仲周宣王又命爲大夫仲之孫襄公討西戎救周周室東遷以岐豐之地賜之始列爲諸侯春秋時稱秦伯至孝公子惠文君立是爲惠王及莊襄王爲秦質子於趙見呂不韋姬說而取之生始皇按秦昭王四十八年正月生於邯鄲及生名爲政姓趙氏年十三莊襄王死政代立爲秦王至二十六年平定天下號曰始皇帝三十四年置酒咸陽宮博士齊人淳于越進曰臣聞殷周之王千餘歲封子弟功臣自爲枝輔今陛下有海內而子弟爲匹夫卒有田常六卿之臣無輔拂何以輔政哉丞相李斯曰五帝不相復三代不相襲非其相反時變異也今陛下創大業建萬世之功固非愚儒之所知臣請史官非秦記皆燒之非博士官所職天下敢有藏詩書百家語者悉詣守尉雜燒之制曰可三十五年以爲諸生誹謗乃自除犯禁者四百六十餘人皆阬之咸陽是經

籍之道滅絕於秦說文云煨盆火也燼火餘也言遺秦焚阬之後典籍滅亡雖僅有存者皆火餘之微末耳若伏勝尚書顏貞孝經之類是也

濫觴於漢傳之者皆糟粕之餘疏正義曰案家語孔子謂子路曰夫江始於岷山其源可以濫觴及其至江津也不舫舟不避風雨不可以涉王肅曰觴所以盛酒者言其微也又文選郭景純江賦曰惟岷山之導江初發源乎濫觴臣翰注云濫謂汎濫小流貌觴酒醆也謂發源小如一醆漢者巴蜀之間地名也二世元年諸侯叛秦沛人共立劉季以爲沛公二年八月入秦秦相趙高殺二世立二世兄子子嬰冬十月爲漢元年子嬰三年春正月項羽尊楚懷王爲義帝羽自立爲西楚霸王更立沛公爲漢王王巴蜀漢中四十一縣都南鄭五年破項羽斬之六年二月即皇帝位于汜水之陽遂取漢爲天下號若商周然也漢興改秦之政大收篇籍言從始皇焚燒之後至漢氏尊學初除挾書之律有河間人顏貞出其父芝所藏凡一十八章以相傳授言其至少故云濫觴於漢也其後復盛則如劉熙釋名云酒滓曰糟浮米曰粕既以濫觴況其少因取糟粕比其微言醇粹既喪但餘此糟粕耳

故魯史春秋學開五傳疏正義曰故者因上起下之語夫子約魯史春秋學開五傳者謂名專已學以相教授分經作傳凡有五家開則分也五傳者案漢書藝文志云左氏傳三十卷左丘明魯大史也公羊傳十一卷公羊子齊人名高受經於子夏穀梁傳十一卷名赤魯人糜信云與秦孝公同時十錄云名俶字元始風俗通云子夏門人鄒氏傳十一卷漢書云王吉善鄒氏春秋夾氏傳十一卷有錄無書其鄒夾二義鄒氏無師夾氏未有書故不顯于世蓋王莽時亡失耳

國風雅頌分爲四詩疏正義曰詩有國風小雅大雅周頌魯頌商頌故曰國風雅頌四詩者毛詩韓詩齊詩魯詩也毛詩自夫子授卜商傳至大毛公名亨大毛公授毛萇趙人爲河間獻王博士先有子夏詩傳一卷萇各置其篇端存其作者至後漢大司農鄭玄爲之箋是曰毛詩韓詩者漢文帝時博士燕人韓嬰所傳武帝時與董仲舒論於上前仲舒不能難至晉無人傳習是曰韓詩齊詩者漢景帝時博士清河太傅轅固生所傳號齊詩傳夏侯始昌昌授后蒼輩門人尤盛後漢陳元方亦傳之至西晉亡是曰齊詩魯詩者漢武帝時魯人申公所述以經爲訓詁教之無傳疑者則闕號爲魯詩

去聖逾遠源流益別疏正義曰逾越也百川之本曰源水行曰流增多曰益言秦漢而下去孔子聖越遠孝經本是一源諸家增益別爲衆流謂其文不同也

近觀孝經舊注踳駁尤甚疏正義曰孝經今文稱鄭玄注古文稱孔安國注先儒詳之皆非眞實而學者互相宗尚踳乖也駁錯也尤過也今言觀此二注乖錯過甚故言踳駁尤甚也

至於跡相祖述殆且百家疏正義曰至於者語更端之辭也跡蹤跡也祖始爲始後人從而述脩之若仲尼祖述堯舜之爲也殆近也言近且百家曰其多也案其人今文則有魏王肅蘇林何晏劉邵吳韋昭謝萬徐整晉袁宏虞槃佑東晉楊泓殷仲文車胤孫氏庾氏荀昶孔光何承天釋慧琳齊王玄載明僧紹及漢之長孫氏江翁翼奉后蒼張禹鄭衆鄭玄所說各擅爲一家也其梁皇侃撰義疏三卷梁武帝作講疏賀瑒嚴植之劉貞簡明山賓咸有說隋有鉅鹿魏眞克者亦爲之訓注其古文出自孔氏壁本是孔安國作傳會巫蠱事其本亡失至隋王邵所得以送劉炫炫敘其得喪述其義疏議之劉綽亦作疏與鄭義俱行又馬融亦作古文孝經傳而世不傳此皆祖述名家者也

業擅專門猶將十室疏正義曰上言百家者大略皆祖述而

已其於傳守已業專門命氏者尚自將近十室室則家也爾雅釋宮云宮謂之室室謂之宮其內謂之家但與上百家變文耳故言十室其十室之名序不指摘不可強言蓋后蒼張禹鄭玄王肅之徒也

希升堂者必自開戶牖〔疏〕

正義曰希望也論語云子曰由也升堂矣未入於室夫子言仲由升我堂矣未入於室耳今祖述孝經之人望升夫子之堂者既不得其門而入必自擅開門戶牕牖矣言其妄爲穿鑿也

攀逸駕者必騁殊軌轍〔疏〕

正義曰攀引也逸駕謂奔逸之車駕也案莊子顏淵問於仲尼曰夫子步亦步夫子趨亦趨夫子馳亦馳夫子奔逸絕塵而回瞠若乎後耳言夫子之道神速不可及也今祖述孝經之人欲仰慕攀引夫子奔逸之駕者既不得直道而行必馳騁於殊異之軌轍矣言不知道之無從也兩轍之間曰軌車輪所轢曰轍

是以道隱小成言隱浮僞〔疏〕

正義曰道者聖人之大道也隱蔽也小成謂小道而有成德者也言者夫子之至言也浮僞謂浮華詭辯也言此穿鑿馳騁之徒唯行小道華辯致使大道至言皆爲隱蔽其寶則不可隱故莊子內篇齊物論云道惡乎隱而有眞僞言惡乎隱而有是非道惡乎往而不存言惡乎存而不可道隱於小成言隱於榮華此文與彼同唯榮華作僞耳大意不異也

且傳以通經爲義義以必當爲主〔疏〕

正義曰且者語辭傳者注解之別名博釋經意傳示後人則謂之傳注者著也約文敷暢使經義著明則謂之注作得自題不爲義例或曰前漢以前名傳後漢以來名注蓋亦不然何則馬融亦謂之傳知或說非也此言傳注解釋則以通暢經指爲義義之裁斷則以必然當理爲主也

至當歸一精義無二〔疏〕

正義曰至極之當必歸於一精妙之義焉有二三將言諸家不同宜會合之也

安得不翦其繁蕪而撮其樞要也〔疏〕

正義曰安何也諸家之說既互有得失何得不翦截繁多蕪穢而撮取其樞機要道也

韋昭王肅先儒之領袖虞翻劉邵抑又次焉〔疏〕

正義曰自此至有補將來爲第四段序作注之意舉六家異同會五經旨趣敷暢經義望益將來也吳志曰韋曜字弘嗣吳郡雲陽人本名昭避晉文帝諱改名曜事吳至中書僕射侍中領左國史封高陵亭侯魏志曰王肅字子雍王朗之子仕魏歷散騎黃門侍郎散騎常侍兼太常吳志虞翻字仲翔會稽餘姚人漢末舉茂才曹公辟不就仕吳以儒學聞爲老子論語國語訓注傳於世魏志劉紹字孔才廣平邯鄲人仕魏歷散騎常侍賜爵關內侯著人物志百篇此指言韋王所學在先儒之中如衣之有領袖也虞劉二家亞次之抑語辭也

劉炫明安國之本陸澄譏康成之注〔疏〕

正義曰隋書云劉炫字光伯河間景城人炫左畫方右畫圓口誦目數耳聽五事並舉無所遺失仕後周直門下省竟不得官縣司責其賦役炫自陳於內史乞送吏部吏部尚書韋世康問其所能炫自爲狀曰周禮禮記毛詩尚書公羊左傳孝經論語孔鄭王何服杜等注凡三十家雖義有精麤並堪講授周易儀禮穀梁用功頗少子史文集嘉言美事咸誦於心天文律歷窮覈微妙公私文翰未嘗舉手吏部竟不詳試除殿內將軍仕隋歷太學博士罷歸河間賊中餓死謚宣德先生初炫既得王邵所送古文孔安國注本遂著古文稽疑以明之蕭子顯齊書曰陸澄字彥淵吳郡吳人也少學博覽無不知起家仕宋至齊歷國子祭酒光祿大夫初澄以晉荀昶所學爲非鄭玄所注請文藏秘書王儉違其議

在理或當何必求人〔疏〕

正義曰言但在注釋之理允當不必譏非其人也求猶責也

今故特舉六家之異同會五經之旨趣〔疏〕

正義曰六家即韋昭王肅虞翻劉邵劉炫陸澄也言舉此六家而又會合諸經之旨趣耳

約文敷暢義則昭然〔疏〕

正義曰約省也敷布也暢通也言作注之體直約省其文不假繁多能徧布通暢經義使之昭明也然辭也

分注錯經理亦條貫〔疏〕

正義曰謂分其注解間錯經文也經注雖然分錯其理亦不相亂而有條有貫也書云若網在綱有條而不紊論語子曰參乎吾道一以貫之是條之理也

寫之琬琰庶有補於將來〔疏〕

正義曰案考工記玉人職云琬圭九寸而繅以象德注云琬猶圜也王使之瑞節也諸侯有德王命賜之使者執琬圭以致命焉繅藉也又云琰圭九寸判規以除慝以易行注云凡圭琰上寸半琰圭琰半以上又半爲瑑飾諸侯有爲不義使者征之執以爲瑞節也除慝誅惡逆也易行止暴苛今言以此所注孝經寫之琬圭琰圭之上若簡策之爲庶幾有所裨補於將來學者或曰謂刊石也而言寫之琬琰者取其美名耳

且夫子談經志取

垂訓（疏）正義曰自此至序末爲第五段言夫子之經言約意深注繁文不能具載仍作疏義以廣其旨也且夫子所談之經其志但取垂訓後代而已雖五孝之用則別而百行之源不殊（疏）正義曰五孝者天子諸侯卿大夫士庶人五等所行之孝也言此五孝之用雖尊卑不同而孝爲百行之源則其致一也是以一章之中凡有數句一句之內意有兼明（疏）正義曰積句以成章章者明也揔義包體所以明情者也句必聯字而言句者局也聯字分強所以局言者也言夫子所脩之經志在殷勤垂訓所以一章之中凡有數句一句之內意有兼明者也若移忠移順博愛廣敬之類皆是具載則文繁略之又義闕（疏）正義曰言作注之體意在約文敷暢復恐太略則大義或闕今存於疏用廣發揮（疏）正義曰此言必順作疏之義也發謂發越揮謂揮散若其注文未備者則具存於疏用此義疏以廣大發越揮散夫子之經旨也

孝經序終

峚福建道監察御史武寧盧浙栞

孝經注疏卷第一

開宗明義章第一

【疏】正義曰：開，張也。宗，本也。明，顯也。義，理也。言此章開張一經之宗本，顯明五孝之義理，故曰「開宗明義章」也。第，次也。一，數之始也。以此章揔標諸章，以次結之，故爲第一，冠諸章之首焉。案孝經遭秦坑焚之後，爲河間顔芝所藏，初除挾書之律，芝子貞始出之，長孫氏及江翁、后倉、翼奉、張禹等所說，皆十八章。及魯恭王壞孔子宅，得古文二十二章，孔安國作傳。劉向校經籍，比量二本，除其煩惑，以十八章爲定，而不列名。又有荀昶集其録及諸家疏，並無章名，而援神契自天子至庶人五章，唯皇侃標其目而冠於章首。今鄭注見章名，豈先有改除，近人追遠而爲之也？御注依古今集詳議，儒官連狀題其章名，重加商量，遂依所請。章者，明也，謂分析科段，使理章明。說文曰：「樂歌竟爲一章。」章字從音、從十，謂從一至十，十，數之終。諸書言章者，蓋因風雅凡有科段皆謂之章焉。言天子、庶人雖列貴賤，而立身行道無限高卑，故次首章先陳天子，等差其貴賤以至庶人，次及三才、孝治、聖治三章，並敘德教之所由生也。紀孝行章敘孝子事親爲先，與五刑相因，即夫孝始於事親也。廣要道章、廣揚名章，即先王有至德要道，揚名於後世也。揚名之上，因諫爭之臣從諫之君，必有應感，三章相次，不離於揚名。事君章，即忠於事君也。喪親章繼於諸章之末，言孝子事親之道紀也。皇侃以開宗及紀孝行、喪親等三章通於貴賤。今案諫爭章，大夫已上皆有爭臣，而士有爭友，父有爭子，亦該貴賤，則通於貴賤者有四焉。

仲尼居，仲尼，孔子字。居謂閒居。曾子侍，曾子，孔子弟子。侍謂侍坐。【疏】仲尼居，曾子侍。正義曰：夫子以六經設教，隨事表名，雖道由孝生，而孝綱未舉，將欲開明其道，垂之來裔，以曾參之孝，先有重名，乃假因閒居，爲之陳說，自摽已字，稱仲尼居，呼參爲子，稱曾子侍。建此兩句以起師資問荅之體，似若別有承受而記録之。○注「仲尼」至「閒居」。○正義曰：云「仲尼，孔子字」者，案家語云：孔子父叔梁紇娶顔氏之女徵在。徵在既往廟見，以夫年長，懼不時有男，而私禱尼丘山以祈焉。孔子故名丘，字仲尼。夫伯仲者，長幼之次也。仲尼有兄字伯，故曰仲。其名則案桓六年左傳申繻曰「名有五，其三曰以類命爲象」，杜注云「若孔子首象尼丘」。蓋以孔子生而汙頂，象尼丘山，故名丘，字仲尼。而劉瓛述張禹之義，以爲仲者中也，尼者和也，言孔子有中和之德，故曰仲尼。殷仲文又云「夫子深敬孝道，故稱表德之字」。及梁武帝又以丘爲聚，以尼爲和，今並不取。仲尼之先，殷之後也。案史記殷本紀曰：帝嚳之子契爲堯司徒，有功，堯封之於商，賜姓子氏。契後世孫湯滅夏而爲天子，至湯裔孫有位無道，周武王殺之，封其庶兄微子啓於宋。案家語又孔子世家皆云：孔子，其先宋人也。宋閔公有子弗父何，長而當立，讓其弟厲公。何生宋父周，周生世子勝，勝生正考父，正考父受命爲宋卿，生孔父嘉。嘉別爲公族，故其後以孔爲氏。或以爲用乙配子，或以滴溜穿石，其言不經，今不取也。孔父嘉生木金父，木金父生皐夷父，皐夷父生防叔，防叔避華氏之禍而奔魯，防叔生伯夏，伯夏生叔梁紇，紇生孔子也。云「居謂閒居」者，古文孝經云「仲尼閒居」，蓋爲乘閒居而坐，與論語云「居，吾語汝」義同，而與下章「居則致其敬」不同。○注「曾子」至「侍坐」。○正義曰：云「曾子，孔子弟子」者，案史記仲尼弟子傳稱曾參，南武城人，字子輿，少孔子四十六歲。孔子以爲能通孝道，故授之業，作孝經。死於魯。故知是仲尼弟子也。云「侍謂侍坐」者，言侍孔子而坐也。案古文云「曾子侍坐」，故知侍謂侍坐也。卑者在尊側曰侍，故經謂之侍。凡侍有坐有立，此曾子侍即侍坐也。曲禮有侍坐於先生，侍坐於所尊，侍坐於君子。據此而言，明侍坐於夫子也。

子曰：「先王有至德要道，以順天下，民用和睦，上下無怨。孝者德之至、道之要也。言先代聖德之主，能順天下人心，行此至要之化，則上下臣人和睦無怨。汝知之乎？」參，曾子名也。禮，師有問，避席起荅。敏，達也。言參不達，何足知此至要之義。曾子避席曰：「參不敏，何足以知之？」子曰：「夫孝，德之本也，人之行莫大於孝，故爲德本。教之所由生也。言教從孝而生。復坐，吾語汝。曾參起對，故使復坐。【疏】「子曰」至「語汝」。○正義曰：子者，孔子自謂。案公羊傳云「子者，男子通稱也」。古者謂師爲子，故夫子以子自稱。曰者，辭也。言先代聖帝明王皆行至美之德、要約之道，以順天下人心而教化之，天下之人被服其教，用此之故，並自相和睦，上下尊卑無相怨者。參汝能知之乎？又假言參聞夫子之說，乃避所居之席，起而對曰：參性不聰敏，何足以知先王至德要道之言義？既敘曾子不知，夫子又爲釋之曰：夫孝，德行之根本也。釋先王有至德要道，謂至德要道元出於孝，孝爲之本也。云「教之所生也」者，此釋以順天下，民用和睦，上下無怨，謂王教由孝而生也。孝道深廣，非立可終，故使復坐，吾語汝也。○注「孝者」至「無怨」。○正義曰：云「孝者德之至、道之要也」者，依王肅義德以孝而至道以孝而要是道德不離於孝殷仲文曰窮理之至以一管衆爲要劉炫曰性未達何足知然性未達何足知至要之義者謂自云性不達何足知此先王至德要道之義也○注人之至德本○正義曰此依鄭注引其聖治章文也言孝行最大故爲德之本也德則至德也○注言教從孝而生○正義曰此依韋注也案禮記祭義稱曾子云衆之本教曰孝尚書敬敷五教解者謂教父以義教母以慈教兄以友教弟以恭教子以孝舉此則其餘順人之教皆可知也○注曾參至復坐○正義曰此義已見於上

身體髮膚受之父母不敢毀傷孝之始也父母全而生之已當全而歸之故不敢毀傷**立身行道揚名於後世以顯父母孝之終也**言能立身行此孝道自然名揚後世光顯其親故行孝以不毀爲先揚名爲後

〔疏〕身體至終也○正義曰身謂躬也體謂四支也髮謂毛髮膚謂皮膚禮運曰四體既正膚革充盈詩曰鬒髮如雲此則身體髮膚之謂也言爲人子者常須戒慎戰戰兢兢恐致毀傷此行孝之始也又言孝行非唯不毀而已須成立其身使善名揚於後代以先榮其父母此孝行之終也若行孝道不至揚名榮親則未得爲立身也○注父母至毀傷○正義曰云父母全而生之已當全而歸之者此依鄭注引祭義樂正子春之言也言子之初生受全體於父母故當常自念慮至死全而歸之若曾子啓手啓足之類是也云故不敢毀傷者毀謂虧辱傷謂損傷故夫子云不虧其體不辱其身可謂全矣及鄭注周禮禁殺戮云見血爲傷是也○注言能至其後○正義曰云能言立身行此孝道者謂人將立其身先須行此孝道也其行孝道之事則下文始於事親中於事君是也云自然名揚後世光榮其親者皇侃云若生能行孝沒而揚名則身有德譽乃能光榮其父母也因引祭義曰孝也者國人稱願然曰幸哉有子如此又引哀公問稱孔子對曰君子也者人之成名也百姓歸之名謂之君子之子是使其親爲君子也此則揚名榮親也云故行孝以不毀爲先者全其身爲孝子之始也云揚名爲後者謂後行孝道爲孝之終也夫不敢毀傷闔棺乃止立身行道弱冠須明經雖言其始終此略示有先後非謂不敢毀傷唯在於始立身獨在於終也明不敢毀傷立身行道從始至末兩行無怠此於次有先後非於事理有終始也

孝經疏卷一　三

夫孝始於事親中於事君終於立身也言行孝以事親爲始事君爲中忠孝道著乃能揚名榮親故曰終於立身也

〔疏〕夫孝至立身○正義曰夫爲人子者先能全身而後能行其道也夫行道者謂先能事親而後能立其身前言立身未示其跡其跡始者在於內事其親也中者在於出事其主忠孝皆備揚名榮親是終於立身○注言行至身也○正義曰云言行孝以事親爲始事君爲中者此釋始於事親中於事君也云忠孝道著乃能揚名榮親故曰終於立身也者此釋終於立身也然能事親事君理兼士庶則終於立身此通貴賤焉鄭玄以爲父母生之是事親爲始四十強而仕是事君爲中七十致仕是立身爲終也者劉炫駮云若以始爲在家終爲致仕則兆庶皆能有始人君所以無終若以年七十者始爲孝終不致仕者皆爲不立則中壽之輩盡曰不終顏子之流亦無所立矣

大雅云無念爾祖聿脩厥德詩大雅也無念念也聿述也厥其也義取恒念先祖述脩其德

〔疏〕大雅至厥德○正義曰夫子敍述立身行道揚名之義既畢乃引大雅文王之詩以結之言凡爲人子孫者常念爾之先祖常述脩其功德也○注詩大至其德○正義曰云無念念也聿述也此並毛傳文厥其也釋言文云義取常念先祖述脩其德者此依孔傳也謂述脩先祖之德而行之此經有十一章引詩及書劉炫云夫子敍經申述先王

孝經疏卷一　四

之道詩書之語事有當其義者則引而證之示言不虛發也七章不引者或事義相違或文勢自足則不引也五經唯傳引詩而禮則雜引詩書及易並意及則引若汎指則云詩曰詩云若指四始之名即云國風大雅小雅魯頌商頌若指篇名即言句曰武曰皆隨所便而引之無定例也鄭注云雅者正也方始發章以正爲始亦無取焉

天子章第二

〔疏〕正義曰前開宗明義章雖通貴賤其跡未著故此已下至於庶人凡有五章謂之五孝各說行孝奉親之事而立教焉天子至尊故標居其首案禮記表記云惟天子受命於天故曰天子白虎通云王者父天母地亦曰天子虞夏以上未有此名殷周以來始謂王者爲天子也

子曰愛親者不敢惡於人博愛也**敬親者不敢慢於人**廣敬也**愛敬盡於事親而德教加於百姓刑于四海**刑法也君行博愛廣敬之道使人皆不慢惡其親則德教加被天下當爲四夷之所

法則也

蓋天子之孝也蓋猶略也孝道廣大此略言之

疏子曰至孝也○正義曰此陳天子之孝也所謂愛親者是天子身行愛敬也不敢惡於人不敢慢於人者是天子施化使天下之人皆行愛敬不敢慢惡於其親也親謂其父母也言天子豈唯因心內恕克己復禮自行愛敬而已亦當設教施令使天下之人不慢惡於其父母如此則至德要道之教加被天下亦當使四海蠻夷慕化而法則之此蓋是天子之行孝也孝經援神契云天子孝曰就言德被天下澤及萬物始終成就榮其祖考也五等之孝惟於天子章稱子曰者皇侃云上陳天子極尊下列庶人極卑尊卑既異恐嫌爲孝之理有別故以一子曰通冠五章明尊卑貴賤有殊而奉親之道無二○注博愛也○正義曰此依魏注也博大也言君愛親又施德教於人使人皆愛其親不敢有惡其父母者是博愛也○注廣敬也○正義曰此依魏注也廣亦大也言君敬親又施德教於人使人皆敬其親不敢有慢其父母者是廣敬也孔傳以人爲天下衆人言君愛敬已親則能推已及物謂有天下者愛敬天下之人有一國者愛敬一國之人也不惡者爲君常思安人爲其興利除害則上下無怨是爲至德也不慢者則曲禮曰毋不敬書曰爲人上者奈何不敬君能不慢於人脩已以安百姓則千萬人悅是爲要道也上施德教人用和睦則分崩離析無由而生也案禮記祭義稱有虞氏貴德而尚齒夏后氏貴爵而尚齒殷人貴富而尚齒周人貴親而尚齒虞夏殷周天下之盛王也未有遺年者年之貴乎天下久矣次乎事親也斯亦不敢慢於人也所以於天子章明愛敬者王肅韋昭云天子居四海之上爲教訓之主爲教易行故寄易行者宣之然愛之與敬解者衆多沈宏云親至結心爲愛崇恪表迹爲敬劉炫云愛惡俱在於心敬慢並見於貌愛者隱惜而結於內敬者嚴肅而形於外皇侃云愛敬各有心迹烝烝至惜是爲愛心溫清搔摩是爲愛迹肅肅悚慄是爲敬心拜伏擎跪是爲敬迹舊說云愛生於真敬起自嚴孝是真性故先愛後敬也舊問曰天子以愛敬爲孝及庶人以躬耕爲孝五者並相通否梁王荅云天子既極愛敬必須五等行之然後乃成庶人雖在躬耕豈不愛敬及不驕不溢已下事邪以此言之五等之孝互相通也然諸侯言保社稷大夫言守宗廟士言保其祿位而守其祭祀以則言之天子當云保其天下庶人當言保其田農此略之不言何也左傳曰天子守在四夷故愛敬盡於事親之下而言德教加於百姓刑于四海保守之理已定不煩更言保也庶人用天之道分地之利謹身節用保守田農不離於此既無守任不假言保守也○注刑法至則也

○正義曰刑法也釋詁文云君行博愛廣敬之道使人皆不慢惡其親者是天子愛敬盡於事親又施德教使天下之人皆不敢慢惡其親也云則德教加被於天下者釋刑於四海也百姓謂天下之人皆有族姓言百舉其多也尚書云平章百姓則謂百姓爲百官爲下有黎民之文所以百姓非兆庶也此經德教加於百姓則謂天下百姓爲與刑于四海相對四海既是四夷則此百姓自然是天下兆庶也經典通謂四夷爲四海案周禮記爾雅皆言東夷西戎南蠻北狄謂之四夷或云四海故注以四夷釋四海也孫炎曰海者晦暗無知也○注蓋猶至略言之○正義曰此依魏注也案孔傳云蓋者辜較之辭劉炫云辜較猶梗槩也孝道既廣此纔舉其大略也劉瓛云蓋者不終盡之辭明孝道之廣大此略言之也皇侃云略陳如此未能究竟是也鄭注云蓋者謙辭據此而言蓋非謙也劉炫駮云若以制作須謙則庶人亦當謙矣苟以名位須謙夫子曾爲大夫於士何謙而亦云蓋也斯則卿士以上之言蓋者並非謙辭可知也

甫刑云一人有慶兆民賴之甫刑即尚書呂刑也一人天子也慶善也十億曰兆義取天子行孝兆人皆賴其善

疏甫刑至賴之○正義曰夫子述天子之行孝既畢乃引尚書甫刑篇之言以結成其義慶善也言天子一人有善則天下兆庶皆倚賴之也善則愛敬是也一人有慶結愛敬盡於事親已上也兆民賴之結而德教加於百姓已下也○注甫刑至其善○正義曰云甫刑即尚書呂刑也者尚書有呂刑而無甫刑也案禮記緇衣篇孔子兩引甫刑辭與呂刑無別則孔子之代以甫刑命篇明矣今尚書爲呂刑者孔安國云後爲甫侯故稱甫刑知者以詩大雅嵩高之篇宣王之詩云生甫及申揚之水爲平王之詩不與我戍甫明子孫改封爲甫侯不知因呂國改作甫名不知別封餘國而爲甫號然子孫封甫穆王時未有甫名而稱爲甫刑者後人以子孫之國號名之也猶若叔虞初封於唐子孫封晉而史記稱晉世家也劉炫以爲遭秦焚書各信其學後人不能改正而兩存之也者非也諸章皆引詩此章獨引書者以孔子之言布在方策言必皆引詩書證事示不馮虛說義當詩意則引詩義當易意則引易此章與書意義相契故引爲證也鄭注以書録王事故證天子之章以爲引類得象然引大雅證大夫引曹風證聖治豈引類得象乎此不取也云一人天子也者依孔傳也舊說天子自稱則言予一人予我也言我雖身處上位猶是人中之一耳與人不異是謙也若臣人稱之則惟言一人言四海之內惟一人乃爲尊稱也天子者帝王之爵猶公侯伯子男五等之稱云慶善也書傳

通也云十億曰兆者古數爲然云義取天子行孝兆人皆賴其善者釋一人有慶兆民賴之也姓言百民稱兆皆舉其多也

孝經注疏卷第一

學福建道監察御史武寧盧浙栞

孝經注疏校勘記序

阮元撰盧宣旬敬録

孝經有古文有今文有鄭注有孔注孔注今不傳近出於日本國者誕妄不可據要之孔注即存不過如尚書之僞傳決非眞也鄭注之僞唐劉知幾辨之甚詳而其書久不存近日本國又撰一本流入中國此僞中之僞尤不可據者孝經注之列於學官者係唐元宗御注唐以前諸儒之說因藉捃摭以僅存而當時元行沖義疏經宋邢昺刪改亦尚未失其眞學者舍是固無繇闚孝經之門徑也惟其譌字實繁元舊有挍本因更屬錢塘監生嚴杰旁披各本並文苑英華唐會要諸書或讎或挍務求其是元復親酌定之爲孝經挍勘記三

卷釋文挍勘記一卷阮元記

引據各本目録

唐石臺孝經四軸顧炎武金石文字記云石刻孝經今在西安府儒學前第二行題曰御製序并注及書其下小字曰皇太子臣亨奉勅題額後有天寶四載九月一日銀青光祿大夫國子祭酒上柱國臣李齊古上表及元宗御批大字草書三十八字其下有特進行尚書左僕射兼右相吏部尚書集賢院學士修國史上柱國晉國公臣林甫等四十五人惟林甫以左僕射不書姓經序注俱八分書其額曰大唐開元天寶聖文神武皇帝注孝經臺中間人名下攙入丁酉歲八月廿六日紀九字是後人所添是歲乙酉非丁酉也又末二行官銜不書臣亦可疑

唐石經孝經一卷

宋熙寧石刻孝經一卷是本張商軒所書不分章每行十一字末題熙寧壬子八月壬寅書

付姪𢇲收時寓阝之廢寺居東齋南軒題

南宋相臺本孝經一卷宋岳珂刊每半葉八行行十七字注文雙行附音釋卷末有木刻亞形篆書相臺岳氏刻梓荊溪家塾印

正德本孝經注疏九卷是本刊于明正德六年每半葉十行行十七字注疏每格雙行行廿三字經文下載注不標注字正義冠大疏字於上每葉之末上題篇識皆元泰定間刊本舊式錯字甚多今挍正義無別本可據記中所稱此本者即據是刻而言

閩本孝經注疏九卷明嘉靖閩中御史李元陽刻分卷同正德本每半葉九行每章首行廿一字餘低一格每行二十字注同正義雙行每行亦二十字詳春秋左傳注疏挍勘記

重脩監本孝經注疏九卷明萬歷十四年刊分卷同正德本詳春秋左傳注疏挍勘記

毛本孝經注疏九卷明崇禎己巳常熟汲古閣毛晉刊分卷同正德本詳春秋左傳注疏挍勘記

孝經注疏序挍勘記

阮元撰盧宣旬摘錄

孝經注疏序此五字頂格在第一行閩本監本毛本同案注原作註今訂正下同說詳唐元宗序以下凡他本與此本同者不載○註今改作注

今特翦截元疏案翦原作剪俗字今訂正下同此本序低二字分作六行閩本監本低一字分作四行毛本頂格

翰林侍講學士朝請大夫守國子祭酒上柱國賜紫金魚袋臣邢昺等奉　勑挍定注疏是銜在第八行第九行魚字另提行並低字半閩本監本在第六行第七行魚字另提行低一字毛本在第二行序前翰字上增宋字低一字臣字不側註校作較案當作挍唐張參五經文字手部云挍經典及釋文以爲比挍字案王溥唐會要云天寶五載詔孝經書疏雖麤發明未能該備今更敷暢以廣闕文令集賢院寫頒中外又唐書元行沖傳稱元宗自注孝經詔行沖爲疏立於學宮即序所謂今存於疏用廣發揮者也宋會要咸平三年三月命祭酒邢昺等取元行沖疏約而脩之四年九月以獻崇文總目孝經正義三卷邢昺撰咸平中奉詔據元氏本而增損焉然則是疏即據行沖書爲藍本其所增損者今亦無從辨別矣

成都府學主鄉貢傳注　奉右撰此十二字在第十行低字半閩本監本在第九行低一字毛本改入序文即今京兆石臺孝經是也之下案秀水朱彝尊經義考云按孫奭序或作成都府學主鄉貢傳注奉右撰

以明君臣父子之行所寄嘉善浦鏜正誤云寄當冀字誤案寄字不誤浦鏜所寄屬下讀因疑寄爲誤字浦鏜書不盡足據此類是也

雖備存祕府閩本祕作秘案秘俗祕字後仿此

皇偘閩本監本毛本作皇侃案偘俗侃字

播於國序　毛本於作于播

辨鄭注有十謬　閩本監本毛本辨作辯案張參五經文字云辯理也辨別也經典或通用之

乃自入分御扎　閩本監本毛本扎作札是也此本御字提行是宋刻舊式閩本監本承之毛本改接分字下

卽今京兆石臺孝經是也　監本毛本臺作臺是也下仿此

孝經正義　此四字頂格諸本及篇末同

翰林侍講學士朝請大夫守國子祭酒上柱國賜紫金魚袋臣邢昺等奉　勑校定　是銜在第二行第三行金字另提行此本以下不著閩本第二行但著宋邢昺註疏五字第三行墨釘與宋字並每卷同監本二三兩行刻校刊官銜首行孝經正義下著宋邢昺校四字毛本在第二行校作較後並同案較當作撰監本宋誤朱今改正

御製序并註　此本御字頂格閩本監本毛本低一格疏同監本註字加圈毛本作陰文石臺本唐石經註作注是也又案唐會要云開元十年六月上注孝經頒天下及國子學天寶二年五月上重注亦頒天下云云是注凡再脩正義但云開元十年而不及天寶五載非也

博士江翁　毛本作博士是下仿此

少府后倉　毛本倉作蒼案漢書藝文志作倉儒林傳作蒼

相譚新論云　閩本監本毛本相作桓案作相避宋欽宗諱此翻宋十行本之證譚當作譚

古孝經千八百七十二字　案宋本古文孝經後記數云經凡一千八百一十言日本信陽太宰純所校僞古文孝經孔傳後記數云通計經一千八百六十一字

周書謚法　毛本謚作諡盧文弨鍾山札記云今本說文諡行之迹也从言兮皿闕徐鍇曰兮聲也謚笑皃从言益聲玉篇於謚下增一諡字云同上餘竝同今說文余向於累行之字皆从兮从皿又證以玉篇以為眞說文之舊矣段玉裁云五經文字謚諡二字音常利反上說文下字林以謚爲笑聲音呼益反今用上字據此說文作謚竝不从兮从皿卽字林以謚代謚亦未嘗增一从兮从皿之字此出近世所改从兮从皿實無義余以其言爲然從之案毛本作諡法非也下仿此

至順曰孝　案浦鏜云謚法解無此文

揔而言之　閩本揔作捴監本毛本作總案作總轉寫之異當作緫顧野王玉篇張參五經文字皆作緫唐元度九經字樣揔字下云說文作緫經典相承通用李文仲字鑑云俗作総揔非是

而爲孝事親常行　案正誤作孝爲是也

夫子隨而荅參　閩本監本毛本隨作隨後同荅毛本作答閩監本作答案作答非也五經文字荅荅字下云上說文下石經此荅本小豆之一名對荅之荅本作畣經典及人閒行此荅已久故不可改變下仿此

夫子刊緝前史　毛本緝作輯

而修春秋　監本修作脩案經典多作脩下仿此

按鉤命決云　此本誤决監本毛本作決案玉篇云决俗決字張參亦云作决訛下仿此

本非曾參請業而對也　此本作夲毛本作本下仿此

孰能非乎　正誤非作外

名教將絶　此本作絶毛本作絕是也下倣此

以爲對揚之躰　閩本監本毛本躰作體案玉篇云躰俗體字

非待也　正誤待下有問字是也

皆遐結道本荅曾子也　正誤道本作首章

必其主爲曾子言　此本主誤王今據閩本監本毛本改正

首章荅曾子已了　此本了誤子今據閩本監本毛本改正

何由不待曾子問　毛本由作出避明熹宗諱後同

更自述而脩之　正誤脩作明

且三起曾參侍坐與之別　正誤三作首别作言

故假言乘閒曾子坐也　正誤故作蓋

說之以終　正誤以作已案已以古多通用

故須更借曾子言　此本更誤吏據閩本監本毛本改正

楊雄之翰林子墨　毛本楊作揚案廣韻揚字注不言姓楊字注云姓出宏農天水二望本自周宣王子尚父幽王邑諸楊號曰楊侯後并於晉因爲氏漢書揚雄本傳云其先食采於楊因氏焉又云揚在河汾之閒應劭曰左傳霍楊韓魏皆姬姓也楊今河東楊縣即楊侯國正誤云監本誤楊非也

經教發極　正誤極作抒

孔子以六藝題目不同　此本誤作日閩本監本毛本日改目是也

然入室之徒不　案不下脫一字

則凡聖無不孝也　毛本孝誤蓋

龍逢　閩本監本逢作逄

孝以伯奇之名偏著　監本毛本以作已案當作已正誤云之當孝誤是也

德法者御民之本也　案大戴禮本作銜

內史太史　案今本大戴禮作大史內史

此御政之體也　閩本監本毛本體作禮此本作體與大戴禮合

諱隆著　閩本毛本著作基不誤

謚曰明孝皇帝　明字據毛本補

敘緒也　此本誤叙閩本毛本作敘是也下仿此

言非但製序　此本但誤旦今依閩本監本毛本改

案今俗所行孝經　文苑英華行作傳

而晉魏之朝　文苑英華唐會要作魏晉是也

有荀昶者　監本毛本作昺非

晉末以來　文苑英華唐會要作自齊梁已來

著作律令　文苑英華唐會要作作在是也

遭黨錮之事逃難　案此下當依文苑英華唐會要補注禮二字

鄭君卒後　唐會要君作元

有中候　此本誤侯依閩本監本毛本改作候

大傳　文苑英華唐會要作書傳是也

毛詩謂　閩本監本毛本謂作諸是也

許慎異議　文苑英華唐會要許上有駁字議作義是也

箴膏肓　監本毛本肓作育是也

分授門徒　閩本監本毛本作分揞誤也文苑英華唐會要並作分授

各述所言　文苑英華唐會要所作師是也

更爲問荅　文苑英華唐會要作更相是也

唯載禮易論語　此本唯誤佳今依閩本監本毛本改文苑英華唐會要載下有詩書二字是也

趙商作鄭元碑銘　文苑英華唐會要元作先生

具載諸所注箋駮論 文苑英華唐會要載作稱諸作其驗作駮是也

晉中經薄 文苑英華唐會要薄作簿

尚書守候 閩本監本毛本守作中不誤唐會要文苑英華尚書字並重是也

則有評論 此本有誤者今改正

宋均詩譜序云 文苑英華均下有於字譜作緯唐會要亦有於字

我先師北海鄭司農 此本北誤比今改正

非元所注時 明監本毛本時作特文苑英華亦作特所上有之字唐會要惟注字作著

其所注皆無孝經 文苑英華唐會要其下有爲鄭元傳者載其七字

唯范氏書有孝經 監本范誤鄭文苑英華唐會要並無此七字

有司馬宣王奏詔 文苑英華唐會要王下有之奏云三字

而不言鄭 文苑英華而下有都字

好發鄭短 好發文苑英華唐會要作發揚

而肅無言 按禮記郊特牲正義引王肅難鄭云月令命民社鄭注云社后土也孝經注云社后土也句龍爲后土鄭既云社后土則句龍也是鄭自相違反然則王肅未嘗無言也六藝論序孝經云元又爲之注又孝經序云念昔先人餘暇述夫子之志而注孝經則鄭氏實注此經或成於後人之手未可知也非之者始於陸澄而極於劉子元此固無關乎異同因讀子元議附訂於此

辯論時事 監本時誤將文苑英華作論辨時事

未有一言孝經注者 文苑英華唐會要無者字言下有引字注上有之字

以此證驗 文苑英華唐會要以作凡是也

乘後謬說 文苑英華唐會要後作彼是也

此注獨行於世 文苑英華世作代

觀言語鄙陋義理乖謬 文苑英華言上有夫字謬作疎唐會要脫下四字

語甚詳正 諸本甚誤其據浦鏜正誤改

不被流行 文苑英華唐會要被作復

祕書學生王逸 文苑英華王下有孝字又注云一本生作士案唐會要作士

送與著作王劭 唐會要文苑英華作字下有郎字

仍令校定 毛本校作挍避明熹宗諱全書皆然

至劉向以此參校古文 文苑英華唐會要此下有本字

定此一十八章 此本此誤比今改正文苑英華此下有爲字唐會要此爲二字倒誤

具載此注 文苑英華此上有此注而其序以鄭爲主是先達博選以十五字唐會要同序下有云字

無出孔壁 無唐會要文苑英華並作元

尚未見孔傳中朝遂亡其本 文苑英華唐會要尚未作有字是也

妄作傳學 文苑英華唐會要妄作妄作此傳是也

具禮矣 唐會要文苑英華矣下有乎字

然故者建下之辭 建下閩本監本毛本作逮下亦非文苑英華唐會要作逮上是也

是古人既沒 唐會要文苑英華並作是古文既亡

以應二十二之數 文苑英華唐會要之上有章字

非但經久不真 監本毛本久作文

又注用天之道分地之利 文苑英華作至注用天之時因地之利唐會要用改因

脫之應功 文苑英華唐會要及日本所刻僞孝經孔傳並作脫衣就功

暴其肌體　僞孝經孔傳作暴其髮膚

朝暮從事　僞孝經孔傳朝作旦

露髮徒足　僞孝經孔傳作露體塗足文苑英華亦作塗唐會要作跣足

少而習之其心安焉　僞孝經孔傳之作焉安作休

分別五土　此本土誤士今改正

欲取近儒詭說　文苑英華唐會要下有殘經缺傳四字

請准令式　唐會要作望請准式

孝經正義終

孝經序　唐石經此三字八分書

疏　此本疏字陽文加圈於外監本方圈閩本毛本陰文閩本作䟽監毛本作疏案疏䟽古今字唐人多作䟽

至於序未　閩本監本毛本未作末是也

凡有五段　此本作段閩本作段毛本作段案當作段今依訂正下仿此

朕言惠可底行　案當作厎顧炎武云五經無底字皆是厎字今說文本厎字下有一畫誤字當從氏段玉裁云此說大誤厎訓柔石經傳多借訓爲致凡字書韻書皆無作厎少下一畫者惟唐石經刻五經文字广部底誤厎厂部厎致也不誤

目之不觀　閩本監本毛本觀作覩

中古未有釜甑　閩本監本毛本末作未是也

其風朴略者　閩本監本毛本略作畧案古畧略字皆田在左

因親於外親　浦鏜云因周禮作姻

大古帝皇之世　閩本監本毛本皇作王案作皇與曲禮注合

昔者明王之以孝理天下也　案經作治序作理避唐高宗諱

而況於公侯伯子男乎　唐石經此處殘闕

全形於四海　毛本於作于案經作于

公侯百子男　閩本監本毛本百作伯是也下百七十里同

公侯地方百里　案王制地作田

朕嘗三復斯言　岳本嘗作甞石臺本作常案作嘗是也

刑于四海　唐石經此處闕石臺本閩本監本毛本刑作形案正義曰案經作刑刑法也今此作形則形猶見也義得兩通無煩改字

無繁改字　監本毛本繁作煩

嗟乎夫子沒而微言絶　唐石經絶字殘闕石臺本岳本監本毛本作絕案作絕是也說文絕斷絲也从糸从刀从卩廣韻云絶斷也下仿此

異端起而大義乖　監本起作起案監本凡從走字多作麦

典藉散士　閩本監本毛本藉作籍士作亡是也

葬魯城北四上　閩本監本毛本四作泗是也

況泯絕於秦　石臺本泯作泯避所諱

爲周孝王養馬於汧謂之間也　閩本監本毛本謂作渭是

及非子之曾孫秦仲　監本秦仲誤秦伯下稱秦爲秦監本作稱秦爲秦亦非

按秦昭王四十八年　案史記按作以

王十四年　閩本監本毛本王作三不誤

享干越進曰也　閩本監本毛本享作淳干閩監本作于是

封子弟立功臣 案史記無立字

何以輔政哉 案史記輔政作相救

建萬世之所 案史記所作功是也

皆阬之咸陽 閩本監本毛本阬作坑下焚坑此本作焚阬案史記作阬坑俗阬字

不避風雨 正誤兩作則屬下讀

大收篇籍 閩本監本毛本籍作籍是也

出其交芝之所藏 閩本監本毛本交作父是也

況其少 閩本監本毛本況作況案當作況

左氏傳三千卷 閩本監本毛本千作十是

穀梁傳十一卷名赤魯人 案卷下當作穀梁子魯人名赤

十錄云 案十當作七

王吉善鄒民春秋 閩本監本毛本民作氏不誤

毛詩商詩 監本毛本商作韓是也

萇名置其篇 閩本監本毛本名作各是

傳至大毛公名享 閩本監本享作亨案當作亨

傳夏侯始昌 閩本監本毛本傳作傅是

昌授后蒼輩 毛本輩作翬案翬俗輩字

以經爲訓話教之 閩本監本毛本話作詁是

近觀孝經舊註 石臺本唐石經註作注案漢唐宋人經注之字從無作註者賈公彥儀禮疏云言注者注義於經下若水之注物是也下仿此惟記注字從言不從氵如左傳敘諸所記註服虔通俗文記物曰註張揖

廣雅云註識也是也

踳駮尤甚 閩本踳作踳亦非正義並同石臺本唐石經岳本監本毛本作踳是也駮石臺本唐石經本岳本作駁

虞槃佑 正誤佑作佐從隋唐志校

賀瑒 案瑒當作瑒瑒字德璉南史有傳

其古文出自孔氏壞壁 閩本監本毛本壁作壁是也

其上室之名 閩本監本毛本上作十是也

必自擅開門戶牕牖矣 毛本牕作窻監本作牎並非下仿此

必騁殊軌轍 石臺本唐石經岳本閩本毛本軌作軌不誤下同

而回睚若乎後耳 閩本監本毛本睚作睚是也正誤耳作矣

小道謂小道而有成德者也 案上道字當作成諸本並誤

唯行小道華辯 閩本監本毛本辯作辨

言惡乎有而不可 監本毛本有作存案莊子作存

此文與改同 閩本監本毛本改作彼是也

唯榮華作僞 閩本監本毛本作下有浮字案序文當有

不爲義列 監本毛本列作例是也

例則馬融亦謂之傳 浦鏜云例當何字誤下疑有脫文

虞翻 岳本作翻與今本三國志同下同

事吳 閩本監本毛本事作仕是也

爲老子命語國語 案命當作論

竝自陳於內史　閩本監本毛本作史此本誤吏今改正

乞送吏部　案隋書本傳送下有詣字

雖義有精麤　閩本監本毛本麤作粗案當作麤

用功頗少　案隋書作差少

未嘗舉手　案隋書舉作假

傳覽無所不知　閩本毛本傳作傅是也

請文藏祕書　案齊書本傳文作不書作省是也

易行上繫荷　閩本監本毛本上作止荷作苛案周禮鄭注作去煩苛

鍺侯　閩本監本毛本鍺作諸不誤

聮字分强　正誤强作彊

志在殷勤垂訓　毛本勤改懃案殷勤亦作慇懃

此言必順作疏之義也　浦鏜云順當須字誤是也

孝經注疏序校勘記終

新建生員杜蘩校

孝經注疏卷一校勘記

阮元撰　盧宣旬摘錄

孝經注疏卷第一

開宗明義章第一　熙寧石刻不載分章此本此行在第二行頂格疏另提行亦頂格閩本監本在第四行毛本在第三行竝低一格疏文接第一字下提行處低二格後章竝同鄭注本無第一第二等字釋文可證

以此章總摽　監本毛本作標案作標不誤下摽其同

樂歌竟爲一章　案今本說文作樂曲盡爲竟

郎夫孝始於事親也　閩本毛本作即夫是也

揭名之上　正誤上作義

因諫爭之臣　閩本監本毛本爭作諍案玉篇云爭諫也或作諍

即忠於事君也　案忠當作中

言孝子事親之道紀也　正誤紀作終

自摽已字　監本毛本摽作標是也案已當作巳

徵在既往庙見　案庙乃庿之譌閩本監本毛本作廟

蓋以孔子生而汙頂　監本毛本汙作汚案史記孔子世家作圩索隱謂圩音烏孔也白虎通姓名篇云孔子首類尼邱山蓋中低而四旁高如屋宇之反則作圩是也

而劉獻述張禹之義　監本毛本獻作瓛案宋欽宗諱桓兼避丸瓛洹等字此作獻承避宋諱故也

又以卯爲娶　監本毛本娶作聚

宋閔公　正誤閔作襄是也

右文孝經云　閩本監本毛本右作古不誤

曲禮有侍坐於先生 閩本監本毛本作先此本誤侍今改正

言先代聖德之生 監本毛本生作王石臺本岳本作主

汝知之乎 岳本汝作女鄭注本同此正義本則作汝字

曾子避席曰 鄭注本避作辟用假借字與此本不同

敏達也 石臺本岳本閩本毛本達作達達從羍得聲羍音他葛反作達非也下仿此

夫孝德之本也 石臺本唐石經宋熙寧石刻本作夲石臺本注同案說文作本五經文字云經典相承從隸省作夲後同

人之行莫大於孝 案正義云此依鄭注據釋文注人上有夫字是明皇所刪也

吾語汝 岳本汝作女

參性不聰敏 閩本聰字模糊監本毛本作聰俗字

云教之所生也者 案正誤生上補由字是也

以一管衆爲要 浦鏜云下當脫參曾至之義○正義曰九字案下文劉炫疑正義二字之譌

性未達何足知 盧文弨挍本下補此依劉注也五字

然性未達 案然當言字之譌

已當全而歸之 石臺本岳本已作己是也

揚名於後世 唐石經世作廿避唐太宗諱

光顯其親 石臺本岳本顯作𩔖案正義亦作𩔖

言能至其後 閩本監本毛本其作爲案注當作爲

未示其跡 閩本監本毛本未作末是也

是終於立身 正誤身下補也字是也

無念爾祖 鄭注本作毋念左傳文二年趙成子引詩同此正義本則作無念

常述脩其功德也 正誤常作當

即言句曰武曰 閩本亦誤句監本毛本作勾是也

天子章第二

故摽居其首 監本毛本摽作標

亦曰天子 正誤亦作𢊁是也

敬親者 宋熙寧石刻敬作𢼄追避宋翼祖諱

刑于四海 鄭注本刑作形此正義本則作刑于字監本毛本改於

柰何不敬 閩本監本毛本柰作奈案柰本果名假借爲柰何字俗作奈何非也

沈宏云 浦鏜云按陸氏注解傳述人當袁宏之誤

溫凊搔摩 閩本監本毛本凊作清是也

肅肅悚慄 閩本監本毛本慄改悚

王者並相通否 案王宜作五

反相通也 正誤反作互

而言德教加於百姓 毛本於作于下同案經作於

不假自保守也 浦鏜云自疑言字誤案當作言

云則德教加被於天下者 毛本於改于

案周禮記爾雅 正誤記上補禮字

揚之水 閩本監本毛本揚作揚案詩王風揚之水釋文云或作楊

義當易意則引易 毛本義作意非

止

孝經注疏卷第二

諸侯章第三

〔疏〕正義曰次天子之貴者諸侯也案釋詁云公侯君也不曰諸公者嫌涉天子三公也故以其次稱爲諸侯猶言諸國之君也皇侃云以侯是五等之第二下接伯子男故稱諸侯今不取也

在上不驕高而不危 諸侯列國之君貴在人上可謂高矣而能不驕則免危也 制節謹度滿而不溢 費用約儉謂之制節慎行禮法謂之謹度無禮爲驕奢泰爲溢 高而不危所以長守貴也滿而不溢所以長守富也富貴不離其身然後能保其社稷而和其民人 列國皆有社稷其君主而祭之言富貴常在其身則長爲社稷之主而人自和平也 蓋諸侯之孝也

〔疏〕在上至孝也○正義曰夫子前述天子行孝之事已畢次明諸侯行孝也言諸侯在一國臣人之上其位高矣高者危懼若不能以貴自驕則雖處高位終不至於傾危也積一國之賦稅其府庫充滿矣若制立節限慎守法度則雖充滿而不至盈溢也滿謂充實溢謂奢侈書稱位不期驕祿不期侈是知貴不與驕期而驕自至富不與侈期而侈自來言諸侯貴爲一國人主富有一國之財故宜戒之也又覆述不危不溢之義言居高位而不傾危所以常守其貴財貨充滿而不盈溢所以長守其富使富貴長久不去離其身然後乃能安其國之社稷而協和所統之臣人謂社稷以此安臣人以此和也言此土所陳蓋是諸侯之行孝也皇侃云民是廣及無知人是稍識仁義即府史之徒故言民人明遠近皆和悅也援神契云諸侯行孝曰度言奉天子之法度得不危溢是榮其先祖也○注諸侯至危也○正義曰云諸侯列國之君者經典皆謂天子之國爲王國諸侯之國爲列國詩云思皇多士生此王國則天子之國也左傳魯孫叔豹云我列國也鄭子產云列國一同是諸侯之國也列國者言其國君皆以爵位尊卑及土地大小而敘列焉五等皆然云貴在人上可謂高矣者言諸侯貴在一國臣人之上其位高也云而能不驕則免危也者言其爲國以禮能不陵上慢下則免傾危也○注費用至爲溢○正義曰云費用約儉謂之制節者此依鄭注釋制節也謂費國之財以供己用每事儉約不爲華侈則論語道千乘之國云節用而愛人是也云慎行禮法謂之謹度者此釋謹度也言不可奢僭當須慎行禮法無所乖越動合典章皇侃云謂宮室車旗之類皆不奢僭也無禮爲驕奢泰爲溢者皆謂華侈放恣也前未解驕今於此注與溢相對而釋之言無禮謂陵上慢下也皇侃云在上不驕以戒貴應云居財不奢以戒富若云制節謹度以戒富亦應云制節謹身以戒貴此不例者互其文也但驕由居上故戒貴云在上溢由無節故戒富云制節也○注列國至平也○正義曰列國已具上釋云皆有社稷者韓詩外傳云天子大社東方青南方赤西方白北方黑中央黃土若封四方諸侯各割其方色土苴以白苴而與之諸侯以此土封之爲社明受於天子也社則土神也經典所論社稷皆連言之皇侃以爲稷五穀之長亦爲土神據此稷亦社之類也言諸侯有社稷乃有國無社稷則無國也云其君主而祭之者案左傳曰君人者社稷是主社稷因地故以列國言之祭必由君故以其君言之云言富貴常在其身者此依王注釋富貴不離其身也則長爲社稷之主者釋保其社稷也云而人自和平也者釋而和其民人也然經上文先貴後富言因貴而富也下覆之富在貴先者此與易繫辭崇高莫大乎富貴老子云富貴而驕皆隨便而言之非富合先於貴也經傳之言社稷多矣案左傳曰共工氏之子曰勾龍爲后土后土爲社有烈山氏之子曰柱爲稷自夏以上祀之周棄亦爲稷自商以來祀之言句龍柱棄配社稷而祭之即句龍柱棄非社稷也又條牒云稷壇在社西俱北鄉並列同營共門並如條之說

詩云戰戰兢兢如臨深淵如履薄冰 戰戰恐懼兢兢戒慎臨深恐墜履薄恐陷義取爲君恒須戒慎

〔疏〕詩云至薄冰○正義曰夫子述諸侯行孝終畢乃引小雅小旻之詩以結之言諸侯富貴不可驕溢常須戒懼故戰戰兢兢常如臨深履薄也○注戰戰至戒懼○正義曰此依鄭注也案毛詩傳云戰戰恐也兢兢戒也此注恐下加懼戒下加慎足以圓文也云臨深恐墜履薄恐陷者亦毛詩傳文也恐墜謂墜入深淵不可復出恐陷謂沒在冰下不可拯濟也云義取爲君常須戒慎者引詩大意如此

卿大夫章第四

〔疏〕正義曰次諸侯之貴者即卿大夫焉說文云卿章也白虎通云卿之爲言章也章善明理也大夫之爲言大扶扶進人者也故傳云進賢達能謂之卿大夫王制云上大夫卿也又典命云王之卿六命其大夫四命則爲卿與大夫異

也今連言者以其行同也

非先王之法服不敢服服者身之表也先王制五服各有等差言卿大夫遵守禮法不敢僭上偪下非先王之法言不敢道非先王之德行不敢行法言謂禮法之言德行謂道德之行若言非法行非德則虧孝道故不敢也是故非法不言非道不行言必守法行必遵道口無擇言身無擇行言行皆遵法道所以無可擇也言滿天下無口過行滿天下無怨惡禮法之言焉有口過道德之行自無怨惡三者備矣然後能守其宗廟三者服言行也禮卿大夫立三廟以奉先祖言能備此三者則能長守宗廟之祀蓋卿大夫之孝也

【疏】非先王至孝也○正義曰夫子述諸侯行孝之事終畢次明卿大夫之行孝也言大夫委質事君學以從政立朝則接對賓客出聘則將命他邦服飾言行須遵禮典非先王禮法之衣服則不敢服之於身若非先王禮法之言辭則不敢道之於口若非先王道德之景行亦不敢行之於身就此三事之中言行尤須重慎是故非禮法則不言非道德則不行所以口無可擇之言身無可擇之行也使言滿天下無口過行滿天下無怨惡服飾言行三者無虧然後乃能守其先祖之宗廟蓋是卿大夫之行孝也援神契云卿大夫行孝曰譽蓋以聲譽爲義謂言行布滿天下能無怨惡遐邇稱譽是榮親也舊說云天子諸侯各有卿大夫此章既云言行滿於天下又引詩云夙夜匪懈以事一人是舉天子卿大夫也○天子卿大夫尚爾則諸侯卿大夫可知也○注服者至偪下○正義曰服者身之表也者此依孔傳也左傳曰衣身之章也彼注云章貴賤言服飾所以章其貴賤章則表之義也云先王制五服各有等差者案尚書皐陶篇曰天命有德五服五章哉孔傳云五服天子諸侯卿大夫士之服也尊卑采章各異是有等差也云言卿大夫遵守禮法不敢僭上偪下者僭上謂服飾過制僭擬於上也偪下謂服飾儉固偪迫於下也卿大夫言必守法行必遵德服飾須合禮度無宜僭偪故劉炫引禮證之曰君子上不僭上下不偪下是也又案尚書益稷篇稱命禹曰予欲觀古人之象日月星辰山龍華蟲作會宗彝藻火粉米黼黻絺繡以五采章施於五色作服汝明孔傳曰天子服日月而下諸侯自龍袞而下至黼黻士服藻火大夫加粉米上得兼下下不得僭上此古之天子冕服十二章以日月星辰及山龍華蟲六章畫於衣衣法於天畫之爲陽也以藻火粉米黼黻六章繡之於裳裳法於地繡之爲陰也日月星辰取照臨於下山取興雲致雨龍取變化無窮華蟲謂雉取耿介藻取文章火取炎上以助其德粉取絜白米取能養黼取斷割黻取背惡鄉善皆爲百王之明戒以益其德諸侯自龍袞而下八章也四章畫於衣四章繡於裳大夫藻火粉米四章也二章畫於衣二章繡於裳孔安國蓋約夏殷章服爲說周制則天子冕服九章象陽之數極也案鄭注周禮司服稱王者相變至周而以日月星辰畫於旌旗所謂三辰旂旗昭其明也又云登龍於山登火於宗彝尊其神明也古文以山爲九章之首火在宗彝之下周制以龍爲九章之首火在宗彝之上是登龍於山登火於宗彝也又案司服云王祀昊天上帝則服大裘而冕祀五帝亦如之享先王則袞冕享先公饗射則鷩冕祀四望山川則毳冕祭社稷五祀則絺冕羣小祀則玄冕而冕服九章也又案鄭注九章初一曰龍次二曰山次三曰華蟲次四曰火次五曰宗彝皆畫以爲繢次六曰藻次七曰粉米次八曰黼次九曰黻皆絺以爲繡則袞之衣五章裳四章凡九也鷩畫以雉謂華蟲也其衣三章裳四章凡七章毳畫虎蜼謂宗彝也其衣三章裳二章凡五也絺刺粉米無畫也其衣一章裳二章凡三也玄者衣無衣裳刺黻而已是以謂玄焉凡冕服皆玄衣纁裳又案司服公之服自袞冕而下如王之服侯伯之服自鷩冕而下子男之服自毳冕而下卿大夫之服自玄冕而下士之服自皮弁而下如大夫之服則周自公侯伯子男其服之章數又與古之象服差矣○注法言至敢也○正義曰法言謂禮法之言者此則論語云非禮勿言是也云德行謂道德之行者即論語云志於道據於德是也若言非法行非德者即王制云言僞而辯行僞而堅是也云則虧孝道故不敢也者釋所以不敢之意也○注言必至遵道○正義曰此依正義釋非法不言非道不行也○注言行至擇也○正義曰言不守禮法行不遵道德皆已而法之經言無擇謂令言行無可擇也○注禮法至怨惡○正義曰口有過惡者以言之非禮法行有怨惡者以所行非道德也若言必守法行必遵道則口無過怨惡無從而生○注三者至之祀○正義曰云三者服言行也者此謂法服法言德行也然言之與行君子所最謹出己加人發邇見遠出言不善千里違之其行不善譏辱斯及故首章一敘不毀而再敘立身此章一舉法服而三復言行也則知表身者以言行不虧不毀猶易立身難備也皇侃云初陳教本故舉三事服在身

外可見不假多飾言行出於內府難明必須備言最於後結宜應摠言謂人相見先觀容飾次交言辭後謂德行故言三者以服爲先德行爲後也云禮卿大夫立三廟者義見末章云以奉先祖者謂奉事其祖考也云言能備此三者則能長守宗廟之祀者謂卿大夫若能備服飾言行故能守宗廟也

詩云夙夜匪懈以事一人夙早也懈惰也義取爲卿大夫能早夜不惰敬事其君也〔疏〕詩云至一人。正義曰夫子既述卿大夫行孝終畢乃引大雅烝民之詩以結之言卿大夫當早起夜寐以事天子不得懈惰匪猶不也。注夙夜至君也。正義曰夙早也釋古文懈惰也釋言文云義取爲卿大夫能早夜不惰者引詩大意如此云敬事其君也者釋以事一人不言天子而言君者欲通諸侯卿大夫也

士章第五

〔疏〕正義曰次卿大夫者即士也案説文曰數始於一終於十孔子曰推一合十爲士毛詩傳曰士者事也白虎通曰士者事也任事之稱也故禮辨名記曰士者任事之稱也傳曰通古今辨然不然謂之士

資於事父以事母而愛同資於事父以事君而敬同資取也言愛父與母同敬父與君同**故母取其愛而君取其敬兼之者父也**言事父兼愛與敬也**故以孝事君則忠**移事父孝以事於君則爲忠矣**以敬事長則順**移事兄敬以事於長則爲順矣**忠順不失以事其上然後能保其祿位而守其祭祀**能盡忠順以事君長則常安祿位永守祭祀**蓋士之孝也**〔疏〕資於至孝也。正義曰夫子述卿大夫行孝之事終次明士之行孝也言士始升公朝離親入仕故此敘事父之愛敬宜均事母與事君以明割恩從義也資者取也取於事父之行以事母則愛父與愛母同取於事父之行以事君則敬父與敬君同母之於子先取其愛君之於臣先取其敬皆不奪其性也若兼取愛敬者其惟父乎既説愛敬取捨之理遂明出身入仕之行故者連上之辭也謂以事父之孝移事其君則爲忠矣以事兄之敬移事於長則爲順矣長謂公卿大夫言其位長於士也又言事上之道在於忠順二者皆能不失則可事上矣上謂君與長也言以忠順事上然後乃能保其祿秩官位而長守先祖之祭祀蓋士之孝也援神契云士行孝曰究以明審爲義當須能明審資親事君之道是能榮親也白虎通云天子之士獨稱元士蓋士賤不得體君之尊故加元以別於諸侯之士也此直言士則諸侯之士前言大夫是戒天子之大夫諸侯之大夫可知也此章戒諸侯之士則天子之士亦可知也。注資取至君同。正義曰云資取也此依孔傳也案鄭注表記考工記並同訓資取也云言愛父與母同敬父與君同者謂事母之愛事君之敬並同於父也然愛之與敬俱出於心君以尊高而敬深母以鞠育而愛厚劉炫曰夫親至則敬不極此情親而恭也尊至則愛不極此心敬而恩殺也故敬極於君愛極於母梁王云天子章陳愛敬以辨化也此章陳愛敬以辨情也。注言事至敬也。正義曰此依王注也劉炫曰母親至而尊不至豈則尊之不極也君尊至而親不至豈則親之不極也惟父既親且尊故曰兼也劉瓛曰父情天屬尊無所屈故愛敬雙極也。注移事至忠矣。正義曰此依鄭注也揚名章云君子之事親孝故忠可移於君是也舊說云入仕本欲安親非貪榮貴也若用安親之心則爲忠也若用貪榮之心則非忠也嚴植之曰上云君父敬同則忠孝不得有異

言以至孝之心事君必忠也。注移事至順矣。正義曰此依鄭注也下章云事兄悌故順可移於長注不言悌而言敬者順經文也左傳曰兄愛弟敬又曰弟順而敬則知悌之與敬其義同焉尚書云邦伯師長安國曰衆長公卿也則知大夫已上皆是上之長。注能盡至祭祀。正義曰謂能盡忠順以事君長則能保其祿位也祿謂廩食位謂爵位廣雅曰位涖也涖下爲位王制云上農夫食九人謂諸侯之下士視上農夫中士倍下士上士倍中士祭者際也人神相接故曰際也祀者似也謂祀者似將見先人也士亦有廟經不言耳大夫既言宗廟士可知也士言祭祀則大夫之祭祀亦可知也皆互以相明也諸侯言保其社稷大夫言守其宗廟士則保守並言者皇侃云稱保者安鎮也守者無近也社稷祿位是公故言保宗廟祭祀是私故言守也士初得祿位故兩言之也

詩云夙興夜寐無忝爾所生忝辱也所生謂父母也義取早起夜寐無辱其親也〔疏〕詩云至所生。正義曰夫子述士行孝畢乃引小雅小宛之詩以證之也言士行孝當早起夜寐無辱其父母也。注忝辱至親也。正義曰云忝辱也釋言文所生謂父母也下章云父母生之是也云義取早起夜寐無辱其親也者亦引詩之大意也

卷終

孝經注疏卷二挍勘記　阮元撰盧宣旬摘錄

孝經注疏卷第二

諸侯章第三

諸諸列國之君　石臺本岳本閩本監本毛本下諸字作侯是也

奢泰爲溢　監本泰作泰案張參五經文字云從小者訛

然後能保其社稷　案臧琳云儀禮鄉射禮挾弓矢而后下射注古文而后作後非也孝經說然后曰后者後也當從后釋曰孝經援神契說孝經然後能保其社稷之等皆作后世所行唐明皇注本稱爲今文而然後能保其社稷之等皆作後不作后蓋依古文改之也

而和其民人　石臺本民作⺠避唐太宗諱

則長爲社稷之主　毛本長誤常

所以當守其貴　閩本監本毛本當作常案經作長

仁是稍識仁義　閩本監本毛本上仁字作人案當作人

皆謂華侈族恣也　閩本監本毛本族作放不誤毛本謂作爲非也

苴以白苴而與之　監本毛本下苴字作茅是也

共工氏之子曰句龍　案左傳之作有

如臨深淵　石臺本唐石經淵作渆避唐高祖諱

臨深恐墜　鄭注本作隊此正義本則作墜案隊墜古今字

履薄恐陷　監本陷作陥亦非正義並同石臺本岳本毛本作陷是也

恆須戒懼　石臺本岳本懼作愼案正義亦云義取爲君常須戒愼此注及疏標起止作戒懼非也

臨深恐薄墜履浮恐陷者　閩本監本毛本薄墜履浮作墜履薄是也

卿大夫章第四

非先王之法服不敢服　石臺本法作灋案灋法古今字

言卿大夫遵守禮法　石臺本法作灋自此以下注文皆作法

然後能守其宗廟　釋文云本或作庿此正義本則作廟案說文云庿古文廟字

七服藻火　案七當作士

所謂三辰旌旗　監本旌作旂是也

祭社稷五祀則絺冕　案周禮絺作希注云讀爲黹或作絺字之誤也

皆畫以爲績　閩本毛本績作繢是也

凡七章　案上下文作几幾也此處亦不應作章

毳畫虎雉　閩本監本毛本雉作蜼是也

元者衣無衣　正誤下衣作文是也

此依正義　浦鏜云正疑王字誤案浦說是也

後謂德行　正誤謂作論

懈惰也　石臺本作墯下同案華嚴音義上引作懈墮也與石臺本合

言卿大夫當早起夜寐　監本毛本寐作寐是也

釋古文　閩本監本毛本古作詁是也

懈惰也釋言文　閩本監本毛本作惰也此本誤倩世今改正案今爾雅釋言惰作怠

士章第五

惟一卷十爲士　毛本惟作推卷作合案毛本是也

故禮辨名記曰　閩本監本毛本辨作辯下今辨同案禮記月令孟夏正義引作辯名記白虎通

作別名記

言事父非愛與敬也 石臺本岳本閩本監本毛本非作兼不誤

又言事土之道 監本土作主亦誤閩本毛本作上

故愛敬双極也 閩本監本双作雙毛本作雙案毛本是也

廣雅曰位涖也 正誤云廣雅作涖尉也案蒲鏜所據乃俗本不知位涖取同聲之字爲訓王念孫廣雅疏證云各本涖下脱去也字遂與下條合而爲一孝經正義可據也

孝經注疏卷二挍勘記終

新建生員杜鰲挍

孝經注疏卷第三

庶人章第六

邢昺注疏

〔疏〕正義曰庶者衆也謂天下衆人也皇侃云不言衆民者兼包府史之屬通謂之庶人也嚴植之以爲士有員位人無限極故士以下皆爲庶人

用天之道春生夏長秋斂冬藏舉事順時此用天道也**分地之利**分別五土視其高下各盡所宜此分地利也**謹身節用以養父母**身恭謹則遠恥辱用節省則免飢寒公賦既充則私養不闕**此庶人之孝也**庶人爲孝唯此而已〔疏〕用天至孝也○正義曰夫子上述士之行孝已畢次明庶人之行孝也言庶人服田力穡當須用天之四時生成之道也分地五土所宜之利謹慎其身節省其用以供養其父母此則庶人之孝也援神契云庶人行孝曰畜以畜養爲義言能躬耕力農以畜其德而養其親也○注春生至道也○正義曰云春生夏長秋斂冬藏者此依鄭注也爾雅釋天云春爲發生夏爲長贏秋爲收成冬爲安寧安寧即藏閉之義也云舉事順時此用天之道也者謂舉農畝之事順四時之氣春生則耕種夏長則耘苗秋收則穫刈冬藏則入廩也○注分別至利也○正義曰云分別五土視其高下者此依鄭注也案周禮大司徒云五土一曰山林二曰川澤三曰丘陵四曰墳衍五曰原隰謂庶人須能分別視此五土之高下隨所宜而播種之則職方氏所謂青州其穀宜稻麥雍州其穀宜黍稷之類是也云各盡其所宜此分地利也者此依孔傳也劉炫云黍稷生於陸菰稻生於水○注身恭至不闕○正義曰云身恭謹則遠恥辱者論語曰恭近於禮遠恥辱也云用節省則免飢寒者用謂庶人衣服飲食喪祭之用當須節省禮記曰食節事時又曰庶人無故不食珍及三年之耕必有一年之食九年耕必有三年之食以三十年之通雖有凶旱水溢民無菜色是免飢寒也云公賦既充則私養不闕者賦者自上稅下之名也孟子稱周人百畝而徹其實皆什一也劉熙注云家耕百畝徹取十畝以爲賦也又云公事畢然後敢治私事是也○注庶人至而已○正義曰此依魏注也案天子諸侯卿大夫士皆言蓋而庶人獨言此注釋言此之意也謂天子至士孝行廣大其章略述宏綱所以言蓋也庶人用天分地謹身節用其孝行已盡故曰此言唯此而已庶人不引詩者義盡於此無贊諸也

故自天子至於庶人孝無終始而患不及者未之有也始自天子終於庶人尊卑雖殊孝道同致而患不能及者未之有也言無此理故曰未有〔疏〕故自至有也○正義曰夫子述天子諸侯卿大夫士庶人行孝畢於此總結之則有五等尊卑雖殊至於奉親其道不別故從天子已下至於庶人其孝道則無終始貴賤之異也或有自患已身不能及於孝未之有也自古及今未有此理蓋是勉人行孝之辭也○注始自至未有○正義曰云始自天子終於庶人者謂五章以天子爲始庶人爲終也云尊卑雖殊孝道同致者謂天子庶人尊卑雖別至於行孝其道不殊天子須愛親敬親諸侯須不驕不溢卿大夫於言行無擇士須資親事君庶人謹身節用各因心而行之斯至豈藉創物之智扛鼎之力若率強之無不及也云而患不能及者未之有也者此謂人無貴賤尊卑行孝之道同致若各率其已分則皆能養親言患不及於孝者未有也說孝道包含之義廣大塞乎天地橫乎四海經言孝無終始謂難備終始但不致毀傷立身行道安其親忠於君一事可稱則行成名立不必終始皆備也此言行孝甚易無不及之理故非孝道不終始致必及之患也云言無此理故曰未有者此釋未之有之意也謝萬以爲無終始恒患不及未之有者少賤之辭也劉瓛云禮不下庶人若言我賤而患行孝不及已者未之有也此但得憂不及之理而失於歎少賤之義也鄭曰諸家皆以爲患及身今注以爲自患不及將有說乎荅曰案說文云患憂也廣雅曰患惡也又若案注說釋不及之義凡有四焉大意皆謂有患貴賤行孝無及之憂非以患爲禍也經傳之稱患者多矣論語不患人之不已知又曰不患無位又曰不患寡而患不均左傳曰宣子患之皆是憂惡之辭也惟蒼頡篇謂患爲禍孔鄭韋王之學引之以釋此經故皇侃曰無始有終謂改悟之善惡禍何必及之則無始之言已成空設也禮祭義曾子說孝曰衆之本教曰孝其行曰養養可能也敬爲難敬可能也安爲難安可能也卒爲難父母既沒慎行其身不遺父母惡名可謂能終矣夫以曾參行孝親承聖人之意至於能終孝道尚以爲難則寡能無識固非所企也今爲行孝不終禍患必及此人偏執詎謂經通鄭曰書云天道福善禍淫又曰惠迪吉從逆凶惟影響斯則必有災禍何得稱無也荅曰來問指淫凶悖慝之倫經言戒不終善美之輩論語曰今之孝者是謂能養曾子曰參直養者也安能爲孝乎又此章云以養父母此庶人之孝也儻有能養

而不能終只可未爲具美無宜即同淫慝也古今凡庸詎識孝道但使能養安知始終若今皆及於災便是比屋可貽禍矣而當朝通識者以爲鄭注非誤故謝萬云言爲人無終始者謂孝行有終始也患不及者謂用心憂不足也能行如此之善曾子所以稱難故鄭注云善未有也諦詳此義將謂不然何者孔聖垂文包於上下盡力隨分寧限高卑則因心而行無不及也如依謝萬之說此則常情所昧矣子夏曰有始有卒者其惟聖人乎若施化惟待聖人千載方期一遇加於百姓刑於四海乃爲虛說者與制有曰嗟乎孝之爲大若天之不可逃也地之不可遠也朕窮五孝之說人無貴賤行無終始未有不由此道而能立其身者然則聖人之德豈云遠乎我欲之而斯至何患不及於已者哉

三才章第七

〔疏〕正義曰天地謂之二儀兼人謂之三才曾子見夫子陳說五等之孝既畢乃發歎曰甚哉孝之大也夫子因其歎美乃爲說天經地義人行之事可教化於人故以名章次五孝之後

曾子曰甚哉孝之大也參聞行孝無限高卑始知孝之爲大也子曰夫孝天之經也地之義也民之行也經常也利物爲義孝爲百行之首人之常德若三辰運天而有常五土分地而爲義也天地之經而民是則之天有常明地有常利言人法則天地亦以孝爲常行也則天之明因地之利以順天下是以其教不肅而成其政不嚴而治法天明以爲常因地利以行義順此以施政教則不待嚴肅而成理也

〔疏〕曾子曰至而治○正義曰夫子述上從天子下至庶人五等之孝後總以結之語勢將畢欲以更明孝道之大無以發端特假曾子歎孝之大更以彌大之義告之也曰夫孝天之經地之義民之行經常也人生天地之間稟天地之氣節人之所法是天地之常義也聖人司牧黔庶故須則天之常明因依地之義利以順行於天下是以其爲教也不待肅戒而成也其爲政也不假威嚴而自理也○注參聞至大也○正義曰高謂天子卑謂庶人言曾參既聞夫子陳說天子庶人皆當行孝始知孝之爲大也○注經常至義也○正義曰云經常也利物爲義者經常即書傳通訓也易文言曰利物足以和義是利物爲義也

云孝爲百行之首人之常德者鄭注論語云孝爲百行之本言人之爲行莫先於孝案周易曰常其德貞孝是人所常德也云若三辰運天謂日月星以時運轉於天釋名云土者吐也言吐生萬物周禮五土土地之利言孝爲百行之首是人生有常之德若日月星辰運行於天而有常山川原隰分別土地而爲利則知貴賤雖別必資孝以立身皆貴法則於天地然此經全與左傳鄭子大叔荅趙簡子問禮同其與一兩字而已明孝之與禮其義同○注天有至行也○正義曰云天有常明者謂日月星辰明臨於下紀於四時人事則之以夙興夜寐無忝爾所生故下文云則天之明也云地有常利者謂山川原隰動植物產人事因之以晨羞夕膳色養無違故下文云因地之利也此皆人能法則天地以爲孝行者故云亦以孝爲常行也上云天之經地之義此云天地之經而不言義者爲地有利物之義亦是天常也若分而言之則爲義合而言之則爲常也○注法天至理也○正義曰云法天明以爲常因地利以行義者上文云夫孝天之經地之義釋天之明也因地利以爲義釋地之利也云順此以施政教則不待嚴肅而成理也者經云其教不肅而成其政不嚴而治注則以政教相就而明之嚴肅相連而釋之從便宜省也制旨曰天無立極之統無以常其明地無立極之統無以常其元缺十字利人無立身之本無以常其德然則三辰迭運而一以經之者天利之性也五土分植而一以宜之者大順之理也百行殊塗而一致之者大中之要也夫愛始於和而敬生於順是以因和以教愛則易知而有親因順以教敬則易從而有功愛敬之化行而禮樂之政備矣聖人則天之明以爲經因地之利以行義故能不待嚴肅而成可久可大之業焉

先王見教之可以化民也見因天地教化人之易也是故先之以博愛而民莫遺其親君愛其親則人化之無有遺其親者陳之於德義而民興行陳說德義之美爲衆所慕則人起心而行之先之以敬讓而民不爭君行敬讓則人化而不爭導之以禮樂而民和睦禮以檢其跡樂以正其心則和睦矣示之以好惡而民知禁示好以引之示惡以止之則人知有禁令不敢犯也

〔疏〕先王至知禁○正義曰言先王見因天地之常不肅不嚴之政教可以率先化下人也故須身行博愛之道以率先之則人漸

其風教無有遺其親者於是陳說德義之美以順教誨人則人起心而行之也先王又以身行敬讓之道以率先之則人漸其德而不爭競也又導之以禮樂之教正其心迹則人被其教自和睦也又示之以好者必愛之惡者必討之則人見之而知國有禁也○注見因至易也○正義曰此依鄭注也言先王見天明地利有益於人因之以施化行之甚易也○注君愛至親者○正義曰此依王注也言君行博愛之道則人化之皆能行愛敬無有遺忘其親者即天子章之愛敬盡於事親而德教加於百姓是也○注陳說至行之○正義曰易稱君子進德脩業又論語云義以爲質又左傳說趙衰薦郤穀云說禮樂而敦詩書詩書義之府也禮樂德之則也德義利之本也且德義之利是爲政之本也言大臣陳說德義之美是天子所重爲羣情所慕則人起發心志而效行之○注君行至不爭○正義曰此依魏注也案禮記鄉飲酒義云先禮而後財則民作敬讓而不爭矣言君身先行敬讓則天下之人自息貪競也○注禮以至睦矣○正義曰此依魏注也案禮記云樂由中出禮自外作中謂心在其中也外謂跡見於外也由心以出者宜聽樂以正之自跡以見者當用禮以檢之檢之謂檢束也言心跡不違於禮樂則人當自和睦也○注示好至犯也○正義曰云示好以引之示惡以止之者案樂記云先王之制禮樂也將以教民平好惡而反人道之正也故示有好必賞之令以引喻之使其慕而歸善也示有惡必罰之禁以懲止之使其懼而不爲也云則人知有禁令不敢犯也者謂人知好惡而不犯禁令也

詩云赫赫師尹民具爾瞻赫赫明盛貌也尹氏爲太師周之三公也義取大臣助君行化人皆瞻之也

〔疏〕詩云至爾瞻○正義曰夫子既述先王以身率下先及大臣助君行化之義畢乃引小雅節南山詩以證成之赫赫明盛之貌也是太師尹氏也言助君行化爲人模範故人皆瞻之○注赫赫至之也○正義曰赫赫明盛貌也尹氏爲太師周之三公也者此毛傳文太師太傅太保是周之三公尹氏時爲太師故曰尹氏也云義取大臣助君行化人皆瞻之也者引詩大意如此孔安國曰具皆也爾女也古語或謂人具爾瞻則人皆瞻女也此章再言先之是吾身行率先於物也陳之道之示之是大臣助君爲政也案大戴禮云昔者舜左禹而右皐陶不下席而天下大治夫政之不中君之過也政之既中令之不行職事者之罪也後引周禮稱三公無官屬與王同職坐而論道又案尚書益稷篇稱帝曰吁臣哉鄰哉鄰哉臣哉又曰臣作朕股肱耳目孔傳曰言君臣道近相須而成言大體若身君任股肱臣戴元首之義也故禮緇衣稱上好是物下必有甚者矣故上之好惡不可不慎也是民之表也詩云赫赫師尹民具爾瞻甫刑曰一人有慶兆民賴之緇衣之引詩書是明下民從上之義師尹大臣也一人天子也謂人君爲政有身行之者有太臣助行之者人之從上非惟從君亦從論道之大臣故并引以結之也此章上言先王下引師尹則知君臣同體相須而成者謂此也皇侃以爲無先王在上之詩故斷章引大師之什今不敢也

孝經注疏卷第三

盧宣旬校定

掌福建道監察御史武寧盧浙栞

孝經注疏卷三挍勘記

阮元撰盧宣旬摘錄

孝經注疏卷第三

庶人章第六

案即府吏之屬也　閩本監本毛本案即作兼包吏作史是也

爵列之以爲士有員位　閩本監本毛本爵列作嚴植是也

人謂衆民　閩本監本毛本作人無限極

故士以下以爲庶人　閩本監本毛本下以字作皆是也

秋斂冬藏　石臺本作秋收鄭注本同案正義云此依鄭注也則當作秋收岳本改爲秋斂非此作歛斂歛乃正俗字

四事順時　石臺本岳本閩本監本毛本四作舉是也此本正義亦誤作四

原隰之宜　石臺本岳本閩本監本毛本作各盡所宜是也

用節省則兄飢寒　石臺本岳本閩本監本毛本兄作免不誤閩監毛本飢作饑案當作飢

公賦時充　石臺本岳本閩本監本毛本時作既不誤岳本充改足監本誤克

則篤養不闕矣　石臺本岳本閩本監本毛本篤作私矣是衍文

庶人之孝　石臺本岳本閩本監本毛本之作爲是也

止此而已　石臺本岳本閩本監本毛本止作唯案正義正作唯

用人至孝也　閩本監本毛本人作天不誤

言庶人服田力穡　閩本毛本穡作穡是也

謹身其道　閩本毛本身作愼閩監毛本道作身是也

節省用而以供養其父母　閩本監本毛本省下有其字無而字

以畜養爲事　閩本監本毛本事作義

秋斂冬藏孝　閩本監本毛本孝作者是案鄭注本作秋收此作秋斂非也

此四事順時天道也天云　閩本監本毛本四事順時天道也作依鄭注也爾雅釋不誤

夏爲長嬴　閩本監本毛本嬴作嬴案爾雅作嬴釋文云本亦作嬴

秋爲收斂　案爾雅斂作成

冬爲肅殺　閩本監本毛本肅殺作安寧是也

安養閉藏地之義也　閩本監本毛本養作寧即無地字是也

云四事順時　閩本監本毛本四作舉案當作舉

謂服百畝之事　閩本監本毛本服百作舉農是也

春三則爲種　閩本監本毛本三作生爲作耕不誤

夏長則耘苗　閩本監本毛本耘作芸案說文䅽字注云除苗間穢也或从芸作䅽今字省艸作耘閩本以下作芸非也

秋收則獲刈　閩本獲作穫是也刈字閩監毛本改割

冬藏則入𥨊也　閩本監本毛本𥨊作廪

此依魏注也　閩本監本毛本魏作鄭案分別五土視其高下見大平御覽卷三十六初學記卷五唐司馬貞議及釋文所引皆云鄭注此本作魏注非是

其種宜稻粱　閩本監本毛本種作穀粱閩本毛本作粱案作梁亦非周禮作麥

此分地之利者也　閩本監本毛本作也者此本誤倒今改正

此依本傳也　閩本監本毛本作孔不誤

則兇飢寒者　監本毛本飢改饑下同

庶人無故不食珍　閩本監本毛本作食珍是也此本誤合吻今改正

淡三年之排　閩本監本毛本淡作及排作耕不誤

以三年繼之通也　閩本監本毛本三下有十字無繼字是

民無采色　閩本監本毛本采作菜案古多以采爲菜

二年賦用足　閩本監本毛本二年作云公用作既毛本足作充是也閩本毛本誤克

謂常省節財用　閩本監本毛本作常省節財用此本誤蕪有庠然後今改正

則私養不闕者　閩本監本毛本作養不闕此本誤力於

公家取稅亦足　閩本監本毛本取作賦亦作充是也

而私養父母不闕之也　監本毛本之作乏是也

孟子曰　閩本監本毛本曰作稱非

劉熙注云　正誤劉熙作趙岐是也

又云公事已案方敢迨私事是也　閩本監本毛本已案方作畢然後迨作治不誤

此言惟此而已　閩本監本毛本惟作唯與注文合

無贊諸也　閩本監本毛本贊諸作贊詞不誤

故從天子已下　閩本監本毛本已作以

杠鼎之力　閩本監本毛本杠作扛是也

若率強之無不及也　段玉裁云率當作率

詵孝道包含之義　浦鏜云詵上當脫禮記二字

劉獻云　閩本監本毛本獻作瓛

諸家皆以爲惠及身　閩本監本毛本惠作患不誤

惡禍可必及之　閩本監本毛本可作何

是謂能食　閩本監本毛本食作養是也

十載方期一週　閩本監本毛本十作千是也

制有曰　案有當作旨唐元宗孝經制旨一卷見唐書藝文志

三才章第七

人之常德　石臺本常作恒岳本同案作常避宋諱正義引易恆其德貞作常其德貞皆仍宋刻之舊

其政不嚴而治　石臺本治作治避唐高宗諱

孝是人所常德也　正誤所作之

明臨於下　正誤明作照是也

以晨羞夕膳也　正誤也作而屬下讀

無以常其利　此本其字下空十一字非也

天利之性也　閩本監本天作夫亦誤毛本作大

人之易也　鄭注本人作民正義云此依鄭注也則當作民案注作人避唐太宗諱

禮以檢其跡　毛本檢作撿避所諱正義同下仿此

故須身行傳愛之道　閩本監本毛本傳作博是也

又道之以禮樂之教　閩本監本毛本道作導

又論語曰義以爲質　按論語釋文出爲質云一本作君子義以爲質此與釋文合

當用禮以檢之　此本之下空一字非也

先及大臣 正誤先作次

古語或謂人具爾瞻 浦鏜云古語或謂四字疑衍文下句則疑謂字之誤

陳之道之示之 閩本監本毛本道作導是也

臣哉鄰哉臣哉鄰哉 閩本監本毛本下臣鄰字作鄰臣是也

言大體若身 正誤大作同是也

孝經注疏卷三校勘記終

新建生員杜蘩校

孝經注疏卷第四

孝治章第八　　邢昺注疏

〔疏〕正義曰夫子述此明王以孝治天下也前章明先王因天地順人情以爲教此章言明王由孝而治故以名章次三才之後也

子曰昔者明王之以孝治天下也言先代聖明之王以至德要道化人是爲孝理不敢遺小國之臣而況於公侯伯子男乎小國之臣至卑者耳王尚接之以禮況於五等諸侯是廣敬也故得萬國之懽心以事其先王萬國舉其多也言行孝道以理天下皆得歡心則各以其職來助祭也〔疏〕子曰至先王○正義曰此章之首稱子曰者爲事訖更别起端首故也言昔者聖明之王能以孝道治於天下大教接物故不敢遺小國之臣而況於五等之君乎言必禮敬之明王能如此故得萬國之懽心謂各脩其德盡其懽心而來助祭

以事其先王經先王有六焉一曰先王有至德二曰非先王之法服三曰非先王之法言四曰非先王之德行五曰先王見教之此皆指先代行孝之王此章云以事其先王則指行孝王之考祖○注言先至孝理○正義曰此釋孝治之義也國語云古曰在昔昔曰先民尚書洪範云睿作聖左傳照臨四方曰明昔者非當時代之名明王則聖王之稱也是汎指前代聖王之有德者經言明王還指首章之先王也以代言之謂之先王以聖明言之則爲明王事義相同故注以至德要道釋之○注小國至敬也○正義曰此依王注義也五等諸侯則公侯伯子男舊解云公者正也言正行其事侯者侯也言斥候而服事伯者長也爲一國之長也子者字也言字愛於小人也男者任也言任王之職事也爵則上皆勝下若行事亦互相通舜典曰輯五瑞孔安國曰舜斂公侯伯子男之瑞圭璧斯則堯舜之代已有五等諸侯也論語云殷因於夏禮周因於殷禮案尚書武成篇云列爵惟五分土惟三鄭注王制云殷所因夏爵三等之制也是有公侯伯而無子男武王增之揔建五等時九州界狹故土惟三等則王制云公侯方百里伯七十里子男五十里至周公攝政斥大九州之界增諸侯之大者地方五百里侯四百里伯三百里子二百里男百里然據鄭玄夏殷不建子男武王復增之也案五等公

爲上等侯伯爲次等子男爲下等則小國之臣謂子男卿大夫況此諸侯則至卑也曲禮云列國之大夫入天子之國曰某士諸侯言列國者兼小大是小國之卿大夫有見天子之禮也言雖至卑盡來朝聘則天子以禮接之案周禮掌客云王公饔餼九牢飧五牢侯伯饔餼七牢飧四牢子男饔餼五牢飧三牢三等其五等之介行人宰史皆有飧饔餼唯上介有禽獸其卿大夫士有特來聘問者則待之如其爲介時也是待諸侯及其臣之禮是皆廣敬之道也○注萬國至祭也○正義曰云萬國舉其多也者此依魏注也詩書之言萬國者多矣亦猶言萬方是舉多而言之不必數滿於萬也皇侃云春秋稱禹會諸侯於塗山執玉帛者萬國言禹要服之內地方七千里而置九州九州之中有方百里七十里五十里之國計有萬國也因引王制殷之諸侯有千七伯七十三國也孝經稱周諸侯有九千八百國所以證萬國爲夏法也信如此說則周頌云綏萬邦六月云萬邦爲憲豈周之代復有萬國乎今不取也云言行孝道以理天下皆得懽心則各以其職來助祭也者言明王能以孝道理於天下則得諸侯之懽心以事其先王也各以其職來祭者謂天下諸侯各以其所職貢來助天子之祭也和者禮器云大饗其王事與注云盛其饌與貢謂祫祭先王又云三牲魚腊四海九州之美味也籩

豆之薦四時之和氣也注云此饌諸侯所獻又云內金示和也注云此所貢也內之庭實先設之今從華性和荆揚二州貢金三品又云束帛加璧尊德也注云貢享所執致命者君子於玉比德焉又云龜爲前列先知也注云龜知事情者陳於庭在前荆州納錫大龜又云金次之見情也注云金炤物金有兩義先入後設又云丹漆絲纊竹箭與衆共財也注云萬民皆有此物荆州貢丹兖貢漆絲豫州貢纊楊州貢篠蕩又云其餘無常貨各以國之所有則致遠物也注云其餘謂九州之外夷服鎮服蕃服之國周禮九州之外謂之蕃國世一見各以其所貴寶爲贄周穆王征大戎得白狼白鹿近之大傳云遂率天下諸侯執豆籩駿奔走又周頌曰駿奔走在廟此皆助祭者也

治國者不敢侮於鰥寡而況於士民乎理國謂諸侯也鰥寡國之微者君尚不敢輕侮況知禮義之士乎故得百姓之懽心以事其先君諸侯能行孝理得所統之懽心則皆恭事助其祭享也〔疏〕治國者至先君○正義曰此說諸侯之孝治也言諸侯以孝道治其國者尚不敢輕侮於鰥夫寡婦而況於知禮義之士民乎亦言必不輕侮也以此故得其國內百姓懽悅以事其先君也

○注理國至士乎。○正義曰：云理國謂諸侯也者，此依魏注也。案周禮云：體國經野。詩曰：生此王國。是其天子亦言國也。易曰：先王以建萬國，親諸侯。是諸侯之國。上言明王理天下，此言理國，故知諸侯之國也。云鰥寡國之微者，君尚不敢輕侮者，案王制云：老而無妻者謂之鰥，老而無夫者謂之寡，此天民之窮而無告者也。則知鰥夫寡婦是國之微賤者也。言微賤之者，國君尚不輕侮，況知禮義之士乎？釋經之士民，詩云：彼都人士。左傳曰：多殺國士。此皆況惜有知識之人，不必居官授職之士。舊解士知義理，又曰士丈夫之美稱，故注言知禮義之士乎，謂民中知禮義者。○注諸侯至享也。○正義曰：云諸侯能行孝理，得所統之懽心者，此言諸侯孝治其國，得百姓之懽心也。一國百姓皆是君之所統理，故以所統言之。孔安國曰：亦以相統理是也。云則皆恭事助其祭享也者，祭享謂四時及禘祫也。於此祭享之時，所統之人則皆恭其職事，獻其所有以助於君，故云助其祭享也。

治家者不敢失於臣妾，而況於妻子乎？理家謂卿大夫。臣妾，家之賤者；妻子，家之貴者。故得人之懽心以事其親。卿大夫位以材進，受祿養親，若能孝理其家，則得小大之懽心，助其奉養。

【疏】治家者至其親。○正義曰：說卿大夫之孝治也。言以孝道理其家者，不敢失於其家臣妾賤者，而況於妻子之貴者乎？言必不失也。故得其家之懽心，以承事其親也。○注理家至貴者。○正義曰：云理家謂卿大夫者，此依鄭注也。案下章云大夫有爭臣三人，雖無道不失其家。禮記王制曰上大夫卿，則知治家謂卿大夫。云臣妾家之賤者，案尚書費誓曰：竊馬牛，誘臣妾。孔安國云：誘偷奴婢。既以臣妾爲奴婢，是家之賤者也。云妻子家之貴者，案禮記哀公問於孔子，孔子對曰：妻者親之主也，敢不敬與？子者親之後也，敢不敬與？是妻子家之貴者也。○注卿大夫至奉養。○正義曰：云卿大夫位以材進者，案毛詩傳曰：建邦能命龜，田能施命，作器能銘，使能造命，升高能賦，師旅能誓，山川能說，喪紀能誄，祭祀能語，君子能此九者，可謂有德音，可以爲大夫。是位以材進也。云受祿養親者，若能孝理其家，則受其所稟之祿以養其親也。云若能孝理其家則得小大之懽心者，謂小大皆得其懽心，小謂臣妾，大謂妻子也。云助其奉養者，案禮記內則稱子事父母，婦事舅姑，曰以雞初鳴，咸盥漱，以適父母舅姑之所，問衣燠寒，饘酏酒醴，芼羹菽麥，蕡稻黍粱秫，唯所欲，棗栗飴蜜以甘之，父母舅姑必嘗之而後退。此皆奉養事親也。天子諸侯繼父而立，故言先王先君也。大夫唯賢是授，居位之時或有俸祿，以逮於親，故言其親也。注順經文，所以言助其奉養。此謂事親生之義也。若親以終沒，亦當言助其祭祀也。明王言不敢遺小國之臣，諸侯言不敢侮於鰥寡，大夫言不敢失於臣妾者，劉炫云：遺謂意不存錄，侮謂忽慢其人，失謂不得其意。小國之臣位卑，或簡其禮，故云不敢遺也。鰥寡人中賤弱，或被人輕侮欺陵，故曰不敢侮也。臣妾營事産業，宜須得其心力，故云不敢失也。明王況公侯伯子男，諸侯況士民，卿大夫況妻子者，以王者尊貴，故況列國之貴者；諸侯差卑，故況國中之卑者，以五等皆貴，故況其卑也。大夫或事父母，故況家人之貴者也。

夫然，故生則親安之，祭則鬼享之。夫然者，上孝理皆得懽心，則存安其榮，沒享其祭。是以天下和平，災害不生，禍亂不作。上敬下懽，存安沒享，人用和睦以致太平，則災害禍亂無因而起。故明王之以孝治天下也如此。言明王以孝爲理，則諸侯以下化而行之，故致如此福應。

【疏】夫然至如此。○正義曰：此揔結天子諸侯卿大夫之孝治也。言明王孝治其下，則諸侯以下各順其教，皆治其國家也。如此各得懽心，親若存則安其孝養，沒則享其祭祀，故得和氣降生，感

動昭昧。是以普天之下和睦太平，災害之萌不生，禍亂之端不起。此謂明王之以孝治天下也，能致如此之美。○注夫然者至其祭。○正義曰：云夫然者，然上孝理皆得懽心者，此謂明王諸侯大夫能行孝治，皆得其懽心也。云則存安其榮者，釋生則親安之；云沒享其祭者，釋祭則鬼享之也。○注上敬至而起。○正義曰：此釋天下和平以皆由明王孝治之所致也。皇侃云：天反時爲災，謂風雨不節；地反物爲妖，妖即害物，謂水旱傷禾稼也。善則逢殃爲禍，臣下反逆爲亂也。○注言明王至福應。○正義曰：云言明王以孝爲理則諸侯以下化而行之者，案上文有明王、諸侯、大夫三等，而經獨言明王孝治如此者，言由明王之故也。則諸侯以下奉而行之，而功歸於明王也。云故致如此福應者，福謂天下和平，應謂災害不生、禍亂不作。

詩云：「有覺德行，四國順之。」覺，大也。義取天子有大德行，則四方之國順而行之。

【疏】詩云至順之。○正義曰：夫子述昔時明王孝治之義畢，乃引大雅抑篇讚美之也。言天子身有至大德行，使四方之國皆順而行之。○注覺大至行之。○正義曰：云覺，大也。此依鄭注也。故詩箋云：有大德行則天下順從其化，是以覺爲大也。云義取天子有大德行則四方之國順而行之者，言引詩之大意如此也。

卷終

孝經注疏卷四挍勘記

阮元撰盧宣旬摘錄

孝經注疏卷第四

孝治章第八

言先代聖明之王　石臺本王作主

主尙接之以禮　岳本閩本監本毛本主作王

故得萬國之懽心　鄭注本作歡此正義本則作懽萬石臺本作万注同按唐人千萬字多作万

萬國舉其多也　岳本多改作大數非是

皆得歡心　石臺本岳本毛本歡作懽是也

則指行孝王之考祖　正誤作祖考

古曰在昔曰先民　正誤重昔字依國語增也

還指首章之先王也　閩本監本毛本作指此本誤有今改正

王公饔餼九牢　案周禮掌客王作上

飱五牢　案當作飧从夕从食下同

子男饔五牢　案五上脫餼字當依周禮補

唯上介有禽獻　閩本監本毛本作上此本誤止今改正案周禮獻作獻

有千七伯七十三國也　閩本監本毛本伯作百案禮記作百

和者禮器云　正誤和作知

荆揚二州貢金三品　閩本監本毛本楊作揚段玉裁云今人多作揚从才攷廣雅云楊揚也毛詩王風揚之水釋文云或作楊然則毛傳楊激揚也正廣雅之所本而郭忠恕佩觿曰楊柳也亦州名是郭所據書作楊後人因江南其氣燥勁厥性輕揚之云改爲揚州不知古今字多假借所重惟音則州名當依古從木也

楊州貢篠蕩　閩本毛本篠蕩作篠簜是也監本篠作篠不成字案說文作筱隸變篠陸德明釋文云簜或作篡

理國謂諸侯也　案經作治注作理避所諱

則皆恭事助其祭享也　石臺本享作亨

言微賤之者　正誤作言國之微者又云下國字衍

此皆況惜有知識之人　閩本監本毛本況惜作說指

妻者君之主也　正誤君作親是也

贊稱　案禮記作賛諸本從竹非也

黍粢　毛本粢作粢不誤

若親以終沒　浦鏜云以當巳字之誤非也

故況列國之貴者　閩本監本毛本作列此本誤則今改正

祭則鬼享之　石臺本享作亨注同案亨通之亨亨飪之亨獻亨之享古多作亨

上孝理皆得懽心　閩本監本毛本同石臺本岳本作然上孝理正義同

讚或之也　閩本監本毛本作贊美之也

使四方之國　正誤使作則

孝經注疏卷四挍勘記終

新建生員杜熬挍

孝經注疏卷第五

聖治章第九　邢昺注疏

【疏】正義曰此言曾子聞明王孝治以致和平因問聖人之德更有大於孝否夫子因問而說聖人之治故以名章次孝治之後

曾子曰敢問聖人之德無以加於孝乎參聞明王孝理以致和平又問聖人德教更有大於孝不。子曰天地之性人爲貴貴其異於萬物也人之行莫大於孝孝者德之本也孝莫大於嚴父萬物資始於乾人倫資父爲天故孝行之大莫過尊嚴其父也嚴父莫大於配天則周公其人也謂父爲天雖無貴賤然以父配天之禮始自周公故曰其人也【疏】曾子至其人也○正義曰夫子前說孝治天下能致災害不生禍亂不作是言德行之大也將言聖德之廣不過於孝無以發端故

又假曾子之問曰聖人之德更有加於孝乎乎猶否也夫子承問而釋之曰天地之性人爲貴性生也言天地之所生唯人最貴也人之所行者莫有大於孝行也孝行之大者莫有大於尊嚴其父也嚴父之大者莫有大於以父配天而祭也言以父配天而祭之者則文王之子成王叔父周公是其人也○注貴其至物也○正義曰此依鄭注也夫稱貴者是殊異可重之名案禮運曰人者五行之秀氣也尚書曰惟天地萬物父母惟人萬物之靈是異於萬物也○注萬物至父也正義曰云萬物資始於乾者易云大哉乾元萬物資始是也云人倫資父爲天者曲禮曰父之讎弗與共戴天鄭玄曰父者子之天也殺己之天與共戴天非孝子也杜預左氏傳。曰婦人在室則天父出則天夫是人倫資父爲天也云故孝行之大莫過尊嚴其父也者尊謂崇也嚴敬也父既同天故須尊嚴其父是孝行之大也○注謂父至人也○正義曰云謂父爲天雖無貴賤者此將釋配天之禮始自周公故先張此文言人無限貴賤皆得謂父爲天也云然以父配天之禮始自周公故曰其人也者但以父配天徧檢羣經更無殊說案禮記有虞氏尚德不郊其祖夏殷始尊祖於郊無父配天之禮也周公大聖而首行之禮無二尊既以后稷配郊天不可又以文王配之五帝天之別名也因享明堂而以文王配之

是周公嚴父配天之義也亦所以申文王有尊祖之禮也經稱周公其人注順經旨故曰始自周公也昔者周公郊祀后稷以配天后稷周之始祖也郊謂圜丘祀天也周公攝政因行郊天之祭乃尊始祖以配之也宗祀文王於明堂以配上帝明堂天子布政之宮也周公因祀五方上帝於明堂乃尊文王以配之也是以四海之內各以其職來祭。君行嚴配之禮則德教刑於四海海內諸侯各脩其職來助祭也夫聖人之德又何以加於孝乎言無大於孝者【疏】昔者至孝乎○正義曰前陳周公以父配天因言配天之事自昔武王既崩成王年幼即位周公攝政因行郊天祭禮乃以始祖后稷配天而祀之因祀五方上帝於明堂之時乃尊其父文王以配而享之尊父祖以配天崇孝享以致敬是以四海之內有土之君各以其職貢來助祭也既明聖治之義乃揔其意而荅之也周公聖人首爲尊父配天之禮以極於孝敬之心則夫聖人之德又何以加於孝乎是言無以加也○注后稷至配之○正義曰云后稷周之始祖也者案周本紀云后稷名棄其母有邰氏女曰

姜原爲帝嚳元妃出野見巨人跡心忻然欲踐之踐之而身動如孕者居期而生子以爲不祥棄之隘巷馬牛過者皆辟不踐徙置之林中適會山林多人遷之而棄渠中冰上飛鳥以其翼覆薦之姜嫄以爲神遂收養長之初欲棄之因名曰棄棄爲兒好種樹麻菽及爲成人遂好耕農帝堯舉爲農師天下得其利有功帝舜曰棄黎民阻飢爾后稷播時百穀封棄於邰號曰后稷后稷曾孫公劉復脩其業自后稷至王季十五世而生文王受命作周案毛詩大雅生民之序曰生民尊祖也后稷生於姜嫄文武之功起於后稷故推以配天焉是也云郊謂圜丘祀天也者此孔傳文祀祭也祭天謂之郊周禮大司樂云凡樂圜鍾爲宮黃鍾爲角大蔟爲徵沽洗爲羽靁鼓靁鼗孤竹之管雲和之琴瑟雲門之舞冬日至於地上之圜丘奏之若樂六變則天神皆降可得而禮矣郊特牲曰郊之祭也迎長日之至也大報天而主日也兆於南郊就陽位也又曰郊之祭也大報本反始也言以冬至之後日漸長郊祭而迎之是建子之月則與經俱郊祀於天明圜丘南郊也云周公攝政因行郊天之祭乃尊始祖以配之也者案文王世子稱仲尼曰昔者周公攝政踐阼而治抗世子法於伯禽所以善成王也則郊祀是周公攝政之時也公羊傳曰郊則曷爲必祭稷王者必以其祖配王者則曷爲必以其祖

配自内出者無主不行，自外至者無主不止。言祭天則天神爲客，是外至也，須人爲主，天神乃至。故尊始祖以配天神，侑坐而食之。案左氏傳曰凡祀啓蟄而郊，又云郊祭后稷以祈農事也。而鄭注禮郊特牲乃引易説曰三王之郊一用夏正建寅之月也。此言迎長日者，建卯而晝夜分，分而日長也。然則春分而長短分矣，此則迎在未分之前，至謂春分之日也。夫至者是長短之極也，明分者晝夜均也。分是四時之中，啓蟄在建寅之月，過至而未及分，必於夜短方爲日長，則左氏傳不應言啓蟄也。若以日長有漸，郊可預迎，則其初長宜在極短之日，故知傳啓蟄之郊是祈農之祭也。周禮冬至之郊是迎長日報本反始之祭也。鄭玄以祭法有周人禘嚳之文，遂變郊爲祀感生之帝，謂東方青帝靈威仰，周爲木德，威仰木帝。以駁之曰：案爾雅曰祭天曰燔柴，祭地曰瘞薶，又曰禘大祭也，謂五年一大祭之名。又祭法祖有功，宗有德，皆在宗廟，本非郊配。若依鄭説，以帝嚳配祭圜丘，是天之最尊也。周之尊帝嚳不若后稷，今配青帝，乃非最尊，實乖嚴父之義也。且徧窺經籍，並無以帝嚳配天之文。若帝嚳配天，則經應云禘嚳於圜丘以配天，不應云郊祀后稷也。天一而已，故以所在祭在郊則謂爲圜丘，言於郊爲壇以象圜天，圜丘即郊也，郊即圜丘也。其時中郎馬昭抗章固執，當時勑博士張融質

之，融稱漢世英儒自董仲舒、劉向、馬融之倫皆斥周人之祀昊天於郊以后稷配，無如玄説配蒼帝也。然則周禮圜丘則孝經之郊，聖人因尊事天，因卑事地，安能復得祀帝嚳於圜丘，配后稷於蒼帝之禮乎？且在周頌思文后稷克配彼天，又昊天有成命郊祀天地也，則郊非蒼帝，通儒同辭，肅説爲長。伏以孝爲人行之本，祀爲國事之大，孔聖垂文，固非臆説，前儒詮證，各擅一家。自頃脩撰，備經斟覆，究理則依王肅爲長，從衆則鄭義已久。王義其聖證之論，鄭義其於三禮義宗。王鄭是非，於禮記其義文多，卒難詳縷，此略據機要，且舉二端焉。○注明堂至之也。○正義曰：云明堂天子布政之宮也者，案禮記明其之端注明堂朝諸侯于明堂之位，天子負斧依南鄉而立。明堂也者，明諸侯之尊卑也。制禮作樂，頒度量而天下大服，知明堂是布政之宮也。云周公因祀五方上帝於明堂，乃尊文王以配之也者，五方上帝即是上帝也，謂以文王配五方上帝之神，侑坐而食也。案鄭注論語云皇皇后帝並謂太微五帝，在天爲上帝，分王五方爲五帝。舊説明堂在國之南，去王城七里，以近爲媟；南郊去王城五十里，以遠爲嚴。五帝卑於昊天，所以於郊祀昊天，於明堂祀上帝也。其以后稷配郊，以文王配明堂，義見於上也。五帝謂東方青帝靈威仰，南方赤帝赤熛怒，西方白帝白招拒，北方黑帝汁光紀，

中央黄帝含樞紐。鄭玄云明堂居國之南，南是明陽之地，故曰明堂。案史記云黄帝接萬靈於明庭，明庭即明堂也。明堂起於黄帝。周禮考工記曰夏后曰世室，殷人重屋，周人明堂。先儒舊説其制不同。案大戴禮云明堂凡九室，一室而有四戸八牖，三十六戸，七十二牖，以茅蓋屋，上圓下方。鄭玄據援神契云明堂上圓下方，八牖四闥。考工記曰明堂五室。稱九室者，或云取象陽數也；八牖者，陰數也，取象八風也；三十六戸，取象六甲子之爻，六六三十六也；上圓象天，下方法地；八牖者即八節也；四闥者象四方也；稱五室者取象五行，皆無明文也，以意釋之耳。此言宗祀於明堂，謂九月大享靈威仰等五帝，以文王配之，即月令云季秋大享帝，注云徧祭五帝。以其上言舉五穀之要，藏帝藉之收於神倉，六月西方成事終而報功也。○注君行至祭也。○正義曰：云君行嚴配之禮者，此謂宗祀文王於明堂以配天是也。云則德教刑於四海，海内諸侯各脩其職來助祭也者，謂四海之内六服諸侯各脩其職貢方物也。案周禮大行人以九儀辨諸侯之命，廟中將幣三享。又曰侯服貢祀物，鄭云犧牲之屬；甸服貢嬪物，注云絲枲也；男服貢器物，注云尊彝之屬也；采服貢服物，注云玄纁絺纊也；衛服貢材物，注云八材也；要服貢貨物，注云龜貝也。此是六服諸侯各脩其職來助祭。又若尚書武成篇云

丁未祀於周廟，邦甸侯衛駿奔走，執豆籩，亦是助祭之義也。

故親生之膝下，以養父母日嚴。親猶愛也。膝下謂孩幼之時也。言親愛之心生於孩幼，比及年長，漸識義方，則日加尊嚴，能致敬於父母也。

聖人因嚴以教敬，因親以教愛。聖人因其親嚴之心，敦以愛敬之教。故出以就傳，趨而過庭，以教敬也；抑搔癢痛，懸衾篋枕，以教愛也。

聖人之教不肅而成，其政不嚴而治，聖人順羣心以行愛敬，制禮則以施政教，亦不待嚴肅而成理也。

其所因者本也。本謂孝也。

疏　故親至本也。○正義曰：此更廣陳嚴父之由。言人倫正性，必在蒙幼之年，教之則明，不教則昧。言親愛之心生在其孩幼膝下之時，於是父母則教示，比及年長，漸識義方，則日加尊嚴，能致敬於父母，故云以養父母日嚴也。是以聖人因其日嚴而教之以敬，因其知親而教之以愛，故聖人因之以施政教，不待嚴肅自然成治也。然其所因者在於孝也，言本皆因於孝道也。○注親猶至母也。○正義曰：云親猶愛也者，嫌以親爲父母，故云親猶愛也。云膝下謂孩幼之時也者，案内則云子生三月，妻以子見於父，父執子

之右手孩而名之案說文云孩小兒笑也謂指其頤下令之笑而爲之名故知膝下謂孩幼之時也云親愛之心生於孩幼之時也者言孩幼之時已有親愛父母之心生也云比及年長漸識義方則日加尊嚴能致敬於父母也者春秋左氏傳石碏曰臣聞愛子教之以義方方猶道也謂教以仁義合宜之道也其教之者案禮記內則子能飲食教以右手能言男唯女俞男鞶革女鞶絲六年教之數與方名七年男女不同席不共食八年出入門戶及即席飲食必後長者始教之讓九年教之數日又曲禮云幼子常視無誑立必正方不傾聽與之提攜則兩手奉長者之手負劒辟咡詔之則掩口而對注約彼文爲說故曰日加尊嚴言子幼而誨及長則能致敬其親也○注聖人至愛也○正義曰父子之道簡易則慈孝不接狎則恩生焉故聖人因其親嚴之心教以愛敬之教也云出以外傳者案禮記內則云十年出就外傳居宿於外學書計鄭云外傳教學之師也謂年十歲出就外傳居宿於外就師而學也案十年出就外傳指命士已上今此引之則尊卑皆然也云趨而過庭以教敬也者言父之與子於禮不得常同居處也案論語云陳亢問於伯魚曰子亦有異聞乎對曰未也嘗獨立鯉趨而過庭曰學禮乎對曰未也不學禮無以立鯉退而學禮聞斯二者陳亢退而喜曰問一得三

聞詩聞禮又聞君子之遠其子也故注約彼文以爲說也云抑搔癢痛懸衾篋枕以教愛者也者此並約內則文案彼云以適父母舅姑之所及所下氣怡聲問衣燠寒疾痛疴癢而敬抑搔之父母舅姑將坐奉席請何鄉將衽長者奉席請何趾少者執牀與坐御者舉几斂席與簟懸衾篋枕斂簟而襡之鄭注云須臥乃敷之也襡韜也是父母未寢故衾被則懸枕則置篋中言子有近父母之道所以教其愛也夫愛以敬生敬先於愛無宜待教而此言教敬愛者禮記樂記曰樂者爲同禮者爲異同則相親異則相敬樂勝則流是愛深而敬薄也禮勝則離是嚴多而愛殺也不教敬則不嚴不和親則忘愛所以先敬而後愛也舊注取士章之義而分愛敬父母之別此其失也○注聖人至理也○正義曰云聖人順羣心以行愛敬者聖人謂明王也聖者通也稱明王此言在位無不照也稱聖人者言用心無不通也順羣心者則首章以順天下是也以行愛敬者則天子能愛親敬親者是也云制禮則以施政教者則德教加於百姓是也云亦不待嚴肅而成理也者蓋言王化順此而行也言亦者三才章已有成理之言故云亦也○注本謂孝也○正義曰此依鄭注也首章云夫孝德之本也制旨曰夫人倫正性在蒙幼之中導之斯通壅之斯蔽故先王慎其所養於是乎有胎中之教膝下之訓

感之以惠和而日親焉期之以恭順而日嚴焉夫親也者緣乎正性而達人情者也故因其親嚴之心教以愛敬之範則不嚴而治不肅而成謂其本於先祖也

父子之道天性也君臣之義也 父子之道天性之常加以尊嚴又有君臣之義

父母生之續莫大焉 父母生子傳體相續人倫之道莫大於斯

君親臨之厚莫重焉 謂父爲君以臨於已恩義之厚莫重於斯

疏 父子至重焉 ○正義曰此言父子恩親之情是天生自然之道父以尊嚴臨子子以親愛事父尊卑既陳貴賤斯位則子之事父如臣之事君易稱乾元資始坤元資生又論語曰子生三年然後免於父母之懷是父母生已傳體相續此爲大焉言有父之尊同君之敬恩義之厚此最爲重也○注父子至之義○正義曰云父子之道天性之常者父子之道自然慈孝本乎天性則生愛敬之心是常道也云加以尊嚴又有君臣之義者言父子相親本於天性慈孝生於自然既能尊嚴於親又有君臣之義故易家人卦曰家人有嚴君焉父母之謂也是謂父母爲嚴君也○注父母至於斯○正義曰案說文云續連也言子繼於父母相連不絕也易稱生生之謂易言後生次於前也此則傳續之

義也○注謂父至於斯○正義曰上引家人之文言人子之道於父母有嚴君之義此章既陳聖治則事繫於人君也案禮記文王世子稱昔者周公攝政抗世子法於伯禽使之與成王居欲令成王之知父子君臣之義君之於太子也親則父也尊則君也有父之親有君之尊然後兼天下而有之者言既有天性之恩又有君臣之義厚重莫過於此也

故不愛其親而愛他人者謂之悖德不敬其親而敬他人者謂之悖禮 言盡愛敬之道然後施教於人違此則於德禮爲悖也

以順則逆民無則焉 行教以順人心今自逆之則下無所法則也

不在於善而皆在於凶德 善謂身行愛敬也凶謂悖其德禮也

雖得之君子不貴也 言悖其德禮雖德志於人上君子之不貴也

疏 故不至貴也○正義曰此說愛敬之失悖於德禮之事也所謂不愛敬其親者是君上不能身行愛敬也而愛他人敬他人者是教天下行愛敬也君自不行愛敬而使天下人行是謂悖德悖禮也唯人君合行政教以順天下人心今則自逆不行翻使天下之人法行於逆

道故人無所法則斯乃不在於善而皆在於凶德在謂心之所在也凶謂凶害於德也如此之君雖得志於人上則古先哲王聖人君子之所不貴也○注言盡至悖也○正義曰云言盡愛敬之道然後施教於人者此孔傳也則天子章言愛敬盡於事親而德教加於百姓是也云違此則於德禮爲悖也者案禮記大學云堯舜率天下以仁而民從之桀紂率天下以暴而民從之其所令反其所好而民不從是故君子有諸己而后求諸人無諸己而后非諸人所藏乎身不恕而能喻諸人者未之有也是知人君若違此盡愛敬之道而教天下人行愛敬是悖逆於德禮也○注善謂至禮也○正義曰云善謂身行愛敬也者謂身行愛敬乃爲善也云凶謂悖其德禮也者悖猶逆也言逆其德禮則爲凶也○注言悖至貴也○正義曰云悖其德禮者此依魏注也謂人君不行愛敬於其親鄭注云悖若桀紂是也云雖得志於人上者君子之不貴也者言君子如此是雖得志居臣人之上幸免篡逆之禍詩聖人君子之所不貴言賤惡之也

君子則不然不悖德禮也言思可道行思可樂思可道而後言人必信也思可樂而後行人必悅也德義可尊作事可法立德行義不違道正故可尊也制作事業動得物宜故可法也容止可觀進退可度容止威儀也必合規矩則可觀也進退動靜也不越禮法則可度也以臨其民是以其民畏而愛之則而象之君行六事臨撫其人則下畏其威愛其德皆放象於君也故能成其德教而行其政令上正身以率下下順上而法之則德教成政令行也

疏君子至政令○正義曰前說爲君而爲悖德禮之事此言聖人君子則不然也君子者須慎其言行動止舉措思可道而後言思可樂而後行故德義可以尊崇作業可以爲法威容可以觀望進退皆脩禮法以此六事君臨其民則人畏威而親愛之法則而象效之故德教以此而成政令以此而行也○注不悖德禮也○正義曰此依魏注也言君子舉措皆合德禮無悖逆也○注思可至悅也○正義曰言者心之聲也思者心之慮也可者事之合也道者陳說也行謂施行也樂謂使人悅服也禮記中庸稱天下至聖言而民莫不信行而民莫不說也○注立德至可法也○正義曰此立德行義不違道正故可尊也者此依孔傳也劉炫云德者得於理也義者宜於事也得理在於身宜事見於外謂理得事宜行道守正故能爲人所尊也制作事業動得物宜故可法也者作謂造立也事謂施爲也易曰舉而措之天下之民謂之事業言能作衆物之端爲器用之式造立於已成式於物物得其宜故能使人法象也○注容止至度也○正義曰容止威儀也必合規矩則可觀也者此依孔傳也容止謂禮容所止也漢書儒林傳云魯徐生善爲容以容爲禮官大夫是也威儀即儀禮也中庸云威儀三千是也春秋左氏傳曰有威而可畏謂之威有儀而可象謂之儀言君子有此容止威儀能合規矩案禮記玉藻云周還中規折還中矩鄭云反行也宜圜曲行也宜方是合規矩故可觀云進退動靜也者進則動也退則靜也案易乾文言曰進退無常非離羣也又艮卦彖曰時止則止時行則行動靜不失其時其道光明是進退則動靜也云不越禮法則可度也者動靜不乖越禮法故可度也○注君行至君也○正義曰云君行六事臨撫其人者言君施行六事以臨撫下人六事即可度以上之事有六也云則下畏其威愛其德皆放象於君也者案左傳北宮文子對衛侯說威儀之事稱有威而可畏謂之威有儀而可象謂之儀君有君之威儀其臣畏而愛之則而象之又因引周書數文王之德曰大國畏其力小國懷其德言畏而愛之也詩云不識不知順帝之則言則而象之也又云君子在位可畏施舍可愛進退可度周旋

可則容止可觀作事可法德行可象聲氣可樂動作有文言語有章以臨其下謂之有威儀也據此與經雖稍殊別大抵皆敘君之威儀也故經引詩云其儀不忒其義同也○注上正至行也○正義曰云上正身以率下者此依孔傳也論語孔子對季康子曰子率以正孰敢不正又曰其身正不令而行是正其身之義也云下順上而法之者言正其身以率下則下人皆從之無不法○則德教成政令行也者言風化當如此也

詩云淑人君子其儀不忒淑善也忒差也義取君子威儀不差爲人法則

疏詩云至不忒○正義曰夫子述君子之德既畢乃引曹風鳲鳩之詩以贊美之言善人君子威儀不差失也○注淑善至法則○正義曰云淑善也忒差也此依鄭注也淑善釋詁文釋言云爽差也爽忒也轉互相訓故忒得爲差也云義取君子威儀不差爲人法則者亦言引詩大意如此也

孝經注疏卷第五

掌福建道監察御史武寧盧浙栞

孝經注疏卷五挍勘記　阮元撰盧宣旬摘錄

孝經注疏卷第五

聖治章第九

參問明王孝理　岳本參改作曾子石臺本問作聞是也監本王誤至

更有大於孝不　岳本不作否

杜預左氏傳曰　案曰上當有注字

郊謂圜丘祀天也　監本祀誤配

各以其職來祭　毛本職作軄案軄俗職字石臺本唐石經宋熙寧石刻岳本閩本監本正義本來下有助字禮記禮器正義公羊僖十五年疏後漢書班彪傳下注引並作各以其職來助祭注云各脩其職來助祭也是經文本有助字石臺本脫諸本仍之

云后稷周公之始祖也者　案公字衍文

姜原　閩本監本毛本改姜嫄

冰上飛鳥以其翼覆鷹之　監毛本鷹作藉案史記周本紀鷹作薦

黎民阻饑　案史記周本紀阻饑作始飢此作阻依古文尚書改非是段玉裁尚書撰異云今文尚書作祖飢其證有五五帝本紀曰黎民始飢一也漢書食貨志曰舜命后稷以黎民祖饑二也孟康注漢書曰祖始也古文言阻三也徐廣史記音義曰今文尚書作祖飢祖始也四也毛詩釋文曰馬融注尚書作祖云始也五也

圜鍾爲宮　監本毛本鍾作鐘五經文字云鐘樂器鍾量名今經典或通用鍾爲樂器案開成石經凡樂器之鐘皆作鍾

周公攝政踐祚而治　監本毛本祚作阼是也

無主不行　案公羊傳主作匹注云合也

威仰木帝　儀禮經傳通解續下有以后稷配蒼龍精也韋昭所著亦符此說惟魏太常王肅獨著論廿五字

王義其聖證之論鄭義其於三禮義宗　案其並具字之誤

於禮記其義文多　盧文弨挍本文作尤

按禮記明其二端注明堂　正誤其二端注明堂作堂位昔者周公是也

鄭炫云　案炫當作元下同

夏后曰世室　案曰當作氏

以茅盖屋　閩本監本毛本盖作蓋是也九經字樣云蓋說文蓋从艸从盍張參五經文字又公害翻並見艸部艸音草明皇御注孝經石臺亦作蓋今或相承作盖者乃從行書訛俗不可施於經典今孝經作盖

八牖者即八節也　正誤即作象

藏帝藉之收於神倉　閩本監本毛本藉作籍按月令作藉

六月西方成　案六當作九

注云繇帛也　案帛當作帛

故親生之膝下　石臺本唐石經宋熙寧石刻岳本監本膝作膝是也下倣此

懸衾篋枕　石臺本亦作懸篋作篋岳本作縣案當作縣隸書从竹字往往作卄如制節謹度之節石臺本作節此篋字亦隸體也

子能飲食　案飲當作食讀如字下食音嗣或疑與下食字重遂改爲飲

九年教之數目　監本毛本目作日不誤

云出以外傳者　監本毛本外作就是也

鯉趨而過庭正誤云下脫曰學詩乎對曰未也不學詩無以言鯉退而學詩他日又獨立鯉趨而過庭廿九字

懸衾篋枕閩本監本毛本作衾此本誤食今改正案內則懸作縣懸俗縣字

以教愛者也案注無上者字此衍文也

疾痛疴癢案禮記作苛癢

無宜待教浦鏜云無宜疑誤倒或宜爲容字之誤

是嚴多而愛殺也閩本監本毛本作愛此本誤威今改正

不和親則忘愛正誤和作教

聖人謂明王也閩本監本毛本作王此本誤正今改正

此言父子恩親之情正誤親作愛

侗君之敬閩本監本毛本作君之此本二字誤倒今改正

君之於太子也案禮記太作世

然後兼天下而有之者案禮記無者字此誤衍

君子之不貴也岳本之下增所字案正義亦無浦鏜云脫所字非也

是知人君若達此盡愛敬之道閩本監本毛本達作違此下有不字是也

言君子如此浦鏜云君子當人君誤是也

言聖人君子之所不貴浦鏜云言當亦字誤是也

臨撫其人岳本撫作於案正義亦作撫岳本非也

道者陳悅也閩本監本毛本者作謂不誤悅作說

此立德行義正誤此作云是也

魯徐生善爲容字漢書儒林傳容作頌案頌正字容假借

威儀不差夫也閩本監本毛本夫作失是也

孝經注疏卷五校勘記終

新建生員杜榮校

孝經注疏卷第六

紀孝行章第十

邢昺注疏

疏　正義曰此章紀録孝子事親之行也前章孝治天下所施政教不待嚴肅自然成理故君子皆由事親之心所以孝行有可紀也故以名章次聖人之後或於孝行之下又加犯法兩字今不取也

子曰孝子之事親也居則致其敬平居必盡其敬養則致其樂就養能致其懽病則致其憂色不滿容行不正履喪則致其哀擗踊哭泣盡其哀情祭則致其嚴齊戒沐浴明發不寐五者備矣然後能事親五者闕一則未爲能

疏　子曰至事親○正義曰致猶盡也言爲人子能事其親而稱孝者謂平常居處家之時也當須盡於恭敬若進飲食之時怡顏悦色致親之懽若親之有疾則冠者不櫛怒不至詈盡終憂謹之心若親喪亡則攀號毀瘠終其哀情也若卒哀之後終盡其祥練及春秋祭祀又當盡其嚴肅此五者無限貴賤有盡能備者是其能事親○注平居必盡其敬○正義曰此依王注也平居謂平常在家孝子則須恭敬也案禮記内則云子事父母雞初鳴咸盥漱至於父母之所敬進甘脆而后退又祭義曰養可能也敬爲難皆是盡敬之義也○注就養能致其懽○正義曰此依魏注也案檀弓曰事親有隱而無犯左右就養無方言孝子冬温夏凊昏定晨省及進飲食以養父母皆須盡其敬安之心不然則難以致親之懽○注色不至正履○正義曰此依鄭注也案禮記文王世子云王季有不安節則内豎以告文王文王色憂行不能正履又下文此古之世子亦朝夕問於内豎其有不安世子色憂不滿容此注減憂能二字者以此章通於貴賤雖儗人非其倫亦舉重以明輕之義也○注擗踊至哀情○正義曰此依鄭注也並約喪親章文其義具於彼○注齊戒至不寐○正義曰此皆説祭祀嚴敬之事也案祭義曰孝子將祭夫婦齋戒沐浴盛服奉承而進之言將祭必先齊戒沐浴也又云文王之祭也事死如事生詩云明發不寐有懷二人文王之詩也鄭注云明發不寐謂夜而至旦也二人謂父母也言文王之嚴敬祭祀如此也○注五者至爲能○正義曰此依魏注也凡爲孝子者須備此五等事也五事若闕於一則未爲能事親也

事親者居上不驕當莊敬以臨下也爲下不亂當恭謹以奉上也在醜不爭醜衆也爭競也當和順以從衆也居上而驕則亡爲下而亂則刑在醜而爭則兵謂以兵刃相加三者不除雖日用三牲之養猶爲不孝也三牲太牢也孝以不毀爲先言上三事皆可亡身而不除之雖日致太牢之養固非孝也

疏　事親至孝也○正義曰此言居上位者不可爲驕溢之事爲臣下者不可爲撓亂之事在醜輩之中不可爲忿爭之事是以居上須去驕不去則危亡也爲下須去亂不去則致刑辟在醜輩須去爭不去則兵刃或加於身若三者不除雖復日日能用三牲之養終貽父母之憂猶爲不孝之子也○注醜衆也爭競也○正義曰此依魏注也醜衆釋詁文左傳曰師競已甚杜預云競猶爭也故注以競釋爭也○注謂以兵刃相加○正義曰此依常義案左傳云晉范鞅用劍以帥卒杜預曰用短兵接敵此則刃劒之屬謂之兵也必有刃堪害於人則左傳齊莊公請自刃於廟是也言處儕衆之中而每事好爭競或有以刃相讎害也○注三牲至非孝也○正義曰云三牲太牢也者三牲牛羊豕也案尚書召誥稱越翼日戊午乃社於新邑牛一羊一豕一孔云用太牢也是謂三牲爲太牢也云孝以不毀爲先者則首章不敢毀傷也云言上三事皆可亡身者謂上居上而驕爲下而亂在醜而爭之三事皆可喪亡其身命也云而不除之雖日致太牢之養固非孝也者言奉養雖優不除驕亂及爭競之事使親常憂故非孝也

五刑章第十一

疏　正義曰此章五刑之屬三千案舜命皋陶云汝作士明于五刑又禮記服問云喪多而服五罪多而刑五以其服有親疏罪有輕重也故以名章以前章有驕亂忿爭之事言此罪惡必及刑辟故此次之

子曰五刑之屬三千而罪莫大於不孝五刑謂墨劓剕宫大辟也條有三千而罪之大者莫過不孝也要君者無上君者臣之稟命也而敢要之是無上也非聖人者無法聖人制作禮樂而敢非之是無法也非孝者無親善事父母爲孝而敢非之是無親也此大亂之道也言人有上三惡豈唯不孝乃是大亂之道

【疏】子曰至道也。○正義曰：五刑者，言刑名有五也。三千者，言所犯刑條有三千也。所犯雖異，其罪乃同，故言之屬以包之。就此三千條中，其不孝之罪尤大，故云而罪莫大於不孝也。凡爲人子，當須遵承聖教，以孝事親，以忠事君。君命宜奉而行之，敢要之，是無心遵於上也。聖人垂範，當須法則，今乃非之，是無心法於聖人也。孝者百行之本，事親爲先，今乃非之，是無心愛其親也。卉木無識，尚感君政；禽獸無禮，尚知戀親。況在人靈，而敢要君不孝也。逆亂之道，此爲大焉，故曰此大亂之道也。○注五刑至不孝。○正義曰：云五刑謂墨劓刵宮大辟也者，此依魏注也。此五刑之名，皆尚書呂刑文。孔安國云：割其顙而涅之曰墨刑。顙，額也。謂刻額爲瘡，以墨塞瘡孔，令變色也。墨一名黥。又云：截鼻曰劓，刖足曰刵。釋言云：刵，刖也。李巡曰：斷足曰刖是也。又云：宮，淫刑也。男子割勢，婦人幽閉，次死之刑。以男子之陰名爲勢，割去其勢，與椓去其陰事亦同也。婦人幽閉，閉於宮，使不得出也。又云：大辟，死刑也。案此五刑之名，見於經傳，唐虞以來皆有之矣。未知上古起自何時。漢文帝始除肉刑，除墨劓刵耳，宮刑猶在。隋開皇之初，始除男子宮刑，婦人猶閉於宮。此五刑之名義。鄭注周禮司刑引書傳曰：決關梁、踰城郭而略盜者，其刑臏；男女不以義交者，其刑宮；觸易君命、革輿服制度、姦軌盜攘傷人

者，其刑劓；非事而事之、出入不以道義而誦不詳之辭者，其刑墨；降畔寇賊劫略奪攘矯虔者，其刑死。案說文云：臏，膝骨也。刖臏，謂斷其膝骨。此注不言臏而云刵者，據呂刑之文也。云條有三千而罪之大者莫過不孝者，案周禮司刑掌五刑之法，以麗萬民之罪：墨罪五百，劓罪五百，宮罪五百，刵罪五百，殺罪五百，合二千五百。至周穆王，乃命呂侯入爲司寇，令其訓暢夏禹贖刑，增輕削重，依夏之法，條有三千，則周三千之條首自穆王始也。呂刑云：墨罰之屬千，劓罰之屬千，剕罰之屬五百，宮罰之屬三百，大辟之罰其屬二百，五刑之屬三千。言此三千條中，罪之大者莫有過於不孝也。案舊注說及謝安、袁宏、王獻之、殷仲文等，皆以不孝之罪，聖人惡之，云在三千條外。此失經之意也。案上章云三者不除，雖日用三牲之養，猶爲不孝，此承上不孝之後而云三千之罪莫大於不孝，是因其事而便言之，本無在外之意。案檀弓云：子弒父，凡在官者殺無赦，殺其人，壞其室，洿其宮而豬焉。既云學斷斯獄，則明有條可斷也。何者？易序卦稱有天也然後萬物生焉，自屯蒙至需訟，即爭訟之始也。故聖人法雷電以申威刑，所興其來遠矣。唐虞以上，書傳靡詳。舜命皋陶，有五刑五刑。斯著案風俗通曰：皋陶謨是虞時造也。及周穆王訓夏，里悝師魏，乃著法經六篇，而以盜賊爲首。賊之大者有惡逆焉，決斷不違時，凡赦不免。又有不孝之罪，並編十惡之條。前世不忘，後世爲式，而安宏不孝之罪不列三千之條中，今不取也。○注君者至無上也。○正義曰：此依孔傳也。案晉語云：諸大夫迎悼公，公曰：孤始願不及此，孤之及此，天也。抑人之有元君，將稟命焉。明凡爲臣下者，皆稟君教命，而敢要以從己，是有無上之心，故非孝子之行也。若臧武仲以防求爲後於魯，晉舅犯及河授璧請亡之類是也。○注聖人至法也。○正義曰：此依孔傳也。聖人規模天下，法則兆民，敢有非毀之者，是無聖人之法也。○注善事至親也。○正義曰：孝爲百行之本，敢有非毀之者，是無親愛之心也。○注言人至之道。○正義曰：言人不忠於君，不法於聖，不愛於親，此皆爲不孝，乃是罪惡之極，故經以大亂結之也。

廣要道章第十二

【疏】正義曰：前章明不孝之惡，罪之大者，及要君、非聖人。此乃禮教不容，廣宜要道以教化之，則能變而爲善也。首章略云至德要道之事而未詳悉，所以於此申而演之，皆云廣也。故以名章，次五刑之後。要道先於至德者，謂以要道施化，化行而後德彰，亦明道德相成，所以互爲先後也。

子曰：教民親愛，莫善於孝。教民禮順，莫善於悌。言教人親愛禮順，無加於孝悌也。**移風易俗，莫善於樂。**風俗移易，先入樂聲。變隨人心，正由君德。正之與變，因樂而彰，故曰莫善於樂。**安上治民，莫善於禮。**禮所以正君臣、父子之別，明男女、長幼之序，故可以安上化下也。

【疏】子曰至於禮。○正義曰：此夫子述廣要之義。言君欲教民親於君而愛之者，莫善於身自行孝也。君能行孝，則民效之，皆親愛其君。欲教民禮於長而順之者，莫善於身自行悌也。人君行悌，則人效之，皆以禮順從其長也。欲移易風俗之弊敗者，莫善於聽樂而正之。欲身安於上，民治於下者，莫善於行禮以帥之。○注言教至悌也。○正義曰：言欲民親愛於君、禮順於長者，莫善於身自行孝悌之善也。○注風俗至於樂。○正義曰：云風俗移易先入樂聲者，子夏詩序云：風，風也，教也。風以動之，教以化之。韋昭曰：人之性繫於大人，大人風聲，故謂之風。隨其越舍之情欲，故謂之俗。詩序又曰：至于王道衰，禮義廢，政教失，國異政，家殊俗，而變風變雅作矣。是入樂聲之義也。云變隨人心正由君德者，詩序又曰：國史明乎得失之迹，傷人倫之廢，哀刑政之苛，吟詠情性

以風其上故變風發乎情止乎禮義發乎情民之性也止乎禮義先王之澤也以斯言之則知樂者本於情性聲者因乎政教政教失則人情壞人情壞則樂聲移是變隨人心也國史明之遂吟以風上也受其風上而行其失乃行禮義以正之教化以美之上政既和人情自治是正由君德也云正之與變因樂而彰故曰莫善於樂者詩序又曰治世之音安以樂其政和亂世之音怨以怒其政乖亡國之音哀以思其民困又尚書益稷篇舜曰予欲聞六律五聲八音在治忽孔安國云在察天下理治及忽怠者皆是因樂而彰也案禮記云大樂與天地同和則自生人以來皆有樂性也世本曰伏羲造琴瑟則其樂器漸於伏羲也史籍皆言黃帝樂曰雲門顓頊曰六英帝嚳曰五莖堯曰咸池舜曰大韶禹曰大夏湯曰大濩武曰大武於樂之聲節起自黃帝也○注禮所至下也○正義曰云禮所以正君臣父子之別明男女長幼之序者此依魏注也禮記云非禮無以辨君臣上下長幼之位非禮無以辨男女父子兄弟之親是也云故可以安上化下也者釋安上治民也制百口禮殊事而合敬樂異人而同愛敬愛之極是謂要道神而明之是謂至德故必由斯人以私斯教而後禮樂興焉政令行焉以盛德之訓傳於樂聲則感人深而風俗移易以盛德之化措諸禮容則悅者衆而名教著明蘊乎

其樂章乎其禮故相待而成矣然則韶樂存於齊而民不爲之易周禮備於魯而君不獲其安亦政教失其極耳夫豈禮樂之咎乎

禮者敬而已矣敬者禮之本也**故敬其父則子悅敬其兄則弟悅敬其君則臣悅敬一人而千萬人悅**居上敬下盡得懽心故曰悅也**所敬者寡而悅者衆此之謂要道也**

【疏】禮者至道也○正義曰此承上莫善於禮也言禮者敬而已矣謂禮主於敬也入明敬功至廣是要道也其要正以謂天子敬人之父則其子皆悅敬人之兄則其弟皆悅敬人之君則其臣皆悅此皆敬父兄及君一人則其子弟及臣千萬人皆悅故其所敬者寡而悅者衆即前章所言先王有至德要道者皆此義之謂也○注敬者禮之本也○正義曰此依鄭注也案曲禮曰毋不敬是也○注居上至悅也○正義曰云居上敬下者案尚書五子之歌云爲人上者奈何不敬謂居上位須敬其下云盡得懽心故曰悅也者言得懽心則無所不悅也案孝治章云故得萬國百姓及人之懽心是也舊注云一人謂父兄君千萬人謂子弟臣也者此依孔傳也一人指受敬之人則知謂父兄君也千萬人指其喜悅者則知謂子弟臣也夫子弟及臣名何啻千萬言千萬人者舉其大數也

孝經注疏卷第六

掌福建道監察御史武寧盧浙栞

孝經注疏卷六挍勘記

阮元撰盧宣旬摘錄

孝經注疏卷第六

紀孝行章第十 正義云或於孝行之下又加犯法兩字今不取也

次聖人之後 案人當作治

擗踴哭泣 石臺本踊作踴監本泣誤立案說文有躃無踴

齊戒沐浴 石臺本岳本閩本監本毛本齊作齋

謂平常居處家之時也當須盡於恭敬 正誤處下有在字無也字於作其

致親之孝 正誤孝當作懽是也

啟進甘脆而后退 諸本作進此本誤道今改正毛本后改後

言孝子冬溫夏清 閩本毛本清作凊是也

此古之世子 浦鏜云此當記字誤

其有不安止 閩本監本毛本止作節是也

雖儗人非其倫 閩本監本毛本儗改擬案作儗是也

以舉重以明輕之義也 毛本上以字作亦是也

其義奧於彼 正誤奧作具是也

謂以兵刃相加 監本刃誤不

此則刃劍之屬 正誤刃作刀依左傳注改

五刑章第十一

又禮記問喪云 案問喪當作服問

喪多而服五罪多而刑五 案此二句誤倒當乙轉

君者臣之稟命也 石臺本之作所岳本監本毛本稟作禀與石臺本合

聖人制作禮樂 石臺本岳本樂作法

尚感君政 正誤政作仁

割其顙而涅之曰墨 案割當作刻

釋言云剕刖也 案爾雅剕作䠊說文亦作䠊

與椓去其陰 監本毛本椓作椓案說文作斀云去陰之刑也玉篇作劅云刑也今書呂刑作椓尚書撰異作劅椓云今本劅作椓此唐天寶三載衛包所改也孔訓劅為椓陰衛妄謂劅古字椓今字以椓改劅而宋開寶五年又改釋文大書劅為椓矣正義亦遭天寶後改從衛包而時有改之未盡者如卷二引鄭本尚書劓刖劅剠此篇云劅椓人陰是其證也

隋開皇之初始除男子宮刑 宋王應麟云按通鑑西魏大統十三年三月除宮刑非始於隋

案說文云臏膝骨也 說文臏作髕膝作厀案臏者髕之俗字

則臏謂斷其膝骨 閩本監本毛本則作刖是也

以厲萬民之罪 案厲當作麗

子弒父凡在官者殺無赦 監本官作宮是也

廣要道章第十二

故以右章 閩本監本毛本右作名是也

化行而後徧彰 正誤徧作德是也

莫善於悌 鄭注本作弟此正義本則作悌

此夫子述廣要之義 正誤要下補道字是也

隨其越舍之情欲 監本毛本越作趨是也

於樂之聲節 正誤於作則

禮云 正誤云上補記字

非禮無以辨男女父子兄弟之親是也 禮記辨作別

制百口 閩本監本毛本作樂記云

樂異人而同愛 案人當作文同禮記作合

敬一人而千萬人悅 毛本而誤則

入明敬功至廣 閩本監本毛本入作又是也

孝經注疏卷六校勘記終

新建生員杜鰲校

孝經注疏卷第七

廣至德章第十三　邢昺注疏

疏 正義曰首章標至德之目此章明廣至德之義故以名章次廣要道之後

子曰君子之教以孝也非家至而日見之也 言教不必家到戶至日見而語之但行孝於內其化自流於外 教以孝所以敬天下之爲人父者也教以悌所以敬天下之爲人兄者也 舉孝悌以爲教則天下之爲人子弟者無不敬其父兄也 教以臣所以敬天下之爲人君者也 舉臣道以爲教則天下之爲人臣者無不敬其君也

疏 子曰至君者也　正義曰此夫子述廣至德之義言聖人君子教人行孝事其親者非家家悉至而日見之但教之以孝則天下之爲人父者皆得其子之敬也教之以悌則天下之爲人兄者皆得其弟之敬也教之以臣則天下之爲君者皆得其臣之敬○注言教至於外　正義曰此依鄭注也祭義所謂孝悌發諸朝廷行乎道路至乎閭巷是流於外○注舉孝至父兄也○正義曰云舉孝悌以爲教者此依王注也案禮記祭義曰祀乎明堂所以教諸侯之孝也食三老五更於太學所以教諸侯之弟也此即謂發諸朝廷至乎州里是也云則天下之爲人子弟者無不敬其父兄也者言皆敬也案舊注用應劭漢官儀云天子無父父事三老兄事五更乃以事父事兄爲教孝悌之禮案禮教敬自有明文假令天子事三老蓋同庶人倍年以長之敬本非教孝子之事今所不取也○注舉臣至君也　正義曰此依王注也案祭義云朝覲所以教諸侯之臣也者諸侯列國之君也若朝覲於王則身行臣禮言聖人制此朝覲之法本以教諸侯之爲臣也則諸侯之卿大夫亦各放象其君而行事君之禮也劉炫以爲將教爲臣之道固須天子身行者案禮運曰故先王患禮之不達於下也故祭帝於郊謂郊祭之禮册祝稱臣是亦以見天子以身率下之義也

詩云愷悌君子民之父母 愷樂也悌易也義取君以樂易之道化人則爲天下蒼生之父母也 非至德其孰能順民如此其大者乎

疏 詩云至者乎　正義曰夫子既述至德之教已畢乃引大雅泂酌之詩以贊美之愷樂也悌易也言樂易之君子能順民心而行教化乃爲民之父母若非至德之君其誰能順民心如此其廣大者乎孰誰也案禮記表記稱子言之君子所謂仁者其難乎詩云凱弟君子民之父母凱以强教之弟以說安之使民有父之尊有母之親如此而后可以爲民父母矣非至德其孰能如此乎此章於孰能下加順民如此下加其大者與表記爲異其大意不殊而皇侃以爲并結要道至德兩章或失經旨也劉炫以爲詩美民之父母證君之行教未證至德之大故於詩下別起歎辭所以異於餘章頗近之矣○注愷樂至母也　正義曰愷樂悌易釋詁文云義取君以樂易之道化人則爲天下蒼生之父母也者亦言引詩大意如此蒼生尚書文謂天下黔首蒼蒼然衆多之貌也孔安國以爲蒼蒼然生草木之處今不取也

廣揚名章第十四

疏 正義曰首章略言揚名之義而未審而於此廣之故以名章次至德之後

子曰君子之事親孝故忠可移於君 以孝事君則忠 事兄悌故順可移於長 以敬事長則順 居家理故治可移於官 君子所居則化故可移於官也 是以行成於內而名立於後世矣 脩上三德於內名自傳於後代

疏 子曰至世矣　正義曰此夫子廣述揚名之義言君子之事親能孝者故資孝爲忠可移孝行以事君也事兄能悌者故資悌爲順可移悌行以事長也居家能理者故資治爲政可移於績以施於官也是以君子居能以此善行成之於內則令名立於身沒之後也先儒以爲居家理下闕一故字御注加之○注以孝事君則忠　正義曰此一章之文義已見於上○注以敬事長則順　正義曰此依鄭注也亦士章之敬悌義同已具上釋然人之行敬則有輕有重敬父敬君則重也敬兄敬長則輕也○注君子至官也　正義曰此依鄭注也論語云君子不器言無所不施○注脩上至後代　正義曰此依鄭注也三德則上章云移孝以事於君移悌以事於長移理以施於官也言此三德不失則其令名常自傳於後世經云立而注爲傳者立謂常有之名傳謂不絕之稱但能不絕即是常有之行故以傳釋立也

諫諍章第十五

疏 正義曰：此章言爲臣子之道，若遇君父有失，皆諫爭也。曾子問聞揚名已上之義，而問子從父之令，夫子以令有善惡，不可盡從，乃爲述諫爭之事，故以名章，次揚名之後。

曾子曰：若夫慈愛恭敬，安親揚名，則聞命矣。敢問子從父之令，可謂孝乎？事父有隱無犯，又敬不違，故疑而問之。

疏 ○曾子至孝乎 ○正義曰：前章以來，唯論愛敬及安親之事，未說規諫之道，故又假曾子之問曰：「若夫慈愛恭敬，安親揚名，則已聞命矣。敢問子從父之教令，亦可謂之孝乎？」疑而問之，故稱乎也。尋上所陳，唯言敬愛，未及慈恭，而曾子并言慈恭已聞命矣者，皇侃以爲上陳愛敬，則包於慈恭矣。慈者孜孜，愛者念惜，恭者貌多心少，敬者心多貌少。如侃之說，則慈恭愛敬之別，何故云包慈恭也？或曰：慈者接下之別名，愛者奉上之通稱。劉炫引禮記內則說子事父母慈以旨甘，喪服四制云高宗慈良於喪，莊子曰事親則孝慈，此並施於事上。夫愛出於內，慈爲愛體；敬生於心，恭爲敬貌。此經悉陳事親之跡，寧有接下之文？夫子據心而爲言，所以唯稱愛敬；曾參體貌而兼取，所以并舉慈恭。如劉炫此言，則知慈是愛親也，恭是敬親也。安親則上章云「故生則親安之」，揚名即上章云「揚名於後世矣」。經稱夫有六焉，蓋發言之端也：一曰「夫孝始於事親」，二曰「夫孝德之本」，三曰「夫孝人之經」，四曰「夫然故生則親安之」，五曰「夫聖人之德」，此章云「若夫慈愛」。並卻明前理而下有其趣，故言夫以起之。劉瓛曰：「夫猶凡也。」○注事父至問之 ○正義曰：禮記檀弓云：「事親有隱而無犯。」以經云「從父之令」，故注變親爲父。案論語云：「事父母幾諫，見志不從，又敬不違。」引此二文，以成疑疏，證曾子有可問之端也。

子曰：是何言與！是何言與！有非而從，成父不義，理所不可，故再言之。昔者天子有爭臣七人，雖無道，不失其天下；諸侯有爭臣五人，雖無道，不失其國；大夫有爭臣三人，雖無道，不失其家；降殺以兩，尊卑之差。爭謂諫也。言雖無道，爲有爭臣，則終不至失天下、亡家國也。士有爭友，則身不離於令名；令，善也。益者三友，言受忠告，故不失其善名。父有爭子，則身不陷於不義。父失則諫，故免陷於不義。故當不義，則子不可以不爭於父，臣不可以不爭於君。不爭則非忠孝。故當不義則爭之。從父之令，又焉得爲孝乎！

疏 ○子曰至孝乎 ○正義曰：夫子以曾參所問，於理乖僻，陳諫爭之義，因乃諮而荅之曰：「汝之此問，是何言與？」再言之者，明其深不可也。既諮之後，乃爲曾子說必須諫爭之事。言臣之諫君，子之諫父，自古攸然，故言昔者天子治天下，有諫爭之臣七人，雖復無道，昧於政教，不至失於天下。言無道者，謂無道德。諸侯有諫爭之臣五人，雖無道，亦不失其國也。大夫有諫爭之臣三人，雖無道，亦不失於其家。士有諫爭之友，則其身不離遠於善名也。父有諫爭之子，則身不陷於不義。故君父有不義之事，凡爲臣子者，不可以不諫爭，以比之故。當不義則須諫之，又結此以荅曾子曰：「今若每事從父之令，又焉得爲孝乎？」言不得也。案曾子唯問從父之令，不指當時而言昔者，皇侃云：夫子述孝經之時，當周亂衰之代，無此諫爭之臣，故言昔者也。不言先王而言天子者，諸稱先王皆指聖德之主，此言無道，所以不稱先王也。○注有非至不義 ○正義曰：言父有非，子從而行不諫，是成父之不義。云「理所不可，故再言之」者，義見於上。○注降殺至國也 ○正義曰：左傳云：「自上以下，降殺以兩，禮也。」謂天子尊，故七人；諸侯卑於天子，降兩，故有五人；大夫卑於諸侯，降兩，故有三人。論語云「信而後諫」，左傳云「伏死而爭」，此蓋謂極諫爲爭也。若隨無道，人各有心，鬼神之主季梁猶在，楚不敢伐，是有爭臣不亡其國。舉中而率，則大夫、天子從可知也。不言國家，嫌如獨指一國也。國則諸侯也，家則大夫也，注貴省文，故曰家國也。案孔、鄭二注及先儒所傳，並引禮記文王世子以解七人之義。案文王世子記曰：「虞夏商周有師保，有疑丞，設四輔及三公，不必備，惟其人。」又尚書大傳曰：「古者天子必有四鄰，前曰疑，後曰丞，左曰輔，右曰弼。天子有問無對，責之疑；可志而不志，責之丞；可正而不正，責之輔；可揚而不揚，責之弼。其爵視卿，其祿視次國之君。」大傳四鄰則見之四輔，兼三公以充七人之數。諸侯五者，孔傳指天子所命之孤及三卿與上大夫，王肅指三卿、內史、外史以充五人之數。大夫三者，孔傳指家相、室老、側室以充三人之數，王肅無側室而謂邑宰。斯並以意解說，恐非經義。劉炫云：案下文云「子不可以不爭於父，臣不可以不爭於君」，則爲子爲臣皆當諫爭，豈獨大臣當爭小臣不爭乎豈獨長子當爭其父衆子不爭者乎若父有十子皆得諫爭王之百辟惟許七人是天子之佐乃少於匹夫也又案洛誥云成王謂周公曰誕保文武受民亂爲四輔冏命穆王命伯冏惟予一人無良實賴左右前後有位之士匡其不及據此而言則左右前後四輔之謂也疑丞輔弼當指於諸臣非是別立官也謹案周禮不列疑丞周官歷叙羣司顧命揔名卿士左傳云龍師鳥紀曲禮云五官六大無言疑丞輔弼專掌諫爭者若使爵視於卿祿比次國周禮何以不載經傳何以無文且伏生大傳以四輔解爲四鄰孔注尚書以四鄰爲前後左右之臣而不爲疑丞輔弼安得又采其說也左傳稱周主中父之爲太史也命百官箴王闕師曠說匡諫之事史爲書瞽爲詩工誦箴諫大夫規誨士傳言官師相規工執藝事以諫此則凡在人臣皆合諫也夫子言天子有天下之廣七人則足以見諫爭功之大故舉少以言之也然父有爭子士有爭友雖無定數要一人爲率自下而上稍增二人則從上而下當如禮之降殺故舉七五三人也劉炫之讜義雖合通途何者傳載忠言比於藥石逆耳苦口隨要而施若指不備之員以匡無道之主欲求不失其可得乎先儒所論今不取也○注令善至善名　正義曰令善也釋詁文云益者三友論語文即友直友諒友多聞益矣是

也云言受忠告故不失其善名者論語云子貢問友子曰忠告而善道之言善名爲受忠告而後成也大夫以上皆云不失士獨云不離不離即不失也○注父失至不義　正義曰此依鄭注也案內則云父母有過下氣怡色柔聲以諫諫若不入起敬起孝說則復諫曲禮曰子之事親也三諫而不聽則號泣而隨之言父有非故須諫之以正道庶免陷於不義也

孝經注疏卷第七

臣盧宣旬校

皇清嘉慶二十年江西南昌府學栞

掌福建道監察御史武寧盧浙栞

孝經注疏卷七挍勘記　　阮元撰盧宣旬摘錄

孝經注疏卷第七

廣至德章第十三

言教不必家到戶至　正義曰此依鄭注也案李善注文選到戶至而見之又注任彥昇齊竟陵文宣王行狀引鄭注云非門到戶至而日見也石臺本門改家諸本仍之

則天下之爲君者　正誤爲下補人字是也

至乎閭巷　案禮記作州巷下作州里亦非

案禮教敬　正誤敬作孝

若朝覲於王　閩本監本毛本若作君是也

詩云凱弟君子　閩本監本毛本凱弟作愷悌

皇侃以爲并紿要道至德兩章　閩本監本毛本紿作結是也

廣揚名章第十四

次德之後　案次下脫廣至二字

居家理故治可移於官　正義曰先儒以爲居家理下闕一故字御注加之案釋文注云讀居家理故治與上異讀似陸氏所據本亦無故字後人依石臺本增入非也

此夫子廣述揚名之義　案當作述廣

可移於績　正誤於作治是也

居能以此善行成之於內　正誤居作若是也

此一章之文　正誤一改士是也

亦士章之敬悌義同　案敬悌當作孝順

諫諍章第十五石臺本唐石經岳本作爭案正義前後並作諫爭經爭臣爭友爭子今本白虎通引並作諍非

皆諫諍也案當作爭

曾子因聞揚名已上之義諸本因作問依正誤改

故疑而問之岳本之下有也字衍文

夫孝人之經案人當作天

劉獻曰閩本監本毛本獻作瓛案作獻避所諱

子曰是何言與鄭注本作歟用正字此正義本作與則用假借字

不失其天下石臺本無其字釋文同案正義本無其字漢書霍光傳云聞天子有爭臣七人雖無道不失天下陸德明云或作不失其天下其字衍耳

則身不離於令名鄭注本無不字與此不同說詳釋文挍勘記

則身不陷於不義閩本陷作陥注及正義同石臺本唐石經案熙寧石刻岳本監本毛本作陷是也

陳諫爭之義正誤陳作非是也

鬼神之主正誤之作乏

則見之四輔正誤見作記

商命閩本監本毛本商作冏是也下同

揔名卿七監本毛本揔作總七作士案作士是也

左傳稱周主申父之爲太史也毛本父作甫案主申父當作辛甲

瞽爲詩閩本監本毛本作瞽此本誤鼓今改正

以匡無道之主閩本監本毛本作匡此本誤宝今改正

止

孝經注疏卷第八

感應章第十六

邢昺注疏

【疏】正義曰此章言天地明察神明彰矣又云孝悌之事通於神明皆是應感之事也前章論諫諍之事言人主若從諫爭之善必能脩身愼行致應感之福故以名章次於諫爭之後

子曰昔者明王事父孝故事天明事母孝故事地察王者父事天母事地言能致事宗廟則事天地能明察也長幼順故上下治君能尊諸父先諸兄則長幼之道順君人之化理天地明察神明彰矣事天地能明察則神感至誠而降福佑故曰彰也

【疏】子曰昔者明王至神明彰矣○正義曰此章夫子述明王以孝事父母能致感應之事言昔者明聖之王事父能孝故事天能明言能明天之道故易說卦云乾爲天爲父此言事父孝故能事天明是事父之孝通於天也事母能孝故事地能察言能察地之理故說卦云坤爲地爲母此言事母孝故事地察則是事母之道通於地也明王又於宗族長幼之中皆順於禮則凡在上下之人皆自化也又明王之事天地既能明察必致福應則神明之功彰見謂陰陽和風雨時人無疾厲天下安寧也經稱明王者二焉一曰昔者明王之以孝治天下也二即此章言昔者明王事父孝俱是聖明之義與先王爲一也言先王示及遠也言明王示聰明也○注王者至察也○正義曰云王者父事天母事地者此依王注義也案白虎通云王者父天母地此言事者謂移事父母之孝以事天地也云言能敬事宗廟則事天地能明察也者謂蒸嘗以時䟽數合禮是敬事宗廟也既能敬宗廟則不違犯天地之時若祭義曾子曰樹木以時伐焉禽獸以時殺焉夫子曰斷一樹殺一獸不以其時非孝也又王制曰獺祭魚然後虞人入澤梁豺祭獸然後田獵鳩化爲鷹然後設罻羅草木零落然後入山林昆蟲未蟄不以火田此則令無大小皆順天地是事天地能明察也○注君能至化理○正義曰此言明王能順長幼之道則臣下化之而自理也謂放效於君書曰違上所命從厥攸好是效之也○注事天至彰也○正義曰誠和也言事天地若能明察則神祇感其至和不降福應以祐助之是神明之功彰見也書云至誠感神又瑞應圖曰聖人能順天地則天降膏露地出醴泉詩云降福穰穰易曰自天祐之吉無不利注約諸文以釋之也案此則神感至誠當爲至誠今定本作至誠字之誤也

故雖天子必有尊也言有父也必有先也言有兄也父謂諸父兄謂諸兄皆祖考之胤也禮君讌族人與父兄齒也宗廟致敬不忘親也言能敬事宗廟則不敢忘其親也脩身慎行恐辱先也天子雖無上於天下猶脩持其身謹慎其行恐辱先祖而毀盛業也宗廟致敬鬼神著矣事宗廟能盡敬則祖考來格享於克誠故曰著也孝悌之至通於神明光于四海無所不通能敬宗廟順長幼以極孝悌之心則至性通於神明光于四海故曰無所不通

【疏】故雖至不通○正義曰故者連上起下之辭以上文云事父孝又云事母孝又云長幼順所以於此述尊父先兄之義以及致敬與脩身之道兼言鬼神之著孝悌之至無所不通也言王者雖貴爲天子於天下宗族之中必有所尊之者謂天子有諸父也必有所先之者謂天子有諸兄也宗廟致敬是不忘其親脩身慎行是不辱其祖考故能致敬於宗廟則鬼神明著而歆享之是明王有孝悌之至性感通神明則能光于四海無所不通然諫爭兼有諸侯大夫此章唯稱王者言王能致應感則諸侯已下亦當自勉勗也○注父謂至齒也○正義曰云父謂諸父兄謂諸兄皆父之昆弟曰伯父叔父已之昆曰兄其屬非一故言諸也詩曰以速諸父又曰復我諸兄是也云皆祖考之胤也者案曲禮曰父死曰考言父以上通謂之祖考胤嗣也謂其廟未毀其胤皆是王者之族親也云禮君讌族人與父兄齒也者此依孔傳也案詩序角弓父兄刺幽王蓋謂君之諸父諸兄也古者天子祭畢同姓則留之謂與族人讌故其詩曰諸父兄弟備言燕私鄭箋云祭畢歸賓客之俎同姓則留與之燕是天子讌族人也又禮記文王世子云若公與族燕則異姓爲賓膳宰爲主人公與父兄齒則知燕族人亦以尊卑爲列齒於父兄之下也○注言能至親也○正義曰案禮記文王世子稱五廟之孫祖廟未毀雖爲庶人冠取妻必告死必赴是不忘親也禮記大傳稱其不可得變革者則有矣親親也尊尊也長長也親親故尊祖尊祖故敬宗敬宗故收族收族故宗廟嚴言君致敬宗廟則不敢忘其親也○注天子至業也○正義曰云天子雖無上於天下者此依正注也禮坊記云天無二日土無二王家無二主尊無二上謂普天之下天子至尊也云猶脩持其身謹慎其行恐

辱先祖而毁盛業也者,案禮記祭義云「父母既没,慎行不辱先也」。盛業謂先祖積德累功而有天下之業。上言必有先也,先兄也。此言恐辱先也,是先祖也。○注「事宗」至「著也」。○正義曰:云「祖考來格」者,尚書益稷文。格,至也。言事宗廟能恭敬,則祖考之神來格。詩曰「神保是格,報以介福」,亦是言神之至。云「享於克誠,故曰著也」者,享於克誠,尚書太甲篇文,孔傳云「言鬼神不保一人,能誠信者則享其祀」。則祖考來格,享於克誠,皆招著之義。上言宗廟致敬,謂天子尊諸父,先諸兄,致敬祖考,不敢忘其親也。此言宗廟致敬,述天子致敬宗廟,能感鬼神。雖同稱致敬,而各有所屬也。舊注以為事生者易,事死者難,聖人慎之,故重其文。今不取也。上言神明,謂天地之神也。此言鬼神,謂祖考之神。易曰「陰陽不測之謂神」。先儒釋云:若就三才相對,則天曰神,地曰祇,人曰鬼。言天道玄遠,難可測,故曰神也。祇者,知也,言地去人近,長育可知,故曰祇也。鬼者,歸也,言人生於無,還歸於無,故曰鬼也。亦謂之神。案五帝德云「黃帝死而民畏其神百年」是也。上言神明,尊天地也,此言鬼神,尊祖考也。○注「能敬」至「不通」。○正義曰:能敬宗廟,順長幼,以極孝悌之心者,敬宗廟為孝,順長幼為悌,此極孝悌之心也。云「則至性通於神明,光於四海。故」曰至性如此,則通於神明,光於四海。

詩云:「自西自東,自南自北,無思不服。」義取德教流行,莫不服義從化也。

〈疏〉「詩云」至「不服」。○正義曰:夫子述孝悌之事應感之美既畢,乃引大雅文王有聲之詩以贊美之。自,從也,言從近及遠,至於四方,皆感德化,無有思而不服之者,以明無所不通。詩本文云「鎬京辟雍,自西自東,自南自北,無思不服」。此則雍東北服對句為韻,而皇侃云先言西者,此是周詩,謂化從西起,所以文王為西伯,又為西鄰,自西而東滅紂,恐非其義也。○注「義取」至「化也」。○正義曰:此依鄭注也。德化流行,則無不違服。義從化,即無思不服,言服明王之義,從明王之化也。

事君章第十七

〈疏〉正義曰:此章首言君子之事上,又言進思盡忠,退思補過,皆是事君之道。孔子曰「天下有道則見,無道則隱」。前章言明王之德應感之美,天下從化,無思不服,此孝子升朝事君之時也,故以名章,次應感之後。

子曰:「君子之事上也,上謂君也。**進思盡忠,**進見於君,則思盡忠節。**退思補過,**君有過失,則思補益。**將順其美,**將,行也。君有美善,則順而行之。**匡救其惡,**匡,正也。救,止也。君有過惡,則正而止之。**故上下能相親也。**下以忠事上,上以義接下,君臣同德,故能相親。

〈疏〉「子曰」至「親也」。○正義曰:此明賢人君子之事君也。言入朝進見,與謀慮國事,則思盡其忠節;若退朝而歸,常念己之職事,則思補君之過失。其於政化,則當順行君之美道,止正君之過惡。如此,則能君臣上下情志通協,能相親也。經稱君子有七焉:一曰君子不貴,二曰君子則不然,三曰淑人君子,四曰君子之教以孝,五曰愷悌君子,已上皆斷章指於聖人君子,謂居君位而子下人也;六曰君子之事親孝,故此章君子之事上,則皆指於賢人君子也。○注「上謂君也」。○正義曰:此對論語云「孝悌而好犯上者鮮矣」,彼上謂凡在己上者,此上惟指君,故云「上謂君也」。○注「進見」至「忠節」。○正義曰:此依韋注也。說文云「忠,敬也,盡心曰忠」。字詁曰「忠,直也」。論語曰「臣事君以忠」,則忠者善事君之名也。節,操也,言事君者,敬其職事,直其操行,盡其忠誠也。言臣常思盡其節操,能致身授命也。○注「君有」至「補益」。○正義曰:案舊注韋昭云「退歸私室,則思補其身過」,以禮記少儀曰「朝廷曰退,燕遊曰歸」,左傳引詩曰「退食自公」,杜預注「臣自公門而退入私門,無不順禮,室猶家也」,謂退朝理公事畢而還家之時,則當思慮以補身之過。故國語曰「士朝而受業,晝而講貫,夕而習復,夜而計過,無憾而後即安」,言若有憾則不能安,是思自補也。案左傳晉荀林父為楚所敗,歸,請死於晉侯,晉侯許之。士渥濁諫曰「林父之事君也,進思盡忠,退思補過」,晉侯赦之,使復其位,是其義也。文意正與此同,故注依此傳文而釋之。今云「君有過則思補益」,出制旨也,義取詩大雅烝民云「袞職有闕,惟仲山甫補之」。毛傳云「有袞冕者,君之上服也。仲山甫補之,善補過也」。鄭箋云「袞職者,不敢斥王言也。王之職有缺,輒能補之者,仲山甫也」。此理為勝,故易舊也。○注「將行」至「行之」。○正義曰:此依王注也。案孔注尚書太誓云「肅將天威」,為敬行天罰,是將訓為行也。言君施政教有美,則當順而行之。○注「匡正也救止也」。○正義曰:此依王注也。匡,正,釋詁文也。馬融注論語云「救,猶止也」。云「君有過惡,則正而止之」者,尚書云「予違汝弼,汝無面從」,是也。○注「下以」至「相親」。○正義曰:此依魏注也。書曰「拓上克明,為下克忠」,是其義也。左傳曰「君義臣行」,如此則能相親也。

詩云:『心乎愛矣,遐不謂矣。中心藏之,何日忘之。』遐,遠也。義取臣心愛君,雖離左右,不謂為遠。愛君之志,恆藏心中,無日暫忘也。

〈疏〉「詩云」至「忘之」。○正義曰:夫子述事君之道既已,乃引小雅隰桑之詩以結之。言忠臣事君雖復有時離遠不在君之左右然其心之愛君不謂爲遠中心常藏事君之道何日暫忘之○注遐遠至忘也○正義曰云遐遠也義取臣心愛君雖離左右不謂爲遠者遐遠也釋詁文此釋心乎愛矣遐不謂矣云愛君之志恒藏心中無日蹔忘也者釋中心藏之何日忘之案檀弓說事君之禮云左右就養有方此則臣之事君有常在左右之義也若周公出征管叔蔡叔召公聽訟於甘棠是離左右也

孝經注疏卷第八

大清嘉慶[illegible]重[illegible]宋本[illegible]藏本校

掌福建道監察御史武寧盧浙栞

孝經注疏卷八挍勘記

阮元撰盧宣旬摘錄

孝經注疏卷第八

感應章第十六　石臺本唐石經岳本作應感正義前後並同今本作感應依鄭注本改非正義本也

孝悌之事　案事當作至

言能致事宗廟　石臺本岳本閩本監本毛本致作敬不誤

神明彰矣　鄭注本作章矣此正義本則作彰矣

則神感至誠而降福佑　毛本誠作誠正義曰挍此則神感至誠當爲至誠今定本作至誠字之誤也案陸氏尚書音義亦作誠音咸毛本作誠是也

能致感應之事　案感應當作應感此處誤倒

是事父之孝通天也　正誤逼下補於字案下文作事母之道此作之孝二者必有一誤

此依玉注義也　閩本監本毛本玉作王不誤

謂蒸嘗以時　浦鏜云蒸當作烝

誠和也　監本毛本誠作誠是也

則神祇感其至和　閩本監本祇作祗案祇訓敬與神祇字別

不降福應　閩本監本毛本不作而是也

書曰至誠感神　毛本誠作誠是也

自天祐之　毛本祐作佑案當作祐

當爲至誠　毛本誠作誠是也

享於克誠　石臺本享作亨

光于四海　大戴記曾子大孝云衡之而橫於四海小戴記祭義溥之而橫於四海庶人章正義橫乎四海北史

孝行論塞天地橫四海則此古本亦必作橫鄭氏注樂記號以立橫孔子閒居以橫於天下並云橫充也卽爾雅之桄充也書堯典僞孔傳光充孔沖遠正義光充釋言文案戴震云橫轉爲桄誤踰爲光又云光被四表古本必有作橫被四表者其說甚詳獨未及此經

光于四海　石臺本岳本于作於

是不忘其祖考　閩本監本毛本忘作辱是也

然諫議兼有諸侯大夫　毛本議作諍案諍當作爭

謂與族人讌　閩本監本毛本讌作燕下文並同按燕乃宴之假借字讌俗字

故其詩曰　浦鏜云其當作楚茨

祖廟未許　閩本監本毛本許作毀是也

此依正注也　閩本監本毛本正作王是也

禮防記云　閩本監本毛本防作坊案禮作坊坊乃防之別體廣韻坊下注云見禮卽指此

地曰祇　閩本監本祇誤祗下同

故曰祗也　毛本祗作祇是也

故曰至性如此　浦鏜云故曰當者言二字之誤

光於四海　毛本於作于

疏爲德教流行　石臺本閩本監本毛本疏爲作義取不誤

莫不敬義從化也　石臺本閩本監本毛本敬作服正義云此依鄭注也案鄭注本則作被自石臺本改爲服諸本仍之

以明無所不道　閩本監本毛本道作遍是也

詩今文云　浦鏜云今文二字衍文

德教流行　諸本教作化依正誤改

事君章第十七

次應感之後　正誤作感應非是

子曰君子之事上也　石臺本唐石經宋熙寧石刻岳本閩本監本毛本作君此本誤孝今改正

故上下能相親也　唐石經初刻作故上下能相親磨改增也字故此行十一字

而子人下也　此本脫子字依閩本監本毛本補

六曰君子之事親孝　此本六曰之閒空闕一格非是

不敢作王言也　閩本監本毛本作作斥是也

王之職有欽　監本毛本欽作闕是也

尙書太誓云　閩本監本毛本太作泰案當作大王應麟困學紀聞云泰誓古文作大誓晁氏日開

元閒衛包定今文始作泰

匡正釋詁文也　案詁當作言

汝無面從是也　閩本監本毛本作面此本誤而今改正

無日蹔忘也　岳本蹔作暫案玉篇云蹔與暫同監本忘誤志

雖復有時離遠　閩本監本毛本作遠此本誤遠今改正

孝經注疏卷八挍勘記終

新建生員杜熙挍

孝經注疏卷第九

邢昺注疏

喪親章第十八

【疏】正義曰此章首云孝子之喪親也故章中皆論喪親之事喪亡也失也父母之亡沒謂之喪親言孝子亡失其親也故以名章結之於末矣

子曰孝子之喪親也生事已畢死事未見故發此事哭不偯氣竭而息聲不委曲禮無容觸地無容言不文不爲文飾服美不安不安美飾故服縗麻聞樂不樂悲哀在心故不樂也食旨不甘旨美也不甘美味故疏食水飲此哀戚之情也謂上六句三日而食教民無以死傷生毀不滅性此聖人之政也不食三日哀毀過情滅性而死皆虧孝道故聖人制禮施教不令至於殞滅喪不過三年示民有終也三年之喪天下達禮使不肖企及賢者俯從夫孝子有終身之憂聖人以三年爲制者使人知有終竟之限也

【疏】子曰至終也○正義曰此夫子述喪親之義言孝子之喪親哭以氣竭而止不有餘偯之聲舉措進退之禮無趨翔之容有事應言則言不爲文飾服美不以爲安聞樂不以爲樂假食美味不以爲甘此上六事皆哀感之情也三日而食者聖人設教無以親死多日不食傷及生人雖即毀瘠不令至於殞滅性命此聖人所制喪禮之政也又服喪不過三年示民有終畢之終也○注生事至此事○正義曰此依鄭注也生事謂上十七章說生事之禮已畢其死事經則未見故又發此章以言也○注氣竭至委曲○正義曰此依鄭注也禮記閒傳曰斬衰之哭若往而不反齊衰之哭若往而反此注據斬衰而言之是氣竭而後止息又曰大功之哭三曲而偯鄭注云三曲一舉聲而三折也偯聲餘從容也是偯爲聲餘委曲也斬衰則不偯故云聲不委曲也○注觸地無容○正義曰此禮記問喪之文也以其悲哀在心故形變於外所以稽顙觸地無容哀之至也○注不爲文飾○正義曰案喪服四制云三年之喪君不言又云不言而事行者扶而起言而后事行者杖而起鄭玄云扶而起謂天子諸侯也杖而起謂大夫士也今此經云言不文則是謂臣下也雖則有言志在哀感不爲文飾也○注不安至縗麻○正義曰案論語孔子責宰我云食夫稻衣夫錦於汝安乎美飾謂錦繡之類也故禮記問喪云身不安美是也孝子喪親心如斬截爲其不安美飾故聖人制禮令服縗麻當心麤布長六寸廣四寸麻爲首經首經俱以麻爲之縗之言摧也經之言實也孝子服之明其心實摧痛也韋昭引書云成王既崩康王冕服即位既事畢反喪服據此則天子諸侯但位定初喪是皆服美故宜不安也○注悲哀至樂也○正義曰此依鄭注也言至痛中發悲哀在心雖聞樂聲不爲樂也○注旨美至水飲○正義曰旨美經傳常訓也嚴植之曰美食人之所甘孝子不以爲甘故問喪云口不甘味是不甘美味也閒傳曰父母之喪既殯食粥既虞卒哭疏食水飲不食菜果是疏食水飲也韋昭引曲禮云有疾則飲酒食肉是爲食旨故宜不甘也○注不食至殞滅○正義曰經云三日而食毀不滅性注言不食三日即三日不食也云哀毀過情者是毀瘠過度也言三日不食及毀瘠過度因此二者有致危亡皆虧孝行之道禮記問喪云親始死傷腎乾肝焦肺水漿不入口三日又閒傳稱斬衰三日不食此云三日而食者何劉炫言三日之後乃食皆謂滿三日則食也云故聖人制禮施教不令至於殞滅者曲禮云居喪之禮毀瘠不形又曰不勝喪乃比於不慈不孝是也○注三年至限也○正義曰云三年之喪天下達禮者此依鄭注也禮記三年問云夫三年之喪天下之達喪也鄭玄云達謂自天子至於庶人注與彼同唯改喪爲禮耳云使不肖企及賢者俯從者案喪服四制曰此喪之所以三年賢者不得過不肖者不得不及檀弓曰先王制禮也過之者俯而就之不至焉者跂而及之也注引彼二文欲舉中爲節也起踵曰企俛首曰俯云夫孝子有終身之憂聖人以三年爲制者聖人雖以三年爲文其實二十五月而畢故三年問云將由夫脩飾之君子與則三年之喪二十五月而畢若駟之過隙然而遂之則是無窮也故先王焉爲之立中制節壹使足以成文理則釋之矣是也喪服四制曰始死三日不怠三月不解期悲哀三年憂恩之殺也故孔子云子生三年然後免於父母之懷夫三年之喪天下之達喪也所以喪必三年爲制也

爲之棺椁衣衾而舉之周尸爲棺周棺爲椁衣謂斂衣衾被也舉謂舉屍內於棺也陳其簠簋而哀慼之簠簋祭器也陳奠素器而不見親故哀慼也擗踊哭泣哀以送之男踊女擗祖載送之卜其宅兆而安措之宅墓穴也兆塋域也葬事大故卜之爲之宗廟

以鬼享之立廟祔祖之後則以鬼禮享之春秋祭祀以時思之寒暑變移，益用增感，以時祭祀，展其孝思也。

疏爲之至思之。○正義曰：此言送終之禮及三年之後宗廟祭祀之事也。言孝子送終須爲棺槨衣衾也，大斂之時，則用衾而舉尸內於棺中也。陳設簠簋之奠而加哀感，葬則男踊女擗，哭泣哀號以送之。親既長依丘壟，故卜選宅兆之地而安置之。既葬之後則爲宗廟，以鬼神之禮享之。三年之後感念於親，春秋祭祀以時思之也。○注周尸至棺也。○正義曰：云「周尸爲棺，周棺爲槨」者，此依鄭注也。檀弓稱「葬也者藏也，藏也者欲人之弗得見也，是故衣足以飾身，棺周於衣，槨周於棺，土周於槨」。注約彼文，故言周尸爲棺，周棺爲槨也。白虎通云：「棺之言完，宜完密也。槨之言廓，謂開廓不使土侵棺也。」易繫辭曰：「古之葬者，厚衣之以薪，葬之中野，不封不樹，喪期無數。後世聖人易之以棺槨。」案禮記云：「有虞氏瓦棺，夏后氏堲周，殷人棺槨，周人牆置翣。」則虞夏之時棺槨之初也。云「衣謂斂衣，衾被也。舉謂舉屍內於棺也」者，此依孔傳也。衣謂襲與大小斂之衣也，衾謂單被覆尸、薦尸所用。從初死至大斂，凡三度加衣也。一是襲也，謂沐尸竟著衣也。天子十二稱，公九稱，諸侯七稱，大夫五稱，士三稱，襲皆有袍，袍之上又有衣一通，

朝祭之服謂之一稱。二是小斂之衣也，天子至士皆十九稱，不復用袍，衣皆有絮也。三是大斂也，天子百二十稱，公九十稱，諸侯七十稱，大夫五十稱，士三十稱，衣皆禪袷也。喪大記云：「布紟二衾，君大夫士一也。」鄭玄云：「二衾者，或覆之，或薦之。」是舉屍所用也。棺槨之數，貴賤不同。皇侃據檀弓以天子之棺四重，謂水兕革棺、杝棺一、梓棺二，最在內者水牛皮，次外兕牛皮，各厚三寸，爲一重，合厚六寸；又有杝棺，厚四寸，謂之椑棺，言漆之椑椑然，前三物爲二重，合一尺；外又有梓棺，厚六寸，謂之屬棺，言連屬內外，就前四物爲三重，合厚一尺六寸；外又有梓棺，厚八寸，謂之大棺，言其最大，在衆棺之外，就前五物爲四重，合厚二尺四寸也。上公去水牛皮，則三重，合厚二尺一寸也。侯伯子男又去兕牛皮，則二重，合厚一尺八寸。上大夫又去椑棺，一重，合厚一尺四寸。下大夫亦一重，但屬四寸，大棺六寸，合厚一尺。士不重，無屬，唯大棺六寸。庶人即棺四寸。案檀弓云「柏槨以端長六尺」，又喪大記曰「君松槨，大夫柏槨，士雜木槨」是也。○注簠簋至感也。○正義曰：「簠簋，祭器也」者，周禮舍人職云「凡祭祀供簠簋，實之陳之」，是簠簋爲器也。故鄭玄云：「方曰簠，圓曰簋，盛黍稷稻粱器。」云「陳奠素器而不見親，故哀感也」者，下檀弓云：「奠以素器，以生者有哀素之心也。」又案陳簠簋在衣衾之下、哀以送之上，舊說以爲

大斂祭，是不見親，故哀感也。○注男踊至送之。○正義曰：案問喪云「在牀曰尸，在棺曰柩，動尸舉柩，哭踊無數，惻怛之心，痛疾之意，悲哀志懣氣盛，故袒而踊之。婦人不宜袒，故發胸擊心爵踊，殷殷田田，如壞牆然」，則是女質不宜極踊，故以擗言之。據此，女既有擗，則男亦有擗，是互文也。云「祖載送之」者，案既夕禮「柩車遷祖，質明設遷祖奠，日側徹之，乃載」。鄭注云：「乃舉柩郤下而載之。」又云「商祝飾柩，及陳器訖，乃祖」。注云：「還柩鄉外，爲行始。」又檀弓云「曾子弔於負夏，主人既祖」。鄭云：「祖謂移柩車去載處，爲行始。」然則祖，始也，以生人將行而飲酒曰祖，故柩車既載而設奠謂之祖奠，是祖載送之之義也。○注宅墓至卜之。○正義曰：云「宅，墓穴也；兆，塋域也」者，此依孔傳也。案士喪禮「筮宅」，鄭云：「宅，葬居也。」詩云「臨其穴，惴惴其慄」，鄭云：「穴謂冢壙中也。」故云宅，墓穴也。案周禮冢人掌公墓之地，辨其兆域，則兆是塋域也。云「葬事大，故卜之」者，此依鄭注也。孔安國云：「恐其下有伏石涌水泉，復爲市朝之地，故卜之。」是也。○注立廟至享之。○正義曰：立廟者，即禮記祭法「天子至士皆有宗廟」。云：「王立七廟，曰考廟，曰王考廟，曰皇考廟，曰顯考廟，曰祖考廟，皆月祭之。遠廟爲祧，有二祧，享嘗乃止。諸侯五廟，曰考廟，曰王考廟，曰皇考廟，皆月祭之；顯考廟、祖考廟，享嘗乃止。大夫立三廟，曰考廟，曰王考廟，曰皇考廟，享嘗

乃止。適士二廟，曰考廟，曰王考廟，享嘗乃止。官師一廟，曰考廟。庶人無廟。」斯則立宗廟者，爲能終於事親也。舊解云：「宗，尊也；廟，貌也。言祭宗廟見先祖之尊貌也。」故祭義曰：「祭之日，入室僾然必有見乎其位，周還出戶，愾然必有聞乎其歎息之聲。」是也。祔祖，謂以亡者之神祔之於祖也。檀弓曰：「卒哭曰成事，是日也，以吉祭易喪祭，明日祔祖父。」則是卒哭之明日而祔。未卒哭之前，皆喪祭也；既祔之後，則以鬼禮享之。然宗廟謂士以上，則春秋祭祀兼於庶人也。○注寒暑至思也。○正義曰：案祭義云：「霜露既降，君子履之，必有悽愴之心，非其寒之謂也。春雨露既濡，君子履之，必有怵惕之心，如將見之。」是也。

生事愛敬，死事哀感，生民之本盡矣，死生之義備矣，孝子之事親終矣。愛敬哀感，孝行之始終也。備陳死生之義，以盡孝子之情。

疏生事至終矣。○正義曰：此合結生死之義。言親生則孝子事之盡於愛敬，親死則孝子事之盡於哀感，生民之宗本盡矣，死生之義理備矣，孝子之事親終矣。言十八章具載有此義。○注愛敬至之情。○正義曰：云「愛敬哀感，孝行之始終也」者，愛敬是孝行之始也，哀感是孝行之終也。云「備陳死生之義，以盡孝子之情」者，言孝子之情無所不盡也。

孝經注疏卷九終

孝經疏卷九　五

掌福建道監察御史武寧盧浙栞

孝經注疏卷九挍勘記

阮元撰盧宣旬摘録

孝經注疏卷第九

喪親章第十八

故發此事　石臺本岳本事作章案正義曰論生事之禮巳畢其死事經則未見故又發此章以言也此本作事非

哭不偯　釋文云偯俗作哀非說文作㥜云痛聲也音同案臧鏞堂云說文無偯字哀從口衣聲依從人衣聲依偯聲形皆相近故誤陸氏本作依故云說文作㥜音同又云俗作偯非以偯為依之俗寫也今依既誤偯因改偯為哀然必不當有作哭不哀者是可證哀為偯之改偯為依之譌矣

故服縗麻　釋文云縗字或作衰岳本同此正義本則作縗按縗正字衰假借字

故蔬食水飲　石臺本岳本閩本監本蔬作疏

孝經注疏卷九挍勘記　一

此哀戚之情也　石臺本宋熙寧石刻岳本鄭注本戚作慼唐石經此處剜闕證以下文而哀慼之死事哀慼皆作慼則此可知矣案說文作慽从心戚聲戚假借字慼俗字

毀不滅性　石臺本唐石經宋熙寧石刻岳本閩本監本毛本作滅此本誤㓕今改正注同

皆哀慼之情也　監本毛本慼改戚

示民有終畢之終也　閩本監本毛本下終作限不誤

又曰大功之哭　閩本監本毛本作又此本誤文今改正

又云不言而事行者　閩本監本毛本事行誤到

當心麤布長六寸　監本毛本心作以麤作麤是也正義當上補縗字是也

麻為腰經首經　閩本經誤經下同正誤云為當謂字誤是也

但位定初喪　閩本監本毛本作定位是也

傷賢乾肝焦肺閩本監本毛本賢作腎是也

將申天脩飾之君子與閩本監本毛本中天作由天是也

天下之達喪也案今本論語作通

爲之棺椁衣衾而舉之鄭注本作槨此正義本則作椁按椁正字槨俗字

舉謂舉屍內於棺也岳本屍作尸按屍正字經傳多作尸同音假借也

而哀慼之岳本慼作戚注同

擗踊哭泣石臺本踊作踴注同李善注文選宋孝武宣貴妃誄引孝經曰擗踴哭泣

卜其宅兆而安措之鄭注本作厝按儀禮士喪禮注孝經曰卜其宅兆而安厝之此正義本則作措字厝措義別而古多通用

爲之宗廟以鬼享之釋文云享又作饗之石臺本作享注同

布給二衾監本毛本給作紟是也

謂水兕革棺閩本監本毛本作革此本誤賁今改正

杝棺一閩本監本毛本作杝此本誤地今改正下同

次外兕生皮正誤生作牛是也

言漆之椑椑然監本毛本作甓甓

栢椁以端長六尺毛本作柏椁與檀弓合下同

是簠簋爲器也正誤爲下補祭字

盛黍稷稻粱監本毛本粱作梁是也

惻怛之心閩本監本毛本作怛此本誤但今改正

故祖而誦之閩本監本毛本祖作袒誦作踊是也

周禮家人閩本監本毛本家作冢是也

諸侯五廟正誤五上補立字是也

周還出戶正誤云下脫肅然必有聞乎其容聲出戶而聽十三字

明日祔祖父正誤祔下補於字

如將見之是之閩本監本毛本下之作也

死事哀慼岳毛慼作戚注同

死之義理僃矣正誤之上補生字是也

孝行之終始也者案當作始終

孝經注疏卷九挍勘記終

新建生員杜鰲挍

重栞宋本爾雅注疏附挍勘記

嘉慶二十年江西南昌府學開雕

太子少保江西巡撫兼提督揚州阮元審定　武寧縣貢生盧宣旬校

欽定四庫全書總目爾雅注疏十一卷

晉郭璞注宋邢昺疏璞字景純河東聞喜人官至宏農太守事蹟具晉書本傳昺有孝經疏已著錄案大戴禮孔子三朝記稱孔子教魯哀公學爾雅則爾雅之來遠矣然不云爾雅爲誰作據張揖進廣雅表稱周公著爾雅一篇（案經典釋文以揖所稱一篇爲釋詁）今俗所傳三篇（案漢志爾雅三卷此三篇謂三卷也）或言仲尼所增或言子夏所益或言叔孫通所補或言沛郡梁文所考皆解家所說疑莫能明也於作書之人亦無確指

其餘諸家所說小異大同今參互而考之郭璞爾雅注序稱豹鼠既辨其業亦顯邢昺疏以爲漢武帝時終軍事七錄載犍爲文學爾雅注三卷（案七錄久佚此據隋志所稱梁有某書亾知爲七錄所載）陸德明經典釋文以爲漢武帝時人則其書在武帝以前曹粹中放齋詩說曰（案此書今未見傳本此據永樂大典所引）爾雅毛公以前其文猶略至鄭康成時則加詳如學有緝熙于光明毛公云光廣也康成則以爲學于有光明者而爾雅曰緝熙光明也又齊子豈弟康成以爲猶言發夕也

而爾雅曰豈弟發也薄言觀者毛公無訓振古如茲毛公云振自也康成則以覩爲多以振爲古其說皆本於爾雅使爾雅成書在毛公之前顧得爲異哉則其書在毛亨以後（案詩傳乃毛亨作非毛萇作語詳詩正義條下）大抵小學家綴緝舊文遞相增益周公孔子皆依託之詞觀釋地有鶼鶼釋鳥又有鶼鶼同文複出知非纂自一手也其書歐陽修詩本義以爲學詩者纂集博士解詁高承事物紀原亦以爲大抵解詁詩人之旨然釋詩者不及十之一非專爲詩

作揚雄方言以爲孔子門徒解釋六藝王充論衡亦以爲五經之訓故然釋五經者不及十之三四更非專爲五經作今觀其文大抵採諸書訓詁名物之同異以廣見聞實自爲一書不附經義如釋天云暴雨謂之涷釋艸云卷施艸拔心不死此取楚辭之文也釋天云扶搖謂之猋釋蟲云蒺藜蝍蛆此取莊子之文也釋詁云嫁往也釋水云瀵大出尾下此取列子之文也釋地四極云西王母釋畜云小領盜驪此取穆天子傳之文也釋地云

東方有比目魚焉不比不行其名謂之鰈南方有比翼鳥焉不比不飛其名謂之鶼鶼此取管子之文也又云邛邛岠虛負而走其名謂之蟨此取呂氏春秋之文也又云北方有比肩民焉迭食而迭望釋地云河出崑崙虛此取山海經之文也釋詁云天帝皇王后辟公侯又云洪廓宏溥介純夏幠釋天云春爲青陽至謂之醴泉此取尸子之文也釋鳥曰爰居雜縣此取國語之文也如是之類不可殫數蓋亦方言急就之流特說經之家多資

以證古義故從其所重列之經部耳璞時去漢未遠如遂幠大東稱詩釗我周王稱逸書所見尚多古本故所注多可據後人雖迭爲補正然宏綱大旨終不出其範圍昺疏亦多能引證如尸子廣澤篇仁意篇皆非今人所及睹其犍爲文學樊光李巡之注見於陸氏釋文者雖多所遺漏然疏家之體惟明本注注所未及不復旁搜此亦唐以來之通弊不能獨責於昺惟既列注文而疏中時複述其文但曰郭注云云不異一字亦更不別下一語殆不可解豈其初疏與注別行歟今未見原刻不可復考矣

爾雅疏敘

翰林侍講學士朝請大夫守國子祭酒上柱國賜紫金魚袋臣邢昺等奉

勑校定

夫爾雅者先儒授教之術後進索隱之方誠傳注之濫觴爲經籍之樞要者也夫混元闢而三才肇位聖人作而六藝斯興本乎發德於衷將以納民於善洎夫醇醨既異步驟不同一物多名繫方俗之語片言殊訓滯今古之情將使後生若爲鑽仰繇是聖賢間出詁訓遞陳周公倡之於前子夏和之於後蟲魚草木爰自爾以昭彰禮樂詩書盡由斯而紛郁然又時經戰國運歷挾書傳授之徒寖微發揮之道斯寡諸篇所釋世罕得聞惟漢終軍獨深其道豹鼠既辨○斯文遂隆其後相傳乃可詳悉其爲注者則有犍爲文學劉歆樊光李巡孫炎雖各名家猶未詳備惟東晉郭景純用心幾二十年注解方畢甚得六經之旨頗詳百物之形學者祖焉最爲稱首其爲義疏者則俗間有孫炎高璉皆淺近俗儒不經師匠今既奉

勑校定考案其事必以經籍爲宗理義所詮則以景純爲主雖復研精覃思尚慮學淺意疏謹與尚書駕部員外郎直祕閣臣杜鎬尚書都官員外郎祕閣校理臣舒雅大常博士直集賢院臣李維諸王府侍講大常博士兼國子監直講臣孫奭殿中丞臣李慕清大理寺丞國子監直講臣王煥大理評事國子監直講臣崔偓佺前知洛州永年縣事臣劉士玄等共相討論爲之疏釋凡一十卷雖上遵睿旨共竭於顓蒙而下示將來尚慙於疏畧謹敘

爾雅疏卷第一

翰林侍講學士朝請大夫守國子祭酒上柱國賜紫金魚袋臣邢昺等奉
敕校定

爾雅序

〔疏〕釋曰：爾雅者，釋文云所以訓釋五經辨章同異實九經之通路百氏之指南多識鳥獸草木之名博覽而不惑者也爾近也雅正也言可近而取正也釋詁一篇蓋周公所作釋言以下或言仲尼所增子夏所足叔孫通所益梁文所補張揖云昔在周公纘述唐虞宗翼文武克定四海勤相成王踐阼理政日昃不食坐而待旦德化宣流越裳來貢嘉禾貫桑六年制禮以導天下著爾雅一篇以釋其義傳乎後學歷載五百墳典散落唯爾雅常存禮三朝記哀公曰寡人欲學小辯以觀於政其可乎孔子曰爾雅以觀於古足以辯言矣春秋元命包言子夏問夫子作春秋不以初哉首基爲始何是以知周公所造也率斯以降超絕六國越踰秦楚爰暨帝劉魯人叔孫通撰置禮記文不違古今俗所傳三篇爾雅或言仲尼所增或言子夏所益或言叔通所補或言沛郡梁文所著皆解家所說先師口傳既無正驗

聖人所言是故疑不足能明也夫爾雅之爲書也文約而義固其陳道也精研而無誤眞九經之檢度學問之階路儒林之楷素也序與緒音義同釋詁云敍緒也言已注述之由敍陳此經之旨若繭之抽緒耳孔子作書序子夏作詩序故郭氏亦謂之序序之大指凡有五焉初自夫爾雅者至辨同實而殊號者也明此書之用也二自誠九流之津涉至摛翰者之華苑也言爲羣經之樞要也三自若乃至莫近於爾雅言其博物他書不之過也四自爾雅者至其業亦顯明其興隆之時也五自英儒贍聞之士至敍未摠序已所以作注之意也今各依文解之

夫爾雅者所以通詁訓之指歸敍詩人之興詠摠絕代之離詞辯同實而殊號者也

〔疏〕夫爾雅至同實而殊號者也○釋曰：此明其用也夫者發語辭亦指示語指此爾雅者所以通詁訓之指歸也詁古也通古今之言使人知也訓道也道物之貌以告人也指歸謂指意歸鄉也言此書所以通暢古今之言訓道百物之貌使人知其指意歸鄉也若言初哉首基者其指歸在始也若言番番矯矯者其指歸在勇也略舉一隅他皆放此云敍詩人之興詠者敍次敍也鄭玄注周禮大司樂云興者以善物喻善事又注大師云興者見今之美嫌於媚諛取善事以喻勸之鄭司農云興者託於事物詞者永言也故舜典云歌永言孔注云歌詠其義以長其言又詩序云言之不足故嗟歎之嗟歎之不足故永歌之斯皆詩人所爲此書能次敍之故言敍詩人之興詠也若言噰噰喈喈以興民協服也其虛其徐以詠威儀容止也如此之類皆是案爾雅所釋偏解六經而獨云敍詩人之興詠者以爾雅之作多爲釋詩故毛公傳詩皆據爾雅謂之詁訓傳亦此意也云摠絕代之離詞者摠聚也絕代猶遠代也離詞猶異詞也郭璞敍方言云標六代之絕語類離詞之指韻亦猶此也以其六代絕遠四方乖越故今古語異夷貞詞殊此書能摠聚而釋之使人知也若其繹又祭也周曰繹商曰肜夏曰復胙及注引方言之類是也云辯同實而殊號者也者辯謂辯別凡物雖殊其號而同一實者此書辯之若鷈謂之罿罿罬也罬謂之罦罦覆車也又釋草云唐蒙女蘿女蘿菟絲注云別四名如此之類是也

誠九流之津涉六藝之鈐鍵鍵音件學覽者之潭奧摛翰者之華苑也摛音癡

〔疏〕誠九至苑也○釋曰：此明其樞要也云誠九流之津涉者誠實也九流者敍六藝爲九種言於六經

若水之下流也津涉者濟渡之處名言九流之多非此書無以通喻九河之廣非津涉無以渡案漢書藝文志云儒家者流五十三家八百三十五篇蓋出於司徒之官助人君順陰陽明教化者也游文於六經之中留意於仁義之際祖述堯舜憲章文武宗師仲尼以重其言於道最爲高孔子曰如有所譽其有所試唐虞之隆殷周之盛仲尼之業已試之效者也然惑者既失精微而辟者又隨時抑揚違離道本苟以譁衆取寵後進循之是以五經乖析儒學寖衰此辟儒之患也道家者流三十七家九百九十三篇蓋出於史官歷記成敗存亡禍福古今之道然後知秉要執本清虛以自守卑弱以自持此人君南面之術也合於堯舜之克讓易之嗛嗛一謙而四益此其所長也陰陽家者流二十一家二百六十九篇蓋出於羲和之官敬順昊天厤象日月星辰敬授民時此其所長也法家者流十家二百一十七篇蓋出於理官信賞必罰以輔禮制易曰先王以明罰飭法此其所長也名家者流十家三十六篇蓋出於禮官古者名位不同禮亦異數孔子曰必也正名乎名不正則言不順言不順則事不成此其所長也墨家者流六家八十六篇蓋出於清廟之官茅屋采椽是以貴儉養三老五更是以兼愛選士大射是以上賢宗祀嚴父是以右鬼順四時而行是以非命以孝視天下是以上

同此其所長也縱横家者流十二家百七篇蓋出於行人之官孔子曰誦詩三百使於四方不能專對雖多亦奚以爲又曰使乎使乎言其當權事制宜受命而不受辭此其所長也雜家者流二十家四百三篇蓋出於議官兼儒墨合名法知國體之有此見王治之無不貫此其所長也農家者流九家百一十四篇蓋出於農稷之官播百穀勸耕桑以足衣食故八政一曰食二曰貨孔子曰所重民食此其所長也此九流之大旨也云六藝之鈐鍵者案漢書藝文志六藝謂易書詩禮樂春秋六經也凡六藝一百三家三千一百二十三篇說文云鈐鏁也方言云戶鑰自關之東陳楚之間謂之鍵小爾雅云鍵謂之鑰言此書爲六藝之鑰鑰必開通之然後得其微旨也故云六藝之鈐鍵也云學覽者之潭奧者潭淵也室中西南隅謂之奧言隱奧也此書釋二儀之形象載八表之昏荒雖博學廣覽之士莫能究淵深隱奧故云學覽者之潭奧也云摛翰者之華苑也者言此書森羅萬有純粹六經若摛文染翰之士足以掇其英華若園苑然故云華苑也

若乃可以博物不惑多識於鳥獸草木之名者莫近於爾雅

［疏］若乃至爾雅。○釋曰此言其博物也云若乃者因上起下語上既言其功用此復美其博物故云若乃既可以博釋庶物又能多識辨於鳥獸草木之名者莫近於爾雅言爾雅最近之又案公羊傳說春秋功德云撥亂世反諸正莫近諸春秋何休云莫近猶莫過之也然則博物多識他書亦莫過於爾雅也

爾雅者蓋興於中古隆於漢氏豹鼠既辯其業亦顯

［疏］爾雅至亦顯。○釋曰此言興隆之時也云蓋興於中古者爾雅之作經傳莫言其人及時世但相傳云周公作之以教成王無正文故云蓋以疑之經典通以伏犧爲上古文王爲中古孔子爲下古周公文王子父統子業周公亦可言中古故云蓋興於中古云隆於漢氏者以夫子沒後書紀散亡戰國陵遲嬴秦燔滅則此書亦從而隆矣洎乎漢氏御宇旁求典籍除挾書之律開獻書之路此書亦從而隆矣故曰隆於漢氏也云豹鼠既辯其業亦顯者謂漢武帝時孝廉郎終軍既辯豹文之鼠人服其博物故爭相傳授爾雅之業於是遂顯言不但興行兼亦廣顯故云亦也

英儒贍聞之士洪筆麗藻之客靡不欽玩耽味爲之義訓璞不揆檮昧少而習焉沈研鑽極二九載矣雖注者十餘然猶未詳備並多紛謬有所漏略是以復綴集異聞會稡舊說考方國之語采謠俗之志錯綜樊孫博關羣言剟其瑕礫搴其蕭稂事有隱滯援據徵之其所易了闕而不論別爲音圖用袪未寤輒復擁篲清道企望塵躅者以將來君子爲亦有涉乎此也

○瞻時豔反璞音朴檮音桃少時照切會古外切稡子外切剟音掇礫音歷搴音僁稂音郎易以豉切了音療篲似稅切企丘豉切躅音逐

［疏］英儒至序末。○釋曰此言已所以作注之意也云英儒贍聞之士者案禮辨名記德過千人曰英儒者柔也能以德柔服人也贍多也士者有德之稱言英俊通儒多聞之士也云洪筆麗藻之客者洪大也麗美也藻水草也有文以喻人之文章言大有詞筆美於文章之客也云靡不欽玩耽味爲之義訓者靡無也欽玩猶敬愛也耽味猶樂嗜也言英儒等無不敬愛此書如耽廣樂嗜嘉肴然故曰耽味而爲之義理訓解謂作注也云璞不揆檮昧少而習焉者此自謙也揆度也檮謂檮杌無知之貌昧闇也郭氏言已不度其無知闇昧自少小而習此書焉云沈研鑽極二九載矣者此言用功深不敢苟爲注解也謂深沈研覈鑽求窮極凡十八載故云二九載矣云雖注者十餘然猶未詳備者言作注者雖十有餘家猶尚未能精詳具備十餘家者陸德明敘錄犍爲文學注三卷劉歆注三卷樊光注六卷李巡注三卷孫炎注三卷爲此五家而已又五經正義援引有某氏謝氏顧氏今郭氏言十餘者典籍散亡未知誰氏或云沈旋施乾謝嶠顧野王者非也此四家存郭氏之後故知非也云並多紛謬有所漏略者言十家所注並多紛紜錯繆若孫叔然覼縷弗離字別爲義是紛繆也其所難解則全不入根節是漏略也云是以復綴集異聞會稡舊說者是以者因前起後語因前十家所注紛繆漏畧起己作注之意故言是以對前已有注故云復綴集謂聯綴聚集異聞者注所引六經子史之類是也會稡者廣雅云會收也稡聚也舊說謂十家所說也雖不能盡善亦時有可觀其所善者則收聚用之也云考方國之語者考成也四方之國言語不同有所通釋者則援引考成之注引方言是也

云采謡俗之志者采取也徒歌謂之謡案漢書地理志云好惡取舍動静亡常隨君上之情欲故謂之俗但童謡嬉戲之言及俗間有所記志可以通此書者亦采用之若楰樜注引齊人諺曰上山斫檀楰樜先殫螮蛸注云俗呼爲喜子之類是也云錯綜樊孫者謂交錯綜聚樊光孫炎二家之注取其理長者用之云博關羣言者關通也羣言謂子史及小説也言非但援引六經亦博通此子史等以爲注説也云剟其瑕礫搴其蕭稂者此喻已作注去惡取善也剟其瑕礫以玉石喻也剟削也削去其疵瑕瓦礫以取瑾瑜也搴其蕭稂以禾莠喻也搴拔也蕭蒿也稂童粱莠類也拔去其蕭蒿稂莠以存其嘉禾也云事有隱滞援據徵之者援引也徵成也若事有隱奥滞泥者則援引經據以證成之也云其所易了闕而不論者謂通見詩書不難曉了者則不須援引故闕而不論也云別爲音圖用袪未寤者謂注解之外別爲音一卷圖贊二卷字形難識者則審音以知之物狀難辯者則披圖以別之用此音圖以袪除未曉寤者故云用袪未寤也云輒復擁篲清道企望塵躅者此郭氏自問也擁手持也篲帚也清道謂清絜道塗也企望者企踵而瞻望也塵躅者塵路躅跡也言己注此書若人持帚以清道企踵而望其芳塵美跡所以然者何謂是自問也云以將來君子爲亦有涉乎此也者此

自荅也言已注此書非他以爲將來有德君子之爲必欲研覈百氏探討九流非爾雅不可必涉歷此途若其注釋未備則恐迷誤後人作注之由良爲此也

爾雅卷上〔疏〕釋曰上者對中下生名直以簡編重多分爲上中下三卷無義例也

郭璞注〔疏〕郭璞字景純何東人東晉弘農太守著作郎注者著也解釋經指使義理著明也亦言已注意以釋此書也詩書謂之傳者傳傳也博識經意傳示後人也此皆其人自題故或言傳或言注無義例也

釋詁第一〔疏〕釋曰釋解也詁古也古今異言解之使人知也釋言則釋詁之別故爾雅敘篇云釋詁釋言通古今之字古與今異言也第次也一數之始也以其作最在先故爲第一此篇相承以爲周公作但其文有周公後事故先儒共疑焉或曰仲尼子夏所增足也或曰當周公時有之今無者或在散亡之中然則詩書所有非周公所釋乃後人依放故言雅記而爲之文故與之同郭氏因即援據以成其義若言胡不承權輿及緇衣之蓆兮此秦康鄭武之詩在周公之後明矣其義猶今爲文採摭故事以爲辭耳則此篇所載悉周公時所有何足怪也其諸篇所次舊無明解或以爲有親必須宮室宮室既備事資器用今謂不然何則造物之始莫先兩儀而樂器居天地之先豈天地乃樂器所資乎蓋以先作者居前增益者處後作非一時故題次無定例也其篇之名義逐篇具釋此不繁言此書之作以釋六經之言而字別爲義無復章句今而作疏亦不分科段所解經文若其易了及郭氏未詳者則闕而不論其稍難解則援引經據及諸家之説以證之郭氏之注多采經記若其通見可曉者則但指篇目而已而或書名僻異義旨隱奥者則具載彼文以祛未寤者耳

初哉首基肇祖元胎俶落權輿始也

尚書曰三月哉生魄詩曰令終有俶又曰俶載南畝又曰訪予落止又曰胡不承權輿胚胎未成亦物之始也其餘皆義之常行者耳此所以釋古今之異言通方俗之殊語○肇音兆俶昌叔

〔疏〕初哉至始也○釋曰皆初始之異名也初者説文云從衣從刀裁衣之始也哉者古文作才説文云才草木之初也以聲近借爲哉始之哉首者頭也首之始也基者説文云牆始築也肇者説文作肁始開也祖者宗廟之始也元者善之長也長即始義胎者人成形之始也俶者動作之始也落者木葉隕墜之始也權輿者天地之始也天圓而地方因名云此皆造字之本意也及乎詩書雅記所載之言

則不必盡取此理但事之初始俱得言焉他皆倣此〔注〕尚書至殊語○釋曰云尚書曰三月哉生魄者康誥文云詩曰令終有俶者大雅既醉文又曰俶載南畝者周頌載芟文又曰訪予落止者周頌訪落文又曰胡不承權輿者秦風權輿文云胚胎未成亦物之始也者説文云胚婦孕一月也胎婦孕三月也然則尚未成形而爲形之始故曰胚胎未成亦物之始物則形也云其餘皆義之常者耳者謂初首基肇祖元也通見詩書故曰義之常行云此所以釋古今之異言通方俗之殊語者楊雄説方言云皆古今語也初別國不相往來之言也今或同而舊書雅記故俗語不失其方而後人不知故爲之作釋也郭彼注云謂作釋詁釋言是也

林烝天帝皇王后辟公侯君也

詩曰有壬有林又曰文王烝哉其餘義皆通見詩書○辟并亦反

〔疏〕林烝至君也○釋曰皆天子諸侯南面之君異稱也白虎通云君羣也羣下之所歸心也林者説文云平地有叢木曰林烝者左傳云天生烝民樹之以君而司牧之然則人物之衆必立君長以司牧之故以林烝爲君也天者説卦云乾爲天爲君以其俱尊極故也大雅皆謂君爲天是也帝皇者白虎通云德合天地者稱帝帝者諦也象可承也皇美也大也天之摠美大稱也時質故摠

稱之號之爲皇煌煌人莫違也王者往也天下所歸往說文云后者繼體君也象人之形施令以告四方故后之從一口發號者君后也辟者法也爲下所法則也公者通也公正無私之意也侯者候也候迎順也天帝皇王惟謂天子公侯惟謂諸侯餘皆通稱〔注〕詩曰至詩書○釋曰云詩曰有壬有林者小雅賓之初筵文又曰文王烝哉者大雅文王有聲文云其餘義皆通見詩書者謂天帝皇王后辟公侯皆義之常行故不備引

弘廓宏溥介純夏憮厖墳嘏丕弈洪誕戎駿假京碩濯訏宇穹壬路淫甫景廢壯冢簡箌昄晊將業席大也詩曰我受命溥將又曰亂如此憮爲下國駿厖湯孫奏嘏王公伊濯訏謨定命有壬有林厥聲載路既有淫威廢爲殘賊爾土宇昄章緇衣之席兮廓落宇宙穹隆至極亦爲大也箌義未聞尸子曰此皆大有十餘名而同一實○憮音呼厖亡江切誕音但訏音吁箌音卓昄蒲板切晊之日切〔疏〕弘廓至大也○釋曰此皆廣大之異言也弘者含容之大也周書洛誥云武王弘朕恭廓者方言云張小使大謂之廓宏者書曰若保宏父介者方言云東齊海岱之間謂之介純者魯頌閟宮云天錫公純嘏夏者方言云自關而西秦晉之間凡物之壯大而愛偉之謂之夏厖者深之大也墳嘏者方言云墳地大也青幽之間凡土而高且大者謂之墳秦晉之間凡物壯大謂之嘏丕者書云嘉乃丕績弈者詩大雅韓弈云弈弈梁山洪者書大誥云洪惟我幼沖人誕者大雅生民云誕彌厥月戎者方言云宋魯陳衛之間謂之嘏或曰戎京碩濯訏者秦晉之間凡人大謂之奘燕之北鄙齊楚之郊或曰京齊宋之間曰碩荆吳楊甌之郊曰濯中齊西楚之間曰訏此皆謂大方俗之殊語也甫者詩齊風云無田甫田景者周頌潛篇云以介景福壯者秦晉之間凡人大謂之奘或謂之壯冢者舍人曰冢封之大也大雅緜篇云乃立冢土簡者周頌執競云降福簡簡箌者郭云義未聞顧氏云都角切說文云草大也韓詩云箌彼圃田將者周頌云日就月將業者版之大也大雅靈臺云虡業維樅餘皆見注〔注〕詩曰至一實○釋曰詩云我受命溥將者商頌烈祖文又曰亂如此憮者小雅巧言文云下國駿厖者商頌長發文云湯孫奏嘏者商頌那篇文云王公伊濯者大雅文王有聲文云訏謨定命者大雅抑篇文云有壬有林者小雅賓之初筵文云厥聲載路者大雅生民文云既有淫威者周頌有客文云廢爲殘賊者小雅四月文云爾土宇昄章者大雅卷阿文云緇衣

之席兮者鄭風緇衣文云廓落宇宙穹隆至極亦爲大也者廓落大貌四方上下曰宇說文云宙舟輿所極也穹隆天之形也郭氏讀晊爲至故云至極是廓宇穹晊亦爲大也云尸子曰此皆大有十餘名而同一實者漢書藝文志云尸子二十篇注曰名佼魯人秦相商君師之鞅死佼逃入蜀案尸子廣澤篇云墨子貴兼孔子貴公皇子貴衷田子貴均列子貴虛料子貴別囿其學之相非也數世矣而已弇弇於私也天帝后皇辟公弘廓閎博介忳夏幠冢晊昄皆大也十有餘名而實一也若使兼公虛均衷平易別囿一實也則無相非也以其數字皆訓爲大故引之也周公作詁必以始也君也大也居先者始者無先之稱君者至尊之號大則無所不包故先言之一曰此三者天也人也地也易乾卦云萬物資始坤卦云直方大老子云域中有四大王居其一焉故以此三者爲先乾坤相對之物而以地在人後者以人居天地之中且尊尚人君故進之自此而下隨便即言無義例也

憮厖有也二者又爲有也詩曰遂憮大東〔疏〕憮厖有也○釋曰二者又爲有言六有也成十六年左傳云生民敦厖言人生聚豐厚大有也〔注〕詩曰遂憮大東○釋曰魯頌閟宮文也案今詩本作遂荒此言遂憮者所見本異也或當在齊魯韓詩

迄臻極到赴來弔艐格戾懷摧詹至也齊楚之會郊曰懷宋曰屆詩曰先祖于摧又曰六日不詹詹摧皆楚語方言云○極紀力切弔音的艐音宗摧昨雷切〔疏〕迄臻至至也○釋曰迄者自古至今也大雅生民云以迄于今臻者詩邶風泉水云遄臻于衛言疾至於衛也極者窮盡之至也樂記云及夫禮樂之極乎天而蟠乎地言禮樂之道上至於天下委於地也到者自遠而至也大雅韓弈云靡國不到赴者趨而至也雜記云凡赴於君來者自彼至我也春秋經曰祭伯來言至魯也弔者小雅天保云神之弔矣艐讀爲屆屆格戾懷摧詹皆方俗語〔注〕齊楚至言云○釋曰云齊楚之會郊曰懷宋曰屆者方言文云詩曰先祖于摧者大雅雲漢書又曰六日不詹者小雅采綠文云詹摧皆楚語方言云者案方言云假騺𢓜狢格懷摧詹戾艐狢屆至也邠唐冀兗之間曰假或曰𢓜齊楚之會郊或曰懷摧詹戾楚語也艐宋語也皆古雅之別語也今則或同是也

如適之嫁徂逝往也方言云自家而出謂之嫁猶女出爲嫁〔疏〕如適至往也○釋曰皆謂造於彼也如者自我而往也春秋公及大夫朝聘皆曰如之者論語云之一邦言又往一國也適嫁徂逝皆方俗語〔注〕方言至爲嫁○釋曰案方言云嫁逝徂適往也自

家而出謂之嫁猶女而出爲嫁也逝秦晉語也徂齊語也適宋魯語也往凡語也。

賚貢錫畀予貺賜也皆賜與也○畀必寐切予羊汝切疏賚貢至賜也○釋曰皆謂賜與也賚者賜有功善人也書湯誓曰予其大賚汝貢者下與上也左傳齊桓責楚云爾貢包茅不入錫者嘉賜也禹貢云禹錫玄圭畀者付與也詩鄘風干旄云何以畀之予者授與也小雅采菽云天子所予貺者惠賜也小雅彤弓云中心貺之

儀若祥淑鮮省臧嘉令類綝彀攻穀介徽善也詩曰儀刑文王左傳曰禁禦不若詩曰永錫爾類我車既攻介人維藩大姒嗣徽音省綝彀未詳其義餘皆常語○鮮息淺切省先郢切令力政切綝勑金切彀古豆切疏儀若至善也○釋曰皆謂美善也儀者形象之善也若者惠順之善也祥者李巡曰福之善也書泰誓云謨于休祥淑者有德之善也詩曹風鳲鳩云淑人君子鮮者清絜之善也邶風新臺云籧篨不鮮省綝彀郭氏未詳臧者功能之善也詩齊風云射則臧兮嘉者美之善也詩大雅抑篇云無不柔嘉令者大雅卷阿云令問令望類者昭二十八年左傳云勤施無私曰類攻者堅緻之善穀者養生之善詩小雅小明云式穀以女介者大善也徽者美善也注詩曰至常語○釋曰詩曰儀刑文王者大雅文王篇文云左傳曰禁禦不若者左傳無全文案文十八年說四凶云投諸四裔以禦螭魅宣三年傳言鑄鼎象物故民入山林不逢不若蓋採合傳文故云禁禦不若也云詩曰永錫爾類者大雅既醉文云我車既攻者小雅車攻文云介人維藩者大雅板篇文云大姒嗣徽音者思齊文云餘皆常語者謂祥淑鮮臧嘉令穀書傳多有之故云皆常語

舒業順敘也皆謂次敘

敘業順敘緒也四者又爲端緒疏舒業至緒也○釋曰敘謂次敘舒者展舒徐緩有次也業者事有次敘也順者不逆有敘也舒業順敘因者又爲端緒互相訓也

怡懌悅欣衎喜愉豫愷康妉般樂也皆見詩○妉丁含切般盤樂洛疏怡懌至樂也○釋曰皆謂喜樂怡者和樂也小雅節南山云既夷既懌怡夷音義同懌者悅樂也商頌那篇云亦不夷懌悅者心樂也小雅都人士云我心不說悅說音義同欣者笑喜之樂也大雅鳧鷖云旨酒欣欣毛傳云欣欣然樂也衎者飲食之樂也小雅南有嘉魚云嘉賓式燕以衎喜者說文云不言而悅也小雅彤弓云中心喜之愉者安閒之樂也唐風山有樞云他人是愉毛傳云愉樂也豫者逸樂也小雅白駒云逸豫無期愷者康樂也小雅魚藻云豈樂飲酒康者安樂也唐風蟋蟀云無以大康妉者樂之久也小雅鹿鳴云和樂且湛又衛風氓篇云無與士耽鄭箋云耽非禮之樂般者遊樂也周頌篇名也鄭箋云般樂也注皆見詩○釋曰按郭以爾雅之作多爲釋詩且詩中備有此文故云皆見詩其實六經之中所訓亦爾但以詩書之作作非一人故有音義雖同而字形蹖駮者詩文作湛此作妉詩文作夷說豈類槃而此作怡悅愷般之類直以異人之作故不同爾無義例也他皆放此

悅懌愉釋賓協服也皆謂喜而服從疏悅懌至服也○釋曰皆謂喜而服從也悅懌愉者皆喜樂而服也釋者釋去恨怨而服也賓者懷德而服也旅獒云四夷咸賓協者和合而服也左傳曰謀其不協

遹遵率循由從自也自猶從也

遹遵率循也三者又爲循行○遹音聿疏遹遵至循也○釋曰自亦從也轉互相訓也遹者大雅緜篇云聿來胥宇遹聿音義同遵者周南汝墳云遵彼汝墳率者大雅緜篇云率西水滸循者顧命云率循大卞由者曲禮大夫士出入君門由闑右從者小雅何人斯云伊誰云從遹遵率三者又爲循行

靖惟漠圖詢度咨諏究如慮謨猷肇基訪謀也國語曰詢于八虞咨于二虢度于閎夭謀于南宮諏于蔡原訪于辛尹通謂謀議耳如肇所未詳餘皆見詩○度鐸趣子須疏靖惟至謀也○釋曰皆謂謀議也靖者安謀也小雅小旻云靖共爾位惟者思謀也漠者舍人曰心之謀也小雅小弁云聖人莫之漠莫音義同圖者大雅崧高云我圖爾居詢度咨諏者小雅皇皇者華傳云訪問於善爲咨咨事爲諏咨事之難易爲謀咨禮義所宜爲度親戚之謀爲詢究者小雅小弁云不舒究之慮者計謀也謨者大謀也大雅云訏謨定命猷者以道而謀也大雅文王云厥猷翼翼猷猶音義同肇者大雅江漢云肇敏戎公基者君子作事謀始也訪者謀政事也注國語至見詩○釋曰云國語曰詢於八虞咨於二虢度於閎夭謀於南宮諏於蔡原訪於辛尹者是晉語胥臣對文公辭說文王之即位也韋氏解云八虞周八士皆在虞官二虢文王弟虢仲虢叔南宮南宮括也蔡蔡公原原公辛辛甲尹尹逸皆周大史也

典彝法則刑範矩庸恒律戛職秩常也庸戛職秩義見詩書餘皆謂常法耳○彝音夷疏典彝至常也○釋曰皆謂常禮法也典刑者詩大雅蕩篇云尙有典刑彝者洪

範云彝倫攸敘法則者天官冢宰以八灋治官府以八則治都鄙鄭注云邦國官府謂之禮法常所守以爲法式也則亦法也典法則所用異異其名也範者模法之常也矩者度方有常也庸者書皐陶謨云自我五禮有庸哉恒久之常也湯誥云若有恒性律者常法也戛者康誥云不率大戛職者主之常也秩者商頌烈祖云有秩斯祜

柯憲刑範辟律矩則法也詩曰伐柯伐柯其則不遠論語曰不踰矩〔疏〕柯憲至法也○釋曰此亦謂常法轉互相訓柯者執以取法也憲者大雅桑扈云百辟爲憲辟罪法也刑範律矩則皆謂常法也〔注〕詩曰至踰矩○釋曰云詩曰伐柯伐柯其則不遠者豳風伐柯文云論語曰不踰矩者爲政文

辜辟戾辠也皆刑罪○辟婢亦切辜音孤辠音罪〔疏〕辜辟戾辠也○釋曰皆謂刑罪也辜者書仲虺之誥云罔不懼于非辜辟者呂刑云墨辟疑赦戾者大雅抑篇云亦維斯戾辠罪古今字也說文云辠犯法也從辛從自言辠人蹙鼻苦辛之憂秦以辠似皇改爲罪取非人自投於网自古文以爲鼻

黃髮齯齒鮐背耇老壽也黃髮髮落更生黃者齯齒齒墮更生細者鮐背背皮如鮐魚耇猶耆也皆壽考之通稱○齯音倪鮐音台耇音狗

〔疏〕黃髮至壽也○釋曰皆壽考之通稱也黃髮者舍人曰黃髮老人髮白復黃也郭云黃髮髮落更生黃者齯齒者說文云齯老人兒齒也郭云齒墮更生細者魯頌閟宮云既多受祉黃髮兒齒鄭箋云兒齒亦壽徵鮐背者舍人曰老人氣衰皮膚消瘠背若鮐魚郭云鮐背背皮如鮐魚劉熙釋名云九十曰鮐背背有鮐文大雅行葦云黃耇台背毛傳云台背大老也鄭箋云台之言鮐也大老則背有鮐文方言云秦晉之郊陳兗之會謂老曰耇鮐耇者郭云耆也方言云燕代北鄙謂耇爲梨郭彼注云梨面色似凍梨也舍人曰耇覯也血氣精華覯竭言色赤黑如狗矣孫炎曰耇面如凍梨色似浮垢老人壽徵也老者說文云七十曰老從人毛匕言須髮變白也

允孚亶展諶誠亮詢信也方言曰荆吳淮汭之間曰展燕岱東齊曰諶宋衛曰詢亦皆見詩○亶丁簡切諶市林切〔疏〕允孚至信也○釋曰皆謂誠實不欺也〔注〕方言至見詩○釋曰案方言云允訦讜恂讜展諒黏穆信也齊魯之間曰訦宋衛汝潁之間曰恂荆吳淮汭之間曰展西甌毒屋黃石野之間曰穆衆信曰諒周南召南衛之語也云亦皆見詩者鄘風定之方中云終然允臧大雅文王云萬邦作孚小雅祈父云亶不聰鄘風君子偕老云展如之人兮大雅蕩篇云其命匪諶誠者復言之復也鄘柏舟云不諒人只鄭風溱洧云洵訏且樂訦諶亮諒詢洵音義同

展諶允慎亶誠也轉相訓也詩曰慎爾優遊〔疏〕展諶至誠也○釋曰皆謂至誠轉相訓也〔注〕詩曰慎爾優遊○釋曰小雅白駒文

謔浪笑敖戲謔也謂調戲也見詩〔疏〕謔浪至謔也○釋曰詩曰謔浪笑敖者不敬之戲謔也舍人曰謔戲謔也浪意明也笑心樂也敖意舒也戲笑邪戲謔笑之貌郭云謂調戲也見詩者此邶風終風文

粵于爰曰也書曰土爰稼穡詩曰對越在天王于出征

爰粵于也轉相訓○粵音曰〔疏〕粵于至于也○釋曰皆謂語辭發端轉互相訓也說文云曰從開口象氣出於口也〔注〕書曰至出征○釋曰云書曰土爰稼穡者周書洪範文云詩曰對越在天者周頌清廟文云王于出征者小雅采芑文

爰粵于那都繇於也左傳曰棄甲則那那猶今人云那那也書曰皐陶曰都繇辭於乎皆語之韻絕○繇音由於音烏〔疏〕爰粵至於也○釋曰皆語之韻絕歎辭也爰粵于三者又爲於乎〔注〕左傳至韻絕○釋曰云左傳曰棄甲則那者宣二年華元荅謳者辭也云書曰皐陶曰都者虞書皐陶謨文也

云繇辭者繇卦兆之辭也云於乎者周頌維天之命云於乎不顯是也

佮郃盍翕仇偶妃匹會合也皆謂對合也○佮音閤郃合盍胡臘切妃音配〔疏〕佮郃至合也○釋曰皆謂對合也佮者說文云合會也郃者和合也盍者衆合也易豫卦九四云勿疑朋盍簪翕者斂合也書皐陶謨云翕受敷施仇者左傳曰怨耦曰仇偶者相對合也左傳曰大都耦國妃者嘉耦曰妃匹者配合也大雅文王有聲云作豐伊匹會者集合也周禮曰時見曰會

仇讎敵妃知儀匹也詩云君子好仇樂子之無知實維我儀國語亦云丹朱憑身以儀之讎猶儔也廣雅云讎輩也〔疏〕仇讎至匹也○釋曰皆謂匹合也仇者孫炎云相求之匹讎者儔侶輩類之匹也敵者相當之匹也妃合耦之匹也〔注〕詩云至輩也○釋曰云詩云君子好仇者周南關雎文云樂子之無知者檜風隰有萇楚文云實維我儀者鄘柏舟文也云國語亦云丹朱憑身以儀之者案周語惠王十五年有神降于莘王問於內史過曰今是何神也對曰昔昭王娶於房曰房后實有爽德協于丹朱丹朱憑身以儀之生穆王焉實臨照周之子孫而禍福之夫神一不遠徙遷若由是觀之其丹朱乎韋氏解云憑依也儀匹也言房后之行有似丹朱

丹朱馮依其身而匹偶之生穆王焉。**妃合會對也**皆相當對。**妃媲也**相偶媲也。媲普計切〔疏〕妃合至媲也。釋曰此三者又爲當對妃又爲媲謂相偶媲也。**紹胤嗣續纂緌績武係繼也**詩曰下武維周緌見釋水餘皆常語。纂子管切〔疏〕紹胤至繼也。釋曰皆聯繼不絕也紹者大雅既醉云永錫祚胤嗣者周頌酌篇云載用有嗣續者小雅斯干云似續妣祖纂者魯頌閟宮云纘禹之緒緌武見注績者陳風東門之枌云不績其麻係者繫屬之繼易曰係小子失丈夫注詩曰至常語。釋曰云詩曰下武維周者大雅下武文云緌見釋水者彼云汎汎楊舟紼纚維之紼繂也纚緌也是矣

氣謚溢蟄慎貉謐顗頠密寧靜也氣顗頠未聞其義餘皆見詩傳。氣音戲謚音侍貉音陌謐音密顗音擬頠魚毀切〔疏〕氣謚至靜也。釋曰皆安靜也謚者人死將葬誄列其行而作之也溢者盈溢者宜靜周頌維天之命云假以溢我蟄者藏伏靜處也易曰龍蛇之蟄慎者謹靜也大雅云淑慎爾止貉者靜定也大雅皇矣云貊其德音鄭箋云德政應和曰貊謐者說文云靜語也密者周頌昊天有成命云

夙夜基命宥密寧者周頌良耜云婦子寧止

隕磒湮下降墜摽蘦落也磒猶隕也方俗語有輕重耳湮沈落也摽蘦見詩。隕于閔切磒于敏切摽婢耿切蘦音零〔疏〕隕磒至落也。釋曰皆謂墜落也隕者說文云從高墜也易曰有隕自天磒者不落也郭云磒猶隕也方俗語有輕重耳湮沈落也下者自上而落也降即下也曲禮謂羽鳥死曰降墜者說文曰從高墜也左傳曰弗敢失墜摽者召南云摽有梅蘦者說文云草曰蘦木曰落此對文爾散而言之他物之落亦言蘦鄘風定之方中云靈雨既零蘦零音義同

命令禧昣祈請謁訊誥告也禧未聞禮記曰昣於鬼神。令力政切昣稹告谷〔疏〕命令至告也。釋曰皆謂告諭也命者使告也詩唐風揚之水云我聞有命令發號以告也論語云其身正不令而行昣者致告也祈者求告也書召誥云祈天永命請者言告也婚禮五曰請期謁者告白也月令曰謁於天子訊者告問也詩云歌以訊之誥者布告也書大誥洛誥之類是也注禮記曰昣於鬼神。釋曰下曲禮文

永悠迥違遐逷闊遠也書曰逷矣西土之人。迥戶頂切逷音惕

永悠迥遠遐也遐亦遠也轉相訓〔疏〕永悠迥違至遐也。釋曰皆謂遼遠也永者長遠也周南漢廣云江之永矣悠者小雅漸漸之石云山川悠遠迥者大雅云泂酌彼行潦迥泂音義同違者離遠也召南殷其雷云何斯違斯遐者大雅旱麓云遐不作人逷者古文逖也闊者相疏遠也邶風擊鼓云于嗟闊兮永悠迥遠四者又遠遐也遐亦遠也轉相訓爾注書曰逷矣西土之人。釋曰周書牧誓文也

虧壞圮垝毀也書曰方命圮族詩曰乘彼垝垣虧通語耳。壞音怪圮房美切垝音鬼〔疏〕虧壞至毀也。釋曰皆謂毀敗也虧者損毀祭義云不虧其體壞者人毀也音怪一云自毀也乎怪切圮者岸毀也書敘曰祖乙圮于耿垝是毀垣也注書曰至語耳。釋曰云書曰方命圮族者堯典文孔安國云圮毀族類也言鯀性狠戾好比方名命而行事輒毀敗善類云詩曰乘彼垝垣者衛風氓篇文也

矢雉引延順薦劉繹尸旅陳也禮記曰尸陳也雉順劉皆未詳〔疏〕矢雉至陳也。釋曰皆謂敷陳也矢者書敘云皋陶矢厥謨引者伸陳也延鋪陳也薦者饌陳也繹者復陳也周頌賚篇云時周之命於繹思尸者主陳也旅者謂布陳也大雅賓之初筵云殽核維旅注禮記曰尸陳也。釋曰郊特牲文

尸職主也左傳曰殺老牛莫之敢尸詩曰誰其尸之又曰職爲亂階〔疏〕尸職主也。釋曰皆謂爲之主宰也注左傳至亂階。釋曰云左傳曰殺老牛莫之敢尸者成十七年傳云晉欒書中行偃遂執公焉召韓厥韓厥辭曰昔吾畜於趙氏孟姬之讒吾能違兵古人有言曰殺老牛莫之敢尸而況君乎二三子不能事君焉用厥也是其事云詩曰誰其尸之者召南采蘋文又曰職爲亂階者小雅巧言文

尸寀也謂寀也

寀寮官也官地爲寀同官爲寮。寀七代反〔疏〕尸寀至官也。釋曰寀謂寀地主事者必有寀地寀寀也采取賦稅以供己有寀地及言同寮者皆謂居官者也注官地至爲寮。釋曰云官地爲寀者禮運云大夫有采以處其子孫是也云同官爲寮者左傳文七年荀林父告先蔑之辭也

績緒采業服宜貫公事也論語曰仍舊貫餘皆見詩書〔疏〕績緒至事也。釋曰皆事爲也績者功事也商頌云設都于禹之績緒者事業也魯頌閟宮云纘大王之緒采者皋陶謨云亮采有邦業者學人所有事書周官云業廣惟勤服者周南關雎云寤寐思服宜者宜其事也大雅鳧鷖云公尸來燕來宜貫者魏風碩鼠云三歲貫女公者周頌酌篇云實維爾公允師注論語曰

仍舊貫○釋曰先進篇云魯人爲長府閔子騫曰仍舊貫如之何何必改作是也

永羕引延融駿長也宋衛荆吴之間曰融羕所未詳○羕音様疏永羕至長也○釋曰說文云長久遠也方言云施於衆長謂之永引者漢書律厤志云十丈爲引引者信也顏師古曰信讀曰伸言其長延者方言云延季長也凡施於季者謂之延又宋衛荆吳之間曰融駿者長大也

喬嵩崇高也皆高大貌左傳曰師叔楚之崇也

崇充也亦爲充盈疏喬嵩至充也○釋曰皆高大貌喬周頌般篇云嶞山喬嶽釋山云山大而高崧嵩崧音義同崇者高貴也亦爲充盛樂記云復綴以崇注左傳曰師叔楚之崇也○釋曰宣十二年傳文也杜注云師叔潘尫爲楚人所崇貴

犯奢果毅剋捷功肩堪勝也陵犯誇奢果毅皆得勝也左傳曰殺敵爲果肩即尅耳書曰西伯堪黎○殺音義疏犯奢至勝也○釋曰皆謂得勝也舍人曰肩強之勝也孫炎曰戡勝之勝也陵犯誇奢殺敵爲果致果爲義尅殺捷獲有功肩尅堪任是皆得勝也注左傳至堪黎○釋曰云左傳曰殺敵爲果者宣二年君子辭也云書曰西伯堪黎者商頌篇名也

勝肩戡劉殺

克也轉相訓耳公羊傳曰克之者何殺之也○戡音堪疏勝肩至克也○釋曰克亦勝也詩周頌敬之云佛時仔肩克也又爲殺也皆謂得勝而殺之轉互相訓耳注公羊至之也○釋曰公羊者在隱元年經曰夏五月鄭伯克段于鄢傳曰克之者何殺之也

劉獮斬刺殺也書曰咸劉厥敵秋獮曰獮應殺氣也公羊傳曰刺之者何殺之也○獮斟刺次疏劉獮至殺也○釋曰說文云殺戮也斬者文二年左傳曰狠瞫取戈以斬囚餘皆具注注書曰至之也○釋曰書曰咸劉厥敵者周書君奭文云秋獮爲獮者釋天文云應殺氣也者言秋氣肅殺故名秋獮爲獮大司馬云中秋教治兵遂以獮田是也云公羊傳曰刺之者何殺之也者僖二十七年傳文也經云公子買戍衛不卒戍刺之故傳云此也

亹亹蠠沒孟敦勖釗茂劭勔詩曰亹亹文王蠠沒猶黽勉書曰茂哉茂哉方言云周鄭之間相勸勉爲勔釗孟未聞○亹音尾蠠音密釗音招劭音邵勔音泯疏亹亹至勉也○釋曰皆謂勸勉也敦者厚相勉也勖者邶風燕燕云以勖寡人勖者勉力也餘皆見注注詩曰至未聞○釋曰云詩曰亹亹文王者大雅文王文也言勉勉乎不倦文王之勤用明德也云蠠沒猶黽勉者以其聲相近方俗語有輕重耳邶風谷風云黽勉同心云書曰茂哉茂哉者皋陶謨文也書作懋茂懋古今字也云方言云以下者案彼云釗薄勉也秦晉曰釗或曰薄故其鄙語曰薄努猶勉努也南楚之外曰薄努自關而東周鄭之間曰勔釗齊魯曰勖茲是也

騖務昏暋強也馳騖事務皆自勉強書曰不昏作勞暋不畏死○騖音務暋音閔強其丈切疏騖務至強也○釋曰皆謂自勉強也騖謂馳騖務謂先務二者皆以力勉強孫炎曰昏夙夜之強也注書曰至畏死○釋曰云書曰不昏作勞者盤庚文云暋不畏死者康誥文

爾雅疏卷第一

盧宣旬校

大清嘉慶二十一年用文選樓藏本校

吏科給事中南昌黃中傑栞

爾雅注疏校勘記序

阮元撰盧宣旬敬錄

爾雅一書舊時學者苦其難讀今則三家村書塾罔不讀者文教之盛可云至矣爾雅注郭氏後出不必精審而從前古注之散見者通儒多愛惜攈拾之若近日寶應劉玉麐武進臧庸皆采輯成書可讀邢昺作疏在唐以後不得不綷唐人語爲之近者翰林學士邵晉涵改弦更張別爲一疏與邢並行時出其上顧邢書列學官已久士所共習而經注疏三者皆譌舛日多俗閒多用汲古閣本近年蘇州翻版尤劣元搜訪舊本於唐石經外得明吳元恭仿宋刻爾雅經注三卷元槧雪牕書院爾雅經注三卷宋槧爾雅邢疏未附合經注者十卷皆極可貴授武進監生臧庸取以正俗本之失條其異同纖悉畢備元復定其是非爲爾雅注疏校勘記六卷（上中下三卷各分上下卷）後之讀是經者於此不無津梁之益陸德明經典釋文此經爲最詳仍別爲校訂譌字不依注疏本與經注相淆若夫爾雅經文之字有不與經典合者轉寫多歧之故也有不與說文解字合者說文於形得義皆本字本義爾雅釋經則假借特多其用本字本義少也此必治經者深思而得其意固非校勘之餘所能盡載矣阮元記

引據各本目錄

單經本

唐石經爾雅三卷（首載郭序每卷標篇目下題郭璞注每行十字卷上釋詁第一釋言第二釋訓第三釋親第四卷中釋宮第五釋器第六釋樂第七釋天第八釋地第九釋丘第十釋山第十一釋水第十二卷下釋草第十三釋木第十四釋蟲第十五釋魚第十六釋鳥第十七釋獸第十八釋畜第十九大致與今本同非特較陸氏釋文迥然不侔即與邢疏本亦有異如釋天石經作析木謂之津而邢本作析木之津云定本有謂字因注誤釋地石經作下者曰溼而邢本作下者曰隰云本作溼誤舉此知今本承石經之誤者多矣）

國朝石經考文提要爾雅一卷（乾隆五十六年校刊石經據宋元舊刻多所訂正尚書彭元瑞撰輯此篇每經爲一卷）

經注本

明吳元恭仿宋刻爾雅經注三卷（嘉靖十七年秋七月東海吳元恭校刊有後序每葉十六行每行十七字卷首標目同唐石經卷末總計經若干字注若干字閒有一二小誤絕無私意竄改處不附釋文而郭注中之某音某完然無闕爲經注本之最善者必本宋刻無疑今以此爲據閒參用陳本以證其同陳本者明陳深十三經解詁本也較此多印合而微有刪改處如釋詁注云其餘義皆通見詩書陳本作其餘義見詩書嗟咨䀡也注云音兔罝陳本刪此三字不若吳本之可據也今作校勘記以此本爲據凡摘書經注皆用此本凡札記經注云此本者謂此也）

元槧雪牕書院爾雅經注三卷（無年代可考首署雪牕書院校正新刊八字故稱雪牕本每葉二十行每行經十九字注二十六字體與唐石經同注下連附音切於本字上加圈爲識較諸注疏本獨爲完善釋畜騋牝驪牝與經義雜記合釋蟲注蠚螫桑樹與釋文合而今本釋文亦誤若女桑桋桑之作姨四蹢皆白首之作騙釋草注音纑䌰之作音丘阮皆其私改又不可不知者然較之俗所行郎奎金鍾人傑等刊本則遠勝之矣郎鍾等本隨意增刪竄易更不可據）

單疏本

宋槧爾雅疏十卷宋史藝文志玉海皆十卷俗本注疏分十一卷非卷一釋詁卷二釋詁下卷三釋言卷四釋訓釋親卷五釋宮釋器釋樂卷六釋天卷七釋地釋丘釋山釋水卷八釋草卷九釋木釋蟲釋魚卷十釋鳥釋獸釋畜每卷標目首署邢氏名銜每葉三十行每行三十字或多少一字經注或載全文或標起止皆空一格下稱釋曰此當脫胎北宋本中有明人刊補者最劣今作挍勘記以此本爲據凡摘書疏木皆用此本凡札記疏文云此本者謂此也

注疏本

元槧爾雅注疏十一卷卷一釋詁分上中下卷二釋言分卷下卷三釋訓釋訓下釋親卷四釋官釋器下釋器卷五釋樂釋天下釋天卷六釋地釋丘卷七釋山釋水卷八釋草分卷下卷九釋木下釋木釋蟲卷十釋魚釋鳥下釋鳥卷十一釋獸釋畜分卷極無埋閩本正襲此每葉十八行經每行二十字注及疏低一格亦每行二十字經下載注雙行不標注字疏標陰文疏字內多明人補刻板其佳者往往與單疏本雪牕本印合而訛字極多不勝指摘今第取其是者及與閩監毛三本有相涉者證其同異云

明閩本爾雅注疏十一卷明嘉靖間閩中御史李元陽刊分卷及疏文脫落處悉與元板同知此本出於元板也其佳者多與單疏本元本合而增補之字多不得當剜擠之痕灼然可考監毛本則照此排勻矣每半葉九行每行經二十一字注及疏低一格每行二十字經下載注單行居中標陰文注字分經注疏爲大中小三等字

明監本爾雅注疏十一卷萬歷二十一年刊每卷首署皇明朝列大夫國子監祭酒臣曾朝節司業臣周應賓等奉勑重較刊皇明朝列大夫國子監祭酒臣吳士玉承德郎司業仍加俸一級臣黃錦等奉旨重修行數字數與閩本同惟分卯吾台予以下爲釋詁下餘篇不分上下注用小字單行偏右較閩本爲完善誤字亦較毛本爲少

明汲古閣毛本爾雅注疏十一卷崇禎庚辰古虞毛晉刊經注疏亦分大中小三等字合釋詁爲一篇其餘徐欵與監本同此世所通行者而錯誤極多

國朝浦鏜爾雅注疏正誤三卷嘉善浦鏜撰據毛本及他書徵引之文以意參挍其所改正之字多未可信

國朝惠棟爾雅注疏挍本十一卷元和惠棟挍本多以說文釋文唐石經等訂俗本之訛

國朝盧文弨爾雅注疏挍本十一卷餘姚盧文弨挍本以釋文及衆家說參挍

經典釋文

明葉林宗影抄宋本經典釋文爾雅音義共二卷上中一卷下一卷

國朝盧文弨爾雅音義考證二卷盧文弨撰

爾雅注疏卷一挍勘記　阮元撰盧宣旬摘錄

爾雅疏敘　正德本閩本監本毛本改作爾雅註疏序○註字正德本作注閩監毛本作註非此經有元板注疏十一卷爲閩監毛本之所從出元板有闕頁明正德年補刊者今稱正德本是也有補刊而不著正德年者今但稱舊本是也分別稱之以明其與元刻有閒耳疏文以宋槧單疏本爲據經注以明嘉靖十七年東海吳元恭翻刻宋本爲據

翰林侍講學士朝請大夫守國子祭酒上柱國賜紫金魚袋臣邢昺等奉勑校定　此本十卷每卷篇題前著名銜如此上空三格勑字提行下文今既奉勑校定同正德本亦然又正德本閩本監本毛本子誤賜

誠傳注之濫觴　正德本同閩本監本毛本注改註非段玉裁云傳注字必從水卽六書之轉注引伸其義有所歸如引水注於江海也凡記註字則從言明人盡改注爲註張參云註與訓注字同則唐時已昧昧矣

夫混元闢而三才肈位　正德閩監毛四注疏本肈改肇下準此

豹鼠既辨　正德本閩本監本同毛本辨作辯葢依唐石經爾雅序所改此本下釋郭序亦作豹鼠既辨

臣崔偓佺　注疏本偓誤喔按說文偓偓佺也从人屋聲

爲之疏釋凡一十卷　注疏本删下四字按宋史藝文志及玉海藝文皆十卷鄭樵通志載爾雅兼義十卷卽此書兼義者以經注本兼合義疏也後人分爲十一卷因删此四字○按今周易注疏首標周易兼義葢宋之淺人作此名目

雖上遵睿旨　睿旨提行正德本同閩本監本毛本不提

爾雅疏卷第一　敘後載疏卽題此注疏本别置邢敘於前改此爲爾雅註疏卷第一

辨章同異　正德本同閩本監本毛本辨改辯與釋文序錄合此與下文辯言小辯有别

日昊不食　注疏本昊改昃

或言叔孫通所補　閩本監本同正德本脫孫字毛本倒作孫叔通

或言沛郡梁文所著　監本或言下衍是字閩本毛本作或言是沛郡梁文考正德本作或言沛郡梁文考廣雅序作或言制郡梁文所考皆誤按玉海藝文所引與此本同○按制系制之誤

夫爾雅之爲書也　注疏本脫之

眞九經之檢度　注疏本九誤七

序與緒音義同　浦鏜云敘誤緒

五自英儒贍聞之士至序末愍序已所以作注之意也　注疏本脫至字愍作總下準此愍者唐人俗字此字从午甚無謂也

辯同實而殊號者也　單疏本雪牕本注疏本同唐石經號作号

夫爾雅至同實而殊號者也○釋曰此明其用也　注疏本改釋曰二字作方匡疏字通書皆然又删夫爾雅至同實而殊號者也十一字因注疏本另載郭序故删以避複然失邢氏眞面目矣凡釋曰上及標注起止上此本皆空一字元本於釋注上亦然今倣他經注疏例加圓圍間之○疏標經注起止及釋曰二字注疏本删今悉加補後不悉出

故嗟嘆之　正德本同閩本監本毛本嘆作歎係依俗本毛詩改

故永歌之　正德本同閩本監本毛本永誤詠

亦此意也　注疏本亦上衍蓋

凡物雖殊其號　正德本脫凡閩本監本毛本改作事物

後進循之　漢書同注疏本循誤脩

然後知秉要執本 注疏本同與漢書合浦鏜改執爲埶讀秉要埶絶句誤甚浦書此類極多不及盡正

易之嗛嗛 正德本閩本同與漢書合監毛本改作謙謙按易釋文謙子夏傳作嗛云嗛謙也言嗛爲謙之假借字也班志所用正韓嬰易此本舊亦描改爲謙今訂正

法家者流十家 注疏本衍作十二家按漢書云右法十家

先王以明罰飭法 舊本同與漢書合閩本監本毛本飭作勑依今易所改按易釋文云勑法恥力反此俗字也

縱橫家者流 舊本同閩本監本毛本縱作從與漢書合按從縱古今字

說文云鈴鏁也 注疏本脫云○按說文無此語不知邢氏何據說文亦無鏁字

必開通之 舊本同閩本監本毛本通改導

足以掇其英華 舊本足誤兄閩本監本毛本改作凡

又能多識辨於鳥獸草木之名者 元本同閩本監本毛本辨改辯

又案公羊傳 注疏本又誤也

莫近諸春秋 元本閩本同監毛本諸改於

豹鼠既辯 唐石經雪牕本注疏本同單疏本辯改辨元板疏中亦作辨

經典通以伏犧爲上古 元本同閩監毛本犧改羲

周公亦可言中古 元本同閩監毛本言改爲

戰國陵遲 元本同閩監毛本遲改遅下準此

故曰隆於漢氏也 元本同閩本監本毛本曰改云

雖註者十餘 唐石經單疏本雪牕本注疏本同釋文註之戍反字皆從言或疑當作注非也按五經文字言部註竹句反與訓註之註義同一切經音義卷六云註記廣雅註疏也識也字林註解也通俗文記物曰註可證郭景純本用言旁字考石臺孝經序劉炫明安國之本陸澄譏康成之注又敷文約暢義則昭然分註錯經理亦條貫注註二字晝然有別開成石經同○按唐人已有將傳注字爲作註者要之注是正字註是俗字也

用袪未寤 單疏本閩監本同釋文亦作袪字從衣雪牕本元本毛本作祛非唐石經闕

案禮辭名記德過千人曰英 惠棟云辭當作辨辨名記逸禮文按詩汾沮洳正義曰大戴禮辨名記云千人爲英禮記禮運春秋宣十五年正義皆引作辨名記白虎通聖人篇作別名記辨別義同

藻水草也 注疏本草誤藻

此言用功深 注疏本功改力

云雖註者十餘 正德本監本同閩毛本註作注

犍爲文學注二卷 注疏本同浦鏜改作三卷按葉鈔釋文作二卷云闕中卷

劉諫注三卷補 各本諫皆作歆

謝嶠 注疏本嶠改[illegible]此與釋文序錄同

此四家存郭氏之後 正德本同閩監毛本存作在

並多紛紜錯繆 正德本閩本同此以繆釋上之謬監本上下皆作繆毛本上下皆作謬並非

及俗閒有所記志 補各本閒作間

蠨蛸注云俗呼爲喜子之類 正德本亦作蠨蛸閩監毛本蠨誤蠨又並脫呼字

剡削也削去其疵瑕瓦礫 注疏本脫也削二字閩監毛本疵誤疪

此自荅也 注疏本自誤亦

爾雅卷上 唐石經單疏本雪牕本監本毛本同正德本閩本署爾雅兼義一卷上分釋詁一篇爲上中下三卷

郭璞注 唐石經單疏本雪牕本正德本同在爾雅卷上後閩本刪此於序疏前署晉郭璞註宋邢昺疏入字監本毛本從之

釋詁第一

釋詁釋言通古今之字 注疏本脫古字按毛詩周南關雎詁訓傳正義曰爾雅序篇云釋詁釋言通古今之字古與今異言也釋訓言形貌也邢疏本此

此秦康鄭武之詩 注疏本詩誤時

胚胎未成 注疏本同釋文亦作胚從丕單疏本雪牕本及元本疏中皆作肧○案肧字是

哉者說文云 補單疏本哉者下有古文作才四字

肇者說文作肁 注疏本下仍作肇非

楊雄說方言云 正德閩監本同毛本楊改揚

故后之 說文作故厂之此誤

皆義之常行 元本閩監本同毛本皆誤者

弈 唐石經單疏本雪牕本同釋文作奕○按依說文奕大也弈圍棊也然則作弈非是毛詩弈弈梁山亦是譌字耳

箌 釋文唐石經單疏本雪牕本閩本監本毛本同元本作葪盧文弨曰釋文引說文云草大也則字當從艸今說文爾雅皆有誤

晊 唐石經單疏本雪牕本同釋文晊舊音之日反本又作至又作胵按胵當作郅史記司馬相如傳爰周郅隆徐廣曰胵蓋字誤或爲郅北地有郁郅縣郅大也音質索隱曰郅至也樊光云郅可見之大也今本史記胵郅字互誤漢書注文穎曰郅至也○按作郅作胵作晊者皆至之轉寫譌俗漢魏人所爲也而晊字僅見後漢書人名

席 唐石經單疏本陳本同雪牕本注疏本作蓆注及疏準此釋文蓆音席按說文蓆廣多也席藉也廣多有大義當從釋文詩緇衣亦作蓆毛傳曰蓆大也本此

湯孫奏嘏 雪牕本注疏本嘏作假此本作嘏王氏詩考引爾雅注同按詩釋文奏假毛古雅反大也鄭作格升也是毛鄭異讀而字同作假郭引作嘏以證經之嘏而非釋經之假蓋所據魯韓詩

廓落宇宙穹隆至極亦爲大也 單疏本雪牕本同疏云郭氏讀晊爲至故云至極是廓宇穹晊亦爲大也按此經作晊注作至爲經注異文之證釋文音經晊本又作至蓋依注改經也○按郭所據之經本作至而後人亂之未可定耳

弈弈梁山 元本閩本監本同毛本改奕奕非王氏詩考引作弈弈

韓詩云箌彼圃田 注疏本圃改甫玉篇艸部引韓詩菿彼圃田與此合箌亦當從玉篇作菿按毛詩車攻東有甫草李善注文選李賢注後漢書皆引韓詩東有圃草是毛詩甫字韓詩多作圃也

云緇衣之席兮者 注疏本席改蓆

皋予貴衷 監本毛本同正德本閩本衷誤哀

料子貴別圍 監本毛本同正德本閩本圍作原則句下屬惠棟云料疑作科

天帝后皇 正德本閩本監本同毛本倒作皇后

閎博介恑夏幠蒙贖昄 監本同正德本毛本作宏溥介純夏幠冢晊昄係依爾雅改按閎宏博溥恑純皆同聲幠幠音相近故規模字亦作幠蒙爲王女王大也故蒙亦爲大贖當作臏元板困學紀聞引作臏與晊皆音質

自此而下 正德本監本同閩本毛本而改以

艐 唐石經單疏本正德本毛本同雪牕本閩本監本誤艘音宗釋文亦誤

宋曰屆 單疏本雪牕本同按釋文艐郭音屆孫云古屆字此音經艐字也又屆音界此音注屆字也爲經注異文之證五經文字云艐爾雅或作屆此依注改經非也

先祖于摧 注疏本同單疏本雪牕本于作於按郭注引詩如先祖於摧尙不媿於屋漏祝祭於祊集於灌

木皆作於不作于葢毛詩古文作于三家詩今字作於也

假音嘏徦古格字懷摧詹戾艐古居字至也字注疏本音切改大字

斯逝秦晉語也注疏本脱逝

貢唐石經單疏本雪牕本同釋文貢字或作贑同臧琳經義雜記曰論語子貢字隸釋載石經殘碑作贑說文貢獻功也贑賜也子貢名賜字當作贑爾雅釋詁貢賜也郭注皆賜與也據釋文知爾雅古本作正字然陸德明已不能定其是非矣邢疏引左傳爾貢包茅不入爲證誤解贑賜之贑爲貢獻之貢則無足責也○按經典子貢爲贑之假借字

清絜之善注疏本絜改潔下準此

詩齊風云射則臧兮注疏本同浦鏜云齊風下當脱猗嗟二字按此類係疏文原本如是非由脱誤

令問令望注疏本同浦鏜改作令聞云問字誤按詩釋文令聞音問本亦作問宋板荀子正名篇引

詩作問與此合

以禦螭魅注疏本螭作魑因魅字從鬼故改螭亦作鬼也

蓋採合傳文故云禁禦不若也閩本監本毛本採作采云作言文誤之正德本作采作云與此合

我心不說正德本閩本監本說作悅毛本脱此字

無以大康注疏本大改太非浦鏜以改已按後漢書張升傳注引詩無以大康古以已通

但以詩書之作作非一人注疏本不重作字

而字形蹐駁者正德本閩本作蹐駮監本毛本作蹐駁○案蹐字非也

詩文作夷說豈槃冂弁槃此本槃下空闕一字注疏本改作

恊雪牕本正德本閩本監本同釋文唐石經單疏本毛本作協按說文恊同心之和協衆之同和也此詁服當用從十

字五經文字云心部亦有恊字按古文作叶則從十者義長

漠釋文單疏本雪牕本同瞿中溶云唐石經漠謨二字皆磨改

究如慮謨猷肇唐石經單疏本雪牕本同釋文猷肇在究謨上唐石經謨字先作謀

小雅小旻云浦鏜云明誤旻

小雅小弁云浦鏜云巧言誤小弁

咨禮義所宜爲度閩本監本毛本義改之正德本實闕

詢於八虞正德本閩本監本同毛本於改于按晉語六于字並當作於明道本及俗本皆于於錯出

是晉語胥臣對文公辭正德本同閩本監本毛本是誤皆

皆周大史也注疏本脱也

若有恒性注疏本若誤君

有秩斯祜注疏本祜誤祐

詩曰伐柯伐柯單疏本雪牕本正德本閩本監本同毛本曰改云

大雅桑扈云浦鏜云小誤大

自古文以爲鼻注疏本作古文自爲鼻誤也徐鍇曰自古者以爲鼻字說文自鼻也象形

齯齒唐石經單疏本雪牕本同釋文兒五兮反一音如字按者云本今作齯按注云黃髮髮落更生黃者兒齒齒隨更生細者訓兒爲細是本不從齒也儀禮士冠禮疏引爾雅云黃髮兒齒與釋文合詩閟宮亦作兒此當從陸本○按玉篇作齯

齒墮更生細者雪牕本注疏本同釋文單疏本墮作隋古字通借

耇猶耆也雪牕本同釋文單疏本注疏本耆作耆下經耆長也準此按五經文字云耆從老省從旨今或作老下目者非

黄耇台背毛傳云台背 注疏本台作鮐依爾雅改按詩作台

燕代北鄙謂耇爲梨 正德本同閩本監本毛本代誤岱

色似浮垢 注疏本似改如按春秋僖廿五年正義引作似

匕言須髮變白也 正德本同閩本監本毛本須改鬚

方言曰荆吳淮汭之間曰展 雪牕本正德本同閩本監本毛本汭誤泗毛本方言曰曰改云按釋文汭仁銳反單疏本亦作汭

終然允臧 正德本閩本監本同毛本依坊刻詩集傳改作終焉謬甚

慎爾優遊 單疏本雪牕本同注疏本遊改游

謔浪笑敖 唐石經單疏本雪牕本元本閩本同釋文亦作笑五經文字云笑喜也從竹下犬監本毛本作笑係據說文改通書準此

浪意明也 注疏本作意朗也此誤詩終風正義作意萌

小雅采芑文 元本同誤也閩本剜改采芑爲六月監本毛本從之

那 雪牕本注疏本同釋文唐石經單疏本作𨙸

云繇辭者繇卦兆之辭也 注疏本繇作䌛按說文玉篇廣韻無繇字集韻始收詩氓箋云兆卦之繇無凶咎之辭杕杜箋云合言於繇爲近小旻箋云占繇不中葉鈔釋文繇繇錯出岳本今本皆從卜他宋本仍作繇此經唐石經單疏本作繇釋文繇除又反注同是陸氏所據經注同作繇從卜之字非古也○按此經繇同由如孟子由是則生而有不用是也由與於皆語辭於如字不音烏也自郭氏注譌而疏者更支離矣

仇讎敵妃知儀匹也 元本閩本自此起分一卷中

丹朱憑身以儀之 陳本閩本同釋文單疏本雪牕本正德本監本毛本憑作馮國語同此下加心非

實臨昭周之子孫而禍福之 元本同閩本監本毛本昭作照蓋據國語改

若由是觀之 元本監本同與明道本國語合毛本若作焉上屬係依俗本國語改閩本若上剜擠焉字

陳風東門之枌云 注疏本脫風

謚 葉鈔釋文唐石經單疏本雪牕本元本閩本監本同毛本作諡盧文弨曰五經文字謚諡常利反上說文下字林字林以謚爲笑聲音呼益反今用上字據此知爾雅本作謚毛刻謚字剜改蓋因今本說文而誤段玉裁云宋以前無諡字元應書引說文云從言益聲是也說文作諡始於徐鉉等經典改謚爲諡始於毛居正岳珂

磒 釋文唐石經單疏本雪牕本元本毛本同閩本監本作殞譌石經考文提要引至善堂亦作磒

摽 唐石經單疏本雪牕本注疏本同此舊作標譌今訂正葉鈔釋文作摽

召南殷其靁云 元本閩本監本作隱其雷毛本作殷其靁按詩釋文殷音隱

矢 唐石經單疏本雪牕本同釋文戻本作矢同失耳反按廣雅二釋詁戻陳也本此經當從陸本作戻戻玉篇戻與矢同

引者信也 顏師古曰信讀曰伸言其長○注疏本改小注爲大字

果毅 唐石經單疏本雪牕本同釋文惈音果本今作果無毅字音按果當爲惈一切經音義卷九引爾雅惈勝也與釋文合郭注引左傳作果此經注異字之證毅當爲衍文注云陵犯誇奢皆得勝也此釋經之犯字奢字又云左傳曰殺敵爲果此釋經之惈字今注陵犯誇奢下有果毅二字蓋後人竄入邢疏袛云陵犯誇奢經如本有毅字郭引左傳必連致果爲毅矣邢所據本有毅字故釋經云殺敵爲果致果爲毅段玉裁云注當本是陵犯夸奢惈毅以惈毅釋惈惈猶以陵犯夸奢釋犯釋夸也下引左傳作果以證惈字廣韻引蒼頡篇作惈則惈字甚古特說文不收

剋 唐石經單疏本雪牕本元本同閩本監本毛本改尅注中準此

堪 唐石經單疏本注疏本同皆上作堪下作戡雪牕本上下皆作戡於此云戡音堪注疏本移此音於下按此堪勝也

與下戡克也同字同義但轉相訓耳故釋文於此作堪云本又作戡下不别出明無異文也葢自唐石經始誤加區别而今本因之

陵犯誇奢單疏本雪牕本同釋文夸口花反或作誇非按說文大部夸奢也作誇者爲言之誇誕在言部

西伯堪黎單疏本注疏本同雪牕本堪作戡釋文䣊國名本作黎按說文邑部䣊殷諸侯國从邑㝿聲商書西伯戡䣊許氏所引書爲古文此注正與之合當從釋文今本非史記宋微子世家滅阢索隱謂鄒誕本作䣊音黎又尚書及伏生大傳皆作戡與說文合此作堪非葢既區别經文爲上堪下戡因復據經改注耳

戡勝之勝也書正義作强之勝也此誤

宣二年君子辭也元本閩本監本同毛本宜下衍公字

轉互相訓耳注疏本脫耳

秋獵爲獮單疏本雪牕本同注疏本爲改曰

云秋獵爲獮者注疏本脫者

僖二十七年傳文也元本閩本監本同誤也毛本七改八

蠠沒猶黽勉單疏本雪牕本同釋文僶字又作黽按詩釋文黽本亦作僶五經文字人部僶莫尹反僶勉之僶字書無此字經典或借黽字爲之

昏暋唐石經同釋文暋從昏單疏本正德本作昬暋雪牕本注中作昬暋經及閩本監本毛本作昏暋

務謂先務注疏本先改事

昬夙夜之强也監本同與書正義合正德本强誤勉閩本毛本承之

爾雅疏卷第一卷末篇題閩本書一行每卷準此

爾雅注疏卷第一挍勘記終

金谿王銘挍

爾雅疏卷第二

翰林侍講學士朝請大夫守國子祭酒上柱國賜紫金魚袋臣邢昺等奉

勑校定

釋詁下

卬吾台予朕身甫余言我也 卬猶姎也語之轉耳書曰非台小子古者貴賤皆自稱朕禮記曰授政任功曰予一人畛於鬼神曰有某甫言見詩○卬五剛切台音怡下同 疏 卬吾至我也○釋曰我者施身自謂也此皆我之別稱也卬者郭云卬猶姎也語之轉耳說文云女人稱我曰姎由其語轉故曰卬邶風匏有苦葉云人涉卬否吾者孔子曰吾自衞反魯身者我之躬也余者邶谷風云伊余來塈餘皆見注 注 書曰至見詩○釋曰云書曰非台小子者湯誓文云古者貴賤皆自稱朕者大禹謨云帝曰朕宅帝位禹曰朕德罔克屈原亦云朕皇考曰伯庸是貴賤皆自稱朕史記秦始皇二十六年定爲至尊之稱漢因不改以迄於今云禮記云授政任功曰予一人畛於鬼神曰有某甫者皆下曲禮文云言見詩者周南葛覃云言告師氏言告言歸是也

朕余躬身也 今人亦自呼爲身 疏 朕余躬身也○釋曰身即我也郭云今人亦自呼爲身舍人曰余謙卑之身也孫炎曰余舒遲之身也僖九年左傳云齊侯曰小白余杕注云小白齊侯名余身也邶谷風云我躬不閱

台朕賚畀卜陽予也 賚卜畀皆賜與也與猶予也因通其名耳魯詩曰陽如之何今巴濮之人自呼阿陽○畀必二切陽音暘予音與 疏 台朕至予也○釋曰予即與也皆謂賜與台者遺與也讀與貽同朕者我與之也賚畀卜皆賜與也說命云夢帝賚予良弼鄘風干旄云何以畀之小雅天保云君曰卜爾萬壽無疆 注 與猶至阿陽○釋曰云與猶予也因通其名耳者說文云與黨與也予推予前人也象兩手相與之形今經典多以與爲推予故云因通其名耳云魯詩云陽如之何者漢書藝文志云魯申公爲詩訓故是爲魯詩其經云陽如之何申公以陽爲予故引之云今巴濮之人自呼阿陽者以時驗而言也

肅延誘薦餤晉寅藎進也 禮記曰主人肅客詩曰亂是用餤王之藎臣易曰晉進也寅未詳○餤音淡藎音燼 疏 肅延至進也○釋曰皆謂進道延者引而進之射義云子路出延射誘者道而進之也召南野有死麕云吉士誘之薦者進獻也月令云先薦寢廟餘皆見注 注 禮記至進也○釋曰云禮記曰主人肅客者上曲禮文也鄭注云進客謂道之云詩曰亂是用餤者小雅巧言文云王之藎臣者大雅文王文云易曰晉進也者晉卦彖辭也

羞餞迪烝進也 皆見詩禮 疏 羞餞至進也○釋曰謂進與也羞者曲禮云問子有客使某羞餞者進飲食之名也迪者以道而進也烝者周頌豐年云烝畀祖妣

詔亮左右相導也 皆謂教導之

詔相導左右助勴也 勴謂贊勉

亮介尚右也 紹介勸尚皆相佑助

左右亮也 反覆相訓以盡其義○相息亮切勴音慮 疏 詔亮至亮也○釋曰詔者大宗伯云詔相王之大禮亮者大雅大明云涼彼武王左右者周南關雎云左右流之相者鄉飲酒云相者二人此皆謂教導之也教導即贊勉也故又爲勴說文云勴助也不以力助以心助也郭云紹介勸尚皆相佑助孫炎曰介者相助之義如人之左右手故以介爲左右也大雅生民云攸介攸止故轉爲右左右即亮也亦皆謂佐助反覆相訓以盡其義亮涼音義同

緝熙烈顯昭皓頲光也 詩曰學有緝熙于光明又曰休有烈光○頲古迥切 疏 緝熙至光也○釋曰顯者光明也大雅假樂云顯顯令德說文云昭日明也大雅雲漢云昭回于天皓者亦日光也頲火光也小雅無將大車云不出于頲 注 詩曰至烈光○釋曰云學有緝熙于光明者周頌敬之文又曰休有烈光周頌載見文

劼鞏堅篤掔虔膠固也 劼虔皆見詩書易曰鞏用黃牛之革固志也掔然亦牢固之意○劼苦黠切掔音牽 疏 劼鞏至固也○釋曰皆牢固也劼者確固也鞏者說文云以革有所束也堅者剛彊之固也論語云不曰堅乎磨而不磷篤者厚也物厚者牢固掔者掔亦牢固之意虔者恭之固也膠者所以固物小雅隰桑云德音孔膠 注 劼虔至志也○釋曰云劼虔皆見詩書者酒誥云劼毖殷獻臣大雅韓奕云虔共爾位云易曰鞏用黃牛之革固志者案革卦云初九鞏用黃牛之革遯卦六二象曰執用黃牛固志也文與此異然則郭云固志者所以釋革卦之鞏非謂遯之固志

疇孰誰也 易曰疇離祉○疇直留切 疏 疇孰誰也○釋曰皆謂語辭不爲義也又猶言誰人也論語云君孰與不足陳風墓門云誰昔然矣 注 易曰疇離祉○釋曰否卦九四爻辭也

暀暀皇皇

藐藐穆穆休嘉珍禕懿鑠美也自穆穆已上皆美盛之貌其餘常語。暀音狂藐音邈禕音衣〈疏〉暀暀至美也。釋曰皆謂美盛也少儀云祭祀之美齊齊皇皇鄭玄云皇皇讀如歸往之往彼言皇皇則此暀暀也少儀又云言語之美穆穆皇皇曲禮云天子穆穆諸侯皇皇鄭注皆云行容止之貌然則皇皇穆穆者皆言語容止之美盛也大雅崧高云既成藐藐毛傳云藐藐美貌休者大禹謨云戒之用休又曰嘉乃丕績儒行云席上之珍以待聘禕者歎美也懿者周頌時邁云我求懿德鑠者周頌酌篇於鑠王師是皆謂美之常語爾

諧輯協和也書曰八音克諧左傳曰百姓輯睦關關噰噰音聲和也皆鳥鳴相和勰燮和也書曰燮友柔克。輯集噰於恭反勰音協〈疏〉諧輯至和也。釋曰皆謂和同協者說文云衆之同和也關關噰噰者皆鳥鳴音聲相和也周南關雎云關關雎鳩邶風匏有苦葉云噰噰鳴雁勰即古文協字〈注〉書曰至柔克。釋曰云書曰八音克諧虞書舜典文云左傳曰百姓輯睦者案僖十五年及成十六年皆云羣臣輯睦其是乎云書曰燮友柔克者周書洪範文

從申神加弼崇重也隨從弼輔增崇皆所以爲重疊神所未詳。重直龍切〈疏〉從申至重也。釋曰隨從申重加弼弼輔崇充皆所以爲重疊也大雅鳧鷖云福祿來崇

𣪊悉卒泯忽滅罄空畢罄殲拔殄盡也𣪊今直語耳忽然盡貌今江東呼厭極爲罄餘皆見詩。𣪊音學罄苦計切殲音尖〈疏〉𣪊今至見詩。釋曰此皆謂終盡𣪊今直語耳忽然盡貌左傳曰阜陶庭堅不祀忽諸云今江東呼厭極爲罄者以時驗而言也說文云器中盡也云餘皆見詩者悉者說文云詳盡也卒者終盡也衛風日月云畜我不卒泯者滅盡也大雅桑柔云靡國不泯滅絕盡也小雅正月云寧或滅之罄者說文云器中空也小雅蓼莪云缾之罄矣空者小雅大東云杼柚其空畢者小雅無羊云畢來既升殲者舍人曰衆之盡也秦風黃鳥云殲我良人拔者攀除使盡也殄者詩云邦國殄瘁

苞蕪茂豐也苞叢繁蕪皆豐盛〈疏〉苞蕪茂豐也。釋曰皆豐盛也苞者草木叢生也禹貢云草木漸苞蕪者繁蕪也洪範云庶草蕃廡蕪廡音義同茂者茂盛也小雅天保云如松柏之茂

揫斂屈收戢蒐裒鳩樓聚也禮記曰秋之言揫揫斂也春獵爲蒐蒐者以其聚人衆也詩曰屈此羣醜原隰裒矣左傳曰以鳩其民樓猶今言拘樓聚也。揫子由切蒐音搜〈疏〉揫斂至聚也。釋曰皆會聚也斂者率聚也禮記大學曰百乘之家不畜聚斂之臣收者周頌維天之命云我其收之戢者藏聚也周頌時邁云載戢干戈餘皆見注〈注〉禮記至聚也。釋曰云禮記曰秋之言揫揫斂也者鄉飲酒義文云春獵爲蒐蒐者以其聚人衆也春獵爲蒐釋天文也云詩曰屈此羣醜者魯頌泮水文云原隰裒矣者小雅常棣文云左傳曰以鳩其民者隱八年文云樓猶今言拘樓聚也者以時驗而言也

肅齊遄速亟屢數迅疾也詩曰仲山甫徂齊。遄音船亟欺冀切數音朔〈疏〉肅齊至疾也。釋曰皆謂急疾也肅者召南小星云肅肅宵征毛傳云肅肅疾貌齊者壯疾也遄者邶風泉水云遄臻于衛速者論語云無欲速亟者𡤜冀論語曰好從事而亟失時一云亟居力切大雅靈臺云匪亟其欲屢者小雅巧言云君子屢盟數者祭義云祭不欲數迅者疾走也論語云迅雷風烈必變〈注〉詩曰仲山甫徂齊。釋曰大雅烝民文

寁駿肅亟遄速也詩曰不寁故也駿猶迅速亦疾也。寁音昝亟居力切〈疏〉寁駿至速也。釋曰速亦疾也肅亟遄轉相訓耳駿者猶迅也禮記大傳云遂

奔走駿遂音義同鄭注云疾奔走言勸事也〈注〉詩曰不寁故也。釋曰鄭風遵大路文

壑阬阬滕徵隍漮虛也壑谿壑也阬阬謂阬壍也隍城池無水者方言云漮之言空也皆謂丘墟耳滕徵未詳。阬音坑漮音康〈疏〉壑阬至虛也。釋曰皆謂空虛也壑者谿壑也大雅韓弈云實墉實壑阬阬者坎陷之虛也但重言耳隍者城池無水者易曰城復于隍漮者注引方言云康之言空也彼注云漮寊空貌亦丘墟之空無小雅賓之初筵云酌彼康爵鄭箋云康虛也漮康音義同

黎庶烝多醜師旅衆也皆見詩〈疏〉黎庶至衆也。釋曰皆謂衆夥也注云皆見詩者大雅雲漢云周餘黎民靈臺云庶民子來烝民云天生烝民周頌載見云思皇多祜大雅緜篇云戎醜攸行棫樸云六師及之小雅采芑云振旅闐闐之類是也

洋觀裒衆那多也詩曰薄言觀者又曰受福不那洋溢亦多貌〈疏〉洋觀至多也。釋曰皆謂重多也洋者洋溢亦多貌魯頌閟宮云萬舞洋洋裒者聚之多也易曰君子以裒多益寡衆者周頌臣工云命我衆人〈注〉詩曰至不那。釋曰詩曰薄言觀者小雅采綠文又曰受福不那者桑扈文

流差東擇也皆選

釋見詩。差音乂柬音簡〔疏〕流差柬擇也。釋曰皆選擇也周南關雎云左右流之小雅吉日云既差我馬邶風云簡兮簡兮皆是也簡柬音義同

戰慄震驚戁竦恐慴懼也

詩曰不戁不竦慴即懾也。慄音栗戁女板切恐丘勇切慴之涉切〔疏〕戰慄至懼也。釋曰皆惶怖也論語曰使民戰栗詩秦風黃鳥云惴惴其慄易曰震來虩虩又曰驚遠而懼邇也詩云不戁不竦月令曰國時有恐樂記曰柔氣不懾是皆懼也慴即懾也〔注〕詩曰不戁不竦。釋曰商頌長發文也

痛瘏虺頹玄黃劬勞咎頟瘽瘉鰥戮癙癵瘇痒疷疵閔逐疚痗瘥痱癉瘵瘼癠病也

虺頹玄黃皆人病之通名而說者便謂之馬疾失其義也詩曰生我劬勞書曰智藏瘝在相戮辱亦可恥病也今江東呼病曰瘵東齊曰瘼禮記曰親癠色容不盛戮逐未詳餘皆見詩。痛普胡切瘏音徒虺音灰頟音悴瘽音勤瘉音俞癙音鼠癵力專反瘇音里痒音羊疷音祇痗音妹瘥徂何切痱音肥癉音亶瘵音債癠徂細切〔疏〕痛瘏至病也。釋曰疾甚曰病此皆病之通名耳孫炎曰痛人疲不能行之病瘏馬疲不能進之病

虺頹馬罷不能升高之病玄黃馬更黃色之病然則虺頹者病之狀玄黃者病之變色郭云皆人病之通名而說者便謂之馬病失其義也蓋指孫炎不能弘通故云失其義也咎者罪病也頟者小雅雨無正云維躬是瘁頟瘁音義同瘽者勞苦之病也瘉者小雅角弓云交相爲瘉戮者相戮辱亦可恥病也癙及痒者小雅正月云癙憂以痒舍人云疾癵瘇痒皆心憂憊之病也孫炎云癙者畏之病也瘇者小雅正月云悠悠我里瘇里音義同疷者孫炎云滯之病也小雅白華云俾我疷兮疵者瑕釁小病也閔者豳風鴟鴞云鬻子之閔斯逐者衛風考槃云碩人之軸鄭箋云軸病也軸與逐蓋今古字郭氏未詳疚者小雅采薇云憂心孔疚痗者小雅十月云亦孔之痗瘥者節南山云天方薦瘥痱者四月云百卉具腓痱腓音義同癉者大雅板篇云下民卒癉瘵者大雅瞻卬云士民其瘵瘼者大雅桑柔云瘼此下民餘皆見注〔注〕詩曰至見詩。釋曰云生我劬勞者小雅蓼莪文云書曰智藏瘝在者周書召誥文云今江東呼病曰瘵者以時驗而言云東齊曰瘼者方言文云禮記曰親癠色容不盛者玉藻文

恙寫悝盱繇慘恤罹憂也

今人云無恙謂無憂也寫有憂者思散寫也詩曰悠悠我悝云何盱矣繇役亦爲憂愁也。悝音里盱音吁繇音遙〔疏〕恙寫至憂也。釋曰皆言憂愁也恙者聘禮云公問君賓對公再拜鄭注云拜其無恙郭云今人云無恙謂無憂也寫者有憂者思散寫也小雅車舝云我心寫兮繇者繇役亦爲憂愁慘者心憂也恤者小雅祈父云胡轉予于恤罹者王風兔爰云逢此百罹〔注〕詩曰至盱矣。釋曰云詩曰悠悠我悝者小雅十月文云何盱矣者卷耳及都人士文也

倫勩邛敕勤愉庸癉勞也

詩曰莫知我勩維王之邛哀我癉人國語曰無功庸者倫理事務以相約敕亦爲勞勞苦者多惰愉今字或作窳同。勩與世切勞力報切〔疏〕倫勩至勞也。釋曰皆謂勞苦也倫者理也理治事務者必勞勩者廣雅云苦也孫炎曰習事之勞也敕者相約敕也亦爲勞苦勤者勞力也梓材云既勤垣墉愉者懶也郭云勞苦者多惰愉今字或作窳同庸者民功曰庸癉者說文云勞病也〔注〕詩曰至庸者。釋曰云詩曰莫知我勩者小雅雨無正文云維王之邛者巧言文云哀我癉人者大東文云國語曰無功庸者案晉語韓獻子老使公族穆子受事於朝辭曰厲公之亂無忌備公族不能死臣聞之曰無功庸者不敢居高位今無忌智不能匡居使至於難仁不能救勇不能死敢辱君朝以忝韓宗請退也固辭不立悼公聞之曰難雖不能死而能讓不可不賞使掌公族大夫是其事也

勞來强事謂翦篲勤也

詩曰職勞不來自勉强者亦勤力者由事事故爲勤也詩曰迨其謂之翦篲未詳。來音賚强其丈切〔疏〕勞來至勤也。釋曰皆謂勤勞也勞來者以其有勤勞也自勉强者亦爲勤由能事事有功者亦爲勤〔注〕詩曰至謂之。釋曰云職勞不來者小雅大東文人以不被勞來者爲不見勤故采薇敘曰杕杜以勤之即是勞來也云迨其謂之者召南摽有梅文也

悠傷憂思也

皆感思也。思司嗣切〔疏〕悠傷憂思也。釋曰皆感思也悠者秦風渭陽云悠悠我思傷者周南卷耳云維以不永傷憂者愁思也

懷惟慮願念惄思也

詩曰惄如調飢。惄音溺〔疏〕懷惟至思也。釋曰皆思念也方言云鬱悠懷惄惟慮願念靖慎思也晉宋衛魯之間謂之鬱悠惟凡思也慮謀思也願欲思也念常思也東齊海岱之間曰靖秦晉或曰慎凡思之貌亦曰慎或曰惄舍人曰惄志而不得之思也〔注〕詩曰惄如調飢。釋曰周南汝墳文

祿祉履戩祓禧褫祜福也

詩曰福履綏之俾爾戩穀祓祿康矣褫禧書傳不見其義未詳。戩子淺切祓音廢褫音斯〔疏〕祿祉至福也。釋曰皆福祜也福祿對文則小異散則祿亦福也商頌玄鳥云

百稤是何鄭箋謂當擔負天之多福祉者繁多之福也周頌烈文云錫爾祉福祜者小雅信南山云受天之祜【注】詩曰至康矣○釋曰云詩曰福履綏之者周南樛木文云俾爾戩穀者小雅天保文云祓祿康矣者大雅卷阿文

禋祀祠蒸嘗禴祭也書曰禋于六宗餘者皆以爲四時祭名也○禴音藥【疏】禋祀至祭也○釋曰皆祭之別名祭際也人神交際說文云從示從又從肉又手也以手持肉示神所以祭也禋者說文云絜祀也祀者說文云祭無已也餘者四時祭名疏具釋天【注】書曰禋于六宗○釋曰虞書舜典文孔安國云精意以享謂之禋宗尊也所尊祭者其祀有六謂四時也寒暑也日也月也星也水旱也

儼恪祗翼諲恭欽寅熯敬也儼然敬貌書曰夙夜惟寅詩曰我孔熯矣諲未詳○恪虛各切諲音因熯而善切【疏】儼恪至敬也○釋曰皆謂謹敬也儼者郭云儼然敬貌論語云儼然人望而畏之恪者心敬也周書微子之命云恪慎克孝祗者虞書大禹謨云祗承于帝翼者小心之敬也云恭者敬貌也大雅桑柔云溫溫恭人欽者堯典云欽若昊天【注】書曰至熯矣○釋曰云書曰夙夜惟寅者虞書舜典文云詩曰我孔熯矣者小雅楚茨文

朝旦夙晨晙早也晙亦明也○晙音俊【疏】朝旦至早也○釋曰早者說文云晨也從日在甲上十古文甲字今即以不晚爲早朝者鄘風蝃蝀云崇朝其雨毛傳云崇終也從旦至食時爲終朝旦者說文云明也從日在一上一地也陳風東門之枌云穀旦于差夙者齊風東方未明云不夙則莫晨者說文云晨昧爽也東方未明云不能晨夜晙亦明之早也

須竢替戾底止徯待也書曰徯我后今河北人語亦然替戾底者皆止也止亦相待○須音須竢音士底音止徯胡禮切【疏】須竢至待也○釋曰皆相待也須者鄘風匏有苦葉云卬須我友竢者齊風著篇云俟我于著乎而須竢音義同替戾底者郭云皆止也止亦相待【注】書曰徯我后○釋曰商書太甲文

噊幾烖殆危也幾猶殆也噊烖未詳○噊音聿烖音哉【疏】噊幾至危也○釋曰皆危險也說文云危在高而懼幾者幾猶殆也周書顧命云無以釗冒貢于非幾殆者小雅節南山云無小人殆

巇汔也謂相摩近○巇音祈汔音蓋【疏】巇汔也○釋曰說文云剴摩也郭讀巇爲剴云謂相摩近孫炎云汔近也大雅民勞云汔可小康鄭箋云汔幾也反覆相訓故汔得爲幾也昭二十年左傳亦引此詩杜預云汔期也然則期字雖別皆是近義言其近當如此史記稱漢高祖欲廢大子周昌曰臣口不能言然臣期知其不可陛下雖廢大子臣期不奉詔言期者意亦與此同也

治肆古故也治未詳肆古見詩書【疏】治肆古故也○釋曰肆之爲故語更端辭也商書湯誥曰肆台小子古之爲故謂舊故也周頌昃耜云續古之人

肆故今也肆既爲故又爲今今亦爲故故亦爲今此義相反而兼通者事例在下而皆見詩【疏】肆故今也○釋曰詩大雅緜篇云肆不殄厥慍毛傳云肆故今也即以肆之一字爲故今因上起下之語郭氏字別爲義云肆既爲故又爲今今亦爲故故亦爲今此義相反而兼通者事例在下在下者謂在下文徂在存也注

惇亶祜篤掔仍肶埤竺腹厚也頫仍埤益肶輔皆重厚掔然厚貌餘皆見詩書○肶音毗埤音椑竺音篤【疏】惇亶至厚也○釋曰皆重厚也惇者周書武成云惇信明義亶者誠之厚也大雅桑柔云逢天僤怒小雅天保云俾爾單厚周頌昊天有成命云單厥心皆訓厚也亶僤單音義同祜者福厚也篤者周頌維天之命云曾孫篤之掔然厚貌頫仍埤益肶輔皆重厚釋天云仍饑爲荐鄘風北門云政事一埤益我小雅節南山云天子是毗又采菽云福祿膍之肶毗膍音義同腹者小雅蓼莪云出入腹我月令云水澤腹堅

載謨食詐僞也載者言而不信謨者謀而不忠書曰朕不食言【疏】載謨至僞也○釋曰皆虛僞也郭云載者言而不信謨者謀而不忠者以載詁爲言謨爲謀今又爲僞故以爲言而不信謀而不忠不信不忠則是僞也食者孫炎曰食言之僞也哀二十五年左傳云孟武伯惡郭重曰何肥也公曰是食言多矣能無肥乎然則言而不行如食之消盡後終不行前言則僞故通謂僞言爲食言故此訓食爲僞也詐者方言云膠譎詐也涼州西南之閒曰膠自關而東西或曰譎或曰膠詐通語也【注】書曰朕不食言○釋曰商書湯誥文

話猷載行訛言也詩曰愼爾出話猷者道道亦言也周禮曰作盟詛之載今江東通謂語爲行世以妖言爲訛【疏】話猷至言也○釋曰皆謂言辭也話者善言也孫炎曰善人之言也猷者道也道亦言也載者載於簡策之言也郭云今江東通謂語爲行世以妖言爲訛【注】詩曰至之載○釋曰云詩曰慎爾出話者大雅抑篇文云周禮曰作盟詛之載者春官詛祝職文也

遘逢遇也謂相遭遇

遘逢遇遻也轉復爲相觸遻

遘逢遇遻見也行而相值即見○遘音構遻音悟

〔疏〕遘逢至見也○釋曰皆謂相遭遇見也召南草蟲云亦既遘止周書洪範云子孫其逢吉鄭風野有蔓草云邂逅相遇轉復相訓三者又爲相觸遻遘逢遇遻四者皆行而相值之名行而相值即見也故又爲見

顯昭覲釗覿見也 顯昭明見也逸書曰釗我周王○釗之遥切 〔疏〕顯昭至見也○釋曰顯昭明見也周頌敬之云天維顯思又時邁云昭明有周覲釗覿也皆下見上者曲禮云天子當依而立諸侯北面而見天子曰覲郊特牲云不敢私覿○注逸書曰釗我周王○釋曰不在今尚書之內故曰逸

監瞻臨涖頫相視也 皆謂察視也○監音鑒涖音利頫音跳 〔疏〕監瞻至視也○釋曰皆謂察視也小雅節南山云何用不監又曰民具爾瞻大雅大明云上帝臨女文王世子云成王幼不能涖阼頫者考工記云瑑圭璋八寸璧琮八寸以頫聘鄭注云頫視也聘問也衆來曰頫特來曰聘相者小雅小弁云相彼投兔

鞫訩溢盈也 詩曰降此鞫訩 〔疏〕鞫訩溢盈也○釋曰皆謂盈多訩訟滿溢皆盈多也○注詩曰降此鞫訩○釋曰小雅節南山文毛傳云鞫盈訩訟也鄭箋云盈猶多也以盈者必多故鄭轉云盈猶多也

孔魄哉延虛無之言間也 孔穴延魄虛無皆有間隙餘未詳 〔疏〕孔魄至間也○釋曰間謂間隙也孔者孔穴小雅角弓云如酌孔取魄者形也謂月之無光之處名魄也康誥云惟三月哉生魄延者今墓道也虛無者空無所有也是皆有間隙也

瘞幽隱匿蔽竄微也 微謂逃藏也左傳曰其徒微之是也○瘞於計切匿女力切 〔疏〕瘞幽至微也○釋曰微謂逃藏也瘞者埋藏之微也幽者深微也隱者潛隱而微也匿者舍人曰藏之微也蔽者覆障使微也竄者行之微也是皆微昧不顯揚也○注左傳至是也○釋曰案昭十七年傳云楚白公勝作亂殺子西子期葉公子高至遇箴尹固帥其屬將與白公子高曰微二子者楚不國矣棄德從賊其可保乎乃從葉公使與國人以攻白公白公奔山而縊其徒微之是也

訖徽妥懷安按替戾底廢尼定曷遏止也 妥者坐也懷者至也按抑按也替廢皆止住也戾底義見詩傳國語曰戾久將底孟子曰行或尼之今以逆相止爲遏徽未詳○妥他果切遏烏曷切 〔疏〕訖徽至止也○釋曰皆謂止住也訖者終止也妥者坐止也懷至止也安休止也按抑替廢皆止住也大雅云以按徂旅小雅云勿替引之定者靜止也曷者俗以抑止爲曷今以逆相止爲遏餘皆見注○注戾底至尼之○釋曰云戾底義見詩者小雅采菽云亦是戾矣底者在物之下是亦止也凡注言見詩今毛詩無者蓋在齊魯韓詩也云國語曰戾久將底也案晉語云文公在翟十二年狐偃曰日吾來此也非以翟爲榮可以成事也吾曰奔而易達困而有資休以擇利可以戾也今戾久矣戾久將底底著滯淫誰能興之盍速行乎是其事也云孟子曰行或尼之者案孟子魯平公將見孟子嬖人臧倉止之樂正子見孟子曰克告於君君爲來見也嬖人有臧倉沮君君是以不來也曰行或使之止或尼之行止非人所能也吾之不遇魯侯天也臧氏之子焉能使予不遇哉是其事也此云行或尼之者所見本異或傳寫誤

豫射厭也 詩曰服之無斁豫未詳○射音亦 〔疏〕豫射厭也○釋曰謂厭倦也云○注詩曰服之無斁○釋曰詩曰者周南葛覃文也

烈績業也 謂功業也 〔疏〕烈績業也○釋曰謂功業也烈者周頌執競云無競維烈績者大雅文王有聲云維禹之績

績勳功也 謂功勞也 〔疏〕績勳功也○釋曰謂功勞也績者虞書大禹謨云嘉乃丕績勳者案周禮司勳職云王功曰勳鄭注云輔成王業若周公

功績質登平明考就成也 功績皆有成詩曰質爾民人禮記曰年穀不登穀梁傳曰平者成也事有分明亦成濟也 〔疏〕功績至成也○釋曰皆謂成濟也勳功績業皆有成也事有分明亦成濟也舜典云三載考績周頌敬之云日就月將皆言成功也○註詩曰至成也○釋曰云詩曰質爾民人者大雅抑篇文云禮記曰年穀不登者下曲禮文云穀梁傳曰平者成也者宣十五年文也

梏梗較頲庭道直也 梏梗較頲皆正直也詩曰既庭且頲頲道無所屈○梏音谷較音角頲他頂切 〔疏〕梏梗至直也○釋曰梏梗較頲皆正直也庭條直也道者頲道無所屈○注詩曰既庭且頲○釋曰小雅大田文

密康靜也 皆安靜也 〔疏〕密康靜也○釋曰皆安靜也周頌昊天有成命夙夜基命宥密大雅生民云不康禋祀

豫寧綏康柔安也 皆見詩書 〔疏〕豫寧至安也○釋曰皆安樂也大雅板田云不敢戲豫虞書大禹謨云萬邦咸寧商書大甲云撫綏萬邦大雅民勞云汔可小康虞書舜典云柔遠能邇

平均夷弟易也 皆謂易直 〔疏〕平均至易也○釋曰易者不難也和平均一皆易直也周頌天作云岐有夷之行大雅泂

酌云豈弟君子矢弛也弛放弛易也相延易○矢弛竝音尸紙切【疏】矢弛至易也○釋曰郭云弛放也以弓釋弦曰弛故云弛放禮記雜記云一張一弛弛又爲易爲相延易也希寡鮮罕也罕亦希也鮮寡也謂少○鮮息淺切【疏】希寡至寡也○釋曰皆簡少之稱也論語云希不失矣易說卦云巽爲寡髮大雅篇云鮮不爲則郭云罕亦希也鄭風大叔于田云叔發罕忌鮮又爲寡轉互相訓皆謂希少爾酬酢侑報也此通謂相報荅不主于飲酒○酢音昨【疏】酬酢侑報也○釋曰皆相報荅也郭云此通謂相報荅不主于飲酒者以飲酒之禮主人酌酒于賓曰獻賓既卒爵洗而酌主人曰酢主人既卒酢爵又酌自飲卒爵復酌進賓曰酬故說者以酬酢主謂飲酒相報荅郭以易繫辭云可與酬酢謂應對萬物也小雅楚茨云萬壽攸酢是神報主人也故云不主於飲酒侑者案公食大夫禮賓三飯之後云公受宰夫束帛以侑注云束帛十端帛也侑猶勸也主國君以爲食賓殷勤之意未至復發幣以勸之欲其深安賓也是侑者主人所以報賓也毗劉暴樂也謂樹木葉缺落蔭疏暴樂見詩○暴音剝樂音洛【疏】毗劉暴樂也○釋曰舍人

曰毗劉爆樂之意也木枝葉稀疎不均爲爆樂郭云謂樹葉缺落蔭疏爆樂見詩者大雅桑柔云捋采其劉毛傳云劉爆爍而希也是矣覭髳茀離也謂草木之叢茸翳薈也茀離即彌離彌離猶蒙蘢耳孫叔然字別爲義失矣○覭音陌髳音蒙【疏】覭髳茀離也○釋曰郭云謂草木之叢茸翳薈也茀離即彌離彌離猶蒙蘢耳孫叔然字別爲義失矣郭以時驗而爲此解孫氏每字各別爲義故云失矣蠱謟貳疑也蠱惑有貳心者皆疑也左傳曰天命不謟○謟音滔【疏】蠱謟貳疑也○釋曰皆謂疑惑也○注蠱惑至不謟○釋曰云蠱惑有貳心者皆疑也者案昭元年左傳晉趙孟問於醫和曰何謂蠱對曰淫溺惑亂之所生也於文皿蟲爲蠱穀之飛亦爲蠱在周易女惑男風落山謂之蠱是蠱惑也貳者心疑不一也大雅大明云無貳爾心毛傳云無敢懷貳心也云左傳曰天命不謟者哀十七年葉公子高辭也楨翰儀幹也詩曰維周之翰儀表亦體幹也【疏】楨翰儀幹也○釋曰舍人曰楨正也築牆所立兩木也翰所以當牆兩邊障土者也大雅生民云維周之楨又崧高云維周之翰儀表亦體幹也弼棐輔比俌也書曰天威棐忱易曰比輔也俌猶輔也○棐音匪比

毗志切俌音甫【疏】弼棐輔比俌也○釋曰俌猶輔也弼者商書說命云夢帝賚予良弼棐者周書康誥云天威棐忱輔者商書湯誓云爾尚輔予一人比者易比卦象云比輔也疆界邊衛圉垂也疆場竟界邊旁營衛守圉皆在外垂也左傳曰聊以固吾圉也○圉音語【疏】疆界至垂也○釋曰謂四垂也郭云疆場竟界邊旁營衛守圉皆在外垂也舍人曰圉拒邊垂也孫炎曰圉國之四垂也○注左傳曰聊以固吾圉也○釋曰隱十一年鄭伯辭也昌敵彊應丁當也書曰禹拜昌言彊者好與物相當值【疏】昌敵至當也○釋曰皆相當也昌者言當也敵者仇匹相當也文六年左傳曰敵惠敵怨彊者好與物相當值應者對當也大雅下武云應侯順德丁者雲漢云寧丁我躬○注書曰禹拜昌言○釋曰虞書大禹謨文浡肩搖動蠢迪俶厲作也浡然興作貌蠢動作公羊傳曰俶甚也穀梁傳曰始厲樂矣肩見書迪未詳【疏】浡肩至作也○釋曰皆興作也浡然興作貌莊公十一年左傳云禹湯罪己其興也浡然肩者勝任之作也搖者考工記矢人云夾而搖之以視其豐殺之節也動者商書咸有一德云德惟一動罔不吉蠢者鄉飲酒義云春之爲言蠢也俶者

始作也厲者方言云厲卬爲也甌越曰卬吳曰厲爲亦作也○注公羊至樂矣○釋曰云公羊傳曰俶甚也者隱九年云三月庚辰大雨雪何以書記異也何異爾俶甚也云穀梁傳曰始厲樂矣者隱五年云九月考仲子之宮初獻六羽始僭樂矣尸子曰舞夏自天子至諸侯皆用八佾初獻六羽始厲樂矣茲斯咨呰已此也呰已皆方俗異語○呰音紫【疏】茲斯至此也○釋曰此者對彼之稱言近在是也茲者虞書大禹謨云念茲在茲斯者召南殷其雷云何斯違斯咨與茲同呰已與此皆音相近故得爲此也郭云呰已皆方俗異語嗟咨⿱髟差也今河北人云⿱髟差歎音兔罝○⿱髟差音嗟【疏】嗟咨⿱髟差也○釋曰皆歎也周南卷耳云嗟我懷人堯典云疇咨若時登庸郭云今河北人云⿱髟差歎閑狎串貫習也串厭串貫貫忕也今俗語皆然○串五患切貫音慣【疏】閑狎至習也○釋曰皆便習也莊二十二年左傳曰教其不閑於教訓曲禮曰賢者狎而敬之大雅皇矣云串夷載路齊風猗嗟云射則貫兮皆是習也郭云串厭串貫貫忕也今俗語皆然者當時晉時有此厭串貫忕之語故以爲證也曩塵佇淹留久也塵垢佇企淹滯皆稽久【疏】曩塵

至久也○釋曰嚴鄭塵垢佇企淹滯留止皆稽久也通見詩書

逮及暨與也公羊傳曰會及暨皆與也遝亦及也疏遝及暨與也○釋曰皆相親與也○注公羊至及也○釋曰云公羊傳曰會及暨皆與也者隱元年文也云遝亦及也者方言文

陟假格陟躋登陞也方言曰魯衛之間曰陟梁益曰格禮記曰天王登遐公羊傳曰躋者何陞也○陟音質假音遐疏陟假至陞也○釋曰皆謂陞上陟者周南卷耳云陟彼高岡餘見注○注方言至陞也○釋曰方言曰者案彼云躡郅齰跂鉻洛躋踚躐登也自關而西秦晉之間曰躡東齊海岱之間謂之躋魯衛曰郅梁益之間曰洛或曰跂陟郅格洛音義同云禮記曰天王登遐者下曲禮文云公羊傳曰躋者何陞也者文公二年文也

揮盝歇涸竭也。月令曰無漉陂池國語曰水涸而成梁揮振去水亦為竭歇通語○涸音鶴疏揮盝至竭也○釋曰皆謂竭盡也揮者郭云揮振去水亦為竭曲禮曰執玉器者弗揮是也盝即漉也郭云歇通語謂歇即歇之通語也涸水竭也○注月令至成梁○釋曰云月令云無漉陂池者按月令仲春之月是月也無竭川澤無漉陂池無焚山林鄭注云順陽養物也畜水曰陂穿地通水曰池云國語

曰水涸而成梁者案周語定王使單襄公聘於宋遂假道於陳以聘楚單子歸告王曰陳侯不有大咎國必亡王曰何故對曰夫辰角見而雨畢天根見而水涸本見而草木節解駟見而隕霜火見而清風戒寒故先王之教曰雨畢而除道水涸而成梁草木節解而備藏隕霜而冬裘具清風至而脩城郭宮室今陳國火朝覿矣而道路若塞野場若棄澤不陂障川無舟梁是廢先王之教也引之者證涸為水竭

拒拭刷清也振訊拔拭掃刷皆所以為絜清拒音振刷所劣切疏拒拭刷清也○釋曰郭云振訊拔拭掃刷皆所以為絜清禮記喪大記云拒用巾哀十四年公羊傳云反袂拭面周禮凌人職云夏頒冰掌事秋刷後鄭云秋涼冰不用可以清除其室

鴻昏於顯間代也鴻鴈知運代昏主代明明亦代昏顯即明也間錯亦相代於義未詳○於音烏間音澗疏鴻昏至代也○釋曰皆謂更代也云鴻鴈知運代者鴻鴈之屬九月而南正月而北是知其時運而更代南北也云昏主代明者釋經昏字也日入後二刻半為昏昏來則明往故云昏主代明云明亦代昏者釋經顯也顯即明也云間錯亦相代者謂間廁交錯亦相更代也儀禮鄉飲酒云乃間歌魚麗鄭注云間代也謂一歌則一吹是也又周頌桓篇云皇以間

之

饁饟饋也國語曰其妻饁之○饁音叶饟音餉饋音櫃疏饁饟饋也○釋曰饁者以食遺與也野食曰饁舍人曰饟自家之野也○注國語曰其妻饁之○釋曰晉語云臼季使舍於冀野冀缺耨其妻饁之敬相待如賓從而問之冀芮之子與之歸既復命而進之曰臣得賢人敢以告是也

遷運徙也今江東通言遷徙疏遷運徙也○釋曰皆謂移徙也大雅皇矣云帝遷明德易曰日月運行郭云今江東通言遷徙者時驗而言也

秉拱執也兩手持為拱疏秉拱執也○釋曰皆謂持執也周書金縢云植璧秉珪鄭云兩手持為拱老子云雖有拱璧

廞熙興也書曰庶績咸熙廞見周官○廞許金切疏廞熙興也○釋曰皆謂興作郭云書曰庶績咸熙者虞書舜典文云廞見周官者周官即周禮也笙師職云大喪廞其樂器鄭注廞興也興謂作之

衛蹶假嘉也詩敘曰假樂嘉成王也餘未詳○蹶居衛切假音暇疏衛蹶假嘉也○釋曰謂嘉美也郭云詩敘曰假樂嘉成王也者大雅假樂篇敘也

廢稅赦舍也詩曰召伯所稅舍放置○舍音捨疏廢稅赦舍也○釋曰皆舍置也廢者宣八年公羊傳云廢其無聲者赦者

放置也虞書舜典云眚災肆赦郭云詩曰召伯所稅者召南甘棠文也

棲遲憩休苦叡齂呬息也棲遲遊息也苦勞者宜止息憩見詩叡齂呬皆氣息貌今東齊呼息為呬也○憩去例切叡苦怪切齂詞戒切呬許四切疏棲遲至息也○釋曰皆止息也舍人曰棲遲行步之息郭云棲遲遊息也陳風衡門云衡門之下可以棲遲憩者召南甘棠云召伯所憩休者止而息也周南漢廣云不可休息苦者郭云苦勞者宜止息叡齂呬者郭云皆氣息貌案方言云餽齂喙呬息也周鄭宋沛之間曰餽自關而西秦晉之間或曰喙或曰餽東齊曰呬故郭云今東齊呼息為呬也

供峙共具也皆謂備具○峙直紀切供音恭疏供峙共具也○釋曰皆謂備具也供者論語云子路共之供共音義同峙者周書費誓云峙乃糗糧周頌臣工云庤乃錢鎛峙庤音義同共者小雅小旻云靖共爾位

惵憐惠愛也惵韓鄭語今江東通呼為憐○惵音某疏惵憐惠愛也○釋曰愛謂寵惜也方言云憮㤜韓掩憐牟愛也韓鄭曰憮晉衛曰俺汝潁之間曰憐宋魯之間曰牟秦或曰憐憐通語也故郭云惵韓鄭語今江東通呼為憐惵憮音義同惠者仁愛也邶北風云惠而好我

娠蠢

震驚妯騷感訛蹶動也娠猶震也詩曰憂心且妯無感我帨兮或寢或訛蠢驚騷蹶皆揺動貌○娠音振妯音抽【疏】娠蠢至動也○釋曰皆謂動作娠者說文云妊娠動也郭云娠猶震也者以大雅生民云載震載夙昭元年左傳曰邑姜方震大叔哀元年左傳曰后緡方震皆謂有身爲震故云娠猶震也蠢者郭云蠢驚騷蹶皆揺動貌小雅采芑云蠢爾蠻荊震者大雅常武云震驚徐方驚者恐動也商頌長發云不驚不竦騷者大雅常武云徐方繹騷蹶者大雅緜篇云文王蹶厥生○注詩曰至或訛○釋曰云詩曰憂心且妯者小雅鼓鍾文云無感我帨兮者周南野有死麕文云或寢或訛者小雅無羊文

覆察副審也覆校察視副長皆所爲審諦【疏】覆察副審也○釋曰郭云覆校察視副長皆所爲審諦覆者月令季春云命舟牧覆舟五覆五反察者周書呂刑云惟察惟法副者次長之稱

契滅殄絕也今江東呼刻斷物爲契斷○契苦結反【疏】契滅殄絕也○釋曰皆謂斷絕契者郭云今江東呼刻斷爲契斷定九年左傳曰盡借邑人之車契其軸杜注云契刻也滅者小雅正月云寧或滅之殄者大雅桑柔云不殄心憂

郡臻仍迺侯乃也迺即乃餘未詳

【疏】郡臻至乃也○釋曰乃語辭也迺乃音義同大雅緜篇云迺慰迺止是也

迪繇訓道也義皆見詩書○繇音由【疏】迪繇訓道也○釋曰虞書大禹謨曰惠迪吉小雅巧言云秩秩大猷猷繇音義同周書顧命云命汝嗣訓

僉咸胥皆也東齊曰胥見方言○僉七廉切【疏】僉咸胥皆也○釋曰謂衆皆也舜典云僉曰伯禹作司空商書云咸有一德郭云東齊曰胥見方言者案方言云僉胥皆也自山而東五國之郊曰僉東魯曰胥是也

育孟耆艾正伯長也育養亦爲長正伯皆官長○長丁丈反【疏】育孟至長也○釋曰皆謂長上也郭云育養亦爲長邶谷風云既生既育鄭箋云育謂長老也孟庶長也又周書康誥云王若曰孟侯孔安國云孟長也五侯之長耆艾皆老長也曲禮曰五十曰艾服官政六十曰耆指使正伯皆官長大雅雲漢云以戾庶正盤庚云邦伯師長

艾歷也長者多更歷【疏】艾歷也○釋曰艾又爲歷郭云長者多更歷

厤秭算數也厤厤數也今以十億爲秭論語云何足算也○秭音姊算音筭【疏】厤秭算數也○釋曰皆筭數也郭云厤厤數也推律所生之數虞書大禹謨云天之厤數在汝躬秭者周頌豐年云萬億及秭毛傳云數億至萬曰億數億至億曰秭郭云今以十億爲秭者以時驗而言也○注論語至算也○釋曰案論語子貢問曰今之從政者何如子曰噫斗筲之人何足算也鄭曰算數也

歷傅也傅近○歷音厤【疏】歷傅也○釋曰謂近傅也隱十一年左傳云庚辰傅於許

艾歷覛胥相也覛謂相視也公羊傳曰胥盟者何相盟也艾歷未詳○覛音脈【疏】艾歷至相也○釋曰皆謂相共也覛者郭云覛謂相視也說文云覛邪視也郭云公羊傳曰胥盟者何相盟也者桓三年文

乂亂靖神弗淈治也論語曰予有亂臣十人淈書敘作汩音同耳神未詳餘見詩書○淈音骨【疏】乂亂至治也○注論語至詩書○釋曰皆治理也舍人曰亂義之治也孫炎曰亂治之理也云論語曰予有亂臣十人者泰伯篇文也淈書敘作汩音同耳者虞書敘云帝釐下土方設居方別生分類作汩作孔傳云汩治作典也言其治民之功典故爲汩作之篇亡云餘並見詩書者舜典云有能俾乂小雅菀柳云俾予靖之大雅生民云茀厥豐草茀茀音義同

頤艾育養也汝潁梁宋之間曰艾方言云【疏】頤艾育養也○釋曰頤者易曰頤貞吉育者易无妄象曰先王以茂對時育萬物郭

云汝潁梁宋之間曰艾方言云者案方言云台胎陶鞠養也晉衛燕趙曰台鷈陳楚韓鄭之間曰鞠秦或曰陶汝潁梁宋之間曰胎或曰艾是也

汱渾隕墜也汱渾皆水落貌○汱姑犬切渾故本切【疏】汱渾隕墜也○釋曰皆隕落也郭云汱渾皆水落貌春秋僖公十六年經云星隕如雨

際接翜捷也捷謂相接續也○翜所甲切【疏】際接翜捷也○釋曰郭云捷謂相接續也際者相會之捷也左傳曰爾未際也小雅菀柳云無自瘵焉鄭箋云瘵接也接者曾子問云接祭而已謂捷速而祭也翜者未詳

毖神溢慎也神未詳餘見詩書○毖音秘【疏】毖神溢慎也○釋曰謂謹慎也毖者周官洛誥云夙夜毖祀溢者舍人曰溢行之慎周頌維天之命云假以溢我故注云見詩書

鬱陶繇喜也孟子曰鬱陶思君禮記曰人喜則斯陶陶斯詠詠斯猶猶即繇也古今字耳○繇音由【疏】鬱陶繇喜也○釋曰皆謂歡悅鬱陶者心初悅而未暢之意也○注孟子至字耳○釋曰云孟子曰鬱陶思君者案孟子云象往入舜宮舜在牀琴曰鬱陶思君爾忸怩趙氏注云象見舜生在牀鼓琴愕然反辭曰我鬱陶思君故來爾辭也忸怩而慚是其情也云禮記曰人喜則斯陶

陶斯詠詠斯猶者下檀弓文鄭注云陶鬱陶也咏謳也猶當爲搖聲之誤也搖謂身動搖也秦人猶搖聲相近云猶即繇也古今字耳者言禮記猶即此經繇也古今字異耳

馘穧獲也 今以獲賊耳爲馘獲禾爲穧竝見詩○馘古獲切穧才細切

疏 馘穧獲也○釋曰皆謂克獲也郭云今以獲賊耳爲馘者大雅皇矣云攸馘安安毛傳云不服者殺而獻其左耳曰馘魯頌泮水云在泮獻馘鄭箋云馘所格者之左耳皆謂臨陳格殺之而取其耳也云獲禾爲穧者小雅大田云此有不斂穧穧者禾之鋪而未束故云獲禾爲穧是竝見詩也

阻艱難也 皆險難○難乃旦切

疏 阻艱難也○釋曰皆險難也秦風蒹葭云道阻且長商書說命云非知之艱

剡䂮利也 詩曰以我剡耜○剡羊冉切䂮音略

疏 剡䂮利也○釋曰皆耜之利也小雅大田云以我覃耜剡覃音義同周頌載芟云有略其耜䂮略音義同

允任壬佞也 書曰而難任人允信者佞人似信壬猶任也○任壬林切

疏 允任壬佞也○釋曰皆謂諂佞也允信也佞人似信任者孫炎云似可任之佞也虞書舜典云而難任人壬猶任也皋陶謨云何畏乎巧言令色孔壬

俾拼抨使也 皆謂使令見詩

俾拼抨使從也 四者又爲隨從○拼北萌切抨烹

疏 俾拼抨使也至從也○釋曰皆謂使令隨從也郭云見詩者魯頌閟宮云俾爾熾而昌大雅桑柔云莽云不逮拼荓音義同抨義亦同此皆爲使令也俾拼抨使四者又爲隨從

儴仍因也 皆謂因緣○儴音穰

疏 儴仍因也○釋曰皆因緣也費誓曰無敢寇攘鄭注云因其亡失曰攘儴攘音義同施博士讀曰襄周書君奭云襄我二人郭無明說義得兩通論語云仍舊貫

董督正也 皆謂御正

疏 董督正也○釋曰皆謂御正也虞書大禹謨云董之用威春秋僖公十二年左傳云謂督不忘

享孝也 享祀孝道

疏 享孝也○釋曰享祀孝道也小雅南山云享於祖考

珍享獻也 珍物宜獻穀梁傳曰諸侯不享覲

疏 珍享獻也○釋曰致物於尊者曰獻珍者珍物宜獻也享者周禮大行人云廟中將幣三享鄭司農云三享三獻也郭云穀梁傳曰諸侯不享覲者隱五年文

縱縮亂也 縱放掣縮皆亂法也

疏 縱縮亂也○釋曰放縱掣縮皆亂法也大雅民勞云無縱詭隨

探篡俘取也 書曰俘厥寶玉篡者奪取也探者摸取也○探音貪篡初患切俘音孚

疏 探篡俘取也○釋曰郭云探者摸取也篡者奪取也李巡曰囚敵曰俘伐執之曰取○注書曰至取也○曰云書曰俘厥寶玉者商書敘云夏師敗績湯遂從之遂伐三朡俘厥寶玉孔氏云俘取也

徂在存也 以徂爲存猶以亂爲治以曩爲曏以故爲今此皆詁訓義有反覆旁通美惡不嫌同名

疏 徂在存也○釋曰鄭風出其東門匪我思且鄭箋云非我思存也徂且音義同在訓存者常語也上云徂往也往則非存故郭氏引類以曉人也云美惡不嫌同名者案隱七年公羊傳云貴賤不嫌同號美惡不嫌同辭何休云若繼體君亦稱即位繼弒君亦稱即位皆有起文美惡不嫌同辭是也若此篇徂也死也亦稱徂是惡也存也亦稱徂是美也各有其義故稱美惡不嫌同名

在存省士察也 書曰在璿璣玉衡士理官亦主聽察存即在

疏 在存至察也○釋曰謂審察也虞書舜典云在璿璣玉衡以齊七政存即在也省謂視察論語云吾日三省吾身士者理獄之官亦主聽察虞書舜典舜命皋陶云汝作士

烈枿餘也 晉衛之間曰蘖陳鄭之間曰烈○枿五割反

疏 烈枿餘也○釋曰謂遺餘也詩大雅雲漢敘云宣王承厲王之烈李巡曰枿槁木之遺也商書盤庚云若顛木之有由蘖枿蘖音義同郭云晉衛之間曰蘖陳衛之間曰烈者方言文

迓迎也 公羊傳曰跛者迓跛者

疏 迓迎也○釋曰謂相迓迎也○注公羊至跛者○釋曰云公羊傳曰跛者迓跛者此成二年傳文案彼云晉郤克與臧孫許同時而聘于齊蕭同姪子者齊君之母也踊于棓而窺客則客或跛或眇於是使跛者迓跛者眇者迓眇者是也引之以證迓爲迎也宣三年左傳曰狂狡輅鄭人杜注云輅迎也周禮秋官有訝士及聘禮云厥明訝賓于館鄭注皆云訝迎也召南鵲巢云百兩御之鄭注云御迎也字形雖別音義實同蓋以作非一人致茲異也當以迓爲正字餘皆假借

元良首也 左傳曰狄人歸先軫之元良未聞

疏 元良首也○釋曰謂頭首也郭云左傳曰狄人歸先軫之元者僖三十三年狄伐晉及箕八月戊午晉侯敗狄于箕郤缺獲白狄子先軫曰匹夫逞志於君而無討敢不自討乎免胄入狄師死焉狄人歸其元面如生是也引證元爲首良未詳

薦摯臻也 薦進也摯至也故皆爲臻至也○薦曹練切

疏 薦摯臻也○釋曰臻至也薦進執摯皆所以表至也

賡揚續也 書曰乃賡載歌揚未詳○賡古孟切

疏 賡揚續也○釋曰謂相繼續也郭云書曰乃賡載歌者虞書益稷文

祔

祏祖也祔付也付新死者於祖廟祏毀廟主○祏音鬼疏祔祏祖也○釋曰謂先祖也說文云祔後死者合食於先祖也郭云祔付也付新死者於祖廟士虞記云明日於其班祔毀廟之主名祏即尼也即猶今也尼者近也尸子曰悅尼而來遠○尼女乙切疏即尼也○釋曰尼近也言即今相近也尼定也尼者止也止亦定疏尼定也○釋曰尼詁為止止即定舍人曰尼者私之定也邇幾暱近也暱親近也○幾音機暱女乙切疏邇幾暱近也○釋曰皆謂殆近也邇者鄭風東門之墠云其室則邇幾者聘義曰日幾中而后禮成暱者郭云親近也小雅菀柳云無自暱焉妥安坐也禮記曰妥而後傳命○妥他可切疏妥安坐也○釋曰妥定之坐也○注禮記至傳命○釋曰云禮記曰妥而後傳命者案士相見禮云凡言非對也妥而後傳言鄭注云凡言謂已為君言事也妥安坐也傳言猶出言也此言禮記曰妥而后傳命者傳寫誤也或所見本異貉縮綸也綸者繩也謂牽縛縮貉之今俗語亦然○貉音陌疏貉縮綸也○釋曰郭云縮者繩也謂牽縛縮貉之今俗語亦然據時驗而言也大雅緜篇云其繩則直縮板以載

貉嘆安定也皆靜定見詩○嘆音莫疏貉嘆安定也○釋曰皆靜定也大雅皇矣云貊其德音毛傳云貉靜也鄭箋云德應和曰貉嘆者皇矣又云求民之莫鄭箋云求民之定謂所歸就也貉貊嘆莫音義同安者小雅斯干云乃安斯寢伊維也發語辭伊維侯也詩曰侯誰在矣互相訓疏伊維也至侯也○釋曰皆發語辭轉互相訓邶谷風云伊余來塈大雅大明云維此文王小雅六月云侯誰在矣時寔是也公羊傳曰寔來者何是來也○寔音石疏時寔是也○釋曰是此也秦風駟驖云奉時辰牡郭云公羊傳曰寔來者何是來也者案春秋桓五年冬州公如曹六年春正月寔來公羊傳曰寔來者何猶曰是人來也引之證寔為是也卒猷假輟已也猷假未詳○卒子卹切輟丁劣切疏卒猷至已也○釋曰皆謂終已也卒者終盡之已也輟止已也論語曰耰而不輟求酋在卒就終也詩曰嗣先公爾酋矣成就亦終也其餘未詳○酋在由切疏求酋至終也○釋曰皆謂終盡也求者大雅下武云世德作求郭云詩曰嗣先公爾酋矣者大雅卷阿文卒者邶風日月云畜我不卒就者凡事物成就亦終也崩

薨無祿卒徂落殪死也古者死亡尊卑同稱耳故尚書堯曰徂落舜曰陟方乃死○薨呼弘切殪於計切疏崩薨至死也○釋曰此皆死之別稱也曲禮曰天子死曰崩諸侯曰薨大夫曰卒士曰不祿庶人曰死鄭注云異死名也為人褻其無知若猶不同然也自上顛壞曰崩薨顛壞之聲卒終也不祿不終其祿其之言澌也精神澌盡也又曰壽考曰卒短折曰不祿鄭注云祿謂有德行任為大夫士而不為者老而死從大夫之稱少而死從士之稱此云無祿者即彼之不祿也徂落者李巡曰徂落堯死之稱郭云古者死亡尊卑同稱耳故尚書堯曰徂落舜曰陟方乃死者皆虞書舜典文也謂之徂落者蓋徂為往也言人命盡而往落者若草木葉落也殪者案隱九年左傳云衷戎師前後擊之盡殪杜注云殪死也

爾雅疏卷第二

大清嘉慶二十一年
用文選樓藏本校

盧氏　宣旬校

吏科給事中南昌黃中傑栞

爾雅注疏卷二挍勘記　阮元撰盧宣旬摘錄

爾雅疏卷第二 注疏本合卷一

釋詁下 上空四格監本同有此題正德本閩本毛本無之自卬吾台予節以後爲釋詁下疏葢邢氏作疏時所分

禮記云 單疏本雪牕本同注疏本云改曰

史記秦始皇二十六年 注疏本脫記

賚卜畀皆賜與也 雪牕本注疏本同按經作賚畀卜疏云賚畀卜皆賜與也此作賚卜畀葢誤

夢帝賚子良弼 注疏本子誤以

漢書蓺文志云 注疏本蓺作藝

導也 唐石經單疏本雪牕本同釋文道徒報反本或作導注及下同按經當作道注敎導字作導陸所見本已亂

皆相佑助 單疏本雪牕本同此經作右注作佑

相者二人此皆謂敎導之也 注疏本二誤一導改道非下同

皓 雪牕本閩本監本毛本同釋文唐石經單疏本正德本作晧從日疏云晧者亦日光也今本從白非

又曰休有烈光 注疏本又曰改云

剛彊之固也 注疏本彊作强非

虔者恭之固也膠者所以固物 注疏本脫也此本膠者字誤著今訂正

云易曰鞏用黃牛之革 注疏本脫云

禕 唐石經單疏本雪牕本注疏本同此本舊作褘從衣訛今訂正按釋文通志堂本作禕葉鈔本誤作褘五經文字示部禕美也音猗玉篇示部禕於宜切美皃又歎辭廣韻五支禕美也珍也文選東京賦漢帝之德俟其禕而薛綜注禕美也字皆從示宋人書衣示偏旁往往無別或據誤本謂爾雅禕當從衣共未考之唐石經五經文字玉篇等書也○按說文有从衣之褘無从示之禕凡用禕爲微美字者取其同音而已傳寫遂多从示唐石經五經文字玉篇不可爲典要也

自穆穆已上 雪牕本同注疏本脫自

齊齊皇皇 注疏本改濟濟皇皇非此與禮記合

皆言語容止之美盛也 正德本同閩本監本毛本言語倒

周頌酌篇云 注疏本脫云

協 唐石經單疏本注疏本同雪牕本作恊按疏云協者說文云衆之同和也字亦從十

關關噰噰音聲和也 唐石經單疏本雪牕本同釋文噰噰於恭反按文選南都賦嚶嚶和鳴注毛詩曰鳥鳴嚶嚶爾雅曰關關嚶嚶聲之和也又笙賦嚶嚶關關下引爾雅曰關關嚶嚶音和也雍雍喈喈下引爾雅雍雍和也毛傳曰喈喈和聲遠聞也然則李善所據本噰噰作嚶嚶與釋文唐石經異郭注此云皆鳥鳴相和於伐木詩亦洽也毛傳曰嚶嚶驚懼也與此異義張平子東京賦歸田賦皆云關關嚶嚶李善注俱引爾雅關關嚶嚶音聲和也證之

今江東呼厭極爲罄 單疏本雪牕本同注疏本罄誤磬

樓 唐石經單疏本雪牕本同釋文摟力侯反從手本或作樓非

樓猶今言拘樓 單疏本注疏本同雪牕本作摟猶今言拘樓按雪牕本樓摟二字互易始得之

云詩曰屈此羣醜者 注疏本脫者

云樓猶今言拘摟聚也者 注疏本脫者

亟者 欺冀切 論語曰 注疏本音切作大字

阬阬 釋文唐石經單疏本雪牕本同疏云阬阬者坎陷之虛也但重言耳經義雜記曰廣韻十二庚阬下引爾雅虛也郭注云坑壍也坑上同引經注字皆不重則鄭漁仲謂其一衍者是也疑一卽作坑

漮虛也 唐石經雪牕本同釋文引郭云漮本或作荒荒亦丘墟之空無經義雜記曰詩召旻我居圉卒荒箋云荒虛也正義曰荒虛釋詁文某氏曰野荒民散則削之唯某氏之本有荒字諸家爾雅無之按郭音知荒卽漮之異文葢孫

郭諸家本作漮鄭樊本作荒或誤會詩正義語謂某氏本阮字不重其一即作荒非也

皆謂丘墟耳 雪牕本注疏本同釋文音經虛許居反音注墟去魚反此經注異字之明證

漮㝗空貌 浦鏜云窘誤㝗按漮㝗叠韻字浦據誤本方言改㝗爲窘非

亦丘墟之空無 舊本及釋文引方言注同閩本監本毛本無誤也

康虛也 舊本同閩本監本毛本虛誤空

那 單疏本雪牕本注疏本同釋文唐石經作𨚗

使民戰栗 監本同舊本閩本毛本栗作慄

震來虩虩 舊本同閩本監本毛本來誤需

虺頹 葉鈔釋文雪牕本同通志堂釋文唐石經單疏本注疏本作虺積爲

癵 單疏本雪牕本同唐石經此字磨改釋文癵郭作拘攣文選登徒子好色賦蓬頭攣耳李善引爾雅攣病也一切經

音義卷十一爾雅云攣病也亦拘攣也作𤸇癵二形並非體按玉篇癵體癵曲也廣韻癵病也瘦也詩棘人欒欒兮說文作𤸇癵此從疒當省肉作癵或作𤸇今本非郭作拘欒今注無葢別見音義與文選注元應書所引合

疷 注疏本同誤也釋文唐石經單疏本雪牕本皆作疧當據以訂正釋文疧祈支反或丁禮反本作疻按疧與疻同字同音或丁禮反故誤作疷五經文字疧巨支反病也見爾雅雪牕本疧音祈單疏本引白華俾我疧兮說文毛傳皆云疧病也今詩亦誤疷

虺頹元黃皆人病之通名 單疏本雪牕本同釋文於經後摽瘣字云呼回反字林云病也按此葢注作瘣頹字經作虺頹與毛詩同假借字也淺人據經改注亦作虺按釋文者因云今經注無此字矣詩釋文曰虺呼回反說文作瘣今說文無瘣玉篇廣韻皆云瘣馬病葢毛詩爾雅作虺韓魯詩作瘣邵晉涵正義曰舊本爾雅必有作瘣頹者

而說者便爲之馬病 單疏本雪牕本同閩本監本毛本爲作謂正德本注作謂疏作爲按謂爲

二字每相亂此作謂是也○今訂正

智藏瘝在 單疏本雪牕本同釋文鰥古頑反注瘝同此經注異字之證尚書作瘝或欲依經改作鰥非也

戮逐未詳 雪牕本注疏本同按戮字當衍注云相戮辱亦可恥病也是戮字注已詳之矣邢疏亦云逐者郭氏未詳翟灝云一本但云逐未詳無戮字

瘇者小雅正月云 浦鏜云十誤正

下民卒𤺄 注疏本同今詩𤺄作癉疏不云𤺄與癉音義同者邢氏所據詩本作𤺄也詩釋文云癉沈本作𤺄

大雅瞻卬云 注疏本卬改仰

云書曰智藏瘝在者 注疏本瘝改鰥

悠悠我悝 單疏本雪牕本同按上瘇病也疏引十月之交悠悠我里云瘇里音義同此悝憂也注當引雲

漢云如何悝何也據十月之交毛傳曰里病也雲漢鄭箋云悝憂也可證此作悠悠我悝誤或云郭氏據魯韓詩

繇役亦爲憂愁也 單疏本雪牕本同注疏本亦誤以

云何盱矣者卷耳及都人士文也 按卷耳作云何吁矣箋云而今云何乎其亦憂矣深閔之辭不作盱何人斯作云何其盱此誤記

邛 葉鈔釋文唐石經單疏本同雪牕本注中亦作邛陸德明音巨凶反今釋文及注疏本作卭誤石經考文提要引至善堂九經本作卭

倫理事務以相約敕亦爲勞 雪牕本注疏本同按事務二字係疏語竄入當衍此訓倫爲理訓敕爲約經無事務也上經務字注云事事務下經事字注云事事此因疏云倫者理也理治事務者必勞淺人因增事務於注中矣或當作倫理約敕亦爲勞事務以相四字皆衍文

今字或作窳同 注疏本同單疏本雪牕本窳作窳按詩召旻釋文正義皆引說文窳嬾也一切經音

義卷十四引爾雅寙勞也郭氏曰勞苦者多惰寙也承慶云懶人不能自起瓜瓠在地不能自立故字從瓜又懶人恒在室中故從宀今釋文亦誤作窳葢因說文脫寙字故諸書誤以穴部字當之又元應書引爾雅寙勞也郭氏曰勞苦者多惰寙也凡七見葢經作寙注云或作愉今本係後人乙改

難雖不能死而能讓　今國語作難雖不能死君蒲鏜云此脫君字按國語上云無忌備公族不能死又云勇不能死此正承上文不能死與能讓相對不當有君字今本國語衍也

惄志而不得之思也　志　注疏本志誤恚詩汝墳正義亦作恚

祓祿康矣　單疏本雪牕本注疏本同郎本或依詩改作茀祿爾康矣誤甚按卷阿毛傳曰茀小也是讀茀爲蔽茀之茀釋言茀小也是也與此異義

褫禧書傳不見　雪牕本同注疏本不作少誤

厎　唐石經雪牕本同注疏本作底非單疏本經作厎注作厎釋文厎之視反字宜從一或作底非也底音丁禮反按五經文字唐石經厎皆作底與葉鈔釋文合段玉裁云釋文字宜從一一乃厂之譌

止亦相待　單疏本雪牕本同注疏本待下衍也

卬須我友　元本同閩本剜改須爲頿監本毛本承之

止亦相待　元本同閩本監本毛本待下衍也

昭二十年左傳　閩本監本毛本脫二元本實闕

頻仍埤益肶輔皆重厚　單疏本雪牕本同按經先肶後埤與注異

以載詁爲言　元本同閩本監本毛本詁誤話

或曰謪或曰膠　注疏本脫上三字

世以妖言爲訛　單疏本雪牕本同釋文訞於喬反本又作妖同

載於簡策之言也　閩本監本毛本言誤謂元本空闕

謂相遭遇　雪牕本同注疏本作遘遇非邢疏云相遭遇

行而相值即見　陳本同雪牕本注疏本作行而相值即見也本注見是衍字邢疏云行而相值即是

行而相值即見也　注疏本脫也

頫　閩本監本毛本同釋文唐石經單疏本雪牕本元本作覜當據以訂正按說文見部覜視也本此頁部頫低頭也大史卜書頫仰字如此義別

上帝臨女　元本同閩本監本毛本女改汝

不能涖阼　元本涖作莅閩本監本毛本作蒞非

覜者考工記云　注疏本覜誤頫下並同

聘問也　注疏本也誤曰

鞫訩溢盈也　唐石經單疏本雪牕本同按訩當爲衍文詩節南山降此鞫訩毛傳鞫盈訩訟也正義曰訩訟釋言文鞫盈釋詁文可證鞫詁盈訩不詁盈也此殆因郭注引詩降此鞫訩正文遂衍訩字

降此鞫訩　雪牕本注疏本同單疏本鞫字剜改葢本作鞠釋言訩訟也單疏本引詩降此鞫訩可證

空無所有也　元本同閩本監本毛本空誤虛

微謂逃藏也　雪牕本注疏本同一切經音義卷四卷十四卷十五卷十八四引皆作謂逃竄也

潛隱而微也　元本閩本監本同毛本隱作藏非

厎　通志堂釋文雪牕本注疏本同葉鈔釋文唐石經單疏本作底厎五經文字厎丁米反下也按說文广部底山居也从广氏聲山居有止義即爾雅此字當從氏爲正釋文五經文字開成石經皆作厎從氏葢隸省相承如是與說文不同○按此張參之誤

廢　注疏本同誤也葉鈔釋文唐石經作厎單疏本引注亦作厎當據以訂正單疏本雪牕本經作底非

按抑按也替廢皆止住也　雪牕本注疏本同邵晉涵正義云監本按抑下衍按也二字今

從宋本則邢疏云按抑替廢皆止住也與宋本同按注訓按爲抑訓替爲廢因注衍按也二字似替廢皆經所有又未審底厎爲二字因改經底作廢矣

厎底義見詩傳國語曰戾久將底 雪牕本注疏本同單疏本作戾底義見詩國語曰戾久將厎當據以訂正疏云凡注言見詩今毛詩無者蓋在齊魯韓詩也可證今本傳字衍

豫射厭也 雪牕本閩本監本毛本同唐石經單疏本元本厭作猒釋文作厭

服之無斁 單疏本雪牕本同案禮記緇衣王逸楚辭注引詩皆作服之無射

案周禮司勳職云 注疏本脫司

質爾民人 單疏本雪牕本注疏本同鍾本依詩改作人民非按詩正義釋經云言汝等當平治汝民人知成政事又釋箋云故令質爾民人也是正義本作民人開成石經毛詩誤倒耳鹽鐵論世務篇引詩詰爾民人說苑脩文篇引詩告爾民人皆不作人民

頲道無所屈 雪牕本注疏本同按頲解已見上不當複出邢疏云道者頲道無所屈此注當作道挺道無所屈左傳周道挺挺杜注挺挺正直也

周頌昊天有成命 浦鏜下增云字按此類皆疏本原本如是不當補

不敢戲豫 浦鏜依今詩改作無敢非也左傳昭三十二年後漢郎顗丁鴻蔡邕等傳引詩皆作不敢

豈弟君子 元本同閩本監本毛本豈改愷

不主于飲酒 單疏本雪牕本同按于當作於

案公食大夫禮賓三飯之後云 元本同閩本監本毛本禮賓倒

殷勤之意未至 元本同閩本監本毛本殷勤改慇懃

謂樹木葉缺落蔭疏暴樂 雪牕本注疏本同釋文廕又作蔭同單疏本作謂樹葉缺落蔭疏爆樂當據以訂正按釋文音經暴樂本又作爆爍郭音落疏引毛詩傳作爆爍引舍人注作爆樂

爆樂之意也 元本同閩本監本毛本爆改暴非下二爆樂同

天命不謟音縚 釋文謟郭音縚與此合雪牕本作音叨非今注疏本別附音切者皆删去音縚二字以避複下準此

云左傳曰 元本同閩本監本毛本云改注

楨榦儀榦也 單疏本雪牕本同唐石經原刻作幹後磨改作榦釋文榦胡旦反榦本又作幹翰幹字當兩列今本誤并爲一按詩正義翰幹釋詁文凡三引又一引釋詁楨幹也字皆从干與石經原刻合

維周之翰 單疏本雪牕本注疏本同此本翰字舊誤幹今訂正

翰所以當牆兩邊障土者也 注疏本脫翰○按此翰當作幹詩桑扈疏可證

大雅生民云之 正德本同閩本剜改作文王監本毛本從之

天威棐忱 單疏本雪牕本注疏本同此本舊作天畏係據孔本尚書改今訂正皋陶謨天明畏釋文云馬本作威是孔本畏字舊本多作威也釋文諶市林反本今作忱按風俗通卷五引書天威棐諶與此合今本作忱亦淺人據尚書改

疆 唐石經單疏本雪牕本同釋文壃字又作畺經典作疆假借字惠棟云據此知爾雅不作疆也當改正按說文畺界字作畺或作疆此當經作畺注作疆嘗謂爾雅之文有較經典獨得其正者此類是也一切經音義卷二十五壃界居良反壃境也爾雅壃陲也與陸本合

疆場竟界 單疏本同雪牕本注疏本竟作境按古竟界字祇作竟竟盡也加土旁者俗作

蠢動作 雪牕本同注疏本下衍也

其與也悖焉 元本作浡焉閩本監本毛本改浡然

大雨雪 注疏本脫雪

召南殷其雷云 注疏本雷作靁

今河北人云蹉歎 單疏本同雪牕本作嗟歎注疏本歎改嘆按釋文引字林云蹉古嗟字

音兔罝 雪牕本同注疏本作音兔罝之罝係淺人增改

貫 唐石經單疏本雪牕本同釋文慣本又作貫又作遺同古患反按玉篇慣習也遺習也本此經後漢書馮異傳注引爾雅㤮復也郭氏曰謂慣忕復爲之也亦用慣字今本注不然

貫貫忕也 單疏本忕作忕從大是也釋文亦誤從犬雪牕本注疏本作伏更誤

天王登遐 單疏本雪牕本注疏本同釋文音經假音遐本注讀也此經注異字之證或疑當從禮記作假以合正文非

躡郅音質跂音企洛躋踚音躍登也 注疏本刪小注登也下增郅音質跂音企踚音躍九字

涸竭也 唐石經單疏本雪牕本同釋文渴音竭本或作竭按古竭盡字多作渴此當從陸本說文水部涸渴也渴盡也本此經立部竭云負舉也

無漉陂池 單疏本雪牕本同釋文毋音無本今作無按月令多言毋此作無非釋文音經盝爲鹿又音注漉爲鹿此經注異字之明證

執玉器者弗揮是也 按禮記飲玉爵者弗揮此誤記

振訊技拭掃刷 雪牕本注疏本同釋文單疏本掃作埽按此經作抳注作振鍾本郎本改爲抳振祓拭謬甚

可以淸除其室 注疏本除誤潔

謂間廁交錯 注疏本廁誤則

舍人曰 注疏本舍誤食

晉語云臼季使舍於冀野 注疏本作臼季使過冀浦鏜曰此左傳文

冀芮之子也 注疏本脫也

臣得賢人敢以告 今國語作當以告非

周官卽周禮也 注疏本脫周官二字

棲 釋文單疏本雪牕本同唐石經作捿從手誤釋草瓠棲瓣棲字刮磨葢本作手旁明道本國語越王句踐捿於會稽之上捿亦從手

愬 唐石經單疏本雪牕本同釋文作愬

餽消息喙呬息也 注疏本消息二字改大字

庤乃錢鎛 正德本同閩本監本毛本庤作痔誤

靖共爾位 注疏本靖改靜

憮亡輔切俺音掩憐牟愛也 注疏本刪音切愛也下增憮亡輔切俺音淹七字

今江東通呼爲憐憮憮音義同 注疏本脫通憮音三字

昭元年左傳曰邑姜方震大叔哀元年左傳曰后婚方震 今左傳哀元年作娠按昭元年釋文云方震本又作娠震娠古今字漢書高帝紀已而有娠應劭注云娠動懷任之意左傳曰邑姜方娠師古曰漢書皆以娠爲任身字邑姜方震自爲震動之字不作娠葢左氏本作震以義讀之爲娠也

覆校察視副長 單疏本雪牕本元本閩本監本同毛本校作挍按釋文校音教按五經文字手部云挍經典及釋文或以爲比校字按字書無文又詩序子衿刺學校廢也注鄭國謂學爲校言可以校正道藝葉鈔釋文以挍正音教然則此釋文亦當作挍音教也

杜注云 注疏本衍作注杜預云

郡 唐石經雪牕本同段玉裁云郡當爲那之誤按那仍迺乃皆一音之轉經傳未見訓郡爲乃者

迺卽乃 雪牕本注疏本同一切經音義卷十三引作迺卽乃字也卷十八引作迺亦乃字也

周書顧命云 注疏本周上衍又

皆筭數也 注疏本筭改算

毛傳云數億至萬曰億數億至億曰秭 注疏本作數萬至萬曰億毛詩豐年傳同按詩正義云數億至億曰秭定本集注皆云數億至萬曰秭釋文作數億至萬曰秭云一本作數億至億曰秭說文亦云數億至萬曰秭蓋此疏引毛傳本作數萬至萬曰億數億至萬曰秭淺人誤改遂不可通

覛 唐石經單疏本雪牕本同釋文覛字又作脈亡革反按五經文字脈摸白反見爾雅文選魯靈光殿賦徒脈脈而狋李善注爾雅曰脈相視也莫革切○按釋文又作脈乃脈之譌也

論語曰予有亂臣十人 單疏本雪牕本同惠棟云臣字俗人妄加

餘並見詩書 單疏本雪牕本同陳本並誤并注疏本脫此字

晉衞燕趙曰台 音頤○注疏本音頤改大字

或曰艾是也 注疏本脫是

汱 唐石經雪牕本注疏本同單疏本作汏從大引注同非也按釋文汱姑犬反施胡犬反顧徒蓋反字宜作汏是陸德明施乾皆作汱音犬惟據顧音謂字宜作汏猶未改爲汏也廣韻二十七銑汱爾雅云墜也姑泫切卽此字十四泰汏濤汏說文云淅𤃱也徒蓋切非此義邵晉涵正義謂汱當作汏失之

云孟子曰鬱陶思君者案孟子云 閩本監本毛本上云改注脫下云元本上亦作云

曰鬱陶思君爾 注疏本衍作象曰按此蒙上象往入舜宮句無象是

象見舜生在牀鼓琴 注疏本生誤正

陶鬱陶也咏嘔也 元本上句同嘔改謳閩本監本毛本作鬱陶陶也咏謳也按禮記釋文云咏謳本亦作嘔與此合

獲禾爲穧 單疏本雪牕本同釋文穫禾一本作獲禾按穫禾字當從禾此經注異文之證今本依經改犬旁非

此有不斂穧穧者 注疏本脫一穧

是並見詩也 注疏本脫也

春秋僖公十二年左傳云 注疏本二誤三

以曩爲鼐 雪牕本注疏本同釋文爲鼐本今作鼏按釋言作鼐

皆有起文 注疏本有誤可

士理官 雪牕本同邢疏云士者理獄之官閩本監本毛本作士師官誤舊本誤作正思宜此類不足舉正

晉衞之間曰蘖 單疏本雪牕本同釋文音經枿五割反注作蘖並同此經注異字之明證

迓迎也 唐石經單疏本雪牕本同釋文訝五駕反本又作迓按說文訝相迎也从言牙聲周禮曰諸侯有卿訝迓訝或从辵又周禮掌訝注訝迎也鄭司農云訝讀爲跛者訝跛者之訝此經當從陸本作訝爲正字注引公羊傳跛者迓跛者亦當作訝與鄭司農所引同賈公彥邢昺所據公羊皆作迓淺人遂援以改注而并以改經矣○按說文本無迓篆今有者徐鉉所增十九文之一也

蕭同姪子者 閩本同正德本監本毛本依左傳姪改叔

踊于棓而窺客 浦鏜云窺公羊傳作闚按宋槧官本公羊傳作窺與此合公羊釋文云闚本又作窺

鄭注亦云 注疏本脫亦

致茲異也 監本同正德本閩本毛本致誤到

郭云左傳曰 正德本同閩本監本毛本郭改注

郭云書曰正德本同閩本監本毛本郭改注

毁廟之主名祧閩本監本毛本名作曰元本脫此字

日幾中而后禮成元本同與禮記聘義合閩本監本毛本后改後

、案士相見禮云元本同閩本監本毛本云改曰

今俗語亦然注疏本同或作猶然雪牕本語作言

貊其德音注疏本依爾雅貊改貉按爾雅作貉邢氏引詩及傳箋作貊故下云貉貊音義同

皇矣又云注疏本又誤文

伊余來塈注疏本塈誤暨

終盡之已也注疏本盡誤壽

求酋在卒就終也唐石經單疏本雪牕本同釋文殏巨牛反又作求就又作殧同𣧩音終本又作終按玉篇殏終也亦作求殧𣧩也千六切𣧩殁也今作終與陸本合

嗣先公爾酋矣單疏本雪牕本注疏本同按卷阿詩三章俾爾彌爾性百神爾主矣四章俾爾彌爾性純嘏爾常矣每章末句皆用爾字惟二章俾爾彌爾性嗣先公酋矣句無爾字益今本脫考正義曰又嗣其先君之功汝主能終之矣訓爾爲汝是孔本有爾字郎本鍾本依今詩删爾字非

徂落唐石經單疏本雪牕本同注疏本改殂非釋文殂音徂本又作徂𣧾音落本又作落

故尚書堯曰殂落單疏本雪牕本注疏本同此經注異字之明證按尚書作殂落說文殂往死也虞書曰放勛乃殂足證孔氏古文作殂

爾雅注疏卷二挍勘記終

金谿王銘挍

爾雅疏卷第三

翰林侍講學士朝請大夫守國子祭酒上柱國賜紫金魚袋臣邢昺等奉

敕校定

釋言第二

【疏】釋曰說文曰直言曰言仲尼曰言以足志介之推曰言身之文也然則言者發於志而形於聲所以文章於身者也論語曰詩三百一言以蔽之曰思無邪左傳趙簡子稱子太叔遺我以九言皆以一句爲一言也漢書東方朔云十六學詩書誦二十二萬言則以一字爲一言也雖一句一字有異要以今古方國殊別學者莫能通是以方言云皆古今語也初別國不相往來之言也今或同而舊書雅記故俗語不失其方而後人不知故爲之作釋也是曰釋言

殷齊中也 書曰以殷仲春釋地曰岠齊州以南 【疏】殷齊中也○釋曰殷齊皆謂正中也注書曰以殷仲春者堯典文案彼云日中星鳥以殷仲春孔安國以殷爲正中中正義同故也云釋地曰岠齊州以南者彼注云岠去也齊中也謂中州爲齊州是齊得爲中也

斯誃離也 齊陳曰斯誃見詩○誃音侈

【疏】斯誃離也○釋曰斯析誃張皆分離也孫炎曰斯析之離郭云齊陳曰斯者方言文陳風墓門云斧以斯之是也云誃見詩者小雅巷伯云哆兮侈兮成是南箕鄭箋云因箕星之哆而又侈大之是也誃侈音義同

謖興起也 禮記曰尸謖○謖所六切 【疏】謖興起也○釋曰謖興皆作起也注禮記曰尸謖者祭統文也

還復返也 ○還音旋 【疏】還復返也○釋曰皆迴返也春秋書師還又曰至河乃復之類是也

宣徇徧也 皆周徧也○徇辭峻切 【疏】宣徇徧也○釋曰皆周徧也大雅江漢云來旬來宣毛傳云旬徧鄭箋云宣徧是皆爲周徧也徇旬音義同

馹遽傳也 皆傳車驛馬之名○馹音日傳張戀切 【疏】馹遽傳也○釋曰皆傳車驛馬之名文十六年左傳曰楚子乘馹會師于臨品又僖三十三年云使遽告於鄭又成五年曰晉侯以傳召伯宗是皆謂今驛也

蒙荒奄也 奄奄覆也皆見詩 【疏】蒙荒奄也○釋曰皆謂奄覆唐風云葛生蒙楚孫炎曰荒大之奄周南云葛藟荒之故郭云皆見詩

告謁請也 皆求請也○告音谷 【疏】告謁請也○釋曰皆謂求請也成二年左傳曰郤克對齊侯曰晉與魯衛兄弟也來告曰大國朝夕釋憾於敝邑之地詩敘云無險詖私謁之心

肅雝聲也 詩曰肅雝和鳴 【疏】肅雝聲也○釋曰和樂聲也注詩曰肅雝和鳴者周頌有聲文也

格懷來也 書曰格爾來衆庶懷見詩 【疏】格懷來也○釋曰謂招來也注書曰格爾衆庶者商書湯誓文也云懷見詩者周頌時邁云懷柔百神

昣厎致也 皆見詩傳 【疏】昣厎致也○釋曰曲禮曰昣於鬼神昭元年左傳叔向曰厎祿以德周頌武篇云耆定爾功毛傳曰耆致也王肅云致定其大功謂誅紂定天下是毛讀耆爲厎故注云見詩傳

恀怙恃也 今江東呼母爲恀音是 【疏】恀怙恃也○釋曰皆依恃也郭云今江東呼母爲恀小雅蓼莪云無父何怙無母何恃是也

律遹述也 皆敘述也方俗語耳 【疏】律遹述也○釋曰皆敘述也方俗語異耳律管所以述氣遹者述行之也大雅文王有聲云遹駿有聲之類是也

俞盒然也 禮記曰男唯女俞盒者應也亦爲然○盒音荅 【疏】俞盒然也○釋曰皆然應也禮記曰男唯女俞者內則文也盒古荅字故爲應也

豫臚敘也 皆陳敘也 【疏】豫臚敘也○釋曰皆陳敘也事豫備者亦有敘也漢書云

典客秦官大初元年更名大鴻臚韋昭曰鴻大也臚陳敘也以禮大陳敘賓客也又莊子云大儒臚傳是也

庶幾尚也 詩曰不尚息焉 【疏】庶幾尚也○釋曰尚謂心所希望也注詩曰不尚息焉者小雅菀柳篇文也鄭箋云尚庶幾也以心所念尚即是庶幾義相反覆故引之

觀指示也 國語曰且觀之兵 【疏】觀指示也○釋曰示謂呈見於人也注國語曰且觀之兵者案周語穆王將征犬戎祭公謀父諫曰不可先王耀德不觀兵犬戎氏以其職來王天子曰予必以不享征之且觀之兵無乃廢先王之訓而王幾頓乎是也論語曰指其掌謂舉當以示人也

若惠順也 詩曰惠然肯來 【疏】若惠順也○釋曰順不逆也書曰若稽古謂順考古道也詩邶風終風云惠然肯然言有順心然後可來是也

敖憮傲也 禮記曰無憮無敖傲慢也○傲五報切憮好吾切 【疏】敖憮傲也○釋曰皆謂傲慢周頌絲衣云不吳不敖注禮記曰無憮無傲者投壺文也案彼云魯令弟子辭曰毋憮毋敖毋偝立毋踰言偝立踰言有常爵是也

幼鞠稚也 書曰不念鞠子哀 【疏】幼鞠稚也○釋曰方言云稚年小也曲禮曰幼子常視無誑書曰兄亦不念鞠子哀是皆謂年小也書曰

者周書康誥文也

逸僭過也書曰汝則有逸罰○僭音憯〔疏〕逸僭過也○釋曰皆謂咎過也注云書曰汝則有逸罰者案商書盤庚云惟予一人有佚罰費誓云汝則有常刑無云汝則有逸罰者師讀不同故也或者其在今文乎僭者左傳曰禮義不僭之類是也

疑休戾也戾止也疑者亦止〔疏〕疑休戾也○釋曰戾止也書曰疑謀勿成月令云百工休是疑休皆爲止也

疾齊壯也壯壯事謂速也齊亦疾〔疏〕疾齊壯也○釋曰急疾齊整皆於事敏速彊壯也

悈褊急也皆急狹○悈紀力切褊必淺切〔疏〕悈褊急也○釋曰悈與亟同大雅靈臺云經始勿亟文王有聲云匪棘其欲禮記引此詩作匪革其猶革亦急也悈亟棘革字雖異音義同魏風葛屨云維是褊心又廣雅云悈謹也褊狹陋也是皆急狹也

貿賈市也詩曰抱布貿絲○賈音古〔疏〕貿賈市也○釋曰謂市買賣物也注詩曰抱布貿絲者衛風氓篇文也大雅瞻卬云如賈三倍也

厞陋隱也禮記曰厞用席書曰揚側陋○厞符佛切〔疏〕厞陋隱也○釋曰皆幽隱也注禮記曰厞用席者案有司徹云有司官徹饋饌于室中西北隅南面如饋之設右几厞用席是也云禮記者誤也云書曰揚側陋者堯典文也

遏遾逮也東齊曰遏北燕曰遾皆相及逮○遾音誓〔疏〕遏遾逮也○釋曰逮謂相及也注東齊曰遏北燕曰遾者方言文也

征邁行也詩曰王于出征邁亦行〔疏〕征邁行也○釋曰皆出行也注詩曰王于出征者小雅六月文也云邁亦行者詩云周王于邁是也

圮敗覆也謂毀覆○圮彼美反〔疏〕圮敗覆也○釋曰圮毀敗壞皆傾覆也書曰祖乙圮于耿

荐原再也易曰水荐至今呼重蠶爲䖯○荐音賤〔疏〕荐原再也○釋曰皆重再也孫炎云荐草生之再也郭云易水荐至者周易坎卦象辭也云今呼重蠶爲䖯者周禮夏官馬質云禁原蠶者是也

撫敉撫也撫愛撫也敉義見書○撫音武〔疏〕撫敉撫也○釋曰皆憐撫也方言云宋衛邠陶之間謂愛曰撫故注云撫愛撫也云敉義見書者大誥云予翼以于敉寧武圖功之類是也

臞脙瘠也齊人謂瘠瘦爲脙○臞音衢脙音求〔疏〕臞脙瘠也○釋曰皆瘦瘠也鄭玄周禮注云瘦臞腐敗郭云齊人謂瘠瘦爲脙

桄熲充也皆充盛也○熲俱永反〔疏〕桄熲充也○釋曰孫叔然本桄作光書云光被四表說文云熲是火光也是皆充盛也

屢暱亟也親暱者亦數亟亦數也○亟虛記切〔疏〕屢暱亟也○釋曰亟猶數也詩頌曰屢豐年左傳曰諸夏親暱親暱者恩信必數故注云親暱者亦數

靡罔無也〔疏〕靡罔無也○釋曰無不有也詩云靡神不舉書曰罔有攸赦皆是

爽差也爽忒也皆謂用心差錯不專一○差初加切〔疏〕爽差也爽忒也○釋曰廣異言也爽謂差錯又爲忒變孫炎曰忒變雜不一郭云皆謂用心差錯不專一詩衛風云女也不爽大雅瞻卬云鞫人忮忒

佴貳也佴次爲副貳○佴而志切〔疏〕佴貳也○釋曰佴次也次即副貳之義

劑翦齊也南方人呼翦刀爲劑刀○劑即隨切〔疏〕劑翦齊也○釋曰皆爲齊截也郭云南方人呼翦刀爲劑刀釋器金鏃翦羽謂之鏃

饙餾稔也今呼餐飯爲饙饙熟爲餾○饙音分餾力又切〔疏〕饙餾稔也○釋曰稔熟也孫炎曰蒸之曰饙均之曰餾郭云今呼餐飯爲饙饙熟爲餾說文云饙一蒸米也餾飯氣流也然則蒸米謂之饙饙必餾而熟之故言饙餾稔也大雅泂酌云可以餴饎饙餴音義同

媵將送也左傳曰以媵秦穆姬詩曰遠于將之○媵以正切〔疏〕媵將送也○釋曰皆謂送行也孫炎曰將行之送也注云左傳曰以媵秦穆姬者案僖五年晉執虞公及其大夫并伯以媵秦穆姬杜注云秦穆姬晉獻公女送女曰媵以屈辱之云詩曰遠于將之者邶風燕燕衛莊姜送歸妾之詩也

作造爲也〔疏〕作造爲也○釋曰謂營爲也皆見鄭風緇衣篇

餥餱食也方言云陳楚之間相呼食爲餥○餥音非〔疏〕餥餱食也○釋曰皆飯食也注方言云陳楚之間相呼食爲餥者案彼云餥飵食也陳楚之內相謁而食麥饘謂之餥楚曰飵凡陳楚之郊南楚之外相謁而飧或曰飵或曰餂秦晉之際河陰之間曰饐嫗根饋嫗根此真秦語也大雅公劉云乃裹餱糧

鞫究窮也皆窮盡也見詩〔疏〕鞫究窮也○釋曰皆窮盡也大雅雲漢云鞫哉庶正小雅節南山云以究王訩

滷矜鹹苦也滷苦地也可矜憐者亦辛苦苦即大鹹〔疏〕滷矜鹹苦也○釋曰郭云滷苦地也者謂斥滷可煮鹽者左傳曰表淳鹵云可矜憐者亦辛苦者小雅鴻雁云爰及矜人鄭箋云可憐之人謂貧窮者是辛苦之人也云苦即大鹹者釋經之鹹也鹹殊極必苦故以鹹爲苦也

干流求也詩曰左右流之〔疏〕干流

求也。○釋曰：皆求取也。論語云「子張學干祿」，注詩曰「左右流之」，周南關雎文也。

流，覃也。覃，延也。皆謂蔓延相被及。【疏】流，覃也。覃，延也。○釋曰：轉相解也。皆謂蔓延相被及。水之流，必相延及。詩周南云「葛之覃兮」。

佻，偷也。謂苟且。○佻音挑。【疏】佻，偷也。○釋曰：小雅鹿鳴云「視民不佻」是也。李巡曰：「佻，偷薄之偷。」郭云謂苟且。左傳趙孟曰「吾儕偷食，朝不謀夕，何其長也」，杜注云：「言欲苟免目前，不能念長久。」是謂偷爲苟且也。

潛，深也。潛，深，測也。測亦水深之別名。【疏】潛，深也。潛，深，測也。○釋曰：轉相解也。詩曰「潛雖伏矣」，是深矣。潛深又爲測，郭云「測亦水深之別名」。

穀，鞠，生也。詩曰：「穀則異室。」【疏】穀，鞠，生也。○釋曰：皆生活也。注詩曰「穀則異室」者，王風大車篇文也。小雅蓼莪云「母兮鞠我」。

啜，茹也。啜者拾食。○茹，如庶切。【疏】啜，茹也。○釋曰：說文云：「啜，嘗也。」郭云：「啜者拾食。」禮記檀弓云「啜菽飲水」，大雅蒸民云「柔則茹之」，方言云：「茹，食也。吳越凡貪飲食者謂之茹。」

茹，虞，度也。皆測度也。詩曰：「不可以茹。」○度音鐸。【疏】茹，虞，度也。○釋曰：皆謂測度也。注詩曰「不可以茹」者，邶柏舟文也。左傳曰「備豫不虞」。

試，式，用也。皆見詩書。

【疏】試，式，用也。○釋曰：皆任用也。注皆見詩書者，小雅大東云「百僚是試」，雨無正云「庶曰式臧」，商書盤庚云「今予將試以汝遷」，又云「式敷民德」之類是也。

誥，誓，謹也。皆所以約勤謹戒衆。【疏】誥，誓，謹也。○釋曰：皆謹勅也。以大義論衆謂之誥，集將士而戒之曰誓，尚書誥誓之篇是也。故郭云「皆所以約勤謹戒衆也」。

競，逐，彊也。皆自勉彊。○彊，巨丈反。【疏】競，逐，彊也。○釋曰：皆自勉彊也。大雅抑篇云「無競維人」，馳逐者亦彊梁也。

禦，圉，禁也。禁制。【疏】禦，圉，禁也。○釋曰：皆謂禁制。小雅常棣云「外禦其務」，養馬曰圉，亦所以禁制，故皆爲禁也。

窒，薶，塞也。謂塞孔穴。○窒，豬乙切。【疏】窒，薶，塞也。○釋曰：皆謂塞孔穴。豳七月云「穹窒熏鼠」，大宗伯云「以貍沈祭山林川澤」，是其類也。

黼，黻，彰也。黼文如斧，黻文如兩已相背。○黼音甫，黻音弗。【疏】黼，黻，彰也。○釋曰：彰，明也。言文采著明也。注黼文如斧，黻文如兩已相背者，考工記云：「白與黑謂之黼，黑與青謂之黻。」釋器云：「斧謂之黼。」蓋半白半黑，似斧刃白而身黑。黻謂以青黑線刺繡爲兩已字相背。黼取能斷，黻取善惡相背。

膺，身，親也。謂躬親。【疏】膺，身，親也。○釋曰：服膺、身先，皆謂躬親也。

愷悌，發也。發，發行也。詩曰：「齊子愷悌。」【疏】愷悌，發也。○釋曰：謂發明而行也。注詩曰「齊子愷悌」者，齊風載驅篇文也。毛傳云：「言文姜於是樂易然。」鄭箋云：「此愷悌猶言發夕也。豈讀當爲闓，弟，古文尚書以弟爲闓。闓，明也。」然則郭云發行也，是用鄭箋爲說。

髦士，官也。取俊士令居官。【疏】髦士，官也。○釋曰：下士髦，俊也。士者，男子之大號。言取俊士令居官也。大雅棫樸云「髦士攸宜」是也。

畯，農夫也。今之嗇夫是也。○畯音俊。【疏】畯，農夫也。○釋曰：田畯，一曰農夫。孫炎曰：「農夫，田官也。」皆謂主田大夫也。小雅甫田云「田畯至喜」，鄭箋云：「田畯，司嗇，今之嗇夫也。」此注云今之嗇夫是也。然則田畯，田官，在田司主稼穡，故謂之司嗇。漢及東晉亦有此官，謂之嗇夫，故鄭、郭皆云今之嗇夫也。

蓋，割，裂也。蓋未詳。【疏】蓋，割，裂也。○釋曰：割謂以刀裂之也。

㠯，支，載也。皆方俗語，亦未詳。【疏】㠯，支，載也。○釋曰：謝氏云：「㠯字又作擁。」釋云：「擁者，護之載。」郭云皆方俗語，亦未詳。

諈諉，累也。以事相屬累爲諈諉。○諈，竹睡切。累，劣僞切。諉，女諈切。【疏】諈諉，累也。○釋曰：謂相累及也。孫炎曰：「楚人曰諈，秦人曰諉。」郭云「以事相屬累爲諈諉」。

漠，

察，清也。皆清明。【疏】漠，察，清也。○釋曰：樊光云：「漠然，清貌。察，明也。」是皆清明也。

庇，庥，廕也。今俗語呼樹蔭爲庥。【疏】庇，庥，廕也。○釋曰：舍人曰：「庇，蔽也。庥，依止也。」郭云：「今俗語呼樹蔭爲庥。」又七年左傳云：「葛藟猶能庇其本根。」

穀，履，祿也。書曰：「既富方穀。」詩曰：「福履將之。」【疏】穀，履，祿也。○釋曰：皆福祿也。孝經援神契云：「祿者，錄也。取上所以敬錄接下，下所以敬錄事上。」注書云「既富方穀」者，洪範文。云詩曰「福履將之」者，周南樛木文也。

履，禮也。禮可以履行見易。【疏】履，禮也。○釋曰：履又爲禮也。注禮可以履行見易者，敘卦云「物畜然後有禮，故受之以履」，韓康伯云：「履者，禮也。」

隱，占也。隱度。【疏】隱，占也。○釋曰：占者視兆以知吉凶也，必先隱度，故曰隱占也。

逆，迎也。【疏】逆，迎也。○釋曰：謂迎逆。周書顧命云「逆子釗于南門之外」。

憯，曾也。發語辭，見詩。○憯音慘。【疏】憯，曾也。○釋曰：憯猶言曾也，曾則也，皆發語辭。郭云見詩者，小雅節南山云「憯莫懲嗟」，衛風河廣云「曾不崇朝」之類是也。

增，益也。今江東通言增。【疏】增，益也。○釋曰：謂饒益也。郭云：「今江東通言增。」

窶，貧也。謂貧陋。○窶，求矩切。【疏】窶，貧也。○釋曰：窶者無禮也貧者無財也由其無財以爲禮郭云謂貧陋邶風北門云終窶且貧䔫隱也謂隱蔽。䔫音愛〔疏〕䔫隱也。釋曰䔫郭即隱蔽也僾唈也嗚唈短氣皆見詩。僾音愛唈烏合切〔疏〕僾唈也。釋曰孫炎曰心唈也郭云嗚唈短氣皆見詩大雅桑柔云亦孔之僾是也基經也基業所以自經營基設也亦爲造設〔疏〕基經也基設也。釋曰基墻下土也又詁爲始作事謀始必經綸也郭云基業所以自經營又爲造設禨祥也謂徵祥禨吉也祥吉之先見〔疏〕禨祥也禨吉也。釋曰舍人曰禨福之祥謂徵祥也祥即吉之先見者也故又爲吉大雅行葦云壽考維禨兆域也謂塋界〔疏〕兆域也。釋曰謂塋墓界域也孝經曰卜其宅兆廣雅云兆葬地也士喪禮云筮宅冢人營之鄭注云宅葬居也然則筮得吉兆經營之以爲界域也肇敏也書曰肇牽車牛〔疏〕肇敏也。釋曰謂敏疾也書曰肇牽車牛者周書酒誥文也挾藏也今江東通言挾。挾音叶〔疏〕挾藏也。釋曰謂隱藏物也郭云今江東通言挾史記秦有挾書之律浹徹也謂霑徹。浹音接〔疏〕浹徹也。釋曰言潤

澤浹洽相霑徹也替廢也替滅也亦爲滅絕〔疏〕替廢也替滅也。釋曰替謂廢已也小雅楚茨云子子孫孫勿替引之是也替又爲絕滅速徵也徵召也易曰不速之客〔疏〕速徵也徵召也。釋曰轉相解也皆謂呼召注易曰不速之客者需卦上六爻辭也琛寶也詩曰來獻其琛。琛敕金切〔疏〕琛寶也。釋曰謂珍寶也舍人曰美寶曰琛注詩曰來獻其琛者魯頌泮水文也探試也刺探嘗試〔疏〕探試也。釋曰試謂嘗之也論語云見不善如探湯郭云刺探嘗試髦選也俊士之選髦俊也士中之俊如毛中之髦〔疏〕髦選也髦俊也。釋曰廣異言也毛中之長毫曰髦士之俊選者借譬爲名爲故郭云士中之俊如毛中之髦俾職也使供職〔疏〕俾職也。釋曰俾詁爲使言任使供職也紕飾也謂緣飾見詩。紕音備〔疏〕紕飾也。釋曰謂緣飾見詩者鄘風干旄云素絲紕之是也淩慄也淩懔戰慄。淩音夌慄慼也戰慄者憂慼〔疏〕淩慄也慄慼也。釋曰轉相解也埤蒼云淩慄也郭云淩懔戰慄則淩懔音義同慄又爲慼郭云戰慄者憂慼秦風黃鳥

云惴惴其慄蠲明也蠲清明貌茅明也左傳曰前茅慮無明朗也〔疏〕蠲明至朗也。釋曰郭云蠲清明貌樊光云蠲除垢穢使令清明茅亦明也舍人曰茅昧之明也左傳云前茅慮無者宣十二年傳文也杜注慮無如今軍行前有斥候蹹伏皆持以絳及白爲幡見騎賊舉絳幡見步賊舉白幡備慮有無也茅明也或曰時楚以茅爲旌識明即融朗也猷圖也周官曰以猷鬼神祇謂圖畫猷若也詩曰實命不猷〔疏〕猷圖也猷若也。釋曰猷謂圖畫又爲若若如也周禮曰以猷鬼神祇者春官凡以神仕者掌三辰之法以猷鬼神示之居辯其名物是也詩曰實命不猷者召南小星文也偁舉也書曰偁爾戈〔疏〕偁舉也。釋曰謂興舉也注偁爾戈者周書牧誓文也偁好也物偁人意亦爲好〔疏〕偁好也。釋曰謂好物郭云物偁人意亦爲好坎律銓也易坎卦主法法律皆所以銓量輕重〔疏〕坎律銓也。釋曰謂銓量也樊光曰坎水也水性平律亦平銓亦平郭云易坎卦主法者說卦云坎爲水水平故主法云法律皆所以銓量輕重者白虎通云水之爲言準也律厤志云繩直生準準正則平衡而鈞權矣又曰權衡者衡平也權重也

衡所以任權而鈞物平輕重也本起於黃鍾之重一龠容千二百黍重十二銖兩之爲兩兩者兩黃鍾律之重是法律皆所以銓量輕重也矢誓也相約誓〔疏〕矢誓也。釋曰相約誓也鄘栢舟云之死矢靡它舫舟也並兩船。〔疏〕舫舟也。釋曰謂並兩船釋水曰大夫方舟泳游也潛行游水底〔疏〕泳游也。釋曰謂潛行游水底也邶谷風云泳之游之迨及也東齊曰迨〔疏〕迨及也。釋曰謂相及也注東齊曰迨者方言文也冥幼也幼稺者冥昧〔疏〕冥幼也。釋曰謂幼少也郭云幼稺者冥昧小雅斯干云噦噦其冥降下也〔疏〕降下也。釋曰召南草蟲云我心則降傭均也齊等。傭勑容切〔疏〕傭均也。釋曰謂齊等也小雅節南山云昊天不傭强暴也彊梁淩暴〔疏〕强暴也。釋曰彊梁者好淩暴於物詩敘云彊暴之男窕肆也輕窕者好放肆肆力也肆極力〔疏〕窕肆也肆力也。釋曰窕輕也肆放也輕窕者好放肆肆又爲極力俅戴也詩曰載弁俅俅〔疏〕俅戴也。釋曰謂頭戴也注詩曰載弁俅俅者周頌絲衣文也瘞幽也

幽亦薶也〔疏〕瘞幽也○釋曰皆謂薶藏

氂罽也 毛氂所以爲罽○氂音離罽音計〔疏〕氂罽也○釋曰毛氂所以爲罽舍人曰氂謂毛罽也胡人續羊毛而作衣然則罽者織毛爲之若今之毛氍毹以衣馬之帶鞅也

烘燎也 燒燎 **煁烓也** 今之三隅竈見詩○燎音料煁市針切烓頃〔疏〕烘燎也煁烓也○釋曰舍人曰烘以火燎也煁烓竈也郭云烘謂燒燎煁今之三隅竈也然則烓者無釜之竈其上燃火謂之烘本爲此竈上以然火照物若今之火鑪也注云見詩者小雅白華云樵彼桑薪卬烘于煁是也

陪朝也 陪位爲朝〔疏〕陪朝也○釋曰臣見君曰朝之列位必陪重是陪位爲朝也

康苛也 謂苛刻○苛音何〔疏〕康苛也○釋曰注謂苛刻案苛者毒草名爲政刻急者取譬焉禮記孔子曰苛政猛於虎苛名康者以康安也苛刻者心安之左傳曰州吁阻兵而安忍其類也

樊藩也 謂藩籬〔疏〕樊藩也○釋曰孫炎曰樊圃之藩也郭曰謂藩籬藩以細木爲之齊風東方未明云折柳樊圃小雅青蠅云營營青蠅止于榛毛傳云棘榛所以爲藩是也

賦量也 賦稅所以評量〔疏〕賦量也○釋曰謂賦稅也郭云賦稅所以評量方言云平均賦也燕之北鄙東齊北郊凡相賦斂謂之平均是評量也

粻糧也 今江東通言粻〔疏〕粻糧也○釋曰謂粻食也郭云今江東通言粻王制云五十異粻

庶侈也 庶者衆多爲奢侈 **庶幸也** 庶幾僥倖〔疏〕庶侈也庶幸也○釋曰富庶者多奢侈郭云庶者衆多爲奢侈書曰祿不期侈庶又爲幸幸望郭云庶幾僥倖僥者求見親御也幸與倖通用之

筑拾也 謂拾掇○筑音竹〔疏〕筑拾也○釋曰拾謂拾掇金縢云凡大木所偃盡起而築之馬融云起其木拾其禾

奘駔也 今江東呼大爲駔駔猶麤也○奘徂朗切駔音粗〔疏〕奘駔也○釋曰皆謂大也秦晉謂大爲奘郭云今江東呼大爲駔駔猶麤也

集會也〔疏〕集會也○釋曰說文云集若羣鳥在林木之上故曰集指事也故經典通謂聚會爲集

舫泭也 水中簰筏○泭音孚〔疏〕舫泭也○釋曰孫炎曰舫水中爲泭筏也郭云水中簰筏方言云泭謂之簰簰謂之筏筏秦晉之通語也周南漢廣云不可方思論語云乘桴浮於海注云桴編竹木大曰栰小曰桴是也舫方泭桴音義同

洵均也 謂調均 **洵龕也** 未詳〔疏〕洵均也洵龕也○釋曰李巡曰洵徧之均也郭云謂調均大雅桑柔云菀彼桑柔其下侯旬毛傳云旬言陰均也然則洵旬音義同洵又爲龕未詳

逮遝也 今荊楚人皆云遝○遝音沓〔疏〕逮遝也○釋曰亦謂相及方俗語異耳郭云今荊楚人皆云遝

是則也 是事可法則〔疏〕是則也○釋曰是不非則法效也郭云是事可法則言不非之事乃可爲人法則

畫形也 畫者爲形象○畫音畫〔疏〕畫形也○釋曰郭云畫者爲形象考工記云畫繢之事土以黃其象方天時變火以圜山以章水以龍鳥獸蛇是畫者爲形象也

賑富也 謂隱賑富有○賑之忍反〔疏〕賑富也○釋曰皆豐財也郭云謂隱賑富有

局分也 謂分部○分部問切〔疏〕局分也○釋曰成十六年左傳云離局姦也杜注云遠其部曲爲離局

懠怒也 詩曰天之方懠音薺〔疏〕懠怒也○釋曰舍人曰懠怒聲也郭云詩曰天之方懠者大雅版篇文也

僁聲也 謂聲音○僁音屑〔疏〕僁聲也○釋曰郭云謂聲音言聲音僁僁然也

葵揆也 詩曰天子葵之 **揆度也** 商度○度徒各切〔疏〕葵揆也揆度也○釋曰轉相解也皆謂商度注詩曰天子葵之者小雅采菽文也鄘風定之方中云揆之以日

逮及也

〔疏〕逮及也○釋曰亦謂相及也大雅桑柔云荓云不逮

惄飢也 惄然飢意〔疏〕惄飢也○釋曰李巡云惄宿不食之飢也郭云惄然飢意周南汝濆云惄如調飢毛傳云惄飢意也鄭箋釋云惄思也然則惄之爲訓本爲思耳但飢之思食意又惄然故又以爲飢惄是飢之意非飢之狀故郭及毛傳皆言飢意鄭箋以爲思義相接成也

昣重也 謂厚重見左傳○昣之忍切〔疏〕昣重也○釋曰謂厚重見左傳者隱三年衛大夫石碏曰夫寵而不驕驕而能降降而不憾憾而能昣者鮮矣杜注云如此者少也降其身則必恨恨則思亂不能自安自重是也

獵虐也 淩獵暴虐〔疏〕獵虐也○釋曰獵謂從禽也必暴害於物故云虐郭云淩獵暴虐

土田也 別二名〔疏〕土田也○釋曰別地之二名也白虎通云中央者土土主吐含萬物土之爲言吐也釋名云土已耕者曰田田者填也五稼填滿其中也

戍遏也 戍守所以止寇賊〔疏〕戍遏也○釋曰遏止也郭云戍守所以止寇賊春秋公子買戍衛

師人也 謂人衆〔疏〕師人也○釋曰師衆也周禮大司馬二千五百人爲師故郭云謂人衆

硈鞏也 硈然堅固○硈苦角切〔疏〕硈鞏也○釋曰

謂牢固易文言云確乎其不可拔又革卦初九云鞏用黃牛之革若如此說硈搘學當從告說文別有硈苦八切石堅也字雖小異其義則同

棄忘也 疏 棄忘也○釋曰心遺忘小雅谷風云棄我如遺

鬵閑也 鬵然閑暇貌○鬵巨力切

謀心也 謀慮以心

獻聖也 謚法曰聰明睿智曰獻 疏 鬵閑至聖也○釋曰郭云謚法曰聰明睿智曰獻謚法者周書篇名也

里邑也 謂邑居 疏 里邑也○釋曰謂邑居也論語云里仁爲美王制云凡居民量地以制邑

襄除也 詩曰不可襄 疏 襄除也○釋曰謂除去也注詩曰不可襄者鄘風墻有茨文也

振古也 詩曰振古如茲猶云久若此 疏 振古也○釋曰言久故也注詩曰振古如茲猶言久若此者案周頌載芟云匪今斯今振古如茲毛傳云振自也鄭箋云振亦古也言脩德行禮莫不獲報乃古古而如此所由來者久非適今時是也

懟怨也 ○懟音隊 疏 懟怨也○釋曰謂怨振左傳曰以死誰懟

縭介也 縭者繫介猶閡○縭音離 疏 縭介也○釋曰郭云縭者繫介猶閡以釋水云縭緌也緌繫著則介閡也

號謼也 今江東皆言謼○號音毫謼火胡切 疏 號謼也○釋曰謂叫謼也小雅賓之初筵云載號載呶郭云今江東皆言謼

凶咎也 疏 凶咎也○釋曰謂咎惡也迺見詩書

苞稹也 今人呼物叢緻者爲稹 疏 苞稹也○釋曰郭云今人呼物叢緻者爲稹孫炎曰物叢生曰苞齊人名曰稹唐風鴇羽云集于苞栩毛傳云苞稹鄭箋云稹者根相迫迮梱緻亦謂叢生也

迺寤也 相干寤○迺音寤 疏 迺寤也○釋曰迺謂相干也寐而覺之曰寤郭云相干寤

顁題也 題額也詩曰麟之定○顁丁佞切 疏 顁題也○釋曰皆謂額也注詩曰麟之定者周南麟之趾文也

猷肯可也 詩曰猷來無棄肯今通言 疏 猷肯可也○釋曰皆肯可也注詩曰猷來無棄者魏風陟岵文也肯今通言者邶風終風云惠然肯來是也

務侮也 詩曰外禦其侮 疏 務侮也○釋曰謂輕侮也注詩曰外禦其侮小雅棠棣文也

貽遺也 相歸遺○遺唯季切 疏 貽遺也○釋曰謂相歸遺詩云貽我握椒

貿買也 廣二名 疏 貿買也○釋曰貿市也又爲買郭云廣二名詩云抱布貿絲

賄財也 疏 賄財也○釋曰財帛總名賄周禮冢宰職云商賈阜通貨賄鄭注云布帛曰賄

甲狎也 謂習狎 疏 甲狎也○釋曰謂狎習也衞風芄蘭云能不我甲左傳曰水濡民狎而翫之

菼騅也菼薍也 詩曰毳衣如菼菼草色如騅在青白之間○菼他敢切薍五患切 疏 菼騅也菼薍也○釋曰廣異言也注詩曰毳衣如菼者王風大車文也毛傳云菼騅也蘆之初生者也鄭箋云菼薍也以傳解菼色未辨草名故定之也郭云菼草色如騅騅在青白之間者以釋畜云蒼白雜毛騅故也

粲餐也 今河北人呼食爲餐○餐音孫 疏 粲餐也○釋曰謂餐食也郭云今河北人呼食爲粲鄭風緇衣云還予授子之粲兮鄭箋云自館還在采地之都我則設餐以授之愛之欲飲食之

渝變也 謂變易 疏 渝變也○釋曰謂變易也詩曰赦命不渝

宜肴也 詩曰與子宜之 疏 宜肴也○釋曰謂肴饌也李巡曰飲酒之肴也注詩曰與子宜之者鄭風女曰雞鳴文也

夷悅也 詩曰我心則夷 疏 夷悅也○釋曰謂喜悅也注詩曰我心則夷者召南草蟲文

顛頂也 頭上 疏 顛頂也○釋曰謂頭上也詩曰有馬白顛

耋老也 八十爲耋○耋音迭 疏 耋老也○釋曰耋鐵也孫炎曰老人面如鐵色郭云八十爲耋詩秦風車鄰云逝者其耋毛傳云八十曰耋易離卦云大耋之嗟鄭注云年踰七十僖九年左傳曰伯舅耋老服虔云七十曰耋此及詩傳言八十曰耋者耋有七十八十無正文也詩以仕者七十致事仕者慮已之耋欲得早致事故以爲八十此用詩傳爲說故與之同

輶輕也 詩曰德輶如毛○輶酉 疏 輶輕也○釋曰謂輕微也注詩曰德輶如毛者大雅烝民文

俴淺也 詩曰小戎俴○俴音踐 疏 俴淺也○釋曰謂淺近注詩曰小戎淺收者秦風小戎文也

綯絞也 糾絞繩索○綯音陶 疏 綯絞也○釋曰謂糾繩索也李巡曰綯編之絞也豳七月云宵爾索綯

訛化也 詩曰四國是訛 疏 訛化也○釋曰匡正之化也注詩曰四國是訛者豳風破斧文

跋躐也 詩曰狼跋其胡

疐跲也 詩曰載疐其尾○躐音獵疐音致跲其業切 疏 跋躐也疐跲也○釋曰李巡曰跋前行曰躐跲郤頓曰疐注詩云狼跋其胡載疐其尾者豳風狼跋文也說文云跋蹎丁千切跲躓竹二切躓即疐也然則跋與疐皆是顛倒之類以跋爲躐者謂跋其胡而倒躓耳毛傳云老狼有胡謂領下垂胡進則躐其胡謂躐胡而前倒也退則跲其尾謂郤頓而倒於尾上也

烝塵也 人衆所以生塵

埃〔疏〕烝塵也○釋曰孫炎曰烝物久之塵小雅南有嘉魚云烝然罩罩郭云人衆所以生塵埃

戎相也相佐助〔疏〕戎相也○釋曰相如字注同一云相助也息亮切故注云相佐助也

飫私也宴飲之私〔疏〕飫私也○釋曰孫炎曰飫非公朝私飲酒也郭云宴飲之私小雅常棣云飲酒之飫毛傳云飫私也不脫屨升堂謂之飫鄭箋云私者圖非常之事若議大疑於堂則有飫禮焉聽朝爲公周語曰王公立飫

孺屬也謂親屬〔疏〕孺屬也○釋曰李巡云孺骨肉相親屬也棠棣云和樂且孺毛傳云九族會曰和孺屬也鄭箋云屬者昭穆相次序

幕暮也幕然暮夜〔疏〕幕暮也○釋曰幕然暮夜也

煽熾也熾盛也互相訓煽義見詩〔疏〕煽熾也熾盛也○釋曰轉相解也皆變寵熾盛也注煽義見詩者小雅十月之交云豔妻煽方處

柢本也謂根本○柢音帝〔疏〕柢本也○釋曰謂根本也周禮典瑞云四圭有邸鄭司農云於中央爲璧圭著其四面一玉俱成即引此文云邸本也圭本著於璧故四圭有邸圭末四出故也又曰兩圭有邸後鄭云僢而同邸皆謂本也柢邸音義同

窕閒也窈窕閒隙○閒音閑

〔疏〕窕閒也○釋曰窈窕間隙也詩周南關雎云窈窕淑女毛傳云窈窕幽閒鄭箋云幽閒深宮皆謂淑女所處之宮形狀窈窕然

淪率也相率使〔疏〕淪率也○釋曰謂相牽率郭云相率使小雅雨無正云無淪胥以鋪

羅毒也憂思慘毒〔疏〕羅毒也○釋曰釋詁云羅憂也郭云憂思慘毒小雅小弁云我獨于羅

檢同也模範同等〔疏〕檢同也○釋曰檢模範也郭云模範同等說文云書署也

郵過也道路所經過〔疏〕郵過也○釋曰郵謂郵亭過經過也郭云道路所經過郊特牲云郵表畷

遜遯也謂逃去〔疏〕遜遯也○釋曰謂逃去也春秋莊元年夫人姜氏孫于齊公羊傳曰孫者何孫猶孫也內諱奔謂之孫穀梁傳曰孫之爲言猶孫諱奔也

斃踣也前覆　僨僵也卻偃○斃音弊踣蒲北切僨音糞僵音姜〔疏〕斃踣也僨僵也○釋曰前卻顛倒之名也斃又謂之踣皆前覆也檀弓云射之斃鄭注云斃仆也然則又爲仆僨謂之僵皆仰偃也左傳曰鄭伯之車僨於濟

眕殄也謂殄絕〔疏〕眕殄也○釋曰謂眕絕也周頌載芟云徂隰徂畛毛傳曰畛埸也地官遂人云十夫有溝溝上有畛則畛謂地畔之徑路也至此而易之故以畛爲埸易則地絕故得爲畛

曷盍也盍何不〔疏〕曷盍也○釋曰郭云盍何不也論語曰盍各言爾志

虹潰也謂潰敗○潰音會〔疏〕虹潰也○釋曰潰敗亂也大雅抑篇云實虹小子召旻云蟊賊內訌

陪闇也陪然冥貌○陪音唵闇音陪〔疏〕陪闇也○釋曰謂冥昧也郭云陪然冥貌

䵒膠也膠黏䵒○䵒女乙切〔疏〕䵒膠也○釋曰膠黏䵒也方言云䵒𪍼黏也齊魯青徐自關而東或曰䵒或曰𪍼

孔甚也　厥其也　戛禮也謂常禮〔疏〕孔甚至禮也○釋曰孔甚厥其通見詩書釋訓云戛常也故郭云謂常禮

闍臺也城門臺○闍音都〔疏〕闍臺也○釋曰謂城門臺也鄭風云出其闉闍毛傳云闍曲城也闍城臺也

囚拘也謂拘執〔疏〕囚拘也○釋曰謂拘執也月令云挺重囚左傳曰南冠而縶者楚囚也縶則拘執也

攸所也　展適也得自申展皆適意〔疏〕攸所也展適也○釋曰易曰利有攸往郭云得自申展者皆適意也

鬱氣也鬱然氣出〔疏〕鬱氣也○釋曰鬱然氣出也謂鬱蒸之氣也

宅居也〔疏〕宅居也○釋曰謂居處也大雅文王有聲云宅是鎬

京

休慶也〔疏〕休慶也○釋曰謂嘉慶也商頌曰何天之休

祈叫也祈祭者叫呼而請事〔疏〕祈叫也○釋曰祈猶禱也求也春官大祝掌六祝之辭以祈福祥求永貞郭云祈祭者叫呼而請事

濬幽深也濬亦深也　哲智也〔疏〕濬幽至智也○釋曰舍人曰濬下之深也哲人智也郭云濬亦深也虞書舜典云濬哲文明孔安國云舜有深智言其智之深所知不淺近也

弄玩也〔疏〕弄玩也○釋曰謂玩好也小雅斯干云載弄之璋鄭箋云玩以璋者欲其比德焉

尹正也謂官正也

皇匡正也詩曰四國是皇〔疏〕尹正至匡正也○釋曰正長也郭云謂官正也言爲一官之長也周書君陳曰尹茲東郊皇君成之正匡救之正孝經云匡救其惡注詩曰四國是皇者豳風破斧文也

服整也服御之令齊整〔疏〕服整也○釋曰謂整治也郭云服御之令齊整周南葛覃云服之無斁

聘問也見穀梁傳〔疏〕聘問也○釋曰問謂存省之對而言之則聘問異周禮大行人云時聘以結諸侯之好問以諭諸侯之德又曰凡諸侯之邦交歲相問也殷相聘也聘禮云小聘曰問是異也散而言之皆謂相存省故此云聘問也注見

穀梁傳者按隱九年春天王使南季來聘穀梁傳曰南氏姓也季字也聘問也是其事

愧慙也〔疏〕愧慙也。釋曰謂慙恥也小爾雅云不直失節謂之慙慙愧也面慙曰赧心慙曰恧體慙曰逡方言云梅惟赧慙也晉曰梅或曰惟秦晉之間凡愧而見上謂之赧梁宋曰惟又云㥏䁟恧慙也荊揚青徐之間曰㥏若梁益秦晉之間言心內慙矣山之東西自愧曰恧趙魏之間謂之聅諳磁亦

殛誅也書曰鯀則殛死。殛紀力切〔疏〕殛誅也。釋曰謂誅責注書曰鯀則殛死者周書洪範文

克能也　翌明也書曰翌日乃瘳〔疏〕克能也翌明也。釋曰克能通見書傳注書曰翌日乃瘳者周書金滕文

詾訟也言詾譊〔疏〕詾訟也。釋曰多爭訟郭云言詾譊譊即讙譊小雅節南山云降此鞫詾

晦冥也　奔走也　逡退也外傳曰已復於事而逡。冥亡定切〔疏〕晦冥至退也。釋曰冥謂闇冥見公羊傳奔大走也左傳曰車馳卒奔逡却退也注外傳曰已復於事而逡者齊語管仲對桓公辭也韋昭曰已畢也逡伏退也此國語也而謂之外傳者韋昭曰左丘明采録前世穆王以來下訖魯悼智伯之誅邦國成敗嘉言善語陰陽律呂天時人事逆順之數以爲國語其文不主於經故號曰外傳也

亶仆也頓躓倒仆。仆音赴〔疏〕亶仆也。釋曰即前文踣與踣也郭云頓躓倒仆

亞次也　諗念也相思念。諗音沈〔疏〕亞次也諗念也。釋曰亞下次也通見書諗者相思念也小雅四牡云將母來諗

居極也有所限極〔疏〕居極也。釋曰有所限極也大雅瞻卬云靡有夷屆

弇同也詩曰奄有龜蒙　弇蓋也謂覆蓋〔疏〕弇同也弇蓋也。釋曰廣異言也注詩曰奄有龜蒙魯頌閟宮文言弇覆同爲已有弇又爲蓋謂覆蓋也易曰惡積而不可弇奄揜音義同

恫痛也詩曰神罔時恫〔疏〕恫痛也。釋曰謂痛傷注詩曰神罔時恫大雅思齊文王肅云文王之德能上順祖宗安寧百神無失其道無所怨痛

握具也謂備具〔疏〕握具也。釋曰主持辦具也郭云謂備具李本作幄釋云居處位之具也秦風權輿云夏屋渠渠鄭箋云屋具也義其同乎

振訊也振者奮迅〔疏〕振訊也。釋曰謂振訊去塵也郭云振者奮迅曲禮曰振書端書

鬩恨也相怨狠。鬩呼歷切〔疏〕鬩恨也。釋曰郭云相怨狠孫炎本作狼解云相狠戾小雅常棣云兄弟鬩于牆毛傳云鬩狠也狠者忿呼之名曲禮曰狠無求勝以字形異濫故釋者致殊於義兩解得之

越揚也謂發揚

對遂也詩曰對揚王休〔疏〕越揚也對遂也。釋曰揚謂稱美郭云謂發揚遂者因事之辭注詩曰對揚王休者大雅江漢文

燬火也詩曰王室如燬燬齊人語。燬音毀〔疏〕燬火也。釋曰李巡曰燬一名火孫炎曰方言有輕重故謂火爲燬郭云燬齊人語方言云㷄火也楚轉語也猶齊言㷄燬火也注詩曰王室如燬者周南汝墳文

懈怠也〔疏〕懈怠也。釋曰謂怠慢也大雅烝民云夙夜匪懈

宣綏也謂寬綏　遇偶也偶爾相值遇〔疏〕宣綏也遇偶也。釋曰郭云偶爾相值遇春秋隱八年春宋公衛侯遇于垂穀梁曰不期而會曰遇

曩曏也國語曰曩而言戲也〔疏〕曩曏也。釋曰在今而道既往或曰曩或曰曏書大傳云曏之取於囿中勇力之取也注國語曰曩而言戲也者案晉語驪姬與優施謀飲里克酒乃歌曰暇豫之吾吾不如烏烏人皆集于苑已獨集於枯里克笑曰何謂苑何謂枯優施曰其母爲夫人其子爲君可不謂苑乎其母既死其子又有謗可不謂枯乎枯且有傷優施出里克辟奠不餐而寢夜半召優施曰曩而言戲乎如有所聞之乎是也

偟暇也詩曰不遑啟處。偟音皇〔疏〕偟暇也。釋曰謂閑暇注詩曰不遑啟處者小雅駟牡文

宵夜也〔疏〕宵夜也。釋曰舍人曰宵陽氣消也詩云肅肅宵征書曰宵中星虛

懊忨也謂愛忨　愒貪也謂貪羨。忨五館切懊烏報切愒苦蓋切〔疏〕懊忨也愒貪也。釋曰皆謂愛忨貪羨也昭元年左傳云主民翫歲而愒日杜注云忨愒皆貪也

榰柱也相榰柱。榰音枝柱音注〔疏〕榰柱也。釋曰郭云相榰柱也說文云榰柱砥古用木今以石字書云柱屋之欵

裁節也　竝併也詩曰竝坐鼓瑟〔疏〕裁節也竝併也。釋曰易泰卦云后以財成天地之道裁財音義同竝併古今字注詩曰竝坐鼓瑟者秦風車鄰篇文

卒既也既已〔疏〕卒既也。釋曰皆謂盡已也

慒慮也謂謀慮也。慒音四〔疏〕慒慮也。釋曰郭云謂謀慮也字書作悰

將資也謂資裝〔疏〕將資也。釋曰行所資也郭云謂資裝

黹紩也今人呼縫紩衣爲黹。黹致恥切紩音秩〔疏〕黹紩也。釋曰謂縫刺也郭云今人呼縫紩衣爲黹鄭注司服云黹紩希繡希讀爲黹謂刺繡

也

遞迭也更迭〔疏〕遞迭也○釋曰李巡曰遞者更迭間則相代之義邶柏舟云胡迭而微

矧況也譬況〔疏〕矧況也○釋曰說文云矧況辭從矢取辭之所之如矢也郭云譬況謝氏云志譬況是也

廩廯也或說云即倉廩所未詳○廯息淺切〔疏〕廩廯也○釋曰廣雅云廯倉也則廩廯皆囷倉之別名孫炎云廯藏穀鮮絜也舍人云廩少鮮也郭云或說云即倉廩所未詳

逭逃也亦見禮記○逭音換〔疏〕逭逃也○釋曰謂逭逃商書大甲云自作孽不可逭注亦見禮記者案緇衣云子曰小人溺於水君子溺於口大人溺於民皆在其所褻也下云太甲曰天作孽可違也自作孽不可以逭

訊言也相問訊〔疏〕訊言也○釋曰訊問以言也郭云相問訊詩云執訊獲醜

間俔也左傳謂之諜今之細作也○間諫俔胡典切〔疏〕間俔也○釋曰反間一名俔今之細作也注左傳謂之諜者案桓十二年云使伯嘉諜之杜注云諜伺也兵書謂之反間也案說文云諜軍中反間也謂詐爲敵國之人入其軍中伺候間隙以反報其主又鄭注周禮掌戮云諜謂姦寇反間者

沄沆也水流漭沆○沄音云沆胡黨切〔疏〕沄沆也○釋曰說文云沄轉流也一曰沆郭云水流漭沆漭沆水大貌

干扞也相扞衛〔疏〕干扞也○釋曰郭云相扞衛孫炎曰干盾自蔽扞周南兔罝云公侯干城言公侯以武夫自固爲扞蔽如盾爲防守如城然

趾足也足腳

䠊刖也斷足○䠊扶味切〔疏〕趾足也䠊刖也○釋曰易云賁其趾趾則足也亦謂之腳䠊一名刖斷足刑也呂刑云剕罰五百孔安國云刖足曰剕鄭注司刑云刖斷足也周改臏作刖䠊剕音義同

襄駕也書曰懷山襄陵〔疏〕襄駕也○釋曰謂乘駕也鄭風大叔于田云兩服上襄注書曰懷山襄陵堯典文

忝辱也

燠燰也今江東通言燠○燠於六切〔疏〕忝辱也燠燰也○釋曰忝謂恥辱也詩曰無忝爾所生燰溫也洪範云哲時燠若郭云今江東通言燠

塊堛也土塊也外傳曰枕凷以堛○堛孚逼切〔疏〕塊堛也○釋曰塊者結土也說文云塊俗凷字也凷一名堛郭云土凷也注外傳曰枕凷以堛案吳語吳王夫差既許越成乃大戒師徒將以伐齊申胥進諫曰昔楚靈王不君其臣箴諫不入乃築臺於章華之上闕爲石郭陂漢以象帝舜罷弊楚國以間陳蔡不脩方城之內踰諸夏而圖東國三歲於沮汾以服吳越其民不忍飢勞之殃三軍叛王於乾谿王親獨行屏營仿偟於山

林之中三日乃見其涓人疇王呼之曰余不食三日矣疇趨而進王枕其股以寢於地王寐疇枕王以墣而去之王覺而無見乃匍匐將入於棘圍棘圍不納也乃入芊尹申亥氏焉是其事也說文云墣匹角切亦塊也今注云枕凷者字之誤也凷當作王又外傳作墣郭云以堛者蓋亦理同或所見本異也

將齊也謂分齊也詩曰或肆或將○齊才細切〔疏〕將齊也○釋曰郭云謂分齊也詩曰或肆或將者小雅楚茨文毛傳云肆陳將齊也或陳于牙或齊其肉王肅云分齊其肉所當用也

餬饘也糜也〔疏〕餬饘也○釋曰郭云糜也下云鬻糜郭云淖糜然則餬饘鬻糜相類之物稠者曰糜淖者曰鬻餬饘是其別名昭七年左傳云饘於是鬻於是以餬余口

啟跪也小跪〔疏〕啟跪也○釋曰謂跪拜也小雅四牡云不遑啟處郭云小跽說文曰跽長跪也莊子云擎跽曲拳臣之禮也

矈密也謂緻密○矈武延切〔疏〕矈密也○釋曰郭云謂緻密

開闢也書曰闢四門〔疏〕開闢也○釋曰書曰闢四門虞書舜典文

袍襺也左傳曰重襺衣裘○襺吉典切〔疏〕袍襺也○釋曰玉藻云纊爲襺縕爲袍鄭玄云衣有著之異名也纊謂今之新緜縕謂今之纊及舊絮也然則襺是袍之別名謂新緜著袍者也注左傳曰重襺衣裘者襄二十一年傳云楚子使薳子馮爲令尹薳以疾辭方暑闕地下冰而牀焉重襺衣裘鮮食而寢是也

障畛也謂壅障〔疏〕障畛也○釋曰郭云謂壅障一名畛左傳曰封畛土畧

靦姡也面姡然○姡音滑〔疏〕靦姡也○釋曰郭云面姡然孫炎曰靦人面姡然說文曰靦面見人姡面靦也然則靦與姡皆面見人之貌詩云有靦面目

鬻糜也淖糜○鬻之六切

舒緩也謂遲緩〔疏〕鬻糜也舒緩也○釋曰郭云謂遲緩詩云舒而脫脫兮

翢纛也今之羽葆幢

纛翳也舞者所以自蔽翳○翢徒刀切纛徒到切〔疏〕翢纛也纛翳也○釋曰李巡曰翢舞者所持纛也孫炎曰纛舞者所持羽也郭云今之羽葆幢鄭司農注鄉師云翢羽葆幢也蔡邕獨斷云以旄牛尾爲之大如斗在左騑馬頭上所謂黃屋左纛纛又謂之翳郭云舞者所以自蔽翳然則翢一名纛纛所以爲翳故王風云左執翢毛傳云翢纛也翳也

隍壑也城池空者爲壑〔疏〕隍壑也○釋曰隍城池無水者郭云城池空者爲壑易泰卦上六城復於隍

芼搴也謂拔取菜〔疏〕芼搴也○釋曰孫炎曰皆釋菜也某氏曰搴猶

拔也郭云謂拔取菜以搴是拔之義史記曰斬將搴旗謂拔取敵人之旗也周南關雎云參差荇菜左右芼之故云謂拔取菜毛傳云芼擇亦謂拔菜而擇之也

典經也威則也威儀可法則

疏典經也威則也○釋曰周禮大宰之職掌建邦之六典鄭注云典常也經也法也王謂之禮經常所秉以治天下也邦國官府謂之禮法常所以守為法式也常者其上下通名郭云威儀可法則詩曰敬慎威儀維民之則

苛妎也煩苛者多嫉妎○妎胡計切

疏苛妎也○釋曰說文云妎妬也郭云煩苛者多嫉妎言煩苛之人多嫉妬

芾小也芾者小貌○芾音貝

疏芾小也○釋曰芾是木榦及葉之小者也召南云蔽芾甘棠此比於大木為小也我行其野云蔽芾其樗鄭箋云樗之蔽芾始生謂樗葉之始生形亦小也郭云芾者小貌

迷惑也狃復也狃忕復為○狃女九切復扶又切

疏迷惑也狃復也○釋曰小雅節南山云俾民不迷謂不惑也狃復習也郭云狃忕復為孫炎云狃忕前事復為也說文云狃狎也忕習也鄭風云將叔無狃毛傳云狃習也桓十三年左傳云莫敖狃於蒲騷之役杜注云狃忕也然則狃忕皆貫習之義復亦貫習之意也

逼迫也般還也左傳曰般馬之聲○般音班還音旋

疏逼迫也般還也○釋曰逼相急迫也般還反也注左傳曰般馬之聲者襄十八年晉大夫邢伯告中行伯之辭也

班賦也謂布與

疏班賦也○釋曰郭云謂布與桓六年左傳云諸侯之大夫戍齊齊人饋之餼使魯為其班聘禮記云肦肉及廋車班肦音義同左傳曰屬役賦丈

濟渡也濟成也濟益也所以廣異訓各隨事為義

疏濟渡至益也○釋曰郭云所以廣異訓各隨事為義方言云過渡謂之涉濟彼注云猶今云濟渡左傳曰濟河焚舟濟又為成左傳曰以欲從人則可以人從欲鮮濟濟又為增益左傳曰盡請濟師於王

緡綸也詩曰維絲伊緡緡繩也江東謂之綸○緡音民

疏緡綸也○釋曰孫炎云皆繩名也郭云緡繩也江東謂之綸注詩曰維絲伊緡者召南何彼穠矣文

辟歷也未詳

漦盝也漉漉出涎沫○辟婢亦切漦仕其切

疏辟厤也漦盝也○釋曰李巡云吐沫漦也郭云漉漉出涎沫鄭語云訓語有之曰夏之衰也褒人之神化為二龍以同于庭而言曰余褒之二君夏后卜殺之與去之與止之莫吉卜請其漦而藏之吉韋昭云漦龍所吐沫龍之精氣也

寬綽也謂寬裕也

疏寬綽也○釋曰孫炎云性之裕者郭云謂寬裕也皋陶謨云寬而栗

袞黻也袞衣有黻文

疏袞黻也○釋曰郭云袞衣有黻文小雅采菽云玄袞及黼袞必兼有黼黻詩但言及黼嫌於無黻故此釋之毛傳云玄袞卷龍也白與黑謂之黼鄭箋云玄袞玄衣而畫以卷龍也黼黼黻謂絺衣也諸公之服自袞冕而下

華皇也釋草曰葟華榮○華胡瓜切

疏華皇也○釋曰草木之華一名皇樊光引詩云皇皇者華孫炎云皇皇猶煌煌郭云釋草曰皇華榮引之以證皇亦華榮之名

昆後也謂先後方俗語

疏昆後也○釋曰郭云謂先後方俗語大禹謨云官占惟先蔽志昆命元龜

彌終也終竟也

疏彌終也○釋曰郭云終竟也大雅生民云誕彌厥月言大矣后稷之在其母終人道十月而生也

爾雅疏卷第三

吏科給事中南昌黃中傑栞

爾雅注疏卷三挍勘記　阮元撰盧宣旬摘錄

爾雅疏卷第三注疏本卷第二

釋言第二

初別國不相往來之言也注疏本脫也

故爲之作釋也閩本監本毛本脫之也元本脫之

岠齊州以南單疏本雪牕本注疏本同釋文距又作岠同音巨按今釋地作岠釋文同葢失其舊○按依說文本作歫从止俗改从山

注禮記曰尸謖者注疏本刪注字○按單疏本所標注字注疏本盡刪今悉補正後不悉出

還復返也元本經下載音切還音旋閩本監本誤爲注毛本遂剜改作皆迴返也似郭氏舊有此注矣考此本雪牕本陳本鍾本郎本葛本皆無也

皆傳車驛馬之名單疏本雪牕本元本閩本監本同毛本驛作馹依經所改釋文音經傳也張戀反注同此本傳誤轉今訂正單疏本經中傳字亦誤轉

格懷來也唐石經單疏本雪牕本同釋文徠音來本今作來按釋親來孫陸本亦作徠云音來本亦作來玉篇彳部徠力哀切就也還也今爲來

底釋文唐石經雪牕本同注疏本作底非單疏本經誤底疏中作底五經文字广部底音指致也

皆見詩傳雪牕本注疏本同單疏本無皆字

底祿以德周頌武篇云注疏本底誤底下同武上衍下

今江東呼母爲侈音是雪牕本同注疏本刪下二字因別附音切有侈音是三字也全書準此

無母何恃是也注疏本脫是也

畣者應也雪牕本注疏本同釋文音經畣古荅字一本作荅○按畣字从田絕無文理舊本緐釋作畣从日似近是然亦俗字耳

大初元年注疏本大改太

以禮大陳敘賓客也閩本監本毛本大陳敘改陳敘于元本實闕

憮釋文唐石經雪牕本元本同單疏本作撫閩本監本毛本作憮皆誤

無憮無傲單疏本雪牕本同注疏本作無憮無敖非疏引投壺作無撫無敖亦誤

幼鞠稚也唐石經單疏本雪牕本元本同閩本監本毛本稚改穉疏中同釋文穉又作稚按釋親穉婦釋文亦作穉云又作稚

是皆謂年小也注疏本小改少

急疾齊整注疏本疾改速

革亦急也注疏本脫也

云書曰揚側陋者注疏本刪曰者

北燕曰遾單疏本雪牕本同浦鏜云方言作㢋

易曰水荐至單疏本雪牕本同浦鏜云易荐作洊按易釋文於洊下引爾雅云再也又云于作荐則爾雅有作洊周易有作荐者

今呼重鬵爲甗單疏本雪牕本注疏本同釋文原舍人本作甗音同

敉義見書單疏本雪牕本同注疏本作敉寧因疏引書大誥敉寧字致誤疏中同

皆憐撫也注疏本憐改愛

宋衞邠陶之間元本同閩本監本毛本宋衞改東齊

故注云撫愛撫也注疏本注誤上又上撫作憮元本與此同

齊人謂瘠瘦爲脙 單疏本雪牕本同注疏本脫瘦

瘦臞𤺊敗 注疏本臞誤瞿周禮𪊨人釋文臞其俱反又作臞音稍按賈疏本臞作臞

桄 唐石經單疏本雪牕本同釋文桄孫作光古黃反按說文桄充也與橫關木也連文桄橫字通鄭注禮記樂記孔子閒居皆云橫充也此其證尚書光被四表漢書王莽傳後漢馮異傳皆作橫被四表葢作桄作橫者爲今文作光者爲古文孔傳堯典云光充也與孫叔然本合賈逵云古文讀應爾雅是爾雅本作光也作桄者葢李巡本

書云光被四表 注疏本云改曰

親暱者恩信必數 注疏本者誤時

次即副貳之義 閩本監本毛本義誤貳元本闕

今呼餈飯爲饙 單疏本雪牕本同閩本監本毛本餈誤資疏中同元本餈誤攸釋文飰字又作餅俗作飯同按玉篇餅飰並俗飯字

饙熟爲餾 注疏本同詩正義作饙均熟爲餾因連引孫炎注均之曰餾而誤衍耳郭釋經稔爲熟詩釋文引孫炎均之曰餾引郭注餴熟爲餾可證

注方言云 注疏本刪注字

或曰䬯 注疏本䬯誤餂

河陰之間曰䭡惡恨切𩜙五恨切〇注疏本音切改大字

廼裹餱糧 注疏本廼改乃

矜 唐石經雪牕本注疏本同單疏本作矝釋文齡音矜本又作矜按廣雅釋詁一齡哀也玉篇齒部齡苦也皆本此經葢經作齡注作矜後人轉寫亂之

可矜憐者亦辛苦 單疏本雪牕本同釋文憐力田反本今作憐同按今當作又

表淳鹵 元本同閩本監本毛本鹵改滷按左傳襄二十五年作鹵

云可矜憐者亦辛苦者小雅鴻鴈云爰及矜人 注疏本矜作矜毛詩唐石經宋本同按釋訓矜憐撫掩之也疏引詩鴻鴈亦作矜華嚴經音義卷上特垂矜念下引毛詩傳矜憐也又引說文字統矜憐也皆從矛令矜憐聲相近故說文毛傳皆云矜憐也鈕樹玉云漢隸字源矜字注引唐君頌不侮矜寡詩序至于矜寡史記有矜在民間曰虞舜字皆從矛令

鹹味極必苦 注疏本味誤殊

論語云 注疏本脫論

皆謂蔓延相被及 單疏本雪牕本同釋文蔓莚以戰反相連不斷又音延本今作延按蔓莚字古皆從廿作莚華嚴經音義卷上引爾雅蔓延也引郭注謂蔓莚相被及也與釋文同此經作延注作莚之明證釋草䕡鹿藿藨大苦注蔓延生釋文皆作蔓莚毛詩旄丘傳曰如葛之蔓延相連及也釋文蔓莚以戰反又音延苑蘭箋云恆蔓延於地釋文云本或作蔓莚於地

視民不恌是也 元本同監本毛本恌作佻與經合左傳昭十年及說文玉篇皆引詩視民不佻此從心葢依今詩改

注詩曰不可以茹者 注疏本刪注字

皆見詩書 雪牕本注疏本無皆字

注皆見詩書者 注疏本刪注字

尙書誥誓之篇是也 閩本監本毛本篇改類元本此字實闕

競逐彊也 唐石經單疏本雪牕本同釋文強巨丈反注同本或作彊字又其良反按此葢經作彊盛字注用勉强字

皆自勉彊 單疏本注疏本同雪牕本作皆自強勉按強勉猶彊勉也漢書董仲舒傳事在彊勉而已矣師古曰彊音其兩反此當從雪牕本古彊強通

皆自勉彊也　元本同閩本監本毛本彊改強下彊梁同

故皆爲禁也　元本閩本監本同毛本脫也

言文采著明也　閩本監本毛本下衍一字元本實闕

注詩曰齊子愷悌者　注疏本刪注字

士者男子之人大號　注疏本同蒲鏜云人大二字疑美字之誤

蓋割裂也　唐石經單疏本雪牎本同釋文蓋古害反舍人本作害按書呂刑鰥寡無蓋蓋卽害字之借言堯時鰥寡無害也釋名害割也書堯典洪水方割大誥天降割之類皆害字之借割與蓋亦音相近書君奭割申勸寧王之德鄭注緇衣云割之言蓋是也

今俗語呼樹蔭爲庥　單疏本注疏本同雪牎本蔭作廕按釋文廕字亦作蔭依經當作廕蓋以樹蔭義改從艸耳釋詁注云疏蔭爆樂釋文廕又作蔭同

福履將之　單疏本雪牎本同按此當如釋詁注引詩福履綏之毛傳履祿也本此經樛木詩一章福履綏之二章福履將之

注禮可以履行見易者　注疏本刪注字

薆隱也　唐石經單疏本雪牎本同釋文薆僾皆音愛按亦作愛詩烝民愛莫助之毛傳愛隱也本此經而字作愛可證

基經也基設也〇釋曰基牆下止也　注疏本刪上八字止作土按說文基牆始也玉篇址基也廣韵基址也然則此止當爲址合止字土字始得之

祥吉之先見　注疏本同雪牎本作謂吉之先見

祺福之祥　元本同閩本監本毛本福誤祥

域也　唐石經雪牎本同釋文兆本又作垗按依說文垗正字也兆假借字也

注書曰肇牽車牛者　注疏本刪注字

浹徹也　唐石經雪牎本同釋文浹子協反郭音接詹事錢大昕云說文無浹字當作挾詩使不挾四方毛傳挾達也漢儒諱徹爲通通達義同按爾雅當本作挾徹也與上挾藏也同字異訓詩釋文挾子燮反與郭音接正合正義曰挾者周匝之義周禮所謂挾日周禮釋文挾日字又作浹凡挾作浹者皆後人所改

小雅楚茨云　注疏本云上衍篇

注易曰不速之客者　注疏本刪注之二字

注詩曰來獻其琛者　注疏本刪注字

士之俊選者借譽爲名焉故郭云士中之俊如毛中之髦　注疏本作士之俊選者是也刪借譽以下一十七字

淩懍戰慄　單疏本雪牎本同釋文淩郭注意當作倰埤蒼云倰慄也按陸謂注意當作倰則字不作倰矣或謂注當作倰非下注云強梁淩暴亦用水旁字

淩慄也慄感也〇釋曰　注疏本刪

倰慄也　元本同閩本監本毛本倰誤淩

郭云淩懍戰慄　注疏本云誤言

注左傳云　注疏本刪注字

周官曰　雪牎本注疏本同單疏本作周禮已按郭注多引作周禮凡釋詁釋官釋器釋天旌旂釋丘釋草釋畜共十二見皆作周禮惟此及釋天講武注作周官

偁舉也　唐石經單疏本雪牎本同釋文音下稱好也尺證反此偁字不出音葢本作稱李善注文選陸士衡演連珠引爾雅稱舉也郭注引書偁爾戈今尚書作稱

注偁爾戈者　注疏本刪注字

之死矢靡它　毛本閩本監本同毛本它改他按唐石經毛詩作它

並兩船　雪牕本注疏本同釋文併字又作並按釋水大夫方舟注亦云併兩船此作並非

潛行游水底　單疏本雪牕本同葉鈔釋文底作底

强　雪牕本同單疏本注疏本作彊唐石經先作彊後改强按注云彊梁淩暴疏引詩序彊暴之男則字當從彊上文競逐彊也疏云馳逐者亦彊梁可互證石經原刻是

强梁淩暴　雪牕本同注疏本强作彊疏云彊梁者好淩暴於物淩字從冫非五經文字云淩水名經典或以爲侵陵字

宨　唐石經單疏本雪牕本同注疏本作窕注及疏準此元本經作兆按葉鈔釋文宨肆也吐彫反窕閒也郭徒了反與唐石經皆畫然有别玉篇廣韻脫宨字今本皆作窕誤甚詩大明正義引釋言及郭注作宨集韻二十九篠於宨下引爾雅肆也謂輕宨放肆類篇宀部宨下引爾雅肆也此其證左傳成十六年楚師輕宨釋文勑彫反依義當作宨

戴弁俅俅　單疏本元本閩本毛本同雪牕本監本戴改載按毛詩絲衣載弁俅俅箋云載猶戴也葢古文作載今文作戴韓魯詩當有作戴者玉篇頁部引詩戴弁俅俅可證

幽亦薶也　注疏本同雪牕本薶改埋係俗省按釋文邢疏皆作薶

氂謂毛罽也　注疏本氂下衍所

若今之火鑪也　元本同閩本監本毛本鑪改爐

平均賦也　注疏本平改評按下云凡相賦斂謂之平均本此

盡起而築之　注疏本築改筑按書釋文築音竹本亦作筑馬云築拾也單疏本引書不隨經改字故足據

今江東呼大爲駔　單疏本雪牕本同釋文評火乎反或作呼同按說文評召字在言部呼吸字在口部此當從陸本

駔猶麤也　單疏本注疏本同雪牕本麤作麄俗字

水中簰筏　注疏本簰作簰單疏本作簰後剜改作簰按葉鈔釋文作簰引方言祔謂之簰簰謂之筏與此合○按廣韻集韻有簰箄字無簰字

龕　注疏本同唐石經雪牕本作龕當據以訂正單疏本此頁係明人補刻不足據按釋文龕苦南反字或作含本今作龕今本多誤九經字樣云龕龍兒也從龍從今聲作龕訛玉篇龕苦含切龍兒也受也聲也盛也字皆從今

苑彼桑柔　閩本監本毛本苑改菀按葉鈔釋文詩桑柔作苑單疏本補刻作菀非今據元本訂正

洵又爲龕末詳　閩本監本毛本龕作龕單疏本補刻同今據元本訂正

今荆楚人皆云遝音沓　雪牕本同注疏本刪下二字釋文沓與上同亦徒荅反

是不非　監本毛本下衍也補刻亦剜擠也字茲據元本閩本訂正

畫者爲形象　單疏本雪牕本同注疏本象改像

畫繢之事　元本同閩本監本毛本繢改繪

天之方懠音薺　雪牕本同注疏本刪下二字

郭云詩曰天之方懠者大雅版篇文也　閩本監本毛本郭改注版篇改板之元本作郭云版篇二字實闕按詩上帝板板釋訓作版版後漢書董卓傳注文選辨命論注皆引詩上帝版版

天子葵之　單疏本雪牕本元本同閩本監本毛本葵改揆按單疏本及元本疏引詩天子葵之揆之以日二字畫然有别

土已耕者曰田　元本已字空闕閩本監本毛本改作田

硈　唐石經單疏本雪牕本同釋文硈苦角反邢疏云硈當從告說文别有硈石堅也字異義同按說文硞石聲從石告聲苦角切段玉裁云據說文知爾雅硈必硞之誤非告聲不得苦角切也五經文字硈口八反又苦角反見爾雅蓋張氏

所見本始誤從吉矣

硈苦學切當從告注疏本音切改大字下同

棄我如遺注疏本同浦鏜依詩改作棄予云我字誤按文選郭泰機荅傅咸一首棄我忽若遺李注引毛詩曰將安將樂棄我如遺又新序雜事五引詩棄我如遺是未可據今詩改也

聰明睿智曰獻單疏本雪牕本同浦鏜云謚法解智作哲

不可襄陳本同雪牕本注疏本作不可襄也

乃古古而如此注疏本古古改自古

緉者繫單疏本雪牕本元本同閩本監本毛本下有也

緌繫著則介閡也注疏本著誤者

今江東皆言謼單疏本雪牕本同釋文音經謼又作呼

毛傳云苞積元本閩本監本同毛本下增也

根相迫迮梱緻注疏本誤作逼迮梱緻按此與正義本同定本緻作致

寐而覺之曰寤注疏本覺下衍寤

猷來無棄單疏本雪牕本同按棄當作止詩陟岵首章猶來無止毛傳猶可也與郭義同二章猶來無棄

外禦其侮單疏本雪牕本元本同閩本剜改侮爲務監本毛本承之按毛詩外禦其務箋云務侮也本此經言務爲侮之假借也故郭注引詩以證務義之爲侮雖有春秋內外傳引詩外禦其侮而此注必當同毛作務矣

水濡民狎而翫之注疏本同浦鏜依今左傳作水懦弱云脫弱字按偶少一字亦可不補

菼薍也唐石經雪牕本同釋文薍五患反按此係釋草文誤入郭氏言菼草色如騅云云本上文菼騅也之注而在此下可證詩大車毳衣如菼毛傳菼騅也箋云菼薍也正義曰菼騅釋言文菼薍釋草文分析最清釋文薍字音亦後人竄入

未辨草名元本同閩本監本毛本辨改辯

粲餐也唐石經單疏本雪牕本同釋文飧謝素昆反說文云餔也字林云水澆飯也本又作餐施七丹反字林云吞食按說文飧餔也从夕食餔日加申時食也餐吞也从食奴聲湌餐或从水葢爾雅作飧爲正字毛詩傳作餐爲假借字此當從陸本

今河北人呼食爲餐單疏本雪牕本元本同閩本監本毛本餐改粲

赦命不渝元本監本同誤也閩本毛本改作舍命按箋云舍猶處也

夷悅也唐石經單疏本雪牕本同釋文恞本又作夷音同按玉篇心部恞悅也本此經作恞注引詩作夷亦異文之證

伯舅耋老服虔云七十曰耋注疏本云改曰元本閩本脫下八字

跋躓丁千切跲躓竹二切○注疏本音切改大字

謂領下垂胡注疏本領改頷

小雅南有嘉魚云注疏本脫云

戎相也如字注同一云相助也息亮切○注疏本音切改大字

飫非公朝私飲酒也注疏本同詩常棣正義私下衍飫字浦鏜反據以補此誤甚

熾盛也唐石經單疏本雪牕本同釋文熾市正反本作盛同按釋詁美也注皆美盛之貌釋文盛或作晟同玉篇晟明也廣韵晟熾也集韻云或作晠

鼁萋蝙方處閩本監本同毛本鼁改鼅元本此字闕

圭末四出故也注疏本末誤本

宛釋文唐石經單疏本注疏本同雪牕本及此本作宛訛今訂正

無淪胥以鋪注疏本同浦鏜云無衍字

謂逃去　注疏本同雪牕本作謂逃亡

孫猶孫也　注疏本下孫改遜

孫之猶言爲孫　元本同監本毛本及穀梁傳作孫之爲言猶孫閩本爲言二字剜改段玉裁云此本誤今訂正

斃踣也　單疏本雪牕本同斃字唐石經闕釋文獘字亦作斃又作斃○案從大與從廾一也後人訓死者改爲斃

却偃　雪牕本同單疏本注疏本却作卻○案卻却正俗字

前卻顚倒之名也　注疏本倒改覆元本此字實闕

射之斃鄭注云　注疏本射誤躬注誤箋元本注字實闕

虹潰也　唐石經雪牕本同釋文虹音洪顧作訌音同李本作降下江反按毛詩抑實虹小子傳虹潰也召旻蟊賊內訌傳訌潰也說文訌讃也从言工聲詩曰蟊賊內訌葢虹假借字訌正字虹訌皆工聲陸德明作虹與抑合顧野王作

訌與召旻合陸顧本皆郭本也李巡本作降古降與虹音同亦是假借字

召旻云　注疏本脫云

膠黏䵒　注疏本同雪牕本作膠黏無䵒字別附音切云䵒女乙反注與音相連今本葢因此衍䵒字○按黏䵒雙聲字未必䵒爲衍也

䵒𪏆黏也　注疏本𪏆誤𪏆丨或曰𪏆同釋文云䵒字又作𪏆𪏆亦𪏆之誤玉篇𪏆而與切黏也

得自申展者皆適意也　注疏本脫者也字

以諭諸侯之德　注疏本諭作喻

梅㤐音匿𢢫慝也　注疏本音匿改大字別附於後監本毛本梅改悔元本閩本亦作梅下晋曰梅同○按方言作𢘅从手是也

㥾音腆恧女六切慝也　注疏本㥾誤㤊下同音切改大字○按唐人疏內間出雙行小字邢氏用

其注

趙魏之間謂之𦕈　音密亦音秘○注疏本音切改大字

殛　唐石經單疏本雪牕本同釋文殛紀力反段玉裁云殛經注皆作極按詩菀柳後予極焉箋云極誅也正義曰極誅釋言文閟宮致天之屆箋云屆殛也殛紂於商郊牧野釋文屆極紀力反下同正義曰屆極釋言文釋言又云極誅也此經作極之證書洪範鯀則殛死釋文殛紀力反本或作極音同周禮大宰之職注殛鯀於羽山葉鈔釋文極紀力反此注作極之證爾雅釋文當與毛詩周禮同作極唐石經作殛非書釋文作殛葢開寶所改陸氏原本當亦作極

注書曰翌日乃瘳者　注疏本脫者

譊卽讙譊　注疏本脫下譊

降此鞫訩　浦鏜改鞫爲鞠云從言誤按說文本從言鞠爲蹋鞠字義別唐石經毛詩鞫皆作鞫惟采芑節南山蓼莪誤作鞠此引節南山作鞫可以補正唐石經之誤不當反據俗本毛詩改

已復於事而逡　單疏本雪牕本同按齊語有司已於事而竣凡六見無復字此蒙上文鄉長復事引之有司卽鄉長也說文竣下引國語曰有司已事而竣則今本於字亦當衍一切經音義卷九引爾雅逡退也郭氏曰逡巡卻退也文選東都賦注引郭注曰逡巡卻去也今本無此五字爾雅正義據文選注補

頓躓倒仆　單疏本雪牕本同按此經作疐注作躓爲經注異文之明證釋文疐躓各爲音

大雅瞻卬云　注疏本卬改仰

奄同也　陳本同唐石經單疏本雪牕本注疏本皆作弇此與下文弇葢也異字葢據注誤改當訂正

奄有龜蒙　單疏本雪牕本注疏本同按奄當依經作弇說文廾部弇葢也大部奄覆也爾雅蒙荒奄也卽說文大部字爾雅弇同也弇葢也卽說文廾部字閟宮上言泰山巖巖魯邦所至故此言同有龜山蒙山也葢毛詩假借作奄魯韓詩作弇

弇奄揜音義同　注疏本脫奄

主持辦具也　元本同閩本剜改作握持監本毛本承之

振者奮迅　雪牕本注疏本同單疏本迅改訊與經同

郭云振者奮迅　注疏本迅下衍也

振書端書　按此用曲禮文也單疏不誤注疏本作端冊誤也

閱恨也　釋文唐石經單疏本雪牕本同釋文恨孫炎作很云相很戾春秋傳二十四年正義曰釋言云閱很也孫炎云相很戾也李巡本作恨注云相怨恨按詩常棣兄弟閱于牆毛傳閱很也本此經是當從孫叔然本李巡本作恨誤也郭氏據李太兼用其義失之○按廣雅很恨也是其義通也

小雅常棣云　元本閩本監本同毛本常改棠

忿爭之名　注疏本爭誤呼

煤呼隗切火也　注疏本音切改大字下焜字音同

遇偶也　唐石經單疏本雪牕本同按文選讓宣城郡公表偶識量已注引爾雅曰偶遇也郭氏曰偶爾値也與山巨源絕交書偶與足下相知注引爾雅曰偶遇也一切經音義卷二偶成下引字林偶合也引爾雅偶遇也郭氏曰偶爾相値者矣卷九偶得下引爾雅偶遇也郭氏曰偶爾相値也據此知唐以前爾雅作偶遇也郭注作偶爾相値値即釋經之遇今本經又誤倒注衍遇字

曩而言戲也　單疏本雪牕本同按國語晉語作曩而言戲乎也與邪古通論語子張問十世可知也也義作邪說詳顏氏家訓

注國語曰　注疏本刪注字

人皆集於苑　元本同閩本監本毛本苑改菀按明道本國語作苑與此合下同

如有所聞之乎是也　注疏本如有作抑有據國語改按如當讀而

注詩曰不遑啟處者　注疏本刪注字

小雅駉牡文　元本同閩本監本毛本駉改四按儀禮既夕禮疏引鄭駁異義云小雅駉牡騑騑王氏詩考引之未可據今本輒改

榰柱也　唐石經單疏本雪牕本元本閩本同石經考文提要引至善堂九經本亦作榰柱五經文字本部引爾雅榰柱也監本毛本作搘柱非按釋文作榰拄云說文作榰柱皆從木然則今本從手據釋文改也按郭注云相榰拄義當從手若經字則本從木

黹紩也　唐石經作黹單疏本作黹毛本作黹按說文黹箴縷所紩衣玉篇廣韻皆作黹黹黹黹同今釋文監本閩本作黹雪牕本作黹元本作黹此本舊作黹皆訛今訂正右經考文提要引至善堂九經本亦作黹

黹黻希繡希讀爲黹　注疏本希誤絺又脫希讀二字元本繡誤綉

更迭　雪牕本注疏本同一切經音義卷一、卷十六卷十七卷二十二四引皆作謂更易也

譬況　單疏本雪牕本同釋文辟況本亦作譬同按古譬況字多作辟此當從陸本

取辟之所之如矢也　注疏本脫之所之三字

則廩廡皆囷倉之別名　注疏本皆誤百

謂詐爲敵國之人　元本詐作詳閩本監本毛本遂改佯

又鄭注周禮掌戮云　注疏本又誤人

跀一名刖斷足刑也　注疏本足誤人元本一字實闕閩本監本毛本改刑

塊　唐石經單疏本雪牕本同釋文塊本作凷說文云塊俗凷字也凷一名堛邢疏引郭云土凷也葢經作凷注作塊後人轉寫亂之

枕凷以堛　單疏本雪牕本同按疏云凷當作王此葢因經文塊作凷相涉致誤

屛營仿偟於山林之中　元本同閩本監本作傍偟毛本作傍徨按國語明道本作仿宋公序補音作傍今本葢據補音改

㯷匹角切亦塊也　注疏本音切改大字匹誤四

凷當作王　元本王誤上閩本監本毛本誤土

麇也　雪牕本同誤也釋文單疏本注疏本皆作麇當據以訂正釋文注中亦誤作麇鹿字

玉藻云纊爲繭　此與今禮記同注疏本作纊爲襺與釋文引玉藻合

纊謂今之新緜　注疏本緜改綿下同

然則襺是袍之別名　此本舊作繭係剜改今據注疏本訂正此舉經中襺字必當從衣

注左傳曰重襺衣裘者　單疏本此頁自襺字起以下補刻極劣此襺字空闕葢據今左傳作繭剜改也按注疏本此作襺與下引左傳文作繭不同今訂正釋文標注重襺衣裘

襄二十一年傳云　注疏本衍作魯襄公

重繭衣裘　元本同閩本監本毛本繭改襺

姡面靦也　詩正義同今說文作面醜也係淺人所改浦鏜反據以改此誤甚爾雅靦姡也說文姡面姡也轉相訓

鸑鷟也　單疏本無此經及疏因并釋於上文鶌鸇也下此不重出唐石經雪牕本注疏本並有據以增入

翢　葉鈔釋文唐石經雪牕本元本同通志堂釋文及閩本監本毛本作翿單疏本此頁補刻故作翿按玉篇翢纛也廣韻翢羽葆幢皆本此經

纛也　單疏本雪牕本同唐石經纛作纛下纛翳也同釋文纛字又作翿葉鈔本作字又作纛則正文當作纛詩君子陽陽毛傳翿纛也釋文云纛徒報反俗作纛可證五經文字云纛見詩作纛訛

舞者所以自蔽翳　雪牕本注疏本同詩君子陽陽正義引郭云所持以自蔽翳也按持字當有

然則翢一名爲纛　閩本監本毛本一作又元本闕

煩苛者多嫉妎　單疏本雪牕本閩本監本毛本同元本妎作妬葢因疏云言煩苛之人多嫉妬致誤

謂𣟀葉之始生　元本閩本監本同毛本謂誤爲

狃忕復爲　雪牕本忕作怢盧文弨曰忕從大聲從犬者訛注疏本作伏更誤下同後漢書馮異傳注引此作慣忕復爲之也

孫炎云　元本閩本監本同毛本云改曰

忕習也　元本同閩本監本毛本忕誤伏浦鏜云說文無忕字按詩蕩釋文及詩四月正義春秋桓十三年正義皆引說文忕習也與此合犬部狃下云犬性忕也尤爲本有忕字之證

般還也　唐石經單疏本雪牕本同釋文般郭音班左傳云役將般矣是也按此經當本作班還也與下班賦也爲同字異言之證注引左傳般馬之聲今襄十八年傳作班馬之聲可證一音蒲安反非

注左傳曰般馬之聲者襄十八年　注疏本脫注毛本襄下衍公

召南何彼禯矣文　注疏本同按五經文字衣部云禯見詩風從禾者訛然則唐本毛詩已有從禾者矣

辟歷也　唐石經雪牕本同單疏本此經無疏凡注云未詳及重出者邢氏例不爲疏因不標經通書準此

漉漉出涎沫　雪牕本注疏本同此經作盝注作漉釋文涎字當作次又作涎字林云口液按一切經音義卷十四引東晢餅賦曰行人失涎於下風郭注爾雅云涎沫也與陸本正合

以同于庭　閩本同元本作以司監本毛本作以伺皆誤此與明道本國語合韋注云共處曰同

華皇也　唐石經單疏本雪牕本同注疏本作皇華也非釋草注引此作華皇也段玉裁云今本因注引釋草蕐華榮而倒改一例此言華本草木之花引申之則凡煌煌者皆得曰華也禮記玉藻注云華黃色也古皇黃通華與皇雙聲故訓詁如此說文引雞華也爲釋草文而非釋言文

蕐華榮　雪牕本注疏本同單疏本作皇華榮釋文皇胡光反釋草釋文蕐音皇本亦作皇

爾雅注疏卷三校勘記終

金谿王鍚挍

爾雅疏卷第四

翰林侍講學士朝請大夫守國子祭酒上柱國賜紫金魚袋臣邢昺等奉
勑校定

釋訓第三

【疏】釋曰案釋詁云訓道也周禮地官有土訓
誦訓鄭司農注云謂以遠方土地所生異
物以告道王也後鄭云玄謂能訓説土地善惡之勢誦訓能
訓説四方所誦習及人所作爲及時事然則此篇以物之事
義形貌告道人也故曰釋訓案此所
釋多釋詩文故郭氏即以詩義解之明明斤斤察也皆聰
明鑒察。【疏】明明斤斤察也。釋曰舍人曰明明言其明
斤居覲反甚孫炎曰明明性理之察也大雅常武云赫
赫明明舍人斤斤物精詳之察也孫炎曰斤斤重
愼之察也周頌執競云斤斤其明。聰明鑒察也條條秩
秩智也皆智思深【疏】條條秩秩智也。釋曰皆智思深
長。條由長也小雅賓之初筵云左右秩秩
言其威儀審穆穆肅肅敬也皆容儀【疏】穆穆肅肅敬
智不失禮也謹敬也。釋曰周

頌雝篇云有來雝雝至止肅肅相維辟公
天子穆穆此皆禘祭之時容儀謹敬也諸諸便便辯
也皆言辭辯給【疏】諸諸便便辯也。釋曰皆言辭辯給
。便婢緜反也論語云便便言小雅采菽云平平
左右毛傳云平平辯肅肅翼翼恭也皆恭【疏】肅肅翼
治也便平古今字敬翼恭也
。釋曰皆恭敬也大雅思齊云肅肅在廟大明云廱廱優優
維此文王小心翼翼言文王及羣臣恭敬貌也
和也皆和樂。【疏】廱廱優優和也。釋曰大雅思齊云
廱於容反雝雝在宮商頌長發云敷政優優此
皆人君德兢兢憴憴戒也皆戒【疏】兢兢憴憴戒也。
政和樂也愼釋曰小雅小旻云
戰戰兢兢大雅抑篇云子孫繩繩戰戰蹌蹌動也皆恐
此皆小心戒愼也繩繩音義同動趨
步【疏】戰戰蹌蹌動也。釋曰小旻云戰戰兢兢楚晏晏
茨云濟濟蹌蹌此皆恐動趨走威儀謹敬也
溫溫柔也皆和【疏】晏晏溫溫柔也。釋曰衛風氓篇云
柔言笑晏晏大雅抑篇云溫溫恭人此
皆寬緩業業翹翹危也皆縣【疏】業業翹翹危也。釋
和柔也危曰大雅召旻云兢兢

業業豳風鴟鴞云予室惴惴憢憢懼也皆危懼。惴之
翹翹此皆縣危恐懼也瑞反憢許堯反
【疏】惴惴憢憢懼也。釋曰秦風黃鳥云惴惴其栗番番
豳風鴟鴞云予維音嘵嘵此皆危恐懼戰也
矯矯勇也皆壯勇之貌。【疏】番番矯矯勇也。釋曰
番波矯居兆反大雅崧高云申伯番番
魯頌泮水云矯矯虎臣桓桓烈烈威也皆嚴猛【疏】桓
此皆武夫壯勇之貌之貌桓
烈烈威也。釋曰皆威武嚴猛之貌周頌洸洸赳赳武
桓篇云桓桓武王小雅黍苗云烈烈征師
也皆果毅【疏】洸洸赳赳武也。釋曰大雅江漢云武夫
之貌洸洸周南兔罝云赳赳武夫此皆武夫果
毅之貌左傳殺敵藹藹濟濟止也皆賢士盛多之容止
爲果致果爲毅。藹烏害反濟子禮
反【疏】藹藹濟濟止也。釋曰大雅卷阿云藹藹王多吉士
小雅楚茨云濟濟蹌蹌此皆王朝賢士盛多之容止
也悠悠洋洋思也皆憂思【疏】悠悠洋洋思也。釋曰
。思賜鄭風子衿云悠悠我思
邶風二子乘舟云中心養養此皆想念憂思也洋養音義同
又中庸云齊明盛服以承祭祀洋洋乎如在其上如在其左

右鄭玄云洋洋人蹶蹶踖踖敏也皆便速敏【疏】蹶蹶
想思其傍僾之貌捷。踖夕踖踖
敏也。釋曰唐風蟋蟀云良士蹶蹶小雅薨薨增增衆
楚茨云執爨踖踖此皆便速敏捷於事也
也皆衆夥【疏】薨薨增增衆也。釋曰周南螽斯云螽斯
之貌羽薨薨兮魯頌閟宮云烝徒增增此皆人
物衆夥之貌楚烝烝遂遂作也皆物盛興【疏】烝烝遂
人謂多爲夥作之貌遂作也
。釋曰皆物盛興作之貌委委佗佗美也皆佳麗美豔
也魯頌泮水云烝烝皇皇之貌。佗陀
【疏】委委佗佗美也。釋曰李巡曰皆寬容之美也孫炎曰
委委行之美佗佗長之美詩鄘風君子偕老云委委佗
佗毛傳云委委者行可委曲從迹也佗忯忯惕惕愛也
佗者德平易也是皆佳麗美豔之貌也
詩云心焉惕惕韓詩以爲悅人故【疏】忯忯惕惕愛也。釋
言愛也忯忯未詳。忯徒啟反曰李巡曰忯忯和適
之愛也注詩云心焉惕惕者陳風防有鵲巢文云韓詩以爲
悅人故言愛也者燕人韓嬰爲詩作傳名曰韓詩以此惕惕
爲悅人故偁偁格格舉也皆舉【疏】偁偁格格舉也。
言愛也持物釋曰皆謂舉持物

也蓁蓁孽孽戴也皆頭戴物疏蓁蓁孽孽戴也○釋曰周南桃夭云其葉蓁蓁衛風碩人云庶姜孽孽此皆頭戴物婦人盛飾貌懕懕媞媞安也皆好人安詳之容○懕於古反媞題疏懕懕媞媞安也○釋曰秦風小戎云厭厭良人毛傳厭厭安靜也孫炎曰媞媞行步之安也魏風葛屨云好人提提毛傳云提提安諦謂行步安舒而審諦也此皆好人安詳之容也祁祁遲遲徐也皆安徐疏祁祁遲遲徐也○釋曰皆安徐也豳風七月云春日遲遲采蘩祁祁丕丕簡簡大也皆多大疏丕丕簡簡大也○釋曰書立政云以竝受此丕丕基周頌執競云降降簡簡是皆多大之稱存存萌萌在也萌萌未見所出疏存存萌萌在也○釋曰謂存在也易繫辭云成性存存萌萌字書作蒝說文云作蒝郭云未見所出懋懋慔慔勉也皆自勉强○懋茂慔暮疏懋懋慔慔勉也○釋曰皆自勉强也書曰懋哉懋哉慔與慕同庸庸慅慅勞也皆劬勞也○慅蚤疏庸庸慅慅勞也○釋曰皆劬勞也有功庸者皆勞也小雅巷伯云勞人草草毛傳云草草

勞心也又陳風月出云勞心慅兮慅草音義同赫赫躍躍迅也皆盛疾之貌○赫音釋疏赫赫躍躍迅也○釋曰孫炎云赫赫顯著之迅大雅常武云赫赫業業毛傳云赫赫然盛也巧言詩云躍躍毚兔是皆顯盛迅疾之貌綽綽爰爰緩也疏綽綽爰爰緩也○釋曰皆寬緩也小雅角弓云綽綽有裕毛傳云綽綽寬也王風兔爰云有兔爰爰毛傳云爰爰緩意郭云悠悠偁偁丕丕簡簡存存懋懋庸庸綽綽盡重語者言此數字單言之其義亦同但古人有重語者故復出之坎坎墫墫喜也皆鼓舞懽喜○墫七旬反疏坎坎墫墫喜也○釋曰皆鼓舞懽喜也小雅伐木云坎坎鼓我蹲蹲舞我鄭箋云爲我擊鼓坎坎然爲我興舞蹲蹲然謂以樂已也也墫蹲音義同瞿瞿休休儉也皆良士節儉○瞿居其反疏瞿瞿休休儉也○釋曰李巡曰皆良士顧禮節之儉也唐風蟋蟀云良士瞿瞿毛傳云瞿瞿然顧禮義也又云良士休休毛傳云休休樂道之心皆良士節儉也旭旭蹻蹻憍也皆小人得志憍蹇之貌○蹻巨虐反憍嬌人反疏旭旭蹻蹻憍也○釋曰郭氏讀旭旭爲好好小雅巷伯云驕人好好鄭箋云好好者喜讒言之人也

大雅板篇云小子蹻蹻毛傳云蹻蹻驕貌是皆小人得志憍蹇之貌也夢夢訰訰亂也皆闇亂○夢亡工反訰之閏反疏夢夢訰訰亂也○釋曰孫炎曰夢夢昏昏之亂也大雅抑篇云視爾夢夢又曰誨爾諄諄皆是闇亂也訰諄音義同懪懪邈邈悶也皆煩悶○懪雹疏懪懪邈邈悶也○釋曰懪懪煩悶也舍人曰邈邈憂悶也大雅抑篇云聽我藐藐毛傳云藐藐然不入也是皆煩悶之謂也儚儚洄洄惽也皆迷惽○儚亡崩反疏儚儚洄洄惽也○釋曰皆迷亂惽惑也郭音義云洄本作慞音章版版盪盪僻也皆邪僻疏版版盪盪僻也○釋曰皆邪僻也李巡曰版版失道之僻也盪盪者思之僻也大雅板篇上帝板板毛傳云板板反也上帝以稱王者也鄭箋云王爲政反先王與天之道又蕩篇云蕩蕩上帝鄭箋云蕩蕩法度廢壞之貌版板盪蕩音義同爞爞炎炎薰也皆旱熱薰炙人○爞音同疏爞爞炎炎薰也○釋曰皆旱熱之氣薰炙人也大雅雲漢云蘊隆蟲蟲毛傳云蘊蘊而暑隆隆而雷蟲蟲而熱又云赫赫炎炎毛傳云赫赫旱氣也炎炎熱氣也爞蟲音義同居居究究惡

也皆相憎惡疏居居究究惡也○釋曰李巡曰居居不狎習之惡孫炎云究究窮極人之惡唐風羔裘云羔裘豹袪自我人居居又曰自我人究究毛傳曰居居懷惡不相親比之貌究究猶居居也是皆相憎惡也仇仇敖敖傲也皆傲慢賢者○敖五高反傲五耗反疏仇仇敖敖傲也○釋曰小雅正月云執我仇仇毛傳云仇仇猶謷謷也鄭箋云王既得我執留我其禮待我謷謷然亦不問我在位之功力言其有貪賢之名無用賢之實大雅板篇云我即爾謀聽我囂囂毛傳云囂猶謷謷也鄭箋云我就女而謀欲忠告以善道女反聽我言謷謷然不肯受是皆傲慢賢者敖謷囂音義同佌佌瑣瑣小也皆才器細陋○佌音此疏佌佌瑣瑣小也○釋曰皆才器細陋也小雅正月云佌佌彼有屋毛傳云佌佌小也鄭箋云此言小人富也舍人曰瑣瑣計謀褊淺之貌節南山云瑣瑣姻亞鄭箋云瑣瑣婚姻妻黨之小人悄悄慘慘慍也皆賢人愁恨疏悄悄慘慘慍也○釋曰慍恨怒也皆賢人愁恨也邶風柏舟云憂心悄悄慍于羣小毛傳云慍怒也悄悄憂貌李巡曰慘慘憂之慍大雅抑篇云我心慘慘毛傳云慘慘憂不樂也痯痯瘐瘐病也皆賢

人失志懷憂病也○痯管瘐羊主反〔疏〕痯痯瘐瘐病也○釋曰小雅杕杜云四牡痯痯毛傳云痯痯罷貌又大雅板篇云靡聖管管毛傳云管管無所依也小雅正月云憂心愈愈毛傳云愈愈憂懼也此皆賢人失志懷憂病也

殷殷惸惸忉忉慱慱欽欽京京忡忡惙惙怲怲弈弈憂也此皆作者歌事以詠心憂○惸瓊慱團怲柄〔疏〕殷殷至憂也○釋曰小雅正月云憂心慇慇毛傳云慇慇然痛也又云憂心惸惸毛傳云惸惸憂意也檜風羔裘云勞心忉忉鄭箋云三諫不從待放而去思君如是心忉忉然又素冠云勞心慱慱毛傳云慱慱憂勞也秦風云憂心欽欽毛傳云思望之心中欽欽然小雅正月云憂心京京毛傳云京京憂不去也召南草蟲云未見君子憂心忡忡毛傳云忡忡猶衝衝也鄭箋云未見君子者謂在塗時也在塗而憂憂不當君子無以寧父母故心衝衝然又曰憂心惙惙毛傳云惙惙憂也小雅頍弁云憂心怲怲毛傳云怲怲憂盛滿也又云憂心弈弈毛傳云弈弈然無所薄也此皆作者歌事以詠心憂也

畇畇田也言墾辟也○畇音巡〔疏〕畇畇田也○釋曰謂耕墾開辟土田畇畇然也小雅信南山云畇畇原隰毛傳云畇畇墾辟貌

畟畟耜也言嚴利○畟楚力反〔疏〕畟畟耜也○釋曰舍人曰畟畟耜入地之貌周頌良耜云畟畟良耜俶載南畝毛傳云畟畟猶測測也鄭箋云良善也農人測測以利善之耜熾菑是南畝也是言耜之嚴利也

郝郝耕也言土解○郝釋〔疏〕郝郝耕也○釋曰謂耕地其土解散郝郝然也周頌載芟云其耕澤澤鄭箋云土氣烝達而和耕之則澤澤然解散郝郝澤澤竝音釋其義亦同

繹繹生也言種調〔疏〕繹繹生也○釋曰舍人云穀皆生之貌載芟云驛驛其達毛傳云達射也鄭箋云達出地也是言其種調勻皆出地而生

穟穟苗也言茂好也○穟音遂〔疏〕穟穟苗也○釋曰大雅生民云禾役穟穟毛傳云役列也穟穟苗好美也是言茂好也

緜緜穮也言芸精○穮方遙反〔疏〕緜緜穮也○釋曰孫炎云緜緜言詳密也載芟云緜緜其麃毛傳云麃耘也說文云穮耨鉏田也字林云穮耕禾間也是言芸耨精也穮麃耘芸音義同

挃挃穫也刈禾聲○挃丁秩反穫戶郭反

栗栗衆也積聚緻〔疏〕挃挃穫也栗栗衆也○釋曰孫炎云挃挃穫聲也李巡曰栗栗積聚之衆也良耜云穫之挃挃積之栗栗毛傳云挃挃穫聲也栗栗衆多也小爾雅云截穎謂之挃故郭云刈禾聲積聚緻也緻謂密也

溞溞淅也洮米聲○溞蘇刀切淅音錫

烰烰烝也氣出盛〔疏〕溞溞淅也烰烰烝也○釋曰大雅生民云釋之叟叟烝之浮浮毛傳云釋淅米也叟叟聲也浮浮氣也鄭箋云釋之烝之以為酒及簠簋之實故郭云洮米聲氣出盛也溞叟音異義同烰浮音義同

俅俅服也謂戴弁服〔疏〕俅俅服也○釋曰周頌絲衣云載弁俅俅毛傳云俅俅恭順貌鄭箋云載猶戴也弁爵弁也爵弁而祭於王士服也故郭云謂戴弁服

峨峨祭也謂執圭璋助祭〔疏〕峨峨祭也○釋曰大雅棫樸云奉璋峨峨毛傳云半圭曰璋峨峨盛壯也鄭箋云璋璋瓚也祭祀之禮王祼以圭瓚諸臣助之亞祼以璋瓚奉璋之儀峨峨然故郭云執圭璋助祭也

鍠鍠樂也鐘鼓音○鍠音黃〔疏〕鍠鍠樂也○釋曰周頌執競云鐘鼓喤喤毛傳云喤喤和也鄭箋云武王既定天下祭祖考之廟奏樂而八音克諧字書云鍠鍠樂之聲也故郭云鐘鼓音鍠喤音義同

穰穰福也言饒多〔疏〕穰穰福也○釋曰執競云降福穰穰毛傳云穰穰衆也鄭箋云神與之福又衆大謂如嘏辭也是言得福饒多也

子子孫孫引無極也世世昌盛長無窮〔疏〕子子孫孫引無極也○釋曰子子孫孫小雅楚茨文也引無極也者作者所以釋之也舍人曰子孫長行美道引無極也郭云世世昌盛長無窮

顒顒卬卬君之德也道人君者之德望〔疏〕顒顒卬卬君之德也○釋曰此道人君之德望也顒顒卬卬大雅卷阿文也君之德也者作者釋之也案詩云顒顒卬卬如圭如璋令聞令望毛傳云顒顒溫貌卬卬盛貌鄭箋云令善也王有賢臣與之以禮義相切瑳體貌則顒顒然敬順志氣則卬卬然高朗如玉之圭璋也人聞之則有善聲譽人望之則有善威儀德行相副

丁丁嚶嚶相切直也丁丁砍木聲嚶嚶兩鳥鳴以喻朋友切磋相正○丁音爭〔疏〕丁丁嚶嚶相切直也○釋曰直猶正也小雅伐木云伐木丁丁鳥鳴嚶嚶鄭箋云昔日未居位在農之時與友生於山巖伐木為勤苦之事猶以道德相切正也故郭云丁丁伐木聲嚶嚶兩鳥鳴以喻朋友切磋相正

藹藹萋萋臣盡力也梧桐茂賢士衆地極化臣竭忠

噰噰喈喈民協服也鳳凰應德

鳴相和百姓懷附興頌歌○盡苦忍切喈音皆〔疏〕藹藹至服也○釋曰大雅卷阿云藹藹王多吉士鄭箋云王之朝多善士藹藹然又云菶菶萋萋雝雝喈喈毛傳云梧桐盛也鳳皇鳴也臣竭其力則地極其化天下和洽則鳳皇樂德鄭箋云菶菶萋萋喻君德盛也雝雝喈喈喻民臣和協是皆臣下盡力民人協服也故郭云梧桐茂賢士衆地極化臣竭忠鳳皇應德鳴相和百姓懷附興頌歌也 **佻佻契契愈遐急也** 賦役不均小國困竭賢人憂歎遠益急切〔疏〕佻佻契契愈遐急也○釋曰愈益也遐遠也謂賦役不均小國困竭賢人憂歎遠益急切也小雅大東云糾糾葛屨可以履霜佻佻公子行彼周行毛傳云佻佻獨行貌公子譚公子也鄭箋云葛屨夏屨也周行周之列位也言時財貨盡雖公子衣屨不能順時乃夏之葛屨今以履霜送轉餫因見使行周之列位者而發幣焉言雖困乏猶不得止又云契契寤歎哀我憚人毛傳云契契憂苦也鄭箋云今譚大夫契契憂苦而寤歎哀其人民之勞苦是也○佻敕料契苦結反 **宴宴粲粲尼居息也** 盛飾宴安近處優閑○尼女乙切〔疏〕宴宴粲粲尼居息也○釋曰尼近也謂宴安盛飾近處優閑也小雅北山或燕燕居息毛傳云燕燕安息貌又

爾雅疏卷第四　七

大東云東人之子職勞不來西人之子粲粲衣服毛傳云東人譚人也來勤也西人京師人也粲粲鮮盛也鄭箋云職主也東人勞苦而不見謂京師人衣服鮮絜而逸豫言王政偏甚也 **哀哀悽悽懷報德也** 悲苦征役思所生也〔疏〕哀哀悽悽懷報德也○釋曰懷思也悲苦征役思報父母之德也小雅蓼莪云哀哀父母生我劬勞鄭箋云哀哀者恨不得終養父母報其生長已之苦郭音云悽本或作萋出車云赫赫南仲薄伐西戎春日遲遲卉木萋萋是也言以此征役故思所生也所生謂父母 **儵儵嘒嘒罹禍毒也** 悼王道穢塞羨蟬鳴自得傷已失所遭讒賊○儵徒的嘒呼惠〔疏〕儵儵嘒嘒罹禍毒也○釋曰罹遭也小雅小弁云踧踧周道鞫為茂草毛傳云踧踧平易也周道周室之通道鞫窮也鄭箋云此喻幽王信褒姒之讒亂其德政使不通於四方又曰菀彼柳斯鳴蜩嘒嘒毛傳云蜩蟬也嘒嘒聲也鄭箋云柳木茂盛則多蟬案詩敘云小弁刺幽王也太子之傅作焉毛傳云幽王取申女生太子宜咎又說褒姒生子伯服立以為后而放宜咎將殺之故郭云悼王道穢塞羨蟬鳴自得傷已失所遭讒賊儵踧並音狄 **晏晏旦旦悔爽忒也** 傷見絕棄恨士失也〔疏〕

晏晏旦旦悔爽忒也○釋曰悔恨也爽忒差失也皆婦人恨夫棄已而行差失也衛風氓篇云總角之晏言笑晏晏信誓旦旦毛傳云總角結髮也晏晏和柔也信誓旦旦然鄭箋云我為童女未笄結髮宴然之時女與我言笑晏晏然而和柔我其以信相誓旦旦耳言其懇惻款誠案詩敘云氓刺時也宣公之時禮義消亡淫風大行男女無別遂相奔誘華落色衰復相棄背或乃困而自悔喪其妃耦故敘其事以風焉故郭云傷見絕棄恨士失也 **臯臯琄琄刺素食也** 譏無功德尸寵祿也○琄胡大反刺七賜反〔疏〕臯臯琄琄刺素食也○釋曰素空也刺無德而空食其祿也舍人曰臯臯不治之貌大雅召旻云臯臯訿訿曾不知玷毛傳云臯臯頑不知其道也鄭箋云玷缺也王政已大壞小人在位曾不知大道之缺某氏云鞙鞙無德而佩小雅大東云鞙鞙佩璲不以其長毛傳云鞙鞙玉貌璲瑞也鄭箋云佩璲者以瑞玉為佩佩之鞙鞙然居其官職非其才之所長也徒美其佩而無其德刺其素餐是也郭云譏無功德尸寵祿也者案鄭注禮記云尸謂不知人事無辭讓也以其尸者神象居位不言但受祭享小人在位亦無言而受寵祿有似於尸故云尸寵祿也琄鞙音義同 **懽懽愮愮憂無告也** 賢者憂懼

爾雅疏卷第四　八

無所訴也○懽音貫愮音遙〔疏〕懽懽愮愮憂無告也○釋曰謂賢者憂懽無所告訴也大雅板篇云老夫灌灌毛傳云灌灌猶欵欵也鄭箋云老夫諫女欵欵然三風云中心搖搖毛傳云搖搖憂無所愬懽灌愮搖音義同 **憲憲洩洩制法則也** 佐興虐政設教令也〔疏〕憲憲洩洩制法則也○釋曰李巡曰皆惡黨為制法則也孫炎曰厲王方虐諂臣並為制作法令大雅板篇云天之方難無能憲憲天之方蹶無能泄泄毛傳云憲憲猶欣欣也蹶動也泄泄猶沓沓也鄭箋云天斥王也王方欲艱難天下之民又方變更先王之道臣乎女無憲憲然無沓沓然為之制法度達其意以成其惡皆是佐興虐政設教令也 **謔謔謞謞崇讒慝也** 樂禍助虐增譖惡也○謞虛各切〔疏〕謔謔謞謞崇讒慝也○釋曰崇增也讒譖也慝惡也言樂禍助虐增譖惡也舍人曰謔謔謞謞皆盛烈貌孫炎曰厲王暴虐大臣謔謔謞謞然盛以與讒惡也大雅板篇云天之方虐無然謔謔毛傳云謔謔然喜樂鄭箋云王方為酷虐之政女無謔謔然以讒慝助之又曰多將熇熇不可救藥毛傳云熇熇然熾盛也鄭箋云多行熇熇慘毒之惡誰能止其禍是也謞熇音義同 **翕翕訿訿莫供職也** 賢者

陵替姦黨熾背公恤私曠職事○訿子氏切〔疏〕翕翕訿訿莫供職也○釋曰言賢者陵替姦黨熾盛背公恤私曠其職事無肯供職也小雅小旻云潝潝訿訿亦孔之哀毛傳云潝潝然患其上訿訿然思不稱乎上鄭箋云臣不事君亂之階也甚可哀也又大雅召旻云皐皐訿訿毛傳云訿訿窳不共事也故郭云賢者陵替姦黨熾盛背公恤私曠職事說文云窳嬾也草木皆自竪立惟瓜瓠之屬臥而不起似若嬾人常臥室故字從宀音眠

速速蹙蹙惟逑鞫也陋人專祿國侵削賢士永哀念窮迫〔疏〕速速蹙蹙惟逑鞫也○釋曰惟念也逑急迫也鞫窮也言鄙陋小人專據爵祿國土侵削致賢士永哀念其窮迫也小雅正月云蔌蔌陋也鄭箋云穀祿也此言小人富而寠陋將貴也又節南山云蹙蹙靡所騁毛傳云騁極也鄭箋云蹙蹙小之貌我視四方土地日見侵削於夷狄蹙蹙然雖欲馳騁無所之也速蔌音義同

抑抑密也威儀審諦秩秩清也德音清泠〔疏〕抑抑密也秩秩清也○釋曰言威儀審諦德音清泠也舍人曰威儀密靜也大雅假樂云威儀抑抑德音秩秩鄭箋云成王立朝之威儀致密無所失教令又清明天下皆樂仰之

甹夆掣曳也謂牽拕○甹普經切夆芳

逢切掣充泄切〔疏〕甹夆掣曳也○釋曰孫炎曰謂相掣曳入於惡也郭云謂牽挽周頌小毖嗣王求助也云莫予荓蜂毛傳云荓蜂摩曳也鄭箋云羣臣小人無敢我摩曳謂爲譎詐誑欺不可信也然則掣曳者從旁牽挽之言是挽離正道使就邪僻荓甹夆蜂掣摩音義同

朔北方也謂幽朔〔疏〕朔北方也○釋曰舍人曰朔盡也北方萬物盡故言朔也李巡曰萬物盡於北方小雅出車云城彼朔方毛傳云朔方北方也但北方大名皆言朔方堯典云宅朔方故郭云謂幽朔

不俟不來也不可待是不復來〔疏〕不俟不來也○釋曰俟待也既云不待是不來也郭云不可待是不復來

不遹不蹟也言不循軌跡也○遹聿〔疏〕不遹不蹟也○釋曰遹循也軌跡也謂不循道者曰不蹟郭云言不循軌跡也小雅沔彼云念彼不蹟毛傳云不蹟不循道也是矣

不徹不道也徹亦道也〔疏〕不徹不道也○釋曰小雅十月云天命不徹毛傳云徹道也鄭箋云不道者言王不循天之政教是也

勿念勿忘也勿念念也〔疏〕勿念勿忘也○釋曰勿念念也念即不忘也若大雅文王篇云無念爾祖是也

蘐諼忘也義見伯兮考槃詩○蘐諼音喧〔疏〕蘐諼忘也注義見伯兮考盤詩○釋曰衛風伯兮云焉得諼草毛傳云諼草令人忘憂又考槃云永矢弗諼是也伯兮篇本或作蘐草

每有雖也詩曰每有良朋辭之雖也〔疏〕每有雖也○釋曰小雅常棣云每有良朋況也永歎毛傳云況茲永長也箋云每有雖也良善也當急難之時雖有善同門來茲對之長歎而已郭云辭之雖也者言爲辭語之雖無佗義也

饎酒食也猶今云饎饌皆一語而兼通〔疏〕饎酒食也○釋曰小雅天保云吉蠲爲饎毛傳云吉善蠲絜也饎酒食也郭云猶今云饎饌皆一語而兼通者言饎之一字兼通酒食兩名也李巡曰得酒食則喜歡也

舞號雩也雩之祭舞者吁嗟而請雨○雩音于〔疏〕舞號雩也○釋曰孫炎云雩之祭有舞有號左傳云龍見而雩服杜皆云雩之言遠也遠爲百穀祈膏雨月令仲夏云大雩帝鄭注云雩吁嗟求雨之祭也郭云雩之祭舞者吁嗟而請雨是同鄭說也

暨不及也公羊傳曰及我欲之暨不得已暨不得已是不得及○暨音忌〔疏〕暨不及也注公羊至得及○釋曰案春秋隱元年三月公及邾婁儀父盟于眛公羊傳曰及者何與也會及暨皆與也曷爲或言會或言及或言暨會猶最也及猶汲汲也暨猶暨暨也

及我欲之暨不得已也然則暨者非我欲之事不獲已而爲會者也故云不及也

蠢不遜也蠢動爲惡不謙遜也〔疏〕蠢不遜也○釋曰蠢動也遜順也言蠢動爲惡不謙遜也小雅采芑蠢爾蠻荊大邦爲讐是也

如切如磋道學也骨象須切磋而爲器人須學問以成德如琢如磨自脩也玉石之被琢磨猶人自脩飾瑟兮僩兮恂慄也恒戰竦赫兮烜兮威儀也貌光宣有斐君子終不可諼兮斐文貌道盛德至善民之不能忘也常思詠○僩音限烜音喧〔疏〕如切至忘也○釋曰此舉衛風淇澳篇文以釋之也云如切如磋者詩文也云道學也者作者以釋詩也道言也言人之學以成德如切磋骨象以成器毛傳云治骨曰切象曰磋道其學而成也故郭云骨象須切磋而爲器人須學問以成德云如作如磨者詩文也云自脩也者釋之也言人自脩飾如琢磨玉石毛傳云治玉曰琢石曰磨聽其規諫以自脩如玉石之見琢磨郭云玉石之被雕磨猶人自脩飾云瑟兮僩兮者詩文也恂慄也者釋之也謂嚴恂戰栗也故郭云恒戰竦毛傳

云瑟矜莊貌僩寬大貌是外貌莊嚴又內寬裕也云赫兮烜兮者詩文也威儀也者釋之也言赫烜者容儀發揚之言故言威儀也毛傳云赫有明德赫赫然烜威儀容止宣著也故郭云貌光宣云有斐君子終不可諼兮者詩文也云道盛德至善民之不能忘也者釋之也毛傳云斐文章貌諼忘也此道有斐然文章之君子盛德至善如此故民稱之常思詠終不能忘也案詩稱君子謂武公

既微且尰骭瘍爲微尰足爲尰骭腳脛瘍瘡也○尰詩勇切骭音覓瘍音羊

〔疏〕既微至爲尰○釋曰云既微且尰者小雅巧言文也云骭瘍爲微尰足爲尰者釋之也孫炎曰皆水濕之疾也郭云骭腳脛也瘍瘡也然則膝脛之下有瘡腫是涉水所爲故鄭箋亦云此人居下濕之地故生微尰之疾詩云居河之麋是居下濕也

是刈是濩濩煑之也煑葛爲絺綌

〔疏〕是刈是濩濩煑之也○釋曰云是刈是濩者周南葛覃文也云濩煑之也者釋之也舍人曰是刈刈取之是濩煑治之郭云煑葛爲絺綌以煑之於濩故曰濩煑非訓濩爲煑以彼下云爲絺爲綌故知煑葛爲絺綌也毛傳云精曰絺麤曰綌

履帝武敏武迹也敏拇也拇迹大指處○拇音畒

〔疏〕履帝武敏武迹也敏拇也○釋曰云履帝武敏者大雅生民文也云武迹也敏拇也者釋之也云拇迹大指處鄭箋詩云祀郊禖之時時則有大神之迹姜嫄履之足不能滿履其拇指之處於是遂有身而生后稷是其事也

張仲孝友周宣王時賢臣**善父母爲孝善兄弟爲友**

〔疏〕張仲至爲友○釋曰云張仲孝友者小雅六月文也云善父母爲孝善兄弟爲友者釋之也李巡云張姓仲字其人孝故稱孝友毛傳云張仲賢臣也鄭箋云張仲吉甫之友其性孝友以詩敘云六月宣王北伐也故郭云周宣王時賢臣

有客宿宿言再宿也有客信信言四宿也再宿爲信重言之故知四宿

〔疏〕有客至四宿也○釋曰云有客宿宿有客信信者周頌有客文也云言再宿也言四宿也者釋之也毛傳云一宿曰宿再宿曰信各重言之故知再宿及四宿也

美女爲媛所以結好媛○媛于眷切

〔疏〕美女爲媛○釋曰詩鄘風君子偕老云展如之人兮邦之媛也故此釋之郭云所以結好媛孫炎曰君子之援助然則由有美可以援助君子故云美女爲媛

美士爲彥人所彥詠

〔疏〕美士爲彥○釋曰鄭風羔裘云彼其之子邦之媛兮故此釋之也毛傳云彥士之美稱郭云人所彥詠舍人曰國有美士爲人所言道

其虛其徐威儀容止也雍容都雅之貌

〔疏〕其虛其徐威儀容止也○釋曰云其虛其徐者邶風北風文也威儀容止也者釋之也郭云雍容都雅之貌孫炎云虛徐威儀謙退也然則虛徐者謙虛閑徐之義故鄭箋云威儀虛徐寬仁者也詩作其邪此作其徐字雖異音實同故鄭箋云邪讀如徐

猗嗟名兮目上爲名眉眼之間○猗於宜切

〔疏〕猗嗟名兮目上爲名○釋曰云猗嗟名兮者齊風猗嗟文也云目上爲名者釋之也孫炎云上平博郭云眉睫之間

式微式微者微乎微者也言至微

〔疏〕式微至者也○釋曰云式微式微者邶風式微文也云微乎微者也釋之也郭云言至微鄭箋云式發聲也案詩敘云式微黎侯寓于衛其臣勸以居也然則以君被逐既微又見卑賤是至微也不取式爲義故鄭云發聲也

之子者是子也斥所詠

〔疏〕之子者是子也○釋曰詩言之子者多矣故此釋之李巡云之子者論五方之言是子也然則之子爲語助人言之子者猶言是此子也桃夭傳云嫁子彼說嫁

事爲嫁者之子漢廣之子則貞絜者之子東山之子言其妻白華之子斥幽王各隨其事而名之故郭云斥所詠

徒御不驚輦者也步挽輦車

〔疏〕徒御不驚輦者也○釋曰云徒御不驚者小雅車攻文也云輦也者釋之也此由解徒字也諸徒皆爲徒行此獨爲輦是以辨之地官鄉師云大軍旅會同治其輦注云輦人輓行所以載任器也止以爲蕃營司馬法輦有一斧一斤一鑿一梩周輦加二板二築夏后氏二十人而輦殷十八人而輦周十五人而輦是會同田獵人挽輦以徒行也故郭云步挽輦車

襢裼肉袒也脫衣而見體○襢音但裼音息

暴虎徒搏也空手執也

〔疏〕襢裼至搏也○釋曰鄭風大叔于田云襢裼暴虎故此釋之毛傳云襢裼肉袒也李巡曰襢裼脫衣見體曰肉袒孫炎曰袒去裼衣郭云脫衣而見體毛傳又云暴虎空手以搏之舍人曰無兵空手搏之然則徒空也故郭云空手執也

馮河徒涉也無舟楫○馮音平

〔疏〕馮河徒涉也○釋曰小雅小旻云不敢馮河故此釋之也李巡曰無舟而渡水曰徒涉郭云無舟楫毛傳云馮陵也然則空涉水陵波而渡故訓馮爲陵也

籧篨口柔也籧篨之疾不能俯口柔之人視人顏色

常亦不伏因以名云○籧音渠篨音除

戚施面柔也　戚施之疾不能仰面柔之人常俯似之亦以名云〔疏〕籧篨至面柔也○釋曰邶風新臺云籧篨不鮮又曰得此戚施故此釋之也毛傳云籧篨不能俯者戚施不能仰者李巡曰籧篨巧言好辭以口饒人是謂口柔戚施和顏悅色以誘人是謂面柔但籧篨戚施本人疾之名故晉語云籧篨不可使俯戚施不可使仰是也人口柔者必爲仰面觀人之顏色而爲辭似籧篨不俯之人因名口柔者爲籧篨面柔者必低首下人媚以容色似戚施之人因名面柔者爲戚施故郭云籧篨之疾不能俯口柔之人視人顏色常亦不伏因以名云。

夸毗體柔也　屈己卑身以柔順人也○夸音誇〔疏〕夸毗體柔也○釋曰大雅板篇云無爲夸毗故此釋之也毛傳云夸毗以柔人也李巡曰屈己卑身求得於人曰體柔然則夸毗者便辟其足前却爲恭以形體順從于人故郭云屈已卑身以柔順人也

婆娑舞也　舞者之容〔疏〕婆娑舞也○釋曰陳風東門之枌云婆娑其下故此釋之李巡曰婆娑盤辟舞也郭云舞者之容孫炎曰舞者之容婆娑然則婆娑舞者之狀貌也

擗拊心也　謂椎胷也○擗婢亦拊撫〔疏〕擗拊心也○釋曰邶風栢

舟云寤擗有摽謂拊心也郭云謂椎胷也

矜憐撫掩之也　撫掩猶撫拍謂慰卹也〔疏〕矜憐撫掩之也○釋曰撫掩猶撫拍謂慰卹也小雅鴻鴈云爰及矜人

緎羔裘之縫也　縫飾羔皮之名。緎棫縫逢〔疏〕緎羔裘之縫也○釋曰召南羔裘云羔羊之革素絲五緎故此解之也孫炎云緎之爲界緎然則縫合羔羊皮爲裘縫即皮之界緎因名裘縫爲緎故郭云縫飾羔皮之名

殿屎呻也　呻吟之聲○殿丁練切屎音希〔疏〕殿屎呻也○釋曰大雅板云民之方殿屎毛傳云殿屎呻吟也是用此爲說郭云呻吟之聲孫炎云人愁苦呻吟之聲也

幬謂之帳　今江東亦謂帳爲幬○幬音紬〔疏〕幬謂之帳○釋曰帳一名幬召南小星云抱衾與裯鄭箋云幬牀帳也郭云今江東亦謂帳爲幬幬與裯音義同

侜張誑也　書曰無或侜張爲幻幻惑欺誑人者○侜張留切〔疏〕侜張誑也○釋曰陳風防有鵲巢云誰侜爲美毛傳云侜張誑也鄭箋云女衆讒人誰侜張誑我所美之人乎郭云書曰無或侜張爲幻者周書無逸篇文也引之者以證侜張謂幻惑欺誑人者

誰昔昔也　誰發語辭〔疏〕誰昔昔也○釋曰陳風墓門云誰昔然矣毛傳云昔久也郭云誰發語辭與毛同也

不辰不時也　辰亦時也〔疏〕不辰不時也○釋曰辰亦時也不辰者言不得其時也大雅桑柔云我生不辰逢天僤怒是也

凡曲者爲罶　毛詩傳曰罶曲梁也凡以薄爲魚笱者名爲罶○罶力九切〔疏〕凡曲者爲罶○釋曰曲薄也凡以薄取魚爲罶郭云毛詩傳曰罶曲梁也者小雅魚麗篇傳文也云凡以薄爲魚笱者名爲罶者即舞器云嫠婦之笱謂之罶也

鬼之爲言歸也　尸子曰古者謂死人爲歸人〔疏〕鬼之爲言歸也○釋曰人死爲鬼小雅何人斯云爲鬼爲蜮周禮曰享大鬼謂之鬼者鬼猶歸也若歸去然故尸子曰古者謂死人爲歸人

釋親第四

〔疏〕釋曰案禮記大傳云聖人南面而聽天下所最先者五民不與焉一曰治親蒼頡曰親愛也近也然則親者恩愛狎近不疏遠之稱也書曰克明俊德以親九族喪服小記曰親親以三爲五以五爲九上殺下殺旁殺而親畢矣以九族之親其名謂非一此篇釋之故曰釋親

父爲考母爲妣　禮記曰生曰父母妻死曰考妣嬪今世學者從之案尚書曰大傷厥考心事厥考厥長聰聽祖考之彝訓如喪考妣公羊傳曰

惠公者何隱之考也仲子者何桓之母也蒼頡篇曰考妣延年書曰嬪于虞書曰聿嬪于京周禮有九嬪之官明此非死生之異稱矣其義猶今謂兄爲晜妹爲媦即是此例也○妣音比

父之考爲王父　父之妣爲王母　如王者尊之

王父之考爲曾祖王父　王父之妣爲曾祖王母　曾猶重也

曾祖王父之考爲高祖王父　曾祖王父之妣爲高祖王母　高者言最在上

父之世父叔父爲從祖祖父　父之世母叔母爲從祖祖母　從祖而別世統異故

父之晜弟先生爲世父後生爲叔父　世有爲嫡者嗣世統故也

男子先生爲兄後生爲弟謂女子先生爲姊後生爲妹　父之姊妹爲姑　父之從父晜弟爲從祖父　父之從祖晜

弟爲族父族父之子相謂爲族晜弟族晜弟之子相謂爲親同姓同姓之親無服屬兄之子弟之子相謂爲從父晜弟從父而別子之子爲孫孫猶後也孫之子爲曾孫曾猶重也曾孫之子爲玄孫玄者言親屬微昧也玄孫之子爲來孫言有往來之親來孫之子爲晜孫。晜後也汲冢竹書曰不窋之晜弟晜孫之子爲仍孫仍亦重也仍孫之子爲雲孫言輕遠如浮雲王父之姊妹爲王姑曾祖王父之姊妹爲曾祖王姑高祖王父之姊妹爲高祖王姑父之從父姊妹爲從祖姑父之從祖姊妹爲族祖姑父之從父晜弟之母爲從祖

王母父之從祖晜弟之母爲族祖王母父之兄妻爲世母父之弟妻爲叔母父之從父晜弟之妻爲從祖母父之從祖晜弟之妻爲族祖母父之從祖祖父爲族曾王父父之從祖祖母爲族曾王母父之妾爲庶母祖王父也晜兄也今江東人通言晜○從竝才用切晜音昆宗族

〔疏〕父爲至宗族○釋曰此別同宗親族白虎通曰父矩也以度教子也又爲考考成也言有成德廣雅云母牧也言育養子也又爲妣妣媲也媲匹於父廣雅又云兄況也況於父又謂之晜弟悌也言順於兄子孜也以孝事父常孜孜也孫順也順於祖男任也任家事也女如也白虎通曰言如人也徐鍇曰女子從父之教從夫之命故曰如姑故也言尊如故也又謂之威徐鍇曰土盛於戌土陰之主也故字從戌漢律曰婦告威姑是也姊咨也以其先生言可咨問說文云妹女弟也又謂之媦妾接也鄭注禮記云閑彼有禮走而往焉以得接見於君子也庶母者父之妾也此皆同宗之族也白虎通云宗者何謂也宗者尊也爲先祖主也宗人之所尊也禮記曰宗人將有事族人皆侍侍所以必有宗何也所以長和睦也族者何也族者湊也聚也謂恩愛相流湊生相親愛死相哀痛有會聚之道故謂之族也注禮記至此例也○釋曰云禮記曰生曰父母妻死曰考妣嬪者曲禮下篇文也云今世學者從之者謂從禮記以父母妻爲生之稱以考妣嬪爲死之稱彼乃記者一家之說爾學者膠柱遂爲生死定稱非也故郭氏引諸文以證之云尚書曰大傷厥考心康誥文也云事厥考厥長聽祖考之彝訓者皆酒誥文也云如喪考妣者舜典文也此皆生稱考妣也云公羊傳曰惠公者何隱之考也仲子者何桓之母也者隱元年傳文也此即死稱母也云蒼頡篇曰考妣延年者此亦生稱考妣也云書曰嬪于虞者堯典文也云詩曰聿嬪于京大雅大明篇文也云周禮有九嬪之官者天官掌婦學之法者也此皆生稱嬪者也云明此非死生之異稱矣者所以破先儒之說也云其義猶今謂兄爲晜妹爲媦即是此例也者舉類以曉人也○注從祖而別世統異故○釋曰解所以稱從之理也從祖而別繼世分宗其統各異故曰從祖○注世有爲嫡者嗣世統故也○釋曰解所以稱世之義也繼

世以嫡長先生於父則繼者也故曰世父說文叔作尗許愼曰從上小言尊行之小也○注同姓之親無服屬者○釋曰禮記大傳云親者屬也鄭注云有親者服名以其屬親疏此經言親同姓者謂五世之外比諸同姓猶親但無服屬爾○注孫猶後也○釋曰言繼後嗣也廣雅云孫順也許愼云從子從系系續也言順續先祖之後也○注玄者言親屬微昧也○釋曰玄者緅緇之間色色之微昧者也親屬微昧故曰玄孫○注晜後也汲冢竹書曰不窋之晜孫○釋曰晜後也釋言文束晳傳曰大康元年汲郡民盜發魏安釐王冢得竹書漆字科斗之文科斗文者周時古文也其字頭麤尾細似科斗之蟲故俗名之焉不窋后稷之子也晜孫謂毀揄也

○母之考爲外王父母之妣爲外王母母之王考爲外曾王父母之王妣爲外曾王母異姓故言外母之晜弟爲舅母之從父晜弟爲從舅母之姊妹爲從母從母之男子爲從母晜弟其女子子爲從母姊妹○母

黨〔疏〕母之至母黨○釋曰此一節別母之族黨也黨是鄉之細也此外族屬母若黨之屬鄉故云母黨云舅者孫炎云舅之言舊尊長之稱詩秦風云我送舅氏曰至渭陽是也○妻之父爲外舅妻之母爲外姑謂我舅者吾謂之甥然則亦宜呼壻爲甥孟子曰帝館甥于二室是姑之子爲甥舅之子爲甥妻之晜弟爲甥姊妹之夫爲甥四人體敵故更相爲甥甥猶生也今人相呼皆依此妻之姊妹同出爲姨同出謂俱已嫁詩曰邢侯之姨女子謂姊妹之夫爲私詩曰譚公維私男子謂姊妹之子爲出公羊傳曰蓋舅出女子謂晜弟之子爲姪左傳曰姪其從姑謂出之子爲離孫謂姪之子爲歸孫女子子之子爲外孫女子同出謂先生爲姒後生爲娣同出謂俱嫁事一夫公羊傳曰諸侯娶一國二國往媵之以姪娣從娣者何弟也此即其義也女子謂兄之妻爲嫂弟之妻爲婦猶今言新婦是也長婦謂稚婦爲娣婦娣婦謂長婦爲姒婦今相呼先後或云妯娌○姪徒結反姒音似娣音第

妻黨〔疏〕妻之至妻黨○釋曰此一節別妻之親黨也內則云聘則爲妻白虎通云妻者齊也與一夫齊體自天子下至庶人其義一也○注孟子曰帝館甥于二室○釋曰孟子云舜尚見帝帝館甥于貳室亦饗舜迭爲賓主是天子而友匹夫也彼注云尚上也舜在畎畝之時堯友禮之舜上見堯舍之於貳室貳室副宮也堯亦就饗舜之所設更迭爲賓主禮記妻父曰外舅謂我舅者吾謂之甥堯以女妻舜故謂堯甥卒與之天位是天子之友匹夫也注四人至依此○釋曰四人謂姑之子舅之子妻之晜弟姊妹之夫是也此四人尊卑體敵更相爲甥云甥猶生也者取相親之意也注詩曰邢侯之姨譚公維私○釋曰皆衛風碩人篇文也孫炎曰私無正親之言然則謂吾姨者我謂之私邢侯譚公皆莊姜姊妹之夫互言之耳春秋譚子奔莒則譚是子爵言公者蓋依臣子稱便文耳注公羊傳曰蓋舅出○釋曰案春秋襄五年夏叔孫豹鄫世子巫如

晉公羊傳曰外相如不書此何以書爲叔孫豹率而與之俱也叔孫豹則曷爲率而與之俱蓋舅出也何休云巫者鄫前夫人襄公母姊夫之子也俱莒外孫故曰舅出是也注左傳曰姪其從姑○釋曰案僖十五年傳云初晉獻公筮嫁伯姬於秦遇歸妹之睽史蘇占之曰不吉其繇曰姪其從姑杜注云震爲木離爲火火從木生離爲震妹於火爲姑謂我姪者我謂之姑謂子圉質秦是也注公羊至弟也○釋曰春秋莊十九年秋公子結媵陳人之婦于鄄遂及齊侯宋公盟公羊傳曰媵者何諸侯娶一國則二國往媵之以姪娣從姪者何兄之子也娣者何弟也諸侯壹聘九女諸侯不再娶何休云必以姪娣從之者欲使一人有子二人喜也所以防嫉妬令重繼也因以備尊尊親親也九者極陽數也不再娶者所以節人情開媵路注猶今言新婦是也○釋曰儀禮喪服傳云夫之晜弟何以無服也其夫屬乎父道者妻皆母道也其夫屬乎子道者妻皆婦道也謂弟之妻婦者是嫂亦可謂之母乎故名者人治之大者也可無慎乎鄭注云道猶行也言婦棄姓無常秩嫁於父行則爲母行嫁於子行則爲婦行謂弟之妻爲婦者卑遠之故謂之婦嫂者尊嚴之稱是嫂亦可謂之母乎嫂猶叟也叟老人稱也是爲叙男女之別爾若已以母婦之服服兄弟之妻兄弟之妻以舅子之服服已則是亂昭穆之敘也治猶理也父母兄弟夫婦之理人倫之大者可不慎乎大傳曰同姓從宗合族屬異姓主名治際會名著而男女有別是別嫂婦之名也郭云猶今言新婦者以時驗而知也至今猶然注今相呼先後或云妯娌○釋曰廣雅云娣姒妯娌娣姒先後也世人多疑娣姒之名皆以爲兄妻呼弟妻爲娣弟妻呼兄妻爲姒因即惑於斯文不知何以爲說今謂母婦之號隨夫尊卑娣姒之名從身長幼以其俱來夫族其夫班秩既同尊卑無以相加遂從身之少長喪服小功章曰娣姒婦報傳曰娣姒婦者弟長也以弟長解娣姒言娣是弟姒是長也公羊傳亦云娣者何弟也是其以弟解娣自然以長解姒長謂身之年長非夫之年長也此云長婦謂稚婦爲娣婦娣婦謂長婦爲姒婦者止言婦之長稚不言夫之大小左傳成十一年穆姜謂聲伯之母爲姒昭二十八年傳叔向之嫂謂叔向之妻爲姒二者皆呼夫弟之妻爲姒豈計夫之長幼乎上云女子同出謂先生爲姒後生爲娣郭云同出謂俱嫁事一夫也事一夫者以已生先後爲娣姒則知娣姒以已之年非夫之年也故賈逵鄭玄及杜預皆云兄弟之妻相謂爲姒言兩人相謂長者爲姒知娣姒之名不計夫之長幼也

○婦稱夫之父曰舅稱夫之母曰姑姑舅

在則曰君舅君姑沒則曰先舅先姑國語曰吾聞之先姑謂夫之庶母爲少姑夫之兄爲兄公今俗呼兄鍾語之轉耳夫之弟爲叔夫之姊爲女公夫之女弟爲女妹今謂之女妹是也子之妻爲婦長婦爲嫡婦衆婦爲庶婦女子子之夫爲壻壻之父爲姻婦之父爲婚父之黨爲宗族母與妻之黨爲兄弟父之父母壻之父母相謂爲婚姻兩壻相謂爲亞詩曰瑣瑣姻亞今江東人呼同門爲僚壻婦之黨爲婚兄弟壻之黨爲姻兄弟古者皆謂婚姻爲兄弟嬪婦也書曰嬪于虞謂我舅者吾謂之甥也○公音鍾嫡音的嬪音頻婚姻【疏】婦稱至婚姻○釋曰此別夫婦婚姻之名也說文云婦服也從女持帚灑掃也白虎通云夫婦者何謂也夫者扶也以道扶接婦者服也以禮屈服謂之舅姑者何舅者舊也姑者故也舊故老人稱也夫之父母謂舅姑何尊如父而非父者舅也親如母而非母者姑也鄭注喪服傳云女子子者子女也別於男子也說文云壻女之夫也從士從胥聞一知十爲士胥者有才知之稱故謂女之夫爲壻廣雅云壻謂之倩方言云東齊之間壻謂之倩白虎通云婚姻者何謂昏時行禮故曰婚婦人因夫而成故曰姻注國語曰吾聞之先姑○釋曰魯語季康子問於公文伯之母曰主亦有以語肥也對曰吾能老而已何以語子康子曰雖然肥願有聞於主對曰吾聞諸先姑曰君子能勞後世有繼子夏聞之曰善哉商聞之曰古之嫁者不及舅姑謂之不幸夫婦學於舅姑者也是矣注詩曰瑣瑣姻亞○釋曰小雅節南山文也劉熙釋名云兩壻相謂爲亞者言每一人取姊一人取妹相亞次也又並來女氏則姊夫在前妹夫在後亦相亞也注古者皆謂婚姻爲兄弟○釋曰禮記曾子問曰昏禮既納幣有吉日女之父母死則如之何孔子曰壻使人弔如壻之父母死則女之家亦使人弔鄭注云必使人弔者未成兄弟又云父喪稱父母喪稱母父母不在則稱伯父世母壻已葬壻之伯父致命女氏曰某之子有父母之喪不得嗣爲兄弟使某致命女氏許諾而弗敢嫁禮也是古者謂昏姻爲兄弟以夫婦有兄弟之義或據壻於妻之父母有緦服故得謂之兄弟也注書曰嬪于虞○釋曰案堯典羣臣共舉舜於帝帝曰我其試哉女于時觀厥刑于二女釐降二女于嬀汭嬪于虞孔安國注云降下嬪婦也舜爲匹夫能以義理下帝女之心於所居嬀水之汭使行婦道於虞氏是也

爾雅疏卷第四

科給事中南昌黃中傑栞

爾雅注疏卷四挍勘記　阮元撰盧宣旬摘録

爾雅疏卷第四 名衘後另行標釋訓第三釋親第四上空四格注疏本卷第三

釋訓第三

元謂能訓說土地善惡之勢 元本閩本同與周禮注合監本毛本元謂下增土訓二字此本舊亦刻擠今刪正

物精詳之察也 注疏本精誤情

聰明鑒察也 蒲鏜云句上當有郭云皆三字

憴繩音義同 閩本監本毛本憴繩倒元本誤作𢤱𢤱○按繩正字憴俗字也

皆恐動趨步 單疏本雪牕本同注疏本趨作趍俗寫

皆懸危 雪牕本注疏本同釋文皆縣音元單疏本作縣按五經文字云縣音元又音眩經典兩音用此字不作懸危之懸據此知懸危之懸經典相承下從心也

皆果毅之貌 雪牕本注疏本同釋文惈音果本亦作果按惈毅字當從心見釋詁

人想思其傍傻之貌 禮記注同注疏本傻改倚非

皆便速敏捷 雪牕本同注疏本下衍也

烝烝 唐石經單疏本雪牕本同釋文作蒸蒸挍者云本今作烝烝

佗佗 單疏本雪牕本注疏本同唐石經先作他他後改佗佗按詩君子偕老委委佗佗葉鈔釋文作他他與呂氏讀詩記引釋文合通志堂本作佗佗非

皆寬容之美也 元本閩本及詩正義無皆監本毛本脫寬

委委者行可委曲從迹也 元本同閩本監本毛本從改蹤按毛詩羔羊傳云委蛇行可從迹也釋文從迹足容反字亦作蹤知正作從字

怟怟 釋文唐石經單疏本雪牕本元本閩本監本同毛本改無怟字玉篇怟怟並列怟訓愛訓敬怟訓悶都替切音義悉異近人有欲據玉篇改爲怟者誤也

孫炎曰 注疏本曰改云元本脫此字

好人提提毛傳云提提安諦 注疏本提提改媞媞按此本引孫炎爾雅注作媞媞引毛詩及傳作提提

萌萌 唐石經單疏本雪牕本同釋文萌萌字或作蔄嚴元照云玉篇艸部蔄下引爾雅存存蔄蔄在也又萠同上本或作萠廣韻十三耕十七登蔄下皆引爾雅按說文心部云𢡱𢡱存也从心簡省聲讀若簡義本雅訓

易繫辭云 注疏本繫改係

皆自勉彊也 注疏本自誤出

巧言詩云 舊本並誤何人斯據閩本監本毛本改

皆顯盛迅疾之貌 注疏本盛迅誤著然

皆寬緩也悠悠偁偁丕丕簡簡存存懋懋庸庸綽綽盡重語 單疏本雪牕本同有此注注疏本刪釋文重語直用反又直龍反單疏本悠悠作攸攸

洄洄 釋文唐石經單疏本雪牕本同按此溯洄字以上僾僾例之當作佪佪玉篇人部廣韻十五灰佪字注皆云佪佪惛也本此經今本作洄洄非

洄本作㦝音韋 注疏本㦝作𧝎釋文㦝音韋按字林㦝重衣貌按㦝當作𧝎㦝即𧝎之誤說文衣部𧝎重衣貌字不從巾按字林以下云云義乖似非陸語邵晉涵正義云太元疑初一疑恛恛失貞矢㦝㦝益一字從心不誤也從巾從衣皆非

盪盪 唐石經單疏本雪牕本同釋文蕩蕩本或作盪李云蕩蕩者弗思之貌也按毛詩作蕩蕩按李巡注爾雅亦作蕩蕩

皆邪僻　雪牕本注疏本同釋文皆衺本又作邪

薰也　唐石經單疏本雪牕本同釋文熏本亦作爋或作薰按當從陸本作熏一切經音義卷四華嚴經音義卷上卷下兩引此經及郭注字皆作熏

皆旱熱薰炙人　雪牕本注疏本同釋文炙之后反一切經音義引作謂旱氣熏灼人也華嚴經音義兩引俱作皆旱氣熏灼人也按詩雲漢憂心如熏毛傳熏灼也

毛傳云赫赫氣也　元本閩本監本同毛本作毛傳赫赫旱氣也

鄙鄙猶瞀瞀也　注疏本脫鄙鄙瞀三字

欲忠告以善道　浦鏜改作及忠云及誤欲按俗本毛詩誤作及小字本岳本皆作欲與此合

是皆傲慢賢者　元本同閩本監本毛本傲改敖

瘐瘐　唐石經單疏本雪牕本注疏本同釋文庾庾羊主反又羊朱反本今作瘐瘐按所謂本今者據唐石經以下本言之也葉鈔釋文正作庾庾爲是通志堂本庾瘐字互倒

管管無所依也　注疏本同按毛傳作依繫此也字剜改

殷殷　唐石經單疏本雪牕本同釋文作慇慇挍者云本今作殷殷

惸惸　釋文唐石經單疏本雪牕本元本閩本監本同毛本作惸惸訛

忡忡猶衝衝也　閩本監本毛本同與毛詩傳合元本作衝衝下引鄭箋同按說文衝从行童聲玉篇正作衝同作衝

在塗而憂　注疏本而誤時

毛傳云畇畇　元本同閩本監本毛本脫畇畇

謂耕地其土解散　閩本監本毛本地其誤也有元本誤他有

土氣烝達而和耕之則澤澤然解散　注疏本脫土耕二字

驛驛其達　注疏本下衍也

繹與驛音義同　元本同閩本監本毛本繹驛互倒

緜緜穮也　唐石經單疏本雪牕本同釋文麃字書作穮引說文字林皆從禾詩載芟緜緜其麃毛傳麃耘也釋文緜緜如字爾雅云麃也正義曰釋訓緜緜麃也據此知詩經爾雅毛傳皆作麃陸孔所據釋訓字皆不從禾自唐石經據字書增加而今本承之

言芸精　雪牕本同釋文耘字亦作芸注疏本作言芸耨精按耨字是邢疏語竄入毛詩載芟傳云麃耘也正義引郭曰芸不息也皆不言耨

截穎謂之挃　注疏本穎誤潁

烰烰烝也　唐石經單疏本雪牕本同釋文作蒸挍者云本今作烝

謂戴弁服　單疏本雪牕本注疏本同釋文載丁代反今本作戴

故郭云謂戴弁服　元本閩本監本同毛本云誤氏

半珪曰璋　注疏本珪改圭

鍠鍠　唐石經單疏本雪牕本同釋文韹韹又作鍠

穰穰福也　唐石經單疏本雪牕本同釋文禳禳而羊反本今作穰按毛詩執競傳穰穰衆也字從禾言若黍稷之衆多也爾雅禳禳福也字從示言禳除災禍則神降之福也今本葢據毛詩改

毛傳云穰穰衆也　注疏本脫上五字

引無極也者　注疏本脫也字

此道人君之德望也　元本同閩本監本毛本人君倒

案詩云　閩本監本毛本案作○元本空闕

與之以禮義相切瑳　元本同閩本監本毛本瑳改磋按詩卷阿釋文云磋或作瑳與此合

賢士衆　單疏本雪牕本同注疏本士誤才

鳳凰應德鳴相和　閩本監本毛本同單疏本雪牕本元本鳳作皇按正作凰俗作皇

譚公子也　注疏本譚誤謂

宴宴　唐石經單疏本雪牕本同釋文燕燕字又作宴按邢疏於此引北山或燕燕居息於下引氓言笑晏晏字各有當今本此作宴宴與下作晏晏爲一字非

近處優閑　單疏本雪牕本元本閩本監本同毛本閑改閒按釋文閒音閑本今作閑毛本蓋據釋文改

謂宴安盛飾近處優閑也　注疏本安誤宴毛本閑改閒

小雅北山或燕燕居息　北山下舊刻擠云字按注疏本無今刪正

又大東云　注疏本脫又

生大子宜咎　元本閩本監本同與毛詩傳合毛本改宜臼非

又說褒姒　注疏本說改悅

結髮宴然之時　元本同閩本監本毛本宴改晏

氓刺時也　注疏本氓誤怋

宣公之時　注疏本公誤王

琄琄　釋文唐石經單疏本雪牕本同釋文又云鞙音與琄同鞙胡犬反按者云本今無鞙鞙二字按此當如璲瑞也注引詩鞙鞙佩璲蓋經作琄注作鞙鞙郎琄字音今本皆無

刺其素飱是也　元本同閩本監本毛本飱改餐按詩箋作飱

以其尸者神象　注疏本者誤皆

懽懽　唐石經單疏本雪牕本同釋文灌灌本或作懽同古玩反按詩板老夫灌灌毛傳灌灌猶款款也說文心部悹憂也从心官聲古玩切玉篇悹悹憂無告也悺同上然則此經本從官從心矣作灌者聲近之借作懽又灌形近之訛耳今說文懽下引爾雅懽懽愮愮憂無告也蓋非許氏原文

猶欵欵也　注疏本欵作款是正字

懽灌愮搖音義同　閩本監本毛本懽灌倒

憲憲洩洩制法則也　唐石經單疏本雪牕本元本閩本同釋文泄泄或作呭今本沿唐諱之舊監本毛本法改灋疏中準此

謞謞　釋文唐石經雪牕本同釋文又出熇字音許各火沃二反按者云本今無此字盧文弨曰詩板作熇熇郭蓋引此而今注缺耳

讒譖也憊惡也　注疏本脫譖浦鏜作讒憊惡也并以上也字爲衍誤甚

言樂禍助虐增譖惡也舍人曰　注疏本脫上九字

大臣謔謔謞謞然盛　注疏本同詩板正義引孫炎曰大臣謔謔然喜謞謞然盛此脫然喜二字

背公恤私曠職事　單疏本雪牕本元本同閩本監本毛本恤改卹下矜憐撫掩之也注同

故郭云賢者陵替姦黨熾　注疏本作姦黨熾盛盧文弨曰熾事爲韻不當有盛字按此本剜擠盛字元本排入今刪正

故字從宀　音眠○詩召旻正義同元本閩本作從宂監本毛本作從宀皆誤此辨宀字從宀而非從穴耳注疏本音眠改大字

賢士永哀念窮迫　單疏本雪牕本元本同閩本監本毛本永誤求疏中同

德音清泠也　注疏本如此此本清泠誤德明涉下文教令又清明致誤今訂正

謂牽拕　單疏本雪牕本元本同釋文拕本或作拖同泰何達可二反閩本監本毛本拕改挽因邢疏有從旁牽挽及挽離正道等言而誤改

謂爲譎詐誑欺　注疏本脫誑此本舊誤詐今據詩箋訂正

李巡曰　注疏本巡誤超

不俟不來也　唐石經單疏本雪牕本同釋文不𠊱事已反待也宜從來本今作俟字說文來部𠊱下引詩不𠊱不來从來矣聲又𢓍𠊱或从彳按說文引詩不𠊱與爾雅合采薇詩古本當作我行不𠊱其義爲不來𠊱與疚亦韻也毛詩作來因聲相近而字脫其半毛傳來至也箋云來猶反也皆如字讀失雅訓矣

故郭云　注疏本脫故

不遹不蹟也　唐石經單疏本雪牕本同釋文遹古述字按此本孫叔然語爾雅述字多作遹釋詁釋言釋訓三篇皆有之此釋邶風日月篇報我不述也蓋古經有作報我不遹者邢疏引沔水念彼不蹟邵晉涵正義因謂以不俟釋不來以不遹釋不蹟誤甚釋訓一篇皆詩經在上雅訓在下未有倒置之者

言不循軌跡也　單疏本雪牕本同按此經作蹟注作跡

小雅沔水云　閩本監本毛本水誤彼元本闕

義見伯兮考盤詩　單疏本同雪牕本注疏本盤作槃釋文考槃本又作盤按邢疏引注作考盤引詩作考槃是陸邢所據本不同

衛風伯兮云　注疏本脫風

況也永嘆　此與唐石經毛詩原刻同注疏本改況也永歎非

兼通酒食兩名也　注疏本脫兼又此節疏後元本閩本分三卷下

服杜皆云　監本同元本閩本毛本皆作注

暨不得已是不得及　雪牕本注疏本同按此說公羊傳以釋經之不及也不當云不得及下得字當衍單疏本標起止云注公羊至得及則邢本已衍

公及邾婁儀父盟于眛　閩本監本毛本眛誤昧元本誤時

小雅采芑　注疏本同此本下衍云字係剜擠今删正邢疏引詩不言云者多矣

如琢如磨　唐石經雪牕本注疏本同段玉裁云磨當作摩按一切經音義卷十練摩下引易堅柔相摩注云相切摩也爾雅石謂之摩郭曰玉石被摩猶人自修飾也今釋訓釋器皆作磨

玉石之被雕磨　單疏本同雪牕本元本雕作彫雕彫一字也閩本監本毛本雕改琢非按釋文琢丁角反治玉也本或作琢非也蓋作本或作雕非也釋器玉謂之雕玉謂之琢本兩文邢氏所據郭注是雕字陸氏所據本是琢字

赫兮烜兮　釋文唐石經單疏本雪牕本同注疏本烜作咺據毛詩改也釋文舊按已云今並作咺字矣按單疏本引爾雅經作烜從火引毛詩傳作咺從口

此舉衛風淇奧篇文　元本同閩本監本毛本奧改澳

如切磋骨象以成器　注疏本磋上衍如

內心寬裕也　注疏本內心改又內

云赫兮烜兮者　注疏本烜改咺下文言赫烜者同

容儀發揚之言故言威儀也　元本脫故言閩本監本毛本之言作之貌又脫故

瘍瘡　雪牕本同華嚴經音義卷上引郭注爾雅瘍瘡也單疏本注疏本作瘍創也釋文創初良反按瘡俗創字鄭注周禮瘍醫云瘍創癰也亦作創

然則膝脛之下有瘡腫　注疏本脫脛

是刈是穫鑊煮之也　唐石經雪牕本同釋文乂本亦作刈鑊又作濩同經義雜記曰宋刻單疏本爾雅作是刈是濩鑊煑之也今考元本正如是閩本又剜改鑊爲濩監本毛本承之單疏本亦兩字描改作濩按毛詩作濩舍人孫炎以濩爲煑與毛傳同五經文字水部云濩煑也金部無鑊字詩正義有煑之於濩之言字當從金爾雅釋文作鑊鍾人傑本上下皆作鑊是也唐石經上從禾旁蓋非穫爲收穫與刈穫也

以煮之於鑊故曰濩煮非訓濩爲煮 閩本監本毛本同元本訓濩之濩亦作鑊

麤曰綌 元本麤作麄閩本監本毛本作粗下準此

張姓仲字 詩正義同注疏本脱姓

所以結好媛 單疏本雪牕本注疏本同邵晉涵正義作好援云從宋本按釋文援音媛舊挍云本今作媛是宋本亦從女旁矣

人所彥詠 單疏本雪牕本注疏本同釋文喭音彥本今作彥段玉裁云陸氏經本作喭注中彥字乃言字之誤說文彥部云彥美士有文人所言也舍人注云國有賢士爲人所言道皆以言釋彥取同音爲訓也說文繫傳引作人所言詠正言之誤耳

云其虛其徐 注疏本同臧禮堂云下當脱一者字

鄁風北風文也 浦鏜云邶誤鄁

上平慱 元本同閩本剜擠作目上平慱監本毛本承之

云微乎微者也 元本同閩本監本毛本作云微乎微也者

桃夭傳云嫁子 注疏本嫁作之浦鏜云之子下脱嫁子二字非也邢疏引毛傳略之子二字耳

此止解徒字也 注疏本止誤上

止以爲蕃營 監本同元本閩本毛本蕃改籓

無舟楫 單疏本雪牕本同釋文檝本又作揖方言曰檝橈也說文云檝舟棹也按今說文作楫舟櫂也非論語述而正義引此注作無舟檝與陸本合

巧言好辭以口饒人 注疏本同浦鏜云口衍字按釋文引李云巧言辭以饒人

必仰面觀人之顏色 注疏本脱之

故郭云蘧篨之疾不能俯口柔之人視人顏色常亦不伏因以名云 注疏本同浦鏜云下脱戚施之疾云云一十九字

便僻其足 詩正義同監本毛本僻改辟元本閩本求得於人下脱曰體柔然則夸毗者便僻其足前卻爲恭以形體順從於人二十三字

辟 唐石經雪牕本同單疏本注疏本作擗按釋文辟婢亦反字宜作擗引詩寤擗有摽以證然則爾雅本作辟毛詩則從手也今本毛詩爾雅正互易其字

爰及矜人 注疏本矜改矜

召南羔裘云 注疏本同浦鏜云羊誤裘

幬牀帳也 注疏本同按幬當依詩箋作禂此順爾雅改

郭云書曰 元本同閩本監本毛本郭改注

凡曲者爲罶 唐石經單疏本雪牕本元本閩本監本同毛本爲誤謂

毛詩傳曰 單疏本雪牕本同注疏本脱詩

凡以簿爲魚笱者 單疏本元本同雪牕本閩本監本毛本簿作薄釋文薄蒲博反本今作簿按說文艸部薄林薄也一曰蠶薄知從竹者非矣凡蠶簿笮簿簿闌字古皆作薄

郭云毛詩傳曰 閩本監本毛本郭作注脱詩字元本作郭云

釋親第四

聖人南面而聽天下 注疏本脱而

來孫之子爲晜孫 唐石經雪牕本注疏本同按史記索隱孟嘗君列傳漢書惠帝紀師古注皆引爾雅來孫之子爲昆孫昆孫之子爲仍孫是唐初本爾雅作昆孫開成石經始誤爲晜弟字猶晜弟字釋文及後漢書注亦誤作昆也郭注晜後也及不窋之晜孫二晜字皆當作昆邢疏云晜後也釋言文今釋言作昆後也可證

宗族唐石經單疏本此題同在舅兄也後雪牕本注疏本移在釋親第四下非也下毋黨妻黨婚姻準此

以度教子也浦鏜云以下脫注

男任也任家事也注疏本脫任也

宗者尊也注疏本者誤有

禮記曰元本同閩本剜去記字監本毛本承之

族人皆侍侍元本同監本毛本侍侍上衍待閩本作族人皆待聖者聖者二字剜擠

故曰從祖元本同閩本監本毛本下衍别

科斗之文注疏本脫之

舅孫謂毀輸注疏本下有也

帝館甥于二室是單疏本雪牕本同元本二作貳閩本是下剜擠也字監本毛本承之按副貳字

多作貳然釋文無貳字音邢疏引孟子作貳引爾雅注作二

此即其義也注疏本同雪牕本無即字此蓋衍單疏本標起止云注公羊至弟也并無此五字

女子謂兄之妻爲嫂唐石經雪牕本同釋文嫂素早反本今作嫂

禮記妻父曰外舅注疏本同浦鏜改禮記作禮謂云謂誤記按今孟子注作禮謂者誤也孟子疏云注妻父曰外舅此蓋按禮記而云也則作疏時所據趙注本是禮記風俗通引釋樂篇稱禮樂記白虎通引釋親篇稱禮親屬記張揖上廣雅表所云叔孫通撰置禮記是也故漢人多稱爾雅爲禮記

故謂堯甥浦鏜云舜誤堯

是天子之友匹夫也注疏本同浦鏜改作而友云而誤之按今本孟子作而誤也元本孟子注作之與此合

春秋譚子奔莒注疏本奔誤伐

襄公毋姊夫之子也注疏本姊作姝按公羊注作姊妹之子與此經合夫當作妹

諸侯壹聘九女元本同閩本監本毛本壹作一

言婦人棄姓無常秩元本同閩本秩剜改作稱監本毛本遂衍作無常秩稱

故謂之婦注疏本婦誤娣

娣姒先後也世人多疑娣姒之名注疏本上句脫娣下句脫世

左傳成十一年注疏本成下增公考元本始擠人

昭二十八年傳注疏本昭下增公脫二十

言兩人相謂謂長者爲姒注疏本脫一謂

夫之兄爲兄公唐石經雪牕本注疏本同釋文兄妐音鍾本今作公禮記奔喪注兄公於弟之妻正義曰釋親婦人謂夫之兄爲兄公郭景純云今俗呼兄鍾語之轉耳今此記俗本皆女旁置公轉誤也皇氏云婦人稱夫之兄

爲公者須公平尊稱也按禮記俗本女旁置公與爾雅釋文合下文夫之姊爲女公昏義注亦作女妐然劉熙釋名作兄公云公君也君者尊稱也合之皇侃云公者須公平然則此經及奔喪注本不作妐字唐石經今本作公是也

今俗呼兄鍾語之轉耳雪牕本注疏本同或疑鍾當爲妐釋文兄妐本爲注音經則作兄公按釋名夫之兄曰公俗閒曰兄忪俗或謂舅曰章又曰忪一切經音義卷十三引釋名云俗謂舅章曰妐言是已所敬見之忪遽自齊肅也漢書景十三王傳背尊章師古曰尊章猶舅姑也今關中俗婦呼舅姑爲鍾鍾者章聲之轉也然則公妐鍾章五字聲互相轉婦人於夫之父及兄皆有妐鍾之稱爾雅注與漢書注合可證鍾字之非誤矣

夫之女弟爲女妹唐石經雪牕本注疏本同袁廷檮云女妹當作女叔按禮記昏義和於室人注室人謂女妐女叔諸婦也正義曰女叔謂壻之姊也夫之弟爲叔故女弟爲女叔以經作女叔故注云今謂之女妹是也若經作女妹郭氏必不如此下注矣段玉裁云嫂妹見曹大家女誡是漢人始有女妹之稱亦名不正之一也

婚姻唐石經雪牕本注疏本婚作婚案說文昏从日从氐省氐者下也一曰民聲

持帚灑埽也　注疏本埽改掃

聞一知十爲士　此邢疏語耳浦鏜據說文改作推十合一爲士非

何以語子康子曰　元本脫以語子閩本監本毛本脫子康

是古者謂昏姻爲兄弟　元本同閩本監本毛本昏作婚

爾雅疏卷第四　唐石經雪牕本並題爾雅卷上單疏本始刪去此題注疏本同此本下記經四千一百三十二字注五千四百一十六字雙行小字

爾雅注疏卷四校勘記終

金谿王銘校

爾雅疏卷第五

翰林侍講學士朝請大夫守國子祭酒上柱國賜紫金魚袋臣邢昺等奉
勑校定

釋宮第五

疏 釋宮第五。釋曰：易繫辭云：上古穴居而野處，後世聖人易之以宮室，上棟下宇，以待風雨，蓋取諸大壯。此其始也。白虎通云：黃帝作宮室。世本曰：禹作宮室。其臺榭樓閣之異、門墉行步之名，皆自於宮，故以釋宮揔之也。

宮謂之室，室謂之宮。皆所以通古今之異語，明同實而兩名。

疏 宮謂至之宮。釋曰：別二名也。郭云皆所以通古今之異語，明同實而兩名。釋名云：宮，穹也，宮屋見於垣上，穹崇然也。室，實也，言人物實滿於其中也。是所從言之異耳。詩云作于楚宮，又曰入此室處，是也。古者貴賤所居皆得稱宮，故禮記曰由命士以上父子皆異宮，又喪服傳繼父為其妻前夫之子築宮廟，是士庶人皆有宮稱也。至秦漢以來，乃定為至尊所居之稱。

牖戶之間謂之扆，窗東戶西也。禮云斧扆者，以其所在處名之。其內謂之家。今人稱家義出於此。扆倚

疏 牖戶至之家。釋曰：牖者，戶西窗也。此牖東戶西，為牖戶之間，其處名扆；云其內者，其扆內也。自此扆內即謂之家。說文云：家，居也。禮記云：已受命，君言不宿於家。郭云今人稱家義出於此，言其稱家之義本出於此也。注禮云至名之。釋曰：云禮云斧扆者，案覲禮云：天子設斧依於戶牖之間，左右几。鄭注云：依，如今綈素屏風也，有繡斧文，所以示威也。斧謂之黼是也。云以其所在處名之者，言本牖戶之間名扆，覲禮天子設屏風之扆於牖戶之間，因名此屏風為扆，是以其在扆處即名之曰扆也。

東西牆謂之序。所以序別內外。

疏 東西牆謂之序。釋曰：此謂室前堂上東廂西廂之牆也，所以次序分別內外親疏，故謂之序也。尚書顧命云：西序東嚮，敷重底席；東序西嚮，敷重豐席。及禮經每云東序、西序者，皆謂此也。

西南隅謂之奧，室中隱奧之處。西北隅謂之屋漏，詩曰：尚不愧於屋漏。其義未詳。東北隅謂之宧，宧見禮，亦未詳。東南隅謂之窔。禮曰：埽室聚窔。窔亦亦隱闇。宧夷窔要

疏 西南至之窔。釋曰：此別宮中四隅之異名也。云奧者，孫炎云：室中隱奧之處也。古者為室，戶不當中而近東，則西南隅最為深隱，故謂之奧，而祭祀及尊者常處焉。曲禮云：凡為人子者，居不主奧。是也。西北隅名屋漏，東北隅名宧，東南隅名窔。窔亦隱闇之義也，與奧相類，故郭云亦也。注詩曰至未詳。釋曰：云詩曰尚不愧於屋漏者，大雅抑篇文也。鄭箋云：尚無肅敬之心，不慙愧於屋漏。有神見人之為也。屋，小帳也；漏，隱也。禮，祭於奧，既畢，改設饌於西北隅，而屝隱之處，此祭之末也。孫炎云：屋漏者，當室之白，日光所漏入。郭云其義未詳者，以孫、鄭之說皆無所據，故不取也。注宧見禮亦未詳。釋曰：李巡云：東北者陽始起，育養萬物，故曰宧。宧，養也。說文亦云。郭云亦未詳者，以頤養之字作頤，又室中四隅無取陰陽之義，與屋漏意同，故云亦未詳也。注禮曰埽室聚窔。釋曰：既夕記云：朔月，童子執帚，卻之，左手奉之，從散者而入，比奠，舉席，埽室，聚諸窔，布席如初，卒奠，埽者執帚，垂末內鬣，從執燭者而東。是其事也。

柣謂之閾，門閾。限。棖謂之楔，門兩旁木。楣謂之梁，門戶上橫梁。樞謂之椳，門戶扉樞。樞達北方謂之落時，門持樞者，或達北檼，以為固也。落時謂之戹。道二名也。柣千結切，閾域，楔古黠切，樞昌朱切，椳於回切，戹音士。

疏 柣謂至之戹。釋曰：此別門戶上下及兩旁之木名也。柣者，孫炎云門限也。經傳諸注皆以閾為門限，謂門下橫木為內外之限也，俗謂之地柣，一名閾。曲禮云不履閾是也。棖者，門兩旁長木，一名楔。李巡曰：棖謂梱上兩旁木。禮記玉藻云：君入門，士介拂棖。鄭注云：棖，門楔也。楣即梁也。呂伯雍云：門樞之橫梁也。郭云門戶上橫梁。鄉射記云：堂則物當楣。是也。樞者，門扉開闔之所由也，一名椳。易曰：樞機之發。是也。其持樞之木或達北檼以為牢固者，名落時。檼即棟也。落時又名戹，是持樞一木有此二名也。

垝謂之坫，在堂隅。坫，端也。牆謂之墉，書曰：既勤垣墉。鏝謂之杇，泥鏝。椹謂之榩，斫木櫍也。地謂之黝，黑飾地也。牆謂之堊。白飾牆也。垝古委反，杇烏，椹砧，榩虔，黝於糾反，堊於故反。

疏 垝謂至之堊。釋曰：此別宮室垣墉及脩飾之名也。坫者，堂角也，一名垝。牆者，室之防也，一名墉。李巡曰：謂垣牆也。郊特牲曰：君南鄉於北墉下。注云：社內北牆是也。亦為城。王制注云：小城曰附庸。大雅皇矣云：以伐崇墉。義得兩通也。鏝者，泥鏝也，一名杇，塗工之作具也。論語曰：糞土之牆不可杇。是也。椹者，斫木所用以藉者之木名也，一名榩。孫炎云：斵木質也。詩商頌云：方斵是虔。是也。又名櫍。穀梁傳曰：裘

纏櫝以爲梟是也以黑飾地謂之黝以白飾牆謂之堊周禮
守祧職云其祧則守祧黝堊之是也注在堂隅坫端也○釋
曰坫名見於經傳者有三案禮記明堂位云反坫出尊崇坫
亢圭及論語邦君爲兩君之好有反坫此三者在兩楹之閒
以土爲之非此經所謂也案既夕記云設棜于東堂下南順
齊于坫士冠禮云爵弁皮弁緇布冠各一匴執以待于西坫
南則此經所謂也鄭注云坫在堂角然則堂之東南角爲東
坫西南角爲西坫故郭云在堂隅坫端也言坫是
堂角端也注書曰既勤垣墉○釋曰此周書梓材篇文也案
彼云若作室家既勤垣墉惟其塗墍茨孔傳云如人爲室家
已勤立垣墉惟其當塗墍茨蓋之此喻教化也

樴謂之杙 橛也 在牆者謂之楎 禮記曰不敢縣於夫之楎箷 在地者謂之臬 即門橛也 大者謂之栱 長者謂之閣 別杙所在長短之名○樴徒得反杙亦楎暉臬魚列反 疏 樴謂至之閣○
釋曰此別杙所在長短之名也杙即橛也一名樴置杙在牆
者名楎在地及門中者名臬玉藻云公事自闑西私事自闑
東是也大者名栱長者名閣也注禮記曰不敢縣於夫
之楎箷○釋曰此內則文也鄭注云竿謂之箷楎杙也

閣謂之臺 積土四方 有木者謂之榭 臺上起屋○闍都 疏 闍謂至之榭○
釋曰別臺榭之制也積土四方而高者名臺即下云四方而
高者也一名闍李巡云積土爲之所以觀望詩云出其闉闍
彼以闍爲城臺於此臺上有木起屋者
名榭月令仲夏云可以處臺榭謂此也

雞棲於弋爲榤 鑿垣而棲爲塒 今寒鄉穿牆棲雞皆見詩○榤竭垣袁塒時 疏 雞棲至爲塒○釋曰
李巡曰別雞所棲之名也弋橛也鑿牆爲雞作棲曰塒注今
寒至見詩○釋曰云今寒鄉穿牆棲雞者謂苦寒之鄉也避
寒故穿牆以棲雞云皆見詩者案王風君
子于役云雞棲于塒又曰雞棲于桀是也

植謂之傳傳謂之突 戶持鐶植也見埤蒼 疏 植謂至之突○釋曰植謂戶之維持鐶者也植木爲之因名云又名
傳又名突也
文見埤蒼

杗廇謂之梁 屋大梁也 其上楹謂之梲 侏儒柱也 閞謂之槉 柱上欂也亦名枅又曰楮 栭謂之楶 即櫨也 棟謂之桴 屋檼 桷謂之榱 屋椽 桷直而遂謂之閱 謂五架屋際椽正相當 直不受檐謂之交 謂五架屋際椽不直上檐交於檼上 檐謂之樀 屋梠○杗亡廇力又反梲拙閞卞槉疾楶節桴浮榱衰檐簷樀滴 疏 杗廇至之樀○釋曰此別梁柱
棟榱之名也梁即屋大梁也一名杗廇楹柱也其梁上短柱
名梲禮器云藻梲者謂畫梁上柱爲藻文也一名侏儒柱以
其短小故也閞者柱上木名也又謂之槉又名欂亦名枅字
林云枅柱上方木是也又曰楮是一物五名也栭一名楶即
櫨也皆謂斗栱也禮器云管仲山節者謂刻柱頭爲斗栱形
如山也棟屋檼也一名桴今屋脊也易曰棟隆吉是也桷屋
椽也一名榱呂沈云齊魯名桷周人名榱易曰鴻漸于木或
得其桷左傳子產曰棟折榱崩僑將壓焉是也屋椽長直而
遂達五架屋際者名閱郭云謂五架屋際椽正相當若其椽
直不上於檐者名交言相交於檼上也郭云謂五架屋際椽
不直上檐交於檼上屋檐一名樀一名屋梠又名宇皆屋之
四垂也故士喪禮曰爲銘置于宇西階上鄭注云宇梠是也

容謂之防 形如今牀頭小曲屏風唱射者所以自防隱見周禮 疏 容謂之防○釋曰容者射禮唱
獲者蔽身之物也一名防言所以容身防矢也一名乏鄉射
禮云乏三侯道居侯黨之一西五步鄭注云容謂之乏所以

爲獲者御矢也謂之乏者言矢至此力乏也郭云形如今牀
頭小曲屏風唱射者所以自防隱見周禮者案夏官舍人職
云以射灋治射儀王以六耦射三侯三獲三
容鄭司農云容者乏也待獲者所蔽也是矣

連謂之簃 堂樓閣邊小屋今呼之簃廚連觀也○簃丈知反 疏 連謂之簃○釋曰簃樓閣邊相連小屋名也郭云堂樓閣
邊小屋今呼之
簃廚連觀也

屋上薄謂之筄 屋笮○筄曜 疏 屋上薄謂之筄○釋
曰屋上薄一名筄
今謂之屋笮也

兩階間謂之鄉 人君南鄉當階間 中庭之左右謂之位 羣臣之側位也 門屏之間謂之宁 人君視朝所宁立處 屏謂之樹 小牆當門中○鄉向屏音併宁佇 疏 兩階至之樹○釋曰此別君臣之位處也
人君南面鄉明而治其位在兩階間因名云也云中庭之左
右謂之位者左右猶東西也位羣臣之列位也案明堂位云
三公中階之前北面東上諸侯之位阼階之東西面北上諸
伯之國西階之西東面北上諸子之國門東北面東上諸男
之國門西北面東上是也云門屏之間謂之宁者謂路門之
外屏樹之內人君視朝宁立之處因名爲宁李巡云正門內

兩塾間曰宁曲禮曰天子當宁而立諸公東面諸侯西面曰朝是也云屏謂之樹者屏蔽也樹立也立牆當門以自蔽也李巡曰垣當門自蔽名曰樹郭云小牆當門中禮緯云天子外屏諸侯內屏郊特牲云旅樹鄭注云旅道也屏謂之樹樹所以蔽行道以此推之則諸侯內屏在路門之內天子外屏在路門之外而近應門者矣

閍謂之門詩曰祝祭于祊

正門謂之應門朝門

觀謂之闕宮門雙闕

宮中之門謂之闈謂相通小門也其小者謂之閨小閨謂之閤大小異名

衖門謂之閎左傳曰盟諸僖閎閎衖頭門

門側之堂謂之塾夾門堂也

橛謂之闑門閫

闔謂之扉公羊傳曰齒著于門闔

所以止扉謂之閎門辟旁長橛也左傳曰高其閈閎閎長杙即門橜也○閎補耕反觀貫衖巷塾熟橛其月反闑魚列反

疏閍謂至之閎○釋曰此別門闕之異名也李巡曰閍廟門名其路門之外受朝正門一名應門應門之外門曰雉門雉門之旁名觀又名闕宮中相通小門名闈闈之小者名閨閨之小者名閤衖頭之門名閎門側之室夾堂東西者名塾門中之橛名闑一名闔闑門扇也一名扉於門辟旁樹長橛所以止扉者名閎注詩曰祝祭於祊○釋曰小雅楚茨篇文也案祊本廟門之名設祭於廟門因名其祭亦名祊凡祊有二種一是正祭之時既設祭於廟又求神於廟門之內郊特牲云索祭祝於祊及詩云祝祭於祊注云祊平生門內之旁待賓客之處與祭同日也二是明日繹祭之時設饌於廟門外西室亦謂之祊即郊特牲注云祊之禮宜於廟門外之西室及禮器云爲祊乎外是也然則廟門內外皆有祊稱注朝門○釋曰案詩大雅云迺立皋門皋門有伉乃立應門應門將將鄭箋云諸侯之宮外門曰皋門朝門曰應門內有路門天子之宮加以庫雉案鄭玄注周禮秋官朝士職王五門皋庫雉應路也又曰天子諸侯皆有三朝外朝一內朝二其天子外朝一者在皋門之內庫門之外大詢衆庶之朝也朝士掌之內朝二者正朝在路門外司士掌之燕朝在路門內大僕掌之諸侯之外朝一者在皋門內應門外內朝二者亦在路寢門之外內以正朝在應門內故謂應門爲朝門也注宮門雙闕○釋曰周禮大宰正月之吉縣治象之法于象魏使萬民觀治象鄭衆云象魏闕也劉熙釋名云闕在門兩旁中央闕然爲道也白虎通云闕是闕疑義亦相兼然則其上縣法象其狀魏魏

然高大謂之象魏使人觀之謂之觀也是觀與象魏闕一物而三名也以門之兩旁相對爲雙故云雙闕注左傳曰盟諸僖閎○釋曰襄十一年傳文也案彼云季武子將作三軍叔孫穆子曰然則盟諸乃盟諸僖閎杜注云僖宮之門是也注公羊傳曰齒著于門闔○釋曰莊十二年傳文也案彼云宋萬搏閔公絕其脰仇牧聞君弒趨而至遇之于門手劒而叱之萬辟撥仇牧碎其首齒著乎門闔何休云闔扇也是矣注左傳曰高其閈閎○釋曰襄三十一年傳云子產相鄭伯以如晉晉侯以我喪故未之見也子產使盡壞其館之垣而納車馬焉士文伯讓之曰敝邑以政刑之不脩寇盜充斥無若諸侯之屬辱在寡君者何是以令吏人完客所館高其閈閎是也案說文云閎門也汝南平輿里門曰閈閈既爲門故郭氏以閎爲長杙即門橜也杜預云閎門也非郭義也

瓴甋謂之甓甋甎也今江東呼瓴甓○瓴靈甋的甓蒲覓切

疏瓴甋謂之甓○釋曰瓴甋一名甓郭云甋甎也今江東呼瓴甓詩陳風云中唐有甓是也

宮中衖謂之壼巷閤閒道

廟中路謂之唐詩曰中唐有甓

堂途謂之陳堂下至門徑也

路旅途也途即道也

路場猷行道也博說道之異名

一達謂之道路長道

二達謂之歧旁歧道旁出也

三達謂之劇旁今南陽冠軍樂鄉數道交錯俗呼之五劇鄉

四達謂之逵交道四出

五達謂之康史記所謂康莊之衢

六達謂之莊左傳曰得慶氏之木百車於莊

七達謂之劇驂三道交復有一歧出者今北海劇縣有此道

八達謂之崇期四道交出

九達謂之逵四道交出復有旁通○壼苦本切劇極

疏宮中至之逵○釋曰此別衖道之異名也宮中衖閤閒道名壼孫炎曰巷舍閒道也王肅曰今後宮稱永巷是宮內道名也廟中之路名唐堂下至門徑名陳路旅皆途之別名也途即道也路場猷行四者復是道之異名也一達長道謂之道路歧分二達者謂之歧旁言歧道旁出也歧分三達者謂之劇旁孫炎云旁出歧多故曰劇交道四達謂之衢交道四出復有一旁達謂之康孫炎云康樂也交會樂道也交道六出謂之莊孫炎云莊盛也道煩盛三道交出復有一歧出者謂之劇驂四道交出謂之崇期四道交復有一歧出者謂之逵注詩曰中唐有甓○釋曰此陳風防有鵲巢

篇文也注史記所謂康莊之衢。釋曰案史記列傳云騶奭者齊諸騶子亦頗采騶衍之術以紀文於是齊王嘉之自如淳于髡以下皆命曰列大夫爲開第康莊之衢是也注左傳得慶氏之木百車於莊。釋曰案襄二十八年齊慶封謀殺子雅子尾陳文子謂桓子曰禍將作矣吾其何得對曰得慶氏之木百車於莊杜注云慶封時有此木積於六軌之道是也注四道交出復有旁通。釋曰詩周南云施于中逵毛傳云逵九達之道是也案左傳隱十一年云及大逵桓十四年焚渠門入及大逵莊二十八年衆車入自純門及逵市宣十二年入自皇門至于逵路杜預皆以爲道並九軌案周禮經涂九軌不名曰逵杜意蓋以鄭之城内不應有九出之道故以爲並九軌於此則不合也

室中謂之時堂上謂之行堂下謂之步門外謂之趨中庭謂之走大路謂之奔〔疏〕室中至之奔。釋曰此皆人行步趨走之處因以名云室中名時時然後動堂上曰行行謂平行也堂下曰步白虎通云人踐三尺法天地人再舉足曰步備陰陽也門外曰趨鄭玄云行而張拱曰趨中庭曰走走疾趨也大路曰奔奔大走也書曰駿奔走案此經所釋謂祭祀之禮知者以召誥云王朝步自周則至于豐注云告文王廟告文王則告武王可知出廟入廟不以遠爲文是也若迎賓則樂師云行以肆夏趨以采齊行謂大寢之庭至路門趨謂路門至應門

隄謂之梁即橋也或曰石絕水者爲梁見詩傳

石杠謂之徛聚石水中以爲步渡彴也孟子曰歲十月徒杠成或曰今之石橋。隄低杠江徛寄

〔疏〕隄謂至之徛。釋曰此別橋彴之名也隄一名梁郭氏兩解一名即橋也以木爲之一云以石絕水石杠一名徛郭氏亦兩解一云聚石水中以爲步渡彴也廣雅云彴步橋也一云或曰今之石橋注或曰石絕水爲梁見詩傳。釋曰案衛風云有狐綏綏在彼淇梁傳云石絕水曰梁是也注孟子曰歲十月徒杠成。釋曰案孟子云子產聽鄭國之政以其乘輿濟人於溱洧孟子曰惠而不知爲政歲十一月徒杠成十二月輿梁成民未病涉也趙岐注云以爲子產有惠民之心不知爲政當以時脩橋梁民何由病苦涉水乎是也引之以證石杠爲步橋也此注作十月誤脫或所見本異

室有東西廂曰廟夾室前堂無東西廂有室曰寢但有大室無室曰榭榭即今堂堭四方而高曰臺陝而脩曲曰樓。脩長也陝狹〔疏〕室有至曰樓。釋曰此明寢廟樓臺之制也凡大室有東西廂夾室及前堂有序牆者曰廟但有太室者曰寢月令仲春云寢廟畢備鄭注云前曰廟後曰寢以廟長接神之處其處尊故在前寢衣冠所藏之處對廟爲卑故在後無室者名榭春秋宣十六年夏成周宣榭火杜預云宣榭講武屋引此文無室曰榭謂屋歇前然則榭有二義一者臺上構木曰榭上云有木曰榭及月令云可以處臺榭是也二屋歇前無壁者名榭其制如今廳事也春秋云成周宣榭公羊以爲宣宮之榭及鄉射禮云榭則鉤楹内是也郭云榭即今堂堭者堂堭即今殿也殿亦無室故云即今堂堭四方而高者名臺即上闍也脩長也凡臺上有屋狹長而屈曲者曰樓

釋器第六

〔疏〕釋器第六。釋曰案說文云器皿也從犬所以守之以此篇釋諸器之名故曰釋器

木豆謂之豆豆禮器也〔疏〕木豆謂之豆注禮器也。釋曰案周禮旊人爲豆實三而成觳崇尺鄭注云崇高也豆實四升又祭統云夫人薦豆執校執醴授之執鐙鄭注云校豆中央直者也鐙豆下跗也又禮圖云口圓徑尺黑漆飾朱中大夫以上畫以雲氣諸侯以象天子以玉皆謂飾其豆口也然則豆者以木爲之高一尺口足徑一尺其足名鐙中央直豎者名校校徑二寸揔而言之名豆豆實四升用薦菹醢周禮醢人掌四豆之實朝事之豆其實韭菹醓醢之類是也其飾則三代不同明堂位曰夏后氏以楬豆殷玉豆周獻豆注云楬無異物之飾也獻疏刻之是也以供祭祀燕饗故云禮器也

竹豆謂之籩籩亦禮器〔疏〕竹豆謂之籩注籩亦禮器。釋曰案鄭注籩人及士虞禮云籩以竹爲之口有縢緣形制如豆亦受四升盛棗栗桃梅菱芡脯脩膴鮑糗餌之屬是也亦祭祀享燕所用故云亦禮器

瓦豆謂之登即膏登也〔疏〕瓦豆謂之登。釋曰對文則木曰豆瓦曰登散則皆名豆故云瓦豆謂之登冬官旊人掌爲瓦器而云豆中縣鄭云縣繩正豆之柄是瓦亦名豆也詩大雅生民云于豆于登毛傳云豆薦菹醢登大羹也公食大夫禮云大羹湆不和實於登湆者肉汁大古之羹也不調以鹽菜以其質故以瓦器盛之郭云即膏登也

盎謂之缶盆也。盎烏浪切〔疏〕盎謂之缶。釋曰孫炎云缶瓦器郭云盆也詩陳風云坎其擊缶則缶是樂器易離卦九三不鼓缶而歌則大耋之嗟注云艮爻也位近丑丑上值弁星似缶詩云坎其擊缶則樂器亦有缶又史記藺相如使秦王擊缶是樂器爲缶也案坎卦

六四樽酒簋貳用缶注云爻辰在丑丑上值斗可以斟之象斗上有建星建星之形似簋貳副也建星上有弁星弁星之形又如缶天子大臣以王命出會諸侯主國尊於簋副設玄酒以缶則缶又是酒器也比卦初六爻有孚盈缶注云爻辰在未上值東井之水人所汲用缶缶汲器襄九年宋災左傳曰具綆缶備水器則缶是汲水之器也然則缶是瓦器可以節樂若今擊甌又可以盛水盛酒即今之瓦盆也

甌瓿謂之缻瓿甊小甖長沙謂之缻○瓿蒲口切缻後【疏】甌瓿謂之缻○釋曰甌一名瓿甊一名缻郭云甌瓿甊小甖長沙謂之缻方言云瓬瓿瓬嫷感甒𤭛缶甀甒甃江甀𤬪睡瓮瓿甊㼨嗒鄉甊甃㽃志甖也靈桂之郊謂之瓬其小者謂之瓶周魏之間謂之甒秦之舊都謂之甄淮汝之間謂之㼜江湘之間謂之甀自關而西晉之舊都河汾之間其大者謂之甀其中者謂之瓿甊自關而東趙魏之郊謂之瓮或謂之甖東齊海岱之間謂之甖甖其通語也罃陳魏宋楚之間曰甋或曰瓶燕之東北朝鮮洌水之間謂之甀齊之東北海岱之間謂之儋周洛韓鄭之間謂之甀或謂之罃罃謂之甈𤮕謂之甓缶謂之瓿甌𤬪其小者謂之瓶罃甂謂之盎自關而西或謂之盆或謂之盎其小者謂之升甌甂甌陳魏宋楚之間謂之題𤭖自關而西謂之甂其大者謂之

康瓠謂之甈瓠壺也賈誼曰寶康瓠是也○瓠胡甈契甌是其方俗之異名也【疏】康瓠謂之甈○釋曰康瓠一名甈瓠即壺也說文云破罌也方言云甈謂之盎皆非郭義也○注賈誼說曰寶康瓠是也○釋曰案漢書云賈誼洛陽人也年十八以誦詩屬文漢文帝召爲博士爲絳灌之屬害之天子疏誼爲長沙王傅以謫去意不自得及渡湘水爲賦以弔屈原其詞曰斡棄周鼎寶康瓠兮是也

斪斸謂之定鋤屬○斪音衢斸丁錄切定多佞切【疏】斪斸謂之定○釋曰斪斸一名定郭云鋤屬李巡曰鋤別名也廣雅云定謂之耨世本云垂作耨呂氏春秋云耨柄尺此其度也其耨六寸所以間稼也高誘注云耨耘苗也六寸所以入苗間詩頌臣工云庤乃錢鎛毛傳云鎛耨也耨及定當是一器但先儒或即云鋤或云鋤屬古器變易未能識之

斫謂之鐯钁也○鐯張畧切【疏】斫謂之鐯○釋曰斫一名鐯郭云钁也說文云钁大鋤也

斛謂之疀皆古鍬鍤字○斛鍬疀鍤【疏】斛謂之疀○釋曰郭云皆古鍬鍤字方言云燕之東北朝鮮洌水之間謂之斛宋魏之間謂之鏵或謂之鍏鞾江淮南楚之間謂之臿趙魏之間謂之喿鍫是皆謂今鍬也○鍬音秋

緵罟謂之九罭九罭魚罔也今之百囊罟是亦謂之䍡今江東呼爲緵

嫠婦之笱謂之罶毛詩傳曰罶曲梁也謂以簿爲魚笱

罺謂之汕今之撩罟

篧謂之罩捕魚籠也

槮謂之涔今之作槮者聚積柴木於水中魚得寒入其裏藏隱因以簿圍捕取之

鳥罟謂之羅謂羅絡之

兔罟謂之罝罝猶遮也見詩

麋罟謂之罞冒其頭也

彘罟謂之羉羉幕也

魚罟謂之罛最大罟也今江東云

繴謂之罿罿罬也罬謂之罦罦覆車也今之翻車也有兩轅中施罥以捕鳥展轉相解廣異語○緵子弄罭域嫠離笱狗罺嘲汕所諫切篧主角切槮桑感切罝嗟罞茆彘滯羉鸞罛孤繴壁罿衝罬拙罦浮【疏】緵罟至覆車也○釋曰此別羅網之異名也罟網也緵罟一名九罭即魚罔也嫠婦之笱取魚器也一名罶罺一名汕罩捕魚籠一名篧積柴水中取魚名槮又名涔鳥罔名羅兔罔名罝麋罔名罞罞冒也言冒覆其頭也彘豬也其罔名羅羉羉幕也言幕絡其身也魚之大罔名罛翻車小罔捕鳥者名繴也罿也罬也罦也皆謂覆車也○注今之至爲緵○釋曰今之百囊罟是亦謂之䍡今江東呼爲緵者以時驗而言也孫炎云九罭謂魚之所入有九囊也詩豳風云九罭之魚鱒魴是也○注毛詩至魚笱○釋曰云毛詩傳曰罶曲梁也者小雅云魚麗于罶傳云罶曲梁也是矣云謂以簿爲魚笱者孫炎云罶曲梁其功易故謂之寡婦之笱然則曲簿也嫠寡也以簿爲魚笱其功易號之寡婦之笱耳非寡婦所作也○注今之撩罟○釋曰李巡云汕以簿汕魚也案詩小雅云南有嘉魚烝然汕汕傳云樔也箋云樔今之撩罟也皆以今曉古○注捕魚籠也○釋曰李巡云篧編細竹以爲罩捕魚也孫炎云今楚篧也然則罩以竹爲之無竹則以荊故謂之楚篧皆謂捕魚籠也詩小雅云南有嘉魚烝然罩罩是也○注今之至取之○釋曰李巡曰今以木投水中養魚曰涔孫炎云積柴養魚曰槮郭云今之作槮者聚積柴木於水中魚得寒入其裏藏隱因以簿圍捕取之小爾雅曰魚之所息謂之潛潛槮也積柴水中魚舍也詩周頌云潛有多魚是也槮罧潛涔古今字○注謂羅絡之○釋曰李巡云鳥飛張網以羅之然則張網以羅絡飛鳥詩王風云雉離于羅是也○注罝猶遮也見詩○釋曰周南云肅肅兔罝是也李巡云兔自作徑路張罝捕之也然則張罔遮兔因名曰罝○注最大罟也今江東云○釋

曰李巡曰魚罟捕魚具也然則捕魚之具最大者名罛詩衛風云施罛濊濊是也注今之至異語○釋曰孫炎曰覆車網可以掩兔者也一物五名方言異也郭云今之翻車也有兩轅中施罥以捕鳥展轉相解廣異語廣雅云罥罟也案詩王風云雉離于罦又曰雉離于罿然則捕鳥之具也孫炎云掩兔非也

絇謂之救救絲以爲絇或曰亦罥名○絇其具切

〔疏〕絇謂之救○釋曰郭氏兩解一云救絲以爲絇絇屨頭飾也士冠禮曰玄端黑屨青絇鄭注云絇之言拘也以爲行戒狀如刀衣鼻在屨頭是也或曰絇屨舃小爾雅曰舃而今絇也一云亦罥名者言此經絇亦罥罟之別名也義疑故兩存焉

律謂之分律管可以分氣○分音粉

〔疏〕律謂之分○釋曰律一名分鄭注月令云律候氣之管也以銅爲之律厤志云皇帝使伶倫氏自大夏之西崑崙之陰取竹之解谷斷兩節間而吹之以爲黃鍾之宮制十二筩以聽鳳凰之鳴其雄鳴則爲六律雌鳴則爲六呂陽管爲律律法也言陽氣與陰氣爲法鄭云律述也述氣之管陰管爲呂律厤志云呂助也言助陽宣氣又云呂拒也言與陽相承更迭而至又陰律稱同言與陽同也摠而言之陰陽皆稱律故月令十二月皆云律中是也以其分候十二月氣故又名分郭云律管可以分氣是也

大版謂之業築牆版也**繩之謂之縮之**縮者約束之詩曰縮版以載

〔疏〕大版至縮之○釋曰此解詩云縮版以載也大版名業以繩束版謂之縮注築牆版也○釋曰孫炎曰業所以飾栒刻版捷業如鋸齒也毛詩傳云業大版也所以飾栒爲縣也捷業如鋸齒或曰畫之然則業者是樂縣之飾郭必以爲築牆版者以此文與縮之相連詩云縮版以載作者以類相從縮既築牆所用之繩則業是築牆之版明矣散而言之則業亦樂縣之飾故詩大雅云虡業維樅周頌云設業設虡而毛鄭皆以爲大版所以飾栒爲縣也注縮者至以載○釋曰孫炎云繩束築版謂之縮然則縮者束物之名用繩束版故謂之縮復言縮之明用繩束之也故云縮者約束之云詩曰縮版以載者大雅緜篇文也

彝卣罍器也皆盛酒尊彝其摠名**小罍謂之坎**罍形似壺大者受一斛○卣酉

〔疏〕彝卣至之坎○釋曰別酒尊大小之異名也彝其摠名彝者法也與諸尊爲法司尊彝云雞彝鳥彝斝彝黃彝虎彝蜼彝是也卣者下云卣中尊也孫炎云尊彝爲上罍爲下卣居中郭云不大不小者是在罍彝之間即周禮犧象壺著太山等六尊是也罍者尊之大者也即周禮司尊彝云皆有罍諸臣之所酢是也案禮圖云六彝爲上受三斗六尊爲中受五斗六彝爲下受一斛故異議罍制韓詩說金罍大夫器也天子以玉諸侯大夫皆以金士以梓毛詩說金罍酒器也諸臣之所酢人君以黃金飾尊大一碩金飾龜目蓋刻爲雲雷之象謹案韓詩說天子以玉經無明文謂之罍者取象雲雷博施如人君下及諸臣又司尊彝云皆有罍諸臣之所酢注云罍亦刻而畫之爲山雲之形言刻畫則用木矣故禮圖依制度云刻木爲之韓說言士以梓士無飾言其木體則以上同周梓加飾耳毛詩言大一碩禮圖亦云大一斛則大小之制尊卑同也雖尊卑飾異皆得畫雲雷之形以其云罍取於雲雷故也是彝卣罍三者皆爲盛酒器也其罍之小者別名坎

衣裗謂之視衣縷也齊人謂之攣或曰袿衣之飾**黼領謂之襮**繡刺黼文以褗領**緣謂之純**衣緣飾也**袕謂之褮**衣開孔也**衣背謂之襟**交領**衱謂之裾**衣後襟也**衿謂之袸**衣小帶**佩衿謂之褑**佩玉之帶上屬**執衽謂之袺**持衣上衽**扱衽謂之襭**扱衣上衽於帶**衣蔽前謂之襜**今蔽膝也**婦人之褘謂之縭縭緌也**即今之香纓也褘邪交落帶繫於體因名爲褘緌繫也**裳削幅謂之纀**削殺其幅深衣之裳○裗流視倪襮博緣餘絹切純之閏切袕穴褮營背才細切衱劫袸賤褑院衽稔袺結扱插襜昌占切褘韋縭離緌汝誰切纀卜

〔疏〕衣裗至謂之纀○釋曰此別衣服之異名也云衣者目之也裗一名視刺繡黼文於衣領名襮衣之緣飾名純禮記深衣云衣純以繢衣純以青之類是也袕衣開孔也名褮說文云鬼衣也衣背名襟謂交領也方言云衿謂之交是也衱一名裾即衣後裾也衿衣小帶也一名袸士昏禮曰施衿結帨是也佩下之帶名褑衽裳際也手執持其衽名袺扱衽於帶名襭詩周南云薄言袺之薄言襭之是也衣之蔽前者名襜婦人之香纓名褘又謂之縭縭緌也緌猶繫也取繫屬之義衣下曰裳削殺也裳削殺其幅者名纀謂深衣之裳也注衣縷至之飾○釋曰此郭氏兩解一云衣縷也本或作褸䙝方言云褸謂之衽又謂之袩妍狹彼注云即衣衿也云齊人謂之攣者以目驗而言也一云或曰袿衣之飾者蓋名曰婦人上服曰袿廣雅云袿長襦也言飾者蓋以繒爲緣飾耳注繡刺黼文以褗領○釋曰詩唐風云素衣朱襮毛傳云襮領也諸侯繡黼丹朱中衣毛言繡黼者謂於繒

之上繡刺以爲黼非訓繡爲黼郭氏取毛爲說也注今蔽膝也○釋曰方言云蔽鄰江淮南楚之間謂之禕或謂之袚[illegible]魏宋南楚之間謂之大巾自關東西謂之蔽鄰齊魯之郊謂之神媚詹襦又名韠禮記玉藻云韠君朱大夫素士爵韋圜殺直天子直公侯前後方大夫前方後挫角士前後正韠下廣一尺上廣一尺長三尺其頸五寸肩革帶博二寸是也注即今至繫也○釋曰孫炎云禕帨巾也郭云即今之香纓也禕邪交落帶繫於體因名爲禕綏繫也此女子旣嫁之所著示繫屬於人義見禮記曲禮云女子許嫁纓及內則云衿纓是也詩云親結其縭謂母送女重結其所繫著以申戒之孫炎以禕爲帨巾失之也注削殺其幅深衣之裳○釋曰案深衣目錄云稱深衣者以餘服則上衣下裳不相連此深衣衣裳相連被體深邃故謂之深衣案深衣篇云制十有二幅以應十有二月鄭注云裳六幅幅分之以爲上下之殺故云削殺其幅深衣之裳也其深衣製度禮記具焉

輿革前謂之鞎以韋靶車軾後謂之笰以韋靶後戶竹前謂之禦以簟衣軾後謂之蔽以簟衣後戶環謂之捐著車衆環鑣謂之钀馬勒旁鐵載轡謂之轙車軛上環轡所貫也轡首謂之革轡靶勒見詩○捐因絹切鑣表驕切钀魚列切轙儀

疏輿革至之革○釋曰此辨車馬之飾名也云輿革前謂之鞎者李巡曰輿革前謂輿前以革爲車飾曰鞎郭云以韋靶車軾靶謂巍也軾車上橫木毛詩傳云諸侯之路車有朱革之質而羽飾謂以皮革爲本質其上又以翟羽爲之飾詩齊風云簟笰朱鞹是也後謂之笰者李巡曰笰車後戶名也郭云以韋靶後戶云竹前謂之禦者李巡曰竹前謂編竹當車前以擁蔽名之曰禦禦止也孫炎曰禦以簟爲車飾也郭云以簟衣軾詩傳云簟方文席也云後謂之蔽者郭云以簟衣後戶即詩所謂簟笰也云環謂之捐謂著車衆環名捐云鑣謂之钀者鑣馬勒旁鐵一名钀云載轡謂之轙者轡者御馬之具也古者乘車駕駟馬凡八轡轅端之木名衡衡即軛軛上著環以貫轡此即載轡之環名轙故郭云車軛上環轡所貫也云轡首謂之革者轡首名革也詩大雅云鞗革金厄是也郭云轡靶勒見詩字林云靶轡革也

餀謂之餯說物臭也食饐謂之餲飯饖臭見論語摶者謂之糷飯相著米者謂之糪飯中有腥肉謂之敗臭壞魚謂之餒肉爛○餀呼蓋切餯許穢切饐意餲隘糷爛糪柏餒奴罪切

疏餀謂至之餒○釋曰此別物臭惡之異名也李巡云餀餯皆穢臭也食飯也饐飯臭也一名餲飯摶相著者名糷李巡云糷飯淖糜相著也飯中有腥米者名糪李巡曰米飯半腥半熟名糪即論語云失飪不食肉臭壞曰敗魚內爛曰餒即論語云魚餒而肉敗不食是也注飯饖臭見論語○釋曰說文云饖飯傷熱著頡篇云食臭敗也云見論語者鄉黨篇云食饐而餲孔曰饐餲臭味變是也注內爛○釋曰案春秋僖十九年云梁亡公羊傳曰此未有伐者其言梁亡何自亡也其自亡奈何魚爛而亡也何休云梁君隆刑峻法百姓一旦相率俱去狀若魚爛魚爛從內發故云爾然則魚之敗壞先自內始故云內爛是郭用公羊爲說今本內作肉恐誤

肉曰脫之剝其皮也今江東呼麋鹿之屬通爲肉魚曰斮之謂削鱗也○斮莊略反

疏肉曰至斮之○釋曰此論治擇魚肉之名也肉剝去其皮因名脫之李巡云肉去其骨曰脫皇侃云治肉除其筋膜取好者郭氏以與魚曰斮之文連斮謂斬削其鱗則脫是脫剝其皮也嫌羊豕有不剝其皮者故又云今江東呼麋鹿之屬通爲肉案禮記內則及李巡爾雅本皆云魚曰作之皇侃云作爲搖動也凡取魚搖動之視其鮮餒餒者不食李巡云作之魚骨小無所去今本作斮郭云謂削鱗也

冰脂也莊子云肌膚若冰雪冰雪脂膏也

疏冰脂也○釋曰脂膏也一名冰注莊子至膏也○釋曰云莊子云肌膚若冰雪者此內篇逍遙遊之言也案彼云藐姑射之山有神人居焉肌膚若冰雪綽約若處子引之者證冰爲脂也云脂膏也者孫炎曰膏凝曰脂則似脂與膏異而云脂膏者以脂有凝有釋對例即內則注云脂肥凝者釋者曰膏散文則脂膏皆揔名也

肉謂之羹肉臛也廣雅曰湇見左傳魚謂之鮨鮨鮓屬也見公食大夫禮肉謂之醢肉醬有骨者謂之臡雜肉醬見周禮○鮨祁醢海臡泥

疏肉謂至之臡○釋曰此別魚肉所作食味之名也肉之所作臛名羹魚所作鮓名鮨以肉作醬名醢有骨相雜者名臡注肉臛至左傳○釋曰云肉臛也者儀禮所謂膷臐膮是也云廣雅曰湇者則彼云羹謂之湇是也云見左傳者案隱元年鄭伯寘其母姜氏于城潁而誓之曰不及黃泉無相見也既而悔之潁考叔爲潁谷封人聞之有獻於公公賜之食食舍肉公問之對曰小人有母皆嘗小人之食矣未嘗君之羹請以遺之是謂肉爲羹也注鮨鮓至夫禮○釋曰案公食大夫禮云牛炙南醢以西

牛胾醢牛鮨鄭注云内則謂鮨爲膾然則膾用鮨是也注雜骨醬見周禮○釋曰案醢人職云掌四豆之實朝事之豆其實韭菹醓醢昌本麋臡鄭注云作醢及臡者必先膊乾其肉乃後莝之雜以粱麴及鹽漬以美酒塗置甀中百日則成矣是也

康謂之蠱米皮 澱謂之垽滓澱也今江東呼垽○垽魚靳切〔疏〕康謂至之垽○釋曰康米皮也一名蠱左傳曰穀之飛亦名蠱是也澱滓泥也一名垽郭云今江東呼垽

鼎絕大謂之鼐最大者 圜弇上謂之鼒鼎斂上而小口 附耳外謂之釴鼎耳在表 款足者謂之鬲鼎曲脚也○鼐耐圜袁鼒咨釴亦款苦管反鬲力〔疏〕鼎絕至之鬲○釋曰此別鼎名也鼎最大者名鼐體圜斂上而小口者名鼒詩周頌云鼐鼎及鼒附耳在鼎表者名釴款闊也謂鼎足相去疏闊者名鬲

䰝謂之鬵詩曰漑之釜鬵 鬵鉹也涼州呼鉹○鬵尋鉹移〔疏〕䰝謂之鬵鬵鉹也○釋曰䰝一名鬵涼州名鉹方言云甑自關而東或謂之甗或謂之鬵或謂之酢餾是也注詩曰漑之釜鬵○釋曰檜風匪風篇文也

璲瑞也詩曰鞙鞙佩璲璲者玉瑞 玉十謂之區雙玉曰瑴五瑴爲區○璲瑞區羌于反〔疏〕璲瑞也玉十謂之區○釋曰璲者瑞玉名也玉十名區注詩曰至玉瑞○釋曰云詩曰鞙鞙佩璲者小雅大東篇文也毛傳云鞙玉貌璲瑞也鄭箋云佩璲者以瑞玉爲佩佩之鞙鞙然是也〔注〕雙玉曰瑴五瑴爲區○釋曰襄十八年左傳云晉侯伐齊將濟河獻子以朱絲係玉二瑴杜注云雙玉曰瑴是先儒之相傳爲然也五瑴則十玉也

羽本謂之翮鳥羽根也 一羽謂之箴十羽謂之縳百羽謂之緷別羽數多少之名○翮戶革切縳篆緷衮〔疏〕羽本至之緷○釋曰此別羽數名少之名也本根也鳥羽根名翮一羽名箴十羽名縳百羽名緷案周禮地官羽人職云掌以時徵羽翮之材于山澤之農以當邦賦之政令凡受羽十羽爲審百羽爲摶十摶爲縳鄭注云審摶縳羽數束名也爾雅云一羽謂之箴十羽謂之縳百羽謂之緷其名音相近也一羽則有名蓋失之矣鄭意以爲箴與審縳與摶緷與縳名數聲音皆相近也一羽不合有名疑一羽當爲十羽也郭意以爲凡物無不從一爲始以爾雅不失周官未爲得也

木謂之虡縣鍾磬之木植者名虡○虡音巨〔疏〕木謂之虡○釋曰郭云縣鍾磬之木植者名虡考工記云梓人爲筍虡鄭注云樂器所縣橫曰筍植曰虡然則縣鍾磬者兩端有植木其上有橫木謂直立者爲虡謂橫牽者爲栒栒上加大版爲之飾名業詩大雅云虡業維樅

旄謂之蘢旄牛尾也○蘢畢〔疏〕旄謂之蘢○釋曰郭云旄牛尾一名蘢舞者所執也

菜謂之蔌蔌者菜茹之揔名見詩○蔌音速〔疏〕菜謂之蔌○釋曰菜茹名蔌郭云蔌者菜茹之揔名見詩者案大雅韓奕云其蔌維何維筍及蒲毛傳云蔌菜殽也是矣

白蓋謂之苫白茅苫也今江東呼爲蓋○蓋合〔疏〕白蓋謂之苫○釋曰孫炎云白蓋茅苫也郭云白茅苫也今江東呼爲蓋然則蓋即苫也以白茅爲之故曰白蓋襄十四年左傳晉將執戎子駒支范宣子親數諸侯曰乃祖吾離被苫蓋杜注云蓋苫之別名是也

黃金謂之璗其美者謂之鏐白金謂之銀其美者謂之鐐此皆道金錫之別名及精者鏐即紫磨金 鉼金謂之鈑周禮曰祭五帝即供金鈑是也 錫謂之鈏白鑞○璗蕩鏐留鐐遼鉼餅鈑版鈏引〔疏〕黃金至之鈏○釋曰此別金錫

之異名也黃金一名璗其精美者名鏐白金名銀其精美者名鐐郭云此皆道金銀之別名及精者鏐即紫磨金詩傳云天子玉琫而珧珌諸侯璗琫而鏐珌大夫鐐琫而鏐珌士珕琫而珕珌鉼金名鈑錫今白鑞也一名鈏周禮職方氏云揚州其利金錫是也〔注〕周禮至是也○釋曰云周禮曰祭五帝即共金鈑者案秋官司金職云旅于上帝則共其金鈑此云祭五帝者旅則祭也上帝則五帝也郭氏以義言之故文異爾彼注云鉼金謂之版此版所施未聞

象謂之鵠角謂之觷犀謂之剒木謂之剫玉謂之雕左傳曰山有木工則剫之五者皆治樸之名○鵠斛觷嶽剒錯剫鐸〔疏〕象謂至之雕○釋曰郭云五者皆治樸之名謂治其樸俱未成器有此五名也〔注〕左傳山有木工則剫之○釋曰隱十一年傳文也

金謂之鏤木謂之刻骨謂之切象謂之磋玉謂之琢石謂之磨六者皆治器之名〔疏〕金謂至之磨○釋曰郭云六者皆治器之名也則此謂治器加工而成之名也故論語注云切磋琢磨以成寶器是也

璆琳玉也璆琳美玉名○璆求〔疏〕璆琳

玉也。釋曰郭云璆琳美玉名禹貢梁州云厥貢璆鐵銀鏤又雍州云球琳琅玕是也

簡謂之畢今簡札也〔疏〕簡謂之畢。釋曰簡竹簡也古未有紙載文於簡謂之簡札一名畢禮記學記云呻其佔畢謂但吟誦所視簡之文是謂簡爲畢也

不律謂之筆蜀人呼筆爲不律也語之變轉〔疏〕不律謂之筆。釋曰筆一名不律許慎云楚謂之聿吳人謂之不律燕謂之弗秦謂之筆郭云蜀人呼筆爲不律也語之變轉

滅謂之點以筆滅字爲點〔疏〕滅謂之點。釋曰郭云以筆滅字爲點今猶然

絕澤謂之銑銑即美金言最有光澤也國語曰玦之以金銑者謂此也。銑蘇典切〔疏〕絕澤謂之銑。釋曰金之最有光澤者名銑注國語曰玦之以金銑。釋曰使大子申生伐東山佩之金玦狐突嘆曰以尨衣純而玦之以金銑者寒甚矣說國語者以銑下屬與郭異也

金鏃翦羽謂之鍭今之錍翦是也

骨鏃不翦羽謂之志今之骨骲是也

弓有緣者謂之弓緣者繳纏之即今宛轉也

無緣者謂之弭今之角弓也左傳曰左執鞭弭

以金者謂之銑以蜃者謂之珧以玉者謂之珪用金蚌玉飾弓兩頭因取其類以爲名珧小蚌。鏃作木切　緣椽　弭尾　蜃脣　珧姚〔疏〕金鏃至之珪。釋曰辨弓箭之名也鏃箭頭也翦齊也以金爲鏃齊羽者名鍭孫炎云金鏑斷羽使前重也郭云今錍箭是也以骨爲鏃不齊其羽者名志郭云今之骨骲是也此二者郭氏皆以今曉古案方言云箭自關而東謂之矢江淮之間謂之鏃關西曰箭鏃胡合嬴者四鎌或曰拘腸三鎌者謂之羊頭其廣長而薄鎌謂之錍或謂之鈀[illegible]其小而長中穿二孔者謂之鉀鑪嗑讀亦謂錍箭也弓者說文云以近窮遠象形古者倕作弓周禮六弓王弓弧弓以射甲革椹質夾弓庾弓以射豻侯鳥獸唐弓大弓以授學射者此弓之類有緣者名弓無緣者名弭李巡曰骨飾兩頭曰弓不以骨飾兩頭曰弭孫炎云緣謂繳束而漆之弭謂不以繳束骨飾兩頭者也郭云緣者繳纏之即今宛轉也弭今之角弓也然則郭意與孫同也當時謂繳束爲宛轉若飾弓兩頭以金者名銑以蜃者名珧以玉者名珪也注左傳曰左執鞭弭。釋曰此僖二十三年傳文也案彼晉公子重耳及楚楚子饗之曰公子若反晉國何以報我對曰其左執鞭弭右屬櫜鞬以與君周旋是也注用金至小蚌。釋曰云用金蚌飾弓兩頭者以與上弭連文故知然也蚌即蜃也月令孟冬雉入大水爲蜃是也銑即金絕澤者珧即蜃小者珪即玉成器者以此名弓故云因取其類以爲名也云珧小蚌者即釋魚云蜃小者珧是也

珪大尺二寸謂之玠詩曰錫爾玠珪

璋大八寸謂之琡璋半珪也

璧大六寸謂之宣漢書所云瑄玉是也

肉倍好謂之璧肉邊好孔

好倍肉謂之瑗孔大而邊小

肉好若一謂之環邊孔適等。琡俶　好耗　瑗院〔疏〕珪大至之環。釋曰此別珪璧之屬也圭者玉器執以爲瑞者也大長也珪長尺二寸者名玠璋半珪也大八寸者名琡璧亦玉器子男所執者也大六一者名宣因說璧之制肉邊也好孔也邊大倍於孔者名璧孔大而邊小者名瑗邊孔適等若一者名環左傳昭十六年宣子有環其一在鄭商是也注詩曰錫爾玠珪。釋曰此大雅崧高篇文也注璋半珪也。釋曰知者以典瑞云四圭有邸以祀天兩圭有邸以祀地圭璧以祀日月璋邸射以祀山川自上而下降殺以半故知璋半珪也注漢書所云瑄玉是也。釋曰郊祀志云公卿言皇帝始郊見泰一雲陽有司

奉瑄玉嘉牲薦饗是也

繸綬也即佩玉之組所以連繫瑞玉者因通謂之繸也〔疏〕繸綬也。釋曰所佩之玉名璲繫玉之組名綬以其連繫璲玉因名其綬曰繸故郭云即佩玉之組所以連繫瑞玉者因通謂之繸也

一染謂之縓今之紅也

再染謂之赬淺赤

三染謂之纁纁絳也

青謂之葱淺青

黑謂之黝黝黑貌周禮曰陰祀用黝牲

斧謂之黼黼文畫斧形因名云。縓緣戀切　赬敕貞切　纁熏　黝於糾反〔疏〕一染至之黼。釋曰別衆色之名也一染謂之縓者此述染絳法也一染一入色名縓今之紅也說文云帛黃赤色喪服記云公子爲其母練冠麻衣縓緣是也再染名赬即淺赤也三染名纁李巡云三染其色已成爲絳纁絳一名也考工記云三入爲纁鄭玄云染纁者三入而成禹貢云厥篚玄纁是也淺青一名葱玉藻云三命赤韍葱衡是也黑色名黝以白黑二色畫之爲斧形名黼考工記云白與黑謂之黼書云黼黻絺繡是也注周禮曰陰祀用黝牲。釋曰此地官牧人職文也鄭注云陰祀祭地北郊及社稷也

邸謂之柢根柢皆物之邸邸即底通語也。邸氏〔疏〕邸謂之柢。釋曰根柢名邸邸

本也郭云根柢皆物之邸柢即底通語也言凡物之柢必在底下因名云也即周禮典瑞云四圭有邸以祀天兩圭有邸以祀地皆謂邸爲本柢也

雕謂之琢治玉名也【疏】雕謂之琢○釋曰案上文治玉璞名雕治玉器名琢彼對例耳散文則雕琢通謂治玉名不分璞與器也

蓐謂之茲公羊傳曰屬負茲茲者蓐席也○蓐辱【疏】蓐謂之茲○釋曰蓐一名茲郭云茲者蓐席也言草蓐之席也宣十二年左傳軍行右轅左追蓐注公羊傳曰屬負茲○釋曰此桓十六年傳文也案彼衛侯朔出奔齊傳云何以名絶曷爲絶之得罪於天子也其得罪於天子奈何見使守衛朔而不能使衛小衆越在岱陰齊屬負茲舍不即罪爾何休云屬託也天子有疾稱不豫諸侯稱負茲大夫稱犬馬士稱負薪舍止也託疾止不就罪是也引之以證茲爲蓐也

竿謂之箷衣架○箷移【疏】竿謂之箷○釋曰凡以竿爲衣架者名箷曲禮曰男女不同椸枷謂此也

簀謂之第牀版○第側子切【疏】簀謂之第○釋曰簀牀版也一名第檀弓曰華而睆大夫之簀與左傳曰牀第之言不踰閾方言云齊魯之間謂之簀陳楚之間或謂之第是也

革中絶謂之辨中斷皮也○辨片

革中辨謂之韏復分半也○韏眷【疏】革中至之韏○釋曰皮去毛曰革此別分斷之名也中斷之名辨復中分其辨名韏也

鏤鋑也刻鏤物爲鋑○鋑蘇婁切【疏】鏤鋑也○釋曰別一名也郭云刻鏤物爲鋑詩云鉤膺鏤錫

卣中尊也不大不小者○卣酉【疏】卣中尊也釋在上

釋樂第七

【疏】釋樂第七○釋曰案樂記云樂者樂也君子樂得其道小人樂得其欲也說文云樂五聲八音之摠名象鼓鞞之形木虡也白詞也又象鍾磬也五聲者商角宮徵羽也律厤志云商之爲言章也物成孰可章度角觸也物觸地而出戴芒角也宮中也居中央暢四方唱始施生爲四聲綱也徵祉也物盛大而繁祉也羽宇也物聚藏宇覆之也又云八音土曰塤匏曰笙皮曰鼓竹曰管絲曰絃石曰磬金曰鍾木曰柷此篇揔釋五聲之名及八音之器故名釋樂也

宮謂之重商謂之敏角謂之經徵謂之迭羽謂之柳皆五音之別名其義未詳○徵之矢反【疏】宮謂至之柳○釋曰案此文則宮一名重商一名敏角一名經徵一名迭羽一名柳但未見義所出也注皆五至未詳○釋曰云皆五音者案鄭玄注樂記云雜比曰音謂宮商角徵羽淸濁相雜和比謂之音單出曰聲謂五聲之内唯單有一聲更無餘聲相雜也然則初發口單出者謂之聲衆聲和合成章謂之音金石干戚羽旄謂之樂則聲爲初音爲中樂爲末此云五音者舉中而言也云之別名者謂重敏經迭柳是宮商角徵羽之別名也云其義未詳者以爾雅之作以釋六藝今經典之中無此五名或在亡逸中不可得而知其義故未詳案孫叔然云宮濁而遲故曰重也孫氏雖有此說更無經據故不取也

大瑟謂之灑長八尺一寸廣一尺八寸二十七絃○灑所蟹反【疏】大瑟謂之灑注長八至七絃○釋曰瑟者登歌所用之樂器也故先釋之世本曰庖犧作五十絃黃帝使素女鼓瑟哀不自勝乃破爲二十五絃具二均聲禮圖舊云雅瑟長八尺一寸廣一尺八寸二十三絃其常用者十九絃其餘四絃謂之番番贏也頌瑟長七尺二寸廣尺八寸二十五絃盡用之熊氏云瑟兩頭有孔其在底下者名越鄉飲酒禮云二人皆左何瑟後首挎越注云越瑟底孔也燕禮云小臣左何瑟面鼓執越注云越瑟下孔也若用之祭祀則練其絃疏其越樂記云淸廟之瑟朱弦而疏越鄭注云朱

弦練朱弦練則聲濁越瑟底孔也畫疏之使聲遲也以其不練則體勁而聲淸練則絲熟而聲濁也疏通也使兩頭孔相連而通也孔小則聲急孔大則聲遲故也其大者別名灑孫叔然云音多變布如灑出也郭云二十七絃未見所出

大琴謂之離或曰琴大者二十七絃未詳長短廣雅曰琴長三尺六寸六分五絃【疏】大琴謂之離注或曰至五絃○釋曰琴操曰伏羲作琴世本云神農作琴白虎通曰琴者禁也禁止於邪以正人心也琴之大者別名離也孫叔然云音多變聲流離也云或曰琴大者二十七絃未詳長短者或人言琴有二十七絃是琴之大者也但未詳其長短耳云廣雅曰琴長三尺六寸六分五絃者此常用之琴也象三百六十六日五絃象五行大絃爲君小絃爲臣文王武王加二絃以合君臣之恩也又五絃第一絃爲宮其次商角徵羽文武二絃爲少宮少商又琴操曰廣六寸象六合也又上曰池言其平下曰濵言其服前廣後狹象尊卑上圓下方法天地然琴爲樂器通見詩書故此釋之也

大鼓謂之鼖鼖長八寸○鼖墳

小者謂之應詩曰應朄縣鼓在大鼓側○應音膺【疏】大鼓至之應○釋曰別鼓大小之名也鼓之大者名鼖周禮鼓人職曰以鼖鼓鼓軍事是也其小者名應

言聲應於大鼓也李巡云小者聲音相承故曰應也孫炎云和應大鼓也注鼖長八尺○釋曰知者案考工記韗人爲鼓長八尺鼓四尺中圍加三之一謂之鼖鼓後鄭注云中圍加三之一者加於面之圍以三分之一也面四尺其圍十二尺加以三分一四尺則中圍十六尺徑五尺三寸三分寸之一也今以合二十版則版六寸三分寸之二耳大鼓謂之鼖以鼖鼓鼓軍事鄭司農云鼓四尺謂革所蒙者廣四尺注詩曰至鼓側○釋曰應朄縣鼓周頌有瞽篇文也鄭箋云朄小鼓在大鼓旁應鼙之屬也案朄引也謂擊小鼓引樂聲

大磬謂之毊毊形似犁錧以玉石爲之○毊虛驕反

疏大磬謂之毊○釋曰磬樂器名也以玉石爲之世本曰無句作磬釋名云磬罄也聲堅罄罄然考工記曰磬氏爲磬倨句一矩有半其博爲一股爲二鼓爲三參分其股博去一以爲鼓博參分其鼓博以其一爲之厚已上則磨其旁已下則磨其耑是其制也大者名毊孫炎云毊喬也喬高也謂其聲高也李巡云大磬聲清燥也故曰毊毊燥也注毊形至爲之○釋曰字林云錧田器也自江而南呼犁刃爲錧此毊形似犁錧但大爾云以玉石爲之者左傳云玉磬紀甗又八音謂磬爲石故知以玉石爲之也

大笙謂之巢列管瓠中施簧管端大者十九簧

小者謂之和十三簧者鄉射記曰三笙一和而成聲

疏大笙至之和○釋曰世本云隨作笙禮記曰女媧之笙簧釋名曰笙生也象物貫地而生說文云笙正月之音物生故謂之笙有十三簧象鳳之身其大者名巢巢高也言其聲高小者名和李巡云小者聲少音相和也孫炎云應和於笙注列管至九簧○釋曰瓠匏也以匏爲底故八音謂笙爲匏簧者笙管之中金薄鍱也笙管必有簧故或謂笙爲簧詩王風云左執簧是也大者十九簧以時驗而言也注十三至成聲○釋曰云十三簧者鄭司農注周禮亦云十三簧相傳爲然云鄉射記曰三笙一和而成聲者彼鄭注云三人吹笙一人吹和是也

大篪謂之沂篪以竹爲之長尺四寸圍三寸一孔上出一寸三分名翹橫吹之小者尺二寸廣雅云八孔○篪池沂銀

疏大篪謂之沂○釋曰李巡曰大篪其聲非一也孫炎曰篪聲悲沂悲也釋名曰篪啼也聲如嬰兒啼郭云篪以竹爲之長尺四寸圍三寸一孔上出寸三分名翹橫吹之小者尺二寸廣雅云八孔鄭司農注周禮云篪七空蓋不數其上出者故七也

大塤謂之嘂塤燒土爲之大如鵝子銳上平底形如稱錘六孔小者如雞子○塤喧嘂叫

疏大塤謂之嘂○釋曰說文云壎樂器名從土熏聲塤壎古今字釋名云塤喧也聲濁喧喧然大塤名嘂孫炎曰音大如叫呼聲郭云塤燒土爲之大如鵝子銳上平底形如稱錘六孔小者如雞子周禮小師注云塤燒土爲之大如鴈卵鄭司農亦云六孔是相傳爲然也世本云暴辛公作塤蘇成公作篪譙周古史云古有塤篪尚矣周幽王時暴辛公善塤蘇成公善篪記者因以爲作謬矣世本之謬信如周言其云蘇公暴公所善亦未知所出蓋以詩小雅云伯氏吹壎仲氏吹篪蘇公刺暴公也故致斯謬

大鐘謂之鏞書曰笙鏞以間亦名鎛○鏞音博其中謂之剽小者謂之棧

疏大鐘至之棧○釋曰此別鐘大小之名也說文云鐘樂器也世本云垂作鐘考工記鳧氏爲鐘釋名曰鐘空也內空受氣多其大者名鏞李巡曰大鐘音聲大鏞大也孫炎曰鏞深長之聲又名鎛大射禮云樂人宿縣于阼階東笙磬西面其南笙鐘其南鎛鄭云鎛如鐘而大是也其不大不小者名剽孫炎曰剽者聲輕疾也李巡云其中微小故曰剽剽小也其小者一名棧李巡云棧淺也東晉太興元年會稽剡縣人家井中得一鐘長三寸口徑四寸上有銘古文云棧鐘之小者既長三寸自然淺也注書曰笙鏞以間○釋曰尚書益稷篇文也

大簫謂之言編二十三管長尺四寸

小者謂之筊十六管長尺二寸簫一名籟○筊音交

疏大簫至之筊○釋曰此別簫大小之名也風俗通云舜作簫其形參差以象鳳翼十管長二尺博雅曰簫大者二十三管無底小者十六管有底其大者名言李巡曰大簫聲大者言言也郭云編二十三管長尺四寸其小者名筊李巡曰小者聲揚而小故言筊筊小也郭云十六管長尺二寸簫一名籟又通卦驗云簫長尺四寸其言管數長短雖異要是編小竹管爲之耳

大管謂之簥管長尺圍寸併漆之有底賈氏以爲如篪六孔○簥嬌

其中謂之篞小者謂之篎篞乃結切篎音眇

疏大管至之篎○釋曰別管大小之名也大管名簥李巡云聲高大故曰簥簥高也郭云管長尺圍寸併漆之有底賈氏以爲如篪六孔小師注云管如笛形小併兩管而吹之今大予樂官有之是也其中不大不小者名篞

大籥謂之產籥如笛三孔而短小

其中謂之仲小者謂之箹

疏大籥至之箹○釋曰籥樂器名其大者名產其中者名仲小者名箹郭云籥如笛三孔而短小廣雅云七孔周禮笙師掌教吹籥鄭注云籥如篴三空詩邶風

云左手執籥毛傳云籥六孔所見異也

徒鼓瑟謂之步（獨作之）徒吹謂之和徒歌謂之謡（詩云。我歌且謡。吹昌睡切和去聲）徒擊鼓謂之咢。（詩云或歌或咢。咢五各切）徒鼓鐘謂之修徒鼓。磬謂之蹇。（未見義所出。蹇紀展切）

【疏】徒鼓瑟至之蹇。釋曰凡八音備作曰樂一音獨作不得樂名故此辨其異名也徒空也鄭注周禮小師云出音曰鼓空作一器以出其音者謂之徒鼓故郭云獨作之也注詩云我歌且謡。釋曰此魏風園有桃篇文也毛傳云曲合樂曰歌徒歌曰謡孫炎云聲消揺也注或歌或咢。釋曰大雅行葦篇文也毛傳云歌有比於琴瑟也徒擊鼓曰咢孫炎云聲驚咢也

所以鼓柷謂之止（柷如漆桶方二尺四寸深一尺八寸中有椎柄連底挏。之令左右擊止者其椎名。柷昌叔切）所以鼓敔謂之籈（敔如伏虎背上有二十七鉏鋙刻以木長尺櫟之籈者其名。籈音真）

【疏】所以鼓敔至之籈。釋曰此別柷敔之名也周禮小師掌教鼓鼗柷敔柷敔皆以木爲之故大師注云木柷敔也禮記謂之椌楬所以鼓動其柷以出其音者名止所以鼓動其敔以出其音者名籈郭云柷如漆桶方二尺四寸深一尺八寸中有椎柄連底桐之令左右擊止者其椎名敔如伏虎背上有二十七鉏鋙刻以木長尺櫟。之籈者其名皐陶謨云合止柷敔鄭注云柷狀如漆桶中有椎合之者投椎於其中而撞之敔狀如伏虎背上刻之所以鼓之以止樂此等形狀蓋依漢之大予樂而知之

大鼗謂之麻小者謂之料（麻者音概而長也料者聲清而不亂。鼗桃料聊）

【疏】大鼗至之料。釋曰詩頌云鼗磬柷敔鄭注小師職云鼗如鼓而小持其柄摇之旁耳還自擊一名麻其小者名料麻者音概而長也料者聲清而不亂

和樂謂之節

【疏】和樂謂之節。釋曰八音克諧無相奪倫謂之和樂樂和則應節樂記云治世之音安以樂其政和是也樂記又云大樂與天地同和大禮與天地同節此對文爾惣而言之則禮樂相將故此和樂亦謂之節一云節樂器名謂相也樂記云治亂以相鄭注云相即拊也亦以節樂拊者以韋爲表裝之以糠糠一名相因以名焉言治理奏樂之時擊拊以輔相於樂而爲節也旣以柷作樂以敔止樂故以節爲和樂義所通也

爾雅疏卷第五

吏科給事中南昌黃中傑栞

爾雅注疏卷五挍勘記

阮元撰盧宣旬摘録

爾雅注疏卷第五 名衘後標目釋宫第五釋器第六另行標釋樂第七監本毛本釋宫釋器卷第四釋樂以下卷第五元本閩本釋宫以下爲四卷上剛謂之鋋以下爲四卷下

釋宫第五

門墉行步之名 元本同閩本監本毛本墉改牖非經云牆謂之墉

言屋見於垣上穹崇然也 注疏本同浦鏜依釋名改作穹隆非崇亦高也

窻東戶西也 雪牎本元本同單疏本亦作窻閩本監本窻改窻毛本改窗

敷重厎席 注疏本厎誤底按書釋文作厎鄭注厎致也

尚不媿於屋漏 單疏本元本同雪牎本改媿于閩本監本毛本改愧於按釋文作媿

東南隅謂之宎 按說文宎作官

掃室聚宎 單疏本雪牎本注疏本掃皆作埽當據以訂正此從手旁者俗字

不慙媿於屋漏 元本閩本監本同毛本改愧于

當室之白 注疏本衍作當室之所白按當室之白見禮記曾子問

以孫鄭之說 注疏本脫以

與屋漏意同 注疏本脫意字

及兩旁之木名也 元本閩本同監本毛本旁改傍

曲禮云不履閾是也 注疏本同浦鏜云踐誤履

士介拂棖鄭注云棖門楔也 監本亦作士元本閩本毛本士誤上注誤箋又並脫也

坫墆也 單疏本閩本同雪牎本舊本墆訛瑞監本毛本作墆按釋文墆達結達計二反或作端丁果反本或作端

社內北牆是也 閩本同舊本監本毛本社誤杜

方跗是虡是也 注疏本脫是也

穀梁傳曰褻纆檟以爲臬是也 注疏本同浦鏜云穀梁傳作葛覆質以爲槷按毛詩車攻傳作褻纆質以爲槸質檟槸臬皆古今字槷與槸一也邢氏引毛詩傳誤記爲穀梁耳

不敢縣於夫之楎篪 雪牎本注疏本同單疏本篪作椸釋文篪字林云竿也本或作椸字林云㮔前机也段玉裁云禮記注竿謂之篪則從竹者是今禮記作椸非

臺上起屋 雪牎本同注疏本屋誤土

雞棲於弋爲榤 唐石經雪牎本同單疏本標起止云雞棲至爲塒釋文栖音西下同又作棲按說文西鳥在巢上日在西方而鳥西故因以爲東西之西棲西或从木妻然則陸本作栖是也

傳謂之突 唐石經單疏本雪牎本同釋文突本又作楔徒忽反按五經文字木部楔音突見爾雅

戶持鐻植也 單疏本亦作鐻雪牎本元本閩本作鎖監本毛本誤鎮釋文鎖本又作瑣按一切經音義卷十三引作瑣瑣鎖古今字

其上楹謂之梲 唐石經雪牎本同單疏本亦作脫釋文梲之劣反本或作棁音同

字林云枅柱上方木是也 注疏本脫字林云枅四字

一名榱吕沈云齊魯名桷周人名榱 注疏本吕誤梠按沈當作忱釋文引字林云周人名椽曰榱齊魯名榱曰桷即此文浦鏜讀一名榱梠當衍誤也

以射灋治射儀 注疏本灋改法

待獲者所蔽也是矣 注疏本也誤者

今呼之簃廚連觀也 單疏本同雪牎本注疏本廚作廚釋文廚本或作蹰按說文广部廚庖屋

也从广封聲五經文字云廚俗作㕑非此當從釋文广厂不同部

屋上薄謂之筄　單疏本注疏本同唐石經雪牕本薄作簙按廣韻三十五笑筄屋上薄也字亦從艹

屋筄　單疏本雪牕本同釋文筄本或作笮

人君南鄉當階閒　雪牕本同注疏本君誤居

鄉明而治　元本同閩本監本毛本鄉改嚮

諸侯西面曰朝是也　元本同閩本監本毛本曰誤而

閍謂之門　唐石經雪牕本同單疏本標起止云閍謂至之閎按此文疑倒禮祀郊特牲祊之於東方正義曰釋宮云門謂之閎孫炎云謂廟門外是孫叔然注本作門謂之閍也郊特牲索祭祝于祊注廟門曰祊正義曰爾雅釋宮文又禮器爲祊乎外正義曰以釋宮云廟門謂之祊皆閍字在下可互證鄭孔俱言廟者以義增加非爾雅本文

祝祭於祊　單疏本雪牕本注疏本同釋文祊音同閍此經注異文之明證郊特牲正義引孫炎注亦引詩

祝祭於祊

小閨謂之閤　唐石經注疏本同疏云閨之小者名閤雪牕本閤作閣誤

閎衖頭門　雪牕本元本閩本監本同毛本衖作閧譌

齒著于門闔　單疏本雪牕本注疏本同釋文作著乎按公羊傳作乎邢疏載郭注作于引公羊傳作乎

所以止扉謂之閎　唐石經單疏本雪牕本同釋文所以止扉謂之閎音宏本亦作閣音各郭注本無此字又左傳釋文云爾雅本止扉之名或作閣字讀者因改左傳皆作各音惠棟云說文閣所以止扉也是古本如此段玉裁云郭注上文大者謂之栱小者謂之閣云別杙所在長短之名注此云長杙即門橜也前後皆訓爲長杙明前後皆作閣字其所據左傳作閈閣門既高則門旁杙亦高盟諸侯閎閎訓門高其閈閣訓長橜郭氏分引畫然匡謬正俗引左傳高其閈閣引爾雅所以止扉謂之閣及郭注高其閈閣顏氏所據左傳爾雅尚未誤而俗刻匡謬正俗皆改作閎矣廣韻十九鐸閣字注引急就章閣并訢顏師古注云閣所以止扉今之門橛是也

案鄭元注周禮　注疏本周誤問

義亦相兼　注疏本亦誤又

其狀魏魏然高大　注疏本魏改巍

手劒而叱之萬辟摋仇牧　閩本監本毛本叱誤摋摋誤刺元本摋字不誤萬作万

齒著乎門闔　元本同閩本監本毛本乎誤于

闔扇也是矣　注疏本矣改也

杜預云　注疏本預改注

今江東呼瓴甓　單疏本雪牕本同詩正義引作今江東呼爲瓴甓按爲字當有

宮中衖謂之壼　注疏本同單疏本雪牕本壼作壸五經文字云壸見爾雅唐石經闕

巷閤閒道　雪牕本注疏本同按此經作衖注作巷聲類以衖爲巷字是也

廟中路謂之唐　雪牕本注疏本同唐石經闕釋文𡇈音唐本今作唐

堂途謂之陳　唐石經雪牕本同周禮匠人爲溝洫注引爾雅堂涂謂之陳按說文有涂無途塗爾雅釋上當涂梧上亦作涂

二達謂之岐旁　唐石經單疏本雪牕本注疏本同釋文作歧旁字從止一切經音義卷二十歧路下引爾雅二達謂之歧旁五經文字云俗以岐爲山名别作歧路字字書無按玉篇止部歧翹移切歧路也廣韻五支岐山名歧歧路是六朝以來歧路字多從止矣

宮中衖閤閒道名壼　注疏本壼改壸

室中名時　元本閩本同監本毛本室誤堂

鄭元云　注疏本脫云

聚石水中以爲步渡彴也　單疏本注疏本同雪牕本彴作彴釋文彴音斫今江東呼彴音

約按說文彴約也無彴字當從雪牕本釋天奔星爲彴約
即此字星之奔流如人之渡彴也釋文前後皆作彴玉篇
廣韻分釋宫字從彳釋天字從亻葢非

歲十月徙杠成　單疏本雪牕本同注疏本作十一月係淺人據今本孟子改按郭注所據孟子作十月邢疏所據孟子作十一月

郭氏亦兩解一云　注疏本云誤名

彴步橋也　元本同閩本監本毛本彴誤徛

但有大室　單疏本雪牕本同注疏本室誤寑

陜而修曲曰樓　毛本同唐石經單疏本雪牕本元本閩本監本修作脩疏中準此按古修長修飾多用脩脯字此改修非○今訂正

無室者名榭　元本閩本監本同毛本無誤爲

春秋宣十六年　注疏本脫六

二屋歇前無壁者　元本同閩本監本毛本二改一壁改屋

釋器第六

豆實四升用薦葅醢　注疏本豆誤其葅改菹

其實韭葅醓醢　注疏本醓誤醢

亦祭祀享燕所用　元本同閩本監本毛本享誤饗

瓦豆謂之登　單疏本雪牕本元本閩本監本同唐石經闕毛本登改豋釋文登本又作鐙按公食大夫禮注
瓦豆謂之鐙公羊傳桓四年一曰乾豆何注豆祭器名狀如
鐙禮記祭統夫人薦豆執校執醴授之執鐙注鐙豆下跗也
然則鐙本豆跗之名因通名瓦豆爲鐙矣又說文鐙錠也从
金登聲徐鉉曰今俗別作燈非是合之郭注云即膏登知漢
以來爾雅字皆作鐙詩生民于豆于登毛傳瓦曰登薦大羹
葢古文作登今文作鐙郭云膏登字必當從金膏鐙即油燈
此說非又說文豆部有𧯷字云禮器也从廾持肉在豆上讀
若鐙同說者因謂詩爾雅豆登字皆當從肉作𧯷此臆說也
○按詩于豆于登用叚借字俗改爲豋

樽酒簋　元本閩本監本同與周易合毛本樽改尊非

主國尊於簋副　浦鏜云棜誤於按詩正義作棜單疏本此頁係補刻多誤

有孚盈缶注云　注疏本云誤六

爻辰在木　浦鏜云未誤木

若今擊甌　注疏本若改如

瓨音岡甗都感切甒音武缶音由甀音鄭甃仕江切甄度睡切瓮甈甊音部甊落口切甈牛志切甓也　注疏本但有甓也二字改以上爲音切移於是其方俗之異名也之後附瓮字無音無所附麗遂刪之都感仕江二切字作反睡作腄牛作年皆誤甗字元本同閩本監本毛本作甗下同

陳魏宋楚之閒曰甂音臾或曰瓶音殊○注疏本音切改大字移於後下準此

謂之瓺音暢亦腸○注疏本腸誤暘

海岱之閒謂之儋音檐○元本同閩本監本毛本儋改甔

罃謂之甀鼓鼙○注疏本複罃字鼓鼙改大字不移於後者不知爲甀作音也

缶謂之瓿甌音隅○注疏本隅誤偶

或謂之瓫　注疏本脫或字

甂音邊陳魏宋楚之閒謂之題杜啟切○注疏本切作反

賈誼曰　雪牕本注疏本同單疏本作賈誼說曰元本疏亦引作賈誼說

瓠即壺也　元本閩本監本同毛本壺改壼

及渡湘水　元本閩本監本同毛本及誤乃

竇康瓠令是也　元本閩本同監本毛本脫令

斪斸謂之定　唐石經雪牕本同釋文斪斸本或作拘攜廣韻四覺攜下云爾雅拘攜謂之定本亦作斪斸說文斤部斪斸二字注皆云斫也即陸本所從出考工記車人之事注引爾雅句欘謂之定按說文木部欘斫也一曰斤柄性自曲者欘即欘之變古從本字往往改作手旁然則此經本作句欘字書始作斪斸矣

鎒及定當是一器　注疏本鎒上有鎛字按自引廣雅定謂之鎒至毛傳鎛鎒也皆言鎒以釋經之定故云鎒及定當是一器詩正義則釋毛傳不釋爾雅故云鎛鎒當是一器淺者據此增鎛於鎒上誤甚此本舊有鎛字係剜擠今刪正

但先儒或即云鋤或云鋤屬　注疏本脫或云鋤三字

斫謂之鐯　唐石經單疏本雪牕本同釋文鐯字又作櫡按一切經音義卷十四引爾雅斫謂之櫡嚴元照云說文木部櫡下云斫謂之櫡知舊本從木爲正

斫謂之鐯　此節疏後元本閩本分四卷下

㪷謂之疀　唐石經單疏本雪牕本元本同閩本監本毛本㪷作斛訛五經文字云㪷見爾雅釋文云從斤按玉篇斤部斷斫也今釋文作斛從刀字書所無說文斗部㪷下引爾雅作㪷廣韻三蕭亦引作㪷釋文疀本或作鍤○按釋文作鍤

皆古鍬鍤字　單疏本雪牕本元本同閩本監本毛本鍤作插訛

朝鮮洌水之間謂之㪷　閩本監本毛本㪷作斛元本實

或謂之鍏　音韋○注疏本音改大字

趙魏之間謂之喿　音鍫○注疏本脫音鍫

今江東呼爲䤥　單疏本同雪牕本注疏本呼爲作謂之

謂以簿爲魚笱　單疏本同雪牕本注疏本簿作薄釋文作步各反

今之作槮者　雪牕本注疏本同單疏本作今之作罧者而云槮罧古今字又玉篇木部槮下廣韻五十二沁罧下及初學記卷二十入皆引爾雅作槮引郭注作罧此經注異文之明證今本援經改注非也釋文云字林作罧是晉時用罧字故郭注本之

因以簿圍捕取之　單疏本同雪牕本注疏本簿作薄按詩潛正義及廣韻五十二沁引此注皆作簿圍蓋相傳舊本如是今本作薄係近人改從古字耳

豵豬也　注疏本豬作猪

皆謂捕魚籠也　注疏本籠改是

聚積柴木於水中　注疏本脫木

然則張罔遮兔　元本同閩本監本毛本罔改網

元端黑履青絇　注疏本同浦鏜云屨誤履按義疏之文屨履往往相亂無庸盡改下文絇履屬此本亦作履屬矣

舄而令絇也　注疏本同浦鏜云而如也

崐崘之陰　閩本監本毛本改崑崙元本作崑侖

然則業者　元本者誤之閩本改作乃監本毛本承之

用繩束版　元本同閩本監本毛本繩誤縮

云詩曰縮版以載者　元本同閩本監本毛本云改注

彝其揔名　雪牕本元本同釋文亦作揔單疏本作惣與揔同閩本監本毛本改總

受一斛　注疏本斛作斗

金飾龜目　注疏本同浦鏜云績通解作口目

繡刺黼文以襮領 單疏本注疏本同雪牕本襮作偃釋文襮音偃又作偃按偃領者謂黼文偃伏衣領上也字不當從衣又釋文音經袊本又作領音同按說文毛詩傳皆云襮領也唐石經亦作黼領蓋經作領注中偃領字作袊玉篇衣部袊力井切衣袊也

衣眥謂之襟 唐石經雪牕本閩本毛本同元本眥作眥監本作眥皆誤

佩玉之帶上屬 雪牕本同注疏本上誤二釋文上屬上持掌反

持衣上衽 雪牕本同注疏本持誤掎邢疏云手執持其衽名袺

衣蔽前謂之襜 唐石經雪牕本同單疏本亦作襜釋文襜本或作襜方言作袡

婦人之褘謂之縭 唐石經單疏本雪牕本同釋文幃本或作褘又作徽同按說文褘蔽鄣也幃囊也孫炎注以褘爲帨巾郭注以爲香纓義並當從巾李善注文選思玄賦云爾雅曰婦人之幃謂之縭今之香囊在男曰幃在女曰縭與陸本正合知舊本爾雅從巾不從衣也思元賦注又引爾雅婦人之徽謂之縭與陸云又作本合

褘邪交落帶繫於體 雪牕本注疏本同單疏本作褘交絡帶繫於體按褘當作衺釋文邪字亦作衺是也今本作褘邪褘蓋衍字下云因名爲褘則上不當言褘矣繫絡字本從糸旁作落蓋古通詩東山正義引作絡與單疏本合○按說文交部曰衺衺也郭用衺邪爲重疊字交落者交絡也帶繫連文郭用同音之字以爲訓也

緌繫也 雪牕本注疏本同單疏本標起止云注卽今至繫也詩正義引郭注此下有此女子既嫁之所著示繫屬於人義見禮記詩云親結其縭謂母送女重結其所繫著以申戒之說者以褘爲帨巾失之也共四十七字審爲郭注正義有申難之辭未知何時逸去釋文於著字重字皆無音未詳也按既嫁當爲未嫁或作許嫁士昏禮注云婦人十五許嫁笄而禮之因著纓明有繫也郭注上云此女子未嫁之所著示繫屬於人故下云母送女重結其所繫著以申戒之

裳削幅謂之纀 唐石經雪牕本注疏本同釋文亦作纀單疏本作纀按玉篇纀布木切裳削幅也亦作襆

樓卽褸之訛

裳削殺其幅者名纀 注疏本纀作纀

本或作褸 音婁○注疏本音婁作大字褸元本閩本同監本毛本誤縷下引方言同釋文縷又作樓

又謂之袺 子俠切○注疏本作丁狹切

齊魯之郊謂之袡 昌詹切○注疏本音切改大字

制十有二幅 元本同閩本監本毛本十有倒

其深衣製度 注疏本製作制此非

此辨車馬之飾名也 元本同閩本監本毛本辨作別

轡者御馬之具也 注疏本轡誤轙

古者乘車駕駟馬 元本閩本同監本毛本作乘馬非

魚謂之餒 唐石經雪牕本同單疏本亦作餒釋文本作餧奴罪反引說文魚敗曰餒云字書作餒同按玉篇餒魚敗也是也今釋文委妥偏旁互易論語音義同五經文字云餒奴罪反飢也經典相承別作餧爲飢餧字以此字爲餒餧之餧字書無文然則張參所見經典已有作餒者矣特其所據釋文尚是餧字

內爛 雪牕本注疏本同誤也單疏本作肉爛論語正義引此注同此疏云魚肉爛曰餒按說文爤孰也从火蘭聲無爛字今本從闌非爾雅爤爛灡字皆從蘭

飯摶相著者名爛 元本同誤也閩本監本毛本爛作爤當據以訂正

魚肉爛曰餒 注疏本肉誤內爛字元本同閩本監本毛本改爛非

故云爾然則魚之敗壞先自內始故云內爛 注疏本脫爾然以下十三字

謂削鱗也 單疏本雪牕本同釋文鰭巨夷反子虛賦云揵鰭掉尾是也或作鬐按上林賦揵鰭掉尾郭注

鰭背上鬣也　子虛賦無文江賦云揚鰭掉尾經曰鬐注當言鬐作鰭蓋非

此論治擇魚肉之名也　元本同閩本監本毛本論下衍辨

肉剝去其皮　注疏本脫去

斮謂斬削其鱗　元本閩本監本同毛本謂誤爲

一名泳　元本同閩本監本毛本下衍脂

其實韭菹醓醢　注疏本誤作韭蕰醓醢

滓澱也今江東呼垽　雪牕本注疏本同單疏本引下句同按滓澱也當作澱滓也邢疏云澱滓泥也所據郭注蓋未誤一切經音義卷九卷十五兩引此注云澱滓也江東呼爲垽華嚴經音義卷上所引同澱滓皆未誤倒爲字亦當據以補正

款闊也　元本同閩本監本毛本闊改濶

鄭箋云　注疏本脫鄭

獻子以朱絲係玉二瑴　注疏本係改繫今左傳作係

五瑴則十玉也　注疏本十下衍雙

栒上加大版爲之飾　注疏本版作板

菜謂之蔌　單疏本雪牕本元本同閩本監本毛本蔌作蔌非釋文亦作蔌唐石經闕

毛傳云　元本閩本同監本毛本傳上衍詩

白茅苫也　單疏本雪牕本同注疏本脫也

孫炎云　注疏本云改曰

蓋苫之別名是也　閩本監本毛本脫是正德本此字實闕

鏐卽紫磨金　單疏本雪牕本元本閩本監本同毛本磨改磨

錫今白鑞也　正德本閩本監本同毛本今誤金

則共其金版　注疏本作供其金鈑係依郭注改正德本亦作共單疏本引爾雅注作卽供金鈑引周禮作共其金版各依本文不彼此互改故足貴

犀謂之剒　唐石經雪牕本同葉鈔釋文剒本或作厝同七各反通志堂本誤斮玉篇刀部剒且落切爾雅曰犀謂之剒亦作錯

五者皆治樸之名　雪牕本注疏本同單疏本樸作撲誤釋文璞字又作樸按一切經音義卷十六引此注云治璞之名也所據本與釋文合與毛詩校相矛盾

璆琳玉也　唐石經單疏本雪牕本同段玉裁云本作璆美玉也藝文類聚所引不誤釋文琳字無音後崐崘虛之璆琳琅玕乃音林詩韓奕釋文曰琳字又作玪音林鄭注尚書云璆美玉也玪美石也鄭與說文合今郭注琳亦衍字按說文玪玪塾石之次玉者从玉今聲又琳美玉也从玉林聲然則尚書之璆玪與爾雅之璆琳異字異訓琳爲美玉爾雅與說文亦合非衍字也釋地注云璆琳美玉名

郭云璆琳美玉名　正德本同閩本監本毛本琳誤卽

玦之以金銑者　雪牕本注疏本同釋文玦作決單疏本作決也郭注以決爲玦與韋義同今本仍作玉旁非又國語而玦之以金銑者寒甚矣單疏本引作而玦之以金者銑寒甚矣余謂古本國語當無者字故韋注云銑猶灑也灑灑寒貌讀銑寒甚矣句絕爾雅下文以金者謂之銑郭此注云銑卽美金國語曰玦之以金銑是讀而玦之以金銑句絕

以尨衣純而玦之以金者銑寒甚矣　元本同閩本剜改尨作厖者銑作銑者監本毛本承之

以銑下屬　注疏本下誤玉

辨弓箭之名也　閩本監本毛本辨改辯

金鏑斷羽　注疏本鏑改鏃

以骨爲鏃　注疏本骨誤金

江淮之閒謂之鍭　注疏本鍭誤鏃

或謂之鈀　音葩○注疏本音葩改大字

謂之鉀鑪　盬慮二音亦謂鉀箭也　注疏本鉀誤鉀盬誤盧亦誤皆音切改大字

古者倕作弓　監本同毛本倕作垂閩本作揮正德本實闕○按揮作弓同說文

以射豣侯鳥獸　元本同閩本監本毛本侯誤猴

此僖二十三年傳文也　注疏本三誤二

蚌即蠶也月令孟冬　注疏本蚌誤珧脫月令

銑即金絕澤者　元本閩本同監本毛本金誤今

璧大六寸謂之宣　唐石經單疏本雪牕本同經義雜記曰漢書郊祀志有司奉瑄玉孟康注用爾雅字作瑄藝文類聚引此作瑄說文玉部云珣醫無閭之珣玗琪周書所謂夷玉也从玉旬聲一曰玉器讀若宣知爾雅宣當作珣今作宣是借用同聲字本或宣旁加玉誤甚按注引漢書瑄玉以證經之宣璧是經作宣注作瑄也釋文云宣本或作瑄是有援注以改經者

肉邊好孔　雪牕本同注疏本作肉邊也好孔也蓋依疏語增

孔大而邉小　雪牕本同刑疏亦云孔大而邊小名瑗注疏本誤作孔大於邊也

所以連繫瑞玉者　單疏本注疏本同今本疏中誤作璲玉浦鏜反據以改注誤甚

所佩之玉名璲　元本同閩本剜改璲爲繸監本毛本承之

所以連繫瑞玉者　元本同閩本監本毛本瑞改璲

因通謂之繸也　元本閩本監本同毛本繸誤璲按經注皆作繸此與上文所佩之玉名璲璲繸

字正互誤

再染謂之赬　唐石經雪牕本同釋文赬恥貞反說文亦部云赬赤色也引詩魴魚赬尾又赬赬或从貞考工記鍾氏注鄭司農引爾雅再染謂之竀勑貞反本又作赬亦作赬按赬赬正字竀假借字正與貞聲相近左氏哀十七年傳如魚竀尾杜注竀赤色魚勞則尾赤亦用假借字

淺赤　雪牕本同注疏本作染亦誤

帛黃赤色　元本同閩本監本毛本帛誤緜今說文云帛赤黃色

書云黼黻絺繡是也　元本同閩本監本毛本云改曰

衣架　單疏本雪牕本同注疏本誤作木架

凡以竿爲衣架者名䇲　元本閩本同監本毛本名誤多

簀謂之第　注疏本同葉鈔釋文唐石經單疏本雪牕本第作策

牀第之言不踰閾　元本同閩本監本毛本踰改喻

齊魯之閒謂之簀　注疏本簀作簣

復分半也　雪牕本同注疏本半誤平

釋樂第七

白謂也又象鍾磬也　元本象誤家鍾字空闕閩本剜改作又云石磬也監本毛本承之誤甚按此入字亦誤說文釋樂字之言今本無之當據以補正白卽鼻字詞言之气由鼻出故從白取詞義也下從木兩〇〇象鍾磬懸虡之形

物成孰可章度　注疏本孰改熟

此篇揔釋五聲之名　注疏本脫之

皆五音之別名　單疏本監本毛本同雪牕本元本皆作謂閩本剜改作皆釋文引郭云皆五音別名

清濁相雜和比謂之音　注疏本脫相雜按禮記注但云雜比曰音

衆聲和合成章　注疏本脫聲

庖犧作五十絃　注疏本犧下有氏

朱弦練朱弦練則聲濁　注疏本弦改絃下練脫按上引樂記朱絃而疏越亦當改弦

晝疏之　監本同元本閩本毛本晝誤蓋

如灑出也　注疏本同釋文引作出如灑也此誤倒

伏犧作琴　元本閩本監本同毛本犧改羲

應轉縣鼓　單疏本雪牕本元本閩本監本同毛本轉改轉○按說文作朄

則版六寸三分寸之二耳　浦鏜云則版下脫穹字

以鼖鼓鼓軍事　注疏本脫以鼖

磬樂器名也　元本閩本同監本毛本磬誤罄

巳上則磨其旁　元本閩本監本同毛本磨改摩下同

有十三簧　注疏本脫十

其大者名巢　據釋文此下當有孫炎云三字

以匏爲底　注疏本底作底

鄭司農注周禮亦云十三簧　注疏本同此亦字係剜擠

云鄉射記曰　元本同閩本監本毛本云改注

大篪謂之沂　唐石經單疏本雪牕本同釋文注疏本篪作箎注及疏準此按篪是也从竹虒聲作箎非

大篪其聲非一也　按釋文引李孫云篪聲悲沂悲也此非一兩字卽悲之誤分

名翹横吹之　注疏本脫名

大如鵝子　單疏本雪牕本同釋文鵝作鵞

形如稱錘　單疏本雪牕本同注疏本稱作秤俗字釋文似稱尺證反按李善注文選笙賦引此作形似稱錘似與如一義然郭氏多言似作如者後人所改

銳上平底　注疏本底作底

大鐘謂之鏞　唐石經單疏本同雪牕本注疏本鐘作鍾釋文鍾說文作鐘云樂器也字林同以此鍾爲酒器今經典通爲樂器據此則唐石經亦當作鍾

笙鏞以間　單疏本雪牕本同按鏞當作庸周禮眡瞭疏儀禮大射疏皆引尚書笙庸以間詩那庸鼓有斁毛傳大鐘曰庸書正義引李巡注云大鍾音聲大鏞大也當本作庸大也

亦名鑮音博　雪牕本同注疏本删下二字

鐘樂器也　注疏本脫樂

東晉興元年　注疏本同釋文亦作興元年盧文弨曰據晉書太興元年此脫太字

簫一名籟　單疏本雪牕本同案詩有瞽正義引此注無簫字非也

博雅曰簫大者二十三管　注疏本同盧文弨曰廣雅二十四管初學記所引同此誤

無底小者十六管有底　注疏本底皆作底

其言管數長短　注疏本脫言

管長尺圍寸併漆之　單疏本雪牕本同釋文漆音七按文選閒居賦管啾啾而竝吹李善引此注曰管長尺圍寸併吹之與鄭注周禮併兩管而吹之義同今作漆蓋誤

有底　注疏本同單疏本底作底雪牕本誤底

其中謂之篞　單疏本雪牕本注疏本同釋文唐石經篞作篞

小者謂之篎　唐石經單疏本雪牕本元本同釋文篎郭音妙石經考文提要引至善堂九經本亦作篎閩本

監本毛本節誤鈔

今大亐樂官有之是也　注疏本大亐改太常此本舊訛作大子茲據下文所以鼓柷謂之止疏訂正

詩云我歌且謠　單疏本雪牕本同按云當作曰上下文注引詩皆作曰

詩云或歌或咢　雪牕本注疏本作詩曰此誤

徒鼓鐘謂之修　唐石經同釋文修如字本作脩雪牕本注疏本作徒鼓鍾謂之脩按華嚴經音義卷上云廣雅修長也本作脩者謂乾脯又卷下云玉篇修飾修長字皆從彡今本玉篇廣雅皆不然此爲修長義當從彡釋文唐石經皆作修係正字之僅存者

徒鼓磬謂之寋　唐石經雪牕本同初學記卷十六引作徒擊磬謂之寋按磬多言擊鼓字蓋涉上文誤釋文引李巡云置繫衆聲寋連也蓋李本作擊磬○按寋字下从卩

孫炎曰　注疏本曰作云

連底桐之　雪牕本注疏本同釋文單疏本底作底底桐書皐陶正義引作挏玉篇挏達孔切呂氏春秋云百官挏擾挏動也廣韻挏推引也漢有挏馬官作酒又音同今本從木誤

以木長尺櫟之　單疏本注疏本同雪牕本櫟音擽釋文擽力的反廣雅云擽繫也漢書音義云擽捎也按廣雅卷二釋詁擽擊也字從手玉篇手部擽郎的切捎也舒也廣韻十八藥擽字統云擊也三十三錫擽捎也可訂釋文及今本之訛

投椎於其中而橦之　注疏本橦作撞俗

蓋依漢之大亐樂　注疏本亐改常

麻者音概而長也　單疏本同釋文概居器反雪牕本注疏本概作槪訛按說文禾部槪稠也此言聲之稠密也

終

爾雅疏卷第六

翰林侍講學士朝請大夫守國子祭酒上柱國賜紫金魚袋臣邢昺等奉
勅校定

釋天第八

〔疏〕釋天第八○釋曰：河圖括地象云易有大極是生兩儀兩儀未分其氣混沌清濁既分伏者爲天偃者爲地釋名云天顯也在上高顯又云天坦也坦然高遠說文云天顛也至高無上從一大也春秋說題辭云天之言鎮也居高理下爲人經紀故其字一大以鎮之此天之名義也天之爲體中包乎地日月星辰屬焉然天地有高下之形四時有升降之理日月有運行之度星辰有次舍之常既曰釋天不得不畧言其趣故其形狀之殊凡有六等一曰蓋天文見周髀如蓋在上二曰渾天形如彈丸地在其中天包其外猶如雞卵白之繞黃楊雄桓譚張衡蔡邕陸續王肅鄭玄之徒並所依用三曰宣夜舊說云殷代之制其形體事義無所出以言之四曰昕天昕讀爲軒言天北高南下若車之軒是吳時姚信所說五曰穹天云穹隆在上虞氏所說不知其名也六曰安天是晉時虞喜所論案鄭注考靈耀云天者純陽清明無形聖人則之制璿璣玉衡以度其象如鄭此言則天是大虛本無形體但指諸星運轉以爲天耳但諸星之轉從東而西凡三百六十五日四分日之一星復舊處星既左轉日則右行亦三百六十五日四分日之一至舊星之處即以一日之行而爲一度計二十八宿一周天凡三百六十五度四分度之一是天之一周之數也天如彈丸圍圓三百六十五度四分度之一案考靈耀云一度二千九百三十二里千四百六十一分里之三百四十八周天百十萬一千里者是天圍周之里數也以圍三徑一言之則直徑三千五萬七千里此爲二十八宿所迴直徑之數也然二十八宿之外上下東西各有萬五千里是爲四遊之極謂之四表據四表之內并星宿內揔有三十八萬七千里然則天之中央上下正半之處則一十九萬三千五百里地在於中是地去天之數也鄭注考靈耀云地蓋厚三萬里春分之時地正當中自此地漸漸而下至夏至之時地下萬五千里地之上畔與天中平夏至之後地漸漸向上至秋分地正當天之中央自此地漸漸而上至冬至上遊萬五千里地之下畔與天中平自冬至後地漸漸而下此是地之升降於三萬里之中但渾天之體雖繞於地地則中央正平天則北高南下北極高於地三十六度南極下於地三十六度然則北極之下三十六度常見不沒南極之上三十六度常沒不見南極去北極一百二十一度餘若逐曲計之則一百八十一度餘若以南北中半言之謂之赤道去南極九十一度餘去北極亦九十一度餘此是春秋分之日道赤道之北二十四度爲夏至之日道去北極六十七度也赤道之南二十四度爲冬至之日道去南極亦六十七度地有升降星辰有四遊又鄭注考靈耀云天旁日四表之中冬南夏北春西秋東皆薄四表而止地亦升降於天之中冬至而下夏至而上二至上下蓋極地厚也地與星辰俱有四遊升降四遊者自立春地與星辰西遊春分西遊之極地雖西極升降正中從此漸漸而東至春末復正自立夏之後北遊夏至北遊之極地則升降極下至夏末復正立秋之後東遊秋分東遊之極地則升降正中至秋末復正立冬之後南遊冬至南遊之極地則升降極上至冬末復正此是地及星辰四遊之義也星辰亦隨地升降故鄭注考靈耀云夏日道上與四表平下去東井十二度爲三萬里則是夏至之日上極萬五千里星辰下極萬五千里故夏至之日下至東井三萬里也日有九道故考靈耀云萬世不失九道謀鄭注引河圖帝覽嬉云黃道一青道二出黃道東赤道二出黃道南白道二出黃道西黑道二出黃道北日春東從青道夏南從赤道秋西從白道冬北從黑道立春星辰西遊日則東遊春分星辰西遊之極日東遊之極日與星辰相去三萬里立夏星辰北遊日則南遊夏至星辰北遊之極日南遊之極日與星辰相去三萬里以此推之秋冬放此可知計夏至之日日在井星當嵩高之上以其南遊之極故在嵩高之南萬五千里所以夏至有尺五寸之景也於時日又上極星辰下極故日下去東井三萬里也然鄭四遊之說元出周髀之文但二十八宿從東而左行日從西而右行一度逆公二十八宿案漢書律厤志云冬至之時日在牽牛初度春分之時日在婁四度夏至之時日在東井三十一度秋分之時日在角十度若日在東井則極長八尺之表尺五寸之景若春分在婁秋分在角晝夜等八尺之表七尺五寸之景冬至日在斗則晝極短八尺之表一丈三尺之景一丈三尺之中去其一尺五寸則餘有一丈一尺五寸之景是冬夏往來之景也凡於地千里而差一寸則夏至去冬至體漸南漸下相去十一萬五千里又考靈耀云正月假上八萬里假下一十萬四千里所以有假上假下者鄭注考靈耀之意以天去地十九萬三千五百里正月雨水之時日在上假於天八萬里下至地一十一萬三千五百里夏至之時日上極與天表平也後日漸向下故鄭注考靈耀云夏至日與表平冬至之時日下至於地八萬里上至於天十一萬三千五

百里也委曲具考靈耀注凡二十八宿及諸星皆循天左行一日一夜一周天一周天之外更行一度計一年三百六十五周天四分度之一日月五星則右行日一日一度月一日一十三度十九分度之七此相通之數也今厤象之說則月一日至於四日行最疾日行十四度餘自五日至八日行次疾日行十三度餘自九日至十九日行則遲日行十二度餘自二十日至二十三日又小疾日行十三度餘自二十四日至於晦行又最疾日行十四度餘此是月行之大率也二十七日月行一周天至二十九日彊半月又於日與日相會乃爲一月故考靈耀云九百四十分爲一日二十九日與四百九十九分爲月是一月二十九日之外至第三十日分至四百九十九分月及於日計九百四十分則四百七十爲半今四百九十九分是過半二十九分也但月是陰精日爲陽精故周髀云日猶火月猶水火則外光水則含景故月光生於日所照魄生於日所蔽當日則光盈就日則明盡京房云月與星辰陰者也有形無光日照之乃有光先師以爲日似彈丸月似鏡體或以爲月亦似彈丸日照處則明不照處則闇案律厤志云二十八宿之度角一十二度亢九氐十五房五心五尾十八箕十一東方七十五度斗二十六牛八女十二虛十危十七營室十六壁九北方九十八度奎十六婁十二胃十四昴十一畢十六觜二參九西方八十度井三十二鬼四柳十五星七張十八翼十八軫十七南方一百一十二度丑爲星紀初斗十二度終婺女七度子爲玄枵初婺女八度終於危十五度亥爲娵訾初危十六度終於奎四度戌爲降婁初奎五度終於胃六度酉爲大梁初胃七度終於畢十一度申爲實沈初畢十二度終於井十五度未爲鶉首初井十六度終於柳八度午爲鶉火初柳九度終於張十七度巳爲鶉尾初張十八度終於軫十一度辰爲壽星初軫十二度終於氐四度卯爲大火初氐五度終於尾九度寅爲析木初尾十度終於斗十一度五星者東方歲星南方熒惑西方太白北方辰星中央鎮星其行之遲速俱在律厤志不更煩說元命包云日之爲言實也月闕也劉熙釋名云日實也光明盛實月闕也滿則闕也說題辭云星陽精之榮也陽精爲日日分爲星故其字日下生也釋名云星散也布散於天又云陰蔭也氣在內奧蔭也陽揚也陽氣在外發揚此等是陰陽日月之名也祭法黃帝正名百物其名蓋黃帝而有也或後人更有增足其天高地下日盈月闕觜星度少井斗度多日月右行星辰左轉四遊升降之差二儀運動之法非由人事所作皆是造化自然先儒因自然遂以人事爲義或據理是實或構虛不經既無正文可馮今皆畧而不錄

穹蒼蒼天也（天形穹隆其色蒼蒼因名云）春爲蒼天（萬物蒼蒼然生）夏爲昊天（言氣皓旰）秋爲旻天（旻猶愍也愍萬物彫落）冬爲上天（言時無事在上臨下而已）四時

〔疏〕穹蒼至四時。釋曰此釋四時之天名也云穹蒼蒼天也者詩大雅桑柔云靡有旅力以念穹蒼故此釋之也詩人因天形穹隆其色蒼蒼故云穹蒼其實則與下云春爲蒼天者是一故云穹蒼蒼天也郭云天形穹隆其色蒼蒼因名云也云春爲蒼天者詩王風黍離云悠悠蒼天故此釋之也郭云萬物蒼蒼然生者言春時萬物蒼蒼然生春時天名曰蒼天也云夏爲昊天者詩雨無正云浩浩昊天故此釋之昊者元氣博大之貌郭云言氣皓旰者皓旰日光出之貌也言昊日光明皓旰因名云昊天也云秋爲旻天者詩大雅召旻云旻天疾威之類旻愍也言秋氣肅殺萬物可愍故曰旻天郭云旻猶愍也愍萬物彫落者旻愍詩序文但彼愍作閔音義同也云冬爲上天者詩小雅信南山云上天同雲之類言冬時無事唯在於上故曰上天郭云言時無事在上臨下而已者言冬氣閉藏無他生殺之事唯在於上監於下而已也案詩傳云蒼天以體言之尊而君之則稱皇天元氣廣大則稱昊天仁覆閔下則稱旻天自上降監則稱上天據遠視之蒼蒼然則稱蒼天毛公此傳當有成文不知出何書李巡云古詩人質仰視天形穹隆而高其色蒼蒼故曰穹蒼是蒼天以體言之也皇君也故尊而君之則稱皇天昊大貌故言其混元之氣昊昊廣大則稱昊天旻閔也言其以仁慈之恩覆閔在下則稱旻天從上而下視萬物則稱上天據人遠而視之其色蒼蒼然則稱蒼天又李巡注此云春萬物始生其色蒼蒼故曰蒼天夏萬物盛壯其氣昊大故曰昊天秋萬物成孰皆有文章故曰旻天冬陰氣在上萬物伏藏故曰上天案此以四時異其天名詩傳則各用所宜爲稱似相乖異而鄭玄則和合二說故異義同號今尚書歐陽說春曰昊天夏曰蒼天秋曰旻天冬曰上天爾雅亦云古尚書與毛詩同謹案尚書堯典羲和以昊天揔勑以四時故知昊天不獨春也左傳夏四月孔丘卒稱曰旻天不弔非秋也玄之聞也爾雅者孔子門人所作以釋六藝之言蓋不誤也春氣博施故以廣大言之夏氣高明故以遠大言之秋氣或生或殺故以閔下言之冬氣閉藏而清察故以監下言之皇天者至尊之號也六藝之中諸稱天者以情所求之耳非必於其時稱之浩浩昊天求天之博施蒼天蒼天求天之高明昊天不弔求天之生殺當得其宜上天同雲求天之所爲當順其時也此之求天猶人之說事各從其主耳若察於是則堯命羲和欽若昊天孔丘卒旻天不弔無可怪耳是鄭和合二說之事也爾雅春爲蒼天夏爲昊天歐陽說春爲昊天夏爲蒼天鄭即言爾雅不誤當從爾雅而又從歐陽說以春昊夏蒼者鄭讀爾雅與孫郭本異故許慎既載今尚書說即言爾雅亦云明見爾雅與歐陽說同雖蒼昊有春夏之殊則未知孰是要二說理相符合故鄭和而釋之○四時○釋曰此題上事也言上所陳是四時天之名也題之在下者若周公踐阼及詩篇章句皆篇末題之故此亦爾白虎通云歲時何謂春秋冬夏也時者期也陰陽消息之期也鄉飲酒義云春之爲言蠢也產萬物者聖也夏之爲言假也養之長之假之仁也秋之爲言揫也揫之以時察守義者也冬之爲言中也中者藏也

○春爲青陽 氣清而溫陽 夏爲朱明 氣赤而光明 秋爲白藏 氣白而收藏 冬爲玄英 氣黑而清英 四氣和謂之玉燭 道光照 春爲發生夏爲長嬴秋爲收成冬爲安寧 此亦四時之別號尸子皆以爲太平祥風 四時和爲通正 通平暢也 謂之景風 所以致景風

甘雨時降萬物以嘉 莫不善之 謂之醴泉 所以出醴泉 祥

疏 春爲至醴泉○釋曰此釋太平之時四氣和暢以致嘉祥之事也云春爲青陽者言春之氣和則青而溫陽也云夏爲朱明者言夏之氣和則赤而光明也云秋爲白藏者言秋之氣和則色白而收藏也云冬爲玄英者言冬之氣和則黑而清英也云四氣和謂之玉燭注云道光照者道言也言四時和氣溫潤明照故曰玉燭李巡云人君德美如玉而明若燭聘義云君子比德於玉焉是知人君若德輝動於內則和氣應於外統而言之謂之玉燭也云春爲發生夏爲長嬴秋爲收成冬爲安寧者此亦四時之別號也云四時和爲通正者言上四時之功和是爲通暢平正也云謂之景風者言所以致景風景風即和風也云甘雨時降萬物以嘉者嘉善也甘雨即時雨也不爲萬物所苦故曰甘若月令苦雨數來則非甘也甘雨既以時降則萬物莫不嘉善之也云謂之醴泉者言四時平暢亦所以使地出醴泉也醴泉者水泉味甘如醴也云祥者亦題上事也祥吉也善也言此上皆太平之吉祥也○注此亦至祥風○釋曰云此亦四時之別號者言與上青陽等同爲四時別號故云亦也上據氣而言此據功爲說云尸子皆以爲太平祥風者案尸子仁意篇述太平之事云燭於玉燭飲於醴泉暢於永風春爲青陽夏爲朱明秋爲白藏冬爲玄英四氣和爲正光此之謂玉燭甘雨時降萬物以嘉高者不少下者不多此之謂醴泉其風春爲發生夏爲長嬴秋爲方盛冬爲安靜四氣和爲通正此之謂永風是也○注所以出醴泉○釋曰案援神契云德及於天斗極明日月光甘露降德至深泉則黃龍見醴泉湧是言王者脩德以召和平則致景風醴泉也案此經所釋即謂發生等爲景風時雨爲醴泉而郭云所以致景風醴泉者所以引通其義也

○穀不熟爲饑 五穀不成 蔬不熟爲饉 凡草菜可食者通名爲蔬 果不熟爲荒 果木子 仍饑爲荐 連歲不熟左傳曰今又荐饑○荐賤 災

疏 穀不至爲荐○釋曰此釋歲凶災荒之名也穀謂五穀黍稷麻麥豆也熟成也五穀不成曰饑郭云凡草菜可食者通名蔬李巡曰可食之菜皆不熟爲饉周禮天官大宰職云以九職任萬民八曰臣妾聚斂疏材鄭玄云疏材百草根實可食者小雅云降喪饑饉襄十四年穀梁傳曰一穀不升謂之嗛二穀不升謂之饑三穀不升謂之饉四穀不升謂之康五穀不升謂之大饑又謂之大侵彼以五穀熟之多少立差等之名其實五者皆是饑也三穀不升於民之困蓋與蔬

不熟同故俱名爲饉也果木子也不成熟之歲名荒仍因也相因而饑謂連歲不熟也僖十三年晉荐饑是也云災者亦題上事也下皆倣此○注左傳曰今又荐饑○釋曰此晉語文也左丘明既作傳以解春秋又采簡牘以作國語其文不主於經故謂之外傳俱是丘明所作亦得云左傳曰案彼云晉饑乞糴於秦丕豹曰晉君無禮於君莫不知往年有難今又荐饑己失人又失天其殃也多矣君其伐之勿與糴是其事也

○大歲在甲曰閼逢在乙曰旃蒙在丙曰柔兆在丁曰强圉在戊曰著雍在己曰屠維在庚曰上章在辛曰重光在壬曰玄黓在癸曰昭陽 閼烏割切著直畧切重直龍切黓音亦 歲陽○大歲在寅曰攝提格在卯曰單閼在辰曰執徐在巳曰大荒落在午曰敦牂在未曰協洽在申曰涒灘在酉曰作噩在戌曰閹

茂在亥曰大淵獻在子曰困敦在丑曰赤奮若牂音臧。洽夾。涒湯昆切噩五各切閹音奄敦頓〔疏〕太歲在甲至赤奮若。釋曰此別太歲在日在辰之名也甲至癸爲十日日爲陽寅至丑爲十二辰辰爲陰案漢書律厤志云迺以前厤上元泰初四千六百二十七歲至於元封七年復得閼逢攝提格之義中冬孟康曰言復得者上元泰初時亦是閼逢之歲歲在甲曰閼逢在寅曰攝提格此謂甲寅之歲也然則乙卯之歲曰旃蒙單閼丙辰之歲曰柔兆執徐丁巳之歲曰強圉大荒落戊午之歲曰著雍敦牂己未之歲曰屠維協洽庚申之歲曰上章涒灘辛酉之歲曰重光作噩壬戌之歲曰玄黓閹茂癸亥之歲曰昭陽大淵獻甲子之歲曰閼逢困敦乙丑之歲曰旃蒙赤奮若以此推之周而復始可知

載歲也夏曰歲取歲星行一次商曰祀取四時一終周曰年取禾一熟唐虞曰載取物終更始

歲名〔疏〕載歲也至曰載。釋曰別年歲之名也載即歲也白虎通云王者受命而改正朔者明易姓示不相襲也明受之於天不受之於人所以變易民心革其耳目以則化也然則歲名變易理亦同此故夏曰歲取歲星行一次夏書曰每歲孟春遒人以木鐸徇于路是也商曰祀取四時一終則以祀者嗣也取其興來繼往之義孫炎曰取四時祭祀一訖商書曰惟元祀十有二月乙丑伊尹祠于先王是也周曰年者取禾一熟也案說文云季穀熟也從禾千聲春秋曰大有年然則年者禾熟之名每歲一熟故以爲歲名左傳曰卜年七百是也唐虞曰載載始也取物終更始堯典曰朕在位七十載舜典曰五載一巡守是也。注取歲星行一次。釋曰案律厤志分二十八宿爲十二次晉灼注天文志云太歲在四仲則歲行三宿太歲在四孟四季則歲行二宿二八十六三四十二而行二十八宿十二歲而周天是歲星年行一次也

〇月在甲曰畢在乙曰橘在丙曰修在丁曰圉在戊曰厲在己曰則在庚曰窒在辛曰塞在壬曰終在癸曰極窒知乙切塞先北切月陽〇正月爲陬離騷云攝提貞於孟陬二月爲如三月爲寎四月爲余五月爲臯六月爲且七月爲相八月爲

壯九月爲玄國語云至於玄月是也。寎孚柄切且子余切相息亮切十月爲陽純陽用事嫌於無陽故以名云十一月爲辜十二月爲涂皆月之別名自歲陽至此其事義皆所未詳通者故闕而不論。涂音徒月名〔疏〕月在甲至月名。釋曰此辨以日配月之名也設若正月得甲則曰畢陬二月得乙則曰橘如三月得丙則曰修寎四月得丁則曰圉余五月得戊則曰厲臯六月得己則曰則且七月得庚則曰窒相八月得辛則曰塞壯九月得壬則曰終玄十月得癸則曰極陽十一月得甲則曰畢辜十二月得乙則曰橘涂周而復始亦可知也若史記厤書云月名畢聚也。注離騷至孟陬之。釋曰離騷者屈原之所作也屈原與楚同姓仕懷王爲三閭大夫爲大夫靳尚所譖毀見疏乃作離騷經離別也騷愁也言已放逐離別心中愁思猶陳正道以諷諫君也其經曰帝高陽之苗裔兮朕皇考曰伯庸攝提貞於孟陬兮惟庚寅吾以降彼注云言已生得陰陽之正中是引之以證正月爲陬之義。注國語至是也。釋曰此越語文也案彼云越王將伐吳范蠡諫曰王姑待之至於玄月王召范蠡而問焉彼注云魯哀公十六年九月也至十七年三月越伐吳是也引之以證九月爲玄也。注純陰至名云。釋曰純陰用事嫌於無陽故以名云者以易言之五月一陰生十月純坤用事故云純陰用事也云嫌者君子愛陽而惡陰故以陽名之無陽而得陽名者以分陰分陽迭用柔剛十二月之消息見其用事耳其實陰陽常有詩緯曰陽生酉仲陰生戌仲是十月中兼有陰陽也四月秀葽箋草死豈無陰乎明陰陽常兼有也詩小雅云日月陽止是也。注皆月至不論。釋曰言正月爲陬已下皆月之別名云自歲陽至此者謂自閼逢以下也云其事義皆所未詳通者案李巡孫炎雖各有其說皆構虛不經疑事無質故闕而不論

〇南風謂之凱風詩曰凱風自南東風謂之谷風詩云習習谷風北風謂之涼風詩云北風其涼西風謂之泰風詩云泰風有隧焚輪謂之穨暴風從上下。穨徒回切扶搖謂之猋暴風從下上。猋必遙切風與火爲庉庉庉熾盛之貌。庉徒衮切迴風爲飄旋風也。飄音瓢日出而風爲暴詩云終風且暴風而雨土爲霾詩云終風且霾。雨音預陰而風爲曀詩云終風

且曀。○曀，於計切。

天氣下地不應曰雺，言蒙昧。○應音矇。地氣發天不應曰霧。霧謂之晦。言晦冥。螮蝀謂之雩。螮蝀，虹也。俗名爲美人虹，江東呼雩。○螮音帝，蝀丁孔切，雩于句切。蜺爲挈貳。蜺，雌虹也。見離騷。挈貳，其別名，見尸子。○挈，若結。弇日爲蔽雲。即暈氣五彩覆日也。○弇，掩。疾雷爲霆霓。雷之急擊者謂霹靂。○霆，廷；霓，宜。雨霓爲霄雪。詩云：如彼雨雪，先集維霓。霓，水雪雜下者，謂之消雪。○霓，醉見切。暴雨謂之涷。今江東人呼夏月暴雨爲涷雨。離騷云：令飄風兮先驅，使涷雨兮灑塵，是也。○涷，音東西之東。小雨謂之霢霂。詩云：益之以霢霂。○霢，墨；霂，木。久雨謂之淫。左傳曰：天作淫雨。淫謂之霖。雨自三日已上爲霖。濟謂之霽。今南陽人呼雨止爲霽。○濟音薺，霽徂計切。

風雨

〔疏〕「南風」至「風雨」。○釋曰：此釋風雨之名也。易曰：風以動之，雨以潤之。又曰：潤之以風雨。洪範曰：月之從星，則以風雨。然則風雨相將之物，故比類聚而釋之也。○南風謂之凱風者，李巡曰：南風長養萬物，萬物喜樂，故曰凱風。凱，樂也。郭氏無說，義或當然。詩邶風云：凱風自南，是也。○東風謂之谷風者，孫炎曰：谷之言穀，穀，生也。谷風者，生長之風也。詩邶風云：習習谷風，是也。○北風謂之涼風者，北風一名涼風，言北方寒涼之風也。月令孟秋之月涼風至，詩邶風云北風其涼，是也。○西風謂之泰風者，孫炎曰：西風成物，物豐泰也。詩大雅桑柔云：泰風有隧，是也。○焚輪謂之頹者，李巡曰：焚輪，暴風從上來降謂之頹。頹，下也。孫炎曰：迴風從上下曰頹。郭云：暴風從上下。與李同也。詩小雅云：習習谷風，維風及頹，是也。○扶搖謂之猋者，李巡曰：扶搖，暴風從下升上，故曰猋。猋，上也。孫炎曰：迴風從下上曰猋。郭云：暴風從下上。亦用李說。莊子說鵬云：摶扶搖而上者九萬里。月令孟春行秋令，則猋風暴雨總至，是也。○風與火爲庉者，郭云：庉庉，熾盛之貌。言風自火出，火因風熾而有大風者爲庉。○迴風爲飄者，郭云：旋風也。李巡曰：一曰飄風，別二名也。詩蓼莪云：飄風發發，是也。○日出而風爲暴者，孫炎云：陰雲不興而大風暴起，然則爲風之暴疾，故詩邶風云：終風且暴。毛傳云：暴，疾也。○風而雨土爲霾者，孫炎曰：大風揚塵土從上下也。詩邶風云：終風且霾，是也。○陰而風爲曀者，孫炎曰：雲風曀日光。詩邶風云：終風且曀，是也。○天氣

下地不應曰雺者，郭云：言蒙昧。洪範云：曰雺。鄭注云：雺聲近蒙。詩：零雨其蒙。則雺是天氣下降，地氣不應而蒙闇也。○地氣發天不應曰霧，霧謂之晦者，郭云：言晦冥。月令仲冬行夏令，氛霧冥冥。鄭云：霜露之氣散相亂也。然則地氣發而上，天不應之，則爲氛霧。霧又名晦。春秋僖十五年己卯晦，震夷伯之廟，公羊、穀梁皆云晦冥也，是矣。○螮蝀謂之雩，螮蝀，虹也者，郭云：俗名美人虹，江東呼雩。然則螮蝀一名雩，一名虹。詩鄘風云：蝃蝀在東。月令季春之月虹始見。音義云：虹雙出，色鮮盛者爲雄，雄曰虹；闇者爲雌，雌曰蜺。虹是陰陽交會之氣，純陰純陽則虹不見。若雲薄漏日，日照雨滴則虹生。螮與蝃音義同。○蜺爲挈貳者，蜺，雌虹也，一名挈貳。說文云：霓，屈虹，青赤或白色，陰氣也。郭云見離騷者，即天問云：曰蜺嬰茀，胡爲此堂。及遠遊章云：雌蜺㛹嬛以曾撓兮，是也。挈貳其別名也，文見尸子。○弇日爲蔽雲者，郭云：即暈氣五彩覆日也。然則暈氣弇日名蔽雲。周禮春官眡祲掌十煇之法，鄭司農云：煇謂日光炁，是也。○疾雷爲霆霓者，郭云：雷之急擊者謂霹靂。案說文云：霆，雷餘聲也，鈴鈴所以挺出萬物也。又云：震，劈歷振物者。然則疾雷一名霆霓，又名震。春秋震夷伯之廟，謂劈歷破之是也。霹靂，俗字也。○雨霓爲霄雪者，霓，水雪雜下也，因名霄雪。霄即消也。詩小雅頍弁云：如彼雨雪，先集維霰。鄭箋云：將大雨雪，始必微溫，雪自上下，遇溫氣而摶，謂之霰。案大戴禮曾子云：陽之專氣爲霰，陰之專氣爲雹。盛陽之氣在雨水則溫暖，爲陰氣薄而脅之不相入，則摶爲雹也；盛陰之氣在雨水則凝滯而爲雪，陽氣薄而脅之不相入，則消散而下，因水而爲霰。是霰由陽氣所薄而爲之，故鄭言遇溫氣而摶也。霓與霰音義同。○暴雨謂之涷者，暴雨謂驟雨也，一名涷。郭云：今江東人呼夏月暴雨爲涷雨。離騷云：令飄風兮先驅，使涷雨兮灑塵，是也者，此離騷九歌大司命文。案彼云：廣開兮天門，紛吾乘兮玄雲，令飄風兮先驅，使涷雨兮灑塵，是也。○小雨謂之霢霂者，小雨一名霢霂。小雅信南山云：益之以霢霂，是也。李巡云：冰雪俱下。案此文上有暴雨，下云久雨，於中間無雪事，而云冰雪俱下，妄矣。○久雨謂之淫者，淫，過也。久雨過多，害於五稼，故謂之淫。月令季春行秋令，則天多沈陰，淫雨早降，謂久雨也。注云左傳曰天作淫雨者，莊十一年傳文也。○淫謂之霖者，淫雨又名霖也。郭云雨自三日已上爲霖者，隱九年左傳文也。○濟謂之霽者，濟，止也。雨止名霽。郭云：今南陽人呼雨止爲霽。書云曰霽。云風雨者，題上事也。

○壽星，角亢也。數起角亢，列宿之長，故曰壽。○亢音剛。天根，氐也。角亢下繫於氐，若木之有根。○氐音低。天

駟房也龍爲天馬故房四星謂之天駟大辰房心尾也龍星明者以爲時候故曰大辰大火謂之大辰大火心也在中最明故時候主焉析木謂之津箕斗之間漢津也箕龍尾斗南斗天漢之津梁星紀斗牽牛也牽牛斗者日月五星之所終始故謂之星紀玄枵虛也虛在正北北方色黑枵之言耗耗亦虛意○枵許嬌切顓頊之虛虛也顓頊水德位在北方○顓專頊旭北陸虛也虛星之名凡四○虛墟營室謂之定定正也作宮室皆以營室中爲正○定多佞切娵觜之口營室東壁也營室東壁星四方似口因名云○娵子余切觜咨降婁奎婁也奎爲溝瀆故名降○降戶江切大梁昴也西陸昴也昴西方之宿別名旄頭濁謂之畢掩兔之畢或呼爲濁因星形以名咮謂之柳咮朱鳥之口○咮猪究切柳鶉火也鶉鳥名火屬南方北極謂之北辰北極天之中以正四時何鼓謂之牽牛今荊楚人呼牽牛星爲檐鼓檐者何也○何胡可切明星謂之启明太白星也晨見東方爲启明昏見西方爲太白○启啓彗星爲欃槍亦謂之孛言其形孛孛似埽彗○欃初銜切槍初庚切奔星爲彴約流星○彴蒲握切約音藥

星名

［疏］壽星至星名。○釋曰：此別星名也。案周禮保章氏以星土辨九州之地所封封域皆有分星以觀妖祥鄭玄注云大界則曰九州州中諸國之封域於星亦有分焉其書亡矣堪輿雖有郡國所入度非古數也今其存可言者十二次之分也星紀吳越也玄枵齊也娵訾衛也降婁魯也大梁趙也實沈晉也鶉首秦也鶉火周也鶉尾楚也壽星鄭也大火宋也析木燕也又漢書律麻志東方角亢氐房心尾箕北方斗牛女虛危室壁西方奎婁胃昴畢觜參南方井鬼柳星張翼軫宿凡二十八此經所釋次惟有九宿惟十七者以爾雅之作釋六蓺所載者所不載者則闕焉○壽星角亢也者言壽星之次值角亢之宿也郭云數起角亢列宿之長故曰壽天文志云東宮蒼龍左角理右角將大角者天王帝坐廷亢主宗廟是也○天根氐也者氐一名天根郭云角亢下繫於氐若木之有根國語曰天根見而水涸是也○天駟房也者房一名天駟也郭云龍爲天馬故房駟星謂之天駟天文志曰房爲天府曰天駟國語曰月在天駟是也○大辰房心尾也者大辰房心尾之揔名也表時也郭云龍星明者以爲時候故曰大辰春秋昭十七年冬有星孛於大辰是也○大火謂之大辰者大火大辰之次名也李巡云大火蒼龍宿心以候四時郭云大火心也在中最明故時候主焉左傳曰心爲大火是也○析木謂之津箕斗之間漢津也者析木之津箕斗之次名也孫炎曰析別水木以箕斗之間是天漢之津也劉炫謂是天漢即天河也天河在箕斗二星之間箕在東方木位斗在北方水位分析水木以箕星爲隔隔河須津梁以度故謂此次爲析木之津也不言析水而言析木者此次自南而盡北故依此次而名析木也郭云箕龍尾斗南斗天漢之津梁以四方皆有七宿各成一形東方成龍形西方成虎形皆南首而北尾南方成鳥形北方成龜形皆西首而東尾箕在蒼龍之末故云龍尾斗至南方即見故云南斗昭八年左傳曰今在析木之津國語曰日在析木之津者是也案經典但有析木之津無析木謂之津今定本有謂字因注云即漢津也誤矣○星紀斗牽牛也者星紀斗牛之次也郭云牽牛斗者日月五星之所終始故謂之星紀左傳曰歲在星紀是也○玄枵虛也者玄枵虛之次名也郭云虛在正北北方色黑枵之言耗耗亦虛意然則以其色黑而虛耗故名其次曰玄枵案襄二十八年左傳云春無冰梓慎曰今茲宋鄭其饑乎歲在星紀而淫於玄枵以有時菑陰不堪陽蛇乘龍龍宋鄭之星也宋鄭必饑玄枵虛中也枵秏名也土虛而民秏不饑何爲顓頊之虛也郭云顓頊水德位在北方然則以北方三次以玄枵爲中玄枵次有三宿又虛在其中以水位在北顓頊居之故謂玄枵虛星爲顓頊之虛虛也昭十年左傳云鄭裨竈言於子產曰今茲歲在顓頊之虛是也○北陸虛也者虛星又謂之北陸也孫炎曰陸中也北方之宿虛爲中也昭四年左傳云古者日在北陸而藏冰杜注云陸道也陸之爲中爲道皆無正訓各以意耳要以虛爲北方中星宿是日行之道故謂之北陸郭云虛星之名凡四者玄枵也虛也顓頊之虛也北陸也○營室謂之定室者營室一名定郭云定正也作宮室皆以營室中爲正詩鄘風云定之方中作于楚宮鄭箋云定星昏中而正於是可以營制宮室故謂之營室○娵訾之口營室東壁也者娵訾營室東壁之次也壁居南則在室東孫炎曰娵訾之歎則口開方營室東壁四方似口故因名也郭云營室東壁星四方似口因名云由其營室與東壁相成故得正四方襄三十年左傳云歲在娵訾之口是也○降婁奎婁也者

降婁奎婁之次名也孫炎曰降下也奎爲溝瀆故稱降也郭云奎爲溝瀆故名降者漢書天文志云奎曰封豨爲溝瀆是也案襄三十年左傳曰鄭公孫揮與裨竈晨過伯有氏其門上生莠子羽曰其莠猶在乎於是歲在降婁降婁中而旦裨竈指之曰猶可以終歲歲不及此次也已及其亡也歲在娵觜之口其明年乃及降婁是也○大梁昴也西陸昴也者大梁昴之次名也昴西方之宿名也昴又謂之西陸昭四年左傳云古者日在北陸而藏冰西陸朝覿而出之又十一年傳云歲及大梁蔡復楚凶是昴星之名凡三郭云昴西方之宿別名旄頭者天文志云昴曰旄頭胡星也是矣○濁謂之畢者畢西方之宿名一名濁郭云掩兔之畢或呼爲濁因星形以名詩小雅云有捄天畢毛傳云捄畢貌畢所以掩兔也特牲饋食禮曰宗人執畢鄭注云畢狀如乂蓋爲其似畢星取名焉然則掩兔祭器之畢俱象畢星爲之但掩兔之畢施網爲異爾○咮謂之柳柳鶉火也者柳南方之宿名南方七宿共爲朱鳥之形柳爲朱鳥之口故名咮咮即朱鳥之口也鶉火柳之次名也鶉即朱鳥也火屬南方行也因名其次爲鶉火襄九年左傳曰晉侯問於士弱曰吾聞之宋災於是乎知有天道何故對曰古之火正或食於心或食於咮以出內火是故咮爲鶉火心爲大火是也○北極謂之北辰者極中也

辰時也居天之中人望之在北因名北極斗杓所建以正四時故云北辰論語云爲政以德譬如北辰是也○何鼓謂之牽牛者李巡云何鼓牽牛皆二十八宿名也孫炎曰何鼓之旗十二星在牽牛北也或名爲何鼓亦名牽牛如此文則牽牛何鼓一星也如李巡孫炎之意則二星今不知其同異也案漢書天文志牽牛爲犧牲其北河鼓河鼓大星上將左右將左右將亦以牽牛河鼓爲二星郭云今荆楚人呼牽牛星爲檐鼓檐者荷也順經爲說以時驗而言也○明星謂之启明者孫炎曰明星大白也出東方高三舍今曰明星昏出西方高三舍今曰太白郭云太白星也晨見東方爲启明昏見西方爲太白然則启明是太白矣詩小雅云東有啟明西有長庚長庚不知是何星也或以星出在東西而異名或二者別星未能審也○彗星爲欃槍者彗星一名欃槍漢書天文志云歲星贏而東南石氏見彗星甘氏不出三月迺生彗本類星末類彗長二丈贏東北石氏見覺星甘氏不出三月迺生天棓本類星末銳長四尺縮西南石氏見欃雲如牛甘氏不出三月迺生天槍左右銳長數丈縮西北石氏見槍雲如馬石氏不出三月迺生天欃本類星末銳長數丈石氏欃槍棓彗異狀其殃一也郭云亦謂之孛言其形孛孛似埽彗春秋左氏傳昭十七年冬有星孛于大辰西及漢申須曰彗所以除舊布新也公羊傳孛者何彗星也彗謂帚也言其狀似埽帚光芒孛孛然妖變之星非常所有故言孛又言彗也○奔星爲彴約者奔星即流星也一名彴約星名題上事也○

春祭曰祠祠之言食**夏祭曰礿**新菜可汋**秋祭曰嘗**嘗新穀**冬祭曰蒸**進品物也**祭天曰燔柴**既祭積薪燒之○燔音煩**祭地曰瘞薶**既祭埋藏之**祭山曰庪縣**或庪或縣置之於山山海經曰縣以吉玉是也○庪居委反縣音玄**祭川曰浮沈**投祭水中或浮或沈**祭星曰布**布散祭於地**祭風曰磔**今俗當大道中磔狗云以止風此其象○磔音責**是禷是禡師祭也**師出征伐類於上帝禡於所征之地○禷類禡罵**既伯既禱馬祭也**伯祭馬祖也將用馬力必先祭其先**禘大祭也**五年一大祭○禘大計切**繹又祭也**祭之明日尋繹復祭**周曰繹**春秋經曰壬午猶繹**商曰肜**書曰高宗肜日**夏曰復胙**未見義所出○胙音祚**祭名**

〔疏〕春祭至祭名○

釋曰此別四時及三代諸祭名也春祭曰祠夏祭曰礿秋祭曰嘗冬祭曰蒸者此四時之祭名也郭云祠之言食礿新菜可汋嘗新穀蒸進品物也此皆周禮也殷以上則礿禘嘗蒸嘗王制文是也至周公則去夏禘之名以春禴當之更名春曰祠故禘祫志云王制記先王之法度宗廟之祭春曰禴夏曰禘秋曰嘗冬曰蒸祫爲大祭於夏於秋於冬周公制禮乃改夏爲禴禘又爲大祭祭義注云周以禘爲殷祭更名春曰祠是祠禴嘗蒸之名周公制禮之所改也若然詩小雅云禴祠蒸嘗于公先王此文王之詩所以已得有制禮所改之名者然王者因革與世而遷事雖制禮大定要亦所改有漸易曰不如西鄰之禴祭鄭注爲夏祭之名則文王時已改言周公者據制禮大定言之耳○祭天曰燔柴者祭天名燔柴祭法云燔柴於泰壇祭天也郭云既祭積薪燒之大宗伯云以禋祀祀昊天上帝以實柴祀日月星辰以槱燎祀司中司命飌師雨師鄭云禋之言煙周人尚臭煙氣之臭聞者槱積也詩曰芃芃棫樸薪之槱之三祀皆積柴實牲體焉或有玉帛燔燎而升煙所以報陽也然則祭天之禮積柴以實牲體玉帛而燔之使煙氣之臭上達於天因名祭天曰燔柴也○祭地曰瘞薶者祭地名瘞薶祭法云瘞埋於泰折祭地也然則祭神州地祇於北郊瘞繒埋牲因名祭地曰瘞薶李巡曰祭

地以玉埋地中曰瘞薶孫炎曰瘞者翳也既祭翳藏地中○祭山曰庪縣者庪縣祭山之名也庪謂埋藏之大宗伯云以貍沈祭山林川澤鄭注云祭山林曰埋是也縣謂縣其牲幣於山林中因名祭山曰庪縣郭云或庪或縣置之於山是也又云山海經曰縣以吉玉是也者案中山經云歷兒冢也其祠祀毛大牢之具縣以吉玉彼注云縣祭山之名是也○祭川曰浮沈者浮沈祭川之名也郭云投祭水中或浮或沈大宗伯云以貍沈祭山林川澤鄭注云祭川澤曰沈順其性之含藏是也○祭星曰布者李巡曰祭星者以祭布露地故曰布孫炎曰既祭布散於地似星布列也郭云布散祭於地○祭風曰磔者磔謂披磔牲體象風之散物因名云郭云今俗當大道中磔狗云以止風此其象○是禷是禡師祭也者是禷是禡詩大雅皇矣篇文也師祭也作者所以解詩也言用師出征之祭名也郭云師出征伐類於上帝禡於所征之地者王制云天子將出征類乎上帝禡於所征之地是也言類乎上帝則類祭祭天也祭天而謂之類者尚書夏侯歐陽說以事類祭之在南方就南郊祭之春官肆師注云類禮依郊祀而爲之是用尚書說爲義也禡之所祭其神不明肆師云凡四時之大田獵祭表貉則爲位注云貉師祭也於立表處爲師祭祭造軍法者禱氣勢之增倍也其神蓋蚩尤或曰黄

帝又甸祝掌四時之田表貉之祝號杜子春云貉兵祭也田以講武治兵故有兵祭○習兵之禮故貉祭禱氣勢之十百而多獲由此二注言之則禡祭造兵爲軍法者爲表以祭之禡周禮作貉貉又或爲貊字古今之異也貉之言百祭祀此神求獲百倍○既伯既禱馬祭也者既伯既禱詩小雅吉日篇文也馬祭也作者所以釋詩也毛傳云伯馬祖也重物慎微將用馬力必先爲之禱其祖禱獲也郭云伯祭馬祖也將用馬力必先祭其先知伯是祭馬祖者爲馬而祭故知馬祖謂之伯者伯長也馬祖始是長也鄭注周禮云馬祖天駟房也彼注云龍爲天馬故房四星謂之天駟馬國之大用王者重之故夏官校人春祭馬祖夏祭先牧秋祭馬社冬祭馬步注云馬祖天駟上文云天駟先牧始養馬者馬社始乘馬者馬步神爲災害馬者既四時各有所爲祭之馬祖祭之在春其常也而將用馬力則又用彼禮以禱之○禘大祭也者經傳之文稱禘非一其義各殊論語云禘自既灌及春秋禘于太廟謂宗廟之祭也喪服小記云王者禘其所自出也及大傳云禮不王不禘謂祭感生之帝於南郊也祭法云周人禘嚳而郊稷謂祭昊天於圜丘也以此比餘處爲大祭揔得稱禘宗廟謂之禘者禘諦也言使昭穆之次審諦而不亂也祭天謂之禘者亦言使典禮審諦也郭云五年一大祭者出禮

緯文知非祭天之禘者以此文下云繹又祭也爲宗廟之祭知此亦宗廟之祭者○繹又祭也者又復也繹復祭之名也郭云祭之明日尋繹復祭公羊傳云繹者何祭之明日也穀梁傳云繹者祭之旦日之享賓也天子諸侯謂之爲繹少牢饋食大夫之禮也謂之賓尸與祭同日若然是亦與賓尸事不同矣而詩頌絲衣序云繹賓尸者繹祭之禮主爲賓事此尸但天子諸侯禮大異日爲之別爲立名謂之爲繹言其尋繹昨日卿大夫禮小同日爲之不別立名直指其事謂之賓尸耳此序言繹者是此祭之名賓尸是其祭之事故特詳其文也然又祭之名三代各異周名繹商名肜夏名復胙郭云春秋經曰壬午猶繹者宣八年經文也又云書曰高宗肜日商書篇也孫炎云肜日相尋不絕之意也曰復胙者郭云未見義所出以夏之典訓無言復胙名者是未見義所出也詩傳及詩箋亦無此一句說者云胙是祭肉也以祭之旦日復陳其祭肉以賓尸也未知然不祭名者以題上事也

○春獵爲蒐 搜索取不任者○蒐音搜

夏獵爲苗 爲苗稼除害

秋獵爲獮 順殺氣也○獮息淺切

冬獵爲狩 得獸取之無所擇○狩羊又反

宵田爲獠 管子曰獠獵畢弋今江東亦呼獵爲獠音遼或曰即今夜獵載鑪照

也

火田爲狩 放火燒草獵亦爲狩

乃立冢土戎醜攸行 冢土大社戎醜大衆

起大事動大衆必先有事乎社而後出謂之宜 有事祭也周官所謂宜乎社

振旅闐闐 振旅整衆闐闐羣行聲○闐音田

出爲治兵尚威武也 幼賤在前貴勇力

入爲振旅反尊卑也 尊老在前復常儀也

講武

〔疏〕春獵至講武○釋曰此說田獵習武之事也云春獵爲蒐夏獵爲苗秋獵爲獮冬獵爲狩者此四時田獵之名也郭云蒐搜索取不任者苗爲苗稼除害獮順殺氣也狩得獸取之無所擇隱五年左傳文與此同杜注云蒐索擇取不孕者苗爲苗除害也獮殺也以殺爲名順秋氣也狩圍守也冬物畢成獲則取之無所擇也周禮大司馬職中春教振旅遂以蒐田中夏教茇舍遂以苗田中秋教治兵遂以獮田中冬教大閱遂以狩田其名亦與此同鄭玄解苗田與此小異言擇取不孕任者若治苗去不秀實者孫炎亦然桓四年公羊傳曰春曰苗秋曰蒐冬曰狩三名既與禮異又復夏時不田穀梁傳曰四時之田皆爲宗廟之事也春曰田夏曰苗秋曰蒐冬曰狩皆與

禮異者皃由微言既絶曲辨妄生左丘明親受聖師爾雅者或云子夏所作故二者與禮合漢代古學不行明帝集諸學士作白虎通義因穀梁之文爲之其說曰王者諸侯所以田獵何爲苗除害上以共宗廟下以簡集士衆也春謂之田何春歲之本舉本名而言之也夏謂之苗何擇去懷任者也秋謂之蒐何蒐索肥者也冬謂之狩何守地而取之也四時之田揔名爲田何爲田除害也案苗非懷任之名何云擇去懷任秋獸盡皆不瘦何云蒐索取肥雖名通義義不通也故先儒皆依周禮左傳爾雅之文而爲之說其名亦有意焉雖復春獵獲則取之不能擇取不孕夏獵所取無多不能爲苗除害爲因時異而變文耳謂之獵者蔡邕月令章句云獵者捷取之名也○宵田爲獠者宵夜也夜獵名獠郭云管子曰獠獵畢弋者案管子四稱篇管仲對桓公曰昔者無道之君誅其良臣敖其婦女獠獵畢弋暴遇諸父者是也又云今江東亦呼獵爲獠者以時驗而言也或曰即今夜獵載鑪照也者亦得爲一義故復引之○火田爲狩者郭云放火燒草獵故爲狩言與冬獵同名故云亦也李巡孫炎皆云放火燒草守其下風周禮羅氏蜡則作羅襦鄭云襦細密之羅此時蟄者畢矣可以羅罔圍取禽也今俗放火張羅其遺教禮記王制云昆蟲未蟄不以火田則是已蟄得火田也○乃立冢土戎

醜攸行者此詩大雅緜篇文也郭云冢土大社戎醜大衆郊特牲云社所以神地之道也禮運云命降於社之謂殽地是社爲土之神也冢詁爲大土爲社主故知冢土大社也釋詁云戎大也醜衆也故云戎醜大衆也○起大事動大衆必先有事乎社而後出謂之宜者此作者既引詩文於上然後爲此辭以釋之也孫炎曰大事兵也有事祭也宜求見使祐也此文本解戎醜攸行之意言國家起發軍旅之大事以興動其大衆必先有祭祀於此社而後出行其祭之名謂之爲宜以師行必須宜祭以告社故言戎醜攸行也成十三年左傳曰國之大事在祀與戎故兵爲大事也春秋昭十五年有事於武宮雜記云有事於上帝皆是祭事故謂祭爲有事以兵凶戰危慮有負敗祭之以求其福宜故謂之宜王制云天子將出宜乎社是也郭云周官所謂宜乎社者春官大祝職云出師宜于社造于祖是也○振旅闐闐者此詩小雅采芑篇文也鄭箋云至戰止將歸又振旅伐鼓闐闐然振猶止也旅衆也郭云振旅整衆闐闐羣行聲也出爲治兵尚威武也入爲振旅反尊卑也者此亦作者釋上詩文也古者春教振旅秋教治兵以戎是大事又三年一教隱五年左傳曰三年而治兵入而振旅是也征伐之時出軍至對陳用治兵禮戰止至還歸用振旅法名異而禮同也以此出當用之故以脩治兵事爲名入則休息故以整衆爲名其治兵振旅之名周禮左傳穀梁與此皆同惟公羊以治兵爲祠兵其禮治兵則幼賤在前振旅則尊老在前郭云幼賤在前貴勇力也尊老在前復常儀也講武者題上事也言皆所以講習武事也○

素錦綢杠以白地錦韜旗之竿○杠爲江纁帛縿纁帛絳也縿衆旒所著○纁音勳縿音衫素陞龍于縿畫白龍於縿令上向練旒九練絳練也飾以組用綦組飾旒之邊維以縷用朱縷維連持之不欲令曳地周禮曰六人維王之大常是也緇廣充幅長尋曰旐帛全幅長八尺○廣上曠長直亮繼旐曰旆帛續旐末爲燕尾者義見詩○旐音兆注旄首曰旌載旄於竿頭如今之幢亦有旒有鈴曰旂縣鈴於竿頭畫蛟龍於旂錯革鳥曰旟此謂合剝鳥皮毛置之竿頭即禮記云載鴻及鳴鳶○旟餘因章曰旃以帛練爲旒因其文章不復畫之周禮云通帛爲旃旌旂

〔疏〕素錦至旌旂○釋曰此别旌旂之異名也素錦綢杠者自此至維以縷說旂之制也綢韜也杠竿也先以白地錦韜旂之竿禮

記所謂綢練設旐夏也則以纁帛著於素錦名縿縿即衆旒所著者陞上也又畫白龍於縿令上向又練絳帛爲旒九以著於縿飾旒之邊用綦組維持其旒使不曳地以朱縷詩鄘風云素絲紕之鄭箋云素絲者以爲縷以縫紕旌旗之旒縿或以維持之是也郭云周禮曰六人維王之大常者夏官節服氏職文後鄭注云維之以縷王旌十二旒兩兩以縷綴連旁三人持之禮天子旌曳地鄭司農云維持之是也廣雅云天子杠高九仞諸侯七仞大夫五仞天子十二旒至地諸侯九旒至軫卿大夫七旒至軹士三旒至肩○緇廣充幅長尋曰旐者緇黑色也以黑色之帛廣全幅長八尺屬於杠名旐又以帛繼續旐末爲燕尾者名旆郭云義見詩者小雅六月云白旆央央是也○注旄首曰旌者李巡曰旄牛尾著竿首孫炎曰析五采羽注旄上也其下亦有旒縿郭云載旄於竿頭如今之幢亦有旒如是則竿之首有毛有羽也故周禮序官夏采注云夏采夏翟羽色禹貢徐州貢夏翟之羽有虞氏以爲綏後世或無故染鳥羽象而用之謂之夏采其職注云綏以毛牛尾爲之綴於幢上所謂注旄於竿首者也○有鈴曰旂者郭云縣鈴於竿頭畫交龍於旂司常云交龍爲旂又曰諸侯建旂然則旂者畫二龍於上一升一降相交又縣鈴於竿是諸侯之所建也詩小雅云旂旐央央是也○錯革鳥

旦旟者孫炎云錯置也革急也畫急疾之鳥於縿也鄭志答張逸亦云畫急疾之鳥隼以司常云鳥隼爲旟詩小雅云織文鳥章也郭云此謂合剥鳥皮毛置之竿頭者意與孫鄭少異云即禮記云載鴻及鳴鳶者案曲禮云前有水則載青旌前有塵埃則載鳴鳶前有車騎則載飛鴻前有士師則載虎皮前有摯獸則載貔貅鄭注云載謂舉於旌首以警衆也禮君行師從卿行旅從前驅舉此則士衆知所有所舉各以其類象青青雀水鳥鳶鳴則將風鴻取飛有行列也士師謂兵衆虎取其有威勇也貔貅亦摯獸也○因章曰旃者孫炎曰因其繒色以爲旗章不畫之是也司常云通帛爲旜鄭注云通帛謂大赤從周正色而飾郭云以帛練爲旒因其文章不復畫之周禮云通帛爲旜者以因其文章與周禮通用絳帛隨義立名其實一也故引爲證○旌旂者九旗之名雖異旌旂爲之揔稱故以此題之案祭名講武旌旂俱非天類而亦在此者以皆王者大事又祭名則天曰燔柴講武則類於上帝旌旂則日月爲常他篇不可攝故繫之釋天也

爾雅疏卷第六終

吏科給事中南昌黄中傑栞

爾雅注疏卷六校勘記　　阮元撰盧宣旬摘録

爾雅疏卷第六注疏本仍卷第五

釋天第八

天之言鎭也注疏本鎭改顛非按此猶説文云天顛也鎭與顛皆眞聲下言居高理下爲人經紀並鎭守之義

三日宣夜舊説云注疏本舊誤昔脱云

昕讀爲軒注疏本爲改曰

但指諸星運轉閩本監本毛本星下有之元本星字複

即以一日之行而爲一度注疏本以誤日

地下萬五千里浦鏜云萬下脱遊

地之下畔與天中平注疏本脱平

但渾天之體注疏本渾誤混

南極去北極元本去誤星閩本監本毛本改云

則一百八十一度餘注疏本同按八十一當作八十二

去南極九十一度餘注疏本脱餘

天旁日四表之中注疏本日改行非

地亦升降於天之中注疏本脱之

至春末復正元本同閩本剜改作春季監本毛本承之

冬季復正元本同閩本冬上剜擠至字監本毛本排入

萬世不失九道謀注疏本世改里非

立春星辰西遊日則東遊春分星辰西遊之極日東遊之極日與星辰相去三萬里立夏星辰北遊日則南遊夏至星辰北遊之極日南遊之極日與星辰相去三萬里 元本先立春次夏至春分立夏閩本監本毛本先立春次立夏春分夏至下文相去三萬里監本毛本同元本閩本三誤二按此舉春夏以該秋冬言四遊之極以明日與星辰相去之遠也立春春分立夏夏至以四時之敘言之注疏本倒錯不可讀

秋冬放此可知 注疏本放改倣

冬至日在斗則晝極短 元本斗誤升閩本剜擠作日在牽牛監本毛本作斗牛又注疏本晝作日

又於日與日相會 注疏本又作及

但月是陰精 元本但月誤餘此閩本因剜擠爲餘倣此月陰精監本毛本遂排入

辟九 注疏本辟改壁非

不更煩說 注疏本不更倒

既無正文可馮 元本同閩本監本毛本馮改憑

言氣皓旰 注疏本同單疏本雪牕本作晧旰釋文晧本亦作昊光明也日出也按此經作昊注作晧爲經注異文之證注仍作昊非說文晧日出皃从日告聲暤晧旰也从日臯聲晧暤蓋通今本從白訛

在上臨下而已 單疏本雪牕本同注疏本在上下衍而字

古詩八質 元本監本同閩本詩剜改時毛本承之

昊大貌 注疏本大誤天下其氣昊大同

故異義天號 注疏本天改同

蒼天蒼天 元本同閩本監本毛本改作悠悠蒼天

而又從歐陽之說 注疏本脫之

是四時天之名也 注疏本脫天

歲時者何 注疏本脫者

四氣和謂之玉燭 唐石經單疏本雪牕本同注疏本作四時非按邢疏引尸子云四氣和爲正光此之謂玉燭此經無爲正光故直言謂之玉燭

夏爲長嬴 唐石經單疏本雪牕本注疏本同釋文嬴本或作羸盧文弨刊本作本或作羸石經考文提要作夏爲長羸云從釋文

尸子皆以爲太平祥風 單疏本注疏本同雪牕本太作大釋文大平音泰或作大

四時和爲通正謂之景風 唐石經單疏本雪牕本同文選新刻漏銘注引作四氣和爲通正按此猶上文四氣和謂之玉燭也論衡是應篇引爾雅曰四氣和爲景星景風作景星無爲通正三字邢疏引尸子則云四氣和爲通正此之謂永風又尸子論衡文選注白帖卷一皆作四氣與上同唐石經上作四氣此作四時蓋非論衡引爾雅作景星尸子作永風永景聲相近

甘雨時降 唐石經雪牕本同論衡是應篇曰爾雅言甘露時降則今本作甘雨非

水泉味甘如醴也 此本下接云祥者亦題上事也祥吉也善也言此上皆大平之吉祥也二十三字次接○注此亦至祥風○釋曰云此亦四時之別號者云云蓋先釋經文都畢然後釋注也注疏本以上二十三字移配題下失其次矣

云尸子皆以爲太平祥風者 元本同閩本監本毛本云改注

四氣和爲正光 元本作四氣和正光照和下脫爲照字係剜擠閩本始排入監本毛本作四時和正光照更非按尸子作正光與上青陽朱明白藏元英韻元板困學記聞所引與此同

其雨時降 元本同閩本監本毛本其作甘此據爾雅改尸子也尸子此云其雨時降萬物以嘉下云其風春爲發生夏爲長贏是其風其雨對文之證

穀不熟爲饑 唐石經單疏本雪牕本元本閩本監本同毛本饑改飢下仍饑爲荐注及疏同釋文饑本或作飢

詩小雅云 注疏本脫詩

襄十四年穀梁傳 浦鏜云二十四年

一穀不升謂之嗛 注疏本嗛作歉此與穀梁傳同

四穀不升謂之康 注疏本康改荒此與穀梁傳同

相因而饑謂連歲不熟也 元本監本作饑飢也連歲不熟爲荐饑閩本毛本作飢饑也連歲不熟爲荐饑皆係臆改

晉荐饑是也 此本下接云災者亦題上事也下皆倣此次接注左傳曰今又荐饑○釋曰此晉語文也云云注疏本移云災者十二字分配題下失其次

太歲在甲曰閼逢 單疏本雪牕本注疏本同唐石經太字一點後人增添釋文大歲音泰下放此錢大昕云古法太陰與太歲不同淮南天文太陰在寅歲名曰攝提格云云史記厤書索隱引爾雅云歲在甲曰焉逢寅曰攝提格無太字當是古本東漢術家不求太陰誤仞太陰爲太歲故漢書天文志有太歲在寅曰攝提格之文太史公書但云攝提格歲陰左行在寅初不云太歲也按天官書索隱引李巡注爾雅歲在寅爲攝提格無太字又漢書律厤志上復得閼逢攝提格之歲孟康注云歲在甲曰閼逢在寅曰攝提格然則天文志太歲之太當亦後人增加耳

在戊曰著雍 唐石經雪牕本同單疏本亦作著雍釋文著本或作祝廱字又作雍本或作黎按史記厤書作祝犂

在壬曰元黓 唐石經閩本監本毛本同釋文亦作黓此本及雪牕本元本作黓誤從戈今訂正

在未曰協洽 雪牕本元本閩本監本同釋文協音叶唐石經單疏本毛本作協洽按字當從十

秊穀熟也 正德本同閩本監本毛本秊作年非

卜年七百 閩本同正德本監本毛本卜誤十

在丙曰修 唐石經雪牕本注疏本同釋文修本亦作脩按單疏本云三月得丙則曰脩寎

正月爲陬 唐石經雪牕本同釋文陬側留子侯二反隅也又子瑜反史記厤書月名畢聚索隱音娵周禮注作娵釋文徐劉沈竝子須反按陬娵聚皆取聲

三月爲寎 唐石經雪牕本同單疏本亦作寎元本疏中作窉釋文寎本或作窉字同按廣韻三十八梗窉爾雅云三月爲窉本亦作寎四十三映寎驚病玉篇穴部窉筆永切穴也宀部無寎字是此經舊作窉也

十二月爲涂 唐石經雪牕本同釋文涂音徒周禮哲蔟氏注云月謂從娵至荼按涂荼皆余聲

離騷至孟陬之 之疑當作兮

屈原之所作也 注疏本脫之字

仕懷王 注疏本仕改事

高陽之苗裔兮 舊本同閩本高陽上衍顓頊帝字監本毛本排入

言巳生得陰陽之正中是 舊本同閩本監本毛本是改者

引之以證正月爲陬之義 注疏本證改証

十月純坤用事 閩本監本毛本坤改陰舊本陰誤陽

其實陰陽常有 注疏本常有倒

四月秀葽 注疏本秀改莠

南風謂之凱風 唐石經雪牕本同釋文颽又作凱

詩云泰風有隧 雪牕本注疏本云作曰此非

焚輪謂之穨唐石經雪牕本同單疏本注疏本穨作頹釋文棼本或作焚穨本或作穨隤同○按頹俗字也

詩云終風且暴注疏本同雪牕本云作曰

天氣下地不應曰雺唐石經單疏本雪牕本同釋文雺或作霿字同亡公亡侯二反文選甘泉賦霧集而蒙合兮李善注爾雅曰天氣下地不應曰霿霿與蒙同按說文天氣下地不應曰霿霿晦也霚地氣發天不應雺籀文省五經文字云霚雺霧三同並莫侯反上說文中籀文下經典相承隸變並見爾雅義與說文同與爾雅正相反孫同元云蓋今本說文互誤玉篇云霚同雺天氣下地不應也雺從矛聲與蒙聲相近洪範曰蒙史記宋世家作曰霧索隱曰霧音蒙鄭注尚書云雺聲近蒙釋名釋天云霧冒也氣蒙亂覆冒物也郭景純云言蒙昧皆以蒙訓霧指天氣下地不應言之

地氣發天不應曰霧霧謂之晦唐石經單疏本雪牕本同釋文霧亡弄反又亡付反字林作霚音同本亦作霿五經文字霧莫弄反爾雅釋文並作霧惠棟云二霧字皆當作霿按釋文當正作霿云本亦作霧孫同元云字林作霚霧即霚之省文玉篇云霚武付切地氣發天不應也據文選注引上文作霧則此必不作霧可知

江東呼雺音芀雪牕本同注疏本刪下二字按釋文云雺今借爲芀音于付反本注云然也

蜺爲挈貳唐石經單疏本雪牕本同釋文霓五兮反本或作蜺漢書同

疾雷爲霆霓唐石經單疏本雪牕本同經義雜記曰霆與霓二物不當併稱郭注無霓字考初學記一白氏六帖二引作疾雷謂之霆文選注一北堂書鈔一百五十二事類賦三引作疾雷爲霆可證霆下本無霓字蓋因下句雨霓爲霄雪霓與霓形相近遂誤衍矣

雷之急激者雪牕本元本同釋文激古麻反單疏本監本毛本激誤繫閩本激字空闕

雨霓爲霄雪唐石經單疏本雪牕本同說文霄雨霓爲霄从雨肖聲齊語也五經文字霄雨霓爲霄見爾雅按霓爲水雪雜下是不得偏舉雪也古本爾雅蓋無雪字

先集維霓雪牕本舊本閩本監本同毛本霓作霰蓋據毛詩改釋文霓本或作霰霹同詩釋文云霰字亦

作霓五經文字霰霓二同上見詩下見爾雅按說文霰稷雪也从雨散聲霓霰或从見是霓霰同字郭氏所據詩蓋本作霓

霓水雪雜下者單疏本雪牕本同注疏本水作冰非按詩信南山正義引李巡注云水雪俱下禮記月令注云水雪雜下劉熙釋名云水雪相搏

故謂之消雪雪牕本同邢疏云霄即消也注疏本作謂之霄雪一脫一誤按此經作霄注作消釋文霄音消本亦作消蓋援注改經未審經注異文之致自陸氏作釋文時已然矣

暴雨謂之涷唐石經雪牕本注疏本同五經文字水部涷見爾雅廣韻一送涷瀑雨又水名涷冰涷皆又音東按釋文作涷都貢反單疏本惟經中字作涷疏云暴雨一名涷引郭注兩涷雨字及引九歌大司命涷雨字皆從冫文選思元賦注引經暴雨謂之涷雨及注兩涷雨字皆作涷考說文有涷無涷今人呼夏月暴雨爲泠雨涷雨猶泠雨也當從釋文張參隸此字於水部蓋非

今江東呼夏月暴雨爲涷雨雪牕本注疏本同單疏本涷作涷文選思元賦注引作今江東人呼夏月暴雨爲涷雨按人字當有下注云今南陽人呼雨止爲霽可證

使涷雨兮灑塵是也涷音東西之東雪牕本同注疏本刪下六字作細字音切釋文云涷郭音東本此

雨自三日已上爲霖單疏本注疏本同釋文及雪牕本作以上按左傳作以上

濟謂之霽唐石經單疏本雪牕本同釋文濟霽皆有音錢大昕云洪範曰雨曰霽史記宋世家作濟則濟霽本一字說文霎字注云霽謂之霎此經霽當爲霎字之誤

今南陽人呼雨止爲霽音薺雪牕本同注疏本刪下十二字文選高唐賦注引作音濟蓋音霽爲濟也

○南風謂之凱風者此本每節首空一字元本同舊本每節加○閩本監本毛本每節省

一一字下準此

南風長養萬物萬物喜樂　注疏本脱一萬物

亦用李說　注疏本用誤同

火而有大風者爲庉　注疏本脱火

詩云零雨其濛　注疏本脱云濛改蒙非此本鄭氏尚書注書正義引鄭注作濛

地氣不應而蒙闇也　注疏本脱而

〇地氣發天不應曰霧　注疏本發下衍而

陰之專氣爲雹　元本閩本監本同毛本爲誤謂

盛陽之氣在雨水則温暖　元本閩本監本同毛本暖改暵

因水而爲霰　注疏本霰誤雹

書云曰霽云風雨者題上事也　注疏本删下云字移風雨者七字於題下

析木謂之津　唐石經單疏本雪牕本同邢疏云析木之津者箕斗之次名也經典但有析木之津無析木謂之津今定本有謂字因注云即漢津也誤矣據此知邢疏本無謂字今有者係後人據定本增加按春秋昭八年正義引孫炎注爾雅云析木之津箕斗之閒漢津也無謂字

牽牛斗者　單疏本雪牕本同按依經當作斗牽牛者否則作牛斗者邢疏云星紀斗牛之次也

北方色黑栦之言耗　單疏本耗作秏雪牕本注疏本色黑作黑色非秏誤耗釋文亦作耗按廣韻秏減也亦稻屬俗作耗

作宮室皆以營室中爲正　單疏本雪牕本同注疏本營室下衍之

娵觜之口　唐石經雪牕本注疏本同釋文亦作娵訾單疏本及元本疏引經作娵訾之口按左傳襄三十年作娵訾之口十二辰之次字作訾與二十八宿之觜不同釋文及唐石經作觜蓋用假借字

營室東壁也　閩本監本毛本同唐石經單疏本壁作壁釋文辟本又作辟雪牕本元本誤壁

濁謂之畢　唐石經單疏本雪牕本同詩漸漸之石毛傳畢噣也詩序盧令注畢噣也正義曰釋天云噣謂之畢引李巡孫炎郭氏注皆作噣釋文前後皆云噣本亦作濁則此經舊從口爲正也

或呼爲濁因星形以名　單疏本雪牕本同詩盧令正義引作或呼爲噣因星形以名之按之字當有

咮朱鳥之口　單疏本雪牕本同注疏本口誤名

何鼓謂之牽牛　單疏本雪牕本注疏本同石經考文提要引王善堂九經本亦作何惠棟云何石經補字改作河按唐石經元刻作何後刮磨作河釋文何胡可反小爾雅云任也說文云檐也注以何爲荷訓作檐是郭本不作河考史記漢書作河鼓詩正義引李巡孫炎注同蓋爾雅本作河郭氏私定爲何唐石經用郭注本改爲河則非

檐者荷也　單疏本雪牕本毛本同釋文云何注作荷字音同此經注異文之明證元本閩本監本荷仍作何非思元賦注引作檐者荷也又單疏本檐字上從木此從手非釋文檐丁甘反字林云負也字從木詩元鳥箋云謂當擔負天之多福葉鈔釋文擔作檐是舊作木旁字今訂正

彗星爲欃槍　雪牕本注疏本同唐石經闕五經文字云欃槍見爾雅單疏本作欃釋文篲本今作彗按說文篲彗或从竹

言其形孛孛似埽彗　單疏本同釋文亦作埽雪牕本注疏本作掃俗字按釋文音經篲恤遂反又似醉似銳二反音注彗似銳反又音遂蓋經用古字作篲注用今字作彗

奔星爲彴約　單疏本雪牕本注疏本同唐石經闕段玉裁云彴釋文誤從彳今依玉篇佩觿正之按廣韻十八藥彴彴約流星開元占經卷七十一引此注曰彴約流星別名也字皆從亻

壽星至星名〇釋曰　注疏本删

九州諸國之封域　浦鏜云諸國下脱中字按今本周禮注有中字者衍也鏜從此所引

釋六蓺所載者　注疏本蓺作藝

○壽星角亢也者　此節注疏本誤連上文未分節

析本之津者　注疏本脫者

箕斗之次名也孫炎曰　閩本監本毛本孫炎曰上增一字元本空一格皆誤分節

東方成龍形　元本同閩本監本毛本方誤南

尾箕在蒼龍之末　注疏本蒼改倉

日在析木之津皆是也　注疏本皆誤者

北方色黑枵之言秏秏亦虛意　注疏本色黑倒脫一秏字秏作耗非

各以意耳　浦鏜云意下脫言

謂元枵也虛也　注疏本脫謂

娵訾之歎則口開方　監本同元本閩本毛本歎誤次詩定之方中正義誤鄭許宗彥云室壁四星相連其方如口故曰娵訾之口娵訾與嗟咨聲相近故娵訾之歎則口開方也

案襄三十年左傳曰　注疏本曰作云

畢所以掩兔也　注疏本脫也

吾聞之宋災　注疏本災改灾

左右左右將　元本同閩本剜擠作左左星右右將監本毛本作左左星右右將蓋依漢書改

今荊楚人呼牽牛星爲檐鼓　元本同閩本監本毛本荊楚倒

今日明星　注疏本同盧文弨曰天官書索隱引孫炎注作命日明星命日太白今字誤下同

東有啟明　元本閩本同監本毛本啟改启

西有長庚長庚不知是何星也或以星出在東西而異

名　注疏本脫一長庚及星出二字

甘氏不出三月迺生天欃　元本閩本同監本毛本及漢書作天槍蓋誤

甘氏不出三月迺生天欃　監本毛本及漢書同元本閩本作天槍蓋此誤

公羊傳曰　注疏本脫曰

○奔星爲彴約者　元本同閩本監本毛本誤連上文不分節

一名彴約星名題上事也　注疏本移下六字配題下

冬祭曰蒸　唐石經單疏本雪牕本同釋文亦作蒸五經文字卄部云蒸爾雅以爲祭名其經典祭烝多去草以此爲薪蒸

既祭埋藏之　雪牕本注疏本同按此經作薶注作埋

祭山曰庪縣　唐石經單疏本注疏本同釋文縣音元注同五經文字云庪縣見爾雅藝文類聚引此經縣字

皆作懸案縣懸正俗字

是禷是禡　唐石經單疏本雪牕本同釋文禷音類經典作類五經文字云禷師祭名五經及釋文皆作類唯爾雅從示按說文禷以事類祭天神从示類聲與此經字同

類於上帝　單疏本雪牕本元本同閩本監本毛本於改于按此經作禷注作類爲異文之證

商曰肜　雪牕本注疏本同釋文肜余終反唐石經肜作彤五經文字舟部肜音融按說文舟部肜船行也从舟彡聲丑林切玉篇肜余弓切爾雅云祭也又丑林切舟行也詩書正義引孫炎注云肜者相尋不絕之意相尋不絕與船行義合古人詁訓每取聲相近者肜與尋同在二十一侵彡聲以丑林切爲正余終反乃其轉音古冬韻字與侵韻最相近也或以此祭名字當從肉音融者誤

夏曰復胙　唐石經雪牕本注疏本同釋文胙才各反本又作祚亦作胙同才故反祚福也胙祭肉也於義並同按此說非也復胙者復胙日之祭也上文繹又祭也孫郭注並云祭之明日尋繹復祭可證周曰繹商曰肜皆又祭之義

此與肜字從肉之謬說正同當從陸本訂正

自殷以上 注疏本脫自

若然詩小雅云 注疏本同此本若誤者今訂正

○祭天曰燔柴者 注疏本誤連上文不分節此本脫曰字今補

鄭注云禋之言煙 注疏本脫注

瘞埋於泰折 元本同閩本監本毛本折改圻

因名祭地曰瘞薶 注疏本薶改埋

以貍沈祭山林川澤 元本同閩本監本毛本貍改薶下及鄭注同

其祠祀毛太牢之具 元本同閩本祀改禮監本毛本承之

瘞其牲之含藏是也 元本閩本監本同毛本含改舍

郭云布散祭於地 注疏本脫祭

是禷是禡師祭也者是禷是禡 注疏本禷改類

類於上帝禡於所征之地者 元本同毛本於改于閩本監本上于下於

凡四時之大田獵 注疏本脫大

故有兵祭 浦鏜云下脫鄭曰二字

○既伯既禱馬祭也者 注疏本誤連上節

重物愼微 元本脫微閩本剜補監本毛本排入

馬祖天駟上文云天駟 注疏本脫下五字

○禘大祭也者 注疏本誤連上節

及春秋禘于太廟謂宗廟之祭也 元本同毛本于改於宗廟改太廟本監本作于

謂祭昊天於圓丘也 元本同閩本監本毛本圓改圜

揔得稱禘 元本稱誤稷閩本監本毛本改謂

亦言使典禮審諦也 注疏本脫審

出禮緯文 注疏本緯誤記

未知然不祭名者以題上事也 注疏本脫下八字不字元本同閩本監本毛本改否

管子曰獠獵畢弋今江東亦呼獵爲獠音遼或曰卽今夜獵載鑪照也 雪牕本同單疏本注疏本無音遼二字釋文獠郭音遼或作燎單本又作畢史記司馬相如傳索隱引此注云又音遼也詩伐檀正義引此注云獠猶燎也今之夜獵載鑪照者也江東亦呼獵爲獠管子曰

獠獵畢弋按當如詩正義所引今本失其次注先以獠爲燎故卽申言之曰今之夜獵載鑪照者也者字當有釋文云獠或作燎本注爲說次引江東所呼及管子證之今本首引管子反以宵田爲餘義非

周官所謂宜乎社 單疏本雪牕本注疏本同案官或作禮

文與此同杜注云 元本與此誤蒐于閩本剜改與此同杜四字作蒐苗獮狩監本毛本承之

曲辨妄生 閩本剜改辨爲辯監本毛本承之元本作曲說妄言當由臆改

漢代古學不行明帝集諸學士 監本毛本同元本漢作歷脫明閩本剜補

雖名通義義不通也 元本同閩本監本毛本脫一義

敖其婦女 注疏本敖改傲按管子作敖

可以羅罔圍取禽也 閩本監本毛本罔改網元本實闕

作者既引詩文於上 監本毛本同元本閩本引改列

而後出行元本脫行閩本監本毛本脫後

至戰止將歸又振旅元本閩本監本同毛本旅誤振

羣行聲也注疏本無也按也當作○下分節

貴勇力注疏本下衍也按注本無

復常儀也講武者注疏本以講武者以下十六字分配題下

以白地錦韜旗之竿雪牕本注疏本同邢疏云又以白地錦韜旂之竿下題旌旂釋文云本又作旗是旂旗字兩見按此經作綢注作韜釋文綢韜字兩列皆音他刀反爲經注異文之明證

練絳練雪牕本注疏本下有也

六八維王之大常是也雪牕本注疏本同單疏本太作大

繼旐曰旆雪牕本注疏本同釋文唐石經單疏本旆作旆五經文字云旆從市市音普末反或從巿者訛

畫蛟龍於旐注疏本同誤也單疏本蛟作交詩載見正義公羊宣十二年疏皆引作交龍當據以訂正雪牕本作如畫交龍於旐如衍字或云當作加

此別旌旂之異名也注疏本旂改旗

維持其旒使不曳地以朱縷注疏本移以朱縷三字於維持其旒上按此倒句法本注

素絲紕之注疏本紕誤組

以縫紕旌旗之旒縿注疏本旗改旂按爾雅言旌旂詩箋言旌旗淺人互易之

士三斿至肩○是也閩本監本毛本○改云正德本空一字

白旆央央是也注疏本同按此當如公羊疏引孫炎注作帛旆英英

夏翟羽色正德本閩本同監本毛本色改名

畫交龍於旐注疏本交誤蛟

以爲旗章正德本閩本同監本毛本旗改旂

通帛爲旜注疏本旜改旃

謂大赤從周正色無飾注疏本無改而

故引爲證○旌旂者注疏本移旌旂者一節分配題下

九旗之名雖異元本同閩本監本毛本九誤凡

旌旂爲之揔稱注疏本同此旂誤旗今訂正

爾雅疏卷第六

爾雅注疏卷六校勘記終

金谿王銘校

爾雅疏卷第七

翰林侍講學士朝請大夫守國子祭酒上柱國賜紫金魚袋臣邢昺等奉
勑校定

釋地第九

疏 釋地第九○釋曰案說文云元氣初分輕清陽爲天重濁陰爲地萬物所陳列也白虎通云地者易也言養萬物懷任佼易變化含吐應節也釋名云地底也其體在底下載萬物也禮統云地施也諦也應變施化審諦不誤也此篇釋地之所載四方中國州府陵藪之異故曰釋地

兩河間曰冀州 自東河至西河

河南曰豫州 自南河至漢

河西曰雝州 自西河至黑水○雝於用反

漢南曰荊州 自漢南至衡山之陽

江南曰楊州 自江南至海

濟河間曰兗州 自河東至濟

濟東曰徐州 自濟東至海○濟子禮切

燕曰幽州 自易水至北狄

齊曰營州 自岱東至海此蓋殷制

九州

疏 兩河至九州○釋曰此釋九州之名及其界域也○兩河間曰冀州注自東河至西河○釋曰周禮職方氏云河內曰冀州禹貢不說境界孔安國云此州帝都不說境界以餘州所至即可知以其禹貢兗州云濟河自東河以東也豫州云荊河自南河以南也雍州云西河自西河以西也明東河之西西河之東南河之北是冀州之境也言東河西河南河者皆據帝都冀州而言也案禹貢導河自積石龍門南流謂之西河至于華陰折而東經底柱孟津過洛汭皆東流謂之南河至于大伾折而北流過降水至于大陸又北播爲九河同爲逆河入于海謂之東河此惟云兩河者從可知李巡曰兩河間其氣清厥性相近故曰冀冀近也○河南曰豫州注自南河至漢○釋曰職方與此同禹貢云荊河惟豫州孔安國云西南至荊山北距河水以其荊山在荊州漢水所經故文不同其實一也李巡云河南其氣著密厥性安舒故曰豫豫舒也○河西曰雝州注自西河至黑水○釋曰周禮正西曰雍州禹貢云黑水西河惟雍州孔安國云西距黑水東據河案酈元水經黑水出張掖雞山南流至燉煌過三危山南流入於南海然則雍州之境東據龍門河西距此黑水也李巡云河西其氣蔽壅厥性急凶故曰雍壅也兼得梁州之地西北之位陽所不及陰壅也○漢南曰荊州注自漢南至衡山之陽○釋曰周禮正南曰荊州禹貢荊及衡陽惟荊州孔安國云北據荊山南及衡山之陽言北據荊山則至漢水也李巡曰漢南其氣燥剛稟性彊梁故曰荊荊彊也釋名以爲取荊山之名荊警也南蠻數爲寇逆常警備也○江南曰楊州注自江南至海○釋曰周禮東南曰楊州禹貢淮海惟楊州孔安國云北據淮南距海然則楊州之境跨江北至淮此云江南者舉遠大而言也李巡曰江南其氣燥勁厥性輕楊太康地記云以楊州漸太陽位天氣奮楊履正含文故取名焉○濟河間曰兗州注自河至濟○釋曰周禮河東曰兗州禹貢濟河惟兗州孔安國云東南據濟西北距河孔傳凡云據者謂跨之也距至也濟河之間相去路近兗州之境跨濟而過東南越濟水西北至東河也李巡云濟河間其氣專質厥性信謙故曰兗兗信也釋名以爲取兗水之義○濟東曰徐州注自濟東至海○釋曰禹貢海岱及淮惟徐州孔傳云東至海北至岱南及淮此云自濟東則是西至濟也李巡曰淮海間其氣寬舒稟性安徐故曰徐徐舒也周合其地於青州○燕曰幽州注自易水至北狄○釋曰周禮東北曰幽州李巡曰燕其氣深要厥性剽疾故曰幽幽要也禹貢其地合於冀州地理志云涿郡故安縣閻鄉易水所出東至范陽入濡也從此易水至於北狄幽州之境也○齊曰營州注自岱東至海此蓋殷制○釋曰周禮正東曰青州禹貢海岱惟青州孔傳云東北據海西南距岱然則此營州則青州之地也博物志云營與青同海東有青丘齊有營丘豈是名乎太康地記云東方少陽其色青其氣清歲之首事之始故以青爲名焉云此蓋殷制者以此文上與禹貢不同下與周禮又異禹別九州有青徐梁而無幽并營是夏制也周禮周公所作有青幽并而無徐梁營是周制也此有徐幽營而無青梁并疑是殷制也以無正文故云蓋也此上釋九州之名故題云九州也

○魯有大野 今高平鉅野縣東北大澤是也

疏 ○魯有大野○釋曰此下至周有焦護釋十藪之名也禹貢徐州云大野既豬地理志云大野澤在山陽鉅野縣北鉅即大也由其旁有大澤故縣以鉅野爲名哀十四年左傳云西狩於大野以其澤在曲阜西故云西狩也郭云今高平鉅野縣者東晉時鉅野屬高平郡故與志不同凡注言今者皆謂東晉時也

晉有大陸 今鉅鹿北廣河澤是也

疏 晉有大陸注今鉅鹿北廣河澤是也○釋曰孫炎曰廣河猶大陸以地名言之近爲是也禹貢冀州云大陸既作是也案定元年左傳晉魏獻子田於大陸焚焉還卒於甯杜預注嫌鉅鹿絕遠疑此田在汲郡吳澤甯今脩武縣近吳澤計此二澤相

去甚遠亦得言大陸者以其廣平曰陸但廣而平者則名大陸故異所而同名也澤雖卑下旁帶廣平之地故統名焉

秦有楊陓 今在扶風汧縣西。陓於于反 疏 秦有楊陓注今在扶風汧縣西。釋曰周禮冀州云其澤藪曰陽陓鄭注云所在未聞又雍州云其澤藪曰弦蒲鄭注云在汧案地理志汧吳山在西古文以爲汧山北有蒲谷鄉弦中谷雍州藪今注亦云在汧然則周禮弦蒲即此陽陓也

宋有孟諸 今在梁國睢陽縣東北 疏 宋有孟諸注今在梁國睢陽縣東北。釋曰周禮青州其澤藪曰望諸鄭注云望諸明都也在睢陽禹貢豫州云導菏澤被孟豬左傳亦作孟諸文不同者聲轉字異正是一地也

楚有雲夢 今南郡華容縣東南巴丘湖是也 疏 楚有雲夢注今南至湖是也。釋曰周禮荆州云其澤藪曰雲夢鄭注云雲夢在華容禹貢云雲土夢作乂昭三年左傳楚子與鄭伯田于江南之夢又定四年楚子涉雎濟江入于雲中杜預云南郡枝江縣西有雲夢城江夏安陸縣東南亦有夢城或曰南郡華容縣東南有巴丘湖江南之夢也雲夢一澤而每處有名者司馬相如子虛賦云雲夢者方九百里則此澤跨江南北亦得單稱雲單稱夢也

吳越之間有

具區 今吳縣南太湖即震澤是也 疏 吳越之間注今吳至澤是也。釋曰周禮楊州云其澤藪曰具區鄭注云在吳南地理志云會稽吳縣故周泰伯所封國也具區在西古文以爲震澤禹貢楊州云三江既入震澤底定是也

齊有海隅 海濱廣斥 疏 齊有海隅注海濱廣斥。釋曰此營州藪也云海濱廣斥者禹貢文也孔傳云濱涯也言復其斥鹵說文云鹵鹹地也東方謂之斥西方謂之鹵海畔迥闊地皆斥鹵故云廣斥也

燕有昭余祁 今太原鄔陵縣北九澤是也 疏 燕有昭余祁注今太至澤是也。釋曰周禮并州其澤藪曰昭餘祁鄭注云在鄔地理志云鄔九澤在北是爲昭余祁并州藪是也

鄭有圃田 今熒陽中牟縣西圃田澤是也 疏 鄭有圃田注今熒陽至田澤是也。釋曰周禮豫州云其澤藪曰圃田鄭注云在中牟地理志云中牟圃田澤在西豫州藪僖三十三年左傳云鄭之有原圃猶秦之有具圃也又詩車攻云東有甫草鄭玄以爲甫田之草皆謂此也

周有焦護 今扶風池陽縣瓠中是也 疏 周有焦護注今扶風至中是也。釋曰孫炎云周岐周也詩六月云玁狁匪茹整居焦穫是也時人謂之瓠中也

十藪 疏 十藪

○釋曰此題上事也說文云大澤也風俗通云藪厚也有草木魚鼈所以厚養人也

〇東陵阠南陵息慎西陵威夷中陵朱滕北陵西隃鴈門是也 即鴈門山也。阠音信 疏 東陵至是也。釋曰此五方之陵名也其義及所在未詳云鴈門是也者此指解北陵也即鴈門山是也

陵莫大於加陵 今所在未聞 疏 陵莫大於加陵○釋曰莫無也陵大阜也言陵無大於加陵者謂加陵最大也今所在未聞

梁莫大於湨梁 湨水名梁隄也。湨古闃切 疏 梁莫大於湨梁注湨水名梁隄也。釋曰釋宮云隄謂之梁詩傳云石絶水曰梁然則以土石爲隄障絶水者名梁雖所在皆有而無大於湨水之旁者杜預云湨水出河內軹縣東南至溫入河春秋襄十六年公會晉侯以下于湨梁是也

墳莫大於河墳 疏 墳莫大於河墳○釋曰墳大防亦謂隄雖水所皆有而河墳最大也

八陵 疏 八陵○釋曰此亦題上事也大阜曰陵湨梁河墳雖非大阜以其絶大若陵故通謂之八陵也

〇東方之美者有醫無閭之珣玗琪焉 醫無閭山名今在遼東珣玗琪玉屬。珣荀玗于

東南之美者有會稽之竹箭焉 會稽山名今在山陰縣南竹箭篠也。會古外反稽古兮反

南方之美者有梁山之犀象焉 犀牛皮角象牙骨

西南之美者有華山之金石焉 黃金礝石之屬

西方之美者有霍山之多珠玉焉 霍山今在平陽永安縣東北珠如今雜珠而精好

西北之美者有崐崘虛之璆琳琅玕焉 璆琳美玉名琅玕狀似珠也山海經曰崐崘山有琅玕樹。崘路昆切虛音墟

北方之美者有幽都之筋角焉 幽都山名謂多野牛筋角

東北之美者有斥山之文皮焉 虎豹之屬皮有縟綵者。斥音尺

中有岱岳與其五穀魚鹽生焉 言泰山有魚鹽之饒

九府 疏 東方至生焉。釋曰此釋八方中國名山所產之物也。注醫無玉玉屬。釋

曰案地理志遼東郡無慮縣應劭曰慮音閭顔師古曰即所謂醫巫閭是縣因山爲名故爲山名今在遼東周禮幽州鎮也云珣玗琪玉屬者說文云珣周書所謂夷玉也玗石之似玉者琪玉也皆玉之類也故云玉屬○注會稽至縣也○釋曰周禮揚州云其山鎮曰會稽鄭注云在山陰地理志會稽郡山陰縣云會稽在南上有禹冢禹井故云山名今在山陰縣南也云竹箭篠也者禹貢揚州云篠簜既敷釋草云篠竹箭也郭云別二名則竹箭一名篠是竹之小者可以爲箭幹者也○南方之美者有梁山之犀象焉○釋曰郭氏不注梁山所在犀象二獸皮角牙骨材之美者也○注黄金礝石之屬○釋曰經惟言金知黄金者以三品之中黄金爲上此言美者故知黄金礝石石之次玉者玉藻云士佩礝玫而緼組綬是也其類非一故云之屬○注霍山至精好○釋曰周禮冀州其山鎮曰霍山鄭云在彘案地理志河南郡彘縣云霍大山在東冀州山周厲王所奔應劭曰順帝改曰永安然則東晉時屬平陽郡而縣名永安故云今在平陽永安縣也云珠如今雜珠而精好者郭氏時驗爲然也○注璆琳至玗樹○釋曰璆與球同說文云璆玉磬也琳美玉名書云戛擊鳴球美玉可以爲磬故皆云美玉也云山海經曰者案海内西經云帝之下都崑崙之虚方八百里高萬仞其上有三頭人

爾雅疏卷七　五

琅玕樹注云琅玕子似珠是也○注幽都至筋角○釋曰山海經云北海之内有山名曰幽都之山是也○東北至皮焉○釋曰斥山山名也文皮虎豹之屬其皮毛有文采細縟故謂之文皮焉○中有至生焉○釋曰岱岳泰山也此言中國也五穀黍稷麻麥豆也泰山東近海禹貢海岱惟青州厥貢鹽絺海物惟錯言其饒多非一種故注云言泰山有魚鹽之饒也○九府○釋曰此亦題上事也府聚也財物之所聚也言此八方及中皆美物之所聚故題云九府也

○東方有比目魚焉不比不行其名謂之鰈狀似牛脾鱗細紫黑色一眼兩片相合乃得行今水中所在有之江東又呼爲王餘魚○鰈音蝶

南方有比翼鳥焉不比不飛其名謂之鶼鶼似鳧青赤色一目一翼相得乃飛

西方有比肩獸焉與邛邛岠虛比爲邛邛岠虛齧甘草即有難邛邛岠虛負而走其名謂之蟨呂氏春秋曰北方有獸其名爲蟨鼠前而兔後趨則頓走則顛然則邛邛岠虛亦宜鼠後而兔前前高不得取甘草故須蟨食之今鴈門廣武縣夏屋山中有獸形如兔而大相負共行土俗名之爲蟨鼠音厥○邛巨凶岠巨齧五結蹷乃旦

北方有比肩民焉迭食而迭望此即半體之人各有一目一鼻一孔一臂一腳亦猶魚鳥之相合更望備驚急○迭徒結切

中有枳首蛇焉岐頭蛇也或曰今江東呼兩頭蛇爲越王約髮亦名弩弦○枳居是切

此四方中國之異氣也

五方

疏東方至氣也○釋曰此釋五方異氣而產非常之物也云東方有比目魚焉者言東方水中有魚其形狀似牛脾鱗細紫黑色一眼兩片相合兩目相比乃得行故曰比目魚云不比不行者比合也言一片不能行須兩片相合乃行故云不比不行也云其名謂之鰈者言鰈爲此魚之名也一名比目魚一名鰈郭云江東又呼爲王餘魚○注似鳧至乃飛○釋曰案山海經云崇五山有鳥狀如鳧一翼一目相得乃飛名曰蠻蠻郭云比翼鳥也色青赤不比不能飛爾雅作鶼鶼者正謂此也○西方至之蟨○釋曰云西方有比肩獸焉者此謂蟨也與邛邛岠虛相比蟨則肩痺不能走而能取甘草邛邛岠虛走前高不得取甘草而善走穆天子傳曰邛邛岠虛走百里是則

爾雅疏卷七　六

也故各以其能而濟所不能蟨常爲邛邛岠虛齧甘美之草仰而食之即有急難邛邛岠虛則背負而走者其名謂之蟨也○注呂氏至音厥○釋曰云呂氏春秋二十六篇秦相呂不韋輯智略士作也云曰北方有獸至則顛者大愼覽順說篇之文也引之乃以證邛邛岠虛之形也然則以下郭氏注云今鴈門廣武縣云云者自驗知之也○北方至迭望○釋曰此即半體人也兩半相比乃得爲人動作及禦非常以肩在上而顯故謂之比肩民焉迭更也謂一體取食則一體瞻望所以備驚急也故云迭食而迭望○中有枳首蛇焉○釋曰枳岐也此即兩頭蛇也江東呼越王約髮言是越王約髮所變也亦名弩弦即以形相似而名之也○五方○釋曰亦題上事也言是五方風氣殊異而生此怪物也

○邑外謂之郊郊外謂之牧牧外謂之野野外謂之林林外謂之坰邑國都也假令百里之國五十里之界界各十里也○坰古營切

下溼曰隰大野曰平廣平曰原高平曰陸大陸曰阜大阜曰陵大陵曰阿可食者曰原可種穀給食

陂者曰阪陂陀不平下者曰隰公羊傳曰下平曰隰田一歲曰菑今江東呼初耕地反草爲菑二歲曰新田詩曰于彼新田三歲曰畬易曰不菑畬○畬音于野疏邑外至曰畬○釋曰此釋郊野之地遠近高下不同之名也云邑外謂之郊者邑國都也謂國都城之外名郊也云郊外謂之牧者言可放牧也書牧誓云王朝至于商郊牧野乃誓是也云牧外謂之野者言牧外之地名野詩傳云郊外曰野者以細別言之則郊外之地名牧牧外之地名野若大判而言則野者郊外通名故周禮六遂在遠郊之外遂人職云凡治野田是其郊外之地揔稱野也云野外謂之林者言野外之地名林以其去都邑遠薪采者少其地可長平林因名云也云林外謂之坰者言林外之地最爲遠野名坰魯頌云駉駉牡馬在坰之野毛傳云坰遠野是也○注邑國至里也○釋曰云邑國都也者案周禮四縣爲都四井爲邑春秋莊二十八年左氏傳曰凡邑有宗廟先君之主曰都無曰邑然則邑與都異此爲一者彼對文之例耳但都者聚居之處故詩小雅云彼都人士說文云邑國也是天子諸侯所居國城或謂之邑或謂之都故以國都解邑也云假令百里之國五十里之界界各十里

也者以其百里之國國都在中去境五十里每十里而異其名則坰爲邊畔去國最遠故毛傳以爲遠野也此假令者據小國言之郊爲遠郊牧野林坰自郊外爲差耳然則郊之遠近計國境之廣狹以爲差也聘禮云賓及郊注云郊遠郊周制天子畿內千里遠郊百里以此差之遠郊上公五十里侯四十里伯三十里子二十里男十里也近郊各半之是鄭之所約也是以司馬法云王國百里爲遠郊又此經從邑之外止有五名明當每皆百里故知遠郊百里也知近郊半之者書序云周公既沒命君陳分正東郊成周於時周都王城而謂成周爲東郊則成周在其郊也於漢王城爲河南成周爲洛陽相去不容百里則所言郊者謂近郊故鄭注云天子近郊五十里今河南洛陽相去則然是鄭以河南洛陽約近郊之里數也周禮杜子春注云五十里爲近郊白虎通亦云近郊五十里遠郊百里是儒者相傳爲然也○下溼曰隰者謂地形痺下而水溼者李巡曰下溼謂土地窊下常沮洳名爲隰也云大野曰平者大野之澤一名平魯有大野是也云廣平曰原者謂澤之廣平者亦名原漢以平原爲郡名屬靑州云高平曰陸大陸曰皐大皐曰陵大陵曰阿者李巡曰高平謂土地豐正名爲陸土地高大名曰皐最大名爲陵陵之大者名阿詩大雅皇矣云無矢我陵我陵我阿是也此上七者

或萊沛沮洳或險陷磽确雖不可種穀給食亦得其名也云可食曰原陂者曰阪下者曰隰此三者釋地形雖有高下不平皆可種穀給食高而可食者名原詩大雅云篤公劉于胥斯原是也陂陀不平而可食者名阪詩小雅正月云瞻彼阪田有菀其特是也下平而可食者名隰本作溼誤○注公羊傳曰下平曰隰○釋曰此昭元年傳文也案彼云晉荀吳帥師敗狄于太原此大鹵也曷爲謂之大原地物從中國邑人名從主人原者何上平曰原下平曰隰何休云分別之者地勢各有所生原宜栗隰宜麥當教民所宜因以制貢賦是也田一歲曰菑二歲曰新田三歲曰畬○釋曰此釋耕田年歲遠近名義不同之事也菑者災也畬和柔之意也孫炎云菑始災殺其草木也新田新成柔田也畬和也田舒緩也郭云今江東呼初耕地反草爲菑○注詩曰于彼新田○釋曰此小雅采芑篇文也案彼云薄言采芑于彼新田于此菑畝毛傳取此文爲說故引爲證也○注易曰不菑畬○釋曰此无妄六二爻辭也鄭注亦取此文故引以爲證也○野○釋曰此亦題上事也上自邑外謂之郊以下雖遠近高下其名不同野爲揔稱故題云野〇東至於泰遠西至於邠國南至於濮鉛北至於祝栗謂之四極皆四方極遠之國○邠彬濮卜觚竹北戶西王母日下謂之四荒觚竹在北北戶在南西王母在西日下在東皆四方昏荒之國次四極者○觚音孤九夷八狄七戎六蠻謂之四海九夷在東八狄在北七戎在西六蠻在南次四荒者岠齊州以南戴日爲丹穴岠去也齊中也北戴斗極爲空桐戴值東至日所出爲大平西至日所入爲大蒙即蒙汜也大平之人仁丹穴之人智大蒙之人信空桐之人武地氣使之然也四極疏東至至人武○釋曰此釋九州之外四方極遠之國名及其人性稟氣不同也泰遠邠國濮鉛祝栗此四方極遠之國名也觚竹者漢書地理志遼西令支有孤竹城是乎北戶者即日南郡是也顏師古曰言其在日之南所謂北戶以向日者西王母者山海西荒經云西海之中流沙之濱赤水之後黑水之前有大山名崐崘之丘有人戴勝虎齒有尾穴處名曰西王母又穆天子傳曰天

子賓于西王母乃紀其迹于弇山名曰西王母之山是也日下者謂日所出處其下之國也山海東荒經云大荒之中有山名曰大言日月所出有波谷山者有大人之國又云大荒之中有山名曰合虛日月所出有中容之國如此之類是也云謂之四荒者言聲教不及無禮義文章是四方昏荒之國也在土四極之內云九夷八狄七戎六蠻謂之四海者孫炎云海之言晦晦闇於禮義也○注九夷至荒者○釋曰知在東西南北者以曲禮云其在東夷北狄西戎南蠻雖大曰子故也案風俗通云東方人好生萬物觝觸地而出夷者觝也其類有九依東夷傳夷有九種曰畎夷于夷方夷黃夷白夷赤夷玄夷風夷陽夷又一曰玄菟二曰樂浪三曰高驪四曰滿飾五曰鳧更六曰索家七曰東屠八曰倭人九曰天鄙蠻者風俗通云君臣同川而浴極爲簡慢蠻者慢也其類有八李巡云一曰天竺二曰咳首三曰僬僥四曰跛踵五曰穿胸六曰儋耳七曰狗軹八曰旁春戎者風俗通云斬伐殺生不得其中戎者凶也其類有六李巡云一曰僥夷二曰戎夫三曰老白四曰耆羌五曰鼻息六曰天剛狄者風俗通云父子嫂叔同穴無別狄者辟也其行邪辟其類有五李巡云一曰月支二曰穢貊三曰匈奴四曰單于五曰白屋案李巡所注爾雅本謂之四海下更三句云八蠻在南方六戎在西方五

狄在北方故得此解孫炎郭氏諸本皆無此三句案明堂位稱九夷八蠻六戎五狄周禮職方氏掌四夷八蠻七閩九貉五戎六狄之人鄭注云四八七九五六周之所服國數也徧檢經傳四夷之數參差不同先儒舊解此爾雅上文殷制明堂位及職方幷爾雅下文皆爲周制義或當然此在四荒之內九州之外於王者世一見周禮曰九州之外謂之蕃國世一見是也故云次四荒者○岠齊州以南戴日爲丹穴○釋曰此明四海之中別有下四種之名也岠去也齊中也中州猶言中國也戴值也言去中國以南北戸以北值日之下其處名丹穴天老說鳳云濯羽弱水莫宿丹穴又山海經云禱過山東五百里曰丹穴山是乎云北戴斗極爲空桐者斗北斗也極者中宮天極星其一明者泰一之常居也以其居天之中故謂之極極中也北斗拱極故云斗極值此斗極之下其處名空桐○注即蒙汜也○釋曰即者即淮南子云日出扶桑入於蒙汜是也○注地氣使之然也○釋曰言是土地之氣剛柔不同使之仁智信武耳若考工記云鄭之刀宋之斤魯之削吳越之劒遷乎其地而弗能爲良地氣然也

釋丘第十

〔疏〕釋丘第十○釋曰案廣雅云小陵曰丘說文解字曰土之高也非人所爲也從北從一一地也人居在丘南故從北中邦之居在崐崘東南一曰四方高中央下爲丘象形此下云非人爲之丘然則土有自然而高小於陵者名丘也其體雖一其名則多或近道途或因水澤所如則陵畝各異其重則再三不同通見詩書此篇具釋故名釋丘

丘一成爲敦丘 成猶重也周禮曰爲壇三成今江東呼地高堆者爲敦○敦都昆 〔疏〕丘一成爲敦丘○釋曰成重也言丘上更有一丘相重累者名敦丘詩衛風氓篇云送子涉淇至于頓丘是也○注成猶至爲敦○釋曰孫炎云形如覆敦敦器似盂今案下文別云如覆敦者敦丘則此自是丘之一重者故郭氏云成猶重也與孫氏意異云周禮曰爲壇三成者此秋官司儀職文也鄭司農云三成三重也引之證成爲重也

再成爲陶丘 今濟陰定陶城中有陶丘 〔疏〕再成爲陶丘○釋曰丘形上有兩丘相重累者名陶丘李巡曰再成其形再重也禹貢曰濟水東出于陶丘北是也○注今濟至陶丘○釋曰濟陰郡名定陶縣名地理志云定陶縣西南有陶丘亭是也

再成銳上爲融丘 纖頂者○銳音惠 〔疏〕再成銳上爲融○釋曰丘形再重而頂纖者名融丘也

三成爲崐崘丘 崐崘山三重故以名云

〔疏〕三成爲崐崘丘○釋曰丘形三重者名崐崘丘○注崐崘山三重故以名云○釋曰崐崘山記云崐崘山一名崐丘三重高萬一千里是也凡丘之形三重者因取此名云耳

如椉者椉丘 形似車椉也或云椉者謂稻田塍埒○椉繩正切 〔疏〕如椉者椉丘釋曰郭氏兩解一云形似車椉也椉繩證切二或云椉謂稻田塍埒椉市陵切許叔重云塍埒稻田畦隴埒畔也案地理志云泰山有椉丘春秋莊十年公敗宋師于乘丘是因丘以爲名乎

如陼者陼丘 水中小洲爲陼○陼渚 〔疏〕如陼者陼丘○釋曰陼水中可居之小者丘形似之名爲陼丘也

水潦所止泥丘 頂上汚下者○潦音老 〔疏〕水潦所止泥丘○釋曰水潦雨水也丘形頂上汚下潦水停止而成泥濘者名泥丘

方丘胡丘 形四方 〔疏〕方丘胡丘○釋曰丘形四方者名胡丘

絶高爲之京 人力所作 〔疏〕絶高爲之京○釋曰言卓絶高大如丘而人力爲作之者名京案春秋宣十二年左傳楚敗晉師於邲潘黨曰君盍築武軍而收晉尸以爲京觀楚子曰云云今罪無所而民皆盡忠以死君命又可以爲京乎是其類也

非人爲之丘 地自然生 〔疏〕

非人爲之丘。釋曰李巡云謂非人力所爲自然生者孫炎曰地性自然也故郭云地自然生 水潦所還埒丘 謂丘邊有界埒水環繞之〔疏〕水潦所還埒丘。釋曰還環繞也其界埒外則爲水潦環繞者名埒丘 上正章丘 頂平〔疏〕頂上正章丘。釋曰丘頂上平正者名章丘章亦平也 澤中有丘都丘 在池澤中〔疏〕澤中有丘都丘。釋曰都水所聚也言在池澤中者因名都丘 當途梧丘 途道〔疏〕當途梧丘。釋曰途道也梧遇也當道有名梧丘言若相遇於道路然也 途出其右而還之畫丘 言爲道所規畫。還音旋〔疏〕途出其右而還之畫丘。釋曰右謂西也還繞也畫規畫也言道出丘西而復環繞之者名畫丘者爲道所規畫然也 途出其前戴丘 道出丘南〔疏〕途出其前戴丘。釋曰謂道過丘南若爲道負戴故爲戴丘 途出其後昌丘 道出丘北〔疏〕途出其後昌丘。釋曰謂道過丘北者名昌丘 水出其前渻丘 水出其後沮丘 水出其右正丘

水出其左營丘 今齊之營丘淄水過其南及東。渻所景沮辭與〔疏〕水出至營丘。釋曰此釋丘之前後左右有水過之者名也左右猶東西也。注今齊至及東。釋曰地理志云齊郡臨淄城中有丘即營丘也志又云泰山萊蕪縣淄水所出東至博昌入泲然則淄水出萊蕪經臨淄過營丘南折而北至博昌入泲言此以證水出其左者名營丘 如覆敦者敦丘 敦盂也。敦音堆〔疏〕如覆敦者敦丘。釋曰案周禮九嬪職云凡祭祀贊玉齍注云玉齍玉敦也受黍稷器又少牢禮曰主婦執壹金敦黍有蓋凡設四敦皆南首注云敦有首者尊者器飾也飾象龜形孝經緯說敦與簠簋容受雖同上下內外皆圓爲異郭氏言敦盂舉其類而言之也丘形如覆敦者名敦丘 邐迤沙丘 旁行連延。邐呂紙切迤余紙切〔疏〕邐迤沙丘。注旁行連延。釋曰說文云邐行也迤斜行也故注云旁行連延也連延謂連接延長丘形邪行連接而長者名沙丘地理志云鉅鹿有紂所作沙丘臺在東北七十里 左高咸丘 右高臨丘 前高旄丘 詩云旄丘之葛兮 後高陵丘〔疏〕左高至陵丘。釋曰此四者釋丘形左右前後高而名不同也。注詩云旄丘之葛兮。釋曰邶風旄丘篇文也 偏高阿丘 詩云陟彼阿丘〔疏〕偏高阿丘。釋曰謂丘形四隅有一高而偏高阿丘注詩云陟彼阿丘。不正在左右前後者名阿丘也詩云陟彼阿丘者鄘風載馳篇文也 宛中宛丘 宛謂中央隆高〔疏〕宛中宛丘。注宛謂中央隆高。釋曰案詩陳風云宛丘之上兮毛傳云四方高中央下曰宛丘李巡孫炎亦皆云中央下而郭氏以爲中央高者以其四方高中央下即是上文水潦所止泥丘也又下云丘上有丘爲宛丘作者嫌人不曉故重辯之既言丘上有丘非中央隆高而何此郭氏所以不從先儒也 丘背有丘爲負丘 此解宛丘中央隆峻狀如負一丘於背上〔疏〕丘背有丘爲負丘。釋曰此解宛丘之狀也言中央隆峻若丘背之上更有一丘而負戴之者名宛丘又名負丘也 左澤定丘 定下侫切〔疏〕左澤定丘。釋曰謂丘之東有水澤者名定丘 右陵泰丘 宋有泰丘社亡見史記〔疏〕右陵泰丘。釋曰謂丘之西有大阜者名泰丘。注宋有大丘社亡見史記。釋曰案六國年表周顯王三十三年泰惠文王二年宋大丘社亡是也宋依丘作社在宋國於時亡去故云大丘社亡亦咎徵也

如畝畝丘 丘有壟界如田畝〔疏〕如畝畝丘。釋曰李巡曰謂丘如田畝曰畝丘孫炎云方百步郭以爲田畝之壟也丘形有界埒似之因名云 如陵陵丘 陵大阜也〔疏〕如陵陵丘。注陵大阜也。釋曰丘形如大阜者名陵丘云陵大阜者釋地文也 丘上有丘爲宛丘 嫌人不了故重曉之 陳有宛丘 今在陳郡陳縣 晉有潛丘 今在太原晉陽縣 淮南有州黎丘 今在壽春縣 天下有名丘五三在河南其二在河北 說者多以州黎宛營爲河南潛敦爲河北者案此方稱天下之名丘恐此諸丘碌碌未足用當之殆自別更有魁梧桀大者五但未詳其名號今者所在耳〔疏〕注說者至在耳。釋曰此郭氏破先儒說天下名丘未當也碌碌小石也碌碌多貌恐此州黎等五丘碌碌然小耳史記毛遂入楚謂平原君諸舍人曰公等碌碌所謂因人成事者也意相類也殆近也近自更有魁梧然桀大者五但名號所在今所未詳知也此已上釋衆丘之名義故題曰丘也○望厓洒而高岸 厓水邊洒謂深也視厓峻而水

深者曰岸○厓牙洒先典切（疏）望厓洒而高岸○釋曰望視也厓水邊也洒水深也言視水邊之厓其下水深其厓高峻者名岸詩衛風云淇則有岸

夷上洒下不漘　厓上平坦而下水深者爲漘不發聲○漘脣（疏）夷上洒下不漘○釋曰李巡云夷上平上洒下下故名曰漘孫炎曰平上陗下故名曰漘不者蓋衍字郭云厓上平坦而下水深者爲漘不發聲也詩王風葛藟云在河之漘是也

隩隈　今江東呼爲浦隩淮南子曰漁者不爭隈○隩奧隈烏回切（疏）隩隈○釋曰隩一名隈也孫炎云隈水曲中也詩衛風云瞻彼淇隩故此釋之也○注淮南子曰漁者不爭隈○釋曰案淮南子原道篇云昔舜耕於歷山朞年而田者爭處墝埆以封畔肥饒相讓釣於河濱朞年而漁者爭處湍瀨以曲隈深潭相予是不爭隈之事也引之以證隈即厓內深隩之處也

厓內爲隩外爲隈　別厓表裏之名（疏）厓內至爲隈○釋曰別厓表裏之名也孫炎云內曲裏也外曲表也李巡曰厓內近水爲隩其外爲鞫此句覆釋上文隩隈之處也云外爲隈者隈當作鞫傳寫誤也詩大雅公劉云芮鞫之即毛傳云水之外曰鞫然則厓在水曲其內名隩又名隈其外名鞫又作坑音義同今以隩隈一事分爲外內之名故知誤也

畢堂牆　今終南山道名畢其邊若堂之牆（疏）畢堂牆○釋曰李巡云堂牆名厓似堂牆曰畢郭以畢終南山之道名也其邊之厓如堂室之牆言平正也詩秦風云終南何有有紀有堂是也

重厓岸　兩厓累者爲岸○重直龍切（疏）重厓岸○釋曰言兩厓相重累者亦名岸也

岸上滸　岸上地○滸音虎（疏）岸上滸○釋曰岸上平地去水稍遠者名滸詩大雅緜篇云率西水滸之類也

墳大防　謂隄（疏）墳大防○釋曰李巡云墳謂厓岸狀如墳墓名大防也詩周南云遵彼汝墳又釋地云墳莫大於河濱是也

涘爲厓　謂水邊○涘音士（疏）涘爲厓○釋曰李巡曰涘一名厓謂水邊也詩秦風云所謂伊人在水之涘也

窮瀆汜　水無所通者○汜音似（疏）窮瀆汜○釋曰謂窮困不通水瀆名汜也亦得名谿即釋水云山瀆無所通谿郭注云所謂窮瀆者雖無所通與水注川同名是也

谷者溦　通於谷○微眉（疏）谷者溦○釋曰謂窮瀆汜谷能通於谷者則別名溦也此已上釋厓岸之名也故題厓岸

釋山第十一

（疏）釋山第十一○釋曰案釋名云山產也言產生萬物說文云山宣也宣氣散生萬物有石而高象形也此篇釋諸山之名故云釋山

河南華　華陰山　河西嶽　吳嶽　河東岱　岱宗泰山　河北恒　北岳恒山　江南衡　衡山南岳（疏）河南華至江南衡○釋曰篇首載此五山者以爲中國之名山也案周禮職方氏河南曰豫州其山鎮曰華山正西曰雍州其山鎮曰嶽山正東曰兗州其山鎮曰岱山正北曰幷州其山鎮曰恒山正南曰荊州其山鎮曰衡山鄭注云鎮名山安地德者也又爲五嶽鄭注大司樂云五嶽岱在兗州衡在荊州華在豫州嶽在雍州恒在幷州是也案下文及經典羣書言五嶽者皆數嵩高不數嶽而鄭云然者蓋鄭有所案據更見異意也其正名五嶽必取嵩高爲定解下文別釋云河南華注華陰山者案禹貢導河積石至于龍門南至于華陰東至于底柱孔安國云河自龍門南流至華山北而東行然則此山在河之南故曰河南華下皆放此在華陰縣界故曰華陰山也云河西嶽注吳嶽者在西河之西一名吳嶽鄭玄云在汧云河東岱注岱宗泰山者在東河之東一名岱宗一名泰山鄭玄云在博云河北恒注北嶽恒山者下文恒山爲北嶽是也鄭玄云在上曲陽云江南衡注衡山南嶽者禹貢云岷山導江又曰岷山之陽至于衡山孔注云衡山江所經然則江水經此山之北東入于海故曰江南衡也鄭注大宗伯云五嶽南曰衡也是也

山三襲陟　襲亦重（疏）山三襲陟注襲亦重○釋曰山之形若三山重累者名陟重衣謂之襲故以襲爲重也上篇注已云成猶重也故此云亦也

再成英　兩山相重（疏）再成英注兩山相重○釋曰成重也山形兩重者名英今南郡英山縣蓋取此名也

一成坯　書曰至于大伾○坯備悲切（疏）一成坯注書曰至于大伾○釋曰案此文則山上更有一山重累者名伾書曰者禹貢文也孔安國云山再成曰伾與此不同者蓋所見異也鄭玄云大伾在脩武武德之界張揖云成皋縣山也漢書音義臣瓚以爲皆非今黎陽縣山臨河豈不是大伾乎瓚意當然

山大而高崧　今中嶽嵩高山蓋依此名○崧嵩（疏）山大而高崧注今中嶽嵩山蓋依此名○釋曰詩大雅云崧高維嶽毛傳云崧高貌釋名云崧竦也亦高稱也李巡曰高大曰嵩此則山高大者自名崧本不指中嶽名嵩高或取此文以立名乎無正文故云蓋以疑之

山小而高岑　言岑崟（疏）山小而高岑注言岑

崟。釋曰言山形雖小而高嶔崟者名岑也**銳而高嶠**言鐵峻。嶠音喬【疏】銳而高嶠注言鐵峻。釋曰銳則鐵也言山形鐵峻而高者名嶠列子曰浡海之東有壑其中山曰員嶠蓋同此也**卑而大扈**扈廣貌【疏】卑而大扈注扈廣貌。釋曰言山形卑下而廣大者名扈扈禮記檀弓云南宮縚之妻之姑之喪夫子誨之髽曰爾毋扈扈爾鄭注云扈扈謂大廣蓋取此義也**小而衆巋**小山叢羅。巋上鬼切【疏】小而衆巋注小山叢羅。釋曰言山小而衆叢萃羅列者名巋**小山岌大山峘**岌謂高過。岌魚泣切峘桓【疏】小山岌大山峘注岌謂高過。釋曰言小山與大山相並而小山高過於大山者名峘非謂小山名岌大山名峘也**屬者嶧**言駱驛相連屬。屬燭嶧亦【疏】屬者嶧注言駱驛相連屬。釋曰言山形相連屬駱驛然不絕者名嶧駱驛連屬不絕之辭禹貢云嶧陽孤桐地理志云東海下邳縣西有葛嶧山取此名也**獨者蜀**蜀亦孤獨【疏】獨者蜀注蜀亦孤獨。釋曰言山之孤獨者名蜀案說文云蜀蟲名詩云蜎蜎者蜀釋蟲云蚅烏蠋郭云大蟲如指似蠶此蟲更無羣匹故云蜀亦孤獨既蟲之孤獨者蜀是以山之孤獨者亦名蜀也**上正章**山上平【疏】上正章注山上平。釋曰正猶平也言山形上平者名章**宛中隆**山中央高【疏】宛中隆注山中央高。釋曰言山形中央蘊聚而高者名隆**山脊岡**謂山長脊【疏】山脊岡注謂山長脊。釋曰孫炎云長山之脊也言高山之長脊名岡詩云陟彼高岡是也**未及上翠微**近上旁陂【疏】未及上翠微注近上旁陂。釋曰謂未及頂上在旁陂陀之處名翠微一說山氣青縹色故曰翠微也**山頂冢**山顛**崒者厜㕒**謂山峰頭巉巖。崒子恤反厜子規切㕒音危【疏】山頂至厜㕒。釋曰此二句釋小雅十月云山冢崒崩之文也毛傳云山頂曰冢鄭箋云崒者崔嵬雖音字小異義實同也是取此文爲說彼云冢者謂山頂也釋言云顛頂也故此郭云山顛彼云崒者謂山顛之末其峰巉巖厜㕒然者也**山如堂者密**形如堂室者尸子曰松柏之鼠不知堂密之有美樅【疏】山如堂者密。釋曰言山形如堂室者名密。注尸子至美樅。釋曰此尸子綽子篇文引之證山有名密者**如防者盛**防隄盛音成【疏】如防者盛注防隄。釋曰此盛讀如粢盛之盛隄防

之形隋而高峻若黍稷之在器故其山形如隄防者亦名盛也**巒山墮**謂山形長狹者荆州謂之巒詩曰隋山喬嶽。隋湯果切【疏】巒山墮。釋曰凡物狹而長者謂之隋則此言山隋者謂山形狹長者一名巒也。注詩曰隋山喬嶽。釋曰周頌般篇文也**重甗隒**謂山形如累兩甗甗甑山形似之因以名云。重平聲甗言蹇反隒音儼【疏】重甗隒注謂山至名云。釋曰孫炎云山基有重岸也郭云甗甑者鄭衆注考工記云甗無底甑方言云甑自關而東謂之甗故知甗甑也**左右有岸厒**夾山有岸。厒口閤切【疏】左右有岸厒注夾山有岸。釋曰謂山兩邊有水山與水爲岸此山名厒**大山宮小山霍**宮謂圍繞之禮記曰君爲廬宮之是也【疏】大山宮小山霍。釋曰宮猶圍繞也謂小山在中大山在外圍繞之山形若此者名霍非謂大山名宮小山名霍也。注宮謂至是也。釋曰禮記曰者喪大記文也鄭注云宮謂圍障之也引之者證宮爲圍繞之義也**小山別大山鮮**不相連。別彼列切鮮息淺切【疏】小山別大山鮮注不相連。釋曰謂小山與大山分別不相連屬者名鮮李巡云大山少故曰鮮**山絕陘**連中斷絕。陘形【疏】山絕陘注連中斷絕。釋曰謂山形連延中忽斷絕者名陘**多小石磝**多礓礫。磝音敲【疏】多小石磝注多礓礫。釋曰礓礫即小石也山多此小石者名磝釋名曰小石曰礫**多。大石礐**多盤石。礐音殼【疏】多大石礐注多盤石。釋曰盤大石也山多此盤石者名礐**多。草木岵無。草木峐**皆見詩。岵戶峐屺【疏】多草木岵無草木峐注皆見詩。釋曰峐當作屺音起案詩魏風云陟彼岵兮瞻望父兮又曰陟彼屺兮瞻望母兮毛傳云山無草木曰岵山有草木曰屺與此不同者當是傳寫誤也王肅解依爾雅**山上有水埒**有停泉。埒音劣【疏】山上有水埒注有停泉。釋曰謂山巔之上有停泉名埒**夏有水冬無水澩**有停潦。澩音學【疏】夏有水冬無水澩注有停潦。釋曰潦雨水也言山上汚下夏有停泉至冬竭涸者名澩**山豄無所通谿**所謂窮瀆者雖無所通與水注川同名。豄音瀆【疏】山豄無所通谿。釋曰豄即溝瀆也山有瀆而無通流者名谿注所謂至同名。釋曰云所謂者所謂釋丘云窮瀆氾者也云與水注川同名者即釋水云水

注川曰谿是也石戴土謂之崔嵬石山上有土者○崔徂回切嵬五回切土戴石爲砠土山上有石者○砠七余切疏石戴至爲砠○釋曰詩周南卷耳云陟彼崔嵬又云陟彼砠矣毛傳云崔嵬土山之戴石者石山戴土曰砠與此正反者或傳寫誤也山夾水澗陵夾水濵別山陵間有水者之名○濵音賓疏山夾至水濵○釋曰謂山間有水者名澗詩云考槃在澗是也其陵間有水者名濵山有穴爲岫謂巖穴疏山有穴爲岫○釋曰謂山有巖穴者爲岫也山西曰夕陽暮乃見日疏山西曰夕陽注暮乃見日○釋曰日即陽也夕始得陽故名夕陽詩大雅公劉云度其夕陽豳居允荒是也山東曰朝陽旦即見日疏山東曰朝陽注旦即見日○釋曰謂山頂之東皆早朝見日但是山東之岡脊揔曰朝陽詩大雅卷阿曰梧桐生矣于彼朝陽是也泰山爲東嶽華山爲西嶽霍山爲南嶽即天柱山潛水所出恒山爲北嶽常山嵩高爲中嶽大室山也疏泰山至中嶽○釋曰案周禮大宗伯云以血祭祭社稷五祀五嶽故此釋之也白虎通云嶽者何爲嶽之爲言捔捔功德也東方爲岱者言萬物皆相代於東方也南方爲霍霍之爲言護也言太陽用事護養萬物也西方爲華華之爲言獲也言萬物成熟可得獲也北方爲恒恒者常也萬物伏藏於北方有常也中央爲嵩嵩言其高大也風俗通云嶽捔考功德黜陟也然則以四方方有一山天子巡守至其下捔考諸侯功德而黜陟之故謂之嶽也案詩傳言四嶽之名東嶽岱南嶽衡此及諸經傳多云泰山爲東嶽霍山爲南嶽者皆山有二名也風俗通云泰山山之尊一曰岱宗岱始也宗長也萬物之始陰陽交代故爲五嶽長王者受命恒封禪之衡山一名霍言萬物霍然大也華變也萬物成變由於西方也恒常也萬物伏北方有常也崧高也言高大也是解衡之與霍泰之與岱皆一山而有二名也若此上云江南衡地理志云衡山在長沙湘南縣張揖廣雅云天柱謂之霍山地理志云天柱在廬江潛縣則在江北矣而云衡霍一山二名者本衡山一名霍山漢武帝移嶽神於天柱又名天柱亦爲霍故漢以來衡霍別耳郭云霍山今在廬江潛縣西南別名天柱山漢武帝以衡山遼曠移其神於此今其土俗人皆呼之爲南嶽南嶽本自以兩山爲名非從近也而學者多以霍山不得爲南嶽

又言從漢武帝始乃名之如此言爲武帝在爾雅前乎斯不然矣竊以璞言爲然何則孫炎以霍山爲誤當作衡山案書傳虞夏傳及白虎通風俗通廣雅並云霍山爲南嶽豈諸文皆誤明是衡山一名霍也○注即天柱山潛水所出○釋曰此據作注時霍山爲言此山本名天柱漢武帝移江南霍山之祀於此故又名霍山其經之霍山即江南衡是也故上注云衡山南嶽也○釋曰大室山也案山海經云半石山東五十里曰少室山又東三十里曰泰室山郭注云即中嶽嵩高山也今在陽城縣西戴延之西征記云其山東謂之大室西謂之少室相去十七里嵩其揔名也以其下各有室焉故謂之室是也梁山晉望也晉國所望祭者今在馮翊夏陽縣西北臨河上疏梁山晉望也注晉國至河上○釋曰言梁山在晉國境內晉以歲時望祭之故云晉望也云晉國所望祭者案春秋僖三十一年經云夏四月四卜郊不從乃免牲猶三望公羊傳云三望者何望祭也鄭君以爲望者祭山川之名也諸侯之祭山川在其地者非其地則不祭賈逵服虔杜預皆以爲三望分野之星國中山川楚語云天子徧祀羣神品物諸侯二王後祀天地三辰及其土地之山川注國語者皆云諸侯二王後祀天地三辰日月星也非二王後祀分野星辰山川也以此言之則分野之星國內山川其義是也今案昭元年左傳云辰爲商星參爲晉星又禮記禮器云晉人將有事於河必先有事於呼池及此云梁山晉望也然則晉國三望謂參也梁山也河也故云晉國所望祭者云今在馮翊夏陽縣西北者地理志文也知臨河上者成五年公羊傳曰梁山者何河上之山也故知臨河上

釋水第十二

疏釋水第十二○釋曰說文解字云水準也北方之行象衆水並流中有微陽之氣也白虎通云水之爲言準也是平均法則之稱此篇釋諸水之名故曰釋水

泉一見一否爲瀸瀸纔有貌見現否早美反瀸纖疏泉一見一否爲瀸○釋曰說文云泉水原也言此泉其水有時出見有時不出而竭涸者名瀸謂瀸微也故注云纔有貌

井一有水一無水爲瀱汋山海經曰天井夏有水冬無水即此類也○瀱計汋仁捉切疏井一有水一無水爲瀱汋○釋曰說文云井鑿地取水也釋名云井清也泉之清絜者也世本云伯益作亦云黃帝始穿此言井或一時有水一時無水者名瀱汋也○注山海至類也○釋曰案中山經云帝囷山東南五十里曰視山其上多韭有井焉名天井夏有水冬竭者是也孫

子兵灂云地陷曰天井然則非人爲之者曰天井云即此類也者以此經但言井山海經言天井非正相當故云類也

濫泉正出正出涌出也 公羊傳曰直出直猶正也 疏 濫泉正出正出涌出也○釋曰詩大雅瞻卬云觱沸檻泉故此釋之也詩言檻泉者正直上出之泉也其水涌出故更云正出涌出也李巡曰水泉從下上出曰涌泉濫檻音義同○注公羊至正也○釋曰案昭五年傳云叔弓帥師敗莒師于濆泉濆泉者何直泉也直泉者涌泉也是其事也郭云直出者蓋以義言之彼言直此言正其意一也故云直猶正也

沃泉縣出縣出下出也 從上溜下○縣音玄 疏 沃泉縣出至注從上溜下○釋曰李巡亦云水泉從上溜下然則相傳爲然也曹風云冽彼下泉則此沃泉也

沇泉穴出穴出仄出也 從旁出也○沇軌仄側 疏 沇泉穴出至注從旁出也○釋曰李巡曰水泉從旁出名曰沇沇仄出是側出曰沇泉也大東云有洌沇泉是也

湀闢流川 通流○湀揆 疏 湀闢流川注通流○釋曰說文解字云川貫穿通流水也虞書曰濬畎澮距川言深畎澮之水會爲川也釋名云川穿也穿地而流也然則湀闢者則通

流大川之別名也

過辨回川 旋流○過古禾切辨片 疏 過辨回川注旋流○釋曰回旋也言川水之中有回旋而流者名過辨

灉反入 即河水決出復還入者河之有灉猶江之有沱○灉於用切 疏 灉反入○釋曰反復也謂河水決出而復入河者名灉即下云水自河出爲灉是也

渾沙出 今江東呼水中沙堆爲渾音但 疏 渾沙出○釋曰言渾者是沙堆出於水中之名也故曰沙出

汧出不流 水流潛出便自停成汙池○汧音牽 疏 汧出不流○釋曰謂水泉潛出停成汙池者名汧地理志云扶風汧縣雍州弦蒲藪汧出西北入渭以其初出不流停成弦蒲澤藪故曰汧出不流也其終則入渭也

歸異出同流肥 毛詩傳曰所出同所歸異爲肥 疏 歸異出同流肥○釋曰謂小水支分歸入大水則異其泉源初出則同流者名肥即詩邶風泉水云我思肥泉茲之永歎毛傳云所出同所歸異爲肥泉是也

瀵大出尾下 今河東汾陰縣有水口如車輪許濆沸涌出其深無限名之爲瀵馮翊郃陽縣復有瀵亦如之相去數里而夾河河中陼上又有一瀵瀵源皆潛相通在汾陰者人壅其流以爲陂種稻呼其本所出處爲瀵魁此是也尾猶底也○瀵音糞 疏 瀵大出尾下○釋曰尾猶底也言源深大出於底下者名瀵瀵猶灑散也○注今河至底也○釋曰河東馮翊者皆郡名也云河中陼上者陼謂水中可居之小者云人壅其流以爲陂種稻者澤障曰陂謂人畜壅此水以爲陂澤而溉稻田也云瀵魁者魁帥也首也以其水源故謂之魁也

水醮曰厬 謂水醮盡○厬音軌 疏 水醮曰厬○釋曰醮盡也凡水之盡皆曰厬厬則竭涸之一名也

水自河出爲灉 書曰灉沮會同 濟爲濋汶爲瀾洛爲波漢爲潛 書曰沱潛既道○濋楚汶問瀾闌沱陀 淮爲滸江爲沱 書曰岷山導江東別爲沱 過爲洵潁爲沙汝爲濆 詩曰遵彼汝濆皆大水溢出別爲小水之名○過烏禾反潁餘頃反濆墳 疏 水自至汝爲濆○釋曰此十者皆大水分出別爲小水之名也○注書曰灉沮會同○釋曰禹貢兖州云雷夏既澤灉沮會同孔安國云雷夏澤名灉沮二水會同此澤引之證水自河出別名爲灉也○注書曰沱潛既道○釋曰禹貢梁州云岷嶓既藝沱潛既道孔安國云岷山嶓冢皆山名沱潛發源此州入荊州案地理志云蜀郡有湔道岷山在西徼外江水所

出也隴西郡西縣嶓冢山西漢水所出是二者皆山名也沱出於江潛出於漢二水發源此州而入荊州故荊州亦云沱潛既道案郭氏音義云沱水自蜀郡都水縣揃山與江別而更流又云有水從漢中沔陽南流至梓潼漢壽入大穴中通峒山下西南潛出一名沔水舊俗云即禹貢潛也郭氏此言並解梁州沱潛也然則此注言書曰者亦指梁州者也所以荊州亦有沱潛者蓋以水從江漢出者皆曰沱潛所以荊梁二州皆有也○注書曰岷山導江東別爲沱○釋曰亦禹貢文也孔安國云江東南流沱東行引之證江水溢出名沱也○注詩曰遵彼汝墳○釋曰此周南汝墳篇文也毛傳云汝水名也墳大防也毛意以爲伐薪宜於厓岸之上故以大防解之郭意以爲汝濆所分之處有美地因謂之濆且毛傳墳從土此濆從水所以異也

水決之澤爲汧 水決入澤中者亦名爲汧 疏 水決之澤爲汧○釋曰凡水爲人所決陂障爲澤者亦與上出不流者同名汧也

決復入爲汜 水出去復還 疏 決復入爲汜○釋曰凡水決之岐流復還本水者名汜詩召南云江有汜是也

河水淸且灡漪大波爲瀾 言渙瀾○灡蘭漪衣

小波爲淪 言蘊淪

直波爲

徑言徑涏【疏】河水至爲徑○釋曰案詩魏風伐檀篇云河水清且漣猗又曰河水清且直猗又曰河水清且淪猗故此釋之毛傳云風行水成文曰漣直波也小風水成文轉如輪也李巡云分別水大小曲直之名郭氏云瀾言渙瀾淪言蘊淪徑言徑涏然則瀾直淪論水波之異猗皆辭也案詩漣淪皆言波名直波不言徑而言直又在淪猗前者取韻故也瀾漣雖異而義同瀾猗先舉詩文然後釋之直淪不舉者省文從可知也

江有沱。河有灉。汝有濆。此故上水別出耳所作者重見

滸，水厓。水邊地【疏】滸水厓注水邊地○釋曰謂水邊厓岸之地別名滸李巡曰滸水邊地名厓也詩大雅江漢云江漢之滸是也

水草交爲湄。詩曰居河之湄○湄音眉【疏】注詩曰居河之湄○釋曰此小雅巧言之篇文也以詩有此言故釋之云水草交爲湄李巡曰水中有草木交會曰湄今詩作麋音義同

濟有深涉。謂濟渡之處○濟子細切

深則厲，淺則揭。揭者，揭衣也。謂褰裳也○揭上二字音憩下上竭切

以衣涉水爲厲。衣謂褌

繇膝以下爲揭，繇膝以上爲涉，

繇帶以上爲厲。繇自也○繇音由上時掌反【疏】濟有至爲厲○釋曰案詩邶風匏有苦葉濟有深涉深則厲淺則揭故此先引詩文然後釋之云揭者揭衣也謂度處水淺惟褰裳可涉者名揭注云謂褰裳也者對文言之則在上曰衣在下曰裳散而言之則通是以此經言揭衣注言褰裳曲禮云兩手摳衣去齊尺衣亦謂裳也云以衣涉水爲厲者此衣謂褌也言水深至於褌以上者而涉渡者名厲云繇膝以下爲揭者此更釋揭涉及厲之名繇與由同繇由也言水淺自膝以下爲揭水差深自膝以上者爲涉水若深至衣帶以上者爲厲注云繇自也釋詁文

潛行爲泳。水底行也晏子春秋曰潛行逆流百步順流七里【疏】潛行爲泳○釋曰謂人潛隱水底而行者名爲泳詩周南漢廣云漢之廣矣不可泳思是矣○注晏子至七里○釋曰晏子者名嬰諡平仲相齊景公孔子稱善與人交者也著書謂之晏子春秋云景公蓄勇士公孫接田開彊古冶子事景公以勇力搏於虎聞晏子而趨三子者不起晏子見公請去之公乃使人餽之二桃令三子計功而食公孫接曰接一搏特猏再搏乳虎若接之功可以食桃而毋與人同矣援桃而起田開彊曰吾杖兵却三軍者再若開彊之功可以食桃而毋與人同矣援桃而起古冶子曰吾嘗從君濟於河黿銜左驂以入砥柱之中流當是時也治少不能游潛行逆流百步順流九里得黿而殺之左操馬尾右挈黿頭鶴躍而出津人皆曰河伯也治之視之則大黿之首也若治之功可以食桃而毋與人同矣二子恥功不逮而自殺古治子亦自殺是其所引之文也以證潛行爲泳之事也但彼作九里此作七里蓋傳寫誤或所見本異也

汎汎楊舟，紼縭維之。紼，縴也。縴索○紼弗縭離縴律縭，綏也。綏繫○綏加誰切【疏】汎汎至綏也○釋曰汎汎楊舟紼縭維之此詩小雅采菽篇文也云紼縴也縭綏也此釋詩紼縭之義也李巡云縴竹爲索所以維持舟者郭云綏繫孫炎云舟止繫之於樹木屛竹爲大索然則紼訓爲縴縴是組縭訓爲綏綏又爲繫正謂舟之止息以組繫而維持之也

天子造舟，比船爲橋○造七到切諸侯維舟，維連四船大夫方舟，併兩船士特舟，單船庶人乘泭。併木以渡○泭音桴【疏】天子至乘泭○釋曰此釋尊卑橋船之異制也云天子造舟者詩大雅大明云造舟爲梁是也言造舟者比船於水加版於上即今之浮橋故杜預云造舟爲梁則河橋之謂也維舟以下則水上浮而行但船有

多少爲差等耳云庶人乘泭者詩漢廣云江之永矣不可方思毛傳云方泭也釋言云舫泭郭注云水中簰筏論語曰乘桴浮於海注云桴編竹木大曰栰小曰桴是也桴泭音義同

水注川曰谿，注谿曰谷，注谷曰溝，注溝曰澮，注澮曰瀆。此皆道水轉相灌注所入之處名○澮古外切【疏】水注至曰瀆注此皆道水轉相灌注所入之處名也○釋曰郭云轉相灌注者蓋以川瀆皆水之大者也虞書云濬畎澮距川下云江河淮濟爲四瀆是也今若言水注川曰谿謂水之注入川者名谿則注入溝者名澮溝小如澮豈能容乎若言注溝曰澮謂注溝水入之名澮則注川水入之者名谿杜預云谿亦澗也豈能容受川水乎然則水注川曰谿是澗谿之水注入於川也故李巡云水出於山入於川曰谿注谿曰谷謂山谷中水注入澗谿也注谷曰溝此以下與上不類謂山谷中水無澗谿者注入平地之溝溝廣深四尺注云澮廣二尋深二仞注溝曰澮謂注溝水入之者名澮注澮水入之者名瀆故注云轉相灌注也

逆流而上曰泝洄，順流而下曰泝游。皆見詩○泝音素【疏】逆流至泝游注皆見詩○釋曰案詩秦風蒹葭

云遡洄從之道阻且長遡游從之宛在水中央是也孫炎曰逆渡者逆流也順渡者順流也然則逆流順流皆謂渡水有逆順也

正絶流曰亂 直橫渡也書曰亂于河

疏 正絶流曰亂○釋曰正直也謂橫絶其流而直渡名曰亂○注書曰亂于河○釋曰案禹貢梁州云入于渭亂于河孔安國云越沔而北入渭浮東渡河而還帝都白所治以帝都在河之東故直橫渡河陸行而還帝都也彼孔氏引此文故以爲證也

江河淮濟爲四瀆四瀆者發源注海者也

疏 江河至者也○釋曰案白虎通云瀆者何謂瀆中國恬濁發源而注海其功著大稱瀆也案禹貢云導河積石至于龍門南至于華陰東至于厎柱又東至于孟津東過洛汭至于大伾北過降水至于大陸又北播爲九河同爲逆河入于海嶓山導江東別爲沱又東至于澧過九江至于東陵東迆北會于匯東爲中江入于海導沇水東流爲濟入于河溢爲滎東出于陶丘北又東至于菏又東北會于汶又東北入于海導淮自桐柏東會于泗沂東入于海是發源注海者也

水泉

疏 水泉○釋曰題上事也下皆倣此

○水中可居者曰洲小洲曰渚小渚曰沚小沚曰坻人所爲爲潏 人力所作○陼渚坻沚潏述

水中

疏 水中至爲潏○釋曰此一段釋水中之地名也故下題云水中案李巡云四方皆有水中央獨可居但大小異其名耳若人所作者則名潏周南云在河之洲召南云江有渚采蘩云于沼于沚秦風蒹葭云宛在水中坻是其所出之文也

河出崐崘虛色白 山海經曰河出崐崘西北隅虛山下基也 **所渠并千七百一川色黃** 潛流地中汨漱沙壤所受渠多衆水溷淆宜其濁黃 **百里一小曲千里一曲一直** 公羊傳曰河曲流河千里一曲一直

河曲

疏 河出至一直○釋曰此一段釋河源所自及遠近曲直之勢也故下題云河曲云河出崐崘虛色白者崐崘山名虛山下基也言河源出於崐崘山下之基其初纖微源高激湊故水色白也云所渠并千七百者謂所受之渠并計凡有一千七百也云一川色黃者以其所受渠多沙壤溷淆故爲一川而水色黃也云百里一小曲千里一曲一直者此河自然之勢也故謂之河曲○注山海至北隅○釋曰案海內西經云帝之下都崐崘之虛方八百里高萬仞河水出東北隅以行其

北西南又入渤海又出海外即西北而北入禹所導積石山又北山經云敦薨山敦薨水出焉西注泑澤出乎崐崘東北隅實爲河源郭注云即河出崐崘虛也今注云西北者蓋所見本異或傳寫誤○注潛流至濁黃○釋曰云潛流地中者案漢書西域傳云河有兩源一出葱嶺一出于闐于闐在南山下其河北流與葱嶺河合東注蒲昌海蒲昌海一名鹽澤者去玉門陽關三百餘里廣袤三四百里其水停居冬夏不增減皆以爲潛行地下南出于積石爲中國河又山海經云不周山東望泑澤河水之所潛也其源渾渾泡泡郭注云河出崐崘潛行地下至葱嶺山于闐國復分流岐出合而東流注泑澤又復潛行南出于積石而爲中國河泑澤一名蒲昌海潛行渾渾泡泡水濆涌之貌是潛流地中也說文云汨水流也溷濁也淆雜亂也言水流漱其沙壤所受之渠又多衆水溷濁雜亂所以宜其水濁且黃也○注公羊至一直○釋曰此文十二年傳文也案彼經云晉人秦人戰于河曲傳云曷爲以水地河曲疏矣河千里而一曲也言其河曲之地疏闊故可戰也引之證河必千里一曲一直之義然此注以疏爲流又加一直字誤也

○徒駭 今在成平縣義所未聞駭諧楷切 **太史** 今所在未詳 **馬頰** 河勢上廣下狹狀如馬頰 **覆鬴** 水中可居往往而有狀如覆釜○覆扶服切鬴父 **胡蘇** 東莞縣今有胡蘇亭其義未詳 **簡** 水道簡易 **絜** 水多約絜 **鉤盤** 水曲如鉤流盤桓也 **鬲津** 水多阨狹可隔以爲津而橫渡○鬲革 **九河** 從釋地已下至九河皆禹所名也

疏 徒駭至鬲津○釋曰案禹貢云九河既導故此釋其名下即題云九河也李巡曰徒駭者禹疏九河以徒衆起故曰徒駭大史禹大使徒衆通其水道故曰大史馬頰河勢上廣下狹狀如馬頰也覆釜水中多渚往往而處形如覆釜胡蘇其水下流故曰胡蘇胡下也蘇流也簡大也河水深而大也絜言河水多山石治之苦絜絜苦也鉤盤言河水曲如鉤屈折如盤也鬲津河水狹小可隔以爲津也孫炎曰徒駭禹疏九河用功雖廣衆懼不成故曰徒駭胡蘇水流多散胡蘇然其餘同李巡簡云徒駭今在成平東光縣今有胡蘇亭馬頰覆鬴鬲津之名同李巡簡云水多約絜鉤盤水曲如鉤流盤桓也餘名皆云其義未詳許鬲疏九河云復其故道則名應先有不宜徒駭太史因禹立名此郭氏所以未詳也或九河雖舊有名至禹治水更別立名即此所云是也漢書溝洫志成帝時河隄都尉許商上書曰古記九河之名有徒駭胡蘇鬲津今見在成平東光鬲縣界中自鬲津以北至徒駭其間相去二百餘里是

知九河所在徒駭最北鬲津最南蓋徒駭是河之本道東出分爲八枝也許商上言三河下言三縣則徒駭在成平胡蘇在東光鬲津在鬲縣其餘不復知也此九河之次從北而南既知三河之處則其餘六者太史馬頰覆釜在東光之北成平之南簡絜鉤盤在東光之南鬲縣之北也其河填塞時有故道鄭玄云周時齊桓公塞之同爲一河今河間弓高以東至平原鬲津往往有其遺處春秋緯寶乾圖云移河爲界在齊呂填閼八流以自廣鄭玄蓋據此文爲桓公塞之也言閼八流拓境則塞其東流八枝并使歸於徒駭也此九河之名義也案胡蘇在東光定本注作東莞莞當作光字之誤也○從釋地已下至九河皆禹所名也○釋曰謂釋地已下凡四篇其中五嶽四瀆及諸山川丘陵之名皆禹所制也然山川等名其來尚矣治水之後更復改新言此名是禹所制非禹始爲名也

爾雅疏卷第七

大清嘉慶二十年用文選樓藏本校

吏科給事中南昌黃中傑栞

爾雅注疏卷七校勘記

阮元撰盧宣旬摘錄

爾雅疏卷第七　名銜下標目釋地第九釋丘第十另行標釋山第十一釋水第十二注疏本分釋山以下爲卷第七以上仍卷第六

釋地第九

佼易變化　注疏本佼改交白虎通同按古交易字多作佼說文佼交也易大壯喪羊于易釋文易鄭音亦謂佼易也詩天作箋云以岐邦之君有佼易之道公羊傳莊十三年何以不曰易也何休注易猶佼易也相親信無後患之辭

兩河間曰兾州　注疏本作冀葉鈔釋文唐石經單疏本雪牕本作兾按五經文字冀兾兩列云上說文下隸省知今本作冀係據說文改也

江南曰楊州　雪牕本元本閩本同釋文唐石經單疏本監本毛本作揚州五經文字云楊木名揚舉也州名取輕揚之義亦合作此字俗從木訛詩王風揚之水釋文云揚如字激揚也或作楊木之字非唐風揚之水石經魯詩殘碑作楊按廣雅釋言云楊揚也據此知尚書周禮爾雅楊州字詩王風唐風楊之水字本皆從木其義爲輕揚激揚陸德明張參輩以從木爲非故經典定從手旁其實非也唐許嵩建康實錄引春秋元命苞云地多赤楊因取名焉則楊木楊州實一字也

河西曰雝州　注疏本雝改雍

兼得梁州之地　浦鏜云據釋文此上脫太康地記云雍州七字

漢南曰荆州　注疏本荆作荊此本亦荊荆錯出

稟性彊梁　注疏本彊改强下同

荆警也　監本毛本同元本閩本警作驚下同

江南曰揚州　監本毛本同閩本毛本楊州字凡四見皆從木惟輕揚會揚從手

孔傳凡云據者　注疏本脫凡

禹貢其地合於冀州　注疏本下衍也

東至范入濡也　浦鏜云范下脫陽

云此蓋殷制者　注疏本脫云

禹貢海岱惟青州　注疏本貢下衍云

下與周禮又異　元本同閩本監本毛又誤文

有青幽并　注疏本幽并倒

疑是殷制　注疏本下衍也

故云蓋也此上釋九州之名　注疏本移此上云云一十三字分配題下

秦有楊陓　唐石經雪牎本同釋文陓孫於于反郭烏花反本或作紆字非也經義雜記曰周禮職方氏其澤藪

曰楊紆說文云九州之藪冀有陽紆淮南墬形秦之楊紆風俗通山澤引爾雅秦有陽紆劉昭注續漢郡國志引爾雅秦有楊紆則釋地舊本皆是紆字郭本定爲陓陸反以紆爲非不知孫叔然於于反亦作紆也

周禮冀州云其澤藪曰陽陓　元本同閩本監本毛本陽作楊按陽當作紆今周禮作楊紆余仁仲本注中作陽紆

今吳縣南大湖　單疏本雪牎本注疏本同釋文大湖音泰舊挍云本今作太

震澤厎定是也　注疏本厎作底非書釋文葉鈔本作厎

海畔迴瀾　閩本作迴瀾舊本作迴闊監本毛本作迴瀾

其澤藪曰昭餘祁　舊本同閩本監本毛本餘改余下引地理志同

今滎陽中牟縣西圃田澤是也　雪牎本舊本監本同單疏本滎作熒釋文同當據以訂正閩本毛本作榮更誤凡古書熒陽字皆從火有從水者淺人所改

周有焦護　唐石經單疏本雪牎本同釋文穫胡故反又作護同按作護非也當從陸本作穫劉昭注續漢書郡國志李善注文選北征賦皆引爾雅周有焦穫郭注曰音護是護乃穫之音不得以護易穫也詩六月整居焦穫釋文焦穫音護爾雅十藪周有焦穫不言詩之穫字有異引爾雅穫字則後人改從言旁矣正義引釋地云周有焦穫尚作禾旁此類皆當訂正

十藪　釋文唐石經單疏本雪牎本同周禮澤虞注云爾雅有八藪賈公彦說九州州各一藪周秦同在雍州又除戴丙不數故八按今本作十係淺人依數增加

中陵朱滕　雪牎本注疏本同唐石經滕作縢釋文縢又作騰同

謂加陵最大也　注疏本也誤者

梁莫大於溴梁　單疏本雪牎本注疏本同唐石經溴作湨單疏本引春秋經注亦作湨○按从狊是也

杜預云湨水出河內　注疏本預改注脫水

亦謂隄　注疏本亦誤也

有醫無閭之珣玗琪焉　唐石經雪牎本同釋文單疏本亦作珣玗琪石經考文提要引至善堂九經本同注疏本玗誤玕

有崐崘虛之璆琳琅玕焉　唐石經雪牎本正德本同釋文單疏本亦作崐崘閩本監本毛本作崑崙移山於上失其舊釋文瑯音郎又作琅同

琅玕狀似珠也　雪牎本同注疏本作如珠非邢疏引山海經注亦云琅玕子似珠

謂多野牛筋角　雪牎本正德本閩本監本同單疏本標起止云注幽都至筋角毛本角誤骨

有斥山之文皮焉　雪牎本注疏本同釋文唐石經作斥山邢疏云斥山山名也廣韻四十禡斥丑格切引爾雅又音

顏師古曰即所謂醫巫閭　注疏本日改云脫所

周書所謂夷玉也　注疏本夷誤美

云珠如今雜珠而精好者　注疏本脫者

云山海經曰者　注疏本脫云

琅玕子似珠是也　注疏本脫是

財物之所聚也　注疏本也誤故聚作藏元本同

江東又呼爲王餘魚　雪牕本注疏本同單疏本又字剜改蓋本作人字史記封禪書索隱引此注云江東人呼爲王餘亦曰版魚可證按版片也兩片相合乃行故曰版今本注脫亦曰版三字

與邛邛岠虛比　唐石經雪牕本舊本同石經考文提要引至善堂九經本亦作邛邛葉鈔釋文邛邛巨凶反單疏本閩本監本毛本作邛邛誤下同釋文鄭本或作岠又作駏驉本或作虛又作𧇖

土俗名之爲鼷鼠音厥　雪牕本同注疏本删下二字釋文云鼷郭音厥單疏本標起止云呂氏至音厥

各有一自一鼻一孔一臂一脚　雪牕本注疏本同正德本脚作足此本舊無一目二字今依諸本補李善注文選三月三日曲水詩序引一鼻一孔作一鼻孔其義爲是今本下一字係誤衍

更望備驚急　雪牕本正德本閩本同單疏本云所以備驚急也毛本驚改警

中有枳首蛇焉　唐石經單疏本同釋文枳本或作䟡石經考文提要引至善堂九經本亦作枳雪牕本注疏本作軹○案枳之正字當作岐作枝凡作枳作軹作䟡並同音假借字也

亦名弩絃　陳本同單疏本雪牕本注疏本絃作弦此從糸旁者俗字當訂正五經文字云琴瑟弦亦用此弦字作絃者非○

言鱌爲此魚之名也　注疏本此魚誤比目

崇五山有鳥　正德本同閩本剜改五爲吾監本毛本承之

不比不能飛　注疏本能作得

正謂此也　注疏本謂下衍相此誤比

大愼覽順說篇之文也　盧文弨曰呂氏春秋作愼大覽又順說當作不廣呂氏篇題在後讀者誤以前篇之目當之

所以備驚急也　正德本閩本監本同毛本驚改警

中有枳首蛇焉　注疏本枳改軹

江東呼越王約髮　監本毛本江東上有今字閩本今字剜改正德本實闕

下溼曰隰　唐石經單疏本雪牕本同釋文溼俗作濕隰本或作隰音習五經文字云經典皆以濕爲溼唯爾雅用之

下者曰隰　唐石經雪牕本今注疏本隰作溼單疏本作下者曰隰云本作溼誤按詩車鄰正義引下者曰隰李巡曰隰溼也是李本作隰字據注引公羊傳作隰知郭本同今本沿唐石經之誤也

遂人職云凡治野田　浦鏜云田字衍

是鄭之所約也　注疏本是下衍也

下溼曰隰者　此本及注疏本以下皆不分節此節首剜改當有云字

案彼云　元本同閩本監本毛本云改曰

曷爲謂之大原　元本同閩本毛本爲謂倒

故引爲證也　注疏本脫爲

故題云野　注疏本作故云二字

九夷八狄七戎六蠻謂之四海　唐石經單疏本雪牕本同書旅獒正義詩蓼蕭正義皆言謂之四海下有八蠻在南方六戎在西方五狄在北方三句詩正義謂此三句唯李巡所注有之孫炎郭氏諸本皆無按

周禮職方及布憲注皆引爾雅曰九夷八蠻六戎五狄謂之四海與李本合

岠齊州以南唐石經單疏本雪牕本同按藝文類聚卷二十一引爾雅岠作距釋言注引此經釋文距又作岠同今本作岠非段玉裁云說文止部岠从止通作距亦作拒其作岠者乃變止爲山也

北戴斗極爲空桐唐石經單疏本雪牕本同太平御覽七百九十九引戴作載

東至日所出爲大平雪牕本注疏本同釋文大平音泰下同瞿中溶云唐石經太皆作大獨此太平太蒙字各兩見四小點後人所加

西至日所入爲大蒙唐石經雪牕本注疏本同釋文濛音蒙本今作蒙按此蓋經作大蒙注云濛氾陸氏爲注作音

四方極遠之國名注疏本下衍也

遼西令支有孤竹城是乎正德本亦作乎閩本監本毛本孤作觚乎改也按漢書作觚此邢氏不敢質言之辭作也非

西海之中正德本同閩本監本毛本中改南

三曰高驪小學紺珠引此同閩本監本毛本驪改儷按後漢書作高驪

一曰天笁正德本同閩本監本毛本笁作竺

三曰僬僥正德本同與小學紺珠所引合閩本監本毛本僬改焦

四曰跛踵小學紺珠引此同注疏本作跂踵按宋本禮記王制正義作跛踵

七曰狗軹注疏本軹作軹

二曰戎夫元本作戎央閩本監本毛本作戎夷此本舊誤戎夾玆據小學紺珠所引訂正

其行邪辟元本閩本同監本毛本辟作僻

故云次四荒者元本同閩本監本毛本脫者

岠齊州以南戴日爲丹穴○釋曰注疏本刪釋曰閩本監本毛本岠上增云穴下增者脫州字元本與此同

禱過山東五百里曰丹穴山是乎元本乎誤呼閩本監本毛本改也

值此斗極之下注疏本此誤北

釋丘第十

云周禮曰元本同閩本監本毛本云改注

此秋官司儀職文也注疏本職下衍所載二字

定陶縣名注疏本下增也

鐵頂者雪牕本同釋文單疏本皆作鐵注疏本改鐵

三成爲崐崘丘唐石經單疏本雪牕本同惠棟云酈元引爾雅曰山三成爲崐丘無崘字按水經注卷四河水篇云水出三累山其山層密三成故俗以三累名山爾雅山三成爲崐丘斯山豈亦崐丘乎又邢疏引崐崘山記云崐崘山一名崐丘三重蓋經文本無崘字後人因郭注增加

如椉者椉丘唐石經單疏本雪牕本同釋文如乘本又作椉繩證反注車乘同按經當作椉注當作乘

椉謂稻田塍埒單疏本雪牕本同注疏本椉下衍者字

形似車椉也繩證切

二或云椉謂稻田塍埒椉市陵切許叔重云塍埒稻田畦隄注疏本繩證切移後證誤正椉市陵切椉誤塍音切改大字按此椉字當衍說文土部云塍稻田畦也此衍埒字隄當爲也此行剜擠故有衍文

春秋莊十年公敗宋師于乘丘注疏本十下衍五毛本乘改椉

水潦所止泥丘唐石經單疏本雪牕本同釋文泥依字作尼又作坭按當爲又作屔玉篇引爾雅泥作屔廣韻同經義雜記曰說文丘部屔反頂受水丘从丘泥省聲郭云頂上洿下者當用說文丘部字

頂上污下者 雪牕本元本同釋文單疏本皆作汚閩本監本毛本作汙疏中準此

而人力爲作之者 正德本亦作爲作閩本監本毛本改所作又並脫之

又可以爲京乎 正德本閩本同監本毛本可改何浦鏜依今左傳改作又何以爲京觀乎考唐石經左傳本作可以爲京乎觀字係旁增小字與此合

水繞環之 雪牕本閩本監本毛本同正德本繞作遶按疏云還環繞也又云外則爲水潦環繞者名坶丘蓋邢本作水環繞之

還環繞也 注疏本繞作遶

外則爲水潦環繞者 注疏本環繞倒

當途梧丘 唐石經單疏本雪牕本同石經考文提要引至善堂九經本亦作當注疏本當誤堂釋文涂字又作途

而復環繞之者 注疏本環誤還

故名戴丘 注疏本名誤爲

水出其右正丘 唐石經雪牕本注疏本同釋名曰水出其右曰沚丘沚止也西方義氣有所制止也今爾雅作正蓋止之訛此制止與下營迴義取相反

水出其左營丘 唐石經雪牕本注疏本同史記周本紀集解禮記檀弓正義皆引作水出其前而左曰營丘水經緇水注引作水出其前左爲營丘又云營陵城南無水惟城北有一水世謂之白狼水西出丹山東北流由爾雅出前左之文不得以爲營丘矣今臨淄城中有丘淄水出其前故有營丘之名與爾雅相符邵晉涵正義據此謂舊本爾雅經有前字注云淄水過其南及東東南二字正釋前左二字然考詩齊譜正義引孫炎注爾雅云水出其左營丘無前字經文水出其前後左右四字相對與下左高咸丘右高臨丘前高旄丘後高陵丘文法整對劉名釋文本爾雅亦言水出其左曰營丘蓋史記水經注等蒙上水出其前渻丘之文引之王宗炎云凡古人祗言左右者皆據前言之猶言東西亦據前言之若對文則並舉如釋畜言馬有前右後右前左後左矣此言水出其左謂水出其前左也引者加前字須人易曉耳

左右猶東西也 注疏本猶下增言

至博昌入泲也 注疏本脫也

言此以證水出其左名營丘也 注疏本左下增者丘下脫也

敦孟也 閩本監本毛本同單疏本作敦孟無也字雪牕本正德本作敦孟丘誤詩氓正義引郭注曰敦孟也音頓又釋文於丘一成爲敦丘下引郭云音頓今本前後注中無音頓字

主婦執壹金敦 閩本監本毛本壹改一元本此字實闕

丘形如覆敦者名敦丘也 注疏本脫也

邐迆沙丘 單疏本雪牕本正德本同閩本監本毛本迆作迤疏中同釋文迆字或作迤唐石經闕

丘形邪行連接而長者 正德本同閩本監本毛本邪改斜又此本及正德本閩本形字係剜擠監本毛本始排入

詩云者 注疏本云下增涉彼阿上四字

而郭氏以爲中央高者 注疏本脫氏

謂丘之東有水澤者 注疏本脫水

宋有太丘社亡 雪牕本同單疏本太作大注疏本作泰依經所改亡字單疏本誤曰此本誤云今據雪牕本注疏本訂正

有大阜者名泰丘 注疏本泰改太

宋依丘作社 注疏本宋作蓋

丘有壟界如田畝 雪牕本注疏本壟作隴疏云郭以爲田畝之壟也則邢本作壟釋文隴界本又

壟文選高唐賦注引作隴

謂丘如田畝曰畝丘孫炎曰 注疏本謂誤諸下曰字正德本同閩本監本毛本作
云

殆自別更有魁梧傑大者五 單疏本雪牕本注疏本傑作桀釋文傑渠列反本今作桀
此蓋據釋文改又按別更義同當衍其一釋文更字有音
邢疏云殆近也近是更有魁梧然桀大者五亦作更字蓋
陸邢本作更經注本作別淺人合并之隨復沓不可讀

今者所在耳 雪牕本同注疏本脫者

今所未詳知也此已上釋衆丘之名義 注疏本移此已上云云十四字
分配題下

不發聲 雪牕本注疏本同單疏本聲下有也按詩葛藟釋文正義皆引此注云不發聲也

故名曰滑 注疏本脫曰

今江東呼為浦隩 雪牕本注疏本同文宣謝宣遠王撫軍庾西陽集別詩注引此云今江東人呼
浦為隩此脫人字作呼為浦隩亦非

是不爭隈之事也 注疏本脫也

外為隈 唐石經單疏本雪牕本同釋文隈作鞫云如字字林作坭云厓外也九六反邢疏云隈當作鞫傳寫誤也
詩公劉芮鞫之即正義曰釋丘隩隈也厓內為隩外為鞫李
巡曰厓內近水為隩其外為鞫是孔穎達所據李巡本作鞫
與釋文正合其誤始於開成石經也公劉箋云芮之言內也
水之內曰隩水之外曰鞫則鄭讀爾雅與李巡同

其外為鞫 注疏本鞫誤鞠下同

毛傳云水之外曰鞫 浦鏜云鄭箋誤毛傳

又作坭 注疏本坭誤坑

其邊若堂之牆 雪牕本同閩本堂下剜擠室字監本毛本排入按疏云其邊之厓如堂室之牆蓋因
疏語誤衍矣詩終南正義引此注云其邊若室之牆

率西水滸之類是也 注疏本脫是

涘一名厓厓謂水邊也 注疏本脫一厓

在水之涘是也 閩本脫是正德本作在水之邊也監本毛本作在水之涘矣

則別名激也此已上釋厓厓之名也 注疏本移此已上云云十三字分配
題下

釋山第十一

以為中國之名山也 注疏本脫之

正東曰兗州 元本監本毛本同誤也閩本剜改作河東

一名吳嶽 元本閩本同監本毛本吳誤無

南曰衡也是也 注疏本脫上也

故此云亦也 注疏本故上衍是

一成坯 唐石經單疏本雪牕本同釋文坯或作伾單疏本注作伾水經注卷五引爾雅作伾

山再成曰伾 注疏本伾作坏依經所改下同

今中嶽嵩高山 雪牕本注疏本同單疏本作今中嶽高山按高當即嵩之誤此經作崧注作嵩為經
注異文之明證經之作崧有釋文唐石經今本為據詩崧
高維嶽毛傳崧高貌山大而高曰崧正義引釋名亦曰山
大而高曰崧皆經字作崧之證若嵩高為中嶽之嵩則絶
無作崧者釋文音經云崧又作嵩此依注改經也詩正義
引郭氏曰今中岳崧高山此順經改注也

其中山曰員嶠 注疏本脫山

卑而大扈　唐石經單疏本雪牕本同釋文㟅音戶或作扈

扈廣貌　單疏本雪牕本同注疏本貌誤也

言山小而衆　注疏本山小倒

小山岌大山峘　唐石經單疏本雪牕本同釋文峘胡官反又音恆經義雜記曰說文駁馬行相及也从馬从及讀若爾雅小山駁大山峘郭注謂高過與馬行相及訓亦合岌及也峘峘也以小山而高及大山爲恆長可知釋文胡官反音袁非錢坫云晉書地道記恆山北行四百五十里得恆山岌號飛狐口可證峘即恆之訛錢大昕云大山宮小山霍即南嶽霍山則小山岌大山峘爲北嶽恆山審矣

取此名也　注疏本取上有蓋

是以山之孤獨者亦名蜀也　注疏本名下衍曰

謂山峯頭巉巖　雪牕本同注疏本無山監本毛本峯作峰釋文五經文字巉作巉下從兔釋文嵒本又作巖

顛頂也　舊本閩本監本同毛本顛誤巔

謂山顛之末其峯巉巖　監本末誤未峯作峰元本閩本毛本顛誤巔

形似堂室者　雪牕本舊本同閩本監本毛本似改如按注以似釋經之如

巒山墮　雪牕本同釋文唐石經單疏本注疏本墮作隋

謂山形長狹者　雪牕本注疏本同釋文形狹而長也詩般釋文引郭云山狹而長也邢疏云凡物狹而長者謂之隋則此言山隋者謂山形狹長者據此知長狹本作狹長也釋魚注云橢謂狹而長亦可證釋文狹乎夾反當本作陜乎夾反釋魚釋蟲篇此字三見皆作陜乎夾反

隋山喬嶽　單疏本注疏本同雪牕本隋作墮詩釋文云隋字又作墮按說文隓山之墮墮者从山从憜省聲讀若相推落之墮則作墮非

凡物狹而長者謂之隋　注疏本脫者按墮當作隋平準書復小橢之索隱橢作隋引爾雅注隋者狹長也

甗甑　雪牕本同注疏本甑下有也按詩公劉正義引此引無也

山狀似之　雪牕本注疏本作山形狀似之形字衍詩正義引亦引作山狀似之又詩正義此下有上大下小四字下因以名云作因以爲名葛藟釋文引此注云形似累兩重甑上大下小然則今本無上大下小四字者脫也

故知甗甑也　監本毛本脫甑舊本閩本作故云甑也

左右有岸厒　唐石經單疏本雪牕本同釋文厒口閤反五經文字缶部厒口合反見爾雅段玉裁云厒當作厓文選江賦鼓厓窟以漰渤李善注厓苦合切是也玉篇厒口合切山夾有岸廣韻二十七合厓口荅切山左右有岸字皆誤

小山別大山鮮　唐石經單疏本雪牕本同釋文鮮或作𪩘詩皇矣度其鮮原毛傳小山別大山曰鮮正義引此經及孫炎注曰別不相連也公劉陟則在巘毛傳巘小山別於大山也釋文巘本又作𪩘毛傳與爾雅異正義本亦作甗引釋山重甗隒郭注及西京賦陵重甗釋之且云與皇矣小山曰鮮義別按釋名小山別大山曰甗甗甑也甑一孔者甗形孤出處似之也蓋公劉詩本作甗故釋文正義皆作甗釋名正本毛詩傳也鮮甗聲相近毛蓋讀甗爲鮮故與皇矣傳無異訓陸孔皆執守此經鮮與甗別故一則曰與爾雅異再則曰與皇矣別

謂小山與大山分別不相連屬者　注疏本脫分別

多小石磝　唐石經單疏本雪牕本同釋文磝字或作磽同五經文字云磽五交反見爾雅是張參所據本作磽也釋名山多小石曰磽磽堯也每石磽磽獨處而出見也是劉熙所據爾雅亦作磽今釋名作磝依俗本爾雅改也說文磽磐石也無磝字

多盤石　單疏本雪牕本同釋文磐步丸反今作盤同

山多此盤石者名礐　注疏本名下衍曰

多草木岵無草木峐唐石經單疏本雪牕本同釋文云峐三蒼字林聲類並云猶屺字詩陟岵毛傳山無草木曰岵山有草木曰屺正義曰與爾雅正反當是傳寫誤也定本亦然釋文云正肅依爾雅按毛詩傳則此經當作無草木岵多草木峐毛詩傳不誤爾雅誤也王肅解依爾雅蓋以鄭箋本爲誤耳釋名云山有草木曰岵山無草木曰屺蓋所據爾雅本亦誤段玉裁云岵之言瓠落也有陽道故以言父屺之言荄滋也有陰道故以言母

峐當作屺音起注疏本無音起按二字當作小注

山有草木曰屺注疏本脫山

有停泉單疏本雪牕本同釋文渟亦作停同

有停泉者名埒注疏本脫者

下夏有停潦注疏本潦作泉

所謂窮瀆者雖無所通雪牕本同注疏本雖誤續釋文續說文云古文隫字蓋經作續注作瀆依說文瀆隫分部窮瀆字義當作隫今作水旁者隸書通借也

云與水注川同名者注疏本脫水

石戴土謂之崔嵬土戴石爲砠唐石經雪牕本同毛詩卷耳傳崔巍土山之戴而者石山戴土曰砠正義曰與爾雅正反者或傳寫誤按說文山部云岨石戴土也釋名石戴土曰岨岨臚然也土戴石曰崔巍因形名之也皆與毛傳同嵬巍砠嵯音義同段玉裁云石戴土者以石戴於土上土戴石者以土戴於石上有辭異而義同者此是也

謂山有巖穴者注疏本巖作岩

即天柱山灊水所出單疏本雪牕本同注疏本下衍也字詩崧高正義引郭氏爾雅注云霍山今在廬江灊縣西南別名天柱山漢武帝以衡山遼曠移其神於此今其土俗人皆呼之爲南岳南岳本自以兩山爲名非從近也而學者多以霍山不得爲南岳又言從漢武帝始乃名之如此言爲武帝在爾雅前乎斯不然矣尙

書舜典春秋昭四年正義周禮大司樂疏皆引之審爲郭注未詳何時脫落邢氏作疏時已逸但采諸詩正義耳

大室山也單疏本雪牕本同春秋正義引此注下有別名外方今在河南陽城縣西北十三字

言萬物皆相代於東方也舊本同閩本監本毛本皆作更

西方爲華注疏本方誤嶽

華之爲言獲也舊本同閩本監本毛本獲誤穫下同

嵩言其峻大也舊本峻誤多閩本剜改作高監本毛本承之

嶽捔考功德黜陟也舊本同閩本捔誤犄監本毛本陟下衍埆

天子巡守至其下舊本同閩本監本毛本守改狩

衡山在長沙湘南縣注疏本縣下有南

故漢巳來衡霍別耳郭云霍山今在廬江注疏本耳改矣脫今

皆呼之爲南嶽南嶽本自以兩山爲名注疏本脫一南嶽

孫炎以霍山爲誤注疏本炎下衍云

云晉國所望祭者注疏本脫者

鄭君以爲望者元本同閩本監本毛本君改元

以此言之元本脫此閩本剜擠作以此知三望監本毛本承之

必先有事於呼池注疏本改汙池非按禮記注云惡當爲呼此衣注作呼耳

公羊傳曰注疏本曰作云

釋水第十二

水之爲言准也注疏本准改準按白虎通舊本作准後按刊者始改作準說詳孫志祖讀書脞錄

是平均法則之稱　元本同閩本監本毛本法改灋下準此

泉水原也　元本同閩本監本毛本原改源

故注云纔有貌　注疏本注誤此

山海經曰　雪牕本同注疏本曰作云

或一時有水一時無水者　注疏本有水下衍者

濫泉正出正出涌出也　唐石經單疏本雪牕本同釋文濫胡覽反按濫一作檻詩采菽觱沸檻泉毛傳檻泉正出涌出也正義於采菽曰釋水云檻泉正出正出涌出也於瞻卬曰檻泉毛傳正出涌出也釋水文是陸孔所據本有作檻者論衡是應篇曰爾雅釋水章檻泉正出正出涌出也尤爲作檻之證段玉裁云濫泉正字也檻泉假借字也文選荅賓戲注引爾雅濫泉正出正出湧出也韋昭曰濫音檻後漢書黃憲傳注引爾雅正出濫泉濫音檻是作濫仍爲檻音也

李巡曰　注疏本曰作云

濆泉者何直泉也　注疏本脫者何

故云直猶正也　注疏本脫直

沃泉縣出縣出下出也　單疏本雪牕本注疏本同釋文縣音玄唐石經縣皆作懸論衡引此云沃泉懸出懸出下出也釋名云懸出曰沃泉水從上下有所灌沃也據此知縣字舊本作懸唐石經是也

從上溜下　單疏本雪牕本同釋文霤本又作溜

水泉從上溜下　注疏本脫從

洌彼下泉　元本監本毛本洌改冽今毛詩同誤也按詩釋文作洌正義曰字從水唐石經三章皆作洌彼下泉與此合

水泉從旁出　注疏本脫泉

言深畎澮之水　注疏本深下衍澮

名過辨　注疏本辨下有也

即河水決出復還入者　雪牕本同注疏本作即河水決出而復入者釋文復還扶又反此本復還入三字剜改蓋本作決出而復入者疏云謂河水決出而復入河者可證是陸本作復還入邢本作而復入按經云決復入爲氾則今本作而復入是也

河之有灉猶江之有沱　雪牕本元本同閩本監本毛本沱作汜釋文沱徒河反或作汜音似按下經決復入爲汜詩江有汜毛傳曰決復入爲汜江有沱毛傳曰沱江之別者是汜與沱不同此經云反入即復入注當言江之有汜矣作沱非

即下云　注疏本云誤之

今江東呼水中沙堆爲潬音但　雪牕本同注疏本江東改河中又刪下二字按一切經音義卷十卷十一卷十九三引此注皆作江東

便自停成汙池　單疏本雪牕本元本同閩本監本毛本汙作汚疏中同

歸異出同流肥　唐石經單疏本雪牕本同惠棟云水經注引作歸異出同曰肥犍爲舍人曰水異出流行合同曰肥又引呂忱字林曰爾雅異出同流爲瀵水

歸入大水　注疏本水誤海

名之爲瀵　雪牕本同注疏本爲改曰

瀵源皆潛相通　雪牕本元本同閩本監本毛本源作原改從古字也

呼其本所出處爲瀵魁　雪牕本同注疏本脫所

言源深大　注疏本作言其源深

皆謂水中可居之小者　注疏本皆作脩水作河此誤

謂人壅畜此水 注疏本壅畜倒

而溉稻田也 注疏本田誤苗

凡水之蓋皆曰曆 元本閩本監本同毛本曰作謂之

岷山導江 單疏本雪牕本注疏本同釋文道江徒報反本或作導按引導開導字古皆作道今禹貢作岷山導江非當從此釋文作道

汝爲濆 唐石經單疏本雪牕本同釋文濆符云反下同字林作涓工元反衆爾雅本亦作涓按說文涓小流也从水肙聲爾雅曰汝爲涓注云皆大水溢出別爲小水之名則從涓義長郭本作濆注引汝墳詩可證

遵彼汝濆 注疏本同單疏本雪牕本濆作墳按詩遵彼汝墳正義引釋水文又云郭氏曰詩云遵彼汝墳則郭意以此汝墳爲濆汝所分之處有美地因謂之濆然則此注本以墳爲濆亦經注異字之證注疏本依經改濆非也

雷夏澤名 元本脫名閩本剜擠監本毛本排入

而入荊州 注疏本脫州

沱水自蜀郡都水縣揃山 元本同閩本揃誤⿰木前監本毛本改湔因上引地理志蜀郡有湔道故也按書禹貢正義引郭氏爾雅音義本作揃山字從手

郎禹貢潛也 注疏本貢下衍云

郭意以爲汝濆所分之處 注疏本濆改墳

亦與上出不流者同名汧也 注疏本同名汧也作亦名爲汧

河水淸且灡漪 雪牕本同注疏本灡作瀾唐石經闕單疏本無經疏中作瀾按釋文灡郭力但反又力安反下及注同則下文大波爲瀾注言渙瀾皆作灡今諸本作瀾非經義雜記曰說文瀾大波爲瀾灡潘也潘淅米汁也義別釋文作灡是叚借字

直波爲俓 唐石經雪牕本同單疏本標起止云河水至爲俓釋文俓字或作徑注同按字或作徑當爲涇釋名云水直波曰涇涇俓也言如道俓也經大波爲瀾小波爲淪字皆從水此當作直波爲涇注云言俓侹則作俓爲經注異文之證俓徑同

言俓涏 單疏本雪牕本注疏本同釋文侹字又作挺俓侹直也按此當從陸本作俓侹通俗文平直曰侹草書水旁與人旁相近遂誤涏

毛傳云風行水成文曰漣 注疏本脫云水下衍上

江有沱河有灉 唐石經雪牕本同按上注云河之有灉猶江之有汜然則此經當作江有汜與上文江爲沱不同猶上云汝爲涓此作汝有濆皆上下異文之證

汝有濆 唐石經注疏本同上汝爲濆釋文云濆符云反下同雪牕本濆作墳非詩遵彼汝墳正義引釋水汝有濆而曰彼濆從水此墳從土分析最淸俗本猶寫亂之

深則厲 唐石經單疏本雪牕本同釋文則厲如字本或作濿五經文字濿音厲爾雅或以爲深則厲之厲詩風及論語皆作厲

衣亦謂裳也 注疏本謂下衍之

繇與由同繇由也 注疏本作繇自也按當作由自也

不可泳思是矣〇注晏子至七里〇釋曰 注疏本矣改也下八字作晏子春秋日者

晏子者名嬰謚平仲 注疏本脫者謚誤字

田開彊 注疏本彊作疆下同元本開誤問按開彊猶辟疆也作彊蓋誤

事景公以勇力搏於虎問 注疏本問作鬬係臆改按問當作聞晏字春秋作聞浦鏜云於字衍

晏子而趨注疏本作晏子晨趍浦鏜云晏子下脫過

接一搏特豧注疏本豧作猏

可以食桃而毋與人同矣晏子毋作無古字通

吾杖兵卻三軍者再閩本監本毛本卻作却元本闕此文

治之覷之元本治誤治監本無上之字

縡是絙注疏本同絙即大索此本絙上剜擠大字今刪正詩采菽正義亦衍大字○按絚从亙亙从二从舟

庶人乘泭唐石經單疏本雪牎本同釋文於此無音於釋上云如乘本又作椉下文並放此則此亦當一作椉石經乘皆作椉獨釋水乘泭釋畜宜乘不作古字

加版於上元本同閩本監本毛本版改板

釋言云舫泭注疏本舫誤舩

此皆道水轉相灌注所入之處名雪牎本注疏本同單疏本名下有也

豈能容受川水乎注疏本脫水

注入於川也注疏本脫於

注溝曰澮閩本監本毛本脫注溝二字元本溝字實闕

注澮水入之者名瀆注疏本注上衍一

轉相灌注也注疏本下衍灌貫二字是音切誤入疏中者

遡游從之注疏本游改遊

然則逆流順流元本脫順流閩本剜擠順字監本毛本脫上流

直橫渡也雪牎本元本同閩本監本毛本渡誤流詩公劉正義引孫炎注曰直橫渡也注本此

曰所治監本毛本曰上衍有浦鏜云白誤曰元本閩本自有曰所治起共脫二十字

陸行而還帝都也監本毛本脫陸行

發源注海者也唐石經雪牎本注疏本同此本源改原非今訂正

瀆中國恬濁發源而注海元本同毛本瀆作濁閩本監本毛本恬作垢而誤東

北過降水元本閩本同監本毛本降改洚

會于匯元本同毛本于誤爲閩本監本匯誤淮

虛山下基也雪牎本注疏本同釋文引郭云墟者山下基也發源處高激峻湊故水色白也按虛當作墟下十二字亦郭注釋文引孫炎云墟者山下之地白者西方之色也可證又按釋文音經虛去魚反本亦作墟非此經作虛注作墟孫叔然注已如此釋天顓頊之虛釋文云此一字音墟下如字是經不作墟也釋詁釋文音經虛許居反音注墟去魚反是因經之虛字本爲空虛故經注字不相混

此一段釋河源所自及遠近曲直之勢也注疏本脫一段也三字

云所渠并千七百者注疏本脫者

并計凡有一千七百也元本閩本監本同毛本計誤記

入禹所謂石山元本作入禹所積石山閩本剜擠作入禹所導積石山監本毛本排匀

廣袤三四百里其水停居元本同閩本監本脫袤毛本脫四停改亭

南出于積石爲中國河注疏本汙流誤行

是潛流地中也注疏本流誤行

太史唐石經單疏本雪牎本同釋文大謝音泰孫如字本今作太

河勢上廣下狹雪牎本注疏本同釋文狹胡夾反當本作陜胡夾反釋蟲釋魚釋文可證

水中可居住者而有狀如覆釜注疏本無者字雪牎本作水中可居往往而有狀如

覆釜按釋文曰李孫郭並云水中多渚往往而有可居之處狀如覆釜之形疏引李巡曰水中多渚往往而可居處形如覆釜則此注當從雪牕本矣此本往者二字剜改蓋原刻本作往往

東莞縣今有胡蘇亭 注疏本同雪牕本作東莞縣疏云胡蘇在東光定本注作東莞莞當作光字之誤也

鉤盤 唐石經單疏本雪牕本同釋文般步干反本又作盤李本作股云水曲如鉤折如人股孫郭同云水曲如鉤流盤桓不直前也漢書地理志平原郡有般縣莽曰分明是讀盤爲班也師古曰爾雅說九河云鉤般郭氏以爲水曲如鉤流般桓也按盤當作般錢大昕云漢隸從舟之字作月股與股二文相涉李巡在孫郭之前當以股爲正鉤股雙聲與胡蘇疊韻正相類也

覆釜水中多渚往往而處形如覆釜 監本毛本同元本作覆釜水中可居多者往往而處形如覆釜閩本者作渚按依釋文當作水中多渚往往而有可居處形如覆釜

可隔以爲津也 注疏本隔改鬲

用功雖廣 浦鏜云釋文作此河功難此誤按詩正義作用功難

郭云徒駭 元本閩本同監本毛本郭誤簡

計禹陳九河 注疏本陳改疏

則名應先有 注疏本脫則

或九河雖舊有名 注疏本脫名

至平原鬲津 浦鏜云漢書作鬲般此誤

定本注作東莞 注疏本莞誤莞下同

謂釋地已下凡四篇 元本同閩本監本毛本已改以

爾雅疏卷第七 唐石經雪牕本並題爾雅卷中單疏本注疏本删此本下記經三千五百六十四字注四千三百二十二字

爾雅注疏卷七挍勘記終

金谿王鉻挍

爾雅疏卷第八

翰林侍講學士朝請大夫守國子祭酒上柱國賜紫金魚袋臣邢昺等奉

勑撰

釋草第十三

〔疏〕釋草第十三○釋曰草說文作艸隸變作艸七老切百卉也又曰象野草莽蒼之形說文別有草字自保切云草斗櫟實也一曰象斗子徐鉉曰今俗以此爲艸木之草別作皁字爲黑色之皁案櫟實可以染帛爲黑色故曰草通用爲草棧字然則此篇辨百卉之名見於經傳者當爲草木之草故云釋草

藿山韭茖山葱葝山䪥蒚山蒜今山中多有此菜皆如人家所種者茖葱細莖大葉○藿音育韭音九茖音革葱音忩葝巨盈切䪥音薤蒚力〔疏〕藿山至山蒜○釋曰此辨四種菜生山中與人家所種者異名也韭說文云菜名一種而久者故謂之韭象形在一之上一地也生山中者名藿韓詩云六月食鬱及藿是也葱說文云菜名生山中者名茖細莖大葉者是也䪥說文云菜也葉似韭生山中者名葝蒜說文云葷菜也一云菜之美者雲夢之葷菜生山中者名蒚

薜山蘄廣雅曰山蘄當歸當歸今似蘄而麤大○薜音百蘄音芹〔疏〕薜山蘄○釋曰說文云蘄草也生山中者一名薜一名山蘄色白者名白蘄下文薜白蘄是也生平地即名蘄○注廣雅至麤大○釋曰廣雅張揖撰以廣爾雅之闕漏也曰山蘄當歸者言即今藥草當歸案本草當歸不言名薜及山蘄是郎以時驗而言也故郭云今似蘄而麤大言似平地蘄而差麤大耳

椵木槿櫬木槿別二名也似李樹華朝生夕隕可食或呼日及亦曰王蒸○椵音段槿謹櫬襯〔疏〕椵木槿櫬木槿○釋曰此別椵櫬是木槿之二名也某氏云別三名也其樹如李其華朝生暮落與草同氣故在草中詩鄭風云顏如舜華陸機疏云舜一名木槿一名櫬一名椵齊魯之間謂之王蒸今朝生暮落者是也郭氏云可食亦呼日及五月始華故月令仲夏云木堇榮

朮山薊本草云朮一名山薊今朮似薊而生山中○薊音計**楊枹薊**似薊而肥大今呼之馬薊○枹音孚〔疏〕朮山薊楊枹薊○釋曰此辨薊生山中及平地者名也生平地者即名薊生山中者一名朮本草云一名山薊一名山薑一名山連陶注云有兩種白朮葉大有毛甜而少膏赤朮葉細小苦而多膏是也其生平地而肥大於衆者名楊枹薊今呼之馬薊

葥王蔧王帚也似藜其樹可以爲埽蔧江東呼之曰藜帚○葥音翦蔧音遂〔疏〕葥王蔧○釋曰此即藜之科大爲樹可以作埽蔧者一名葥一名王蔧一名王帚江東呼落帚

菉王芻菉蓐也今呼鴟脚莎○菉音綠〔疏〕菉王芻○釋曰舍人云菉一名王芻某氏云菉鹿蓐也郭云菉蓐也今呼鴟脚莎詩衛風云瞻彼淇奧綠竹猗猗是也

拜蔏藋蔏藋亦似藜○蔏音商藋徒的切〔疏〕拜蔏藋○釋曰此亦似藜而葉大者名拜一名蔏藋莊子云藜藋柱宇是也

蘩皤蒿白蒿

蒿菣今人呼青蒿香中炙啖者爲菣

蔚牡菣無子者○蔚音尉菣去刃切〔疏〕蘩皤至牡菣○釋曰此辨蒿色及有子無子者之異名也詩召南云于以采蘩于沼于沚毛傳云蘩皤蒿也郭氏云白蒿然則皤猶白也本草云白蒿唐本注云此蒿葉麤於青蒿從初生至枯白於衆蒿欲似艾者所在有之又云葉似艾葉上有白毛麤澀俗呼蓬蒿可以爲菹故詩箋云以豆薦蘩菹陸機云凡艾白色爲皤蒿今白蒿春始生及秋香美可生食又可蒸一名游胡北海人謂之旁勃故大戴禮夏小正傳曰蘩游胡游胡旁勃也是蒿一名菣詩小雅鹿鳴云食野之蒿陸機云蒿青蒿也荊豫之間汝南汝陰皆云菣孫炎云荊楚之間謂蒿爲菣郭云今人呼青蒿香中炙啖者爲菣是也蔚即蒿之雄無子者故云牡菣舍人曰蔚一名牡菣詩蓼莪云匪我伊蔚陸機云牡蒿也三月始生七月華華似胡麻華而紫赤八月爲角角似小豆角銳而長一名馬新蒿是也

齧彫蓬薦黍蓬別蓬種類〔疏〕齧彫蓬薦黍蓬○釋曰此別蓬種類也說文云蓬蒿也草之不理者也種類非一故有齧彫蓬薦黍蓬詩召南騶虞云彼茁者蓬月令云藜莠蓬蒿並興是也

蔨鼠莞亦莞屬也纖細似龍須可以爲席蜀中出好者○蔨方麻切莞音官〔疏〕蔨鼠莞○釋曰莞屬也說文云莞草可以爲席此蔨一名鼠莞纖細似龍須亦可以爲席蜀中出好者

葝鼠尾可以染皁〔疏〕葝鼠尾○釋曰可以染皁草也一名葝一名鼠尾本草有白華者有赤花者又一名長翹陶注云田野甚多人採作滋染木蘭是也

菥蓂大薺薺葉細俗呼之曰老薺○菥音惜蓂音覓〔疏〕菥蓂大薺○釋曰菥蓂一名大薺而葉細本草又名蔑菥一名太蕺一名馬辛是也

蒤虎杖似紅草而麤大有細刺可以染赤○蒤音途〔疏〕蒤虎杖○釋曰蒤一名虎杖注云似紅草而麤大有細刺可以染赤陶注本草云田野甚多狀如大馬蓼莖班而葉圓是也

孟狼尾似茅今人亦以覆屋疏孟狼尾○釋曰草似茅者一名孟一名狼尾今人亦以覆屋

瓠棲辦瓠中辦也詩云齒如瓠棲○瓠戶故切辦方莧切疏瓠棲辦○釋曰辦瓠中辦也一名瓠棲人之齒美者似之故詩衞風碩人美莊姜云齒如瓠棲是也

茹藘茅蒐今之蒨也可以染絳○茹音如藘力居切疏茹藘茅蒐○釋曰今染絳蒨也一名茹藘一名茅蒐詩鄭風云茹藘在阪陸機云一名地血齊人謂之牛蔓即今之蒨草是也

果贏之實栝樓今齊人呼之爲天瓜○贏力果切疏果贏之實栝樓○釋曰果贏之草其實名栝樓實即子也故李巡云栝樓子名也郭云今齊人謂之天瓜本草云栝樓葉如瓜葉形兩兩相值蔓延青黑色六月華七月實如瓜辦是也

荼苦菜詩曰誰謂荼苦苦菜可食疏荼苦菜○釋曰此味苦可食之菜一名荼一名苦菜本草一名荼草一名選一名游冬案易緯通卦驗玄圖云苦菜生於寒秋經冬歷春乃成月令孟夏苦菜秀是也葉似苦苣而細斷之有白汁花黃似菊堪食但苦耳○注詩曰誰謂荼苦○釋曰邶風谷風篇文也

萑蓷今茺蔚也葉似萑方莖白華華生節間又名益母廣雅云○萑音隹蓷他回切疏

萑蓷○釋曰萑一名蓷李巡曰臭穢草也郭云茺蔚也廣雅名益母葉似萑方莖白華華生節間詩王風云中谷有蓷陸機云舊說及魏博士濟陰周元明皆云菴藺是也韓詩及三蒼說悉云益母故曾子見益母而感案本草茺蔚一名益母故劉歆曰蓷臭穢臭穢即茺蔚也

虉綬小草有雜色似綬○虉音逆疏虉綬○釋曰虉者雜色如綬文之草也詩陳風云邛有旨鷊陸機疏云鷊五色作綬文故曰綬草是也

粢稷今江東人呼粟爲粢疏粢稷○釋曰左傳曰粢食不鑿粢者稷也曲禮云稷曰明粢是也郭云今江東人呼粟爲粢然則粢也稷也粟也正是一物而本草稷米在下品別有粟米在中品又似二物故先儒共疑焉

衆秫謂黏粟也○衆音終秫音述疏衆秫○釋曰衆一名秫謂黏粟也說文云稷之黏者也與穀相似米黏北人用之釀酒其莖稈似禾而麤大者是也

戎叔謂之荏菽即胡豆也○菽音叔疏戎叔謂之荏菽○釋曰戎叔一名荏菽孫炎云大豆也詩大雅生民云蓺之荏菽荏菽旆旆鄭箋亦以爲大豆樊光舍人李巡郭氏皆云今以爲胡豆郭又云春秋齊侯來獻戎捷穀梁傳曰戎菽也管子亦云北伐山戎出冬葱及戎菽布之天下今之胡豆是也案此戎菽皆爲大豆注穀梁者亦以爲大豆也郭氏等以戎胡俱是夷名故以戎菽爲胡豆也

卉草百卉揔名疏卉草○釋曰別二名也百卉猶百草也詩小雅云百卉具腓是也

䓝雀弁未詳

蘥雀麥即燕麥也○䓝兆轉切蘥音藥疏蘥雀麥○釋曰蘥一名雀麥一名燕麥本草云生故墟野林下苗似小麥而弱實似穬麥而細在處亦有之是也

蘾烏蕵萰菟荄蘩菟葵皆未詳

黃菟瓜菟瓜似土瓜○蘾戶怪切蕵音孫萰音練菟音兔荄音核葵音今黃音演疏黃菟瓜○釋曰菟瓜一名黃苗及實似土瓜土瓜者即王瓜也月令王瓜生是也

茢薽豕首本草曰彘盧一名蟾蠩蘭○今江東呼豨首可以燭蠶蛹○茢音列薽音真豕傷氏切疏茢薽豕首○釋曰茢薽藥草名一名豕首一名彘盧一名蟾蠩蘭一名天名精一名麥句薑一名蝦蟇藍一名天門精一名王門精別錄一名天蔓精南人名爲地菘味甘辛故有薑稱狀如藍故名蝦蟇藍香似蘭故名蟾蠩蘭郭云江東呼豨首可以燭蠶蛹者言蒼云燭熬也

荓馬帚似蓍可以爲埽篲○荓音并疏荓馬帚○釋曰荓草似蓍者今俗謂蓍荓可以爲埽篲故一名馬帚○注似蓍○釋曰蓍蒿屬也年千歲

三百莖可以爲卜筴白虎通云此天地之間壽考物也故問之是也

䕭懷羊未詳

茭牛蘄今馬蘄葉細銳似芹亦可食○䕭胡罪切疏茭牛蘄○釋曰似芹可食菜也而葉細銳一名茭一名牛蘄一名馬蘄子入藥用本草注云生水澤中苗似鬼鍼菾菜等花青白色子黃黑色似防風子是也

葖蘆萉萉宜爲菔蘆菔蕪菁屬紫華大根俗呼雹葖○葖他忽切蘆音羅萉蒲北切疏葖蘆萉○釋曰紫花菘也俗呼溫菘似蕪菁大根一名葖俗呼雹葖一名蘆萉今謂之蘿蔔是也

淔灌未詳

苬芝芝一歲三華瑞草○淔音物苬音四疏苬芝○釋曰瑞草名也一歲三華一名苬一名芝論衡云芝生於土土氣和故芝草生瑞命禮曰王者仁慈則芝草生是也

筍竹萌初生者疏筍竹萌○釋曰孫炎曰竹初萌生謂之筍凡草木初生謂之萌筍則竹之初生者故曰筍竹萌也可以爲菜殽詩大雅韓奕云其蔌維何維筍及蒲蔌則菜殽也

簜竹竹別名儀禮曰簜在建鼓之間簫管之屬○簜音蕩疏簜竹○釋曰簜則竹之別名李巡曰竹節相去一丈曰簜孫炎曰竹闊節者曰簜禹貢篠簜既敷孔安國云簜大竹郭氏即云竹別名無大小之異故引禮經爲證也○注儀禮至

之屬。釋曰儀禮曰者大射禮文也案彼云樂人宿縣西階之西頌磬東面其南鍾其南鑮皆南陳一建鼓在其南東鼓朔鼙在其北一建鼓在西階之東南面簜在建鼓之閒鄭注云簜竹也謂笙簫之屬倚於堂以笙簫之屬固非大竹故郭氏引之也鄭又云建猶樹也以木貫而載之樹之跗也故謂之建鼓云謂簫管之屬者郭用鄭玄之說也

莪蘿今莪蒿也亦曰藘蒿　疏　莪蘿。釋曰舍人云莪一名蘿郭云今莪蒿也亦曰藘蒿詩小雅云菁菁者莪陸機云莪蒿也一名蘿蒿生澤田漸洳之處葉似邪蒿而細科生三月中莖可生食又可烝香美味頗似蔞蒿是也

苨菧苨薺苨。苨音禰菧音底　疏　苨菧苨。釋曰苨一名菧苨郭云薺苨也本草薺苨陶注云根莖都似人參而葉小異根味甜又別本注云根似桔梗以無心爲異者是也

絰履詳未

莕接余其葉苻叢生水中葉圓在莖端長短隨水深淺江東食之亦呼爲莕音杏。莕音荇絰待節切　疏　莕接余其葉苻。釋曰莕菜一名接余其葉名苻郭云叢生水中葉圓在莖端長短隨水深淺江東食之亦呼爲莕詩周南關雎云參差荇菜是也荇與莕同陸機疏云接余白莖葉紫赤色正圓徑寸餘浮在水上根在水底與水深淺等大如釵股上靑下白鬻其白莖以苦酒浸之脆美可案酒

白華野菅菅茅屬詩曰白華菅兮。菅音姦　疏　白華野菅。釋曰舍人云白華一名野菅陸機云菅似茅而滑澤無毛根下五寸中有白粉者柔忍宜爲索漚乃尤善矣郭云菅茅屬此白華亦是茅之類也漚之柔忍異其名謂之爲菅因謂在野未漚者爲野菅耳詩小雅云白華菅兮是也

薜白蘄卽上山蘄

菲芴卽土瓜也。菲音匪芴音物　疏　菲芴。釋曰一名芴郭云卽土瓜也孫炎曰葍類也詩谷風云采葑采菲陸機云菲似葍莖麤葉厚而長有毛三月中蒸鬻爲茹滑美可作羹幽州人謂之芴爾雅又謂之蒠菜今河內人謂之宿菜案今爾雅菲芴與蒠菜異郭注似是別草如陸之言又是一物某氏注爾雅二處皆引谷風詩則菲也芴也蒠菜也土瓜也宿菜也五者一物也其狀似葍而非葍故云葍類也

葍䔰大葉白華根如指正白可啖。葍音福䔰音富　疏　葍䔰。釋曰葍一名䔰郭云大葉白華根如指正白可啖詩小雅云我行其野言采其葍陸機云幽州人謂之燕䔰其根正白可著熱灰中溫啖之饑荒之歲可烝以禦饑也

熒委萎藥草也葉似竹大者如箭竿有節葉狹而長表白裏靑根大如指長一二尺可啖。萎音威　疏　熒委萎。釋曰藥草也一名熒一名委萎本草女萎萎蕤一名熒是也葉似竹大者如箭竿有節葉狹而長表白裏靑根大如指長一二尺可啖

葋艼熒詳未

竹萹蓄似小藜赤莖節好生道旁可食又殺蟲。葋音劬艼他丁切熒音迥萹匹善切　疏　竹萹蓄。釋曰李巡曰一物二名也孫炎曰某氏引詩衛風云綠竹猗猗郭云似小藜赤莖節好生道旁可食又殺蟲案陶隱居本草注云處處有布地而生節閒白葉華細綠人謂之萹竹煮汁與小兒飲療蚘蟲是也

葴寒漿今酸漿草江東呼曰苦葴音針　疏　葴寒漿。釋曰葴一名寒漿郭云今酸漿草江東呼曰苦葴案本草酸漿一名醋漿陶注云處處人家多有葉亦可食子作房房中有子如梅李大皆黃赤色

薢茩芵茪英明也葉黃銳赤華實如山茱萸或曰蔆也關西謂之薢茩。薢音皆茩音狗芵音決茪音光　疏　薢茩芵茪。釋曰藥草英明也一名芵茪一名決明郭云葉黃銳赤華實如山茱萸陶注本草云葉如茳豆子形似馬蹄呼爲馬蹄決明廣雅謂之羊躑躅也。注或曰蔆也至薢茩。釋曰知者案說文云蔆楚曰芰秦曰薢茩是也

莁荑蔱蘠一名白蕢。莁音巫荑音夷蔱音殺蘠音牆　疏　莁荑蔱蘠。釋曰莁荑一名蔱蘠郭云一名白蕢此草也案本草蕪荑一名無姑一名⿱艹殿蓎唐本注云爾雅蕪荑一名蔱蘠今作⿱艹殿蓎字之誤也而在本部疑非是或者與草同氣乎。⿱艹殿音殿蓎音唐

瓞瓝其紹瓞俗呼瓝瓜爲瓞紹者瓜蔓緒亦著子但小如瓝。瓞大結切瓝步角切　疏　瓞瓝其紹瓞。釋曰瓞一名瓝小瓜也紹繼也瓜之蔓紹緒先歲之瓜必小亦名瓞故云其紹瓞詩大雅云緜緜瓜瓞舍人云瓞名瓝小瓜也紹繼謂瓞子漢中小瓜曰瓞孫炎曰瓞小瓜子如瓝其本子小紹先歲之瓜曰瓞然則瓜之族類本有一種大者曰瓜小者曰瓞此則其種別也而瓜蔓近本之瓜必小於先歲之大瓜以其小如瓝故謂之瓞瓞是瓝之別名故郭云俗呼瓝爲瓞紹者瓜蔓緒亦著子但小如瓝

芍鳧茈生下田苗似龍須而細根如指頭黑色可食。芍戶了切　疏　芍鳧茈。釋曰芍一名鳧茈郭云生下田中苗似龍須而細根如指頭黑色可食今俗瀹而鬻之者是也

蘱薡董似蒲而細。蘱音類薡音鼎董音董　疏　蘱薡董。釋曰蘱一名薡董狀似蒲而細可爲屩亦可綯以爲索

蕛苵蕛似稗布地生穢草。蕛音帝苵大結切　疏　蕛苵。釋曰蕛一名苵似稗之穢草也布生於地莊子曰道在蕛稗是亦有米細小蕛子又曰若蕛米之在太

倉是也

鈎芺大如拇指中空莖頭有臺似薊初生可食【疏】鈎芺○釋曰薊類也一名鈎一名芺郭云大如拇指中空莖頭有臺似薊初生可食說文云味苦江南食以下氣是也

鼂鴻薈即鼂菜也○薈音會【疏】鼂鴻薈○釋曰鼂葉似韭之菜也一名鴻薈本草謂之菜芝是也

蘇桂荏蘇桂類故名桂荏【疏】蘇桂荏○釋曰蘇荏類之草也以其味辛似荏故一名桂荏陶注本草云葉下紫色而氣甚香其無紫色不香似荏者名野蘇生池澤中者名水蘇一名雞蘇皆荏類也

薔虞蓼虞蓼澤蓼○蓼音了【疏】薔虞蓼○釋曰薔一名虞蓼即蓼之生水澤者也周頌良耜云以薅荼蓼毛傳云蓼水草是也

蓧蓨未詳

蕢赤苗今之赤粱粟

芑白苗今之白粱粟皆好穀

秬黑黍詩曰維秬維秠

秠一稃二米此亦黑黍但中米異耳漢和帝時任城生黑黍或三四實實二米得黍三斛八斗是○蓧他凋切蓨音惕蕢音門芑音起秠孚鄙切稃音敷【疏】蕢赤至二米○釋曰案詩大雅生民云誕降嘉種維秬維秠維穈維芑故此釋之也蕢與穈音義同蕢即嘉穀赤苗者郭云今之赤粱粟芑即嘉穀白苗者郭云今之白粱粟皆好穀也李巡

曰黑黍一名秬黍秬即黑黍之大名也秠是黑黍之中一稃有二米者別名之爲秠若然秬秠皆黑黍矣而春官鬯人注云釀秬爲酒秬如黑黍一秠二米言如者以黑黍一米者多秬爲正稱二米則秬中之異故言如以明秬有二等也秬有二等則一米亦可爲酒鬯人之注必言二米者以宗廟之祭唯祼爲重二米嘉異之物鬯酒宜當用之故以二米解鬯其實秬是大名故云釀秬爲酒此云秠一稃二米鬯人注曰一秠二米文不同者鄭志荅張逸云秠即皮其稃亦皮也爾雅重言以曉人然則秠稃古今語之異故鄭引此文得以稃爲秠也漢和帝時任城縣生黑黍或三四實實二米得黍三斛八斗是也

稌稻今沛國呼稌○稌音杜【疏】稌稻○釋曰別二名也郭云今沛國呼稌詩周頌云豐年多黍多稌禮記內則云牛宜稌豳風七月云十月穫稻是一物也案說文云沛國謂稻爲穤秔稻屬也字林云穤黏稻也秔穤不黏者本草以粳米稻米爲二物秔與粳古今字然秔穤甚相類黏不黏爲異耳依說文稌稻即穤也江東呼穤乃亂切

葍藑茅葍華有赤者爲藑藑葍一種耳亦猶菱苕華黃白異名○藑音瓊【疏】葍藑茅○釋曰葍與藑茅一草也華白者即名葍華赤者別名藑茅故郭云亦猶菱苕華黃白異名也

臺夫須鄭箋詩云臺可以爲禦雨笠○夫音扶【疏】臺夫須○釋曰舍人云臺一名夫須詩小雅云南山有臺陸機云舊說夫須莎草也可以爲蓑笠都人士云臺笠緇撮是也○注鄭箋至雨笠○案箋者傳注之別名也以詩先有毛公作傳鄭玄釋其未備者字林云箋者表也識也鄭以毛學審備遵暢厥旨所以表明毛意記識其事故特稱箋也都人士箋云都人之士以臺皮爲笠此引其意非全文也

藆藅未詳

莔貝母根如小貝員而白華葉似韭○藆音蹇藅音伐莔音萌【疏】莔貝母○釋曰藥草貝母一名莔郭云根如小貝員而白華葉似韭詩鄘風載馳云陟彼阿丘言采其蝱陸機云蝱今藥草貝母也其葉如栝樓而細小其子在根下如芋子正白四方連累相著有分解也本草一名空草陶注云出近道形似聚貝子故名貝母是也

荍蚍衃今荆葵也似葵紫色謝氏云小草多華少葉葉又翹起○荍音翹蚍音毗衃音浮【疏】荍蚍衃○釋曰舍人云荍一名蚍衃郭云今荆葵也似葵紫色謝氏云小草多華少葉葉又翹起詩陳風云視爾如荍毛傳云芘芣也陸機云芘芣一名荆葵似蕪菁華紫綠色可食微苦是也

艾冰臺今艾蒿【疏】艾冰臺○釋曰艾一名冰臺即今艾蒿也詩王風彼采艾兮是也

蕇亭歷實葉皆似芥一名狗薺廣雅云○蕇音典【疏】蕇亭歷○釋曰蕇一名亭歷郭云實葉皆似芥廣雅又名狗薺本草一名丁歷一名太室一名大適陶注云今近道亦有母則公薺子細黃至苦是也

苻鬼目今江東有鬼目草莖似葛葉員而毛子如耳璫也赤色叢生【疏】苻鬼目○釋曰苻一名鬼目郭云今江東有鬼目草莖似葛葉員而毛子如耳璫也赤色叢生

薜庾草未詳

蔜蕿蔞今蘩蔞也或曰雞腸草○蔜五高切蕿音嫂蔞音縷【疏】蔜蕿蔞○釋曰蔜一名蕿蔞一名蘩蔞一名雞腸草本草云蘩蔞味辛陶注此菜人以作羹唐本注云此即雞腸草也多生下濕坑渠之側人家園庭亦有此草是也

離南活莌草生江南高丈許大葉莖中有瓤正白零陵人祖日貫之爲樹○莌音奪【疏】離南活莌○釋曰離南草也一名活莌山海經又名冠脫生江南高丈許大葉似荷葉而肥莖中有瓤正白者是也注零陵人祖日貫之爲樹○釋曰祖且也貫事也言零陵郡人且日事之使科大若樹然也郭又注山海經云零桂人人且日貫之以爲樹然所未詳

龍天蘥

須葑蓯未詳

蒡隱荵似蘇有毛今江東呼爲隱荵藏以爲葅亦可瀹食○龍音聾葑方孔切蓯

音總蒡音旁〔疏〕蒡隱荵○釋曰蒡蘇類菜也一名隱荵郭云似蘇有毛今江東呼爲隱荵藏以爲葅亦可瀹食者瀹煮也

茵蔓于　草生水中一名軒于江東呼茵音猶〔疏〕茵蔓于○釋曰茵水草也一名蔓于郭云一名軒于江東呼茵

菌蘆　作履苴草○菌音魯蘆才古切〔疏〕菌蘆注作履苴草○釋曰菌說文云菌草也可以東一名蘆即蒯類也中作履底字苑云靴苴履底故云作履苴草也

柱夫搖車　蔓生細葉紫華可食今俗呼曰翹搖車○柱音主夫音扶〔疏〕柱夫搖車○釋曰柱夫可食之草也一名搖車俗呼翹搖車蔓生紫華華翹起搖動因名云

出隧蘧蔬　蘧蔬似土菌生菰草中今江東啖之甜滑音氍氀○隧音逐蘧巨俱切蔬山俱切〔疏〕出隧蘧蔬○釋曰菌類也一名出隧一名蘧蔬廣雅云朝生形如鬼蓋郭云似土菌生菰草中今江東啖之甜滑音氍氀者說文云菰蔣也張揖云氍氀毛席取其音同

蘄茝蘪蕪　香草葉小如萎狀淮南子云似蛇牀山海經云臭如蘪蕪○茝昌改切〔疏〕蘄茝蘪蕪○釋曰芎藭苗也一名蘄茝一名蘪蕪本草一名薇蕪一名江離陶注云似蛇牀而香郭云香草葉小如萎狀者言如萎蕤之狀也○注淮南子至

蘪蕪○釋曰淮南子云似蛇牀者案淮南子氾論篇云夫物之相類者世人之所亂惑也嫌疑肖像者衆人所眩燿也故很者類知而非知也愚者類君子而非君子也戇者類勇而非勇也使人相去也若玉之與石也葵之與莧也則論人易矣夫亂人者若芎藭之與槀本蛇牀之與蘪蕪者許慎云此四者藥草臭味之相似其治病則不同力是也云山海經曰臭如蘪蕪者案西山經浮山有草曰訓草麻葉而方莖赤華而黑實臭如蘪蕪可以止癘又天帝山有草其狀如葵其臭如蘪蕪名曰杜衡可以走馬食之已癭是也臭香也言其香氣如蘪蕪也

茨蒺藜　布地蔓生細葉子有三角刺人見詩〔疏〕茨蒺藜○釋曰茨一名蒺藜郭云布地蔓生細葉子有三角刺人見詩者案詩小雅云楚楚者茨是也

蘮蒘竊衣　似芹可食子大如麥兩兩相合有毛著人衣○蘮音計蒘音如〔疏〕蘮蒘竊衣○釋曰蘮蒘一名竊衣郭云似芹可食子大如麥兩兩相合有毛著人衣俗名鬼麥者也

髦顛蕀　細葉有刺蔓生一名商蕀廣雅云女木也○髦音毛蕀音棘〔疏〕髦顛蕀○釋曰髦一名顛蕀一名商蕀廣雅云女木也郭云細葉有刺蔓生

雚芄蘭　雚芄蔓生斷之有白汁可啖○雚音貫〔疏〕雚芄蘭○釋曰雚一名芄蘭郭云雚芄蔓生斷之有白汁可啖案如此注則似雚芄一名蘭或傳寫誤芄衍字詩衛風云芄蘭之支陸機云一名蘿摩幽州人謂之雀瓢

蕁莐藩　生山上葉如韭一曰提母○蕁徒南切莐音沈〔疏〕蕁莐藩○釋曰藥草知母也一名蕁一名莐藩郭云生山上葉如韭一名提母案本草此名之外更有十餘名文多不載陶注云形似昌蒲而柔潤葉至難死掘出隨生須燥乃止也

蕍蕮　今澤蕮○蕍音俞蕮音昔〔疏〕蕍蕮○釋曰蕍一名蕮即藥草澤蕮也本草作澤舄一名水澤一名及瀉一名芒芋一名鵠瀉陶注云葉狹長叢生諸淺水中

蔨鹿藿其實莥　今鹿豆也葉似大豆根黃而香蔓延生○蔨巨負切藿音霍莥女九切〔疏〕蔨鹿藿其實莥○釋曰蔨一名鹿藿其實名莥郭云今鹿豆也葉似大豆根黃而香蔓延生本草云味苦唐本注云此草所在有之苗似豌豆有蔓而長大人取以爲菜亦微有豆氣名爲鹿尸也

薃侯莎其實媞　夏小正曰薃也者莎隋媞者其實○薃音浩媞音提〔疏〕薃侯莎其實媞○釋曰薃即莎別名侯維也猶語辭也其實別名媞○注夏小至其實○釋曰夏小正者大戴禮之篇名本夏后氏著十二月之候也漢九江太守戴德記之謂之大戴禮記其正月云

媞薃薃也者莎隋也媞也者其實也先言媞而後言薃何也媞先見者也何以謂之小正以著名也案廣雅云地毛莎隋也是隋即莎也故云莎隋

莞苻離其上蒚　今西方人呼蒲爲莞蒲蒚謂其頭臺首也今江東謂之苻離西方亦名蒲中莖爲蒚用之爲席音羽翮〔疏〕莞苻離其上蒚○釋曰某氏曰本草云白蒲一名苻離楚謂之莞蒲其上臺別名蒚郭義具注詩小雅斯干云下莞上簟鄭箋云莞小蒲也者以莞蒲一草之名而司几筵有莞筵蒲筵則有大小之異爲席有精有粗故得爲兩種席也

荷芙渠　別名芙蓉江東呼荷**其莖茄其葉蕸其本蔤**　莖下白蒻在泥中者**其華菡萏**　見詩**其實蓮**　蓮謂房也**其根藕其中的**　蓮中子也**的中薏**　中心苦〔疏〕荷芙至中薏○釋曰李巡曰皆分別蓮莖葉華實之名芙渠其總名也別名芙蓉江東呼荷菡萏蓮華也的蓮實也薏中心也郭璞云蔤莖下白蒻在泥中者今江東人呼荷華爲芙蓉北方人便以藕爲荷亦以蓮爲荷蜀人以藕爲茄或用其母爲華名或用根子爲母葉號此皆名相錯習俗傳誤失其正體者也陸機疏云蓮青皮裹白子爲的的中有青爲薏味甚苦故里語云

苦如蒠是也。注見詩。釋曰詩陳風云彼澤之陂有蒲與荷又曰有蒲與蓮又曰有蒲菡萏是也

紅龍古其大者蘬俗呼紅草為龍鼓語轉耳。蘬上軌切〔疏〕紅龍至者歸。釋曰舍人曰紅名龍古其大者名蘬詩鄭風云隰有游龍毛云龍紅草也陸機云一名馬蓼葉大而赤白色生水澤中高丈餘郭云俗呼紅草為龍鼓語轉耳

蒫薺實薺子名。蒫才何切〔疏〕蒫薺實。釋曰本草云薺味甘人取其葉作菹及羹亦佳詩谷風云誰謂荼苦其甘如薺其子別名蒫

蕡枲實禮記曰苴麻之有蕡。蕡扶刃切〔疏〕蕡枲實。釋曰枲麻也蕡者即麻子名也故云蕡枲實也。注禮記至有蕡。釋曰禮記曰苴麻之有蕡者儀禮喪服傳文也傳所以解經故亦謂之禮記也案喪服經云苴絰傳曰苴絰者麻之有蕡者是也

枲麻別二名〔疏〕枲麻。釋曰麻一名枲故注云別二名禹貢青州云厥貢岱畎絲枲是也

須蕵蕪蕵蕪似羊蹄葉細味酢可食〔疏〕須蕵蕪。釋曰案詩谷風云采葑采菲毛傳云葑須也先儒即以葑須蓯當之孫炎云須一名葑蓯今郭注上葑蓯云未詳注此云蕵蕪似羊蹄葉細味酢可食則郭意以毛云葑須者謂此蕵蕪也坊記注云葑蔓菁也陳宋之間

謂之葑陸機云葑蕪菁幽州人或謂之芥方言云蘴蕘蕪菁也陳楚謂之蘴齊魯謂之蕘關西謂之蕪菁趙魏之部謂之大芥蘴與葑字雖異音實同則葑也須也蕪菁也蔓菁也蕵蕪也蕘也芥也七者一物也

菲蒠菜非草生下溼地似蕪菁華紫赤色可食。菲音匪蒠音息〔疏〕菲蒠菜。釋曰菲一名蒠菜案詩谷風云采葑采菲毛傳云菲芴也郭上注菲芴云土瓜也注此云菲草生下溼地似蕪菁華紫赤色可食則是芴與蒠菜別草而某氏及陸機以為一物非郭義也

蕢赤莧今之莧赤莖者。蕢丘貴切〔疏〕蕢赤莧。釋曰赤莧一名蕢今莧菜之赤莖者也

蘠蘼虋冬虋冬一名滿冬本草云。蘼音美〔疏〕蘠蘼虋冬。釋曰藥草也一名蘠蘼一名虋冬。注虋冬至草云。釋曰案山海經云條谷山其草多芍藥虋冬郭注亦云本草一名滿冬今檢本草有天門冬一名顛勒麥門冬秦名羊韭齊名愛韭楚名馬韭越名羊蓍一名禹葭一名禹餘糧無名滿冬者蓋所見本異也虋門字異音同耳

萹苻止未詳

濼貫衆葉圓銳莖毛黑布地冬不死一名貫渠廣雅云貫節。萹音偏濼音爍衆音終〔疏〕濼貫衆。釋曰藥草名也一名濼一名貫衆本草云一名貫節一名貫渠一名百頭一名虎卷一名萹苻一名伯萍一名藥藻此謂鴟頭陶注云葉如大厥形色毛芒全似老鴟頭因名之郭氏云葉圓銳莖毛黑布地冬不死一名貫渠廣雅云貫節

莙牛藻似藻葉大江東呼為馬藻。莙其隕切藻音早〔疏〕莙牛藻。釋曰莙一名牛藻藻之葉大者也詩召南云于以采藻左傳云蘋蘩薀藻之菜以此草好聚生故言薀藻薀訓聚也毛傳云藻聚藻也陸機云藻水草也生水底有二種其一種葉如雞蘇莖大如箸長四五尺其一種莖大如釵股葉如蓬蒿謂之聚藻又云扶風人謂之藻聚為發聲也此二藻皆可食煮熟挼去腥氣米麪糝蒸為茹嘉美揚州人饑荒可以當穀食

蓫薚馬尾廣雅曰尾尾蔏陸本草云別名薚今關西亦呼為薚江東呼為當陸。蓫他六反薚他羊反〔疏〕蓫薚馬尾。釋曰藥草蔏陸也一名蓫薚一名馬尾郭云廣雅曰馬尾蔏陸本草云別名薚今關西呼為薚江東為當陸案本草蔏陸一名薚根一名夜呼不同者所見本異也今注云一名白昌一名當陸是也

苹萍水中浮萍江東謂之薸。苹音平萍音瓶薸音瓢

其大者蘋詩曰于以采蘋〔疏〕苹萍其大者蘋。釋曰舍人曰苹一名萍大者名蘋郭曰水中浮萍江東謂之薸陸機毛氏義疏云今水上浮萍是也其麤大者謂之蘋小者曰萍季春始生

可糝蒸為茹又可苦酒淹以就酒。注詩曰于以采蘋。釋曰召南采蘋篇文也

莃菟葵頗似葵而小葉狀如藜有毛汋啖之滑。莃音希〔疏〕莃菟葵。釋曰莃一名菟葵郭云頗似葵而小葉狀如藜有毛汋啖之滑者汋煑也案本草唐本注云苗如石龍芮葉光澤花白似梅莖紫色煑汁極滑堪噉爾雅釋草一名莃所在平澤皆有田間人多識之是也

芹楚葵今水中芹菜〔疏〕芹楚葵。釋曰郭云今水中芹菜案本草云水芹一名水英陶注云其二月三月作英時可作菹及瀹食之又有渣齒芹可為生菜亦可生噉別本注云芹有兩種荻芹取根白色赤芹取莖葉並堪作菹及生菜是也

藬牛蘈今江東呼草為牛蘈者高尺餘許方莖葉長而銳有穗穗間有華華紫縹色可淋以為飲。藬吐回切蘈音頹〔疏〕藬牛蘈。釋曰藬一名牛蘈詩小雅云言采其蓫鄭箋云蓫牛蘈郭云今江東呼草為牛蘈者高尺餘許方莖葉長而銳有穗穗間有華華紫縹色可淋以為飲者字林云縹青白色淋以水沃也

藚牛脣毛詩傳曰水蕮也如藚斷寸寸有節拔之可復。藚音續〔疏〕藚牛脣。釋曰李巡云別二名郭云如續斷寸寸有節陸機以為今澤蕮也郭氏所不取。注毛詩至蕮也。釋曰詩魏風汾

沮洳云彼汾一曲言采其藚毛傳云藚水舄也是

苹，蘋蕭。 今蘋蕭也，初生亦可食。○蘋音賴。

【疏】苹蘋蕭○釋曰苹一名蘋蕭郭云今蘋蕭也初生亦可食詩小雅云呦呦鹿鳴食野之苹陸機云葉青白色莖似箸而輕脆始生香可生食又可烝食是也

連，異翹。 一名連苕，又名連草。本草云。

【疏】連異翹○釋曰連一名異翹郭云一名連苕又名連草本草云者案今本連翹一名異翹一名蘭華一名折根一名軹一名三廉不同者所見本異也唐本注云此物有兩種大翹小翹大翹葉狹長如水蘇花黃可愛生下濕地著子似椿實之未開者作房翹生出衆草其小翹生崗原之上葉花實皆似大翹而小細耳是也

澤，烏蕵。 即上蘾也。

【疏】澤烏蕵○釋曰即上蘾生於水澤者然形所未詳

傅，橫目。 一名結縷，俗謂之鼓箏草。

【疏】傅橫目○釋曰傅一名橫木草蔓延生郭云一名結縷俗謂之鼓箏草是也

蘦，蔓華。 一名蒙華。

【疏】蘦蔓華○釋曰蘦一名蔓華郭云一名蒙華

蔆，蕨攈。 蔆，蕨，水中芰。○蔆音陵，攈音眉。

【疏】蔆蕨攈○釋曰蔆一名蕨攈郭云蔆今水中芰者字林云楚人名蔆曰芰可食國語曰屈到嗜芰俗云蔆角是也

大菊，蘧麥。 一名麥句薑，即瞿麥。

【疏】大菊蘧麥○釋曰大菊一名蘧麥草藥也郭云一名麥句薑即瞿麥廣雅云茈萎麥句薑瞿麥案本草云瞿麥一名巨句麥一名大菊一名大蘭陶注云今出近道一莖生細葉花紅紫赤可愛子頗似麥故名瞿麥

薜，牡贊。 未詳。

葥，山莓。 今之木莓也，實似藨莓而大，亦可食。○薜音百，贊音贊，葥音箭，莓音每。

【疏】葥山莓○釋曰山莓一名葥郭云今之木莓也實似藨莓而大亦可食藨莓說在下

齧，苦堇。 今堇葵也，葉似柳，子如米，汋食之滑。

【疏】齧苦堇○釋曰齧一名苦堇可食之菜也郭云今堇葵也葉似柳子如米汋食之滑者本草唐本注云此菜野生非人所種俗謂之莖菜葉似蕺花紫色者內則云堇荁枌榆是也本草云味甘此云苦者古人語倒猶甘草謂之大苦也

藫，石衣。 水苔也，一名石髮，江東食之。或曰藫葉似䪥而大，生水底，亦可食。○藫音潭。

【疏】藫石衣○釋曰藫一名石衣郭云水苔也一名石髮江東食之者案本草有陟釐別本注云此即古石髮也色類似苔而麤澀爲異郭又云或曰藫葉似䪥而大生水底亦可食者即本草海藻一名藫陳藏器本草云大葉藻也生深海中及新羅葉如水藻而大海人取之正在深海底以繩繫署咽沒水下刈得旋繫繩上五月已後當有大魚傷人

不可取也

蘜，治蘠。 今之秋華菊。○蘜音菊。

【疏】蘜治蘠○釋曰蘜一名治蘠郭云今之秋華菊案月令季秋云菊有黃華本草云菊華一名節華陶注云菊有兩種一種莖紫氣香而味甘葉可作羹而食者爲真一種莖青而大作蒿艾氣味苦不堪食者名苦薏非真也

唐蒙，女蘿。女蘿，菟絲。 別四名。詩云：爰采唐矣。

【疏】唐蒙至菟絲○釋曰孫炎曰別三名郭云別四名則唐與蒙或并或別故三四異也詩經直言唐而傳云唐蒙也是以蒙解唐也則四名爲得下云蒙王女郭云即唐也是又名王女然則唐也蒙也女蘿也菟絲也王女也凡五名詩頍弁云蔦與女蘿毛傳云女蘿菟絲陸機云今菟絲蔓連草上生黃赤如金今合藥菟絲子是也○注詩云爰采唐矣○釋曰鄘風桑中篇文也

苗，蓨。 未詳。

堇，蒛葐。 覆葐也，實似莓而小，亦可食。○蓨他凋切，堇音奎，蒛音缺，葐音盆。

【疏】堇蒛葐○釋曰堇一名蒛葐郭云覆葐也實似莓而小亦可食案本草蓬蘽一名覆盆一名陵蘽一名陰蘽其實名覆盆子今注云蓬蘽是覆盆之苗也覆盆乃蓬蘽之子也唐本注云然生處不同沃地則子大而甘瘠地則子細而酸是也

茇，堇草。 即烏頭也，江東呼爲堇。○茇音急，堇音靳。

【疏】茇堇草○釋曰茇一名堇草郭云即烏頭也江東呼爲堇音靳案詩大雅云堇荼如飴又晉語驪姬將譖申生寘鴆於酒寘堇於肉賈逵曰堇烏頭也然則堇者其烏頭乎嫌讀爲堇荁之堇故音之

蘵，百足。 未詳。

菺，戎葵。 今蜀葵也，似葵，華如木槿華。○蘵音織，菺音肩。

【疏】菺戎葵○釋曰菺一名戎葵郭云今蜀葵也似葵華如木槿華戎蜀蓋其所自也因以名之

蘻，狗毒。 樊光云：俗語苦如蘻。○蘻音計。

【疏】蘻狗毒○釋曰蘻一名狗毒樊光云俗語苦如蘻樊光者京兆人後漢中散大夫注爾雅六卷故郭氏取以爲說

垂，比葉。 未詳。

蕧，盜庚。 旋蕧似菊。○蕧音服。

【疏】蕧盜庚○釋曰蕧一名盜庚郭云旋蕧似菊本草旋蕧一名戴椹一名金沸草一名盛椹陶注云出近道下濕地似菊花而大是也

莩，麻母。 苴麻盛子者。

【疏】莩麻母○釋曰苴麻之盛子者也一名莩一名麻母

瓝，九葉。 今江東有草五葉共叢生一莖，俗因名爲五葉，即此類也。

【疏】瓝九葉○釋曰此草九葉叢生一莖然郭亦未詳其狀但舉其類云今江東有草五葉共叢生一莖俗因名爲五葉即此類也

藐，茈草。 可以染紫，一名茈莀。廣雅云。○藐亡角切，茈子爾切。

【疏】藐茈草○釋曰藐一名茈草根

可以染紫之草廣雅一名茈蔩本草一名紫丹唐本注云苗似蘭香莖赤節青花紫白色而實白也

倚商活脫 即離南也

藏黃蒢 藏草葉似酸漿華小而白中心黃江東以作菹食○脫音奪藏音職蒢音除

疏 藏黃蒢○釋曰藏草一名黃蒢郭云藏草葉似酸漿華小而白中心黃江東以作菹食

藕車芞輿 藕車香草見離騷○藕音挈芞音乞

疏 藕車芞輿○釋曰香草也一名藕車一名芞輿郭云藕車香草見離騷者離騷經云畦留夷與揭車兮雜杜衡與芷是也

權黃華 今謂牛芸草爲黃華華黃葉似敊蓿

疏 權黃華○釋曰權一名黃華郭云今謂牛芸草爲黃華華黃葉似敊蓿說文亦云芸草也似苜蓿淮南子說芸草可以死復生月令注云芸香草也雜禮圖曰芸蒿也葉似邪蒿香美可食然則牛芸者亦芸類也郭以時驗而言之故云今謂牛芸草爲黃華也

蒴春草 一名芒草本草云○蒴音尾

疏 蒴春草○釋曰藥草也郭云一名至草云名芒草本草云者案本草莽草一名蒴一名春草陶注云今是處皆有葉青辛烈者良今俗呼爲菵草也郭云芒草者所見本異也

蔠葵蘩露 承露也大莖小葉華紫黃色○蔠音終

疏 蔠葵蘩露○釋曰葵類一名蔠葵一名蘩露郭云承露也大莖小葉華紫黃色

菋荎藸 五味也蔓生子叢在莖頭○菋音未荎直其切藸音除

疏 菋荎藸○釋曰藥草也一名菋一名荎藸郭云五味也蔓生子叢在莖頭案本草五味子一名會及一名玄及唐本注云五味皮肉甘酸核中辛苦都有鹹味此則五味具也其葉似杏而大蔓生木上子作房如落葵大如蘡子

蒤委葉 詩云以茠蒤蓼○蒤音徒

疏 蒤委葉○釋曰穢草也舍人曰蒤一名委葉王肅說詩云以荼陸穢草然則蒤者原田蕪穢之草非苦菜也○注詩云以茠蒤蓼○釋曰此周頌良耜篇文茠耘除也今詩本茠作薅音義同

皇守田 似燕麥子如彫胡米可食生廢田中一名守氣

疏 皇守田○釋曰皇一名守田郭云似燕麥子如彫胡米可食生廢田中一名守氣彫胡即茭也

鉤藈姑 鉤瓤也一名王瓜實如瓝瓜正赤味苦○藈音圭

疏 鉤藈姑○釋曰鉤一名藈姑郭云鉤瓤也一名王瓜實如瓝瓜正赤味苦本草云王瓜一名土瓜陶注云即今土瓜生籬院亦有子熟時赤如彈丸根大唐本注云此物蔓生葉似栝樓圓無叉缺子如梔子生青熟赤但無稜爾根似葛細而多糝是也

望乘車 可以爲索長丈餘○乘音繩

疏 望乘車○釋曰望一名乘車郭云可以爲索長丈餘

困衱袶 未詳

攫烏階 即烏杷也子連相著狀如杷齒可以染皁○衱音劫袶音絳攫音钁

疏 攫烏階○釋曰攫一名烏階郭云即烏杷也子連相著狀如杷齒可以染皁今俗謂之狼杷是也

杜土鹵 杜衡也似葵而香

疏 杜土鹵○釋曰香草也一名杜一名土鹵郭云杜衡也似葵而香本草唐本注云杜衡葉似葵形如馬蹄故俗云馬蹄香生山之陰水澤下濕地根似細辛白前等山海經云天帝山有草其狀如葵其臭如蘪蕪名曰杜衡可以走馬食之已癭是也

盱虺牀 蛇牀也一名馬牀廣雅云○盱音吁

疏 盱虺牀○釋曰盱一名虺牀郭云蛇牀也一名馬牀廣雅云案本草蛇牀一名蛇米一名虺牀一名思益一名繩毒一名棗棘一名牆蘼陶注云近道田野墟落間甚多花葉正似蘼蕪

蔝蔜 未聞

赤枹薊 即上枹薊

菟奚顆涷 款涷也紫赤華生水中○蔝音米蔜五刀切涷音東

疏 菟奚顆涷○釋曰藥草也一名菟奚一名顆涷郭云款涷也紫赤華生水中案本草款涷一名橐吾一名顆東一名虎鬚一名菟奚陶注云形如宿蓴未舒者其腹裏有絲其花乃似大菊花唐本注云葉似葵而大叢生花出根下是也

中馗菌 地蕈也似蓋今江東名爲土菌亦曰馗廚可啖之○馗音逵菌巨隕切

小者菌 大小異名

疏 中馗菌小者菌○釋曰此辨菌大小之異名也大者名中馗小者即名菌郭云地蕈也似蓋今江東人名爲土菌亦曰馗廚可啖之者說文云蕈桑薁也謂菌生木上也今云地蕈即俗呼地菌者是也

蕆小葉 未聞

苕陵苕 一名陵時本草云

黃華蔈白華茇 苕華色異名亦不同○蕆音輾苕音調蔈音標茇音沛

疏 苕陵至華茇○釋曰苕一名陵苕本草一名陵時舍人曰苕陵苕也黃華名蔈白華名茇別華色之名也陸機疏云一名鼠尾生下濕水中七八月中華紫似今紫草可染皁煑以沐髮即黑詩小雅云苕之華芸其黃矣鄭箋云陵苕之華紫赤而繁陸機亦言其華紫色而此云黃白者蓋就紫色之中有黃紫白紫爾及其將落則全變爲黃故詩云芸其黃矣毛傳云將落則黃是也

蘪從水生 生於水中○蘪音眉

疏 蘪從水生○釋曰草從水生者曰蘪故注云生於水中

薇垂水 生於水邊

疏 薇垂水○釋曰草生於水濱而枝葉垂於水者曰薇故注云生於水邊也

薜山麻 似人家麻生山中

疏 薜山麻○釋曰

麻生山中者名薜故注云似人家麻生山中也莽數節竹類也節間促桃枝四寸有節今桃枝節間相去多四寸○數音朔粼堅中竹類也其中實簢筡中言其中空竹類仲無笐亦竹類未詳䈽箭萌萌筍屬也周禮曰䈽菹鴈醢篠箭別二名○粼音吝簢音閔筡音徒笐音杭䈽音待〔疏〕莽數至篠箭○釋曰此辨竹節希數及中空實萌筍之異名也凡竹節間促數者名莽相去四寸有節者名桃枝竹其中堅實者名粼其中空者名簢筡空也仲無笐注未詳䈽一名箭萌即筍也篠一名箭書曰篠簜既敷釋地云會稽之竹箭是也○注今桃枝節間相去多四寸○釋曰郭以時驗而言也尚書顧命云敷重篾席孔安國云篾桃枝竹周禮春官司几筵云加次席黼純鄭注云次席桃枝席有次列成文是也○注周禮曰䈽菹鴈醢○釋曰天官醢人職文也彼文作箈鄭玄注云箈箭萌字雖異音義同枹霍首素華軌䖃皆未詳芏夫王芏草生海邊似莞蘭今南越人采以爲席○枹音包芏音杜〔疏〕芏夫王○釋曰芏草一名夫王郭云芏草生海邊似莞蘭今南方越人采以爲席綦月爾即紫綦也似蕨

可食○綦音其〔疏〕綦月爾○釋曰綦一名月爾可食之菜也郭云即紫綦也似蕨可食葴馬藍今大葉冬藍也○葴音針〔疏〕葴馬藍○釋曰葴一名馬藍郭氏今大葉冬藍也今爲澱者是也姚莖涂未詳芐地黃一名地髓江東呼芐○芐音戶〔疏〕芐地黃○釋曰藥草也郭云一名地髓江東人呼芐案本草地黃一名地髓一名芐一名芑陶注云生渭城者乃有子實實如小麥蒙王女蒙即唐也女蘿別名拔蘢葛似葛蔓生有節江東呼爲龍尾亦謂之虎葛細葉赤莖〔疏〕拔蘢葛○釋曰拔一名龍葛葛類也郭云似葛蔓生有節江東呼爲龍尾亦謂之虎葛細葉赤莖藗牡茅白茅屬○藗音速〔疏〕藗牡茅○釋曰茅之不實者也一名藗一名牡茅郭云白茅屬菤耳苓耳廣雅云枲耳也亦云胡枲江東呼爲常枲或曰苓耳形似鼠耳叢生如盤○菤音捲〔疏〕菤耳苓耳○釋曰菤耳一名苓耳郭云廣雅云枲耳也亦云胡枲江東呼爲常枲或曰苓耳形似鼠耳叢生如盤詩周南云采采卷耳陸機疏云葉青白色似胡荽白華細莖蔓生可煮爲茹滑而少味四月中生子如婦人耳璫幽州謂之爵耳是也蕨虌廣雅云紫綦非也初

生無葉可食江西謂之虌○虌音鱉〔疏〕蕨虌○釋曰可食之菜也舍人曰蕨一名虌郭云廣雅云紫綦非也初生無葉可食江西謂之虌詩召南云言采其蕨陸機疏云蕨山菜也初生似蒜莖紫黑色可食如葵是也蕎邛鉅今藥草大戟也本草云〔疏〕蕎邛鉅○釋曰蕎一名邛鉅郭云今藥草大戟也本草云者案本草大戟一名邛鉅苗名澤漆陶注云今近道處處有生時摘葉有白汁故名澤漆也繁由胡未詳蒤杜榮今蒤草似茅皮可以爲繩索履屩也○蒤音忘〔疏〕蒤杜榮○釋曰蒤草一名杜榮郭云今蒤草似茅皮可以爲繩索履屩也者屩草履也稂童粱稂莠類也〔疏〕稂童粱○釋曰舍人曰稂一名童粱郭云稂莠類也詩曹風云浸彼苞稂陸機疏云禾秀爲穗而不成崱嶷然謂之童粱今人謂之宿田翁或謂之守田也甫田云不稂不莠外傳曰馬不過稂莠皆是也藨麃麃即莓也今江東呼爲藨莓子似覆葢而大赤酢甜可啖○藨蒲苗切麃平表切〔疏〕藨麃○釋曰藨一名麃郭云麃即莓也今江東人呼爲藨莓子似覆葢而大酢甜可啖的薂即蓮實○薂音亦〔疏〕的薂○釋曰的又一名薂即上釋荷云其實蓮其中的也故郭云即蓮實

購蔏蔞蔏蔞蔞蒿也生下田初出可啖江東用羹魚○購古豆切蔞力朱切〔疏〕購蔏蔞○釋曰舍人曰購一名蔏蔞郭云蔏蔞蔞蒿也生下田初出可啖江東用羹魚詩周南漢廣云翹翹錯薪言刈其蔞陸機疏云其葉似艾白色長數寸高丈餘好生水邊及澤中正月根牙生旁莖正白生食之香而脆美其葉又可蒸爲茹是也茢勃茢一名石芸本草云○茢音列〔疏〕茢勃茢○釋曰茢一名勃茢郭云一名石芸本草云者案本草石芸味甘一名螫烈一名顧喙是也葽繞蕀蒬今遠志也似麻黃赤華葉銳而黃其上謂之小草廣雅云○葽烏了切蒬音冤〔疏〕葽繞蕀蒬○釋曰藥草也葽繞一名蕀蒬郭云今遠志也似麻黃赤華葉銳而黃其上謂之小草廣雅云者案本草遠志一名細草其葉名小草陶注云小草狀似麻黃而青今注云遠志莖葉似大青而小廣雅云蕀蒬遠志也其上謂之小草是也茦刺草刺針也關西謂之刺燕北朝鮮之間曰茦見方言○茦音冊〔疏〕茦刺○釋曰謂草針刺人也一名茦又名刺郭云草刺針也關西謂之刺燕北朝鮮之間曰茦見方言者案方言凡草木刺人北燕朝鮮之間謂之茦或謂之壯自關而東或謂之梗或謂之劌自關而西謂之刺江湘之間謂之棘是

也**蕭萩**即蒿○萩音秋〔疏〕蕭萩○釋曰李巡云萩一名蕭陸機云今人所謂萩蒿者是也或云牛尾蒿似白蒿白葉莖麤科生多者數十莖可作燭有香氣故祭祀以脂爇之爲香許愼以爲艾蒿非也郊特牲云既奠然後爇蕭合馨香是也

薚海藻藥草也一名海羅如亂髮生海中本草云〔疏〕薚海藻○釋曰薚又名海藻郭云藥草也一名海羅如亂髮生海中本草云者案本草一名落首一名藫陶注云生海島上黑色如亂髮而大少許葉大都似藻葉

長楚銚芅今羊桃也或曰鬼桃葉似桃華白子如小麥亦似桃○銚音姚芅音亦〔疏〕長楚銚芅○釋曰舍人曰長楚一名銚芅本草云銚芅名羊桃郭云今羊桃也或曰鬼桃葉似桃華白子如小麥亦似桃詩檜風隰有長楚陸機疏云今羊桃是也葉長而狹華紫赤色其枝莖弱過一尺引蔓于草上今人以爲汲灌重而善沒不如楊柳也近下根刀切其皮著熱灰中脫之可韜筆管

蘦大苦今甘草也蔓延生葉似荷青黃莖赤有節節有枝相當或云蘦似地黃〔疏〕蘦大苦○釋曰藥草也蘦一名大苦郭云今甘藥也蔓延生葉似荷靑黃莖赤有節節有枝相當或云蘦似地黃詩唐風云采苓采苓首陽之巔是也蘦與苓字雖異音義同

芣苢馬舄馬舄車前今車前草大葉長穗好生道邊江東呼爲蝦蟇衣○芣音浮苢音以〔疏〕芣苢至車前○釋曰藥草也別三名郭云今車前草大葉長穗好生道邊江東呼爲蝦蟇衣詩周南云采采芣苢陸機疏云馬舄一名車前一名當道喜在牛跡中生故曰車前當道也今藥中車前子是也幽州人謂之牛舌草可鬻作茹大滑其子治婦人難產王肅引周書王會云芣苢如李出於西戎王基駁云王會所記雜物奇獸皆四夷遠國各齎土地異物以爲貢贄非周南婦人所得采是芣苢爲馬舄之草非西戎之木也

綸似綸組似組東海有之綸今有秩嗇夫所帶糾青絲綸組綬也海中草生彩理有象之者因以名云

帛似帛布似布華山有之草葉有象布帛者因以名云生華山中〔疏〕綸似綸至山有之○釋曰此辨草似綸組布帛者以其所似因名其草也綸是糾青絲繩也組綬也東海有草采理似之即名綸草組草草山有草葉似帛布者因名帛草布草也○注綸今至絲綸○釋曰案漢書百官公卿大夫表云十里一亭十亭一鄉鄉有三老有秩嗇夫有游徼三老業教化嗇夫掌獄訟游徼掌禁盜賊故漢書云張敞以鄉有秩補太守卒史又云朱邑爲桐鄉嗇夫又續漢書百官表云鄉置有秩三老游徼有秩郡所置秩百戶其鄉小者縣所置嗇夫案此則有秩嗇夫職同但隨鄉大小故名異耳名雖異皆糾青絲爲綸以帶佩之則同至東晉尚然故郭云今也張華云綸如宛轉繩

芁東蠡未詳

緜馬羊齒草細葉葉羅生而毛有似羊齒今江東呼爲鴈齒繅者以取繭緒〔疏〕緜馬羊齒○釋曰緜馬一名羊齒郭云草細葉葉羅生而毛有似羊齒今江東人呼爲鴈齒繅者以取繭緒說文云繅繹繭爲絲也緒絲耑也以此草似羊齒而毛故繅者用之以取繭緒也

萿麋舌今麋舌草春生葉有似於舌○萿古活反〔疏〕萿麋舌○釋曰萿草春生葉似麋舌故萿一名麋舌郭云今麋舌草春生葉有似於舌

搴柜朐未聞

蘩之醜秋爲蒿醜類也春時各有種名至秋老成通皆呼爲蒿○搴居展切柜音巨朐音劬〔疏〕蘩之醜爲蒿○釋曰醜類也此言蘩蕭蔚莪之類春始生氣味既異故其名不同至秋老成則皆蒿也郭云醜類也春時各有種名至秋老成皆通呼爲蒿也

芙薊其實荂芙與薊莖頭皆有蓊臺名荂即其實音俘○芙音襖〔疏〕芙薊其實荂○釋曰鉤芙袍薊之類其實名荂郭云芙與薊莖

頭皆有蓊臺名荂荂即其實也

蔈荂荼即芀

猋藨芀皆芀荼之別名方俗異語所未聞○蔈方腰切猋必遙切藨方驕切芀音調〔疏〕蔈荂荼猋藨芀○釋曰此辨茗荼之別名也案鄭注周禮掌荼及詩有女如荼皆云荼茅秀也蔈也荂也其別名荼即茗也茗又一名猋又名藨皆雀矛之屬華秀名也故注云皆芀荼之別名方俗異語所未聞言未聞者謂未聞其所出也

葦醜芀其類皆有芀秀〔疏〕葦醜芀○釋曰葦即蘆之成者其類皆有芀秀也

葭華即今蘆也

蒹薕似萑而細高數尺江東呼爲蒹藡○薕音廉

葭蘆葦也

菼薍似葦而小實中江東呼爲烏蓲○菼他敢切薍五患切蓲音丘

其萌虇今江東呼蘆筍爲虇然則萑葦之類其初生者皆名虇虇音繾綣〔疏〕葭華至萌虇○釋曰此辨蒹葭等生成之異名也葭一名葦即今蘆也葦之未成者蒹一名薕郭云似萑而細高數尺江東呼爲藡詩秦風云蒹葭蒼蒼陸機云蒹水草也堅實牛食令牛肥彊青徐人謂之蒹兗州遼東通語也葭一名蘆菼一名薍李巡曰分別葦類之異名郭云蘆葦也菼似葦而小實中江東呼爲烏蓲如李巡云蘆薍共爲一草如郭云則蘆薍別草案詩大車傳云菼鵻也蘆之初生則毛

意亦以葭菼爲一草也案詩衛風碩人云葭菼揭揭陸機云亂或謂之荻至秋堅成則謂之萑初生三月中其心挺出其下本大如箸上銳而細揚州人謂之馬尾以今語驗之則蘆亂別草也其萌名蘿郭云今江東人呼蘆筍爲蘿然則萑葦之類其初生者皆名蘿○注音繾綣○釋曰大雅民勞云以謹繾綣昭二十五年左傳云繾綣從公無通外內此取蘿與綣字音同不爲義也

蕍芛葟華榮 釋言云華皇也今俗呼草木華初生者爲芛音豬猶敷蕍亦華之貌所未聞○蕍音俞芛羊捶切葟音皇〔疏〕蕍芛葟華榮○釋曰此別草木榮華之異名也蕍言華之敷貌芛華初生之名也葟亦華也郭云釋言云華皇也今俗呼草木華初生者爲芛蕍猶敷蕍亦華之貌所未聞云未聞者亦未聞所出也○注音豬猪○釋曰釋獸云豬豶郭云俗呼小豶豬爲豬子此亦取芛與豬音同其義則異也

卷施草拔心不死 宿莽也離騷云〔疏〕卷施至不死○釋曰卷施草一名宿莽拔其心亦不死也○注宿莽也離騷云○釋曰案離騷經云朝搴阰之木蘭兮夕擥洲之宿莽王逸云草冬生不死者楚人名之曰宿莽

菂茭 今江東呼藕紹緒如指空中可啖者爲茭茭即此類○菂于因切茭胡巧切〔疏〕菂茭○釋曰菂一名茭謂草根可食者也亦筍類也非一種故郭氏舉類以曉人云今江東呼藕紹緒如指空中可食者爲茭茭即此類是也

荄根 別二名俗呼韭根爲荄〔疏〕荄根○釋曰凡草根一名荄郭云別二名俗呼韭根爲荄此舉一隅也

攫槖含 未詳

華荂也 今江東呼華爲荂○荂音敷

華荂榮也 轉相解

木謂之華草謂之榮不榮而實者謂之秀榮而不實者謂之英〔疏〕華荂至之英○釋曰李巡云分別異名以曉人也華一名荂郭云今江東呼華爲荂華與荂又一名榮郭云轉相解木則名華月令季春桐始華草則名榮月令仲夏木槿榮此對文爾散文則草亦名華鄭風云隰有荷華是也不見其榮但見其實者曰秀詩大雅云實秀實發徒有其榮而不實者曰英此亦對文爾故以英爲不實其實黍稷皆先榮後實詩小雅出車云黍稷方華是嘉穀之秀必有榮也

爾雅疏卷第八

吉安盧氏宣旬校刊

吏科給事中南昌黃中傑栞

爾雅注疏卷八挍勘記　阮元撰盧宣旬摘錄

爾雅疏卷第八 注疏本同唐石經吳本雪牕本題爾雅卷下單疏本元本閩本監本刪

釋草第十三

隷變作卄 七老切○閩本七作倉

說文別有草字 自保切○注疏本音切改大字

徐鉉曰今俗以此爲卄木之草 元本同閩本監本毛本作徐鍇誤按草當作卄說文作艸木之艸

茖山葱 釋文五經文字唐石經單疏本雪牕本元本同作葱閩本監本毛本作蔥依說文改說文蔥菜也从艸悤聲

葝山韰 唐石經雪牕本同釋文作韰又作薤五經文字韰薤並列云上說文下經典相承隷省今爾雅作韰餘並用下字按說文韰从韭𣦼聲無薤字此爾雅之字較經典獨得其正者

廣雅云 陳本同單疏本雪牕本注疏本云皆作曰

今似蘄而麤大 單疏本同雪牕本元本麤作麄釋文作麤舊按云本今作麤閩本監本毛本改粗下準此

椵木槿 唐石經單疏本同雪牕本注疏本此本椵譌根今訂正釋文蓳本或作槿音謹下同按說文蓳艸也从艸堇聲今隷省作堇是也木部無槿字此因本槿連文遂加木旁矣當從釋文月令木堇榮

或呼日及 單疏本雪牕本同釋文爲日人逸反按文選歎逝賦辟日及之在條李善引郭注曰或呼爲日及又月令正義引某氏曰或呼爲日及亦云王蒸此注正本之今本日上脫爲字當補

亦曰王蒸 雪牕本注疏本同釋文作烝舊按云本今作蒸按文選注亦作蒸

別三名也 注疏本誤別二名按宋本月令正義引作別三名陸元恪所云一名木槿一名櫬一名椵是也

陸機疏云元本閩本監本同毛本機改璣非葉鈔釋文陸機字作木旁隋書經籍志烏程令吳郡陸機字從木浦鏜以監本作機爲非此蹈唐李濟翁資暇集宋晁公武讀書志之誤耳下準此

其樹可以爲埽篲釋文埽素報反下同單疏本亦作埽篲雪牕本注疏本作掃俗字按篲當作彗

此則蔡之科大爲樹可以作埽篲者注疏本則作即埽篲元本同閩本作掃篲監本毛本作掃篲

蔟王芻唐石經單疏本雪牕本同釋文彔力辱反按五經文字蔟力辱反見爾雅此作彔葢誤

今呼鴟脚莎單疏本雪牕本注疏本同釋文鴟尺之反詩綠竹釋文引作今呼白脚莎郎本作今呼爲脚莎葢互脫一字白當作曰

郭云蔟蓐也注疏本脫蔟

瞻彼淇奧綠竹猗猗是也元本奧字綠字與此同閩本監本毛本改澳改蔟猗猗監本毛本同元本閩本誤作漪漪

今人呼青蒿香中炙啖者爲菣單疏本雪牕本同釋文啗本亦作啖又作噉按詩鹿鳴正義引郭云今人呼爲青蒿按爲字當有詩正義引下句亦作啖

上有白毛麤澁元本作麄澁閩本監本毛本作粗澀

可以爲菹注疏本菹改葅下同

又可烝注疏本改蒸

北海人謂之旁勃元本作滂勃閩本剜改作旁監本毛本承之

蘩游胡游旁勃也元本同閩本監本毛本蘩改繁毛本游改由按春秋隱三年正義引陸機作蘩遊胡游遊同

萆鼠莞唐石經單疏本雪牕本同釋文五經文字玉篇皆作萆按廣韻四紙萆并弭切六至萆必至切互引爾雅經注殆隨音作字也孫星衍云一切經音義卷四引釋萆草鼠莞裨侍裨婢二反萆俗字說文所無知古本作草矣

可以染皁雪牕本同單疏本閩本監本毛本皂作皁釋文皁音造舊本誤草

人採作滋染木蘭是也監本同舊本木蘭作本草閩本毛本作皂草

似蘇葉細雪牕本注疏本脫似字按疏云似蘇而葉細則邢本有似字

郭云似紅草而麤大注疏本皆改注麤作粗舊本作麄

孟狼尾唐石經單疏本雪牕本同石經考文提要引至善堂九經本亦作孟注疏本孟誤盂

齒如瓠棲雪牕本注疏本同疏引詩亦作棲宋王氏詩考采入詩異字郎本依今詩改犀誤甚又注疏本疏未有今詩文作犀五字單疏本無則非邢氏語也

果贏之實栝樓唐石經單疏本雪牕本同釋文贏力果反栝樓本或作苦蔞按作苦蔞是也毛詩傳用括樓假借字說文作苦蔞正字爾雅多用正字贏亦俗字當作蓏說文在木曰果在地曰蓏又說文苦蔞果蓏也本此經與本書在地曰蓏之言合而俗本亦改作贏矣

葉如瓜葉形注疏本如作似

此味苦可食之菜也注疏本脫也

經冬麻春乃成浦鏜云麻春下釋文有得夏二句此脫

又名益母廣雅云雪牕本注疏本同疏引郭云今茺蔚也廣雅名益母葉似荏云云此邢氏約注義引之非郭氏原文故不得其次釋文葢音益本今作益按引廣雅字當從艹今本廣雅亦作益非

蓷臭穢臭穢即茺蔚也注疏本脫一臭穢

邛有旨鷊正德本同閩本監本毛本作卬有旨鷊非

鷊五色作綬文注疏本脫文

故先儒共疑焉注疏本共誤甚

戎叔謂之荏菽 唐石經雪牕本注疏本同單疏本作戎菽謂之荏菽詩生民正義引釋草同按釋文於荏上出尗字云本亦作叔下不別出明無異文釋詁戎大也此以大菽釋詩之荏菽則戎菽字尢不當獨作古字唐石經上叔下菽非

詩大雅生民云藝之荏菽 注疏本脫云藝作蓺

卉草 唐石經單疏本雪牕本同許宗彥云藝文類聚卷八十一引作卉百草據注云百草揔名又書禹貢正義引舍人云凡百草一名卉則卉上當有百字

䒳雀弁 唐石經雪牕本舊本同釋文䒳悅轉反又古本反閩本監本毛本作莞此本作莵皆譌今訂正注云未詳故邢氏無釋單疏本不摽經通書準此

蘾烏蕵 唐石經雪牕本同釋文蘾戶怪切石經考文提要引至善堂九經本亦作蘾注疏本作蘹按玉篇別為一字非也蕵當從石經作蕵從夕下須蕵蕪澤烏蕵同五經文字云蕵見爾雅

黃菟苽 唐石經雪牕本同釋文菟音兔嚴元照云諸菟字不當從卄說文黃兔瓜也莃兔葵也可證

䖘盧一名蟾蠩蘭 單疏本雪牕本舊本同閩本監本毛本盧改顱蠩改蜍疏中同

一名天蔓精 舊本閩本監本同毛本精改菁非

香氣似蘭故名蟾蠩蘭 注疏本脫氣蠩改蜍

可以為掃彗 單疏本雪牕本舊本作埽彗釋文亦作埽閩本監本毛本作掃彗按彗當作篲郭序輒復擁篲清道釋文篲字又作彗

蘾懷羊 唐石經雪牕本舊本閩本監本同毛本蘾改蘹按玉篇廣韻作蘹蓋毛本所據改釋文五經文字皆作蘾

生水澤旁 注疏本旁作中

苗似鬼鍼菾菜等 舊本同監本毛本菾作蒃誤按玉篇廣韻皆云菾菜名徒兼切

葖蘆萉 單疏本雪牕本同釋文葖他忽反毛本葖誤葵唐石經此字闕郭注云萉宜為菔經義雜記曰說文菔蘆菔从艸服聲萉枲實也从艸肥聲後漢書注卷十一引爾雅曰葖蘆菔菔音步北反字或作蔔據說文及後漢書注知爾雅本作菔蓋郭本以形近致誤

紫華大根 陳本同雪牕本注疏本華改花

郭氏即云竹別名 元本即字闕閩本改曰監本毛本承之

其南鍾其南鏄 注疏本脫下三字元本閩本監本毛本鍾改鐘

芘蒇芘 唐石經單疏本雪牕本同葉鈔釋文五經文字蒇作蒇

莕接余 唐石經單疏本雪牕本同釋文莕音杏本亦作荇詩云參差荇菜說文作莕按五經文字莕荇二同並音杏見爾雅則釋文當為本亦作荇故下引詩參差荇菜說文作莕以證之張參正本釋文云然也今說文莕葽餘也从艸杏聲荇莕或从行同非陸氏所見之說文矣

葉圓在莖端 單疏本雪牕本同按圓當作員雅注多用員字

江東食之亦呼為莕音杏 雪牕本同注疏本脫為又刪下二字單疏本作亦呼為莕按齊民要術卷九引作江東菹食之以證菹法則菹字當有

脆美可案酒 元本脆字實闕閩本監本毛本誤肥

柔忍宜為索 元本同閩本監本毛本忍改韌按毛詩將仲子傳檀彊韌之木釋文作彊忍采薇箋云堅忍白華箋云柔忍知陸元恪亦用忍字韌為說文新附字

郭云即土瓜也 注疏本脫即

滑美可作羹幽州人謂之芴 元本亦作滑閩本監本毛本誤甘注疏本脫州

又是一物 注疏本一誤二

五者一物也 注疏本脫也

大葉白華 單疏本閩本監本毛本同雪牕本元本作菅華白葉誤

熒委萎　唐石經單疏本雪牕本同釋文委作萎云謝於蘧反孫於僞反郭女委反舊挍云本今作委按委萎一字唐石經今本作委非當從陸本作萎玉篇蘂於營切萎蕤也郎此物萎蕤猶萎蕤也邢疏引本草亦曰萎蕤玉篇廣韻以萎同萎云胡荽香菜蓋此經之誤久矣邢疏云一名熒字從木蓋誤釋文熒戶坰反

長一二尺可啖　單疏本監本毛本同雪牕本作長二尺元本作長三尺閩本作長二尺又剜擠一字

好生道旁　單疏本雪牕本元本同閩本監本毛本旁改傍

綠竹猗猗　元本同閩本監本毛本綠改菉

葉華細綠　注疏本作華葉

葴寒漿　唐石經單疏本雪牕本同釋文蔊何千反本今作寒按玉篇艸部蔊蔊蔣也廣韻二十五寒蔊蔊蔣草也與陸本合

薢茩芵茪　唐石經單疏本雪牕本同釋文光本或作茪按當作茪本或作光此後人乙改五經文字云茪音光爾雅或作光可證○按說文無茪當是後人加艸爲之

英明也　雪牕本注疏本同邢疏云藥草英明也一名英光一名決明按英明也字當作決蓋經作英茪注作決明今本注作英爲依經所改釋文音經英本亦作決又依注改經也

關西謂之薢茩音皆　陳本郎本同釋文薢郭音皆雪牕本注疏本刪下二字改爲小字音切

一名決明　注疏本決改英

葉如茳豆　元本同閩本監本毛本作茳芒

案本草無荑一名無姑　注疏本作莁荑順爾雅改按釋木疏云本草無夷一名無姑蕪無同字與此合

一名蔱蘠音殺唐　○注疏本改音於疏後云蔱音殺蘠音唐

或者與草同氣乎　注疏本刪乎

故云其紹䗉　元本閩本脫云監本毛本脫其

生下田　雪牕本注疏本同單疏本作生下田中後漢書劉元傳注引此注同按下購商蔞注云生下田

亦可綯以爲索　注疏本可下衍爲

莖頭有臺似薊　單疏本閩本監本毛本同釋文雪牕本元本薊作薊按五經文字云薊從角者訛

故一名桂荏　注疏本脫故

生池澤中者　注疏本脫澤

虋赤苗　單疏本雪牕本唐石經虋亦作虋五經文字虋音門見爾雅釋文虋本亦作虋按詩維糜維芑毛傳糜赤苗也芑白苗也正義曰皆釋草文唯彼糜作虋音同耳釋文糜音門爾雅作虋同據此知虋舊作虋說文虋赤苗嘉穀也从艸釁聲

此亦黑黍　雪牕本注疏本同詩生民正義引作秠亦黑黍齊民要術卷二同按秠亦黑黍對上文秬黑黍言之今本作此非

維糜維芑　元本同閩本監本毛本糜誤麋下同

則一米亦可爲酒　元本同閩本監本毛本一誤二

十月穫稻　注疏本穫誤獲

按說文云　注疏本按改案

江東呼稬乃亂切　○注疏本音切改大字

葍藑茅　雪牕本注疏本同唐石經單疏本藑作藑按茅疑衍文注云葍華有赤者爲藑藑葍一種耳不言茅說文辥艸也楚謂之葍秦謂之藑藑地連華象形亦不言茅艸部云藑茅葍也一名蕣此茅字蓋後人竄入離騷索藑茅以莛篿王逸注藑茅靈草也與爾雅異義恐因此誤衍○按單呼曰藑象呼曰藑茅未可疑說文艸部爲添字則未可疑爾雅爲衍字

亦猶菱苕 雪牎本同單疏本注疏本菱作蔆從水此非

臺夫須 唐石經單疏本雪牎本同釋文臺字又作薹同蕦音須本今作須按詩都人士釋文云臺如字爾雅作薹則此釋文當作薹字又作臺蓋爾雅經作薹注引詩箋作臺今祇以臺薹爲異文誤也據釋文須作蕦知臺亦作薹矣

鄭箋詩云臺可以爲禦雨笠 雪牎本注疏本同單疏本標起止云注鄭箋至雨笠按詩都人士臺笠緇撮毛傳臺所以禦暑笠所以禦雨也箋云臺夫須也都人之士以臺皮爲笠此約傳箋意合引之非鄭箋本文

可以爲蓑笠 元本同閩本監本毛本蓑改簑

莔貝母 唐石經單疏本雪牎本同釋文五經文字亦作莔注疏本作蕄訛

貟而白華葉似韭 單疏本雪牎本元本同閩本監本毛本貟改圓下苻鬼目注攢貫衆注同

謝氏云小草多華少葉葉又翹起 雪牎本注疏本同邢疏亦與郭注連引之邵晉涵正義曰此當是謝嶠殆因詩疏與郭注連引後人遂混入注中太平御覽引郭注無謝氏說按爾雅序疏云五經正義援引有某氏謝氏顧氏邢氏不云郭注引謝氏而云五經正義引謝氏則邢氏所據郭注本無謝氏說可知

廣雅云音典 雪牎本同注疏本删下二字

毋則公蕢 元本同疑誤閩本監本毛本作狗蕢

莖似葛葉貟而毛 注疏本似改如貟改圓舊本作似

蔜蕿蘉 雪牎本注疏本同唐石經單疏本蔜作蔜釋文蔜五高反本今作蔜

蘩蔓味辛 舊本同閩本監本毛本蔓改蘉

多生下濕坑渠之側 舊本閩本監本同毛本濕改溼

離南活莌 唐石經單疏本雪牎本同釋文蘺力知反本今作離

零陵人祖日貫之爲樹 單疏本雪牎本注疏本同釋文祖日人一反段玉裁云當依山海經注作零桂人植而日灌之以爲樹

大葉似荷葉而肥 注疏本脫似荷葉

零桂人人且日貫之以爲樹 舊本同閩本下人字剜改作灌監本承之毛本作零桂人植而日灌之以爲樹毛本是也

須葍蓫 唐石經雪牎本同釋文蕦音須本今作須

藏以爲葅亦可瀹食 單疏本雪牎本同注疏本食下衍也按葅當作菹釋文亦誤

草生水中 陳本正德本同雪牎本閩本監本毛本草作多

江東呼莤音猶 雪牎本同注疏本删下二字釋文云莤郭音由又音酉此猶蓋本作酉又猶由字同

作履苴草 單疏本雪牎本同按此經作蘆注作苴釋文蘆苴皆有音

中作履底字苑云鞔苴履底 注疏本底作底是也

柱夫搖車 唐石經單疏本注疏本同雪牎本柱作拄釋文柱本或作拄同

今江東啖之甜滑 單疏本雪牎本同釋文啖大敢反按齊民要卷十引此啖作噉

音氊毭 單疏本雪牎本同注疏本氊作同係臆改按釋文氊之延反本亦作旃同毭所俱反本今作毭

音氊毭者 元本同閩本監本毛本氊改氈

蘄茝蘪蕪 唐石經單疏本雪牎本同釋文蘪亡悲反本今作蘪按雪牎本注云臭如蘪蕪史記司馬相如列傳索隱引樊光注云藁本一名蘪蕪根名蘄延蘪字皆與釋文合

山海經云 雪牎本同單疏本注疏本云作曰

言如萎蔫之狀也 元本同閩本監本毛本蔫改蓺大誤按蔫即菸字與萎義同

世人之所亂惑也 元本同閩本監本毛本人改主

衆人所眩燿也 注疏本燿改耀

贛者頻勇而非勇也　元本同閩本監本毛本贛改戇

其治病則不同力　注疏本其作惟元本閩本亦作不同力監本毛本倒作力不同

浮山有草曰訓草　元本同閩本監本毛本訓改薰

名曰杜衡　注疏本脫名

茨蒺藜　唐石經單疏本同釋文藜作䔧雪牕本注疏本作䔧據說文改五經文字云蒺䔧音梨見爾雅王篇云䔧蒺蔾蔾蒿類

蘮蒘竊衣　唐石經單疏本雪牕本同五經文字蒘女居反釋文作蕠按今釋文作蒘蓋淺人據石經改

一名商蕀　單疏本雪牕本元本閩本同監本毛本蕀改棘

郭云細葉有刺蔓生　注疏本刺改棘

雚一名芄蘭　注疏本名下衍是

則似雚芄一名蘭　注疏本似誤以

或傳寫誤芄衍字　按當作誤衍芄字

蕁莐藩　單疏本雪牕本注疏本同釋文五經文字唐石經蕁作蕁下蕁海藻同九經字樣云蕁從口從工作蕁者訛

一曰提母　單疏本雪牕本正德本同閩本監本毛本提改蝭葉鈔釋文引郭云一名提母通志堂本作蝭誤按釋文下引本草一名蚳母一名蝭母淺人遂據此以改雅注耳

葉如韭一名提母　正德本同監本毛本改葉似韭一名蝭母閩本亦作似

形似昌蒲　注疏本昌改菖

須燥乃止也　正德本同閩本監本毛本須下有枯按此疏襲釋文枯字當有

今澤蔦　單疏本雪牕本同釋文音經蔦本又作舃引郭云今澤舃蓋經作蔦注作舃後人轉寫亂之釋文又引本草一名水舃陶注云仙經服食用之令人身輕能步行水上此所以名澤舃水舃歟

蔨鹿藿　唐石經單疏本雪牕本同釋文蔍力斛反本今作鹿

本夏后氏著　監本同正德本閩本毛本著誤者

先言媞而後言蕩　此與傳崧卿本夏小正同浦鏜據大戴禮記蕩下增者非

莞苻蘺　唐石經單疏本雪牕本同釋文莞本或作萖苻蘺本或作離經義雜記曰說文莞艸也蘺夫蘺也蒚夫蘺上也則莞當作蘺莞乃別一字釋文云本或作萖萖即蘺之訛今本作蘺與說文合按玉篇蘺下引爾雅曰蘺夫蘺其上蒚與說文同知古本爾雅作夫不作苻也蓋經作夫注作苻故郭云今江東謂之苻蘺釋文及今本經亦作苻蓋誤邪疏引本草一名苻蘺

蒚謂其頭臺首也　雪牕本注疏本同按頭即首也首字當衍此本首字剜改王宗炎云廣韻二十一麥蒚蒲臺頭名

用之爲席音羽翮　雪牕本同注疏本刪下三字釋文蒚郭音翮

荷芙渠　唐石經單疏本雪牕本同石經考文提要引至善堂九經本亦作芙渠注疏本渠改蕖按釋文渠本又作蕖今本蓋出此說文亦作蕖○按芙俗字也古作扶渠

其葉蕸　唐石經雪牕本作其葉蕸注疏本葉作葉改唐諱也釋文云其葉遐衆家並無此句唯郭有然就郭本中或復脫此句亦並闕讀經義雜記曰說文茄芙蕖莖荷芙蕖葉蔤芙蕖本亦無其葉蕸句荷爲芙蕖葉則其葉名荷高注淮南子說山篇云其莖曰茄其本曰蔤中無其葉蕸句可證衆家本及郭本並無此句其有者直係俗人妄加

莖下白蒻在泥中者　雪牕本注疏本同詩澤陂正義引釋草文及李巡注又引郭氏曰蔤莖下白蒻在泥中者今江東人呼荷華爲芙蓉北方人便以藕爲荷亦以蓮爲荷蜀人以藕爲茄或用其母爲華名或用根子爲母號此皆名相錯習俗傳誤失其正體者也其六十八字審爲郭注未詳何時脫落邪疏襲用詩正義之文絕不別言今注有無是其疏也初學記卷二十七引此注云江東呼荷華爲芙蓉與孔氏所引合

其華菡萏 唐石經雪牕本同釋文萏字又作蘭徒感反本今作萏按五經文字萏適感反見爾雅

皆分別蓮莖葉華實之名 注疏本葉華倒

芙渠其總名也 元本同閩本監本毛本渠改蕖

俗呼紅草爲蘢鼓 單疏本雪牕本注疏本同按蘢鼓當作龍鼓釋文音經蘢力恭反音注爲龍如字此經注異文之明證淺人援經改注按者因云本今作蘢矣

隰有游龍毛云龍紅草也 元本同閩本監本毛本龍改蘢

薺子名 雪牕本同注疏本作薺子味甘涉疏語誤改

黂枲實 單疏本雪牕本同釋文亦作黂枲唐石經枲作菓下枲麻準此五經文字云枲從台從木朩音匹刃反今唯枲字從木經典相承從木

菲蒠菜 唐石經雪牕本同釋文蒠本又作息按單疏本菲一名息菜與釋文又本合

菲一名息菜 元本同閩本監本毛本息作蒠

菲芴也 注疏本脫也

今之莧赤莖者 雪牕本同元本閩本作赤莧一名蕢今莧菜之赤莖者也監本毛本無也字係邢疏語誤爲郭注也經義雜記曰易夬莧陸夬夬正義引董遇云莧人莧也齊民要術卷十人莧下引爾雅并郭注云今人莧赤莖者爾雅經注本作今之莧赤莖者之郎人字之訛

蕢赤莧○釋曰赤莧一名蕢今莧菜之赤莖者也 注疏本刪

蘠蘼虋冬 釋文唐石經單疏本注疏本同雪牕本蘼作䕷釋文蘼又作䕷同虋音門本皆作門郭云門俗字亦作虋字按說文蘠薔蘼虋冬也字作虋山海經中山經其草多苛藥虋冬注本草經曰虋冬一名滿冬今作門俗作耳此郭氏改門作虋之事注仍依俗作門爲經注異文之證虋作虋與上虋赤苗作虋正合

一名伯萍 注疏本萍改蓱

楊州人饑荒可以當穀食 注疏本脫人食下衍也楊字閩本監本同毛本改揚元本闕

蓫薚馬尾 唐石經單疏本雪牕本同釋文及注疏本薚作蕩非五經文字云薚見爾雅

江東呼爲當陸 釋文單疏本雪牕本同注疏本脫呼

馬尾蔏陸 注疏本蔏誤薚

今關西亦呼爲薚江東呼爲當陸 注疏本脫亦及下呼

一名蕩根 正德本蕩作葛閩本監本毛本誤薚

萍蓱 雪牕本注疏本同正德本作苹萍非唐石經單疏本作苹蓱當據以訂正釋文苹音平萍本或作洴音瓶按五經文字云苹音平洴音瓶釋文又作萍則張氏所據釋文當爲蓱音瓶本又作萍今本非

水中浮蓱江東謂之薸音瓢 雪牕本同注疏本刪下二字蓱改萍釋文薸郭音瓢單疏本亦作水中浮萍詩采蘋正義引此云今水上浮萍也江東謂之薸音瓢月令正義引此云水中浮萍也然則也字亦當有

苹一名蓱 正德本同閩本監本毛本苹作萍非

今水上浮蓱是也 注疏本蓱誤萍

可糝烝爲茹 正德本同閩本監本毛本烝改蒸

頗似葵而小 注疏本脫而

苗如石龍芮 正德本閩本同監本毛本芮誤苪

其二月三月作英時 注疏本脫其

可作菹及瀹食之 注疏本菹改葅下同

又有蔖音樝芹 注疏本改大字蔖音樝移於後

藬牛蘈　單疏本雪牎本同釋文藬本又作藬同吐回反蘈大回反唐石經作藬牛蘈按藬當爲蓫毛詩我行其野言采其蓫箋云蓫牛蘈也本此正義曰釋草無文則孔所據本已誤爲藬矣詩釋文蓫勑六反本又作蓄又云牛藬本又作蘈徒雷反則藬蘈實一字也

藚牛脣　唐石經單疏本雪牎本同釋文𦼮音脣本今作脣按玉篇𦼮牛𦼮也與陸本合

毛詩傳曰水蕮也　單疏本雪牎本同釋文蕮音昔按毛詩汾沮洳傳作水舄正義引此注作水蕮是毛傳本作舄郭氏引之加艹頭耳邢疏引毛傳郭注皆從艹非說文藚水舄也與毛傳同

如藚斷　雪牎本注疏本同誤也單疏本作續斷詩正義所引同當據以訂正此亦經注異文之證

藚水蕮也是　注疏本也是倒

莖似箸而輕肥　盧文弨曰御覽卷九百九十八引作輕脆此誤

又可烝食是也　注疏本脫是烝字正德本同閩本監本毛本改蒸

澤烏蕵　雪牎本正德本同石經考文提要引至善堂九經本亦作烏蕵閩本監本毛本蕵作蘋因注云卽上蘋也致誤葉鈔釋文唐石經單疏本蕵作蕵從夕

傅撗目　唐石經單疏本雪牎本同釋文注疏本撗作橫從木按五經文字云撗從手者訛

一名結縷　單疏本雪牎本注疏本同釋文結音姑本今作結集韻十一模結結縷草名本此按當作結縷俗謂之鼓箏草語轉耳一切經音義卷十四引孫炎注云俗名句屢草句屢猶結縷也皆一聲之轉文選上林賦布結縷郭注曰結縷蔓生如縷相結此結縷亦結縷之訛結縷猶結縷苦蘡括樓也○按姑與結雙聲舊校云上林賦結當爲結非也

蔆蕨攈　唐石經單疏本注疏本同雪牎本此本蔆作薐訛說文蔆从艸淩聲今訂正釋文蔆字又作菱力矜反本今作菱攈亡悲反孫居郡反又居羣反按一切經音義卷十五引爾雅菱蕨攈字從禾與孫音合下落攈舌釋文攈俱綸五本或作攈音眉是攈攈二字易相亂錢大昕云說文有攈無攈當從孫叔然音作攈字凡草木蟲鳥之名多取雙聲疊韻釋草如芵茪薢茩薡董蓫薚茥蒛袯襏卭鉅銚芅之類皆雙聲蕨攈亦雙聲攈字誤

楚人名蔆曰芰　釋文引字林同注疏本蔆改菱

葥山莓　唐石經單疏本雪牎本同釋文葥子賤反莓音每又音梅五經文字云蒲葥二同子賤反又音前山梅也爾雅用下字蓋莓或作梅

齧苦堇　唐石經單疏本注疏本同釋文亦作堇雪牎本作蓳注及下芨堇草同按堇字說文在艸部然經典相承省作堇毛詩堇荼如飴亦不從艸獨雪牎本改蓳非也

蓳葟枌榆是也　注疏本葟誤苙

水菭也　單疏本雪牎本注疏本同釋文菭徒來反說文云水青衣也本今作苔按此草生水中故字從艸從水台聲今說文作水衣从艸治聲非當據此訂正郭氏注本用菭字廣雅云水衣菭也

生水底　雪牎本注疏本同葉鈔釋文單疏本底作底

色類似苔而麤澀爲異　注疏本脫似閩本監本毛本作麄澀

以繩繫署　舊本同閩本監本毛本署改腰

咽沒水下　注疏本咽誤因

今之秋華菊　單疏本雪牎本注疏本同釋文蘜字或作菊按說文蘜治牆也从艸鞠聲此經作蘜注作菊須人易曉也

菊有黃華　舊本同閩本監本毛本華改花

一種莖青而大　注疏本脫大

唐蒙女蘿　唐石經單疏本雪牎本同釋文蓎音唐本今作唐按蒙王女注蒙卽唐也釋文亦云蓎音唐舊校云本今作唐知蓎蒙字舊皆從艸矣今本據毛詩改之玉篇蓎蓎蒙女蘿

下云蒙王女　舊本閩本同監本毛本王誤玉下同

茥一名蒛葐　注疏本葐改盆下一名覆葐同

瘠地則子細而酸是也　注疏本酸下衍者

江東呼爲菫音靳　單疏本雪牕本同注疏本刪下二字疏中引郭云有之邢氏云嫌讀爲菫荁之菫故音之釋文菫郭音靳居覲反按詩緜正義引此注云江東人呼爲菫此脫八字

孋姬將譖申生　元本閩本監本同毛本孋改驪

嫌讀爲菫荁之菫　注疏本荁誤草

菺戎葵　唐石經單疏本雪牕本同釋文茙音戎本今作戎按文選西京賦茙葵懷羊李善注爾雅曰菺茙葵茙音戎與陸本合玉篇茙茙葵也

旋蕧似菊　單疏本注疏本同雪牕本蕧作覆非釋文引郭云旋蕧也

莩麻母　唐石經單疏本雪牕本同石經考文提要引至善堂九經本亦作莩注疏本莩訛莩釋文莩孫音嗣本又作字

莩麻母〇釋曰　注疏本刪按單疏本闕卷八之第十一自一名莩之一字起至近道田野墟落間甚多之甚字止今據元本注疏挍補其標經注起止照單疏例加補元本亦無以補正云〇今依經注起止照單疏例加補

倚商活脫　唐石經雪牕本同釋文蔏音商本今作商

蘵黃蒢　唐石經雪牕本同釋文蘵字又作職諸弋反五經文字蘵音職釋文作織按玉篇蘵諸翼切蘵草葉似酸漿蘵同上釋文當爲織字又作蘵夏小正作識

江東以作菹食　雪牕本閩本監本毛本同元本菹作葅釋文菹側居反按說文菹从艸沮聲玉篇菹淹菜爲菹也葅同上

藒車芞輿　釋文唐石經雪牕本同釋文車音居本多無此字經義雜記曰說文藒芞輿也芞芞輿也知古本爾雅作藒芞輿不名藒車也郭氏因離騷謂之藒車故援以證之後人輒倣注義增經字耳離騷畦留夷與揭車兮車卽輿之駁文猶曰藒輿云耳王叔師云揭車一名芞輿合之爾雅說文少舛矣

〇離騷經云　閩本監本毛本脫經字此據元本下準此

雜杜衡與芷　閩本與下剜擠芳字監本毛本承之

葉似荍蓿　雪牕本元本同閩本監本毛本荍誤莪疏中同釋文荍音牧本亦作目按說文苜艸也似目宿

蔠葵蘩露　唐石經雪牕本注疏本同釋文終本亦作蔠同五經文字云蔠釋文作終石經考文提要曰周禮終葵首左傳終葵氏俱作終茲從經典釋文今本非

華紫黃色　雪牕本閩本監本毛本同元本華誤葉疏中同

菋荎藸　唐石經雪牕本注疏本同釋文菋音味又亡戒反藸音除按說文菋荎藸也藸荎藸也與此同釋木作菋荎著周禮蔌師注杜子春讀蔌爲味荎著之味羣經云辨云著藥草也爾雅菋荎著五味也又味荎著藥草也蓋賈氏所據釋草釋文亦作著唐石經以下作藸後人依說文改耳

五味也　雪牕本注疏本同按此經作菋注作味

子叢在莖頭　閩本同監本毛本在誤生

五味皮肉甘酸　此闕酸字據閩本監本毛本補

都有鹹味　此闕鹹字據閩本監本毛本補

蒤委葉　唐石經雪牕本注疏本同釋文荼字亦作蒤按說文有荼無蒤當從陸本

以茠蒤蓼　雪牕本注疏本同釋文茠本或作薅按作薅者依毛詩改非也詩釋文曰薅說文云或作茠引此以茠荼蓼與此注合蒤亦當作荼今說文蓐部作旣茠荼蓼者誤也當據詩釋文及此注訂正

鉤藈姑　唐石經閩本監本毛本同雪牕本元本藈作蘔釋文藈本或作睽菇音姑本今作姑按睽字從目作蘔訛廣雅亦作菇今本作姑非

鉤𤬪也　雪牕本注疏本同誤也按鉤當作瓠釋文音經鉤古侯反音注瓠𤬪音鉤字林云瓠𤬪王瓜也此經

注異文之明證今本援經改鉤非廣雅葖菇甌𤬏王瓜也是甌𤬏字皆從瓜

一云鉤𤬏也　按當作郭云

葉似括樓　閩本監本毛本括作栝是也

困衱袶　唐石經注疏本同雪牕本此本袶作袶訛今訂正釋文袶施音絳孫蒲空反本今作絳按廣韻一東袶下引爾雅困衱袶云亦作袶音降與釋文合釋文袶字舊作絳訛並改正

擭烏階　唐石經元本同雪牕本擭音鑊閩本監本毛本作欆訛釋文擭沈居縛反葉鈔本如此通志堂本誤作欆雪牕本同

擭一名烏階　閩本同監本毛本擭誤欆

杜土鹵　唐石經雪牕本同釋文鹵本又作鹵按玉篇菌來伍切杜菌也郭璞曰杜衡也似葵而香知此經舊作菌字矣

款凍也　單疏本雪牕本同元本凍誤陳閩本監本毛本改冬非釋文引郭云款凍也

紫赤華生水中　注疏本華誤莖

案本草款凍一名橐吾一名顆東　元本同閩本監本毛本凍改冬東改凍按葉鈔釋文作一名顆東與此合釋文引陶注云其冬月在冰下生則應是冬恐承音作字異耳據此知本草不作款冬故陶注云應是冬字今改釋文引本草作冬非

中馗菌　唐石經單疏本雪牕本同釋文菌郭巨隕反孫去貧反本今作菌按釋文知孫郭本皆作菌今作菌非

蕈桑黃也　元本黃作黃閩本監本毛本作蕒非按說文蕈桑蕒蕒即蕒之訛葉鈔釋文作桑蕒

菆小葉　雪牕本元本閩本監本同毛本菆改菆釋文菆豬葉反又阻留反字又作菆唐石經闕五經文字菆音輒見爾雅廣韻二十九葉菆陟葉切爾雅釋草云菆小葉按唐石經與五經文字多合據五經文字作菆知唐石經亦作菆也

名亦不同音沛　雪牕本同注疏本刪下二字釋文芨郭音沛補蓋反

別華邑之名也　注疏本改花

有黃紫白紫爾　元本同注疏本爾改耳

虆從水生　唐石經單疏本雪牕本同按生字疑衍此虆從水與下薇乘水文一律此注生於水中與下注生於水邊文亦一律因經無生字故注云生於水中今本蓋因注誤衍覽注爲贅矣釋丘谷者𧮯故垂水名𧮯釋水水草交曰虆故從水名虆○按此宜虆從爲句後人誤斷其句若邢云艸從水生者曰虆非也

𨜼堅中　唐石經雪牕本注疏本同釋文亦作𨜼此作𨜼訛今訂正疏云其中堅實者名𨜼𨜼亦當作𨜼

仲無笐　唐石經雪牕本元本閩本毛本同石經考文提要引至善堂九經本亦作笐釋文笐本又作亢戶剛反監本作笐訛

篙箭萌　唐石經雪牕本同釋文箭音箭本今作箭

篙蒩鴈醢　單疏本雪牕本注疏本同毛本鴈改雁釋文蒩作菹此非

棨窒也　注疏本也誤中

枹霍首　唐石經雪牕本元本閩本監本同毛本首改𦣻絕無所本帷釋器𦣻首謂之革釋文謂本或作古𦣻字

今南方越人采以爲席　單疏本雪牕本同注疏本脫方字

似莞蘭　注疏本莞作莞

䕵月爾　唐石經單疏本雪牕本同釋文䕵郭音其字亦作䕵說文云䕵芏夫也按此則許氏讀爾雅土夫王䕵爲句與郭氏異讀今本說文作䕵月爾也係據郭本竄改非許慎原文

姚莖涂薺　唐石經雪牕本同釋文蒤音徒本今作涂

江東呼芣音怙　陳本同雪牕本怙改戶注疏本刪下二字釋文音經芣音戶又於注怙音戶單疏本作江東人呼芣此脫人字

一名芑　注疏本芑作芑

蒙王女　唐石經單疏本雪牎本元本閩本同監本毛本王誤玉石經考文提要引至善堂九經本亦作王女

或曰芩耳　單疏本雪牎本元本閩本監本同毛本曰改云

幽州人謂之爵耳　注疏本脫人

蘮蒘　唐石經單疏本雪牎本元本同釋文蒘字亦作蒘閩本監本毛本蒘改蘢注及疏準此

蕎邛鉅　唐石經雪牎本元本同釋文單疏本閩本監本毛本邛作卭誤

繁由胡　唐石經雪牎本注疏本同釋文蘩音繁本今作蘩按繁當作蘩此蘩由胡由胡與上蘩皤蒿一也字皆從艸傳崧卿本夏小正蘩由胡由胡者蘩毋也上蘩下蘩最有區別春秋隱三年正義及邢疏蘩皤蒿皆引陸機疏曰夏小正蘩遊胡今本夏小正亦作繁皆俗寫流傳失其本眞非古字通也詩采蘩字亦從艸

今蒠草似茅　單疏本雪牎本同注疏本蒠改芒釋文音經蒠音毛本亦作芒按廣韻十陽蒠字下引爾雅蒠杜榮郭云今蒠草似茅據此知舊本注皆作蒠非由經注有異也

蒠草一名杜榮郭云今蒠草似茅　注疏本蒠皆作芒

今江東呼爲藨莓子似覆葐而大　單疏本雪牎本同注疏本葐作盆非上莖缺葐注亦作覆葐又疏引郭云今江東下有人字此脫

子似覆葐而大赤　注疏本葐改盆脫赤

的薂　唐石經單疏本雪牎本同釋文菂丁歷反本今作的按上的中薏釋文云的丁歷反或作菂同

即蓮實也　雪牎本同注疏本無也

葽繞蕀蒬　唐石經雪牎本注疏本同單疏本蕀作棘釋文棘字或作蕀同按說文朿象木芒之形棘從並朿不當更從艸說文蒬棘蒬也从艸冤聲亦止作棘五經文字蒬見爾雅今本作蒬非

今遠志也　注疏本同單疏本雪牎本作遠蒬釋文遠志字又作薳蒬非今本蓋據釋文改

一名棘蒬郭云今遠蒬也　元本同閩本監本毛本棘改蕀蒬改志下並同

小草狀似麻黃而青　注疏本似改如

茦刺　釋文雪牎本元本同單疏本閩本監本毛本作莢刺非唐石經作茦刺釋文刺字又作刾又作莿按五經文字云刺作刾訛刾當作刺隸釋載石經魯詩殘碑是以爲刾說文莿茦也从艸刺聲與釋文又作字合

或謂之蔵　注疏本蔵誤歲

蕭萩　唐石經單疏本雪牎本元本同石經考文提要引至善堂九經本亦作萩閩本監本毛本萩誤荻釋文萩音秋按說文萩蕭也从艸秋聲詩采葛正義引釋草今亦誤爲荻此蕭萩與藨麃的薂勃茢葽繞茦刺皆所謂疊韻是也

一名蕁　元本同閩本監本毛本蕁改藫

長楚銚芅　唐石經單疏本雪牎本同五經文字芅音翼見爾雅釋文萇丑良反本今作長芅音翼字亦作弋按詩隰有萇楚毛傳萇楚銚弋也說文萇萇楚跳弋从艸長聲字皆作萇今本作長非

芣苢馬舄馬舄車前　唐石經單疏本雪牎本同釋文舄四夕反本今作舃按毛詩傳作舃爾雅作舄

其子治婦人難產　注疏本作產難

王基駮云　元本閩本監本同毛本駮改駁

綸今有秩嗇夫所帶糾青絲綸　雪牎本注疏本同此本下綸字剝改按疏云綸是糾青絲繩也本注爲說原刻綸當作繩疏引張華云綸如宛轉繩又釋言注云綸者繩也皆可證

彩理有象之者　雪牎本注疏本同按疏云采理似之所據郭注彩當作采

采理似之　注疏本采改文

今江東呼爲鴈齒　雪牎本注疏本同單疏本今江東下有人字此脫

繅者以取繭緒口　注疏本口作者此空闕一字

繅繹繭爲絲也緒絲耑也　注疏本繹誤澤耑字正德本同閩本監本毛本改端

此言蘩蕭蔚莪之類　注疏本脫蔚

荂卽其實音俘　雪牕本同單疏本注疏本實下有也無音俘釋文荂香于芳于二反注音俘同

猋藨芀　唐石經單疏本雪牕本同釋文芀字或作苕下同按單疏本經作芀疏云此辨苕荼之別名也又蔈也荂也其別名荼卽苕也又注云皆苕荼之別名是郭注用苕字故邢疏據之考說文芀葦華也苕艸也毛詩鴟鴞傳荼萑苕也是苕秀字經本作芀毛公郭氏轉用苕字漢晉通行須人易曉故也此經注異文之明證陸氏不能區別輒云某或作某矣

此辨苕荼之別名也　注疏本苕改芀

荼卽苕也苕又一名猋　元本亦作苕閩本剜改芀監本毛本承之下同元本猋作焱按釋文云猋字從三犬俗從三火非也

葭華　唐石經單疏本雪牕本同按華當作葦字之誤也說文菼大葭也葭葦之未秀者可證文選東京賦外豐葭菼李善引爾雅曰葭葦也菼薍也是唐初本不誤今本承開成石經之誤耳郭注葭葦云卽今蘆也注葭蘆云葦也正彼此互證

江東呼爲蒹藡音廉　單疏本作江東呼爲薕藡雪牕本作江東呼爲薕音廉注疏本蒹作薕刪下三字釋文藡徒的反史記索隱司馬相如列傳引此注作江東人呼爲蒹蔽蔽音敵按藡蔽同字人字亦當有

江東呼爲烏蓲　單疏本同雪牕本蓲誤區注疏本烏誤鳥釋文引說文云烏蓲草也引張揖云未秀曰烏蓲今本說文脫烏字而玉篇蓲字注云烏蓲也當據以補正史記索隱引作江東人呼爲烏蓲此脫人字

音丘　雪牕本同注疏本刪釋文蓲郭音丘五經文字云蓲江東謂之蓲蓲音丘見爾雅皆與此合

今江東呼蘆笋爲虇　雪牕本元本同單疏本今江東下有人字閩本監本毛本笋作筍玉篇作江東人呼蘆筍爲蘆虇亦有人字當據補五經文字云筍俗作笋訛

音繾綣　單疏本閩本監本毛本同元本刪此三字雪牕本改作音丘阮因釋文云虇郭音繾丘阮反故也

江東呼爲薕藡　元本同閩本監本毛本藡誤適

音豨豬　雪牕本注疏本同單疏本作音豨豬按釋文豨獸作豬舊按云本今作豨

葟亦華也　元本華誤單閩本監本毛本遂改作葟華單也

郭云釋言云華皇也今俗呼草木華初生者爲芛蕍猶

敷蕍亦華之貌所未聞　注疏本刪上二十七字

卷施草　唐石經單疏本雪牕本同釋文施或作葹同石經考文提要引至善堂九經本亦作施注疏本施誤旆

夕擥洲之宿莽　正德本同閩本監本毛本洲上衍中

今江東呼藕紹緒如指空中可啖者爲茇茇卽此類　單疏本雪牕本同注疏本紹作綹爲茇作爲茇皆誤疏中同經義雜記曰疑衍一茇字○按作爲茇茇是也說文曰茇草根也

攫橐含　釋文唐石經同石經考文提要引至善堂九經本亦作攫雪牕本作櫻橐監本作棧橐毛本作樓橐皆非正德本閩本亦誤按此攫橐含與上攫烏階一字也陸此音俱縛反與上沈音居縛反一音也

今江東呼華爲荂音敷　雪牕本同注疏本刪下二字

不榮而實者謂之秀　釋文唐石經雪牕本同陸德明云衆家並無不字按當從衆家無不字詩生民實發實秀毛傳曰榮而實曰秀正義本衍不字因曲爲之說曰彼是英秀對文以英爲不實故以秀爲不榮其實黍稷皆先榮後實出車云黍稷方華是嘉穀之秀必有榮也此傳因彼成文而引之耳高誘注淮南子時則及本經篇皆引爾雅榮而實曰秀俗本亦增不字

榮而不實者謂之英　按西山經云黑華而不實名曰蓇蓉郭傳曰榮而不實謂之英蓇音骨今本山海經奪英字耳非有異文也

華與荂又一名榮　監本毛本脫上三字

散文則草亦名華　監本毛本散誤故

實發實秀監本毛本發秀倒

徒有其榮而不實者曰英監本毛本脫徒

爾雅注疏卷八校勘記終

金谿王銘校

爾雅疏卷第九

翰林侍講學士朝請大夫守國子祭酒上柱國賜紫金魚袋臣邢昺等奉
勑校定

釋木第十四

【疏】釋木第十四○釋曰說文云木冒也冒地而生東方之行也白虎通云木觸也陽氣動躍觸地而出也種名雖多木爲總號此篇析别故云釋木也

稻山榎 今之山楸○稻音叨榎音賈 【疏】稻山榎○釋曰李巡云山榎一名稻郭云今之山楸詩秦風云終南何有有條有梅陸機疏云稻今山楸也亦如下田楸耳皮葉白色亦白材理好宜爲車板能溼又可爲棺木宜陽共北山多有之也

栲山樗 栲似樗色小白生山中因名云亦類漆樹○樗丑於切 【疏】栲山樗○釋曰舍人曰栲名山樗郭云栲似樗色小白生山中因名云亦類漆樹俗語曰櫄樗栲漆相似如一詩唐風云山有栲陸機疏云山樗與下田樗略無異葉似差狹耳吳人以其葉爲茗方俗無名此爲樗者似誤也今所云爲栲者葉如櫟木皮厚數寸可爲車輻或謂之栲櫟許慎正以栲讀爲糗今人言栲失其聲耳

柏椈 禮記曰鬯臼以椈○椈音菊 【疏】柏椈○釋曰柏一名椈○注禮記曰鬯臼以椈○釋曰上雜記文也彼鄭注云所以擣鬱也椈柏也是也

髡梱 未詳

椵桅 白椵也樹似白楊○髡音坤梱五門切椵音段桅音夷 【疏】椵桅○釋曰椵一名桅郭云白椵也樹似白楊其材能溼禮記檀弓云桅棺鄭注云所謂椑棺也即引此文以證之是也

梅柟 似杏實酢○柟而占切 【疏】梅柟○釋曰孫炎云荊州曰梅揚州曰柟郭云似杏實酢詩秦風終南云有條有梅陸機疏云梅樹皮葉似豫樟葉大如牛耳一頭尖赤心華赤黃子青不可食柟葉大可三四葉一叢木理細緻於豫樟子赤者材堅子白者材脃是也

柀煔 煔似松生江南可以爲船及棺材作柱埋之不腐○柀音披煔音彡 【疏】柀煔○釋曰柀一名煔俗作杉郭云煔似松生江南可以爲船及棺材作柱埋之不腐

櫠椵 柚屬也子大如盂皮厚二三寸中似枳食之少味○櫠音廢椵音賈 【疏】櫠椵○釋曰櫠一名椵郭云柚屬也子大如盂皮厚二三寸中似枳食之少味

杻檍 似棣細葉葉新生可飼牛材中車輞關西呼杻子一名土橿○杻女九切檍音億 【疏】杻檍○釋曰杻一名檍郭云似棣細葉葉新生可飼牛材中車輞關西呼杻子一名土橿詩唐風云隰有杻陸機疏云葉似杏而尖白色皮正赤爲木多曲少直枝葉茂好二月中葉疏華如練而細蘂正白蓋樹今官園種之正名曰萬歲旣取名於億萬其葉又好故種之共汲山下人或謂之牛筋或謂之檍材可爲弓弩幹也

楙木瓜 實如小瓜酢可食○楙音茂 【疏】楙木瓜○釋曰木瓜一名楙郭云實如小瓜酢可食詩衛風云投我以木瓜是也

椋即來 今椋材中車輞○椋音良 【疏】椋即來○釋曰椋一名即來郭云今椋材中車輞本草唐本注云葉似柹兩葉相當子細圓如牛李子生青熟黑其木堅重煮汁赤色爾雅云椋即來是也

栵栭 樹似槲樕而庳小子如細栗可食今江東亦呼爲栭栗○栵音列栭音而 【疏】栵栭○釋曰栵一名栭詩大雅皇矣云其灌其栵陸機疏云葉如榆也木理堅韌而赤可爲車轅郭云樹似槲樕而庳小子如細栗可食今江東亦呼爲栭栗禮記內則云芝栭蔆根是也

欆落 可以爲杯器素○欆音鑊 【疏】欆落○釋曰欆一名落某氏曰可作杯圈皮韌繞物不解郭云可以爲杯器素素謂樸也小雅大東云無浸欆薪鄭箋云欆落木名陸機疏云今椰榆也其葉如榆其皮堅韌剝之長數尺可爲絙索又可爲甑帶其材可爲杯器是也

柚條 似橙實酢生江南 【疏】柚條○釋曰柚一名條郭云似橙實酢生江南禹貢揚州云厥苞橘柚孔安國云小曰橘大曰柚吕氏春秋云果之美者有雲夢之柚本草唐本注云柚皮厚味甘不如橘皮味辛而苦其肉亦如橘有甘有酸酸者名胡甘今俗人或謂橙爲柚非也

時英梅 雀梅 【疏】時英梅○釋曰時一名英梅郭云雀梅似梅而小者也

楥柜柳 未詳或曰柳當爲柳柜柳似柳皮可煑作飲○楥音袁柳音卯 【疏】楥柜柳○釋曰楥一名柜柳郭云未詳或曰柳當爲柳柜柳似柳皮可煑作飲以時驗而知也

栩杼 柞樹○栩香羽切杼省汝切 【疏】栩杼○釋曰栩一名杼郭云柞樹詩唐風云集于苞栩陸機疏云今柞櫟也徐州人謂櫟爲杼或謂之爲栩其子爲皂或言皂斗其殼爲汁可以染皂今京洛及河內言杼斗謂櫟爲杼五方通語也

味荎著 釋草已有此名疑誤重出○荎直之切著音儲

蘦荎 今之刺榆○蘦音歐荎大結反 【疏】蘦荎○釋曰別二名也郭云今之刺榆詩唐風云山有樞陸機疏其針刺如柘其葉如榆瀹爲茹美滑於白榆也榆之類有十種葉皆相似皮及木理異耳

杜甘棠 今之

杜棠。〔疏〕杜甘棠。釋曰：杜一名甘棠。郭云「今之杜棠」，下云「杜赤棠白者棠」。舍人曰：「杜赤色名赤棠，白者亦名棠。」然則其白者名棠，其赤者爲杜，爲甘棠，爲赤棠。詩召南云「蔽芾甘棠」，小雅云「有杕之杜」，傳云「杜，赤棠」是也。

狄臧，槔。貢綦。皆未詳。朹，檕梅。朹樹狀似梅，子如指頭，赤色，似小㮈，可食。○槔音皐。綦音其。朹音求。檕音計。〔疏〕朹檕梅。釋曰：朹一名檕梅。郭云「朹樹狀似梅，子如指頭，赤色，似小㮈，可食」。

杻，者聊。未詳。魄，榽橀。魄大木，細葉似檀，今河東多有之。齊人諺曰：「上山斫檀，榽橀先殫。」○杻音紐。榽兮計切。橀許兮切。〔疏〕魄榽橀。釋曰：魄一名榽橀。郭云「魄大木，細葉似檀，今河東多有之。齊人諺曰：上山斫檀，榽橀先殫」，殫訓盡也。

梫，木桂。今南人呼桂厚皮者爲木桂。桂樹葉似枇杷而大，白華，華而不著子，叢生巖嶺，枝葉冬夏常青，間無雜木。○梫音寢。〔疏〕梫木桂。釋曰：梫一名木桂。郭云「今南人呼桂厚皮者爲木桂。桂樹葉似枇杷而大，白華，華而不著子，叢生巖嶺，枝葉冬夏常青，間無雜木」。案本草謂之牡桂者是也。

棆，無疵。棆，楩屬，似豫章。○棆音倫。〔疏〕棆無疵。釋曰：棆，美木也，無疵病，因名之。郭云「棆，楩屬，似豫章」。案楩及豫章，皆南方大木之名也。

椐，樻。腫節

可以爲杖。○椐音袪。樻起愧切。〔疏〕椐樻。釋曰：別二名也。郭云「腫節可以爲杖」。詩大雅皇矣云「其檉其椐」，陸機疏云：「節中腫，以扶老，今人以爲馬鞭及杖，恒農郡北山甚有之。」

檉，河柳。今河旁赤莖小楊。〔疏〕檉河柳。釋曰：檉一名河柳。郭云「今河旁赤莖小楊」。陸機疏云：「生水旁，皮正赤如絳，一名雨師，枝葉似松。」

旄，澤柳。生澤中者。〔疏〕旄澤柳。釋曰：柳生澤中者別名旄。郭云「生澤中者」。

楊，蒲柳。可以爲箭。左傳所謂董澤之蒲。〔疏〕楊蒲柳。釋曰：楊一名蒲柳，生澤中，可爲箭笴。○注「左傳所謂董澤之蒲」。釋曰：案左傳宣十二年，晉楚戰于必，晉師敗績，楚熊負羈囚知罃，知莊子以其族反之。廚武子御，下軍之士多從之。每射，抽矢菆，納諸廚子之房。廚子怒曰：「非子之求而蒲之愛，董澤之蒲可勝既乎？」杜注云：「董澤，澤名，河東聞喜縣東北有董池陂。既，盡也。」是其事也。

權，黃英。輔，小木。權、輔皆未詳。

杜，赤棠。白者棠。棠色異，異其名。〔疏〕杜赤棠白者棠。釋曰：郭云「棠色異，異其名」。樊光云：「赤者爲杜，白者爲棠。」陸機疏云：「赤棠與白棠同耳，但子有赤白美惡。子白色爲白棠，甘棠也，少酢滑美。赤棠子澀而酢無味，俗語云『澀如杜』是也。赤棠木理韌，亦可以作弓幹。」

諸慮，山櫐。今江東呼櫐爲藤，似葛而麤大。○櫐音壘。〔疏〕諸慮山櫐。釋曰：諸慮一名山櫐。郭云「今江東呼櫐爲藤，似葛而麤大」。

欇，虎櫐。今虎豆，纏蔓林樹而生，莢有毛刺。今江東呼爲欇欇。音涉。〔疏〕欇虎櫐。釋曰：欇一名虎櫐。郭云「今虎豆，纏蔓林樹而生，莢有毛刺，今江東呼爲欇」。或曰葛類也，子如藊豆而葉大。

杞，枸檵。今枸杞也。○檵音計。〔疏〕杞枸檵。杞一名枸檵。郭云「今枸杞也」。詩小雅四牡云「集于枸杞」，陸機疏云：「一名苦杞，一名地骨。春生作羹茹，微苦。其莖似莓子，秋熟正赤，莖葉及子服之，輕身益氣耳。」

杬，魚毒。杬大木，子似栗，生南方，皮厚汁赤，中藏卵果。〔疏〕杬魚毒。釋曰：杬一名魚毒。郭云「杬大木，子似栗，生南方，皮厚汁赤，中藏卵果」。

檓，大椒。今椒樹叢生，實大者名爲檓。〔疏〕檓大椒。釋曰：檓者大椒之別名也。郭云「今椒樹叢生，實大者名爲檓」。詩唐風云「椒聊且」，陸機疏云：「椒樹似茱萸，有針刺，葉堅而滑澤，蜀人作茶，吳人作茗，皆合煑其葉以爲香。今成皐諸山間有椒，謂之竹葉椒，其樹亦如蜀椒，少毒熱，不中合藥也，可著飲食中，又用烝雞豚最佳香。東海諸島上亦有椒樹，枝葉皆相似，子長而不圓，甚香，其味似橘皮。島上獐鹿食此椒葉，其肉自然作椒橘香。」

楰，鼠梓。

楸屬也。今江東有虎梓。○楰音庾。〔疏〕楰鼠梓。釋曰：李巡曰：「鼠梓一名楰。」郭云「楸屬也，今江東有虎梓」。詩小雅云「北山有楰」，陸機疏云：「其樹葉木理如楸，山楸之異者，今人謂之苦楸是也。」

楓，欇欇。楓樹似白楊，葉員而岐，有脂而香，今之楓香是。○欇音輒。〔疏〕楓欇欇。釋曰：說文云：「楓木，厚葉弱枝善搖。」一名欇欇。郭云「楓樹似白楊，葉員而岐，有脂而香，今之楓香是也」。案本草唐本注云：「樹高大，葉三角，商洛之間多有之。」是也。又山海南荒經云：「有宋山者，木生山上，名曰楓木。楓木，蚩尤所棄其桎梏，是謂楓木。」注云：「即今楓香樹也。」

寓木，宛童。寄生樹，一名蔦。○寓魚其切。〔疏〕寓木宛童。釋曰：寓木一名宛童。郭云「寄生樹，一名蔦」。詩小雅頍弁云「蔦與女蘿」，陸機疏云：「蔦一名寄生，葉似當盧，子如覆盆，赤黑恬美」是也。

無姑，其實夷。無姑，姑榆也。生山中，葉圓而厚，剝取皮合漬之，其味辛香，所謂無夷。〔疏〕無姑其實夷。釋曰：無姑一名姑榆，其實名夷。郭云「無姑，姑榆也。生山中，葉圓而厚，剝取皮合漬之，其味辛香，所謂無夷」。云「所謂」者，所謂本草「無夷一名無姑」也。

櫟，其實梂。有梂彙自裹。○梂音求。〔疏〕櫟其實梂。釋曰：櫟，似樗之木也。梂，盛實之房也。孫炎曰：「櫟實，橡也。」郭云「有梂彙自褎詩秦風云山有苞櫟陸機疏云秦人謂柞櫟爲櫟河内人謂木蓼爲櫟椒椵之屬也其子房生爲梂木蓼子亦房生故說者或曰柞櫟或曰本蓼機以爲此秦詩也宜從其方土之言柞櫟是也

檖蘿。 今楊檖也實似梨而小酢可食○檖音遂

疏 檖蘿○釋曰檖一名羅郭云今楊檖也實似梨而小酢可食詩秦風云隰有樹檖陸機疏云檖一名赤蘿一名山梨也今人謂之楊檖實如梨但小耳一名鹿梨一名鼠梨今人亦種之極有脃美者亦如梨之美者

楔荆桃 今櫻桃

旄冬桃 子冬熟

榹桃山桃 實如桃而小不解核○楔音戞榹音斯

疏 楔荆桃至山桃○釋曰別桃類也楔一名荆桃郭云今櫻桃廣雅云櫻桃含桃也月令仲夏云羞以含桃是也桃子冬熟者名旄生山中不解核者名榹桃郭云實如桃而小不解核

休無實李 一名趙李

痤椄慮李 今之麥李

駁赤李 子赤

疏 休無至赤李○釋曰別李屬也李之無實者名休郭云一名趙李痤椄慮李郭云今之麥李與麥同熟因名云李之子赤者名駁

棗壺棗 今江東呼棗大而銳上者爲壺壺猶瓠也

邊要棗 子細腰今謂之鹿盧棗○要音腰

櫅白棗 即今棗子白熟

樲酸棗 樹小實酢孟子曰養其樲棗○樲音二

楊徹齊棗 未詳

遵羊棗 實小而員紫黑色今俗呼之爲羊矢棗孟子曰曾皙嗜羊棗

洗大棗 今河東猗氏縣出大棗子如雞卵

煑填棗 未詳

蹶洩苦棗 子味苦

皙無實棗 不著子者

還味稔棗 還味短味○洗屑典切填音田洩音屑還音旋稔音稔

疏 棗壺至稔棗○釋曰別棗類也云棗者目諸棗也壺棗者棗形似壺也郭云今江東呼棗大而銳上者爲壺壺猶瓠也邊大而腰細者名邊要棗郭云子細腰今謂之鹿盧棗棗子白熟者名櫅實小而味酢者名樲棗楊徹齊棗注未詳遵一名羊棗郭云實小而員紫黑色今俗呼之爲羊矢棗洗最大之棗名也郭云今河東猗氏縣出大棗子如雞卵煑填棗注未詳蹶洩者味苦之棗名也皙者無實之棗名也還味者短味也名稔棗○注孟子曰養其樲棗○釋曰案孟子曰人之於身也體有貴賤有小大無以小害大無以賤害貴養其小者爲小人養其大者爲大人今有場師舍其梧檟養其樲棗則爲賤場師焉趙岐注云樲棗小棗所謂酸棗是也○注孟子曰曾皙嗜羊棗○釋曰孟子云曾皙嗜羊棗而曾子不忍食羊棗公孫丑問曰膾炙與羊棗孰美孟子曰膾炙哉公孫丑曰然則曾子何爲食膾炙而不食羊棗曰膾炙所同也羊棗所獨也諱名不諱姓姓所同也名所獨也是其事

櫬梧 今梧桐

疏 櫬梧○釋曰櫬一名梧郭云今梧桐詩大雅云梧桐生矣于彼朝陽是也

樸枹者 樸屬叢生者爲枹詩所謂棫樸枹櫟○樸音卜

疏 樸枹者○釋曰樸屬枹綴皆木叢生之名也郭云樸屬叢生者爲枹○注詩所謂棫樸枹櫟○釋曰棫樸者詩大雅云芃芃棫樸薪之槱之是也枹櫟者秦風云山有苞櫟隰有六駁是也

謂櫬采薪采薪即薪 指解今樵薪

疏 謂櫬至即薪○釋曰郭云指解今樵薪一名櫬一名采薪一名即薪公羊謂之薪采左傳云不樵樹史記云樵蘇後爨師不宿飽注云樵取薪蘇取草皆謂取草木爲薪也

棪槤其 棪實似柰赤可食

疏 棪槤其○釋曰棪一名槤其郭云棪實似柰赤可食山海經云堂庭之山多棪木注云子似柰而赤可食是也

劉劉杙 劉子生山中實如梨酢甜核堅出交趾

疏 劉劉杙○釋曰劉一名劉杙其子可食郭云劉子生山中實如梨酢甜核堅出交趾

櫰槐大葉而黑 槐樹葉大色黑者名爲櫰○櫰苦回切

疏 櫰槐大葉而黑○釋曰櫰槐一也大葉而黑名櫰不爾者即名槐郭云槐樹葉大色黑者名爲櫰

守宮槐葉晝聶宵炕 槐葉晝日聶合而夜炕布者名爲守宮槐○聶音輒炕呼郎切

疏 守宮至宵炕○釋曰此亦槐也聶合也炕張也言其葉晝合夜開者別名守宮槐郭云槐葉晝日聶合而夜炕布者名爲守宮槐

槐小葉曰榎 槐當爲楸楸細葉者爲榎

大而皵楸 老乃皮麤皵者爲楸

小而皵榎 小而皮麤皵者爲榎左傳曰使擇美榎

疏 槐小至皵榎○釋曰別楸榎之異也楸之小葉者名榎樊光云大者老也皵措皮也謂樹老而皮麤皵者爲楸小少也樹小而皮麤皵者爲榎○注左傳曰使擇美榎○釋曰案襄二年夏齊姜薨初穆姜使擇美榎以自爲櫬與頌琴季文子取以葬是其事也

椅梓 即楸○椅於寄切

疏 椅梓○釋曰別二名也郭云即楸詩鄘風云椅桐梓漆陸機疏云梓者楸之疏理白色而生子者爲梓梓實桐皮曰椅則大類同而小別也

桋赤楝白者楝 赤楝樹葉細而岐銳皮理錯戾好叢生山中中爲車輞白楝葉員而岐爲大木○楝山厄切

疏 桋赤白者楝○釋曰楝赤者名桋白者名白楝某氏曰其色雖異爲名即同郭云赤楝樹葉細而

岐銳皮理錯戾好叢生山中中爲車輞白棟葉員而岐爲大木也詩小雅云隰有杞桋陸機疏云棟葉如柞皮薄而白其木理赤者爲赤棟一名棟白者爲棟其木皆堅韌今人以爲車轂**終牛棘**即馬棘也其刺麤而長〔疏〕終牛棘○釋曰終一名牛棘郭云即馬棘也其刺麤而長謂棘之針刺麤長者因名牛棘馬棘也**灌木叢木**詩曰集於灌木〔疏〕灌木叢木○釋曰灌木者即叢生之木也下云木族生爲灌郭云族叢也是灌木爲叢木也詩周南云黃鳥于飛集于灌木是也**瘣木苻婁**謂木病尫傴癭腫無枝條○瘣胡罪切〔疏〕瘣木苻婁○釋曰某氏云詩云譬彼瘣木疾用無枝苻婁尫傴內疾瘣磊故疾用無枝郭云謂木病尫傴癭腫無枝條舍人苻婁屬下句獨爲異也**蕡藹**樹實繁茂菴藹〔疏〕蕡藹○釋曰蕡亦樹實名又名藹郭云樹實繁茂菴藹**枹遒木魁瘣**謂樹木叢生根枝節目盤結磈磊○遒徂由切〔疏〕枹遒木魁瘣○釋曰木叢攢迫而生者名枹遒木魁瘣讀若磈磊謂根節盤結處也郭云謂樹本叢生根枝節目盤結磈磊**棫白桵**桵小木叢生有刺實如耳璫紫赤可啖○棫音域桵人隹切〔疏〕棫白桵○釋曰棫一名白桵郭云桵小木叢生有刺實如耳璫紫赤可啖詩大雅云芃芃棫樸陸機云三蒼說棫即柞也其材理全白無赤心者爲白桵直理易破可爲櫝車輻又可爲矛戟矜今人謂之白梂或曰白柂此二說不同未知孰是**梨山樆**即今梨樹○樆音离〔疏〕梨山樆○釋曰梨生山中者名樆郭云即今梨樹言其在山之名則曰樆人植之曰梨**桑辨有葚梔**辨半也○辨音片〔疏〕桑辨有葚梔○釋曰說文云葚桑實也郭云辨半也舍人曰桑樹一半有葚半無葚爲梔**女桑桋桑**今俗呼桑樹小而條長者爲女桑樹〔疏〕女桑桋桑○釋曰女桑一名桋桑郭云今俗呼桑樹小而條長者爲女桑樹詩豳風七月云猗彼女桑是也**榆白枌**枌榆先生葉却著莢皮色白〔疏〕榆白枌○釋曰榆之皮色白名白枌郭云枌榆先生葉却著莢皮色白詩陳風云東門之枌是也**唐棣栘**似白楊江東呼夫栘○栘音移〔疏〕唐棣栘○釋曰舍人曰唐棣一名栘郭云似白楊江東呼夫栘詩召南云唐棣之華陸機疏云奧李也一名雀梅亦曰車下李所在山皆有其華或白或赤六月中熟大如李子可食**常棣棣**今山中有棣樹子如櫻桃可食〔疏〕常棣棣○釋曰舍人曰常棣一

名棣郭云今山中有棣樹子如櫻桃可食詩小雅云常棣之華陸機疏云許慎曰白棣樹也如李而小子如櫻桃正白今官園種之又有赤棣樹亦似白棣葉如刺榆葉而微圓子正赤如郁李而小五月始熟自關西天水隴西多有之**檟苦荼**樹小如梔子冬生葉可煑作羹飲今呼早采者爲荼晚取者爲茗一名荈蜀人名之苦荼〔疏〕檟苦荼○釋曰檟一名苦荼郭云樹小似梔子冬生葉可煮作羹飲今呼早采者爲荼晚取者爲茗一名荈蜀人名之苦荼**樕樸心**槲樕別名〔疏〕樕樸心○釋曰孫炎曰樸樕一名心某氏曰樸樕槲樕也有心能濕江河間以作柱是樸樕爲木名也故郭云槲樕別名詩召南云林有樸樕此作樕樸文雖倒其實一也或者傳寫誤**榮桐木**即梧桐〔疏〕榮桐木○釋曰桐木一名榮郭云即梧桐與上櫬梧一也**棧木干木**橿木也江東呼木觡〔疏〕棧木干木○釋曰棧木一名干木郭云橿木也江東呼木觡**檿桑山桑**似桑材中作弓及車轅〔疏〕檿桑山桑○釋曰山桑一名檿桑郭云似桑材中作弓及車轅冬官考工記云弓人取幹柘爲上檿桑次之是也**木自獘柛**獘踣**立死椔**不獘頓**獘者翳**樹蔭翳覆地者詩云其椔其翳**木相磨槸**樹枝相切磨**棤皵**謂木皮甲錯**梢梢櫂**謂木無枝柯梢櫂長而殺者○神音伸翳側吏切棤音錯皵音舄梢音朔櫂音濁〔疏〕木自獘至梢梢櫂○釋曰此別死頓相磨皮甲抽擢之異名也云木者總在下之稱也自獘踣者名神立死不獘頓者名椔枝葉蔽蔭覆地者名翳木兩枝相切磨者名槸木皮甲麤錯者名棤亦名皵木無枝柯長而殺者名梢一名梢櫂小爾雅曰拔根曰櫂○注詩云其椔其翳○釋曰詩大雅皇矣篇文也毛傳云木立死曰椔自獘爲翳說者引李巡曰以死害生曰椔獘死也然則以立死之木妨他木長生爲木之害故曰椔也自獘者生木自倒枝葉覆地爲陰翳故曰翳也爾雅直云獘者詩傳以其非人獘之故曰自獘其文與此不同者所見本異也**樅松葉柏身**今大廟梁材用此木尸子所謂松柏之鼠不知堂密之有美樅○樅七容切**檜柏葉松身**詩曰檜楫松舟〔疏〕樅松至松身○釋曰此辨樅檜之異名也松葉柏身者名樅柏葉松身者名檜○注今大廟至美樅○釋曰云今大廟梁材用此木者以時驗而言也注尸子所謂已下者綽子篇文也○注詩曰檜楫松舟○釋曰詩鄘風竹竿篇文也毛傳云楫所以擢舟

是也句如羽喬樹枝曲卷似鳥毛羽下句曰朻上句曰喬如木楸曰喬楸樹性上竦如竹箭曰苞條竹性叢生如松柏曰茂枝葉婆娑如槐曰茂言扶疏茂盛疏句如至如槐曰茂○釋曰此别木之曲直叢生茂盛之異名也句曲也樹枝曲卷似鳥毛羽名喬樹枝下垂而曲名朻詩周南云南有樛木是也本枝上竦而曲卷者亦名喬如木楸上竦者亦曰喬郭云楸樹性上竦詩周南云南有喬木是也凡木如竹箭叢生者曰苞禹貢曰草木漸包是也凡木枝葉婆娑者曰茂詩小雅云如松柏之茂是也枝葉扶疏茂盛如槐者亦曰茂

祝州木髦柔英皆未詳

槐棘醜喬枝皆翹竦桑柳醜條阿那垂條椒椴醜莍莍萸子聚生成房貌今江東亦呼莍椴似茱萸而小赤色○椴音殺桃李醜核子中有核人疏槐棘至醜核○釋曰此辨木之枝條子實形狀之異醜類也喬高也槐棘之類枝皆喬竦桑柳之類皆阿那垂條莍者實之房也椒椴之類實皆有莍彙自裹李巡曰椴茱萸也茱萸皆有房故曰莍莍實也郭云莍萸子聚生成房貌今江東亦呼莍椴似茱萸而小赤色桃李之類皆子中有核人曲禮云其有核者懷其核

瓜曰華之桃曰膽之棗李曰疐之樝梨曰鑽之皆啖食治擇之名樝似梨而酢澀見禮記○華胡化切疐音帝鑽子官切疏瓜曰至鑽之○釋曰此辨啖食治擇瓜果之名也云瓜曰華之者此爲國君削瓜之禮也華謂半破也降於天子故破而不四析也亦橫斷之而巾以絺也云桃曰膽之者桃多毛拭治去毛令色青滑如膽也或曰膽謂苦桃有苦如膽者擇去之云棗李曰疐之者謂治棗李皆去其疐疐者柢也云樝梨曰鑽之者恐有蟲故一一鑽看其蟲孔也○注皆啖至禮記○釋曰云樝似梨而酢澀者案鄭注禮記內則云柤梨之不臧者今之所謂樝子者是也云見禮記者案曲禮云爲天子削瓜者副之巾以絺爲國君者華之巾以綌又內則云棗曰新之栗曰撰之桃曰膽之柤梨曰鑽之鄭注云皆治擇之名也文雖小異大意則同

小枝上繚爲喬謂細枝翹繚上句者名爲喬木○繚音了疏小枝上繚爲喬○釋曰此即上句曰喬嫌不了故重出之言小枝上竦翹繚者名爲喬木也

無枝爲檄檄擢直上○檄音亦疏無枝爲檄○釋曰此即上文梢梢擢也檄即擢也謂木無枝檄擢直上長而殺者也

木族生爲灌族叢疏木族生爲灌○釋曰族叢也木叢生者爲灌即上灌木叢木也

釋蟲第十五

疏釋蟲第十五○釋曰案說文蟲者裸毛羽鱗介之總稱也此篇廣釋諸蟲之名狀故曰釋蟲

螜天螻螻蛄也夏小正曰螜則鳴○螜音斛疏螜天螻注螻蛄也夏小正曰螜則鳴○釋曰螜一名天螻一名碩鼠即今之螻蛄也夏小正者大戴禮之篇名以蟲魚草木正十二月之節候起於夏后氏故曰夏小正其三月云螜則鳴螜天螻是也

蜚蠦蜰蜰即負盤臭蟲○蜚音費蠦音蘆蜰音肥疏蜚蠦蜰注蜰即負盤臭蟲○釋曰案洪範五行傳云蜚負蠜夷狄之物越之所生其爲蟲臭惡南方淫氣之所生也本草曰蜚厲蟲也然則蜚是臭惡之蟲害人之物故春秋左氏傳曰有蜚不爲災亦不書也春秋經傳皆云有蜚則此蟲名蜚一名蠦蜰而舍人李巡皆云蜚蠦一名蜰非也此蟲一名負盤漢書及左傳注多作負蠜者以此下有草蟲負蠜故相涉誤耳

螾衘入耳蚰蜒○螾音引衘音演疏螾衘入耳注蚰蜒○釋曰此蟲象吳公黃色而細長呼爲吐古案方言云蚰蜒自關而東謂之螾衘或謂之入耳或謂之蜧蚭趙魏之間或謂之蚨虶北燕謂之蚰蚭蚰奴六切江東人呼蛩蠀今蚰蜒意入人耳者也

蜩蜋蜩夏小正傳曰蜋蜩者五彩具○蜩音調螗蜩夏小正傳曰螗蜩者蝘俗呼爲胡蟬江南謂之螗蛦蛦音夷蚻蜻蜻如蟬而小方言云有文者謂之蠽夏小正曰鳴蚻虎懸蠽茅蜩江東呼爲茅截似蟬而小青色○蚻音札蠽音節蝒馬蜩蜩中最大者爲馬蜩蜺寒蜩寒螿也似蟬而小青赤月令曰寒蟬鳴蜓蚞螇螰即蝭蟧也一名蟪蛄齊人呼螇螰○蜓音挺蚞音木疏蜩蜋蜩至螇螰○釋曰此辨蟬之大小及方言不同之名也云蜩者目諸蜩也螂蜩五彩具者也螗蜩俗呼胡蟬似蟬而小鳴聲清亮者也蚻一名蜻蜻如蟬而小有文者也蠽一名茅蜩似蟬而小青色者也蝒一名馬蜩一名馬蟬蟬中最大者也蜺一名寒蜩又名寒螿似蟬而小青赤色者也關東謂蟪蛄爲蜓蚞齊謂之螇螰也○注夏小至彩具○釋曰在五月記時也○注夏小至音夷○釋曰云螗蜩者蝘者亦在五月舍人曰皆蟬也

方語不同三輔以西爲蜩梁宋以東謂蜩爲蝘陸機云蜩一名蝘虭字林虭或作蟟也青徐人謂之螇螰然則蜩蝘亦皆蟬也大雅蕩篇云如蜩如螗是也○注如蟬至虎縣○釋曰舍人曰小蟬也蜻蜻者案方言云蟬楚謂之蜩宋衛之間謂之螗蜩陳鄭之間謂之蜋蜩秦晉之間謂之蟬海岱之間謂之蛴其小者謂之麥蚻有文者謂之螓是也詩碩人云螓首蛾眉鄭云螓謂蜻蜻此蟲額廣而且方故以比婦人之首也某氏解此云鳴蚻蚻者也云夏小正曰者在四月彼云鳴蚻蚻者虎縣也鳴而後知之故先鳴而後蚻是也○注月令曰寒蟬鳴○釋曰在七月鄭注云寒蟬寒蜩謂蜺也是○注卽蝭至螇螰○釋曰案方言云蛥蚗蛥音折齊謂之螇螰楚謂之蟪蛄楚辭云蟪蛄鳴兮啾啾是也或謂之蛉蛄秦謂之蛥蚗自關而東謂之虭蟧或謂之蝭蟧或謂之蜓蚞然則亦皆蟬之别名耳

蛣蜣蜣蜋 黑甲蟲噉糞土○蛣起吉切蜣音羌 疏 蛣蜣蜣蜋○釋曰蛣蜣一名蜣蜋黑甲翅在甲下噉糞土喜取糞作丸而轉之莊子曰蛣蜣之智在於轉丸是也

蝎蛣蝠 木中蠹蟲○蝎音曷蝠音屈 疏 蝎蛣蝠○釋曰木中蠹蟲解在下

蠰齧桑 似天牛角長體有白點喜齧桑樹作孔入其中江東呼爲齧髮○蠰音餉 疏 蠰齧

桑○釋曰蠰一名齧桑江東呼齧髮形似天牛長角體有白點喜齧桑樹作孔入其中因名云

諸慮奚相 未詳

蜉蝣渠略 似蛣蜣身狹而長有角黃黑色叢生糞土中朝生暮死豬好啖之○蜉音浮蝣音遊 疏 蜉蝣渠略○釋曰舍人曰蜉蝣一名渠略南陽以東曰蜉蝣梁宋之間曰渠略○似蛣蜣身狹而長有角黃色叢生糞土中朝生暮死豬好啖之○夏小正曰蜉蝣渠略也朝生而莫死詩曹風云蜉蝣之羽陸機疏云蜉蝣方土語也通謂之渠略似甲蟲有角大如指長三四寸甲下有翅能飛夏月陰雨時地中出今人燒炙噉之美如蟬也樊光謂之糞中蝎蟲隨陰雨時爲之朝生而夕死

蛂蟥蛢 甲蟲也大如虎豆綠色今江東呼黃蛢音瓶○蛂步結切蟥音黃 疏 蛂蟥蛢○釋曰蛂一名蟥蛢甲蟲也形大如虎豆綠色

蠸輿父守瓜 今瓜中黃甲小蟲喜食瓜葉故曰守瓜○蠸音權父音甫 疏 蠸輿父守瓜○釋曰蠸輿父一名守瓜黃甲小蟲喜食瓜葉因名守瓜

蝚蛖螻 蛖螻螻蛄類○蝚音柔蛖武江切 疏 蝚蛖螻注蛖螻螻蛄類○釋曰案方言云蛄諸謂之杜蛒螲螻謂之螻蛄或謂之蝚蛉南楚謂之杜狗或謂之蛞螻然則此言蝚及蛖螻者亦螻蛄之異名耳

不

蜩王蚥 未詳

蛄䗐強蛘 今米穀中蠹小黑蟲是也建平人呼爲蛘子音芊姓○䗐音施蛘亡婢切 疏 蛄䗐強蛘○釋曰方言云蛄䗐謂之強蛘今米穀中小黑蠹蟲也江東謂之蛒艢建平人呼蛘子音楚姓芊之芊

不過蟷蠰 蟷蠰螗蜋别名 其子蜱蛸 一名蟳蟭蟷蠰卵也○蟷丁郎切蠰音相蜱音毗蛸音消 疏 不過蟷蠰其子蜱蛸○釋曰不過一名蟷蠰一名蟷蜋螵蛸母也其子一名蜱蛸一名蟳蟭一名螵蛸蟷蠰卵也方言云譚魯以南謂之蟷蠰三河之域謂之螳蜋燕趙之際謂之食庬齊杞以東謂之馬穀其子同名螵蛸也月令仲夏云螳蜋生是也

蒺藜蝍蛆 似蝗而大腹長角能食蛇腦○蝍音即蛆子余切 疏 蒺藜蝍蛆○釋曰蒺藜一名蝍蛆廣雅云蝍蛆吳蚣也郭云似蝗而大腹長角能食蛇腦則非蜈蚣也莊子云蝍蛆甘帶是也

蝝蝮蜪 蝗子未有翅者外傳曰蟲舍蚔蝝○蝝音緣蝮孚福切蜪音陶 疏 蝝蝮蜪○釋曰蝝一名蝮蜪蝗子未有翅者春秋宣十五年冬蝝生是也○注外傳曰蟲舍蚔蝝○釋曰此魯語里革諫宣公之辭也韋氏解曰蚔蝗子也可以爲醢蝝蝮蜪也可食舍不取也

蟋蟀蛬 今促織也亦名青蛩○蛬

音拱 疏 蟋蟀蛬○釋曰蟋蟀一名蛬今促織也亦名青蛩詩唐風云蟋蟀在堂歲聿其暮陸機疏云蟋蟀似蝗而小正黑有光澤如漆有角翅一名蛬一名蜻蛚楚人謂之王孫幽州人謂之趨織里語曰趨織鳴嬾婦驚是也

蟼蟆 蛙類○蟼音警 疏 蟼蟆注蛙類○釋曰此自一種蝦蟆也

蛝馬䗃 馬蠲蚼俗呼馬蜒○蛝音閑䗃音棧 疏 蛝馬䗃○釋曰蛝蟲一名馬䗃一名馬蠲蚼俗呼馬蜒方言云馬蚿[illegible]北燕謂之蛆蟝其大者謂之馬蚰蜒是也

蛗螽蠜 詩曰趯趯阜螽○蛗音阜螽音終○

草螽負蠜 詩云喓喓草蟲謂常羊也○蠜音凡

蜤螽蜙蝑 蜙蝑也俗呼蝽蟀○蜤音斯蜙音松蝑音胥

蟿螽螇蚸 今俗呼似蜙蝑而細長飛翅作聲者爲螇蚸○蟿音契蚸音歷

土螽蠰谿 似蝗而小今謂之土蝶○蠰音壤 疏 蛗螽至蠰谿○釋曰蛗螽之族厥類實煩此辨之也蛗螽一名蠜李巡曰蝗子也陸機疏云今人謂蝗子爲螽子兗州人謂之螣許慎云蝗螽也蔡邕云螽蝗也明是一物草蟲一名負蠜一名常羊陸機云小大長短如蝗也奇音青色好在茅草中又一名草蟲詩云喓喓草蟲趯趯蛗螽是也蜤螽周南作螽斯七月作斯螽蜙

字異文倒其實一也一名蜙蝑一名蜙蠑一名蝽蠑陸機云幽州人謂之舂箕舂箕即舂黍蝗類也長而青長角長股股鳴者也或謂似蝗而小班黑其股似瑇瑁叉五月中以兩股相切作聲聞數十步者是也蟿螽一名螇蚸形似蜙蠑而細長飛翅作聲者是也土螽一名蠰谿今謂之土蝶江南呼虴蜢又名虴蜢形似蝗而小善跳者是也○注詩云喓喓草蟲趯趯阜螽○釋曰召南草蟲篇文也

螼蚓蜸蚕　即䖤蟺也江東呼寒蚓○螼蚓引切蜸苦顯切蚕他典切

疏　螼蚓蜸蚕○釋曰螼蚓一名蜸蚕即䖤蟺也廣雅云䖤蟺蚯蚓也月令四月蚯蚓出十一月蚯蚓結是也江東呼寒蚓郭云蚯蚓土精無心之蟲與阜螽交者也

莫貈蟷蜋蛑　蛖蜋有斧蟲江東呼石蜋孫叔然以方言說此義亦不了○貈音鶴蛑音謀

疏　莫貈蟷蜋蛑○釋曰莫貈一名蟷蜋一名蛑即上不過也捕蟬而食有臂若斧奮之當轍不避莊子云猶螳蜋之怒臂以當車轍是也江東呼爲石蜋又名齕肱○注孫叔然以方言說此義亦不了○釋曰方言云螳蜋謂之髦或謂之虰或謂之芊芊孫炎取此方言之文以虰上屬爲說案說文以虰蛵負勞爲一則方言之說既失其指孫氏引之爲說是亦不了也

虰蛵負勞　或曰即蜻蛉也江東呼狐黎所未聞○虰音丁蛵音馨

疏　虰蛵負勞○釋曰即蜻蛉六足四翼蟲也一名虰蛵一名負勞江東呼狐黎方言云蜻蛉謂之蝍蛉淮南人又呼蝀蛜䗃康字林云一名桑根陶注本草云一名蜻蜓是也○注或曰至未聞○釋曰云所未聞者雖有或人之說但經典未聞所出示其無質故云所未聞

蜭毛蠹　即蛓○蜭戶感切

疏　蜭毛蠹○釋曰蜭一名毛蠹即蛓也說文云蛓毛蟲今俗呼爲毛蛓有毒螫人楚辭云蛓緣兮我裳是也

蟔蛅蟴　蛓屬也今青州人呼蛓爲蛅蟴孫叔然云八角螫蟲失之○蟔音墨蛅而占切蟴音斯

疏　蟔蛅蟴○釋曰蟔一名蛅蟴即蛓類也青州人呼蛅蟴○注孫叔然云八角螫蟲失之○釋曰此即毛蟲何止八角故云失之螫猶蠚也字林云蟲行毒也

蟠鼠負　甕器底蟲○蟠音煩

疏　蟠鼠負○釋曰此與下蛜威委黍是一故下注委黍云舊說鼠婦別名則此蟲一名蟠一名鼠負負或作蟠本草作婦一名蛜威一名委黍也陸機云在壁根下甕器底土中生似白魚者是也陶注本草云多在鼠坎中鼠背負之然與鼠婦及鼠婦則似乖詩東山云伊威在室是也

蟫白魚　衣書中蟲一名蛃魚○蟫音淫

疏　蟫白魚○釋曰此衣書中蟲也一名蟫一名白魚一名蛃魚本草謂之衣魚是也

蛓羅　蠶蛾○蛓音娥

疏　蛓羅○釋曰此即蠶蛹所變者也說文云蛓羅也是

螒天雞　小蟲黑身赤頭一名莎雞又曰樗雞○螒音汗

疏　螒天雞○釋曰此黑身赤頭小蟲也一名螒一名天雞一名莎雞又曰樗雞李巡曰一名酸雞詩豳風七月云六月莎雞振羽陸機疏云如蝗而班色毛翅數重其翅正赤六月中飛而振羽索索作聲幽州人謂之蒱錯是也

傅負版　未詳

强蚚　即强醜捋○蚚音祈

疏　强蚚○釋曰强蟲名也一名蚚好自摩捋者蓋蠅類

蛶螪何　未詳

螝蛹　蠶蛹○蛶音劣螪音商螝音龜

疏　螝蛹○釋曰即蠶所變者一名螝又名蛹也

蜆縊女　小黑蟲赤頭喜自經死故曰縊女○蜆音演

疏　蜆縊女○釋曰蜆小黑蟲也赤頭喜自縊故又名縊女說文云蜺爲蝶是也○注喜自經死○釋曰經即縊也晉語申生使猛足辭於狐突乃雉經於新城廟僖四年左氏傳云十二月戊申縊于新城是謂縊爲經也

蚍蜉大螘　俗呼爲馬蚍蜉

小者螘　齊人呼蟻爲蛘

蠪朾螘　赤駮蚍蜉

螱飛螘　有翅

其子蚳　蚳蟻卵周禮曰蜃蚳醬○螘魚綺切蠪音聾朾直耕切螱音尉蚳音池

疏　蚍蜉至子蚳○釋曰此辨衆螘及其子名也螘通名也其大者別名蚍蜉俗呼馬蚍蜉小者即名螘齊人呼蟻蛘方言云蚍蜉齊魯之間謂之玄蚼蟓二蚼讙西南梁益之間謂之玄蚼燕謂之蛾蛘二蟓讙其場謂之坻或謂之垤是也其大而赤色斑駁者名蠪一名朾螘有翅而飛者名螱即飛螘也其子在卵者名蚳可以作醢○注周禮曰蜃蚳醬○釋曰案周禮醢人職曰饋食之豆蜃蚳醢醓醢則醬之有肉者故此云醬也

次蟗鼅鼄鼅鼄鼄蝥　今江東呼蝃蝥音掇○蟗音秋鼅音知鼄音誅蝥音謀

土鼅鼄　在地中布網者

草鼅鼄　絡幕草上者

疏　次蟗至草鼅鼄○釋曰此辨鼅鼄方言及在土在草之名也次蟗即鼅鼄別名也又一名鼄蝥今江東呼蝃蝥說文謂之蠿蝥作网鼄蝥也方言云自關而西秦晉之間謂之鼄蝥自關而東趙魏之郊謂之鼅鼄或謂之蠾蝓二蠾諵北燕朝鮮洌水之間謂之蝳蜍二蝳蝓郭又云齊人又呼社公亦言罔公其在地中布網者名土鼅鼄其作網絡幕草上者名草鼅鼄也

土蠭　今江東呼大蠭在地中作房者爲土蠭啖其子即馬蠭今荆巴間呼爲蟺蟺音憚

木蠭　似土蠭而小在樹上作房江東亦呼爲木蠭又食其子○蠭音蜂

疏　土蠭木蠭

○釋曰此辨蠭在土在木之異也說文云蠭飛蟲螫人者其形大在地中作房而啖其子者名土蠭又名馬蠭今荆巴間呼爲蟺其形差小在樹上作房者名木蠭亦食其子○注音憚○釋曰嫌讀爲蛩蟺之蟺故音之

蟦蠐螬在糞土中

蝤蠐蝎在木中今雖通名爲蝎所在異○蟦音費蝤音囚〔疏〕蟦蠐螬蝤蠐蝎○釋曰此辨蝎在土在木之異名也其在糞土中者名蟦蠐又名蠐螬其在木中者方言云關東謂之蝤蠐梁益之間謂之蝎上文蝎蛣蝠郭云木中蠹下文蝎桑蠹郭云即蛣蝠然則蟦蠐也蠐螬也蝤蠐也蛣蝠也桑蠹也蝎也一蟲而六名也以在木中白而長故詩人以比婦人之頸碩人云領如蝤蠐是也

蛜威委黍舊說鼠婦別名然所未詳○蛜音伊

蠨蛸長踦小鼅鼄長脚者俗呼爲喜子○蠨音蕭蛸所交切踦巨綺切〔疏〕蠨蛸長踦○釋曰此小鼅鼄長脚者一名蠨蛸一名長踦俗呼爲喜子詩東山云蠨蛸在戶陸機疏云一名長脚荆州河內人謂之喜母此蟲來著人衣當有親客至有喜也幽州人謂之親客亦如蜘蛛爲羅罔居之是也

蛭蝚至掌未詳

國貉蟲蠁今呼蛹蟲爲蠁廣雅云土蛹蠁蟲○蛭音直反〔疏〕國貉蟲蠁○釋曰此蛹蟲也今俗呼爲蠁一名國貉一名蟲蠁說文云知聲蟲也廣雅云上蛹蠁蟲是也

蠖蚇蠖今蝍蝛○蠖於郭切蚇音尺〔疏〕蠖蚇蠖○釋曰蠖一名蚇蠖郭云今蝍蝛方言云蝍蝛謂之蚇蠖蝤即郭云又呼步屈說文云蠖屈伸蟲也易繫辭云尺蠖之屈以求信者是也

果蠃蒲盧即細腰蠭也俗呼爲蠮螉

螟蛉桑蟲俗謂之桑蟃亦曰戎女○螟音冥蛉音令〔疏〕果蠃蒲盧螟蛉桑蟲○釋曰案詩小雅小宛云螟蛉有子果蠃負之果蠃一名蒲盧即細腰蠭也俗呼爲蠮螉方言云蠭燕趙之間謂之蠓螉其小者謂之蠮螉鄭注中庸以蒲盧爲土蠭說文云細要土蠭也天地之性細要純雄無子螟蛉一名桑蟲一名桑蟃一名戎女陸機云螟蛉者桑上小青蟲也似步屈其色青而細小或在草萊上蜾蠃土蠭也似蠭而小腰取桑蟲負之於木空中七日而化爲子法言云螟蛉之子殪而逢蜾蠃祝之曰類我類我久則肖之是也

蝎桑蠹即蛣蝠

熒火即炤夜飛腹下有火○炤音照〔疏〕螢火即炤○釋曰熒火一名即炤夜飛腹下有火蟲也本草又名夜光一名熠燿月令季夏腐草爲熒腐草此時得暑濕之氣故爲熒至秋而天沈陰數雨熒火夜飛之時也詩東山云熠燿宵行是也

密肌繼英未詳

蚅烏蠋大蟲如指似蠶見韓子〔疏〕蚅烏蠋○釋曰蚅一名烏蠋形似蠶而大如指詩大雅韓奕云鞗革金厄毛亦云厄烏蠋也○注似蠶見韓子○釋曰案韓子內儲說上七術其三日信賞盡能云鱣似蛇蠶似蠋人見蛇則驚駭見蠋則毛起然而婦人拾蠶而漁者握鱣利之所在則忘其所惡皆爲孟賁是其事也

蠓蠛蠓小蟲似蜹喜亂飛○蠓莫孔切蠛亡結切〔疏〕蠓蠛蠓○釋曰小蟲似蜹亂飛者也名蠓又名蠛蠓列子云生朽壞之上因雨而生得陽而死一名醯雞莊子云孔子與老聃語出告顏回曰丘之於道也其猶醯雞與郭象云醯雞者甕中蠛蠓是也

王蛈蝪即螲蟷似鼅鼄在穴中有蓋今河北人呼蛈蝪○蛈大結切蝪音湯〔疏〕王蛈蝪○釋曰此鼅鼄之一種也一名螲蟷穴居布罔穴口有蓋河北人呼蛈蝪者是也

蟓桑繭食桑葉作繭者即今蠶

雔由樗繭食樗葉○蟓音象雔音讎

棘繭食棘葉

欒繭食欒葉

蚢蕭繭食蕭葉者皆蠶類○蚢音杭〔疏〕蟓桑至蕭繭○釋曰此皆蠶類作繭者因所食葉異而異其名也食桑葉作繭者名蟓即今蠶也食樗葉棘葉欒葉者名雔由食蕭葉作繭者名蚢

翥醜䗶剖母背而生

螽醜奮好奮迅作聲○翥者庶切䗶呼暇切

強醜捋以脚自摩捋

螽醜螸垂其腴○螸音俞

蠅醜扇好搖翅〔疏〕翥醜至醜扇○釋曰此辨蟲屬所生及所好之狀不同者也翥飛也醜類也蟲類能飛翥者謂蟬屬皆剖坼母背以爲孔縳而生螽蝗之類好奮迅作聲而飛強坼之類好以脚自摩捋螽類好垂其腴以休息說文云螸垂腴也腴即腹下也青蠅之類好搖翅自扇

食苗心螟食葉蟘食節賊食根蟊分別蟲啖食禾所在之名耳皆見詩○蟘音特蟊音謀〔疏〕食苗至根蟊○釋曰此分別蟲啖食禾所在之名也李巡云食禾心爲螟言其姦冥冥難知也食禾葉者言假貸無厭故曰蟘也食禾節者言貪狼故曰賊也食禾根者言其稅取萬民財貨故云蟊也孫炎曰皆政貪所致因以爲名也郭璞直以蟲食所在爲名而李巡孫炎並因託惡政則災由政起雖以食所在爲名而所在之名緣政所致理爲兼通也陸機疏云螟似子方而頭不赤螣蝗也賊似桃李中蠹赤頭身長而細耳或說云蟊螻蛄也食苗根爲人患許慎云吏冥冥犯法即生螟吏乞貸則生蟘吏抵冒取民財則生蟊舊說云螟螣蟊

賊一種蟲也如言寇賊姦宄內外言之爾故犍爲文學曰此四種蟲皆蝗也實不同故分別釋之○注皆見詩○釋曰詩小雅大田云去其螟螣及其蟊賊無害我田稺是也

有足謂之蟲無足謂之豸〔疏〕有足謂之蟲無足謂之豸○釋曰此對文爾散文則無足亦曰蟲月令春曰其蟲鱗鄭注云龍蛇之屬是也

釋魚第十六

〔疏〕釋魚第十六○釋曰案說文云魚水蟲也此第釋其見於經傳者是以不盡載魚名至於龜蛇貝鼈之類以其皆有鱗甲亦魚之類故總曰釋魚也

鯉　今赤鯉魚〔疏〕鯉○釋曰今赤鯉魚也詩云豈其食魚必河之鯉是也

鱣　鱣大魚似鱏而短鼻口在頷下體有邪行甲無鱗肉黃大者長二三丈今江東呼爲黃魚○鱣張連切〔疏〕鱣○釋曰鱣郭義具注陸機云鱣出江海三月中從河下頭來上鱣身形似龍銳頭口在頷下背上腹下皆有甲縱廣四五尺今於盟津東石磧上釣取之大者千餘斤可蒸爲臛又可爲鮓魚子可爲醬詩衛風碩人云鱣鮪發發是也

鰋　今鰋額白魚○鰋音偃〔疏〕鰋○釋曰注云今鰋額白魚郭以目驗言之也詩頌云鰷鱨鰋鯉是也

鯷　別名鯷江東通呼鮎爲鮧〔疏〕鮎○釋曰郭氏云別名鯷江東通呼鮎爲鮧案此經鯉鱣鰋鮎舍人曰鯉一名鱣孫炎曰鰋一名鮎則是舍人以鯉鱣爲一魚孫炎以鰋鮎爲一魚郭氏以爲四魚者如陸機之言又以今語驗之則鯉鮪鱣鮥皆異魚也故郭氏云先儒及毛詩訓傳皆謂此魚有兩名今此魚種類形狀有殊無緣强合之爲一物是郭氏所以異也

鱧　鮦也〔疏〕鱧注鮦也○釋曰今鱧魚也鮦與鱧音義同詩小雅云魚麗于罶魴鱧是也

鯇　今鯶魚似鱒而大○鯇華板切〔疏〕鯇注今鯶魚似鱒而大○釋曰舍人云鱧一名鯇郭氏所不取也

鯊鮀　今吹沙小魚體負而有點文○鮀音陀〔疏〕鯊鮀○釋曰鯊一名鮀詩小雅云魚麗于罶鱨鯊陸機云魚狹而小常張口吹沙故郭氏云今吹沙小魚也

鮂黑鰦　即白鯈魚江東呼爲鮂○鮂音囚鰦音茲〔疏〕鮂黑鰦○釋曰鮂一名黑鰦郭云即白鯈江東呼爲鮂者以時驗而言之也詩頌曰鰷鱨鰋鯉是也

鰼鰌　今泥鰌○鰼音習鰌音秋〔疏〕鰼鰌○釋曰鰼一名鰌即今泥鰌也穴於泥中因以名云

鰹大鮦小者鮵　今青州呼小鱺爲鮵○鰹音堅鮦音同鮵音奪〔疏〕鰹大鮦小者鮵○釋曰此即上文鱧也其大者名鰹小者名鮵故注云今青州呼小鱺爲鮵鱺與鱧音義同

魾大鱯小者鮡　鱯似鮎而大白色○魾音皮鱯音畫鮡音兆〔疏〕魾大鱯小者鮡○釋曰鱯魚名似鮎而大白色鱯之大者別名魾小者別名鮡也

鰝大鰕　鰕大者出海中長二三丈鬚長數尺今青州呼鰕魚爲鰝音鄗鄗○鰕音霞〔疏〕鰝大鰕○釋曰鰕之大者長二三丈鬚長數尺若此之類者名鰝

鯤魚子　凡魚之子總名鯤〔疏〕鯤魚子○釋曰凡魚之子總名鯤詩云其魚魴鰥鄭云鰥魚子鯤鰥字異蓋古字通用也魯語云宣公夏濫於泗淵里革斷其罟而棄之曰魚禁鯤鮞鳥翼鷇卵蕃庶物也是亦以鯤爲魚子也

鱀是鱁　鱀䱜屬也體似鱏尾如鯯魚大腹喙小銳而長齒羅生上下相銜鼻在額上能作聲少肉多膏胎生健啖細魚大者長丈餘江中多有之○鱀音忌〔疏〕注鱀䱜至有之○釋曰鱀一名是鱁䱜之屬也云體似鱏者字林云鱏長鼻魚也重千斤傳曰伯牙鼓琴鱏魚出聽是也鱀魚之體似之也云尾如鯯魚者說文云鯯魚名出樂浪潘國一曰鯯魚出江東有兩乳今鱀魚之尾如鯯魚故云尾如鯯魚也云大腹以下者時驗而言也

鱦小魚　家語曰其小者鱦魚也今江東亦呼魚子未成者爲鱦音繩〔疏〕注家語曰其小者鱦魚也○釋曰案家語宓子賤爲單父宰孔子使巫馬期往觀政焉期陰免衣弊裘入界見斂者得魚輒捨之期問焉曰凡斂者爲得魚也何以得魚卻捨之曰魚之大者名爲鱄鱨吾大夫愛之其小者名爲鱦吾大夫欲長之是以得二者輒捨之是也引之證鱦是小魚之名也

鮥鮛鮪　鮪鱣屬也大者名王鮪小者名鮛鮪今宜都郡自京門以上江中通出鱏鱣之魚有一魚狀似鱣而小建平人呼鮥子即此魚也音洛○鮛音叔鮪音偉〔疏〕鮥鮛鮪○釋曰郭義具注陸機云鮪魚形似鱣而青黑頭小而尖似鐵兜鍪口亦在頷下其甲可以摩薑大者不過七八尺益州人謂之鱣鮪大者爲王鮪小者名鮛鮪一名鮥肉色白味不如鱣也今東萊遼東人謂之尉魚或謂之仲明仲明者樂浪尉也溺死海中化爲此魚又曰河南鞏縣東北崖上山腹有穴舊說云此穴與江湖通鮪從此穴而來北入河西上龍門入漆沮故張衡賦云王鮪岫居山穴爲岫謂此穴也月令季春薦鮪於寢廟大官獻人春獻王鮪是也

鯦當魱　海魚也似鯿而大鱗肥美多鯁今江東呼其最大長三尺者爲當魱音胡○鯦其救切〔疏〕鯦當魱○

釋曰鰹一名當魱海魚也○注海魚至音胡○釋曰云似鯿而大鱗者案鯿似魴而大腹細而長今鰹魚似之但鱗大耳云肥美以下者以時驗而知也

鮤鱴刀今之鱭魚也亦呼爲魛魚○鮤音列鱴音滅

〔疏〕鮤鱴刀○釋曰鮤一名鱴刀郭氏云今之鱭魚也說文云鱭飲而不食刀魚也九江有之亦呼爲魛魚是則此魚一名鮤魚一名鱴刀一名魛魚一名鱭魚也

鱊鮬鱖鯞小魚也似鮒子而黑俗呼爲魚婢江東呼爲妾魚○鱊音聿鮬音步鱖音厥鯞章酉切

〔疏〕鱊鮬鱖鯞○釋曰郭云小魚也似鮒子而黑廣雅云鮒鰿也此魚似其小者故云似鮒子而黑色爲異也江東呼爲妾魚說文云鮬魚出樂浪潘國是也

魚有力者徽○彊大多力徽音暉

〔疏〕魚有力者徽○釋曰凡魚之彊大多力異於羣輩者名徽

魵鰕出穢邪頭國見呂氏字林○魵音墳

〔疏〕魵鰕○釋曰魵魚一名鰕郭云出穢邪頭國見呂氏字林案說文亦云

鮅鱒似鯶子赤眼○鮅音必鱒才損切

〔疏〕鮅鱒○釋曰鮅一名鱒詩云九罭之魚鱒魴陸機云鱒似鯶魚而鱗細於鯶赤眼是也

魴魾江東呼魴魚爲鯿一名魾音毗○魴音房

〔疏〕魴魾○釋曰魴一名魾江東呼爲鯿詩云其魚魴鰥陸機

云魴今伊洛濟潁魴魚也廣而薄肥恬而少肉細鱗魚之美者遼東梁水魴特肥而厚尤美於中國魴故其鄉語曰居就糧梁水魴是也

鯬鯠未詳

蜎蠉井中小蛣蟩赤蟲一名孑孓廣雅云○鯬音黎鯠音來蜎狂兖切蠉香兖切

〔疏〕蜎蠉○釋曰井中小赤蟲也一名蜎一名蠉又名蛣蟩又一名孑孓廣雅云孑孓蜎是也

蛭蟣今江東呼水中蛭蟲入人肉者爲蟣○蟣音祈

〔疏〕蛭蟣○釋曰此水中蟲喜入人肉者江東呼爲蟣本草謂之水蛭一名馬蜞一名馬耆即楚王食寒菹得而吞之能去結積者是也

科斗活東蝦蟆子

〔疏〕科斗活東○釋曰郭云蝦蟆子此蟲一名科斗一名活東頭圓大而尾細古文似之故孔安國云皆科斗文字是也

魁陸本草云魁狀如海蛤圓而厚外有理縱橫即今之蚶也

〔疏〕魁陸○釋曰即魁蛤也見本草○注本草至蚶也○釋曰案本草蟲魚部魁蛤一名魁陸生東海正圓兩頭空表有文陶隱居注云形似紡軒錇小狹長外有縱橫文理云是老蝙蝠化爲者是也云即今之蚶也者案字書云蚶蛤也出會稽可食是也然則又一名蚶也

蜪蚅未詳

鼁鱦蟾諸似蝦蟆居陸地淮南謂之去蚥

在水者黽耿黽也似靑蛙大腹一名土鴨○鼁音去鱦音秋蟾音占黽音猛

〔疏〕鼁鱦蟾諸在水者黽○釋曰此有多種鼁鱦一名蟾諸郭云似蝦蟆居陸地淮南謂之去蚥然蟾諸非蝦蟆但相似耳案本草蝦蟆陶注云此是腹大皮上多痱磊者也蟾諸亦類此抱朴子曰蟾諸壽三千歲者頭上有角頷下有丹書八字玄中記云蟾諸頭生角者食之壽千歲是也其居水者名黽一名耿黽一名土鴨狀似靑蛙而腹大爲異陶注本草云大而靑脊者俗名土鴨其鳴甚壯即此黽也陶又云一種小形善鳴喚名爲鼃者即郭云靑蛙者也

蜌螷今江東呼蚌長而狹者爲螷○蜌音陛螷蒲猛切

〔疏〕蜌螷○釋曰蜌一名螷蚌屬也說文云脩爲螷圓爲蠇郭云今江東呼蚌長而狹者爲螷其肉可爲醢周禮醢人掌饋食之豆云脾析螷醢是也

蚌含漿蚌即蜃也

〔疏〕蚌含漿○釋曰說文云蜃屬郭云即蜃也謂老蚌含珠者也一名蚌一名含漿周禮謂之貍物

鼈三足能

龜三足賁山海經曰從山多三足鼈大苦山多三足龜今吳興郡陽羨縣君山上有池池中出三足鼈又有六眼龜

〔疏〕鼈三足能龜三足賁○釋曰鼈龜皆四足三足者異故異其名鼈之三足者名能龜之三足者名賁也○注山海至六眼○釋曰案中山經云游戲

山東南二十里曰從山從水出其上潛其下其中多三足鼈食之無蠱疾是從山多三足鼈也又云放臯山東五十七里曰大苦山陽狂水出焉西南注伊水中多三足龜食者無大疾可以已腫是大苦山多三足龜也云吳興郡以下者以時驗而言也

蚹蠃螔蝓即蝸牛也○蚹音附蠃音羅螔音移蝓音俞

〔疏〕蚹蠃螔蝓○釋曰蚹蠃一名螔蝓郭云即蝸牛也案本草蝸牛陶注云生山中及人家頭形似蛞蝓但背負殼爾海邊又一種正相似以火炙殼便走出食之益顏色名寄居亦可作醢周禮饋食之豆葵菹蠃醢是也

蠃小者蜬螺大者如斗出日南漲海中可以爲酒杯○蜬音含

〔疏〕蠃與螺音義同其小者名蜬

螖蠌小者蟧螺屬見埤蒼或曰即彭螖也似蟹而小音滑○蠌音澤蟧音勞

〔疏〕螖蠌小者蟧○釋曰螖即彭螖也似蟹而小一名蠌其小者別名蟧案埤蒼即云螺屬郭氏兩從之

蜃小者珧珧玉珧即小蚌○珧音遥

〔疏〕蜃小者珧○釋曰蜃大蛤也月令云孟冬之月雉入大水爲蜃其小者名珧一名玉珧可飾佩刀削詩傳云天子玉琫而珧珌是也山海經嶧臯山臯水出焉東注激女水其中多蜃珧

龜俯者靈行頭低

仰者謝行頭仰

前

前弇諸果甲前長後弇諸獵甲後長左倪不類行頭左庳今江東所謂左食者以甲卜審右倪不若行頭右庳爲右食甲形皆爾○倪丑計切【疏】龜俯至不若○釋曰此辨龜之俯仰前後左右其形不同其名亦異也云龜者目諸龜也云龜俯者靈者謂行時頭低周禮天龜曰靈屬是也云仰者謝者謂行時頭仰周禮地龜曰繹屬是也云前弇諸果者諸辭也謂甲前長弇覆者名果周禮東龜曰果屬是也云後弇諸獵者諸亦辭也謂甲後長弇覆者名獵周禮南龜曰獵屬是也云左倪不類者倪庳也不發聲也謂行時頭左邊庳下者名類周禮西龜曰靁屬是也云右倪不若者不亦發聲也謂行時頭右邊庳下者名若周禮北龜曰若屬是也周禮又云各以其方之色與其體辨之鄭注云屬言非一也色謂天龜玄地龜黃東龜青西龜白南龜赤北龜黑俯者靈仰者繹前弇果後弇獵左倪靁右倪若是其體也東龜南龜長前後在陽象經也西龜北龜長左右在陰象緯也天龜俯地龜仰東龜前南龜卻西龜左北龜右各從其耦也是周禮先有成文故此釋之鄭取此文爲說其言正同惟繹與謝靁與類小異耳其義亦同○注行頭至卜審○釋曰案賈公彥說周禮以倪爲睥睨則左倪右倪是左顧右顧也郭

氏以庳解倪及云今江東所謂左食者皆以時驗而言也云以甲卜審言用此龜之甲以卜吉凶審諦也

貝居陸贆在水者蜬陸水異名也貝中肉如科斗但有頭尾耳○贆音標

大者魧書大傳曰大貝如車渠車渠謂車輞即魧屬○魧音杭

小者鰿今細貝亦有紫色者出日南○鰿音積

玄貝貽貝黑色貝也

餘貾黃白文以黃爲質白文爲點○貾音池

餘泉白黃文以白爲質黃爲文點今之紫貝以紫爲質黑爲文點

蚆博而頯頯者中央廣兩頭銳○蚆音巴頯匡軌切

蜠大而險險者謂污薄○蜠求隕切

蟦小而橢即上小貝橢謂狹而長此皆說貝之形容○蟦音責橢他果切【疏】貝居至而橢○釋曰此辨貝居陸居水大小文彩不同之名也云貝者目諸貝也說文云貝海介蟲也取其甲以飾器物古者貨貝周而有泉至秦廢貝行錢居陸者名贆在水者名蜬至大者名魧至小者名鰿黑色之貝名貽貝黃爲質白爲文點者名餘貾白爲質黃爲文點者名餘泉中央廣兩頭銳者名蚆大而污薄者名蜠小而狹長者名蟦○注書大至魧屬○釋曰案大傳云西伯既戡耆紂囚之羑里散宜生之江淮之浦取大貝大如大車之渠以贖其辜是也考工記謂車輞爲渠故云渠謂車輞其貝形曲及大小如車輞故比之也引之以證此經魧是其大如車輞者故云即魧屬○注以白至文點○釋曰舍人云貝水中蟲也李巡曰餘貾貝甲黃爲質白爲文彩餘泉貝甲白爲質黃爲文彩陸機疏云貝水中介蟲也龜鼈之屬其文彩之異大小之殊甚衆古者貨貝是也餘貾黃爲質以白爲文餘泉白爲質以黃爲文又有紫貝其白質如玉紫點爲文皆行列相當其貝大者常至一尺六七寸者今九眞交趾以爲杯盤寶物也是先儒相傳爲然但解紫貝與郭氏少異陸機以白爲質紫爲文郭氏以紫爲質黑爲文是其異也書云文貝仍几詩云成是貝錦山海經陰山濁浴水出焉南流注蕃澤其中多文貝皆謂此餘貾餘泉也○注即上至形容○釋曰云即上小貝如者以其同名蟦也云橢謂狹而長者詩云隮山喬嶽楚辭云南北順橢其脩幾何皆是橢爲狹長之名也

蠑螈蜥蜴蜥蜴蝘蜓蝘蜓守宮也轉相解博異語別四名也○蠑音榮螈音原蜥音昔蜴音亦蝘音掩蜓徒典切【疏】蠑螈至守宮也○釋曰詩小雅正月云胡爲虺蜴謂此也蠑螈蜥蜴蝘蜓守宮一物形狀相類而四名也字林云蠑螈蛇醫也說文云在草曰蜥蜴在壁

曰蝘蜓方言云秦晉西夏謂之守宮或謂之蠦蠼蠦蠪或謂之蜥易南陽人呼蝘蜓其在澤中謂之易蜥南楚謂之蛇醫或謂之蠑螈又東方朔云非守宮即蜥蜴案此諸文則是在草澤中者名蠑螈蜥蜴在壁者名蝘蜓守宮也博物志云以器養之食以眞朱體盡赤重七斤擣萬杵以點女人體終身不滅耦則落故號守宮陸機疏云青綠色大如指形狀可惡是也

蛈蠚蝮屬大眼最有毒今淮南人呼蠚子○蛈音迭蠚烏洛切【疏】蛈蠚○釋曰蛇也蝮虺之屬大眼有毒一名蛈又名蠚淮南人呼蠚子者是也

螣螣蛇龍類也能興雲霧而遊其中淮南云螣蛇○螣上音朕下音騰【疏】螣螣蛇○釋曰蛇似龍者也名螣一名螣蛇能興雲霧而遊其中也○注淮南云螣蛇○釋曰螣當爲奔案淮南子覽冥篇說女媧云功烈上際九天下契黃壚名聲被後世光輝熏萬物乘雷車服應龍驂青虬援絕瑞席蘿圖雲黃珞前白螭後奔蛇許愼云奔蛇馳蛇是也或曰淮南人呼此螣爲蟒蛇義亦通

蟒王蛇蟒蛇最大者故曰王蛇○蟒音莽【疏】蟒王蛇○釋曰此蛇之最大者也名蟒又名王蛇與上螣蛇異

蝮虺博三寸首大如擘身廣三寸頭大如人擘指此自一種蛇名爲蝮虺○擘音拍【疏】

蝮虺至如擘○釋曰博廣也首頭也擘拇指也此自一種毒蛇名蝮虺身廣三寸其頭大如人拇指○注身廣至蝮蛇○釋曰案郭注三蒼云擘大指也蒼頡篇以爲足大指鄭注儀禮以爲手大指然則手足大指皆得名擘故注云頭大如人擘指又名拇孫炎云頭如拇指是也案舍人曰蝮一名虺江淮以南曰蝮江淮以北曰虺孫炎曰江淮以南謂虺爲蝮廣三寸頭如拇指有牙最毒郭璞曰此自一種蛇人自名爲蝮虺今蛇細頸大頭色如艾綬文文間有毛似豬鬣鼻上有針大者長七八寸一名反鼻如虺類足以明此自一種蛇如郭意此蛇人自名蝮虺非南北之異蛇實是蟲以有鱗故在釋魚且魚亦蟲之屬乎

鯢大者謂之鰕今鯢魚似鮎四脚前似獼猴後似狗聲如小兒啼大者長八九尺〔疏〕鯢雌鯨也大者長八九尺別名鰕

魚枕謂之丁枕在魚頭骨中形似篆書丁字可作印

魚腸謂之乙魚尾謂之丙此皆似篆書字因以名焉禮記曰魚去乙然則魚之骨體盡似丙丁之屬因形名之〔疏〕魚枕至之丙○釋曰此釋魚之骨體腸尾之名也其魚頭中骨爲枕其骨形似篆書丁字故因謂之丁其腸似篆書乙字尾似篆書丙字亦因名之也○注禮記曰魚去乙○釋曰此禮記內則文也鄭玄注云乙魚體中害人者名也今東海鰫魚有骨名乙在目旁狀如篆乙食之鯁人不可出者與此經違非郭義也

一曰神龜龜之最神明二曰靈龜涪陵郡出大龜甲可以卜緣中文似瑇瑁俗呼爲靈龜即今觜蠵龜一名靈蠵能鳴三曰攝龜小龜也腹甲曲折解能自張閉好食蛇江東呼爲陵龜○攝音涉四曰寶龜書曰遺我大寶龜五曰文龜甲有文彩者河圖曰靈龜負書丹甲青玄六曰筮龜常在蓍叢下潛伏見龜策傳七曰山龜八曰澤龜九曰水龜十曰火龜此皆說龜生之處所火龜猶火鼠耳物有含異氣者不可以常理推然亦無所怪〔疏〕一曰至火龜○釋曰易損卦六五爻辭云十朋之龜弗克違馬鄭皆取此文解之則此經十龜所以釋易也神龜者龜之最神明者也禮統曰神龜之象上圓法天下方法地背上有盤法丘山玄文交錯以成列宿長尺二寸明吉凶不言而信者是也靈龜龜之有靈次神龜者雒書曰靈龜者玄文五色神靈之精也攝龜龜之小者腹甲曲折能自張閉者也寶龜傳國所寶者春秋經曰盜竊寶玉大弓公羊傳曰寶者何龜青純何休云謂之寶者言世世保用之辭是也文龜甲有文彩者筮龜在蓍叢下者山龜生山中者澤龜生澤中者水龜生水中者火龜生火中者○注書曰遺我大寶龜○釋曰此周書大誥文也○注河圖至青文○釋曰引此以證龜甲有文彩也其實河圖說靈龜也非此經之文龜取其一邊耳○注常在至策傳○釋曰龜策傳云傳曰上有擣蓍下有神龜又云聞蓍滿百莖者其下必有神龜守之其上常有青雲覆之傳曰天下和平王道得而蓍莖長丈其叢生滿百是也○注火龜猶火鼠耳○釋曰嫌龜不生於火故以火鼠猶之也郭注山海經云今去扶南東萬里有耆薄國復五千里許有火山國其山雖霖雨火常燃火中白鼠時出山邊求食人捕得之以毛作布名之火澣布是也

爾雅疏卷第九

吏科給事中南昌黃中傑栞

爾雅注疏卷九挍勘記　阮元撰盧宣旬摘錄

爾雅疏卷第九　名銜後一行標目釋木第十四釋蟲第十五釋魚第十六注疏本釋木釋蟲卷第九釋魚以下卷第十

釋木第十四

宜陽共北山多有之也　舊本閩本同毛本脫共監本下衍也

亦類漆樹　雪牕本注疏本同單疏本漆作漆釋文桼字又作漆按說文桼木汁水名字作漆此當從陸本又詩山有樞正義引此注下有俗語曰櫄樗栲漆相似如一十一字釋文俗語作方志櫄音勑倫反

陸機疏云　舊本疏下剜擠語字閩本監本毛本排入

許慎正以栲讀爲糗　元本同閩本監本毛本糗作稹非說文米部糗从米臭聲禾部無稹字古音考讀若臭讀爲當作讀若今說文梡山樗也从木尻聲以樗爲櫄之正無栲讀爲糗語玉篇以梡爲栲之重文據陸疏則說文當以栲爲正字梡爲重文於栲下云讀若糗

失其聲耳　舊本同閩本監本毛本耳改矣

皀臼以栒　單疏本雪牕本同注疏本脫臼釋文皀臼其久反此本栒從手訛今訂正

椵柂　雪牕本注疏本同釋文單疏本椵作椵唐石經作椵此與下櫰椵之椵相涉亂耳徒亂反

柂棺一鄭注云　注疏本棺誤椵脫一

郭云柚屬也子大如盂皮厚二三寸中似枳食之少味　注疏本刪下十六字

可飼牛　單疏本雪牕本注疏本同釋文飤囚志反字林云飤糧也經典並止作食字借作飼音本又作飯扶晚反本今作飼五經文字云飤經典通以食字爲之按說文飤糧也从人食無飼字知郭注本用飤字

材中車輞　單疏本雪牕本注疏本輞作輞釋文輞音罔下同與此合下準此

二月中葉疏　注疏本疏改疎

今官園種之　注疏本官誤宮

共汲山下人　閩本監本同元本毛本共誤其

椋即來　唐石經單疏本雪牕本同釋文棶力臺反埤蒼字林竝作棶云椋也本今作棶按玉篇棶椋也說文椋即來也無棶字

栵栭　唐石經單疏本雪牕本同釋文檽字又作栭音而按後漢書王符傳注引作檽與陸本合檽葢栭之訛即栭之俗體玉篇檽乃豆切木名皮可染別一字也

今江東亦呼爲栭栗　單疏本雪牕本同按亦字當衍或爲人字之訛詩皇矣正義廣韻十七薛竝引此云今江東呼爲栭栗無亦字

芝栭薐椇　元本同閩本監本毛本薐改蔆椇監本毛本改椇

檴落　唐石經單疏本雪牕本閩本監本毛本同元本作穫落檴音鑊疏云檴一名落按詩大東無浸檴薪毛傳檴艾也箋云檴落木名也釋文云穫鄭木名字則宜從木旁是雅經檴字本從木不與毛詩同據唐石經單疏本知元本非也

可以爲杯器素　單疏本雪牕本同詩正義引此上有檴音檴三字釋文桮必回反本今作杯按說文桮匳也匳小桮也詩正義引某氏曰可作柸圈郭氏曰可爲柸器素也柸即桮之省素當爲索字之誤也陸元恪云其皮堅韌剝之長數尺可爲絙索其材可爲柸器注本此邢氏作疏時已誤作素故云素謂樸也按釋草望椉車注云可以爲索長丈餘蒠杜棠注云皮可以爲繩索可與此注互證也

無浸檴薪鄭箋云檴落木名　元本同閩本監本毛本檴改樓非

今椰榆也　元本同誤也閩本監本毛本椰作梛與詩正義作椰合○按左傳莊四年正義曰木有似榆者俗呼爲朗榆集韻椰木名廣韻椰木名皆是此字而从阝者誤此疏椰字亦當作椰非椰子木也作椰者非是草木蟲魚疏作椰榆其誤久矣椰不得連榆成文

椶柜柳唐石經雪牕本同單疏本注疏本㭎誤柳五經文字㭎音卬見爾雅葉鈔釋文云郭音卬今本誤作卬

或曰柳當爲柳柜柳似柳單疏本雪牕本同盧文弨曰上言柳當爲柳則下自當云柜柳矣此仍作柳誤

今京洛及河內言杼斗正德本同閩本監本毛本斗誤汁

味荎著唐石經雪牕本正德本同閩本監本毛本味改菋釋文菋音味又亡戒反本今作味知從艸者據釋文改也

櫙荎釋文唐石經單疏本同玉篇木部櫙木名爾雅云櫙荎廣韻十九侯同字皆從木從蓲唐石經作艸下樞非釋文蓲烏侯反詩云山有樞是也本或作蓲同太平御覽卷九百五十六載郭注引詩曰山有蓲考說文艸部有蓲木部有樞皆區聲而無蓲蓲字毛詩山有樞用木部戶樞字魯詩山有蓲用艸部烏蓲字據郭注引詩作蓲釋文引詩作樞知爾雅本與詩同今作櫙蓲兩體乃并合艸部木部字爲之複沓難以下筆俗作也近戴震讀樞爲昌朱切讀櫙爲烏侯切謂詩字必當從爾雅作櫙今作樞訛豈未審蓲樞同一區聲皆可讀作歐爾雅本與詩同作蓲者爲俗字乎

灊爲茹正德本同閩本監本毛本灊改淪

美滑於白榆也注疏本脫也監本毛本於誤如

榆之類有十種注疏本脫榆

皮及木理異耳正德本同閩本監本毛本耳改矣

其赤者爲杜爲甘棠爲赤棠正德本同閩本杜下擠棠甘棠下擠杜監本毛本承之

小雅云有杕之杜傳云杜赤棠是也元本同閩本監本毛本改作唐風云

按小雅杕杜篇無傳

狄臧槔唐石經同石經考文提要引至善堂九經本亦作臧釋文臧孫子郎反雪牕本注疏本作藏誤

似小楝可食單疏本雪牕本正德本同閩本監本毛本楝改柰疏中同按廣韻十八尤杭字下引注作楝玉篇楝同柰

朻者聊唐石經雪牕本同注疏本朻誤科釋文云郭音糾兩字亦誤科此朻與聊爲疊韻

今江東多有之單疏本雪牕本同注疏本江改河非疏中同

今南人呼桂厚皮者爲木桂單疏本注疏本同雪牕本南人作江東非桂生南方

棆美木也注疏本脫美

節中腫以扶老舊本同閩本監本毛本以作似○按節中腫似扶老語本陸機詩疏扶老木可作杖陶淵明策扶老以流憩詳困學紀聞作似者是也又按靈壽木作杖一名扶老杖見孔光傳邛竹亦名扶老竹見中山經

恒農郡北山甚有之舊本同閩本監本毛本恒作宏郡作共

董澤澤名注疏本澤名誤之蒲

諸慮山櫐唐石經單疏本雪牕本同釋文慮字又作攎力余反按攎當作櫖五經文字櫖丑餘反見爾雅玉篇櫖山櫐也似葛而麤大

今江東呼爲樴欇音涉雪牕本同是也注疏本刪下二字釋文欇郭音涉按單疏本引郭注今江東呼爲樴止齊民要術卷十四載郭注亦呼爲樴止欇音涉三字別爲小字音切今本刪音涉二字而誤存欇字皆非也

莢有毛刺注疏本脫毛

春生羹茹微苦舊本同閩本生下擠作監本毛本排入

杬魚毒唐石經單疏本雪牕本同注疏本杬誤杭釋文杬音元又作芫盧文弨曰說文艸部芫魚毒也从艸元聲木部無杬字顏師古注急就章云芫華一名魚毒漁者煮之以投水中魚則死而浮出故以爲名其華可以爲藥芫字或

作杬郭景純說誤其生南方用藏卵果者自別一杬木乃左思吳都賦所云緜杬杶櫨者耳非毒魚之杬也據此盖本釋草文因芫或作杬遂誤入釋木耳上文芓葟蓍郭注亦以爲釋草文之誤重者

中藏夘果　雪牕本正德本同釋文亦作夘單疏本作卵閩本誤卯監本毛本作夘俗字

大椒之別名也　注疏本脫名

葉負而歧　正德本同雪牕本作葉貟而歧釋文歧音祈單疏本注疏本負作圓下無姑注同

赤黑恬美　舊本同閩本監本毛本恬作甜

無姑　唐石經單疏本雪牕本注疏本同此本舊作无姑王氏急就篇補注引經注同係俗省今訂正下無實李同

生山中葉圓而厚剝取皮合漬之其味辛香　單疏本注疏本同段玉裁云顏師古注急就篇曰生於山中其莢圓厚剝取樹皮合漬而乾之成其辛味也係用郭語葉作莢爲長

所謂無夷　單疏本雪牕本正德本同閩本監本毛本改蕪荑疏中準此

所謂無夷云所謂者　元本無者字注疏本同無改蕪

樧羅　唐石經單疏本雪牕本同注疏本羅改蘿按毛詩晨風傳樧赤羅也正義曰釋木云樧赤羅是古本有赤字

實似梨而小　雪牕本同單疏本注疏本梨作棃玉篇棃同棃

實如桃而小　單疏本雪牕本同文選閒居賦注引作實似桃而小此作如非

痤接慮李　唐石經單疏本同雪牕本痤改椊正德本棲誤接閩本監本毛本誤痤接疏中準此釋文痤徂禾反石經考文提要引至善堂九經本亦作痤按玉篇木部云椊亦作椊廣韻椊下引爾雅痤接慮李云或從木雪牕本盖據此

棗壺棗　唐石經壺作壷凡從𣎆束字皆作東與束縛字不同注疏本作棗非壺字石經闕單疏本雪牕本正德本作壷

子細署　單疏本正德本同雪牕本閩本監本毛本署作要按釋文要一遙反注同是陸本作要

子白熟　雪牕本正德本同閩本白下剜擠乃字監本毛本排入按疏云棗子白熟者名擠是邢本無乃字

養其樲棗　單疏本雪牕本正德本同閩本監本毛本棗改棘俗本孟子同按此疏引孟子及趙岐注作樲棗玉篇木部樲酸棗孟子云樲棗是也皆與此合

實小而負　單疏本雪牕本正德本同閩本監本毛本負改圓下棟赤棟注同初學記卷二十八引此作負

洗大棗　唐石經雪牕本注疏本同釋文洗先典反段玉裁云集韻二十七銑引爾雅桄大棗出河東猗氏縣廣韻亦云桄棗木然則爾雅固有從木作桄者白氏六帖棗類云遵羊洗犬並棗名出爾雅以羊犬相儷盖唐人本作犬棗注河東猗氏縣出大棗疑注亦本作大盧文弨曰梁文帝碑用河東洗犬隴右蹲鴟仁和丁希曾嘗舉以校爾雅○案詳注意當是大字六朝辭章多不足據存以俟攷

蹶洩苦棗　唐石經雪牕本注疏本同釋文單疏本洩作泄

皙無實棗　單疏本注疏本同雪牕本此本皙作晳訛今訂正唐石經作晳字從白五經文字白部晳思歷反人色白亦如上字相承多從曰非

還味棯棗　單疏本雪牕本注疏本同唐石經闕釋文棯又作荵同按說文玉篇皆於樵下云樵味棯棗初學記引爾雅亦作稔稔熟也棗過熟者味短也故名還味說文木部無棯字玉篇廣韻於棯下引爾雅非

還味短味　單疏本雪牕本注疏本同此本舊作短苦苦字剜改今訂正

邊太而署細者　元本同閩本監本毛本署改要下同

蹶泄者　元本同閩本監本毛本泄改洩

趙岐注云樲棗小棗　注疏本脫小棗

諱名不諱姓姓所同也名所獨也是其事　注疏本刪上十三字

樸屬枹綴　元本綴作緻閩本監本毛本改樸

皆謂取草木爲薪也　注疏本脫木

棪實似柰赤可食單疏本雪牕本注疏本同按柰當作棕釋文引山海經堂庭之山多棪木注云子似棕而赤可食可證邢疏引山海經注棕亦改作柰矣○按柰正字棕俗字耳舊按非

出交阯單疏本雪牕本注疏本同釋文阯音止本今作趾按釋獸注交阯釋文雪牕本此本皆作交阯此注亦當從陸作阯○按古書多作交止亦作交阯

槐葉晝日聶合而夜炕布者單疏本雪牕本注疏本同釋文音經炕焚本作抗按郭注炕布字當作抗

大而皵楸唐石經雪牕本同釋文㯕字或作槭下同本今作皵

老乃皮麤皵者爲楸單疏本同雪牕本元本麤作麄閩本監本毛本作粗疏中同下準此

皵措皮也閩本監本毛本措誤緒正德本誤猪

梾赤栜白者栜單疏本雪牕本正德本同閩本監本毛本栜作楝非五經文字唐石經作栜朿音七賜反○按唐人作七賜反之朿字略同朿書玉反之束字而短其末一橫轉寫刊版勢難不誤不如一作朿一作束爲明析

中爲車輞釋文輞音罔今本作輞與此合單疏本雪牕本注疏本皆作輞蓋據釋文改與舊按不符矣

白栜葉員而岐正德本同閩本監本毛本員改圓

陽有杞夷正德本同閩本監本毛本夷改棟下一名夷同按詩釋文云棟本亦作荑音夷

終一名牛棘郭云即馬棘也其刺麤而長謂棘之針刺麤長者注疏本刪作終一名牛棘之針刺粗長者

因名牛棘馬棘也正德本同閩本監本毛本誤作馬刺

灌木叢木唐石經單疏本雪牕本同釋文欑古亂反字又作灌音同按下木族生爲灌釋文樌古半反或作灌玉篇樌木叢生也今作灌文在釋文當從陸本作樌毛詩作灌假借字蓋今本所據改或郭氏引詩作灌後人援注改之

集於灌木陳本同雪牕本注疏本於改于單疏本不載注其疏中別引詩云集于灌木蓋後人據此改

木叢攢迫而生者注疏本誤作欑道元本攢字不誤按釋文云謂叢攢迫而生

棫白桵唐石經單疏本雪牕本同五經文字桵人佳反見爾雅釋文桵本或作楼字林人佳反按說文無妥字今說文作桵從妥者誤也字林作楼當本之說文此宜作楼凡從委字多有改作妥者如餧作餒捼作挼之類可證

紫赤可啖單疏本雪牕本同詩緜正義齊民要術卷十一切經音義卷十四皆引作紫赤可食

三蒼說注疏本三誤王

黎山樆唐石經單疏本注疏本同雪牕本黎作梨五經文字云樆山黎也見爾雅釋文黎字亦作梨樆音離本亦作離非按史記司馬相如列傳槃離朱楊集解引漢書音義曰離山梨文選子虛賦注張揖曰離山梨也顏師古注漢書同則爾雅古本作離山梨樆字說文無釋文原本當上樆下黎張參所據尚未誤玉篇廣韻皆云樆山梨

桑辦有葚梔唐石經單疏本雪牕本元本同閩本監本毛本辦改辨俗字疏中準此葉鈔釋文作辨通志堂本改辨按此注云辨半也釋器革中絕謂之辨釋文引孫云辨半分也革中辨謂之韏郭注云復分半也是辨爲半也

女桑桋桑唐石經單疏本注疏本同雪牕本桋改姨陋甚釋文桋或作夷按夷當作荑毛詩傳女桑荑桑也可證

葉却著莢單疏本雪牕本注疏本同釋文卻去略反按詩東門之枌正義引此注却作卻此作却俗字

似白楊單疏本雪牕本元本監本毛本同詩何彼襛矣釋文正義引此注上有今白移也四字閩本擠入

江東呼夫移單疏本雪牕本注疏本同釋文夫移音苻此本舊作大移誤今訂正

今山中有棣樹子如櫻桃可食單疏本雪牕本元本同監本毛本山中作關西閩本此二字空闕按春秋僖二十四年正義引此注云今關西山中有棣樹子似櫻桃可啖當據以補正陸機疏亦云自關西天水隴西多有之猶釋獸魋如小熊注云今建平山中有此獸鼲鼠注云今江東山中有鼲鼠文正相類今本單言關西及山中非也子如櫻桃可食亦當作子似櫻桃可啖因郭注多言似言啖也

常棣之華注疏本常改棠

子如櫻桃白今官園種之　注疏本脫子官誤宫

晚取者爲茗　注疏本取作采

樕樸心　單疏本注疏本同唐石經雪牕本皆樕字在上樸字闕釋文樸音卜本今作樸按玉篇樸樸樕小木也亦作樸按毛詩野有死麕作樸樕爾雅當作樸樕詩正義引釋草文及孫炎某氏注皆樕字在下今本蓋誤倒

詩召南云　正德本閩本監本同毛本召南下增野有死麕四字

文雖倒　注疏本倒改別

棧木干木　唐石經單疏本雪牕本同注疏本干誤于按棧與干爲疊韻釋文干木古丹反樊本作杆同〇按干即乾濕字俗字也

橿木也　單疏本注疏本同雪牕本橿字闕釋文殭字書云死而不朽本或作僵又作橿按死而不朽字當從歹陸本作殭宋鄭樵注本作僵今本從木非

立死椔　雪牕本注疏本同唐石經椔字闕五經文字云椔壯利反立死也見爾雅單疏本亦作椔按釋文云甾字林作椔是爾雅不作椔也詩皇矣其菑其翳毛傳木立死曰菑正義引釋木云立死菑李巡曰以當死害生曰菑釋文菑本又作甾然則毛詩亦作甾不作椔也今本從木蓋因字林增加

不獘頓　雪牕本同注疏本頓下衍椔字按雪牕本不獘頓下連椔側吏反之音俗本刪之未盡遂誤衍椔字而強以側吏反加之下文翳字矣釋文甾側吏反

樹蔭翳覆地者　雪牕本注疏本同按此注當作樹蔭翳相覆蔽今本作覆地因詩正義之文相涉致誤釋文音經蔽必世反注同是注中有蔽字也詩釋文引爾雅蔽者翳郭云相覆蔽此其證詩正義引郭氏曰翳樹蔭翳覆地者也又云自斃者生木自倒枝葉覆地爲蔭翳故曰翳也此因毛傳蔽者作自斃遂爲覆地之說以順改郭注耳郭不言覆地也

梢梢櫂　單疏本注疏本同唐石經闕雪牕本櫂作擢釋文擢直角反方言云拔也蒼頡篇云抽也小爾雅云拔根

曰擢字皆從手邢疏釋經云此別死頓相磨皮甲抽擢之異名也又下無枝爲檄疏云此即上文梢梢擢也然則邢本擢亦從手今經作木旁誤嚴元照云上文木相磨槸棤皵謂樹枝相切磨者爲槸木皮甲錯者爲皵此云梢擢謂梢者爲擢當衍一梢字唐石經以字數計之此行亦多一字〇按謂衍一梢字非也方言曰杪梢也梢尾也說文曰擢引也梢擢者謂木杪引而愈長愈長則愈細因此目之曰梢也單言擢則文不完

梢櫂長而殺者　注疏本同雪牕本櫂作擢按一切經音義卷十五引此注云梢擢長而殺者也

此別死頓相磨皮甲抽擢之異名也　注疏本抽擢誤楢櫂

木兩枝相切磨者　注疏本脫者

自斃爲翳　注疏本斃改獘

以死害生曰菑　以下舊擠當字今刪正正德本死誤當閩本死上剜擠當字監本毛本排入

枝葉覆地爲陰翳　按陰當作蔭詩皇矣正義作蔭

言亦扶疎茂盛　雪牕本同注疏本無亦按亦無所承當衍

草木漸包是也　注疏本包作苞單疏本此頁係補刻因誤改包

祝州木　雪牕本正德本閩本同監本毛本祝改柷釋文柷章六反本今作祝按監毛本據釋文改與舊按不符矣宋翔鳳云柷蓋謂木之中空者也正德本閩本此下分九卷下

子中有核人　單疏本雪牕本注疏本同鍾本郎本人作仁按古書核中人無作仁者明人始全改本艸作仁非也

樧似茱萸而小　注疏本樧誤椒

棗李曰疐之　正德本同唐石經單疏本作疐之閩本監本毛本作疐釋文作重疐

樝似梨而酢澁　單疏本雪牕本正德本同閩本監本毛本澁改澀釋文澁字又作澀

謂苦桃有苦如膽者　注疏本誤杏桃

檄擢直上　雪牕本注疏本同。單疏本擢作擢。釋文云：擢，直角反，字從手，不誤。

檄卽擢也　注疏本作擢身擢也，誤。

釋蟲第十五

裸毛羽鱗介之總稱　正德本裸誤課，閩本、監本、毛本改蜾。

螢天螻是也　注疏本天誤大。

蜚卽負盤臭蟲　單疏本、雪牕本同。春秋隱元年左傳有蜚不爲災，正義曰：釋蟲云蜚蠦蜰，舍人、李巡皆云蜚蠦一名蜰。郭氏云蜚卽負盤臭蟲。洪範五行傳云蜚負蠜，本草曰蜚厲蟲也。經傳皆云有蜚，則此蟲直名蜚耳，不名蜚蠦。說爾雅者言蜚蠦一名蜰，非也。然則郭讀爾雅蜚一名蠦蜰，不與舍人、李巡同。邢疏襲用春秋正義，而郭注仍作蜰，誤甚。今邵晉涵正義改作蜚，嚴元照云山海經中山經有鳥如雉，恒食蜚，注云蜚負盤也，音蜚，可與雅注相證。

南方淫氣之所生也　注疏本淫作淫。

害人之物　注疏本之誤衣。

蟥衙入耳　唐石經、單疏本、雪牕本同。釋文衙本又作蚃。經義雜記曰：考工記梓人爲筍虡注：郤行，蟥衙之屬。釋文蟥衙下如字。爾雅云：蟥衙入耳。劉云：或作蚓衙。賈疏引釋蟲亦作蟥衙。今爾雅作衙，陸云本又作蚃，蚃當爲衙。按方言云蚰蜒，自關而東謂之蟥蚃，或謂之入耳，字作蚃。

此蟲象吳公　正德本同。閩本、監本、毛本改蜈蚣，非。按廣雅蝍蛆，吳公也，本不加虫旁。

案方言云蚰蜒　由延二音　或謂之蝭蠟　麗音　或謂之蚨虷　扶于二音　北燕謂之蛆蚭　蛆，奴六切。蚭，音尼　江東人呼蛩　音蛩。○注疏本改音切爲大字，搃移於下。云蚰音由，蜒音延，蠟音麗，蚨音扶，虷音于，蛆奴六切，蚭音尼，蛩音蛩。

憙入人耳者也　注疏本脫人。憙字，正德本同，閩本、監本、毛本改喜。

江南謂之蟷蠰　音蔸。釋文蟷，郭音蔸，徒低反。單疏本標起止云：注夏小正至音蔸。皆與此合。雪牕本作蛥，音夷。注疏本亦作蛥，又刪下二字。

鳴蜓虎縣　雪牕本、注疏本同。單疏本標起止云：注如蟬至虎縣。釋文縣音元。按夏小正作鳴札，札者寧縣也。

蠽茅蜩　唐石經、單疏本、雪牕本同。釋文作蠽，舊按云本今作蓋。今本所從出據注云江東呼爲茅截，蓋經作蠽，注作截也。說文蠽，小蟬蜩也，从蚰，截聲。

似蟬而小青赤　單疏本、雪牕本同。注疏本赤作色。此涉上蠽茅蜩注似蟬而小青色致誤。按詩七月正義、禮記月令正義皆引作青赤，初學記卷三十引青而赤。

俗呼胡蟬　注疏本胡誤曰。

一名馬蟬蟬中最大者也　注疏本脫上四字，中誤之。

字林蛚或作蟟也　浦鏜云：蟟誤蟟。按詩蕩正義作蟟。

有文者謂之蜻是也　注疏本同。此本蜻字剜擠，作蜻蜻，係據方言改，今訂正。

詩碩人云螓首蛾眉鄭云　元注疏本詩下衍人，鄭云誤鄭元。

虎縣也鳴而後知之　注疏本縣改懸，脫之。

謂蜺也　是　注疏本也是倒。

案方言云蛥蚗　音折決。○注疏本蛥蚗改蛥蚗，音折玦三字作大字，移於後。

或謂之蛉蛄　音零　謂之蚓蟧　貂料二音　或謂之蝭蟧　音帝。○注疏本音切上增一本予隶於後，加圈以間之。

蛣蜣蜣蜋　唐石經、單疏本、雪牕本同。注疏本及此本蜣作蜣，訛，今訂正。釋文蜣。

莊子曰　注疏本脫曰。

身狹而長　雪牕本注疏本同釋文狹作陜舊按云本今作狹○按作陜者說文體也省作陝非

豬好啖之　單疏本雪牕本同詩蜉蝣正義引此啖作噉按上注噉糞上亦用噉字

梁宋之間曰渠略　按此下當有郭云

夏小正曰　浦鏜云詩正義上有孫炎曰此脫

朝生而莫死　注疏本莫改暮

今江東呼黃蛢音瓶　雪牕本同注疏本刪下二字釋文蛢郭音瓶經義雜記曰考工記梓人爲筍虡疏引此注云今江東呼爲黃蛢按一切經音義卷十五引此注云江南呼爲黃瓦亦有爲字瓦即瓶之訛

蝚蛖螻　釋文唐石經單疏本注疏本同雪牕本蛖作蠅俗字書所無

案方言蛄詣謂之杜蛒音格螻蛭謂之螻蛄音室或謂之蟓蛉　象鈴二音○注疏本言下增云詣誤者蛒誤略蛭誤蛭刪音切彙於後毛本亦作蛒蛭作螲

不蜩王蚥　唐石經雪牕本舊本閩本毛本同監本蚥改炇石經考文提要引至善堂九經本亦作蚥按上蠦與炇釋文云炇音甫下同則陸本於此作炇唐石經加虫旁非

蛄䗐強蛘　單疏本雪牕本同唐石經蛄作姑按說文䗐姑䗐強芉也字亦作姑今本作虫旁非

今米穀中蠹小黑蟲是也　雪牕本同注疏本蠹作蠧非按疏云今米穀中小黑蠹蟲也此作蠹小黑蟲誤倒

建平人呼爲蛘子音芉姓　雪牕本同注疏本刪下三字釋文蛘郭音芉疏云音楚姓芉之芉

江東謂之蛪音加建平人呼蛘子音楚姓芉之芉　注疏本音如改大字下六字舊本同閩本監本毛本改音芉楚姓芉

螗蜋別名　雪牕本注疏本同單疏本作螳蜋釋文螳音唐本今作螗此當從陸本

一名䗚蟭　單疏本舊本同雪牕本閩本監本毛本䗚誤蟤按釋文䗚普莫反又補莫反

一名螳蜋螵蛸母也　注疏本脫螵蛸螳舊本作唐閩本監本毛本誤蟷

方言云譚魯以南謂之蟷蠰　注疏本譚改潭盧文弨曰藝文類聚稱此爲鄭志月令正義誤引爲方言此承其誤

謂之螳蜋　舊本作堂蜋下引月令同閩本監本毛本改螳蜋

謂之馬穀　注疏本穀改谷

蒺蔾蝍蛆　唐石經單疏本雪牕本舊本閩本監本同毛本蔾改藜

蝱舍蚔蟓　單疏本雪牕本注疏本同此本蚔作蚳誤按玉篇別爲一字非釋文蚔直其反說文从虫氏聲

亦名青蛪　單疏本雪牕本同釋文蜻蛚于盈反廣雅云蜻蛚促織也舊按云本今作青蛪按禮記月令正義引孫炎作蜻蛚說文亦作蜻蛚詩蟋蟀正義引李巡陸機作蜻蛪凡蜻蛚字皆不作青此當從

一名蟯蛪　注疏本作青蛪按蟯當作蜻字之誤也詩正義作蜻蛪可證

馬蠲蚐俗呼馬蠸　單疏本雪牕本元本同釋文蚐音勻閩本監本毛本蚐誤蚼玉篇廣韻無蚐集韻十八諄蚐蟲名馬蠸也本釋文太平御覽蟲部引此注云馬蠲蚐也○按蠲蚐聯綿字也

馬蚿音弦北燕謂之蛆蟝音子余切其大者謂之馬柚　音逐○注疏本音切作大字移於後柚改蚰今本方言同

詩曰趯趯阜螽　雪牕本同注疏本亦作詩曰單疏本曰作云非注疏本阜作皁按單疏本釋經引詩趯趯阜螽又標注詩云喓喓草蟲趯趯阜螽曰召南草蟲篇文也阜字蓋順毛詩改注引詩當作皁

草螽負蠜　唐石經雪牕本同釋文蟦音負字或作負

蜙蝑也　雪牕本注疏本同疏云一名蜙蝑釋文蜙本亦作螉同烏公反字林云蟲在牛馬皮者按說文螉蟲在牛馬皮者从虫翁聲烏紅切螉蝑也又蜙蜙蝑以股鳴者从虫松聲息恭切蜙蝑或省此經作蜙蝑字注作螉

蜙字淺人據說文蚣蝑爲一字因改蚣爲蜙而不知此蚣爲蜙之省而非蜙蝑字也

俗呼蝽蟍 雪牕本注疏本同疏云一名蝽蟍釋文春黍本或作蝽蟍按詩螽斯正義云舍人曰今所謂春黍也陸機疏云幽州人謂之春箕春箕卽春黍釋文曰楊雄許愼皆云春黍然則春黍二字本無虫旁當從陸本

蟿螽螇蚸 單疏本雪牕本同五經文字蚸他各反又音厤見爾雅唐石經作蚸非○按依說文斥作岸則唐石經是

幽州人謂之春箕春箕卽春黍 元本同閩本監本毛本春字黍字竝加虫旁非

或謂似蝗而小班黑 元本同閩本監本毛本班改斑

其股似瑇瑁又 按又當爲乂字之誤也元本瑇瑁省作毒昌爲合古

又名虴蜢 注疏本改蚱蜢按釋文蚱字又作虴作宅反詁劭云虴虴蜢也

形似蝗而小 注疏本脫形而誤細

螼蚓蜸蚕 唐石經單疏本雪牕本注疏本同毛本蚕改蠶蠶因蠶字俗省作蚕因誤改此蚕爲蠶也釋文蚕他典反嚴杰云陸佃新義亦誤爲蠶且云蚕老而後眠

江東呼寒蚓 單疏本雪牕本同釋文螼音寒字亦作寒一切經音義卷十三云今江東呼爲寒蚓當本此注

莫貈蟷蜋蛑 雪牕本注疏本同誤也釋文唐石經單疏本蟷作螳當據以訂正說文作堂蜋

螗蜋有斧蟲 雪牕本元本同閩本監本毛本螗作蟷非螗依經作螳

江東呼石蜋 陳本同單疏本雪牕本注疏本作江東呼爲石蜋此脫爲字

虰蛵負勞 唐石經單疏本雪牕本同釋文蟧力刀反本今作勞

卽蜻蛉也 雪牕本注疏本同釋文青本今作蜻按郭注當本作青蛉高誘注淮南子齊俗篇云蟌青蛉也

蜻蛉謂之蝍蛉淮南人又呼蠊蛜 音康伊○注疏本刪小注元本蝍字闕閩本監本毛本誤蜻

蜭毛蠹 唐石經單疏本雪牕本蠹作蠧注疏本及此本上從士非

八角螫蟲 單疏本雪牕本同釋文螫作蠚釋獸鼮鼠注同五經文字亦作蠚玉篇蠚同螫

然與鼠婦及鼠婦 元本同閩本監本剜改與作爲毛本承之

蠺䖸 元本閩本監本同雪牕本毛本蠺作蚕誤釋文蠺徂南反下同疏云此卽蠶蛹所變者也按下蟓桑繭注及疏同

說文云䖸羅也是 注疏本也是倒

螒天雞 唐石經單疏本雪牕本同釋文螒胡旦反字林作螒雞釋鳥鶾天雞字皆作翰唐石經作螒爲依字林所改非也釋鳥釋文翰本又作鶾胡旦反鶾卽翰之譌說文翰天雞赤羽也从羽倝聲逸周書曰文翰若翬雉此其證釋文當云翰本又作鶾今本出後人乙改因文在釋蟲故從虫文在釋鳥故從鳥也

如蝗而班色 元本同監本閩本毛本班改斑

蛶螪何 毛本同雪牕本元本閩本監本螪譌螪唐石經闕釋文螪失羊反字林之亦反五經文字云螪失羊反又之亦反按失羊反字作螪之亦反字作螪說文蛶商何也無螪螪二字

蜆縊女 唐石經單疏本雪牕本同釋文蜆孫音俔按此孫讀蜆爲俔俔與磬聲相轉毛詩俔天之妹韓詩作磬說文磬象懸虡之形禮記文王世子注云縣縊殺之曰磬磬者縊死之卽縣虛之義此縊女之所以名蜆也

說文云蛻爲蝶是也 今說文蜆縊女也下無此語又說文有蜨無蝶此蓋誤引

齊人呼蟻蟻蛘 陳本同雪牕本元本作齊人呼蟻爲蛘閩本監本毛本改齊人呼螘爲蛘按當作齊人呼蟻蛘疏云小者卽名螘齊人呼蟻蛘方言云燕謂之蛾蛘郭彼注云蟻養二音邢疏正本注云然也釋文蛘以丈反郭云齊人呼蟻也字林云北燕人謂蚍蜉曰蟻蛘與疏合釋文音經螘俗作蟻字音同蓋注用俗字以曉人也

○按呼蟻蟻蛘者呼蟻爲蟻蛘也此本方言有改下一蟻字作爲者非是

螱飛螘唐石經單疏本雪牕本同釋文螱於貴反說文字林從蚰五經文字螱於貴反爾雅又作螱按釋文蚰爲蚰之訛謂說文字林皆從蚰作螱爾雅則從虫作螱也唐石經今本依字書改螱非今說文無螱螱字玉篇螱飛螘也

謂之蚼蟓駒養二音○注疏本蟓誤蠓注改大字移於後云蚼音駒蟓音蒙下準此

燕謂之蛾蛘蟻養二音○注疏本移音於下

次蟗按經文蟗字於六書皆不合出非諧聲也以諧聲求之當是作蠹从蚰橐聲與說文蚍蠹同字次蠹在說文則作蠿蟊古音相同也次古音讀如桼

今江東呼蝃蝥音掇陳本同雪牕本掇誤蝃注疏本刪下二字釋文棳章悅反本或作掇拾字非○按當云棳音掇寫者省棳字耳

說文謂之蠿蟊作罔鼄蟊也注疏本蠿蟊改鼄蝥罔作網正德本作罔作蟊下同

謂之鼄蝥閩本監本毛本蟊作蝥

或謂之蠾蝓蠾臾二音○正德本亦作蠾閩本監本毛本作蠋

謂之蝳蜍毒餘二音○注疏本改大字每字分音彙於後

土蠭唐石經單疏本注疏本同下木蠭同釋文蠭字又作蜂按此經作蠭注作蜂雪牕本注中五蠭字皆作蜂是也

今江東呼大蠭在地中作房者爲土蠭雪牕本同蠭作蜂注疏本脫呼

今荆巴間呼爲蟺音惲雪牕本惲誤蟬注疏本刪下二字釋文蟺郭音惲徒旦反

此辨蠭在土在木之異也注疏本脫下在

讀爲蛩蟺之蟺注疏本蟺誤亶讀上增蟺

其在糞土中者名蟦蠐浦鏜云蠐字衍

以在木中白而長疏本中下衍者

蛜威委黍唐石經同五經文字蛜見爾雅詩風作伊雪牕本蛜音伊經作伊威非釋文蛜音伊本今作伊當爲蛜音伊本今作蛜注疏本作蛜威蟠鼠負疏引此經同乃并合詩爾雅字爲之非也說文蛜蛜威委黍从虫伊省聲

蟰蛸長踦唐石經單疏本正德本同石經考文提要引至善堂九經本亦作蟰雪牕本閩本監本毛本蟰改蟏按釋文云蟰詩作蟏明爾雅不作蟏也

一名蟰蛸正德本同閩本監本毛本蟰改蟏

蟰蛸在戶正德本訛肅肖閩本監本毛本蟰改蟏按廣韻一屋一切經音義卷二十五引詩皆作蟰

爲羅罔居之正德本同閩本監本毛本罔改網

蠀蝛謂之蚇蠖音卽蹴○注疏本蠀改蝍分音於後

果蠃蒲盧唐石經單疏本正德本同石經考文提要引至善堂九經本亦作蠃雪牕本閩本監本毛本蠃改蠃按說文蠃蜾蠃也从虫蠃聲作蠃爲俗字五經文字蠃魯果反見爾雅爲勝於開成石經當本之釋文今釋文亦改蠃矣

詩小宛作蜾蠃說文於艸部作果蓏於虫部作蜾蠃爾雅當與說文同

卽細署蠭也單疏本正德本同雪牕本閩本監本毛本署作腰釋文細要一遙反本今作署

亦曰戎女雪牕本注疏本同詩小宛正義引作亦呼爲戎女

蜾蠃負之注疏本蜾作果釋文音經果本又作蜾大元親次三蜾蠃負之宋司馬君實注引詩作蜾

負之於木空中注疏本負誤附

蝎桑蠹唐石經雪牕本同注疏本蠹作蠧非

本草又名夜光注疏本又作一此本又下剜擠一字今刪正

蚅烏蠋唐石經單疏本雪牕本同釋文蚅音烏本又作烏按玉篇虫部蚅蚅蠋也

鱣似蛇正德本鱣誤亶閩本監本毛本改蟺下同

則忘其所惡閩本監本毛本忘誤亡正德本誤兂

小蟲似蚋喜亂飛 雪牕本閩本監本毛本同單疏本蚋作蜹正德本作芮卽蜹之訛疏中準此釋文蜹又作蚋按說文秦晉謂之蜹楚謂之蚊从虫芮聲一切經音義卷八引此注作蜹今本作蚋非喜亦當作憙

因雨而生 注疏本而誤布

卽螳蟷 雪牕本注疏本同釋文蟷丁郎反此本作蝠訛蝗蟷之爲蛈蝪語轉耳

雝由樗繭 唐石經雪牕本同釋文雝市由反本今作雝

食蕭葉者 雪牕本同注疏本脫者按廣韻十一唐蚢字下引此注有者

因所食葉異 注疏本脫異

食樗葉棘葉欒葉者名雝由 浦鏜云下脫棘欒二字

蠭醜錞 正德本同雪牕本閩本監本毛本錞作錞唐石經作錞釋文虢呼暇反本今作錞段玉裁云後人訛寫從金也釋文當是本作錞○按廣韻九御引爾雅蠭醜錞字不作蠭

皆剖坼母背 監本毛本同舊本閩本脫背

强坼之類 注疏本强蚚改螽斯

好垂其腴以休息 注疏本休誤伏

食葉蟘 注疏本同唐石經單疏本雪牕本蟘作蟦按釋文蟘字又作蟦今本作蟘非

食節賊 唐石經雪牕本同釋文蠈音賊本今作賊按玉篇蠈音賊食禾節蟲與陸本合今本蓋據毛詩改

分別蟲啖食禾所在之名耳 雪牕本注疏本同按詩大田正義引郭云分別蟲啖禾所在之名耳郭注多言啖蓋詩正義引作啖注疏本作食今本誤并爲一

故曰蟘也 舊本同閩本監本毛本蟘改蟦下同

蟘似子方而頭不赤 注疏本子方作虸蚄廣韻虸蚄蟲名按詩正義作子方與此合

賊似桃李中蠹蟲 注疏本脫似

吏抵冒取民財 舊本同閩本監本毛本抵誤秪

釋魚第十六

是以不盡載魚名 元本闕載閩本監本剜改作釋毛本承之

石磧上釣取之 元本同閩本監本毛本釣改鉤

又以今語驗之 元本闕今閩本監本毛本改時

則鯉鮪鱣鮥 注疏本鮥改鮎

鱧注鮦也○釋曰今鱧魚也 注疏本删注鮦也釋曰五字此本鱧誤鯉今訂正

今鯶魚似鱒而大 單疏本雪牕本同釋文鯶胡本反此本鯶訛鱓今訂正按此云鯶魚似鱒下鯇鱒注云似鯶子可互證

體貟而有點文 雪牕本元本同閩本監本毛本貟改圓下魁陸注同按點文當作文點下言見注云白爲文點黃爲文點黑爲文點此作點文非

此卽上文鱧也 元本同閩本監本毛本文改云

鱯魚名似鮎而大 注疏本同此本鱯字剜改作鮠今訂正

今青州呼鰕魚爲鰝音鄗鄗 雪牕本同注疏本删下三字釋文鰝郭音鄗戸老反鄗芳弓反

魚禁鯤鱬 詩敝笱正義宋本同注疏本鱬作鰤按鱬當作鰤卽鰤字之變體淺人改鱬別爲一字矣

健啖細魚 雪牕本注疏本同釋文啖作噉大敢反

鱏長鼻魚也 注疏本鼻作鼻下並同

鮂魚出江東 注疏本脫出

見斂者得魚 注疏本脫者

其小者名爲鯦　注疏本脫爲

鮥鮛鮪　唐石經單疏本雪牕本同五經文字鮛音叔按釋文云叔字林作鮛是爾雅不作鮛也詩潛釋文引爾雅云鮥叔鮪可證然則五經文字唐石經作鮛非又按說文鮪鮥也鮥鮪也互訓今本鮪下衍叔字鄭箋詩碩人及潛皆云鮪鮥也葢散文則鮪鮥不別對文則大者名鮪小者名鮥

大者名王鮪小者名鮛鮪　雪牕本注疏本同按鮛當作叔文選江賦魚則江豚海狶叔鮪王鱣李善引爾雅鮥鮛鮪郭注曰大者王鮪小者叔鮪又詩碩人釋文曰大者曰王鮪小者曰鮛鮪可與經互證

卽此魚也音洛　雪牕本同注疏本刪下二字釋文鮥郭音洛

崖上山腹有穴　注疏本上誤二

天官獻人春獻王鮪　注疏本獻改漁元本闕獻閩本監本毛本改薦

䐈細而長　注疏本䐈誤腹

鮤鱴刀　唐石經雪牕本注疏本同單疏本鱴作蠛釋文鱴亡節反按玉篇鱴與鮆同海中魚似鮑也義別鮆字注引此作蔑刀周禮鼈人注貍物亦謂鱴刀含漿之類釋文鱴字無音

亦呼爲魛魚　單疏本雪牕本注疏本同毛本魛誤魴疏中按此經作刀注作魛釋文音經刀亦作魛非

一名鮤一名蠛刀一名魛魚　注疏本鮤下衍魚蠛作鱴魛誤魴

故云似鮒子　注疏本脫似

鯜魚出樂浪潘國　注疏本出誤也

出穢邪頭國○　按釋文魵郭云小鰕別名集韵亦引郭同小鰕云小鰕者謂今蝦之小者對上文鰝大蝦而言郭注葢並載二說而今本有脫也

江東呼魴魚爲鯿　雪牕本注疏本同詩九罭正義引此注云江東人呼魴魚爲鯿按人字當有

一名魾音毗　雪牕本同注疏本刪下二字釋文魾音丕又音毗又音邸郭音也

肥恬而少肉細鱗　元本同閩本監本毛本少肉作小力

一名孑孓　單疏本雪牕本同注疏本及此本作孑孑非疏中同今訂正釋文孑紀列反字林云無右臂孓九月反字林云無左臂

今江東呼水中蛭蟲入人肉者爲蟣　雪牕本注疏本同按疏云此水中蛭蟲蟗人入肉者江東呼爲蟣本注爲說入人肉者上當脫蟗字蜆縊女注云蟗自經死可證

蟗入人肉者　注疏本蟗改喜

卽楚王食寒菹　注疏本脫楚菹改葅

蝦蟆子　單疏本雪牕本同釋文蟇字又作蟆按一切經音義卷四引此云蝦蟇子也與陸本合

外有理縱橫　雪牕本注疏本同釋文從子容反本今作縱

形似紡軖音狂○　注疏本刪音狂

鼁䵹蟾諸　唐石經單疏本雪牕本同釋文鼁起據反䵹音秋蠩音諸本今作諸戴震曰鼁說文作鼀今爾雅轉寫譌按䵹當爲䵹說文鼀䵹同字非誤其引詩得此䵹鼀今毛詩作戚施䵹與戚鼀與施皆聲相近斯其證矣釋文䵹爲䵹之譌一切經音義卷十引爾雅作蟾蠩與陸本合今本作諸

似蝦蟆居陸地淮南謂之去蚥　單疏本同一切經音義卷上引作似蝦蟇與上陸本合釋文蚥音甫雪牕本注疏本及此本作蚊譌今訂正疏中同

但相似耳　注疏本但誤俱

蟾諸頭生角者　注疏本脫頭

蛭䗪　唐石經單疏本雪牕本同釋文䗪字林作䗪按者云本今作䗪

掌饋食之豆云脾析蠯醢　注疏本掌改職蠯改蠯

大苦山多三足龜　單疏本雪牕本元本同閩本苦剜改砦監本毛本承之此本剜改作若今訂正

今吳興郡陽羨縣 雪牕本同注疏本脫今按文選江賦注引此注有今

遊戲山東南二十里 元本同閩本二十剜擠作三十五監本毛本承之

食之無蟲疾 元本同閩本剜改蟲疾爲蠱疫監本毛本承之

曰大苦山 元本同閩本剜改苦作砦監本毛本承之

形似蛞蝓 注疏本蛞誤蛞

葵菹蠃醢 注疏本葵誤羮

螺大者如斗 雪牕本注疏本同按此經作蠃注作螺釋文上云蠃力禾反下同注作螺字亦同可證

卽彭蜞也 單疏本雪牕本同注疏本彭改蟚釋文蟚音彭本今作彭按今本據釋文改與舊按不符矣

似蟹而小音滑 雪牕本同注疏本刪下二字

蜞卽彭蜞也 元本同閩本監本毛本彭改蟚

案埤蒼卽云螺屬 元本亦作卽云下二字闕閩本剜改作云卽蟚蜞監本毛本承之

月令孟冬之月云 注疏本云倒月令下

可飾佩刀削 元本同閩本削剜改鞘監本毛本承之

東注激女水 注疏本女作汝依今本山海經改按釋文引東山經作激女之水與此合

仰者謝 唐石經雪牕本同釋文謝如字衆家本作射按禮記玉藻注云謂靈射之屬所當用者是鄭氏所據本亦作射龜人地龜曰繹屬注云仰者繹此順周禮經字以繹爲射也周禮古文故作繹爾雅今文故作射郭本作謝非

行頭左庳 雪牕本注疏本同釋文俾普計反下同本今作庳疏云謂行時頭左邊庳下者按說文俾俾門侍人倪俾也一切經音義卷十云說文頫傾頭也蒼頡篇頫不正也經文作俾是俾頫字通左右俾者行特頭俾倚於左右少衺傾也釋文音經倪亦作睨文選思元賦注引爾雅左睨不類郭注曰行頭左睥也周禮龜人疏云頭向左右睥睨然考說文有俾無睥睨爲邪視其義非也此當從陸本作俾邪疏作庳高字誤甚

龜俯者靈 注疏本脫龜

車渠謂車輞 釋文車輞音罔雪牕本注疏本作輞按疏云考工記謂車輞爲渠故云渠謂車輞然則上車字衍文因上引書大傳致誤

小者鰿 唐石經雪牕本同釋文鰿字又作鰿

餘貾黃白文 唐石經雪牕本同釋文蚳字或作貾同按五經文字貾丈尸反見爾雅

今之紫貝 雪牕本同注疏本無之

謂污薄 雪牕本注疏本同釋文污作汙

蟦小而橢 唐石經雪牕本注疏本同釋文蟦本或作鰿按注云卽上小貝則當同上作鰿石經上鰿下蟦非釋文當爲鰿本或作蟦邢疏釋此經曰小而狹長者名鰿又釋注曰云卽上貝知者以其同名鰿也則邢本上下皆作鰿字

橢謂狹而長 單疏本雪牕本同釋文狹作陜

貝海介蟲也 注疏本海誤爲

周而有泉 注疏本改周有泉貝

大而汙薄者名蜠 注疏本脫者

西伯旣戡耆 注疏本耆改黎按書釋文曰黎尚書大傳作耆書正義曰書傳云文王受命五年伐耆詩文王正義曰殷傳云西伯得四友獻寶免於虎口而克耆此皆大傳作耆之證

紂囚之牖里 注疏本牖改羑

以備其辜也 注疏本作以贖其辠按此作備誤釋詁辜辠

其文采之異大小之殊甚衆 注疏本脫之異大小倒

以黃爲文 注疏本脫以

其白質如玉 注疏本脫其

今九眞交趾以爲杯盤 注疏本今上衍皆杯作桮

以其同名鱝也 正德本同閩本監本毛本鱝誤蟦

隋山喬嶽 注疏本隋作墮非

其循幾何 浦鏜云楚辭循作衍按此蓋脩字之訛

或謂之蠦蝘 盧廛兩音 或謂之刺易 南陽人呼蝘蜓 其在澤中者謂之易蜥 注疏本刺易易蜥皆改蜥蜴盧廛改蠦蝘虎人字者字音切俱作大字

或謂之蠑螈 注疏本此下誤空一字

則是在草澤中者名蠑螈蜥蜴在壁者名蝘蜓守宫也

注疏本脫是及下者

擣萬杵 正德本閩本同監本毛本擣改搗

今淮南人呼蠆子音惡 雪牕本同注疏本刪下二字

螣螣蛇 唐石經雪牕本同單疏本注疏本作螣螣蛇釋文螣直錦反字又作䲢螣字又作騰徒登反按螣螣雖兩體實一字也據釋文知本作螣螣蛇注云龍與雲霧而遊其中卽螣之謂也唐石經作螣螣誤文選思元賦注藝文類聚卷九十六皆引爾雅作螣蛇與釋文合

淮南云蟒蛇 單疏本雪牕本同疏云蟒當爲奔淮南子覽冥篇後奔蛇許慎云奔蛇馳蛇是也或曰淮南人呼此螣爲蟒蛇義亦通按注引淮南子奔蛇以證經之螣蛇奔螣一義也故許注又轉爲馳蛇馳亦奔騰之意也因字形相涉奔誤爲莽又因下有蟒王蛇遂改莽作蟒此當從邢叔明義或說非也

雲黃璐 注疏本璐誤路按依淮南子當作璐雲黃

淮南人呼此螣爲蟒蛇 正德本誤蟒螣閩本監本毛本誤蟒蟒

蟒蛇最大者故曰王蛇 雪牕本注疏本同按一切經音義卷六引此注云蚦之最大者故曰王是訓莽爲大也邢疏亦云此蛇之最大者也今本作蟒蛇最大者非孫星衍云蟒義當用莽小爾雅莽大也。按蟒逗蛇最大者句

蝮虺 唐石經單疏本雪牕本同釋文蝮字亦作蝮虫卽虺字也說文云虫一名蝮博三寸首大如擘字林同郭云別自一種蛇名蝮虺本今作虺按此爲經作虫注作虺之明證唐石經以下諸本俱係後人援注所改

又名拇 注疏本拇下衍指

郭璞曰 注疏本脫璞

文間有毛似豬鬣 注疏本豬作猪

大者長八九尺 雪牕本同注疏本此下有別名鰕三字係疏語竄入

涪陵郡出大龜甲可以卜緣中文似瑇瑁俗呼爲靈龜 雪牕本注疏本同段玉裁云文當作又靈龜當作靈又乂敘古今字依蜀都賦注華陽國志訂正毒冒卽龜之至大者其甲可爲敘

見龜策傳 單疏本雪牕本同釋文筴初革反本今作策

背上有盤法丘山 注疏本脫有

公羊傳曰 注疏本曰作云

言世世保用之辭 舊本閩本同監本毛本保改寶

其實河圖說靈龜也 元本閩本監本同毛本實誤寶

上有擣蓍 索隱云擣古稠字元本擣誤儔閩本監本毛本作壽今史記作下有擣蓍下當從此作上○按擣當从木

今去天南東萬里 元本同閩本剜改天爲扶監本毛本承之

名之火澣布是也 浦鏜云今誤名

爾雅注疏卷九挍勘記終

金谿王銘挍

爾雅疏卷第十

翰林侍講學士朝請大夫守國子祭酒上柱國賜紫金魚袋臣邢昺等奉敕校定

釋鳥第十七

疏　釋鳥第十七○釋曰說文云鳥者羽禽之總名象形字左傳曰少皥氏以鳥名官之類此篇廣釋其名也

隹其鳺鴀今鵓鳩○鳺方扶切鴀方浮切疏　隹其鳺鴀○釋曰舍人曰隹一名夫不李巡曰今楚鳩也某氏引春秋云祝鳩氏司徒祝鳩即隹其夫不孝故爲司徒也郭云今鵓鳩詩曰翩翩者隹毛傳云隹夫不也一宿之鳥鄭箋云一宿者一意於所宿之木又云鳥之謹愨者人皆愛之則此是謹愨孝順之鳥也陸機云今小鳩也一名鵓鳩幽州人或謂之鶻鵃梁宋之間謂之隹楊州人亦然

鶌鳩鶻鵃似山鵲而小短尾青黑色多聲今江東亦呼爲鶻鵃○鶌居物切鶻音骨鵃音嘲疏　鶌鳩鶻鵃○釋曰春秋左氏傳云鶻鳩氏司事也杜注云鶻鳩鶻鵰也春來秋去故爲司事即此鶌鳩也舍人曰鶌鳩一名鶻鵃今之班鳩孫炎曰鶻鳩一名鳴鳩月令云鳴鳩拂其羽郭云似山鵲而小短尾青黑色多聲今江東亦呼爲鶻鵃案舊說及廣雅皆云班鳩非也

鳲鳩鴶鵴今之布穀也江東呼爲穫穀○鳲音尸鴶古八切鵴音菊疏　鳲鳩鴶鵴○釋曰左傳云鳲鳩氏司空也詩召南云維鵲有巢維鳩居之皆謂此也郭云今之布穀江東呼爲穫穀埤倉云鴶鵴方言云戴勝謝氏云布穀類也陸機云云今梁宋之間謂布穀爲鴶鵴一名繫穀一名桑鳩案戴勝自生穴中不巢生而方言云戴勝非也

鷑鳩鵧鷑小黑鳥鳴自呼江東名爲烏鷑○鷑音及鵧符悲切疏　鷑鳩鵧鷑○釋曰鷑鳩一名鵧鷑郭云小黑鳥鳴自呼江東名爲烏鷑

鴡鳩王鴡鵰類今江東呼之爲鶚好在江渚山邊食魚毛詩傳曰鳥摯而有別○鴡七徐反疏　鴡鳩王鴡○釋曰李巡曰王鴡一名鴡鳩郭云鵰類今江東呼之爲鶚好在江渚山邊食魚詩周南云關關鴡鳩陸機疏云鴡鳩大小如鴟深目目上骨露幽州謂之鷲而楊雄許慎皆曰白鷢似鷹尾上白○注毛詩傳曰鳥摯而有別釋曰此即關雎傳文也摯至也謂鳥中雌雄情意至厚而猶能有別故以興后妃說樂君子情深猶能不淫

其色

鵅鵋鶀今江東呼鵂鶹爲鵋鶀亦謂之鴝鵅鵅音格○鵋音忌鶀音欺疏　鵅鵋鶀○釋曰鵅一名鵋鶀郭云今江東呼鵂鶹爲鵋鶀亦謂之鴝鵅

鶅鵵軌未詳

鴗天狗小鳥也青似翠食魚江東呼爲水狗○鵵音兔鴗音立疏　鴗天狗○釋曰鴗一名天狗郭云小鳥也青似翠今江東呼爲水狗

鷚天鸙大如鷃雀色似鷚好高飛作聲今江東名之曰天鷚音綢繆○鷚亡侯切鸙音藥疏　鷚天鸙○釋曰鷚一名天鸙郭云大如鷃雀色似鷚好高飛作聲今江東名之曰天鷚音綢繆者詩豳風云綢繆牖戶取其音同故讀從之

鵱鷜鵝今之野鵝○鵱音六鷜力于切疏　鵱鷜鵝○釋曰鵱鷜者野鵝之別名也郭云今之野鵝

鶬麋鴰今呼鶬鴰○鴰古活切疏　鶬麋鴰○釋曰鶬一名麋鴰郭云今呼鶬鴰

鵅烏鸔水鳥也似鶂而短頸腹翅紫白背上綠色江東呼烏鸔音駮○鵅音洛鸔音剝疏　鵅烏鸔○釋曰鵅一名烏鸔郭云水鳥也似鶂而短鵛腹翅紫白背上綠色江東呼烏鸔

舒鴈鵝禮記曰出如舒鴈今江東呼鴐鴐音加疏　舒鴈鵝○釋曰鵝一名舒鴈今江東呼鴐某氏云在野舒翼飛遠者爲鵝李巡曰野曰鴈家曰鵝○注禮記曰出如舒鴈○釋曰聘禮記文也案彼云私覿愉愉焉出如舒鴈鄭注云威儀自然而有行列是也

舒鳧鶩鴨也○鶩音木疏　舒鳧鶩○釋曰鶩鴨也一名舒鳧李巡曰野曰鳧家曰鶩禮記內則辨鳥之不可食者云舒鳧翠

鳽鵁鶄似鳧腳高毛冠江東人家養之以厭火災○鳽音額鵁音交鶄音精疏　鳽鵁鶄○釋曰鵁鶄一名鳽郭云似鳧腳高毛冠江東人家養之以厭火災

輿鵛鷋未詳

鵜鴮鸅今之鵜鶘也好羣飛沈水食魚故名洿澤俗呼之爲淘河○鵛音經鷋音徒鵜音啼鴮音烏鸅音澤疏　鵜鴮鸅○釋曰舍人曰鵜一名鴮鸅郭云今之鵜鶘也好羣飛沈水食魚一名洿澤俗呼之爲淘河詩曹風云維鵜在梁陸機疏云鵜水鳥形如鶚而極大喙長尺餘直而廣口中正赤頷下胡大如數斗囊若小澤中有魚便羣共抒水滿其胡而棄之令水竭盡魚在陸地乃共食之故曰淘河

鶾天雞鶾雞赤羽逸周書曰文鶾若彩雞成王時蜀人獻之○鶾音汗疏　鶾天雞○釋曰鶾一名天雞赤羽之鳥也○注逸周書至獻之○釋曰云逸周書曰者雖是周書不在尚書百篇內故曰逸周書今所謂汲冢周書也云文鶾若彩雞者王會篇文也案彼云蜀人以文鶾文鶾者若翬雉孔

晁注云鳥有文彩者是也云成王時蜀人獻之者案彼孔晁注又云王城既成大會諸侯及四夷故知當成王時蜀人獻之也

鷽山鵲似鵲而有文彩長尾觜脚赤○鷽音握

〔疏〕鷽山鵲○釋曰山鵲一名鷽郭云似鵲而有文彩長尾觜脚赤說文云知來事鳥也

鷣負雀鷣鷂也江南呼之爲鷣善捉雀因名云○鷣音淫

〔疏〕鷣負雀○釋曰鷣一名負雀郭云鷣鷂也江南呼之爲鷣善捉雀因名云

齧齒艾未詳

鶨鶋老鵅鶨也俗呼爲癡鳥○鶨丑絹切鵅巨炎切

〔疏〕鶨鶋老○釋曰鶨一名鶋老郭云鵅鶨俗呼爲癡鳥字林云鵅喙鳥

鳸鴳今鴳雀○鳸音戶鴳音晏

〔疏〕鳸鴳○釋曰別二名也郭云今鴳雀案舍人李巡孫炎郭氏皆斷老上屬鳸下屬解云鳸一名鶨老鴳一名鳸鳸雀也唯樊光斷鶨鶋爲句以老下屬注云春秋云九扈爲九農正九扈者春扈夏扈秋扈冬扈棘扈行扈宵扈桑扈老扈是以老爲下屬唯鴳不重耳杜預仍云老扈鴳鴳非郭義

桑鳸竊脂俗謂之青雀觜曲食肉好盜脂膏因名云

〔疏〕桑鳸竊脂○釋曰桑鳸一名竊脂郭云俗謂之青雀觜曲食肉好盜脂膏因名云鄭玄詩箋云竊脂肉食陸機毛詩疏云竊脂青雀也好竊人脯肉脂及筩中膏故以名竊脂也諸儒說竊脂皆謂盜人脂膏即如下云竊玄竊黃者豈復盜竊玄黃乎案下篇釋獸云虎竊毛謂之虦貓虦如小熊竊毛而黃竊毛皆謂淺毛竊即古之淺字但此鳥其色不純竊玄淺黑也竊藍淺青也竊黃淺黃也竊丹淺赤也四色皆具則竊脂爲淺白也而諸儒必爲盜竊脂膏者以此經下別云桑鳸與竊玄竊黃等并列則爲淺白者也春秋九扈是也此自別一種青雀好竊脂肉目驗而然詩小雅交交桑扈是也且鄭玄郭樸陸機皆當世名儒無容不知竊爲淺義脂爲白色而待後人剟正也後人不達此言妄說異端非也

鳭鷯剖葦好剖葦皮食其中蟲因名云江東呼蘆虎似雀青班長尾○鷯力同切

〔疏〕鳭鷯剖葦○釋曰鳭鷯一名剖葦郭云好剖葦皮食其中蟲因名云江東呼蘆虎似雀青班長尾

桃蟲鷦其雌鴱鷦䳭桃雀也俗呼爲巧婦○鴱音艾

〔疏〕桃蟲鷦其雌鴱○釋曰舍人曰桃蟲名鷦其雌名鴱郭云鷦䳭桃雀也俗呼爲巧婦此鷦䳭小鳥而生鵰鶚者也詩周頌云肇允彼桃蟲拚飛維鳥毛傳云桃蟲鷦也鳥之始小終大者陸機疏云今鷦鷯是也微小於黃雀其鶵化而爲鵰故俗語鷦鷯生雕鄭詩箋云鷦之所爲鳥題肩也或曰鴞皆惡聲之鳥其義未詳方言說巧婦之名自關而東謂之工爵或謂之過鸁或謂之女鴎自關而東謂之鸋鴂自關而西謂之桑飛或謂之韈爵是也

鶠鳳其雌皇瑞應鳥雞頭蛇頸燕頷龜背魚尾五彩色高六尺許

〔疏〕鶠鳳其雌皇○釋曰鳳一名鶠郭云瑞應鳥雞頭蛇頸燕頷龜背魚尾五彩已高六尺許說文云神鳥也天老曰鳳像麟前鹿後蛇頸魚尾龍文龜背燕頷雞喙五色備舉出於東方君子之國翱翔四海之外過崐崘飲砥柱濯羽弱水莫宿丹穴見則天下大安寧字從鳥凡聲鳳飛則羣鳥從以萬數故鳳古作朋字山海經曰丹穴之山有鳥焉其狀如鶴五彩而文名曰鳳首文曰德翼文曰順背文曰義膺文曰仁腹文曰信是鳥也飲食自歌自舞見則天下大安寧京房易傳曰鳳皇高丈二漢時鳳皇數至漢書云高五六尺是說鳳皇之狀也

䳭鴒雝渠雀屬也飛則鳴行則搖

〔疏〕䳭鴒雝渠○釋曰䳭鴒一名雝渠水鳥也郭云雀屬也飛則鳴行則搖詩小雅云脊令在原陸機疏云大如鷃雀長脚長尾尖喙背上青灰色腹下白頸下黑如連錢故杜陽人謂之連錢是也

鷽斯鵯鶋鵶烏也小而多羣腹下白江東亦呼爲鵯烏○鷽音預

〔疏〕鷽斯鵯鶋○釋曰鷽斯一名鵯鶋郭云鵶烏也小而多羣腹下白江東亦呼爲鵯烏詩小雅云弁彼鷽斯毛傳云鷽鵯鶋然則此鳥名鷽而云斯者語辭猶蓼彼蕭斯之類也小爾雅云小而腹下白不反哺者謂之雅烏說文字林皆云楚烏是也

燕白脰烏脰頸○脰音豆

〔疏〕燕白脰烏○釋曰脰項也小爾雅云白項而羣飛者謂之燕烏燕烏白脰烏是也

鴽鴾母鵪也青州呼鴾母○鴽音如鴾音謀

〔疏〕鴽鴾母○釋曰李巡云鴽鵪一名鴾母郭云鵪也青州呼鴾母田鼠所化者也月令季春田鼠化爲鴽是也

密肌繫英釋蟲以有此名疑誤重

巂周子巂鳥出蜀中○巂音攜

〔疏〕巂周○釋曰子巂鳥也出蜀中說文云巂蜀王望帝化爲子巂今謂之子規是也

燕燕鳦詩云燕燕于飛一名玄鳥齊人呼鳦○鳦音乙

〔疏〕燕燕鳦○釋曰燕燕又名鳦郭云一名玄鳥齊人呼鳦此燕燕即今之燕古人重言之詩云燕燕于飛漢書童謠云燕燕尾涎涎是也孫炎舍人以巂周燕燕鳦爲一物三名郭所不取也○注詩云至呼鳦○釋曰詩云燕燕于飛者邶風衛莊姜送歸妾之詩也云一名玄鳥者案月令仲春之月玄鳥至以其色玄故謂之玄鳥是也云齊人呼鳦者案商本紀云簡狄行浴玄鳥墮其卵取而吞之因孕生契諸緯候皆言簡狄吞鳦卵而生契是玄鳥又名鳦也

鴟鴞鸋鴂

鴟類○鴟尺之切鴞音遙鸋音寧鴂音決【疏】鴟鴞鸋鴂○釋曰舍人云鴟鴞一名鸋鴂郭云鴟類詩豳風云鴟鴞鴟鴞毛傳云鴟鴞鸋鴂陸機疏云鴟鴞似黃雀而小其喙尖如錐取茅秀爲窠以麻紩之如刺韈然縣著樹枝或一房或二房幽州人謂之鸋鴂或曰巧婦或曰女匠關東謂之工雀或謂之過羸關西謂之桑飛或謂之韈雀或曰巧女先儒皆以爲今之巧婦郭注此云鴟類又注方言云鸋鴂鴟屬非此小雀明矣是與先儒意異也今爾雅以郭氏爲宗且依郭氏

狂茅鴟今鵂鶹也似鷹而白怪鴟即鴟鵂也見廣雅今江東通呼此屬爲怪鳥梟鴟土梟○梟音嬌【疏】狂茅鴟怪鴟梟鴟○釋曰此別鴟類也茅鴟一名狂廣雅云茅鴟鵂也郭云今鵂鶹也似鷹而白怪鴟廣雅謂之鴟鵂郭云今江東通呼此屬爲怪鳥梟一名鴟郭云土梟說文云梟食母不孝之鳥故冬至捕梟磔之字從鳥首在木上詩陳風云墓門有梅有鴞萃止毛傳云惡聲之鳥也一名鵩一名梟一名鴟大雅瞻卬云爲梟爲鴟陸機云鴞大如斑鳩綠色惡聲之鳥也入人家凶賈誼所賦鵩鳥是也其肉甚美可爲羹臛又可爲炙漢供御物各隨其時鴞冬夏常施之以其美故也

鶛劉疾未詳生哺鷇鳥子須母食之生噣雛皆自食○鶛音皆鷇古候切噣音啄雛仕俱切【疏】生哺鷇生噣雛○釋曰辨鳥子之異名也鳥子生須母哺而食者名鷇謂燕雀之屬也史記趙武靈王探雀鷇而食之是也鳥子生而能自啄食者名雛謂雞雉之屬也禮記內則云雛尾不盈握弗食是也

爰居雜縣國語曰海鳥爰居漢元帝時琅邪有大鳥如馬駒時人謂之爰居【疏】爰居雜縣○釋曰爰居海鳥也大如馬駒一名雜縣漢元帝時琅邪有之○注國語至爰居○釋曰云國語曰海鳥爰居者案魯語云海鳥曰爰居止於魯東門之外三日臧文仲命國人祭之展禽曰越哉臧孫之爲政也夫祀國之大節也節政之所成也故制祭祀以爲國典今無故而加典非政之宜也今海鳥至已不知而祀之以爲國典難以言仁且知矣無功而祀之非仁也弗知而弗問非知也今茲海其有災乎夫廣川之鳥獸皆知辟其災是歲海多大風冬煖是其事也

春鳸鳻鶞夏鳸竊玄秋鳸竊藍冬鳸竊黃桑鳸竊脂棘鳸竊丹行鳸唶唶宵鳸嘖嘖諸鳸皆因其毛色音聲以爲名竊藍青色○鳻音汾鶞物倫切唶音即嘖音責【疏】春鳸至嘖嘖○釋曰李巡云諸鳸別春夏秋冬四時之名唶唶嘖嘖鳥聲貌也郭云諸鳸皆因其毛色音聲以爲名竊藍青色案昭十七年左傳云九鳸爲九農正以此八鳸并上鳸鴳爲九賈逵注云春鳸分循相五土之宜趣民耕種者也夏鳸竊玄趣民耘苗者也秋鳸竊藍趣民收斂者也冬鳸竊黃趣民蓋藏者也棘鳸竊丹爲果驅鳥者也行鳸唶唶晝爲民驅鳥者也宵鳸嘖嘖夜爲農驅獸者也桑鳸竊脂爲蠶驅雀者也老鳸鷃鷃趣民收麥令不得晏起者也舍人樊光注爾雅其言亦與賈同其意皆謂以鳸爲官還令依此諸鳸而動作也然則趣民耕耘及收斂蓋藏其事可得召民使聚而總號令之其爲果驅鳥爲蠶驅雀豈得多置官方使之就果樹入蠶室爲民驅之哉又晝驅鳥夜驅獸不可竟日通宵常在田野溥天之下何以可周且其言不經難可據信也故郭氏及杜預皆不從也

鵖鴔戴鵀鵀即頭上勝今亦呼爲戴勝鵖鴔猶鶝鶔語聲轉耳○鵖彼及切鴔皮及切鵀音賃【疏】鵖鴔戴鵀○釋曰李巡云戴勝一名鵖鴔郭云鵀即頭上勝今亦呼爲戴勝鵖鴔猶鶝鶔語聲轉耳月令季春云戴勝降于桑方言云燕之東北朝鮮洌水之間謂之鶝鴔自關而東謂之戴鵀或謂之戴須或謂之戴勝東齊吳揚之間謂之鵀自關而西謂之服鶝或謂之鶝鶝

鶭澤虞今婟澤鳥似水鴞蒼黑色常在澤中見人輒鳴喚不去有象主守之官因名云俗呼爲護田鳥○鶭孚往切【疏】鶭澤虞○釋曰澤虞一名鶭郭云今婟澤鳥似水鴞蒼黑色常在澤中見人輒鳴喚不去有象主守之官因名云俗呼爲護田鳥說文云婟嫪也聲類云婟嫪戀惜也以此鳥戀惜池澤見人不去因名婟澤鳥也

鶿鷧即鸕鷀也觜頭曲如鉤食魚○鶿音慈鷧於計切【疏】鶿鷧○釋曰別二名也字林云似鶂而黑郭云即鸕鷀也

鷯鶉其雄鶛牝痺鶉鵪屬○痺音脾【疏】鷯鶉其雄鶛牝痺○釋曰李巡曰別雄雌異方之言鶉一名鷯其雄名鶛其牝名痺郭云鶉鵪屬鵪即上云鴽鴾母田鼠所化者鶉舊云蝦蟆所化者也

鸍沈鳧似鴨而小長尾背上有文今江東亦呼爲鸍音施【疏】鸍沈鳧○釋曰鸍一名沈鳧郭云似鴨而小長尾背上有文今江東亦呼爲鸍陸機云大小如鴨青色卑脚短喙水鳥之謹愿者也大雅云鳧鷖在涇

鴢頭鵁似鳧脚近尾略不能行江東謂之魚鵁音饒箭○鴢音拗鵁許交切【疏】鴢頭鵁○釋曰鴢一名頭鵁郭云似鳧脚近尾略不能行江東謂之魚鵁音饒箭嫌讀爲鵁青之鵁故音之山海經云青要山畛水出焉北注河其中有鳥名鴢狀如鳧青身朱目赤毛食之宜子是也

鵽鳩寇雉　鵽大如鴿似雌雉鼠脚無後指岐尾爲鳥憨急羣飛出北方沙漠地○鵽丁刮切

疏　鵽鳩寇雉○釋曰寇雉一名鵽鳩郭云鵽大如鴿似雌雉鼠脚無後指岐尾爲鳥憨急羣飛出北方沙漠地又謂之泆泆下云寇雉泆泆是也

萑老鵵　木兔也似鴟鵂而小兔頭有角毛脚夜飛好食雞○萑音丸

疏　萑老鵵○釋曰老鵵一名萑郭云木兔也似鴟鵂而小兔頭有角毛脚夜飛好食雞

鶟鶦鳥　似雉青身白頭○鶟音突鶦音胡

疏　鶟鶦鳥○釋曰鶟鶦鳥名也郭云似雉青身白頭

狂㝱鳥　狂鳥五色有冠見山海經

疏　狂㝱鳥○釋曰㝱鳥一名狂五采之鳥也○注狂鳥至山海經○釋曰案大荒西經云栗廣之野有五采之鳥有冠名曰狂鳥是也

皇黃鳥　俗呼黃離留亦名搏黍

疏　皇黃鳥○釋曰舍人曰皇名黃鳥郭云俗呼黃離留一名搏黍詩周南云黃鳥于飛陸機疏云黃鳥黃鸝留也或謂之黃栗留幽州人謂之黃鸎一名倉庚一名商庚一名鵹黃一名楚雀齊人謂之搏黍常甚熟時來在桑間故里語曰黃栗留看我麥黃葚熟亦是應節趨時之鳥也自此以下諸言倉庚商庚鵹黃楚雀倉庚鵹黃之文與此一也

翠鷸　似燕紺色生鬱林○鷸音聿

疏　翠鷸○釋曰李巡曰鷸一名爲翠其羽可以爲飾樊光云青羽出交州郭云似燕紺色生鬱林說文云翠青羽雀也案漢書尉他獻文帝翠鳥毛然則鷸羽可以飾器物故僖二十四年左氏傳鄭子臧好聚鷸冠是也

鸀山烏　似烏而小赤觜穴乳出西方○鸀音蜀

疏　鸀山烏○釋曰山烏一名鸀郭云似烏而小赤觜穴乳出西方

蝙蝠服翼　齊人呼爲蟙蠌或謂之仙鼠

疏　蝙蝠服翼○釋曰蝙蝠一名服翼郭云齊人呼爲蟙蠌或謂之仙鼠方言云蝙蝠自關而東謂之服翼或謂之卷鼠自關而西秦隴之間謂之蝙蝠北燕謂之蟙蠌

晨風鸇　鷂屬詩曰鴥彼晨風○鸇之然切

疏　晨風鸇○釋曰舍人曰晨風一名鸇摯鳥也郭云鷂屬陸機云鸇似鷂黃色燕頷勾喙嚮風搖翅乃因風飛急疾擊鳩鴿燕雀食之○注詩曰鴥彼晨風○釋曰詩秦風晨風篇文也

鸉白鷢　似鷹尾上白○鷢巨月切

疏　鸉白鷢○釋曰鸉一名白鷢郭云似鷹尾上白

寇雉泆泆　即鵽鳩也

鷏蟁母　似烏鸎而大黃白雜文鳴如鴿聲今江東呼爲蚊母俗說此鳥常吐蚊故以名云○鷏音田蟁音文

疏　鷏蟁母○釋曰鷏一名蟁母郭云似烏鸎而大黃白雜文鳴如鴿聲江東呼爲蚊母俗說此鳥常吐蚊因以名云蟁蚊音義同

鷉須鸁　鷉鷿鷈似鳧而小膏中瑩刀○鷉音梯鸁音螺

疏　鷉須鸁○釋曰鷉一名須鸁郭云鷉鷿鷈似鳧而小膏中瑩刀

鼯鼠夷由　狀如小狐似蝙蝠肉翅翅尾項脅毛紫赤色背上蒼艾色腹下黃喙頷雜白脚短爪長尾三尺許飛且乳亦謂之飛生聲如人呼食火烟能從高赴下不能從下上高○鼯音吾

疏　鼯鼠夷由○釋曰鼯鼠一名夷由郭云狀如小狐似蝙蝠肉翅翅尾項脅毛紫赤色背上蒼艾色腹下黃喙頷雜白脚短爪長尾三尺許飛且乳亦謂之飛生聲如人呼食火烟能從高赴下不能從下上高

倉庚商庚　即鵹黃也

鴩餔敊　未詳○鴩大結反餔音步敊音豉

鷹鶆鳩　鶆當爲鷞字之誤耳左傳作鷞鳩是也

疏　鷹鶆鳩○釋曰樊光曰來鳩爽鳩也春秋曰爽鳩氏司寇鷹鷙故爲司寇郭云鶆當爲鷞字之誤耳左傳作鷞鳩是也案昭十七年左傳郯子曰少皞氏以鳥名官爽鳩氏司寇也杜注云爽鳩鷹也鷙故爲司寇主盜賊是也

鶼鶼比翼　說已在上

疏　鶼鶼比翼○釋曰鶼鶼比翼鳥名也說在釋地篇故注云說已在上

鵹黃楚雀　即倉庚也○鵹音離

鴷斲木　口如錐長數寸常斲樹食蟲因名云○鴷音列

疏　鴷斲木○釋曰斲木鳥一名鴷郭云口如錐長數寸常斲樹食蟲因名云

鶩鶶鷵　似烏蒼白色鶩音務鶶音唐鷵音徒

疏　鶩鶶鷵○釋曰鶩一名鶶鷵郭云似烏蒼白色

諸雉　未詳或云即今

鷺舂鉏　白鷺也頭翅背上皆有長翰毛今江東人取以爲睫欐名之曰白鷺縗○鉏音鋤

疏　鷺舂鉏○釋曰鷺一名舂鉏郭云白鷺也頭翅背上皆有長翰毛今江東人取以爲睫欐名之曰白鷺縗詩陳風云值其鷺羽陸機疏云鷺水鳥也好而絜白故謂之白鳥齊魯之間謂之舂鉏遼東樂浪吳揚人皆謂之白鷺青脚高尺七八寸尾如鷹尾喙長三寸頭上有長毛十數枚長尺餘毿毿然與衆毛異好欲取魚時則弭之今吳人亦養焉楚威王時有朱鷺合沓飛翔而來舞則復有赤者舊鼓吹朱鷺曲是也然則鳥名白鷺赤者少耳

鷂雉　青質五采○鷂音遙

鷮雉　即鷮雞也長尾走且鳴○鷮音驕

鳪雉　黃色鳴自呼○鳪音卜

鷩雉　似山雞而小冠背毛黃腹下赤項綠色鮮明

秩秩海雉　如雉而黑在海中山上

鸐山雉　尾長者○鸐音狄

鶾雉鵫雉　今白鵫也江東呼白鶾亦名白雉○鶾音汗鵫

丁罩切 雉絶有力奮 最健鬬 伊洛而南素質五采皆備成章曰翬 翬亦雉屬言其毛色光鮮○翬音暉 江淮而南青質五采皆備成章曰鷂 即鷂雉也 南方曰⿱壽鳥東方曰鶅北方曰鵗西方曰鷷 說四方雉之名○⿱壽鳥音儔鶅音緇鵗音希鷷音尊

疏 鷂雉至西方曰鷷○釋曰別諸雉之名也雉者郭云青質五采即下文江淮而南者是也云鷮雉者郭云即鷮鷄也長尾走且鳴說文云鷮長尾雉走鳴乘輿以尾爲防釳著馬頭上詩小雅云有集維鷮陸機疏云鷮微小於翟也走而且鳴曰鷮鷮其尾長肉甚美故林木山下人語曰四足之美有麃兩足之美有鷮麃者似鹿而小是也山海經女几山其鳥多白鷮云鳪雉者雉之黃色鳴自呼者名鳪云鷩雉者案山海經牝山之上鳥多赤鷩郭注云即鷩雉也尚書謂之華蟲周禮春官司服職云鷩冕七章之服也畫此鷩雉郭云似山鷄而小冠背毛黃腹下赤項緑色鮮明云秩秩海雉者海雉一名秩秩郭云如雉而黑在海中山上云鸐山雉者山雉一名鸐郭云尾長者今俗呼山鷄是也云翰雉鵫雉者別二名也郭云今白鵫也江東呼白翰亦名白雉云雉絶有力奮者謂雉之壯大有力能鬬者名奮郭云最健鬬云伊洛而南素質五采皆備成章曰翬者李巡曰素質五采備具文章鮮明曰翬孫炎曰翬雉白質五色爲文也郭云翬亦雉屬言其毛色光鮮王后之服以爲飾案周禮內司服云王后之六服褘衣鄭注云王后之服刻繒爲之形而采畫之綴於衣以爲文章褘衣畫翬者是也云江淮而南青質五采皆備成章曰鷂者有雉青質五采備具而成文章名曰鷂雉郭云即鷂雉也亦王后之服以爲飾周禮云揄狄鄭注云揄狄畫搖者是也搖與鷂音義同云南方曰⿱壽鳥東方曰鶅北方曰鵗西方曰鷷者郭云說四方雉之名左傳曰五雉爲五工正杜預取此四方之雉并上翬雉以爲五也必取翬雉者伊洛土之中區故與四方之雉爲五也樊光賈逵以此五雉分屬五土無所馮據不可采用故略而不言

鳥鼠同穴其鳥爲鵌其鼠爲鼵 鼵如人家鼠而短尾鵌似鵽而小黃黑色穴入地三四尺鼠在內鳥在外今在隴西首陽縣鳥鼠同穴山中孔氏尚書傳云共爲雄雌張氏地理記云不爲牝牡○鵌音徒鼵音突

疏 鳥鼠同穴其鳥爲鵌其鼠爲鼵○釋曰尚書禹貢云導渭自鳥鼠同穴不言鳥獸之名故此釋之也李巡云鵌鼵鳥鼠之

名共處一穴天性然也郭云鼵如人家鼠而短尾鵌似鵽而小黃黑色穴入地三四尺鼠在內鳥在外今在隴西首陽縣鳥鼠同穴山中孔氏尚書傳云共爲雄雌張氏地理記云不爲牝牡郭氏並載此言未知誰得其實也

鸛鶝鶝鶔如鵲短尾射之銜矢射人 或說曰鸛鶝鶝鶔一名㜸羿○鸛音歡鶝音團鶝音福鶔音柔射食亦切

疏 鸛鶝鶝鶔如鵲短尾射之銜矢射人○釋曰鸛鶝一名鶝鶔郭云或曰鸛鶝鶝鶔一名㜸羿案字書云㜸古以爲懈惰字羿古之善射者此言鳥捷勁雖羿之善射亦懈惰不敢射也故以名云郭圖讚云鸛鶝之鳥一名㜸羿應弦銜鏑矢不著地逄蒙縮手養由不睨

鵲鶪醜其飛也翪 竦翅上下○翪音宗

疏 鵲鶪醜其飛也翪○釋曰鶪伯勞也翪竦也醜類也鵲鶪之類不能翱翔遠飛但竦翅上下而已

鳶烏醜其飛也翔 布翅翱翔○鳶音玄

疏 鳶烏醜其飛也翔○釋曰鳶鴟也鴟烏之類其飛也布翅翱翔

鷹隼醜其飛也翬 鼓翅翬翬然疾

疏 鷹隼醜其飛也翬○釋曰舍人曰謂隼鷂之屬也翬翬其飛疾羽聲也郭云鼓翅翬翬然疾是急疾之鳥也說文云隼鷙鳥也陸機云隼鷂屬也齊人謂之擊征或謂之題肩或謂之雀鷹春化爲布穀者是也

鳧鴈醜其足蹼 脚指間有幕蹼屬相著○蹼音卜 其踵企 飛即伸其脚跟企直

疏 鳧鴈醜其足蹼其踵企○釋曰鳧水鳥也鴈陽鳥也蹼猶蹼屬相著之謂也踵脚跟也鳧鴈之類脚指間有幕蹼屬相著飛則伸其脚跟企直也

烏鵲醜其掌縮 飛縮脚腹下

疏 烏鵲醜其掌縮○釋曰掌足也烏鵲之類飛時縮足於其腹下

亢鳥嚨 嚨謂喉嚨亢即咽 其粻嗉 嗉者受食之處別名嗉今江東呼粻○亢戶郎切嗉音素

疏 亢鳥嚨其粻嗉○釋曰別鳥咽嗉之名也亢者鳥喉嚨也其受粻處名嗉郭云嚨謂喉嚨亢即咽也嗉者受食之處別名嗉今江東呼粻

鶉子鳼鴽子鸋 別鶉鴽雛之名○鳼音文

疏 鶉子鳼鴽子鸋○釋曰別鶉鴽雛之名也鶉之子雛名鳼鴽之子雛名鸋

雉之暮子爲鷚 晚生者今呼少雞爲鷚○鷚力救切

疏 雉之暮子爲鷚○釋曰鷚是雉晚生之子名也郭云晚生者今呼少雞爲鷚

鳥之雌雄不可別者以翼右掩左雄左掩右雌

【疏】鳥之雌至右雌。○釋曰：鄭詩箋云：陰陽相下之義也。

鳥少美長醜爲鶹鷅。鶹鷅猶留離。詩所謂留離之子。○長，丁丈切。鶹音留。鷅音栗。【疏】鳥少至鶹鷅。○釋曰：鳥之少爲子而美，長食母而醜，其名爲鶹鷅。鶹鷅猶留離，詩所謂留離之子者，案詩邶風云：瑣兮尾兮，流離之子。陸機疏云：流離，梟也。自關而西謂梟爲流離。其子適長大，還食其母，故張奐云：鶹鷅食母。許慎云：梟，不孝鳥，是也。流與鶹同。

二足而羽謂之禽，四足而毛謂之獸。【疏】二足至謂之獸。○釋曰：別禽獸之異也。凡語有通別，別而言之，羽則曰禽，毛則曰獸。所以然者，禽者擒也，言鳥力小，可擒捉而取之。獸者守也，言其力多，不易可擒，先須圍守，然後乃獲，故曰獸也。通而爲說，鳥亦可曰獸，獸亦可曰禽，故曲禮鸚鵡不曰獸，而猩猩通曰禽也。易云：王用三驅，失前禽。則驅走者亦曰禽也。又周禮司馬職云：大獸公之，小禽私之。以此而言，則禽未必皆鳥也。又鄭玄注周禮云：凡鳥獸未孕曰禽。周禮又云：以禽作六贄，卿羔，大夫鴈。白虎通云：禽者，鳥獸之總名。以其小獸可擒，故得通名禽也。

鵙，伯勞也。似鶷鶡而大。左傳曰：伯趙氏。○鵙，工役切。【疏】鵙伯勞也。○釋曰：李巡云：伯勞一名鵙。樊光曰：

春秋傳曰：少皡氏以鳥名官，伯趙氏司至。伯趙，鵙也，以夏至來，冬至去。郭云似鶷鶡而大。陳思王惡鳥論云：伯勞以五月鳴，應陰氣之動。陽氣爲仁養，陰爲殺殘賊。伯勞蓋賊害之鳥也。其聲鵙鵙，故以其音名云。月令仲夏之月鵙始鳴是也。○注似鶷至趙氏。○釋曰：云似鶷鶡而大者，字林云：鶷鶡似伯勞而小，故也。云左傳伯趙氏者，案昭十七年云：伯趙氏，司至者也。杜注云：伯趙，伯勞也。以夏至鳴，冬至止，是也。

倉庚，黧黃也。其色黧黑而黃，因以名云。○黧，力知切。【疏】倉庚黧黃也。○釋曰：即上黃鳥也。郭云其色黧黑而黃，因以名云。

釋獸第十八

【疏】釋獸第十八。○釋曰：釋鳥云：四足而毛謂之獸。說文云：獸，守備也。此篇釋其名狀，故曰釋獸。

麋：牡麔，牝麎，其子麇。國語曰：獸長麛麇。其跡躔，脚所踐處。絕有力狄。○麔音咎。麎音辰。麇，於兆切。【疏】麋牡至力狄。○釋曰：此釋麋之種類也。說文云：鹿屬也，冬至解其角。春秋莊十七年：冬，多麋。麋揔名也。其牡者名麔，其牝者名麎。詩吉日云：其麎孔有，是也。其所生之子名麇，其脚跡所踐之處名躔，其絕異壯大有力者名狄也。○注國語曰獸長麛麇。○釋曰：此魯語文也。魯宣公夏濫于泗淵，里革斷其罟而棄之，曰：且夫山不槎蘖，澤不伐夭，魚禁鯤鮞，獸長麛麇，鳥翼鷇卵，蟲舍蚳蝝，蕃庶物也，古之訓也。今魚方別孕，不教魚長，又行網罟，貪無藝也。韋昭云：鹿子曰麛，麋子曰麇。是其事也。

鹿：牡麚，牝麀，其子麛，其跡速，絕有力麉。○麚音加。麀，於牛切。麛音迷。麉音堅。【疏】鹿牡至力麉。○釋曰：此辨鹿之種類也。說文云：鹿，解角獸也。羣走者也。其牡名麚，其牝名麀。詩小雅云：麀鹿麌麌。其跡名速，絕有力者名麉。

麕：牡麌，詩曰：麀鹿麌麌。鄭康成解即謂此也。但重言耳。○麕音君。麌，魚矩切。牝麜，其子麆，其跡解，絕有力豣。○麜音栗。麆音助。豣，五見切。【疏】麕牡麌至力豣。○釋曰：此辨麕之種類也。說文云：麕，麞也。麕其總名也。牡名麌，牝名麜，其子名麆，其跡名解，絕有力名豣。○注詩曰至言耳。○釋曰：詩小雅吉日篇文。鄭箋云：麕牡曰麌。麌復麌，言多也。是鄭康成解即謂此也。云但重言耳者，謂再言麌也。

狼：牡貛，牝狼，其子獥，絕有力迅。○獥音亦。【疏】狼牡至力迅。○釋曰：此辨狼之種類也。舍人曰：狼牡名貛，牝名狼，其子名獥，絕有力者名迅。孫炎曰：迅，疾也。詩齊風云：並驅從兩狼兮。陸機疏

云：其鳴能小能大，善爲小兒啼聲以誘人，去數十步。其猛健者，雖善用兵者不能免也。其膏可煎和，其皮可爲裘。故禮記：狼臅膏。又曰：君之右虎裘，厥左狼裘。是也。

兔子，嬎，俗呼曰鱹。其跡迒，絕有力欣。○嬎，芳萬切。迒音剛。【疏】兔子嬎至力欣。○釋曰：此辨兔之種類也。崔豹古今注云：兔有九孔。論衡曰：兔舐豪而孕，及其生子，從口而出。其子名嬎，郭云俗呼曰鱹。其跡名迒，字林云：迒，兔道也。絕有力名欣。

豕子，豬。今亦曰彘，江東呼豨，皆通名。䝐，豶。俗呼小豶豬爲䝐子。○䝐音偉。豶音墳。幺，幼。最後生者，俗呼爲幺豚。○幺音腰。奏者豱。今豱豬短頭，皮理腠蹙。○奏音腠。豱音溫。豕生三，豵；二，師；一，特。豬生子常多，故別其少者之名。○豵音宗。所寢，檜。檜，其所臥蓐。○檜音繪。四豴皆白，豥。詩云：有豕白蹢。蹢，蹄也。○豴音滴。豥音垓。其跡刻，絕有力豟。即豕高五尺者。○豟音厄。牝豝。詩云：一發五豝。○豝音巴。【疏】豕子至牝豝。○釋曰：此辨豕之種類也。其子名豬，郭云今亦曰彘，江東呼豨，皆通名也。說文云：豬，豕而三毛叢居者。字林云：豕後跡廢謂之彘。小爾雅云：彘，豬也。其子曰豚，大者謂之豣。方言

云北燕朝鮮之間謂之豭關東西或謂之彘或謂之豕南楚謂之豨其子或謂之豚或謂之貕音奚吳揚之間謂之豬子云豶豶者舍人曰豶一名豶郭云俗呼小豶豬爲豶子豶謂犍豬也云幺幼者豕之最後生者名也郭云最後生者俗呼爲幺豚云奏者豱者謂皮理腠蹙者名豱郭云今豱豬短頭皮理腠蹙云豕生三豵二師一特者郭云豬生子常多故别其少者之名詩召南云一發五豵鄭箋云豕生三曰豵張逸問曰豕生三曰豵不知母豕也豚也荅曰豚也過三以往猶謂之豵以自三以上更無名也故知過三亦爲豵其生子二者爲師一者爲特云所寢橧者郭云橧其所臥蓐方言云其檻及蓐曰橧是也舍人曰豕所寢草名爲橧某氏曰臨淮人謂野豬所寢爲橧李巡曰豬臥處名橧橧是所居之處云四豴皆白豥者豴蹄也豕四蹄皆白名豥其跡名刻絶有力名豟即下篇豕高五尺者也云牝豝者豕之牝者名豝○注詩云有豕白蹢○釋曰小雅漸漸之石篇文也案詩經直云白蹢不云豥則白蹢不知幾蹄白而郭氏引之者以爾雅主謂釋詩詩中言豕白蹢惟此而已故知本以訓此也鄭箋以豥爲駭駭者躁疾之言也駭與豥字異義同○注詩云一發五豝○釋曰召南騶虞篇文也毛傳云豕牝曰豝虞人翼五豝以待公之發鄭箋云君射一發而翼五豝者戰禽獸之命也

戰之者仁心之至是也

虎竊毛謂之虦貓 竊淺也詩曰有貓有虎

【疏】虎竊毛謂之虦貓○釋曰竊淺也虎之淺毛者別名虦貓○注詩曰有貓有虎○釋曰詩大雅韓奕篇文也

貘白豹 似熊小頭庳腳黑白駁能舐食銅鐵及竹骨骨節強直中實少髓皮辟濕或曰豹白色者別名貘○貘音陌

【疏】貘白豹○釋曰貘一名白豹字林云似熊而白黃出蜀郡一曰白豹郭云熊小頭庳腳黑白駁能舐食銅鐵及竹骨骨節強直中實少髓皮辟濕或曰豹白色者別名貘

甝白虎 漢宣帝時南郡獲白虎獸其皮骨爪牙○甝音含

【疏】甝白虎○釋曰白虎一名甝漢宣帝時南郡獲白虎獻其皮骨爪牙

虪黑虎 晉永嘉四年建平秭歸縣檻得之狀如小虎而黑毛深者爲班山海經云幽都山多玄虎玄豹○虪式六切

【疏】虪黑虎○釋曰黑虎一名虪郭云晉永嘉四年建平秭歸縣檻得之狀如小虎而黑毛深者爲班山海經云幽都山多玄虎玄豹者案海內經云北海之內有山名曰幽都之山黑水出焉其上有玄鳥玄蛇玄豹玄虎是也

貀無前足 晉太康七年召陵扶夷縣檻得一獸似狗豹文有角兩足即此種類也或說貀似虎而黑無前兩足○貀女滑切

【疏】貀無前足○釋曰字林云獸無前足似虎而黑者名貀郭云晉大康七年召陵扶夷縣檻得一獸似狗豹文有角兩腳即此種類也或說貀似虎而黑無前兩足

鼳鼠身長須而賊秦人謂之小驢 鼳似鼠而馬蹄一歲千斤爲物殘賊○鼳古役切

【疏】鼳鼠身至小驢○釋曰鼳獸名也身如鼠有長須而賊害於物秦人呼爲小驢郭云鼳似鼠而馬蹄一歲千斤爲物殘賊

熊虎醜其子狗絶有力麙 律曰捕虎一購錢三千其狗半之○麙音巖

【疏】熊虎醜至力麙○釋曰醜類也熊虎之類其子名狗絶有力名麙郭云律曰捕虎一購錢三千其狗半之此當時之律也引之以證虎子名狗之義也

貍子隸 今或呼豾貍○隸音曳

【疏】貍子隸○釋曰字林云貍伏獸似貙其子名隸郭云今或呼豾貍者字林云豾貍也

貈子貆 其雌者名貗今江東呼貉爲䝏貗○貈乎各切貆音丸

【疏】貈子貆○釋曰字林云貈似狐善睡其子名貆郭云其雌者名貗今江東呼貉爲䝏貗字林云䝏貍類貁謂之䝏廣雅云貗貁也然則皆貈之通名也

貒子貗 貒豚也一名貛○貒音湍貗其禹切

【疏】貒子貗○釋曰字林云貒獸似豕而肥其子名貗郭云貒豚也一名貛

貔白狐其子豰 一名執夷虎豹之屬○貔音毗豰火卜切

【疏】貔白狐其子豰○釋曰字林云貔豹屬一名白狐其子名豰郭云一名執夷虎豹之屬詩大雅云獻其貔皮陸機疏云貔似虎或曰似熊一名執夷一名白狐遼東人謂之白羆

麔父麔足 腳似麔有香○父音甫

【疏】麔父麔足○釋曰字林云小鹿有香其足似麔故云麔足郭云腳似麔有香

豺狗足 腳似狗

【疏】豺狗足○釋曰說文云豺狼屬狗聲郭云腳似狗貪殘之獸左傳云戎狄豺狼不可厭也

貙獌似貍 今山民呼貙虎之大者爲貙豻音岸○貙音樞獌音萬

【疏】貙獌似貍○釋曰字林云貙似貍而大一名獌郭云今山民呼貙虎之大者爲貙豻字林云豻胡地野狗似狐黑喙皆貙之類故又呼貙豻

羆如熊黃白文 似熊而長頭高腳猛憨多力能拔樹木關西呼曰貑羆

【疏】羆如熊黃白文○釋曰舍人曰羆如熊色黃白也郭云似熊而長頭高腳猛憨多力能拔樹木關西呼曰貑羆詩大雅韓奕云赤豹黃羆陸機疏云羆有黃羆有赤羆大於熊其脂如熊白而麤理不如熊白美也

麢大羊 麢羊似羊而大角圓銳好在山崖間○麢音零

疏麢大羊○釋曰羊之大者名麢郭云麢羊似羊而大角圓銳好在山崖間陶注本草云今出建平宜都諸蠻中及西域多兩角有一角者爲勝角甚多節蹙蹙圓繞別有山羊極長唯一邊有節節亦疎大而不入用羌夷云只此名麢羊

麠大麃牛尾一角 漢武帝郊雍得一角獸若麃然謂之麟者此是也麃即麞○麠音京麃音炮

疏麠大至一角○釋曰麃麞也大麞牛尾一角者名麠即所謂麟也郭云漢武帝郊雍得一角獸若麃然謂之麟者此是也者漢書郊祀志文也麃即麞也

麔大麕旄毛狗足 旄毛猥長○麔音几旄音帽

疏麔大至狗足○釋曰麔亦麕也旄毛猥長毛也大麕毛長狗足者名麔山海經云女几山其獸多麖麂

甝如小熊竊毛而黃 今建平山中有此獸狀如熊而小毛麤淺赤黃色俗呼爲赤熊即甝也○甝音頹

疏甝如至而黃○釋曰竊淺也獸如小熊淺毛而黃者名甝郭云今建平山中有此獸狀如熊而小毛麤淺赤黃色俗呼爲赤熊即甝也

猰貐類貙虎爪食人迅走 迅疾○猰烏入切貐羊玉切

疏猰貐至迅走○釋曰迅疾也猰貐之獸其狀類貙而虎爪食人疾走山海經云

少咸山有獸狀如牛而赤身人面馬足名曰窫窳其音如嬰兒食人其名與此同其狀與此錯

狻麑如虦貓食虎豹 即師子也出西域漢順帝時疎勒王來獻犎牛及師子穆天子傳曰狻猊日走五百里

疏狻麑至虎豹○釋曰即師子也出西域其狀如虦貓食虎豹善走者也○注漢順帝至百里○釋曰云漢順帝時疎勒王來獻犎牛及師子者案後漢帝紀云孝順帝諱保安帝之子也陽嘉三年疎勒國獻師子犎牛注引東觀記曰疎勒王盤遣使文時詣闕獻師子似虎正黃有顛耏尾端茸毛大如斗封牛其領上肉隆起若封然因以名之即今之峰牛是也云穆天子傳曰狻猊日走五百里者案穆天子傳云柏天曰名獸使足狻猊野馬走五百里是也

驨如馬一角不角者騏 元康八年九真郡獵得一獸大如馬一角角如鹿茸此即驨也今深山中人時或見之亦有無角者○驨胡圭切

疏驨如至者騏○釋曰驨獸名也狀如馬一角不角者名騏郭云元康八年九真郡獵得一獸大如馬一角角如鹿茸此即驨也今深山中人時或見之亦有無角者

羱如羊 羱羊似吳羊而大角角橢出西方○羱音元

疏羱如羊○釋曰字林云野羊大角者也郭云羱羊似吳羊而大角角橢出西方橢謂狹而長也

麐麕身牛尾一角 角頭有肉公羊傳曰有麕而角○麐音鄰

疏麐麕身牛尾一角○釋曰李巡曰麐瑞應獸名孫炎曰靈獸也京房易傳曰麐麕身牛尾狼額馬蹄有五彩腹下黃高丈二詩周南云麟之趾毛傳云麟信而應禮以足至者也鄭箋云麟角之末有肉示有武而不用陸機疏云麟麕身牛尾馬足黃色圓蹄一角角端有肉音中鍾呂行中規矩遊必擇地詳而後處不履生蟲不踐生草不羣居不侶行不入陷阱不罹羅網王者至仁則出今并州界有麟大小如鹿非瑞應麟也故司馬相如賦曰射麋脚麟謂此麟也○注公羊傳曰有麕而角○釋曰案春秋哀十四年春西狩獲麟公羊傳云有以告者曰有麕而角者孔子曰孰爲來哉孰爲來哉是其事也

猶如麂善登木 健上樹○麂音几

疏猶如麂善登木○釋曰說文云猶玃屬也其狀如麂爲獸健捷善能上樹

貄脩毫 毫毛長○貄音四

疏貄脩毫○釋曰脩長也廣雅云乾毛謂之毫言貄獸體多長毛

貙似貍 今貙虎也大如狗文如貍

疏貙似貍○釋曰貙獸其文似貍郭云今貙虎也大如狗文如貍

兕似牛 一角青色重千斤

疏兕似牛○釋曰郭云一角青色重千斤說文云

兕如野牛青毛其皮堅厚可制鎧交州記曰兕出九德有一角角長三尺餘形如馬鞭柄是也

犀似豕 形似水牛猪頭大腹痺脚脚有三蹄黑色三角一在頂上一在額上一在鼻上鼻上者即食角也小而不橢好食棘亦有一角者○橢音墮

疏犀似豕○釋曰郭云形似水牛猪頭大腹庳脚脚有三蹄黑色三角一在頂上一在額上一在鼻上鼻上者即食角也小而不橢好食棘亦有一角者劉欣期交州記曰犀出九德毛如豕蹄有甲頭似馬吳錄地理志云武陵阮南縣以南皆有犀

彙毛刺 今蝟狀似鼠○彙音謂刺音次

疏彙即蝟也其毛如針郭云今蝟狀如鼠

狒狒如人被髮迅走食人 梟羊也山海經曰其狀如人面長脣黑身有毛反踵見人則笑交廣及南康郡山中亦有此物大者長丈許俗呼之曰山都○狒音費被之備

疏狒狒至食人○釋曰狒狒獸名狀如人被髮疾走食人山海經謂之梟羊又謂之贛巨人周書王會云北方謂之吐嘍郭云梟羊也山海經曰其狀如人面長脣黑身有毛反踵見人則笑交廣及南康郡山中亦有此物大者長丈許俗呼之曰山都云山海經曰者海內南經文也案彼文云梟羊在北胸之西其狀人面長脣有毛反踵見人笑亦笑左手操管又海內

經云笑則脣蔽其面因可逃也故郭讚云狒狒怪獸被髮操竹獲人則笑脣蔽其目終亦號咷反爲我戮是也云反踵者皆脚跟反向也大傳云周成王時州靡國獻之也

貍狐貒貈醜其足蹯皆有掌蹯○蹯音煩**其跡厹**厹指頭處○厹音鈕疏貍狐至跡厹○釋曰說文云蹯掌也此四獸之類皆有掌蹯宣二年左傳云宰夫胹熊蹯是其類也其指頭著地處名厹

蒙頌猱狀即蒙貴也狀如蜼而小紫黑色可畜健捕鼠勝於貓九真日南皆出之猱亦獼猴之類○猱奴刀切疏蒙頌猱狀○釋曰蒙頌一名蒙貴狀似猪猱故曰猱狀郭云即蒙貴也狀如蜼而小紫黑色可畜健捕鼠勝於貓九真日南皆出之猱亦獼猴之類

猱蝯善援便攀援○蝯音袁疏猱蝯善援○釋曰猱一名蝯善攀援樹枝郭云便攀援者便謂便捷也○

貜父善顧貑貜也似獼猴而大色蒼黑能貜持人好顧盼○貜音钁父音甫疏貜父善顧○釋曰大貑也能貜持人又善顧盼因名郭云貑貜也似獼猴而大色蒼黑能貜持人好顧盼

威夷長脊而泥泥少才力疏威夷長脊而泥○釋曰泥弱也威夷之獸長脊而劣弱少才力也

麐麚短脰脰項疏麐麚短脰○釋曰脰項也麐麚之獸皆短項

贙有力出西海大秦國有養者似狗多力獷惡○贙音鉉疏贙有力○釋曰贙似大之獸名也郭云出西海大秦國有養者似狗多力獷惡

麢迅頭今建平山中有麢大如狗似獼猴黃黑色多髯鬣好奮迅其頭能舉石擿人貜類也○麢音據疏麢迅頭○釋曰麢似猴之獸也好奮迅其頭故曰迅頭郭云今建平山中有麢大如狗似獼猴黃黑色多髯鬣奮迅其頭能舉石擿人貜類也

蜼卬鼻而長尾蜼似獼猴而大黃黑色尾長數尺似獺尾末有岐鼻露向上雨即自縣於樹以尾塞鼻或以兩指江東人亦取養之爲物健捷○蜼音誄疏蜼卬鼻而長尾○釋曰蜼亦猴類之獸卬鼻而尾長大山海經曰鬲山多蜼是也郭云蜼似獼猴而大黃黑色尾長數尺似獺尾末有岐鼻露向上雨即自縣於樹以尾塞鼻或以兩指江東人亦取養之爲物健捷

時善乘領好登山峰○乘音承疏時善乘領○釋曰好登山峰之一獸也

猩猩小而好啼山海經曰人面豕身能言語今交趾封谿縣出猩猩狀如貛㹠聲似小兒啼疏猩猩小而好啼○釋曰能言獸也曲禮曰猩猩能言周書王會曰都郭狌狌欺羽狌狌若黃狗人面能言郭云山海經曰人面豕身能言語今交趾封谿縣出猩猩狀如貛㹠聲似小兒啼云山海經者海內南經文也

闕洩多狃說者云脚饒指未詳○闕其越切狃音鈕疏闕洩多狃○釋曰舊說以爲闕洩獸名其脚多狃狃指也然其形所未詳聞

寓屬疏寓屬○釋曰寓寄也言此上獸屬多寄寓木上故題云寓屬

○

鼢鼠地中行者○鼢音憤**鼸鼠**以頰裏藏食○鼸故忝切**鼷鼠**有螫毒者○鼷音奚**鼶鼠**夏小正曰鼶鼬則穴○鼶音斯**鼬鼠**今鼬似鼦赤黃色大尾啖鼠江東呼爲鼪音牲○鼬音佑**鼩鼠**小鼱鼩也亦名鼱鼩○鼩音劬**鼭鼠**未詳**鼣鼠**山海經說獸云狀如鼣鼠然形則未詳○鼭音時鼣音吠**鼫鼠**形大如鼠頭似兔尾有毛青黃色好在田中食粟豆關西呼爲鼩鼠見廣雅音瞿○鼫音石**鼤鼠鼨鼠**皆未詳○鼤音問鼨音終**豹文鼮鼠**鼠文彩如豹者漢武帝時得此鼠孝廉郎終軍知之賜絹百匹○鼮音廷**鼰鼠**今江東山中有鼰鼠狀如鼠而大蒼色在樹木上音巫覡○鼰南見切

鼠屬疏鼢鼠至鼰鼠○釋曰此别鼠屬也云鼢鼠者郭云地中行者說文云地中行鼠伯勞所作也廣雅云鼢鼠也方言名犂鼠即此鼠也謂起地若耕因名云云鼸鼠者大戴禮云田鼠者鼸鼠也鼸是頰裏藏食之名鼠若此者因名鼸鼠云鼷鼠者李巡曰鼷鼠鼷鼠郭云有螫毒者蓋如今鼠狼春秋成七年食郊牛角者是也博物志云鼠之最小者或謂之耳鼠何休亦云鼷鼠者鼠中之微者云鼷鼠者似鼬之鼠也郭云夏小正曰鼶鼬則穴者在九月云鼬鼠者字林云如鼠赤黃而文郭云今鼬似鼦赤黃色大尾啖鼠江東呼爲鼪即莊子云騏驥驊騮捕鼠不如貍鼪是也云鼩鼠者鼩小鼠也本云一名鼱鼠郭云小鼱鼩也亦名鼱鼩云鼫鼠者孫炎曰五技鼠許慎云鼫鼠五技能飛不能上屋能游不能渡谷能緣不能窮木能走不能先人能穴不能覆身此之謂五技蔡邕以此爲螻蛄郭云形大如鼠頭似兔尾有毛青黃色好在田中食粟豆關西呼爲鼩鼠見廣雅鼩鼫今本作鼩誤也案詩魏風云碩鼠碩鼠陸機疏云今河東有大鼠能人立交前兩脚於頸上跳舞善鳴食人禾苗人逐則走入樹空中亦有技或謂之雀鼠案此與郭氏所說同云豹文鼮鼠者郭云鼠文彩如豹者漢武帝時得此鼠孝廉郎終軍知之賜絹百匹者案漢書云終軍字子雲濟南人也少好學以辯博能屬文初入關棄繻而去至長安上書拜爲謁者給事中使南越爲呂

嘉所殺死時年二十餘故世號之終童武帝嘗得豹文鼠終軍以爾雅辨其名故受賜也鼮鼠者鼮鼠名也郭云今江東山中有鼮鼠狀如鼠而大蒼色在樹木上○注山海經說獸云狀如鼣鼠○釋曰案中山經云倚帝山其上多玉下多金有獸焉狀如鼣鼠白喙名狙如見則其國有大兵是也鼠屬○釋曰言此上皆鼠之屬類也鼠小獸也亦四足而毛故於此釋之案字林云鼶鼠即鼮鼠也今郭氏分爲二又說文云鼮豹文鼠也今郭氏以豹文下屬未知孰是故略言之○

牛曰齝食之已久復出嚼之○齝丑之切 羊曰齥今江東呼齝爲齥音漏洩 麋鹿曰齸江東名咽曰齸齸者齥食之所在依名云○齸音益 鳥曰嗉咽中裹食處 寓鼠曰嗛頰裹貯食處寓謂獮猴之類寄寓木上 齸屬 疏 牛曰齝至齸屬○釋曰此別鳥獸嚼食之名也牛名曰齝郭云食之已久復出嚼之羊名曰齥郭云今江東呼齝爲齥麋鹿名曰齸郭云江東名咽爲齸齸者齥食之所在依名云鳥名曰嗉郭云咽中裹食處即上篇其粻嗉也寓木之獸及鼠皆曰嗛郭云頰裹貯食處寓謂獮猴之類寄寓木上此屬皆咽中藏食復出嚼之故題云齸屬○

獸曰釁自奮迅動作○釁許刃切 人曰撟頻伸夭撟○撟紀小切 魚曰須鼓鰓須息 鳥曰狊張兩翅皆氣體所須○狊古闃切 須屬 疏 獸曰釁至須屬○釋曰此辨人魚鳥獸氣體所須之名也獸之自奮迅動作名釁人之罷倦頻伸夭撟舒展屈折名撟魚之鼓動兩頰若人之欠須導其氣息者名須鳥之張兩翅狊狊然搖動者名狊此皆氣倦體罷所須若此故題云須屬也

釋畜第十九

疏 釋畜第十九○釋曰案字林畜作嘼說文云獸也人之畜養者也所以與釋獸異篇者以其畜是畜養之名獸是毛蟲總號故此篇唯論馬牛羊彘犬雞前篇則通釋百獸之名所以異也

騊駼馬山海經云北海有獸狀如馬名騊駼色青○騊音陶駼音徒 疏 騊駼馬○釋曰良馬名騊駼字林云北狄良馬也一曰野馬瑞應圖云幽隱之獸也有明王在位即至是也○注山海至色青○釋曰海外北經文也色青二字郭氏語也

野馬如馬而小出塞外 疏 野馬○釋曰如馬而小出塞外案穆天子傳云野馬日走五百里是也

駮如馬倨牙食虎豹山海經云有獸名駮如白馬黑尾倨牙音如鼓食虎豹○倨音鋸 疏 駮如至虎豹○釋曰駮亦野馬名也其狀如馬其牙倨曲而食虎豹也詩秦風云隰有六駮傳引此文以釋之是也○注山海至虎豹○釋曰案西山經云中曲山有獸如馬而身黑三尾一角虎牙爪音如鼓名曰駮食虎豹可以禦兵言雖小異正謂此也

騉蹄趼善陞甗甗山形似甑上大下小騉蹄蹄如趼而健上山秦時有騉蹄苑○騉音昆趼五見切甗言蹇切 疏 騉蹄趼善陞甗○釋曰舍人云騉蹄者獮蹄也趼平也謂蹄平正善陞甗者登山隒也一云甗者阪也言騉善登高歷險上下於阪秦時有騉蹄苑是也李云騉者其蹄正堅而平似趼也顧云山嶺曰甗郭云甗山形似甑上大下小騉蹄蹄似趼而健上山秦時有騉蹄苑者取此駿馬以名其苑也

騉駼枝蹄趼善陞甗騉駼亦似馬而牛蹄 疏 騉駼枝蹄趼善陞甗○釋曰騉駼馬名李巡曰騉駼其跡枝平似趼亦能登高歷危險也孫炎云騉駼之馬枝蹄如牛而下平郭云騉駼亦似馬而牛蹄也

小領盜驪穆天子傳曰天子之駿盜驪緑耳又曰右服盜驪千里馬 疏 小領盜驪○釋曰領頸也盜驪駿馬名也駿馬小頸名曰盜驪○注穆天子至千里馬○釋曰案穆天子傳云丙寅天子屬官效器

乃命正公郊父受敕憲用申八駿之乘以飲于枝涛之中積石之南河天子之駿赤驥盜驪白義渠黃華騮緑耳郭注云盜驪者爲馬細頸驪黑色也緑耳者紀年曰北唐之君來見驪馬是生緑耳魏時西界獻千里馬白色而兩耳黃因名之爲黃耳即此類也云又曰右服盜驪者案彼云癸酉天子命駕八駿之乘右服盜驪而左緑耳右驂赤驥而左白義天子主車造父爲御是也

絕有力駥即馬高八尺○駥音戎 疏 絕有力駥○釋曰馬絕有力者名駥郭云即馬高八尺者即下文馬八尺爲駥者也

膝上皆白惟馵 四骹皆白驓骹膝下也○馵音注骹音敲驓音繒 四蹢皆白首俗呼爲踏雪馬 前足皆白騱 後足皆白翑 前右足白啓左傳曰啓服○騱音奚翑音劬 左白踦前左脚白○踦音欺 後右足白驤 左白馵後左脚白易曰震爲馵足○驤音箱 駵馬白腹騵駵赤色黑鬛○駵音留騵五官切 驪馬白跨驈驪黑色跨髀間○驈音聿 白州驠州竅○驠音宴 尾本白騴尾株白○騴音晏 尾

白駺。但尾毛白○駺音郎 駒顙白顛。戴星馬也○駒音的 白達素縣。素鼻莖也俗所謂漫驢徹齒○縣音玄 面顙皆白惟駹。額○駹音龙

疏 膝上至惟駹○釋曰此辨馬白色所在之異名也馬之膝上皆白者惟馵也骹膝下也四骹下皆白名驓蹢蹄也四蹄皆白名首俗呼爲踏雪馬言蹄白似踏雪也前兩足皆白名騱後兩足皆白名翑前右足白名啟前左足白名踦後右足白名驤後左足白名馵驪馬赤色黑鬣馬也若驪馬腹下白者別名騴詩大雅云四騵彭彭是也孫炎云驪黑也白跨股脚白也郭云驪黑色跨髀間也謂黑馬髀間白名驈詩魯頌云有驈有皇是也州竅也謂馬之白尻者名驠本根株也馬尾株白者名騴但尾毛白者名駺的顙者舍人曰的白也顙額也顙有白毛今之戴星馬也易震爲的顙素鼻莖也其白自額下達鼻莖者名縣俗所謂漫驢徹齒其面顙皆白者惟駹馬○注左傳曰啟服○釋曰案昭二十九年公至自乾侯處于鄆衛侯來獻其乘馬曰啟服杜預云啟服馬名是也○注易曰震爲馵足○釋曰說卦文也取其動而見也

回毛在膺宜乘。樊光云俗呼之官府馬伯樂相馬濮旋毛在腹下如乳者千里馬 在肘後減

陽在幹茀方幹脅○減古湛切 在背闋廣皆別旋毛所在之名○闋音缺廣音光

疏 回毛至闋廣○釋曰此別馬旋毛所在之名也回旋也膺胷也旋毛在膺者名宜乘樊光云俗呼之官府馬伯樂相馬濮旋毛在腹下如乳者千里馬也旋毛在肘後者名減陽幹脅也旋毛在脅者名茀方旋毛在背者名闋廣郭云皆別旋毛所在之名也

逆毛居馻。馬毛逆刺○馻音充

疏 逆毛居馻○釋曰字林云馬逆毛也郭云馬毛逆刺

騋牝驪牡詩云騋牝三千馬七尺已上爲騋見周禮

疏 騋牝驪牡注詩云至見周禮○釋曰云詩云騋牝三千者鄘風定之方中篇文也云七尺已上爲騋見周禮者廋人文也案鄭玄注禮記檀弓引此文云騋牝驪牡玄謂七尺曰騋牝者色驪牡者色玄與郭異也

玄駒褭驂玄駒小馬別名褭驂耳或曰此即腰褭古之良馬名○褭奴了切驂音參

疏 玄駒褭驂○釋曰此郭氏兩解一云玄駒小馬別名褭驂耳指謂今馬駒也一云或曰此即腰褭古之良馬名言玄駒褭驂即腰褭也

牡曰騭今江東呼駁馬爲騭音質 牝曰騇草馬名○騇音舍

疏 牡曰騭牝曰騇○釋曰別馬牡牝之異名也郭云今江東呼駁馬爲騭騇即草馬之名也

駵白駁 黃白騜詩曰騜駁其 駵馬黃脊騝 驪馬黃脊騽皆背脊毛黃○騝音虔騽音習 青驪駽今之鐵驄○駽呼縣切 青驪驎驒色有深淺班駁隱粼今之連錢驄○驎良刃切驒音陀 青驪繁鬣騥禮記曰周人黃馬繁鬣○繁鬣兩被毛或曰美髦鬣○鬣音獵騥音柔 驪白雜毛駂今之烏驄○駂音保 黃白雜毛駓今之桃華馬○駓音皮 陰白雜毛駰陰淺黑今之泥驄○駰乙巾切 蒼白雜毛騅詩曰有騅有駓 彤白雜毛騢即今之赭白馬彤赤○騢音遐 白馬黑鬣駱禮記曰夏后氏駱馬黑鬣 白馬黑脣駩 黑喙騧今之淺黃色者爲騧馬○騧音瓜 一目白瞯 二目白魚似魚目也詩曰有驒有魚○瞯音閑

疏 駵白駁至白魚○釋曰此別馬毛色不純之異名也孫炎曰駵赤色也謂馬有駵處有白處者曰駁有黃處有白處者曰騜駵馬脊毛黃者名騝驪馬脊毛黃者名騽青驪駽舍人曰青驪馬今名駽馬也孫炎曰色青

之間青毛黑毛相雜者名駽今之鐵驄也青驪驎驒孫炎曰色有淺深似魚鱗郭云色有深淺班駁隱粼名驒今之連錢驄說文云馬文如鼉詩云有驒有駱是也毛色青黑而髦鬣繁多者名騥毛色黑白而復有雜毛相錯者名駂詩云叔于田乘乘鴇是也今謂之烏驄毛色黃白而復有雜毛者名駓今謂之桃華馬陰淺黑色也毛淺黑而白兼雜毛者名駰今謂之泥驄詩云有駰有騢是也蒼淺青也毛有淺青及白兼雜毛者名騅彤赤也毛赤白兼雜毛者名騢說文云似騢魚也即今之赭白馬也鬣鬆也白馬黑鬣鬆者名駱白馬黑脣者名駩喙口也黑喙者名騧說文云黃馬黑喙曰騧郭云今之淺黃色者爲騧馬詩云騧驪是驂是也一目白者名瞯二目白者名魚言以魚目也○注詩曰騜駁其馬○釋曰豳風東山篇文也○注禮記至髦鬣○釋曰云周人黃馬繁鬣者明堂位文也云繁鬣兩被毛者郭氏釋之也言繁鬣者分其髦鬣兩鄉被之也云或云美髦鬣者又引或人以爲一解言其髦鬣繁多而美也今禮記本繁作蕃則或說爲得○注詩曰有騅有駓又詩曰有驒有魚○釋曰皆魯頌駉篇文也○注禮記曰夏后氏駱馬黑鬣○釋曰亦明堂位文也

既差我馬差擇也 宗廟齊毫尚純○差音义 戎事齊力

尚强

田獵齊足尚疾（疏）既差至齊足。釋曰云既差我馬者此詩小雅吉日篇文也作者引之然後作釋云差擇也者詁差爲揀擇之義也云宗廟齊毫戎事齊力田獵齊足者此㒸言擇馬之事也李巡曰祭於宗廟當加謹敬取其同色也某氏曰戎事謂兵革戰伐之事當齊其力以載干戈之屬舍人曰田獵取牲於苑囿之中逐飛逐走取其疾而已郭云尚純尚强尚疾者此毛傳文也案詩小雅車攻云我馬既同毛傳引此文則每增二字以解之云宗廟齊毫尚純也戎事齊力尚强也田獵齊足尚疾也言齊其毫毛尚純色齊其馬力尚强壯齊其馬足尚迅疾義與此合故郭氏取以爲說也

馬屬（疏）馬屬。釋曰自騊駼已下雖駿異毛色不同皆馬之屬類故以此題之也下倣此○

犘牛出巴中重千斤。犘音麻㸲牛即犎牛也領上肉㸲胅起高二尺許狀如橐駝肉鞍一邊健行者日三百餘里今交州合浦徐聞縣出此牛。㸲音雹犤牛犤牛庳小今之㹀牛也又呼果下牛出廣州高涼郡。犤音悲犩牛即㹀牛也如牛而大肉數千斤出蜀中山海經曰岷山多㹀牛。犩音危犦牛旄牛也髀膝尾皆有長毛。犦音獵犝牛今無角牛。犝音童犑牛未詳。犑古覓切角一俯一仰觭牛角低仰。觭音欺皆踊䚏今豎角牛。䚏音誓黑脣犉毛詩傳曰黃牛黑脣此宜通謂黑脣牛。犉閏句切黑眥牰眼眥黑。眥才細切牰音袖黑耳犚黑腹牧黑脚犈皆別牛黑所在之名。犚音尉犈音權其子犢今青州呼犢爲㸬體長牬長身者。牬音貝絕有力欣犌。犌音加牛屬（疏）犘牛至欣犌。釋曰此別牛屬也云犘牛名也郭云出巴中重千斤㸲牛領上肉㸲胅起之牛也郭云即犎牛也者即上注云漢順帝時疏勒王來獻犎牛是也云領上肉㸲胅起高二尺許者謂領上肉腫墳起也云狀如橐駝肉鞍一邊者山海經云號山獸多橐駝彼注云有肉鞍善行流沙中日行三百里負千斤知水泉所在是也橐駝肉鞍胅起有二此牛領肉胅起惟一故云一邊云健行者日三百餘里今交州合浦徐聞縣出此牛犤牛名也郭云犤牛庳小今之㹀牛也又呼果下牛出廣州高涼郡以其庳小可行果樹下故又呼果下牛犩牛亦牛名也郭云即㹀牛也如牛而大肉數千斤出蜀中山海經曰岷山多㹀牛案中山經云岷山其獸多犀象㹀牛彼注云今蜀中有大牛重數千斤名爲㹀牛晉大興元年此牛出上郡人弩射殺之得三十擔肉即爾雅犩牛是也犦亦牛名也郭云旄牛也髀膝尾皆有長毛案山海經潘侯山有獸狀如牛而四節生毛名曰旄牛彼注云今旄牛背膝及胡尾皆有長毛是也犝牛者無角牛名也易云童牛之牿是也俯低也牛角一低一仰者名觭言傾欹也踊豎也牛兩角豎者名䚏牛黑脣者名犉眥目匡也牛之目匡黑者名牰黑耳者名犚黑腹者名牧黑脚者名犈郭云皆別牛黑所在之名其牛所生之子名犢郭云今青州呼犢爲㸬體身也凡牛之身長者名牬絕有力壯大者名欣犌。注毛詩至脣牛。釋曰詩小雅無羊篇云誰謂爾無牛九十其犉毛傳云黃牛黑脣曰犉毛意以此言黑脣明不與身同色而牛之黃者衆故云黃牛也其實不主爲黃牛故郭氏云此宜通謂黑脣牛○

羊牡羒謂吳羊白羝。羒音墳牝牂詩曰牂羊墳首。牂音臧夏羊黑羖䍽牡羭黑羝也歸藏曰兩壺兩羭。羭音俞牝羖今人便以牂羖爲白黑羊名。羖音古角不齊觤一短一長。觤音鬼角三觠羷觠角三匝。觠音權羷音險羳羊黃腹腹下黃。羳音煩未成羊羜俗呼五月羔爲羜。羜直呂切絕有力奮羊屬（疏）羊牡羒至力奮。釋曰此別羊屬也云謂吳羊也其牡者名羒即白羝也其牝者名牂云夏羊者黑羖䍽也其牡者名羭即黑羝也其牝者名羖郭云今人便以牂羖爲白黑羊名其實白羊牝者名牂黑羊牝者名羖羊角不齊一長一短者名觤觠捲也羊角捲三匝者名羷羊之黃腹者名羳羊新生未成羊者名羜郭云俗呼五月羊爲羜詩小雅伐木云既有肥羜是也壯大絕有力者名奮。注詩云牂羊墳首。釋曰小雅苕之華篇文也。注歸藏曰兩壺兩羭。釋曰歸藏者成湯之所作也言萬物歸之所藏也是三易之一也云兩壺兩羭者齊母經瞿有之文也案彼云瞿有瞿有鮞宵粱爲酒尊於兩壺兩羭飲之三日然后鯀士有澤我取其魚是也○

犬生三猣二師一玂此與豬生子義同名亦相出入。猣音宗玂音祈未成毫狗狗子未生乾毛者長喙獫短喙猲獢詩曰載獫猲獢。獫力驗切猲音歇獢虛嬌切絕有力狣尨狗也詩曰無使尨也吠。狣音兆狗屬（疏）犬生至狗也。釋曰此別狗屬也云犬者說文云狗之有縣蹏者也象形孔子曰視犬之字如畫狗也犬生三子則曰猣二曰師三曰玂毫是乾毛也犬

子未生榦毛者名狗喙口也犬長口者名獫短口者名猲獢壯大絕有力者名狣尨即狗也說文孔子曰狗叩也叩气吠以守也○注此與至出入釋曰云此與豬生子義同者案釋獸注云豬生子常多故別其少者之名犬生子亦常多而此亦別其少者之名故云義同云名亦相出入者謂此猣師豵與彼縱師特字雖小異大意則同故云亦相出入○注詩曰載獫猲獢○釋曰秦風駟鐵篇文也毛傳云田犬也長喙曰獫短喙曰猲獢鄭箋云載始也始田犬者謂達其摶噬始成之也○注詩曰無使尨也吠○釋曰召南野有死麕篇文也毛傳云尨狗也非理相陵則狗吠是也○**雞大者蜀**今蜀雞**蜀子雛**雛子名雛音餘○**未成雞僆**江東呼雞少者曰僆○僆音練**絕有力奮**諸物有氣力多者無不健自奮迅故皆以名云**雞屬**

（疏）雞大至力奮○釋曰此別雞屬也案春秋說題辭曰雞爲積陽南方之象火陽精物炎上故陽出雞鳴以類感也雞者知時畜其大者名蜀郭云今蜀雞蜀之雛子名雛雞之稍長未成雞者名僆郭云江東呼雞少者曰僆壯大絕有力者名奮郭云諸物有氣力多者無不健自奮迅故皆以名云者謂上文犨也羊也并此雞皆云絕有力奮故此釋之也○**馬八尺**

爲駥周禮曰馬八尺已上爲駥○駥音戎**牛七尺爲犉**詩曰九十其犉亦見尸子○犉閏旬切**羊六尺爲羬**尸子曰大羊爲羬六尺○羬五咸切**彘五尺爲豟**尸子曰大豕爲豟五尺今漁陽呼豬大者爲豟○彘音滯豟音厄**狗四尺爲獒**公羊傳曰靈公有害狗謂之獒也尚書孔氏傳曰犬高四尺曰獒即此義○獒五刀切**雞三尺爲鶤**陽溝巨鶤古之名雞○鶤音昆**六畜**

（疏）馬八尺至爲鶤○釋曰此別六畜絕大者名也馬高八尺者名駥牛高七尺者名犉羊高六尺者名羬山海經云錢來山有獸其狀如羊而馬尾名羬注云今大月氏國有大羊如驢馬尾是也彘豬也豬高五尺者名豟狗高四尺者名獒雞高三尺者名鶤○注周禮至爲駥○釋曰夏官庾人職文也○注詩曰至尸子○釋曰小雅無羊篇文也上云牛黑脣犉注引此詩傳此牛七尺爲犉又引此詩文是犉有二義則牛黑脣者爲犉牛七尺者亦爲犉義得兩通故並引之云亦見尸子者尸子說六畜云大牛爲犉七尺故云亦見尸子下羊彘倣此○注公羊至之獒○釋曰案宣六年傳云晉靈公將殺趙盾趙盾躇階而走靈公有周狗謂之獒呼獒而屬之獒亦躇階而從之祁彌明逆而跛之絕其頷趙盾顧曰君之獒不若臣之獒也何休云周狗可以比周之狗所指如意是也今此周作害蓋傳寫誤或所見本異也

爾雅疏卷第十終

大清嘉慶二十年重刊用文選樓藏本校

吏科給事中南昌黃中傑栞

爾雅注疏卷第十挍勘記　阮元撰盧宣旬摘録

爾雅疏卷第十單疏本名銜後標目釋鳥第十七釋獸第十八另行標釋畜第十九注疏本分釋獸以下卷第十一

釋鳥第十七

鴡一名夫不　元本同閩本監本毛本夫不改鴩鳺下同

夫不孝　注疏本孝誤者

則此是謹慤孝順之鳥也　注疏本脫則

或謂之鴡鵻　元本亦作鴡閩本鵻作鴡監本毛本鴡鵻作鵻鴡

鶻鳩鶻鵰也　注疏本鵰誤鵃

春來秋去　浦鏜云冬誤秋

今之班鳩　注疏本班改斑下同

鶻鳩一名鳴鳩　元本閩本監本鳴誤鶻毛本改鶻鳩浦鏜云鶻鳩當作鶻鳩

埤蒼云鶻鵃　注疏本倉作蒼

一名鷄鷇　注疏本鷄作擊

鷑鳩鵧鷑　唐石經單疏本雪牕本同釋文鵧謝符悲反郭力買反又符尸反字林父佳反惠棟云鵧鷑當作稗生亦名鵧鷑禮見淮南子王宗炎云淮南說林篇鳥力勝日而服於鵧鷑禮高誘注云鵧鷑禮爾雅謂稗笠秦人謂之祀祝此經鵧當作鵯釋文所載四音其字皆從卑符悲反讀爲卑力買反讀爲捭釋文唐石經作鵧訛○按此古支清合音之理臧氏已詳言之

江東名爲烏鴟　注疏本同單疏本作鴟雪牕本作鴟皆鴟之訛疏中準此釋文烏如字本或作鴟

好在江渚山邊食魚　單疏本雪牕本同詩關雎正義引作好在江邊沚中亦食魚按雎鳩水鳥不當言在山邊據詩正義則此注當作好在江中渚邊沚渚義通山爲中字之誤

鳥摯而有別　單疏本注疏本同雪牕本摯作鷙釋文鷙本又作摯文選高唐賦注引此作鳥鷙而有別者按左傳昭十七年鴡鳩氏司馬也杜注鴡鳩王鴡也鷙而有別故爲司馬主法制鄭康成說鷙從鳥摯省聲也月令鷹隼蚤鷙夏小正作鷹始摯是古文鷙字多作摯常武如飛如翰傳曰疾如飛摯如翰亦以摯爲鷙可證杜鄭皆以今字讀之故云鷙而有別詩箋云摯之言至非毛義也陸於爾雅左傳從鷙於毛詩從摯最是單疏本此作摯

幽州人謂之鷲　注疏本脫人鷲誤鷲

鵅鵋鶀　唐石經單疏本雪牕本同釋文鵋本亦作忌鶀本亦作欺下欺老同本今作鶀按鶀字從欺故通作欺今作鶀非也據釋文則下鵋鶀老本作鶀老亦作欺老說文鵋欺老也可證今亦作鶀非一切經音義卷十卷十七卷二十四三引皆作鵅忌欺嚴元照云說文隹部雒忌欺也鳥部鵅烏鸔也二字音同文異廣韻十九鐸雒鵅同紐義與說文同釋文唐石經前後皆作鵅非玉篇隹部云雒鵋鶀鳥與說文合然鳥部云鵅鵋鶀也又烏鸔也蓋爲宋人所亂耳

今江東呼鵂鶹爲鵋鶀亦謂之鴝鵅　單疏本注疏本同雪牕本鵋作忌釋文鴝古侯反本今作鴝按一切經音義卷十七鴝鵅下引爾雅怪鴟犍爲舍人曰謂鵂鶹也南陽名鴝鵅又引郭氏曰今江東呼鵂鶹爲忌欺亦謂之鴝鵅論文作鴝與鶹同音具榆反鴝鵅鳥也鴝非字義足以證陸本之是訂今本之誤鵋鶀亦當作忌欺也

音格　雪牕本同注疏本刪此二字按一切經音義卷十卷二十四兩引皆有之

今江東名之天鸙　雪牕本元本同閩本監本毛本名之下有曰

鵱鷜鵞　毛本同唐石經單疏本雪牕本元本閩本監本鵝作鵞下舒鳧鵞及注同釋文鵞字亦作鵝五經文字鵞或作鵝見爾雅

江東呼烏鸔音駮　雪牕本同注疏本刪下二字釋文鸔郭音駮駮布角反

今江東呼鴚音加　雪牕本同注疏本刪下二字釋文鴚郭音加

聘禮記文也　元本聘字實闕閩本監本毛本改引

鴨也　雪窻本注疏本同釋文鼎字又作鴨

輿鵛鶟　唐石經注疏本同雪窻本輿作與釋文與音餘樊孫本作鸒按與即鸒之省當從釋文唐石經作輿非

沈水食魚故名洿澤　單疏本雪窻本同釋文音經鴮鸅云毛詩傳作洿澤此經注異文之明證

俗呼之爲淘河　注疏本脫爲

鴗下胡大如數斗囊　注疏本斗作升

鶾天鷄　唐石經單疏本雪窻本注疏本皆作雞注中同

文鶾者若翬雉　浦鏜云周書翬雉作皋雞按經義雜記曰說文引逸周書文翰若翬雉是許氏所見周書本作翬雉不作皋雞也此所引與說文合今本作皋雞非又元本閩本此節疏後分十卷下

鷽山鵲　唐石經單疏本雪窻本同釋文鷽本亦作鵲

觜脚赤　單疏本注疏本同雪窻本觜作嘴釋文嘴字或作觜廣雅云口也葉鈔本嘴作觜按廣雅觜嘴喙口也從鳥從魚皆誤一切經音義卷五引下鷽鵲注云觜頭曲如鉤今釋文及諸本皆作觜

江南呼之爲鶝　單疏本雪窻本同注疏本南改東

因名云音淫　雪窻本同注疏本刪下二字

齧齒艾　唐石經雪窻本同嚴元照云齒亦當作齧鳥名齧艾猶蟲名齧桑其說非也

鳹鶚也　單疏本雪窻本元本同閩本監本毛本鳹誤鴒按釋文鳹巨炎反

鴳一名鳸鳸雀也　元本同閩本剜改作鳸一名鴳鴳雀也監本毛本承之

桑鳸竊脂　唐石經雪窻本注疏本同單疏本鳸改扈按上鳸鴳釋文云鳸左傳詩竝作扈是爾雅不作扈也

皆謂盜人脂膏　注疏本脫人

竊藍淺青也　注疏本脫淺

而待後人剝正也　元本同閩本監本毛本剝改駁

青班長尾　單疏本雪窻本元本同閩本監本毛本班改斑疏中準此

此鷦鷯小鳥而生鵰鶚者也　按鶚當作鴞

肇允彼桃蟲　注疏本肇改肈按唐石經毛詩作肇

或曰鴉　注疏本鴉誤鶚

或謂之過鸁　元本鸁字闕閩本監本毛本改鸁

自關而東謂之鸋鴂　元本鴂作鳺餘同閩本監本毛本改幽人或謂之鸋鴂

或謂之懱爵　元本作幭爵閩本監本毛本改幭雀○按本作懱字心懱猶細也

五彩色其高六尺許　陳本同單疏本雪窻本注疏本及釋文引郭云皆無其字此蓋衍

翺翔四海之外　注疏本外作内此剜改

其狀如鶴　浦鏜云雞誤鶴

䳭鴒雝渠　唐石經單疏本雪窻本同釋文鶺詩作脊本今作鶺

背上青灰色　注疏本灰作赤此剜改

江東亦呼爲鵯烏音匹　雪窻本同注疏本刪下二字詩小弁正義引此無亦單疏本同衍

謂之雅烏　元本閩本同監本毛本雅改鴉此本烏誤鳥今訂正

燕白脰烏　唐石經單疏本雪窻本毛本同石經考文提要引至善堂九經本亦作烏元本閩本監本烏作鳥誤

燕白脰烏○釋曰脰頸也頸項也　注疏本刪但存脰項也三字

鴽鴾母　單疏本雪窻本元本閩本同唐石經監本毛本母作毋疏中同按釋文母如字李音無舍人本作無則石經作毋非禮記月令注鴽母無釋文母音牟正義曰母當作牟聲轉字誤牟字作母儀禮公食大夫禮注鴽無母誤倒當依月令注作母無其母字作無與舍人本合說文鴽牟母也从隹奴聲鴽或从鳥

青州呼鵖母 單疏本雪牕本同按公食大夫禮疏引作青州人呼曰鵖母禮記內則正義引作青州呼爲鵖母下字作父母字非也

密肌繫英 唐石經雪牕本同釋文䳍音密本今作密鶧音英本今作英

釋蟲以有此名 陳本元本同雪牕本閩本監本毛本以作已古已以通

爲一物三名 注疏本爲誤鳥

見元鳥隋其卵 注疏本脫見隋改墮非

詩豳風云鴟鴞鴟鴞 注疏本脫一鴟鴞

取茅秀爲窠 元本同閩本監本毛本秀作莠

關東謂之工雀或謂之過羸 注疏本脫工雀或謂之五字此本工誤上今訂正

今䳺鴟也 單疏本雪牕本同注疏本䳺訛鵝釋文䳺字又作䲭亡項反

鴝大如班鳩 元本同閩本監本毛本班改斑

鳥子須母食之 雪牕本注疏本同釋文母食本或作飤同音嗣按華嚴經音義卷上引此注曰鷇謂鳥子須母飤者鷇謂能自食者也是飤養與自食字不同一切經音義卷十引爾雅生哺鷇郭氏曰謂須母飤也亦作飤郭氏當本用飤字杻檍注可飤牛可證○按說文本無飤字後人分別爲之

鳥子生而能自啄食者 注疏本子生倒啄作噣

春鳸鳻鶞 唐石經雪牕本同單疏本亦作春鳸釋文鳸音戶

春鳸分循 注疏本分循改鳻鶞鳸改鳸下並同

鴰鳲猶鶬鶊 單疏本同注疏本鶬作鶬雪牕本作鴰皆誤釋文鶬皮逼反

東齊吳揚之間謂之鷂 注疏本鷂改鳲鳩舊本閩本揚作楊

似鶪而黑 注疏本鶪改鵙

牝痺 注疏本同誤也釋文唐石經單疏本雪牕本皆作庳當據以訂正疏中同

今江東亦呼爲鷣音施 雪牕本同注疏本删下二字釋文鷣郭音施

岐尾 單疏本閩本監本毛本同釋文雪牕本正德本岐作歧

鶟鶦鳥 唐石經雪牕本注疏本同單疏本鶦作鵃非釋文胡字或作鶦

狂鸏鳥 唐石經單疏本雪牕本同釋文鵟音狂本今作狂

五采之鳥也 舊本同閩本監本毛本采改彩下同

皇名黃鳥 按皇下脫一

齊人謂之摶黍 注疏本摶作搏段玉裁云搏非也摶是也摶黍者謂共摶取黍而食之與儀禮摶黍迴別

看我麥黃葚熟 詩葛覃正義熟下有不字此脫不否乎聲

尉他獻文帝翠鳥毛 注疏本他改佗非

鸀山烏 唐石經雪牕本注疏本同釋文亦作鸀單疏本作鸀非疏中仍作鸀

謂之服翼或謂之䙴鼠 閩本毛本䙴改僊

一名鶅鶅摯鳥也 舊本同閩本監本毛本脫一鶅

青黃色 注疏本脫青

嚮風搖翅 舊本同閩本監本毛本翅改翮

鸉白鷹 唐石經單疏本同石經考文提要引至善堂九經本亦作鸉釋文鸉音楊雪牕本注疏本誤分楊鳥二字

今江東呼爲蚊母 單疏本雪牕本同釋文音經蟁本或作鴖郭云皆古蚊字按說文云俗蟁从虫从文此經作古字注作今字之證

故以名云 陳本同單疏本雪牕本注疏本故皆作因

鸊鷿鷉 單疏本雪牕本同釋文鸊蒲歷反本今作鷿

膏中瑩刀 單疏本雪牕本同釋文鎣烏瞑反本今作瑩按磨鎣字當從金今本作瑩非

鳺餔枝 唐石經雪牕本同釋文鴩本今作鳺餔音步字或作鵏鼓如字本今作枝按說文鴩餔鼓也玉篇同一切經音義卷八卷十一引爾雅作鴩餔鼓與陸本合唐石經作鳺枝非又廣韻十一暮鵏鵏鼓鳥蓋鵏字從鳥甫聲即餔之俗體釋文云字或作鵏是今本作鵏譌

鷹鶆鳩 唐石經單疏本雪牕本同釋文來鳩來字或作爽郭讀作爽案字並依字林作鶆字音來云鶆鳩鷹也又音注爽鳩本或作鷞按春秋昭十七年正義引釋鳥鷹鶆鳩樊光曰來鳩爽鳩也春秋曰爽鳩氏又引郭注曰鶆當爲爽字之誤耳左傳作爽鳩是也蓋爾雅經作來鳩注作爽鳩字林始加鳥旁唐石經今本因之

來鳩爽鳩也春秋曰爽鳩氏司寇 注疏本來改鶆爽改鷞元本作來

爽鳩氏司寇也 元本同閩本監本毛本爽改鷞下引杜注同

似烏蒼白色 單疏本雪牕本同廣韻三十嘯引作似烏而蒼白色按而字當有

鷺春鉏 唐石經單疏本雪牕本同釋文鋤字又作鉏按文選西都賦注引作鷺春鋤與陸本合

今江東人取以爲睫攡 單疏本雪牕本同釋文注疏本攡作欐按廣韻十一暮亦引作手旁

青質五彩 雪牕本閩本監本毛本同單疏本元本彩作采當據以訂正

今白鵫也 單疏本雪牕本同釋文鵫音白本今作白按注當本用鵫字今本蓋因下文白鵫白雉誤改

素質五采皆備成章曰翬 唐石經單疏本雪牕本同石經考文提要引至善堂九經本亦作采

注疏本采改彩下同元本下作采疏中同

言其毛色光鮮 雪牕本注疏本同邵晉涵正義曰邢疏引郭注此下有王后之服以爲飾七字撿諸本俱無按邢疏有引周禮申釋之辭則爲郭注無疑

卽鷂雉也 雪牕本注疏本同按邢疏引郭注此下有亦王后之服以爲飾八字下引周禮申釋之

鸐微小於翟也 元本同閩本監本毛本翟改鸐非

山海經女几山 元本女几作友凡閩本監本毛本改文凡○案作女几與山海經中山經合

無所馮據 元本同閩本監本毛本馮作憑

穴入地三四尺 單疏本雪牕本注疏本同此本舊脫穴今補按續漢郡國志注引作穴地入三四尺

共爲雄雌 注疏本同單疏本雪牕本作雌雄按疏中作雌雄

天性然也郭云鼵如人家鼠而短尾鵌似鷚而小黃黑色穴入地三四尺鼠在內鳥在外今在隴西首陽縣鳥鼠同穴山中 注疏本刪下四十三字

嚶古以爲懈惰字 元本同閩本監本毛本懈改解下同

鵲鵙醜其飛也翪 單疏本雪牕本同唐石經鵙作鶪此誤釋文亦作鶪

鳶烏醜 唐石經單疏本雪牕本元本閩本毛本同石經考文提要引至善堂九經本亦作鳶烏監本作烏誤

齊人謂之擊征 注疏本同此本征字剜改當本作正

其足蹼 單疏本雪牕本同唐石經闕下二字釋文蹼本又作蹼

烏鵲醜 唐石經單疏本雪牕本元本同石經考文提要引至善堂九經本亦作烏鵲閩本監本毛本作烏誤

別鵪鶉雛之名 雪牕本元本同單疏本閩本監本毛本雛作鶵按釋文作雛

鷚是雉晚生之子名也郭云晚生者今呼少雞爲鷚 注疏本脫郭云以上八字雉誤雞鷄作雞

鳥之少爲子而美 注疏本而誤者

詩所謂留離之子者 注疏本脫詩所留離四字

流離梟也 注疏本梟誤尾

烏不可曰獸注疏本不改亦

以禽作六贊注疏本脫以

似鶬鶊而大雪牕本注疏本同單疏本鶊作鶬按釋文作鶊元本疏中亦作鶬

左傳曰伯趙是雪牕本元本同閩本監本毛本是改氏按單疏本摽起止作是

陳思王惡鳥論云伯勞以五月鳴此本以字剜擠注疏本排入云作曰

陽氣爲仁養注疏本作陽爲生仁養

云左傳伯趙是者元本同閩本監本毛本云改注是改氏

倉庚鵹黃也唐石經單疏本雪牕本同釋文鵹力兮反按文選東京賦注引作鶬鶊鵹黃也鵹字與陸本合上皇黃鳥疏云自此以下諸言倉庚商庚鵹黃楚雀倉庚鵹黃之文與此一也則邢本與釋文同作鵹今單疏本於此作鵹非按上鵹黃與此鵹黃爲一不當殊文或因注云其色鵹黑而黃因以改經矣五經文字云雞雞黃也爾雅作鵹又云鵹黑也見爾雅所據與唐石經今本同

即上黃鳥也注疏本黃鳥改鵹黃

釋獸第十八

魯宣公夏濫於淵注疏本作泗淵此本剜擠公字脫泗字○今補

烏翼鷇卵元本同閩本監本毛本卵誤殼

貪無藝也注疏本藝作蓺

其跡速唐石經單疏本雪牕本同釋文𪋻素卜反本又作速按速當作速段玉裁云說文速爲籀文迹廣雅𨅖蹥解亢迹也四字正釋爾雅曹憲音蹥爲匹迹速與蹥同字石鼓詩亦當讀麀鹿速速

麀鹿麌麌單疏本雪牕本同按麌麌當作噳噳釋文音經麌一作麌麌即噳之訛爲經注異文之證陸所見本已溷混矣詩吉日麀鹿麌麌本作噳噳正義曰噳噳衆多與韓奕同則傳本作噳字下箋云祁當作麌此噳不破字則鄭本亦作噳也是正義本作噳明甚韓奕麀鹿噳噳說文噳下引詩同云麋鹿羣口相聚貌無麌字

即謂此也雪牕本注疏本同按即字疑衍或當作謂即邢疏有即謂此也之言或因此誤衍

兔子嬔唐石經單疏本雪牕本同釋文娩本或作嬔

兔舐豪而孕注疏本豪作毫

江東呼豨單疏本同雪牕本注疏本豨誤豨按初學記卷二十九太平御覽卷九百三皆引作江東呼爲豨此脫爲字

所寢檜唐石經單疏本雪牕本同釋文檜舊本多作繒帛字非方言作木旁詩漸漸之石箋云離其繒牧之處釋文爾雅豕所寢曰繒方言作檜從木正義引爾雅作檜云繒與檜音義同按舊本作繒帛字與詩釋文所引合

四豴皆白豥唐石經單疏本雪牕本同五經文字豕部豴豨也見爾雅按釋文蹢蹄也本今作豴詩有豕白蹢傳蹢蹄也注本此則郭本必作蹢字當從釋文自五經文字誤作豕旁而開成石經因之

大者謂之豣注疏本豣改豝

或謂之豯音奚○注疏本刪音奚

駭者躁疾之言也注疏本同此本駭字剜改作駭今訂正

戰禽獸之命也監本戰誤載也字同元本閩本毛本也改必今詩箋同按詩正義曰故云戰禽獸之命也而必云戰之者則箋文有也無必

能䑛食銅鐵及竹骨節強直陳本同雪牕本注疏本骨字複單疏本亦複骨字而上文竹字剜擠

虪黑虎唐石經單疏本雪牕本同釋文虪式六反本今作虪

無前兩足單疏本雪牕本同注疏本作前無兩足誤倒元本無前二字實闕

鼳鼠身唐石經單疏本同雪牕本鼳作鼳注疏本作鼳皆訛下鼳鼠同

其雌者名[illegible]注疏本[illegible]作[illegible]單疏本作[illegible]釋文作[illegible]按集韻三十二晧則[illegible]當作[illegible][illegible]當作[illegible]雪牕本[illegible]誤貍

麝父麕足唐石經單疏本雪牕本同釋文麖本或作麕

今山民呼貙虎之大者爲貙豻音岸雪牕本同注疏本刪下二字釋文豻郭音岸

似熊而長頭單疏本雪牕本同詩斯干正義一切經音義卷二十四皆引作似熊而長頸此作頭誤又一切經音義卷二卷二十四引此下有似馬有鬣四字今諸本無

角貟銳單疏本雪牕本元本同閩本監本毛本貟改圓

旄毛獵長注疏本同雪牕本獵作濃此本作穠皆誤今訂正五經文字犬部獵犬多毛見爾雅釋文獵字林云多毛犬也疏云旄毛獵長毛也

大麠毛長狗足者注疏本脫者

俗呼爲赤熊即魋也單疏本雪牕本同注疏本刪下三字

猰貐類貙唐石經單疏本雪牕本同釋文猰字亦作猰或作䝟貐字或作貐按山海經北山經注引作猰貐似貙太平御覽卷九百八引作猰貐類貙皆與陸氏所見本合

名曰窫窳注疏本作窫窳

其狀與此錯注疏本錯作異

即師子也單疏本雪牕本元本同閩本監本毛本師改獅俗字下及疏中同

狻猊日走五百里單疏本雪牕本同釋文音經麑字又作猊按此經作麑注作猊

陽嘉三年浦鏜云二誤三

疏勒王盤注疏本脫盤

封牛其領上肉隆起元本同閩本監本毛本封改犎

角橢出西方單疏本雪牕本同釋文橢字或作墮他果反下同按郭注當本用隋字

麐麕身唐石經單疏本雪牕本同釋文麐本又作麟牝麒也字按說文麒仁獸也麐牝麒也經典皆作麟唯爾雅作此麐今毛詩春秋禮記作麟者同聲假借也惟爾雅作麐爲正

非瑞應麟也注疏本脫應

貄脩毫唐石經單疏本雪牕本閩本監本同元本脩字闕毛本改修按釋文脩說文作𨽻

武陵沅南縣元本閩本同監本毛本沅改沅是也

今蝟狀似鼠雪牕本注疏本同單疏本似作如非釋文音經彙又作蝟按此經作彙注作蝟

梟羊也按此作梟羊字說文作梟陽或有改此羊爲陽者非也

又謂之贛音感臣人注疏本移音感於後脫臣人○按山海經臣作巨此臣字蓋誤

梟羊在北朐之西注疏本朐誤煦北字此本誤𠦃今訂正

笑則脣蔽其面元本同閩本監本毛本面改目

狒狒怪萌元本同閩本剜改萌作獸監本毛本承之

其跡內雪牕本注疏本同釋文唐石經單疏本內作丸按說文丸九聲

宣二年左傳云元本同閩本監本毛本二誤三

猱蝯善援唐石經單疏本雪牕本同釋文猨音爰本今作蝯五經文字云蝯作猨訛按釋文知此經舊作猨從犬說文虫部云蝯善援故五經文字唐石經皆定作蝯

能貜持人單疏本注疏本同說文引爾雅云貜父善顧攫持人也此貜持爲攫持之訛雪牕本作貜蓋本從手旁誤剜改注以攫釋貜本說文

好顧盻單疏本注疏本同毛本盻誤盼釋文盻亡見反按說文盻邪視也莫甸切當用此字盻恨視也胡計

切盼詩美目盼兮匹莧切皆非此義雪牕本此字脫

蜼卬鼻而長尾 唐石經單疏本作卬鼻雪牕本作卬鼻注疏本作卬鼻釋文卬五剛反又魚兩反按注云鼻露向上則卬卬爲古仰字魚兩反今作卬非

尾未有岐 單疏本注疏本同雪牕本元本岐作歧釋文歧音祁

爲物捷健 雪牕本注疏本同單疏本作健捷

好登山峯 單疏本雪牕本元本閩本同監本毛本峯改峰按釋文作峰舊挍云本今作峯

猩猩小而好啼 雪牕本注疏本同按猩猩當作狌狌釋文猩音生當本是狌音生唐石經兩字犬旁淸楚星星模糊蓋本作狌狌後剜改邢疏引周書王會都郭狌狌又引曲禮猩猩能言按禮記釋文云狌狌音生本又作猩知禮記本作狌狌山海經海內經作狌狌郭注云或作猩猩可證此注引山海經亦當作狌狌釋文嗁作啼同

今交阯封谿縣出猩猩 雪牕本元本同單疏本閩本監本毛本阯改趾按釋文阯音止谿音溪本今作谿

狀如獾㹠 單疏本雪牕本同釋文豚字亦作肫

都郭狌狌欺羽 今周書狌狌作生生非○按都山海經注作鄭

闕洩多狃 唐石經雪牕本注疏本同釋文單疏本洩作泄是

寓屬 唐石經單疏本雪牕本同釋文寓屬舍人本作㝢按說文蝯善援禺屬周禮司尊彝注蜼禺屬卬鼻而長尾是許叔重鄭康成所據爾雅皆作禺說文禺母猴屬殆目蒙頌猱狀以下言之今本作寓屬邢疏以寄寓木上釋之非○按寓屬對釋畜言之畜者人所養也寓屬者皆寄居於野者也自麋以下至末皆是也若說文周禮注之禺屬單謂母猴類與此寓屬絕不相涉舊按非也

以頰裏藏食 雪牕本注疏本同釋文引郭云以頰內藏食也此本裏作裹訛今訂正下寓鼠曰嗛注同

江東呼爲鼪音牲 雪牕本同注疏本刪下二字釋文鼪郭音生

鼣鼠 單疏本雪牕本同唐石經犬旁損闕段玉裁云鼣當作鼥按釋文鼣字或作鼥苻廢反舍人云其鳴如犬也集韻二十廢鼣鼥鼠名其鳴如犬吠或從發是丁度等所據釋文本作鼥舍人云其鳴如犬犬下脫一吠字廣韻亦云如犬吠藝文類聚卷九十五引爾雅作鼣鼠音吠犮發聲相近今本從犬訛

闕西呼爲鼩鼠見廣雅音瞿 雪牕本同注疏本刪下二字釋文作闕西呼爲鼩鼠見廣雅又云鼩郭音雀將略反郭注本雀字或誤爲瞿字瞿音劬疏云鼩音雀今本作鼩誤也

狀如鼠而大蒼色在樹木上 單疏本雪牕本同段玉裁云初學記引作江東呼鼫鼠者侶鼠大而食鳥在樹木上又以食鳥毀牛爲事對蒼色蓋食鳥形近之訛

鼭鼠也方言名犂鼠 注疏本鼭改鼫方言下增云

云鼶鼠者似鼬之鼠也 注疏本鼶誤鼷

本云一名鼷鼠 釋文引李云此誤

闕西呼爲鼩鼠見廣雅鼩音雀○注疏本作鼩音瞿小注改大字元本同

牛曰齝 唐石經單疏本雪牕本同釋文齝郭音笞一切經音義卷一卷七皆引爾雅牛曰齝按下注齝字釋文作齝是齝齝同字然郭氏音笞則此經郭本作齝也

食之已久復出嚼之 單疏本雪牕本同按詩無羊釋文引郭注爾雅云食已復出嚼之也又一切經音義卷九引此云食之已復出嚼之也今本衍之久脫也

羊曰齥 唐石經雪牕本注疏本同釋文單疏本齥作齛疏中同○按當作齛注洩當作泄皆唐人避諱改也說文齛羊粻也

自奮舋 雪牕本同注疏本作自奮迅動作係依疏語刪改元本舋字以下實闕

鼓鰓須息 注疏本鰓作顋雪牕本元本作腮釋文鰓西才反此舊作鰓訛今據釋文訂正顋與腮同字玉篇顋頰腮鰓魚頰也

鳥曰狊唐石經單疏本雪牕本同注疏本狊誤臭釋文狊古闃

張兩翄單疏本雪牕本同釋文翄本或作翅又作䎗同

魚之鼓動兩頰元本同閩本監本毛本頰改腮

釋畜第十九

色青單疏本雪牕本同按釋文曰山海經云有獸狀如馬名駒塗青色本注云然也又疏云青色二字郭氏語也又史記索隱匈奴列傳曰郭注爾雅云駒駼馬青色音淘塗然則此注色青本作青色矣

幽隱之獸也注疏本脫也

而身黑三尾注疏本三作二浦鏜云山海經作白身黑尾

蹄如趼而健上山單疏本雪牕本同釋文引郭云蹄如研而健上山此作趼訛釋文引舍人云研平也謂蹄平正李云其蹄正堅而平似研也釋文音經趼本或作研段玉裁曰如淳百官公卿表注作昆蹄研師古曰蹄研者謂其蹄下平也作研爲是作趼者淺人所改

舍人云騉蹄者注疏本騉誤䮒

盜驪緑耳單疏本雪牕本同釋文緑耳本或作騄駬同按五經文字馬部騄音緑騄耳見爾雅史記秦本紀造父以善御幸於周繆王得盜驪驊騮騄耳之駟集解引郭氏曰紀年北唐之君來見以一驪馬是生緑耳八駿皆因其毛色以爲名號索隱引穆王傳曰赤驥盜驪白義渠黃驊騮騟騄耳山子是紀年作緑耳穆傳作騄耳此注引穆傳字當作騄矣釋文當是騄駬本或作緑耳今本後人竄改張參所見本蓋作騄

千里馬領頸雪牕本同注疏本刪下二字單疏本云注穆天至領頸太平御覽卷九百十三引此注亦有領頸

受敕憲元本同閩本監本毛本敕改勑穆傳同按廣韻敕誡也恥力切今相承用勑勑本音賚說文勑勞也

華騮緑耳元本同閩本監本毛本華改驊

魏時西單獻千里馬浦鏜改西單作鮮卑云西字誤按西鮮聲相近今穆傳注作鮮

右服盜驪而左緑耳浦鏜云盜驪當爲驊騮穆傳作華騮注云疑驊騮字按此注引穆傳之右服盜驪以證爾雅之小領盜驪且自釋之曰盜驪千里馬然則穆傳必本作盜驪今本作驊騮淺人所改當據此訂正

郎馬高八尺單疏本雪牕本同按八尺下當有者字疏曰郭云郎馬高八尺者郎下文馬八尺爲駥者也是邢本原有者字釋獸絕有力豜注云郎豕高五尺者可證

四蹢皆白首唐石經單疏本注疏本同雪牕本首改騚按玉篇騚才田切馬四蹢白廣韻一先騚馬四蹄皆白也考初學記卷二十九藝文類聚卷九十三引爾雅皆作首與唐石經合今邵晉涵正義改作四蹢皆白前云爾雅舊本作前後人加馬旁作騚因字形相涉前誤爲首

尾白駺唐石經雪牕本同釋文駺本多作狼同音郎按藝文類聚引爾雅作尾曰狼盧文弨曰說文有狼無駺知此經本用狼字

駒顙白顛唐石經雪牕本注疏本同單疏本駒作的引易震爲的顙按釋文云的字林作駒是爾雅不作駒也初學記引爾雅作的顙與釋文邢本合又易釋文作的云說文作馰○按說文引周易爲馰顙又日部的下引易爲的顙的本从日俗从白作的

白達素縣單疏本雪牕本注疏本同唐石經縣作懸

素鼻莖也單疏本同雪牕本注疏本鼻作鼻

四膝下皆白名驓注疏本名誤色

後兩足皆白名翑注疏本兩改二

謂馬之白尻者名驠元本閩本同監本毛本驠下衍也

的類者元本同閩本監本毛本的改駒下引易同

回毛在膺宜乘唐石經雪牕本同釋文椉字又作乘按爾雅乘字多作椉石經此作乘非

騋牝驪牡唐石經注疏本同單疏本描改不可據雪牕本作騋牝驪牝經義雜記曰鄭康成孫叔然本作騋牝驪牡元郭景純本作騋牝驪牝騋古讀若驪故爾雅以驪牝釋詩騋牝釋文騋牝頻忍反下同指下驪牝之牝也今本作驪牡係妄改陸云孫注改上騋牝爲牡讀與郭異因下作驪牝故言上騋牝別之且以明下驪牝爲孫郭同也

馬七尺已上爲騋雪牕本同注疏本已作以

云詩云騋牝三千者元本同閩本監本毛本云改注

云七尺已上爲騋元本同閩本監本毛本已改以

今江東呼駁馬爲騭音質雪牕本同注疏本刪下二字釋文父本或作駁俗字按單疏本注疏本作駁雪牕本誤駮此當從陸本

今之鐵驄單疏本雪牕本元本同閩本監本毛本驄改騘釋文亦作驄

青驪驎驒唐石經單疏本雪牕本同五經文字云驎與鄰同今之連錢驄也釋文鄰本或作驎郭云斑剝隱鄰也孫云似魚鱗也按說文無驎字驒下云一曰青驪白鱗文如鼉魚與孫說合是古借用魚鱗字或用隱鄰字今本作驎非

色有深淺班駁隱粼閩本監本毛本同元本粼作鄰單疏本雪牕本作鄰釋文引郭云斑剝隱粼也或音鄰詩駰釋文正義皆引作斑駁隱粼按說文巛部鄰水生厓石間粼粼也今從巛訛作鄰爲同聲借用字

驪白雜毛駂注疏本同釋文五經文字唐石經單疏本駂作駂毛詩大叔于田傳驪白雜毛曰鴇釋文云鴇依字作駂

今之烏驄雪牕本注疏本同疏云今謂之烏驄詩大叔于田正義引作今呼之爲烏驄今本脫呼爲二字

陰淺黑今之泥驄雪牕本注疏本同詩駰正義引此注下有或云目下白或云白陰皆非也十二字正義有申釋之辭

詩曰有騅有駓單疏本雪牕本同詩駰正義引郭注曰卽今騅馬也與今本異

卽今之赭白馬彤赤雪牕本注疏本同按此注誤倒詩正義引郭云彤赤也卽今赭白馬是也猶陰白雜毛駰注先言陰淺黑訓陰爲淺黑後云今之泥驄舉其驗以證之

今之淺黃色者爲騧馬單疏本雪牕本同釋文引郭云今以淺黃色爲騧馬按今本之字蓋涉上注誤當從釋文作以

一目白瞯二目白魚唐石經單疏本雪牕本同釋文瞯音閑本又作瞯魚本又作䱥按釋文當作瞯音閑本又作瞯䱥本又作魚葉鈔本云本又作瞯則正當作瞯詩釋文引爾雅云一目白瞯二目白䱥可證說文瞯戴目也从目間聲

色青之間元本同閩本青下擠黑監本毛本排入

青驪驎驒注疏本驒誤驒

色有深淺班駁隱鄰名驒元本同閩本監本毛本班改斑鄰誤粼

文似鼉魚也元本閩本脫此句監本毛本作似鼉文也

詁差爲揀擇之義也注疏本詁改訓

某氏曰注疏本某氏誤其次

田獵取牲於苑囿之中元本閩本監本同毛本囿改圃

領上肉犦胅起單疏本雪牕本同釋文䐪音與上犦字同本亦作犦按䐪胅字當從肉鄭注考工記云䐪謂墳起郭注以䐪訓犦此當從釋文然陸氏所見本已有援經改注者矣元本閩本監本毛本胅作眣

狀如橐駝單疏本雪牕本同注疏本駝改駞五經文字作馲駝云馲音洛又他各反見爾雅釋文橐字又作作駝引字林云馲駝似鹿而大然則爾雅注本作橐駝呂氏字林作馲駝淺人據以改之

今之犪牛也　單疏本雪牎本同注疏本犪訛犪五經文字犪子力反見爾雅釋文犪子息反本或作稷

魏牛　唐石經單疏本雪牎本注疏本皆作犩牛釋文亦作犩此作魏蓋非盧文弨曰山海經中山經夔牛郭傳云即爾雅所謂魏夔魏兩字俱無牛旁與此合按五經文字牛部載爾雅牛屬字無犩犪二字蓋張參所據本亦作魏

犣牛　唐石經單疏本雪牎本同五經文字犣力涉反見爾雅釋文犣字林云牛名也本多作鬣字此牛多毛鬣按注云旄牛也髀膝尾皆有長毛釋文旄作髦郭氏以髦訓鬣則經必作鬣字今本後人援字林所改說文無犣

今無角牛　雪牎本同元本閩本監本無牛毛本無今疏云犝牛者無角牛名也

犑牛　釋文五經文字唐石經同雪牎本注疏本犑誤犑

牛角低仰　雪牎本注疏本同釋文低卬五剛反又魚丈反按仰當作卬注以低卬釋經之俯仰今本訛

體長㸬　注疏本同釋文單疏本雪牎本㸬作㸬皆誤按五經文字引爾雅作㸬布大反玉篇㸬布外反牛體長當據以訂正釋文博蓋反雪牎本音貝則字本作㸬也○按以艸木木木然之木爲聲

絕有力欣犌　雪牎本注疏本同單疏本擽經起止云犘牛至欣犌唐石經損闕然欣之偏旁欠字尚可考邵晉涵正義曰玉篇云犌牛有力廣韻云犌牛絕有力欣字疑衍按邵說是也釋鳥雉絕有力奮釋獸麋絕有力狄鹿絕有力麉麕絕有力豣狼絕有力迅兕絕有力欣豕絕有力豣熊絕有力麙釋畜馬絕有力駥羊絕有力奮犬絕有力狣雞絕有力奮是凡鳥獸之絕有力者皆單字無兼名者自唐石經誤衍欣字而今本因之○按單字雙字隨方俗語言爲之舊挍誤引邵說

號山獸多橐駝　元本同閩本號誤號監本毛本誤虢

人弩射殺得之　元本同閩本監本毛本得之倒

犝牛者　注疏本脫者

言傾攲也　浦鏜云攲誤欹

謂吳羊白羝　雪牎本元本同閩本監本毛本羝誤羒釋文羝丁兮反

牡羭牝羖　唐石經單疏本雪牎本同程瑤田謂當作牡羖牝羭說詳通藝錄

羺角三匝　雪牎本注疏本同釋文單疏本匝作迊廣韻三十三線引作帀

俗呼五月羔爲羜　單疏本注疏本同詩伐木正義引此注俗呼上有今字此脫

即白羝也　監本毛本脫也元本閩本誤作即助斌也

齊毋經瞿有之文也　元本閩本監本同毛本毋作母

然后縣士有澤　注疏本后改後

短喙猲獢　唐石經單疏本雪牎本同釋文獥許謁反字林作猲按玉篇獥許謁切獥獢犬短喙也亦作猲文選西京賦載獫獥獢獥爲狠子釋文胡狄古狄工弔三反非犬名也陸氏既云字林作猲知爾雅不作猲矣釋文作獥者獥之訛今本作猲者據字林所改毛詩作歇驕者爲通借字說文亦作猲

毫是乾毛也　注疏本也誤子

叩气吹以守也　元本閩本毛本同監本气誤乞

云名亦相出入者　注疏本名誤義

與彼猣師特　注疏本猣誤二

秦風駟鐵篇文也　浦鏜云鐵誤從金旁作按詩正義本作驖鐵云言其色黑如鐵俗本改作馬旁

雛子名　單疏本雪牎本同注疏本雛誤雞釋文雛本或作鶵

周禮云馬八尺已上爲駥　雪牎本注疏本云作曰釋文已作以單疏本元本駥作龍此經注異字之證閩本監本毛本雪牎本皆作駥非後漢書注引亦誤作駥

牛七尺爲犉　唐石經雪牎本同單疏本亦作犉釋文犉字亦作犉按爾雅釋文本多用古字

今漁陽呼猪大者爲䝐　雪牎本同注疏本猪作豬疏云豬高五尺者名䝐

靈公有害狗謂之獒也雪牕本監本同單疏本亦作害元本閩本毛本作善狗係臆改按何氏公羊傳本作周狗害恐周之誤字也字形相似

尚書孔氏傳曰犬高四尺曰獒即此義雪牕本注疏本同段玉裁云此非郭注後人所附益按單疏本標起止云注公羊至之獒是郭氏所據郭注無此一十五字

六畜雪牕本同有此題唐石經單疏本注疏本皆無石經考文提要云至善堂九經本亦有此二字按春秋桓六年正義曰爾雅釋畜於馬牛羊豕狗雞之下題曰六畜又昭二十五年正義曰釋畜之末別釋馬牛羊豕犬雞六者之名其下題曰六畜然則唐初本爾雅舊有此題特開成石經偶脫耳

牛高七尺者名犉羊高六尺者名羬注疏本脫二者羬下衍者

其狀如羊而馬尾名羬注疏本名作曰

今大月氏國元本同閩本監本氏改氐

豬高五尺者名豟注疏本名誤爲豟作貎

此牛七尺爲犉注疏本此誤云

晉靈公將殺趙盾趙盾躇階而走注疏本脫一趙盾

今此周作害注疏本害改善大誤

爾雅疏卷第十唐石經雪牕本同題爾雅卷十單疏本注疏本刪此本下記經三千一百一十三字注七千八百九十字

爾雅注疏卷十校勘記終

金谿王銘校

重栞宋本孟子注疏附挍勘記

嘉慶二十年江西南昌府學開雕

太子少保江西巡撫兼提督揚州阮元審定　武寧縣貢生盧宣旬校

欽定四庫全書總目孟子正義十四卷

漢趙岐注其疏則舊本題宋孫奭撰岐字邠卿京兆長陵人初名嘉字臺卿永興二年辟司空掾遷皮氏長延熹元年中常侍唐衡兄玹爲京兆尹與岐夙隙岐避禍逃避四方乃自改名字後遇赦得出拜并州刺史又遭黨錮十餘歲中平元年徵拜議郎舉燉煌太守後遷太僕終太常事蹟具後漢書本傳奭字宗古博平人太宗端拱中九經及第仁宗時官至兵部侍郎龍圖閣學士事蹟具宋史本

傳是注卽岐避難北海時在孫賓家夾柱中所作漢儒注經多明訓詁名物惟此注箋釋文句乃似後世之口義與古學稍殊然孔安國馬融鄭元之注論語今載於何晏集解者體亦如是蓋易書文皆最古非通其訓詁則不明詩禮語皆徵實非明其名物亦不解論語孟子詞旨顯明惟闡其義理而止所謂言各有當也其中如謂宰予子貢有若緣孔子聖德高美而盛稱之孟子知其太過故貶謂之汙下之類紕繆殊甚以屈原憔悴爲徵於

色以甯戚叩角爲發於聲之類亦比擬不倫然朱子作孟子集注或問於岐說不甚掊擊至於書中人名惟盆成括告子不從其學於孟子之說季孫子叔不從其二弟子之說餘皆從之書中字義惟折枝訓按摩之類不取其說餘亦多取之蓋其說雖不及後來之精密而開闢荒蕪俾後來得循途而深造其功要不可泯也胡爌拾遺錄據李善文選注引孟子曰墨子兼愛摩頂致於踵趙岐曰致至也知今本經文及注均與唐本不同今證以

孫奭音義所音岐注亦多不相應語詳孟子音義條下蓋已非舊本至於盡心下篇夫子之設科也注稱孟子曰夫我設教授之科云云則顯爲予字今本乃作夫子又萬子曰句注稱萬子萬章也則顯爲子字今本乃作萬章是又注文未改而經文誤刊者矣其疏雖稱孫奭作而朱子語錄則謂邵武士人假託蔡季通識其人今考宋史邢昺傳稱昺於咸平二年受詔與杜鎬舒雅孫奭李慕清崔偓佺等校定周禮儀禮公羊穀梁春秋傳孝經論語爾雅

義疏不云有孟子正義涑水紀聞載奭所定著有論語孝經爾雅正義亦不聞有孟子正義其不出奭手確然可信其疏皆敷衍語氣如鄉塾講章故朱子語錄謂其全不似疏體不曾解出名物制度只繞纏趙岐之說至岐注好用古事爲比疏多不得其根據如注謂非禮之禮若陳質娶妻而長拜之非義之義若藉交報讎此誠不得其出典案藉交報讎以謂藉交游之力以報讎如朱家郭解非有人姓藉名交也疑不能明謹附識於此至於單豹養其內而虎食其外事出莊子亦不能舉

則弇陋太甚朱彝尊經義考摘其欲見西施者人輸金錢一文事詭稱史記今考注以尾生爲不虞之譽以陳不瞻爲求全之毁疏亦竝稱史記尾生事實見莊子陳不瞻事實見說苑案說苑作陳不占蓋古字同音假借皆史記所無如斯之類益影撰無稽矣以久列學官姑仍舊本錄之爾

孟子正義序

朝散大夫尚書兵部郎中充龍圖閣待制知通進銀臺司兼門下封駮事兼判國子監上護軍賜紫金魚袋臣孫　奭　撰

夫摠羣聖之道者莫大乎六經紹六經之教者莫尚乎孟子自昔仲尼既沒戰國初興至化陵遲異端竝作儀衍肆其詭辯楊墨飾其淫辭遂致王公納其謀以紛亂於上學者循其蹤以蔽惑於下猶洚水懷山時盡昏墊繁蕪塞路孰可芟夷惟孟子挺名世之才秉先覺之志拔邪樹正高行厲辭導王化之源以救時弊開聖人之道以斷羣疑其言精而贍其旨淵而通致仲尼之教獨尊於千古非聖賢之倫安能至於此乎其書由炎漢之後

盛傳於世爲之注者則有趙岐陸善經爲之音。則有張鎰丁公著自陸善經已降其所訓說雖小有異同而共宗趙氏。惟是音釋。二家撰録俱未精當張氏則徒分章句漏落頗多丁氏則稍識指歸僞謬時有若非再加刊正詎可通行臣奭前奉

勑。與同判國子監。王旭。國子監直講。馬龜符。國子學說書吳易直。馮元等作音義二卷已經

進呈今輒罄淺聞隨趙氏所說仰効先儒釋經爲之正義凡理有所滯事有所遺質諸經訓與之增明雖仰測至言莫窮於奧妙而廣傳博識更俟於發揮謹上

孟子注疏題辭解

題辭解【疏】正義曰：案史記云孟軻受業子思門人，道既通所干者不合，退與萬章之徒序詩書，述仲尼之意，作孟子七篇。至嬴秦焚書坑儒，孟子之徒黨自是盡矣。其七篇書號為諸子，故篇籍得不泯絕。漢興，高皇未遑庠序之事，孝惠雖除挾書之律，然而公卿皆武力功臣，亦莫以為意。及孝文皇帝廣遊學之路，天下衆書往往稍出，由是論語、孟子、孝經、爾雅皆置博士。當時乃有劉歆九種，孟子凡十一篇。炎漢之後盛傳於世，為之注者，西京趙岐出焉。至于李唐，又有陸善經出焉。自陸善經已降，其所訓說雖小有異同，而咸歸宗於趙氏。隋志云：趙岐注孟子十四卷，又有鄭玄注孟子七卷，在梁時又有綦毋邃孟子九卷。唐書藝文志又云：孟子注凡四家，有三十五卷。至于皇朝崇文總目，孟子獨存趙岐注十四卷，唐陸善經注孟子七卷，凡二家二十一卷。今校定仍據趙注為本。今以為主題辭者，趙岐謂此書孟子之所作，所以題號孟子之書，其題辭為孟子而作，故曰孟子題辭。孟子題辭者，所以題號孟子之書本末指義文辭之表也。【疏】孟子至表也○正義曰：此敘孟子題辭為孟子書之序也。張鎰釋云：孟子題辭即序也。趙注尚異，故不謂之序而謂之題辭。

孟，姓也。【疏】正義曰：此敘孟氏之所自也。案魯史桓公之後，桓公適子莊公為君，庶子公子慶父、公子叔牙、公子季友，仲孫是慶父之後，叔孫是叔牙之後，季孫是季友之後，其後子孫皆以仲叔季為氏。至仲孫氏後世改仲曰孟。又云：孟，庶長之稱也。言已是庶，不敢與莊公為伯仲叔季之次，故取庶長為始也。又定公六年有仲孫何忌如晉，左傳即曰孟懿子往，是孟氏為仲孫氏之後改孟也。子者，男子之通稱也。【疏】正義曰：此敘凡稱子之例也。案經傳凡敵者相謂皆言吾子，或直言子，稱師亦曰子，是子者男子有德之通稱也。公羊傳云子沈子曰，何休云：沈子稱子冠氏上者，著其為師也，不但言子曰者，辟孔子也。然則後人稱先師，則以子冠氏上，所以明其為師也，如子公羊子、子沈子之類是也。凡書傳直言子曰者，皆指孔子，以其師範來世，人盡知之，故不必言氏也。孟軻有德，亦足以師範來世，宜其以氏冠子，使後人知之，非獨云有孔子，又有孟子稱為子焉。此書孟子之所作也，故總謂之孟子。【疏】正義曰：此敘孟子所作此書，故總名號為孟子也。唐林慎思續孟子書二卷，以謂孟子七篇非軻自著，乃弟子共記其言。韓愈亦云：孟軻之書非軻自著，軻既沒，其徒萬章、公孫丑相與記軻所言焉。今趙氏為孟子之所作，故總謂之孟子者，蓋亦有由爾。其篇目則各自有名。【疏】正義曰：此敘孟子七篇各有名目也，故梁惠王、公孫丑、滕文公、離婁、萬章、告子、盡心是也。孟子，鄒人也，名軻，字則未聞也。鄒本春秋邾子之國，至孟子時改曰鄒矣。國近魯，後為魯所并。又言邾為楚所并，非魯也，今鄒縣是也。【疏】正義曰：此敘孟子姓字及所居之國也。案史記列傳云孟軻鄒人也，不紀其字，故趙氏云字則未聞焉。後世或云字子輿。云鄒本春秋邾子之國至是也者，案春秋隱公元年書公及邾儀父盟于蔑，杜注云：邾，今魯國鄒縣是也。儀父事齊桓以獎王室，王命以為邾子。說文云：鄒，孔子鄉也，一云鄒，魯附庸之國。云國近魯者，案左傳哀公七年公伐邾，及范門，猶聞鐘聲。又曰：魯擊柝聞於邾。杜注云：范門，邾郭門也。是為魯所并。云為楚所并者，案史記云：魯頃公二十四年，楚考烈王伐滅魯，是又為楚所并。

或曰：孟子，魯公族孟孫之後，故孟子仕於齊，喪母而歸葬於魯也。三桓子孫既以衰微，分適他國。【疏】或曰至他國○正義曰：此敘孟子為魯公族孟孫之後也。其說在孟姓之段。云仕於齊葬於魯者，公孫丑篇之文也。春秋定公六年季孫斯、仲孫何忌如晉，十年叔孫仇如齊，哀公二十七年公患三桓之後，欲以諸侯去之，杜預云欲求諸侯以逐三桓。後至魯頃公時，魯遂絕祀，由是三桓子孫衰微。孟子生有淑質，夙喪其父，幼被慈母三遷之教，長師孔子之孫子思，治儒述之道，通五經，尤長於詩書。【疏】孟子至詩書○正義曰：此敘孟子自幼至長之事也。案史列女傳云：孟軻母其舍近墓，孟子少嬉遊為墓間之事。孟母曰：此非吾所以處子也。乃去舍市傍，其嬉戲乃賈人衒賣之事。又曰：此非吾所以處子也。復徙舍學宮之傍，其嬉戲乃設俎豆揖遜進退。孟母曰：此真可以居吾子矣。遂居焉。及孟子既學而歸，孟母問學所至，孟子自若也，孟母以刀斷機曰子廢學若吾斷機孟子懼旦夕勤學不息師子思遂成名儒又案史記云孟軻受業於子思之門人道既通所干不合退與萬章之徒敘詩書故趙氏云尤長於詩書

周衰之末，戰國縱橫，用兵爭強以相侵奪，當世取士務先權謀以爲上賢，先王大道陵遲隳廢，異端並起，若楊朱、墨翟放蕩之言以干時惑衆者非一。孟子閔悼堯舜湯文周孔之業將遂湮微，正塗壅底，仁義荒怠，佞僞馳騁，紅紫亂朱。疏　周衰之末至亂朱。正義曰此敘周衰戰國縱橫之時大道陵遲也案太史公曰秦紀至犬戎敗幽王周東遷洛邑秦襄公始封爲諸侯作西時用事上帝於是僭端見矣自後陪臣執政大夫世祿六卿分晉及田常弒簡公而相齊國諸侯晏然不討海內爭於戰攻於是六國盛焉其務在强兵并敵謀詐用而縱橫長短之說起故秦用商君富國强兵楚魏用吳起戰勝弱敵齊威宣王用

孫子田忌之徒而諸侯東面朝齊天下於是方務於合縱連橫以攻伐爲賢而楊朱墨翟以兼愛自爲以害仁義孟軻乃述唐虞三代之德退敘詩書述孔子之意當此之時念并孟子有哀憫之心則堯舜湯文周孔之業將遂沉小而正道鬱塞仁義荒怠佞僞並行紅紫亂朱矣楊雖云古者楊墨塞路孟子辭而闢之云湮微者湮沉也微小也云壅底者言正道鬱塞而不明也云仁義荒蕪者釋名曰仁忍也好生惡殺善惡含忍也義宜也裁制事物使合宜也莊子云愛仁利物之謂仁楊子云事得其宜謂之義尚書云無怠無荒孔注云迷亂曰荒怠懈怠也云佞僞馳騁者論語云仁而不佞孔云佞口辭捷給爲人所憎惡者說文云僞詐也馳騁奔走云紅紫亂朱者論語云惡紫之奪朱也孔注云朱正色紫間色案皇氏云青赤黃白黑五方正色也不正謂五方間色綠紅碧紫騮黃是也青是東方正綠是東方間東爲木木色青木剋土土色黃並以所剋爲間故綠色青黃也朱是南方正紅是南方間南爲火火色赤火剋金金色白故紅色赤白也白是西方正碧是西方間西爲金金色白金剋木故碧色青白也黑是北方正紫是北方間北方水水色黑水剋火火色赤故紫色赤黑也黃是中央正騮黃是中央間中央土土色黃土剋水水色黑故騮黃色黃黑也是正間然

於是則慕仲尼周流憂世，遂以儒道遊於諸侯，思濟斯民。然由不肯枉尺直尋，時君咸謂之迂闊於事，終莫能聽納其說。疏　於是至其說。正義曰此敘孟子周流聘世時君不聽納其說也言孟子心慕孔子徧憂其世遂以儒家仁義之道歷遊諸侯之國思欲救濟天下之民然而諸侯不能尊敬之者孟子亦且不見也雖召之而不往以其不肯枉尺以直尋十寸曰尺八尺曰尋史記云孟子道既通遊事齊齊宣王不能用適梁梁惠王不果所言是皆以爲迂遠而闊於事情而莫有能聽納其說者

孟子亦自知遭蒼姬之訖錄，值炎劉之未奮，進不得佐興唐虞雍熙之和，退不能信三代之餘風，恥沒世而無聞焉。是故垂憲言以詒後人。仲尼有云：「我欲託之空言，不如載之行事之深切著明也。」疏　孟子至著明也。正義曰此敘孟子自知道不行於世恥沒世無名聞故慕仲尼託之空言而載之行事也言孟子生於六國之時當衰周末又過漢之未興上不得輔起唐虞二世之治下不能伸夏商周三代之風化自愧沒一世而無名聞所以垂法言以覬後人故託慕仲尼周流憂世既不遇乃退而與萬章之徒敘詩書而作此七篇也趙氏意其然乃引孔子之言而明孟子載七篇之意也云蒼姬者周以木德王故號爲蒼姬姬周姓也云炎劉者漢以火德王故號爲炎劉劉高祖之姓氏也

於是退而論集所與高第弟子公孫丑、萬章之徒難疑答問，又自撰其法度之言，著書七篇，二百六十一章，三萬四千六百八十五字，包羅天地，揆敘萬類，仁義道德，性命禍福，粲然靡所不載。疏　於是至不載。正義曰此敘孟子退而著述篇章之數也史記云孟子所干者不合退而與萬章之徒敘詩書述仲尼之意作孟子七篇云二百六十一

章者，合七篇之章數言也。據趙氏分章，則梁惠王篇凡二十有三章，公孫丑篇凡二十有三章，滕文公篇凡十有五章，離婁篇凡六十一章，萬章篇凡十有八章，告子篇凡三十有六章，盡心篇凡八十有四章，總而計之，是二百六十一章也。云三萬四千六百八十五字者，合七篇而言也。今計梁惠王篇凡五千三百三十三字，公孫丑篇凡五千一百二十字，滕文公篇凡四千五百三十三字，離婁篇凡四千二百八十五字，萬章篇凡五千一百二十字，告子篇凡五千五百三十五字，盡心篇凡四千一百五十九字，總而計之，是三萬四千六百八十五字也。云包羅天地至靡所不載者，言此七篇之書，大而至於天地，微而至於昆蟲草木，又次而至於性命禍福，無有不載者也。然而篇所以七者，蓋天以七紀，璇璣運度，七政分離，聖以布曜，故法之也。章所以二百六十一者，三時之日數也。不敢比易當期之數，故取於三時。三時者，成歲之要時，故法之也。三萬四千六百八十五字者，可以行五常之道，施七政之紀，故法五七之數而不敢盈也已。

帝王公侯遵之則可以致隆平，頌清廟；卿大夫士蹈之則可以尊君父，立忠信；守志厲操者儀之則可以崇高節，抗浮雲。〔疏〕帝王至浮雲○正義曰：此敘孟子之七篇書爲要者也。言上而帝王遵循之，則可以興升平之治；次而公侯遵循之，則可以頌清廟。云頌清廟者，言公侯可以此助祭于天子之廟也。詩有清廟之篇，以祀文王，注云：天德清明，文王象焉，故祭而歌此詩也。箋云：諸侯有光明著見之德者來助祭也。卿大夫士蹈之則可以尊欽君父，主其忠信；守志厲操者儀而法之，則可以此崇其高節而抗富貴如浮雲。云帝王公侯卿大夫士者，蓋帝以德言，王以業言，卿有諸侯之卿，有大夫之卿，士有中士，有下士，公侯是周之爵，所謂公侯伯子男凡有五等是也。自帝王以下言之，則有公侯；自公侯以下，則有卿；自卿以下，則有大夫；自大夫以下，則止於有士也。

有風人之託物，二雅之正言，可謂直而不倨，曲而不屈，命世亞聖之大才者也。〔疏〕有風至者也○正義曰：此敘孟子七篇有風人二雅之言，爲亞聖者也。如對惠王欲以與民同樂，故以文王靈臺靈沼爲言；對宣王欲以好貨色與百姓同之，故以太王厥妃爲言；論仁則託以穀爲喻；論性則託以牛山之木爲喻，是皆有風人之託物言也。云二雅之正言者，如引他人有心，予忖度之；乃積乃倉；古公亶父，來朝走馬；不失其馳，舍矢如破。凡此之類，是皆有二雅之正言也。故可謂直其辭而且不失之倨傲，曲其辭而且不失之屈枉，而孟子誠爲間世亞聖之大才者也。言孟子之才比於上聖人之才，但相王天而已，故謂亞聖大才。

孔子自衛反魯，然後樂正，雅頌各得其所，乃刪詩，定書，繫周易，作春秋。〔疏〕孔子至春秋○正義曰：此敘引孔子退而著述之意也。案定公十四年，孔子去魯，應聘諸國。哀公十一年，自衛反魯，是時道衰樂廢，孔子來還，乃正之。又哀公十一年左傳云：冬，衛孔文子將攻太叔，訪於仲尼，仲尼曰：胡簋之事，則嘗學之；甲兵之事，未之聞也。退，命駕而行，曰：鳥則擇木，木豈能擇鳥。文子遽止之，曰：圉豈敢度其私，訪衛國之難也。將止，魯人以幣召之，乃歸。杜預曰：於是自衛反魯，然後樂正，雅頌各得其所是也。云乃刪詩定書繫周易作春秋者，案世家云：魯定公五年，季氏僭公室，陪臣執國命，是以魯大夫以下皆僭離於正道，故孔子不仕，退而修詩書禮樂，弟子彌衆，至自遠方，莫不受業焉。至哀十一年，自衛反魯，乃上采契后稷，中述商周之盛，至幽厲之缺，凡三百五篇，孔子皆弦歌之，以求合韶武雅頌之音，禮樂自此可得而述，以備王道，成六藝。孔子晚喜易，序彖繫象說卦。孔子以詩書禮樂教弟子，蓋三千焉。哀十四年春，狩大野，仲尼視之曰：麟也。取之，曰：吾道窮矣。乃因史記作春秋，上至隱公，下訖哀十四年，十二公，據魯，親周，故商，運之三代，約其文辭而指博，故曰後世知丘者其惟春秋，罪丘者亦惟春秋。

孟子退自齊梁，述堯舜之道而著作焉，此大賢擬聖而作者也。〔疏〕孟子至者也○正義曰：此敘孟子退而擬孔子之聖而著述焉。案馬遷作列傳云：孟子遊仕齊宣王，宣王不能用；適梁，梁惠王不果所言，是以退而敘詩書，述仲尼之意，而作孟子七篇也。

七十子之疇，會集夫子所言，以爲論語。論語者，五經之錧鎋，六藝之喉衿也。〔疏〕七十子至衿也○正義曰：此敘引孔子弟子記諸善言而爲論語也。案漢書藝文志云：論語者，孔子應荅弟子時人及弟子相與言而接聞於夫子之語也。當時弟子各有所記，夫子既卒，門人相與集而論纂，故謂之論語。鄭注云：仲弓、子游、子夏等撰。述論者，綸也，以此書可以經綸世務，故曰論也。語者，鄭注周禮云荅述曰語此書所載皆仲尼荅弟子及時人之辭故曰語而在論字下錧鎋者車軸頭鐵也說文云車鍵也喉衿者說文云喉咽也衿衣領也言論語爲五經六藝之要如此錧鎋與夫喉衿也孟子之書則而象之疏正義曰此敘孟子作此七篇之書而儀象論語之書是亦錧鎋喉衿衛靈公問陳於孔子孔子荅以俎豆梁惠王問利國孟子對以仁義宋桓魋欲害孔子孔子稱天生德於予魯臧倉毀鬲孟子孟子曰臧氏之子焉能使予不遇哉旨意合同若此者衆疏衛靈公至遇哉○正義曰此敘孟子作七篇則象論語之旨意也衛靈公問陳於孔子孔子對曰俎豆之事此論語之文也案左傳哀公十一年云云在孔子自衛反魯段云俎豆者案明堂位云俎有虞氏以梡夏后氏以嶡商以椇周以房俎鄭注云梡斷木爲四足而已嶡之言蹷也謂中足爲橫距之象周禮謂之距椇之言枳椇也謂曲橈之也謂足下跗也上下兩

間有似於堂房魯頌曰籩豆大房又曰夏氏以楬豆商玉豆周獻豆鄭注云楬無異物之飾也獻疏刻之齊人謂無髮爲禿楬其委曲制度備在禮圖梁惠王問利國孟子對以仁義說在梁惠王篇宋桓魋欲害孔子孔子稱天生德於予是亦論語之文也案世家孔子適宋與弟子習禮大樹下宋司馬桓魋欲殺孔子拔其樹孔子去弟子曰可速矣故孔子發此語言天生德於予者言孔子謂天授我以德性德合天地吉無不利桓魋必不能害我故曰其如予何云魯臧倉毀鬲孟子孟子曰臧氏之子焉能使予不遇哉者說在惠王下篇凡此者是皆旨意合若此類者甚衆故不特止此而已又有外書四篇性善辯文說孝經爲正其文不能弘深不與內篇相似似非孟子本真後世依放而託之者也疏正義曰凡此外書四篇趙岐不尚以故非之漢中劉歆九種孟子有十一卷時合此四篇孟子既沒之後大道遂絀逮至亾秦焚滅經術坑戮儒生孟子徒黨盡矣其書號爲

諸子故篇籍得不泯絕疏孟子至泯絕○正義曰此敘孟子之書得其傳也蓋孟子生於六國之時憫道之不行遂著述作七篇之書既沒之後先王之大道遂絀而不明于世至嬴秦并六國號爲秦始皇帝因李斯之言遂焚書坑儒自是孟子徒黨盡矣案秦紀云秦皇三十四年丞相李斯曰五帝不相復三代不相襲今陛下創大業是萬世之功固非愚儒所知且越言三代之事臣請史官非秦紀皆燒之非博士官所職天下敢有藏詩書百家語者悉詣守尉雜燒之所不去者惟有醫卜種藝之書故孟子之書號爲諸子以故篇籍不亾而得傳於世漢興除秦虐禁開延道德孝文皇帝欲廣遊學之路論語孝經孟子爾雅皆置博士後罷傳記博士獨立五經而已訖今諸經通義得引孟子以明事謂之博文疏漢興至博文○正義曰此敘孟子之書自漢而行也案漢書云高皇帝誅項羽引兵圍魯魯中諸儒尚講習禮弦歌之音不絕豈非聖人遺化好學之國哉於是喟

然興於學然尚有干戈平定四海亦未遑庠序之事至孝惠乃除挾書之律然公卿皆武力功臣莫以爲意至孝文始使掌故晁錯從伏生受尚書尚書出于屋壁詩始萌芽天下衆書往往頗出猶廣立於學官爲置博士由是論語孟子孝經爾雅皆置博士及後罷傳記博士以至于後漢惟有五經博士博士秦官掌通古今秩比六百石員多至數十人漢武建元五年初置五經博士宣帝黃龍九年增員二十人自是之後五經獨有博士訖於西京趙岐之際凡諸經通義皆得引孟子以明事故謂之博文也孟子長於譬喻辭不迫切而意以獨至其言曰說詩者不以文害辭不以辭害志以意逆志爲得之矣斯言殆欲使後人深求其意以解其文不但施於說詩也今諸解者往往摭取而說之其說又多乖異不同疏正義曰此敘孟子作七篇之書長於譬喻其文辭不至迫切而趙岐遂引孟子說詩之旨亦欲使後人知之但深求其意

義其言不特止於說詩也然今之解者摭取而說之其說又多乖異而不同矣孟子以來五百餘載傳之者亦已衆多〔疏〕正義曰此言孟子七篇之書自孟子既沒之後至西京趙岐已五百有餘年傳七篇之書解者亦甚衆多也余生西京世尋丕祚有自來矣少蒙義方訓涉典文知命之際嬰戚于天遘屯離蹇詭姓遁身經營八紘之內十有餘年心勦形瘵何勤如焉嘗息肩弛擔於濟岱之間或有温故知新雅德君子矜我劬瘁睠我皓首訪論稽古慰以大道余困吝之中精神遐漂靡所濟集聊欲係志於翰墨得以亂思遺老也惟六籍之學先覺之士釋而辯之者既已詳矣儒家惟有孟子閎遠微妙緼奧難見宜在條理之科於是乃述已所聞證以經傳爲之章句具載本文章別其旨分爲上下凡十四卷究而言之不敢以當達者施於新學可以寤疑辯惑愚亦未能審於是非後之明者見其違闕儻改而正諸不亦宜乎〔疏〕余生至不亦宜乎○正義曰此是趙岐自敘已意而爲孟子解也言我生自西漢之京若以世代根尋其祚其先與秦共祖皆顓帝之裔孫也其後子孫造父爲穆王攻徐偃王大破之以功封趙城後因氏焉故其來端有自矣在幼少蒙義方教訓之以先王典籍及五十之歲間乃零丁嬰戚于天是其時遇迍邅之險難遂詭詐其姓氏逃遁其身經營治身於八紘之內至十餘年心神形色莫不憔悴疲瘵詘何勤如此之甚曾因息肩弛負擔於濟岱之地

或有温故君子有雅德者憐我勤苦焦瘁見我頭白遂訪我談論以稽考古人仍慰我以大道然於困吝之中其精神亦且遐漂未有歸定聊欲係志於筆墨以亂思遺我老也思其六經皆得先覺之賢士釋而辯論之亦已甚詳於儒家獨有孟子七篇之書其理蘊奧深妙難造宜在於聖智條理之科於是乃申述已之間見驗以六經之傳斷爲章句具載本文章章別爲意旨分七篇作上下篇爲十四卷究極而言雖不敢當於達士然於初學者資之亦可以曉悟其疑惑其有是非得失愚亦未敢審實後之有明哲者如見其違理疑闕者改而正之是其宜也[illegible]云爲之章句分爲上下凡十四卷者各於卷下有說此更不言鄉丁公著案漢書趙岐本傳云趙岐字邠卿京兆長陵人也嘗遇疾甚誡其子曰吾死之後置一圓石安墓前刻曰漢有逸人姓趙名岐有志無時後疾瘳仕至大僕卿嘗仕州郡以廉直疾惡見憚焉

孟子注疏解經卷第一上

梁惠王章句上凡七章

孫奭疏

趙氏注 梁惠王者魏惠王也魏國名惠謚也王號也時天下有七王皆僭號者猶春秋之時吳楚之君稱王也魏惠王居於大梁故號曰梁王聖人及大賢有道德者王公侯伯及卿大夫咸願以爲師孔子時諸侯問疑質禮若弟子之問師也魯衛之君皆專事焉故論語或以弟子名篇而有衛靈公季氏之篇孟子亦以大儒爲諸侯師是以梁惠王滕文公題篇以公孫丑等而爲之一例者也

疏 梁惠王章句上○正義曰自此至盡心是孟子七篇之目及次第也揔而言之則孟子爲此書之大名梁惠以下爲當篇之小目其次第蓋以聖王之盛唯有堯舜堯舜之道仁義爲首故以梁惠王問利國對以仁義爲七篇之首也此篇凡二十三章趙氏分爲上下卷此上卷只有七章一章言治國以仁義爲名二章言聖王之德與民共樂恩及禽獸三章言王化之本在於使民養生喪死之用足備四章言王者爲政之道生民爲首五章言百里行仁天下歸之六章言定天下者一道而已不貪殺人者人則歸之七章言典籍攸載帝王之道無傳霸之事其餘十六章分在下卷各有言說大抵皆是君國之要務故述爲篇章之先凡此二十三章既以梁惠王問利國爲章首遂以梁惠王爲篇名公孫丑以下諸篇所以次當篇之下各有所說云章句者章文之成也句者辭之絕也又言章者明也揔義包體所以明情者也句必聯字而言句者局也聯字分疆所以局言者也○注云梁惠王至例者也○正義曰案史記世家云魏之先畢公高之後也武王伐紂而高封於畢是爲畢姓其後絕封爲庶人或在夷狄其裔曰畢萬事晉獻公獻公十六年以魏封畢萬爲大夫卜偃曰畢萬之後必大矣萬滿數也魏大名也畢萬封十一年獻公卒畢萬之世彌大從其國名爲魏氏生武子武子生悼子悼子生巍巍生魏獻子獻子生侈侈之孫曰魏桓子桓子孫曰文侯文侯卒子擊立爲武侯武侯卒子罃立爲惠王惠王二十一齊趙共伐我邑於是徙都大梁然則梁惠王是武侯之子名罃謚曰惠謚法云愛人好與曰惠汲冢紀年云梁惠成王九年四月甲寅徙都大梁○字林云王者天地人一貫三爲王天下所法也是時天下有七王者魏趙韓秦齊楚燕七雄之王也云論語或以弟子名篇而有衛靈季氏之篇者如顏淵子路子張是弟子名篇也趙岐所以引而爲例

孟子見梁惠王孟子適梁魏惠王禮請孟子見之王曰叟不遠千里而來亦將有以利吾國乎曰辭也叟長老之稱猶父也孟子去齊老而之魏王尊禮之曰父不遠千里之路而來此亦將有以爲寡人興利除害者乎孟子對曰王何必曰利亦有仁義而已矣孟子知王欲以富國強兵爲利故曰王何以利爲名乎亦有仁義之道可以爲名以利爲名則有不利之患矣因爲王陳之王曰何以利吾國大夫曰何以利吾家士庶人曰何以利吾身上下交征利而國危矣征取也從王至庶人故言上下交爭各欲利其身必至於篡弒則國危矣論語曰放於利而行多怨故不欲使王以利爲名也又言交爲俱也萬乘之國弒其君者必千乘之家萬乘兵車萬乘謂天子也千乘諸侯也夷羿之弒夏后是以千乘取其萬乘者也千乘之國弒其君者必百乘之家天子建國諸侯立家百乘之家謂大國之卿食采邑有兵車百乘之賦者也若齊崔衛甯晉六卿等是以其終亦皆弒君此以百乘取千乘也上下乘當言國而言家者諸侯以國爲家亦以避萬乘稱故稱家君臣上下之辭萬取千焉千取百焉不爲不多矣周制君十卿祿君食萬鍾臣食千鍾亦多故不爲不多矣苟爲後義而先利不奪不饜苟誠也誠令大臣皆後仁義而先自利則不篡奪君位不足自饜飽其欲矣未有仁而遺其親者也未有義而後其君者也仁者親親義者尊尊人無行仁而遺棄其親也無行義而忽後其君長王亦曰仁義而已矣何必曰利孟子復申此者重嘆其禍也

疏 孟子見梁惠王至何必曰利○正義曰此章言治國之道當以仁義爲名也孟子見梁惠王者是孟子自齊至梁見惠王也王曰叟不遠千里而來亦將有以利吾國乎者王號也以梁爲言也曰發語詞也叟尊老之稱也言惠王尊老孟子也惠王尊孟子曰叟不遠千里之路而至此相將亦有以利益我國乎云亦與乎者況外物不可必又非可止於一事耳故云亦乎與論語云不亦說乎不亦樂乎同孟子對曰

王何必曰利亦有仁義而已矣者是孟子荅惠王也言王何必特止曰財利我亦有仁義之道以利益而已上利以財利爲言下利以利益爲言王曰何以利吾國大夫曰何以利吾家士庶人曰何以利吾身上下交征利而國危矣者是孟子託言也言惠王今問我曰何以利益我國則爲王之大夫必問我曰何以利益我家爲大夫既欲利益其家則爲王之士庶人亦必問我曰何以利益我身假使上至下至於士庶人皆且取其利益而國必危亂喪亡矣王以國爲問大夫以家爲問士庶人以身爲問者王稱國故以國問大夫稱家故以家問士庶人無稱故以身問而已萬乘之國弒其君者必千乘之家千乘之國弒其君者必百乘之家者孟子言上下交取其利而國喪亡者是萬乘之國弒其君者必千乘之家所弒也無它焉則千乘之家欲以萬乘之利爲多也千乘之國弒其君者必百乘之家所弒也亦無它焉是百乘之家欲以千乘之利爲多也云弒者自下殺上謂之弒萬取千焉千取百焉不爲不多者孟子言凡欲天子之萬乘者且於其內取千乘而爲天子之諸侯欲諸侯之千乘者且於其內但取百乘而爲之大夫是亦不爲少矣何必交相爭奪篡多爲勝耶苟爲後義而先利不奪不饜者孟子言且令臣庶皆後去其仁義而先且以自利則不交相殺奪故不足自饒饜言必殺

奪如千乘奪取萬乘百乘奪取千乘然後爲饒足也未有仁而遺其親者也未有義而後其君者也者孟子言未有心存乎仁而遺棄其親者亦未有存義而後去其君者王亦曰仁義而已矣何必曰利者孟子重嗟歎其禍故曰王今亦當曰亦有仁義而已矣何必特止言其利一說云是惠王悟孟子之言爲是而以已言爲非故亦應之曰仁義而已矣何必言利○注云孟子至見之○正義曰案魏世家云惠王三十五年惠王以厚幣招賢者鄒衍淳于髡孟子皆至梁是也○注曰辭也至之魏○正義曰詞也從口乙聲亦象口氣出也劉熙曰叟長老之稱依皓首之言父矩也家長率教者云去齊之魏者案史記列傳云孟子事齊宣王宣王不能用乃適魏是也○注征取也至俱也○正義曰征正也蓋言君子至於利也非釋之而弗取也特不可交征而正取之爾猶季氏聚斂以弱魯趙孟資之傾晉之類故也引論語曰放於利而行多怨者證其上下交征利而國危亡之意也孔。曰放依也每事依利而行取怨之道也云交俱也蓋云俱皆也○注萬乘至萬乘也○正義曰案司馬法云六尺爲步步百爲畝畝百爲夫夫三爲屋屋三爲井井十爲通通十爲成成方十里成十爲終終十爲同同方百里同十爲封封十爲畿畿方千里有稅有賦稅以足食賦以足兵一同百里提封萬井定出賦

六千四百井戎馬四百匹兵車百乘此卿大夫采地之大者也是謂百乘之家一封三百一十六里提封十萬井定出賦六萬四千井戎馬四千匹兵車千乘此諸侯之大者也是謂千乘之國天子畿方千里提封百萬井定出賦六十四萬井戎馬四萬匹兵車萬乘故稱萬乘之主云夷羿弒夏后者引之以語千乘取萬乘也案魯襄四年左傳曰昔有夏之方衰也后羿自鉏遷於窮石因夏民以代夏政杜預曰禹孫太康淫放失國夏人立其弟仲康仲康亦微弱仲康卒子相立羿遂代相號曰有窮後爲少康所滅注云夷羿者左傳襄四年杜注云夷氏也故云夷羿○注云齊崔衛甯晉六卿等○正義曰此引之以諸百乘取千乘也齊崔崔杼爲齊之大夫語云崔子弒齊君襄公二十五年左傳云崔杼作亂是也衛甯甯喜也爲衛大夫史記世家衛獻公十八年甯惠子與孫文子逐獻公獻公奔齊齊置獻公於聚邑孫甯共立定公弟秋爲衛君是爲殤公殤公十二年爲晉平公所執獻公復入衛後元年誅甯喜又襄。二十六年書甯喜弒其君剽是也六卿魏獻子與韓宣子趙簡子智文子中行氏子范獻子六人是也史記世表云昭公二十八年六卿誅公族分其邑各使其子爲大夫故也○注周制至不多矣○正義曰周制蓋言周之所制也王制云君十卿祿是也云鍾量名也晏子曰齊舊

四量豆區釜鍾四升爲豆四豆爲區四區爲釜釜十爲鍾是也○注苟誠也至欲矣○正義曰語云苟子之不欲苟能正其身之苟同云厭者說文云饜飽也字從厭從食也飽則厭食也此一章遂爲七篇之首章

孟子見梁惠王王立於沼上顧鴻鴈麋鹿曰賢者亦樂此乎沼池也王好廣苑囿大池沼與孟子遊觀乃。顧視禽獸之衆多其心以爲娛樂誇咤孟子曰賢者亦樂此乎孟子對曰賢者而後樂此不賢者雖有此不樂也惟有賢者然後乃得樂此耳謂修堯舜之道國家安寧故得有此以爲樂也不賢之人亡國破家雖有此亦爲人所奪故不得以爲樂也詩云經始靈臺經之營之庶民攻之不日成之詩大雅靈臺之篇也言文王始初經營規度此臺民並來治作之而。不與之相期日限自來成之經始勿亟庶民子來言文王不督促使之亟疾也衆民自來趣之若子來爲父使之也王在靈囿麀鹿攸伏麀鹿濯濯

白鳥鶴鶴。麀鹿，牝鹿也。言文王在囿中，麀鹿懷妊，安其所而伏，不驚動也。獸肥飽則濯濯，鳥肥飽則鶴鶴而澤好而已。王在靈沼，於牣魚躍。文王在池沼，魚乃跳躍喜樂，言其德及鳥獸魚鱉也。文王以民力爲臺爲沼，而民歡樂之，謂其臺曰靈臺，謂其沼曰靈沼，樂其有麋鹿魚鱉。孟子謂王誦此詩，因曰文王雖以民力築臺鑿池，民由歡樂之，謂其臺沼若神靈之所爲，欲使其多禽獸以養文王者也。古之人與民偕樂，故能樂也。偕，俱也。言古賢之君與民同樂，故能得其樂。湯誓曰：時日害喪，予及女皆亡。湯誓，尚書篇名也。時，是也。日，乙卯日也。害，大也。言桀爲無道，百姓皆欲與湯共伐之。湯臨士衆誓，言是日桀當大喪亡，我與女俱往亡之。民欲與之皆亡，雖有臺池鳥獸，豈能獨樂哉？孟子說詩書之義，以感喻王，言民欲與湯共亡桀，雖有臺池禽獸，何能獨樂之哉！復申明上言不賢者雖有此不樂也。

〔疏〕孟子見梁惠王王至豈能獨樂哉。○正義曰：此章言聖王之德與民共樂，恩及鳥獸也。孟子見梁惠王，王立於沼上，顧鴻鴈麋鹿者，是孟子在梁時，見惠王立於沼之上，而顧盼鴻鴈麋鹿之狀也。曰賢者亦樂此乎者，是惠王稱謦孟子爲賢者，問孟子亦樂此池沼之上而顧盼鴻鴈麋鹿乎？云乎，意恐孟子樂與不樂，所以云乎而作疑之之辭也。孟子對曰賢者而後樂此，不賢者雖有此不樂也者，是孟子荅惠王，言唯有德之賢者爲君，然後得樂於此；如君之不賢，雖有此鴻鴈麋鹿之顧，亦不得其樂也。詩云經始靈臺，經之營之，庶民攻之，不日成之，經始勿亟，庶民子來者至魚躍，是孟子爲王誦此靈臺之詩，以證賢者而後樂此也。言文王規度始於靈臺而經營之際，衆民皆作治之，故臺不期日而有成，言其成之速也。既成之速，文王未嘗亟疾使民成之，用如此之速也，是衆民自然若子來，如爲父之使耳，故如此之速也。王在靈囿，麀鹿攸伏，麀鹿濯濯，白鳥鶴鶴者，言文王在靈囿之時，麀鹿皆安其所而伏卧，以懷其妊，又且不驚動；非特不驚動，又且濯濯然而肥飽；非特麀鹿之肥飽，其於白鳥又且鶴鶴然而肥澤也。麀鹿，牝鹿也。王在靈沼，於牣魚躍者，言文王在靈沼之時，則魚盈滿乎沼中，又且跳躍喜樂如也，言其魚之微物亦且得其所也。文王以民力爲臺爲沼，而民歡樂之，謂其臺曰靈臺，謂其沼曰靈沼，樂其有麋

鹿魚鱉者，是孟子至此又自言文王作臺沼之意，而感喻于惠王也。文王雖以民力爲其臺沼，然而民皆喜樂而爲之，如謂其臺沼則曰靈臺靈沼也。以靈臺靈沼云者，謂其文王之德化亦樂其有之，行如神靈之所至，故謂其臺沼必曰爲靈臺靈沼。凡此者無他焉，是衆民感文王之德化，亦樂其有魚鱉禽獸之多，以奉養文王也已。古之人與民偕樂，故能樂也者，言古之賢君如此文王，與民同其樂，故能得此臺池之樂也。湯誓曰時日害喪，予及女皆亡者，是孟子引商書，謂桀於是時無道暴虐百姓，故百姓皆欲與湯王共伐之，湯於是往伐，臨於衆中誥誓之曰：是日桀當大滅，我與女衆共往滅之。一云時日害喪，予及女皆亡者，是桀云，故湯誓引而言之也。謂桀云天有是日，猶吾之有民，日曷有亡哉？日亡則吾與民亦俱亡矣。民欲與之皆亡，雖有臺池鳥獸，豈能獨樂哉者，是孟子首對惠王曰不賢者雖有此不樂也，故引此桀而證其言也。言桀爲不賢之君，民亦欲與湯共伐之，雖有臺池鳥獸，豈能得獨享其此樂哉？言不能得樂也。○注云詩大雅至成之也。○正義曰：周詩大雅篇名曰靈臺，注云：天子有靈臺者，所以觀祲象，察氣之妖祥也。神之精明者稱曰靈，四方而高曰臺。文王受命于周，作邑于豐，立靈臺。又案春秋傳曰：公既視朔，遂登觀臺以望，而書雲物爲備。○注言文王至使也。○正義曰：案靈臺之詩箋云：亟，急也。度始靈臺之基，衆民各以子成父事而來攻之。○注云麀鹿至澤好。○正義曰：毛氏注云：麀鹿，牝鹿也。囿，所以域養禽獸也。天子百里，諸侯四十里。箋云：攸，所也。言所遊伏。毛注云：濯濯，娛遊也。鶴鶴，肥澤也。○注文王至魚鱉。○正義曰：詩注云：沼，池也。牣，滿也。箋云：靈沼之魚盈滿其中，皆跳躍，亦言得其所。○注云湯誓至亡之。○正義曰：湯誓，商書之篇名也。案史記云：是日何時喪，予與女皆亡。駰注曰：尚書大傳云：桀云天之有日，猶吾之有民，日有亡哉？日亡則吾亦亡矣。尚書孔安國注云：比桀於日，曰是日何時喪，我與女皆亡，欲殺身以喪桀是也。檀弓云子卯不樂，鄭注云：紂以甲子死，桀以乙卯亡也。

梁惠王曰：寡人之於國也，盡心焉耳矣。王侯自稱孤寡。言寡人於治國之政，盡心欲利百姓。焉耳者，懇至之辭。河內凶，則移其民於河東，移其粟於河內；河東凶亦然。言凶年以此救民也。魏舊在河東，後爲強國，兼得河內也。察鄰國之政，無如寡人之用心者。言鄰國之君用心憂民無如己也。鄰國之民不加少，寡

人之民不加多何也？王自恔為政有此惠而民人不增多於鄰國者何也。孟子對曰：王好戰，請以戰喻。因王好戰故以戰事喻解王意。填然鼓之，兵刃既接，棄甲曳兵而走，或百步而後止，或五十步而後止，以五十步笑百步，則何如？填，鼓音也。兵以鼓進，以金退。孟子問王曰：今有戰者兵刃已交，其負者棄甲曳兵而走，五十步而止，足以笑百步者否。曰：不可，直不百步耳，是亦走也。王曰不足以相笑也，是人俱走，直爭不百步耳。曰：王如知此，則無望民之多於鄰國也。孟子曰王如知此不足以相笑，王之政猶此也。王雖有移民轉粟之善政，其好戰殘民與鄰國同，而獨望民之多，何異於五十步笑百步者乎。不違農時，穀不可勝食也。從此已下為王陳王道也。使民得三時務農，不違奪其要時，則五穀饒穰不可勝食也。數罟不入洿池，魚鼈不可勝食也。數罟，密網也。密細之網所以捕小魚鼈也，故禁之不得用。魚不滿尺不得食。斧斤以時入山林，材木不可勝用也。時謂草木零落之時，使材木茂暢，故有餘。穀與魚鼈不可勝食，材木不可勝用，是使民養生喪死無憾也。憾，恨也。民所用者足，故無恨。養生喪死無憾，王道之始也。王道先得民心，民心無恨，故言王道之始。五畝之宅，樹之以桑，五十者可以衣帛矣。廬井邑居各二畝半以為宅，各入保城二畝半，故為五畝也。樹桑牆下，古者年五十乃衣帛矣。雞豚狗彘之畜，無失其時，七十者可以食肉矣。言孕字不失時也。七十不食肉不飽。百畝之田，勿奪其時，數口之家可以無饑矣。一夫一婦耕耨百畝。百畝之田不可以徭役奪其時功，則家給人足。農夫上中下所食多少各有差，故揔言數口之家也。謹庠序之教，申之以孝悌之義，頒白者不負戴於道路矣。庠序者，教化之宮也。殷曰序，周曰庠。謹脩教化，申重孝悌之義。頒者，班也，頭半白班班者也。壯者代老，心各安之，故頒白者不負戴也。

七十者衣帛食肉，黎民不饑不寒，然而不王者，未之有也。言百姓老稚溫飽，禮義脩行，積之可以致王也。孟子欲以風王何不行此，可以王天下，有率土之民，何但望民多於鄰國。狗彘食人食而不知檢，塗有餓莩而不知發。言人君但養犬彘，使食人食，不知以法度檢斂也。塗，道也。餓死者曰莩。詩曰：莩有梅。莩，零落也。道路之旁有餓死者，不知發倉廩以用賑救之也。人死，則曰：非我也，歲也。是何異於刺人而殺之，曰：非我也，兵也。人死謂餓疫死者也。王政使然，而曰非我殺之，歲殺之也。此何以異於用兵殺人，而曰非我也，兵自殺之也。王無罪歲，斯天下之民至焉。戒王無歸罪於歲，責己而改行，則天下之民皆可致也。

【疏】「梁惠王曰」至「民至焉」。○正義曰：此章言王化之本在於使民養生喪死之用足備也。王侯自稱曰寡。惠王與孟子曰「寡人之於國，盡其心而為民耳矣」者，言至極也，言河內凶荒，我則移徙民於河東之地；河東粟多，我則移之於河內；河東之地凶荒，我則又如此而移民，故曰亦然也。「察鄰國之政，無如寡人之用心者」，察，詳視也，言詳視鄰國之君，無有似寡人如此寡人之用心者。「然而鄰國之人民不加損，寡人之人民不加益，其多是如之何」，故曰「鄰國之民不加少，寡人之民不加多，何也」，遂以此而問孟子。「孟子對曰：王好戰，請以戰喻」，是孟子荅惠王，言惠王心好征戰，故孟子請以戰事比喻而解王意。「填然鼓之，兵刃既接，棄甲曳兵而走，或百步而後止，或五十步而後止，以五十步笑百步，則何如」者，是孟子言戰事之語也。填，塞也，又滿也。趙氏云鼓音，蓋言鼓音之充塞洋洋而盈滿也。言鼓音既充塞盈滿於戰陣之際，則兵刃刀鎗既以交接，兵刃既交接，乃棄去其甲，曳散其兵而反走者，或百步之間而止，或五十步之間而止，以五十步之間而止者，則笑走至百步之間而止者，則王以為如何。「曰：不可，直不百步耳，是亦走也」，惠王荅孟子，言凡征戰之際，鼓音既填然，則不可棄去其甲，曳散其兵而相笑走也。雖有走，或只止於五十步，或有止於百步，言其但自棄甲曳兵而反走者，是雖止於五十步，不至於百步，然皆是走也，豈可以五十步笑百步哉？故曰直不百步耳是亦走也曰王如知此則無望民之多於鄰國者是孟子荅惠王言惠王如能知此不可以五十步笑百步則王無更望其國民加多於鄰國也意謂王既好征戰而殘民而以轉粟移民爲盡心欲望民加多於鄰國是亦五十步笑百步之走者也不違農時穀不可勝食至不王未之有也者是皆孟子又爲王陳其王道也言使民無違奪其春耕夏耘秋收三時之要則五穀豐盛饒穰雖勝食之多亦不可盡也密細之網不入於洿池則魚鱉不可勝食斧斤以草木零落之時入山林不以草木生長之時入之則材木不可勝用也穀與魚鱉既不可勝食材木既不可勝用是使民得以養生喪死無怨恨於不足也五畝之宅栽墻下以桑則年至五十之老可以着其絹帛雞豚狗彘不失其養字之時則年至七十之老可以食其肉百畝之田不奪其耕耨之時則七八口之家可以無飢凡云可者但得過而已未至於富足有餘也謹庠序教化之宮以申舉孝悌之義而富以教之則頭班班然而半白者不自負戴於道塗之間矣無他人皆知孝悌之義爲之壯者必代之爾故曰班白者不負戴於道路矣是則五十之老足以衣帛七十之老足以食肉而黎庶之民故不飢不寒然而君上能如此而民不歸往而王之者必無也故曰未之有也狗彘食人食而不知檢塗有餓莩而不知

發人死則曰非我也歲也是何異於刺人而殺之曰非我也兵也者是孟子以此諷惠王也言人君但養其狗彘而食人之所食而王不知檢斂道塗之間有餓死者而王不知發倉廩以救賑之而見其人死則推之曰非我之罪是歲之罪也言是歲之凶荒而疫死之也是何異於執其兵器而刺殺人而曰非我殺也是兵器自殺之類也王無罪於歲則天下之民至焉者是孟子諷之而又誡之也言王儻人餓死不歸罪於歲但責已而改行則天下之民莫不歸往而至焉耳爲惠王好征戰以糜爛其民故以此諷之○注云王侯自稱孤寡○正義曰禮云諸侯與民言自稱曰寡人在凶服曰孤老聃云王侯自稱孤寡不穀是也○注云魏舊河東至河內○正義曰案地理云魏地觜觿參之分野其界自高陵以東盡河東河內河東本殷之舊都周既滅殷分其地畿內爲三國詩風邶鄘衛是也○注云戰事○正義曰莊公十一年左傳曰皆陳曰戰杜預云堅而有備各得其所成敗決於志力者也○注填鼓音兵以鼓進以金退○正義曰賈逵云填塞也滿也禮云色容填填史云車馬駢填云兵以鼓進以金退者案周官大司馬教鼓鐸鐲鐃之用以教坐作進退疾徐疏數之節云鼓人三鼓司馬振鐸羣吏作旗車徒鼓行鳴鐲車徒皆行鳴鐃且卻是也○注使民得三時務農不違奪其要時○正

義曰王制云用民之力歲不過三日周禮內人職云凡均力政以歲上下豐年則公旬用三日焉中年則公旬用二日焉無年則公旬用一日焉語云使民以時包注曰作使民必以其時不妨奪農務荀卿曰春耕夏耘秋收冬藏四者不失時故五穀不絶而百姓有餘食是五穀不可勝食也○注數罟至不得食○正義曰釋云數密也罟網也荀子曰網罟毒藥不入澤洿池淵沼謹其時禁故魚鱉優多而百姓有餘用注云食足之外可貨易也○注時謂至有餘○正義曰周官山虞掌山林之政令云仲冬斬陽木仲夏斬陰木鄭注云陽木春夏生陰木秋冬生者若松柏之屬一云陽木生山陽在南者陰木生山陰在北者荀卿曰斬伐養長不失其時故山林不童而百姓有餘材也○注廬井至衣帛矣○正義曰案周禮云乃經土地而井牧其田野九夫爲井四井爲邑遂人掌邦之野辨其野之土地上地夫一廛田百畝萊五十畝餘夫亦如之中地夫一廛田百畝萊百畝餘夫亦如之下地夫一廛田百畝萊二百畝餘夫亦如之鄭司農云戶計一夫一婦而賦之田其一戶有數口者餘夫亦受此田也廛居也萊謂休不耕者鄭玄云廛城邑之居漢志云六尺爲步步百爲畝畝百爲夫夫三爲井井方一里是爲九夫八家共之各受私田百畝公田十畝是爲八百八十畝餘爲廬舍里有序而鄉

有庠序以明教庠以行禮而視化焉其有秀異者移鄉學于庠序庠序之異者移國學于小學小學之異者移於大學命曰造士行同能偶則別之以射然後爵命焉此先王制士處居富而教之之大略也王制云五十異粮始衰六十非肉不飽七十非帛不煖八十非人不煖九十雖得人不煖是古者五十乃衣帛矣○注言人君至救之也○正義曰餓死者曰莩詩曰莩有梅莩零落也者案毛詩而言也毛詩云莩落也箋云梅實尚餘而未落是其解也

梁惠王曰寡人願安承教願安意承受孟子之教令孟子對曰殺人以梃。與刃有以異乎梃杖也曰無以異也王曰梃刃殺人無以異也以刃與政有以異乎孟子欲以政喻王曰無以異也王復曰梃刃殺人與政殺人無異也曰庖有肥肉廄有肥馬民有飢色野有餓莩此率獸而食人也孟子言人君如此率率獸而食人也獸相食且人惡之爲民父母行政不免於率獸而食人惡在其爲民父母也虎狼食禽獸人猶尚惡視之牧民爲政乃率禽獸食人安在其爲民父母之道也仲尼曰始作俑者其無後乎爲其象人而用之也如之何其使斯民飢而死也俑偶人也用之送死仲尼重人類謂秦穆公時以三良殉葬本由有作俑者也惡其始造故曰此人其無後嗣乎如之何其使斯民飢而死也。孟子陳此以教王愛其民也。〔疏〕梁惠王曰至死也。正義曰此一段宜與前段合爲一章趙氏分別之蓋言王者爲政之道在生民爲首也梁惠王曰寡人願安承教者是惠王願安意承受孟子之教令也孟子對曰殺人以挺與刃有以異乎者是孟子荅惠王故託此而問惠王言殺人以杖與刃有以各異乎云乎者是又孟子未知惠王以爲如何故疑之也曰無以異者是惠王荅孟子之問言以杖殺人與刃殺人無以各異是皆能殺人也以刃與政有以異乎者孟子復問以刃與政殺人有以異曰無以異也者惠王復曰政之殺人與刃之殺人亦無以異也言致人死則一也曰庖有肥肉廐有肥馬民有飢色野有餓莩此率獸而食人也者是孟子之諷惠王也言庖廚之間有肥肉棧廐之中有肥馬而民皆有飢餓

之顔色郊野之間又有餓而死者此乃是王率獸而食人也獸相食且人惡之爲民父母行政不免於率獸而食人惡在其爲民之父母也者孟子言獸畜自相食如虎狼食牛羊且人猶尚惡見之況爲民之父母其於行政以治民尚不免驅率獸而食人安在其爲民之父母也言行政如此不足爲民之父母也仲尼曰始作俑者其無後乎是孟子引仲尼之言也言仲尼有云始初作俑偶人者其無後嗣乎無他焉是爲其象人而用之也故後有秦穆公以生人從葬故曰其無後嗣也。注挺杖也。正義曰釋文云挺木片也。注俑偶人也。正義曰記云孔子謂爲俑者不仁埤倉云木人送葬設關而能踊跳故名之曰俑魯文公六年秦穆公卒以子車氏之三子奄息仲行鍼虎爲殉杜預曰以人從葬曰殉詩有黄鳥之篇以哀三良是也孟子諷之故曰如之何使斯民飢餓而死

梁惠王曰晉國天下莫強焉叟之所知也韓魏趙本晉六卿當此時號三晉故惠王言晉國天下之強焉及寡人之身東敗於齊長子死焉西喪地於秦七百里南辱於楚寡人恥之願比死者壹洒之如之何則可王念有此三恥求策謀於孟子孟子對曰地方百里而可以王言古聖人以百里之地以致王天下謂文王也王如施仁政於民省刑罰薄稅斂深耕易耨壯者以暇日修其孝悌忠信入以事其父兄出以事其長上可使制梃以撻秦楚之堅甲利兵矣易耨芸苗令簡易也制作也王如行此政可使國人作杖以捶敵國堅甲利兵何患恥之不雪也彼奪其民時使不得耕耨以養其父母父母凍餓兄弟妻子離散彼陷溺其民王往而征之夫誰與王敵彼謂齊秦楚也彼困其民願王往征之也彼失民心民不爲用夫誰與共禦王之師而爲王之敵乎故曰仁者無敵王請勿疑鄰國暴虐已修仁政則無敵矣王請行之勿有疑也〔疏〕梁惠王至勿疑。正義曰此章言百

里行仁則天下歸之也梁惠王曰晉國天下莫強焉叟之所知也者是梁惠王欲問孟子之謀策也言晉國爲天下之最強叟必知之及寡人之身東敗於齊長子死焉西喪地於秦七百里南辱於楚寡人恥之願比死者壹洒之如之何則可者是惠王言晉國逮及寡人之身東則見敗於齊而殺死其長子西又喪失其地於秦七百里南又常受辱於楚寡人心甚愧恥之今願近死不惜命者一洗除之當如之何謀則可以洗除此恥孟子對曰地方百里而可以王者是孟子荅惠王言古之聖君其地但止於百里尚可以王天下也王如施仁政於民省刑罰薄稅斂深耕易耨壯者以暇日修其孝悌忠信入以事其父兄出以事其長上可使制梃以撻秦楚之堅甲利兵矣者是孟子言王自今能施仁政以及民又省去其刑罰輕其稅斂使民皆得深耕易耨壯者以閑暇日修孝悌忠信人閨門之内以奉事其父兄出鄉黨之間以奉事其長上几能如此雖作一捶挺亦可以鞭撻秦楚之堅甲利兵矣然以秦楚有堅甲利兵而以一挺可鞭撻者蓋秦楚常違奪其農時使民不得耕耨也故云彼奪其民時使不得耕耨以養父母又云父母凍餓兄弟妻子離散彼陷溺其民王往而征之夫誰與王敵者言民既不得耕耨以奉養父母則爲父母者被寒凍飢餓兄弟者與妻子者皆離背散各彼秦楚

陷溺其人民如此而王往彼正其罪夫更誰敢禦王之師而爲王之敵者故曰仁者無敵王請勿疑者是孟子請惠王行此仁政而往正其罪而無敵如所謂仁者無敵是也遂請之行而無更遲疑也前所謂閒暇日者蓋言民於耕耨田地之外有休息閒暇之日也○注韓趙魏至强也○正義曰案史記年表云定王十六年魏桓子與韓康子趙襄子三人敗知伯于晉陽乃至分其地故號爲三晉是爲戰國云東敗於齊而喪長子者案史記世家惠王三十年魏伐趙趙告急於齊齊宣王用孫子計救趙魏遂大興師太子申自將攻齊遂與齊人戰敗於馬陵是也云西喪地於秦者案史記年表云周顯王十五年秦與魏戰元里斬首七千取少梁南則常辱於楚馬陵者案徐廣云地在於元城

孟子注疏解經卷第一上

長塘盧氏宣旬校正

大清嘉慶二十年重刊　用文選樓藏本校

南昌縣知縣陳煦栞

孟子注疏校勘記序

漢人孟子注存於今者惟趙岐一家趙岐之學以較馬鄭許服諸儒稍爲固陋然屬書離辭指事類情於詁訓無所戾七篇之微言大義藉是可推且章別爲指令學者可分章尋求於漢傳注別開一例功亦勤矣唐之張鎰丁公著始爲之音宋孫奭采二家之善補其闕遺成音義二卷本未嘗作正義也未詳何人擬他經爲正義十四卷於注義多所未解而妄說之處全抄孫奭音義略加數語署曰孫奭疏朱子所云邵武一士人爲之者是也又盡删章指矣而疏內又往往詮釋其所删於十三卷自撰其例曰凡於趙注有所要者雖於文段不錄然於事未嘗敢弃之而不明其可議有如此者自明以來學官所貯注疏本而已疏之悠繆不待言而經注之譌舛闕逸莫能諟正吳中舊有北宋蜀大字本宋劉氏丹桂堂巾箱本相州岳氏本盱郡重刊廖瑩中世綵堂本皆經注善本也賴吳寬毛扆何焯何煌朱奐余蕭客先後傳校迄休寧戴震授曲阜孔繼涵安邱韓岱雲鋟版於是經注譌可正闕可補而注疏本有十行者亦較它注疏本爲善今屬元和生員李銳合諸本臚其同異元爲辨其是非以經注本正注疏本以注疏十行本正明之閩本北監本汲古閣本爲校勘記十四卷章指及篇敘既學者所罕見則備載之音義亦校訂

附後俾爲趙氏之學者得有所參考折衷日本孟子考文所據僅足利本古本二種今則所據差廣考孟子者殆莫能捨是矣阮元記

引據各本目錄

單經本

宋石經殘本　高宗御書行書每行字數參差不齊今止存十一碑見在杭州府學

經注本

北宋蜀大字本　章邱李氏所藏今據何焯校本

宋本　劉氏丹桂堂巾箱本鄭師山所藏闕公孫丑告子二冊今據何焯校本

岳本　亦據何焯校本

廖本　廖瑩中世綵堂本元盱郡重刊今據何煌校本

孔本　乾隆壬辰曲阜孔繼涵微波榭刊凡十四卷末附音義韓本同

韓本　乾隆辛丑安邱韓岱雲刊

日本國古本　已下二本據七經孟子考文補遺

足利本

注疏本

宋十行本　凡十四卷卷分上下閩監毛三本同又此本及閩本無題辭監毛本有

閩本

監本

毛本

孟子注疏卷一上挍勘記　阮元撰盧宣旬摘錄

朝散大夫尚書兵部郎中充龍圖閣待制知通進銀臺司兼門下封駁事兼判國子監上護軍賜紫金魚袋臣孫奭撰　按此銜名十行本作兩行上空一字與音義序題銜合閩監毛三本改爲一行擠寫又音義銜龍圖下無閣字撰下有進字

夫總群聖之道者　按自此至篇末十行本行頂格亦與音義序合閩監毛三本首行頂格次行以下並上空一格○又記中凡摘經注疏句有不盡采全者倣經典釋文例

爲之音　閩監毛三本同音義序此下有者字是也

而共宗趙氏　按此下音義序有今既奉勅挍定仍據趙注爲本十二字僞疏刪

惟是音釋　按此下音義序有宜在討論臣今詳七字

漏落頗多　閩監毛三本同音義序落作略

若非再加刊正　按音義序無再加二字

臣奭前奉勅與同判國子監王旭國子監直講馬龜符國子學說書吳易直馮元等　按音義序此文作謹與尚書虞部員外郎同判國子監臣王旭諸王府侍講太常博士國子監直講臣馬龜符鎮寧軍節度推官國子學說書臣吳易直前江陰軍江陰縣尉國子學說書臣馮元等僞疏刪去寄祿官及臣字非也

作音義二卷已經進呈今輒罄淺聞隨趙氏所說仰效先儒釋經爲之正義凡理有所滯事有所遺質諸經訓與之增明　按音義序無此文而有推究本文參考舊注采諸儒之善削異說之煩證以字書質諸經訓疏其疑滯備其闕遺集成音義二卷一段文蓋僞疏竄改又上文勅字及此進呈字十行本提行頂格閩監毛三本並接寫不提行

孟子注疏題辭解 按十行本閩本無此篇監毛本有山井鼎考文所謂孟子題辭注疏本或無之者是也又按音義孟子題辭張鎰云即序也不云題辭解疑此解字是僞疏增又音義孟子題辭下出趙氏字今本無之蓋失其舊

孟子至表也 監本此下有圈毛本無以下並同

值炎劉之未奮 毛本同音義出值炎云丁作直

繫周易 毛本同音義繫本亦作系

爲正 毛本同蒲鏜正誤云政誤正按周禮小宰職聽政役以比居注或作正是正政古通用蒲說是也

孟子注疏解經卷第一上 監毛本同閩本誤脱上字

梁惠王章句上 凡七章按宋高宗御書孟子石經殘本篇題並頂格不空字十行本正與之合蓋猶是舊欵閩監毛三本並低一字非又篇題下近孔繼涵韓岱雲所刻經注本及考文古本無凡幾章字音義及足利本有

趙氏注　孫奭疏 十行本孫奭疏三字在第二行篇題下接趙氏注三字在第三行上低一字下接注文閩監毛三本並作漢趙氏注宋孫奭疏在篇題之前其注移在凡幾章之下考文古本注在趙氏注下與十行本合足利本注及題名在篇題後其題名作後漢太常趙岐邠卿注與各本皆不合非也廖瑩中經注本趙氏作趙岐亦非按音義題辭下出趙氏字然則舊本題名不作趙岐并無注字也

梁惠王者 自此至一例者也岳本廖本無又按十行本注文皆雙行細字閩監毛三本以注文改爲單行上冠注字非復十行本舊式矣

皆僭號者 閩監毛三本同宋本孔本韓本考文古本足利本下有也字

皆尊事焉 閩監毛三本同宋本孔本韓本考文古本專作尊○按尊是也

爲諸侯師 閩監毛三本同宋本孔本韓本考文古本師上有所字

以公孫丑等而爲之一例者也 閩監毛三本同宋本考文古本孔本以作與無而之者三字韓本與宋本同有者字

梁惠王章句上 十行本標起止下每作一圈以別正義閩監本同毛本去圈正義接標起止下以後放此

長老之稱 閩監毛三本同廖本孔本韓本考文古本下有也字

王尊禮之 閩監毛三本同廖本孔本韓本考文古本上有故字

而來此 閩監毛三本同宋本孔本韓本考文古本此上有至字

亦將有以爲寡人興利除害者乎 閩監毛三本同宋本孔本有下有可字無者字廖本無者字韓本足利本有下有可字考文古本有下有可字者乎作也

故曰王何以利爲名乎 閩監毛三本同孔本韓本考文古本何下有必字足利本王何作可必

亦有仁義之道 閩監毛三本同宋本亦下有惟字廖本岳本下有者字孔本韓本考文古本作亦惟有仁義之道者

則國危矣 閩監毛三本同廖本孔本韓本考文古本危下有亡字

是以千乘取其萬乘者也 閩監毛三本同宋本廖本孔本韓本考文古本無其字者字岳本無者字

亦皆弑君 閩監毛三本同廖本孔本韓本考文古本足利本君上有其字

上下乘當言國 閩監毛三本同孔本韓本考文古本下作千是也

亦多故不爲不多矣 閩監毛三本同廖本孔本韓本考文古本故作矣○按作故是

不足自饜飽其欲矣 閩監毛三本孔本同宋本廖本韓本考文古本無矣字

而遺棄其親也 閩監毛三本同廖本孔本韓本考文古本無也字

而忽後其君長　閩監毛三本同宋本廖本孔本韓本考文古本長作者

重歎其禍也　閩監毛三本同宋本孔本韓本考文古本作重嗟歎其禍音義出重嗟則亦有嗟字

章指言　孔本韓本作曰下同　治國之道明當以仁義爲名然後上下和親君臣集穆　足利本集作輯　天經地義不易之道故以建篇立始也　凡章指十行本以下注疏本無今據廖本載全文于每章後各本異同即注于下以補注疏本之缺全書同此

此章言治國之道當以仁義爲名也　案每章疏首數句乃爲疏竊取趙氏章指之文而又不全載謬甚

孔曰放依也　閩監毛三本孔下並衍子字

又襄二十六年　閩本同監毛本襄下有公字

乃顧視禽獸之衆多　閩監毛三本同宋本孔本韓本考文古本無乃字

其心以爲娛樂　閩監毛三本同宋本廖本孔本韓本考文古本無其字

誇咤孟子　閩監毛三本同宋本廖本孔本韓本考文古本誇作夸音義出誇咤丁云誇也按此則作誇非也

亦爲人所奪　閩監毛三本同宋本孔本韓本考文古本亦作當

而不與之相期日限自來成之　閩監毛三本同宋本無而之相三字日作曰廖本無相限二字下有也字孔本下有也字韓本考文古本無而相限三字下有也字

不督促使之　閩監毛三本孔本韓本同音義出不督云丁作𧼤○按𧼤疑𧽍之誤古𧽍與督義同音同

爲父使之也　閩監毛三本同宋本廖本孔本韓本考文古本無之字

牝鹿也　閩監毛三本同廖本孔本韓本牝作牸牸與牝義同考文古本牝作特特即牸之譌也俗刊之書多此譌字

言文王在囿中　閩監毛三本同岳本廖本孔本韓本考文古本囿上有此字

麀鹿懷妊　閩監毛三本同宋本廖本孔本韓本妊作任

則鶴鶴而澤好而已　閩監毛三本同宋本廖本孔本韓本考文古本無而已二字

於牣魚躍　閩監毛三本孔本韓本同音義出於牣云丁本作仞

而民歡樂之　各本同音義出歡樂云本亦作勸樂臧琳曰案左傳昭九年注衆民自以子義來勸樂爲之正義曰衆民自以子成父事而來勸樂而早成之耳知晉唐時本皆作勸樂

孟子謂王誦此詩　閩監同廖本孔本韓本監毛本誦作爲是也

民由歡樂之　宋本孔本韓本考文古本足利本同閩監毛三本由作猶按由猶古今字

言古賢之君　閩監毛三本同廖本孔本韓本足利本賢之作之賢

與民同樂　閩監毛三本同廖本作與民共同其樂宋本孔本韓本作與民共同其所樂考文古本作與民同其所樂

故能得其樂　閩監毛三本同廖本孔本韓本考文古本作故能樂之

子及女皆亡　孔本韓本同閩監毛三本皆作偕

日乙卯日也　閩監毛三本韓本同宋本孔本上日作時○按宋本孔本非當作是日乙卯日也

湯臨士衆誓　閩監毛三本同廖本孔本韓本作湯臨士衆而誓之考文古本下有之字

言民欲與湯共亡桀　閩監毛三本同宋本孔本韓本民下有皆字

章指言聖王之德與民共樂恩及鳥獸則忻戴其上大平化興無道之君衆怨神怒則國滅祀絕不得保守其所樂也

以奉養文王也已 閩監毛三本已作此非

注言文王至使也 閩本同監本毛本使下有之字非

毛氏注云 閩監毛三本氏作詩○案注當作傳

足以笑百步者否 閩監毛三本同廖本步下有止字宋本否作不孔本韓本考文古本作足以笑百步止者不足利本作是以笑百步止者不音義出者不

王雖有移民轉粟之善政 閩監毛三本同宋本孔本韓本考文古本足利本粟作穀

而獨望民之多 閩監毛三本孔本韓本足利本同考文古本獨作獨

何異於五十步笑百步者乎 閩監毛三本韓本同廖本孔本考文古本於下有以字

所以捕小魚鼈也 閩監毛三本同廖本孔本韓本考文古本也上有者字

各入保城二畝半 閩監毛三本足利本同宋本孔本韓本各作冬是考文古本城作域非○按據

公羊傳宣十四年注及漢地理志則作冬是也公羊注同春夏出田秋冬入保城郭今各本或作保域或作城保者依公羊則保城爲長

可以無饑矣 監本毛本同宋本岳本咸淳衢州本孔本韓本閩本饑作飢按飢餓之字當作飢饑乃饑饉字此經當以飢爲正

頭半白班班者也 閩監毛三本同宋本白下有曰字岳本廖本韓本者上並有然字孔本作頭半白曰頒斑斑然者也按以班爲斑古字假借毛本孔本韓本班作斑非也足利本作頭半白曰頒班斑者也山井鼎云曰當作日是○按頒白字說文作䪾从須卑聲

故須白者不負戴也 閩監毛三本同孔本足利本故下有曰字戴下有於道路三字韓本與孔本同無曰字

黎民不饑不寒 監本同韓本閩本毛本饑作飢

言人君但養犬彘 廖本孔本韓本考文古本足利本同閩監毛三本犬作狗

不知以法度檢斂也 閩監毛三本同毛本檢作撿避所諱宋本孔本韓本不上有而字

詩曰莩有梅 宋本孔本韓本同閩監毛三本曰作云

道路之旁有餓死者 韓本閩監毛三本同宋本孔本旁作彷

以用賑救之也 廖本考文古本足利本同宋本孔本韓本賑作振閩監毛三本用作周按振即古之賑字作賑者非

章指言王化之本在於 孔本於作乎 使民養生喪死之用備足

然後導之以禮義責已矜窮則斯民集矣

在於使民養生喪死之用足備也 閩監毛三本喪作送誤

可以着其絹帛 閩本同監本毛本着作箸

背陣曰戰 閩本同按背當作皆監本毛本改作皆是也

周禮内人職云 閩監毛三本同盧文弨云内當作均是也

殺人以挺與刃 閩本同宋本廖本岳本孔本韓本監毛本挺作梃案音義云從木則此本及閩本誤也此本注俱作梃閩本經注並作挺

梃刃殺人 閩監毛三本同孔本韓本考文古本梃作杖

曰無以異也 各本同孔本以異誤倒

梃刃殺人與政殺人 閩監毛三本廖本岳本同宋本孔本韓本無梃刃殺人與五字

無異也 閩監毛三本同廖本岳本孔本韓本考文古本無下有以字

率率獸而食人也 閩監毛三本上率字作是廖本作是率禽獸以食人也宋本孔本韓本考文古本作爲率禽獸以食人也足利本與古本同但人下有者字

虎狼食禽獸人猶尚惡視之牧民爲政乃率禽獸食人安在其爲民父母之道也各本並同足利本作古者虎狼之中能常食於禽獸是人所惡今人猶尚惡視之牧民爲政乃率禽獸食人安在其爲民父母之道也已

惡其始造閩監毛三本同廖本孔本韓本惡上有夫字音義出夫惡山井鼎考文云古本本由有作偏者也下有夫字以夫字屬上讀非也

如之何其使斯民飢而死也閩監毛三本同廖本孔本韓本考文古本斯作此也作邪岳本斯作此音義出死邪

以教王愛其民也閩監毛三本同廖本無也字宋本孔本韓本考文古本無其字也字

章指言王者爲政之道生民爲首以政殺人人君之咎猶以白刃疾之甚也

故惠王言晉國天下之强焉閩監毛三本之作莫廖本無之字宋本孔本韓本考文古本無之焉二字

壹洒之孔本韓本考文古本同閩監毛三本壹作一

深耕易耨音義出易耨云下奴豆切字亦作蓐

而爲王之敵乎閩監毛三本同宋本孔本韓本足利本無而之二字廖本無而字考文古本作於王敵乎

章指言以百里行仁天下歸之以政傷民民樂其亡以梃服强仁與不仁也足利本也上有者字

願比死者壹洒之閩監毛三本壹作一

今願近死不惜命者一洗除之閩本同監毛本近作爲

皆離背散各各字誤閩監毛三本並作亡

韓魏趙至强也閩本同監毛本也改焉

孟子注疏卷一上挍勘記

奉新趙儀吉挍

孟子注疏解經卷第一下

梁惠王章句上　趙氏注　孫奭疏

孟子見梁襄王出語人曰望之不似人君襄謚也魏之嗣王也望之無儼然之威儀也就之而不見所畏焉就與之言無人君操柄之威知其不足畏卒然問曰天下惡乎定卒暴問事不由其次也問天下安所定言誰能定之吾對曰定于一孟子謂仁政爲一也孰能一之言孰能一之者對曰不嗜殺人者能一之嗜猶甘也言今諸侯有不甘樂殺人者則能一之孰能與之王言誰能與不嗜殺人者乎對曰天下莫不與也孟子曰時人皆苦虐政如有行仁天下莫不與之王知夫苗乎七八月之間旱則苗槁矣天油然作雲沛然下雨則苗浡然興之矣其如是孰能禦之以苗生喻人歸也周七八月夏之五六月也油然興雲之貌沛然下雨以潤槁苗則浡然已盛孰能止之今夫天下之人牧未有不嗜殺人者也如有不嗜殺人者則天下之民皆引領而望之矣誠如是也民歸之由水之就下沛然誰能禦之今天下牧民之君誠能行此仁政民皆延頸望欲歸之如水就下沛然而來誰能止之

【疏】孟子見梁襄王至誰能禦之○正義曰此章言定天下者一道而已不貪殺人人則歸之也孟子見梁襄王出語人曰望之不似人君就之而不見所畏焉者是孟子在梁見襄王而語於人曰遠望之襄王而不似人君言無人君之威儀也就而近之而不見所畏焉言無人君操柄之威也卒然問曰天下惡乎定者是孟子語於人言襄王卒暴而問我曰天下誰能定吾對曰定于一者言我對之曰定天下者在乎仁政爲一者也孰能一之是孟子言襄王又問誰能仁政爲一對曰不嗜殺人者能一之者是孟子言我復荅之唯不好殺人者能以仁政爲一也孰能與之者言襄王又問誰能與之不好殺人者對曰天下莫不與也言我對曰天下之人無有不與之也王知夫苗乎七八月之間旱則苗槁矣天油然作雲沛然下雨則苗浡然興之矣其如是孰能禦之者是孟子比喻而解王之意也故問襄王曾知夫苗乎言夫苗自七八月之時則乾旱而無水苗於是枯槁上天油然而起雲沛然而降雨則枯槁之苗又浡然興起而茂其不嗜殺人者能一之有如此苗而興茂誰能止之也又言如有行仁而天下莫不與之誰能止之而不與也今夫天下之人牧未有不嗜殺人者也至誰能禦之者是孟子因比喻苗而解王之意又以此復詳明之欲使襄王即曉之也言今天下爲牧養人民之君未有不好殺人者也言皆好殺人若有不好殺人者則天下之人民皆延頸而望王以歸之矣誠如此上言之者則民皆歸之亦若水之流自上而下其勢沛然而來誰能止之言無人能止之也○注襄謚也至儀○正義曰案世家云惠王在位三十六年卒子赫立是爲襄王襄王在位六年卒謚曰襄謚法云因事有功曰襄又曰辟土有德曰襄○注周七八月夏之五六月○正義曰周之時蓋以子之月爲正夏之時建寅之月爲正是知周之七八月即夏之五六月也

齊宣王問曰齊桓晉文之事可得聞乎宣謚也宣王問孟子欲庶幾齊桓公小白晉文公重耳孟子冀得行道故仕於齊齊不用乃適梁建篇先梁者欲以仁義爲首篇因言魏事章次相從然後道齊之事孟子對曰仲尼之徒無道桓文之事者是以後世無傳焉臣未之聞也孔子之門徒頌述宓羲以來至文武周公之法制耳雖及五霸心賤薄之是以儒家後世無欲傳道之者故曰臣未之聞也無以則王乎既不論三皇五帝殊無所問則尚當問王道耳不欲使王問霸者之事曰德何如則可以王矣王曰德行當何如而可得以王乎曰保民而王莫之能禦也保安也禦止也言安民則惠而黎民懷之若此以王無能止也曰若寡人者可以保民乎哉王自恐德不足以安民故問之曰可孟子以爲如王之性可以安民也曰何由知吾可也王問孟子何以知吾可以保民曰臣聞之胡齕曰王坐於堂上有牽牛而過堂下者王見之曰牛何之

對曰將以釁鍾王曰舍之吾不忍其觳觫若無罪而就死地對曰然則廢釁鍾與曰何可廢也以羊易之不識有諸胡齕王左右近臣也觳觫牛當到死地處恐貌新鑄鍾殺牲以血塗其釁郄因以祭之曰釁周禮大祝曰隋釁逆牲逆尸令鍾鼓天府上春釁寶鍾及寶器孟子曰臣受胡齕言王嘗有此仁不知誠充之否曰有之王曰有之曰是心足以王矣百姓皆以王爲愛也臣固知王之不忍也愛嗇也孟子曰王推是仁心足以至於王道然百姓皆謂王嗇愛其財臣知王見牛恐懼不欲趨死不忍故易之也王曰然誠有百姓者齊國雖褊小吾何愛一牛即不忍其觳觫若無罪而就死地故以羊易之也王曰亦誠有百姓所言者矣吾國雖小豈愛惜一牛之財費哉即見其牛哀之釁鍾又不可廢故易之以羊耳曰王無異於百

孟子注疏卷一下　三

姓之以王爲愛也以小易大彼惡知之王若隱其無罪而就死地則牛羊何擇焉異怪也隱痛也孟子言無怪百姓。謂王愛財也見王以小易大故也王如痛其無罪羊亦無罪何爲獨釋牛而取羊王笑曰是誠何心哉我非愛其財而易之以羊也宜乎百姓之謂我愛也王自笑心不然而不能自免爲百姓所非乃責己之以小易大故曰宜乎其罪我也曰無傷也是乃仁術也見牛未見羊也君子之於禽獸也見其生不忍見其死聞其聲不忍食其肉是以君子遠庖廚也孟子解王自責之心曰無傷於仁是乃王爲仁之道也時未見羊羊之爲牲次於牛故用之耳是以君子遠庖廚不欲見其生食其肉也王說曰詩云他人有心予忖度之夫子之謂也夫我乃行之

反而求之不得吾心夫子言之於我心有戚戚焉此心之所以合於王者何也詩小雅巧言之篇也王喜悅因稱是詩以嗟歎孟子忖度知己心戚戚然心有動也寡人雖有是心何能足以合於王也曰有復於王者曰吾力足以舉百鈞而不足以舉一羽明足以察秋毫之末而不見輿薪則王許之乎復白也許信也人有白王如此王信之乎百鈞三千斤也曰否王曰我不信也今恩足以及禽獸而功不至於百姓者獨何與然則一羽之不舉爲不用力焉輿薪之不見爲不用明焉百姓之不見保爲不用恩焉故王之不王不爲也非不能也孟子言王恩及禽獸而不安百姓若不用力不用明者也不爲耳非不能也曰不爲者與

孟子注疏卷一下　四

不能者之形何以異王問其狀何以異也曰挾太山以超北海語人曰我不能是誠不能也爲長者折枝語人曰我不能是不爲也非不能也故王之不王非挾太山以超北海之類也王之不王是折枝之類也孟子爲王陳爲與不爲之形若是王則不折枝之類也折枝案摩折手節解罷枝也少者恥是役故不爲耳非不能也太山北海皆近齊故以爲喻也老吾老以及人之老幼吾幼以及人之幼天下可運於掌老猶敬也幼猶愛也敬我之老亦敬人之老愛我之幼亦愛人之幼推此心以惠民天下可轉之掌上言其易也詩云刑于寡妻至于兄弟以御于家邦言舉斯心加諸彼而已詩大雅思齊之篇也刑正也寡少也言文王正己適妻則八妾從以及兄弟御享也享天下國家之福但舉己以加於人而已故

推恩足以保四海，不推恩無以保妻子。古之人所以大過人者無他焉，善推其所爲而已矣。大過人者大有爲之君也善推其心所好惡以安四海也今恩足以及禽獸而功不至於百姓者獨何與復申此言非王不能不爲之耳權然後知輕重度然後知長短物皆然心爲甚王請度之權銓衡也可以稱輕重度丈尺也可以量長短凡物皆當稱度乃可知心當行之乃爲仁心比於物尤當爲之甚者也欲使王度心如度物也抑王興甲兵危士臣構怨於諸侯然後快於心與抑辭也孟子問王抑亦如是乃快邪王曰否吾何快於是將以求吾所大欲也王言不然我不快是也將欲以求吾心所大欲者耳曰王之所大欲可得聞與孟子雖心知王意而故問者欲令王自道遂因而陳之王

笑而不言王意大而不敢正言曰爲肥甘不足於口與輕煖不足於體與抑爲采色不足視於目與聲音不足聽於耳與便嬖不足使令於前與王之諸臣皆足以供之而王豈爲是哉孟子復問此五者欲以致王所欲也故發異端以問之也曰否吾不爲是也王言我不爲是也曰然則王之所大欲可知已欲辟土地朝秦楚莅中國而撫四夷也莅臨也言王意欲庶幾王者臨莅中國而安四夷者也以若所爲求若所欲猶緣木而求魚也若順也順鄉者所爲謂構兵諸侯之事求順今之所欲莅中國之願其不可得如緣喬木而求生魚也王曰若是其甚與王謂此之緣木求魚爲大甚曰殆有甚焉緣木求魚雖不得魚無後災以若

所爲求若所欲盡心力而爲之後必有災孟子言盡心戰鬬必有殘民破國之災故曰殆有甚於緣木求魚者也曰可得聞與王欲知其害也曰鄒人與楚人戰則王以爲孰勝言鄒小楚大也曰楚人勝王曰楚人勝也曰然則小固不可以敵大寡固不可以敵衆弱固不可以敵强海內之地方千里者九齊集有其一以一服八何以異於鄒敵楚哉固辭也言小弱固不可以敵强大集會齊地可方千里譬一州耳今欲以一州服八州猶鄒欲敵楚也蓋亦反其本矣王欲服之之道蓋當反王道之本耳今王發政施仁使天下仕者皆欲立於王之朝耕者皆欲耕於王之野商賈皆欲藏於王之市行旅皆欲出於王之塗天

下之欲疾其君者皆欲赴愬於王其若是孰能禦之反本道行仁政若此則天下歸之誰能止之也王曰吾惛不能進於是矣願夫子輔吾志明以教我我雖不敏請嘗試之王言我情思惛亂不能進行此仁政不知所當施行也欲使孟子明言其道以教訓之我雖不敏願嘗使小行之也曰無恒産而有恒心者惟士爲能若民則無恒産因無恒心孟子爲王陳其法也恒常也産生也恒産則民常可以生之業也恒心人常有善心也惟有學士之心者雖窮不失道不求苟得耳凡民迫於飢寒則不能守其常善之心也苟無恒心放辟邪侈無不爲已及陷於罪然後從而刑之是罔民也民誠無恒心放溢辟邪侈於姦利犯罪觸刑無所不爲乃就刑之是由張羅罔以罔民者也焉有仁人在位罔民而可爲也安有仁人爲君罔陷其民是政何可爲也

是故明君制民之產，必使仰足以事父母，俯足以畜妻子，樂歲終身飽，凶年免於死亡，然後驅而之善，故民之從之也輕。言衣食足知榮辱，故民從之教化輕易也。今也制民之產，仰不足以事父母，俯不足以畜妻子，樂歲終身苦，凶年不免於死亡，此惟救死而恐不贍，奚暇治禮義哉？言今民困窮，救死恐凍餓而不給，何暇修禮行義乎？王欲行之，則盍反其本矣。五畝之宅，樹之以桑，五十者可以衣帛矣；雞豚狗彘之畜，無失其時，七十者可以食肉矣；百畝之田，勿奪其時，八口之家可以無飢矣；謹庠序之教，申之以孝悌之義，頒白者不負戴於道路矣。老者衣帛食肉，黎民不飢不寒，然而不王者，未之有也。其說與上同。八口之家次上農夫也。孟子所以重言此者，乃王政之本，常生之道，故爲齊梁之君各具陳之，當章究義，不嫌其重也。

【疏】齊宣王至未之有也。○正義曰：此章言典籍攸載，帝王之道無傳霸者之事也。齊宣王問曰齊桓晉文之事可得聞乎者，齊宣是齊威王之子辟彊是也，諡爲宣。言齊宣王問孟子曰，齊威公小白、晉文公重耳二霸之事，可得而聞之乎。孟子對曰仲尼之徒無道桓文之事者，是以後世無傳焉，臣未之聞也者，是孟子荅齊宣王之言也。言自孔子之門徒，無有道及桓文二霸者事，是以後世無傳焉，故臣于今未之曾聞知也。云臣者，是孟子對王而言，故自稱己爲臣也。無以則王乎者，孟子言無以問及宓犧以來至文武周公之法，尚當以王者之道爲問耳。曰德何如則可以王矣者，齊宣又問孟子，言德當何如則可以爲王。曰保民而王，莫之能禦也者，孟子言當安民而爲之王，則天下之民莫之能止禦之也。曰若寡人者，可以保民乎哉者，宣王又自問只如寡人之德可以安民乎，王恐德不足以安民，故問之也。曰可者，孟子言如王之德可以安民也。曰何由知吾可也者，宣王又問孟子，何緣而知吾之德可以安民。曰臣聞之胡齕曰，王坐於堂上，有牽牛而過堂下，王見之，曰牛何之至以羊易之者，是孟子因胡齕之言而荅宣王之問也。胡齕，王之左右近臣。言嘗聞胡齕曰，王坐於廟堂之上，有牽牛自堂下而過者，王見之而問牽牛者曰：其牛牽去何所？牽牛者對之曰：相將以爲釁鍾也。王對牽牛者曰：舍去之，我不忍其牛之恐慄，若無罪之人而就於所死之地者也。牽牛者又對曰：如若王之所不忍，則廢去釁鍾之禮與？王復與牽牛者曰：塗釁祭鍾之禮，何可得而廢，以羊更易之而已。不識有諸者，是孟子又未知齊宣王還是有此言，故問宣王曰不識有諸。曰有之者，宣王荅孟子，以爲是有此言也。曰是心足以王矣者，是孟子於此言知王有此不忍之心，故足以爲王矣。百姓皆以王爲愛也，臣固知王之不忍也者，孟子言然百姓盡以王爲愛財也，臣素知王有不忍之心，故如此也。王曰然者，宣王復亦自謂百姓是有此疑也。誠有百姓者，齊國雖褊小，吾何愛一牛，即不忍其觳觫，若無罪而就死地，故以羊易之也者，宣王言誠有百姓以我爲愛財者，齊國雖曰褊小狹隘，我亦何獨止愛其一牛，即是不忍見其牛之恐慄，如無罪而就於所死之地，又爲釁鍾不可廢，故以羊更易之也。宣王必以羊易牛者，以其羊之爲牲次於牛也，故以羊易之。

曰王無異於百姓之以王爲愛也，以小易大，彼惡知之？王若隱其無罪而就死地，則牛羊何擇焉者，孟子對宣王言，王無怪百姓皆謂我爲愛財也，以羊之小而易牛之大，彼百姓之人安知王以爲不忍見其恐慄，又爲釁鍾不可廢，故以羊易之之意也。彼必曰王若隱痛不忍見牛若無罪而就所死之地，則牛與羊何擇焉？言羊之與牛，是皆若無罪而就死也，何獨擇取其牛而以羊就死也。王笑曰是誠何心哉，我非愛其財而易之以羊也，宜乎百姓之謂我愛也者，是宣王自笑以其己之心不如是，故笑之也。笑而言曰：儻如此者，是何心哉？然我非愛其財，故以羊易牛也。云此者，宣王又疑孟子亦以爲然，故以此言復荅之也。宜乎百姓不知我之意而謂我愛財也。曰無傷也，是乃仁術也，見牛未見羊也，君子之於禽獸也，見其生，不忍見其死；聞其聲，不忍食其肉，是以君子遠庖廚也者，孟子復解王之自責之意也。言如此亦無傷害於爲王也，此亦爲仁之一術耳，無他，是見其牛之觳觫，未見其羊之觳觫也。凡君子之於禽獸，見其生貌，則不忍見其就死；聞其鳴聲，則不忍食其肉，是以君子之人凡於庖廚烹炙之事，所以遠去之也。王悅曰：詩云他人有心，予忖度之，夫子之謂也者，是宣王見孟子解其己意，故喜悅之，而引詩之文而言也。他人有心，予忖度之，二句是小雅巧言之詩也。宣王引之而爲如夫子之所謂也云夫子者宣王尊孟子爲夫子也夫我乃行之反而求之不得吾心夫子言之於我心有戚戚焉者宣王言我既行之之事尚且反而求之於已而不得其心之所之自今夫子言之於我心中戚戚然有動也此心之所以合於王者何也者宣王言雖有是心其所以得契合於王者是如之何也曰有復於王者曰吾力足以舉百鈞而不足以舉一羽明足以察秋毫之末而不見輿薪則王許之乎者是孟子欲以此比喻而解王也言今有人復白於王曰我力能舉得三千斤之重而不能舉一羽毛之輕目之明能觀視其秋毫之末銳而不能見一大車之薪木則王信乎否乎曰否者是宣王荅之曰凡如此云者我不信也今恩足以及禽獸而功不至於百姓者獨何與者孟子復以此諷之也言今王有恩德足以及其禽獸而其功績不至於百姓者王獨以爲何如然則一羽之不舉爲不用力焉輿薪之不見爲不用明焉百姓之不見保爲不用恩焉故王之不王不爲也非不能也者孟子又言苟如是一羽之輕所以不舉者爲其不用力也一車薪之大所以不見之者爲其不用明也今百姓所以不見安者爲其不用恩也故王之所以不爲王是王之不爲也非不能也曰不爲者與不能者之形何以異者是宣王同孟子言不爲與不能二狀何以爲異也曰挾太山以超北海語人曰我不能是誠不能也爲長者折枝語人曰我不能是不爲也非不能也故王之不王非挾太山以超北海之類也是折枝之類也者是孟子又以此比喻而解王問不爲與不能之異狀也言今有人云挾太山而超過北海而語人曰我不能挾太山超北海此真不能也如爲長者按摩手節而語人曰我不能爲長者按摩手節是恥見役使但不爲之耳非不能也今王之所以不王非是挾太山超北海之類也是不爲長者折枝之類也以其不爲之耳老吾老以及人之老幼吾幼以及人之幼天下可運於掌者是孟子欲以此教宣王也言敬吾之所敬以及他人之所敬者愛吾之所愛以及他人之所愛者凡能推此而惠民則治天下之大止如運轉於掌上之易也詩云刑于寡妻至于兄弟以御于家邦者是孟子引大雅思齊之詩文也言文王自正于寡妻以至正于兄弟自正于兄弟以至臨御于家邦言凡此是能舉此心而加諸彼耳故推恩足以保四海不推恩無以保妻子古之人所以大過人者無他焉善推其所爲而已矣者孟子言爲君者但能推其恩惠故足以安四海苟不推恩惠雖妻子亦不能安之古之人君所以大過强於人者無他事焉獨能推其所爲恩惠耳蓋所謂老吾老以及人之老幼吾幼以及人之幼又如詩云文王刑于寡妻至于兄弟以御于家邦是其善

推其所爲之意旨故也今恩足以及禽獸而功不至於百姓者獨何與者孟子復言非王不能但不爲耳故復云然權然後知輕重度然後知長短物皆然心爲甚王請度之者孟子又託物而諷王也言爲之權與度然尚能知其輕重長短其權度之爲物也然尚皆然而人心又甚於權度故請王自忖度之耳抑王興甲兵危士臣構怨於諸侯然後快於心與者抑辭也與語曰抑爲之不厭之抑同孟子又以此數事而測王之意也言抑是王欲興起甲兵以伐人危士臣以即戎不以爲危事外結怨於諸侯如此且然後快樂其心與王曰否者宣王荅之以爲不如是也言我何肯快心於此數事我但將以求吾所大欲耳曰王之所大欲可得聞與者是孟子欲知王之所大欲故問之曰王大欲可得而聞之乎王笑而不言宣王知已之所欲甚大但笑而不言也曰爲肥甘不足於口與輕煖不足於體與至不足使令於前與者是孟子又以此四事而測王所大欲也言王之所大欲是爲其肥甘之味不足以供於口與抑是其聲音之樂不足供聽於王之耳與便嬖之幸不足使令於王之前與采色之飾不足供視於王之目與然此數事而爲王之諸臣者皆足以供奉王矣而王豈用爲此者與故繼之曰王之諸臣皆足以供之而王豈爲是哉又曰否吾不爲是者宣王荅之曰我不爲是四者之事也曰然則王之所大欲可知已者孟子言如是則王之大欲我今可得知已欲辟土地朝秦楚莅中國而撫四夷也者孟子知王以此爲所大欲也以若所爲求若所欲猶緣木而求魚也者孟子言王如若以此欲開闢其土地而求其廣又欲朝秦楚之諸侯以臨莅其中國而撫安四夷爲所大欲是若緣喬木之上而求其魚也王曰若是其甚與者宣王亦謂已之大欲若此求魚之甚與曰殆有甚焉緣木求魚雖不得魚無後災以若所爲求若所欲盡心力而爲之後必有災者孟子言王如此大欲殆有甚於緣木求魚也緣喬木可求魚雖不得魚又且無後災難所及而王如若以所欲假使盡心力而爲之後亦必有大災難所及也曰可得聞與者是宣王又問孟子欲求知其大災難也曰鄒人與楚人戰則王以爲孰勝者孟子以此比喻而解王也言鄒之小國與楚之大國戰鬬則王以爲誰國勝之曰楚人勝者宣王荅孟子以爲楚之大國人勝之也曰然則小固不可以敵大寡固不可以敵衆弱固不可以敵强者孟子言如是則小國固不可敵大國人之寡少固不可以敵人之衆多劣弱固不可以敵强悍也海內之地方千里者九齊集有其一以一服八何以異於鄒敵楚哉者孟子又言今海內之地方千里者有九而齊國但集而有一且以一而服八是何以異於鄒國之小而敵楚國之

大哉言與此無異也王如欲服之蓋當反行王道之本耳故云蓋亦反其本矣今王發政施仁至孰能禦之者孟子於此教宣王王道之本也言今王發政而施仁使天下爲之仕者皆欲立於王之朝廷耕者皆欲耕作於王之郊野商賈皆欲藏於王之市行旅皆欲出於王之塗凡天下欲疾惡其君者又皆欲奔赴王而告愬之其如此天下皆歸之誰能止禦之也商賈漢書云通財鬻貨曰商白虎通云賣曰賈行旅者師旅也說文云軍五百人也王曰吾惛不能進於是矣願夫子輔吾志明以教我我雖不敏請嘗試之者宣王欲孟子明其王道而教之也故曰我之惛亂不能進於此仁政願夫子輔我志以明白教我也我雖不能敏疾而行之但請嘗試教之如何耳曰無恒產而有恒心者惟士爲能若民則無恒產因無恒心苟無恒心放辟邪侈無不爲已至未之有也者是孟子爲宣王陳王道之本而教之者也言無常生之業而有常善之心者惟士人爲能有之言士窮則獨善其身不求苟得故能有常心也若民則迫於窮困不能守其常善苟無常生之業遂因之而無常善之心苟無常善之心則放辟邪侈之事無有不爲及其陷溺於罪然後又從而誅戮之是若張羅網而罔民也安有仁人之君在位而以罔民而可爲之也故明哲之君制別民之生產必使其民仰而上之則足以奉事父母俯而下之則足以畜養妻子豐樂之歲終身飽足凶荒之年又免其死亡然後驅率而從善教故其民從其善教亦輕易也自今之君制民之產仰則不足以奉養父母俯則不足以畜養妻子雖豐樂之歲終身又且勞苦而凶荒之年又不得免其死亡如此則民惟獨於救死尚恐其不足何有閒暇而修治禮義哉言無及修其禮義也王欲行之則盍反其本矣者言王欲行之則何不反其王道之本五畝之宅至未之有也是又孟子爲宣王陳王道之本其說已在前此更不解○注宣謚也至齊也○正義曰周顯王二十七年史記云齊威卒子辟彊立是爲齊宣王在位十九年卒謚曰宣謚法云善問周達曰宣云齊桓公小白者莊公八年左傳王齊僖公母弟曰夷仲年生公孫無知有寵於僖公弑君自立九年春弑無知莊公納子糾桓公小白自莒入於是立爲桓公元年史記云桓公小白元年春齊弑無知五年與魯人會柯七年始霸會諸侯於鄄云晉文公重耳者史記云周襄王十六年晉文公重耳立是爲元年又云晉獻公五年伐驪戎得二姬歸生奚齊其娣生卓子驪姬嬖欲立其子重耳者乃獻公娶於戎得二女大戎狐姬之所生也十二年居重耳於蒲城二十六年獻公卒立奚齊里克殺之及卓子又立小戎所生夷吾者爲晉惠公七年重耳聞管仲死自狄之齊十四年

惠公夷吾卒遂立重耳爲晉文公九年在位卒云孟子不得行道故仕於齊齊不用乃適梁者案史記列傳已說在梁王段注云宓羲至閒也正義曰宓羲古帝王氏也即伏犧氏也五霸者即齊桓晉文秦繆宋襄楚莊是也崔李云夏昆吾殷大彭豕韋周齊桓晉文是也謂之霸者把也把持諸侯之權也案國語亦然荀子云仲尼之門人五尺之豎子言羞稱乎五霸是仲尼之徒無道桓文之事者之證也注云觳觫牛於到死地處恐貌正義曰案廣雅有云觳觫死貌是也云周禮大祝墮釁逆牲逆尸令鐘鼓者鄭司農云墮釁謂薦血也凡血祭曰釁既墮釁後言逆牲容逆鼎是也蓋古者器成而釁以血所以厭變怪禦妖釁釁鐘之釁謂之釁亦治亂謂之亂之類也云天府云上春釁寶鐘及寶器者寶鐘寶器玉瑞玉器之美上春孟春也又言釁謂以殺牲以血血之也蓋釁之法其來有自矣周之所釁又非止此而已如大司馬於軍器小子於邦器小人於寵器雞人於雞大祝逆牲小祝祈號皆在所釁也注愛嗇也正義曰釋文云嗇愛澀也字法從來從麥也來者亩而藏之故田夫謂之嗇夫亩音廩書云嗇夫馳是也○注百鈞三千斤也○正義曰律歷志云銖兩斤鈞石本起於黃鍾之重一龠容千二百黍重十二銖二十四銖爲兩十六兩爲斤三十斤爲鈞重一千五百二十銖四鈞爲石重百二十斤以此推之則百鈞是三十斤也○注太山北海近齊○正義曰案地理志云齊地南有太山城陽北有千乘清河是也○注權銓衡至度物也○正義曰權重衡平衡所以任權而均物平輕重也釋文云銓平木器又曰銓衡也權稱錘也度者分寸尺丈引也所以度長短也本起於黃鍾之長以子穀秬黍中者子穀秬子在地即黑黍中者不大不小言黑黍穀子大小中者率爲分寸一黍之廣度之九十分黃鍾之長爲十分十分爲寸十寸爲尺十尺爲丈十丈爲引法用銅高一寸廣二寸長一丈而分寸尺丈存焉○注八口之家次上農夫○正義曰王制制農田百畝百畝之分上農夫食九人其次食八人孟子云一夫百畝百畝之糞上農夫食九人上次食八人是也此云八口之家所以待指次上農夫者而已斯亦舉其次而見上下之意耳

孟子注疏解經卷第一下　南昌縣知縣陳煦栞

孟子注疏卷一下挍勘記　阮元撰盧宣旬摘錄

梁惠王章句上　趙氏注　孫奭疏十行本各上篇下及下篇上下卷題名如此

魏之嗣王也閩監毛三本同廖本孔本韓本足利本魏作梁

操柄之威閩監毛三本同廖本孔本韓本柄作秉○按秉柄古今字古書柄多用秉者

沛然下雨音義出沛字云字亦作霈按初學記引此文正作霈

以苗生喻人歸也閩監毛三本岳本孔本韓本同宋本考文古本歸作象

夏之五六月也閩監毛三本韓本同廖本孔本考文古本無也字

章指言定天下者一道韓本足利本作仁政孔本作一道仁政而已

而已不貪殺人人則歸之是故文王視民如傷此之謂也

襄謚也至儀閩本同監毛本儀上有威字

齊不用乃適梁閩監毛三本同廖本孔本韓本考文古本作不用而去乃適於梁岳本足利本無齊字

欲以仁義爲首篇閩監毛三本孔本同宋本廖本韓本無爲字

然後道齊之事閩監毛三本同宋本考文古本作然後道齊也廖本岳本孔本韓本足利本事下有也字

頌述宓義義字誤閩監毛三本作羲廖本孔本韓本考文古本足利本作戲音義出宓戲

不欲使王問霸者之事閩監毛三本同宋本廖本孔本韓本考文古本作不欲使王問霸事也

而黎民懷之閩監毛三本同宋本廖本孔本韓本無而字

可以保民閩監毛三本同廖本孔本韓本保作安

將以釁鍾宋九經本咸淳衢州本閩本同孔本韓本監毛本鍾作鐘下及注同音義出鍾與知此經亦當作鍾

上春釁寶鍾閩本同宋本岳本孔本韓本監毛本作鐘按鍾當依周禮作鎮形相涉而誤

不知誠充之否閩監毛三本同廖本孔本韓本考文古本充作有

不忍故易之也閩監毛三本孔本韓本足利本同考文古本無也字

無怪百姓謂王愛財也閩監毛三本同廖本孔本韓本謂上有之字

無傷於仁各本同考文古本仁作牛

時未見羊閩監毛三本同廖本孔本時上有王字

何能足以合於王也閩監毛三本同宋本廖本孔本韓本考文古本無合於二字

挾太山以超北海各本同音義出以超云超或作趨

少者恥見役廖本孔本韓本考文古本足利本同閩監毛三本改見爲是非也

敬我之老廖本孔本韓本同閩監毛三本我作吾非

言其易也閩監毛三本同宋本廖本孔本韓本考文古本無其字

享也享天下國家之福孔本韓本閩毛本同監本享作亨蒲鏜云誤

但舉已心加於人而已閩本同監毛本心作以形近而誤宋本廖本孔本韓本考文古本而已作耳

可以量長短宋本廖本岳本孔本韓本同閩監毛三本量作度考文古本亦作量短下有也字按音義云度之待各切注稱度度心度物皆同不云度長短是音義本亦當作量改爲度者閩本之誤監毛二本因而不革也

尤當爲之甚者也閩監毛三本孔本同韓本足利本無當字

將欲以求吾心所大欲者耳閩本考文古本同宋本廖本孔本韓本吾作我廖本監毛本耳作矣

遂因而陳之閩監毛三本同宋本廖本孔本韓本考文古本因而作緣以

故發異端以問之也孔本閩監毛三本同韓本考文古本無之字山井鼎云古本問作明恐非

臨莅中國閩監毛三本韓本同岳本廖本孔本考文古本足利本作莅臨

而安四夷者也閩監毛三本孔本同韓本考文古本無者字

固不可以敵強大閩監毛三本同宋本孔本韓本考文古本足利本作固不如強大

猶鄒欲敵楚也閩監毛三本同宋本廖本孔本韓本考文古本無也字

蓋亦反其本矣閩監毛三本孔本同韓本足利本蓋作盍周廣業孟子四考曰按史記孔子世家夫子蓋少貶焉檀弓子蓋愼諸並以盍爲蓋

蓋當反王道之本耳閩監毛三本同宋本廖本孔本考文古本無耳字韓本無當字耳字韓本考文古本蓋作盍山井鼎云似非

誰能止之也閩監毛三本同宋本廖本孔本韓本考文古本也作者

吾惛不能進於是矣石經惛作惛

無恒產而有恒心者石經恒諱作恒下同

人常有善心也閩監毛三本同廖本考文古本有下有所字孔本韓本人下有所字

則不能守其常善之心也閩監毛三本同宋本廖本孔本韓本考文古本無也字

放辟邪侈侈音義云丁作移案考工記梟氏侈弇之所由興注故書侈作移又儀禮少牢篇移袂又禮記衣服以移之是移爲侈之假借字

是罔民也各本同音義罔民丁作司民下同按丁本司當讀爲伺司伺古通用○按依趙注則是罔字丁作司者非趙本也

樹之以桑石經樹諱作植

章指言典籍攸載帝王道純桓文之事譎正相紛撥亂反正聖意弗珍韓本考文古本作稱故曰後世無傳未聞仁不施人猶不成德釁鍾易牲考文古本牲誤性民不被澤王請嘗試欲踐其跡考文古本作路荅以反本惟是爲要此蓋孟子不屈道之言也

齊威公小白閩監本同毛本威作桓

通財鬻貨曰商閩本同監毛本財作利

莊公八年左傳王閩本同按王當作云監毛本改作云是也

十四年此文之下十行本有脫頁閩本亦缺閩本出於十行本此其證也

孟子注疏卷一下挍勘記

奉新趙儀吉挍

孟子注疏解經卷第二上

梁惠王章句下凡十六章　趙氏注　孫奭疏

〔疏〕正義曰此卷趙氏分別爲第二卷也故云梁惠王章句下今據此卷章指凡十六章一章言人君田獵以時鍾鼓有節與民同樂二章譏王廣囿專利以嚴刑陷民三章言聖人樂天事小以勇安天下四章言與天下同憂樂者不爲慢遊恣盜之行五章言齊王好色好貨孟子推以公劉太王好貨色與民同之六章言君臣上下各勤其任無墮其職七章言人君進賢退惡八章言孟子云紂以崇惡失其尊名九章言任賢使能不遺其學十章言征伐之道在順民心十一章言伐惡養善無貪其富以小王大十二章言上恤其下下赴其難惡出於已害及其身十三章言事無禮之國不若得民心與之守死善道十四章言君子之道正已在天強暴之來非已所召獨善其身而已十五章言太王居邠權也效死弗去義也十六章言讒邪構賢賢者歸於天不尤人也凡十六章合上卷七章是梁惠王篇有二十三章矣故各於卷首總列其章目而分別其指焉

莊暴見孟子曰暴見於王王語暴以好樂暴未有以對也曰好樂何如莊暴齊臣也不能決知之故無以對而問曰王好樂何如孟子曰王之好樂甚則齊國其庶幾乎王誠能大好古之樂齊國其庶幾治乎他日見於王曰王嘗語莊子以好樂有諸孟子問王有是語否○王變乎色曰寡人非能好先王之樂也直好世俗之樂耳變乎色愠恚莊子道其好樂也王言我不能好先聖王之樂直好世俗之樂謂鄭聲也曰王之好樂甚則齊其庶幾乎今之樂猶古之樂也甚大也謂大要與民同樂古今何異也曰可得聞與王問古今同樂之意寧可得聞邪曰獨樂樂與人樂樂孰樂孟子復問王獨自作樂樂邪與人共聽其樂爲樂邪曰不若與人王曰獨聽樂不如與衆共聽之爲樂也曰與少樂樂與衆樂樂孰樂孟子復問王與少之人共聽樂樂邪衆人共聽樂樂也曰不若與衆王言不若與衆人共聽樂爲樂臣請爲王言樂孟子欲爲王陳獨樂與衆人樂樂狀今王鼓樂於此百姓聞王鍾鼓之聲管籥之音舉疾首蹙頞而相告曰吾王之好鼓樂夫何使我至於此極也父子不相見兄弟妻子離散鼓樂者樂以鼓爲節也管笙籥簫或曰籥若笛而短有三孔詩云左手執籥以節衆也疾首頭痛也蹙頞愁貌言王擊鼓作樂發賦徭役皆出於民而德不加之故使民愁也今王田獵於此百姓聞王車馬之音見羽旄之美舉疾首蹙頞而相告曰吾王之好田獵夫何使我至於此極也父子不相見兄弟妻子離散此無他不

與民同樂也田獵無節以非時取牲也羽旄之美但飾羽旄使之美好也發民驅獸供給役使不得休息故民窮極而離散奔走也今王鼓樂於此百姓聞王鍾鼓之聲管籥之音舉欣欣然有喜色而相告曰吾王庶幾無疾病與何以能鼓樂也百姓欲令王康強而鼓樂也今無賦斂於民而有惠益故欣欣然而喜也今王田獵於此百姓聞王車馬之音見羽旄之美舉欣欣然有喜色而相告曰吾王庶幾無疾病與何以能田獵也此無他與民同樂也王以農隙而田不妨民時有憫民之心因田獵而加撫恤之是以民悅之也今王與百姓同樂則王矣孟子言王何故不大好樂効古賢君與民同樂則可以王天下也何惡莊子之言王之好樂也〔疏〕莊暴見孟子至則王矣○正義曰此章言人君田獵以時鍾鼓有節與民同樂也莊

暴見孟子曰暴見於王王語暴以好樂暴未有以對也者莊暴齊臣也莊姓也暴名也言莊暴見孟子謂暴朝見於齊王王語暴以好樂之事暴是時未有言以對荅之曰好樂何如者故莊暴問孟子以謂王之所以好樂是如之何孟子曰王之好樂甚則齊國其庶幾乎者孟子荅莊暴之問也言齊王之好樂至甚則齊國庶幾其治安乎他日見於王曰王嘗語莊子以好樂有諸者是孟子自見莊暴言好樂之後他一日見於齊王而問之曰王嘗與莊子語以好樂之事還有此言否乎孟子稱莊子不稱曰暴者是孟子尊王之臣故不欲稱其名也王變乎色曰寡人非能好先王之樂也直好世俗之樂耳者是齊王自孟子問之後變其常容而有憤怒之色蓋憤莊暴言己之好樂於孟子也故荅孟子曰寡人不能好古聖王之樂古聖王之樂如黄帝之咸池堯之大章舜禹之韶夏商周之濩武是也但能直好世俗樂耳如鄭衛之聲是也曰王之好樂甚則齊其庶幾乎者孟子復對王而言也言王之好樂至甚則齊幾乎治安孟子言齊國其庶幾乎以對莊子對之齊王則止曰齊其庶幾乎者蓋對莊子則稱其國又對齊王故不必稱國焉耳今之樂猶古之樂者是孟子見齊王言不能好先王之樂直好世俗之樂故以此言今之樂亦若古之聖王樂也但其要在能與民同聽樂爲樂耳遂以此

問之曰可得聞與者是齊王問孟子言古今之樂一同寧可得而聞知之與曰獨樂樂與人樂樂孰樂者是孟子欲以此問王使王知與民同樂樂爲樂也故問之曰王獨作樂爲樂邪與人同樂爲樂邪曰不若與人者是齊王荅孟子亦以爲獨樂樂不若與人同樂爲樂也曰與少樂樂與衆樂樂孰樂者是孟子復問王與少人同樂爲樂與衆人同樂爲樂孰樂邪曰不若與衆者齊王亦復荅孟子以爲不若與衆人同樂爲樂也臣請爲王言樂孟子於此知齊王亦識與衆同樂之意乃爲王陳其獨樂與衆同樂之効故不待王問而自請言之也今王鼓樂於此至與民同樂也者皆孟子陳獨樂與衆樂樂之文也言今王鼓作其樂於此國也百姓之人聞王鍾鼓之聲與管籥之音舉皆疾痛其頭又蹙頞愁悶而交相告曰我王之好作樂爲樂發賦徭役使我至於此之極也父子不得以相見兄弟妻子又皆離散之以其如此故百姓所以頭痛蹙頞愁悶也又言今王田獵於此國百姓之人聞王車馬之音見羽旄之美好舉皆蹙頞愁悶疾痛其首而交相告曰我王之好田獵禽獸如何使我供給役使不得休息而至於如此之極父子不得以相見兄弟妻子皆離散之然則王之鼓樂田獵而百姓皆如此者無他事焉是王之不與民同其樂也言今王鼓樂於此國百姓聞王鍾鼓之聲管籥之音

舉皆欣欣然有喜色而交相告曰我王庶幾無疾病也何以能鼓樂於此言百姓皆欲之康強不特止於庶幾無疾病也苟即庶幾近於無疾病則王亦何以能鼓樂也又言今王田獵禽獸於此國百姓之人聞王車馬之音見羽旄之美好舉皆欣欣然有喜色而交相告曰我王即庶幾近於無疾病又何以能田獵也此言又欲王之康強不特止於庶幾無疾病也然則王之鼓樂田獵百姓皆如此欲王之康強者無他事焉是王能與民同其樂也言今之王能與民同樂爲樂則爲之王者矣云鼓樂者蓋鍾以止爲體鼓以作爲用故凡作樂所以謂之鼓樂也云音與聲者蓋鍾鼓言聲以其聲之單出故云聲也管籥車馬言音以其音之雜比故云音也然車馬亦謂之音者蓋升車則馬動馬動則鸞鳴鸞鳴則和應故也聲之與音合而言之則聲音一也別而言之則單出爲聲雜比爲音詩云嘒嘒管聲此言管籥之音是聲音之通論也齊王悅南郭先生吹竽廩食以數百人喜鄒忌鼓琴卒授之國政是安知與衆樂樂邪此孟子所以陳其與民同樂之意也○注鄭聲也○正義曰論語云鄭聲淫以其能惑人心也孔傳云鄭聲惑人心其與雅樂同也○注鼓樂至百姓愁○正義曰周禮鼓人掌教六鼓以節聲樂鍾師掌金奏注云以鍾鼓奏者先擊鍾次擊鼓以奏九夏夏大也樂之大歌有九

王夏肆夏昭夏納夏章夏齊夏族夏祴夏驁夏凡九夏是也故附于此云管笙簫籥或曰籥若笛而有三孔者案禮圖云笙長四尺諸管參差亦如鳥翼爾雅曰大笙謂之巢小者謂之和郭璞爾雅云二十三管爲簫風俗通云舜作竹簫以象鳳翼周禮笙師掌教吹籥後鄭云籥如笛有三孔是也詩云左手執籥蓋邶詩簡兮之篇文也注云籥六孔言碩人多才藝又能籥舞言文武備也釋云首頭也頞鼻頸也言齊王擊鼓作樂其使民徭役若楚皆蹙其鼻頸而愁悶也○注田獵至奔走也○正義曰釋云獵田也蒐狩苗獮是也案魯隱公五年左傳云春蒐夏苗秋獮冬狩皆於農隙講武事也杜預曰蒐索擇取不孕者苗爲苗除害也獮殺也以殺爲名順秋氣也狩圍守也冬物畢成獲則取之無所擇也羽旄者案左傳魯襄公十四年范宣子假羽旄於齊定公四年晉人假羽旄於鄭杜預曰以析羽爲旌爲王者游車之所建也又案司常九旗之數又有全羽析羽釋云全羽析羽直有羽而無帛也云天時不如地利地利不如人和蓋公孫丑篇文也

齊宣王問曰文王之囿方七十里有諸王言聞文王苑囿方七十里寧有之孟子對曰於傳有之於傳文有是言曰若是其

大乎 王怪其大 曰民猶以爲小也 言文王之民尚以爲小也 曰寡人之囿方四十里民猶以爲大何也 王以爲文王在岐山之時雖爲西伯土地尚狹而囿已大矣今我地方千里而囿小之民以爲寡人之囿爲大何故也 曰文王之囿方七十里芻蕘者往焉雉兔者往焉與民同之民以爲小不亦宜乎 芻蕘者取芻薪之賤人也雉兔獵人取雉兔者言文王聽民往取禽獸刈其芻薪民苦其小是其宜也 臣始至於境問國之大禁然後敢入 言王之政嚴刑重也 臣聞郊關之内有囿方四十里殺其麋鹿者如殺人之罪 郊關齊四境之郊皆有關 則是方四十里爲阱於國中民以爲大不亦宜乎 設陷阱者不過丈尺之間耳今王陷阱乃方四十里民言其大不亦宜乎

疏 齊宣王至不亦宜乎○正義曰此章譏王廣囿專利嚴刑陷民也齊宣王問曰文王之囿方七十里有諸者是宣王嘗聞文王有囿方闗七十里故見孟子問之還是有之否孟子對曰於傳有之者孟子荅之以爲書傳之文有言也曰若是其大乎者宣王怪之以爲文王囿如此之闗大民猶尚以爲之小也曰寡人之囿方四十里民猶以爲大何也者宣王又問孟子言寡人之囿但方闗四十里而民猶尚以爲之大是如之何其差也曰文王之囿方七十里芻蕘者往焉雉兔者往焉與民同之民以爲小不亦宜乎者孟子言文王之囿方闗七十里而採芻草薪木之賤人與獵雉烏兔獸者皆得往其中而有所取之是其與民同共之故民以爲小不亦宜乎也臣始至於境問國之大禁然後敢入者孟子對王稱臣言自臣始初至於王之齊境問其王國禁令然後乃敢入其國中也臣聞郊闗之内有囿方四十里殺其麋鹿者如殺人之罪則是方四十里爲阱於國中民以爲大不亦宜乎者孟子言自臣入王郊闗之内乃聞王有苑囿方四十里之廣其有於中殺其麋鹿者如殺其人之罪而科之如此則是王爲阱陷方四十里之廣於國中以陷其民也故民以爲大不亦宜之乎几此是皆孟子譏王之專利而不與民同也傳云天子之囿方百里大國四十里次國三十里小國二十里文王之國百里之國或者以謂有七十之里爲苑囿是如之何其差殊不知文王百里之國是其始封之時制也七十里之囿乃文王作西伯之時有也周制上公封四百里其食者三之一豈七十里之囿特止山川不可食之地與彼有子虛者以謂楚地方千里而囿居其九是可食之地亦勦爲遊畋之地耶是安知周制之法與○注云文王在岐山之時雖爲西伯土地尚狹而囿以大者○正義曰案鄭玄詩譜云周之先公曰太王者避狄難自豳始遷焉商王帝乙之初命其子王季爲西伯至紂又命文王典治南國江漢汝墳之諸侯是文王繼父之業爲西伯於岐邑也商之州長曰伯謂爲雍州伯也子夏云王季以九命作伯於西文王因之亦爲西伯焉論語云三分天下有其二以服事殷是時宜七十里之囿而民猶以爲小也○注郊關齊四境之郊皆有關者○正義曰周官閭師掌國中及四郊之人民司馬法曰王國百里爲郊二百里爲州三百里爲野四百里爲縣五百里爲都載師掌任土之法以宅田士田賈田任近郊之地以官田牛田賞田牧田任遠郊之地杜子春云五十里爲近郊百里爲遠郊云四境郊皆有關者蓋四郊之門也

齊宣王問曰交鄰國有道乎 問與鄰國交接之道 孟子對曰有 欲爲王陳古聖王之比也 惟仁者爲能以大事小是故湯事葛文王事昆夷 葛伯放而不祀湯先助之祀詩云昆夷兌矣惟其喙矣謂文王也是則聖人行仁政能以大事小者也 惟智者爲能以小事大故太王事獯鬻勾踐事吳 獯鬻北狄彊者今匈奴也大王去邠避獯鬻越王勾踐退於會稽身自官事吳王夫差是則智者用智畏故以小事大而全其國也 以大事小者樂天者也以小事大者畏天者也樂天者保天下畏天者保其國詩云畏天之威于時保之 聖人樂行天道如天無不蓋也故保天下湯文是也智者量時畏天故保其國大王勾踐是也詩周頌我將之篇言成王尚畏天之威於是時故能安其太平之道也 王曰大哉言矣寡人有疾寡人好勇 王謂孟子之言大不合於其意荅之云寡人有疾在於好勇不能行聖賢之所履也 對曰王請無好小勇夫撫劍疾視曰彼惡敢當我哉此匹夫

之勇敵一人者也
疾視惡視也撫劍瞋目曰人安敢當我哉此一匹夫之勇足以當一人之敵者也

王請大之詩云王赫斯怒爰整其旅以遏徂莒以篤周祜以對于天下此文王之勇也文王一怒而安天下之民
詩大雅皇矣之篇也言文王赫然斯怒於是整其師旅以遏止往伐莒者以篤周家之福以揚名於天下文王一怒而安民願王慕其大勇無論匹夫之小勇而已

書曰天降下民作之君作之師惟曰其助上帝寵之四方有罪無罪惟我在天下曷敢有越厥志
書尚書逸篇也言天生下民爲作君爲作師以助天光寵之也四方善惡皆在己所謂在予一人天下何敢有越其志者也

一人衡行於天下武王恥之此武王之勇也
衡橫也武王恥天下一人有橫行不順天道者故伐紂也

而武王亦一怒而安天下之民今王亦一怒而安天下之民民惟恐王之不好勇也
孟子言武王好勇亦則文王一怒而安天下之民也今王好勇亦則武王一怒而安天下之民民恐王之不好勇耳王何爲欲小勇而自謂有疾也

【疏】自齊宣王至惟恐王之不好勇也。○正義曰此章言聖人樂天賢者知時仁者必有勇也齊宣王問曰交鄰國有道乎者是宣王問孟子以交接鄰國其有道乎孟子對曰有者孟子欲陳古之聖王而比之故答之曰有道也惟仁者爲能以大事小是故湯事葛文王事昆夷至于時保之者是皆孟子陳古之聖王而比之之文也言惟有仁者之君乃能以大而奉事其小是故葛國之伯不祭祀而湯且遺之牛羊而助之是湯事葛也文王西有昆夷之患而以采薇薄伐肆不殄厥愠是其文王事昆夷也昆夷西戎之國也惟智者乃能以小奉事其大是故太王去邠避狄始事之以皮幣珠玉犬馬而不免是太王事獯鬻也勾踐退會稽身自官事吳王夫差是勾踐事吳也勾踐越王也以大奉事其小是樂行天道如天無不覆者也以小奉事其大以其量時畏天者也故樂天者如湯文遂能安天下畏天者如太王勾踐遂能安其國故詩之周頌我將之篇有云畏天之威于時保之蓋言成王能敬畏上天之威故能安持盈守成太平之道也此孟子所以引之而證其言王曰大哉言矣寡人有疾寡人好勇者宣王謂孟子之言大不合己意故答之曰大哉言矣以言其寡人有疾而疾在於好勇也對曰王請無好小勇夫撫劍疾視曰彼惡敢當我哉此匹夫之勇敵一人者也者是孟子又答宣王言宣王也今請之無好其小勇也夫按劍瞋目疾視而號於衆曰彼安敢當敵我哉此則一匹夫之小勇只可以抵敵於一人者也故曰王請大之也詩云王赫斯怒爰整其旅以遏徂莒以篤周祜以對于天下者此詩大雅皇矣之篇文也孟子所以引此者蓋欲言文王之勇而陳于王也故曰此文王之勇也其詩蓋言文王赫然大怒以整其師旅以止往伐莒以篤厚周家之福以揚天下之名也言文王亦一怒而安天下之民者謂文王亦以此一怒而安天下之民也書曰天降下民作之君作之師惟曰其助上帝寵之四方有罪無罪惟我在天下曷敢有越厥志者此周書之文也孟子所以又引此書云者蓋又欲言武王之勇而陳于王也言天生下民而立之君師以治以教之惟曰其在助相上帝寵安四方有善有惡皆在我天下安有敢違越其志者也一人衡行於天下武王恥之此武王之勇也者一人指紂而言之也言紂於天下縱橫行其道而不順其天故武王心愧恥之於是伐紂也凡此是

武王之大勇也而武王於是亦一怒而安天下之民故曰武王亦一怒而安天下之民今王亦一怒而安天下之民民惟恐王之不好勇也者孟子言今王若能如文王武王一怒而安天下之民則天下之民惟恐王之不好勇也。○注葛伯不祀至小者也。○正義曰書云葛伯不祀湯征之孔安國云葛國也伯爵也湯居亳與葛爲鄰葛伯不祀湯使人遺之牛羊又不祀湯又使人往爲之耕是其助之也詩云昆夷兌矣惟其喙矣謂文王也者蓋引大雅緜之篇文也箋云昆夷夷狄國也見文王之使者將士衆過已國則惶怖驚走奔突入柞棫之中而逃甚困劇也又云駾突也喙困也趙注引此而證以解作文王事昆夷大與詩注不合又云大王避狄文王伐昆夷成道興國其志一也是文王未嘗事之也今孟子乃曰文王事昆夷者昆夷西戎之國也詩之采薇云文王之時西有昆夷之患注云昆夷西戎也是也今據詩之箋云乃曰伐昆夷與孟子不合者蓋文王始初事之卒不免故伐之也始初之時乃服事殷之時也趙注引昆夷兌矣惟其喙矣以證失之矣。○注獯鬻至其國也。○正義曰案匈奴傳云唐虞以上有山戎獫狁獯戎居于北邊夏道衰公劉變于西戎邑于西戎邑于豳其後三百餘戎狄攻大王亶父亶父走于岐山後至六國遂爲匈奴是也云越王勾踐退會稽而身自官事

吳王夫差者案史記世家云吳王闔廬十五年伐越至吳王夫差元年悉以精兵伐越敗之越王勾踐乃以甲兵五千人棲於會稽請委國爲臣妾是也賈逵曰會稽山名也○注周頌我將之篇至太平之道○正義曰箋云于時於是也言成王畏天之威於是得安文王之道是其解也○注疾視至敵也○正義曰莊書云蓬頭突鬢瞋目而語此庶人之勇無異於鬭雞一旦命已絕矣是與此同意○注大雅至小勇○正義曰案大雅皇矣之篇其文乃曰以遏徂旅今孟子乃曰以遏徂莒者又案春秋魯隱公二年書莒子盟于密則莒者密之近地詩言密之衆孟子言密之地其旨同也○注尚書逸篇○正義曰案周書泰誓篇今有云天佑下民作之君作之師惟其克相上帝寵綏四方有罪無罪予曷敢有越厥志孔安國云寵綏四方言當能助寵安天下越遠也言已志欲爲民除惡是與否不敢遠其志趙注乃以其助上帝寵之而斷其句以四方爲下文則其意俱過故二解皆錄焉○注衡橫也至伐紂也○正義曰周書泰誓篇云惟十有一年武王伐紂是也釋文云衡橫也

齊宣王見孟子於雪宮王曰賢者亦有此樂乎雪宮離宮之名也宮中有苑囿臺池之飾禽獸之饒王自多有此樂故問曰賢者亦有此之樂乎孟子對曰有人不得則非其上矣不得而非其上者非也爲民上而不與民同樂者亦非也有人不得人有不得其志也不責已仁義不自修而責上之不用已此非君子之道人君適情從欲獨樂其身而不與民同樂亦非在上不驕之義也樂民之樂者民亦樂其樂憂民之憂者民亦憂其憂言民之所樂君與之同故民亦樂使其君有樂也民之所憂者君亦助之憂故民亦能憂君之憂爲之赴難也樂以天下憂以天下然而不王者未之有也言古賢君樂則以已之樂與天下同之憂則以天下之憂與已共之如是未有不王者孟子以是荅王者言雖有此樂未能與人共之昔者齊景公問於晏子曰吾欲觀於轉附朝儛遵海而南放於琅邪吾何脩而可以比於先王觀也孟子言往者齊景公嘗問其相晏子若此也轉附朝儛皆山名也又言朝水名也遵循也放至也循海而南至於琅邪琅邪齊東境上邑也當何修治可以比先王之觀遊乎先王聖王也晏子對曰善哉問也天子適諸侯曰巡狩巡狩者巡所守也諸侯朝於天子曰述職述職者述所職也無非事者春省耕而補不足秋省斂而助不給言天子諸侯出必因王事有所補助於民無非事而空行者也春省耕補耒耜之不足秋省斂助其力不給也夏諺曰吾王不遊吾何以休吾王不豫吾何以助一遊一豫爲諸侯度晏子道夏禹之世民之諺語也言王者巡狩觀民其行從容若遊若豫豫亦遊也遊亦豫也春秋傳曰魯季氏有嘉樹晉范宣子豫焉吾王不遊吾何以得見賑贍助不足也王者一遊一豫行恩布德應法而出可以爲諸侯之法度也今也不然師行而糧食飢者弗食勞者弗息睊睊胥

讒民乃作慝今也者晏子言今時天下之民人君行師興軍皆遠轉糧食而食之有飢不得飽食者勞者致重亦不得休息在位在職者又睊睊側目相視更相讒惡民由是化之而作其慝惡也方命虐民飲食若流流連荒亡爲諸侯憂方猶逆也逆先王之命但爲虐民之政恣意飲食若水流之無窮極也謂沈湎于酒熊蹯不熟怒而殺人之類也流連荒亡皆驕君之溢行也言王道虧諸侯行霸由當相匡正故爲諸侯憂也從流下而忘反謂之流從流上而忘反謂之連從獸無厭謂之荒樂酒無厭謂之亡先王無流連之樂荒亡之行惟君所行也言驕君放遊無所不爲或浮水而下樂而忘反謂之流若齊桓與蔡姬乘舟於囿之類也連引也使人徒引舟舡上行而忘反以爲樂故謂之連書曰罔水行舟丹朱慢遊是好無水而行舟豈不引舟於水上而行乎此其類也從獸無厭若羿之好田獵無有厭極以亡其身故謂之荒亂也樂酒無厭若殷紂以酒喪國也故謂之亡言聖人之行無此四者惟君所

欲行也晏子之意不欲使景公空遊於琅邪而無益於民也

景公說，大戒於國，出舍於郊，於是始興發補不足。景公說晏子之言也戒備也大修戒備於國出舍於郊示憂民困始興惠政發倉廩以賑貧困不足者也

召大師曰：「為我作君臣相說之樂。」蓋徵招角招是也。大師樂師也徵招角招其所作樂章名也

其詩曰：「畜君何尤？」畜君者，好君也。其詩樂詩也言臣說君謂之好何尤者無過也孟子所以導晏子景公之事者欲以感喻宣王非其矜夸雪宮而欲以苦賢者

疏齊宣王至好君也○正義曰：此章言與天下同憂者不為慢遊之樂，不循肆縱之行也。齊宣王見孟子於雪宮者，雪宮，離宮之名也，中間有池囿，言宣王在雪宮之中而見孟子來至也。王曰賢者亦樂此乎者，是宣王稱孟子為賢者，問之孟子亦嘗有此雪宮之樂也。云乎者，亦未知孟子可否若何，所以云乎而疑之之辭也，亦梁惠王在沼上而問孟子賢者亦樂此乎同意。孟子對曰有人不得則非其上矣至然而不王者未之有也者，孟子答宣王之言而欲宣王有此雪宮之樂在與民同其樂也。故言有為人下者不得此樂則必非譏其上矣，為人下者既不得此樂而以非謗其上，非也，以其不可也，無他，是不知命與分定故也。為民之上者既有此樂而不與下民同其樂，亦非也，以其亦不可也，無他，是不知義而失之於驕也。蓋為之君在民之上，凡有所樂皆出於民之賦役而成之也，豈可驕之哉？故曰亦非也。苟為君能以民之所樂而為已之樂，則在下之民見君之所樂亦樂之而不敢非謗也；以民之所憂而已亦為憂之，則在已有所憂而在下之民亦分憂之矣。凡此皆君民感樂施報之効也。故曰在上為君者凡有所樂與天下之民同其樂，凡有所憂天下之民同其憂，然而天下不歸往而為之王者，未之有也，言其無也。昔者齊景公問於晏子曰吾欲觀於轉附朝儛遵海而南放於琅邪吾何脩而可比於先王觀也至好君也者，是皆孟子引景公問晏子、晏子告景公之言而諭齊宣王也。昔，往也。齊景公，齊莊公之後景公杵臼是也，魯襄公二十六年立，在位五十八年薨。轉附、朝儛，皆山名也。又云朝，水也。言往者齊景公嘗問於晏子曰：我欲遊觀於轉附、朝儛，循海而南至於琅邪，我何以修治而可以比効於先聖王之遊觀也？晏子，齊景公之相，齊大夫也，姓晏，名嬰者。晏子答曰：善哉王之問也！乃言天子往於諸侯謂之巡狩，巡狩者，謂巡諸侯為天子所守土也，如歲二月東巡狩，五月南巡狩，八月西巡狩，十一月北巡狩是也。諸侯朝覲於天子謂之述職，述職者，謂述已之所守職，如春朝以圖天下之事，夏宗以陳天下之謨，秋覲以比邦國之功，冬遇以協諸侯之慮是也。然此皆無非事而已，春則省察民之耕而食不足者則補之，如周禮旅師春頒其粟是也；秋則省察民之收而有力不足者則助之，如遂師巡其稼穡而移用其民以救時事是也。凡如此，是皆下之所以有望於上而巡也。故夏禹之世民俗諺有曰：我王不遊，我何以得其休息？我王不豫，我何以得助其力？此先聖王所以一遊一豫而為諸侯之法度也。統而言之，則遊與豫皆巡行也；別而言之，則遊者有所縱至於適也，豫者有所適而至於樂也，故於遊則未至於豫，豫則不止於遊也。今也景公則不如此，其興師行軍皆遠轉糧食而食之，有飢之民而不得飽食，有勞乏之民則不得休息，在位者皆睊睊然側目相視而非其上，而下民又皆作為邪慝也。故方命虐民，飲食若流，流連荒亡，為諸侯憂。方，逆也。凡物圓則行，方則止，行則順，止則逆，所謂方命虐民者，是逆先王之命而下則暴虐民人也。凡遊豫補助皆先王之命也，今則方命而虐民，又飲食無窮極而若水之流，蓋流連荒亡四行皆為諸侯之所憂也，以其皆能喪亡其身而已。故流者，是從流下而忘反之謂也，如齊桓與蔡姬乘舟於囿是也。連者，從流上而忘反之謂也，如書曰罔水行舟若丹朱是也。荒者，從獸無厭之謂也，如羿之好田獵無有厭極以亡其身是也。亡者，樂酒無厭之謂也，如殷紂以酒喪國是也。故曰從流下而忘反謂之流，從流上而忘反謂之連，從獸無厭謂之荒，樂酒無厭謂之亡，以其晏子自解之耳。言先王無流連之樂荒亡之行惟君所行也者，謂古之先王無此流連之極樂、荒亡之滛行，惟獨在君所行也。君者，指景公而言也。景公自知已小有流連之樂，大有荒亡之行，遂一聞晏子之言而喜悅之。景公所以說者，以其能悟而改過也，乃大戒勑於國而敢慢其事，出舍於郊而不敢寧其居，於是能興發倉廩而補贍其不足者，又召樂師之官曰：為我作君臣相說之樂。以作徵招角招是也。必作其徵招角招之者，蓋徵以為事，角以為民，皆以招名之，曰亦舜作歌以康庶事、鼓琴歌南風以阜民財之意也，此所以謂之徵招角招矣。又引樂詩曰畜君何尤，畜君者好君也，言說君所以好君，何有其過也，故又曰畜君者是好君也。凡此皆晏子所言，是其畜君者也。孟子引此詩，宣王亦欲宣王如景公說晏子之言而悟之也。○注轉附朝儛至邑也。○正義曰：云轉附、朝儛皆山名，今案諸經並未詳。據梁將顧野王釋云：濰，水名，出南陽，恐惟濰為儛，他並未詳。云琅邪，齊東南上邑者，案地理志云：齊郡東有琅邪。南越志云：琅邪邑

名是也。注沈湎于酒熊蹯不熟怒而殺人者。正義曰注云羲和湎淫亂往征之孔安國云羲和氏世業天地四時之官自唐虞至三代世職不絶承太康之後沈湎于酒過差非度又曰紂沈湎冒亂敢行暴虐孔安國傳云沈湎者酒春秋晉宣公二年晉靈公不君厚斂以彫墻從臺上彈人而觀其避丸也宰夫胹熊蹯不熟殺之寘諸畚使婦人載以過朝釋云胹煮也畚草器也。注齊桓與蔡姬乘舟于囿正義曰案魯僖公三年左傳云齊侯與蔡姬乘舟于囿蕩公公怒杜預曰蔡姬齊侯夫人蕩搖也囿苑也蓋魚池在苑中耳。注書云罔水行舟若丹朱慢遊者。正義曰案書益稷篇云無若丹朱傲惟慢遊是好傲虐是作罔晝夜頟頟罔水行舟朋淫于家用殄厥世孔安國云丹朱堯之子傲戲而爲虐無晝夜常頟頟肆惡無休息習於無水陸地行舟言無度羣淫於家妻妾亂用是絶其世不得嗣。注羿之好田獵無有厭極以亡其身。正義曰案書云太康尸位以逸豫滅厥德黎民咸貳乃盤遊無度畋于有洛之表十旬弗反有窮后羿因民弗忍距于河孔注曰有窮國名羿諸侯名距太康於河不得入遂廢之魯襄公四年左傳云事録在梁惠王首章賈逵曰羿之先祖世爲射官故帝嚳賜羿弓矢使司射淮南子云堯十日並出堯使羿射九日而落之歸藏易云羿彈十日凡此其

說羿爲諸侯名皆難取信欲言帝嚳時有羿堯時亦有羿則羿是善射之號非爲人名信如是則不知言以羿爲窮國君號爲諸侯者何也。注殷紂以酒喪國。正義曰案史記云殷王紂樂戲於沙上以酒爲池以肉爲林使男女裸相逐其間爲長夜之飲百姓怨望而諸侯有畔於是有炮烙之法後爲武王所伐是也。注徵招角招樂章也。正義曰凡宮商角徵羽蓋樂之五聲也晉志云宮土音數有八十一爲聲之始屬土者以其最清者也君之象也宮亂則荒其君驕商金音三分徵益一以生其數七十二屬金者以其濁次宮臣之象也商亂則詖其官壞也角木音三分羽益一以生其數六十四屬木者以其清濁中人之象也亂則憂其人怨也徵火音三分宮去一以生其數五十四屬火者以其微清事之象也亂則哀其事勤也羽水音三分商去一以生其數四十八屬水者以其最清物之象也亂則危其財匱也凡此乃爲樂章之名也然則景公所以作角徵樂以其爲民爲事也。注文王不敢盤于遊畋也。正義曰注云此者蓋引周書無逸之篇文也孔注云文王不敢盤于遊畋者是不敢樂於遊逸田獵者也故録此焉

齊宣王問曰人皆謂我毀明堂毀諸已乎謂泰山下明堂本周天子東巡狩朝諸侯之處也齊侵地而得有之人勸齊宣王諸侯不用明堂可毀壞故疑而問於孟子當毀之乎已止也孟子對曰夫明堂者王者之堂也王欲行王政則勿毀之矣言王能行王道者則可無毀也王曰王政可得聞與王言王政當何施其法寧可得聞對曰昔者文王之治岐也耕者九一仕者世祿關市譏而不征澤梁無禁罪人不孥言往者文王爲西伯時始行王政使岐民修井田八家耕八百畝其百畝者以爲公田及廬井故曰九一也紂時稅重文王復行古法也仕者世祿賢者子孫必有土地關以譏難非常不征稅也陂池魚梁不設禁與民共之也孥妻子也詩云樂爾妻孥罪人不孥惡惡止其身不及妻子也老而無妻曰鰥老而無夫曰寡老而無子曰獨幼而無父曰孤此四者天下之窮民而無告者文王發政施仁必先斯四者言此四者皆天下之窮民而文王常恤鰥寡存孤獨也詩云哿矣富人哀此煢獨詩小雅正月之篇哿可也詩人言居今之世可矣富人但憐憫此煢獨羸弱者耳文王行政如此也王曰善哉言乎善此王政之言曰王如善之則何爲不行孟子言王如善此王政則何爲不行也王曰寡人有疾寡人好貨王言我有疾疾於好貨故不能行對曰昔者公劉好貨詩云乃積乃倉乃裹餱糧于橐于囊思戢用光弓矢斯張干戈戚揚爰方啓行故居者有積倉行者有裹囊也然後可以爰方啓行王如好貨與百姓同之於王何有詩大雅公劉之篇也乃積穀於倉乃裹盛乾食之糧於橐囊也思安民故用有寵光也戚斧揚鉞也又以武備之曰方啓行道路孟子言公劉好貨若此王若則之於王何有不可也王曰寡人有疾寡人好

色王言我有疾疾於好色不能行也對曰昔者太王好色愛厥妃詩云古公亶父來朝走馬率西水滸至于岐下爰及姜女聿來胥宇當是時也內無怨女外無曠夫王如好色與百姓同之於王何有詩大雅緜之篇也亶父大王名也號稱古公來朝走馬遠避狄難去惡疾也率循也滸水涯也循西方水滸來至岐山下也姜女大王妃也於是與姜女俱來相土居也言太王亦好色非但與姜女俱行而已普使一國男女無有怨曠王如則之與百姓同欲皆使無過時之思則於王之政何有不可乎。疏齊宣王問至於王何有○正義曰此章言齊王好貨色孟子推以公劉大王好貨色責難於君也齊宣問曰人皆謂我毀明堂毀諸已乎者是齊王問孟子以為在國之人皆謂勸我毀壞其明堂今毀壞之已而勿毀壞乎魯太山下有明堂後為齊侵其地故齊有明堂齊宣王尚疑之所以問也孟子對曰夫明堂者王者之堂也王欲行王政則勿毀之矣者孟子欲使宣王行王政所以勸之勿毀耳王曰王政可得聞與者是宣王問

孟子以謂王政之法寧可得而聞知之歟對曰昔者文王之治岐也耕者九一仕者世祿關市譏而不征澤梁無禁罪人不孥至必先斯四者是孟子對荅宣王為王政之法也言往者文王為西伯行政自岐邑耕者皆以井田之法制之一夫受私田百畝八夫家計受私田八百畝井田中百畝是為公田以其九分抽一分為公以抵其賦稅也仕者不特身受其祿而至子孫之世亦與土地祿焉關市司關司市之所但譏問之而不令姦人出入而不征取其稅川澤魚梁之所但與民共之而不設禁止之法罪人但誅辱止其一身而不誅辱其妻子孥妻子也老而無妻曰鰥老而無夫曰寡老而無子曰獨幼而無父曰孤凡此鰥寡孤獨四者是皆天下之民窮而無告者也文王發政施仁必先及此四者焉無告者以其鰥寡孤獨單隻上下無所告者之人也是皆孟子言文王在岐邑之時為王政之法如此而已詩云哿矣富人哀此煢獨者哿可也蓋詩之小雅正月之篇文也其意蓋言當今之世可矣富人但先哀憫此煢獨羸弱者耳孟子所以引之謂其文王行政是如此也故援之以荅宣王王曰善哉言乎者是宣王問孟子荅之以文王行王政之法而王善其言也故曰善哉言乎曰王如善之則何為不行者孟子言王如能善此王政之言則何為不行此也王曰寡人有疾寡人好貨者宣王言

我有疾疾在於好貨財也昔者公劉好貨詩云至於王何有者孟子引公劉好貨故詩有大雅公劉之篇文而荅于宣王也言往者公劉好其貨財其詩蓋謂乃積穀于倉乃裹餱食之糧於橐囊之中其思在於輯和其民以光顯于時張其弓矢執其干戈斧鉞告其士卒曰為女方開道路蓊行如此故居者有穀積于倉行者有糧裹于囊然後可以曰方開道路而行王如能好貨與民人同之亦若公劉之如此則於王也何有不可云橐囊者大曰囊小曰橐也爰曰也王曰寡人有疾寡人好色者是宣王又言我有疾疾在於好色也對曰昔者太王好色愛厥妃詩云至於何有者是孟子又引太王好色故詩大雅緜之篇文也荅宣王也亶父大王名也古公號也言往者太王好色愛厥妃其詩蓋謂古公亶父來朝走馬而避惡且早又疾急循西水滸而至于岐山之下曰與姜女自來相土居如此故當是之時內無怨女外無曠夫皆男女嫁娶過時者謂之怨女曠夫也女生向內故云內男生向外故云外王如能好色與百姓同之亦若大王之如此則於王也又何有不可姜女大姜也是太王之妃也○注謂太山下明堂至已止也○正義曰案地理志云齊南有太山史記封禪書云舜二月東巡狩至于岱宗岱宗太山也遂覲東后又云此山黃帝之所常遊自古受命帝王未有睹符瑞見而不

臻乎太山也云太山下明堂本周天子東巡狩朝諸侯之地案禮記明堂位云明堂者明諸侯之尊卑昔殷紂亂天下脯諸侯以享諸侯是以周公相武王伐紂武王崩成王幼弱周公踐天子之位六年朝諸侯於明堂七年致政於成王成王封周公於曲阜令魯世世祀周公以天子之禮樂然則太山下明堂即周公朝諸侯之處蓋魯封內有太山後嘗為齊所伐故齊南有太山文中子云如有我用我者當處於太山矣注云太山黃帝有合宮在其下可以立明堂之制焉禮器云魯人將有事於上帝必先有事於郊宮齊人將有事於太山必先有事於配林則太山在齊明矣案周制明堂云周人明堂度九尺之筵東西九筵南北七筵堂崇一筵五室凡室二筵賈釋云明堂者明政教之堂又夏度以步殷度以尋周度以筵是王者明政也周堂高九尺殷三尺以一相參之數而卑宮室則夏堂高一尺矣又上注云堂上為五室象五行以宗廟制如明堂明堂中有五天帝五人神之座皆法五行以五行先起於東方故東北之堂為木其實兼水矣東南火室兼兼木西南金室兼火西北水室兼金以中央太室有四堂四角之室亦皆有堂乃知義然也賈釋太史閏月不義云明堂路寢及宗廟皆有五室十二堂門是也四角之堂皆於太室外接四角為之則五室南北止有二筵東西角二筵有六尺

乃得其度若聽朔皆於時之堂不於木火等室居若閏月則闔門左扉立其中而聽朔焉。注往者文王爲西伯至妻子也。正義曰史記云古公亶父爲獯鬻戎狄所攻遂去邠踰梁山止於岐下古公少子季歷生昌有聖瑞立季歷以傳昌昌立是爲西伯西伯陰行善諸侯皆來徐廣曰文王九十七乃崩云修井田入家入百畝以爲公田者亦依孟子云方里而井井九百畝是也小司徒佐大司徒當都鄙三等之菜地而爲井田經云九夫爲井四井爲邑四邑爲丘四丘爲甸四甸爲縣四縣爲都以任役萬民使營地事而貢賦出車徒又菜地之中每一井之田出一夫之稅以入於官也故曰九一也云紂時稅重者史記云紂爲人資辨捷疾聞見甚敏材力過人手格猛獸智足以拒諫言足以飾非好酒淫樂嬖於婦人愛妲己於是厚賦稅以實鹿臺之財盈鉅橋之粟是紂時稅重也關譏不征稅魚梁不設禁者周禮司關國凶札則無關門之征猶譏司市國凶荒則市無征而作布澤虞掌國澤之政令爲之厲禁川衡以時舍其守犯禁者執而罰之司厲男子入于罪隸女子入于舂藳此而推之則關市非無征也澤梁非無禁也罪人非不孥也而文王必皆無者蓋亦見文王權一時之宜不得不然耳故孟子於宣王之一時亦以此引之以救弊矣。注詩小雅正月之篇者。注云哿可也獨單也箋云此言王政如是富人已可惸獨困也。注詩大雅公劉之篇也至不可也。正義曰注云公劉居於邰而遭夏人亂迫逐公劉公劉乃辟中國之難遂平西戎而遷其民邑於邠焉乃積乃倉言民事時和國有積倉也小曰槖大曰囊思輯用光言民相與和睦與顯於時也箋云公劉乃有積倉積委及倉也安安而能遷積而能散爲夏人迫逐已之故不忍鬭其民乃褁糧食於槖囊之中棄其餘而去思在和其人民用光其道爲今子孫之基又毛注云戚斧也揚鉞也張其弓矢秉其干戈戚揚以方開道路去之蓋諸侯之從者十有入國焉箋云干盾也戈句矛戟也爰曰也公劉之去邰整其師設其兵器告其士卒曰爲方開道而行明己之遷非爲迫逐之故乃欲全民也。注詩大雅緜之篇也至不可乎正義曰緜詩興也緜緜不絕貌也毛注云古公豳公也古言久也亶父字或因以名言質也古公處豳狄人侵之事之以皮幣不得免焉事之以犬馬不得免焉事之以珠玉不得免焉乃屬其耆老而告之曰狄之所欲者吾土地吾聞君子不以所養人者害人於踰梁山邑于岐山之下居焉率循也滸水涯也姜女大姜也胥相也宇居也箋云來朝走馬言其辟惡早且疾也循西水涯漆沮水側也爰於也及與也聿自也於是與其妃大姜自來相可居者著大姜之賢知也

卷終

孟子注疏卷二上校勘記

阮元撰　盧宣旬摘錄

孟子注疏解經卷第二上

自此至不如與衆共聽之樂十行本缺今所出者據閩本

梁惠王章句下

監毛本此下有正義一段閩本無案十行本缺一頁計其篇幅當有正義閩本無者蓋李元陽所見十行本已有缺頁別據經注本補足故無僞疏也又各卷卷上篇題下並有凡幾章字閩監毛本此卷獨缺蓋經注本本無也又按此下正義是監本所補監本若別有注疏本可據不應脫漏凡幾章字然則十行本及閩本所缺之正義而監毛本有者疑是僞中之僞也

有是語不 監毛本孔本韓本足利本同考文古本不作否○按古可否字祇作不

先聖王之樂也 監毛本同宋本孔本韓本足利本無聖字

由古之樂也 監毛本韓本同石經宋本岳本咸淳衢州本孔本考文古本由作猶

問古今同樂之意 孔本韓本考文古本足利本同監毛本樂作異

寧可得聞之與 監毛本同宋本孔本韓本考文古本之與作邪廖本與作邪

與少人共聽樂 宋本廖本孔本韓本考文古本同閩監毛三本少下有之字案十行本少下空一字之字係閩本誤增監毛本仍其誤也

衆人共聽樂樂也 廖本閩監毛三本同宋本孔本韓本衆上有與字

與衆人共聽樂爲樂 閩監毛三本同宋本無爲字廖本考文古本下有也字孔本韓本爲樂作樂也

與衆人樂樂然 閩監毛三本同宋本岳本無下樂字廖本孔本韓本考文古本下樂字作之

籥若笛短而有三孔 閩監毛三本孔本韓本同考文古本笛短作短笛足利本與古本同籥作篇

故使民愁也 閩監毛三本同宋本廖本孔本韓本考文古本作故使百姓愁

有惘民之心閩監毛三本同宋本廖本孔本韓本惘作惄

是以民悅之也閩監毛三本同廖本孔本韓本考文古本無之字

王之好樂也閩監毛三本同宋本岳本廖本孔本韓本無之字

章指言人君田獵以時鐘鼓有節發政行仁民樂其事則王道之階在於此矣故曰天時不如地利地利不如人和矣考文古本矣作也

其國及對齊王自此至則爲之王者矣監本脫一頁而板心數不缺蓋承刊諸人之謬也毛本據別本補足故第四頁下有又四一頁

言百姓皆欲之康强毛本同閩本之作王

則聲音則一也閩監毛三本無下則字

其與雅樂同也補毛本同明監本其作不是也

文王在岐山之時閩監毛三本同岳本無之字廖本考文古本山作豐宋本孔本韓本岐山之時作岐豐時

而囿以大矣閩本同孔本韓本監毛本以作已○按以已古通用此處自作已爲長

寡人之囿爲大閩監毛三本同宋本孔本韓本無之字爲字廖本無爲字

民言其大閩監毛三本同宋本廖本孔本韓本考文古本言作苦

章指言譏王廣囿專利嚴刑陷民也

古聖王之比也閩監毛三本比作交誤宋本無也字廖本王作賢岳本孔本韓本考文古本王作賢無也字

文王事昆夷閩監毛三本同音義石經廖本孔本韓本作混夷按詩緜混夷駾矣皇矣箋患夷即混夷與此經正合作昆非也

湯先助之祀閩監毛三本孔本足利本同韓本考文古本先作見按先字是也

故太王事獯鬻閩監毛三本同音義石經廖本孔本韓本太作大音義云後大師大王放此是經文皆作大作太者非

北狄强者考文古本同閩本孔本韓本作彊監毛本作疆按唐人彊弱字通用彊强勉强字作强宋人避所諱多作彊監毛作疆乃疆界字非也

身自官事閩監毛三本同孔本韓本考文古本官作臣

聖人樂行天道閩監毛三本同廖本孔本韓本行天作天行

在於好勇閩監毛三本同宋本廖本考文古本在作疾孔本韓本足利本在於作疾在

此一匹夫之勇閩監毛三本同宋本廖本孔本韓本考文古本無匹字足利本無之字按以一夫釋匹夫不得云一匹

無論匹夫之小勇而已閩監毛三本同宋本廖本孔本韓本考文古本無而已二字無者是

章指言聖人樂天賢者知時仁必有勇勇以討亂而不爲暴則百姓安之

而比之之文也閩監毛三本之文作湯文是也

變于西戎邑于西戎邑于豳閩監本同毛本無邑于西戎四字乃據漢書刪是也

其後三百餘戎狄攻太王亶父閩監本同毛本百餘作百有餘歲亦據漢書改

賢者亦有此之樂乎閩監毛三本同宋本亦下有能字廖本無之字孔本韓本考文古本作賢者亦能有此樂乎

人有不得其志也閩監毛三本同宋本廖本孔本韓本考文古本無其字也上有者字足利本也

作者

適情從欲　閩監毛三本孔本韓本足利本同考文古本從作縱音義出從欲云本亦作縱

君亦助之憂　閩監毛三本同宋本孔本韓本考文古本作君助憂之廖本之憂作憂之

放於琅邪　閩監毛三本同石經孔本韓本於作于

齊東境上邑也　閩監毛三本同廖本孔本韓本東下有南字按疏引境作南字朱子注同是此注有脫也

可以比先王之觀遊乎　閩監毛三本同廖本孔本韓本觀遊作遊觀

先聖王也　閩監毛三本同宋本廖本孔本韓本考文古本王上有之字

補耒耜之不足　閩監毛三本同宋本岳本孔本韓本補作問

遊亦豫也　閩監毛三本同宋本岳本廖本孔本韓本考文古本無此四字○按無者是

吾何以得見勞苦　閩監毛三本同孔本韓本考文古本吾作我

睊睊胥讒　音義出睊睊云字亦作詯

行師興軍　閩監毛三本同宋本岳本廖本孔本韓本考文古文作興師行軍

而食之　閩監毛三本孔本同韓本足利本無之字

有飢不得飽食者　閩監毛三本同廖本孔本韓本無者字

在位在職者　閩監毛三本同宋本孔本韓本考文古本無在職二字

而作其慝惡也　閩監毛三本同宋本廖本孔本韓本考文古本無其字

方猶逆也　閩監毛三本同廖本孔本韓本考文古本逆作放

逆先王之命　閩監毛三本同宋本先王上有不用二字廖本逆作放棄孔本韓本考文古本作放棄不用先王之命

惟君所行也　石經無行字

連引也　閩監毛三本同廖本孔本韓本考文古本連下有者字

是好無水而行舟　閩監毛三本同宋本廖本岳本孔本韓本無是好二字

豈不引舟於水上而行乎　閩監毛三本同宋本孔本韓本考文古本上而作而上

以振貧困不足者也　閩監毛三本振作賑非宋本廖本孔本韓本考文古本困作下

召太師曰　石經太作大

謂之好　閩監毛三本同宋本岳本孔本韓本好下有君字

導晏子景公之事者　閩監毛三本同廖本孔本韓本導作道○按道導古今字古書多用道

非其矜夸雪宮　宋本廖本孔本韓本考文古本同閩監毛三本夸作誇誤增言旁

而欲以苦賢者　閩監毛三本韓本同廖本孔本考文古本苦作若形相涉而誤也

章指言與天下同憂者不爲慢遊之樂不循四　孔本韓本作肆是也

溢之行是以文王不敢盤于遊田也

天下之民同其憂　閩監毛三本天上有與字是也毛本憂誤作一

而敢慢其事　閩監毛三本敢上有不字是也閩本不敢字擠是閩本增也

怒而殺人者　閩本同監毛本者作之類也

用是絕其世不得似　閩監毛三本似作嗣

以其最清者也　明監毛本同按清當作濁今改正

其事潦也　潦字模糊閩監毛三本如此

文王不敢盤于遊畋也　此章指末句注無此文

人勸齊宣王　閩監毛三本同宋本孔本韓本考文古本無齊字

而文王常恤鰥寡　閩監毛三本同宋本廖本孔本韓本何而字

但憐憫此煢獨　閩監毛三本同宋本廖本孔本韓本憫作愍

行者有裹囊也　宋本孔本同石經閩監毛三本韓本囊作糧案監識論公劉好貨居者有積行者有囊與裹囊合

又以武備之曰方啟行道路　閩監毛三本同宋本廖本孔本韓本考文古本曰作四無行字岳本無行字足利本無之字曰作四

我有疾疾於好色　閩監毛三本同宋本岳本疾作病無於字孔本韓本於作在

古公亶父　閩監毛三本同石經宋本岳本咸淳衢州本廖本孔本韓本考文古本父作甫注同

非但與姜女俱行而已　閩監毛三本同廖本孔本韓本考文古本而已下有也字

章指言夫子恂恂然善誘人誘人以進於善也齊王好貨好色孟子推以公劉大王所謂責難於君謂之恭者也

齊宣問曰　閩監毛三本宣下有王字是也

詩云至於何有曰　閩監本同毛本曰作者是也

如有我用我者　上我字衍閩本有下空一格是亦以爲衍而剜去之也監毛本無上我字不空格

必先有事於郊宮　補案明監毛本並從禮記作頖宮

注云胥可也　此上脫正義曰三字閩毛本注字作陰文監本注字上加圈非也

孟子注疏卷二上校勘記

奉新趙儀吉校

孟子注疏解經卷第二下

梁惠王章句下　趙氏注　孫奭疏

孟子謂齊宣王曰王之臣有託其妻子於其友而之楚遊者 假此言以爲喻 比其反也則凍餒其妻子則如之何 言無友道當如之何 王曰棄之 言當棄之絶友道也 曰士師不能治士則如之何 士師獄官吏也不能治獄當如之何 王曰已之 已之者去之 曰四境之内不治則如之何 境内之事王所當理不勝其任當如之何也孟子以此動王心令戒懼也 王顧左右而言他 王慙而左右顧視道他事無以答此言也

疏 孟子至言他○正義曰此章言君臣上下各勤其任無隳厥職乃安其身也孟子謂齊宣王曰王之臣有託其妻子於其友而之楚遊者是孟子欲以此比喻而諷之也言王之臣下有寄託妻子於交友而往楚國遊戲者比其反也則凍餒其妻子則如之何者言寄妻子於交友而往楚國在近則反歸而妻子在交友之所皆寒凍其膚飢餒其腹則爲交友之道當如之何凍者寒之過之謂也餒者飢之過之謂也王曰棄之者是宣王荅孟子以爲交友之道既如此當棄去之而不必與爲友也曰士師不能治士則如之何者孟子因循又問宣王言爲之獄吏者而不能主治其士則爲士師者當如之何處之王曰已之者言當止之而不可與爲士師也曰四境之内不治則如之何者孟子因循問至於此乃欲諷諫之故問之曰自一國四境之内皆亂而不治則爲之君當如之何處之王顧左右而言他者宣王知罪在諸己乃自慙羞之而顧視左右道其他事無以荅此言也○注士師獄吏也○正義曰士師即周司寇之屬有士師鄉士皆以士爲官鄭玄云士察也主察獄訟之事是士師爲獄官之吏者也

孟子見齊宣王曰所謂故國者非謂有喬木之謂也有世臣之謂也 故者舊也喬高也人所謂是舊國也者非但見其有高大樹木也當有累世修德之臣常能輔其君以道乃爲舊國可法則也 王無親臣矣 今王無可親任之臣 昔者所進今日不知

其亡也 言王取臣不詳審往日之所知今日爲惡當誅亡王無以名也 王曰吾何以識其不才而舍之 王言我當何以先知其不才而舍之不用也 曰國君進賢如不得已將使卑踰尊疏踰戚可不慎與 言國君欲進用人當留意考擇如使忽然不精心意而詳審之如不得已而取備官則將使尊卑疏戚相踰豈可不慎歟 左右皆曰賢未可也諸大夫皆曰賢未可也國人皆曰賢然後察之見賢焉然後用之 謂選乃臣隣比周之譽核其鄉原之徒論曰衆好之必察焉 左右皆曰不可勿聽諸大夫皆曰不可勿聽國人皆曰不可然後察之見不可焉然後去之 衆惡之必察焉惡直醜正寔繁有徒防其朋黨以毀忠正也 左右皆曰可殺勿聽諸大夫皆曰可殺勿聽國人皆曰可殺然後察之見可殺焉然後殺之故曰國人殺之也 言當慎行大辟之罪五聽三宥古者刑人於市與衆棄之 如此然後可以爲民父母 行此三慎之聽乃可以子畜百姓也

疏 孟子見至爲民父母○正義曰此章言人君進賢退惡翔而後集有世賢臣乃爲舊可法則也孟子見齊宣王曰所謂故國者非謂有喬木之謂也者是孟子見齊宣王而問之言人所謂舊國者非謂有喬木而謂之舊國也以其有世世修德之舊臣也故謂之舊國故曰有世臣之謂也故舊也喬高也世臣累世修德之舊臣也王無親臣矣昔者所進今日不知其亡也者孟子言今王無有親任用之臣矣往日所進者今日爲惡而王又不知誅亡之王曰吾何以識其不才而舍之者宣王言我何以知其臣之不才而舍去之而不用也曰國君進賢如不得已將使卑踰尊疏踰戚可不慎歟者孟子言國君進用賢人當留意揀擇如使混然不能精心揀擇但如不得已而取備官職則將使其卑踰尊疏踰戚而殺亂之矣其如是豈可不重慎之歟左右皆曰賢未可也諸大夫皆曰賢未可也國人皆曰賢然後察之見賢焉然後用之至如此然後可以爲民父母者此皆孟子教宣王進

退賢不肖之言也言於進用賢人之際雖自王之左右臣者皆曰此人賢當進用之則王未可進而用之也以至諸大夫皆曰此人之賢當進用之則王又未可進而用之也逮至一國之人皆曰此人之賢當進而用之則王然後詳察亦見其眞足爲賢人故然後進而用之矣如左右皆曰此人不賢不可進用則王莫聽之以至諸大夫皆曰此人不賢不可進用當去之則王亦當莫聽逆至一國之人皆曰此人不賢不可進用當去之則王然後審察之見其眞實不賢不可進用然後去之乃不進用也如左右皆曰此人之罪可以殺之則王又當莫聽以至諸大夫皆曰此人之罪當殺之則王又當勿聽逆至一國之人皆曰此人之罪可以殺之則王然後詳察亦見其人實有可殺之罪故然後方可殺之也無他以其一國之人皆曰可殺而殺之也夫如此則王然後可以爲民父母而子畜百姓矣○注故舊也至可法則也○正義曰釋云故舊也文從古故也詩伐木之篇云出自幽谷遷于喬木注云喬高也故知喬木爲高大之木郭璞云喬樹枝曲卷似鳥羽也書云圖任舊人共政又周任有言曰人惟求舊是故臣之謂也○注鄉原之徒○正義曰語云鄉原德之賊也局氏注曰所至之鄉輒原其人情而爲意以待之是賊亂其德也何晏云一曰鄉向也古字同謂人不能剛毅而見人輒原其

趣謟容媚而合之言此所以合德也故有三說焉○注大辟之罪五聽三宥○正義曰孔安國傳云大辟死刑也周禮大司寇以五聲聽獄訟求民情一曰辭聽二曰色聽三曰氣聽四曰耳聽五曰目聽鄭注云辭聽者觀其出言不直則煩也色聽者觀其顏色不直則赧然也氣聽者觀其氣息不直則喘也耳聽者觀其聽聆不直則惑也目聽者觀其眸子視不直則眊然也凡此五聽是也三宥者司刺掌三宥一宥曰不識再宥曰過失三宥曰遺忘鄭司農云不識謂愚民無所識則宥之過失若今律過失殺人不坐死鄭玄云遺亡若閒帷薄忘有在焉而以兵矢投射之凡此三宥也○注云行此三愼之聽也蓋指孟子言自左右皆曰賢至國人殺之也者是爲之解也

齊宣王問曰湯放桀武王伐紂有諸有之否乎孟子對曰於傳有之於傳文有之矣曰臣弒其君可乎王問臣何以得弒其君豈可行乎曰賊仁者謂之賊賊義者謂之殘殘賊之人謂之一夫聞誅一夫紂矣未聞弒君也言殘賊仁義之道者雖位在王公將必降爲匹夫故謂之一夫也但聞武王誅一夫紂耳不聞弒君也書云獨夫紂此之謂也

【疏】齊宣王問至未聞弒君也○正義曰此章言孟子云紂崇惡失其尊名不得以君臣論之欲以深寤宣王垂戒于後也齊宣王問曰湯放桀武王伐紂有諸者是宣王問孟子言商之湯王放其夏王桀於南巢之地周武王伐商王紂於鹿臺之中還是有此言也否乎孟子對曰於傳有之者孟子荅宣王以爲傳文有是言也故書云湯放桀於南巢惟十有一年武王伐紂又史記武王伐紂紂走入登鹿臺蒙衣其珠玉自燔于火而死武王以黄鉞斬紂頭縣大白之旗是也曰臣弒其君可乎者宣王問孟子如是則爲臣下者得以殺其君上豈可乎曰賊仁者謂之賊賊義者謂之殘殘賊之人謂之一夫聞誅一夫紂矣未聞弒君也者孟子荅宣王以謂賊害其仁者名謂之賊賊害其義者名謂之殘名謂殘賊者皆謂之一匹夫也我但聞誅亡其一匹夫紂矣未嘗聞知有弒君者也故尚書有云獨夫紂是其證也

孟子謂齊宣王曰爲巨室則必使工師求大木工師得大木則王喜以爲能勝其任也匠人斲而小之則王怒以爲不勝其任矣巨室大宮也爾雅曰宮謂之室工師主工匠之吏吏匠人工匠之人也將以比喻之也

夫人幼而學之壯而欲行之王曰姑舍女所學而從我則何如姑且也謂人少學先王之道壯大而仕欲施行其道而王止之曰且舍置汝所學而從我之教命此如何也今有璞玉於此雖萬鎰必使玉人彫琢之至於治國家則曰姑舍女所學而從我則何以異於教玉人彫琢玉哉二十兩爲鎰彫琢治飾玉也詩云彫琢其章雖有萬鎰在此言衆多也必須玉人能治之耳至於治國家而令從我是爲教玉人治玉也教人治玉不得其道則玉不得美好教人治國不以其道則何由能治乎

【疏】孟子謂齊宣王至玉人彫琢玉哉○正義曰此章言任賢使能不遺其學則功成而不隳也孟子謂齊宣王曰爲巨室則必使工師求大木工師得大木則王喜以爲能勝其任也匠人斲而小之則王怒以爲不勝其任矣者是孟子謂齊宣王言爲大宮則王必遣使工匠之吏求其大木工匠之吏求得其

大木則王喜以爲工匠之吏能勝其所任用矣則至匠人斲削而小之則王怒以爲匠人不勝其任矣凡此皆孟子將以比喻而言也以其欲使宣王易曉其意也巨室大宮也工師主工匠之吏也又言夫人幼而學之壯而欲行之王曰姑舍女所學而從我則何如者是孟子又言夫人既以幼少而學先王之道及壯大仕而欲施行其幼之所學之道而王乃曰且舍去汝所學之道而從我教命則如之何也今有璞玉於此雖萬鎰必使玉人彫琢之至於治國家則曰姑舍女所學而從我則何以異於教玉人彫琢玉哉者是孟子又復以此而比喻于宣王也言今假有素璞之玉於此雖有萬鎰之多然必使治玉之人彫琢而治飾之耳至於治國家則固當以先王之道治之而曰且舍去女所學而令從我教命則何以有異於教玉人治飾玉哉言其無以異也以其治國家當取學先王之道者乃能治之今乃至於治國家以曰且舍汝所學而從我教命是何以異於此哉蓋巨室則國家比也用人猶制木木則君子之道比也工師則君子比也匠人則人君比也意言治國家必用君子之道施而後治人君反小而用之未有能治國家者也不特若此又有以喻焉璞玉則亦國家比也玉人則亦君子比也意謂璞玉人之所寶也然不敢自治飾之必用使治玉人然後得成美器也若國家則人君

之所寶也然人君不能自治必用君子治之然後安也今也君子不得施所學之道以治國家反使從己所教以治之此亦教玉人彫琢玉同也固不足以成美器適所以殘害之也故孟子所以有此譬之。注巨室大宮也至喻之也。正義曰字林云巨大也白虎通曰黄帝始作宮室是知巨室則大宮也周禮考工記云審曲面埶以飭五材以辨民器謂之工凡攻木之工七攻金之工六攻皮之工五設色之工五刮摩之工五摶埴之工二輪輿弓廬匠車梓凡此者是攻木之工也餘工不敢煩述所謂工師者師範也教也即掌教百工者如漢書云將作少府秦官掌理宮室者是也匠人即斲削之人也風俗通云凡是於事巫卜陶匠是也然則此言匠人者即攻木之匠也。注金二十兩爲鎰。正義曰國語云二十四兩爲鎰禮云朝一鎰米注亦謂二十四兩今注悮爲二十兩

齊人伐燕勝之宣王問曰或謂寡人勿取或謂寡人取之以萬乘之國伐萬乘之國五旬而舉之人力不至於此不取必有天殃取之何如萬乘非諸侯之號時燕國皆僭號稱王故曰萬乘五旬五十日也書曰朞三百有六旬言五旬未久而取之非人力乃天也天與不取懼有殃告取之何如

孟子對曰取之而燕民悅則取之古之人有行之者武王是也武王伐紂而殷民喜悅簞厥玄黃而來迎之是以取之也取之而燕民不悅則勿取古之人有行之者文王是也文王以三仁尚在樂師未奔取之懼殷民不悅故未取之也以萬乘之國伐萬乘之國簞食壺漿以迎王師豈有它哉避水火也如水益深如火益熱亦運而已矣燕人所以持簞食壺漿來迎王師者欲避水火難耳如其所患益甚則亦運行奔走而去矣今王誠能使燕民免於水火亦若武王伐紂殷民喜悅之則取之。而已

疏齊人伐燕勝之至亦運而已矣。正義曰此章言征伐之道當順民心也齊人伐燕勝之宣王問曰或謂寡人勿取或謂寡人取之至何如者言齊國之人伐燕之人必強勝之齊宣乃問孟子以謂或有人教我勿取此燕國或有人

又教我取之今以萬乘之國伐萬乘之國但五十日足以與乘之非人力所能至此乃天也天與之而勿取必有天殃而禍之今則取之何如故以此問孟子孟子對曰取之而燕民悅則取之古之人有行之者武王是也者是孟子荅齊宣以爲今伐取之燕國而燕國之民悅樂則可以伐取之也古之人有行征伐之道如此國者若武王伐紂是也書曰肆予東征綏厥士女惟其士女篚厥玄黃昭我周王是其武王伐紂之事耳孟子所以引此荅齊宣蓋欲齊宣征伐順民心亦若武王也取之而燕民不悅則勿取古之人有行之者文王是也者孟子又以此荅之齊宣言今欲取之燕國苟燕國之民愁怨而不悅則當勿取之故古之人有欲行征伐之道若此者如文王於紂是也孔子有云文王三分天下有其二猶服事殷是文王於紂之事耳孟子所以又引此荅齊宣者復欲齊宣如文王順民心而未取之耳以萬乘之國伐萬乘之國簞食壺漿以迎王師至亦運而已矣者孟子言今且託以萬乘之國伐取萬乘之國其有以簞食壺漿而來迎王兵師者豈有它事哉蓋欲避去水火之患難耳如若水來彌深火彌熱則民亦運行而奔走矣豈來迎王之兵師哉意謂今齊誠能使燕民得免水火之難亦若武王伐紂殷民皆悅樂之則可以取燕也如不然則若文王之於紂故未取之耳云萬乘者

蓋六國之時爲諸侯者皆僭王號故皆曰萬乘云簞笥者案曲禮曰圓曰簞方曰笥飯器也書云衣裳在笥則笥亦盛衣云壺漿者禮圖云酒壺受一斛口徑尺足高二寸徑尺又公羊傳云齊侯唁公于野井國子執壺漿何休云壺禮器腹方口圓曰壺釋名曰漿水也飲也或云漿酒也。注篚厥玄黃。正義曰孔安國傳云以筐篚盛其絲帛也禮圖云篚以竹爲之長三尺廣一尺深六寸足高三寸上有蓋也。注萬乘非諸侯之號至如何。正義曰云萬乘非諸侯之號時燕國皆侵地僭號稱王者說在上卷首章書曰朞三百有六旬者案孔安國傳云匝四時曰朞一歲十二月月三十日正三百六十日除小月六日爲六日是爲一歲有餘十二日未盈三歲足得一月則置閏焉是其解也。注武王伐紂至取之也。正義曰書云惟十一年武王伐紂史記云武王伐紂發兵七十萬人距紂紂師紂師倒兵以戰以闢武王武王馳之紂兵崩叛紂紂走反入鹿臺蒙衣其珠玉自燔于火而死武王以黃鉞斬紂懸其頭於大白之旗是也。注文王以三仁尚在樂師未奔者。正義曰語云殷有三仁焉蓋微子箕子比干是也呂氏春秋仲冬紀云紂之母生微子啓與仲衍其時猶尚爲妾改而爲妻後生紂紂之父欲立微子啓爲太子太史曰妻之有子不可立妾之子故立紂爲後微子名啓世家曰開孔

安國曰微圻內國名子爵爲紂卿士箕子者莊子云箕子名胥餘鄭玄云箕亦在圻內比干者家語曰比干是紂之親則諸父知比干乃紂之諸父也宋世家云箕子乃紂之親戚也言爲親戚又莫知其爲父爲兄也鄭玄王肅皆以箕子爲紂之諸父杜預以爲紂之庶兄皆以意言之耳趙云三仁尚在者蓋文王爲西伯之時三仁尚未之亡去及西伯卒武王東伐至盟津諸侯會者八百皆曰紂可伐武王猶曰爾未知天命紂愈淫亂不止微子諫不聽乃與大師謀遂去比干曰爲人臣者不得不以死諫迺強諫紂紂怒曰吾聞聖人心有七竅剖比干觀其心箕子懼乃佯狂爲奴紂又囚之後因武王乃釋之耳

齊人伐燕取之諸侯將謀救燕宣王曰諸侯多謀伐寡人者何以待之宣王貪燕而取之諸侯不義其事將謀救燕伐齊宣王懼而問之孟子對曰臣聞七十里爲政於天下者湯是也未聞以千里畏人者也成湯修德以七十里而得天下今齊地方千里何畏懼哉書曰湯一征自葛始天下信之東面而征西夷怨南面而征北狄怨曰奚爲後我民望之若大旱之望雲霓也歸市者不止耕者不變誅其君而弔其民若時雨降民大悅書曰徯我后后來其蘇此二篇皆尚書逸篇之文也言湯初征自葛始誅其君恤其民天下信湯之德面者向也東向征西夷怨王去王城四千里夷服之國也故謂之四夷言遠國思望聖化之甚也故曰何爲後我霓虹也雨則虹見故大旱而思見之徯待也后若也待我君來則我蘇息而已今燕虐其民王往而征之民以爲將拯已於水火之中也簞食壺漿以迎王師若殺其父兄係累其子弟毀其宗廟遷其重器如之何其可也拯救也係累猶縛結也燕民所以悅喜迎王師者謂濟救於水火之中耳今又殘之若此安可哉天下固畏齊之彊也今又倍

地而不行仁政是動天下之兵也言天下諸侯素畏齊彊今復并燕一倍之地以是行暴則多所危是動天下之兵共謀齊也王速出令反其旄倪止其重器謀於燕衆置君而後去之則猶可及止也旄老耄也倪弱小倪倪者也孟子勸王急出令先還其老小止勿徙其寶重之器與燕民謀置所欲立君而去之歸齊天下之兵猶可及其未發而止之也

〔疏〕齊人伐燕取之至猶可及止也。正義曰此章言伐惡養善無貪其富以小王大將何懼也齊人伐燕取之諸侯將謀救燕者齊國伐其燕國而取其地天下諸侯皆將謀度救燕國也宣王曰諸侯多謀伐寡人者何以待之者是齊宣見諸侯將謀度救燕國而共伐我乃曰天下多有謀度與燕共伐我者則我當如之何以待它故以此問孟子孟子對曰臣聞七十里爲政於天下者湯是也未聞以千里畏人也者孟子荅齊宣以爲臣嘗聞有地但方闊七十里而能爲王政於天下者如商湯王是也未嘗聞有地方闊千里而猶畏人者也蓋湯爲夏方伯之時但有七十里而後爲天下商王今天下方千里者有九而得其一是齊之有千里地也所以云然書

曰湯一征自葛始天下信之東面而征西夷怨至民大悅者此皆尚書遺亡篇文也今據商書仲虺之誥篇則云乃葛伯仇餉初征自葛東征西夷怨南征北狄怨曰奚爲後予大抵孟子引此者蓋恐齊王爲己之聽說以引此而證之欲使齊宣信之也故言書云湯一征自葛國爲始天下皆信湯王之德後湯東向而征伐則西夷之人思望而怨不先自此而正君之罪南嚮而征伐則北狄之人又皆思望而怨以爲不先自此而正君之罪乃曰何爲後去其我而先向他國而征之故其民望湯之來皆若於大旱而望雲霓如霓不特此也又使歸市者皆不止以其皆得貨易有無也耕于郊野者又不變易其事以言其常得耕作也雖誅亡其君又弔問而存恤其民其如時之旱而雨降民皆悅樂之也書曰徯我后后來其蘇者注云自上文與此皆逸篇之文也今據仲虺之篇有云大抵孟子引此而言者又欲齊王知民如此之慕湯而則法湯也蓋謂民皆喜曰徯待我君來而蘇息我也今燕虐其民王往而征之民以爲將拯已於水火之中也至如之何其可也者是孟子又言今燕國之暴虐其民而王以兵往征伐之民皆以爲王兵之來將拯救已於水火之中如也故以簞食壺漿迎其王師之來今乃若以殺其民之父兄繫縛其民之子弟又毀壞其國中之宗廟使民不得其祀復遷徙其國

中之寶器如之何。可也天下固畏齊之彊也今又倍地而不行王政至可及止也者孟子又言天下之諸侯素畏齊國之彊也今王又并燕國一倍之地而且復不行其王政是所以興動天下諸侯之兵而共伐之也王今即速疾出其命令還其老耄幼小勿遷移其寶器復謀度於燕國之衆爲置立其君而後去之而歸齊則天下諸侯之兵尚可得及止之也。注云去王城四千里夷服之國至蘇也。正義曰周禮九服又案禮圖云自王畿千里至夷服凡四千里是也云霓虹也爾雅云雲出天之正氣霓出地之正氣雄謂之虹雌謂之霓則雲陽物也陰陽和而既雨則雲散而霓見矣。注旄老耄倪弱小倪倪者。正義曰釋云耄齯案爾雅云黃髮倪齒壽也然則趙注云倪弱小非止幼童之弱小亦老之有弱小爾

鄒與魯鬨穆公問曰吾有司死者三十三人而民莫之死也誅之則不可勝誅不誅則疾視其長上之死而不救如之何則可也鬨鬭聲也猶構兵而鬭也長上軍帥也鄒穆公忿其民不赴難而問其罰當謂何則可也孟子對曰凶年饑歲君之民老弱轉乎溝壑壯者散而之四方者幾千人矣而君之倉廩實府庫充有司莫以告是上慢而殘下也言往者遭凶年之阨民困如是有司諸臣無告白於君有以賑救之是上驕慢以殘賊其下也曾子曰戒之戒之出乎爾者反乎爾者也曾子有言上所出善惡之命下終反之不可不戒也夫民今而後得反之也君無尤焉尤過也孟子言百姓乃今得反報諸臣不哀矜耳君無過責之也君行仁政斯民親其上死其長矣君行仁恩憂民困窮則民化而親其上死其長矣

疏鄒與魯鬨至死其長矣。正義曰此章言上恤其下則下赴其難惡出於己則害及其身如影響也鄒與魯鬨者言鄒國與魯國相鬭也穆公問曰吾有司死者三十三人而民莫之死也誅之則不可勝誅不誅則疾視其長上之死而不救如之何則可也者是鄒穆公問孟子言我國與魯國相鬭戰而有司死者有三十三人而民皆莫之死我今欲誅亡其民不

可勝誅不可勝誅者是民衆之多難以誅亡也不誅其民則我惡疾視其長上有司之死而不救之故問孟子當何則可以誅亡也孟子對曰凶年饑歲君之民老弱轉乎溝壑至是上慢而殘下也者孟子荅穆公以爲凶荒之年而民皆飢餓君之民人老羸者轉落死於溝壑之中強壯者又離散之於四方者幾近千人矣而君之倉廩盈實府庫充塞爲君之有司者皆莫以告白其上發倉廩以濟其食之不給開府庫以佐其用之不足如此則有司在民之上而以驕慢殘害其下也曾子曰戒之戒之出乎爾者反乎爾者孟子言曾子有云在戒慎之戒慎之以其凡有善惡之命苟善之出乎爾則終亦以善反歸乎爾也苟出乎爾以惡則其終反歸爾亦以惡也夫民今而後得反之也君無尤焉者孟子言夫民今所以不救長上之死者以其在凶荒饑饉之歲君之有司不以告白其君發倉廩開府庫以救賑之所以於今視其死而不救以報之也然非君之過也是有司自取之爾故曰君無尤焉君行仁政斯民親其上死其長矣者孟子言君能行仁爲政則在下之民皆親其上樂其君而輕其死以爲其長上矣。注鬨鬭聲釋云鬨鬭也故曰猶構兵而鬭也

滕文公問曰滕小國也間於齊楚事齊乎事楚乎

文公言我居齊楚二國之間，非其所事，不能自保也。○孟子對曰：是謀非吾所能及也。無已，則有一焉：鑿斯池也，築斯城也，與民守之，效死而民弗去，則是可為也。孟子以二大國之君皆不由禮義，我不能知誰可事者也。不得已則有一謀焉，惟施德義以養民，與之堅守城池，至死使民不畔去，則是可以為也。

疏　「滕文公」至「可為也」。○正義曰：此章言事無禮義國，不若得民心與之守死善道也。「滕文公問曰：滕，小國也，間於齊楚，事齊乎？事楚乎」者，是滕文公問孟子，言我之滕國則小國也，今間厠在齊楚二國之間，而我今當奉事齊國乎，楚國乎？故以此問孟子。「孟子對曰：是謀非吾所能及也，無已，則有一焉，鑿斯池」至「是可為也」者，是孟子荅文公，以謂若此之謀而指誰國可事，非我所能及知也，以其齊楚二國皆是無禮義之國，孟子所以荅曰是謀非吾所能及也。言不得已，則有一謀計焉，言但鑿此滕國之池，築此滕國之城，與人民堅守此滕國，至死使民不畔去，則是一謀可以為也，其它非吾所及。○

滕文公問曰：齊人將築薛，吾甚恐，如之何則可？齊人并得薛，築其城以偪於滕，故文公恐也。孟子對曰：昔者大王居邠，狄人侵之，去之岐山之下居焉。非擇而取之，不得已也。大王非好岐山之下，擇而居之，為迫不得已，困於強暴，故避之。苟為善，後世子孫必有王者矣。誠能為善，雖失其地，後世乃有王者，若周家也。君子創業垂統，為可繼也。若夫成功，則天也。君如彼何哉？強為善而已矣。○君子創業垂統，貴令後世可繼續而行耳，又何能必有成功？成功乃天助之也。君豈如彼齊何乎？但當自強為善，法以遺後世而已矣。

疏　「滕文公」至「強為善而已矣」。正義曰：此章言君子之道，正己在天，強暴之來，非己所招，謂窮則獨善其身也。「滕文公問曰：齊人將築薛，吾甚恐，如之何則可」者，言齊人并得薛地，將欲築其城於此，故滕文公恐其偪，乃問孟子當如何則可免為不見迫。「孟子對曰：昔者太王居邠，狄人侵之，去之岐山之下居焉，非擇而取之，不得已也」者，孟子荅滕文公，以謂往者太王居邠國，後為戎狄之國所侵伐，遂去之岐山下為居焉。當此之時，非太王擇此岐山之下為居焉，不得已而避狄所侵患，故之岐山下為居耳。「苟為善，後世子孫必有王者矣」者，孟子言滕文公誠能為善，修德而布政於民，今雖失其薛地，至後世子孫必有王者興作矣。「君子創業垂統，為可繼也，若夫成功則天也，君如彼何哉？強為善而已矣」者，孟子又言君子在上，基創其業，垂統法於後世，蓋令後世可以繼續而承之耳。若夫其有成功，乃天助之也，於人又不可必其成功。君今豈奈彼齊之大國何？但勉強自為善以遺法於後世也。

滕文公問曰：滕，小國也，竭力以事大國，則不得免焉，如之何則可？問免難全國於孟子。孟子對曰：昔者大王居邠，狄人侵之，事之以皮幣，不得免焉；事之以犬馬，不得免焉；事之以珠玉，不得免焉。皮，狐貉之裘；幣，繒帛之貨也。乃屬其耆老而告之曰：狄人之所欲者，吾土地也。吾聞之也：君子不以其所以養人者害人。二三子何患乎無君？我將去之。去邠，踰梁山，邑于岐山之下居焉。屬，會也。土地生五穀，所以養人也。會長老告之如此而去之矣。邠人曰：仁人也，不可失也。從之者如歸市。言樂隨大王，如歸趨於市，若將有○得也。或曰：世守也，非身之所能為也。效死勿去。君請擇於斯二者。或曰：土地乃先人之所受也，世世守之，非己身所能專為，至死不可去也。欲令文公擇此二者，惟所行也。

疏　「滕文公問曰」至「擇於斯二者」。○正義曰：此章言大王去邠，權也；效死守業，義也。「滕文公問曰：滕，小國也，竭力以事大國，則不得免焉，如之何則可」者，是滕文公問孟子，言我之滕國小國也，今竭盡其力以奉事大國，則不得免其侵伐，當如何則可以免焉。「孟子對曰：昔者太王居邠，狄人侵之」至「事之以珠玉，不得免焉」者，孟子荅文公，以謂往太王所居邠國，後為戎狄所侵伐，是時也，太王事之以皮幣，且尚不免其侵伐，又事之以犬馬，又不得免其侵伐，復事以珠玉，又且猶不免其侵伐焉。「乃屬耆老而告之曰」至「邑于岐山居焉」，「邠人曰仁人也不可失也從之者如歸市者孟子言大王以皮幣犬馬珠玉奉事戎狄猶不免其侵伐乃會耆老而告之曰狄人所欲者在我之土地也我聞君子不以所養人之土地而殘賊其民汝二三子何憂患乎無君我將去之以讓狄也遂去邠國踰梁山而邑于岐山下居焉邠國之人遂聞大王此言乃曰仁人之君不可失去也故從之者如歸趨於市若將有所得耳或曰世守也非身之所能爲也効死勿去者孟子又言或人有云土地者乃先人之所受也非己身所能爲者也乃世世守之也當効死而不可去也故請文公擇斯二者而處之二者其一如太王去邠其二如或云効死勿去是也○注皮狐貉之裘幣繒帛之貨○正義曰蓋狐貉之皮爲裘也釋云狐貉妖獸也後人以其狐貉性多疑故以皮爲之裘也孔子曰黃衣狐裘又曰狐貉之厚以居是也周禮行人職云合六幣圭以馬璋以皮璧以帛琮以錦琥以繡璜以黼此六物以和諸侯之好鄭注云合同也六幣所以享也是幣即繒帛之貨也云屬會也釋文云會也又曰付也

魯平公將出嬖人臧倉者請曰他日君出則必命有司所之今乘輿已駕矣有司未知所之敢請 平謚也嬖人愛幸小人也 公曰將見孟子 平公敬孟子有德不敢請召將往就見之 曰何哉君所爲輕身以先於匹夫者以爲賢乎禮義由賢者出而孟子之後喪踰前喪君無見焉 匹夫一夫也臧倉言君何爲輕千乘而先匹夫乎以爲孟子賢故也賢者當行禮義而孟子前喪父約後喪母奢君無見也 公曰諾 諾止不出 樂正子入見曰君奚爲不見孟軻也 樂正姓也子通稱孟子弟子也爲魯臣問公何爲不便見孟軻也 曰或告寡人曰孟子之後喪踰前喪是以不往見也 公言以此故也 曰何哉君所謂踰者前以士後以大夫前以三鼎而後以五鼎與 樂正子曰君所謂踰者前以士後以大夫禮士祭三鼎大夫祭五鼎故也 曰否謂棺槨衣衾之美也 公曰不謂鼎數也以其棺槨衣衾之美惡也 曰非所謂踰也貧富不同也 樂正子曰此非薄父厚母令母喪踰父也喪父時爲士喪母時爲大夫大夫祿重於士故使然貧富不同也 樂正子見孟子曰克告於君君爲來見也嬖人有臧倉者沮君君是以不果來也 克樂正子名也果能也曰克告君以孟子之賢君將欲來臧倉者沮君故君不能來也 曰行或使之止或尼之行止非人所能也吾之不遇魯侯天也臧氏之子焉能使予不遇哉 尼止也孟子之意以爲魯侯欲行天使之矣及其欲止天令嬖人止之耳行止天意非人所能爲也如使吾見魯侯冀得行道天欲使齊斯民也故曰吾之不遭遇魯侯乃天所爲也臧氏小子何能使我不遇哉

疏魯平公將出至焉能使予不遇哉○正義曰此章言讒邪構賢賢者歸天不尤人也魯平公將出嬖人臧倉者請曰他日君出則必命有司所之今乘輿已駕矣有司未知所之敢請者魯平公魯國之君也謚曰平嬖人平公愛幸之人也臧嬖人姓也倉名也言魯平公將欲

出見孟子有司皆未知惟臧倉爲平公愛幸之人乃請問之曰所往他日君之所出則必揮命有司問所往今君乘車已駕行矣有司之人皆未知君之所往敢請問之君何所往駕行也之往也公曰將見孟子者魯平公荅臧倉言將欲出見孟子也曰何哉君所爲輕身以先於匹夫者以爲賢乎禮義由賢者出而孟子之後喪踰前喪君無見焉者臧倉言君今欲見孟子以其爲何往哉君今所爲自輕薄其身以先往見於一匹之夫夫以謂之爲賢乎臧倉言此謂孟子則一匹之賤夫不足謂之爲賢也故曰禮義之道皆由賢者所出而孟子乃以後喪其母之喪事奢過於前喪其父之喪事請君無更往而見焉倉謂孟子母喪用事豐備父喪用事儉約父母皆已之所親也其喪用事有厚薄者此孟子所以不知禮義也故云禮義由賢者出而孟子之後喪踰前喪君無見焉公曰諾者平公許允止而不出也樂正子入見曰君奚爲不見孟軻也者是日樂正子見平公乘輿既行而止之遂入見平公而問之曰君何爲不往見於孟子也樂正子爲平公之臣亦是孟子之弟子也姓樂正名克稱子者蓋男子之通稱也曰或告寡人曰孟子之後喪踰前喪是以不往見也者平公荅樂正子以謂或有臧倉者告我曰孟子後有母喪用事豐備過於前父之喪用事我是以見其如此遂止其駕而不

往見也曰何哉君所謂踰者前以士後以大夫前以三鼎而後以五鼎與者樂正子見平公爲此而不往見孟子乃曰君不往見是爲其何哉君今所謂孟子以後喪過前喪者蓋孟子前喪父之時孟子正爲之士故以士禮用之後喪母之時孟子以爲之大夫故得以大夫禮用之爲其前爲士即得以三鼎之禮祭之其後爲大夫遂得以五鼎之禮祭之故也曰否謂棺椁衣衾之美也者平公以謂否不爲鼎數之有不同也是爲棺椁衣衾彼服之美好有前後之不同也曰非所謂踰也貧富不同也者樂正子謂非所謂孟子有過於前也爲其前後貧富之不同也非薄其父厚其母也樂正子見孟子曰克告於君君爲來見也嬖人有臧倉者沮君君是以不果來也者蓋平公先欲見孟子者以其樂正子告之也故樂正自入見平公所問君之不往意已畢乃出而見於孟子遂曰克前告其君嘗言孟子君是以欲往來見之平公愛幸之人有一姓臧名倉者沮止其君所以不能來也曰行或使之止或尼之行止非人所能也吾之不遇魯侯天也臧氏之子焉能使予不遇哉者孟子見樂正子告之以此意遂曰君所欲行天使之行也君所欲止天使之止也臧氏之子安能使我不遇魯侯哉○注平謚也嬖人愛幸小人也○正義曰謚法云法治而清省曰平春秋左傳魯隱公有云嬖人之子杜預曰嬖親幸也釋云賤而得幸曰嬖○注樂正姓也爲魯臣孟子弟子也○正義曰自微子之後宋戴公四世孫樂莒爲大司寇又左傳宋上卿正考甫之後是樂正皆姓也趙注樂正者爲姓案禮記有正子春是樂正之姓有自矣云孟子弟子者蓋嘗受教於孟子者無非弟子也爲魯臣者蓋非魯平公之臣何以克告於君是以知爲魯臣明矣趙注詳其意故云爲魯臣如於他經書則未詳○注士祭三鼎大夫祭五鼎○正義曰如子路有列鼎之奉主父在漢有五鼎之食是其爵有差也蓋士則爵卑而賤大夫則爵尊而貴孟子前以士後以大夫是其爵命貴賤之不同耳○經云衣衾者蓋衾今之被也案喪大記小斂君錦衾大夫縞士緇凡衾皆五幅鄭注云衾單被也

孟子注疏解經卷第二下

南昌縣知縣陳煦栞

孟子注疏卷二下校勘記

阮元撰盧宣旬摘錄

章指言君臣上下各勤其任無墮其職乃安其身也

有士師鄉士　補明監本同毛本同案卿當作鄉今改正

王無以名也　閩監本同廖本孔本韓本考文古本名作知毛本王作我也作之毛本誤也

而詳審之　閩監毛三本同宋本廖本孔本韓本考文古本無此四字

疏戚相踰　閩監毛三本同廖本孔本韓本考文古本足利本疏戚作親疏

豈可不愼歟　閩監毛三本同廖本孔本韓本考文古本作豈可不重愼之

謂選乃臣隣比周之譽　十行本乃字隣字模糊閩監毛三本如此廖本孔本韓本考文古本乃作大隣作防音義出防比

核其鄉原之徒　閩監毛三本原誤愿廖本孔本韓本考文古本無其字

論曰　閩監毛三本同孔本韓本考文古本作論語曰

以毀忠正也　閩監毛三本同宋本岳本廖本孔本韓本足利本無也字考文古本作以毀忠臣

章指言人君進賢退惡翔而後集有世賢臣稱曰舊國則四方瞻仰之以爲則矣

未聞弑君也　石經孔本韓本閩監毛三本同足利本君上有其字非也

不聞弑君也　閩監毛三本同孔本韓本考文古本足利本君上有其字

章指言孟子云　孔本韓本云作言　紂以崇惡失其尊名不得以君臣論之欲以深寤齊王垂戒於後也

主工匠之吏　補此本誤重吏字明監本毛本不誤

將以比喻之也　閩監毛三本同廖本孔本韓本考文古本比作此

先王之道 閩監毛三本同廖本孔本韓本考文古本道作正法

此如何也 閩監毛三本同廖本孔本韓本考文古本作此何如也

二十兩爲鎰 按經注巾鎰字皆俗字也當依儀禮喪服作溢溢之言滿也滿於十六兩爲一斤之外也鄭注二十兩爲溢趙同若國語注二十四兩爲鎰此別一說僞疏不了

是爲教玉人治玉也 閩監毛三本孔本韓本同足利本無也字

則玉不得美好 閩監毛三本孔本韓本同足利本玉下有人字非也

則何由能治乎 閩監毛三本同廖本孔本韓本考文古本治下有者字

章指言任賢使能不違其學則功成而不墮屈人之是從已之非則人不成道玉不成圭善惡之致 孔本致下有何字是也 可不 七經孟子考文作不可非 察哉

以曰且舍汝所學也 以字明監本作而毛本作則毛本是

朝一鎰米 閩本同監毛本米誤朱按儀禮鎰作溢

樂師未奔 廖本孔本韓本監本同閩毛二本奔作犇下同

故未取之也 閩監毛三本孔本同宋本廖本韓本考文古本無也字

奔走而去矣 閩監毛三本足利本孔本同韓本考文古本無走字

殷民喜悅之則取之而已 閩監毛三本同宋本悅之下有時字廖本則下有可字無而已二字孔本韓本考文古本作殷民喜悅之時則可取之

章指言征伐之道當順民心民心悅則天意得天意得 考文古本不疊此三字 然後乃可以取人之國也

司比干觀其心 閩監毛三本司作刳按刳字是

救燕伐齊 閩監毛三本同廖本孔本韓本考文古本足利本作伐齊救燕

東向征西夷怨王 閩本同廖本孔本韓本監毛本王作者考文云古本怨下有者字則衍一王字矣非也

則我蘇息而已 閩監毛三本足利本同宋本廖本孔本韓本考文古本而已作也

拯所也 宋本廖本孔本韓本考文古本所作濟閩監毛三本所作捄○按所誤字

老耄也 閩監毛三本孔本韓本同廖本耄作旄

弱小倪倪者也 閩監毛三本同孔本韓本倪倪作繄倪案音義出繄字旄倪下云詳注意倪謂繄倪小兒也與今孔韓本合○按依說文釋名作繄婗禮記注作鷖彌此本作倪倪者誤也

而止之也 閩監毛三本孔本韓本同廖本作亡形近而譌

章指言伐惡養善無貪其富以小王大 考文古本王作至足利本作以大王

小夫將何懼也

至猶可及士也 士止之誤閩監毛三本不誤

而望雲霓如霓 補毛本如霓作似多

如之何可也 閩本同監毛本何下有其字

至蘇也 閩本同監毛本也改息

軍帥也 音義本廖本孔本韓本閩本考文古本足利本帥作率按率帥字通監毛二本作師則誤矣

而問其罰當謂何則可也 閩監毛三本同宋本孔本韓本考文古本無則可二字足利本無則也二字

章指言上惜 孔本韓本考文古本作恤 其下下赴其難惡出乎 孔本韓本考文古本作於 已害及其身如影響自然也

二國之間 閩監毛三本同宋本廖本孔本韓本考文古本無之國二字

皆不由禮義 閩監毛三本同廖本孔本韓本考文古本無義字

則有一謀焉 閩監毛三本同廖本孔本韓本無則字

惟施德義以養民 廖本孔本韓本考文古本同閩監毛三本惟誤雖

則是可以爲也 閩監毛三本同宋本孔本韓本考文古本作則可爲矣廖本也作矣足利本作則可以爲矣

章指言事無禮之國不若得民心與之守死善道也

擇而居之焉 閩監毛三本同廖本孔本韓本考文古本無焉字

困於强暴 閩監毛三本同廖本孔本韓本强作彊

後世乃有王者 閩監毛三本同廖本孔本韓本考文古本乃下有可字

强爲善而已矣 宋本岳本廖本孔本同石經閩監毛三本韓本强作彊

君子創業垂統 閩監毛三本同宋本孔本韓本考文古本創作造

成功乃天助之也 閩監毛三本孔本同韓本足利本無之字

以遺後世而已矣 閩監毛三本同廖本孔本韓本考文古本而已矣作也

章指言君子之道正已任天 考文古本作在天 强暴之來非已所招謂窮則獨善其身者也

繒帛之貨也 閩監毛三本孔本同韓本足利本無也字

而去之矣 閩監毛三本同宋本廖本孔本韓本考文古本無矣字

若將有得也 閩監毛三本孔本同韓本作若將有所得也考文古本作若將有有得也複有字非

章指言大王去邠權也效死而守業義也義權不並故曰

擇而處之也

非已身所能爲專也 閩監毛三本專作者按注云非已身所能專爲則專字是也

樂正姓也 閩監毛三本同宋本岳本廖本孔本韓本考文古本無也字

不便見孟軻也 閩監毛三本同宋本廖本孔本韓本考文古本無也字

前以士後以大夫禮 閩監毛三本同廖本孔本韓本作前者以士禮後者以大夫禮考文古本士下有禮字

曰否 石經閩監毛三本孔本韓本同音義出曰否云本亦作不○按古不否不同字後人一之

嬖人有臧倉者沮君 石經閩監毛三本孔本韓本同音義出沮字云本亦作阻

止或尼之 石經閩監毛三本孔本韓本同音義出尼之云郭璞注爾雅引孟子作此字丁本作屔云居字

非人所能也 閩監毛三本孔本韓本同岳本能下有爲字

臧氏小子 廖本孔本韓本足利本作臧倉小人閩監毛三本作臧氏之子考文古本作臧倉小子

章指言讒邪構賢賢者歸天不尤人也

以先往見於一匹之夫夫 補案下云則一匹之賤夫此二夫字上夫字當爲賤之譌

案禮記有正子春 補案正上當有樂字

凡衾皆五幅 閩監二本同毛本五作三

孟子注疏卷二下校勘記

奉新趙儀吉校

孟子注疏解經卷第三上

公孫丑章句上　凡九章　孫奭疏

趙氏注　公孫丑者公孫姓丑名孟子弟子也丑有政事之才問管晏之功猶論語子路問政故以題篇

疏　正義曰前篇章首論梁惠王問以利國孟子荅以仁義之事故目梁惠王爲篇題蓋謂君國當以仁義爲首也既以仁義爲首然後其政可得行之是以此篇公孫丑有政事之才而問管晏之功如論語子路問政遂以目爲篇題不亦宜乎故次梁惠王之篇所以揭公孫丑爲此篇之題也此篇凡二十有三章自趙氏分之遂爲上下卷據此上卷有九章而已一章言德流速於置郵君子得時大行其道管晏爲曾西之所羞二章言義以行勇則不動心養氣順道無効揠苗聖人量時賢者道偏孟子究言情理而歸學孔子三章言王者任德霸者兼力四章言國必修政君必行仁禍福由己不專在天當防患於未亂五章言修古之道鄰國之民以爲父母命曰天吏六章言人之行當内求諸己以演大四端充擴其道上以匡君下以榮身七章言各治其術術有善惡禍福之來隨行而作恥爲人役不若居仁治術之忌勿爲矢人八章言大聖之君由取善於人九章言伯夷柳下惠古之大賢猶有所闕其餘十四章趙氏分在下卷各有分説○注公孫姓丑名孟子弟子也至題篇○正義曰自魯桓公之子慶父之後有孟孫氏叔孫氏季孫氏同出三桓子孫衛國有王孫賈出自周頃王之後王孫賈之子自以去王室久改爲賈氏故孫氏多焉又非特止於一族也自封公後其子孫皆以公孫爲氏春秋隱公八年無駭卒羽父請諡與族公問族於衆仲衆仲對曰天子建德因生以賜姓公命以字爲展氏杜預曰諸侯之子稱公子公子之子稱公孫公孫之子以王父字爲氏然則公孫氏皆自公子之後爲氏也今公孫丑其氏有自來矣案史記孟子列傳云孟子退而與萬章公孫丑之徒著述作七篇則公孫丑爲孟子弟子明矣經曰弟子之惑滋甚是也論語第十三篇子路問政子曰先之勞之請益曰無倦集論語者因其問政故以題篇若此公孫丑有政事之才而問管晏之功亦以因其人而題其篇而次之梁惠王也

公孫丑問曰夫子當路於齊管仲晏子之功可復許乎

夫子謂孟子許猶興也如使夫子得當仕路於齊而可以行道管夷吾晏嬰之功寧可復興乎

孟子曰子誠齊人也知管仲晏子而已矣

誠實也子實齊人也但知二子而已豈復知王者之佐乎

或問乎曾西曰吾子與子路孰賢曾西蹵然曰吾先子之所畏也

曾西曾子之孫蹵然猶蹵踖也先子曾子也子路在四友故曾子畏敬之曾西不敢比

曰然則吾子與管仲孰賢曾西艴然不悅曰爾何曾比予於管仲

艴然慍怒色也何曾猶何乃也

管仲得君如彼其專也行乎國政如彼其久也功烈如彼其卑也爾何曾比予於是

曾西荅或人言管仲得遇桓公使之專國政如彼行政於國其久如彼功烈卑陋如彼謂不率齊桓公行王道而行霸道故言卑也重言何曾比我恥見比之之甚也

曰管仲曾西之所不爲也而子爲我願之乎

孟子心狹曾西曾西尚不欲爲管仲而子爲我願之乎非丑之言小也

曰管仲以其君霸晏子以其君顯管仲晏子猶不足爲與

丑曰管仲輔桓公以霸道晏子相景公以顯名二子如此尚不可以爲邪

曰以齊王由反手也

孟子言以齊國之大而行王道其易若反手耳故譏管晏不勉其君以王業也

曰若是則弟子之惑滋甚且以文王之德百年而後崩猶未洽於天下武王周公繼之然後大行今言王若易然則文王不足法與

丑曰如是言則弟子惑益甚也文王尚不能及身而王何謂若易然也若是則文王不足以爲法邪

曰文王何可當也由湯至於武丁賢聖之君六七作天下歸殷久矣久則難變也武丁朝諸侯有天下猶運之掌也

武丁高宗也孟

子言文王之時難爲功故言何可當也從湯以下聖賢之君六七興謂太甲太戊盤庚等也運之掌言其易也紂之去武丁未久也其故家遺俗流風善政猶有存者又有微子微仲王子比干箕子膠鬲皆賢人也相與輔相之故久而後失之也尺地莫非其有也一民莫非其臣也然而文王猶方百里起是以難也紂得高宗餘化又多良臣故久乃亡也微仲膠鬲皆良臣也但不在三仁中耳文王當此時故難也齊人有言曰雖有智慧不如乘勢雖有鎡基不如待時今時則易然也齊人諺言也乘勢居富貴之勢鎡基田器耒耜之屬待時三農時也今時易以行王化者也夏后殷周之盛地未有過千里者也而齊有其地矣雞鳴狗吠相聞而達乎四境而齊有其民矣地不改辟矣民不改聚矣行仁政而王莫之能禦也三代之盛封畿千里耳今齊地士民以足矣不更辟土聚民也雞鳴狗吠相聞言民室屋相望而衆多也以此行仁而王誰能止之也且王者之不作未有疏於此時者也民之憔悴於虐政未有甚於此時者也飢者易爲食渴者易爲飲孔子曰德之流行速於置郵而傳命言王政不興久矣民患虐政甚矣若飢者食易爲美渴者飲易爲甘德之流行疾於置郵傳書命也當今之時萬乘之國行仁政民之悅之猶解倒懸也故事半古之人功必倍之惟此時爲然倒懸喻困苦也當今所施恩惠之事半於古人而功倍之矣言今行之易也【疏】公孫丑問曰至惟此時爲然正義曰此章言德流之速過於置郵君子得時大行其道管晏雖勤猶爲曾

西所羞也公孫丑問曰夫子當路於齊管仲晏子之功可復許乎者公孫丑問孟子言夫子得當仕路於齊國則管仲晏子佐桓景二霸之功寧可復興之乎管仲管夷吾也晏子晏嬰也夷吾佐桓公者也晏嬰佐景公者也孟子曰子誠齊人也知管仲晏子而已矣者孟子荅公孫丑以謂子實齊國之人也然但能知此二子而止矣孟子荅之以此者其意蓋謂丑豈能復知有王者之佐乎或問乎曾西曰吾子與子路孰賢曾西蹵然曰吾先子之所畏也至爾何曾比予於是者孟子又謂昔有或人問乎曾西曾西曾子之孫也而曰吾子與子路孰賢曾西乃蹵踖而言曰我先子曾子所敬畏者也曰然則吾子與管仲孰賢曾西艴然不悅曰爾何曾比予於管仲者言或人又曰如是則吾子與管仲孰爲賢曾西乃艴然愠怒而不悅曰爾何如乃比我於管仲爲也管仲得君如彼其專也行乎國政如彼其久也功烈如彼其卑也爾何曾比予於是者曾西言管仲得齊桓立爲仲父貴戚不敢爲之姤卑高國之位大臣不敢爲之惡內外政皆盡委之斷焉言如此其專也自立位相職至終四十餘年執齊國之政言其行政又如此其久也其終也不過致君爲霸者而已而其功烈只如此之卑也爾故何如乃比我於是之甚焉功烈者蓋致力以爲功成業以爲烈言管仲以力致齊桓則止於爲霸功以業成就齊桓則亦止爲霸烈故曰功烈如彼之卑也孟子所以引此或人與曾西之言者意在於王佐爲貴也不以霸者之佐爲貴也故曰管仲曾西之所不爲也而子爲我願之乎者孟子言管仲曾西之所不願爲也而子以爲我願比之乎云子者指孫丑而云也曰管仲以其君霸晏子以其君顯管仲晏子猶不足爲與曰以齊王猶反手也者孟子言管仲以佐其君爲霸晏子以佐其君而顯名管仲晏子猶若不足爲耳言我能佐齊國之大而行王道爲王其易則若反覆手掌也故曰以齊王由反手也孟子言此蓋譏管晏二子不能致君行王道耳曰若是則弟子之惑滋甚者公孫丑不曉孟子意在譏管晏二子但爲霸者之佐故於孟子曰如此之言則弟子之蔽惑益甚也弟子者蓋公孫丑自稱爲孟子弟子也且以文王之德百年而後崩猶未洽於天下武王周公繼之然後大行今言王若易然則文王不足法與者公孫丑言今且以文王之德化觀之起自百里之微加之百年之久而後崩喪其尚不能及身而王天下浹洽其德及武王周公繼續之然後德化大行爲王於天下今言以齊王若反手之易是則文王不足以爲之法與曰文王何可當也由湯至於武丁賢聖之君六七作天下歸殷久矣久則難變也武丁朝諸侯有天下猶運之掌也至是以難也者孟子又言文王安可

富也言自湯至於武丁其間賢聖之君六七作故天下德化被民也久恩澤漸人也深而天下之民歸心於殷固以久而難變也是以武丁朝諸侯而有天下若反運手掌之易也武丁高宗也云六七作者太甲太戊祖乙盤庚等是也紂之去武丁未久也其故家遺俗流風善政猶有存者至是以難也者孟子又言自殷紂去武丁之時尚未久故其世嗣續之故家其民習尚之遺俗上之化下其流風之所被善政之所行尚有存者不特此也又有微子微仲王子比干箕子膠鬲數者皆是賢人相與同輔相其紂故紂之失亡亦至久而後失也雖一尺之地莫非紂之所有一民莫非為紂之臣然而如此尚能自百里之地而興起為王是以難而不若武丁之易也齊人有言曰雖有智慧不如乘勢雖有鎡基不如待時者孟子又言齊國之人有言云人雖有智慧之才亦不如乘其富貴之勢雖有田器如耒耜之屬亦不如乘三時農務之際也蓋大而知之之謂智小而察之之謂慧鎡基田器之利也言人雖有智慧之才然非乘富貴之勢則智慧之才有所不逆比之齊國則今時易以行王道者也故曰今時則易然也夏后殷周之盛地未有過千里者也而齊有其地矣至莫之能禦也者孟子言自夏后殷周三代之盛治其封畿皆方千里未有過千里之地者也而齊國今有其地亦得其千里雞鳴狗吠相聞而廣達乎四境是其齊國不特有千里之地而已其間雞犬相聞而又有其民相望而衆多也如此土地亦以足矣故不待更廣闢其土地矣民人亦以足矣又不待聚集其民人矣即行仁為政而王之人莫能禦止之也其王者不作未有疏於此時者也飢者易為食渴者易為飲孔子曰德之流行速於置郵而傳命者孟子又言且王者之不興作未有如疏於此時者也而民人憔悴困苦於暴虐之政又未有如極甚於此時者也以若飢餓者食易為美渴者飲易為甘矣故孔子有云其德化之流行其速疾又過於置郵而傳書命也郵驛名云境上舍也又云官名督郵主諸縣罰負說文曰境上行書舍也當今之時萬乘之國行仁政民之悅之猶解倒懸也者孟子又言當今齊國之時為萬乘之國行仁政而及民則民皆喜悅之如得解其倒懸之索也云倒懸者喻其困苦之如此也故事半古之人功必倍之惟此時為然者孟子又言故於當此之時其施恩惠之事但半於古人其成治功亦必倍過於古人矣故曰惟此當今齊國之時為能如是也○管夷吾晏嬰○正義曰管仲齊之相也案左傳魯莊公八年桓公殺公子糾召忽死之管仲不死請囚鮑叔受之及堂阜而稅之歸而以告曰管夷吾治於高傒使相之可也杜注云堂阜齊地西北有夷吾亭或曰鮑叔解夷吾縛於

此又云高傒齊卿高敬仲也言管仲治理政事才多於高敬仲遂使相之晏嬰姓晏名嬰齊大夫也語云晏平仲善與人交周注云諡為平諡法曰法治而清省曰平案左傳文知之是晏桓子之子也相齊景公○注曾西曾子之孫及子路○正義曰曾西為曾子之孫者經云曾西曰吾先子之所畏也先子是曾子也以祖稱之也即知曾西乃曾子之孫也其他經傳未詳子路孔子弟子姓仲名由字子路卞國人也案史記弟子傳云少孔子九歲性鄙好勇力抗直冠雄雞佩豭豚陵暴孔子孔子設禮誘子路子路後儒服委質因門人請為弟子云蹵然猶蹙踖者諸云蹴踖如也馬注云蹴踖恭敬之貌○注艴然慍怒色○正義曰釋云艴不悅也字從弗色是知即慍怒之色也○注武丁高宗也至易也○正義曰孔安國傳云盤庚弟小乙子名武丁德高可尊始號為高宗云從湯以下賢聖之君六七作謂太甲太戊盤庚等是也者案史記世表云自湯之後湯太子早卒故立次弟外丙外丙即位二年卒立外丙弟仲壬仲壬即位四年卒伊尹乃立太丁子太甲太甲成湯適長孫也太甲立三年不明伊尹放之桐三年悔過自責反善伊尹乃迎帝太甲授之政太甲修德諸侯咸歸百姓以寧稱為太宗太宗崩子沃丁立丁崩弟太庚立庚崩子小甲立甲崩弟雍己立殷道衰諸侯或不至已崩弟太戊立殷道復興諸侯歸之故稱中宗中宗崩子仲丁立丁遷于囂丁崩弟外壬立壬崩弟河亶甲立殷道復衰甲崩子帝祖乙立乙立殷道復興乙崩子祖辛立辛崩弟沃甲立甲崩兄祖辛之子祖丁立丁崩弟沃甲之子南庚立庚崩祖丁之子陽甲立殷道復衰甲崩弟盤庚立殷道復興諸侯來朝庚崩弟小辛立殷道復衰辛崩弟小乙立乙崩子武丁立殷道復興故號為高宗是也○注云鎡基田器耒耜之屬○正義曰釋名云鎡基大鋤也云農時者左傳莊公二十九年云凡土功龍見而畢務注云今九月周十一月龍星角亢晨見東方三務始畢火見而致用注云大火心星次角亢見者致築作之物水昏正而栽注云謂今十月定星昏而中於是樹板幹而興作日至而畢注云日南至微陽始動故土功畢若其門戶道橋城郭牆塹有所損壞則隨時修之僖公二十年云凡啓塞從時是也又案七月之詩云三之日于耜四之日舉趾同我婦子饁彼南畝注云三之日夏之正月也四之日周之四月民無不舉足耕矣

公孫丑問曰：夫子加齊之卿相，得行道焉，雖由此霸王不異矣。如此，則動心否乎？加猶居也丑問孟子如使夫子得居齊卿相之位行其道德雖用此臣位。輔君行之，亦不異於古霸王之君矣。如是，寧動心畏難自恐不能行否耶？丑以此爲大道不易，人當畏懼之，不敢欲行也。

孟子曰：否。我四十不動心。孟子言禮四十強而仕，我志氣已定，不妄動心有所畏也。

曰：若是，則夫子過孟賁遠矣。丑曰：若此，夫子志意堅勇，過孟賁。賁，勇士也。孟子勇於德。

曰：是不難，告子先我不動心。孟子言是不難也，告子之勇，未四十而不動心矣。

曰：不動心有道乎？丑問不動心之道云何。

曰：有。孟子欲爲言之。北宮黝之養勇也，不膚橈，不目逃，思以一豪挫於人，若撻之於市朝。不受於褐寬博，亦不受於萬乘之君。視刺萬乘之君，若刺褐夫。無嚴諸侯，惡聲至，必反之。北宮，姓；黝，名也。人刺其肌膚，不爲橈却；刺其目，目不轉睛逃避之矣。人拔一毛，若見捶撻於市朝之中矣。褐寬博，獨夫被褐者。嚴，尊也。無有尊嚴諸侯可敬者也。以惡聲加已，已必惡聲報之。言所養育勇氣如是也。

孟施舍之所養勇也，曰：視不勝猶勝也。量敵而後進，慮勝而後會，是畏三軍者也。舍豈能爲必勝哉？能無懼而已矣。孟，姓；舍，名；施，發音也。施舍自言其名，則但曰舍。舍豈能爲必勝哉，要不恐懼而已也。以爲量敵少而進，慮勝者足勝乃會，若此，畏三軍之衆者耳，非勇者也。

孟施舍似曾子，北宮黝似子夏。夫二子之勇，未知其孰賢，然而孟施舍守約也。孟子以爲曾子長於孝，孝百行之本；子夏知道雖衆，不如曾子孝之大也。故以舍譬曾子，黝譬子夏，以施舍要之以不懼爲約要也。

昔者曾子謂子襄曰：子好勇乎？吾嘗聞大勇於夫子矣：自反而不縮，雖褐寬博，吾不惴焉；自反而縮，雖千萬人，吾往矣。孟施舍之守氣，又不如曾子之守約也。子襄，曾子弟子也。夫子謂孔子也。縮，義也。惴，懼也。詩云：惴惴其慄。曾子謂子襄言孔子告我大勇之道：人加惡於己，己內自省，有不義不直之心，雖敵人被褐寬博一夫，不當輕驚懼之也；自省有義，雖敵家千萬人，我直往突之。言義之強也。施舍雖守勇氣，不如曾子守義之爲約也。

曰：敢問夫子之不動心與告子之不動心，可得聞與？丑曰：不動心之勇，其意豈可得聞與？

告子曰：不得於言，勿求於心；不得於心，勿求於氣。不得於心勿求於氣，可；不得於言勿求於心，不可。不得者，不得人之善心善言也。求者，取也。告子爲人勇而無慮，不原其情，人有不善之言加於已，不復取其心有善也，直怒之矣。孟子以爲不可也。告子知人之有惡心，雖以善辭氣來加己，亦直怒之矣。孟子以爲是則可，言人當以心爲正也。告子非純賢，其不動心之事，一可用，一不可用也。

夫志，氣之帥也；氣，體之充也。志，心所念慮也。氣，所以充滿形體爲喜怒也。志帥氣而行之，度其可否也。

夫志至焉，氣次焉。志爲至要之本，氣爲其次焉。

故曰：持其志，無暴其氣。暴，亂也。言志所嚮，氣隨之，當正持其志，無亂其氣，妄以喜怒加人也。

既曰志至焉，氣次焉，又曰持其志，無暴其氣者，何也？丑問暴亂其氣云何。

曰：志壹則動氣，氣壹則動志也。今夫蹶者趨者，是氣也，而反動其心。孟子言壹者，志氣閉而爲壹也。志閉塞則氣不行，氣閉塞則志不通。蹶者相動，今夫行而蹶者，氣閉不能自持，故志氣顛倒。顛倒之間，無不動心而恐矣，則志氣之相動也。

敢問夫子惡乎長？丑問孟子才志所長何等。

曰：我知言，我善養吾浩然之氣。孟子云：我聞人言，能知其情所趨。我能自養育我之所有浩然之大氣也。

敢問何謂浩然之氣？丑問浩然之氣狀如何。

曰：難言也。其爲氣也，至大至剛，以直養而無害，則塞于天地之間。言此至大至剛正直之氣也，然而貫洞纖徵治於神明故言之難也養之以義不以邪事干害之則可使滋蔓塞滿天地之間布施德教無窮極也其爲氣也配義與道無是餒也重說是氣言此氣與道義相配偶俱行義謂仁義可以立德之本也道無形而生於有形舒之彌六合卷之不盈握包絡天地稟授羣生者也言能養道氣而行義理常以充滿五臟若其無此則腹腸飢虛若人之餒餓也是集義所生者非義襲而取之也集雜也密聲取敵曰襲言此浩然之氣與義雜生從內而出人生受氣所自有者行有不慊於心則餒矣慊快也自省所行仁義不備干害浩氣則心腹飢餒矣我故曰告子未嘗知義以其外之也孟子曰仁義皆出於內而告子嘗以爲仁內義外故言其未嘗知義也必有事焉而勿正心勿忘勿助長也言人行仁義之事必有福在其中而勿正但以爲福故爲義也但心勿忘其爲福而亦勿汲汲助長其福也汲汲則似宋人也無若宋人然宋人有閔其苗之不長而揠之

者芒芒然歸謂其人曰今日病矣予助苗長矣其子趨而往視之苗則槁矣揠挺拔之欲亟長也病罷也芒芒然罷倦之貌其人家人也其子揠苗者之子也趨走也槁乾枯也以喻人之情邀福者必有害若欲急長苗而反使之枯死也天下之不助苗長者寡矣以爲無益而舍之者不耘苗者也助之長者揠苗者也非徒無益而又害之天下人行善者皆欲速得其福恬然者少也以爲福祿在天求之無益舍置仁義不求爲善是由農夫任天不復耘治其苗也其遲福欲急得之者由此揠苗人也非徒無益於苗乃反害之言告子外義常恐其行義欲急得其福故爲丑言人之行當內治善不當急求其福亦若此揠苗者矣何謂知言丑問知言之意何謂曰詖辭知其所蔽淫辭知其所陷邪辭知其所離遁辭知其所窮孟子曰人有險詖之言引事以襃人若賓孟言雄雞自斷其尾之事能知其欲以譽子朝蔽子猛也有淫美不信之辭若驪姬勸晉獻公與申生之事能知欲以陷害之也有邪辟不正之辭若豎牛觀仲壬賜環之事能知其欲行譖毀以離之於叔孫也有隱遁之辭若秦客之廋辭於朝能知其欲以窮晉諸大夫也若此四者之類我聞能知其所趨也生於其心害於其政發於其政害於其事聖人復起必從吾言矣生於其心譬若人君有奸殘賊嚴酷心必妨害仁政不得行之也發於其政者若出令欲以非時田獵築作宮室必妨害民之農事使百姓有飢寒之患也吾見其端欲防而止之如使聖人復興必從我言也宰我子貢善爲說辭冉牛閔子顏淵善言德行孔子兼之曰我於辭命則不能也言人各有能我於辭言教命則不能如二子然則夫子既聖矣乎丑見孟子但言不能辭命不言不能德行謂孟子欲自比孔子故曰夫子既已聖矣乎曰惡是何言也昔者子貢問於孔子曰夫子聖矣乎孔子曰

聖則吾不能我學不厭而教不倦也子貢曰學不厭智也教不倦仁也仁且智夫子既聖矣乎夫聖孔子不居是何言也惡者不安事之歎辭也孟子荅丑言往者子貢孔子相荅如此孔子尚不敢安居於聖我何敢自謂爲聖故再言是何言也昔者竊聞之子夏子游子張皆有聖人之一體冉牛閔子顏淵則具體而微體者四肢股肱也孟子言昔日竊聞師言也丑方問欲知孟子之德故謙辭言竊聞也一體者得一肢也具體者四肢皆具微小也比聖人之體微小耳體以喻德也敢問所安丑問孟子所安比也曰姑舍是姑且也孟子曰且置是我不願比也曰伯夷伊尹何如丑曰伯夷之行何如孟子心可願比伯夷否曰不同道言伯夷之行不與孔子伊尹同道也非其君不事非其民不使治則進亂則退伯夷也非其

君非己所好之君也非其民不以正道而得民伯夷不願使之故謂之非其民也**何事非君何使非民治亦進亂亦進伊尹也**伊尹曰事非其君者何傷也使非其民者何傷也要欲爲天理物冀得行道而已矣**可以仕則仕可以止則止可以久則久可以速則速孔子也**止處也久留也速疾去也**皆古聖人也吾未能有行焉乃所願則學孔子也**此皆古之聖人我未能有所行若此乃言我心之所庶幾則願欲學孔子所履進退無常量時爲宜也**伯夷伊尹於孔子若是班乎**班齊等之貌也丑嫌伯夷伊尹與孔子相比問此三人之德班然而等乎**曰否自有生民以來未有孔子也**孟子曰不等也從有生民以來非純聖人則未有與孔子齊德也**然則有同與**丑曰然則此三人有同者邪**曰有得百里之地而君之皆能以朝諸侯有天下**

行一不義殺一不辜而得天下皆不爲也是則同孟子曰此三人君國皆能使鄰國諸侯尊敬其德而朝之不以其義得之皆不爲也是則孔子同之矣**曰敢問其所以異**丑問孔子與二人異謂何**曰宰我子貢有若智足以知聖人汙不至阿其所好**孟子曰宰我等三人之智足以識聖人汙下也言三人雖小汙不平亦不至阿其所好以非其事阿私所愛而空譽之其言有可用者欲爲丑陳三子之道孔子也**宰我曰以予觀於夫子賢於堯舜遠矣**予宰我名也以爲孔子賢於堯舜以孔子但爲聖不王天下而能制作素王之道故美之如使當堯舜之世觀於制度賢之遠矣**子貢曰見其禮而知其政聞其樂而知其德由百世之後等百世之王莫之能違也自生民以來未有夫子也**見其制作之禮知其政之可以致太平也聽聞其雅頌之樂而知其德之可與文武同也春秋外傳曰五聲昭德言五音之樂聲可以明德也從孔子後百世上推等其德於前百世之聖王無能違離孔子道者自從生民以來未有能備若孔子也**有若曰豈惟民哉麒麟之於走獸鳳凰之於飛鳥泰山之於丘垤河海之於行潦類也聖人之於民亦類也出於其類拔乎其萃自生民以來未有盛於孔子也**垤蟻封也行潦道傍流潦也萃聚也有若以爲萬類之中各有殊異至於人類卓絕未有盛美過於孔子者也若三子之言孔子所以異於伯夷伊尹也夫聖人之道同符合契前聖後聖其揆一也不得相踰云生民以來無有者此三人皆孔子弟子緣孔子聖德高美而盛稱之也孟子知其言大過故貶謂之汙下但不以無爲有耳因事則褒辭在其中矣亦以明師徒之義得相褒揚也

【疏】公孫丑問曰夫子加齊之卿相至未有盛於孔子也○正義曰此章言義以行勇則不動心養氣順道無効宋人聖人量時賢者道偏孟子究言情理歸學於孔子也公孫丑問曰夫子加齊之卿相得行道焉雖由此霸王不異矣如此則動心否乎者是公孫

丑問孟子言以夫子之才加之以齊國卿相之位以得行其道雖曰用此卿相之位而輔相其君而行之亦不異於古之霸王矣如此則夫子寧動心畏懼其不能行之乎否不動心畏懼其不能行乎孟子曰否我四十不動心者孟子荅公孫丑以謂我年至四十之時內有所定故未嘗動心有所畏懼也曰若是則夫子過孟賁遠矣者公孫丑見孟子以謂四十之時已不動心言如此則夫子是有勇過於孟賁之勇士也曰是不難告子先我不動心者孟子言我之有勇過於孟賁此不難也孟子之意蓋謂已之勇勇於德孟賁之勇但勇於力必能過之也所以謂不難也以言其易過之也言告子之勇已先我於未四十之時而不動心矣曰不動心有道乎者丑問孟子謂不動心寧有道乎曰有孟子欲爲公孫丑言其不動心之道故荅之曰有也北宮黝之養勇也不膚撓不目逃至孟施舍之養勇也曰視不勝猶勝也以至又不如曾子之守約也者此皆孟子荅公孫丑而言養勇者也北宮黝北宮姓黝名孟施舍孟姓名舍施發言之音也曾子姓曾名參字子輿子夏姓卜名商字子夏並爲孔門之徒弟也言北宮黝之養勇人刺其肌膚不爲撓卻人刺其目不以目轉睛而逃避思以一毫之毛而拔於人若見撻撻於市朝之中矣不受物於被褐者之獨夫亦不受賜於萬乘之君視刺萬乘之君

但若刺被褐者之獨夫無嚴畏諸侯有惡聲加已已亦以惡聲反報之此北宮黝養勇之如是也孟施舍之養勇嘗謂視敵之不勝猶勝之也若以量度其敵可以敵然後進而敵之謀慮其必能勝敵然後方會其兵此是畏三軍之士也非勇者也故自稱名曰舍豈能爲必勝其敵哉但能無所畏懼而已矣此孟施舍養勇之如是也孟施舍養勇其迹近似於曾子北宮黝養勇其迹近似於子夏以其孟施舍養勇見於言而要約如曾子以孝弟事親驗爲守身之本聞夫子之道則驗爲一貫之要故以此比之也北宮黝養勇見於行而多方如子夏況在於紛華爲已有雜於小人之儒教人以事於灑掃之末故以此比之也雖然以二子之實固不足比於曾子子夏但以粗迹比之耳是二子之養勇皆止於一偏未如君子所養得其大全而已孟子所以言夫二子黝與舍之養勇又未知誰以爲猶賢然而能無懼而已者近能知其本也故曰孟施舍守約也昔者曾子謂子襄曰子好勇乎吾嘗聞大勇於夫子矣至守約也孟子言往者曾子謂子襄曰子能好勇乎言我嘗聞夫子有大勇之義告於我以謂自反已之勇爲非義則在人者有可陵之辱故雖一褐寬博之獨夫我且不以小恐惴之而且亦大恐焉自反已之勇爲義則在人無可彈之威故雖千萬人之衆我且直往其中而不懼矣如此

則孟施舍養勇在於守其氣勇又不如曾子以義爲守而要也言此則黝不如子夏可知矣以其養勇有本末之異則言北宮黝之多方不若孟施舍之守約以其守約有氣義之別則又言孟施舍之守其氣勇不如曾子以義爲守而要也然論其不動心則同根其德則大不相侔矣曰敢問夫子之不動心與告子之不動心可得聞與者公孫丑又問孟子之不動心與告子之不動心其道可得而聞知之與告子曰不得於言勿求於心不得於心勿求於氣至勿求於心不可者孟子荅孫丑以謂告子言人有不善之言者是其不得於言者也故不復求其有善心告子意以謂人既言之不善則心中亦必不善也故云不得於言勿求於心人有不善之心者是其不得於心者也故不復求其有善辭氣告子意以謂人心既惡則所出辭氣亦必不善也故云不得於心勿求於氣孟子言之以謂人有不善之心故勿復求其有善辭氣則如告子之言可也如人但有不善之言使更不復求其心之有善則告子之言以爲不可也無他蓋以人之言雖有不善而其心未必不善也其心之不善則所出辭氣必不善故也以其告子非得其大全之道故其言此一可行一不可行也夫志氣之帥也氣體之充也者孟子言人之志心之所之之謂志所以帥氣而行之者也氣但能充滿形體者也故曰志氣之

帥也氣體之充也以其人之辭氣有不善者皆心志所帥而行之矣氣者但惟志是從也所以又言志至焉氣次焉蓋以氣由志之所發志得氣而遷之也然則氣爲所適善惡之路豈非志至焉氣次焉之意乎至言無以過之以其足以御於氣不爲氣之所制次言有以先之以其從於志而又有以持於志也故曰持其志無暴其氣者孟子言氣惟志之是從但持揭其志則無暴亂其氣矣既曰志至焉氣次焉又曰持其志無暴其氣者何也者孫丑未曉孟子之言志氣故問之曰夫子既以言志至焉氣次焉而又再言持其志無暴其氣是如之何也曰志壹則動氣氣壹則動志也今夫蹶者趨者是氣也而反動其心者孟子荅孫丑言志鬱壹而不通矣是謂志壹則動氣氣鬱壹而不通矣是謂氣壹則動志也今夫志氣皆鬱壹而不通以之顛倒趨蹶者是乃反動其心焉故曰今夫蹶者趨者是氣也而反動其心蓋志則將帥譬也氣則衆卒譬也心則君譬也君任將帥將帥御衆然則志壹則動氣如將帥悖則動衆卒矣氣壹則動志如衆卒悖則動將帥其上又有以動其君矣由此論之則既持其志又不可不知無暴其氣矣敢問夫子惡乎長者公孫丑問孟子曰夫子之才志所長以何等敢請問之曰我知言我善養吾浩然之氣者孟子荅孫丑之問以謂我之所長是我能知人之言而識

其人情之所嚮我又善養我所有浩然之氣也敢問何謂浩然之大氣者公孫丑之言敢問如何謂之浩然大氣曰難言也其爲氣也至大至剛以直養而無害則塞于天地之間者孟子荅公孫丑以爲浩然之大氣難以言形也蓋其爲氣至大而無所不在至剛而無所不勝養之在以直道不以邪道干害之則充塞于天地之間無有窮極也其爲氣也配義與道無是餒也者孟子又重言爲氣也與道義相配偶常以充滿於人之五臟若無此氣與道義配偶則餒矣若人之飢餓也能合道義以養其氣即至大至剛之氣也蓋裁制度宜之謂義故義之用則剛萬物莫不由之謂道故道之用則大氣至充塞盈滿乎天地之間是其剛足以配義大足以配道矣此浩然大氣之意也是集義所生者非義襲而取之也者孟子又言是氣也是與義雜生所自有者也從內而出矣非義之所密取而在外入者也行有不慊於心則餒矣者孟子又言人之所行如有道義不足於心者則飢餓者矣以其有邪干害其浩然之氣者爲孟子所以云我故曰告子未嘗知義以其外之也蓋以告子以仁內義外爲言此孟子乃曰告子未嘗知義是又不知是集義所生者非義襲而取之之意也必有事焉而勿正心勿忘勿助長也者孟子又言人之所行仁義之事必有福在其中矣而不可但正心於爲福然後乃

行仁義也止在其不忘於爲福不汲汲於助長其福矣以其人生之初蓋性固有不但爲之然後有也惟在常存行之耳斯亦集義所生非義襲而取之之意也故曰必有事焉而勿正心勿忘勿助長也又一說云言人之所行不可必待有事而後乃正其心而應之也惟在其常存而不忘又不在汲汲求助益之而已斯則先事而慮謂之豫豫則事優成後事而慮謂之猶猶則不立之意也以其在常存正心於事未然之前耳矣故曰必有事焉而勿正心其言勿忘勿助長則同意無若宋人然宋人有閔其苗之不長而揠之者至而又害之者此孟子引宋人揠苗而比喻之以解其助長之意也言人苟欲速得其福而助長之者則宋人揠苗者也故言無若宋人然宋人宋國之人也宋國之人有憐閔苗之不長茂而以揠拔欲亟其長者芒芒然罷倦而回歸謂其家中之人曰今日我罷倦成病矣我其爲助長其苗矣其宋人之子見父云助苗長而罷倦成病乃趨走而往視其苗還助得其長否及往至田所視之其苗則皆枯槁而死矣孟子又言今天下之人不若助苗長者少矣言當時人皆欲速其福而助長之者也以其爲善無所益而舍去之者是忘其善也是若不耘其苗者也助長者是若揠苗者也非特無益其善而又適所以殘害其善也善者即仁義是也仁義即善也苗是種之義者以譬則人之美質也固非可以增減之耳孟子之意蓋欲人之所行當内治不當急欲求其福也此亦脩其天爵而人爵從之之意也孟子所以云我善養吾浩然之氣何謂知言者公孫丑既得孟子言浩然之氣又問孟子知言之意謂何曰詖辭知其所。陷邪辭知其所離遁辭知其所窮者此孟子又荅孫丑問知言之意也詖辭其言有偏詖不平也孟子言人有偏詖不平之言我則知其蔽於一曲而已若告子言仁内義外是也趙云若賓孟言雄雞自斷其尾之事也淫辭言過而不中也孟子言人有過而不中之言我則知其所陷而陷又無所不蔽而已如人墜於陷阱之陷以其無所不蔽也若楊墨無父無君之言是也趙云若驪姬勸晉獻公與申生之事也邪辭悖正道者也孟子言人有悖正道之言我則知其言易以離畔矣若陳賈謂周公未盡仁智而況於齊王之言是也趙云若豎牛觀仲壬賜環之事也遁辭屈其理也孟子言人有屈理之言我則知其言易以窮也若夷子與孟子相勝以辯卒以受教是也趙云若秦客之廋辭也生於其心害於其政發於其政害於其事者孟子又言此上四事皆非出於其心者即皆出於異端之學者也人君苟生此四者於心中必妨害其仁政既妨害其仁政則又妨害其事政則本上之所施而正人者也事則下之所行以治職者也故事爲政

之末政爲事之本如孔子問冉子之退朝何晏也則謂之事故不謂之政是知政事有别矣聖人復起必從吾言矣者孟子言後之聖人有能復興起者必從事吾此言而行之矣宰我子貢善爲説辭冉牛閔子顏淵善言德行孔子兼之曰我於辭命則不能也者孟子既言其詖淫邪遁之辭爲非故於此言其善爲説辭善言德行爲是者也蓋言宰我子貢二者皆善能爲説辭説辭者以辭説人者也宰我子貢皆得聖人所以言者也故云善爲説辭論語四科二人所以列於言語之科也冉牛閔子顏淵三者皆善言德行善言德行者言之必可行是善言也行之必可言是德行也冉牛閔子顏淵皆得聖人所以行者也故云善言德行論語四科三者所以列於德行科也孔子兼之者孔子天縱之將聖故多能鄙事以於説辭德行兼而能焉而曰我於辭命則不能也孟子蓋以儒道遊於諸侯而諸侯賓之不敢臣又爲國人所矜式故於辭命又安用之哉此所以曰我於辭命則不能也然孟子於辭命非誠不能也但不爲之耳以辭命人者故謂之辭命以其末也非本也故不言不能德行以其本也非末也孟子之意蓋欲當時之人務本不務末耳然則夫子既聖矣乎者公孫丑見孟子但言不能辭命之末不言不能德行之本故謂孟子如是則夫子既已爲聖矣以其宰我子貢雖善爲説辭然尚未得聖人所以言冉牛閔子顏淵雖善言德行然尚未得聖人所以行故數子者但爲孔子之高弟惟顏淵三子於聖但具體而微者而亦未得其爲聖矣公孫丑見孟子言之辭命則不能者以知孟子之意蓋有在於此矣所以於辭命則言不能也故問之曰然則夫子既聖矣乎曰惡是何言也者孟子荅公孫丑爲不敢安居其聖故曰惡是何言也惡歟也以其不敢居聖故嘆而言之也又言昔者子貢問於孔子曰夫子聖矣乎至是何言也者孟子言昔日子貢嘗問於孔子而謂夫子聖矣乎孔子荅之曰於聖則我不能爲也我但學不厭飽數人不倦息也子貢曰夫學道能不厭飽是有智也以其智足以有知故能學道不厭也教人能不倦息是有仁也以其仁足以及物故能教人不倦也仁而且智是夫子既以聖矣孟子遂言夫聖於孔子尚不敢居而今丑言我既聖矣是何所言也故再言是何言也昔者問之子夏子游子張皆有聖人之一體冉牛閔子顏淵則具體而微者孟子常自謙故言我往日竊聞之有子夏子游子張三人皆有聖人之一體亦未得其全才冉牛閔子顏淵則具體但而微小者也孟子言此是宜孫丑於前有夫子既聖矣乎而問之也敢問所安者丑見孟子又言此子夏子游子張冉牛閔子顏淵數者意欲知孟子於此數者之中何者爲比也曰姑舍是者

孟子言且置去非我之願比者也曰伯夷伊尹何如者丑見孟子不比數者又問之以伯夷伊尹二者可比之何如曰非不同道者孟子荅之以爲伯夷之行不與伊尹孔子同道也非其君不事非其民不使治則進亂則退伯夷也者孟子。非其所好之君則不奉事之非以正道得民者不命使之天下有治道之時則進而仕之天下無道則退藏其身是伯夷之所行也何事非君何使非民治亦進亂亦進伊尹也者孟子之言伊尹曰何所事之君爲非君蓋所事者即皆君也何所使之民爲非民蓋以所使皆是民也天下治亦進而行道天下亂亦進而行其道是伊尹之。如是也可以仕則仕可以止則止可以久則久可以速則速孔子也者孟子言可以進而進○而止爲仕則進而仕之可以止而不仕則止之而不仕可以久則久雖終身不仕亦不爲之久可以速則速雖接淅而行亦不爲速是孔子所行如是也皆古聖人也吾未能有行焉乃所願則學孔子也孟子言此數者皆是古之聖人也我俱未有所行若此而已乃言我之所願學則孔子是學也孟子之意蓋謂孔子所行於伯夷伊尹二子皆兼而有之也故可仕則仕而不爲伯夷之必於退可止則止而不爲伊尹之必於進無可無不可矣故於終所必歸之但願學孔子也伯夷伊尹於孔子若是班乎者公孫丑見孟子言之伯夷伊尹又言之

孟子注疏卷三上　十七

以孔子乃曰皆古聖人也故問之以伯夷伊尹孔子如是則齊等之乎班齊等也曰否自生民以來未有孔子也者孟子荅之以爲否不齊等也自其有生民以來至今未有與孔子齊其等者也然則有同與者公孫丑又問孟子以謂如是則伯夷伊尹孔子三人有同者邪曰有得百里之地而君之至是則同者孟子荅之以謂此三人有所同也蓋得百里之土地而爲君三人皆能以朝諸侯有天下也然行一事之不義殺一人之無罪而得天下則三人亦皆不爲之如是則同若其他事則所行又有不同焉故曰是則同曰敢問其所以異者公孫丑又問孟子曰丑敢請問三人其所以有異者曰宰我子貢有若智足以知聖人汙不至阿其所好至未有盛於孔子也者此皆孟子爲丑言此三人其所以異者也言宰我與子貢有若三者其有智皆足以知其聖人然雖有小卑汙不平處蓋亦不至於阿私所好而空譽之其言皆有可用者也遂引宰我知聖人之事爲公孫丑言之故言宰我有曰以予觀於孔子其賢過於堯舜遠矣予宰我名也宰我之意蓋謂堯舜有位之聖人故其行道易孔子無位之聖人故其行道難故以難易爲言也又謂堯舜治天下但見効於當時即一時之功也孔子著述五經載道於萬世以其有萬世之功故以功爲言也孟子又引子貢有曰見其孔子制作之禮而

知孔子有政可以致天下之太平聞孔子雅頌之樂音而知孔子有德與文武同也從孔子之後推而等之百世之聖王者無有能違逆其孔子之道者是其自生民而來至于今未有如夫子者也凡此是子貢之知聖人有如此也孟子又引有若曰豈獨其民有類乎哉言麒麟之於走獸鳳凰之於飛鳥太山之於丘垤河海之於行潦亦類也聖人之於民亦類也然而走獸之中以麒麟爲之長飛鳥之中以鳳凰爲之王丘垤之中以太山爲之尊行潦之間以河海爲之大人民之間以聖人爲人倫之至也聖人之於民類也物亦類也以其出乎民人之類而超拔乎衆萃之中自生民以來至于今未有盛美過於孔子者也然則孔子於此三子言之是所以異於伯夷伊尹者也故孟子所以願學則學孔子也○注四十強而仕○正義曰曲禮云人生十年曰幼學二十曰弱冠三十曰壯而有室四十曰強而仕五十曰艾服官政六十曰耆指使七十曰老而傳八十九十曰耄凡此是其禮文也○注孟賁勇士也○正義曰案帝王世說云秦武王好多力之人齊孟賁之徒並歸焉孟賁生拔牛角是爲之勇士也○注云北宮黝北宮姓黝名也又云褐寬博獨夫被褐者釋云褐編枲襪也一曰短衣北宮黝其人未詳於他經傳亦未之聞焉孟施舍亦未詳云縮義也惴懼也問記云古之冠也縮縫

孟子注疏卷三上　十八

今之冠也衡縫則縮者理之直也是知縮訓義也詩云惴惴其慄注云恐也傳曰小恐惴惴大恐縵縵是也○注密聲取敵曰襲○正義曰左傳云凡有鍾鼓曰伐無鍾鼓曰襲杜預注云密聲取敵曰襲是其文也○注云賓孟言雄雞自斷其尾至諸大夫也○正義曰案魯昭公二十二年左傳云王子朝賓起有寵於景王王與賓孟說之欲立劉獻公之庶子伯蚠事單穆公惡賓孟適郊見雄雞自斷其尾問之侍者曰自憚其犧也遽歸告王且曰雞其憚爲人用乎人異於是犧者實用人人犧實難已犧何害王弗應凡此是也云驪姬譖晉獻公與申生者案魯莊公二十八年云晉獻公娶于賈無子烝於齊姜生秦穆夫人及太子申生又娶二女於戎大戎狐姬生重耳小戎子生夷吾晉伐驪戎驪戎男女以驪姬歸生奚齊其娣生卓子驪姬欲立其子賂外嬖梁五與東關嬖五使言於公曰曲沃君之宗也蒲與二屈君之疆也不可以無主宗邑無主則民不威疆埸無主則啓戎心若使太子主曲沃而重耳主蒲夷吾主屈則可以威民而懼戎且旌君伐使俱曰狄之廣莫於晉爲都晉之啓土不亦宜乎晉侯說之夏使太子申生主曲沃重耳居蒲夷吾居屈惟二姬之子在絳二五卒與驪姬譖羣公子而立奚齊晉人謂之二五耦凡此是也云堅牛觀仲壬賜環之事案左傳昭公四年云初穆子

去叔孫氏及庚宗遇齊娶於國氏生孟丙仲壬夢天壓己弗勝顧而見人黑而上僂深目而猳喙號之曰牛助余乃勝之耳旦召其徒無之及後婦人獻雉婦人是穆子及庚宗之地常遇而宿者也因問其有子曰余子長矣能奉雉而從我矣召而見之則所夢也問其名曰牛遂使為豎臣有寵長使為政豎牛欲亂後仲壬與公御萊書觀於公公與之環使牛入示之入不示出命佩之牛謂叔孫見仲壬而何叔孫曰何為而不見既自見矣公與之環而佩之矣遂逐之奔齊叔孫疾急命召仲牛許而不召有進食則止之而弗進叔孫不食乃卒立其子而相之昭公五年又曰昭子即位朝其家衆曰豎牛禍叔孫氏使亂大從殺適立庶又披其邑將以赦罪罪莫大焉必速殺之豎牛懼奔齊孟仲之子殺諸塞外投其首於寧風之棘上凡此是也云秦客廋辭者案國語晉文公時范文子暮退於朝武子曰何暮也對曰有秦客廋辭於朝大夫莫之能對吾知三焉武子怒曰大夫非不能也讓父兄也爾童子而三掩人於朝吾不在晉國無日矣擊之以杖折委笄凡此者是也大抵廋辭云者如今呼筆為管城子紙為楮先生錢為白水眞人又為阿堵物之類是也○注子宰我名也○正義曰案史記弟子傳云宰予字子我鄭玄曰魯人也○注垤蟻封行潦道傍流潦也萃聚也○正義曰釋云垤蟻冢也潦雨水盛也經云行潦是為道傍流潦也萃亦云集也

孟子注疏解經卷第三上

南昌縣知縣陳煦栞

孟子注疏卷三上挍勘記　阮元撰盧宣旬摘錄

公孫丑者　自此至故以題篇廖本無閩監毛三本孔本韓本有

謂不率齊桓公　閩監毛三本同廖本孔本韓本考文古本率作帥按音義出不帥注云音率則作帥是也

恥見比之之甚也　閩監毛三本同孔本韓本不重之字

尚不可以為邪　閩監毛三本孔本同韓本考文古本無以字

何謂若易然也　閩監毛三本同孔本若作王韓本考文古本謂下有王字

聖賢之君六七興　閩監毛三本同岳本孔本韓本聖賢作賢聖

言其易也　閩監毛三本同廖本孔本韓本考文古本無其字

相與輔相之　各本同音義出輔柙云丁本作押義與夾同

雖有鎡基　音義出鎡基云或作茲

三豐時也　補案明監本毛本並作三農是也此本作豊形近之譌

今齊地士民以足矣　士當作土閩監毛三本不誤廖本考文古本民下有人字孔本韓本與廖本同以作巳

章指言德流之速過於置郵君子得時大行其道是以召望覩文王而陳王圖管晏足利本作嬰非雖勤猶為曾西所羞也

猶為曾西所羞也　閩監毛三本曾改會是今據改

指孫丑而云也　閩本同監毛本孫上有公字按此及下章疏稱公孫丑為孫丑不一而足當是偽疏本文如此非脫字也監毛每加公字非

其王者不作　其當作且閩監毛三本不誤

注曾西曾子之孫及子路 此下脫一○

雖用此臣位 各本並同足利本臣作臣非

輔君行之 閩監毛三本同岳本廖本孔本韓本考文古本上有而字

人當畏懼之 孔本韓本同閩監毛三本畏作恐

夫子志意堅勇 岳本廖本孔本韓本考文古本同閩監毛三本意作氣

丑問不動心之道云何 閩監毛三本孔本韓本足利本同考文古本無心字

不慮橈 宋九經本岳本廖本孔本韓本同閩監毛三本橈作撓按音義出橈字作撓非也

思以一豪挫於人 宋九經本岳本咸淳衢州本孔本韓本同閩監毛三本豪作毫非

舍豈能為必勝哉 閩監毛三本同廖本孔本韓本考文古本無舍字

吾不惴焉 音義之睡切丁本作遄音揣

詩云惴惴其慄 閩監毛三本同孔本韓本考文古本慄作栗○按說文無慄字作䔣是也

不復取其心有善也 廖本孔本韓本考文古本同閩監毛三本也作巳非

氣之帥也 音義出之帥云本亦作師○按據千祿字書唐人師字多作帥乃俗字也既又譌師

氣為其次焉 閩監毛三本同廖本孔本韓本考文古本無焉字

故志氣顛倒 音義出顛倒云字或作傎

則志氣之相動也 閩監毛三本孔本韓本同廖本足利本無也字

治於神明 閩監毛三本同廖本孔本韓本考文古本治作治是也足利本作合

布旅德教 監毛本俱作布施

道無形而生於有形 閩監毛三本同廖本孔本考文古本道下有謂陰陽大道五字無於字韓本與廖本同大作天足利本亦與廖本同生有形作生於形非○按有謂陰陽大道五字無於字者是也漢人皆以陰陽五行為天道易曰一陰一陽之謂道趙氏用此語以無形生有形者也

稟授羣生者也 孔本韓本考文古本同閩監毛三本授作受○按授是

言能養道氣 閩監毛三本同岳本廖本孔本韓本考文古本道上有此字

若人之餒餓也 各本同足利本餓作饑

故為義也 閩監毛三本同岳本廖本孔本韓本考文古本義上有仁字

而亦勿汲汲 閩監毛三本同孔本韓本足利本無而字

以喻人之情邀福者 閩監毛三本同廖本者作也孔本之作助者作也韓本足利本之作助

天下人行善者 閩監毛三本同廖本孔本韓本考文古本無者字

其遲福欲急得之者 閩監毛三本同廖本孔本韓本考文古本遲作邀○按遲是也讀如遲客之遲

由此揠苗人也 閩監毛三本同廖本孔本韓本考文古本人上有之字

乃反害之 閩監毛三本同孔本韓本乃作而

常恐其行義 各本同考文古本行作作

急求其福 閩監毛三本同岳本孔本韓本急下有欲字

亦若此揠苗者矣 閩監毛三本同孔本韓本考文古本無此七字按考文引矣作也非

丑聞知言之意何謂 閩監毛三本同孔本韓本考文古本何謂作謂何

若賓孟言雄雞自斷其尾之事 閩監毛三本孔本同韓本足利本無之字又足利本孟下有子字非

若驪姬勸晉獻公與申生之事 閩監毛三本同廖本孔本考文古本驪作麗之事作政韓本驪作麗足利本事作政按音義出麗姬字則宜公所見本亦作麗

勸仲壬賜環之事 閩監本同孔本韓本考文古本壬作任毛本勸誤觀

能知其所趨也 閩監毛三本同廖本孔本韓本考文古本趨下有者字

辭言教命 閩監毛三本同孔本作言辭命教韓本作言辭教命考文古本作辭言命教

夫子既聖矣乎 各本無乎字此本有乎字非也足利本同

曰伯夷伊尹何如 盧文弨抱經堂文集云依趙注經文但云伯夷何如無伊尹二字○按此說極確趙注本憭然丑問伯夷一人孟子乃及伊尹

故謂之非其民也 閩監毛三本孔本同韓本考文古本無之字

要欲爲天理物 廖本孔本韓本考文古本同閩監毛三本要誤更

冀得行道而已矣 各本同考文古本矣作也

亦不至阿其所好 各本同考文古本阿誤於

如使當堯舜之世觀於制度 閩監毛三本足利本同廖本孔本韓本考文古本世作處無觀於制度四字○按無者是

未有能備若孔子也 閩監毛三本孔本同韓本考文古本無有字

泰山之於丘垤 咸淳衢州本泰作太

未有盛於孔子也 各本同閩本也上衍者字

所以以異於伯夷伊尹也 閩本同監毛本少一以字廖本上有則字孔本韓本考文古本足利本所以以作則所以

但不以無爲有耳 閩監毛三本孔本同韓本考文古本無耳字

章指言義以行勇則不動心養氣順道無效宋人聖人量時賢者道偏 足利本作徧 是以孟子究言情理而歸之學孔子也

賢者道偏 閩監本同毛本偏作徧非

然則氣爲所適善惡之馬 閩監毛三本馬作路

苗是種之義者 閩監毛三本義作美

詖辭知其所陷 陷上脫蔽淫辭知其所六字閩監毛三本不脫

孟子非其所好之君 非上脫言字閩監毛三本不脫

是伊尹之如是也 閩監毛三本之下有行字案閩本行如是三字擠則行字是閩本增也

孟子言可以進而進而爲仕 衍進而字閩監本同毛本刪去是也

案帝王世說云 閩監毛三本同案說當是紀之誤

豎牛欲亂後 閩本同監毛本後作其室按監本其室字擠是監本據左傳改也

而不見既自見矣 明監毛本同案而當曰謂豎牛語也

孟子注疏卷三上挍勘記

奉新趙儀吉校

孟子注疏解經卷第三下

公孫丑章句上　趙氏注　孫奭疏

孟子曰：以力假仁者霸，霸必有大國；以德行仁者王，王不待大，湯以七十里，文王以百里。言霸者以大國之力假仁義之道，然後能霸，若齊桓、晉文等是也。以己之德行仁政於民，小國則可以致王，若湯、文王是也。以力服人者，非心服也，力不贍也；以德服人者，中心悅而誠服也，如七十子之服孔子也。贍，足也。以己力不足而往服就於人，非心服者也。以己德不如彼而往服從之，誠心服者也，如顏淵、子貢等之服於仲尼，心服者也。詩云：自西自東，自南自北，無思不服。此之謂也。詩大雅文王有聲之篇，言從四方來者，無思不服武王之德，此亦心服之謂也。

【疏】孟子曰至此之謂也。○正義曰：此章言王者任德，霸者兼力，力服心服，優劣不同也。孟子曰以力假仁者霸至文王百里者，孟子言以大國之力而假以仁義之道行之者，乃能為霸，以把握諸侯之權也，故必有其大國；以德澤而行仁政者，乃能為之王，使天下皆歸往者也，故不待有大國而為之也。湯但以七十里起而為商之湯王，文王但以百里而天下歸，是其以德澤行仁政於天下，故不待有大國而為之王，此湯、文二者是也。以力服人者至服孔子也者，孟子言但以力而服人，人雖面從而服之，然亦非是心服之也；以德服人，人則中心悅樂而誠心服也，如七十子之服仲尼者也，是其以誠心服之也，非面從而服之者也。詩云自西自東自南自北無思不服此之謂也者，此蓋詩大雅文王有聲之篇文也。蓋孟子引此而證其誠服之意，故援之曰：自南而自北，自西而自東，而四方皆歸之，無有所思而不服，是亦此之謂與。○注大雅文王有聲之詩。○正義曰：此篇蓋言文王繼伐，武王能廣文王之聲，卒其伐功也。箋云：自，由也。言武王於鎬京行辟廱之禮，自四方來觀者皆感化其德，而心無不服者。

孟子曰：仁則榮，不仁則辱。今惡辱而居不仁，是猶惡濕而居下也。行仁政則國昌而民安，得其榮；樂行不仁則國破民殘，蒙其恥辱。惡辱而不行仁，譬猶惡濕而居卑下近水泉之地也。如惡之，莫如貴德而尊士，賢者在位，能者在職。諸侯如惡辱之來，則當貴德以治身，尊士以敬人，使賢者居位，官得其人，能者居職，人任其事也。國家閒暇，及是時明其政刑，雖大國必畏之矣。及無鄰國之虞，以是閒暇之時明修其政教，審其刑罰，雖天下大國必來畏服。詩云：迨天之未陰雨，徹彼桑土，綢繆牖戶。今此下民，或敢侮予？孔子曰：為此詩者，其知道乎！能治其國家，誰敢侮之？詩邠國鴟鴞之篇。迨，及；徹，取也；桑土，桑根也。言此鴟鴞小鳥，猶尚知及天未陰雨而取桑根之皮以纏綿牖戶。人君能治。國家誰敢侮之？刺邠君曾不如此鳥。孔子善之，故謂此詩知道也。今國家閒暇，及是時般樂怠敖，是自求禍也。禍福無不自己求之者。般，大也。孟子傷今時之君國家適有閒暇，且以大作樂，怠惰敖遊，不脩政刑，是以見侵而不能距，皆自求禍者也。詩云：永言配命，自求多福。詩大雅文王之篇。永，長；言，我也。長我周家之命，配當善道，皆內自求責，故有多福也。太甲曰：天作孽，猶可違；自作孽，不可活。此之謂也。殷王太甲言天之妖孽尚可違避，譬若高宗雊雉、宋景守心之變，皆可以德消去也。自己作孽者，若帝乙慢神震死，是為不可活。故若此之謂也。

【疏】孟子曰至此之謂也。○正義曰：此章言國必修政，君必行仁，禍福由己，不專在天，當防患於未亂也。孟子曰仁則榮不仁則辱今惡辱而居不仁是猶惡濕而居下也者，孟子言國君行仁則國昌民安，享其榮樂；行不仁則國破民殘，故己蒙其恥辱。今之國君既能疾惡其有恥辱於己，而以居處於不仁之道，是若疾惡其濕汙而以居其卑下近水泉之地也。如惡之莫如貴德而尊士賢者在位能者在職者，言今之國君如能疾惡其恥辱，莫若尚其有德之賢，而尊敬其有道之士也。既能貴德尊士，則賢者居其官位，能者任其官職也。所貴德者，為其有德也；所以尊士者，為其事道也。能為人所不能為，賢長於德行者也；能為人之所能為，能長於道藝者也。得賢能在位在職，則國無不治也，所以謂仁則榮之意也。今國家閒暇及是時明其政刑雖大國必畏之矣者言今國家閒暇無事以及此時若能修明政教刑罰雖强大之國亦必畏服矣詩云迨天之未陰雨徹彼桑土至誰敢侮之者自迨天至或敢侮予蓋詩邠國鴟鴞之篇文也言此鴟鴞小鳥尚知天未陰雨之前取彼桑根之皮土以纏綿牖戶喻人君能於閒暇之時治其國家以明其刑政則今此下民誰敢侮慢我也詩人蓋以天之未陰雨國家閒暇之譬也徹彼桑土綢繆牖戶明其政刑之譬也今此下民或敢侮予大國必畏之譬也鴟鴞所以徹彼桑土於天未陰雨之前以纏綿牖戶則風雨莫得以漂搖人君所以明政刑於閒暇之時以維持國家則鄰國莫得以侵侮此孔子所以曰作爲此詩者是能知其治道者也以其能治其國家則誰敢侮之矣是宜孔子善之以謂爲此詩者其知道乎今國家閒暇及是時般樂怠敖是自求禍也禍福無不自己求者孟子傷今之人君於國家閒暇以及於此時乃大作樂怠惰敖遊而不修明刑政是自求其禍也以其禍福無有不自於已求之矣如所謂夫人必自畏然後人畏之夫人必自侮然後人侮之是其禍福無不自已求之意也詩云永言配命自求多福者蓋詩大雅文王之篇文也永長也言我也蓋謂我長配天命而行以自求多福也太甲曰天作孽猶可違自作孽不可活此之謂也者太甲殷王之名也言大甲嘗謂上天作其災孽尚可違避如已自作其災孽不可得而生活也如高宗宋景二者修德以消去者是天作孽猶可違也帝乙慢神震死是自作孽不可活也凡此孟子所以引之者是亦證其禍福無不自已求之之意也。注詩邠國之篇。正義曰鴟鴞之詩蓋言周公救亂也成王未知周公之志公乃爲詩以遺王名之曰鴟鴞焉毛云鴟鴞鸋鴂也迨及也徹剥也桑土桑根也綢繆猶纏綿也箋云鴟鴞自說作巢至苦矣如是以喻諸臣之先臣亦及文武未定天下積日累功以固定此官位與土地今女我巢下之民寧有敢侮慢欲毁之者乎意欲恚怒之以喻諸臣之先臣固定此官位土地亦不欲見其絶奪矣。注詩大雅文王之篇。正義曰此詩蓋言文王受命作周之詩也箋云長猶常也王既述修祖德常言當配天命而行則福禄自求也。注殷王太甲至不可活也。正義曰案本紀云太甲成湯適長孫也太丁之子也太甲既立三年不明暴虐不遵湯法亂德於是伊尹放之於桐宮桐宮三年悔過自責反善伊尹迺迎太甲而授之政太甲修德諸侯咸歸百姓以寧伊尹嘉之作太甲訓以褒太甲號稱太宗云高宗雊雉者案史記云武丁也武丁祭成湯明日有飛雉登鼎耳而雊武丁懼祖乙曰王勿憂先修政事武丁乃修政行德天下咸驩武丁崩祖乙嘉武丁之以祥雉爲德立其廟爲高宗遂作高宗肜日及訓是也云宋景守心之變者案史記云頭曼立二十七年熒惑守心心宋之分野也景公憂之司星子韋曰可移於相景公曰相吾之股肱曰可移於民景公曰君者待民曰可移於歲景公曰歲飢民困吾誰爲君子韋曰天高聽卑君有君人之言三熒惑宜有動於是候之果徙三度六十四年景公卒是也云帝乙慢神震死者案史記云庚丁之子也武乙立爲帝無道爲偶人謂之天神與之搏令人爲行天神不勝乃僇辱之爲革囊盛血仰而射之命曰射天武乙獵於河渭之間暴雷武乙震死是也

孟子曰：尊賢使能，俊傑在位，則天下之士皆悅而願立於其朝矣；俊美才出衆者也萬人者稱傑。市廛而不征，法而不廛，則天下之商皆悅而願藏於其市矣；廛市宅也古者無征衰世征之王制曰市廛而不稅周禮載師曰國宅無征法而不廛者當以什一之法征其地耳不當征其廛宅也關譏而不征，則天下之旅皆悅而願出於其路矣；言古之設關但譏禁異言譏異服耳不征稅出入者也故王制曰古者關譏而不征周禮太宰曰九賦七曰關市之征司關曰國凶札則無關門之征猶譏王制謂文王以前也文治岐關譏而不征周禮有征者謂周公以來孟子欲令復古之征使天下行旅悅之也耕者助而不稅，則天下之農皆悅而願耕於其野矣；助者井田什一助佐公家治公田不橫稅賦若履畝之類廛無夫里之布，則天下之民皆悅而願爲之氓矣。里居也布錢也夫一夫也周禮載師曰宅不毛者有里布田不耕者有屋粟凡民無職事者出夫家之征孟子欲使寛獨夫去里布則人皆樂爲之氓矣氓者謂其民也信能行此五者，則鄰國之民仰之若父母矣。率其子弟，攻其父母，自。生民以來，未有能濟者也。今諸侯誠能行此五事四鄰之民仰望而愛之如父母矣鄰國之君欲將其民來伐之譬若率勉人子弟使自攻其父母自生民以來何能以此濟成其欲也如此，則無敵於天下。無敵於天下

者天吏也然而不王者未之有也言諸侯所行能如此者何敵之有是爲天吏天吏者天使之也爲政當爲天所使誅伐無道故謂之天吏也

【疏】孟子曰至未之有也○正義曰此章言修古之道鄰國之民以爲父母行今之政自己之民不得而子是故衆夫擾擾非所常有命曰天吏明天所使者也孟子曰尊賢使能俊傑在位則天下之士皆悅而願立於其朝矣者孟子言今之國君能尊敬賢者任使能者俊傑大才在官位則天下之士者皆悅樂願立其朝廷矣市廛而不征法而不廛則天下之商皆悅而願藏於其市矣者言市廛宅而不征取其稅以什一之法征其地而不征其廛宅則天下爲商賈者皆喜悅而願藏貯於其市矣關譏而不征則天下之旅皆悅而願出其路矣者言關門之所但譏察其異言異服之人而不稅出入者則天下行旅之衆皆悅樂而願出於其道路矣耕者助而不稅則天下之農皆悅而願耕於其野矣者言耕田者但以井田制之使助佐公田而治不以橫稅取之則天下爲之農者皆悅而願耕作其郊野矣廛無夫里之布則天下之民皆悅而願爲之氓矣者言一夫所受之宅而不出夫家之征一廛所居之地而不取其里布則天下之民皆悅樂而願爲之氓矣信能行此五者於天下則鄰國之民仰之若父母矣率其子弟攻其父母自有生民以來未有能濟者也者言今之國君誠能信行此上五者之事則四鄰之國民仰望之如父母而親之矣鄰國雖欲勉率其民如子弟攻其父母言自有生民以來而至於今未有能濟成其欲者也言其民皆仰望之而親敬之不肯爲其所惡而賊其所好也如此則無敵於天下無敵於天下者天吏也然而不王者未之有也者言國君行此五者之事而民仰望之如此則是無敵於天下也言天下之人無與敢爲敵者也既無敵於天下者是名爲天吏者也天所使者是謂天吏也然而爲天吏而不王者必無也故曰未之有也廛者一夫所受之宅也里者一廛所居之地也野者氓者案周官制地之法六鄉以教爲主其主民有郊於內故其地爲郊而民則謂之民以其近主而有知者也六遂以耕爲主而其民有遂於外故其地爲野而民故謂之氓以其遠主而無知者也此孟子云野云氓之意也蓋孟子或云貴德而尊士賢者在位能者在職或曰尊賢使能俊傑在位者以其貴士之有德尊士之有道者爲其賢也爲其能也即其賢而授之位所以尊其賢即其能而授之職所以使其能若夫俊傑則行而緻速立而絕衆賢之豪者非可使以職也故曰在位而已○注廛市宅至廛宅也○正義曰王制云市廛而不稅者案鄭注云廛市物邸舍稅其舍不稅其物也注云周禮載師云宅無征者載師者掌任土之法以物地事授地職而待其政令者也宅無征所以言宅無稅也○注言古之設關至旅稅之也○正義曰云王制曰古者關譏而不征禮記有王制之篇中有云此案鄭注云譏異服識異言也云周禮太宰曰九賦七曰關市之賦一曰邦中之賦二曰四郊之賦三曰邦甸之賦四曰家削之賦五曰邦縣之賦六曰邦都之賦七曰關市之賦八曰山澤之賦九曰幣餘之賦鄭司農云幣餘百工之餘司關曰國凶札則無關門之征猶譏鄭司農云凶謂凶年饑荒也札謂疾疫死亡也越人謂死爲札春秋傳曰札瘥夭昏無關門之征者出入關門無租稅猶苛察不得令姦人出入也注周禮載師曰宅不毛者有里布田不耕者有屋粟凡民無職事者出夫家之征鄭司農云宅不毛者謂不樹桑麻也里布者布參印書廣二寸長二尺以爲幣貿易物詩云抱布貿絲此布也或曰布泉也春秋傳曰貿之百兩一布又廛人職掌斂市之次布儳布質布罰布廛布不知言布參印書者何見舊時說也鄭玄謂宅不毛者罰以一里二十五家之泉空田者罰以三家之稅粟以共吉凶二服及喪器也民雖有閒無職事者猶出夫稅家稅也夫稅者百畝之稅家稅者出士徒車輦給徭役

孟子曰人皆有不忍人之心言人人皆有不忍加惡於人之心也先王有不忍人之心斯有不忍人之政矣以不忍人之心行不忍人之政治天下可運之掌上先聖王推不忍害人之心以行不忍傷民之政以是治天下易於轉丸於掌上也所以謂人皆有不忍人之心者今人乍見孺子將入於井皆有怵惕惻隱之心非所以內交於孺子之父母也非所以要譽於鄉黨朋友也非惡其聲而然也乍暫也孺子未有知之小子所以言人皆有是心凡人暫見小孺子將入井賢愚皆有驚駭之情情發於中非爲人也非惡有不仁之聲名故爲之怵惕者而然也由是觀之無惻隱之心非人也無羞惡之心非人也無辭讓之心非人也無是非之心非人也言無

此四者皆若禽獸非人心耳爲人則有之矣凡人但不能演用爲行耳惻隱之心仁之端也羞惡之心義之端也辭讓之心禮之端也是非之心智之端也端者首也人皆有仁義禮智之首可引用之人之有是四端也猶其有四體也有是四端而自謂不能者自賊者也自謂不能爲善自賊害其性使不爲善也謂其君不能者賊其君者也謂君不能爲善而不匡正者賊其君使陷惡也凡有四端於我者知皆擴而充之矣若火之始然泉之始達苟能充之足以保四海苟不充之不足以事父母擴廓此。凡有四端在於我者知皆廓而充大之若火泉之始微小廣大之則無所不至以喻人之四端也人誠能充大之可保安四海之民誠不充大之內不足以事父母言無仁義禮智何以事父母也〔疏〕孟子曰至不足以事父母。正

義曰此章言人之行當內求諸己也孟子曰人皆有不忍人之心者孟子言人之爲人皆有不忍加惡於人之心也先王有不忍人之心斯有不忍人之政至掌上者又言古先聖王有不忍加惡於人之心斯有不忍傷民之政既以不忍加惡於人之心以行其不忍傷民之政其治天下之易但若轉運走丸於掌上之易者也所以謂人皆有不忍人之心者今人乍見孺子將入井至然也者孟子又言所以謂人之爲人皆有不忍加惡於人之心者且以今人乍見孺子言之孺子無知之小子也今人乍見無知之小子相將匍匐欲墜於井但見之者皆有怵惕恐懼惻隱痛忍之心所以然者非是內要結交於孺子之父母然後如此也又非所以欲要求美譽於鄉黨朋友也又非所以惡有不仁之聲而然也由是觀之無惻隱之心非人也至無是非之心非人也者孟子言由此見孺子將人於井人皆有怵惕惻隱之心觀察之是無惻隱羞惡辭讓是非四者之心皆非是人也乃若禽獸之類也禽獸所以無惻隱不忍之心又無羞惡慙恥之心又無辭讓揖遜之心又無是非好惡之心者也言苟無此四者所以皆謂之非人也乃禽獸之類也惻隱之心至智之端也者孟子言人有惻隱之心是仁之端本起於此也有羞惡之心者是義之端本起於此也有辭讓是非之心者是禮智之端本起於

此者也以其仁者不過有不忍惻隱也此孟子所以言惻隱羞惡辭讓是非四者是爲仁義禮智四者之端本也人之有是四端也猶其有四體也至賊其君者也者孟子又言人有是惻隱羞惡辭讓是非爲仁義禮智之四端若其人之有四肢也既有此四端而自謂已之不能爲善者是自賊害其善而不爲善也以之事君如謂其君不能爲善不匡正之者是亦賊害其君使陷於惡也無他以其人之爲人皆有此四端也但不推用而行之耳如能推此四端行之是爲仁義禮智者矣所謂仁義禮智者即善也然則人人皆有善矣故孟子所以言之以此凡有四端於我者知皆擴而充之至不足以事父母者孟子又言凡人所以有四端在於我已者能皆廓而充大之是若火之初燃泉之始達而終極乎燎原之熾襄陵之蕩也苟能充大之雖四海之大亦足保安之也苟不能充大之雖已之父母亦不足以奉事之故曰苟能充之足以保四海苟不充之不足以事父母是亦推恩足以保四海不推恩無以保妻子之意也

孟子曰矢人豈不仁於函人哉矢人惟恐不傷人函人惟恐傷人巫匠亦然故術不可不愼也矢箭也函甲也周禮曰函人爲

甲作箭之人其性非獨不仁於作甲之人也術使之然巫欲祝活人匠梓匠作棺欲其蚤售利在於人死也故治術當愼修其善者也孔子曰里仁爲美擇不處仁焉得智里居也仁最其美者也夫簡擇不處仁爲不智夫仁天之尊爵也人之安宅也莫之禦而不仁是不智也爲仁則可以長天下故曰天所以假人尊爵也居之則安無止之者而人不能知入是仁道者又安得爲之智乎不仁不智無禮無義人役也若此爲人所役者也人役而恥爲役由弓人而恥爲弓矢人而恥爲矢也治其事而恥其業者惑也如恥之莫如爲仁如其恥爲人役而爲仁仁則不爲役也仁者如射射者正己而後發發而不中不怨勝己者反求諸己而已矣以射喻人爲仁不得其報當反責己之仁恩有所未至也不怨勝己者〔疏〕孟子曰至反求諸己而已矣。正義曰此

章言各治其術，術有善惡，禍福之來，隨行而作，恥爲人役，不若居仁，治術之忌，勿爲矢人也。孟子曰矢人豈不仁於函人哉至故術不可不慎也者，孟子言作矢之人，其性豈不仁過於函人哉？其所以不仁於函人者，以其術使之然也。作矢之人，其心於所作箭之時，惟恐不利，不能傷害人也；作函之人，其心於作函之時，惟恐不堅厚而有傷害於人也。不特此二者如此，雖作巫祝梓匠之人亦如是也。以其巫人祝在於活人，梓匠作棺欲其速售，利在於人死也。此孟子所以故云其治術人亦不可不慎擇也。矢，箭也。函，鎧也，甲是也。孔子曰里仁爲美，擇不處仁，焉得智者，孟子言孔子有曰：所居以仁最爲美也。然而人所揀擇不處於仁里，又安得謂之智也？以其智足以有知故也。不知擇處於仁，豈謂之智哉？夫仁，天之尊爵也，人之安宅也，莫之禦而不仁，是不智也者，言夫仁之爲道，是天之尊爵也，人之安宅也。謂之尊爵者，蓋受之於人而彼得以賤之者，非尊爵也；仁則得之於天，而萬物莫能使之賤，是尊爵也。安宅者，蓋營於外而彼得以危之者，非安宅也；仁則立之自內，而萬物莫能使之危，是安宅也。今夫天下之事，有形格勢禁而不得有爲者，爲其有以禦之也。仁之爲道，乃天之尊爵而得之自天者，人之安宅而立之自我者，但欲仁則仁矣，誰其禦之而不爲哉？今仁之爲道，人莫禦之使不

爲，而自不爲仁者，是亦不智者也。不仁不智，無禮無義，人役也至莫如爲仁者，言人之不仁不智者，是無禮無義，爲人所役者也。既爲人所役而恥辱爲人所役，是若作弓矢之人不知擇術而恥爲弓矢也。如恥爲人所役，莫若擇術而爲仁也。以其爲仁則禮義隨而有之矣，雖欲役之，不可得已。然則仁則榮，不仁則辱，亦此之謂也。仁者如射至反求諸己而已矣者，孟子比之於仁者如射也，以其射者必待先正其身已，然後而發矢射之也。既發矢而射之，不中其的，則又不怨恨其射勝於己者，但反責求諸己而已矣。蓋君子以仁存心，其愛人則人常愛之，猶之正己而後發也；有人於此，待我以橫逆，猶之發而不中也；自反而不以責諸人，猶之不怨勝己者，反求諸己而已矣。此孟子所以比仁者如射，發而不中，不怨勝己者，反求諸己而已矣。

孟子曰：子路，人告之以有過則喜；禹聞善言則拜。

子路樂聞其過，過而能改也。尚書曰：禹拜善言。

大舜有大焉，善與人同，舍己從人，樂取於人以爲善。

大舜，虞舜也。孔子稱曰巍巍，故言大舜有大焉，能舍己從人，故爲大也，於子路與禹同者也。

自耕稼陶漁以至爲帝，無非取於人者。取諸人以爲善，是與人爲善者也。故君子莫大乎與人爲善。

舜從耕於歷山及其陶漁，皆取人之善謀而從之，故曰莫大乎與人爲善。

疏孟子曰至與人爲善○正義曰：此章言大聖之君猶采善於人也。孟子曰子路人告之以有過則喜禹聞善言則拜者，孟子言子路之爲人，人有告之以過事，則喜樂從人之言而改其過；又禹之爲人，聞有善言則拜而受之也。大舜有大焉，善與人同，舍己從人，樂取於人以爲善者，孟子又言大舜之爲帝，有大巍巍之功焉，無它，以其善能與人同之也。己之善亦猶人之善，人之善亦猶己之善，是與人同善也。所以能如此者，亦以能舍己之所見而從人之見，又樂取諸人以爲善也。自耕稼至與人爲善者，此孟子自引舜之事迹而自解舜取人以爲善之言也。言舜自耕稼於歷山，陶於河濱，漁於雷澤之時，以至爲帝，無非取人之善謀而從之也。取諸人以爲善，是亦與人爲其善者也。所謂舜耕歷山，歷山之人皆讓畔；漁雷澤，雷澤之人皆讓居；陶河濱，河濱器皆不苦窳，是亦與人爲善之事也。故君子莫大乎與人爲善者，此孟子所以復言凡爲善之君子莫大乎與人爲善也。○注大舜虞帝至同者也。

正義曰：虞，舜之國號也。云孔子稱曰巍巍者，案論語有云：巍巍乎其有成功。孔注云：功成化隆，高大巍巍也。○注舜從歷山及其陶漁者。○正義曰：此皆案史記帝紀有云然也。

孟子曰：伯夷非其君不事，非其友不友，不立於惡人之朝，不與惡人言。立於惡人之朝，與惡人言，如以朝衣朝冠坐於塗炭。推惡惡之心，思與鄉人立，其冠不正，望望然去之，若將浼焉。

伯夷，孤竹君之長子，讓國而隱居者也。塗，泥；炭，墨也。浼，汙也。思，念也。與鄉人立，見其冠不正，望望然慙愧之貌也。去之，恐其汙己也。

是故諸侯雖有善其辭命而至者，不受也。不受也者，是亦不屑就已。

屑，潔也。詩云：不我屑已。伯夷不潔諸侯之行，故不忍就見也。殷之末世，諸侯多不義，故不就之，後乃歸於西伯也。

柳下惠不羞汙君，不卑小官，進不隱賢，必以其道，遺

佚而不怨阨窮而不憫故曰爾為爾我為我雖袒裼裸裎於我側爾焉能浼我哉柳下惠魯公族大夫也姓展名禽字季柳下是其號也進不隱已之賢才必欲行其道也憫懣云善已而已惡人何能汙於我邪故由由然與之偕而不自失焉援而止之而止援而止之而止者是亦不屑去已由由浩浩之貌不憚與惡人同朝並立偕俱也與之儷行於朝何傷但不失己之正心而已耳援而止之謂三黜不懃去也是柳下惠不以去為潔也孟子曰伯夷隘柳下惠不恭隘與不恭君子不由也伯夷隘懼人之汙來及己故無所含容言其大隘狹也柳下惠輕忽時人禽獸畜之無欲彈正之心言其大不恭敬也聖人之道不取於此故曰君子不由也先言二人之行孟子乃評之耳

疏孟子曰伯夷至君子不由也○正義曰此章言伯夷古之大賢猶有所闕也孟子曰伯夷非其君不事至是亦不屑就已者孟子言伯夷非己所好之君則不奉事之非與己同志之友則不與為交友不立於惡人之朝是不事非其君也不與惡人言是不友非其友也謂立於惡人之朝與惡人言語如以服其朝衣朝冠而坐於塗泥炭墨之中矣以其有汙於己也推已惡惡之心乃至於與鄉人立其冠有不正且望望然慙恥而遠去之若相將有汙於己也如此故諸侯雖有善辭命而至者亦不受也以其不受之者是亦不潔而不忍就見也故以不就為潔也屑潔也柳下惠不羞汙君不卑小官至是亦不屑去已者孟子又言柳下惠不羞恥事其汙君汙君濫惡之君也雖居小官之位而不卑辱進而仕則不隱己之賢才必以欲行其道雖遺佚於野而不怨恨雖阨之使窮困而不哀憫故曰爾為之爾我為之我雖袒裼裸裎襲其身體於我身側爾又安能浼瀆於我哉以其不殊於俗一於和而已如此故由由然浩浩與人偕儷而行但不失己之正心焉牽援而止之而則止之以其援而止之而止是亦不潔而去已故以不去為潔也孟子曰伯夷隘柳下惠不恭隘與不恭君子不由也者此孟子所以復言伯夷之行失之太清而不能含容故為狹隘柳下惠失之太和而輕忽時人故為不恭敬然狹隘與不恭敬是非先王所行之道故君子不由用而行之也○注伯夷孤竹君之長子讓國而隱居者也○正義曰案春秋少陽篇云伯夷姓墨名允字公信謚為夷太史公云伯夷叔齊孤竹君之二子父欲立叔齊及父卒叔齊讓伯夷伯夷曰父命也遂逃去叔齊不肯立亦逃之國人立其中子於是伯夷叔齊聞西伯昌善養老盍往歸焉及西伯卒武王東伐紂伯夷叔齊叩馬而諫曰父死不葬爰及干戈可謂孝乎以臣弒君可謂仁乎左右欲兵之太公曰此義人也扶而去之武王平殷天下宗周伯夷叔齊恥之義不食周粟隱於首陽山采薇而食之及餓死者是矣孤竹北方之遠國也號為孤竹案地理志云遼西有孤竹城應劭曰故伯夷國是也○柳下惠魯公族大夫姓展名禽字季柳下是其號者○正義曰案史記傳云柳下惠姓展名禽魯人也為魯典獄之官任以直道故孔子云柳下惠為士師三黜人曰子未可去乎曰直道而事人焉往而不三黜枉道而事人何必去父母之邦孔注云士師典獄之官鄭玄亦云然

孟子注疏解經卷第三下

南昌縣知縣陳煦栞

孟子注疏卷三下挍勘記　阮元撰盧宣旬摘錄

足也 監本足誤是

而往服就於人 閩監毛三本同孔本韓本足利本就作從

非心服者也 閩監毛三本同廖本孔本韓本考文古本無者字

章指言王者任德霸者兼力力服心服優劣不同故曰遠人不服修文德以懷 韓本足利本作來 之

譬猶惡濕而居界下 音義本廖本考文古本界作埤閩監毛三本猶作由孔本韓本猶作若界作埤

邠國鴟鴞之篇 孔本韓本考文古本同閩監毛三本國改風非

猶尚知及天未陰雨 閩監毛三本同廖本孔本韓本考文古本無猶字

人君能治國家 閩監毛三本同孔本韓本考文古本治下有其字

是爲不可活故若此之謂也 閩監毛三本同廖本孔本韓本考文古本無故若此之謂五字○按無者是

章指言國必修政君必行仁禍福由已不專在天言當防患於未亂也

言國宓修政 宓必之誤閩監毛三本不誤今改正

詩邠國之篇 閩本同監毛本改爲詩邠風鴟鴞之篇非

放之於桐宮桐宮 閩本同監毛本刪桐宮二字

君有君人之言云 閩監毛三本云改三是也今改正

萬人者稱傑 閩監毛三本孔本足利本同韓本考文古本上有勝字

皆悅而願藏於其市矣 音義出願藏云或作臧音藏

周禮載師 閩監毛三本足利本載誤戴孔本韓本考文古本不誤下同

七曰關市之征 閩監毛三本同廖本孔本韓本考文古本征作賦是也

復古之征 閩監毛三本同廖本孔本韓本考文古本之作去

不橫稅賦 各本同考文古本賦作則非也

皆悅而願爲之氓矣 音義出氓字云或作萌或作甿○按作萌最古漢人多用萌字經典內萌多改氓改甿如說文引周禮以興耡利萌是也

皆樂爲之氓矣 閩監毛三本同孔本韓本考文古本氓作民

氓者謂其民也 閩監毛三本同廖本孔本韓本考文古本無者謂其三字○按尋謂字則經文當本作萌

自生民以來 閩監毛三本韓本同孔本考文古本自下有有字按石經此文漫漶然細審之此句是六字當亦有有字也

自生民以來 閩監毛三本同孔本韓本考文古本無自字

何能以此濟成其欲也 閩監毛三本同廖本孔本韓本考文古本其下有所字欲下有者字

天使之也 閩監毛三本同廖本孔本韓本考文古本無之字是也

章指言修古之道鄰國之民以爲父母行今之政自已之民不得而子是故衆夫擾擾非所常有命曰天吏明天所使也

中有云此 閩本同監本剜改云此作此文毛本與監本同

七曰關市之賦一曰邦中之賦 閩本同監本於關市之賦下剜增者太宰以九

賦斂財賄九字毛本同監本

非所以內交於孺子之父母也　音義出內交云本亦作納

未有知之小子　閩監毛三本同廖本孔本韓本考文古本無之字下有也字

暫見小孺子　閩監毛三本同廖本孔本韓本考文古本小下重小字

情發於中　閩監毛三本同廖本孔本無情字韓本足利本情作以

非爲人也　閩監毛三本同岳本廖本孔本韓本考文古本人上有其字

故爲之怵惕者而然也　閩監毛三本同廖本孔本韓本考文古本無爲之者而然五字足利本同古本也上多一矣字按無五字者是

無辭讓之心　石經下文讓讓作遜此處模糊亦似遜字

演用　此云演用下文注云引用引即演聲之誤也說文曰演者長流也

可引用之　閩監毛三本孔本同韓本考文古本之作也

謂君不能爲善　各本同考文古本君作其非

知皆擴而充之矣　音義出擴云亦作彍

擴廓此　閩監毛三本同廖本孔本韓本考文古本此作也是也蓋形近之譌

凡有四端　閩監毛三本韓本同岳本廖本孔本無四字

若火泉之始微小　閩監毛三本同廖本孔本韓本考文古本足利本火泉作水火

章指言人之行當內求諸己以演大四端充廣其道上以

匡君下以榮身也

所以非謂之非人也　上非字閩監毛三本作皆是今改正

矢人惟恐不傷人　恐閩本誤豈

函甲也　閩監毛三本同廖本孔本韓本甲作鎧下作甲同音義出鎧字

作甲之人也　考文古本甲作鎧

故治術　廖本孔本韓本考文古本同閩監毛三本治作凡非

又安得爲之智乎　閩監毛三本同廖本孔本韓本考文古本作何得爲智乎

矢人而恥爲矢也　各本同孔本上有由字按音義由反手下云下文由弓人由矢人義同是音義本此文上有由字

當反責己之仁恩有所未至也不怨勝己者　閩監毛三本同廖本孔本韓本考文古本作當反責己仁恩之未至

章指言各治其術術有善惡禍福之來隨行而作恥爲人役不若居仁治術之忌　足利本作忘非　勿爲矢人也　足利本作勿力矢也非

禹拜善言　閩監毛三本同音義本廖本孔本韓本考文古本善作讜是也○按段玉裁曰今文尚書禹拜讜言古文尚書禹拜昌言

虞舜也　閩監毛三本孔本韓本同廖本考文古本作虞也按當本作虞舜也淺人或刪舜或改爲帝

章指言大聖之君由采善於人故曰計及下者無遺策舉

及衆者無廢功也

舜從歷山及其陶漁者　閩本從下有耕字無者字監毛本同閩本

望望然　閩監毛三本同廖本孔本韓本足利本作望望去之考文古本作望望伐之後作望望代之古本並非

後乃歸於西伯也　閩監毛三本同廖本孔本韓本考文古本無於字

遺佚而不怨　音義出遺佚云或作泆或作失皆音逸

阨窮而不憫　音義出阨窮云本亦作厄

雖袒裼裸裎於我側　音義裎亦作程○按儀禮注作桯

憪憸云善已而已　閩監毛三本云作也廖本孔本韓本憸下有也字考文稱古本善已而已善上有云字則與此本合足利本作其非音義出憸也云本亦作滿

惡人何能汚於我邪　閩監毛三本同廖本孔本韓本考文古本無於字邪作也

援而止之　音義云或作正之

由由浩浩之貌　閩監毛三本同孔本韓本考文古本浩浩作浩然

謂三黜　閩監毛三本同廖本孔本韓本黜作絀是音義出絀字

不懟去也　閩監毛三本同孔本韓本考文古本無也字

伯夷隘　音義或作阸或作阨

無欲彈正之心　廖本孔本韓本考文古本同閩監毛三本彈誤憚按音義出彈正字

孟子乃評之耳　閩監毛三本同廖本孔本韓本無耳字考文古本評作平無耳字

章指言伯夷柳下惠古之大賢猶有所闕介者必偏中和爲貴純聖能然君子所由堯舜是尊

孟子曰伯夷至君子不由也　閩本同監毛本伯夷下增非其君三字

柳下惠魯公族大夫也　此上脫注字閩監本同毛本增是

孟子注疏卷三下挍勘記

奉新趙儀吉挍

孟子注疏解經卷第四上

公孫丑章句下 凡十四章　趙氏注　孫奭疏

疏正義曰此卷趙氏分上篇爲此卷也此卷凡十四章一章言民和爲貴二章言人君以尊德樂義爲賢君子以守道不回爲志三章言取與之道必得其禮於其可雖少不辭義之無處兼金不顧四章言人臣以道事君否則奉身以退五章言執職者劣藉道者優六章言道不合者不相與言七章言孝必盡心匪禮之踰八章言誅不義者必須聖賢九章言聖人親親不文其過小人順非以諂其上十章言君子立身行道道之不行命也不爲利回十一章言惟賢能安賢智能知微十二章言大德洋洋介士察察賢者志其大者不賢者志其小者十三章言聖賢興作與天消息天非人不因人非天不成十四章言祿以食功志以率事無事而食其祿君子不由也此十四章合上篇卷是公孫丑有二十三章矣

孟子曰天時不如地利地利不如人和三里之城七里之郭環而攻之而不勝夫環而攻之必有得天時者矣然而不勝者是天時不如地利也天時謂時日支干五行旺。相孤虛之屬也地利險阻城池之固也人和得民心之所和樂也環城圍之必有得天時之善處者然而城有不下是不如地利城非不高也池非不深也兵革非不堅利也米粟非不多也委而去之是地利不如人和也有堅強如此而破之走者不得民心民不爲守衛懿公之民曰君其使鶴戰余焉能戰是也故曰域民不以封疆之界固國不以山谿之險威天下不以兵革之利域民居民也不以封疆之界禁之使懷德也不依險阻之固恃仁惠也不爲兵革之威仗其道德而已矣得道者多助失道者寡助寡助之至親戚畔之多助之至天下順之以天下之所順攻親戚之所畔故君子有不戰戰必勝矣得道之君何嚮不平君子之道貴不戰耳如其當戰戰則勝矣

疏孟子曰天時至戰必勝矣。正義曰此章言民和爲貴也孟子曰天時不如地利地利不如人和至是地利不如人和也者孟子言其用兵之要也謂古之用兵者莫不布策挾龜迎日計月望雲占風觀星候氣以察吉凶以明利害必有得天時者矣然而內有三里之城外有七里之郭以爲之禦雖環轉而攻之則莫能勝焉是天時不如地利也鑿池深之使其不可踰築城高之使其不可攻又以甲兵之堅利米粟之多積是地利亦有得矣然而上下異政君民異心不能効死以守至皆委却而去之是地利又不如人和也孟子於前言天時不如地利地利不如人和乃設此文於後而解其言也故曰三里之城七里之郭環而攻之而不勝夫環而攻之必有得天時者矣然而不勝者是天時不如地利也至是地利不如人和而已矣故曰域民不以封疆之界至戰必勝矣者此又孟子復言而詳說之也故曰所居之民不在以封疆之爲界欲牢固其國又不在以山谿之爲險威震天下又不在以兵甲之爲堅利以其得道之君則人多助之失道之君則人寡助之而已孟子所以言此者蓋謂但在得其道不在於封疆山谿兵甲之爲矣故復言人有寡助之至極者則親戚離畔之親戚離畔者戰必不勝而敗績有多助之至者則天下皆順從之以天下之所順從而攻伐其親戚所離畔者故君子在有不戰而已如戰則必勝。注天時謂時日支干五行旺相孤虛之屬。正義曰時日支干者子丑寅卯辰巳午未申酉戌亥是爲支甲乙丙丁戊己庚辛壬癸是爲干干支所以配時日而用之也云五行旺相孤虛之屬者五行金木水火土是也金旺在巳午未申酉木旺在亥子丑寅卯水旺在申酉戌亥子火旺在寅卯辰巳午土旺在申酉戌亥孤虛者蓋孤虛之法以一畫爲孤無畫爲虛二畫爲實以六十甲子日定東西南北四方然後占其孤虛實而向背之則知吉凶矣又如周武王犯歲星以伐商魏太祖以甲子日破慕容凡用師之道有太史以抱天時太師之執同律之類是也。注衛懿公之民曰君其使鶴戰。正義曰案左傳魯閔公二年云狄人伐衛衛懿公好鶴鶴有乘軒者將戰國人受甲者皆曰使鶴鶴實有祿位余焉能戰是其文也。注得乎丘民而爲天子。正義曰此蓋經之文

孟子將朝王王使人來曰寡人如就見者也有寒疾不可以風朝將視朝不識可使寡人得見乎孟子雖仕。齊處師賓之位以道見敬或稱

以病未嘗趨朝而拜也王欲見之先朝使人往謂孟子云寡人如就見者若言就孟子之館相見也有惡寒之疾不可見風儻可來朝欲力疾臨視朝因得見孟子也不知可使寡人得相見否對曰不幸而有疾不能造朝孟子不悅王之欲使朝故稱其有疾而拒之也明日出弔於東郭氏公孫丑曰昔者辭以病今日弔或者不可乎東郭氏齊大夫家也昔者昨日也丑以爲不可曰昔者疾今日愈如之何不弔孟子言我昨日病今日愈我何爲不可以弔王使人問疾醫來王以孟子實病遣人將醫來且問疾也孟仲子對曰昔者有王命有采薪之憂不能造朝今病小愈趨造於朝我不識能至否乎孟仲子孟子之從昆弟從學於孟子者也權辭以對如此憂病也曲禮云有負薪之憂使數人要於路曰請必無歸而造於朝仲子使數人要告孟子君命宜

敬當必造朝也不得已而之景丑氏宿焉孟子迫於仲子之言不得已而心不欲至朝因之其所知齊大夫景丑之家而宿焉具以語景丑氏耳景子曰內則父子外則君臣人之大倫也父子主恩君臣主敬丑見王之敬子也未見所以敬王也景丑責孟子不敬何義也曰惡是何言也齊人無以仁義與王言者豈以仁義爲不美也其心曰是何足與言仁義也云爾則不敬莫大乎是曰惡者深嗟歎云景子之責我何言乎今人皆謂王無知不足與言仁義云爾絕語之辭也人之不敬無大於是者也我非堯舜之道不敢以陳於王前故齊人莫如我敬王也孟子言我每見王常陳堯舜之道以勸勉王齊人無有如我敬王者也景子曰否非此之謂也禮曰父召無諾

君命召不俟駕固將朝也聞王命而遂不果宜與夫禮若不相似然景子曰非謂不陳堯舜之道謂爲臣固自當朝也今有王命而不果行果能也禮父召無諾無諾而不至也君命召輦車就牧不坐待駕而夫子若是事宜與夫禮若不相似然乎愚竊惑焉曰豈謂是與曾子曰晉楚之富不可及也彼以其富我以吾仁彼以其爵我以吾義吾何慊乎哉夫豈不義而曾子言之是或一道也孟子荅景丑云我豈謂是君臣召呼之間乎謂王不禮賢下士故道曾子之言自以不慊晉楚之君慊少也曾子豈嘗言不義之事邪是或者自得道之一義欲以喻王猶晉楚我猶曾子我臣輕於王乎天下有達尊三爵一齒一德一朝廷莫如爵鄉黨莫如齒輔世長民莫如德惡得有其一以慢其二哉三者天下之所通尊也孟

子謂賢者長者有德有齒人君無德但有爵耳故云何得以一慢二乎故將大有爲之君必有所不召之臣欲有謀焉則就之其尊德樂道不如是不足以有爲也言古之大聖大賢有所與爲之君必就大賢臣而謀事不敢召也王者師臣霸者友臣也故湯之於伊尹學焉而後臣之故不勞而王桓公之於管仲學焉而後臣之故不勞而霸言師臣者王桓公能師臣而管仲不勉之於王故孟子於上章陳其義譏其烈之卑也今天下地醜德齊莫能相尚無他好臣其所教而不好臣其所受教醜類也言今天下之人君土地相類德教齊等不能相絕者無它但好臣其所教勑役使之才可驕者耳不能好臣大賢可從而受教者也湯之於伊尹桓公之於管仲則不敢召管仲且猶不可召而

況不爲管仲者乎孟子自謂不爲管仲故非齊王之召已也是以不往而朝見於齊王也

【疏】孟子將朝王至而況不爲管仲者乎○正義曰此章言人君以尊德樂義爲賢君子以守道不回爲志者也孟子將朝王王使人來曰寡人如就見者也至得見乎者言孟子自將欲朝見王未及行而齊王欲見之乃先使人來曰寡人如往而就孟子所館處相見以其有惡寒之疾不可見風儻可以來朝見而我將視其來朝不知可使寡人因此而得見孟子否乎此皆齊王使人而言也對曰不幸而有疾不能造朝者王之使人既已見孟子而導王之言孟子乃荅王之使人亦曰我之不幸而有其疾不能趨造而朝見王以其孟子不喜王欲使來朝故云有疾以拒之也明日出弔於東郭氏公孫丑曰昔者辭以病今日弔或者不可乎者言孟子自辭王以爲疾不能造朝之明日乃出弔問於齊大夫東郭氏之家其弟子公孫丑問孟子曰昨日辭王之使以爲疾不能造朝而今日以出弔問於東郭氏或者以爲不可出弔曰昔者疾今日愈如之何不弔者孟子荅公孫丑以爲昨日有疾今日已差愈如之何爲不可弔孟子於是往弔之王使人問疾醫來者王見使人回報以謂孟子有疾乃謂實有疾遂遣人問疾醫者來問其疾孟仲子對曰昔者有王命有采薪之

憂不能造朝今疾小愈趨造於朝我不識能至否乎者孟仲子孟子從昆弟學於孟子者也孟仲子時見王使人問疾醫來至而孟子已往弔於東郭氏乃權其言而荅問疾醫者曰昨日有王命來使孟子朝孟子辭之以其有采薪之憂小疾不能趨造而朝王今日病以小愈已趨造於王朝我不知于今能至於王朝否乎以爲未曾至乎使數人要於路曰講必無歸而造於朝者孟仲子恐孟子歸以爲失言乃使數人而求告孟子於路曰請必無歸而趨造於王朝不得已而之景丑氏宿焉者孟子見孟仲子使數人要於路乃見迫於仲子之言遂不得已而往齊大夫景丑氏之家宿焉以其心不欲朝王故往景丑氏家宿而已景子曰內則父子外則君臣人之大倫也父子主恩君臣主敬丑見王之敬子也未見所以敬王也者景丑見孟子不造朝而乃止其家宿焉於是曰在閨門之內則有父子之親出而邦國之外則有君臣之義此人之大倫而不可汨也父子則存乎慈孝之恩君臣則存乎恭敬之義今丑每見王之敬重其子也而未嘗見子之所以能尊敬於王也曰惡是何言也至莫大乎是者孟子荅景丑言乃嘆惜言是何言而責我也齊人皆無以仁義之道與王言者豈以仁義之道爲不嘉美也其齊人心已謂是王何足與言仁義之道也言爾之不尊敬於王莫大乎此者也我非堯舜之道不敢以陳於王前故齊人莫如我敬王也者孟子言我非是堯舜二帝之道則不敢鋪陳於王之前故齊人未有如我如此之敬王也所謂堯舜之道即仁義之道也景子曰否非此之謂也禮曰父召無諾至若不相似然者景丑言否我不謂不陳堯舜之道也以其禮云父召而子無諾而不至君有命召不坐待駕今子固將欲自朝於王而聞王命以遂不果行是宜與夫禮若不相似然以其有逆此禮也曰豈謂是歟曾子曰晉楚之富至是或一道也者孟子又言於景丑曰我豈謂是君臣呼召之間乎以其曾子言晉楚二君之富人不可及也然彼既以其富我但有吾之仁彼既有其爵而我但存吾之義我何慊不足於彼乎哉夫晉楚之富豈爲不義然於曾子言是止於一道而言之也一於道而言之則曾子所以但言吾仁吾義而不慊於晉楚之富與其爵也蓋謂晉楚於富者以其不過有所施而已然我之仁固足以有施矣晉楚貴於爵者以其足以有制而已然我之義固足以有制矣然則富之與爵而仁義得以并而有焉耳此曾子所以一於仁義之道而晉楚富貴不足爲富貴也孟子所以執此而語景子者意欲以此齊王之有富貴亦晉楚之富貴不足爲富貴也而我猶曾子但以仁義敵之何有不足於齊王哉此所以不欲朝王之意也天下有達尊三至惡得有其一

而慢其二哉者達通也孟子又言天下有達尊者有三爵一齒一德一是也自朝廷之間莫如以爵爲之尊自鄉黨之間莫如以齒爲之尊自輔治其世長養其民莫如以德爲之尊以其朝廷貴貴在爵故以爵爲朝廷之所尊鄉黨長長在齒故以齒爲鄉黨之所尊賢者有德故以之輔世而佐佑之則天下待之而後治以之長民則天下之民待之而後安故以德爲輔世長民之所尊今齊王但有其爵而安可止以一而慢去其齒德二者哉此孟子所以言齊王不能尊有德之士故於景子而云然也故將大有爲之君至而況不爲管仲者乎者孟子又言故將有大興爲之君必有所不可命召之臣凡欲有所謀計則就而謀以其不敢召也其尊德樂道不如此有謀則就而不召是不足有大興爲也故湯王之於伊尹乃就而師之然後方敢得而爲臣故湯王自七十里而爲天下但不待勞而爲之王者齊桓公之於管仲乃就而師之然後方敢得而爲臣故桓公亦不勞而爲諸侯之霸者今天下於齊國其地亦有類於湯桓其德又與湯桓齊等其未能有相加尚者無他事焉但湯桓好受臣其所教而齊王不好臣其所受教也夫以湯王之於伊尹齊桓之於管仲則不敢召而見之管仲霸者之佐且猶尚不可召見之而況我不爲管仲者乎此孟子所以見齊王之召已是以不往而見也○注

云東郭氏齊大夫家也。正義曰東郭者齊國之東地號爲東郭也經云卒之東郭墦間之祭者則東郭是齊國之東地也氏者未詳其人注云齊大夫家也以理測之孟子之所以弔問者必齊之賢大夫也如非大夫之等孟子亦何由而弔之。注云仲子孟子之從昆弟而學於孟子者也。正義曰未詳以理推之則與孟子同姓必孟子從昆弟而學於孟子者也。注景丑氏齊大夫亦未詳其人也

陳臻問曰前日於齊王餽兼金一百而不受於宋餽七十鎰而受於薛餽五十鎰而受前日之不受是則今日之受非也今日之受是則前日之不受非也夫子必居一於此矣陳臻孟子弟子兼金好金也其價兼倍於常者故謂之兼金一百百鎰也古者以一鎰爲一金一鎰是爲二十四兩也故云兼金一百百鎰也孟子曰皆是也當在宋也予將有遠行行者必以贐辭曰餽贐予何爲不受贐送

行者贈賄之禮也時人謂之贐當在薛也予有戒心辭曰聞戒故爲兵餽之予何爲不受戒有戒備不虞之心也時有惡人欲害孟子孟子戒備薛君曰聞有戒此金可鬻以作兵備故餽之我何爲不受也若於齊則未有處也無處而餽之是貨之也焉有君子而可以貨取乎我在齊時無事於義未有所處也義無所處而餽之是以貨財取我欲使我懷惠也安有君子而可以貨財見取之乎是其禮當其可也

〔疏〕陳臻問曰至可以貨取乎。正義曰此章言取與之道必得其禮於其可也雖少不辭義之無處兼金不顧也陳臻問曰前日於齊王餽兼金一百而不受至必居一於此矣者陳臻孟子弟子也問孟子前日於齊王之所而齊王餽賜兼金百鎰而不受於宋國但餽以七十鎰而受之於薛國餽以五十鎰而受之如爲前日在齊不受百鎰是則今日之受宋七十鎰爲非也如今日之受宋七十鎰爲是則前日在齊不受一百鎰爲非也夫子於此三者之間必居一於此矣孟子曰皆是也至而可以貨取乎者孟子荅弟子陳臻以爲此三者之間受與不受之所皆是也無有非也言我在宋之時以其我將有遠行行者必以有贐故餽之者乃爲之辭曰餽贐我何爲不受是所以受之也而不爲非也贐送行者之賄也我當在薛之時我有戒不虞之心以其時人欲害孟子也餽之者乃爲之辭曰聞孟子有戒欲以此金餽之可爲兵備之用也如此我何爲不受是所以受之也若於齊之時其以無事於我未有所處於我未有所處而餽我以金是以貨財見取於我也安有君子而可以貨取之乎是所以於齊不受百鎰亦爲是也云有處未有處者如宋以遠行乃以贐爲餽於薛有戒乃以兵爲餽是皆若有處以餽之也於齊亦無遠行亦無戒備餽之者亦無以辭處之而餽於我亦無有辭處而受之故也。注云陳臻孟子弟子至二十四兩。正義曰云弟子者蓋時有所問於孟子者即知爲弟子也如非弟子又安得有問於孟子云二十四兩爲鎰粲國語有云二十四兩爲鎰又鄭注之文亦然

孟子之平陸謂其大夫曰子之持戟之士一日而三失伍則去之否乎平陸齊之邑也大夫居邑大夫也持戟戰士也一日三失其行伍則去之否乎去之殺之也以昭果毅曰不待三大夫曰一失之則行罰不及待三失伍也

然則子之失伍也亦多矣凶年饑歲子之民老羸轉於溝壑壯者散而之四方者幾千人矣轉轉尸於溝壑也此則子之失伍也曰此非距心之所得爲也距心大夫名曰此乃齊王之大政不肯振窮非我所得專爲也曰今有受人之牛羊而爲之牧之者則必爲之求牧與芻矣求牧與芻而不得則反諸其人乎抑亦立而視其死與牧牧地以此喻距心不得自專何不致爲臣而去乎何爲立視民之死也曰此則距心之罪也距心自知以不去位爲罪者也他日見於王曰王之爲都者臣知五人焉知其罪者惟孔距心爲王誦之王曰此則寡人之罪也孔姓也爲都治都也邑有先君之宗廟曰都誦言也爲王言孔距心語者也王知本之在已故受其罪也〔疏〕孟子之平陸至

寡人之罪也。正義曰：此章言人臣以道事君，否則奉身以退也。孟子之平陸，謂其大夫曰子之持戟之士一日而三失伍則去之否乎者，孟子往齊平陸之邑，謂其邑之大夫曰：子之持戟之戰士一日三次失其行伍，則殺之否乎？曰不待三者，邑大夫荅孟子，以爲不待三次失行伍也，言一次失行伍則殺之也。然則子之失伍也亦多矣，凶年飢歲，子之民老羸轉於溝壑，壯者散而之四方者幾千人矣者，凶年飢歲，子之邑民老羸弱者皆轉乎溝壑，壯健者皆散而奔往於四方者幾近於一千人矣。此孟子首以持戟之士失伍比之，欲終以此諷之故也。蓋軍法以五人爲伍，而以下士一人爲之長，則持戟之士伍長之士也，所以保衛其伍者也，不能保衛其伍，故一日三失伍，此不稱其職也。如齊之平陸大夫所以保衛其邑之民，不能保衛其邑之民，故老弱轉溝壑，壯者散四方，其亦不稱職也，孟子故以此喻而終歸諷之。曰此非距心之所得爲也者，距心，齊大夫之名也，距心言是其齊王行政故不肯發倉廩而賑救其民，非我所得而專爲者也。曰今有受人之牛羊而爲之牧之者，則必爲之求牧與芻矣，求牧與芻而不得，則反諸其人乎，抑亦立而視其死與者，孟子又以此比喻而歸諷之也。言今有受人之牛羊而爲牧養者，則必於牛羊之主求其牧養之芻草矣，求牧養與芻草而不得，則歸反

還於其主乎，抑亦但立視牛羊之死而不爲求牧與芻草歟，故以比喻而諷問之。曰此則距心之罪也者，距心因孟子以此比喻，乃自知以不去位爲罪也。他日見於王曰王之爲都臣者臣知五人焉至此則寡人之罪也者，言他日距心自見於王曰：王之治都之臣者，臣知五人焉，然於此五人之中能知其有罪者惟孔距心，故爲王言誦之。孔，距心之姓也。王亦自知治都之臣有其罪者以其本皆自於已，故云此則寡人之罪也。○注邑有先君之宗廟曰都至不素餐兮。○正義曰：周禮云都鄙，鄭注云：都之所居曰鄙，都鄙，公卿大夫之采邑，王弟子所食邑，周、召、毛、聃、畢、原之屬在畿内者，祭祀其先君社稷者也。云彼君子兮不素餐兮者，詩國風伐檀之篇文也。箋云：彼君子者，斥伐檀之人仕有功者乃肯受禄。毛氏云：孰食曰餐。箋云：如魚餐之餐。

孟子謂蚳鼃曰：子之辭靈丘而請士師，似也，爲其可以言也。今既數月矣，未可以言與？蚳鼃，齊大夫。靈丘，齊下邑。士師，治獄官也。周禮士師曰以五戒先後刑罰，無使罪麗於民。孟子見蚳鼃辭外邑大夫，請爲士師，知其欲近王以諫正刑罰之不中者，數月而不言，故曰未可以言歟，以感責之也。蚳鼃諫於王而不用，致爲臣而去。三諫不用，致仕而去。齊人曰：所以爲蚳鼃則善矣，所以自爲則吾不知也。齊人論者譏孟子爲蚳鼃謀，使之諫不用而去則善矣，不知自諫不用而不去，故曰我不見其自爲謀者。公都子以告。公都子，孟子弟子也。以齊人語告孟子也。曰：吾聞之也，有官守者不得其職則去，有言責者不得其言則去。我無官守，我無言責也，則吾進退豈不綽綽然有餘裕哉？官守，居官守職者。言責，獻言之責，諫諍之官也。孟子言人臣居官不得守其職，諫正君不見納者，皆當致仕而去。今我居師賓之位，進退自由，豈不綽綽然舒緩有餘裕乎？綽、裕皆寬也。

【疏】孟子謂蚳鼃曰至綽綽然有餘裕哉。○正義曰：此章言執職者劣，藉道者優也。孟子謂蚳鼃曰子之辭靈丘而請士師似也至未可以言歟者，孟子謂齊大夫蚳鼃曰：子之辭去其靈丘之邑而請爲王治獄之官，似近王得諫其刑罰不中者，今既以數月矣而不言，是其未可以言

歟否，故以此責而感之也。蚳鼃諫於王而不用致爲臣而去者，於是蚳鼃諫於王而王不用其諫，乃致其臣而去之。齊人曰所以爲蚳鼃則善矣所以自爲則吾不知也者，齊國之人見孟子謂蚳鼃，乃言曰：孟子所以爲蚳鼃使之諫不納用而去之則善矣美矣，其所以自爲其已之諫不見納用而不去，則我不知也。以言其爲蚳鼃謀使之去而不知自去之故也。公都子以告者，公都子，孟子弟子也，公都子見齊國之人有此言，乃以此言告於孟子。曰吾聞之也有官守者不得其職則去有言責者不得其言則去我無官守我無言責則吾進退豈不綽綽然有餘裕哉者，孟子荅公都子，以爲我嘗聞之，有居官守職者不得其職而守之則去之而致仕，有言責諫諍之任不得其言而諫正其君則亦去而致仕，今我無官職之所守，又無言責而諫諍，則我進退自由，豈不綽綽然舒緩有餘裕哉。綽、裕皆寬裕也。○注蚳鼃齊大夫靈丘齊下邑至罪麗於民。○正義曰：蚳鼃於他經傳未詳其人。靈丘者，案地理志曰代郡有靈丘縣是也。云周禮士師曰以五戒先後刑罰毋使罪麗於民者，今案其文云：一曰誓，用之于軍旅；二曰誥，用之于會同；三曰禁，用諸田役；四曰糾，用諸國中；五曰憲，用諸都鄙。鄭注云：先後猶左右也。誓、誥於書則甘誓、大誥之屬。禁則軍禮曰無干車、無自後射，此其類也。糾、憲未有聞焉。

○注臧武仲段干木○正義曰案魯襄公二十二年左傳云臧武仲如晉雨過御叔御叔在其邑將飲酒曰焉用聖人我將飲酒而已雨行何以聖爲穆叔聞之曰不可使也杜預云御叔魯御邑大夫○又武仲多知時人謂之聖云段干木偃寢而軾閭衆史記魏世家云魏文侯受子貢經藝客段干木過其閭未嘗不軾也是矣

孟子爲卿於齊出弔於滕王使蓋大夫王驩爲輔行王驩朝暮見反齊滕之路未嘗與之言行事也孟子嘗爲齊卿出弔於。滕君蓋齊下邑也王以治蓋之大夫王驩爲輔行輔副使也王驩齊之諂人有寵於齊。後爲右師孟子不悅其爲人雖與同使而行未嘗與之言行事不願與之相比也

公孫丑曰齊卿之位不爲小矣齊滕之路不爲近矣反之而未嘗與言行事何也丑怪孟子不與驩議行事也

曰夫既或治之予何言哉既已也或有也孟子曰夫人既自謂有治行事我將復何言哉言其專知自善不知諮於人也蓋言道不合者故不相與言所以有是而言之也已

【疏】孟子爲卿於齊至予何言哉○正義曰此章言道不合者不相與言也孟子爲卿於齊出弔於滕至未嘗與言行事也者言孟子嘗爲卿相於齊時自齊國出弔於滕國之君齊王使齊之下邑大夫名曰王驩者爲之輔行輔行言其爲副使也王驩旦夕見孟子及反歸自齊滕之道路而孟子未嘗與之言行事也公孫丑問曰齊卿之位不爲小矣齊滕之路不爲近矣反之而未嘗與言行事何也者公孫丑問孟子言齊王卿相之位不爲卑小矣自齊至滕其相去之路又不爲近矣然而自滕反歸齊其於道路之中未嘗與王驩言行治之事是如之何也以其公孫丑有怪孟子不與王驩言故問之以此耳曰夫既或治之予何言哉者孟子荅公孫丑以謂夫王驩既以嘗自謂有治行事我將復何言哉以其王驩自專爲善不諮訪人故孟子所以未嘗與之言也○注王驩後爲右師○正義曰此蓋推經於離婁篇有云孟子不與右師言右師不悅是知王驩後爲右師也王驩姓王名驩字子敖又云至於公行之喪以其禮解之者蓋亦經之文也

孟子注疏解經卷四上

孟子注疏卷四上校勘記

阮元撰盧宣旬摘録

旺相孤虛之屬也　閩監毛三本同音義本廖本孔本韓本考文古本旺作王

而破之走者　各本同岳本破作被

余焉能戰是也　閩監毛三本同廖本孔本韓本考文古本作若是之類也

使懷德也　閩監毛三本同廖本孔本韓本考文古本使下有民字

仗其道德而已矣　閩監毛三本同廖本孔本韓本考文古本作仗道德也

寡助之至　音義至或作主

章指言民和爲貴貴於天地故曰得乎丘民爲天子　足利本作天下非也

注得乎丘民而爲天子　按此章指文也浦鏜云今脫未知屬何節下非也

孟子雖仕齊　閩監毛三本同岳本廖本孔本韓本仕下有於字

使人往謂孟子　廖本孔本韓本考文古本同閩監毛三本往誤來

有惡寒之疾　閩監毛三本同廖本孔本韓本考文古本疾作病

故稱其有疾而拒之也　閩監毛三本同廖本孔本韓本考文古本無其字而拒之也四字

今日弔　閩監本孔本韓本同廖本毛本日作以形近之譌考文引作今以弔云今下古本有日字足利本同尤非

從學於孟子者也　閩監毛三本同廖本孔本韓本考文古本無從字

當必造朝也　廖本孔本韓本同閩本當必誤倒監毛本承閩本之誤

而心不欲至朝　各本同考文古本心作必

具以語景丑氏耳　閩監毛三本同廖本考文古本景丑作景子無氏耳二字孔本韓本作且以語景子足利本作且以語景子耳

君臣主敬石經諱敬作欽下並作欽

景丑責孟子廖本孔本韓本同閩監毛三本丑作子

今人皆謂王無知閩監毛三本孔本韓本同廖本考文古本皆作言誤

豈有如我敬王者也閩監毛三本同廖本孔本韓本考文古本也作邪足利本作耶

禮父召無諾無諾而不至也各本同考文古本無無諾二字

我豈謂是君臣召呼之間乎廖本孔本韓本同閩監毛三本召呼誤倒

曾子豈嘗言不義之事邪孔本韓本考文古本同閩監毛三本嘗誤常

我臣輕於王乎考文古本同閩監毛三本孔本韓本足利本臣作豈按豈是也

桓公之於管仲桓石經諱似作威

烈之卑也閩監毛三本同廖本孔本韓本考文古本上有功字足利本也作耳

可從而受教者也閩監毛三本同廖本孔本韓本考文古本無而字也字

故非齊王之召已也是以不往而朝見於齊王也閩監毛三本同廖本孔本韓本考文古本上也字作巳無而朝見於齊王六字足利本與古本同無上也字

章指言人君以尊德樂義爲賢君子以守道不回爲志

言晉楚二君之富閩監毛三本君作國

而晉楚富貴不足爲富貴也閩監毛三本爲上有以字

一鎰是爲二十四兩也故云兼金一百百鎰也閩監毛三本同廖本考文古本此十八字作鎰二十兩四字孔本韓本作鎰二十兩也足利本作鎰二十四兩○按作二十兩乃與爲巨室章合

可鬻以作兵備音義出可鬻云本或作育

安有君子而可以貨財見取之乎閩監毛三本同廖本孔本韓本考文古本無可之二字

是其禮當其可也閩監毛三本同廖本孔本韓本考文古本無此七字

章指言取與之道必得其禮於其可也雖少不辭義之無處兼金不顧

是則今日之受宋七十鎰爲非也如今日之受宋七十鎰爲是閩本同監毛本兩七十鎰下並有受薛五十鎰五字

平陸齊之邑也閩監毛三本同廖本孔本韓本考文古本之作下

以昭果毅閩監毛三本足利本同岳本孔本韓本以作戒與左傳合考文古本以上有戒字非

凶年饑歲閩監毛三本韓本同石經廖本孔本饑作飢

爲罪者也閩監毛三本同廖本孔本韓本考文古本無者字

爲王言孔距心語者也閩監毛三本同廖本孔本韓本考文古本言下有所與二字

故受其罪也閩監毛三本同廖本孔本韓本考文古本無也字

章指言人臣以道事君否則奉身以退詩云彼君子兮不素餐兮言不尸其祿也

他日距心自見於王補案距心自三字疑衍

邑有先君之宗廟曰都至不素餐兮閩本同監毛本刪至不素餐兮五字按不素餐兮章指文也僞疏連解之故出此文

云彼君子兮不素餐兮者詩國風伐檀之篇文也箋云彼君子者斥伐檀之人仕有功者乃肯受祿毛氏云孰

食曰餐箋云如魚餐之餐 閩本同監毛本刪去

無使非麗於民 閩監毛三本同岳本廖本孔本韓本無作毋音義出毋使按作無非也

孟子爲蚳鼃謀 廖本閩本孔本韓本考文古本足利本同監毛本謀誤諫

不用而去 閩監毛三本同廖本孔本韓本考文古本無不用二字

不用而不去 閩監毛三本同廖本孔本韓本無不用二字而作又考文古本與廖本同又作亦

諫諍之官也 閩監毛三本同廖本孔本韓本諍作爭

皆當致仕而去 閩監毛三本孔本韓本同廖本仕作位

豈不綽綽然舒緩有餘裕乎 閩監毛三本同廖本孔本韓本作豈不綽然

章指言執職者劣藉道者優是以臧武仲雨行而不息段干木偃寢而式閭 考文古本誤問

○註臧武仲段干木○正義曰按魯襄公二十二年左傳云臧武仲如晉雨過御叔御叔在其邑將飲酒曰焉用聖人我將飲酒而已雨行何以聖爲穆叔聞之曰不可使也杜預云御叔魯御邑大夫又武仲多知時人謂之聖云段干木偃寢而軾閭按史記魏世家云魏文侯受子貢經藝客段干木過其閭未嘗不軾也是矣 此僞疏釋章指文也閩本同監毛本刪去

出弔於滕君 閩監毛三本同廖本孔本韓本考文古本無於字

有寵於齊王 閩監毛三本同廖本孔本韓本考文古本齊作王

蓋言道不合者故不相與言所以有是而言之也已 閩本同監毛本孔本韓本考文古本無此二十字

章指言道不合者不相與言王驩之操與孟子殊君子處時危言遜行 孔本韓本考文古本作危行言遜 故不尤之但不與言至於公行之喪以禮爲解也

孟子注疏卷四上挍勘記

奉新趙儀吉校

孟子注疏解經卷第四下

公孫丑章句下　趙氏注　孫奭疏

孟子自齊葬於魯，反於齊，止於嬴。充虞請曰：前日不知虞之不肖，使虞敦匠事。嚴，虞不敢請。今願竊有請也：木若以美然。孟子仕於齊，喪母而歸葬於魯也。嬴，齊南邑。充虞，孟子弟子。敦匠，厚作棺也。事嚴，喪事急。木若以泰美然也。曰：古者棺槨無度，中古棺七寸，槨稱之。自天子達於庶人，非直爲觀美也，然後盡於人心。孟子言古者棺槨厚薄無尺寸之度，中古謂周公制禮以來，棺槨七寸，槨薄於棺，厚薄相稱相得也。從天子至於庶人，厚薄皆然，但重累之數、牆翣之飾有異，非直爲人觀視之美好也。厚者難腐朽，然後盡。於人心所不忍也。謂一世之後，孝子更去辟世，是爲人盡心也。過是以往，變化自其理也。

不得不可以爲悅，無財不可以爲悅。得之爲有財，古之人皆用之，吾何爲獨不然？悅者，孝子之欲厚送親，得之則悅也。王制所禁，不得用之，不可以悅心也。無財以供，則度而用之。禮，喪事不外求，不可稱貸而爲悅也。禮得用之，財足備之，古人皆用之，我何爲獨不然？不然者，言其不如是也。且比化者，無使土親膚，於人心獨無恔乎？恔，快也。棺槨敦厚，比親體之變化，且無令土親膚，於人子之心，獨不快然無所恨也。吾聞之：君子不以天下儉其親。我聞君子之道，不以天下人所得用之物，儉約於其親。言事親竭其力者也。論。語曰：生事之以禮，死喪之以禮，可謂孝也已。

疏「孟子自齊葬於魯」至「不以天下儉其親」。正義曰：此章言孝必盡心，匪禮之踰也。「孟子自齊葬於魯，反於齊，止於嬴」者，言孟子仕於齊國，喪其母，乃歸葬於魯國，既葬，又反於齊，下嬴邑而止焉。「充虞請曰：前日不知虞之不肖，使虞敦匠事。嚴，虞不敢請。今願竊有請也：木若以美然」者，充虞，孟子弟子也，言孟子止於嬴邑，弟子充虞請見於孟子，曰：前日孟子喪母之時，孟子不知虞之不肖，乃使虞敦匠厚作其棺，以其是時喪事嚴急，故虞不敢請問。孟子今以孟子既葬而反，願竊得而請問也。木若以美然，此充虞請問此也，其問孟子爲棺槨之木若以泰美然也。「曰：古者棺槨無度，中古棺七寸，槨稱之，自天子達於庶人，非直爲觀美也，然後盡於人心」至「吾聞之君子不以天下儉其親」者，此皆孟子荅充虞而言也。言上古之人棺槨薄厚無尺寸之度，自中古以來，棺厚七寸，以槨相稱之，自天子通於庶人皆然，非謂直爲人觀美好也，然後乃爲盡於人心也。以其不得其厚用之，則不可以爲悅於心也；既得以此厚用之，而財物無以供贍其度，亦不可以爲悅於心；如得之以此厚用，又有財物以供其度，古之人皆用之以厚葬其親也，我何爲而獨不如是也？且棺槨敦厚，比親體之變化，無使其土壤親其肌膚，於人子之心獨無快乎？恔，快也。以其人子之心如此，得厚葬其親，乃快然而弗恨也。我聞之君子者，不以天下所得用者而儉薄其親也。○注「嬴，齊南邑」。○正義曰：案魯桓公三年左傳杜預注云：嬴，齊邑，今泰山嬴縣是也。○注「重累之數，牆翣之飾」。○正義曰：案禮記檀弓云：周人牆置翣。鄭注云：牆，柳衣也。凡此皆後王之制。又案阮氏圖云：柳，柳車也，四輪一轅，車長丈二尺，高五尺。案喪大記云：君飾棺，黼翣二，黻翣二，畫翣二，龍翣二。禮器云：天子八翣，大夫四翣。又鄭注喪大記引漢禮：翣以木爲筐，廣三尺，高二尺四寸，方兩角高，以白布畫雲氣，其餘各如其象，柄長五尺，車行使人持之而從，以障；既窆，樹於壙中，障柩也。○注「論語曰：生事之以禮，死葬之以禮」。○正義曰：經於滕文之篇亦引爲曾子言也，已說在前。

沈同以其私問曰：燕可伐與？孟子曰：可。子噲不得與人燕，子之不得受燕於子噲。沈同，齊大臣，自以私情問，非王命也，故曰私。子噲，燕王也。子之，燕相也。孟子曰可者，以子噲不以天子之命而擅以國與子之，子之亦不受天子之命而私受國於子噲，故曰其罪可伐。有仕於此，而子悅之，不告於王而私與之吾子之祿爵；夫士也，亦無王命而私受之於子，則可乎？何以異於是？子謂沈同也。孟子設此以譬燕王之罪。齊人伐燕。沈同以孟子言可，因歸勸其王伐燕。或問曰：勸齊伐燕，有諸？有人問孟子勸齊王伐燕有之。曰：未也。沈同問燕可伐與，吾應之曰可彼然而伐之也孟子曰我未勸王也同問可伐乎吾曰可彼然而伐之也彼如曰孰可以伐之則將應之曰爲天吏則可以伐之彼如將問我曰誰可以伐之我將曰爲天吏則可以伐之天吏天所使謂王者得天意者可彼不復問孰可便自往伐之矣今有殺人者或問之曰人可殺與則將應之曰可彼如曰孰可以殺之則將應之曰爲士師則可以殺之今以燕伐燕何爲勸之哉今有殺人者問此人可殺否將應之曰可爲士官主獄則可以殺之矣言燕雖有罪猶當王者誅之耳譬如殺人者雖當死士師乃得殺之耳今齊國之政猶燕政也不能相踰又非天吏也我何爲勸齊國伐燕國乎

【疏】沈同以其私問曰至何爲勸之哉○正義曰此章言誅不義者必須聖賢禮樂征伐自天子出王道之正者也沈同齊之大臣沈同以其私問曰燕可伐歟孟子曰可子噲不得與人燕子之不得受燕於子噲者子噲燕王名也子之燕相之名也言沈同非王命以

其私情自問孟子曰燕王可伐之歟孟子荅之以爲可伐之也蓋以燕王不得天子之命而擅與其國於子之子之亦不得天子之命而私受燕國於子噲故其專擅如此可以伐之也有仕於此而子悅之不告於王而私與之吾子之祿爵夫士也亦無王命而私受之於子則可乎何以異於是者此皆孟子設此譬喻王之罪而可伐者也吾子謂沈同也言今有爲之仕於此齊國而子喜悅之爲人乃不告於王而私自與之吾子之祿爵夫爲之士者又無王之所命而私自受祿爵於子則可矣否乎今燕王所以爲可伐之罪何以有異於此齊人伐燕者以其沈同問於孟子之言爲燕可伐於是歸勸齊王而伐之或問勸齊伐燕有諸者言有人或問於孟子以爲孟子勸齊伐燕是有勸之之言否曰未也沈同問燕可伐與吾應之曰可彼然而伐之也者孟子荅或人以爲我未嘗勸王也以其沈同問我謂燕可伐之歟我應之曰可彼以爲是而伐之也彼如曰孰可以伐之則將應之曰爲天吏則可以伐之者孟子又荅之或人言彼如問我曰誰可以伐之我將應之曰爲天吏天所使者則可以伐之矣今有殺人者或問之曰人可殺歟至何爲勸之哉者孟子又以此言而比喻齊之伐燕也言今有殺人者或問我曰人可以殺之歟我將應之曰可以殺之彼如復問誰可以殺之我則將應之曰爲

王師主獄之官則可以殺之矣今以齊國之政亦若燕之政是皆有燕之罪以燕伐燕我何爲勸齊王以伐燕乎以其燕之雖有其罪亦當王者則可以誅之耳○注子噲燕王也子之燕相也○正義曰案史記世家云易王立十二年子燕噲立噲立齊人殺蘇秦蘇秦之在燕與其相子之爲婚燕噲三年與楚三晉攻秦不勝而還子之相燕貴重主斷蘇代爲齊使於燕燕王問曰齊王奚如對曰必不霸燕王曰何也對曰不信其臣於是燕王大信子之子之遺蘇代百金乃謂燕王不如以國讓子之以謂堯賢者讓天下於許由許由不受有讓天下之名而實不失天下今王以燕國讓子之子之亦必不敢受是王與堯同行也燕王因屬國於子之子之大重於是南面行王事而噲老不聽政國事皆決於子之三年國大亂百姓恫恐孟軻謂齊王曰今伐燕此文武之時不可失也齊王因令章子將五都之兵以伐燕燕噲死齊大勝燕子之亡凡此是其事也○注云禮樂征伐自天子出○正義曰此蓋論語季氏孔子之言也言王者功成制禮治定作樂立司馬之官掌九伐之法諸侯不得制禮作樂賜弓矢然後專征伐是禮樂征伐自天子出也

燕人畔王曰吾甚慙於孟子燕人畔不肯歸齊齊王聞孟子與沈同言爲未勸王今竟不能有燕

故慙之

陳賈曰王無患焉王自以爲與周公孰仁且智王曰惡是何言也陳賈齊大夫也問王曰自視何如周公仁智乎欲爲王解孟子意故曰王無患焉王歎曰是何言言周公何可及也曰周公使管叔監殷管叔以殷畔知而使之是不仁也不知而使之是不智也仁智周公未之盡也而況於王乎賈請見而解之賈欲以此說孟子也見孟子問曰周公何人也賈問之也曰古聖人也孟子曰周公古之聖人也曰使管叔監殷管叔以殷畔也有諸賈問有之否乎曰然孟子曰如是也曰周公知其將畔而使之與賈問之也曰不知也孟子曰周公不知其將畔也然則聖人且有過與過謬也賈曰聖人且猶有謬誤曰周公弟也管

叔兄也周公之過不亦宜乎孟子以爲周公雖知管叔不賢亦必不知其將畔周公惟管叔弟也故愛之管叔念周公兄也故望之親親之恩也周公之此過謬不亦宜乎且古之君子過則改之今之君子過則順之古之君子其過也如日月之食民皆見之及其更也民皆仰之今之君子豈徒順之又從爲之辭古之所謂君子真聖人賢人君子也周公雖有此過乃誅三監作大誥明勑庶國是周公改之也今之所謂君子非真君子也順過飾非或爲之辭孟子言此以譏賈不能匡君而欲以辭解之

疏燕人畔至又從爲之辭○正義曰此章言聖人親不文其過小人順非以諂其上者也燕人畔王曰吾甚慙於孟子者言燕人皆離畔不肯歸齊王齊王聞孟子與沈同言未嘗勸王伐燕今果不能得燕乃曰我甚慙恥而見於孟子陳賈曰王無患焉王自以爲與周公孰仁且智者陳賈齊國之大夫也言於齊王以爲無用憂患慙於孟子也且王自以爲與周公孰仁且智乎賈欲以此解王故問之以此王曰惡是何

言也者齊王乃歎曰此是何言也周公大聖人安可得而及之曰周公使管叔監殷管叔以殷畔知而使之是不仁也不知而使之是不智也仁智周公未之盡也而況於王乎賈請見而解之者言陳賈請周公使管叔爲三監於殷管叔乃背畔於殷周公知管叔有背畔之心而復使爲監是周公之不仁也周公不知管叔將有背畔之心而使之爲監是周公之不智也仁與智而周公大聖人也尚未之能盡而況於齊王乎賈今請以此見孟子爲王解之見孟子問曰周公何人也賈遂見孟子果以此說問於孟子以謂周公是何等人也曰古之大聖人也孟子荅之以爲周公是古之大聖人也曰使管叔監殷管叔以殷畔也有諸賈又問孟子以謂周公使管叔爲監於殷管叔以殷而背畔之有之否乎曰然孟子荅之以是有之也曰周公知其將畔而使之與賈又問之以謂周公知管叔將欲背畔故使之爲監與曰不知也孟子荅之以爲周公不知管叔將背畔然則聖人且有過與賈又問之如是則周公爲古之大聖人尚且有過失乎曰周公弟也管叔兄也周公之過不亦宜乎孟子以爲周公雖知管叔不賢亦不能知其將有畔之心周公惟管叔弟也故愛之而使爲監管叔念是周公兄也故亦望之是則周公有是之過謬亦宜之也以親親之故不得不然耳且古之君子過則改之至今之君子又從爲之辭者孟子又言古之君子如周公雖有此過然而亦能誅三監作大誥以明勑庶國則周公故能改之也今之君子非真君子有過則順而不改古之君子其有過也如日月之蝕焉民皆得知而見之及其更也民皆得而仰望之今之君子豈徒順其過而不改又且從其有過復作言辭以文飾其過耳孟子所以言此者以其欲譏陳賈不能匡正齊王之過又從爲此周公管叔之辭順其王之過而文之也○注燕人畔王聞孟子與沈同言正義曰此蓋前段案史記世家言之詳矣○注誅三監作大誥明勑庶國正義曰案尚書大誥篇云武王崩三監及淮夷叛周公相成王將黜殷作大誥孔安國云三監管蔡商是也言作大誥以誥天下又案史記云周公奉成王命興師東伐作大誥遂誅管叔殺武庚放蔡叔收殷餘民

孟子致爲臣而歸辭齊卿而歸其室也王就見孟子曰前日願見而不可得謂未來仕齊也遥聞孟子之賢而不能得見之得侍同朝甚喜來就爲卿君臣同朝得相見故喜之也今又棄寡人而歸今致爲臣棄寡人而歸不識可以繼此而得見乎不知可以續今日之後遂使寡人得相見否乎

對曰不敢請耳固所願也孟子對王言不敢自請耳固心之所願也孟子意欲使王繼今當自來謀也他日王謂時子曰我欲中國而授孟子室養弟子以萬鍾使諸大夫國人皆有所矜式子盍爲我言之時子齊臣也王欲於國中而爲孟子築室使教養一國君臣之子弟與之萬鍾之祿中國者使學者遠近均也矜敬也式法也欲使諸大夫國人皆敬法其道盍何不也謂時子何不爲我言之於孟子知肯就之否時子因陳子而以告孟子陳子孟子弟子陳臻也陳子以時子之言告孟子孟子曰然夫時子惡知其不可也如使予欲富辭十萬而受萬是爲欲富乎孟子曰如是夫時子安能知其不可乎時子以我屬欲富故以祿誘我我往者饗十萬鍾之祿以大道不行故去耳今更當受萬鍾是爲欲富乎距時子之言所以有是云也

季孫曰異哉子叔疑二子孟子弟子也季孫知孟子意不欲而心欲使孟子就之故曰異哉弟子之所聞也子叔心疑惑之亦以爲可就之矣使已爲政不用則亦已矣又使其子弟爲卿人亦孰不欲富貴而獨於富貴之中有私龍斷焉孟子解二子之異意疑心曰齊王使我爲政不用則亦自止矣今又欲以其子弟故使我爲卿與我萬鍾之祿人亦誰不欲富貴乎是猶獨於富貴之中有此私登龍斷之類也我則恥之古之爲市也。以其所有易其所無者有司者治之耳有賤丈夫焉必求龍斷而登之以左右望而罔市利人皆以爲賤故從而征之征商自此賤丈夫始矣古者市置有司但治其爭訟不征稅也賤丈夫貪人可賤者也入市則求龍斷而登之龍斷謂堁斷而高者也左右占視。望見市中有利罔羅而取之人皆賤其貪者也故就征取其利後世緣此遂征商人孟子言我苟貪萬鍾不恥屈道亦與此賤丈夫何異也古者謂周公以前周禮有關市之征也

【疏】孟子致爲臣而歸至自此賤丈夫始矣○正義曰此章言君子正身行道道之不行命也不爲利回也孟子致爲臣而歸是孟子辭齊卿而歸處於室也王就見孟子曰前日願見而不可得至不識可以繼此而得見乎是齊王見孟子辭齊卿而歸於室乃就孟子之室而見孟子曰前日未仕齊時聞孟子之賢願見之而不能得見後得侍於我而爲之卿遂得同朝相見故甚喜之今乃又棄去寡人而歸處於室我不知可以繼今日之後而使寡人得相見否故以此問孟子孟子對曰不敢請耳固所願也孟子意欲使王繼今日之後當自來就見故云不請見固我心之所願也他日王謂時子曰我欲中國而授孟子室至盍爲我言之時子齊王之臣也言自見孟子已往他日齊王又謂其臣時子曰我今欲以中國授孟子爲築其室教養一國之子弟故賜予以萬鍾之祿使其諸大夫與一國之人皆有所敬法時子何不爲我以此言說之時子因陳子而以告孟子陳子陳臻也是孟子弟子也時子於是因陳臻而以齊王之言使陳臻告於孟子陳子以時子之言告孟子至是爲欲富乎是陳子乃以時子所告齊王之言而告於孟子孟子乃荅之曰然如是也夫時子又安知其有不可也如使我欲富其祿我以辭去十萬之祿而受其萬是以爲我欲其富乎云乎者是不爲欲富也孟子欲以此言距時子也季孫曰異哉子叔疑季孫子叔二子皆孟子弟子也季孫知孟子意不欲遂時子之言而心尚欲孟子就之故但言異哉弟子之所聞也子叔疑之亦以爲可就使已爲政不用則亦已矣又使其子弟爲卿至有私龍斷焉者孟子又言齊王使已爲政之道既以不得用則我亦以辭之而止於其室矣又欲以子弟之教而使我爲卿以與我萬鍾之祿人亦誰不欲其富貴乎然以此者是亦猶獨於富貴之中私登龍斷之類也以其恥之所以言然古之爲市也以其所有易其所無者至自此賤丈夫始矣者孟子又言古之所以爲市者以其有無相貿易耳有司者但治其爭訟而不征稅也有賤丈夫則必求丘龍堁斷之高者而登之以左右占望見市中有利罔羅而取之人皆以爲賤丈夫焉故後世亦從而征取其市中之稅以其所以征商之稅於後世者亦自此賤丈夫登龍斷而罔市利爲之始矣故曰故從而征之征商自此賤丈夫始矣周禮有司關司市是有司者也○注云古者謂周公前周禮有關市之征正義曰此蓋前篇說之詳矣此不復說

孟子去齊宿於晝。有欲爲王留行者晝齊西南近邑也孟子去齊欲歸鄒至晝地而宿也齊人之知孟子者追送見之欲爲王留孟子。行坐而言不應隱几而臥客危坐而言留孟子之言也孟子不應荅因隱倚其几而臥也客不悅曰弟子齊宿而後敢言夫子臥而不聽請勿復敢見矣齊敬宿素也弟子素持敬心來言夫子慢我不受我言言而遂起退欲去請絕也曰坐我明語子孟子止客曰且坐我明告語子昔者魯繆公無人乎子思之側則不能安子思泄柳申詳無人乎繆公之側則不能安其身往者魯繆公尊禮子思子思以道不行則欲去繆公常使賢人往留之說以方且聽子爲政然則子思復留泄柳申詳亦賢者也繆公尊之不如子思二子常有賢者在繆公之側勸以復之其身乃安矣子爲長者慮而不及子思子絕長者乎長者絕子乎長者老者也孟子年老故自稱長者言子爲我慮不如子思時賢人也不勸王使我得行道而但勸

我留留者何爲哉此爲子絶我乎又我絶子乎何爲而慍恨也【疏】孟子去齊至絶予乎○正義曰此章言惟賢能安賢智能知微以愚喻智道之所以乖也孟子去齊宿於晝有欲爲王留行者晝齊之近邑也言孟子去齊欲歸鄒至晝而宿齊人見之有欲爲王留行者也坐而言不應隱几而臥言爲王留行者危坐而説留孟子之行言孟子乃隱倚其几但臥而不應荅也客不悦曰弟子齊宿而後敢言夫子臥而不聽請勿復敢見矣客爲王留行者也齊敬也宿素也言客見孟子不應荅其言但隱几而臥爲遂欲退乃曰弟子素齊敬其心而後方敢言留夫子之行夫子今乃臥而不聽其言自今請絶於此後勿復更敢見夫子矣曰坐我明語子孟子遂止客且坐言我分明言告於子云自昔繆公至長者絶子乎是皆明告之言也言往日魯國繆公無人於子思之側以導達其意則不能安子思泄柳申詳無人於繆公之側以稱譽其賢則泄柳申詳不能安其身以其子思之於繆公師道也非求容者也故繆公無人於子思之側則不能安子思泄柳申詳之於繆公臣道也則求容者也故無人於繆公之側則不能安其身今孟子所以言此者是謂齊之士不能爲王謀安於孟子未去之前遠至出晝然後方爲留行此所以隱几臥而不荅也齊之留行之士不知以此但以爲孟子不應遂不悦而請勿復見如此是留行之士不以安子思而謀安孟子但請勿復見爲言以其自絶於孟子矣故孟子所以言子爲長者慮而不及於子思是子絶其長者乎是長者絶子矣以其不以安子思而謀安孟子於未去之前是爲孟子慮者不及子思特欲爲泄柳申詳之所爲耳故孟子所以有是言之以曉其所以隱几而臥不應之意也長者孟子以年己之老自稱爲長者也○注晝齊西南近邑○正義曰蓋以鄒在魯而魯又在齊之西南上孟子去齊歸鄒至晝而宿是知晝之地爲齊之西南近邑者也故云近邑

孟子去齊尹士語人曰不識王之不可以爲湯武則是不明也識其不可然且至則是干澤也千里而見王不遇故去三宿而後出晝是何濡滯也士則茲不悦尹士齊人也干求也澤祿也尹士與論者言之云孟子不知則爲求祿濡滯淹久也既去近留於晝三日怪其淹久故云士於此事則不悦也高子以告高子亦齊人孟子弟子以尹士之言告孟子也曰夫尹士惡

知予哉千里而見王是予所欲也不遇故去豈予所欲哉予不得已也孟子曰夫尹士安能知我哉我不得已而去耳何汲汲而驟馳乎予三宿而出晝於予心猶以爲速王庶幾改之王如改諸則必反予我自謂行速疾矣冀王庶幾能反覆招還我矣夫出晝而王不予追也予然後浩然有歸志浩然心浩浩有遠志也予雖然豈舍王哉王由足用爲善王如用予則豈徒齊民安天下之民舉安王庶幾改之予日望之孟子以齊大國知其可以行善政故戀戀望王之改而反之是以安行也豈徒齊民安言君子達則兼善天下也予豈若是小丈夫然哉諫於其君而不受則怒悻悻然見於其面去則窮日之力而後宿哉我豈若狷狷急小丈夫恚怒其君而去極日力而宿懼其不遠者哉論曰悻悻然小人哉言已志大在於濟一世之民不爲小節也尹士聞之曰士誠小人也尹士聞義則服故曰士誠小人也【疏】孟子去齊至士誠小人也○正義曰此章言大德洋洋介士察察賢者志其大者不賢者志其小者也孟子去齊者言孟子去齊而歸鄒也尹士語人曰至士則茲不悦尹士齊人也尹士見孟子去齊而宿於晝乃語人曰不知齊王不可以爲湯武之王則是孟子蒙昧而不明覽也知齊王不可爲湯武之王然且自鄒至齊而爲仕則是孟子干求其祿也今自千里之遠而見齊王不遇不行其道故復去而歸然而三宿而後方出晝而行是何其濡滯淹久也我則以此不悦之也高子以告高子亦齊人爲孟子弟子也高子以此尹士語人之言而告於孟子曰夫尹士惡知予哉至而後宿哉是孟子荅高子以爲夫尹士者安知我之志哉我千里而見王是我欲行道也不遇於齊王不得行其道故去豈我心之所欲哉我不得已而去之矣我三宿而後出晝邑而行於我心尚以爲急速也齊王如能改之使我得行其道則必反留我回耳夫出晝邑至三宿而齊不我追而還齊國我然後浩浩然有歸志也我雖然有浩然歸之之志

然而豈肯舍去王哉王猶可足用爲之善政王如用我則豈徒使齊國之民安泰天下之民亦皆安泰矣王庶幾能改而反我我日常望之於王矣我豈若猶猶急小丈夫恚怒其君而去爲其諫於君而不受則悻悻然心有所怒而見於面容去則極日力而後方止宿哉孟子如此所以云然也尹士聞之曰士誠小人也尹士聞孟子言之以此故服其義而言於孟子曰士實小人也以其不能知孟子之意有如此矣

孟子去齊充虞路問曰夫子若不豫色然前日虞聞諸夫子曰君子不怨天不尤人路道也於路中問也充虞謂孟子去齊有恨心顏色故不悅也曰彼一時此一時也五百年必有王者興其間必有名世者由周而來七百有餘歲矣以其數則過矣以其時考之則可矣彼時前聖賢之出是其時也今此時亦是其一時也五百年王者興有興王道者也名世次聖之才物來能名正於一世者生於聖人之間也七百有餘歲謂周家王迹始興大王文王以來考驗其時則可有也夫天未欲平治天下也如欲平治天下當今之世舍我其誰也吾何爲不豫哉孟子自謂能當名世之士時又值之而不得施此乃天自未欲平治天下耳非我之愆我固不怨天何爲不悅豫乎是故知命者不憂不懼與天消息而已矣

疏孟子去齊充虞路問曰至吾何爲不豫哉○正義曰此章言聖賢興作與天消息天非人不因人非天不成也孟子去齊充虞路問曰至不尤人言孟子歸鄒弟子充虞於路中問孟子曰夫子若有不悅豫之顏色然前日虞聞夫子有言君子之人凡於事不怨恨於天不見過於人也曰彼一時此一時也至吾何爲不豫哉孟子荅充虞以謂彼時聖賢之所出是其時也此時今時亦是其一時也五百年之後必有王者與爲於其間亦必名世大賢者今自周興大王文王以來已有七百有餘歲矣以其年數推之則過於五百年矣以其時考之而其時亦可有也今天自未欲平治天下也如天欲使平治天下則當今之世捨我其誰哉此孟子所以歸於天命道行與不行皆未嘗有不悅之色也故曰吾何爲不豫哉蓋孟子所以言此者以其自謂能當名世之士而時又值不得施爾

孟子去齊居休公孫丑問曰仕而不受祿古之道乎休地名丑問古人之道仕而不受祿邪怪孟子於齊不受其祿也曰非也於崇吾得見王退而有去志不欲變故不受也崇地名孟子言不受祿非古之道於崇吾始見齊王知其不能納善退出志欲去矣不欲即去若爲變詭見非太甚故且宿留心欲去故不復受其祿也繼而有師命不可以請久於齊非我志也言我本志欲速去繼見之後有師旅之命不得請去故使我久而不受祿耳久非我本志也

疏孟子去齊至非我志也○正義曰此章言祿以食功志以率事無其事而食其祿君子不由也孟子去齊居休休乃地名也言孟子去齊乃居於休之地蓋齊邑下之地也公孫丑問曰仕而不受祿古之道乎公孫丑問孟子曰夫爲仕而不受爵祿古之道誠然乎丑以其怪孟子於齊不受祿故以此問之曰非也於崇吾得見王至非我志也者孟子荅之曰我非不受祿也亦非古之道如此也然我於崇之地我始得見於齊王知王不能納善故退而有去之心又其不欲遽變爲苟去故於祿有所不受也無他以其道不行

不敢無功而受祿也已既去而齊王續以賓師之命而禮貌之故由足爲善遂不敢請去是以久留於齊非我之志也但不得已而已矣

孟子注疏解經卷第四下

南昌縣知縣陳煦栞

孟子注疏卷四下挍勘記　阮元撰盧宣旬摘錄

孟子仕於齊　閩監毛三本孔本韓本同廖本仕作事案事仕宋刻書往往通用

而歸葬於魯也　閩監毛三本同廖本孔本韓本無而也二字考文古本引歸葬於魯也無而字

棺椁七寸　閩監毛三本同廖本孔本韓本考文古本足利本椁作厚是也此形近之譌

然後盡於人心　閩監毛三本同廖本孔本韓本考文古本足利本盡上有能字

不然者言其不如是也　閩監毛三本同廖本孔本韓本考文古本作然如是也

且無令土親膚　閩監毛三本同廖本孔本韓本考文古本膚上有肌字

論語曰生事之以禮死葬之以禮可謂孝也已　閩監毛三本同孔本韓本考文古本無十八字案此章指文也

章指言孝必盡心匪禮之逾論語曰生事之以禮死葬之以禮可謂孝矣

高以白布　閩本同監毛本高下有衣字案監本此處有剜改痕是監本據禮記注增也

沈同以其私問曰　音義沈或作沉誤

我何爲勸齊國伐燕國乎　閩監毛三本同廖本孔本韓本考文古本作我何爲當勸齊伐燕乎

章指言誅不義者必須聖賢禮樂征伐自天子出王　考文古本作天道之正也

以其燕之雖有其罪　閩本同監毛本無之字

陳賈齊大夫也問王曰自視何如周公仁智乎欲爲王解孟子意故曰王無患焉王歎曰是何言言周公何可及也　閩監毛三本同廖本孔本韓本此注分二段陳賈至患焉在經文孰仁且智下王歎至及也在經文是何言也下

周公使管叔監殷　石經殷諱作商下同

亦必不知其將畔　閩監毛三本同岳本廖本孔本韓本考文古本必不作不必

周公之此過謬　閩監毛三本同廖本孔本韓本考文古本之作於

章指言聖人親親不文其過小人順非以諂其上也

孟子致爲臣而歸　石經每章提行此獨不提行誤

故寡之也　閩監毛三本同廖本孔本韓本考文古本無之字

遂使寡人得相見否乎　閩監毛三本同廖本孔本韓本無乎字

孟子對王言不敢自請耳　閩監毛三本孔本韓本同岳本廖本王作曰

王欲於國中而爲孟子築室　閩監毛三本同廖本孔本韓本考文古本而作央

使教養一國君臣之子弟　閩監毛三本同廖本孔本韓本教養作養教

遠近均也　閩監毛三本同廖本孔本韓本均作鈞

距時子之言所以有是云也　閩監毛三本同廖本孔本韓本考文古本無所以有是云五字

子叔心疑惑之亦以爲可就之矣　閩監毛三本同廖本孔本韓本考文古本無惑之二字之矣作也

古之爲市也　石經閩監毛三本韓本同孔本也作者

左右占視望　閩監毛三本同廖本孔本韓本考文古本無視字足利本作左右皆望

人皆賤其貪者也　閩監毛三本同廖本考文古本無者字孔本韓本足利本無者也二字

有關市之征也　閩監毛三本同廖本孔本韓本征作賦考文古本征作稅

章指言君子正身行道道之不行命也不爲利回創業可繼是以君子以龍斷之人爲惡戒也

宿於晝 各本同孔本韓本晝作畫注同案此當是采用舊說不必有本子也□按廣韻四十九宥晝字下云又姓晝邑大夫之後因氏焉出風俗通諸子晝字不當改爲畫字孔繼涵所引高郵老儒黃彥利之說但可存以參考

至晝地而宿也 閩監毛三本同廖本孔本韓本考文古本無地字

追送見之 閩監毛三本孔本韓本足利本同考文古本追作進

留孟子行 閩監毛三本同廖本孔本韓本考文古本行上有之字

弟子齊宿而後敢言 音義出齊宿云字亦作齋

其身乃安矣 閩監毛三本同廖本孔本韓本考文古本矣作也

章指言惟賢能安賢智能知微以愚喻智道之所以乖也

掩久也 閩監毛三本足利本同廖本孔本作猶稽也韓本作孰稽也考文古本作熟稽也考文一本作淹留

怪其孰久 韓本考文古本同廖本孔本孰作猶閩監毛三本作淹

則不悅也 閩監毛三本同廖本孔本韓本無則字

夫尹士惡知予哉 此及下兩予字毛本誤子

悻悻然見於其面 音義出悻悻云字或作悻悻然

我豈若狷狷急小丈夫 閩監毛三本同岳本廖本孔本韓本考文古本不重狷字□按不重者是

論曰 閩監毛三本同廖本孔本韓本考文古本作論語曰□按趙注多稱論

故曰士誠小人也 閩監毛三本同廖本孔本韓本考文古本無此七字無者是

章指言大德洋洋介士察察賢者志其大者不賢者志其小者此之謂也

夫子若不豫色然 補諸本若下有有字

顏色故不悅也 閩監毛三本同廖本孔本韓本考文古本無故字

彼時前聖賢之出是其時也 閩監毛三本同廖本孔本韓本考文古本無時字其作有足利本無之字

五百年王者興 閩監毛三本同廖本孔本韓本考文古本足利本年下有有字

正於一世者 閩監毛三本同廖本孔本韓本考文古本無於字

是故知命者不憂不懼與天消息而已矣 閩監毛三本同廖本孔本韓本考文古本無此文

章指言聖賢興作與天消息天非人不因人非天不成是

故知命者 足利本無者字 不憂不懼也

亦必名世大賢者 閩本必下剜增有字監毛本同

不受其祿也 閩監毛三本孔本同廖本韓本考文古本無其字

吾始見齊王 閩監毛三本孔本韓本同廖　見上有得字

見非太甚 閩監毛三本同廖本孔本韓本太作泰

故不復受其祿也 閩監毛三本同廖本孔本韓本考文古本無其字也字

章指言祿以食功志以率事無其事而食其祿君子不由也

孟子注疏卷四下挍勘記

奉新趙儀吉挍

孟子注疏解經卷第五上

滕文公章句上　凡五章

孫奭疏

趙氏注　滕文公者，滕國名；文，謚也；公者，國人尊君之稱也。文公於當時尊敬孟子，問以古道。猶衛靈公問陳於孔子，論語因以題篇。

【疏】正義曰：前篇章首論公孫丑有政事之才，問管晏之功，故曰公孫丑爲篇題，蓋謂行政莫大乎反古之道。是以此篇滕文公尊敬孟子，問以古道，如論語衛靈公問陳於孔子，遂以目爲篇題，不亦宜乎？故次公孫丑之篇，所以揭滕文公爲此篇之題也。此篇凡十五章，趙注分之，遂成上下卷。據此上卷凡五章而已：一章言人當上則聖人，秉仁行義；二章言事莫當於奉禮，孝莫大於哀慟；三章言尊賢師智，采人之善，修學校，勸禮義，勑民事，正經界，均井田，賦什一；四章言神農務本，教於世民，許行蔽道，君臣同耕，陳相背師，降于幽谷，孟子博陳堯舜上下之叙以正之；五章言聖人緣情制禮，以直正枉。其餘十章，趙注分爲下卷，各有叙焉。○注「滕文公」至「題篇」。○正義曰：案春秋魯隱公十一年，滕侯、薛侯來朝，爭長，滕侯曰：「我周之卜正也。」乃長滕侯。隱公七年杜預注云：「滕國在沛國公丘縣東南。」是滕文公之國，即滕侯之後也。謚法曰：「慈惠愛民曰文，忠信接禮曰文。」論語第十五篇衛靈公問陳於孔子，孔子對「俎豆之事則常聞之，軍旅之事未之學也」，遂以爲之篇題故也。

滕文公爲世子，將之楚，過宋而見孟子。孟子道性善，言必稱堯舜。文公爲世子，使於楚而過宋，孟子時在宋，與相見也。滕侯，周文王之後也。古紀世本錄諸侯之世，滕國有考公麋，與文公之父定公相直，其子元公弘與文公相直，似後世避諱，改考公爲定公，以元公行文德，故謂之文公也。孟子與世子言人生皆有善性，但當充而用之耳。又言堯舜之治天下，不失仁義之道，故勉世子。

世子自楚反，復見孟子。從楚還，復詣孟子，欲重受法則也。孟子曰：「世子疑吾言乎？夫道一而已矣。世子疑吾言有不盡乎？天下之道一而已矣，惟有行善耳，復何疑邪。成覸謂齊景公曰：『彼丈夫也，我丈夫也，吾何畏彼哉？』成覸，勇果者也，與景公言曰：尊貴者與我同丈夫。我亦能爲之，何爲畏彼之哉。顏淵曰：『舜何人也？予何人也？有爲者亦若是。』言欲有爲，當若顏淵，庶幾成覸不畏，乃能有所成耳。又以是勉世子也。公明儀曰：『文王我師也，周公豈欺我哉？』公明儀，賢者也。師文王，信周公，言其知所法則也。今滕，絕長補短，將五十里也，猶可以爲善國。滕雖小，其境界長短相補，可得大五十里，子男之國也，何可以行善者也。書曰：『若藥不瞑眩，厥疾不瘳。』」書逸篇也。瞑眩，藥攻人疾，先使瞑眩憒亂，乃得瘳愈，喻行仁當精熟，德惠乃治也。

【疏】「滕文公爲世子」至「厥疾不瘳」。○正義曰：此章言人上當則聖人，秉仁行義者也。「滕文公爲世子，將之楚，過宋而見孟子。孟子道性善，言必稱堯舜」者，世子，諸侯適子之稱也。言滕文公爲世子之時，往楚國而在宋國，過見孟子，孟子乃與世子文公道其人性皆有善，但當行之而已。凡有言則必以堯舜爲言，蓋堯舜古之受禪之帝，其治國所行之事皆爲後世所法，故言必堯舜之事言於世子文公，以其欲勉世子文公也。文公者，後謚世子爲文公也。「世子自楚反，復見孟子」者，是世子文公自宋而見孟子之後，往至楚國，又自楚國反歸，復見孟子於宋國也。「孟子曰：世子疑吾言乎？夫道一而已矣」者，孟子見世子復見，再有所問，乃曰世子是疑我言有不盡，故復見乎？言道之在天下一而已，惟當善行爲，何必復疑而再欲問邪。「成覸謂齊景公曰：彼丈夫也，我丈夫也，吾何畏彼哉」者，孟子又引礼曰成覸嘗謂齊景公曰：彼之尊貴者即丈夫也，我亦大夫也，言即一耳，我何爲畏之哉？是言我能爲之，亦如彼之尊貴矣，又何畏。顏淵有曰：舜何人也？我何人也？亦言其人即一耳，但有能爲之者，亦若此舜矣。故曰「舜何人也？予何人也？有爲者亦若是」。「公明儀曰：文王我師也，周公豈欺我哉」者，孟子又以公明儀有曰：文王者，我師法者也，周公豈欺誣我哉？言周公我亦信而師法之耳。「今滕，絕長補短，將五十里也，猶可以爲善國」者，孟子謂世子言：今之滕國之地，絕長補短，其廣大亦將有五十里也，尚可以爲行善之國也。五十里者，子男之國也，故曰猶可以爲善國。「書曰：若藥弗瞑眩，厥疾不瘳」者，此蓋今之尚書說命之篇文也。孟子引書云：若藥之攻人，人服之不以瞑眩憒亂，則其疾以不愈也。所以引此者，蓋孟子恐云今滕國絕長補短，將有五十里，猶可爲善國，有致世子之所嫌乃引此而喻之抑亦所謂良藥苦口忠言逆耳之意而解世子又有以勸勉焉○注文公爲世子至勉世子也○正義曰此蓋古紀世本之文也云滕有考公麋與文公之父定公相直其子元公洪與文公相直後世因避諱之故更考公爲定公元公爲文公以其能安民大慮故以定爲謚以其能慈惠愛民故以文爲謚魯有文公定公之號周有文王定王之名其謚雖與滕君同然稱其實謚不無異焉凡稱公者蓋古者天子有三公稱公王者之後稱公其餘大國稱侯伯小國稱子男之君亦得稱公者非僭之也以其國人尊之故稱公而已○注云成覸勇果者也公明儀賢者也○正義曰以意推之則成覸之勇果公明儀之賢者可知矣人亦未詳禮於檀弓有公明儀而注亦無所說亦以孟子之時事罕有所載學者亦不必規規務求極焉○注若藥不瞑眩厥疾不瘳○正義曰商書說命篇孔氏傳云開汝心沃我心如服藥必瞑眩極其病乃除欲其出切言以自警

滕定公薨世子謂然友曰昔者孟子嘗與我言於宋於心終不忘今也不幸至於大故吾欲使子問於孟子然後行事定公文公父也然友世子之傅也大故謂大喪也然友之鄒問於孟子孟子歸在鄒也孟子曰不亦善乎親喪固所自盡也不亦者亦也問此亦其善也曾子曰生事之以禮死葬之以禮祭之以禮可謂孝矣曾子傳孔子之言孟子欲令世子如曾子之從禮也蒋諸侯皆不行禮故使獨行之也諸侯之禮吾未之學也雖然吾嘗聞之矣三年之喪齊疏之服飦粥之食自天子達於庶人三代共之孟子言我雖不學諸侯之禮嘗聞師言三代以事君臣皆行三年之喪齊疏齊衰也飦糜粥也然友反命定爲三年之喪父兄百官皆不欲也故曰吾宗國魯先君莫之行吾先君亦莫之行也至於子之身而反之不可父兄百官滕文同姓異姓諸臣也皆不欲使世子行三年

滕魯同姓俱出文王魯周公之後滕叔繡之後敬聖人故宗魯者也且志曰喪祭從先祖曰吾有所受之也父兄百官且復言也志記也周禮小史掌邦國之志曰喪祭之事各從其先祖之法言我轉有所受之不可於已身獨改更也一說吾有所受之世子言我受之於孟子也故曰吾有所受謂然友曰吾他日未嘗學問好馳馬試劍今也父兄百官不我足也恐其不能盡於大事子爲我問孟子父兄百官見我他日所行謂我志行不足似恐我不能盡大事之禮故止我也爲我問孟子當何以服其心使其信我也然友復之鄒問孟子孟子曰然不可以他求者也孔子曰君薨聽於冢宰歠粥面深墨即位而哭百官有司莫敢不哀先之也孟子言如是不可用他事求也喪尚哀惟當以哀戚戚之耳國君薨委政冢宰大臣嗣君但盡哀情歠粥不食顏色深墨深甚也墨黑也則喪位而哭百官有司莫敢不哀者以君先哀之也上有好者下必有甚焉者矣君子之德風也小人之德草也草上之風必偃是在世子上之所欲下以爲俗尚加也偃伏也以風加草莫不偃伏也是在世子以身帥之也然友反命世子曰然是誠在我世子聞之知其在身然行之也五月居廬未有命戒百官族人可謂曰知諸侯五月而葬未葬居倚廬於中門之內也未有命戒居喪不言也異姓同姓之臣可謂曰知世子之能行禮也及至葬四方來觀之顏色之戚哭泣之哀弔者大悅四方諸侯之賓來弔會者見世子之憔悴哀戚大悅其孝行之高美也已

〔疏〕滕定公薨至弔者大悅○正義曰此章言事莫當於奉禮孝莫大於哀慟從善如流文公之謂也滕定公薨者滕文公之父死也世子謂然友曰昔者孟子嘗與我言於宋於心終不忘今也不幸至於大故吾欲使子問於孟子然後行事者然友世子之傅也世子謂然友言往日孟子

曾與我言於宋國之事於我心至今常存終不爲忘之也今也不幸至於父喪之大故我欲使子問於孟子然後行其父喪之事然友之鄒問於孟子者孟子將以自宋歸鄒也然友乃往鄒國問孟子以世子所問之事孟子曰不亦善乎親喪固所自盡也者孟子荅然友謂不亦善然以世子所問也曾子曰生事之以禮死葬之以禮祭之以禮可謂孝矣至三代共之者孟子以此荅然友之問言曾子謂父母在生之時當以禮奉事之如冬溫夏凊昏定晨省是其禮也父母死之時當以禮安葬之如擗踊哭泣哀以送之卜其宅兆而安厝之是其禮也及祭之禮如春秋祭祀以時思之陳其簠簋而哀戚之是也能如此則可謂之能孝者矣如問其諸侯所行之禮則我未之學也雖然爲未嘗學諸侯之禮我嘗聞知之矣吾嘗聞三年父母之喪以齋疏衰之服以饘粥之食凡共此三年之喪自上至於天子下而達於庶人三代夏商周共行之矣然友反命者然友自鄒得孟子之言乃反歸命告於滕公也定爲三年之喪父兄百官皆不欲也故曰吾宗國魯先君莫之行也至於子之身而反之不可者是世子因然友問孟子歸後乃定爲三年之喪事其滕之同姓與異姓諸臣皆不欲爲三年之喪遂曰我宗國魯先君莫之嘗行此三年喪禮我之先君亦莫之嘗行也今至於子之身而反違之以爲三年之喪不可言其不可反背先君而以自爲三年喪之禮也且志曰喪祭從先祖曰吾有所受之也父兄百官言之後復引記有曰喪祭之事各從其先祖之法我但有所承受之也不可於已身獨改更爲三年喪耳滕與魯同姓俱出魯周公之後故云吾宗國魯先君志記也謂然友曰吾他日未嘗學問好馳馬試劒今也父兄百官不我足也恐其不能盡於大事子爲我問孟子者滕文公既定爲三年之喪禮而父兄百官見之皆不欲爲乃復謂然友曰我所往他日未嘗學問禮但好驅馳走馬試劒事今也定爲三年之喪父兄百官見之皆謂我志不足以行此三年之喪恐其不能盡於大事之禮子復爲我之鄒問孟子以爲如何當使父兄百官服其心而信我也然友復之鄒問孟子者是然友自文公所乃因其命復往鄒國見孟子而問焉孟子曰不可以他求也孔子曰君薨聽於冢宰歠粥面深墨即位而哭百官有司莫敢不哀先之也至是在世子者孟子荅然友爲世子之問言如此則不可更以他事求也惟當以哀戚感之耳故引孔子曰國君之薨其政事皆委冢宰大臣聽行之嗣君者但歠糜粥而不食面之顔色亦變爲甚黑之色即喪位而哀哭之故百官有司莫敢不哀先之也是所謂上有所好者下必有甚焉者耳且君子之德如風也小人之德如草也草加之以風必偃伏而從風所趨耳是在世子但以身率之爾凡此皆孟子荅然友爲世子之問而以此復教之矣然友反命世子曰是誠在我者然友自問孟子之後乃以孟子之言反歸告於世子世子於是五月居於喪廬不敢入處故未有命以令人未有戒以號人以其在外思之而不言也百官族人皆以爲知禮能行三年之喪乃曰可謂曰知以其百官族人指文公而言也及至葬四方來觀之顔色之戚哭泣之哀弔者大悅者言及至葬日四方諸侯來弔慰而觀之顔色之戚而形於容哭泣之哀而形於聲於是弔之者皆大悅以喜其有孝行也○注定公文公父也○正義曰說在前段已詳矣○注曾子傳孔子之言○正義曰案論語孟孫問孝於孔子孔子對曰生事之以禮死葬之以禮祭之以禮是曾子傳孔子之言而云孟子所以引爲曾子言矣○注滕魯國同姓俱出魯周公之後○正義曰案魯隱公十一年滕侯與薛侯爭長薛侯曰我先封滕侯曰我周之卜正也薛庶姓也我不可以後之公使羽父請於薛侯曰君與滕侯辱在寡人周諺有之曰山有木工則度之賓有禮主則擇之周之宗盟異姓爲後寡人若朝于薛不敢與諸任齒君若辱貺寡人則願以滕君爲請薛侯許之乃長滕侯杜預云薛任姓以此推之則知滕爲魯之後與魯同姓也○注周禮小史掌邦國之志至孟子也○正義曰鄭司農云志謂記也春秋傳所謂周志國語所謂鄭志之屬也兩說者其意皆行謂之父兄百官言亦行謂之世子亦行但不逆意則可矣○注諸侯五月而葬未葬居倚廬於中門之內也○正義曰案左傳隱公元年云天子七月而葬同軌畢至諸侯五月而葬同盟至大夫三月同位至士踰月外姻至父大喪記云父母之喪居倚廬是也

滕文公問爲國孟子曰民事不可緩也問治國之道也民事不可緩之使怠惰當以政督趣教以生産之務也詩云晝爾于茅宵爾索綯亟其乘屋其始播百穀詩邠風七月之篇言教民晝取茅草夜索以爲綯絞也及爾閒暇亟而乘蓋爾野外之屋春事起爾將始播百穀矣言農民之事無休已民之爲道也有恒産者有恒心無恒産者無恒心苟無恒心放辟邪侈無不爲已及陷乎罪然後從而刑之是罔民也焉有仁人在位罔民而可爲也義與上篇同孟子既爲齊

宣王言之滕文公問復爲究陳其義故各自載之也是故賢君必恭儉禮下取於民有制古之賢君身行恭儉禮下大臣賦取於民不過什一之制也陽虎曰爲富不仁矣爲仁不富矣陽虎魯季氏家臣也富者好聚仁者好施施不得聚道相反也陽虎非賢者也言有可采不以人廢言也夏后氏五十而貢殷人七十而助周人百畝而徹其實皆什一也徹者徹也助者藉也夏禹之世號夏后氏后君也禹受禪於君故夏稱后殷周順人心而征伐故言人也民耕五十畝貢上五畝耕七十畝者以七畝助公家耕百畝者徹取十畝以爲賦雖異名而多少同故曰皆什一也徹猶取人徹取物也藉者借也猶人相借力助之也龍子曰治地莫善於助莫不善於貢貢者校數歲之中以爲常龍子古賢人也言治土地之賦無善於助者也貢者校數歲以爲常類而上之民供奉之有易有不易故謂之莫不善於貢也樂歲粒米狼

戾多取之而不爲虐則寡取之凶年糞其田而不足則必取盈焉樂歲豐年狼戾猶狼藉也粒米粟米之粒也饒多狼藉棄捐於地是時多取於民不爲暴虐也而反以常數。少取之至於凶年饑歲民人糞。其田尚無所得不足以食而公家取其稅必滿其常數焉不若從歲饑穰以爲多少與民同之也爲民父母使民盻。盻。然將終歲勤動不得以養其父母又稱貸而益之使老稚轉乎溝壑惡在其爲民父母也盻盻勤苦不休息之貌動作稱舉也言民勤身動作終歲不得以養食其父母公賦當畢有不足者又當舉貸子倍而益滿之至使老少。轉尸。溝壑安可以爲民之父母也夫世祿滕固行之矣古者諸侯卿大夫士有功德則世祿賜族者也官有世功也其子雖未任居官得世食其父祿賢者子孫必有土之義也滕固知行是矣言亦當恤民之子弟閔其勤勞者也詩云雨我公田遂及我私惟助爲有公田由

此觀之雖周亦助也詩小雅大田之篇言太平時民悅其上願欲天之先雨公田遂以次及我私田也猶殷人助者爲有公田耳此周詩也而云雨公田知雖周家之時亦有助之之制也設爲庠序學校以教之以學習禮教化於國庠者養也校者教也序者射也夏曰校殷曰序周曰庠學則三代共之皆所以明人倫也養者養老教者教以禮義射者三耦四矢以達物導氣也學則三代同名皆謂之學學乎人倫人倫者人事也猶洪範曰彝倫攸序謂其常事有序者也人倫明於上小民親於下有王者起必來取法是爲王者師也有行三王之道而興起者當取法於有道之國也詩云周雖舊邦其命惟新文王之謂也子力行之亦以新子之國詩大雅文王之篇言周雖后稷以來舊爲諸侯其受王命惟文王新復修治禮義以致之耳以是勸勉文公欲使庶幾新其國也

使畢戰問井地畢戰滕臣也問古井田之法時諸侯各去典籍人自爲政故井田之道不明也孟子曰子之君將行仁政選擇而使子子必勉之夫仁政必自經界始經界不正井地不鈞穀祿不平子畢戰也經亦界也必先正其經界勿慢鄰國乃可均井田平穀祿穀所以爲祿也周禮小司徒云乃經土地而井其田野言正其土地之界乃定受其井牧之處也是故暴君汙吏必慢其經界經界既正分田制祿可坐而定也暴君殘虐之君汙吏貪吏也慢經界不正也必相侵陵長爭訟也分田賦廬井也制祿以庶人在官者比上農夫轉以爲差故可坐而定也夫滕壤地褊小將爲君子焉將爲野人焉無君子莫治野人無野人莫養君子褊小謂五十里也爲有也雖小國亦有君子亦有野人言足以爲善政也請野九一而助國中什一使自

賦九一者井田以九頃爲數而供什一郊野之賦也助者殷家稅名也周亦用之龍子所謂莫善於助也時諸侯不行助法國中什一者周禮園廛二十而稅一時行重法賦責之什一也而如也自從也孟子欲請使野人如助法什一而稅之國中從其本賦二十而稅一以寬之也卿以下必有圭田圭田五十畝餘夫二十五畝古者卿以下至於士皆受圭田五十畝所以供祭祀也圭潔也上田故謂之圭田所謂惟士無田則亦不祭言絀士無潔田也井田之民養公田者受百畝圭田半之收五十畝餘夫者一家一人受田其餘老小尚有餘力者受二十五畝半於圭田謂之餘夫也受田者田萊多少有上中下周禮曰餘夫亦如之亦如上中下之制也王制曰夫圭田無征謂餘夫圭田皆不當征賦也時無圭田餘夫孟子欲令復古所以重祭祀利民之道也

死徙無出鄉死謂葬死也徙謂受土易居也肥磽也不出其鄉易爲功也鄉田同井出入相友守望相助疾病相扶持則百姓親睦同鄉之田共井之家各相營勞也出入相友相友耦也周禮大宰曰八曰友以任得民守望相助助察姦惡也疾病相扶持扶持其羸弱救其困急皆所以教民相親睦之道和睦也

方里而井井九百畝其中爲公田八家皆私百畝同養公田公事畢然後敢治私事所以別野人也方一里者九百畝之地也地爲一井八家各私得百畝同共養其公田之苗稼公田八十畝其餘二十畝以爲廬井宅園圃家一畝半也先公後私遂及我私之義也則是野人之事所以別於士伍者也此其大略也若夫潤澤之則在君與子矣略要也其井田之夫要如是也而加慈惠潤澤之則在滕君與子共勠力撫循之也

〔疏〕滕文公問爲國至則在君與子矣○正義曰此章言尊賢師知采人之善修學校勸禮義敕民事正經界均井田賦十一則爲國之大本也滕文公問爲國者滕文公問孟子治國之道也孟子曰民事不可緩也者孟子荅文公言治國之道惟民事當急而不可緩也詩云晝爾于茅宵爾索綯亟其乘屋其始播百穀者此蓋詩之豳風七月之篇文也言民事於日中則取茅夜中以索綯絞索也晝日中也宵夜中也及爾閒暇之時則亟疾乘蓋其野外之屋春事始興以爲播百穀爲也以其民事當無休已孟子所以引此而教之文公也亦欲文公教民如此者焉民之爲道也有恒產者有恒心無恒產者無恒心苟無恒心放辟邪侈無不爲已及陷乎罪然後從而刑之是罔民也焉有仁人在位罔民而可爲也者此義同前篇此所以復言之者以其前篇孟子爲齊宣陳之也此篇蓋因文公爲治國之道故孟子復此爲荅遂兩載焉此更不說是故賢君必恭儉禮下取民有制者言古之賢君必身行恭儉恭則不侮人儉則不奪人非特不侮人不奪人且又禮下接於賢人其取民之賦又有什一之制什一蓋十分則取一而已陽虎曰爲富不仁矣爲仁不富矣者陽虎魯季氏之家臣也孟子言陽虎有云凡爲富者則常聚民之財賄爲己所有故不仁凡爲仁者以其常務博施濟衆故不能富矣孟子今引之而教文公者蓋欲使得其中矣夏后氏五十而貢殷人七十而助周人百畝而徹其實皆什一也徹者徹也助者藉也者言夏后氏之時民耕五十畝田其於貢上之賦但五畝而已是夏后氏五十而貢也殷人之時民耕七十畝田其助公家則七畝而已是殷人七十而助也周人之時民耕百畝其徹取之賦則十而已是周人百畝而徹也總而論之其實皆什一之賦也徹者徹也助者藉也此孟子自解之義也徹猶徹取助但借民力而耕

之矣故藉借也夏后氏與殷人周人之稱不同者蓋禹之受禪以繼舜有天下故夏稱后后君也殷周以征伐順人心而有天下故云人也龍子曰治地莫善於助莫不善於貢貢者按數歲之中以爲常者龍子蓋古之賢人也孟子言龍子有云治土地之賦莫善於助者也莫不善於貢也以其助則借民力而耕之其所出在歲之所熟如何耳貢者以其撿按數歲之中以爲有常之例也其歲之所熟則貢之數亦然歲之荒則貢之數亦然蓋以歲荒則有損於民也故曰莫善於助莫不善於貢樂歲粒米狼戾多取之而不爲虐則寡取之凶年糞其田而不足則必取盈焉者此亦孟子自解其上文之言也言豐樂之歲其粒米狼藉饒多雖多取之而不爲暴虐則以寡取之凶荒之年糞其田尚不足則以取滿其常數焉是則按數歲之中以爲常之意也爲民父母使民盻盻然將終歲勤動不得以養其父母又稱貸而益之使老稚轉乎溝壑惡在其爲民父母也孟子言人君爲下民之父母使民之盻相顧將至終歲勤苦勞動不得以贍養其父母人君在上又更稱貸而益之以滿其常數之貢致使老少羸弱飢餓而轉尸於溝壑之中如此安更可在上爲下民父母也言其不足以爲民父母矣以其爲民父母當子養其民不當如此故也夫世祿滕固行之矣孟子言今夫滕國於世祿固已知行

之矣但亦當憐憫民之老少與其勤勞者也世祿者以其有功德之臣則世祿之賜其土地也謂其子雖未任居官得食其父之祿亦必有土地祿之也詩云雨我公田遂及我私惟助爲有公田由此觀之雖周亦助也者此詩蓋小雅大田之篇文也惟助牽助也孟子又自言之因詩而解周之亦助也其詩蓋謂民樂其上願欲天之先雨及公田次及我等私田也孟子緣此而觀之遂知雖周百畝而徹取之賦其亦有助之制焉以其惟行助則爲有公田如貢徹則非有公田矣孟子於此所以復辨其周之亦有助法而取民之賦蓋謂其莫善於助之義也設爲庠序學校以教之者此孟子亦欲文公富而教之之意也言又不特止於制民之賦而已既制其祿又當開設爲之庠序學校以教之矣故曰庠者養也校者教也序者射也至是爲王者師也者此孟子欲詳說其庠序學校之意也言庠者所以養耆老於此者也校者所以教禮義於此者也序者所以講射於此而行尊卑揖遜之禮者也夏之時謂之校殷之時謂之序周之時謂之庠然而爲學則三代皆共之皆所以於此而明人倫之序大倫既備明於上小民既親之於其下如有王者興起而用之必來取法於此是爲王者之師也孟子所以區區爲滕文公言及此又欲文公由此化民成俗故也詩云周雖舊邦其命惟新文王之謂也

子力行之亦以新子之國者詩云蓋詩大雅文王之篇文也其時周雖自后稷以來但爲之舊邦其受王命復脩治而維新之是文王之謂也孟子言文公但能力行如此而脩治亦以新子之國矣以其欲以此勉文公使庶幾新其國也使畢戰問井地畢戰滕文公之臣也滕文公自問爲國之道孟子告之民事貢賦教禮義之意其後又使其臣畢戰問孟子以井地之制也孟子曰子之君將行仁政選擇而使子子必勉夫仁政必自經界始經界不正井地不鈞穀祿不平者而以。至在君與子矣皆孟子荅畢戰問井地之制也孟子言子之君將欲行其仁政選擇而使子來問以井地之制子必當勉力與民同行之耳夫仁政必自經界爲始如經界不能正之則井地由此不均齊井地不均則穀祿亦不平矣穀所以爲祿故云穀祿是故暴君汙吏必慢其經界至定也者孟子言此故暴虐之君汙濫之吏必慢其經界所以告之以此者孟子欲滕君不爲暴君畢戰不爲汙吏也故如是云然經界既以正則田由此而分平祿由是而得制是其分田制祿可坐而定之也以言其易定也夫滕壤地褊小將爲君子焉將爲野人焉無君子莫治野人無野人莫養君子孟子言今夫滕國土壤之地褊小卽止於五十里然將爲之君子人焉爲之野人焉以其無君子則莫能治其野人無野人則莫能養其

君子孟子所以言此者蓋以滕國亦有君子亦有野人足以爲善政也請野九一而助國中什一使自賦至若夫潤澤之則在君與子矣者此皆孟子欲滕國爲善政故以是請教之也今言請於郊野行井田之制以九一而助佐公田爲之賦國中廛園以什一之法使貢自賦之以其十中取一也古者自卿以下皆有其圭田謂之圭田者所以名其潔而供祭祀之田也言自卿以下皆受此圭田五十畝餘夫二十五畝以其一家之人受田其餘老少尚有餘力者亦受此圭田二十五畝而已死徙無出鄉以其死葬易居無出其本鄉耳鄉田同井出入相友守望相助疾病相扶持則百姓親睦以其諧同鄉之田共井之家者凡有出入皆相交友爲伴所以同其心也相助以守而此不可以威武奪相助以望而彼不得以投隙來疾病則相扶持其羸弱而救其困急則百姓於是相親和睦矣方里而井以其方一里之地爲之井田九百畝以其一井之田有九百畝其中爲公田以其九百畝於井中抽百畝爲公田之苗稼八家皆私百畝以其八口之家皆受八百畝以爲已之私田苗稼同養公田公事畢然後敢治私事以其八口之家同共耕養其公田及至公田之事了畢然後耕治已之私田以爲之私事所以別野人也此所以爲野人之事以別於士伍者也此其大略也若夫潤澤之則在君與

子矣孟子言此則井田之大要如是也若夫加之以慈惠潤澤之則有在於滕君與子矣子者稱畢戰爲子也。注詩邠風七月之篇至無休已。正義曰毛氏云宵夜也綯絞也乘升也箋云爾女也汝當晝日往取茅歸夜作絞索以待時用亟急也乘治也十月定星將中急當治野廬之屋其始播百穀謂期來年百穀于公社也此詩蓋陳王業之艱難。注陽虎魯季氏家臣非賢者也。正義曰案論語云陽貨欲見孔子孔子不見孔傳云陽貨陽虎也季氏之家臣而專魯國之政是則姓陽名虎字貨也孔子不見所以知其非賢故也。注詩小雅大田之篇至亦助也。正義曰此蓋幽王之詩也箋云冀民之心先公後私令天注雨於公田因及私田爾言民怙君德蒙其餘惠。注洪範彝倫攸敍。正義曰孔安國云彝倫常道也言常道所以次敍也洪大也範道也此箕子陳之於武王者也。注詩大雅文王之篇。正義曰此詩蓋言文王受命作周箋云大王聿來胥宇而國於周王迹起矣而未有天命至文王而受命言新者美之也。注周禮小司徒曰乃經土地而井牧其田野。正義曰鄭注云小司徒爲經之立其五溝五塗之界其制似井之字因取名焉鄭司農云井牧者春秋傳所謂井衍沃牧隰皋者也鄭玄云隰皋之地九夫爲牧二牧而當一井今造都鄙授民田有不易者有

一易者有再易者通率二而當一是之謂井牧昔少康在虞思有田一成有衆一旅一旅之衆而田一成則井牧之法先古然矣九夫爲井者方一里九夫所治之田也此制小司徒經之匠人爲之溝洫相包乃成耳○注周禮園廛二十而稅一○正義曰鄭司農云園廛亦輕之者廛無穀園少利也○注周禮曰餘夫亦如之王制曰夫圭田無征○正義曰鄭司農云戶計一夫一婦而賦之田其一戶有數口者餘夫亦受此田也夫圭田無征者鄭氏云夫猶治也征稅也治圭田者不稅所以厚賢也此則周禮之士田以在近郊之地者也○注周禮大宰曰八曰友以任得民○正義曰案大宰之職以九兩繫邦國之民一曰牧以地得民二曰長以貴得民三曰師以賢得民四曰儒以道得民八曰友以任得民九曰藪以富得民注云兩猶耦也所以協耦萬民繫聯綴也牧州長也長諸侯也師諸侯師氏有德行教民者也儒諸侯保氏有六藝以教民者也宗繼別爲大宗收族者也鄭司農云主謂公卿大夫世世食至不絕者也吏小吏在鄉邑者友謂同井相合耦鋤作者藪亦有虞掌其政令爲之厲禁者使其地之民守其財物者此大宰之職有是以掌之也

孟子注疏解經卷第五上

孟子注疏卷五上校勘記　阮元撰盧宣旬摘錄

晏公於當時　閩監毛三本孔本韓本作文公於當時宋本無於當時三字

猶衛靈公問陳於孔子論語因以題篇　閩監毛三本孔本韓本同宋本考文古本作若弟子之問師故以題篇

慈惠愛民曰　此下脫文字閩本同監毛本增是也

考公麇　閩監毛三本同廖本孔本韓本麇作麋音義云從禾作麇是也考文古本考公作孝公下同

似後世避諱　孔本似作以

故勉世子　閩監毛三本同廖本孔本韓本考文古本作欲勸勉世子也

天下之道一而已矣　閩監毛三本同廖本作夫天下之道一言已矣孔本韓本作夫天下之道一言而已考文古本足利本一而已矣作一言而已

復何疑邪　閩監毛三本同廖本孔本韓本考文古本邪作也

同丈夫　閩監毛三本同宋本孔本韓本考文古本下有耳字

何爲畏彼之哉　閩本同監毛本考文古本作我何爲畏之哉孔本韓本無彼字

言欲有爲　閩監毛三本同孔本韓本考文古本爲上有所字

可得大五十里　廖本孔本韓本考文古本同閩監毛三本大誤夫

若藥不瞑眩　音義云文作眠眴

瞑眩憒亂　音義云瞑或作瞋

乃得瘳愈　閩監毛三本同廖本孔本韓本考文古本下有也字

德懲乃洽也　閩監毛三本同孔本韓本無也字足利本洽作治非

章指言人　韓本人下有主字　當上則聖人秉仁行義高山景行庶

幾不倦論語曰力行近仁蓋不虛云

言人上當則聖人 閩本同監毛本上作主案此約章指文上當當作當上監本剜改作主非

齋疏之服 閩監毛三本孔本齋作齊韓本作齋案音義出齋疏作齋宋用音義也○按作齊者經典假借字也作齋者正字也作齊者齋之誤

三代以事 閩監毛三本事作前廖本孔本韓本考文古本足利本事作來

齊衰也 閩監毛三本孔本韓本同考文古本衰作縗案音義出縗字云或作衰

糜粥也 閩監毛三本同宋本孔本韓本糜作廢音義出廢字云字亦作廢案廢字大誤

滕文同姓異姓諸臣也 閩監毛三本同宋本孔本韓本考文古本文作之

且志曰 此與左傳且諺曰匪宅是卜惟鄰是卜文法正同依趙注疑且字下奪曰字左傳亦然

言我轉有所受之 閩監毛三本同宋本孔本韓本考文古本受上有承字廖本承作丞

故曰吾有所受 閩監毛三本下有也字廖本孔本韓本考文古本無此句無者是

使其信我也 閩監毛三本同宋本岳本孔本韓本考文古本無其字

以君先哀之也 閩監毛三本同宋本孔本韓本考文古本之作故浦鏜云幸誤哀非也

草上之風 閩監毛三本同石經廖本孔本韓本上作尚

大悅其孝行之高美也已 閩監毛三本同廖本孔本韓本考文古本無已字

章指言事莫當於奉禮孝莫大於哀慟從善如流文公之謂也

鄭書之屬也 閩監毛三本書作志

父大喪記云 父又之誤閩監毛三本不誤大喪當作喪大

詩云 石經孔本韓本同閩本云誤曰監毛本承其誤

晝爾于茅 音義張云或作苗誤也○按士相見禮在野則曰草茅之臣注古文茅作苗是茅苗古通用張說非也茅山古曰苗山魏有苗茨之碑即茅茨之碑

有恒產者有恒心 石經恒諱作常下同

放辟邪侈 放下脫僻字今補正閩監毛三本不脫宋本孔本韓本僻作辟侈音義張云諸本作移誤也案作移者則是一本非誤也說見前

是罔民也 音義張云罔或作司誤也案作司者即今之伺字

不過十一之制也 十字此本模糊閩監毛三本如此宋本孔本韓本考文古本十作什

殷人七十而助 石經殷諱作商下同

徹猶取人徹取物也 閩監毛三本同岳本宋本廖本孔本韓本考文古本無上取字無者是

故謂之莫不善於貢也 閩監毛三本同廖本孔本韓本足利本無於貢二字

而反以常數少取之 閩監毛三本孔本韓本同廖本考文古本足利本數作類

民人糞其田 閩監毛三本同宋本孔本韓本考文古本糞下有治字

與民同之也 閩監毛三本孔本同廖本韓本考文古本無之字

使民盻盻然 音義丁作肹○按盻字見說文云恨視皃但趙注以勤苦不休息爲訓趙作肹不作盻也說文肹蠁布也肸振也肹肸古通用肹肹猶屑屑方言曰屑屑不安也

至使老少轉尸溝壑 閩監毛三本同宋本少作小尸作乎岳本孔本韓本少作小足利本尸下有乎字

其子雖未任居官 閩監毛三本韓本同孔本考文古本任作士音義出未任音手作任是也

得世食其父祿 閩監毛三本孔本韓本同宋本得作則

猶殷人助者 宋本孔本考文古本足利本同閩監毛三本猶作惟案猶當獨字之誤閩本改爲惟

非也

知雖周家之時亦有助之之制也　閩監毛三本同宋本岳本亦有助之之制也作亦助也孔本韓本足利本作知雖周家時亦助也考文古本之時之制無之字

謂其常事有序者也　閩監毛三本同宋本孔本韓本足利本作謂常事所序也考文古本無其字有作所

其命惟新　石經宋九經本岳本咸淳衢州本廖本孔本韓本同閩監毛三本惟作維

詩大雅文文王之篇　補此本誤重文字

井地不鈞　石經岳本咸淳衢州本廖本孔本韓本考文古本足利本同閩監毛三本鈞作均

勿慢鄰國　此本慢字模糊閩監毛三本如此廖本孔本韓本考文古本作侵案侵是也

小司徒云　此本云字模糊閩監毛三本如此孔本韓本考文古本作曰

而井其田野　補案井下應有牧字

不正也　閩監毛三本同廖本孔本韓本考文古本作不正本也

時行重法賦　閩監毛三本同宋本孔本韓本考文古本無法字

所以供祭祀也　閩監毛三本同岳本孔本韓本考文古本無也字

上田　宋本考文古本同閩監毛三本孔本韓本上作士

其餘老小　廖本孔本韓本同閩監毛三本小作少

亦如上中下之制也　宋本孔本韓本同閩監毛三本制誤寄

皆不當征賦也　此本當字模糊閩監毛三本如此廖本孔本韓本考文古本作出

時無圭田餘夫　時宋本作詩誤也

謂受土易居也肥磽也　上也字模糊閩監毛三本如此廖本孔本韓本受作爰上也作平考文古本上也作平○按作爰作平是爰土即國語之轅田賈侍中云轅易也爲易田之法左傳作爰田食貨志曰三歲更耕之自爰其處公羊傳注曰三年一換土易居然則爰者換也平肥磽者謂一易之地家百畝再易之地家二百畝三易之地家三百畝無偏枯不均也

助察姦惡也　閩監毛三本同廖本孔本韓本考文古本無惡字

和睦也　閩監毛三本同廖本孔本韓本考文古本作睦和也爲是

地爲一井　閩監毛三本同廖本孔本韓本考文古本無地字

以爲廬井宅園圃家一畝半也　閩監毛三本同廖本孔本韓本考文古本無井字一作二○按無井字非也穀梁傳曰古者公田爲居井竈葱韭取焉一作二是也此二畝半合城保二畝半是爲五畝之宅

別於士伍者也　閩監毛三本孔本同韓本考文古本伍作位

章指言尊賢師知采人之善足利本作言非善之至也韓本脫此四字修學校勸禮義勑民事正經界鈞孔本韓本作均井田賦什一則爲國之大本也

子必勉　下脫之字閩監毛三本不脫

蓋目至在君與子矣　閩監毛三本蓋目作而以今據改

而未有天命　閩監毛三本未作永

四曰儒以道得民八曰友以任得民　八曰上脫五曰宗以族得民六曰主以利得民七曰吏以治得民三句閩監毛三本不脫

孟子注疏卷五上校勘記

奉新趙儀吉校

孟子注疏解經卷第五下

滕文公章句上

趙氏注　孫奭疏

有爲神農之言者許行自楚之滕踵門而告文公曰遠方之人聞君行仁政願受一廛而爲氓（神農三皇之君炎帝神農氏許姓行名也治爲神農之道者踵至也廛居也自稱遠方之人願爲氓氓野人也）文公與之處其徒數十人皆衣褐捆屨織席以爲食（文公與之居處舍之宅也其徒學其業者也衣褐貧也捆猶叩椓也織屨欲使堅故叩之也賣屨席以供飲食也）陳良之徒陳相與其弟辛負耒耜而自宋之滕曰聞君行聖人之政是亦聖人也願爲聖人氓（陳良儒者也陳相良之門徒也辛相弟聖人之政謂仁政也）陳相見許行而大悅盡棄其學而學焉（棄陳良之儒道更學許行神農之道也）陳相見孟子道許行之言曰滕君則誠賢君也雖然未聞道也（陳相言許行以爲滕君未達至道也）賢者與民並耕而食饔飧而治今也滕有倉廩府庫則是厲民而以自養也惡得賢（相言許子以爲古賢君當與民並耕而各自食其力饔飧熟食也朝曰饔夕曰飧當身自具其食兼治民事耳今滕賦稅有倉廩府庫之富是爲厲病其民以自奉養安得爲賢君乎三皇之時質樸無事故道若此者也）孟子曰許子必種粟而後食乎（問許子必自身種粟乃食之邪）曰然（相曰然許子自種之）許子必織布然後衣乎（孟子曰許子自織布然後衣之乎）曰否許子衣褐（相曰不自織布許子衣褐以毳織之若今馬衣也或曰褐枲衣也一曰粗布衣也）許子冠乎（孟子問相冠乎）曰冠（相曰冠也）曰奚冠（孟子問許子何

冠也）曰冠素（相曰許子冠素）曰自織之與。曰否以粟易之（相言許子以粟易素）曰許子奚爲不自織。（孟子曰許子自織素乎）曰害於耕（相曰織紡害於耕故不自織也）曰許子以釜甑爨以鐵耕乎（爨炊也孟子曰許子寧以釜甑炊食以鐵爲犁用之耕否邪）曰然（相曰然用之）自爲之與（孟子曰許子自治鐵陶瓦器邪）曰否以粟易之（相曰不自作鐵瓦以粟易之也）以粟易械器者不爲厲陶冶陶冶亦以械器易粟者豈爲厲農夫哉且許子何不爲陶冶舍皆取諸其宮中而用之何爲紛紛然與百工交易何許子之不憚煩（械器之總名也厲病也以粟易器不病陶冶陶冶亦何以爲病農夫乎且許子何爲不自陶冶舍者止也止不肯皆自取之其宮宅中而用之何爲反與百工交易紛紛而爲之煩也）曰百工之事固不可耕且爲也（相曰百工之事固不可耕且爲故交易也）然則治天下獨可耕且爲與（孟子言百工各爲其事尚不可得耕且兼之人君自天子以下當治天下政事此反可耕且爲邪欲以窮許行之非滕君不親耕也孟子謂五帝以來有禮義上下之事不得復若三皇之道也言許子不知禮者也）有大人之事有小人之事且一人之身而百工之所爲備如必自爲而後用之是率天下而路也（孟子言人道自有大人之事謂人君行教化也小人之事謂農工商也一人而備百工之所作作之乃得用之者是率導天下人以羸困之路也故曰是率天下而路也）故曰或勞心或勞力勞心者治人勞力者治於人治於人者食人治人者食於人天下之通義也（勞心君也勞力民也君施教以治理之民竭力治公田以奉養其上天下通義所常行者也）當堯之時天下猶未平洪水橫流氾濫於天下草木暢茂禽獸繁殖五穀不登禽獸偪人獸蹄鳥迹之道交於中國堯獨憂之舉舜而敷治焉遭洪水故天下未平水盛故草木暢茂草木盛故禽獸繁息衆多也登升也五穀不足升用也猛獸之迹當在山林而反交於中國懼害人故堯獨憂念之敷治也書曰禹敷土是言治其土也舜使益掌火益烈山澤而焚之禽獸逃匿掌主也主火之官猶古之火正也烈熾益視山澤草木熾者而焚之故禽獸逃匿而奔走遠竄也禹疏九河瀹濟漯而注諸海決汝漢排淮泗而注之江然後中國可得而食也當是時也禹八年於外三過其門而不入雖欲耕得乎疏通也瀹治也排壅也於是水害除故中國之地可得耕而食也禹勤事於外八年之中三過其門而不入書曰辛壬癸甲啟呱呱而泣如此寧可得耕也后

稷教民稼穡樹藝五穀五穀熟而民人育棄爲后稷也樹種藝殖也五穀謂稻黍稷麥菽也五穀所以養人也故言民人育也人之有道也飽食煖衣逸居而無教則近於禽獸聖人有憂之使契爲司徒教以人倫父子有親君臣有義夫婦有別長幼有敘朋友有信司徒主人教以人事父子子君君臣臣夫夫婦婦兄兄弟弟朋友貴信是爲契之所教也放勳曰勞之來之匡之直之輔之翼之使自得之又從而振德之放勳堯號也遭水災恐其小民放僻邪侈故勞來之匡正直其曲心使自得其本善性然後又從而振其贏窮德恩惠之德也聖人之憂民如此而暇耕乎重喻陳相堯以不得舜爲己憂舜以不得禹臯陶爲己憂夫以百畝之不易爲己憂者農夫也分人以財謂之惠教人以善謂之忠爲天下得人者謂之仁言聖人以不得賢聖之臣爲己憂農夫以百畝不易治爲已憂是故以天下與人易爲天下得人難爲天下求能治天下者難得也故言以天下傳與人尚爲易也孔子曰大哉堯之爲君惟天爲大惟堯則之蕩蕩乎民無能名焉君哉舜也巍巍乎有天下而不與焉堯舜之治天下豈無所用其心哉亦不用於耕耳天道蕩蕩乎大無私生萬物而不知其所由來堯法天故民無能名堯德者也舜得人君之道哉德盛而巍巍乎有天下之位雖貴盛不能與益舜巍巍之德言德之大大於天子位也堯舜蕩蕩巍巍如此但不用心於躬自耕也吾聞用夏變夷者未聞變於夷者也言以諸夏之禮義化變蠻夷之人耳未聞變化於夷蠻之人同其道也

陳良楚產也悅周公仲尼之道北學於中國北方之學者未能或之先也彼所謂豪傑之士也子之兄弟事之數十年師死而遂倍之陳良生於楚北遊中國學者不能有先之也所謂豪傑過人之士也子之兄弟謂陳相陳辛也數十年師事陳良良死而倍之更學於許行非之也昔者孔子沒三年之外門人治任將歸入揖於子貢相嚮而哭皆失聲然後歸子貢反築室於場獨居三年然後歸任擔也失聲悲不能成聲場孔子冢上祭祀壇場也子貢獨於場左右築室復三年慎終追遠也他日子夏子張子游以有若似聖人欲以所事孔子事之強曾子曾子曰不可江漢以濯之秋陽以暴之皜皜乎不可尚已有若之貌

似孔子此三子者思孔子而不可復見故欲尊有若以作聖人朝夕奉事之禮如事孔子以慰思也曾子不肯以爲聖人之潔白如濯之江漢暴之秋陽秋陽周之秋夏之五六月盛陽也皜皜白甚也何可尚而乃欲以有若之質於聖人之坐席乎尊師道故不肯也

今也南蠻鴃舌之人非先王之道子倍子之師而學之亦異於曾子矣吾聞出於幽谷遷于喬木者未聞下喬木而入于幽谷者今此許行乃南楚蠻夷其舌之惡如鴃鳥耳鴃博勞鳥也詩云七月鳴鴃應陰而後動者也許子託於太古非先聖王堯舜之之道不務仁義而欲使君臣並耕傷害道德惡如鴃舌與曾子之心亦異遠也人當出深谷止喬木今子反下喬木入於幽谷

魯頌曰戎狄是膺荊舒是懲周公方且膺之子是之學亦爲不善變矣詩魯頌閟宮之篇也膺擊也懲艾也周家時擊戎狄之不善者懲止荊舒之人使不敢侵陵也周公常欲擊之言南蠻之人難用而子反悅是人而學其道亦爲不善變更矣孟子究陳此者所以責陳相也

從許子之道則市賈不貳國中無僞雖使五尺之童適市莫之或欺布帛長短同則賈相若麻縷絲絮輕重同則賈相若五穀多寡同則賈相若屨大小同則賈相若陳相復爲孟子言此如使從許子淳樸之道可使市無二價不相爲詐不相欺愚小大長短謂丈尺輕重謂斤兩多寡謂斗石大小謂尺寸皆言同價故曰市無二價者也

曰夫物之不齊物之情也或相倍蓰或相什百或相千萬子比而同之是亂天下也巨屨小屨同賈人豈爲之哉從許子之道相率而爲僞者也惡能治國家孟子曰夫萬物好醜異賈精粗異功其不齊同乃物之情性也蓰五倍也什十倍也至於千萬相倍譬若和氏之璧雖與凡玉之璧尺寸厚薄適等其價豈可同哉子欲以大小相比而同之則使天下有爭亂之道也巨粗屨也小細屨也如使同價而賣之人豈肯作其細哉時許子教人僞者耳安能治其國家者也

【疏】有爲神農之言至惡能治國家○正義曰此章言神農務本教以凡民許行蔽道同之君臣陳相倍師降於幽谷不理物情謂之淳樸者有爲神農者許行至願受一廛而爲氓者神農炎帝氏也許行南蠻之人也姓許名行也自楚蠻之地往滕國至門而言告於文公曰我是遠方楚蠻之人聞滕君行仁政於此我今所以來至心願受一廛居之以爲之氓也氓野人之稱已說在孫丑篇文公之處其徒數十人皆衣褐捆屨織席以爲食言文公乃與許行之居而處之其許行之徒弟有數十人皆衣短褐叩椓織屨席以供其飲食也陳良之徒陳相與其弟辛至願爲聖人氓陳良儒者也陳相與其陳辛二人皆陳良徒弟也言陳良徒弟陳相與其弟辛背負其耒耜而從宋國往滕國而向滕君曰我聞知君行聖人之政事是爲聖人者也今願爲聖人之氓陳相見許行而大悅盡棄其學而學焉言陳相至滕乃見許行而大悅樂之遂盡棄去陳良之儒學而就學於許行之道陳相見孟子道許行之言曰至惡得其賢言陳相後見孟子乃道許行之言曰滕君則誠爲賢君者也雖然未聞至道也古之賢君乃與民同耕而食饔飧而兼治

政事朝食曰饔夕曰飧今也滕君乃取財稅而有倉廩府庫之富則是厲病其民以自奉養也安得謂之賢君乎倉廩釋名曰倉藏也藏穀物也廩倉有屋曰廩孟子問許子必種粟而後食乎曰然陳相荅之以爲許行是自種而後食也許子必織布然後衣乎孟子又問許子必自織布然後衣着乎曰許子予衣褐陳相荅之許子不自紡織其布爲衣以其即著枲布也許子冠乎孟子問許子冠乎曰冠陳相荅之許子戴冠也曰奚冠孟子又問許子戴何冠乎曰冠素陳相荅之許子冠以素爲之爾素烏也曰自織之歟孟子又問許子以素爲冠其自織之歟曰否以粟易之陳相荅之許子不自織爲冠以粟更易之而已曰許子奚爲不自織孟子又問許子何爲而不自織爲之乎曰害於耕陳相荅之以謂許子不自織爲之也以其自織者斯害於耕也曰許子以釜甑爨以鐵耕乎孟子又問許子寧以釜甑炊食以鐵爲犁用之耕否乎曰然陳相荅之以爲許子用之也自爲之歟孟子又問許子是自爲釜甑炊食鐵犁耕乎曰否以粟易之陳相荅以爲許子之不自爲也以粟更易之而已以粟易械器者不爲厲陶治至何許子之不憚煩孟子又復問以許子將粟更易械器者不以厲病於陶治陶治亦以器更易之以粟豈爲病厲其農夫哉陶作瓦器之匠也治鑄金之匠也且許子何不自爲之

陶冶止皆取其宮室之中而用之乎何爲更紛紛然交易於百工歟何許子之不畏其煩故以此欲排之陳相也曰百工之事固不可耕且爲也陳相又荅之以謂百工之事固不可耕且爲之也所以用交易而用之耳然則治天下獨可耕且爲之歟孟子又排之如是則爲國君治天下獨可自耕且又爲政事以治天下歟陳相及此以應荅故孟子一向自言而排之乃曰有大人之事大人之事則國君行教化也有小人之事即農工商也且以一人之身而用百工之所作爲備具如必皆用自爲然後方行用之也此則驅率天下之人以羸困之路也又一說云如此是驅率天下之人如道路之人但泛視而不知上下貴賤耳以其許行陳相皆欲君民並耕不知有上下貴賤相待故以此說據下文意義相通堪以此說爲尚所及亡羸困之路者但趙注之說耳詳而推之羸困之路不若此說故曰或勞心或勞力至天下之通義也者此下文之如此也言天下之人有但或勞其力但或勞其心者勞其心所以制政教而治天下之人耳勞其力所以見治於上人而已見治於上之人者竭力治公田以奉養上之人也治天下之人者以其爵祿皆出民之賦稅故食於人而已言此是天下通義人所常行者也上之人君爲言也下之人民爲言也以此推之則上下貴賤有所相待耳當堯之時天下猶

未平至舉舜而敷治焉孟子又言當古之書堯盛帝之時天下猶尚未平是以其大水橫流逆其勢汎汎濫濁徧於天下草木由是暢茂繁實禽獸又由此而繁息而生殖焉五穀黍稷稻麥菽於是不豐登禽獸亦偪害於人猛獸之迹交馳於中國之道堯帝乃獨自憂懼之以其有傷害於人民故舉用虞舜而廣治之廣治其水土也舜使益掌火至禹疏九河后稷教民稼穡又至使契爲司徒止於亦不用於耕耳言舜因堯帝舉用乃使伯益爲掌火之官益視山澤草木煩盛乃烈山澤而焚燒之禽獸於是懼而逃匿遠竄而不敢出又使禹疏通九河又瀹治濟漯之水而流往歸海又開決汝漢之水而排壅淮泗二水而同流往歸之江九河在東北案爾雅云九河一曰徒駭二曰太史三曰馬頰四曰覆釜五曰胡蘇六曰簡七曰潔八曰鉤盤九曰鬲津是也江九江也案潯陽地記有云一曰烏江二曰蚌江三曰烏白江四曰嘉靡江五曰箘江六曰提江七曰廩江八曰源江九曰畎江是也然後中國之地人方可耕藝而食也當此之時大禹八年在外治水土經三次過其家門而不得入其家雖欲於時耕作之其可得乎又使后稷秉教天下民稼穡種樹藝殖五穀五穀既豐熟而天下人民於是得養育其生稼穡者說文云種曰稼斂曰穡也人之於是有養生之道飽食而煖衣逸樂居處而無

以敎之則近類於禽獸以其不知高下也聖人有憂懼其民如此舜又使契爲司徒之官教以人倫使天下之人知父子有親親慈孝君臣有尊卑之義夫婦有交別長幼有等敘朋友有忠信又言放勳有曰勞之來之匡之直之輔之翼之使自得之又從而振德之民之有勤勞於事者有以償其勞故曰勞之因其民之來歸者有以償其來故曰來之民之既能直其心故以正其直爲之正故曰匡之民之或曲其心故以正其曲爲之直故曰直之輔之如車輔使民有所安於業故曰輔之翼之如羽翼使民有所近於道故曰翼之勞之來之匡之直之輔之翼之所以欲使其自得悅樂之而已矣民既自得而悅樂之於是又從加之恩惠而振德之振德即恩惠耳言聖人之憂於天下之民如此而何暇以耕爲乎又言堯以不得舜而舉用使敷治焉則爲民之憂舜既得堯舉而用之如舜復不得皋陶禹爲輔則亦爲己之憂今夫以百畝之難耕恐爲己所憂者農夫也分人以財謂之惠教人以善謂之忠爲天下得人謂之仁以言其以己之財物布與人者是謂忠惠也以己之有善而以教諸人謂其心之忠也中心之謂忠爲天下求得其人而治天下者是謂其仁者也愛人之謂仁所以爲天下求得其人不過愛天下之人故如是也是故以天下與人易爲天下得人難孟子言如此故以天下傳

與其人尚以爲易也爲天下得其人而治天下者猶以爲難孔子曰大哉堯之爲君惟天爲大惟堯則之蕩蕩乎民無能名焉至亦不用於耕耳孟子又引孔子有云大哉堯帝之爲君也惟上天之爲大而不可尚惟堯帝又能則法上天而行之故蕩蕩然其德之大而民無有能指名之者亦若上天之蕩蕩其覆載之德人亦不能指名而窮極之故也德於堯如此其大故孔子所以曰大哉堯之爲君君哉舜也巍巍乎其功德之大如此而天下之事未嘗自與及焉無他以其急於得人而輔之耳所以但無爲而亭之故不必自與及焉然則堯帝舜帝之治天下豈爲無所用其心哉以其但急用心於得賢亦且不用於躬耕耶孟子所以言至於此者蓋欲排許子於陳相欲以滕君與民並耕而食故演之以此也是所以謂之之云耳吾聞用夏變夷者未聞變於夷者也至亦爲不言之矣者此蓋孟子又欲以此而譏陳相學於許行者也言其聞用中夏之禮義而變化於蠻夷之人未聞以蠻夷之道而變化於中夏也且陳良自楚國而生也悅樂其周公仲尼之大道乃自楚之南而往北求學於中國蓋中國以楚地觀之則中國在北之地故也北方之學者未能有人或先之陳良彼陳良所謂豪傑過人之士者也子之兄弟以師事數十年矣至師死而遂背去其所學而學於許行故以此而譏之

言往日孔子喪沒至於三年之外，其門人有治擔任而將歸室者，乃至子貢之所人揖於子貢，相向而哭，乃至悲不成聲，然後歸之室，復感發。子貢追思孔子，又反至築室於孔子冢上之壇，獨居又至三年，然後方辭冢室而歸處。又及他日，子夏、子張、子游三人以有若之貌狀似孔子聖人，三人遂欲以往日所事孔子之禮旦夕奉事有子，勉強曾子同以此事之，曾子乃曰不可，言江漢以濯之則至清而不可汚，秋陽以曝之則至明而不可掩，其孔子如此江漢、秋陽皜皜然清潔明白，不可得而尚耳，故不可以有若比之而以事孔子之禮事之也。孟子所以言之以此者，蓋謂孔子之死至三年之久，而門人尚歸與子貢相向而哭，乃至悲而不成聲，又感子貢復築室於冢上而追思之，以至子張、子游、子夏欲慰其心思，乃強曾子同以往日事孔子之禮而事之有若，曾子尚不忍以有若加於孔子，而今子之兄弟但自師之死之未久，遂便以背去之，而欲以許行為師而就學之，何忍之如是邪？故以此非之。然前又所謂用夏變夷，即陳良北學中國，以周公、仲尼之道為悅，是又孟子明言之也，豈見如許行、陳相兄弟之用變夷之事而欲變於滕國也。今也南蠻鴃舌之人，非先王之道，子倍子之師而學之，至為不善變矣。孟子言今也許行乃南蠻鴃舌之惡如於鳥者也，所行皆非先王之正道，而子之

兄弟皆背去其已之師陳良而以學許行，是亦有異於曾子不忍以有若加孔子矣。我聞出自幽谷之內而遷登于高大之木者，未聞有下高大之木而遷入于幽谷之內者也。又魯頌閟宮之篇有曰戎狄之人不善周公，於是膺擊之；荊舒之人亦不善周公，於是懲誡之。然則戎狄之人周公方且膺擊之，今以南蠻之人反悅其道而學之，亦為不善變更者矣。蓋戎狄、荊舒皆南蠻之地也，然周公一則膺擊之，一則但懲誡之，是何邪？夫以戎狄之地遠，荊舒之地近，以遠者有所膺擊，則近者自然從而治也，故戎狄是膺，荊舒是懲矣。此孟子所以又執此而非之陳相兄弟學于許行為不善更變其師者焉。從許子之道，則市價相若者，此乃陳相之言從許行之道為美之意於孟子也。言今從許行之道而行之，則市中物價貴賤則一而不二也，國中亦無姦偽欺詐，雖使五尺之童子往市中，亦莫有人或敢欺瞞之也，以其布與絹帛長短則同，其價例則相若不異；麻縷絲絮四者輕重又同，而價例亦相若而更無高低；五穀斗量多寡亦則同，而價例亦相若；脚屨大小亦同，而價則相若。凡此是皆市無二價也。故以此言於孟子。曰：夫物之不齊，物之情也，至惡能治國家，此孟子又從而排之也。言夫萬物之不齊等，是物有貴賤好惡之情也，然或相倍蓰，或相什佰，或相千萬，其不同之有如此，而子

今以為上，皆闕之而無二價，是使天下交爭而亂之也。大屨與小屨同其價，則人必為之小屨而貴之，而大屨豈為之哉？言此屨之大小，則其他物之貴賤不言而可知矣。今從許行之道者，是相驅率而作詐偽者也，又安能治國家焉？此孟子至終而闢之以此也。○注「神農，三皇之君，炎帝神農氏也」。○正義曰：案皇甫謐曰：易稱包羲氏沒，神農氏作，是為炎帝。班固云：教民耕農，故號曰神農。○注「褐，馬衣」至「粗布衣也」。○正義曰：案說文云：編枲韤也。一曰短衣也。又曰袍也，馬被衣也。注「古火正」。○正義曰：案左傳昭公二十九年：有五行之官，木正曰勾芒，火正曰祝融，金正曰蓐收，水正曰玄冥，土正曰后土。顓頊氏之子曰黎，為祝融，是為火正故也。○注「書曰：辛壬癸甲，啟呱呱而泣」。○正義曰：案孔傳云：辛日娶妻，至于甲日復往治水。啟，禹之子。禹治水過門不入，聞啟泣聲，不暇子名之，以大治度水土之功故也。○注「放勳，堯名也」。○正義曰：案徐廣云：放勳，號陶唐也。孔安國云：堯能放上世之功化也。○注「場，孔子冢上祭祀壇場」。○正義曰：案史記云：孔子葬魯城北泗上。皇覽曰：孔子冢去城一里，冢營百畝，南北廣十步，東西十三步，高一丈二尺。冢前以瓴甓為祠壇，方六尺，與地平之，無祠堂。冢營中樹以百數，皆異種，魯人世世無能名其樹者。民傳言孔子弟子異國人各持其方樹來種之，其樹柞、枌、

雒離、女貞、五味、毚檀之樹，塋中不生荊棘及刺人草。○注「魯頌閟宮之篇」。○正義曰：此詩頌僖公能復周公之宇也。箋云：懲，艾也。僖公與齊桓舉義兵，北當戎狄，南艾荊與羣舒。是其解也。

墨者夷之因徐辟而求見孟子。夷之，治墨家之道者。徐辟，孟子弟子也。求見孟子，欲以辯道也。孟子曰：「吾固願見，今吾尚病，病愈，我且往見。我常願見之，今值我病，不能見也。病愈，將自往見，以辭卻之。夷子不來。」是日，夷子聞孟子病，故不來。他日，又求見孟子。他日，復往求見之。孟子曰：「吾今則可以見矣。不直則道不見，我且直之。告徐子曰：今我可以見夷之矣。不直言之，則儒家聖道不見，我且欲直攻之也。吾聞夷子墨者，墨之治喪也，以薄為其道也，夷子思以易天下，豈以為非是而不貴也？然而夷子葬其親厚，則是以所賤事親也。」我聞夷子為墨道者，墨者治喪貴薄

而賤厚夷子欲以此道易天下之化使從已豈肯以薄爲非是而不貴之也如使夷子葬其父母厚也是以所賤之道事。其親也如其薄也下言上世不葬者又可鄙足以爲戒也吾欲以此攻之者也徐子以告夷子。夷子曰：儒者之道，古之人若保赤子，此言何謂也？之則以爲愛無差等，施由親始。之夷子名也蓋。儒家者曰古之治卽若愛赤子此何謂乎之以爲當同其恩愛無有差次等級親疏也但施愛之事先從已親屬始耳若此何爲獨非墨道也徐子以告孟子。孟子曰：夫夷子信以爲人之親其兄之子爲若親其鄰之赤子乎？彼有取爾也。赤子匍匐將入井，非赤子之罪也。親愛也夫夷子以爲人愛兄子與愛鄰人之子等耶彼取赤子將入井雖他人子亦愛。救之故謂之愛同也。但以赤子無知故救之耳夷子必以此況之未盡達人情者也故曰赤子匍匐將入井非赤子之罪也且天之生物也，使之一

本，而夷子二本故也。天生萬物各由一本而出今夷子以他人之親與已親等是爲二本故欲同其愛也蓋上世嘗有不葬其親者，其親死，則舉而委之於壑。上世未制禮之時壑路傍坑壑也其父母終舉而委之棄於壑也他日過之，狐狸食之，蠅蚋姑嘬之。其顙有泚，睨而不視。夫泚也，非爲人泚，中心達於面目。蓋歸反蘽梩而掩之。掩之誠是也，則孝子仁人之掩其親，亦必有道矣。嘬相共食之也顙額也泚汗出泚泚然也見其親爲獸蟲所食形體毀敗中心慙故汗泚泚然出於額非爲他人而慙也自出其心聖人緣人心而制禮也蘽梩籠臿之屬可以取土者也而掩之實是其道則孝子仁人掩其親亦有道矣徐子以告夷子。夷子憮然爲間曰：命之矣。孟子言是以爲墨家薄葬不合道也徐子復以告夷子夷子憮然者猶悵然也爲間者有頃之間也命之猶言受命教矣

【疏】墨者夷之至命之矣。正義曰：此章言聖人緣情制禮，奉終墨子互同，質而違中，以直正枉，憮然改容而受命也。墨者夷之因徐辟而見孟子，夷之治墨家之道者姓名也，徐辟孟子弟子也，言治墨家之道者夷之，因孟子弟子徐辟而見孟子也。孟子曰吾固願見，今吾尚正病，且待病之瘉，愈我以往而見之也，夷子不來，他日又求見孟子，夷子聞孟子以爲尚病，故不來見，至於他日復往求見孟子。孟子曰吾今則可以見矣，不直則道不見，我且直之，孟子見夷子復來求見，遂不得已，先言於徐子曰我今則可以見矣，欲不見則不得直己之道而正之，儒家先王之正道則泯而不見，我且見而直己之道而正彼也。吾聞夷子墨者，墨之治喪也，以薄爲其道也，至是以所賤事親也，此孟子以此告徐子，是其直己之道而正夷子也，以其夷子既以厚葬其親，而尚治其墨家之道，故不知以此厚其親是儒家之正道而已，孟子所以反覆直而正之，乃因徐子而告之曰：我聞夷子治墨家之道者也，夫墨者治喪不厚，但以薄之是爲其道也，夷子思以墨道以變易天下之化，豈以薄其喪而不貴之者也，然而夷子葬其父母以厚爲之，則是以墨家所賤者而事父母之親喪也，以其墨家賤厚而貴薄也。徐子以告夷子，徐子因孟子此言以告之夷子也。夷子曰儒者之道古之人若

保赤子至施由親始，此又夷子以言於徐子，而以墨道爲是也，乃曰儒者之道有云古之人治民若保安赤子者，是言何謂之乎，是則以爲恩愛之道無有差等之異也，但施行恩愛之道當自父母之親爲始耳，我所以厚葬其親，何爲獨非以墨道也，之夷子自稱已之名也，徐子又以夷子此言告於孟子。孟子曰夫夷子信以爲人之親其兄之子至亦必有道矣，孟子又言今夷子以爲愛無差等，是夷子信以爲人親愛其兄之子爲若親愛其鄰家之赤子乎，然彼夷子蓋亦有所取而云耳，故亦不足怪也，彼夷子必謂儒者有將入井人皆有怵惕惻隱之心，故云愛無差等，又以古之人若保赤子爲言也，蓋其赤子匍匐將入於井，非赤子之罪惡也，但以赤子未有知人，故不忍見焉，故救之耳，今夷子必以此况之，而遂以爲愛無差等，如親其兄之子爲若親其鄰之赤子同，是則親兄之子必亦得將入井然後救之矣，是夷子未達人情者也。且天之生萬物也，皆使其由一本而出矣，今夷子以他人之親與已之親同，是爲有二本也，又安知先王制禮而稱人之情以爲之厚薄，施於父子者不以同於兄弟，行於同宗者不以行於鄰族也。蓋上世於太古未制禮之時，常有不葬其親者，其親之死則擧而委棄於路傍坑壑之中，他日子過之於此，見其狐狸野獸食之，蠅蚋飛蟲且共嘬食其子之額泚

泚然出汗故眦睨而不敢詳視夫子所以有泚泚然之汗於額而出者非爲他人而慚也故如是而泚泚然而出於額也以其中心有所不忍其親之如是故自中心之所痛恨故發之於面目所以有泚泚然之汗出於額也葢不忍之如是乃歸取虆梩籠臿取土而遮掩之誠是其不忍其親之道也是則孝子仁人之心而掩其親亦必有道耳孟子所以言是者葢非墨家薄葬爲非而以厚葬爲是故以直其正道矣夫以謂太古未制禮之時子有不忍其親爲獸蟲所食尚知掩之之道況今之世先王所制定其禮而可藏之墨家道而薄葬爲是而以厚葬爲非邪夷子既以能厚其親而尚不知以墨家之所薄爲非所以執此而直之使正耳徐子以告夷子至命之矣者徐子又因孟子此言而告於夷子夷子乃憮然而覺悟其已之罪故憮然爲閒曰我今受孟子之教命而不敢逆矣

孟子注疏解經卷第五下

嘉慶二十年江西南昌府學開雕

南昌縣知縣陳煦栞

孟子注疏卷五下校勘記　阮元撰盧宣旬摘錄

炎帝神農氏　閩監毛三本同廖本孔本韓本考文古本下有也字

野人也　閩監毛三本同廖本孔本韓本考文古本作野人之稱

捆屨　音義云張作䊵

猶叩椓也　椓从木各本从手誤

以供飲食也　閩監毛三本同廖本孔本韓本飲食作食飲

當與民並耕　廖本當作常

兼治民事耳　此本民字模糊閩監毛三本孔本韓本如此廖本考文古本作政

故道若此者也　閩監毛三本同廖本孔本韓本考文古本無者字

許子必織布然後衣乎　石經廖本孔本閩本同監毛本韓本然誤而

若今馬衣也　閩監毛三本同廖本孔本韓本考文古本也上有者字

孟子問相冠乎　閩監毛三本同廖本孔本韓本考文古本無冠乎二字

曰自織之與　廖本孔本韓本此下有孟子曰許子自織素與注文九字此本及閩監毛三本並脫

孟子曰許子自織素乎　閩監毛三本同廖本孔本韓本考文古本自上有何爲不三字○按有者是也

織紡害於耕　閩監毛三本孔本韓本同廖本紡作妨

陶冶亦以械器易粟者　諸本同一本冶誤治

紛紛而爲之煩也　閩監毛三本同廖本孔本韓本考文古本無而字之字

此反可耕且爲邪　閩監毛三本同廖本孔本韓本可下有得字

不得復若三皇之道也　考文古本同閩監毛三本孔本韓本得作可

言許子不知禮者也　閩監毛三本同岳本孔本韓本考文古本無者字

有小人之事　閩監毛三本孔本韓本同石經考文古本人作民

以羸困之路也　案音義出羸路云字亦作羸宋此則宣公所見本無困之二字○按路與露古通用露羸見於古書者多矣大雅串夷載路鄭箋以瘠釋路俗人乃改瘠爲應此添困之二字其繆同也

故曰是率天下而路也　閩監毛三本同宋本廖本孔本韓本考文古本無此九字無者是

勞心君也勞力民也　閩監毛三本同廖本孔本韓本考文古本心力下竝有者字

所常行者也　閩監毛三本同廖本孔本韓本考文古本無者字

是言治其土也　閩監毛三本同岳本宋本廖本孔本韓本考文古本作治土也

猶古之火正也　閩監毛三本同孔本韓本考文古本無之字

烈熾　閩監毛三本同廖本孔本韓本考文古本下有也字

熾者而焚之　閩監毛三本同廖本孔本韓本考文古本作熾盛者而焚燒之○按熾盛是也熾盛謂草木不謂火

而奔走遠竄也　閩監毛三本同廖本孔本韓本考文古本無奔走二字

瀹濟漯　音義丁云下他合切作濕誤也案說文濕爲漯之正字乾濕字作溼作濕者乃正字非誤也丁說非詳音義挍勘記

三過其門而不入　閩監毛本同廖本門上有家字孔本韓本考文古本作三過其家門而不得入

如此寧可得耕也　閩監毛三本同岳本也作乎廖本韓本無可字也作乎孔本與廖本同上有弗子三字考文古本無可字

樹藝五穀　石經樹諱作植

長幼有敘　石經廖本孔本韓本同閩監毛三本敘作序

司徒主人　考文古本主作得

是爲契之所教也　閩監毛三本同廖本孔本韓本考文古本作契之敎也

放勳曰　石經閩監毛三本韓本同孔本曰作日音義出日云丁音馹或作曰誤

匡之直之　石經匡諱作正

堯號也　閩監毛三本孔本韓本同廖本考文古本號作名案考文引堯之號也各注疏本皆無之字蓋誤衍

遭水災恐其小民放僻邪侈　廖本孔本韓本考文古本同閩監毛三本災恐作逆行岳本亦作恐宋本恐作惢

然後又從而振其羸窮　閩監毛三本同岳本廖本孔本韓本考文古本又下有復字

德恩惠之德也　閩監毛三本同廖本孔本韓本考文古本作加德惠也

不易治爲已憂　閩監毛三本孔本韓本同岳本考文古本易治作治易

德盛乎巍巍乎　宋本孔本考文古本同閩監毛三本韓本上乎作而

當以諸夏之禮義化變蠻夷之人耳　廖本孔本韓本考文古本蠻夷作夷蠻閩監毛三本當誤言

同其道也　閩監毛三本同廖本孔本韓本考文古本同作則

不能有先之也　閩監毛三本同廖本孔本韓本考文古本也上有者字

可謂豪傑過人之士也　廖本孔本韓本同閩監毛三本可作所

故欲尊有若以作聖人朝夕奉事之禮如事孔子以慰思也　閩監毛三本同宋本廖本孔本韓本無禮字考文古本以作似無禮字

夏之五六月　閩監毛三本同岳本考文古本五下有月字孔本韓本作夏五六月案注疏本並有之字考文引作夏五六月當是誤脫也

白甚也 閩監毛三本同廖本孔本韓本考文古本作甚白也

於聖人之坐席乎 閩監毛三本同廖本孔本韓本考文古本於作放案音義出質放○按放是也放者今之倣字

故不肯也 閩監毛三本同廖本孔本韓本考文古本無也字

鴃舌 依注則當作鶪鶪者伯勞也見疏文

未聞下喬木而入于幽谷者 閩監毛三本同廖本孔本韓本于作於

博勞鳥也 閩監毛三本同廖本孔本韓本考文古本無鳥字

而後勸者也 閩監毛三本勸作動廖本孔本韓本考文古本後勸作殺物是也詩正義引陳思王惡鳥論云伯勞蓋賊害之鳥

止喬木 閩監毛三本同廖本孔本韓本考文古本止作上

入於幽谷 閩監毛三本同廖本孔本韓本考文古本作入深谷

戎狄是膺 音義出膺擊云丁本作應案丁本注既作應則此經必亦作應也

言南蠻之人 閩監毛三本同廖本孔本韓本考文古本蠻作夷

可使市無二價 閩監毛三本同廖本孔本韓本價作賈下同

不相爲詐 閩監毛三本爲作僞孔本韓本考文古本詐作誕

不相欺愚小大 閩監毛三本同廖本作不欺愚小大也孔本韓本作不欺愚小民也考文古本作不相欺愚小也○按愚小謂五尺之童也考文古本得之

謂丈尺 岳本作謂尺丈

皆言同價故曰市無二賈者也 閩監毛三本同廖本孔本韓本考文古本言下有其字無市字足利本無也字

或相什百 孔本同石經相什字漫漶餘同閩監毛三本韓本百作伯

豈肯作其細哉 閩監毛三本同廖本孔本韓本考文古本哉上有者字

安能治其國家者也 閩監毛三本同廖本孔本韓本考文古本無其字

章指言神農務本教於凡民許子蔽道同之君臣陳相倍師降於幽谷不理萬 考文古本作万足利本作物韓本同 情謂之敦 考文引足利本敦作淳 樸是以孟子博陳堯舜上下之敘以匡之也

說在孫丑篇 閩本同監本孫上剜增公字非也毛本同監本

文公之處 補公下當有與字監毛本亦脫

惡得其賢 閩監本同毛本去其字

許子衣褐 補誤重子字監毛本不誤

皆欲君民並耕 並下墨丁閩監毛三本如此今據補

此說爲尚 此下墨丁閩監毛三本如此今據補

所以亡羸困之路者 此本以作及下一字墨丁閩本如此監毛本羸作羸

此下文之如此也 此下墨丁閩監毛三本如此今據補

至舉舜而敷治焉 舉下墨丁閩監毛三本如此今據補

是以其大水橫流 以上墨丁閩監毛三本如此今據補

交馳於中國之道 交下二字墨丁閩監毛三本如此今據補

乃獨自憂懼之 乃下墨丁閩監毛三本如此今據補

案濤陽端記有云 端地之誤閩監毛三本不誤

稼穡種樹 種下墨丁閩監毛三本如此今據補

斂曰稽也曰上墨丁閩監毛三本如此今據補

四曰嘉匪江補案匪監毛本並作靡

其覆載之德覆下墨丁閩監毛三本如此今據補

其功德之大其下墨丁閩監毛三本如此今據補

急於得人而輔之耳於下墨丁閩監毛三本如此今據補

但急用心於得賢得下墨丁閩監毛三本如此今據補

至亦爲不善變矣閩監毛三本如此十行本作至亦不爲言矣言下矣上一字墨丁

復往求見之閩監毛三本同廖本孔本韓本考文古本無之字

不直言之閩監毛三本同廖本孔本韓本考文古本言下有攻字

我聞夷子爲墨道者閩監毛三本同廖本孔本韓本考文古本無者字

欲以此道閩監毛三本同廖本孔本韓本考文古本上有思字

事其親也事字模糊閩監毛三本如此廖本孔本韓本考文古本事作奉

足以爲戒也吾欲以此攻之者也閩監毛三本同廖本孔本韓本考文古本無上以字者字

蓋儒家者曰古之治卽若愛赤子蓋字卽若愛三字俱模糊閩監毛三本如此廖本孔本韓本考文古本蓋作言無者字卽作民愛作安

親疏也親疏字模糊閩監毛三本如此廖本孔本韓本考文古本作相殊也

但施厚之事宋本廖本孔本韓本考文古本同閩監毛三本厚作愛

亦愛救之亦愛字模糊閩監毛三本如此廖本孔本韓本考文古本愛作驚

故謂之愛同也閩監毛三本同孔本韓本考文古本無故字

但以赤子無知閩監毛三本同廖本考文古本上有此字下有非其罪惡四字孔本韓本同廖本無此字

故曰赤子匍匐將入井非赤子之罪也閩監毛三本同岳本廖本孔本韓本考文古本無此十五字

舉而委之棄於壑也閩監毛三本同廖本孔本韓本考文古本作擧而委棄之壑中也

狐狸食之石經狸作貍案詩取彼狐狸釋文唐石經皆作貍

蠅蚋姑嘬之音義蚋作蜹張云諸本或作蟁誤也○按姑蓋謂螻蛄隋王劭說方言螻蛄字作姑見列子釋文

蓋歸反虆梩而掩之虆音義云或作蔂

相共食之也閩監毛三本同岳本孔本韓本相作攢攢字是

亦有道矣閩監毛三本同廖本孔本韓本足利本作有以也考文古本無亦字以字

章指言聖人緣情制禮奉終墨子元同質而違中以直正枉憮然改容蓋其理也

孟子注疏卷五下校勘記　奉新趙儀吉校

孟子注疏解經卷第六上

滕文公章句下凡十章　趙氏注　孫奭疏

疏正義曰：此卷趙注分上卷爲之者也。此卷凡有十章：一章言修禮守正，非招不往，枉道富貴，君子不許。二章言以道正君，非禮不運，稱大丈夫，阿意用謀，善戰務勝，事雖有剛，心歸柔順。三章言君子務仕，思播其道，達義行仁，待禮而動，苟容干祿，踰牆之女，人之所賤。四章言百工食力，以祿養賢，修仁尚義，國之所尊，移風易俗，其功可珍，雖食諸侯，不爲素餐。五章言德修無小，暴慢無强。六章言白沙在泥，不染自黑，蓬生麻中，不扶自直，言輔之者衆也。七章言道異不謀，迫斯强之，段泄已甚，瞷之得宜，正己直行，不納於邪。八章言從善改非，坐以待旦，知而爲之，罪重於故。九章言憂世撥亂，勤以濟之，義以正之。十章言聖人之道，親親尚和，志士之操，耿介守持。凡此十章，合上卷五章，是滕文公一篇，十有五章也。

陳代曰：不見諸侯，宜若小然。今一見之，大則以王，小則以霸。且志曰「枉尺而直尋」，宜若可爲也。陳代，孟子弟子也。代見諸侯有來聘請見孟子，孟子有所不見，以爲孟子欲以是爲介，故言此。介得無爲狹小乎？如一見之，儻得行道，可以輔致霸王乎？志，記也。枉尺直尋，欲使孟子屈己信道，故言宜若可爲也。

孟子曰：昔齊景公田，招虞人以旌，不至，將殺之。虞人，守苑囿之吏也。招之當以皮冠，而以旌，故招之而不至也。志士不忘在溝壑，勇士不忘喪其元。孔子奚取焉？取非其招不往也。如不待其招而往，何哉？志士，守義者也。君子固窮，故常念死無棺椁，沒溝壑而不恨也。勇士，義勇者也。元，首也。以義則喪首不顧也。孔子奚取，取守死善道，非禮招己則不往也。言虞人不得其招，尚不往，如何君子而不待其招，直事妄見諸侯者，何爲也已。且夫枉尺而直尋者，以利言也。如以利，則枉尋直尺而利，亦可爲與？尺小尋者，尚可任大，就小而以要與利也。

昔者趙簡子使王良與嬖奚乘，終日而不獲一禽。嬖奚反命曰：天下之賤工也。趙簡子，晉卿也。王良，善御者也。嬖奚，簡子幸臣也。以不能得一禽，故反命於簡子，謂王良天下鄙賤之工師也。或以告王良。良曰：請復之。聞嬖奚賤之，故請復與乘。强而後可，一朝而獲十禽。强嬖奚乃肯行，以一朝得十禽。嬖奚反命曰：天下之良工也。故謂之良工。簡子曰：我使掌與女乘。掌，主也。使王良主與女乘。謂王良。良不可，王良不肯。曰：吾爲之範我馳驅，終日不獲一；爲之詭遇，一朝而獲十。範，法也。王良曰：我爲之法度之御，應禮之射，正殺之禽，不能得一；橫而射之曰詭遇，非禮之射，則能獲十。言嬖奚小人也，不習於禮也。詩云：「不失其馳，舍矢如破。」我不貫與小人乘，請辭。詩小雅車攻之篇也。言御者不失其馳驅之法，則射者必中之，順毛而入，順毛而出，一發貫臧，應矢而死者如破矣。此君子之射也。貫，習也。我不習與小人乘，不願掌與嬖奚同乘，故請辭。御者且羞與射者比，比而得禽獸，雖若丘陵，弗爲也。如枉道而從彼，何也？孟子引此以喻陳代，云御者尚知羞恥，此射者不欲與比，子如何欲使我枉正道而從彼驕慢諸侯而見之乎？且子過矣，枉己者，未有能直人者也。謂陳代之言過謬也。人當以直矯枉耳，已自枉曲，何能正人？

疏「陳代曰」至「未有能直人者也」。○正義曰：此章言修禮守正，非招不往，枉道富貴，君子不許也。「陳代曰不見諸侯，宜若小然，今一見之，大則以王，小則以霸，且志曰枉尺而直尋，宜若可爲也」者，陳代，孟子弟子也。問孟子以謂今不見諸侯，是宜若小其身然；今一往見諸侯，大則行道可以輔佐君爲王，小則得行道而佐君爲之霸。且記云：枉一尺而直其一尋，宜若可以爲之也。尺，十寸爲尺，尋十丈爲尋也。陳代欲孟子往見諸侯，故以此言問之。「孟子曰昔齊景公田」至「何哉」者，孟子言往日齊國景公出獵，招聘其虞人以旌旆招聘之，如有虞人不至者，則將殺戮之。虞人掌山澤苑囿之吏也。然而志士守其義者，常念雖死無棺椁，但沒在於溝壑之中而不恨也；勇義之士，念雖喪去其首而且不顧也。孔子於此何取焉蓋孔子以取非其所招而能不往者也如此則虞人不得其所招之禮尚且守義雖死而且不往應其招如何爲之君子且以不待所招聘而往見諸侯是何爲哉蓋先王制招聘之禮旌所以招其大夫者虞人之招但以皮冠而已今齊景公以旌招虞人虞人守其職分所以雖死而不往也孟子引此意以謂今之諸侯所以聞有能招已者又非招已之所招而待之也故我何往見之哉所以不往見之也且夫枉尺而直尋者至亦可爲與孟子又言且夫子今以謂枉其尺而直其尋以利言之而已如以利爲之雖枉其尋而但直其尺而利亦可得而爲之耳孟子所以言之以此者蓋謂我苟志於利雖枉尋而直尺我亦爲之況子以謂枉尺而直尋乎本其我志於分義不肯枉道以徇利所以不欲屈已而求見於諸侯也以其見之諸侯但爲之徇利者矣故雖枉尺而直尋不爲也昔者趙簡子使王良與嬖奚乘終日而不獲一禽嬖奚反命曰天下之賤工也孟子又引昔者晉卿趙簡子嘗使善御人王良與幸人奚乘而田終日而不能得一禽奚乃反命報於簡子曰王良天下之賤工師也或以告王良良曰能復之或有人以嬖奚報簡子之言爲王良之賤遂告王良王良聞之故請復與嬖奚乘而田強而後可王良強勉嬖奚乃肯行一朝而獲十禽反命曰天下之良工也言一日遂得十禽

嬖奚乃反命報於簡子曰王良乃天下之良善工師也非賤者也簡子曰我使掌與女乘謂王良良不可至我不貫與小人乘請辭趙簡子言於嬖奚曰我使王良與女乘於是簡子謂王良而使之良乃不肯遂言於簡子曰我爲之法度之御我與嬖奚馳驅而田終一日而不能獲其一禽後爲之詭而橫射之止一朝而以能獲者十禽且詩小雅車攻之篇有云不失其馳驅之法而所中者應矢而死如破矣此君子之所射也我今不貫習與嬖奚小人同乘而敗也故請辭之不與掌乘御者且羞與射者比至未有能直人者也孟子引至此乃自爲之言曰夫王良但爲之御者且尚能羞恥與嬖奚之射者比並雖使王良與嬖奚比之如得禽獸若丘陵之多亦必不爲之比矣今子欲使我枉正道而從彼驕傲之諸侯而往見之是何如哉且子言此者已失之過謬也如枉已之正道者未有能直其人者也必自正已之道然後可以直人矣是亦楊子所謂詘道而伸身雖天下不可爲也同意○注招虞人以當皮冠○正義曰經於萬章篇云萬章問孟子招虞人何以孟子曰以皮冠是其文也○注趙簡子晉卿至工師也○正義曰案史記世家云趙景公卒趙鞅是爲簡子爲晉卿晉出公十七年卒張華云簡子家在臨水界家上氣成樓閣○注詩小雅車攻之篇○正義曰此篇蓋言宣王復古也箋云不失其馳舍矢如破謂御者之良得舒疾之中射者之一矢發則中如錐破物也○注伯夷亦不屑就也○正義曰此乃公孫丑篇末之文也

景春曰公孫衍張儀豈不誠大丈夫哉一怒而諸侯懼安居而天下熄景春孟子時人爲縱橫之術者公孫衍魏人也號爲犀首嘗佩五國相印爲從長秦王之孫故曰公孫張儀合從者也一怒則構諸侯使強陵弱故言懼也安居不用辭說則天下兵革熄也孟子曰是焉得爲大丈夫乎子未學禮乎丈夫之冠也父命之女子之嫁也母命之往送之門戒之曰往之女家必敬必戒無違夫子以順爲正者妾婦之道也孟子以禮言之男子之道當以義正君女子則當婉順從人耳男子之冠則命曰就爾成德今此二子從君順指行權合從無輔弼之義安得爲大丈夫也

居天下之廣居立天下之正位行天下之大道得志

與民由之不得志獨行其道富貴不能淫貧賤不能移威武不能屈此之謂大丈夫廣居謂天下也正位謂男子純乾正陽之位也大道仁義之道也得志行正與民共之不得志隱居獨善其身守道不回也淫亂其心也移易其行也屈挫其志也三者不惑乃可以爲之大丈夫矣

【疏】景春曰至此之謂大丈夫○正義曰此章言以道匡君非禮不運故妾婦以況儀衍者也景春曰公孫衍張儀豈不誠大丈夫哉一怒而諸侯懼安居而天下熄景春問孟子曰公孫衍張儀二者豈不誠爲大丈夫之人哉夫二人一怒則諸侯懼之以其能使強陵弱故也安居處而不用辭說則天下兵革於是乎熄滅景春故以此遂謂二人實爲大丈夫孟子曰是焉得爲大丈夫乎子未學禮乎至妾婦之道孟子荅之景春曰二人如此安得爲之大丈夫乎子未嘗學禮也夫禮言丈夫之冠也父則命之女子之嫁也母則命之蓋以冠者爲丈夫之事故父命之以責其成人之道嫁者女子之事故母命之以責其爲婦之道也以女子之臨嫁母則送之於門而戒之女子曰雖往女之家必當敬其舅姑亦必當戒慎以貞潔其己無違逆敬夫子以其夫在則得順其夫夫沒則從其子以順從無

準爲正而已固妾婦之道如此也乃若夫之與子在所制義固不可以從婦矣苟爲從婦以順爲正是焉得爲大丈夫乎孟子所以引此妾婦而言者蓋欲以此妾婦比之公孫衍張儀也以其二人非大丈夫耳蓋以二人爲六國之亂期合六國之君希意導言靡所不至而當世之君讒毀稱譽言無不聽喜怒可否勢無不行雖一怒而諸侯懼安居而天下熄未免夫從人以順爲正者也是則妾婦之道如此也豈足爲大丈夫乎居天下之廣居立天下之正位行天下之大道至此之謂大丈夫去孟子言能居仁道以爲天下廣大之居立禮以爲天下之正位行義以爲天下之大路得志達而爲仕則與民共行乎此不得志則退隱獨行此道而不回雖使富貴亦不足以淫其心雖貧賤亦不足以移易其行雖威武而加之亦不足屈挫其志夫是乃得謂之大丈夫也今且以公孫衍張儀但能從人而不知以此正其己是則妾婦以順爲正之道固不足以爲大丈夫者焉○注景春至萃熄也○正義曰云景春孟子時人經傳未詳公孫衍魏人也號爲犀首爲秦王之孫故曰公孫案史記云犀首者魏之陰晉人也名衍姓公孫氏與張儀不善張儀之魏魏王相張儀犀首弗利故令人謂韓公叔曰張儀已合秦魏矣魏王所以欲貴張儀者但欲得韓地且韓之南陽已舉矣子何不少委焉以爲衍功則

魏必圖秦而棄儀後相衍張儀去復相秦卒犀首入相秦嘗佩五國之相印爲從長司馬彪曰犀首者魏之官名若今虎牙將軍是也張儀者案史家本傳云張儀魏人也常事鬼谷先生後相魏而卒凡此是皆公孫衍張儀之事矣

周霄問曰古之君子仕乎周霄魏人也問君子之道當仕否孟子曰仕傳曰孔子三月無君則皇皇如也出疆必載質質臣所執以見君者也三月一時也物變而不佐君化故皇皇如有所求而不得爾。公明儀曰古之人三月無君則弔公明儀賢者也言古人三月無君則弔明當仕也三月無君則弔不以急乎周霄怪乃弔於三月無君何其急也曰士之失位也猶諸侯之失國家也禮曰諸侯耕助以供粢盛夫人蠶繅以爲衣服犧牲不成粢盛不絜衣服不備不敢以祭惟士無田則亦不祭牲殺器皿衣服不備不敢以祭則不敢以宴亦不足弔乎諸侯耕助者躬耕勸率其民收其藉助以供粢盛粢稷盛稻也夫人親執蠶繅之事以率女功衣服祭服不成不實肥腯也惟辭也言惟誅祿之士無圭田者不祭牲必特殺故曰殺皿所以覆器者也不祭則不宴猶喪人曰不亦可弔乎出疆必載質何也周霄問出疆何爲復載質曰士之仕也猶農夫之耕也農夫豈爲出疆舍其耒耜哉孟子言仕之爲急若農夫不可不耕曰晉國亦仕國也未嘗聞仕如此其急仕如此其急也君子之難仕何也魏本晉也。周霄曰我晉人也亦仕而不知其急若此君子何爲難仕君子謂孟子何爲不急仕也曰丈夫生而願爲之有室女子生而願爲之有家父母之心人皆有之不待父母之命媒妁之言鑽穴隙

相窺踰牆相從則父母國人皆賤之言人不可觸情從欲須禮而行古之人未嘗不欲仕也又惡不由其道不由其道而往者與鑽穴隙之類也言古之人雖欲仕如不由其道。亦與鑽穴隙者無異

〔疏〕周霄曰至鑽穴隙之類也○正義曰此章言君子務仕思播其道達義行仁待禮而動也周霄問曰古之君子仕乎周霄問孟子曰古之君子欲爲仕乎孟子曰仕傳曰三月無君則皇皇如也出疆必載質者此孟子荅之以爲古之君子欲爲仕也傳文有云孔子三月不得佐其君則心皇皇如有所求而不得也出其疆土必載贄而行贄者如所謂三帛二生一死之贄也臣所以執此而見君也公明儀曰古之人三月無君則弔又引公明儀亦云古之人三月天時之一變如不得佐其君乃弔問之明其欲仕也三月無君則弔不以急乎周霄怪此言復問之曰三月無君則弔問之不以失之大急乎曰士之失位也猶諸侯之失國家也至亦不足弔乎孟子又荅之曰夫仕者欲行其道若失其職位則如諸侯之失其國家也如此三月無君則弔豈足謂之急歟且禮有云諸侯躬耕藉田勸率其民收其藉助以供

給其粢盛稷稻，夫人乃親養蠶繅絲以爲之祭服。如犧牲不成肥腯，稷稻無以致絜，衣服又無以致備，則不敢以祭社稷宗廟。惟士之失位無有田祿者，則亦不祭，無他，以其牲殺器血衣服不備，不敢以祭也。非特不敢祭，又且不敢以宴樂也。如此是亦不足爲弔之急矣。若公子重耳失其晉國而且稱喪人，孔子失魯司寇之位亦謂之喪，以至士大夫之去國，必爲壇位鄉國而哭，素衣素裳素冠徹緣，三月而復，蓋亦此意也。然則士之三月無君則弔，尙何以爲急乎。牲殺器皿，牲必殺，故曰殺；器皿所以覆器者也。出疆必載質，何也？周霄又問孟子士之出疆必載其質，是如之何。曰士之仕也，猶農夫之耕也，農夫豈爲出疆舍其耒耜哉？孟子荅之曰：士之進於爲仕也，若農夫之於耕也，夫農夫豈爲出疆而耕乃以舍去其耒耜哉。此士之爲仕所以出疆亦必載其質也。曰晉國亦仕國也，未嘗聞仕如此之急，仕如此之急也，君子之難仕何也？周霄又問孟子曰：今之晉國亦可爲仕之國也，然而未嘗聞有仕者如此之急，又以仕既如此之急，然而君子之難進於仕，是如之何，故以併問之。曰丈夫生而願爲之有室，女子生而願爲之有家，父母之心人皆有之，至鑽穴隙之類也，孟子又荅之曰：丈夫之生乃願爲之有室，婦女子之生乃願爲之有家，而事之其於欲慕爲人子之父母，心人皆有之矣。然而欲爲父母其爲室家，乃不待父母之命媒妁而言之，遂私鑽穴隙而相窺，踰牆而擅自相從，終雖得爲父母，其於國中之衆人亦且皆賤之而不美矣。夫古之人未嘗不欲爲之仕也，然而又惡其不由其道而爲之仕，所以君子難仕也。如不由其道而往爲之仕者，是與此鑽穴隙相窺而慕爲人子之父母之類也。孟子所以終荅之周霄以此者，以其士之仕猶男女之相求，亦必待父母之命媒妁之言也。○注「質臣所執以見君」至「不得爾」。○正義曰：蓋質之爲言至也，自五玉三帛二生一死，皆所以爲質，以見其君與自相質同也。

彭更問曰：後車數十乘，從者數百人，以傳食於諸侯，不以泰乎？泰，甚也。彭更，孟子弟子，怪孟子徒衆多而傳食於諸侯之國，得無爲甚奢泰者也。孟子曰：非其道，則一簞食不可受於人；如其道，則舜受堯之天下，不以爲泰。子以爲泰乎？簞，笥也。非其道，一笥之食不可受也。子以舜受堯之天下爲泰乎。曰：否。士無事而食，不可也。彭更曰：不以舜爲泰也，謂仕無功而虛食人者不可也。

曰：子不通功易事，以羨補不足，則農有餘粟，女有餘布；子如通之，則梓匠輪輿皆得食於子。孟子言凡人當通功易事，乃可各以奉其用。梓匠，木工也；輪人、輿人，作車者也。交易則得食於子之所有矣。周禮攻木之工七，梓匠輪輿是其四。餘羨者也。於此有人焉，入則孝，出則悌，守先王之道，以待後之學者，而不得食於子，子何尊梓匠輪輿而輕爲仁義者哉？入則事親孝，出則敬長悌。悌，順也。守先王之道，上德之士，可以化俗者，若此不得食子之祿，子何尊彼而賤此也。曰：梓匠輪輿，其志將以求食也；君子之爲道也，其志亦將以求食與？彭更以爲彼志食。於此亦但志食也。曰：子何以其志爲哉？其有功於子，可食而食之矣。且子食志乎？食功乎？孟子言祿以食功，子何食乎。曰：食志。彭更以爲當食志也。曰：有人於此，毀瓦畫墁，其志將以求食也，則子食之乎？孟子言人但破碎瓦，畫地則復墁滅之，此無用之爲也，然而其志反欲求食，則可食乎。曰：否。彭更曰不食也。曰：然則子非食志也，食功也。孟子曰：如是則子果食功也，非食其志也。

疏○「彭更問曰」至「食功也」。○正義曰：此章言百工食力，以祿養賢，修仁尚義，國之所尊，移風易俗，其功可珍，雖食諸侯，不爲素餐也。「彭更問曰：後車數十乘，從者數百人，以傳食於諸侯，不以泰乎」者，彭更，孟子弟子，問孟子以謂車有數十乘之多，從徒又有數百人之衆，皆以傳食於諸侯，不以爲泰甚乎？傳食，蓋以孟子食於諸侯，車徒又食於孟子，要之所食之祿，皆出於諸侯之所供耳，故云傳食諸侯。「孟子曰：非其道，則一簞食不可受於人；如其道，則」若「舜受堯之天下，不以爲」之泰，子今以車徒傳食於諸侯爲之泰，以其不足爲泰也。「曰：否。士無事而食，不可也」，彭更又曰否，不以舜爲泰而言也，蓋以士之無功事於諸侯，固不可虛食於諸侯也。「曰：子不通功易事，以羨補不足」至「皆食於子」，孟子又荅之曰：今且以子言之，如子不通功易事而相濟，以有餘而補其不足，則農夫有餘粟而人有受其飢女有餘布而人有受其寒子如通功易事乃可以各奉其事業則梓人成其器械以利用匠人營其宮室以安居輪人作車輪以運行輿人作車輿以利載是皆得食於子矣事與功者蓋所作未成則謂之事事之成則謂之功孟子所以言之者蓋謂梓匠輪輿皆小人之功也如得以通功易事而皆得食於子況有君子之功功於道者而乃不得傳食之於諸侯乎故以下文言之於此有人焉入則孝出則悌守先王之道以待後之學者而不得食於子子何尊梓匠輪輿而輕爲仁義者哉孟子又言今有人焉入於閨門之內則以孝爲仁出於鄉黨邦國之間以悌爲義是守先王仁義之道以待覺於後之學者是有功於道者也而乃不得食於子是則子何獨尊於梓匠輪輿小人之功而以輕爲仁義有功於道者哉曰梓匠輪輿其志將以求食君子之爲道也其志亦將以求食歟彭更又以此言於孟子曰彼梓匠輪輿者是其有志將以此業而求食者也今以君子之爲於道其志亦將以爲道而求食歟彭更之意以謂士志於道不志於食故以此疑乃問孟子也曰子何以志爲哉其有功於子可食而食之矣然以子言之則子今有食於人者是則食其有志於爲食者乎是則食其有功者乎曰食志彭更又荅之以爲有食則食其有志於求食者矣曰有人於此毀瓦

畫墁其志將以求食也則子食之乎孟子又欲排之故以此喻之言今有人於此但以毀破碎之瓦而畫地又復墁滅之是其志將以此求其食也則子食之乎曰否彭更以爲如此者不食之也曰然則子非食志也食功也孟子乃言之曰如是則子非食其有志於求食者也是則食其有功者也以其毀瓦畫墁但有志而無功者而彭更不食之是則知彭更是亦食於有功者矣然則孟子志非欲傳食於諸侯而諸侯所以食之者亦以孟子有功而已矣○注周禮攻木之工○正義曰此蓋梁惠王下卷說之矣

萬章問曰宋小國也今將行王政齊楚惡而伐之則如之何問宋當如齊楚何也孟子曰湯居亳與葛爲鄰葛伯放而不祀湯使人問之曰何爲不祀曰無以供犧牲也湯使遺之牛羊葛伯食之又不以祀葛夏諸侯嬴姓之國放縱無道不祀先祖湯又使人問之曰何爲不祀曰無以供粢盛也湯使亳衆往爲之耕老弱饋食葛伯率其民要其有酒食黍稻者奪之不授者殺之有童子以黍肉餉殺而奪之書曰葛伯仇餉此之謂也童子未成人殺之尤無狀。尚書逸篇文。仇怨也言湯伐葛伯怨其害此餉也爲其殺是童子而征之四海之內皆曰非富天下也爲匹夫匹婦復讎也四海之民皆曰湯不貪天下富也爲一夫報仇也湯始征自葛載十一征而無敵於天下東面而征西夷怨南面而征北狄。怨曰奚爲後我民之望之若大旱之望雨也歸市者弗止芸者不變誅其君弔其民如時雨降民大悅書曰徯我后后來其無罰載始也言湯初征自葛始也十一征而服天下

一說言當作再字再十一征而言湯再征十一國再十一凡征二十二國也書逸篇也民曰待我君。來我則無罰矣歸市不止不以有軍來征故市者止不行也不使芸者變休也有攸不惟臣東征綏厥士女篚厥玄黃紹我周王見休惟臣附于大邑周其君子實玄黃于篚以迎其君子其小人簞食壺漿以迎其小人救。民於水火之中取其殘而已矣從有攸以下道周武王伐紂時也皆尚書逸篇之文也攸所也言武王東征安天下士女小人各有所執往無不惟念執臣子之節篚厥玄黃謂諸侯執玄三纁二之帛願見周王望見休善使我得附就大邑周家也其君子小人各有所執以成其類也言武王之師救殷民於水火之中討其殘賊也太誓曰我武惟揚侵于之疆則取于殘殺伐用張于湯有光太誓古尚書百二十篇之時泰誓也我武王用武之時惟鷹揚也侵紂之疆界則取于殘賊者以張殺伐之功也民有簞食壺

桀之徵比於湯伐桀爲有光寵美武王德優前代也今之尚
書泰誓篇後得以充學故不與古太誓同諸傳記引泰誓皆
古泰誓也不行王政云爾苟行王政四海之内皆舉首
而望之欲以爲君齊楚雖大何畏焉萬章憂宋迫於齊楚不得
行政故孟子爲陳殷湯周武之事以喻之誡
能行之天下思以爲君何畏齊楚之國焉疏萬章問曰至齊楚雖
大何畏焉○正義曰此章言修德無小暴慢無强也萬章問
曰宋小國也今將行王政齊楚惡而伐之則如之何萬章問
孟子言宋國小國也今將欲行王者之政齊楚大國惡其行
之而欲伐之則宋國當如之何而處之孟子曰湯居亳與葛
爲鄰葛伯放而不祀湯使人問之曰何爲不祀至此之謂也
孟子荅之曰湯王居亳地與葛國爲鄰葛國之伯放縱無道
而不祀先祖湯王使人問之葛伯何爲而不祀先祖乃荅之
曰無以供其犧牲也牲之色純無雜色謂之犧牲湯乃使人
遺賜之牛羊葛伯既受之牛羊又自食之而不祀先祖湯又
使人問葛伯何爲而又不祀葛伯又曰又無以供其粢盛也
湯復使亳之衆往爲葛伯耕作以助其粢盛有老弱者饋耕
者之食葛伯又率己之民於路要其有酒食黍稻者奪而食

之有不授與之者乃殺之有童子以黍肉餉其耕者葛伯
率民殺其子而奪其黍肉故書有云葛伯仇餉其有所餉者
故害之是此之謂也爲其殺是童子而征之四海之内皆曰
非富天下也爲匹夫匹婦復讎也孟子又言爲其葛伯殺此
童子而湯乃往而征伐之四海之内人皆曰湯王非貪富於
天下而征葛也是爲天下一匹之夫一匹之婦復報其讎也
湯始征自葛載至后來其無罰者言湯王初征自葛國始也
湯之十一征而天下無敵者故東面而征其君則西夷之
國怨之以爲不先征其我君之罪南面而征其君則北夷之
國怨之以爲不征其我君之罪而先於彼故怨云何爲而後
去其我民之望其湯之來若大旱之時人望其雲霓而雨之
降也遂使歸市者得奔趨而貿易芸苗者亦得芸而不爲之
休亦以湯即誅其君之有罪者而又能弔問存恤其人民故
如時雨之降民皆大喜悅之書云民徯待我君之來言我君
之來則我無誅罰矣一說云十一征當作再字再十一征者
言湯再征十一國再十一凡征二十二國也有攸不惟臣至
取其殘而已矣此皆逸書之文也言殷之民有所征之則無
不惟念臣服之節故武王東征而綏撫其士女則爲之士女
皆以篚盛其玄黃之帛以昭明我之周王見休美惟臣皆
得就附于大邑周家也故其君子實則玄黄之帛以迎其君

子小人簞食壺漿以迎其小人是各從其類也武王之師衆
中有君子有小人故商民有君子有小人迎之者也言武王
所拯救殷民於水火之中獨取伐其殘賊其民者也今據書
乃曰昭我周王而此乃曰紹我周王蓋紹者繼也民皆以玄
黃之帛盛於篚而隨武王之師後而繼送之也蓋周王者即
武王也然必以玄黃於篚者蓋天謂之玄地謂之黃武王能
革殷之否而泰之是能如天地以覆載以養民者也必言士
女者以其武王所綏不特匹夫匹婦而已雖未冠之士未笄
之女亦且綏之故曰綏厥士女太誓曰我武惟揚侵于之疆
則取于殘殺伐用張于湯有光此古之太誓篇之文也言太
誓有云我武王用武之時惟鷹揚也侵于紂之疆界則取于
殘賊者於是殺伐之功用張行之故比于湯王伐桀之時更
有以光于前代也不行王政云爾苟行王政至齊楚雖大何
畏焉孟子於此乃曰今宋國不行王者之政故云齊楚惡而
伐之爾加宋國苟能行其王者之政則四海之内人皆舉首
引領而望之欲以爲之君也齊楚二國雖大然何畏之有○
注葛夏諸侯嬴姓之國○正義曰案地理志云葛今梁國寧
陵有葛鄉裴駰亦引之而證史記亳都亦在梁國故云爲鄰
書曰湯征諸侯葛伯不祀湯始征之孔安國云葛國伯爵也
廢其土地山川及宗廟神祇皆不祀湯始伐之言伐始於葛

也書於是乎作湯征今尚書仲虺之誥曰乃葛伯仇餉初征
自葛東征西夷怨南征北狄怨曰奚獨後予孔傳云葛伯遊
行見農民之餉於田者殺其人奪其餉故謂之仇餉仇怨也
湯爲是以不祀之罪伐之從此後遂征無道西夷北狄舉遠
以言則近者著矣曰奚獨後予者蓋怨者之辭也○注從有
攸下至殘賊也○正義曰云篚厥玄黃謂諸侯執玄三纁二
之帛者禮云諸侯世子執纁公之孤執玄附庸之君執黃是
帛也鄭司農云三染謂之纁此亦周禮鍾氏有三入爲纁故
也
孟子謂戴不勝曰子欲子之王之善與我
明告子不勝宋臣有楚大夫於此欲其子之齊語也
則使齊人傅諸使楚人傅諸孟子假喻有楚大夫在此欲變其子使學齊言當使齊人傅之使楚人自傅相之邪
曰使齊人傅之不勝曰使齊人曰一齊人
傅之衆楚人咻之雖日撻而求其齊也不可得
矣引而置之莊嶽之間數年雖日撻而求其楚

亦不可得矣言使一齊人傅相衆楚人咻之咻之者讙也如此雖日撻之欲使齊言不可得矣言寡不勝衆也莊嶽齊街里名也多人處之數年而自齊也子謂薛居州善士也使之居於王所在於王所者長幼卑尊皆薛居州也王誰與爲不善孟子曰不勝常言居州宋之善士也欲使居於王所如使在王所者小大皆如居州則王誰與爲不善者也在王所者長幼卑尊皆非薛居州也王誰與爲善一薛居州獨如宋王何如使在王左右者皆非居州之疇王當誰與爲善乎一薛居州獨如宋王何而能化之也周之末世列國皆僭號自稱王故曰宋王也

疏孟子謂戴不勝至如宋王何○正義曰此章言自非聖人在所變化故諺曰白沙在泥不染自黑蓬生麻中不扶自直之類也孟子謂戴不勝曰至亦不可得矣不勝宋王之臣也姓戴名不勝孟子謂之曰子今欲子之宋王爲善歟我今明言而告子且假喻今有楚國之大夫於此欲使其子學齊人之言則當使齊人傅諸使楚人傅諸曰使齊人傅之不勝答之以爲當使齊人傅相之孟子又言如使一齊人傅相其子之言而衆楚人皆咻讙之雖日加鞭撻其子而求爲齊言也不可得已如引其子置之閭巷之間數年之久雖日加鞭撻而求其子爲楚言亦不可得已子謂薛居州善士也至如宋王何孟子又言今不勝謂薛居州善士者也使之居於宋王之所如在宋王之所者長幼卑尊皆如薛居州善士者也則宋王誰與爲不善也如在宋王之左右長幼卑尊皆非薛居州之善者也則宋王誰能與爲善今以一薛居州獨佐於宋王爲善其能如宋王何無他以其一人之寡不能勝其衆也故孟子所以齊人楚人而比喻之也薛居州宋國之善士者也

孟子注疏解經卷第六上

南昌縣知縣陳煦栞

孟子注疏卷六上校勘記

阮元撰盧宣旬摘録

請見孟子　閩監毛三本足利本同廖本孔本韓本考文古本無見字

故招之而不至也　閩監毛三本同廖本孔本韓本考文古本作故不至也

何爲也已　閩監毛三本同廖本孔本韓本考文古本無已字

尺小尋者尙可枉大就小而以要其利也　閩監毛三本同廖本孔本韓本考文古本者尙作大不無其字案音義出要利則無其字是也

嬖子幸臣也　閩監毛三本同廖本孔本韓本考文古本無也字

吾爲之範我馳驅　音義範我或作范氏案後漢書班固傳注引孟子正作范氏文選注同今亦誤改爲範我○按范氏見左傳劉累學擾龍事孔甲賜氏曰御龍晉范氏其後也李善引括地圖即此事但孔甲譌爲禹耳孟子作范氏爲長範我乃淺人所改

不習於禮也　閩監毛三本同廖本孔本韓本考文古本無也字

一發貫臧　足利本臧作機音義出貫臧作機非○按臧即今五臟字徂浪切一發貫臧應矢而死所謂貫心死疾爲上殺也孫宣公云臧如字非也

尙知羞恥此射者　閩監毛三本同岳本孔本韓本羞恥作恥羞

而見之乎　閩監毛三本孔本足利本同廖本韓本考文古本無乎字

章指言修禮守正非招不往枉道富貴君子不許是以諸侯雖有善其辭命伯夷亦不屑就也

招虞人以當皮冠　以當誤倒閩監毛三本不誤

當以義正君　閩監毛三本同廖本孔本韓本考文古本正作匡

乃可以爲之大丈夫矣　閩監毛三本同廖本孔本韓本考文古本作乃可謂大丈夫案爲字

無理

章指言以道匡君非禮不運稱大丈夫阿意用考文古本作相謀善戰務勝事雖有剛心歸柔順故云妾婦以況儀衍

而不得爾閩監毛三本同廖本孔本韓本考文古本無爾字

言古人閩監毛三本同廖本孔本韓本考文古本上有而字

猶喪人曰閩監毛三本同廖本孔本韓本考文古本曰作也案也是

周霄曰我晉人也考文古本上有故字

君子何爲難仕閩監毛三本同廖本孔本韓本考文古本上重若此二字重者是

如不由其道亦與鑽穴隙者無異閩監毛三本同廖本孔本韓本考文古本道上有正字亦作是無作何

章指言君子務仕思播其道達義行仁待禮而動苟容干考文古本作求祿踰牆之女人之所賤故弗爲也

爲甚奢泰者也閩監毛三本同廖本韓本無者字孔本者也作乎

非其道閩監毛三本同廖本孔本韓本考文古本作非以其道

子以舜受堯之天下閩監毛三本同廖本孔本韓本無之字

謂仕無功閩監毛三本同宋本亦作仕廖本仕作士孔本韓本同下有事字考文古本亦有事字

是其四餘羨者也閩監毛三本同岳本四下有者字廖本孔本韓本考文古本作是其四者羨餘也案閩監毛三本誤

悌悌順也閩監毛三本同廖本孔本韓本考文古本上悌作順也二字

彭更以爲彼志食於閩監毛三本同廖本孔本韓本考文古本食於作於食案三本誤

畫墁音義云張武安切與謾同○按謾必誤字謾者欺也於此文理不順依注云墁滅則當云與槾同集韻鏝槾墁三字同也墁乃槾之俗

然而其意廖本孔本韓本考文古本同閩監毛三本意作志

則可食乎閩監毛三本同廖本孔本韓本可作子

則子果食功也非食其志也閩監毛三本同廖本孔本無非食其志也五字韓本考文古本與廖本同無則字

章指言百工食力以祿養賢修仁尚義國之所尊移風易俗其功可珍雖食諸侯不爲素餐

尚書逸篇文閩監毛三本同廖本孔本韓本考文古本作書尚書逸篇也

言湯伐葛伯閩監毛三本同廖本孔本韓本考文古本作言湯所以伐殺葛伯

爲一夫報仇也閩監本廖本孔本韓本足利本同毛本誤作匹夫執仇也考文古本與毛本同匹作一

北狄怨廖本狄作夷

自葛始也閩監毛三本韓本同岳本廖本孔本自作從

再十一征而言湯再征十一國閩監毛三本同岳本下再下有出字廖本韓本考文古本作再十一者湯再出征十一國孔本與廖本同無出字

民曰待我君來閩監毛三本同孔本韓本考文古本重君字

有攸不惟臣按各本經注及各本注疏皆作惟疏云惟念臣服之節固不誤也朱子集注本譌作爲臣不可不正

篚厥元黃閩監毛三本同廖本孔本韓本篚作匪案音義出匪厥丁云義當作篚此作匪古字借用則作匪是

也下同○按據說文匚部匪似竹篋引周書實元黃于匪非借用乃正字也竹部篚訓車笭也

救民於水火之中 音義救字或作捄

皆尚書逸篇之文也 閩監毛三本同廖本孔本韓本無也字

以成其類也 閩監毛三本同廖本孔本韓本考文古本成作迎

太誓曰 閩監毛三本同廖本孔本韓本太作大注太泰同

侵紂之疆界 閩監毛三本同廖本孔本韓本考文古本上有侵于之疆四字

以張殺伐之功也 閩監毛三本同廖本孔本韓本考文古本殺伐作伐殺

皆古泰誓也 孔本脫也字

何畏齊楚之國焉 閩監毛三本同廖本孔本韓本考文古本無之國二字

章指言修德無小暴慢無强是故夏商之末民思湯武雖

欲不王末由也已

實則元黃之帛 則實誤倒閩監毛本不誤

當使齊人傅之 閩監毛三本同廖本孔本韓本考文古本下有邪字

衆楚人咻之 閩監毛三本孔本同韓本考文古本衆楚作楚衆

嚾也 閩監毛三本同廖本孔本韓本作讙也案音義出嚾也丁云字讙譁同則作讙非也

如使在王所者 廖本孔本韓本考文古本同閩監毛三本如誤即

則王誰與爲不善者也 閩監毛三本同岳本廖本孔本韓本考文古本無者字

章指言自非聖人在所變化故諺曰白沙在涅不染自黑蓬生麻中不扶自直言輔之者衆也

孟子注疏卷六上按勘記

孟子注疏解經卷第六下

滕文公章句下　趙氏注　孫奭疏

公孫丑問曰：不見諸侯何義？丑怪孟子不肯每輒應諸侯之聘，不見之於義謂何也。孟子曰：古者不爲臣不見。古者不爲臣不肯見，不義而富且貴者也。段干木踰垣而辟之，泄柳閉門而不納。是皆已甚，迫斯可以見矣。孟子言魏文侯、魯繆公有好善之心，而此二人距之太甚，迫窄則可以見之。陽貨欲見孔子而惡無禮，大夫有賜於士，不得受於其家，則往拜其門。陽貨，魯大夫也。孔子，士也。孔子之亡也，而饋孔子蒸豚。孔子亦矙其亡也，而往拜之。當是時，陽貨先，豈得不見？矙，視也。陽貨視孔子亡而饋之者，欲使孔子來荅，恐其便荅拜使人也。孔子矙其亡者，心不欲見陽貨也。論語曰「饋孔子豚」，孟子曰「蒸豚」，豚非大牲，故用熟饋也。是時陽貨先加禮，豈得不往拜見之哉。曾子曰：脅肩諂笑，病于夏畦。脅肩，竦體也。諂笑，強笑也。病，極也。言其意苦勞，極甚於仲夏之月治畦灌園之勤也。子路曰：未同而言，觀其色赧赧然，非由之所知也。未同，志未合也。不可與言而與之言，謂之失言也。觀其色赧赧然，面赤心不正之貌也。由，子路名。子路剛直，故曰非由所知也。由是觀之，則君子之所養可知已矣。孟子言由是觀曾子、子路之言，以觀君子之所養志可知矣。謂君子養正氣，不以入邪也。

疏「公孫丑問曰」至「可知已矣」。○正義曰：此章言道異不謀，迫斯強之，段泄已甚，矙亡得其宜，正己直行，不納於邪，赧然不接，傷若夏畦也。公孫。問曰「不見諸侯何義」，丑怪孟子不見諸侯，故問之曰：不見諸侯，其義謂何也。「孟子曰古者不爲臣不見」至「可知已矣」，孟子荅之公孫丑，言古之不爲臣者，不肯見不義而饗富貴者也。如段干木踰垣牆而避魏文侯於外，泄柳閉門而拒魯繆公於內，然皆不見之者，是皆文侯、繆公而就見已甚迫切，斯可以見矣。然干木、泄柳且不見之耳。陽貨欲覸見於孔子，而畏孔子惡己之無禮而不見之，意已謂己爲大夫，而有遺賜孔子，但爲之士，彼不得受其遺賜於其家，則必往謝己門，故陽貨視孔子不在，遂饋送孔子蒸豚之禮。然而孔子至後，亦以視陽貨不在，乃往其門而拜謝之。故當是之時，陽貨豈先不得見孔子？以其不合視孔子不在乃饋蒸豚，孔子所以不欲見，亦復其亡而往謝之也。蒸豚，熟豚也。曾子又有云：脅肩諂笑，竦縮其身，強容而笑者，其勞苦有甚於夏之五六月而灌園也。治畦曰灌園也。子路有云：未合其志而與之言，觀其色赧赧然，面赤而心不正者，非我之所知也。由，子路自稱名也。孟子曰：由此數者觀之，則君子之所養以義可得而知矣。蓋就此數者論之，孟子必荅孫丑以此者，則孟子不見諸侯，是亦分也，義也，孫丑乃不知之，柰之何哉。今且以孟子不見諸侯，必以段干、泄柳爲言者，蓋謂魏文、魯繆二君欲見此二子如此之迫切，而二子尚不見之，而況已往見諸侯哉。必以陽貨爲言者，蓋謂孔子不見陽貨者，乃陽貨自取之爾。今已之不見諸侯者，亦以諸侯不禮於我矣。必以曾子所謂而言者，蓋謂已如往見諸侯，亦是脅肩諂笑者也。必以子路所謂而言者，蓋謂己如就見諸侯，亦是未同而觀其色赧赧然之人也。此孟子所以執此而喻其意於公孫丑也。說文云：畦，菜畦也。是知即園也。○注「論語曰饋孔子豚」。○正義曰：案孔安國傳云：陽貨欲使孔子往謝，故遺孔子豚。陽貨，陽虎也，名虎，字貨，爲季氏家臣，而專魯國之政，欲見孔子，將使之仕也。豚，豕之小者。故論語於陽貨篇云：陽貨欲見孔子，孔子不見，歸孔子豚。孔子時其亡也，而往拜之，遇諸塗。謂孔子曰：來，予與爾言。曰：懷寶而迷邦，可謂仁乎？好從事而亟失時，可謂知乎？曰：不可。日月逝矣，歲不我與。孔子曰：諾，吾將仕矣。凡此是其事也。○注「子路剛直」。正義曰：案孔子弟子列傳云：子路性鄙，好勇力，志伉直，是爲剛直也。後死於衛。

戴盈之曰：什一，去關市之征，今茲未能，請輕之，以待來年，然後已，何如？戴盈之，宋大夫。問孟子欲使君去關市征稅，復古行什一之賦，今年未能盡去，且使輕之，待來年然後復古，何如。孟子曰：今有人日攘其鄰之雞者，或告之曰：是非君子之道。曰：請損之，月攘一雞，以待來年，然後已。如知其非義，斯速已矣，何待來年？攘，取也。取自來之物也。孟子以此爲喻知攘之惡當即止何可損少月取一〔疏〕戴盈之曰雞待來年乃止乎謂盈之之言若此類者也至何待來年○正義曰此章言從善改非坐而待旦知而爲之罪重於故譬猶攘雞多少同盜變惡速然後可也戴盈之曰什一去關市之征今茲未能請輕之以待來年戴盈之即戴不勝字盈之也爲宋國之大夫問於孟子曰欲使宋君去關市之征稅今年未能盡去且使輕取之以待來年然後盡去之如之何孟子曰今有人日攘其鄰之雞至何待來年孟子以此比喻之以荅盈之之言非也言今有人日日攘取其鄰家之雞者或有人告之曰此攘雞乃小人盜賊之道非君子大公至正之道也乃曰請損之但月攘一雞以待來年然後止而勿攘今子如知宋君取關市之稅爲非義若此攘雞之非道斯可速而止之耳何可待來年然後已乎此孟子所以告之是耳

公都子曰外人皆稱夫子好辯敢問何也公都子孟子弟子外人他人論議者也好辯言孟子好與楊墨之徒辯爭孟子曰予豈好辯哉予不得已也曰我不得已耳欲救正道懼爲邪說所亂故辯之也天下之生久矣一治一亂當堯之

時水逆行氾濫於中國蛇龍居之民無所定下者爲巢上者爲營窟天下之生生民以來也迭有治亂非一世水生蛇龍水盛則蛇龍居民之地也民患水避之故無定居埤下者於樹上爲巢猶鳥之巢也上者高原之上也鑿岸而營度之以爲窟穴而處之書曰洚水警余洚水者洪水也尚書逸篇之水逆行洚洞無涯故曰洚水也洪大也使禹治之禹掘地而注之海驅蛇龍而放之菹水由地中行江淮河漢是也險阻既遠鳥獸之害人者消然後人得平土而居之堯使禹治洪水通九州故曰掘地而注之海也菹澤生草者也今青州謂澤有草爲菹水流行於地而去也民人下高就平土故遠險阻也水去故鳥獸害人者消盡也堯舜既沒聖人之道衰暴君代作壞宮室以爲汙池民無所安息棄田以爲園囿使民不得衣食邪說暴行又作園囿汙池沛澤多而禽獸至暴亂也亂君更興殘壞民室屋以其處爲汙池棄五穀之田以爲園囿長逸遊而棄本業使民不得衣食有飢寒並至之厄其小人則放辟邪侈故作邪僞之說爲姦寇之行沛草木之所生也澤水也至衆也田疇不墾故禽獸衆多謂羿桀之時也及紂之身天下又大亂周公相武王誅紂伐奄三年討其君驅飛廉於海隅而戮之滅國者五十驅虎豹犀象而遠之天下大悅奄東方無道國武王伐紂至于孟津還歸二年復伐前後三年也飛廉紂諛臣驅之海隅而戮之猶舜放四罪也滅與紂共爲亂政者五十國也奄大國故特伐之尚書多方曰王來自奄書曰丕顯哉文王謨丕承哉武王烈佑啓我後人咸以正無缺書尚書逸篇也丕大顯明承纘烈光也言文王大顯明王道武王大纘承天光烈佑開後人謂成康皆行

正道無虧缺也此周公輔相以撥亂之功也世衰道微邪說暴行有作臣弒其君者有之子弒其父者有之孔子懼作春秋春秋天子之事也是故孔子曰知我者其惟春秋乎罪我者其惟春秋乎世衰道微周衰之時也孔子懼正道遂滅故作春秋因魯史記設素王之法謂天子之事也知我者謂我正綱紀也罪我者謂時人見彈貶者言孔子以春秋撥亂也聖王不作諸侯放恣處士橫議楊朱墨翟之言盈天下天下之言不歸楊則歸墨楊氏爲我是無君也墨氏兼愛是無父也無父無君是禽獸也言孔子之後聖王之道不興戰國縱橫布衣處士游說以干諸侯若楊墨之徒無尊異君父之義而以撗議於世也公明儀曰庖有肥肉廄有肥馬民有飢色野

有餓莩，此率獸而食人也。公明儀魯賢人，言人君但崇庖廚，養犬馬，不恤民，是爲率禽獸而食人也。楊墨之道不息，孔子之道不著，是邪說誣民，充塞仁義也。仁義充塞，則率獸食人，人將相食。言仁義塞則邪說行，獸食人則人相食，此亂之甚也。吾爲此懼，閑先聖之道，距楊墨，放淫辭，邪說者不得作。閑，習也。淫，放也。孟子言我懼聖人之道不著，爲邪說所乘，故習聖人之道以距之。作於其心，害於其事；作於其事，害於其政。聖人復起，不易吾言矣。說與上篇同。昔者禹抑洪水而天下平，周公兼夷狄驅猛獸而百姓寧，孔子成春秋而亂臣賊子懼。抑，治也。周公兼懷夷狄之人，驅害人之猛獸也。言亂臣賊子懼春秋之貶責也。詩云：戎狄是膺，荆舒

是懲，則莫我敢承。此詩已見上篇說。無父無君，是周公所膺也。是周公所欲伐擊也。我亦欲正人心，息邪說，距詖行，放淫辭，以承三聖者；豈好辯哉？予不得已也。孟子言我亦欲正人心，距詖行，以奉禹、周公、孔子也。不得已而與人辯耳，豈好之哉。能言距楊墨者，聖人之徒也。孟子自謂能距楊墨也。徒，黨也。可以繼聖人之道，謂名世者也，故曰聖人之徒也。

【疏】孟子曰予豈好辯哉至聖人之徒也○正義曰：此章言憂世撥亂，勤以濟之，義以匡之也。公都子問孟子曰：外人皆稱夫子好與楊墨之徒爭辯，敢問是何如？孟子曰：予豈好辯哉？予不得已也。孟子荅之曰：我豈好與彼爭辯之哉，但欲正人心，不得已而用辯之也。天下之生久矣，一治一亂至上者爲營窟，孟子言天下之生民以來，至于今以久矣，其間一治一亂甚多。當堯之時，水逆勢而流行，氾濫濁於中國，蛇龍由是居處於其間，民亦無所安其居處，以至居於埤下者，乃於樹上爲巢，如鳥之居於巢也；居於高原之上者，乃鑿爲穴窟而處之。書曰洚水警余，洚水，洪水也，使禹治之，禹掘地而注之海至然後人得平土而居之，尚書逸篇之文云：洚水警懼我。此蓋舜言，故稱余，余，我也。孟子引之，故自解之：洚水，言洚水則洪大之水也，故舜使禹治其洪水。禹乃掘地，因其勢順而流注之海，又驅遣蛇龍而放之菹，菹，澤生草之所也。於是水從地中流行，故不氾逆，所謂導江、導淮、導河、導入漢之水，是禹之治也。危險艱阻既以遠去，而無氾濫之患，鳥獸之害於人者遂消滅，然後人皆得平坦之地而居之。所謂水逆行，氾濫於中國，蛇龍居之，爲巢營窟之難，於是免矣。堯舜既沒，聖人之道衰至及紂之身，又至咸以正無缺者，孟子言自堯舜既沒之後，聖人所行之道衰微，暴虐之君更興，乃毀壞民之宮室以爲之汙池，而民皆無所安居休息；又棄五穀之田以爲之園囿，而恣遊傲，乃使民不得衣食。於是民有飢寒，其小人皆放辟邪侈，作邪僞之說，爲姦寇之行；又作園囿汙池，於是草木沛澤茂盛，而禽獸至衆。及紂之世，又爲大亂，周公乃輔相武王誅伐其紂，又伐奄國，終始三年討戮殘賊之君，乃驅逐飛廉諫臣於海隅之地而戮殺之，遂滅與紂共爲亂之國者有五十國，然後驅遣其虎豹犀象之野獸而遠去之，天下之人已皆大悅而歸武王。書所謂丕顯哉文王謨，丕承哉武王烈，佑啓我後人，咸以正無缺，是斯之謂歟？蓋言大明文王創始之謀謨，大續集武王之功烈，佑開後

人，皆以正道行之，故無虧缺也。後人，是謂成王、康王在後者也。世衰道微，邪說暴行至其惟春秋乎，孟子又言至周世之道衰，於是微滅，邪說暴行之人又有起作，於是臣弑其君而有之，子弑其父者有之。惟孔子於此時乃恐懼正道遂滅，而害人正心，故因魯史記而作春秋之經。蓋春秋者，乃設素王之道，皆天子之事迹也。孔子云：知我正王綱者，其惟以春秋知我矣；罪我以謂迷亂天下者，其亦惟以春秋罪我矣。聖王不作，諸侯放恣至是禽獸也，孟子又言自孔子之後，聖王無有興作於其間，諸侯乃放恣爲亂，布衣之處士乃橫議而遊說於諸侯，於是楊朱、墨翟偏蔽之言盈滿於天下。天下之言者，不歸從楊朱之爲己，則歸從墨翟之兼愛。以其爲己之言行，是使天下無其君也；兼愛之言行，是使天下無其父也。無父無君，是禽獸之類也，非人也。公明儀曰至率獸而食人也，孟子又引昔公明儀有云：君之庖廚乃多有其肥肉，棧廄之中多養其肥馬，而下民以有飢餓之顏色，郊野之間以有餓死之莩者，如此，是國君率獸而食人也。楊墨之道不息，孔子之道不著至吾爲此懼，又至吾言矣，孟子又言楊墨自爲兼愛之道不熄滅，則孔子之正道不著明，是邪說敷誣其民，而充溢掩其仁義之道也。仁義既以邪說充塞而掩之，則不特率獸食人，而人亦將自相食也。孟子故言我爲此恐懼，乃欲

防閑衛其先聖之正道而拼斥拒其楊墨放逐其淫辭使邪說者不得興作於其間所謂作於其心害於其事作於其事害於其政聖人復起必從吾言矣此蓋說在上篇此更不說昔者禹抑洪水而天下平周公兼夷狄驅猛獸而百姓寧孔子作春秋而亂臣賊子懼此皆孟子言至於此又復自堯至於孔子再詳總說之也言往者自舜使禹抑治其水而天下於是乎得平安至周公相武王兼征夷狄驅逐暴獸而人民於是乎得寧靜以至孔子作成春秋而褒貶著而亂臣賊子於是乎恐懼之詩云戎狄是膺荆舒是懲則莫我敢承說在上篇詳矣孟子言如是則無父無君者是周公所欲膺擊而伐之也我今亦欲正其人心息滅其邪說距止其險陂之行放逐其淫辭以奉承禹周公孔子三聖者豈我好與楊墨之辯哉是我不得已故當與之爭辯也然而能言距止楊墨之道者是亦爲聖人之徒黨也故曰我亦欲正人息邪說距詖行放淫辭以承三聖者豈好辯哉予不得已也能言距楊墨者聖人之徒也。注堯使禹治洪水通九州至消盡也正義曰禹通九州者蓋始自堯所都冀州而起遂從東南通于兖州兖州既達又東南通於青州青州既達又從南通於徐州徐州既達又南通於揚州揚州既達又西通於荆州荆州既達又從荆而北通於豫州豫州既達又從豫而西通於梁州

梁州既達又從梁而北通於雍州雍州既達於是又通乎冀州冀州乃帝都也凡此是皆禹通之耳。注奄東方無道國至王來自奄正義曰案鄭玄云奄國在淮夷之北裴駰亦引而證史記云伐奄者孔安國云周公歸政之明年淮夷奄國又叛成王東伐淮夷遂滅奄而徙其君五月自奄還至鎬京是王自奄也云飛廉紂諛臣案史記云飛廉乃顓頊之苗裔也飛廉善走其子惡來惡來有力父子俱以材力事殷紂周武王伐紂并殺之是矣舜放四罪所謂流共工于幽州放驩兜于崇山竄三苗于三危殛鯀于羽山四罪而天下咸服凡此是也。注禹稷胼胝周公仰思仲尼皇皇正義曰經云禹稷手足胼胝周公仰而思之夜以繼日揚雄云仲尼皇皇是也凡此蓋言皆能勤於爲生民耳

匡章曰陳仲子豈不誠廉士哉居於陵三日不食耳無聞目無見也井上有李螬食實者過半矣匍匐往將食之三咽然後耳有聞目有見匡章齊人也陳仲子齊一介之士窮不苟求者是以絕糧而餒也螬蟲也李實有蟲食之過半言仲子目不能擇也孟子曰於齊國之士吾必以仲子爲巨擘焉雖然仲子惡能廉充仲子之操則蚓而後可者也夫蚓上食槁壤下飲黃泉巨擘大指也比於齊國之士吾必以仲子爲指中大者耳非大器也蚓蚯蚓之蟲也充滿其操行似蚓而可行者也蚓食土飲泉極廉矣然無心無識仲子不知仁義苟守一介亦猶蚓也仲子所居之室伯夷之所築與抑亦盜跖之所築與所食之粟伯夷之所樹與抑亦盜跖之所樹與是未可知也孟子問匡章仲子豈能必使伯夷之徒築室樹粟乃居食之邪抑亦得盜跖之徒使作也是殆未可知也曰是何傷哉彼身織屨妻辟纑以易之也匡章曰惡人作之何傷哉彼仲子身自織屨妻緝纑以易食宅耳緝績其麻曰辟練其麻曰纑故云辟纑曰仲子齊之世家也兄戴蓋祿萬鍾以兄之祿爲

不義之祿而不食也以兄之室爲不義之室而不居也避兄離母處於於陵孟子言仲子齊之世卿大夫之家兄名戴爲齊卿食采於蓋祿萬鍾仲子以爲事非其君行非其道以居富貴故不義之竄於於陵也他日歸則有饋其兄生鵝者己頻顣曰惡用是鶂鶂者爲哉他日異日也歸省其母見兄受人之鵝而非之己仲子也頻顣不悅曰安用是鶂鶂者爲乎鶂鶂鵝鳴聲他日其母殺是鵝也與之食之其兄自外至曰是鶂鶂之肉也出而哇之以母則不食以妻則食之以兄之室則弗居以於陵則居之是尚爲能充其類也乎若仲子者蚓而後充其操者也異日母食以鵝不知是前所頻顣者也兄疾之告曰是鶂鶂之肉也仲子出門而哇吐之孟子非其不食於母而食妻所作屨

蟺易食也不居兄室而居於於陵人所築室也是尙能充人類乎如蚓之性然後可以充其操也是以孟子喻以蚯蚓而比諸巨擘而已〔疏〕匡章曰至而後充其操者也○正義曰此章言事人之道親親尙和志士之操耿介特立可以激濁不可常法者也匡章曰陳仲子豈不誠廉士哉至目有見者匡章齊國之人也仲子齊國一介之士也匡章謂孟子曰陳仲子之爲人豈不誠爲廉士者哉言仲子居處於於陵之地三日無食故不求食以至飢餓使耳聾而無聞目盲而無見井里之上有李果爲螬蟲所食者其實已過半矣但匍匐往而取食之食至三吞然後耳方有所聞而不聾目方有所見而不盲言仲子之至如此之甚尙不肯苟求於人是所謂豈不誠廉潔之士哉孟子曰於齊國之士至下飲黃泉孟子荅之以謂於齊國之衆士中吾必以陳仲子但如指中之大者耳雖然大指又安能爲廉潔之士哉如充滿其仲子之操守則必似蚯蚓而後可行也故蚓但上食其槁壤之土下飲其黃泉之水是謂極廉矣今仲子所居處之屋且以爲伯夷之所築而居之歟抑亦即盜跖爲利者之所築而居歟仲子所食之粟米且以伯夷之所種而食歟抑亦即爲盜跖者之所種而食歟故孟子以此問之匡章乃曰仲子所居之室伯夷之所築歟抑亦盜跖之所築歟所食之粟伯夷之所樹

歟抑亦盜跖之所樹歟然孟子必以伯夷言之又必以盜跖言之者蓋謂伯夷之淸最爲潔者盜跖最爲貪利者而仲子必不能使伯夷之徒築室樹粟乃居食之也但亦盜跖所築樹而居食之也豈見謂之廉士哉故曰是未可知也以其但亦盜跖所築樹也殆未可得而知也曰是何傷哉彼身織屨妻辟纑以易之也匡章又言於孟子曰此何傷於仲子爲廉哉言雖盜跖之徒而築樹之而仲子所居食之亦不足傷害仲子爲廉潔之士矣以其彼仲子親織其草屨妻緝績其麻以更易室與粟而居食之也曰仲子齊之世家也兄戴蓋祿萬鍾以兄之祿爲不義之祿至蚓而後可充其操者也孟子又言仲子者乃齊國世卿大夫之家也其仲子之兄名戴者食采於蓋之邑祿受萬鍾之祿仲子乃以兄之祿爲不義之祿而不食以兄所居之室爲不義之室而不居遂逃避其兄離去其母而自處於於陵於陵齊之別邑也異日歸省其母見有饋遺其兄之生鵝者乃頻顣不悅而言曰安用是鶂鶂者爲饋哉又至異日其仲子之母乃殺此鵝與仲子而食之其仲子之兄自外而歸至見仲子食此肉乃疾告之曰此是前日所饋我鶂鶂者之肉也仲子覺爲鵝肉出門外哇而吐之以其母所殺之食而且不食乃食於妻子所辟纑而易所食而食之以兄所居之屋而且不居乃以於陵之人所居之屋而居之如此尙何能充爲人之類乎若仲子者但如蚓之性然後可充其所操也孟子意謂仲子之廉以此是不足爲廉者矣人安可得而法之邪匡章子所以言仲子爲廉士而者以其欲則法之宜孟子以是言而比喻巨擘蚯蚓之類而排拒之也巨擘大指也○注緝績其麻曰辟練麻曰纑○正義曰釋名云辟分辟也纑布纑也是知爲緝績練麻也○注食采於蓋○正義曰蓋齊之下邑也公孫丑之篇亦有說焉

孟子注疏解經卷第六下

南昌縣知縣陳煦栞

孟子注疏卷六下挍勘記　阮元撰盧宣旬摘録

閉門而不納閩監毛三本同廖本孔本韓本納作内案音義出不内作内是也

有好善之心閩監毛三本同宋本廖本孔本韓本善作義

陽貨矙孔子之亡也音義矙或作瞰○按依說文則矙是正字

章指言道異不謀迫斯强之段泄已甚矙亡得宜正已直行不納於邪赧然不接傷若夏畦也足利本無赧然以下九字

公孫問曰閩本同監毛二本孫下有丑字

孟子必荅孫丑以此者閩本同監毛二本孫上有公字下孫丑乃不知之同

章指言從善改非坐而待旦知而爲之罪重於故譬猶攘雞多少同盜變惡自新孔本新作心非速然後可也

孟子弟子閩監毛三本同廖本孔本韓本考文古本下有也字

言孟子閩監毛三本韓本同廖本孔本無孟字

生民以來也孔本脫民字

迭有治亂閩監毛三本同廖本韓本治亂作亂治

埤下者毛本埤作卑案音義出埤作卑非也

尙書逸篇之水逆行閩本之作文監毛本之水作水之廖本孔本韓本考文古本之作也

故曰洚水也洪大也閩監毛三本同宋本作故洚水洪水也岳本廖本孔本韓本無上也字

謂澤有草爲菹閩監毛三本同岳本孔本韓本考文古本草下有者字

水流行於地而去之閩監毛三本足利本同廖本孔本韓本考文古本之作也

故作邪僞之說閩監毛三本孔本韓本同廖本邪作詐

誅紂伐奄考文古本誅作討

大纘承天光烈廖本孔本韓本考文古本同閩監毛三本天誤夫

皆行正道無虧鈌也岳本正作王鈌諸本作缺

懼正道遂滅閩監毛三本同廖本孔本韓本考文古本正作王

謂我正綱紀也閩監毛三本同廖本孔本韓本考文古本綱紀作王綱

無尊異君父之義廖本異作畢足利本同廖本無之字

而以攢議於世也閩監毛三本同廖本孔本韓本考文古本攢作横足利本作縱横

野有餓莩音義莩或作芟或作殍孔本作芟蓋采用或本莩殍已見於廣韻

此率獸而食人也廖本考文古本獸上有禽字

距詖行閩監毛三本同廖本孔本韓本考文古本作距險詖之行

故曰聖人之徒也閩監毛三本同廖本孔本韓本考文古本無此七字

章指言夫憂世撥亂勤以濟之義以匡之是故禹稷駢顚周公仰思仲尼皇皇墨突不及汙聖賢若此孔本韓本考文古本作是

豈得不辯也

我亦欲正人下脫心字閩監毛三本不脫

還至縞京閩本同監毛本縞作鎬

練其麻曰纑故云辟纑閩監毛三本同廖本孔本韓本無其字故云辟纑四字考文古本引故云辟纑云無此四字○按練其麻當作練麻纑說文曰纑布縷也

竄於於陵也閩監毛三本同廖本孔本韓本考文古本無也字

已頻顣曰音義頻亦作嚬案文選注引孟子曰嚬顣而言正作嚬字

鵝鳴聲　閩監毛三本同，廖本、孔本、韓本、考文古本聲上有之字。○按：丁氏五歷切，與鵝鳴聲不相似。蓋孟子書本作兒，如今人之讀小兒，與鵝聲略相近也。俗人加鳥作鶃，則爲説文六鶃字。

是以孟子喻以巨擘而比諸巨擘而已　閩監毛三本同，廖本、孔本、韓本、考文古本無此注。

章指言聖人之道親親尚和，志士之操耿介特立，可以激濁，不可以　孔本、韓本、考文引古本皆無以字。常法，是以孟子喻以巨蚓，比諸巨擘也。

至自有見者　自目之譌，閩監毛三本不誤，今據改。

孟子注疏卷六下校勘記

奉新趙儀吉校

孟子注疏解經卷第七上

離婁章句上 凡二十八章

趙氏注　孫奭疏

離婁者，古之明目者，蓋以爲黃帝之時人也。黃帝亡其玄珠，使離朱索之，離朱即離婁也，能視於百步之外，見秋毫之末，然必須規矩乃成方圓。猶論語述而不作，信而好古，故以名篇。

疏 正義曰：前章首論滕文公問以古道，故以滕文公爲篇題，次於公孫丑問政，謂其爲政莫大於反古也。然則此篇孟子首言離婁之明，故以目爲篇題，次於滕文公問以古道是亦反古道者莫大乎明也，遂次滕文公之篇，所以揭離婁爲此篇之題。此篇凡六十章，趙氏分之以爲上下卷，此卷只有二十八章而已。一章言雖有巧智，猶須法度。二章言法則堯舜，鑒戒桀紂。三章言安仁在於爲仁，惡弗去則患及其身。四章言行有不得於人，反求諸身，責己之道也。五章言天下國家本正則立，本傾則踣。六章言巨室不罪，咸以爲表，德之流行，可充四海。七章言遭衰逢亂，屈服強大，據國行仁，天下無敵。八章言人之安危皆由於己。九章言水性趨下，民樂歸仁。十章言曠仁舍禮，自暴棄之道也。十一章言親親敬長，近取諸己。十二章言事上得君，乃可臨民，信友悅親，本在於身。十三章言養老尊賢，國之上務。十四章言聚斂富民，棄於孔子，重人命之至者。十五章言知人之道。十六章言人君恭儉，率下移風，人臣恭儉，明其廉忠。十七章言權時之義，嫂溺援手。十八章言父子至親，相責離恩，易子而教，相成以仁。十九章言上孝養志，不孝養體。二十章言小人爲政，不足間非，君正國定，下不邪侈。二十一章言不虞獲譽，不可爲戒，求全受毀，未足懲咎。二十二章言言出於身，不惟其責，則易之矣。二十三章言人患在爲師。二十四章言尊師重道。二十五章言餔啜沈浮，君子不與。二十六章言無後不可。二十七章言仁義之本在孝悌。二十八章言天下之富貴，不若得意於親。其餘三十二章分在下卷，不無敘焉。○注「離婁」至「題篇」。○正義曰：莊子天地篇云：「黃帝遊乎赤水之北，登乎崑崙之山，南望而歸，遺其元珠，使知索之不得，使離朱索之。」蓋其人也。離朱即離婁也。論語第七篇首云：「述而不作，信而好古，竊比於我老彭。」是其旨也。

孟子曰：離婁之明，公輸子之巧，不以規矩，不能成方員；公輸子，魯班，魯之巧人也。或以爲魯昭公之子。離天下至巧，亦猶須規矩也。師曠之聰，不以六律，不能正五音；師曠，晉平公之樂太師也。其聽至聰，不用六律，不能正五音。六律，陽律：大蔟、姑洗、蕤賓、夷則、無射、黃鍾也。五音：宮、商、角、徵、羽也。堯舜之道，不以仁政，不能平治天下。當行仁恩之政，天下乃可平也。今有仁心仁聞而民不被其澤，不可法於後世者，不行先王之道也。仁心，性仁也。仁聞，仁聲遠聞也。雖然，猶須行先王之道，使百姓被澤，乃可爲後世之法也。故曰：徒善不足以爲政，徒法不能以自行。但有善心而不行之，不足以爲政；但有善法度而不施之，法度亦不能獨自行也。詩云：「不愆不忘，率由舊章。」遵先王之法而過者，未之有也。詩大雅假樂之篇。愆，過也。所行不過差矣，不可忘者，以其循用舊故文章，遵用先王之法度，未聞有過者也。聖人既竭目力焉，繼之以規矩準繩，以爲方員平直，不可勝用也；盡己目力，續以其四者，方員平直可得而審知，故用之不可勝極也。既竭耳力焉，繼之以六律正五音，不可勝用也；音須律而正也。既竭心思焉，繼之以不忍人之政，而仁覆天下矣。盡心欲行恩，繼以不忍加惡於人之政，則天下被覆衣之仁也。故曰：爲高必因丘陵，爲下必因川澤。爲政不因先王之道，可謂智乎？言因自然，則用力少而成功多矣。是以惟仁者宜在高位。不仁而在高位，是播其惡於衆也。仁者能由先王之道。不仁逆道，則自播揚其惡於衆人也。上無道揆也，下無法守也，朝不信道，工不信度，君子犯義，小人犯刑，國之所存者幸也。言君無道術可以揆度天意，臣無法度可以守職奉命，朝廷之士不信道德，百工之作不信度量，君子觸義之所禁，謂學士當行君子之道也；小人觸刑，愚人羅於密網也此亡國之政然而國存者僥倖耳非其道也故曰城郭不完兵甲不多非國之災也田野不辟貨財不聚非國之害也上無禮下無學賊民興喪無日矣言君不知禮臣不學法度無以相檢制則賊民興亡在朝夕無復有期日言國無禮義必亡詩曰天之方蹶無然泄泄泄泄猶沓沓也事君無義進退無禮言則非先王之道者猶沓沓也詩大雅板之篇天謂王者蹶動也言天方動汝無然沓沓但爲非義非禮背先王之道而不相匡正也故曰責難於君謂之恭陳善閉邪謂之敬吾君不能謂之賊人臣之道當進君於善責難爲之事使君爲敬謂行堯舜之仁是爲恭臣陳善法以禁閉君之邪心是勉之君言吾君不肖不能行善因不諫正此爲賊其君也故有恭敬賊三者之善

【疏】孟子曰離婁之明至吾君不能謂之賊○正義曰此章言雖有巧智猶須法度因由先王禮義

爲要不仁在位播越其惡誣君不諫謂之賊明上下相須而道化行也孟子曰離婁之明公輸子之巧不以規矩不能成方貟者公輸子魯班魯之巧匠也孟子謂離婁明雖足以察秋毫之末公輸子其性雖巧然不以規矩之度不能成其方貟之器規所以貟也言物之貟者皆由規之所出也矩所以方也言物之方者皆由矩之所出也師曠之聰不以六律不能正五音者師曠樂官名也孟子又謂師曠其耳雖聰善能聽音然不得六律以和之固不能正其五音也六律五音大蔟姑洗蕤賓夷則無射黄鐘是六律也官商角徵羽是五音也堯舜之道不以仁政不能平治天下者堯舜二帝唐虞之盛者也然而不以仁政而施之於天下故不能平治天下而享無爲之功矣以其天下平治由仁政之施也如物之方貟必自規矩之所出五音之正由六律以和之者也今有仁心仁聞而民不被其澤不可法於後世者不行先王之道也者孟子言今之人君雖有仁人不忍之心又有仁聲而遠聞四方然而民皆不得霑被其恩澤不可爲後世之所法者以其不行古先王之道而治之也無他蓋以先王之道有恩澤足以被民其法可爲後世取象故也苟不行先王之道雖有仁心仁聞亦若離婁之明師曠之聰堯舜之道不得以規矩六律仁政爲之亦無如之何也已矣故曰徒善不足以爲政徒法不能以自行者此孟子言至於此所以復言之者也徒善不足以爲政蓋謂雖有先王之道而爲之善然而人不能用而行之是徒善不足以爲政也徒法不能以自行蓋人雖有規矩六律之法然而人不能因而用之是徒法不能以自行也以其規矩六律之法不能自行之必待人而用之然後能成其方貟正其五音也堯舜之道自不足以爲政必待後人而行之然後能平治天下而爲法於後世也詩云不愆不忘率由舊章遵先王之道而過者未之有也者孟子引大雅假樂之篇文而云也蓋謂不愆違不忘去其故舊典章皆循而用之未有過失者也故復言之曰遵先王之法而過者未之有也典章者即先王之法也聖人既竭目力焉繼之以規矩準繩以爲方貟平直不可勝用也者孟子又言聖人既竭已目力而視續以規矩準繩而爲方貟平直故其用之不可勝極也蓋規所以能貟矩所以能方準所以能平繩所以能直故也既竭耳力焉繼之以六律正五音不可勝用也者孟子又言聖人既已盡其耳力而聽之又續以六律而正五音故其用亦不可勝極也蓋六律所以正五音也既竭心思焉繼之以不忍人之政而仁覆天下矣者孟子又言聖人既已能盡心之所思慮續以施其不忍人之政則仁恩德澤足以覆蓋於天下矣無他以其仁恩廣大矣故云覆天下故曰爲高

必因丘陵爲下必因川澤爲政不因先王之道可謂智乎者孟子言至於此又所以復言之者也蓋譬言人之欲爲高者必因其丘陵而爲之也爲下者必因其川澤而爲之耳無他以其丘陵之山其本高矣川澤之地其本下矣言爲政於天下者而不因先王之道爲之豈足謂之智者乎言不可謂之智矣以其先王之道是爲之所本爲故智足以有知苟爲政而不知以先王之道爲本豈謂之智乎大抵孟子言規矩準繩六律者皆譬爲政而言也抑亦知孟子長於譬喻者歟是以惟仁者宜在高位不仁而在高位是播其惡於衆也者孟子於此畢其譬喻乃曰是以惟仁者之君宜其處高位爲尊也不仁之君而處高位是其處高位而播揚其惡於人民之衆矣上無道揆也下無法守也朝不信道工不信度君子犯義小人犯刑國之所存者幸也者孟子言上之爲君無道術以表率其下下之爲臣無法度以守其職朝廷之士皆不信其道德百工之作皆不信其度量君子之人以之觸義之所其小人之人以之犯冒其刑憲然而如此而國尚存而不亡者以其僥倖得存焉必云幸也蓋少有存者也故曰城郭不完兵甲不多非國之災也田野不辟貨財不聚非國之害也上無禮下無學賊民興喪無日矣者孟子言至此所以復言之也故云城郭頹壞而不完兵甲之器少此非爲國之災害

也。田野荒蕪而不闢辟，貨財竭盡而無貯聚，此非爲國之害也。然而上之爲君無禮法以檢制下，之爲人臣不學法度以守職，賊民相殺戮以之興起，是則國之喪亡俱在朝夕，無復有日矣。詩云天之方蹶，無然泄泄，泄泄猶沓沓也，事君無義，進退無禮，言則非先王之道者，猶沓沓也者，自夫之方蹶至泄泄猶沓沓也，是詩大雅板之篇詩也，自事君至沓沓也，是孟子自解上云沓沓之義也。其詩蓋言王者方動而爲非，爲之臣者無更沓沓，但復爲非禮義以事其王者也。故曰天之方蹶，無然泄泄，泄泄猶沓沓也。蹶，動也。天，謂王者也。泄泄則沓沓是也。孟子復自解之，言事君以無義之事事之，其進退無禮節，其言則非先王之道而爲言者，是若沓沓者也。以其當匡正其君，不可復長君之惡耳。故曰責難於君謂之恭，陳善閉邪謂之敬，吾君不能謂之賊者，孟子言至於此，所以又復言之者也，故云君之有難惡，當責之以善，能責君難惡以爲之善，是爲恭臣恭其君也；陳之以善事而閉其君之邪心，是謂敬其君者也；如不責君之難，不陳善而閉君之邪，而乃曰我君不能行善，因不諫正之者，是謂殘賊其君者也。故曰責難於君謂之恭，陳善閉邪謂之敬，吾君不能謂之賊。○注公輸子至規矩也正義曰：案淮南子云：楚欲攻宋，墨子聞而悼之，見楚王曰：臣見大王之必傷義而不得宋。王曰：公輸天

下之巧工，作爲雲梯之械，設以攻宋，曷爲弗取？墨子曰：令公輸設攻，臣請守之。於是公輸設攻宋之械，墨子設守宋之備，九攻而墨子九卻之，弗能入，乃偃兵不攻。是公輸即魯般也，或云是魯昭公之子也。○注師曠晉平公之樂太師至羽也正義曰：案呂氏春秋云：晉平公鑄鍾，使工聽之，皆以爲調。師曠曰：不調，請更鑄之。平公曰：工皆以爲調矣。師曠曰：後世有知音者，將知不調，臣竊爲恥之。至師涓果知鍾之不調。是師曠善聽，爲晉平公之樂師也。云六律：陽律大蔟、姑洗、甤賓、夷則、無射、黃鍾。案律麻志云：呂不韋春秋言黃鍾之宮，律之本也。下生林鍾，林鍾上生大蔟，大蔟下生南呂，南呂上生姑洗，姑洗下生應鍾，應鍾上生甤賓，甤賓下生大呂，大呂下生夷則，夷則上生夾鍾，夾鍾下生無射，無射上生中呂。淮南王安延致儒生博士，亦爲律呂，云黃鍾之律九寸而宮音調，因而九之，九九八十一，故黃鍾之數立，位在子。大蔟其數七十二，姑洗之數六十四，甤賓之數五十七，夷則之數五十一，無射之數四十五。以黃鍾大蔟爲商，姑洗爲角，角生應鍾，不比正音，故爲和；應鍾生甤賓，不比正音，故爲繆。日冬至，音比林鍾，浸以濁；日夏至，音比黃鍾，浸以清。以十二律應二十四時之變。甲子，大呂之徵也；丙子，夾鍾之羽也；戊子，黃鍾之宮也；庚子，無射之商也；壬子，夷則之角也。其爲音一律而生五音，十二律爲六十音，因而六之，六六三十六，故三百六十五日以當一歲之日，故律之數，天地之道也。凡此，則以律正五音之謂也。○注詩大雅假樂之篇○正義曰：箋云：愆，過也；率，循也。言成王之令德不過誤，不遺失，循用舊典之文章。舊典謂周公之禮法也。○注云詩大雅板之篇○正義曰：箋注云：蹶，動也；泄泄猶沓沓也。箋云：天斥王也。王方欲艱難天下之民，又方更變先王之道，無沓沓然爲之制法度，達其意以成其意。

孟子曰：「規矩，方員之至也；聖人，人倫之至也。至，極也。人事之善者莫大取法於聖人，猶方員須規矩也。欲爲君盡君道，欲爲臣盡臣道，二者皆法堯舜而已矣。堯舜之爲君臣道備。不以舜之所以事堯事君，不敬其君者也；不以堯之所以治民治民，賊其民者也。言舜之事堯，敬之至也；堯之治民，愛之盡也。孔子曰：『道二：仁與不仁而已矣。』暴其民甚，則身弒國亡；不甚，則身危國

削，名之曰幽厲，雖孝子慈孫，百世不能改也。仁則國安，不仁則國危亡。甚謂桀紂，不甚謂幽厲。厲王流于彘，幽王滅於戲，可謂身危國削矣。名之，謂謚之也。謚以幽厲，以章其惡，百世傳之，孝子慈孫何能改也。詩云：『殷鑒不遠，在夏后之世。』此之謂也。」詩大雅蕩之篇也。殷之所鑒視，近在夏后之世矣。以前代善惡爲明鏡也，欲使周亦鑒于殷之所以亡也。

【疏】「孟子曰規矩」至「此之謂也」。○正義曰：此章言法則堯舜，鑒戒桀紂也。孟子曰規矩方員之至也，聖人人倫之至也者，孟子言規矩之度，其爲方員之至者也，謂之至者，以其至矣盡矣，不可以有加矣。聖人是爲人倫之至者亦然。人倫，君臣、父子、夫婦、兄弟、朋友是也。欲爲君盡君道，欲爲臣盡臣道，二者皆法堯舜而已矣者，孟子言凡欲爲人君者，當盡其爲君之道也；凡欲爲人臣者，當盡其爲臣之道也。此二者在皆則法堯舜而已矣，以堯舜所爲君臣之道備矣。不以舜之所以事堯事君，不敬其君者也；不以堯之所以治民治民，賊其民者也者，言爲人臣者如不以舜之所以事堯者事君，是不尊敬其君者也；爲人臣者如不以堯之所以治民者治民，是殘賊其民者也。舜所以事堯者，盡其義之道也；堯之

所以治民者蓋其仁之道也義所以敬其君者也仁所以愛其民者也孔子曰道二仁與不仁而已矣暴其民甚則身弑國亡不甚則身危國削名之曰幽厲雖孝子慈孫百世不能改也者孟子言孔子有曰道有二是仁與不仁爲二而已暴虐其民以至於甚極則身必爲下之所殺而國必喪亡矣不至於極甚則身必危難而國必滅削謚之曰幽厲之君既謚爲幽厲以章惡於後世雖有孝子慈孫所出亦不能改此謚也厲王但止於流彘幽王滅於戲是謂身危國削矣如身弑國亡而孟子不止歸於人名者以其被所殺戮國已喪亡不足以章其惡固不待爲謚而彰之矣如桀紂者也詩云殷鑒不遠在夏后之世此之謂也者蓋詩大雅蕩之篇文也其詩已謂殷之世所以鑒視在近而不遠者以其即在夏后之世是也以其前代善惡足以爲明鏡而可鑒也孟子所以云此之謂也者蓋欲使周之時亦鑒於殷之所以亡也○注堯舜之爲君臣道備○正義曰書云堯克明俊德以親九族平章百姓協和萬邦黎民於變時雍蓋爲君之道盡於此矣是君道之備也舜自元德升聞以之事堯而慎徽五典百揆時敘賓于四門四門穆穆其後坐常見堯於牆食常見堯於羹蓋爲臣道盡於此矣是臣之道備也○注桀紂幽厲○正義案史記本紀云桀爲虐政淫荒湯伐之於是桀敗於有娀之墟湯

王乃改正朔易服色是爲湯王爲殷之始王又云紂資辨捷知足以拒諫言足以飾非好酒淫樂臨九侯脯鄂侯武王東伐至于盟津伐紂紂兵敗走入登鹿臺衣其寶玉赴火而死武王遂斬紂頭懸之白旗殷民大悅武王於是爲天子以爲天子以爲周之王又云厲王行暴虐侈傲國人謗之於是相與畔襲厲王厲王出奔於彘韋昭曰彘晉地也漢爲縣屬河東今曰永安是也厲王終死于彘於是太子靜即位是爲宣王宣王崩子幽王宮涅立幽王以褒姒不好笑幽王欲其笑乃爲燧火大鼓有寇至則舉燧火諸侯悉至至而無寇褒姒乃大笑幽王悅之爲數舉烽燧其後不信諸侯益不至幽王以虢石父爲卿用事國人皆怨申侯怒與繒西夷犬戎攻幽王幽王舉烽火徵兵兵不至遂殺幽王驪山下汲冢紀年曰湯滅夏以至于紂二十九王凡四百九十六年自武滅紂以至幽王凡二百五十七年○注詩大雅蕩之篇○正義曰箋云此言殷之明鏡不遠近在夏后之世謂湯誅桀也後武王誅紂今之王何以不用爲之戒孟子於此所以引之以戒其時之君臣也

孟子曰三代之得天下也以仁其失天下也以不仁國之所以廢興存亡者亦然三代夏商周國謂公侯之國存亡在仁與不仁而已天子不仁不保四海諸侯不仁不保社稷卿大夫不仁不保宗廟士庶人不仁不保四體今惡死亡而樂不仁是由惡醉而強酒保安也四體身之四肢強酒則必醉也喻惡亡而樂不仁也

疏　孟子曰三代至強酒○正義曰此章言人所以安莫若爲仁惡而弗去患必及身自上達下而其道一也孟子曰三代之得天下也以仁其失天下也以不仁國之所以廢興存亡者亦然者孟子言夏商周三代之王其所以得天下也以其皆以仁存心爲政於天下而得之也三代之中其有以失天下者以其不仁故失之也以至公侯之國所以有廢而不興有興而不廢者亦如三代之得天下也以仁失天下也以不仁也以其皆在於仁道而已天子不仁不保四海諸侯不仁不保社稷卿大夫不仁不保宗廟士庶人不仁不保四體今惡死亡而樂不仁是猶惡醉而強酒者孟子言爲天子者不爲仁則不能安其四海諸侯不仁則不能安其社稷卿大夫不爲仁則不能安其宗廟士庶人不爲仁則不能安其四體四體身之四肢也天子守四海諸

侯守社稷卿大夫守宗廟士庶人守其身故各因其所守而言也今天下之人皆知疾惡其死亡而以樂爲不仁是若惡其醉酒而以強飲其酒耳亦論語孔子謂惡濕而居下之意也

孟子曰愛人不親反其仁治人不治反其智禮人不荅反其敬行有不得者皆反求諸己其身正而天下歸之反其仁己仁獨未至邪反其智已智猶未足邪反其敬已敬獨未恭邪反求諸身身已正則天下歸就之服其德也詩云永言配命自求多福此詩已見上篇其義同

疏　孟子曰至自求多福○正義曰此章言行有不得於人反求於身是爲責己之道也孟子曰愛人不親反其仁治人不治反其智至而天下歸之者孟子言愛人而人不親之必吾仁有所未至也故當反己責之治其人而人不治者必吾之智有所未盡也故當反己而責之也禮接於人而人不以禮報荅之必吾之敬有所未至也故當反己而責之也凡所行有不得於人者皆當反求諸己而已以其身之所有未至也故當自反而責之蓋以身先自治而正之則天下之人皆歸之而服其德也如顏淵克己

而天下歸仁焉是也詩云永言配命自求多福已說於上篇此固不說

孟子曰：人有恒言，皆曰天下國家。恒常也人之常語也天下謂天子之所主國謂諸侯之國家謂卿大夫家。天下之本在國，國之本在家，家之本在身。治天下者不得良諸侯無以為本治其國者不得良卿大夫無以為本治其家者不得良身無以為本也是則本正則立本傾則踣固在所敬慎而已

〔疏〕孟子曰至本在身○正義曰此章言天下國家各依其本本正則立本傾則踣也孟子曰人有恒言皆曰天下國家者孟子言人之所常言皆曰天下國家也天子有天下公侯有國大夫有家天下之本在國國之本在家家之本在身者言天下之根本獨在於公侯為之根本也公侯之根本又在卿大夫為之根本也卿大夫之根本抑又在於私身為之根本也如大學有云欲明明德於天下必先治其國欲治其國必先齊其家欲齊其家必先修其身此其意也云天下國家者天子有天下謂之天下諸侯有國謂之國然有國者不可以稱天下有天下者或可以稱國故諸侯謂之邦國天子謂之王國國家文從或又從國為其或之也故國之也至於家則自天子達於庶人未嘗不通稱之矣

孟子曰：為政不難，不得罪於巨室。巨室大家也謂賢卿大夫之家人所則效者言不難者但不使巨室罪之則善也巨室之所慕，一國慕之；一國之所慕，天下慕之；故沛然德教溢乎四海。慕思也賢卿大夫一國思隨其所善惡一國思其善政則天下思以為君矣沛然大治德教可以滿溢於四海之內也

〔疏〕孟子曰至乎四海○正義曰此章言天下傾心思慕向善巨室不罪咸以為表德之流行可以充四海也孟子曰為政不難不得罪於巨室者巨室喻卿大夫之家也孟子言為政於天下易而不難也但不得罪於卿大夫之家也以其卿大大之家以上則近君而君所待以輔弼以道則近民而民待以視效故君之言動其是非可得而刺也國之政令其得失可得而議也道合則從不合則去君民之從違而係之也故為君不得罪於卿大夫則為政可以行天下矣巨室之所慕一國慕之一國之所慕天下慕之故沛然德教溢乎四海者言卿大夫之所思慕也二國亦隨而思慕之一國所思慕則天下亦隨而思慕之故沛然大洽其上之德教可以充溢乎四海如東注之水沛然流溢乎四海也此言四海猶中國則謂之天下夷狄則謂之四海耳孟子之意蓋欲當時國君為政直其道正其心使卿大夫慕之而不去則遠近雖異方莫不均慕之此德教所以溢乎四海亦如傳云大夫者近者視而傚之遠者望而傚之蓋其意也

孟子曰：天下有道，小德役大德，小賢役大賢；天下無道，小役大，弱役強。斯二者天也。順天者存，逆天者亡。有道之世小德小賢樂為大德大賢役服於賢德也無道之時小國弱國畏懼而役於大國強國也此二者天時所遭也當順從之不當逆也齊景公曰：既不能令，又不受命，是絕物也。涕出而女於吳。齊景公齊侯景諡也言諸侯既不能令告鄰國使之進退又不能事大國往受教命是所以自絕於物物事也大國不與之通朝聘之事也吳蠻夷也時為強國故齊侯畏而恥之泣涕而與為婚今也小國師大國而恥受命焉，是猶弟子而恥受命於先師也。今小國以大國為師學法度焉而恥受命教不從其進退譬猶弟子不從師也

如恥之，莫若師文王。師文王，大國五年，小國七年，必為政於天下矣。文王行仁政以移殷民之心使皆就之今師效文王大國不過五年小國七年必得政於天下矣文王時難故百年乃治今之時易文王由百里起今大國乃踰千里過之十倍有餘故五年足以為政小國差之故七年詩云：商之孫子，其麗不億。上帝既命，侯于周服。侯服于周，天命靡常。殷士膚敏，祼將于京。詩大雅文王之篇麗億數也言殷帝之子孫其數雖不但億萬人天既命之惟服於周殷之美士執祼鬯之禮將事於京師若微子者膚大敏達也此天命之無常也孔子曰：仁不可為衆也。夫國君好仁，天下無敵。孔子云行仁者天下之衆不能當也諸侯有好仁者天下無敢與之為敵今也欲無敵於天下而不以仁，是猶執熱而不以濯也。詩云：誰能執熱，逝不以濯？詩大

雅桑柔之篇誰能持熱而不以水濯其手喻其爲國誰能違仁而無敵於天下也〔疏〕孟子曰天下有道至逝不以濯正義曰此章言遭衰逢亂屈伏强大據國行仁天下莫敵雖有億衆無德不親執熱須濯明不可違仁也孟子曰天下有道小德役大德小賢役大賢天下無道小役大弱役强斯二者天也順天者存逆天者亡者孟子言天下有治道之時小德樂爲大德小賢樂爲大賢故小德役服大德小賢役服大賢以其德之得於己者有多少故有去德小德以其賢之賢於人也有遠近故有大賢小賢天下有道則論德而定位故小德役大德小賢役大賢天下無道而亂則小國弱國畏懼而役於大國强國以其力有小大勢有强弱故有小有大有弱有强天下無道斯力勝德勢勝賢故小役大弱役强言二者皆天使然也順其天者故存逆其天者故亡以其所遭之時然也故當順而不當逆齊景公曰既不能令又不受命是絶物也涕出而女於吳者孟子引齊景公謂諸侯既不能以令制鄰國又不能受命以制於鄰國是自絶於交通朝聘之事也於是景公泣涕以女事於吳是時吳爲强大也故女於吳此乃小役大弱役强者也今也小國師大國而恥受命焉是猶弟子而恥受命於先師也者言今也爲之小國者既以師其大國而恥羞受大國之命焉如此是若爲之弟子

者以羞恥受教命於先師也如恥之莫若師文王師文王大國五年小國七年必爲政於天下矣者言如恥受命於大國莫若師法文王也如師法文王則大國不過五年小國不過七年必能爲政行於天下矣以言其時之易也詩云商之孫子其麗不億上帝既命侯于周服侯服于周天命靡常殷士膚敏祼將于京者此蓋詩大雅文王之篇文也孟子所以引此者蓋言其天命靡常惟德是親之意也其詩言商王之子孫雖相附麗而不足以爲强雖數至億而不足以爲衆至文王膺受上天之駿命而商之孫子乃爲君侯於周之九服中然爲君處服于周是天命靡常惟德是親也不特商之子孫如此其爲殷之侯者爲壯美之士亦莫不執祼鬯之禮而皆助祭於周之京師也孔子曰仁不可爲衆也夫國君好仁天下無敵者言孔子有曰爲仁者不可爲衆而當之也夫國君能好仁則天下無敵與之敵也今也欲無敵於天下而不以仁是猶執熱而不以濯也者言今也欲爲無敵於天下而不以仁爲之是若持其熱物而不以濯也濯者以水濯其手也詩云誰能執熱逝不以濯蓋詩之大雅桑柔之篇文也孟子於此所以引之蓋謂詩有云言誰能持其熱物往而不以水濯手也以其執熱須濯手於水也如欲無敵於天下必須爲仁也。注齊景公齊侯景謚也至爲婚。正義曰云景謚也者案史記云靈王十六年齊莊公母弟杵臼立是爲景公在位五十八年卒謚曰景地近荆蠻故注云蠻夷也注詩大雅至無當也正義曰箋云麗數也于於也言商之子孫其數不徒億多言之也至天已命文王之後乃爲君於周之九服中言衆之不如德也九服案周禮九服云侯甸男采衞蠻夷鎮蕃人也毛注云殷士殷侯也膚美也敏疾也祼灌鬯也將行也鄭云祼謂以圭瓚酌鬱鬯以獻尸也瓚如槃大五升口徑八寸深二寸其柄用圭是也注詩大雅桑柔之篇正義曰箋云當如手持熱物之用濯亦猶治國之道當用其賢人者也

孟子曰不仁者可與言哉安其危而利其菑樂其所以亡者不仁而可與言則何亡國敗家之有言不仁之人以其所以爲危者反以爲安必以惡見亡而樂行其惡如使其能從諫從善可與言議則天下何有亡國敗家也有孺子歌曰滄浪之水清兮可以濯我纓滄浪之水濁兮可以濯我足孔子曰小子聽之清斯濯纓濁斯濯足矣

自取之也孺子童子也小子孔子弟子也清濁所用尊卑若此自取之喻人善惡見尊賤乃如此夫人必自侮然後人侮之家必自毀而後人毀之國必自伐而後人伐之人先自爲可侮慢之行故見侮慢也家先自爲可毀壞之道故見毀也國先自爲可誅伐之政故見伐也太甲曰天作孽猶可違自作孽不可活此之謂也以見上篇說同〔疏〕孟子曰至此之謂也正義曰此章言人之安危皆由於己也孟子曰不仁可與言哉安其危而利其菑樂其所以亡者不仁而可與言則何亡國敗家之有者孟子言不仁之人可與言哉言不可與之言也以其不仁之人以危爲之安以菑爲之利樂行其所以亡者也如不仁而可以與言議以其能從諫從善也如此則何有亡國敗家者哉言不能亡國敗家也有孺子歌曰滄浪之水清兮可以濯我纓滄浪之水濁兮可以濯我足者孺子曰至自取之也者孟子言有孺子歌詠曰滄浪之水清兮則可以洗濯我之纓滄浪之水渾濁兮則可以洗濯我之足以其纓在上人之所貴水清而濯纓則清者人之所貴也足

在下人之所賤水濁而濯足則濁者人之所賤也孔子曰小子當聽之清斯濯其纓濁斯濯其足貴賤人所自取之也孺子童稚也小子則孔子稱弟子也清斯喻仁濁斯喻不仁言仁與不仁見貴賤亦如此也夫人必自侮然後人侮之家必自毀而後人毀之國必自伐而後人伐之者孟子言夫人苟自為可侮之事然後人從其事而侮慢之家自為可毀壞之事而後人從而毀壞之國必自為可誅戮之事而人然後從而誅戮之斯亦自取之謂也太甲曰天作孽猶可違自作孽不可活此之謂也者已說在上篇。注云如臨深淵戰戰恐懼也。正義曰此蓋詩之小雅小旻之篇文也注云戰戰恐懼也趙氏放之而已

孟子注疏解經卷第七上

大清嘉慶二十年重
用文選樓藏本校

南昌縣知縣陳煦栞

孟子注疏卷七上校勘記

阮元撰盧宣旬摘錄

離婁者　閩監毛三本同宋本者作乃孔本韓本無者字

蓋以為黃帝之時人也　閩監毛三本同宋本無之字孔本韓本作黃帝時人也

乃成方圓　閩監毛三本韓本同孔本考文古本圓作員

故以名篇　閩監毛三本同宋本孔本韓本考文古本名作題

大蔟　孔本同　閩監毛三本韓本作大簇誤

黃鍾也　閩監毛三本同孔本韓本考文古本無也字

乃可為後世之法也　閩監毛三本同廖本無之字孔本考文古本無世之二字韓本足利本無之字也字

假樂之篇　閩監毛三本同宋本孔本韓本假作嘉音義出嘉樂

未聞有過者也　閩監毛三本同廖本孔本韓本考文古本無者字

續以其四者　閩監毛三本同廖本孔本韓本考文古本無其字

可得而審知　閩監毛三本同廖本孔本韓本審知作知審

羅於密網也　閩監毛三本同孔本韓本考文古本網作罔

兵甲不多　音義出甲兵云甲或作鉀案據音義則此經兵甲舊作甲兵

言天方動汝無然沓沓　廖本汝作女閩監毛三本然作敢孔本韓本汝作女然作敢音義出動女

背先王之道　閩監毛三本同廖本孔本韓本考文古本背下有棄字

使君為敬　閩監毛三本同廖本孔本韓本考文古本為敬作勉之是也

是勉之為敬　閩監毛三本同廖本孔本韓本考文古本勉之作為敬是也案為敬勉之四字十行本並在行末前

後行互換因而致譌

故有恭敬賊三者之善　閩監毛三本善作義廖本孔本韓本考文古本無此九字

章指言雖有巧智猶須法度國由先王禮義爲要不仁在位播越其惡誣君不諫故謂之賊明上下相須而道化行也

觸義之所其　補案其字監毛本並作具

主方欲艱難天下之民　補案主當依監本作王毛本作五更謬

近在夏后之世矣　閩監毛三本同廖本孔本韓本考文古本矣作耳

亦鑒于殷　閩監毛三本同廖本孔本韓本考文古本于作於

章指言法則堯舜以爲規矩鑒戒桀紂避遠危殆名謚一定千載而不可改也

正義案史記本紀云　義下脫曰字閩監毛三本不脫

以爲天子　閩監毛三本同案此四字衍文毛本加圍蓋意欲刊去此文是也

夏商周　閩監毛三本同孔本韓本考文古本商作殷

在仁與不仁而已　閩監毛三本同岳本廖本孔本韓本考文古本而已作也

喻惡亡而樂不仁也　閩監毛三本同廖本孔本韓本考文古本無此注

章指言人所以　考文古本無此字　安莫若爲仁惡而弗　孔本作勿　去患必在　考文古本作及韓本同　身自上達下其道一焉

諸侯不仁　不下脫爲字閩監毛三本不脫

而天下歸之　毛本而誤則

獨未至邪　閩監毛三本同宋本孔本韓本足利本獨作猶下同

猶未足邪　考文古本猶作獨

章指言行有不得於人一求諸身責己之道也改行飭躬福則至矣

家謂卿大夫家　閩監毛三本同孔本韓本下家作也考文古本下有也字

是則本正則立本傾則踣固在所敬慎而已　閩監毛三本同廖本孔本韓本考文古本無此注文

章指言天下國家各依其本本正則立本傾則踣雖曰常言必須敬慎也

沛然大治　閩監毛三本同宋本孔本韓本考文古本治作洽

四海之內也　閩監毛三本同廖本孔本韓本考文古本無也字

章指言天下傾心思慕向　孔本韓本考文引古本作嚮按向今鄉字嚮俗　善巨室不罪咸以爲表德之流行以充四海也

令告鄰國　閩本孔本韓本同監毛本鄰誤大

而恥受命教　宋本孔本韓本同閩監毛三本命教誤倒

故百年乃治　閩監毛三本同廖本孔本韓本考文古本治作洽

小國美之　閩監毛三本同廖本孔本韓本考文古本美作羞

執祼圈之禮　閩監毛三本同廖本孔本韓本圈作暢音義出暢字案古圈暢通用

喻其爲國　上二字此本糢糊閩監毛三本如此宋本孔本韓本考文古本無其字

而無敵於天下也　閩監毛三本同廖本孔本韓本考文古本無於天下三字

章指言遭衰逢亂屈服強大據國行仁天下莫敵雖有億衆無德不親執熱須濯明其 孔本韓本考文古本無此字 不可違仁也 足利本無也字

者案史記云 案自此至下章疏則湝者人之所貴也足止十行本缺一頁而板心數不缺誤也閩本仍十行本之舊亦未補監本毛本不缺未詳據何本補足

以見上篇說同 毛本同孔本韓本足利本以作已下有也字考文古本以作已

章指言人之安危皆由於己先自毁伐人乃攻討甚於天孽敬慎而已如臨深淵戰戰恐懼 孔本韓本考文引古本作栗 也

孟子注疏卷七上挍勘記

栞新楨儀汝挍

孟子注疏解經卷第七下

離婁章句上　趙氏注　孫奭疏

孟子曰桀紂之失天下也失其民也失其民者失其心也失其民之心則天下畔之簞食壺漿以迎武王之師是也得天下有道得其民斯得天下矣得其民有道得其心斯得民矣得其心有道所欲與之聚之所惡勿施爾也欲得民心聚其所欲而與之爾近也勿施行其所惡使民近則民心可得矣民之歸仁也猶水之就下獸之走壙也故爲淵敺魚者獺也爲叢敺爵者鸇也爲湯武敺民者桀與紂也今天下之君有好仁者則諸侯皆爲之敺矣雖欲無王不可得已民之思明君猶水樂埤下獸樂廣野敺獺獱也鸇土鸇也故云諸侯好爲仁者敺民若此也湯武行之矣如有則之者雖欲不王不可得也今之欲王者猶七年之病求三年之艾也苟爲不畜終身不得今之諸侯欲行王道而不積其德如至七年病而卻求三年時艾當畜之乃可得以三年時不畜藏之至七年欲卒求之何可得乎艾可以爲灸人病乾久益善故以爲喻志仁者亦久行之不行之則憂辱以陷死亡桀紂是也苟不志於仁終身憂辱以陷於死亡詩云其何能淑載胥及溺此之謂也詩大雅桑柔之篇淑善也載辭也胥相也刺時君臣何能爲善乎但相與爲沉溺之道也

疏孟子曰桀紂至此之謂也○正義曰此章言水性趨下民樂歸仁桀紂敺民使就其君三年之艾畜而可得一時欲仁猶將沉溺所以明鑒戒也孟子曰桀紂之失天下也至心也者孟子言桀紂失亡天下是失其民失其民乃是失其民之心也得天下有道至勿施爾也者言人君所以得天下有其道也得其民斯爲得天下矣所以

得其民有道者得其民之心斯爲得民矣所以得其心有道在民所欲而與之聚之民之所惡而勿施於民則近得其民心矣民之歸仁也至不可得已者言民之歸親於仁人之君如水之歸就於下獸之樂趨於廣野矣故爲淵而敺聚其魚而歸之淵者是獺爲之敺矣爲叢木而敺聚其爵而歸之叢者是鷹鸇爲之敺也爲湯王武王而敺聚其民而歸之湯武者是桀與紂也今夫天下爲之君者有能好行其仁政則天下之諸侯皆爲敺聚其民而歸之亦如獺爲淵敺魚鸇爲叢敺爵者而歸之矣如此雖欲不爲王不可得而不爲耳今之欲王者猶七年之病至於死亡者言今之國君欲爲王者如七年之病欲卒而求討三年之艾草也苟爲已前不積雖終身而死亦不得此三年之艾也若苟不志仁於久雖終一身憂辱亦以陷於死亡之地矣詩云其何能淑載胥及溺此之謂也蓋詩之大雅桑柔之篇文也蓋言何能爲之善乎但相與及其沉溺於患難也孟子所以言此者欲時君在於久行其仁不但欲爲之王然後乃行之耳○注獺獱也鸇土鸇也○正義曰案釋名云獺形如猫居水食魚者也獱獺之屬也鸇鷂之屬也能食鳥雀○詩大雅桑柔之篇○正義曰此詩蓋芮伯刺厲王之詩也

孟子曰自暴者不可與有言也自棄者不可與有爲也言非禮義謂之自暴也吾身不能居仁由義謂之自棄也言人尚自暴自棄何可與有言有爲仁人之安宅也義人之正路也曠安宅而弗居舍正路而不由哀哉曠空舍縱哀傷也弗由居是者是可哀傷也

疏孟子曰至哀哉正義曰此章言曠仁舍禮自暴棄之道也孟子曰自暴者不可與有言也自棄者不可與有爲也者孟子言人之有自暴者不可與之言議也有爲自棄者不可與之有所爲也言非禮義謂之自暴也吾身不能居仁由義謂之自棄也者此蓋孟子自解自暴自棄之言也仁人之安宅也義人之正路也至哀哉者孟子言仁道乃人之所安之宅舍也義乃爲人之正路也今有空曠其此宅而不安居之捨去此正路而不行之者是可得而哀傷之者也此孟子所以有是而言於當世也

孟子曰道在邇而求諸遠事在易而求諸難人人親其親長其長而天下平邇近也道在近而患人求之遠也事在易而患人求

之難也謂不親其親以事其長故其事遠而難也〔疏〕正義曰此章言親親敬長近取諸已則邇而易者也孟子曰至天下平者孟子言道在近而人乃求遠事在易而人乃求之於難但人人親愛其所親敬長其所長則天下即太平大治矣親親即仁也長長即義也

孟子曰居下位而不獲於上民不可得而治也獲於上有道不信於友弗獲於上矣信於友有道事親弗悅弗信於友矣悅親有道反身不誠不悅於親矣誠身有道不明乎善不誠其身矣言人求上之意先從已始本之於心心不正而得人意者未之有也是故誠者天之道也思誠者人之道也至誠而不動者未之有也不誠未有能動者也授人誠善之性者天也思行其誠以奉天者人也至誠則動金石不誠則鳥獸不可親狎故曰不誠未有能動者也

〔疏〕孟子曰至未有能動者也正義曰此章言事上得君乃可臨民信友悅親本在於身也孟子曰居下位而不獲於上民不可得而治也者孟子言居下位而為君上之臣者而不見獲於上則民故不可得而治之也以其上之所以得民者乃治也獲於上有道至不誠其身者言獲於上者有其道如不信於友則弗獲於上矣以其君之所以願乎臣者忠也如臣弗信於友則其忠不足稱矣此所以弗獲於上矣信於友有其道如事其親而弗悅其親則亦弗信於友矣以其友之所以資於已者仁也如事親弗悅則其仁不足稱矣此所以弗信於友矣悅親有其道如反已而不誠則弗悅於親矣以其親之所望於已者孝也如反身不誠則其孝不足稱矣此所以不悅於親誠身有其道如不能明乎善則不誠其身矣以其所謂誠者亦明乎在我之善而已如不明其善則在我之善有所未明又安知所謂誠故不明乎善則不誠其身矣由此推之則信於友是獲於上之道也悅親是信於友之道也誠身是悅親之道也而明乎善者是又誠身之道也是故誠者天道也思誠者人道也至誠而不動者未之有也不誠未有能動者也者孟子言此故誠者是天授人誠善之性者也是為天之道也思行其誠以奉天是為人之道也然而至誠而有不感動者必無也故曰未之有也不至誠而能感動之者亦必無也故曰未有能動者也注曾子三省大雅矜矜正義曰論語云曾子曰吾日三省吾身為人謀而不忠乎與朋友交而不信乎傳不習乎是曾子三省之事也大雅矜矜此蓋荀卿之言然

孟子曰伯夷辟紂居北海之濱聞文王作興曰盍歸乎來吾聞西伯善養老者伯夷讓國遭紂之世辟之隱遁北海之濱聞文王起興王道盍歸乎來歸周也太公辟紂居東海之濱聞文王作興曰盍歸乎來吾聞西伯善養老者太公呂望也亦辟紂世隱居東海曰聞西伯養老二人皆老矣往歸文王也二老者天下之大老也而歸之是天下之父歸之也天下之父歸之其子焉往此二老猶天下之父也其餘皆天下之子耳子當隨父二父往矣子將安如言皆歸往也諸侯有行文王之政者七年之內必為政於天下矣今之諸侯如有能行文王之政者七年之間必足以為政矣天以七紀故云七年文王時難故久衰周時易故速也上章言大國五年者大國地廣人眾易以行善故五年足以治也

〔疏〕孟子曰至必為政於天下矣。正義曰此章言養老尊賢國之上務七年為政以勉諸侯者也孟子曰伯夷辟紂至養老者孟子言伯夷辟紂之世乃辟紂而逃遁於於北海之畔後聞文王作興而起王道乃曰盍歸乎來歸周也我聞之西伯善養其耆老者也太公辟紂至養老者孟子又言太公辟紂之亂而辟居於東海之畔後聞文王興起乃曰盍歸乎來歸周也我聞西伯善養其耆老者也二老者天下之大老也至其子焉往者言伯夷太公二老乃天下之太老也猶父也而皆歸之是天下之父歸之天下之父既歸之其為天下之子又焉往是必皆歸之也。注伯夷讓國至歸周也。正義曰案太史公云其傳曰伯夷叔齊孤竹君之二子也父欲立叔齊及父卒叔齊讓伯夷伯夷曰父命也遂逃去叔齊亦不肯立而逃之國人立其中子於是伯夷叔齊聞西伯昌善養老盍往歸焉後因叩馬諫武王武平殷亂二人恥食周粟隱於首陽山且餓死焉孔子云伯夷叔齊餓於首陽山之下是也又云太公望東海之上人也或云處士隱海濱周西伯招呂尚呂尚亦曰吾聞西伯賢又善養老盍往焉。注云天以七紀故云七年。正義曰書云五紀曰歲月日星辰厤數今云七紀者宋魯昭公十年左傳云天以七紀杜注云二十八宿四七是其旨也孟子曰求也爲季氏宰無能改於其德而賦粟倍他日孔子曰求非我徒也小子鳴鼓而攻之可也求孔子弟子冉求季氏魯卿季康子宰家臣小子弟子也孔子以冉求不能改季氏使從善爲之多斂賦粟故欲使弟子鳴鼓以聲其罪而攻伐責讓之曰求非我徒疾之也由此觀之君不行仁政而富之皆棄於孔子者也況於爲之强戰爭地以戰殺人盈野爭城以戰殺人盈城此所謂率土地而食人肉罪不容於死孔子棄富不仁之君者況於爭城爭地而殺人滿之乎此若率土地使食人肉也言其罪大死刑不足以容之故善戰者服上刑連諸侯者次之辟草萊任土地者次之孟子言天道重生戰者殺人故使善戰者服上刑上刑重刑也連諸侯合從者也罪

孟疏卷七下　五

次善戰者辟草萊任土地不務脩德而富國者罪次合從連横之人也

疏孟子曰求也至次之○正義曰此章言聚斂富民棄於孔子重人命之至也孟子曰求也爲季氏宰至攻之可也者孟子言冉求爲季氏之家臣不能佐君改於其德以爲治國而乃聚斂其粟倍過於他日孔子責之曰求非我之徒弟也乃令弟子鳴鼓以聲其罪而攻之可也由此觀之君不行仁政至罪不容於死者孟子言由此冉求賦斂觀之以孔子所攻則今之國君不行仁政而富之是皆棄之於孔子者也又況爲之强戰爭地以戰而殺人至於盈滿其野爭城以戰而殺人至於盈滿其城此所謂率土地而食人之肉也其罪必不容於死以其罪大雖死刑不足以容之也故善戰者服上刑至任土地者次之者孟子又言故善能爲陳而戰者服於上刑上刑重刑也合從連横之諸侯罪次之以其罪次於善戰之上刑也務廣開闢草萊而任土地不務脩德者又次之以其又次連横合從之諸侯者刑也○注求孔子弟子至疾之也○正義曰案史記弟子傳云冉求字子有鄭氏曰魯國人又案論語云季氏富於周公而求也爲之聚斂而附益之子曰非吾徒也小子鳴鼓而攻之可也孔安國云冉求爲季氏宰爲之急賦稅鄭注云小子門人也云季氏魯卿季康子者案左傳云季康子魯卿季孫肥謚曰康謚法曰安樂撫民曰康

孟子曰存乎人者莫良於眸子眸子不能掩其惡眸子瞳子也存人存在人之善心也胷中正則眸子瞭焉胷中不正則眸子眊焉瞭明也眊者蒙蒙目不明之貌聽其言也觀其眸子人焉廋哉廋匿也聽言察目言正視端人情可見安可匿之哉

疏孟子曰存乎人者至人焉廋哉○正義曰此章言目爲神候精之所在存而察之善惡不隱也孟子曰存乎人者莫良於眸子眸子不能掩其惡者孟子言存在於人者莫貴乎眸子眸子目瞳子也眸子不能蓋掩人之惡也胷中正則眸子瞭焉胷中不正則眸子眊焉者言人胷中正而不邪則眸子於是乎明瞭明也胷中不正則眸子矇矇而不明眊不明也聽其言也觀其眸子人焉廋哉者言知人之道但聽其言觀其眸子明與不明則人可見又安可廋匿之哉此孟子言知人之道但觀人之眸子耳○注眸瞳子瞭明眊不明之貌○正義曰是皆矇釋文而言之也

孟子曰恭者不侮人儉者不奪人侮奪人之君惟恐不順焉

孟疏卷七下　六

惡得爲恭儉爲恭敬者不侮慢人爲廉儉者不奪取人有好侮奪人之君有貪陵之性恐人不順從其所欲安得爲恭儉之行也恭儉豈可以聲音笑貌爲哉恭儉之人儼然無欲自取其名豈可以和聲音笑貌强爲之哉

疏孟子曰恭者至爲哉○正義曰此章言人君恭儉率下人臣恭儉明其廉忠也孟子曰恭者不侮人至豈可以聲音笑貌爲哉者孟子言爲之恭儉者則不侮慢於人亦不能僭奪於人蓋以恭敬則不侮儉約則不奢故也如有侮奪人之君惟恐其民不順已之所欲安得爲恭儉者焉爲之恭儉又豈可以聲音笑貌爲之恭儉哉言人爲恭儉在心之所存不在於聲音與其笑貌爲之矣

淳于髡曰男女授受不親禮與淳于髡齊人也問禮男女不相親授孟子曰禮也禮不親授曰嫂溺則援之以手乎髡曰見嫂溺水則當以手牽援之否邪曰嫂溺不援是豺狼也孟子曰人見嫂溺不援出是爲豺狼之心也男女授受不親禮也嫂溺援之以手者權也孟子告髡曰此權此

權者反經而善也曰今天下溺矣夫子之不援何也髡曰天下之道溺矣夫子何不援之乎曰天下溺援之以道嫂溺援之以手子欲手援天下乎孟子曰當以道援天下而道不得行子欲使我以手援天下乎

〔疏〕淳于髡曰至子欲手援天下乎○正義曰此章言權時之義者也淳于髡曰男女授受不親禮與者淳于髡齊國之人也問孟子曰男女授受之際不相親授是禮然與否孟子曰禮也孟子荅之以爲是禮然也曰嫂溺則援之以手乎者髡又問孟子如是則嫂之沈溺於水當以牽援以手乎曰嫂溺不援是豺狼也孟子言如嫂之沈溺於水而不牽援之者是有豺狼之心者也以其豺狼之爲獸其心常有害物之暴故以喻之也男女授受不親禮也嫂溺援之以手者權也者孟子又告淳于髡以謂男女授受不親是禮當然也嫂之沈溺援之以手者是權道也夫權之爲道所以濟變事也有時乎然有時乎不然反經而善是謂權道也故權云爲量或輕或重隨物而變者也曰今天下溺矣夫子之不援之何也髡復問孟子言今天下之道以沈溺之也夫子之不拯援之是如之何曰天下溺援之以道嫂溺援之以手子欲手援天下乎孟

子言天下之沈溺當以道拯援之嫂溺則當以手援之今子之言是欲使我以手援天下乎此言不可以手援天下當以道援之矣斯亦明淳于髡之蔽也

公孫丑曰君子之不教子何也問父子不親教何也孟子曰勢不行也教者必以正以正不行繼之以怒繼之以怒則反夷矣夫子教我以正夫子未出於正也則是父子相夷也父子相夷則惡矣父親教子其勢不行教以正道而不能行則責怒之夷傷也父子相責怒則傷義矣一說云父子反自相非若夷狄也子之心責於父云夫子教我以正道而夫子之身未必自行正道也執此意則爲反夷矣故曰惡也古者易子而教之父子之間不責善責善則離離則不祥莫大焉易子而教不欲自相責以善也父子主恩離則不祥莫大焉

〔疏〕公孫丑曰至不祥莫大焉○正義曰此章言父子至親相責則離易子而教相成以仁教之善者也公孫丑曰君子之不教子何也公孫丑問孟子言君子以不自教誨其子是如之何孟子曰勢不行也至父子相夷則惡矣者孟子荅公孫丑以謂君子所以不教子者是其勢之不行所以不自教也教之者必以正道而教之以正道而教之而子不行則續之憤怒既續之以憤怒則反傷其爲父子之恩矣夷傷也父子之恩則父慈子孝是爲父子之恩也今繼之以怒是非父之慈也且以子比之夫子既教我以正道而子之身自未能出行其正道也如父子之間子以是言而反父是則父子相傷矣父子既以相傷其恩則父子必相疾惡也故云則惡矣古者易子而教之父子之間不責善責善則離離則不祥莫大焉者孟子又言古之時人皆更易其子而教之者以其父子之間不相責讓其善也如父子自相責讓則父子之恩必離之矣父子恩離則不祥之大者也所謂易子而教者如己之子與他人教他人之子與己而教之是易子而教也所謂不祥之大者則禍之大者矣○注夷有二說一說則以夷訓傷一說以夷爲夷狄其義皆通矣

孟子曰事孰爲大事親爲大守孰爲大守身爲大不失其身而能事其親者吾聞之矣失其身而能事其

親者吾未之聞也事親養親也守身使不陷於不義也失不義則何能事父母乎孰不爲事事親事之本也孰不爲守守身守之本也先本後末事守乃立也曾子養曾皙必有酒肉將徹必請所與問有餘必曰有曾皙死曾元養曾子必有酒肉將徹不請所與問有餘曰亡矣將以復進也此所謂養口體者也若曾子則可謂養志也事親若曾子者可也將徹請所與問曾皙所欲與子孫所愛者也必曰有恐違親意也故曰養志曾元曰無欲以復進曾子也不求親意故曰養口體也事親之道當如曾子之法乃爲至孝

〔疏〕孟子曰事孰爲大至可也○正義曰此章言上孝養志下孝養口體者也孟子曰事孰爲大事親爲大守孰爲大守身爲大至吾未之聞也者孟子言人之所事者何事爲大以其事父母之親爲大者也人之所守者何守爲大以其守己之身

爲大也不失其身而爲能事其父母之親則我嘗聞之矣如失其身而能事父母之親則我未之聞也蓋以己身尙不能守之況能事其父母乎孰不爲事事親事之本也孰不爲守守身守之本也者言人誰不爲所事凡有所事於彼者是皆爲所事也然而事父母之親是所事之本也己人誰不爲所守凡有所守於我者是皆爲所守也然而守身是所守之本也所謂身安而國家可保事親孝故忠可移於君此之謂也豈非事親守身爲事爲守之本者歟曾子養曾晳至事親若曾子可也者孟子又言昔日曾子奉養其父曾晳必有酒肉將欲徹去曾子必請所欲與者如曾晳問復有餘剩曾子必應曰有餘剩曾晳已死曾元奉養其曾子曾元曾子之子也必有酒肉將欲徹去曾元不請所欲與者如曾子復問有餘剩曾元乃應之曰無矣遂將以酒食復進曾子也如此是謂養其父之口體而已必若曾子之養父乃可謂養其父之志也如事其親若曾子之事親則可矣蓋曾子知父欲有餘者與之所愛之子孫故徹而請其所與問有餘故復應之曰有是其遂其親之志意而不違者也故曰養志也曾元反此蓋有逆逆其親之志意但爲養口體者也非養志者也故孟子所以言事親若曾子則可以爲之孝子

孟子曰人不足與適也政不足

與間也惟大人爲能格君心之非適過也詩云室人交徧適我間非格正也時皆小人居位不足過責也政教不足復非說獨得大人爲輔臣乃能正君也非法度也君仁莫不仁君義莫不義君正莫不正一正君而國定矣正君之身一國定矣欲使大人正之【疏】孟子曰至一正君而國定矣○正義曰此章言小人爲政不足間非賢臣正君使握道機君正國定下不邪侈將何間者也孟子曰人不足與適也至爲能格君心之非者孟子言小人在位不能事君不足適責之也所行政教亦不足間非也惟大人之爲臣而事其君故能格正君心之非也○注詩云室人交徧適我○正義曰蓋詩國風北門之篇文也云我入自外室人交徧讁我箋云我從外入在室之人更迭徧來責我使已去也言室人亦不知己志也

孟子曰有不虞之譽有求全之毀虞度也言人之行有不虞○度其時有名譽而得者若尾生本與婦人期於梁下不度水之卒至遂至没溺而獲守信之譽求全之毀者陳不瞻將赴君難聞金鼓之聲失氣而死可謂欲求全其節而反有怯弱之毀者也【疏】正義曰此章言不虞獲譽求全受毀者也孟子言人有不虞度其功而終獲其名譽又有欲求全其行而終反受其人之毀者以言其右子之人於毀譽不容心於其間但務爲善之實而不期人之譽務去其不善之實而不恤人之毀是皆行義以俟命而已矣○注尾生與陳不瞻之事○正義曰此皆據史記之文而言之也其事煩故不重述耳

孟子曰人之易其言也無責耳矣人之輕易其言不得失言之咎責也一說人之輕易不肯諫正君者以其不在言責之位者也

孟子曰人之患在好爲人師人之所患患於不知己未有可師而好爲人師者乃惑也【疏】正義曰此章言君子之患在好爲人師也孟子曰人之患在好爲人師者孟子言人之有患非他特在其好爲人之師也蓋在人患在於不知己未有可師耳如務在好爲人師則惑也

樂正子從於子敖之齊樂正克孟子弟子也從於齊之右師子敖使而之魯樂正子隨之來之齊也樂正子見孟子孟子在齊樂正子見之也孟子曰子亦來見我乎孟子見其來見遲故云亦來也曰先生何爲出此言也

樂正子曰先生何爲非克而出此言也曰子來幾日矣孟子問子來幾日乎曰昔者克曰昔者來至昔者往也謂數日之間也曰昔者則我出此言也不亦宜乎孟子曰昔者來至而今乃來我出此言亦其宜也孟子重愛樂正子欲亟見之深思望重也曰舍館未定克曰所止舍館未定故不即來也館客舍曰子聞之也舍館定然後求見長者乎孟子曰子聞見長者之禮當須舍館定乃見之乎曰克有罪樂正子謝過服罪也【疏】樂正子至克有罪○正義曰此章言尊師重道敬賢事長人之大綱樂正子好善孟子譏之責賢者備也樂正子從子敖之齊樂正子從子敖往齊而見孟子孟子曰子亦來見我乎孟子見樂正子來遲故曰子亦來見我乎曰先生何爲出此言也樂正子問孟子何爲於我而出此言也曰子來幾日矣孟子又問樂正子從子敖到齊以幾日乎曰昔者樂正子曰往日來至若數日之間也曰昔者則我出此言也不亦宜乎孟子又言子到數日而今乃來見我則我出此言是其宜也曰舍館未定樂正子又曰爲客館所止未定故不能即來也曰子聞之也舍館

定然後求見長者乎孟子又言子曾聞見長者之禮必待舍館定然後乃見長者乎曰克有罪樂正子於是無所荅乃對孟子曰是克有罪也以其待舍館定然後見非尊師重道者也宜孟子以此責之

孟子謂樂正子曰子之從於子敖來徒餔啜也我不意子學古之道而以餔啜也子敖齊之貴人右師王驩者也學而不行其道徒食飲而已謂之餔啜也樂正子本學古聖人之道而今隨從貴人無所匡正故言不意子但餔啜也

疏孟子謂樂正子曰至而以餔啜○正義曰此章言學優則仕仕以行道否則隱逸餔啜沉浮君子不與是以孟子咨嗟樂正子者也孟子謂樂正子曰子之從於子敖來徒餔啜也我不意子學古之道而以餔啜也者孟子謂樂克曰子隨右師來至齊是徒以食飲而已我不意有如子本學古聖人之道而且今隨右師之遊而以從爲其飲食也孟子所以言此蓋謂子敖我未嘗與之學古者而今子乃隨之遊是詆道以從人之謂也○注云子敖齊之貴人右師王驩者○正義曰此蓋以經文推而爲解也公孫丑篇云孟子爲卿於齊出弔於滕王使蓋大夫王驩爲輔行王驩朝暮見反齊滕之路未嘗與之言行事也下卷言公行有子之喪右師往弔入門有進而與右師言者有就右師之位而與右師言者孟子不與右師言右師不悅曰諸君子皆與驩言孟子獨不與驩言是簡驩也孟子聞之曰禮也子敖以我爲簡不亦異乎是知爲齊之貴人右師王驩者也

孟子曰不孝有三無後爲大於禮有不孝者三事謂阿意曲從陷親不義一不孝也家窮親老不爲祿仕二不孝也不娶無子絶先祖祀三不孝也三者之中無後爲大舜不告而娶爲無後也君子以爲猶告也舜懼無後故不告而娶君子知舜告焉不得而娶娶而告父母禮也舜不以告權也故曰猶告與告同也

疏孟子曰至君子以爲猶告也○正義曰此章言量其輕重無後爲不孝之大者也孟子曰不孝有三無後爲大者言不孝於禮有三惟先祖無以承後世無以繼爲不孝之大者而阿意曲從陷親於不義家貧親老不爲祿仕特不孝之小而已舜以不告而娶爲無後也君子以爲猶告也故孟子乃言此以謂舜受堯之二女所以不告父母而娶是爲其無後也告之則不得娶故也君子於舜不告而娶是亦言舜猶告而娶之也以其反禮而合義故君子以爲不告猶告也○注堯二女○正義曰案古史云舜有二妃一曰娥皇二曰女英並堯之女

孟子曰仁之實事親是也義之實從兄是也智之實知斯二者弗去是也事皆有實事親從兄仁義之實也知仁義所用而不去之則智之實也○禮之實節文斯二者是也樂之實樂斯二者禮義之實節文事親從兄使不失其節而文其禮敬之容故中心樂之也樂則生矣生則惡可已也惡可已則不知足之蹈之手之舞之樂此事親從兄出於中心則樂生其中矣樂生之至安可已也豈能自覺足蹈節手舞曲哉

疏孟子曰至足之蹈之手之舞之也○正義曰此章言仁義之本在孝悌蓋有諸中而形於外也孟子曰仁之實事親是也至知斯二者弗去是也者孟子言仁道之本實在事親是也義之本實在從兄是也以其事親孝也從兄悌也能孝悌是爲仁義矣智之本實在知事親之孝從兄之弟而弗去之者是也禮之實節文斯二者是也樂之實樂斯二者言禮之本實使事親從兄者是也由此言之則事親之孝爲仁之實凡移之於事君者則爲仁之華也從兄之悌爲義之實則知凡移於從長者是爲義之華也知義爲智之實則知前識者是爲智之華也禮之實在仁義則威儀爲禮之華也樂之實在仁義則節奏爲樂之華也凡此是皆從而可知矣樂則生矣生則惡可已也惡可已則不知足之蹈之手之舞之言由仁義之實充之至於樂則流通而不鬱日進而不已是其樂則生生則烏可已烏可已則得之於心而形之於四體故不知手舞足蹈之所以者也蓋當時有夷子不知一本告子以義爲外故孟子宜以是言之而救當時之弊者也

孟子曰天下大悅而將歸己視天下悅而歸己猶草芥也惟舜爲然舜不以天下將歸己爲樂號泣于天不得乎親不可以爲人不順乎親不可以爲子舜盡事親之道而瞽瞍厎豫瞽瞍厎豫而天下化瞽瞍厎豫而天下之爲父子者定此之謂大孝舜以不順親意爲非人子厎致也豫樂也瞽瞍頑父也盡其孝道而頑父致樂使天下化之爲父子之道者定也

疏孟子曰至此之謂大

孝○正義曰此章言以天下富貴爲不若得意於親也孟子曰天下大悅而將歸己視天下悅而歸己猶草芥也惟舜爲然者孟子言天下之人皆大悅樂而將歸嚮己視天下悅而歸己但若一草芥不以爲意者惟大舜爲能如此也不得乎親不可以爲人不順乎親不可以爲子至此之謂大孝者孟子又言人若不得事親之道則不可以爲人若得事親之道而不能順事親之志故不可以爲人之子惟舜能盡其事父母之道而瞽瞍頑嚚且亦致樂瞽瞍既以致樂而先天下而天下亦從而化之瞽瞍致樂故天下父子者親順之道定此所以爲舜之大孝矣故曰此之謂大孝○注瞽瞍頑父也○正義曰瞽瞍者案孔安國尚書傳云無目曰瞽舜父有目不能分別好惡故時人謂之瞽配字曰瞍瞍無目之稱頑者左傳云心不則德義之經爲頑

孟子注疏解經卷第七下

大清嘉慶二十一年
用文選樓藏本校

南昌縣知縣陳煦栞

孟子注疏卷七下挍勘記　阮元撰盧宣旬摘錄

水樂卑下　閩監毛三本同廖本孔本韓本卑作埤音義出埤字

獸樂廣野　閩監毛三本同廖本孔本韓本廣作壙

欲卒求之　閩監毛三本同廖本孔本韓本欲上有而字

艾可以爲灸人病　灸音久亦音究孫氏不爲音俗謌作炙

章指言水性趨下民樂歸仁桀紂之歐使就其君三年之艾畜而可得一時欲仁猶將沉　孔本韓本考文引古本作沈按依說文當作湛沈假借字沉俗字　溺所以明鑒戒也是可哀傷也　閩監毛三本同廖本孔本韓本考文古本也作哉

章指言曠仁舍義自暴棄之道也

道在邇　考文古本邇作爾注同

以事其長　閩監毛三本同廖本孔本韓本考文古本以作不

章指言親親敬長近取諸己則邇　考文古本作爾　而易也

而人乃求遠　閩本同監毛本作而人乃求之於遠當是據下文例增

天也　閩監毛三本同廖本孔本韓本考文古本下有故曰天道四字

人也　閩監毛三本同廖本孔本韓本考文古本作人道也

故曰不誠未有能動者也　閩監毛三本同廖本孔本考文古本無不誠二字韓本作故曰未有能動者足利本無也字

章指言事上得君乃可臨民信友悅親本在於身是以曾子三省大雅矜矜以誠爲貴也

皆天下之子耳宋本耳作有

言皆歸往也閩監毛三本韓本足利本同廖本孔本考文古本歸作將

章指言養老尊賢國之上務文王勤考文古本作務之二老遠至

父來子從天之順道七年爲政以勉諸侯欲使庶幾於行

善也

辟草萊任土地閩監毛三本同廖本作辟草任土孔本韓本作辟草任地案音義出任土則作任地非也

章指言聚斂富君孔本韓本作民棄於孔子冉求行之同孔本韓本足利本作同聞鳴鼓以戰殺人孔本韓本考文古本作民土食人肉罪不容死

以爲大戮重人命之至也

瞞子也閩監毛三本同廖本孔本韓本考文古本上有目字案瞞正字瞞俗字

安可匿之哉閩監毛三本同廖本孔本韓本考文古本無之字

章指言目爲神候精之所在存而察之善惡不隱知人之

道斯爲審矣

豈可以和聲音笑貌强爲之哉閩監毛三本同廖本孔本韓本考文古本音作謟笑下有之字足利本笑上有謟字

章指言人君恭儉率下移風人臣恭儉明其廉忠侮奪之

惡何由干之而錯其心

此權此閩監毛三本同廖本孔本韓本考文古本下此作也案作也是

天下之道閩監毛三本同廖本孔本韓本上有今字

何不援之乎閩監毛三本同廖本孔本韓本考文古本無乎字

章指言權時之義嫂溺援手君子大行拯世以道道之指

也案道字恐誤重

一說云閩監毛三本同廖本孔本韓本考文古本云作曰

父子反自相非宋本廖本孔本韓本考文古本同閩監毛三本自誤日

責於父云閩監毛三本同廖本孔本韓本考文古本於作共

不欲自相責以善也閩監毛三本同廖本孔本韓本足利本無相字

章指言父子至親相責離恩易子而教相成以仁教之義

也

皆通矣閩本同監毛二本刪矣字

失不義閩監毛三本同廖本孔本考文古本作失仁義韓本足利本作夫不義○按失不義是

乃爲至孝閩監毛三本同廖本孔本韓本考文古本下有也字

章指言上孝養志下孝養體曾參事親可謂至矣孟子言

之欲令後人則曾子也

父母之親爲大者也閩本同監本毛本無者字

已人誰不爲所守〔補〕監毛本已作夫是也

政不足與閒也閩監毛三本同岳本孔本韓本無與字音義出足閒

室人交徧適我廖本適作謫

政教不足復非說閩監毛三本同廖本孔本韓本考文古本說作訛案音義出非訛作說非也蓋

形相近而譌

乃能正君也非法度也閩本同廖本監毛二本孔本韓本上也作之是

章指言小人爲政不足間非賢臣正君使握道機君正國定下韓本考文古本作上不邪侈將何間也

亦不足間非也閩本同監毛二本非下有之字

有不虞度其時有名譽而得者閩監毛三本同廖本孔本韓本足利本無虞字時作將

者陳不贍閩本監本毛本贍誤瞻廖本孔本韓本考文古本者作君

章指言不虞獲譽不可爲戒求全受毀未足懲咎君子正行不由斯二者也

章指言出於身駟不及舌不惟其責則易之矣此章疏文全闕

乃惑也閩監毛三本同廖本孔本韓本考文古本無乃字

章指言君子好謀而成臨事而懼時然後言畏失言也故曰師哉師哉孔本韓本哉作乎按哉字是也否則與楊子法言不合桐子之命不愼則有患矣

而出此言也閩監毛三本同廖本孔本韓本考文古本無也字

深思望重也閩監毛三本同廖本孔本韓本考文古本深思作思深

故不即來也閩監毛三本同孔本韓本無也字

章指言尊師重道敬賢事長人之大綱樂正子好善故孟子譏之責賢者備也

宜孟子以備貴之閩監二本貴作責是也毛本備貴作此責

三驢者也閩監毛三本同廖本孔本韓本考文古本無者字

章指言學優則仕仕以行道否則隱逸免置窮處餔啜沉孔本韓本考文引古本作沈是也浮君子不與是以孟子咨嗟樂正子也

孟子不與右師言也此下空三字當是有衍字而剜去之○今不空三字俱提上寫故下章孟子曰頂格寫

家窮親老閩監毛三本同廖本孔本韓本窮作貧

章指言量其輕重無後不可是以大舜受堯二女夫三不孝蔽者所闇至於大聖卓然匪疑所以垂法也

禮義之實閩監毛三本同孔本韓本考文古本義作樂

惡可已閩監毛三本孔本韓本同廖本考文古本下有也字

手之舞之也閩本同監毛二本孔本韓本無也字

章指言仁義之本在於孝弟孝弟孔本脫孝弟二字之至通於神明況於歌舞不考文古本作而能自知蓋有諸中形於外也

知義爲智之實閩本義上剜增仁字監毛本同閩本

而瞽瞍厎豫閩監毛三本同孔本韓本厎作底案音義之爾切是用厎字○案經典內凡曰厎致也皆之爾切與底都禮切不同經典內用厎字不多而俗刻多厎譌爲底

章指言以天下之貴富爲不若得意於親故能懷協頑嚚厎豫而欣天下化之父子加親故稱盛德者必百世祀無與比崇孔本韓本考文古本下有也字

孟子注疏卷七下挍勘記

奉新趙儀吉挍

孟子注疏解經卷第八上

離婁章句下　凡三十二章

趙氏注　孫奭疏

疏正義曰：此卷即趙注分上卷爲此卷也。此卷凡三十有二章。一章言聖人殊世而合其道，二章言重民之道平政爲首，三章言君臣之道以義爲表以恩爲裏舊君之服蓋有所興諷喻宣王勸以仁也，四章言君子見幾而作，五章言上爲下傚，六章言大人不爲非禮非義，七章言父兄已賢子弟既須教而不改乃歸自然，八章言好言人惡殆非君子，九章言疾之已甚亂也，十章言大人所求合義，十一章言視民如子則民懷矣，十二章言養生竭力人情所勉哀死送終謂之大事，十三章言學必根源如性自得，十四章言廣尋道意詳說其事要約至義還反於朴，十五章言五伯服人三王服心，十六章言進賢受賞蔽賢蒙戮，十七章言有本不竭無本則涸，十八章言禽獸俱含天氣衆人皆然聖人超絕識仁義之生於己也，十九章言周公能思三王之道以輔成王，二十章言詩書與春秋，二十一章言五世一體上下通流，二十二章言廉惠勇三者，二十三章言求交取友必得其人，二十四章言貌好行惡當修飾之惟義爲常，二十五章言能修性守故天道可知，二十六章言循理而動不合時人，二十七章言君子責已小人不改蹈仁行禮不患其患，二十八章言顏子之心有同禹稷，二十九章言匡章得罪出妻屏子，三十章言曾子子思處義非謬者也，三十一章言人以道殊賢愚體別，三十二章言小人苟得妻妾猶羞。凡此三十二章，合前卷二十八章，是離婁一篇有六十章矣。

孟子曰：舜生於諸馮，遷於負夏，卒於鳴條，東夷之人也。生始卒終記終始也。諸馮、負夏、鳴條皆地名也。負海也，在東方夷服之地，故曰東夷之人也。文王生於岐周，卒於畢郢，西夷之人也。岐周、畢郢地名也。岐山下周之舊邑，近畎夷，畎夷在西，故曰西夷之人也。書曰大子發上祭于畢，下至于盟津。畢，文王墓，近於酆鎬之地。地之相去也，千有餘里；世之相後也，千有餘歲。得志行乎中國，若合符節，先聖後聖，其揆一也。土地相去千有餘里，千里以外也。舜至文王千二百歲。得志行政於中國，謂王也。如合符節，節，玉節也。周禮有六節。揆，度也。言聖人之度量同也。

疏「孟子曰」至「其揆一也」。○正義曰：此章言聖人殊世而合其道也。孟子言舜生於諸馮，遷於負夏，卒於鳴條，東夷之人也者，孟子言舜帝其始生於諸馮之地，其後遷居於負夏之地，其卒死於鳴條之野，是東夷之人也，以其地在東方，故曰東夷之人。文王生於岐周，卒於畢郢，西夷之人也者，孟子又言文王其始生岐山之下，其終卒於畢郢之地，是西夷之人也，以其地在西，故曰西夷之人。岐山本是周邑，故曰岐周。地之相去也，千有餘里；世之相後也，千有餘歲。得志行乎中國，若合符節，先聖後聖，其揆一也者，孟子言自舜帝所居終始之地與文王所居終始之地，有千里以外之遠；自舜所生之世，文王所生之世，相後有千二百歲之久，其皆得志行政於中國以致治，如合其符節，有同而無異，一爲先聖於前，一爲後聖在後，其所揆度，則一而無二也，以其同也。揆，度也。○注「生始」至「東夷之人也」。○正義曰：案史記云：舜，冀州之人也，耕於厤山，漁雷澤，陶河濱，作什器於壽丘，就時於負夏。年二十以孝聞，三十堯娶以二女，遂擧用之，五十攝行天子事，五十八堯崩，六十一代堯踐帝位，踐帝位三十九年，南巡狩，崩於蒼梧之野，葬於江南九疑山，是爲零陵。今云舜生於諸馮，則諸馮在冀州之分。鄭玄云：負夏，衞地。案地理志云：衞地，營室、東壁之分野，今之東郡是也，其本顓頊之墟。推之，則衞地與冀州之地相近，是負夏之爲地名也。一云負夏。鳴條者，書云湯與桀戰于鳴條之野，孔傳云地在安邑之西，鄭玄云地在南夷。云東夷之人者，案史記云帝舜爲有虞，皇甫謐云舜嬪于虞，今河東大陽是也。○注「岐周畢郢」至「酆鎬也」。○正義曰：案本紀云：古公亶父去邠，踰梁山，止於岐下。徐廣曰：岐山在扶風美陽西北，其南有周原。褒駟案：皇甫謐曰：邑於周地，故始改曰周。古公有少子季歷，生昌，有聖瑞，後立爲西伯，移徙都酆。徐廣曰：酆在京兆鄠縣東，有靈臺；鄗在上林昆明北，有鄗池，去酆二十五里，皆在長安南數十里。徐廣云：文王九十七崩，謚爲文王。謚法曰：慈惠愛民曰文，忠蒙按禮曰文。武王即位九年，上祭于畢。馬融曰：畢，文王墓地名也。南越志云：郢，故楚都，在南郡。則知畢在郢之地，故曰畢郢。○注「舜至文王千二百歲」。○正義曰：案史記世表推之，是自舜至文王有千二百歲矣，其文煩，更不錄。周禮六節，案周禮云：守邦國者用玉節，守都鄙者用角節。凡邦國之使節，山國用虎節，土國用人節，澤國用龍節，皆金也，以英蕩輔之。鄭注云：以金爲節，鑄象也，必自以其國所多者，所以相別爲信明也。今漢有銅虎符。杜子春云：蕩當爲帑，謂以函器盛此節。或曰英蕩，或曰函。鬬門用符節，貨賄用璽節，道路用旌節。注云：符節，如今宮中諸官詔符也。璽節者今之印章也旌節今使者所擁節是也將送者執此節以送行者也凡此是周禮有六節之別爾子產聽鄭國之政以其乘輿濟人於溱洧子產鄭卿爲政聽訟也溱洧水名見人有冬涉者仁心不忍以其乘車度之也孟子曰惠而不知爲政歲十一月徒杠成十二月輿梁成民未病涉也以爲子產有惠民之心而不知爲政當以時修橋梁民何由病苦涉水乎周十一月夏九月可以成涉度之功周十二月夏十月可以成輿梁也君子平其政行辟人可也焉得人人而濟之故爲政者每人而悅之日亦不足矣君子爲國家平治政事刑法使無違失其道辟除人使卑辟尊可爲也安得人人濟渡於水乎每人而悅之欲自加恩以成其意則日力不足以足之也疏子產聽鄭國之政至亦不足矣○正義曰此章言重民之道平政爲首也子產聽鄭國之政以其乘輿濟人於溱洧者子產鄭大夫公孫僑也溱洧鄭國水名也言子產爲政聽訟於鄭國於冬寒之月見人涉溱洧之水乃

不忍遂以所乘之車輿濟渡人於溱洧孟子曰惠而不知爲政至日亦不足矣孟子言子產雖有恩惠及人而以陸地所乘輿而濟人於溱洧然而不知行其不忍人之政而濟人矣所謂歲十一月徒杠成十二月輿梁成是其政也言歲中以十一月雨畢乾晴之時乃以政命成其徒杠徒杠者說文云石杠石橋也俗作杠從木所以聚其徒步之石十二月成津梁則梁爲在津之橋梁也今云輿梁者蓋橋上橫架之板若車輿者故謂之輿梁如此民皆得濟所以未有憂病其涉者也君子之爲但平其政事使無違失行法於人而使尊之其若此則可也又安得人人而濟渡之乎如人人濟之則人人望我者無窮而我應者有不足焉故爲國之政者如每以人人而使之悅雖日力之窮亦不足以濟之矣但平其政事使徒杠成於十一月輿梁成於十二月則病涉之民無不濟矣子產不知爲政之道在此而徒知以乘輿濟人爲之惠故宜孟子言之於當時以激勸而譏諷之也○注子產鄭卿爲政聽訟溱洧水名○正義曰案左傳云子產穆公之孫公子發之子也又魯襄三十年執鄭國之政故云鄭卿爲政聽訟也云溱洧水名者蓋鄭國之水名案地理志云溱洧水在河南又說文云水在鄭國南入于洧則知溱洧水名在鄭國也○又於注周十一月即夏十月十月即夏九月已說上篇叔向云十月而

津梁成是其旨也孟子告齊宣王曰君之視臣如手足則臣視君如腹心君之視臣如犬馬則臣視君如國人君之視臣如土芥則臣視君如寇讎芥草芥也臣緣君恩以爲差等其心所執若是也王曰禮爲舊君有服何如斯可爲服矣宣王問禮舊臣爲舊君服喪服問君恩何如則可以爲服曰諫行言聽膏澤下於民有故而去則使人導之出疆又先於其所往去三年不反然後收其田里此之謂三有禮焉如此則爲之服矣爲臣之時諫行言從惠澤加民若有他故不得不行譬如華元奔晉隨會奔秦是也古之賢君遭此則使人導之出竟又先至其所到之國言其賢良三年不反乃收其田里田業也里居也此三者有禮則爲之服矣今也爲臣諫則不行言則不聽膏

澤不下於民有故而去則君搏執之又極之於其所往去之日遂收其田里此之謂寇讎寇讎何服之有搏執其族親也極者惡而困之也遇臣若寇讎何服之有乎疏孟子告齊至之有○正義曰此章言君臣之道以義爲表以恩爲裏相應猶若影響舊君之服蓋有所興諷諭宣王勸以仁也孟子告齊宣王曰至如寇讎者孟子告諭齊宣王謂君之視其臣如己之手足則臣亦視君如己之腹心君之視其臣如畜之犬馬則臣亦視其君但以國人遇之也君之視其臣如土芥之賤而弃之則臣視其君亦如寇讎惡而絕之也凡此君臣施報相待以爲用矣蓋無爲於其內者腹心也有爲於其外者手足也君臣相須猶一體也此言相待施報均於厚也若以君視臣如犬馬之畜而臣視君如國人而弗親此言不相待施報均於薄也以君視臣如土芥之賤而臣視君如寇讎而惡之此言不相待施報均於賤也然則君臣施報亦隨之而已王曰禮爲舊君有服何如斯可爲服矣宣王問孟子於禮爲舊君有喪服何如斯可爲之服言舊君所去之國君也曰諫行言聽至則爲之服矣孟子答之謂臣之於君君有過謬而諫之

則行事有可爲而言之則聽而膏潤之恩澤施之又下洽於民此得行其道也然不幸遭其事故而去之則國君使人導之以達其境至出國之疆界又先去其所往之邦以稱譽之去三年之久而不反歸然後國君乃收其田業里居此三者是謂三有禮焉如此三有禮則可爲之喪服矣今也爲臣諫則不行言則不聽至何服之有孟子又言今之爲臣於國君君有過謬及其諫也則拒之而弗得行言則違之而弗聽而膏澤又不得以下洽此不得行其道也及其所遭事故而去之君乃不使人導之且搏執其親族而戮之又困極而惡之於其所往之邦即自離去之日遂便收其田業里居此是謂過其臣如寇讎之惡既以寇讎遇其臣則臣尚何有喪服爲哉。注舊臣爲舊君服喪服。正義曰如儀禮言以道去君而未絶者服齊衰三月禮記云臣之去國君不掃其宗廟則爲之服是爲舊臣服喪服之謂也。注如華元奔晉隨會奔秦。正義曰案左傳成十五年華元爲右師華元曰我爲右師君臣之訓師所司也今公室卑而不能正吾罪大矣不能治官敢賴寵乎乃出奔晉魚石爲左師自止華元於河上後及奔晉得五月日乃反書曰宋華元出奔晉宋華元自晉歸于宋是也云隨會奔秦者案文公七年先蔑奔秦隨會從之至十三年晉人患秦之用士會也晉侯乃使魏壽餘僞以魏

叛者以誘士會士會既濟魏人譟而還杜注云喜得士會也是矣

孟子曰無罪而殺士則大夫可以去無罪而戮民則士可以徙惡傷其類視其下等懼次及也語曰鳶鵲蒙害仁鳥增逝此之謂也

【疏】孟子至可以徙。正義曰此章言君子見幾而作也孟子謂國君無罪而殺戮其士則爲之大夫者可以奔去無他蓋大夫雖於士爲尊不可命以爲士然亦未離乎士之類也是其惡傷其類耳國君無罪而誅戮其民則爲之士者可以徙而避之無他蓋士於民雖以爲尊不可命以爲民然亦未離乎民之類也是亦惡傷其類耳於士言殺於民言戮者摠而言之皆然也別而言之則戮又輕於殺矣案周禮司稽掌巡市云凡有罪者撻戮而罰之是知戮不過撻而辱之耳而殺乃至於亡命故也史記趙殺鳴犢孔子臨河而不濟乃嘆曰刳胎殺夭則麒麟不至郊竭澤涸魚則蛟龍不會覆巢毀卵則鳳凰不翔君子諱傷其類也今注云語曰鳶鵲蒙害仁鳥增逝是亦史記之文趙注引之

孟子曰君仁莫不仁君義莫不義君者一國所瞻仰以爲法政必從之是上爲下則也

【疏】正義曰此章言國君率衆仁義是上爲下効者也孟子謂國君在上能以仁義先率於一國則一國之人莫不從而化之亦以仁義爲也。注云上爲下効者。正義曰如所謂君子之德風小人之德草草上之風必偃也又荀卿所謂表正則影正盤圓則水圓盂方則水方是其旨也

孟子曰非禮之禮非義之義大人弗爲若禮而非禮陳質娶婦而長拜之也若義而非義藉交報讎是也此皆大人之所不爲也

【疏】正義曰此章言禮義人之所以折中履其正者乃可爲中是以大人弗行之也孟子謂有所爲禮有所爲非禮有所爲義有所爲非義如非禮非義惟大夫能弗爲之也。注陳質娶婦藉交報讎者。正義曰此蓋史傳之文而云然

孟子曰中也養不中才也養不才故人樂有賢父兄也中者履中和之氣所生謂之賢才者是謂人之有俊才者有此賢者當以養育教誨不能進之以善故樂父兄之賢以養已也如中也棄不中才也棄不才則賢不肖之相去其間不能以寸如使賢者棄愚不養其所以當養則賢亦近愚矣如此賢不肖相覺何能分寸明不可不相訓導也

【疏】孟子至不能以寸。正義曰此章言父兄之賢而子弟既頑教而不改乃歸自然也孟子言君子以性德而教養滅其性德者以性之能而教養滅其性之才能者故人所以樂得其賢父兄而教養也如君子有賢父兄之道而不推己之性德以教養人之不中不推己之才性而教養人之不才是棄去其不中不才之人也如此則賢不肖惡能相去以寸哉是不足以相賢矣蓋中者性之德也才性之能也賢父兄者所以對弟子而言之也如孟子所謂曾子居武城而謂之爲師也父兄也是其意也。注中者履中和之氣至養已也。正義曰中和之氣者蓋人受天地之中而生稟陰陽之秀氣莫非所謂中和也中庸云喜怒哀樂未發謂之中發而皆中節謂之和賢以德言云俊才者俊智過千人曰俊則知才能有過於千人之才能是爲俊才也一云俊敏也疾也

孟子曰人有不爲也而後可以有爲人不爲苟得乃能有讓千乘之志也

【疏】正義曰此章言貴賤廉恥乃有不爲不爲非義義乃可由也孟子言人之有不爲非義之事然後可以有爲其義矣又所謂人皆有所不爲達之於其所爲義也亦是意也以此推之則仁也禮也智也皆待是而裁成之矣

孟子曰言人之不善當如

後患何人之有惡惡人言之言之當如後有患難及已乎疏正義曰此章言好言人之惡殆非君子者也孟子謂人有好談人之不善者必有患難及之矣故曰言人之不善當如後患何如莊子云菑人者人必反菑之論語云不忮不求何用不臧亦與此同意

孟子曰仲尼不爲已甚者仲尼彈邪以正正斯可矣故不欲爲已甚泰過也孟子所以譏踰墻距門者也疏正義曰此章言疾之已甚亂者也孟子言孔子凡所爲不爲已甚泰過者也如論語云疾之已甚亂也同意○注云孟子所以譏踰墻距門者蓋謂如段干木踰垣而避文侯泄柳閉門而拒繆公是爲已甚者

孟子曰大人者言不必信行不必果惟義所在果能也大人倎義義有不得必信其言子爲父隱也有不能得果行其所欲行者若親在不得以其身許友也義或亟於信故曰惟義所在也疏正義曰此章言大人之行行其重者不信不果求合義也孟子言大人者其於言不以必信所行不以必果惟義之所在可以信則信可以行則行耳如言必信行必果則所謂硜硜然小人哉矣豈大人肯如是邪蓋孔子與蒲人盟不適衛而終適衛是言不必信也佛肸召子欲往而終不往是行不必果也○注子爲父隱以其身許友也○正義曰此案論語禮記云也

孟子曰大人者不失其赤子之心者也大人謂君國君視民當如赤子不失其民心之謂也一說曰赤子嬰兒也少小之子專一未變化人能不失其赤子時心則爲貞正大人也○疏正義曰此章言人之所愛莫過赤子所謂視民如子則民懷之者也孟子言世之所謂爲之大人者是其能不失去其嬰兒之時心也故謂之大人如老子所謂常德不離復歸於嬰兒之意同

孟子曰養生者不足以當大事惟送死可以當大事孝子事親致養未足以爲大事送終如禮則爲能奉大事也疏正義曰此章言養生竭力人情所勉哀死送終謂之大事也孟子言人奉養父母於其生日雖昏定晨省冬溫夏清然以此之孝亦不足以當其大事也惟父母終能擗踊哭泣哀以送之卜其宅兆而安厝之斯可以當之也

孟子曰君子深造之以道欲其自得之也造致也言君子學問之法欲深致極竟之以知道意欲使已得其原本如性自有之然也故曰欲其自得之而已自得之則居之

安居之安則資之深資之深則取之左右逢其原故君子欲其自得之也居之安若已所自有也資取也取之深則得其根也左右取之在所逢遇皆知其原本也故使君子欲其自得之也疏孟子至得之也○正義曰此章言學必根源如性自得者也孟子曰君子深造之以道至君子欲其自得之也者此孟子教人學道之法也言君子所以深造至其道奧之妙者是欲其如已之所自有之也已之所自有則居之安居之安者是使權利不能移羣衆不能傾天下不能蕩是也居之安則資質以深則自本自根取之不竭酌之不竭是也資之既深則取之左右逢其原左右逢其原者則理與萬物得性與萬物明取之左則左取之右則右無非自本自根也故云取之左右逢其原如此故君子所以學道欲其自得之也如莊生所謂黃帝遺其元珠使智索之不得使離朱索之不得使喫詬索之不得乃使象罔得之蓋元珠譬則道也智有待於思言思之亦不能得其道也離朱有待於明言以明求之亦不能得道也喫詬有待於言以言求之亦不能得其道也象罔則無所待矣唯無所待故能得其道是其所謂自得也

孟子曰博學而詳說之將以反說約也博廣詳悉也廣學悉其微言而說之者將以約說其要意不盡知則不能要言之也是謂廣尋道意還反於樸說之美者也疏正義曰此章言廣尋道意詳說其事要約至義還反於樸者也孟子言人之學道當先廣博而學之又當詳悉其微言而辯說之其相將又當以還反說其至要者也以得其至要之義而說之者如非廣博尋學詳悉辯說之則是非可否未能決斷故未有能反其要也是必將先有以博學詳說然後斯可以反說其約而已

孟子曰以善服人者未有能服人者也以善養人然後能服天下天下不心服而王者未之有也以善服人之道治世謂以威力服人者也故人不心服以善養人養之以仁恩然後心服矣若文王治於岐邑是也天下不心服何由而王也疏孟子曰至未之有也○正義曰此章言五霸服人三王服心其服則一功則不同也孟子曰以善服人者未有能服人者也至未之有也者孟子言人君之治天下如以善政而屈服人者未有能屈服其人也以善教而養人者然後故能屈服其天下然以善教養天下天下不以心服而歸往爲之王未之有也以其能如

此則必爲之王者使天下心服而歸往之矣蓋所謂善政民畏之善教民愛之之意也又云善教得民心是矣若文王作辟雍是能以善養人者也故自西自東自南自北無思不服此之謂也

孟子曰：言無實不祥。不祥之實，蔽賢者當之。凡言皆有實，孝子之實，養親是也；善之實，仁義是也。祥，善當直也。不善之實何等也？蔽賢之人直於不善之實也。

【疏】正義曰：此章言進賢受上賞，蔽賢蒙顯戮者也。孟子曰至蔽賢者當之者，孟子謂人之言無其實本者，乃虛妄之言也，以虛妄之言言之，則或掩人之善，或飾人之惡，爲人所惡者也，故其爲不祥莫大焉。不祥則禍是矣。不祥之實者，乃蔽賢直之也。所謂蔽賢，則掩人之善是矣。如臧文仲知柳下惠而不舉，虞丘知叔敖之賢而不進，凡此之類，是謂蔽賢者也。

徐子曰：仲尼亟稱於水，曰：水哉水哉！何取於水也？徐子，徐辟也。問仲尼何取於水而稱之也。孟子曰：源泉混混，不舍晝夜，盈科而後進，放乎四海，有本者如是，是之取爾。言水不舍晝夜而進，盈滿科坎，放至也，至於四海者，有原本也。以況於事，有本者皆如是，是之取也。苟爲無本，七八月之間雨集，溝澮皆盈，其涸也，可立而待也。苟，誠也。誠令無本，若周七八月，夏五六月，天之大雨，潦水卒集，大溝小澮皆滿，然其涸也，可立待之者，以其無本故也。故聲聞過情，君子恥之。人無本行，暴得善聲，令聞過其情，若潦水不能久也，故君子恥之。○

【疏】徐子至恥之。○正義曰：此章言有本不竭，無本則涸也。徐子曰仲尼亟稱於水曰水哉水哉何取於水也者，徐子即徐辟者也。徐辟問孟子，以謂孔子數數稱道於水，乃復自而嘆之曰水哉水哉，云水之爲水哉水哉，何仲尼獨數數稱於水也？孟子曰源泉混混不舍晝夜至是之取爾，孟子荅之曰：孔子所以數數稱於水者，以其有本源之泉水混混滾勢而流，不捨晝夜，是流之不竭，至有坎科，則必待盈滿而後流進，以至乎四海之中，以其道大有本亦如是，是孔子所以亟稱而必取之爾。苟爲無本至君子恥之者，孟子又言苟爲無本之水，是若周之七八月、夏之五六月間，天之大雨驟降，其雨之水卒然聚集乎大溝小澮，皆盈盈然而滿溢，則其乾涸但可立而守之也，以無本源，故如是之速乾耳。孟子復於此言如聲譽名聞有

或過於情實，而君子所以羞恥之，亦無本之水矣。然則孟子荅徐辟以此者，非特言原泉混混不捨晝夜盈科而後進放乎四海而已矣，蓋有爲而言之也。以其源泉混混，則譬君子之德性；不舍晝夜，則譬君子之學問；盈科而後進，則譬君子之成章；放乎四海，則譬君子於是造乎道也。○注云徐子，徐辟。○正義曰：緣於滕文公篇云墨者夷之因徐辟而見孟子，又曰徐子以告夷子，是知徐子即徐辟也。○注大溝小澮。○正義曰：案周禮遂人掌邦之野，凡治野，夫間有遂，遂上有徑；十夫有溝，溝上有畛；百夫有洫，洫上有塗；千夫有澮，澮上有道。鄭注云：十夫二鄰之田，百夫一酇之田，千夫二鄙之田。遂、溝、洫、澮，皆所以通水於川也。遂廣深各二尺，溝倍之，是廣深各四尺也；洫又倍之，是洫廣深各八尺也；澮廣二尋，深二尋。然則注云大溝小澮，又非以常制言之爾。論語云子在川上曰：逝者如斯夫，不舍晝夜。是仲尼常稱於水者也。

孟子曰：人之所以異於禽獸者幾希，庶民去之，君子存之。幾希，無幾也。知義與不知義之間耳。衆民去義，君子存義也。舜明於庶物，察於人倫，由仁義行，非行仁義也。倫，序；察，識也。舜明庶物之情，識人事之序，仁義生於內，由其中而行，非强力行仁義也。故道性善，言必稱於堯舜，但君子存之，庶民去之，而不由爾。

【疏】孟子曰至行仁義也。○正義曰：此章言禽獸俱含天氣，衆人皆然，聖人超絕，識仁義之主於已者也。孟子曰人之所以異於禽獸者幾希至非行仁義也者，孟子言世之人所以有別異於禽獸者無幾也，以其皆含天地之氣而生耳，皆能辟去其害而就其利矣。但小人去其異於禽獸之心，所以爲小人也；君子知存其異於禽獸之心，所以爲君子也。所謂異於禽獸之心者，即仁義是也。禽獸俱不知仁義，所以爲禽獸。今夫舜之爲帝，在深山之中，與木石居，與鹿豕遊，雖與禽獸雜居其間，然能聞一善言，見一善行，莫不從之，若決江河也，而無滯之耳。如此是舜能明於庶物之無知，而存乎異於禽獸之心，詳察人倫之類，而由仁義之道而行之矣。然舜既由其仁義而行之，非所謂行仁義而得之人也，是由仁義而行以得之天性也。孟子以此言之，其有以異於禽獸者，皆舜之徒也。曰舜亦人也，我亦人也，有爲者亦若是，但當存其異於禽獸之心耳。如楊雄由於禮義入自仁門，由於情慾入自禽門，斯其旨歟。

孟子曰：禹惡旨酒而好善言。旨酒，美酒也。儀狄作酒，禹飲而甘之，遂疏儀狄而絕旨酒。書曰：禹拜昌言。湯

執中立賢無方執中正之道惟賢速立之不問其從何方來舉伊尹以爲相也文王視民如傷望道而未之見視民如傷者雍容不動擾也望道而未至殷錄未盡尚有賢臣道未得至故望而不致誅於紂也武王不泄邇不忘遠泄狎邇近也不泄狎近賢不遺忘遠善近謂朝臣遠謂諸侯也周公思兼三王以施四事其有不合者仰而思之夜以繼日幸而得之坐以待旦三王三代之王也四事禹湯文武所行之事也不合已行有不合世仰而思之參諸天也坐以待旦言欲急施之也

疏孟子曰至坐以待旦○正義曰此章言周公能思三王之道以輔成王也孟子曰禹惡旨酒而好善言孟子言禹王惡疾其美酒而樂好人之善言以其酒甘而易溺常情之所嗜者也故禹王所以惡之蓋儀狄造酒禹王飲而甘之遂疏儀狄是也善言談而難入常情之所厭者也故禹王所以好之耳蓋聞皐陶昌言禹受而拜之是也湯執中立賢無方孟子言湯王執大中至正之道使其賢者智者得以俯而就而不爲狂者愚者不肖者得以跂而及而不爲狷者矣未嘗立驕佞崖異絕俗之道而使人不可得而至也所謂中道而立能者從之是其旨歟尚書云湯懋昭大德建中于民是其事矣立其賢則不以一方任之但隨其才而用之以其人之材固有長短小大不可一槩以取之矣書云佑賢輔德顯忠遂良是其事矣揔以湯言之則所謂常善救人故無棄人常善用人故無遺賢是其旨歟文王視民如傷望道而未之見孟子言文王常有恤民之心故視下民常若有所傷而不敢以横役而擾動之也尚書曰文王不敢侮鰥寡又曰懷保小民是其事矣蓋以望商之有賢道未得至故不敢誅於紂也故曰未之見也武王不泄邇不忘遠者孟子言武王於在邇之臣則常欽之而不泄狎在遠之臣則常愛之而不遺忘是所謂不泄邇不忘遠也非特臣也雖遠邇之民亦如是尚書云武王不寶遠物則遠人格所寶惟賢則邇人安又曰華夏蠻貊罔不率俾是其事矣周公思兼三王以施四事至坐以待旦者孟子言周公輔相成王常思念兼此三王而施行此四事以爲功業矣三王即禹湯文武之三代王也然以孟子則曰三王者蓋文武明父子也言其父則子不待言而在其中故但云三王四事者即惡旨酒好善言湯執中立賢無方與視民如傷望道而未之見不泄邇不忘遠是四事也然以孟子於事則云四蓋父子所爲有不同所以别言之也言周公施爲其有不合於此三王四事則常仰望而思索之必夜以繼日而未嘗敢忘去之也及幸而思索得合於此三王之四事則雞鳴而起坐以守待其旦明而施行之耳是其急於有行如恐失之謂也○注三王三代之王也○正義曰禹夏之代始王也湯殷之代始王也文武周之代始王也是爲三代之王也

孟子曰王者之迹熄而詩亡詩亡然後春秋作王者謂聖王也太平道衰王迹止熄頌聲不作故詩亡春秋撥亂作於衰世也晉之乘楚之檮杌魯之春秋一也其事則齊桓晉文其文則史孔子曰其義則丘竊取之矣此三大國史記之異名乘者興於田賦乘馬之事因以爲名檮杌者嚚凶之類興於記惡之戒因以爲名春秋以二始舉四時記萬事之名其事則五霸所理也桓文五霸之盛者故舉之其文史記之文也孔子自謂竊取之以爲素王也孔子人臣不受君命私作之故言竊亦聖人之謙辭爾

疏孟子曰至竊取之矣○正義曰此章言時無所詠春秋乃興假史記之文孔子正之以匡邪也孟子曰王者之迹熄至丘竊取之矣者孟子言自周之王者風化之迹熄滅而詩亡歌詠於是乎衰亡歌詠既以衰亡然後春秋褒貶之書於是乎作春秋其名有三自晉國所記言之則謂之乘以其所載以田賦乘馬之事故以因名爲乘也自楚國所記而言之則謂之檮杌以其所載以記嚚凶之惡故以因名爲檮杌也魯以編年舉四時記爲事之名故以因名爲春秋也凡此雖曰異其名然究其實則一也蓋王者迹熄則所存者但霸者之迹而已言其霸則齊桓晉文爲五霸之盛者故其所載之文則魯史之文而孔子自言之曰其春秋之義則丘私竊取之矣蓋春秋以義斷之則賞罰之意於是乎在是天子之事也故曰其義則丘竊取之矣竊取之者不敢顯述也故以賞罰之意寓之褒貶而褒貶之意則寓於一言耳○注云乘爲乘馬之事檮杌爲嚚凶之類○正義曰乘馬之事已詳故不再述云檮杌嚚凶者案文公十八年左傳所謂渾敦窮奇檮杌饕餮四凶其言檮杌乃曰顓頊氏有不才子不可教訓告之則頑舍之則嚚天下之民謂之檮杌杜預云檮杌嚚凶無疇匹之貌也

孟子曰君子之澤五世而斬小人之澤五世而斬予未得爲孔子徒也予私淑諸人也澤者滋潤之澤大德大凶

流及後世自高祖至玄孫善惡之氣乃斷故曰五世而斬予我也我未得爲孔子門徒也淑善也我私善之於賢人耳蓋恨其不得學於大聖人也〔疏〕孟子至諸人也○正義曰此章言五世一體上下通流君子小人斬各有時孟子恨以不及仲尼也孟子曰君子之澤至予私淑諸人也者孟子言君子小人雖有賢不肖之異然自禮服而推之則餘澤之所及但皆五世而斷耳以其親屬替之者焉惟孔子有道德之澤流於無窮雖萬世亦莫不尊親者矣孟子所言我未得爲孔子徒黨者矣我但私有所善於已未有善諸人人也蓋孟子學孔子者也然必於此乃言予未得爲孔子徒者蓋亦公孫丑問夫子既聖矣乎則曰夫聖孔子不居之意也孟子之志又可知矣斬斷也淑善也○注云自高祖至於玄孫○正義曰自高祖至玄孫者凡有九等高祖曾祖祖父已身子孫曾孫玄孫是也今注乃以此證五世而斬者據已身而推之則上自高祖至玄孫是爲無服者也

孟子注疏解經卷第八上

盧宣旬校

大清嘉慶二十年重
用文選樓藏本校

南昌縣知縣陳煦栞

孟子注疏卷八上挍勘記　阮元撰盧宣旬摘錄

凡三十二章　音義閩監毛三本同按此當作三十三章僞疏不數人有不爲也一章故較少一章音義本亦作三十二當是後人据注疏本改

是離婁一篇有六十章矣　按題辭正義云離婁凡六十一章與此不合

皆地名也負海也　閩監毛三本同廖本孔本韓本考文古本無上也字負下重負字

近於鄭鎬之地也　閩監毛三本同廖本孔本韓本考文古本之地作也足利本無之字

千里以外也　廖本孔本韓本考文古本同閩監毛三本以誤之

蓋謂王也　閩監毛三本孔本同岳本廖本韓本無蓋字足利本無也字

王節也　閩本足利本同監本毛本孔本韓本作玉節也是也

章指言聖人殊世而合其道地雖不比由通一軌故可以

爲百王法也

周十月夏九月　閩監毛三本同廖本孔本韓本作周十一月○按爾雅釋官注引孟子曰歲十一月徒杠成邢疏云郭注作十月摧求文義趙注本作周十月夏八月周十一月夏九月而經文本作歲十月徒杠成十一月輿梁成也後人亂之而閩監毛本尚存舊迹廖孔韓本則似是而實非矣周禮之例凡夏正皆曰歲凡曰歲終曰正歲曰歲十有二月皆謂夏時也凡言正月之吉不曰歲謂周正也說詳戴震文集孟子言歲十月十一月謂夏正兩言七八月之間則謂周正正與周禮同例趙注未解其例今本則經注又皆舛誤矣夏令曰十月成梁孟子與國語合

可以成涉度之功　閩監毛三本同廖本孔本韓本涉作步考文古本度作渡

周十一月夏十月　閩監毛三本同廖本孔本韓本考文古本一作二按詳上

每人而悅之　閩監毛三本同非也廖本考文古本而悅之作輒孔本韓本悅之作輒

章指言重民之道平政爲首人君由天天不家撫是以子產渡人孟子不取也

十月成津梁　閩本同監毛本十下有二字

輿梁成於十月　閩本同監毛本十下有二字

則使人導之出疆　閩監毛三本孔本韓本則下有君字

乃收其田里田業也里居也　閩監毛三本同廖本韓本作乃收其田萊及里居也孔本考文古本作乃收其田萊及里居也足利本作乃收其田里田萊及里居○按音義亦出田菜菜當作采大夫采地字古書多或作菜菜誤爲萊萊作業則更誤矣足利本誤衍尤非

章指言君臣之道以義爲表以恩爲裏表裏相應猶若影響脩君之服葢有所興風諭宣王勸以仁也

仁鳥增逝　閩監毛三本同廖本孔本韓本增作曾考文古本增逝作曾遊○按作曾是曾者高也

章指言君子見幾而作故趙殺鳴犢孔子臨河而不濟也是上爲下則也　閩監毛三本同廖本孔本韓本考文古本注文無此六字

章指言君以仁義率衆孰不順焉上爲下效也

陳賈娶婦而長拜之　音義陳賈本亦作賈○按孫志祖曰長讀長幼之長長字句絕春秋繁露五行相勝篇云愛人者有子不食其力尊老者妻長而夫拜之陳賈事當同此

藉交報讎　閩監毛三本同廖本孔本韓本讎作仇

此皆大人之所不爲也　閩監毛三本同廖本孔本韓本考文古本無之字

章指言禮義人之所以折中履其正者乃可爲中是以大人不行疑懼　孔本韓本考文引古本並作禮是也

是謂人之有俊才者　閩監毛三本同廖本孔本韓本考文古本無是字

不養其所以當養　廖本無以字

賢不肖相覺　孔本覺作較非按音義出相覺丁云義當作校較覺即校之假借字古書往往用覺字

章指言父兄已賢子弟既頑教而不改乃歸自然乃能有讓千乘之志也　閩監毛三本同廖本孔本韓本考文古本無也字

章指言貴賤廉恥乃有不爲不爲非義義乃可申

當如後有患難及已乎　閩監毛三本孔本韓本同廖本後有作有後

章指言好言人惡殆非君子故曰不伎不求何用不臧故不欲爲已甚泰過也　閩監毛三本同廖本考文古本無故字爲作其孔本韓本無故字足利本故字同毛本

孟子所以譏踰墻距門者也　閩監毛三本同廖本孔本韓本考文古本無此注文

章指言論　考文引足利本作語字亦非韓本作論語曰　曰疾之已甚亂也故孟子所以　孔本韓本考文引古本無所以二字　譏踰墻距門者也

大人仗義　閩監毛三本韓本同廖本孔本仗作杖○按杖正仗俗

故曰惟義所在也　閩監毛三本同廖本孔本韓本考文古本無也字

章指言大人之行行其重者不信不果所求合義也

少小之子　閩監毛三本同廖本孔本韓本考文古本子作心

章指言人之所愛莫過赤子視民則然民懷之矣大人之行不過是也

章指言養生竭力人情所勉哀死送終行之高者事不違

禮可謂難矣故謂之大事

言君子學問之法 閩監毛三本同孔本韓本足利本學問作問學

如性自有之然也 閩監毛三本足利本同廖本孔本韓本考文古本無然字

故曰欲其自得之而已 閩監毛三本同廖本孔本韓本考文古本無此九字

皆知其原本也 閩監毛三本同孔本韓本足利本無也字

欲其自得之也 閩監毛三本同廖本孔本韓本考文古本無其字

章指言學必根原 孔本作源 如性自得物來能名事來不惑君子好之朝益暮習道所以臻也

至其道奧之如者 閩監毛三本如作妙

是謂廣尋道意還反於樸說之美者也 閩監毛三本同廖本孔本韓本考文

古本無此注

章指言廣尋道意詳說其事要約至義還反於樸說之美者也

若文王治於岐邑是也 閩監毛三本同廖本孔本韓本作文王治岐是也考文古本無若字於字足利本亦無也字

章指言五霸服人三王服心其服一也功則不同上論堯舜其是違乎

章指言進賢受上賞蔽賢蒙顯戮故謂之不祥也

源泉混混 閩監毛三本同宋九經本岳本咸淳衢州本廖本孔本韓本源作原○按原正字源俗字上文取之左右逢其原不从水可以證从水之誤矣

然其涸也 閩監毛三本同岳本廖本孔本韓本考文古本也作乾

可立待之者 閩監毛三本同廖本孔本韓本無之字

以其無本故也 閩監毛三本足利本同廖本孔本韓本考文古本作無本之故也

章指言有本不竭無本則涸虛聲過實君子恥諸是以仲尼在川上曰逝者 考文古本衍斯字 如斯

非强力行仁義也 宋本作非强仁力行義也

言必稱於堯舜 閩監毛三本同廖本孔本韓本考文古本無於字

但君子存之庶民去之而不由爾 閩監毛三本同廖本孔本韓本考文古本無此注

章指言人與禽獸俱含天氣就利避 孔本韓本考文引古本避作辟按古書多

假辟作避 害其閒不希衆人皆然君子則否聖人超絕識仁義之生於己也

若決江河也而無滯之耳 閩本同監本無也之耳三字毛本同監本無作不

禹拜昌言 閩監毛三本足利本同廖本孔本韓本考文古本昌作讜○按作讜者今文尚書也音義出讜言

殷錄未盡 廖本考文古本同閩監毛三本孔本韓本錄誤祿

故望而不致誅於紂也 廖本孔本韓本考文古本同閩監毛三本足利本致誤敢

謂諸侯也 宋本也作者

所行之事也 閩監毛三本同廖本孔本韓本無之字

己行有不合世 岳本廖本孔本考文古本同閩監毛三本世作者韓本作也按韓本是也

坐以待旦 廖本以作而

章指言周公能思三王之道以輔成王大平之隆禮樂之備蓋由此也

則遠人安 閩監毛三本遠改邇

湯殷之代始王也文武周之代始王也 閩本同監毛二本脫此十五字宋本孔本韓本考文古本異名作各異

此三大國史記之異名 閩監毛三本同宋本孔本韓本考文古本異名作各異

則五霸所理也 閩監毛三本同廖本孔本韓本考文古本霸作伯下同

亦聖人之謙辭爾 閩監毛三本同廖本孔本韓本考文古本無爾字

章指言詩可以言頌詠大平時無所詠春秋乃與假史記之文孔子正之以匡邪也

澤者滋潤之澤 按宋本注分兩段自此至故曰五世而斬在經文五世而斬下

淑善也 足利本無也字

蓋恨其不得學於大聖人也 閩監毛三本同廖本韓本考文古本無蓋其人三字孔本足利本無人字

章指言五世一體上下通流君子小人斬各有時企以高山跌以陷汙是以君子恨不及乎仲尼也

孟子注疏卷八上校勘記　奉新趙儀吉挍

孟子注疏解經卷第八下

離婁章句下　趙氏注　孫奭疏

孟子曰：可以取，可以無取，取傷廉；可以與，可以無與，與傷惠；可以死，可以無死，死傷勇。三者皆謂事可出入，不至違義，但傷此名，亦不陷於惡也。

疏　正義曰：此章言廉勇惠三者人之高行也。孟子曰至死傷勇者，蓋言凡於所取之道，可以取之則取之，故無傷害於爲廉；可以無取而乃取之，是爲傷害於廉也。又言凡所與之道，可以與之則與之，而不爲傷其惠；可以無與而乃與之，是爲傷害於惠也。又言凡於所死之道，可以死之則死，不爲傷害其勇；可以無死而乃死之，是爲傷害其勇也。如孟子受薛七十鎰，是可以取則取之也；求也爲聚斂而附益之，是可以無取而乃取之者也；孔子與原思之粟，是可以與則與之者也；冉子與子華之粟五秉，是可以無與而乃與之者也；比干諫而死，是可以死則死也；荀息不能格君心之非，而終遠以死許，是可以無死而乃死之也。

逢蒙學射於羿，盡羿之道，思天下惟羿爲愈己，於是殺羿。羿，有窮后羿。逢蒙，羿之家衆也。春秋傳曰：羿將歸自田，家衆殺之。孟子曰：是亦羿有罪焉。罪羿不擇人也，故以下事喻之。公明儀曰：宜若無罪焉。曰：薄乎云爾，惡得無罪？鄭人使子濯孺子侵衛，衛使庾公之斯追之。子濯孺子曰：今日我疾作，不可以執弓，吾死矣夫！孺子，鄭大夫。庾公，衛大夫。疾作，瘧疾。問其僕曰：追我者誰也？其僕曰：庾公之斯也。曰：吾生矣。僕，御也。孺子曰吾必生矣。其僕曰：庾公之斯，衛之善射者也，夫子曰吾生，何謂也？曰：庾公之斯學射於尹公之他，尹公之他學射於我。夫尹公之他，端人也，其取友必端矣。端人用心不邪辟，知我是其道本所出，必不害我也。庾公之斯至，曰：夫子何爲不執弓？曰：今日我疾作，不可以執弓。曰：小人學射於尹公之他，尹公之他學射於夫子，我不忍以夫子之道反害夫子。雖然，今日之事，君事也，我不敢廢。抽矢叩輪，去其金，發乘矢而後反。庾公之斯至，竟如孺子之所言，而曰我不敢廢君事，故叩輪去鏃，使不害人，乃以射孺子，禮射四發而去。乘，四也。詩云四矢反兮。孟子言是以明羿之罪，假使如子濯孺子之得尹公之他而教之，何由有逢蒙之禍乎？

疏　逢蒙學射至乘矢而後反。○正義曰：此章言求交取友，必得其人也。逢蒙學射於羿，盡羿之道，思天下惟羿爲愈已，於是殺羿，言逢蒙學射於后羿，既學盡后羿所射之道，乃思天下惟后羿所射有强於已，於是反妒之而殺其后羿。孟子曰是亦羿有罪焉，孟子復言逢蒙所以殺其后羿，是后羿亦有可罪之道者焉。公明儀曰宜若無罪焉，孟子引公明儀於往日嘗曰逢蒙殺羿，宜若羿無罪而見殺焉，又鄙之公明儀之言曰薄乎，此言爾安得謂之無罪焉？昔鄭國之君使子濯孺子爲大夫，以侵伐其衛國，衛君乃使大夫庾公之斯追捉其子濯。子濯乃曰今日我瘧疾發作，不可以執弓而敵之，我必死矣，遂問其御僕曰衛之追趕我者是誰也？其御僕乃告之曰衛大夫庾公之斯者也。子濯即曰我得生矣，不能死我也。其御僕乃問庾公之斯是衛國之最善射者也，而夫子乃曰吾生矣，是何之謂也？子濯乃與之御僕曰庾公之斯學射於尹公之他，尹公之他學射於我，夫尹公之他端正之人也，其所友亦必端正之人，然後教其射矣。庾公之斯遂追至子濯之所，見子濯不執弓矣，乃問曰夫子何爲不執弓以拒之？子濯告之曰今日我瘧疾發作，不可以執弓矣。庾公之斯乃自稱已爲小人，言小人學射於尹公之他，尹公之他學射於夫子，今不忍以夫子之道而反歸害其夫子矣，雖然不忍害夫子，奈以今日所追之事乃君命之事也，我亦不敢廢背其君命耳，遂不免抽取其矢而敲之於車輪之上，乃去其鏃利而發射子濯，至發其四矢，然後乃反歸而不追之。蓋去鏃利，所以無害於子濯耳。云乘矢者，四矢也，蓋四馬爲一乘，是亦取其意也。○注羿有窮至殺之。○正義曰：羿有窮后羿者，說在梁王首篇詳矣。云逢蒙羿之家衆至殺之者，案襄公四年左傳云：將歸自田，家衆殺之而烹之以食其子，子不忍食諸，死于窮門。杜注云：子，羿之子也。不忍食，又殺之國門。○注「孺子鄭大夫庾公衛大夫」。○正義曰：襄公十四年《左傳》云：尹公他學射於庾公差，庾公差學射於公孫丁，二子追衛獻公，公孫丁御公。子曰：射爲背師，不射爲戮，射爲禮乎？射兩鉤而還。尹公他曰：子爲師，我則遠矣。乃反之。公孫丁授公轡而射之，貫臂。杜預曰：子魚庾公差。然則孟子之言與此不同，是二說必有取一焉。

孟子曰：「西子蒙不潔，則人皆掩鼻而過之；西子，古之好女西施也。蒙不潔，以不潔汙巾帽而蒙其頭面，而雖好，以蒙不潔，人過之者皆自掩鼻，懼聞其臭也。雖有惡人，齋戒沐浴，則可以祀上帝。」惡人，醜類者也。面雖醜而齋戒沐浴，自治潔淨，可以待上帝之祀。言人當自治以仁義，乃爲善也。

〔疏〕「孟子」至「上帝」。○正義曰：此章言貌好行惡，西子冒臭；醜人潔服，供事上帝。明當修飾，惟義爲常也。孟子言西施之女，其貌雖好，然加之不潔巾帽而蒙其頭，則人見之亦必遮掩鼻而過之，更不顧也。如惡人雖曰至醜，然能齋戒沐浴，自潔淨其身，則亦可以供事上帝矣。孟子之意，蓋人能修絜其已，雖神猶享，而况於人乎？然知人修治其已，不可以已也。○注「西子西施」。○正義曰：案《史記》云：西施，越之美女，越王勾踐以獻之吳王夫差，大幸之。每入市，人願見者先輸金錢一文。是西施也。

孟子曰：「天下之言性也，則故而已矣。故者以利爲本。今天下之言性，則以故而已矣。以言其故者，以利爲本耳。若杞柳爲桮棬，非杞柳之性也。所惡於智者，爲其鑿也。惡人欲用智而妄穿鑿，不順物之性而改道以養之。如智者若禹之行水也，則無惡於智矣。禹之行水也，行其所無事也。禹之用智，決江疏河，因水之性，因地之宜，引之就下，行其空虛無事之處。如智者亦行其所無事，則智亦大矣。如用智者不妄改作，但循理，若禹之行水於無事，則爲大智也。天之高也，星辰之遠也，苟求其故，千歲之日至，可坐而致也。」天雖高，星辰雖遠，誠能推求其故常，千歲日至之日，可坐而致也。星辰日月之會。致，至也。知其日至在何日也。

〔疏〕「孟子曰」至「可坐而致也」。○正義曰：此章言能修性守故，天道可知也。「孟子曰天下之言性也則故而已矣故者以利爲本」至「可坐而致也」者，孟子言今夫天下之人有言其性也者，非性之謂也，則事而已矣。蓋故者事也，如所謂故舊、無大故之故同意。以其人生之初，萬理已具於性矣，但由性而行，本乎自然，固不待於有爲則可也，是則爲性矣。今天下之人皆以待於有爲爲性，是行其性也，非本乎自然而爲性者耳，是則爲事矣。事者必以利爲本，是人所行事必擇其利然後行之矣，是謂故者以利爲本矣。我之所以有惡於智者，非謂其智也，爲其不本性之自然之爲智，但穿鑿逆其自然之性而爲智者矣，故曰所惡於智者爲其鑿也。孟子言此，又恐後人因是遂以爲故與智爲不美，所以復爲明言之，故言如爲智者若禹之治水，則我無惡於爲智矣。以其大禹之治行其水也，但因水自然之性引而通之，是行其所無事者也，非逆其水性而行之也。若今之人爲智，但因性之自然而爲智，是亦行其無事耳，而其爲智亦大智者矣。此孟子於此以爲智之美，又非所謂惡之者也。且天之最高者也，星辰最遠者也，然而誠能但推求其故常，雖千歲之後，其日至之日亦可坐而計之也。孟子於此以故爲美，所以又執是而言之耳。以其恐人不知已前所謂則故而已矣爲事之故，遂引天與星辰而言故常之故，於此爲美也。謂人之言性者，但本乎

故常自然之性而爲性，不以妄自穿鑿改作，則身之修亦若天與星辰之故常，而千歲日至之日但可坐而致也。此所以明其前所謂故爲事故之故，終於此云故乃故常之故，蓋故義亦訓常，所謂必循其故之故同。○注「以杞柳爲桮棬」。○正義曰：經之《告子篇》文也。○注「星辰日月之會」。○案孔安國《尚書傳》云：星辰，日月所會也。《書》云「辰弗集于房」是也。

公行子有子之喪，右師往弔，入門，有進而與右師言者，有就右師之位而與右師言者。公行子，齊大夫也。右師，齊之貴臣王驩，字子敖者。○公行之喪，齊卿大夫以君命會，各有位次，故下云朝廷也。與言者，皆謟於貴人也。孟子不與右師言，右師不悅曰：「諸君子皆與驩言，孟子獨不與驩言，是簡驩也。」右師謂孟子簡其無德，故不與言，是以不悅也。孟子聞之，曰：「禮，朝廷不歷位而相與言，不踰階而相揖也。我欲行禮，子敖以我爲簡，不亦

異乎孟子聞子敖之言曰我欲行禮故不歷位而言反以我爲簡異也云以禮者心惡子敖而外順其辭也

疏公行子至不亦異乎○正義曰此章言循理而動不合時人也公行子有子之喪右師往弔人門有進而與右師言者有就右師之位而與右師言者公行子齊國之大夫喪其子故行子之喪王驩字子敖者公行子家而弔慰入公行之門其間有進揖而與右師王驩言者又有就右師王驩之位所而與言者孟子不與右師言至不亦異乎者言孟子獨不與右師言右師見孟子不與之言乃不說而有憤憤之色曰諸君子之衆賢皆與我言獨孟子不與我言是孟子簡畧不禮於我也孟子聞王驩此言乃告之曰不與右師言者乃是禮然也於禮則朝廷之間不歷位所而相與言又不踰越階而相揖我欲行其禮故如是不與之言也子敖今以我爲簡畧而爲不禮是其言不亦乖異於禮乎○注右師齊之貴臣○正義曰古者天子之卿尊者謂之太師卑者謂之少師諸侯之卿尊者謂之左師卑者謂之右師故也

孟子曰君子所以異於人者以其存心也君子以仁存心以禮存心仁者愛人有禮者敬人愛人者人常愛之敬人者人常敬之存在也君子之在心者仁與禮也愛敬施行於人人亦必反報之於己也有人於此其待我以橫逆則君子必自反也我必不仁也必無禮也此物奚宜至哉橫逆者以暴虐之道來加我也君子反自思省謂己仁禮不至也物事也推此人何爲以此事來加於我也其自反而仁矣自反而有禮矣其橫逆由是也君子必自反也我必不忠君子自謂我必不忠自反而忠矣其橫逆由是也君子曰此亦妄人也已矣如此則與禽獸奚擇哉於禽獸又何難焉妄人妄作之人無知者與禽獸何擇異也無異於禽獸又何足難矣是故君子有終身之憂無一朝之患也乃若所憂則有之舜人也我亦人也舜爲法於天下可傳於後世我由未免爲鄉人也是則可憂也君子之憂憂不如堯舜也憂之如何如舜而已矣憂之當如何乎如舜而後可故終身憂也若夫君子所患則亡矣非仁無爲也非禮無行也如有一朝之患則君子不患矣君子之行本自不致患常行仁禮如有一朝橫來之患非己愆也故君子歸天不以爲患也

疏孟子曰至君子不患矣○正義曰此章言君子責己小人不改比之禽獸故不足難也蹈仁行禮不患其患也孟子曰君子所以異於人者至人常敬之者孟子言君子之人所以有別於衆人者以其存心與衆人別也君子之人常以仁道存乎心又以禮存乎心以仁存乎心者是愛人者也有禮存乎心者是敬人者也愛人者人亦常愛之敬人者人亦常敬之蓋人所以亦常愛敬之者抑以施報自然之道也有人於此至又何難焉孟子又託言今有人在此其待我者皆以橫逆暴虐之道而待我則爲君子者必自反責於已也以其是我必不仁又無禮也此所以待我橫逆故曰此物奚宜至哉言此人何爲以此橫逆加我哉是必於我有不仁之心有無禮之行此人所以如是而加我矣其自反而仁矣自反而有禮矣其橫逆加我又由此者君子之人又必自反責其已以爲是我必有不忠之心矣自反既以有忠其橫逆加我者又由此君子之人乃曰此人以橫逆暴虐之道加我是必妄人矣如此爲妄人矣則與禽獸奚擇有異哉既爲禽獸於我又何足責難焉此君子之人又自歸已而不譴彼之罪矣是故君子有終身之憂至君子不患矣者孟子言如此是故君子有終身之憂慮而無一朝之患難乃若君子有所憂慮是亦不爲無焉然而有憂者但憂慮而爲舜帝亦一人也我亦一人也舜帝既爲法於天下可傳之於後世以爲人所取則而我猶尚未免爲鄉俗之人此則君子可憂也既以憂之是如之何憂言憂但慕如舜爲法可傳於後世而止矣然則君子其於有所患則無矣非仁之事既以無爲非禮之事既以不行然而如有一朝之患則君子亦不爲之患矣無他以其非已之有愆過而招之也其所以有患者亦彼之患不足爲我之患也前所謂橫逆待我是必妄人也已於禽獸又何足難焉正此之謂也孟子言之是亦欲人以仁禮存心其有橫逆加已又當反已故無患及耳

禹稷當平世三過其門而不入孔子賢

之顏子當亂世居於陋巷一簞食一瓢飲人不堪其憂顏子不改其樂孔子賢之孟子曰禹稷顏回同道禹思天下有溺者由己溺之也稷思天下有飢者由己飢之也是以如是其急也禹稷顏子易地則皆然當平世三過其門者身爲公卿憂民者也當亂世安陋巷者不用於世窮而樂道者也孟子以爲憂民之道同用與不用之宜若是也故孔子俱賢之禹稷急民之難若是顏子與之易地其心皆然不在其位故勞佚異今有同室之人鬭者救之雖被髮纓冠而救之可也鄉鄰有鬭者被髮纓冠而往救之則惑也雖閉戶可也纓冠者以冠纓貫頭也鄉鄰同鄉也同室相救是其理也喻禹稷走赴鄉鄰非其事顏子所以閉戶而高枕也〔疏〕禹稷當平世至可也○正義曰此章言顏子之心有同禹稷者也禹稷當平世至易地則皆然者孟子言大禹與后稷皆當平治之世急於爲民三過家門而不入其室孔子皆以爲賢故尊賢之顏淵當危亂之世不得其用居處於隘陋之巷但以一簞盛其食一瓢盛其飲而飲食之時人皆不堪忍此之憂顏淵獨樂於道而不改此憂孔子亦以爲賢孟子乃至於此乃自曰禹稷顏回三人其道則同耳以其大禹於是時思念天下有因洪水而沉溺也后稷於是時思念天下有因水土未平而被飢餓之者亦如己被其飢餓也是以三過家門而不入其室而爲民如是之急也禹稷與顏子更易其地則皆能如是謂顏子在禹稷之世亦能如禹稷如是爲民之急禹稷在顏子之世亦能不改其樂是則爲同道者也若其有異但時之一平一亂矣今有同室之人至可也者孟子又以此言比喻之謂禹稷爲民如是之急若今有同室之人有鬭爭之者救勸之者雖被髮而纓冠於頭而救勸之可也無它以其人情於同居是爲親者也如有爭鬭而不救勸之是疎其親也禹稷當平世既達而在上亦急於爲民也如不急於民是在上位而不恤民者也孟子固以同室之人救鬭爲喻顏子在陋巷而不改其樂若今有同鄉之人有爭鬭者如被散其髮而纓冠於頭而救勸之則爲惑者矣雖閉戶而勿救之可也無它以其鄉鄰於己爲疎非親也如往救之是親其疎矣顏子當危亂之世既窮而

不得用亦宜處陋巷而不改其樂耳如改其樂是媚於世而非賢者也孟子故以鄉鄰之人不救爲喻由此推之則孟子爲禹稷顏回同道是其不誣於後世也孔子曰賢哉回也是孔子賢顏回之謂也又曰禹吾無間然矣是孔子賢禹之謂也南宮适曰禹稷躬稼而有天下子曰君子哉若人尚德哉若人以此觀之孔子美南宮适云及此二人者如此是知孔子有賢於禹稷也抑亦是孔子賢稷之謂也然而三過其門則主乎禹今孟子則兼稷言之何也曰孔子言躬稼其亦主於稷而乃兼禹言之以禹之治水非暨稷之播殖則無以奏艱食非得禹之平水土則無以爲躬稼是二者未嘗不相待爲用耳孔孟交言之是亦一道也蓋躬稼而有天下雖出乎南宮适之言然孔子美之者亦孔子之言也故云孔子言也

公都子曰匡章通國皆稱不孝焉夫子與之遊又從而禮貌之敢問何也匡章齊人也一國皆稱不孝問孟子何爲與之遊又禮之以顏色喜悅之貌也孟子曰世俗所謂不孝者五惰其四支不顧父母之養一不孝也博弈好飲酒不顧父母之養二不孝也好貨財私妻子不顧父母之養三不孝也從耳目之欲以爲父母戮四不孝也好勇鬭很以危父母五不孝也章子有一於是乎惰懶不作極耳目之欲以陷罪戮及父母凡此五者人所謂不孝之行章子豈有一事於此五不孝中也夫章子子父責善而不相遇也責善朋友之道也父子責善賊恩之大者遇得也章子子父親教相責以善不能相得父逐之也朋友切磋乃當責善耳父子相責以善賊恩之大者也夫章子豈不欲有夫妻子母之屬哉爲得罪於父不得近出妻屏子終身不養焉夫章子豈不欲身有夫妻之配子有子母之屬哉但以身得罪於父不得近父故出去其妻屏遠其子終身不爲妻子所養也其設心以爲不若是是則罪之大

者是則章子已矣章子張設其心執持此屏妻子之意以爲得罪於父而不若是以自責罰是則罪益大矣。疏公都子曰至則章子而已矣。正義曰此章言匡章得罪出妻屏子上不得養下以責己衆人以爲不孝孟子以爲禮貌之者也公都子曰匡章通國皆稱不孝焉至敢問何也者公都子謂孟子曰匡章子徧國人皆稱爲不孝者焉夫子乃與之遊又從而敬悅之敢問夫子是如之何孟子曰世俗所謂不孝者五至於是乎孟子答公都子曰世俗之人所謂爲不孝之行有五怠惰其四支不作事業而不顧父母之所養爲一不孝也博弈好飲酒而不顧父母之所養爲二不孝也好貨財私愛妻子而不顧父母之所養爲三不孝也縱其耳目之所欲陷於其罪以辱及父母是四不孝也好勇暴好爭鬬好頑很以驚危父母是五不孝也章子豈有一事於此五不孝乎夫章子子父責善而不相遇也責善朋友之道也父子責善賊恩之大者孟子言章子但失於父子責善不相遇也不遇者是不相得也其所以相責於善乃朋友切磋琢磨之道也如父子相責善是賊害其父子之恩大者矣夫章子豈不欲有夫妻子母之屬哉至是則章子而已矣孟子又言夫章子與父子不相遇而離之豈以章子不欲有夫妻子母之爲親屬哉爲其得罪於父不得近焉故用出去其妻屏逐其子終身不爲妻子所養也其章子如或開設於心爲不若是離之父故出妻屏子是陷父於不義之罪者矣是則罪之莫大者矣是則章子之行以此而已我何可絕而不與之邪以此論之則章子之過過於厚者矣宜孟子與之遊又從而禮貌之也蓋謂不顧父母之養者是有逆於父母而不順父母之意耳孝經云父有爭子則身不陷於不義禮云與其得罪於州閭鄉黨寧熟諫然則父有不義雖熟諫以爭之可也又安可以朋友責善施於父子之間哉故章子所以離之遂用出妻屏子爲其父有不義而不可言耳

曾子居武城有越寇或曰寇至盍去諸盍何不也曾子居武城有越寇將來人曰寇方至何不去之曰無寓人於我室毀傷其薪木寇退則曰脩我牆屋我將反寓寄也曾子欲去戒其守人曰無寄人於我室恐其傷我薪草樹木也寇退則曰治牆屋之壞者我將來反寇退曾子反左右曰待先生如此其忠且敬也寇至則先去以爲民望寇退則反殆於

不可左右相與非議曾子者言武城邑大夫敬曾子武城人爲曾子忠謀勸使避寇君臣忠敬如此而先生寇至則先去使百姓瞻望而效之寇退安寧則復來還殆不可如是怪曾子何以行之也沈猶行曰是非汝所知也昔沈猶有負芻之禍從先生者七十人未有與焉沈猶行曾子弟子也行謂左右之人曰先生之行非汝所能知也先生曾子也往者先生嘗從門徒七十人舍吾沈猶氏時有作亂者曰負芻來攻沈猶氏先生率弟子去之不與其難言賓師不與臣同耳子思居於衛有齊寇或曰寇至盍去諸子思曰如伋去君誰與守伋子思名也子思欲助衛君赴難孟子曰曾子子思同道曾子師也父兄也子思臣也微也曾子子思易地則皆然孟子以爲二人同道曾子爲武城人作師則其父兄故去留無毀子思微少也又爲臣委質爲臣當死難故不去也子思與曾子易地皆然疏曾子居武城至易地則皆然。正義曰此章言曾子子思處義非謬者也曾子居武城有越寇或曰寇至盍去諸者孟子言曾子嘗居於武城之邑有南越寇賊興或人告之曰寇賊來何不去之曰無寓人於我室毀傷其薪木寇退則曰修我牆屋我將反者言曾子欲去乃戒其所守之人曰無寓人於我此室而毀傷我薪木寇賊既退則曰修我牆屋我將反居此寇退曾子反左右曰待先生如此其忠且敬也至殆於不可者言寇賊已退曾子於是乎反居此也左右之大夫皆曰待先生如此其忠而不敢慢也寇賊至則先去以使民瞻望而效之寇退平靜則反其居殆不可如是也。猶行曰至未有與焉者言沈猶行荅左右之人曰先生之去非汝所能知者也往日沈猶有寇賊自負其芻草來攻我室隨從先生者有七十人言曾子率弟子而去之故未有與及此難也故得免其禍焉先生曾子也子思居於衛有齊寇至君誰與守者孟子又言子思居於衛邑有齊國之寇賊興或人告之曰寇賊來何不去之子思乃自稱名荅或人曰如使伋見其寇賊至則去之衛君則誰與爲守護伋子思名也孟子曰曾子子思同道至易地則皆然孟子引至於此乃曰曾子子思二人其道則同也以其曾子居於武城則師之道也如人之父兄也則去留人不可毀無它其以無所拘也子思居於衛則臣之道也其勢則

微小也當赴君之難不可去也無它以其有所拘也雖然二人如更易其地則皆能如是也謂子思居於曾子之所而爲之師亦未必不能如曾子去留無所拘也曾子居於子思之所而爲之臣亦未必不能如子思赴君之難而不去也故曰曾子子思同道○案史記弟子傳曾子名參字子輿武城人少孔子四十六歲孔子以爲能通孝道故授之業作孝經死於魯國○注伋子思名也○正義曰案世家云子思名伋字子思伯魚之子孔子之孫也六十二嘗困於宋子思作中庸沒於衛

儲子曰王使人瞯夫子果有以異於人乎儲子齊人也瞯視也果能也謂孟子曰王言賢者身貌必當有異故使人視夫子能有異於衆人之容乎孟子曰何以異於人哉堯舜與人同耳人生同受法於天地之形我當何以異於人哉且堯舜之貌與凡人同耳其所以異乃以仁義之道在於內也

疏儲子至同耳○正義曰此章言人以道殊賢愚體別也儲子謂孟子曰齊王使人視夫子能有以異別於衆人乎以其齊王必謂孟子之賢貌狀須有異於人也孟子荅之曰我何以有別異於衆人哉雖堯舜之盛帝亦與人同其貌狀耳但其所以有異於衆人者特以仁義之道與人異耳孟子言此則知齊王是爲不達者也蓋古之人善觀人者不索人於形骸之外而索之於形骸之內今齊王乃索孟子於形骸之外宜其過也○注儲子齊人也○正義曰蓋亦因經而爲言之也故孟子仕於齊今此乃曰王使人來者是知爲齊人

齊人有一妻一妾而處室者其良人出則必饜酒肉而後反其妻問所與飲食者則盡富貴也良人夫也盡富貴者夫詐言其姓名也其妻告其妾曰良人出則必饜酒肉而後反問其與飲食者盡富貴也而未嘗有顯者來吾將瞯良人之所之也妻疑其詐故欲視其所之蚤起施從良人之所之徧國中無與立談者卒之東郭墦間之祭者乞其餘不足又顧而之他此其爲饜足之道也施者邪施而行不欲使良人覺也墦間郭外冢間也乞其祭者所餘酒肉也其妻歸告其妾曰良人者所仰望而終身也今若此與其妾訕其良人而相泣於中庭妻妾於中庭悲傷其良人相對涕泣而謗毀之而良人未之知也施施從外來驕其妻妾施施猶扁扁喜悅之貌以爲妻妾不知如故驕之也由君子觀之則人之所以求富貴利達者其妻妾不羞也而不相泣者幾希矣由用也用君子之道觀之今求富貴者皆以枉曲之道昏夜乞哀而求之以驕人於白日此良人爲妻妾所羞而泣傷也幾希者言今苟求富貴妻妾雖不羞泣者與此良人妻妾何異也

疏齊人至幾希矣○正義曰此章言小人苟得妻妾猶羞也齊人有一妻一妾至幾希矣者孟子託此以譏時人苟貪富貴而驕人者也言齊國中人有一妻一妾者而居處於室其良人出外則必饜飽酒肉而後歸其妻問所與飲食酒肉者良人則盡以爲富貴者與之也其妻遂告其妾曰良人出門則必饜飽酒肉而後歸問其所與者良人皆以爲富貴者與之也而未嘗見有富貴顯達者來家中我將視其良人所往妻疑之故欲視其所往也明日蚤起乃邪施其身微從良人之所往徧盡一國之中無有與良人立談話者終往齊國東郭之處有冢間之祭者良人乃就乞其餘祭之酒肉不飽饜又顧視而求之於他人以此遂爲饜足之道其妻乃先歸告其妾曰良人者所仰望而終身者也今乃若此而乞之祭者爲饜足遂與其妾共訕良人而相對涕泣於中庭之間而良人未之知其妻妾非訕其已又施施然喜悅從外來歸復驕泰其妻妾孟子引至此乃曰由此齊人觀之則今之人所以諂求富貴利達者其妻與妾而不羞恥不相對涕泣於中庭者幾希矣言其少也皆若此齊人耳蓋孟子之言每每及此者所以救時之弊不得不如已矣

孟子注疏解經卷第八下

南昌縣知縣陳煦栞

孟子注疏卷八下校勘記　阮元撰盧宣旬摘録

章指言廉惠勇人之高行也喪此三名則韓本考文古本作列士病諸故設斯科以進能者也

逢蒙按逢字从夆逢蒙逢伯陵逢丑父逢公皆薄紅反東轉爲江乃薄江反德公士元非有二字也宋人廣韻改字作逢薄江切殊謬孟子音義同謬不可不正逢蒙古書作蠭蒙則其字不當从夆可知矣

有窮后羿閩監毛三本韓本足利本同孔本考文古本窮作竆

曰小人學射於尹公之他考文古本他下有曰字

假使如子濯孺子之得尹公之他閩本廖本孔本韓本同監毛本脫上之字

何由有逢蒙之禍乎閩監毛三本同廖本孔本韓本考文古本無乎字

章指言求交取友必得其人得善以全考文古本作金養足利本無此字凶獲患是故子濯濟難夷羿以殘可以鑒也

殺之而烹之補案殺之之字衍

子曰射爲背師閩監本同毛本子下增魚字

而蒙其頭面閩監毛三本同廖本孔本韓本考文古本面作也

皆自掩鼻閩監毛三本同廖本孔本韓本考文古本無自字

自治絜淨凡絜作潔者俗也古書祇用絜

章指言貌好行惡西子蒙臭孔本考文引古本蒙作冒韓本同臭作鼻非也醜人絜服供事上帝明當修飾惟義爲常也

今天下之言性則以故而已矣以言其故者以利爲本耳閩監毛三本同廖本孔本韓本考文古本作言天下萬物之情性當順其故則利之也改戾其性則失其利矣

若杞柳爲桮棬閩監毛三本同廖本孔本韓本考文古本杞上有以字

但循理若禹之行水於無事閩監毛三本同廖本孔本韓本考文古本作作事循理若禹行水於無事之處

誠能推求其故常閩監毛三本同廖本孔本韓本考文古本下有之行二字

可坐而致也閩監毛三本同廖本孔本韓本考文古本作可坐知也

章指言能修性守故天道可知妄智改常必與道乖性命之指也

齊之賢臣閩監毛三本同宋本孔本韓本考文古本無之字

字子敖者閩監毛三本同廖本孔本韓本考文古本無者字

反以我爲簡異也閩監毛三本同宋本孔本韓本異作易按易是也

章指言循理孔本考文引古本作禮而動不合時人阿意事貴脅肩所尊俗之情也是以萬物皆流而金石獨止

人常愛之補諸本常皆作恒下常敬同

人亦必反報之於己也閩監毛三本同宋本作人亦必反之己也孔本韓本考文古本作人必反之己也足利本無之字

來加於我也閩監毛三本同廖本孔本韓本考文古本作來加我

無知者閩監毛三本孔本同韓本上有謂字足利本上有爲字

又何足難矣閩監毛三本同廖本孔本韓本考文古本作也

憂之當如何乎閩監毛三本同廖本孔本韓本考文古本如下有之字

常行仁禮閩監毛三本同廖本孔本韓本考文古本禮上有行字

章指言君子責己小人不改比之禽獸孔本韓本衍故字不足難矣蹈仁行禮不患其患惟不若舜可以憂也

當平世三過其門者按此段注宋本廖本孔本韓本俱分兩段自此至故孔子俱賢之在經文禹稷顏回同道下

憂民者也閩監毛三本同宋本孔本韓本考文古本者作急

窮而樂道者也閩監毛三本同宋本孔本韓本考文古本無者字

其心皆然閩監毛三本同宋本孔本韓本考文古本皆作亦

故勞佚異閩監毛三本同宋本無故字廖本下有矣字孔本韓本考文古本作勞佚異矣

雖被髮纓冠而救之考文古本而下有往字

走赴鄉鄰閩監毛三本同宋本孔本韓本考文古本鄰作人

顏子所以閉戶閩監毛三本同廖本孔本韓本考文古本閉作閟

章指言上賢之士得聖一概顏子之心有同禹稷時行則行時止則止失其節則惑矣

則孟子爲禹稷顏回同道也補案爲字監毛本並作謂是

惰懈不作閩監毛三本同廖本孔本韓本懈作解按音義出惰解案懈正字解假借字

豈有一事於此閩監毛三本同廖本孔本韓本此作是

賊恩之大者也閩監毛三本同宋本孔本韓本考文古本無者字

子有子母之屬哉閩監毛三本同孔本韓本考文古本子母作母子

執持此屏妻子之意閩監毛三本同廖本孔本韓本考文古本屏下有出字

以爲得罪於父閩監毛三本同廖本孔本韓本考文古本得上有人字

而不若是以自責罰宋本罰作罸

是則罪益大矣閩監毛三本同廖本孔本韓本考文古本下有是章子之行已矣何爲不可與言十三字○按有者是

章指言匡章得罪出妻屏子上不得養下以責己衆曰不孝其實則否是以孟子禮貌之也

徧國人皆稱爲不孝者焉人字缺閩監毛三本如此

父有爭而閩監毛三本而改子是也

猶行曰補案猶上當有沈字

言賓師不與臣同耳閩監毛三本同廖本無耳字宋本孔本韓本考文古本作言師賓不與臣同

易地皆然閩監毛三本同宋本孔本韓本考文古本地皆作處同廖本皆作同

章指言臣當營君師有餘裕二人處義非殊者也是故孟子紀之謂得其同足利本作宜

王使人瞯夫子宋九經本岳本咸淳衢州本孔本韓本考文古本同監毛二本瞯作瞷閩本注作瞷此經作瞯門字中缺蓋初刻作瞷欲改作瞯剜去而未修板也○按音義出瞯夫作瞯蓋此正與滕文公篇陽貨瞯孔子同字音瞯譌爲瞷而以古莧切之非也下章同

與凡人同耳閩監毛三本岳本孔本韓本同宋本考文古本無人字

章指言人以道殊賢愚體別頭員足方善惡如一儲子之足利本無此字言齊王之不達也

以爲妻妾不知閩監毛三本孔本韓本同宋本考文古本以作也山井鼎云屬上

用君子之道觀之閩監毛三本同宋本孔本韓本考文古本無下之字

此良人爲妻妾所羞而泣傷也閩監毛三本同廖本孔本韓本考文古本上有由字而字作爲所二字

章指言小人苟得謂不見知君子觀之與正道乖妻妾猶羞況於國人著以爲戒恥之甚焉

孟子注疏卷八下校勘記

峯新趙儀吉按

孟子注疏解經卷第九上

萬章章句上　凡九章

孫奭疏

趙氏注　萬章者萬姓章名孟子弟子也萬章問舜孝猶論語顔淵問仁因以題其篇也。

【疏】正義曰前篇論離婁之明此篇論萬章問孝蓋以明者當明其行而行莫大於爲孝今萬章問孝故以萬章爲此篇之題以次於前篇矣此篇凡十八章趙氏分爲上下卷據此上卷凡有九章而已一章言孝爲百行之本無物以先之雖富有天下而不能取悅其父母也二章言仁聖所存者大舍小從大達權之義不告而娶守正道也三章言仁人之心四章言孝莫大於嚴父行莫大於烝烝五章言德合於天則天爵歸之行歸於仁則天下與之六章言義於人則四海宅心守正不足則聖位莫保者也七章言賢達之理世務推政以濟時物守已直行不枉道以取容八章言君子大居正位以禮進退屈伸達節不違貞信九章言君子時行則行時舍則舍故能顯君明道不爲苟合其餘九章分在下卷各有說焉○注萬章至篇也○正義曰萬章孟子弟子已說在敘段云論語顔淵問仁者蓋論語第十二篇首顔淵問爲仁孔子曰克己復禮爲仁因以顔淵目其篇蓋其文也孟子於此則而象之爾

萬章問曰舜往于田號泣于旻天何爲其號泣也問舜往至于田何爲號泣也謂耕于歷山之時然也孟子曰怨慕也言舜自怨遭父母見惡之厄而思慕也萬章曰父母愛之喜而不忘父母惡之勞而不怨然則舜怨乎言孝法當不怨如是舜何故怨曰長息問於公明高曰舜往于田則吾既得聞命矣號泣于旻天于父母則吾不知也公明高曰是非爾所知也長息公明高弟子公明高曾子弟子旻天秋天也閔陰氣也故訴于旻天高非息之問不得其義故曰非爾所知也已夫公明高以孝子之心爲不若是恝。恝無愁之貌孟子以萬章之問難自距之故爲言高息之問對如此夫公明高以爲孝子不得意於父母自當怨悲豈可恝恝然無憂哉因以萬章具陳其意邪。我竭力耕田共爲子職而已矣父母之不我愛於我何哉我共人子之事而父母不我愛於我之身獨有何罪哉自求責於已而悲感焉帝使其子九男二女百官牛羊倉廩備以事舜於畎畝之中帝堯也堯使九子事舜以爲師以二女妻舜百官致牛羊倉廩致粟米之饍備具饋禮以奉事舜於畎畝之中由是遂賜舜以倉廩牛羊使得自有之堯典曰釐降二女不見九男孟子時尚書凡百二十篇逸書有舜典之敘亡失其文孟子諸所言舜事皆堯典及逸書所載獨丹朱以胤嗣之子臣下以距堯求禪其餘八庶無事故不見於堯典猶晉獻公之子九人五人以事見於春秋其餘四子亦不復見於經。天下之士多就之者帝將胥天下而遷之焉爲不順於父母如窮人無所歸天下之善士多就舜而悅之胥須也堯須天下悉治將遷位而禪之順愛也爲不愛於父母其爲憂愁若困窮之人無所歸往也天下之士悅之

人之所欲也欲貪也而不足以解憂好色人之所欲妻帝之二女而不足以解憂富人之所欲富有天下而不足以解憂貴人之所欲貴爲天子而不足以解憂人悅之好色富貴無足以解憂者惟順於父母可以解憂言爲人所悅將見禪爲天子皆不足以解憂獨見愛於父母爲可以解已之憂人少則慕父母知好色則慕少艾有妻子則慕妻子仕則慕君不得於君則熱中慕思慕也人少年少也艾美好也不得於君失意於君也熱中心熱恐懼也是乃人之情大孝終身慕父母五十而慕者予於大舜見之矣大孝之人終身慕父母若老萊子七十而慕衣五綵之衣爲嬰兒匍匐於父母前也我於大舜見五十而尚慕父母書曰舜生三十徵庸三十在位

在位時尚慕故言五十也【疏】萬章問舜往于田至亍於大舜見之矣○正義曰此章言大孝百行之本無物以先之雖富有天下而不能取悅於父母也萬章問曰舜往于田號泣于旻天何爲其號泣也者萬章問孟子謂舜往耕于田乃號泣于旻天是何爲其號泣於此也旻天秋天之號也以其情主乎閔也爾雅曰秋曰旻天是也孟子曰怨慕也孟子荅之曰舜所以號泣于田者自怨遭父母之惡而思慕之也萬章曰父母愛之至怨乎萬章又曰父母以慈愛愛息其子子則當喜悅而不敢忘其父母之所愛父母惡之其子亦當勤勞奉事之而不可怨恨父母今舜若是則舜誠有怨恨父母乎曰長息問於公明高至是非爾所知也孟子難以自爲言拒之乃託以長息問公明高之言而荅也言長息常問公明高曰舜往于田則我既以得聞教命矣號泣于旻天則我不能知也故問之公明高乃荅之曰此非爾所能知者也以其所問不得其義故荅之此也夫公明高以孝子之心爲不若是恝至於我何哉者孟子又言夫公明高以謂孝子之心有不得意於父母爲不若此恝恝然而無憂也以其有不得父母意故有是怨也其舜必謂我竭盡其力而耕作田業以供爲子之事以奉養父母而父母今反不我愛恤誠於我有何罪哉故自求責於己而號泣怨慕也帝使其子九男二女

孟子於大舜見之矣孟子至此乃繼其言而荅萬章言舜堯帝使其子九男與二女兼百官及牛羊倉廩皆備且以事舜於畎畝之中天下之善士多就歸舜而悅之者堯帝又將須以天下而遷位讓之其舜尚以有不得愛於父母其亦憂愁若窮困苦極之人無所歸告者矣且天下之善士悅而就之是人之所皆欲也而尚不足以解舜之憂好色之女是人之所皆欲者也妻以堯帝之二女而尚亦不足以解舜之憂富是人之所皆欲者也而堯以百官牛羊倉廩備以事之而尚亦不足以解舜之憂貴是人之所皆欲者也而堯將以天下遷而讓之而爲天子尚亦更不足以解其憂凡以人悅之好色富貴此數者皆無足以解舜之憂惟得於父母然後可以解其憂夫人少小之時則知思慕父母及長知好其女色則思慕其少艾有妻子則思慕其妻子至於爲仕則思慕其君如不得遇於君則熱中心而恐懼之也是則人之常情如此如爲大孝者則終身思慕父母而不忘也然則孟子言至於五十之歲者而思慕父母而不敢忘者我於大舜見之矣故歷以此荅其萬章之問○注耕于歷山○正義曰上卷首章已詳矣○注堯典至不復見○正義曰云堯典曰釐降二女不見九男惟丹朱胤嗣之子臣下以距堯求禪其餘八庶無事故不見二女即娥皇女英是也案尚書堯典放齊曰胤

子朱啟明帝曰吁嚚訟可乎孔安國云胤國名子爵朱胤子之名也益稷云無若丹朱傲孔注云丹朱堯之子是堯九子但見丹朱一人矣其餘八子亦未詳以其經傳無見爲云如晉獻公九人以事見於春秋餘四子亦不所見者按魯莊公二十八年左傳云晉獻公娶于賈無子烝於齊姜生秦穆夫人及大子申生又娶二女於戎大戎生重耳小戎子生夷吾晉伐驪戎驪戎男女以驪姬歸生奚齊其娣生卓子凡此九人但見其此即此五人是也云獻公有九人按史記世家云獻公有子九人而大子申生重耳夷吾皆有賢行以此則知獻公有子九人而已其餘四者亦以經傳無見焉○注慕思慕至人之情正義曰云少年少也艾美好也者蓋世之傳孟子者以少女爲少艾也按說文云艾老也長也又按禮記云五十曰艾是則艾誠老長之稱也謂之少艾亦可乎是則云艾美好也者又不知何據爲之說也殆亦未可知○注老萊子七十而慕至書曰舜生三十徵庸三十在位正義曰云老萊子者按高士傳云老萊子楚人少以孝行養親極甘脆年七十父母猶存萊子服荆蘭之衣爲嬰兒戲親前言不稱老爲親取食上堂足跌而偃因爲嬰兒啼誠至發中楚室方亂乃隱耕於蒙山之陽著書號萊子莫知所終又云老萊著五綵五色斑斕之衣出列女傳文今不載

萬章問曰詩云娶妻如之何必告父母信斯言也宜莫如舜舜之不告而娶何也詩齊風。南山之篇言娶妻之禮必告父母舜合信此詩之言何爲違禮不告而娶也孟子曰告則不得娶男女居室人之大倫也如告則廢人之大倫以懟父母是以不告也舜父頑母嚚常欲害舜告則不聽其娶是廢人之大倫以怨懟於父母也萬章曰舜之不告而娶則吾既得聞命矣帝之妻舜而不告何也禮娶須五禮父母先荅以辭是相告也帝謂堯何不告舜父母曰帝亦知告焉則不得妻也帝堯知舜大孝父母止之舜不敢違則不得妻之故亦不告也萬章曰父母使舜完廩捐階瞽瞍焚廩使浚井出從而揜之完治廩倉階梯也使舜登廩屋而捐去其階焚燒其廩也一說捐階舜即旋從階下瞽瞍不知其已下故焚廩也使舜浚井舜入而即出瞽瞍不知其已出從而蓋揜其井以爲舜死矣象曰謨蓋都君咸我績象舜異母弟也謨謀蓋覆也都於也君舜也舜有牛羊倉廩之奉故謂之君咸皆績功也象言謀覆於君而殺之者皆我之功欲與父母分舜之有取其善者故引爲己之功也牛羊父母倉廩父母欲以牛羊倉廩與其父母干戈朕琴朕弤朕二嫂使治朕棲干楯戈戟也琴舜所彈五絃琴也弤彫弓也天子曰彫弓堯禪舜天下故賜之彫弓也棲牀也二嫂娥皇女英使治牀欲以爲妻也象往入舜宮舜在牀琴象曰鬱陶思君爾忸怩象見舜生在牀鼓琴愕然反辭曰我鬱陶思君故來爾辭也忸怩而慙是其情也舜曰惟茲臣庶汝其于予治茲此也象素憎舜不至其宮也故舜見來而喜曰惟念此臣衆汝故助我治事不識舜不知象之將殺己與萬章言我不知舜不知象之將殺己與何爲好言順辭以荅象也曰奚而不知也象憂亦憂象喜亦喜奚何也孟子曰舜何爲不知象惡己也仁人愛其弟憂喜隨之象方言思君故以順辭荅之曰然則舜僞喜者與詐僞也萬章言如是則爲舜行至誠而詐喜以悅人矣曰否昔者有饋生魚於鄭子產子產使校人畜之池校人烹之反命曰始舍之圉圉焉少則洋洋焉攸然而逝子產曰得其所哉得其所哉孟子言否云舜不詐喜也因爲說子產以喻之子產鄭子國之子公孫僑大賢人也校人主池沼小吏也圉圉魚在水羸劣之貌洋洋舒緩搖尾之貌攸然迅走水趣深處也故曰得其所哉再言之者嘉得魚之志也校人出曰孰謂子產智予既烹而食之曰得其所哉得其所哉故君子可欺以其方難罔以非其道彼以愛兄之道來故誠信而喜之奚僞焉方類也君子可以事類欺故子產不知校人之食其魚象以其愛兄之道來問舜是亦其類也故誠信之而喜何爲僞喜也

疏「萬章問曰」至「奚僞焉」。○正義曰：此章言仁聖所存者大，舍小從大，達權之義，不告而娶，守正道也。「萬章問曰」至「何也」者，萬章問孟子言齊風南山之詩有云「娶妻如之何？必告父母」，如信此詩之言，宜莫如舜信之，今舜乃不告父母而娶，是如之何也？「孟子曰」至「是以不告也」，孟子荅之曰：舜如告父母，則不得娶之也。男女居室，是人之大倫者也，如告之，則舜必不得娶也，不得娶，是廢人之大倫，以致怨懟於父母也，是以舜爲此所以不告而娶也。「萬章曰」至「何也」者，萬章又問孟子言舜之不告而娶，則我既已得聞教命矣，然堯帝而以二女妻於舜，而不告舜父母，是如之何也？故以此問之。妻者，以女嫁人謂之妻也。「曰帝亦知告焉則不得妻也」，孟子又荅之曰：帝堯亦知告舜父母，則舜父母止之，則不得以妻之也。「萬章曰」至「不知象之將殺己與」，萬章又問孟子言舜之父母使舜完治倉廩，舜既登倉廩，即捐梯而下，瞽瞍不知已下，乃焚廩，欲因此以燒殺其舜；又使舜浚浚其井，舜既浚井，即反出之，瞽瞍不知已出，又欲從而掩之，以溺殺其舜。其舜有弟名象，乃曰謀揜蓋而殺都君者，皆我之功也。都君，即象稱舜也。然謂之都君者，蓋以舜在側微之時，漁雷澤，一年所居成聚，二年成邑，三年成都，故以此遂因爲之都君矣。注曰「都，於也」，其說亦通。又曰牛羊與父母，倉廩與父母，干戈留我，琴亦留我，弤亦留我，二嫂使治我之牀，以爲我妻，欲與父母分此，故先設言爲謨蓋都君者，咸我績耳。於是象遂往入舜之宮，遇舜又在牀而鼓五絃之琴，愕然反其辭曰：我氣閉積思意君，故來此。遂忸怩其顏，而乃慙恥形於面容也，以其恐舜知已謀其二嫂故也。「舜曰惟茲臣庶，汝其于予治」，是舜見象素不來至其宮，遂見至宮，乃曰念此臣之衆，汝其來助我治耳。如此，故萬章乃問孟子言舜帝不知其弟象之將欲殺其已與，故以此好言而荅其象也。「曰奚而不知也，象憂亦憂，象喜亦喜」，孟子又言舜何爲而不知象謀殺已也，以其仁人愛其弟，故象憂亦憂，象喜亦喜，故以好言荅之也。「曰然則舜僞爲喜以悅人者與」，「曰否」至「奚僞焉」，孟子又荅之曰：舜非僞喜以悅人者矣。又引以子產有饋生魚事而證之，言往者有人饋賜生魚於鄭之子產，子產受之，乃使主池沼之吏曰校人者畜養於池，校人烹煮而食之，遂反歸命告於子產曰：我始初放之於池，則魚尚羸之，圉圉然於水而未遊，少頃則洋洋然舒緩搖尾而走趣於深處。子產信之以爲然，乃曰此魚是得其所養哉，故重言之，乃嘆魚之得志於水甚快然也。其校人乃出而與人曰：誰謂子產爲智者有知於人？予既烹煮而食其魚，子產乃曰得其所哉，得其所哉。

如此孟子故於此言故君子者可欺僞以其方類難誣罔全以非其道也彼象謂以鬱陶思君是以愛兄之道來至於宫是以但欺以其方類也故舜遂必以誠深信之而喜其來故以好辭荅之矣何爲以舜爲僞喜者焉言舜不僞也亦若按人欺子產之謂故子產亦必曰得其所哉得其所哉耳所謂方類者以其在疑似之間故也○注完治至爲死矣○正義曰云捐去其階焚舜之說不若旋階之說通也按史記云瞽瞍欲殺舜使舜上塗廩瞽瞍從下縱火焚廩舜乃以兩笠自扞而下去得不死後瞽瞍又使舜穿井爲匿空旁出舜既入深瞽瞍與象共下土實井舜從匿空旁出去瞽瞍與象喜以爲舜死矣象曰本謀者象之謀也象於是與父母分於是曰舜妻堯二女與琴象取之牛羊倉廩事父母象乃止舜宫居鼓其琴舜往見之象愕不懌曰我思舜正鬱陶舜曰然爾其庶舜復事瞽瞍愛弟彌謹凡此亦其事也以史記觀之則捐階之說是此之文也大抵學者不可執此以爲深然也當以意喻默然有自判之論可矣○注干楯戈戟也至妻也○正義曰云干楯也者按孔安國云干楯也周禮掌五兵五楯鄭玄五楯干櫓之屬云戈戟也者禮圖云戈今之勾戟或謂之雞鳴或之擁頸內謂胡以內接柲者也長四寸胡六寸疏云胡子橫插微邪向上不勾不勾似磬之折殺也又云戟今之三鋒戟也内長四寸半胡長六寸以其與戈相類故云戈戟也論其則別矣云彤弓天子之弓者彤弓漆赤弓也尚書云彤弓一彤矢百孔安國云諸侯有大功賜弓矢然後專征伐彤弓所以講德習射藏示子孫周禮司弓云天子之弓合九而成規諸侯之弓合七而成規大夫合五而成規士合三而成規是其等也云五絃琴者史記云舜彈五絃之琴是矣云棲床者蓋取類於禽棲故也以其床則主木而言棲則主棲而言二女即娥皇女英是也○注鄭子國之子公孫僑者○正義曰按左傳云子產穆公之孫公子發之子名僑公子之子曰公孫襄三十年執鄭國之政爲鄭大夫公子發字子國公孫之子以王父字爲氏據後而言故稱爲國僑

萬章問曰象日以殺舜爲事立爲天子則放之何也怪舜放之何故孟子曰封之也或曰放焉舜封象於有庳或有人以爲放之萬章曰舜流共工于幽州放驩兜于崇山殺三苗于三危殛鯀于羽山四罪而天下咸服誅不仁也象至不仁封之有庳有庳之人奚罪焉仁人固如是乎在他人則誅之在弟則封之舜誅四佞以其惡也象惡亦甚而封之仁人用心當如是乎罪在他人當誅之在弟則封之曰仁人之於弟也不藏怒焉不宿怨焉親愛之而已矣親之欲其貴也愛之欲其富也封之有庳富貴之也身爲天子弟爲匹夫可謂親愛之乎孟子言仁人於弟不問善惡親愛之而已封者欲使富貴耳身既已爲天子弟雖不仁豈可爲匹夫敢問或曰放者何謂也萬章問放之意曰象不得有爲於其國天子使吏治其國而納其貢稅焉故謂之放豈得暴彼民哉象不得施教於其國天子使吏代其治而納貢賦與之比諸見放也有庳雖不得賢君象亦不侵其民也雖然欲常常而見之故源源而來不及貢以政接于有庳雖不使象得豫政事舜以兄弟之恩欲常常見之無已故源源而來如流水之與源通不及貢者不待朝貢諸侯常禮乃來也其間歲歲自至京師謂若天子以政事接見有庳之君者實親親之恩也此之謂也此常常以下皆尚書逸篇之辭孟子以告萬章言此乃象之謂也

【疏】萬章問曰至此之謂也○正義曰此章言仁人之心如是也萬章問曰象日以殺舜爲事立爲天子則放之何也者萬章問孟子以謂象日日以謀殺舜爲事然舜既立爲天子則放象而不誅如之何孟子曰封之也或曰放焉孟子荅之曰是封象也或人言放焉萬章曰至在弟則封之萬章又問舜流共工於幽州放驩兜於崇山殺三苗于三危殛鯀于羽山誅罪此四者而天下於是咸服此乃是誅戮其不仁者也然象傲極不仁乃反封之於有庳之國則有庳之國中人何罪也仁人固肯如此乎在他人之惡則誅戮焉在弟則封之國故曰仁人固如是乎萬章之意以謂仁人必不肯如此也孔安國注尚書云共工象恭滔天足以惑世故流放之幽州北裔水中可居者曰洲驩兜黨於共工罪惡同崇山南裔也三苗國名縉雲氏之後爲諸侯號饕餮三危西裔鯀方命圮族績用不成羽山東裔在海中按

史記云共工少皞氏不才子天下謂之窮奇者也驩兜帝鴻氏不才子天下謂之渾沌者也鯀顓頊氏不才子天下謂之饕餮者也曰仁人之於弟也至可謂親愛之乎孟子又荅之曰仁者之人於其弟也不藏怒心不隔宿怨但親愛之而已所以親之者以欲其貴也愛之者以欲其富也今舜封象於有庳者是所以富貴之也如舜身自爲天子而使弟只爲之匹夫可謂爲親愛其弟者乎有庳國之名號也敢問或曰放者何謂也萬章又問孟子或人言放之者是何所謂也曰象不得有爲於其國至此之謂也孟子又荅之曰象之於庳不得施政教於其國中天子使吏代之以治其國而納天子之貢賦焉故謂之爲放也豈得暴彼有庳之國民哉以其使吏代之故也雖然不使象得施政教而舜以兄弟親親之恩欲常常見之故源源如水之流與源而通不以朝貢之諸侯常禮乃來也其自至而見天子如天子以政事接見於有庳之君也故孟子云是此之謂也○注云自常常已下皆尚書逸篇之辭○正義曰按隋經籍志尚書逸篇出於齊梁之間考其篇目似孔氏壁中書之殘缺者故附尚書之末唐有三卷徐邈爲之注焉蓋其文乖

咸丘蒙問曰語云盛德之士君不得而臣父不得而子舜南面而立堯帥諸侯北面而朝之瞽瞍亦北面而朝之舜見瞽瞍其容有蹙孔子曰於斯時也天下殆哉岌岌乎不識此語誠然乎哉咸丘蒙孟子弟子語者諺語也言盛德之士君不敢臣父不敢子堯與瞽瞍皆臣事舜其容有蹙踖不自安也孔子以爲君父爲臣岌岌乎不安貌也故曰殆哉不知此語實然乎孟子曰否言不然也此非君子之言齊東野人之語也東野東作田野之人所言耳咸丘蒙齊人也故聞齊野人之言書曰平秩東作謂治農事也堯老而舜攝也堯典曰二十有八載放勛乃徂落百姓如喪考妣三年四海遏密八音孟子言舜攝行事耳未爲天子也放勛堯名徂落死也如喪考妣思之如父母也遏止也密無聲也八音不作哀思甚也孔子曰天無二日民無二王舜既爲天子矣又帥天下諸侯以爲堯三年喪是二天子矣日一王一言不得並也

咸丘蒙曰舜之不臣堯則吾既得聞命矣不以堯爲臣也詩云普天之下莫非王土率土之濱莫非王臣而舜既爲天子矣敢問瞽瞍之非臣如何詩小雅北山之篇普徧率循也徧天下循土之濱無有非王者之臣而曰瞽瞍非臣如何也曰是詩也非是之謂也勞於王事而不得養父母也曰此莫非王事我獨賢勞也孟子言此詩非舜臣父之謂也詩言皆王臣也何爲獨使我以賢才而勞苦不得養父母乎是以怨也故說詩者不以文害辭不以辭害志以意逆志是爲得之如以辭而已矣雲漢之詩曰周餘黎民靡有孑遺信斯言也是周無遺民也文詩之文章所引以興事也辭詩人所歌詠之辭志詩人志所欲之事意學者之心意也孟子言說詩者當本之不可以文害其辭文不顯乃反顯也不可以辭害其志辭曰周餘黎民靡有孑遺志在憂旱災民無孑然遺脫不遭旱災者非無民也人情不遠以己之意逆詩人之志是爲得其實矣王者有所不臣不可謂皆爲王臣謂舜臣其父也孝子之至莫大乎尊親尊親之至莫大乎以天下養爲天子父尊之至也以天下養養之至也尊之至瞽瞍爲天子之父養之至舜以天下之富奉養其親至極也詩曰永言孝思孝思惟則此之謂也詩大雅下武之篇周武王所以長言孝道欲以爲天下法則此舜之謂也書曰祗載見瞽瞍夔夔齊栗瞽瞍亦允若是爲父不得而子也書尚書逸篇祗敬載事也夔夔齊栗敬慎戰懼貌舜既爲天子敬事嚴父戰栗以見瞽瞍瞍亦信知舜之大孝若是爲父不得而子也以此解咸丘蒙之疑○

疏咸丘蒙至不得而子也○正義曰此章言孝莫大於嚴父而尊之矣行莫過於蒸蒸而執子之政者也咸丘蒙問曰至誠然乎哉者咸丘蒙問孟子曰諺語有云盛德之士君不得而臣之父不得而子之今舜嚮南面而立爲天子堯帝乃率天下諸侯北面而朝之而舜見瞽瞍其容蹙踖然而不敢自安孔子亦云於此時也而天下危殆岌岌乎如也岌岌不安之貌也然未知此諺語實如是乎孟子曰否此非君子之言齊東野人之語也者孟子荅以否不然也此語非君子之言也即齊東作田野人之語也堯老而舜攝之至是二天子矣孟子又言堯帝既老而舜於是攝權堯行事耳未爲天子也堯典之篇有云言舜攝堯行事至二十有八年放勳乃徂落而死放勳堯之號也魂氣往爲徂體魄殞爲落大抵則死也堯既死天下百姓如喪其父母三年四海之内絶盡八音以其哀思之甚也禮記曰生曰父曰母死曰考曰妣鄭注云考成也言其德行之成也妣之言媲也媲於考故也八音金石絲竹匏土革木是也孔子云天無兩日民無兩王如舜既爲天子矣又率諸侯以爲堯三年之喪是則爲二天子矣言日與王不可得而並也以其舜方攝堯行事未爲天子故也咸丘蒙曰至非臣如何者咸丘蒙又言舜之不得臣堯則我既得聞教命矣然而詩小雅北山之篇有云徧天之下莫非爲王之土地循土之濱莫非爲王之臣而舜既得爲王之臣而舜既得爲天子矣敢問舜父瞽瞍之非臣是如之何曰是詩也非是之謂也至是周無遺民也者孟子又荅之曰此北山之詩云非是舜臣父之謂也其詩蓋言勤勞於王事而不得奉養其父母者也故云普天之下莫非王土率土之濱莫非王臣言皆是王臣也以其無非爲王事者也何爲獨使我以賢才而勞苦不得奉養其父母也故以是而怨之也故說詩者不以文而害逆其辭又不可以其辭而害逆其詩人之志以已之心意而逆求知詩人之志是爲得詩人之辭旨人如說詩者但以歌詠之辭爲然而不以已之意而求詩人志之所在而爲得詩人之旨而已矣則雲漢之篇有云周餘黎民靡有孑遺信此言也是周無遺民矣殊不知此雲漢之詩其詩人之志蓋在憂旱災以其多有死亡者矣今其餘民無有單孑得遺脫不遭旱災者非謂無民也孑單也孟子引此所以證此北山之詩云普天之下莫非王土率土之濱莫非王臣亦非謂舜臣父之意也孝子之至莫大乎尊親至是爲父不得而子也者孟子又言孝子之至不可以有加者莫大乎尊親爲之至也尊親之至莫大乎以天下奉養其親是爲尊親之至也今瞽瞍爲天子之父是舜尊親之至者也舜以天下奉養之是養之至者也詩大雅下武之篇云武王長言孝心之所思所思者維則法大王王季文王三后之所行耳此亦舜之謂也書於大禹謨篇亦云舜敬以事見于父瞽瞍夔夔然悚懼齋莊戰栗瞽瞍亦信順之見舜以瞍爲父而不得子之也孔安國注云祇敬載事也允信若順也○注咸丘蒙○正義曰云爲孟子弟子齊人也者他經傳未詳今按春秋威公七年有焚咸丘杜預云咸丘魯地以此推之則此所謂咸丘蒙者豈咸丘之人有以蒙爲名者邪是未可知也注乃云齊人也者蓋魯國孟子時爲齊之所侵故咸丘之地乃爲齊之地故也有所問於孟子即爲弟子矣○注書平秩東作○正義曰孔安國傳云平均次序東作之事以務農也○注詩小雅北山之篇○正義曰此篇蓋刺幽王役使不均已勞於從事而不得養其父母也○注大雅下武之篇○正義曰此詩蓋詠武王有聖德復受天命能昭先人之功也○注逸篇○正義曰據今大禹謨有云此非特止於逸篇文也已矣

孟子注疏解經卷第九上

南昌縣知縣陳煦栞

孟子注疏卷九上挍勘記

阮元撰盧宣旬摘録

因以題其篇也　閩監毛三本同宋本孔本韓本考文古本無其字也字

謂耕于歷山之時然也　閩監毛三本同廖本孔本韓本于作於無然也二字考文引歷山之時然也云古本無然也二字

秋天也　閩監毛三本同宋本廖本孔本韓本考文古本無天字足利本無也字

幽陰氣也　閩監毛三本同宋本廖本孔本韓本考文古本幽作憂

非爾所知也已　閩監毛三本同廖本孔本韓本考文古本無也已二字

故爲言高息之用對如此　閩監毛三本用作問宋本廖本孔本韓本考文古本作相按此當以宋廖本爲正作問非也

因以萬章具陳其意耳　閩監毛三本同廖本孔本韓本考文古本以作爲無耳字

皆堯典及逸書所載　案段玉裁尚書撰異曰此堯典字乃舜典之誤及字衍傳寫之失也此章及不告而娶章及原原而來數語及祇載見瞽瞍數語皆當是舜典中語蓋舜登庸以後事全見於堯典而登庸以前及家庭事乃在舜典也此注上文云逸書有舜典之叙亡失其文則此正當作孟子所言諸舜事皆舜典逸書所載謂亡失文中語也舜既譌堯淺人乃又妄沾及字

亦不復見於經　閩監毛三本同廖本孔本韓本考文古本無於經二字

堯須天下悉治　閩監毛三本孔本足利本同韓本考文古本治作洽

三十在位　廖本孔本韓本足利本同閩監毛三本三作五考文古本作二〇按段玉裁曰作五者非也作三者亦未是作二者是也古文尚書舜生三十登庸三十在位五十載馬融王肅姚方興本之爲舜年百十二歲之說今文尚書舜生三十徵庸二十在位五十載大戴禮五帝德史記五帝本紀皇甫氏帝王世紀皆本之爲舜年百歲之說王充趙岐皆從今文者也論衡氣壽篇曰舜生三十徵用二十在位五十載陟方乃死適百歲矣趙注此章五十而慕云書曰舜生三十徵庸二十在位在位時尚慕故言五十也合三十二十正是五十乃爲五十而慕之證今本作三十在位何可通耶今本論衡亦改二十在位作三十在位使下文適百歲之語不可接皆由不知今文古文之異也鄭康成注古文而用今文正古文正義曰鄭元讀此經云舜生三十謂生三十年也登庸二十謂歷試二十年在位五十載陟方乃死謂攝位至死爲五十年舜年一百歲也此正鄭說三當作二以今正古故正義冠之以鄭元讀此經云六字不則直曰鄭某云鄭云而已未嘗有鄭元讀此經云之例讀此經者明此經之本不如是也此所以馬王姚作三十在位而鄭作二十也自宋以來皆不憭此意尚書撰異中詳言之

章指言夫孝百行之本無物以先之雖富有天下而不能取悅於其父母莫有可也孝道明著則六合歸仁矣

萬章言舜堯　閩本同監毛本無舜字

又將須以天下　閩本同監本毛本須作胥

尚亦更不足以解其憂　閩監毛三本無更字

餘四子亦不所見者　監毛本不作無是也

五色班爛之衣　閩本同監毛二本班爛作斑斕

齊風南山之篇　閩監毛三本同宋本孔本足利本風上有國字韓本考文古本風作國

父母先荅以辭　閩監毛三本同岳本廖本孔本韓本先作亢

帝謂堯何不告舜父母　閩監毛三本同廖本孔本韓本考文古本堯下父母下並有也字〇按當疊堯字

故亦不告也　閩監毛三本同廖本孔本韓本考文古本無也字

一說捐階　閩監毛三本同宋本孔本韓本考文古本捐作旋〇按說文圜規也趙意捐同圜故訓爲旋

從而蓋揜其井　閩監毛三本同宋本孔本韓本考文古本無揜字

以爲舜死矣　閩監毛三本同宋本孔本韓本考文古本無舜字

舜異母弟也　閩監毛三本同廖本孔本韓本考文古本無也字

故引爲已之功也　閩監毛三本同宋本廖本孔本韓本考文古本作故引其功也

天子曰彫弓　考文古本彫作形下同按音義出彫弓云或作形誤

象見舜生　閩監毛三本岳本孔本韓本同宋本無生字

不知象之將殺已與　閩監毛三本同宋本孔本韓本已作之

羸劣之貌　毛本劣誤弱

迅走水趣深處也　孔本韓本同考文古本同閩監毛三本水趣倒

重言之者　閩監毛三本同廖本孔本韓本無者字

嘉得魚之志也　宋本各本並同毛本嘉誤喜

象以其愛兄之道來向舜　廖本考文古本同岳本孔本韓本足利本道作言閩監毛三本向誤問

章指言仁聖所存者大舍小從大達權之義也不告而娶守正道也

或之擁頸　閩本同監本或下剜增謂字毛本同

論其則別矣　閩本同監毛二本其下增制字

則主棲而言　閩本同監毛本棲作取

罪在他人　宋本他作何

不問善惡　岳本各本並同宋本問作間

身既已爲天子　閩監毛三本同宋本孔本韓本考文古本無既已二字足利本無已字

豈可爲匹夫　閩監毛三本同廖本孔本韓本考文古本作豈可使爲匹夫也足利本無也字

此常常以下　閩監毛三本同廖本孔本韓本以作已

章指言懇誠于內者則外發於事仁人之心也象爲無道極矣友于之性忘其悖逆況其仁賢乎

搢雲氏之後　補　監毛本搢作縉與左傳合

東作田野之人　廖本孔本韓本考文古本同閩監毛三本作誤鄙○按東作出堯典下文著之

放勛　孔本考文古本勛作動案音義出勛字云音動則作動非也

攝行事耳　宋本閩本孔本韓本同監毛二本耳誤時

謂舜臣其父也　閩監毛三本同宋本孔本韓本考文古本無其字

爲天子之父　閩監毛三本同宋本孔本韓本考文古本無之字

以此解咸丘蒙之疑　閩監毛三本同岳本廖本孔本韓本考文古本此作是

章指言孝莫大於嚴父而尊之矣行莫過於蒸蒸孰子之政也此聖人軌道無有加焉

而舜既得爲王之臣而舜既得爲天子矣　上八字衍閩本作而舜既爲天子則是舜既得爲天子矣監毛本同

孟子注疏卷九上校勘記

奉新趙儀吉校

孟子注疏解經卷第九下

萬章章句上　趙氏注　孫奭疏

萬章曰：堯以天下與舜，有諸？欲知堯實以天下與舜否。孟子曰：否。堯不與之。天子不能以天下與人。當與天意合之，非天命者天子不能違天命也。堯曰「咨爾舜，天之歷數在爾躬」是也。然則舜有天下也，孰與之？萬章言誰與之也。曰：天與之。孟子言天與之。天與之者，諄諄然命之乎？萬章言天有聲音命與之乎。曰：否。天不言，以行與事示之而已矣。孟子曰天不言語，但以其人之所行善惡，又以其事從而示天下也。曰：以行與事示之者如之何？萬章欲知示之之意。曰：天子能薦人於天，不能使天與之天下；諸侯能薦人於天子，不能使天子與之諸侯；大夫能薦人於諸侯，不能使諸侯與之大夫。昔者堯薦舜於天而天受之，暴之於民而民受之，故曰天不言，以行與事示之而已矣。孟子言下能薦人於上，不能令上必用之。舜天人所受，故得天下也。曰：敢問薦之於天而天受之，暴之於民而民受之，如何？萬章言天人受之，其事云何。曰：使之主祭而百神享之，是天受之；使之主事而事治，百姓安之，是民受之也。天與之，人與之，故曰天子不能以天下與人。百神享之，祭祀得福也。百姓安之，民皆謳歌其德也。舜相堯二十有八載，非人之所能爲也，天也。二十八年之久，非人爲也，天與之也。堯崩，三年之喪畢，舜避堯之子於南河之南，天下諸侯朝覲者不之堯之子而之舜，訟獄者不之堯之子而之舜，謳歌者不謳歌堯之子而謳歌舜，故曰天也。夫然後之中國，踐天子位焉。而居堯之宮，逼堯之子，是篡也，非天與也。南河之南，遠地南夷也。故言然後之中國。堯子肩子。丹朱。訟獄，獄不決其罪，故訟之。謳歌，謳歌舜德也。泰誓曰：「天視自我民視，天聽自我民聽。」此之謂也。泰誓，尚書篇名。自，從也。言天之視聽從人所欲也。

〔疏〕「萬章曰」至「此之謂也」。○正義曰：此章言德合於天則天爵歸之，行歸於仁則天下與之者也。「萬章曰堯以天下與舜有諸」，萬章問孟子：堯帝以天下與舜有之乎？「孟子曰否」，孟子荅之，堯不與之也。「天子不能以天下與人」，孟子言天子不能以天下與其人也。「然則舜有天下也孰與之」，萬章又問孟子，言如此則舜有天下也，誰與之？「曰天與之」，孟子荅以爲天與之也。「天與之者諄諄然命之乎」，萬章又問天與之舜者，天有聲音諄諄然命與之乎？「曰天不言以行與事示之而已矣」，孟子又荅之，言天不以言語諄諄然命之也，但以人之所行善惡與其事從而示之而止矣。「曰以行與事示之者如之何」，萬章又問以行與事示之者是如之何也。「曰天子能薦人」至「示之而已矣」，孟子荅之，言天子者雖能舉薦人於上天也，又不能使上天以與之天下也；諸侯者能舉薦人於天子，而不能使天子必與爲之諸侯；大夫者能薦人於諸侯，而不能使諸侯必與爲之大夫。往者堯舉薦舜於上天而天受之，暴之於民而民受之，我故曰天不言，以行與事示之矣。「曰敢問薦之於天而天受之暴之於民而民受之如何」，萬章又問薦之於天而天受之與暴之於民而民受之，是如之何也。「曰使之主祭而百神享之是天受之也使之主事而事治百姓安之是民受之也天與之人與之故曰天不能以天下與人也」，書云「納于大麓」，是堯薦舜於天也；「烈風雷雨弗迷」，是天受之也，所謂百神享之亦可知也。「慎徽五典」，「納于百揆」，是暴之於民也；「五典克從」，「百揆時敘」，是民受之也，所謂百姓安之亦可知也。曰「黎民於變時雍」是也。然於天則云薦，於民則云暴者，蓋天遠而在上，是爲尊者也，聖人於天舉其所知而取舍不在我，故云薦之也；民近而在下，是爲卑者也，聖人之於民顯其功業而使之自附，故云暴之也。所謂受之者即是與之也舜相堯至此之謂也孟子又言舜攝行堯事輔相之得二十八年之久非人所能爲之也乃天與之也堯帝既崩死舜率天下諸侯爲堯三年喪三年喪既畢舜乃逃避堯之子丹朱而隱於南河之南天下諸侯朝覲而來者不往朝覲於堯之子丹朱而往朝覲於舜訟獄有未決斷者不往求治於堯之子丹朱而往求治於舜謳歌吟詠者不吟詠堯之子丹朱而吟詠舜故曰天與之也如此然後往歸中國履天子之位焉如使舜不避堯之子而居堯帝之宫逼逐堯之子是則爲簒奪者也非謂爲天與之也泰誓篇亦云天之所視從我民之所視天之所聽亦從我民之所聽是此天與之人與之之謂也○注咨爾舜天之歷數在爾躬○正義曰案論語堯曰篇有此文書亦有此何晏曰歷數列次也孔安國云歷數天道謂天歷運之數帝王易姓而興故言歷數謂天道○注河南南夷也○正義曰案裴駰云劉熙曰南河之南九河之最南者是也是知爲南夷也所謂中國劉熙云帝王所都爲中故曰中國○注泰誓尚書篇○正義曰孔安國傳云泰誓者大會以誓衆也又云天因民以視聽民所惡者天誅之而已

萬章問曰人有言至於禹而德衰不傳於賢而傳於子有諸問禹之德衰不傳於賢而自傳於子有之否乎孟子曰否不然也。天與賢則與賢天與子則與子言隨天也昔者舜薦禹於天十有七年舜崩三年之喪畢禹避舜之子於陽城天下之民從之若堯崩之後不從堯之子而從舜也禹薦益於天七年禹崩三年之喪畢益避禹之子於箕山之陰朝覲訟獄者不之益而之啓曰吾君之子也謳歌者不謳歌益而謳歌啓曰吾君之子也丹朱之不肖舜之子亦不肖舜之相堯禹之相舜也歷年多施澤於民久啓賢能敬承繼禹之道益之相禹也歷年少施澤於民未久舜薦禹禹薦益同也以啓之賢故天下歸之益又未久故也陽城箕山之陰皆嵩山下深谷之中以藏處也舜禹益相去久遠其子之賢不肖皆天也非人之所能爲也莫之爲而爲者天也莫之致而至者命也莫無也人無所欲爲而橫爲之者天使爲也人無欲致此事而此事自至者是其命而已矣故曰命也匹夫而有天下者德必若舜禹而又有天子薦之者故仲尼不有天下繼世而有天下仲尼無天子之薦故不得以有天下繼世之君雖無仲尼之德襲父之位非匹夫故得有天下也天之所廢必若桀紂者也故益伊尹周公不有天下益值啓之賢伊尹值大甲能改過周公值成王有德不遭桀紂故以匹夫而不有天下伊尹相湯以王於天下湯崩太丁未立外丙二年仲壬四年太甲顛覆湯之典刑伊尹放之於桐三年太甲悔過自怨自艾於桐處仁遷義三年以聽伊尹之訓已也復歸于亳太丁湯之太子未立而薨外丙立二年仲壬立四年皆太丁之弟也太甲太丁子也伊尹以其顛覆典刑放之於桐邑處居也遷徙也居仁徙義自怨其惡行艾治也治而改過以聽伊尹之教訓已故復得歸之於亳反天子位也周公之不有天下猶益之於夏伊尹之於殷也孔子曰唐虞禪夏后殷周繼其義一也周公與益伊尹雖有聖賢之德不遭者時然孔子言禪繼其義一也

〔疏〕萬章問曰至其義一也○正義曰此章言義於仁則四海宅心守正不足則賢位莫繼者也萬章問孟子曰世人有言至於禹之代而德衰微不傳於賢而傳於子有諸此乎否孟子荅之曰否不然也天與之賢者則與賢者天與之子則與子以其隨天如何耳往者舜薦禹於天及得十有七年舜於是崩死禹以三年服喪畢遂避舜之子商均隱於陽城天下之民從禹若堯之死後

民之舜而不之丹朱也禹其後又薦益於天及得七年禹即崩死益以三年服喪畢益遂避禹之子啓隱於箕山之陰朝覲訟獄謳歌者皆不歸益而歸禹之子啓咸曰我君之子也無它以其堯子丹朱不肖舜子商均亦不肖而舜之輔相堯禹之輔相舜而歷年多矣施恩澤於民已久天下之民所以歸舜與禹不歸丹朱商均也啓以賢能敬承繼禹之治而益又輔相禹但七年其歷年尚少不如舜相堯二十有八年禹相舜十有七年之多而施恩澤於民亦未至久所以天下之民不歸益而歸啓也又況啓有賢德與丹朱商均之不同耶舜禹益相去年代已久遠其子之或賢或不肖天使然也非人所能爲之也人莫之爲然而爲然者故曰天使然也人莫能致之此事而其事自至者是其命有是也言天與命者究其義則一也以其無爲而無不爲故曰天也天之使我有是之謂命故曰命也天下善否天實使之然也祿位器服乃其所命故也今丹朱商均與啓三者之或賢或否是其天也天下之民或歸之或不歸之是其命也與書所謂天難諶命靡常孔子云死生有命富貴在天凡此亦天與命之意也匹夫之賤而有天下者其義必如舜禹而又得天子薦之者故得有天下也故孔子不有天下雖言有德然而無天子以薦之者是不有天下也繼世之君雖無仲尼之德然而襲父之位

又非匹夫故得有天下也夫天之所以廢滅者必若桀與紂之暴虐然後無乃廢滅之矣故益伊尹周公三者不有天下以其時值啓太甲成王三君皆賢天不廢此三君故益伊尹周公所以不有天下也伊尹相湯王天下也及湯崩死太子太丁未立而喪於是太丁弟外丙立外丙即位二年崩外丙弟仲壬立仲壬即位四年崩太丁子太甲立太甲即位遂顚覆湯之典刑伊尹乃放之於桐宮及三年太甲乃自悔過而怨其已惡遂治身於桐宮於是居仁徙義以聽伊尹之教訓復歸于亳都反天子之位焉周公之不有天下若益之於夏禹伊尹之於殷湯故也孔子曰唐虞二帝禪讓其位夏禹殷湯周武繼父之位其義則一更無二也謂其義則一而無二者蓋唐與賢夏后殷周與子天與賢則與賢天與子則與子其爲順天則一而已故曰其義則一也云禪者蓋唐虞禪祭而告傳位故曰禪也○注陽城箕山之陰皆嵩山下深谷中正義曰案史記裴駰注云劉熙曰陽城是今之潁川也箕山嵩高之北是也○注太丁湯之子至位也○正義曰案史記文已具在公孫丑篇內此更不錄然史記乃云外丙即位三年今孟子云外丙二年蓋史記不稽孟子之過也○注丹朱商均○正義曰堯舜之子皇甫謐云娥皇無子商均女英生也

萬章問曰人有言伊尹以割亨要湯有諸人言伊尹負鼎俎而干湯有之否孟子曰否不然否不是也伊尹耕於有莘之野而樂堯舜之道焉非其義也非其道也祿之以天下弗顧也繫馬千駟弗視也非其義也非其道也一介不以與人一介不以取諸人有莘國名伊尹初隱之時耕於有莘之國樂仁義之道非仁義之道者雖以天下之祿加之不一顧而覦也千駟四千匹也雖多不一眄視也一介草不以與人亦不以取於人也湯使人以幣聘之囂囂然曰我何以湯之聘幣爲哉我豈若處畎畝之中由是以樂堯舜之道哉湯聞其賢以玄纁之幣帛往聘之囂囂然自得之志無欲之貌也曰豈若居畎畝之中而無憂哉樂我堯舜仁義之道湯三使往聘之既而幡然改曰與我處畎畝之中

由是以樂堯舜之道吾豈若使是君爲堯舜之君哉吾豈若使是民爲堯舜之民哉吾豈若於吾身親見之哉幡反也三聘既至而後幡然改本之計欲就湯聘以行其道使君爲堯舜之君使民爲堯舜之民天之生此民也使先知覺後知使先覺覺後覺也予天民之先覺者也予將以斯道覺斯民也非予覺之而誰也覺悟也天欲使先知之人悟後知之人我先悟覺者也我欲以此仁義之道覺悟此未知之民非我悟之將誰教乎思天下之民匹夫匹婦有不被堯舜之澤者若已推而內之溝中其自任以天下之重如此故就湯而說之以伐夏救民伊尹思念不以仁義之道化民者如己推排內之溝壑中也自任之重如此故就湯說之伐夏桀救民之

尼也吾未聞枉己而正人者也况辱己以正天下者乎枉己者尚不能以正人况於辱己之身而有正天下者也聖人之行不同也或遠或近或去或不去歸潔其身而已矣不同謂所由不同大要當同歸但殊塗耳或遠者處身遠也或近者仕者近君也或去者不屑就也或不去者去焉能浼我也歸絜於身不汚已而已吾聞其以堯舜之道要湯未聞以割烹也我聞伊尹以仁義干湯致湯爲王不聞以割烹牛羊爲道伊訓曰天誅造攻自牧宮朕載自亳伊訓尚書逸篇名牧宮桀宮朕我也謂湯也載始也亳殷都也言意欲誅伐桀造作可攻計之罪者從牧宮桀起自取之也湯曰我始與伊尹謀之於亳遂順天而誅之也

疏萬章問曰至自亳○正義曰此章言賢達之理世務推政以濟時不枉道以取容期於益治而已者也萬章問曰至有諸者萬章問孟子謂世人有言伊尹以負鼎俎割烹之事而干湯有之否乎孟子曰否至朕載自亳孟子荅之曰否不是也伊尹耕於

有莘之國野而樂行堯舜二帝之道如非其義與非其道也雖祿賜之以天下之大且不顧而若無也繫馬雖千匹之多亦且不眄視也非其義也非其道也雖一草介亦不取諸人也以其伊尹所操守如是也湯聞如此之賢乃使人以幣帛之物往聘之伊尹且囂囂然自得而曰我何爲以湯之幣聘是爲出哉我豈如居處有莘之畎畝之中緣此以樂堯舜之道哉湯至三次使人往以幣帛聘之既至而後反然改本之計曰與我居處有莘之畎畝之中由是以樂堯舜之道我豈如使此君成湯爲堯舜之君哉吾豈若使湯之民爲堯舜之民哉我豈若吾身今得親見致君爲堯舜之君致民爲堯舜之民哉於是又曰上天之生此人民也是使爲先知以覺悟後知者也是使爲先覺悟以覺悟其後覺者也我今亦天民之先覺者也我將亦以伊尹樂堯舜仁義之道以覺悟今之民如非我覺悟之而誰能也孟子於此又言伊尹思念天下之民雖一匹之夫婦有不被堯舜之恩澤者如已推而內之於溝壑中也其伊尹自任以天下之重如此然後故就湯而說之以伐夏桀而救人民之厄也我未聞有枉其已身而能正人者也而况伊尹肯辱身負鼎俎割烹之事以爲正天下者乎且聖人所行之迹不同也或遠處其身而不仕或近而仕君或去而不屑就或不去以爲爾焉能浼我哉但歸絜其身而不汚已而已矣如是則我所以但聞伊尹以堯舜之道干說其湯未聞以鼎俎割烹之事而要湯也故尚書伊訓之篇有云天行誅伐始攻之罪者自桀宮起也湯言我始與伊尹謀之自亳地也以此詳之則知伊尹非事割烹之汚而要湯伐桀者也伊尹或遠而不仕謂在有莘之野是也或近而仕謂湯三聘而往見之是也去亳適夏所謂或去是也既醜有夏復歸于亳所謂或不去是也○注伊尹負鼎俎而干湯○正義曰案史記殷本紀云伊尹名阿衡欲干湯而無由乃爲有莘氏媵臣負鼎俎以滋味說湯致於王道或曰伊尹處士湯使人聘迎之五反然後肯往從湯言素王及九主事湯舉任以國政伊尹去湯適夏既醜有夏復歸于亳裴駰云列女傳曰湯妃有莘氏之女劉向別錄曰九主者有法君專君授君勞君寄君等君破君國君三歲社君凡九品圖畫其形是也○注有莘國名至人也○正義曰案左傳莊公二十二年秋七月有神降于莘杜預曰莘虢地又云虢國今滎陽縣是也云千駟四千匹○案論語孔子云齊景公有馬千駟孔安國注云千駟四千匹○注伊訓至牧宮○正義曰云伊訓逸篇之名蓋今之尚書亦有伊訓之篇乃其文則曰造攻自鳴條朕哉自亳孔安國傳云造皆始也鳴條也在安邑之西又云湯始居亳孔安國云帝嚳都亳湯自商丘遷焉是則亳帝

嚳之都也今云殷都即因湯居而言爾萬章問曰或謂孔子於衛主癰疽於齊主侍人瘠環有諸乎有人以孔子孫然癰疽癰疽之醫者也瘠姓環名侍人也衛君齊君之所近狎人也孟子曰否不然也好事者爲之也否不也不如是也但好事毀人德行者爲之辭爾於衛主顏讎由彌子之妻與子路之妻兄弟也彌子謂子路曰孔子主我衛卿可得也子路以告孔子曰有命孔子進以禮退以義得之不得曰有命而主癰疽與侍人瘠環是無義無命也顏讎由衛賢大夫孔子以爲主彌子彌子瑕也因子路欲爲孔子主孔子知彌子幸於靈公不以正道故不納之而歸於命也孔子進以禮退以義必曰有天命也若主此二人是爲無義無命者也孔子不悅於魯衛遭宋桓司馬將要

而殺之微服而過宋是時孔子當阨主司城貞子爲陳侯周臣孔子以道不合不見悅魯衛之君而去適諸侯遭宋桓魋之故乃變更微服而過宋司城貞子宋卿也雖非大賢亦無諂惡之罪故謚爲貞子陳侯周陳懷公子也爲楚所滅故無謚但曰陳侯周是時孔子遭阨難不暇擇大賢臣而主貞子爲陳侯周臣也於衛齊無阨難何爲主癰疽瘠環者也吾聞觀近臣以其所爲主觀遠臣以其所主若孔子主癰疽與侍人瘠環何以爲孔子近臣當爲遠方來賢者爲主遠臣自遠而至當主於在朝之臣賢者若孔子主於卑幸之臣是爲凡人耳何謂孔子得見稱爲聖人乎

疏萬章問曰至孔子○正義曰此章言君子大居正以禮進退屈伸違節不違貞信故孟子辯之正其大義者也萬章問曰至有諸乎萬章問孟子曰或有人謂孔子於衛國主癰疽之醫者於齊國主侍人姓瘠名環者誠有諸此乎否孟子曰否至何以爲孔子孟子荅之曰否言不如是也但好事毁人德行者爲此言也夫孔子於衛主顏讎由讎由賢大夫也彌子瑕之妻與子路之妻

是兄弟也彌子瑕乃謂子路曰孔子如主於我則衛之卿孔子可得也子路以此言告孔子孔子遂曰我有命也以其得與不得皆命也孟子於此言夫孔子進以禮而有辭遜之心退以義而有羞惡之心其得用與不得用則曰有命如爲主於癰疽與侍人瘠環者是無義無命者也是孔子所不爲也然則孔子於衛主顏讎由者以其義也於衛不主彌子以其有命也以義則得其宜也以命則得與不得無所憂也然而孔子又嘗不悅於魯衛二國遂之宋國是時宋國司馬桓魋將要求孔子而殺之孔子乃變更微服而過宋當此時也孔子是遭其阨不得已遂至陳主司城貞子家爲陳侯周之臣孟子於此又曰我聞觀遠方之來臣者但觀其所爲主者如何則知其賢否也今孔子如主癰疽與侍人瘠環二人但卑佞之臣耳爲凡人也何得爲之孔子今以司城貞子之行不可得而詳由其謚而推之則司城貞子亦爲守正之臣者也非癰疽瘠環之比也然則孔子當阨不得已而主之者尚且如是況癰疽瘠環者孰謂孔子肯主之乎蓋司城者今以宋六卿考之則司城在司寇之上右師左師司馬司徒之下其位則六卿之中也古有司空之官無司城之名特宋有之者按左傳魯桓公六年宋以武公廢司空杜預曰武公名司空遂變爲司城也○注癰疽之醫瘠姓環名侍人也○正義曰未詳其人但以經文推之亦誠然也○注顏讎由至靈公○正義曰案孔子世家史記云孔子自魯適衛主於子路妻兄顏濁鄒家是則顏讎由即濁鄒也爲衛大夫又案魯哀公二十五年左傳云彌子飲衛侯酒杜預云彌子彌子瑕也是其有幸於衛靈公者也○注遭宋桓魋之故至陳侯周○正義曰案史記孔子自衛過曹及去曹適宋與弟子習禮大樹下宋司馬桓魋欲殺孔子拔其樹遂適鄭與弟子相失遂至陳主於司城貞子家歲餘吳王夫差伐陳取三邑而去由是推之則司城貞子爲陳國之卿非宋卿也亦恐史家謬悞云陳侯周懷公子也今案史記世家陳懷公之子名越者乃爲湣公又案湣公年表六年孔子來是則陳侯周即湣公是爲懷公之子湣公即位二十四年楚惠王復國以兵北伐殺湣公遂滅陳而有之是歲孔子卒於魯案孔子世家云孔子在陳三歲晉楚爭強更伐陳及吳侵陳孔子遂曰歸與歸與然則孔子湣公六年來至居三歲遂復適衛而歸魯是湣公八年去陳也由此推之則孔子主於司城是爲湣公之臣矣今孟子乃云爲陳侯周臣是陳侯周即湣也

萬章問曰或曰百里奚自鬻於秦養牲者五羊之皮食牛以要秦繆公信乎人言百里奚自賣五羖羊皮爲人養牛以是而要秦繆公之相實然不孟子曰否不然好事者爲之也好事毁敗人之德行者爲設此言也

百里奚虞人也晉人以垂棘之璧與屈產之乘假道於虞以伐虢宮之奇諫垂棘美玉所出地名屈產地良馬所生乘四馬也皆晉國之所寶宮之奇虞之賢臣諫之不欲令虞公受璧馬而假晉道百里奚不諫知虞公之不可諫而去之秦年已七十矣曾不知以食牛干秦繆公之爲汙也可謂智乎不可諫而不諫可謂不智乎知虞公之將亡而先去之不可謂不智也時舉於秦知繆公之可與有行也而相之可謂不智乎相秦而顯其君於天下可傳於後世不賢而能之

乎百里奚知虞公之不可諫而去之秦年七十而不知食牛干人君之爲汙是爲不智也欲言其不智下有三智知食牛干秦爲不然也卒相秦顯其君不賢之人豈能如是言其實賢也自鬻以成其君鄉黨自好者不爲而謂賢者爲之乎人自鬻於汙辱而已傳相成立其君鄉黨邑里自喜好名者尚不肯爲也況賢人肯辱身而爲之乎

疏「萬章問曰」至「賢者爲之乎」。○正義曰：此章言君子時行則行，時舍則舍，故能顯君明道，不爲苟合而爲正者也。「萬章問曰」至「信乎」者，萬章問孟子，謂或有人曰百里奚自賣五羖羊之皮於秦，爲人養牛，以此而干秦繆公爲之相，今信乃爲實然乎否乎？「孟子曰否」至「而謂賢者爲之乎」，孟子答之，以爲否，不信然也。百里奚，虞國之大夫也。晉獻公以垂棘之璧與屈產之乘假道於虞以伐虢國，虞之大夫宮之奇諫之，令虞公無受璧與馬以借與道也。百里奚不諫之，以其知虞公之不可諫而去之，遂往秦。時百里奚年已七十歲矣，豈不知食養牛干秦繆公之爲有汙辱也？苟如是不知以食牛爲汙辱，可謂爲智者？言不可謂之智者矣。知虞公爲君不可得而諫，故不諫，可謂爲不智乎？言如此可謂爲智者也。又知虞公將亡其國，而乃先去之而之秦，不可謂之不智也。時得舉用於秦國，百里奚知秦繆公可與有行其道也，遂輔相之，可謂不智乎？言可謂之智者矣。及輔相秦繆公，而顯其君名揚於天下，又可傳於後世，不爲賢者而能如是乎？言百里奚真賢者乃能如是顯其君於天下，可傳於後世，如自賣而汙辱其身，乃爲成立其君，雖鄉黨邑里自喜好名者尚亦不肯爲自鬻以汙身，今乃謂百里奚爲真賢者而肯爲乎？言百里奚不肯爲是也。蓋宮之奇者，按杜預《春秋傳》云：虞之忠臣也。○注「五羖羊皮」。○正義曰：《說文》云：羖，夏羊牡曰羖羊也。○注「垂棘至晉道」。○正義曰：《左傳》魯僖公二年云：晉荀息請以屈產之乘與垂棘之璧假道於虞以伐虢。杜預曰：荀息，荀叔也。屈產生良馬，垂棘出美玉，故以爲名。四馬曰乘。《史記》云：百里奚者，晉獻公既虜百里奚，以爲秦繆公媵於秦。百里奚亡秦走宛，楚鄙人說之。繆公聞百里奚賢，欲重贖之，恐楚人不與，乃使人請以五羖羊之皮贖之，楚人許之。繆公乃釋其囚，授之以國政，號曰五羖大夫。是其事矣。又僖公五年云：晉侯復假道於虞以伐虢，宮之奇諫曰：虢，虞之表也。虢亡，虞必從之。晉不可啓，寇不可翫，一之謂甚，其可再乎？爲二年假晉道滅下陽是也。諺所謂輔車相依、脣亡齒寒，其虞虢之謂也。宮之奇以其族行，曰：虞不臘矣，在此行也。冬十二月，晉滅虢，虢公醜奔京師。師還，館于虞，遂襲虞，滅之，執虞公及其大夫井伯，以媵秦穆姬，而脩虞祀，且歸其職貢於王。故書曰晉人執虞公，罪虞且言易也。此孟子所以據此云焉。

孟子注疏解經卷第九下

南昌縣知縣陳煦栞

孟子注疏卷九下校勘記　阮元撰盧宣旬摘録

萬章欲知示之之意 考文古本無一之字

允子丹朱 宋本無子字

泰誓曰 閩監毛三本同宋九經本咸淳衢州本泰作太廖本孔本韓本作太注同○按泰太皆俗古祇作大

章指言德合於天則天爵歸之行歸於仁則天 孔本韓本考文古本此下有下字 與之天命不常此之謂也

則天下與之者也 閩本同監毛本無者字

有之否乎 閩監毛三本孔本同廖本韓本考文古本無乎字

孟子曰否不然也 此經下岳本廖本孔本韓本考文古本足利本並有注否不也不如人所言八字注疏本並無之○按有者是也但因此可正今本經文之誤經文本作孟子曰否然也三字一句無不字故注之云否不也

不如人所言雍疽章注曰否不也不如是也劉熹章注亦同而今本奪三字孟子之否然即今人之不然也他否字皆不注獨此注者恐人之誤斷其句於否字句絕則然也不可通矣不得其意而或增經或刪注今乃了然

是其命而已矣故曰命也 閩監毛三本同廖本孔本韓本考文古本作是其命祿也

繼世而有天下 毛本而作以朱子集注本同

故不得以有天下 閩監毛三本同宋本孔本韓本無以字

章指言篤志 此二字考文古本作義字 於仁則四海宅心守正不足則聖位莫繼丹朱商均是也是以聖人孜孜於仁德也

言義於仁 閩監毛三本仁誤人按章指作篤志於仁此文義字亦當是篤之誤

然後無乃廢滅之矣 閩本同監毛本刪無字

蓋唐與賢 監毛本同案唐下應有虞字

孟子曰否不然 按不字衍文說見上

否不是也 按此當同前後章作否不也不如是也奪三字

不一眄視也 毛本眄誤盼

囂囂然曰 音義出囂囂盡心上同

囂囂然自得之志 閩監毛三本孔本同廖本韓本考文古本無然字

欲就湯聘 岳本及各本並同宋本聘作徵

覺悟此未知之民 廖本韓本考文古本足利本同閩監毛三本誤脫覺字孔本誤脫此字

自任之重如此 閩監毛三本同廖本孔本韓本考文古本之作其

而有正天下者也 孔本也改乎案也邪古字通用改乎非

歸潔其身而已矣 閩監毛三本同石經廖本孔本韓本潔作絜

去焉能浼我也 廖本孔本韓本考文古本去作云是也閩監毛三本作爾非

歸潔於身不汚已而已 閩監毛三本同宋本潔於身作於身絜考文古本與宋本同絜作潔廖本孔本韓本作於絜身

章指言賢達之理世務也推正以濟時物守已直行不枉道而取容期於益治而已矣

雖千匹之多 閩監毛三本匹作駟

莊公二十二年 閩本同監毛本二十改三十是也

造皆始也 閩監毛三本造下增載字

也在安邑之西 閩監毛三本也改地是

有人以孔子孫然 廖本孔本韓本考文古本孫作爲是也閩監毛三本孫然作主於非

孟子曰否不然也按不字衍文說見前

但好事毁人德行者爲之辭爾閩監毛三本同廖本孔本韓本考文古本足利本無但字爾作也

退以義宋本以作應

是爲無義無命者也閩監毛三本同廖本孔本韓本無者字

遭宋桓司馬石經桓作桓

主司城貞子石經貞諱正

瘠環者也閩監毛三本同廖本孔本韓本考文古本無者字

得見稱爲聖人乎閩監毛三本同廖本孔本韓本考文古本無乎字

章指言君子大居正以禮進退屈伸達考文古本作違節不違貞

性孔本韓本考文引古本作信故孟足利本作孔子辯之正其大義也

以是而要秦繆之相實然不閩監毛三本同廖本考文古本秦繆作繆公孔本韓本繆下有公字不作否非

孟子曰否不然按不字衍文

爲設此言也閩監毛三本同廖本孔本韓本作爲之設此言考文古本無也字

諫之考文古本無之字

而假皆道閩監毛三本同廖本孔本韓本考文古本無而字

而已傳相傳傳之誤宋本孔本韓本考文古本正作傳是也閩監毛三本作輔孔本韓本考文古本已作以

章指言君子時行則行時舍則舍故能顯君明道不爲苟合而違正也

此孟子所以據且云焉閩監毛三本且改而

孟子注疏卷九下校勘記

奉新趙儀吉校

孟子注疏解經卷第十上

萬章章句下　凡九章　趙氏注　孫奭疏

〔疏〕正義曰此卷即趙注分上卷爲下卷也此卷中凡九章一章言聖人由力力有常也賢者由巧巧可增也仲尼天高不可階它人丘陵猶可踰二章言聖人制祿上下差敘三章言匹夫友賢下之以德三公友賢授之以爵四章言聖人憂民樂行其道不合則去亦不淹久五章言國有道則能者處卿相國無道則聖人居乘田六章言知賢之道舉之爲上養之爲次不舉不養賢惡肯歸七章言君子之志志於行道不得其禮亦不苟往八章言好高慕遠君子之道九章言國須賢臣必擇忠良親近貴戚或遺禍殃凡此九章合上卷九章是萬章有十八章矣

孟子曰伯夷目不視惡色耳不聽惡聲非其君不事非其民不使治則進亂則退橫政之所出橫民之所止不忍居也思與鄉人處如以朝衣朝冠坐於塗炭也當紂之時居北海之濱以待天下之清也故聞伯夷之風者頑夫廉懦夫有立志孟子反覆差。伯夷伊尹柳下惠之德以爲足以配於聖人故數章陳之猶詩人有所誦述至於數四蓋其留意者也義見上篇矣此復言不視惡色謂行不正而有美色者若夏姬之比也耳不聽惡聲謂鄭聲也後世聞其風者頑貪之夫更思廉絜懦弱之人更思有立義之志也伊尹曰何事非君何使非民治亦進亂亦進曰天之生斯民也使先知覺後知使先覺覺後覺予天民之先覺者也予將以此道覺此民也思天下之民匹夫匹婦有不與被堯舜之澤者如已推而內之溝中其自任以天下之重也說與上同柳下惠不羞汙君不辭小

官進不隱賢必以其道遺佚而不怨阨窮而不憫與鄉人處由由然不忍去也爾爲爾我爲我雖袒裼裸裎於我側爾焉能浼我哉故聞柳下惠之風者鄙夫寬薄夫敦鄙狹者更寬優薄淺者更深厚孔子之去齊接淅而行去魯曰遲遲吾行也去父母國之道也可以速而速可以久而久可以處而處可以仕而仕孔子也淅漬米也不及炊避惡亟也魯父母之國遲遲不忍去也是其道也孔子聖人故能量時宜動中權也孟子曰伯夷聖之清者也伊尹聖之任者也柳下惠聖之和者也孔子聖之時者也孔子之謂集大成集大成也者金聲而玉振之也金聲也者始條理也玉振之也者終條理也伯夷清伊尹任柳下惠和皆得聖人之道也孔子時行則行時止則止孔子集先聖之大道以成已之聖德者也故能金聲而玉振之振揚也故如金者之有殺振揚玉音終始如一也始條理者金從革可始之使條理終條理者玉終其聲而不細也合三德而不撓也始條理者智之事也終條理者聖之事也智者智理物聖人終始同智譬則巧也聖譬則力也由射於百步之外也其至爾力也其中非爾力也智譬猶人之有技巧也可學而益之以聖譬猶力之有多少自有極限不可強增聖人受天性可庶幾而不可及也夫射遠而至爾努力也其中的者爾之巧也思改其手用巧意乃能中也〔疏〕孟子曰伯夷至非爾力也。正義曰此章言聖人由力力有常也賢者由巧巧可增也仲尼天高不可階他人丘陵猶可踰所謂小同而大異者也孟子曰伯夷目不視惡色耳不聽惡聲至薄夫敦已說上篇詳矣此言不視惡色不聽惡聲者言伯夷清潔其身不

欲以亂邑留於明姦辟留於聰也於是使聞伯夷之清風者頑貪之夫莫不變而爲廉潔之人懦弱之夫莫不變而爲能有立其剛志也聞下惠之和風者莫不變鄙狹而爲寬博淺薄而爲敦厚也孔子之去齊至孔子也言孔子之去齊急速但漬米不及炊而即行以其避惡故如是也去魯國則曰遲遲而不忍行去此爲去父母國之道也所謂父母國者孔子所生於魯國故爲父母之國也大抵孔子量時適變其去國可以速則速故於齊不待炊而行也可以久而未去則久之故於魯國所以遲遲吾行也可以處此國則處之故未嘗有三年之淹可以仕於其君則仕之故有行可際可公養之仕也凡如此者故曰孔子如是也孟子曰至非爾力也孟子又曰伯夷之行爲聖人之清者也是其不以物污其已而成其行於清也伊尹之行爲聖人之任者也是其樂於自爲而以天下之重自任也柳下惠之行爲聖人之和者也是其不以已異於物而無所擇也唯孔子者獨爲聖人之時者也是其所行之行惟時適變可以清則清可以任則任可以和則和不特倚於一偏也故謂之孔子爲集其大成得純全之行者也蓋集大成即集伯夷伊尹下惠三聖之道是爲大成耳如所謂危邦不入亂邦不居是孔子之清而不至伯夷一於清也佛肸召而欲往是孔子之任而不至伊尹一於任也

南子見所不見陽貨敬所不敬是孔子之和而不至下惠一於和也然則伯夷伊尹下惠是皆止於一偏未得其大全也而孟子亦皆取之爲聖者蓋伯夷伊尹下惠各承其時之有弊不得不如是而救也以孔子觀之又能集此三聖而爲大成者也方伯夷之時天下多進寡退而伯夷所以如是潔已不殉方伊尹之時天下多退寡進而伊尹所以如是而以天下爲已任方下惠之時天下多潔已而異俗而下惠所以如是俯身而同衆故伯夷承伊尹之弊而救之清下惠承伯夷之弊而救之和孔子又承而集之遂爲大成者誰謂伯夷伊尹下惠救時弊如此可不謂爲聖者耶雖然孟子取爲三聖其言又不無意於其間也言伯夷但聖之清者也以其取清而言之矣伊尹但聖之任者也以其取任而言之矣下惠但聖之和者也以其取和而言之矣孔子之聖則以時也其時爲言以謂時然則然無可無不可故謂之集其大成又非止於一偏而已故孟子於下故取金聲玉振而喻之也言集大成者如金聲而玉振之者也金聲者是其始條理也言金聲始則隆而終則殺者也如伯夷能清而不能任伊尹能任而不能和下惠能和而不能清者也玉振之者是其終條理也言玉振則終始如一而無隆殺者也如孔子能清能任能和者也所以合金聲而玉振之而言也以其孔子其始如金聲之隆而能清能任能和其終且如玉振无隆殺又能清而且任任而且和和而且清有始有終如一者也然則孟子於此且合金聲玉振之條理而喻歸于孔子是其宜也然而始條理者是爲智者之事也終條理者是爲聖人之事也以智者而譬之則若人之有巧也以聖人而譬之則若人之有力也如射於百步之外爲遠其射至於百步之外是人之力也其所以中的者非人之力也以其人之巧耳其譬伯夷伊尹下惠但如射於百步之外能至而不能中孔子於射能至又能中者也蓋能至亦射之善者矣而能至能中者又備其善者也能清能任能和是聖人之善者也能時又備其聖人之善者也此一段則孟子總意而解其始終條理也而始終條理又解金聲玉振者也金聲玉振又喻孔子集三聖之大成者耳蓋條理者條則有數而不紊理則有分而不可易也○注夏姬鄭聲○正義曰云夏姬者按史記云夏姬夏徵舒之母陳大夫御叔之妻三爲王后二爲夫人納之者無不迷惑陳靈公與大夫孔寧儀。其通於夏姬廢失朝政徵舒遂殺靈公及申公蓋將夏姬來奔於晉晉人殺巫臣又娶夏姬凡此是也云鄭聲者已說於公孫丑篇○注伯夷清伊尹任柳下惠和孔子時行則行時止則止者○正義曰已說於上篇

北宮錡問曰周室班爵祿也如之何北宮錡衛人班列也問周家班列爵祿等差謂何孟子曰其詳不可得聞也諸侯惡其害已也而皆去其籍然而軻也嘗聞其略也詳悉也不可得備知也諸侯欲恣行憎惡其法度妨害已之所爲故滅去典籍今周禮司祿之官無其職是則諸侯皆去之故使不復存也軻孟子名也略麤也言嘗聞其大綱如此矣今考之禮記王制則合矣天子一位公一位侯一位伯一位子男同一位凡五等也公謂上公九命及二王後也自天子以下列尊卑之位凡五等君一位卿一位大夫一位上士一位中士一位下士一位凡六等諸侯法天子臣名亦有此六等從君下至於士天子之制地方千里公侯皆。方百里伯七十里子男五十里凡四等不能五十里不達於天子附於諸侯曰附庸凡此

四等制地之等差也天子封畿千里諸侯方百里象雷震也小者不能特達於天子因大國以名通曰附庸也天子之卿受地視侯大夫受地視伯元士受地視子男視比也天子之卿大夫士所受采地之制大國地方百里君十卿祿卿祿四大夫大夫倍上士上士倍中士中士倍下士下士與庶人在官者同祿祿足以代其耕也公侯之國爲大國卿祿居於君祿十分之一也大夫祿居於卿祿四分之一也上士之祿居大夫祿二分之一也中士下士轉相倍庶人在官者未命爲士者也其祿比上農夫士不得耕以祿代耕也次國地方七十里君十卿祿卿祿三大夫大夫倍上士上士倍中士中士倍下士下士與庶人在官者同祿祿足以代其耕也伯爲次國大夫祿居卿祿三分之一也小國地方五十里君十卿祿卿祿二大夫大夫倍上士上士倍中士中士倍下士下士與庶人在官者同祿祿足以代其耕也子男爲小國大夫祿居卿祿二分之一也耕者之所獲一夫百畝百畝之糞上農夫食九人上次食八人中食七人中次食六人下食五人庶人在官者其祿以是爲差獲得也一夫一婦佃田百畝百畝之田加之以糞是爲上農夫其所得穀足以食九口庶人在官者食祿之等差由農夫有上中下之次亦有此五等若今之斗食佐史除吏也

【疏】北宮至爲差。○正義曰此章言聖人制祿上下等差貴有常尊賤有等威諸侯僭越滅籍從私孟子略託言其大綱以荅北宮錡之問也北宮錡問曰周室班爵祿也如之何者北宮錡問孟子以謂周家班列其爵祿高下等差如之何也孟子曰其詳不可得而聞也至嘗聞其略也者孟子荅之謂其詳悉則不可得而聞諸侯放恣憎惡其法

度有妨於已之所爲盡滅去其典籍故今不復有然而軻也但嘗聞得其大綱也天子一位公一位侯一位伯一位子男同一位凡五等至上次食八人中食七人中次食六人下食五人庶人在官者其祿以是爲差者此皆孟子言周室班爵祿之大綱也云天子一位至凡五等也者蓋父天母地而爲之子者天子也爵位盛大以無私爲德者公也斥候於外以君人爲德者侯也體仁足以長人者伯也子字也字養也而其德足以養人者故曰子也男任也任安也而其德足以安人者故曰男也自天子至於子男皆有君道故尊卑之位凡有五等然公侯伯子男皆臣乎天子而爵位之列自天子始所以與天子同其班君一位卿一位至凡六等者蓋出命足以正衆者君也知進退而其道上達者卿也智足以帥人者大夫也才足以事人者士也自君以下至於士皆有臣道焉故尊卑之位凡六等然卿大夫士皆臣乎國君而爵位之列自國君所以與國君同其班凡此者是皆孟子所謂班君臣之爵也天子之制地方千里至附庸者此孟子言士地之等差也故天子尊於公侯故制地方廣千里蓋不方千里則無以待天下之諸侯故也公侯卑於天子故地廣百里蓋不廣百里則無以守宗廟之典籍故也伯又卑於公侯子男又卑於伯故其地之廣狹亦莫不有七十里五十里之差凡是四等而其德不足以合瑞於天子而其地又不足以敵廣於公侯其勢又難以特達於天子者故因大國以名通則謂之附庸天子之卿受地視侯大夫受地視伯元士受地視子男者此言天子之卿大夫士所受采地之制也周禮上公九命侯伯七命子男五命王之三公八命其卿六命其大夫四命鄭玄云王之上士三命則元士者即上士也蓋以六命之卿其所受之地則視七命之諸侯以四命之大夫則所受之地而視七命之伯以二命之元士其所受之地則視五命之子男故也大國地方百里君十卿祿至祿足以代其耕也者蓋公侯之國是爲大國者也大國之地方百里而國君之祿則十倍於卿而卿之祿是爲居於君祿十分之一也卿所居之祿又四倍於大夫而大夫之祿是爲居卿祿四分之一也大夫所受之地則一倍於上士而上士之祿是爲居大夫二分之一也中士下士亦皆轉爲相倍而下士與庶人在官者同祿者蓋庶人在官者是未命爲士者也謂府史之屬官長所除不命於天子國君者也其祿比於上農夫然而不耕之者蓋以士勞力於事人不爲無庸也而祿且足以代其耕矣次國地方七十里君十卿祿至祿足以代其耕也者蓋伯之國是爲次國者也君卿大夫士之祿亦同大國之君卿大夫士之祿相爲倍差其下士與庶人在官者亦以祿足以代其耕矣

小國地方五十里君十卿祿至祿足以代其耕也者蓋子男者是爲小國者也君卿大夫士之祿亦相爲倍差與上同其祿足以代其耕亦然耕者之所獲一夫百畝百畝之糞上農夫食九人上次食八人中食七人中次食六人下食五人庶人在官者其祿以是爲差者蓋耕者所得一夫一婦佃田百畝而百畝之田加之以糞是爲上農夫其所得之穀足以食養其九口上次則食八人中食七人中次則食六人下食五人其庶人在官者食祿之等差亦如農夫有上中下之次有此五等矣若今之斗食佐史屬吏是也王制云王者之制祿爵公侯伯子男凡五等諸侯之上大夫卿下大夫上士中士下士凡五等其不及天子又无六等殆與孟子不合者蓋以孟子所言則周制而王制所言則夏商之制也王制云公侯田方百里伯七十里子男五十里不能五十里者不合於天子附於諸侯曰附庸而孟子不言田而言地者蓋祿以田爲主王制主於分田以制祿孟子主於制地以分國而國以地爲王此所以有田地之異也王制云天子之三公田視公侯天子之卿視伯天子之大夫視子男天子之元士視附庸而孟子則言天子之卿受地視伯元士受地視子男其視不同者亦以周制與夏商之制不同也孟子所以不言天子之公受地視侯而特言其卿者蓋卿與公同其所受是所謂舉卑

以見尊之意也此又孟子所去班臣之祿也○注詳悉也至則其合也○正義曰云諸侯欲恣行憎惡其法度妨害己之所爲故滅去典籍今周禮司祿之官無其職是則諸侯皆去之故使不復有也者蓋自列國之後先王之法浸壞上無道撥下無法守而諸侯類皆以強吞弱以大并小而齊魯之始封儉於百里而孟子時齊方百里者十魯方百里者五此諸侯所以惡其籍害己而去司祿之職也是時周室班爵祿之道孟子所以不得聞其詳特以大略而荅北宮錡之問也云今考王制則合也者蓋自王制推之亦有不合者矣已說於前歟○注公謂上公九命及二王後也至凡五等○正義曰周禮典命職云上公九命爲伯鄭氏云上公謂王之三公有德者加命爲二伯二王之後亦爲上公是也○注凡此四等士地之等差也至曰附庸○正義曰云天子封畿千里諸侯方百里象雷震也者按周官建王國制其畿方千里諸侯方百里象雷震者按周易云震驚百里驚遠而懼邇是也王制云天子之田方千里公侯田方百里伯七十里子男五十里不能五十里者不合於天子附於諸侯曰附庸鄭氏云象月月之大亦取略同也天子方千里此謂縣內以祿公卿大夫元士自公侯百里至子男五十里鄭氏注云星辰之大小也附庸者小城曰附庸附庸者以國事附於大國未能以其名

通也○注視比也至制也○正義曰王制云天子之三公之田視公侯天子之卿視伯天子之大夫視子男天子之元士視附庸鄭注云視猶比也元善也善士謂命士也此殷所因夏爵三等之制也殷有鬼侯梅伯春秋變周之文從殷之質合伯子男以爲一則殷爵三等者公侯伯也異畿內謂之子周武王初定天下更立五等之爵增以子男而猶因殷之地以九州之界尚狹也周公攝政致太平斥大九州之界制禮成武王之意封王者之後爲公及有功之諸侯大者地方五百里其次侯四百里其次伯三百里其次子二百里其次男百里所因殷之諸侯亦以功黜陟之其不合者皆益之地爲百里焉是有周世有爵尊而國小爵卑而國大者唯天子畿內不用以祿羣臣不主爲治民也周禮大司職云以土圭之法求地中以建王國制其畿方千里諸公之地封疆方五百里其食者半諸侯之地封疆方四百里其食者參之一諸伯之地封疆方三百里其食者參之一諸子之地封疆方二百里其食者四之一諸男之地封疆方百里其食者四之一是又鄭注本此而言也云天子之卿大夫士所受采地之制者按周禮云凡造都鄙制其地域而封溝之以其室數制之不易之地家百畝一易之地家二百畝再易之地家三百畝又注云都鄙者王子弟公卿大夫采地其界曰都鄙所居也王

制曰天子之縣內方百里之國七七十里之國二十有一五十里之國六十有三此蓋變時采地之數周未聞矣是宜孟子但言其大綱而其詳所以未之聞也○注公侯之國爲大國至代耕也又自伯爲次國至三分之一也又子男爲小國至二分之一也○正義曰王制云凡四海之內九州州方千里建百里之國三十七十里之國六十五十里之國百有二十凡二百一十國名山大澤不以封其餘以爲附庸間田八州州二百一十國鄭氏云立大國三十十三公也立次國六十十六卿也立小國百三十十二少卿也名山大澤不以封與民同財不得障管亦賦稅矣此大界方三千里三三而九方千里者九也其一爲縣內餘八各立一州此殷制也周公制禮九州大界方七千里七七四十九方千里者四十九也其一爲畿內餘四十八八州各有方千里者六設法一州封地方五百里者不過四謂之大國又封方四百里者不過六又封方三百里者不過十一謂之次國又封方二百里者不過二十五及餘方百里者謂之小國盈上四等之數并四十六一州一百一十國則餘方百里者百六十四也凡處地方千里者五方百里者五十九其餘方百里者四十一附庸地也又云次國三卿皆命於天子下大夫五人上士二十七人次國三卿二卿命於天子一卿命於其君下大夫五人上士

二十七人小國三卿皆命於其君下大夫五人上士二十七人然而先王之制列爵惟五分土惟三此所以有公侯伯子男而又有大國次國小國之殊制爾故三十里之遂二十里之郊九里之城三里之宫是大國之制如此也自三十里之遂九里之郊三里之城一里之宫是次國之制如此也自九里之遂三里之郊一里之城以城爲宫是小國之制如此也大抵上綦於大國下綦於小國其地雖廣狹不同其祿雖多寡有異及君之所受均十卿之祿而已自卿以下至於士其祿各相殺以一此卿祿居於君祿十分之一大夫居於卿祿四分之一上士居大夫祿二分之一次國大夫居卿祿三分之一小國大夫居卿祿二分之一也其間王制周官與孟子雖有不合者亦於前言其大槩也○注獲得也一夫一婦佃田百畝至若今之斗食佐史除吏也○正義曰古者制民之産以六尺爲步步百爲畝畝百爲夫此耕者之所得所以一夫受田百畝也王制云農夫百畝百畝之分上農夫食九人其次食八人其次食七人其次食六人下農夫食五人鄭氏以謂農夫皆受田於公田肥瘠有五等收入不同其說是矣然孟子言上農夫食九人上次食八人中食七人中次食六人下食五人凡三等又與此異蓋以周禮以一易再易不易之地言之所以有三等孟子王制諭所入食人之衆寡此所以有五等也周禮上地家七人而孟子言上地上農夫食九人上次食八人者蓋上農夫足以食九人而其家七人者亦得以受之此民所以有餘財自七人以下則不得以受上地矣先王之制祿諸侯之下士視上農夫祿足以代其耕則庶人在官者與下士同祿其多寡之數一視五等農夫爲差而班祿亦不外此

萬章問曰敢問友問朋友之道也孟子曰不挾長不挾貴不挾兄弟而友友也者友其德也不可以有挾也長年長貴貴勢兄弟兄弟有富貴者不挾是乃爲友謂相友以德也孟獻子百乘之家也有友五人焉樂正裘牧仲其三人則予忘之矣獻子之與此五人者友也無獻子之家者也此五人者亦有獻子之家則不與之友矣獻子魯卿孟氏也有百乘之賦樂正裘牧仲其五人者皆賢人無位者也此五人者自有獻子之家富貴而復有德不肯與獻子友也獻子以其富貴下此五人五人屈禮而就之也非惟百乘之家爲然也雖小國之君亦有之費惠公曰吾於子思則師之矣吾於顏般則友之矣王順長息則事我者也小國之君若費惠公者也王順長息德不能見師友故曰事我者也非惟小國之君爲然也雖大國之君亦有之晉平公。於亥唐也入云則入坐云則坐食云則食雖蔬食菜羹未嘗不飽蓋不敢不飽也然終於此而巳矣大國之君如晉平公者也亥唐晉賢人也隱居陋巷晉平公嘗。往造之亥唐言入平公乃入言坐乃坐言食乃食也蔬食糲食也不敢不飽敬賢也終於此平公但以此禮下之而巳弗與共天位也弗與治天職也弗與食天祿也士之尊賢者也非王公。尊賢也位職祿皆天之所以授賢者而平公不與亥唐共之而但卑身下之是乃匹夫尊賢者之禮耳王公尊賢當與共天職矣舜尚見帝帝館甥于貳室亦饗舜迭爲賓主是天子而友匹夫也尚上也舜在畎畝之時堯友禮之舜上見堯堯舍之於貳室貳室副宮也堯亦就享舜之所設更迭爲賓主禮謂妻父曰外舅謂我舅者吾謂之甥堯以女妻舜故謂舜甥卒與之天位是天子而友匹夫也用下敬上謂之貴貴用上敬下謂之尊賢貴貴尊賢其義一也下敬上臣恭於君也上敬下君禮於臣也皆禮所尚故云其義一也

【疏】萬章問曰至其義一也。○正義曰此章言匹夫友賢下之以德王公友賢授之以爵大聖之行千載爲法者也萬章問曰敢問友者是萬章問孟子爲朋友之道如何也孟子曰至挾也孟子荅之以謂不挾戴年長又不挾戴其貴勢抑又不挾戴其兄弟有富貴者而友朋友也是友其德也以其不可以有挾戴其勢而友之也孟獻子百乘之家也至其義一也孟子又言孟獻子魯卿是有兵車百乘之家者也有友五人焉其二人曰樂正裘牧仲其三人則我忘其姓名矣夫獻子之與此五人者是

友也以此五人無獻子之家富貴也此五人如亦有獻子之家富貴則不與獻子爲之友矣無他以其兩貴不能以相下故也獻子與之爲友則以貴下賤故也所謂好人之善而忘已之勢者也今五人與獻子爲友者亦所謂樂已之道而忘人之勢者也非惟百乘之家爲然也雖爲小國之君亦有如是也費惠公乃小國之君也嘗云我於子思則師事之矣我於顏般則友之矣王順長息則不足爲之師友但事我者也非惟小國之君爲如是也雖大國之君亦有如是矣晉平公者乃大國之君也嘗往於亥唐之家亥唐言入則入其門言坐則坐言食則食雖蔬食菜羹之薄亦未嘗不飽也蓋爲不敢不飽也然終於此以禮下之而已矣而平公弗能與之共天位也又弗能與之治天職也抑又不與食其天祿也且職位祿皆云天者蓋此三者皆天之所以授於人也故云國君之位必曰天位云職必曰天職云祿則曰天祿耳言平公以身禮下之是士者之尊賢矣非所謂王公大人尊賢者也以其王公大人尊賢則當與共天位也不當以身禮下之也夫舜於往日上見於堯帝堯乃館舍之於副宮堯亦就副宮而饗舜所設更爲之賓主然卒禪其天位此天子之友其匹夫也云匹夫者蓋舜本則耕於歷山但側微之賤者也故云匹夫云甥者蓋堯爲舜之外舅堯所以謂舜爲甥也且用下敬上如舜之上見於堯故欽堯爲友是謂貴其貴用上敬下如堯館于貳室故欽舜而與之爲友是謂尊其賢貴貴尊賢禮皆所尙故曰其義則一而無二也蓋獻子有五人者左傳趙簡子云魯孟獻子有鬭臣五人豈謂此五人者乎然亦名字則未之詳。注妻父曰外舅。正義曰此蓋案禮記而云也

孟子注疏解經卷第十上

南昌縣知縣陳煦栞

孟子注疏卷十上校勘記　　阮元撰盧宣旬摘録

橫民之所止　音義云橫或作總

差伯夷伊尹柳下惠之德　閩監毛三本孔本韓本同宋本考文古本差作嗟山井鼎云非

至於數四　考文古本四作回非也

蓋其留意者也　浦鏜云留監本誤酉

而有美色者　監本而誤再

頑貪之夫　監本貪誤食

懦弱之人　監本懦誤儒

遲遲吾行也　石經遲作遟

始條理也　音義云本亦作治條理下同

集先聖之大道　宋本道誤首

故如金者之有殺　宋本孔本韓本考文古本者作聲閩監毛三本作音

終始如一也　閩監毛三本孔本韓本同廖本終始作始終

智者智理物　考文古本同山井鼎云恐非閩監毛三本孔本韓本下智作知

聖人終始同　宋本同作何

智譬猶人之有技巧也　閩監毛三本同廖本孔本韓本考文古本上有以字猶作由下猶同

章指言聖人由力力有常也賢者由巧巧可增也仲尼天高故不可附他人丘陵丘陵由可踰所謂小同而大異者也

聞下惠之和風者　閩本同監毛本下上增柳字下並同惟柳下惠之行柳字非監毛增

孟子名也　閩監毛三本同廖本孔本韓本考文古本無也字

龐也　廖本龐作龎。案龎龐正俗字

言嘗聞其大綱如此矣　閩監毛三本同岳本孔本韓本無矣字

下至於士　閩監毛三本同廖本孔本韓本考文古本下有也字

公侯皆方百里　考文古本皆下有地字

所受采地之制　閩監毛三本同廖本孔本韓本考文古本下有也字

士不得耕　宋本士作上非

章指言聖人制祿上下差敘貴有常尊賤有等威諸侯僭越滅籍從私孟子略記言其大綱以荅北宮子之問

晉平公於亥唐也　廖本閩本同監毛二本孔本韓本於上有之字石經此經漫漶

如晉平公者也　岳本及諸本同宋本無也字

隱居陋巷晉平公嘗往造之　閩監毛三本同宋本嘗作當廖本晉作者孔本韓本考文古本同廖本嘗作常是

非王公尊賢也　石經廖本閩本同監毛本孔本韓本尊上有之字

皆天之所以授賢者　岳本閩本孔本韓本考文古本足利本同監毛本誤脫所字

迭爲賓主　音義出迭爲張云或作佚誤按佚字不誤古乃通用

堯亦就享舜之所設饗　閩監毛三本同廖本孔本韓本享作

是天子而友匹夫也　閩監毛三本同廖本孔本韓本考文古本而作之

用下敬上　石經敬諱欽下同

章指言匹夫友賢下之以德王公友賢授之以爵大聖之行千載爲法者也

孟子注疏卷十上校勘記

奉新趙儀吉校

孟子注疏解經卷第十下

萬章章句下　趙氏注　孫奭疏　盧宣旬校

萬章曰：敢問交際何心也？際，接也。問交接道當執何心爲可也。孟子曰：恭也。當執恭敬爲心。曰：卻之卻之爲不恭，何哉？萬章問卻不受尊者禮謂之不恭，何然也。曰：尊者賜之，曰「其所取之者義乎，不義乎」，而後受之，以是爲不恭，故弗卻也。孟子曰：今尊者賜己，己問其所取此物寧以義乎，得無不義，乃後受之，以是爲不恭，故不當問尊者不義而卻之也。曰：請無以辭卻之，以心卻之，曰「其取諸民之不義也」，而以他辭無受，不可乎？萬章曰：請無正以不義之辭卻也，心知其不義，以他辭讓無受之，不可邪？曰：其交也以道，其接也以禮，斯孔子受之矣。孟子言其來交。求已以道理，其接待已有禮者，若斯孔子受之矣，蓋言其可受之也。

萬章曰：今有禦人於國門之外者，其交也以道，其餽也以禮，斯可受禦與？禦人以兵禦人而奪之貨，如是而以禮道來交接己，斯可受乎？曰：不可。康誥曰：殺越人于貨，閔不畏死，凡民罔不譈。是不待教而誅者也。殷受夏，周受殷，所不辭也。於今爲烈，如之何其受之？孟子曰：不可受也。康誥，尚書篇名，周公戒成王、康叔封。越、于，皆於也。殺於人，取於貨，閔然不知畏死者，譈，殺也，凡民無不得殺之者也。若此之惡，不待君之教命，遣人得討之。三代相傳以此法，不須辭問也。於今爲烈烈明法，如之何受其餽也。曰：今之諸侯取之於民也，猶禦也。苟善其禮際矣，斯君子受之，敢問何說也？萬章曰：今之諸侯賦稅於民，不由其道，履畝強求，猶禦人也。欲善其禮以接君子，君子欲受之，何說也？君子謂孟子也。曰：子以爲有王者作，將比今之諸侯而誅之乎？其教之不改而後誅之乎？夫謂非其有而取之者盜也，充類至義之盡也。孔子之仕於魯也，魯人獵較，孔子亦獵較。獵較猶可，而況受其賜乎？孟子謂萬章曰：子以爲後如有聖人興作，將比地盡誅今之諸侯乎？將教之，其不改者乃誅之乎？言必教之，誅其不改者也。殷之衰亦猶周之末，武王不盡誅殷之諸侯，滅國五十而已，知後王者亦不盡誅也。謂非其有而竊取之者爲盜，充，滿；至，甚也。滿其類大過至者，但義盡耳，未爲盜也。諸侯本當稅民之類者，今大盡耳，亦不可比於禦。孔子隨魯人之獵較，獵較者，田獵相較，奪禽獸得之以祭，時俗所尚，以爲吉祥，孔子不違而從之，所以小同於世也。獵較尚猶可爲，況受其賜而不可也。曰：然則孔子之仕也，非事道與？萬章問孔子之仕，非欲事行其道與？曰：事道也。孟子曰：孔子所仕者，欲事行其道。

事道奚獵較也？萬章曰：孔子欲事道，如何可獵較也？曰：孔子先簿正祭器，不以四方之食供簿正。孟子曰：孔子仕於衰世，不可卒暴改戾，故以漸正之，先爲簿書以正其宗廟祭祀之器，即其舊禮，取備於國中，不以四方珍食供其所簿正之器，度珍食難常有，乏絕則爲不敬，故獵較以祭也。曰：奚不去也？萬章曰：孔子不得行道，何爲不去也？曰：爲之兆也。兆足以行矣，而不行，而後去，是以未嘗有所終三年淹也。兆，始也。孔子每仕，常爲之正本造始，欲以次治之，而不見用，占其事始而退，足以行之矣，而君不行也，然後則孔子去矣。終者，竟也。孔子未嘗得竟事一國也，三年淹留而不去者也。孔子有見行可之仕，有際可之仕，有公養之仕。於季桓子，見行可之仕也；於衛靈公，際可之仕也；於衛孝公，公養之仕也。行可，冀可行道也。魯卿季桓子秉國之政，孔子仕之，冀可得因之行道也。際，接也。衛靈公

接遇孔子以禮故見之也衛孝公以國君養賢者之禮養孔子孔子故留宿以荅之也

疏萬章問曰至公養之仕也○正義曰此章言聖人憂民樂行其道苟善辭命不忍逆距不合則去亦不淹久蓋仲尼行止之節者也萬章問曰敢問交際何心也萬章問孟子凡交接之際當執何心而交接也孟子曰恭也孟子荅之曰但當執恭敬之心也曰卻之卻之爲不恭何哉萬章又問孟子言卻去之卻去之而不受是爲不恭敬然也何哉者是何然也曰尊者賜之曰其所取之者義乎至故弗卻也孟子又荅之言尊長賜已已乃問之曰其所取此物寧以義取之乎不以義取之乎乃方受之以此是爲不恭敬也但當受之不當問尊長所取不義則卻去之也謂宜受之故不可卻去也曰請無以辭卻之至不可乎萬章又問曰如尊長賜已之物其所取之不義但請無以直言不義之辭卻之但以已心卻去而不受爲取民之不義也然後飾以他辭而不受不可乎故以此問孟子曰其交也以道其接也以禮斯孔子受之矣孟子又荅之曰其以物來交已以道理其接待於已亦以禮度此孔子受之矣言其如此交接則可受之也萬章曰今有禦人於國門之外至斯可以受禦與萬章又問曰假使今有人以兵禦人於國門之外者而奪得其貨物其來交已也以道理交之其餽賜已也亦以

禮度如此誠可以受禦奪之物與曰不可至如之何其受之孟子又荅之以爲不可受也且尚書康誥之篇有云殺於人而取于貨暋然強暴爲不畏死者雖凡之衆民無有不憝惡之也如此者是可不待教而後誅殺之者也言即殺之更不必待其教命之後也如若殷受夏周受殷之天下所不辭也無他以其夏桀殷紂無道義當伐之而受其天下也於今乃竊比聖王之迹而遂以殺人而受物於人爲之暴烈如之何可受之言不可受此之餽也曰今之諸侯至敢問何也萬章又曰今之諸侯賦稅於民不以其道亦如禦人而奪貨者也苟善其禮以交接之斯君子且受之敢問何謂也曰子以爲有王者作至而況受其賜乎孟子又謂萬章曰子今以爲後如有王者興作將比今之諸侯無道而盡誅之乎其待教之其不改者乃誅之乎言必待教之不改者也夫所謂非其所有而取之者是爲盜也如充取民賦稅之類至大過者但義之盡耳亦末爲盜者也故曰夫所謂非其有而取之者是爲盜也充類至義之盡也然孟子必以此言者其意蓋謂今之諸侯雖取於民不以義然而受教之猶庶幾能省刑罰薄稅斂爲善政也此罔在所教而不誅今萬章乃曰今之諸侯猶禦也殊不知與禦人之元惡不待教而誅者異矣然則萬章之所問乃云此者是其繆也宜孟子荅之此耳孔子

之仕於魯國魯國之人田獵較奪禽獸孔子亦田獵較奪其禽獸然而獵較而孔子猶尚可爲而況受其賜而乃爲不可也言此者但有道理以交接則可受而不可辭卻也曰然則孔子之仕也非事道與萬章又問孟子言如此則是孔子之爲仕也非欲事其道與曰事道也孟子荅之以爲孔子之事是欲行其道也事道奚獵較也萬章又問曰孔子既以欲行其道何以田獵較奪禽獸也曰孔子先簿正祭器不以四方之食供簿正孟子又荅之曰孔子所以獵較者以其孔子仕於衰世不可以卒暴更變故先且即簿書而正宗廟之祭器既欲正其祭器又不以四方之珍食供簿正祭器所以獵較而供簿正耳然而孔子必以獵較禽獸而供簿正祭器且不以四方之珍食者但爲四方珍食難常有之恐後人無珍食以供之故又絕其祭之禮所以如此也曰奚不去也萬章又問曰言孔子既仕於衰世不可卒暴更變以行其道何爲而不去而莫仕也曰爲之兆也至淹也者孟子又荅之曰孔子所以不去而且獵較者以其假爲行道之始也兆始也然假獵較爲兆既足以行之矣而君乃不行之者孔子然後去之也如此是以孔子歷聘未嘗有於一國得終三年淹留而不去也是其時君不行孔子之兆故也如得行其兆孔子遂大行其道以輔佐其君雖留而弗去可也孔子有見行可之仕

至公養之仕也孟子又因而言孔子有見行可之仕有際可之仕有公養之仕如於魯卿季桓子再三時受乃語魯君爲周道遊往觀終日怠於政事子路曰夫子可以行矣孔子曰魯今且郊如致膰乎大夫則吾猶可以止桓子卒受女樂又不致膰俎於大夫孔子遂行宿于魯之南屯地桓子喟然嘆曰夫子罪我以羣婢故也凡此是孔子有見行可之仕也以其見既行之後乃且嘆曰夫子罪我以羣婢故也孰謂非於季桓子有見行可之仕乎於衛靈公是際可之仕也今接世家又云衛靈公聞孔子來喜郊迎問伐蒲之事後又問陳於孔子孔子曰俎豆之事則嘗聞之矣軍旅之事未之學也凡此是孔子有際可之仕也以其接遇孔子而孔子因言之此又孰謂非於衛靈公有際可之仕乎於衛孝公爲公養之仕者史記諸家於衛國並無孝公所謂公養之仕但言以養賢之禮養孔子也今按史記紀孔子則亦衛靈公也據春秋年表云衛靈公即位三十八年孔子來祿之又案孔子世家云孔子適衛衛靈公問孔子居魯得祿幾何對曰奉粟六萬衛人亦致粟六萬居頃之或譖孔子孔子遂去衛是則孔子於衛靈公有公養之仕也如衛孝公則吾亦未能信以其無以按據故也以時推之則孔子於季桓子受女樂之時則靈公即位之三十七年也魯定公十二年也定公十三年是衛靈

公即位之三十八年也，問陳之時則即位之四十三年，衛靈公是年卒，後之學者宜精究之。○注康誥尚書篇名周公戒成王封康叔。○正義曰：案尚書云成王既伐管叔、蔡叔，以殷餘民封康叔，作康誥。孔安國傳云：命康叔之誥。康，圻內國名；叔，封字也。云殺越人于貨，暋不畏死，凡民罔弗憝，注云：殺人顛越人，於是以取貨利，暋，強也，自強爲惡而不畏死，人無不惡之者，言當消絕之。釋云：越，于也，於也。○注諸侯滅國五十。○正義曰：此蓋據經之文也，已在滕文公之篇說焉。○注魯卿季桓子秉國之政至荅之。○正義曰：左傳定公五年夏，季平子卒，桓子嗣立。杜預云季孫斯也。云衛孝公養賢者之禮養孔子，不知何據。

孟子曰：仕非爲貧也，而有時乎爲貧；娶妻非爲養也，而有時乎爲養。仕本爲行道濟民也，而有以居貧親老而仕者。娶妻本爲繼嗣也，而有以親執釜竈，不擇妻而娶者。爲貧者，辭尊居卑，辭富居貧。爲貧之仕，當讓高顯之位，無求重祿。辭尊居卑，辭富居貧，惡乎宜乎？抱關擊柝。辭尊富者安所宜乎？宜居抱關擊柝監門之職也。柝，門關之木也。擊，椎之也。或曰：柝，行夜所擊木也。傳曰：魯擊柝聞於邾。孔子嘗爲委吏矣，曰會計當而已矣；嘗爲乘田矣，曰牛羊茁壯長而已矣。位卑而言高，罪也；立乎人之本朝而道不行，恥也。孔子嘗以貧而祿仕。委吏，主委積倉庾之吏也，不失會計當直其多少而已。乘田，苑囿之吏也，主六畜之芻牧者也，牛羊茁壯肥好長大而已。茁茁，生長貌也。詩云：彼茁者葭。位卑不得高言豫朝事，故但稱職而已。立本朝大道當行，不行爲己之恥，是以君子祿仕者不處大位。

疏　孟子曰至恥也。○正義曰：此章言國有道則能者處卿相，國無道則聖人居乘田，量時安卑，不受言責，獨善其身者也。孟子曰仕非爲貧至道不行恥也，孟子言爲仕者，志在欲行其道以濟生民，非爲家貧乏之財故爲仕也，然而家貧親老而仕者，亦有時而爲貧也。娶妻志在爲繼嗣以傳業，非爲其欲奉養其己故娶妻也，然而有以親執釜爨，不擇妻而娶者，是娶妻亦有時乎爲養也。然以孟子於此乃言娶妻之謂者，蓋妻亦臣之喻，故因言爲仕而帶言之也，所以於下文不復敘之，而獨繼之以爲貧而言也。言爲貧者不苟貪，但免朝不食夕不食，飢餓不能出門戶足矣。高爵非所慕也，故辭其尊而處卑；重祿非所慕也，故辭其富而處貧。凡此者，以其爵有尊卑，祿有多寡，故然也。以其祿之少者，則又以貧言之，非所謂家貧之貧也，此又知孟子立言之法也。言辭尊而處卑，辭富而居貧，是安所而宜之乎？言抱關擊柝者是也。抱關擊柝之職，乃監門守禦之吏也。擊柝者，所以擊關門之木以警寇也。以其是爵之卑、祿之貧者也，故曰惡乎宜乎？抱關擊柝。又引孔子而證之，言孔子嘗以貧而祿仕，但爲委吏以掌倉庾，又嘗爲乘田之吏以掌苑囿，主芻牧也。爲委吏則曰會計當料量多少斯已矣，未嘗侵官犯分也；爲乘田之助吏則曰牛羊茁壯肥長斯已矣，又未嘗侵官犯分也。是皆但爲稱職耳。孟子於此遂因言之曰：如位處卑而言在高位者，是罪之極也；如立乎人之朝而道不得行者，君子之所恥辱也。孔子曰：不在其位，不謀其政。又曰：邦無道，富且貴焉，恥也。皆此之謂也。○注親老而仕至娶者。○正義曰：傳云任重而道遠者，不擇地而息；家貧親老者，不擇官而仕。是其意歟。○注傳曰魯擊柝聞於邾。○正義曰：已說在敘篇。○注孔子至道也。○正義曰：案孔子世家云：孔子貧且賤，嘗爲委氏史而料量平，嘗爲司職吏而畜息蕃，由是爲司空，已而去魯，是其事也。云詩云彼茁者葭，注云：茁，出也；葭，蘆也。箋云：言蘆之始出者。

萬章曰：士之不託諸侯，何也？託，寄也。謂若寄公食祿於所託之國也。孟子曰：不敢也。諸侯失國，而後託於諸侯，禮也；士之託於諸侯，非禮也。謂士位輕，本非諸侯敵體，故不敢比失國諸侯得爲寄公也。萬章曰：君餽之粟，則受之乎？士窮而無祿，君餽之粟，則可受之乎？曰：受之。孟子曰受之也。受之何義也？萬章曰受粟何義也。曰：君之於氓也，固周之。氓，民也。孟子曰：君之於民，固當周其窮乏，況於士乎？曰：周之則受，賜之則不受，何也？萬章言士窮居，周之則受，賜之則不受，何也？周者，謂周急稟貧民之常料也；賜者，謂禮賜橫加也。曰：不敢也。孟子曰士不敢受賜。曰：敢問其不敢何也？萬章問何爲不敢。曰：抱關擊柝者，皆有常職以食於上，無常職而賜於上者，以爲不恭也。孟子曰：有職事者可食於上祿，士不仕自以不任職事而空受賜爲不恭故不受也。曰：君餽之，則受之，不識可常繼乎？萬章曰君禮餽賢臣賢臣受之不知可繼續而常來致之乎將當輒更以君命將之也曰：繆公之於子思也，亟問，亟餽鼎肉，子思不悅。於卒也，摽使者出諸大門之外，北面稽首再拜而不受，曰：今而後知君之犬馬畜伋。蓋自是臺無餽也。孟子曰魯繆公時尊禮子思數問數餽鼎肉子思以君命道故不悅也於卒者末後復來時也摽麾也麾使者出大門之外再拜叩頭不受曰今而後知君以犬馬畜伋伋子思名也責君之不優以不煩而但數與之食物若養犬馬臺賤官主使令者傳曰僕臣臺從是之後臺不持餽來繆公愠也愠恨也悅賢不能舉，又不能養也，可謂悅賢乎？孟子譏繆公之雖欲有悅賢之意而不能舉用使行其道又不能優養終竟之豈可謂能悅賢也

曰：敢問國君欲養君子，如何斯可謂養矣？萬章問國君養賢之法也曰：以君命將之，再拜稽首而受。其後廩人繼粟，庖人繼肉，不以君命將之。子思以爲鼎肉使已僕僕爾亟拜也，非養君子之道也。將者行也孟子曰始以君命行禮拜受之其後倉廩之吏繼其粟將盡復送廚宰之人日送其肉不復以君命者欲使賢者不荅以敬所以優之也子思所以非繆公者以爲鼎肉使已數拜故也僕僕煩猥貌謂其不得養君子之道也堯之於舜也，使其子九男事之，二女女焉，百官牛羊倉廩備，以養舜於畎畝之中，後舉而加諸上位。故曰：王公之尊賢者也。堯之於舜如是是王公尊賢之道也九男以下已說於上篇上位尊帝位也

〔疏〕萬章曰至尊賢者也○正義曰：此章言知賢之道，舉之爲上，養之爲次，不舉不養，賢惡肯歸？是以孟子上陳堯舜之大法，下刺繆公之不弘者也。萬章曰士之不託諸侯何也，萬章問孟子言士之不寄公食祿於諸侯是如之何也。孟子曰不敢也至非禮也者，孟子荅之，以爲士之所以不託於諸侯者，以其不敢也。如諸侯失去其國，然後託於諸侯，是禮也；士之託於諸侯，非是禮也。以其諸侯失國，不得繼世，而託食祿於諸侯，則所託之諸侯不敢臣之也，以賓禮之而已。蓋爲諸侯於諸侯有賓道焉，士之於諸侯則臣道也，有臣之道，故不敢託也，如託於諸侯則非禮也。萬章曰君餽之粟則受之乎，萬章又問孟子，士既窮而無祿，如國君餽賜之以粟，則可受之乎？曰受之，孟子以爲可受之也。受之何義也，萬章又問受之是何義也。曰君之於氓也固周之，孟子又荅云君之於民，固當賙其窮乏，況爲士乎？曰周之則受，賜之則不受，何也，萬章又問謂國君周之則受之也，君所賜則不受，是如之何？曰不敢也，孟子又荅之以爲是不敢也。曰敢問其不敢何也，萬章又以此問之。曰抱關擊柝者至恭也，孟子又荅之曰抱關擊柝爲監門之吏者，是皆有常職事，可以食於君也，如士者是無常職事，若空見賜於君者，是以爲不恭，故不敢受也。以其受與不受，特在義之而已。曰君餽之則受之不識可常繼乎，萬章又問以謂國君餽之以粟財可以受之，不知可以常繼續而餽之與？曰繆公之於子思至可謂悅賢者乎，孟子又荅之言魯繆公尊於子思，數數問之，而又數數餽賜其鼎肉，子思以君命如是之煩，故憤而不喜悅，於卒末後復來餽之時，子思乃麾使者出諸大門之外，嚮北稽首再拜辭之而不受，曰至今而後乃知魯君以犬馬畜養其伋也。伋，曾子自稱其名也。蓋自子思如是辭之之後，僕臣臺從此不持餽來也。孟子於此又因而譏繆公旣能悅其子思之賢，而不能舉而用之，又不能以祿養之，可謂爲能悅賢者乎？言不可爲悅賢之君也。曰敢問國君欲養君子如何斯可謂養矣，萬章又問國君今欲養賢如之何可以謂之養也。曰以君命將之至王公之尊賢者也，孟子荅之以爲始以君命賜行禮拜而受之，其後倉廩之吏繼其粟將盡，又送餽之廚宰之人繼送其肉而不絕，又不以君命，欲使賢者不荅以敬，以是爲優其養。所以非繆公以爲鼎肉使已數數拜而僕僕然也，僕僕即煩猥貌也，如此是非所以養賢之道也。且堯帝於舜也，乃使九男事之，二女女焉，女者以女嫁人謂之女也，又以百官牛羊倉廩備以養舜於畎畝側微之中，後能舉用而加諸帝位，如此則爲王公大人所以尊賢者也。孟子引此，適所以譏繆公不能舉用子思，徒使鼎肉有追子思之煩猥也，抑又所以救時之弊者焉。○注託寄也謂若寄公○正義曰：案禮記大喪服云「君之喪未斂爲寄公」者是也。○注九男二女，更不復說。

萬章曰：敢問不見諸侯，何

義也（問諸侯聘請而夫子不見之於義何取也）孟子曰：在國曰市井之臣，在野曰草莽之臣，皆謂庶人。庶人不傳質爲臣，不敢見於諸侯，禮也。（在國謂都邑也。民會於市，故曰市井之臣。在野居之曰草莽之臣。莽亦草也。庶，衆也。庶衆之人未得爲臣。傳，執也。見君之質，執雉之屬也。未爲臣則不敢見之禮也。）萬章曰：庶人召之役則往役，君欲見之召之則不往見之，何也？（庶人召使給役事則往供役，事君召之見不肎往見，何也？）曰：往役，義也；往見，不義也。且君之欲見之也，何爲也哉？（孟子曰：庶人法當給役，故往役義也。庶人非臣也，不當見君，故往見不義也。且君何爲欲見而召之？）曰：爲其多聞也，爲其賢也。（萬章曰：君以是欲見之也。）曰：爲其多聞也，則天子不召師，而況諸侯乎？爲其賢也，則吾未聞欲見賢而召之也。（孟子曰：安有召師召賢之禮而可往見？）繆公亟見於子思，曰：古千乘之國以友士，何如？子思不悅，曰：古之人有言曰事之云乎，豈曰友之云乎？子思之不悅也，豈不曰以位則子君也，我臣也，何敢與君友也？以德則子事我者也，奚可以與我友？千乘之君求與之友而不可得也，而況可召與？（魯繆公欲友子思，子思不悅而稱曰：古人曰見賢人當事之，豈云友之邪？孟子云子思所以不悅者，豈不謂臣不可友君、弟子不可友師也？若子思之意亦不可友，況乎可召之？）齊景公田，招虞人以旌，不至，將殺之。志士不忘在溝壑，勇士不忘喪其元。孔子奚取焉？取非其招不往也。（已說於上篇）曰：敢問招虞人何以？（萬章問招虞人當何用也）曰：以皮冠，庶人以旃，士以旂，大夫以旌。（孟子曰：招禮若是。皮冠，弁也。旃，通帛也。因章曰旃。旂，旌有鈴者。旌，注旄首者。）以大夫之招招虞人，虞人死不敢往；以士之招招庶人，庶人豈敢往哉？況乎以不賢人之招招賢人乎？（以貴者之招招賤人，賤人尚不敢往，況以不賢人之招招賢人乎？不賢之招，是不以禮者也。）欲見賢人而不以其道，猶欲其入而閉之門也。夫義，路也；禮，門也。惟君子能由是路，出入是門也。（欲人之入而閉其門，何得而入乎？閉門如閉禮也。）詩云：周道如底，其直如矢；君子所履，小人所視。（詩小雅大東之篇。底，平；矢，直；視，比也。周道平直，君子履直道，小人比而則之。以喻虞人能效君子守死善道也。）萬章曰：孔子君命召不俟駕而行，然則孔子非與？（俟，待也。孔子不待駕而應君命也。孔子爲之非與？）曰：孔子當仕有官職，而以其官召之也。（孟子言孔子所以不待駕者，孔子當仕位，有官職之事，君以其官名召之也。）

疏。正義曰：此章言豈得不顛倒，詩云顛之倒之，自公召之，不謂賢者無位而君欲召見也。君子之志志於行道，不得其禮亦不苟往者也。「萬章曰敢問不見諸侯何義也」，萬章問孟子所以不見諸侯，其義謂何。「孟子曰在國曰市井之臣」至「禮也」，孟子荅之，以謂凡在都邑謂之市井之臣，在郊野謂之草莽之臣，然總而言之，皆謂之衆庶之人。如衆庶之人未得傳質爲臣者，故不敢就見於君也，以其無禮也。傳質者，所執其物以見君也，如公執桓圭，侯執信圭，伯執躬圭，子執穀璧，男執蒲璧，又諸侯世子執纁，孤執玄，附庸之君執黃，卿執羔，大夫執鴈，士執雉，是所以爲贄也。「萬章曰庶人召之役則往役，君欲見召之則不往見之，何也」，萬章又問孟子曰：庶人於君召之給役，則庶人往就其役事；今君欲見召之，乃不往者，是如之何也？萬章見齊王召孟子，孟子不往，所以有是問之。「曰往役義也，往見不義也」，孟子荅之曰：庶人往應其役，是其義當往也，以其庶人於君，其法當爲之役故也；往而見君者，是不義也，以其庶人非臣也，義不當當往見君故也且君之欲見之也者何為也哉孟子又以此問萬章言且國君所欲見之者何為也哉曰為其多聞也為其賢也萬章荅之曰君之所以欲見之者是為多聞又為其賢有德也曰為其多聞也至而召之也孟子又曰如是為其多聞也者則雖天子亦且不召其師而況諸侯可召而見之乎如是賢為有其德也則我未嘗聞知有欲見賢者而以召之也繆公亟見子思至不往也孟子又引繆公而證之言魯繆公數數見於子思乃曰古者千乘之國君以友其士何如子思遂慍而不喜曰古之人有言曰見賢人則當事矣豈嘗云友之乎然而子思所以不悅者其意豈不謂以位推之則子是為君尊矣而我則臣下也何敢與君為之交友也以有德論之則子事我為子之師也奚可以與我為友是則千乘之國君求賢者與之為友而尚且不可得也而況諸侯於今可召賢者而見之乎齊景公至不往也說於上篇矣此更不云曰敢問招虞人何以萬章見孟子言齊景公招虞人之事遂因問之曰招虞人當用何物而招之曰以皮冠庶人以旃至賢人乎孟子以荅之曰招虞人當以皮弁而招之也庶人則以通帛招之士以旂大夫以旌如以大夫之旌招虞人虞人雖死亦且不敢往應其招也以其士之旂而招庶人庶人豈敢往而應之哉而況以不賢之招而招賢人乎不賢之招

即不以禮之謂也欲見賢人而不以道至小人所視孟子又言今之諸侯欲見賢人而不以其道是若欲人入其門而反閉其門也如此尚何可得而見之乎夫義是若路也禮若門也惟君子之人能由行此義之路出入此禮之門上今乃反塞其義路而閉其禮門使君子何由而出入哉此孟子亦即此謂今之諸侯欲見賢人而乃欲召之則賢尚可得而見邪而小雅大東之詩有云周道平直如砥之平箭之直也君子亦所常履行此平直之道而為小人所常視而則法之矣然以此證之者蓋謂賢人所以不往見於諸侯者是所守以義而為衆人所矜式耳萬章曰孔子君命召不俟駕而行然則孔子非與萬章又問孟子以謂孔子常於君命召則不敢坐待駕而後行如此則孔子誠為非與曰孔子當仕有官職而以其官召之也孟子又荅之曰孔子所以不俟駕而行者以其當於為仕有官職而國君以其官而召之也豈得為非耶○注贄執雉之屬○正義曰已說於前矣○注孟子曰至首者○正義曰案士冠禮注云皮弁以白鹿皮為之象舊禮圖云以鹿皮淺毛黃白者為之高尺二寸今虞人以皮弁者皮弁以田故也又案周禮司常職云交龍為旂通帛為旃析羽為旌鄭注云通帛謂大赤從周正色無飾析羽皆五采繫之於旞旌之上所謂注旄於首是也○注詩小雅至善道也○正義曰此詩蓋刺亂之詩也譚國在東其大夫作是詩故云大東注云如砥貢賦平均也如矢賞罰不偏也言君子皆法傚履而行之其如砥矢之平直小人又皆視之共之無怨也○注孟子言孔子所以不待駕至豈可見也○正義曰語云君命召不俟駕而行是時孔子為中都宰以其有官職也詩云顛之倒之自公召之此乃國風東方未明之章文也箋云羣臣顛倒衣裳而朝人又從君所來而召之也云伊尹三聘而後就湯孟子云湯三使往聘之是其文也云沮溺耦耕接輿佯狂按論語云長沮桀溺耦而耕鄭注云長沮桀溺隱者也耜廣五寸二耜為耦又云楚狂接輿歌而過孔子曰鳳兮鳳兮蓋楚狂接輿是楚人姓陸名通字接輿也昭王時政令無常乃被髮佯狂不仕時人謂之楚狂也趙注引而證其解

孟子謂萬章曰一鄉之善士斯友一鄉之善士一國之善士斯友一國之善士天下之善士斯友天下之善士鄉鄉人之善者國一國之善者天下四海之內各以大小來相友自為疇匹也以友天下之善士為未足又尚論古之人頌其

詩讀其書不知其人可乎是以論其世也是尚友也好善者以天下之善士為未足極其善道也尚上也乃復上論古之人頌其詩詩歌國近故曰頌讀其書者猶恐未知古人高下故論其世以別之也在三皇之世為上在五帝之世為次在三王之世為下是為好上友之人也

疏孟子至尚友也○正義曰此章言好高慕遠君子之道樂其崇茂者也孟子謂萬章曰至是尚友也孟子謂萬章言一鄉之中有其善者所友斯亦一鄉之善士者也一國之中有善士所友者亦一國之善士者也天下於四海之內有其善士者所友亦以天下之善士者也如友天下之善士者為未足以極其善道則又上論古之人而頌歌其詩看讀其書如此不知其如是之人可以友也乎然猶未知其人之可友也抑又當論其人所居之世如何耳能以此乃是尚友之道也孟子所以謂之以此者蓋欲教當時之人尚友也孔子云無友不如己者與其詩云高山仰止景行行止亦其意與

齊宣王問卿孟子曰王何卿之問也王問何卿也

曰卿不同乎曰不同有貴戚之卿有異姓之卿

孟子曰卿不同貴戚之卿謂內外親族也異姓之卿謂有德命爲王卿也王曰請問貴戚之卿問貴戚之卿如何曰君有大過則諫反覆之而不聽則易位孟子曰貴戚之卿反覆諫君君不聽則欲易君之位更立親戚之貴者王勃然變乎色王聞此言愠怒而驚懼故勃然變色曰王勿異也王問臣臣不敢不以正對孟子曰王勿怪也王問臣臣不敢不以其正義對王色定然後請問異姓之卿王意解顏色定復問異姓之卿如之何也曰君有過則諫反覆之而不聽則去孟子言異姓之卿諫君不從三而待放遂不聽之則去而之他國也【疏】齊宣至則去。○正義曰：此章言國須賢臣必擇忠良親近貴戚或遭殃禍者也齊宣王問卿是齊王問孟子爲卿者如之何也孟子曰王何卿之問孟子荅之以謂王問何卿也王曰卿不同乎宣王見孟子以爲問何卿故問之曰然是卿有不同而異之乎曰不同有貴戚之卿有異姓之卿孟子又荅之曰卿不同也以其有貴戚內外親族之卿有異姓有貴之卿也王曰請問貴戚之卿宣王又問貴戚之卿是如之何也曰君有過謬則諫諍以至反覆數諫君不聽從則欲更易君位更立其君者也王勃然變乎色宣王聞此言遂憤而驚恐乃勃然變乎顏色曰王勿異也王問臣臣不敢不以正對孟子又曰王勿怪異我之言也王之所以問臣臣不敢不以正義對王也王色定然後請問異姓之卿宣王見孟子此言顏色遂解而心且安定故無驚恐然後又問其異姓之卿是如之何曰君有過則諫反覆之而不聽則去孟子又荅之曰國君有過謬則諫諍之以至反覆數諫而不聽從則去而之他國者是也如紂之無道微子比干諫之而不聽一則雖爲之見剖一則抱祭器而從周伊尹發於有莘之野而爲殷湯輿治天下蓋亦本湯立賢無方故也宜孟子以是而告齊王

孟子注疏解經卷第十下

南昌縣知縣陳煦栞

孟子注疏卷十下挍勘記

阮元撰　盧宣旬摘錄

當孰何心爲可也　閩監毛三本同廖本孔本韓本考文古本足利本也作者

卻之卻之爲不恭　閩本同監毛二本孔本韓本卻作郤音義出卻之云或作郤誤案卻字从卩說文曰卻也俗作却郤者邑名字从邑經傳亦借爲隙字

其來交求已以道理　閩監毛三本同岳本孔本韓本考文古本交求作求交

蓋言其可受之也　閩監毛三本同宋本廖本孔本韓本考文古本作言可受也足利本無之也二字

殷受夏周受殷　石經殷諱作商

皆於也　廖本孔本韓本考文古本同閩監毛三本皆誤者

於今爲烈烈　閩監毛三本孔本同韓本考文古本下烈作然

君子欲受之　閩監毛三本同孔本韓本欲作且受上重受字考文古本同孔本無且字

謂孟子也　閩監毛三本同宋本岳本廖本孔本韓本考文古本足利本無也字

知後王者　諸本同廖本監本毛本王作正誤

今大盡耳　宋本耳作甘

孔子先簿正祭器　音義云簿本多作薄誤

乏絕　監毛二本乏誤之玩僞疏本用此誤本

何爲不去也　閩監毛三本同廖本孔本韓本考文古本無也字

占其事始　廖本孔本韓本考文古本足利本同閩監毛三本始誤治

於季桓子　石經桓作桓

孔子故宿留以荅之也　閩監毛三本同宋本岳本考文古本無孔子二字廖本也作矣孔本

韓本無孔子二字也作矣足利本無之字

章指言聖人憂民樂行其道苟善辭命不忍逆距不合則去亦不淹久蓋仲尼行止之節也

椎之也　考文古本椎作推案音義出椎字作推非也

行夜　按行字如月令出行田原之行經典釋文皆下孟反孫不爲音非也

茜茜　閩監毛三本足利本同孔本韓本考文古本無一茜字

章指言國有道則能者取　考文古本作處　卿相國無道則聖人居乘田量時安卑不受言責獨善其身之道也

固當周其窮乏　岳本及各本同宋本當作常

士窮居周之則受　閩監毛三本同廖本孔本韓本考文古本居作君

稟貧民之常料也　廖本孔本韓本考文古本料作科是也閩監毛三本稟作廩○按作廩非也說文曰稟賜穀也淺人多譌稟爲廩

可食於上祿　孔本韓本祿作有

而常來致之乎　廖本常作當案常是毛本同

以君命道故不悅也　閩監毛三本同廖本孔本韓本考文古本道作煩足利本作以爲君命煩故不悅案煩是

君以犬馬畜伋　閩監毛三本同宋本岳本廖本孔本韓本無以字

慍恨也　玩此三字似經文有奪抑注文作繆公慍恨也五字今本衍二字耳

章指言知賢之道舉之爲上養之爲次不舉不養賢惡肯歸是以孟子上陳堯舜之大法下刺繆公之不宏　孔本韓本作閎也　孔本韓本考文古本無也字

伋曾子自稱其名也　案曾子當作子思

謂都邑也　孔本無也字

故曰市井之臣在野居之曰草莽之臣　閩監毛三本同廖本考文古本作故日市井之人在野野居之人孔本韓本同廖本上人作臣

庶衆之人　閩監毛三本同宋本孔本韓本考文古本庶衆作衆庶

則往供役事　閩監毛三本同宋本孔本韓本考文古本無役字

不月往見　岳本廖本孔本韓本考文古本月作肯是也閩監毛三本作自亦非

欲見而召之　閩監毛三本同廖本孔本韓本考文古本作欲見之而召之也

而可往見　閩監毛三本同宋本孔本韓本考文古本下有也字

孔子奚取焉取非其招不往也　石經焉下有哉字無其字

註旃首者者　註當作注下者字衍宋本岳本廖本考文古本作注旃首者閩監毛三本作注旃于首者孔本韓本作注旃干首者○按作干是也古多假干爲竿

是不以禮者也　閩監毛三本同廖本孔本韓本考文古本作不以禮也足利本有是字

何得而入乎　閩監毛三本同廖本孔本韓本何作可

如閉禮也　閩監毛三本同廖本韓本如作由孔本作猶

周道如底　按底字誤也當作厎說文厎柔石也从厂氐聲或作砥職雉切底山居也下也从广氐聲都禮切今毛詩作砥孟子作厎正是一字不當从广音義亦誤

孟子言孔子　閩監毛三本足利本同孔本韓本考文古本言作曰

章指言君子之志志於行道不得其禮亦不苟往於禮之

可伊尹三聘而後就湯道之未洽沮溺耦耕接輿佯狂豈可見也 孔本作乎

一國之善者 閩監毛三本同廖本孔本韓本考文古本一國作國中

四海之内 閩監毛三本同宋本孔本韓本考文古本下有也字

詩歌國近 閩監毛三本同廖本孔本韓本考文古本國近作頌之是

章指言好高慕遠君子之道雖各有倫樂其崇茂是以仲尼曰毋友不如已者高山仰止景行行止

命爲王卿也 閩監毛三本同廖本孔本韓本考文古本王作三

更立親戚之貴者 宋本岳本韓本考文古本同閩監毛三本韓本貴作賢是

諫君不從王而待旅遂不聽之 廖本考文古本王作三旅作放是也宋本遂作逐孔

本韓本同廖本三作夫閩監毛三本作諫君反覆諫君而君遂不聽之非也

章指言國須賢臣必擇忠良親近貴戚或遭禍殃伊發有莘爲殷興道故云成湯立賢無方也

齊宣至則去 閩監本同毛本宜下增王字

孟子注疏卷十下挍勘記

奉新趙儀吉挍

孟子注疏解經卷第十一上

告子章句上凡二十章

趙氏注　孫奭疏

告子者告姓也子男子之通稱也名不害兼治儒墨之道者嘗學於孟子而不能純徹性命之理論語曰子罕言命謂性命難言也以告子能執弟子之問故以題篇

疏正義曰此篇首論告子言性所以次於萬章問孝之篇者以其爲孝之道其本在性也故此篇首以告子之言性遂爲篇題次於萬章不亦宜乎此篇凡三十六章趙氏分之以成上下卷此卷凡二十章而已一章言養性長義順夫自然殘木爲器變而後成二章言人之欲善由水好下迫勢激躍失其素真三章言人之性與善俱生四章言明仁義由內以曉告子五章言公都告子受命然後乃理六章言天之生人皆有善性引而趍之善惡異衢其七章言人稟性俱有好憎或爲君子或爲小人猶麰麥不齊雨露使然也八章言秉心持正使邪不干猶止斧斤不伐牛山則山木茂人則稱仁九章言弈爲小數不精不能一人善之十人惡之若竭其道何由智哉十章言舍生取義義之大者也十一章言由路求心爲得其本十二章言舍大惡小不知其要十三章言莫知養身而養其樹木十四章言養其行治其政俱用智力善惡相厲是以君子居處思義飲食思禮十五章言天與人性先立其大十六章言古人修天爵自樂之也今要人爵以誘待也得人弃天道之忌也或以招之小人事也十七章言所貴在身人不知求十八章言爲仁不至不反求諸己謂水勝火熄而後已不仁之甚終爲亡矣十九章言功毁幾成人在慎終五穀不熟荑稗是勝是以爲仁必其成也二十章言彀張規矩以喻爲仁學不爲人由是二教失其法而行之者也其餘十六章趙氏分在下卷各有敘焉○注告子者姓至篇題○正義曰云告子名不害者盡心篇有浩生不害疑爲告子姓告名不害以浩生爲字趙注又云浩生姓名不害又爲二人其佗經傳未詳甚人云論語子罕言命蓋論語第九篇首云也故以題其篇

告子曰性猶杞柳也義猶桮棬也以人性爲仁義猶以杞柳爲桮棬告子以爲人性爲才幹義爲成器猶以杞柳之木爲桮棬也杞柳柜柳也一曰杞木名也詩云北山有杞桮棬棬素也

孟子曰子能順杞柳之性而以爲桮棬乎將戕賊杞柳而後以爲桮棬也戕猶殘也春秋傳曰戕舟發梁所能順完杞柳不傷其性而成其桮棬乎將斤斧殘賊之乃可以爲桮棬乎言必殘賊也如將戕賊杞柳而以爲桮棬則亦將戕賊人以爲仁義與孟子言以人身爲仁義豈可復殘傷其形體乃成仁義邪明不可比桮棬率天下之人而禍仁義者必子之言夫以告子轉性爲仁義若轉木以成器必殘賊之故言率人以禍仁義者必子之言夫蓋歎辭也

疏告子至言夫○正義曰此章言養性長義順夫自然殘木爲器變而後成孟子拂之不假以言也告子曰至爲桮棬告子言人之性譬若杞柳義若桮棬也以人之性爲其仁義之道若以杞柳之木爲之桮棬也杞枸杞也柳少楊也桮素樸也棬器之似屈轉木作也以其杞柳可以楺而作棬也孟子曰子能順杞柳之性爲桮棬乎至必子之言夫孟子乃拂之曰子能順杞柳之木性以爲桮棬乎以其將以斤斧殘賊其杞柳然後爲之桮棬也如將斤斧殘賊杞柳而以爲之桮棬是亦將殘賊人之形軀然後以爲仁義與且驅天下之之人而殘禍仁義之道者是亦必子之此言也孟子所以拂之以此蓋謂人之性仁義固有不可比之桮棬以杞柳爲之也○注杞柳柜柳至素正義曰案說文云杞枸杞柳少楊也桮匵也棬屈木盂也所謂器似升屈木作是也詩云北山有杞南山有臺文也

告子曰性猶湍水也決諸東方則東流決諸西方則西流人性之無分於善不善也猶水之無分於東西也湍水圜也謂湍湍縈水也告子以喻人性若是水也善惡隨物而化無本善不善之性也

孟子曰水信無分於東西無分於上下乎人性之善也猶水之就下也人無有不善水無有不下今夫水搏而躍之可使過顙激而行之可使在山是豈水之性哉其勢則然也人之可使爲不善其性亦猶是也孟子曰水誠無分於東西故決之而

往也水豈無分於上下乎水性但欲下耳人性生而有善猶水之欲下也所以知人皆有善性似水無有不下者也躍跳顙額也人以手跳水可使過顙激之可令上山皆迫於勢耳非水之性也人之可使爲不善非順其性也亦妄爲利欲之勢所誘迫耳猶是水也言其本性非不善也〔疏〕告子至是也○正義曰此章言人之欲善猶水好下迫勢激躍失其素真是以守正性爲君子隨曲折爲小人者也告子曰性猶湍水也至東西也告子言人之性猶縈迴之水也湍圜縈迴之勢也縈迴之水決之使流於東方則東流之使之流西方則西流之而人之性無分於爲善爲不善也如縈迴之之水無分於東西也孟子曰至是也孟子言水之性無分於東西上下乎言有分於東西上下也人性之善也猶水之就下也人無有性之不善者水無有不就下者今夫水之搏而跳之可使過顙激而行之可令上山如此豈水性如是哉是其勢如是也人之性所以可使爲不善者亦若此水之勢也以其人之性不善乃利欲而誘迫之也亦搏激其水之謂也○注湍者圜也○正義曰說文云湍急瀨水又云瀨水流沙上也令謂縈迴之水者然其水流沙上縈迴之勢湍湍然也

告子曰生之謂性凡物生同類者皆同性孟子曰生之謂

性也猶白之謂白與猶見白物皆謂之同白無異性曰然告子曰然白羽之白也猶白雪之白白雪之白猶白玉之白歟孟子以爲羽性輕雪性消玉性堅雖俱白其性不同問告子以三白之性同邪曰然告子曰然誠以爲同也然則犬之性猶牛之性牛之性猶人之性歟孟子言犬之性豈與牛同所欲牛之性豈與人同所欲乎〔疏〕告子曰生之至性歟正義曰此章言物雖有性性各殊異惟人之性與善俱生者也告子曰生之謂性告子言人之生與物之生皆謂之性以其爲同也孟子曰生之謂性也猶白之謂白歟孟子見告子以爲凡物生同謂之性故問之曰然則生之謂性是如凡物之白皆謂同白無異性也曰然告子以爲誠如是也白羽之白也猶白雪之白白雪之白猶白玉之白歟孟子又言是則白羽毛之白亦如白雪之白白雪之白亦如白玉之白歟故以此三者問告子然孟子以謂羽毛之白則其性輕白雪之白其性易消白玉之白其性堅是其性有不同其白也曰然告子不知爲有異故亦以爲誠然也言則同也然則犬之性猶牛之性牛之性猶人之性歟孟子曰又如是則犬狗之

性猶牛之性牛之性亦猶人之性與孟子所以言此者以其犬之性金畜也故其性守牛之性土畜也故其性順夫人受天地之中萬物俱備於我者也是其禀陰與陽之氣所生也故其性能柔能剛是爲不同者告子不知但知其麤者也

告子曰食色性也仁內也非外也義外也非內也人之甘食悅色者人之性也仁由內出義在外也不從己身出也孟子曰何以謂仁內義外也孟子怪告子是言也曰彼長而我長之非有長於我也猶彼白而我白之從其白於外也故謂之外也告子言見彼人年老長大故我長敬之長大者非在我者也猶白色見於外者也曰異於白馬之白也無以異於白人之白也不識長馬之長也無以異於長人之長歟且謂長者義乎長之者義乎孟子曰長異於白白馬白人同謂之白可也不知敬老馬無異於敬老人邪且謂老者爲

義義乎將謂敬老者爲有義乎且敬老者己也何以爲外也曰吾弟則愛之秦人之弟則不愛也是以我爲悅者也故謂之內長楚人之長亦長吾之長是以長爲悅者也故謂之外也告子曰愛從己則己心悅故謂之內所悅喜老者在外故曰外也曰耆秦人之炙無以異於耆吾炙夫物則亦有然者也然則耆炙亦有外歟孟子曰耆炙同等情出於中敬楚人之老與敬己之老亦同己情性敬之雖非己炙同美故曰物則有然者也如耆炙之意豈在外邪言楚秦喻遠也〔疏〕告子曰食色至亦有外歟○正義曰此章言事者雖從外行其事者皆發於中明仁義由內所以曉告子之惑者也告子曰食色性也仁內也非外也義外也非內也告子言人之嗜其甘食悅其好色是人之性也仁在我爲內非自外而入者也義在彼非在我故爲外也非內也孟子曰何以謂仁內義外也孟子見告子以爲仁內義外故問之曰何以爲仁內義外曰彼長而我長之至故謂之外也告子言彼

人之年老而我從而敬長之，非有長在我也，如彼物之色白而我從而白之，是從其白於外也，我故謂義爲在外也。曰異於白馬之白也，無以異於白人之白也，不識長馬之長也，無以異於長人之長歟？且謂長者義乎？長之者義乎？孟子又闢之曰：彼長而我長之，異於彼白而我白之也。於白馬之色白無以異於白人之色白也，是則同也。不知長老馬無以異於長人之長老乎？以其是則有異也。蓋白馬之白與白人之白者，彼白而我白之耳，我何容心於其間哉，固無異也。長馬之長與長人之長，則有欽不欽之心矣，此所以有異焉。以其長人之長者有欽，長馬之長者無欽，是則長者在彼，長之者在我，而義自長之者生，非自長者生也。如此，告子何得謂之外乎？故問之曰：且謂長者爲有義乎？長之者爲有義乎？曰吾弟則愛之至故謂之外也，告子又謂我之弟則親愛之，秦人之弟則我不愛，是愛以我爲悅者也，愛主仁，故謂仁爲內也。敬長楚人之長者，亦敬長吾之長者，是以長爲悅者也，長主義，故謂義爲外也。曰耆秦人之炙無以異於耆吾炙至亦有外歟，孟子又以秦人之炙而排之，曰好秦人之炙無以異於好吾之炙，爲物耳，則亦有如是也，然則好炙亦有外歟？且孟子所以排之以此者，蓋謂仁義皆內也。以其秦人之弟則不愛，吾弟則愛之，愛與不愛，是皆自我者也，告子謂之以我爲悅則是矣。吾之長者吾長之，楚人之長吾亦長之，長之亦皆自我者也，告子又謂之以長爲悅，則非矣。是亦猶秦人之炙與吾之炙，雖不同，而嗜之者皆自我也。如是，則義果非生於外者也。云炙竅。周書曰黄帝始燔肉爲炙是也。秦楚所以喻外

孟季子問公都子曰：「何以謂義內也？」季子亦以爲義外也。曰：「行吾敬，故謂之內也。」公都子曰以敬在心而行之，故言內也。「鄉人長於伯兄一歲，則誰敬？」季子曰敬誰也。曰：「敬兄。」公子都曰當敬兄也。「酌則誰先？」季子曰酌酒則誰先酌。曰：「先酌鄉人。」公都子曰當先酌鄉人。「所敬在此，所長在彼，果在外，非由內也。」季子曰所敬者兄也，所酌者鄉人也，如此義果在外，不由內也。果猶竟也。公都子不能荅，以告孟子。公都子無以荅季子之問。孟子曰：「敬叔父乎？敬弟乎？彼將曰『敬叔父』。曰：『弟爲尸，則誰敬？』彼將曰『敬弟』。子曰：『惡在其敬叔父也？』彼將曰『在位故也』。子亦曰『在位故也』。庸敬在兄，斯須之敬在鄉人。」孟子使公都子荅季子如此，言弟以在尸位，故敬之；鄉人以在賓位，故先酌之耳。庸，常也。常敬在兄，斯須之敬在鄉人。季子聞之，曰：「敬叔父則敬，敬弟則敬，果在外，非由內也。」隨敬所在而敬之，果在外。公都曰：「冬日則飲湯，夏日則飲水，然則飲食亦在外也？」湯水雖異名，其得寒溫者中心也。雖隨敬之所在，亦中心敬之，猶飲食從人所欲，豈可復謂之外也。

疏孟季至是亦在外也。○正義曰：此章言凡人隨形不本其原，賢者達情知所以然，季子信之，猶若告子，公都受命，然後乃理者也。

孟季子問公都子曰何以謂義內也，孟季子猶若告子以爲義外，故問孟子弟子公都子曰何以謂義爲內也。曰行吾敬故謂之內也，公都子荅之曰所敬在心而行之，故謂義爲內也。鄉人長於伯兄一歲則誰敬，季子又問之曰鄉之人有長於己之伯兄一歲，則當敬誰。曰敬兄，公都子曰當敬己之兄也。酌則誰先，季子又問之曰如在筵則酌酒先酌誰。曰先酌鄉人，公都子曰當先酌鄉人也。所敬在此所長在彼果在外非由內也，季子又言所敬在兄，是敬在此；酌在鄉人，是所長在彼，是義果在外者也，非由內而出之也。公都子不能荅以告孟子，公都子於此遂無言以應荅，而乃告知於孟子。孟子曰至斯須之敬在鄉人，孟子謂公都子曰敬叔父乎？敬弟乎？彼季子將曰敬叔父，則問之曰弟爲主則誰敬？彼季子將曰敬弟，則又問之曰如敬弟則安在敬其叔父也？彼季子將曰弟在位故敬之也，子亦與之曰所以先酌鄉人者，亦以在賓之位故先酌之也。言常敬者在兄，斯須少頃之敬在鄉人也。季子聞之至非由內也，季子聞孟子此言，故謂之曰敬叔父則敬之，敬己之弟則亦敬之，是隨敬所有則敬在外，非由內也。公都子曰冬日則飲湯至亦在外也，公都子由孟子教之以此，乃曉其理，故自又以冬夏所飲比喻而曉季子之惑也。言冬寒之日則飲湯，夏熱之日則飲水，如是則飲食亦有在外者也。蓋謂湯水雖異名，然得其寒熱而飲之者在我之中心然也，猶敬叔父敬弟雖有異，然而能敬之者在我而已。敬在我，則敬在心而出之者也，安得謂之在外乎？季子即下卷所謂季任爲任處守者。

公都子曰：「告子曰：『性無善無不善也。』

公都子道告子以爲人性在化無本善不善也。或曰性可以爲善可以爲不善是故文武興則民好善幽厲興則民好暴公都子曰或人以爲可教以善不善亦由告子之意也故文武聖化之起民皆喜爲善幽厲虐政之起民皆好暴亂或曰有性善有性不善是故以堯爲君而有象以瞽瞍爲父而有舜以紂爲兄之子且以爲君而有微子啓王子比干公都子曰或人者以爲。各有性善惡不可化移堯爲君象爲臣不能使之爲善瞽瞍爲父不能化舜爲惡紂爲君又與微子比干有兄弟之親亦不能使其。二子爲不仁是亦各有性也矣今曰性善然則彼皆非歟公都子曰告子之徒其論如此今孟子曰人性盡善然則彼之所言皆爲非歟孟子曰乃若其情則可以爲善矣乃所謂善也若夫爲不善非才之罪也若順也性與情相爲表裏性善勝情情則從之孝經云此哀戚之情情從性也能順此情使之善者真所謂善也若隨人而強作善者非善者之善也若爲不善者非所受天才之罪物動之故也惻隱之心人皆有之羞惡之心人皆有之恭敬之心人皆有之是非之心人皆有之惻隱之心仁也羞惡之心義也恭敬之心禮也是非之心智也仁義禮智非由外鑠我也我固有之也弗思耳矣故曰求則得之舍則失之或相倍蓰而無筭者不能盡其才者也仁義禮智人皆有其端懷之於內非從外銷鑠我也求存之則可得而用之舍縱之則亡失之矣故人之善惡或相倍蓰或至於無筭者不能相與計多少言其絕遠也所以惡乃至是者不能自盡其才性也故使有惡人非天獨與此人惡性其有下愚不移者也譬若乎被疾不成之人所謂童昏也詩曰天生蒸民有物有則

民之秉彝。好是懿德孔子曰爲此詩者其知道乎故有物必有則民之秉彝也故好是懿德詩大雅蒸民之篇言天生蒸民有物則有所法則人法天也。民之秉夷夷常也常好美德孔子謂之知道故曰人皆有是善者也

【疏】公都子曰至懿德。正義曰此章言天之生人皆有善性引而趍之善惡異衢高下自懸賢愚行殊尋其本者乃能一諸者也公都子曰至然則彼皆非與者公都子問孟子以謂告子言人之性無有善亦無有不善但在人之所爲如何耳或有謂人性可以爲善又可以爲不善但在上所化如何耳如此故文王武王興起常以善養人則民人皆好善至幽王厲王興起常以政暴虐於民則民亦皆好其暴亂或有人又謂人有性善有性不善非在所化稟之於天而已如此故以堯帝之爲君而有象之傲爲臣以瞽瞍之頑爲父而有舜之聖爲子以紂爲兄之子且以爲君而有微子啓王子比干之賢爲臣今孟子乃曰性皆善是則彼告子與或人之言者皆不是歟故以此問孟子孟子曰乃若其情則可以爲善矣至好是懿德孟子言人之乃順其情則皆可以爲善矣是所謂性善也若夫人爲不善者非天之降才爾殊也其所以爲不善者乃自汨喪之耳故言非稟天才之罪也且情性才三者合而言之則一物耳分而言之則有三名故曰性曰情曰才蓋人之性本則善之而欲爲善者非性也以其情然也情之能爲善者非情然也以其才也是則性之動則爲情而情者未嘗不好善而惡惡者也其不欲爲善者乎而才者乃性之用也而才者上有以達乎天下有以達乎地中有以貫乎人其有不能爲善者乎此孟子所以曰乃若其情則可以爲善矣乃所謂善也若夫爲不善非才之罪也言惻隱之心人皆有之至智也者已詳於前矣蓋以惻隱羞惡恭敬是非之心人皆有是心也人能順此而爲之是謂仁義禮智也仁義禮智即善也然而仁義禮智之善非自外銷鑠我而亡之也我有生之初固有之也但人不思而求之耳故曰求則得而存舍而弗求則亡之矣然人所以有善有惡其善惡相去之遠或相倍蓰或至於不可計其多少如此之絕遠者是不能自盡其性才者也言才無有不能爲善者矣但不能盡其才而爲之耳故詩大雅蒸民之篇有曰上天之生衆民有物則有所法則民之秉執其常善故好是美德而已所謂常即善也所謂善即美德也謂美德者即仁義禮智是也孔子常亦云爲此詩之人其能知道者也故言有物必有則民之秉彝故好是懿德也然所謂物者即自人之四肢五臟

六腑九竅達之於君臣父子夫婦兄弟朋友無非物也所謂則者即仁之於父子義之於君臣禮之於夫婦兄弟信之於朋友也是無非有物則有則也由此觀之孟子所以言至此者豈非人性皆善者邪故有物必有則是謂性之善也能秉其彝是謂才也好是懿德是謂情也有物有則民之秉彝好是懿德是能順其情以爲善而才從之者也○注紂與微子比干有兄弟之親○正義曰案史記世家云微子啓者殷帝乙之首子而紂之庶兄也又云王子比干者亦紂之親戚也是知有兄弟之親矣○注大雅蒸民之詩○正義曰此蓋尹吉甫美宣王之詩文也

孟子曰富歲子弟多賴凶歲子弟多暴非天之降才爾殊也其所以陷溺其心者然也富歲豐年也凶歲飢饉也子弟凡人之子弟也賴善暴惡也非天降下才性與之異也以飢寒之阨陷溺其心使爲惡者也今夫麰麥播種而耰之其地同樹之時又同浡然而生至於日至之時皆孰矣雖有不同則地有肥磽雨露之養

人事之不齊也麰麥大麥也詩云貽我來麰言人性之同如此麰麥其不同者人事雨澤有不足。地之有肥磽耳磽薄也故凡同類者舉相似也何獨至於人而疑之聖人與我同類者聖人亦人也其相覺者以心知耳故體類與人同故舉相似也故龍子曰不知足而爲屨我知其不爲蕢也屨之相似天下之足同也龍子古賢人也雖不知足小大作屨者猶不更作蕢蕢草器也以屨相似天下之足略同故也口之於味有同耆也易牙先得我口之所耆者也如使口之於味也其性與人殊若犬馬之與我不同類也則天下何耆皆從易牙之於味也至於味天下期於易牙是天下之口相似也人口之所耆者相似故皆以易牙爲知味言口之同也惟耳亦然至於聲天下期於師曠是天下之耳相似也耳亦猶口也天下皆以師曠爲知聲之微妙也惟目亦然至於子都天下莫不知其姣也不知子都之姣者無目者也目亦猶耳也子都古之姣好者也詩云不見子都乃見狂且儻無目者乃不知子都好耳言目之同也故曰口之於味也有同耆焉耳之於聲也有同聽焉目之於色也有同美焉至於心獨無所同然乎言人之心性皆同也心之所同然者何也謂理也義也聖人先得我心之所同然耳故理義之悅我心猶芻豢之悅我口心所同耆者義理也理者得道之理聖人先得理義之要耳理義之悅心如芻豢之悅口。誰不同也。

疏孟子曰至我口。正義曰此章言人稟性但有好憎耳目口心所悅者同或爲君子或爲小人猶麰麥不齊雨露使然者也

孟子曰富歲子弟多賴至猶芻豢之悅我口者孟子言豐熟之年凡人之子弟多好善賴善也凶荒之年凡人之子弟多好暴惡然而非上天降下才性與之殊異也而其所以由飢寒之阨陷溺去其良心而爲之惡也無他所謂禮義生於富足盜賊起於貧窮是也且譬夫今之大麥也人播種而耰鋤之其地高下以同藝殖之時又同浡浡然而生長秀茂至於日至可以收割之時皆熟矣雖有不同爲不熟者則是地有肥薄與雨露之不均而人事之所加有不齊也故凡物有同其類者皆相似也何獨至於人而疑爲不然雖聖人亦則與我同其類者也故龍子之賢人有曰人不知天下人之足而爲草屨者我知其人不能爲之蕢也蕢草器也其所以爲屨皆相似者以其天下人之足則同也故口之於食味人有同耆也然而易牙先得我口之所好者也如使人口於味其性之所好與人殊異有是若狗馬之與我不同其形類也則天下何以嗜其味皆從易牙所好之味也至於食味天下所以皆斯指於易牙者是天下之人口相似也不特口之於味然也惟耳於聲亦如是也耳於聲天下之人所以皆期指於師曠爲知聲之妙者是天下之人耳相似也又不特耳如是也惟天下之目亦如是也至於子都者天下之人無有不知其姣好也不知子都之姣好者是無目之人也故曰人口之於味

其有所同好者焉耳之於聲以其有同聽者焉目之於色以其有同美者焉至於心獨無所同亦如是乎言人心性亦若口耳皆有同而無異也然人心有所同然者何也是謂理也義也惟聖人者但先得我心之所同然耳故曰理義之有喜悅於我心者如芻豢之味有悅於我口耳蓋理出於性命天之所爲也義出於道德人之所爲也而理義又出於人心所同然也是則天之使我有是之謂命天命之謂性是性命本乎天故爲天之所爲也天之所爲雖妙然而未嘗不有理焉如此豈非其理有出於性命者乎人能存其性命而不失之者是所謂有其道德也故爲人之所爲者也人之所爲道德雖妙然而未嘗不有義存焉如此則豈非其義有出於人心者乎合而言之則性命道德是爲理義雖是理義出於性命道德者耳○注麰麥至滿也○正義曰釋云麰麥大麥也又短粒麥也詩云貽我來麰此蓋周頌思文之篇言后稷配天之詩也磽說文云磽石地名也○注易牙爲知味○正義曰案左傳云易牙齊桓公大夫也淄澠二水爲食易牙亦知二水之味桓公不信數試始驗是易牙爲知味者也○注師曠爲知聲之妙○正義曰案呂氏春秋云已說在離婁篇首左傳杜氏注云晉樂師子野者是也○注子都詩云不見子都乃見狂且○正義曰案詩國風山有扶蘇之篇文也注云都世之美好者狂狂人也且辭也箋云人之好色不往覩子都反往覩狂醜之人凡此是知子都爲美好者也○草性曰芻穀養曰豢○正義曰說文云牛馬曰芻犬豕曰豢是其解也

孟子注疏解經卷第十一上

南昌縣知縣陳煦栞

孟子注疏卷十一上挍勘記　阮元撰盧宣旬摘錄

人性爲才幹 閩監毛三本孔本足利本同韓本考文古本才作本

所能順完杞柳 閩監毛三本同廖本孔本韓本考文古本足利本所作子

而成其桮棬乎 閩監毛三本足利本同孔本韓本考文古本無其字

將斤斧殘賊之 各本同岳本將下有以字

如將戕賊杞柳 此本脫戕字

明不可此桮棬 此當作比閩監毛三本作比廖本孔本韓本考文古本作明不可比桮棬也

以告子轉性爲仁義 閩監毛三本同廖本孔本韓本考文古本足利本爲上有以字

蓋歎辭也 閩監毛三本同廖本孔本韓本考文古本無蓋字

章指言養性長義順夫自然殘木爲器變而後成 岳本孔本韓本考文古本此下並有告子道偏見有不純八字

仁內義外 孔本作內仁外義

違人之端孟子拂之不假以言也

湍水圜也謂湍水湍縈水也 閩監毛三本同廖本孔本韓本考文古本上湍水作湍者下湍水無水字縈作瀠案僞疏引亦作湍者圜也音義出瀠字

搏而躍之 音義丁作摶

猶水之欲下也 閩監毛三本同廖本孔本韓本無之字

章指言人之欲善猶水好下迫勢激躍失其素眞是以守正性者爲君子隨曲拂者爲小人也

令謂縈迴之水者然其水流沙上 案今誤令言誤然監毛本不誤

無異性 閩監毛三本足利本同廖本孔本韓本考文古本性下有也字

問告子以三白之性　閩監毛三本同廖本孔本韓本考文古本疊子字

章指言物雖有性性各殊異惟人之性與善俱生赤子入井以發其誠告子一之知其麤矣孟子精之是足利本是作人在其中

則犬狗之性　閩本同監毛二本無狗字

見彼人年老長大　閩監毛三本同廖本孔本韓本無老字

非在我者也猶白色見於外者也　閩監毛三本足利本同廖本孔本韓本考文古本在下有於字無二者字

同謂之白可也　各本同考文古本可作何

爲義義乎　閩監毛三本少一義字廖本孔本韓本考文古本作爲有義乎案廖本是也

孟子疏卷十一上校勘記　二

且敬老者　閩監毛三本同廖本孔本韓本無且字

愛從己　廖本孔本韓本考文古本同閩監毛三本己誤心

所悅喜老者在外　岳本孔本韓本考文古本同閩監毛三本脫老字

故曰外也　閩監毛三本同廖本孔本韓本無也字

耆秦人之炙　音義本亦作嗜下同○案嗜正字耆假借字

己情性敬之　閩監毛三本足利本同孔本韓本考文古本性作往

章指言事雖在外行其事者皆發於中明仁義由內所以曉告子之惑也

且孟子所以排之　閩監二本同毛本且作故

云炙實　監毛本實並作者

行吾敬　此章敬字石經諱作欽

故言內也　閩監毛三本同岳本孔本韓本無也字

則誰先酌　閩監毛三本足利本同岳本孔本韓本考文古本作則先酌誰

鄉人以在賓位　閩監毛三本同廖本孔本韓本考文古本無以字

斯須之敬在鄉人　閩監毛三本足利本同廖本孔本韓本考文古本下有也字

章指言凡人隨形不本其原賢者達情知所以然季子信之猶若告子公都受命然後乃理

孟季至是亦在外也　是食之誤閩監毛三本不誤

公都子曰或人者　閩監毛三本同孔本韓本無者字

以爲各有性　閩監毛三本同岳本廖本孔本韓本各上有人字

孟子疏卷十一上校勘記　三

使其二子爲不仁　閩監毛三本同岳本孔本韓本考文古本其作此

是亦各有性也矣　廖本孔本韓本考文古本無矣字閩監毛三本也作者

皆爲非歟　閩監毛三本同廖本孔本韓本考文古本作皆非邪

孝經云　閩監毛三本同岳本孔本韓本云作曰

其有下愚不移者也　閩監毛三本同岳本廖本孔本韓本考文古本無也字

譬若乎被疾不成之人　閩監毛三本同岳本廖本韓本若作如無乎字考文古本無乎字

民之秉彝　閩本同石經彝作夷監本毛本孔本韓本考文古本足利本同石經下同

言天生蒸民　閩監毛三本同廖本孔本韓本考文古本蒸作烝

民之秉夷夷常也　孔本韓本考文古本同閩監毛三本二夷作彝

故曰人皆有是善者也　閩監毛三本足利本同廖本孔本韓本作故曰人皆有善也考文古

本作故言人皆有善也

章指言天之生人皆有善性引而趨之善惡異衢高下相懸賢愚舛殊尋其本者乃能一諸

非天降下才性與之異也閩監毛三本同廖本孔本韓本無也字

以飢寒之厄閩監毛三本同孔本韓本考文古本厄作阨音義出阨字

樹之時又同石經此文漫漶樹似諱作植

貽我來麰各本同考文古本來麥

地之有肥磽耳各本同足利本地上有姊字

古賢人也閩監毛三本同岳本孔本韓本考文古本人作者

誰不同也閩監毛三本同宋本廖本孔本韓本考文古本下有草食曰芻穀養曰豢八字宋本食作牲古本作性山井鼎云性恐牲誤

孟子注疏卷十一上校勘記　四

章指言人稟性俱有好憎耳目口心所悅者同或爲君子或爲小人猶麰麥不齊雨露使然也孟子言是所以勗而進之

孟子注疏卷十一上校勘記

奉新趙儀吉校

孟子注疏解經卷第十一下

告子章句上　趙氏注　孫奭疏

孟子曰牛山之木嘗美矣以其郊於大國也斧斤伐之可以爲美乎是其日夜之所息雨露之所潤非無萌櫱之生焉牛羊又從而牧之是以若彼濯濯也人見其濯濯也以爲未嘗有材焉此豈山之性也哉牛山齊之東南山也邑外謂之郊息長也濯濯無草木之貌牛山未嘗盛美以在國郊斧斤牛羊使之不得有草木耳非山之性無草木也雖存乎人者豈無仁義之心哉其所以放其良心者亦猶斧斤之於木也旦旦而伐之可爲美乎其日夜之所息平旦之氣其好惡與人相近也者幾希存在也言雖存在人之性亦猶此山之有草木也人豈無仁義之心邪其日夜之思欲息長仁義平旦之志氣其好惡凡人皆有與賢人相近之心幾豈也豈希言不遠也則其旦晝之所爲有梏亡之矣梏之反覆則其夜氣不足以存夜氣不足以存則其違禽獸不遠矣人見其禽獸也而以爲未嘗有才焉者是豈人之情也哉旦晝日晝也其所爲萬事有梏亂之使亡失其日夜之所息也梏之反覆利害於其心其夜氣不能復存也人見惡人禽獸之行以爲未嘗存善木性此非人之情也故苟得其養無物不長苟失其養無物不消孔子曰操則存舍則亡出入無時莫知其鄉惟心之謂與誠得其養若雨露於草木法度於仁義何有不長也誠失其養若斧斤牛羊之消草木利欲之消仁義何有不盡也孔子曰持之則存縱之則亡莫知其鄉鄉猶里以喻居也獨心爲若是也

疏孟子曰牛山至之謂與○正義曰此章言秉心持正使邪不干猶止斧斤不伐牛山則山木茂人則稱仁也孟子曰牛山之木至惟心之謂與者孟子言牛山之木常爲秀美矣然以其爲郊國之外也殘之以斤斧之伐可以爲秀美乎言以其斤斧常伐之則不可爲美也雖爲斤斧所伐然以其日夜之所長息雨露之所潤澤非無萌牙緜櫱生焉柰何萌櫱既生而牛羊之畜又從而牧養於其間是以牛山若彼濯濯無草木之貌也人見其濯濯然無草木以爲牛山未嘗有材木焉是豈牛山之性無草木哉言牛山之木常有其材木耳其所以無之者但斧斤牛羊從而殘滅之矣言雖存在乎人者豈無仁義之心哉然人之所以放去其良心而無仁義者亦如斧斤之伐於牛山之木也是日日而伐滅之可爲美材乎言不可爲美材也言牛山日夜之所息長草木與人平旦之氣其好惡與人相近者不遠矣以其牛山日夜所息長草木莫不欲秀茂爲美而惡其斧斤牛羊殘害之爲惡也人之平旦之氣尚未有利欲汩之則氣猶靜莫不欲爲之善也而惡爲之惡也但人平旦之氣則其旦晝之所爲利欲有以梏亡之矣平旦則未至於晝旦晝所以爲日之中矣且人於平旦之時其氣靜未有利欲事緒以動之則未必不善矣以其善固存於此時也亦如牛山日夜所長草木無以斧斤牛羊殘害之則未必不美矣以其萌櫱生焉而美罔已有矣柰何斧斤牛羊又從而殘滅之亦若旦晝所爲利欲以梏亡之者焉梏手械也利欲之制善使不得爲猶梏之梏手也梏之反覆其情緒不一則夜於平旦之氣不足以存既不足以存而爲利欲萬緒梏而亡之則其違異於禽獸之行不遠矣以其近也人見其爲禽獸之行者而爲未嘗有才性焉是豈人之情也哉言非人之情也言人情本欲爲善矣其所以終而爲者但利欲從而梏亡之矣故苟得其所養無物不長苟失其所養無物不消如牛山苟得日夜之所息雨露之所潤與平旦之氣是得其所養者也是則無物不長矣如牛山苟爲牛羊從而牧之與旦晝所爲而梏亡之是失所養者也是則無物不消矣孟子又引孔子云操持之則存縱舍之則亡其出入徊物而不有常時莫知其所向之鄉惟獨心爲若是也凡此孟子所以言人心性本善但當有常操而存之者矣○注牛山齊之東南山○正義曰蓋亦以理推之亦自可見故傳所謂齊景遊於牛山之上是亦知之爲齊之山矣

孟子曰無或乎王之不智也王齊王也或怪也時人有怪王不智而孟子不輔之故言此也雖有

天下易生之物也，一日暴之，十日寒之，未有能生者也。吾見亦罕矣，吾退而寒之者至矣，吾如有萌焉何哉？種易生之草木五穀，一日暴溫之，十日陰寒以殺之，物何能生？我亦希見於王，既見而退，寒之者至，謂左右佞諂順意者多，譬諸萬物，何由得有萌牙生也？今夫弈之爲數，小數也，不專心致志，則不得也。弈，博也，或曰圍棊。論語曰：「不有博弈者乎？」數，技也，雖小技，不專心則不得也。弈秋，通國之善弈者也。使弈秋誨二人弈，其一人專心致志，惟弈秋之爲聽；一人雖聽之，一心以爲有鴻鵠將至，思援弓繳而射之，雖與之俱學，弗若之矣。爲是其智弗若與？曰：非然也。有人名秋，通一國皆謂之善弈，曰弈秋。使教二人弈，其一人惟秋所善而聽之，其一人志欲射鴻鵠，故不如也。爲是謂其智不如也？曰非也，以不致志也。故齊王之不智亦若是。

疏孟子曰無或至非然也○正義曰：此章言弈爲小數，不精不能，一人善之，十人惡之，雖竭其道，何由能成者也。孟子曰「無或乎王之不智也」至「非然也」，孟子言時人無怪齊王之不智也，以其孟子不輔佐之故，云之。此言雖有天下易生之物，如一日溫煖以暴之，乃十日寒凍以殺之，是以未有能生者也。雖有能生之者，然於我見之亦少矣。我自輔佐齊王而退歸，而姦佞諂諛齊王者至多矣，然而我尚如有心欲使王萌而爲善，是如之何哉？孟子言之以此者，蓋謂吾君不能者，是謂賊其君者也。所以言時人無或乎王之不智也，當輔佐君爲之而已。孟子輔佐齊王既退，而姦佞之臣又陷君於爲惡，故有激而云此也。蓋天下易生之物，譬齊王以爲善也；一日暴之，喻孟子一人輔之齊王也；十日寒之，喻姦佞臣之衆陷君於爲惡也。陷君於爲惡者如是之衆，則齊王所以不智也，喻未有能生者也。今夫譬之弈秋，但爲技數雖小技，如不專一其心，致其篤志，則亦不得精也。是故弈人名秋者，通一國皆稱爲善能弈者也。使秋誨其二人弈，其一人專心致志，唯弈秋之言是聽；一人雖聽之，其一心以爲有鴻鵠之鳥將至，乃思援弓繳矢而射之，雖與皆學夫弈秋，然亦不若其專心致志者精矣。爲是弗若之者，非謂其智弗若也，以其不專心致志而聽弈秋之誨故也。此所以曰「爲是其智弗若與」，繼之曰「非然也」，言不然也。孟子所以引爲比者，蓋謂齊王如能專心致志，惟賢者是聽，則孰不與王爲善乎？柰齊王不能專心致志，惟賢是聽，但爲姦臣之所諛佞，所以如有鴻鵠將至，思援弓繳矢而射之者，故弗若彼之精，而遂不爲善矣。然則時人亦不可謂齊王不智，特當輔之而已。然既輔之，亦當齊王能專心致志聽從之，然後可矣。孟子所以既退而尚如有萌焉，柰何終輔之，而齊王姦佞諂諛之衆，而不能聽從爲善耳。此故以弈秋喻己，而以鴻鵠喻姦佞。其一以爲有鴻鵠，思援弓繳而射之，喻齊王雖聽己之言，然不專心致志，惟在於鴻鵠耳。○注「弈，博也」至「不得也」。○正義曰：按陽貨論語第十七之篇云「不有博弈者乎」，而解弈爲博也。說文云：「作博局戲也，六箸十二棊也。古者堯曾作博。」圍棊謂之弈。說文：「弈從廾，言竦兩手而執之。」棊者所執之子，圍而相殺，故謂之圍棊。稱弈者，又取其落弈之義也。○注「有人名秋善弈」。○正義曰：按傳記有云：「弈秋，通國之善弈也。有過者止而聽之，則弈敗，笙汨之也。」又云：「疑首，天下之善算也。有鴻鵠過，彎弧擬問以三五，則不知，鴻鵠亂之也。」是亦孟子之言與。

孟子曰：魚，我所欲也；熊掌，亦我所欲也。二者不可得兼，舍魚而取熊掌者也。生亦我所欲也，義亦我所欲也，二者不可得兼，舍生而取義者也。熊掌，熊蹯也，以喻義；魚以喻生也。生亦我所欲，所欲有甚於生者，故不爲苟得也；死亦我所惡，所惡有甚於死者，故患有所不辟也。如使人之所欲莫甚於生，則凡可以得生者，何不用也？使人之所惡莫甚於死者，則凡可以辟患者，何不爲也？有甚於生者，謂義也，義者不可苟得；有甚於死者，謂無義也，不苟辟患也。莫甚於生，則苟利而求生矣；莫甚於死，則可辟患，不擇善，何不爲耳。由是則生而有不用也，由是則可以辟患而有不爲也。是故所欲有甚於生者，所惡有甚於死者，非獨賢者有是心也，

人皆有之賢者能勿喪耳有不用不用苟生也有不爲不爲苟患而辟患
也有甚於生義甚於生也有甚於死惡甚於死也凡人皆有是心賢者能勿喪亡之也一簞食一豆
羹得之則生弗得則死嘑爾而與之行道之人
弗受蹴爾而與之乞人不屑也人之餓者得此一器食可以生不得則死
嘑爾猶嘑爾咄啐之貌也行道之人凡人以其賤已故不肯受也蹴蹋也以足踐蹋與之乞人不潔之亦由其小故輕而
不受也萬鍾則不辯禮義而受之萬鍾於我何加
焉爲宮室之美妻妾之奉所識窮乏者得我與
言一簞食則貴禮至於萬鍾則不復辯別有禮義與不。鍾量器也萬鍾於已身何加益哉已身不能獨食萬鍾也豈不爲
廣美宮室供奉妻妾施與所知之人窮乏者也鄉爲身死而不受今爲宮室
之美爲之鄉爲身死而不受今爲妻妾之奉爲

之鄉爲身死而不受今爲所識窮乏者得我而
爲之是亦不可以已乎此之謂失其本心鄉者不得簞食
而食則身死尚不受也今爲此三者爲之是不亦可以止乎所謂失其本心者也〈疏〉孟子曰魚至失其本心正
義曰此章言舍生取義義之大者也簞食萬鍾用有輕重縱
彼納此蓋違其本凡人皆然君子則否所以殊也孟子曰魚
我所欲也至失其本心者孟子言魚之爲味我之所欲者也
熊蹯之味亦我所欲者也然而魚與熊蹯二者不可兼得但
捨去其魚而取熊蹯也以其熊蹯之味又有美於魚也魚在
水之物熊蹯在山之物欲在水不可兼得於在山者在山又
不可兼得於在水者故爲二者不可兼得也魚所以喻生也
熊蹯所以喻義故曰生亦我所欲也義亦我所欲也然而生
與義二者亦不可兼得之但捨生而取義也以其義又有勝
於生也如勇士不忘喪其元志士不忘在溝壑有殺身以成
仁是皆以義有勝於死也是舍生而取義也然而生亦爲我
心之所欲其以所欲有甚於生者故不爲苟得也死亦爲我
心之所惡疾者其以所惡有甚於死者故患禍有所不逃辟
也如令人之所欲者無有甚於生則凡可以得生者何不用

而行之也令人之惡者無有甚於死者則凡可以辟患者何
不擇而爲之也蓋可以得生可以辟患者皆是不義也故不
爲苟得故患有所不辟也者是皆有義也由此言之則生而
有不用也是不苟生也則可以辟患而有不爲也是不苟爲
惡以辟患也如此故所欲有甚於生所惡者有甚於死非獨
賢者有此心也人皆有此心也但賢人能常存之而勿喪亡
之耳蓋所欲有甚於生者是義也所惡有甚於死者是不義
也且以一簞所盛之食一豆所盛之羹得而食之者則養其
生不得此而食者則餓而死然而嘑爾叱咄而與之雖行道
塗之中凡人且不肯受而食之也如蹴爾踐蹋而與之雖乞
丐之賤人且以爲不潔而不肯受而食也言萬鍾之祿則不
貴辨禮義而受之者雖萬鍾之多然於我何足爲益焉於我
何益以其已身不能獨食之也已不能獨食則爲宮室之廣
美供奉妻妾施與所知之人窮乏者而已如是則鄉日不得
簞食豆羹則身死尚不受今乃爲宮室廣美供奉妻妾與施
所知之人窮乏者而受爲之如此是亦不可以止乎言此可
以止而不止者也是謂失其本心者矣是忘其義者矣故本
心即義也所謂賢者但能勿喪亡此本心耳。注熊蹯。正
義曰按史記世家云宰夫胹熊蹯不熟晉靈公怒而殺之裴
駰注云服虔曰蹯熊掌其肉難熟注鍾量器也正義曰齊大

夫晏子云已說在梁惠篇孟子曰仁人心也義人路也舍其路
而弗由放其心而不知求哀哉不行仁義者不由路不求心者也可哀憫
哉人有雞犬放則知求之有放心而不知求學
問之道無他求其放心而已矣人知求雞犬莫知求其心者惑也學問所
以求之矣〈疏〉孟子曰至而已矣。正義曰此章言由路求心爲得其本追逐雞犬務其末也學以求之詳矣孟子
曰至而已矣者孟子言仁者是人之心也是人人皆有之者
也義者是人之路也是人人皆得而行之者也今有人乃舍
去其路而不行放散其心而不知求之者可哀憫哉且人有
雞犬放之則能求追逐之有心放離之而不求追復然而學
問之道無他焉但求其放心而已矣能求放心則仁
義存矣以其人之所以學問者亦以精此仁義也孟子
曰今有無名之指屈而不信非疾痛害事也如
有能信之者則不遠秦楚之路爲指之不若人

也無名之指手之第四指也蓋以其餘指皆有名無名指者非手之用指也雖不疾痛妨害於事猶欲信之不遠秦楚爲指之不若人故也指不若人則知惡之心不若人則不知惡此之謂不知類也心不若人可惡之大者也而反惡指故曰不知其類也類事也〔疏〕孟子曰至不知類也。正義曰此章言舍大惡小不知其要憂指忘心不即於道是以君子惡之者也孟子曰至此之謂不知類也孟子言今人有第四指爲無名之指屈而不信且非疾痛有妨害於爲事也如有人能信者則不遠秦楚之路而求信之以爲惡其指之不若人也且以無名之指爲無用之指則恥惡之不若人其心不若人則不知恥惡之是之謂爲不知其類者也荀子云相形不如論心同其意也蓋云秦楚者以其秦楚相去最爲遠者也故取爲已言指屈尚不遠秦楚之路而求信況心即在於已爲最近者也尚不能求之耶此孟子所以爲不知類者也

孟子曰拱把之桐梓人苟欲生之皆知所以養之者至於身而不知所以養之者豈愛身不若桐梓哉弗思甚也拱合兩手也把以一手把之也桐梓皆木名也人皆知灌漑而養之至於養身之道當以仁義而不知用豈於身不若桐梓哉不思之甚者也宜孟子有是以言之歟〔疏〕孟子至甚也。正義曰此章言莫知養身而養其樹木失事違務不得所急所以誡未達者也孟子言桐梓之木方於可拱把之時人誠欲其生長皆知所以灌漑而養之者至於已之身而不知以仁義之道養之者豈人之愛保其身反不若桐梓之爲急哉但人弗思忖之而已故以甚者也宜誡之以此

孟子曰人之於身也兼所愛兼所愛則兼所養也無尺寸之膚不愛焉則無尺寸之膚不養也人之所愛則養之於身也一尺一寸之膚養相及也所以考其善不善者豈有他哉於已取之而已矣考知其善否皆在己之所養也體有貴賤有小大無以小害大無以賤害貴養其小者爲小人養其大者爲大人養小則害大養賤則害貴小口腹也大心志也頭頸貴者也指拇賤者也不可舍貴養賤也務口腹者爲小人治心志者爲大人故也今有場師舍其梧檟養其樲棘則爲賤場師焉場師治場圃者場以治穀圃圃也梧桐檟梓皆木名樲棘。小棘。所謂酸棗也言此以喻人舍大養小故曰賤場師也養其一指而失其肩背而不知也則爲狼疾人也謂醫養人疾治其一指而不知其肩背之有疾以至於害之此爲狼藉亂不知治疾之人也飲食之人則人賤之矣爲其養小以失大也飲食之人無有失也則口腹豈適爲尺寸之膚哉飲食之人人所。賤之者爲其養口腹而失道德耳如使不失道德存仁義以往不嫌於養口腹也故曰口腹豈但爲肥長尺寸之膚哉亦以懷其道德也〔疏〕孟子曰人之於身至膚哉。正義曰此章言養其行治其正俱用智力善惡相厲是以君子居處思義飲食思禮者也孟子曰人之於身也至於已取之而已矣孟子言人之於一身也無有所不愛也以其兼愛之矣兼所愛則

必兼有所養也是則一身之中無有一尺一寸之肌膚不愛焉則亦無有一尺一寸之肌膚不養之也以其兼所愛必兼所養而已然而所以考究其有善有不善者亦豈有他爲哉但亦於一已自取之而已矣所謂頤其大體則爲大人從其小體則爲小人豈非已自取之謂乎蓋孟子但云尺寸之膚者則心在乎中又有居待而言者也且心爲一身之君所謂心爲天君者也荀子云心居中虛以治五官此之謂也言人既愛尺寸之膚雖心亦在所愛焉既養尺寸之膚雖心亦在所養焉所謂愛養心者亦以仁義之道愛養之而已人之心由人所趨向如何耳故曰所以考其善不善於己取之而已矣體有貴賤至尺寸之膚哉孟子又言人體有貴亦有賤有小亦有大於人之一身合而言之則謂之體自體而言之又有耳目口鼻形心者也以貴大則心爲一體之貴者大者以賤小則耳目口鼻形爲一體之賤者小者言人之於一體不可務愛養其賤者小者以害其貴者大者如養其小者則爲之小人養其大者則爲之大人以其耳目口鼻形五者所好不過利慾而已而心稟於有生之初仁義之道俱存於其間是以養心者爲大人君子養耳目口鼻形者以利慾爲小人耳故孟子所以有是言也今有場師治場圃者如舍其梧檟之良木而特養其樲棘是爲賤場師焉梧桐也檟山楸

也樲棘小酸棗也梧檟可以爲琴瑟材是良木小酸棗無用之才也是賤木也此所以喻養體不養其貴者而養其賤者也又如養其一指之小而失其肩背之大則爲狼疾藉亂而不知醫治者也此所以比喻養體不養其大者而養其小者也且務飲食之人則人皆賤之者矣無他是爲其養小而失去其大也如飲食之人亦無有失其養大則口腹豈但肥長適尺寸之膚爲哉言是亦懷仁義之道者也○注檟樲棘爲桐梓酸棗正義曰說文云梧檟山楸又云楸梓也樲棘小酸棗也是所以案此爲之云

公都子問曰鈞是人也或爲大人或爲小人何也鈞同也言有大有小何也孟子曰從其大體爲大人從其小體爲小人大體心思禮義小體縱恣情慾曰鈞是人也或從其大體或從其小體何也公都子言人何獨有從小體也曰耳目之官不思而蔽於物物交物則引之而已矣心之官則思思則得之不思則不得也此天

之所與我者先立乎其大者則其小者不能奪也此爲大人而已矣孟子曰人有耳目之官不思故爲物所蔽官精神所在也謂人有五官六府物事也利慾之事來交引其精神心官不思善故失其道而陷爲小人也此乃天所與人情性先立乎其大者謂生而有善性也小者情慾也善勝惡則惡不能奪之而已矣

疏公都子至已矣○正義曰此章言天與人性先立其大心官思之邪不乖越故謂之大人者也公都子問曰鈞是人也至何也者公都子問孟子曰世之人皆是人者也或有名爲大人或有名爲小人者是如之何也孟子曰從其大體爲大人從其小體爲小人孟子荅之曰從事於大體而以仁義養其心是從其大體故謂之大人也從其小體以利慾養其耳目之官是從其小體故謂之小人也曰鈞是人也或從其大體或從其小體何也公都子未曉故問之曰既皆是人也或以從養其大體或從養其小體是如之何曰耳目之官至此爲大人而已矣孟子又荅之曰人有耳目之官不以心思主之而遂蔽於耆慾之物既蔽於物則已亦已失矣已已失則是亦爲物而已是則物交接其物終爲物引之喪其所得矣惟心之官則爲主於思如心之所思則有所得而無所喪如不思則失其所得而有以喪之耳是以天之所與付於我者所以先與立其大者則心是也既與立其大者則小者斯不能奪之矣小者則耳目是也是以爲之大人而已矣蓋耳目主視聽是以爲官者也心君主官者也亦謂之官者以其亦主思故亦爲官矣荀子云心君也房中虛而治五官者也是以心思之大者而小者不能奪其耳目不爲利慾之所蔽茲所以從其大體而爲大人也彼小人者以其不思而爲利慾所蔽故也

孟子曰有天爵者有人爵者仁義忠信樂善不倦此天爵也公卿大夫此人爵也天爵以德人爵以祿古之人脩其天爵而人爵從之今之人脩其天爵以要人爵既得人爵而棄其天爵則惑之甚者也人爵從之人爵自至也以要人爵要求也得人爵棄天爵惑之甚也終亦必亡而已矣棄善忘德終必亡也

疏孟子至已矣○正義曰此章言古脩天爵自樂之也今要人爵以誘時也得人棄天道之忌也惑以招亡小人之事者也孟子曰有天爵

者至終亦亡之而已矣孟子言有所謂天爵者有所謂人爵者仁義忠信四者又樂行其善而不厭倦者是所謂天爵也自公卿大夫者是所謂人爵此孟子所以自解之也自古之人脩治其天爵而人爵自然從之如舜耕於歷山樂取諸人以爲善而堯自然禪其祿位是脩其天爵而人爵從之者也又如伊尹之徒亦是也今之人脩其天爵以要求人爵既得其人爵而又棄其天爵則蔽惑之甚者也如登龍斷以罔市利乞墦間之祭者是其類也此孟子所以指今之人而言也如此者終亦必亡其人爵而已矣是故孟子所以有是言而勸誡之

孟子曰欲貴者人之同心也人人有貴於己者弗思耳矣人之所貴者非良貴也趙孟之所貴趙孟能賤之人皆同欲貴之心人人自有貴者在己身不思之耳在己者謂仁義廣譽也凡人之所貴富貴故曰非良貴者趙孟晉卿之貴者也能貴人又能賤人人之所自有也者他人不能賤之也詩云既醉以酒既飽以德言飽乎仁義也所以不願人之膏粱之味也令聞

廣譽施於身所以不願人之文繡也詩大雅既醉之篇言飽德者飽仁義之於身身之貴者也不願人之膏梁矣膏梁細梁如膏者也文繡繡衣服也疏孟子曰至文綉也○此章言所貴在身人不知求膏梁文繡已之所優趙孟所貴何能比之是以君子貧而樂也孟子曰欲貴者人之同心也至文綉也孟子言凡所願欲其貴者世人所同其心也以其人皆欲之也然而人人有貴只在其已者但不思之耳凡人所貴者非是良貴也良貴者不以爵而貴者是謂良貴如下文所謂仁義廣譽者是也且以趙孟晉卿之貴雖爲所貴者然而趙孟又能賤之是人之所貴者非爲良貴也此孟子所以引而喻也以其趙孟者即晉襄公之臣趙盾者是也是爲晉卿然入爲晉卿出則爲盟主是謂貴矣柰何其賢則不及趙襄其良則不及宜子則所貴特人爵之貴耳如此得無賤耶故曰趙孟之所貴趙孟能賤之也詩大雅既醉之篇有云既醉之以酒既飽之以德是言飽乎仁義者也是亦所謂德將于醉之意同謂德則仁義是也言飽乎仁義所以不願人之膏梁之味乎案禮云公食大夫則稻梁爲加膳則膏梁味之至珍者也然而不願人之膏梁則以仁義爲膏梁令聞廣譽之名聲既施飾於身所以不願人之文繡也案詩以一裳

爲顯服則文繡爲服之至美者也然而不願人之文繡則以令聞廣譽爲文繡也蓋令聞者以其內有仁義之德則人特○不特見而善之又有以聞而善之者也故云令聞令譽令善也聞名聲而人所聞之也廣譽者亦以內有仁義之德則不特近者美喻之而遠者又有以美譽焉故云廣譽廣遠大也譽美稱也凡此孟子所以教時人之云耳故論君子貧而樂如顏子在陋巷而不改其樂者是之謂

孟子曰仁之勝不仁也猶水之勝火今之爲仁者猶以一杯水救一車薪之火也不熄則謂之水不勝火此又與於不仁之甚者也亦終必亡而已矣水勝火取水足以制火一杯水何能救一車薪之火也以此則謂水不勝火爲仁者亦若是則與作不仁之甚者也亡猶無也亦終必亡仁矣疏孟子至巳矣○正義曰此章言爲仁不至不反諸已謂水勝火熄而後已不仁之甚終必亡矣爲道不卒無益於賢者也孟子言爲仁勝強於不仁也若水之勝火矣今之爲仁者不知反本心而爲仁如以一杯杓水而救一車薪之火也火不熄滅則謂水不勝火以爲不仁勝仁此又與於不爲仁者又甚之也以其有過於不爲仁者也是亦終必亡其仁矣且如湯武之至仁然後勝桀紂之至不仁也今之爲仁但以轉粟移民之爲仁而望民多於鄰國以羊易之仁而欲朝秦楚而撫四夷是若一杯水而望救一車薪之火也此所以終必亡其仁矣此吾孟子所以有激而云

孟子曰五穀者種之美者也苟爲不熟不如荑稗夫仁亦在乎熟之而已矣熟成也五穀雖美種之不成則不如荑稗之草其實可食爲仁不成猶是也疏正義曰此章言功毀幾成人在慎終五穀不熟荑稗是勝是以爲仁以其成也孟子言五穀者是天下種之美者也苟五穀不成則不勝荑稗之所奮夫仁者亦天下道之美者也苟爲仁不成則不勝不仁之所害故云夫仁亦在乎成之而已矣此章與前章相類亦若齊宣有愛牛之仁而功不至於百姓梁惠有移民之仁而民不加多於鄰國是爲仁不成之過也五穀已詵於前矣云荑稗者即禾中之莖草也

孟子曰羿之教人射必志於彀學者亦必志於彀羿古之善射者彀張嚮付的者用思要時也學者志道猶射者之張

也大匠誨人必以規矩學者亦必以規矩大匠攻木○工規所以爲圓也矩所以爲方也誨教也教人必須規矩學者以仁義爲法式亦猶大匠以規矩者也疏孟子至規矩○正義曰此章言事各有本道有所隆彀張規矩以喻爲善仁義不爲仁猶是二教失其法而行之者也孟子言羿爲善射者其教人射必志在於勢勢者張弓也張弓以其力分之所至處也言羿雖善射其教人亦必求之於力分之內也大匠爲攻木之工者其教誨人爲匠必在於規矩規所以爲圓之度矩所以爲方之度以其規矩爲法度之至者也言大匠誨人亦必求之於法度內也羿教人既求之於力分之內則學之者亦必求於力分之內矣大匠誨人既求之於法度之內則學之者亦必求於法度之內矣然必皆求於力分之內者以其力分所不到則射亦末如之何矣法度者亦如是矣此喻人以道教人而學之者亦如此耳如皆不求之於力分之內與法度之內則於道終亦不得矣○注羿古之攻射者與匠爲攻木之工者○正義曰此已詵於前矣

孟子注疏解經卷第十一下

孟子注疏卷十一下挍勘記　　阮元撰盧宣旬摘録

牛山未嘗盛美閩監毛三本同岳本孔本韓本考文古本未作木

亦猶此山之有草木也閩監毛三本同廖本孔本韓本無此也二字

可爲美乎（補）各本可下有以字此本脫

日晝也閩監毛三本同廖本孔本韓本考文古本足利本作晝日也

利害于其心監毛二本同廖本閩本孔本韓本于作干

以爲未嘗存善木性廖本孔本韓本考文古本存作有木作才閩監毛三本存作有木作本

章指言秉心持正使邪不干猶止斧斤不伐牛山山則木茂人則稱仁也

其所以終而爲者（補）監毛本而作不是也

其一人志欲射鴻鵠閩監毛三本同岳本孔本足利本志作念韓本考文古本志下有念字

故齊王之不智亦若是各本同孔本下衍也字

章指言弈爲小數不精不能一人善之十人惡之雖竭其道何由智哉詩云濟濟多士文王以寧此之謂也

孟子所以引爲比者閩監毛三本比誤此

不爲苟患而辟患也閩監毛三本同廖本孔本韓本考文古本上患作惡

蹴爾而與之音義張取六切或作踓音同案玉篇踓蹵也則蹴踓可通用盧刊音義踓作躍非也通志堂微波榭本俱不誤

人之餓者廖本孔本韓本考文古本同閩監毛三本餓誤賤

猶嘑爾閩監毛三本同廖本孔本韓本考文古本嘑作呼○按呼是呼卽今俗云招呼咄啐謂招呼也

行道之人凡人閩監毛三本同岳本孔本韓本考文古本凡上有道中二字

則不辯禮義而受之音義云丁本作變案周易坤釋文由辯荀作變是辯變古字通用

則不復辯別有禮義與不廖本孔本韓本同閩監毛三本不改否考文古本復作得窮乏者也閩監毛三本同廖本孔本韓本考文古本無也字

所謂失其本心者也閩監毛三本足利本同廖本孔本韓本考文古本無者字

章指言舍生取義義之大者也簞食萬鍾用有輕重縱彼納此蓋違其本凡人皆然君子則否所以殊也

有甚於死者閩監二本同毛本於下衍言字

可哀憫哉閩監毛三本孔本同韓本考文古本哉作也

人知求雞犬閩監毛三本同岳本孔本韓本考文古本犬作狗

學問所以求之矣閩監毛三本足利本同廖本孔本韓本考文古本無矣字有者是

章指言由路求心爲得其本追逐雞狗務其末也學以求之詳矣

且人有雞犬放之閩監二本同毛本且改凡

爲指之不若人故也閩監毛三本同廖本岳本孔本韓本無之字

章指言舍大惡小不知其要憂指忘心不嚮於道是以君子惡之也

不思之甚者也宜孟子有是以言之歟閩監毛三本同廖本孔本韓本考文古本無者字宜孟子以下九字

章指言莫知養身而養孔本韓本衍其字樹木失事違足利本誤遠務

不得所急所以誡未達者也

宜誡之以此　閩監二本同毛本脫宜字

不可舍貴養賤也　閩監毛三本同廖本孔本韓本也上有者字

爲大人故也　閩監毛三本足利本同廖本孔本韓本考文古本無故也二字

檟棘　檟棘古書皆作檟棗爾雅遵羊棗注引孟子養其檟棗古本爾雅皆同詳爾雅按勘記唐宋人本艸注皆作檟棗毛傳曰棘者棗也統言之也故羊棗雖小而得稱棗

檟棘小棘　按此是檟棗小棗之誤不可不正小棘之語尤爲不通

人所賤之者　閩監毛三本同岳本孔本韓本考文古本足利本所下有以字

豈但爲肥長尺寸之膚哉　閩監毛三本同廖本孔本韓本考文古本哉作邪

亦以懷其道德也　閩監毛三本同廖本作亦爲懷其道者也孔本韓本作亦爲懷道德者也考文古文作亦以懷其道德者也足利本作亦以懷其道者也

章指言養其行治其正俱用智力善惡相厲是以君子居處思義飲食思禮也

此天之所與我者　廖本閩監毛三本同岳本孔本韓本此作比按朱子文集云舊官本皆作比字注中此乃亦作比方又集注云舊本多作比而趙注亦以比方釋之今本既多作此而注亦作此乃未詳孰是○按朱子誤矣趙注既云比方安可因近本之譌而疑之上文官有二故比方之而先立其大者文意甚明漢書賈誼傳比物此志也如淳曰比謂比方也今多譌此物公羊傳注父老比三老孝弟官屬今本比亦譌此

此乃天所與人情性　廖本閩監毛三本同岳本孔本韓本此乃作比方○按比方是妄改又在朱子後

則惡不能奪之而已矣　閩監毛三本同廖本孔本韓本考文古本無之而已矣四字

章指言天與人性先立其大心官思之邪不乖越故謂之大人也

終必亡也　閩監毛三本足利本同岳本廖本孔本韓本考文古本也作之

章指言古修天爵自樂之也今要人爵以誘時也得人棄天道之忌也惑以招亡小人事也

故曰非良貴者　孔本者改也浦鏜云也誤者

晉卿之貴者也　閩監毛三本同孔本韓本足利本無也字

又能賤人　孔本無又字

人之所自有也者　閩監毛三本同廖本孔本韓本考文古本無也字

章指言所貴在身人不知求膏粱文繡己之所優趙孟所貴何能比之是以君子貧而樂也

則人特不特見而善之　補監毛本上特字作將是也

此章言所貴在身　此上當有正義曰三字閩監毛三本不脫

何能救一車薪之火也　閩監毛三本同廖本能救作勝孔本韓本考文古本足利本救作勝

則謂水不勝火　閩監毛三本同廖本孔本韓本無則字

亦終必亡仁矣　閩監毛三本同廖本孔本韓本考文古本亡作無

章指言爲仁不至不反諸已謂水勝火熄而後已不仁之甚終必亡矣爲道不卒　足利本誤卒　無益於賢也

以羊易之仁　易下脫牛字閩本剜增牛字是也監毛二本同閩本

章指言功毀幾成人在慎終五穀不熟荑稗是勝是以爲

仁必其成也

必志於彀　孔本韓本考文古本足利本同閩監毛三本志作至下同浦鏜云志誤至

古之善射者　閩監毛三本同岳本孔本韓本考文古本善作工疏引作攻

彀張弩付的者　付字模糊閩監毛三本如此廖本孔本韓本作彀張也張弩向的者考文引彀張云古本下有也字又引弩付的者云付作向○按張弩向的所謂若虞機張往省栝于度則釋也

用思要時也　閩監毛三本同廖本時作專孔本韓本要作專

得射者之張也　得字模糊閩監毛三本如此孔本韓本考文古本得作猶浦鏜云得當猶字誤

攻木工　閩監毛三本同廖本孔本韓本考文古本作攻木之工疏引有之字

所以爲圓也　閩監毛三本韓本同岳本圓作圜孔本脫也字

章指言事各有本道有所隆彀張規矩以喻爲仁學不爲仁猶是二教失其法而行之也

孟子注疏卷十一下挍勘記　　奉新趙儀吉校

孟子注疏解經卷第十二上

告子章句下 凡十六章　趙氏注　孫奭疏

疏 正義曰此卷趙氏分爲下卷者也此卷十有六章其一章言臨事量宜權其輕重以禮爲先食色爲後若有偏殊從其大者二章言天下大道人病不由不患不能是以曹交請學孟子辭焉三章言生之膝下一體而分當親而疏怨慕號天是以小弁之怨未足以爲愆也四章言上之所欲下以爲俗五章言君子交接動不違道享見之儀亢荅不差其六章見幾而作不俟終日孔子將行冕不及稅七章言王道浸衰轉爲罪人八章言招攜懷遠貴以德禮義勝爲上戰勝爲下九章言善爲國者必藏於民賊民以往其餘何觀十章言先王典禮萬世可遵什一供貢下富上尊十一章言君子除害普爲人也十二章言民無信不立十三章言好善從人聖人一槩十四章言仕雖正道亦有量宜聽言爲上禮貌次之困而免死斯爲下矣十五章言聖賢困窮天堅其志次賢感激乃奮其意十六章言學而見賤恥之大者教誨之方或析或引凡此十六章合上卷二十章是告子之篇有三十六章矣

任人有問屋廬子曰禮與食孰重 任國之人問孟子弟子屋廬連問二者何者爲重 曰禮重 荅曰禮重 色與禮孰重 重如上也 曰禮重曰以禮食則飢而死不以禮食則得食必以禮乎親迎則不得妻不親迎則得妻必親迎乎 任人難屋廬子云若是則必待禮乎 屋廬子不能對明日之鄒以告孟子孟子曰於荅是也何有 於音烏歎辭也何有爲不可荅也 不揣其本而齊其末方寸之木可使高於岑樓金重於羽者豈謂一鉤金與一輿羽之謂哉取食之重者與禮之輕者而比之奚翅食重取色之重者與禮之輕者而比之奚翅色重 孟子言夫物當揣量其本以齊等其末知其大小輕重乃可言也不節其數累積方寸之木可使高於岑樓岑樓山之銳嶺者寧可謂寸木高於山邪金重於羽謂多少同而金重耳一帶鉤之金豈重一車羽邪如取食色之重者比禮之輕者何翅食色重哉翅辭也若言何其不重也 往應之曰紾兄之臂而奪之食則得食不紾則不得食則將紾之乎踰東家牆而摟其處子則得妻不摟則不得妻則將摟之乎 教屋廬子往應任人如是紾戾也摟牽也處子處女也則是禮重食色輕者也

疏 任人至摟之乎。正義曰此章言臨事量宜稱其輕重以禮爲先食色爲後者也任人有問屋廬子曰禮與食孰重任人任國之人任國之人有問屋廬子曰禮與食二者何者爲重曰禮重屋廬子荅之以爲禮重屋廬子孟子弟子也任人又問色與禮二者孰重曰禮重屋廬子又荅之以爲禮重曰以禮食則飢而死至必親迎乎任人又問之曰人若待有禮然後食則飢餓而死不待禮而食者則得其食而不見飢餓必待以禮然後食乎任人意以爲不待禮而食也行親迎婚之禮則不得其妻不待親迎之禮則得其妻必待親迎之禮任人意又以爲不待親迎也所謂禮食者案禮云主人親饋則客祭主人不親饋則客不祭故君子苟無禮雖美不食爲凡此之謂所謂親迎者又案禮云夏氏迎於庭商人迎於室周人述於戶凡此是也今任人不知此爲重故以食色並而問之屋廬子不能對明日之鄒以告孟子屋廬子未有言以荅應故不能對任人之問乃明日之鄒國以任人此言告於孟子孟子曰於荅是也何有至則將摟之乎孟子見廬子不能荅此言乃而嘆之曰荅此之言何有難乎何爲不可荅也言凡物有常如不揣量其本但齊等其末則雖方寸之木可令高於岑樓岑樓山之銳峯也此乃齊等其末而不量其本之謂也言雖可謂之一帶鉤之金與一車羽毛之謂哉是亦不揣其本而齊其末之謂也以其揣之以本則方寸之木不能過於岑樓一帶鉤之金不能重於一車之羽也如不揣其本則取食之重者與禮之輕者比喻之何啻食爲重也取色之重者與禮之輕者比並之則何啻爲色重也如此是猶積累方寸之木可使高於岑樓積疊一車之羽毛可使重於一鉤金也是則任人不揣其本而齊其末也且爲不以禮食則飢而死則人誰不以食爲重也不親迎則得妻則人誰不以色爲重也故孟子所以於此又教之屋廬子使往應於任人曰紾戻其兄之臂而奪之食則得其食不紾戻之則不得其食則將可以紾戾兄之臂乎踰越東家之牆而牽其處女則得爲之妻不牽之則不得爲之妻則將可以牽處女乎言不可如是也故以乎言之所謂東家則託此言之矣如謂鄰家也然而鄰亦有西南北何不言之蓋言東則西南北不言而在矣。注任國。正義曰任薛同姓之國在齊楚之間後亦有案文在孟子居鄒之段。注岑樓山之銳嶺。正義曰釋云山小而高者曰岑是知岑樓即知爲銳嶺之峯也曰樓者蓋重屋曰樓亦取其重高之意也。注云處女。正義曰未嫁者也

曹交問曰人皆可以爲堯舜有諸孟子曰然曹交曹君之弟交名也荅曰然者言人皆有仁義之心堯舜行仁義而已交聞文王十尺湯九尺今交九尺四寸以長食粟而已如何則可交聞文王與湯皆長而聖今交亦長獨但食粟而已當如之何曰奚有於是亦爲之而已矣有人於此力不能勝一匹雛則爲無力人矣今曰舉百鈞則爲有力人矣然則舉烏獲之任是亦爲烏獲而已矣夫人豈以不勝爲患哉弗爲耳孟子曰何有於是言乎仁義之道亦當爲之乃爲賢耳人言我力不能勝一小雛則謂之無力人言我能舉百鈞百鈞三千斤也則謂之有力之人烏獲古之有力人也能移舉千鈞人能舉其所任是爲烏獲才也夫一匹雛不舉豈患不能勝哉但不爲之耳徐行後長者謂之弟疾行先長者之不弟夫徐行者豈人所不能哉所不爲也長者老者也弟順也人誰不能徐行者患不肯爲也堯舜之道孝悌而已矣子服堯之服誦堯之言行堯之行是堯而已矣子服桀之服誦桀之言行桀之行是桀而已矣孝悌而已人所能也堯服衣服不踰禮也堯言仁義之言堯行孝悌之行桀服譎詭非常之服桀言不行仁義之言桀行淫虐之行爲堯似堯爲桀似桀而已矣曰交得見於鄒君可以假館願留

而受業於門交欲學於孟子願因鄒君假館舍備門徒也曰夫道若大路然豈難知哉人病不求耳子歸而求之有餘師孟子言堯舜之道較然若大路豈有難知人苦不肯求耳子歸曹而求行其道有餘師師不少也不必留館學也

疏曹交至餘師。正義曰此章言天下大道人病不求不患不能是以曹交請學孟子辭之者也曹交問曰人皆可以爲堯舜有諸者曹交曹君之弟也姓曹名交然曹交問孟子曰凡人皆可以爲堯舜二帝有諸否乎孟子曰然孟子荅之以爲誠如是也交聞文王十尺至如何則可者曹交又言交嘗聞文王身長十尺湯王身長九尺今交身亦長九尺四寸但獨食粟而已當如之何則可以爲堯舜曰奚有於是至是桀而已矣孟子荅之曰何有於此言之謂乎言非論身長短之謂也所以爲堯舜者是亦爲之而已且託今有人於此其力不能舉任一匹雛之小是則爲無筋力之人也今又曰能舉任三千鈞之重則爲有筋力之人也如是言之則能舉烏獲千鈞之重任者此亦足爲烏獲之徒而已矣且夫人豈以不能舉勝一匹夫之雛小爲憂患哉但不爲之耳如用力舉之則勝矣以言人之所欲爲堯舜者豈患其不能爲之哉亦但不爲之耳且以徐緩而行後於長者是謂之悌順急疾而行先於長者謂之不悌順夫徐緩而行者豈凡人所不能如是哉但所不爲徐行之矣夫堯舜二帝之道而已子今若身服堯之法服以衣服不越禮口誦堯之法言以其言有法度所行則行堯所行堯所行之迹以其行不淫虐如此是亦爲堯之徒矣若子於今身乃服桀非常之服口誦詭儒之言所行乃行桀淫虐之行如此是亦爲桀而已矣交得見於鄒君至於門曹交聞孟子言至此乃曰交得見鄒君可以因而假館舍願留止而受業於夫子之門而學於孟子也曰夫道若大路至餘師孟子乃荅之曰夫道若大路較然易行也豈爲難知者哉言不難知也但人病不求之耳子歸曹而自能求之而行其道亦不少師也何必願受業於我孟子所以荅之此者蓋爲曹交欲挾鄒君而問是挾貴而問者也是以辭之而已抑亦不屑教誨之謂也。注鈞三千斤。正義曰已前篇說之矣。注烏獲有力人也。正義曰案皇甫士安帝王世說云秦武王好多力之士烏獲之徒並皆歸焉秦王於洛陽舉周鼎烏獲兩目血出六國時人也孟子假是而開闢曹交之蔽而已矣

公孫丑問曰高子曰小弁小人之詩也孟子曰何以言之曰

怨。高子齊人也。小弁，小雅之篇，伯奇之詩也。怨者，怨親之過，故謂之小人。曰：固哉，高叟之爲詩也！有人於此，越人關弓而射之，則己談笑而道之，無他，疏之也。其兄關弓而射之，則己垂涕泣而道之，無他，戚之也。小弁之怨，親親也。親親，仁也。固矣夫，高叟之爲詩也！固，陋也。高子年長，孟子曰陋哉高父之爲詩也。疏越人，故談笑；戚親也，親其兄，故號泣而道之，怪怨之意也。伯奇仁人而父虐之，故作小弁之詩曰：何辜于天？親親而悲怨之辭也。重言固陋，傷高叟不達詩人之意也。曰：凱風何以不怨？詩邶風凱風之篇也。公孫丑曰：凱風亦孝子之詩，何以獨不怨？曰：凱風，親之過小者也；小弁，親之過大者也。親之過大而不怨，是愈疏也；親之過小而怨，是不可磯也。愈疏，不孝也；不可磯，亦不孝也。孔子

曰：舜其至孝矣，五十而慕。孟子曰：凱風言莫慰母心，母心不悅也。知親之過小也。小弁曰：行有死人，尚或墐也，而曾不關己，知親之過大也。愈益疏之，過已大矣，而孝子不怨，思其親之意何爲如是，是益疏之道也。故曰不孝。磯，激也。過小耳，而孝子感激，輒怨其親，是亦不孝也。孔子以舜年五十而慕其親不殆，稱曰孝之至矣，孝之不可以已也。知高叟譏小弁爲不得矣。

【疏】「公孫丑」至「而慕」。○正義曰：此章言生之膝下，一體而分，喘息呼吸，氣通於親，當親而疏，怨慕號天，是以小弁之怨，未足以爲愆也。公孫丑問曰：高子曰小弁小人之詩也。高子，齊人也。公孫丑問孟子曰：高子有云小弁之詩，是小人之詩也。孟子曰：何以言之？孟子又問孫丑，以謂高子何以言爲小人之詩。曰：怨。孫丑又荅之曰：爲其有怨也。曰固哉高叟之爲詩也，又至爲詩也。固，陋矣。高子老，孟子稱曰叟，蓋叟長老之稱也。孟子曰陋哉高叟之謂此詩爲小人之詩也。今且託以有人於此，是爲越南蠻人被人彎弓而射之，則己見之，則但談笑而道之也。此無他，是與越人疏也。其兄如被人彎弓而射之，則己見之，必垂涕淚號泣而道之，此無他，是與兄爲親也。小弁之詩，其辭有怨，是親親之故也。親親，仁道也。陋矣夫高子之謂此詩爲小人之詩也。然孟子所以重言之，深誚高子不達詩人之意之甚者也。曰凱風何以不怨，公孫丑再問孟子，然則凱風亦孝子之詩也，何以獨不怨？凱風，邶風之詩也。曰凱風親之過小者也，至五十而慕者，孟子又荅之曰：凱風之詩，是親之過小者也，以詩觀之，有曰「有子七人，莫慰母心」，是爲親之過小者也。小弁之詩，是親之過大者也，以詩觀之，有曰「何辜于天，我罪伊何」，是則怨以責己，爲親之過大者也。親之過大而不怨慕之，是益疏其親也；親之過小而怨之，是懟其親也，是謂父母不可以磯激之者也。是親之過大者，以其幽王信褒姒讒言，疏太子宜臼之親，非特放之，又將以殺之，是以小弁爲太子之傅作焉，而著父之過爲大者也。親之過小者，以其先王制禮，夫死妻稺子幼，然後其妻始與適人，今七子之母則非稺齒子幼者也，乃反不安其室而欲去嫁，是以凱風美孝子以著母之過爲小者也。故曰益疏其親而不怨慕之者，是不孝者也；謂父母不可激之者，是亦不爲者也。云磯者，蓋磯激也，若微切以感激之，以幾諫者也。譬如石之激水，順其流而激之耳。今乃謂親之不可幾諫，安得謂孝子乎？所以云愈疏不孝也，不可磯亦不孝也。又引孔子有云舜其爲至孝者耳，以其但亦五十之年，尚能慕親矣。孟子又引以此，蓋謂至孝則當怨慕之也。然則小弁之怨，安得謂爲小人乎？宜高子所以見誚於吾孟子矣。○注「伯奇仁人而父虐之」至「何辜

于天」。○正義曰：按史記云：幽王嬖愛褒姒，褒姒生子伯服，幽王欲廢太子。太子母申侯女，而爲后。後幽王得褒姒，愛之，欲廢申后，并去太子宜臼，以褒爲后，以伯服爲太子。後立爲平王者，是宜臼者也。以此推之，則伯奇宜臼也。故小弁之詩注云：幽王娶申女，生太子宜臼，又娶褒姒，生子伯服，立以爲后，而放宜臼，將殺之故也。○「凱風」至「小弁曰行有死人，尚或墐之」。○正義曰：凱風，美孝子之詩也。云「莫慰母心」者，注云：慰，安也。言有子七人，無以安母之心也。云「行有死人，尚或墐之」者，注云：墐，路塚也。箋云：相視投之行道也，視彼人將小兎，尚有先驅走之者，道中有死人，尚有覆墐之成其墐者，言其心所不忍也。

宋牼將之楚，孟子遇於石丘，曰：先生將何之？宋牼，宋人，名牼，學士年長者，故謂之先生。石丘，地名也。道遇，問欲何之也。曰：吾聞秦楚構兵，我將見楚王說而罷之；楚王不悅，我將見秦王說而罷之。二王我將有所遇焉。牼自謂往說二王，必有所遇，得從其志也。曰：軻也請無問其詳，願聞其指。說之將何如？孟子

敬宋牼自稱其名曰軻不敢詳問。其指欲如何說之曰我將言其不利也牼曰我將爲二王言興兵之不利也曰先生之志則大矣先生之號則不可
先生以利說秦楚之王秦楚之王悅於利以罷
三軍之師是三軍之士樂罷而悅於利也爲人
臣者懷利以事其君爲人子者懷利以事其父
爲人弟者懷利以事其兄是君臣父子兄弟終
去仁義懷利以相接然而不亡者未之有也孟子曰先生志誠大矣所稱名號不可用也二王悅利罷三軍三軍士樂之而悅利則舉國尚利以相接待而忘仁義則其國從而亡矣先生以仁義說秦楚之王秦楚之王悅於
仁義以罷三軍之師是三軍之士樂罷而悅於

仁義也爲人臣者懷仁義以事其君爲人子者
懷仁義以事其父爲人弟者懷仁義以事其兄
是君臣父子兄弟去利懷仁義以相接也然而不
王者未之有也何必曰利以仁義之道不忍興兵三軍之士悅國人化之咸以仁義相接可以致王何必以利爲名也

疏宋牼至何必曰利○正義曰此章言上之所欲下以爲俗俗化於善久而致平俗化於惡久而致傾者也宋牼將之楚孟子遇於石丘曰先生將何之宋牼宋國之人姓宋名牼孟子尊老之曰先生宋牼將欲往楚國孟子相逢於石丘之地石丘則宋國地也孟子乃問之曰先生將何往曰吾聞秦楚構兵至我將有遇焉宋牼荅孟子曰我聞秦楚二國交兵我將見楚王說而罷之如楚王不悅我說我將又見秦王說而罷之秦楚二王我將有所得從其志也曰軻也至將何如孟子敬宋牼故自稱名曰軻也請無敢問其詳悉願聞其指意說之將如何說之曰我將言其不利也牼荅之曰我將說之以言其興兵之不利也曰先生之志則大矣至何必曰利孟子又荅之曰先生之志則誠爲大矣先生之名號則不可用也先生今以利說秦楚二王秦楚二王悅於利是必罷三軍之衆萬二千五百人爲軍三軍之衆乃三萬七千五百人也如此是三軍之士卒樂罷兵而悅利也爲人臣者苟懷其利以奉君爲人子者又懷抱利以事其父爲人弟者又懷抱利以奉其兄是則君臣父子兄弟終皆亡去仁義之道特懷利以相接待君臣父子兄弟皆以利相接待然而不身亡者未之有也言必亡其身矣先生將以仁義之道說秦楚之王秦楚之王悅從仁義而罷去三軍之衆也如此是三軍之士卒樂罷兵而悅從於仁義也爲人臣者懷抱仁義之道以奉其君爲人子者懷抱仁義之道以奉其父爲人弟者懷抱仁義之道以奉其兄是則君臣父子兄弟乃去其利而抱仁義相接待也旣懷抱仁義而相接待則父父子子君君臣臣兄兄弟弟如此則不爲王者未之有也言如此則可以爲王矣何必曰利以說之乎蓋爲利則其害至於亡身爲仁義則其利至於王故曰何必曰利也此孟子所以持仁義之道教宋牼事其秦楚議其欲以利說秦楚也○注宋牼宋人名牼○正義曰案荀卿非十二子云不知壹天下建國家之權稱曾不足以容辨異懸君臣然而其持之有故其言之成理足以欺惑愚衆是宋鈃也楊倞云宋鈃宋人與孟子尹文子彭蒙慎到同時孟子作宋牼牼與鈃同口莖反是也

孟子居鄒季任爲任處守以幣交
受之而不報處於平陸儲子爲相以幣交受之
而不報任薛之同姓小國也季任任君季弟也任君朝會於鄰國季任爲之居守其國致幣帛之禮以交孟子受之而不報平陸齊下邑也儲子齊相也亦致禮以交於孟子孟子受之而不荅之也他日由鄒之
任見季子由平陸之齊不見儲子屋廬子喜曰
連得閒矣問曰夫子之任見季子之齊不見儲
子爲其爲相與連屋廬子名也見孟子荅此二人有異故喜曰連今日乃得一見夫子與之閒隙也俱荅二人獨見季子不見儲子者以季子當君國子民之處儲子爲相故輕之邪曰非也書曰
享多儀儀不及物曰不享惟不役志于享爲其
不成享也孟子曰非也非以儲子爲相故不見尚書洛誥篇曰享多儀言享見之禮多儀法也物事

也儀不及事謂有闕也故曰不成享禮儲子本禮不足故我不見也屋廬子悅或問之屋廬子曰季子不得之鄒儲子得之平陸屋廬子已曉其意聞義服故悅也人問之曰何爲若是屋廬子曰季子守國不得越境至鄒不身造孟子可也儲子爲相得循行國中但遥交禮爲其不尊賢故禮荅而不見之也

疏孟子居鄒至平陸○正義曰此章言君子交接動不違禮享見之儀亢荅不差是以孟子或見或否各以其宜者也孟子居鄒至而不報言孟子居處鄒國季任爲任國居守者也以其任國之君朝會於鄰國季任爲居守其國也季任爲居守以幣帛之禮以交孟子孟子受而不荅孟子爲齊卿相之時居處於平陸齊之下邑儲子爲齊相以幣帛交孟子孟子亦受之而不荅他日由鄒之任至不見儲子言孟子異日自鄒之任國乃見其季子自平陸往齊國乃不見儲子屋廬子喜曰至爲相與屋廬子見孟子於此二人見與不見故喜而言曰連於今日得間隙與夫子爲語矣故問孟子曰夫子往任國乃見季子往齊國乃不見儲子是爲其儲子爲齊相故欲輕之歟曰非也至爲其不成享也孟子荅之曰非爲其爲相故不見而輕之耳以其尚書洛誥篇有云享多儀言享見之禮多儀法也如儀不及享獻之物是曰不享以其無儀法雖有物以享之但亦如不享耳惟在上者不役使下之志於享也是以我不見儲子者爲其儀不及物不成享也我所以受之幣而不見荅也屋廬子悅至得之平陸屋廬子已曉故聞孟子言而喜悅或人見屋廬子悅故問之曰此洛誥云是何之謂屋廬子荅之曰季子以其守國故不得越境親至鄒國見孟子故但以幣交孟子孟子所以往而見荅也儲子爲齊相得循行國中可以親至平陸見孟子然以不親見之但亦以幣交之是其不尊賢者也是所謂儀不及物爲不成享也孟子所以之齊故不見而荅之也○注任薛之同姓正義曰案魯隱公十一年左傳云滕侯薛侯來朝爭長公使羽父請於薛侯曰周之宗盟異姓爲後寡人若朝于薛不敢與諸任齒杜預云薛任姓也齒列也是知薛與任爲同姓也○注尚書洛誥篇云○正義曰此篇召公既相宅周公往營成周使來告卜作此洛誥之篇也孔安國云既成洛邑將欲成王告以居洛之義也云享多儀至惟不役志于享者案安國傳云奉上謂之享言奉上之道多威儀威儀不及於禮物惟曰不奉上人君惟不役志於奉上則凡人化之惟曰不奉上矣

淳于髡曰先名實者爲人也後名實者自爲也夫子

在三卿之中名實未加於上下而去之仁者固如此乎淳于姓髡名也齊之辨士名者有道德之名實者治國惠民之功實也齊大國有三卿謂孟子嘗處此三卿之中矣未聞名實下濟於民上匡其君而速去之仁者之道固當然邪孟子曰居下位不以賢事不肖者伯夷也五就湯五就桀者伊尹也不惡汙君不辭小官者柳下惠也三子者不同道其趨一也伊尹爲湯見貢於桀不用而歸湯湯復貢之如何者五思濟民冀得施行其道也此三人雖異道所履則一也一者何也髡問一者何也曰仁也君子亦仁而已矣何必同孟子言君子進退行止未必同也趨於履仁而已髡爲其速去故引三子以喻意也曰魯繆公之時公儀子爲政子柳子思爲臣魯之削也滋甚若是乎賢者之無益於國也髡曰魯繆公時公儀休爲執政之卿子柳泄柳也子思孔子之孫伋也二人爲師傅之臣不能救魯之見削奪亡其土地者多若是賢者無所益於國家者何用賢爲曰虞不用百里奚而亡秦繆公用之而霸不用賢則亡削何可得歟孟子云百里奚所去國亡所在國霸無賢國亡何但得削豈可不用賢也曰昔者王豹處於淇而河西善謳緜駒處於高唐而齊右善歌華周杞梁之妻善哭其夫而變國俗有諸內必形諸外爲其事而無其功者髡未嘗覩之也是故無賢者也有則髡必識之王豹衛之善謳者淇水名衛詩竹竿之篇泉源在左淇水在右碩人之篇曰河水洋洋北流活活衛地濱於淇水在北流河之西故曰處淇水而河西善謳所謂鄭衛之聲也緜駒善歌者也高唐齊西邑緜駒處之故曰齊右善歌華周華旋也杞梁杞殖也二人齊大夫死於戎事者其妻哭之哀城爲之崩國俗化之則効其哭髡曰

如是歌哭者尚能變俗有中則見外爲之而無功者髡不聞也有功乃爲賢者不見其功故謂之無賢者也如有之則髡必識之矣曰孔子爲魯司寇不用從而祭燔肉不至不稅冕而行不知者以爲爲肉也其知者以爲爲無禮也乃孔子則欲以微罪行不欲爲苟去君子之所爲衆人固不識也孟子言孔子爲司寇爲。賢臣不用不能用其道也從魯君而祭於宗廟當賜大夫以胙燔肉不至膰炙者爲燔詩云燔炙芬芬反歸其舍未及稅。冕而行出適他國不知者以爲不得燔肉而慍也知者以爲爲君無禮乃欲以微罪行燔肉不至我黨從祭之禮不備有微罪乎乃聖人之妙旨不欲爲誠欲急去也衆人固不識君子之所爲謂髡不能知賢者之志也疏淳于至不識也○正義曰此章言見機而作不俟終日孔子將行冕不及稅庸人不識課以功實淳于髡雖辨終亦屈服正者勝也淳于髡曰至固如是乎淳于髡齊國之辨士也淳于髡問孟子曰先名實者爲人也後名實者自爲也言名生于實者也有功利之實斯有功利之名進而

治國濟民則名利在所先故先名實者爲人退而獨善其身則功利在所後故後名實者爲自爲今夫子嘗處於三卿之中而名實未加及於上下而去之仁人固肯如是乎髡之意以爲仁人必不如是也故以此譏之蓋名實未加於上下以其上無以輔佐君而治國下無以惠澤而濟於民也孟子曰至其趨也者孟子乃荅曰居臣下之位不肯以賢而奉事不肖者是伯夷也所謂伯夷非其君不事是矣五就於湯五就於桀者是伊尹也所謂何事非民治亦進亂亦進是矣不恥惡汙君不辭小官者謂柳下惠也所謂爾爲爾我爲我爾焉能浼我哉阨窮而不憫遺佚而不怨是矣此三子者雖進退之道不同然其所履則一而已一者何也髡又問孟子所謂其趨一者是何也曰仁也君子亦仁而已矣何必同孟子又荅曰其一者是一於仁也言三子進退行止皆一於仁也伯夷之仁則見於必退以爲清伊尹之仁則見於必進而爲任柳下惠之仁則見於不必進亦不必退而爲和如此則君子進退行止亦履仁而已何用同其進退行止然後爲仁也孟子所以引此三子而喻者蓋謂之去齊是亦伯夷之清者也是亦有仁而已故以是荅淳于髡曰魯繆公之時公儀子爲政至無益於國也髡又曰魯繆公之時公儀休爲執政之卿泄柳孔伋爲師傅之臣而魯國爲敵國所侵削益甚如此是賢

者不能捄救之是賢者無所益於國家也曰虞不用百里奚而亡至何可得歟者孟子又荅之曰虞君不能信用百里奚而亡其國秦繆公任用之而得爲霸是則不能用賢則國亡矣何特止於見削歟故曰削何可得歟蓋百里奚知虞公之不可諫而去之秦而穆公釋其囚授之以國政號曰五羖大夫是其事也又說於萬章首卷之末詳矣曰昔者王豹處於淇上至識之者髡又曰往日衛之善謳詠者王豹居於淇水而西河之人又善歌齊之善謳詠者緜駒居於高唐而齊右之人又能善歌凡此是皆以謳相尚故然也齊之二大夫華周杞梁皆死於戎事其二人妻哭哀城爲之崩國俗化之而皆効其哭是以如此歌哭者尚能變化其俗則有諸中必見於外如無其功者髡未曾見之也如此是故無賢者也有賢者則髡必知之矣淳于髡所以又言之此者以其不知繆公不能師公儀休泄柳子思三子之道徒疑之以爲不賢又以此明孟子名實未加於上下而去之亦若是矣故引而言之復譏於孟子淇水河西高唐齊右皆地名也曰孔子爲魯司寇至衆人固不識也孟子又荅曰孔子嘗爲魯國司寇之官不得用其道從魯君祭於宗廟當賜大夫以胙燔肉且不至孔子孔子遂反歸其舍未及脫祭祀之冕而適他國不知孔子者以謂孔子不得燔肉故爲此而行也其知孔子者以謂

爲君無禮乃欲以微罪行微罪以其孔子爲司寇大夫之官凡有祭則大夫之黨黨從君祭既從祭之禮有不備所以有罪矣然則君子之所爲者庸衆之人固不能識而知也孟子言此者又有以譏誚髡也意謂吾之去齊是亦君子之道也豈淳于髡所識也○注淳于髡至然也正義曰案史記列傳云淳于髡者齊之贅壻也長不滿七尺滑稽多辨數使諸侯未嘗屈辱齊威之時喜隱好爲淫樂長夜之飲酒不治委政於卿大夫百官荒亂諸侯並侵國且危之左右莫敢諫淳于髡曰國中有大鳥云云文恐煩更不具述○注髡曰魯繆公至賢爲正義曰云公儀休爲執政之卿者案史記云公儀休魯博士以高弟爲魯相奉法循理無所變更百官自正使食祿者不得與下民爭利受大者不得取小漢書曰公儀子相魯之其家見織帛怒而出其妻於舍而茹葵慍而拔其葵曰吾以食祿又奪園夫織女利乎是公儀休執政之事也云子柳泄柳也檀弓云子柳鄭注云子柳魯穆仲皮之子子碩兄也子思孔伋已說於前矣○注孟子云百里奚去國至賢也正義曰云百里奚所去國亡所在國霸者即經所謂知虞之將亡而先去之相秦而霸其君是也云何但得削者如楊子云或人問魯用儒而削雄曰魯不用真儒故也如用真儒無敵於天下安得削亦是意也○注王豹衛之善謳至知之○

正義曰王豹衛之善謳者注案衛詩以淇水在衛地說文云淇水出河内其北山東入河又晉世家云晉西有河西與秦接境北邊翟東至河内是也竹竿碩人皆衛國之詩也云高唐齊西邑案齊莊公元年晉伐齊至高唐杜氏曰高唐在祝阿縣西北是也云華周華旋也杞梁杞殖也二人齊大夫案魯襄公二十三年齊莊公旋自晉不入遂襲莒杞梁華旋載甲夜入宿于莒郊明日先遇莒子於蒲侯氏杜注云近莒之邑也莒子重賂之使無死曰請有盟華周對曰貪貨棄命亦君所惡也昬而受命日未中而棄之。何以事君莒子親鼓之從而伐之獲杞梁莒人行成齊侯歸杞梁之妻於郊使弔之辭曰殖之有罪何辱命焉若免於罪猶有先人之敝廬在下妾不得與郊弔齊侯弔諸室杜注云杞梁杞殖也華周即華旋也或云齊莊公襲莒逐而死其妻孟姜向城而哭城爲之崩○注孔子爲魯賢臣從魯君而祭於宗廟燔肉不至者○正義曰案孔子世家云魯定九年孔子爲中都宰一年四方皆則之由中都宰爲司空由司空爲大司寇定公十三年季氏將隳費十四年孔子由大司寇攝行相事有喜色門人聞君子禍至不懼福至不喜孔子曰有是言也於是誅大夫亂政者少正卯齊人歸女樂定公有怠政事子路曰夫子可以行矣孔子曰魯今且郊如致燔于大夫則吾猶可止於是不致燔俎于大夫孔子遂行宿于此此魯國之南地也王肅曰燔祭肉也孔子因適衛矣

孟子注疏解經卷第十二上

大清嘉慶二十年刊
用文選樓藏本校

南昌縣知縣陳煦栞

孟子注疏卷十二上挍勘記　阮元撰盧宣旬摘錄

何者爲重　各本同孔本無者字

豈重一車羽邪　閩監毛三本孔本同韓本考文古本車作輿

翅辭也若言何其不重也　按翅辭也者翅者是語詞即不啻也奚翅不啻猶史漢之言夥頤或析翅字訓但誤矣注云若言何其重也正謂色食之重者後人添不字遂不可解矣

章指言臨事量宜權其輕重以禮爲先食色爲後若有偏殊從其大者屋廬子未達故譬摟紾也　足利本偏作徧

周人逆於戸　逆當作迎閩監毛三本不誤

當如之何　閩監毛三本同廖本孔本韓本考文古本無之字

力不能勝一匹雛　音義匹丁作疋云注云疋雛小雛也匹不訓小而詁訓及諸書疋訓耦訓小無文今案方言尐小也音節蓋與疋字相似後人傳寫誤耳

則謂之無力人　閩監毛三本同孔本謂作爲力下有之字韓本考文古本力下有之字

百鈞三千斤也　閩監毛三本孔本韓本同廖本千作十考文引亦作十足利本無百鈞二字案廖本非也

則謂之有力之人　閩監毛三本同廖本孔本韓本考文古本下有矣字

孝悌而已矣　閩監毛三本同宋九經本岳本咸淳衢州本孔本韓本悌作弟。按悌者俗字

淫虐之行　閩監毛三本同廖本孔本韓本考文古本下有也字

爲桀似桀而已矣　閩監毛三本同廖本孔本韓本考文古本無而已矣三字

不必留館學也　閩監毛三本同孔本韓本考文古本館作此

章指言天下韓本考文古本有之字大道人並由之病於不爲不患不能是以曹交請學孟子辭焉蓋詩三百一言以蔽之孔本韓本足利本作也

夫堯舜二帝之道而已閩監毛三本而已上增孝弟二字是

則行堯所行堯所行之迹閩監毛三本刪堯所行三字是

口誦詭儒之言閩監毛三本誦下增桀字

注鈞三千斤案鈞上當有百字閩監毛三本改千爲十非也

帝王世說云案說當作紀

高父之爲詩也閩本孔本韓本考文古本足利本同監毛二本父誤叟

不達詩人之意也閩監毛三本同廖本孔本韓本考文古本意下有甚字

不可磯按段玉裁曰注中訓磯激也但於雙聲求之磯與枕槩字古音同謂摩也故毛詩音義曰磯居依反又古愛反古假借字耳近人以石激水解之殊誤說文固無磯字

而曾不閔已廖本孔本韓本考文古本同閩監毛三本閔誤關案十行本閔字稍模糊翻刻閩本時誤認爲關字遂改爲關耳

而慕其親不殆閩監毛三本同岳本考文古本足利本慕上有思字孔本韓本與岳本同殆作怠是也

孝之至矣岳本孔本韓本考文古本同閩監毛三本矣誤耳

爲不得矣岳本廖本孔本韓本考文古本同閩監毛三本得誤違

章指言生之膝下一體而分喘息呼吸氣通於親當親而號怨慕號天是以小弁之怨未足以孔本韓本考文引古本無以字爲愆也

孟子又問孫丑閩本同監毛二本孫上增公字非下孫丑又荅之同

以襃爲后閩本同監毛二本襃下增姒字

問欲何之也閩監毛三本同廖本孔本韓本考文古本無也字

得從其志也閩監毛三本同廖本孔本韓本考文古本無也字

不敢詳問其指閩監毛三本同岳本孔本韓本考文古本其上有願問二字

先生之志則大矣毛本生誤王下先生之號同

三軍士樂之而悅利考文古本無三軍二字

則其國從而亡矣閩監毛三本同廖本孔本韓本無從而二字

章指言上之所從下以爲俗俗化於善久而致平俗化於

惡久而致傾是以君子創業慎其所以爲名也

居守其國閩監毛三本同廖本孔本韓本考文古本下有也字

致幣帛之禮足利本無帛字

受之而不報閩監毛三本同岳本孔本韓本不作未下有也字

亦致禮以交於孟子閩監毛三本岳本廖本孔本韓本考文古本無於字

孟子亦不荅之也閩監毛三本同廖本考文古本作而未荅也孔本韓本足利本作受而未荅也

聞義服故悅也閩本同監本服上剜增而字毛本孔本韓本考文古本同監本○按當作聞義則服用弟子職語

故禮荅而不見之也閩監毛三本同廖本孔本韓本考文古本無禮之也三字

章指言君子交接動不違禮享見之儀亢考文古本作允荅不差

是以孟子或見或否各 考文古本否各作不答 以其宜也 閩監毛三本同孔本韓本考文古本下有也字

有道德之名

見貢於桀 足利本貢作責下復貢同○按貢是也

不用而歸湯 閩監毛三本同廖本孔本韓本考文古本上有桀字

如何者五 閩監毛三本何改是岳本孔本韓本作此

所履則一也 閩監毛三本同廖本孔本韓本則作者

趨於屢仁而已 補案屢當作履監毛本不誤

髡爲其速去 閩監毛三本同廖本孔本韓本考文古本爲作譏

孔子之孫伋也 閩監毛三本同廖本孔本韓本考文古本無子之孫三字

衞詩竹竿之篇 閩監毛三本同廖本孔本韓本考文古本下有曰字

北流活活 監本下活誤濇

齊右善歌 毛本歌誤謳○按右一本作后見文選注藝文類聚要非趙本也

爲之而無功者 考文古本之作事

則髡必識之矣 閩監毛三本同廖本孔本韓本考文古本之矣作知之

爲司寇爲賢臣 閩監毛三本同廖本孔本韓本考文古本作爲魯賢臣

膊炙者爲燔 毛本膊誤煿

未及稅冕而行 閩監毛三本同廖本孔本韓本考文古本稅下有解祭之三字

不欲爲誠欲急去也 考文古本上欲作敬

衆人固不識君子之所爲 閩監毛三本同廖本孔本韓本考文古本足利本識作能知二字

章指言見幾而作不俟終日孔子將行冕不及稅庸人不識課以功實淳于雖辯終亦屈服正者勝也

孟子曰至其趨也者 閩監毛三本也上增一字毛本趨作趣

下惠之仁 閩本同監毛二本上增柳字

蓋謂之去齊 閩監毛三本之上增我字

則大夫之黨黨從君祭 補監毛本下黨字作當是也

齊侯歸杞梁之妻 閩本同監本杞上剜增遇字毛本同

宿于此此魯國之南地也 閩本同監毛本此改也

孟子注疏卷十二上挍勘記

奉新趙儀吉挍

孟子注疏解經卷第十二下

告子章句下　趙氏注　孫奭疏

孟子曰：五霸者三王之罪人也 五霸者大國秉直道以率諸侯齊桓晉文秦繆宋襄楚莊是也三王夏禹商湯周文王是也 今之諸侯五霸之罪人也今之大夫今之諸侯之罪人也 謂當孟子之時諸侯及大夫也諸侯臣摠謂之大夫罪人之事下別言之 天子適諸侯曰巡狩諸侯朝於天子曰述職春省耕而補不足秋省斂而助不給入其疆土地辟田野治養老尊賢俊傑在位則有慶慶以地入其疆土地荒蕪遺老失賢掊克在位則有讓一不朝則貶其爵再不朝則削其地三不朝則六師移之是故天子討而不伐諸侯伐而不討五霸者摟諸侯以伐諸侯者也故曰五霸者三王之罪人也 巡狩述職皆以助人民慶賞也養老尊賢能者在位賞之以地益其地也掊克不良之人在位則責讓之不朝而至三則討之以六師移之就之也討者上討下也伐者敵國相征伐也五霸強摟牽諸侯以伐諸侯不以王命也於三王之法乃爲之罪人也 五霸桓公爲盛葵丘之會諸侯束牲載書而不歃血初命曰誅不孝無易樹子無以妾爲妻再命曰尊賢育才以彰有德三命曰敬老慈幼無忘賓旅四命曰士無世官官事無攝取士必得無專殺大夫五命曰無曲防無遏糴無有封而不告曰凡

我同盟之人既盟之後言歸于好今之諸侯皆犯此五禁故曰今之諸侯五霸之罪人也 齊桓公五霸之盛者也與諸侯會于葵丘束縛其牲但加載書不復歃血言畏桓公不敢負之不得專誅不孝樹立也已立世子不得擅易也不得立愛妾爲嫡妻也尊賢養才所以彰明有德之人敬老愛小恤矜孤寡客羈旅勿忘忽也仕爲大臣不得世官賢臣乃得世祿也官事無攝無曠庶僚也取士必得賢也立賢無方也無專殺大夫不得以私怒行戮也無敢違王法而以己意設防禁也無遏止穀糴不通鄰國也無以私恩擅有封賞而不告盟主也言歸于好無搆怨也桓公施此五命而今諸侯皆犯之故曰罪人也 長君之惡其罪小逢君之惡其罪大今之大夫皆逢君之惡故曰今之大夫今之諸侯之罪人也 君有惡命臣長大而宣之其罪在不能拒逆君命故曰小也逢迎也君之惡心未發臣以諂媚逢迎之而導君爲非故曰罪大今諸侯之大夫皆逢君之惡故曰罪人也

【疏】孟子至罪人也○正義曰：此章言王道寖衰轉爲罪人孟子傷之是以博思古法以匡時君者也孟子曰五霸者三王之罪人也至五霸之罪人也者又至今之諸侯之罪人也孟子言齊桓晉文秦繆宋襄楚莊五霸者乃爲夏禹商湯周之罪人也今之諸侯謂孟子時之諸侯乃爲五霸者之罪人也今之大夫亦謂孟子時之大夫乃爲今之時諸侯之罪人也自天子適諸侯至三王之罪人也者此一段是孟子自解五霸爲三王之罪人也天子適諸侯曰巡守至助不給已說在惠王篇言入其疆謂古天子行巡守之禮巡諸侯所守之地至入其諸侯疆境見其土地開辟而不蕪田野耕治而不荒又能養其耆老尊敬賢者有俊傑之才能在位行政事如此則有慶賞以其慶賞益其地也入其封疆見土地荒蕪而不開辟又遺棄其耆老失其賢人惟以掊克多取聚斂之臣在其位以殘民如此則有責讓不特責讓之又其一不朝覲述所職則以貶損其爵至二不朝則削減其土地以至三不朝則命六師以移易其位也以其不能保安社稷也是故天子於諸侯有其罪則討而不行兵征伐諸侯之於諸侯則行兵征伐而不討蓋彼有罪而布令陳辭以責之是謂討也彼有罪而用兵行師以加之是謂伐也且五霸者牽率諸侯者也故曰五霸者三王之罪人也以其五霸擅自專權不待天子錫之弓矢然後征錫之鈇鉞然

後殺者也特率率諸侯以伐諸侯而已是則豈非三王之罪人軼故齊桓率諸侯以伐蔡晉文率諸侯以滅曹秦繆率諸侯以伐晉宋襄率諸侯以伐楚楚莊率諸侯以伐陳是摟諸侯以伐諸侯者也五霸桓公爲盛至五霸之罪人也此一段是孟子自解今之諸侯乃五霸之罪人也言齊桓公爲五霸最盛者也以其土地之廣甲兵之衆强制諸侯懼其未盡從已也於是期約諸侯爲葵丘之會葵丘杜預曰陳留外黃縣有葵丘魯地也諸侯皆束縛其牲但加載書而不復歃血歃血歃血也言不敢負桓公之約也桓公於是初命之曰誅不孝言所誅在不孝矣無易樹子言世子已立更不得擅自變易也無以妾爲妻言不得以愛幸之妾而立嫡妻也其再命之曰尊賢育才以彰有德言賢者當尊之於朝以崇其才德者當養之於學以成其德是所謂以彰明有德者也其三命之曰敬老慈幼無忘賓旅言當敬重其耆長慈憫其幼少又當無忘忽其賓客羈旅其四命之曰士無世官不得兼攝其職也以其一官不專則一事不舉也取士必得言所取之士必得其賢不得使之羣小殽亂之也無專殺大夫言大夫有罪者當皆請命於天子而諸侯不得專殺之也其五命之曰無曲防言不得曲防其水以專利也當通水利而防鄰之而已無遏糴言不得遏止穀糴不通於鄰國也無有封而不告

言不得有私自封賞而不告於天子也五命之後於是又布告之曰凡我同盟會盟之人自今既盟誓之後言當歸於交好無更構怨也然今之諸侯皆犯此桓公之五禁故曰今之諸侯五霸之罪人也五禁即五命是也長君之惡至今之諸侯之罪人也者此一段孟子自解今之大夫爲今之諸侯罪人者也蓋自諸侯之下皆爲大夫者也言君有惡命臣長益而宣布之其罪猶小以其但不能距逆君之命也君之惡未著而爲之臣乃諂媚逢迎而導君爲非故曰其罪大以其有以啓之也然今之大夫皆有以迎君之惡而啓之故曰今之大夫今之諸侯之罪人也。五霸至者也正義曰云齊桓晉文至楚莊五者今案史記諸侯年表云周莊王十二年齊桓公小白即位周釐王三年始霸會旅諸侯於甄周惠王二十三年諸侯伐鄭周襄王元年夏會諸侯於葵丘天子使宰孔賜胙命無拜襄王九年卒是桓公自釐王三年始霸至卒凡得四十三年晉文公重耳自周襄王十六年即位是爲霸五年率諸侯以伐曹襄王二十四年薨即位凡得九年而已宋襄公茲父自周襄王三年即位十三年伐楚十四年死泓戰是歲襄王十五年矣秦繆公任好自周惠王十五年即位二十八年會晉伐楚朝周是歲周襄王二十年三十五年伐晉報殺敗于汪二十九年卒以人從死是歲襄王三十一年矣

楚莊王侶自周頃王六年即位十三年伐陳十六年卒諸侯誅陳夏徵舒立陳成公午三十三年薨是歲周定王十六年矣云夏禹商湯周文武説於前矣。注齊桓至罪人也正義曰云與諸侯會于葵丘案魯僖公九年左傳云夏會諸侯于葵丘尋盟且脩好禮也秋齊桓盟諸侯于葵丘曰凡我同盟之人既盟之後言歸于好是之謂也是歲所謂周襄王元年矣云誅不孝者如衛世子輒拒其父蒯聵楚世子商臣弑其父凡此之類是不孝者也云無易其世子者如晉獻公立奚齊以易申生是易世子者也云無立愛妾爲嫡者正妃曰嫡也如晉獻公於驪姬是以愛妾爲嫡也云尊賢育才者如南有嘉魚之詩云太平之君子至誠樂與賢者共之也菁菁者莪之詩云樂育才也凡此是尊賢養才之意也云敬老愛小恤矜寡孤如周禮大司徒之職云以保息六養萬民一曰慈幼二曰養老孟子曰文王發政施仁必先鰥寡孤獨是其旨也云賓客羈旅無忽忘也周禮太宰職云以禮待賓客之治是不忘賓客也孟子曰關市譏而不征是不忘忽羈旅也云仕爲大臣不得世官乃得世祿者如魯有臧孫氏仲孫氏叔仲氏季孫氏晉有狐氏趙氏荀氏郤氏欒氏范氏齊有高氏國氏崔氏衛有甯氏孫氏是皆世官之類也孟子曰文王治岐士無世祿是世祿之謂也云無曠庶僚者孔安國云僚官

也曠空也尚書注云無曠庶官天工人其代之位非其人爲空官言人代天理官不可以天。官私非其人亦具官而事無攝則爲非禮孔子曰管仲官事不攝焉得儉所以譏誚之矣云取士必得立之無方者如桓公取管仲於賊國湯立賢無方是矣若晉奚齊之於里克陳靈公於夏徵舒是取士不得矣云不得以私怒行戮者如文公六年左傳云賈季怨陽子之易其班而知其無援於晉乃使續鞫居殺處父成公八年晉殺其大夫趙括十五年宋殺其大夫山十六年楚殺其大夫公子側是也凡此之類春秋書之四十有七是專殺大夫也云無敢違王法而以己意私設防禁者然而此意亦通義矣奈何據其下文曰過糴則無曲防是爲無曲防障其水以專利者也故先王制吠遂溝洫所以爲此矣是齊桓會諸侯于陽穀公羊以爲障谷會諸侯于葵丘穀梁以爲無壅泉凡此可見矣云無止糴如秦饑晉閉之糴是也云無以私恩擅有封賞如成公十八年楚取彭城以封魚石是也凡此五命案左傳文則曰凡我同盟之人既盟之後言歸于好而不及五命案公穀梁述葵丘會有云無過糴無易立子無以妾爲妻無使婦人與國事無壅泉而不及誅不孝尊賢育材士無世官官事無攝取士必得無專殺大夫無有封而不告案公羊述桓公陽穀之會則云無障谷無貯粟無易立子無以妾

爲妻而不及無使婦人與國事其詳略與此不同蓋所以相終始而已又案春秋凡書諸侯會有四十九而齊桓十有八焉内臣會凡二十有六而齊居四焉書外相會凡十有三而齊居六焉案史記云兵車之會三乘車之會六孔子曰桓公九合諸侯一匡天下穀梁傳云衣裳之會十有一范注云十三年會北杏十四年會鄄十五年會鄄十六年會幽二十七年又會幽僖公元年會檉二年會貫三年會陽穀五年會首戴七年會甯九年會葵丘凡十一會也

魯欲使慎子爲將軍孟子曰不教民而用之謂之殃民殃民者不容於堯舜之世一戰勝齊遂有南陽然且不可 慎子善用兵者不教民以仁義而用之戰鬭是使民有殃禍也堯舜之世皆行仁義故好戰殃民者不能自容也就使慎子能爲魯一戰取齊南陽之地且猶不可山南曰陽岱山之南謂之南陽也 慎子勃然不悅曰此則滑釐所不識也 滑釐慎子名不悅故曰我所不知此言何謂也

曰吾明告子天子之地方千里不千里不足以待諸侯諸侯之地方百里不百里不足以守宗廟之典籍周公之封於魯爲方百里也地非不足而儉於百里太公之封於齊也亦爲方百里也地非不足也而儉於百里今魯方百里者五子以爲有王者作則魯在所損乎在所益乎徒取諸彼以與此然且仁者不爲況於殺人以求之乎 孟子見慎子不悅故曰明告子天子諸侯制制如是諸侯當來朝聘故言守宗廟典籍謂先祖常籍法度之文也周公大公地尚不能滿百里儉而不足也後世兼侵小國今魯乃五百里矣有王者作若文王武王者子以爲魯在所損之乎在所益之乎言其必見損也但取彼與此爲無傷害仁者尚不肯爲況戰鬭殺人以求廣土地乎

君子之事君也務引其君以當道志於仁而已 言君子事君之法牽引其君以當正道者仁也志仁而已欲使慎子輔君以仁也

疏慎子至而已○正義曰此章言招攜懷遠貴以德禮賤其用兵義勝爲上戰勝爲下明賤戰者也魯欲使慎子爲將軍慎子名滑釐善用兵者也魯國遂欲使慎子爲將軍戰鬭孟子曰不教民以仁義之道而用之戰鬭是謂殃禍以殘害民也故好戰而殃禍殘害其民者不容於堯舜二帝之世也以其堯舜之世民皆仁義但如四凶者則誅戮之是不容殃民者也今欲使慎子爲將軍雖爲魯一戰而遂取南陽之地然且猶不可況有不勝者乎慎子勃然不悅曰此則滑釐之罪也慎子見孟子此言乃勃然變顏而不悅而憤之曰此言則滑釐所不知也故自稱名爲滑釐是以因知滑釐爲慎子名也曰吾明告子至於仁而已孟子乃與之曰我分明告子以其不可之意也且天子之地方千里不千里則其中無可以待諸侯諸侯之地方百里不百里則其中無以守宗廟之典籍典籍常籍法度之文也謂先祖之典籍也周公之封於魯也其地爲方百里者也非其地不足而儉用於百里然亦不敢縱欲以敗王制也太公之封於齊亦然今魯國方百里之地有五以其方五百里者也子今且以爲有王者興作則此魯國之地在所損之中乎在所益之中乎言必在所損也是則徒

務戰鬭取彼以與此也是則仁者且不肯爲而戰鬭殺人以求廣土地乎○注慎子善用兵至南陽也○正義曰案史記慎到趙人也學黃老道德之術著十二篇徐廣曰今慎子劉向所定有四十六篇墨子云公輸子意不過欲殺臣殺臣宋莫能守可攻也然臣之弟子滑釐等三百人已持魯國之器在宋城上而待楚寇也雖殺臣不能絕也於是楚王曰善哉吾請無攻宋城矣是慎子即慎到矣荀卿非十二子篇注云慎子與宋鈃孟子同時是也墨子之云則又知是爲善用兵者矣云山南曰陽岱山之南謂之南陽者案尚書禹貢岳陽孔安國云山南曰陽岱山即太山在齊國之南者也周公封於魯太公封於齊案周禮上公之地五百里齊魯是爲上公之封則百里實封之五百里兼附庸之地也今魯方百里非兼附庸也安詩自廣而已禮記曰周公封於曲阜百里史記云周封伯禽於魯四百里太公於齊兼五侯地是皆讒說不足取信也

孟子曰今之事君者皆曰我能爲君辟土地充府庫今之所謂良臣古之所謂民賊也 辟土地侵小國也充府庫重賦斂也今之所謂良臣於古之法爲民賊者也賊傷民也故謂之賊也 君不鄉道

不志於仁而求富之是富桀也（爲惡君聚斂以富之爲富君也謂若夏桀也）我能爲君約與國戰必克今之所謂良臣古之所謂民賊也（連諸侯以戰求必勝之也）君不鄉道不志於仁而求爲之強戰是輔桀也（說與上同）由今之道無變今之俗雖與之天下不能一朝居也（今之道非善道今之世俗漸惡久矣若不變更雖得天下之政而治之不能自安一朝之間居其位也）

【疏】孟子止居也○正義曰此章言善爲國者必藏於民賊民以往其餘何觀變俗移風非樂不化以亂齊民不知其善者也孟子曰至不能一朝居也孟子言今之世爲臣而奉事君者皆曰我能爲君廣闢土地充實府庫以其皆掊克之人也今之所謂忠臣良臣者皆古之先王治世所謂爲殘賊民者也孟子於此又言君既不趨向慕於道其心之所之又不志於仁是爲惡也而爲臣者又掊克聚斂而求富之是如富於夏桀之君也又且曰我能爲君期與敵國戰鬬必能勝如此是今之所謂良臣即古之所謂民賊者也君既不向慕道不志於仁而爲臣者又求爲之強戰鬬於敵國是輔桀也君猶用今之不善之道又不能變更今之世俗如此者雖與之以天下亦且不能自安一朝之間以居其位也是以孟子於魯欲使慎子爲將軍所以深闢之也

白圭曰吾欲二十而取一何如（白圭周人也節以貨殖省賦利民使二十而稅一）孟子曰子之道貉道也萬室之國一人陶則可乎（貉夷貉之人在荒服者也貉之說二十而取一萬家之國使一人陶瓦器則可乎以此諭白圭之所言而已矣）曰不可器不足用也（白圭曰一人陶則瓦器不足以供萬室之用也）曰夫貉五穀不生惟黍生之無城郭宮室宗廟祭祀之禮無諸侯幣帛饔飧無百官有司故二十而取一而足也（貉在北方其氣寒不生五穀黍早熟故獨生之無中國之禮如此之用故可二十而取一而足也）今居中國去人倫無君子如之何其可也陶以寡且不可以爲國況無君子乎欲輕之於堯舜之道者大貉小貉也欲重之於堯舜之道者大桀小桀也（今之居中國當行禮義而欲効夷貉無人倫之敘無君子之道豈可哉陶器者少尚不可以爲國況無君子之道乎堯舜以來什一而稅足以行禮故以此爲道今欲輕之二十而稅一者夷貉爲大貉子爲小貉也欲重之過什一則是夏桀爲大桀而子爲之小桀也）

【疏】白圭至小桀也○正義曰此章言先王典禮萬世可遵什一供貢下富上尊裔土簡惰二十而稅夷狄有君不足爲貴圭欲法之孟子斥之以王制者也白圭曰吾欲二十而取一何如白圭周人也白圭言於孟子曰我今欲省賦利民但二十中而稅一如之何孟子曰子之道貉道也萬室之國一人陶則可乎孟子欲闢之故與之曰子以二十而稅一之道乃荒服北裔貉之道也故託諭以問之曰萬家之國但以一人陶瓦器而供使用則可乎否乎曰不可器不足用也白圭荅之曰一人陶器而供萬家之國則器不足用也是爲不可也曰夫貉五穀不生至大桀小桀也孟子又與之言曰夫貉居於北方其地寒燥而五穀不生長惟黍爲熟於寒燥故生之又以其無中國之城郭宮室又無宗廟祭祀之禮又無幣帛饔飧之費又無百官之衆供贍朝食曰饔夕食曰飧如此無有費用供贍故於貉但二十而稅一亦足給也今居中國之地如去人倫之敘使無君子之道如何爲可乎然而陶器之少且尚不可以爲供國之用況於國而無君子之道乎且自堯舜二帝以來皆以什一而稅也今欲輕於堯舜什一之道而欲二十而取一則夷貉爲大貉而子爲小貉也如欲重於堯舜什一之道而過於什一則夏桀爲大桀而子爲小桀也以其桀暴於賦斂者也此孟子所闢之白圭也○注曰圭周人也○正案班固志貨殖傳云白圭周人也當魏文侯時李克務盡地力而白圭樂觀時變故人弃我取人我與能薄飲食忍嗜欲節衣服曰吾治生與伊尹呂尚之謀孫吳用兵商鞅行法是也又公羊傳曰古者什一而籍古者易爲什一而籍什一者天下之中正也多乎什一大桀小桀寡乎什一大貉小貉什一者天下之中正也什一行而天下頌聲作矣何休云多取於民比於桀蠻貉無百官制度之費稅薄穀梁云古者什一而籍孟子曰夏氏五十而貢殷人七十而助周人百畝而徹凡書傳云什一者衆矣杜預曰古者公田之法十取其一謂十畝內取一舊法既以十畝取一矣春秋魯宣公十五年初稅畝又履其餘畝更復十取其一乃

是什取其二故魯哀公問有若曰二吾猶不足如之何其徹也周禮載師云凡任地近郊十一遠郊二十而三甸稍縣都皆取過十二漆林之征二十而五彼謂王畿之內所共多故賦稅重諸書所言什一皆謂畿外之國故鄭玄曰云什一而稅謂之徹徹通也爲天下之通法言天下皆什一耳不言畿內亦什一也孟子云方百里爲井井九百畝其中爲公田八家皆私百畝同養公田公事畢然後敢治私事鄭玄云詩箋云井稅一夫其田百畝則九而稅一其意又異於漢食貨志云井田方百。里是爲八。九。家共之各受私田百畝公田十畝是爲八百八十畝餘二十畝爲廬舍然而諸儒多用孟子爲義如孟子所言則家別一百一十里是爲十外稅一也是爲鄭玄有異於此也又孟子對滕公請野九一而助國中什一使自賦鄭玄周禮匠人注孟子此言乃云是邦國亦異外內之法則鄭玄以爲諸侯郊外郊內其法不同郊內十一使自賦其一郊外九而助一是爲二十而稅一故鄭玄又云諸侯謂之徹者通其率以十一爲正郊內郊外相通其率爲十稅一也杜預直云十取其一則又異於鄭惟謂一夫百畝以十畝歸公趙注不解夏五十殷七十而助助七畝好惡取於此鄭注考工記云周人畿內用夏之貢法邦國用殷之助法也

白圭曰丹之治水也

愈於禹丹名圭字也當諸侯之時有小水白圭爲治除之因自謂過乎禹也孟子曰子過矣禹之治水水之道也是故禹以四海爲壑今吾子以鄰國爲壑水逆行謂之洚水洚水者洪水也仁人之所惡也吾子過矣子之所言過矣禹除中國之害以四海爲溝壑以受其害水故後世賴之今子除水近注之鄰國觸於洚水之名仁人惡爲之自以爲愈於禹是子亦過甚矣

疏白圭至過矣。正義曰此章言君子除害普爲人也白圭壑鄰亦以狹矣是故賢者志其大者遠者也白圭曰丹之治水也愈於禹丹圭名也趙注所以知其爲圭字也孟子與之曰子此言有過謬矣夫大禹之治水因水道而疏通歸於海也此故禹以四海爲溝壑以受其水害故當時民皆得平土而居之今吾子以鄰國爲壑以受害而又有逆其水道且逆水者所以謂之洚水謂洚水即洪大之水也是爲仁人之所惡之也今子如是乃云有愈於大禹是吾子之過謬矣白圭云所以言此者是又不知大禹不自滿假不自伐之謂也於禹治水之功是又白圭未得禹萬分之一也宜其孟子辭而闢之以爲過謬者矣抑亦不思天下有溺者由己溺之謂也

孟子曰君子不亮惡乎。執亮信也易曰君子履信思順若爲君子之道捨信將安所執之邪

疏正義曰此章言重信之至者也孟子言君子之道如不以信爲主則君。之道惡乎執言執君子之道特在乎信也亮信也然言亮而不言信者蓋亮之爲義其體在信其用在明君子之道惟明爲能明善在信爲能誠身不明乎善不能誠其身矣是則君子不亮又惡乎執歟以其誠也者擇善而固執之者也故論語云自古皆有死民無信不立是重信之至也

魯欲使樂正子爲政樂正子克也魯君使之執政於國孟子曰吾聞之喜而不寐喜其人道德得行爲之喜而不寐公孫丑曰樂正子強乎曰否有知慮乎曰否多聞識乎曰否丑問樂正子有此三問之所能乎孟子皆曰否不能有此也然則奚爲喜而不寐丑問無此三者何爲喜而不寐曰其爲人也好善孟子言樂正子之爲人也能好

善故爲之喜好善足乎丑問以但好善足以治國乎曰好善優於天下而況魯國乎夫苟好善則四海之內皆將輕千里而來告之以善夫苟不好善則人將曰訑訑予既已知之矣訑訑之聲音顏色距人於千里之外孟子曰好善樂聞善言是采用之也以此治天下可以優之。舜是也何況於魯不能治乎人誠好善四海之內皆輕行千里以善來告之誠不好善則其人將曰訑訑賤他人之言訑訑者自足其智不嗜善言之貌訑訑之人發聲音見顏色人皆知其不欲受善言也道術之士聞之止於千里之外而不來也士止於千里之外則讒諂面諛之人至矣與讒諂面諛之人居國欲治可得乎懷善之士止於千里之外不肯就之則邪惡順意之人至矣與邪惡居欲使國治豈可得乎

疏魯欲至得乎。正義曰此章言好善從人聖人一槩禹聞讜言答之以拜訑訑距之善人

亦逝善去惡來道若合符者也魯欲使樂正子執政故言於弟子曰我聞魯欲使樂正子爲政遂喜而不寐以其樂正子將得行其道也公孫丑曰樂正子強乎至曰否公孫丑見孟子此言以爲喜而不寐乃問孟子曰樂正子有強力勝乎曰否孟子荅無以力勝也公孫丑問有智慮能善謀乎曰否孟子又荅之曰無用智慮謀也公孫丑又問曰有多聞見識乎曰否孟子又荅曰無多聞見識也然則奚爲喜而不寐曰其爲人也好善孟子曰樂正子爲人能好善言故爲之喜也好善足乎又問言樂正子但好善言足以治國乎曰好善優於天下至可得乎孟子與之曰能好善言足優爲於天下也而況魯國乎夫人苟好善則四海之內有善言之士皆得不遠千里而來告之也苟不能好善則四海之內人將曰彼人之訑訑自足其智不好善言我既已知之如此則訑訑之人發聲音形顔色以距止人於千里之外是則善言之士既止於千里之外而不來告之則讒惡詔佞面從之人至矣然而與讒惡詔佞面諛之人居國欲使之治尚可得乎言不可得而治也莊子云好言人之惡以爲讒希意導言以爲詔不擇是非而言以爲諛。注樂正子克。正義曰已說於前矣。注聞善言虞舜是也。正義曰孟子曰舜聞一善言見一善行若決江河沛然莫之能禦是之謂也。注禹聞讜言荅之以

拜至此之謂也。正義曰禹聞善言則拜尚書讜言說於前矣詩曰雨雪瀌瀌見晛曰消者此蓋角弓之詩文也注云晛日也瀌瀌雨雪之盛貌

陳子曰：古之君子何如則仕？陳臻問古之君子謂何禮可以仕也孟子曰：所就三，所去三。迎之致敬以有禮，言將行其言也，則就之；禮貌未衰，言弗行也，則去之。其次，雖未行其言也，迎之致敬以有禮，則就之；禮貌衰，則去之。其下，朝不食，夕不食，飢餓不能出門戶，君聞之曰：吾大者不能行其道，又不能從其言也，使飢餓於我土地，吾恥之。周之，亦可受也，免死而已矣。所去就謂下事也禮者接之以禮也貌者顔色和順有樂賢之容禮衰不敬也貌衰不悅也其下者困而不能與之祿則當去矜其困而問之苟免死而已此三就三去之道窮餓而去不疑也故不言去免死而留爲死故也權時之宜嫌其疑也故載之也

疏陳子至已矣。正義曰此章言士雖正道亦有量宜聽言爲上禮貌次之困而免死斯爲下矣滿此三利無疑者也陳子曰古之君子何如則仕陳臻問孟子古之君子何如則可進爲之仕孟子曰所就三所去三孟子荅之曰古之君子爲仕所去就有三也下文孟子解之者是也自迎之致敬至死而已矣是解所去就有三矣言國君迎接之致其敬以有禮言將行用其言也則就而仕之是所謂行可之仕也如禮貌接之以禮又有樂賢之容未衰而言弗得行也則當退而去之以其爲道而仕道不行則去矣其次國君雖未行用其言然而接之致敬以有禮則就而仕之是所謂際可之仕也及其國君接之不以禮又無樂賢之容是其禮貌衰也是則退而去之以其爲禮而仕禮既衰則去矣其下朝旦無以食夕昏又無以食以至飢餓困乏不能出其門戶國君聞之乃曰吾大爲之君者不能使之得行其道又不能聽從其言而使飢餓於我之土地吾羞恥之也如此國君有以周賜之亦可以受之而不辭也無他免其餓死而已矣以其爲貧而仕是公養之仕也是以昔之孔子去就如是此孟子荅陳臻之問所以執此而詳悉告之

孟子曰：舜發於畎畝之中，傅說舉於版築之間，膠鬲舉於魚鹽之中，管夷吾舉於士，孫叔敖舉於海，百里奚舉於市。故天將降大任於是人也，必先苦其心志，勞其筋骨，餓其體膚，空乏其身，行拂亂其所爲，所以動心忍性，曾益其所不能。舜耕歷山三十徵庸傅說築傅巖武丁舉以爲相膠鬲殷之賢臣遭紂之亂隱遁爲商文王於鬻販魚鹽之中得其人舉之以爲臣也士獄官也管仲自魯囚執於士官桓公舉以爲相國孫叔敖隱處耕於海濱楚莊王舉之以爲令尹百里奚亡虞適秦隱於都市穆公舉之於市而以爲相也言天將降下大事以任聖賢必先勤勞其身餓其體而瘠其膚使其身乏資絕糧所行不從拂戾而亂之者所以動驚其心堅忍其性使不違仁困而知勤增益其素所以不能行之者也人恒過，然後能改；困於心，衡於慮，而後作；徵於色，發於聲，而後喻。人常以有謬思過行不得福然

後乃更其所爲以不能爲能也困瘁於心衡橫也橫塞其慮於胷。中而後作爲奇計異策憤激之說也徵驗見於顏色若屈原憔悴漁父見而怪之發於聲而後喻若甯戚商。歌桓公異之是而已矣

入則無法家拂士出則無敵國外患者國恒亡然後知生於憂患而死於安樂也

入謂國內也無法度大臣之家輔弼之士出謂國外也無敵國可難無外患可憂則凡庸之君驕慢荒怠國常以此亡也故知能生於憂患死於安樂也死亡也安樂怠慢使人亡其知能者也

【疏】孟子曰至安樂也。正義曰此章言聖賢困窮天堅其志次賢感激乃奮其意凡人佚樂以喪知能賢愚之教者也孟子曰舜發於畎畝之中至死於安樂也者孟子言舜初起發自歷山畎畝之中而堯禪其位傳說築於傅岩之間而高宗舉之爲相膠鬲鬻販於魚鹽之中而商文王舉爲賢臣管仲爲士官之囚而桓公舉爲相國孫叔敖隱遁於海濱而楚莊王舉爲令尹百里奚亡虞歸秦而隱於都市秦繆公任之以爲相故天欲降其大任與之卿相之位於此六人也必先所以如是苦楚其心志勩勞其身已餓其體使之焦枯疲瘠其皮膚又使其身空乏無資財所行不遂而拂戾其所

爲又所以驚動其心堅忍其性曾益其素所不能而已又言人常以過謬然後更改而遷善困瘁於心而無所通則其操心也危橫塞其慮而思慮無所達而後乃能興作其大憔悴枯槁之容而驗於色而後有吟咏嘆息之氣而發於聲則人見其色聞其聲而後喻曉其所爲矣又言國君者入於國內無大夫循守其職而爲之法家又無輔弼諫諍之士出於國外則無強敵之大國爲危難之警如是者其國未爲不喪亡矣故曰國常亡如是則然後因而知人以憂患謀慮而生以安樂怠慢而死也故曰生於憂患而死於安樂也。注舜耕歷山至不能行。正義曰自舜耕歷山至繆公舉之以爲相也是皆案史記之文也。注若屈原憔悴與甯戚商歌桓公異之。正義曰案史記屈原名平與楚同姓事懷王爲三閭大夫王甚任之上官大夫與之同列爭寵而心害其能因讒之王怒而疏平復逐放之平乃遊江濱被髮行吟澤畔顏色憔悴形容枯槁時有漁父釣於江濱怪而問之曰子非三閭大夫乎何故至此原曰舉世混濁而我獨清衆人皆醉而我獨醒漁父曰聖人不凝滯於物與世推移舉世皆濁何不混其泥而揚其波衆人皆醉何不啜其醨而餔其漓原曰吾聞新沐者必彈冠新浴者必振衣誰能以身察察受物之汶汶者乎寧赴常流而葬魚腹中耳遂作長沙之賦懷石自投汨羅以死後百餘年賈誼爲長沙王大傅過湘投書以弔之甯戚角歌者案三齊記云齊桓公夜出迎客甯戚疾擊其牛角高歌曰南山粲白石爛生不遭堯與舜禪短布單衣適至骭從昏飯牛薄夜半長夜曼曼何時旦桓公乃召與語說之遂以爲大夫

孟子曰教亦多術矣予不屑之教誨也者是亦教誨之而已矣

教人之道多術予我也屑絜也我不絜其人之行故不教誨之其人感此退自修學而爲仁

【疏】正義曰此章言學而見賤恥之義是亦。教誨之一道也大者激而厲之能者以改教誨之方或折或引同歸殊途成之則。者也孟子言教人之道非特一術耳以其多有也我之所以於不絜人之行而不教之者此亦我有以教之也以其使彼感激自勉修爲之而已是以亦爲教誨之者也蓋謂教亦多術者有君子之五教或三隅不反則不復也或叩兩端而竭於鄙夫或瀆則不告或謂予之歸求有餘師或爲挾貴而不荅是教之多術矣

孟子注疏解經卷第十二下

大清嘉慶二十年重
用文選樓藏本校

南昌縣知縣陳煦栞

孟子注疏卷十二下挍勘記　阮元撰盧宣旬摘錄

商湯　閩監毛三本同廖本孔本韓本商作殷

周文王是也　廖本孔本韓本考文古本同閩監毛三本王改武

則有讓　石經讓譌作責

不朝而至三　閩監毛三本同岳本廖本孔本韓本考文古本無而字

則討之以六師　閩監毛三本同廖本孔本韓本考文古本無則字

乃爲之罪人也　閩監毛三本同廖本孔本韓本考文古本無爲之二字

五霸桓公爲盛　石經桓譌作威

無易樹子　石經樹譌作立

敬老慈幼　石經敬譌作欽

不敢專之也　閩監毛三本同廖本孔本韓本考文古本之作也

不得立愛妾爲嫡妻也　閩監毛三本同廖本孔本韓本無妻字

取士必得賢也立賢無方也　閩監毛三本同廖本上也作立下賢作之孔本韓本考文古本同廖本惟少一立字

不得以私怒行戮也　閩監毛三本同廖本孔本韓本戮上有誅字

而以己意設防禁也　閩監毛三本同廖本孔本韓本考文古本意上有曲字

擅有封賞　閩監毛三本同廖本孔本韓本考文古本有下有所字

臣以諂媚逢迎之　閩監毛三本同廖本孔本韓本無之字

章指言王道寖衰轉爲罪人孟子傷之是以博思古法匡時君也

五霸至者也　閩監毛三本上增詁字者閩本作是

士無世祿　補監毛本無作者不誤

天子諸侯制制如是　上制字誤廖本孔本韓本考文古本作地是閩監毛三本作之非

在所損之乎在所益之乎　閩監毛三本同廖本孔本韓本考文古本上乎作中邪二字下乎作中也二字○按上云邪下云也古人文法多如此

以當正道者　廖本孔本韓本考文古本同閩監毛三本正誤王

章指言招攜懷遠貴以德禮既　孔本韓本作及考文古本作暨　其用兵廟勝爲上戰勝爲下明賤戰也

愼子至而已　閩本同監毛二本上增魯欲使三字

今之事君者皆曰　閩監毛三本孔本同考文古本足利本無皆字

侵小國也　閩監毛三本同廖本孔本韓本考文古本小作鄰

今之所謂民臣　閩監毛三本同廖本孔本韓本考文古本下有者字

於古之法爲民賊者也　閩監毛三本同廖本孔本韓本考文古本無者也二字

賊傷民也　閩監毛三本同廖本孔本韓本考文古本無賊字也字

求必勝之也　閩監毛三本同廖本孔本韓本考文古本無之字

章指言善爲國者必　孔本韓本考文古本作以　藏於民賊民以往其餘何觀變俗移風非樂不化以亂濟民不知其善也

孟子止居也　閩本同監毛二本止改至

省賦利民　閩監毛三本同廖本孔本韓本上有欲字

以此喻白圭之所言而已矣　閩監毛三本同廖本孔本韓本考文古本作以此喻白圭

所言也

無諸侯幣帛饔飧　飧當作飱毛本饔作饗

故二十而取一而足也　諸本無上而字

故可二十而取一　閩監毛三本同廖本孔本韓本無而字

二十而稅一者　閩監毛三本同廖本孔本韓本考文古本無而字

則是夏桀爲大桀而子爲之小桀也　閩監毛三本同廖本孔本韓本無是字而字之字考文引而子爲之小桀也云古本無而字之字

章指言先王典禮萬世可遵什一供貢下富上尊裔土　考文古本作士　簡惰二十而稅夷狄有君　韓本刪此四字孔本作貉道有然　不足爲貴　此四字韓本亦刪　圭欲去之孟子斥之以王制也

正案班固志貨殖傳云　正下脫義曰二字閩監毛三本不脫

井田方百里是爲八九家共之　閩本同監毛二本百作一八九家作九夫八家是案此文監本擠寫是監本剜改

當諸侯之時　閩監毛三本同廖本孔本韓本無之字

因自謂過乎禹也　閩監毛三本同廖本孔本韓本考文古本無乎字

是子亦過甚矣　閩監毛三本同廖本孔本韓本考文古本無是字

章指言君子除害普爲人也白圭壑鄰亦以狹矣是故賢者志其大者遠者也

君子不亮惡乎執　音義本亦無乎字

捨信將安所執之邪　閩監毛三本同岳本無所字廖本孔本韓本捨作舍無所字邪字考文古本無所字邪字

章指言論語曰自古皆有死民無信不立重信之至者　孔本韓本考文古本無者字　也

則君之道　君下漏子字閩監毛三本不脫

丑問以但好善　閩監毛三本同岳本孔本韓本考文古本以作人

舜是也　閩監毛三本同廖本孔本韓本考文古本上有虞字

懷善之士　閩監毛三本同廖本孔本韓本考文古本善下有言字

章指言好善從人聖人一概禹聞讜言荅之而拜訑訑吐之善人亦逝善去惡來道若合符詩曰雨雪瀌瀌見晛聿消此之謂也

注禹聞讜言荅之而拜至此之謂也　閩監毛三本而作以此之謂作合符者

正義曰禹聞善言則拜尚書讜言說於前矣詩曰雨雪瀌瀌見晛曰消者此蓋角弓之詩文也注云晛日也瀌瀌雨雪之盛貌　閩監毛三本無詩曰至盛貌三十一字

謂何禮可以仕也　閩監毛三本同廖本孔本韓本考文古本謂作得

迎之致敬以有禮　石經敬諱作欽下同

三十徵庸　監本徵誤徵○按此三十當同五十而慕注作二十

文王於鬻販魚鹽之中　音義鬻字或作育

章指言仕雖正道亦有量宜聽言爲上禮貌次之困而免

死斯爲下矣考文古本作夫備考文古本作漏此三科亦無疑也

所以不能行之者也閩監毛三本同廖本孔本韓本考文古本無之者也三字

人恒過石經恒諱作常下同

徵於色石經徵諱作證

横塞其慮於胷中閩監毛三本同廖本孔本韓本考文古本胷下有臆之二字

若甯戚商歌考文古本商作高案非也

是而已矣閩監毛三本同廖本孔本韓本考文古本無此四字

輔弼之士閩監毛三本同孔本韓本考文古本弼作拂

安樂怠慢使人亡其知能者也閩監毛三本同廖本孔本韓本考文古本慢作惰無者字

章指言聖賢困窮天堅其志次賢感激乃奮其慮凡人佚樂以喪知能賢愚之敘也

何不啜其漕而餔其漓補監毛本漕作糟漓作醨是也

是亦教誨之一道也閩監毛三本同廖本孔本韓本考文古本亦下有我字

章指言學而見賤恥之大者激而厲之能者以改教誨之方或折或引同歸殊塗成之而已

成之則者也毛本則下有一字

孟子注疏卷十二下挍勘記　　奉新趙儀吉挍

孟子注疏解經卷第十三上

盡心章句上　凡四十五章　孫奭疏

趙氏注　盡心者，人之有心爲精氣主，思慮可否然後行之，猶人法天。天之執持綱維以正二十八舍者北辰也。論語曰：北辰居其所而衆星拱之。心者，人之北辰也。苟存其心，養其性，所以事天也。故以盡心爲篇題。

疏　正義曰：前篇章首論告子之言性，此篇章首以論盡心。盡以情性有主於心，故次之以盡心也。言盡己之心，與天道通，是道之極者，故孟子七篇所以終於盡心也。此篇凡四十五章，趙氏分成上下卷，此卷即有四十五章而已。一章言盡心竭性。二章言爲仁由己，富貴在天。三章言每必以誠，恕己而行。四章言人有仁端，達之爲道。五章言遠辱不爲憂。六章言不慕大人，何能有恥。七章言王公尊賢，以貴下賤。八章言內定常滿，賤不失道，達善天下。九章言小人待化。十章言人情富盛，莫不驕矜。十一章言勞人欲以使之，殺人欲以生之。十二章言王政浩浩，與天地同道，霸者德小，民人遠觀。十三章言明法審令，崇寬務化。十四章言本性良能，仁義是也。十五章言聖人潛隱。十六章言孤孽自危，故能顯達。十七章言容悅凡言社稷股肱，天民行道，大人正己。十八章言育養賢才，樂過萬乘。十九章言臨涖天下，君子之樂，尚不與焉。二十章言王政普大，二老聞歸。二十一章言教民之道，富而節用。二十二章言能太明者無不照。二十三章言好善從舜，好利從跖。二十四章言楊墨放蕩，子莫執中。二十五章言飢不妄食。二十六章言下惠不恭。二十七章言爲仁由己，必在究之。二十八章言仁在性體，其次假道。二十九章言放惡攝政，伊周有爲，凡人志異，則生篡心。三十章言君子正己以立於世。三十一章言人當尚志，善之所由，仁與義也。三十二章言事有輕重，行有小大。三十三章言奉法承天，政不可枉，大孝榮父，遺棄天下。三十四章言人性皆同，居使之異。三十五章言與服器用，人用不殊，尊貴居之，志氣以舒。三十六章言取人之道，必以恭敬。三十七章言聖人踐形。三十八章言禮斷三年，孝者欲盡，富貴怠厭，思減其日。三十九章言教人之術，莫善五者。四十章言道大難追，人能弘道。四十一章言窮達卷舒，屈伸異變。四十二章言學尚虛己。四十三章言賞僭及淫，刑濫及士，季文三思。四十四章言君子布德，各有所思。四十五章言振裘持領，正羅惟綱。其餘三十九章，趙氏分在下卷，各有敘焉。○注「盡心者」至「篇題」。○正義曰：云「人之有心爲精氣主，思慮可否然後行之，猶人法天」者，蓋以性之得於天，心之生於性，天莫之爲而所以命人者性也，性則湛然自得，所以爲主者心也，則人之心爲精氣主，思慮可否然後行，由人法天也。云「天之執持綱維以正二十八舍者北辰也」者，二十八舍，案一首天文志云：東方角、亢、氐、房、心、尾、箕，北方斗、牛、女、虛、危、室、壁，西方奎、婁、胃、昴、畢、觜、參，南方井、鬼、柳、星、張、翼、軫，凡此四七之星，分布四方，是二十八舍也。然所以正之者，蓋在乎北辰。論語曰：北辰居其所而衆星拱之。包注云：北辰之不移而衆星拱之。爾雅釋文云：北極謂之北辰。郭璞曰：北極天之中，以正四時。然則極，中也；辰，時也。以其居天之中，故曰北極；以正四時，故曰北辰。又按漢書天文志云：中宮太極星，其一明者，太乙之常居也；旁三星三公；環之匡衞十二星，藩臣：皆曰紫宮。北斗七星，所謂琁璣玉衡以齊七政。斗爲帝車，運於中央，臨制四方，分陰陽，建四時，均五行，移節度，定諸紀，皆係於斗，是衆星所拱也。

孟子曰：盡其心者，知其性也。知其性，則知天矣。性有仁義禮智之端，心以制之，惟心爲正。人能盡極其心以思行善，則可謂知其性矣。知其性，則知天道之貴善者也。

存其心，養其性，所以事天也。能存其心，養育其正性，可謂仁人。天道好生，仁人亦好生。天道無親，惟仁是與，行與天合，故曰所以事天也。

殀壽不貳，脩身以俟之，所以立命也。貳，二也。仁人之行，一度而已，雖見前人或殀或壽，終無二心改易其道。殀若顏淵，壽若邵公，皆歸之命。脩正其身以待天命，此所以立命之本。

疏「孟子」至「命也」。○正義曰：此章言盡心竭性，足以承天，殀壽禍福，秉心不違，立命之道，惟是爲珍者也。「孟子曰盡其心者」至「所以立命也」者，孟子言人能盡極其心以思之者，是能知其性也；知其性，則知天道矣；知存其心，養育其性，此所以能承事其天者也。以其天之賦性，而性者人所以得於天也；然而心者又生於性，性則湛然自得，而心者又得以主之也。蓋仁義禮智根於心，是性本固有而爲天所賦也。盡惻隱、羞惡、恭敬、是非之心，則是知仁義禮智之性；知吾性固有此者，則知天實賦之者也。如存此惻隱、羞惡、恭敬、是非之心，以長育仁義禮智之性，是所以事天者也，是性即天也。故存心養性，是爲事天矣。又言人之於命，雖有或殀或壽，但操執其心而不仁也。既天壽不二，而修其身以待其在天者如何耳，如是所以爲能立命之本也。以其殀壽皆定於未形有分之初，亦此而不二也不可徼求之矣但脩其在我以待之是為立命也如於殀壽而二其心以廢其所以脩其在我者則非所以立命者也商書云我生不有命在天是其意也孟子曰莫非命也順受其正莫無也人之終無非命也命有三名行善得善曰受命行善得惡曰遭命行惡得惡曰隨命惟順受命為受其正也已是故知命者不立乎巖墻之下盡其道而死者正命也知命者欲趨於正故不立於巖牆之下恐壓覆也盡脩身之道以壽終者得正命也桎梏死者非正命也畏壓溺死禮所不弔故曰非正命也已疏孟子曰至非正命也○正義曰此章言人必趨命貴受其正巖牆之疑君子遠之也孟子曰莫非命至非正命也者孟子言人之死無非是命也然當順受其正盡道以生死也書云惠迪吉是其順受其正之旨也是故知命之君子不立身於巖牆危險之下以其能壓覆人也是以盡其脩身之道而死亡者乃為受正命而死也陷於刑獄為桎梏而死者非受正命而死也以其不能盡脩身之道而順受其命而死也桎足械也梏手械也今刑獄匣手足者也案孔子云人有三死而非命欲食不節勞逸過度是病其殺之者也居下位而上誣其君嗜慾無厭是刑其殺之也以少犯衆以弱侮強是兵其殺之者也又云人有三死而不弔有畏而死者有壓而死者有溺而死者○注莫無也至正也○正義曰云命有三行善得善曰受命者如舜聞一善言見一善行沛然若決江河而莫之禦而終得升于帝而崩是也行善得惡曰遭命如淮南子伯牛有癩論語曰伯牛有疾孔子自牖執其手曰亡之命矣夫斯人也而有斯疾也斯人也而有斯疾是也包曰伯牛有惡疾是也行惡得惡曰隨命如舜之四凶之類是也○注畏壓溺死所不弔○正義曰禮於檀弓云死而不弔者三畏壓溺鄭氏云謂輕身忘孝也畏人或時以非罪攻己不能有以說之死之者孔子畏於匡是也壓行止危險之下是也溺不乘橋船是也荀子曰夏首之南有人曰涓蜀梁其為人善畏明月而宵行俯見其影以為伏鬼也仰視其髮以為立魅背而走比至其家失氣而死是亦畏死者也又秦武王時大蛇從身出復入穴五女示之五子拔蛇壓殺五女是壓死者也尾生與女子期於梁下未至不去抱梁柱而死是溺死者也孟子之言其趨則一也孟子曰求則得之舍則失之是求有益於得也求在我者也謂脩仁行義事在於我我求則得我舍則失故求有益於得也求之有道得之有命是求無益於得也求在外者也謂賢者脩其天爵而人爵從之故曰求之有道也脩天爵者或得或否故曰得之有命也爵祿須知己知己者在外非身所專是以云求無益於得也求在外者也疏孟子至者也○正義曰此章言為仁由己富貴在天者也孟子言仁義禮智性之所有如就性而求之則得之舍而不求則亡是則仁義禮智求之有益於得者也是求之在我者也以其仁義禮智有生之初性固有者是為在我者也是為天爵也求之有道則脩其天爵而人爵從之故也既脩其天爵而人爵或有不得者是或得或否是得之有命也是則人爵求之無益於得也是求之在外者也以其人爵非身所專故為在外者也如論語云求仁而得仁是求則得之之謂也易云舍爾靈龜凶是舍則失之之謂也詩云愷悌君子求福不回是求之有道者也荀子云君子能為可用不能使人必用已是得之有命者也孟子所以言之以此孟子曰萬物皆備於我矣反身而誠樂莫大焉物事也我身也普謂人為成人已往皆備知天下萬物常有所行矣誠者實也反自思其身所施行能皆實而無虛則樂莫大焉強恕而行求仁莫近焉當自強勉以忠恕之道求仁之術此最為近也疏孟子至莫近焉○正義曰此章言每必以誠恕己而行樂在其中仁之至者也孟子言人之生也萬物皆備足於我矣但能反己思之以誠不為物之喪己是有得於內矣有得於內則為樂亦莫大焉以其外物為樂則所樂在物不在於我故為樂也小以內為樂則所樂在己不在物其為樂也大又言勉強以忠恕之道而行之以求仁之術為最近故傳有云仁者必恕而後行是之謂也斯亦力行近乎仁之意歟孟子曰行之而不著焉習矣而不察焉終身由之而不知其道者衆也人皆有仁義之心日自行之無所愛而不能著明其道以施於大事仁妻愛子亦以習矣而不能察知可推以為善由用也終身用之以為自然不究其道可成君子此衆庶之人也疏正義曰此章言人有仁端達之為道凡人用之不知其為實也孟子言仁義之道人皆有之然而行之而不著則其迹不能彰明習此仁義之道而不察則其理不能推明終身用而行之而不知其是為道凡如此者非君子者也是則為凡衆

者矣故孟子以此閔之孟子曰人不可以無恥人不可以無所羞恥也論語曰行己有恥無恥之恥無恥矣人能恥己之無所恥是爲改行從善之人終身無復有恥辱之累也疏正義曰此章言恥身無分獨無所恥斯必遠辱不爲憂矣孟子言人之不可無其羞恥也人能無恥而尚有羞恥是爲遷善遠罪之人終身無復有恥辱累之矣案禮云君子有五恥朝不坐燕不善君子恥之居其位無其言君子恥之有其言無其行君子恥之既得之又失之君子恥之地有餘而民不足君子恥之如此則人可以無恥乎此孟子所以有此言而救時之弊與孟子曰恥之於人大矣爲機變之巧者無所用恥焉恥者爲不正之道正人之所恥爲也今造機變阱陷之巧以攻戰者非古之正道也取爲一切可勝敵之宜無以錯於廉恥之心。不恥不若人何若人有不恥不如古之聖人何有如賢人之名也疏正義曰此章言不慕大人何能有恥者也孟子言人之所以恥者以其爲不正之道也不正之道正宜羞恥而無爲之也是爲恥之於人爲大者也今之人乃造機變阱陷藏兵之巧以爲攻戰者是爲不正之道也是無所用而恥之也如不恥不若古之聖賢何能有古聖賢之名也。注隰朋顏淵。正義曰凡於趙注有所要者雖於文段不錄然於事未嘗敢棄之而不明今有以隰朋不及黃帝佐齊桓以有動顏淵慕虞舜仲尼歎庶幾也案杜預春秋傳云隰朋齊大夫也史記注云徐廣曰朋或作崩常愧恥不若黃帝之爲人後齊桓得之輔佐桓公四十一年卒顏淵慕虞舜案經云顏淵曰舜何人也予何人也有爲者亦若是孔子所以曰回也其庶乎屢空是其歎也趙注所以引而爲解文孟子曰古之賢王好善而忘勢樂善而自卑若高宗得傳說而稟命古之賢士何獨不然樂其道而忘人之勢何獨不然何獨不者所樂有所忘也樂道守志若許由洗耳可謂忘人之勢矣故王公不致敬盡禮則不得亟見之見且由不得亟而況得而臣之乎亟數也若伯夷非其君不事伊尹樂道堯舜不致敬盡禮而數見之乎作者七人隱各有方豈可得而臣之者乎疏孟子至之乎。正義曰此章言王公尊賢以貴下賤樂道忘勢不以富貴動其心者也孟

子曰至而況得而臣之者乎孟子曰古之賢者之君好人之善而忘己之勢古之爲賢士者亦然以其能樂己之道而忘人之貴勢也如此故有王公大人不致其敬而盡其禮則不得數數見其賢者然而見之且猶尚以爲不可而況得臣之而卑下者乎。注高宗得傳說而稟命。正義曰案尚書說命篇云高宗夢得說使百工營求諸野得諸傳岩爰立作相王置諸其左右曰臣下罔有稟命孔安國傳云名說稟受也令命也。注經許由洗耳可謂忘人之勢正義曰案高士傳云許由潁川人也隱箕山堯聞之致聘爲九州長由不赴遂洗耳於河巢父見之曰吾欲飲牛汚吾牛口於是牽牛上流飲之由大慙而隱是也。注亟數也至作者七人。正義曰云伯夷伊尹者此蓋本孟子之正文也已說之詳矣云作者七人者案論語之文也七人包注云凡七人長沮桀溺丈人石門荷蕢儀封人楚狂接輿是也王弼云七人伯夷叔齊虞仲夷逸朱張柳下惠少連是此七人者也孟子謂宋句踐曰子好遊乎吾語子遊人知之亦囂囂人不知亦囂囂宋姓也句踐名也好以道德遊欲行其道者囂囂自得無欲之貌也曰何如斯可以囂囂矣句踐問何執守可囂囂也曰尊德樂義則可以囂囂矣尊貴也孟子曰能貴德而履之樂義而行之則可以囂囂無欲矣故士窮不失義達不離道窮不失義故士得己焉達不離道故民不失望焉窮不失義不爲不義而苟得故得己之本性也達不離道思利民之道故民不失其望也古之人得志澤加於民不得志脩身見於世窮則獨善其身達則兼善天下古之人得志君國則德澤加於民人不得志謂賢者不遭遇也見立也獨治其身以立於世間不失其操也是故獨善其身達謂得行其道故能兼善天下也疏孟子至天下。正義曰此章言內定常滿囂囂無憂可出可處故云以士脩身立世賤不失道達善天下乃用其寶句踐好遊未得其要孟子言之然後乃喻者也孟子謂宋句踐曰至囂囂宋句踐宋人姓宋名句踐孟子謂句踐曰子好逸遊乎我今語以教子之遊也言人之知己亦但囂囂然自得人不知己亦但囂囂然而自得曰何如斯可以囂囂矣句踐問之曰當何如此可以囂囂然自得矣

曰尊德樂義至達則兼善天下孟子又與之曰尊貴其德所樂以義以此則可以囂囂自得矣蓋德有所得於內義有所不爲於外既所貴在德而盡性於內所樂在義而窮理於外是以樂天知命故人知不知斯囂囂然自得矣如此故士窮而在下則不失義而不爲苟得達而在上則不離道而常思利民窮不失義而不爲苟得故得己之本性達不離道而常思利民故民不失其所望是以古之人得志遭遇其時則布恩澤而加被於民不得志則脩治其身以立於世間是其窮則獨善。身達則得行其道而兼善天下也言古之人以是者如顔子之徒窮而不得志則不改其樂而獨善其身伊尹之徒得志而澤加於民也

孟子曰待文王而後興者凡民也若夫豪傑之士雖無文王猶興凡民無自知者也故由文王之大乃能自興起以趨善道若夫豪傑之才知千萬於凡人者雖不遭文王猶能自起以善守其身正其行不陷溺也〔疏〕正義曰此章言小人待化乃不邪僻君子特立不爲俗移故稱豪傑自興者也孟子言必待文王之化而乃能興起以從善道者凡民也以其無自知者也若夫才有過於千萬人之豪傑者雖不遭遇文王之化猶能自興起以從善而正立其身也已

孟子曰附之以韓魏之家如其自視欿然則過人遠矣附益也韓魏晉六卿之富者也言人既自有家復益以韓魏百乘之家其富貴已美矣而其人欿然不足自知仁義之道不足也此則過人甚遠矣〔疏〕正義曰此章言人情富盛莫不驕亢有若欿然謂不如人非但免過卓絶乎凡也孟子言人自有富復附益以韓魏晉六卿百乘之家富而貴之如其自視已於仁義之道欿然不足則超絶有過乎衆人遠矣○注韓魏晉六卿百乘之家正義曰已說於梁惠首篇

孟子曰以佚道使民雖勞不怨謂教民趨農役有常時不使失業當其雖勞後獲其利則佚矣若亟其乘屋之類也故曰不怨以生道殺民雖死不怨殺者謂殺大辟之罪者以坐殺人故也殺此罪人者其意欲生民也故雖伏罪而死不怨殺者〔疏〕孟子至殺者○正義曰此章言勞人欲以佚之殺人欲以生之則民不怨者也孟子言國君如使民趨於農耕是以佚道使民是農耕時雖爲勞然後有所獲稼則又有以佚樂矣如是則何怨根其勞乎故曰以佚道使民雖勞不怨又言國君殺戮其罪人者以其恐有害於民故殺之而意有在於欲生其民也是則罪人被殺雖死且不怨恨殺者也故曰以生道殺民雖死不怨殺者○注若亟其乘屋之類○正義曰已於滕文公說之矣○注大辟之罪正義曰孔云大辟之罪死刑也前已說

孟子曰霸者之民驩虞如也王者之民皞皞如也殺之而不怨利之而不庸民日遷善而不知爲之者霸者行善恤民恩澤暴見易知故民驩虞樂之也王者道大法天浩浩而德難見也殺之不怨故曰殺之而不怨庸功也利之使趨時而農六畜繁息無凍餓之老而民不知獨是王者之功修其庠序之教又使日遷善亦不能覺知誰爲之者言化。遷善爲之大道者也夫君子所過者化所存者神上下與天地同流豈曰小補之哉君子通於聖人聖人如天過此世能化之存在此國其化如神故言與天地同流也天地化物歲成其功豈曰使人知其小補益之者哉〔疏〕孟子至之哉○正義曰此章言王政皞皞與天地同流霸者德小民人速覩是以賢者志其大者也孟子曰至小補之哉者孟子言霸者行善政以及民以其恩澤暴見故民

驩虞而樂也王者道大故若天浩浩而難知難見者也故民皞皞然自得而已矣是以王者之民殺之而不怨以其生道殺之故也利而不知爲王者之功以其佚道使之故也自迹觀之則君子過之而不守拘其一自妙道觀之則其所感而遂天下之故者未嘗不有存焉故曰君子所過者化所存者神今夫天地之化者始乎春而終乎冬而萬物皆得以移易者也天地之神者始乎震而終乎艮而陰陽不可測之者是也然則王者之於民所過者以化所存者以神宜其與天地上下同流而無間也則是天地之化以神而存之豈曰使萬物知其有小補益哉王者之化亦存以神又豈曰使民知其有小補益之哉如此故王者之民所以皞皞如也蓋虞之爲樂必待虞度無患然後爲驩則其樂淺皞皞如也以其使民舒通太平自得而已故於驩虞又有以間矣此孟子所以抑區區之爲而尊崇其王者也

孟子曰仁言不如仁聲之入人深也仁言政教法度之言也仁聲樂聲雅頌也仁言之政雖明不如雅頌感人心之深也善政不如善教之得民也善政使民不違上善教使民尚仁義心易得也善政民畏之善教民愛之善政得

民財善教得民心畏之不逋怠故賦役舉而財聚於一家也愛之樂風化而上下親故歡心可得也【疏】孟子至民心○正義曰此章言明法審令民趨君命崇寬務化民愛君德故曰移風易俗莫善於樂者也孟子曰至善教得民心孟子言仁言爲政教法度之言不若仁聲樂聲雅頌感人心之深也善政使民不違上又不若善教得民之易也以其善政出於法度之粗有刑威以行之故民有以畏之善教本人之德性有仁恩以懷之故民有以愛之亦以善政有九職繫萬民有九兩以繫萬民九職任萬民故一曰三農以平地山澤生黍稷禾稻麻大小豆大小麥之九穀二曰園圃以育草木三曰虞衡作山澤之材四曰藪牧養蕃鳥獸五曰百工飭化八材八材鄭司農云珠象玉石金木革羽是也六曰商賈阜通貨賄七曰嬪婦化治絲枲鄭玄云金玉曰貨布帛曰賄嬪婦人之美稱也八曰臣妾聚斂疏財九曰閒民無常職轉移執事鄭玄云疏材百草根實可食者九兩繫萬民一曰牧以地得民二曰長以貴得民三曰師以賢得民四曰儒以道得民五曰宗以族得民六曰王以利得民七曰吏以治得民八曰友以任得民九曰藪以富得民凡此善政爲民財而已善教因民心以教之故能得民心矣此所以爲仁言不如仁聲之入人深也善政不如善教之得民然而善政非不能得民但得民財而已又不若善教得民之心矣○蓋移風易俗莫大乎樂此禮之文然也孟子所以同其趨焉

孟子曰人之所不學而能者其良能也所不慮而知者其良知也不學而能性所自能良甚也是人之所能甚也知亦猶是能也孩提之童無不知愛其親者及其長也無不知敬其兄也孩提二三歲之間在襁褓知孩笑可提抱者也少知愛親長知敬兄此所謂良能良知也親親仁也敬長義也無他達之天下也人仁義之心少而皆有之欲爲善者無他達通也但通此親親敬長之心施之天下人也【疏】孟子至天下也○正義曰此章言本性良能仁義是也達之天下恕乎己者也孟子曰人之所不學而至達之天下也者孟子言人之所以不學而性自能是謂良能者也所以不待思慮而自然知者是謂良知者也孩提襁褓之童子無有不知愛其父母及其長大無不知欽順其兄是則厚愛其親欽順其兄是仁義也仁義即良知良能者也言人之爲善者無更於他求也但通達此親

親敬長之良能良知施之於天下耳注襁褓者正義曰釋云襁褓負也負兒衣也織縷爲之廣八寸長二尺以負兒於背上者也是亦知孩提爲二三歲

孟子曰舜之居深山之中與木石居與鹿豕遊其所以異於深山之野人者幾希舜耕歷山之時居木石間鹿豕近人若與人遊也希遠也當此之時舜與野人相去豈遠及其聞一善言見一善行若決江河沛然莫之能禦也舜雖外與野人同其居處聞人一善言則從之見人一善行則識之沛然不疑若江河之流無能禦止其所欲行也【疏】孟子至禦也○正義曰此章言聖人潛隱若神龍亦能飛天亦能潛藏同舜之謂也孟子言虞舜初起於歷山耕時居於木石之間以其近木石故也與鹿豕遊以其鹿與豕近於人也然而舜於此其所以有異於深山之野人不逮但能及其聞一善言見一善行其從之若決江河之水沛然其勢莫之能禦止之也○注聖人潛隱若神龍者○正義曰此蓋周易乾卦之文也趙注引之以解其經

孟子曰無爲其所不爲無欲其所不欲如此而已矣無使人爲己所不欲爲者無使人欲己之所不欲者每以身先之如此則人道足也【疏】正義曰此章言己所不欲勿施於人仲尼之道也孟子言人無爲其所不爲以其所不爲者不義也無欲其所不欲者以其不欲爲不善也人能無爲不義又不欲其所不善則人道於是足矣故曰如此也

孟子曰人之有德慧術知者恒存乎疢疾人所以有德行智慧道術才智者以其在於有疢疾之人疢疾之人又力學故能成德獨孤臣孽子其操心也危其慮患也深故達此即人之疢疾也自以孤微懼於危殆之患而深慮之勉爲仁義故至於達也【疏】孟子至故達○正義曰此章言孤孽自危故能顯達膏粱自正多用沉溺是故在上不驕以戒諸侯也孟子言人之所以有德慧術智者常在於疢疾之人也疢疾人之有小疾常露在身不去者是爲疢疾也如孤臣孽子其操心也常危其慮患也常深是若疢疾也此孟子所以執此喻以自解也言孤臣不得於其君者也孽子不得於其親者也不得於其君與不得於其親者故能秉心常危慮患常深以勉力於爲道德故能顯達也操心常危慮患

常深是人之疢疾常疢在身而不去也是孟子所以爲疢疾之人有德慧術智也然而非謂德慧術智必繫乎有疢疾者但常存乎疢疾之人而已蓋有得於己謂之德述而行之謂之術然德又以慧連術又以智連之者以其德以慧明術以智釋耳是則所謂智慮生於憂患豈非德慧術智存於疢疾之意有同歟此孟子所以有是言之而戒當時之人者也

孟子曰：有事君人者，事是君則爲容悅者也。事君求君之意爲苟容以悅君者也。有安社稷臣者，以安社稷爲悅者也。忠臣志在安社稷而後爲悅者也。有天民者，達可行於天下而後行之者也。天民知道者也，可行而行，可止而止。有大人者，正己而物正者也。大人大丈夫不爲利害動移者也，正己物正，象天不言而萬物化成也。

〔疏〕孟子至者也○正義曰此章言爲悅凡臣社稷股肱天民行道大人正身凡四科優劣之差者也孟子曰有事君人者事是君則爲容悅者也孟子言有人事其君以求君之意者是爲苟容以悅君者也有安社稷臣者以安社稷爲悅者也孟子又言有忠臣爲安社稷臣者也在於安社稷而後爲悅者也有天民者達可行於天下而後行之者也言天民爲之先覺者志在於行道然而既達而在位可以行其道於天下然後乃行之也以其若窮而在下未可行其道則亦止而不行矣是其窮達一歸於天而已有大人者正己而物正者也言有大丈夫不爲利害之所易動是則自正治其己而物後自取正於我也凡此是其四科優劣差等也

孟子曰：君子有三樂，而王天下不與存焉。父母俱存，兄弟無故，一樂也。仰不愧於天，俯不怍於人，二樂也。得天下英才而教育之，三樂也。天下之樂不得與此三樂之中。兄弟無故，無他故。不愧天，又不怍人，心正無邪也。育，養也。教養英才，成之以道，皆樂也。君子有三樂，而王天下不與存焉。君子重言，是美之也。

〔疏〕孟子曰至存焉○正義曰此章言保親之養兄弟無他誠不愧天育養英才吾人能之樂過萬乘孟子重焉一章再云者也孟子曰君子有三樂而王天下不與存焉至存焉者孟子言君子有三樂而爲王天下者不得與於其間父母皆在兄弟無有他故者以其無嫌隙之事也此乃一樂也存誠於己而仰無以有羞愧於天俯無以有慚怍於人此乃二樂也己之有德又得天下英才大賢而惟己以教而養育之此乃三樂也三樂如此故孟子又重言之然君子有三樂而王天下不與存焉以其有天下之樂不若此三樂矣故重言之而美此三樂也是以舜得天下而無足解憂楊子云紆朱懷金之樂不如顏氏子之樂是亦與此同意也

孟子曰：廣土衆民，君子欲之，所樂不存焉。廣土衆民，大國諸侯也，所樂不存。中天下而立，定四海之民，君子樂之，所性不存焉。欲行禮也。中天下而立，謂王者，所性不存，乃所謂性於仁義者也。君子所性，雖大行不加焉，雖窮居不損焉，分定故也。大行，行之於天下；窮居，不失性也；分定故不變。君子所性，仁義禮智根於心，其生色也睟然，見於面，盎於背，施於四體，四體不言而喻。四者根生於心，色見於面，睟然潤澤之貌也。盎視其背而可知其背盎盎然，盛流於四體，四體有匡國之綱，雖口不言，人自曉喻而知也。

〔疏〕孟子曰至而喻○正義曰此章言臨涖天下君國子民君子之樂尚不與存仁義內外充身體履方四體不言蟠辟用張心邪意溺不進退無容於是之際知其所不同也孟子曰廣土衆民至不言而喻孟子言廣土地之大衆民人之多以爲大國之諸侯君子者心欲好之然其所樂不在此也中天下而立以安四海之民是爲之王君子者雖樂於此然其稟天性不在此焉蓋君子欲廣土衆民以其足以行道於一國故也然其所樂又在於定四海之民而未樂於此一國而已雖樂在於中天下而立定四海之民得以行道於天下奈何所性不在此焉是所性者特在仁義禮智耳故言於下文是也是則君子所稟天之性雖大行道於天下且不能加益其性雖窮居在下且不能損減其性以其所生之初受之於天有其分定故也故君子所性是仁義禮智四者根生於心顯而形諸德容其生於色則睟然潤澤見於面又有輝光乎其前盎盎然見於背又有充實乎其後而旁溢流通乎左右上下四體則一動靜一行止固雖不言而人以曉喻而知其所存是其不言仁而喻其能仁不言義而喻其能義以至禮也智也亦若是矣此所以故云四體不言而喻荀子云君子之學入乎

耳著乎心布乎四體形乎動靜
又曰君子至德默然而喻同意

孟子注疏解經卷第十三上

大清嘉慶二十年用文選樓藏本校定

南昌縣知縣陳煦栞

孟子注疏卷十三上挍勘記　阮元撰盧宣旬摘錄

凡四十五章　閩監毛三本同音義宋本五作七案章指當爲四十七章作四十五者僞疏改疏以王子宮室章并入上章又失數莫非命也一章故爲四十五章也

爲精氣王　宋本王作生孔本韓本閩監毛三本作主

天之執持綱維　閩監毛三本同孔本韓本考文古本綱維作維綱

而衆星拱之　閩監毛三本同宋本孔本韓本考文古本拱作共音義出共之云亦作拱

苟存其心　宋本苟作日

故以盡心爲篇題　閩監毛三本同孔本韓本考文古本爲篇題作題篇

言容悅凡言　補監毛本下言字作臣是也

案一首天文志云　補監毛本一首作五行不誤

故曰所以事天也　閩監毛三本同宋本岳本孔本韓本考文古本無也字

此所以立命之本　閩監毛三本同廖本孔本韓本考文古本下有也字

章指言盡心竭性足以承天殀壽禍福秉心不違立命之道惟是爲珍

但操存其心而不仁也　案仁爲二譌

爲受其正也已　閩監毛三本同岳本廖本孔本韓本考文古本無已字

得正命也　閩監毛三本同廖本孔本韓本考文古本上有爲字足利本爲作無案作無非也

畏壓溺死　閩監毛三本同廖本孔本韓本考文古本無死字案無者非

故曰非正命也已　閩監毛三本同廖本孔本韓本考文古本無已字

章指言人必趨命貴受其正巖牆之疑君子遠之

注畏壓溺死所不弔閩監毛三本所上有禮字

章指言爲仁由己富貴在天故孔子曰如不可求從吾所好

常有所行矣宋本廖本閩本孔本韓本考文古本足利本同監毛二本常誤當

强恕而行廖本孔本韓本同閩監毛三本强作彊注同

當自强勉岳本及各本同宋本作勉强

此最爲近也閩監毛三本同宋本岳本廖本孔本韓本考文古本無也字

章指言每必以誠恕己而行樂在其中仁之至也

無所愛閩監毛三本同廖本孔本韓本考文古本作於其所愛

可推以爲善閩監毛三本同廖本孔本韓本考文古本下有也字

章指言人有仁端達之爲道凡夫用之不知其爲寶考文古本誤實也

論語曰各本同考文古本作論曰○按趙注多作論

章指言恥身無分獨無所恥斯必遠辱不爲憂矣

無復有恥辱累之矣之字墨丁閩監毛三本如此

今造機變阱陷之巧閩監毛三本同廖本孔本韓本阱作穽

取爲一切可勝敵之閩監毛三本同廖本孔本韓本考文古本之作也

廉恥之心閩監毛三本同廖本孔本韓本考文古本下有也字

不恥不如古之聖人何有如賢人之名也廖本孔本韓本考文古本同注意謂取法乎上乃得乎中也閩監毛三本聖人賢人並作聖賢

章指言不慕大人何能有恥是以隰朋愧不及黄帝佐桓公孔本韓本考文引古本桓公作齊桓以有勳顔淵慕虞舜孔子孔本韓本考文引古本孔子作仲尼歎庶幾之云考文古本歎下有而字

正宜羞恥而無爲之也正字墨丁閩監毛三本如此

何能有古聖賢之名也也字墨丁閩監毛三本如此

後齊桓得之輔佐輔字墨丁閩監毛三本如此

何獨不者所樂有所忘也補監毛本者作有是也

見且由不得亟宋九經本宋本岳本咸淳衢州本孔本韓本同閩監毛三本由作猶

伊尹樂道堯舜閩監毛三本同廖本孔本韓本考文古本作伊尹樂堯舜之道

豈可得而臣之者乎閩監毛三本同廖本孔本韓本考文古本無者乎二字

章指言王公尊賢以貴下賤之義也樂道忘勢不以富貴動心之分也各崇所尚則義不虧矣

以其能樂已之樂能樂二字墨丁閩監毛三本如此

故有王公大人王字墨丁閩監毛三本如此

自得無欲之貌也閩監毛三本同廖本孔本韓本考文古本無也字

章指言内定常滿囂囂無憂可出可處故云以遊修身立世賤不失道達善天下乃用其寶句踐好遊未得其要孟子言之然後乃喻

孟子至天下閩監二本同毛本天上有兼善二字

故云以士士字墨丁閩監毛三本如此案此章指文也士當作遊與憂韻

窮則獨善身 閩監毛三本身上有其字

無自知者也 閩監毛三本足利本同宋本孔本韓本考文古本自作異

故由文王之大 廖本孔本韓本考文古本作故須文王之大化閩監毛三本作故由文王之化

若夫豪傑之才知 閩監毛三本同廖本孔本韓本考文古本無之字

以善守其身正其行 閩監毛三本同宋本岳本孔本韓本考文古本無二其字

章指言小人待化乃不辟邪 孔本韓本二字倒 君子特立不爲俗移故稱豪傑自興也

章指言人情 韓本作恃 富盛莫不驕矜若能飲然謂不如人非但免過卓絕乎凡也

當其雖勞 閩監毛三本同岳本孔本韓本考文古本其作時是也

以坐殺人故也 廖本孔本韓本考文古本同閩監毛三本坐誤生

章指言勞人欲以佚之殺人欲以生之則民無怨讟也

殺之不怨故曰殺之而不怨 閩監毛三本同宋本岳本下之作人廖本考文古本下之作人下有也字孔本韓本作殺非不敎故殺之不怨也

又使日遷善 閩監毛三本同孔本韓本考文古本無又字

言化遷善爲之大道者也 閩監毛三本同廖本孔本韓本考文古本作言化大也

豈曰使人知其小補益之者哉 閩監毛三本同廖本孔本韓本考文古本作豈曰使成人知其小補益也

章指言王政浩浩 孔本韓本作皞皞 與天地同道霸者德小民人速覩是以賢者志其大者也

而遂天下之故者 閩監毛三本遂下有通字是

章指言明法審令民趨君命崇寬務化民愛君德故曰移風易俗莫善於樂

有九職繫萬民 補監毛本繫作任

無不知愛其親者 按者字古本皆同注䟽本亦不誤今書塾朱子集注本者作也不可不正

施之天下人也 閩監毛三本同廖本考文古本也作而已二字孔本韓本與廖本同施作推

章指言本性良能仁義是也達之天下恕乎已也

人之所不學而至達之天下也者 閩監毛三本而下有能字

居木石間 閩監毛三本同孔本韓本考文古本間上有之字

相去豈遠 閩監毛三本同廖本孔本韓本考文古本下有哉字

聞人一善言 各本同孔本無人字下見人同

若江河之流 各本同孔本上有辟字案此采音義也音義出辟若云下辟若同下辟若當指章指辟若神龍言故知此文上舊有辟字浦挍同

其所欲行也 閩監毛三本同廖本孔本韓本考文古本無也字

章指言聖人潛隱辟若神龍亦能飛天亦能小同舜之謂也

每以身先之 閩監毛三本同廖本孔本韓本考文古本先作況

章指言己所不欲勿施於人仲尼之道也

以其在於有疢疾之人 閩監毛三本同廖本孔本韓本考文古本無以其二字

章指言孤孽自危故能顯達膏粱難正多用沈溺是故在

上不驕以戒諸侯也

膏粱自正　補案自字當從章指作難

以悅君者也　閩監毛三本同廖本孔本韓本考文古本者也作而已

而後爲悅者也　閩監毛三本同廖本孔本韓本考文古本作而後悅也

章指言容悅凡臣社稷股肱天民行道大人正身凡此四科優劣之差

君子重言　閩監毛三本同宋本孔本韓本考文古本君作孟

章指言保親之養兄弟無他誠不愧天育養英才賢人能之樂過萬乘孟子重焉一章再云也

此章言保親之養　此字墨丁閩監毛三本如此

吾人能之　吾字墨丁閩本同監本如此毛本作賢

以其無嫌隙之事也　嫌隙二字墨丁閩本同監毛二本如此

而仰無以有羞愧於天俯無以有慚怍於人　仰無至天俯九字墨丁閩本同監毛二本如此

己之有德又得天下英才大賢　德又二字墨丁閩本同監毛二本如此

欲行禮也　閩監毛三本同廖本孔本韓本考文古本欲作樂

乃所謂性於仁義者也　閩監毛三本同宋本孔本韓本考文古本作謂性仁義也廖本無於字

行之於天下　閩監毛三本同宋本孔本韓本考文古本之作政

人自曉喻而知也　閩監毛三本同宋本岳本孔本韓本考文古本自作以知下有之字廖本亦有之字足利本無

章指言臨莅　孔本韓本莅作涖　天下君國子民君子之樂尚不與存仁義內充身體履方四支不言蟠辟用張心邪意溺進退無容於是之際知其不同也

君國子民　君字墨丁閩監毛三本如此

仁義內外充　監毛本同案章指無外字

君子之學入乎耳著乎心布乎四體形乎動靜又曰君子至德嘿然而喻同意　耳著以下十行本有脫頁閩本亦闕監本毛本如此

孟子注疏卷十三上校勘記

奉新趙儀吉挍

孟子注疏解經卷第十三下

盡心章句上　　趙氏注　　孫奭疏

孟子曰伯夷辟紂居北海之濱聞文王作興曰盍歸乎來吾聞西伯善養老者太公辟紂居東海之濱聞文王作興曰盍歸乎來吾聞西伯善養老者已說於上篇天下有善養老則仁人以爲己歸矣天下有能若文王者仁人曏復歸之矣五畝之宅樹牆下以桑匹婦蠶之則老者足以衣帛矣五母雞二母彘無失其時老者足以無失肉矣百畝之田匹夫耕之八口之家足以無飢矣五雞二彘八口之家畜之足以爲畜產之本也所謂西伯善養老者制其田里教之樹畜導其妻子使養其老五十非帛不煖七十非肉不飽不煖不飽謂之凍餒文王之民無凍餒之老者此之謂也所謂無凍餒者教導之使可以養老者耳非家賜而人益之也

疏孟子至此之謂也○正義曰此章言王政普大教其常業各養其老使不餒乏二老聞之歸身自已所謂衆鳥不羅翔鳳來集之類者也孟子曰伯夷辟紂至此之謂也已說於上篇矣此以大同小異更不復說焉然其類亦孔子所云刳胎殺夭則麒麟不至覆巢毀卵則鳳凰不翔此亦類也

孟子曰易其田疇薄其稅斂民可使富也食之以時用之以禮財不可勝用也易治也疇一井也庶民治其田疇薄其稅斂不踰什一則民富矣食取其征賦以時用之以常禮不踰禮以費財也故畜積有餘財不可勝用也民非水火不生活昏暮叩人之門戶求水火無弗與者至足矣聖人治天下使有菽粟如水火菽粟如水火而民焉有不仁者乎水火能生人有不愛者至饒足故也菽粟饒多若是民皆輕施於人而何有不仁者也

疏孟子至者乎○正義曰此章言教民之道富而節用蓄積有餘焉有不仁故曰倉廩實知禮節也孟子曰易其田疇至不可勝用也孟子言如使在下者易治其田疇而不難耕作則地無遺其利又在上者又薄其賦斂而無橫賦則民皆可令其賦足也又食之以時而其用不屈用之以禮而其欲不窮則財用有餘而不可勝用也民非水火不生活至焉有不仁者乎孟子又言人民非得其水火則不能生活然而昏暮之時有敲人之門戶而求之水火無不與之者以其水火至多矣聖人如能治其天下使民有其菽粟亦如水火之多則民人孰不以有餘而補其不足而爲仁者乎故曰菽粟如水火而民焉有不仁者乎此所謂倉廩實而知禮節者也○注疇一井也○正義曰說文云爲耕治之田也不知一井何據

孟子曰孔子登東山而小魯登太山而小天下故觀於海者難爲水遊於聖人之門者難爲言所覽者大意大觀小者志小也觀水有術必觀其瀾瀾水中大波也日月有明容光必照焉容光小郤也言大明照幽微也流水之爲物也不盈科不行盈滿也科坎也流水滿坎乃行以喻君子之志於道也不成章不達君子之學必至成章乃仕進者也

疏孟子至不達正義曰此章言弘也明者無不照包聖道者成其仁也孟子曰孔子登東山至難爲言者孟子言孔子登魯國之東山而小其魯國以魯國莫大於東山也登太山而能小其天下亦所覽者大而天下亦莫大也於大山也如此故觀之於海者難爲水也以其水所同歸於海者也是以海爲百谷王遊聖人之門者難爲言以其道之所同出又同歸於此者也楊子云視日月而知衆星之蔑如仰天庭而知天下之居卑亦與此同意觀水有術必觀其瀾者孟子又言人之觀於水以其有術也有術者所謂觀水必觀其波瀾是爲能觀水者也云此者以其人之觀書亦若是也言觀書亦當觀其五經而已矣五經所以載聖人之大道者也日月有明容光

必照焉者又言日月之有明凡於幾隙但有容其光者則必照之亦若道之在天下無往而不在也流水之爲物也不盈科不行至不成章不達者又言流水爲物所流過於科坎不盈滿其科坎則不流進而行也如君子之學志在於道也不成章則不達而進仕以其君子於道至於成章則充實美在其中暢於四支發於事業爲美之至者也此孟子所以有水爲之喻焉

孟子曰雞鳴而起孳孳爲善者舜之徒也雞鳴而起孳孳爲利者蹠之徒也欲知舜與蹠之分無他利與善之間也蹠盜蹠也蹠舜之分故以此別之也

疏正義曰此章言好善從舜好利從蹠明明求之常若不足君子小人各一趣也孟子曰至間也者孟子言人之雞鳴而起孳孳勤篤於爲善者乃爲舜之徒黨也如雞鳴而起孳孳但勤篤於爲利者乃爲盜蹠之徒也儻言欲知舜與盜蹠爲君子小人之分別無他事焉特一趣於利一趣於善之間而已○注盜蹠○正義曰案李奇漢書傳云盜蹠乃是秦之大盜也

孟子曰楊子取爲我拔一毛而利天下不爲也楊子楊朱也爲我爲已也拔已一毛以利天下之民不肯爲也墨子兼愛摩頂放踵利天下爲之墨子墨翟也兼愛他人摩突其頂下至於踵以利天下已樂爲之也子莫執中子莫魯之賢人也其性中和專一者也執中爲近之執中無權猶執一也執中和近聖人之道然不權聖人之重權執中而不知權猶執一介之人不知時變也所惡執一者爲其賊道也舉一而廢百也所以惡執一者爲其不知權以一知而廢百道也

疏孟子至百也○正義曰此章揚墨放蕩子莫執一聖人量時不取此術孔子行止唯義所在者也孟子曰楊子取爲我拔一毛而利天下不爲也至爲之孟子謂楊朱所取以爲已雖拔已之一毛以利天下且不爲也墨翟兼愛他人雖摩突其頂而至於踵而利天下且以爲之子莫魯賢人言子莫執中和之性而不專一者也以其無爲已兼愛之過而已故曰執中爲近之言子莫執中爲近聖人之道者也如執中而不知權變但若執一介之人不知時變者也然而所以惡疾其執一者是爲其有以賊害其道也是若知舉一道而廢其百道也故曰執中無權

猶執一也所惡執一者爲其賊道舉一而廢其百也

孟子曰飢者甘食渴者甘飲是未得飲食之正也飢渴害之也饑渴害其本所以知味之性令人強甘之豈惟口腹有飢渴之害人心亦皆有害爲利欲所害亦猶飢渴得之人能無以飢渴之害爲心害則不及人不爲憂矣人能守正不爲邪利所害雖謂富貴之事不及逮人猶爲君子不爲善人所憂患也

疏孟子至憂矣○正義曰此章言飢不妄食忍情節欲賤不失道不爲苟求能無心害夫將何憂者也孟子曰飢者甘食至不爲憂矣孟子言人之飢餓則易爲食故以甘之渴者易爲飲故以甘之然而不得飲食味之正者也以其但爲飢渴害其本性耳豈獨飲食於口腹爲有飢渴以害之言人心亦皆有以害之也以其利慾害之故也人能無以飢渴之害爲心之害則所養不及於人亦不足爲可憂矣蓋無以飢渴爲心害則孟子以飢渴之害亦猶利欲之害故假託而言之也

孟子曰柳下惠不以三公易其介介大也柳下惠執弘大之志不恥汚君不以三公榮位易其大量也

疏正義曰此章言柳下惠不恭用志大也無可無否以貴爲賤者也孟子言柳下惠不以三公之榮位而移易已之大志也以其所守之介在道而已是所以不羞小官者焉今夫三公者乃百僚之師師也人臣之位極者也衣則服袞圭則執桓圭而世之所謂富貴崇顯者無以過也

孟子曰有爲者辟若掘井掘井九軔而不及泉猶爲棄井也有爲爲仁義也軔八尺也雖深而不及泉喻有爲者能於中道而盡棄前行者也

疏正義曰此章言爲仁由已必在究之九軔而輟無益成功者也孟子曰今之有爲之道者譬如掘井者也掘井至九軔之深而不及泉則止之是棄其前掘井之功者也喻爲仁義之道而不及之則止而不爲是亦棄其仁義之道者也孔子曰爲山未成一簣止吾止也與此同意○注軔八尺也○正義曰案釋云七尺曰軔

孟子曰堯舜性之也湯武身之也五霸假之也性之性好仁自然也身之體之行仁視之若身也假之假仁以正諸侯也久假而不歸惡知其非有也五霸而能久假仁義

譬如假物久而不歸安知其不真有也〔疏〕孟子至非有也。正義曰此章言仁在性體而行仁本性之自然者也湯武利而行仁視之若身也五霸强而行仁則力假之而已然而久假而行之而不歸止安知其非真有也楊子曰假儒衣書服而讀之三月不歸孰曰非儒也亦同其旨

公孫丑曰伊尹曰予不狎于不順放太甲于桐民大悅太甲賢又反之民大悅賢者之爲人臣也其君不賢則固可放與丑怪伊尹賢者而放其君何也孟子曰有伊尹之志則可無伊尹之志則篡也人臣秉忠志若伊尹欲寧殷國則可放惡而不即立君宿留冀改而復之如無伊尹之忠見間乘利篡心乃生何可放也〔疏〕公孫至篡也。正義曰此章言憂國忘家意在出身志在寧君放惡攝政伊周有焉凡人志異則生篡心也公孫丑問孟子謂伊尹有言我不狎于順己者故放太甲于桐宮而民心大悅及太甲悔改其過而歸賢則伊尹又迎而反之以復君位商民大悅且賢者之爲人臣也其君有不賢者則固可以放之與孟子對曰如賢者有伊尹愛君之志則可以放君如無伊尹秉忠心以愛君則放君而生篡奪君位之心者也以爲不可矣

公孫丑曰詩曰不素餐兮君子之不耕而食何也詩魏國伐檀之篇也無功而食則謂之素餐世之君子有不耕而食何也孟子曰君子居是國也其君用之則安富尊榮其子弟從之則孝悌忠信不素餐兮孰大於是君子能使人化其道德移其習俗身安國富而保其尊榮子弟孝悌而樂忠信不素餐之功誰大於是何爲不可以食祿〔疏〕公孫丑至於是。正義曰此章言君子正己以立於世世美其道君臣是貴所過者化又何素餐之謂也公孫丑問孟子曰魏國伐檀之詩有云不素餐兮言無功而食謂之素餐然而君子有不自耕而食祿者是如之何孟子對之曰君子居處此國其君任用之則安富尊榮言安國保其尊榮子弟從之則能孝悌忠信是則不素餐兮誰有大於此者言何爲而不可食祿。注魏國伐檀之篇。正義曰此詩蓋刺在位貪鄙無功而受祿君子不得進仕爾

王子墊問曰士何事齊王子名墊也問士當何事爲事者耶孟子曰尚志尚貴也士當貴上於用志也曰何謂尚志曰仁義而已矣殺一無罪非仁也非其有而取之非義也居惡在仁是也路惡在義是也居仁由義大人之事備矣孟子言志之所尚仁義而已矣不殺無罪不取非有者爲仁義欲如其所當居者仁爲士所由者義爲貴大人之事備矣〔疏〕王子至備矣。正義曰此章言人當尚志於善也善之所由仁與義也欲使王子無過差者也王子墊問曰士何事者王子墊齊王之子名墊也問孟子曰爲士者當以何事爲尚也孟子曰尚志孟子荅之曰爲士者當以志爲尚也曰何謂尚志王子又問孟子何以謂之尚志曰仁義而已矣至大人之事備矣孟子又荅之曰尚志則以仁義而已矣言能以仁義爲尚則爲尚志也如殺一人之無罪是爲非仁也非己之所有而取求之是爲非義也如此非仁非義者亦以所居有惡疾在於仁所行有惡疾在於義是也如仁以爲居義以爲行則大人之事亦備矣此孟子所以欲使王子墊於無過之地也

孟子曰仲子不義與之齊國而弗受人皆信之是舍簞食豆羹之義也仲子陳仲子處於陵者人以爲廉謂以不義而與之齊國必不受之孟子以爲仲子之義若上章所道簞食豆羹無禮則不受萬鍾則不辨禮義而受之也人莫大焉亡親戚君臣上下以其小者信其大者奚可哉人當以禮義爲正陳仲子避兄離母不知仁義親戚上下之叙何可以其小廉信以爲大哉〔疏〕孟子曰至奚可哉正義曰此章言事有輕重行有大小以大包小可也以小信大未之聞者也孟子言陳仲子以不義雖與之齊國之大而且不受國人皆信之以爲廉是爲舍簞食豆羹之小義也人之所尚當以莫大爲尚焉者是其知以親戚君臣上下之叙者也今陳仲子避兄離母處於陵而不仕是棄親戚君臣上下之大分爾徒取其辭受之小節而已而信廉之大又安可哉以其非義之本耳宜孟子以是闢之。注陳仲子至受之也。正義曰此於前篇已說矣

桃應問曰舜爲天子皋陶爲士瞽瞍殺人則如之何桃應孟子弟子問皋陶爲士官

主執罪人瞽瞍惡暴而殺人則皋陶何如**孟子曰執之而已矣**孟子曰皋陶執之耳**然則舜不禁與**桃應以舜爲天子使有司執其父不禁止之邪**曰夫舜惡得而禁之夫有所受之也**夫辭也孟子曰夫舜惡得禁之夫天下乃受之於堯當爲天理民王法不曲豈得禁之也**然則舜如之何**應問舜爲之將如何**曰舜視棄天下猶棄敝蹝也竊負而逃遵海濱而處終身訢然樂而忘天下**孟子曰舜視棄天下如捐棄敝蹝蹝草履。也敝喻不惜舜必負父而遠逃終身訢然忽忘天下之爲至。貴也

疏桃應至天下正義曰此章言奉法承天政不可枉大孝榮父遺棄天下虞舜之道趨將若此孟子之言揆聖意者也桃應問曰舜爲天子皋陶爲士瞽瞍殺人則如之何桃應問孟子曰舜爲天子命皋陶爲士官以執罪人舜父瞽瞍殺人則皋陶之士當如何也孟子曰執之而已矣孟子荅之但當執而不縱也然則舜不禁與桃應問曰如是則舜爲天子使有司執其父而不禁之耶曰夫舜惡得而禁之夫有所受之也孟子又荅之曰夫舜豈得而禁止之哉夫以其法有所受之而已然則舜如之何桃應問曰如是舜不敢禁止皋陶無執其父則舜將如之何曰舜視棄天下至忘天下孟子又荅之曰舜視天下如捐棄敝蹝而不惜也必將竊負其父而逃循海濱而處以逃之且終身訢然樂而忘去天下是以舜得天下不足解憂惟順父母可以解憂也

孟子自范之齊望見齊王之子喟然歎曰居移氣養移體大哉居乎夫非盡人之子與范齊邑王庶子所封食也孟子之范見王子之儀。聲氣高涼。不與人同還至齊謂諸弟子喟然歎曰居尊則氣高居卑則氣下居之移人氣志使之高涼若供養之移人形身使充盛也大哉居乎者言當慎所居人必居仁也凡人與王子豈非盡是人之子也王子居尊勢故儀聲如是也

疏正義曰趙云此章言人性皆同居使之異君子居仁小人處利譬猶王子殊於衆品者也孟子嘗自范邑見齊王之子儀體聲氣高爽不與人同乃往歸齊而於弟子之間喟然嘆息之曰夫居足以移易人之氣所養足以移易人之體以其王子之儀體聲氣如是者亦以所居所養之大移之使然也大哉居乎言人當慎所居以仁爲廣居凡衆之人豈

非盡人之子與言齊王之子亦人之子也凡人亦人子也下文觀宜合此章**孟子曰王子宮室車馬衣服多與人同而王子若彼者其居使之然也況居天下之廣居者乎**言王子宮室乘服皆人之所用之耳然而王子若彼高涼者居勢位故也況居廣居謂行仁義仁義在身不言而喻也**魯君之宋呼於垤澤之門守者曰此非吾君也何其聲之似我君也此無他居相似也**垤澤宋城門名也人君之聲相似者以其俱居尊勢故音氣同也以城門不自肯夜開故君自發聲耳

疏正義曰此章宜與上章合而爲一不當分而爲二也孟子言王子所居宮室與車馬之乘衣服之飾是皆與人同所用之也然而王子若彼儀體聲氣高涼者必其居勢位使之如是與人不同耳言王所居勢位能如此而況居天下之廣居以仁爲居者乎且以魯國之君往宋乃呼於垤澤之門守者曰此非吾君之身也何其呼聲似其呼聲似我君也言大亦無他事異焉亦以皆居尊勢故其聲之如是相似也垤澤宋城門之名守者監門之官也是言能以大人之所居者處已而與大人相似者也

孟子曰食而弗愛豕交之也愛而不敬獸畜之也恭敬者幣之未將者也恭敬而無實君子不可虛拘人之交接但食之而不愛若養豕也愛而不敬若人畜禽獸但愛而不能敬也且恭敬者如有幣帛當以行禮而未以命將行之也恭敬貴實如其無實何可虛拘致君子之心也

疏正義曰此章言取人之道必以恭敬恭敬貴實虛則不應實者謂敬愛者也孟子言人之交接但飲食爲備而歡意弗加者非以愛相接者也是爲豕交之也犬馬者人所愛而畜養者也如愛誠雖至而敬心弗加者是謂愛而弗敬以爲獸畜之也然而恭敬者是幣帛之禮未行之也蓋以恭敬爲先而幣帛從之也如恭敬而無幣帛之實以將之是又君子不可以虛拘矣以其禮不可以徒虛而行何必以恭敬修於內而爲之本幣帛以將之而爲之末則君子交接之道畢矣

孟子曰形色天性也惟聖人然後可以踐形形謂君子體貌尊嚴也尚書洪範一曰貌色謂婦人妖麗之容詩云顏如

舜華此皆天假施於人也踐履居之也易曰黄中通理聖人內外文明然能以正道履居此美形不言居而言踐尊陽抑陰之義也

疏正義曰此章言體德正容大人所履者也孟子言人之形與色皆天所賦性所有也惟獨聖人能盡其天性然後可以踐形而履之不爲形之所累矣蓋形有道之象色爲道之容人之生也性出於天命道又出於率性是以形之與色皆爲天性也惟聖人能因形以求其性體性以踐其形故體性以踐目之形而得於性之明踐耳之形而得於性之聰以至踐肝之形以爲仁踐肺之形以爲義踐心之形以通於神明凡於百骸九竅五藏之形各有所踐也故能以七尺之軀方寸之微六通四闢其運無乎不在茲其所以爲聖人與然而形與色皆天性何獨踐形而不踐色耶蓋形則一定而不易者也色則有喜怒哀樂之變以其無常者也不可以踐之矣亦以聖人吉凶與人同何踐之以爲異哉是又孟子之深意然也○注形謂君子至抑陰之義也○正義曰云洪範一曰貌者蓋以五事之一者也孔安國云貌容儀也謂婦人妖麗之容詩云顔如舜華者此蓋有女同車之篇文也注云舜木槿也易曰君子黄中通理者蓋坤之卦文也謂君子黄中通理正位居體美在其中而暢於四支發於事業美之至也是亦以正道履居此美形不言居而言踐尊陽而抑陰也

齊宣王欲短喪公孫丑曰爲朞之喪猶愈於已乎齊宣王以三年之喪爲太長久欲減而短之因公孫丑使自以其意問孟子既不能三年喪以朞年差愈於止而不行喪者也孟子曰是猶或紾其兄之臂子謂之姑徐徐云爾亦教之孝悌而已矣紾戾也孟子言有人戾其兄之臂爲不順也而子謂之曰且徐徐云爾是豈以徐徐之爲差者乎不若教之以孝悌勿復戾其兄之臂也令欲行其朞喪亦猶曰徐徐之類也王子有其母死者其傅爲之請數月之喪公孫丑曰若此者何如也丑曰王之庶夫人死迫於適夫人不得行其喪親之數其傅爲請之於君欲使得行數月喪如之何曰是欲終之而不可得也雖加一日愈於已謂夫莫之禁而弗爲者也孟子曰如是王子欲終服其子禮而不能者也加益一日則愈於止況數月乎所謂不當者謂無禁自欲短之故譏之也

疏齊宣至者也○正義曰此章言禮斷三年孝者欲益富貴息厭思減其日君子正言不可阿情丑欲朞之故譬以紾兄徐徐者也齊宣王欲短喪公孫丑曰爲朞之喪猶愈於已乎齊宣王欲短三年之喪公孫丑勸之以爲朞年之喪猶勝於止而不爲者矣朞年十二月也孟子曰至而已矣者孟子言如此是若或有紾戾其兄之臂者子以爲之姑且徐徐然紾其兄之臂云爾但當教之以孝悌不復戾兄之臂也今子欲勸齊王短其三年之喪而且謂爲朞年之喪亦若徐徐然之謂也王子有其母死者其傅爲之請數月之喪公孫丑曰若此何如也公孫丑又復問孟子曰王子有母死之者其傅相者爲之請行數月之喪如此者是如之何也以其王子庶生之母死迫於嫡母而不敢終喪者也曰是欲終之而不可得也至弗爲者也孟子荅之曰是王子欲終之喪有所禦而不可得而爲者也雖加益一日亦足勝於止而不爲者矣今齊宣王欲短三年之喪以其禮所當終之而且謂朞年之喪猶愈於已以勸之是謂夫莫之禁止而自弗爲者也此孟子所以不取之也論語宰我問三年之喪朞已久矣孔子所以責之曰予之不仁也汝安之則爲之乎是亦孟子於此不取公孫丑之意也

孟子曰君子之所以教者五教民之道有五品有如時雨化之者教之漸漬而浹洽也有成德者有達財者有荅問者有私淑艾者私獨淑善艾治也君子獨善其身人法其仁此亦與教法之道無差也此五者君子之所以教也申言之孟子貴重此教之道也

疏孟子至教也○正義曰此章言教人之術莫善五者養育英才君子所珍聖所不倦其惟誨人者也孟子曰君子之所以教者五至所以教也者孟子言君子所以教人之道有五品也有如時雨之教者以其教人漸漬恰如時雨之澤也是其潤之以德漸之以仁善有萌芽則誘之使敷秀性有其材則養之使長茂凡此因其大以成大小以成小是爲有若時雨而教者也有成德者以其固有之德但教而成之也是其能仁不能反者則教之以克己復禮能勇不能怯者則教之以臨事而懼是爲有成德者也有達財者以其有財之具而不能用者則教而達之也子貢問曰賜也何如子曰女器也曰何器也曰瑚璉也子謂子夏曰女爲君子儒無爲小人儒是爲有達財之教者也有荅問者以其在於荅問之間也不憤不啓不悱不發舉一隅不以三隅反則不復也是爲有荅問之教也有私淑艾者以其獨善其身使彼法之

也子曰我非生而知之者好古敏以求之者也子不語怪力亂神凡此之類是有私淑艾之教也故重言之曰此五者之教乃君子之所以教者也論語云有教無類同公孫丑曰道則高矣美矣宜若登天然似不可及也何不使彼爲可幾及而日孳孳也丑以爲聖人之道大高遠將若登天人不能及也何不少近人情令彼凡人可庶幾使日孳孳自勉也孟子曰大匠不爲拙工改廢繩墨羿不爲拙射變其彀率君子引而不發躍如也中道而立能者從之大匠不爲新學拙工故爲之改鑿廢繩墨必正也羿不爲新學拙射者變其彀率之法也彀弩張嚮表率之正體望之極思用巧之時不可變也君子謂於射則引弓彀弩而不發以待彀偶也於道則中道德之中不以學者不能故卑下其道將以須於能者往取之也疏公孫丑至從之。正義曰此章言曲高和寡道大難追然而履正者不枉執德者不回故曰人能弘道丑欲下之非也公孫丑曰至孳孳也者公孫丑問孟子謂聖人之道則

至高至美矣學者跂慕之宜如登天之難似其不可得而跂及也何不使彼之道幾近令人可庶幾能及而使之日孳孳自勉而至也孟子曰大匠不爲拙工改變繩墨至能者從之孟子荅之曰大匠之師不爲新學拙工改去其繩墨之正羿之善射不爲新學拙射更變其彀率之法彀率張弓嚮的正體極思用巧之時也君子循循善誘而引人於道不以開發者又且躍如使進而無退也是其不高不卑但於中道而立教使賢愚智者皆能從而學之也此孟子所以譏於公孫丑也

孟子曰天下有道以道殉身天下無道以身殉道未聞以道殉乎人者也殉從也天下有道得行王政道從身施功實也天下無道道不得行以身從道守道而隱不聞以正道從俗人也疏正義曰此章言窮達卷舒屈伸異變者也孟子言天下有治道之時則當以道從身以施其功實也以其身顯而道彰也天下無治道之時則當以身從道而卷藏守伏也以其道藏則身伏也未聞於此無道之時以道從人而襲富貴也論語云天下有道則見無道則隱同意

公都子曰滕更之在門也若在所禮而不荅何也滕更滕君之弟來學於孟子也言國君之弟而樂在門人中宜荅見禮而夫子不荅何也孟子曰挾貴而問挾賢而問挾長而問挾有勳勞而問挾故而問皆所不荅也滕更有二焉挾接也接己之貴勢接己之有賢才接己長老接己當。有功勞之恩接己與師有故舊之好凡恃此五者而以學問望師之待以異意而教之皆所不當荅滕更有二焉接貴接賢故不荅矣疏公都至二焉正義曰此章言學尚虛己師誨貴平是以滕更恃二孟子弗應者也公都子曰至何也公都子問孟子謂滕君之弟滕更者樂在門人中宜若在所禮敬之然而有所問而夫子不荅是如之何也孟子曰挾貴而問至滕更有二焉孟子荅之曰有挾己之貴勢而問者有挾己之賢才而問者有挾己之長老而問者有挾己有功勞之恩而問者有挾己與師友故舊之好而問者凡恃此五者而問我皆所不荅也今滕更有二於此五者之中以恃己之貴勢與恃賢才我所以不荅之也挾接也此孟子於滕更所以不荅者是亦不屑教之道也奈何公都子不知以此故有復而問焉

孟子曰於不可已而已者無所不已於

所厚者薄無所不薄也其進銳者其退速已棄也於義所不當棄而棄之則不可所以不可而棄之使無罪者咸恐懼也於義當厚而反薄之何不薄也不愛見薄者亦皆自安矣不審察人而過進不肖越其倫侮而退之必速矣當翔而後集愼如之何疏孟子曰至退速正義曰此章言賞僭及淫刑濫傷善不僭不濫詩人所紀是以季文三思而後行之者也孟子言人君於不可棄去之者而反棄去之是其餘之類無所不棄也不可棄者以其無罪之人也所以棄之者以其有罪者也故棄之使人有所懼也如堯去四凶之罪是可以棄而棄之者也其於賞當所厚者反而薄之是其餘之類亦無所不薄也所以厚賞之者以其有功故厚賞之使人有所勵也如舜舉八元八凱是所厚而厚之也其於無所不棄無所不薄之君得銳進而爲仕則其被退黜亦必急速矣無他以其君不能鑒其賢否不能信任所以如是矣故詩之商頌所以於殷武之篇有云不僭不濫論語翔而後集季文子三思而後行也

孟子曰君子之於物也愛之而弗仁物謂凡物可以養人者也當愛育之而不加之。仁若犧牲不得不殺也於民也仁之而弗親臨民以非

已族類故不得與親同也**親親而仁民仁民而愛物**先親其親戚然後仁民仁民然後愛物用恩之次者也　疏正義曰此章言君子布德各有所施事得其宜故謂之義者也孟子言君子於凡物也但當愛育之而弗當以仁加之也若犧牲不得不殺也於民也當仁愛之而弗當親之也以愛有差等也是則先親其親而後仁愛其民先仁愛其民然後愛育其物耳是又見君子用恩有其倫序也故楊子所以事得其宜之謂義也

孟子曰知者無不知也當務之爲急仁者無不愛也急親賢之爲務知者知所務善也仁者務愛其賢也**堯舜之知而不偏物急先務也堯舜之仁不偏愛人急親賢也**物事也堯舜不偏知百工之事不偏愛衆人先愛賢使治民不一一自往親加恩惠也**不能三年之喪而緦小功之察放飯流歠而問無齒決是之謂不知務**尚不能行三年之喪而復察緦麻小功之禮放飯大飯也流歠長歠也齒決斷肉置其餘也於尊者前賜食大飯長歠不敬之大者齒決小過耳言世之先務捨大議小有若大飯長歠而問無齒決類也　疏孟子至不知務○正義曰此章言君子百行先務其崇是以堯舜親大化以隆道爲要者也孟子曰知者無不知也當務之爲急至是之謂不知務者孟子言爲之智者以其多知故無所有而不知者也然而但當知要務爲急耳爲之仁者以其汎愛故無所有而不愛者也然而但當急親其賢爲之要務是以堯舜二帝之智不能徧知百工之事但急於知賢之爲先務也爲仁不能徧愛於衆人但能急親任其賢能使之以治民也今夫不能三年之喪爲不孝之大者也而察緦小功之禮是孝之小者也放飯流歠不敬之大者也問無齒決責其不敬之小者也如不能以知賢爲先務而務徧知百工之事爲之先不能以親賢爲急務而務徧愛衆人之爲急是若執親之喪不能去不孝之大者而乃反察孝之小者食於尊者之前不能去不敬之大者而乃反責問不敬之小者也如此又安知先後之務爲緩急乎蓋緦麻三月之服者小功五月之服者也荀子云若挈裘領屈三指而頓之順者不可勝數史云綱舉而網疏提其綱則衆目張與此同意

卷終

孟子注疏卷十三下校勘記　阮元撰盧宣旬摘錄

仁人呼復歸之矣　閩監毛三本同廖本孔本韓本考文古本呼作將是也案此形近之僞

足以無飢矣　宋九經本宋本岳本咸淳衢州本孔本韓本考文古本足利本同閩監毛三本足誤可

章指言王政普大教其常業各養其老使不凍餒　考文古本作餧之案之當乏之誤

二老聞之歸身自託　考文古本誤記　衆鳥不羅翔鳳來集亦斯類也

歸身自已　已章指作託是也

疇一井也　按文選登樓賦注及唐釋元應衆經音義卷一皆引賈逵說一井爲疇邠鄉所本也文選送應民詩注作二井爲疇二乃譌字

庶民治其田疇　閩監毛三本同宋本孔本韓本考文古本庶作教

而何有不仁者也　閩監毛三本同宋本孔本韓本考文古本無而字

章指言教民之道富而節用畜孔本作蓄積有餘焉有不仁故曰倉廩實知禮節也

則地無遺其利又在上者　閩監毛三本其利作利其無又字

坎也　閩監毛三本同宋本孔本韓本考文古本坎作欿下滿坎同○按原泉章作科坎也

以喻君子之學必至成章乃仕進者也　閩監毛三本同宋本孔本韓本考文古本無之字至字者字

章指言宏大明者無不照包聖道者成其仁是故賢者志大宜爲君子

此章言宏也明者　閩監毛三本也上一字作能也作大案此章指文也作能非

包聖道者閩監毛三本包改志案此章指文也包宋本作乞作志非

而天下亦莫大也於太山也補案上也字誤衍

故以此別之也閩監毛三本同宋本孔本韓本考文古本作以此別之

章指言好善從舜好利從蹠明明求之常若不足君子小人各一趣也

不肯爲也閩監毛三本孔本同宋本韓本考文古本無肯字

放踵文選注引作致於踵引注致至也

不知時變也閩監毛三本同岳本宋本孔本韓本考文古本知作得

章指言楊墨放蕩子莫執一聖人量時不取此術孔子行止唯義所在

章指言饑孔本韓本考文引古本作飢不妄食忍情抑欲賤不失道不爲苟求能無心害夫將何憂

章指言柳下惠不恭用志大也無可無否以賤爲貴也案僞疏作以貴爲賤誤也

能於中道閩監毛三本同宋本孔本韓本考文古本無能於二字

而盡棄前行者也閩監毛三本同廖本孔本韓本考文古本無者字

章指言爲仁由己必在究考文古本作完韓本同之九軔而輟無益成功論之一簣義與此同

五霸而能久假仁義閩監毛三本同宋本孔本韓本考文古本而作若足利本作方

譬如假物閩監毛三本孔本韓本同廖本如作若

章指言仁在性體其次假借用而不已考文古本無已字實何以易在其勉之也

人臣秉忠志若伊尹閩監毛三本同廖本孔本韓本疊志字

章指言憂國忘家意在出身志在寧君放惡攝政伊周有焉凡人志異則生篡心也

公孫至篡也閩本同監毛二本孫下有丑字

則謂之素餐閩監毛三本同廖本孔本韓本考文古本無則字

有不耕而食閩監毛三本同廖本孔本韓本下有者字

身安國富閩監毛三本同宋本孔本韓本身作君

章指言君子正已以立於世世美其道君臣是貴所過者化何素餐之謂也孔本韓本考文引足利本無也字

問士當何事爲事者邪閩監毛三本同廖本孔本韓本考文古本者邪作也

尚貴也十行本貴字模糊閩監毛三本如此宋本孔本韓本考文古本作上

仁爲士廖本孔本韓本士作上閩監毛三本作貴

大人之事備矣閩監毛三本同廖本孔本韓本考文古本矣作也

章指言人當尚志志於善也善之所由仁與義也欲使王子無過差也

章指言事有輕重行有小大以大包小可也以小信大未之聞也

桃應以舜爲天子閩監毛三本同宋本孔本韓本以下有爲字

夫舜惡得禁之　各本同宋本夫作大

草屨也　閩監毛三本同廖本孔本韓本考文古本屨下有可蹝者三字

爲至貴也　閩監毛三本同宋本孔本韓本考文古本無至字

章指言奉法承天政不可枉大孝榮父遺棄天下虞舜之道趨將如此孟子之言揆聖意也

見王子之儀　岳本宋本廖本孔本考文古本同閩本此下剜增體字非監毛二本韓本並沿閩本之誤

高涼　按涼字與亮同古字通用亮者明也

喟然嘆曰　各本同岳本嘆上有而字

居之移人氣志　閩本孔本韓本考文古本足利本同監毛二本人誤養

豈非盡是人之子也　閩監毛三本同宋本考文古本豈作皆孔本韓本盡作皆

章指言人性皆同居使之異君子居仁小人處利譬猶王子殊於衆品也

譬猶王子　閩監毛三本猶作如

故君自發聲耳　閩監毛三本同廖本孔本韓本考文古本無耳字

章指言輿服器用人用不殊尊貴居之志氣以舒是以居仁由義盎然內優胷中正者眸子不瞀也

正義曰　此上監毛二本增孟子曰至似也六字

似其呼聲似我君也　閩監毛三本删似其呼聲四字是也

言大亦無他事異焉　閩本同監毛二本無大字

愛而不敬　石經敬諱作欽下同

章指言取人之道必以恭敬恭敬貴實虛則不應實者謂敬愛也

正義曰　監本此上剜增孟子曰至虛拘六字毛本與監本同

天性也　注文宋本廖本分兩段形謂至人也在此經下孔本韓本與宋本同

謂君子體貌尊嚴也　閩監毛三本同宋本孔本韓本尊嚴作嚴尊

顏如舜華　十行本舜字模糊閩監毛三本如此廖本孔本韓本考文古本作蕣案音義出蕣字依說文則舜古字蕣俗字也

然能以正道　閩監毛三本同廖本孔本韓本考文古本然下有後字

而言踐　閩監毛三本足利本同廖本孔本韓本考文古本作色主名是也

章指言體德正容大人所履有表無裏謂之柚梓是以聖人乃堪踐形也

何踐之以爲異哉　閩本同監毛二本哉作戒

而不行喪者也　閩監毛三本同廖本孔本韓本考文古本無也字

亦教之孝悌而已矣　石經宋本孔本韓本同閩監毛三本悌作弟

是豈以徐徐之爲差者乎　閩監毛三本同岳本廖本孔本韓本考文古本不重徐字

令欲行其朞喪　閩監毛三本同宋本孔本韓本考文古本令作今

欲使得行數月喪　岳本及各本同廖本使作復

章指言禮斷三年孝者欲益富貴怠厭思減其日君子正言不可阿情丑欲朞之故譬以紾兄徐徐也

而浹洽也　閩監毛三本同廖本孔本韓本考文古本浹作沾足利本也作之

有達財者　音義出達財云一本作才

此教之道也　閩監毛三本同廖本孔本韓本考文古本無也字

章指言教人考文古本作之之術莫善五者養育英才君子所珍聖所不倦其惟誨人乎

則中道德之中　各本同考文古本德作體

章指言曲高和寡道大難追然而履正者不枉執德者不回故曰人能宏道考文古本作大丑欲下之非也

章指言窮達卷舒屈伸異變變流從顧守者所慎故曰金石獨止不徇人也

滕更滕君之弟　自此文滕君之弟起至君子之於物也章注非己族類非字止十行本缺一頁閩本

與十行本同亦缺一頁惟所缺自更字起耳監毛本不缺○今據毛本補

當有功勞之恩　監毛同宋本孔本韓本當作嘗

章指言學尚虛已師誨貴平是以滕更恃二孟子弗應

章指言賞僭及淫刑濫傷善不僭不濫詩人所紀是以季文三思何後之有

而不加之仁　監毛韓本同宋本考文古本加之作知人岳本廖本孔本作如人足利本此句作而不得與人同

不得不殺也　監毛孔本韓本同宋本下不作而誤

用恩之次者也　閩監毛三本同廖本孔本韓本考文古本無者字

章指言君子布德各有所施事得其宜故謂之義也

務愛其賢也　閩監毛三本同廖本孔本韓本考文古本無其字

不二三　宋本廖本孔本韓本同閩監毛三本二三作一一

親加恩惠也　閩監毛三本同岳本廖本孔本韓本無也字

有若大飯長歠而問無齒決類也　閩監毛三本同廖本孔本韓本考文古本有若至齒決十一字作若此之三字

章指言振裘持領正羅維綱君子百行先務其崇是以堯舜親賢大化以隆道爲要也

孟子注疏卷十三下挍勘記　奉新趙儀吉挍

孟子注疏解經卷第十四上

盡心章句下　凡三十九章　趙氏注　孫奭疏

〔疏〕正義曰此卷即趙注分上卷爲之者也此卷凡三十九章一章言發政施仁一國被恩好戰輕民災及所親二章言春秋撥亂時多戰爭三章言文之過實聖人不改錄其意也四章言民思明君若旱望雨以仁伐暴誰不欣喜五章言規矩之法喻若典禮六章言阨窮不憫貴而思降七章言恕以行仁遠禍之端暴以殘民招咎之患八章言修理關梁譏而不征九章言率人之道躬行爲首十章言務利蹈姦務德蹈仁十一章言廉貪相殊名亦卓異十二章言親賢正禮明其五教十三章言王者當天然後處之十四章言得民爲君。爲臣重民敬祀治之所先十五章言伯夷下惠變貪厲薄十六章言仁恩及人人能弘道十七章言孔子周流不遇則去十八章言君子固窮窮不變道上下無交無賢援也十九章言正已信心不患衆口二十章言以明照暗暗者以開以暗責明暗者愈迷二十一章言聖人之道學而時習仁義在身當常被服舍而不修猶茅是塞二十二章言前聖後聖所向者同三王一體何得相踰二十三章言可爲則從不可則止非時逆指猶若馮婦暴虎無已必有害也二十四章言尊德樂道治性勤禮二十五章言神聖以下優劣異差。樂正好善猶下二科二十六章言驅邪反正正斯可矣來者不追追其前罪君子甚之以爲過也二十七章言養民輕斂君子道也二十八章言寶此三者以爲國珍二十九章言小知自私藏怨之府大雅先人福之所聚三十章言教誨之道受之如海百川移流不得有拒三十一章言善恕仁義充其大美無受爾汝何施不可三十二章言道之善以心爲原三十三章言孟子之行動合中禮湯武之隆不是過三十四章言富貴而驕自遺咎也茅茨采椽聖堯表也以賤說貴懼有蕩心三十五章言清淨寡欲行之高者畜聚積實穢行之下廉者招福濁者速禍三十六章言曾參至孝思親異心羊棗之感終身不甞三十七章言士行有科人有等級中道爲上狂狷不合似是而非色厲而內荏鄉原之惡聖人所甚戒三十八章言三皇已來人倫攸敘聖人不出名世承間雖有斯限蓋有遇不遇焉是以仲尼止於獲麟孟子終於無有乎爾凡此三十九章合前四十五章是盡心篇有八十四章矣

孟子曰不仁哉梁惠王也仁者以其所愛及其所不愛不仁者以其所不愛及其所愛梁魏都也仁以用恩於所愛之臣民王政不偏普施德教所不親愛者并蒙其恩澤也用不仁之政加於所不親愛則有災傷所親愛之臣民亦并被其害惠王好戰殺人故孟子曰不仁哉

公孫丑問曰何謂也丑問及所愛之狀何謂也

梁惠王以土地之故糜爛其民而戰之大敗將復之恐不能勝故驅其所愛子弟以殉之是之謂以其所不愛及其所愛也孟子言惠王貪利鄰國之土地而戰其民死亡於野骨肉糜爛而不收兵大敗而欲復戰恐士卒少不能用勝故復驅其所愛近臣及子弟而以殉之殉從也所愛從其所不愛而往趨死亡故曰及其所愛也東敗於齊長子死焉

〔疏〕○孟子曰至愛也○正義曰此章言發政施仁一國被恩好戰輕民災及所親著此魏王以戒人君者也孟子曰不仁哉梁惠王也至及其所愛也孟子言世稱不仁之人是梁惠王也仁者之君以其用恩於所愛親幸者以加及於所不親幸者是自近及遠之謂也不仁之君以其用不仁之政加於所不親愛幸者則有災傷及其所親愛幸者也公孫丑問曰何謂也公孫丑未曉其旨乃問孟子曰及所愛之狀是何所謂也梁惠王以土地之故至及其所愛也孟子解其旨以曉公孫丑之問也言梁惠王貪利鄰國之土地而戰鬭其民戰死於野糜爛其骨肉及兵大敗將欲復戰之恐懼其不能戰勝以其士卒之少故驅率其所愛幸之親臣及親愛之子弟以從之而往趨於戰死是謂以其所不愛及其所愛者也此所以見梁惠王不仁之甚也左傳云未陣而薄之曰敗某師大崩曰敗績今梁王之敗獨謂之大敗者以其敗某師與敗績不足言故稱爲大敗抑又言梁王不以義戰以見梁王不仁之甚也○注梁魏都及東敗於齊長子死焉正義曰此蓋首篇說矣

孟子曰春秋無義戰彼善於此則有之矣征者上伐下也敵國不相征也春秋所載戰伐之事無應王義者也彼此相覺有善惡耳孔子舉毫毛之善貶纖芥之惡故皆錄之於春秋也上伐下謂之征諸侯敵國不相征五霸之世諸侯相征於三王之法皆不得其正者也

〔疏〕正義曰此章言春秋撥亂時多爭戰事實違禮以文反正誅討征伐不自王命故曰無義戰者也孟子曰至敵

國不相征也孟子言春秋之世凡兵之所起皆小役大弱役强或因怒興師或棄禮貪利未嘗有禁暴救亂之義也是以春秋無義戰然而春秋雖謂無義戰其彼國之戰有善於此國未嘗無也是以彼善於此則有之矣夫征者以上伐下無有敵於我師所以正彼之罪也如抗敵之國則相爲强弱以結禍亂非上之所以伐下則有敵于我師者也其勢皆足以相抗皆出於交惡者也故曰敵國不相征也。注孔子舉毫毛至春秋也。正義曰此蓋言春秋無義戰之謂也如有之則孔子必書故有是之言也

孟子曰盡信書則不如無書吾於武成取二三策而已矣仁人無敵於天下以至仁伐至不仁而何其血之流杵也書尚書經有所美言事或過若康誥曰冒聞于上帝甫刑曰皇帝清問下民梓材曰欲至于萬年又曰子子孫孫永保民人不能聞天天不能問於民萬年永保皆不可得爲書豈可案文而皆信之哉武成之篇名言武王誅紂戰鬬殺人血流舂杵孟子言武王以至仁伐至不仁殷人簞食壺漿而迎其王師何乃至於血流漂杵乎故吾取武成兩三簡策可用者耳其過辭則不取之也

疏正義曰此章言文之過實聖人不改録其意也是故取於武成二三策而已孟子言尚書之文不可盡信之也如盡信其書之文則不若無書而已以其辭之有過適所以疑惑於人也故孟子言我於書之武成篇特取二三策而爲不盡信之而已蓋尚書之過辭多矣所以不暇具言之故於武成但取二三策而言耳曰仁人用兵故前徒倒戈無有敵於我師也是以至仁之人而誅伐其至不仁之人而何其武王誅紂戰鬬殺人乃至於血流舂杵也此孟子於武成所以執此而言書之不可盡信矣。注書尚書至不取也。正義曰康誥曰冒聞于上帝者蓋成王伐管叔蔡叔以殷餘民封康叔作此康誥也云我西土惟時怙冒聞于上帝帝休孔安國云我西土岐周惟是怙恃文王之道故其政教冒被四表上聞于天也云甫刑曰皇帝清問於下民者蓋呂侯見命爲天子司寇後爲甫侯故或稱甫刑此篇蓋以穆王命作夏禹贖刑之法以布告天下也皇帝清問下民者孔安國云堯帝詳問民患也云梓材曰欲至于萬年又曰子子孫孫永保民者蓋康叔爲政之道亦如梓人治材故曰梓材言欲至于萬年惟王子子孫孫永保民孔注云我周家惟欲使至於萬年承奉王室又欲令子孫累世長居國以安民也餘已前說

孟子曰有人曰我善爲陳我善爲戰大罪也國君好仁天下無敵焉南面而征北夷怨東面而征西夷怨曰奚爲後我此人欲勸諸侯以攻戰也故謂之有罪好仁無敵四夷怨望遲願見征何謂而後我已說於上篇矣武王之伐殷也革車三百兩虎賁三千人王曰無畏寧爾也非敵百姓也若崩厥角稽首征之爲言正也各欲正己也焉用戰革車兵車也虎賁武士爲小臣者也書云虎賁贅衣趣馬小尹三百兩三百乘也武王令殷人曰無驚畏我來安止爾也百姓歸周若崩厥角額角犀厥地稽首拜命亦以首至地也欲令武王來征己之國安用善戰陳者

疏孟子曰至焉用戰。正義曰此章言民思明君若旱望雨以仁伐暴誰不欣喜是以殷民厥角周師歌舞焉用善戰者也孟子曰有人曰我善爲陳我善爲戰至焉用戰者孟子言有人謂我善爲行陳我善爲戰鬬以其是欲勸諸侯以攻戰者也是爲大罪之人也且國君好行仁政以及民人凡有所征天下無敵有

敵者也故南面而征則北夷怨東面而征則西夷怨曰奚爲後我說已在上篇矣武王之誅伐商紂有兵車三百乘虎賁之勇士有三千人武王令告於商之人曰無驚畏我來安止爾也故不敢抗敵之百姓皆崩摧其角若無所容頭乃稽首拜命故征之所以言正彼之罪也百姓各欲武王來征己之國焉用爲善戰者乎此孟子所以有是而戒時君好仁以爲無敵之道而已是又戒時之臣無以戰事言於時君耳。注革車至戰陳者。正義曰革車者以皮爲飾者也牧誓言武王戎車三百兩虎賁三千人孔安國云兵車百夫長所載車稱兩一車步卒七十二人凡二萬一千人舉全數虎賁勇士稱也若虎賁獸言其猛也皆百夫長也又案太誓篇云百姓懔懔若崩厥角孔安國言民畏紂之虐危懼不寧若崩厥角角無所容頭者也

孟子曰梓匠輪輿能與人規矩不能使人巧梓匠輪輿之功能以規矩與人人之巧在心拙者雖得規矩之法亦不能成器也蓋喻人不志仁雖誦典憲不能以善

疏正義曰此章言規矩之法喻若典禮人不志仁雖誦憲籍不能以善者也孟子言梓匠輪輿之工能與人規矩法度而不能使人之巧以其人之巧在心如心拙雖得規矩法度亦不能成美器也喻當時之君而心不

在仁雖誦憲籍亦不能成美政也梓匠輪輿已說於上篇矣

孟子曰：舜之飯糗茹草也，若將終身焉；及其爲天子也，被袗衣，鼓琴，二女果，若固有之。糗飯乾糒也。袗，畫也。果，侍也。舜耕陶之時飯糗茹草，若將終身如是。及爲天子，被畫衣黼黻絺繡也，鼓琴以協音律也，以堯二女自侍，亦不佚豫，如固自當有之也。

疏正義曰：此章言阨窮不憫，貴而思降，凡人所難，舜降聖德所以殊者也。孟言舜初於耕歷山陶河濱之時，以糗而飯，以草而茹，若終身如是焉。及堯禪位爲之天子，所被以畫衣黼黻絺繡，鼓五絃之琴，以堯帝二女事之，實若固自當有之也。○注糗乾糒也至黼黻絺繡也。○正義曰：云糗糒也，按釋名云：糗，乾飯屑也。云袗畫也，說文云：袗，玄衣也。孔傳云：黼若斧形，黻爲兩已相背，葛之精曰絺，五色備曰繡。云果侍也，按許慎謂女侍曰倮，今釋果爲侍，謂二女之侍舜，是以有惑於許慎之說而遂誤歟？蓋木實曰果，云果者取其實而言也。

孟子曰：吾今而後知殺人親之重也。殺人之父，人亦殺其父；殺人之兄，人亦殺其兄。

然則非自殺之也，一間耳。父仇不同天，兄仇不同國。以惡加人，人必加之。知其重也。一間者，我往彼來，間一人耳，與自殺其親何異哉。

疏正義曰：此章言恕以行仁，遠禍之端；暴以殘民，招咎之患。是以君子好生惡殺，反諸身者也。孟子言我於今然後知殺人之親之爲最重者也。殺彼人之父，彼人亦殺己父而報之；殺彼人之兄，彼人亦殺己兄而報之。如是則非己之殺，但一間耳，以其與自殺之無異也。○注父仇不同天，兄仇不同國。○正義曰：案禮云：父之讎弗與共戴天，交遊之讎不同國，兄弟之讎不反兵。蓋所以避之也。周官云：父之讎避諸四海之外。所謂不與共其國，蓋非周禮歟？又周官謂人凡殺人而義者，勿令勿讎，讎則殺之。而不義在邦法不可殺者，必避之而已。

孟子曰：古之爲關也，將以禦暴；今之爲關也，將以爲暴。古之爲關，將以禦暴亂，譏閉非常也。今之爲關，反以征稅出入之人，將以爲暴虐之道也。

疏正義曰：此章言修理關梁，譏而不征，如以稅斂非其程式，懼將爲暴，故譏之也。孟子言古之爲關，譏而不稅，將以禦暴亂非常之人而已。今之爲關，乃征稅而不譏，將以爲暴亂之道也。按周禮司關云：凡四方之賓客叩關，則爲之告。有內外之送，則以節傳出納之。是以爲關將以禦暴也。孟子之時，司關征取其稅，適所以爲暴，此孟子所以有是言歟。

孟子曰：身不行道，不行於妻子；使人不以道，不能行於妻子。身不自履行道德，而欲使人行道德，雖妻子不肯行之。言無所則效。使人不順其道理，不能使妻子順之，而況他人乎。

疏正義曰：此章言率人之道，躬行爲首者也。孟子言人身自不履行其道德，雖妻子之間且有所不行，以其無所倣法者也。使人如不以道理，雖妻子且有不順，況能行於民乎？荀況云：有分義則合天下而治，無分義則一妻一妾而亂。亦與同意。論語曰：其身正，不令而行；其身不正，雖令不從。亦其意也。

孟子曰：周于利者，凶年不能殺；周于德者，邪世不能亂。周達於利，營苟得之利而趨生，雖凶年不能殺之。周達於德，身欲行之，雖遭邪世不能亂其志也。

疏正義曰：此章言務利蹈姦，務德蹈仁，舍生取義，其道不均者也。孟子言人積備其利物以爲周于利者，則所養常厚，故凶荒之年且不能殺死，喻人之能蓋其性以爲周于德者，則所守彌篤，故姦邪之世不能亂其志。蓋以戰國之時無富而教之之術，此孟子所以救之以此。

孟子曰：好名之人，能讓千乘之國；苟非其人，簞食豆羹見於色。好不朽之名者，輕讓千乘，伯夷、季札之類是也。誠非好名者，爭簞食豆羹變色，訟之致禍，鄭公子染指黿羹之類是也。

疏正義曰：此章言廉貪相殊，名亦卓異者也。孟子言好不朽之名者，則重名輕利，故云能讓千乘之國；而且不受苟非好名之人，則重利而輕名，而簞食豆羹之小節，且見爭奪而變見於顏色。○注伯夷、季札與鄭公子之類。○正義曰：案史記列傳云：伯夷、叔齊，孤竹君之二子，父欲立叔齊。及父卒，叔齊讓伯夷，伯夷曰：父命也。遂逃去。叔齊亦不肯立而逃之。案春秋少陽篇：伯夷姓墨，名允，字公信，伯，長也，夷，謚也。叔齊名智，字公達，伯夷之弟，齊亦謚也。世家云：王餘昧卒，欲授弟季札，季札讓逃去。於是吳人曰：先王有命，兄卒弟代立，必致季子。今逃位，則王餘昧後立，今卒，其子當代。乃立王餘昧之子僚爲王。凡此是伯夷、季札之讓千乘之國也。云鄭公子染指黿羹者，案魯宣公四年左傳云：楚人獻黿於鄭靈公，公子宋與子家將見，子公之食指動，以示子家，曰：他日我如此，必嘗異味。及入，宰夫將解黿，相視而笑。公問之，子家以告。及食大夫黿，召子公而弗與也。子公怒，染指於鼎，嘗之而出。公怒欲殺子公子公與子家謀先子家曰畜老猶憚殺之而況君乎反譖子家子家懼而從之夏弒靈公故經書曰鄭公子弒其君夷是也孟子曰不信仁賢則國空虛無禮義則上下亂無政事則財用不足不親信仁賢仁賢去之國無賢人則曰空虛也無禮義以正尊卑則上下之敘泯亂無善政以教人農時貢賦則不入故財用有所不足故也。疏正義曰此章言親賢正禮明其五教爲政之源聖人以三者爲急也孟子言人君不親信仁賢則仁賢去之仁賢去則國無賢人是爲空虛之國也無禮義以正尊卑則上下之序泯亂無政事以理財則財用乏而不足蓋禮義由賢者出政事由賢者出不信仁賢則禮義不興禮義不興則政事不行而國之財用於是乎不足此孟子言之亦其敘之然孟子曰不仁而得國者有之矣不仁而得天下者未之有也不仁得國者謂象封於有庳叔鮮叔度封於管蔡以親親之恩而得國也雖有誅亡其世有土丹朱商均天下元子以其不仁天下不與故不得有天下焉疏正義曰此章言王者當天然後處之桀紂幽厲雖得猶失不爲得者也孟子曰不仁而得國有之矣不仁而得天下未之有也者孟子言世有不仁之

國有之矣不仁而得天下未之有也者孟子言世有不仁之者而得其國而爲臣者有之矣不仁之人而得天下而爲王者故未之有也是以桀紂幽厲雖得而終亦失之亦且不爲得者也。注象封有庳叔鮮叔度封於管蔡與丹朱商均者正義曰云象封有庳孟子於萬章篇言之詳矣云叔鮮叔度者案世家史記云管叔鮮蔡叔度周文王子而武王之弟也武王克殷紂平天下封功臣昆弟於是封鮮叔於管封叔度於蔡杜預云管在滎陽京縣東北世本曰居上蔡丹朱商均者丹朱堯之子也商均舜之子也又言於上篇已詳矣孟子曰民爲貴社稷次之君爲輕君輕於社稷社稷輕於民是故得乎丘民而爲天子丘十六井也天下丘民皆樂其政則爲天子殷湯周文是也得乎天子爲諸侯得天子之心封以爲諸侯得乎諸侯爲大夫得諸侯之心諸侯能以爲大夫諸侯危社稷則變置諸侯爲危社稷之行則變更立賢諸侯也犧牲既成粢盛既絜祭祀以時然而旱乾水溢則變置社稷犧牲已成肥腯粢稻已成絜精祭祀社稷常以春秋之時然而其國有旱乾水溢之災則毀社稷而更置之疏孟子至社稷。正義曰此章言得民爲君得君爲臣論君民社稷之輕重也孟子言民之爲貴不可賤之者也社稷次之於民而君比於民猶以爲輕者如此者也如此故得乎丘民之心則爲天子以有天下得乎天子之心則爲諸侯以有其國得乎諸侯之心以爲大夫有其家如諸侯不能保安其社稷而以危之則變更立置其賢君是社稷有重於君也犧牲既成以肥腯粢盛既成以精絜祭祀又及春秋祈報之時然而其國尚有旱乾水溢之災則社稷無功以及民亦在所更立有功於民者爲之也是民又有貴於社稷也此孟子所以自解民爲貴社稷次之君爲輕之敘也云社稷者蓋先王立五土之神祀以爲社立五穀之神祀以爲稷以古推之自顓帝以來用句龍爲社柱爲稷及湯之旱以棄易其柱是亦知社稷之變置又有見於湯之時然也。注君輕於社稷至於殷湯周文也。正義曰此云丘十六井也者案司馬法云六尺爲步步百爲畝畝百爲夫夫三爲屋屋三爲井井十爲通通十爲成是一丘爲十六井而一井爲九夫之地也今云十六井蓋有一萬四千四百畝爲一百四十四夫所受者也云殷湯周文者蓋引此二王皆自百里而起爲

天下王是得乎民心者也孟子曰聖人百世之師也伯夷柳下惠是也伯夷之清柳下惠之和聖人之一槩也故聞伯夷之風者頑夫廉懦夫有立志聞柳下惠之風者薄夫敦鄙夫寬奮乎百世之上百世之下聞者莫不興起也非聖人而能若是乎而況於親炙之者乎頑貪懦弱鄙狹也百世言其遠也興起志意興起也非聖人之行何能感人若是喻聞尚然況於親見而薰炙之者乎。疏孟子至者乎。正義曰此章言伯夷柳下惠變貪厲薄千載聞之猶有感激謂之聖人美其德也孟子曰至而況於親炙之者乎者此言伯夷柳下惠之爲聖人也言聖人之道無窮爲百世之師法者也伯夷柳下惠二人是也故千載之下聞伯夷之清風者頑貪之夫化而爲廉儉懦弱之夫化而有立毅之志聞下惠之和風者鄙薄之夫化而爲敦厚寬大是則二人清和之風奮發乎百世之上而使百世之下聞其風者無有不感激而志意興起而化之也然而非聖人其能若是使百世

之下莫不興起者也聞而化者尚如此況當時有親見熏炙之者乎。注頑貪至美其德此蓋於上篇言之詳矣

孟子曰：仁也者，人也。合而言之，道也。能行仁恩者人也人與仁合而言之可以謂之有道也疏正義曰此章言仁恩須人人能弘道也孟子言爲仁者所以盡人道也此仁者所以爲人也蓋人非仁不立仁非人不行合仁與人而言之則人道盡矣揚子云仁以人同

孟子曰：孔子之去魯，曰：遲遲吾行也，去父母國之道也。去齊，接淅而行，去他國之道也。遲遲接淅說已見上篇言矣此不復說焉疏此章蓋言孔子周流不遇則去者也其說俱見上篇

孟子曰：君子之戹於陳蔡之間，無上下之交也。君子孔子也論語曰君子之道。三我無能焉孔子乃尚謙不敢當君子之道故可謂孔子爲君子也孔子所以厄於陳蔡之間者其國君臣皆惡上下無所交接故厄也疏正義曰此章言孔子見厄謂君子固窮窮不變道上下無交無賢援也孟子言孔子見厄於陳蔡二國之間幾不免死以無上下之交而已以其上無所事雖死不爲諂下無所可與雖死不爲瀆是爲無交接也論語衛靈公之篇云孔子在陳絕糧從者病莫能興子路慍見曰君子亦有窮乎子曰君子固窮小人窮斯濫矣豈非窮不變道者能如是乎。注君子道者三我無能焉所謂仁者不憂智者不惑勇者不懼是三者也

貉稽曰：稽大不理於口。貉姓稽名仕者也爲衆口所訕理賴也謂孟子曰稽大不賴人之口如之何也

孟子曰：無傷也。士憎茲多口。審己之德口無傷也離於凡人而仕者亦益多口詩云：憂心悄悄，慍于羣小。孔子也。肆不殄厥慍，亦不殞厥問。文王也。詩邶風柏舟之篇曰憂心悄悄憂在心也慍于羣小怨小人聚而非議賢者也孔子論此詩孔子亦有武叔之口故曰孔子之所苦也大雅緜之篇曰肆不殄厥慍殄絕慍怒也亦不殞厥問殞失也言文王不殞絕畎夷之慍怒亦不能殞失文王之善聲問也疏貉稽至文王也。正義曰此章言正己信心不意衆口衆口諠譁大聖所有況於凡品之所能禦者也貉稽曰稽大不理於口貉姓稽名亦當世之士也貉稽自稱名問於孟子曰稽大不能治人之口使不訕其己者如之何孟子曰無傷也至文王也者孟子荅之以爲稽己之德已修雖人之口訕亦不能傷害其己之德也以其爲士者益此多口不能免人之訕也故邶風柏舟之詩有云憂心悄悄慍于羣小言憂悄悄常在心見怒于羣小衆小人也以其孔子刪此詩亦不能免武叔之毀故曰孔子尚如是憎多口也大雅緜之詩有云肆不殄厥慍亦不殞厥問言不能殄絕畎夷之慍怒然亦不能殞失文王之善聲故曰文王尚如此亦憎多口也此所以荅貉稽大不理於口以爲無傷也。注邶風柏舟之篇至聲聞也。正義曰此篇蓋言仁人不遇也注云慍怒也悄悄憂貌論語云叔孫武叔毀仲尼子貢曰仲尼不可毀也仲尼日月也人雖欲自絕其何傷於日月乎多見其不知量也云大雅緜之篇者蓋此篇言文王之興本由太王也注肆故今也慍恚殞墜也畎夷狄國也

孟子曰：賢者以其昭昭使人昭昭，今以其昏昏使人昭昭。賢者治國法度昭昭明明於道德是躬行。之道可也今之治國法度昏昏亂潰之政也身不能治而欲使人昭明不可得也疏正義曰此章言以明昭闇闇者以闇以闇責明闇者愈迷賢者可遵識今之非也孟子曰至昭昭者孟子言有諸己然後求諸人之道也

賢者之君治國以其昭昭明己之道德然後使人昭昭今之治國者乃以昏昏不能自明己之道德而欲使他人昭明微不可得也是亦所謂曲其表而求影之正濁其源而求流之請同其旨

孟子謂高子曰：山徑之蹊間介然用之而成路，爲間不用，則茅塞之矣。今茅塞子之心矣。高子齊人也嘗學於孟子鄉道而未明去而學於他術孟子謂之曰山徑山之領。有微蹊介然人遂用之不止則蹊成爲路爲間有間也謂廢而不用則茅草生而塞之不復爲路以喻高子學於仁義之道當遂行之而反中止正若山路故曰茅塞子之心也疏正義曰此章言聖人之道學而時習舍而弗修猶茅是塞明爲善之不可倦者也孟子謂於高子曰山嶺有微蹊其間之微小介然而已如用而行之則蹊成大路不用而行之茅草生塞之不能成其路也喻高子之爲善止於中道而其心爲利欲之所充塞亦若茅塞其路矣故曰今茅塞子之心矣蓋高子嘗於爲詩而不通乎意是塞其心之一端也

高子曰：禹之聲尚文王之聲。孟子曰：何以言之？高子以爲禹之尚聲樂過於文王孟子難

之曰何以言之曰以追蠡高子曰禹時鐘在者追蠡也追鐘鈕也鈕磨齧處深矣蠡欲絶之貌也文王之鐘不然以禹爲尚樂也曰是奚足哉城門之軌兩馬之力與孟子曰是何足以爲禹尚樂乎先代之樂器後王皆用之禹在文王之前千有餘歲用鐘日久故追欲絶耳譬若城門之軌齧其限切深者用之多耳豈兩馬之力使之然乎兩馬者春秋外傳曰國馬足以行關公馬足以稱賦是兩馬也疏高子至力與○正義曰此章言前聖後聖所尚者同三王一體何得相踰欲以追蠡未達一隅孟子言之將以啓其蒙者也高子曰禹之聲尚文王之聲者高子言於孟子曰禹王之尚聲樂過於文王之聲樂也孟子曰何以言之者孟子見高子蔽惑故難之曰何以言禹之聲尚文王之聲也曰以追蠡高子曰以其追蠡鐘鈕之鋭欲絶故云然也孟子曰是奚足哉城門之軌兩馬之力與孟子又以此解高子之蔽也言此追蠡何足爲禹之聲尚樂過於文王乎且譬之城門之軌齧其限之深處豈以兩馬之力能使之然亦以積漸之久故使然也非特兩馬之力即如是之深也言禹王至文王其鐘用之亦以日久故能磨鋭至於欲絶也此又見高子之蔽不獨於詩也所謂太山之溜久而穿石單極之綆久而斷幹其來非一日也兩馬即如注所謂春秋外傳云國馬公馬是也

齊饑陳臻曰國人皆以夫子將復爲發棠殆不可復棠齊邑也孟子嘗勸齊王發棠邑之倉以振貧窮時人賴之今齊人復饑陳臻言一國之人皆以爲夫子將復若發棠時勸王也殆不可復言之也孟子曰是爲馮婦也晉人有馮婦者善搏虎卒爲善士則之野有衆逐虎虎負嵎莫之敢攖望見馮婦趨而迎之馮婦攘臂下車衆皆悦之其爲士者笑之馮姓婦名也勇而有力能搏虎卒後也善士者以善搏虎有勇名也故進以爲士之於野外復見逐虎者攖迫也虎依陬而怒無敢迫近者也馮婦恥不如前見虎走而迎攘臂下車欲復搏之衆人悦其勇猛其士之黨笑其不知止也故孟子謂陳臻今欲復使我如發棠時言之於君是則我爲馮婦也必爲知者所笑也疏齊饑至笑之○正義曰此章言可爲則從不可則止言善見用得其時也非時逆指猶若馮婦搏虎無已必有害也齊饑陳臻曰至殆不可復者蓋齊國之人時皆被饑孟子嘗勸齊王發粟以賑之今者復饑而孟子不復發棠邑之粟以賑陳臻爲孟子之弟子乃問孟子言之國之人皆以爲夫子將復發棠邑之粟以賑救之今夫子不復發棠殆爲齊王不可復勸是如之何故以此問孟子孟子曰至其爲士者皆笑之者孟子乃以此馮婦之喻而比言於陳臻也言如將復發棠是爲馮婦者也馮婦能暴虎也言晉國有馮婦之人善能搏虎後爲之善士則之於野外見有衆人逐其虎虎倚山嵎而怒衆人皆莫敢攖而搏之者望見馮婦來乃皆趨進而迎之馮婦乃下車攘臂欲復搏之衆人皆悦其勇猛其爲士之黨者知道則笑其不知止也言今齊王恃威虐以斂民亦若虎之負嵎以難合之説逝於暴人之前又若迎而搏虎也是以孟子將復爲發棠非不足以悦衆自君子觀之亦若爲士者之笑馮婦也以其不知止矣○注棠齊邑也○正義曰案齊世家史記云棠公妻好裴駰云賈逵曰棠公齊邑大夫也是棠之爲齊邑明矣孟子曰口之於味也目之於色也耳之於聲也鼻之於臭也四肢之於安佚也性也有命焉君子不謂性也口之甘美味目之好美色耳之

樂五音鼻之喜芬香臭香也易曰其臭如蘭四體謂之四肢四肢解倦則思安佚不勞苦此皆人性之所欲也得居此樂者有命祿人不能皆如其願也凡人則有情從欲而求可身君子之道則以仁義爲先禮節爲制不以性欲而苟求之也故君子不謂之性也仁之於父子也義之於君臣也禮之於賓主也知之於賢者也聖人之於天道也命也有性焉君子不謂命也仁者得以恩愛施於父子義者得以義理施於君臣好禮者得以禮敬施於賓主知者得以明知知賢達善聖人得以天道王於天下此皆命祿遭遇乃得居而行之不遇者不得施行然亦才性有之故可用也凡人則歸之命祿在天而已不復治性以君子之道則修仁行義修禮學知庶幾聖人亹亹不倦不但坐而聽命故曰君子不謂命也疏孟子曰至命也○正義曰此章言尊德樂道不追佚性治性勤禮不專委命君子所能小人所病究言其事以勸戒者也孟子曰至君子不謂性也者孟子言人口之於美味目之於好色耳之於五聲鼻之於芬芳四肢之於安佚無事以勞之凡此五者皆人性所欲也然而得居於此樂者以其有命存焉

君子以爲有命在所不求而不可以幸得也是所以不謂之性也仁之於父子也至君子不謂命也者孟子又言仁以恩愛施之於父子義以義理施之於君臣禮以禮敬施之於賓主知以明智施之於賢者而具四端聖人兼統四體而與於天道以王天下者也凡此五者皆歸之於命也然而有是五者皆稟乎天性也以其有性存焉君子以爲有性在所可求而不可不勉也是所以不謂之命也孟子言之所以分別凡人君子以勸戒時人

浩生不害問曰樂正子何人也浩生姓不害名齊人也見孟子聞樂正子爲政於魯而喜故問樂正子何等人也孟子曰善人也信人也樂正子爲人有善有信也何謂善何謂信不害爲善信之行謂何曰可欲之謂善有諸己之謂信充實之謂美充實而有光輝之謂大大而化之之謂聖聖而不可知之之謂神樂正子二之中四之下也己之可欲乃使人欲之是爲善人己所不欲勿施於人也有之於己乃謂人有之是爲信人不億不信也充實善信使之不虛是爲美人美德之人也充實善信而宣揚之使有光輝是爲大人大行其道使天下化之是爲聖人有聖知之明其道不可得知是爲神人人有是六等樂正子能善能信在二者之中四者之下也

疏浩生不害問至下也正義曰此章言神聖以下優劣異差樂正好善應下二科是以孟子爲之喜者也浩生不害問曰樂正。何人也者浩生不害問孟子曰樂正子何等人也以其見孟子聞樂正子爲政於魯而喜故有此問之也孟子曰善人也信人也孟子荅之以爲樂正子是善人信人者也以其有善有信故也何謂善何謂信不害又問之曰何以謂之善何以謂之信也曰可欲之謂善有諸己之謂信至四之下也者孟子又荅而詳爲之解之曰己之可欲使人欲之是爲善有是善於己謂人亦有之是謂之信所謂善即仁義禮智也是爲可欲之善矣充實其善使之不虛是爲美人故謂之美充實其善而宣揚之使有光輝于外是爲大人故謂之大人具此善不特充實於己而推之以化人自近以及遠自内以及外是爲聖人故謂之聖以此之善又至經以萬方使人莫知其故是爲神人故謂之神凡是六善而樂正子能善能信是在二之中而在美大聖神四者之下也但不能充實而至神也注孟子聞樂正子爲政於魯正義曰此蓋經文說見上

卷終

孟子注疏卷十四上挍勘記　阮元撰盧宣旬摘錄

凡三十九章　閩監毛三本同音義九作七案此當作三十八章疏亦數至三十八章又云凡此三十九章舛錯殊甚

得民爲君爲臣　閩監二本同毛本爲臣上有得君二字

言伯夷下惠　閩本同監毛二本下上有柳字毛本言誤方

優劣異差　補監毛本羞作差不誤

所親愛之臣民　閩監毛三本足利本同宋本考文古本無親字廖本上有加字孔本韓本作加所愛之臣民

章指言發政施仁一國被恩好戰輕民災及所親著此魏王以戒人君也

敵國不相征　閩監毛三本同廖本孔本韓本考文古本足利本不下有得字

於三王之法　各本同考文古本三作二

皆不得其正者也　閩監毛三本同宋本孔本韓本考文古本無皆字

章指言春秋撥亂時多戰爭　孔本韓本作爭戰　事實違禮以文反正征伐誅討不自王命故曰無義戰也

言爭或過事　閩監毛三本同廖本孔本韓本考文古本爭作事

皇帝清問下民　閩監毛三本同宋本廖本孔本韓本考文古本足利本無皇字○按無者是困學記聞所引正同

天不能問於民　閩監毛三本同廖本韓本考文古本無於字孔本作天子不能問民孔本誤

武城之篇名　閩監毛三本同廖本孔本韓本考文古本之上有逸書二字是也

而迎其王師　閩監毛三本同廖本孔本韓本考文古本無王字

則不取之也　閩監毛三本同宋本孔本韓本考文古本無之字

章指言文之有美過實聖人不改錄其意也非獨書云詩亦有言崧高極天則百斯男　宋本孔本韓本考文古本此下有亦已過矣四字　是故取於武城二三策而已　孔本韓本無是故已下十字

南面而征北夷怨　宋本孔本韓本同閩監毛三本夷作狄石經此字漫漶案僞疏引亦作北夷作夷是也

何謂而後我　閩監毛三本同宋本謂作爲廖本無而字孔本韓本考文古本作何爲後我

己說於上篇矣　閩監毛三本同廖本孔本韓本考文古本無矣字

武王之伐殷也　石經殷諱作商

趣馬　廖本及各本同宋本作取馬音義出趣馬

額角犀厥地　閩監毛三本同宋本孔本韓本額作頟犀作屖案音義云頟即額字屖字音西義與棲遲同息也久也字從尸下辛或作犀牛字誤也段玉裁云丁說殊誤字當作犀从牛國語曰角犀豐盈國策曰眉目準頞犀角權衡偃月今人謂之天庭古謂之犀角相書云伏犀貫頂即其理也額角犀厥地文選注引作撅地謂人叩頭似若以角發地然也說文曰厥發石也

欲令武王來征已之國　閩監毛三本同廖本孔本韓本考文古本上有各字

章指言民思明君若旱望雨以仁伐暴誰不欣喜是以殷民厥角周師歌舞焉用善戰故云罪也

若崩厥角角　閩本下角剜去空一字監毛本無下角字

梓匠輪輿之功　宋本廖本孔本韓本同閩監毛三本功作工

雖得規矩之法　閩監毛三本同廖本孔本韓本考文古本無之法二字

亦不能成器也　閩監毛三本同宋本廖本孔本韓本考文古本亦不能作不以

蓋喻人不志仁雖誦典憲不能以善　閩監毛三本同廖本孔本韓本考文古本無此十四字

章指言規矩之法喻若典禮人不志仁雖誦典憲　孔本韓本考文古本作憲籍　不能以善善人修道公輸守繩政成器美惟　宋本足利本作準　度是應得其理也

章指言阨窮不憫貴而思降凡人所難虞舜獨　孔本韓本考文引古本作所　隆聖德所以殊也

舜降聖德　案降當依章指作隆

孟言舜初於耕歷山　閩監毛三本孟下有子字

章指言恕以行仁遠禍之端暴以殘民招咎之患是以君子好生惡殺反諸身也

勿令勿讎則殺之　閩監毛三本下勿作讐

章指言修理關梁譏而不征如以稅斂非其式程懼將爲暴故載之也

雖妻子不肯行之　閩監毛三本孔本韓本同岳本宋本廖本考文古本無雖字

而況他人乎　閩監毛三本孔本韓本同宋本作而況於他人者乎考文古本作而況他人者乎

章指言率人之道躬行爲首　孔本韓本考文引古本下有故字　論語曰其身不正雖令不從

營苟得之利　各本同毛本苟誤茍

章指言務利蹈姦務德蹈仁舍生取義其道不均也

能讓千乘之國　石經讓諱作遜

伯夷　各本同宋本作子臧

季札之類　閩監毛三本同孔本韓本考文古本類作疇

爭簞食豆羹　閩監毛三本孔本韓本同宋本岳本食作飯

鄭公子　閩監毛三本同廖本孔本韓本考文古本作鄭子公是也左傳作子公

染指黿羹之類　閩監毛三本同宋本孔本韓本考文古本黿作魭音義出魭羹云左傳作黿案此則注文本用魭字改爲黿非也

章指言旅貪相殊名亦卓異故聞伯夷之風懦夫有立志

也

故經書曰鄭公子弑其君夷　案子下當有嘉字

故則用有所不足故也　閩監毛三本同宋本孔本韓本考文古本作故財用不足

章指言親賢正禮明其五教爲政之源聖人以三者爲急也

謂象封於有庳　閩監毛三本同宋本孔本韓本作謂若象封有庳考文古本足利本謂下有若字

故不得有天下焉　閩監毛三本同宋本孔本韓本考文古本足利本焉作也

章指言王者當天然後處之桀紂幽厲雖得猶失不以善終不能世祀不爲得也

世有不仁之者　補監毛本者作人是也

而得其國而爲臣者　補監毛本臣作君

諸侯能以爲大夫　閩監毛三本同宋本孔本韓本能作封

而更置之　閩監毛三本同宋本孔本韓本考文古本之作也

章指言得民爲君得君爲臣民爲貴也先黜諸侯後毀社稷君爲輕也重民敬祀治之所先故列其次而言之

如諸侯不能保安其社稷　閩本同監毛二本如作而

柳下惠之和　各本同考文古本和作厚

踰聞尚然　閩監毛三本同宋本廖本孔本韓本考文古本踰作諭

況於親見而薰炙之者乎　閩監二本同毛本薰作熏乎誤子岳本無於而二字廖本作況親見動炙者也考文古本與廖本同動作熏孔本作況於親見薰炙者也韓本足利本與孔本同韓本薰作動案音

義出動炙云字與熏同則作薰熏者並非古本也

章指言伯夷柳下惠　考文古本無惠字　變貪厲薄千載聞之猶有感激謂之聖人美其德也

下惠之爲聖人也　閩本同監毛二本上增柳字下聞下惠之和風同

章指言仁恩須人人能宏道也

說已見上篇言矣此不復說焉　閩監毛三本同廖本孔本韓本足利本作注義見萬章下首章考文古本無言矣已下七字

章指言孔子周流不遇則之他國遠逝惟曾斯戀篤於　孔本韓本考文引古本無於字　父母國之義也

君子之戹於陳蔡之閒　音義出戹於云或作厄同

君子之道三　孔本韓本考文古本同閩監毛三本之道改道者

章指言君子固窮窮不變道上下無交無賢援也

如之何也　閩監毛三本同廖本孔本韓本考文古本無也字

而仕者亦益多口　閩監毛三本同廖本孔本韓本作而爲士者益多口考文引而仕者云古本作而爲仕者

亦不殞厥問　宋九經本岳本咸淳衢州本孔本考文古本同閩監毛三本韓本殞作隕注同

不殞絕畎夷之慍怒　閩監二本同毛本孔本韓本考文古本殞作殄

章指言正已信心不患衆口衆口諠譁大聖所有況於凡品之所能禦故答貉稽曰無傷也

不意衆口　閩本同監毛二本意作患

法度昭明　閩監毛三本同廖本孔本韓本考文古本明作昭

是躬行之道可也　閩監毛三本同廖本孔本韓本考文古本行作化

而欲使人昭明　閩監毛三本同宋本孔本韓本考文古本人上有他字

章指言以明昭闇闇者以開以闇責明闇者愈迷賢者可遵譏今之非也

而求流之請　補監毛本請作清

山之領　宋本孔本韓本考文古本足利本同閩監毛三本作嶺

正若山路　閩監毛三本同廖本孔本韓本考文古本正作比

章指言聖人之道學而時習仁義在身常　宋本孔本韓本足利本作當常被服舍而弗修猶茅是塞明爲善之不可倦也

禹之尚聲樂　閩監毛三本同廖本孔本韓本考文古本尚下有聲字

鈕磨齧處深矣　閩監毛三本同宋本孔本韓本考文古本磨作擘

蠡欲絕之貌也　閩監毛三本周廖本孔本韓本考文古本疊蠡字足利本不疊無也字

限切　段玉裁云門限亦曰門切丁氏云限迹切深僞疏單摘限字由不解切字也

是兩馬也　閩監毛三本同廖本孔本韓本考文古本無此四字

章指言前聖後聖所尚者同三王一體何得相踰欲以追蠡未達一隅孟子言之將啟其蒙

以振貧窮　廖本孔本韓本考文古本同閩監毛三本振作賑賑乃俗字耳

將復若發棠時　閩監毛三本同孔本韓本考文古本無將字

見虎走而迎　閩監毛三本同宋本孔本韓本考文古本下有之字

章指言可爲則從不可則凶言善見用得其時也非時逆指猶若馮婦暴虎無已必有害也

耳之樂五音　閩監毛三本同廖本孔本韓本考文古本五音作音聲

四肢懈倦　閩監毛三本同孔本韓本懈作解音義出解倦

則思安佚不勞苦　宋本孔本韓本考文古本同閩監毛三本苦誤若

凡人則有情從欲而求可身　閩監毛三本同廖本孔本韓本有作觸身作樂宋本考文古本有作觸足利本身作樂

故君子不謂之性也　閩監毛三本同廖本孔本韓本考文古本無之字

知之於賢者也　宋本岳本孔本韓本同閩監毛三本知作智案音義出知之云音智注同則作智非也

有性焉　各本同孔本焉作也

乃得居而行之　閩本孔本韓本同監毛二本居誤君

在天而已　閩監毛三本同廖本孔本韓本考文古本在作任

章指言尊德樂道不任　孔本韓本考文古本作追　佚性治性勤禮不專委命君子所能小人所病究言其事以勸戒也

聞樂正子爲政於魯　各本同毛本聞誤問

不害爲善信之行謂何　閩監毛三本同孔本韓本考文古本爲作問

不億不信也　閩監毛三本同廖本孔本韓本考文古本億作意案音義出不意作億非也

使之不虛　各本同考文古本之下有意字

章指言神聖以下優劣異差樂正好善應下二科是以孟子爲之喜也

樂正何人也者　閩監毛三本正下增子字

孟子注疏卷十四上校勘記　奉新趙儀吉校

孟子注疏解經卷第十四下

盡心章句下　趙氏注　孫奭疏

孟子曰：逃墨必歸於楊，逃楊必歸於儒。歸，斯受之而已矣。墨翟之道兼愛無親疏之別最爲違禮楊朱之道爲己愛身雖違禮尚得不敢毀傷之義逃者去也去邪歸正故曰歸去墨歸楊去楊歸儒則當受而安之也今之與楊墨辯者，如追放豚，既入其苙，又從而招之。苙欄也招罥也今之與楊墨辯爭道者譬如追放逸之豕豚追而還之入欄則可又復從而罥之太甚以言去楊墨歸儒則可又復從而非之亦云太甚

疏 孟子至招之。○正義曰：此章言驅邪反正斯可矣來者不追追其前罪君子甚之以爲過者也孟子曰逃墨必歸於楊至歸斯受之而已矣者墨翟無親疏之別楊朱尚得父母生身不敢毀傷之義儒者之道幼學所以爲己壯而行之所以爲人故能兼愛無親疏之道必歸於楊朱爲己逃去楊朱爲己之道必歸儒者之道也然而歸之儒道則當斯受而安之矣

今之與楊墨又從而招之者孟子又言今之人有與楊墨辯爭其道者如追放逸之豕豚既還入其欄又從而罥之者也以其逃墨而歸儒則可受之而已而乃又從而罪之無以異於追放逸之豕豚既入其欄又從而罥之也以其爲亦太甚矣此孟子所以比之

孟子曰：有布縷之征，粟米之征，力役之征。征賦也國有軍旅之事則橫興此三賦也布軍卒以爲衣也縷紩鎧甲之縷也粟米軍糧也力役民負荷廝養之役也君子用其一，緩其二；用其二而民有殍，用其三而父子離。君子爲政雖遭軍旅量其民力不竝此三役更發異時急一緩二民不苦之若竝用二則路有餓殍若竝用三則分崩不振父子離析忘禮義矣

疏 孟子曰至父子離。○正義曰：此章言原心量力政之善者繇役竝興以致離殍養民輕斂君之道也孟子曰有布縷之征至用其三而父子離者此所以薄稅斂之言而有以救時之弊者矣孟子言有布縷之征有粟米之征有力役之征布所以爲衣縷所以紩鎧甲粟米所以爲糧力征所以荷負廝養之役然而君子爲政其於此三者之賦未嘗竝行也用其一則緩其二今夫三者之賦皆取民之類也如用其二則有傷財而民至於餓死用其三則有害民而至於父子離散是豈君子之爲政然歟蓋征之者義也緩之者仁也惟君子以仁是守以義是行然而充類之至而義之盡者君子所不爲也此孟子不得不權時而救時之弊也

孟子曰：諸侯之寶三：土地，人民，政事。寶珠玉者，殃必及身。諸侯正其封疆不侵鄰國鄰國不犯寶土地也使民以時居不離散寶人民也修其德教布其惠政寶政事也若寶珠玉求索和氏之璧隋氏之珠與強國爭之強國加害殃及身也

疏 正義曰：此章言寶此三者以爲國珍寶於爭玩以殃其身諸侯如茲永無患也孟子言諸侯之所寶者有三曰土地曰人民曰政事使鄰國無侵犯其封疆是寶其土地也撫恤鰥寡煢獨使民以時民不離散是寶人民也修德布惠是寶政事也若不以此三者爲寶而寶珠玉者殃禍必及身矣此孟子見當時之君爭城殺人橫賦重斂不以土地人民政事爲寶所以有是言而救之耳。○和氏之璧隋侯之珠正義曰：案韓詩云楚人和氏得玉璞於楚山中獻武王武王使人相之曰非也王怒刖其左足後成王即位和抱玉璞泣於楚山下成王使人琢之果得寶名曰和氏之璧又隋侯姓祝字元暢往齊國見一蛇在沙中頭上血出隋侯以杖挑於水中而去後回還到蛇處乃見此蛇銜珠來隋侯前隋侯意不懌是夜夢腳踏一蛇驚起乃得雙珠後人稱爲隋侯珠矣

盆成括仕於齊，孟子曰：死矣盆成括。盆成姓括名也嘗欲學於孟子問道未達而去後仕於齊孟子聞而嗟歎曰死矣盆成括知其必死盆成括見殺，門人問曰：夫子何以知其將見殺？門人問孟子何以知之也曰：其爲人也小有才，未聞君子之大道也，則足以殺其軀而已矣。孟子荅門人言括之爲人小有才慧而未知君子仁義謙順之道適足以害其身也

疏 盆成括至而已矣。○正義曰：此章言小智自私藏怨之府勞謙終吉者也盆成括仕於齊孟子曰死矣盆成括者盆成括嘗學於孟子未達其道而去之後仕於齊國孟子聞之乃曰死矣盆成括以其盆成括之必見死也盆成括見殺門人問曰夫子何以知其將見殺者言盆成括果見殺死門人乃問孟子曰夫子何以知其盆成括將見殺死曰其爲人也小有才未聞君子之大道也則足以殺其軀而已矣者孟子荅之曰盆成括之爲人小有才慧而未知聞

君子仁義謙順之大道是則足以知其將見殺其身

孟子之滕，館於上宮。館舍也。上宮，樓也。孟子舍止賓客所館之樓上也。有業屨於牖上，館人求之弗得。或問之曰：「若是乎從者之廋也。」屨屝。屨也。業織之有次業而未成也。置之窻牖之上，客到之後求之不得。有來問孟子者曰：是客從者之廋。廋，匿也。孟子與門徒相隨從車數十，故曰侍從者所竊匿也。曰：「子以是爲竊屨來與？」孟子謂館人曰：子以是衆人來隨事我，本爲欲竊屨故來邪？曰：「殆非也。」館人曰：殆非爲是來事夫子也。自知問之過也。「夫子之設科也，往者不追，來者不拒。苟以是心至，斯受之而已矣。」孟子曰：夫我設教授之科，教人以道德也。其去者亦不追呼，來者亦不拒逆。誠以是學道之心來至我，則斯受之，亦不知其取之與否。君子不保其異心也。見館人。殆非爲是來，亦云不能保知，謙以益之而已。

疏　「孟子」至「而已矣」。○正義曰：此章言教誨之道，受之如海，百川移流，不得有拒。雖獨竊屨，非已所絕，順荅小人，小人自荅者也。「孟子之滕，館於上宮」者，孟子往至滕國，乃舍止於賓客所館之樓上。「有業屨於牖上，館人求之弗得，或問之曰：若是乎從者之廋也」者，言業織之有次業而未成之屨，置之於窻牖之上，自容到之後，館主之人求之不得，或問於孟子曰：若此屨之不見，爲從者之廋匿也。「曰：子以是爲竊屨來與」者，孟子見館主乃問，已以爲從者之廋匿其屨，乃謂之曰：子以是從者來隨事我，本爲欲竊子之屨故來與？「曰：殆非也」，館主自知責已問之過也，乃曰：殆非爲是來事夫子也。「夫子之設科也」至「斯受之而已矣」者，孟子又曰：夫我之設科以教人，往去之者則不追呼而還，來者則不拒逆。誠以是學道之心來至我，則斯容受之而教誨，亦且不保其異心也。然則不拒從者之匿屨，亦何果之有？論語云「不保其往」，「有教無類」，其斯之謂與？

孟子曰：「人皆有所不忍，達之於其所忍，仁也；人皆有所愛，不忍加惡，推之以通於所不愛，皆令被德，此仁人也。人皆有所不爲，達之於其所爲，義也。人皆有不喜爲，謂貧賤也。通之於其所喜爲，謂富貴也。抑情止欲，使若所不喜爲此者，義人也。人能充無欲害人之心，而仁不可勝用也；人皆有不害人之心，能充大之以爲仁，仁不可勝用也。人能充無穿窬之心，而義不可勝用也；穿牆踰屋，姦利之心也。人既無此心，能充大之以爲義，義不可勝用也。人能充無受爾汝之實，無所往而不爲義也。爾汝之實，德行可輕賤，人所爾汝。者也。既不見輕賤，不爲人所爾汝，能充大而以自。行，所至皆可以爲義也。士未可以言而言，是以言餂之也；可以言而不言，是以不言餂之也：是皆穿踰之類也。」餂，取也。人之爲士者，見尊貴者未可與言而强與之言，欲以言取之也，是失言也。見可與言者而不與之言，不知賢人可與之言，而反欲以不言取之，是失人也。是皆趨利入邪無知之人，故曰穿踰之類也。

疏　「孟子曰」至「類也」。○正義曰：此章言善恕行義，充大其美，無受爾汝，何施不可？取人不知，失其臧否，比之穿踰之類者也。「孟子曰人皆。不忍」至「是皆穿踰之類也」者，孟子言人皆有所惻隱而不忍，如能推之所不忍於其所忍者，仁人也，以其所愛及其所不愛，仁之爲道如是也。人皆有所不喜爲，謂貧賤也，如能推之所不喜爲而達之於所喜爲，謂富貴也，是爲有義之人也。人能充大不欲害人之心而爲仁，則仁道於是乎備，故不可勝用也。人能充大其無穿踰姦利之心以爲義，則義於是乎盡，故義不可勝用也。人能充大其不受人爾汝之實，是不爲人所輕賤，故無所行而不爲義者也，言所爲皆可以爲義矣。蓋惻隱有不忍者，仁之端也；羞惡有不爲者，義也。但能充而大之，則爲仁義矣。人之爲士，於尊貴者未可與言而與之言，是以言取之也，是失言也，以其失之謟也。可以與之言而不與之言，是以不言取之也，是失人也，以其失之敖也。如此者，是皆爲穿牆踰屋趨姦利之類也。

孟子曰：「言近而指遠者，善言也；守約而施博者，善道也。君子之言也，不下帶而道存焉；言近指遠，近言正心，遠可以事天也。守約施博，約守仁義，大可以施德於天下也。二者可謂善言善道也。正心守仁，皆在胷臆，吐口而言之，四體不與焉，故曰不下帶而道存焉。君子之守，脩其身而天下平。身正物正，天下平矣。人病舍其田而芸人之田，所求於人者重，而所以自任者輕芸治也田以喻身舍身不治而欲責人治是求人太重自任太輕也〔疏〕孟子曰至自任者輕〇正義曰此章言道之善以心爲原當求諸己而責於人君子尤之況以妄芸言失務者也孟子曰言近而指遠者至所以自任者輕孟子言辭之近而指意已遠者乃爲善言者也所守簡約而所施博大者乃爲善道〇君子之言也不下帶而道存焉是所謂言近而指遠也是孟子自解其旨也以其君子於其言也皆在胷臆以其不遠於心而道存焉蓋帶者所以服之近於人心也故取而喻之曰不下帶而道存抑又見君子之言非特騰心說而已君子之守脩其身而天下平是所謂守約而施博也是孟子又自解其旨也以其君子之所守特在脩身而天下由是平矣是所謂正己而物正者也且人病在舍其已之田而耕芸他人之田也是所求於人者爲重而所以自任其在已者太輕耳芸治也田所以喻人之身也言人病在舍其己身而治他人之身也故爲是去孟子曰堯舜性者也湯武反之也堯舜之體性自善者也殷湯周武反之於身身安乃以施人謂加善於民也動容周旋中禮者盛德之至也人動作容儀周旋中禮者盛德之至哭死

而哀非爲生者也死者有德哭者哀也經德不回非以干祿也言語必信非以正行也經行也體德之人行其節操自不回邪非以求祿位也庸言必信非必欲以正行爲名也性不忍欺人也君子行法以俟命而已矣君子順性蹈德行其法度天壽在天行命以待之而已矣〔疏〕孟子至而已矣〇正義曰此章言君子之行動合禮中不惑禍福脩身俟終堯舜之盛湯武之隆不是過也孟子曰止於君子行法以俟命而已矣者孟子言堯舜之體性自然善也湯王武王反之於身身安乃以施人謂加善於人而反之者也一則體性之自然一則反之於身身安乃以施人無非是禮也故動容周旋中禮者是爲盛之至也至者以其盛德至矣盡矣不可以有加矣蓋哭死而哀非爲生者也是爲動容中禮也是孟子自解之旨也言哭其死而哀之者非爲其生者也以其動容中禮德性然也經德不回非以干祿也言語必信非以正義也是謂周旋中禮者也是孟子自解之旨也言經德不回邪非欲干求爵祿而然也以其周旋中禮德行然也言語必以正非欲以正行爲名故然也亦以周旋中禮德言如是也君子者順性蹈德行其禮法脩身以俟

命而已然則堯舜禹湯爲盛德之至亦不是過也孟子曰說大人則藐之勿視其巍巍然大人謂當時之尊貴者也孟子言說大人之法心當有以輕藐之勿敢視之巍巍富貴若此而不畏之則心舒意展言語得盡而已堂高數仞榱題數尺我得志弗爲也仞八尺也榱題屋霤也堂高數仞榱題數尺奢太之室使我得志不居此堂也大屋無尺丈之限故言數仞也食前方丈侍妾數百人我得志弗爲也極五味之饌食列於前方一丈侍妾衆多至數百人也般樂飲酒驅騁田獵後車千乘我得志弗爲也般大也大作樂而飲酒驅騁田獵後車千乘般于遊田也在彼者皆我所不爲也在我者皆古之制也吾何畏彼哉在彼貴者驕佚之事我所恥爲也在我所行皆古聖人所制之法謂恭儉也我心何爲當畏彼人乎哉〔疏〕孟子至彼哉〇正義曰此章言富貴而驕自遺咎茅茨采椽聖堯表也以賤說貴懼有蕩心心謂彼陋以寧我

神故以所不爲爲之寶玩者也孟子曰說大人則藐之至吾何畏彼哉者孟子言說當時之尊貴爲之大人者當輕藐之勿視其巍巍然尊貴而畏之也以其如是則心意舒展得盡其言也又言堂高數仞仞八尺也至霤高數尺是爲奢汰之室也如我之得志於行道不爲此室也食之前有方丈之廣以極五味之饌而列之又有所侍之妾至數百人之衆如我得志於行道亦不爲之也大作樂而飲酒驅騁田獵有後車千乘之多如我得志於行道亦不爲之也以其在彼驕貴之事者皆於我所恥而不爲之也在我所行之事又皆是古聖王之制度者也是皆恭儉而有禮也如是則於我何有畏於彼之富貴乎哉是以說大人則藐之而勿視其巍巍然也孟子曰養心莫善於寡欲其爲人也寡欲雖有不存焉者寡矣養治也寡少也欲利欲也雖有少欲而亡者謂遭橫暴若單豹臥深山而遇飢虎之類也然亦寡矣其爲人也多欲雖有存焉者寡矣謂貪而不亡蒙先人德業若晉國欒黶之類也然亦少矣不存者衆〔疏〕孟子至寡矣〇正義曰此章言淸淨寡慾德之高者畜聚積實穢行之下廉者招福濁者速禍雖有不然

蓋非常道是以正路不可不由也孟子曰至雖有不存焉者寡矣者孟子言此以教時人養心之術也言人之治其心莫善於少欲也其爲人也少欲則不爲外物之汩喪雖有遺橫暴而亡者蓋亦百無二三也然而未必全無也以其少也是如單豹爲人少欲獨隱處於深山而卧乃遭遇於飢虎而亡之是也其爲人也多欲則常於外物之所汩喪雖間有不亡其德業於身者蓋亦百無二三也然而未必多有者焉以其亦少也是如欒黶爲人多貪乃爲卿於晉國者是也荀子云養心莫善於誠蓋亦與此孟子同其旨也

曾晳嗜羊棗而曾子不忍食羊棗公孫丑問曰膾炙與羊棗孰美羊棗棗名也曾子以父嗜羊棗父沒之後唯念其親不復食羊棗故身不忍食也公孫丑怪之故問羊棗。與膾炙孰美也。孟子曰膾炙哉言膾炙固美也何比於羊棗公孫丑曰然則曾子何爲食膾炙而不食羊棗曰膾炙所同也羊棗所獨也諱名不諱姓姓所同也名所獨也孟子言膾炙雖美人所同嗜獨曾子父嗜羊棗耳故曾子不忍食也譬如諱君父之名不諱其姓姓與族同之名所獨也故諱。

〔疏〕曾晳至所獨也。○正義曰此章言曾參至孝思親異心羊棗之感終身不嘗孟子嘉之曾晳嗜羊棗而曾子不忍食羊棗公孫丑問曰膾炙與羊棗孰美者曾晳曾子父也曾晳爲人專好羊棗羊棗棗名也曾晳既沒而曾子常思念其親而不忍食羊棗公孫丑怪之乃問孟子以謂膾炙與羊棗此二味孰爲美孟子曰膾炙哉言膾炙固美於羊棗也而羊棗何可比於膾炙哉公孫丑曰然則曾子何爲食膾炙而不食羊棗公孫丑又問孟子曰如是則曾子何爲獨食於膾炙而不忍食羊棗曰膾炙所同也羊棗所獨也諱名不諱姓姓所同也名所獨也孟子又荅之曰膾炙雖美人所同好者也羊棗獨曾子好之故曾子所以思念之而不忍食也譬如。君父之名不諱其姓者以其姓爲族之所同名爲君父之所獨故諱之也。○注羊棗棗名也。正義曰蓋樲與棗一物也然而有二名是樲小而棗大樲酸而棗甘耳云羊棗則羊棗之爲大棗甘者也其類則樲棗之屬也曾晳者曾子父也案史記弟子傳曰曾蒧音點字晳是也孔傳云曾參父名點。○注上章稱曰豈有非義而曾子言之者。○正義曰此謂公孫丑疑曾子爲非義而乃不知膾炙所同羊棗之所獨而曾子之心言之是或一於孝道故云然也

萬章問曰孔子在陳曰盍歸乎來吾黨之小子。狂簡進取不忘其初孔子在陳何思魯之狂士孔子在陳不遇賢人上下無所交蓋歎息思歸欲見其鄉黨之士也簡大也狂者進取大道而不得其正者也不忘其初孔子思故舊也周禮五黨爲州五州爲鄉故曰吾黨之士也萬章怪孔子何爲思魯之狂士者也

孟子曰孔子不得中道而與之必也狂狷乎狂者進取狷者有所不爲也。孔子豈不欲中道哉不可必得故思其次也中道中正之大道也狂者能進取狷者能不爲不善時無中道之人以狂狷次善者故思之也敢問何如斯可謂狂矣萬章曰人行何如斯則可謂之狂也曰如琴張曾晳牧皮者孔子之所謂狂矣孟子言人行如此三人者孔子謂之狂也琴張子張也子張之爲人踸踔譎詭論語曰師也僻故不能純善而稱狂也又善鼓琴號曰琴張曾晳曾參父也牧皮行與二人同皆事孔子學者也何以謂之狂也萬章問何以謂此人爲狂曰其志嘐嘐然曰古之人古之人夷考其行而不掩焉者也嘐嘐志大言大者也重言古之人欲慕之也夷平也考察其行不能掩覆其言是其狂也狂者又不可得欲得不屑不絜之士而與之是獧也是又其次也屑絜也不絜汚穢也既不能得狂者欲得有介之人能恥賤惡行不絜者則可與言矣是獧人次於狂者也孔子曰過我門而不入我室我不憾焉者其惟鄉原乎鄉原德之賊也憾恨也人過孔子之門不入則孔子恨之獨鄉原不入者無恨心耳以其鄉原賊德故也曰何如斯可謂之鄉原矣萬章問鄉原之惡如何曰何以是嘐嘐也言不顧行行不顧言則曰古之人古之人行何

爲踽踽涼涼生斯世也爲斯世也善斯可矣閹然媚於世也者是鄉原也孟子言鄉原之人言何以嘐嘐若有大志也其言行不顧則亦稱曰古之人古之人行何爲踽踽涼涼有威儀如無所施之貌也鄉原者外欲慕古之人而其心曰古之人何爲空自踽踽涼涼而生於今之世無所用之乎以爲生斯世但當取爲人所善善人則可矣其實但爲合衆之行媚愛也故閹然大見愛於世也若是者謂之鄉原也萬子。曰一鄉皆稱原人焉無所往而不爲原人孔子以爲德之賊何哉萬子即萬章也孟子録之以其不解於聖人之意故謂之萬子子男子之通稱也美之者欲以責之也萬子言人皆以爲原善所至亦謂之善人若是孔子以爲賊德何爲也曰非之無舉也刺之無刺也同乎流俗合乎汙世居之似忠信行之似廉絜衆皆悅之自以爲是而不可與入堯舜之道故曰德

之賊也孟子言鄉原之人能匿蔽其惡非之無可舉者刺之無可刺者志同於流俗之人行合於汙亂之世爲人謀居其身若似忠信行其身若似廉絜爲行矣衆皆悅美之其人自以所行爲是而無仁義之實故不可與入堯舜之道也無德而人以爲有德故曰德之賊也孔子曰惡似而非者惡莠恐其亂苗也惡佞恐其亂義也惡利口恐其亂信也惡鄭聲恐其亂樂也惡紫恐其亂朱也惡鄉原恐其亂德也似眞而非眞者孔子之所惡也莠之莖葉似苗佞人詐飾似有義者利口辯辭似若有信鄭聲淫人之聽似若美樂紫色似朱朱赤也鄉原惑衆似有德者此六似者孔子之所惡也君子反經而已矣經正則庶民興庶民興斯無邪慝矣經常也反歸也君子治國家歸於常經謂以仁義禮智道化之則衆民興起而家給人足矣倉廩實而知禮節安有爲邪惡之行也

【疏】「萬章曰」至「斯無邪慝矣」。○正義曰：此章言士行有科人有等級中道爲上狂狷不合似是而非色厲内荏鄉原之惡聖人所甚反經身行民化於己子率以正孰敢不正之謂也萬章問曰孔子在陳何思魯之狂士者萬章問曰孔子在陳國有戹不遇賢人上下無有交者乃歎曰盍歸乎來言我黨之爲士進取於大道而不得其中道者也亦以不忘其初而思故舊也故問之孟子謂孔子在陳國何爲而思魯國之狂士者也孟子曰孔子不得中道而與之至故思其次也孟子荅之曰孔子不得中正之道而而取與之必也思其狂狷者乎狂者以其但進取於大道而不知退宿於中道狷者有所不敢爲但守節無所爲而應進退者也孔子豈不欲中道者而與之哉不可以必得中道之人故思念其次於中道者爲狂狷者也敢問何如斯可謂狂矣萬章又問孟子曰人行當何如則斯可謂之狂矣曰琴張曾晳牧皮者孔子之所謂狂矣孟子又荅之曰如琴張曾晳牧皮三人者孔子謂爲狂者也蓋論語嘗謂古之狂也肆今之狂也蕩琴張曾晳牧皮三者皆學於孔子進取於道而躐等者也是謂古之狂者也琴張曰君子不爲利疾我曾晳風乎舞雩詠而歸是皆有志於學亦志於仕以爲進取者也牧皮經傳並無所見大抵皆學孔子而行有同於曾晳琴張二人耳此孟子所以皆謂之狂士何以謂之狂也萬章又問何以謂此三人爲之狂士也曰其志嘐嘐然曰古之人古之人

至鄉原德之賊也者孟子又荅之曰其志嘐嘐然大言乃曰古之人古之人及考驗其所行之行而未始掩覆其言焉是言過於行爲之狂者也孔子思與狂者又不可而必得之欲得有介之人能恥賤汙行不絜者而與之是爲狷者也是又次於狂者也孔子有曰過我門而不入我室我不以恨之者其唯獨於鄉原之徒也鄉原者以其爲賊害於德者也然則孔子如以自非鄉原而過其門而不入室者是則恨之矣此亦見孔子自非鄉原之徒者無不與之也所以思於中道而不可得則思其狂狷曰何如斯可謂之鄉原矣萬章又問何如則謂之鄉原者矣曰何以是嘐嘐也至是鄉原也孟子又荅之曰鄉原之人其言何以是嘐嘐然若有大也以其言不顧於行行又不顧於言則亦稱之曰古之人古之人所行之行何爲踽踽涼涼有威儀如無所施之貌也是言鄉原之人外欲慕古之人而其心乃曰古之人何爲空自踽踽涼涼而生於今之世無所用之乎以爲生斯世也但當取爲人所善則可矣故閹然大見媚愛之於世也者是則謂之鄉原者矣萬子曰一鄉皆稱原人焉至何哉者萬章不解孟子之意故問之曰如一鄉皆稱爲原善之人是無所往而不爲善人矣孔子乃以爲有賊害於德是爲德之賊者何爲者哉曰非之無舉也至斯無邪慝者孟子又荅之曰言鄉原之人能掩蔽

其惡使人欲非謗之則無可而非者使人欲譏刺之則無可爲譏刺者其志則有同乎流俗之人所行又合於汙亂之世居其身則若有忠信而實非忠信也行其身若有廉絜而實非廉絜也衆人皆悅美之而自以爲是而無其實故不與入堯舜之正道者也是無德而爲有德故謂之爲德之賊者也孔子有曰惡有似眞而非眞者惡莠之莖葉秀茂者以其似苗恐有亂其苗種者也惡佞詐飾者以其似義恐有亂其義者也惡利口辯辭以其似信恐其有亂於信者也惡鄭聲之淫哇以其似美樂恐其有亂於雅樂也惡紫之間色以其似朱恐其有亂於朱者也惡鄉原之惑衆以其似有德恐其有亂於德者也凡此六者孔子所以惡之以其似是而非者也君子者乃歸其常經而已矣云經者則義信德是也如佞口鄉原者是不經也唯君子則反經而已矣君子去其不經以反復乎經則其經斯適於正而不他故義以立而不爲佞亂信以立而不爲利口亂德以立而不爲鄉原亂此庶民所以興行又不爲兩疑之惑矣庶民既以興行斯無邪慝之行也○注周禮五黨爲州五州爲鄉故曰吾黨之士也○正義曰案論語云子在陳曰歸與歸與吾黨之小子狂簡斐然成章不知所以裁之今云周禮五黨而解其文蓋亦不案此論語而有誤也誠如周禮五黨言之則論語何以云吾黨蓋不當

引此爲證所謂黨者蓋五百家爲之黨是其旨也○注孟子言至學者也○正義曰子張之爲人踸踔譎詐論語曰師也辟故不能純善者案家語有衛人琴牢字張則此與左傳所謂琴張者琴牢而已非所謂子張善鼓琴也趙注引爲顓孫師亦未審何據而琴張曰師張曰曾皙曾參之父蓋言於前矣牧皮者未詳○注似美而非至孔子所惡也正義曰案論語云惡紫之奪朱惡鄭聲之亂雅樂惡利口之覆邦家其序與此不同者蓋孟子以亂義不及亂信亂信不及亂德其所主三者而已苗莠朱紫聲樂所託以爲喻者也是所以爲異者也○注色厲内荏至子帥以正孰敢不正者○正義曰此蓋本論語之文而云

孟子曰由堯舜至於湯五百有餘歲若禹皐陶則見而知之若湯則聞而知之言五百歲聖人一出天道之常也亦有遲速不能正五百歲故言有餘歲也見而知之謂輔佐也通於大賢次聖者亦得與在其間親見聖人之道而佐行之言易也聞而知之者聖人相去卓遠數百歲之間變故衆多踰闇前聖所行追而遵之以致其道言難也由湯至於文王五百有餘歲若伊尹萊朱則見而知之若文王則聞而知之伊尹摯也萊朱亦湯賢臣也一曰仲虺是也春秋傳曰仲虺居薛爲湯左相是則伊尹爲右相故二人等德也由文王至於孔子五百有餘歲若太公望散宜生則見而知之若孔子則聞而知之太公望呂尚也號曰師尚父散宜生文王四臣之一也呂尚有勇謀而爲將散宜生有文德而爲相故以相配而言之也由孔子而來至於今百有餘歲去聖人之世若此其未遠也近聖人之居若此其甚也然而無有乎爾則亦無有乎爾至今者至今之世當孟子時也聖人之間必有大賢名世者百有餘年適可以出未爲遠而無有也鄒魯相近傳曰魯擊柝聞於邾近之甚也言已足以識孔子之道能奉而行之既不遭值聖人若伊尹呂望之爲輔佐猶可應備名世如傳說之中出於殷高宗也然而世謂之無有此乃天不欲使我行道也故重言之知天意之審也言則亦者非實無有也則亦當使爲無有也乎爾者歎而不

怨之辭也

疏孟子曰至無有乎爾○正義曰此章言天地剖判開元更始三皇以來人倫攸敘弘析道德莫貴聖人聖人不出名世承間雖有斯限蓋有遇不遇焉是以仲尼至獲麟而止筆孟子亦有乎爾終於篇章者也孟子曰由堯至由湯至於文王又至由文王至於孔子又至由孔子而至於今止無有乎爾者此孟子欲歸道於已故歷言其世代也言自堯舜二帝至於商湯其年數有五百餘載矣如禹皐陶爲堯舜之臣則親見而知堯舜聖人之大道而佐行之也如湯王之去堯舜之世則相去有數百歲之遠則但聞其二帝所行之道遵而行之者也又自商湯遠至文王周時又有五百餘歲如伊尹萊朱二者俱爲湯之賢臣則親見而知湯所行之道而輔佐之者也如文王之去湯世則相去有數百歲之遠則但聞其湯所行之道而遵之者也以自文王之世至於孔子之時又有五百餘載如太公望散宜生二者爲文王之臣則親見而知文王所行之道而輔佐之者也如孔子之去文王世則相去亦有數百歲之遠則但聞其文王之道而遵之者也故自孔子以來至於今但百有餘歲以其去孔子之世如此之未遠自鄒國至于魯國其地相去如此之甚近然而猶可應備名世如傳說之中出於高宗也然而世之以謂無有此名世而出於間者乃天不欲使我行

道也故曰然而無有乎爾則亦無有乎爾矣此所以欲歸於已而歷舉世代而言之也○注伊尹至于等德也正義曰史記之伊尹名摯號為阿衡也為湯之相萊朱亦湯賢臣一曰仲虺是也春秋傳曰仲虺居薛為湯左相者蓋魯定公元年左丘明之文也杜預云仲虺奚仲之後也○注太公望散宜生○正義曰太公望於前詳言之矣散宜生案論語云武王曰予有亂臣十人馬融云十人而散宜生在焉散姓宜生名也○注至今者至而無有也○正義曰云魯擊析聞於邾者按魯哀公七年公伐邾之文也亦於敘言之詳矣云傳說出殷高宗者亦言於前篇矣然而仲尼作春秋必至獲麟而止者也孟子亦必止於無有乎爾而終其篇者蓋亦見孟子擬仲尼而作者也故哀公十四年春西狩獲麟杜氏云麟仁獸也聖王之嘉瑞時無明王出而遇獲仲尼傷周道不興感嘉瑞之無應故春秋脩中興之教絕筆於獲麟之一句所感而作固所以為終也孟子之書終於是言者蓋亦憫聖道不明于世歷三皇已來推以世代雖有歲限然亦有遇不遇焉故進仲尼之意而作此七篇遂以無有乎爾終於篇章之末蓋亦深歎而不怨之云爾

孟子注疏解經卷第十四下

南昌縣知縣陳煦栞

孟子注疏卷十四下挍勘記　阮元撰盧宣旬摘錄

欄也　閩監毛三本同廖本孔本韓本考文古本欄作蘭足利本作闌下入欄同音義出蘭字云與欄字同案蘭者假借字欄者俗字闌者正字也

又復從而非之　閩監毛三本同廖本孔本韓本考文古本非作罪

章指言驅邪反正正斯可矣來者不綏追其前罪君子甚之以為過也

廝養之役也　閩監毛三本同廖本孔本韓本考文古本廝作斯音義出斯養云斯養同廝

則分崩不振　閩監毛三本孔本韓本同宋本廖本無則字

章指言原心量力政之善者繇役並興以致離殍養民輕斂君之道也

居不離散　閩監毛三本同廖本孔本韓本考文古本居作民

章指言寶此三者以為國珍寶於珍　孔本韓本考文引古本作爭　玩以殃其身諸侯如茲永無患也

章指言小知自私藏怨之府大雅先人福之所聚勞謙終吉君子道也

若是乎從者之廋也　閩監毛三本孔本韓本同廖本廋作廋音義出廋字云或作廋

扉屨也　十行本糢糊閩監毛三本如此宋本孔本韓本扉作屝音義出屝字作扉者誤

自知問之過也　閩監毛三本同宋本孔本韓本無也字

夫子之設科也　閩監毛三本同宋本岳本廖本孔本韓本子作予案注云夫我設教授之科僞疏亦云夫我之設科以教人則作予是也予子蓋字形相涉而譌

來者不拒閩監毛三本孔本韓本同宋九經本宋本岳本咸淳衢州本廖本拒作距

亦不拒逆閩監毛三本韓本同廖本考文古本拒作距孔本拒逆作逆拒

君子不保其異心也閩監毛三本同廖本孔本韓本考文古本無其字

殆非爲是來閩監毛三本同廖本孔本韓本考文古本上有言字

謙以益之而已閩監毛三本同廖本孔本韓本考文古本作謙以荅之

章指言教誨之道受之如海百川移流不得有拒考文引古本作距雖獨竊屢非已所絕順荅小人小人自咎所謂造次必於是也

人能充無穿窬之心閩監毛三本同宋九經本岳本咸淳衢州本廖本孔本韓本窬作踰

人能充無受爾汝之實各本同廖本汝作女

人所爾汝者也閩本孔本韓本同監毛二本汝作女毛本下爾汝亦作女

而以自行所至閩監毛三本自作有廖本孔本韓本考文古本有作自

是以言餂之也音義云本亦作餂○按顧書無餂字而趙注與方言正合則爲餂字之誤無疑也

章指言善恕行義充大其美無受爾汝何施不可取人不知失其臧否比之穿踰善亦遠矣

孟子曰人皆不忍閩監毛三本皆下有有所二字

以其失之以也閩本下以改敖監毛二本與閩本同

而道存焉閩監毛三本同岳本廖本孔本韓本考文古本無此四字

自任太輕也閩監毛三本同宋本孔本韓本無也字

章指言言道之善以心爲原當求諸已而責於人君子九之況以妄芸言失務也

乃爲善言者也閩本同監毛二本刪者字

乃爲善道□君子之言也閩監毛三本○作也字

以其君子於其言也閩本同監毛二本無上其字

非特騰心說而已補監毛本心作口是也

盛德之至各本同孔本下有也字

行命以待之而已矣閩監毛三本同廖本孔本韓本考文古本作待命而已矣

章指言君子之行動合禮中不惑禍福修身俟終堯舜之盛湯武之隆不是過也

是爲盛之至也閩監毛三本盛下有德字

勿視其巍巍然閩監毛三本同廖本孔本韓本巍作魏音義出魏魏丁云當作巍是經文本作魏作巍非也○按依說文本無二字

謂當時之尊貴者也岳本及各本同宋本無謂字

說大人之法閩監毛三本同廖本孔本韓本考文古本說下有此字

言語得盡而已閩監毛三本廖本孔本韓本考文古本無而已二字

堂高數仞閩監毛三本同廖本孔本韓本考文古本堂高作高堂

榱題數尺閩監毛三本同廖本孔本韓本考文古本榱題作振屋

奢太之室閩監毛三本同廖本孔本韓本足利本太作汰考文古本作大

大屋無尺丈之限廖本孔本考文古本足利本同閩監毛三本韓本屋作室

後車千乘閩監毛三本同孔本韓本考文古本後作從

章指言富貴而驕自遺咎也茅茨采椽聖堯表也以賤說貴懼有蕩心心謂彼陋以寧我神故以所不爲爲之寶玩也

自遺咎　補案咎下依章指有也字

利欲也　各本同廖本利欲作欲利

若晉國欒黶之類也　閩監毛三本同廖本孔本韓本考文古本無晉字

不存者衆　閩監毛三本同廖本孔本韓本考文古本下有也字

章指言清靜　孔本韓本作淨　寡欲德之高者畜聚積實穢行之下廉者招福濁者速禍雖有不然蓋非常道是以正路不可不由也

孟子至寡矣　閩監二本同毛本子下有曰字

孟子曰至雖有不存焉者寡矣　監毛本同案不字衍

故問羊棗與膾炙孰美也　閩監毛三本同廖本孔本韓本考文古本孰字在與字之上韓本無也字

故諱　閩監毛三本同廖本孔本韓本考文古本下有之也二字

章指言情理　宋本孔本韓本考文古本作禮　相扶以禮制情人所同然禮則不禁曾參至孝思親異心羊棗之感終身不嘗孟子嘉焉故上章稱曰豈有非義而曾子言之者也

獨曾子好之　閩監毛三本子改晢

譬如君父之名　閩監毛三本如下增諱字

吾黨之小子　閩監毛三本同宋本孔本韓本小子作士

孔子在陳　閩監毛三本同廖本孔本韓本考文古本在作尼

思魯之狂士者也　閩監毛三本同廖本孔本韓本考文古本無者字

狷者有所不爲也　各本狷作獧案音義出狂獧云與狷同則經注並當作獧作狷者誤

能恥賤惡　閩監毛三本同廖本孔本韓本考文古本惡作汙

以其鄉原賊德故也　閩監毛三本同宋本孔本韓本無鄉原二字

萬章問鄉原之惡如何　閩監毛三本同宋本孔本韓本無鄉原二字廖本孔本韓本如作云閩監毛三本如何作何如

言何以嘐嘐若有大志也　閩監毛三本同廖本孔本韓本以下有是字

萬子曰　按朱注本作萬章誤

惡鄉原恐其亂德也　韓本脫此八字

莠之莖葉似苗　閩監毛三本同岳本廖本孔本韓本無之字

色似朱朱赤也　閩監毛三本同廖本孔本韓本少一朱字

孔子之所惡也　閩監毛三本同廖本孔本韓本考文古本上有皆字

歸於常經　閩監毛三本同宋本岳本廖本孔本韓本考文古本於作其

章指言士行有科人有等級中道爲上狂獧不合似是而非色厲內荏鄉原之惡聖人所甚反經身行民化於己子率而　足利本作以　正孰敢不正也

如佞口鄉原者　閩監毛三本口上有利字

然而無有乎爾則亦無有乎爾　音義陸本作然而無乎爾則亦有乎爾

非實無有也　岳本廖本孔本韓本考文古本同閩監毛三本有誤者

章指言天地剖判開元建始三皇以來人倫攸敘宏析道德班垂文采莫貴乎聖人聖人不出名世承間雖有此限蓋有遇孔本下有有字不遇焉是以仲尼至獲麟而止筆孟子以無有乎爾終其篇章斯亦一契之趣也

孟子注疏卷十四下校勘記　孝新趙儀吉校

十三經注疏篇目索引

説　明

一、本索引收入十三部經書的全部篇名，按照篇名首字的四角號碼順序排列，首字相同的則取第二字的四角號碼，依次類推。《春秋》三傳，則在“某公”之下按照時間先後排序。

二、索引中十三經的經名皆以簡稱出現，依次是：易、書、詩、周、儀、禮、左、公、穀、論、孝、爾、孟。

三、篇名後爲該篇所屬經名的簡稱，其後爲該篇起始的頁碼。例如，“充人　周 1560”表示“充人”是《周禮》中的一篇，原文從第 1560 頁起。

四、一部經書中有相同篇名的，則在經名後綴以各篇所屬的不同部分予以區别，例如：

無衣　詩・唐風　775

無衣　詩・秦風　794

表示《詩經》的唐風和秦風中各有一篇題爲《無衣》的詩，讀者可根據需要檢閲相應的頁碼。

五、後面附有篇名首字筆劃與四角號碼對照表，以方便用不同的方式檢索。

陳　雅

二〇〇九年七月

十三經注疏篇目索引

0041_4 離

0062_7 訪

0073_2 玄

哀

襄

2440_0 升

2425_1 特

2460_1 告

2500_0 牛

2510_0 生

2520_6 仲

2600_0 白

2610_4 皇

4223_0 瓠

4246_1 姤

4282_1 斯

4291_3 桃

4294_7 板

4303_0 犬

4310_0 式

4323_2 狼

4355_0 載

4373_2 裘

4395_0 棫

4410_0 封

4410_4 墓

華

4411_2 地

4412_7 蕩

4414_7 鼓

4414_9 萍

4420_2 蓼

4420_7 考

4421_1 幭

4421_2 菀

4421_4 莊

4422$_1$ 猗

4422$_7$ 菁

幕

4423$_2$ 蒙

4423$_7$ 蒹

4433$_1$ 燕

4440$_6$ 草

4440$_7$ 孝

4440$_8$ 萃

十三經注疏篇目索引
筆劃與四角號碼對照表

字	號碼
二劃	
二	1010_0
十	4000_0
七	4071_0
九	4001_7
卜	2300_0
八	8000_0
三劃	
三	1010_1
干	1040_0
土	4010_0
士	4010_0
下	1023_0
大	4003_0
小	9000_0
山	2277_0
巾	4022_7
川	2200_0
女	4040_0
子	1740_7
弓	1720_7
四劃	
王	1010_4
丰	5000_0
井	5500_0
天	1043_0
无	1041_0
木	4090_0
五	1010_7
太	4003_0
犬	4303_0
比	2171_0
屯	5071_7
少	9020_0
日	6010_0
中	5000_6
內	4022_7
牛	2500_0
公	8073_2
升	2440_0
月	7722_0
六	0080_0
文	0040_0
方	0022_7
夬	5003_0
孔	1241_0
五劃	
玉	1010_3
未	5090_0
巧	1112_7
正	1010_1
甘	4477_0
世	4471_7
布	4022_7
北	1111_0
占	2160_0
田	6040_0
由	5060_0
四	6021_0
生	2510_0
矢	8043_0
丘	7210_1
白	2600_0
冬	2730_3
外	2320_0
立	0010_8
玄	0073_2
穴	3080_2
司	1762_0
民	7774_7
出	2277_2
召	1760_2
弁	2344_0
六劃	
匡	7171_1
式	4310_0
戎	5340_0
芃	4441_7
寺	4034_1
吉	4060_1
考	4420_7
地	4411_2
臣	7171_7
西	1060_0
匠	7171_2
有	4022_7
列	1220_0
成	5320_0
夷	5003_2
曲	5560_0
同	7722_0
吕	6060_0
先	2421_1
竹	8822_0
仲	2520_6
伊	2725_7
伐	2325_0
行	2122_1
合	8060_1
多	2720_7
充	0021_3
羊	8050_1
州	3200_0
江	3111_0
汝	3414_0
守	3034_2
那	1752_7
艮	7773_2
防	7022_7
羽	1712_0
七劃	
形	1242_2
赤	4033_1
孝	4440_7
坎	4718_2
均	4712_0
抑	5702_0
投	5704_7
坊	4012_7
芣	4490_1
杕	4493_0
巫	1010_8
車	5000_6
甫	5322_7
否	1060_9
旱	6040_1
里	6010_4
男	6042_7

困 6090_4
冏 7722_0
告 2460_1
我 2355_0
何 2122_0
伯 2620_0
谷 8060_8
甸 2762_0
角 2722_7
彤 7242_2
亨 0020_7
序 0022_2
冶 3316_0
兌 8021_6
沔 3112_7
汾 3812_7
良 3073_2
君 1760_7

八劃

武 1314_0
青 5022_7
表 5073_2
長 7173_2
坤 4510_6
苕 4460_2
林 4499_0
板 4294_7
述 3330_9
東 5090_6
事 5000_7
雨 1022_7
奔 4044_4
叔 2794_0
虎 2121_7
昊 6043_0
明 6702_0
典 5580_1
牧 2854_0
季 2040_7
委 2040_4
舍 8060_4
金 8010_9
采 2090_4
服 7724_7
周 7722_0
兔 2741_3
庖 0021_2
郊 0742_7
氓 0744_7
卷 9071_2
河 3112_0
洞 3712_0
泮 3915_0
定 3080_1
宛 3021_2
祈 3222_1
函 1077_2

九劃

春 5060_3
封 4410_0
巷 4471_7
革 4450_6
草 4440_6
南 4022_7
相 4690_0
柞 4891_1
柏 4690_0
咸 5320_0
昭 6706_2
思 6033_0
囿 6022_7
秋 2998_0
保 2629_4
信 2026_1
泉 2623_2
皇 2610_4
段 7744_7
禹 2042_7
追 3730_7
食 8073_2
狡 4024_8
風 7721_0
胤 2201_0
哀 0073_2
迹 3030_3
庭 0024_1
洪 3418_1
洛 3716_4
染 3490_4
宣 3010_6
恒 9101_6
神 3520_6
冠 3721_4
軍 3750_6
既 7171_4
胥 1722_7
昏 7760_4
姤 4246_1
韋 4050_6
陟 7122_1
紀 2791_7

十劃

挈 5750_2
泰 5013_2
秦 5090_4
素 5090_3
匪 7171_1
馬 7132_7
振 5103_2
都 4762_7
華 4450_4
莊 4421_4
桓 4191_6
株 4599_0
桃 4291_3
校 4094_8
酌 1762_0
夏 1024_7
破 1464_7
烈 1233_0
晉 1060_1
時 6404_1
眂 6204_0
特 2454_1
射 2420_0
師 2172_7
條 2729_4
脩 2722_7
候 2723_4
殷 2724_7
般 2744_7
卺 2271_1
倉 8060_7
狼 4323_2
卿 7772_0
訓 0260_0
旒 0821_7
旄 0821_4
旅 0823_2
高 0022_7
疾 0013_4
羔 8033_1
益 8010_7
凌 3414_7
酒 3116_0
家 3023_2
宮 3060_6
宰 3040_1
冢 3723_2
冥 3780_0
剥 1210_0
陶 7722_0
桑 7790_4
烝 1733_1

十一劃

舂 5077_7

執 4441_7
菁 4422_7
著 4460_4
菫 4410_4
萃 4440_8
菀 4421_2
萍 4414_9
梓 4094_1
柳 4792_0
乾 4841_7
瓠 4223_0
匏 4721_2
常 9022_7
敝 9824_0
畢 6050_4
晨 6023_2
圉 6040_1
野 6712_2
崧 2293_2
崇 2290_1
笙 8810_4
猗 4422_1
魚 2733_6
祭 2790_1
訝 0164_0
訟 0863_2
訪 0062_7
康 0023_2
鹿 0021_1
庶 0023_1
族 0823_4
清 3512_7
淇 3418_1
深 3719_4
梁 3390_4
問 7760_7
將 2724_2
陽 7622_7
鄉 2722_7
終 2793_3

十二劃

堯 4021_1
賁 4080_6
馭 7734_0
場 4612_7
壺 4010_7
黃 4480_6
萬 4442_7
葛 4472_7
朝 4742_0
喪 4073_2
斯 4282_1
敬 4864_0
揚 5602_7
棫 4395_0
椒 4794_0
晢 5260_1
雄 4071_4
雲 1073_2
掌 9050_2
量 6010_4
鼎 2222_1
𢅤 4421_1
凱 2711_0
黍 2013_2
無 8033_1
稍 2992_7
筐 8871_1
皐 2640_3
象 2723_2
舜 2025_2
爲 2022_7
御 2722_0
復 2824_7
腊 7426_1
馮 3112_7
幂 3722_7
廋 0024_7
詛 0761_0
曾 8060_6
道 3830_6
遂 3830_3
湛 3411_1
湯 3612_7
渭 3612_7
渙 3713_4
開 7744_1
間 7760_7
閔 7740_0
畫 5010_6
費 5580_6
媒 4449_4
巽 7780_1
絲 2299_3

十三劃

肆 7570_7
載 4355_0
損 5608_6
鼓 4414_7
聘 1512_7
聖 1610_4
墓 4410_4
幕 4422_7
蒙 4423_2
禁 4490_1
楚 4480_1
蒹 4423_7
賈 1080_6
輈 5704_0
裘 4373_2
頍 4148_6
感 5333_0
㮚 2190_4
鄙 6762_7
園 6073_2
罪 6011_1
蜉 5214_7
節 8872_7
微 2824_0
貉 2726_4
兒 2721_7
解 2725_2
經 2191_1
新 0292_1
雍 0021_4
溱 3519_4
閟 7733_7

十四劃

静 5725_7
摽 5109_1
蔡 4490_1
蓼 4420_2
需 1022_7
碩 1168_6
裳 9073_2
睽 6203_4
蜡 5416_1
蝃 5714_7
舞 8025_1
僖 2426_5
遯 3130_3
滕 7923_2
銜 2122_1
誦 0762_7
說 0861_6
齊 0022_3
廣 0028_6
瘍 0012_7
稾 0090_4
漢 3413_4
漸 3212_1
鄭 9722_7
賓 3080_6
盡 5010_7
閩 7713_6
間 7760_6